Z2284
#Bg.3

©

Z 5000

OEUVRES

DE

FÉNELON.

TOME TROISIEME.

IMPRIMERIE ET FONDERIE D'EVERAT,
rue du Cadran, n° 16.

OEUVRES
DE FÉNELON,

ARCHEVÊQUE DE CAMBRAI.

PRÉCÉDÉES

D'ÉTUDES SUR SA VIE, PAR M. AIMÉ-MARTIN.

TOME TROISIÈME.

A PARIS,

CHEZ LEFEVRE, LIBRAIRE-ÉDITEUR,

RUE DE L'ÉPERON, N° 6.

M DCCC XXXV.

LES AVENTURES
DE TÉLÉMAQUE.

LIVRE PREMIER.

Télémaque, conduit par Minerve, sous la figure de Mentor, est jeté par une tempête dans l'île de Calypso. Cette déesse, inconsolable du départ d'Ulysse, fait au fils de ce héros l'accueil le plus favorable; et, concevant aussitôt pour lui une violente passion, elle lui offre l'immortalité, s'il veut demeurer avec elle. Pressé par Calypso de faire le récit de ses aventures, il lui raconte son voyage à Pylos et à Lacédémone, son naufrage sur la côte de Sicile, le danger qu'il y courut d'être immolé aux mânes d'Anchise, le secours que Mentor et lui donnèrent à Aceste, roi de cette contrée, dans une incursion de barbares, et la reconnoissance que ce prince leur en témoigna, en leur donnant un vaisseau phénicien pour retourner dans leur pays.

Calypso ne pouvoit se consoler du départ d'Ulysse. Dans sa douleur, elle se trouvoit malheureuse d'être immortelle. Sa grotte ne résonnoit plus de son chant : les nymphes qui la servoient n'osoient lui parler. Elle se promenoit souvent seule sur les gazons fleuris dont un printemps éternel bordoit son île; mais ces beaux lieux, loin de modérer sa douleur, ne faisoient que lui rappeler le triste souvenir d'Ulysse, qu'elle y avoit vu tant de fois auprès d'elle. Souvent elle demeuroit immobile sur le rivage de la mer, qu'elle arrosoit de ses larmes; et elle étoit sans cesse tournée vers le côté où le vaisseau d'Ulysse, fendant les ondes, avoit disparu à ses yeux. Tout-à-coup, elle aperçut les débris d'un navire qui venoit de faire naufrage, des bancs de rameurs mis en pièces, des rames écartées çà et là sur le sable, un gouvernail, un mât, des cordages flottants sur la côte : puis elle découvre de loin deux hommes, dont l'un paroissoit âgé; l'autre, quoique jeune, ressembloit à Ulysse. Il avoit sa douceur et sa fierté, avec sa taille et sa démarche majestueuse. La déesse comprit que c'étoit Télémaque, fils de ce héros. Mais, quoique les dieux surpassent de loin en connoissance tous les hommes, elle ne put découvrir qui étoit cet homme vénérable dont Télémaque étoit accompagné : c'est que les dieux supérieurs cachent aux inférieurs tout ce qu'il leur plaît; et Minerve, qui accompagnoit Télémaque sous la figure de Mentor, ne vouloit pas être connue de Calypso. Cependant Calypso se réjouissoit d'un naufrage qui mettoit dans son île le fils d'Ulysse, si semblable à son père. Elle s'avance vers lui; et, sans faire semblant de savoir qui il est : D'où vous vient, lui dit-elle, cette témérité d'aborder en mon île? Sachez, jeune étranger, qu'on ne vient point impunément dans mon empire. Elle tâchoit de couvrir sous ces paroles menaçantes la joie de son cœur, qui éclatoit malgré elle sur son visage.

Télémaque lui répondit : O vous, qui que vous soyez, (mortelle ou déesse,) quoique à vous voir on ne puisse vous prendre que pour une divinité, seriez-vous insensible au malheur d'un fils qui, cherchant son père à la merci des vents et des flots, a vu briser son navire contre vos rochers? Quel est donc votre père que vous cherchez? reprit la déesse. Il se nomme Ulysse, dit Télémaque; c'est un des rois qui ont, après un siége de dix ans, renversé la fameuse Troie. Son nom fut célèbre dans toute la Grèce et dans toute l'Asie, par sa valeur dans les combats, et plus encore par sa sagesse dans les conseils. Maintenant errant dans toutes l'étendue des mers, il a parcouru tous les écueils les plus terribles. Sa patrie semble fuir devant lui. Pénélope sa femme, et moi qui suis son fils, nous avons perdu l'espérance de le revoir. Je cours, avec les mêmes dangers que lui, pour apprendre où il est. Mais que dis-je? peut-être qu'il est maintenant enseveli dans les profonds abîmes de la mer. Ayez pitié de nos malheurs; et si vous savez, ô déesse, ce que les destinées ont fait pour sauver ou pour perdre Ulysse, daignez en instruire son fils Télémaque.

Calypso, étonnée et attendrie de voir dans une si vive jeunesse tant de sagesse et d'éloquence, ne pouvoit rassasier ses yeux en le regardant, et elle demeuroit en silence. Enfin elle lui dit : Télémaque, nous vous apprendrons ce qui est arrivé à votre père. Mais l'histoire en est longue; il est temps de vous délasser de tous vos travaux. Venez dans ma demeure, où je vous recevrai comme mon fils : venez, vous serez ma consolation dans cette solitude, et je ferai votre bonheur, pourvu que vous sachiez en jouir.

Télémaque suivoit la déesse, accompagnée d'une foule de jeunes nymphes, au-dessus desquelles elle s'élevoit de toute la tête, comme un grand chêne, dans une forêt, élève ses branches épaisses au-dessus de tous les arbres qui l'environnent. Il admiroit l'éclat de sa beauté, la riche pourpre de sa robe longue et flottante, ses cheveux noués par derrière négligemment, mais avec grace, le feu qui sortoit de ses yeux, et la douceur qui tempéroit cette vivacité. Mentor, les yeux baissés, gardant un silence modeste, suivoit Télémaque.

On arriva à la porte de la grotte de Calypso, où Télémaque fut surpris de voir, avec une apparence de simplicité rustique, des objets propres à charmer les yeux. Il est vrai qu'on n'y voyoit ni or, ni argent, ni marbre, ni colonnes, ni tableaux, ni statues : mais cette grotte étoit taillée dans le roc, en voûte pleine de rocailles et de coquilles ; elle étoit tapissée d'une jeune vigne qui étendoit ses branches souples également de tous côtés. Les doux zéphyrs conservoient en ce lieu, malgré les ardeurs du soleil, une délicieuse fraîcheur : des fontaines, coulant avec un doux murmure sur des prés semés d'amaranthes et de violettes, formoient en divers lieux des bains aussi purs et aussi clairs que le cristal : mille fleurs naissantes émailloient les tapis verts dont la grotte étoit environnée. Là on trouvoit un bois de ces arbres touffus qui portent des pommes d'or, et dont la fleur, qui se renouvelle dans toutes les saisons, répand le plus doux de tous les parfums ; ce bois sembloit couronner ces belles prairies, et formoit une nuit que les rayons du soleil ne pouvoient percer. Là on n'entendoit jamais que le chant des oiseaux, ou le bruit d'un ruisseau, qui, se précipitant du haut d'un rocher, tomboit à gros bouillons pleins d'écume, et s'enfuyoit au travers de la prairie.

La grotte de la déesse étoit sur le penchant d'une colline. De là on découvroit la mer, quelquefois claire et unie comme une glace, quelquefois follement irritée contre les rochers, où elle se brisoit en gémissant, et élevant ses vagues comme des montagnes. D'un autre côté, on voyoit une rivière où se formoient des îles bordées de tilleuls fleuris et de hauts peupliers qui portoient leurs têtes superbes jusque dans les nues. Les divers canaux qui formoient ces îles sembloient se jouer dans la campagne : les uns rouloient leurs eaux claires avec rapidité ; d'autres avoient une eau paisible et dormante ; d'autres, par de longs détours, revenoient sur leurs pas comme pour remonter vers leur source, et sembloient ne pouvoir quitter ces bords enchantés. On apercevoit de loin des collines et des montagnes qui se perdoient dans les nues, et dont la figure bizarre formoit un horizon à souhait pour le plaisir des yeux. Les montagnes voisines étoient couvertes de pampre vert qui pendoit en festons : le raisin, plus éclatant que la pourpre, ne pouvoit se cacher sous les feuilles, et la vigne étoit accablée sous son fruit. Le figuier, l'olivier, le grenadier, et tous les autres arbres, couvroient la campagne, et en faisoient un grand jardin.

Calypso ayant montré à Télémaque toutes ces beautés naturelles, lui dit : Reposez-vous ; vos habits sont mouillés, il est temps que vous en changiez ; ensuite nous nous reverrons, et je vous raconterai des histoires dont votre cœur sera touché. En même temps elle le fit entrer avec Mentor dans le lieu le plus secret et le plus reculé d'une grotte voisine de celle où la déesse demeuroit. Les nymphes avoient eu soin d'allumer en ce lieu un grand feu de bois de cèdre dont la bonne odeur se répandoit de tous côtés, et elles y avoient laissé des habits pour les nouveaux hôtes.

Télémaque, voyant qu'on lui avoit destiné une tunique d'une laine fine, dont la blancheur effaçoit celle de la neige, et une robe de pourpre avec une broderie d'or, prit le plaisir qui est naturel à un jeune homme, en considérant cette magnificence.

Mentor lui dit d'un ton grave : Est-ce donc là, ô Télémaque, les pensées qui doivent occuper le cœur du fils d'Ulysse ? Songez plutôt à soutenir la réputation de votre père, et à vaincre la fortune qui vous persécute. Un jeune homme qui aime à se parer vainement comme une femme, est indigne de la sagesse et de la gloire : la gloire n'est due qu'à un cœur qui sait souffrir la peine et fouler aux pieds les plaisirs.

Télémaque répondit en soupirant : Que les dieux me fassent périr plutôt que de souffrir que la mollesse et la volupté s'emparent de mon cœur ! Non, non, le fils d'Ulysse ne sera jamais vaincu par les charmes d'une vie lâche et efféminée. Mais quelle faveur du ciel nous a fait trouver, après notre naufrage, cette déesse ou cette mortelle qui nous comble de biens?

Craignez, repartit Mentor, qu'elle ne vous accable de maux ; craignez ses trompeuses douceurs plus que les écueils qui ont brisé votre navire : le naufrage et la mort sont moins funestes que les plaisirs qui attaquent la vertu. Gardez-vous bien de croire ce qu'elle vous racontera. La jeunesse est présomptueuse ; elle se promet tout d'elle-même : quoique fragile, elle croit pouvoir tout, et n'avoir jamais rien à craindre ; elle se confie légèrement et sans précaution. Gardez-vous d'écouter les paroles douces et flatteuses de Calypso, qui se glisseront comme un serpent sous les fleurs ; craignez le poison caché : défiez-vous de vous-même, et attendez toujours mes conseils.

Ensuite ils retournèrent auprès de Calypso, qui les attendoit. Les nymphes, avec leurs cheveux tressés et des habits blancs, servirent d'abord un repas simple, mais exquis pour le goût et pour la propreté. On n'y voyoit aucune autre viande que celle des oiseaux qu'elles avoient pris dans des filets, ou des bêtes qu'elles avoient percées de leurs flèches à la chasse : un vin plus doux que le nectar couloit des grands vases d'argent dans des tasses d'or couronnées de fleurs. On apporta dans des corbeilles tous les fruits que le printemps promet, et que l'automne répand sur la terre. En même temps quatre jeunes nymphes se mirent à chanter. D'abord elles chantèrent le combat des dieux contre les géants, puis les amours de Jupiter et de Sémélé, la naissance de Bacchus et son éducation conduite par le vieux Silène, la course d'Atalante et d'Hippomène, qui fut vainqueur par le moyen des pommes d'or venues du jardin des Hespérides ; enfin la guerre de Troie fut aussi chantée ; les combats d'Ulysse et sa sagesse furent élevés jusqu'aux cieux. La première des nymphes, qui s'appeloit Leucothoé, joignit les accords de sa lyre aux douces voix de toutes les autres. Quand Télémaque entendit le nom de son père, les larmes qui coulèrent le long de ses joues donnèrent un nouveau lustre à sa beauté. Mais comme Calypso aperçut qu'il ne pouvoit manger, et qu'il étoit saisi de douleur, elle fit signe aux nymphes. A l'instant on chanta le combat des Centaures avec les Lapithes, et la descente d'Orphée aux enfers pour en retirer Eurydice.

Quand le repas fut fini, la déesse prit Télémaque, et lui parla ainsi : Vous voyez, fils du grand Ulysse, avec quelle faveur je vous reçois. Je suis immortelle : nul mortel ne peut entrer dans cette île sans être puni de sa témérité ; et votre naufrage même ne vous garantiroit pas de mon indignation, si d'ailleurs je ne vous aimois. Votre père a eu le même bonheur que vous ; mais, hélas ! il n'a pas su en profiter. Je l'ai gardé long-temps dans cette île : il n'a tenu qu'à lui d'y vivre avec moi dans un état immortel ; mais l'aveugle passion de retourner dans sa misérable patrie lui fit rejeter tous ces avantages. Vous voyez tout ce qu'il a perdu pour Ithaque, qu'il n'a pu revoir. Il voulut me quitter : il partit ; et je fus vengée par la tempête : son vaisseau, après avoir été le jouet des vents, fut enseveli dans les ondes. Profitez d'un si triste exemple. Après son naufrage, vous n'avez plus rien à espérer, ni pour le revoir, ni pour régner jamais dans l'île d'Ithaque après lui ; consolez-vous de l'avoir perdu, puisque vous trouvez ici une divinité prête à vous rendre heureux, et un royaume qu'elle vous offre.

La déesse ajouta à ces paroles de longs discours pour montrer combien Ulysse avoit été heureux auprès d'elle : elle raconta ses aventures dans la caverne du cyclope Polyphème, et chez Antiphates, roi des Lestrigons : elle n'oublia pas ce qui lui étoit arrivé dans l'île de Circé, fille du Soleil, ni les dangers qu'il avoit courus entre Scylle et Charybde. Elle représenta la dernière tempête que Neptune avoit excitée contre lui quand il partit d'auprès d'elle. Elle voulut faire entendre qu'il étoit péri dans ce naufrage, et elle supprima son arrivée dans l'île des Phéaciens.

Télémaque, qui s'étoit d'abord abandonné trop promptement à la joie d'être si bien traité de Calypso, reconnut enfin son artifice, et la sagesse des conseils que Mentor venoit de lui donner. Il répondit en peu de mots : O déesse, pardonnez à ma douleur maintenant, je ne puis que m'affliger ; peut-être que dans la suite j'aurai plus de force pour goûter la fortune que vous m'offrez : laissez-moi en ce moment pleurer mon père ; vous savez mieux que moi combien il mérite d'être pleuré.

Calypso n'osa d'abord le presser davantage : elle feignit même d'entrer dans sa douleur, et de s'attendrir pour Ulysse. Mais, pour mieux connoître les moyens de toucher le cœur du jeune homme, elle lui demanda comment il avoit fait naufrage, et par quelles aventures il étoit sur ces côtes. Le récit de mes malheurs, dit-il, seroit trop long. Non, non, répondit-elle ; il me tarde de les savoir, hâtez-vous de me les raconter. Elle le pressa long-temps. Enfin il ne put lui résister, et il parla ainsi :

J'étois parti d'Ithaque pour aller demander aux autres rois revenus du siége de Troie des nouvelles de mon père. Les amants de ma mère Pénélope furent surpris de mon départ : j'avois pris soin de le leur cacher, connoissant leur perfidie. Nestor, que je vis à Pylos, ni Ménélas, qui me reçut avec amitié dans Lacédémone, ne purent m'apprendre si mon père étoit encore en vie. Lassé de vivre toujours en suspens et dans l'incertitude, je me résolus d'aller dans la Sicile, où j'avois ouï dire que mon père avoit été jeté par les vents. Mais le sage Mentor, que vous voyez ici présent, s'opposoit à ce téméraire dessein : il me représentoit, d'un côté, les Cyclopes, géants monstrueux qui dévorent les hommes ; de l'autre, la flotte d'Énée et des Troyens, qui étoient sur ces côtes. Ces Troyens, disoit-il, sont animés contre tous les Grecs ; mais surtout ils répandroient avec plaisir le sang du fils d'Ulysse. Retournez, continuoit-il, en Ithaque : peut-être que votre père, aimé des dieux, y sera aussitôt que vous. Mais si les dieux ont résolu sa perte, s'il ne doit jamais revoir sa patrie, du moins il faut que vous alliez le venger, délivrer votre mère, montrer votre sagesse à tous les peuples, et faire voir en vous à toute la Grèce un roi aussi digne de régner que le fut jamais Ulysse lui-même.

Ces paroles étoient salutaires, mais je n'étois pas assez prudent pour les écouter ; je n'écoutois que ma passion. Le sage Mentor m'aima jusqu'à me suivre dans un voyage téméraire que j'entreprenois contre ses conseils ; et les dieux permirent que je fisse une faute qui devoit servir à me corriger de ma présomption.

Pendant qu'il parloit, Calypso regardoit Mentor. Elle étoit étonnée ; elle croyoit sentir en lui quelque chose de divin ; mais elle ne pouvoit démêler ses pensées confuses : ainsi elle demeuroit pleine de crainte et de défiance à la vue de cet inconnu. Alors elle appréhenda de laisser voir son trouble. Continuez, dit-elle à Télémaque, et satisfaites ma curiosité. Télémaque reprit ainsi :

Nous eûmes assez long-temps un vent favorable pour aller en Sicile ; mais ensuite une noire tempête déroba le ciel à nos yeux, et nous fûmes enveloppés dans une profonde nuit. A la lueur des éclairs, nous aperçûmes d'autres vaisseaux exposés au même péril ; et nous reconnûmes bientôt que c'étoient les vaisseaux d'Énée : ils n'étoient pas moins à craindre pour nous que les rochers. Alors je compris, mais trop tard, ce que l'ardeur d'une jeunesse imprudente m'avoit empêché de considérer attentivement. Mentor parut dans ce danger, non-seulement ferme et intrépide, mais encore plus gai qu'à l'ordinaire : c'étoit lui qui m'encourageoit ; je sentois qu'il m'inspiroit une force invincible. Il donnoit tranquillement tous les ordres, pendant que le pilote étoit troublé. Je lui disois : Mon cher Mentor, pourquoi ai-je refusé de suivre vos conseils ? Ne suis-je pas malheureux d'avoir voulu me croire moi-même, dans un âge où l'on n'a ni prévoyance de l'avenir, ni expérience du passé, ni modération pour ménager le présent ?

Oh ! si jamais nous échappons de cette tempête, je me défierai de moi-même comme de mon plus dangereux ennemi : c'est vous, Mentor, que je croirai toujours.

Mentor, en souriant, me répondoit : Je n'ai garde de vous reprocher la faute que vous avez faite ; il suffit que vous la sentiez, et qu'elle vous serve à être une autre fois plus modéré dans vos desirs. Mais quand le péril sera passé, la présomption reviendra peut-être. Maintenant il faut se soutenir par le courage. Avant que de se jeter dans le péril, il faut le prévoir et le craindre ; mais quand on y est, il ne reste plus qu'à le mépriser. Soyez donc le digne fils d'Ulysse ; montrez un cœur plus grand que tous les maux qui vous menacent.

La douceur et le courage du sage Mentor me charmèrent ; mais je fus encore bien plus surpris quand je vis avec quelle adresse il nous délivra des Troyens. Dans le moment où le ciel commençoit à s'éclaircir, et où les Troyens, nous voyant de près, n'auroient pas manqué de nous reconnoître, il remarqua un de leurs vaisseaux qui étoit presque semblable au nôtre, et que la tempête avoit écarté. La poupe en étoit couronnée de certaines fleurs : il se hâta de mettre sur notre poupe des couronnes de fleurs semblables ; il les attacha lui-même avec des bandelettes de la même couleur que celles des Troyens ; il ordonna à tous nos rameurs de se baisser le plus qu'ils pourroient le long de leurs bancs, pour n'être point reconnus des ennemis. En cet état, nous passâmes au milieu de leur flotte : ils poussèrent des cris de joie en nous voyant, comme en revoyant des compagnons qu'ils avoient crus perdus. Nous fûmes même contraints, par la violence de la mer, d'aller assez long-temps avec eux : enfin nous demeurâmes un peu derrière ; et, pendant que les vents impétueux les poussoient vers l'Afrique, nous fîmes les derniers efforts pour aborder à force de rames sur la côte voisine de Sicile.

Nous y arrivâmes en effet. Mais ce que nous cherchions n'étoit guère moins funeste que la flotte qui nous faisoit fuir : nous trouvâmes sur cette côte de Sicile d'autres Troyens ennemis des Grecs. C'étoit là que régnoit le vieux Aceste, sorti de Troie. A peine fûmes-nous arrivés sur ce rivage, que les habitants crurent que nous étions, ou d'autres peuples de l'île armés pour les surprendre, ou des étrangers qui venoient s'emparer de leurs terres. Ils brûlent notre vaisseau ; dans le premier emportement, ils égorgent tous nos compagnons ; ils ne réservent que Mentor et moi pour nous présenter à Aceste, afin qu'il pût savoir de nous quels étoient nos desseins, et d'où nous venions. Nous entrons dans la ville les mains liées derrière le dos ; et notre mort n'étoit retardée que pour nous faire servir de spectacle à un peuple cruel, quand on sauroit que nous étions Grecs.

On nous présenta d'abord à Aceste, qui, tenant son sceptre d'or en main, jugeoit les peuples, et se préparoit à un grand sacrifice. Il nous demanda, d'un ton sévère, quel étoit notre pays et le sujet de notre voyage. Mentor se hâta de répondre, et lui dit : Nous venons des côtes de la grande Hespérie, et notre patrie n'est pas loin de là. Ainsi il évita de dire que nous étions Grecs. Mais Aceste, sans l'écouter davantage, et nous prenant pour des étrangers qui cachoient leur dessein, ordonna qu'on nous envoyât dans une forêt voisine, où nous servirions en esclaves sous ceux qui gouvernoient ses troupeaux.

Cette condition me parut plus dure que la mort. Je m'écriai : O roi ! faites-nous mourir plutôt que de nous traiter si indignement ; sachez que je suis Télémaque, fils du sage Ulysse, roi des Ithaciens. Je cherche mon père dans toutes les mers : si je ne puis le trouver, ni retourner dans ma patrie, ni éviter la servitude, ôtez-moi la vie, que je ne saurois supporter.

A peine eus-je prononcé ces mots, que tout le peuple, ému, s'écria qu'il falloit faire périr le fils de ce cruel Ulysse, dont les artifices avoient renversé la ville de Troie. O fils d'Ulysse ! me dit Aceste, je ne puis refuser votre sang aux mânes de tant de Troyens que votre père a précipités sur les rivages du noir Cocyte : vous, et celui qui vous mène, vous périrez. En même temps un vieillard de la troupe proposa au roi de nous immoler sur le tombeau d'Anchise. Leur sang, disoit-il, sera agréable à l'ombre de ce héros ; Énée même, quand il saura un tel sacrifice, sera touché de voir combien vous aimez ce qu'il avoit de plus cher au monde.

Tout le peuple applaudit à cette proposition, et on ne songea plus qu'à nous immoler. Déja on nous menoit sur le tombeau d'Anchise. On y avoit dressé deux autels, où le feu sacré étoit allumé ; le glaive qui devoit nous percer étoit devant nos yeux ; on nous avoit couronnés de fleurs, et nulle compassion ne pouvoit garantir notre vie : c'étoit fait de nous, quand Mentor demanda tranquillement à parler au roi. Il lui dit :

Ô Aceste ! si le malheur du jeune Télémaque, qui n'a jamais porté les armes contre les Troyens, ne peut vous toucher, du moins que votre propre intérêt vous touche. La science que j'ai acquise des présages et de la volonté des dieux me fait connoître qu'avant que trois jours soient écoulés vous serez attaqué par des peuples barbares, qui viennent comme un torrent du haut des montagnes pour inonder votre ville et pour ravager tout votre pays. Hâtez-vous de les prévenir ; mettez vos peuples sous les armes ; et ne perdez pas un moment pour retirer au-dedans de vos murailles les riches troupeaux que vous avez dans la campagne. Si ma prédiction est fausse, vous serez libre de nous immoler dans trois jours ; si au contraire elle est véritable, souvenez-vous qu'on ne doit pas ôter la vie à ceux de qui on la tient.

Aceste fut étonné de ces paroles, que Mentor lui disoit avec une assurance qu'il n'avoit jamais trouvée en aucun homme. Je vois bien, répondit-il, ô étranger, que les dieux, qu vous ont si mal partagé pour tous les dons de la fortune, vous ont accordé une sagesse qui est plus estimable que toutes les prospérités. En même temps il retarda le sacrifice, et donna avec diligence les ordres nécessaires pour prévenir l'attaque dont Mentor l'avoit menacé. On ne voyoit de tous côtés que des femmes tremblantes, des vieillards courbés, de petits enfants les larmes aux yeux, qui se retiroient dans la ville. Les bœufs mugissants et les brebis bêlantes venoient en foule, quittant les gras pâturages, et ne pouvant trouver assez d'étables pour être mis à couvert. C'étoit de toutes parts des cris confus de gens qui se poussoient les uns les autres, qui ne pouvoient s'entendre, qui prenoient, dans ce trouble, un inconnu pour leur ami, et qui couroient sans savoir où tendoient leurs pas. Mais les principaux de la ville, se croyant plus sages que les autres, s'imaginoient que Mentor étoit un imposteur, qui avoit fait une fausse prédiction pour sauver sa vie.

Avant la fin du troisième jour, pendant qu'ils étoient pleins de ces pensées, on vit sur le penchant des montagnes voisines un tourbillon de poussière ; puis on aperçut une troupe innombrable de barbares armés : c'étoient les Himériens, peuples féroces, avec les nations qui habitent sur les monts Nébrodes et sur le sommet d'Acratas, où règne un hiver que les zéphyrs n'ont jamais adouci. Ceux qui avoient méprisé la prédiction de Mentor perdirent leurs esclaves et leurs troupeaux. Le roi dit à Mentor : J'oublie que vous êtes des Grecs ; nos ennemis deviennent nos amis fidèles. Les dieux vous ont envoyés pour nous sauver : je n'attends pas moins de votre valeur que de la sagesse de vos conseils ; hâtez-vous de nous secourir.

Mentor montre dans ses yeux une audace qui étonne les plus fiers combattants. Il prend un bouclier, un casque, une épée, une lance ; il range les soldats d'Aceste ; il marche à leur tête, et s'avance en bon ordre vers les ennemis. Aceste, quoique plein de courage, ne peut dans sa vieillesse le suivre que de loin. Je le suis de plus près, mais je ne puis égaler sa valeur. Sa cuirasse ressembloit, dans le combat, à l'immortelle égide. La mort couroit de rang en rang partout sous ses coups. Semblable à un lion de Numidie que la cruelle faim dévore, et qui entre dans un troupeau de foibles brebis, il déchire, il égorge, il nage dans le sang ; et les bergers, loin de secourir le troupeau, fuient, tremblants, pour se dérober à sa fureur.

Ces barbares, qui espéroient de surprendre la ville, furent eux-mêmes surpris et déconcertés. Les sujets d'Aceste, animés par l'exemple et par les ordres de Mentor, eurent une vigueur dont ils ne se croyoient point capables. De ma lance je renversai le fils du roi de ce peuple ennemi. Il étoit de mon âge, mais il étoit plus grand que moi ; car ce peuple venoit d'une race de géants qui étoient de la même origine que les Cyclopes. Il méprisoit un ennemi aussi foible que moi ; mais, sans m'étonner de sa force prodigieuse, ni de son air sauvage et brutal, je poussai ma lance contre sa poitrine, et je lui fis vomir, en expirant, des torrents d'un sang noir. Il pensa m'écraser dans sa chute ; le bruit de ses armes retentit jusques aux montagnes. Je pris ses dépouilles, et je revins trouver Aceste. Mentor, ayant achevé de mettre les ennemis en désordre, les tailla en pièces, et poussa les fuyards jusque dans les forêts.

Un succès si inespéré fit regarder Mentor comme un homme chéri et inspiré des dieux. Aceste, touché de reconnoissance, nous avertit qu'il craignoit tout pour nous, si les vaisseaux d'Énée revenoient en Sicile : il nous en donna un pour retourner sans retardement en notre pays, nous combla de présents, et nous pressa de partir, pour prévenir tous les malheurs qu'il prévoyoit ; mais il ne voulut nous donner ni un pilote ni des rameurs de sa nation, de peur qu'ils ne fussent trop exposés sur les côtes de la Grèce. Il nous donna des marchands phéniciens, qui, étant en commerce avec tous les peuples du monde, n'avoient rien à craindre, et qui devoient ramener le vaisseau à Aceste quand il nous auroient laissés à Ithaque. Mais les dieux, qui se jouent des desseins des hommes, nous réservoient à d'autres dangers.

LIVRE II.

Suite du récit de Télémaque. Le vaisseau tyrien qu'il montoit ayant été pris par une flotte de Sésostris, Mentor et lui sont faits prisonniers, et conduits en Égypte. Richesses et merveilles de ce pays : sagesse de son gouvernement. Télémaque et Mentor sont traduits devant Sésostris, qui renvoie l'examen de leur affaire à un de ses officiers appelé Méthophis. Par ordre de cet officier, Mentor est vendu à des Éthiopiens qui l'emmènent dans leur pays, et Télémaque est réduit à conduire un troupeau dans le désert d'Oasis. Là, Termosiris, prêtre d'Apollon, adoucit la rigueur de son exil, en lui apprenant à imiter le dieu, qui, étant contraint de garder les troupeaux d'Admète, roi de Thessalie, se consoloit de sa disgrâce en polissant les mœurs sauvages des bergers. Bientôt Sésostris, informé de tout ce que Télémaque faisoit de merveilleux dans les déserts d'Oasis, le rappelle auprès de lui, reconnoît son innocence, et lui promet de le renvoyer à Ithaque. Mais la mort de ce prince replonge Télémaque dans de nouveaux malheurs ; il est emprisonné dans une tour sur le bord de la mer, d'où il voit Bocchoris, nouveau roi d'Égypte, périr dans un combat contre ses sujets révoltés, et secouru par les Phéniciens.

Les Tyriens, par leur fierté, avoient irrité contre eux le grand roi Sésostris, qui régnoit en Égypte, et qui avoit conquis tant de royaumes. Les richesses qu'ils ont acquises par le commerce, et la force de l'imprenable ville de Tyr, située dans la mer, avoient enflé le cœur de ces peuples. Ils avoient refusé de payer à Sésostris le tribut qu'il leur avoit imposé en revenant de ses conquêtes ; et ils avoient fourni des troupes à son frère, qui avoit voulu, à son retour, le massacrer au milieu des réjouissances d'un grand festin. Sésostris avoit résolu, pour abattre leur orgueil, de troubler leur commerce dans toutes les mers. Ses vaisseaux alloient de tous côtés cherchant les Phéniciens. Une flotte égyptienne nous rencontra, comme nous commencions à perdre de vue les montagnes de la Sicile. Le port et la terre sembloient fuir derrière nous, et se perdre dans les nues. En même temps nous voyons approcher les navires des Égyptiens, semblables à une ville flottante. Les Phéniciens les reconnurent, et voulurent s'en éloigner : mais il n'étoit plus temps ; leurs voiles étoient meilleures que les nôtres ; le vent les favorisoit ; leurs rameurs étoient en plus grand nombre : ils nous abordent, nous prennent, et nous emmènent prisonniers en Égypte.

En vain je leur représentai que nous n'étions pas Phéniciens ; à peine daignèrent-ils m'écouter : ils nous regardèrent comme des esclaves dont les Phéniciens trafiquoient ; et ils ne songèrent qu'au profit d'une telle prise. Déjà nous remarquons les eaux de la mer qui blanchissent par le mélange de celles du Nil, et nous voyons la côte d'Égypte presque aussi basse que la mer. Ensuite nous arrivons à l'île de Pharos, voisine de la ville de No : de là nous remontons le Nil jusques à Memphis.

Si la douleur de notre captivité ne nous eût rendus insensibles à tous les plaisirs, nos yeux auroient été charmés de voir cette fertile terre d'Égypte, semblable à un jardin délicieux arrosé d'un nombre infini de canaux. Nous ne pouvions jeter les yeux sur les deux rivages sans apercevoir des villes opulentes, des maisons de campagne agréablement situées, des terres qui se couvroient tous les ans d'une moisson dorée sans se reposer jamais, des prairies pleines de troupeaux, des laboureurs qui étoient accablés sous le poids des fruits que la terre épanchoit de son sein, des bergers qui faisoient répéter les doux sons de leurs flûtes et de leurs chalumeaux à tous les échos d'alentour.

Heureux, disoit Mentor, le peuple qui est conduit par un sage roi ! il est dans l'abondance ; il vit heureux, et aime celui à qui il doit tout son bonheur. C'est ainsi, ajoutoit-il, ô Télémaque, que vous devez régner, et faire la joie de vos peuples, si jamais les dieux vous font posséder le royaume de votre père. Aimez vos peuples comme vos enfants ; goûtez le plaisir d'être aimé d'eux ; et faites qu'ils ne puissent jamais sentir la paix et la joie sans se ressouvenir que c'est un bon roi qui leur a fait ces riches présents. Les rois qui ne songent qu'à se faire craindre, et qu'à abattre leurs sujets pour les rendre plus soumis, sont les fléaux du genre humain. Ils sont craints comme ils le veulent être ; mais ils sont haïs, détestés ; et ils ont encore plus à craindre de leurs sujets, que leurs sujets n'ont à craindre d'eux.

Je répondois à Mentor : Hélas ! il n'est pas question de songer aux maximes suivant lesquelles on doit régner : il n'y a plus d'Ithaque pour nous ; nous ne reverrons jamais ni notre patrie, ni Pénélope : et quand même Ulysse retourneroit plein de gloire dans son royaume, il n'aura jamais la joie de m'y voir ; jamais je n'aurai celle de lui obéir pour apprendre à commander. Mourons, mon cher Mentor ; nulle autre pensée ne nous est plus permise : mourons, puisque les dieux n'ont aucune pitié de nous.

En parlant ainsi, de profonds soupirs entrecoupoient toutes mes paroles. Mais Mentor, qui craignoit les maux avant qu'ils arrivassent, ne savoit plus ce que c'étoit que de les craindre dès qu'ils étoient arrivés. Indigne fils du sage Ulysse ! s'écrioit-il, quoi donc ! vous vous laissez vaincre à votre malheur ! Sachez que vous reverrez un jour l'île d'Ithaque et Pénélope. Vous verrez même dans sa première gloire celui que vous n'avez point connu, l'invincible Ulysse, que la fortune ne peut abattre, et qui dans ses malheurs, encore plus grands que les vôtres, vous apprend à ne vous décourager jamais. Oh ! s'il pouvoit apprendre, dans les terres éloignées où la tempête l'a jeté, que son fils ne sait imiter ni sa patience ni son courage, cette nouvelle l'accableroit de honte, et lui seroit plus rude que tous les malheurs qu'il souffre depuis si long-temps.

Ensuite Mentor me faisoit remarquer la joie et l'abondance répandue dans toute la campagne d'Égypte, où l'on comptoit jusqu'à vingt-deux mille villes. Il admiroit la bonne police de ces villes ; la justice exercée en faveur du pauvre contre le riche ; la bonne éducation des enfants, qu'on accoutumoit à l'obéissance, au travail, à la sobriété, à l'amour des arts ou des lettres ; l'exactitude pour toutes les cérémonies de religion ; le désintéressement, le désir de l'honneur, la fidélité pour les hommes, et la crainte pour les dieux, que chaque père inspiroit à ses enfants. Il ne se lassoit point d'admirer ce bel ordre. Heureux, me disoit-il sans cesse, le peuple qu'un sage roi conduit ainsi ! mais encore plus heureux le roi qui fait le bonheur de tant de peuples, et qui trouve le sien dans sa vertu ! Il tient les hommes par un lien cent fois plus fort que celui de la crainte, c'est celui de l'amour. Non-seulement on lui obéit, mais encore on aime à lui obéir. Il règne dans tous les cœurs : chacun, bien loin de vouloir s'en défaire, craint de le perdre, et donneroit sa vie pour lui.

Je remarquois ce que disoit Mentor, et je sentois renaître mon courage au fond de mon cœur, à mesure que ce sage ami me parloit. Aussitôt que nous fûmes arrivés à Memphis, ville opulente et magnifique, le gouverneur ordonna que nous irions jusqu'à Thèbes pour être présentés au roi Sésostris, qui vouloit examiner les choses par lui-même, et qui étoit fort animé contre les Tyriens. Nous remontâmes donc encore le long du Nil, jusqu'à cette fameuse Thèbes à cent portes, où habitoit ce grand roi. Cette ville nous parut d'une étendue immense, et plus peuplée que les plus florissantes villes de Grèce. La police y est parfaite pour la propreté des rues, pour le cours des eaux, pour la commodité des bains, pour la culture des arts, et pour la sûreté publique. Les places sont ornées de fontaines et d'obélisques ; les temples sont de marbre, et d'une architecture simple, mais majestueuse. Le palais du prince est lui seul comme une grande ville : on n'y voit que colonnes de marbre, que pyramides et obélisques, que statues colossales, que meubles d'or et d'argent massif.

Ceux qui nous avoient pris dirent au roi que nous avions été trouvés dans un navire phénicien. Il écoutoit chaque jour, à certaines heures réglées, tous ceux de ses sujets qui avoient, ou des plaintes à lui faire, ou des avis à lui donner. Il ne méprisoit ni ne rebutoit personne, et ne croyoit être roi que pour faire du bien à tous ses sujets, qu'il aimoit comme ses enfants. Pour les étrangers, il les recevoit avec bonté, et vouloit les voir, parce qu'il croyoit qu'on apprenoit toujours quelque chose d'utile en s'instruisant des mœurs et des maximes des peuples éloignés. Cette curiosité du roi fit qu'on nous présenta à lui. Il étoit sur un trône d'ivoire, tenant en main un sceptre d'or. Il étoit déja vieux, mais agréable, plein de douceur et de majesté : il jugeoit tous les jours les peuples, avec une patience et une sagesse qu'on admiroit sans flatterie. Après avoir travaillé toute la journée à régler les affaires et à rendre une exacte justice, il se délassoit le soir à écouter des hommes savants, ou à converser avec les plus honnêtes gens, qu'il savoit bien choisir pour les admettre dans sa familiarité. On ne pouvoit lui reprocher en toute sa vie que d'avoir triomphé avec trop de faste des rois qu'il avoit vaincus, et de s'être confié à un de ses sujets que je vous dépeindrai tout-à-l'heure.

Quand il me vit, il fut touché de ma jeunesse et de ma douleur ; il me demanda ma patrie et mon nom. Nous fûmes étonnés de la sagesse qui parloit par sa bouche. Je lui répondis : O grand roi ! vous n'ignorez pas le siége de Troie, qui a duré dix ans, et sa ruine, qui a coûté tant de sang à toute la Grèce. Ulysse, mon père, a été un des principaux rois qui ont ruiné cette ville : il erre sur toutes les mers, sans pouvoir retrouver l'île d'Ithaque, qui est son royaume. Je le cherche ; et un malheur semblable au sien fait que j'ai été pris. Rendez-moi à mon père et à ma patrie. Ainsi puissent les dieux vous conserver à vos enfants, et leur faire sentir la joie de vivre sous un si bon père !

Sésostris continuoit à me regarder d'un œil de compassion : mais, voulant savoir si ce que je disois étoit vrai, il nous renvoya à un de ses officiers, qui fut chargé de savoir de ceux qui avoient pris notre vaisseau si nous étions effectivement ou Grecs ou Phéniciens. S'ils sont Phéniciens, dit le roi, il faut doublement les punir, pour être nos ennemis, et plus encore pour avoir voulu nous tromper par un lâche mensonge : si au contraire ils sont Grecs, je veux qu'on les traite favorablement, et qu'on les renvoie dans leur pays sur un de mes vaisseaux ; car j'aime la Grèce ; plusieurs Égyptiens y ont donné des lois. Je connois la vertu d'Hercule ; la gloire d'Achille est parvenue jusqu'à nous ; et j'admire ce qu'on m'a raconté de la sagesse du malheureux Ulysse : tout mon plaisir est de secourir la vertu malheureuse.

L'officier auquel le roi envoya l'examen de notre affaire avoit l'ame aussi corrompue et aussi artificieuse que Sésostris étoit sincère et généreux. Cet officier se nommoit Méthophis ; il nous interrogea pour tâcher de nous surprendre ; et comme il vit que Mentor répondoit avec plus de sagesse que moi, il le regarda avec aversion et avec défiance : car les méchants s'irritent contre les bons. Il nous sépara ; et depuis ce moment je ne sus point ce qu'étoit devenu Mentor. Cette séparation fut un coup de foudre pour moi. Méthophis espéroit toujours qu'en nous questionnant séparément il pourroit nous faire dire des choses contraires : surtout il croyoit m'éblouir par ses promesses flatteuses, et me faire avouer ce que Mentor lui auroit caché. Enfin il ne cherchoit pas de bonne foi la vérité ; mais il vouloit trouver quelque prétexte de dire au roi que nous étions des Phéniciens, pour nous faire ses esclaves. En effet, malgré notre innocence, et malgré la sagesse du roi, il trouva le moyen de le tromper.

Hélas ! à quoi les rois sont-ils exposés ! les plus sages mêmes sont souvent surpris. Des hommes artificieux et intéressés les environnent. Les bons se retirent, parce qu'ils ne sont ni empressés ni flatteurs ; les bons attendent qu'on les cherche, et les princes ne savent guère les aller chercher : au contraire, les méchants sont hardis, trompeurs, empressés à s'insinuer et à plaire, adroits à dissimuler, prêts à tout faire contre l'honneur et la conscience pour contenter les passions de celui qui règne. O qu'un roi est malheureux d'être exposé aux artifices des méchants ! Il est perdu s'il ne repousse la flatterie, et s'il n'aime ceux qui disent hardiment la vérité. Voilà les réflexions que je faisois dans mon malheur ; et je rappelois tout ce que j'avois ouï dire à Mentor. Cependant Méthophis m'envoya vers les montagnes du désert d'Oasis avec ses esclaves, afin que je servisse avec eux à conduire ses grands troupeaux.

En cet endroit Calypso interrompit Télémaque, disant : Eh bien ! que fîtes-vous alors, vous qui aviez préféré en Sicile la mort à la servitude ? Télémaque répondit : Mon malheur croissoit toujours ; je n'avois plus la misérable consolation de choisir entre la servitude et la mort : il fallut être esclave, et épuiser pour ainsi dire toutes les rigueurs de la fortune. Il ne me restoit plus aucune espérance, et je ne pouvois pas même dire un mot pour travailler à me délivrer. Mentor m'a dit depuis qu'on l'avoit vendu à des Éthiopiens, et qu'il les avoit suivis en Éthiopie.

Pour moi, j'arrivai dans des déserts affreux : on y voit des sables brûlants au milieu des plaines. Des neiges qui ne fondent jamais font un hiver perpétuel sur le sommet des montagnes ; et on trouve seulement, pour nourrir les troupeaux, des pâturages parmi les rochers, vers le milieu du penchant de ces montagnes escarpées : les vallées y sont si profondes, qu'à peine le soleil y peut faire luire ses rayons.

Je ne trouvai d'autres hommes, en ce pays, que des bergers aussi sauvages que le pays même. Là je passois les nuits à déplorer mon malheur, et les jours à suivre un troupeau, pour éviter la fureur brutale d'un premier esclave, qui, espérant d'obtenir sa liberté, accusoit sans cesse les autres pour faire valoir à son maître son zèle et son attachement à ses intérêts. Cet esclave se nommoit Buthis. Je devois succomber en cette occasion : la douleur me pressant, j'oubliai un jour mon troupeau, et je m'étendis sur l'herbe auprès d'une caverne où j'attendois la mort, ne pouvant plus supporter mes peines.

En ce moment je remarquai que toute la montagne trembloit : les chênes et les pins sembloient descendre du sommet de la montagne ; les vents retenoient leurs haleines ; une voix mugissante sortit de la caverne, et me fit entendre ces paroles : Fils du sage Ulysse, il faut que tu deviennes, comme lui, grand par la patience : les princes qui ont toujours été heureux ne sont guère dignes de l'être ; la mollesse les corrompt, l'orgueil les enivre. Que tu seras heureux, si tu surmontes tes malheurs, et si tu ne les oublies jamais ! Tu reverras Ithaque, et ta gloire montera jusqu'aux astres. Quand tu seras le maître des autres hommes, souviens-toi que tu as été foible, pauvre et souffrant comme eux ; prends plaisir à les soulager ; aime ton peuple, déteste la flatterie ; et sache que tu ne seras grand qu'autant que tu seras modéré, et courageux pour vaincre tes passions.

Ces paroles divines entrèrent jusqu'au fond de mon cœur ; elles y firent renaître la joie et le courage. Je ne sentis point cette horreur qui fait dresser les cheveux sur la tête, et qui glace le sang dans les veines, quand les dieux se communiquent aux mortels ; je me levai tranquille : j'adorai à genoux, les mains levées vers le ciel, Minerve, à qui je crus devoir cet oracle. En même temps je me trouvai un nouvel homme ; la sagesse éclairoit mon esprit ; je sentois une douce force pour modérer toutes mes passions, et pour arrêter l'impétuosité de ma jeunesse. Je me fis aimer de tous les bergers du désert ; ma douceur, ma patience, mon exactitude, apaisèrent enfin le cruel Buthis, qui étoit en autorité sur les autres esclaves, et qui avoit voulu d'abord me tourmenter.

Pour mieux supporter l'ennui de la captivité et de la solitude, je cherchai des livres ; car j'étois accablé de tristesse, faute de quelque instruction qui pût nourrir mon esprit et le soutenir. Heureux, disois-je, ceux qui se dégoûtent des plaisirs violents, et qui savent se contenter des douceurs d'une vie innocente ! Heureux ceux qui se divertissent en s'instruisant, et qui se plaisent à cultiver leur esprit par les sciences ! En quelque endroit que la fortune ennemie les jette, ils portent toujours avec eux de quoi s'entretenir ; et l'ennui, qui dévore les autres hommes au milieu même des délices, est inconnu à ceux qui savent s'occuper par quelque lecture. Heureux ceux qui aiment à lire, et qui ne sont point, comme moi, privés de la lecture !

Pendant que ces pensées rouloient dans mon esprit, je m'enfonçai dans une sombre forêt, où j'aperçus tout-à-coup un vieillard qui tenoit dans sa main un livre. Ce vieillard avoit un grand front chauve et un peu ridé ; une barbe blanche pendoit jusqu'à sa ceinture ; sa taille étoit haute et majestueuse, son teint étoit encore frais et vermeil, ses yeux vifs et perçants, sa voix douce, ses paroles simples et aimables. Jamais je n'ai vu un si vénérable vieillard. Il s'appeloit Termosiris, et il étoit prêtre d'Apollon, qu'il servoit dans un temple de marbre que les rois d'Égypte avoient consacré à ce dieu dans cette forêt. Le livre qu'il tenoit étoit un recueil d'hymnes en l'honneur des dieux. Il m'aborde avec amitié ; nous nous entretenons. Il racontoit si bien les choses passées, qu'on croyoit les voir ; mais il les racontoit courtement, et jamais ses histoires ne m'ont lassé. Il prévoyoit l'avenir par la profonde sagesse qui lui faisoit connoître les hommes, et les desseins dont ils sont capables. Avec tant de prudence, il étoit gai, complaisant ; et la jeunesse la plus enjouée n'a point autant de graces qu'en avoit cet homme dans une vieillesse si avancée : aussi aimoit-il les jeunes gens quand ils étoient dociles, et qu'ils avoient le goût de la vertu.

Bientôt il m'aima tendrement, et me donna des livres pour me consoler : il m'appeloit, Mon fils. Je lui disois souvent : Mon père, les dieux qui m'ont ôté Mentor ont eu pitié de moi ; ils m'ont donné en vous un autre soutien. Cet homme, semblable à Orphée ou à Linus, étoit sans doute inspiré des dieux : il me récitoit les vers qu'il avoit faits, et me donnoit ceux de plusieurs excellents poëtes favorisés des Muses. Lorsqu'il étoit revêtu de sa longue robe d'une éclatante blancheur, et qu'il prenoit en main sa lyre d'ivoire, les tigres, les lions et les ours venoient le flatter et lécher ses pieds ; les Satyres sortoient des forêts pour danser autour de lui; les arbres mêmes paroissoient émus; et vous auriez cru que les rochers attendris alloient descendre du haut des montagnes, au charme de ses doux accents. Il ne chantoit que la grandeur des dieux, la vertu des héros, et la sagesse des hommes qui préfèrent la gloire aux plaisirs.

Il me disoit souvent que je devois prendre courage, et que les dieux n'abandonneroient ni Ulysse, ni son fils. Enfin il m'assura que je devois, à l'exemple d'Apollon, enseigner aux bergers à cultiver les Muses. Apollon, disoit-il, indigné de ce que Jupiter par ses foudres troubloit le ciel dans les plus beaux jours, voulut s'en venger sur les Cyclopes qui forgeoient les foudres, et il les perça de ses flèches. Aussitôt le mont Etna cessa de vomir des tourbillons de flammes; on n'entendit plus les coups des terribles marteaux, qui, frappant l'enclume, faisoient gémir les profondes cavernes de la terre et les abîmes de la mer : le fer et l'airain, n'étant plus polis par les Cyclopes, commençoient à se rouiller. Vulcain furieux sort de sa fournaise; quoique boiteux, il monte en diligence vers l'Olympe; il arrive, suant et couvert d'une noire poussière, dans l'assemblée des dieux ; il fait des plaintes amères. Jupiter s'irrite contre Apollon, le chasse du ciel, et le précipite sur la terre. Son char vide faisoit de lui-même son cours ordinaire, pour donner aux hommes les jours et les nuits avec le changement régulier des saisons. Apollon, dépouillé de tous ses rayons, fut contraint de se faire berger, et de garder les troupeaux du roi Admète. Il jouoit de la flûte ; et tous les autres bergers venoient à l'ombre des ormeaux, sur le bord d'une claire fontaine, écouter ses chansons. Jusque là ils avoient mené une vie sauvage et brutale ; ils ne savoient que conduire leurs brebis, les tondre, traire leur lait, et faire des fromages : toute la campagne étoit comme un désert affreux.

Bientôt Apollon montra à tous ces bergers les arts qui peuvent rendre leur vie agréable. Il chantoit les fleurs dont le printemps se couronne, les parfums qu'il répand, et la verdure qui naît sous ses pas. Puis il chantoit les délicieuses nuits de l'été, où les zéphyrs rafraîchissent les hommes, et où la rosée désaltère la terre. Il mêloit aussi dans ses chansons les fruits dorés dont l'automne récompense les travaux des laboureurs, et le repos de l'hiver, pendant lequel la jeunesse folâtre danse auprès du feu. Enfin il représentoit les forêts sombres qui couvrent les montagnes, et les creux vallons, où les rivières, par mille détours, semblent se jouer au milieu des riantes prairies. Il apprit ainsi aux bergers quels sont les charmes de la vie champêtre, quand on sait goûter ce que la simple nature a de gracieux. Bientôt les bergers, avec leurs flûtes, se virent plus heureux que les rois ; et leurs cabanes attiroient en foule les plaisirs purs qui fuient les palais dorés. Les jeux, les ris, les graces suivoient partout les innocentes bergères. Tous les jours étoient des jours de fête : on n'entendoit plus que le gazouillement des oiseaux, ou la douce haleine des zéphyrs qui se jouoient dans les rameaux des arbres, ou le murmure d'une onde claire qui tomboit de quelque rocher, ou les chansons que les Muses inspiroient aux bergers qui suivoient Apollon. Ce dieu leur enseignoit à remporter le prix de la course, et à percer de flèches les daims et les cerfs. Les dieux mêmes devinrent jaloux des bergers : cette vie leur parut plus douce que toute leur gloire; et ils rappelèrent Apollon dans l'Olympe.

Mon fils, cette histoire doit vous instruire. Puisque vous êtes dans l'état où fut Apollon, défrichez cette terre sauvage ; faites fleurir comme lui le désert ; apprenez à tous ces bergers quels sont les charmes de l'harmonie; adoucissez les cœurs farouches ; montrez-leur l'aimable vertu ; faites-leur sentir combien il est doux de jouir, dans la solitude, des plaisirs innocents que rien ne peut ôter aux bergers. Un jour, mon fils, un jour les peines et les soucis cruels, qui environnent les rois, vous feront regretter sur le trône la vie pastorale.

Ayant ainsi parlé, Termosiris me donna une flûte si douce, que les échos de ces montagnes, qui la firent entendre de tous côtés, attirèrent bientôt autour de nous tous les bergers voisins. Ma voix avoit une harmonie divine; je me sentois ému, et comme hors de moi-même, pour chanter les grâces dont la nature a orné la campagne. Nous passions les jours entiers et une partie des nuits à chanter ensemble. Tous les bergers, oubliant leurs cabanes et leurs troupeaux, étoient suspendus et immobiles autour de moi pendant que je leur donnois des leçons : il sembloit que ces déserts n'eussent plus rien de sauvage, tout y étoit devenu doux et riant; la politesse des habitants sembloit adoucir la terre.

Nous nous assemblions souvent pour offrir des

sacrifices dans ce temple d'Apollon où Termosiris étoit prêtre. Les bergers y alloient couronnés de lauriers en l'honneur du dieu ; les bergères y alloient aussi, en dansant, avec des couronnes de fleurs, et portant sur leurs têtes, dans des corbeilles, les dons sacrés. Après le sacrifice, nous faisions un festin champêtre ; nos plus doux mets étoient le lait de nos chèvres et de nos brebis, que nous avions soin de traire nous-mêmes, avec les fruits fraîchement cueillis de nos propres mains, tels que les dattes, les figues et les raisins : nos siéges étoient les gazons ; les arbres touffus nous donnoient une ombre plus agréable que les lambris dorés des palais des rois.

Mais ce qui acheva de me rendre fameux parmi nos bergers, c'est qu'un jour un lion affamé vint se jeter sur mon troupeau : déja il commençoit un carnage affreux ; je n'avois en main que ma houlette ; je m'avance hardiment. Le lion hérisse sa crinière, me montre ses dents et ses griffes, ouvre une gueule sèche et enflammée ; ses yeux paroissent pleins de sang et de feu ; il bat ses flancs avec sa longue queue. Je le terrasse : la petite cotte de maille dont j'étois revêtu, selon la coutume des bergers d'Égypte, l'empêcha de me déchirer. Trois fois je l'abattis ; trois fois il se releva ; il poussoit des rugissements qui faisoient retentir toutes les forêts. Enfin je l'étouffai entre mes bras ; et les bergers, témoins de ma victoire, voulurent que je me revêtisse de la peau de ce terrible lion.

Le bruit de cette action, et celui du beau changement de tous nos bergers, se répandit dans toute l'Égypte ; il parvint même jusqu'aux oreilles de Sésostris. Il sut qu'un de ces deux captifs, qu'on avoit pris pour des Phéniciens, avoit ramené l'âge d'or dans ces déserts presque inhabitables. Il voulut me voir : car il aimoit les Muses ; et tout ce qui peut instruire les hommes touchoit son grand cœur. Il me vit ; il m'écouta avec plaisir ; il découvrit que Métophis l'avoit trompé par avarice : il le condamna à une prison perpétuelle, et lui ôta toutes les richesses qu'il possédoit injustement. O qu'on est malheureux, disoit-il, quand on est au-dessus du reste des hommes ! souvent on ne peut voir la vérité par ses propres yeux : on est environné de gens qui l'empêchent d'arriver jusqu'à celui qui commande ; chacun est intéressé à le tromper ; chacun, sous une apparence de zèle, cache son ambition. On fait semblant d'aimer le roi, et on n'aime que les richesses qu'il donne : on l'aime si peu, que pour obtenir ses faveurs on le flatte et on le trahit.

Ensuite Sésostris me traita avec une tendre amitié, et résolut de me renvoyer en Ithaque avec des vaisseaux et des troupes, pour délivrer Pénélope de tous ses amants. La flotte étoit déja prête ; nous ne songions qu'à nous embarquer. J'admirois les coups de la fortune, qui relève tout-à-coup ceux qu'elle a le plus abaissés. Cette expérience me faisoit espérer qu'Ulysse pourroit bien revenir enfin dans son royaume après quelque longue souffrance. Je pensois aussi en moi-même que je pourrois encore revoir Mentor, quoiqu'il eût été emmené dans les pays les plus inconnus de l'Éthiopie. Pendant que je retardois un peu mon départ, pour tâcher d'en savoir des nouvelles, Sésostris, qui étoit fort âgé, mourut subitement, et sa mort me replongea dans de nouveaux malheurs.

Toute l'Égypte parut inconsolable dans cette perte ; chaque famille croyoit avoir perdu son meilleur ami, son protecteur, son père. Les vieillards, levant les mains au ciel, s'écrioient : Jamais l'Égypte n'eut un si bon roi ; jamais elle n'en aura de semblable. O dieux ! il falloit ou ne le point montrer aux hommes, ou ne le leur ôter jamais : pourquoi faut-il que nous survivions au grand Sésostris ! Les jeunes gens disoient : L'espérance de l'Égypte est détruite : nos pères ont été heureux de passer leur vie sous un si bon roi ; pour nous, nous ne l'avons vu que pour sentir sa perte. Ses domestiques pleuroient nuit et jour. Quand on fit les funérailles du roi, pendant quarante jours tous les peuples les plus reculés y accoururent en foule : chacun vouloit voir encore une fois le corps de Sésostris ; chacun vouloit en conserver l'image ; plusieurs voulurent être mis avec lui dans le tombeau.

Ce qui augmenta encore la douleur de sa perte, c'est que son fils Bocchoris n'avoit ni humanité pour les étrangers, ni curiosité pour les sciences, ni estime pour les hommes vertueux, ni amour de la gloire. La grandeur de son père avoit contribué à le rendre si indigne de régner. Il avoit été nourri dans la mollesse et dans une fierté brutale ; il comptoit pour rien les hommes, croyant qu'ils n'étoient faits que pour lui, et qu'il étoit d'une autre nature qu'eux : il ne songeoit qu'à contenter ses passions, qu'à dissiper les trésors immenses que son père avoit ménagés avec tant de soin, qu'à tourmenter les peuples, et qu'à sucer le sang des malheureux ; enfin qu'à suivre les conseils flatteurs des jeunes insensés qui l'environnoient, pendant qu'il écartoit avec mépris tous les sages vieillards qui avoient eu la confiance de son père. C'étoit un monstre, et non pas un roi. Toute l'Égypte gémissoit ; et quoique le nom de Sésostris, si cher aux Égyptiens, leur fît supporter la conduite lâche et cruelle de son fils, le fils couroit à sa perte; et un prince si indigne du trône ne pouvoit long-temps régner.

Il ne me fut plus permis d'espérer mon retour en Ithaque. Je demeurai dans une tour sur le bord de la mer auprès de Péluse, où notre embarquement devoit se faire, si Sésostris ne fût pas mort. Méthophis avoit eu l'adresse de sortir de prison, et de se rétablir auprès du nouveau roi: il m'avoit fait renfermer dans cette tour, pour se venger de la disgrâce que je lui avois causée. Je passois les jours et les nuits dans une profonde tristesse: tout ce que Termosiris m'avoit prédit, et tout ce que j'avois entendu dans la caverne, ne me paroissoit plus qu'un songe; j'étois abîmé dans la plus amère douleur. Je voyois les vagues qui venoient battre le pied de la tour où j'étois prisonnier: souvent je m'occupois à considérer des vaisseaux agités par la tempête, qui étoient en danger de se briser contre les rochers sur lesquels la tour étoit bâtie. Loin de plaindre ces hommes menacés du naufrage, j'envoyois leur sort. Bientôt, disois-je en moi-même, ils finiront les malheurs de leur vie, ou ils arriveront en leur pays. Hélas! je ne puis espérer ni l'un ni l'autre.

Pendant que je me consumois ainsi en regrets inutiles, j'aperçus comme une forêt de mâts de vaisseaux. La mer étoit couverte de voiles que les vents enfloient; l'onde étoit écumante sous les coups des rames innombrables. J'entendois de toutes parts des cris confus; j'apercevois sur le rivage une partie des Égyptiens effrayés qui couroient aux armes, et d'autres qui sembloient aller au-devant de cette flotte qu'on voyoit arriver. Bientôt je reconnus que ces vaisseaux étrangers étoient les uns de Phénicie, et les autres de l'île de Chypre; car mes malheurs commençoient à me rendre expérimenté sur ce qui regarde la navigation. Les Égyptiens me parurent divisés entre eux: je n'eus aucune peine à croire que l'insensé Bocchoris avoit, par ses violences, causé une révolte de ses sujets, et allumé la guerre civile. Je fus, du haut de cette tour, spectateur d'un sanglant combat. Les Égyptiens qui avoient appelé à leur secours les étrangers, après avoir favorisé leur descente, attaquèrent les autres Égyptiens, qui avoient le roi à leur tête. Je voyois ce roi qui animoit les siens par son exemple; il paroissoit comme le dieu Mars: des ruisseaux de sang couloient autour de lui; les roues de son char étoient teintes d'un sang noir, épais et écumant: à peine pouvoient-elles passer sur des tas de corps morts écrasés. Ce jeune roi, bien fait, vigoureux, d'une mine haute et fière, avoit dans ses yeux la fureur et le désespoir: il étoit comme un beau cheval qui n'a point de bouche; son courage le poussoit au hasard, et la sagesse ne modéroit point sa valeur. Il ne savoit ni réparer ses fautes, ni donner des ordres précis, ni prévoir les maux qui le menaçoient, ni ménager les gens dont il avoit le plus grand besoin. Ce n'étoit pas qu'il manquât de génie; ses lumières égaloient son courage: mais il n'avoit jamais été instruit par la mauvaise fortune; ses maîtres avoient empoisonné par la flatterie son beau naturel. Il étoit enivré de sa puissance et de son bonheur; il croyoit que tout devoit céder à ses desirs fougueux; la moindre résistance enflammoit sa colère. Alors il ne raisonnoit plus; il étoit comme hors de lui-même: son orgueil furieux en faisoit une bête farouche; sa bonté naturelle et sa droite raison l'abandonnoient en un instant: ses plus fidèles serviteurs étoient réduits à s'enfuir; il n'aimoit plus que ceux qui flattoient ses passions. Ainsi il prenoit toujours des partis extrêmes contre ses véritables intérêts, et il forçoit tous les gens de bien à détester sa folle conduite.

Long-temps sa valeur le soutint contre la multitude de ses ennemis; mais enfin il fut accablé. Je le vis périr: le dard d'un Phénicien perça sa poitrine. Les rênes lui échappèrent des mains; il tomba de son char sous les pieds des chevaux. Un soldat de l'île de Chypre lui coupa la tête; et, la prenant par les cheveux, il la montra comme en triomphe à toute l'armée victorieuse.

Je me souviendrai toute ma vie d'avoir vu cette tête qui nageoit dans le sang; ces yeux fermés et éteints; ce visage pâle et défiguré; cette bouche entr'ouverte, qui sembloit vouloir encore achever des paroles commencées; cet air superbe et menaçant, que la mort même n'avoit pu effacer. Toute ma vie il sera peint devant mes yeux; et, si jamais les dieux me faisoient régner, je n'oublierois point, après un si funeste exemple, qu'un roi n'est digne de commander, et n'est heureux dans sa puissance, qu'autant qu'il la soumet à la raison. Eh! quel malheur, pour un homme destiné à faire le bonheur public, de n'être le maître de tant d'hommes que pour les rendre malheureux!

LIVRE III.

Suite du récit de Télémaque. Le successeur de Bocchoris rendant tous les prisonniers phéniciens, Télémaque est emmené avec eux sur le vaisseau de Narbal, qui commandoit la flotte tyrienne. Pendant le trajet, Narbal lui dépeint la puissance des Phéniciens, et le triste esclavage auquel ils sont réduits par le soupçonneux et cruel Pygmalion. Télémaque, retenu quelque temps à Tyr, observe attentivement l'opulence et la prospérité de cette grande ville. Narbal lui apprend par quels moyens elle est parvenue à un état si florissant. Cependant Télémaque étant sur le point de s'embarquer pour l'île de Chypre, Pygmalion découvre qu'il est étranger, et veut le faire prendre : mais Astarbé, maîtresse du tyran, le sauve, pour faire mourir à sa place un jeune homme dont le mépris l'avoit irritée. Télémaque s'embarque enfin sur un vaisseau chyprien, pour retourner à Ithaque par l'île de Chypre.

Calypso écoutoit avec étonnement des paroles si sages. Ce qui la charmoit le plus étoit de voir que Télémaque racontoit ingénument les fautes qu'il avoit faites avec précipitation, et en manquant de docilité pour le sage Mentor : elle trouvoit une noblesse et une grandeur étonnante dans ce jeune homme qui s'accusoit lui-même, et qui paroissoit avoir si bien profité de ses imprudences pour se rendre sage, prévoyant et modéré. Continuez, disoit-elle, mon cher Télémaque ; il me tarde de savoir comment vous sortîtes de l'Égypte, et où vous avez retrouvé le sage Mentor, dont vous aviez senti la perte avec tant de raison.

Télémaque reprit ainsi son discours : Les Égyptiens les plus vertueux et les plus fidèles au roi étant les plus foibles, et voyant le roi mort, furent contraints de céder aux autres : on établit un autre roi nommé Termutis. Les Phéniciens, avec les troupes de l'île de Chypre, se retirèrent après avoir fait alliance avec le nouveau roi. Celui-ci rendit tous les prisonniers phéniciens ; je fus compté comme étant de ce nombre. On me fit sortir de la tour ; je m'embarquai avec les autres ; et l'espérance commença à reluire au fond de mon cœur. Un vent favorable remplissoit déja nos voiles, les rameurs fendoient les ondes écumantes, la vaste mer étoit couverte de navires ; les mariniers poussoient des cris de joie ; les rivages d'Égypte s'enfuyoient loin de nous ; les collines et les montagnes s'aplanissoient peu à peu. Nous commencions à ne voir plus que le ciel et l'eau, pendant que le soleil, qui se levoit, sembloit faire sortir du sein de la mer ses feux étincelants : ses rayons doroient le sommet des montagnes que nous découvrions encore un peu sur l'horizon ; et tout le ciel, peint d'un sombre azur, nous promettoit une heureuse navigation.

Quoiqu'on m'eût renvoyé comme étant Phénicien, aucun des Phéniciens avec qui j'étois ne me connoissoit. Narbal, qui commandoit dans le vaisseau où l'on me mit, me demanda mon nom et ma patrie. De quelle ville de Phénicie êtes-vous ? me dit-il. Je ne suis point Phénicien, lui dis-je ; mais les Égyptiens m'avoient pris sur la mer dans un vaisseau de Phénicie : j'ai demeuré captif en Égypte comme un Phénicien ; c'est sous ce nom que j'ai long-temps souffert ; c'est sous ce nom qu'on m'a délivré. De quel pays êtes-vous donc ? reprit Narbal. Alors je lui parlai ainsi : Je suis Télémaque, fils d'Ulysse, roi d'Ithaque en Grèce. Mon père s'est rendu fameux entre tous les rois qui ont assiégé la ville de Troie : mais les dieux ne lui ont pas accordé de revoir sa patrie. Je l'ai cherché en plusieurs pays ; la fortune me persécute comme lui : vous voyez un malheureux qui ne soupire qu'après le bonheur de retourner parmi les siens, et de trouver son père.

Narbal me regardoit avec étonnement, et il crut apercevoir en moi je ne sais quoi d'heureux qui vient des dons du ciel, et qui n'est point dans le commun des hommes. Il étoit naturellement sincère et généreux ; il fut touché de mon malheur, et me parla avec une confiance que les dieux lui inspirèrent pour me sauver d'un grand péril.

Télémaque, je ne doute point, me dit-il, de ce que vous me dites, et je ne saurois en douter ; la douleur et la vertu peintes sur votre visage ne me permettent pas de me défier de vous : je sens même que les dieux, que j'ai toujours servis, vous aiment, et qu'ils veulent que je vous aime aussi comme si vous étiez mon fils. Je vous donnerai un conseil salutaire ; et pour récompense je ne vous demande que le secret. Ne craignez point, lui dis-je, que j'aie aucune peine à me taire sur les choses que vous voudrez me confier : quoique je sois si jeune, j'ai déja vieilli dans l'habitude de ne dire jamais mon secret, et encore plus de ne trahir jamais, sous aucun prétexte, le secret d'autrui. Comment avez-vous pu, me dit-il, vous accoutumer au secret dans une si grande jeunesse ? Je serai ravi d'apprendre par quel moyen vous avez acquis cette qualité, qui est le fondement de la plus sage conduite, et sans laquelle tous les talents sont inutiles.

Quand Ulysse, lui dis-je, partit pour aller au siège de Troie, il me prit sur ses genoux et entre ses bras (c'est ainsi qu'on me l'a raconté) ; après m'avoir baisé tendrement, il me dit ces paroles, quoique je ne pusse les entendre : O mon fils ! que les dieux me préservent de te revoir jamais ; que plutôt le ciseau de la Parque tranche le fil de tes jours lorsqu'il est à peine formé, de même que le moissonneur tranche de sa faux une tendre fleur qui commence à éclore ; que mes ennemis te puissent écraser aux yeux de ta mère et aux miens, si tu dois un jour te corrompre et abandonner la vertu! O mes amis! continua-t-il, je vous laisse ce fils qui m'est si cher; ayez soin de son enfance: si vous m'aimez, éloignez de lui la pernicieuse flatterie; enseignez-lui à se vaincre; qu'il soit comme un jeune arbrisseau encore tendre, qu'on plie pour le redresser. Surtout n'oubliez rien pour le rendre juste, bienfaisant, sincère, et fidèle à garder un secret. Quiconque est capable de mentir est indigne d'être compté au nombre des hommes; et quiconque ne sait pas se taire est indigne de gouverner.

Je vous rapporte ces paroles, parce qu'on a eu soin de me les répéter souvent, et qu'elles ont pénétré jusqu'au fond de mon cœur : je me les redis souvent à moi-même. Les amis de mon père eurent soin de m'exercer de bonne heure au secret : j'étois encore dans la plus tendre enfance, et ils me confioient déjà toutes les peines qu'ils ressentoient, voyant ma mère exposée à un grand nombre de téméraires qui vouloient l'épouser. Ainsi on me traitoit dès-lors comme un homme raisonnable et sûr : on m'entretenoit secrètement des plus grandes affaires; on m'instruisoit de tout ce qu'on avoit résolu pour écarter ces prétendants. J'étois ravi qu'on eût en moi cette confiance : par-là je me croyois déjà un homme fait. Jamais je n'en ai abusé; jamais il ne m'a échappé une seule parole qui pût découvrir le moindre secret. Souvent les prétendants tâchoient de me faire parler, espérant qu'un enfant, qui pourroit avoir vu ou entendu quelque chose d'important, ne sauroit pas se retenir; mais je savois bien leur répondre sans mentir, et sans leur apprendre ce que je ne devois pas dire.

Alors Narbal me dit : Vous voyez, Télémaque, la puissance des Phéniciens; ils sont redoutables à toutes les nations voisines, par leurs innombrables vaisseaux: le commerce, qu'ils font jusqu'aux colonnes d'Hercule, leur donne des richesses qui surpassent celles des peuples les plus florissants. Le grand roi Sésostris, qui n'auroit jamais pu les vaincre par mer, eut bien de la peine à les vaincre par terre, avec ses armées qui avoient conquis tout l'Orient; il nous imposa un tribut que nous n'avons pas long-temps payé: les Phéniciens se trouvoient trop riches et trop puissants pour porter patiemment le joug de la servitude; nous reprîmes notre liberté. La mort ne laissa pas à Sésostris le temps de finir la guerre contre nous. Il est vrai que nous avions tout à craindre de sa sagesse, encore plus que de sa puissance: mais, sa puissance passant dans les mains de son fils, dépourvu de toute sagesse, nous conclûmes que nous n'avions plus rien à craindre. En effet, les Égyptiens, bien loin de rentrer les armes à la main dans notre pays pour nous subjuguer encore une fois, ont été contraints de nous appeler à leur secours pour les délivrer de ce roi impie et furieux. Nous avons été leurs libérateurs. Quelle gloire ajoutée à la liberté et à l'opulence des Phéniciens!

Mais pendant que nous délivrons les autres, nous sommes esclaves nous-mêmes. O Télémaque! craignez de tomber dans les mains de Pygmalion, notre roi : il les a trempées, ces mains cruelles, dans le sang de Sichée, mari de Didon, sa sœur. Didon, pleine du desir de la vengeance, s'est sauvée de Tyr avec plusieurs vaisseaux. La plupart de ceux qui aiment la vertu et la liberté l'ont suivie : elle a fondé sur la côte d'Afrique une superbe ville qu'on nomme Carthage. Pygmalion, tourmenté par une soif insatiable des richesses, se rend de plus en plus misérable et odieux à ses sujets. C'est un crime à Tyr que d'avoir de grands biens; l'avarice le rend défiant, soupçonneux, cruel; il persécute les riches, et il craint les pauvres. C'est un crime encore plus grand à Tyr d'avoir de la vertu; car Pygmalion suppose que les bons ne peuvent souffrir ses injustices et ses infamies: la vertu le condamne; il s'aigrit et s'irrite contre elle. Tout l'agite, l'inquiète, le ronge; il a peur de son ombre; il ne dort ni nuit ni jour : les dieux, pour le confondre, l'accablent de trésors dont il n'ose jouir. Ce qu'il cherche pour être heureux est précisément ce qui l'empêche de l'être. Il regrette tout ce qu'il donne; il craint toujours de perdre; il se tourmente pour gagner. On ne le voit presque jamais; il est seul, triste, abattu, au fond de son palais : ses amis mêmes n'osent l'aborder, de peur de lui devenir suspects. Une garde terrible tient toujours des épées nues et des piques levées autour de sa maison. Trente chambres qui communiquent les unes aux autres, et dont chacune a une porte de fer avec six gros verrous, sont le lieu où il se renferme: on ne sait jamais dans laquelle de ces chambres il couche; et on assure qu'il ne couche jamais deux nuits de suite dans la même, de peur d'y être égorgé. Il ne connoît ni les doux plaisirs, ni l'amitié encore plus douce : si on lui parle de chercher la joie, il sent qu'elle fuit loin de lui, et qu'elle refuse d'entrer dans son cœur. Ses yeux creux sont pleins d'un feu âpre et farouche; ils sont sans cesse errants de tous côtés : il prête l'oreille au moindre bruit, et se sent tout ému; il est pâle, défait, et les noirs soucis sont peints sur son visage toujours ridé. Il se tait, il soupire, il tire de son cœur de profonds gémissements; il ne peut cacher les remords qui déchirent ses entrailles. Les mets les plus exquis le dégoûtent. Ses enfants, loin d'être son espérance, sont le sujet de sa terreur : il en a fait ses plus dangereux ennemis. Il n'a eu toute sa vie aucun moment d'assuré; il ne se conserve qu'à force de répandre le sang de tous ceux qu'il craint. Insensé, qui ne voit pas que sa cruauté, à laquelle il se confie, le fera périr ! Quelqu'un de ses domestiques, aussi défiant que lui, se hâtera de délivrer le monde de ce monstre.

Pour moi, je crains les dieux : quoi qu'il m'en coûte, je serai fidèle au roi qu'ils m'ont donné : j'aimerois mieux qu'il me fît mourir, que de lui ôter la vie, et même que de manquer à le défendre. Pour vous, ô Télémaque, gardez-vous bien de lui dire que vous êtes le fils d'Ulysse : il espéreroit qu'Ulysse, retournant à Ithaque, lui paieroit quelque grande somme pour vous racheter, et il vous tiendroit en prison.

Quand nous arrivâmes à Tyr, je suivis le conseil de Narbal, et je reconnus la vérité de tout ce qu'il m'avoit raconté. Je ne pouvois comprendre qu'un homme pût se rendre aussi misérable que Pygmalion me le paroissoit. Surpris d'un spectacle si affreux et si nouveau pour moi, je disois en moi-même : Voilà un homme qui n'a cherché qu'à se rendre heureux : il a cru y parvenir par les richesses et par une autorité absolue : il possède tout ce qu'il peut desirer ; et cependant il est misérable par ses richesses et par son autorité même. S'il étoit berger, comme je l'étois naguère, il seroit aussi heureux que je l'ai été ; il jouiroit des plaisirs innocents de la campagne, et en jouiroit sans remords ; il ne craindroit ni le fer ni le poison ; il aimeroit les hommes, il en seroit aimé : il n'auroit point ces grandes richesses, qui lui sont aussi inutiles que du sable, puisqu'il n'ose y toucher ; mais il jouiroit librement des fruits de la terre, et ne souffriroit aucun véritable besoin. Cet homme paroît faire tout ce qu'il veut ; mais il s'en faut bien qu'il ne le fasse : il fait tout ce que veulent ses passions féroces ; il est toujours entraîné par son avarice, par sa crainte, par ses soupçons. Il paroît maître de tous les autres hommes ; mais il n'est pas maître de lui-même, car il a autant de maîtres et de bourreaux qu'il a de desirs violents.

Je raisonnois ainsi de Pygmalion sans le voir ; car on ne le voyoit point, et on regardoit seulement avec crainte ces hautes tours, qui étoient nuit et jour entourées de gardes, où il s'étoit mis lui-même comme en prison, se renfermant avec ses trésors. Je comparois ce roi invisible avec Sésostris si doux, si accessible, si affable, si curieux de voir les étrangers, si attentif à écouter tout le monde, et à tirer du cœur des hommes la vérité qu'on cache aux rois. Sésostris, disois-je, ne craignoit rien, et n'avoit rien à craindre ; il se montroit à tous ses sujets comme à ses propres enfants : celui-ci craint tout, et a tout à craindre. Ce méchant roi est toujours exposé à une mort funeste, même dans son palais inaccessible, au milieu de ses gardes ; au contraire, le bon roi Sésostris étoit en sûreté au milieu de la foule des peuples, comme un bon père dans sa maison, environné de sa famille.

Pygmalion donna ordre de renvoyer les troupes de l'île de Chypre qui étoient venues secourir les siennes à cause de l'alliance qui étoit entre les deux peuples. Narbal prit cette occasion de me mettre en liberté : il me fit passer en revue parmi les soldats chypriens : car le roi étoit ombrageux jusque dans les moindres choses. Le défaut des princes trop faciles et inappliqués est de se livrer avec une aveugle confiance à des favoris artificieux et corrompus. Le défaut de celui-ci étoit au contraire de se défier des plus honnêtes gens : il ne savoit point discerner les hommes droits et simples qui agissent sans déguisement ; aussi n'avoit-il jamais vu de gens de bien, car de telles gens ne vont point chercher un roi si corrompu. D'ailleurs, il avoit vu, depuis qu'il étoit sur le trône, dans les hommes dont il s'étoit servi, tant de dissimulation, de perfidie, et de vices affreux déguisés sous les apparences de la vertu, qu'il regardoit tous les hommes, sans exception, comme s'ils eussent été masqués. Il supposoit qu'il n'y a aucune sincère vertu sur la terre : ainsi il regardoit tous les hommes comme étant à peu près égaux. Quand il trouvoit un homme faux et corrompu, il ne se donnoit point la peine d'en chercher un autre, comptant qu'un autre ne seroit pas meilleur. Les bons lui paroissoient pires que les méchants les plus déclarés, parce qu'il les croyoit aussi méchants et plus trompeurs.

Pour revenir à moi, je fus confondu avec les Chypriens, et j'échappai à la défiance pénétrante du roi. Narbal trembloit, dans la crainte que je ne fusse découvert : il lui en eût coûté la vie, et à moi aussi. Son impatience de nous voir partir étoit incroyable : mais les vents contraires nous retinrent assez long-temps à Tyr.

Je profitai de ce séjour pour connoître les mœurs des Phéniciens, si célèbres dans toutes les nations connues. J'admirois l'heureuse situation de cette grande ville, qui est au milieu de la mer, dans une île. La côte voisine est délicieuse par sa fertilité, par les fruits exquis qu'elle porte, par le nombre des villes et des villages qui se touchent presque ; enfin par la douceur de son climat : car les montagnes mettent cette côte à l'abri des vents brûlants du midi; elle est rafraîchie par le vent du nord, qui souffle du côté de la mer. Ce pays est au pied du Liban, dont le sommet fend les nues et va toucher les astres; une glace éternelle couvre son front, des fleuves pleins de neige tombent, comme des torrents, des pointes des rochers qui environnent sa tête. Au-dessous on voit une vaste forêt de cèdres antiques, qui paroissent aussi vieux que la terre où ils sont plantés, et qui portent leurs branches épaisses jusque vers les nues. Cette forêt a sous ses pieds de gras pâturages dans la pente de la montagne. C'est là qu'on voit errer les taureaux qui mugissent, les brebis qui bêlent, avec leurs tendres agneaux qui bondissent sur l'herbe fraîche : là coulent mille divers ruisseaux d'une eau claire, qui distribuent l'eau partout. Enfin on voit au-dessous de ces pâturages le pied de la montagne, qui est comme un jardin : le printemps et l'automne y règnent ensemble pour y joindre les fleurs et les fruits. Jamais ni le souffle empesté du midi, qui sèche et qui brûle tout, ni le rigoureux aquilon, n'ont osé effacer les vives couleurs qui ornent ce jardin.

C'est auprès de cette belle côte que s'élève dans la mer l'île où est bâtie la ville de Tyr. Cette grande ville semble nager au-dessus des eaux, et être la reine de toute la mer. Les marchands y abordent de toutes les parties du monde, et ses habitants sont eux-mêmes les plus fameux marchands qu'il y ait dans l'univers. Quand on entre dans cette ville, on croit d'abord que ce n'est point une ville qui appartienne à un peuple particulier, mais qu'elle est la ville commune de tous les peuples, et le centre de leur commerce. Elle a deux grands môles, semblables à deux bras, qui s'avancent dans la mer, et qui embrassent un vaste port où les vents ne peuvent entrer. Dans ce port on voit comme une forêt de mâts de navires; et ces navires sont si nombreux, qu'à peine peut-on découvrir la mer qui les porte. Tous les citoyens s'appliquent au commerce, et leurs grandes richesses ne les dégoûtent jamais du travail nécessaire pour les augmenter. On y voit de tous côtés le fin lin d'Égypte, et la pourpre tyrienne, deux fois teinte, d'un éclat merveilleux; cette double teinture est si vive, que le temps ne peut l'effacer : on s'en sert pour des laines fines, qu'on rehausse d'une broderie d'or et d'argent. Les Phéniciens font le commerce de tous les peuples jusqu'au détroit de Gadès, et ils ont même pénétré dans le vaste océan qui environne toute la terre. Ils ont fait aussi de longues navigations sur la mer Rouge ; et c'est par ce chemin qu'ils vont chercher, dans des îles inconnues, de l'or, des parfums, et divers animaux qu'on ne voit point ailleurs.

Je ne pouvois rassasier mes yeux du spectacle magnifique de cette grande ville, où tout étoit en mouvement. Je n'y voyois point, comme dans les villes de la Grèce, des hommes oisifs et curieux, qui vont chercher des nouvelles dans la place publique, ou regarder les étrangers qui arrivent sur le port. Les hommes y sont occupés à décharger leurs vaisseaux, à transporter leurs marchandises ou à les vendre ; à ranger leurs magasins, et à tenir un compte exact de ce qui leur est dû par les négociants étrangers. Les femmes ne cessent jamais ou de filer les laines, ou de faire des dessins de broderie, ou de plier les riches étoffes.

D'où vient, disois-je à Narbal, que les Phéniciens se sont rendus les maîtres du commerce de toute la terre, et qu'ils s'enrichissent ainsi aux dépens de tous les autres peuples? Vous le voyez, me répondit-il ; la situation de Tyr est heureuse pour le commerce. C'est notre patrie qui a la gloire d'avoir inventé la navigation : les Tyriens furent les premiers, s'il en faut croire ce qu'on raconte de la plus obscure antiquité, qui domptèrent les flots, long-temps avant l'âge de Tiphys et des Argonautes tant vantés dans la Grèce; ils furent, dis-je, les premiers qui osèrent se mettre dans un frêle vaisseau à la merci des vagues et des tempêtes, qui sondèrent les abîmes de la mer, qui observèrent les astres loin de la terre, suivant la science des Égyptiens et des Babyloniens; enfin qui réunirent tant de peuples que la mer avoit séparés. Les Tyriens sont industrieux, patients, laborieux, propres, sobres et ménagers ; ils ont une exacte police ; ils sont parfaitement d'accord entre eux; jamais peuple n'a été plus constant, plus sincère, plus fidèle, plus sûr, plus commode à tous les étrangers. Voilà, sans aller chercher d'autres causes, ce qui leur donne l'empire de la mer, et qui fait fleurir dans leurs ports un si utile commerce. Si la division et la jalousie se mettoient entre eux; s'ils commençoient à s'amollir dans les délices et dans l'oisiveté; si les premiers de la nation méprisoient le travail et l'économie ; si les arts cessoient d'être en honneur dans leur ville ; s'ils manquoient de bonne foi vers les étrangers ; s'ils altéroient tant soit peu les règles d'un commerce libre ; s'ils négligeoient leurs manufactures, et s'ils cessoient de faire les grandes avances qui sont nécessaires pour rendre leurs marchandises parfaites, chacune dans son genre, vous verriez bientôt tomber cette puissance que vous admirez.

Mais expliquez-moi, lui disois-je, les vrais moyens d'établir un jour à Ithaque un pareil commerce. Faites, me répondit-il, comme on fait ici : recevez bien et facilement tous les étrangers ; faites-leur trouver dans vos ports la sûreté, la commodité, la liberté entière; ne vous laissez jamais entraîner ni par l'avarice ni par l'orgueil. Le vrai moyen de gagner beaucoup est de ne vouloir jamais trop gagner, et de savoir perdre à propos. Faites-vous aimer par tous les étrangers; souffrez même quelque chose d'eux; craignez d'exciter leur jalousie par votre hauteur : soyez constant dans les règles du commerce ; qu'elles soient simples et faciles; accoutumez vos peuples à les suivre inviolablement ; punissez sévèrement la fraude, et même la négligence ou le faste des marchands, qui ruinent le commerce en ruinant les hommes qui le font. Surtout n'entreprenez jamais de gêner le commerce pour le tourner selon vos vues. Il faut que le prince ne s'en mêle point, de peur de le gêner, et qu'il en laisse tout le profit à ses sujets qui en ont la peine; autrement il les découragera : il en tirera assez d'avantages par les grandes richesses qui entreront dans ses états. Le commerce est comme certaines sources : si vous voulez détourner leurs cours, vous les faites tarir. Il n'y a que le profit et la commodité qui attirent les étrangers chez vous; si vous leur rendez le commerce moins commode et moins utile, ils se retirent insensiblement, et ne reviennent plus, parce que d'autres peuples, profitant de votre imprudence, les attirent chez eux, et les accoutument à se passer de vous. Il faut même vous avouer que depuis quelque temps la gloire de Tyr est bien obscurcie. O si vous l'aviez vue, mon cher Télémaque, avant le règne de Pygmalion, vous auriez été bien plus étonné ! Vous ne trouvez plus maintenant ici que les tristes restes d'une grandeur qui menace ruine. O malheureuse Tyr! en quelles mains es-tu tombée! autrefois la mer t'apportoit le tribut de tous les peuples de la terre.

Pygmalion craint tout, et des étrangers et de ses sujets. Au lieu d'ouvrir, suivant notre ancienne coutume, ses ports à toutes les nations les plus éloignées, dans une entière liberté, il veut savoir le nombre des vaisseaux qui arrivent, leur pays, les noms des hommes qui y sont, leur genre de commerce, la nature et le prix de leurs marchandises, et le temps qu'ils doivent demeurer ici. Il fait encore pis; car il use de supercherie pour surprendre les marchands, et pour confisquer leurs marchandises. Il inquiète les marchands qu'il croit les plus opulents; il établit, sous divers prétextes, de nouveaux impôts. Il veut entrer lui-même dans le commerce ; et tout le monde craint d'avoir quelque affaire avec lui. Ainsi le commerce languit; les étrangers oublient peu à peu le chemin de Tyr, qui leur étoit autrefois si doux : et, si Pygmalion ne change de conduite, notre gloire et notre puissance seront bientôt transportées à quelque autre peuple mieux gouverné que nous.

Je demandai ensuite à Narbal comment les Tyriens s'étoient rendus si puissants sur la mer : car je voulois n'ignorer rien de tout ce qui sert au gouvernement d'un royaume. Nous avons, me répondit-il, les forêts du Liban qui fournissent le bois des vaisseaux ; et nous les réservons avec soin pour cet usage: on n'en coupe jamais que pour les besoins publics. Pour la construction des vaisseaux, nous avons l'avantage d'avoir des ouvriers habiles. Comment, lui disois-je, avez-vous pu faire pour trouver ces ouvriers?

Il me répondoit : Ils se sont formés peu à peu dans le pays. Quand on récompense bien ceux qui excellent dans les arts, on est sûr d'avoir bientôt des hommes qui les mènent à leur dernière perfection ; car les hommes qui ont le plus de sagesse et de talent ne manquent point de s'adonner aux arts auxquels les grandes récompenses sont attachées. Ici on traite avec honneur tous ceux qui réussissent dans les arts et dans les sciences utiles à la navigation. On considère un bon géomètre ; on estime fort un habile astronome ; on comble de biens un pilote qui surpasse les autres dans sa fonction : on ne méprise point un bon charpentier ; au contraire, il est bien payé et bien traité. Les bons rameurs mêmes ont des récompenses sûres, et proportionnées à leurs services; on les nourrit bien ; on a soin d'eux quand ils sont malades ; en leur absence on a soin de leurs femmes et de leurs enfants; s'ils périssent dans un naufrage, on dédommage leurs familles : on renvoie chez eux ceux qui ont servi un certain temps. Ainsi on en a autant qu'on en veut : le père est ravi d'élever son fils dans un si bon métier ; et, dès sa plus tendre jeunesse, il se hâte de lui enseigner à manier la rame, à tendre les cordages, et à mépriser les tempêtes. C'est ainsi qu'on mène les hommes, sans contrainte, par la récompense et par le bon ordre. L'autorité seule ne fait jamais bien ; la soumission des inférieurs ne suffit pas : il faut gagner les cœurs, et faire trouver aux hommes leur avantage pour les choses où l'on veut se servir de leur industrie.

Après ce discours, Narbal me mena visiter tous les magasins, les arsenaux, et tous les métiers qui servent à la construction des navires. Je demandois le détail des moindres choses, et j'écrivois tout ce que j'avois appris, de peur d'oublier quelque circonstance utile.

Cependant Narbal, qui connoissoit Pygmalion, et qui m'aimoit, attendoit avec impatience mon départ, craignant que je ne fusse découvert par les espions du roi, qui alloient nuit et jour par toute la ville : mais les vents ne nous permettoient point encore de nous embarquer. Pendant que nous étions occupés à visiter curieusement le port, et à interroger divers marchands, nous vîmes venir à nous un officier de Pygmalion, qui dit à Narbal : Le roi vient d'apprendre d'un des capitaines de vaisseaux qui sont revenus d'Égypte avec vous, que vous avez mené d'Égypte un étranger qui passe pour Chyprien : le roi veut qu'on l'arrête, et qu'on sache certainement de quel pays il est ; vous en répondrez sur votre tête. Dans ce moment je m'étois un peu éloigné pour regarder de plus près les proportions que les Tyriens avoient gardées dans la construction d'un vaisseau presque neuf, qui étoit, disoit-on, par cette proportion si exacte de toutes ses parties, le meilleur voilier qu'on eût jamais vu dans le port ; et j'interrogeois l'ouvrier qui avoit réglé ces proportions.

Narbal, surpris et effrayé, répondit : Je vais chercher cet étranger, qui est de l'île de Chypre. Quand il eut perdu de vue cet officier, il courut vers moi pour m'avertir du danger où j'étois. Je ne l'avois que trop prévu, me dit-il, mon cher Télémaque ! nous sommes perdus ! Le roi, que sa défiance tourmente jour et nuit, soupçonne que vous n'êtes pas de l'île de Chypre ; il ordonne qu'on vous arrête : il veut me faire périr si je ne vous mets entre ses mains. Que ferons-nous ? Ô dieux, donnez-nous la sagesse pour nous tirer de ce péril. Il faudra, Télémaque, que je vous mène au palais du roi. Vous soutiendrez que vous êtes Chyprien, de la ville d'Amathonte, fils d'un statuaire de Vénus. Je déclarerai que j'ai connu autrefois votre père ; et peut-être que le roi, sans approfondir davantage, vous laissera partir. Je ne vois plus d'autre moyen de sauver votre vie et la mienne.

Je répondis à Narbal : Laissez périr un malheureux que le destin veut perdre. Je sais mourir, Narbal ; et je vous dois trop pour vouloir vous entraîner dans mon malheur. Je ne puis me résoudre à mentir ; je ne suis pas Chyprien, et je ne saurois dire que je le suis. Les dieux voient ma sincérité : c'est à eux à conserver ma vie par leur puissance, s'ils le veulent ; mais je ne veux point la sauver par un mensonge.

Narbal me répondoit : Ce mensonge, Télémaque, n'a rien qui ne soit innocent ; les dieux mêmes ne peuvent le condamner : il ne fait aucun mal à personne ; il sauve la vie à deux innocents ; il ne trompe le roi que pour l'empêcher de faire un grand crime. Vous poussez trop loin l'amour de la vertu et la crainte de blesser la religion.

Il suffit, lui disois-je, que le mensonge soit mensonge pour n'être pas digne d'un homme qui parle en présence des dieux, et qui doit tout à la vérité. Celui qui blesse la vérité offense les dieux, et se blesse soi-même, car il parle contre sa conscience. Cessez, Narbal, de me proposer ce qui est indigne de vous et de moi. Si les dieux ont pitié de nous, ils sauront bien nous délivrer : s'ils veulent nous laisser périr, nous serons en mourant les victimes de la vérité, et nous laisserons aux hommes l'exemple de préférer la vertu sans tache à une longue vie : la mienne n'est déjà que trop longue, étant si malheureuse. C'est vous seul, ô mon cher Narbal, pour qui mon cœur s'attendrit. Falloit-il que votre amitié pour un malheureux étranger vous fût si funeste !

Nous demeurâmes long-temps dans cette espèce de combat : mais enfin nous vîmes arriver un homme qui couroit hors d'haleine ; c'étoit un autre officier du roi, qui venoit de la part d'Astarbé. Cette femme étoit belle comme une déesse ; elle joignoit aux charmes du corps tous ceux de l'esprit ; elle étoit enjouée, flatteuse, insinuante. Avec tant de charmes trompeurs elle avoit, comme les Sirènes, un cœur cruel et plein de malignité ; mais elle savoit cacher ses sentiments corrompus par un profond artifice. Elle avoit su gagner le cœur de Pygmalion, par sa beauté, par son esprit, par sa douce voix, et par l'harmonie de sa lyre. Pygmalion, aveuglé par un violent amour pour elle, avoit abandonné la reine Topha, son épouse. Il ne songeoit qu'à contenter toutes les passions de l'ambitieuse Astarbé : l'amour de cette femme ne lui étoit guère moins funeste que son infâme avarice. Mais, quoiqu'il eût tant de passion pour elle, elle n'avoit pour lui que du mépris et du dégoût ; elle cachoit ses vrais sentiments ; et elle faisoit semblant de ne vouloir vivre que pour lui, dans le même temps où elle ne pouvoit le souffrir. Il y avoit à Tyr un jeune Lydien nommé Malachon, d'une merveilleuse beauté, mais mou, efféminé, noyé dans les plaisirs. Il ne songeoit qu'à conserver la délicatesse de son teint, qu'à peigner ses cheveux blonds flottants sur ses épaules, qu'à se parfumer, qu'à donner un tour gracieux aux plis de sa robe, enfin qu'à chanter ses amours sur sa lyre. Astarbé le vit, elle l'aima, et devint furieuse. Il la méprisa, parce qu'il étoit passionné pour une autre femme. D'ailleurs il craignit de s'exposer à la cruelle jalousie du roi. Astarbé, se sentant méprisée, s'abandonna à son ressentiment. Dans son désespoir, elle s'imagina qu'elle pouvoit faire passer Malachon pour l'étranger que le roi faisoit chercher, et qu'on disoit qui étoit venu avec Narbal. En effet, elle le persuada à Pygmalion, et corrompit tous ceux qui auroient pu le détromper. Comme il n'aimoit point les hommes vertueux, et qu'il ne savoit point les discerner, il n'étoit environné que de gens intéressés, artificieux, prêts à exécuter ses ordres injustes et sanguinaires. De telles gens craignoient l'autorité d'Astarbé, et ils lui aidoient à tromper le roi, de peur de déplaire à cette femme hautaine qui avoit toute sa confiance. Ainsi Malachon, quoique connu pour Lydien dans toute la ville, passa pour le jeune étranger que Narbal avoit emmené d'Égypte : il fut mis en prison.

Astarbé, qui craignit que Narbal n'allât parler au roi, et ne découvrît son imposture, envoyoit en diligence à Narbal cet officier, qui lui dit ces paroles : Astarbé vous défend de découvrir au roi quel est votre étranger ; elle ne vous demande que le silence, et elle saura bien faire en sorte que le roi soit content de vous : cependant hâtez-vous de faire embarquer avec les Chypriens le jeune étranger que vous avez emmené d'Égypte, afin qu'on ne le voie plus dans la ville. Narbal, ravi de pouvoir ainsi sauver sa vie et la mienne, promit de se taire ; et l'officier, satisfait d'avoir obtenu ce qu'il demandoit, s'en retourna rendre compte à Astarbé de sa commission.

Narbal et moi, nous admirâmes la bonté des dieux, qui récompensoient notre sincérité, et qui ont un soin si touchant de ceux qui hasardent tout pour la vertu. Nous regardions avec horreur un roi livré à l'avarice et à la volupté. Celui qui craint avec tant d'excès d'être trompé, disions-nous, mérite de l'être, et l'est presque toujours grossièrement. Il se défie des gens de bien, et il s'abandonne à des scélérats : il est le seul qui ignore ce qui se passe. Voyez Pygmalion ; il est le jouet d'une femme sans pudeur. Cependant les dieux se servent du mensonge des méchants pour sauver les bons qui aiment mieux perdre la vie que de mentir.

En même temps nous aperçûmes que les vents changeoient, et qu'ils devenoient favorables aux vaisseaux de Chypre. Les dieux se déclarent, s'écria Narbal ; ils veulent, mon cher Télémaque, vous mettre en sûreté : fuyez cette terre cruelle et maudite ! Heureux qui pourroit vous suivre jusque dans les rivages les plus inconnus ! Heureux qui pourroit vivre et mourir avec vous ! mais un destin sévère m'attache à cette malheureuse patrie ; il faut souffrir avec elle : peut-être faudra-t-il être enseveli dans ses ruines ; n'importe ; pourvu que je dise toujours la vérité, et que mon cœur n'aime que la justice. Pour vous, ô mon cher Télémaque, je prie les dieux, qui vous conduisent comme par la main, de vous accorder le plus précieux de tous leurs dons, qui est la vertu pure et sans tache jusqu'à la mort. Vivez, retournez en Ithaque, consolez Pénélope, délivrez-la de ses téméraires amants. Que vos yeux puissent voir, que vos mains puissent embrasser le sage Ulysse, et qu'il trouve en vous un fils qui égale sa sagesse ! Mais, dans votre bonheur, souvenez-vous du malheureux Narbal, et ne cessez jamais de m'aimer.

Quand il eut achevé ces paroles, je l'arrosai de mes larmes sans lui répondre : de profonds soupirs m'empêchoient de parler ; nous nous embrassions en silence. Il me mena jusqu'au vaisseau ; il demeura sur le rivage ; et quand le vaisseau fut parti, nous ne cessions de nous regarder tandis que nous pûmes nous voir.

LIVRE IV.

Calypso interrompt Télémaque pour le faire reposer. Mentor le blâme en secret d'avoir entrepris le récit de ses aventures, et cependant lui conseille de l'achever, puisqu'il l'a commencé. Télémaque, selon l'avis de Mentor, continue son récit. Pendant le trajet de Tyr à l'île de Chypre, il voit en songe Vénus et Cupidon l'inviter au plaisir : Minerve lui apparoît aussi, le protégeant de son égide, et Mentor l'exhortant à fuir de l'île de Chypre. A son réveil, les Chypriens, noyés dans le vin, sont surpris par une furieuse tempête, qui eût fait périr le navire, si Télémaque lui-même n'eût pris en main le gouvernail, et commandé les manœuvres. Enfin, on arrive dans l'île. Peintures des mœurs voluptueuses de ses habitants, du culte rendu à Vénus, et des impressions funestes que ce spectacle produit sur le cœur de Télémaque. Les sages conseils de Mentor, qu'il retrouve tout à coup en ce lieu, le délivrent d'un si grand danger. Le Syrien Hasaël, à qui Mentor avoit été vendu, ayant été contraint par les vents de relâcher à l'île de Chypre, comme il alloit en Crète pour y étudier les lois de Minos, rend à Télémaque son sage conducteur, et s'embarque avec eux pour l'île de Crète. Ils jouissent, dans ce trajet, du beau spectacle d'Amphitrite traînée dans son char par des chevaux marins.

Calypso, qui avoit été jusqu'à ce moment immobile, et transportée de plaisir en écoutant les aventures de Télémaque, l'interrompit pour lui faire prendre quelque repos. Il est temps, lui dit-elle, que vous alliez goûter les douceurs du sommeil, après tant de travaux. Vous n'avez rien à craindre ici : tout vous est favorable. Abandonnez-vous donc à la joie; goûtez la paix et tous les autres dons des dieux, dont vous allez être comblé. Demain, quand l'Aurore avec ses doigts de roses entr'ouvrira les portes dorées de l'orient, et que les chevaux du soleil, sortant de l'onde amère, répandront les flammes du jour pour chasser devant eux toutes les étoiles du ciel, nous reprendrons, mon cher Télémaque, l'histoire de vos malheurs. Jamais votre père n'a égalé votre sagesse et votre courage : ni Achille, vainqueur d'Hector, ni Thésée revenu des enfers, ni même le grand Alcide, qui a purgé la terre de tant de monstres, n'ont fait voir autant de force et de vertu que vous. Je souhaite qu'un profond sommeil vous rende cette nuit courte. Mais, hélas ! qu'elle sera longue pour moi ! qu'il me tardera de vous revoir, de vous entendre, de vous faire redire ce que je sais déja, et de vous demander ce que je ne sais pas encore ! Allez, mon cher Télémaque, avec le sage Mentor, que les dieux vous ont rendu ; allez dans cette grotte écartée, où tout est préparé pour votre repos. Je prie Morphée de répandre ses plus doux charmes sur vos paupières appesanties, de faire couler une vapeur divine dans tous vos membres fatigués, et de vous envoyer des songes légers qui, voltigeant autour de vous, flattent vos sens par les images les plus riantes, et repoussent loin de vous tout ce qui pourroit vous réveiller trop promptement.

La déesse conduisit elle-même Télémaque dans cette grotte séparée de la sienne. Elle n'étoit ni moins rustique ni moins agréable. Une fontaine, qui couloit dans un coin, y faisoit un doux murmure qui appeloit le sommeil. Les nymphes y avoient préparé deux lits d'une molle verdure sur lesquels elles avoient étendu deux grandes peaux, l'une de lion, pour Télémaque, et l'autre d'ours, pour Mentor.

Avant que de laisser fermer ses yeux au sommeil, Mentor parla ainsi à Télémaque : Le plaisir de raconter vos histoires vous a entraîné; vous avez charmé la déesse en lui expliquant les dangers dont votre courage et votre industrie vous ont tiré : par-là vous n'avez fait qu'enflammer davantage son cœur et que vous préparer une plus dangereuse captivité. Comment espérez-vous qu'elle vous laisse maintenant sortir de son île, vous qui l'avez enchantée par le récit de vos aventures ? L'amour d'une vaine gloire vous a fait parler sans prudence. Elle s'étoit engagée à vous raconter des histoires et à vous apprendre quelle a été la destinée d'Ulysse ; elle a trouvé moyen de parler long-temps sans rien dire, et elle vous a engagé à lui expliquer tout ce qu'elle desire savoir : tel est l'art des femmes flatteuses et passionnées. Quand est-ce, ô Télémaque, que vous serez assez sage pour ne parler jamais par vanité, et que vous saurez taire tout ce qui vous est avantageux, quand il n'est pas utile à dire ? Les autres admirent votre sagesse dans un âge où il est pardonnable d'en manquer : pour moi, je ne puis vous pardonner rien : je suis le seul qui vous connois, et qui vous aime assez pour vous avertir de toutes vos fautes. Combien êtes-vous encore éloigné de la sagesse de votre père !

Quoi donc ! répondit Télémaque, pouvois-je refuser à Calypso de lui raconter mes malheurs ? Non, reprit Mentor, il falloit les lui raconter ; mais vous deviez le faire en ne lui disant que ce qui pouvoit lui donner de la compassion. Vous pouviez dire que vous aviez été tantôt errant, tantôt captif en Sicile, puis en Égypte. C'étoit lui dire assez ; et tout le reste n'a servi qu'à augmenter le poison qui brûle déja son cœur. Plaise aux dieux que le vôtre puisse s'en préserver ! Mais que ferai-je donc ? continua Télémaque, d'un ton modéré et docile. Il n'est plus temps, repartit Mentor, de lui cacher ce qui reste de vos aventures : elle en sait assez pour ne pouvoir être trompée sur ce qu'elle ne sait pas encore ; votre réserve ne serviroit qu'à l'irriter. Achevez donc demain de lui raconter tout ce que les dieux ont fait en votre faveur, et apprenez une autre fois à parler plus sobrement de tout ce qui peut vous attirer quelque louange. Télémaque reçut avec amitié un si bon conseil, et ils se couchèrent.

Aussitôt que Phébus eut répandu ses premiers rayons sur la terre, Mentor, entendant la voix de la déesse qui appeloit ses nymphes dans le bois, éveilla Télémaque. Il est temps, lui dit-il, de vaincre le sommeil. Allons retrouver Calypso : mais défiez-vous de ses douces paroles; ne lui ouvrez jamais votre cœur; craignez le poison flatteur de ses louanges. Hier, elle vous élevoit au-dessus de votre sage père, de l'invincible Achille, du fameux Thésée, d'Hercule devenu immortel. Sentîtes-vous combien cette louange est excessive ? Crûtes-vous ce qu'elle disoit ? Sachez qu'elle ne le croit pas elle-même : elle ne vous loue qu'à cause qu'elle vous croit foible et assez vain pour vous laisser tromper par des louanges disproportionnées à vos actions.

Après ces paroles, ils allèrent au lieu où la déesse

les attendoit. Elle sourit en les voyant, et cacha, sous une apparence de joie, la crainte et l'inquiétude qui troubloient son cœur; car elle prévoyoit que Télémaque, conduit par Mentor, lui échapperoit de même qu'Ulysse. Hâtez-vous, dit-elle, mon cher Télémaque, de satisfaire ma curiosité; j'ai cru, pendant toute la nuit, vous voir partir de Phénicie et chercher une nouvelle destinée dans l'île de Chypre. Dites-nous donc quel fut ce voyage, et ne perdons pas un moment. Alors on s'assit sur l'herbe semée de violettes, à l'ombre d'un bocage épais.

Calypso ne pouvoit s'empêcher de jeter sans cesse des regards tendres et passionnés sur Télémaque, et de voir avec indignation que Mentor observoit jusqu'au moindre mouvement de ses yeux. Cependant toutes les nymphes en silence se penchoient pour prêter l'oreille, et faisoient une espèce de demi-cercle, pour mieux voir et pour mieux écouter : les yeux de toute l'assemblée étoient immobiles et attachés sur le jeune homme. Télémaque, baissant les yeux, et rougissant avec beaucoup de grace, reprit ainsi la suite de son histoire :

A peine le doux souffle d'un vent favorable avoit rempli nos voiles, que la terre de Phénicie disparut à nos yeux. Comme j'étois avec les Chypriens, dont j'ignorois les mœurs, je résolus de me taire, de remarquer tout, et d'observer toutes les règles de la discrétion pour gagner leur estime. Mais pendant mon silence, un sommeil doux et puissant vint me saisir : mes sens étoient liés et suspendus; je goûtois une paix et une joie profonde qui enivroit mon cœur.

Tout-à-coup je crus voir Vénus, qui fendoit les nues dans son char volant conduit par deux colombes. Elle avoit cette éclatante beauté, cette vive jeunesse, ces grâces tendres qui parurent en elle quand elle sortit de l'écume de l'Océan, et qu'elle éblouit les yeux de Jupiter même. Elle descendit tout-à-coup d'un vol rapide jusqu'auprès de moi, me mit en souriant la main sur l'épaule, et, me nommant par mon nom, prononça ces paroles : Jeune Grec, tu vas entrer dans mon empire, tu arriveras bientôt dans cette île fortunée où les plaisirs, les ris et les jeux folâtres naissent sous mes pas. Là, tu brûleras des parfums sur mes autels; là, je te plongerai dans un fleuve de délices. Ouvre ton cœur aux plus douces espérances, et garde-toi bien de résister à la plus puissante de toutes les déesses, qui veut te rendre heureux.

En même temps j'aperçus l'enfant Cupidon, dont les petites ailes s'agitant le faisoient voler autour de sa mère. Quoiqu'il eût sur son visage la tendresse, les grâces et l'enjouement de l'enfance, il avoit je ne sais quoi dans ses yeux perçants qui me faisoit peur. Il rioit en me regardant; son ris étoit malin, moqueur et cruel. Il tira de son carquois d'or la plus aiguë de ses flèches, il banda son arc, et alloit me percer, quand Minerve se montra soudainement pour me couvrir de son égide. Le visage de cette déesse n'avoit point cette beauté molle et cette langueur passionnée que j'avois remarquée dans le visage et dans la posture de Vénus. C'étoit au contraire une beauté simple, négligée, modeste; tout étoit grave, vigoureux, noble, plein de force et de majesté. La flèche de Cupidon, ne pouvant percer l'égide, tomba par terre. Cupidon, indigné, en soupira amèrement; il eut honte de se voir vaincu. Loin d'ici, s'écria Minerve, loin d'ici, téméraire enfant! tu ne vaincras jamais que des ames lâches, qui aiment mieux tes honteux plaisirs que la sagesse, la vertu et la gloire. A ces mots, l'Amour irrité s'envola, et Vénus remontant vers l'Olympe, je vis long-temps son char avec ses deux colombes dans une nuée d'or et d'azur; puis elle disparut. En baissant mes yeux vers la terre, je ne retrouvai plus Minerve.

Il me sembla que j'étois transporté dans un jardin délicieux, tel qu'on dépeint les Champs-Élysées. En ce lieu, je reconnus Mentor, qui me dit : Fuyez cette cruelle terre, cette île empestée, où l'on ne respire que la volupté. La vertu la plus courageuse y doit trembler, et ne peut se sauver qu'en fuyant. Dès que je le vis, je voulus me jeter à son cou pour l'embrasser; mais je sentois que mes pieds ne pouvoient se mouvoir, que mes genoux se déroboient sous moi, et que mes mains, s'efforçant de saisir Mentor, cherchoient une ombre vaine qui m'échappoit toujours. Dans cet effort, je m'éveillai, et je sentis que ce songe étoit un avertissement divin. Je me sentis plein de courage contre les plaisirs, et de défiance contre moi-même pour détester la vie molle des Chypriens. Mais ce qui me perça le cœur fut que je crus que Mentor avoit perdu la vie, et qu'ayant passé les ondes du Styx, il habitoit l'heureux séjour des ames justes.

Cette pensée me fit répandre un torrent de larmes. On me demanda pourquoi je pleurois. Les larmes, répondis-je, ne conviennent que trop à un malheureux étranger qui erre sans espérance de revoir sa patrie. Cependant tous les Chypriens qui étoient dans le vaisseau s'abandonnoient à une folle joie. Les rameurs, ennemis du travail, s'endormoient sur leurs rames; le pilote, couronné de fleurs, laissoit le gouvernail, et tenoit en sa main une grande cruche de vin qu'il avoit presque vidée : lui et tous les autres, troublés par la fureur de Bacchus, chantoient en l'honneur de Vénus et de Cupidon, des vers qui devoient faire horreur à tous ceux qui aiment la vertu.

Pendant qu'ils oublioient ainsi les dangers de la mer, une soudaine tempête troubla le ciel et la mer. Les vents déchaînés mugissoient avec fureur dans les voiles ; les ondes noires battoient les flancs du navire, qui gémissoit sous leurs coups. Tantôt nous montions sur le dos des vagues enflées ; tantôt la mer sembloit se dérober sous le navire, et nous précipiter dans l'abîme. Nous apercevions auprès de nous des rochers contre lesquels les flots irrités se brisoient avec un bruit horrible. Alors je compris par expérience ce que j'avois souvent ouï dire à Mentor, que les hommes mous et abandonnés aux plaisirs manquent de courage dans les dangers. Tous nos Chypriens, abattus, pleuroient comme des femmes ; je n'entendois que des cris pitoyables, que des regrets sur les délices de la vie, que de vaines promesses aux dieux pour leur faire des sacrifices, si on pouvoit arriver au port. Personne ne conservoit assez de présence d'esprit ni pour ordonner les manœuvres ni pour les faire. Il me parut que je devois, en sauvant ma vie, sauver celle des autres. Je pris le gouvernail en main, parce que le pilote, troublé par le vin comme une bacchante, étoit hors d'état de connoître le danger du vaisseau : j'encourageai les matelots effrayés ; je leur fis abaisser les voiles : ils ramèrent vigoureusement ; nous passâmes au travers des écueils, et nous vîmes de près toutes les horreurs de la mort.

Cette aventure parut comme un songe à tous ceux qui me devoient la conservation de leur vie ; ils me regardoient avec étonnement. Nous arrivâmes dans l'île de Chypre au mois du printemps qui est consacré à Vénus. Cette saison, disent les Chypriens, convient à cette déesse ; car elle semble ranimer toute la nature, et faire naître les plaisirs comme les fleurs.

En arrivant dans l'île, je sentis un air doux qui rendoit les corps lâches et paresseux, mais qui inspiroit une humeur enjouée et folâtre. Je remarquai que la campagne, naturellement fertile et agréable, étoit presque inculte, tant les habitants étoient ennemis du travail. Je vis de tous côtés des femmes et de jeunes filles vainement parées, qui alloient, en chantant les louanges de Vénus, se dévouer à son temple. La beauté, les grâces, la joie, les plaisirs éclatoient également sur leur visage ; mais les grâces y étoient affectées ; on n'y voyoit point une noble simplicité, et une pudeur aimable qui fait le plus grand charme de la beauté. L'air de mollesse, l'art de composer leurs visages, leur parure vaine, leur démarche languissante, leurs regards, qui sembloient chercher ceux des hommes, leur jalousie entre elles pour allumer de grandes passions ; en un mot, tout ce que je voyois dans ces femmes me sembloit vil et méprisable ; à force de vouloir plaire, elles me dégoûtoient.

On me conduisit au temple de la déesse : elle en a plusieurs dans cette île ; car elle est particulièrement adorée à Cythère, à Idalie et à Paphos. C'est à Cythère que je fus conduit. Le temple est tout de marbre. C'est un parfait péristyle ; les colonnes sont d'une grosseur et d'une hauteur qui rendent cet édifice très majestueux ; au-dessus de l'architrave et de la frise sont à chaque face de grands frontons, où l'on voit en bas-relief toutes les plus agréables aventures de la déesse. A la porte du temple est sans cesse une foule de peuples qui viennent faire leurs offrandes. On n'égorge jamais dans l'enceinte du lieu sacré aucune victime ; on n'y brûle point, comme ailleurs, la graisse des génisses et des taureaux ; on ne répand jamais leur sang ; on présente seulement devant l'autel les bêtes qu'on offre, et on n'en peut offrir aucune qui ne soit jeune, blanche, sans défaut et sans tache. On les couvre de bandelettes de pourpre brodées d'or ; leurs cornes sont dorées, et ornées de bouquets des fleurs les plus odoriférantes. Après qu'elles ont été présentées devant l'autel, on les renvoie dans un lieu écarté, où elles sont égorgées pour les festins des prêtres de la déesse.

On offre aussi toutes sortes de liqueurs parfumées, et du vin plus doux que le nectar. Les prêtres sont revêtus de longues robes blanches, avec des ceintures d'or et des franges de même au bas de leurs robes. On brûle nuit et jour, sur les autels, les parfums les plus exquis de l'Orient, et ils forment une espèce de nuage qui monte vers le ciel. Toutes les colonnes du temple sont ornées de festons pendants ; tous les vases qui servent aux sacrifices sont d'or. Un bois sacré de myrtes environne le bâtiment. Il n'y a que de jeunes garçons et de jeunes filles d'une rare beauté qui puissent présenter les victimes aux prêtres, et qui osent allumer le feu des autels. Mais l'impudence et la dissolution déshonorent un temple si magnifique.

D'abord, j'eus horreur de tout ce que je voyois ; mais insensiblement, je commençois à m'y accoutumer. Le vice ne m'effrayoit plus ; toutes les compagnies m'inspiroient je ne sais quelle inclination pour le désordre : on se moquoit de mon innocence, ma retenue et ma pudeur servoient de jouet à ces peuples effrontés. On n'oublioit rien pour exciter toutes mes passions, pour me tendre des piéges, et pour réveiller en moi le goût des plaisirs. Je me sentois affoiblir tous les jours ; la bonne éducation que j'avois reçue ne me soutenoit presque plus ; toutes mes bonnes résolutions s'évanouissoient. Je ne me sentois plus la force de résister au mal qui me pressoit de tous côtés ; j'avois même une mauvaise honte de la vertu. J'étois comme un homme qui nage dans une rivière profonde et rapide : d'abord il fend les eaux, et remonte contre le torrent ; mais si les bords sont escarpés, et s'il ne peut se reposer sur le rivage, il se lasse enfin peu à peu ; sa force l'abandonne, ses membres épuisés s'engourdissent, et le cours du fleuve l'entraîne. Ainsi, mes yeux commençoient à s'obscurcir, mon cœur tomboit en défaillance ; je ne pouvois plus rappeler ni ma raison ni le souvenir des vertus de mon père. Le songe où je croyois avoir vu le sage Mentor descendu aux Champs-Élysées achevoit de me décourager : une secrète et douce langueur s'emparoit de moi ; j'aimois déjà le poison flatteur qui se glissoit de veine en veine, et qui pénétroit jusqu'à la moelle de mes os. Je poussois néanmoins encore de profonds soupirs, je versois des larmes amères ; je rugissois comme un lion dans ma fureur. O malheureuse jeunesse, disois-je ; ô dieux, qui vous jouez cruellement des hommes, pourquoi les faites-vous passer par cet âge, qui est un temps de folie et de fièvre ardente ! O que ne suis-je couvert de cheveux blancs, courbé et proche du tombeau, comme Laërte mon aïeul ! La mort me seroit plus douce que la foiblesse honteuse où je me vois.

A peine avois-je ainsi parlé que ma douleur s'adoucissoit, et que mon cœur, enivré d'une folle passion, secouoit presque toute pudeur ; puis je me voyois replongé dans un abîme de remords. Pendant ce trouble, je courois çà et là dans le sacré bocage, semblable à une biche qu'un chasseur a blessée : elle court au travers des vastes forêts pour soulager sa douleur ; mais la flèche qui l'a percée dans le flanc la suit partout ; elle porte partout avec elle le trait meurtrier. Ainsi je courois en vain pour m'oublier moi-même, et rien n'adoucissoit la plaie de mon cœur.

En ce moment, j'aperçus assez loin de moi, dans l'ombre épaisse de ce bois, la figure du sage Mentor ; mais son visage me parut si pâle, si triste et si austère, que je ne pus en ressentir aucune joie. Est-ce donc vous, m'écriai-je, ô mon cher ami, mon unique espérance ? est-ce vous ? Quoi donc ! est-ce vous-même ? une image trompeuse ne vient-elle point abuser mes yeux ? est-ce vous, Mentor ? n'est-ce point votre ombre, encore sensible à mes maux ? n'êtes-vous point au rang des ames heureuses qui jouissent de leur vertu, et à qui les dieux donnent des plaisirs purs dans une éternelle paix aux Champs-Élysées ? Parlez, Mentor ; vivez-vous encore ? Suis-je assez heureux pour vous posséder ? ou bien n'est-ce qu'une ombre de mon ami ? En disant ces paroles, je courois vers lui tout transporté, jusqu'à perdre la respiration ; il m'attendoit tranquillement sans faire un pas vers moi. O dieux, vous le savez, quelle fut ma joie quand je sentis que mes mains le touchoient ! Non, ce n'est pas une vaine ombre ! je le tiens, je l'embrasse, mon cher Mentor ! C'est ainsi que je m'écriai. J'arrosai son visage d'un torrent de larmes ; je demeurois attaché à son cou sans pouvoir parler. Il me regardoit tristement avec des yeux pleins d'une tendre compassion.

Enfin je lui dis : Hélas ! d'où venez-vous ? en quels dangers ne m'avez-vous point laissé pendant votre absence ! et que ferois-je maintenant sans vous ? Mais, sans répondre à mes questions : Fuyez ! me dit-il d'un ton terrible ; fuyez ! hâtez-vous de fuir ! Ici la terre ne porte pour fruit que du poison ; l'air qu'on respire est empesté ; les hommes contagieux ne se parlent que pour se communiquer un venin mortel. La volupté lâche et infame, qui est le plus horrible des maux sortis de la boîte de Pandore, amollit tous les cœurs et ne souffre ici aucune vertu. Fuyez ! que tardez-vous ? ne regardez pas même derrière vous en fuyant ; effacez jusqu'au moindre souvenir de cette île exécrable.

Il dit, et aussitôt je sentis comme un nuage épais qui se dissipoit sur mes yeux, et qui me laissoit voir la pure lumière : une joie douce et pleine d'un ferme courage renaissoit dans mon cœur. Cette joie étoit bien différente de cette autre joie molle et folâtre dont mes sens avoient été d'abord empoisonnés : l'une est une joie d'ivresse et de trouble, qui est entrecoupée de passions furieuses et de cuisants remords ; l'autre est une joie de raison, qui a quelque chose de bienheureux et de céleste ; elle est toujours pure et égale ; rien ne peut l'épuiser ; plus on s'y plonge, plus elle est douce ; elle ravit l'ame sans la troubler. Alors je versai des larmes de joie, et je trouvois que rien n'étoit si doux que de pleurer ainsi. O heureux, disois-je, les hommes à qui la vertu se montre dans toute sa beauté! peut-on la voir sans l'aimer! peut-on l'aimer sans être heureux !

Mentor me dit : Il faut que je vous quitte ; je pars dans ce moment; Il ne m'est pas permis de m'arrêter. Où allez-vous donc? lui répondis-je : en quelle terre inhabitable ne vous suivrai-je point? ne croyez pas pouvoir m'échapper ; je mourrai plutôt sur vos pas. En disant ces paroles, je le tenois serré de toute ma force. C'est en vain, me dit-il, que vous espérez de me retenir. Le cruel Méthophis me vendit à des Éthiopiens ou Arabes. Ceux-ci, étant allés à Damas en Syrie pour leur commerce, voulurent se défaire de moi, croyant en tirer une grande somme d'un nommé Hasaël, qui cherchoit un esclave grec pour connoître les mœurs de la Grèce, et pour s'instruire de nos sciences.

En effet, Hasaël m'acheta chèrement. Ce que je lui ai appris de nos mœurs lui a donné la curiosité de passer dans l'île de Crète pour étudier les sages lois de Minos. Pendant notre navigation, les vents nous ont contraints de relâcher dans l'île de Chypre. En attendant un vent favorable, il est venu faire ses offrandes au temple : le voilà qui en sort; les vents nous appellent; déja nos voiles s'enflent. Adieu, cher Télémaque : un esclave qui craint les dieux doit suivre fidèlement son maître. Les dieux ne me permettent plus d'être à moi : si j'étois à moi, ils le savent, je ne serois qu'à vous seul. Adieu, souvenez-vous des travaux d'Ulysse et des larmes de Pénélope; souvenez-vous des justes dieux. O dieux, protecteurs de l'innocence, en quelle terre suis-je contraint de laisser Télémaque !

Non, non, lui dis-je, mon cher Mentor, il ne dépendra pas de vous de me laisser ici : plutôt mourir que de vous voir partir sans moi. Ce maître syrien est-il impitoyable ? est-ce une tigresse dont il a sucé les mamelles dans son enfance ? voudra-t-il vous arracher d'entre mes bras? Il faut qu'il me donne la mort, ou qu'il souffre que je vous suive. Vous m'exhortez vous-même à fuir, et vous ne voulez pas que je fuie en suivant vos pas ! Je vais parler à Hasaël ; il aura peut-être pitié de ma jeunesse et de mes larmes : puisqu'il aime la sagesse, et qu'il va si loin la chercher, il ne peut point avoir un cœur féroce et insensible. Je me jetterai à ses pieds, j'embrasserai ses genoux, je ne le laisserai point aller, qu'il ne m'ait accordé de vous suivre. Mon cher Mentor, je me ferai esclave avec vous; je lui offrirai de me donner à lui : s'il me refuse, c'est fait de moi, je me délivrerai de la vie.

Dans ce moment, Hasaël appela Mentor ; je me prosternai devant lui. Il fut surpris de voir un inconnu en cette posture. Que voulez-vous? me dit-il. La vie, répondis-je : car je ne puis vivre, si vous ne souffrez que je suive Mentor, qui est à vous. Je suis le fils du grand Ulysse, le plus sage des rois de la Grèce qui ont renversé la superbe ville de Troie, fameuse dans toute l'Asie. Je ne vous dis point ma naissance pour me vanter, mais seulement pour vous inspirer quelque pitié de mes malheurs. J'ai cherché mon père par toutes les mers, ayant avec moi cet homme, qui étoit pour moi un autre père. La fortune, pour comble de maux, me l'a enlevé; elle l'a fait votre esclave : souffrez que je le sois aussi. S'il est vrai que vous aimiez la justice, et que vous alliez en Crète pour apprendre les lois du bon roi Minos, n'endurcissez point votre cœur contre mes soupirs et contre mes larmes. Vous voyez le fils d'un roi qui est réduit à demander la servitude comme son unique ressource. Autrefois j'ai voulu mourir en Sicile pour éviter l'esclavage ; mais mes premiers malheurs n'étoient que de foibles essais des outrages de la fortune : maintenant je crains de ne pouvoir être reçu parmi vos esclaves. O dieux, voyez mes maux; ô Hasaël, souvenez-vous de Minos, dont vous admirez la sagesse, et qui nous jugera tous deux dans le royaume de Pluton.

Hasaël, me regardant avec un visage doux et humain, me tendit la main, et me releva. Je n'ignore pas, me dit-il, la sagesse et la vertu d'Ulysse; Mentor m'a raconté souvent quelle gloire il a acquise parmi les Grecs ; et d'ailleurs la prompte renommée a fait entendre son nom à tous les peuples de l'Orient. Suivez-moi, fils d'Ulysse ; je serai votre père, jusqu'à ce que vous ayez retrouvé celui qui vous a donné la vie. Quand même je ne serois pas touché de la gloire de votre père, de ses malheurs et des vôtres, l'amitié que j'ai pour Mentor m'engageroit à prendre soin de vous. Il est vrai que je l'ai acheté comme esclave ; mais je le garde comme un ami fidèle : l'argent qu'il m'a coûté m'a acquis le plus cher et le plus précieux ami que j'aie sur la terre. J'ai trouvé en lui la sagesse ; je lui dois tout ce que j'ai d'amour pour la vertu. Dès ce moment il est libre; vous le serez aussi : je ne vous demande, à l'un et à l'autre, que votre cœur.

En un instant, je passai de la plus amère douleur à la plus vive joie que les mortels puissent sentir. Je me voyois sauvé d'un horrible danger ; je m'approchois de mon pays ; je trouvois un secours pour y retourner ; je goûtois la consolation d'être auprès d'un homme qui m'aimoit déja par le pur amour de la vertu ; enfin je retrouvois tout, en retrouvant Mentor pour ne le plus quitter.

Hasaël s'avance sur le sable du rivage : nous le suivons : on entre dans le vaisseau ; les rameurs fendent les ondes paisibles : un zéphir léger se joue de nos voiles, il anime tout le vaisseau, et lui donne un doux mouvement. L'île de Chypre disparoit bientôt. Hasaël, qui avoit impatience de connoître mes sentiments, me demanda ce que je pensois des mœurs de cette île. Je lui dis ingénument en quel danger ma jeunesse avoit été exposée, et le combat que j'avois souffert au-dedans de moi. Il fut touché de mon horreur pour le vice, et dit ces paroles : O Vénus, je reconnois votre puissance et celle de votre fils : j'ai brûlé de l'encens sur vos autels ; mais souffrez que je déteste l'infâme mollesse des habitants de votre île, et l'impudence brutale avec laquelle ils célèbrent vos fêtes.

Ensuite il s'entretenoit avec Mentor de cette première puissance qui a formé le ciel et la terre ; de cette lumière simple, infinie et immuable, qui se donne à tous sans se partager ; de cette vérité souveraine et universelle qui éclaire tous les esprits, comme le soleil éclaire tous les corps. Celui, ajoutoit-il, qui n'a jamais vu cette lumière pure est aveugle comme un aveugle-né : il passe sa vie dans une profonde nuit, comme les peuples que le soleil n'éclaire point pendant plusieurs mois de l'année ; il croit être sage, et il est insensé ; il croit tout voir, et il ne voit rien ; il meurt n'ayant jamais rien vu ; tout au plus il aperçoit de sombres et fausses lueurs, de vaines ombres, des fantômes qui n'ont rien de réel. Ainsi sont tous les hommes, entraînés par le plaisir des sens et par le charme de l'imagination. Il n'y a point sur la terre de véritables hommes, excepté ceux qui consultent, qui aiment, qui suivent cette raison éternelle : c'est elle qui nous inspire, quand nous pensons bien ; c'est elle qui nous reprend, quand nous pensons mal. Nous ne tenons pas moins d'elle la raison que la vie. Elle est comme un grand océan de lumière ; nos esprits sont comme de petits ruisseaux qui en sortent, et qui y retournent pour s'y perdre.

Quoique je ne comprisse point encore parfaitement la profonde sagesse de ces discours, je ne laissois pas d'y goûter je ne sais quoi de pur et de sublime : mon cœur en étoit échauffé ; et la vérité me sembloit reluire dans toutes ces paroles. Ils continuèrent à parler de l'origine des dieux, des héros, des poètes, de l'âge d'or, du déluge, des premières histoires du genre humain, du fleuve d'oubli où se plongent les ames des morts, des peines éternelles préparées aux impies dans le gouffre noir du Tartare, et de cette heureuse paix dont jouissent les justes dans les Champs-Élysées, sans crainte de pouvoir la perdre.

Pendant qu'Hasaël et Mentor parloient, nous aperçûmes des dauphins couverts d'une écaille qui paroissoit d'or et d'azur. En jouant, ils soulevoient les flots avec beaucoup d'écume. Après eux venoient des Tritons, qui sonnoient de la trompette avec leurs conques recourbées. Ils environnoient le char d'Amphitrite, traîné par des chevaux marins plus blancs que la neige, et qui, fendant l'onde salée, laissoient loin derrière eux un vaste sillon dans la mer. Leurs yeux étoient enflammés, et leurs bouches étoient fumantes. Le char de la déesse étoit une conque d'une merveilleuse figure ; elle étoit d'une blancheur plus éclatante que l'ivoire, et les roues étoient d'or. Ce char sembloit voler sur la face des eaux paisibles. Une troupe de Nymphes couronnées de fleurs nageoient en foule derrière le char ; leurs beaux cheveux pendoient sur leurs épaules, et flottoient au gré du vent. La déesse tenoit d'une main un sceptre d'or pour commander aux vagues, de l'autre elle portoit sur ses genoux le petit dieu Palémon son fils, pendant à sa mamelle. Elle avoit un visage serein, et une douce majesté qui faisoit fuir les vents séditieux et toutes les noires tempêtes. Les Tritons conduisoient les chevaux, et tenoient les rênes dorées. Une grande voile de pourpre flottoit dans l'air au-dessus du char ; elle étoit à demi enflée par le souffle d'une multitude de petits zéphirs qui s'efforçoient de la pousser par leurs haleines. On voyoit au milieu des airs Éole empressé, inquiet et ardent. Son visage ridé et chagrin, sa voix menaçante, ses sourcils épais et pendants, ses yeux pleins d'un feu sombre et austère, tenoient en silence les fiers Aquilons, et repoussoient tous les nuages. Les immenses baleines et tous les monstres marins, faisant avec leurs narines un flux et reflux de l'onde amère, sortoient à la hâte de leurs grottes profondes, pour voir la déesse.

LIVRE V.

Suite du récit de Télémaque. Richesse et fertilité de l'île de Crète: mœurs de ses habitants, et leur prospérité sous les sages lois de Minos. Télémaque, à son arrivée dans l'île, apprend qu'Idoménée, qui en étoit roi, vient de sacrifier son fils unique, pour accomplir un vœu indiscret; que les Crétois, pour venger le sang du fils, ont réduit le père à quitter leur pays; qu'après de longues incertitudes, ils sont actuellement assemblés afin d'élire un autre roi. Télémaque, admis dans cette assemblée, y remporte les prix à divers jeux, et résout avec une rare sagesse plusieurs questions morales et politiques proposées aux concurrents par les vieillards, juges de l'île. Le premier de ces vieillards, frappé de la sagesse de ce jeune étranger, propose à l'assemblée de le couronner roi; et la proposition est accueillie de tout le peuple avec de vives acclamations. Cependant Télémaque refuse de régner sur les Crétois, préférant la pauvre Ithaque à la gloire et à l'opulence du royaume de Crète. Il propose d'élire Mentor, qui refuse aussi le diadème. Enfin l'assemblée pressant Mentor de choisir pour toute la nation, il rapporte ce qu'il vient d'apprendre des vertus d'Aristodème, et décide aussitôt l'assemblée à le proclamer roi. Bientôt après, Mentor et Télémaque s'embarquent sur un vaisseau crétois, pour retourner à Ithaque. Alors Neptune, pour consoler Vénus irritée, suscite une horrible tempête, qui brise leur vaisseau. Ils échappent à ce danger en s'attachant aux débris du mât, qui, poussé par les flots, les fait aborder à l'île de Calypso.

Après que nous eûmes admiré ce spectacle, nous commençâmes à découvrir les montagnes de Crète, que nous avions encore assez de peine à distinguer des nuées du ciel et des flots de la mer. Bientôt nous vîmes le sommet du mont Ida, qui s'élève au-dessus des autres montagnes de l'île, comme un vieux cerf dans une forêt porte son bois rameux au-dessus des têtes des jeunes faons dont il est suivi. Peu à peu, nous vîmes plus distinctement les côtes de cette île, qui se présentoient à nos yeux comme un amphithéâtre. Autant que la terre de Chypre nous avoit paru négligée et inculte, autant celle de Crète se montroit fertile et ornée de tous les fruits par le travail de ses habitants. De tous côtés, nous remarquions des villages bien bâtis, des bourgs qui égaloient des villes, et des villes superbes. Nous ne trouvions aucun champ où la main du diligent laboureur ne fût imprimée; partout la charrue avoit laissé de creux sillons : les ronces, les épines, et toutes les plantes qui occupent inutilement la terre, sont inconnues en ce pays. Nous considérions avec plaisir les creux vallons où les troupeaux de bœufs mugissoient dans les gras herbages le long des ruisseaux; les moutons paissants sur le penchant d'une colline; les vastes campagnes couvertes de jaunes épis, riches dons de la féconde Cérès; enfin les montagnes ornées de pampre, et de grappes d'un raisin déjà coloré qui promettoit aux vendangeurs les doux présents de Bacchus pour charmer les soucis des hommes.

Mentor nous dit qu'il avoit été autrefois en Crète; et il nous expliqua ce qu'il en connoissoit. Cette île, disoit-il, admirée de tous les étrangers, et fameuse par ses cent villes, nourrit sans peine tous ses habitants, quoiqu'ils soient innombrables. C'est que la terre ne se lasse jamais de répandre ses biens sur ceux qui la cultivent : son sein fécond ne peut s'épuiser. Plus il y a d'hommes dans un pays, pourvu qu'ils soient laborieux, plus ils jouissent de l'abondance. Ils n'ont jamais besoin d'être jaloux les uns des autres : la terre, cette bonne mère, multiplie ses dons selon le nombre de ses enfants qui méritent ses fruits par leur travail. L'ambition et l'avarice des hommes sont les seules sources de leur malheur : les hommes veulent tout avoir, et ils se rendent malheureux par le désir du superflu; s'ils vouloient vivre simplement, et se contenter de satisfaire aux vrais besoins, on verroit partout l'abondance, la joie, la paix et l'union.

C'est ce que Minos, le plus sage et le meilleur de tous les rois, avoit compris. Tout ce que vous verrez de plus merveilleux dans cette île est le fruit de ses lois. L'éducation qu'il faisoit donner aux enfants rend les corps sains et robustes : on les accoutume d'abord à une vie simple, frugale et laborieuse; on suppose que toute volupté amollit le corps et l'esprit, on ne leur propose jamais d'autre plaisir, que celui d'être invincibles par la vertu, et d'acquérir beaucoup de gloire. On ne met pas seulement ici le courage à mépriser la mort dans les dangers de la guerre, mais encore à fouler aux pieds les trop grandes richesses, et les plaisirs honteux. Ici on punit trois vices, qui sont impunis chez les autres peuples : l'ingratitude, la dissimulation et l'avarice.

Pour le faste et la mollesse, on n'a jamais besoin de les réprimer; car ils sont inconnus en Crète. Tout le monde y travaille, et personne ne songe à s'y enrichir; chacun se croit assez payé de son travail par une vie douce et réglée, où l'on jouit en paix et avec abondance de tout ce qui est véritablement nécessaire à la vie. On n'y souffre ni meubles précieux, ni habits magnifiques, ni festins délicieux, ni palais dorés. Les habits sont de laine fine et de belles couleurs, mais tout unis et sans broderie. Les repas y sont sobres; on y boit peu de vin : le bon pain en fait la principale partie, avec les fruits que les arbres offrent comme d'eux-mêmes, et le lait des troupeaux. Tout au plus on y mange un peu de grosse viande sans ragoût; encore même a-t-on soin de réserver ce qu'il y a de meilleur dans les grands troupeaux de bœufs pour faire fleurir l'agriculture. Les maisons y sont propres, commodes, riantes, mais sans ornements. La superbe architecture n'y est pas ignorée; mais elle est réservée pour les temples des dieux : et les hommes n'oseroient avoir des maisons semblables à celles des immortels. Les grands biens des Crétois sont la santé, la force, le courage, la paix et l'union des familles, la liberté de tous les citoyens, l'abondance des choses nécessaires, le mépris des superflues, l'habitude du travail et l'horreur de l'oisiveté, l'émulation pour la vertu, la soumission aux lois, et la crainte des justes dieux.

Je lui demandai en quoi consistoit l'autorité du roi, et il me répondit : Il peut tout sur les peuples; mais les lois peuvent tout sur lui. Il a une puissance absolue pour faire le bien, et les mains liées dès qu'il veut faire le mal. Les lois lui confient les peuples comme le plus précieux de tous les dépôts, à condition qu'il sera le père de ses sujets. Elles veulent qu'un seul homme serve, par sa sagesse et par sa modération, à la félicité de tant d'hommes; et non pas que tant d'hommes servent par leur misère et par leur servitude lâche, à flatter l'orgueil et la mollesse d'un seul homme. Le roi ne doit rien avoir au-dessus des autres, excepté ce qui est nécessaire, ou pour le soulager dans ses pénibles fonctions, ou pour imprimer aux peuples le respect de celui qui doit soutenir les lois. D'ailleurs, le roi doit être plus sobre, plus ennemi de la mollesse, plus exempt de faste et de hauteur, qu'aucun autre. Il ne doit point avoir plus de richesses et de plaisirs, mais plus de sagesse, de vertu et de gloire, que le reste des hommes. Il doit être au-dehors le défenseur de la patrie, en commandant les armées; et au-dedans, le juge des peuples, pour les rendre bons, sages et heureux. Ce n'est point pour lui-même que les dieux l'ont fait roi; il ne l'est que pour être l'homme des peuples : c'est aux peuples qu'il doit tout son temps, tous ses soins, toute son affection; et il n'est digne de la royauté qu'autant qu'il s'oublie lui-même pour se sacrifier au bien public. Minos n'a voulu que ses enfants régnassent après lui qu'à condition qu'ils régneroient suivant ces maximes : il aimoit encore plus son peuple que sa famille. C'est par une telle sagesse qu'il a rendu la Crète si puissante et si heureuse; c'est par cette modération qu'il a effacé la gloire de tous les conquérants qui veulent faire servir les peuples à leur propre grandeur, c'est-à-dire à leur vanité; enfin, c'est par sa justice qu'il a mérité d'être aux enfers le souverain juge des morts.

Pendant que Mentor faisoit ce discours, nous abordâmes dans l'île. Nous vîmes le fameux labyrinthe, ouvrage des mains de l'ingénieux Dédale, et qui étoit une imitation du grand labyrinthe que nous avions vu en Égypte. Pendant que nous considérions ce curieux édifice, nous vîmes le peuple qui couvroit le rivage, et qui accouroit en foule dans un lieu assez voisin du bord de la mer. Nous demandâmes la cause de leur empressement; et voici ce qu'un Crétois, nommé Nausicrate, nous raconta :

Idoménée, fils de Deucalion et petit-fils de Minos, dit-il, étoit allé, comme les autres rois de la Grèce, au siége de Troie. Après la ruine de cette ville, il fit voile pour venir en Crète; mais la tempête fut si violente, que le pilote de son vaisseau, et tous les autres qui étoient expérimentés dans la navigation, crurent que leur naufrage étoit inévitable. Chacun avoit la mort devant les yeux; chacun voyoit les abîmes ouverts pour l'engloutir; chacun déploroit son malheur, n'espérant pas même le triste repos des ombres qui traversent le Styx après avoir reçu la sépulture. Idoménée, levant les yeux et les mains vers le ciel, invoquoit Neptune : O puissant dieu, s'écrioit-il, toi qui tiens l'empire des ondes, daigne écouter un malheureux; si tu me fais revoir l'île de Crète malgré la fureur des vents, je t'immolerai la première tête qui se présentera à mes yeux.

Cependant son fils, impatient de revoir son père, se hâtoit d'aller au-devant de lui pour l'embrasser : malheureux, qui ne savoit pas que c'étoit pour courir à sa perte! Le père, échappé à la tempête, arrivoit dans le port desiré; il remercioit Neptune d'avoir écouté ses vœux : mais bientôt il sentit combien ses vœux lui étoient funestes. Un pressentiment de son malheur lui donnoit un cuisant repentir de son vœu indiscret; il craignoit d'arriver parmi les siens, et il appréhendoit de revoir ce qu'il avoit de plus cher au monde. Mais la cruelle Némésis, déesse impitoyable, qui veille pour punir les hommes et surtout les rois orgueilleux, poussoit d'une main fatale et invisible Idoménée. Il arrive; à peine ose-t-il lever les yeux : il voit son fils, il recule, saisi d'horreur. Ses yeux cherchent, mais en vain, quelque autre tête moins chère qui puisse lui servir de victime.

Cependant le fils se jette à son cou, et est tout étonné que son père réponde si mal à sa tendresse; il le voit fondant en larmes. O mon père, dit-il, d'où vient cette tristesse? Après une si longue absence, êtes-vous fâché de vous revoir dans votre royaume, et de faire la joie de votre fils? Qu'ai-je fait? vous détournez vos yeux de peur de me voir!

Le père, accablé de douleur, ne répondoit rien. Enfin, après de profonds soupirs, il dit : O Neptune, que t'ai-je promis! A quel prix m'as-tu garanti du naufrage! rends-moi aux vagues et aux rochers qui devoient, en me brisant, finir ma triste vie; laisse vivre mon fils! O dieu cruel! tiens, voilà mon sang, épargne le sien. En parlant ainsi, il tira son épée pour se percer; mais ceux qui étoient autour de lui arrêtèrent sa main.

Le vieillard Sophronyme, interprète des volontés des dieux, lui assura qu'il pouvoit contenter Neptune sans donner la mort à son fils. Votre promesse, disoit-il, a été imprudente : les dieux ne veulent point être honorés par la cruauté; gardez-vous bien d'ajouter à la faute de votre promesse, celle de l'accomplir contre les lois de la nature : offrez cent taureaux plus blancs que la neige à Neptune; faites couler leur sang autour de son autel couronné de fleurs; faites fumer un doux encens en l'honneur de ce dieu.

Idoménée écoutoit ce discours, la tête baissée, et sans répondre : la fureur étoit allumée dans ses yeux, son visage, pâle et défiguré, changeoit à tous moments de couleur; on voyoit ses membres tremblants. Cependant son fils lui disoit : Me voici, mon père; votre fils est prêt à mourir pour apaiser le dieu; n'attirez pas sur vous sa colère : je meurs content, puisque ma mort vous aura garanti de la vôtre; frappez, mon père; ne craignez point de trouver en moi un fils indigne de vous, qui craigne de mourir.

En ce moment, Idoménée, tout hors de lui, et comme déchiré par les furies infernales, surprend tous ceux qui l'observent de près; il enfonce son épée dans le cœur de cet enfant : il la retire toute fumante et pleine de sang, pour la plonger dans ses propres entrailles; il est encore une fois retenu par ceux qui l'environnent. L'enfant tombe dans son sang; ses yeux se couvrent des ombres de la mort; il les entr'ouvre à la lumière; mais à peine l'a-t-il trouvée qu'il ne peut plus la supporter. Tel qu'un beau lis au milieu des champs, coupé dans sa racine par le tranchant de la charrue, languit et ne se soutient plus; il n'a point encore perdu cette vive blancheur et cet éclat qui charme les yeux, mais la terre ne le nourrit plus, et sa vie est éteinte : ainsi le fils d'Idoménée, comme une jeune et tendre fleur, est cruellement moissonné dès son premier âge. Le père, dans l'excès de sa douleur, devient insensible; il ne sait où il est, ni ce qu'il a fait, ni ce qu'il doit faire; il marche chancelant vers la ville, et demande son fils.

Cependant le peuple, touché de compassion pour l'enfant et d'horreur pour l'action barbare du père, s'écrie que les dieux justes l'ont livré aux Furies. La fureur leur fournit des armes; ils prennent des bâtons et des pierres; la Discorde souffle dans tous les cœurs un venin mortel. Les Crétois, les sages Crétois, oublient la sagesse qu'ils ont tant aimée; ils ne reconnoissent plus le petit-fils du sage Minos. Les amis d'Idoménée ne trouvent plus de salut pour lui qu'en le ramenant vers ses vaisseaux : ils s'embarquent avec lui; ils fuient à la merci des ondes. Idoménée revenant à soi, les remercie de l'avoir arraché d'une terre qu'il a arrosée du sang de son fils, et qu'il ne sauroit plus habiter. Les vents les conduisent vers l'Hespérie, et ils vont fonder un nouveau royaume dans le pays des Salentins.

Cependant les Crétois, n'ayant plus de roi pour les gouverner, ont résolu d'en choisir un qui conserve dans leur pureté les lois établies. Voici les mesures qu'ils ont prises pour faire ce choix : Tous les principaux citoyens des cent villes sont assemblés ici; on a déja commencé par des sacrifices; on a assemblé tous les sages les plus fameux des pays voisins pour examiner la sagesse de ceux qui paroîtront dignes de commander. On a préparé des jeux publics, où tous les prétendants combattront, car on veut donner pour prix la royauté à celui qu'on jugera vainqueur de tous les autres, et pour l'esprit et pour le corps. On veut un roi dont le corps soit fort et adroit, et dont l'ame soit ornée de la sagesse et de la vertu. On appelle ici tous les étrangers.

Après nous avoir raconté toute cette histoire étonnante, Nausicrate nous dit : Hâtez-vous donc, ô étrangers, de venir dans notre assemblée : vous combattrez avec les autres; et si les dieux destinent la victoire à l'un de vous, il régnera en ce pays. Nous le suivîmes, sans aucun désir de vaincre, mais par la seule curiosité de voir une chose si extraordinaire.

Nous arrivâmes à une espèce de cirque très-vaste, environné d'une épaisse forêt; le milieu du cirque étoit une arène préparée pour les combattants; elle étoit bordée par un grand amphithéâtre d'un gazon frais sur lequel étoit assis et rangé un peuple innombrable. Quand nous arrivâmes, on nous reçut avec honneur; car les Crétois sont les peuples du monde qui exercent le plus noblement et avec le plus de religion l'hospitalité. On nous fit asseoir, et on nous invita à combattre. Mentor s'en excusa sur son âge, et Hasaël sur sa foible santé. Ma jeunesse et ma vigueur m'ôtoient toute excuse;

Je jetai néanmoins un coup d'œil sur Mentor pour découvrir sa pensée, et j'aperçus qu'il souhaitoit que je combattisse. J'acceptai donc l'offre qu'on me faisoit : je me dépouillai de mes habits; on fit couler des flots d'huile douce et luisante sur tous les membres de mon corps, et je me mêlai parmi les combattants. On dit de tous côtés que c'étoit le fils d'Ulysse, qui étoit venu pour tâcher de remporter les prix; et plusieurs Crétois qui avoient été à Ithaque pendant mon enfance me reconnurent.

Le premier combat fut celui de la lutte. Un Rhodien d'environ trente-cinq ans surmonta tous les autres qui osèrent se présenter à lui. Il étoit encore dans toute la vigueur de la jeunesse : ses bras étoient nerveux et bien nourris; au moindre mouvement qu'il faisoit, on voyoit tous ses muscles : il étoit également souple et fort. Je ne lui parus pas digne d'être vaincu, et, regardant avec pitié ma tendre jeunesse, il voulut se retirer; mais je me présentai à lui. Alors nous nous saisîmes l'un l'autre; nous nous serrâmes à perdre la respiration. Nous étions épaule contre épaule, pied contre pied, tous les nerfs tendus, et les bras entrelacés comme des serpents, chacun s'efforçant d'enlever de terre son ennemi. Tantôt il essayoit de me surprendre en me poussant du côté droit, tantôt il s'efforçoit de me pencher du côté gauche. Pendant qu'il me tâtoit ainsi, je le poussai avec tant de violence que ses reins plièrent : il tomba sur l'arène, et m'entraîna sur lui. En vain il tâcha de me mettre dessous; je le tins immobile sous moi; tout le peuple cria : Victoire au fils d'Ulysse! et j'aidai au Rhodien confus à se relever.

Le combat du ceste fut plus difficile. Le fils d'un riche citoyen de Samos avoit acquis une haute réputation dans ce genre de combats. Tous les autres lui cédèrent; il n'y eut que moi qui espérai la victoire. D'abord il me donna dans la tête, et puis dans l'estomac, des coups qui me firent vomir le sang, et qui répandirent sur mes yeux un épais nuage. Je chancelai; il me pressoit, et je ne pouvois plus respirer; mais je fus ranimé par la voix de Mentor, qui me crioit : O fils d'Ulysse, seriez-vous vaincu ? La colère me donna de nouvelles forces; j'évitai plusieurs coups dont j'aurois été accablé. Aussitôt que le Samien m'avoit porté un faux coup, et que son bras s'allongeoit en vain, je le surprenois dans cette posture penchée : déjà il reculoit, quand je haussai mon ceste pour tomber sur lui avec plus de force : il voulut esquiver; et perdant l'équilibre, il me donna le moyen de le renverser. A peine fut-il étendu par terre, que je lui tendis la main pour le relever. Il se redressa lui-même, couvert de poussière et de sang; sa honte fut extrême; mais il n'osa renouveler le combat.

Aussitôt on commença les courses des chariots, que l'on distribua au sort. Le mien se trouva le moindre pour la légèreté des roues et pour la vigueur des chevaux. Nous partons : un nuage de poussière vole, et couvre le ciel. Au commencement, je laissai les autres passer devant moi. Un jeune Lacédémonien, nommé Crantor, laissoit d'abord tous les autres derrière lui. Un Crétois, nommé Polyclète, le suivoit de près. Hyppomaque, parent d'Idoménée, qui aspiroit à lui succéder, lâchant les rênes à ses chevaux fumants de sueur, étoit tout penché sur leurs crins flottants; et le mouvement des roues de son chariot étoit si rapide, qu'elles paroissoient immobiles comme les ailes d'un aigle qui fend les airs. Mes chevaux s'animèrent, et se mirent peu à peu en haleine; je laissai loin derrière moi presque tous ceux qui étoient partis avec tant d'ardeur. Hippomaque, parent d'Idoménée, poussant trop ses chevaux, le plus vigoureux s'abattit, et ôta à son maître l'espérance de régner. Polyclète, se penchant trop sur ses chevaux, ne put se tenir ferme dans une secousse; il tomba : les rênes lui échappèrent, et il fut trop heureux de pouvoir en tombant éviter la mort. Crantor voyant avec des yeux pleins d'indignation que j'étois tout auprès de lui, redoubla son ardeur : tantôt il invoquoit les dieux, et leur promettoit de riches offrandes; tantôt il parloit à ses chevaux pour les animer : il craignoit que je ne passasse entre la borne et lui; car mes chevaux, mieux ménagés que les siens, étoient en état de le devancer : il ne lui restoit plus d'autre ressource que celle de me fermer le passage. Pour y réussir, il hasarda de se briser contre la borne; il y brisa effectivement sa roue. Je ne songeai qu'à faire promptement le tour pour n'être pas engagé dans son désordre, et il me vit un moment après au bout de la carrière. Le peuple s'écria encore une fois : Victoire au fils d'Ulysse! c'est lui que les dieux destinent à régner sur nous.

Cependant les plus illustres et les plus sages d'entre les Crétois nous conduisirent dans un bois antique et sacré, reculé de la vue des hommes profanes, où les vieillards que Minos avoit établis juges du peuple et gardes des lois nous assemblèrent. Nous étions les mêmes qui avions combattu dans les jeux; nul autre ne fut admis. Les sages ouvrirent le livre où toutes les lois de Minos sont recueillies. Je me sentis saisi de respect et de honte, quand j'approchai de ces vieillards que l'âge rendoit vénérables sans leur ôter la vigueur de l'esprit ; ils étoient assis avec ordre, et immobiles dans leurs places : leurs cheveux étoient blancs ; plusieurs n'en avoient presque plus. On voyoit reluire sur leurs visages graves une sagesse douce et tranquille ; ils ne se pressoient point de parler ; ils ne disoient que ce qu'ils avoient résolu de dire. Quand ils étoient d'avis différents, ils étoient si modérés à soutenir ce qu'ils pensoient de part et d'autre, qu'on auroit cru qu'ils étoient tous d'une même opinion. La longue expérience des choses passées, et l'habitude du travail leur donnoit de grandes vues sur toutes choses : mais ce qui perfectionnoit le plus leur raison, c'étoit le calme de leur esprit délivré des folles passions et des caprices de la jeunesse. La sagesse toute seule agissoit en eux, et le fruit de leur longue vertu étoit d'avoir si bien dompté leurs humeurs, qu'ils goûtoient sans peine le doux et noble plaisir d'écouter la raison. En les admirant, je souhaitai que ma vie pût s'accourcir pour arriver tout-à-coup à une si estimable vieillesse. Je trouvois la jeunesse malheureuse d'être si impétueuse, et si éloignée de cette vertu si éclairée et si tranquille.

Le premier d'entre ces vieillards ouvrit le livre des lois de Minos. C'étoit un grand livre qu'on tenoit ordinairement renfermé dans une cassette d'or avec des parfums. Tous ces vieillards le baisèrent avec respect ; car ils disent qu'après les dieux, de qui les bonnes lois viennent, rien ne doit être si sacré aux hommes que les lois destinées à les rendre bons, sages et heureux. Ceux qui ont dans leurs mains les lois pour gouverner les peuples doivent toujours se laisser gouverner eux-mêmes par les lois. C'est la loi, et non pas l'homme, qui doit régner. Tel est le discours de ces sages. Ensuite, celui qui présidoit proposa trois questions, qui devoient être décidées par les maximes de Minos.

La première question est de savoir quel est le plus libre de tous les hommes. Les uns répondirent que c'étoit un roi qui avoit sur son peuple un empire absolu, et qui étoit victorieux de tous ses ennemis. D'autres soutinrent que c'étoit un homme si riche, qu'il pouvoit contenter tous ses desirs. D'autres dirent que c'étoit un homme qui ne se marioit point, et qui voyageoit pendant toute sa vie en divers pays, sans être jamais assujéti aux lois d'aucune nation. D'autres s'imaginèrent que c'étoit un barbare qui, vivant de sa chasse au milieu des bois, étoit indépendant de toute police et de tout besoin. D'autres crurent que c'étoit un homme nouvellement affranchi, parce qu'en sortant des rigueurs de la servitude, il jouissoit plus qu'aucun autre des douceurs de la liberté. D'autres enfin s'avisèrent de dire que c'étoit un homme mourant, parce que la mort le délivroit de tout, et que tous les hommes ensemble n'avoient plus aucun pouvoir sur lui. Quand mon rang fut venu, je n'eus pas de peine à répondre, parce que je n'avois pas oublié ce que Mentor m'avoit dit souvent. Le plus libre de tous les hommes, répondis-je, est celui qui peut être libre dans l'esclavage même. En quelque pays et en quelque condition qu'on soit, on est très libre, pourvu qu'on craigne les dieux, et qu'on ne craigne qu'eux. En un mot, l'homme véritablement libre est celui qui, dégagé de toute crainte et de tout desir, n'est soumis qu'aux dieux et à sa raison. Les vieillards s'entre-regardèrent en souriant, et furent surpris de voir que ma réponse fût précisément celle de Minos.

Ensuite on proposa la seconde question en ces termes : Quel est le plus malheureux de tous les hommes ? Chacun disoit ce qui lui venoit dans l'esprit. L'un disoit : C'est un homme qui n'a ni biens, ni santé, ni honneur. Un autre disoit : C'est un homme qui n'a aucun ami. D'autres soutenoient que c'est un homme qui a des enfants ingrats et indignes de lui. Il vint un sage de l'île de Lesbos, qui dit : Le plus malheureux de tous les hommes est celui qui croit l'être ; car le malheur dépend moins des choses qu'on souffre, que de l'impatience avec laquelle on augmente son malheur. A ces mots toute l'assemblée se récria ; on applaudit, et chacun crut que ce sage Lesbien remporteroit le prix sur cette question. Mais on me demanda ma pensée, et je répondis, suivant les maximes de Mentor : Le plus malheureux de tous les hommes est un roi qui croit être heureux en rendant les autres hommes misérables : il est doublement malheureux par son aveuglement : ne connoissant pas son malheur, il ne peut s'en guérir ; il craint même de le connoître. La vérité ne peut percer la foule des flatteurs pour aller jusqu'à lui. Il est tyrannisé par ses passions ; il ne connoît point ses devoirs ; il n'a jamais goûté le plaisir de faire le bien, ni senti les charmes de la pure vertu. Il est malheureux et digne de l'être : son malheur augmente tous les jours ; il court à sa perte ; et les dieux se préparent à le confondre par une punition éternelle. Toute l'assemblée avoua que j'avois vaincu le sage Lesbien, et les vieillards déclarèrent que j'avois rencontré le vrai sens de Minos.

Pour la troisième question, on demanda lequel des deux est préférable ; d'un côté, un roi conquérant et invincible dans la guerre ; de l'autre, un roi sans expérience de la guerre, mais propre à policer sagement les peuples dans la paix. La plupart répondirent que le roi invincible dans la guerre étoit préférable. A quoi sert, disoient-ils, d'avoir un roi qui sache bien gouverner en paix, s'il ne sait pas défendre le pays quand la guerre vient ? Les ennemis le vaincront, et réduiront son peuple en servitude. D'autres soutenoient, au contraire, que le roi pacifique seroit meilleur, parce qu'il craindroit la guerre, et l'éviteroit par ses soins. D'autres disoient qu'un roi conquérant travailleroit à la gloire de son peuple aussi bien qu'à la sienne, et qu'il rendroit ses sujets maîtres des autres nations ; au lieu qu'un roi pacifique les tiendroit dans une honteuse lâcheté.

On voulut savoir mon sentiment. Je répondis ainsi : Un roi qui ne sait gouverner que dans la paix ou dans la guerre, et qui n'est pas capable de conduire son peuple dans ces deux états, n'est qu'à demi roi. Mais si vous comparez un roi qui ne sait que la guerre, à un roi sage, qui, sans savoir la guerre, est capable de la soutenir dans le besoin par ses généraux, je le trouve préférable à l'autre. Un roi entièrement tourné à la guerre voudroit toujours la faire : pour étendre sa domination et sa gloire propre, il ruineroit ses peuples. A quoi sert-il à un peuple, que son roi subjugue d'autres nations, si on est malheureux sous son règne ? D'ailleurs, les longues guerres entraînent toujours après elles beaucoup de désordres ; les victorieux mêmes se dérèglent pendant ces temps de confusion. Voyez ce qu'il en coûte à la Grèce pour avoir triomphé de Troie ; elle a été privée de ses rois pendant plus de dix ans. Lorsque tout est en feu par la guerre, les lois, l'agriculture, les arts languissent. Les meilleurs princes mêmes, pendant qu'ils ont une guerre à soutenir, sont contraints de faire le plus grand des maux, qui est de tolérer la licence, et de se servir des méchants. Combien y a-t-il de scélérats qu'on puniroit pendant la paix, et dont on a besoin de récompenser l'audace dans les désordres de la guerre ! Jamais aucun peuple n'a eu un roi conquérant, sans avoir beaucoup à souffrir de son ambition. Un conquérant, enivré de sa gloire, ruine presque autant sa nation victorieuse que les nations vaincues. Un prince qui n'a point les qualités nécessaires pour la paix ne peut faire goûter à ses sujets les fruits d'une guerre heureusement finie : il est comme un homme qui défendroit son champ contre son voisin, et qui usurperoit celui du voisin même, mais qui ne sauroit ni labourer ni semer, pour recueillir aucune moisson. Un tel homme semble né pour détruire, pour ravager, pour renverser le monde, et non pour rendre un peuple heureux par un sage gouvernement.

Vénons maintenant au roi pacifique. Il est vrai qu'il n'est pas propre à de grandes conquêtes ; c'est-à-dire qu'il n'est pas né pour troubler le bonheur de son peuple, en voulant vaincre les autres peuples que la justice ne lui a pas soumis : mais, s'il est véritablement propre à gouverner en paix, il a toutes les qualités nécessaires pour mettre son peuple en sûreté contre ses ennemis. Voici comment : Il est juste, modéré et commode à l'égard de ses voisins ; il n'entreprend jamais contre eux rien qui puisse troubler sa paix ; il est fidèle dans ses alliances. Ses alliés l'aiment, ne le craignent point, et ont une entière confiance en lui. S'il a quelque voisin inquiet, hautain et ambitieux, tous les autres rois voisins, qui craignent ce voisin inquiet, et qui n'ont aucune jalousie du roi pacifique, se joignent à ce bon roi pour l'empêcher d'être opprimé. Sa probité, sa bonne foi, sa modération, le rendent l'arbitre de tous les états qui environnent le sien. Pendant que le roi entreprenant est odieux à tous les autres, et sans cesse exposé à leurs ligues, celui-ci a la gloire d'être comme le père et le tuteur de tous les autres rois. Voilà les avantages qu'il a au-dehors. Ceux dont il jouit au-dedans sont encore plus solides. Puisqu'il est propre à gouverner en paix, je dois supposer qu'il gouverne par les plus sages lois. Il retranche le faste, la mollesse, et tous les arts qui ne servent qu'à flatter les vices ; il fait fleurir les autres arts qui sont utiles aux véritables besoins de la vie : surtout il applique ses sujets à l'agriculture. Par-là il les met dans l'abondance des choses nécessaires. Ce peuple laborieux, simple dans ses mœurs, accoutumé à vivre de peu, gagnant facilement sa vie par la culture de ses terres, se multiplie à l'infini. Voilà dans ce royaume un peuple innombrable, mais un peuple sain, vigoureux, robuste, qui n'est point amolli par les voluptés, qui est exercé à la vertu, qui n'est point attaché aux douceurs d'une vie lâche et délicieuse, qui sait mépriser la mort, qui aimeroit mieux mourir que perdre cette liberté qu'il goûte sous un sage roi appliqué à ne régner que pour faire régner la raison. Qu'un conquérant voisin attaque ce peuple, il ne le trouvera peut-être pas assez accoutumé à camper, à se ranger en bataille, ou à dresser des machines pour assiéger une ville ;

mais il le trouvera invincible par sa multitude, par son courage, par sa patience dans les fatigues, par son habitude de souffrir la pauvreté, par sa vigueur dans les combats, et par une vertu que les mauvais succès mêmes ne peuvent abattre. D'ailleurs, si le roi n'est point assez expérimenté pour commander lui-même ses armées, il les fera commander par des gens qui en seront capables; et il saura s'en servir sans perdre son autorité. Cependant il tirera du secours de ses alliés; ses sujets aimeront mieux mourir que de passer sous la domination d'un autre roi violent et injuste : les dieux mêmes combattront pour lui. Voyez quelles ressources il aura au milieu des plus grands périls. Je conclus donc que le roi pacifique qui ignore la guerre est un roi très imparfait, puisqu'il ne sait point remplir une de ses plus grandes fonctions, qui est de vaincre ses ennemis; mais j'ajoute qu'il est néanmoins infiniment supérieur au roi conquérant qui manque des qualités nécessaires dans la paix, et qui n'est propre qu'à la guerre.

J'aperçus dans l'assemblée beaucoup de gens qui ne pouvoient goûter cet avis; car la plupart des hommes, éblouis par les choses éclatantes, comme les victoires et les conquêtes, les préfèrent à ce qui est simple, tranquille et solide, comme la paix et la bonne police des peuples. Mais tous les vieillards déclarèrent que j'avois parlé comme Minos.

Le premier de ces vieillards s'écria : Je vois l'accomplissement d'un oracle d'Apollon, connu dans toute notre île. Minos avoit consulté le dieu pour savoir combien de temps sa race régneroit, suivant les lois qu'il venoit d'établir. Le dieu lui répondit : Les tiens cesseront de régner quand un étranger entrera dans ton île pour y faire régner tes lois. Nous avions craint que quelque étranger viendroit faire la conquête de l'île de Crète; mais le malheur d'Idoménée, et la sagesse du fils d'Ulysse, qui entend mieux que nul autre mortel les lois de Minos, nous montrent le sens de l'oracle. Que tardons-nous à couronner celui que les destins nous donnent pour roi ?

Aussitôt les vieillards sortent de l'enceinte du bois sacré; et le premier, me prenant par la main, annonce au peuple déja impatient, dans l'attente d'une décision, que j'avois remporté le prix. A peine acheva-t-il de parler qu'on entendit un bruit confus de toute l'assemblée. Chacun pousse des cris de joie. Tout le rivage et toutes les montagnes voisines retentissent de ce cri : Que le fils d'Ulysse, semblable à Minos, règne sur les Crétois !

J'attendis un moment, et je faisois signe de la main pour demander qu'on m'écoutât. Cependant Mentor me disoit à l'oreille : Renoncez-vous à votre patrie ? l'ambition de régner vous fera-t-elle oublier Pénélope, qui vous attend comme sa dernière espérance, et le grand Ulysse, que les dieux avoient résolu de vous rendre? Ces paroles percèrent mon cœur, et me soutinrent contre le vain desir de régner.

Cependant un profond silence de toute cette tumultueuse assemblée me donna le moyen de parler ainsi : O illustres Crétois, je ne mérite point de vous commander. L'oracle qu'on vient de rapporter marque bien que la race de Minos cessera de régner quand un étranger entrera dans cette île, et y fera régner les lois de ce sage roi; mais il n'est pas dit que cet étranger régnera. Je veux croire que je suis cet étranger marqué par l'oracle. J'ai accompli la prédiction; je suis venu dans cette île; j'ai découvert le vrai sens des lois, et je souhaite que mon explication serve à les faire régner avec l'homme que vous choisirez. Pour moi, je préfère ma patrie, la pauvre, la petite île d'Ithaque, aux cent villes de Crète, à la gloire et à l'opulence de ce beau royaume. Souffrez que je suive ce que les destins ont marqué. Si j'ai combattu dans vos jeux, ce n'étoit pas dans l'espérance de régner ici; c'étoit pour mériter votre estime et votre compassion; c'étoit afin que vous me donnassiez les moyens de retourner promptement au lieu de ma naissance. J'aime mieux obéir à mon père Ulysse, et consoler ma mère Pénélope, que régner sur tous les peuples de l'univers. O Crétois, vous voyez le fond de mon cœur : il faut que je vous quitte; mais la mort seule pourra finir ma reconnoissance. Oui, jusqu'au dernier soupir, Télémaque aimera les Crétois, et s'intéressera à leur gloire comme à la sienne propre.

A peine eus-je parlé qu'il s'éleva dans toute l'assemblé un bruit sourd, semblable à celui des vagues de la mer qui s'entre-choquent dans une tempête. Les uns disoient : Est-ce quelque divinité sous une figure humaine? D'autres soutenoient qu'ils m'avoient vu en d'autres pays, et qu'ils me reconnoissoient. D'autres s'écrioient : Il faut le contraindre de régner ici. Enfin, je repris la parole, et chacun se hâta de se taire, ne sachant si je n'allois point accepter ce que j'avois refusé d'abord. Voici les paroles que je leur dis :

Souffrez, ô Crétois, que je vous dise ce que je pense. Vous êtes le plus sage de tous les peuples; mais la sagesse demande, ce me semble, une précaution qui vous échappe. Vous devez choisir,

mais celui qui les pratique avec la plus constante vertu. Pour moi, je suis jeune, par conséquent sans expérience, exposé à la violence des passions, et plus en état de m'instruire en obéissant, pour commander un jour, que de commander maintenant. Ne cherchez donc pas un homme qui ait vaincu les autres dans ces jeux d'esprit et de corps, mais qui se soit vaincu lui-même ; cherchez un homme qui ait vos lois écrites dans le fond de son cœur, et dont toute la vie soit la pratique de ces lois ; que ses actions, plutôt que ses paroles, vous le fassent choisir.

Tous les vieillards, charmés de ce discours, et voyant toujours croître les applaudissements de l'assemblée, me dirent : Puisque les dieux nous ôtent l'espérance de vous voir régner au milieu de nous, du moins aidez-nous à trouver un roi qui fasse régner nos lois. Connoissez-vous quelqu'un qui puisse commander avec cette modération ? Je connois, leur dis-je d'abord, un homme de qui je tiens tout ce que vous avez estimé en moi ; c'est sa sagesse, et non pas la mienne, qui vient de parler ; il m'a inspiré toutes les réponses que vous venez d'entendre.

En même temps toute l'assemblée jeta les yeux sur Mentor, que je montrois, le tenant par la main. Je racontois les soins qu'il avoit eus de mon enfance, les périls dont il m'avoit délivré, les malheurs qui étoient venus fondre sur moi dès que j'avois cessé de suivre ses conseils.

D'abord on ne l'avoit point regardé, à cause de ses habits simples et négligés, de sa contenance modeste, de son silence presque continuel, de son air froid et réservé. Mais quand on s'appliqua à le regarder, on découvrit dans son visage je ne sais quoi de ferme et d'élevé ; on remarqua la vivacité de ses yeux, et la vigueur avec laquelle il faisoit jusqu'aux moindres actions. On le questionna ; il fut admiré : on résolut de le faire roi. Il s'en défendit sans s'émouvoir : il dit qu'il préféroit les douceurs d'une vie privée à l'éclat de la royauté ; que les meilleurs rois étoient malheureux en ce qu'ils ne faisoient presque jamais les biens qu'ils vouloient faire, et qu'ils faisoient souvent, par la surprise des flatteurs, les maux qu'ils ne vouloient pas. Il ajouta que si la servitude est misérable, la royauté ne l'est pas moins, puisqu'elle est une servitude déguisée. Quand on est roi, disoit-il, on dépend de tous ceux dont on a besoin pour se faire obéir. Heureux celui qui n'est point obligé de commander ! Nous ne devons qu'à notre seule patrie, quand elle nous confie l'autorité, le sacrifice de notre liberté, pour travailler au bien public.

Alors les Crétois, ne pouvant revenir de leur surprise, lui demandèrent quel homme ils devoient choisir. Un homme, répondit-il, qui vous connoisse bien, puisqu'il faudra qu'il vous gouverne, et qui craigne de vous gouverner. Celui qui desire la royauté ne la connoît pas ; et comment en remplira-t-il les devoirs, ne les connoissant point ? Il la cherche pour lui ; et vous devez desirer un homme qui ne l'accepte que pour l'amour de vous.

Tous les Crétois furent dans un étrange étonnement de voir deux étrangers qui refusoient la royauté, recherchée par tant d'autres ; ils voulurent savoir avec qui ils étoient venus. Nausicrate, qui les avoit conduits depuis le port jusqu'au cirque où l'on célébroit les jeux, leur montra Hasaël avec lequel Mentor et moi nous étions venus de l'île de Chypre. Mais leur étonnement fut encore bien plus grand, quand ils surent que Mentor avoit été esclave d'Hasaël ; qu'Hasaël, touché de la sagesse et de la vertu de son esclave, en avoit fait son conseil et son meilleur ami ; que cet esclave mis en liberté étoit le même qui venoit de refuser d'être roi ; et qu'Hasaël étoit venu de Damas en Syrie, pour s'instruire des lois de Minos, tant l'amour de la sagesse remplissoit son cœur.

Les vieillards dirent à Hasaël : Nous n'osons vous prier de nous gouverner, car nous jugeons que vous avez les mêmes pensées que Mentor. Vous méprisez trop les hommes pour vouloir vous charger de les conduire : d'ailleurs vous êtes trop détaché des richesses et de l'éclat de la royauté, pour vouloir acheter cet éclat par les peines attachées au gouvernement des peuples. Hasaël répondit : Ne croyez pas, ô Crétois, que je méprise les hommes. Non, non : je sais combien il est grand de travailler à les rendre bons et heureux ; mais ce travail est rempli de peines et de dangers. L'éclat qui y est attaché est faux, et ne peut éblouir que des ames vaines. La vie est courte ; les grandeurs irritent plus les passions qu'elles ne peuvent les contenter : c'est pour apprendre à me passer de ces faux biens, et non pas pour y parvenir, que je suis venu de si loin. Adieu : je ne songe qu'à retourner dans une vie paisible et retirée, où la sagesse nourrisse mon cœur, et où les espérances qu'on tire de la vertu, pour une autre meilleure vie après la mort, me consolent dans les chagrins de la vieillesse. Si j'avois quelque chose à souhaiter, ce ne seroit pas d'être roi, ce seroit de ne me séparer jamais de ces deux hommes que vous voyez.

Enfin les Crétois s'écrièrent, parlant à Mentor : Dites-nous, ô le plus sage et le plus grand de tous les mortels, dites-nous donc qui est-ce que nous pouvons choisir pour notre roi : nous ne vous laisserons point aller que vous ne nous ayez appris le choix que nous devons faire. Il leur répondit : Pendant que j'étois dans la foule des spectateurs, j'ai remarqué un homme qui ne témoignoit aucun empressement : c'est un vieillard assez vigoureux. J'ai demandé quel homme c'étoit; on m'a répondu qu'il s'appeloit Aristodème. Ensuite j'ai entendu qu'on lui disoit que ses deux enfants étoient au nombre de ceux qui combattoient; il a paru n'en avoir aucune joie : il a dit que pour l'un il ne lui souhaitoit pas les périls de la royauté, et qu'il aimoit trop la patrie pour consentir que l'autre régnât jamais. Par là j'ai compris que ce père aimoit d'un amour raisonnable l'un de ses enfants qui a de la vertu, et qu'il ne flattoit point l'autre dans ses déréglements. Ma curiosité augmentant, j'ai demandé quelle a été la vie de ce vieillard. Un de vos citoyens m'a répondu : Il a long-temps porté les armes, et il est couvert de blessures; mais sa vertu sincère et ennemie de la flatterie l'avoit rendu incommode à Idoménée. C'est ce qui empêcha ce roi de s'en servir dans le siége de Troie : il craignit un homme qui lui donneroit de sages conseils qu'il ne pourroit se résoudre à suivre; il fut même jaloux de la gloire que cet homme ne manqueroit pas d'acquérir bientôt; il oublia tous ses services; il le laissa ici, pauvre, méprisé des hommes grossiers et lâches qui n'estiment que les richesses, mais content dans sa pauvreté. Il vit gaîment dans un endroit écarté de l'île, où il cultive son champ de ses propres mains. Un de ses fils travaille avec lui; ils s'aiment tendrement; ils sont heureux. Par leur frugalité et par leur travail, ils se sont mis dans l'abondance des choses nécessaires à une vie simple. Le sage vieillard donne aux pauvres malades de son voisinage tout ce qui lui reste au-delà de ses besoins et de ceux de son fils. Il fait travailler les jeunes gens; il les exhorte, il les instruit; il juge tous les différends de son voisinage; il est le père de toutes les familles. Le malheur de la sienne est d'avoir un second fils qui n'a voulu suivre aucun de ses conseils. Le père, après l'avoir long-temps souffert pour tâcher de le corriger de ses vices, l'a enfin chassé : il s'est abandonné à une folle ambition et à tous les plaisirs.

Voilà, ô Crétois, ce qu'on m'a raconté : vous devez savoir si ce récit est véritable. Mais si cet homme est tel qu'on le dépeint, pourquoi faire des jeux? pourquoi assembler tant d'inconnus? Vous avez au milieu de vous un homme qui vous connoît et que vous connoissez; qui sait la guerre; qui a montré son courage non-seulement contre les flèches et contre les dards, mais contre l'affreuse pauvreté; qui a méprisé les richesses acquises par la flatterie; qui aime le travail; qui sait combien l'agriculture est utile à un peuple; qui déteste le faste; qui ne se laisse point amollir par un amour aveugle de ses enfants; qui aime la vertu de l'un, et qui condamne le vice de l'autre; en un mot, un homme qui est déjà le père du peuple. Voilà votre roi, s'il est vrai que vous desiriez de faire régner chez vous les lois du sage Minos.

Tout le peuple s'écria : Il est vrai, Aristodème est tel que vous le dites; c'est lui qui est digne de régner. Les vieillards le firent appeler : on le chercha dans la foule, où il étoit confondu avec les derniers du peuple. Il parut tranquille. On lui déclara qu'on le faisoit roi. Il répondit : Je n'y puis consentir qu'à trois conditions : la première, que je quitterai la royauté dans deux ans, si je ne vous rends meilleurs que vous n'êtes, et si vous résistez aux lois; la seconde, que je serai libre de continuer une vie simple et frugale; la troisième, que mes enfants n'auront aucun rang; et qu'après ma mort on les traitera sans distinction, selon leur mérite, comme le reste des citoyens.

A ces paroles, il s'éleva dans l'air mille cris de joie. Le diadème fut mis par le chef des vieillards gardes des lois, sur la tête d'Aristodème. On fit des sacrifices à Jupiter et aux autres grands dieux. Aristodème nous fit des présents, non pas avec la magnificence ordinaire aux rois, mais avec une noble simplicité. Il donna à Hasaël les lois de Minos écrites de la main de Minos même; il lui donna aussi un recueil de toute l'histoire de Crète, depuis Saturne et l'âge d'or; il fit mettre dans son vaisseau des fruits de toutes les espèces qui sont bonnes en Crète et inconnues dans la Syrie, et lui offrit tous les secours dont il pourroit avoir besoin.

Comme nous pressions notre départ, il nous fit préparer un vaisseau avec un grand nombre de bons rameurs et d'hommes armés; il y fit mettre des habits pour nous et des provisions. A l'instant même s'éleva un vent favorable pour aller à Ithaque : ce vent, qui étoit contraire à Hasaël, le contraignit d'attendre. Il nous vit partir; il nous embrassa comme des amis qu'il ne devoit jamais revoir. Les dieux sont justes, disoit-il, ils voient une amitié qui n'est fondée que sur la vertu : un jour ils nous réuniront; et ces champs fortunés, où l'on dit que les justes jouissent après la mort d'une paix éternelle, verront nos âmes se rejoindre pour ne se séparer jamais. O si mes cendres pouvoient aussi être recueillies avec les vôtres!...

En prononçant ces mots, il versoit des torrents de larmes, et les soupirs étouffoient sa voix. Nous ne pleurions pas moins que lui : et il nous conduisit au vaisseau.

Pour Aristodème, il nous dit : C'est vous qui venez de me faire roi; souvenez-vous des dangers où vous m'avez mis. Demandez aux dieux qu'ils m'inspirent la vraie sagesse, et que je surpasse autant en modération les autres hommes, que je les surpasse en autorité. Pour moi, je les prie de vous conduire heureusement dans votre patrie, d'y confondre l'insolence de vos ennemis, et de vous y faire voir en paix Ulysse régnant avec sa chère Pénélope. Télémaque, je vous donne un bon vaisseau plein de rameurs et d'hommes armés; ils pourront vous servir contre ces hommes injustes qui persécutent votre mère. O Mentor, votre sagesse, qui n'a besoin de rien, ne me laisse rien à desirer pour vous. Allez tous deux, vivez heureux ensemble; souvenez-vous d'Aristodème : et si jamais les Ithaciens ont besoin des Crétois, comptez sur moi jusqu'au dernier soupir de ma vie. Il nous embrassa; et nous ne pûmes, en le remerciant, retenir nos larmes.

Cependant le vent qui enfloit nos voiles nous promettoit une douce navigation. Déja le mont Ida n'étoit plus à nos yeux que comme une colline; tous les rivages disparoissoient; les côtes du Péloponnèse sembloient s'avancer dans la mer pour venir au-devant de nous. Tout-à-coup une noire tempête enveloppa le ciel, et irrita toutes les ondes de la mer. Le jour se changea en nuit, et la mort se présenta à nous. O Neptune, c'est vous qui excitâtes, par votre superbe trident, toutes les eaux de votre empire! Vénus, pour se venger de ce que nous l'avions méprisée jusque dans son temple de Cythère, alla trouver ce dieu; elle lui parla avec douleur; ses beaux yeux étoient baignés de larmes : du moins c'est ainsi que Mentor, instruit des choses divines, me l'a assuré. Souffrirez-vous, Neptune, disoit-elle, que ces impies se jouent impunément de ma puissance? Les dieux mêmes la sentent; et ces téméraires mortels ont osé condamner tout ce qui se fait dans mon île. Ils se piquent d'une sagesse à toute épreuve, et ils traitent l'amour de folie. Avez-vous oublié que je suis née dans votre empire? Que tardez-vous à ensevelir dans vos profonds abîmes ces deux hommes que je ne puis sentir?

A peine avoit-elle parlé, que Neptune souleva les flots jusqu'au ciel : et Vénus rit, croyant notre naufrage inévitable. Notre pilote, troublé, s'écria qu'il ne pouvoit plus résister aux vents qui nous poussoient avec violence vers les rochers : un coup de vent rompit notre mât; et, un moment après, nous entendîmes les pointes des rochers qui entr'ouvroient le fond du navire. L'eau entre de tous côtés; le navire s'enfonce; tous nos rameurs poussent de lamentables cris vers le ciel. J'embrasse Mentor, et je lui dis : Voici la mort; il faut la recevoir avec courage. Les dieux ne nous ont délivrés de tant de périls que pour nous faire périr aujourd'hui. Mourons, Mentor, mourons. C'est une consolation pour moi de mourir avec vous; il seroit inutile de disputer notre vie contre la tempête.

Mentor me répondit : Le vrai courage trouve toujours quelque ressource. Ce n'est pas assez d'être prêt à recevoir tranquillement la mort; il faut, sans la craindre, faire tous ses efforts pour la repousser. Prenons, vous et moi, un de ces grands bancs de rameurs. Tandis que cette multitude d'hommes timides et troublés regrette la vie sans chercher les moyens de la conserver, ne perdons pas un moment pour sauver la nôtre. Aussitôt il prend une hache, il achève de couper le mât qui étoit déja rompu, et qui, penchant dans la mer, avoit mis le vaisseau sur le côté; il jette le mât hors du vaisseau, et s'élance dessus au milieu des ondes furieuses; il m'appelle par mon nom, et m'encourage pour le suivre. Tel qu'un grand arbre que tous les vents conjurés attaquent, et qui demeure immobile sur ses profondes racines, en sorte que la tempête ne fait qu'agiter ses feuilles; de même Mentor, non-seulement ferme et courageux, mais doux et tranquille, sembloit commander aux vents et à la mer. Je le suis : et qui auroit pu ne pas le suivre, étant encouragé par lui?

Nous nous conduisions nous-mêmes sur ce mât flottant. C'étoit un grand secours pour nous, car nous pouvions nous asseoir dessus; et, s'il eût fallu nager sans relâche, nos forces eussent été bientôt épuisées. Mais souvent la tempête faisoit tourner cette grande pièce de bois, et nous nous trouvions enfoncés dans la mer : alors nous buvions l'onde amère, qui couloit de notre bouche, de nos narines et de nos oreilles : nous étions contraints de disputer contre les flots pour rattraper le dessus de ce mât. Quelquefois aussi une vague haute comme une montagne venoit passer sur nous; et nous nous tenions fermes, de peur que, dans cette violente secousse, le mât, qui étoit notre unique espérance, ne nous échappât.

Pendant que nous étions dans cet état affreux, Mentor, aussi paisible qu'il l'est maintenant sur ce siège de gazon, me disoit : Croyez-vous, Télémaque, que votre vie soit abandonnée aux vents et aux flots? Croyez-vous qu'ils puissent vous faire périr sans l'ordre des dieux? Non, non : les dieux décident de tout. C'est donc les dieux, et non pas la mer, qu'il faut craindre. Fussiez-vous au fond des abîmes, la main de Jupiter pourroit vous en tirer. Fussiez-vous dans l'Olympe, voyant les astres sous vos pieds, Jupiter pourroit vous plonger au fond de l'abîme, ou vous précipiter dans les flammes du noir Tartare. J'écoutois et j'admirois ce discours, qui me consoloit un peu; mais je n'avois pas l'esprit assez libre pour lui répondre. Il ne me voyoit point; je ne pouvois le voir. Nous passâmes toute la nuit, tremblants de froid et demi-morts, sans savoir où la tempête nous jetoit. Enfin les vents commencèrent à s'apaiser; et la mer mugissante ressembloit à une personne qui, ayant été long-temps irritée, n'a plus qu'un reste de trouble et d'émotion, étant lasse de se mettre en fureur; elle grondoit sourdement, et ses flots n'étoient presque plus que comme les sillons qu'on trouve dans un champ labouré.

Cependant l'aurore vint ouvrir au soleil les portes du ciel, et nous annonça un beau jour. L'orient étoit tout en feu; et les étoiles, qui avoient été si long-temps cachées, reparurent, et s'enfuirent à l'arrivée de Phébus. Nous aperçûmes de loin la terre, et le vent nous en approchoit : alors je sentis l'espérance renaître dans mon cœur. Mais nous n'aperçûmes aucun de nos compagnons : selon les apparences, ils perdirent courage, et la tempête les submergea tous avec le vaisseau. Quand nous fûmes auprès de la terre, la mer nous poussoit contre des pointes de rochers qui nous eussent brisés; mais nous tâchions de leur présenter le bout de notre mât, et Mentor faisoit de ce mât ce qu'un sage pilote fait du meilleur gouvernail. Ainsi nous évitâmes ces rochers affreux, et nous trouvâmes enfin une côte douce et unie, où, nageant sans peine, nous abordâmes sur le sable. C'est là que vous nous vîtes, ô grande déesse qui habitez cette île; c'est là que vous daignâtes nous recevoir.

LIVRE VI.

Calypso, ravie d'admiration par le récit de Télémaque, conçoit pour lui une violente passion, et met tout en œuvre pour exciter en lui le même sentiment. Elle est puissamment secondée par Vénus, qui amène Cupidon dans l'île avec ordre de percer de ses flèches le cœur de Télémaque. Celui-ci, déjà blessé sans le savoir, souhaite, sous divers prétextes, de demeurer dans l'île, malgré les sages remontrances de Mentor. Bientôt il sent pour la nymphe Eucharis une folle passion, qui excite la jalousie et la colère de Calypso. Elle jure par le Styx, que Télémaque sortira de son île, et presse Mentor de construire un vaisseau pour le reconduire à Ithaque. Tandis que Mentor entraîne Télémaque vers le rivage pour s'embarquer, Cupidon va consoler Calypso, et oblige les nymphes à brûler le vaisseau. A la vue des flammes, Télémaque ressent une joie secrète; mais le sage Mentor, qui s'en aperçoit, le précipite dans la mer, et s'y jette avec lui, pour gagner, à la nage, un autre vaisseau alors arrêté auprès de l'île de Calypso.

Quand Télémaque eut achevé ce discours, toutes les nymphes, qui avoient été immobiles, les yeux attachés sur lui, se regardèrent les unes les autres. Elles se disoient avec étonnement : Quels sont donc ces deux hommes si chéris des dieux? a-t-on jamais ouï parler d'aventures si merveilleuses? Le fils d'Ulysse le surpasse déja en éloquence, en sagesse et en valeur. Quelle mine! quelle beauté! quelle douceur! quelle modestie! mais quelle noblesse et quelle grandeur! Si nous ne savions qu'il est fils d'un mortel, on le prendroit aisément pour Bacchus, pour Mercure, ou même pour le grand Apollon. Mais quel est ce Mentor, qui paroît un homme simple, obscur, et d'une médiocre condition? Quand on le regarde de près, on trouve en lui je ne sais quoi au-dessus de l'homme.

Calypso écoutoit ces discours avec un trouble qu'elle ne pouvoit cacher : ses yeux errants alloient sans cesse de Mentor à Télémaque, et de Télémaque à Mentor. Quelquefois elle vouloit que Télémaque recommençât cette longue histoire de ses aventures; puis tout-à-coup elle s'interrompoit elle-même. Enfin, se levant brusquement, elle mena Télémaque seul dans un bois de myrte, où elle n'oublia rien pour savoir de lui si Mentor n'étoit point une divinité cachée sous la forme d'un homme. Télémaque ne pouvoit le lui dire; car Minerve, en l'accompagnant sous la figure de Mentor, ne s'étoit point découverte à lui à cause de sa grande jeunesse. Elle ne se fioit pas encore assez à son secret pour lui confier ses desseins. D'ailleurs elle vouloit l'éprouver par les plus grands dangers; et, s'il eût su que Minerve étoit avec lui, un tel secours l'eût trop soutenu; il n'auroit eu aucune peine à mépriser les accidents les plus affreux. Il prenoit donc Minerve pour Mentor; et tous les artifices de Calypso furent inutiles pour découvrir ce qu'elle désiroit savoir.

Cependant toutes les nymphes, assemblées autour de Mentor, prenoient plaisir à le questionner. L'une lui demandoit les circonstances de son voyage d'Éthiopie; l'autre vouloit savoir ce qu'il avoit vu à Damas; une autre lui demandoit s'il avoit connu autrefois Ulysse avant le siége de Troie. Il répondoit à toutes avec douceur; et ses paroles, quoique simples, étoient pleines de graces.

Calypso ne les laissa pas long-temps dans cette conversation; elle revint: et, pendant que ses nymphes se mirent à cueillir des fleurs en chantant pour amuser Télémaque, elle prit à l'écart Mentor pour le faire parler. La douce vapeur du sommeil ne coule pas plus doucement dans les yeux appesantis et dans tous les membres fatigués d'un homme abattu, que les paroles flatteuses de la déesse s'insinuoient pour enchanter le cœur de Mentor; mais elle sentoit toujours je ne sais quoi qui repoussoit tous ses efforts, et qui se jouoit de ses charmes. Semblable à un rocher escarpé qui cache son front dans les nues, et qui se joue de la rage des vents, Mentor, immobile dans ses sages desseins, se laissoit presser par Calypso. Quelquefois même il lui laissoit espérer qu'elle l'embarrasseroit par ses questions, et qu'elle tireroit la vérité du fond de son cœur. Mais, au moment où elle croyoit satisfaire sa curiosité, ses espérances s'évanouissoient: tout ce qu'elle s'imaginoit tenir lui échappoit tout-à-coup; et une réponse courte de Mentor la replongeoit dans ses incertitudes. Elle passoit ainsi les journées, tantôt flattant Télémaque, tantôt cherchant les moyens de le détacher de Mentor, qu'elle n'espéroit plus de faire parler. Elle employoit ses plus belles nymphes à faire naître les feux de l'amour dans le cœur du jeune Télémaque; et une divinité plus puissante qu'elle vint à son secours pour y réussir.

Vénus, toujours pleine de ressentiment du mépris que Mentor et Télémaque avoient témoigné pour le culte qu'on lui rendoit dans l'île de Chypre, ne pouvoit se consoler de voir que ces deux téméraires mortels eussent échappé aux vents et à la mer dans la tempête excitée par Neptune. Elle en fit des plaintes amères à Jupiter: mais le père des dieux, souriant, sans vouloir lui découvrir que Minerve, sous la figure de Mentor, avoit sauvé le fils d'Ulysse, permit à Vénus de chercher les moyens de se venger de ces deux hommes. Elle quitte l'Olympe; elle oublie les doux parfums qu'on brûle sur ses autels à Paphos, à Cythère et à Idalie; elle vole dans son char attelé de colombes; elle appelle son fils; et, la douleur répandant sur son visage de nouvelles graces, elle parle ainsi:

Vois-tu, mon fils, ces deux hommes qui méprisent ta puissance et la mienne? Qui voudra désormais nous adorer? Va, perce de tes flèches ces deux cœurs insensibles: descends avec moi dans cette île; je parlerai à Calypso. Elle dit; et fendant les airs dans un nuage tout doré, elle se présenta à Calypso, qui, dans ce moment, étoit seule au bord d'une fontaine assez loin de sa grotte.

Malheureuse déesse, lui dit-elle, l'ingrat Ulysse vous a méprisée; son fils, encore plus dur que lui, vous prépare un semblable mépris; mais l'Amour vient lui-même pour vous venger. Je vous le laisse: il demeurera parmi vos nymphes, comme autrefois l'enfant Bacchus fut nourri par les nymphes de l'île de Naxos. Télémaque le verra comme un enfant ordinaire; il ne pourra s'en défier, et il sentira bientôt son pouvoir. Elle dit; et, remontant dans ce nuage doré d'où elle étoit sortie, elle laissa après elle une odeur d'ambrosie dont tous les bois de Calypso furent parfumés.

L'Amour demeura entre les bras de Calypso. Quoique déesse, elle sentit la flamme qui couloit déjà dans son sein. Pour se soulager, elle le donna aussitôt à la nymphe qui étoit auprès d'elle, nommée Eucharis. Mais, hélas! dans la suite, combien de fois se repentit-elle de l'avoir fait! D'abord rien ne paroissoit plus innocent, plus doux, plus aimable, plus ingénu et plus gracieux que cet enfant. A le voir enjoué, flatteur, toujours riant, on auroit cru qu'il ne pouvoit donner que du plaisir: mais à peine s'étoit-on fié à ses caresses, qu'on y sentoit je ne sais quoi d'empoisonné. L'enfant malin et trompeur ne caressoit que pour trahir; et il ne rioit jamais que des maux cruels qu'il avoit faits, ou qu'il vouloit faire. Il n'osoit approcher de Mentor, dont la sévérité l'épouvantoit; et il sentoit que cet inconnu étoit invulnérable, en sorte qu'aucune de ses flèches n'auroit pu le percer. Pour les nymphes, elles sentirent bientôt les feux que cet enfant trompeur allume; mais elles cachoient avec soin la plaie profonde qui s'envenimoit dans leurs cœurs.

Cependant Télémaque, voyant cet enfant qui se jouoit avec les nymphes, fut surpris de sa douceur et de sa beauté. Il l'embrasse, il le prend tantôt sur ses genoux, tantôt entre ses bras; il sent en lui-même une inquiétude dont il ne peut trouver la cause. Plus il cherche à se jouer innocemment, plus il se trouble et s'amollit. Voyez-vous ces nymphes? disoit-il à Mentor: combien sont-elles différentes de ces femmes de l'île de Chypre, dont la beauté étoit choquante à cause de leur immodestie! Ces beautés immortelles montrent une innocence, une modestie, une simplicité qui charment. Parlant ainsi, il rougissoit sans savoir pourquoi. Il ne pouvoit s'empêcher de parler; mais à peine avoit-il commencé, qu'il ne pouvoit continuer; ses paroles étoient entrecoupées, obscures, et quelquefois elles n'avoient aucun sens.

Mentor lui dit : O Télémaque, les dangers de l'île de Chypre n'étoient rien, si on les compare à ceux dont vous ne vous défiez pas maintenant. Le vice grossier fait horreur; l'impudence brutale donne de l'indignation; mais la beauté modeste est bien plus dangereuse : en l'aimant, on croit n'aimer que la vertu; et insensiblement on se laisse aller aux appas trompeurs d'une passion qu'on n'aperçoit que quand il n'est presque plus temps de l'éteindre. Fuyez, ô mon cher Télémaque, fuyez ces nymphes, qui ne sont si discrètes que pour vous mieux tromper; fuyez les dangers de votre jeunesse : mais surtout fuyez cet enfant que vous ne connoissez pas. C'est l'Amour, que Vénus, sa mère, est venue apporter dans cette île, pour se venger du mépris que vous avez témoigné pour le culte qu'on lui rend à Cythère : il a blessé le cœur de la déesse Calypso; elle est passionnée pour vous : il a brûlé toutes les nymphes qui l'environnent; vous brûlez vous-même, ô malheureux jeune homme, presque sans le savoir.

Télémaque interrompoit souvent Mentor, en lui disant : Pourquoi ne demeurerions-nous pas dans cette île? Ulysse ne vit plus; il doit être depuis long-temps enseveli dans les ondes : Pénélope, ne voyant revenir ni lui ni moi, n'aura pu résister à tant de prétendants : son père Icare l'aura contrainte d'accepter un nouvel époux. Retournerai-je à Ithaque pour la voir engagée dans de nouveaux liens, et manquant à la foi qu'elle avoit donnée à mon père? Les Ithaciens ont oublié Ulysse. Nous ne pourrions y retourner que pour chercher une mort assurée, puisque les amants de Pénélope ont occupé toutes les avenues du port, pour mieux assurer notre perte à notre retour.

Mentor répondoit : Voilà l'effet d'une aveugle passion. On cherche avec subtilité toutes les raisons qui la favorisent, et on se détourne de peur de voir toutes celles qui la condamnent. On n'est plus ingénieux que pour se tromper, et pour étouffer ses remords. Avez-vous oublié tout ce que les dieux ont fait pour vous ramener dans votre patrie? Comment êtes-vous sorti de la Sicile? Les malheurs que vous avez éprouvés en Égypte ne se sont-ils pas tournés tout à coup en prospérités? Quelle main inconnue vous a enlevé à tous les dangers qui menaçoient votre tête dans la ville de Tyr? Après tant de merveilles, ignorez-vous encore ce que les destinées vous ont préparé? Mais que dis-je? vous en êtes indigne. Pour moi, je pars, et je saurai bien sortir de cette île. Lâche fils d'un père si sage et si généreux, menez ici une vie molle et sans honneur au milieu des femmes; faites, malgré les dieux, ce que votre père crut indigne de lui.

Ces paroles de mépris percèrent Télémaque jusqu'au fond du cœur. Il se sentoit attendri pour Mentor; sa douleur étoit mêlée de honte; il craignoit l'indignation et le départ de cet homme si sage à qui il devoit tant : mais une passion naissante, et qu'il ne connoissoit pas lui-même, faisoit qu'il n'étoit plus le même homme. Quoi donc! disoit-il à Mentor, les larmes aux yeux, vous ne comptez pour rien l'immortalité qui m'est offerte par la déesse? Je compte pour rien, répondoit Mentor, tout ce qui est contre la vertu et contre les ordres des dieux. La vertu vous rappelle dans votre patrie pour revoir Ulysse et Pénélope; la vertu vous défend de vous abandonner à une folle passion. Les dieux, qui vous ont délivré de tant de périls pour vous préparer une gloire égale à celle de votre père, vous ordonnent de quitter cette île. L'Amour seul, ce honteux tyran, peut vous y retenir. Hé! que feriez-vous d'une vie immortelle, sans liberté, sans vertu, sans gloire? Cette vie seroit encore plus malheureuse, en ce qu'elle ne pourroit finir.

Télémaque ne répondoit à ce discours que par des soupirs. Quelquefois il auroit souhaité que Mentor l'eût arraché malgré lui de cette île; quelquefois il lui tardoit que Mentor fût parti, pour n'avoir plus devant ses yeux cet ami sévère qui lui reprochoit sa foiblesse. Toutes ces pensées contraires agitoient tour à tour son cœur, et aucune n'y étoit constante : son cœur étoit comme la mer, qui est le jouet de tous les vents contraires. Il demeuroit souvent étendu et immobile sur le rivage de la mer; souvent dans le fond de quelque bois sombre, versant des larmes amères, et poussant des cris semblables aux rugissements d'un lion. Il étoit devenu maigre; ses yeux creux étoient pleins d'un feu dévorant : à le voir pâle, abattu et défiguré, on auroit cru que ce n'étoit point Télémaque. Sa beauté, son enjouement, sa noble fierté s'enfuyoient loin de lui. Il périssoit : tel qu'une fleur, qui, étant épanouie le matin, répandoit ses doux parfums dans la campagne, et se flétrit peu à peu vers le soir; ses vives couleurs s'effacent, elle languit, elle se dessèche, et sa belle tête se penche, ne pouvant plus se soutenir : ainsi le fils d'Ulysse étoit aux portes de la mort.

Mentor, voyant que Télémaque ne pouvoit résister à la violence de sa passion, conçut un dessein plein d'adresse pour le délivrer d'un si grand danger. Il avoit remarqué que Calypso aimoit éperdument Télémaque, et que Télémaque n'aimoit pas moins la jeune nymphe Eucharis; car le cruel Amour, pour tourmenter les mortels, fait qu'on n'aime guère la personne dont on est aimé. Mentor résolut d'exciter la jalousie de Calypso. Eucharis devoit emmener Télémaque dans une chasse. Mentor dit à Calypso : J'ai remarqué dans Télémaque une passion pour la chasse, que je n'avois jamais vue en lui; ce plaisir commence à le dégoûter de tout autre : il n'aime plus que les forêts et les montagnes les plus sauvages. Est-ce vous, ô déesse, qui lui inspirez cette grande ardeur?

Calypso sentit un dépit cruel en écoutant ces paroles, et elle ne put se retenir. Ce Télémaque, répondit-elle, qui a méprisé tous les plaisirs de l'île de Chypre, ne peut résister à la médiocre beauté d'une de mes nymphes. Comment ose-t-il se vanter d'avoir fait tant d'actions merveilleuses, lui dont le cœur s'amollit lâchement par la volupté, et qui ne semble né que pour passer une vie obscure au milieu des femmes? Mentor, remarquant avec plaisir combien la jalousie troubloit le cœur de Calypso, n'en dit pas davantage, de peur de la mettre en défiance de lui; il lui montroit seulement un visage triste et abattu. La déesse lui découvroit ses peines sur toutes les choses qu'elle voyoit; et elle faisoit sans cesse des plaintes nouvelles. Cette chasse, dont Mentor l'avoit avertie, acheva de la mettre en fureur. Elle sut que Télémaque n'avoit cherché qu'à se dérober aux autres nymphes pour parler à Eucharis. On proposoit même déjà une seconde chasse, où elle prévoyoit qu'il feroit comme dans la première. Pour rompre les mesures de Télémaque, elle déclara qu'elle en vouloit être. Puis tout à coup, ne pouvant plus modérer son ressentiment, elle lui parla ainsi :

Est-ce donc ainsi, ô jeune téméraire, que tu es venu dans mon île pour échapper au juste naufrage que Neptune te préparoit, et à la vengeance des dieux? N'es-tu entré dans cette île, qui n'est ouverte à aucun mortel, que pour mépriser ma puissance et l'amour que je t'ai témoigné? O divinités de l'Olympe et du Styx, écoutez une malheureuse déesse! Hâtez-vous de confondre ce perfide, cet ingrat, cet impie. Puisque tu es encore plus dur et plus injuste que ton père, puisses-tu souffrir des maux encore plus longs et plus cruels que les siens! Non, non, que jamais tu ne revoies ta patrie, cette pauvre et misérable Ithaque, que tu n'as point eu honte de préférer à l'immortalité! ou plutôt que tu périsses, en la voyant de loin, au milieu de la mer; et que ton corps, devenu le jouet des flots, soit rejeté, sans espérance de sépulture, sur le sable de ce rivage! Que mes yeux le voient mangé par les vautours! Celle que tu aimes le verra aussi : elle le verra; elle en aura le cœur déchiré; et son désespoir fera mon bonheur!

En parlant ainsi, Calypso avoit les yeux rouges et enflammés : ses regards ne s'arrêtoient jamais en aucun endroit; ils avoient je ne sais quoi de sombre et de farouche. Ses joues tremblantes étoient couvertes de taches noires et livides; elle changeoit à chaque moment de couleur. Souvent une pâleur mortelle se répandoit sur tout son visage : ses larmes ne couloient plus comme autrefois avec abondance : la rage et le désespoir sembloient en avoir tari la source, et à peine en couloit-il quelqu'une sur ses joues. Sa voix étoit rauque, tremblante et entrecoupée. Mentor observoit tous ses mouvements, et ne parloit plus à Télémaque. Il le traitoit comme un malade désespéré qu'on abandonne; il jetoit souvent sur lui des regards de compassion.

Télémaque sentoit combien il étoit coupable, et indigne de l'amitié de Mentor. Il n'osoit lever les yeux, de peur de rencontrer ceux de son ami, dont le silence même le condamnoit. Quelquefois il avoit envie d'aller se jeter à son cou, et de lui témoigner combien il étoit touché de sa faute : mais il étoit retenu, tantôt par une mauvaise honte, et tantôt par la crainte d'aller plus loin qu'il ne vouloit pour se tirer du péril; car le péril lui sembloit doux, et il ne pouvoit encore se résoudre à vaincre sa folle passion.

Les dieux et les déesses de l'Olympe, assemblés dans un profond silence, avoient les yeux attachés sur l'île de Calypso, pour voir qui seroit victorieux, ou de Minerve ou de l'Amour. L'Amour, en se jouant avec les nymphes, avoit mis tout en feu dans l'île. Minerve, sous la figure de Mentor, se servoit de la jalousie, inséparable de l'amour, contre l'Amour même. Jupiter avoit résolu d'être le spectateur de ce combat, et de demeurer neutre.

Cependant Eucharis, qui craignoit que Télémaque ne lui échappât, usoit de mille artifices pour le retenir dans ses liens. Déjà elle alloit partir avec lui pour la seconde chasse, et elle étoit vêtue comme Diane. Vénus et Cupidon avoient répandu sur elle de nouveaux charmes; en sorte que ce jour-là sa beauté effaçoit celle de la déesse Calypso même. Calypso, la regardant de loin, se regarda en même temps dans la plus claire de ses fontaines; et elle eut honte de se voir. Alors elle se cacha au fond de sa grotte, et parla ainsi toute seule :

Il ne me sert donc de rien d'avoir voulu troubler ces deux amants, en déclarant que je veux être de cette chasse! En serai-je? irai-je la faire triompher, et faire servir ma beauté à relever la sienne? Faudra-t-il que Télémaque, en me voyant, soit encore plus passionné pour son Eucharis? O malheureuse! qu'ai-je fait? Non, je n'y irai pas, ils n'y iront pas eux-mêmes, je saurai bien les en empêcher. Je vais trouver Mentor; je le prierai d'enlever Télémaque : il le remmènera à Ithaque. Mais que dis-je? et que deviendrai-je quand Télémaque sera parti? Où suis-je? Que reste-t-il à faire? O cruelle Vénus! Vénus, vous m'avez trompée! ô perfide présent que vous m'avez fait! Pernicieux enfant! Amour empesté! je ne t'avois ouvert mon cœur que dans l'espérance de vivre heureuse avec Télémaque, et tu n'as porté dans ce cœur que trouble et que désespoir! Mes nymphes sont révoltées contre moi. Ma divinité ne me sert plus qu'à rendre mon malheur éternel. O si j'étois libre de me donner la mort pour finir mes douleurs! Télémaque, il faut que tu meures, puisque je ne puis mourir! Je me vengerai de tes ingratitudes : ta nymphe le verra, et je te percerai à ses yeux. Mais je m'égare. O malheureuse Calypso! que veux-tu? faire périr un innocent que tu as jeté toi-même dans cet abîme de malheurs? C'est moi qui ai mis le flambeau fatal dans le sein du chaste Télémaque. Quelle innocence! quelle vertu! quelle horreur du vice! quel courage contre les honteux plaisirs! Falloit-il empoisonner son cœur? Il m'eût quittée! Hé bien! ne faudra-t-il pas qu'il me quitte, ou que je le voie, plein de mépris pour moi, ne vivant plus que pour ma rivale? Non, non, je ne souffre que ce que j'ai bien mérité. Pars, Télémaque, va-t'en au-delà des mers : laisse Calypso sans consolation, ne pouvant supporter la vie, ni trouver la mort : laisse-la inconsolable, couverte de honte, désespérée, avec ton orgueilleuse Eucharis.

Elle parloit ainsi seule dans sa grotte : mais tout-à-coup elle sort impétueusement. Où êtes-vous, ô Mentor? dit-elle. Est-ce ainsi que vous soutenez Télémaque contre le vice auquel il succombe? Vous dormez, pendant que l'Amour veille contre vous. Je ne puis souffrir plus long-temps cette lâche indifférence que vous témoignez. Verrez-vous toujours tranquillement le fils d'Ulysse déshonorer son père, et négliger sa haute destinée? Est-ce à vous ou à moi que ses parents ont confié sa conduite? C'est moi qui cherche les moyens de guérir son cœur; et vous, ne ferez-vous rien? Il y a, dans le lieu le plus reculé de cette forêt, de grands peupliers propres à construire un vaisseau; c'est là qu'Ulysse fit celui dans lequel il sortit de cette île. Vous trouverez au même endroit une profonde caverne, où sont tous les instruments nécessaires pour tailler et pour joindre toutes les pièces d'un vaisseau.

A peine eut-elle dit ces paroles, qu'elle s'en repentit. Mentor ne perdit pas un moment : il alla dans cette caverne, trouva les instruments, abattit les peupliers, et mit en un seul jour un vaisseau en état de voguer. C'est que la puissance et l'industrie de Minerve n'ont pas besoin d'un grand temps pour achever les plus grands ouvrages.

Calypso se trouva dans une horrible peine d'esprit : d'un côté, elle vouloit voir si le travail de Mentor s'avançoit; de l'autre, elle ne pouvoit se résoudre à quitter la chasse, où Eucharis auroit été en pleine liberté avec Télémaque. La jalousie ne lui permit jamais de perdre de vue les deux amants : mais elle tâchoit de tourner la chasse du côté où elle savoit que Mentor faisoit le vaisseau. Elle entendoit les coups de hache et de marteau : elle prêtoit l'oreille; chaque coup la faisoit frémir. Mais, dans le moment même, elle craignoit que cette rêverie ne lui eût dérobé quelque signe ou quelque coup d'œil de Télémaque à la jeune nymphe.

Cependant Eucharis disoit à Télémaque d'un ton moqueur : Ne craignez-vous point que Mentor ne vous blâme d'être venu à la chasse sans lui? O que vous êtes à plaindre de vivre sous un si rude maître! Rien ne peut adoucir son austérité : il affecte d'être ennemi de tous les plaisirs; il ne peut souffrir que vous en goûtiez aucun; il vous fait un crime des choses les plus innocentes. Vous pouviez dépendre de lui pendant que vous étiez hors d'état de vous conduire vous-même; mais, après avoir montré tant de sagesse, vous ne devez plus vous laisser traiter en enfant.

Ces paroles artificieuses perçoient le cœur de Télémaque, et le remplissoient de dépit contre Mentor, dont il vouloit secouer le joug. Il craignoit de le revoir, et ne répondoit rien à Eucharis, tant il étoit troublé. Enfin, vers le soir, la chasse s'étant passée de part et d'autre dans une contrainte perpétuelle, on revint par un coin de la forêt assez voisin du lieu où Mentor avoit travaillé tout le jour. Calypso aperçut de loin le vaisseau achevé : ses yeux se couvrirent à l'instant d'un épais nuage, semblable à celui de la mort. Ses genoux tremblants se dérohoient sous elle : une froide sueur courut par tous les membres de son corps : elle fut contrainte de s'appuyer sur les nymphes qui l'environnoient; et Eucharis lui tendant la main pour la soutenir, elle la repoussa en jetant sur elle un regard terrible.

Télémaque, qui vit ce vaisseau, mais qui ne vit point Mentor, parce qu'il s'étoit déja retiré, ayant fini son travail, demanda à la déesse à qui étoit ce vaisseau, et à quoi on le destinoit. D'abord elle ne put répondre; mais enfin elle dit : C'est pour renvoyer Mentor que je l'ai fait faire; vous ne serez plus embarrassé par cet ami sévère, qui s'oppose à votre bonheur, et qui seroit jaloux si vous deveniez immortel.

Mentor m'abandonne! c'est fait de moi! s'écria Télémaque. O Eucharis, si Mentor me quitte, je n'ai plus que vous. Ces paroles lui échappèrent dans le transport de sa passion. Il vit le tort qu'il avoit eu en les disant; mais il n'avoit pas été libre de penser au sens de ses paroles. Toute la troupe étonnée demeura dans le silence. Eucharis, rougissant et baissant les yeux, demeuroit derrière tout interdite, sans oser se montrer. Mais pendant que la honte étoit sur son visage, la joie étoit au fond de son cœur. Télémaque ne se comprenoit plus lui-même, et ne pouvoit croire qu'il eût parlé si indiscrètement. Ce qu'il avoit fait lui paroissoit comme un songe, mais un songe dont il demeuroit confus et troublé.

Calypso, plus furieuse qu'une lionne à qui on a enlevé ses petits, couroit au travers de la forêt, sans suivre aucun chemin, et ne sachant où elle alloit. Enfin, elle se trouva à l'entrée de sa grotte, où Mentor l'attendoit. Sortez de mon île, dit-elle, ô étrangers, qui êtes venus troubler mon repos : loin de moi ce jeune insensé! Et vous, imprudent vieillard, vous sentirez ce que peut le courroux d'une déesse, si vous ne l'arrachez d'ici tout-à-l'heure. Je ne veux plus le voir; je ne veux plus souffrir qu'aucune de mes nymphes lui parle, ni le regarde. J'en jure par les ondes du Styx, serment qui fait trembler les dieux mêmes. Mais apprends, Télémaque, que tes maux ne sont pas finis : ingrat, tu ne sortiras de mon île que pour être en proie à de nouveaux malheurs. Je serai vengée; tu regretteras Calypso, mais en vain. Neptune, encore irrité contre ton père, qui l'a offensé en Sicile, et sollicité par Vénus, que tu as méprisée dans l'île de Chypre, te prépare d'autres tempêtes. Tu verras ton père, qui n'est pas mort : mais tu le verras sans le connoître. Tu te réuniras avec lui en Ithaque, qu'après avoir été le jouet de la plus cruelle fortune. Va : je conjure les puissances célestes de me venger. Puisse-tu, au milieu des mers, suspendu aux pointes d'un rocher, et frappé de la foudre, invoquer en vain Calypso, que ton supplice comblera de joie.

Ayant dit ces paroles, son esprit agité étoit déja prêt à prendre des résolutions contraires. L'amour rappela dans son cœur le desir de retenir Télémaque. Qu'il vive, disoit-elle en elle-même, qu'il demeure ici; peut-être qu'il sentira enfin tout ce que j'ai fait pour lui. Eucharis ne sauroit, comme moi, lui donner l'immortalité. O trop aveugle Calypso! tu t'es trahie toi-même par ton serment : te voilà engagée; et les ondes du Styx, par lesquelles tu as juré, ne te permettent plus aucune espérance. Personne n'entendoit ces paroles : mais on voyoit sur son visage les Furies peintes; et tout le venin empesté du noir Cocyte sembloit s'exhaler de son cœur.

Télémaque en fut saisi d'horreur. Elle le comprit; car qu'est-ce que l'amour jaloux ne devine pas? et l'horreur de Télémaque redoubla les transports de la déesse. Semblable à une Bacchante, qui remplit l'air des ses hurlements, et qui en fait retentir les hautes montagnes de Thrace, elle court au travers des bois avec un dard en main, appelant toutes ses nymphes, et menaçant de percer toutes celles qui ne la suivront pas. Elles courent en foule, effrayées de cette menace. Eucharis même s'avance les larmes aux yeux, et regardant de loin Télémaque, à qui elle n'ose plus parler. La déesse frémit en la voyant auprès d'elle; et, loin de s'apaiser par la soumission de cette nymphe, elle ressent une nouvelle fureur, voyant que l'affliction augmente la beauté d'Eucharis.

Cependant Télémaque étoit demeuré seul avec Mentor. Il embrasse ses genoux (car il n'osoit l'embrasser autrement, ni le regarder); il verse un torrent de larmes; il veut parler, la voix lui manque; les paroles lui manquent encore davantage : il ne sait ni ce qu'il doit faire, ni ce qu'il fait, ni ce qu'il veut. Enfin il s'écrie : O mon vrai père! ô Mentor! délivrez-moi de tant de maux! Je ne puis ni vous abandonner, ni vous suivre. Délivrez-moi de tant de maux, délivrez-moi de moi-même; donnez-moi la mort.

Mentor l'embrasse, le console, l'encourage, lui apprend à se supporter lui-même, sans flatter sa passion, et lui dit : Fils du sage Ulysse, que les dieux ont tant aimé, et qu'ils aiment encore, c'est par un effet de leur amour que vous souffrez des maux si horribles. Celui qui n'a point senti sa foiblesse, et la violence de ses passions, n'est point encore sage; car il ne se connoît point encore, et ne sait point se défier de soi. Les dieux vous ont conduit comme par la main jusqu'au bord de l'abîme, pour vous en montrer toute la profondeur, sans vous y laisser tomber. Comprenez maintenant ce que vous n'auriez jamais compris si vous ne l'aviez éprouvé. On vous auroit parlé des trahisons de l'Amour, qui flatte pour perdre, et qui, sous une apparence de douceur, cache les plus affreuses amertumes. Il est venu, cet enfant plein de charmes, parmi les ris, les jeux et les graces. Vous l'avez vu; il a enlevé votre cœur, et vous avez pris plaisir à le lui laisser enlever. Vous cherchiez des prétextes pour ignorer la plaie de votre cœur : vous cherchiez à me tromper, et à vous flatter vous-même; vous ne craigniez rien. Voyez le fruit de votre témérité : vous demandez maintenant la mort, et c'est l'unique espérance qui vous reste. La déesse troublée ressemble à une Furie infernale; Eucharis brûle d'un feu plus cruel que toutes les douleurs de la mort; toutes ces nymphes jalouses sont prêtes à s'entre-déchirer : et voilà ce que fait le traître Amour, qui paroit si doux ! Rappelez tout votre courage. A quel point les dieux vous aiment-ils, puisqu'ils vous ouvrent un si beau chemin pour fuir l'Amour, et pour revoir votre chère patrie ! Calypso elle-même est contrainte de vous chasser. Le vaisseau est tout prêt; que tardons-nous à quitter cette île, où la vertu ne peut habiter?

En disant ces paroles, Mentor le prit par la main, et l'entraînoit vers le rivage. Télémaque suivoit à peine, regardant toujours derrière lui. Il considéroit Eucharis, qui s'éloignoit de lui. Ne pouvant voir son visage, il regardoit ses beaux cheveux noués, ses habits flottants, et sa noble démarche. Il auroit voulu pouvoir baiser les traces de ses pas. Lors même qu'il la perdit de vue, il prêtoit encore l'oreille, s'imaginant entendre sa voix. Quoique absente, il la voyoit; elle étoit peinte et comme vivante devant ses yeux : il croyoit même parler à elle, ne sachant plus où il étoit, et ne pouvant écouter Mentor.

Enfin, revenant à lui comme d'un profond sommeil, il dit à Mentor : Je suis résolu de vous suivre; mais je n'ai pas encore dit adieu à Eucharis. J'aimerois mieux mourir que de l'abandonner ainsi avec ingratitude. Attendez que je la revoie encore une dernière fois pour lui faire un éternel adieu. Au moins souffrez que je lui dise : O nymphe, les dieux cruels, les dieux jaloux de mon bonheur me contraignent de partir; mais ils m'empêcheront plutôt de vivre, que de me souvenir à jamais de vous. O mon père ! ou laissez-moi cette dernière consolation, qui est si juste, ou arrachez-moi la vie dans ce moment. Non ; je ne veux ni demeurer dans cette île, ni m'abandonner à l'amour. L'amour n'est point dans mon cœur; je ne sens que de l'amitié et de la reconnoissance pour Eucharis. Il me suffit de le lui dire encore une fois, et je pars avec vous sans retardement.

Que j'ai pitié de vous ! répondoit Mentor : votre passion est si furieuse que vous ne la sentez pas. Vous croyez être tranquille, et vous demandez la mort ! Vous osez dire que vous n'êtes point vaincu par l'amour, et vous ne pouvez vous arracher à la nymphe que vous aimez ! Vous ne voyez, vous n'entendez qu'elle ; vous êtes aveugle et sourd à tout le reste. Un homme que la fièvre rend frénétique dit : Je ne suis point malade. O aveugle Télémaque ! vous étiez prêt à renoncer à Pénélope qui vous attend, à Ulysse que vous verrez, à Ithaque où vous devez régner, à la gloire et à la haute destinée que les dieux vous ont promise par tant de merveilles qu'ils ont faites en votre faveur : vous renonciez à tous ces biens pour vivre déshonoré auprès d'Eucharis ! Direz-vous encore que l'amour ne vous attache point à elle ? Qu'est-ce donc qui vous trouble ? pourquoi voulez-vous mourir? pourquoi avez-vous parlé devant la déesse avec tant de transport? Je ne vous accuse point de mauvaise foi; mais je déplore votre aveuglement. Fuyez, Télémaque, fuyez ! on ne peut vaincre l'amour qu'en fuyant. Contre un tel ennemi, le vrai courage consiste à craindre et à fuir; mais à fuir sans délibérer, et sans se donner à soi-même le temps de regarder jamais derrière soi. Vous n'avez pas oublié les soins que vous m'avez coûtés depuis votre enfance, et les périls dont vous êtes sorti par mes conseils : ou croyez-moi, ou souffrez que je vous abandonne. Si vous saviez combien il m'est douloureux de vous voir courir à votre perte ! Si vous saviez tout ce que j'ai souffert pendant que je n'ai osé vous parler ! la mère qui vous mit au monde souffrit moins dans les douleurs de l'enfantement. Je me suis tu ; j'ai dévoré ma peine; j'ai étouffé mes soupirs, pour voir si vous reviendriez à moi. O mon fils ! mon cher fils ! soulagez mon cœur; rendez-moi ce qui m'est plus cher que mes entrailles; rendez-moi Télémaque, que j'ai perdu; rendez-vous à vous-même. Si la sagesse en vous surmonte l'amour, je vis, et je vis heureux ; mais si l'amour vous entraîne malgré la sagesse, Mentor ne peut plus vivre.

Pendant que Mentor parloit ainsi, il continuoit son chemin vers la mer; et Télémaque, qui n'étoit pas encore assez fort pour le suivre de lui-même, l'étoit déja assez pour se laisser mener sans résistance. Minerve, toujours cachée sous la figure de Mentor, couvrant invisiblement Télémaque de son égide, et répandant autour de lui un rayon divin, lui fit sentir un courage qu'il n'avoit point encore éprouvé depuis qu'il étoit dans cette île. Enfin, ils arrivèrent dans un endroit de l'île où le rivage de la mer étoit escarpé; c'étoit un rocher toujours battu par l'onde écumante. Ils regardèrent de cette hauteur si le vaisseau que Mentor avoit préparé étoit encore dans la même place; mais ils aperçurent un triste spectacle.

L'Amour étoit vivement piqué de voir que ce vieillard inconnu non-seulement étoit insensible à ses traits, mais encore lui enlevoit Télémaque : il pleuroit de dépit, et il alla trouver Calypso errante dans les sombres forêts. Elle ne put le voir sans gémir, et elle sentit qu'il rouvroit toutes les plaies de son cœur. L'Amour lui dit : Vous êtes déesse, et vous vous laissez vaincre par un foible mortel qui est captif dans votre île! pourquoi le laissez-vous sortir? O malheureux Amour, répondit-elle, je ne veux plus écouter tes pernicieux conseils : c'est toi qui m'as tirée d'une douce et profonde paix, pour me précipiter dans un abîme de malheurs. C'en est fait ; j'ai juré par les ondes du Styx que je laisserois partir Télémaque. Jupiter même, le père des dieux, avec toute sa puissance, n'oseroit contrevenir à ce redoutable serment. Télémaque sort de mon île : sors aussi, pernicieux enfant; tu m'as fait plus de mal que lui!

L'Amour, essuyant ses larmes, fit un souris moqueur et malin. En vérité, dit-il, voilà un grand embarras! laissez-moi faire; suivez votre serment, ne vous opposez point au départ de Télémaque. Ni vos nymphes, ni moi n'avons juré par les ondes du Styx de le laisser partir. Je leur inspirerai le dessein de brûler ce vaisseau que Mentor a fait avec tant de précipitation. Sa diligence, qui nous a surpris, sera inutile. Il sera surpris lui-même à son tour ; et il ne lui restera plus aucun moyen de vous arracher Télémaque.

Ces paroles flatteuses firent glisser l'espérance et la joie jusqu'au fond des entrailles de Calypso. Ce qu'un zéphir fait par sa fraîcheur sur le bord d'un ruisseau, pour délasser les troupeaux languissants que l'ardeur de l'été consume, ce discours le fit pour apaiser le désespoir de la déesse. Son visage devint serein, ses yeux s'adoucirent, les noirs soucis qui rongeoient son cœur s'enfuirent pour un moment loin d'elle : elle s'arrêta, elle sourit, elle flatta le folâtre Amour ; et, en le flattant, elle se prépara de nouvelles douleurs.

L'Amour, content de l'avoir persuadée, alla pour persuader aussi les nymphes, qui étoient errantes et dispersées sur toutes les montagnes, comme un troupeau de moutons que la rage des loups affamés a mis en fuite loin du berger. L'Amour les rassemble, et leur dit : Télémaque est encore en vos mains ; hâtez-vous de brûler ce vaisseau que le téméraire Mentor a fait pour s'enfuir. Aussitôt elles allument des flambeaux ; elles accourent sur le rivage ; elles frémissent ; elles poussent des hurlements ; elles secouent leurs cheveux épars, comme des Bacchantes. Déjà la flamme vole ; elle dévore le vaisseau, qui est d'un bois sec et enduit de résine ; des tourbillons de fumée et de flamme s'élèvent dans les nues.

Télémaque et Mentor aperçoivent ce feu de dessus le rocher, et entendent les cris des nymphes. Télémaque fut tenté de s'en réjouir, car son cœur n'étoit pas encore guéri ; et Mentor remarquoit que sa passion étoit comme un feu mal éteint, qui sort de temps en temps de dessous la cendre, et qui repousse de vives étincelles. Me voilà donc, dit Télémaque, rengagé dans mes liens! Il ne nous reste plus aucune espérance de quitter cette île.

Mentor vit bien que Télémaque alloit retomber dans toutes ses foiblesses, et qu'il n'y avoit pas un seul moment à perdre. Il aperçut de loin au milieu des flots un vaisseau arrêté, qui n'osoit approcher de l'île, parce que tous les pilotes connoissoient que l'île de Calypso étoit inaccessible à tous les mortels. Aussitôt le sage Mentor poussant Télémaque, qui étoit assis sur le bord du rocher, le précipite dans la mer, et s'y jette avec lui. Télémaque, surpris de cette violente chute, but l'onde amère, et devint le jouet des flots. Mais revenant à lui, et voyant Mentor qui lui tendoit la main pour lui aider à nager, il ne songea plus qu'à s'éloigner de l'île fatale.

Les nymphes, qui avoient cru les tenir captifs, poussèrent des cris pleins de fureur, ne pouvant plus empêcher leur fuite. Calypso, inconsolable, rentra dans sa grotte, qu'elle remplit de ses hurlements. L'Amour, qui vit changer son triomphe en une honteuse défaite, s'éleva au milieu de l'air en secouant ses ailes, et s'envola dans le bocage d'Idalie, où sa cruelle mère l'attendoit. L'enfant, encore plus cruel, ne se consola qu'en riant avec elle de tous les maux qu'il avoit faits.

A mesure que Télémaque s'éloignoit de l'île, il sentoit avec plaisir renaître son courage et son amour pour la vertu. J'éprouve, s'écrioit-il parlant à Mentor, ce que vous me disiez, et que je ne pouvois croire, faute d'expérience : on ne surmonte le vice qu'en le fuyant. O mon père, que les dieux m'ont aimé en me donnant votre secours ! Je méritois d'en être privé, et d'être abandonné à moi-même. Je ne crains plus ni mer, ni vents, ni tempêtes ; je ne crains plus que mes passions. L'amour est lui seul plus à craindre que tous les naufrages.

LIVRE VII.

Mentor et Télémaque s'avancent vers le vaisseau phénicien arrêté auprès de l'île de Calypso : ils sont accueillis favorablement par Adoam, frère de Narbal, commandant de ce vaisseau. Adoam, reconnoissant Télémaque, lui promet aussitôt de le conduire à Ithaque. Il lui raconte la mort tragique de Pygmalion, roi de Tyr, et d'Astarbé, son épouse ; puis l'élévation de Baléazar, que le tyran son père avoit disgracié, à la persuasion de cette femme. Télémaque, à son tour, fait le récit de ses aventures depuis son départ de Tyr. Pendant un repas qu'Adoam donne à Télémaque et à Mentor, Achitoas, par les doux accords de sa voix et de sa lyre, assemble autour du vaisseau les Tritons, les Néréides, toutes les autres divinités de la mer, et les monstres marins eux-mêmes. Mentor, prenant une lyre, en joue avec tant d'art, qu'Achitoas, jaloux, laisse tomber la sienne de dépit. Adoam raconte ensuite les merveilles de la Bétique. Il décrit la douce température de l'air et toutes les richesses de ce pays, dont les peuples mènent la vie la plus heureuse dans une parfaite simplicité de mœurs.

Le vaisseau qui étoit arrêté, et vers lequel ils s'avançoient, étoit un vaisseau phénicien qui alloit dans l'Épire. Ces Phéniciens avoient vu Télémaque au voyage d'Égypte ; mais ils n'avoient garde de le reconnoître au milieu des flots. Quand Mentor fut assez près du vaisseau pour faire entendre sa voix, il s'écria d'une voix forte, en élevant sa tête au-dessus de l'eau : Phéniciens, si secourables à toutes les nations, ne refusez pas la vie à deux hommes qui l'attendent de votre humanité. Si le respect des dieux vous touche, recevez-nous dans votre vaisseau ; nous irons partout où vous irez. Celui qui commandoit répondit : Nous vous recevrons avec joie ; nous n'ignorons pas ce qu'on doit faire pour des inconnus qui paroissent si malheureux. Aussitôt on les reçoit dans le vaisseau.

A peine y furent-ils entrés, que, ne pouvant plus respirer, ils demeurèrent immobiles ; car ils avoient nagé long-temps et avec effort pour résister aux vagues. Peu à peu ils reprirent leurs forces : on leur donna d'autres habits, parce que les leurs étoient appesantis par l'eau qui les avoit pénétrés, et qui couloit de tous côtés. Lorsqu'ils furent en état de parler, tous ces Phéniciens, empressés autour d'eux, vouloient savoir leurs aventures. Celui qui commandoit leur dit : Comment avez-vous pu entrer dans cette île d'où vous sortez ? Elle est, dit-on, possédée par une déesse cruelle, qui ne souffre jamais qu'on y aborde. Elle est même bordée de rochers affreux, contre lesquels la mer va follement combattre, et on ne pourroit en approcher sans faire naufrage. Aussi est-ce par un naufrage, répondit Mentor, que nous y avons été jetés. Nous sommes Grecs ; notre patrie est l'île d'Ithaque, voisine de l'Épire, où vous allez. Quand même vous ne voudriez pas relâcher en Ithaque, qui est sur votre route, il nous suffiroit que vous nous menassiez dans l'Épire ; nous y trouverons des amis qui auront soin de nous faire faire le court trajet qui nous restera ; et nous vous devrons à jamais la joie de revoir ce que nous avons de plus cher au monde.

Ainsi c'étoit Mentor qui portoit la parole ; et Télémaque, gardant le silence, le laissoit parler : car les fautes qu'il avoit faites dans l'île de Calypso augmentèrent beaucoup sa sagesse. Il se défioit de lui-même ; il sentoit le besoin de suivre toujours les sages conseils de Mentor, et quand il ne pouvoit lui parler pour lui demander ses avis, du moins il consultoit ses yeux, et tâchoit de deviner toutes ses pensées.

Le commandant phénicien, arrêtant ses yeux sur Télémaque, croyoit se souvenir de l'avoir vu ; mais c'étoit un souvenir confus qu'il ne pouvoit démêler : Souffrez, lui dit-il, que je vous demande si vous vous souvenez de m'avoir vu autrefois, comme il me semble que je me souviens de vous avoir vu. Votre visage ne m'est point inconnu, il m'a d'abord frappé ; mais je ne sais où je vous ai vu : votre mémoire aidera peut-être la mienne.

Alors Télémaque lui répondit avec un étonnement mêlé de joie : Je suis, en vous voyant, comme vous êtes à mon égard : je vous ai vu, je vous reconnois ; mais je ne puis me rappeler si c'est en Égypte, ou à Tyr. Alors ce Phénicien, tel qu'un homme qui s'éveille le matin, et qui rappelle peu à peu de loin le songe fugitif qui a disparu à son réveil, s'écria tout-à-coup : Vous êtes Télémaque, que Narbal prit en amitié lorsque nous revînmes d'Égypte. Je suis son frère, dont il vous aura sans doute parlé souvent. Je vous laissai entre ses mains après l'expédition d'Égypte : il me fallut aller au-delà de toutes les mers dans la fameuse Bétique, auprès des colonnes d'Hercule. Ainsi je ne fis que vous voir, et il ne faut pas s'étonner si j'ai eu tant de peine à vous reconnoître d'abord.

Je vois bien, répondit Télémaque, que vous êtes Adoam. Je ne fis presque alors que vous entrevoir ; mais je vous ai connu par les entretiens de Narbal. O quelle joie de pouvoir apprendre par vous des nouvelles d'un homme qui me sera toujours si cher ! Est-il toujours à Tyr ? ne souffre-t-il point quelque cruel traitement du soupçonneux et barbare Pygmalion ? Adoam répondit, en l'interrompant : Sachez,

Télémaque ; que la fortune favorable vous confie à un homme qui prendra toute sorte de soins de vous. Je vous ramènerai dans l'île d'Ithaque, avant que d'aller en Épire; et le frère de Narbal n'aura pas moins d'amitié pour vous que Narbal même.

Ayant parlé ainsi, il remarqua que le vent qu'il attendoit commençoit à souffler; il fit lever les ancres, mettre les voiles, et fendre la mer à force de rames. Aussitôt il prit à part Télémaque et Mentor pour les entretenir.

Je vais, dit-il, regardant Télémaque, satisfaire votre curiosité. Pygmalion n'est plus : les justes dieux en ont délivré la terre. Comme il ne se fioit à personne, personne ne pouvoit se fier à lui. Les bons se contentoient de gémir, et de fuir ses cruautés, sans pouvoir se résoudre à lui faire aucun mal; les méchants ne croyoient pouvoir assurer leurs vies qu'en finissant la sienne : il n'y avoit point de Tyrien qui ne fût chaque jour en danger d'être l'objet de ses défiances. Ses gardes mêmes étoient plus exposés que les autres : comme sa vie étoit entre leurs mains, il les craignoit plus que tout le reste des hommes; sur le moindre soupçon, il les sacrifioit à sa sûreté. Ainsi, à force de chercher sa sûreté, il ne pouvoit plus la trouver. Ceux qui étoient les dépositaires de sa vie étoient dans un péril continuel par sa défiance, et ils ne pouvoient se tirer d'un état si horrible qu'en prévenant, par la mort du tyran, ses cruels soupçons.

L'impie Astarbé, dont vous avez ouï parler si souvent, fut la première à résoudre la perte du roi. Elle aima passionnément un jeune Tyrien fort riche, nommé Joazar; elle espéra de le mettre sur le trône. Pour réussir dans ce dessein, elle persuada au roi que l'aîné de ses deux fils, nommé Phadaël, impatient de succéder à son père, avoit conspiré contre lui : elle trouva de faux témoins pour prouver la conspiration. Le malheureux roi fit mourir son fils innocent. Le second, nommé Baléazar, fut envoyé à Samos, sous prétexte d'apprendre les mœurs et les sciences de la Grèce; mais en effet parce qu'Astarbé fit entendre au roi qu'il falloit l'éloigner, de peur qu'il ne prît des liaisons avec les mécontents. A peine fut-il parti, que ceux qui conduisoient le vaisseau, ayant été corrompus par cette femme cruelle, prirent leurs mesures pour faire naufrage pendant la nuit; ils se sauvèrent en nageant jusqu'à des barques étrangères qui les attendoient, et ils jetèrent le jeune prince au fond de la mer.

Cependant les amours d'Astarbé n'étoient ignorés que de Pygmalion, et il s'imaginoit qu'elle n'aimeroit jamais que lui seul. Ce prince si défiant étoit ainsi plein d'une aveugle confiance pour cette méchante femme : c'étoit l'amour qui l'aveugloit jusqu'à cet excès. En même temps l'avarice lui fit chercher des prétextes pour faire mourir Joazar, dont Astarbé étoit si passionnée; il ne songeoit qu'à ravir les richesses de ce jeune homme.

Mais pendant que Pygmalion étoit en proie à la défiance, à l'amour et à l'avarice, Astarbé se hâta de lui ôter la vie. Elle crut qu'il avoit peut-être découvert quelque chose de ses infâmes amours avec ce jeune homme. D'ailleurs, elle savoit que l'avarice seule suffiroit pour porter le roi à une action cruelle contre Joazar; elle conclut qu'il n'y avoit pas un moment à perdre pour le prévenir. Elle voyoit les principaux officiers du palais prêts à tremper leurs mains dans le sang du roi; elle entendoit parler tous les jours de quelque nouvelle conjuration; mais elle craignoit de se confier à quelqu'un par qui elle seroit trahie. Enfin, il lui parut plus assuré d'empoisonner Pygmalion.

Il mangeoit le plus souvent tout seul avec elle, et apprêtoit lui-même tout ce qu'il devoit manger, ne pouvant se fier qu'à ses propres mains. Il se renfermoit dans le lieu le plus reculé de son palais, pour mieux cacher sa défiance, et pour n'être jamais observé quand il prépareroit ses repas : il n'osoit plus chercher aucun des plaisirs de la table; il ne pouvoit se résoudre à manger d'aucune des choses qu'il ne savoit pas apprêter lui-même. Ainsi, non-seulement toutes les viandes cuites avec des ragoûts par des cuisiniers, mais encore le vin, le pain, le sel, l'huile, le lait, et tous les autres aliments ordinaires, ne pouvoient être de son usage : il ne mangeoit que des fruits qu'il avoit cueillis lui-même dans son jardin, ou des légumes qu'il avoit semés, et qu'il faisoit cuire. Au reste, il ne buvoit jamais d'autre eau que celle qu'il puisoit lui-même dans une fontaine qui étoit renfermée dans un endroit de son palais, dont il gardoit toujours la clef. Quoiqu'il parût si rempli de confiance pour Astarbé, il ne laissoit pas de se précautionner contre elle; il la faisoit toujours manger et boire avant lui de tout ce qui devoit servir à son repas, afin qu'il ne pût point être empoisonné sans elle, et qu'elle n'eût aucune espérance de vivre plus long-temps que lui. Mais elle prit du contre-poison, qu'une vieille femme, encore plus méchante qu'elle, et qui étoit la confidente de ses amours, lui avoit fourni : après quoi elle ne craignit plus d'empoisonner le roi.

Voici comment elle y parvint. Dans le moment où ils alloient commencer leur repas, cette vieille dont j'ai parlé fit tout-à-coup du bruit à une porte.

Le roi, qui croyoit toujours qu'on alloit le tuer, se trouble, et court à cette porte pour voir si elle est assez bien fermée. La vieille se retire : le roi demeura interdit, et ne sachant ce qu'il doit croire de ce qu'il a entendu : il n'ose pourtant ouvrir la porte pour s'éclaircir. Astarbé le rassure, le flatte, et le presse de manger; elle avoit déja jeté du poison dans sa coupe d'or pendant qu'il étoit allé à la porte. Pygmalion, selon sa coutume, la fit boire la première; elle but sans crainte, se fiant au contre-poison. Pygmalion but aussi, et peu de temps après il tomba dans une défaillance.

Astarbé, qui le connoissoit capable de la tuer sur le moindre soupçon, commença à déchirer ses habits, à arracher ses cheveux, et à pousser des cris lamentables; elle embrassoit le roi mourant; elle le tenoit serré entre ses bras; elle l'arrosoit d'un torrent de larmes, car les larmes ne coûtoient rien à cette femme artificieuse. Enfin, quand elle vit que les forces du roi étoient épuisées, et qu'il étoit comme agonisant, dans la crainte qu'il ne revînt, et qu'il ne voulût la faire mourir avec lui, elle passa des caresses et des plus tendres marques d'amitié à la plus horrible fureur; elle se jeta sur lui, et l'étouffa. Ensuite elle arracha de son doigt l'anneau royal, lui ôta le diadème, et fit entrer Joazar, à qui elle donna l'un et l'autre. Elle crut que tous ceux qui avoient été attachés à elle ne manqueroient pas de suivre sa passion, et que son amant seroit proclamé roi. Mais ceux qui avoient été les plus empressés à lui plaire étoient des esprits bas et mercenaires, qui étoient incapables d'une sincère affection : d'ailleurs, ils manquoient de courage, et craignoient les ennemis qu'Astarbé s'étoit attirés; enfin ils craignoient encore plus la hauteur, la dissimulation et la cruauté de cette femme impie : chacun, pour sa propre sûreté, desiroit qu'elle pérît.

Cependant tout le palais est plein d'un tumulte affreux; on entend partout les cris de ceux qui disent : le roi est mort. Les uns sont effrayés; les autres courent aux armes : tous paroissent en peine des suites, mais ravis de cette nouvelle. La renommée la fait voler de bouche en bouche dans toute la grande ville de Tyr, et il ne se trouve pas un seul homme qui regrette le roi; sa mort est la délivrance et la consolation de tout le peuple.

Narbal, frappé d'un coup si terrible, déplora en homme de bien le malheur de Pygmalion, qui s'étoit trahi lui-même en se livrant à l'impie Astarbé, et qui avoit mieux aimé être un tyran monstrueux, que d'être, selon le devoir d'un roi, le père de son peuple. Il songea au bien de l'état, et se hâta de rallier tous les gens de bien, pour s'opposer à Astarbé, sous laquelle on auroit vu un règne encore plus dur que celui qu'on voyoit finir.

Narbal savoit que Baléazar ne fut point noyé quand on le jeta dans la mer. Ceux qui assurèrent à Astarbé qu'il étoit mort, parlèrent ainsi, croyant qu'il l'étoit : mais à la faveur de la nuit, il s'étoit sauvé en nageant; et des marchands de Crète, touchés de compassion, l'avoient reçu dans leurs barques. Il n'avoit pas osé retourner dans le royaume de son père, soupçonnant qu'on avoit voulu le faire périr, et craignant autant la cruelle jalousie de Pygmalion que les artifices d'Astarbé. Il demeura long-temps errant et travesti sur les bords de la mer, en Syrie, où les marchands crétois l'avoient laissé; il fut même obligé de garder un troupeau pour gagner sa vie. Enfin, il trouva moyen de faire savoir à Narbal l'état où il étoit; il crut pouvoir confier son secret et sa vie à un homme d'une vertu si éprouvée. Narbal, maltraité par le père, ne laissa pas d'aimer le fils, et de veiller pour ses intérêts : mais il n'en prit soin que pour l'empêcher de manquer jamais à ce qu'il devoit à son père, et il l'engagea à souffrir patiemment sa mauvaise fortune.

Baléazar avoit mandé à Narbal : Si vous jugez que je puisse vous aller trouver, envoyez-moi un anneau d'or, et je comprendrai aussitôt qu'il sera temps de vous aller joindre. Narbal ne jugea point à propos, pendant la vie de Pygmalion, de faire venir Baléazar; il auroit tout hasardé pour la vie du prince et pour la sienne propre : tant il étoit difficile de se garantir des recherches rigoureuses de Pygmalion. Mais aussitôt que ce malheureux roi eut fait une fin digne de ses crimes, Narbal se hâta d'envoyer l'anneau d'or à Baléazar. Baléazar partit aussitôt, et arriva aux portes de Tyr dans le temps que toute la ville étoit en trouble pour savoir qui succéderoit à Pygmalion. Baléazar fut aisément reconnu par les principaux Tyriens et par tout le peuple. On l'aimoit, non pour l'amour du feu roi son père, qui étoit haï universellement, mais à cause de sa douceur et de sa modération. Ses longs malheurs mêmes lui donnoient je ne sais quel éclat qui relevoit toutes ses bonnes qualités, et qui attendrissoit tous les Tyriens en sa faveur.

Narbal assembla les chefs du peuple, les vieillards qui formoient le conseil, et les prêtres de la grande déesse de Phénicie. Ils saluèrent Baléazar comme leur roi, et le firent proclamer par des hérauts. Le peuple répondit par mille acclamations de joie. Astarbé les entendit du fond du palais, où elle étoit renfermée avec son lâche et infâme Joazar. Tous les méchants dont elle s'étoit servie pendant la vie de Pygmalion l'avoient abandonnée; car les méchants craignent les méchants, s'en défient, et ne souhaitent point de les voir en crédit. Les hommes corrompus connoissent combien leurs semblables abuseroient de l'autorité, et quelle seroit leur violence. Mais pour les bons, les méchants s'en accommodent mieux, parce qu'au moins ils espèrent de trouver en eux de la modération et de l'indulgence. Il ne restoit plus autour d'Astarbé que certains complices de ses crimes les plus affreux, et qui ne pouvoient attendre que le supplice.

On força le palais : ces scélérats n'osèrent pas résister long-temps, et ne songèrent qu'à s'enfuir. Astarbé, déguisée en esclave, voulut se sauver dans la foule; mais un soldat la reconnut : elle fut prise, et on eut bien de la peine à empêcher qu'elle ne fût déchirée par le peuple en fureur. Déjà on avoit commencé à la traîner dans la boue; mais Narbal la tira des mains de la populace. Alors elle demanda à parler à Baléazar, espérant de l'éblouir par ses charmes, et de lui faire espérer qu'elle lui découvriroit des secrets importants. Baléazar ne put refuser de l'écouter. D'abord elle montra, avec sa beauté, une douceur et une modestie capables de toucher les cœurs les plus irrités. Elle flatta Baléazar par les louanges les plus délicates et les plus insinuantes; elle lui représenta combien Pygmalion l'avoit aimée; elle le conjura par ses cendres d'avoir pitié d'elle; elle invoqua les dieux, comme si elle les eût sincèrement adorés; elle versa des torrents de larmes; elle se jeta aux genoux du nouveau roi : mais ensuite elle n'oublia rien pour lui rendre suspects et odieux tous ses serviteurs les plus affectionnés. Elle accusa Narbal d'être entré dans une conjuration contre Pygmalion, et d'avoir essayé de suborner les peuples pour se faire roi au préjudice de Baléazar : elle ajouta qu'il vouloit empoisonner ce jeune prince. Elle inventa de semblables calomnies contre tous les autres Tyriens qui aiment la vertu; elle espéroit de trouver dans le cœur de Baléazar la même défiance et les mêmes soupçons qu'elle avoit vus dans celui du roi son père. Mais Baléazar, ne pouvant plus souffrir la noire malignité de cette femme, l'interrompit, et appela des gardes. On la mit en prison; les plus sages vieillards furent commis pour examiner toutes ses actions.

On découvrit avec horreur qu'elle avoit empoisonné et étouffé Pygmalion : toute la suite de sa vie parut un enchaînement continuel de crimes monstrueux. On alloit la condamner au supplice qui est destiné à punir les grands crimes dans la Phénicie; c'est d'être brûlé à petit feu : mais quand elle comprit qu'il ne lui restoit plus aucune espérance, elle devint semblable à une Furie sortie de l'enfer; elle avala du poison qu'elle portoit toujours sur elle, pour se faire mourir, en cas qu'on voulût lui faire souffrir de longs tourments. Ceux qui la gardèrent aperçurent qu'elle souffroit une violente douleur : ils voulurent la secourir; mais elle ne voulut jamais leur répondre, et elle fit signe qu'elle ne vouloit aucun soulagement. On lui parla des justes dieux, qu'elle avoit irrités : au lieu de témoigner la confusion et le repentir que ses fautes méritoient, elle regarda le ciel avec mépris et arrogance, comme pour insulter aux dieux. La rage et l'impiété étoient peintes sur son visage mourant : on ne voyoit plus aucun reste de cette beauté qui avoit fait le malheur de tant d'hommes. Toutes ses graces étoient effacées; ses yeux éteints rouloient dans sa tête, et jetoient des regards farouches; un mouvement convulsif agitoit ses lèvres, et tenoit sa bouche ouverte d'une horrible grandeur; tout son visage, tiré et rétréci, faisoit des grimaces hideuses; une pâleur livide et une froideur mortelle avoit saisi tout son corps. Quelquefois elle sembloit se ranimer, mais ce n'étoit que pour pousser des hurlements. Enfin elle expira, laissant remplis d'horreur et d'effroi tous ceux qui la virent. Ses mânes impies descendirent sans doute dans ces tristes lieux où les cruelles Danaïdes puisent éternellement de l'eau dans des vases percés; où Ixion tourne à jamais sa roue; où Tantale, brûlant de soif, ne peut avaler l'eau qui s'enfuit de ses lèvres; où Sisyphe roule inutilement un rocher qui retombe sans cesse; et où Tityë sentira éternellement, dans ses entrailles toujours renaissantes, un vautour qui les ronge.

Baléazar, délivré de ce monstre, rendit graces aux dieux par d'innombrables sacrifices. Il a commencé son règne par une conduite tout opposée à celle de Pygmalion. Il s'est appliqué à faire refleurir le commerce, qui languissoit tous les jours de plus en plus : il a pris les conseils de Narbal pour les principales affaires, et n'est pourtant point gouverné par lui; car il veut tout voir par lui-même : il écoute tous les différents avis qu'on veut lui donner, et décide ensuite sur ce qui lui paroît le meilleur. Il est aimé des peuples. En possédant les cœurs, il possède plus de trésors que son père n'en avoit amassé par son avarice cruelle; car il n'y a aucune famille qui ne lui donnât tout ce qu'elle a de bien, s'il se trouvoit dans une pressante nécessité : ainsi, ce qu'il leur laisse est plus à lui que s'il le leur ôtoit. Il n'a pas besoin de se précautionner pour la sûreté de sa vie; car il a toujours autour de lui la plus sûre garde, qui est l'amour des peuples. Il n'y a aucun de ses sujets qui ne craigne de le perdre, et qui ne hasardât sa propre vie pour conserver celle d'un si bon roi. Il vit heureux, et tout son peuple est heureux avec lui : il craint de charger trop ses peuples; ses peuples craignent de ne lui offrir pas une assez grande partie de leurs biens : il les laisse dans l'abondance; et cette abondance ne les rend ni indociles ni insolents; car ils sont laborieux, adonnés au commerce, fermes à conserver la pureté des anciennes lois. La Phénicie est remontée au plus haut point de sa grandeur et de sa gloire. C'est à son jeune roi qu'elle doit tant de prospérités.

Narbal gouverne sous lui. O Télémaque, s'il vous voyoit maintenant, avec quelle joie vous combleroit-il de présents! Quel plaisir seroit-ce pour lui de vous renvoyer magnifiquement dans votre patrie! Ne suis-je pas heureux de faire ce qu'il voudroit pouvoir faire lui-même, et d'aller dans l'île d'Ithaque mettre sur le trône le fils d'Ulysse, afin qu'il y règne aussi sagement que Baléazar règne à Tyr?

Après qu'Adoam eut parlé ainsi, Télémaque, charmé de l'histoire que ce Phénicien venoit de raconter, et plus encore des marques d'amitié qu'il en recevoit dans son malheur, l'embrassa tendrement. Ensuite Adoam lui demanda par quelle aventure il étoit entré dans l'île de Calypso. Télémaque lui fit à son tour l'histoire de son départ de Tyr; de son passage dans l'île de Chypre; de la manière dont il avoit retrouvé Mentor; de leur voyage en Crète; des jeux publics pour l'élection d'un roi après la fuite d'Idoménée; de la colère de Vénus; de leur naufrage; du plaisir avec lequel Calypso les avoit reçus; de la jalousie de cette déesse contre une de ses nymphes; et de l'action de Mentor, qui avoit jeté son ami dans la mer, dès qu'il vit le vaisseau phénicien.

Après ces entretiens, Adoam fit servir un magnifique repas; et, pour témoigner une plus grande joie, il rassembla tous les plaisirs dont on pouvoit jouir. Pendant le repas, qui fut servi par de jeunes Phéniciens vêtus de blanc et couronnés de fleurs, on brûla les plus exquis parfums de l'Orient. Tous les bancs de rameurs étoient pleins de joueurs de flûtes. Achitoas les interrompoit de temps en temps par les doux accords de sa voix et de sa lyre, dignes d'être entendus à la table des dieux, et de ravir les oreilles d'Apollon même. Les tritons, les néréides, toutes les divinités qui obéissent à Neptune, les monstres marins mêmes, sortoient de leurs grottes humides et profondes pour venir en foule autour du vaisseau, charmés par cette mélodie. Une troupe de jeunes Phéniciens d'une rare beauté, et vêtus de fin lin plus blanc que la neige, dansèrent long-temps les danses de leur pays, puis celles d'Égypte, et enfin celles de la Grèce. De temps en temps des trompettes faisoient retentir l'onde jusqu'aux rivages éloignés. Le silence de la nuit, le calme de la mer, la lumière tremblante de la lune répandue sur la face des ondes, le sombre azur du ciel semé de brillantes étoiles, servoient à rendre ce spectacle encore plus beau.

Télémaque, d'un naturel vif et sensible, goûtoit tous ces plaisirs; mais il n'osoit y livrer son cœur. Depuis qu'il avoit éprouvé avec tant de honte, dans l'île de Calypso, combien la jeunesse est prompte à s'enflammer, tous les plaisirs, même les plus innocents, lui faisoient peur; tout lui étoit suspect. Il regardoit Mentor; il cherchoit sur son visage et dans ses yeux ce qu'il devoit penser de tous ces plaisirs.

Mentor étoit bien aise de le voir dans cet embarras, et ne faisoit pas semblant de le remarquer. Enfin, touché de la modération de Télémaque, il lui dit en souriant : Je comprends ce que vous craignez : vous êtes louable de cette crainte; mais il ne faut pas la pousser trop loin. Personne ne souhaitera jamais plus que moi que vous goûtiez des plaisirs, mais des plaisirs qui ne vous passionnent ni ne vous amollissent point. Il vous faut des plaisirs qui vous délassent, et que vous goûtiez en vous possédant; mais non pas des plaisirs qui vous entraînent. Je vous souhaite des plaisirs doux et modérés, qui ne vous ôtent point la raison, et qui ne vous rendent jamais semblable à une bête en fureur. Maintenant il est à propos de vous délasser de toutes vos peines. Goûtez avec complaisance pour Adoam les plaisirs qu'il vous offre; réjouissez-vous, Télémaque, réjouissez-vous. La sagesse n'a rien d'austère ni d'affecté : c'est elle qui donne les vrais plaisirs; elle seule les sait assaisonner pour les rendre purs et durables; elle sait mêler les jeux et les ris avec les occupations graves et sérieuses; elle prépare le plaisir par le travail, et elle délasse du travail par le plaisir. La sagesse n'a point de honte de paroître enjouée quand il le faut.

En disant ces paroles, Mentor prit une lyre, et en joua avec tant d'art, qu'Achitoas, jaloux, laissa tomber la sienne de dépit; ses yeux s'allumèrent, son visage troublé changea de couleur : tout le monde eût aperçu sa peine et sa honte, si la lyre de Mentor n'eût enlevé l'ame de tous les assistants.

A peine osoit-on respirer, de peur de troubler le silence, et de perdre quelque chose de ce chant divin : on craignoit toujours qu'il finiroit trop tôt. La voix de Mentor n'avoit aucune douceur efféminée ; mais elle étoit flexible, forte, et elle passionnoit jusqu'aux moindres choses.

Il chanta d'abord les louanges de Jupiter, père et roi des dieux et des hommes, qui d'un signe de sa tête ébranle l'univers. Puis il représenta Minerve qui sort de sa tête, c'est-à-dire la sagesse, que ce dieu forme au-dedans de lui-même, et qui sort de lui pour instruire les hommes dociles. Mentor chanta ces vérités d'une voix si touchante, et avec tant de religion, que toute l'assemblée crut être transportée au plus haut de l'Olympe, à la face de Jupiter, dont les regards sont plus perçants que son tonnerre. Ensuite il chanta le malheur du jeune Narcisse, qui, devenant follement amoureux de sa propre beauté, qu'il regardoit sans cesse au bord d'une fontaine, se consuma lui-même de douleur, et fut changé en une fleur qui porte son nom. Enfin, il chanta aussi la funeste mort du bel Adonis, qu'un sanglier déchira, et que Vénus, passionnée pour lui, ne put ranimer en faisant au ciel des plaintes amères.

Tous ceux qui l'écoutèrent ne purent retenir leurs larmes, et chacun sentoit je ne sais quel plaisir en pleurant. Quand il eut cessé de chanter, les Phéniciens étonnés se regardoient les uns les autres. L'un disoit : C'est Orphée ; c'est ainsi qu'avec une lyre il apprivoisoit les bêtes farouches, et enlevoit les bois et les rochers ; c'est ainsi qu'il enchanta Cerbère, qu'il suspendit les tourments d'Ixion et des Danaïdes, et qu'il toucha l'inexorable Pluton, pour tirer des enfers la belle Eurydice. Un autre s'écrioit : Non, c'est Linus, fils d'Apollon. Un autre répondoit : Vous vous trompez, c'est Apollon lui-même. Télémaque n'étoit guère moins surpris que les autres, car il n'avoit jamais cru que Mentor sût, avec tant de perfection, chanter et jouer de la lyre.

Achitoas, qui avoit eu le loisir de cacher sa jalousie, commença à donner des louanges à Mentor ; mais il rougit en le louant, et il ne put achever son discours. Mentor, qui voyoit son trouble, prit la parole, comme s'il eût voulu l'interrompre, et tâcha de le consoler, en lui donnant toutes les louanges qu'il méritoit. Achitoas ne fut point consolé ; car il sentit que Mentor le surpassoit encore plus par sa modestie, que par les charmes de sa voix.

Cependant Télémaque dit à Adoam : Je me souviens que vous m'avez parlé d'un voyage que vous fîtes dans la Bétique depuis que nous fûmes partis d'Égypte. La Bétique est un pays dont on raconte tant de merveilles qu'à peine peut-on les croire. Daignez m'apprendre si tout ce qu'on en dit est vrai. Je serai fort aise, répondit Adoam, de vous dépeindre ce fameux pays, digne de votre curiosité, et qui surpasse tout ce que la renommée en publie. Aussitôt il commença ainsi :

Le fleuve Bétis coule dans un pays fertile, et sous un ciel doux, qui est toujours serein. Le pays a pris le nom du fleuve, qui se jette dans le grand Océan, assez près des colonnes d'Hercule, et de cet endroit où la mer furieuse, rompant ses digues, sépara autrefois la terre de Tharsis d'avec la grande Afrique. Ce pays semble avoir conservé les délices de l'âge d'or. Les hivers y sont tièdes, et les rigoureux aquilons n'y soufflent jamais. L'ardeur de l'été y est toujours tempérée par des zéphirs rafraîchissants, qui viennent adoucir l'air vers le milieu du jour. Ainsi toute l'année n'est qu'un heureux hymen du printemps et de l'automne, qui semblent se donner la main. La terre, dans les vallons et dans les campagnes unies, porte chaque année une double moisson. Les chemins y sont bordés de lauriers, de grenadiers, de jasmins, et d'autres arbres toujours verts et toujours fleuris. Les montagnes sont couvertes de troupeaux, qui fournissent des laines fines recherchées de toutes les nations connues. Il y a plusieurs mines d'or et d'argent dans ce beau pays ; mais les habitants, simples et heureux dans leur simplicité, ne daignent pas seulement compter l'or et l'argent parmi leurs richesses ; ils n'estiment que ce qui sert véritablement aux besoins de l'homme.

Quand nous avons commencé à faire notre commerce chez ces peuples, nous avons trouvé l'or et l'argent parmi eux employés aux mêmes usages que le fer ; par exemple, pour des socs de charrue. Comme ils ne faisoient aucun commerce au-dehors, ils n'avoient besoin d'aucune monnoie. Ils sont presque tous bergers ou laboureurs. On voit en ce pays peu d'artisans : car ils ne veulent souffrir que les arts qui servent aux véritables nécessités des hommes ; encore même la plupart des hommes en ce pays, étant adonnés à l'agriculture ou à conduire des troupeaux, ne laissent pas d'exercer les arts nécessaires pour leur vie simple et frugale.

Les femmes filent cette belle laine, et en font des étoffes fines d'une merveilleuse blancheur : elles font le pain, apprêtent à manger ; et ce travail leur est facile, car on vit en ce pays de fruits ou de lait, et rarement de viande. Elles emploient le cuir de leurs moutons à faire une légère chaussure pour elles, pour leurs maris, et pour leur enfants; elles font des tentes, dont les unes sont de peaux cirées et les autres d'écorces d'arbres; elles font et lavent tous les habits de la famille, et tiennent les maisons dans un ordre et une propreté admirables. Leurs habits sont aisés à faire; car, en ce doux climat, on ne porte qu'une pièce d'étoffe fine et légère, qui n'est point taillée, et que chacun met à long plis autour de son corps pour la modestie, lui donnant la forme qu'il veut.

Les hommes n'ont d'autres arts à exercer, outre la culture des terres et la conduite des troupeaux, que l'art de mettre le bois et le fer en œuvre; encore même ne se servent-ils guère du fer, excepté pour les instruments nécessaires au labourage. Tous les arts qui regardent l'architecture leur sont inutiles; car ils ne bâtissent jamais de maison. C'est, disent-ils, s'attacher trop à la terre, que de s'y faire une demeure qui dure beaucoup plus que nous; il suffit de se défendre des injures de l'air. Pour tous les autres arts estimés chez les Grecs, chez les Égyptiens, et chez tous les autres peuples bien policés, ils les détestent, comme des inventions de la vanité et de la mollesse.

Quand on leur parle des peuples qui ont l'art de faire des bâtiments superbes, des meubles d'or et d'argent, des étoffes ornées de broderies et de pierres précieuses, des parfums exquis, des mets délicieux, des instruments dont l'harmonie charme, ils répondent en ces termes : Ces peuples sont bien malheureux d'avoir employé tant de travail et d'industrie à se corrompre eux-mêmes ! Ce superflu amollit, enivre, tourmente ceux qui le possèdent : il tente ceux qui en sont privés, de vouloir l'acquérir par l'injustice et par la violence. Peut-on nommer bien un superflu qui ne sert qu'à rendre les hommes mauvais ? Les hommes de ces pays sont-ils plus sains et plus robustes que nous ? vivent-ils plus long-temps ? sont-ils plus unis entre eux ? mènent-ils une vie plus libre, plus tranquille, plus gaie ? Au contraire, ils doivent être jaloux les uns des autres, rongés par une lâche et noire envie, toujours agités par l'ambition, par la crainte, par l'avarice, incapables des plaisirs purs et simples, puisqu'ils sont esclaves de tant de fausses nécessités dont ils font dépendre tout leur bonheur.

C'est ainsi, continuoit Adoam, que parlent ces hommes sages, qui n'ont appris la sagesse qu'en étudiant la simple nature. Ils ont horreur de notre politesse, et il faut avouer que la leur est grande dans leur aimable simplicité. Ils vivent tous ensemble sans partager les terres; chaque famille est gouvernée par son chef, qui en est le véritable roi. Le père de famille est en droit de punir chacun de ses enfants ou petits-enfants qui fait une mauvaise action; mais, avant que de le punir, il prend les avis du reste de la famille. Ces punitions n'arrivent presque jamais; car l'innocence des mœurs, la bonne foi, l'obéissance, et l'horreur du vice, habitent dans cette heureuse terre. Il semble qu'Astrée, qu'on dit qui est retirée dans le ciel, est encore ici-bas cachée parmi ces hommes. Il ne faut point de juges parmi eux, car leur propre conscience les juge. Tous les biens sont communs : les fruits des arbres, les légumes de la terre, le lait des troupeaux, sont des richesses si abondantes, que des peuples si sobres et si modérés n'ont pas besoin de les partager. Chaque famille, errante dans ce beau pays, transporte ses tentes d'un lieu en un autre, quand elle a consumé les fruits et épuisé les pâturages de l'endroit où elle s'étoit mise. Ainsi, ils n'ont point d'intérêts à soutenir les uns contre les autres, et ils s'aiment tous d'une amour fraternelle que rien ne trouble. C'est le retranchement des vaines richesses et des plaisirs trompeurs, qui leur conserve cette paix, cette union et cette liberté. Ils sont tous libres et tous égaux. On ne voit parmi eux aucune distinction, que celle qui vient de l'expérience des sages vieillards, ou de la sagesse extraordinaire de quelques jeunes hommes qui égalent les vieillards consommés en vertu. La fraude, la violence, le parjure, les procès, les guerres ne font jamais entendre leur voix cruelle et empestée, dans ce pays chéri des dieux. Jamais le sang humain n'a rougi cette terre; à peine y voit-on couler celui des agneaux. Quand on parle à ces peuples des batailles sanglantes, des rapides conquêtes, des renversements d'états qu'on voit dans les autres nations, ils ne peuvent assez s'étonner. Quoi ! disent-ils, les hommes ne sont-ils pas assez mortels, sans se donner encore les uns aux autres une mort précipitée ? La vie est si courte ! et il semble qu'elle leur paroisse trop longue ! Sont-ils sur la terre pour se déchirer les uns les autres, et pour se rendre mutuellement malheureux ?

Au reste, ces peuples de la Bétique ne peuvent comprendre qu'on admire tant les conquérants qui subjuguent les grands empires. Quelle folie, disent-ils, de mettre son bonheur à gouverner les autres hommes, dont le gouvernement donne tant de peine, si on veut les gouverner avec raison, et suivant la justice ! Mais pourquoi prendre plaisir à les gouverner malgré eux ? C'est tout ce qu'un homme sage peut faire, que de vouloir s'assujétir à gouverner un peuple docile dont les dieux l'ont chargé, ou un peuple qui le prie d'être comme son

LIVRE VII.

père et son pasteur. Mais gouverner les peuples contre leur volonté, c'est se rendre très misérable, pour avoir le faux honneur de les tenir dans l'esclavage. Un conquérant est un homme que les dieux, irrités contre le genre humain, ont donné à la terre dans leur colère, pour ravager les royaumes, pour répandre partout l'effroi, la misère, le désespoir, et pour faire autant d'esclaves qu'il y a d'hommes libres. Un homme qui cherche la gloire ne la trouve-t-il pas assez en conduisant avec sagesse ce que les dieux ont mis dans ses mains ? Croit-il ne pouvoir mériter des louanges, qu'en devenant violent, injuste, hautain, usurpateur, et tyrannique sur tous ses voisins ? Il ne faut jamais songer à la guerre, que pour défendre sa liberté. Heureux celui qui, n'étant point esclave d'autrui, n'a point la folle ambition de faire d'autrui son esclave ! Ces grands conquérants, qu'on nous dépeint avec tant de gloire, ressemblent à ces fleuves débordés qui paroissent majestueux, mais qui ravagent toutes les fertiles campagnes qu'ils devroient seulement arroser.

Après qu'Adoam eut fait cette peinture de la Bétique, Télémaque, charmé, lui fit diverses questions curieuses. Ces peuples, lui dit-il, boivent-ils du vin ? Ils n'ont garde d'en boire, reprit Adoam, car ils n'ont jamais voulu en faire. Ce n'est pas qu'ils manquent de raisins ; aucune terre n'en porte de plus délicieux ; mais ils se contentent de manger le raisin comme les autres fruits, et ils craignent le vin comme le corrupteur des hommes. C'est une espèce de poison, disent-ils, qui met en fureur ; il ne fait pas mourir l'homme, mais il le rend bête. Les hommes peuvent conserver leur santé et leur force sans vin ; avec le vin, ils courent risque de ruiner leur santé, et de perdre les bonnes mœurs.

Télémaque disoit ensuite : Je voudrois bien savoir quelles lois règlent les mariages dans cette nation. Chaque homme, répondoit Adoam, ne peut avoir qu'une femme, et il faut qu'il la garde tant qu'elle vit. L'honneur des hommes, en ce pays, dépend autant de leur fidélité à l'égard de leurs femmes, que l'honneur des femmes dépend, chez les autres peuples, de leur fidélité pour leurs maris. Jamais peuple ne fut si honnête, ni si jaloux de la pureté. Les femmes y sont belles et agréables, mais simples, modestes et laborieuses. Les mariages y sont paisibles, féconds, sans tache. Le mari et la femme semblent n'être plus qu'une seule personne en deux corps différents. Le mari et la femme partagent ensemble tous les soins domestiques ; le mari règle toutes les affaires du dehors : la femme se renferme dans son ménage ; elle soulage son mari ; elle paroît n'être faite que pour lui plaire ; elle gagne sa confiance, et le charme moins par sa beauté que par sa vertu. Ce vrai charme de leur société dure autant que leur vie. La sobriété, la modération et les mœurs pures de ce peuple lui donnent une vie longue et exempte de maladies. On y voit des vieillards de cent et de six vingts ans, qui ont encore de la gaîté et de la vigueur.

Il me reste, ajoutoit Télémaque, à savoir comment ils font pour éviter la guerre avec les autres peuples voisins. La nature, dit Adoam, les a séparés des autres peuples d'un côté par la mer, et de l'autre par de hautes montagnes du côté du nord. D'ailleurs, les peuples voisins les respectent à cause de leur vertu. Souvent les autres peuples, ne pouvant s'accorder entre eux, les ont pris pour juges de leurs différends, et leur ont confié les terres et les villes qu'ils disputoient entre eux. Comme cette sage nation n'a jamais fait aucune violence, personne ne se défie d'elle. Ils rient quand on leur parle des rois qui ne peuvent régler entre eux les frontières de leurs états. Peut-on craindre, disent-ils, que la terre manque aux hommes ? il y en aura toujours plus qu'ils n'en pourront cultiver. Tandis qu'il restera des terres libres et incultes, nous ne voudrions pas même défendre les nôtres contre des voisins qui viendroient s'en saisir. On ne trouve, dans tous les habitants de la Bétique, ni orgueil, ni hauteur, ni mauvaise foi, ni envie d'étendre leur domination. Ainsi leurs voisins n'ont jamais rien à craindre d'un tel peuple, et ils ne peuvent espérer de s'en faire craindre ; c'est pourquoi ils les laissent en repos. Ce peuple abandonneroit son pays, ou se livreroit à la mort, plutôt que d'accepter la servitude : ainsi il est autant difficile à subjuguer, qu'il est incapable de vouloir subjuguer les autres. C'est ce qui fait une paix profonde entre eux et leurs voisins.

Adoam finit ce discours en racontant de quelle manière les Phéniciens faisoient leur commerce dans la Bétique. Ces peuples, disoit-il, furent étonnés quand ils virent venir, au travers des ondes de la mer, des hommes étrangers qui venoient de si loin. Ils nous laissèrent fonder une ville dans l'île de Gadès ; ils nous reçurent même chez eux avec bonté, et nous firent part de tout ce qu'ils avoient, sans vouloir de nous aucun paiement. De plus, ils nous offrirent de nous donner libéralement tout ce qu'il leur resteroit de leurs laines, après qu'ils en auroient fait leur provision pour leur usage : et en effet, ils nous en envoyè-

4.

rent un riche présent. C'est un plaisir pour eux, que de donner aux étrangers leur superflu.

Pour leurs mines, ils n'eurent aucune peine à nous les abandonner; elles leur étoient inutiles. Il leur paroissoit que les hommes n'étoient guère sages d'aller chercher par tant de travaux, dans les entrailles de la terre, ce qui ne peut les rendre heureux, ni satisfaire à aucun vrai besoin. Ne creusez point, nous disoient-ils, si avant dans la terre : contentez-vous de la labourer; elle vous donnera de véritables biens qui vous nourriront ; vous en tirerez des fruits qui valent mieux que l'or et que l'argent, puisque les hommes ne veulent de l'or et de l'argent, que pour en acheter les aliments qui soutiennent leur vie.

Nous avons souvent voulu leur apprendre la navigation, et mener les jeunes hommes de leur pays dans la Phénicie; mais ils n'ont jamais voulu que leurs enfants apprissent à vivre comme nous. Ils apprendroient, nous disoient-ils, à avoir besoin de toutes les choses qui vous sont devenues nécessaires : ils voudroient les avoir; ils abandonneroient la vertu pour les obtenir par de mauvaises industries. Ils deviendroient comme un homme qui a de bonnes jambes, et qui, perdant l'habitude de marcher, s'accoutume enfin au besoin d'être toujours porté comme un malade. Pour la navigation, ils l'admirent à cause de l'industrie de cet art; mais ils croient que c'est un art pernicieux. Si ces gens-là, disent-ils, ont suffisamment en leur pays ce qui est nécessaire à la vie, que vont-ils chercher en un autre? Ce qui suffit aux besoins de la nature ne leur suffit-il pas? Ils mériteroient de faire naufrage, puisqu'ils cherchent la mort au milieu des tempêtes, pour assouvir l'avarice des marchands, et pour flatter les passions des autres hommes.

Télémaque étoit ravi d'entendre ces discours d'Adoam, et il se réjouissoit qu'il y eût encore au monde un peuple, qui, suivant la droite nature, fût si sage et si heureux tout ensemble. Oh! combien ces mœurs, disoit-il, sont-elles éloignées des mœurs vaines et ambitieuses des peuples qu'on croit les plus sages! Nous sommes tellement gâtés, qu'à peine pouvons-nous croire que cette simplicité si naturelle puisse être véritable. Nous regardons les mœurs de ce peuple comme une belle fable, et il doit regarder les nôtres comme un songe monstrueux.

LIVRE VIII.

Vénus, toujours irritée contre Télémaque, demande sa perte à Jupiter; mais les destins ne permettant pas qu'il périsse, la déesse va solliciter de Neptune les moyens de l'éloigner d'Ithaque, où le conduisoit Adoam. Aussitôt Neptune envoie au pilote Achamas une divinité trompeuse, qui lui enchante les sens et le fait entrer à pleines voiles dans le port de Salente, au moment où il croyoit arriver à Ithaque. Idoménée, roi de Salente, fait à Télémaque et à Mentor l'accueil le plus affectueux : il se rend avec eux au temple de Jupiter, où il avoit ordonné un sacrifice pour le succès d'une guerre contre les Manduriens. Le sacrificateur, consultant les entrailles des victimes, fait tout espérer à Idoménée, et l'assure qu'il devra son bonheur à ses deux nouveaux hôtes.

Pendant que Télémaque et Adoam s'entretenoient de la sorte, oubliant le sommeil, et n'apercevant pas que la nuit étoit déjà au milieu de sa course, une divinité ennemie et trompeuse éloignoit d'Ithaque, que leur pilote Achamas cherchoit en vain. Neptune, quoique favorable aux Phéniciens, ne pouvoit supporter plus long-temps que Télémaque eût échappé à la tempête qui l'avoit jeté contre les rochers de l'île de Calypso. Vénus étoit encore plus irritée de voir ce jeune homme qui triomphoit, ayant vaincu l'Amour et tous ses charmes. Dans le transport de sa douleur, elle quitta Cythère, Paphos, Idalie, et tous les honneurs qu'on lui rend dans l'île de Chypre : elle ne pouvoit plus demeurer dans ces lieux où Télémaque avoit méprisé son empire. Elle monte vers l'éclatant Olympe, où les dieux étoient assemblés auprès du trône de Jupiter. De ce lieu, ils aperçoivent les astres qui roulent sous leurs pieds; ils voient le globe de la terre comme un petit amas de boue; les mers immenses ne leur paroissent que comme des gouttes d'eau dont ce morceau de boue est un peu détrempé : les plus grands royaumes ne sont à leurs yeux qu'un peu de sable qui couvre la surface de cette boue ; les peuples innombrables et les plus puissantes armées ne sont que comme des fourmis qui se disputent les unes aux autres un brin d'herbe sur ce morceau de boue. Les immortels rient des affaires les plus sérieuses qui agitent les foibles mortels, et elles leur paroissent des jeux d'enfants. Ce que les hommes appellent grandeur, gloire, puissance, profonde politique, ne paroît à ces suprêmes divinités que misère et foiblesse.

C'est dans cette demeure, si élevée au-dessus de la terre, que Jupiter a posé son trône immobile : ses yeux percent jusque dans l'abîme, et éclairent jusque dans les derniers replis des cœurs: ses regards doux et sereins répandent le calme et la joie dans tout l'univers. Au contraire, quand il secoue sa chevelure, il ébranle le ciel et la terre,

LIVRE VIII.

Les dieux mêmes, éblouis des rayons de gloire qui l'environnent, ne s'en approchent qu'avec tremblement.

Toutes les divinités célestes étoient dans ce moment auprès de lui. Vénus se présenta avec tous les charmes qui naissent dans son sein; sa robe flottante avoit plus d'éclat que toutes les couleurs dont Iris se pare au milieu des sombres nuages, quand elle vient promettre aux mortels effrayés la fin des tempêtes, et leur annoncer le retour du beau temps. Sa robe étoit nouée par cette fameuse ceinture sur laquelle paroissent les graces; les cheveux de la déesse étoient attachés par derrière négligemment avec une tresse d'or. Tous les dieux furent surpris de sa beauté, comme s'ils ne l'eussent jamais vue; et leurs yeux en furent éblouis, comme ceux des mortels le sont, quand Phébus, après une longue nuit, vient les éclairer par ses rayons. Ils se regardoient les uns les autres avec étonnement, et leurs yeux revenoient toujours sur Vénus; mais ils aperçurent que les yeux de cette déesse étoient baignés de larmes, et qu'une douleur amère étoit peinte sur son visage.

Cependant elle s'avançoit vers le trône de Jupiter, d'une démarche douce et légère, comme le vol rapide d'un oiseau qui fend l'espace immense des airs. Il la regarda avec complaisance; il lui fit un doux souris; et, se levant, il l'embrassa. Ma chère fille, lui dit-il, quelle est votre peine? Je ne puis voir vos larmes sans en être touché : ne craignez point de m'ouvrir votre cœur; vous connoissez ma tendresse et ma complaisance.

Vénus lui répondit d'une voix douce, mais entrecoupée de profonds soupirs : O père des dieux et des hommes, vous qui voyez tout, pouvez-vous ignorer ce qui fait ma peine? Minerve ne s'est pas contentée d'avoir renversé jusqu'aux fondements la superbe ville de Troie, que je défendois, et de s'être vengée de Pâris, qui avoit préféré ma beauté à la sienne; elle conduit par toutes les terres et par toutes les mers le fils d'Ulysse, ce cruel destructeur de Troie. Télémaque est accompagné par Minerve; c'est ce qui empêche qu'elle ne paroisse ici en son rang avec les autres divinités. Elle a conduit ce jeune téméraire dans l'île de Chypre pour m'outrager. Il a méprisé ma puissance; il n'a pas daigné seulement brûler de l'encens sur mes autels : il a témoigné avoir horreur des fêtes que l'on célèbre en mon honneur; il a fermé son cœur à tous mes plaisirs. En vain Neptune, pour le punir, à ma prière, a irrité les vents et les flots contre lui : Télémaque, jeté par un naufrage horrible dans l'île de Calypso, a triomphé de l'Amour même, que j'avois envoyé dans cette île pour attendrir le cœur de ce jeune Grec. Ni sa jeunesse, ni les charmes de Calypso et de ses nymphes, ni les traits enflammés de l'Amour, n'ont pu surmonter les artifices de Minerve. Elle l'a arraché de cette île : me voilà confondue; un enfant triomphe de moi!

Jupiter, pour consoler Vénus, lui dit : Il est vrai, ma fille, que Minerve défend le cœur de ce jeune Grec contre toutes les flèches de votre fils, et qu'elle lui prépare une gloire que jamais jeune homme n'a méritée. Je suis fâché qu'il ait méprisé vos autels; mais je ne puis le soumettre à votre puissance. Je consens, pour l'amour de vous, qu'il soit encore errant par mer et par terre, qu'il vive loin de sa patrie, exposé à toutes sortes de maux et de dangers; mais les destins ne permettent, ni qu'il périsse, ni que sa vertu succombe dans les plaisirs dont vous flattez les hommes. Consolez-vous donc, ma fille; soyez contente de tenir dans votre empire tant d'autres héros et tant d'immortels.

En disant ces paroles, il fit à Vénus un souris plein de grace et de majesté. Un éclat de lumière, semblable aux plus perçants éclairs, sortit de ses yeux. En baisant Vénus avec tendresse, il répandit une odeur d'ambroisie dont tout l'Olympe fut parfumé. La déesse ne put s'empêcher d'être sensible à cette caresse du plus grand des dieux : malgré ses larmes et sa douleur, on vit la joie se répandre sur son visage; elle baissa son voile pour cacher la rougeur de ses joues, et l'embarras où elle se trouvoit. Toute l'assemblée des dieux applaudit aux paroles de Jupiter; et Vénus, sans perdre un moment, alla trouver Neptune pour concerter avec lui des moyens de se venger de Télémaque.

Elle raconta à Neptune ce que Jupiter lui avoit dit. Je savois déja, répondit Neptune, l'ordre immuable des destins : mais si nous ne pouvons abîmer Télémaque dans les flots de la mer, du moins n'oublions rien pour le rendre malheureux, et pour retarder son retour à Ithaque. Je ne puis consentir à faire périr le vaisseau phénicien dans lequel il est embarqué. J'aime les Phéniciens, c'est mon peuple; nulle autre nation de l'univers ne cultive comme eux mon empire. C'est par eux que la mer est devenue le lien de la société de tous les peuples de la terre. Ils m'honorent par de continuels sacrifices sur mes autels; ils sont justes, sages, et laborieux dans le commerce; ils répandent partout la commodité et l'abondance. Non, déesse, je ne puis souffrir qu'un de leurs vaisseaux fasse naufrage; mais je ferai que le pilote perdra sa route, et qu'il s'éloignera d'Ithaque où il veut aller.

Vénus, contente de cette promesse, rit avec malignité, et retourna, dans son char volant, sur les prés fleuris d'Idalie, où les Grâces, les Jeux et les Ris, témoignèrent leur joie de la revoir, dansant autour d'elle sur les fleurs qui parfument ce charmant séjour.

Neptune envoya aussitôt une divinité trompeuse, semblable aux songes, excepté que les songes ne trompent que pendant le sommeil, au lieu que cette divinité enchante les sens des hommes qui veillent. Ce dieu malfaisant, environné d'une foule innombrable de Mensonges ailés qui voltigent autour de lui, vint répandre une liqueur subtile et enchantée sur les yeux du pilote Achamas, qui considéroit attentivement à la clarté de la lune le cours des étoiles, et le rivage d'Ithaque, dont il découvroit déja assez près de lui les rochers escarpés. Dans ce même moment, les yeux du pilote ne lui montrèrent plus rien de véritable. Un faux ciel et une terre feinte se présentèrent à lui. Les étoiles parurent comme si elles avoient changé leur course, et qu'elles fussent revenues sur leurs pas; tout l'Olympe sembloit se mouvoir par des lois nouvelles. La terre même étoit changée : une fausse Ithaque se présentoit toujours au pilote pour l'amuser, tandis qu'il s'éloignoit de la véritable. Plus il s'avançoit vers cette image trompeuse du rivage de l'île, plus cette image reculoit; elle fuyoit toujours devant lui, et il ne savoit que croire de cette fuite. Quelquefois il s'imaginoit entendre déja le bruit qu'on fait dans un port. Déja il se préparoit, selon l'ordre qu'il en avoit reçu, à aller aborder secrètement dans une petite île qui est auprès de la grande, pour dérober aux amants de Pénélope, conjurés contre Télémaque, le retour de celui-ci. Quelquefois il craignoit les écueils dont cette côte de la mer est bordée; et il lui sembloit entendre l'horrible mugissement des vagues qui vont se briser contre ces écueils : puis tout-à-coup il remarquoit que la terre paroissoit encore éloignée. Les montagnes n'étoient à ses yeux, dans cet éloignement, que comme de petits nuages qui obscurcissent quelquefois l'horizon pendant que le soleil se couche. Ainsi Achamas étoit étonné; et l'impression de la divinité trompeuse, qui charmoit ses yeux, lui faisoit éprouver un certain saisissement qui lui avoit été jusqu'alors inconnu. Il étoit même tenté de croire qu'il ne veilloit pas, et qu'il étoit dans l'illusion d'un songe. Cependant Neptune commanda au vent d'orient de souffler pour jeter le navire sur les côtes de l'Hespérie. Le vent obéit avec tant de violence, que le navire arriva bientôt sur le rivage que Neptune avoit marqué.

Déja l'aurore annonçoit le jour; déja les étoiles, qui craignent les rayons du soleil, et qui en sont jalouses, alloient cacher dans l'Océan leurs sombres feux, quand le pilote s'écria : Enfin, je n'en puis plus douter, nous touchons presque à l'île d'Ithaque ! Télémaque, réjouissez-vous; dans une heure vous pourrez revoir Pénélope, et peut-être trouver Ulysse remonté sur son trône ! A ce cri, Télémaque, qui étoit immobile dans les bras du sommeil, s'éveille, se lève, monte au gouvernail, embrasse le pilote, et de ses yeux encore à peine ouverts regarde fixement la côte voisine. Il gémit, ne reconnoissant point les rivages de sa patrie. Hélas ! où sommes-nous ? dit-il ; ce n'est point là ma chère Ithaque ! vous vous êtes trompé, Achamas; vous connoissez mal cette côte, si éloignée de votre pays. Non, non, répondit Achamas; je ne puis me tromper en considérant les bords de cette île. Combien de fois suis-je entré dans votre port ! j'en connois jusques aux moindres rochers; le rivage de Tyr n'est guère mieux dans ma mémoire. Reconnoissez cette montagne qui avance; voyez ce rocher qui s'élève comme une tour; n'entendez-vous pas la vague qui se rompt contre ces autres rochers, lorsqu'ils semblent menacer la mer par leur chute ? Mais ne remarquez-vous pas le temple de Minerve qui fend la nue ? Voilà la forteresse, et la maison d'Ulysse votre père.

Vous vous trompez, ô Achamas, répondit Télémaque; je vois au contraire une côte assez relevée, mais unie; j'aperçois une ville qui n'est point Ithaque. O dieux ! est-ce ainsi que vous vous jouez des hommes ?

Pendant qu'il disoit ces paroles, tout-à-coup les yeux d'Achamas furent changés. Le charme se rompit; il vit le rivage tel qu'il étoit véritablement et reconnut son erreur. Je l'avoue, ô Télémaque, s'écria-t-il : quelque divinité ennemie avoit enchanté mes yeux; je croyois voir Ithaque, et son image tout entière se présentoit à moi; mais dans ce moment elle disparoît comme un songe. Je vois une autre ville; c'est sans doute Salente, qu'Idoménée, fugitif de Crète, vient de fonder dans l'Hespérie : j'aperçois des murs qui s'élèvent, et qui ne sont pas encore achevés; je vois un port qui n'est pas encore entièrement fortifié.

Pendant qu'Achamas remarquoit les divers ouvrages nouvellement faits dans cette ville naissante, et que Télémaque déploroit son malheur, le vent que Neptune faisoit souffler les fit entrer à pleines voiles dans une rade où ils se trouvèrent à l'abri, et tout auprès du port.

LIVRE VIII.

Mentor, qui n'ignoroit ni la vengeance de Neptune, ni le cruel artifice de Vénus, n'avoit fait que sourire de l'erreur d'Achamas. Quand ils furent dans cette rade, Mentor dit à Télémaque : Jupiter vous éprouve; mais il ne veut pas votre perte : au contraire, il ne vous éprouve que pour vous ouvrir le chemin de la gloire. Souvenez-vous des travaux d'Hercule; ayez toujours devant vos yeux ceux de votre père. Quiconque ne sait pas souffrir n'a point un grand cœur. Il faut, par votre patience et par votre courage, lasser la cruelle fortune qui se plaît à vous persécuter. Je crains moins pour vous les plus affreuses disgrâces de Neptune, que je ne craignois les caresses flatteuses de la déesse qui vous retenoit dans son île. Que tardons-nous? entrons dans ce port : voici un peuple ami; c'est chez les Grecs que nous arrivons : Idoménée, si maltraité par la fortune, aura pitié des malheureux. Aussitôt ils entrèrent dans le port de Salente, où le vaisseau phénicien fut reçu sans peine, parce que les Phéniciens sont en paix et en commerce avec tous les peuples de l'univers.

Télémaque regardoit avec admiration cette ville naissante, semblable à une jeune plante, qui, ayant été nourrie par la douce rosée de la nuit, sent, dès le matin, les rayons du soleil qui viennent l'embellir; elle croît, elle ouvre ses tendres boutons, elle étend ses feuilles vertes, elle épanouit ses fleurs odoriférantes avec mille couleurs nouvelles; à chaque moment qu'on la voit, on y trouve un nouvel éclat. Ainsi fleurissoit la nouvelle ville d'Idoménée sur le rivage de la mer; chaque jour, chaque heure, elle croissoit avec magnificence, et elle montroit de loin aux étrangers qui étoient sur la mer, de nouveaux ornements d'architecture qui s'élevoient jusqu'au ciel. Toute la côte retentissoit des cris des ouvriers et des coups de marteau: les pierres étoient suspendues en l'air par des grues avec des cordes. Tous les chefs animoient le peuple au travail dès que l'aurore paroissoit; et le roi Idoménée, donnant partout les ordres lui-même, faisoit avancer les ouvrages avec une incroyable diligence.

A peine le vaisseau phénicien fut arrivé, que les Crétois donnèrent à Télémaque et à Mentor toutes les marques d'amitié sincère. On se hâta d'avertir Idoménée de l'arrivée du fils d'Ulysse. Le fils d'Ulysse! s'écria-t-il; d'Ulysse, ce cher ami! de ce sage héros, par qui nous avons enfin renversé la ville de Troie! qu'on le mène ici, et que je lui montre combien j'ai aimé son père! Aussitôt on lui présente Télémaque, qui lui demande l'hospitalité, en lui disant son nom.

Idoménée lui répondit avec un visage doux et riant : Quand même on ne m'auroit pas dit qui vous êtes, je crois que je vous aurois reconnu. Voilà Ulysse lui-même; voilà ses yeux pleins de feu, et dont le regard étoit si ferme; voilà son air, d'abord froid et réservé, qui cachoit tant de vivacité et de graces; je reconnois même ce sourire fin, cette action négligée, cette parole douce, simple et insinuante, qui persuadoit sans qu'on eût le temps de s'en défier. Oui, vous êtes le fils d'Ulysse; mais vous serez aussi le mien. O mon fils, mon cher fils ! quelle aventure vous mène sur ce rivage? Est-ce pour chercher votre père? Hélas ! je n'en ai aucune nouvelle. La fortune nous a persécutés lui et moi : il a eu le malheur de ne pouvoir retrouver sa patrie, et j'ai eu celui de retrouver la mienne pleine de la colère des dieux contre moi. Pendant qu'Idoménée disoit ces paroles, il regardoit fixement Mentor, comme un homme dont le visage ne lui étoit pas inconnu, mais dont il ne pouvoit retrouver le nom.

Cependant Télémaque lui répondoit les larmes aux yeux : O roi, pardonnez-moi la douleur que je ne saurois vous cacher dans un temps où je ne devrois vous témoigner que de la joie et de la reconnoissance pour vos bontés. Par le regret que vous témoignez de la perte d'Ulysse, vous m'apprenez vous-même à sentir le malheur de ne pouvoir trouver mon père. Il y a déja long-temps que je le cherche dans toutes les mers. Les dieux irrités ne me permettent ni de le revoir, ni de savoir s'il a fait naufrage, ni de pouvoir retourner à Ithaque, où Pénélope languit dans le désir d'être délivrée de ses amants. J'avois cru vous trouver dans l'île de Crète : j'y ai su votre cruelle destinée, et je ne croyois pas devoir jamais approcher de l'Hespérie, où vous avez fondé un nouveau royaume. Mais la fortune, qui se joue des hommes, et qui me tient errant dans tous les pays loin d'Ithaque, m'a enfin jeté sur vos côtes. Parmi tous les maux qu'elle m'a faits, c'est celui que je supporte plus volontiers. Si elle m'éloigne de ma patrie, du moins elle me fait connoître le plus généreux de tous les rois.

A ces mots, Idoménée embrassa tendrement Télémaque; et, le menant dans son palais, lui dit : Quel est donc ce prudent vieillard qui vous accompagne? Il me semble que je l'ai souvent vu autrefois. C'est Mentor, répliqua Télémaque, Mentor, ami d'Ulysse, à qui il avoit confié mon enfance. Qui pourroit vous dire tout ce que je lui dois!

Aussitôt Idoménée s'avance, et tend la main à

Mentor : Nous nous sommes vus, dit-il, autrefois. Vous souvenez-vous du voyage que vous fîtes en Crète, et des bons conseils que vous me donnâtes? Mais alors l'ardeur de la jeunesse et le goût des vains plaisirs m'entraînoient. Il a fallu que mes malheurs m'aient instruit, pour m'apprendre ce que je ne voulois pas croire. Plût aux dieux que je vous eusse cru, ô sage vieillard! Mais je remarque avec étonnement que vous n'êtes presque point changé depuis tant d'années; c'est la même fraîcheur de visage, la même taille droite, la même vigueur : vos cheveux seulement ont un peu blanchi.

Grand roi, répondit Mentor, si j'étois flatteur, je vous dirois de même que vous avez conservé cette fleur de jeunesse qui éclatoit sur votre visage avant le siége de Troie; mais j'aimerois mieux vous déplaire, que de blesser la vérité. D'ailleurs je vois par votre sage discours, que vous n'aimez pas la flatterie, et qu'on ne hasarde rien en vous parlant avec sincérité. Vous êtes bien changé, et j'aurois eu de la peine à vous reconnoître. J'en conçois clairement la cause; c'est que vous avez beaucoup souffert dans vos malheurs : mais vous avez bien gagné en souffrant, puisque vous avez acquis la sagesse. On doit se consoler aisément des rides qui viennent sur le visage, pendant que le cœur s'exerce et se fortifie dans la vertu. Au reste, sachez que les rois s'usent toujours plus que les autres hommes. Dans l'adversité, les peines de l'esprit et les travaux du corps les font vieillir avant le temps. Dans la prospérité, les délices d'une vie molle les usent bien plus encore que tous les travaux de la guerre. Rien n'est si malsain que les plaisirs où l'on ne peut se modérer. De là vient que les rois, et en paix et en guerre, ont toujours des peines et des plaisirs qui font venir la vieillesse avant l'âge où elle doit venir naturellement. Une vie sobre, modérée, simple, exempte d'inquiétudes et de passions, réglée et laborieuse, retient dans les membres d'un homme sage la vive jeunesse, qui, sans ces précautions, est toujours prête à s'envoler sur les ailes du temps.

Idoménée, charmé du discours de Mentor, l'eût écouté long-temps, si on ne fût venu l'avertir pour un sacrifice qu'il devoit faire à Jupiter. Télémaque et Mentor le suivirent, environné d'une grande foule de peuple, qui considéroit avec empressement et curiosité ces deux étrangers. Les Salentins se disoient les uns aux autres : ces deux hommes sont bien différents! Le jeune a je ne sais quoi de vif et d'aimable; toutes les graces de la beauté et de la jeunesse sont répandues sur son visage et sur tout son corps : mais cette beauté n'a rien de mou ni d'efféminé; avec cette fleur si tendre de la jeunesse, il paroît vigoureux, robuste, endurci au travail. Mais cet autre, quoique bien plus âgé, n'a encore rien perdu de sa force : sa mine paroît d'abord moins haute, et son visage moins gracieux; mais quand on le regarde de près, on trouve dans sa simplicité des marques de sagesse et de vertu, avec une noblesse qui étonne. Quand les dieux sont descendus sur la terre pour se communiquer aux mortels, sans doute qu'ils ont pris de telles figures d'étrangers et de voyageurs.

Cependant on arrive dans le temple de Jupiter, qu'Idoménée, du sang de ce dieu, avoit orné avec beaucoup de magnificence. Il étoit environné d'un double rang de colonnes de marbre jaspé; les chapitaux étoient d'argent. Le temple étoit tout incrusté de marbre, avec des bas-reliefs qui représentoient Jupiter changé en taureau, le ravissement d'Europe, et son passage en Crète au travers des flots : ils sembloient respecter Jupiter, quoiqu'il fût sous une forme étrangère. On voyoit ensuite la naissance et la jeunesse de Minos; enfin, ce sage roi donnant, dans un âge plus avancé, des lois à toute son île pour la rendre à jamais florissante. Télémaque y remarqua aussi les principales aventures du siége de Troie, où Idoménée avoit acquis la gloire d'un grand capitaine. Parmi ces représentations de combats, il chercha son père; il le reconnut, prenant les chevaux de Rhésus que Diomède venoit de tuer; ensuite disputant avec Ajax les armes d'Achille devant tous les chefs de l'armée grecque assemblés, enfin sortant du cheval fatal pour verser le sang de tant de Troyens.

Télémaque le reconnut d'abord à ces fameuses actions, dont il avoit souvent ouï parler, et que Nestor même lui avoit racontées. Les larmes coulèrent de ses yeux. Il changea de couleur; son visage parut troublé. Idoménée l'aperçut quoique Télémaque se détournât pour cacher son trouble. N'ayez point de honte, lui dit Idoménée, de nous laisser voir combien vous êtes touché de la gloire et des malheurs de votre père.

Cependant le peuple s'assembloit en foule sous les vastes portiques formés par le double rang de colonnes qui environnoient le temple. Il y avoit deux troupes de jeunes garçons et de jeunes filles qui chantoient des vers à la louange du dieu qui tient dans ses mains la foudre. Ces enfants, choisis de la figure la plus agréable, avoient de longs cheveux flottants sur leurs épaules. Leurs têtes étoient couronnées de roses, et parfumées; ils étoient tous vêtus de blanc. Idoménée faisoit à Jupiter un sacrifice de cent taureaux pour se le rendre favorable dans une guerre qu'il avoit entreprise contre ses voisins. Le sang des victimes fumoit de tous côtés : on le voyoit ruisseler dans les profondes coupes d'or et d'argent.

Le vieillard Théophane, ami des dieux et prêtre du temple, tenoit, pendant le sacrifice, sa tête couverte d'un bout de sa robe de pourpre : ensuite il consulta les entrailles des victimes qui palpitoient encore ; puis s'étant mis sur le trépied sacré : O dieux, s'écria-t-il, quels sont donc ces deux étrangers que le ciel envoie en ces lieux? Sans eux, la guerre entreprise nous seroit funeste, et Salente tomberoit en ruines avant que d'achever d'être élevée sur ses fondements. Je vois un jeune héros que la sagesse mène par la main. Il n'est pas permis à une bouche mortelle d'en dire davantage.

En disant ces paroles, son regard étoit farouche et ses yeux étincelants ; il sembloit voir d'autres objets que ceux qui paroissoient devant lui ; son visage étoit enflammé ; il étoit troublé et hors de lui-même ; ses cheveux étoient hérissés, sa bouche écumante, ses bras levés et immobiles. Sa voix émue étoit plus forte qu'aucune voix humaine ; il étoit hors d'haleine, et ne pouvoit tenir renfermé au-dedans de lui l'esprit divin qui l'agitoit.

O heureux Idoménée ! s'écria-t-il encore, que vois-je ! quels malheurs évités ! quelle douce paix au dedans ! mais au dehors quels combats ! quelles victoires ! O Télémaque ! tes travaux surpasseront ceux de ton père ; le fier ennemi gémit dans la poussière sous ton glaive ; les portes d'airain, les inaccessibles remparts tombent à tes pieds. O grande déesse, que son père... O jeune homme, tu verras enfin... A ces mots, la parole meurt dans sa bouche et il demeure, comme malgré lui, dans un silence plein d'étonnement.

Tout le peuple est glacé de crainte. Idoménée, tremblant, n'ose lui demander qu'il achève. Télémaque même, surpris, comprend à peine ce qu'il vient d'entendre ; à peine peut-il croire qu'il ait entendu ces hautes prédictions. Mentor est le seul que l'esprit divin n'a point étonné. Vous entendez, dit-il à Idoménée, le dessein des dieux. Contre quelque nation que vous ayez à combattre, la victoire sera dans vos mains, et vous devrez au jeune fils de votre ami le bonheur de vos armes. N'en soyez point jaloux ; profitez seulement de ce que les dieux vous donnent par lui.

Idoménée, n'étant pas encore revenu de son étonnement, cherchoit en vain des paroles ; sa langue demeuroit immobile. Télémaque, plus prompt, dit à Mentor : Tant de gloire promise ne me touche point ; mais que peuvent donc signifier ces dernières paroles, Tu verras...? Est-ce mon père, ou seulement Ithaque! Hélas! que n'a-t-il achevé! il m'a laissé plus en doute que je n'étois. O Ulysse! ô mon père, seroit-ce vous, vous-même que je dois voir? seroit-il vrai? Mais je me flatte. Cruel oracle! tu prends plaisir à te jouer d'un malheureux ; encore une parole, et j'étois au comble du bonheur.

Mentor lui dit : Respectez ce que les dieux découvrent, et n'entreprenez point de découvrir ce qu'ils veulent cacher. Une curiosité téméraire mérite d'être confondue. C'est par une sagesse pleine de bonté, que les dieux cachent aux foibles hommes leur destinée dans une nuit impénétrable. Il est utile de prévoir ce qui dépend de nous, pour le bien faire ; mais il n'est pas moins utile d'ignorer ce qui ne dépend pas de nos soins, et ce que les dieux veulent faire de nous. Télémaque, touché de ces paroles, se retint avec beaucoup de peine.

Idoménée, qui étoit revenu de son étonnement, commença de son côté à louer le grand Jupiter, qui lui avoit envoyé le jeune Télémaque et le sage Mentor, pour le rendre victorieux de ses ennemis. Après qu'on eut fait un magnifique repas, qui suivit le sacrifice, il parla ainsi en particulier aux deux étrangers :

J'avoue que je ne connoissois point encore assez l'art de régner quand je revins en Crète, après le siége de Troie. Vous savez, chers amis, les malheurs qui m'ont privé de régner dans cette grande île, puisque vous m'assurez que vous y avez été depuis que j'en suis parti. Encore trop heureux si les coups les plus cruels de la fortune ont servi à m'instruire, et à me rendre plus modéré! Je traversai les mers comme un fugitif que la vengeance des dieux et des hommes poursuit : toute ma grandeur passée ne servoit qu'à me rendre ma chute plus honteuse et plus insupportable. Je vins réfugier mes dieux pénates sur cette côte déserte, où je ne trouvai que des terres incultes, couvertes de ronces et d'épines, des forêts aussi anciennes que la terre, des rochers presque inaccessibles où se retiroient les bêtes farouches. Je fus réduit à me réjouir de posséder, avec un petit nombre de soldats et de compagnons qui avoient bien voulu me suivre dans mes malheurs, cette terre sauvage, et d'en faire ma patrie, ne pouvant plus espérer de revoir jamais cette île fortunée où les dieux m'avoient fait naître pour y régner. Hélas! disois-je en moi-même, quel changement ! Quel exemple terrible ne suis-je point pour les rois ! il faudroit me montrer à tous ceux qui règnent dans le monde, pour les instruire par mon exemple. Ils s'imaginent n'avoir rien à craindre, à cause de leur élévation au-dessus du reste des hommes : Hé! c'est leur élévation même qui fait qu'ils ont tout à craindre! J'étois craint de mes ennemis, et aimé de mes sujets; je commandois à une nation puissante et belliqueuse : la renommée avoit porté mon nom dans les pays les plus éloignés : je régnois dans une île fertile et délicieuse; cent villes me donnoient chaque année un tribut de leurs richesses : ces peuples me reconnoissoient pour être du sang de Jupiter, né dans leur pays; ils m'aimoient comme le petit-fils du sage Minos, dont les lois les rendent si puissants et si heureux. Que manquoit-il à mon bonheur, sinon d'en savoir jouir avec modération! Mais mon orgueil, et la flatterie que j'ai écoutée, ont renversé mon trône. Ainsi tomberont tous les rois qui se livreront à leurs desirs, et aux conseils des esprits flatteurs.

Pendant le jour je tâchois de montrer un visage gai et plein d'espérance, pour soutenir le courage de ceux qui m'avoient suivi. Faisons, leur disois-je, une nouvelle ville, qui nous console de tout ce que nous avons perdu. Nous sommes environnés de peuples qui nous ont donné un bel exemple pour cette entreprise. Nous voyons Tarente qui s'élève assez près de nous. C'est Phalante, avec ses Lacédémoniens, qui a fondé ce nouveau royaume. Philoctète donne le nom de Pétilie à une grande ville qu'il bâtit sur la même côte. Métaponte est encore une semblable colonie. Ferons-nous moins que tous ces étrangers errants comme nous? La fortune ne nous est pas plus rigoureuse.

Pendant que je tâchois d'adoucir par ces paroles les peines de mes compagnons, je cachois au fond de mon cœur une douleur mortelle. C'étoit une consolation pour moi, que la lumière du jour me quittât, et que la nuit vînt m'envelopper de ses ombres pour déplorer en liberté ma misérable destinée. Deux torrents de larmes amères couloient de mes yeux; et le doux sommeil leur étoit inconnu. Le lendemain, je recommençois mes travaux avec une nouvelle ardeur. Voilà, Mentor, ce qui fait que vous m'avez trouvé si vieilli.

Après qu'Idoménée eut achevé de raconter ses peines, il demanda à Télémaque et à Mentor leur secours dans la guerre où il se trouvoit engagé. Je vous renverrai, leur disoit-il, à Ithaque, dès que la guerre sera finie. Cependant je ferai partir des vaisseaux vers toutes les côtes les plus éloignées, pour apprendre des nouvelles d'Ulysse. En quelque endroit des terres connues que la tempête ou la colère de quelque divinité l'ait jeté, je saurai bien l'en retirer. Plaise aux dieux qu'il soit encore vivant! Pour vous, je vous renverrai avec les meilleurs vaisseaux qui aient jamais été construits dans l'île de Crète; ils sont faits du bois coupé sur le véritable mont Ida, où Jupiter naquit. Ce bois sacré ne sauroit périr dans les flots; les vents et les rochers le craignent et le respectent. Neptune même, dans son plus grand courroux, n'oseroit soulever les vagues contre lui. Assurez-vous donc que vous retournerez heureusement à Ithaque sans peine, et qu'aucune divinité ennemie ne pourra plus vous faire errer sur tant de mers; le trajet est court et facile. Renvoyez le vaisseau phénicien qui vous a porté jusqu'ici, et ne songez qu'à acquérir la gloire d'établir le nouveau royaume d'Idoménée pour réparer tous ses malheurs. C'est à ce prix, ô fils d'Ulysse, que vous serez jugé digne de votre père. Quand même les destinées rigoureuses l'auroient déja fait descendre dans le sombre royaume de Pluton, toute la Grèce charmée croira le revoir en vous.

A ces mots, Télémaque interrompit Idoménée : Renvoyons, dit-il, le vaisseau phénicien. Que tardons-nous à prendre les armes pour attaquer vos ennemis? ils sont devenus les nôtres. Si nous avons été victorieux en combattant dans la Sicile pour Aceste, Troyen et ennemi de la Grèce, ne serons-nous pas encore plus ardents et plus favorisés des dieux quand nous combattrons pour un des héros grecs qui ont renversé la ville de Priam? L'oracle que nous venons d'entendre ne nous permet pas d'en douter.

LIVRE IX.

Idoménée fait connoître à Mentor le sujet de la guerre contre les Manduriens, et les mesures qu'il a prises contre leurs incursions. Mentor lui montre l'insuffisance de ces moyens, et lui en propose de plus efficaces. Pendant cet entretien, les Manduriens se présentent aux portes de Salente, avec une nombreuse armée composée de plusieurs peuples voisins, qu'ils avoient mis dans leurs intérêts. A cette vue, Mentor sort précipitamment de Salente, et va seul proposer aux ennemis les moyens de terminer la guerre sans effusion de sang. Bientôt Télémaque le suit, impatient de connoître l'issue de cette négociation. Tous deux offrent de rester comme otages auprès des Manduriens, pour répondre de la fidélité d'Idoménée aux conditions de paix qu'il propose. Après quelque résistance, les Manduriens se rendent aux sages remontrances de Mentor, qui fait aussitôt venir Idoménée pour conclure la paix en personne. Ce prince accepte sans balancer toutes les conditions proposées par Mentor. On se donne réciproquement des otages, et l'on offre en commun des sacrifices pour la confirmation de l'alliance; après quoi Idoménée rentre dans la ville avec les rois et les principaux chefs alliés des Manduriens.

Mentor, regardant d'un œil doux et tranquille Télémaque, qui étoit déja plein d'une noble ardeur pour les combats, prit ainsi la parole : Je suis bien aise, fils d'Ulysse, de voir en vous une si belle passion pour la gloire; mais souvenez-vous que votre père n'en a acquis une si grande parmi les Grecs, au siége de Troie, qu'en se montrant le plus sage et le plus modéré d'entre eux. Achille, quoique invincible et invulnérable, quoique sûr de porter la terreur et la mort partout où il combattoit, n'a pu prendre la ville de Troie : il est tombé lui-même aux pieds des murs de cette ville, et elle a triomphé du vainqueur d'Hector. Mais Ulysse, en qui la prudence conduisoit la valeur, a porté la flamme et le fer au milieu des Troyens; et c'est à ses mains qu'on doit la chute de ces hautes et superbes tours, qui menacèrent, pendant dix ans, toute la Grèce conjurée. Autant que Minerve est au-dessus de Mars, autant une valeur discrète et prévoyante surpasse-t-elle un courage bouillant et farouche. Commençons donc par nous instruire des circonstances de cette guerre qu'il faut soutenir. Je ne refuse aucun péril : mais je crois, ô Idoménée, que vous devez nous expliquer premièrement si votre guerre est juste; ensuite, contre qui vous la faites; et enfin, quelles sont vos forces pour en espérer un heureux succès.

Idoménée lui répondit : Quand nous arrivâmes sur cette côte, nous y trouvâmes un peuple sauvage qui erroit dans les forêts, vivant de sa chasse et des fruits que les arbres portent d'eux-mêmes. Ces peuples, qu'on nomme les Manduriens, furent épouvantés, voyant nos vaisseaux et nos armes; ils se retirèrent dans les montagnes. Mais comme nos soldats furent curieux de voir le pays, et voulurent poursuivre des cerfs, ils rencontrèrent ces sauvages fugitifs. Alors les chefs de ces sauvages leur dirent : Nous avons abandonné les doux rivages de la mer pour vous les céder; il ne nous reste que des montagnes presque inaccessibles; du moins est-il juste que vous nous y laissiez en paix et en liberté. Nous vous trouvons errants, dispersés, et plus foibles que nous ; il ne tiendroit qu'à nous de vous égorger, et d'ôter même à vos compagnons la connoissance de votre malheur : mais nous ne voulons point tremper nos mains dans le sang de ceux qui sont hommes aussi bien que nous. Allez; souvenez-vous que vous devez la vie à nos sentiments d'humanité. N'oubliez jamais que c'est d'un peuple que vous nommez grossier et sauvage, que vous recevez cette leçon de modération et de générosité.

Ceux d'entre les nôtres qui furent ainsi renvoyés par ces barbares revinrent dans le camp, et racontèrent ce qui leur étoit arrivé. Nos soldats en furent émus; ils eurent honte de voir que des Crétois dussent la vie à cette troupe d'hommes fugitifs, qui leur paroissoient ressembler plutôt à des ours qu'à des hommes : ils s'en allèrent à la chasse en plus grand nombre que les premiers, et avec toutes sortes d'armes. Bientôt ils rencontrèrent les sauvages et les attaquèrent. Le combat fut cruel. Les traits voloient de part et d'autre, comme la grêle tombe dans une campagne pendant un orage. Les sauvages furent contraints de se retirer dans leurs montagnes escarpées, où les nôtres n'osèrent s'engager.

Peu de temps après, ces peuples envoyèrent vers moi deux de leurs plus sages vieillards, qui venoient me demander la paix. Ils m'apportèrent des présents : c'étoit des peaux des bêtes farouches qu'ils avoient tuées, et des fruits du pays. Après m'avoir donné leurs présents, ils parlèrent ainsi :

O roi! nous tenons, comme tu vois, dans une main l'épée, et dans l'autre une branche d'olivier. (En effet, ils tenoient l'une et l'autre dans leurs mains.) Voilà la paix et la guerre : choisis. Nous aimerions mieux la paix; c'est pour l'amour d'elle, que nous n'avons point eu de honte de te céder le doux rivage de la mer, où le soleil rend la terre fertile, et produit tant de fruits délicieux. La paix est plus douce que tous ces fruits : c'est pour elle que nous nous sommes retirés dans ces hautes montagnes toujours couvertes de glace et de neige, où l'on ne voit jamais ni les fleurs du printemps, ni les riches fruits de l'automne. Nous avons horreur de cette brutalité, qui, sous de beaux noms d'ambition et de gloire, va follement ravager les provinces, et répand le sang des hommes, qui sont tous frères. Si cette fausse gloire te touche, nous n'avons garde de te l'envier : nous te plaignons, et nous prions les dieux de nous préserver d'une fureur semblable. Si les sciences que les Grecs apprennent avec tant de soin, et si la politesse dont ils se piquent, ne leur inspirent que cette détestable injustice, nous nous croyons trop heureux de n'avoir point ces avantages. Nous ferons gloire d'être toujours ignorants et barbares, mais justes, humains, fidèles, désintéressés, accoutumés à nous contenter de peu, et à mépriser la vaine délicatesse qui fait qu'on a besoin d'avoir beaucoup. Ce que nous estimons, c'est la santé, la frugalité, la liberté, la vigueur de corps et d'esprit; c'est l'amour de la vertu, la crainte des dieux, le bon naturel pour nos proches, l'attachement à nos amis, la fidélité pour tout le monde, la modération dans la prospérité, la fermeté dans les malheurs, le courage pour dire toujours hardiment la vérité, l'horreur de la flatterie. Voilà quels sont les peuples que nous t'offrons pour voisins et pour alliés. Si les dieux irrités t'aveuglent jusqu'à te faire refuser la paix, tu apprendras, mais trop tard, que les gens qui aiment par modération la paix sont les plus redoutables dans la guerre.

Pendant que ces vieillards me parloient ainsi, je ne pouvois me lasser de les regarder. Ils avoient la barbe longue et négligée, les cheveux plus courts, mais blancs; les sourcils épais, les yeux vifs, un regard et une contenance ferme, une parole grave et pleine d'autorité, des manières simples et ingénues. Les fourrures qui leur servoient d'habits, étant nouées sur l'épaule, laissoient voir des bras plus nerveux et des muscles mieux nourris que ceux de nos athlètes. Je répondis à ces deux envoyés, que je desirois la paix. Nous réglâmes ensemble de bonne foi plusieurs conditions; nous en prîmes tous les dieux à témoins; et je renvoyai ces hommes chez eux avec des présents.

Mais les dieux, qui m'avoient chassé du royaume de mes ancêtres, n'étoient pas encore lassés de me persécuter. Nos chasseurs, qui ne pouvoient pas être si tôt avertis de la paix que nous venions de faire, rencontrèrent le même jour une grande troupe de ces barbares, qui accompagnoient leurs envoyés lorsqu'ils revenoient de notre camp : ils les attaquèrent avec fureur, en tuèrent une partie, et poursuivirent le reste dans les bois. Voilà la guerre rallumée. Ces barbares croient qu'ils ne peuvent plus se fier ni à nos promesses ni à nos sermens.

Pour être plus puissants contre nous, ils appellent à leur secours les Locriens, les Apuliens, les Lucaniens, les Brutiens, les peuples de Crotone, de Nérite, de Messapie et de Brindes. Les Lucaniens viennent avec des chariots armés de faux tranchantes. Parmi les Apuliens, chacun est couvert de quelque peau de bête farouche qu'il a tuée; ils portent des massues pleines de gros nœuds, et garnies de pointes de fer; ils sont presque de la taille des géants, et leurs corps se rendent si robustes, par les exercices pénibles auxquels ils s'adonnent, que leur seule vue épouvante. Les Locriens, venus de la Grèce, sentent encore leur origine, et sont plus humains que les autres; mais ils ont joint à l'exacte discipline des troupes grecques la vigueur des Barbares, et l'habitude de mener une vie dure, ce qui les rend invincibles. Ils portent des boucliers légers, qui sont faits d'un tissu d'osier, et couverts de peaux; leurs épées sont longues. Les Brutiens sont légers à la course comme les cerfs et comme les daims. On croiroit que l'herbe même la plus tendre n'est point foulée sous leurs pieds; à peine laissent-ils dans le sable quelque trace de leurs pas. On les voit tout-à-coup fondre sur leurs ennemis, et puis disparoître avec une égale rapidité. Les peuples de Crotone sont adroits à tirer des flèches. Un homme ordinaire parmi les Grecs ne pourroit bander un arc tel qu'on en voit communément chez les Crotoniates; et si jamais ils s'appliquent à nos jeux, ils y remporteront les prix. Leurs flèches sont trempées dans le suc de certaines herbes venimeuses, qui viennent, dit-on, des bords de l'Averne, et dont le poison est mortel. Pour ceux de Nérite, de Brindes, et de Messapie, ils n'ont en partage que la force du corps et une valeur sans art. Les cris qu'ils poussent jusqu'au ciel, à la vue de leurs ennemis, sont affreux. Ils se servent assez bien de la fronde, et ils obscurcissent l'air par une grêle de pierres lancées; mais ils combattent sans ordre. Voilà, Mentor, ce que vous desiriez de savoir : vous connoissez maintenant l'origine de cette guerre, et quels sont nos ennemis.

Après cet éclaircissement, Télémaque, impatient de combattre, croyoit n'avoir plus qu'à prendre les armes. Mentor le retint encore, et parla ainsi à Idoménée : D'où vient donc que les Locriens mêmes, peuples sortis de la Grèce, s'unissent aux Barbares contre les Grecs ? D'où vient que tant de colonies grecques fleurissent sur cette côte de la mer, sans avoir les mêmes guerres à soutenir que vous ? O Idoménée, vous dites que les dieux ne sont pas encore las de vous persécuter; et moi, je dis qu'ils n'ont pas encore achevé de vous instruire. Tant de malheurs que vous avez soufferts ne vous ont pas encore appris ce qu'il faut faire pour prévenir la guerre. Ce que vous racontez vous-même de la bonne foi de ces Barbares suffit pour montrer que vous auriez pu vivre en paix avec eux; mais la hauteur et la fierté attirent les guerres les plus dangereuses. Vous auriez pu leur donner des otages, et en prendre d'eux. Il eût été facile d'envoyer avec leurs ambassadeurs quelques-uns de vos chefs pour les reconduire avec sûreté. Depuis cette guerre renouvelée, vous auriez dû encore les apaiser, en leur représentant qu'on les avoit attaqués faute de savoir l'alliance qui venoit d'être jurée. Il falloit leur offrir toutes les sûretés qu'ils auroient demandées, et établir des peines rigoureuses contre tous ceux de vos sujets qui auroient manqué à l'alliance. Mais qu'est-il arrivé depuis ce commencement de guerre ?

Je crus, répondit Idoménée, que nous n'aurions pu, sans bassesse, rechercher ces Barbares, qui assemblèrent à la hâte tous leurs hommes en âge de combattre, et qui implorèrent le secours de tous les peuples voisins, auxquels ils nous rendirent suspects et odieux. Il me parut que le parti le plus assuré étoit de s'emparer promptement de certain passages dans les montagnes, qui étoient mal gardés. Nous les prîmes sans peine, et par là nous nous sommes mis en état de désoler ces Barbares. J'y ai fait élever des tours d'où nos troupes peuvent accabler de traits tous les ennemis qui viendroient des montagnes dans notre pays. Nous pouvons entrer dans le leur, et ravager, quand il nous plaira, leurs principales habitations. Par ce moyen nous sommes en état de résister, avec des forces inégales, à cette multitude innombrable d'ennemis qui nous environnent. Au reste, la paix entre eux et nous est devenue très difficile. Nous ne saurions leur abandonner ces tours, sans nous exposer à leurs incursions; et ils les regardent comme des citadelles dont nous voulons nous servir pour les réduire en servitude.

Mentor répondit ainsi à Idoménée : Vous êtes un sage roi, et vous voulez qu'on vous découvre la vérité sans aucun adoucissement. Vous n'êtes point comme ces hommes foibles qui craignent de la voir, et qui, manquant de courage pour se corriger, n'emploient leur autorité qu'à soutenir les fautes qu'ils ont faites. Sachez donc que ce peuple barbare vous a donné une merveilleuse leçon, quand il est venu vous demander la paix. Étoit-ce par foiblesse qu'il la demandoit? Manquoit-il de courage, ou de ressources contre vous? Vous voyez bien que non, puisqu'il est si aguerri, et soutenu par tant de voisins redoutables. Que n'imitiez-vous sa modération? Mais une mauvaise honte et une fausse gloire vous ont jeté dans ce malheur. Vous avez craint de rendre l'ennemi trop fier; et vous n'avez pas craint de le rendre trop puissant, en réunissant tant de peuples contre vous par une conduite hautaine et injuste. A quoi servent ces tours que vous vantez tant, sinon à mettre tous vos voisins dans la nécessité de périr, ou de vous faire périr vous-même, pour se préserver d'une servitude prochaine? Vous n'avez élevé ces tours que pour votre sûreté; et c'est par ces tours que vous êtes dans un si grand péril. Le rempart le plus sûr d'un état est la justice, la modération, la bonne foi, et l'assurance où sont vos voisins que vous êtes incapable d'usurper leurs terres. Les plus fortes murailles peuvent tomber par divers accidents imprévus, la fortune est capricieuse et inconstante dans la guerre; mais l'amour et la confiance de vos voisins, quand ils ont senti votre modération, font que votre état ne peut être vaincu, et n'est presque jamais attaqué. Quand même un voisin injuste l'attaqueroit, tous les autres, intéressés à sa conservation, prennent aussitôt les armes pour le défendre. Cet appui de tant de peuples, qui trouvent leurs véritables intérêts à soutenir les vôtres, vous auroit rendu bien plus puissant que ces tours, qui vous rendent vos maux irrémédiables. Si vous aviez songé d'abord à éviter la jalousie de tous vos voisins, votre ville naissante fleuriroit dans une heureuse paix, et vous seriez l'arbitre de toutes les nations de l'Hespérie.

Retranchons-nous maintenant à examiner comment on peut réparer le passé par l'avenir. Vous avez commencé à me dire qu'il y a sur cette côte diverses colonies grecques. Ces peuples doivent être disposés à vous secourir. Ils n'ont oublié ni le grand nom de Minos, fils de Jupiter, ni vos travaux au siège de Troie, où vous vous êtes signalé tant de fois entre les princes grecs pour la querelle commune de toute la Grèce. Pourquoi ne songez-vous pas à mettre ces colonies dans votre parti?

Elles sont toutes, répondit Idoménée, résolues à demeurer neutres. Ce n'est pas qu'elles n'eussent quelque inclination à me secourir; mais le trop grand éclat que cette ville a eu dès sa naissance les a épouvantés. Ces Grecs, aussi bien que les autres peuples, ont craint que nous n'eussions des desseins sur leur liberté. Ils ont pensé qu'après avoir subjugué les Barbares des montagnes, nous pousserions plus loin notre ambition. En un mot, tout est contre nous. Ceux mêmes qui ne nous font pas une guerre ouverte desirent notre abaissement, et la jalousie ne nous laisse aucun allié.

Étrange extrémité! reprit Mentor : pour vouloir paroître trop puissant, vous ruinez votre puissance; et, pendant que vous êtes au-dehors l'objet de la crainte et de la haine de vos voisins, vous vous épuisez au-dedans par les efforts nécessaires pour soutenir une telle guerre. O malheureux, et doublement malheureux Idoménée, que le malheur même n'a pu instruire qu'à demi! aurez-vous encore besoin d'une seconde chute pour apprendre à prévoir les maux qui menacent les plus grands rois? Laissez-moi faire, et racontez-moi seulement en détail quelles sont donc ces villes grecques qui refusent votre alliance.

La principale, lui répondit Idoménée, est la ville de Tarente; Phalante l'a fondée depuis trois ans. Il ramassa dans la Laconie un grand nombre de jeunes hommes nés des femmes qui avoient oublié leurs maris absents pendant la guerre de Troie. Quand les maris revinrent, ces femmes ne songèrent qu'à les apaiser, et qu'à désavouer leurs fautes. Cette nombreuse jeunesse, qui étoit née hors du mariage, ne connoissant plus ni père ni mère, vécut avec une licence sans bornes. La sévérité des lois réprima leurs désordres. Ils se réunirent sous

Phalante, chef hardi, intrépide, ambitieux, et qui sait gagner les cœurs par ses artifices. Il est venu sur ce rivage avec ses jeunes Laconiens; ils ont fait de Tarente une seconde Lacédémone. D'un autre côté, Philoctète, qui a eu une si grande gloire au siége de Troie, en y portant les flèches d'Hercule, a élevé dans ce voisinage les murs de Pétilie, moins puissante à la vérité, mais plus sagement gouvernée que Tarente. Enfin, nous avons ici près la ville de Métaponte, que le sage Nestor a fondée avec ses Pyliens.

Quoi! reprit Mentor, vous avez Nestor dans l'Hespérie, et vous n'avez pas su l'engager dans vos intérêts! Nestor, qui vous a vu tant de fois combattre contre les Troyens, et dont vous aviez l'amitié! Je l'ai perdue, répliqua Idoménée, par l'artifice de ces peuples qui n'ont rien de barbare que le nom : ils ont eu l'adresse de lui persuader que je voulois me rendre le tyran de l'Hespérie. Nous le détromperons, dit Mentor. Télémaque le vit à Pylos, avant qu'il fût venu fonder sa colonie, et avant que nous eussions entrepris nos grands voyages pour chercher Ulysse : il n'aura pas encore oublié ce héros, ni les marques de tendresse qu'il donna à son fils Télémaque. Mais le principal est de guérir sa défiance : c'est par les ombrages donnés à tous vos voisins, que cette guerre s'est allumée; et c'est en dissipant ces vains ombrages, que cette guerre peut s'éteindre. Encore un coup, laissez-moi faire.

A ces mots, Idoménée, embrassant Mentor, s'attendrissoit et ne pouvoit parler. Enfin il prononça à peine ces paroles : O sage vieillard envoyé par les dieux pour réparer toutes mes fautes! j'avoue que je me serois irrité contre tout autre qui m'auroit parlé aussi librement que vous; j'avoue qu'il n'y a que vous seul qui puissiez m'obliger à rechercher la paix. J'avois résolu de périr ou de vaincre tous mes ennemis; mais il est juste de croire vos sages conseils plutôt que ma passion. O heureux Télémaque, qui ne pourrez jamais vous égarer comme moi, puisque vous avez un tel guide! Mentor, vous êtes le maître; toute la sagesse des dieux est en vous. Minerve même ne pourroit donner de plus salutaires conseils. Allez, promettez, concluez, donnez tout ce qui est à moi; Idoménée approuvera tout ce que vous jugerez à propos de faire.

Pendant qu'ils raisonnoient ainsi, on entendit tout-à-coup un bruit confus de chariots, de chevaux hennissants, d'hommes qui poussoient des hurlements épouvantables, et de trompettes qui remplissoient l'air d'un son belliqueux. On s'écrie : Voilà les ennemis, qui ont fait un grand détour pour éviter les passages gardés! les voilà qui viennent assiéger Salente! Les vieillards et les femmes paroissoient consternés. Hélas! disoient-ils, falloit-il quitter notre chère patrie, la fertile Crète, et suivre un roi malheureux au travers de tant de mers, pour fonder une ville qui sera mise en cendres comme Troie! On voyoit de dessus les murailles nouvellement bâties, dans la vaste campagne, briller au soleil les casques, les cuirasses et les boucliers des ennemis; les yeux en étoient éblouis. On voyoit aussi les piques hérissées qui couvroient la terre, comme elle est couverte par une abondante moisson que Cérès prépare dans les campagnes d'Enna en Sicile, pendant les chaleurs de l'été, pour récompenser le laboureur de toutes ses peines. Déja on remarquoit les chariots armés de faux tranchantes; on distinguoit facilement chaque peuple venu à cette guerre.

Mentor monta sur une haute tour pour les mieux découvrir. Idoménée et Télémaque le suivirent de près. A peine y fut-il arrivé, qu'il aperçut d'un côté Philoctète, et de l'autre Nestor avec Pisistrate son fils. Nestor étoit facile à reconnoître à sa vieillesse vénérable. Quoi donc! s'écria Mentor, vous avez cru, ô Idoménée, que Philoctète et Nestor se contentoient de ne vous point secourir; les voilà qui ont pris les armes contre vous; et, si je ne me trompe, ces autres troupes qui marchent en si bon ordre, avec tant de lenteur, sont les troupes lacédémoniennes, commandées par Phalante. Tout est contre vous; il n'y a aucun voisin de cette côte, dont vous n'ayez fait un ennemi, sans vouloir le faire.

En disant ces paroles, Mentor descend à la hâte de cette tour; il s'avance vers une porte de la ville du côté par où les ennemis s'avançoient : il la fait ouvrir; et Idoménée, surpris de la majesté avec laquelle il fait ces choses, n'ose pas même lui demander quel est son dessein. Mentor fait signe de la main, afin que personne ne songe à le suivre. Il va au-devant des ennemis, étonnés de voir un seul homme qui se présente à eux. Il leur montra de loin une branche d'olivier en signe de paix; et, quand il fut à portée de se faire entendre, il leur demanda d'assembler tous les chefs. Aussitôt les chefs s'assemblèrent; et il parla ainsi :

O hommes généreux, assemblés de tant de nations qui fleurissent dans la riche Hespérie, je sais que vous n'êtes venu ici que pour l'intérêt commun de la liberté. Je loue votre zèle; mais souffrez que je vous représente un moyen facile de conserver la liberté et la gloire de tous vos peuples, sans répandre le sang humain. O Nestor, sage Nestor, que j'aperçois dans cette assemblée, vous n'ignorez pas combien la guerre est funeste à ceux mêmes qui l'entreprennent avec justice, et sous la protection des dieux. La guerre est le plus grand des maux dont les dieux affligent les hommes. Vous n'oublierez jamais ce que les Grecs ont souffert pendant dix ans devant la malheureuse Troie. Quelles divisions entre les chefs! quels caprices de la fortune! quels carnages des Grecs par la main d'Hector! quels malheurs dans toutes les villes les plus puissantes, causés par la guerre, pendant la longue absence de leurs rois! Au retour, les uns ont fait naufrage au promontoire de Capharée; les autres ont trouvé une mort funeste dans le sein même de leurs épouses. O dieux, c'est dans votre colère que vous armâtes les Grecs pour cette éclatante expédition! O peuples hespériens! je prie les dieux de ne vous donner jamais une victoire si funeste. Troie est en cendres, il est vrai; mais il vaudroit mieux, pour les Grecs, qu'elle fût encore dans toute sa gloire, et que le lâche Pâris jouît encore en paix de ses infâmes amours avec Hélène. Philoctète, si long-temps malheureux et abandonné dans l'île de Lemnos, ne craignez-vous point de retrouver de semblables malheurs dans une semblable guerre? Je sais que les peuples de la Laconie ont senti aussi les troubles causés par la longue absence des princes, des capitaines et des soldats qui allèrent contre les Troyens. O Grecs, qui avez passé dans l'Hespérie, vous n'y avez tous passé que par une suite des malheurs qui ont été les suites de la guerre de Troie!

Après avoir parlé ainsi, Mentor s'avança vers les Pyliens; et Nestor, qui l'avoit reconnu, s'avança aussi pour le saluer. O Mentor, lui dit-il, c'est avec plaisir que je vous revois. Il y a bien des années que je vous vis, pour la première fois, dans la Phocide; vous n'aviez que quinze ans, et je prévis dès-lors que vous seriez aussi sage que vous l'avez été dans la suite. Mais par quelle aventure avez-vous été conduit en ces lieux? Quels sont donc les moyens que vous avez de finir cette guerre? Idoménée nous a contraints de l'attaquer. Nous ne demandions que la paix; chacun de nous avoit un intérêt pressant de la desirer; mais nous ne pouvions plus trouver aucune sûreté avec lui : il a violé toutes ses promesses à l'égard de ses plus proches voisins. La paix avec lui ne seroit point une paix; elle lui serviroit seulement à dissiper notre ligue, qui est notre unique ressource. Il a montré à tous les peuples son dessein ambitieux de les mettre dans l'esclavage, et il ne nous a laissé aucun moyen de défendre notre liberté qu'en tâchant de renverser son nouveau royaume. Par sa mauvaise foi, nous sommes réduits à le faire périr, ou à recevoir de lui le joug de la servitude. Si vous trouvez quelque expédient pour faire en sorte qu'on puisse se confier à lui, et s'assurer d'une bonne paix, tous les peuples que vous voyez ici quitteront volontiers les armes; et nous avouerons avec joie que vous nous surpassez en sagesse.

Mentor lui répondit : Sage Nestor, vous savez qu'Ulysse m'avoit confié son fils Télémaque. Ce jeune homme, impatient de découvrir la destinée de son père, passa chez vous à Pylos, et vous le reçûtes avec tous les soins qu'il pouvoit attendre d'un fidèle ami de son père; vous lui donnâtes même votre fils pour le conduire. Il entreprit ensuite de longs voyages sur la mer; il a vu la Sicile, l'Égypte, l'île de Chypre, celle de Crète. Les vents, ou plutôt les dieux, l'ont jeté sur cette côte comme il vouloit retourner à Ithaque. Nous sommes arrivés ici tout à propos pour vous épargner les horreurs d'une cruelle guerre. Ce n'est plus Idoménée, c'est le fils du sage Ulysse, c'est moi qui vous réponds de toutes les choses qui vous seront promises.

Pendant que Mentor parloit ainsi avec Nestor, au milieu des troupes confédérées, Idoménée et Télémaque, avec tous les Crétois armés, les regardoient du haut des murs de Salente; ils étoient attentifs pour remarquer comment les discours de Mentor seroient reçus, et ils auroient voulu pouvoir entendre les sages entretiens de ces deux vieillards. Nestor avoit toujours passé pour le plus expérimenté et le plus éloquent de tous les rois de la Grèce. C'étoit lui qui modéroit, pendant le siége de Troie, le bouillant courroux d'Achille, l'orgueil d'Agamemnon, la fierté d'Ajax, et le courage impétueux de Diomède. La douce persuasion couloit de ses lèvres comme un ruisseau de miel : sa voix seule se faisoit entendre à tous ces héros; tous se taisoient dès qu'il ouvroit la bouche; et il n'y avoit que lui qui pût apaiser dans le camp la farouche discorde. Il commençoit à sentir les injures de la froide vieillesse; mais ses paroles étoient encore pleines de force et de douceur : il racontoit les choses passées, pour instruire la jeunesse par ses expériences; mais il les racontoit avec grace, quoique avec un peu de lenteur. Ce vieillard, admiré de toute la Grèce, sembla avoir perdu toute son éloquence et toute sa majesté dès que Mentor parut avec lui. Sa vieillesse paroissoit flétrie et abattue auprès de celle de Mentor, en qui les ans sembloient avoir respecté la force et la vigueur du tempérament. Les paroles de Mentor, quoique graves et simples, avoient une vivacité et une autorité qui commençoient à manquer à l'autre. Tout ce qu'il disoit étoit court, précis et nerveux. Jamais il ne faisoit aucune redite; jamais il ne racontoit que le fait nécessaire pour l'affaire qu'il falloit décider. S'il étoit obligé de parler plusieurs fois d'une même chose, pour l'inculquer, ou pour parvenir à la persuasion, c'étoit toujours par des tours nouveaux et par des comparaisons sensibles. Il avoit même je ne sais quoi de complaisant et d'enjoué, quand il vouloit se proportionner aux besoins des autres, et leur insinuer quelque vérité. Ces deux hommes si vénérables furent un spectacle touchant à tant de peuples assemblés.

Pendant que tous les alliés ennemis de Salente se jetoient en foule les uns sur les autres pour les voir de plus près, et pour tâcher d'entendre leurs sages discours, Idoménée et tous les siens s'efforçoient de découvrir, par leurs regards avides et empressés, ce que signifioient leurs gestes et l'air de leurs visages.

Cependant, Télémaque impatient se dérobe à la multitude qui l'environne; il court à la porte par où Mentor étoit sorti; il se la fait ouvrir avec autorité. Bientôt Idoménée, qui le croit à ses côtés, s'étonne de le voir qui court au milieu de la campagne, et qui est déjà auprès de Nestor. Nestor le reconnoît, et se hâte, mais d'un pas pesant et tardif, d'aller le recevoir. Télémaque saute à son cou, et le tient serré entre ses bras sans parler. Enfin il s'écrie : O mon père! je ne crains pas de vous nommer ainsi : le malheur de ne retrouver point mon véritable père, et les bontés que vous m'avez fait sentir, me donnent le droit de me servir d'un nom si tendre : mon père, mon cher père, je vous revois! ainsi puissé-je voir Ulysse! Si quelque chose pouvoit me consoler d'en être privé, ce seroit de trouver en vous un autre lui-même.

Nestor ne put, à ces paroles, retenir ses larmes; et il fut touché d'une secrète joie, voyant celles qui couloient avec une merveilleuse grace sur les joues de Télémaque. La beauté, la douceur, et la noble assurance de ce jeune inconnu, qui traversoit sans précaution tant de troupes ennemies, étonna tous les alliés. N'est-ce pas, disoient-ils, le fils de ce vieillard qui est venu parler à Nestor? Sans doute, c'est la même sagesse dans les deux âges les plus opposés de la vie. Dans l'un elle ne fait encore que fleurir, dans l'autre, elle porte avec abondance les fruits les plus mûrs.

Mentor, qui avoit pris plaisir à voir la tendresse avec laquelle Nestor venoit de recevoir Télémaque, profita de cette heureuse disposition. Voilà, lui dit-il, le fils d'Ulysse, si cher à toute la Grèce, et si cher à vous-même, ô sage Nestor! le voilà, je vous le livre comme un otage, et comme le gage le plus précieux qu'on puisse vous donner de la fidélité des promesses d'Idoménée. Vous jugez bien que je ne voudrois pas que la perte du fils suivît celle du père, et que la malheureuse Pénélope pût reprocher à Mentor qu'il a sacrifié son fils à l'ambition du nouveau roi de Salente. Avec ce gage, qui est venu de lui-même s'offrir, et que les dieux, amateurs de la paix, vous envoient, je commence, ô peuples assemblés de tant de nations, à vous faire des propositions pour établir à jamais une paix solide.

A ce nom de paix, on entend un bruit confus de rang en rang. Toutes ces différentes nations frémissoient de courroux, et croyoient perdre tout le temps où l'on retardoit le combat; ils s'imaginoient qu'on ne faisoit tous ces discours que pour ralentir leur fureur, et pour faire échapper leur proie. Surtout les Manduriens souffroient impatiemment qu'Idoménée espérât de les tromper encore une fois. Souvent ils entreprirent d'interrompre Mentor; car ils craignoient que ses discours pleins de sagesse ne détachassent leurs alliés. Ils commençoient à se défier de tous les Grecs qui étoient dans l'assemblée. Mentor, qui l'aperçut, se hâta d'augmenter cette défiance, pour jeter la division dans les esprits de tous ces peuples.

J'avoue, disoit-il, que les Manduriens ont sujet de se plaindre, et de demander quelque réparation des torts qu'ils ont soufferts; mais il n'est pas juste aussi que les Grecs, qui font sur cette côte des colonies, soient suspects et odieux aux anciens peuples du pays. Au contraire, les Grecs doivent être unis entre eux, et se faire bien traiter par les autres; il faut seulement qu'ils soient modérés, et qu'ils n'entreprennent jamais d'usurper les terres de leurs voisins. Je sais qu'Idoménée a eu le malheur de vous donner des ombrages; mais il est aisé de guérir toutes vos défiances. Télémaque et moi, nous nous offrons à être des ôtages qui vous répondent de la bonne foi d'Idoménée. Nous demeurerons entre vos mains jusqu'à ce que les choses qu'on vous promettra soient fidèlement accomplies. Ce qui vous irrite, ô Manduriens, s'écria-t-il, c'est que les troupes des Crétois ont saisi les passages de vos montagnes par surprise, et que par là ils sont en état d'entrer malgré vous, aussi souvent qu'il leur plaira, dans le pays où vous vous êtes retirés, pour leur laisser le pays uni qui est sur le rivage de la mer. Ces passages, que les Crétois ont fortifiés par de hautes tours pleines de gens armés, sont donc le véritable sujet de la guerre. Répondez-moi ; y en a-t-il encore quelque autre ?

Alors le chef des Manduriens s'avança, et parla ainsi : Que n'avons-nous pas fait pour éviter cette guerre ! Les dieux nous sont témoins que nous n'avons renoncé à la paix que quand la paix nous a échappé sans ressource par l'ambition inquiète des Crétois, et par l'impossibilité où ils nous ont mis de nous fier à leurs serments. Nation insensée ! qui nous a réduits malgré nous à l'affreuse nécessité de prendre un parti de désespoir contre elle, et de ne pouvoir plus chercher notre salut que dans sa perte ! Tandis qu'ils conserveront ces passages, nous croirons toujours qu'ils veulent usurper nos terres, et nous mettre en servitude. S'il étoit vrai qu'ils ne songeassent plus qu'à vivre en paix avec leurs voisins, ils se contenteroient de ce que nous leur avons cédé sans peine, et ils ne s'attacheroient pas à conserver des entrées dans un pays contre la liberté duquel ils ne formeroient aucun dessein ambitieux. Mais vous ne les connoissez pas, ô sage vieillard ! C'est par un grand malheur, que nous avons appris à les connoître. Cessez, ô homme aimé des dieux, de retarder une guerre juste et nécessaire, sans laquelle l'Hespérie ne pourroit jamais espérer une paix constante. O nation ingrate, trompeuse et cruelle, que les dieux irrités ont envoyée auprès de nous pour troubler notre paix, et pour nous punir de nos fautes ! Mais après nous avoir punis, ô dieux ! vous nous vengerez ; vous ne serez pas moins justes contre nos ennemis que contre nous.

A ces paroles, toute l'assemblée parut émue ; il sembloit que Mars et Bellone alloient de rang en rang rallumant dans les cœurs la fureur des combats, que Mentor tâchoit d'éteindre. Il reprit ainsi la parole :

Si je n'avois que des promesses à vous faire, vous pourriez refuser de vous y fier ; mais je vous offre des choses certaines et présentes. Si vous n'êtes pas contents d'avoir pour ôtages Télémaque et moi, je vous ferai donner douze des plus nobles et des plus vaillants Crétois. Mais il est juste aussi que vous donniez de votre côté des ôtages, car Idomenée, qui désire sincèrement la paix, la désire sans crainte et sans bassesse. Il désire la paix, comme vous dites vous-mêmes que vous l'avez désirée, par sagesse et par modération ; mais non par l'amour d'une vie molle, ou par foiblesse à la vue des dangers dont la guerre menace les hommes. Il est prêt à périr ou à vaincre ; mais il aime mieux la paix, que la victoire la plus éclatante. Il auroit honte de craindre d'être vaincu ; mais il craint d'ê-

tre injuste, et il n'a point de honte de vouloir réparer ses fautes. Les armes à la main, il vous offre la paix : il ne veut point en imposer les conditions avec hauteur ; car il ne fait aucun cas d'une paix forcée. Il veut une paix dont tous les partis soient contents, qui finisse toutes les jalousies, qui apaise tous les ressentiments, et qui guérisse toutes les défiances. En un mot, Idomenée est dans les sentiments où je suis sûr que vous voudriez qu'il fût. Il n'est question que de vous en persuader. La persuasion ne sera pas difficile, si vous voulez m'écouter avec un esprit dégagé et tranquille.

Écoutez donc, ô peuples remplis de valeur, et vous, ô chefs si sages et si unis, écoutez ce que je vous offre de la part d'Idomenée ! Il n'est pas juste qu'il puisse entrer dans les terres de ses voisins ; il n'est pas juste aussi que ses voisins puissent entrer dans les siennes. Il consent que les passages qu'on a fortifiés par de hautes tours soient gardés par des troupes neutres. Vous Nestor, et vous Philoctète, vous êtes Grecs d'origine ; mais en cette occasion vous vous êtes déclarés contre Idomenée : ainsi vous ne pouvez être suspects d'être trop favorables à ses intérêts. Ce qui vous touche, c'est l'intérêt commun de la paix et de la liberté de l'Hespérie. Soyez vous-mêmes les dépositaires et les gardiens de ces passages qui causent la guerre. Vous n'avez pas moins d'intérêt à empêcher que les anciens peuples d'Hespérie ne détruisent Salente, nouvelle colonie des Grecs, semblable à celles que vous avez fondées, qu'à empêcher qu'Idomenée n'usurpe les terres de ses voisins. Tenez l'équilibre entre les uns et les autres. Au lieu de porter le fer et le feu chez un peuple que vous devez aimer, réservez-vous la gloire d'être les juges et les médiateurs. Vous me direz que ces conditions vous paroîtroient merveilleuses, si vous pouviez vous assurer qu'Idomenée les accompliroit de bonne foi ; mais je vais vous satisfaire.

Il y aura, pour sûreté réciproque, les ôtages dont je vous ai parlé, jusqu'à ce que tous les passages soient mis en dépôt dans vos mains. Quand le salut de l'Hespérie entière, quand celui de Salente même et d'Idomenée sera à votre discrétion, serez-vous contents ? De qui pourrez-vous désormais vous défier ? Sera-ce de vous-mêmes ? Vous n'osez vous fier à Idomenée ; et Idomenée est si incapable de vous tromper, qu'il veut se fier à vous. Oui, il veut vous confier le repos, la liberté, la vie de tout son peuple et de lui-même. S'il est vrai que vous ne desiriez qu'une bonne paix, la voilà qui se présente à vous, et qui vous ôte tout prétexte de reculer. Encore une fois, ne vous imaginez pas que la crainte réduise Idoménée à vous faire ces offres; c'est la sagesse et la justice qui l'engagent à prendre ce parti, sans se mettre en peine si vous imputerez à foiblesse ce qu'il fait par vertu. Dans les commencements il a fait des fautes, et il met sa gloire à les reconnoître par les offres dont il vous prévient. C'est foiblesse, c'est vanité, c'est ignorance grossière de son propre intérêt, que d'espérer de pouvoir cacher ses fautes en affectant de les soutenir avec fierté et avec hauteur. Celui qui avoue ses fautes à son ennemi, et qui offre de les réparer, montre par-là qu'il est devenu incapable d'en commettre, et que l'ennemi a tout à craindre d'une conduite si sage et si ferme, à moins qu'il ne fasse la paix. Gardez-vous bien de souffrir qu'il vous mette à son tour dans le tort. Si vous refusez la paix et la justice qui viennent à vous, la paix et la justice seront vengées. Idoménée, qui devoit craindre de trouver les dieux irrités contre lui, les tournera pour lui contre vous. Télémaque et moi nous combattrons pour la bonne cause. Je prends tous les dieux du ciel et des enfers à témoins des justes propositions que je viens de vous faire.

En achevant ces mots, Mentor leva son bras, pour montrer à tant de peuples le rameau d'olivier qui étoit dans sa main le signe pacifique. Les chefs, qui le regardoient de près, furent étonnés et éblouis du feu divin qui éclatoit dans ses yeux. Il parut avec une majesté et une autorité qui est au-dessus de tout ce qu'on voit dans les plus grands d'entre les mortels. Le charme de ses paroles douces et fortes enlevoit les cœurs; elles étoient semblables à ces paroles enchantées qui tout-à-coup, dans le profond silence de la nuit, arrêtent au milieu de l'Olympe la lune et les étoiles, calment la mer irritée, font taire les vents et les flots, et suspendent le cours des fleuves rapides. Mentor étoit, au milieu de ces peuples furieux, comme Bacchus lorsqu'il étoit environné des tigres, qui, oubliant leur cruauté, venoient, par la puissance de sa douce voix, lécher ses pieds, et se soumettre par leurs caresses. D'abord il se fit un profond silence dans toute l'armée. Les chefs se regardoient les uns les autres, ne pouvant résister à cet homme, ni comprendre qui il étoit. Toutes les troupes, immobiles, avoient les yeux attachés sur lui. On n'osoit parler, de peur qu'il n'eût encore quelque chose à dire, et qu'on ne l'empêchât d'être entendu. Quoiqu'on ne trouvât rien à ajouter aux choses qu'il avoit dites, ses paroles avoient paru courtes, et on auroit souhaité qu'il eût parlé plus long-temps. Tout ce qu'il avoit dit demeuroit comme gravé dans tous les cœurs. En parlant, il se faisoit aimer, il se faisoit croire; chacun étoit avide, et comme suspendu, pour recueillir jusqu'aux moindres paroles qui sortoient de sa bouche.

Enfin, après un assez long silence, on entendit un bruit sourd qui se répandoit peu à peu. Ce n'étoit plus ce bruit confus des peuples qui frémissoient dans leur indignation; c'étoit, au contraire, un murmure doux et favorable. On découvroit déja sur les visages je ne sais quoi de serein et de radouci. Les Manduriens, si irrités, sentoient que les armes leur tomboient des mains. Le farouche Phalante, avec ses Lacédémoniens, fut surpris de trouver ses entrailles de fer attendries. Les autres commencèrent à soupirer après cette heureuse paix qu'on venoit leur montrer. Philoctète, plus sensible qu'un autre par l'expérience de ses malheurs, ne put retenir ses larmes. Nestor, ne pouvant parler, dans le transport où ce discours venoit de le mettre, embrassa tendrement Mentor sans pouvoir parler; et tous ces peuples à la fois, comme si c'eût été un signal, s'écrièrent aussitôt: O sage vieillard, vous nous désarmez! la paix! la paix!

Nestor, un moment après, voulut commencer un discours; mais toutes les troupes, impatientes, craignirent qu'il ne voulût représenter quelque difficulté. La paix! la paix! s'écrièrent-elles encore une fois. On ne put leur imposer silence qu'en faisant crier avec eux par tous les chefs de l'armée: La paix! la paix!

Nestor, voyant bien qu'il n'étoit pas libre de faire un discours suivi, se contenta de dire: Vous voyez, ô Mentor, ce que peut la parole d'un homme de bien! Quand la sagesse et la vertu parlent, elles calment toutes les passions. Nos justes ressentiments se changent en amitié, et en desir d'une paix durable. Nous l'acceptons telle que vous nous l'offrez. En même temps, tous les chefs tendirent les mains en signe de consentement.

Mentor courut vers la porte de la ville pour la faire ouvrir, et pour mander à Idoménée de sortir de Salente sans précaution. Cependant Nestor embrassoit Télémaque, disant: O aimable fils du plus sage de tous les Grecs, puissiez-vous être aussi sage et plus heureux que lui! N'avez-vous rien découvert sur sa destinée? Le souvenir de votre père, à qui vous ressemblez, a servi à étouffer notre indignation. Phalante, quoique dur et farouche, quoiqu'il n'eût jamais vu Ulysse, ne laissa pas d'être touché de ses malheurs et de ceux de son fils. Déja on pressoit Télémaque de raconter ses aventures, lorsque Mentor revint avec Idoménée, et toute la jeunesse crétoise qui le suivoit.

A la vue d'Idoménée, les alliés sentirent que leur courroux se rallumoit; mais les paroles de Mentor éteignirent ce feu prêt à éclater. Que tardons-nous, dit-il, à conclure cette sainte alliance, dont les dieux seront les témoins et les défenseurs ? Qu'ils la vengent, si jamais quelque impie ose la violer ; et que tous les maux horribles de la guerre, loin d'accabler les peuples fidèles et innocents, retombent sur la tête parjure et exécrable de l'ambitieux qui foulera aux pieds les droits sacrés de cette alliance. Qu'il soit détesté des dieux et des hommes ; qu'il ne jouisse jamais du fruit de sa perfidie; que les Furies infernales, sous les figures les plus hideuses, viennent exciter sa rage et son désespoir ; qu'il tombe mort sans aucune espérance de sépulture; que son corps soit la proie des chiens et des vautours ; et qu'il soit aux enfers, dans le profond abîme du Tartare, tourmenté à jamais plus rigoureusement que Tantale, Ixion, et les Danaïdes! Mais plutôt que cette paix soit inébranlable comme les rochers d'Atlas qui soutient le ciel ; que tous les peuples la révèrent, et goûtent ses fruits, de génération en génération ; que les noms de ceux qui l'auront jurée soient avec amour et vénération dans la bouche de nos derniers neveux; que cette paix, fondée sur la justice et sur la bonne foi, soit le modèle de toutes les paix qui se feront à l'avenir chez toutes les nations de la terre; et que tous les peuples qui voudront se rendre heureux en se réunissant songent à imiter les peuples de l'Hespérie!

A ces paroles, Idoménée et les autres rois jurent la paix, aux conditions marquées. On donne de part et d'autre douze ôtages. Télémaque veut être du nombre des ôtages donnés par Idoménée; mais on ne peut consentir que Mentor en soit, parce que les alliés veulent qu'il demeure auprès d'Idoménée, pour répondre de sa conduite et de celle de ses conseillers jusqu'à l'entière exécution des choses promises. On immola, entre la ville et l'armée ennemie, cent génisses blanches comme la neige, et autant de taureaux de même couleur, dont les cornes étoient dorées et ornées de festons. On entendoit retentir, jusque dans les montagnes voisines, le mugissement affreux des victimes qui tomboient sous le couteau sacré. Le sang fumant ruisseloit de toutes parts. On faisoit couler avec abondance un vin exquis pour les libations. Les aruspices consultoient les entrailles qui palpitoient encore. Les sacrificateurs brûloient sur les autels un encens qui formoit un épais nuage, et dont la bonne odeur parfumoit toute la campagne.

Cependant les soldats des deux partis, cessant de se regarder d'un œil ennemi, commençoient à s'entretenir sur leurs aventures. Ils se délassoient déjà de leurs travaux, et goûtoient par avance les douceurs de la paix. Plusieurs de ceux qui avoient suivi Idoménée au siége de Troie reconnurent ceux de Nestor qui avoient combattu dans la même guerre. Ils s'embrassoient avec tendresse, et se racontoient mutuellement tout ce qui leur étoit arrivé depuis qu'ils avoient ruiné la superbe ville qui étoit l'ornement de toute l'Asie. Déjà ils se couchoient sur l'herbe, se couronnoient de fleurs, et buvoient ensemble le vin qu'on apportoit de la ville dans de grands vases, pour célébrer une si heureuse journée.

Tout-à-coup Mentor dit aux rois et aux capitaines assemblés : Désormais, sous divers noms et sous divers chefs, vous ne ferez plus qu'un seul peuple. C'est ainsi que les justes dieux, amateurs des hommes qu'ils ont formés, veulent être le lien éternel de leur parfaite concorde. Tout le genre humain n'est qu'une famille dispersée sur la face de toute la terre; tous les peuples sont frères, et doivent s'aimer comme tels. Malheur à ces impies qui cherchent une gloire cruelle dans le sang de leurs frères, qui est leur propre sang ! La guerre est quelquefois nécessaire, il est vrai ; mais c'est la honte du genre humain qu'elle soit inévitable en certaines occasions. O rois, ne dites point qu'on doit la desirer pour acquérir de la gloire ! la vraie gloire ne se trouve point hors de l'humanité. Quiconque préfère sa propre gloire aux sentiments de l'humanité est un monstre d'orgueil, et non pas un homme : il ne parviendra même qu'à une fausse gloire ; car la vraie ne se trouve que dans la modération et dans la bonté. On pourra le flatter pour contenter sa vanité folle; mais on dira toujours de lui en secret, quand on voudra parler sincèrement : Il a d'autant moins mérité la gloire, qu'il l'a desirée avec une passion injuste. Les hommes ne doivent point l'estimer, puisqu'il a si peu estimé les hommes, et qu'il a prodigué leur sang par une brutale vanité. Heureux le roi qui aime son peuple, qui en est aimé, qui se confie en ses voisins, et qui a leur confiance; qui, loin de leur faire la guerre, les empêche de l'avoir entre eux, et qui fait envier à toutes les nations étrangères le bonheur qu'ont ses sujets de l'avoir pour roi ! Songez donc à vous rassembler de temps en temps, ô vous qui gouvernez les puissantes villes de l'Hespérie ! Faites de trois ans en trois ans une assemblée générale, où tous les rois qui sont ici présents se trouvent pour renouveler l'alliance

5.

par un nouveau serment, pour raffermir l'amitié promise, et pour délibérer sur tous les intérêts communs. Tandis que vous serez unis, vous aurez au-dedans de ce beau pays la paix, la gloire et l'abondance; au-dehors vous serez toujours invincibles. Il n'y a que la Discorde, sortie de l'enfer pour tourmenter les hommes insensés, qui puisse troubler la félicité que les dieux vous préparent.

Nestor lui répondit : Vous voyez, par la facilité avec laquelle nous faisons la paix, combien nous sommes éloignés de vouloir faire la guerre par une vaine gloire, ou par l'injuste avidité de nous agrandir au préjudice de nos voisins. Mais que peut-on faire quand on se trouve auprès d'un prince violent, qui ne connoît point d'autre loi que son intérêt, et qui ne perd aucune occasion d'envahir les terres des autres états? Ne croyez pas que je parle d'Idoménée; non, je n'ai plus de lui cette pensée : c'est Adraste, roi des Dauniens, de qui nous avons tout à craindre. Il méprise les dieux, et croit que tous les hommes qui sont sur la terre ne sont nés que pour servir à sa gloire par leur servitude. Il ne veut point de sujets dont il soit le roi et le père; il veut des esclaves et des adorateurs; il se fait rendre les honneurs divins. Jusqu'ici l'aveugle fortune a favorisé ses plus injustes entreprises. Nous nous étions hâtés de venir attaquer Salente, pour nous défaire du plus foible de nos ennemis, qui ne commençoit qu'à s'établir dans cette côte, afin de tourner ensuite nos armes contre cet autre ennemi plus puissant. Il a déja pris plusieurs villes de nos alliés. Ceux de Crotone ont perdu contre lui deux batailles. Il se sert de toutes sortes de moyens pour contenter son ambition : la force et l'artifice, tout lui est égal, pourvu qu'il accable ses ennemis. Il a amassé de grands trésors; ses troupes sont disciplinées et aguerries, ses capitaines sont expérimentés; il est bien servi; il veille lui-même sans cesse sur tous ceux qui agissent par ses ordres. Il punit sévèrement les moindres fautes, et récompense avec libéralité les services qu'on lui rend. Sa valeur soutient et anime celle de toutes ses troupes. Ce seroit un roi accompli, si la justice et la bonne foi régloient sa conduite; mais il ne craint ni les dieux, ni le reproche de sa conscience. Il compte même pour rien la réputation; il la regarde comme un vain fantôme qui ne doit arrêter que les esprits foibles. Il ne compte pour un bien solide et réel que l'avantage de posséder de grandes richesses, d'être craint, et de fouler à ses pieds tout le genre humain. Bientôt son armée paroîtra sur nos terres; et si l'union de tant de peuples ne nous met en état de lui résister, toute espérance de liberté nous sera ôtée. C'est l'intérêt d'Idoménée, aussi bien que le nôtre, de s'opposer à ce voisin, qui ne peut souffrir rien de libre dans son voisinage. Si nous étions vaincus, Salente seroit menacée du même malheur. Hâtons-nous donc tous ensemble de le prévenir.

Pendant que Nestor parloit ainsi, on s'avançoit vers la ville; car Idoménée avoit prié tous les rois et tous les principaux chefs d'y entrer pour y passer la nuit.

LIVRE X.

Les alliés proposent à Idoménée d'entrer dans leur ligue contre les Dauniens. Ce prince y consent, et leur promet des troupes. Mentor le désapprouve de s'être engagé si légèrement dans une nouvelle guerre, au moment où il avoit besoin d'une longue paix pour consolider, par de sages établissements, sa ville et son royaume à peine fondés. Idoménée reconnoît sa faute; et, aidé des conseils de Mentor, il amène les alliés à se contenter d'avoir dans leur armée Télémaque avec cent jeunes Crétois. Sur le point de partir, et faisant ses adieux à Mentor, Télémaque ne peut s'empêcher de témoigner quelque surprise de la conduite d'Idoménée. Mentor profite de cette occasion pour faire sentir à Télémaque combien il est dangereux d'être injuste, en se laissant aller à une critique rigoureuse contre ceux qui gouvernent. Après le départ des alliés, Mentor examine en détail la ville et le royaume de Salente, l'état de son commerce, et toutes les parties de l'administration. Il fait faire à Idoménée de sages réglements pour le commerce et pour la police; il lui fait partager le peuple en sept classes, dont il distingue les rangs par la diversité des habits. Il retranche le luxe et les arts inutiles, pour appliquer les artisans aux arts nécessaires, au commerce, et surtout à l'agriculture, qu'il remet en honneur : enfin, il ramène tout à une noble et frugale simplicité. Heureux effets de cette réforme.

Cependant toute l'armée des alliés dressoit ses tentes, et la campagne étoit déja couverte de riches pavillons de toutes sortes de couleurs, où les Hespériens fatigués attendoient le sommeil. Quand les rois, avec leur suite, furent entrés dans la ville, ils parurent étonnés qu'en si peu de temps on eût pu faire tant de bâtiments magnifiques; et que l'embarras d'une si grande guerre n'eût point empêché cette ville naissante de croître et de s'embellir tout-à-coup.

On admira la sagesse et la vigilance d'Idoménée, qui avoit fondé un si beau royaume; et chacun concluoit que, la paix étant faite avec lui, les alliés seroient bien puissants s'il entroit dans leur ligue contre les Dauniens. On proposa à Idoménée d'y entrer; il ne put rejeter une si juste proposition, et il promit des troupes. Mais comme Mentor n'ignoroit rien de tout ce qui est nécessaire pour rendre un état florissant, il comprit que les forces d'Idoménée ne pouvoient pas être aussi grandes qu'elles le paroissoient; il le prit en particulier, et lui parla ainsi :

LIVRE X.

Vous voyez que nos soins ne vous ont pas été inutiles. Salente est garantie des malheurs qui la menaçoient. Il ne tient plus qu'à vous d'en élever jusqu'au ciel la gloire, et d'égaler la sagesse de Minos, votre aïeul, dans le gouvernement de vos peuples. Je continue à vous parler librement, supposant que vous le voulez, et que vous détestez toute flatterie. Pendant que ces rois ont loué votre magnificence, je pensois en moi-même à la témérité de votre conduite. A ce mot de témérité, Idoménée changea de visage, ses yeux se troublèrent, il rougit, et peu s'en fallut qu'il n'interrompît Mentor pour lui témoigner son ressentiment. Mentor lui dit d'un ton modeste et respectueux, mais libre et hardi : Ce mot de témérité vous choque, je le vois bien : tout autre que moi auroit eu tort de s'en servir ; car il faut respecter les rois, et ménager leur délicatesse, même en les reprenant. La vérité par elle-même les blesse assez, sans y ajouter des termes forts ; mais j'ai cru que vous pourriez souffrir que je vous parlasse sans adoucissement pour vous découvrir votre faute. Mon dessein a été de vous accoutumer à entendre nommer les choses par leur nom, et à comprendre que quand les autres vous donneront des conseils sur votre conduite, ils n'oseront jamais vous dire tout ce qu'ils penseront. Il faudra, si vous voulez n'y être point trompé, que vous compreniez toujours plus qu'ils ne vous diront sur les choses qui vous seront désavantageuses. Pour moi, je veux bien adoucir mes paroles selon votre besoin ; mais il vous est utile qu'un homme sans intérêt et sans conséquence vous parle en secret un langage dur. Nul autre n'osera jamais vous le parler : vous ne verrez la vérité qu'à demi, et sous de belles enveloppes.

A ces mots, Idoménée, déjà revenu de sa première promptitude, parut honteux de sa délicatesse. Vous voyez, dit-il à Mentor, ce que fait l'habitude d'être flatté. Je vous dois le salut de mon nouveau royaume ; il n'y a aucune vérité que je ne me croie heureux d'entendre de votre bouche ; mais ayez pitié d'un roi que la flatterie avoit empoisonné, et qui n'a pu, même dans ses malheurs, trouver des hommes assez généreux pour lui dire la vérité. Non, je n'ai jamais trouvé personne qui m'ait assez aimé pour vouloir me déplaire en me disant la vérité tout entière.

En disant ces paroles, les larmes lui vinrent aux yeux, et il embrassoit tendrement Mentor. Alors ce sage vieillard lui dit : C'est avec douleur que je me vois contraint de vous dire des choses dures ; mais puis-je vous trahir en vous cachant la vérité ? Mettez-vous en ma place. Si vous avez été trompé jusqu'ici, c'est que vous avez bien voulu l'être ; c'est que vous avez craint des conseillers trop sincères. Avez-vous cherché les gens les plus désintéressés, et les plus propres à vous contredire ? Avez-vous pris soin de faire parler les hommes les moins empressés à vous plaire, les plus désintéressés dans leur conduite, les plus capables de condamner vos passions et vos sentiments injustes ? Quand vous avez trouvé des flatteurs, les avez-vous écartés ? vous en êtes-vous défié ? Non, non ; vous n'avez point fait ce que font ceux qui aiment la vérité, et qui méritent de la connoître. Voyons si vous aurez maintenant le courage de vous laisser humilier par la vérité qui vous condamne.

Je disois donc que ce qui vous attire tant de louanges ne mérite que d'être blâmé. Pendant que vous aviez au-dehors tant d'ennemis qui menaçoient votre royaume encore mal établi, vous ne songiez au-dedans de votre nouvelle ville qu'à y faire des ouvrages magnifiques. C'est ce qui vous a coûté tant de mauvaises nuits, comme vous me l'avez avoué vous-même. Vous avez épuisé vos richesses, vous n'avez songé ni à augmenter votre peuple, ni à cultiver les terres fertiles de cette côte. Ne falloit-il pas regarder ces deux choses comme les deux fondements essentiels de votre puissance : Avoir beaucoup de bons hommes, et des terres bien cultivées pour les nourrir ? Il falloit une longue paix dans ces commencements, pour favoriser la multiplication de votre peuple. Vous ne deviez songer qu'à l'agriculture et à l'établissement des plus sages lois. Une vaine ambition vous a poussé jusques au bord du précipice. A force de vouloir paroître grand, vous avez pensé ruiner votre véritable grandeur. Hâtez-vous de réparer ces fautes ; suspendez tous vos grands ouvrages ; renoncez à ce faste qui ruineroit votre nouvelle ville ; laissez en paix respirer vos peuples ; appliquez-vous à les mettre dans l'abondance, pour faciliter les mariages. Sachez que vous n'êtes roi qu'autant que vous avez des peuples à gouverner, et que votre puissance doit se mesurer, non par l'étendue des terres que vous occuperez, mais par le nombre des hommes qui habiteront ces terres, et qui seront attachés à vous obéir. Possédez une bonne terre, quoique médiocre en étendue ; couvrez-la de peuples innombrables, laborieux et disciplinés ; faites que ces peuples vous aiment : vous êtes plus puissant, plus heureux, plus rempli de gloire, que tous les conquérants qui ravagent tant de royaumes.

Que ferai-je donc à l'égard de ces rois ? répondit Idoménée ; leur avouerai-je ma foiblesse ? il est vrai que j'ai négligé l'agriculture, et même le commerce, qui m'est si facile sur cette côte : je n'ai songé qu'à faire une ville magnifique. Faudra-t-il donc, mon cher Mentor, me déshonorer dans l'assemblée de tant de rois, et découvrir mon imprudence? S'il le faut, je le veux; je le ferai sans hésiter, quoiqu'il m'en coûte; car vous m'avez appris qu'un vrai roi, qui est fait pour ses peuples, et qui se doit tout entier à eux, doit préférer le salut de son royaume à sa propre réputation.

Ce sentiment est digne du père des peuples, reprit Mentor; c'est à cette bonté, et non à la vaine magnificence de votre ville, que je reconnois en vous le cœur d'un vrai roi. Mais il faut ménager votre honneur, pour l'intérêt même de votre royaume. Laissez-moi faire; je vais faire entendre à ces rois que vous êtes engagés à rétablir Ulysse, s'il est encore vivant, ou du moins son fils, dans la puissance royale, à Ithaque, et que vous voulez en chasser par force tous les amants de Pénélope. Ils n'auront pas de peine à comprendre que cette guerre demande des troupes nombreuses. Ainsi, ils consentiront que vous ne leur donniez d'abord qu'un foible secours contre les Dauniens.

A ces mots, Idoménée parut comme un homme qu'on soulage d'un fardeau accablant. Vous sauvez, cher ami, dit-il à Mentor, mon honneur, et la réputation de cette ville naissante, dont vous cacherez l'épuisement à tous mes voisins. Mais quelle apparence de dire que je veux envoyer des troupes à Ithaque pour y rétablir Ulysse, ou du moins Télémaque son fils, pendant que Télémaque lui-même est engagé à aller à la guerre contre les Dauniens?

Ne soyez point en peine, répliqua Mentor, je ne dirai rien que de vrai. Les vaisseaux que vous enverrez pour l'établissement de votre commerce iront sur la côte d'Épire; ils feront à la fois deux choses : l'une, de rappeler sur votre côte les marchands étrangers, que les trop grands impôts éloignoient de Salente; l'autre, de chercher des nouvelles d'Ulysse. S'il est encore vivant, il faut qu'il ne soit pas loin de ces mers qui divisent la Grèce d'avec l'Italie; et on assure qu'on l'a vu chez les Phéaciens. Quand même il n'y auroit plus aucune espérance de le revoir, vos vaisseaux rendront un signalé service à son fils : ils répandront dans Ithaque et dans tous les pays voisins la terreur du nom du jeune Télémaque, qu'on croyoit mort comme son père. Les amants de Pénélope seront étonnés d'apprendre qu'il est prêt à revenir avec le secours d'un puissant allié. Les Ithaciens n'oseront secouer le joug. Pénélope sera consolée, et refusera toujours de choisir un nouvel époux. Ainsi, vous servirez Télémaque, pendant qu'il sera en votre place avec les alliés de cette côte d'Italie contre les Dauniens.

A ces mots, Idoménée s'écria : Heureux le roi qui est soutenu par de sages conseils! Un ami sage et fidèle vaut mieux à un roi que des armées victorieuses. Mais doublement heureux le roi qui sent son bonheur, et qui en sait profiter par le bon usage des sages conseils! car souvent il arrive qu'on éloigne de sa confiance les hommes sages et vertueux dont on craint la vertu, pour prêter l'oreille à des flatteurs dont on ne craint point la trahison. Je suis moi-même tombé dans cette faute, et je vous raconterai tous les malheurs qui me sont venus par un faux ami qui flattoit mes passions, dans l'espérance que je flatterois à mon tour les siennes.

Mentor fit aisément entendre aux rois alliés qu'Idoménée devoit se charger des affaires de Télémaque, pendant que celui-ci iroit avec eux. Ils se contentèrent d'avoir dans leur armée le jeune fils d'Ulysse avec cent jeunes Crétois qu'Idoménée lui donna pour l'accompagner; c'étoit la fleur de la jeune noblesse que ce roi avoit emmenée de Crète. Mentor lui avoit conseillé de les envoyer dans cette guerre. Il faut, disoit-il, avoir soin, pendant la paix, de multiplier le peuple; mais, de peur que toute la nation ne s'amollisse, et ne tombe dans l'ignorance de la guerre, il faut envoyer dans les guerres étrangères la jeune noblesse. Ceux-là suffisent pour entretenir toute la nation dans une émulation de gloire, dans l'amour des armes, dans le mépris des fatigues et de la mort même, enfin dans l'expérience de l'art militaire.

Les rois alliés partirent de Salente contents d'Idoménée, et charmés de la sagesse de Mentor; ils étoient pleins de joie de ce qu'ils emmenoient avec eux Télémaque. Celui-ci ne put modérer sa douleur quand il fallut se séparer de son ami. Pendant que les rois alliés faisoient leurs adieux, et juroient à Idoménée qu'ils garderoient avec lui une éternelle alliance, Mentor tenoit Télémaque serré entre ses bras, et se sentoit arrosé de ses larmes. Je suis insensible, disoit Télémaque, à la joie d'aller acquérir de la gloire, et je ne suis touché que de la douleur de notre séparation. Il me semble que je vois encore ce temps infortuné où les Égyptiens m'arrachèrent d'entre vos bras, et m'éloignèrent de vous, sans me laisser aucune espérance de vous revoir.

Mentor répondoit à ces paroles avec douceur, pour le consoler. Voici, lui disoit-il, une séparation bien différente : elle est volontaire, elle sera courte; vous allez chercher la victoire. Il faut, mon fils, que vous m'aimiez d'un amour moins tendre, et plus courageux : accoutumez-vous à mon absence ; vous ne m'aurez pas toujours : il faut que ce soit la sagesse et la vertu, plutôt que la présence de Mentor, qui vous inspirent ce que vous devez faire.

En disant ces mots, la déesse, cachée sous la figure de Mentor, couvroit Télémaque de son égide ; elle répandoit au-dedans de lui l'esprit de sagesse et de prévoyance, la valeur intrépide et la douce modération, qui se trouvent si rarement ensemble. Allez, disoit Mentor, au milieu des plus grands périls, toutes les fois qu'il sera utile que vous y alliez. Un prince se déshonore encore plus en évitant les dangers dans les combats, qu'en n'allant jamais à la guerre. Il ne faut point que le courage de celui qui commande aux autres puisse être douteux. S'il est nécessaire à un peuple de conserver son chef ou son roi, il lui est encore plus nécessaire de ne le voir point dans une réputation douteuse sur la valeur. Souvenez-vous que celui qui commande doit être le modèle de tous les autres ; son exemple doit animer toute l'armée. Ne craignez donc aucun danger, ô Télémaque, et périssez dans les combats, plutôt que de faire douter de votre courage ! Les flatteurs qui auront le plus d'empressement pour vous empêcher de vous exposer au péril dans les occasions nécessaires, seront les premiers à dire en secret que vous manquez de cœur, s'ils vous trouvent faciles à arrêter dans ces occasions.

Mais aussi n'allez pas chercher les périls sans utilité. La valeur ne peut être une vertu qu'autant qu'elle est réglée par la prudence : autrement, c'est un mépris insensé de la vie, et une ardeur brutale. La valeur emportée n'a rien de sûr : celui qui ne se possède point dans les dangers est plutôt fougueux que brave ; il a besoin d'être hors de lui pour se mettre au-dessus de la crainte, parce qu'il ne peut la surmonter par la situation naturelle de son cœur. En cet état, s'il ne fuit pas, du moins il se trouble ; il perd la liberté de son esprit, qui lui seroit nécessaire pour donner de bons ordres, pour profiter des occasions, pour renverser les ennemis, et pour servir sa patrie. S'il a toute l'ardeur d'un soldat, il n'a point le discernement d'un capitaine. Encore même n'a-t-il pas le vrai courage d'un simple soldat ; car le soldat doit conserver dans le combat la présence d'esprit et la modération nécessaire pour obéir. Celui qui s'expose témérairement trouble l'ordre et la discipline des troupes, donne un exemple de témérité, et expose souvent l'armée entière à de grands malheurs. Ceux qui préfèrent leur vaine ambition à la sûreté de la cause commune, méritent des châtiments, et non des récompenses.

Gardez-vous donc bien, mon cher fils, de chercher la gloire avec impatience. Le vrai moyen de la trouver est d'attendre tranquillement l'occasion favorable. La vertu se fait d'autant plus révérer, qu'elle se montre plus simple, plus modeste, plus ennemie de tout faste. C'est à mesure que la nécessité de s'exposer au péril augmente, qu'il faut aussi de nouvelles ressources de prévoyance et de courage qui aillent toujours croissant. Au reste, souvenez-vous qu'il ne faut s'attirer l'envie de personne. De votre côté, ne soyez point jaloux du succès des autres. Louez-les pour tout ce qui mérite quelque louange ; mais louez avec discernement : disant le bien avec plaisir, cachez le mal, et n'y pensez qu'avec douleur. Ne décidez point devant ces anciens capitaines qui ont toute l'expérience que vous ne pouvez avoir : écoutez-les avec déférence ; consultez-les ; priez les plus habiles de vous instruire ; et n'ayez point de honte d'attribuer à leurs instructions tout ce que vous ferez de meilleur. Enfin, n'écoutez jamais les discours par lesquels on voudra exciter votre défiance ou votre jalousie contre les autres chefs. Parlez-leur avec confiance et ingénuité. Si vous croyez qu'ils aient manqué à votre égard, ouvrez-leur votre cœur, expliquez-leur toutes vos raisons. S'ils sont capables de sentir la noblesse de cette conduite, vous les charmerez, et vous tirerez d'eux tout ce que vous aurez sujet d'en attendre. Si au contraire ils ne sont pas assez raisonnables pour entrer dans vos sentiments, vous serez instruit par vous-même de ce qu'il y aura en eux d'injuste à souffrir ; vous prendrez vos mesures pour ne vous plus commettre jusqu'à ce que la guerre finisse, et vous n'aurez rien à vous reprocher. Mais surtout ne dites jamais à certains flatteurs, qui sèment la division, les sujets de peine que vous croirez avoir contre les chefs de l'armée où vous serez.

Je demeurerai ici, continua Mentor, pour secourir Idoménée dans le besoin où il est de travailler au bonheur de ses peuples, et pour achever de lui faire réparer les fautes que ses mauvais conseils et les flatteurs lui ont fait commettre dans l'établissement de son nouveau royaume.

Alors Télémaque ne put s'empêcher de témoigner à Mentor quelque surprise, et même quelque mépris, pour la conduite d'Idoménée. Mais Mentor l'en reprit d'un ton sévère. Êtes-vous étonné, lui dit-il, de ce que les hommes les plus estimables sont encore hommes, et montrent encore quelques restes des foiblesses de l'humanité parmi les piéges innombrables et les embarras inséparables de la royauté? Idoménée, il est vrai, a été nourri dans des idées de faste et de hauteur ; mais quel philosophe pourroit se défendre de la flatterie, s'il avoit été en sa place ? Il est vrai qu'il s'est laissé trop prévenir par ceux qui ont eu sa confiance ; mais les plus sages rois sont souvent trompés, quelques précautions qu'ils prennent pour ne l'être pas. Un roi ne peut se passer de ministres, qui le soulagent et en qui il se confie, puisqu'il ne peut tout faire. D'ailleurs, un roi connoît beaucoup moins que les particuliers les hommes qui l'environnent : on est toujours masqué auprès de lui ; on épuise toutes sortes d'artifices pour le tromper. Hélas ! cher Télémaque, vous ne l'éprouverez que trop ! On ne trouve point dans les hommes ni les vertus ni les talents qu'on y cherche. On a beau les étudier et les approfondir, on s'y mécompte tous les jours. On ne vient même jamais à bout de faire, des meilleurs hommes, ce qu'on auroit besoin d'en faire pour le bien public. Ils ont leurs entêtements, leurs incompatibilités, leurs jalousies. On ne les persuade ni on ne les corrige guère.

Plus on a de peuples à gouverner, plus il faut de ministres, pour faire par eux ce qu'on ne peut faire soi-même ; et plus on a besoin d'hommes à qui on confie l'autorité, plus on est exposé à se tromper dans de tels choix. Tel critique aujourd'hui impitoyablement les rois, qui gouverneroit demain beaucoup moins bien qu'eux, et qui feroit les mêmes fautes, avec d'autres infiniment plus grandes, si on lui confioit la même puissance. La condition privée, quand on y joint un peu d'esprit pour bien parler, couvre tous les défauts naturels, relève des talents éblouissants, et fait paroître un homme digne de toutes les places dont il est éloigné. Mais c'est l'autorité qui met tous les talents à une rude épreuve, et qui découvre de grands défauts.

La grandeur est comme certains verres qui grossissent tous les objets. Tous les défauts paroissent croître dans ces hautes places, où les moindres choses ont de grandes conséquences, et où les plus légères fautes ont de violents contre-coups. Le monde entier est occupé à observer un seul homme à toute heure, et à le juger en toute rigueur. Ceux qui le jugent n'ont aucune expérience de l'état où il est. Ils n'en sentent point les difficultés, et ils ne veulent plus qu'il soit homme, tant ils exigent de perfection de lui. Un roi, quelque bon et sage qu'il soit, est encore homme. Son esprit a des bornes, et sa vertu en a aussi. Il a de l'humeur, des passions, des habitudes, dont il n'est pas tout-à-fait le maître. Il est obsédé par des gens intéressés et artificieux ; il ne trouve point les secours qu'il cherche. Il tombe chaque jour dans quelque mécompte, tantôt par ses passions, et tantôt par celles de ses ministres. A peine a-t-il réparé une faute, qu'il retombe dans une autre. Telle est la condition des rois les plus éclairés et les plus vertueux.

Les plus longs et les meilleurs règnes sont trop courts et trop imparfaits, pour réparer à la fin ce qu'on a gâté, sans le vouloir, dans les commencements. La royauté porte avec elle toutes ces misères : l'impuissance humaine succombe sous un fardeau si accablant. Il faut plaindre les rois, et les excuser. Ne sont-ils pas à plaindre d'avoir à gouverner tant d'hommes, dont les besoins sont infinis, et qui donnent tant de peines à ceux qui veulent les bien gouverner ? Pour parler franchement, les hommes sont fort à plaindre d'avoir à être gouvernés par un roi, qui n'est qu'homme semblable à eux ; car il faudroit des dieux pour redresser les hommes. Mais les rois ne sont pas moins à plaindre, n'étant qu'hommes, c'est-à-dire foibles et imparfaits, d'avoir à gouverner cette multitude innombrable d'hommes corrompus et trompeurs.

Télémaque répondit avec vivacité : Idoménée a perdu, par sa faute, le royaume de ses ancêtres en Crète ; et, sans vos conseils, il en auroit perdu un second à Salente.

J'avoue, reprit Mentor, qu'il a fait de grandes fautes ; mais cherchez dans la Grèce, et dans tous les autres pays les mieux policés, un roi qui n'en ait point fait d'inexcusables. Les plus grands hommes ont, dans leur tempérament et dans le caractère de leur esprit, des défauts qui les entraînent ; et les plus louables sont ceux qui ont le courage de connoître et de réparer leurs égarements. Pensez-vous qu'Ulysse, le grand Ulysse, votre père, qui est le modèle des rois de la Grèce, n'ait pas aussi ses foiblesses et ses défauts ? Si Minerve ne l'eût conduit pas à pas, combien de fois auroit-il succombé dans les périls et dans les embarras où la fortune s'est jouée de lui ! Combien de fois Minerve l'a-t-elle retenu ou redressé, pour le conduire toujours à la gloire par le chemin de la vertu ! N'attendez pas même, quand vous le verrez régner avec tant de gloire à Ithaque, de le trouver sans imperfection ; vous lui en verrez, sans doute. La Grèce, l'Asie, et toutes les îles des mers, l'ont admiré malgré ces défauts ; mille qualités merveilleuses les font oublier. Vous serez trop heureux de pouvoir l'admirer aussi, et de l'étudier sans cesse comme votre modèle.

LIVRE X.

Accoutumez-vous donc, ô Télémaque, à n'attendre des plus grands hommes que ce que l'humanité est capable de faire. La jeunesse, sans expérience, se livre à une critique présomptueuse, qui la dégoûte de tous les modèles qu'elle a besoin de suivre, et qui la jette dans une indocilité incurable. Non-seulement vous devez aimer, respecter, imiter votre père, quoiqu'il ne soit point parfait; mais encore vous devez avoir une haute estime pour Idoménée, malgré tout ce que j'ai repris en lui. Il est naturellement sincère, droit, équitable, libéral, bienfaisant; sa valeur est parfaite; il déteste la fraude quand il la connoît, et qu'il suit librement la véritable pente de son cœur. Tous ses talents extérieurs sont grands, et proportionnés à sa place. Sa simplicité à avouer son tort; sa douceur, sa patience pour se laisser dire par moi les choses les plus dures; son courage contre lui-même pour réparer publiquement ses fautes, et pour se mettre par-là au-dessus de toute la critique des hommes, montrent une ame véritablement grande. Le bonheur, ou le conseil d'autrui, peuvent préserver de certaines fautes un homme très médiocre; mais il n'y a qu'une vertu extraordinaire qui puisse engager un roi, si long-temps séduit par la flatterie, à réparer son tort. Il est bien plus glorieux de se relever ainsi, que de n'être jamais tombé. Idoménée a fait les fautes que presque tous les rois font; mais presque aucun roi ne fait, pour se corriger, ce qu'il vient de faire. Pour moi, je ne pouvois me lasser de l'admirer dans les moments mêmes où il me permettoit de le contredire. Admirez-le aussi, mon cher Télémaque: c'est moins pour sa réputation que pour votre utilité, que je vous donne ce conseil.

Mentor fit sentir à Télémaque, par ce discours, combien il est dangereux d'être injuste en se laissant aller à une critique rigoureuse contre les autres hommes, et surtout contre ceux qui sont chargés des embarras et des difficultés du gouvernement. Ensuite il lui dit : Il est temps que vous partiez; adieu : je vous attendrai. O mon cher Télémaque, souvenez-vous que ceux qui craignent les dieux n'ont rien à craindre des hommes. Vous vous trouverez dans les plus extrêmes périls; mais sachez que Minerve ne vous abandonnera point.

A ces mots, Télémaque crut sentir la présence de la déesse; et il eût même reconnu que c'étoit elle qui parloit pour le remplir de confiance, si la déesse n'eût rappelé l'idée de Mentor, en lui disant : N'oubliez pas, mon fils, tous les soins que j'ai pris, pendant votre enfance, pour vous rendre sage et courageux comme votre père. Ne faites rien qui ne soit digne de ses grands exemples, et des maximes de vertu que j'ai tâché de vous inspirer.

Le soleil se levoit déjà, et doroit le sommet des montagnes, quand les rois sortirent de Salente pour rejoindre leurs troupes. Ces troupes, campées autour de la ville, se mirent en marche sous leurs commandants. On voyoit de tous côtés briller le fer des piques hérissées; l'éclat des boucliers éblouissoit les yeux; un nuage de poussière s'élevoit jusqu'aux nues. Idoménée, avec Mentor, conduisoit dans la campagne les rois alliés, et s'éloignoit des murs de la ville. Enfin ils se séparèrent, après s'être donné de part et d'autre les marques d'une vraie amitié; et les alliés ne doutèrent plus que la paix ne fût durable, lorsqu'ils connurent la bonté du cœur d'Idoménée, qu'on leur avoit représenté bien différent de ce qu'il étoit; c'est qu'on jugeoit de lui, non par ses sentiments naturels, mais par les conseils flatteurs et injustes auxquels il s'étoit livré.

Après que l'armée fut partie, Idoménée mena Mentor dans tous les quartiers de la ville. Voyons, disoit Mentor, combien vous avez d'hommes et dans la ville et dans la campagne voisine; faisons-en le dénombrement. Examinons aussi combien vous avez de laboureurs parmi ces hommes. Voyons combien vos terres portent, dans les années médiocres, de blé, de vin, d'huile, et des autres choses utiles : nous saurons par cette voie si la terre fournit de quoi nourrir tous ses habitants, et si elle produit encore de quoi faire un commerce utile de son superflu avec les pays étrangers. Examinons aussi combien vous avez de vaisseaux et de matelots; c'est par-là qu'il faut juger de votre puissance. Il alla visiter le port, et entra dans chaque vaisseau. Il s'informa des pays où chaque vaisseau alloit pour le commerce; quelles marchandises il y apportoit; celles qu'il prenoit au retour; quelle étoit la dépense du vaisseau pendant la navigation; les prêts que les marchands se faisoient les uns aux autres; les sociétés qu'ils faisoient entre eux, pour savoir si elles étoient équitables et fidèlement observées; enfin, les hasards des naufrages et les autres malheurs du commerce, pour prévenir la ruine des marchands, qui, par l'avidité du gain, entreprennent souvent des choses qui sont au-delà de leurs forces.

Il voulut qu'on punît sévèrement toutes les banqueroutes, parce que celles qui sont exemptes de mauvaise foi ne le sont presque jamais de témérité. En même temps, il fit des règles pour faire en sorte qu'il fût aisé de ne faire jamais banqueroute. Il établit des magistrats à qui les marchands rendoient compte de leurs effets, de leurs profits, de leur dépense, et de leurs entreprises. Il ne leur étoit jamais permis de risquer le bien d'autrui, et ils ne pouvoient même risquer que la moitié du leur. De plus, ils faisoient en société les entreprises qu'ils ne pouvoient faire seuls; et la police de ces sociétés étoit inviolable, par la rigueur des peines imposées à ceux qui ne les suivroient pas. D'ailleurs, la liberté du commerce étoit entière : bien loin de le gêner par des impôts, on promettoit une récompense à tous les marchands qui pourroient attirer à Salente le commerce de quelque nouvelle nation.

Ainsi les peuples y accoururent bientôt en foule de toutes parts. Le commerce de cette ville étoit semblable au flux et au reflux de la mer. Les trésors y entroient comme les flots viennent l'un sur l'autre. Tout y étoit apporté et tout en sortoit librement. Tout ce qui entroit étoit utile; tout ce qui sortoit laissoit, en sortant, d'autres richesses en sa place. La justice sévère présidoit, dans le port, au milieu de tant de nations. La franchise, la bonne foi, la candeur, sembloient, du haut de ces superbes tours, appeler les marchands des terres les plus éloignées : chacun de ces marchands, soit qu'il vînt des rives orientales où le soleil sort chaque jour du sein des ondes, soit qu'il fût parti de cette grande mer où le soleil, lassé de son cours, va éteindre ses feux, vivoit, paisible et en sûreté, dans Salente comme dans sa patrie.

Pour le dedans de la ville, Mentor visita tous les magasins, toutes les boutiques d'artisans, et toutes les places publiques. Il défendit toutes les marchandises de pays étrangers qui pouvoient introduire le luxe et la mollesse. Il régla les habits, la nourriture, les meubles, la grandeur et l'ornement des maisons, pour toutes les conditions différentes. Il bannit tous les ornements d'or et d'argent; et il dit à Idoménée : Je ne connois qu'un seul moyen pour rendre votre peuple modeste dans sa dépense, c'est que vous lui en donniez vous-même l'exemple. Il est nécessaire que vous ayez une certaine majesté dans votre extérieur; mais votre autorité sera assez marquée par vos gardes et par les principaux officiers qui vous environnent. Contentez-vous d'un habit de laine très fine, teinte en pourpre; que les principaux de l'état après vous soient vêtus de la même laine, et que toute la différence ne consiste que dans la couleur, et dans une légère broderie d'or que vous aurez sur le bord de votre habit. Les différentes couleurs serviront à distinguer les différentes conditions, sans avoir besoin ni d'or, ni d'argent, ni de pierreries.

Réglez les conditions par la naissance. Mettez au premier rang ceux qui ont une noblesse plus ancienne et plus éclatante. Ceux qui auront le mérite et l'autorité des emplois seront assez contents de venir après ces anciennes et illustres familles, qui sont dans une si longue possession des premiers honneurs. Les hommes qui n'ont pas la même noblesse leur céderont sans peine, pourvu que vous ne les accoutumiez point à se méconnoître dans une trop prompte et trop haute fortune, et que vous donniez des louanges à la modération de ceux qui seront modestes dans la prospérité. La distinction la moins exposée à l'envie est celle qui vient d'une longue suite d'ancêtres. Pour la vertu, elle sera assez excitée, et on aura assez d'empressement à servir l'état, pourvu que vous donniez des couronnes et des statues aux belles actions, et que ce soit un commencement de noblesse pour les enfants de ceux qui les auront faites.

Les personnes du premier rang après vous seront vêtues de blanc, avec une frange d'or au bas de leurs habits. Ils auront au doigt un anneau d'or, et au cou une médaille d'or avec votre portrait. Ceux du second rang seront vêtus de bleu; ils porteront une frange d'argent, avec l'anneau, et point de médaille; les troisièmes, de vert, sans anneau et sans frange, mais avec la médaille d'argent; les quatrièmes, d'un jaune d'aurore; les cinquièmes, d'un rouge pâle ou de rose; les sixièmes, de gris-de-lin; et les septièmes, qui seront les derniers du peuple, d'une couleur mêlée de jaune et de blanc. Voilà les habits de sept conditions différentes pour les hommes libres. Tous les esclaves seront vêtus de gris-brun. Ainsi, sans aucune dépense, chacun sera distingué suivant sa condition, et on bannira de Salente tous les arts qui ne servent qu'à entretenir le faste. Tous les artisans qui seroient employés à ces arts pernicieux serviront ou aux arts nécessaires, qui sont en petit nombre, ou au commerce, ou à l'agriculture. On ne souffrira jamais aucun changement, ni pour la nature des étoffes, ni pour la forme des habits; car il est indigne que des hommes, destinés à une vie sérieuse et noble, s'amusent à inventer des parures affectées, ni qu'ils permettent que leurs femmes, à qui ces amusements seroient moins honteux, tombent jamais dans cet excès.

Mentor, semblable à un habile jardinier qui retranche dans ses arbres fruitiers le bois inutile, tâchoit ainsi de retrancher le faste inutile qui corrompoit les mœurs : il ramenoit toutes choses à une noble et frugale simplicité. Il régla de même la nourriture des citoyens et des esclaves. Quelle honte, disoit-il, que les hommes les plus élevés fassent consister leur grandeur dans les ragoûts, par lesquels ils amollissent leurs ames, et ruinent insensiblement la santé de leurs corps! Ils doivent faire consister leur bonheur dans leur modération, dans leur autorité pour faire du bien aux autres hommes, et dans la réputation que leurs bonnes actions doivent leur procurer. La sobriété rend la nourriture la plus simple très agréable. C'est elle qui donne, avec la santé la plus vigoureuse, les plaisirs les plus purs et les plus constants. Il faut donc borner vos repas aux viandes les meilleures, mais apprêtées sans aucun ragoût. C'est un art pour empoisonner les hommes, que celui d'irriter leur appétit au-delà de leur vrai besoin.

Idoménée comprit bien qu'il avoit eu tort de laisser les habitants de sa nouvelle ville amollir et corrompre leurs mœurs, en violant toutes les lois de Minos sur la sobriété; mais le sage Mentor lui fit remarquer que les lois mêmes, quoique renouvelées, seroient inutiles, si l'exemple du roi ne leur donnoit une autorité qui ne pouvoit venir d'ailleurs. Aussitôt Idoménée régla sa table, où il n'admit que du pain excellent, du vin du pays, qui est fort et agréable, mais en fort petite quantité, avec des viandes simples, telles qu'il en mangeoit avec les autres Grecs au siége de Troie. Personne n'osa se plaindre d'une règle que le roi s'imposoit lui-même; et chacun se corrigea de la profusion et de la délicatesse où l'on commençoit à se plonger pour les repas.

Mentor retrancha ensuite la musique molle et efféminée, qui corrompoit toute la jeunesse. Il ne condamna pas avec une moindre sévérité la musique bachique, qui n'enivre guère moins que le vin, et qui produit des mœurs pleines d'emportement et d'impudence. Il borna toute la musique aux fêtes dans les temples, pour y chanter les louanges des dieux et des héros qui ont donné l'exemple des plus rares vertus. Il ne permit aussi que pour les temples les grands ornements d'architecture, tels que les colonnes, les frontons, les portiques; il donna des modèles d'une architecture simple et gracieuse, pour faire, dans un médiocre espace, une maison gaie et commode pour une famille nombreuse, en sorte qu'elle fût tournée à un aspect sain, que les logements en fussent dégagés les uns des autres, que l'ordre et la propreté s'y conservassent facilement, et que l'entretien fût de peu de dépense.

Il voulut que chaque maison un peu considérable eût un salon et un petit péristyle, avec de petites chambres pour toutes les personnes libres.

Mais il défendit très sévèrement la multitude superflue et la magnificence des logements. Ces divers modèles de maisons, suivant la grandeur des familles, servirent à embellir à peu de frais une partie de la ville, et à la rendre régulière; au lieu que l'autre partie, déjà achevée suivant le caprice et le faste des particuliers, avoit, malgré sa magnificence, une disposition moins agréable et moins commode. Cette nouvelle ville fut bâtie en très peu de temps, parce que la côte voisine de la Grèce fournit de bons architectes, et qu'on fit venir un très grand nombre de maçons de l'Épire et de plusieurs autres pays, à condition qu'après avoir achevé leurs travaux ils s'établiroient autour de Salente, y prendroient des terres à défricher, et serviroient à peupler la campagne.

La peinture et la sculpture parurent à Mentor des arts qu'il n'est pas permis d'abandonner; mais il voulut qu'on souffrît dans Salente peu d'hommes attachés à ces arts. Il établit une école où présidoient des maîtres d'un goût exquis, qui examinoient les jeunes élèves. Il ne faut, disoit-il, rien de bas et de foible dans ces arts, qui ne sont pas absolument nécessaires. Par conséquent, on n'y doit admettre que des jeunes gens d'un génie qui promette beaucoup, et qui tendent à la perfection. Les autres sont nés pour des arts moins nobles, et ils seront employés plus utilement aux besoins ordinaires de la république. Il ne faut, disoit-il, employer les sculpteurs et les peintres que pour conserver la mémoire des grands hommes et de grandes actions. C'est dans les bâtiments publics, ou dans les tombeaux, qu'on doit conserver des représentations de tout ce qui a été fait avec une vertu extraordinaire pour le service de la patrie. Au reste, la modération et la frugalité de Mentor n'empêchèrent pas qu'il n'autorisât tous les grands bâtiments destinés aux courses de chevaux et de chariots, aux combats de lutteurs, à ceux du ceste, et à tous les autres exercices qui cultivent les corps pour les rendre plus adroits et plus vigoureux.

Il retrancha un nombre prodigieux de marchands qui vendoient des étoffes façonnées des pays éloignés, des broderies d'un prix excessif, des vases d'or et d'argent, avec des figures de dieux, d'hommes et d'animaux; enfin, des liqueurs et des parfums. Il voulut même que les meubles de chaque maison fussent simples, et faits de manière à durer long-temps; en sorte que les Salentins, qui se plaignoient hautement de leur pauvreté, commencèrent à sentir combien ils avoient de richesses superflues: mais c'étoit des richesses trompeuses qui les appauvrissoient, et ils devenoient effectivement riches à mesure qu'ils avoient le courage de s'en dépouiller. C'est s'enrichir, disoient-ils eux-mêmes, que de mépriser de telles richesses, qui épuisent l'état, et que de diminuer ses besoins, en les réduisant aux vraies nécessités de la nature.

Mentor se hâta de visiter les arsenaux et tous les magasins, pour savoir si les armes et toutes les autres choses nécessaires à la guerre étoient en bon état; car il faut, disoit-il, être toujours prêt à faire la guerre, pour n'être jamais réduit au malheur de la faire. Il trouva que plusieurs choses manquoient partout. Aussitôt on assembla des ouvriers pour travailler sur le fer, sur l'acier et sur l'airain. On voyoit s'élever, des fournaises ardentes, des tourbillons de fumée et de flammes semblables à ces feux souterrains que vomit le mont Etna. Le marteau résonnoit sur l'enclume, qui gémissoit sous les coups redoublés. Les montagnes voisines et les rivages de la mer en retentissoient ; on eût cru être dans cette île où Vulcain, animant les Cyclopes, forge des foudres pour le père des dieux ; et, par une sage prévoyance, on voyoit, dans une profonde paix, tous les préparatifs de la guerre.

Ensuite Mentor sortit de la ville avec Idoménée, et trouva une grande étendue de terres fertiles qui demeuroient incultes : d'autres n'étoient cultivées qu'à demi, par la négligence et par la pauvreté des laboureurs, qui, manquant d'hommes et de bœufs, manquoient aussi de courage et de force de corps pour mettre l'agriculture dans sa perfection. Mentor, voyant cette campagne désolée, dit au roi : La terre ne demande ici qu'à enrichir ses habitants ; mais les habitants manquent à la terre. Prenons donc tous ces artisans superflus qui sont dans la ville, et dont les métiers ne serviroient qu'à dérégler les mœurs, pour leur faire cultiver ces plaines et ces collines. Il est vrai que c'est un malheur, que tous ces hommes exercés à des arts qui demandent une vie sédentaire ne soient point exercés au travail ; mais voici un moyen d'y remédier. Il faut partager entre eux les terres vacantes, et appeler à leur secours des peuples voisins, qui feront sous eux le plus rude travail. Ces peuples le feront, pourvu qu'on leur promette des récompenses convenables sur les fruits des terres mêmes qu'ils défricheront : ils pourront, dans la suite, en posséder une partie, et être ainsi incorporés à votre peuple, qui n'est pas assez nombreux. Pourvu qu'ils soient laborieux, et dociles aux lois, vous n'aurez point de meilleurs sujets, et ils accroîtront votre puissance. Vos artisans de la ville, transplantés dans la campagne, élèveront leurs enfants au travail et au goût de la vie champêtre. De plus, tous les maçons des pays étrangers, qui travaillent à bâtir votre ville, se sont engagés à défricher une partie de vos terres, et à se faire laboureurs : incorporez-les à votre peuple dès qu'ils auront achevé leurs ouvrages de la ville. Ces ouvriers sont ravis de s'engager à passer leur vie sous une domination qui est maintenant si douce. Comme ils sont robustes et laborieux, leur exemple servira pour exciter au travail les habitants transplantés de la ville à la campagne, avec lesquels ils seront mêlés. Dans la suite, tout le pays sera peuplé de familles vigoureuses, et adonnées à l'agriculture.

Au reste, ne soyez point en peine de la multiplication de ce peuple : il deviendra bientôt innombrable, pourvu que vous facilitiez les mariages. La manière de les faciliter est bien simple : presque tous les hommes ont l'inclination de se marier; il n'y a que la misère qui les en empêche. Si vous ne les chargez point d'impôts, ils vivront sans peine avec leurs femmes et leurs enfants ; car la terre n'est jamais ingrate, elle nourrit toujours de ses fruits ceux qui la cultivent soigneusement; elle ne refuse ses biens qu'à ceux qui craignent de lui donner leurs peines. Plus les laboureurs ont d'enfants, plus ils sont riches, si le prince ne les appauvrit pas ; car leurs enfants, dès leur plus tendre jeunesse, commencent à les secourir. Les plus jeunes conduisent les moutons dans les pâturages; les autres, qui sont plus grands, mènent déjà les grands troupeaux ; les plus âgés labourent avec leur père. Cependant la mère de toute la famille prépare un repas simple à son époux et à ses chers enfants, qui doivent revenir fatigués du travail de la journée; elle a soin de traire ses vaches et ses brebis, et on voit couler des ruisseaux de lait; elle fait un grand feu, autour duquel toute la famille innocente et paisible prend plaisir à chanter tout le soir en attendant le doux sommeil : elle prépare des fromages, des châtaignes, et des fruits conservés dans la même fraîcheur que si on venoit de les cueillir. Le berger revient avec sa flûte, et chante à la famille assemblée les nouvelles chansons qu'il a apprises dans les hameaux voisins. Le laboureur rentre avec sa charrue ; et ses bœufs fatigués marchent, le cou penché, d'un pas lent et tardif, malgré l'aiguillon qui les presse. Tous les maux du travail finissent avec la journée. Les pavots que le sommeil, par l'ordre des dieux, répand sur la terre, apaisent tous les noirs soucis par leurs charmes, et tiennent toute la nature dans un doux enchantement; chacun s'endort, sans prévoir les peines du lendemain.

Heureux ces hommes sans ambition, sans défiance, sans artifice, pourvu que les dieux leur donnent un bon roi qui ne trouble point leur joie innocente! Mais quelle horrible inhumanité que de leur arracher, pour des desseins pleins de faste et d'ambition, les doux fruits de leur terre, qu'ils ne tiennent que de la libérale nature et de la sueur de leur front! La nature seule tireroit de son sein fécond tout ce qu'il faudroit pour un nombre infini d'hommes modérés et laborieux; mais c'est l'orgueil et la mollesse de certains hommes qui en mettent tant d'autres dans une affreuse pauvreté.

Que ferai-je, disoit Idoménée, si ces peuples que je répandrai dans ces fertiles campagnes négligent de les cultiver?

Faites, lui répondoit Mentor, tout le contraire de ce qu'on fait communément. Les princes avides et sans prévoyance ne songent qu'à charger d'impôts ceux d'entre leurs sujets qui sont les plus vigilants et les plus industrieux pour faire valoir leurs biens; c'est qu'ils espèrent en être payés plus facilement: en même temps, ils chargent moins ceux que la paresse rend plus misérables. Renversez ce mauvais ordre, qui accable les bons, qui récompense le vice, et qui introduit une négligence aussi funeste au roi même qu'à tout l'état. Mettez des taxes, des amendes, et même, s'il le faut, d'autres peines rigoureuses, sur ceux qui négligeront leurs champs, comme vous puniriez des soldats qui abandonneroient leurs postes dans la guerre : au contraire, donnez des graces et des exemptions aux familles qui, se multipliant, augmentent à proportion la culture de leurs terres. Bientôt les familles se multiplieront, et tout le monde s'animera au travail ; il deviendra même honorable. La profession de laboureur ne sera plus méprisée, n'étant plus accablée de tant de maux. On reverra la charrue en honneur, maniée par des mains victorieuses qui auroient défendu la patrie. Il ne sera pas moins beau de cultiver l'héritage reçu de ses ancêtres, pendant une heureuse paix, que de l'avoir défendu généreusement pendant les troubles de la guerre. Toute la campagne refleurira: Cérès se couronnera d'épis dorés; Bacchus, foulant à ses pieds les raisins, fera couler, du penchant des montagnes, des ruisseaux de vin plus doux que le nectar : les creux vallons retentiront des concerts des bergers, qui, le long des clairs ruisseaux, joindront leurs voix avec leurs flûtes, pendant que leurs troupeaux bondissants paîtront sur l'herbe et parmi les fleurs, sans craindre les loups.

Ne serez-vous pas trop heureux, ô Idoménée, d'être la source de tant de biens, et de faire vivre, à l'ombre de votre nom, tant de peuples dans un si aimable repos? Cette gloire n'est-elle pas plus touchante que celle de ravager la terre, de répandre partout, et presque autant chez soi, au milieu même des victoires, que chez les étrangers vaincus, le carnage, le trouble, l'horreur, la langueur, la consternation, la cruelle faim, et le désespoir?

O heureux le roi assez aimé des dieux, et d'un cœur assez grand, pour entreprendre d'être ainsi les délices des peuples, et de montrer à tous les siècles, dans son règne, un si charmant spectacle! La terre entière, loin de se défendre de sa puissance par des combats, viendroit à ses pieds le prier de régner sur elle.

Idoménée lui répondit : Mais quand les peuples seront ainsi dans la paix et dans l'abondance, les délices les corrompront, et ils tourneront contre moi les forces que je leur aurai données.

Ne craignez point, dit Mentor, cet inconvénient; c'est un prétexte qu'on allègue toujours pour flatter les princes prodigues qui veulent accabler leurs peuples d'impôts. Le remède est facile. Les lois que nous venons d'établir pour l'agriculture rendront leur vie laborieuse; et, dans leur abondance, ils n'auront que le nécessaire, parce que nous retranchons tous les arts qui fournissent le superflu. Cette abondance même sera diminuée par la facilité des mariages et par la grande multiplication des familles. Chaque famille, étant nombreuse, et ayant peu de terre, aura besoin de la cultiver par un travail sans relâche. C'est la mollesse et l'oisiveté qui rendent les peuples insolents et rebelles. Ils auront du pain, à la vérité, et assez largement; mais ils n'auront que du pain, et des fruits de leur propre terre, gagnés à la sueur de leur visage.

Pour tenir votre peuple dans cette modération, il faut régler, dès à présent, l'étendue de terre que chaque famille pourra posséder. Vous savez que nous avons divisé tout votre peuple en sept classes, suivant les différentes conditions : il ne faut permettre à chaque famille, dans chaque classe, de pouvoir posséder que l'étendue de terre absolument nécessaire pour nourrir le nombre de personnes dont elle sera composée. Cette règle étant inviolable, les nobles ne pourront point faire des acquisitions sur les pauvres : tous auront des terres, mais chacun en aura fort peu, et sera excité par-là à la bien cultiver. Si, dans une longue suite de temps, les terres manquoient ici, on feroit des colonies, qui augmenteroient la puissance de cet état.

Je crois même que vous devez prendre garde à ne laisser jamais le vin devenir trop commun dans votre royaume. Si on a planté trop de vignes, il faut qu'on les arrache : le vin est la source des plus grands maux parmi les peuples ; il cause les maladies, les querelles, les séditions, l'oisiveté, le dégoût du travail, le désordre des familles. Que le vin soit donc réservé comme une espèce de remède, ou comme une liqueur très rare, qui n'est employée que pour les sacrifices, ou pour les fêtes extraordinaires. Mais n'espérez point de faire observer une règle si importante, si vous n'en donnez vous-même l'exemple.

D'ailleurs, il faut faire garder inviolablement les lois de Minos pour l'éducation des enfants. Il faut établir des écoles publiques, où l'on enseigne la crainte des dieux, l'amour de la patrie, le respect des lois, la préférence de l'honneur aux plaisirs, et à la vie même. Il faut avoir des magistrats qui veillent sur les familles et sur les mœurs des particuliers. Veillez vous-même, vous qui n'êtes roi, c'est-à-dire pasteur du peuple, que pour veiller nuit et jour sur votre troupeau : par-là vous préviendrez un nombre infini de désordres et de crimes ; ceux que vous ne pourrez prévenir, punissez-les d'abord sévèrement. C'est une clémence, que de faire d'abord des exemples qui arrêtent le cours de l'iniquité. Par un peu de sang répandu à propos, on en épargne beaucoup pour la suite ; et on se met en état d'être craint, sans user souvent de rigueur.

Mais quelle détestable maxime, que de ne croire trouver sa sûreté que dans l'oppression de ses peuples ! Ne les point faire instruire, ne les point conduire à la vertu, ne s'en faire jamais aimer, les pousser par la terreur jusqu'au désespoir, les mettre dans l'affreuse nécessité, ou de ne pouvoir jamais respirer librement, ou de secouer le joug de votre tyrannique domination ; est-ce là le vrai moyen de régner sans trouble ? est-ce là le vrai chemin qui mène à la gloire ?

Souvenez-vous que les pays où la domination du souverain est plus absolue sont ceux où les souverains sont moins puissants. Ils prennent, ils ruinent tout, ils possèdent seuls tout l'état ; mais aussi tout l'état languit : les campagnes sont en friche, et presque désertes ; les villes diminuent chaque jour ; le commerce tarit. Le roi, qui ne peut être roi tout seul, et qui n'est grand que par ses peuples, s'anéantit lui-même peu à peu par l'anéantissement insensible des peuples dont il tire ses richesses et sa puissance. Son état s'épuise d'argent et d'hommes : cette dernière perte est la plus grande et la plus irréparable. Son pouvoir absolu fait autant d'esclaves qu'il a de sujets. On le flatte, on fait semblant de l'adorer, on tremble au moindre de ses regards ; mais attendez la moindre révolution : cette puissance monstrueuse, poussée jusqu'à un excès trop violent, ne sauroit durer ; elle n'a aucune ressource dans le cœur des peuples ; elle a lassé et irrité tous les corps de l'état ; elle contraint tous les membres de ce corps de soupirer après un changement. Au premier coup qu'on lui porte, l'idole se renverse, se brise, et est foulée aux pieds. Le mépris, la haine, le ressentiment, la défiance, en un mot toutes les passions se réunissent contre une autorité si odieuse. Le roi, qui, dans sa vaine prospérité, ne trouvoit pas un seul homme assez hardi pour lui dire la vérité, ne trouvera, dans son malheur, aucun homme qui daigne ni l'excuser, ni le défendre contre ses ennemis.

Après ce discours, Idoménée, persuadé par Mentor, se hâta de distribuer les terres vacantes, de les remplir de tous les artisans inutiles, et d'exécuter tout ce qui avoit été résolu. Il réserva seulement pour les maçons les terres qu'il leur avoit destinées, et qu'ils ne pouvoient cultiver qu'après la fin de leurs travaux dans la ville.

Déja la réputation du gouvernement doux et modéré d'Idoménée attire en foule de tous côtés des peuples qui viennent s'incorporer au sien, et chercher leur bonheur sous une si aimable domination. Déja ces campagnes, si long-temps couvertes de ronces et d'épines, promettent de riches moissons et des fruits jusqu'alors inconnus. La terre ouvre son sein au tranchant de la charrue, et prépare ses richesses pour récompenser le laboureur : l'espérance reluit de tous côtés. On voit dans les vallons et sur les collines les troupeaux de moutons qui bondissent sur l'herbe, et les grands troupeaux de bœufs et de génisses qui font retentir les hautes montagnes de leurs mugissements : ces troupeaux servent à engraisser les campagnes. C'est Mentor qui a trouvé le moyen d'avoir ces troupeaux. Mentor conseilla à Idoménée de faire avec les Peucètes, peuples voisins, un échange de toutes les choses superflues qu'on ne vouloit plus souffrir dans Salente, avec ces troupeaux, qui manquoient aux Salentins.

En même temps la ville et les villages d'alentour étoient pleins d'une belle jeunesse qui avoit langui long-temps dans la misère, et qui n'avoit osé se marier, de peur d'augmenter leurs maux.

LIVRE XI.

Idoménée raconte à Mentor la cause de tous ses malheurs, son aveugle confiance en Protésilas, et les artifices de ce favori, pour le dégoûter du sage et vertueux Philoclès : comment, s'étant laissé prévenir contre celui-ci, au point de le croire coupable d'une horrible conspiration, il envoya secrètement Timocrate pour le tuer, dans une expédition dont il étoit chargé. Timocrate, ayant manqué son coup, fut arrêté par Philoclès, auquel il dévoila toute la trahison de Protésilas. Philoclès se retira aussitôt dans l'île de Samos, après avoir remis le commandement de sa flotte à Polymène, conformément aux ordres d'Idoménée. Ce prince découvrit enfin les artifices de Protésilas; mais il ne put se résoudre à le perdre, et continua même de se livrer aveuglément à lui, laissant le fidèle Philoclès pauvre et déshonoré dans sa retraite. Mentor fait ouvrir les yeux à Idoménée sur l'injustice de cette conduite; il l'oblige à faire conduire Protésilas et Timocrate dans l'île de Samos, et à rappeler Philoclès pour le remettre en honneur. Hégésippe, chargé de cet ordre, l'exécute avec joie. Il arrive avec les deux traîtres à Samos, où il revoit son ami Philoclès, content d'y mener une vie pauvre et solitaire. Celui-ci ne consent qu'avec beaucoup de peine à retourner parmi les siens : mais, après avoir reconnu que les dieux le veulent, il s'embarque avec Hégésippe, et arrive à Salente, où Idoménée, entièrement changé par les sages avis de Mentor, lui fait l'accueil le plus honorable, et concerte avec lui les moyens d'affermir son gouvernement.

Quand ils virent qu'Idoménée prenoit des sentiments d'humanité, et qu'il vouloit être leur père, ils ne craignirent plus la faim et les autres fléaux par lesquels le ciel afflige la terre. On n'entendoit plus que des cris de joie, que les chansons des bergers et des laboureurs qui célébroient leurs hyménées. On auroit cru voir le dieu Pan avec une foule de Satyres et de Faunes mêlés parmi les Nymphes, et dansant au son de la flûte à l'ombre des bois. Tout étoit tranquille et riant; mais la joie étoit modérée, et les plaisirs ne servoient qu'à délasser des longs travaux; ils en étoient plus vifs et plus purs.

Les vieillards, étonnés de voir ce qu'ils n'avoient osé espérer dans la suite d'un si long âge, pleuroient par un excès de joie mêlée de tendresse; ils levoient leurs mains tremblantes vers le ciel. Bénissez, disoient-ils, ô grand Jupiter, le roi qui vous ressemble, et qui est le plus grand don que vous nous ayez fait! Il est né pour le bien des hommes, rendez-lui tous les biens que nous recevons de lui. Nos arrière-neveux, venus de ces mariages qu'il favorise, lui devront tout, jusqu'à leur naissance; et il sera véritablement le père de tous ses sujets. Les jeunes hommes, et les jeunes filles qu'ils épousoient, ne faisoient éclater leur joie qu'en chantant les louanges de celui de qui cette joie si douce leur étoit venue. Les bouches, et encore plus les cœurs, étoient sans cesse remplis de son nom. On se croyoit heureux de le voir; on craignoit de le perdre : sa perte eût été la désolation de chaque famille.

Alors Idoménée avoua à Mentor qu'il n'avoit jamais senti de plaisir aussi touchant que celui d'être aimé, et de rendre tant de gens heureux. Je ne l'aurois jamais cru, disoit-il : il me sembloit que toute la grandeur des princes ne consistoit qu'à se faire craindre; que le reste des hommes étoit fait pour eux; et tout ce que j'avois ouï dire des rois qui avoient été l'amour et les délices de leurs peuples me paroissoit une pure fable : j'en reconnois maintenant la vérité. Mais il faut que je vous raconte comment on avoit empoisonné mon cœur, dès ma plus tendre enfance, sur l'autorité des rois. C'est ce qui a causé tous les malheurs de ma vie. Alors Idoménée commença cette narration :

Protésilas, qui est un peu plus âgé que moi, fut celui de tous les jeunes gens que j'aimai le plus. Son naturel vif et hardi étoit selon mon goût : il entra dans mes plaisirs; il flatta mes passions; il me rendit suspect un autre jeune homme que j'aimois aussi, et qui se nommoit Philoclès. Celui-ci avoit la crainte des dieux, l'âme grande, mais modérée; il mettoit la grandeur, non à s'élever, mais à se vaincre, et à ne rien faire de bas. Il me parloit librement sur mes défauts; et lors même qu'il n'osoit me parler, son silence et la tristesse de son visage me faisoient assez entendre ce qu'il vouloit me reprocher. Dans les commencements, cette sincérité me plaisoit; et je lui protestois souvent que je l'écouterois avec confiance toute ma vie, pour me préserver des flatteurs. Il me disoit tout ce que je devois faire pour marcher sur les traces de mon aïeul Minos, et pour rendre mon royaume heureux. Il n'avoit pas une aussi profonde sagesse que vous, ô Mentor! mais ses maximes étoient bonnes : je le reconnois maintenant. Peu à peu les artifices de Protésilas, qui étoit jaloux et plein d'ambition, me dégoûtèrent de Philoclès. Celui-ci étoit sans empressement, et laissoit l'autre prévaloir; il se contentoit de me dire toujours la vérité, lorsque je voulois l'entendre. C'étoit mon bien, et non sa fortune, qu'il cherchoit.

Protésilas me persuada insensiblement que c'étoit un esprit chagrin et superbe, qui critiquoit toutes mes actions; qui ne me demandoit rien, parce qu'il avoit la fierté de ne vouloir rien tenir de moi, et d'aspirer à la réputation d'un homme qui est au-dessus de tous les honneurs : il ajouta que ce jeune homme, qui me parloit si librement sur mes défauts, en parloit aux autres avec la même liberté; qu'il laissoit assez entendre qu'il ne m'estimoit guère; et qu'en rabaissant ainsi ma réputation, il vouloit, par l'éclat d'une vertu austère, s'ouvrir le chemin à la royauté.

D'abord je ne pus croire que Philoclès voulût me détrôner : il y a dans la véritable vertu une candeur et une ingénuité que rien ne peut contrefaire, et à laquelle on ne se méprend point, pourvu qu'on y soit attentif. Mais la fermeté de Philoclès contre mes foiblesses commençoit à me lasser. Les complaisances de Protésilas, et son industrie inépuisable pour m'inventer de nouveaux plaisirs, me faisoit sentir encore plus impatiemment l'austérité de l'autre.

Cependant Protésilas, ne pouvant souffrir que je ne crusse pas tout ce qu'il me disoit contre son ennemi, prit le parti de ne m'en parler plus, et de me persuader par quelque chose de plus fort que toutes les paroles. Voici comment il acheva de me tromper : il me conseilla d'envoyer Philoclès commander les vaisseaux qui devoient attaquer ceux de Carpathie; et, pour m'y déterminer, il me dit : Vous savez que je ne suis pas suspect dans les louanges que je lui donne : j'avoue qu'il a du courage et du génie pour la guerre; il vous servira mieux qu'un autre, et je préfère l'intérêt de votre service à tous mes ressentiments contre lui.

Je fus ravi de trouver cette droiture et cette équité dans le cœur de Protésilas, à qui j'avois confié l'administration de mes plus grandes affaires. Je l'embrassai dans un transport de joie, et je me crus trop heureux d'avoir donné toute ma confiance à un homme qui me paroissoit ainsi au-dessus de toute passion et de tout intérêt. Mais, hélas! que les princes sont dignes de compassion! Cet homme me connoissoit mieux que je ne me connoissois moi-même : il savoit que les rois sont d'ordinaire défiants et inappliqués : défiants, par l'expérience continuelle qu'ils ont des artifices des hommes corrompus dont ils sont environnés; inappliqués, parce que les plaisirs les entraînent, et qu'ils sont accoutumés à avoir des gens chargés de penser pour eux, sans qu'ils en prennent eux-mêmes la peine. Il comprit donc qu'il n'auroit pas grande peine à me mettre en défiance et en jalousie contre un homme qui ne manqueroit pas de faire de grandes actions, surtout l'absence lui donnant une entière facilité de lui tendre des piéges.

Philoclès, en partant, prévit ce qui lui pouvoit arriver. Souvenez-vous, me dit-il, que je ne pourrai plus me défendre; que vous n'écouterez que mon ennemi; et qu'en vous servant au péril de ma vie, je courrai risque de n'avoir d'autre récompense que votre indignation. Vous vous trompez, lui dis-je : Protésilas ne parle point de vous comme vous parlez de lui; il vous loue, il vous estime, il vous croit digne des plus importants emplois : s'il commençoit à me parler contre vous, il perdroit ma confiance. Ne craignez rien, allez, et ne songez qu'à me bien servir. Il partit, et me laissa dans une étrange situation.

Il faut l'avouer, Mentor; je voyois clairement combien il m'étoit nécessaire d'avoir plusieurs hommes que je consultasse, et que rien n'étoit plus mauvais, ni pour ma réputation, ni pour le succès des affaires, que de me livrer à un seul. J'avois éprouvé que les sages conseils de Philoclès m'avoient garanti de plusieurs fautes dangereuses où la hauteur de Protésilas m'auroit fait tomber. Je sentois bien qu'il y avoit dans Philoclès un fonds de probité et de maximes équitables, qui ne se faisoit point sentir de même dans Protésilas; mais j'avois laissé prendre à Protésilas un certain ton décisif auquel je ne pouvois presque plus résister. J'étois fatigué de me trouver toujours entre deux hommes que je ne pouvois accorder; et, dans cette lassitude, j'aimois mieux, par foiblesse, hasarder quelque chose aux dépens des affaires, et respirer en liberté. Je n'eusse osé me dire à moi-même une si honteuse raison du parti que je venois de prendre; mais cette honteuse raison, que je n'osois développer, ne laissoit pas d'agir secrètement au fond de mon cœur, et d'être le vrai motif de tout ce que je faisois.

Philoclès surprit les ennemis, remporta une pleine victoire, et se hâtoit de revenir pour prévenir les mauvais offices qu'il avoit à craindre : mais Protésilas, qui n'avoit pas encore eu le temps de me tromper, lui écrivit que je desirois qu'il fît une descente dans l'île de Carpathie, pour profiter de la victoire. En effet, il m'avoit persuadé que je pourrois facilement faire la conquête de cette île; mais il fit en sorte que plusieurs choses nécessaires manquèrent à Philoclès dans cette entreprise, et il l'assujettit à certains ordres qui causèrent divers contre-temps dans l'exécution.

Cependant il se servit d'un domestique très corrompu que j'avois auprès de moi, et qui observoit jusqu'aux moindres choses pour lui en rendre compte, quoiqu'ils parussent ne se voir guère, et n'être jamais d'accord en rien. Ce domestique, nommé Timocrate, me vint dire un jour, en grand secret, qu'il avoit découvert une affaire très dangereuse. Philoclès, me dit-il, veut se servir de votre armée navale pour se faire-roi de l'île de Carpathie : les chefs des troupes sont attachés à lui; tous les soldats sont gagnés par ses largesses, et plus encore par la licence pernicieuse où il laisse vivre les troupes : il est enflé de sa victoire. Voilà une lettre qu'il a écrit à un de ses amis sur son projet de se faire roi; on n'en peut plus douter après une preuve si évidente.

Je lus cette lettre; et elle me parut de la main de Philoclès. Mais on avoit parfaitement imité son écriture; et c'étoit Protésilas qui l'avoit faite avec Timocrate. Cette lettre me jeta dans une étrange surprise : je la relisois sans cesse, et ne pouvois me persuader qu'elle fût de Philoclès, repassant dans mon esprit troublé toutes les marques touchantes qu'il m'avoit données de son désintéressement et de sa bonne foi. Cependant que pouvois-je faire? quel moyen de résister à une lettre où je croyois être sûr de reconnoître l'écriture de Philoclès?

Quand Timocrate vit que je ne pouvois plus résister à son artifice, il le poussa plus loin. Oserai-je, me dit-il en hésitant, vous faire remarquer un mot qui est dans cette lettre? Philoclès dit à son ami qu'il peut parler en confiance à Protésilas sur une chose qu'il ne désigne que par un chiffre : assurément Protésilas est entré dans le dessein de Philoclès, et ils se sont raccommodés à vos dépens. Vous savez que c'est Protésilas qui vous a pressé d'envoyer Philoclès contre les Carpathiens. Depuis un certain temps il a cessé de vous parler contre lui, comme il le faisoit souvent autrefois. Au contraire, il le loue, il l'excuse en toute occasion : ils se voyoient depuis quelque temps avec assez d'honnêteté. Sans doute Protésilas a pris avec Philoclès des mesures pour partager avec lui la conquête de Carpathie. Vous voyez même qu'il a voulu qu'on fît cette entreprise contre toutes les règles, et qu'il s'expose à faire périr votre armée navale, pour contenter son ambition. Croyez-vous qu'il voulût servir ainsi à celle de Philoclès, s'ils étoient encore mal ensemble? Non, non, on ne peut plus douter que ces deux hommes ne soient réunis pour s'élever ensemble à une grande autorité, et peut-être pour renverser le trône où vous régnez. En vous parlant ainsi, je sais que je m'expose à leur ressentiment, si, malgré mes avis sincères, vous leur laissez encore votre autorité dans les mains : mais qu'importe, pourvu que je vous dise la vérité?

Ces dernières paroles de Timocrate firent une grande impression sur moi : je ne doutai plus de la trahison de Philoclès, et je me défiai de Protésilas comme de son ami. Cependant Timocrate me disoit sans cesse : Si vous attendez que Philoclès ait conquis l'île de Carpathie, il ne sera plus temps d'arrêter ses desseins; hâtez-vous de vous en assurer pendant que vous le pouvez. J'avois horreur de la profonde dissimulation des hommes; je ne savois plus à qui me fier. Après avoir découvert la trahison de Philoclès, je ne voyois plus d'homme sur la terre dont la vertu pût me rassurer. J'étois résolu de faire au plus tôt périr ce perfide; mais je craignois Protésilas, et je ne savois comment faire à son égard. Je craignois de le trouver coupable, et je craignois aussi de me fier à lui. Enfin, dans mon trouble, je ne pus m'empêcher de lui dire que Philoclès m'étoit devenu suspect. Il en parut surpris; il me représenta sa conduite droite et modérée; il m'exagéra ses services; en un mot, il fit tout ce qu'il falloit pour me persuader qu'il étoit trop bien avec lui. D'un autre côté, Timocrate ne perdoit pas un moment pour me faire remarquer cette intelligence, et pour m'obliger à perdre Philoclès pendant que je pouvois encore m'assurer de lui. Voyez, mon cher Mentor, combien les rois sont malheureux, et exposés à être le jouet des autres hommes, lors même que les autres hommes paroissent tremblants à leurs pieds!

Je crus faire un coup d'une profonde politique, et déconcerter Protésilas, en envoyant secrètement à l'armée navale Timocrate pour faire mourir Philoclès. Protésilas poussa jusqu'au bout sa dissimulation, et me trompa d'autant mieux qu'il parut plus naturellement comme un homme qui se laissoit tromper. Timocrate partit donc, et trouva Philoclès assez embarrassé dans sa descente : il manquoit de tout; car Protésilas, ne sachant si la lettre supposée pourroit faire périr son ennemi, vouloit avoir en même temps une autre ressource prête, par le mauvais succès d'une entreprise dont il m'avoit fait tant espérer, et qui ne manqueroit pas de m'irriter contre Philoclès. Celui-ci soutenoit cette guerre si difficile par son courage, par son génie, et par l'amour que les troupes avoient pour lui. Quoique tout le monde reconnût dans l'armée que cette descente étoit téméraire, et funeste pour les Crétois, chacun travailloit à la faire réussir, comme s'il eût vu sa vie et son bonheur attachés au succès; chacun étoit content de hasarder sa vie à toute heure sous un chef si sage, et si appliqué à se faire aimer.

Timocrate avoit tout à craindre en voulant faire

périr ce chef au milieu d'une armée qui l'aimoit avec tant de passion; mais l'ambition furieuse est aveugle. Timocrate ne trouvoit rien de difficile pour contenter Protésilas, avec lequel il s'imaginoit me gouverner absolument après la mort de Philoclès. Protésilas ne pouvoit souffrir un homme de bien, dont la seule vue étoit un reproche secret de ses crimes, et qui pouvoit, en m'ouvrant les yeux, renverser ses projets.

Timocrate s'assura de deux capitaines qui étoient sans cesse auprès de Philoclès; il leur promit de ma part de grandes récompenses; et ensuite il dit à Philoclès qu'il étoit venu pour lui dire de ma part des choses secrètes qu'il ne devoit lui confier qu'en présence de ces deux capitaines. Philoclès se renferma avec eux et avec Timocrate. Alors Timocrate donna un coup de poignard à Philoclès. Le coup glissa, et n'enfonça guère avant. Philoclès, sans s'étonner, lui arracha le poignard, s'en servit contre lui et contre les deux autres. En même temps il cria : on accourut; on enfonça la porte; on dégagea Philoclès des mains de ces trois hommes, qui, étant troublés, l'avoient attaqué foiblement. Ils furent pris, et on les auroit d'abord déchirés, tant l'indignation de l'armée étoit grande, si Philoclès n'eût arrêté la multitude. Ensuite il prit Timocrate en particulier, et lui demanda avec douceur ce qui l'avoit obligé à commettre une action si noire. Timocrate, qui craignoit qu'on ne le fît mourir, se hâta de montrer l'ordre, que je lui avois donné par écrit, de tuer Philoclès; et, comme les traîtres sont toujours lâches, il ne songea qu'à sauver sa vie, en découvrant à Philoclès toute la trahison de Protésilas.

Philoclès, effrayé de voir tant de malice dans les hommes, prit un parti plein de modération : il déclara à toute l'armée que Timocrate étoit innocent; il le mit en sûreté, le renvoya en Crète, déféra le commandement de l'armée à Polymène, que j'avois nommé, dans mon ordre écrit de ma main, pour commander quand on auroit tué Philoclès. Enfin, il exhorta les troupes à la fidélité qu'elles me devoient, et passa pendant la nuit dans une légère barque, qui le conduisit dans l'île de Samos, où il vit tranquillement dans la pauvreté et dans la solitude, travaillant à faire des statues pour gagner sa vie, ne voulant plus entendre parler des hommes trompeurs et injustes, mais surtout des rois, qu'il croit les plus malheureux et les plus aveugles de tous les hommes.

En cet endroit Mentor arrêta Idoménée : Eh bien ! dit-il, fûtes-vous long-temps à découvrir la vérité? Non, répondit Idoménée; je compris peu à peu les artifices de Protésilas et de Timocrate : ils se brouillèrent même; car les méchants ont bien de la peine à demeurer unis. Leur division acheva de me montrer le fond de l'abîme où ils m'avoient jeté. Eh bien ! reprit Mentor, ne prîtes-vous point le parti de vous défaire de l'un et de l'autre? Hélas ! répondit Idoménée, est-ce, mon cher Mentor, que vous ignorez la foiblesse et l'embarras des princes? Quand ils sont une fois livrés à des hommes corrompus et hardis qui ont l'art de se rendre nécessaires, ils ne peuvent plus espérer aucune liberté. Ceux qu'ils méprisent le plus sont ceux qu'ils traitent le mieux et qu'ils comblent de bienfaits. J'avois horreur de Protésilas ; et je lui laissois toute l'autorité. Étrange illusion ! je me savois bon gré de le connoître; et je n'avois pas la force de reprendre l'autorité que je lui avois abandonnée. D'ailleurs, je le trouvois commode, complaisant, industrieux pour flatter mes passions, ardent pour mes intérêts. Enfin j'avois une raison pour m'excuser en moi-même de ma foiblesse, c'est que je ne connoissois point de véritable vertu : faute d'avoir su choisir des gens de bien qui conduisissent mes affaires, je croyois qu'il n'y en avoit point sur la terre, et que la probité étoit un beau fantôme. Qu'importe, disois-je, de faire un grand éclat pour sortir des mains d'un homme corrompu, et pour tomber dans celles de quelque autre qui ne sera ni plus désintéressé ni plus sincère que lui? Cependant l'armée navale commandée par Polymène revint. Je ne songeai plus à la conquête de l'île de Carpathie; et Protésilas ne put dissimuler si profondément, que je ne découvrisse combien il étoit affligé de savoir que Philoclès étoit en sûreté dans Samos.

Mentor interrompit encore Idoménée, pour lui demander s'il avoit continué, après une si noire trahison, à confier toutes ses affaires à Protésilas. J'étois, lui répondit Idoménée, trop ennemi des affaires, et trop inappliqué, pour pouvoir me tirer de ses mains : il auroit fallu renverser l'ordre que j'avois établi, pour ma commodité, et instruire un nouvel homme; c'est ce que je n'eus jamais la force d'entreprendre. J'aimai mieux fermer les yeux pour ne pas voir les artifices de Protésilas. Je me consolois seulement en faisant entendre à certaines personnes de confiance que je n'ignorois pas sa mauvaise foi. Ainsi je m'imaginois n'être trompé qu'à demi, puisque je savois que j'étois trompé. Je faisois même de temps en temps sentir à Protésilas que je supportois son joug avec impatience. Je prenois souvent plaisir à le contredire, à blâmer publiquement quelque chose qu'il avoit fait, à décider contre son sentiment; mais, comme il connoissoit ma hauteur et ma paresse, il ne s'embarrassoit point de tous mes chagrins. Il revenoit opiniâtrément à la charge; il usoit tantôt de manières pressantes, tantôt de souplesse et d'insinuation : surtout quand il s'apercevoit que j'étois peiné contre lui, il redoubloit ses soins pour me fournir de nouveaux amusements propres à m'amollir, ou pour m'embarquer dans quelque affaire où il eût occasion de se rendre nécessaire, et de faire valoir son zèle pour ma réputation.

Quoique je fusse en garde contre lui, cette manière de flatter mes passions m'entraînoit toujours : il savoit mes secrets; il me soulageoit dans mes embarras; il faisoit trembler tout le monde par mon autorité. Enfin je ne pus me résoudre à le perdre. Mais, en le maintenant dans sa place, je mis tous les gens de bien hors d'état de me représenter mes véritables intérêts. Depuis ce moment on n'entendit plus dans mes conseils aucune parole libre; la vérité s'éloigna de moi; l'erreur, qui prépare la chute des rois, me punit d'avoir sacrifié Philoclès à la cruelle ambition de Protésilas : ceux mêmes qui avoient le plus de zèle pour l'état et pour ma personne se crurent dispensés de me détromper, après un si terrible exemple. Moi-même, mon cher Mentor, je craignois que la vérité ne perçât le nuage, et qu'elle ne parvînt jusqu'à moi malgré les flatteurs; car, n'ayant plus la force de la suivre, sa lumière m'étoit importune. Je sentois en moi-même qu'elle m'eût causé de cruels remords, sans pouvoir me tirer d'un si funeste engagement. Ma mollesse, et l'ascendant que Protésilas avoit pris insensiblement sur moi, me plongeoient dans une espèce de désespoir de rentrer jamais en liberté. Je ne voulois ni voir un si honteux état, ni le laisser voir aux autres. Vous savez, cher Mentor, la vaine hauteur et la fausse gloire dans laquelle on élève les rois : ils ne veulent jamais avoir tort. Pour couvrir une faute, il en faut faire cent. Plutôt que d'avouer qu'on s'est trompé, et que se donner la peine de revenir de son erreur, il faut se laisser tromper toute sa vie. Voilà l'état des princes foibles et inappliqués : c'étoit précisément le mien, lorsqu'il fallut que je partisse pour le siége de Troie.

En partant, je laissai Protésilas maître des affaires; il les conduisit, en mon absence, avec hauteur et inhumanité. Tout le royaume de Crète gémissoit sous sa tyrannie : mais personne n'osoit me mander l'oppression des peuples; on savoit que je craignois de voir la vérité, et que j'abandonnois à la cruauté de Protésilas tous ceux qui entreprenoient de parler contre lui. Mais moins on osoit éclater, plus le mal étoit violent. Dans la suite il me contraignit de chasser le vaillant Mérione, qui m'avoit suivi avec tant de gloire au siége de Troie. Il en étoit devenu jaloux, comme de tous ceux que j'aimois, et qui montroient quelque vertu.

Il faut que vous sachiez, mon cher Mentor, que tous mes malheurs sont venus de là. Ce n'est pas tant la mort de mon fils qui causa la révolte des Crétois, que la vengeance des dieux irrités contre mes foiblesses, et la haine des peuples, que Protésilas m'avoit attirée. Quand je répandis le sang de mon fils, les Crétois, lassés d'un gouvernement rigoureux, avoient épuisé toute leur patience; et l'horreur de cette dernière action ne fit que montrer au-dehors ce qui étoit depuis long-temps dans le fond des cœurs.

Timocrate me suivit au siége de Troie, et rendoit compte secrètement, par ses lettres à Protésilas, de tout ce qu'il pouvoit découvrir. Je sentois bien que j'étois en captivité; mais je tâchois de n'y penser pas, désespérant d'y remédier. Quand les Crétois, à mon arrivée se révoltèrent, Protésilas et Timocrate furent les premiers à s'enfuir. Ils m'auroient sans doute abandonné, si je n'eusse été contraint de m'enfuir presque aussitôt qu'eux. Comptez, mon cher Mentor, que les hommes insolents pendant la prospérité sont toujours foibles et tremblants dans la disgrâce. La tête leur tourne aussitôt que l'autorité absolue leur échappe. On les voit aussi rampants qu'ils ont été hautains; et c'est en un moment qu'ils passent d'une extrémité à l'autre.

Mentor dit à Idoménée : Mais d'où vient donc que, connoissant à fond ces deux méchants hommes, vous les gardez encore auprès de vous comme je les vois ? Je ne suis pas surpris qu'ils vous aient suivi, n'ayant rien de meilleur à faire pour leurs intérêts; je comprends même que vous avez fait une action généreuse de leur donner un asile dans votre nouvel établissement : mais pourquoi vous livrer encore à eux après tant de cruelles expériences ?

Vous ne savez pas, répondit Idoménée, combien toutes les expériences sont inutiles aux princes amollis et inappliqués qui vivent sans réflexion. Ils sont mécontents de tout; et ils n'ont le courage de rien redresser. Tant d'années d'habitude étoient des chaînes de fer qui me lioient à ces deux hommes; et ils m'obsédoient à toute heure. Depuis que je suis ici, ils m'ont jeté dans toutes les dépenses excessives que vous avez vues; ils ont épuisé cet état naissant ; ils m'ont attiré cette guerre qui alloit m'accabler sans vous. J'aurois bientôt éprouvé à Salente les mêmes malheurs que j'ai sentis en Crète; mais vous m'avez enfin ouvert les yeux, et vous m'avez inspiré le courage qui me manquoit pour me mettre hors de servitude. Je ne sais ce que vous avez fait en moi ; mais, depuis que vous êtes ici, je me sens un autre homme.

Mentor demanda ensuite à Idoménée quelle étoit la conduite de Protésilas dans ce changement des affaires. Rien n'est plus artificieux, répondit Idoménée, que ce qu'il a fait depuis votre arrivée. D'abord il n'oublia rien pour jeter indirectement quelque défiance dans mon esprit. Il ne disoit rien contre vous ; mais je voyois diverses gens qui venoient m'avertir que ces deux étrangers étoient fort à craindre. L'un, disoient-ils, est le fils du trompeur Ulysse ; l'autre est un homme caché et d'un esprit profond : ils sont accoutumés à errer de royaume en royaume ; qui sait s'ils n'ont point formé quelque dessein sur celui-ci ? Ces aventuriers racontent eux-mêmes qu'ils ont causé de grands troubles dans tous les pays où ils ont passé : voici un état naissant et mal affermi, les moindres mouvements pourroient le renverser.

Protésilas ne disoit rien ; mais il tâchoit de me faire entrevoir le danger et l'excès de toutes ces réformes que vous me faisiez entreprendre. Il me prenoit par mon propre intérêt. Si vous mettez, me disoit-il, les peuples dans l'abondance, ils ne travailleront plus ; ils deviendront fiers, indociles, et seront toujours prêts à se révolter : il n'y a que la foiblesse et la misère qui les rende souples, et qui les empêche de résister à l'autorité. Souvent il tâchoit de reprendre son ancienne autorité pour m'entraîner ; et il la couvroit d'un prétexte de zèle pour mon service. En voulant soulager les peuples, me disoit-il, vous rabaissez la puissance royale, et par-là vous faites au peuple même un tort irréparable, car il a besoin qu'on le tienne bas pour son propre repos.

A tout cela je répondois que je saurois bien tenir les peuples dans leur devoir en me faisant aimer d'eux ; en ne relâchant rien de mon autorité, quoique je les soulageasse ; en punissant avec fermeté tous les coupables ; enfin, en donnant aux enfants une bonne éducation, et à tout le peuple une exacte discipline pour le tenir dans une vie simple, sobre et laborieuse. Hé quoi! disois-je, ne peut-on pas soumettre un peuple sans le faire mourir de faim? Quelle inhumanité! quelle politique brutale! Combien voyons-nous de peuples traités doucement, et très fidèles à leurs princes! Ce qui cause les révoltes, c'est l'ambition et l'inquiétude des grands d'un état, quand on leur a donné trop de licence, et qu'on a laissé leurs passions s'étendre sans bornes ; c'est la multitude des grands et des petits qui vivent dans la mollesse, dans le luxe et dans l'oisiveté ; c'est la trop grande abondance d'hommes adonnés à la guerre, qui ont négligé toutes les occupations utiles qu'il faut prendre dans les temps de paix ; enfin, c'est le désespoir des peuples maltraités ; c'est la dureté, la hauteur des rois, et leur mollesse, qui les rend incapables de veiller sur tous les membres de l'état pour prévenir les troubles. Voilà ce qui cause les révoltes, et non pas le pain qu'on laisse manger en paix au laboureur, après qu'il l'a gagné à la sueur de son visage.

Quand Protésilas a vu que j'étois inébranlable dans ces maximes, il a pris un parti tout opposé à sa conduite passée : il a commencé à suivre ces maximes qu'il n'avoit pu détruire ; il a fait semblant de les goûter, d'en être convaincu, de m'avoir obligation de l'avoir éclairé là-dessus. Il va au-devant de tout ce que je puis souhaiter pour soulager les pauvres ; il est le premier à me représenter leurs besoins, et à crier contre les dépenses excessives. Vous savez même qu'il vous loue, qu'il vous témoigne de la confiance, et qu'il n'oublie rien pour vous plaire. Pour Timocrate, il commence à n'être plus si bien avec Protésilas ; il a songé à se rendre indépendant : Protésilas en est jaloux ; et c'est en partie par leurs différends que j'ai découvert leur perfidie.

Mentor, souriant, répondit ainsi à Idoménée : Quoi donc! vous avez été foible jusqu'à vous laisser tyranniser pendant tant d'années par deux traîtres dont vous connoissiez la trahison! Ah! vous ne savez pas, répondit Idoménée, ce que peuvent les hommes artificieux sur un roi foible et inappliqué qui s'est livré à eux pour toutes ses affaires. D'ailleurs, je vous ai déjà dit que Protésilas entre maintenant dans toutes vos vues pour le bien public. Mentor reprit ainsi le discours d'un air grave : Je ne vois que trop combien les méchants prévalent sur les bons auprès des rois ; vous en êtes un terrible exemple. Mais vous dites que je vous ai ouvert les yeux sur Protésilas ; et ils sont encore fermés pour laisser le gouvernement de vos affaires à cet homme indigne de vivre. Sachez que les méchants ne sont point des hommes incapables de faire le bien ; ils le font indifféremment, de même que le mal, quand il peut servir à leur ambition. Le mal ne leur coûte rien à faire, parce qu'aucun sentiment de bonté ni aucun principe de vertu ne les relient ; mais aussi ils font le bien sans peine, parce que leur corruption les porte à le faire pour paroître bons, et pour tromper le reste des hommes. A proprement parler, ils ne sont pas capables de la vertu, quoiqu'ils paroissent la pratiquer ; mais ils sont capables d'ajouter à tous leurs autres vices le plus horrible des vices, qui est l'hypocrisie. Tant que vous voudrez absolument faire le bien, Protésilas sera prêt à le faire avec vous, pour conserver l'autorité ; mais, si peu qu'il sente en vous de facilité à vous relâcher, il n'oubliera rien pour vous faire retomber dans l'égarement, et pour reprendre en liberté son naturel trompeur et féroce. Pouvez-vous vivre avec honneur et en repos, pendant qu'un tel homme vous obsède à toute heure, et que vous savez le sage et le fidèle Philoclès pauvre et déshonoré dans l'île de Samos ?

Vous reconnoissez bien, ô Idoménée, que les hommes trompeurs et hardis qui sont présents entraînent les princes foibles ; mais vous devriez ajouter que les princes ont encore un autre malheur qui n'est pas moindre, c'est celui d'oublier facilement la vertu et les services d'un homme éloigné. La multitude des hommes qui environnent les princes est cause qu'il n'y en a aucun qui fasse une impression profonde sur eux : ils ne sont frappés que de ce qui est présent, et qui les flatte ; tout le reste s'efface bientôt. Surtout la vertu les touche peu, parce que la vertu, loin de les flatter, les contredit et les condamne dans leurs foiblesses. Faut-il s'étonner s'ils ne sont point aimés, puisqu'ils ne sont point aimables, et qu'ils n'aiment rien que leur grandeur et leur plaisir ?

Après avoir dit ces paroles, Mentor persuada à Idoménée qu'il falloit au plus tôt chasser Protésilas et Timocrate, pour rappeler Philoclès. L'unique difficulté qui arrêtoit le roi, c'est qu'il craignoit la sévérité de Philoclès. J'avoue, disoit-il, que je ne puis m'empêcher de craindre un peu son retour, quoique je l'aime et que je l'estime. Je suis depuis ma tendre jeunesse accoutumé à des louanges, à des empressements et à des complaisances que je ne saurois espérer de trouver dans cet homme. Dès que je faisois quelque chose qu'il n'approuvoit pas, son air triste me marquoit assez qu'il me condamnoit. Quand il étoit en particulier avec moi, ses manières étoient respectueuses et modérées, mais sèches.

Ne voyez-vous pas, lui répondit Mentor, que les princes gâtés par la flatterie trouvent sec et austère tout ce qui est libre et ingénu ? Ils vont même jusqu'à s'imaginer qu'on n'est pas zélé pour leur service, et qu'on n'aime pas leur autorité, dès qu'on n'a point l'âme servile, et qu'on n'est pas prêt à les flatter dans l'usage le plus injuste de leur puissance. Toute parole libre et généreuse leur paroît hautaine, critique et séditieuse. Ils deviennent si délicats, que tout ce qui n'est point flatteur les blesse et les irrite. Mais allons plus loin. Je suppose que Philoclès est effectivement sec et austère : son austérité ne vaut-elle pas mieux que la flatterie pernicieuse de vos conseillers ? où trouverez-vous un homme sans défauts ? et le défaut de vous dire trop hardiment la vérité n'est-il pas celui que vous devez le moins craindre ? que dis-je ! n'est-ce pas un défaut nécessaire pour corriger les vôtres, et pour vaincre ce dégoût de la vérité où la flatterie vous a fait tomber ? Il vous faut un homme qui n'aime que la vérité et vous ; qui vous aime mieux que vous ne savez vous aimer vous-même ; qui vous dise la vérité malgré vous ; qui force tous vos retranchements : et cet homme nécessaire, c'est Philoclès. Souvenez-vous qu'un prince est trop heureux quand il naît un seul homme sous son règne avec cette générosité ; qu'il est le plus précieux trésor de l'état ; et que la plus grande punition qu'il doit craindre des dieux est de perdre un tel homme, s'il s'en rend indigne faute de savoir s'en servir.

Pour les défauts des gens de bien, il faut les savoir connoître, et ne laisser pas de se servir d'eux. Redressez-les ; ne vous livrez jamais aveuglément à leur zèle indiscret ; mais écoutez-les favorablement ; honorez leur vertu ; montrez au public que vous savez la distinguer ; surtout gardez-vous bien d'être plus long-temps comme vous avez été jusqu'ici. Les princes gâtés comme vous l'étiez, se contentant de mépriser les hommes corrompus, ne laissent pas de les employer avec confiance, et de les combler de bienfaits : d'un autre côté, ils se piquent de connoître aussi les hommes vertueux ; mais ils ne leur donnent que de vains éloges, n'osant ni leur confier les emplois, ni les admettre dans leur commerce familier, ni répandre des bienfaits sur eux.

Alors Idoménée dit qu'il étoit honteux d'avoir tant tardé à délivrer l'innocence opprimée, et à punir ceux qui l'avoient trompé. Mentor n'eut même aucune peine à déterminer le roi à perdre son favori ; car aussitôt qu'on est parvenu à rendre les favoris suspects et importuns à leurs maîtres, les princes, lassés et embarrassés, ne cherchent plus qu'à s'en défaire ; leur amitié s'évanouit, les services sont oubliés ; la chute des favoris ne leur coûte rien, pourvu qu'ils ne les voient plus.

Aussitôt le roi ordonna en secret à Hégésippe,

qui étoit un des principaux officiers de sa maison, de prendre Protésilas et Timocrate, de les conduire en sûreté dans l'île de Samos, de les y laisser, et de ramener Philoclès de ce lieu d'exil. Hégésippe, surpris de cet ordre, ne put s'empêcher de pleurer de joie. C'est maintenant, dit-il au roi, que vous allez charmer vos sujets. Ces deux hommes ont causé tous vos malheurs et tous ceux de vos peuples : il y a vingt ans qu'ils font gémir tous les gens de bien, et qu'à peine ose-t-on même gémir, tant leur tyrannie est cruelle ; ils accablent tous ceux qui entreprennent d'aller à vous par un autre canal que le leur. Ensuite Hégésippe découvrit au roi un grand nombre de perfidies et d'inhumanités commises par ces deux hommes, dont le roi n'avoit jamais entendu parler, parce que personne n'osoit les accuser. Il lui raconta même ce qu'il avoit découvert d'une conjuration secrète pour faire périr Mentor. Le roi eut horreur de tout ce qu'il voyoit.

Hégésippe se hâta d'aller prendre Protésilas dans sa maison : elle étoit moins grande, mais plus commode et plus riante, que celle du roi ; l'architecture étoit de meilleur goût ; Protésilas l'avoit ornée avec une dépense tirée du sang des misérables. Il étoit alors dans un salon de marbre, auprès de ses bains, couché négligemment sur un lit de pourpre avec une broderie d'or ; il paroissoit las et épuisé de ses travaux ; ses yeux et ses sourcils montroient je ne sais quoi d'agité, de sombre et de farouche. Les plus grands de l'état étoient autour de lui, rangés sur des tapis, composant leur visage sur celui de Protésilas, dont ils observoient jusqu'au moindre clin d'œil. A peine ouvroit-il la bouche, que tout le monde se récrioit pour admirer ce qu'il alloit dire. Un des principaux de la troupe lui racontoit avec des exagérations ridicules ce que Protésilas lui-même avoit fait pour le roi. Un autre lui assuroit que Jupiter, ayant trompé sa mère, lui avoit donné la vie, et qu'il étoit fils du père des dieux. Un poëte venoit de lui chanter des vers où il assuroit que Protésilas, instruit par les Muses, avoit égalé Apollon pour tous les ouvrages d'esprit. Un autre poëte, encore plus lâche et plus impudent, l'appeloit, dans ses vers, l'inventeur des beaux-arts, et le père des peuples, qu'il rendoit heureux ; il le dépeignoit tenant en main la corne d'abondance.

Protésilas écoutoit toutes ces louanges d'un air sec, distrait et dédaigneux, comme un homme qui sait bien qu'il en mérite encore de plus grandes, et qui fait trop de grace de se laisser louer. Il y avoit un flatteur qui prit la liberté de lui parler à l'oreille, pour lui dire quelque chose de plaisant contre la police que Mentor tâchoit d'établir. Protésilas sourit ; toute l'assemblée se mit aussitôt à rire, quoique la plupart ne pussent point encore savoir ce qu'on avoit dit. Mais Protésilas reprenant bientôt son air sévère et hautain, chacun rentra dans la crainte et dans le silence. Plusieurs nobles cherchoient le moment où Protésilas pourroit se tourner vers eux et les écouter : ils paroissoient émus et embarrassés ; c'est qu'ils avoient à lui demander des graces : leur posture suppliante parloit pour eux ; ils paroissoient aussi soumis qu'une mère aux pieds des autels, lorsqu'elle demande aux dieux la guérison de son fils unique. Tous paroissoient contents, attendris, pleins d'admiration pour Protésilas, quoique tous eussent contre lui, dans le cœur, une rage implacable.

Dans ce moment Hégésippe entre, saisit l'épée de Protésilas, et lui déclare, de la part du roi, qu'il va l'emmener dans l'île de Samos. A ces paroles, toute l'arrogance de ce favori tomba, comme un rocher qui se détache du sommet d'une montagne escarpée. Le voilà qui se jette tremblant et troublé aux pieds d'Hégésippe ; il pleure, il hésite, il bégaie, il tremble ; il embrasse les genoux de cet homme, qu'il ne daignoit pas, une heure auparavant, honorer d'un de ses regards. Tous ceux qui l'encensoient, le voyant perdu sans ressource, changèrent leurs flatteries en des insultes sans pitié.

Hégésippe ne voulut lui laisser le temps ni de faire ses derniers adieux à sa famille, ni de prendre certains écrits secrets. Tout fut saisi et porté au roi. Timocrate fut arrêté dans le même temps : et sa surprise fut extrême ; car il croyoit qu'étant brouillé avec Protésilas, il ne pouvoit être enveloppé dans sa ruine. Ils partent dans un vaisseau qu'on avoit préparé. On arrive à Samos. Hégésippe y laisse ces deux malheureux ; et, pour mettre le comble à leur malheur, il les laissa ensemble. Là ils se reprochent avec fureur, l'un à l'autre, les crimes qu'ils ont faits, et qui sont cause de leur chute : ils se trouvent sans espérance de revoir jamais Salente, condamnés à vivre loin de leurs femmes et de leurs enfants ; je ne dis pas loin de leurs amis, car ils n'en avoient point. On les menoit dans une terre inconnue, où ils ne devoient plus avoir d'autre ressource pour vivre, que leur travail, eux qui avoient passé tant d'années dans les délices et dans le faste. Semblables à deux bêtes farouches, ils étoient toujours prêts à se déchirer l'un l'autre.

Cependant Hégésippe demanda en quel lieu de l'île demeuroit Philoclès. On lui dit qu'il demeuroit assez loin de la ville, sur une montagne où une grotte lui servoit de maison. Tout le monde lui parla avec admiration de cet étranger. Depuis qu'il est dans cette île, lui disoit-on, il n'a offensé personne : chacun est touché de sa patience, de son travail, de sa tranquillité; n'ayant rien, il paroît toujours content. Quoiqu'il soit ici loin des affaires, sans biens et sans autorité, il ne laisse pas d'obliger ceux qui le méritent, et il a mille industries pour faire plaisir à tous ses voisins.

Hégésippe s'avance vers cette grotte, il la trouve vide et ouverte; car la pauvreté et la simplicité des mœurs de Philoclès faisoient qu'il n'avoit, en sortant, aucun besoin de fermer sa porte. Une natte de jonc grossier lui servoit de lit. Rarement il allumoit du feu, parce qu'il ne mangeoit rien de cuit : il se nourrissoit, pendant l'été, de fruits nouvellement cueillis; et, en hiver, de dattes et de figues sèches. Une claire fontaine, qui faisoit une nappe d'eau en tombant d'un rocher, le désaltéroit. Il n'avoit dans sa grotte que les instruments nécessaires à la sculpture, et quelques livres qu'il lisoit à certaines heures, non pour orner son esprit, ni pour contenter sa curiosité; mais pour s'instruire en se délassant de ses travaux, et pour apprendre à être bon. Pour la sculpture, il ne s'y appliquoit que pour exercer son corps, fuir l'oisiveté, et gagner sa vie sans avoir besoin de personne.

Hégésippe, en entrant dans la grotte, admira les ouvrages qui étoient commencés. Il remarqua un Jupiter, dont le visage serein étoit si plein de majesté, qu'on le reconnoissoit aisément pour le père des dieux et des hommes. D'un autre côté paroissoit Mars avec une fierté rude et menaçante. Mais ce qui étoit de plus touchant, c'étoit une Minerve qui animoit les arts; son visage étoit noble et doux, sa taille grande et libre : elle étoit dans une action si vive, qu'on auroit pu croire qu'elle alloit marcher.

Hégésippe, ayant pris plaisir à voir ces statues, sortit de la grotte, et vit de loin, sous un grand arbre, Philoclès qui lisoit sur le gazon : il va vers lui; et Philoclès, qui l'aperçoit, ne sait que croire. N'est-ce point là, dit-il en lui-même, Hégésippe, avec qui j'ai si long-temps vécu en Crète? Mais quelle apparence qu'il vienne dans une île si éloignée? Ne seroit-ce point son ombre qui viendroit après sa mort des rives du Styx? Pendant qu'il étoit dans ce doute, Hégésippe arriva si proche de lui, qu'il ne put s'empêcher de le reconnoître et de l'embrasser. Est-ce donc vous, dit-il, mon cher et ancien ami? quel hasard, quelle tempête vous a jeté sur ce rivage? pourquoi avez-vous abandonné l'île de Crète? est-ce une disgrace semblable à la mienne qui vous a arraché à notre patrie?

Hégésippe lui répondit : Ce n'est point une disgrace; au contraire, c'est la faveur des dieux qui me mène ici. Aussitôt il lui raconta la longue tyrannie de Protésilas; ses intrigues avec Timocrate; les malheurs où ils avoient précipité Idoménée; la chute de ce prince; sa fuite sur les côtes d'Italie, la fondation de Salente; l'arrivée de Mentor et de Télémaque, les sages maximes dont Mentor avoit rempli l'esprit du roi, et la disgrace des deux traîtres. Il ajouta qu'il les avoit menés à Samos, pour y souffrir l'exil qu'ils avoient fait souffrir à Philoclès; et il finit en lui disant qu'il avoit ordre de le conduire à Salente, où le roi, qui connoissoit son innocence, vouloit lui confier ses affaires, et le combler de biens.

Voyez-vous, lui répondit Philoclès, cette grotte, plus propre à cacher des bêtes sauvages qu'à être habitée par des hommes? j'y ai goûté depuis tant d'années plus de douceur et de repos que dans les palais dorés de l'île de Crète. Les hommes ne me trompent plus; car je ne vois plus les hommes, je n'entends plus leurs discours flatteurs et empoisonnés : je n'ai plus besoin d'eux; mes mains, endurcies au travail, me donnent facilement la nourriture simple qui m'est nécessaire : il ne me faut, comme vous voyez, qu'une légère étoffe pour me couvrir. N'ayant plus de besoins, jouissant d'un calme profond et d'une douce liberté, dont la sagesse de mes livres m'apprend à faire un bon usage, qu'irai-je encore chercher parmi les hommes jaloux, trompeurs et inconstants? Non, non, mon cher Hégésippe, ne m'enviez point mon bonheur. Protésilas s'est trahi lui-même, voulant trahir le roi, et me perdre. Mais il ne m'a fait aucun mal; au contraire, il m'a fait le plus grand des biens, il m'a délivré du tumulte et de la servitude des affaires : je lui dois ma chère solitude, et tous les plaisirs innocents que j'y goûte.

Retournez, ô Hégésippe, retournez vers le roi; aidez-lui à supporter les misères de la grandeur, et faites auprès de lui ce que vous voudriez que je fisse. Puisque ses yeux, si long-temps fermés à la vérité, ont été enfin ouverts par cet homme sage que vous nommez Mentor, qu'il le retienne auprès de lui. Pour moi, après mon naufrage, il ne me convient pas de quitter le port où la tempête m'a heureusement jeté, pour me remettre à la merci des flots. O que les rois sont à plaindre! ô que ceux qui les servent sont dignes de compassion! s'ils sont méchants, combien font-ils souffrir les hommes! et quels tourments leur sont préparés dans le noir Tartare! S'ils sont bons, quelles difficultés n'ont-ils pas à vaincre! quels piéges à éviter! quels maux à souffrir! Encore une fois, Hégésippe, laissez-moi dans mon heureuse pauvreté.

Pendant que Philoclès parloit ainsi avec beaucoup de véhémence, Hégésippe le regardoit avec étonnement. Il l'avoit vu autrefois en Crète, lorsqu'il gouvernoit les plus grandes affaires, maigre, languissant et épuisé; c'est que son naturel ardent et austère le consumoit dans le travail; il ne pouvoit voir sans indignation le vice impuni; il vouloit dans les affaires une certaine exactitude qu'on n'y trouve jamais : ainsi ses emplois détruisoient sa santé délicate. Mais, à Samos, Hégésippe le voyoit gras et vigoureux; malgré les ans, la jeunesse fleurie s'étoit renouvelée sur son visage; une vie sobre, tranquille et laborieuse lui avoit fait comme un nouveau tempérament.

Vous êtes surpris de me voir si changé, dit alors Philoclès en souriant; c'est ma solitude qui m'a donné cette fraîcheur et cette santé parfaite : mes ennemis m'ont donné ce que je n'aurois jamais pu trouver dans la plus grande fortune. Voulez-vous que je perde les vrais biens pour courir après les faux, et pour me replonger dans mes anciennes misères? Ne soyez pas plus cruel que Protésilas; du moins ne m'enviez pas le bonheur que je tiens de lui.

Alors Hégésippe lui représenta, mais inutilement, tout ce qu'il crut propre à le toucher. Êtes-vous donc, lui disoit-il, insensible au plaisir de revoir vos proches et vos amis, qui soupirent après votre retour, et que la seule espérance de vous embrasser comble de joie? Mais vous qui craignez les dieux, et qui aimez votre devoir, comptez-vous pour rien de servir votre roi, de l'aider dans tous les biens qu'il veut faire, et de rendre tant de peuples heureux? Est-il permis de s'abandonner à une philosophie sauvage, de se préférer à tout le reste du genre humain, et d'aimer mieux son repos que le bonheur de ses concitoyens? Au reste, on croira que c'est par ressentiment, que vous ne voulez plus voir le roi. S'il vous a voulu faire du mal, c'est qu'il ne vous a point connu : ce n'étoit pas le véritable, le bon, le juste Philoclès qu'il a voulu faire périr; c'étoit un homme bien différent de vous qu'il vouloit punir. Mais maintenant qu'il vous connoît, et qu'il ne vous prend plus pour un autre, il sent toute son ancienne amitié revivre dans son cœur : il vous attend; déjà il vous tend les bras pour vous embrasser; dans son impatience, il compte les jours et les heures. Aurez-vous le cœur assez dur pour être inexorable à votre roi et à tous vos plus tendres amis?

Philoclès, qui avoit d'abord été attendri en reconnoissant Hégésippe, reprit son air austère en écoutant ce discours. Semblable à un rocher contre lequel les vents combattent en vain, et où toutes les vagues vont se briser en gémissant, il demeuroit immobile; et les prières ni les raisons ne trouvoient aucune ouverture pour entrer dans son cœur. Mais au moment où Hégésippe commençoit à désespérer de le vaincre, Philoclès, ayant consulté les dieux, découvrit par le vol des oiseaux, par les entrailles des victimes, et par divers autres présages, qu'il devoit suivre Hégésippe. Alors il ne résista plus, il se prépara à partir; mais ce ne fut pas sans regretter le désert où il avoit passé tant d'années. Hélas! disoit-il, faut-il que je vous quitte, ô aimable grotte, où le sommeil paisible venoit toutes les nuits me délasser des travaux du jour! Ici les Parques me filoient, au milieu de ma pauvreté, des jours d'or et de soie. Il se prosterna, en pleurant, pour adorer la Naïade qui l'avoit si long-temps désaltéré par son onde claire, et les Nymphes qui habitoient dans toutes les montagnes voisines. Écho entendit ses regrets, et, d'une triste voix, les répéta à toutes les divinités champêtres.

Ensuite Philoclès vint à la ville avec Hégésippe pour s'embarquer. Il crut que le malheureux Protésilas, plein de honte et de ressentiment, ne voudroit point le voir : mais il se trompoit; car les hommes corrompus n'ont aucune pudeur, et ils sont toujours prêts à toutes sortes de bassesses. Philoclès se cachoit modestement, de peur d'être vu par ce misérable; il craignoit d'augmenter sa misère en lui montrant la prospérité d'un ennemi qu'on alloit élever sur ses ruines. Mais Protésilas cherchoit avec empressement Philoclès; il vouloit lui faire pitié, et l'engager à demander au roi qu'il pût retourner à Salente. Philoclès étoit trop sincère pour lui promettre de travailler à le faire rappeler; car il savoit mieux que personne combien son retour eût été pernicieux : mais il lui parla fort doucement, lui témoigna de la compassion, tâcha de le consoler, l'exhorta à apaiser les dieux par des mœurs pures, et par une grande patience dans ses maux. Comme il avoit appris que le roi avoit ôté à Protésilas tous ses biens injustement acquis, il lui promit deux choses, qu'il exécuta fidèlement dans la suite : l'une fut de prendre soin de sa femme et de ses enfants, qui étoient demeurés à Salente, dans une affreuse pauvreté, exposés à l'indignation publique; l'autre étoit d'envoyer à Protésilas, dans cette île éloignée, quelque secours d'argent pour adoucir sa misère.

Cependant les voiles s'enflent d'un vent favorable. Hégésippe, impatient, se hâte de faire partir Philoclès. Protésilas les voit embarquer : ses yeux demeurent attachés et immobiles sur le rivage; ils suivent le vaisseau qui fend les ondes, et que le vent éloigne toujours. Lors même qu'il ne peut plus le voir, il en repeint encore l'image dans son esprit. Enfin, troublé, furieux, livré à son désespoir, il s'arrache les cheveux, se roule sur le sable, reproche aux dieux leur rigueur, appelle en vain à son secours la cruelle mort, qui, sourde à ses prières, ne daigne le délivrer de tant de maux, et qu'il n'a pas le courage de se donner lui-même.

Cependant le vaisseau, favorisé de Neptune et des vents, arriva bientôt à Salente. On vint dire au roi qu'il entroit déjà dans le port : aussitôt il courut au-devant de Philoclès avec Mentor; il l'embrassa tendrement, lui témoigna un sensible regret de l'avoir persécuté avec tant d'injustice. Cet aveu, bien loin de paroître une foiblesse dans un roi, fut regardé par tous les Salentins comme l'effort d'une grande ame, qui s'élève au-dessus de ses propres fautes, en les avouant avec courage pour les réparer. Tout le monde pleuroit de joie de revoir l'homme de bien qui avoit toujours aimé le peuple, et d'entendre le roi parler avec tant de sagesse et de bonté. Philoclès, avec un air respectueux et modeste, recevoit les caresses du roi, et avoit impatience de se dérober aux acclamations du peuple; il suivit le roi au palais. Bientôt Mentor et lui furent dans la même confiance que s'ils avoient passé leur vie ensemble, quoiqu'ils ne se fussent jamais vus; c'est que les dieux, qui ont refusé aux méchants des yeux pour connoître les bons, ont donné aux bons de quoi se connoître les uns les autres. Ceux qui ont le goût de la vertu ne peuvent être ensemble sans être unis par la vertu qu'ils aiment.

Bientôt Philoclès demanda au roi de se retirer, auprès de Salente, dans une solitude, où il continua à vivre pauvrement comme il avoit vécu à Samos. Le roi alloit avec Mentor le voir presque tous les jours dans son désert. C'est là qu'on examinoit les moyens d'affermir les lois, et de donner une forme solide au gouvernement pour le bonheur public.

Les deux principales choses qu'on examina furent l'éducation des enfants, et la manière de vivre pendant la paix. Pour les enfants, Mentor disoit : Ils appartiennent moins à leurs parents qu'à la république; ils sont les enfants du peuple, ils en sont l'espérance et la force; il n'est pas temps de les corriger quand ils se sont corrompus. C'est peu que de les exclure des emplois, lorsqu'on voit qu'ils s'en sont rendus indignes; il vaut bien mieux prévenir le mal, que d'être réduit à le punir. Le roi, ajoutoit-il, qui est le père de tout son peuple, est encore plus particulièrement le père de toute la jeunesse, qui est la fleur de toute la nation. C'est dans la fleur qu'il faut préparer les fruits : que le roi ne dédaigne donc pas de veiller et de faire veiller sur l'éducation qu'on donne aux enfants; qu'ils tienne ferme pour faire observer les lois de Minos, qui ordonnent qu'on élève les enfants dans le mépris de la douleur et de la mort; qu'on mette l'honneur à fuir les délices et les richesses; que l'injustice, le mensonge, l'ingratitude et la mollesse passent pour des vices infames; qu'on leur apprenne, dès leur tendre enfance, à chanter les louanges des héros qui ont été aimés des dieux, qui ont fait des actions généreuses pour leurs patries, et qui ont fait éclater leur courage dans les combats; que le charme de la musique saisisse leurs ames, pour rendre leurs mœurs douces et pures; qu'ils apprennent à être tendres pour leurs amis, fidèles à leurs alliés, équitables pour tous les hommes, même pour leurs plus cruels ennemis; qu'ils craignent moins la mort et les tourments, que le moindre reproche de leurs consciences. Si, de bonne heure, on remplit les enfants de ces grandes maximes, et qu'on les fasse entrer dans leur cœur par la douceur du chant, il y en aura peu qui ne s'enflamment de l'amour de la gloire et de la vertu.

Mentor ajoutoit qu'il étoit capital d'établir des écoles publiques pour accoutumer la jeunesse aux plus rudes exercices du corps, et pour éviter la mollesse et l'oisiveté, qui corrompent les plus beaux naturels; il vouloit une grande variété de jeux et de spectacles, qui animassent tout le peuple, mais surtout qui exerçassent les corps, pour les rendre adroits, souples, et vigoureux : il ajoutoit des prix pour exciter une noble émulation. Mais ce qu'il souhaitoit le plus pour les bonnes mœurs, c'est que les jeunes gens se mariassent de bonne heure, et que leurs parents, sans aucune vue d'intérêt, leur laissassent choisir des femmes agréables de corps et d'esprit, auxquelles ils pussent s'attacher.

Mais pendant qu'on préparoit ainsi les moyens de conserver la jeunesse pure, innocente, laborieuse, docile, et passionnée pour la gloire, Philoclès, qui aimoit la guerre, disoit à Mentor : En vain vous occuperez les jeunes gens à tous ces exercices, si vous les laissez languir dans une paix continuelle, où ils n'auront aucune expérience de la guerre, ni aucun besoin de s'éprouver sur la valeur. Par-là vous affoiblirez insensiblement la nation ; les courages s'amolliront ; les délices corrompront les mœurs : d'autres peuples belliqueux n'auront aucune peine à les vaincre ; et, pour avoir voulu éviter les maux que la guerre entraîne après elle, ils tomberont dans une affreuse servitude.

Mentor lui répondit : Les maux de la guerre sont encore plus horribles que vous ne pensez. La guerre épuise un état, et le met toujours en danger de périr, lors même qu'on remporte les plus grandes victoires. Avec quelques avantages qu'on la commence, on n'est jamais sûr de la finir sans être exposé aux plus tragiques renversements de fortune. Avec quelque supériorité de forces qu'on s'engage dans un combat, le moindre mécompte, une terreur panique, un rien vous arrache la victoire qui étoit déja dans vos mains, et la transporte chez vos ennemis. Quand même on tiendroit dans son camp la victoire comme enchaînée, on se détruit soi-même en détruisant ses ennemis ; on dépeuple son pays ; on laisse les terres presque incultes ; on trouble le commerce ; mais, ce qui est bien pis, on affoiblit les meilleures lois, et on laisse corrompre les mœurs : la jeunesse ne s'adonne plus aux lettres ; le pressant besoin fait qu'on souffre une licence pernicieuse dans les troupes ; la justice, la police, tout souffre de ce désordre. Un roi qui verse le sang de tant d'hommes, et qui cause tant de malheurs pour acquérir un peu de gloire, ou pour étendre les bornes de son royaume, est indigne de la gloire qu'il cherche, et mérite de perdre ce qu'il possède, pour avoir voulu usurper ce qui ne lui appartient pas.

Mais voici le moyen d'exercer le courage d'une nation en temps de paix. Vous avez déja vu les exercices du corps que nous établissons, les prix qui exciteront l'émulation, les maximes de gloire et de vertu dont on remplira les ames des enfants, presque dès le berceau, par le chant des grandes actions des héros ; ajoutez à ces secours celui d'une vie sobre et laborieuse. Mais ce n'est pas tout aussitôt qu'un peuple allié de votre nation aura une guerre, il faut y envoyer la fleur de votre jeunesse, surtout ceux en qui on remarquera le génie de la guerre, et qui seront les plus propres à profiter de l'expérience. Par-là vous conserverez une haute réputation chez vos alliés : votre alliance sera recherchée, on craindra de la perdre : sans avoir la guerre chez vous et à vos dépens, vous aurez toujours une jeunesse aguerrie et intrépide. Quoique vous ayez la paix chez vous, vous ne laisserez pas de traiter avec de grands honneurs ceux qui auront le talent de la guerre : car le vrai moyen d'éloigner la guerre et de conserver une longue paix, c'est de cultiver les armes ; c'est d'honorer les hommes qui excellent dans cette profession ; c'est d'en avoir toujours qui s'y soient exercés dans les pays étrangers, et qui connoissent les forces, la discipline militaire et les manières de faire la guerre des peuples voisins ; c'est d'être également incapable et de faire la guerre par ambition, et de la craindre par mollesse. Alors étant toujours prêt à la faire pour la nécessité, on parvient à ne l'avoir presque jamais.

Pour les alliés, quand ils sont prêts à se faire la guerre les uns aux autres, c'est à vous à vous rendre médiateur. Par-là vous acquérez une gloire plus solide et plus sûre que celle des conquérants ; vous gagnez l'amour et l'estime des étrangers ; ils ont tous besoin de vous : vous régnez sur eux par la confiance, comme vous régnez sur vos sujets par l'autorité ; vous devenez le dépositaire des secrets, l'arbitre des traités, le maître des cœurs ; votre réputation vole dans tous les pays les plus éloignés ; votre nom est comme un parfum délicieux qui s'exhale de pays en pays chez les peuples les plus reculés. En cet état, qu'un peuple voisin vous attaque contre les règles de la justice, il vous trouve aguerri, préparé ; mais, ce qui est bien plus fort, il vous trouve aimé et secouru ; tous vos voisins s'alarment pour vous, et sont persuadés que votre conservation fait la sûreté publique. Voilà un rempart bien plus assuré que toutes les murailles des villes, et que toutes les places les mieux fortifiées ; voilà la véritable gloire. Mais qu'il y a peu de rois qui sachent la chercher, et qui ne s'en éloignent point ! Ils courent après une ombre trompeuse, et laissent derrière eux le vrai honneur, faute de le connoître.

Après que Mentor eut parlé ainsi, Philoclès étonné le regardoit ; puis il jetoit les yeux sur le roi, et étoit charmé de voir avec quelle avidité Idoménée recueilloit au fond de son cœur toutes les paroles qui sortoient, comme un fleuve de sagesse, de la bouche de cet étranger.

Minerve, sous la figure de Mentor, établissoit ainsi dans Salente toutes les meilleures lois et les plus utiles maximes du gouvernement, moins pour faire fleurir le royaume d'Idoménée, que pour montrer à Télémaque, quand il reviendroit, un exemple sensible de ce qu'un sage gouvernement peut faire pour rendre les peuples heureux, et pour donner à un bon roi une gloire durable.

LIVRE XII.

Télémaque, pendant son séjour chez les alliés, gagne l'affection de leurs principaux chefs, et celle même de Philoctète, d'abord indisposé contre lui à cause d'Ulysse son père. Philoctète lui raconte ses aventures, et l'origine de sa haine contre Ulysse; il lui montre les funestes effets de la passion de l'amour, par l'histoire tragique de la mort d'Hercule. Il lui apprend comment il obtint de ce héros les flèches fatales, sans lesquelles la ville de Troie ne pouvoit être prise; comment il fut puni d'avoir trahi le secret de la mort d'Hercule, par tous les maux qu'il eut à souffrir dans l'île de Lemnos; enfin comment Ulysse se servit de Néoptolème pour l'engager à se rendre au siége de Troie, où il fut guéri de sa blessure par les fils d'Esculape.

Cependant Télémaque montroit son courage dans les périls de la guerre. En partant de Salente, il s'appliqua à gagner l'affection des vieux capitaines, dont la réputation et l'expérience étoient au comble. Nestor, qui l'avoit déja vu à Pylos, et qui avoit toujours aimé Ulysse, le traitoit comme s'il eût été son propre fils. Il lui donnoit des instructions qu'il appuyoit de divers exemples; il lui racontoit toutes les aventures de sa jeunesse, et tout ce qu'il avoit vu faire de plus remarquable aux héros de l'âge passé. La mémoire de ce sage vieillard, qui avoit vécu trois âges d'homme, étoit comme une histoire des anciens temps gravée sur le marbre ou sur l'airain.

Philoctète n'eut pas d'abord la même inclination que Nestor pour Télémaque : la haine qu'il avoit nourrie si long-temps dans son cœur contre Ulysse l'éloignoit de son fils; et il ne pouvoit voir qu'avec peine tout ce qu'il sembloit que les dieux préparoient en faveur de ce jeune homme, pour le rendre égal aux héros qui avoient renversé la ville de Troie. Mais enfin la modération de Télémaque vainquit tous les ressentiments de Philoctète; il ne put se défendre d'aimer cette vertu douce et modeste. Il prenoit souvent Télémaque, et lui disoit : Mon fils (car je ne crains plus de vous nommer ainsi), votre père et moi, je l'avoue, nous avons été long-temps ennemis l'un de l'autre : j'avoue même qu'après que nous eûmes fait tomber la superbe ville de Troie, mon cœur n'étoit point encore apaisé; et, quand je vous ai vu, j'ai senti de la peine à aimer la vertu dans le fils d'Ulysse. Je me le suis souvent reproché. Mais enfin la vertu, quand elle est douce, simple, ingénue et modeste, surmonte tout. Ensuite Philoctète s'engagea insensiblement à lui raconter ce qui avoit allumé dans son cœur tant de haine contre Ulysse.

Il faut, dit-il, reprendre mon histoire de plus haut. Je suivois partout le grand Hercule, qui a délivré la terre de tant de monstres, et devant qui les autres héros n'étoient que comme sont les foibles roseaux auprès d'un grand chêne, ou comme les moindres oiseaux en présence de l'aigle. Ses malheurs et les miens vinrent d'une passion qui cause tous les désastres les plus affreux; c'est l'amour. Hercule, qui avoit vaincu tant de monstres, ne pouvoit vaincre cette passion honteuse; et le cruel enfant Cupidon se jouoit de lui. Il ne pouvoit se ressouvenir sans rougir de honte qu'il avoit autrefois oublié sa gloire jusqu'à filer auprès d'Omphale, reine de Lydie, comme le plus lâche et le plus efféminé de tous les hommes; tant il avoit été entraîné par un amour aveugle. Cent fois il m'a avoué que cet endroit de sa vie avoit terni sa vertu, et presque effacé la gloire de tous ses travaux.

Cependant, ô dieux! telle est la foiblesse et l'inconstance des hommes, ils se promettent tout d'eux-mêmes, et ne résistent à rien. Hélas! le grand Hercule retomba dans les piéges de l'Amour qu'il avoit si souvent détesté; il aima Déjanire. Trop heureux s'il eût été constant dans cette passion pour une femme qui fut son épouse! Mais bientôt la jeunesse d'Iole, sur le visage de laquelle les graces étoient peintes, ravit son cœur. Déjanire brûla de jalousie; elle se ressouvint de cette fatale tunique que le centaure Nessus lui avoit laissée, en mourant, comme un moyen assuré de réveiller l'amour d'Hercule toutes les fois qu'il paroîtroit la négliger pour en aimer quelque autre. Cette tunique, pleine du sang venimeux du centaure, renfermoit le poison des flèches dont ce monstre avoit été percé. Vous savez que les flèches d'Hercule, qui tua ce perfide centaure, avoient été trempées dans le sang de l'hydre de Lerne, et que ce sang empoisonnoit ces flèches, en sorte que toutes les blessures qu'elles faisoient étoient incurables.

Hercule, s'étant revêtu de cette tunique, sentit bientôt le feu dévorant qui se glissoit jusque dans la moelle de ses os : il poussoit des cris horribles, dont le mont OEta résonnoit, et faisoit retentir toutes les profondes vallées; la mer même en paroissoit émue : les taureaux les plus furieux, qui auroient mugi dans leurs combats, n'auroient pas fait un bruit aussi affreux. Le malheureux Lichas, qui lui avoit apporté de la part de Déjanire cette tunique, ayant osé s'approcher de lui, Hercule, dans le transport de sa douleur, le prit; le fit pirouetter comme un frondeur fait, avec sa fronde, tourner la pierre qu'il veut jeter loin de lui. Ainsi Lichas, lancé du haut de la montagne par la puissante main d'Hercule, tomboit dans les flots de la mer, où il fut changé tout-à-coup en un rocher qui garde encore la figure humaine, et qui, étant toujours battu par les vagues irritées, épouvante de loin les sages pilotes.

Après ce malheur de Lichas, je crus que je ne pouvois plus me fier à Hercule; je songeois à me cacher dans les cavernes les plus profondes. Je le voyois déraciner sans peine d'une main les hauts sapins et les vieux chênes, qui, depuis plusieurs siècles, avoient méprisé les vents et les tempêtes. De l'autre main il tâchoit en vain d'arracher de dessus son dos la fatale tunique; elle s'étoit collée sur sa peau, et comme incorporée à ses membres. A mesure qu'il la déchiroit, il déchiroit aussi sa peau et sa chair; son sang ruisseloit, et trempoit la terre. Enfin sa vertu surmontant sa douleur, il s'écria : Tu vois, ô mon cher Philoctète, les maux que les dieux me font souffrir : ils sont justes; c'est moi qui les ai offensés; j'ai violé l'amour conjugal. Après avoir vaincu tant d'ennemis, je me suis lâchement laissé vaincre par l'amour d'une beauté étrangère. je péris; et je suis content de périr pour apaiser les dieux. Mais, hélas! cher ami, où est-ce que tu fuis? L'excès de la douleur m'a fait commettre, il est vrai, contre ce misérable Lichas, une cruauté que je me reproche : il n'a pas su quel poison il me présentoit; il n'a point mérité ce que je lui ai fait souffrir : mais crois-tu que je puisse oublier l'amitié que je te dois, et vouloir t'arracher la vie? Non, non, je ne cesserai point d'aimer Philoctète; Philoctète recevra dans son sein mon ame prête à s'envoler : c'est lui qui recueillera mes cendres. Où es-tu donc, ô mon cher Philoctète! Philoctète, la seule espérance qui me reste ici-bas?

A ces mots, je me hâte de courir vers lui; il me tend les bras, et veut m'embrasser; mais il se retient, dans la crainte d'allumer dans mon sein le feu cruel dont il est lui-même brûlé. Hélas! dit-il, cette consolation même ne m'est plus permise. En parlant ainsi, il assemble tous ces arbres qu'il vient d'abattre; il en fait un bûcher sur le sommet de la montagne; il monte tranquillement sur le bûcher; il étend la peau du lion de Némée, qui avoit si long-temps couvert ses épaules lorsqu'il alloit d'un bout de la terre à l'autre abattre les monstres, et délivrer les malheureux; il s'appuie sur sa massue, et il m'ordonne d'allumer le feu du bûcher. Mes mains, tremblantes et saisies d'horreur, ne purent lui refuser ce cruel office; car la vie n'étoit plus pour lui un présent des dieux, tant elle lui étoit funeste. Je craignis même que l'excès de ses douleurs ne le transportât jusqu'à faire quelque chose d'indigne de cette vertu qui avoit étonné l'univers. Comme il vit que la flamme commençoit à prendre au bûcher : C'est maintenant, s'écria-t-il, mon cher Philoctète, que j'éprouve ta véritable amitié; car tu aimes mon honneur plus que ma vie. Que les dieux te le rendent! Je te laisse ce que j'ai de plus précieux sur la terre, ces flèches trempées dans le sang de l'hydre de Lerne. Tu sais que les blessures qu'elles font sont incurables; par elles tu seras invincible, comme je l'ai été, et aucun mortel n'osera combattre contre toi. Souviens-toi que je meurs fidèle à notre amitié, et n'oublie jamais combien tu m'as été cher. Mais, s'il est vrai que tu sois touché de mes maux, tu peux me donner une dernière consolation : promets-moi de ne découvrir jamais à aucun mortel ni ma mort, ni le lieu où tu auras caché mes cendres. Je le lui promis, hélas! je le jurai même, en arrosant son bûcher de mes larmes. Un rayon de joie parut dans ses yeux : mais tout-à-coup un tourbillon de flammes qui l'enveloppa étouffa sa voix, et le déroba presque à ma vue. Je le voyois encore un peu néanmoins au travers des flammes, avec un visage aussi serein que s'il eût été couronné de fleurs et couvert de parfums, dans la joie d'un festin délicieux, au milieu de tous ses amis.

Le feu consuma bientôt tout ce qu'il y avoit de terrestre et de mortel en lui. Bientôt il ne lui resta rien de tout ce qu'il avoit reçu, dans sa naissance, de sa mère Alcmène; mais il conserva, par l'ordre de Jupiter, cette nature subtile et immortelle, cette flamme céleste qui est le vrai principe de vie, et qu'il avoit reçue du père des dieux. Ainsi il alla avec eux, sous les voûtes dorées du brillant Olympe, boire le nectar, où les dieux lui donnèrent pour épouse l'aimable Hébé, qui est la déesse de la jeunesse, et qui versoit le nectar dans la coupe du grand Jupiter, avant que Ganymède eût reçu cet honneur.

Pour moi, je trouvai une source inépuisable de douleurs dans ces flèches qu'il m'avoit données pour m'élever au-dessus de tous les héros. Bientôt les rois ligués entreprirent de venger Ménélas de l'infame Pâris, qui avoit enlevé Hélène, et de renverser l'empire de Priam. L'oracle d'Apollon leur fit entendre qu'ils ne devoient point espérer de finir heureusement cette guerre, à moins qu'ils n'eussent les flèches d'Hercule.

Ulysse votre père, qui étoit toujours le plus éclairé et le plus industrieux dans tous les conseils, se chargea de me persuader d'aller avec eux au siége de Troie, et d'y apporter ces flèches qu'il croyoit que j'avois. Il y avoit déja long-temps qu'Hercule ne paroissoit plus sur la terre : on n'entendoit plus parler d'aucun nouvel exploit de ce héros ; les monstres et les scélérats recommençoient à paroître impunément. Les Grecs ne savoient que croire de lui : les uns disoient qu'il étoit mort ; d'autres soutenoient qu'il étoit allé jusque sous l'Ourse glacée dompter les Scythes. Mais Ulysse soutint qu'il étoit mort, et entreprit de me le faire avouer. Il me vint trouver dans un temps où je ne pouvois encore me consoler d'avoir perdu le grand Alcide. Il eut une extrême peine à m'aborder ; car je ne pouvois plus voir les hommes : je ne pouvois souffrir qu'on m'arrachât de ces déserts du mont Œta, où j'avois vu périr mon ami ; je ne songeois qu'à me repeindre l'image de ce héros, et qu'à pleurer à la vue de ces tristes lieux. Mais la douce et puissante persuasion étoit sur les lèvres de votre père : il parut presque aussi affligé que moi ; il versa des larmes ; il sut gagner insensiblement mon cœur, et attirer ma confiance ; il m'attendrit pour les rois grecs qui alloient combattre pour une juste cause, et qui ne pouvoient réussir sans moi. Il ne put jamais néanmoins m'arracher le secret de la mort d'Hercule, que j'avois juré de ne dire jamais ; mais il ne doutoit point qu'il ne fût mort, et il me pressoit de lui découvrir le lieu où j'avois caché ses cendres.

Hélas ! j'eus horreur de faire un parjure, en lui disant un secret que j'avois promis aux dieux de ne dire jamais ; mais j'eus la foiblesse d'éluder mon serment, n'osant le violer ; les dieux m'en ont puni : je frappai du pied la terre à l'endroit où j'avois mis les cendres d'Hercule. Ensuite j'allai joindre les rois ligués, qui me reçurent avec la même joie qu'ils auroient reçu Hercule même. Comme je passois dans l'île de Lemnos, je voulus montrer à tous les Grecs ce que mes flèches pouvoient faire. Me préparant à percer un daim qui s'élançoit dans un bois, je laissai, par mégarde, tomber la flèche de l'arc sur mon pied, et elle me fit une blessure que je ressens encore. Aussitôt j'éprouvai les mêmes douleurs qu'Hercule avoit souffertes ; je remplissois nuit et jour l'île de mes cris : un sang noir et corrompu, coulant de ma plaie, infectoit l'air, et répandoit dans le camp des Grecs une puanteur capable de suffoquer les hommes les plus vigoureux. Toute l'armée eut horreur de me voir dans cette extrémité ; chacun conclut que c'étoit un supplice qui m'étoit envoyé par les justes dieux.

Ulysse, qui m'avoit engagé dans cette guerre, fut le premier à m'abandonner. J'ai reconnu, depuis, qu'il l'avoit fait parce qu'il préféroit l'intérêt commun de la Grèce, et la victoire, à toutes les raisons d'amitié ou de bienséance particulière. On ne pouvoit plus sacrifier dans le camp, tant l'horreur de ma plaie, son infection, et la violence de mes cris troubloient toute l'armée. Mais au moment où je me vis abandonné de tous les Grecs par le conseil d'Ulysse, cette politique me parut pleine de la plus horrible inhumanité et de la plus noire trahison. Hélas ! j'étois aveugle, et je ne voyois pas qu'il étoit juste que les plus sages hommes fussent contre moi, de même que les dieux que j'avois irrités.

Je demeurai, presque pendant tout le siége de Troie, seul, sans secours, sans espérance, sans soulagement, livré à d'horribles douleurs, dans cette île déserte et sauvage, où je n'entendois que le bruit des vagues de la mer qui se brisoient contre les rochers. Je trouvai, au milieu de cette solitude, une caverne vide dans un rocher qui élevoit vers le ciel deux pointes semblables à deux têtes : de ce rocher sortoit une fontaine claire. Cette caverne étoit la retraite des bêtes farouches, à la fureur desquelles j'étois exposé nuit et jour. J'amassai quelques feuilles pour me coucher. Il ne me restoit, pour tout bien, qu'un pot de bois grossièrement travaillé, et quelques habits déchirés, dont j'enveloppois ma plaie pour arrêter le sang, et dont je me servois aussi pour la nettoyer. Là, abandonné des hommes, et livré à la colère des dieux, je passois mon temps à percer de mes flèches les colombes et les autres oiseaux qui voloient autour de ce rocher. Quand j'avois tué quelque oiseau pour ma nourriture, il falloit que je me traînasse contre terre avec douleur pour aller ramasser ma proie : ainsi mes mains me préparoient de quoi me nourrir.

Il est vrai que les Grecs, en partant, me laissèrent quelques provisions ; mais elles durèrent peu. J'allumois du feu avec des cailloux. Cette vie, tout affreuse qu'elle est, m'eût paru douce, loin des hommes ingrats et trompeurs, si la douleur ne m'eût accablé, et si je n'eusse sans cesse repassé dans mon esprit ma triste aventure. Quoi ! disois-je, tirer un homme de sa patrie, comme le seul homme qui puisse venger la Grèce, et puis l'abandonner dans cette île déserte pendant son sommeil ! car ce fut pendant mon sommeil que les Grecs partirent. Jugez quelle fut ma surprise, et combien je versai de larmes à mon réveil, quand je vis les vaisseaux fendre les ondes. Hélas ! cherchant de tous côtés dans cette île sauvage et horrible, je ne trouvai que la douleur. Dans cette île, il n'y a ni port, ni commerce, ni hospitalité, ni hommes qui y abordent volontairement. On n'y voit que les malheureux que les tempêtes y ont jetés, et on n'y peut espérer de société que par des naufrages : encore même ceux qui venoient en ce lieu n'osoient me prendre pour me ramener ; ils craignoient la colère des dieux et celle des Grecs.

Depuis dix ans je souffrois la honte, la douleur, la faim ; je nourrissois une plaie qui me dévoroit; l'espérance même étoit éteinte dans mon cœur. Tout-à-coup, revenant de chercher des plantes médicinales pour ma plaie, j'aperçus dans mon antre un jeune homme beau, gracieux, mais fier, et d'une taille de héros. Il me sembla que je voyois Achille, tant il en avoit les traits, les regards et la démarche : son âge seul me fit comprendre que ce ne pouvoit être lui. Je remarquai sur son visage tout ensemble la compassion et l'embarras : il fut touché de voir avec quelle peine et quelle lenteur je me traînois; les cris perçants et douloureux dont je faisois retentir les échos de tout ce rivage attendrirent son cœur.

O étranger! lui dis-je d'assez loin, quel malheur t'a conduit dans cette île inhabitée ? je reconnois l'habit grec, cet habit qui m'est encore si cher. O qu'il me tarde d'entendre ta voix, et de trouver sur tes lèvres cette langue que j'ai apprise dès l'enfance, et que je ne puis plus parler à personne depuis si long-temps dans cette solitude ! Ne sois point effrayé de voir un homme si malheureux; tu dois en avoir pitié.

A peine Néoptolème m'eut dit, Je suis Grec, que je m'écriai : O douce parole, après tant d'années de silence et de douleur sans consolation ! O mon fils ! quel malheur, quelle tempête, ou plutôt quel vent favorable t'a conduit ici pour finir mes maux ? Il me répondit : Je suis de l'île de Scyros, j'y retourne ; on dit que je suis fils d'Achille : tu sais tout.

Des paroles si courtes ne contentoient pas ma curiosité; je lui dis: O fils d'un père que j'ai tant aimé ! cher nourrisson de Lycomède, comment viens-tu donc ici ? d'où viens-tu ? Il me répondit qu'il venoit du siége de Troie. Tu n'étois pas, lui dis-je, de la première expédition. Et toi, me dit-il, en étois-tu ? Alors je lui répondis: Tu ne connois, je le vois bien, ni le nom de Philoctète, ni ses malheurs. Hélas ! infortuné que je suis! mes persécuteurs m'insultent dans ma misère : la Grèce ignore ce que je souffre; ma douleur augmente. Les Atrides m'ont mis en cet état; que les dieux le leur rendent !

Ensuite je lui racontai de quelle manière les Grecs m'avoient abandonné. Aussitôt qu'il eut écouté mes plaintes, il me fit les siennes. Après la mort d'Achille, me dit-il... D'abord je l'interrompis, en lui disant : Quoi ! Achille est mort ! Pardonne-moi, mon fils, si je trouble ton récit par les larmes que je dois à ton père. Néoptolème me répondit : Vous me consolez en m'interrompant; qu'il m'est doux de voir Philoctète pleurer mon père !

Néoptolème, reprenant son discours, me dit : Après la mort d'Achille, Ulysse et Phénix me vinrent chercher, assurant qu'on ne pouvoit sans moi renverser la ville de Troie. Ils n'eurent aucune peine à m'emmener ; car la douleur de la mort d'Achille, et le désir d'hériter de sa gloire dans cette célèbre guerre, m'engageoient assez à les suivre. J'arrive à Sigée ; l'armée s'assemble autour de moi : chacun jure qu'il revoit Achille ; mais, hélas ! il n'étoit plus. Jeune et sans expérience, je croyois pouvoir tout espérer de ceux qui me donnoient tant de louanges. D'abord je demande aux Atrides les armes de mon père; ils me répondent cruellement: Tu auras le reste de ce qui lui appartenoit ; mais pour ses armes, elles sont destinées à Ulysse. Aussitôt je me trouble, je pleure, je m'emporte; mais Ulysse, sans s'émouvoir, me disoit : Jeune homme, tu n'étois pas avec nous dans les périls de ce long siége ; tu n'as pas mérité de telles armes, et tu parles déja trop fièrement; jamais tu ne les auras. Dépouillé injustement par Ulysse, je m'en retourne dans l'île de Scyros, moins indigné contre Ulysse que contre les Atrides. Que quiconque est leur ennemi puisse être l'ami des dieux ! O Philoctète, j'ai tout dit.

Alors je demandai à Néoptolème comment Ajax Télamonien n'avoit pas empêché cette injustice. Il est mort, me répondit-il. Il est mort ! m'écriai-je; et Ulysse ne meurt point ! au contraire, il fleurit dans l'armée ! Ensuite je lui demandai des nouvelles d'Antiloque, fils du sage Nestor, et de Patrocle, si chéri par Achille. Ils sont morts aussi, me dit-il. Aussitôt je m'écriai encore : Quoi, morts! Hélas ! que me dis-tu ? La cruelle guerre moissonne les bons, et épargne les méchants. Ulysse est donc en vie ? Thersite l'est aussi sans doute ? Voilà ce que font les dieux ; et nous les louerions encore !

Pendant que j'étois dans cette fureur contre votre père, Néoptolème continuoit à me tromper, il ajouta ces tristes paroles: Loin de l'armée grecque, où le mal prévaut sur le bien, je vais vivre content dans la sauvage île de Scyros. Adieu : je pars. Que les dieux vous guérissent ! Aussitôt je lui dis : O mon fils, je te conjure, par les mânes de ton père, par ta mère, par tout ce que tu as de plus cher sur la terre, de ne me laisser pas seul dans ces maux que tu vois. Je n'ignore pas combien je te serai à charge ; mais il y auroit de la honte à m'abandonner. Jette-moi à la proue à la poupe, dans la sentine même, partout où je t'incommoderai le moins. Il n'y a que les grands cœurs qui sachent combien il y a de gloire à être bon. Ne me laisse point en un désert où il n'y a aucun vestige d'homme; mène-moi dans ta patrie, ou dans l'Eubée, qui n'est pas loin du mont OEta, de Trachine, et des bords agréables du fleuve Sperchius: rends-moi à mon père. Hélas! je crains qu'il ne soit mort. Je lui avois mandé de m'envoyer un vaisseau: ou il est mort, ou bien ceux qui m'avoient promis de le lui dire ne l'ont pas fait. J'ai recours à toi, ô mon fils! souviens-toi de la fragilité des choses humaines. Celui qui est dans la prospérité doit craindre d'en abuser, et secourir les malheureux.

Voilà ce que l'excès de la douleur me faisoit dire à Néoptolème; il me promit de m'emmener. Alors je m'écriai encore: O heureux jour! ô aimable Néoptolème, digne de la gloire de son père! Chers compagnons de ce voyage, souffrez que je dise adieu à cette triste demeure. Voyez où j'ai vécu, comprenez ce que j'ai souffert: nul autre n'eût pu le souffrir; mais la nécessité m'avoit instruit, et elle apprend aux hommes ce qu'ils ne pourroient jamais savoir autrement. Ceux qui n'ont jamais souffert ne savent rien; ils ne connoissent ni les biens ni les maux: ils ignorent les hommes; ils s'ignorent eux-mêmes. Après avoir parlé ainsi, je pris mon arc et mes flèches.

Néoptolème me pria de souffrir qu'il les baisât, ces armes si célèbres, et consacrées par l'invincible Hercule. Je lui répondis: Tu peux tout; c'est toi, mon fils, qui me rends aujourd'hui la lumière, ma patrie, mon père accablé de vieillesse, mes amis, moi-même: tu peux toucher ces armes, et te vanter d'être le seul d'entre les Grecs qui ait mérité de les toucher. Aussitôt Néoptolème entre dans ma grotte pour admirer mes armes.

Cependant une douleur cruelle me saisit, elle me trouble, je ne sais plus ce que je fais; je demande un glaive tranchant pour couper mon pied; je m'écrie: O mort tant desirée! que ne viens-tu? O jeune homme! brûle-moi tout-à-l'heure comme je brûlai le fils de Jupiter. O terre! ô terre! reçois un mourant qui ne peut plus se relever. De ce transport de douleur, je tombe soudainement, selon ma coutume, dans un assoupissement profond; une grande sueur commença à me soulager; un sang noir et corrompu coula de ma plaie. Pendant mon sommeil, il eût été facile à Néoptolème d'emporter mes armes, et de partir; mais il étoit fils d'Achille, et n'étoit pas né pour tromper. En m'éveillant, je reconnus son embarras: il soupiroit comme un homme qui ne sait pas dissimuler, et qui agit contre son cœur. Me veux-tu surprendre? lui dis-je: qu'y a-t-il donc? Il faut, me répondit-il, que vous me suiviez au siége de Troie. Je repris aussitôt: Ah! qu'as-tu dit, mon fils? Rends-moi cet arc; je suis trahi! ne m'arrache pas la vie. Hélas! il ne répond rien; il me regarde tranquillement; rien ne le touche. O rivages! ô promontoires de cette île! ô bêtes farouches! ô rochers escarpés! c'est à vous que je me plains, car je n'ai que vous à qui je puisse me plaindre: vous êtes accoutumés à mes gémissements. Faut-il que je sois trahi par le fils d'Achille! il m'enlève l'arc sacré d'Hercule; il veut me traîner dans le camp des Grecs pour triompher de moi; il ne voit pas que c'est triompher d'un mort, d'une ombre, d'une image vaine. O s'il m'eût attaqué dans ma force!.... mais, encore à présent, ce n'est que par surprise. Que ferai-je? Rends, mon fils, rends: sois semblable à ton père, semblable à toi-même. Que dis-tu?.... Tu ne dis rien! O rocher sauvage! je reviens à toi, nu, misérable, abandonné, sans nourriture; je mourrai seul dans cet antre: n'ayant plus mon arc pour tuer des bêtes, les bêtes me dévoreront; n'importe. Mais, mon fils, tu ne parois pas méchant: quelque conseil te pousse; rends mes armes, va-t-en.

Néoptolème, les larmes aux yeux, disoit tout bas. Plût aux dieux que je ne fusse jamais parti de Scyros! Cependant je m'écrie: Ah! que vois-je? n'est-ce pas Ulysse? Aussitôt j'entends sa voix, et il me répond: Oui, c'est moi. Si le sombre royaume de Pluton se fût entr'ouvert, et que j'eusse vu le noir Tartare, que les dieux mêmes craignent d'entrevoir, je n'aurois pas été saisi, je l'avoue, d'une plus grande horreur. Je m'écriai encore: O terre de Lemnos! je te prends à témoin! O soleil, tu le vois, et tu le souffres! Ulysse me répondit sans s'émouvoir: Jupiter le veut, et je l'exécute. Oses-tu, lui disois-je, nommer Jupiter? Vois-tu ce jeune homme qui n'étoit point né pour la fraude, et qui souffre en exécutant ce que tu l'obliges de faire? Ce n'est pas pour vous tromper, me dit Ulysse, ni pour vous nuire, que nous venons; c'est pour vous délivrer, vous guérir, vous donner la gloire de renverser Troie, et vous ramener dans votre patrie. C'est vous, et non pas Ulysse, qui êtes l'ennemi de Philoctète.

Alors je dis à votre père tout ce que la fureur pouvoit m'inspirer. Puisque tu m'as abandonné sur ce rivage, lui disois-je, que ne m'y laisses-tu en paix? Va chercher la gloire des combats et tous les plaisirs; jouis de ton bonheur avec les Atrides:

laisse-moi ma misère et ma douleur. Pourquoi m'enlever? Je ne suis plus rien; je suis déja mort. Pourquoi ne crois-tu pas encore aujourd'hui, comme tu le croyois autrefois, que je ne saurois partir; que mes cris et l'infection de ma plaie troubleroient les sacrifices? O Ulysse, auteur de mes maux, que les dieux puissent te....! Mais les dieux ne m'écoutent point; au contraire, ils excitent mon ennemi. O terre de ma patrie, que je ne reverrai jamais!.... O dieux, s'il en reste encore quelqu'un d'assez juste pour avoir pitié de moi, punissez, punissez Ulysse; alors je me croirai guéri.

Pendant que je parlois ainsi, votre père, tranquille, me regardoit avec un air de compassion, comme un homme qui, loin d'être irrité, supporte et excuse le trouble d'un malheureux que la fortune a irrité. Je le voyois semblable à un rocher qui, sur le sommet d'une montagne, se joue de la fureur des vents, et laisse épuiser leur rage, pendant qu'il demeure immobile. Ainsi votre père, demeurant dans le silence, attendoit que ma colère fût épuisée; car il savoit qu'il ne faut attaquer les passions des hommes, pour les réduire à la raison, que quand elles commencent à s'affoiblir par une espèce de lassitude. Ensuite il me dit ces paroles: O Philoctète, qu'avez-vous fait de votre raison et de votre courage? voici le moment de s'en servir. Si vous refusez de nous suivre pour remplir les grands desseins de Jupiter sur vous, adieu; vous êtes indigne d'être le libérateur de la Grèce et le destructeur de Troie. Demeurez à Lemnos; ces armes, que j'emporte, me donneront une gloire qui vous étoit destinée. Néoptolème, partons; il est inutile de lui parler: la compassion pour un seul homme ne doit pas nous faire abandonner le salut de la Grèce entière.

Alors je me sentis comme une lionne à qui on vient d'arracher ses petits; elle remplit les forêts de ses rugissements. O caverne, disois-je, jamais je ne te quitterai; tu seras mon tombeau! O séjour de ma douleur, plus de nourriture, plus d'espérance! Qui me donnera un glaive pour me percer? O si les oiseaux de proie pouvoient m'enlever!... Je ne les percerai plus de mes flèches. O arc précieux, arc consacré par les mains du fils de Jupiter! O cher Hercule, s'il te reste encore quelque sentiment, n'es-tu pas indigné? Cet arc n'est plus dans les mains de ton fidèle ami; il est dans les mains impures et trompeuses d'Ulysse. Oiseaux de proie, bêtes farouches, ne fuyez plus cette caverne, mes mains n'ont plus de flèches. Misérable, je ne puis vous nuire, venez m'enlever! ou plutôt que la foudre de l'impitoyable Jupiter m'écrase!

Votre père, ayant tenté tous les autres moyens pour me persuader, jugea enfin que le meilleur étoit de me rendre mes armes; il fit signe à Néoptolème, qui me les rendit aussitôt. Alors je lui dis: Digne fils d'Achille, tu montres que tu l'es. Mais laisse-moi percer mon ennemi. Aussitôt je voulus tirer une flèche contre votre père; mais Néoptolème m'arrêta, en me disant: La colère vous trouble, et vous empêche de voir l'indigne action que vous voulez faire. Pour Ulysse, il paroissoit aussi tranquille contre mes flèches que contre mes injures. Je me sentis touché de cette intrépidité et de cette patience. J'eus honte d'avoir voulu, dans ce premier transport, me servir de mes armes pour tuer celui qui me les avoit fait rendre; mais, comme mon ressentiment n'étoit pas encore apaisé, j'étois inconsolable de devoir mes armes à un homme que je haïssois tant. Cependant Néoptolème me disoit: Sachez que le divin Hélénus, fils de Priam, étant sorti de la ville de Troie par l'ordre et par l'inspiration des dieux, nous a dévoilé l'avenir. La malheureuse Troie tombera, a-t-il dit; mais elle ne peut tomber qu'après qu'elle aura été attaquée par celui qui tient les flèches d'Hercule: cet homme ne peut guérir que quand il sera devant les murailles de Troie; les enfants d'Esculape le guériront.

En ce moment je sentis mon cœur partagé: j'étois touché de la naïveté de Néoptolème, et de la bonne foi avec laquelle il m'avoit rendu mon arc; mais je ne pouvois me résoudre à voir encore le jour, s'il falloit céder à Ulysse; et une mauvaise honte me tenoit en suspens. Me verra-t-on, disois-je en moi-même, avec Ulysse et avec les Atrides? Que croira-t-on de moi?

Pendant que j'étois dans cette incertitude, tout-à-coup j'entends une voix plus qu'humaine: je vois Hercule dans un nuage éclatant; il étoit environné de rayons de gloire. Je reconnus facilement ses traits un peu rudes, son corps robuste, et ses manières simples; mais il avoit une hauteur et une majesté qui n'avoient jamais paru si grandes en lui quand il domptoit les monstres. Il me dit: Tu entends, tu vois Hercule. J'ai quitté le haut Olympe pour t'annoncer les ordres de Jupiter. Tu sais par quels travaux j'ai acquis l'immortalité: il faut que tu ailles avec le fils d'Achille, pour marcher sur mes traces dans le chemin de la gloire. Tu guériras; tu perceras de mes flèches Pâris, auteur de tant de maux. Après la prise de Troie, tu enverras de riches dépouilles à Péan ton père, sur le mont Œta; ces dépouilles seront mises sur mon tombeau comme un monument de la victoire due à mes flèches. Et toi, ô fils d'Achille ! je te déclare que tu ne peux vaincre sans Philoctète, ni Philoctète sans toi. Allez donc comme deux lions qui cherchent ensemble leur proie. J'enverrai Esculape à Troie, pour guérir Philoctète. Surtout, ô Grecs, aimez et observez la religion : le reste meurt ; elle ne meurt jamais.

Après avoir entendu ces paroles, je m'écriai : O heureux jour, douce lumière, tu te montres enfin après tant d'années ! Je t'obéis, je pars après avoir salué ces lieux. Adieu, cher antre. Adieu, nymphes de ces prés humides. Je n'entendrai plus le bruit sourd des vagues de cette mer. Adieu, rivage où tant de fois j'ai souffert les injures de l'air. Adieu, promontoire où Écho répéta tant de fois mes gémissements. Adieu, douces fontaines qui me fûtes si amères. Adieu, ô terre de Lemnos ; laisse-moi partir heureusement, puisque je vais où m'appelle la volonté des dieux et de mes amis !

Ainsi nous partîmes : nous arrivâmes au siége de Troie. Machaon et Podalyre, par la divine science de leur père Esculape, me guérirent, ou du moins me mirent dans l'état où vous me voyez. Je ne souffre plus ; j'ai retrouvé toute ma vigueur : mais je suis un peu boiteux. Je fis tomber Pâris comme un timide faon de biche qu'un chasseur perce de ses traits. Bientôt Ilion fut réduite en cendres ; vous savez le reste. J'avois néanmoins encore je ne sais quelle aversion pour le sage Ulysse, par le souvenir de mes maux ; et sa vertu ne pouvoit apaiser ce ressentiment : mais la vue d'un fils qui lui ressemble, et que je ne puis m'empêcher d'aimer, m'attendrit le cœur pour le père même.

LIVRE XIII.

Télémaque, pendant son séjour chez les alliés, trouve de grandes difficultés pour se ménager parmi tant de rois jaloux les uns des autres. Il entre en différend avec Phalante, chef des Lacédémoniens, pour quelques prisonniers faits sur les Dauniens, et que chacun prétendoit lui appartenir. Pendant que la cause se discute dans l'assemblée des rois alliés, Hippias, frère de Phalante, va prendre les prisonniers pour les emmener à Tarente. Télémaque, irrité, attaque Hippias avec fureur, et le terrasse dans un combat singulier. Mais bientôt, honteux de son emportement, il ne songe qu'au moyen de le réparer. Cependant Adraste, roi des Dauniens, informé du trouble et de la consternation occasionés dans l'armée des alliés par le différend de Télémaque et d'Hippias, va les attaquer à l'improviste. Après avoir surpris cent de leurs vaisseaux, pour transporter ses troupes dans leur camp, il y met d'abord le feu, commence l'attaque par le quartier de Phalante, tue son frère Hippias ; et Phalante lui-même tombe percé de coups. A la première nouvelle de ce désordre, Télémaque, revêtu de ses armes divines, s'élance hors du camp, rassemble autour de lui l'armée des alliés, et dirige les mouvements avec tant de sagesse, qu'il repousse en peu de temps l'ennemi victorieux. Il eût même remporté une victoire complète, si une tempête survenue n'eût séparé les deux armées. Après le combat, Télémaque visite les blessés, et leur procure tous les soulagements qu'ils peuvent avoir besoin. Il prend un soin particulier de Phalante, et des funérailles d'Hippias, dont il va lui-même porter les cendres à Phalante dans une urne d'or.

Pendant que Philoctète avoit raconté ainsi ses aventures, Télémaque étoit demeuré comme suspendu et immobile. Ses yeux étoient attachés sur ce grand homme qui parloit. Toutes les passions différentes qui avoient agité Hercule, Philoctète, Ulysse, Néoptolème, paroissoient tour à tour sur le visage naïf de Télémaque, à mesure qu'elles étoient représentées dans la suite de cette narration. Quelquefois il s'écrioit, et interrompoit Philoctète sans y penser ; quelquefois il paroissoit rêveur, comme un homme qui pense profondément à la suite des affaires. Quand Philoctète dépeignit l'embarras de Néoptolème, qui ne savoit point dissimuler, Télémaque parut dans le même embarras ; et dans ce moment on l'auroit pris pour Néoptolème.

Cependant l'armée des alliés marchoit en bon ordre contre Adraste, roi des Dauniens, qui méprisoit les dieux, et qui ne cherchoit qu'à tromper les hommes. Télémaque trouva de grandes difficultés pour se ménager parmi tant de rois jaloux les uns des autres. Il falloit ne se rendre suspect à aucun, et se faire aimer de tous. Son naturel étoit bon et sincère, mais peu caressant ; il ne s'avisoit guère de ce qui pouvoit faire plaisir aux autres : il n'étoit point attaché aux richesses, mais il ne savoit point donner. Ainsi, avec un cœur noble et porté au bien, il ne paroissoit ni obligeant, ni sensible à l'amitié, ni libéral, ni reconnoissant des soins qu'on prenoit pour lui, ni attentif à distinguer le mérite. Il suivoit son goût sans réflexion. Sa mère Pénélope l'avoit nourri, malgré Mentor, dans une hauteur et une fierté qui ternissoient tout ce qu'il y avoit de plus aimable en lui. Il se regardoit comme étant d'une autre nature que le reste des hommes ; les autres ne lui sembloient mis sur la terre par les dieux, que pour lui plaire, pour le servir, pour prévenir tous ses desirs, et pour rapporter tout à lui comme à une divinité. Le bonheur de le servir étoit, selon lui, une assez haute récompense pour ceux qui le servoient. Il ne falloit jamais rien trouver d'impossible quand il s'agissoit de le contenter ; et les moindres retardements irritoient son naturel ardent.

Ceux qui l'auroient vu ainsi dans son naturel auroient jugé qu'il étoit incapable d'aimer autre chose que lui-même, qu'il n'étoit sensible qu'à sa gloire et à son plaisir ; mais cette indifférence pour les autres et cette attention continuelle sur lui-même ne venoient que du transport continuel où il étoit jeté par la violence de ses passions. Il avoit été flatté par sa mère dès le berceau, et il étoit un grand exemple du malheur de ceux qui naissent dans l'élévation. Les rigueurs de la fortune, qu'il sentit dès sa première jeunesse, n'avoient pu modérer cette impétuosité et cette hauteur. Dépourvu de tout, abandonné, exposé à tant de maux, il n'avoit rien perdu de sa fierté ; elle se relevoit toujours comme la palme souple se relève sans cesse d'elle-même, quelque effort qu'on fasse pour l'abaisser.

Pendant que Télémaque étoit avec Mentor, ces défauts ne paroissoient point, et ils se diminuoient tous les jours. Semblable à un coursier fougueux qui bondit dans les vastes prairies, que ni les rochers escarpés, ni les précipices, ni les torrents n'arrêtent, qui ne connoît que la voix et la main d'un seul homme capable de le dompter, Télémaque, plein d'une noble ardeur, ne pouvoit être retenu que par le seul Mentor. Mais aussi un de ses regards l'arrêtoit tout-à-coup dans sa plus grande impétuosité : il entendoit d'abord ce que signifioit ce regard ; il rappeloit d'abord dans son cœur tous les sentiments de vertu. La sagesse rendoit en un moment son visage doux et serein. Neptune, quand il élève son trident, et qu'il menace les flots soulevés, n'apaise point plus soudainement les noires tempêtes.

Quand Télémaque se trouva seul, toutes ses passions, suspendues comme un torrent arrêté par une forte digue, reprirent leur cours : il ne put souffrir l'arrogance des Lacédémoniens, et de Phalante qui étoit à leur tête. Cette colonie, qui étoit venue fonder Tarente, étoit composée de jeunes hommes nés pendant le siége de Troie, qui n'avoient eu aucune éducation : leur naissance illégitime, le déréglement de leurs mères, la licence dans laquelle ils avoient été élevés, leur donnoient je ne sais quoi de farouche et de barbare. Ils ressembloient plutôt à une troupe de brigands, qu'à une colonie grecque.

Phalante, en toute occasion, cherchoit à contredire Télémaque ; souvent il l'interrompoit dans les assemblées, méprisant ses conseils comme ceux d'un jeune homme sans expérience : il en faisoit des railleries, le traitant de foible et d'efféminé ; il faisoit remarquer aux chefs de l'armée ses moindres fautes. Il tâchoit de semer partout la jalousie, et de rendre la fierté de Télémaque odieuse à tous les alliés.

Un jour, Télémaque ayant fait sur les Dauniens quelques prisonniers, Phalante prétendit que ces captifs devoient lui appartenir, parce que c'étoit lui, disoit-il, qui, à la tête de ses Lacédémoniens, avoit défait cette troupe d'ennemis ; et que Télémaque, trouvant les Dauniens déja vaincus et mis en fuite, n'avoit eu d'autre peine que celle de leur donner la vie et de les mener dans le camp. Télémaque soutenoit, au contraire, que c'étoit lui qui avoit empêché Phalante d'être vaincu, et qui avoit remporté la victoire sur les Dauniens. Ils allèrent tous deux défendre leur cause dans l'assemblée des rois alliés. Télémaque s'y emporta jusqu'à menacer Phalante ; ils se fussent battus sur-le-champ, si on ne les eût arrêtés.

Phalante avoit un frère nommé Hippias, célèbre dans toute l'armée par sa valeur, par sa force et par son adresse. Pollux, disoient les Tarentins, ne combattoit pas mieux du ceste ; Castor n'eût pu le surpasser pour conduire un cheval ; il avoit presque la taille et la force d'Hercule. Toute l'armée le craignoit ; car il étoit encore plus querelleux et plus brutal, qu'il n'étoit fort et vaillant. Hippias, ayant vu avec quelle hauteur Télémaque avoit menacé son frère, va à la hâte prendre les prisonniers pour les emmener à Tarente, sans attendre le jugement de l'assemblée. Télémaque, à qui on vint le dire en secret, sortit en frémissant de rage. Tel qu'un sanglier écumant, qui cherche le chasseur par lequel il a été blessé, on le voyoit errer dans le camp, cherchant des yeux son ennemi, et branlant le dard dont il le vouloit percer. Enfin il le rencontre ; et, en le voyant, sa fureur se redouble. Ce n'étoit plus ce sage Télémaque instruit par Minerve sous la figure de Mentor, c'étoit un frénétique, ou un lion furieux.

Aussitôt il crie à Hippias : Arrête, ô le plus lâche de tous les hommes! arrête; nous allons voir si tu pourras m'enlever les dépouilles de ceux que j'ai vaincus. Tu ne les conduiras point à Tarente; va, descends tout-à-l'heure dans les rives sombres du Styx. Il dit, et il lança son dard; mais il le lança avec tant de fureur, qu'il ne put mesurer son coup; le dard ne toucha point Hippias. Aussitôt Télémaque prend son épée, dont la garde étoit d'or, et que Laërte lui avoit donnée, quand il partit d'Ithaque, comme un gage de sa tendresse. Laërte s'en étoit servi avec beaucoup de gloire, pendant qu'il étoit jeune; et elle avoit été teinte du sang de plusieurs fameux capitaines des Épirotes, dans une guerre où Laërte fut victorieux. A peine Télémaque eut tiré cette épée, qu'Hippias, qui vouloit profiter de l'avantage de sa force, se jeta pour l'arracher des mains du jeune fils d'Ulysse. L'épée se rompt dans leurs mains; ils se saisissent et se serrent l'un l'autre. Les voilà comme deux bêtes cruelles qui cherchent à se déchirer; le feu brille dans leurs yeux; ils se raccourcissent; ils s'allongent, ils s'abaissent, ils se relèvent, ils s'élancent, ils sont altérés de sang. Les voilà aux prises, pied contre pied, main contre main : ces deux corps entrelacés sembloient n'en faire qu'un. Mais Hippias, d'un âge plus avancé, sembloit devoir accabler Télémaque, dont la tendre jeunesse étoit moins nerveuse. Déja Télémaque, hors d'haleine, sentoit ses genoux chancelants. Hippias, le voyant ébranlé, redoubloit ses efforts. C'étoit fait du fils d'Ulysse; il alloit porter la peine de sa témérité et de son emportement, si Minerve, qui veilloit de loin sur lui, et qui ne le laissoit dans cette extrémité de péril, que pour l'instruire, n'eût déterminé la victoire en sa faveur.

Elle ne quitta point le palais de Salente; mais elle envoya Iris, la prompte messagère des dieux. Celle-ci, volant d'une aile légère, fendit les espaces immenses des airs, laissant après elle une longue trace de lumière qui peignoit un nuage de mille diverses couleurs. Elle ne se reposa que sur le rivage de la mer où étoit campée l'armée innombrable des alliés : elle voit de loin la querelle, l'ardeur et les efforts des deux combattants; elle frémit à la vue du danger où étoit le jeune Télémaque; elle s'approche, enveloppée d'un nuage clair qu'elle avoit formé de vapeurs subtiles. Dans le moment où Hippias, sentant toute sa force, se crut victorieux, elle couvrit le jeune nourrisson de Minerve de l'égide que la sage déesse lui avoit confiée. Aussitôt Télémaque, dont les forces étoient épuisées, commence à se ranimer. A mesure qu'il se ranime, Hippias se trouble; il sent je ne sais quoi de divin qui l'étonne et qui l'accable. Télémaque le presse et l'attaque, tantôt dans une situation, tantôt dans une autre; il l'ébranle, il ne lui laisse aucun moment pour se rassurer; enfin il le jette par terre et tombe sur lui. Un grand chêne du mont Ida, que la hache a coupé par mille coups dont toute la forêt a retenti, ne fait pas un plus horrible bruit en tombant; la terre en gémit; tout ce qui l'environne en est ébranlé.

Cependant la sagesse étoit revenue avec la force au-dedans de Télémaque. A peine Hippias fut-il tombé sous lui, que le fils d'Ulysse comprit la faute qu'il avoit faite d'attaquer ainsi le frère d'un des rois alliés qu'il étoit venu secourir : il rappela en lui-même, avec confusion, les sages conseils de Mentor : il eut honte de sa victoire, et comprit combien il avoit mérité d'être vaincu. Cependant Phalante, transporté de fureur, accouroit au secours de son frère : il eût percé Télémaque d'un dard qu'il portoit, s'il n'eût craint de percer aussi Hippias, que Télémaque tenoit sous lui dans la poussière. Le fils d'Ulysse eût pu sans peine ôter la vie à son ennemi; mais sa colère étoit apaisée, et il ne songeoit plus qu'à réparer sa faute en montrant de la modération. Il se lève en disant : O Hippias! il me suffit de vous avoir appris à ne mépriser jamais ma jeunesse; vivez : j'admire votre force et votre courage. Les dieux m'ont protégé; cédez à leur puissance : ne songeons plus qu'à combattre ensemble contre les Dauniens.

Pendant que Télémaque parloit ainsi, Hippias se relevoit couvert de poussière et de sang, plein de honte et de rage. Phalante n'osoit ôter la vie à celui qui venoit de la donner si généreusement à son frère; il étoit en suspens et hors de lui-même. Tous les rois alliés accourent : ils mènent d'un côté Télémaque, de l'autre Phalante et Hippias, qui, ayant perdu sa fierté, n'osoit lever les yeux. Toute l'armée ne pouvoit assez s'étonner que Télémaque, dans un âge si tendre, où les hommes n'ont point encore toute leur force, eût pu renverser Hippias, semblable en force et en grandeur à ces géants, enfants de la terre, qui osèrent autrefois chasser de l'Olympe les immortels.

Mais le fils d'Ulysse étoit bien éloigné de jouir du plaisir de cette victoire. Pendant qu'on ne pouvoit se lasser de l'admirer, il se retira dans sa tente, honteux de sa faute, et ne pouvant plus se supporter lui-même. Il gémissoit de sa promptitude; il reconnoissoit combien il étoit injuste et déraisonnable dans ses emportements; il trouvoit je ne sais quoi de vain, de foible et de bas, dans cette hauteur démesurée. Il reconnoissoit que la véritable grandeur n'est que dans la modération, la justice, la modestie et l'humanité : il le voyoit ; mais il n'osoit espérer de se corriger après tant de rechutes ; il étoit aux prises avec lui-même, et on l'entendoit rugir comme un lion furieux.

Il demeura deux jours renfermé seul dans sa tente, ne pouvant se résoudre à se rendre dans aucune société, et se punissant soi-même. Hélas ! disoit-il, oserai-je revoir Mentor ? Suis-je le fils d'Ulysse, le plus sage et le plus patient des hommes ? Suis-je venu porter la division et le désordre dans l'armée des alliés ? est-ce leur sang ou celui des Dauniens leurs ennemis, que je dois répandre ? J'ai été téméraire ; je n'ai pas même su lancer mon dard ; je me suis exposé dans un combat avec Hippias à forces inégales ; je n'en devois attendre que la mort, avec la honte d'être vaincu. Mais qu'importe ? je ne serois plus ; non, je ne serois plus ce téméraire Télémaque, ce jeune insensé, qui ne profite d'aucun conseil : ma honte finiroit avec ma vie. Hélas ! si je pouvois au moins espérer de ne plus faire ce que je suis désolé d'avoir fait ? trop heureux ! trop heureux ! mais peut-être qu'avant la fin du jour je ferai et voudrai faire encore les mêmes fautes dont j'ai maintenant tant de honte et d'horreur. O funeste victoire ! ô louanges que je ne puis souffrir, et qui sont de cruels reproches de ma folie !

Pendant qu'il étoit seul, inconsolable, Nestor et Philoctète le vinrent trouver. Nestor voulut lui remontrer le tort qu'il avoit ; mais ce sage vieillard, reconnoissant bientôt la désolation du jeune homme, changea ses graves remontrances en des paroles de tendresse, pour adoucir son désespoir.

Les princes alliés étoient arrêtés par cette querelle ; et ils ne pouvoient marcher vers les ennemis, qu'après avoir réconcilié Télémaque avec Phalante et Hippias. On craignoit à toute heure que les troupes des Tarentins n'attaquassent les cent jeunes Crétois qui avoient suivi Télémaque dans cette guerre : tout étoit dans le trouble pour la faute du seul Télémaque ; et Télémaque, qui voyoit tant de maux présents et de périls pour l'avenir, dont il étoit l'auteur, s'abandonnoit à une douleur amère. Tous les princes étoient dans un extrême embarras : ils n'osoient faire marcher l'armée, de peur que dans la marche les Crétois de Télémaque et les Tarentins de Phalante ne combattissent les uns contre les autres. On avoit bien de la peine à les retenir au dedans du camp, où ils étoient gardés de près. Nestor et Philoctète alloient et venoient sans cesse de la tente de Télémaque à celle de l'implacable Phalante, qui ne respiroit que la vengeance. La douce éloquence de Nestor et l'autorité du grand Philoctète ne pouvoient modérer ce cœur farouche, qui étoit encore sans cesse irrité par les discours pleins de rage de son frère Hippias. Télémaque étoit bien plus doux ; mais il étoit abattu par une douleur que rien ne pouvoit consoler.

Pendant que les princes étoient dans cette agitation, toutes les troupes étoient consternées ; tout le camp paroissoit comme une maison désolée qui vient de perdre un père de famille, l'appui de tous ses proches et la douce espérance de ses petits-enfants. Dans ce désordre et cette consternation de l'armée, on entend tout-à-coup un bruit effroyable de chariots, d'armes, de hennissements de chevaux, de cris d'hommes, les uns vainqueurs et animés au carnage, les autres ou fuyants, ou mourants, ou blessés. Un tourbillon de poussière forme un épais nuage qui couvre le ciel et qui enveloppe tout le camp. Bientôt à la poussière se joint une fumée épaisse qui troubloit l'air, et qui ôtoit la respiration. On entendoit un bruit sourd, semblable à celui des tourbillons de flamme que le mont Etna vomit du fond de ses entrailles embrasées, lorsque Vulcain, avec ses Cyclopes, y forge des foudres pour le père des dieux. L'épouvante saisit les cœurs.

Adraste, vigilant et infatigable, avoit surpris les alliés ; il leur avoit caché sa marche, et il étoit instruit de la leur. Pendant deux nuits, il avoit fait une incroyable diligence pour faire le tour d'une montagne presque inaccessible, dont les alliés avoient saisi tous les passages. Tenant ces défilés, ils se croyoient en pleine sûreté, et prétendoient même pouvoir, par ces passages qu'ils occupoient, tomber sur l'ennemi derrière la montagne, quand quelques troupes qu'ils attendoient leur seroient venues. Adraste, qui répandoit l'argent à pleines mains pour savoir le secret de ses ennemis, avoit appris leur résolution ; car Nestor et Philoctète, ces deux capitaines d'ailleurs si sages et si expérimentés, n'étoient pas assez secrets dans leurs entreprises. Nestor, dans ce déclin de l'âge, se plaisoit trop à raconter ce qui pouvoit lui attirer quelque louange : Philoctète naturellement parloit moins ; mais il étoit prompt ; et, si peu qu'on excitât sa vivacité, on lui faisoit dire ce qu'il avoit résolu de taire. Les gens artificieux avoient trouvé la clef de son cœur, pour en tirer les plus importants secrets. On n'avoit qu'à l'irriter : alors, fougueux et hors de lui-même, il éclatoit par des menaces ; il se vantoit d'avoir des moyens sûrs de parvenir à ce qu'il vouloit. Si peu qu'on parût douter de ces moyens, il se hâtoit de les expliquer inconsidérément; et le secret le plus intime échappoit du fond de son cœur. Semblable à un vase précieux, mais fêlé, d'où s'écoulent toutes les liqueurs les plus délicieuses, le cœur de ce grand capitaine ne pouvoit rien garder. Les traîtres, corrompus par l'argent d'Adraste, ne manquoient pas de se jouer de la foiblesse de ces deux rois. Ils flattoient sans cesse Nestor par de vaines louanges; ils lui rappeloient ses victoires passées, admiroient sa prévoyance, ne se lassoient jamais d'applaudir. D'un autre côté, ils tendoient des pièges continuels à l'humeur impatiente de Philoctète; ils ne lui parloient que de difficultés, de contre-temps, de dangers, d'inconvénients, de fautes irrémédiables. Aussitôt que ce naturel prompt étoit enflammé, sa sagesse l'abandonnoit, et il n'étoit plus le même homme.

Télémaque, malgré les défauts que nous avons vus, étoit bien plus prudent pour garder un secret : il y étoit accoutumé par ses malheurs, et par la nécessité où il avoit été dès son enfance de cacher ses desseins aux amants de Pénélope. Il savoit faire un secret sans dire aucun mensonge : il n'avoit point même un certain air réservé et mystérieux qu'ont d'ordinaire les gens secrets; il ne paroissoit point chargé du poids du secret qu'il devoit garder; on le trouvoit toujours libre, naturel, ouvert, comme un homme qui a son cœur sur ses lèvres. Mais en disant tout ce qu'on pouvoit dire sans conséquence, il savoit s'arrêter précisément et sans affectation aux choses qui pouvoient donner quelque soupçon et entamer son secret : par là son cœur étoit impénétrable et inaccessible. Ses meilleurs amis mêmes ne savoient que ce qu'il croyoit utile de leur découvrir pour en tirer de sages conseils, et il n'y avoit que le seul Mentor pour lequel il n'avoit aucune réserve. Il se confioit à d'autres amis, mais à divers degrés, et à proportion de ce qu'il avoit éprouvé leur amitié et leur sagesse.

Télémaque avoit souvent remarqué que les résolutions du conseil se répandoient un peu trop dans le camp; il en avoit averti Nestor et Philoctète. Mais ces deux hommes si expérimentés ne firent pas assez d'attention à un avis si salutaire : la vieillesse n'a plus rien de souple, la longue habitude la tient comme enchaînée; elle n'a presque plus de ressource contre ses défauts. Semblables aux arbres dont le tronc rude et noueux s'est durci par le nombre des années, et ne peut plus se redresser, les hommes, à un certain âge, ne peuvent presque plus se plier eux-mêmes contre certaines habitudes qui ont vieilli avec eux, et qui sont entrées jusque dans la moelle de leurs os. Souvent ils les connoissent, mais trop tard; ils en gémissent en vain : et la tendre jeunesse est le seul âge où l'homme peut encore tout sur lui-même pour se corriger.

Il y avoit dans l'armée un Dolope, nommé Eurymaque, flatteur insinuant, sachant s'accommoder à tous les goûts et à toutes les inclinations des princes, inventif et industrieux pour trouver de nouveaux moyens de leur plaire. A l'entendre, rien n'étoit jamais difficile. Lui demandoit-on son avis, il devinoit celui qui seroit le plus agréable. Il étoit plaisant, railleur contre les foibles, complaisant pour ceux qu'il craignoit, habile pour assaisonner une louange délicate qui fût bien reçue des hommes les plus modestes. Il étoit grave avec les graves, enjoué avec ceux qui étoient d'une humeur enjouée : il ne lui coûtoit rien de prendre toutes sortes de formes. Les hommes sincères et vertueux, qui sont toujours les mêmes, et qui s'assujétissent aux règles de la vertu, ne sauroient jamais être aussi agréables aux princes que leurs passions dominent.

Eurymaque savoit la guerre; il étoit capable d'affaires : c'étoit un aventurier qui s'étoit donné à Nestor, et qui avoit gagné sa confiance. Il tiroit du fond de son cœur, un peu vain et sensible aux louanges, tout ce qu'il en vouloit savoir. Quoique Philoctète ne se confiât point à lui, la colère et l'impatience faisoient en lui ce que la confiance faisoit dans Nestor. Eurymaque n'avoit qu'à le contredire; en l'irritant, il découvroit tout. Cet homme avoit reçu de grandes sommes d'Adraste pour lui mander tous les desseins des alliés. Ce roi des Dauniens avoit dans l'armée un certain nombre de transfuges qui devoient l'un après l'autre s'échapper du camp des alliés et retourner au sien. A mesure qu'il y avoit quelque affaire importante à faire savoir à Adraste, Eurymaque faisoit partir un de ces transfuges. La tromperie ne pouvoit pas être facilement découverte, parce que ces transfuges ne portoient point de lettres. Si on les surprenoit, on ne trouvoit rien qui pût rendre Eurymaque suspect. Cependant Adraste prévenoit toutes les entreprises des alliés. A peine une résolution étoit-elle prise dans le conseil, que les Dauniens faisoient précisément ce qui étoit nécessaire pour en empêcher le succès. Télémaque ne se lassoit point d'en chercher la cause, et d'exciter la défiance de Nestor et de Philoctète : mais son soin étoit inutile; ils étoient aveuglés.

On avoit résolu, dans le conseil, d'attendre les troupes nombreuses qui devoient venir, et on avoit fait avancer secrètement pendant la nuit cent vaisseaux pour conduire plus promptement ces troupes, depuis une côte de mer très-rude, où elles devoient arriver, jusqu'au lieu où l'armée campoit. Cependant on se croyoit en sûreté, parce qu'on tenoit avec des troupes les détroits de la montagne voisine, qui est une côte presque inaccessible de l'Apennin. L'armée étoit campée sur les bords du fleuve Galèse, assez près de la mer. Cette campagne délicieuse est abondante en pâturages et en tous les fruits qui peuvent nourrir une armée. Adraste étoit derrière la montagne, et on comptoit qu'il ne pouvoit passer; mais comme il sut que les alliés étoient encore foibles, qu'ils attendoient un grand secours, que les vaisseaux attendoient l'arrivée des troupes qui devoient venir, et que l'armée étoit divisée par la querelle de Télémaque avec Phalante, il se hâta de faire un grand tour. Il vint en diligence jour et nuit sur le bord de la mer, et passa par des chemins qu'on avoit toujours crus absolument impraticables. Ainsi la hardiesse et le travail obstiné surmontent les plus grands obstacles; ainsi il n'y a presque rien d'impossible à ceux qui savent oser et souffrir; ainsi ceux qui s'endorment, comptant que les choses difficiles sont impossibles, méritent d'être surpris et accablés.

Adraste surprit au point du jour les cent vaisseaux qui appartenoient aux alliés. Comme ces vaisseaux étoient mal gardés, et qu'on ne se défioit de rien, il s'en saisit sans résistance, et s'en servit pour transporter ses troupes, avec une incroyable diligence, à l'embouchure du Galèse; puis il remonta très promptement le long du fleuve. Ceux qui étoient dans les postes avancés autour du camp, vers la rivière, crurent que ces vaisseaux leur amenoient les troupes qu'on attendoit; on poussa d'abord de grands cris de joie. Adraste et ses soldats descendirent avant qu'on pût les reconnoître : ils tombent sur les alliés, qui ne se défient de rien; ils les trouvent dans un camp tout ouvert, sans ordre, sans chefs, sans armes.

Le côté du camp qu'il attaqua d'abord fut celui des Tarentins, où commandoit Phalante. Les Dauniens y entrèrent avec tant de vigueur, que cette jeunesse lacédémonienne, étant surprise, ne put résister. Pendant qu'ils cherchent leurs armes, et qu'ils s'embarrassent les uns les autres dans cette confusion, Adraste fait mettre le feu au camp. Aussitôt la flamme s'élève des pavillons, et monte jusqu'aux nues : le bruit du feu est semblable à celui d'un torrent qui inonde toute une campagne, et qui entraîne par sa rapidité les grands chênes avec leurs profondes racines, les moissons, les granges, les étables, et les troupeaux. Le vent pousse impétueusement la flamme de pavillon en pavillon, et bientôt tout le camp est comme une vieille forêt qu'une étincelle de feu a embrasée.

Phalante, qui voit le péril de plus près qu'un autre, ne peut y remédier. Il comprend que toutes les troupes vont périr dans cet incendie, si on ne se hâte d'abandonner le camp; mais il comprend aussi combien le désordre de cette retraite est à craindre devant un ennemi victorieux : il commence à faire sortir sa jeunesse lacédémonienne encore à demi désarmée. Mais Adraste ne les laisse point respirer : d'un côté, une troupe d'archers adroits perce de flèches innombrables les soldats de Phalante; de l'autre, des frondeurs jettent une grêle de grosses pierres. Adraste lui-même, l'épée à la main, marchant à la tête d'une troupe choisie des plus intrépides Dauniens, poursuit, à la lueur du feu, les troupes qui s'enfuient. Il moissonne par le fer tranchant tout ce qui a échappé au feu; il nage dans le sang, et il ne peut s'assouvir de carnage : les lions et les tigres n'égalent point sa furie quand ils égorgent les bergers avec leurs troupeaux. Les troupes de Phalante succombent, et le courage les abandonne : la pâle mort, conduite par une furie infernale dont la tête est hérissée de serpents, glace le sang de leurs veines; leurs membres engourdis se roidissent, et leurs genoux chancelants leur ôtent même l'espérance de la fuite.

Phalante, à qui la honte et le désespoir donnent encore un reste de force et de vigueur, élève les mains et les yeux vers le ciel; il voit tomber à ses pieds son frère Hippias, sous les coups de la main foudroyante d'Adraste. Hippias, étendu par terre, se roule dans la poussière; un sang noir et bouillonnant sort comme un ruisseau, de la profonde blessure qui lui traverse le côté; ses yeux se ferment à la lumière; son ame furieuse s'enfuit avec tout son sang. Phalante lui-même, tout couvert du sang de son frère, et ne pouvant le secourir, se voit enveloppé par une foule d'ennemis qui s'efforcent de le renverser; son bouclier est percé de mille traits; il est blessé en plusieurs endroits de son corps; il ne peut plus rallier ses troupes fugitives : les dieux le voient, et ils n'en ont aucune pitié.

Jupiter, au milieu de toutes les divinités célestes, regardoit du haut de l'Olympe ce carnage des alliés. En même temps il consultoit les immuables destinées, et voyoit tous les chefs dont la trame devoit ce jour-là être tranchée par le ciseau de la

Parque. Chacun des dieux étoit attentif pour découvrir sur le visage de Jupiter quelle seroit sa volonté. Mais le père des dieux et des hommes leur dit d'une voix douce et majestueuse : Vous voyez en quelle extrémité sont réduits les alliés; vous voyez Adraste qui renverse tous ses ennemis : mais ce spectacle est bien trompeur, la gloire et la prospérité des méchants est courte : Adraste, impie, et odieux par sa mauvaise foi, ne remportera point une entière victoire. Ce malheur n'arrive aux alliés, que pour leur apprendre à se corriger, et à mieux garder le secret de leurs entreprises. Ici la sage Minerve prépare une nouvelle gloire à son jeune Télémaque, dont elle fait ses délices. Alors Jupiter cessa de parler. Tous les dieux en silence continuoient à regarder le combat.

Cependant Nestor et Philoctète furent avertis qu'une partie du camp étoit déja brûlée; que la flamme, poussée par le vent, s'avançoit toujours; que leurs troupes étoient en désordre, et que Phalante ne pouvoit plus soutenir l'effort des ennemis. A peine ces funestes paroles frappent leurs oreilles, et déja ils courent aux armes, assemblent les capitaines, et ordonnent qu'on se hâte de sortir du camp pour éviter cet incendie.

Télémaque, qui étoit abattu et inconsolable, oublie sa douleur : il prend ses armes, dons précieux de la sage Minerve, qui, paroissant sous la figure de Mentor, fit semblant de les avoir reçues d'un excellent ouvrier de Salente, mais qui les avoit fait faire à Vulcain dans les cavernes fumantes du mont Etna.

Ces armes étoient polies comme une glace, et brillantes comme les rayons du soleil. On y voyoit Neptune et Pallas qui disputoient entre eux à qui auroit la gloire de donner son nom à une ville naissante. Neptune de son trident frappoit la terre, et on en voyoit sortir un cheval fougueux : le feu sortoit de ses yeux, et l'écume de sa bouche; ses crins flottoient au gré du vent; ses jambes souples et nerveuses se replioient avec vigueur et légèreté. Il ne marchoit point, il sautoit à force de reins, mais avec tant de vitesse, qu'il ne laissoit aucune trace de ses pas; on croyoit l'entendre hennir.

De l'autre côté, Minerve donnoit aux habitants de sa nouvelle ville l'olive, fruit de l'arbre qu'elle avoit planté. Le rameau, auquel pendoit son fruit, représentoit la douce paix avec l'abondance, préférable aux troubles de la guerre dont ce cheval étoit l'image. La déesse demeuroit victorieuse par ses dons simples et utiles, et la superbe Athènes portoit son nom.

On voyoit aussi Minerve assemblant autour d'elle tous les beaux-arts, qui étoient des enfants tendres et ailés : ils se réfugioient autour d'elle, étant épouvantés des fureurs brutales de Mars qui ravage tout, comme les agneaux bêlants se réfugient sous leur mère à la vue d'un loup affamé, qui, d'une gueule béante et enflammée, s'élance pour les dévorer. Minerve, d'un visage dédaigneux et irrité, confondoit, par l'excellence de ses ouvrages, la folle témérité d'Arachné, qui avoit osé disputer avec elle pour la perfection des tapisseries. On voyoit cette malheureuse, dont tous les membres exténués se défiguroient, et se changeoient en araignée.

Auprès de cet endroit paroissoit encore Minerve, qui, dans la guerre des géants, servoit de conseil à Jupiter même, et soutenoit tous les autres dieux étonnés. Elle étoit aussi représentée, avec sa lance et son égide, sur les bords du Xanthe et du Simoïs, menant Ulysse par la main, ranimant les troupes fugitives des Grecs, soutenant les efforts des plus vaillants capitaines troyens, et du redoutable Hector même; enfin, introduisant Ulysse dans cette fatale machine qui devoit en une seule nuit renverser l'empire de Priam.

D'un autre côté, ce bouclier représentoit Cérès dans les fertiles campagnes d'Enna, qui sont au milieu de la Sicile. On voyoit la déesse qui rassembloit les peuples épars çà et là cherchant leur nourriture par la chasse, ou cueillant les fruits sauvages qui tomboient des arbres. Elle montroit à ces hommes grossiers l'art d'adoucir la terre, et de tirer de son sein fécond leur nourriture. Elle leur présentoit une charrue, et y faisoit atteler des bœufs. On voyoit la terre s'ouvrir en sillons par le tranchant de la charrue; puis on apercevoit les moissons dorées qui couvroient ces fertiles campagnes : le moissonneur, avec sa faux, coupoit les doux fruits de la terre, et se payoit de toutes ses peines. Le fer, destiné ailleurs à tout détruire, ne paroissoit employé, en ce lieu, qu'à préparer l'abondance, et qu'à faire naître tous les plaisirs.

Les nymphes, couronnées de fleurs, dansoient ensemble dans une prairie, sur le bord d'une rivière, auprès d'un bocage : Pan jouoit de la flûte; les Faunes et les Satyres folâtres sautoient dans un coin. Bacchus y paroissoit aussi couronné de lierre, appuyé d'une main sur son thyrse, et tenant de l'autre une vigne ornée de pampre et de plusieurs grappes de raisin. C'étoit une beauté molle, avec je ne sais quoi de noble, de passionné et de languissant : il étoit tel qu'il parut à la malheureuse Ariadne, lorsqu'il la trouva seule, abandonnée, et abîmée dans la douleur, sur un rivage inconnu.

Enfin on voyoit de toutes parts un peuple nombreux, des vieillards qui alloient porter dans les temples les prémices de leurs fruits; de jeunes hommes qui revenoient vers leurs épouses, lassés du travail de la journée : les femmes alloient au-devant d'eux, menant par la main leurs petits enfants qu'elles caressoient. On voyoit aussi des bergers qui paroissoient chanter, et quelques-uns dansoient au son du chalumeau. Tout représentoit la paix, l'abondance, les délices; tout paroissoit riant et heureux. On voyoit même dans les pâturages les loups se jouer au milieu des moutons : le lion et le tigre, ayant quitté leur férocité, étoient paisiblement avec les tendres agneaux; un petit berger les menoit ensemble sous sa houlette; et cette aimable peinture rappeloit tous les charmes de l'âge d'or.

Télémaque, s'étant revêtu de ces armes divines, au lieu de prendre son baudrier ordinaire, prit la terrible égide que Minerve lui avoit envoyée, en la confiant à Iris, prompte messagère des dieux. Iris lui avoit enlevé son baudrier sans qu'il s'en aperçût, et lui avoit donné en la place cette égide redoutable aux dieux mêmes.

En cet état, il court hors du camp pour en éviter les flammes; il appelle à lui, d'une voix forte, tous les chefs de l'armée, et cette voix ranime déjà tous les alliés éperdus. Un feu divin étincelle dans les yeux du jeune guerrier. Il paroît toujours doux, toujours libre et tranquille, toujours appliqué à donner les ordres, comme pourroit faire un sage vieillard appliqué à régler sa famille et à instruire ses enfants. Mais il est prompt et rapide dans l'exécution : semblable à un fleuve impétueux qui non-seulement roule avec précipitation ses flots écumeux, mais qui entraîne encore dans sa course les plus pesants vaisseaux dont il est chargé.

Philoctète, Nestor, les chefs des Manduriens et des autres nations, sentent dans le fils d'Ulysse je ne sais quelle autorité à laquelle il faut que tout cède : l'expérience des vieillards leur manque; le conseil et la sagesse sont ôtés à tous les commandants; la jalousie même, si naturelle aux hommes, s'éteint dans les cœurs : tous se taisent; tous admirent Télémaque; tous se rangent pour lui obéir, sans y faire de réflexion, et comme s'ils y eussent été accoutumés. Il s'avance, et monte sur une colline, d'où il observe la disposition des ennemis : puis tout-à-coup il juge qu'il faut se hâter de les surprendre dans le désordre où ils se sont mis en brûlant le camp des alliés. Il fait le tour en diligence, et tous les capitaines les plus expérimentés le suivent. Il attaque les Dauniens par derrière, dans un temps où ils croyoient l'armée des alliés enveloppée dans les flammes de l'embrasement. Cette surprise les trouble; ils tombent sous la main de Télémaque, comme les feuilles, dans les derniers jours de l'automne, tombent des forêts, quand un fier aquilon, ramenant l'hiver, fait gémir les troncs des vieux arbres, et en agite toutes les branches. La terre est couverte des hommes que Télémaque fait tomber. De son dard il perça le cœur d'Iphiclès, le plus jeune des enfants d'Adraste; celui-ci osa se présenter contre lui au combat, pour sauver la vie de son père, qui pensa être surpris par Télémaque. Le fils d'Ulysse et Iphiclès étoient tous deux beaux, vigoureux, pleins d'adresse et de courage, de la même taille; de la même douceur, du même âge; tous deux chéris de leurs parents : mais Iphiclès étoit comme une fleur qui s'épanouit dans un champ, et qui doit être coupée par le tranchant de la faux du moissonneur. Ensuite Télémaque renverse Euphorion, le plus célèbre de tous les Lydiens venus en Étrurie. Enfin, son glaive perce Cléomènes, nouveau marié, qui avoit promis à son épouse de lui porter les riches dépouilles des ennemis, et qui ne devoit jamais la revoir.

Adraste frémit de rage, voyant la mort de son cher fils, celle de plusieurs capitaines, et la victoire qui échappe de ses mains. Phalante, presque abattu à ses pieds, est comme une victime à demi égorgée qui se dérobe au couteau sacré, et qui s'enfuit loin de l'autel. Il ne falloit plus à Adraste qu'un moment pour achever la perte du Lacédémonien. Phalante, noyé dans son sang et dans celui des soldats qui combattent avec lui, entend les cris de Télémaque qui s'avance pour le secourir. En ce moment la vie lui est rendue; un nuage qui couvroit déjà ses yeux se dissipe. Les Dauniens, sentant cette attaque imprévue, abandonnent Phalante pour aller repousser un plus dangereux ennemi. Adraste est tel qu'un tigre à qui des bergers assemblés arrachent sa proie qu'il étoit prêt à dévorer. Télémaque le cherche dans la mêlée, et veut finir tout-à-coup la guerre, en délivrant les alliés de leur implacable ennemi.

Mais Jupiter ne vouloit pas donner au fils d'Ulysse une victoire si prompte et si facile : Minerve même vouloit qu'il eût à souffrir des maux plus longs, pour mieux apprendre à gouverner les hommes. L'impie Adraste fut donc conservé par le père des dieux, afin que Télémaque eût le temps d'acquérir plus de gloire et plus de vertu. Un nuage que Jupiter assembla dans les airs sauva les Dauniens; un tonnerre effroyable déclara la

LIVRE XIII.

volonté des dieux : on auroit cru que les voûtes éternelles du haut Olympe alloient s'écrouler sur les têtes des foibles mortels ; les éclairs fendoient la nue de l'un à l'autre pôle ; et dans l'instant où ils éblouissoient les yeux par leurs feux perçants, ou retomboit dans les affreuses ténèbres de la nuit. Une pluie abondante qui tomba dans l'instant servit encore à séparer les deux armées.

Adraste profita du secours des dieux, sans être touché de leur pouvoir, et mérita, par cette ingratitude, d'être réservé à une plus cruelle vengeance. Il se hâta de faire passer ses troupes entre le camp à demi brûlé et un marais qui s'étendoit jusqu'à la rivière : il le fit avec tant d'industrie et de promptitude, que cette retraite montra combien il avoit de ressource et de présence d'esprit. Les alliés, animés par Télémaque, vouloient le poursuivre ; mais, à la faveur de cet orage, il leur échappa, comme un oiseau d'une aile légère échappe aux filets des chasseurs.

Les alliés ne songèrent plus qu'à rentrer dans leur camp, et qu'à réparer leurs pertes. En rentrant dans le camp, ils virent ce que la guerre a de plus lamentable : les malades et les blessés, n'ayant pu se traîner hors des tentes, n'avoient pu se garantir du feu ; ils paroissoient à demi brûlés, poussant vers le ciel, d'une voix plaintive et mourante, des cris douloureux. Le cœur de Télémaque en fut percé : il ne put retenir ses larmes ; il détourna plusieurs fois ses yeux, étant saisi d'horreur et de compassion ; il ne pouvoit voir sans frémir ces corps encore vivants, et dévoués à une longue et cruelle mort ; ils paroissoient semblables à la chair des victimes qu'on a brûlées sur les autels, et dont l'odeur se répand de tous côtés.

Hélas ! s'écrioit Télémaque, voilà donc les maux que la guerre entraîne après elle ! Quelle fureur aveugle pousse les malheureux mortels ! ils ont si peu de jours à vivre sur la terre ! ces jours sont si misérables ! pourquoi précipiter une mort déjà si prochaine ? pourquoi ajouter tant de désolations affreuses à l'amertume dont les dieux ont rempli cette vie si courte ? Les hommes sont tous frères, et ils s'entredéchirent : les bêtes farouches sont moins cruelles qu'eux. Les lions ne font point la guerre aux lions, ni les tigres aux tigres ; ils n'attaquent que les animaux d'espèce différente : l'homme seul, malgré sa raison, fait ce que les animaux sans raison ne firent jamais. Mais encore, pourquoi ces guerres ? N'y a-t-il pas assez de terres dans l'univers pour en donner à tous les hommes plus qu'ils n'en peuvent cultiver ? Combien y a-t-il de terres désertes ! le genre humain ne sauroit les remplir. Quoi donc ! une fausse gloire, un vain titre de conquérant, qu'un prince veut acquérir, allume la guerre dans des pays immenses ! Ainsi un seul homme, donné au monde par la colère des dieux, sacrifie brutalement tant d'autres hommes à sa vanité : il faut que tout périsse, que tout nage dans le sang, que tout soit dévoré par les flammes, que ce qui échappe au fer et au feu ne puisse échapper à la faim, encore plus cruelle, afin qu'un seul homme, qui se joue de la nature humaine entière, trouve dans cette destruction générale son plaisir et sa gloire ! Quelle gloire monstrueuse ! Peut-on trop abhorrer et trop mépriser des hommes qui ont tellement oublié l'humanité ? Non, non, bien loin d'être des demi-dieux, ce ne sont pas même des hommes ; et ils doivent être en exécration à tous les siècles, dont ils ont cru être admirés. O que les rois doivent prendre garde aux guerres qu'ils entreprennent ! Elles doivent être justes : ce n'est pas assez ; il faut qu'elles soient nécessaires pour le bien public. Le sang d'un peuple ne doit être versé que pour sauver ce peuple dans les besoins extrêmes. Mais les conseils flatteurs, les fausses idées de gloire, les vaines jalousies, l'injuste avidité qui se couvre de beaux prétextes ; enfin les engagements insensibles entraînent presque toujours les rois dans des guerres où ils se rendent malheureux, où ils hasardent tout sans nécessité, et où ils font autant de mal à leurs sujets qu'à leurs ennemis. Ainsi raisonnoit Télémaque.

Mais il ne se contentoit pas de déplorer les maux de la guerre ; il tâchoit de les adoucir. On le voyoit aller dans les tentes secourir lui-même les malades et les mourants ; il leur donnoit de l'argent et des remèdes ; il les consoloit et les encourageoit, par des discours pleins d'amitié ; il envoyoit visiter ceux qu'il ne pouvoit visiter lui-même.

Parmi les Crétois qui étoient avec lui, il y avoit deux vieillards, dont l'un se nommoit Traumaphile, et l'autre Nosophuge. Traumaphile avoit été au siège de Troie avec Idoménée, et avoit appris des enfants d'Esculape l'art divin de guérir les plaies. Il répandoit dans les blessures les plus profondes et les plus envenimées une liqueur odoriférante, qui consumoit les chairs mortes et corrompues, sans avoir besoin de faire aucune incision, et qui formoit promptement de nouvelles chairs plus saines et plus belles que les premières.

Pour Nosophuge, il n'avoit jamais vu les enfants d'Esculape; mais il avoit eu, par le moyen de Mérione, un livre sacré et mystérieux qu'Esculape avoit donné à ses enfants. D'ailleurs Nosophuge étoit ami des dieux; il avoit composé des hymnes en l'honneur des enfants de Latone; il offroit tous les jours le sacrifice d'une brebis blanche et sans tache à Apollon, par lequel il étoit souvent inspiré. A peine avoit-il vu un malade, qu'il connoissoit à ses yeux, à la couleur de son teint, à la conformation de son corps, et à sa respiration, la cause de sa maladie. Tantôt il donnoit des remèdes qui faisoient suer, et il montroit, par le succès des sueurs, combien la transpiration, facilitée ou diminuée, déconcerte ou rétablit toute la machine du corps; tantôt il donnoit, pour les maux de langueur, certains breuvages qui fortifioient peu à peu les parties nobles, et qui rajeunissoient les hommes en adoucissant leur sang. Mais il assuroit que c'étoit faute de vertu et de courage, que les hommes avoient si souvent besoin de la médecine. C'est une honte, disoit-il, pour les hommes, qu'ils aient tant de maladies; car les bonnes mœurs produisent la santé. Leur intempérance, disoit-il encore, change en poisons mortels les aliments destinés à conserver la vie. Les plaisirs, pris sans modération, abrégent plus les jours des hommes, que les remèdes ne peuvent les prolonger. Les pauvres sont moins souvent malades faute de nourriture, que les riches ne le deviennent pour en prendre trop. Les aliments qui flattent trop le goût, et qui font manger au-delà du besoin, empoisonnent au lieu de nourrir. Les remèdes sont eux-mêmes de véritables maux qui usent la nature, et dont il ne faut se servir que dans les pressants besoins. Le grand remède, qui est toujours innocent, et toujours d'un usage utile, c'est la sobriété, c'est la tempérance dans tous les plaisirs, c'est la tranquillité de l'esprit, c'est l'exercice du corps. Par là on fait un sang doux et tempéré, et on dissipe toutes les humeurs superflues. Ainsi le sage Nosophuge étoit moins admirable par ses remèdes, que par le régime qu'il conseilloit pour prévenir les maux et pour rendre les remèdes inutiles.

Ces deux hommes étoient envoyés par Télémaque visiter tous les malades de l'armée. Ils en guérirent beaucoup par leurs remèdes; mais ils en guérirent bien davantage par le soin qu'ils prirent pour les faire servir à propos; car ils s'appliquoient à les tenir proprement, à empêcher le mauvais air par cette propreté, et à leur faire garder un régime de sobriété exacte dans leur convalescence. Tous les soldats, touchés de ces secours, rendoient graces aux dieux d'avoir envoyé Télémaque dans l'armée des alliés.

Ce n'est pas un homme, disoient-ils, c'est sans doute quelque divinité bienfaisante sous une figure humaine. Du moins, si c'est un homme, il ressemble moins au reste des hommes qu'aux dieux; il n'est sur la terre que pour faire du bien; il est encore plus aimable par sa douceur et par sa bonté, que par sa valeur. Oh! si nous pouvions l'avoir pour roi! Mais les dieux le réservent pour quelque peuple plus heureux qu'ils chérissent, et chez lequel ils veulent renouveler l'âge d'or.

Télémaque, pendant qu'il alloit la nuit visiter les quartiers du camp, par précaution contre les ruses d'Adraste, entendoit ces louanges, qui n'étoient point suspectes de flatterie, comme celles que les flatteurs donnent souvent en face aux princes, supposant qu'ils n'ont ni modestie ni délicatesse, et qu'il n'y a qu'à les louer sans mesure pour s'emparer de leur faveur. Le fils d'Ulysse ne pouvoit goûter que ce qui étoit vrai; il ne pouvoit souffrir d'autres louanges, que celles qu'on lui donnoit en secret loin de lui, et qu'il avoit véritablement méritées. Son cœur n'étoit pas insensible à celles-là : il sentoit ce plaisir si doux et si pur que les dieux ont attaché à la seule vertu, et que les méchants, faute de l'avoir éprouvé, ne peuvent ni concevoir ni croire; mais il ne s'abandonnoit point à ce plaisir : aussitôt revenoient en foule dans son esprit toutes les fautes qu'il avoit faites; il n'oublioit point sa hauteur naturelle, et son indifférence pour les hommes; il avoit une honte secrète d'être né si dur, et de paroître si humain. Il renvoyoit à la sage Minerve toute la gloire qu'on lui donnoit, et qu'il ne croyoit pas mériter.

C'est vous, disoit-il, ô grande déesse, qui m'avez donné Mentor pour m'instruire et pour corriger mon mauvais naturel; c'est vous qui me donnez la sagesse de profiter de mes fautes pour me défier de moi-même; c'est vous qui retenez mes passions impétueuses; c'est vous qui me faites sentir le plaisir de soulager les malheureux : sans vous je serois haï, et digne de l'être; sans vous je ferois des fautes irréparables; je serois comme un enfant, qui, ne sentant pas sa foiblesse, quitte sa mère, et tombe dès le premier pas.

Nestor et Philoctète étoient étonnés de voir Télémaque devenu si doux, si attentif à obliger les hommes, si officieux, si secourable, si ingénieux pour prévenir tous les besoins : ils ne savoient que croire; ils ne reconnoissoient plus en lui le même homme. Ce qui les surprit davantage fut le soin qu'il prit des funérailles d'Hippias; il alla lui-même retirer son corps sanglant et défiguré, de l'endroit où il étoit caché sous un monceau de corps morts; il versa sur lui des larmes pieuses; il dit : O grande ombre, tu le sais maintenant combien j'ai estimé ta valeur! il est vrai que ta fierté m'avoit irrité ; mais tes défauts venoient d'une jeunesse ardente ; je sais combien cet âge a besoin qu'on lui pardonne. Nous eussions dans la suite été sincèrement unis; j'avois tort de mon côté. O dieux, pourquoi me le ravir avant que j'aie pu le forcer de m'aimer?

Ensuite Télémaque fit laver le corps dans des liqueurs odoriférantes ; puis on prépara par son ordre un bûcher. Les grands pins, gémissant sous les coups de haches, tombent en roulant du haut des montagnes. Les chênes, ces vieux enfants de la terre, qui sembloient menacer le ciel ; les hauts peupliers, les ormeaux, dont les têtes sont si vertes et si ornées d'un épais feuillage ; les hêtres, qui sont l'honneur des forêts, viennent tomber sur le bord du fleuve Galèse. Là s'élève avec ordre un bûcher qui ressemble à un bâtiment régulier ; la flamme commence à paroître : un tourbillon de fumée monte jusqu'au ciel.

Les Lacédémoniens s'avancent d'un pas lent et lugubre, tenant leurs piques renversées, et leurs yeux baissés; la douleur amère est peinte sur ces visages si farouches, et les larmes coulent abondamment. Puis on voyoit venir Phérécide, vieillard moins abattu par le nombre des années que par la douleur de survivre à Hippias, qu'il avoit élevé depuis son enfance. Il levoit vers le ciel ses mains, et ses yeux noyés de larmes. Depuis la mort d'Hippias, il refusoit toute nourriture; le doux sommeil n'avoit pu appesantir ses paupières, ni suspendre un moment sa cuisante peine : il marchoit d'un pas tremblant, suivant la foule et ne sachant où il alloit. Nulle parole ne sortoit de sa bouche, car son cœur étoit trop serré ; c'étoit un silence de désespoir et d'abattement; mais, quand il vit le bûcher allumé, il parut tout-à-coup furieux, et il s'écria : O Hippias, Hippias, je ne te verrai plus ! Hippias n'est plus, et je vis encore ! O mon cher Hippias, c'est moi qui t'ai donné la mort; c'est moi qui t'ai appris à la mépriser ! Je croyois que tes mains fermeroient mes yeux, et que tu recueillerois mon dernier soupir. O dieux cruels, vous prolongez ma vie pour me faire voir la mort d'Hippias ! O cher enfant que j'ai nourri, et qui m'a coûté tant de soins ! je ne te verrai plus ; mais je verrai ta mère, qui mourra de tristesse en me reprochant ta mort; je verrai ta jeune épouse frappant sa poitrine, arrachant ses cheveux ; et j'en serai cause! O chère ombre, appelle-moi sur les rives du Styx : la lumière m'est odieuse : c'est toi seul, mon cher Hippias, que je veux revoir. Hippias! Hippias! ô mon cher Hippias! je ne vis encore que pour rendre à tes cendres le dernier devoir.

Cependant on voyoit le corps du jeune Hippias étendu, qu'on portoit dans un cercueil orné de pourpre, d'or et d'argent. La mort, qui avoit éteint ses yeux, n'avoit pu effacer toute sa beauté, et les graces étoient encore à demi peintes sur son visage pâle. On voyoit flotter autour de son cou, plus blanc que la neige, mais penché sur l'épaule, ses longs cheveux noirs, plus beaux que ceux d'Atys ou de Ganymède, qui alloient être réduits en cendres. On remarquoit dans le côté la blessure profonde par où tout son sang s'étoit écoulé, et qui l'avoit fait descendre dans le royaume sombre de Pluton.

Télémaque, triste et abattu, suivoit de près le corps, et lui jetoit des fleurs. Quand on fut arrivé au bûcher, le jeune fils d'Ulysse ne put voir la flamme pénétrer les étoffes qui enveloppoient le corps sans répandre de nouvelles larmes. Adieu ; dit-il, ô magnanime Hippias ! car je n'ose te nommer mon ami : apaise-toi, ô ombre qui a mérité tant de gloire ! Si je ne t'aimois, j'envierois ton bonheur ; tu es délivré des misères où nous sommes encore, et tu en es sorti par le chemin le plus glorieux. Hélas ! que je serois heureux de finir de même ! Que le Styx n'arrête point ton ombre; que les Champs-Élysées lui soient ouverts; que la renommée conserve ton nom dans tous les siècles, et que tes cendres reposent en paix !

A peine eut-il dit ces paroles entremêlées de soupirs, que toute l'armée poussa un cri : on s'attendrissoit sur Hippias, dont on racontoit les grandes actions; et la douleur de sa mort, rappelant toutes ses bonnes qualités, faisoit oublier les défauts qu'une jeunesse impétueuse et une mauvaise éducation lui avoient donnés. Mais on étoit encore plus touché des sentiments tendres de Télémaque. Est-ce donc là, disoit-on, ce jeune Grec, si fier, si hautain, si dédaigneux, si intraitable? Le voilà devenu doux, humain, tendre. Sans doute Minerve, qui a tant aimé son père, l'aime aussi; sans doute elle lui a fait le plus précieux don que les dieux puissent faire aux hommes, en lui donnant, avec sa sagesse, un cœur sensible à l'amitié.

Le corps étoit déja consumé par les flammes. Télémaque lui-même arrosa de liqueurs parfumées les cendres encore fumantes ; puis il les mit dans une urne d'or qu'il couronna de fleurs, et il porta cette urne à Phalante. Celui-ci étoit étendu, percé de diverses blessures ; et, dans son extrême foiblesse, il entrevoyoit près de lui les portes sombres des enfers.

Déja Traumaphile et Nosophuge, envoyés par le fils d'Ulysse, lui avoient donné tous les secours de leur art : ils rappeloient peu à peu son ame prête à s'envoler; de nouveaux esprits le ranimoient insensiblement, une force douce et pénétrante, un baume de vie s'insinuoit de veine en veine jusqu'au fond de son cœur; une chaleur agréable le déroboit aux mains glacées de la mort. En ce moment, la défaillance cessant, la douleur succéda ; il commença à sentir la perte de son frère, qu'il n'avoit point été jusqu'alors en état de sentir. Hélas ! disoit-il, pourquoi prend-on de si grands soins de me faire vivre? ne me vaudroit-il pas mieux mourir et suivre mon cher Hippias ? Je l'ai vu périr tout auprès de moi ! O Hippias, la douceur de ma vie, mon frère, mon cher frère, tu n'es plus! je ne pourrai donc plus ni te voir, ni t'entendre, ni t'embrasser, ni te dire mes peines, ni te consoler dans les tiennes! O dieux ennemis des hommes ! il n'y a plus d'Hippias pour moi ! est-il possible ? Mais n'est-ce point un songe ? Non, il n'est que trop vrai. O Hippias, je t'ai perdu : je t'ai vu mourir, et il faut que je vive encore autant qu'il sera nécessaire pour te venger; je veux immoler à tes mânes le cruel Adraste teint de ton sang.

Pendant que Phalante parloit ainsi, les deux hommes divins tâchoient d'apaiser sa douleur, de peur qu'elle n'augmentât ses maux, et n'empêchât l'effet des remèdes. Tout-à-coup il aperçoit Télémaque qui se présente à lui. D'abord son cœur fut combattu par deux passions contraires. Il conservoit un ressentiment de tout ce qui s'étoit passé entre Télémaque et Hippias; la douleur de la perte d'Hippias rendoit ce ressentiment encore plus vif: d'un autre côté, il ne pouvoit ignorer qu'il devoit la conservation de sa vie à Télémaque, qui l'avoit tiré sanglant et à demi mort des mains d'Adraste. Mais quand il vit l'urne d'or où étoient renfermées les cendres si chères de son frère Hippias, il versa un torrent de larmes; il embrassa d'abord Télémaque sans pouvoir lui parler, et lui dit enfin d'une voix languissante et entrecoupée de sanglots :

Digne fils d'Ulysse, votre vertu me force à vous aimer; je vous dois ce reste de vie qui va s'éteindre : mais je vous dois quelque chose qui m'est bien plus cher. Sans vous le corps de mon frère auroit été la proie des vautours; sans vous, son ombre, privée de la sépulture, seroit malheureusement errante sur les rives du Styx, et toujours repoussée par l'impitoyable Charon. Faut-il que je doive tant à un homme que j'ai tant haï ! O dieux, récompensez-le, et délivrez-moi d'une vie si malheureuse! Pour vous, ô Télémaque, rendez-moi les derniers devoirs que vous avez rendus à mon frère, afin que rien ne manque à votre gloire.

A ces paroles, Phalante demeura épuisé et abattu d'un excès de douleur. Télémaque se tint auprès de lui sans oser lui parler, et attendant qu'il reprît ses forces. Bientôt Phalante, revenant de cette défaillance, prit l'urne des mains de Télémaque, la baisa plusieurs fois, l'arrosa de ses larmes, et dit : O chères, ô précieuses cendres, quand est-ce que les miennes seront renfermées avec vous dans cette même urne? O ombre d'Hippias, je te suis dans les enfers : Télémaque nous vengera tous deux.

Cependant le mal de Phalante diminua de jour en jour par les soins des deux hommes qui avoient la science d'Esculape. Télémaque étoit sans cesse avec eux auprès du malade, pour les rendre plus attentifs à avancer sa guérison ; et toute l'armée admiroit bien plus la bonté de cœur avec laquelle il secouroit son plus grand ennemi, que la valeur et la sagesse qu'il avoit montrées, en sauvant, dans la bataille, l'armée des alliés.

En même temps, Télémaque se montroit infatigable dans les plus rudes travaux de la guerre : il dormoit peu, et son sommeil étoit souvent interrompu, ou par les avis qu'il recevoit à toutes les heures de la nuit comme du jour, ou par la visite de tous les quartiers du camp, qu'il ne faisoit jamais deux fois de suite aux mêmes heures, pour mieux surprendre ceux qui n'étoient pas assez vigilants. Il revenoit souvent dans sa tente couvert de sueur et de poussière : sa nourriture étoit simple; il vivoit comme les soldats, pour leur donner l'exemple de la sobriété et de la patience. L'armée ayant peu de vivres dans ce campement, il jugea nécessaire d'arrêter les murmures des soldats, en souffrant lui-même volontairement les mêmes incommodités qu'eux. Son corps, loin de s'affoiblir dans une vie si pénible, se fortifioit et s'endurcissoit chaque jour : il commençoit à n'avoir plus ces graces si tendres qui sont comme la fleur de la première jeunesse ; son teint devenoit plus brun et moins délicat, ses membres moins mous et plus nerveux.

LIVRE XIV.

Télémaque, persuadé par divers songes que son père Ulysse n'est plus sur la terre, exécute le dessein, qu'il avoit conçu depuis long-temps, de l'aller chercher dans les enfers. Il se dérobe du camp, pendant la nuit, et se rend à la fameuse caverne d'Achérontia. Il s'y enfonce courageusement, et arrive bientôt au bord du Styx, où Charon le reçoit dans sa barque. Il va se présenter devant Pluton, qui lui permet de chercher son père dans les enfers. Il traverse d'abord le Tartare, où il voit les tourments que souffrent les ingrats, les parjures, les impies, les hypocrites, et surtout les mauvais rois. Il entre ensuite dans les Champs-Elysées, où il contemple avec délices la félicité dont jouissent les hommes justes, et surtout les bons rois, qui, pendant leur vie, ont sagement gouverné les hommes. Il est reconnu par Arcésius, son bisaïeul, qui l'assure qu'Ulysse est vivant, et qu'il reprendra bientôt l'autorité dans Ithaque, où son fils doit régner après lui. Arcésius donne à Télémaque les plus sages instructions sur l'art de régner. Il lui fait remarquer combien la récompense des bons rois, qui ont principalement excellé par la justice et par la vertu, surpasse la gloire de ceux qui ont excellé par la valeur. Après cet entretien, Télémaque sort du ténébreux empire de Pluton, et retourne promptement au camp des alliés.

Cependant Adraste, dont les troupes avoient été considérablement affoiblies dans le combat, s'étoit retiré derrière la montagne d'Aulon, pour attendre divers secours, et pour tâcher de surprendre encore une fois ses ennemis : semblable à un lion affamé, qui, ayant été repoussé d'une bergerie, s'en retourne dans les sombres forêts et rentre dans sa caverne, où il aiguise ses dents et ses griffes, attendant le moment favorable pour égorger les troupeaux.

Télémaque, ayant pris soin de mettre une exacte discipline dans tout le camp, ne songea plus qu'à exécuter un dessein qu'il avoit conçu, et qu'il cacha à tous les chefs de l'armée. Il y avoit déja long-temps qu'il étoit agité, pendant toutes les nuits, par des songes qui lui représentoient son père Ulysse. Cette chère image revenoit toujours sur la fin de la nuit, avant que l'aurore vînt chasser du ciel, par ses feux naissants, les inconstantes étoiles, et de dessus la terre, le doux sommeil, suivi des songes voltigeants. Tantôt il croyoit voir Ulysse nu, dans une île fortunée, sur la rive d'un fleuve, dans une prairie ornée de fleurs, et environné de nymphes qui lui jetoient des habits pour se couvrir; tantôt il croyoit l'entendre parler dans un palais tout éclatant d'or et d'ivoire, où des hommes couronnés de fleurs l'écoutoient avec plaisir et admiration. Souvent Ulysse lui apparoissoit tout-à-coup dans des festins, où la joie éclatoit parmi les délices, et où l'on entendoit les tendres accords d'une voix avec une lyre, plus douce que la lyre d'Apollon et que les voix de toutes les Muses.

Télémaque, en s'éveillant, s'attristoit de ces songes si agréables. O mon père! ô mon cher père Ulysse! s'écrioit-il, les songes les plus affreux me seroient plus doux! Ces images de félicité me font comprendre que vous êtes déja descendu dans le séjour des ames bienheureuses, que les dieux récompensent de leur vertu par une éternelle tranquillité. Je crois voir les Champs-Élysées. O qu'il est cruel de n'espérer plus! Quoi donc! ô mon cher père, je ne vous verrai jamais! jamais je n'embrasserai celui qui m'aimoit tant, et que je cherche avec tant de peine! jamais je n'entendrai parler cette bouche d'où sortoit la sagesse! jamais je ne baiserai ces mains, ces chères mains, ces mains victorieuses qui ont abattu tant d'ennemis! elles ne puniront point les insensés amants de Pénélope, et Ithaque ne se relèvera jamais de sa ruine! O dieux ennemis de mon père! vous m'envoyez ces songes funestes pour arracher toute espérance de mon cœur; c'est m'arracher la vie. Non, je ne puis plus vivre dans cette incertitude. Que dis-je? hélas! je ne suis que trop certain que mon père n'est plus. Je vais chercher son ombre jusque dans les enfers. Thésée y est bien descendu; Thésée, cet impie qui vouloit outrager les divinités infernales; et moi, j'y vais conduit par la piété. Hercule y descendit : je ne suis pas Hercule; mais il est beau d'oser l'imiter. Orphée a bien touché, par le récit de ses malheurs, le cœur de ce dieu qu'on dépeint comme inexorable : il obtint de lui qu'Eurydice retournât parmi les vivants. Je suis plus digne de compassion qu'Orphée; car ma perte est plus grande. Qui pourroit comparer une jeune fille, semblable à cent autres, avec le sage Ulysse, admiré de toute la Grèce. Allons; mourons, s'il le faut. Pourquoi craindre la mort, quand on souffre tant dans la vie! O Pluton, ô Proserpine, j'éprouverai bientôt si vous êtes aussi impitoyables qu'on le dit! O mon père! après avoir parcouru en vain les terres et les mers pour vous trouver, je vais enfin voir si vous n'êtes point dans la sombre demeure des morts. Si les dieux me refusent de vous posséder sur la terre et à la lumière du soleil, peut-être ne me refuseront-ils pas de voir au moins votre ombre dans le royaume de la nuit.

En disant ces paroles, Télémaque arrosoit son lit de ses larmes : aussitôt il se levoit, et cherchoit, par la lumière, à soulager la douleur cuisante que ces songes lui avoient causée; mais c'étoit une flèche qui avoit percé son cœur, et qu'il portoit partout avec lui. Dans cette peine, il entreprit de descendre aux enfers par un lieu célèbre, qui n'étoit pas éloigné du camp. On l'appeloit Achérontia, à cause qu'il y avoit en ce lieu une caverne affreuse, de laquelle on descendoit sur les rives de l'Achéron, par lequel les dieux mêmes craignent de jurer. La ville étoit sur un rocher, posée comme un nid sur le haut d'un arbre : au pied de ce rocher on trouvoit la caverne, de laquelle les timides mortels n'osoient approcher; les bergers avoient soin d'en détourner leurs troupeaux. La vapeur soufrée du marais Stygien, qui s'exhaloit sans cesse par cette ouverture, empestoit l'air. Tout autour il ne croissoit ni herbe ni fleurs; on n'y sentoit jamais les doux zéphirs, ni les grâces naissantes du printemps, ni les riches dons de l'automne : la terre aride y languissoit ; on y voyoit seulement quelques arbustes dépouillés et quelques cyprès funestes. Au loin même, tout à l'entour, Cérès refusoit aux laboureurs ses moissons dorées; Bacchus sembloit en vain y promettre ses doux fruits; les grappes de raisin se desséchoient au lieu de mûrir. Les Naïades tristes ne faisoient point couler une onde pure; leurs flots étoient toujours amers et troublés. Les oiseaux ne chantoient jamais dans cette terre hérissée de ronces et d'épines, et n'y trouvoient aucun bocage pour se retirer : ils alloient chanter leurs amours sous un ciel plus doux. Là, on n'entendoit que le croassement des corbeaux et la voix lugubre des hiboux : l'herbe même y étoit amère, et les troupeaux qui la paissoient ne sentoient point la douce joie qui les fait bondir. Le taureau fuyoit la génisse, et le berger, tout abattu, oublioit sa musette et sa flûte.

De cette caverne sortoit, de temps en temps, une fumée noire et épaisse, qui faisoit une espèce de nuit au milieu du jour. Les peuples voisins redoubloient alors leurs sacrifices pour apaiser les divinités infernales; mais souvent les hommes, à la fleur de leur âge et dès leur plus tendre jeunesse, étoient les seules victimes que ces divinités cruelles prenoient plaisir à immoler par une funeste contagion.

C'est là que Télémaque résolut de chercher le chemin de la sombre demeure de Pluton. Minerve, qui veilloit sans cesse sur lui, et qui le couvroit de son égide, lui avoit rendu Pluton favorable. Jupiter même, à la prière de Minerve, avoit ordonné à Mercure, qui descend chaque jour aux enfers pour livrer à Charon un certain nombre de morts, de dire au roi des ombres qu'il laissât entrer le fils d'Ulysse dans son empire.

Télémaque se dérobe du camp pendant la nuit; il marche à la clarté de la lune, et il invoque cette puissante divinité, qui, étant dans le ciel le brillant astre de la nuit, et sur la terre la chaste Diane, est aux enfers la redoutable Hécate. Cette divinité écouta favorablement ses vœux, parce que son cœur étoit pur, et qu'il étoit conduit par l'amour pieux qu'un fils doit à son père. A peine fut-il auprès de l'entrée de la caverne, qu'il entendit l'empire souterrain mugir. La terre trembloit sous ses pas; le ciel s'arma d'éclairs et de feux qui sembloient tomber sur la terre. Le jeune fils d'Ulysse sentit son cœur ému, et tout son corps étoit couvert d'une sueur glacée, mais son courage se soutint : il leva les yeux et les mains au ciel. Grand dieu, s'écria-t-il, j'accepte ces présages que je crois heureux; achevez votre ouvrage! Il dit, et, redoublant ses pas, il se présente hardiment.

Aussitôt la fumée épaisse qui rendoit l'entrée de la caverne funeste à tous les animaux, dès qu'ils en approchoient, se dissipa; l'odeur empoisonnée cessa pour un peu de temps. Télémaque entre seul; car quel autre mortel eût osé le suivre! Deux Crétois, qui l'avoient accompagné jusqu'à une certaine distance de la caverne, et auxquels il avoit confié son dessein, demeurèrent tremblants et à demi morts assez loin de là, dans un temple, faisant des vœux, et n'espérant plus de revoir Télémaque.

Cependant le fils d'Ulysse, l'épée à la main, s'enfonce dans les ténèbres horribles. Bientôt il aperçoit une foible et sombre lueur, telle qu'on la voit pendant la nuit sur la terre : il remarque les ombres légères qui voltigent autour de lui; et il les écarte avec son épée; ensuite il voit les tristes bords du fleuve marécageux dont les eaux bourbeuses et dormantes ne font que tournoyer. Il découvre sur ce rivage une foule innombrable de morts privés de la sépulture, qui se présentent en vain à l'impitoyable Charon. Ce dieu, dont la vieillesse éternelle est toujours triste et chagrine, mais pleine de vigueur, les menace, les repousse, et admet d'abord dans la barque le jeune Grec. En entrant, Télémaque entend les gémissements d'une ombre qui ne pouvoit se consoler.

Quel est donc, lui dit-il, votre malheur? qui étiez-vous sur la terre? J'étois, lui répondit cette ombre, Nabopharsan, roi de la superbe Babylone. Tous les peuples de l'Orient trembloient au seul bruit de mon nom; je me faisois adorer par les Babyloniens, dans un temple de marbre, où j'étois représenté par une statue d'or, devant laquelle on brûloit nuit et jour les plus précieux parfums de l'Éthiopie. Jamais personne n'osa me contredire sans être aussitôt puni : on inventoit chaque jour de nouveaux plaisirs pour me rendre la vie plus délicieuse. J'étois encore jeune et robuste; hélas! que de prospérités ne me restoit-il pas encore à goûter sur le trône? Mais une femme que j'aimois, et qui ne m'aimoit pas, m'a bien fait sentir que je n'étois pas dieu; elle m'a empoisonné : je ne suis plus rien. On mit hier, avec pompe, mes cendres dans une urne d'or; on pleura; on s'arracha les cheveux; on fit semblant de vouloir se jeter dans les flammes de mon bûcher, pour mourir avec moi; on va encore gémir au pied du superbe tombeau où l'on a mis mes cendres : mais personne ne me regrette; ma mémoire est en horreur même dans ma famille; et ici-bas, je souffre déjà d'horribles traitements.

Télémaque, touché de ce spectacle, lui dit : Étiez-vous réellement heureux pendant votre règne? sentiez-vous cette douce paix sans laquelle le cœur demeure toujours serré et flétri au milieu des délices? Non, répondit le Babylonien; je ne sais même ce que vous voulez dire. Les sages vantent cette paix comme l'unique bien : pour moi, je ne l'ai jamais sentie; mon cœur étoit sans cesse agité de desirs nouveaux, de crainte et d'espérance. Je tâchois de m'étourdir moi-même par l'ébranlement de mes passions; j'avois soin d'entretenir cette ivresse pour la rendre continuelle : le moindre intervalle de raison tranquille m'eût été trop amer. Voilà la paix dont j'ai joui; toute autre me paroît une fable et un songe : voilà les biens que je regrette.

En parlant ainsi, le Babylonien pleuroit comme un homme lâche qui a été amolli par les prospérités, et qui n'est point accoutumé à supporter constamment un malheur. Il avoit auprès de lui quelques esclaves qu'on avoit fait mourir pour honorer ses funérailles : Mercure les avoit livrés à Charon avec leur roi, et leur avoit donné une puissance absolue sur ce roi qu'ils avoient servi sur la terre. Ces ombres d'esclaves ne craignoient plus l'ombre de Nabopharsan; elles la tenoient enchaînée, et lui faisoient les plus cruelles indignités. L'un lui disoit : N'étions-nous pas hommes aussi bien que toi? comment étois-tu assez insensé pour te croire un dieu? et ne falloit-il pas te souvenir que tu étois de la race des autres hommes? Un autre, pour lui insulter, disoit : Tu avois raison de ne vouloir pas qu'on te prît pour un homme; car tu étois un monstre sans humanité. Un autre lui disoit : Eh bien! où sont maintenant tes flatteurs? Tu n'as plus rien à donner, malheureux! tu ne peux plus faire aucun mal; te voilà devenu esclave de tes esclaves mêmes : les dieux ont été lents à faire justice; mais enfin ils la font.

A ces dures paroles, Nabopharsan se jetoit le visage contre terre, arrachant ses cheveux dans un excès de rage et de désespoir. Mais Charon disoit aux esclaves : Tirez-le par sa chaîne, relevez-le malgré lui : il n'aura pas même la consolation de cacher sa honte; il faut que toutes les ombres du Styx en soient témoins, pour justifier les dieux, qui ont souffert si long-temps que cet impie régnât sur la terre. Ce n'est encore là, ô Babylonien, que le commencement de tes douleurs; prépare-toi à être jugé par l'inflexible Minos, juge des enfers.

Pendant ce discours du terrible Charon, la barque touchoit déjà le rivage de l'empire de Pluton : toutes les ombres accouroient pour considérer cet homme vivant qui paroissoit au milieu de ces morts dans la barque : mais, dans le moment où Télémaque mit pied à terre, elles s'enfuirent, semblables aux ombres de la nuit que la moindre clarté du jour dissipe. Charon, montrant au jeune Grec un front moins ridé et des yeux moins farouches qu'à l'ordinaire, lui dit : Mortel chéri des dieux, puisqu'il t'est donné d'entrer dans ce royaume de la nuit, inaccessible aux autres vivants, hâte-toi d'aller où les destins t'appellent; va, par ce chemin sombre, au palais de Pluton, que tu trouveras sur son trône; il te permettra d'entrer dans les lieux dont il m'est défendu de te découvrir le secret.

Aussitôt Télémaque s'avance à grands pas : il voit de tous côtés voltiger des ombres, plus nombreuses que les grains de sable qui couvrent les rivages de la mer; et, dans l'agitation de cette multitude infinie, il est saisi d'une horreur divine, observant le profond silence de ces vastes lieux. Ses cheveux se dressent sur sa tête quand il aborde le noir séjour de l'impitoyable Pluton; il sent ses genoux chancelants; la voix lui manque; et c'est avec peine qu'il peut prononcer au dieu ces paroles : Vous voyez, ô terrible divinité, le fils du malheureux Ulysse; je viens vous demander si mon père est descendu dans votre empire, ou s'il est encore errant sur la terre.

Pluton étoit sur un trône d'ébène : son visage étoit pâle et sévère; ses yeux creux et étincelants, son front ridé et menaçant : la vue d'un homme vivant lui étoit odieuse, comme la lumière offense les yeux des animaux qui ont accoutumé de ne sortir de leurs retraites que pendant la nuit. A son côté paroissoit Proserpine, qui attiroit seule ses regards, et qui sembloit un peu adoucir son cœur : elle jouissoit d'une beauté toujours nouvelle; mais elle paroissoit avoir joint à ces graces divines je ne sais quoi de dur et de cruel de son époux.

Aux pieds du trône étoit la mort, pâle et dévorante, avec sa faux tranchante qu'elle aiguisoit sans cesse. Autour d'elle voloient les noirs soucis, les cruelles défiances; les vengeances, toutes dégouttantes de sang, et couvertes de plaies; les haines injustes; l'avarice, qui se ronge elle-même; le désespoir, qui se déchire de ses propres mains; l'ambition forcenée, qui renverse tout; la trahison, qui veut se repaître de sang, et qui ne peut jouir des maux qu'elle a faits; l'envie, qui verse son venin mortel autour d'elle, et qui se tourne en rage, dans l'impuissance où elle est de nuire; l'impiété, qui se creuse elle-même un abîme sans fond, où elle se précipite sans espérance; les spectres hideux, les fantômes, qui représentent les morts pour épouvanter les vivants; les songes affreux; les insomnies, aussi cruelles que les tristes songes. Toutes ces images funestes environnoient le fier Pluton, et remplissoient le palais où il habite. Il répondit à Télémaque d'une voix basse qui fit gémir le fond de l'Érèbe :

Jeune mortel, les destinées t'ont fait violer cet asile sacré des ombres; suis ta haute destinée : je ne te dirai point où est ton père; il suffit que tu sois libre de le chercher. Puisqu'il a été roi sur la terre, tu n'as qu'à parcourir, d'un côté, l'endroit du noir Tartare où les mauvais rois sont punis; de l'autre, les Champs-Élysées, où les bons rois sont récompensés. Mais tu ne peux aller d'ici dans les Champs-Élysées, qu'après avoir passé par le Tartare; hâte-toi d'y aller, et de sortir de mon empire.

A l'instant Télémaque semble voler dans ces espaces vides et immenses; tant il lui tarde de savoir s'il verra son père, et de s'éloigner de la présence horrible du tyran qui tient en crainte les vivants et les morts. Il aperçoit bientôt assez près de lui le noir Tartare : il en sortoit une fumée noire et épaisse, dont l'odeur empestée donneroit la mort, si elle se répandoit dans la demeure des vivants. Cette fumée couvroit un fleuve de feu, et des tourbillons de flamme, dont le bruit, semblable à celui des torrents les plus impétueux quand ils s'élancent des plus hauts rochers dans le fond des abîmes, faisoit qu'on ne pouvoit rien entendre distinctement dans ces tristes lieux.

Télémaque, secrètement animé par Minerve, entre sans crainte dans ce gouffre. D'abord il aperçut un grand nombre d'hommes qui avoient vécu dans les plus basses conditions, et qui étoient punis pour avoir cherché les richesses par des fraudes, des trahisons et des cruautés. Il y remarqua beaucoup d'impies hypocrites, qui, faisant semblant d'aimer la religion, s'en étoient servis comme d'un beau prétexte pour contenter leur ambition, et pour se jouer des hommes crédules : ces hommes, qui avoient abusé de la vertu même, quoiqu'elle soit le plus grand don des dieux, étoient punis comme les plus scélérats de tous les hommes. Les enfants qui avoient égorgé leurs pères et leurs mères, les épouses qui avoient trempé leurs mains dans le sang de leurs époux, les traîtres qui avoient livré leurs patries après avoir violé tous les serments, souffroient des peines moins cruelles que ces hypocrites. Les trois juges des enfers l'avoient ainsi voulu; et voici leur raison : c'est que les hypocrites ne se contentent pas d'être méchants comme le reste des impies; ils veulent encore passer pour bons, et font, par leur fausse vertu, que les hommes n'osent plus se fier à la véritable. Les dieux, dont ils se sont joués, et qu'ils ont rendus méprisables aux hommes, prennent plaisir à employer toute leur puissance pour se venger de leurs insultes.

Auprès de ceux-ci paroissoient d'autres hommes que le vulgaire ne croit guère coupables, et que la vengeance divine poursuit impitoyablement : ce sont les ingrats, les menteurs, les flatteurs qui ont loué le vice; les critiques malins qui ont tâché de flétrir la plus pure vertu; enfin, ceux qui ont jugé témérairement des choses sans les connoître à fond, et qui, par là, ont nui à la réputation des innocents. Mais, parmi toutes les ingratitudes, celle qui étoit punie comme la plus noire, c'est celle où l'on tombe contre les dieux. Quoi donc! disoit Minos, on passe pour un monstre quand on manque de reconnoissance pour son père, ou pour son ami de qui on a reçu quelque secours; et on fait gloire d'être ingrat envers les dieux, de qui on tient la vie et tous les biens qu'elle renferme! Ne leur doit-on pas sa naissance plus qu'au père même de qui on est né? Plus tous ces crimes sont impunis et excusés sur la terre, plus ils sont dans les enfers l'objet d'une vengeance implacable à qui rien n'échappe.

Télémaque, voyant les trois juges qui étoient assis et qui condamnoient un homme, osa leur demander quels étoient ses crimes. Aussitôt le condamné, prenant la parole, s'écria : Je n'ai jamais fait aucun mal; j'ai mis tout mon plaisir à faire du bien; j'ai été magnifique, libéral, juste, compatissant : que peut-on donc me reprocher? Alors Minos lui dit : On ne te reproche rien à l'égard des hommes; mais ne devois-tu pas moins aux hommes qu'aux dieux? Quelle est donc cette justice dont tu te vantes? Tu n'as manqué à aucun devoir vers les hommes, qui ne sont rien ; tu as été vertueux, mais tu as rapporté toute ta vertu à toi-même, et non aux dieux qui te l'avoient donnée ; car tu voulois jouir du fruit de ta propre vertu, et te renfermer en toi-même : tu as été ta divinité. Mais les dieux, qui ont tout fait, et qui n'ont rien fait que pour eux-mêmes, ne peuvent renoncer à leurs droits : tu les as oubliés, ils t'oublieront ; ils te livreront à toi-même, puisque tu as voulu être à toi, et non pas à eux. Cherche donc maintenant, si tu le peux, ta consolation dans ton propre cœur. Te voilà à jamais séparé des hommes, auxquels tu as voulu plaire, te voilà seul avec toi-même, qui étois ton idole : apprends qu'il n'y a point de véritable vertu sans le respect et l'amour des dieux, à qui tout est dû. Ta fausse vertu, qui a long-temps ébloui les hommes faciles à tromper, va être confondue. Les hommes, ne jugeant des vices et des vertus que par ce qui les choque ou les accommode, sont aveugles et sur le bien et sur le mal : ici, une lumière divine renverse tous leurs jugements superficiels ; elle condamne souvent ce qu'ils admirent, et justifie ce qu'ils condamnent.

A ces mots, ce philosophe, comme frappé d'un coup de foudre, ne pouvoit se supporter soi-même. La complaisance qu'il avoit eue autrefois à contempler sa modération, son courage, et ses inclinations généreuses, se change en désespoir. La vue de son propre cœur, ennemi des dieux, devient son supplice : il se voit, et ne peut cesser de se voir ; il voit la vanité des jugements des hommes, auxquels il a voulu plaire dans toutes ses actions : il se fait une révolution universelle de tout ce qui est au-dedans de lui, comme si on bouleversoit toutes ses entrailles ; il ne se trouve plus le même : tout appui lui manque dans son cœur ; sa conscience, dont le témoignage lui avoit été si doux, s'élève contre lui, et lui reproche amèrement l'égarement et l'illusion de toutes ses vertus, qui n'ont point eu le culte de la divinité pour principe et pour fin : il est troublé, consterné, plein de honte, de remords et de désespoir. Les Furies ne le tourmentent point, parce qu'il leur suffit de l'avoir livré à lui-même, et que son propre cœur venge assez les dieux méprisés. Il cherche les lieux les plus sombres pour se cacher aux autres morts, ne pouvant se cacher à lui-même ; il cherche les ténèbres, et ne peut les trouver : une lumière importune le poursuit partout ; partout les rayons perçants de la vérité vont venger la vérité qu'il a négligé de suivre. Tout ce qu'il a aimé lui devient odieux, comme étant la source de ses maux, qui ne peuvent jamais finir. Il dit en lui-même : O insensé ! je n'ai donc connu ni les dieux, ni les hommes, ni moi-même. Non, je n'ai rien connu, puisque je n'ai jamais aimé l'unique et véritable bien : tous mes pas ont été des égarements ; ma sagesse n'étoit que folie ; ma vertu n'étoit qu'un orgueil impie et aveugle : j'étois moi-même mon idole.

Enfin, Télémaque aperçut les rois qui étoient condamnés pour avoir abusé de leur puissance. D'un côté, une Furie vengeresse leur présentoit un miroir, qui leur montroit toute la difformité de leurs vices : là, ils voyoient et ne pouvoient s'empêcher de voir leur vanité grossière, et avide des plus ridicules louanges ; leur dureté pour les hommes, dont ils auroient dû faire la félicité ; leur insensibilité pour la vertu ; leur crainte d'entendre la vérité ; leur inclination pour les hommes lâches et flatteurs ; leur inapplication, leur mollesse, leur indolence, leur défiance déplacée, leur faste, et leur excessive magnificence fondée sur la ruine des peuples, leur ambition pour acheter un peu de vaine gloire par le sang de leurs citoyens, enfin leur cruauté qui cherche chaque jour de nouvelles délices parmi les larmes et le désespoir de tant de malheureux. Ils se voyoient sans cesse dans ce miroir : ils se trouvoient plus horribles et plus monstrueux que ni la Chimère vaincue par Bellérophon, ni l'hydre de Lerne abattue par Hercule, ni Cerbère même, quoiqu'il vomisse, de ses trois gueules béantes, un sang noir et venimeux, qui est capable d'empester toute la race des mortels vivants sur la terre.

En même temps, d'un autre côté, une autre Furie leur répétoit avec insulte toutes les louanges que leurs flatteurs leur avoient données pendant leur vie, et leur présentoit un autre miroir, où ils se voyoient tels que la flatterie les avoit dépeints : l'opposition de ces deux peintures, si contraires, étoit le supplice de leur vanité. On remarquoit que les plus méchants d'entre ces rois étoient ceux à qui on avoit donné les plus magnifiques louanges pendant leur vie, parce que les méchants sont plus craints que les bons, et qu'ils exigent sans pudeur les lâches flatteries des poètes et des orateurs de leur temps.

On les entend gémir dans ces profondes ténèbres, où ils ne peuvent voir que les insultes et les dérisions qu'ils ont à souffrir : ils n'ont rien autour d'eux qui ne les repousse, qui ne les contredise, qui ne les confonde. Au lieu que, sur la terre, ils se jouoient de la vie des hommes, et prétendoient que tout étoit fait pour les servir ; dans le Tartare, ils sont livrés à tous les caprices de certains esclaves qui leur font sentir à leur tour une cruelle servitude : ils servent avec douleur, et il ne leur reste aucune espérance de pouvoir jamais adoucir leur captivité; ils sont sous les coups de ces esclaves, devenus leurs tyrans impitoyables, comme une enclume est sous les coups des marteaux des Cyclopes, quand Vulcain les presse de travailler dans les fournaises ardentes du mont Etna.

Là, Télémaque aperçut des visages pâles, hideux et consternés. C'est une tristesse noire qui ronge ces criminels; ils ont horreur d'eux-mêmes, et ils ne peuvent non plus se délivrer de cette horreur, que de leur propre nature. Ils n'ont point besoin d'autre châtiment de leurs fautes, que leurs fautes mêmes : ils les voient sans cesse dans toute leur énormité; elles se présentent à eux comme des spectres horribles; elles les poursuivent. Pour s'en garantir, ils cherchent une mort plus puissante que celle qui les a séparés de leurs corps. Dans le désespoir où ils sont, ils appellent à leur secours une mort qui puisse éteindre tout sentiment et toute connoissance en eux ; ils demandent aux abîmes de les engloutir, pour se dérober aux rayons vengeurs de la vérité qui les persécute : mais ils sont réservés à la vengeance qui distille sur eux goutte à goutte, et qui ne tarira jamais. La vérité qu'ils ont craint de voir fait leur supplice; ils la voient, et n'ont des yeux que pour la voir s'élever contre eux; sa vue les perce, les déchire, les arrache à eux-mêmes : elle est comme la foudre; sans rien détruire au-dehors, elle pénètre jusqu'au fond des entrailles. Semblable à un métal dans une fournaise ardente, l'ame est comme fondue par ce feu vengeur; il ne laisse aucune consistance, et il ne consume rien : il dissout jusqu'aux premiers principes de la vie, et on ne peut mourir. On est arraché à soi ; on n'y peut plus trouver ni appui ni repos pour un seul instant : on ne vit plus que par la rage qu'on a contre soi-même, et par une perte de toute espérance qui rend forcené.

Parmi ces objets, qui faisoient dresser les cheveux de Télémaque sur sa tête, il vit plusieurs des anciens rois de Lydie, qui étoient punis pour avoir préféré les délices d'une vie molle au travail qui doit être inséparable de la royauté, pour le soulagement des peuples.

Ces rois se reprochoient les uns aux autres leur aveuglement. L'un disoit à l'autre, qui avoit été son fils : Ne vous avois-je pas recommandé souvent, pendant ma vieillesse et avant ma mort, de réparer les maux que j'avois faits par ma négligence? Le fils répondoit : O malheureux père, c'est vous qui m'avez perdu ! c'est votre exemple qui m'a accoutumé au faste, à l'orgueil, à la volupté, à la dureté pour les hommes ! En vous voyant régner avec tant de mollesse, avec tant de lâches flatteurs autour de vous, je me suis accoutumé à aimer la flatterie et les plaisirs. J'ai cru que le reste des hommes étoit, à l'égard des rois, ce que les chevaux et les autres bêtes de charge sont à l'égard des hommes, c'est-à-dire des animaux dont on ne fait cas qu'autant qu'ils rendent de services, et qu'ils donnent de commodités. Je l'ai cru ; c'est vous qui me l'avez fait croire; et maintenant je souffre tant de maux pour vous avoir imité. A ces reproches, ils ajoutoient les plus affreuses malédictions, et paroissoient animés de rage pour s'entre-déchirer.

Autour de ces rois voltigeoient encore, comme des hiboux dans la nuit, les cruels soupçons, les vaines alarmes, les défiances, qui vengent les peuples de la dureté de leurs rois, la faim insatiable des richesses, la fausse gloire toujours tyrannique, et la mollesse lâche qui redouble tous les maux qu'on souffre, sans pouvoir jamais donner de solides plaisirs.

On voyoit plusieurs de ces rois sévèrement punis, non pour les maux qu'ils avoient faits, mais pour les biens qu'ils auroient dû faire. Tous les crimes des peuples, qui viennent de la négligence avec laquelle on fait observer les lois, étoient imputés aux rois, qui ne doivent régner qu'afin que les lois règnent par leur ministère. On leur imputoit aussi tous les désordres qui viennent du faste, du luxe, et de tous les autres excès qui jettent les hommes dans un état violent, et dans la tentation de mépriser les lois pour acquérir du bien. Surtout on traitoit rigoureusement les rois, qui, au lieu d'être de bons et vigilants pasteurs des peuples, n'avoient songé qu'à ravager le troupeau comme des loups dévorants.

Mais ce qui consterna davantage Télémaque, ce fut de voir, dans cet abîme de ténèbres et de maux, un grand nombre de rois qui avoient passé sur la terre pour des rois assez bons. Ils avoient été condamnés aux peines du Tartare, pour s'être laissés gouverner par des hommes méchants et artificieux. Ils étoient punis pour les maux qu'ils avoient laissé faire par leur autorité. De plus, la plupart de ces rois n'avoient été ni bons ni méchants, tant leur foiblesse avoit été grande ; ils n'avoient jamais craint de ne connoître point la vérité; ils n'avoient point eu le goût de la vertu, et n'avoient pas mis leur plaisir à faire du bien.

Lorsque Télémaque sortit de ces lieux, il se sentit soulagé, comme si on avoit ôté une montagne de dessus sa poitrine ; il comprit par ce soulagement le malheur de ceux qui y étoient renfermés sans espérance d'en sortir jamais. Il étoit effrayé de voir combien les rois étoient plus rigoureusement tourmentés que les autres coupables. Quoi! disoit-il, tant de devoirs, tant de périls, tant de piéges, tant de difficulté de connoître la vérité, pour se défendre contre les autres et contre soi-même; enfin, tant de tourments horribles dans les enfers, après avoir été si agité, si envié, si traversé dans une vie courte! O insensé celui qui cherche à régner! Heureux celui qui se borne à une condition privée et paisible, où la vertu lui est moins difficile!

En faisant ces réflexions, il se troubloit au-dedans de lui-même : il frémit, et tomba dans une consternation qui lui fit sentir quelque chose du désespoir de ces malheureux qu'il venoit de considérer. Mais, à mesure qu'il s'éloigna de ce triste séjour des ténèbres, de l'horreur et du désespoir, son courage commença peu à peu à renaître : il respiroit, et entrevoyoit déjà de loin la douce et pure lumière du séjour des héros.

C'est dans ce lieu qu'habitoient tous les bons rois qui avoient jusqu'alors gouverné sagement les hommes : ils étoient séparés du reste des justes. Comme les méchants princes souffroient, dans le Tartare, des supplices infiniment plus rigoureux que les autres coupables d'une condition privée, aussi les bons rois jouissoient, dans les Champs-Élysées, d'un bonheur infiniment plus grand que celui du reste des hommes qui avoient aimé la vertu sur la terre.

Télémaque s'avança vers ces rois, qui étoient dans des bocages odoriférants, sur des gazons toujours renaissants et fleuris : mille petits ruisseaux d'une onde pure arrosoient ces beaux lieux, et y faisoient sentir une délicieuse fraîcheur; un nombre infini d'oiseaux faisoient résonner ces bocages de leur doux chant. On voyoit tout ensemble les fleurs du printemps, qui naissoient sous les pas, avec les plus riches fruits de l'automne, qui pendoient des arbres. Là, jamais on ne ressentit les ardeurs de la furieuse canicule; là, jamais les noirs aquilons n'osèrent souffler, ni faire sentir les rigueurs de l'hiver. Ni la guerre altérée de sang, ni la cruelle envie qui mord d'une dent venimeuse, et qui porte des vipères entortillées dans son sein et autour de ses bras, ni les jalousies, ni les défiances, ni la crainte, ni les vains désirs, n'approchent jamais de cet heureux séjour de la paix. Le jour n'y finit point, et la nuit, avec ses sombres voiles, y est inconnue : une lumière pure et douce se répand autour des corps de ces hommes justes, et les environne de ses rayons comme d'un vêtement. Cette lumière n'est point semblable à la lumière sombre qui éclaire les yeux des misérables mortels, et qui n'est que ténèbres; c'est plutôt une gloire céleste qu'une lumière : elle pénètre plus subtilement les corps les plus épais, que les rayons du soleil ne pénètrent le plus pur cristal : elle n'éblouit jamais; au contraire, elle fortifie les yeux, et porte dans le fond de l'ame je ne sais quelle sérénité : c'est d'elle seule que ces hommes bienheureux sont nourris; elle sort d'eux, et elle y entre; elle les pénètre, et s'incorpore à eux comme les aliments s'incorporent à nous. Ils la voient, ils la sentent, ils la respirent; elle fait naître en eux une source intarissable de paix et de joie : ils sont plongés dans cet abîme de joie, comme les poissons dans la mer. Ils ne veulent plus rien; ils ont tout sans rien avoir, car ce goût de lumière pure apaise la faim de leur cœur; tous leurs desirs sont rassasiés, et leur plénitude les élève au-dessus de tout ce que les hommes vides et affamés cherchent sur la terre : toutes les délices qui les environnent ne leur sont rien, parce que le comble de leur félicité, qui vient du dedans, ne leur laisse aucun sentiment pour tout ce qu'ils voient de délicieux au-dehors. Ils sont tels que les dieux, qui, rassasiés de nectar et d'ambroisie, ne daigneroient pas se nourrir des viandes grossières qu'on leur présenteroit à la table la plus exquise des hommes mortels. Tous les maux s'enfuient loin de ces lieux tranquilles : la mort, la maladie, la pauvreté, la douleur, les regrets, les remords, les craintes, les espérances mêmes, qui coûtent souvent autant de peines que les craintes; les divisions, les dégoûts, les dépits ne peuvent y avoir aucune entrée.

Les hautes montagnes de Thrace, qui, de leur front couvert de neige et de glace depuis l'origine du monde, fendent les nues, seroient renversées de leurs fondements posés au centre de la terre, que les cœurs de ces hommes justes ne pourroient pas même être émus. Seulement ils ont pitié des misères qui accablent les hommes vivants dans le monde; mais c'est une pitié douce et paisible qui n'altère en rien leur immuable félicité. Une jeunesse éternelle, une félicité sans fin, une gloire toute divine est peinte sur leurs visages : mais leur joie n'a rien de folâtre ni d'indécent; c'est une joie douce, noble, pleine de majesté; c'est un goût sublime de la vérité et de la vertu qui les transporte. Ils sont, sans interruption, à chaque moment, dans le même saisissement de cœur où est une mère qui revoit son cher fils qu'elle avoit cru mort;

8.

et cette joie, qui échappe bientôt à la mère, ne s'enfuit jamais du cœur de ces hommes; jamais elle ne languit un instant; elle est toujours nouvelle pour eux : ils ont le transport de l'ivresse, sans en avoir le trouble et l'aveuglement.

Ils s'entretiennent ensemble de ce qu'ils voient et de ce qu'ils goûtent : ils foulent à leurs pieds les molles délices et les vaines grandeurs de leur ancienne condition qu'ils déplorent; ils repassent avec plaisir ces tristes mais courtes années où ils ont eu besoin de combattre contre eux-mêmes et contre le torrent des hommes corrompus, pour devenir bons; ils admirent le secours des dieux qui les ont conduits, comme par la main, à la vertu, au travers de tant de périls. Je ne sais quoi de divin coule sans cesse au travers de leurs cœurs, comme un torrent de la divinité même qui s'unit à eux; ils voient, ils goûtent; ils sont heureux, et sentent qu'ils le seront toujours. Ils chantent tous ensemble les louanges des dieux, et ils ne font tous ensemble qu'une seule voix, une seule pensée, un seul cœur : une même félicité fait comme un flux et reflux dans ces ames unies.

Dans ce ravissement divin, les siècles coulent plus rapidement que les heures parmi les mortels; et cependant mille et mille siècles écoulés n'ôtent rien à leur félicité toujours nouvelle et toujours entière. Ils règnent tous ensemble, non sur des trônes que la main des hommes peut renverser, mais en eux-mêmes, avec une puissance immuable; car ils n'ont plus besoin d'être redoutables par une puissance empruntée d'un peuple vil et misérable. Ils ne portent plus ces vains diadêmes dont l'éclat cache tant de craintes et de noirs soucis : les dieux mêmes les ont couronnés de leurs propres mains, avec des couronnes que rien ne peut flétrir.

Télémaque, qui cherchoit son père, et qui avoit craint de le trouver dans ces beaux lieux, fut si saisi de ce goût de paix et de félicité, qu'il eût voulu y trouver Ulysse, et qu'il s'affligeoit d'être contraint lui-même de retourner ensuite dans la société des mortels. C'est ici, disoit-il, que la véritable vie se trouve, et la nôtre n'est qu'une mort. Mais ce qui l'étonnoit étoit d'avoir vu tant de rois punis dans le Tartare, et d'en voir si peu dans les Champs-Élysées. Il comprit qu'il y a peu de rois assez fermes et assez courageux pour résister à leur propre puissance, et pour rejeter la flatterie de tant de gens qui excitent toutes leurs passions. Ainsi, les bons rois sont très rares; et la plupart sont si méchants, que les dieux ne seroient pas justes, si, après avoir souffert qu'ils aient abusé de leur puissance pendant la vie, ils ne les punissoient après leur mort.

Télémaque, ne voyant point son père Ulysse parmi tous ces rois, chercha du moins des yeux le divin Laërte, son grand-père. Pendant qu'il le cherchoit inutilement, un vieillard vénérable et plein de majesté s'avança vers lui. Sa vieillesse ne ressembloit point à celle des hommes que le poids des années accable sur la terre; on voyoit seulement qu'il avoit été vieux avant sa mort : c'étoit un mélange de tout ce que la vieillesse a de grave, avec toutes les graces de la jeunesse ; car ces graces renaissent même dans les vieillards les plus caducs, au moment où ils sont introduits dans les Champs-Élysées. Cet homme s'avançoit avec empressement, et regardoit Télémaque avec complaisance, comme une personne qui lui étoit fort chère. Télémaque, qui ne le reconnoissoit point, étoit en peine et en suspens.

Je te pardonne, ô mon cher fils, lui dit le vieillard, de ne me point reconnoître; je suis Arcésius, père de Laërte. J'avois fini mes jours un peu avant qu'Ulysse, mon petit-fils, partît pour aller au siége de Troie; alors tu étois encore un petit enfant entre les bras de ta nourrice : dès-lors j'avois conçu de toi de grandes espérances; elles n'ont point été trompeuses, puisque je te vois descendu dans le royaume de Pluton pour chercher ton père, et que les dieux te soutiennent dans cette entreprise. O heureux enfant, les dieux t'aiment, et te préparent une gloire égale à celle de ton père! O heureux moi-même de te revoir! Cesse de chercher Ulysse en ces lieux : il vit encore, et il est réservé pour relever notre maison dans l'île d'Ithaque. Laërte même, quoique le poids des années l'ait abattu, jouit encore de la lumière, et attend que son fils revienne lui fermer les yeux. Ainsi les hommes passent comme les fleurs qui s'épanouissent le matin, et qui le soir sont flétries et foulées aux pieds. Les générations des hommes s'écoulent comme les ondes d'un fleuve rapide; rien ne peut arrêter le temps, qui entraîne après lui tout ce qui paroît le plus immobile. Toi-même, ô mon fils, mon cher fils! toi-même, qui jouis maintenant d'une jeunesse si vive et si féconde en plaisirs, souviens-toi que ce bel âge n'est qu'une fleur qui sera presque aussitôt séchée qu'éclose. Tu te verras changer insensiblement : les graces riantes, les doux plaisirs, la force, la santé, la joie, s'évanouiront comme un beau songe; il ne t'en restera qu'un triste souvenir : la vieillesse languissante et ennemie des plaisirs viendra rider ton visage, courber ton corps, affoiblir tes membres, faire tarir dans ton cœur la source de la joie, te dégoûter du présent, te faire craindre l'avenir, te rendre insensible à tout, excepté à la douleur. Ce temps te paroît éloigné : hélas! tu te trompes, mon fils ; il se hâte, le voilà qui arrive : ce qui vient avec tant de rapidité n'est pas loin de toi ; et le présent qui s'enfuit est déjà bien loin, puisqu'il s'anéantit dans le moment que nous parlons, et ne peut plus se rapprocher. Ne compte donc jamais, mon fils, sur le présent ; mais soutiens-toi dans le sentier rude et âpre de la vertu, par la vue de l'avenir. Prépare-toi, par des mœurs pures et par l'amour de la justice, une place dans cet heureux séjour de la paix.

Tu verras enfin bientôt ton père reprendre l'autorité dans Ithaque. Tu es né pour régner après lui ; mais, hélas! ô mon fils, que la royauté est trompeuse! Quand on la regarde de loin, on ne voit que grandeur, éclat et délices ; mais de près, tout est épineux. Un particulier peut, sans déshonneur, mener une vie douce et obscure. Un roi ne peut, sans se déshonorer, préférer une vie douce et oisive aux fonctions pénibles du gouvernement : il se doit à tous les hommes qu'il gouverne ; il ne lui est jamais permis d'être à lui-même : ses moindres fautes sont d'une conséquence infinie, parce qu'elles causent le malheur des peuples, et quelquefois pendant plusieurs siècles : il doit réprimer l'audace des méchants, soutenir l'innocence, dissiper la calomnie. Ce n'est pas assez pour lui de ne faire aucun mal ; il faut qu'il fasse tous les biens possibles dont l'état a besoin. Ce n'est pas assez de faire le bien par soi-même ; il faut encore empêcher tous les maux que d'autres feroient, s'ils n'étoient retenus. Crains donc, mon fils, crains une condition si périlleuse : arme-toi de courage contre toi-même, contre tes passions, et contre les flatteurs.

En disant ces paroles, Arcésius paroissoit animé d'un feu divin, et montroit à Télémaque un visage plein de compassion pour les maux qui accompagnent la royauté. Quand elle est prise, disoit-il, pour se contenter soi-même, c'est une monstrueuse tyrannie ; quand elle est prise pour remplir ses devoirs et pour conduire un peuple innombrable comme un père conduit ses enfants, c'est une servitude accablante qui demande un courage et une patience héroïque. Aussi est-il certain que ceux qui ont régné avec une sincère vertu possèdent ici tout ce que la puissance des dieux peut donner pour rendre une félicité complète!

Pendant qu'Arcésius parloit de la sorte, ces paroles entroient jusqu'au fond du cœur de Télémaque : elles s'y gravoient, comme un habile ouvrier, avec son burin, grave sur l'airain les figures ineffaçables qu'il veut montrer aux yeux de la plus reculée postérité. Ces sages paroles étoient comme une flamme subtile qui pénétroit dans les entrailles du jeune Télémaque ; il se sentoit ému et embrasé ; je ne sais quoi de divin sembloit fondre son cœur au-dedans de lui. Ce qu'il portoit dans la partie la plus intime de lui-même le consumoit secrètement ; il ne pouvoit ni le contenir, ni le supporter, ni résister à une si violente impression : c'étoit un sentiment vif et délicieux, qui étoit mêlé d'un tourment capable d'arracher la vie.

Ensuite Télémaque commença à respirer plus librement. Il reconnut dans le visage d'Arcésius une grande ressemblance avec Laërte ; il croyoit même se ressouvenir confusément d'avoir vu en Ulysse, son père, des traits de cette même ressemblance, lorsque Ulysse partit pour le siège de Troie. Ce ressouvenir attendrit son cœur ; des larmes douces et mêlées de joie coulèrent de ses yeux : il voulut embrasser une personne si chère ; plusieurs fois il l'essaya inutilement : cette ombre vaine échappa à ses embrassements, comme un songe trompeur se dérobe à l'homme qui croit en jouir. Tantôt la bouche altérée de cet homme dormant poursuit une eau fugitive ; tantôt ses lèvres s'agitent pour former des paroles que sa langue engourdie ne peut proférer ; ses mains s'étendent avec effort, et ne prennent rien : ainsi Télémaque ne peut contenter sa tendresse ; il voit Arcésius, il l'entend, il lui parle, il ne peut le toucher. Enfin il lui demande qui sont ces hommes qu'il voit autour de lui.

Tu vois, mon fils, lui répondit le sage vieillard, les hommes qui ont été l'ornement de leurs siècles, la gloire et le bonheur du genre humain. Tu vois le petit nombre de rois qui ont été dignes de l'être, et qui ont fait avec fidélité la fonction des dieux sur la terre. Ces autres que tu vois assez près d'eux, mais séparés par ce petit nuage, ont une gloire beaucoup moindre : ce sont des héros, à la vérité ; mais la récompense de leur valeur et de leurs expéditions militaires ne peut être comparée avec celle des rois sages, justes et bienfaisants.

Parmi ces héros, tu vois Thésée, qui a le visage un peu triste : il a ressenti le malheur d'être trop crédule pour une femme artificieuse, et il est encore affligé d'avoir si injustement demandé à Neptune la mort cruelle de son fils Hippolyte : heureux s'il n'eût point été si prompt et si facile à irriter! Tu vois aussi Achille appuyé sur sa lance, à cause de cette blessure qu'il reçut au talon, de la main du lâche Pâris, et qui finit sa vie. S'il eût été aussi sage, juste et modéré, qu'il étoit intrépide, les dieux lui auroient accordé un long règne; mais ils ont eu pitié des Phthiotes et des Dolopes, sur lesquels il devoit naturellement régner après Pélée: ils n'ont pas voulu livrer tant de peuples à la merci d'un homme fougueux, et plus facile à irriter que la mer la plus orageuse. Les Parques ont accourci le fil de ses jours; il a été comme une fleur à peine éclose que le tranchant de la charrue coupe, et qui tombe avant la fin du jour où l'on l'avoit vu naître. Les dieux n'ont voulu s'en servir que comme des torrents et des tempêtes, pour punir les hommes de leurs crimes; ils ont fait servir Achille à abattre les murs de Troie, pour venger le parjure de Laomédon et les injustes amours de Pâris. Après avoir employé ainsi cet instrument de leurs vengeances, ils se sont apaisés, et ils ont refusé aux larmes de Thétys de laisser plus long-temps sur la terre ce jeune héros, qui n'y étoit propre qu'à troubler les hommes, qu'à renverser les villes et les royaumes.

Mais vois-tu cet autre avec ce visage farouche? c'est Ajax, fils de Télamon et cousin d'Achille: tu n'ignores pas sans doute quelle fut sa gloire dans les combats? Après la mort d'Achille, il prétendit qu'on ne pouvoit donner ses armes à nul autre qu'à lui; ton père ne crut pas les lui devoir céder: les Grecs jugèrent en faveur d'Ulysse. Ajax se tua de désespoir; l'indignation et la fureur sont encore peintes sur son visage. N'approche pas de lui, mon fils; car il croiroit que tu voudrois lui insulter dans son malheur, et il est juste de le plaindre: ne remarques-tu pas qu'il nous regarde avec peine, et qu'il entre brusquement dans ce sombre bocage, parce que nous lui sommes odieux? Tu vois de cet autre côté Hector, qui eût été invincible si le fils de Thétys n'eût point été au monde dans le même temps. Mais voilà Agamemnon qui passe, et qui porte encore sur lui les marques de la perfidie de Clytemnestre. O mon fils! je frémis en pensant aux malheurs de cette famille de l'impie Tantale. La division des deux frères Atrée et Thyeste a rempli cette maison d'horreur et de sang. Hélas! combien un crime en attire-t-il d'autres! Agamemnon, revenant, à la tête des Grecs, du siége de Troie, n'a pas eu le temps de jouir en paix de la gloire qu'il avoit acquise. Telle est la destinée de presque tous les conquérants. Tous ces hommes que tu vois ont été redoutables dans la guerre; mais ils n'ont point été aimables et vertueux: aussi ne sont-ils que dans la seconde demeure des Champs-Élysées.

Pour ceux-ci, ils ont régné avec justice, et ont aimé leurs peuples: ils sont les amis des dieux. Pendant qu'Achille et Agamemnon, pleins de leurs querelles et de leurs combats, conservent encore ici leurs peines et leurs défauts naturels; pendant qu'ils regrettent en vain la vie qu'ils ont perdue, et qu'ils s'affligent de n'être plus que des ombres impuissantes et vaines, ces rois justes, étant purifiés par la lumière divine dont ils sont nourris, n'ont plus rien à desirer pour leur bonheur. Ils regardent avec compassion les inquiétudes des mortels; et les plus grandes affaires qui agitent les hommes ambitieux leur paroissent comme des jeux d'enfants: leurs cœurs sont rassasiés de la vérité et de la vertu, qu'ils puisent dans la source. Ils n'ont plus rien à souffrir ni d'autrui, ni d'eux-mêmes; plus de desirs, plus de besoins, plus de craintes: tout est fini pour eux, excepté leur joie, qui ne peut finir.

Considère, mon fils, cet ancien roi Inachus qui fonda le royaume d'Argos. Tu le vois avec cette vieillesse si douce et si majestueuse: les fleurs naissent sous ses pas; sa démarche légère ressemble au vol d'un oiseau; il tient dans une main une lyre d'ivoire, et, dans un transport éternel, il chante les merveilles des dieux. Il sort de son cœur et de sa bouche un parfum exquis; l'harmonie de sa lyre et de sa voix raviroit les hommes et les dieux. Il est ainsi récompensé pour avoir aimé le peuple qu'il assembla dans l'enceinte de ses nouveaux murs, et auquel il donna des lois.

De l'autre côté, tu peux voir, entre ces myrtes, Cécrops, Égyptien, qui le premier régna dans Athènes, ville consacrée à la sage déesse dont elle porte le nom. Cécrops, apportant des lois utiles de l'Égypte qui a été pour la Grèce la source des lettres et des bonnes mœurs, adoucit les naturels farouches des bourgs de l'Attique, et les unit par les liens de la société. Il fut juste, humain, compatissant; il laissa les peuples dans l'abondance, et sa famille dans la médiocrité; ne voulant point que ses enfants eussent l'autorité après lui, parce qu'il jugeoit que d'autres en étoient plus dignes.

Il faut que je te montre aussi, dans cette petite vallée, Érichthon, qui inventa l'usage de l'argent pour la monnoie: il le fit en vue de faciliter le commerce entre les îles de la Grèce; mais il prévit l'inconvénient attaché à cette invention. Appliquez-vous, disoit-il à tous les peuples, à multiplier chez vous les richesses naturelles, qui sont les véritables: cultivez la terre pour avoir une grande abondance de blé, de vin, d'huile, et de fruits; ayez des troupeaux innombrables qui vous nourrissent de leur lait, et qui vous couvrent de leur laine; par-là vous vous mettrez en état de ne craindre jamais la pauvreté. Plus vous aurez d'enfants, plus vous serez riches, pourvu que vous les rendiez laborieux; car la terre est inépuisable, et elle augmente sa fécondité à proportion du nombre de ses habitants qui ont soin de la cultiver : elle les paie tous libéralement de leurs peines; au lieu qu'elle se rend avare et ingrate pour ceux qui la cultivent négligemment. Attachez-vous donc principalement aux véritables richesses qui satisfont aux vrais besoins de l'homme. Pour l'argent monnoyé, il ne faut en faire aucun cas, qu'autant qu'il est nécessaire, ou pour les guerres inévitables qu'on a à soutenir au-dehors, ou pour le commerce des marchandises nécessaires qui manquent dans votre pays : encore seroit-il à souhaiter qu'on laissât tomber le commerce à l'égard de toutes les choses qui ne servent qu'à entretenir le luxe, la vanité et la mollesse.

Ce sage Érichthon disoit souvent : Je crains bien, mes enfants, de vous avoir fait un présent funeste en vous donnant l'invention de la monnoie. Je prévois qu'elle excitera l'avarice, l'ambition, le faste; qu'elle entretiendra une infinité d'arts pernicieux, qui ne vont qu'à amollir et à corrompre les mœurs; qu'elle vous dégoûtera de l'heureuse simplicité, qui fait tout le repos et toute la sûreté de la vie; qu'enfin elle vous fera mépriser l'agriculture, qui est le fondement de la vie humaine et la source de tous les vrais biens : mais les dieux sont témoins que j'ai eu le cœur pur en vous donnant cette invention utile en elle-même. Enfin, quand Érichthon aperçut que l'argent corrompoit les peuples, comme il l'avoit prévu, il se retira de douleur sur une montagne sauvage, où il vécut pauvre et éloigné des hommes, jusqu'à une extrême vieillesse, sans vouloir se mêler du gouvernement des villes.

Peu de temps après lui, on vit paroître dans la Grèce le fameux Triptolème, à qui Cérès avoit enseigné l'art de cultiver les terres, et de les couvrir tous les ans d'une moisson dorée. Ce n'est pas que les hommes ne connussent déjà le blé, et la manière de le multiplier en le semant : mais ils ignoroient la perfection du labourage; et Triptolème, envoyé par Cérès, vint, la charrue en main, offrir les dons de la déesse à tous les peuples qui auroient assez de courage pour vaincre leur paresse naturelle, et pour s'adonner à un travail assidu. Bientôt Triptolème apprit aux Grecs à fendre la terre, et à la fertiliser en déchirant son sein : bientôt les moissonneurs ardents et infatigables firent tomber, sous leurs faucilles tranchantes, les jaunes épis qui couvroient les campagnes : les peuples mêmes sauvages et farouches, qui couroient épars çà et là dans les forêts d'Épire et d'Étolie pour se nourrir de gland, adoucirent leurs mœurs, et se soumirent à des lois, quand ils eurent appris à faire croître des moissons et à se nourrir de pain. Triptolème fit sentir aux Grecs le plaisir qu'il y a à ne devoir ses richesses qu'à son travail, et à trouver dans son champ tout ce qu'il faut pour rendre la vie commode et heureuse. Cette abondance si simple et si innocente, qui est attachée à l'agriculture, les fit souvenir des sages conseils d'Érichthon. Ils méprisèrent l'argent et toutes les richesses artificielles, qui ne sont richesses qu'en imagination, qui tentent les hommes de chercher des plaisirs dangereux, et qui les détournent du travail, où ils trouveroient tous les biens réels, avec des mœurs pures, dans une pleine liberté. On comprit donc qu'un champ fertile et bien cultivé est le vrai trésor d'une famille assez sage pour vouloir vivre frugalement comme ses pères ont vécu. Heureux les Grecs, s'ils étoient demeurés fermes dans ces maximes, si propres à les rendre puissants, libres, heureux, et dignes de l'être par une solide vertu! Mais, hélas! ils commencent à admirer les fausses richesses, ils négligent peu à peu les vraies, et ils dégénèrent de cette merveilleuse simplicité.

O mon fils! tu régneras un jour; alors souviens-toi de ramener les hommes à l'agriculture, d'honorer cet art, de soulager ceux qui s'y appliquent, et de ne souffrir point que les hommes vivent ni oisifs, ni occupés à des arts qui entretiennent le luxe et la mollesse. Ces deux hommes, qui ont été si sages sur la terre, sont ici chéris des dieux. Remarque, mon fils, que leur gloire surpasse autant celle d'Achille et des autres héros qui n'ont excellé que dans les combats, qu'un doux printemps est au-dessus de l'hiver glacé, et que la lumière du soleil est plus éclatante que celle de la lune.

Pendant qu'Arcésius parloit de la sorte, il aperçut que Télémaque avoit toujours les yeux arrêtés du côté d'un petit bois de lauriers, et d'un ruisseau bordé de violettes, de roses, de lis, et de plusieurs autres fleurs odoriférantes, dont les vives couleurs ressembloient à celles d'Iris, quand elle descend du ciel sur la terre pour annoncer à quelque mortel les ordres des dieux. C'étoit le grand roi Sésostris, que Télémaque reconnut dans ce beau lieu; il étoit mille fois plus majestueux qu'il ne l'avoit jamais été sur son trône d'Égypte.

Des rayons d'une lumière douce sortoient de ses yeux, et ceux de Télémaque en étoient éblouis. A le voir, on eût cru qu'il étoit enivré de nectar; tant l'esprit divin l'avoit mis dans un transport au-dessus de la raison humaine, pour récompenser ses vertus.

Télémaque dit à Arcésius : Je reconnois, ô mon père, Sésostris, ce sage roi d'Égypte, que j'y ai vu il n'y a pas long-temps. Le voilà, répondit Arcésius; et tu vois, par son exemple, combien les dieux sont magnifiques à récompenser les bons rois. Mais il faut que tu saches que toute cette félicité n'est rien en comparaison de celle qui lui étoit destinée, si une trop grande prospérité ne lui eût fait oublier les règles de la modération et de la justice. La passion de rabaisser l'orgueil et l'insolence des Tyriens l'engagea à prendre leur ville. Cette conquête lui donna le desir d'en faire d'autres ; il se laissa séduire par la vaine gloire des conquérants; il subjugua, ou, pour mieux dire, il ravagea toute l'Asie. A son retour en Égypte, il trouva que son frère s'étoit emparé de la royauté, et avoit altéré, par un gouvernement injuste, les meilleures lois du pays. Ainsi ses grandes conquêtes ne servirent qu'à troubler son royaume. Mais ce qui le rendit plus inexcusable, c'est qu'il fut enivré de sa propre gloire : il fit atteler à un char les plus superbes d'entre les rois qu'il avoit vaincus. Dans la suite, il reconnut sa faute, et eut honte d'avoir été si inhumain. Tel fut le fruit de ses victoires. Voilà ce que les conquérants font contre leurs états et contre eux-mêmes, en voulant usurper ceux de leurs voisins. Voilà ce qui fit déchoir un roi d'ailleurs si juste et si bienfaisant; et c'est ce qui diminue la gloire que les dieux lui avoient préparée.

Ne vois-tu pas cet autre, mon fils, dont la blessure paroît si éclatante? C'est un roi de Carie, nommé Dioclides, qui se dévoua pour son peuple dans une bataille, parce que l'oracle avoit dit que, dans la guerre des Cariens et des Lyciens, la nation dont le roi périroit seroit victorieuse.

Considère cet autre; c'est un sage législateur, qui, ayant donné à sa nation des lois propres à les rendre bons et heureux, leur fit jurer qu'ils ne violeroient aucune de ces lois pendant son absence; après quoi il partit, s'exila lui-même de sa patrie, et mourut pauvre dans une terre étrangère, pour obliger son peuple, par ce serment, à garder à jamais des lois si utiles.

Cet autre, que tu vois, est Eunésyme, roi des Pyliens, et un des ancêtres du sage Nestor. Dans une peste qui ravageoit la terre, et qui couvroit de nouvelles ombres les bords de l'Achéron, il demanda aux dieux d'apaiser leur colère, en payant, par sa mort, pour tant de milliers d'hommes innocents. Les dieux l'exaucèrent, et lui firent trouver ici la vraie royauté, dont toutes celles de la terre ne sont que de vaines ombres.

Ce vieillard, que tu vois couronné de fleurs, est le fameux Bélus : il régna en Égypte, et il épousa Anchinoé, fille du dieu Nilus, qui cache la source de ses eaux, et qui enrichit les terres qu'il arrose par ses inondations. Il eut deux fils : Danaüs, dont tu sais l'histoire; et Égyptus, qui donna son nom à ce beau royaume. Bélus se croyoit plus riche par l'abondance où il mettoit son peuple, et par l'amour de ses sujets pour lui, que par tous les tributs qu'il auroit pu leur imposer. Ces hommes, que tu crois morts, vivent, mon fils; et c'est la vie qu'on traîne misérablement sur la terre qui n'est qu'une mort : les noms seulement sont changés. Plaise aux dieux de te rendre assez bon pour mériter cette vie heureuse, que rien ne peut plus finir ni troubler ! Hâte-toi, il en est temps, d'aller chercher ton père. Avant que de le trouver, hélas ! que tu verras répandre de sang ! Mais quelle gloire t'attend dans les campagnes de l'Hespérie ! Souviens-toi des conseils du sage Mentor; pourvu que tu les suives, ton nom sera grand parmi tous les peuples et dans tous les siècles.

Il dit; et aussitôt il conduisit Télémaque vers la porte d'ivoire, par où l'on peut sortir du ténébreux empire de Pluton. Télémaque, les larmes aux yeux, le quitta sans pouvoir l'embrasser; et, sortant de ces sombres lieux, il retourna en diligence vers le camp des alliés, après avoir rejoint, sur le chemin, les deux jeunes Crétois qui l'avoient accompagné jusques auprès de la caverne, et qui n'espéroient plus de le revoir.

LIVRE XV.

Télémaque, dans une assemblée des chefs de l'armée, combat la fausse politique qui leur inspiroit le dessein de surprendre Venuse, que les deux partis étoient convenus de laisser en dépôt entre les mains des Lucaniens. Il ne montre pas moins de sagesse à l'occasion de deux transfuges, dont l'un, nommé Acante, étoit chargé par Adraste de l'empoisonner; l'autre, nommé Dioscore, offroit aux alliés la tête d'Adraste. Dans le combat qui s'engage ensuite, Télémaque excite l'admiration universelle par sa valeur et sa prudence : il porte de tous côtés la mort sur son passage, en cherchant Adraste dans la mêlée. Adraste, de son côté, le cherche avec empressement, environné de l'élite de ses troupes, qui fait un horrible carnage des alliés et de leurs plus vaillants capitaines. A cette vue, Télémaque, indigné, s'élance contre Adraste, qu'il terrasse bientôt, et qu'il réduit à lui demander la vie. Télémaque l'épargne généreusement; mais comme Adraste, à peine relevé, cherchoit à le surprendre de nouveau, Télémaque le perce de son glaive. Alors les Dauniens tendent les mains aux alliés en signe de réconciliation, et demandent, comme l'unique condition de paix, qu'on leur permette de choisir un roi de leur nation.

Cependant les chefs de l'armée s'assemblèrent pour délibérer s'il falloit s'emparer de Venuse. C'étoit une ville forte, qu'Adraste avoit autrefois usurpée sur ses voisins, les Apuliens-Peucètes. Ceux-ci étoient entrés contre lui dans la ligue, pour demander justice sur cette invasion. Adraste, pour les apaiser, avoit mis cette ville en dépôt entre les mains des Lucaniens : mais il avoit corrompu par argent et la garnison lucanienne, et celui qui la commandoit; de façon que la nation des Lucaniens avoit moins d'autorité effective que lui dans Venuse; et les Apuliens, qui avoient consenti que la garnison lucanienne gardât Venuse, avoient été trompés dans cette négociation.

Un citoyen de Venuse, nommé Démophante, avoit offert secrètement aux alliés de leur livrer, la nuit, une des portes de la ville. Cet avantage étoit d'autant plus grand, qu'Adraste avoit mis toutes ses provisions de guerre et de bouche dans un château voisin de Venuse, qui ne pouvoit se défendre si Venuse étoit prise. Philoctète et Nestor avoient déja opiné qu'il falloit profiter d'une si heureuse occasion. Tous les chefs, entraînés par leur autorité, et éblouis par l'utilité d'une si facile entreprise, applaudissoient à ce sentiment; mais Télémaque, à son retour, fit les derniers efforts pour les en détourner.

Je n'ignore pas, leur dit-il, que si jamais un homme a mérité d'être surpris et trompé, c'est Adraste, lui qui a si souvent trompé tout le monde. Je vois bien qu'en surprenant Venuse, vous ne feriez que vous mettre en possession d'une ville qui vous appartient, puisqu'elle est aux Apuliens, qui sont un des peuples de votre ligue. J'avoue que vous le pourriez faire avec d'autant plus d'apparence de raison, qu'Adraste, qui a mis cette ville en dépôt, a corrompu le commandant et la garnison, pour y entrer quand il le jugera à propos. Enfin, je comprends, comme vous, que, si vous preniez Venuse, vous seriez maîtres, dès le lendemain, du château où sont tous les préparatifs de guerre qu'Adraste y a assemblés, et qu'ainsi vous finiriez en deux jours cette guerre si formidable. Mais ne vaut-il pas mieux périr, que vaincre par de tels moyens? Faut-il repousser la fraude par la fraude? Sera-t-il dit que tant de rois, ligués pour punir l'impie Adraste de ses tromperies, seront trompeurs comme lui? S'il nous est permis de faire comme Adraste, il n'est point coupable, et nous avons tort de vouloir le punir. Quoi! l'Hespérie entière, soutenue de tant de colonies grecques et de héros revenus du siége de Troie, n'a-t-elle point d'autres armes contre la perfidie et les parjures d'Adraste, que la perfidie et le parjure? Vous avez juré, par les choses les plus sacrées, que vous laisseriez Venuse en dépôt dans les mains des Lucaniens. La garnison lucanienne, dites-vous, est corrompue par l'argent d'Adraste. Je le crois comme vous : mais cette garnison est toujours à la solde des Lucaniens; elle n'a point refusé de leur obéir; elle a gardé, du moins en apparence, la neutralité. Adraste ni les siens ne sont jamais entrés dans Venuse : le traité subsiste; votre serment n'est point oublié des dieux. Ne gardera-t-on les paroles données que quand on manquera de prétextes plausibles pour les violer? Ne sera-t-on fidèle et religieux pour les serments que quand on n'aura rien à gagner en violant sa foi? Si l'amour de la vertu et la crainte des dieux ne vous touchent plus, au moins soyez touchés de votre réputation et de votre intérêt. Si vous montrez au monde cet exemple pernicieux, de manquer de parole, et de violer votre serment pour terminer une guerre, quelles guerres n'exciterez-vous point par cette conduite impie! Quel voisin ne sera pas contraint de craindre tout de vous, et de vous détester? Qui pourra désormais, dans les nécessités les plus pressantes, se fier à vous? Quelle sûreté pourrez-vous donner quand vous voudrez être sincères, et qu'il vous importera de persuader à vos voisins votre sincérité? Sera-ce un traité solennel? vous en aurez foulé un aux pieds. Sera-ce un serment? eh! ne saura-t-on pas que vous comptez les dieux pour rien, quand vous espérez tirer du parjure quelque avantage? La paix n'aura donc pas plus de sûreté que la guerre à votre égard. Tout ce qui viendra de vous sera reçu comme une guerre, ou feinte, ou déclarée ; vous serez les ennemis perpétuels de tous ceux qui auront le malheur d'être vos voisins; toutes les affaires qui demandent de la réputation de probité, et de la confiance, vous deviendront impossibles : vous n'aurez plus de ressource pour faire croire ce que vous promettrez. Voici, ajouta Télémaque, un intérêt encore plus pressant qui doit vous frapper, s'il vous reste quelque sentiment de probité et quelque prévoyance sur vos intérêts : c'est qu'une conduite si trompeuse attaque par le dedans toute votre ligue, et va la ruiner ; votre parjure va faire triompher Adraste.

A ces paroles, toute l'assemblée émue lui demandoit comment il osoit dire qu'une action qui donneroit une victoire certaine à la ligue pouvoit la ruiner. Comment, leur répondit-il, pourrez-vous vous confier les uns aux autres, si une fois vous rompez l'unique lien de la société et de la confiance, qui est la bonne foi. Après que vous aurez posé pour maxime qu'on peut violer les règles de la probité et de la fidélité pour un grand intérêt, qui d'entre vous pourra se fier à un autre, quand cet autre pourra trouver un grand avantage à lui manquer de parole et à le tromper? Où en serez-vous? Quel est celui d'entre vous qui ne voudra point prévenir les artifices de son voisin par les siens? Que devient une ligue de tant de peuples, lorsqu'ils sont convenus entre eux, par une délibération commune, qu'il est permis de surprendre son voisin, et de violer la foi donnée? Quelle sera votre défiance mutuelle, votre division, votre ardeur à vous détruire les uns les autres! Adraste n'aura plus besoin de vous attaquer; vous vous déchirerez assez vous-mêmes; vous justifierez ses perfidies.

O rois sages et magnanimes! ô vous qui commandez avec tant d'expérience sur des peuples innombrables, ne dédaignez pas d'écouter les conseils d'un jeune homme! Si vous tombiez dans les plus affreuses extrémités où la guerre précipite quelquefois les hommes, il faudroit vous relever par votre vigilance et par les efforts de votre vertu; car le vrai courage ne se laisse jamais abattre. Mais si vous aviez une fois rompu la barrière de l'honneur et de la bonne foi, cette perte est irréparable; vous ne pourriez plus rétablir ni la confiance nécessaire aux succès de toutes les affaires importantes, ni ramener les hommes aux principes de la vertu, après que vous leur auriez appris à les mépriser. Que craignez-vous? N'avez-vous pas assez de courage pour vaincre sans tromper? Votre vertu, jointe aux forces de tant de peuples, ne vous suffit-elle pas? Combattons,

mourons s'il le faut, plutôt que de vaincre si indignement. Adraste, l'impie Adraste est dans nos mains, pourvu que nous ayons horreur d'imiter sa lâcheté et sa mauvaise foi.

Lorsque Télémaque acheva ce discours, il sentit que la douce persuasion avoit coulé de ses lèvres, et avoit passé jusqu'au fond des cœurs. Il remarqua un profond silence dans l'assemblée; chacun pensoit, non à lui ni aux graces de ses paroles, mais à la force de la vérité qui se faisoit sentir dans la suite de son raisonnement : l'étonnement étoit peint sur les visages. Enfin on entendit un murmure sourd qui se répandoit peu à peu dans l'assemblée : les uns regardoient les autres, et n'osoient parler les premiers; on attendoit que les chefs de l'armée se déclarassent; et chacun avoit de la peine à retenir ses sentiments. Enfin, le grave Nestor prononça ces paroles :

Digne fils d'Ulysse, les dieux vous ont fait parler ; et Minerve, qui a tant de fois inspiré votre père, a mis dans votre cœur le conseil sage et généreux que vous avez donné. Je ne regarde point votre jeunesse; je ne considère que Minerve dans tout ce que vous venez de dire. Vous avez parlé pour la vertu; sans elle les plus grands avantages sont de vraies pertes; sans elle on s'attire bientôt la vengeance de ses ennemis, la défiance de ses alliés, l'horreur de tous les gens de bien, et la juste colère des dieux. Laissons donc Venuse entre les mains des Lucaniens, et ne songeons plus qu'à vaincre Adraste par notre courage.

Il dit, et toute l'assemblée applaudit à ces sages paroles; mais, en applaudissant, chacun étonné tournoit les yeux vers le fils d'Ulysse, et on croyoit voir reluire en lui la sagesse de Minerve, qui l'inspiroit.

Il s'éleva bientôt une autre question dans le conseil des rois, où il n'acquit pas moins de gloire. Adraste, toujours cruel et perfide, envoya dans le camp un transfuge nommé Acante, qui devoit empoisonner les plus illustres chefs de l'armée: surtout il avoit ordre de ne rien épargner pour faire mourir le jeune Télémaque, qui étoit déja la terreur des Dauniens. Télémaque, qui avoit trop de courage et de candeur pour être enclin à la défiance, reçut sans peine et avec amitié ce malheureux, qui avoit vu Ulysse en Sicile, et qui lui racontoit les aventures de ce héros. Il le nourrissoit, et tâchoit de le consoler dans son malheur; car Acante se plaignoit d'avoir été trompé et traité indignement par Adraste. Mais c'étoit nourrir et réchauffer dans son sein une vipère venimeuse, toute prête à faire une blessure mortelle.

On surprit un autre transfuge, nommé Arion, qu'Acante envoyoit vers Adraste pour lui apprendre l'état du camp des alliés, et pour lui assurer qu'il empoisonneroit, le lendemain, les principaux rois avec Télémaque, dans un festin que celui-ci leur devoit donner. Arion pris avoua sa trahison. On soupçonna qu'il étoit d'intelligence avec Acante, parce qu'ils étoient bons amis; mais Acante, profondément dissimulé et intrépide, se défendoit avec tant d'art, qu'on ne pouvoit le convaincre, ni découvrir le fond de la conjuration.

Plusieurs des rois furent d'avis qu'il falloit, dans le doute, sacrifier Acante à la sûreté publique. Il faut, disoient-ils, le faire mourir; la vie d'un seul homme n'est rien quand il s'agit d'assurer celle de tant de rois. Qu'importe qu'un innocent périsse, quand il s'agit de conserver ceux qui représentent les dieux au milieu des hommes?

Quelle maxime inhumaine! quelle politique barbare! répondoit Télémaque. Quoi! vous êtes si prodigues du sang humain, ô vous qui êtes établis les pasteurs des hommes, et qui ne commandez sur eux que pour les conserver, comme un pasteur conserve son troupeau! Vous êtes donc les loups cruels, et non pas les pasteurs; du moins vous n'êtes pasteurs que pour tondre et pour écorcher le troupeau, au lieu de le conduire dans les pâturages. Selon vous, on est coupable dès qu'on est accusé; un soupçon mérite la mort; les innocents sont à la merci des envieux et des calomniateurs : à mesure que la défiance tyrannique croîtra dans vos cœurs, il faudra aussi vous égorger plus de victimes.

Télémaque disoit ces paroles avec une autorité et une véhémence qui entraînoit les cœurs, et qui couvroit de honte les auteurs d'un si lâche conseil. Ensuite, se radoucissant, il leur dit : Pour moi, je n'aime pas assez la vie pour vouloir vivre à ce prix; j'aime mieux qu'Acante soit méchant, que si je l'étois; et qu'il m'arrache la vie par une trahison, que si je le faisois périr injustement, dans le doute. Mais écoutez, ô vous qui, étant établis rois, c'est-à-dire juges des peuples, devez savoir juger les hommes avec justice, prudence et modération, laissez-moi interroger Acante en votre présence.

Aussitôt il interroge cet homme sur son commerce avec Arion; il le presse sur une infinité de circonstances; il fait semblant, plusieurs fois, de le renvoyer à Adraste comme un transfuge digne d'être puni, pour observer s'il auroit peur d'être ainsi renvoyé, ou non; mais le visage et la voix d'Acante demeurèrent tranquilles : et Télémaque en conclut qu'Acante pouvoit n'être pas innocent. Enfin, ne pouvant tirer la vérité du fond de son cœur, il lui dit : Donnez-moi votre anneau, je veux l'envoyer à Adraste. A cette demande de son anneau, Acante pâlit et fut embarrassé. Télémaque, dont les yeux étoient toujours attachés sur lui, l'aperçut; il prit cet anneau. Je m'en vais, lui dit-il, l'envoyer à Adraste par les mains d'un Lucanien nommé Polytrope, que vous connoissez, et qui paroîtra y aller secrètement de votre part. Si nous pouvons découvrir par cette voie votre intelligence avec Adraste, on vous fera périr impitoyablement par les tourments les plus cruels : si, au contraire, vous avouez dès à présent votre faute, on vous la pardonnera, et on se contentera de vous envoyer dans une île de la mer, où vous ne manquerez de rien. Alors Acante avoua tout; et Télémaque obtint des rois qu'on lui donneroit la vie, parce qu'il la lui avoit promise. On l'envoya dans une des îles Échinades, où il vécut en paix.

Peu de temps après, un Daunien d'une naissance obscure, mais d'un esprit violent et hardi, nommé Dioscore, vint la nuit dans le camp des alliés leur offrir d'égorger dans sa tente le roi Adraste. Il le pouvoit, car on est maître de la vie des autres quand on ne compte plus pour rien la sienne. Cet homme ne respiroit que la vengeance, parce que Adraste lui avoit enlevé sa femme, qu'il aimoit éperdument, et qui étoit égale en beauté à Vénus même. Il étoit résolu, ou de faire périr Adraste et de reprendre sa femme, ou de périr lui-même. Il avoit des intelligences secrètes pour entrer la nuit dans la tente du roi, et pour être favorisé dans son entreprise par plusieurs capitaines dauniens; mais il croyoit avoir besoin que les rois alliés attaquassent en même temps le camp d'Adraste, afin que, dans ce trouble, il pût facilement se sauver, et enlever sa femme. Il étoit content de périr, s'il ne pouvoit l'enlever, après avoir tué le roi.

Aussitôt que Dioscore eut expliqué aux rois son dessein, tout le monde se tourna vers Télémaque, comme pour lui demander une décision. Les dieux, répondit-il, qui nous ont préservés des traîtres, nous défendent de nous en servir. Quand même nous n'aurions pas assez de vertu pour détester la trahison, notre seul intérêt suffiroit pour la rejeter : dès que nous l'aurons autorisée par notre exemple, nous mériterons qu'elle se tourne contre nous : dès ce moment, qui d'entre nous sera en sûreté? Adraste pourra bien éviter le coup qui le menace, et le faire retomber sur les rois alliés. La guerre ne sera plus une guerre; la sagesse et la vertu ne seront plus d'aucun usage : on ne verra plus que perfidie, trahison et assassinats. Nous en ressentirons nous-mêmes les funestes suites, et nous le mériterons, puisque nous aurons autorisé le plus grand des maux. Je conclus donc qu'il faut renvoyer le traître à Adraste. J'avoue que ce roi ne le mérite pas; mais toute l'Hespérie et toute la Grèce, qui ont les yeux sur nous, méritent que nous tenions cette conduite pour en être estimés. Nous nous devons à nous-mêmes, et plus encore aux justes dieux, cette horreur de la perfidie.

Aussitôt on envoya Dioscore à Adraste, qui frémit du péril où il avoit été, et qui ne pouvoit assez s'étonner de la générosité de ses ennemis; car les méchants ne peuvent comprendre la pure vertu. Adraste admiroit, malgré lui, ce qu'il venoit de voir, et n'osoit le louer. Cette action noble des alliés rappeloit un honteux souvenir de toutes ses tromperies et de toutes ses cruautés. Il cherchoit à rabaisser la générosité de ses ennemis, et il étoit honteux de paroître ingrat, pendant qu'il leur devoit la vie : mais les hommes corrompus s'endurcissent bientôt contre tout ce qui pourroit les toucher. Adraste, qui vit que la réputation des alliés augmentoit tous les jours, crut qu'il étoit pressé de faire contre eux quelque action éclatante : comme il n'en pouvoit faire aucune de vertu, il voulut du moins tâcher de remporter quelque grand avantage sur eux par les armes, et il se hâta de combattre.

Le jour du combat étant venu, à peine l'Aurore ouvroit au Soleil les portes de l'orient, dans un chemin semé de roses, que le jeune Télémaque, prévenant par ses soins la vigilance des plus vieux capitaines, s'arracha d'entre les bras du doux sommeil, et mit en mouvement tous les officiers. Son casque, couvert de crins flottants, brilloit déjà sur sa tête, et sa cuirasse sur son dos éblouissoit les yeux de toute l'armée : l'ouvrage de Vulcain avoit, outre sa beauté naturelle, l'éclat de l'égide qui y étoit cachée. Il tenoit sa lance d'une main, de l'autre il montroit les divers postes qu'il falloit occuper. Minerve avoit mis dans ses yeux un feu divin, et sur son visage une majesté fière qui promettoit déjà la victoire. Il marchoit; et tous les rois, oubliant leur âge et leur dignité, se sentoient entraînés par une force supérieure qui leur faisoit suivre ses pas. La foible jalousie ne peut plus entrer dans les cœurs; tout cède à celui que Minerve conduit invisiblement par la main. Son action n'avoit rien d'impétueux ni de précipité; il étoit doux, tranquille, patient, toujours prêt à écouter les autres et à profiter de leurs conseils; mais actif, prévoyant, attentif aux besoins les plus éloignés, arrangeant toutes choses à propos, ne s'embarrassant de rien, et n'embarrassant point les autres; excusant les fautes, réparant les mécomptes, prévenant les difficultés, ne demandant jamais rien de trop à personne, inspirant partout la liberté et la confiance. Donnoit-il un ordre, c'étoit dans les termes les plus simples et les plus clairs. Il le répétoit pour mieux instruire celui qui devoit l'exécuter; il voyoit dans ses yeux s'il l'avoit bien compris; il lui faisoit ensuite expliquer familièrement comment il avoit compris ses paroles, et le principal but de son entreprise. Quand il avoit ainsi éprouvé le bon sens de celui qu'il envoyoit, et qu'il l'avoit fait entrer dans ses vues, il ne le faisoit partir qu'après lui avoir donné quelque marque d'estime et de confiance pour l'encourager. Ainsi, tous ceux qu'il envoyoit étoient pleins d'ardeur pour lui plaire et pour réussir : mais ils n'étoient point gênés par la crainte qu'il leur imputeroit les mauvais succès; car il excusoit toutes les fautes qui ne venoient point de mauvaise volonté.

L'horizon paroissoit rouge et enflammé par les premiers rayons du soleil; la mer étoit pleine des feux du jour naissant. Toute la côte étoit couverte d'hommes, d'armes, de chevaux, et de chariots en mouvement : c'étoit un bruit confus, semblable à celui des flots en courroux, quand Neptune excite, au fond de ses abîmes, les noires tempêtes. Ainsi Mars commençoit par le bruit des armes et par l'appareil frémissant de la guerre, à semer la rage dans tous les cœurs. La campagne étoit pleine de piques hérissées, semblables aux épis qui couvrent les sillons fertiles dans le temps des moissons. Déjà s'élevoit un nuage de poussière qui déroboit peu à peu aux yeux des hommes la terre et le ciel. La confusion, l'horreur, le carnage, l'impitoyable mort, s'avançoient.

A peine les premiers traits étoient jetés, que Télémaque, levant les yeux et les mains vers le ciel, prononça ces paroles : O Jupiter, père des dieux et des hommes, vous voyez de notre côté la justice et la paix, que nous n'avons point eu honte de chercher. C'est à regret que nous combattons; nous voudrions épargner le sang des hommes; nous ne haïssons point cet ennemi même, quoiqu'il soit cruel, perfide et sacrilège. Voyez, et décidez entre lui et nous : s'il faut mourir, nos vies sont dans vos mains : s'il faut délivrer l'Hespérie et abattre le tyran, ce sera votre puissance et la sagesse de Minerve, votre fille, qui nous donnera la victoire; la gloire vous en sera due. C'est vous qui, la balance en main, réglez le sort des combats : nous combattons pour vous; et, puisque vous êtes juste, Adraste est plus votre ennemi que le nôtre. Si votre cause est victorieuse, avant la fin du jour le sang d'une hécatombe entière ruissellera sur vos autels.

Il dit, et à l'instant il poussa ses coursiers fougueux et écumants dans les rangs les plus pressés des ennemis. Il rencontra d'abord Périandre, Locrien, couvert d'une peau de lion qu'il avoit tué dans la Cilicie, pendant qu'il y avoit voyagé : il étoit armé, comme Hercule, d'une massue énorme; sa taille et sa force le rendoient semblable aux géants. Dès qu'il vit Télémaque, il méprisa sa jeunesse et la beauté de son visage. C'est bien à toi, dit-il, jeune efféminé, à nous disputer la gloire des combats? va, enfant, va parmi les ombres chercher ton père. En disant ces paroles, il lève sa massue noueuse, pesante, armée de pointes de fer; elle paroît comme un mât de navire : chacun craint le coup de sa chute. Elle menace la tête du fils d'Ulysse; mais il se détourne du coup, et s'élance sur Périandre avec la rapidité d'un aigle qui fend les airs. La massue, en tombant, brise une roue d'un char auprès de celui de Télémaque. Cependant le jeune Grec perce d'un trait Périandre à la gorge; le sang qui coule à gros bouillons de sa large plaie étouffe sa voix : ses chevaux fougueux, ne sentant plus sa main défaillante, et les rênes flottant sur leur cou, s'emportent çà et là : il tombe de dessus son char, les yeux déjà fermés à la lumière, et la pâle mort étant déjà peinte sur son visage défiguré. Télémaque eut pitié de lui; il donna aussitôt son corps à ses domestiques, et garda comme une marque de sa victoire la peau du lion avec la massue.

Ensuite il cherche Adraste dans la mêlée; mais, en le cherchant, il précipite dans les enfers une foule de combattants : Hilée, qui avoit attelé à son char deux coursiers semblables à ceux du Soleil, et nourris dans les vastes prairies qu'arrose l'Aufide; Démoléon, qui, dans la Sicile, avoit autrefois presque égalé Éryx dans les combats du ceste; Crantor, qui avoit été hôte et ami d'Hercule, lorsque ce fils de Jupiter, passant dans l'Hespérie, y ôta la vie à l'infame Cacus; Ménécrate, qui ressembloit, disoit-on, à Pollux dans la lutte; Hippocoon, Salapien, qui imitoit l'adresse et la bonne grace de Castor pour mener un cheval; le fameux chasseur Eurymède, toujours teint du sang des ours et des sangliers qu'il tuoit dans les sommets couverts de neige du froid Apennin, et qui avoit été, disoit-on, si cher à Diane, qu'elle lui avoit appris elle-même à tirer des flèches; Nicostrate, vainqueur d'un géant qui vomissoit le feu dans les rochers du mont Gargan; Cléanthe, qui devoit épouser la jeune Pholoé, fille du fleuve Liris. Elle avoit été promise par son père à celui qui la délivreroit d'un serpent ailé qui étoit né sur les bords du fleuve, et qui devoit la dévorer dans peu de jours, suivant la prédiction d'un oracle. Ce jeune homme, par un excès d'amour, se dévoua pour tuer le monstre; il réussit : mais il ne put goûter le fruit de sa victoire; et pendant que Pholoé, se préparant à un doux hyménée, attendoit impatiemment Cléanthe, elle apprit qu'il avoit suivi Adraste dans les combats, et que la Parque avoit tranché cruellement ses jours. Elle remplit de ses gémissements les bois et les montagnes qui sont auprès du fleuve; elle noya ses yeux de larmes, arracha ses beaux cheveux blonds, oublia les guirlandes de fleurs qu'elle avoit accoutumé de cueillir, et accusa le ciel d'injustice. Comme elle ne cessoit de pleurer nuit et jour, les dieux, touchés de ses regrets, et pressés par les prières du fleuve, mirent fin à sa douleur. A force de verser des larmes, elle fut tout-à-coup changée en fontaine, qui, coulant dans le sein du fleuve, va joindre ses eaux à celles du dieu son père : mais l'eau de cette fontaine est encore amère, l'herbe du rivage ne fleurit jamais; et on ne trouve d'autre ombrage que celui des cyprès sur ces tristes bords.

Cependant Adraste, qui apprit que Télémaque répandoit de tous côtés la terreur, le cherchoit avec empressement. Il espéroit de vaincre facilement le fils d'Ulysse dans un âge encore si tendre, et il menoit autour de lui trente Dauniens d'une force, d'une adresse et d'une audace extraordinaire, auxquels il avoit promis de grandes récompenses, s'ils pouvoient, dans le combat, faire périr Télémaque, de quelque manière que ce pût être. S'il l'eût rencontré dans ce commencement du combat, sans doute ces trente hommes, environnant le char de Télémaque, pendant qu'Adraste l'auroit attaqué de front, n'auroient eu aucune peine à le tuer : mais Minerve les fit égarer.

Adraste crut voir et entendre Télémaque dans un endroit de la plaine enfoncé, au pied d'une colline, où il y avoit une foule de combattants; il court, il vole, il veut se rassasier de sang : mais au lieu de Télémaque, il aperçoit le vieux Nestor qui, d'une main tremblante, jetoit au hasard quelques traits inutiles. Adraste, dans sa fureur, veut le percer; mais une troupe de Pyliens se jeta autour de Nestor. Alors une nuée de traits obscurcit l'air et couvrit tous les combattants; on n'entendoit que les cris plaintifs des mourants, et le bruit des armes de ceux qui tomboient dans la mêlée; la terre gémissoit sous un monceau de morts; des ruisseaux de sang couloient de toutes parts. Bellone et Mars, avec les Furies infernales, vêtues de robes toutes dégouttantes de sang, repaissoient leurs yeux cruels de ce spectacle, et renouveloient sans cesse la rage dans les cœurs. Ces divinités ennemies des hommes repoussoient loin des deux partis la pitié généreuse, la valeur modérée, la douce humanité. Ce n'étoit plus, dans cet amas confus d'hommes acharnés les uns sur les autres, que massacre, vengeance, désespoir, et fureur brutale; la sage et invincible Pallas elle-même l'ayant vu, frémit, et recula d'horreur.

Cependant Philoctète, marchant à pas lents, et tenant dans ses mains les flèches d'Hercule, se hâtoit d'aller au secours de Nestor. Adraste, n'ayant pu atteindre le divin vieillard, avoit lancé ses traits sur plusieurs Pyliens, auxquels il avoit fait mordre la poudre. Déja il avoit abattu Ctésilas, si léger à la course qu'à peine il imprimoit la trace de ses pas dans le sable, et qu'il devançoit en son pays les plus rapides flots de l'Eurotas et d'Alphée. A ses pieds étoient tombés Eutyphron, plus beau qu'Hylas, aussi ardent chasseur qu'Hippolyte; Ptérélas, qui avoit suivi Nestor au siége de Troie, et qu'Achille même avoit aimé à cause de son courage et de sa force; Aristogiton, qui, s'étant baigné, disoit-on, dans les ondes du fleuve Achéloüs, avoit reçu secrètement de ce dieu la vertu de prendre toutes sortes de formes. En effet, il étoit si souple et si prompt dans tous ses mouvements, qu'il échappoit aux mains les plus fortes: mais Adraste, d'un coup de lance, le rendit immobile; et son ame s'enfuit d'abord avec son sang.

Nestor, qui voyoit tomber ses plus vaillants capitaines sous la main du cruel Adraste, comme les épis dorés, pendant la moisson, tombent sous la faux tranchante d'un infatigable moissonneur, oublioit le danger où il exposoit inutilement sa vieillesse. Sa sagesse l'avoit quitté; il ne songeoit plus qu'à suivre des yeux Pisistrate son fils, qui, de son côté, soutenoit avec ardeur le combat, pour éloigner le péril de son père. Mais le moment fatal étoit venu où Pisistrate devoit faire sentir à Nestor combien on est souvent malheureux d'avoir trop vécu.

Pisistrate porta un coup de lance si violent contre Adraste, que le Daunien devoit succomber: mais il l'évita; et pendant que Pisistrate, ébranlé du faux coup qu'il avoit donné, ramenoit sa lance, Adraste le perça d'un javelot au milieu du ventre. Ses entrailles commencèrent d'abord à sortir avec un ruisseau de sang; son teint se flétrit comme une fleur que la main d'une Nymphe a cueillie dans les prés: ses yeux étoient déja presque éteints, et sa voix défaillante. Alcée, son gouverneur, qui étoit auprès de lui, le soutint comme il alloit tomber, et n'eut le temps que de le mener entre les bras de son père. Là, il voulut parler, et donner les dernières marques de sa tendresse; mais, en ouvrant la bouche, il expira.

Pendant que Philoctète répandoit autour de lui le carnage et l'horreur pour repousser les efforts d'Adraste, Nestor tenoit serré entre ses bras le corps de son fils: il remplissoit l'air de ses cris, et ne pouvoit souffrir la lumière. Malheureux, disoit-il, d'avoir été père, et d'avoir vécu si long-temps! Hélas! cruelles destinées, pourquoi n'avez-vous pas fini ma vie, ou à la chasse du sanglier de Calydon, ou au voyage de Colchos, ou au premier siége de Troie? Je serois mort avec gloire et sans amertume. Maintenant je traîne une vieillesse douloureuse, méprisée et impuissante; je ne vis plus que pour les maux; je n'ai plus de sentiment que pour la tristesse. O mon fils! ô mon fils! ô cher Pisistrate! quand je perdis ton frère Antiloque, je t'avois pour me consoler: je ne t'ai plus; je n'ai plus rien, et rien ne me consolera; tout est fini pour moi. L'espérance, seul adoucissement des peines des hommes, n'est plus un bien qui me regarde. Antiloque, Pisistrate, ô chers enfants, je crois que c'est aujourd'hui que je vous perds tous deux; la mort de l'un rouvre la plaie que l'autre avoit faite au fond de mon cœur. Je ne vous verrai plus! qui fermera mes yeux? qui recueillera mes cendres? O Pisistrate! tu es mort, comme ton frère, en homme courageux; il n'y a que moi qui ne puis mourir.

En disant ces paroles, il voulut se percer lui-même d'un dard qu'il tenoit; mais on arrêta sa main: on lui arracha le corps de son fils; et comme cet infortuné vieillard tomboit en défaillance, on le porta dans sa tente, où, ayant un peu repris ses forces, il voulut retourner au combat; mais on le retint malgré lui.

Cependant Adraste et Philoctète se cherchoient; leurs yeux étoient étincelants comme ceux d'un lion et d'un léopard qui cherchent à se déchirer l'un l'autre dans les campagnes qu'arrose le Caïstre. Les menaces, la fureur guerrière, et la cruelle vengeance, éclatent dans leurs yeux farouches; ils portent une mort certaine partout où ils lancent leurs traits; tous les combattants les regardent avec effroi. Déja ils se voient l'un l'autre, et Philoctète tient en main une de ces flèches terribles qui n'ont jamais manqué leur coup dans ses mains, et dont les blessures sont irrémédiables : mais Mars, qui favorisoit le cruel et intrépide Adraste, ne put souffrir qu'il pérît si tôt ; il vouloit, par lui, prolonger les horreurs de la guerre, et multiplier les carnages. Adraste étoit encore dû à la justice des dieux, pour punir les hommes et pour verser leur sang.

Dans le moment où Philoctète veut l'attaquer, il est blessé lui-même par un coup de lance que lui donne Amphimaque, jeune Lucanien, plus beau que le fameux Nirée, dont la beauté ne cédoit qu'à celle d'Achille parmi tous les Grecs qui combattirent au siége de Troie. A peine Philoctète eut reçu le coup, qu'il tira sa flèche contre Amphimaque ; elle lui perça le cœur. Aussitôt ses beaux yeux noirs s'éteignirent, et furent couverts des ténèbres de la mort : sa bouche, plus vermeille que les roses dont l'aurore naissante sème l'horizon, se flétrit ; une pâleur affreuse ternit ses joues ; ce visage si tendre et si gracieux se défigura tout-à-coup. Philoctète lui-même en eut pitié. Tous les combattants gémirent, en voyant ce jeune homme tomber dans son sang, où il se rouloit, et ses cheveux, aussi beaux que ceux d'Apollon, traînés dans la poussière.

Philoctète, ayant vaincu Amphimaque, fut contraint de se retirer du combat ; il perdoit son sang et ses forces ; son ancienne blessure même, dans l'effort du combat, sembloit prête à se rouvrir, et à renouveler ses douleurs : car les enfants d'Esculape, avec leur science divine, n'avoient pu le guérir entièrement. Le voilà prêt à tomber dans un monceau de corps sanglants qui l'environnent. Archidame, le plus fier et le plus adroit de tous les OEbaliens qu'il avoit menés avec lui pour fonder Pétilie, l'enlève du combat dans le moment où Adraste l'auroit abattu sans peine à ses pieds. Adraste ne trouve plus rien qui ose lui résister, ni retarder sa victoire. Tout tombe, tout s'enfuit ; c'est un torrent, qui, ayant surmonté ses bords, entraîne, par ses vagues furieuses, les moissons, les troupeaux, les bergers, et les villages.

Télémaque entendit de loin les cris des vainqueurs, et il vit le désordre des siens, qui fuyoient devant Adraste comme une troupe de cerfs timides traverse les vastes campagnes, les bois, les montagnes, les fleuves mêmes les plus rapides, quand ils sont poursuivis par des chasseurs. Télémaque gémit ; l'indignation paroît dans ses yeux : il quitte les lieux où il a combattu long-temps avec tant de danger et de gloire. Il court pour soutenir les siens ; il s'avance tout couvert du sang d'une multitude d'ennemis qu'il a étendus sur la poussière. De loin, il pousse un cri qui se fait entendre aux deux armées.

Minerve avoit mis je ne sais quoi de terrible dans sa voix, dont les montagnes voisines retentirent. Jamais Mars, dans la Thrace, n'a fait entendre plus fortement sa cruelle voix, quand il appelle les Furies infernales, la Guerre et la Mort. Ce cri de Télémaque porte le courage et l'audace dans le cœur des siens ; il glace d'épouvante les ennemis : Adraste même a honte de se sentir troublé. Je ne sais combien de funestes présages le font frémir ; et ce qui l'anime est plutôt un désespoir, qu'une valeur tranquille. Trois fois ses genoux tremblants commencèrent à se dérober sous lui ; trois fois il recula sans songer à ce qu'il faisoit. Une pâleur de défaillance et une sueur froide se répandit dans tous ses membres ; sa voix enrouée et hésitante ne pouvoit achever aucune parole ; ses yeux, pleins d'un feu sombre et étincelant, paroissoient sortir de sa tête ; on le voyoit, comme Oreste, agité par les Furies ; tous ses mouvements étoient convulsifs. Alors il commença à croire qu'il y a des dieux ; il s'imaginoit les voir irrités, et entendre une voix sourde qui sortoit du fond de l'abîme pour l'appeler dans le noir Tartare : tout lui faisoit sentir une main céleste et invisible, suspendue sur sa tête, qui alloit s'appesantir pour le frapper. L'espérance étoit éteinte au fond de son cœur, son audace se dissipoit, comme la lumière du jour disparoît quand le soleil se couche dans le sein des ondes, et que la terre s'enveloppe des ombres de la nuit.

L'impie Adraste, trop long-temps souffert sur la terre, trop long-temps, si les hommes n'eussent eu besoin d'un tel châtiment ; l'impie Adraste touchoit enfin à sa dernière heure. Il court forcené au-devant de son inévitable destin ; l'horreur, les cuisants remords, la consternation, la fureur, la rage, le désespoir, marchent avec lui. A peine voit-il Télémaque, qu'il croit voir l'Averne qui s'ouvre, et les tourbillons de flammes qui sortent du noir Phlégéton, prêtes à le dévorer. Il s'écrie, et sa bouche demeure ouverte sans qu'il puisse prononcer aucune parole : tel qu'un homme dormant, qui, dans un songe affreux, ouvre la bouche, et fait des efforts pour parler ; mais la parole lui manque toujours, et il la cherche en vain. D'une main tremblante et précipitée Adraste lance son dard contre Télémaque. Celui-ci, intrépide comme l'ami des dieux, se couvre de son bouclier; il semble que la Victoire, le couvrant de ses ailes, tient déja une couronne suspendue au-dessus de sa tête : le courage doux et paisible reluit dans ses yeux; on le prendroit pour Minerve même, tant il paroît sage et mesuré au milieu des plus grands périls. Le dard lancé par Adraste est repoussé par le bouclier. Alors Adraste se hâte de tirer son épée, pour ôter au fils d'Ulysse l'avantage de lancer son dard à son tour. Télémaque voyant Adraste l'épée à la main, se hâte de la mettre aussi, et laisse son dard inutile.

Quand on les vit ainsi tous deux combattre de près, tous les autres combattants, en silence, mirent bas les armes pour les regarder attentivement; et on attendit de leur combat la décision de toute la guerre. Les deux glaives, brillants comme les éclairs d'où partent les foudres, se croisent plusieurs fois, et portent des coups inutiles sur les armes polies, qui en retentissent. Les deux combattants s'alongent, se replient, s'abaissent, se relèvent tout-à-coup, et enfin se saisissent. Le lierre, en naissant au pied d'un ormeau, n'en serre pas plus étroitement le tronc dur et noueux par ses rameaux entrelacés jusqu'aux plus hautes branches de l'arbre, que ces deux combattants se serrent l'un l'autre. Adraste n'avoit encore rien perdu de sa force; Télémaque n'avoit pas encore toute la sienne. Adraste fait plusieurs efforts pour surprendre son ennemi et pour l'ébranler. Il tâche de saisir l'épée du jeune Grec, mais en vain : dans le moment où il la cherche, Télémaque l'enlève de terre, et le renverse sur le sable. Alors cet impie, qui avoit toujours méprisé les dieux, montre une lâche crainte de la mort; il a honte de demander la vie, et il ne peut s'empêcher de témoigner qu'il la desire : il tâche d'émouvoir la compassion de Télémaque. Fils d'Ulysse, dit-il, enfin c'est maintenant que je connois les justes dieux; ils me punissent comme je l'ai mérité : il n'y a que le malheur qui ouvre les yeux des hommes pour voir la vérité; je la vois, elle me condamne. Mais qu'un roi malheureux vous fasse souvenir de votre père qui est loin d'Ithaque, et touche votre cœur.

Télémaque, qui, le tenant sous ses genoux, avoit le glaive déja levé pour lui percer la gorge, répondit aussitôt : Je n'ai voulu que la victoire et la paix des nations que je suis venu secourir; je n'aime point à répandre le sang. Vivez donc, ô Adraste! mais vivez pour réparer vos fautes : rendez tout ce que vous avez usurpé; rétablissez le calme et la justice sur la côte de la grande Hespérie, que vous avez souillée par tant de massacres et de trahisons : vivez, et devenez un autre homme. Apprenez, par votre chute, que les dieux sont justes; que les méchants sont malheureux; qu'ils se trompent en cherchant la félicité dans la violence, dans l'inhumanité et dans le mensonge; et qu'enfin rien n'est si doux ni si heureux que la simple et constante vertu. Donnez-nous pour ôtage votre fils Métrodore, avec douze des principaux de votre nation.

A ces paroles, Télémaque laisse relever Adraste, et lui tend la main, sans se défier de sa mauvaise foi; mais aussitôt Adraste lui lance un second dard fort court, qu'il tenoit caché. Le dard étoit si aigu, et lancé avec tant d'adresse, qu'il eût percé les armes de Télémaque, si elles n'eussent été divines. En même temps Adraste se jette derrière un arbre, pour éviter la poursuite du jeune Grec. Alors celui-ci s'écrie : Dauniens, vous le voyez, la victoire est à nous; l'impie ne se sauve que par la trahison. Celui qui ne craint point les dieux craint la mort; au contraire, celui qui les craint ne craint qu'eux.

En disant ces paroles, il s'avance vers les Dauniens, et fait signe aux siens, qui étoient de l'autre côté de l'arbre, de couper chemin au perfide Adraste. Adraste craint d'être surpris, fait semblant de retourner sur ses pas, et veut renverser les Crétois qui se présentent à son passage; mais tout-à-coup Télémaque, prompt comme la foudre que la main du père des dieux lance du haut de l'Olympe sur les têtes coupables, vient fondre sur son ennemi; il le saisit d'une main victorieuse; il le renverse comme le cruel aquilon abat les tendres moissons qui dorent la campagne. Il ne l'écoute plus, quoique l'impie ose encore une fois essayer d'abuser de la bonté de son cœur : il enfonce son glaive, et le précipite dans les flammes du noir Tartare, digne châtiment de ses crimes.

A peine Adraste fut mort, que tous les Dauniens, loin de déplorer leur défaite et la perte de leur chef, se réjouirent de leur délivrance; ils tendirent les mains aux alliés, en signe de paix et de réconciliation. Métrodore, fils d'Adraste, que son père avoit nourri dans des maximes de dissimulation, d'injustice et d'humanité, s'enfuit lâchement. Mais un esclave, complice de ses infamies et de ses cruautés, qu'il avoit affranchi et comblé de biens, et auquel seul il se confia dans sa fuite, ne songea qu'à le trahir pour son propre intérêt : il le tua par derrière pendant qu'il fuyoit, lui coupa la tête, et la porta dans le camp des alliés, espérant une grande récompense d'un crime

LIVRE XVI.

Les chefs de l'armée s'assemblent pour délibérer sur la demande des Dauniens. Télémaque, après avoir rendu les derniers devoirs à Pisistrate, fils de Nestor, se rend à l'assemblée, où la plupart sont d'avis de partager entre eux le pays des Dauniens, et offrent à Télémaque, pour sa part, la fertile contrée d'Arpine. Bien loin d'accepter cette offre, Télémaque fait voir que l'intérêt commun des alliés est de laisser aux Dauniens leurs terres, et de leur donner pour roi Polydamas, fameux capitaine de leur nation, non moins estimé pour sa sagesse que pour sa valeur. Les alliés consentent à ce choix, qui comble de joie les Dauniens. Télémaque persuade ensuite à ceux-ci de donner la contrée d'Arpine à Diomède, roi d'Étolie, qui étoit alors poursuivi avec ses compagnons par la colère de Vénus, qu'il avoit blessée au siège de Troie. Les troubles étant ainsi terminés, tous les princes ne songent plus qu'à se séparer pour s'en retourner chacun dans son pays.

qui finissoit la guerre. Mais on eut horreur de ce scélérat, et on le fit mourir. Télémaque, ayant vu la tête de Métrodore, qui étoit un jeune homme d'une merveilleuse beauté et d'un naturel excellent, que les plaisirs et les mauvais exemples avoient corrompu, ne put retenir ses larmes. Hélas! s'écria-t-il, voilà ce que fait le poison de la prospérité d'un jeune prince : plus il a d'élévation et de vivacité, plus il s'égare et s'éloigne de tout sentiment de vertu. Et maintenant je serois peut-être de même, si les malheurs où je suis né, graces aux dieux, et les instructions de Mentor, ne m'avoient appris à me modérer.

Les Dauniens assemblés demandèrent, comme l'unique condition de paix, qu'on leur permît de faire un roi de leur nation, qui pût effacer par ses vertus l'opprobre dont l'impie Adraste avoit couvert la royauté. Ils remercioient les dieux d'avoir frappé le tyran; ils venoient en foule baiser la main de Télémaque, qui avoit été trempée dans le sang de ce monstre; et leur défaite étoit pour eux comme un triomphe. Ainsi tomba en un moment, sans aucune ressource, cette puissance qui menaçoit toutes les autres dans l'Hespérie, et qui faisoit trembler tant de peuples. Semblable à ces terrains qui paroissent fermes et immobiles, mais que l'on sape peu à peu par-dessous : long-temps on se moque du foible travail qui en attaque les fondements; rien ne paroît affoibli, tout est uni, rien ne s'ébranle; cependant tous les soutiens souterrains sont détruits peu à peu, jusqu'au moment où tout-à-coup le terrain s'affaisse, et ouvre un abîme. Ainsi une puissance injuste et trompeuse, quelque prospérité qu'elle se procure par ses violences, creuse elle-même un précipice sous ses pieds. La fraude et l'inhumanité sapent peu à peu tous les plus solides fondements de l'autorité illégitime : on l'admire, on la craint, on tremble devant elle, jusqu'au moment où elle n'est déja plus; elle tombe de son propre poids, et rien ne peut la relever, parce qu'elle a détruit de ses propres mains les vrais soutiens de la bonne foi et de la justice, qui attirent l'amour et la confiance.

Les chefs de l'armée s'assemblèrent, dès le lendemain, pour accorder un roi aux Dauniens. On prenoit plaisir à voir les deux camps confondus par une amitié si inespérée, et les deux armées qui n'en faisoient plus qu'une. Le sage Nestor ne put se trouver dans ce conseil, parce que la douleur, jointe à la vieillesse, avoit flétri son cœur, comme la pluie abat et fait languir, le soir, une fleur qui étoit le matin, pendant la naissance de l'aurore, la gloire et l'ornement des vertes campagnes. Ses yeux étoient devenus deux fontaines de larmes qui ne pouvoient tarir : loin d'eux s'enfuyoit le doux sommeil, qui charme les plus cuisantes peines. L'espérance, qui est la vie du cœur de l'homme, étoit éteinte en lui. Toute nourriture étoit amère à cet infortuné vieillard; la lumière même lui étoit odieuse : son ame ne demandoit plus qu'à quitter son corps, et qu'à se plonger dans l'éternelle nuit de l'empire de Pluton. Tous ses amis lui parloient en vain : son cœur en défaillance étoit dégoûté de toute amitié, comme un malade est dégoûté des meilleurs aliments. A tout ce qu'on pouvoit lui dire de plus touchant, il ne répondoit que par des gémissements et des sanglots. De temps en temps on l'entendoit dire : O Pisistrate, Pisistrate! Pisistrate, mon fils, tu m'appelles! je te suis : Pisistrate, tu me rendras la mort douce. O mon cher fils! je ne desire plus, pour tout bien, que de te revoir sur les rives du Styx. Il passoit des heures entières sans prononcer aucune parole, mais gémissant, et levant les mains et les yeux noyés de larmes vers le ciel.

Cependant les princes assemblés attendoient Télémaque, qui étoit auprès du corps de Pisistrate : il répandoit sur son corps des fleurs à pleines mains; il y ajoutoit des parfums exquis, et versoit des larmes amères. O mon cher compagnon, disoit-il, je n'oublierai jamais de t'avoir vu à Pylos, de t'avoir suivi à Sparte, de t'avoir retrouvé sur les bords de la grande Hespérie; je te dois mille soins: je t'aimois, tu m'aimois aussi. J'ai connu ta valeur; elle auroit surpassé celle de plusieurs Grecs fameux. Hélas! elle t'a fait périr avec gloire, mais elle a dérobé au monde une vertu naissante qui eût égalé celle de ton père: oui, ta sagesse et ton éloquence, dans un âge mûr, auroit été semblable à celle de ce vieillard, admiré de toute la Grèce. Tu avois déjà cette douce insinuation à laquelle on ne peut résister quand il parle, ces manières naïves de raconter, cette sage modération qui est un charme pour apaiser les esprits irrités, cette autorité qui vient de la prudence et de la force des bons conseils. Quand tu parlois, tous prêtoient l'oreille, tous étoient prévenus, tous avoient envie de trouver que tu avois raison: ta parole, simple et sans faste, couloit doucement dans les cœurs, comme la rosée sur l'herbe naissante. Hélas! tant de biens que nous possédions il y a quelques heures nous sont enlevés à jamais. Pisistrate, que j'ai embrassé ce matin, n'est plus; il ne nous en reste qu'un douloureux souvenir. Au moins si tu avois fermé les yeux de Nestor avant que nous eussions fermé les tiens, il ne verroit pas ce qu'il voit, il ne seroit pas le plus malheureux de tous les pères.

Après ces paroles, Télémaque fit laver la plaie sanglante qui étoit dans le côté de Pisistrate, il le fit étendre dans un lit de pourpre, où sa tête penchée, avec la pâleur de la mort, ressembloit à un jeune arbre qui, ayant couvert la terre de son ombre, et poussé vers le ciel des rameaux fleuris, a été entamé par le tranchant de la coignée d'un bûcheron: il ne tient plus à sa racine ni à la terre, mère féconde qui nourrit les tiges dans son sein; il languit, sa verdure s'efface, il ne peut plus se soutenir, il tombe: ses rameaux, qui cachoient le ciel, traînent sur la poussière, flétris et desséchés; il n'est plus qu'un tronc abattu et dépouillé de toutes ses graces. Ainsi Pisistrate, en proie à la mort, étoit déjà emporté par ceux qui devoient le mettre dans le bûcher fatal. Déjà la flamme montoit vers le ciel. Une troupe de Pyliens, les yeux baissés et pleins de larmes, leurs armes renversées, le conduisoient lentement. Le corps est bientôt brûlé: les cendres sont mises dans une urne d'or; et Télémaque, qui prend soin de tout, confie cette urne, comme un grand trésor, à Callimaque, qui avoit été le gouverneur de Pisistrate. Gardez, lui dit-il, ces cendres, tristes mais précieux restes de celui que vous avez aimé; gardez-les pour son père: mais attendez à les lui donner quand il aura assez de force pour les demander, ce qui irrite la douleur en un temps l'adoucit en un autre.

Ensuite Télémaque entra dans l'assemblée des rois ligués, où chacun garda le silence pour l'écouter dès qu'on l'aperçut; il en rougit, et on ne pouvoit le faire parler. Les louanges qu'on lui donna, par des acclamations publiques, sur tout ce qu'il venoit de faire, augmentèrent sa honte; il auroit voulu se pouvoir cacher; ce fut la première fois qu'il parut embarrassé et incertain. Enfin, il demanda comme une grace qu'on ne lui donnât plus aucune louange. Ce n'est pas, dit-il, que je ne les aime, surtout quand elles sont données par de si bons juges de la vertu; mais c'est que je crains de les aimer trop: elles corrompent les hommes; elles les remplissent d'eux-mêmes; elles les rendent vains et présomptueux. Il faut les mériter et les fuir: les meilleures louanges ressemblent aux fausses. Les plus méchants de tous les hommes, qui sont les tyrans, sont ceux qui se sont fait le plus louer par des flatteurs. Quel plaisir y a-t-il à être loué comme eux? Les bonnes louanges sont celles que vous me donnerez en mon absence, si je suis assez heureux pour en mériter. Si vous me croyez véritablement bon, vous devez croire aussi que je veux être modeste et craindre la vanité: épargnez-moi donc, si vous m'estimez, et ne me louez pas comme un homme amoureux des louanges.

Après avoir parlé ainsi, Télémaque ne répondit plus rien à ceux qui continuoient de l'élever jusques au ciel; et, par un air d'indifférence, il arrêta bientôt les éloges qu'on lui donnoit. On commença à craindre de le fâcher en le louant: ainsi les louanges finirent; mais l'admiration augmenta. Tout le monde sut la tendresse qu'il avoit témoignée à Pisistrate, et les soins qu'il avoit pris de lui rendre les derniers devoirs. Toute l'armée fut plus touchée de ces marques de la bonté de son cœur, que de tous les prodiges de sagesse et de valeur qui venoient d'éclater en lui. Il est sage, il est vaillant, se disoient-ils en secret les uns aux autres; il est l'ami des dieux, et le vrai héros de notre âge; il est au-dessus de l'humanité: mais tout cela n'est que merveilleux, tout cela ne fait que nous étonner. Il est humain, il est bon, il est ami fidèle et tendre; il est compatissant, libéral, bienfaisant, et tout entier à ceux qu'il doit aimer: il est les délices de ceux qui vivent avec lui; il s'est défait de sa hauteur, de son indifférence et de sa fierté: voilà ce qui est d'usage, voilà ce qui touche les cœurs, voilà ce qui nous attendrit pour lui, et qui nous rend sensibles à toutes ses vertus; voilà ce qui fait que nous donnerions toutes nos vies pour lui.

A peine ces discours furent-ils finis, qu'on se

hâta de parler de la nécessité de donner un roi aux Dauniens. La plupart des princes qui étoient dans le conseil opinoient qu'il falloit partager entre eux ce pays, comme une terre conquise. On offrit à Télémaque, pour sa part, la fertile contrée d'Arpine, qui porte deux fois l'an les riches dons de Cérès, les doux présents de Bacchus, et les fruits toujours verts de l'olivier consacré à Minerve. Cette terre, lui disoit-on, doit vous faire oublier la pauvre Ithaque avec ses cabanes, et les rochers affreux de Dulichie, et les bois sauvages de Zacynthe. Ne cherchez plus ni votre père, qui doit être péri dans les flots au promontoire de Capharée, par la vengeance de Nauplius et par la colère de Neptune; ni votre mère, que ses amants possèdent depuis votre départ; ni votre patrie, dont la terre n'est point favorisée du ciel comme celle que nous vous offrons.

Il écoutoit patiemment ces discours; mais les rochers de Thrace et de Thessalie ne sont pas plus sourds et plus insensibles aux plaintes des amants désespérés, que Télémaque l'étoit à ces offres. Pour moi, répondoit-il, je ne suis touché ni des richesses, ni des délices : qu'importe de posséder une plus grande étendue de terre, et de commander à un plus grand nombre d'hommes? on n'en a que plus d'embarras, et moins de liberté : la vie est assez pleine de malheurs pour les hommes les plus sages et les plus modérés, sans y ajouter encore la peine de gouverner les autres hommes, indociles, inquiets, injustes, trompeurs et ingrats. Quand on veut être le maître des hommes pour l'amour de soi-même, n'y regardant que sa propre autorité, ses plaisirs et sa gloire, on est impie, on est tyran, on est le fléau du genre humain. Quand, au contraire, on ne veut gouverner les hommes que selon les vraies règles, pour leur propre bien, on est moins leur maître que leur tuteur; on n'en a que la peine, qui est infinie, et on est bien éloigné de vouloir étendre plus loin son autorité. Le berger qui ne mange point le troupeau, qui le défend des loups en exposant sa vie, qui veille nuit et jour pour le conduire dans les bons pâturages, n'a point d'envie d'augmenter le nombre de ses moutons, et d'enlever ceux du voisin : ce seroit augmenter sa peine. Quoique je n'aie jamais gouverné, ajoutoit Télémaque, j'ai appris par les lois, et par les hommes sages qui les ont faites, combien il est pénible de conduire les villes et les royaumes. Je suis donc content de ma pauvre Ithaque : quoiqu'elle soit petite et pauvre, j'aurai assez de gloire, pourvu que j'y règne avec justice, piété et courage; encore même n'y régnerai-je que trop tôt. Plaise aux dieux que mon père, échappé à la fureur des vagues, y puisse régner jusqu'à la plus extrême vieillesse, et que je puisse apprendre long-temps sous lui comment il faut vaincre ses passions pour savoir modérer celles de tout un peuple!

Ensuite Télémaque dit : Écoutez, ô princes assemblés ici, ce que je crois vous devoir dire pour votre intérêt. Si vous donnez aux Dauniens un roi juste, il les conduira avec justice, il leur apprendra combien il est utile de conserver la bonne foi, et de n'usurper jamais le bien de ses voisins : c'est ce qu'ils n'ont jamais pu comprendre sous l'impie Adraste. Tandis qu'ils seront conduits par un roi sage et modéré, vous n'aurez rien à craindre d'eux : ils vous devront ce bon roi que vous leur aurez donné; ils vous devront la paix et la prospérité dont ils jouiront : ces peuples, loin de vous attaquer, vous béniront sans cesse; et le roi et le peuple, tout sera l'ouvrage de vos mains. Si au contraire vous voulez partager leur pays entre vous, voici les malheurs que je vous prédis : ce peuple, poussé au désespoir, recommencera la guerre; il combattra justement pour sa liberté, et les dieux ennemis de la tyrannie combattront avec lui. Si les dieux s'en mêlent, tôt ou tard vous serez confondus, et vos prospérités se dissiperont comme la fumée; le conseil et la sagesse seront ôtés à vos chefs, le courage à vos armées, l'abondance à vos terres. Vous vous flatterez; vous serez téméraires dans vos entreprises; vous ferez taire les gens de bien qui voudront dire la vérité : vous tomberez tout-à-coup, et on dira de vous : Est-ce donc là ces peuples florissants qui devoient faire la loi à toute la terre? et maintenant ils fuient devant leurs ennemis; ils sont le jouet des nations, qui les foulent aux pieds : voilà ce que les dieux ont fait; voilà ce que méritent les peuples injustes, superbes et inhumains. De plus, considérez que, si vous entreprenez de partager entre vous cette conquête, vous réunissez contre vous tous les peuples voisins : votre ligue, formée pour défendre la liberté commune de l'Hespérie contre l'usurpateur Adraste, deviendra odieuse; et c'est vous-mêmes que tous les peuples accuseront, avec raison, de vouloir usurper la tyrannie universelle.

Mais je suppose que vous soyez victorieux et des Dauniens, et de tous les autres peuples, cette victoire vous détruira; voici comment. Considérez que cette entreprise vous désunira tous : comme elle n'est point fondée sur la justice, vous n'aurez point de règle pour borner entre vous les prétentions de chacun; chacun voudra que sa part de la conquête soit proportionnée à sa puissance; nul d'entre vous n'aura assez d'autorité parmi les autres pour faire paisiblement ce partage : voilà la source d'une guerre dont vos petits-enfants ne verront pas la fin. Ne vaut-il pas bien mieux être juste et modéré, que de suivre son ambition avec tant de péril, et au travers de tant de malheurs inévitables? La paix profonde, les plaisirs doux et innocents qui l'accompagnent, l'heureuse abondance, l'amitié de ses voisins, la gloire qui est inséparable de la justice, l'autorité qu'on acquiert en se rendant par sa bonne foi l'arbitre de tous les peuples étrangers, ne sont-ce pas des biens plus desirables que la folle vanité d'une conquête injuste? O princes! ô rois! vous voyez que je vous parle sans intérêt : écoutez donc celui qui vous aime assez pour vous contredire, et pour vous déplaire en vous représentant la vérité.

Pendant que Télémaque parloit ainsi, avec une autorité qu'on n'avoit jamais vue en nul autre, et que tous les princes, étonnés et en suspens, admiroient la sagesse de ses conseils, on entendit un bruit confus qui se répandit dans tout le camp, et qui vint jusqu'au lieu où se tenoit l'assemblée. Un étranger, dit-on, est venu aborder sur ces côtes avec une troupe d'hommes armés : cet inconnu est d'une haute mine; tout paroît héroïque en lui; on voit aisément qu'il a long-temps souffert, et que son grand courage l'a mis au-dessus de toutes ses souffrances. D'abord les peuples du pays, qui gardent la côte, ont voulu le repousser comme un ennemi qui vient faire une irruption; mais, après avoir tiré son épée avec un air intrépide, il a déclaré qu'il sauroit se défendre si on l'attaquoit, mais qu'il ne demandoit que la paix et l'hospitalité. Aussitôt il a présenté un rameau d'olivier, comme suppliant. On l'a écouté; il a demandé à être conduit vers ceux qui gouvernent dans cette côte de l'Hespérie, et on l'emmène ici pour le faire parler aux rois assemblés.

A peine ce discours fut-il achevé, qu'on vit entrer cet inconnu avec une majesté qui surprit toute l'assemblée. On auroit cru facilement que c'étoit le dieu Mars, quand il assemble sur les montagnes de la Thrace ses troupes sanguinaires. Il commença à parler ainsi :

O vous, pasteurs des peuples, qui êtes sans doute assemblés ici pour défendre la patrie contre ses ennemis, ou pour faire fleurir les plus justes lois, écoutez un homme que la fortune a persécuté. Fassent les dieux que vous n'éprouviez jamais de semblables malheurs! Je suis Diomède, roi d'Étolie, qui blessai Vénus au siége de Troie.

La vengeance de cette déesse me poursuit dans tout l'univers. Neptune, qui ne peut rien refuser à la divine fille de la mer, m'a livré à la rage des vents et des flots, qui ont brisé plusieurs fois mes vaisseaux contre les écueils. L'inexorable Vénus m'a ôté toute espérance de revoir mon royaume, ma famille, et cette douce lumière d'un pays où je commençai à voir le jour en naissant. Non, je ne reverrai jamais tout ce qui m'a été le plus cher au monde. Je viens, après tant de naufrages, chercher sur ces rives inconnues un peu de repos, et une retraite assurée. Si vous craignez les dieux, et surtout Jupiter, qui a soin des étrangers; si vous êtes sensibles à la compassion, ne me refusez pas, dans ces vastes pays, quelque coin de terre infertile, quelques déserts, quelques sables, ou quelques rochers escarpés, pour y fonder, avec mes compagnons, une ville qui soit du moins une triste image de notre patrie perdue. Nous ne demandons qu'un peu d'espace qui vous soit inutile. Nous vivrons en paix avec vous dans une étroite alliance; vos ennemis seront les nôtres; nous entrerons dans tous vos intérêts: nous ne demandons que la liberté de vivre selon nos lois.

Pendant que Diomède parloit ainsi, Télémaque, ayant les yeux attachés sur lui, montra sur son visage toutes les différentes passions. Quand Diomède commença à parler de ses longs malheurs, il espéra que cet homme si majestueux seroit son père. Aussitôt qu'il eut déclaré qu'il étoit Diomède, le visage de Télémaque se flétrit comme une belle fleur que les noirs aquilons viennent de ternir de leur souffle cruel. Ensuite les paroles de Diomède, qui se plaignoit de la longue colère d'une divinité, l'attendrirent par le souvenir des mêmes disgraces souffertes par son père et par lui; des larmes mêlées de douleur et de joie coulèrent sur ses joues, et il se jeta tout-à-coup sur Diomède pour l'embrasser.

Je suis, dit-il, le fils d'Ulysse que vous avez connu, et qui ne vous fut pas inutile quand vous prîtes les chevaux fameux de Rhésus. Les dieux l'ont traité sans pitié comme vous. Si les oracles de l'Érèbe ne sont pas trompeurs, il vit encore : mais, hélas! il ne vit point pour moi. J'ai abandonné Ithaque pour le chercher; je ne puis revoir maintenant ni Ithaque, ni lui; jugez par mes malheurs de la compassion que j'ai pour les vôtres. C'est l'avantage qu'il y a à être malheureux, qu'on sait compatir aux peines d'autrui. Quoique je ne sois ici qu'étranger, je puis, grand Diomède (car, malgré les misères qui ont accablé ma patrie

LIVRE XVI.

dans mon enfance, je n'ai pas été assez mal élevé pour ignorer quelle est votre gloire dans les combats), je puis, ô le plus invincible de tous les Grecs après Achille, vous procurer quelque secours. Ces princes que vous voyez sont humains; ils savent qu'il n'y a ni vertu, ni vrai courage, ni gloire solide, sans l'humanité. Le malheur ajoute un nouveau lustre à la gloire des hommes; il leur manque quelque chose quand ils n'ont jamais été malheureux; il manque dans leur vie des exemples de patience et de fermeté; la vertu souffrante attendrit tous les cœurs qui ont quelque goût pour la vertu. Laissez-nous donc le soin de vous consoler : puisque les dieux vous mènent à nous, c'est un présent qu'ils nous font, et nous devons nous croire heureux de pouvoir adoucir vos peines.

Pendant qu'il parloit, Diomède étonné le regardoit fixement, et sentoit son cœur tout ému. Ils s'embrassoient comme s'ils avoient été long-temps liés d'une amitié étroite. O digne fils du sage Ulysse! disoit Diomède, je reconnois en vous la douceur de son visage, la grace de ses discours, la force de son éloquence, la noblesse de ses sentiments, la sagesse de ses pensées.

Cependant Philoctète embrasse aussi le grand fils de Tydée; ils se racontent leurs tristes aventures. Ensuite Philoctète lui dit : Sans doute vous serez bien aise de revoir le sage Nestor; il vient de perdre Pisistrate, le dernier de ses enfants; il ne lui reste plus dans la vie qu'un chemin de larmes qui le mène vers le tombeau. Venez le consoler : un ami malheureux est plus propre qu'un autre à soulager son cœur. Ils allèrent aussitôt dans la tente de Nestor, qui reconnut à peine Diomède, tant la tristesse abattoit son esprit et ses sens. D'abord Diomède pleura avec lui, et leur entrevue fut pour le vieillard un redoublement de douleur; mais peu à peu la présence de cet ami apaisa son cœur. On reconnut aisément que ses maux étoient un peu suspendus par le plaisir de raconter ce qu'il avoit souffert, et d'entendre à son tour ce qui étoit arrivé à Diomède.

Pendant qu'ils s'entretenoient, les rois assemblés avec Télémaque examinoient ce qu'ils dévoient faire. Télémaque leur conseilloit de donner à Diomède le pays d'Arpine, et de choisir pour roi des Dauniens Polydamas, qui étoit de leur nation. Ce Polydamas étoit un fameux capitaine, qu'Adraste, par jalousie, n'avoit jamais voulu employer, de peur qu'on n'attribuât à cet homme habile le succès dont il espéroit d'avoir seul toute la gloire. Polydamas l'avoit souvent averti, en particulier, qu'il exposoit trop sa vie et le salut de son état dans cette guerre contre tant de nations conjurées; il l'avoit voulu engager à tenir une conduite plus droite et plus modérée avec ses voisins. Mais les hommes qui haïssent la vérité haïssent aussi les gens qui ont la hardiesse de la dire; ils ne sont touchés ni de leur sincérité, ni de leur zèle, ni de leur désintéressement. Une prospérité trompeuse endurcissoit le cœur d'Adraste contre les plus salutaires conseils; en ne les suivant pas, il triomphoit tous les jours de ses ennemis : la hauteur, la mauvaise foi, la violence, mettoient toujours la victoire dans son parti; tous les malheurs dont Polydamas l'avoit si long-temps menacé n'arrivoient point. Adraste se moquoit d'une sagesse timide qui prévoyoit toujours des inconvénients; Polydamas lui étoit insupportable : il l'éloigna de toutes les charges; il le laissa languir dans la solitude et dans la pauvreté.

D'abord Polydamas fut accablé de cette disgrace; mais il lui donna ce qui lui manquoit, en lui ouvrant les yeux sur la vanité des grandes fortunes : il devint sage à ses dépens; il se réjouit d'avoir été malheureux : il apprit peu à peu à se taire, à vivre de peu, à se nourrir tranquillement de la vérité, à cultiver en lui les vertus secrètes, qui sont encore plus estimables que les éclatantes; enfin à se passer des hommes. Il demeura au pied du mont Gargan, dans un désert, où un rocher en demi-voûte lui servoit de toit. Un ruisseau, qui tomboit de la montagne, apaisoit sa soif; quelques arbres lui donnoient leurs fruits : il avoit deux esclaves qui cultivoient un petit champ; il travailloit lui-même avec eux de ses propres mains : la terre le payoit de ses peines avec usure, et ne le laissoit manquer de rien. Il avoit non-seulement des fruits et des légumes en abondance, mais encore toutes sortes de fleurs odoriférantes. Là il déploroit le malheur des peuples que l'ambition insensée d'un roi entraîne à leur perte; là il attendoit chaque jour que les dieux justes, quoique patients, fissent tomber Adraste. Plus sa prospérité croissoit, plus il croyoit voir de près sa chute irrémédiable; car l'imprudence heureuse dans ses fautes, et la puissance montée jusqu'au dernier excès d'autorité absolue, sont les avant-coureurs du renversement des rois et des royaumes. Quand il apprit la défaite et la mort d'Adraste, il ne témoigna aucune joie ni de l'avoir prévue, ni d'être délivré de ce tyran; il gémit seulement, par la crainte de voir les Dauniens dans la servitude.

Voilà l'homme que Télémaque proposa pour le faire régner. Il y avoit déjà quelque temps qu'il connoissoit son courage et sa vertu; car Télémaque, selon les conseils de Mentor, ne cessoit de s'informer partout des qualités bonnes et mauvaises de toutes les personnes qui étoient dans quelque emploi considérable, non-seulement parmi les nations alliées qu'il servoit en cette guerre, mais encore chez les ennemis. Son principal soin étoit de découvrir et d'examiner partout les hommes qui avoient quelque talent, ou une vertu particulière.

Les princes alliés eurent d'abord quelque répugnance à mettre Polydamas dans la royauté. Nous avons éprouvé, disoient-ils, combien un roi des Dauniens, quand il aime la guerre et qu'il la sait faire, est redoutable à ses voisins. Polydamas est un grand capitaine, et il peut nous jeter dans de grands périls. Mais Télémaque leur répondoit : Polydamas, il est vrai, sait la guerre; mais il aime la paix; et voilà les deux choses qu'il faut souhaiter. Un homme qui connoît les malheurs, les dangers et les difficultés de la guerre, est bien plus capable de l'éviter, qu'un autre qui n'en a aucune expérience. Il a appris à goûter le bonheur d'une vie tranquille; il a condamné les entreprises d'Adraste; il en a prévu les suites funestes. Un prince foible, ignorant, et sans expérience, est plus à craindre pour vous qu'un homme qui connoîtra et qui décidera tout par lui-même. Le prince foible et ignorant ne verra que par les yeux d'un favori passionné, ou d'un ministre flatteur, inquiet et ambitieux : ainsi ce prince aveugle s'engagera à la guerre sans vouloir faire. Vous ne pourrez jamais vous assurer de lui, car il ne pourra être sûr de lui-même; il vous manquera de parole; il vous réduira bientôt à cette extrémité, qu'il faudra ou que vous le fassiez périr, ou qu'il vous accable. N'est-il pas plus utile, plus sûr, et en même temps plus juste et plus noble, de répondre plus fidèlement à la confiance des Dauniens, et de leur donner un roi digne de commander?

Toute l'assemblée fut persuadée par ce discours. On alla proposer Polydamas aux Dauniens, qui attendoient une réponse avec impatience. Quand ils entendirent le nom de Polydamas, ils répondirent : Nous reconnoissons bien maintenant que les princes alliés veulent agir de bonne foi avec nous, et faire une paix éternelle, puisqu'ils nous veulent donner pour roi un homme si vertueux, et si capable de nous gouverner. Si on nous eût proposé un homme lâche, efféminé et mal instruit, nous aurions cru qu'on ne cherchoit qu'à nous abattre, et qu'à corrompre la forme de notre gouvernement; nous aurions conservé en secret un vif ressentiment d'une conduite si dure et si artificieuse : mais le choix de Polydamas nous montre une véritable candeur. Les alliés, sans doute, n'attendent rien de nous que de juste et de noble, puisqu'ils nous accordent un roi qui est incapable de faire rien contre la liberté et contre la gloire de notre nation : aussi pouvons-nous protester, à la face des justes dieux, que les fleuves remonteront vers leur source avant que nous cessions d'aimer des peuples si bienfaisants. Puissent nos derniers neveux se souvenir du bienfait que nous recevons aujourd'hui, et renouveler, de génération en génération, la paix de l'âge d'or dans toute la côte de l'Hespérie !

Télémaque leur proposa ensuite de donner à Diomède les campagnes d'Arpine, pour y fonder une colonie. Ce nouveau peuple, leur disoit-il, vous devra son établissement dans un pays que vous n'occupez point. Souvenez-vous que tous les hommes doivent s'entr'aimer; que la terre est trop vaste pour eux; qu'il faut bien avoir des voisins, et qu'il vaut mieux en avoir qui vous soient obligés de leur établissement. Soyez touchés des malheurs d'un roi qui ne peut retourner dans son pays. Polydamas et lui étant unis ensemble par les liens de la justice et de la vertu, qui sont les seuls durables, vous entretiendront dans une paix profonde, et vous rendront redoutable à tous les peuples voisins qui penseroient à s'agrandir. Vous voyez, ô Dauniens, que nous avons donné à votre terre et à votre nation un roi capable d'en élever la gloire jusqu'au ciel : donnez aussi, puisque nous vous le demandons, une terre qui vous est inutile à un roi qui est digne de toute sorte de secours.

Les Dauniens répondirent qu'ils ne pouvoient rien refuser à Télémaque, puisque c'étoit lui qui leur avoit procuré Polydamas pour roi. Aussitôt ils partirent pour l'aller chercher dans son désert, et pour le faire régner sur eux. Avant que de partir, ils donnèrent les fertiles plaines d'Arpine à Diomède, pour y fonder un nouveau royaume. Les alliés en furent ravis, parce que cette colonie des Grecs pourroit secourir puissamment le parti des alliés, si jamais les Dauniens vouloient renouveler les usurpations dont Adraste avoit donné le mauvais exemple. Tous les princes ne songèrent plus qu'à se séparer. Télémaque, les larmes aux yeux, partit avec sa troupe, après avoir embrassé tendrement le vaillant Diomède, le sage et inconsolable Nestor, et le fameux Philoctète, digne héritier des flèches d'Hercule.

LIVRE XVII.

Télémaque, de retour à Salente, admire l'état florissant de la campagne; mais il est choqué de ne plus retrouver dans la ville la magnificence qui éclatoit partout avant son départ. Mentor lui donne les raisons de ce changement: il lui montre en quoi consistent les solides richesses d'un état, et lui expose les maximes fondamentales de l'art de gouverner. Télémaque ouvre son cœur à Mentor sur son inclination pour Antiope, fille d'Idoménée. Mentor loue avec lui les bonnes qualités de cette princesse, l'assure que les dieux la lui destinent pour épouse; mais que maintenant il ne doit songer qu'à partir pour Ithaque. Idoménée, craignant le départ de ses hôtes, parle à Mentor de plusieurs affaires embarrassantes qu'il avoit à terminer, et pour lesquelles il avoit encore besoin de son secours. Mentor lui trace la conduite qu'il doit suivre, et persiste à vouloir s'embarquer au plus tôt avec Télémaque. Idoménée essaie encore de le retenir en excitant la passion de ce dernier pour Antiope. Il les engage dans une partie de chasse, dont il veut donner le plaisir à sa fille. Elle y eût été déchirée par un sanglier, sans l'adresse et la promptitude de Télémaque, qui perça de son dard l'animal. Idoménée, ne pouvant plus retenir ses hôtes, tombe dans une tristesse mortelle. Mentor le console, et obtient enfin son consentement pour partir. Aussitôt on se quitte, avec les plus vives démonstrations d'estime et d'amitié.

Le jeune fils d'Ulysse brûloit d'impatience de retrouver Mentor à Salente, et de s'embarquer avec lui pour revoir Ithaque, où il espéroit que son père seroit arrivé. Quand il s'approcha de Salente, il fut bien étonné de voir toute la campagne des environs, qu'il avoit laissée presque inculte et déserte, cultivée comme un jardin, et pleine d'ouvriers diligents : il reconnut l'ouvrage de la sagesse de Mentor. Ensuite, entrant dans la ville, il remarqua qu'il y avoit beaucoup moins d'artisans pour les délices de la vie, et beaucoup moins de magnificence. Il en fut choqué; car il aimoit naturellement toutes les choses qui ont de l'éclat et de la politesse. Mais d'autres pensées occupèrent aussitôt son cœur; il vit de loin venir à lui Idoménée avec Mentor : aussitôt son cœur fut ému de joie et de tendresse. Malgré tous les succès qu'il avoit eus dans la guerre contre Adraste, il craignoit que Mentor ne fût pas content de lui; et, à mesure qu'il s'avançoit, il cherchoit dans les yeux de Mentor pour voir s'il n'avoit rien à se reprocher.

D'abord Idoménée embrassa Télémaque comme son propre fils; ensuite Télémaque se jeta au cou de Mentor, et l'arrosa de ses larmes. Mentor lui dit : Je suis content de vous : vous avez fait de grandes fautes, mais elles vous ont servi à vous connoître, et à vous défier de vous-même. Souvent on tire plus de fruit de ses fautes que de ses belles actions. Les grandes actions enflent le cœur, et inspirent une présomption dangereuse; les fautes font rentrer l'homme en lui-même, et lui rendent la sagesse qu'il avoit perdue dans les bons succès. Ce qui vous reste à faire, c'est de louer les dieux, et de ne vouloir pas que les hommes vous louent. Vous avez fait de grandes choses; mais, avouez la vérité, ce n'est guère vous par qui elles ont été faites : n'est-il pas vrai qu'elles vous sont venues comme quelque chose d'étranger qui étoit mis en vous? n'étiez-vous pas capable de les gâter par votre promptitude et par votre imprudence? Ne sentez-vous pas que Minerve vous a comme transformé en un autre homme au-dessus de vous-même, pour faire par vous ce que vous avez fait? elle a tenu tous vos défauts en suspens, comme Neptune, quand il apaise les tempêtes, suspend les flots irrités.

Pendant qu'Idoménée interrogeoit avec curiosité les Crétois qui étoient revenus de la guerre, Télémaque écoutoit ainsi les sages conseils de Mentor. Ensuite il regardoit de tous côtés avec étonnement, et disoit à Mentor : Voici un changement dont je ne comprends pas bien la raison. Est-il arrivé quelque calamité à Salente pendant mon absence? d'où vient qu'on n'y remarque plus cette magnificence qui éclatoit partout avant mon départ? Je ne vois plus ni or, ni argent, ni pierres précieuses; les habits sont simples; les bâtiments qu'on fait sont moins vastes et moins ornés; les arts languissent; la ville est devenue une solitude.

Mentor lui répondit en souriant : Avez-vous remarqué l'état de la campagne autour de la ville? Oui, reprit Télémaque; j'ai vu partout le labourage en honneur, et les champs défrichés. Lequel vaut mieux, ajouta Mentor, ou une ville superbe en marbre, en or et en argent, avec une campagne négligée et stérile; ou une campagne cultivée et fertile, avec une ville médiocre, et modeste dans ses mœurs? Une grande ville fort peuplée d'artisans occupés à amollir les mœurs par les délices de la vie, quand elle est entourée d'un royaume pauvre et mal cultivé, ressemble à un monstre dont la tête est d'une grosseur énorme, et dont tout le corps, exténué et privé de nourriture, n'a aucune proportion avec cette tête. C'est le nombre du peuple et l'abondance des aliments qui font la vraie force et la vraie richesse d'un royaume. Idoménée a maintenant un peuple innombrable, et infatigable dans le travail, qui remplit toute l'étendue de son pays. Tout son pays n'est plus qu'une seule ville; Salente n'en est que le centre. Nous avons transporté de la ville dans la campagne les hommes qui manquoient à la campagne, et qui étoient superflus dans la ville. De plus nous avons attiré dans ce pays beaucoup de peuples étrangers. Plus ces peuples se multiplient, plus ils multiplient les fruits de la terre par leur travail;

cette multiplication si douce et si paisible augmente plus un royaume qu'une conquête. On n'a rejeté de cette ville que les arts superflus, qui détournent les pauvres de la culture de la terre pour les vrais besoins, et qui corrompent les riches en les jetant dans le faste et dans la mollesse; mais nous n'avons fait aucun tort aux beaux-arts, ni aux hommes qui ont un vrai génie pour les cultiver. Ainsi Idoménée est beaucoup plus puissant qu'il ne l'étoit quand vous admiriez sa magnificence. Cet éclat éblouissant cachoit une foiblesse et une misère qui eussent bientôt renversé son empire : maintenant il a un plus grand nombre d'hommes, et il les nourrit plus facilement. Ces hommes, accoutumés au travail, à la peine et au mépris de la vie, par l'amour des bonnes lois, sont tous prêts à combattre pour défendre ces terres cultivées de leurs propres mains. Bientôt cet état, que vous croyez déchu, sera la merveille de l'Hespérie.

Souvenez-vous, ô Télémaque, qu'il y a deux choses pernicieuses, dans le gouvernement des peuples, auxquelles on n'apporte presque jamais aucun remède : la première est une autorité injuste et trop violente dans les rois; la seconde est le luxe, qui corrompt les mœurs.

Quand les rois s'accoutument à ne connoître plus d'autres lois que leurs volontés absolues, et qu'ils ne mettent plus de frein à leurs passions, ils peuvent tout; mais, à force de tout pouvoir, ils sapent les fondements de leur puissance; ils n'ont plus de règle certaine, ni de maximes de gouvernement; chacun à l'envi les flatte; ils n'ont plus de peuple; il ne leur reste que des esclaves, dont le nombre diminue chaque jour. Qui leur dira la vérité? qui donnera des bornes à ce torrent? Tout cède; les sages s'enfuient, se cachent, et gémissent. Il n'y a qu'une révolution soudaine et violente qui puisse ramener dans son cours naturel cette puissance débordée : souvent même le coup qui pourroit la modérer l'abat sans ressource. Rien ne menace tant d'une chute funeste qu'une autorité qu'on pousse trop loin : elle est semblable à un arc trop tendu, qui se rompt enfin tout-à-coup si on ne le relâche : mais qui est-ce qui osera le relâcher : Idoménée étoit gâté jusqu'au fond du cœur par cette autorité si flatteuse : il avoit été renversé de son trône; mais il n'avoit pas été détrompé. Il a fallu que les dieux nous aient envoyés ici, pour le désabuser de cette puissance aveugle et outrée qui ne convient point à des hommes; encore a-t-il fallu des espèces de miracles pour lui ouvrir les yeux.

L'autre mal presque incurable est le luxe.

Comme la trop grande autorité empoisonne les rois, le luxe empoisonne toute une nation. On dit que ce luxe sert à nourrir les pauvres aux dépens des riches; comme si les pauvres ne pouvoient pas gagner leur vie plus utilement, en multipliant les fruits de la terre, sans amollir les riches par des raffinements de volupté. Toute une nation s'accoutume à regarder comme les nécessités de la vie les choses les plus superflues : ce sont tous les jours de nouvelles nécessités qu'on invente, et on ne peut plus se passer des choses qu'on ne connoissoit point trente ans auparavant. Ce luxe s'appelle bon goût, perfection des arts, et politesse de la nation. Ce vice, qui en attire tant d'autres, est loué comme une vertu; il répand sa contagion depuis le roi jusqu'aux derniers de la lie du peuple. Les proches parents du roi veulent imiter sa magnificence; les grands, celle des parents du roi; les gens médiocres veulent égaler les grands, car qui est-ce qui se fait justice? les petits veulent passer pour médiocres : tout le monde fait plus qu'il ne peut; les uns par faste, et pour se prévaloir de leurs richesses, les autres par mauvaise honte, et pour cacher leur pauvreté. Ceux mêmes qui sont assez sages pour condamner un si grand désordre ne le sont pas assez pour oser lever la tête les premiers, et pour donner des exemples contraires. Toute une nation se ruine, toutes les conditions se confondent. La passion d'acquérir du bien pour soutenir une vaine dépense corrompt les ames les plus pures : il n'est plus question que d'être riche; la pauvreté est une infamie. Soyez savant, habile, vertueux; instruisez les hommes; gagnez des batailles; sauvez la patrie; sacrifiez tous vos intérêts; vous êtes méprisé, si vos talents ne sont relevés par le faste. Ceux mêmes qui n'ont pas de bien veulent paroître en avoir; ils en dépensent comme s'ils en avoient : on emprunte, on trompe, on use de mille artifices indignes pour parvenir. Mais qui remédiera à ces maux? Il faut changer le goût et les habitudes de toute une nation; il faut lui donner de nouvelles lois. Qui le pourra entreprendre, si ce n'est un roi philosophe qui sache, par l'exemple de sa propre modération, faire honte à tous ceux qui aiment une dépense fastueuse, et encourager les sages, qui seront bien aises d'être autorisés dans une honnête frugalité?

Télémaque, écoutant ce discours, étoit comme un homme qui revient d'un profond sommeil : il sentoit la vérité de ces paroles; et elles se gravoient dans son cœur comme un savant sculpteur imprime les traits qu'il veut sur le marbre, en sorte qu'il lui donne de la tendresse, de la vie et du mouvement. Télémaque ne répondoit rien; mais, repassant tout ce qu'il venoit d'entendre, il parcouroit des yeux les choses qu'on avoit changées dans la ville. Ensuite il disoit à Mentor :

Vous avez fait d'Idoménée le plus sage de tous les rois; je ne le connois plus, ni lui ni son peuple. J'avoue même que ce que vous avez fait ici est infiniment plus grand que les victoires que nous venons de remporter. Le hasard et la force ont beaucoup de part aux succès de la guerre; il faut que nous partagions la gloire des combats avec nos soldats : mais tout votre ouvrage vient d'une seule tête; il a fallu que vous ayez travaillé seul contre un roi et contre tout son peuple, pour les corriger. Les succès de la guerre sont toujours funestes et odieux : ici tout est l'ouvrage d'une sagesse céleste; tout est doux, tout est pur, tout est aimable; tout marque une autorité qui est au-dessus de l'homme. Quand les hommes veulent de la gloire, que ne la cherchent-ils dans cette application à faire du bien? O qu'ils s'entendent mal en gloire, d'en espérer une solide en ravageant la terre, et en répandant le sang humain!

Mentor montra sur son visage une joie sensible de voir Télémaque si désabusé des victoires et des conquêtes, dans un âge où il étoit si naturel qu'il fût enivré de la gloire qu'il avoit acquise.

Ensuite Mentor ajouta : Il est vrai que tout ce que vous voyez ici est bon et louable; mais sachez qu'on pourroit faire des choses encore meilleures. Idoménée modère ses passions, et s'applique à gouverner son peuple avec justice; mais il ne laisse pas de faire encore bien des fautes, qui sont des suites malheureuses de ses fautes anciennes. Quand les hommes veulent quitter le mal, le mal semble encore les poursuivre long-temps : il leur reste de mauvaises habitudes, un naturel affoibli, des erreurs invétérées, et des préventions presque incurables. Heureux ceux qui ne se sont jamais égarés! ils peuvent faire le bien plus parfaitement. Les dieux, ô Télémaque, vous demanderont plus qu'à Idoménée, parce que vous avez connu la vérité dès votre jeunesse, et que vous n'avez jamais été livré aux séductions d'une trop grande prospérité.

Idoménée, continuoit Mentor, est sage et éclairé; mais il s'applique trop au détail, et ne médite pas assez le gros de ses affaires pour former des plans. L'habileté d'un roi, qui est au-dessus des autres hommes, ne consiste pas à faire tout par lui-même : c'est une vanité grossière que d'espérer d'en venir à bout, ou de vouloir persuader au monde qu'on en est capable. Un roi doit gouverner en choisissant et en conduisant ceux qui gouvernent sous lui : il ne faut pas qu'il fasse le détail, car c'est faire la fonction de ceux qui ont à travailler sous lui; il doit seulement s'en faire rendre compte, et en savoir assez pour entrer dans ce compte avec discernement. C'est merveilleusement gouverner, que de choisir, et d'appliquer selon leurs talents les gens qui gouvernent. Le suprême et le parfait gouvernement consiste à gouverner ceux qui gouvernent : il faut les observer, les éprouver, les modérer, les corriger, les animer, les élever, les rabaisser, les changer de places, et les tenir toujours dans sa main.

Vouloir examiner tout par soi-même, c'est défiance, c'est petitesse, c'est se livrer à une jalousie pour les détails, qui consument le temps et la liberté d'esprit nécessaires pour les grandes choses. Pour former de grands desseins, il faut avoir l'esprit libre et reposé; il faut penser à son aise, dans un entier dégagement de toutes les expéditions d'affaires épineuses. Un esprit épuisé par le détail est comme la lie du vin, qui n'a plus ni force ni délicatesse. Ceux qui gouvernent par le détail sont toujours déterminés par le présent, sans étendre leurs vues sur un avenir éloigné; ils sont toujours entraînés par l'affaire du jour où ils sont; et cette affaire étant seule à les occuper, elle les frappe trop, elle rétrécit leur esprit; car on ne juge sainement des affaires que quand on les compare toutes ensemble, et qu'on les place toutes dans un certain ordre, afin qu'elles aient de la suite et de la proportion. Manquer à suivre cette règle dans le gouvernement, c'est ressembler à un musicien qui se contenteroit de trouver des sons harmonieux, et qui ne se mettroit point en peine de les unir et de les accorder pour en composer une musique douce et touchante. C'est ressembler aussi à un architecte qui croit avoir tout fait pourvu qu'il assemble de grandes colonnes et beaucoup de pierres bien taillées, sans penser à l'ordre et à la proportion des ornements de son édifice. Dans le temps qu'il fait un salon, il ne prévoit pas qu'il faudra faire un escalier convenable; quand il travaille au corps du bâtiment, il ne songe ni à la cour, ni au portail. Son ouvrage n'est qu'un assemblage confus de parties magnifiques, qui ne sont point faites les unes pour les autres; cet ouvrage, loin de lui faire honneur, est un monument qui éternisera sa honte; car l'ouvrage fait voir que l'ouvrier n'a pas su penser avec assez d'étendue pour concevoir à la fois le dessein général de tout son ouvrage : c'est un caractère d'esprit court et subalterne. Quand on est né avec ce génie borné au détail, on n'est propre qu'à exécuter sous autrui. N'en doutez pas, ô mon cher Télémaque, le gouvernement d'un royaume demande une certaine harmonie comme la musique, et de justes proportions comme l'architecture.

Si vous voulez que je me serve encore de la comparaison de ces arts, je vous ferai entendre combien les hommes qui gouvernent par le détail sont médiocres. Celui qui, dans un concert, ne chante que certaines choses, quoiqu'il les chante parfaitement, n'est qu'un chanteur; celui qui conduit tout le concert, et qui en règle à la fois toutes les parties, est le seul maître de musique. Tout de même celui qui taille des colonnes, ou qui élève un côté d'un bâtiment, n'est qu'un maçon; mais celui qui a pensé tout l'édifice, et qui en a toutes les proportions dans sa tête, est le seul architecte. Ainsi ceux qui travaillent, qui expédient, qui font le plus d'affaires, sont ceux qui gouvernent le moins; ils ne sont que les ouvriers subalternes. Le vrai génie qui conduit l'état est celui qui ne faisant rien fait tout faire, qui pense, qui invente, qui pénètre dans l'avenir, qui retourne dans le passé, qui arrange, qui proportionne, qui prépare de loin, qui se roidit sans cesse pour lutter contre la fortune, comme un nageur contre le torrent de l'eau; qui est attentif nuit et jour pour ne laisser rien au hasard. Croyez-vous, Télémaque, qu'un grand peintre travaille assidûment depuis le matin jusqu'au soir, pour expédier plus promptement ses ouvrages? Non; cette gêne et ce travail servile éteindroient tout le feu de son imagination : il ne travailleroit plus de génie; il faut que tout se fasse irrégulièrement et par saillies, suivant que son génie le mène, et que son esprit l'excite. Croyez-vous qu'il passe son temps à broyer des couleurs et à préparer des pinceaux? Non, c'est l'occupation de ses élèves. Il se réserve le soin de penser; il ne songe qu'à faire des traits hardis qui donnent de la noblesse, de la vie et de la passion à ses figures. Il a dans la tête les pensées et les sentiments des héros qu'il veut représenter; il se transporte dans leurs siècles, et dans toutes les circonstances où ils ont été. A cette espèce d'enthousiasme il faut qu'il joigne une sagesse qui le retienne; que tout soit vrai, correct, et proportionné l'un à l'autre. Croyez-vous, Télémaque, qu'il faille moins d'élévation de génie et d'effort de pensée pour faire un grand roi que pour faire un bon peintre? Concluez donc que l'occupation d'un roi doit être de penser, de former de grands projets, et de choisir les hommes propres à les exécuter sous lui.

Télémaque lui répondit : Il me semble que je comprends tout ce que vous dites; mais si les choses alloient ainsi, un roi seroit souvent trompé, n'entrant point par lui-même dans le détail. C'est vous-même qui vous trompez, repartit Mentor : ce qui empêche qu'on ne soit trompé, c'est la connoissance générale du gouvernement. Les gens qui n'ont point de principes dans les affaires, et qui n'ont point le vrai discernement des esprits, vont toujours comme à tâtons; c'est un hasard quand ils ne se trompent pas; ils ne savent pas même précisément ce qu'ils cherchent, ni à quoi ils doivent tendre; ils ne savent que se défier, et se défient plutôt des honnêtes gens qui les contredisent, que des trompeurs qui les flattent. Au contraire, ceux qui ont des principes pour le gouvernement, et qui se connoissent en hommes, savent ce qu'ils doivent chercher en eux, et les moyens d'y parvenir : ils reconnoissent assez, du moins en gros, si les gens dont ils se servent sont des instruments propres à leurs desseins, et s'ils entrent dans leurs vues pour tendre au but qu'ils se proposent. D'ailleurs, comme ils ne se jettent point dans des détails accablants, ils ont l'esprit plus libre pour envisager d'une seule vue le gros de l'ouvrage, et pour observer s'il s'avance vers la fin principale. S'ils sont trompés, du moins ils ne le sont guère dans l'essentiel. D'ailleurs ils sont au-dessus des petites jalousies qui marquent un esprit borné et une ame basse : ils comprennent qu'on ne peut éviter d'être trompé dans les grandes affaires, puisqu'il faut s'y servir des hommes, qui sont si souvent trompeurs. On perd plus dans l'irrésolution où jette la défiance, qu'on ne perdroit à se laisser un peu tromper. On est trop heureux quand on n'est trompé que dans des choses médiocres; les grandes ne laissent pas de s'acheminer, et c'est la seule chose dont un grand homme doit être en peine. Il faut réprimer sévèrement la tromperie, quand on la découvre; mais il faut compter sur quelque tromperie, si l'on ne veut point être véritablement trompé. Un artisan, dans sa boutique, voit tout de ses propres yeux, et fait tout de ses propres mains; mais un roi, dans un grand état, ne peut tout faire ni tout voir. Il ne doit faire que les choses que nul autre ne peut faire sous lui, il ne doit voir que ce qui entre dans la décision des choses importantes.

Enfin Mentor dit à Télémaque : Les dieux vous aiment, et vous préparent un règne plein de sagesse. Tout ce que vous voyez ici est fait moins pour la gloire d'Idoménée que pour votre instruction. Tous ces sages établissements que vous admirez dans Salente ne sont que l'ombre de ce que vous ferez un jour à Ithaque, si vous répondez par vos vertus à votre haute destinée. Il est temps que nous songions à partir d'ici ; Idoménée tient un vaisseau prêt pour notre retour.

Aussitôt Télémaque ouvrit son cœur à son ami, mais avec quelque peine, sur un attachement qui lui faisoit regretter Salente. Vous me blâmerez peut-être, lui dit-il, de prendre trop facilement des inclinations dans les lieux où je passe ; mais mon cœur me feroit de continuels reproches, si je vous cachois que j'aime Antiope, fille d'Idoménée. Non, mon cher Mentor, ce n'est point une passion aveugle comme celle dont vous m'avez guéri dans l'île de Calypso : j'ai bien reconnu la profondeur de la plaie que l'Amour m'avoit faite auprès d'Eucharis ; je ne puis encore prononcer son nom sans être troublé ; le temps et l'absence n'ont pu l'effacer. Cette expérience funeste m'apprend à me défier de moi-même. Mais pour Antiope, ce que je sens n'a rien de semblable : ce n'est point amour passionné ; c'est goût, c'est estime, c'est persuasion que je serois heureux, si je passois ma vie avec elle. Si jamais les dieux me rendent mon père, et qu'il me permette de choisir une femme, Antiope sera mon épouse. Ce qui me touche en elle, c'est son silence, sa modestie, sa retraite, son travail assidu, son industrie pour les ouvrages de laine et de broderie, son application à conduire toute la maison de son père depuis que sa mère est morte, son mépris des vaines parures, l'oubli et l'ignorance même qui paroît en elle de sa beauté. Quand Idoménée lui ordonne de mener les danses des jeunes Crétoises au son des flûtes, on la prendroit pour la riante Vénus, qui est accompagnée des Grâces. Quand il la mène avec lui à la chasse dans les forêts, elle paroît majestueuse et adroite à tirer de l'arc, comme Diane au milieu de ses Nymphes : elle seule ne le sait pas, et tout le monde l'admire. Quand elle entre dans les temples des dieux, et qu'elle porte sur sa tête les choses sacrées dans des corbeilles, on croiroit qu'elle est elle-même la divinité qui habite dans les temples. Avec quelle crainte et quelle religion l'avons-nous vue offrir des sacrifices, et fléchir la colère des dieux, quand il a fallu expier quelque faute ou détourner quelque funeste présage ! Enfin, quand on la voit avec une troupe de femmes, tenant en sa main une aiguille d'or, on croit que c'est Minerve même qui a pris sur la terre une forme humaine, et qui inspire aux hommes les beaux-arts ; elle anime les autres à travailler ; elle leur adoucit le travail et l'ennui par les charmes de sa voix, lorsqu'elle chante toutes les merveilleuses histoires des dieux ; et elle surpasse la plus exquise peinture par la délicatesse de ses broderies. Heureux l'homme qu'un doux hymen unira avec elle ! il n'aura à craindre que de la perdre, et de lui survivre.

Je prends ici, mon cher Mentor, les dieux à témoins que je suis tout prêt à partir : j'aimerai Antiope tant que je vivrai ; mais elle ne retardera pas d'un moment mon retour à Ithaque. Si un autre la devoit posséder, je passerois le reste de mes jours avec tristesse et amertume ; mais enfin je la quitterois. Quoique je sache que l'absence peut me la faire perdre, je ne veux ni lui parler, ni parler à son père de mon amour ; car je ne dois en parler qu'à vous seul, jusqu'à ce qu'Ulysse, remonté sur son trône, m'ait déclaré qu'il y consent. Vous pouvez reconnoître par-là, mon cher Mentor, combien cet attachement est différent de la passion dont vous m'avez vu aveuglé pour Eucharis.

Mentor répondit à Télémaque : Je conviens de cette différence. Antiope est douce, simple et sage ; ses mains ne méprisent point le travail ; elle prévoit de loin ; elle pourvoit à tout ; elle sait se taire, et agir de suite sans empressement ; elle est à toute heure occupée, et ne s'embarrasse jamais, parce qu'elle fait chaque chose à propos : le bon ordre de la maison de son père est sa gloire ; elle en est plus ornée que de sa beauté. Quoiqu'elle ait soin de tout, et qu'elle soit chargée de corriger, de refuser, d'épargner (choses qui font haïr presque toutes les femmes), elle s'est rendue aimable à toute la maison : c'est qu'on ne trouve en elle ni passion, ni entêtement, ni légèreté, ni humeur, comme dans les autres femmes. D'un seul regard elle se fait entendre, et on craint de lui déplaire ; elle donne des ordres précis ; elle n'ordonne que ce qu'on peut exécuter ; elle reprend avec bonté, et en reprenant elle encourage. Le cœur de son père se repose sur elle, comme un voyageur abattu par les ardeurs du soleil se repose à l'ombre sur l'herbe tendre. Vous avez raison, Télémaque ; Antiope est un trésor digne d'être cherché dans les terres les plus éloignées. Son esprit, non plus que son corps, ne se pare jamais de vains ornements ; son imagination, quoique vive, est retenue par sa discrétion : elle ne parle que pour la nécessité ; et si elle ouvre la bouche, la douce persuasion et les grâces naïves coulent de ses lèvres. Dès qu'elle parle, tout le monde se tait, et elle en rougit : peu s'en faut qu'elle ne supprime ce qu'elle a voulu dire, quand elle aperçoit qu'on l'écoute si attentivement. A peine l'avons-nous entendue parler.

Vous souvenez-vous, ô Télémaque, d'un jour que son père la fit venir? Elle parut, les yeux baissés, couverte d'un grand voile; elle ne parla que pour modérer la colère d'Idoménée, qui vouloit faire punir rigoureusement un de ses esclaves : d'abord elle entra dans sa peine, puis elle le calma ; enfin elle lui fit entendre ce qui pouvoit excuser ce malheureux ; et, sans faire sentir au roi qu'il s'étoit trop emporté, elle lui inspira des sentiments de justice et de compassion. Thétys, quand elle flatte le vieux Nérée, n'apaise pas avec plus de douceur les flots irrités. Ainsi Antiope, sans prendre aucune autorité, et sans se prévaloir de ses charmes, maniera un jour le cœur de son époux comme elle touche maintenant sa lyre, quand elle veut en tirer les plus tendres accords. Encore une fois, Télémaque, votre amour pour elle est juste; les dieux vous la destinent : vous l'aimez d'un amour raisonnable; il faut attendre qu'Ulysse vous la donne. Je vous loue de n'avoir point voulu lui découvrir vos sentiments : mais sachez que, si vous eussiez pris quelque détour pour lui apprendre vos desseins, elle les auroit rejetés, et auroit cessé de vous estimer. Elle ne se promettra jamais à personne; elle se laissera donner par son père; elle ne prendra jamais pour époux qu'un homme qui craigne les dieux, et qui remplisse toutes les bienséances. Avez-vous observé, comme moi, qu'elle se montre encore moins, et qu'elle baisse plus les yeux depuis votre retour? Elle sait tout ce qui vous est arrivé d'heureux dans la guerre; elle n'ignore ni votre naissance, ni vos aventures, ni tout ce que les dieux ont mis en vous : c'est ce qui la rend si modeste et si réservée. Allons, Télémaque, allons vers Ithaque; il ne me reste plus qu'à vous faire trouver votre père, et qu'à vous mettre en état d'obtenir une femme digne de l'âge d'or : fût-elle bergère dans la froide Algide, au lieu qu'elle est fille du roi de Salente, vous seriez trop heureux de la posséder.

Idoménée, qui craignoit le départ de Télémaque et de Mentor, ne songeoit qu'à le retarder ; il représenta à Mentor qu'il ne pouvoit régler sans lui un différend qui s'étoit élevé entre Diophanes, prêtre de Jupiter Conservateur, et Héliodore, prêtre d'Apollon, sur les présages qu'on tire du vol des oiseaux et des entrailles des victimes.

Pourquoi, lui répondit Mentor, vous mêleriez-vous des choses sacrées ? laissez-en la décision aux Étruriens, qui ont la tradition des plus anciens oracles, et qui sont inspirés pour être les interprètes des dieux : employez seulement votre autorité à étouffer ces disputes dès leur naissance. Ne montrez ni partialité ni prévention ; contentez-vous d'appuyer la décision quand elle sera faite : souvenez-vous qu'un roi doit être soumis à la religion, et qu'il ne doit jamais entreprendre de la régler. La religion vient des dieux, elle est au-dessus des rois. Si les rois se mêlent de la religion, au lieu de la protéger, ils la mettront en servitude. Les rois sont si puissants, et les autres hommes sont si foibles, que tout sera en péril d'être altéré au gré des rois, si on les fait entrer dans les questions qui regardent les choses sacrées. Laissez donc en pleine liberté la décision aux amis des dieux, et bornez-vous à réprimer ceux qui n'obéiroient pas à leur jugement quand il aura été prononcé.

Ensuite Idoménée se plaignit de l'embarras où il étoit sur un grand nombre de procès entre divers particuliers, qu'on le pressoit de juger. Décidez, lui répondoit Mentor, toutes les questions nouvelles qui vont à établir des maximes générales de jurisprudence, et à interpréter les lois; mais ne vous chargez jamais de juger les causes particulières. Elles viendroient toutes en foule vous assiéger ; vous seriez l'unique juge de tout votre peuple ; tous les autres juges, qui sont sous vous, deviendroient inutiles; vous seriez accablé, et les petites affaires vous déroberoient aux grandes, sans que vous pussiez suffire à régler le détail des petites. Gardez-vous donc bien de vous jeter dans cet embarras ; renvoyez les affaires des particuliers aux juges ordinaires : ne faites que ce que nul autre ne peut faire pour vous soulager ; vous ferez alors les véritables fonctions de roi.

On me presse encore, disoit Idoménée, de faire certains mariages. Les personnes d'une naissance distinguée qui m'ont suivi dans toutes les guerres, et qui ont perdu de très grands biens en me servant, voudroient trouver une espèce de récompense en épousant certaines filles riches : je n'ai qu'un mot à dire pour leur procurer ces établissements. Il est vrai, répondoit Mentor, qu'il ne vous en coûteroit qu'un mot ; mais ce mot lui-même vous coûteroit trop cher. Voudriez-vous ôter aux pères et aux mères la liberté et la consolation de choisir leurs gendres, et par conséquent leurs héritiers ? Ce seroit mettre toutes les familles dans le plus rigoureux esclavage ; vous vous rendriez responsable de tous les malheurs domestiques de vos citoyens. Les mariages ont assez d'épines, sans leur donner encore cette amertume. Si vous avez des serviteurs fidèles à récompenser, donnez-leur des terres incultes ; ajoutez-y des rangs et des honneurs proportionnés à leur condition et à leurs services ; ajoutez-y, s'il le faut, quelque argent pris par vos épargnes sur les fonds destinés à votre dépense : mais ne payez jamais vos dettes en sacrifiant les filles riches malgré leur parenté.

Idoménée passa bientôt de cette question à une autre. Les Sybarites, disoit-il, se plaignent de ce que nous avons usurpé des terres qui leur appartiennent, et de ce que nous les avons données, comme des champs à défricher, aux étrangers que nous avons attirés depuis peu ici. Céderai-je à ces peuples ? Si je le fais, chacun croira qu'il n'a qu'à former des prétentions sur nous. Il n'est pas juste, répondit Mentor, de croire les Sybarites dans leur propre cause ; mais il n'est pas juste aussi de vous croire dans la vôtre. Qui croirons-nous donc ? repartit Idoménée. Il ne faut croire, poursuivit Mentor, aucune des deux parties ; mais il faut prendre pour arbitre un peuple voisin qui ne soit suspect d'aucun côté : tels sont les Sipontins ; ils n'ont aucun intérêt contraire aux vôtres.

Mais suis-je obligé, répondoit Idoménée, à croire quelque arbitre? ne suis-je pas roi ? Un souverain est-il obligé à se soumettre à des étrangers sur l'étendue de sa domination ? Mentor reprit ainsi le discours : Puisque vous voulez tenir ferme, il faut que vous jugiez que votre droit est bon : d'un autre côté, les Sybarites ne relâchent rien ; ils soutiennent que leur droit est certain. Dans cette opposition de sentiments, il faut qu'un arbitre, choisi par les parties, vous accommode, ou que le sort des armes décide ; il n'y a point de milieu. Si vous entriez dans une république où il n'y eût ni magistrats ni juges, et où chaque famille se crût en droit de se faire justice à elle-même, par violence, sur toutes ses prétentions contre ses voisins, vous déploreriez le malheur d'une telle nation, et vous auriez horreur de cet affreux désordre, où toutes les familles s'armeroient les unes contre les autres. Croyez-vous que les dieux regardent avec moins d'horreur le monde entier, qui est la république universelle, si chaque peuple, qui n'y est que comme une grande famille, se croit en plein droit de se faire, par violence, justice à soi-même sur toutes ses prétentions contre les autres peuples voisins? Un particulier qui possède un champ, comme l'héritage de ses ancêtres, ne peut s'y maintenir que par l'autorité des lois, et par le jugement du magistrat; il seroit très sévèrement puni comme un séditieux, s'il vouloit conserver par la force ce que la justice lui a donné. Croyez-vous que les rois puissent employer d'abord la violence pour soutenir leurs prétentions, sans avoir tenté toutes les voies de douceur et d'humanité ? La justice n'est-elle pas encore plus sacrée et plus inviolable pour les rois, par rapport à des pays entiers, que pour les familles, par rapport à quelques champs labourés ? Sera-t-on injuste et ravisseur, quand on ne prend que quelques arpents de terre ? sera-t-on juste, sera-t-on héros, quand on prend des provinces? Si on se prévient, si on se flatte, si on s'aveugle dans les petits intérêts de particuliers, ne doit-on pas encore plus craindre de se flatter et de s'aveugler sur les grands intérêts d'état? Se croira-t-on soi-même dans une matière où l'on a tant de raisons de se défier de soi ? ne craindra-t-on point de se tromper, dans des cas où l'erreur d'un seul homme a des conséquences affreuses ? L'erreur d'un roi qui se flatte sur ses prétentions cause souvent des ravages, des famines, des massacres, des pestes, des dépravations de mœurs, dont les effets funestes s'étendent jusque dans les siècles les plus reculés. Un roi, qui assemble toujours tant de flatteurs autour de lui, ne craindra-t-il point d'être flatté en ces occasions ? S'il convient de quelque arbitre pour terminer le différend, il montre son équité, sa bonne foi, sa modération. Il publie les solides raisons sur lesquelles sa cause est fondée. L'arbitre choisi est un médiateur amiable, et non un juge de rigueur. On ne se soumet pas aveuglément à ses décisions ; mais on a pour lui une grande déférence : il ne prononce pas une sentence en juge souverain, mais il fait des propositions, et on sacrifie quelque chose par ses conseils, pour conserver la paix. Si la guerre vient, malgré tous les soins qu'un roi prend pour conserver la paix, il a du moins alors pour lui le témoignage de sa conscience, l'estime de ses voisins, et la juste protection des dieux. Idoménée, touché de ce discours, consentit que les Sipontins fussent médiateurs entre lui et les Sybarites.

Alors le roi, voyant que tous les moyens de retenir les deux étrangers lui échappoient, essaya de les arrêter par un lien plus fort. Il avoit remarqué que Télémaque aimoit Antiope ; et il espéra de le prendre par cette passion. Dans cette vue, il la fit chanter plusieurs fois pendant des festins. Elle le fit pour ne désobéir pas à son père, mais avec tant de modestie et de tristesse, qu'on voyoit bien la peine qu'elle souffroit en obéissant. Idoménée alla jusqu'à vouloir qu'elle chantât la victoire remportée sur les Dauniens et sur Adraste : mais elle ne put se résoudre à chanter les louanges de Télémaque ; elle s'en défendit avec respect, et son père n'osa la contraindre. Sa voix douce et touchante pénétroit le cœur du jeune fils d'Ulysse ; il étoit tout ému. Idoménée, qui avoit les yeux attachés sur lui, jouissoit du plaisir de remarquer son trouble. Mais Télémaque ne faisoit pas semblant d'apercevoir les desseins du roi; il ne pouvoit s'empêcher, en ces occasions, d'être fort touché; mais la raison étoit en lui au-dessus du sentiment, et ce n'étoit plus ce même Télémaque qu'une passion tyrannique avoit autrefois captivé dans l'île de Calypso. Pendant qu'Antiope chantoit, il gardoit un profond silence; dès qu'elle avoit fini, il se hâtoit de tourner la conversation sur quelque autre matière.

Le roi, ne pouvant par cette voie réussir dans son dessein, prit enfin la résolution de faire une grande chasse, dont il voulut, contre la coutume, donner le plaisir à sa fille. Antiope pleura, ne voulant point y aller; mais il fallut exécuter l'ordre absolu de son père. Elle monte un cheval écumant, fougueux, et semblable à ceux que Castor domptoit pour les combats : elle le conduit sans peine : une troupe de jeunes filles la suit avec ardeur; elle paroît au milieu d'elles comme Diane dans les forêts. Le roi la voit, et il ne peut se lasser de la voir ; en la voyant, il oublie tous ses malheurs passés. Télémaque la voit aussi, et il est encore plus touché de la modestie d'Antiope que de son adresse et de toutes ses graces.

Les chiens poursuivoient un sanglier d'une grandeur énorme, et furieux comme celui de Calydon : ses longues soies étoient dures et hérissées comme des dards ; ses yeux étincelants étoient pleins de sang et de feu ; son souffle se faisoit entendre de loin, comme le bruit sourd des vents séditieux, quand Éole les rappelle dans son antre pour apaiser les tempêtes; ses défenses, longues et crochues comme la faux tranchante des moissonneurs, coupoient le tronc des arbres. Tous les chiens qui osoient en approcher étoient déchirés ; les plus hardis chasseurs, en le poursuivant, craignoient de l'atteindre. Antiope, légère à la course comme les vents, ne craignit point de l'attaquer de près ; elle lui lance un trait qui le perce au-dessus de l'épaule. Le sang de l'animal farouche ruisselle, et le rend plus furieux ; il se tourne vers celle qui l'a blessé. Aussitôt le cheval d'Antiope, malgré sa fierté, frémit et recule; le sanglier monstrueux s'élance contre lui, semblable aux pesantes machines qui ébranlent les murailles des plus fortes villes. Le coursier chancelle, et est abattu : Antiope se voit par terre, hors d'état d'éviter le coup fatal de la défense du sanglier animé contre elle. Mais Télémaque, attentif au danger d'Antiope, étoit déjà descendu de cheval. Plus prompt que les éclairs, il se jette entre le cheval abattu et le sanglier qui revient pour venger son sang ; il tient dans ses mains un long dard, et l'enfonce presque tout entier dans le flanc de l'horrible animal, qui tombe plein de rage.

A l'instant Télémaque en coupe la hure, qui fait encore peur quand on la voit de près, et qui étonne tous les chasseurs. Il la présente à Antiope: elle en rougit ; elle consulte des yeux son père, qui, après avoir été saisi de frayeur, est transporté de joie de la voir hors du péril, et lui fait signe qu'elle doit accepter ce don. En le prenant, elle dit à Télémaque : Je reçois de vous avec reconnoissance un autre don plus grand, car je vous dois la vie. A peine eut-elle parlé, qu'elle craignit d'avoir trop dit ; elle baissa les yeux ; et Télémaque, qui vit son embarras, n'osa lui dire que ces paroles : Heureux le fils d'Ulysse d'avoir conservé une vie si précieuse ! mais plus heureux encore s'il pouvoit passer la sienne auprès de vous ! Antiope, sans lui répondre, rentra brusquement dans la troupe de ses jeunes compagnes, où elle remonta à cheval.

Idoménée auroit, dès ce moment, promis sa fille à Télémaque ; mais il espéra d'enflammer davantage sa passion en le laissant dans l'incertitude, et crut même le retenir encore à Salente par le desir d'assurer son mariage. Idoménée raisonnoit ainsi en lui-même ; mais les dieux se jouent de la sagesse des hommes. Ce qui devoit retenir Télémaque fut précisément ce qui le pressa de partir : ce qu'il commençoit à sentir le mit dans une juste défiance de lui-même. Mentor redoubla ses soins pour lui inspirer un desir impatient de s'en retourner à Ithaque ; et il pressa en même temps Idoménée de le laisser partir : le vaisseau étoit déjà prêt. Car Mentor, qui régloit tous les moments de la vie de Télémaque, pour l'élever à la plus haute gloire, ne l'arrêtoit en chaque lieu qu'autant qu'il le falloit pour exercer sa vertu, et pour lui faire acquérir de l'expérience. Mentor avoit eu soin de faire préparer le vaisseau dès l'arrivée de Télémaque.

Mais Idoménée, qui avoit eu beaucoup de répugnance à le voir préparer, tomba dans une tristesse mortelle, et dans une désolation à faire pitié, lorsqu'il vit que ses deux hôtes, dont il avoit tiré tant de secours, alloient l'abandonner. Il se renfermoit dans les lieux les plus secrets de sa maison: là il soulageoit son cœur en poussant des gémissements et en versant des larmes ; il oublioit le besoin de se nourrir : le sommeil n'adoucissoit plus ses cuisantes peines; il se desséchoit, il se consumoit par ses inquiétudes. Semblable à un grand arbre qui couvre la terre de l'ombre de ses rameaux épais, et dont un ver commence à ronger la tige dans les canaux déliés où la sève coule pour sa nourriture ; cet arbre, que les vents n'ont jamais ébranlé, que la terre féconde se plaît à nourrir dans son sein, et que la hache du laboureur a toujours respecté, ne laisse pas de languir, sans qu'on puisse découvrir la cause de son mal ; il se flétrit, il se dépouille de ses feuilles qui sont sa gloire ; il ne montre plus qu'un tronc couvert d'une écorce entr'ouverte, et des branches sèches : tel parut Idoménée dans sa douleur.

Télémaque attendri n'osoit lui parler : il craignoit le jour du départ, il cherchoit des prétextes pour le retarder, et il seroit demeuré long-temps dans cette incertitude, si Mentor ne lui eût dit : Je suis bien aise de vous voir si changé. Vous étiez né dur et hautain ; votre cœur ne se laissoit toucher que de vos commodités et de vos intérêts ; mais vous êtes enfin devenu homme, et vous commencez, par l'expérience de vos maux, à compatir à ceux des autres. Sans cette compassion, on n'a ni bonté, ni vertu, ni capacité pour gouverner les hommes : mais il ne faut pas la pousser trop loin, ni tomber dans une amitié foible. Je parlerois volontiers à Idoménée pour le faire consentir à notre départ, et je vous épargnerois l'embarras d'une conversation si fâcheuse ; mais je ne veux point que la mauvaise honte et la timidité dominent votre cœur. Il faut que vous vous accoutumiez à mêler le courage et la fermeté avec une amitié tendre et sensible. Il faut craindre d'affliger les hommes sans nécessité ; il faut entrer dans leur peine, quand on ne peut éviter de leur en faire, et adoucir le plus qu'on peut le coup qu'il est impossible de leur épargner entièrement. C'est pour chercher cet adoucissement, répondit Télémaque, que j'aimerois mieux qu'Idoménée apprît notre départ par vous que par moi.

Mentor lui dit aussitôt : Vous vous trompez, mon cher Télémaque ; vous êtes né comme les enfants des rois nourris dans la pourpre, qui veulent que tout se fasse à leur mode, et que toute la nature obéisse à leurs volontés, mais qui n'ont la force de résister à personne en face. Ce n'est pas qu'ils se soucient des hommes, ni qu'ils craignent par bonté de les affliger ; mais c'est que, pour leur propre commodité, ils ne veulent point voir autour d'eux des visages tristes et mécontents. Les peines et les misères des hommes ne les touchent point, pourvu qu'elles ne soient pas sous leurs yeux ; s'ils en entendent parler, ce discours les importune et les attriste. Pour leur plaire, il faut toujours dire que tout va bien : et pendant qu'ils sont dans leurs plaisirs, ils ne veulent rien voir ni entendre qui puisse interrompre leurs joies. Faut-il reprendre, corriger, détromper quelqu'un, résister aux prétentions et aux passions injustes d'un homme importun ; ils en donneront toujours la commission à quelque autre personne : plutôt que de parler eux-mêmes avec une douce fermeté dans ces occasions, ils se laisseroient plutôt arracher les graces les plus injustes ; ils gâteroient leurs affaires les plus importantes, faute de savoir décider contre le sentiment de ceux auxquels ils ont affaire tous les jours. Cette foiblesse qu'on sent en eux fait que chacun ne songe qu'à s'en prévaloir : on les presse, on les importune, on les accable, et on réussit en les accablant. D'abord on les flatte et on les encense pour s'insinuer ; mais dès qu'on est dans leur confiance, et qu'on est auprès d'eux dans des emplois de quelque autorité, on les mène loin, on leur impose le joug : ils en gémissent, ils veulent souvent le secouer ; mais ils le portent toute leur vie. Ils sont jaloux de ne paroître point gouvernés, et ils le sont toujours : ils ne peuvent même se passer de l'être ; car ils sont semblables à ces foibles tiges de vigne qui, n'ayant par elles-mêmes aucun soutien, rampent toujours autour du tronc de quelque grand arbre. Je ne souffrirai point, ô Télémaque, que vous tombiez dans ce défaut, qui rend un homme imbécile pour le gouvernement. Vous qui êtes tendre jusqu'à n'oser parler à Idoménée, vous ne serez plus touché de ses peines dès que vous serez sorti de Salente ; ce n'est point sa douleur qui vous attendrit, c'est sa présence qui vous embarrasse. Allez parler vous-même à Idoménée ; apprenez en cette occasion à être tendre et ferme tout ensemble : montrez-lui votre douleur de le quitter ; mais montrez-lui aussi d'un ton décisif la nécessité de notre départ.

Télémaque n'osoit ni résister à Mentor, ni aller trouver Idoménée ; il étoit honteux de sa crainte, et n'avoit pas le courage de la surmonter : il hésitoit ; il faisoit deux pas, et revenoit incontinent pour alléguer à Mentor quelque nouvelle raison de différer. Mais le seul regard de Mentor lui ôtoit la parole, et faisoit disparoître tous ses beaux prétextes. Est-ce donc là, disoit Mentor en souriant, ce vainqueur des Dauniens, ce libérateur de la grande Hespérie, ce fils du sage Ulysse, qui doit être après lui l'oracle de la Grèce ! Il n'ose dire à Idoménée qu'il ne peut plus retarder son retour dans sa patrie, pour revoir son père ! O peuples d'Ithaque, combien serez-vous malheureux un jour, si vous avez un roi que la mauvaise honte domine, et qui sacrifie les plus grands intérêts à ses foiblesses sur les plus petites choses! Voyez, Télémaque, quelle différence il y a entre la valeur dans les combats et le courage dans les affaires : vous n'avez point craint les armes d'Adraste, et vous craignez la tristesse d'Idoménée. Voilà ce qui déshonore les princes qui ont fait les plus grandes actions: après avoir paru des héros dans la guerre, ils se montrent les derniers des hommes dans les occasions communes, où d'autres se soutiennent avec vigueur.

Télémaque, sentant la vérité de ces paroles, et piqué de ce reproche, partit brusquement sans s'écouter lui-même. Mais à peine commença-t-il à paroître dans le lieu où Idoménée étoit assis, les yeux baissés, languissant et abattu de tristesse, qu'ils se craignirent l'un l'autre; ils n'osoient se regarder; ils s'entendoient sans se rien dire, et chacun craignoit que l'autre ne rompît le silence : ils se mirent tous deux à pleurer. Enfin Idoménée, pressé d'un excès de douleur, s'écria : A quoi sert de rechercher la vertu, si elle récompense si mal ceux qui l'aiment? Après m'avoir montré ma foiblesse, on m'abandonne! eh bien! je vais retomber dans tous mes malheurs : qu'on ne me parle plus de bien gouverner; non, je ne puis le faire; je suis las des hommes. Où voulez-vous aller, Télémaque? Votre père n'est plus; vous le cherchez inutilement. Ithaque est en proie à vos ennemis; ils vous feront périr, si vous y retournez. Demeurez ici; vous serez mon gendre et mon héritier; vous régnerez après moi. Pendant ma vie même, vous aurez ici un pouvoir absolu; ma confiance en vous sera sans bornes. Que si vous êtes insensible à tous ces avantages, du moins laissez-moi Mentor, qui est toute ma ressource. Parlez; répondez-moi; n'endurcissez pas votre cœur; ayez pitié du plus malheureux de tous les hommes. Quoi! vous ne dites rien! Ah! je comprends combien les dieux me sont cruels; je le sens encore plus rigoureusement qu'en Crète, lorsque je perçai mon propre fils.

Enfin Télémaque lui répondit d'une voix troublée et timide : Je ne suis point à moi; les destinées me rappellent dans ma patrie. Mentor, qui a la sagesse des dieux, m'ordonne en leur nom de partir. Que voulez-vous que je fasse? Renoncerai-je à mon père, à ma mère, à ma patrie, qui me doit être encore plus chère qu'eux? Étant né pour être roi, je ne suis pas destiné à une vie douce et tranquille, ni à suivre mes inclinations. Votre royaume est plus riche et plus puissant que celui de mon père; mais je dois préférer ce que les dieux me destinent, à ce que vous avez la bonté de m'offrir. Je me croirois heureux si j'avois Antiope pour épouse, sans espérance de votre royaume; mais, pour m'en rendre digne, il faut que j'aille où mes devoirs m'appellent, et que ce soit mon père qui vous la demande pour moi. Ne m'avez-vous pas promis de me renvoyer à Ithaque? N'est-ce pas sur cette promesse que j'ai combattu pour vous contre Adraste avec les alliés? Il est temps que je songe à réparer mes malheurs domestiques. Les dieux, qui m'ont donné à Mentor, ont aussi donné Mentor au fils d'Ulysse pour lui faire remplir ses destinées. Voulez-vous que je perde Mentor, après avoir perdu tout le reste? Je n'ai plus ni biens, ni retraite, ni père, ni mère, ni patrie assurée; il ne me reste qu'un homme sage et vertueux, qui est le plus précieux don de Jupiter : jugez vous-même si je puis y renoncer, et consentir qu'il m'abandonne. Non, je mourrois plutôt. Arrachez-moi la vie; la vie n'est rien : mais ne m'arrachez pas Mentor.

A mesure que Télémaque parloit, sa voix devenoit plus forte, et sa timidité disparoissoit. Idoménée ne savoit que répondre, et ne pouvoit demeurer d'accord de ce que le fils d'Ulysse lui disoit. Lorsqu'il ne pouvoit plus parler, du moins il tâchoit, par ses regards et par ses gestes, de faire pitié. Dans ce moment, il vit paroître Mentor, qui lui dit ces graves paroles :

Ne vous affligez point : nous vous quittons; mais la sagesse qui préside aux conseils des dieux demeurera sur vous : croyez seulement que vous êtes trop heureux que Jupiter nous ait envoyés ici pour sauver votre royaume, et pour vous ramener de vos égaremens. Philoclès, que nous vous avons rendu, vous servira fidèlement : la crainte des dieux, le goût de la vertu, l'amour des peuples, la compassion pour les misérables, seront toujours dans son cœur. Écoutez-le, servez-vous de lui avec confiance et sans jalousie. Le plus grand service que vous puissiez en tirer est de l'obliger à vous dire tous vos défauts sans adoucissement. Voilà en quoi consiste le plus grand courage d'un bon roi, que de chercher de vrais amis qui lui fassent remarquer ses fautes. Pourvu que vous ayez ce courage, notre absence ne vous nuira point, et vous vivrez heureux : mais si la flatterie, qui se glisse comme un serpent, retrouve un chemin jusqu'à votre cœur, pour vous mettre en défiance contre les conseils désintéressés, vous êtes perdu. Ne vous laissez point abattre mollement à la douleur; mais efforcez-vous de suivre la vertu. J'ai dit à Philoclès tout ce qu'il doit faire pour vous soulager, et pour n'abuser jamais de votre confiance; je puis vous répondre de lui : les dieux vous l'ont donné comme ils m'ont donné à Télémaque. Chacun doit suivre courageusement sa destinée; il est inutile de s'affliger. Si jamais vous aviez besoin de mon secours, après que j'aurai rendu Télémaque à son père et à son pays, je reviendrois vous voir. Que pourrois-je faire qui me donnât un plaisir plus sensible? Je ne cherche ni biens ni autorité sur la terre; je ne veux qu'aider ceux qui cherchent la justice et la vertu. Pourrois-je oublier jamais la confiance et l'amitié que vous m'avez témoignées?

A ces mots, Idoménée fut tout-à-coup changé; il sentit son cœur apaisé, comme Neptune de son trident apaise les flots en courroux et les plus noires tempêtes : il restoit seulement en lui une douleur douce et paisible; c'étoit plutôt une tristesse et un sentiment tendre, qu'une vive douleur. Le courage, la confiance, la vertu, l'espérance du secours des dieux, commencèrent à renaître au-dedans de lui.

Eh bien! dit-il, mon cher Mentor, il faut donc tout perdre, et ne se point décourager! Du moins souvenez-vous d'Idoménée, quand vous serez arrivés à Ithaque, où votre sagesse vous comblera de prospérités. N'oubliez pas que Salente fut votre ouvrage, et que vous y avez laissé un roi malheureux qui n'espère qu'en vous. Allez, digne fils d'Ulysse, je ne vous retiens plus; je n'ai garde de résister aux dieux, qui m'avoient prêté un si grand trésor. Allez aussi, Mentor, le plus grand et le plus sage de tous les hommes (si toutefois l'humanité peut faire ce que j'ai vu en vous, et si vous n'êtes point une divinité sous une forme empruntée pour instruire les hommes foibles et ignorants), allez conduire le fils d'Ulysse, plus heureux de vous avoir que d'être le vainqueur d'Adraste. Allez tous deux; je n'ose plus parler, pardonnez mes soupirs. Allez, vivez, soyez heureux ensemble; il ne me reste plus rien au monde, que le souvenir de vous avoir possédés ici. O beaux jours! trop heureux jours! jours dont je n'ai pas assez connu le prix! jours trop rapidement écoulés! vous ne reviendrez jamais! jamais mes yeux ne reverront ce qu'ils voient.

Mentor prit ce moment pour le départ; il embrassa Philoclès, qui l'arrosa de ses larmes sans pouvoir parler. Télémaque voulut prendre Mentor par la main pour le tirer de celle d'Idoménée; mais Idoménée, prenant le chemin du port, se mit entre Mentor et Télémaque : il les regardoit; il gémissoit; il commençoit des paroles entrecoupées, et n'en pouvoit achever aucune.

Cependant on entend des cris confus sur le rivage couvert de matelots, on tend les cordages, le vent favorable se lève. Télémaque et Mentor, les larmes aux yeux, prennent congé du roi, qui les tient long-temps serrés entre ses bras, et qui les suit des yeux aussi loin qu'il le peut.

LIVRE XVIII.

Pendant la navigation, Télémaque s'entretient avec Mentor sur les principes d'un sage gouvernement, et en particulier sur les moyens de connoître les hommes, pour les chercher et les employer selon leurs talents. Pendant cet entretien, le calme de la mer les oblige à relâcher dans une île où Ulysse venoit d'aborder. Télémaque le rencontre, et lui parle sans le reconnoître; mais, après l'avoir vu s'embarquer, il ressent un trouble secret dont il ne peut concevoir la cause. Mentor la lui explique, et l'assure qu'il rejoindra bientôt son père : puis il éprouve encore sa patience, en retardant son départ, pour faire un sacrifice à Minerve. Enfin la déesse elle-même, cachée sous la figure de Mentor, reprend sa forme, et se fait connoître. Elle donne à Télémaque ses dernières instructions, et disparoît. Alors Télémaque se hâte de partir, et arrive à Ithaque, où il retrouve son père chez le fidèle Eumée.

Déja les voiles s'enflent, on lève les ancres; la terre semble s'enfuir, le pilote expérimenté aperçoit de loin la montagne de Leucate, dont la tête se cache dans un tourbillon de frimas glacés, et les monts Acrocérauniens, qui montrent encore un front orgueilleux au ciel, après avoir été si souvent écrasés par la foudre.

Pendant cette navigation, Télémaque disoit à Mentor : Je crois maintenant concevoir les maximes de gouvernement que vous m'avez expliquées. D'abord elles me paroissoient comme un songe; mais peu à peu elles se démêlent dans mon esprit, et s'y présentent clairement : comme tous les objets paroissent sombres et en confusion, le matin, aux premières lueurs de l'aurore; mais ensuite ils semblent sortir comme d'un chaos, quand la lumière, qui croît insensiblement, leur rend, pour ainsi dire, leurs figures et leurs couleurs naturelles. Je suis très persuadé que le point essentiel du gouvernement est de bien discerner les différents caractères d'esprits, pour les choisir et pour les appliquer selon leurs talents; mais il me reste à savoir comment on peut se connoître en hommes.

Alors Mentor lui répondit : Il faut étudier les hommes pour les connoître; et pour les connoître, il en faut voir souvent, et traiter avec eux. Les rois doivent converser avec leurs sujets, les faire parler, les consulter, les éprouver par de petits emplois dont ils leur fassent rendre compte, pour voir s'ils sont capables de plus hautes fonctions. Comment est-ce, mon cher Télémaque, que vous avez appris, à Ithaque, à vous connoître en chevaux? c'est à force d'en voir et de remarquer leurs défauts et leurs perfections avec des gens expérimentés. Tout de même, parlez souvent des bonnes et des mauvaises qualités des hommes, avec d'autres hommes sages et vertueux, qui aient longtemps étudié leurs caractères; vous apprendrez insensiblement comment ils sont faits, et ce qu'il est permis d'en attendre. Qu'est-ce qui vous a appris à connoître les bons et les mauvais poètes? c'est la fréquente lecture, et la réflexion avec des gens qui avoient le goût de la poésie. Qu'est-ce qui vous a acquis du discernement sur la musique? c'est la même application à observer les divers musiciens. Comment peut-on espérer de bien gouverner les hommes, si on ne les connoît pas? et comment les connoîtroit-on, si on ne vit jamais avec eux? Ce n'est pas vivre avec eux, que de les voir tous en public, où l'on ne dit de part et d'autre que des choses indifférentes et préparées avec art : il est question de les voir en particulier, de tirer du fond de leurs cœurs toutes les ressources secrètes qui y sont, de les tâter de tous côtés, de les sonder pour découvrir leurs maximes. Mais pour bien juger des hommes, il faut commencer par savoir ce qu'ils doivent être; il faut savoir ce que c'est que vrai et solide mérite, pour discerner ceux qui en ont d'avec ceux qui n'en ont pas.

On ne cesse de parler de vertu et de mérite, sans savoir ce que c'est précisément que le mérite et la vertu. Ce ne sont que de beaux noms, que des termes vagues, pour la plupart des hommes, qui se font honneur d'en parler à toute heure. Il faut avoir des principes certains de justice, de raison, de vertu, pour connoître ceux qui sont raisonnables et vertueux. Il faut savoir les maximes d'un bon et sage gouvernement, pour connoître les hommes qui ont ces maximes, et ceux qui s'en éloignent par une fausse subtilité. En un mot, pour mesurer plusieurs corps, il faut avoir une mesure fixe; pour juger, il faut tout de même avoir des principes constants auxquels tous nos jugements se réduisent. Il faut savoir précisément quel est le but de la vie humaine, et quelle fin on doit se proposer en gouvernant les hommes. Ce but unique et essentiel est de ne vouloir jamais l'autorité et la grandeur pour soi; car cette recherche ambitieuse n'iroit qu'à satisfaire un orgueil tyrannique : mais on doit se sacrifier, dans les peines infinies du gouvernement, pour rendre les hommes bons et heureux. Autrement on marche à tâtons et au hasard pendant toute la vie : on va comme un navire en pleine mer, qui n'a point de pilote, qui ne consulte point les astres, et à qui toutes les côtes voisines sont inconnues; il ne peut faire que naufrage.

Souvent les princes, faute de savoir en quoi consiste la vraie vertu, ne savent point ce qu'ils doivent chercher dans les hommes. La vraie vertu a pour eux quelque chose d'âpre; elle leur paroît trop austère et indépendante; elle les effraie et les aigrit : ils se tournent vers la flatterie. Dès-lors ils ne peuvent plus trouver ni de sincérité ni de vertu; dès-lors ils courent après un vain fantôme de fausse gloire, qui les rend indignes de la véritable. Ils s'accoutument bientôt à croire qu'il n'y a point de vraie vertu sur la terre; car les bons connoissent bien les méchants, mais les méchants ne connoissent point les bons, et ne peuvent pas croire qu'il y en ait. De tels princes ne savent que se défier de tout le monde également : ils se cachent; ils se renferment; ils sont jaloux sur les moindres choses; ils craignent les hommes, et se font craindre d'eux. Ils fuient la lumière; ils n'osent paroître dans leur naturel. Quoiqu'ils ne veuillent point être connus, ils ne laissent pas de l'être; car la curiosité maligne de leurs sujets pénètre et devine tout. Mais ils ne connoissent personne : les gens intéressés qui les obsèdent sont ravis de les voir inaccessibles. Un roi inaccessible aux hommes l'est aussi à la vérité : on noircit par d'infâmes rapports, et on écarte de lui tout ce qui pourroit lui ouvrir les yeux. Ces sortes de rois passent leur vie dans une grandeur sauvage et farouche; ou, craignant sans cesse d'être trompés, ils le sont toujours inévitablement, et méritent de l'être. Dès qu'on ne parle qu'à un petit nombre de gens, on s'engage à recevoir toutes leurs passions et tous leurs préjugés : les bons mêmes ont leurs défauts et leurs préventions. De plus, on est à la merci des rapporteurs, nation basse et maligne, qui se nourrit de venin, qui empoisonne les choses innocentes, qui grossit les petites, qui invente le mal plutôt que de cesser de nuire; qui se joue, pour son intérêt, de la défiance et de l'indigne curiosité d'un prince foible et ombrageux.

Connoissez donc, ô mon cher Télémaque, connoissez les hommes; examinez-les, faites-les parler les uns sur les autres; éprouvez-les peu à peu, ne vous livrez à aucun. Profitez de vos expériences, lorsque vous aurez été trompé dans vos jugements : car vous serez trompé quelquefois; et les méchants sont trop profonds pour ne surprendre pas les bons par leurs déguisements. Apprenez par là à ne juger promptement de personne ni en bien ni en mal; l'un et l'autre est très dangereux : ainsi vos erreurs passées vous instruiront très utilement,

Quand vous aurez trouvé des talents et de la vertu dans un homme, servez-vous-en avec confiance : car les honnêtes gens veulent qu'on sente leur droiture, ils aiment mieux de l'estime et de la confiance, que des trésors. Mais ne les gâtez pas en leur donnant un pouvoir sans bornes : tel eût été toujours vertueux, qui ne l'est plus, parce que son maître lui a donné trop d'autorité et trop de richesses. Quiconque est assez aimé des dieux pour trouver dans tout un royaume deux ou trois vrais amis, d'une sagesse et d'une bonté constante, trouve bientôt par eux d'autres personnes qui leur ressemblent, pour remplir les places inférieures. Par les bons auxquels on se confie, on apprend ce qu'on ne peut pas discerner par soi-même sur les autres sujets.

Mais faut-il, disoit Télémaque, se servir des méchants quand ils sont habiles, comme je l'ai ouï dire souvent? On est souvent, répondoit Mentor, dans la nécessité de s'en servir. Dans une nation agitée et en désordre, on trouve souvent des gens injustes et artificieux qui sont déjà en autorité, ils ont des emplois importants qu'on ne peut leur ôter; ils ont acquis la confiance de certaines personnes puissantes qu'on a besoin de ménager : il faut les ménager eux-mêmes, ces hommes scélérats, parce qu'on les craint, et qu'ils peuvent tout bouleverser. Il faut bien s'en servir pour un temps, mais il faut aussi avoir en vue de les rendre peu à peu inutiles. Pour la vraie et intime confiance, gardez-vous bien de la leur donner jamais; car ils peuvent en abuser, et vous tenir ensuite malgré vous par votre secret; chaîne plus difficile à rompre que toutes les chaînes de fer. Servez-vous d'eux pour des négociations passagères : traitez-les bien; engagez-les par leurs passions mêmes à vous être fidèles; car vous ne les tiendrez que par là : mais ne les mettez point dans vos délibérations les plus secrètes. Ayez toujours un ressort prêt pour les remuer à votre gré; mais ne leur donnez jamais la clef de votre cœur ni de vos affaires. Quand votre état devient paisible, réglé, conduit par des hommes sages et droits dont vous êtes sûrs, peu à peu les méchants, dont vous étiez contraint de vous servir, deviennent inutiles. Alors il ne faut pas cesser de les bien traiter; car il n'est jamais permis d'être ingrat, même pour les méchants : mais en les traitant bien, il faut tâcher de les rendre bons; il est nécessaire de tolérer en eux certains défauts qu'on pardonne à l'humanité : il faut néanmoins peu à peu relever l'autorité, et réprimer les maux qu'ils feroient ouvertement si on les laissoit faire. Après tout, c'est un mal que le bien se fasse par les méchants, et quoique ce mal soit souvent inévitable, il faut tendre néanmoins peu à peu à le faire cesser. Un prince sage, qui ne veut que le bon ordre et la justice, parviendra, avec le temps, à se passer des hommes corrompus et trompeurs; il en trouvera assez de bons qui auront une habileté suffisante.

Mais ce n'est pas assez de trouver de bons sujets dans une nation, il est nécessaire d'en former de nouveaux. Ce doit être, répondit Télémaque, un grand embarras. Point du tout, reprit Mentor, l'application que vous avez à chercher les hommes habiles et vertueux, pour les élever, excite et anime tous ceux qui ont du talent et du courage; chacun fait des efforts. Combien y a-t-il d'hommes qui languissent dans une oisiveté obscure, et qui deviendroient de grands hommes, si l'émulation et l'espérance du succès les animoient au travail! Combien y a-t-il d'hommes que la misère, et l'impuissance de s'élever par la vertu, tentent de s'élever par le crime! Si donc vous attachez les récompenses et les honneurs au génie et à la vertu, combien de sujets se formeront d'eux-mêmes! Mais combien en formerez-vous en les faisant monter de degré en degré, depuis les derniers emplois jusqu'aux premiers! Vous exercerez les talents; vous éprouverez l'étendue de l'esprit, et la sincérité de la vertu. Les hommes qui parviendront aux plus hautes places auront été nourris sous vos yeux dans les inférieures. Vous les aurez suivis toute leur vie, de degré en degré; vous jugerez d'eux, non par leurs paroles, mais par toute la suite de leurs actions.

Pendant que Mentor raisonnoit ainsi avec Télémaque, ils aperçurent un vaisseau phéacien qui avoit relâché dans une petite île déserte et sauvage bordée de rochers affreux. En même temps les vents se turent, les plus doux zéphirs mêmes sembloient retenir leurs haleines; toute la mer devint unie comme une glace; les voiles abattues ne pouvoient plus animer le vaisseau; l'effort des rameurs, déjà fatigués, étoit inutile; il fallut aborder en cette île, qui étoit plutôt un écueil, qu'une terre propre à être habitée par des hommes. En un autre temps moins calme, on n'auroit pu y aborder sans un grand péril.

Les Phéaciens, qui attendoient le vent, ne paroissoient pas moins impatients que les Salentins de continuer leur navigation. Télémaque s'avance vers eux sur ces rivages escarpés. Aussitôt il demande au premier homme qu'il rencontre, s'il n'a point vu Ulysse, roi d'Ithaque, dans la maison du roi Alcinoüs.

Celui auquel il s'étoit adressé par hasard n'étoit pas Phéacien : c'étoit un étranger inconnu, qui avoit un air majestueux, mais triste et abattu; il paroissoit rêveur, et à peine écouta-t-il d'abord la question de Télémaque; mais enfin il lui répondit: Ulysse, vous ne vous trompez pas, a été reçu chez le roi Alcinoüs, comme en un lieu où l'on craint Jupiter, et où l'on exerce l'hospitalité; mais il n'y est plus, et vous l'y chercheriez inutilement: il est parti pour revoir Ithaque, si les dieux apaisés souffrent enfin qu'il puisse jamais saluer ses dieux pénates.

A peine cet étranger eut prononcé tristement ces paroles, qu'il se jeta dans un petit bois épais sur le haut d'un rocher, d'où il regardoit tristement la mer, fuyant les hommes qu'il voyoit, et paroissant affligé de ne pouvoir partir. Télémaque le regardoit fixement; plus il le regardoit, plus il étoit ému et étonné. Cet inconnu, disoit-il à Mentor, m'a répondu comme un homme qui écoute à peine ce qu'on lui dit, et qui est plein d'amertume. Je plains les malheureux depuis que je le suis; et je sens que mon cœur s'intéresse pour cet homme, sans savoir pourquoi. Il m'a assez mal reçu; à peine a-t-il daigné m'écouter et me répondre: je ne puis cesser néanmoins de souhaiter la fin de ses maux.

Mentor, souriant, répondit: Voilà à quoi servent les malheurs de la vie; ils rendent les princes modérés, sensibles aux peines des autres. Quand ils n'ont jamais goûté que le doux poison des prospérités, ils se croient des dieux; ils veulent que les montagnes s'aplanissent pour les contenter; ils comptent pour rien les hommes; ils veulent se jouer de la nature entière. Quand ils entendent parler de souffrance, ils ne savent ce que c'est; c'est un songe pour eux; ils n'ont jamais vu la distance du bien et du mal. L'infortune seule peut leur donner de l'humanité, et changer leur cœur de rocher en un cœur humain: alors ils sentent qu'ils sont hommes, et qu'ils doivent ménager les autres hommes qui leur ressemblent. Si un inconnu vous fait tant de pitié, parce qu'il est, comme vous, errant sur ce rivage, combien devrez-vous avoir plus de compassion pour le peuple d'Ithaque, lorsque vous le verrez un jour souffrir, ce peuple que les dieux vous auront confié comme on confie un troupeau à un berger; et que ce peuple sera peut-être malheureux par votre ambition, ou par votre faste, ou par votre imprudence! car les peuples ne souffrent que par les fautes des rois, qui devroient veiller pour les empêcher de souffrir.

Pendant que Mentor parloit ainsi, Télémaque étoit plongé dans la tristesse et dans le chagrin. Il lui répondit enfin avec un peu d'émotion: Si toutes ces choses sont vraies, l'état d'un roi est bien malheureux. Il est l'esclave de tous ceux auxquels il paroît commander; il est fait pour eux; il se doit tout entier à eux; il est chargé de tous leurs besoins; il est l'homme de tout le peuple, et de chacun en particulier. Il faut qu'il s'accommode à leurs foiblesses, qu'il les corrige en père, qu'il les rende sages et heureux. L'autorité qu'il paroît avoir n'est point la sienne; il ne peut rien faire ni pour sa gloire ni pour son plaisir: son autorité est celle des lois; il faut qu'il leur obéisse pour en donner l'exemple à ses sujets. A proprement parler, il n'est que le défenseur des lois pour les faire régner; il faut qu'il veille et qu'il travaille pour les maintenir: il est l'homme le moins libre et le moins tranquille de son royaume; c'est un esclave qui sacrifie son repos et sa liberté pour la liberté et la félicité publiques.

Il est vrai, répondoit Mentor, que le roi n'est roi que pour avoir soin de son peuple, comme un berger de son troupeau, ou comme un père de sa famille: mais trouvez-vous, mon cher Télémaque, qu'il soit malheureux d'avoir du bien à faire à tant de gens? Il corrige les méchants par des punitions; il encourage les bons par des récompenses; il représente les dieux en conduisant ainsi à la vertu tout le genre humain. N'a-t-il pas assez de gloire à faire garder les lois? Celle de se mettre au-dessus des lois est une gloire fausse qui ne mérite que de l'horreur et du mépris. S'il est méchant, il ne peut être que malheureux, car il ne sauroit trouver aucune paix dans ses passions et dans sa vanité: s'il est bon, il doit goûter le plus pur et le plus solide de tous les plaisirs à travailler pour la vertu, et à attendre des dieux une éternelle récompense.

Télémaque, agité au-dedans par une peine secrète, sembloit n'avoir jamais compris ces maximes, quoiqu'il en fût rempli, et qu'il les eût lui-même enseignées aux autres. Une humeur noire lui donnoit, contre ses véritables sentiments, un esprit de contradiction et de subtilité pour rejeter les vérités que Mentor expliquoit. Télémaque opposoit à ces raisons l'ingratitude des hommes. Quoi! disoit-il, prendre tant de peine pour se faire aimer des hommes qui ne vous aimeront peut-être jamais, et pour faire du bien à des méchants qui se serviront de vos bienfaits pour vous nuire!

Mentor lui répondoit patiemment: Il faut compter sur l'ingratitude des hommes, et ne laisser pas de leur faire du bien: il faut les servir moins pour l'amour d'eux que pour l'amour des dieux, qui l'ordonnent. Le bien qu'on fait n'est jamais perdu: si les hommes l'oublient, les dieux s'en souviennent, et le récompensent. De plus, si la multitude est ingrate, il y a toujours des hommes vertueux qui sont touchés de votre vertu. La multitude même, quoique changeante et capricieuse, ne laisse pas de faire tôt ou tard une espèce de justice à la véritable vertu.

Mais voulez-vous empêcher l'ingratitude des hommes? ne travaillez point uniquement à les rendre puissants, riches, redoutables par les armes, heureux par les plaisirs : cette gloire, cette abondance et ces délices les corromprout; ils n'en seront que plus méchants, et par conséquent plus ingrats : c'est leur faire un présent funeste; c'est leur offrir un poison délicieux. Mais appliquez-vous à redresser leurs mœurs, à leur inspirer la justice, la sincérité, la crainte des dieux, l'humanité, la fidélité, la modération, le désintéressement : en les rendant bons, vous les empêcherez d'être ingrats; vous leur donnerez le véritable bien, qui est la vertu; et la vertu, si elle est solide, les attachera toujours à celui qui la leur aura inspirée. Ainsi, en leur donnant les véritables biens, vous vous ferez du bien à vous-même, et vous n'aurez point à craindre leur ingratitude. Faut-il s'étonner que les hommes soient ingrats pour des princes qui ne les ont jamais exercés qu'à l'injustice, qu'à l'ambition sans bornes, qu'à la jalousie contre leurs voisins, qu'à l'inhumanité, qu'à la hauteur, qu'à la mauvaise foi? Le prince ne doit attendre d'eux, que ce qu'il leur a appris à faire. Si au contraire il travailloit, par ses exemples et par son autorité, à les rendre bons, il trouveroit le fruit de son travail dans leur vertu; ou du moins il trouveroit dans la sienne et dans l'amitié des dieux de quoi se consoler de tous les mécomptes.

A peine ce discours fut-il achevé, que Télémaque s'avança avec empressement vers les Phéaciens du vaisseau qui étoit arrêté sur le rivage. Il s'adressa à un vieillard d'entre eux, pour lui demander d'où ils venoient, où ils alloient, et s'ils n'avoient point vu Ulysse. Le vieillard répondit : Nous venons de notre île, qui est celle des Phéaciens: nous allons chercher des marchandises vers l'Épire. Ulysse, comme on vous l'a déjà dit, a passé dans notre patrie; mais il en est parti. Quel est, ajouta aussitôt Télémaque, cet homme si triste qui cherche les lieux les plus déserts en attendant que votre vaisseau parte? C'est, répondit le vieillard, un étranger qui nous est inconnu : mais on dit qu'il se nomme Cléomènes; qu'il est né en Phrygie; qu'un oracle avoit prédit à sa mère, avant sa naissance, qu'il seroit roi, pourvu qu'il ne demeurât point dans sa patrie, et que s'il y demeuroit la colère des dieux se feroit sentir aux Phrygiens par une cruelle peste. Dès qu'il fut né, ses parents le donnèrent à des matelots, qui le portèrent dans l'île de Lesbos. Il y fut nourri en secret aux dépens de sa patrie, qui avoit un si grand intérêt de le tenir éloigné. Bientôt il devint grand, robuste, agréable, et adroit à tous les exercices du corps, il s'appliqua même, avec beaucoup de goût et de génie aux sciences et aux beaux-arts. Mais on ne put le souffrir dans aucun pays : la prédiction faite sur lui devint célèbre: on le reconnut bientôt partout où il alla; partout les rois craignoient qu'il ne leur enlevât leurs diadèmes. Ainsi il est errant depuis sa jeunesse, et il ne peut trouver aucun lieu du monde où il lui soit libre de s'arrêter. Il a souvent passé chez des peuples fort éloignés du sien; mais à peine est-il arrivé dans une ville, qu'on y découvre sa naissance, et l'oracle qui le regarde. Il a beau se cacher, et choisir en chaque lieu quelque genre de vie obscure; ses talents éclatent, dit-on, toujours malgré lui, et pour la guerre, et pour les lettres, et pour les affaires les plus importantes : il se présente toujours en chaque pays quelque occasion imprévue qui l'entraîne, et qui le fait connoître au public.

C'est son mérite qui fait son malheur; il le fait craindre, et l'exclut de tous les pays où il veut habiter. Sa destinée est d'être estimé, aimé, admiré partout, mais rejeté de toutes les terres connues. Il n'est plus jeune, et cependant il n'a pu encore trouver aucune côte, ni de l'Asie, ni de la Grèce, où l'on ait voulu le laisser vivre en quelque repos. Il paroît sans ambition, et il ne cherche aucune fortune; il se trouveroit trop heureux que l'oracle ne lui eût jamais promis la royauté. Il ne lui reste aucune espérance de revoir jamais sa patrie; car il sait qu'il ne pourroit porter que le deuil et les larmes dans toutes les familles. La royauté même, pour laquelle il souffre, ne lui paroît point désirable; il court malgré lui après elle, par une triste fatalité, de royaume en royaume; et elle semble fuir devant lui, pour se jouer de ce malheureux jusqu'à sa vieillesse. Funeste présent des dieux qui trouble tous ses plus beaux jours, et qui ne lui causera que des peines dans l'âge où l'homme infirme n'a plus besoin que de repos! Il s'en va, dit-il, chercher vers la Thrace quelque peuple sauvage et sans lois, qu'il puisse assembler, policer, et gouverner pendant quelques années, après quoi, l'oracle étant accompli, on n'aura plus rien à craindre de lui dans les royaumes les plus florissants : il compte de se retirer alors en liberté dans un village de Carie, où il s'adonnera à l'agriculture, qu'il aime passionnément. C'est un homme sage et modéré, qui craint les dieux, qui connoît bien les hommes, et qui sait vivre en paix avec eux, sans les estimer. Voilà ce qu'on raconte de cet étranger dont vous me demandez des nouvelles.

Pendant cette conversation, Télémaque retournoit souvent ses yeux vers la mer, qui commençoit à être agitée. Le vent soulevoit les flots, qui venoient battre les rochers, les blanchissant de leur écume. Dans ce moment le vieillard dit à Télémaque : Il faut que je parte; mes compagnons ne peuvent m'attendre. En disant ces mots, il court au rivage : on s'embarque; on n'entend que cris confus sur ce rivage, par l'ardeur des mariniers impatients de partir.

Cet inconnu, qu'on nommoit Cléomènes, avoit erré quelque temps dans le milieu de l'île, montant sur le sommet de tous les rochers, et considérant de là les espaces immenses des mers avec une tristesse profonde. Télémaque ne l'avoit point perdu de vue, et il ne cessoit d'observer ses pas. Son cœur étoit attendri pour un homme vertueux, errant, malheureux, destiné aux plus grandes choses, et servant de jouet à une rigoureuse fortune, loin de sa patrie. Au moins, disoit-il en lui-même, peut-être reverrai-je Ithaque; mais ce Cléomènes ne peut jamais revoir la Phrygie. L'exemple d'un homme encore plus malheureux que lui adoucissoit la peine de Télémaque. Enfin cet homme, voyant son vaisseau prêt, étoit descendu de ces rochers escarpés avec autant de vitesse et d'agilité, qu'Apollon dans les forêts de Lycie, ayant noué ses cheveux blonds, passe au travers des précipices pour aller percer de ses flèches les cerfs et les sangliers. Déja cet inconnu est dans le vaisseau, qui fend l'onde amère, et qui s'éloigne de la terre. Alors une impression secrète de douleur saisit le cœur de Télémaque; il s'afflige sans savoir pourquoi; les larmes coulent de ses yeux, et rien ne lui est si doux que de pleurer.

En même temps, il aperçoit sur le rivage tous les mariniers de Salente, couchés sur l'herbe et profondément endormis. Ils étoient las et abattus : le doux sommeil s'étoit insinué dans leurs membres, et tous les humides pavots de la nuit avoient été répandus sur eux en plein jour par la puissance de Minerve. Télémaque est étonné de voir cet assoupissement universel des Salentins, pendant que les Phéaciens avoient été si attentifs et si diligents pour profiter du vent favorable. Mais il est encore plus occupé à regarder le vaisseau phéacien prêt à disparoître au milieu des flots, qu'à marcher vers les Salentins pour les éveiller; un étonnement et un trouble secret tient ses yeux attachés vers ce vaisseau déja parti, dont il ne voit plus que les voiles qui blanchissent un peu dans l'onde azurée. Il n'écoute pas même Mentor qui lui parle, et il est tout hors de lui-même, dans un transport semblable à celui des Ménades, lorsqu'elles tiennent le thyrse en main, et qu'elles font retentir de leurs cris insensés les rives de l'Hèbre, avec les monts Rhodope et Ismare.

Enfin, il revient un peu de cette espèce d'enchantement; et les larmes recommencent à couler de ses yeux. Alors Mentor lui dit : Je ne m'étonne point, mon cher Télémaque, de vous voir pleurer; la cause de votre douleur, qui vous est inconnue, ne l'est pas à Mentor : c'est la nature qui parle, et qui se fait sentir; c'est elle qui attendrit votre cœur. L'inconnu qui vous a donné une si vive émotion est le grand Ulysse : ce qu'un vieillard phéacien vous a raconté de lui, sous le nom de Cléomènes, n'est qu'une fiction faite pour cacher plus sûrement le retour de votre père dans son royaume. Il s'en va tout droit à Ithaque; déja il est bien près du port, et il revoit enfin ces lieux si long-temps désirés. Vos yeux l'ont vu, comme on vous l'avoit prédit autrefois, mais sans le connoître : bientôt vous le verrez, et vous le connoîtrez, et il vous connoîtra; mais maintenant les dieux ne pouvoient permettre votre reconnoissance hors d'Ithaque. Son cœur n'a pas été moins ému que le vôtre; il est trop sage pour se découvrir à nul mortel dans un lieu où il pourroit être exposé à des trahisons, et aux insultes des cruels amants de Pénélope. Ulysse, votre père, est le plus sage de tous les hommes; son cœur est comme un puits profond, on ne sauroit y puiser son secret. Il aime la vérité, et ne dit jamais rien qui la blesse : mais il ne la dit que pour le besoin; et la sagesse, comme un sceau, tient toujours ses lèvres fermées à toute parole inutile. Combien a-t-il été ému en vous parlant! combien s'est-il fait de violence pour ne se point découvrir! que n'a-t-il pas souffert en vous voyant! Voilà ce qui le rendoit triste et abattu.

Pendant ce discours, Télémaque, attendri et troublé, ne pouvoit retenir un torrent de larmes; les sanglots l'empêchèrent même long-temps de répondre; enfin il s'écria : Hélas! mon cher Mentor, je sentois bien dans cet inconnu je ne sais quoi qui m'attiroit à lui et qui remuoit toutes mes entrailles. Mais pourquoi ne m'avez-vous pas dit, avant son départ, que c'étoit Ulysse, puisque vous le connoissiez? Pourquoi l'avez-vous laissé partir sans lui parler, et sans faire semblant de le connoître? Quel est donc ce mystère? Serai-je toujours malheureux? Les dieux irrités me veulent-ils tenir comme Tantale altéré, qu'une onde trompeuse amuse, s'enfuyant de ses lèvres? Ulysse, Ulysse, m'avez-vous échappé pour jamais? Peut-être ne le verrai-je plus! Peut-être que les amants de Pénélope le feront tomber dans les embûches qu'ils me préparoient! Au moins, si je le suivois, je mourrois avec lui! O Ulysse! ô Ulysse! si la tempête ne vous rejette point encore contre quelque écueil (car j'ai tout à craindre de la fortune ennemie), je tremble de peur que vous n'arriviez à Ithaque avec un sort aussi funeste qu'Agamemnon à Micènes. Mais pourquoi, cher Mentor, m'avez-vous envié mon bonheur? Maintenant je l'embrasserois; je serois déja avec lui dans le port d'Ithaque; nous combattrions pour vaincre tous nos ennemis.

Mentor lui répondit en souriant: Voyez, mon cher Télémaque, comment les hommes sont faits: vous voilà tout désolé, parce que vous avez vu votre père sans le reconnoître. Que n'eussiez-vous pas donné hier pour être assuré qu'il n'étoit pas mort? Aujourd'hui, vous en êtes assuré par vos propres yeux; et cette assurance, qui devroit vous combler de joie, vous laisse dans l'amertume! Ainsi le cœur malade des mortels compte toujours pour rien ce qu'il a le plus desiré, dès qu'il le possède, et est ingénieux pour se tourmenter sur ce qu'il ne possède pas encore. C'est pour exercer votre patience, que les dieux vous tiennent ainsi en suspens. Vous regardez ce temps comme perdu; sachez que c'est le plus utile de votre vie, car ces peines servent à vous exercer dans la plus nécessaire de toutes les vertus pour ceux qui doivent commander. Il faut être patient pour devenir maître de soi et des autres hommes: l'impatience, qui paroît une force et une vigueur de l'ame, n'est qu'une foiblesse et une impuissance de souffrir la peine. Celui qui ne sait pas attendre et souffrir est comme celui qui ne sait pas se taire sur un secret; l'un et l'autre manque de fermeté pour se retenir: comme un homme qui court dans un chariot, et qui n'a pas la main assez ferme pour arrêter, quand il le faut, ses coursiers fougueux; ils n'obéissent plus au frein, ils se précipitent; et l'homme foible, auquel ils échappent, est brisé dans sa chute. Ainsi l'homme impatient est entraîné, par ses desirs indomptés et farouches, dans un abîme de malheurs: plus sa puissance est grande, plus son impatience lui est funeste; il n'attend rien, il ne se donne le temps de rien mesurer; il force toutes choses pour se contenter; il rompt les branches pour cueillir le fruit avant qu'il soit mûr; il brise les portes, plutôt que d'attendre qu'on les lui ouvre; il veut moissonner quand le sage laboureur sème: tout ce qu'il fait à la hâte et à contre-temps est mal fait, et ne peut avoir de durée, non plus que ses desirs volages. Tels sont les projets insensés d'un homme qui croit pouvoir tout, et qui se livre à ses desirs impatients pour abuser de sa puissance. C'est pour vous apprendre à être patient, mon cher Télémaque, que les dieux exercent tant votre patience, et semblent se jouer de vous dans la vie errante où ils vous tiennent toujours incertain. Les biens que vous espérez se montrent à vous, et s'enfuient comme un songe léger que le réveil fait disparoître, pour vous apprendre que les choses mêmes qu'on croit tenir dans ses mains échappent dans l'instant. Les plus sages leçons d'Ulysse ne vous seront pas aussi utiles que sa longue absence, et que les peines que vous souffrez en le cherchant.

Ensuite Mentor voulut mettre la patience de Télémaque à une dernière épreuve encore plus forte. Dans le moment où le jeune homme alloit avec ardeur presser les matelots pour hâter le départ, Mentor l'arrêta tout-à-coup, et l'engagea à faire sur le rivage un grand sacrifice à Minerve. Télémaque fait avec docilité ce que Mentor veut. On dresse deux autels de gazon. L'encens fume, le sang des victimes coule. Télémaque pousse des soupirs tendres vers le ciel; il reconnoît la puissante protection de la déesse.

A peine le sacrifice est-il achevé, qu'il suit Mentor dans les routes sombres d'un petit bois voisin. Là, il aperçoit tout-à-coup que le visage de son ami prend une nouvelle forme: les rides de son front s'effacent, comme les ombres disparoissent, quand l'Aurore, de ses doigts de rose, ouvre les portes de l'orient, et enflamme tout l'horizon; ses yeux creux et austères se changent en des yeux bleus d'une douceur céleste et pleins d'une flamme divine; sa barbe grise et négligée disparoît; des traits nobles et fiers, mêlés de douceur et de graces, se montrent aux yeux de Télémaque ébloui. Il reconnoît un visage de femme, avec un teint plus uni qu'une fleur tendre: on y voit la blancheur des lis mêlés de roses naissantes: sur ce visage fleurit une éternelle jeunesse, avec une majesté simple et négligée. Une odeur d'ambrosie se répand de ses habits flottants; ses habits éclatent comme les vives couleurs dont le soleil, en se levant, peint les sombres voûtes du ciel, et les nuages qu'il vient dorer. Cette divinité ne touche pas du pied à terre; elle coule légèrement, dans l'air, comme un oiseau le fend de ses ailes: elle tient de sa puissante main une lance brillante, capable de faire trembler les villes et les nations les plus guerrières; Mars même en seroit effrayé. Sa voix est douce et modérée, mais forte et insinuante; toutes ses paroles sont des traits de feu qui percent le cœur de Télémaque, et qui lui font ressentir je ne sais quelle douleur délicieuse. Sur son casque paroît l'oiseau triste d'Athènes, et sur sa poitrine brille la redoutable égide. A ces marques, Télémaque reconnoît Minerve.

O déesse, dit-il, c'est donc vous-même qui avez daigné conduire le fils d'Ulysse pour l'amour de son père! Il vouloit en dire davantage; mais la voix lui manqua; ses lèvres s'efforçoient en vain d'exprimer les pensées qui sortoient avec impétuosité du fond de son cœur : la divinité présente l'accabloit, et il étoit comme un homme, qui, dans un songe, est oppressé jusqu'à perdre la respiration, et qui, par l'agitation pénible de ses lèvres, ne peut former aucune voix.

Enfin Minerve prononça ces paroles : Fils d'Ulysse, écoutez-moi pour la dernière fois. Je n'ai instruit aucun mortel avec autant de soin que vous; je vous ai mené par la main au travers des naufrages, des terres inconnues, des guerres sanglantes, et de tous les maux qui peuvent éprouver le cœur de l'homme. Je vous ai montré, par des expériences sensibles, les vraies et les fausses maximes par lesquelles on peut régner. Vos fautes ne vous ont pas été moins utiles que vos malheurs : car quel est l'homme qui peut gouverner sagement s'il n'a jamais souffert, et s'il n'a jamais profité des souffrances où ses fautes l'ont précipité ?

Vous avez rempli, comme votre père, les terres et les mers de vos tristes aventures. Allez, vous êtes maintenant digne de marcher sur ses pas. Il ne vous reste plus qu'un court et facile trajet jusqu'à Ithaque, où il arrive dans ce moment : combattez avec lui; obéissez-lui comme le moindre de ses sujets; donnez-en l'exemple aux autres. Il vous donnera pour épouse Antiope, et vous serez heureux avec elle, pour avoir moins cherché la beauté, que la sagesse et la vertu.

Lorsque vous régnerez, mettez toute votre gloire à renouveler l'âge d'or : écoutez tout le monde ; croyez peu de gens; gardez-vous bien de vous croire trop vous-même : craignez de vous tromper, mais ne craignez jamais de laisser voir aux autres que vous avez été trompé.

Aimez les peuples; n'oubliez rien pour en être aimé. La crainte est nécessaire quand l'amour manque; mais il la faut toujours employer à regret, comme les remèdes les plus violents et les plus dangereux.

Considérez toujours de loin toutes les suites de ce que vous voudrez entreprendre ; prévoyez les plus terribles inconvénients, et sachez que le vrai courage consiste à envisager tous les périls, et à les mépriser quand ils deviennent nécessaires. Celui qui ne veut pas les voir n'a pas assez de courage pour en supporter tranquillement la vue : celui qui les voit tous, qui évite tous ceux qu'on peut éviter, et qui tente les autres sans s'émouvoir, est le seul sage et magnanime.

Fuyez la mollesse, le faste, la profusion ; mettez votre gloire dans la simplicité; que vos vertus et vos bonnes actions soient les ornements de votre personne et de votre palais; qu'elles soient la garde qui vous environne, et que tout le monde apprenne de vous en quoi consiste le vrai honneur. N'oubliez jamais que les rois ne règnent point pour leur propre gloire, mais pour le bien des peuples. Les biens qu'ils font s'étendent jusque dans les siècles les plus éloignés : les maux qu'ils font se multiplient de génération en génération, jusqu'à la postérité la plus reculée. Un mauvais règne fait quelquefois la calamité de plusieurs siècles.

Surtout soyez en garde contre votre humeur : c'est un ennemi que vous porterez partout avec vous jusqu'à la mort ; il entrera dans vos conseils, et vous trahira, si vous l'écoutez. L'humeur fait perdre les occasions les plus importantes : elle donne des inclinations et des aversions d'enfant, au préjudice des plus grands intérêts ; elle fait décider les plus grandes affaires par les plus petites raisons; elle obscurcit tous les talents, rabaisse le courage, rend un homme inégal, foible, vil et insupportable. Défiez-vous de cet ennemi.

Craignez les dieux, ô Télémaque; cette crainte est le plus grand trésor du cœur de l'homme : avec elle vous viendront la sagesse, la justice, la paix, la joie, les plaisirs purs, la vraie liberté, la douce abondance, la gloire sans tache.

Je vous quitte, ô fils d'Ulysse ; mais ma sagesse ne vous quittera point, pourvu que vous sentiez toujours que vous ne pouvez rien sans elle. Il est temps que vous appreniez à marcher tout seul. Je me suis séparée de vous, en Phénicie et à Salente, que pour vous accoutumer à être privé de cette douceur, comme on sèvre les enfants lorsqu'il est temps de leur ôter le lait pour leur donner des aliments solides.

A peine la déesse eut achevé ce discours, qu'elle s'éleva dans les airs, et s'enveloppa d'un nuage d'or et d'azur, où elle disparut. Télémaque, soupirant, étonné et hors de lui-même, se prosterna à terre, levant les mains au ciel ; puis il alla éveiller ses compagnons, se hâta de partir, arriva à Ithaque, et reconnut son père chez le fidèle Eumée.

VARIANTE

POUR LA PAGE 103.

Après ces mots, Ces armes étoient polies comme une glace, et brillantes comme les rayons du soleil, *on lit* : Dessus étoit gravée la fameuse histoire du siége de Thèbes : on voyoit d'abord le malheureux Laïus, qui, ayant appris par la réponse de l'oracle d'Apollon, que son fils qui venoit de naître seroit le meurtrier de son père, livra aussitôt l'enfant à un berger pour l'exposer aux bêtes sauvages et aux oiseaux de proie. Puis on remarquoit le berger qui portoit l'enfant sur la montagne de Cythéron, entre la Béotie et la Phocide. Cet enfant sembloit crier et sentir sa déplorable destinée. Il avoit je ne sais quoi de naïf, de tendre et de gracieux, qui rend l'enfance si aimable. Le berger qui le portoit sur des rochers affreux, paroissoit le faire à regret, et être touché de compassion : des larmes couloient de ses yeux. Il étoit incertain et embarrassé ; puis il perçoit les pieds de l'enfant avec son épée, les traversoit d'une branche d'osier, et le suspendoit à un arbre, ne pouvant se résoudre ni à le sauver contre l'ordre de son maître, ni à le livrer à une mort certaine : après quoi il partit, de peur de voir mourir ce petit innocent qu'il aimoit.

Cependant l'enfant alloit mourir faute de nourriture : déja ses pieds, par lesquels tout son corps étoit suspendu, étoient enflés et livides. Phorbas, berger de Polybe, roi de Corinthe, qui faisoit paître dans ce désert les grands troupeaux du roi, entendit les cris de ce petit enfant ; il accourt, il le détache, il le donne à un autre berger, afin qu'il le porte à la reine Mérope, qui n'a point d'enfants : elle est touchée de sa beauté ; elle le nomme OEdipe, à cause de l'enflure de ses pieds percés, et le nourrit comme son propre fils, le croyant un enfant envoyé des dieux. Toutes ces diverses actions paroissoient chacune en leurs places.

Ensuite on voyoit OEdipe déja grand, qui, ayant appris que Polybe n'étoit pas son père, alloit de pays en pays pour découvrir sa naissance. L'oracle lui déclara qu'il trouveroit son père dans la Phocide. Il y va : il y trouve le peuple agité par une grande sédition ; dans ce trouble il tue Laïus son père sans le connoître. Bientôt on le voit encore qui se présente à Thèbes ; il explique l'énigme du Sphinx. Il tue le monstre ; il épouse la reine Jocaste, sa mère, qu'il ne connoît point, et qui croit OEdipe fils de Polybe. Une horrible peste, signe de la colère des dieux, suit de près un mariage si détestable. Là, Vulcain avoit pris plaisir à représenter les enfants qui expiroient dans le sein de leurs mères, tout un peuple languissant, la mort et la douleur peintes sur les visages. Mais ce qui étoit de plus affreux, étoit de voir OEdipe, qui, après avoir long-temps cherché le sujet du courroux des dieux, découvre qu'il en est lui-même la cause. On voyoit sur le visage de Jocaste la honte et la crainte d'éclaircir ce qu'elle ne vouloit pas connoître ; sur celui d'OEdipe, l'horreur et le désespoir : il s'arrache les yeux, et il paroît conduit comme un aveugle par sa fille Antigone : on voit qu'il reproche aux dieux les crimes dans lesquels ils l'ont laissé tomber. Ensuite on le voyoit s'exiler lui-même pour se punir, et ne pouvant plus vivre avec les hommes.

En partant il laissoit son royaume aux deux fils qu'il avoit eus de Jocaste, Étéocle et Polynice, à condition qu'ils régneroient tour à tour chacun leur année ; mais la discorde des frères paroissoit encore plus horrible que les malheurs d'OEdipe. Étéocle paroissoit sur le trône, refusant d'en descendre pour y faire monter à son tour Polynice. Celui-ci, ayant eu recours à Adraste, roi d'Argos, dont il épousa la fille Argia, s'avançoit vers Thèbes avec des troupes innombrables. On voyoit partout des combats autour de la ville assiégée. Tous les héros de la Grèce étoient assemblés dans cette guerre, et elle ne paroissoit pas moins sanglante que celle de Troie.

On y reconnoissoit l'infortuné mari d'Ériphyle. C'étoit le célèbre devin Amphiaraüs, qui prévit son malheur, et qui ne sut s'en garantir : il se cache pour n'aller point au siége de Thèbes, sachant qu'il ne peut espérer de revenir de cette guerre s'il s'y engage. Ériphyle étoit la seule à qui il eût osé confier son secret ; Ériphyle son épouse, qu'il aimoit plus que sa vie, et dont il se croyoit tendrement aimé. Séduite par un collier qu'Adraste, roi d'Argos, lui donna, elle trahit son époux Amphiaraüs ; on la voyoit qui découvroit le lieu où il s'étoit caché. Adraste le menoit malgré lui à Thèbes. Bientôt, en y arrivant, il paroissoit englouti dans la terre qui s'entr'ouvroit tout-à-coup pour l'abîmer.

Parmi tant de combats où Mars exerçoit sa fureur, on remarquoit avec horreur celui des deux frères Étéocle et Polynice : il paroissoit sur leurs visages je ne sais quoi d'odieux et de funeste. Le crime de leur naissance étoit comme écrit sur leurs fronts. Il étoit facile de juger qu'ils étoient dévoués aux Furies infernales et à la vengeance des dieux. Les dieux les sacrifioient pour servir d'exemple à tous les frères dans la suite de tous les siècles, et pour montrer ce que fait l'impie Discorde, quand elle peut séparer des cœurs qui doivent être si étroitement unis. On voyoit ces deux frères pleins de rage, qui s'entre-déchiroient ; chacun oublioit de défendre sa vie pour arracher celle de son frère : ils étoient tous deux sanglants, percés de coups mortels, tous deux mourants, sans que leur fureur pût se ralentir ; tous deux tombés par terre, et prêts à rendre le dernier soupir : mais ils se traînoient encore l'un contre l'autre pour avoir le plaisir de mourir dans un dernier effort de cruauté et de vengeance. Tous les autres combats paroissoient suspendus par celui-là. Les deux armées étoient consternées et saisies d'horreur à la vue de ces deux monstres. Mars lui-même détournoit ses yeux cruels, pour ne pas voir un tel spectacle. Enfin on voyoit la flamme du bûcher sur lequel on mettoit les corps de ces deux frères dénaturés. Mais, ô chose incroyable! la flamme se partageoit en deux; la mort même n'avoit pu finir la haine implacable qui étoit entre Étéocle et Polynice; ils ne pouvoient brûler ensemble! et leurs cendres, encore sensibles aux maux qu'ils s'étoient faits l'un à l'autre, ne purent jamais se mêler. Voilà ce que Vulcain avoit représenté avec un art divin sur les armes que Minerve avoit données à Télémaque.

Le bouclier représentoit Cérès dans les campagnes d'Enne, etc. *La suite, page* 105.

FIN DE TÉLÉMAQUE.

L'ODYSSÉE D'HOMÈRE.

PRÉCIS DU LIVRE PREMIER.

Après une invocation aux Muses, après les avoir suppliées, d'un style simple et modeste, de lui raconter les aventures du malheureux Ulysse, Homère le représente, le seul des héros qui avoient ruiné la fameuse Troie, toujours éloigné de sa patrie, toujours errant et contrarié dans son retour.

Il gémit, dit-il, il languit dans les antres de Calypso; peu sensible aux charmes de cette déesse, il ne soupire qu'après son île d'Ithaque, qu'après sa chère et constante Pénélope.

Neptune, irrité contre Ulysse, qui avoit privé de la vue le cyclope Polyphême son fils, étoit la seule divinité qui traversât son juste desir.

Minerve, profitant de l'absence du dieu de la mer, paroît dans le conseil des dieux; elle les trouve tous assemblés dans le palais de Jupiter. Là, le père des dieux se plaignoit de ce que les hommes lui attribuoient les malheurs qu'ils ne s'attiroient que par leur imprudence ou leur perversité. N'ai-je pas fait avertir Égisthe? leur dit-il; et sa conscience ne lui annonçoit-elle pas tous les maux qui alloient fondre sur lui, s'il trempoit ses mains dans le sang du fils d'Atrée, s'il souilloit jamais sa couche nuptiale? Sourd à ma voix, sourd à celle de la raison, il a tout bravé et Oreste l'a justement immolé à sa vengeance et aux mânes de son père Agamemnon.

Il méritoit de périr, répliqua Minerve. Mais Ulysse, mais le sage et religieux Ulysse, mérite-t-il d'être si long-temps poursuivi par l'infortune? Dieu tout-puissant, votre cœur n'en est-il point touché? Ne vous laisserez-vous jamais fléchir? N'est-ce pas le même Ulysse qui vous a offert tant de sacrifices sous les murs de Troie?

Ce n'est pas moi, répondit le maître du tonnerre, qui suis irrité contre ce héros; c'est Neptune, et vous en savez la raison. Comme il ne peut trancher le fil de ses jours, il le fait errer sur la vaste mer, et le tient éloigné de ses états. Mais prenons ici des mesures pour lui procurer un heureux retour. Neptune, cédant enfin, ne pourra pas tenir seul contre tous les dieux.

Envoyez donc Mercure, lui dit Minerve, envoyez promptement Mercure à l'île d'Ogygie, pour porter à Calypso vos ordres suprêmes, afin qu'elle ne s'oppose plus au départ d'Ulysse. Cependant j'irai à Ithaque pour inspirer au jeune Télémaque la force dont il a besoin : je l'enverrai à Sparte et à Pylos pour y apprendre des nouvelles de son père, et afin que par cette recherche empressée il acquière un renom immortel parmi les hommes.

Aussitôt Minerve s'élance du haut de l'Olympe, et plus légère que les vents, elle traverse les mers et la vaste étendue de la terre. La déesse arrive à la porte du palais d'Ulysse, sous la figure de Mentès, roi des Taphiens. Dès que Télémaque l'aperçoit, empressé de remplir les devoirs de l'hospitalité, il s'avance, lui présente la main, prend sa pique pour le soulager, et lui parle en ces termes : Étranger, soyez le bienvenu, reposez-vous, prenez quelque nourriture, et vous nous direz ensuite le sujet qui vous amène.

Aussitôt Télémaque donne ses ordres, et tout se met en mouvement pour servir le prétendu roi des Taphiens.

Cependant les fiers poursuivants de Pénélope entrent dans la salle, se placent sur différents siéges, et ne paroissent occupés que de la bonne chère, que de la musique et de la danse, qui sont les agréables compagnes des festins.

Télémaque sembloit seul indifférent à tous ces plaisirs; il n'étoit occupé que de son nouvel hôte, et lui adressant la parole, il lui dit : Mon cher hôte, me pardonnerez-vous si je vous dis que voilà la vie que mènent ces insolents? Hélas! reprit la déesse en soupirant, vous avez bien besoin qu'Ulysse, après une si longue absence, vienne réprimer l'insolence de ces princes, et leur faire sentir la force de son bras. Ah! quel changement, s'il paroissoit ici tout-à-coup avec son casque, son bouclier et deux javelots, tel que je le vis dans le palais de mon père, lorsqu'il revint de la cour d'Ilus, fils de Merméus! Pour vous, je vous exhorte à prendre les moyens de les chasser de votre palais : dès demain appelez tous ces princes à une assemblée; là, vous leur parlerez, et, prenant les dieux à témoin, vous leur ordonnerez de retourner chacun dans sa maison.

Après avoir congédié l'assemblée, vous prendrez un de vos meilleurs vaisseaux avec vingt bons rameurs, pour aller vous informer de tout ce qui concerne votre père : allez d'abord à Pylos, chez le divin Nestor, à qui vous ferez modestement des questions; de là vous irez à Sparte, chez Ménélas, qui est revenu de Troie après tous les Grecs. Si par hasard vous entendez dire des choses qui vous donnent quelque espérance que votre père est en vie et qu'il revient, vous attendrez la confirmation de cette bonne nouvelle encore une année entière, quelque douleur qui vous presse, et quelque impatience que vous ayez de revenir : mais si l'on vous assure qu'il ne jouit plus de la lumière, alors vous reviendrez à Ithaque, vous lui élèverez un tombeau, vous lui ferez des funérailles magnifiques et dignes de lui, et vous donnerez à votre mère un mari que vous choisirez vous-même. Après cela, appliquez-vous à vous défaire des poursuivants, ou par la force ou par la ruse; qu'une noble émulation aiguise votre courage : armez-vous donc de sentiments généreux pour mériter les éloges de la postérité.

Mon hôte, lui répond le sage Télémaque, vous venez de me parler avec toute l'amitié qu'un bon père peut témoigner à son fils; jamais je n'oublierai la moindre de vos paroles : mais souffrez que je vous retienne et que j'aie le temps de vous faire un présent honorable; il sera dans votre maison un monument éternel de mon amitié et de ma reconnoissance.

Le présent que votre cœur généreux vous porte à m'offrir, lui dit Minerve, vous me le ferez à mon retour, et je tâcherai de le reconnoître. En finissant ces mots, la déesse le quitte, et s'envole comme un oiseau. Télémaque étonné, et se sentant animé d'une force et d'un courage extraordinaires, ne doute pas que ce ne soit un dieu qui lui a parlé.

Il rejoint les princes; ils écoutoient alors en silence le célèbre Phémius qui chantoit le retour des Grecs, que Minerve leur avoit rendu si funeste pour punir l'insolence d'Ajax le Locrien, qui avoit indignement profané son temple. La fille d'Icare entendit de son appartement ces chants divins : ils lui rappelèrent son cher Ulysse, et réveillèrent ses amères douleurs. Elle descendit, suivie de deux de ses femmes, et, s'arrêtant à l'entrée de la salle, le visage couvert d'un voile d'un grand éclat, et les yeux baignés de larmes, elle pria Phémius de choisir quelques sujets moins tristes, moins propres à renouveler ses chagrins.

Télémaque la reprit modestement et avec force, en l'exhortant à retourner dans son appartement et à ne se plus montrer aux poursuivants. Pénélope, étonnée de la sagesse de son fils, dont elle recueilloit avec soin toutes les paroles, se retira et continua de pleurer son cher Ulysse. Les princes, plus enflammés que jamais pour Pénélope, font retentir la salle de leurs clameurs. Télémaque prend encore la parole : Que ce tumulte cesse, leur dit-il d'un ton ferme; qu'on n'entende plus tous ces cris : il est juste et décent d'entendre tranquillement un chantre comme Phémius, qui est égal aux dieux par la beauté de sa voix, et par les merveilles de ses chants. Demain, dès la pointe du jour, nous nous rendrons tous à l'assemblée que j'indique dès aujourd'hui; j'ai à vous parler, pour vous déclarer que, sans aucun délai, vous n'avez qu'à vous retirer : sortez de mon palais, allez ailleurs faire des festins, en vous traitant tour à tour dans vos maisons.

Il parla ainsi, et tous ces princes se mordent les lèvres, et ne peuvent assez s'étonner de la vigueur avec laquelle il vient de parler. Antinoüs cependant et Eurymaque voulurent lui répondre. Télémaque les écouta sans changer de contenance ni de sentiment.

Les princes continuèrent de se livrer aux plaisirs de la danse et de la musique jusqu'à la nuit; et lorsque l'étoile du soir eut chassé le jour, ils se retirèrent chacun dans leur maison.

Télémaque monta aussi dans son appartement, tout occupé de chercher en lui-même les moyens de faire le voyage que Minerve lui avoit conseillé.

PRÉCIS DU LIVRE II.

L'aurore commençoit à peine à dorer l'horizon, que le fils d'Ulysse se lève, prend un habit magnifique, met sur ses épaules un baudrier d'où pendoit une riche épée; et, sans perdre un moment, donne ordre à ses hérauts d'appeler les Grecs à l'assemblée. Télémaque se rend au milieu d'eux, tenant au lieu de sceptre une longue pique. Minerve avoit répandu sur toute sa personne une grace toute divine, les peuples, en le voyant paroître, sont saisis d'admiration.

Le héros Egyptius parla le premier; il étoit courbé sous le poids des années, et une longue expérience l'avoit instruit. Peuples, dit-il en élevant la voix, peuples d'Ithaque, écoutez-moi. Nous n'avons vu tenir ici d'assemblée ni de conseil depuis le départ d'Ulysse; qui est donc celui qui nous assemble? quel pressant besoin lui a inspiré cette pensée? Qui que ce soit, c'est sans doute un homme de bien; puisse-t-il réussir dans son entreprise, et que Jupiter le favorise dans tous ses desseins!

Télémaque, touché de ce souhait qu'il prit pour un bon augure, se lève aussitôt et lui adresse la parole : Sage vieillard, celui qui a assemblé le peuple n'est pas loin de vous; c'est moi, c'est le fils d'Ulysse; c'est dans la douleur que me cause l'absence de mon père et le désordre qui règne dans son palais, que je vous ai tous appelés. Je vous en conjure au nom de Jupiter Olympien et de Thémis qui préside aux assemblées, opposez-vous aux injustices que j'éprouve et qui me ruinent. Il parle ainsi, le visage baigné de pleurs, et jette sa longue pique à terre pour mieux marquer son indignation. Le peu-

PRÉCIS DU LIVRE II.

ple en paroît ému ; les princes demeurent dans le silence. Antinoüs est le seul qui ose lui répondre :

Télémaque, qui témoignez dans vos discours tant de hauteur et d'audace, que venez-vous de dire pour nous déshonorer ? Ce ne sont point les amants de la reine votre mère qui sont cause de vos malheurs ; c'est Pénélope elle-même, qui n'a recours qu'à des artifices pour nous amuser. Renvoyez-la chez son père Icare ; engagez-la à se déclarer pour celui de nous qu'elle choisira et qu'elle trouvera plus aimable.

Il n'est pas possible, répondit le sage Télémaque, que je fasse sortir par force de mon palais celle qui m'a donné le jour, et qui m'a nourri elle-même. Me pourrois-je mettre à couvert de la vengeance des dieux, après que ma mère, chassée de ma maison, auroit invoqué les redoutables Furies ? Pourrois-je éviter l'indignation de tous les hommes qui s'élèveroient contre moi ? Jamais un ordre si cruel et si injuste ne sortira de ma bouche.

Aussitôt il parut deux aigles dans les airs, qui planèrent quelque temps au-dessus de l'assemblée ; ils sembloient arrêter leurs regards sur toutes les têtes des poursuivants, et leur annoncer la mort.

Les Grecs en furent saisis de frayeur. Le vieillard Halitherse, qui surpassoit en expérience tous ceux de son âge pour discerner le vol des oiseaux, et pour expliquer leurs présages, leur déclara que les aigles pronostiquoient le retour prochain d'Ulysse et la punition terrible des poursuivants de Pénélope.

Eurymaque lui répondit, en se moquant de ses menaces : Vieillard, retire-toi ; va dans ta maison faire ces prédictions à tes enfants : je suis plus capable que toi de prophétiser et d'expliquer ce prétendu prodige. Si, en te servant des vieux tours que ton grand âge t'a appris, tu surprends la jeunesse du prince pour l'irriter contre nous, crois-tu que nous ne nous en vengerons point ? Le seul conseil que je puis donner à Télémaque, c'est d'obliger sa mère à se retirer chez son père.

Ce seroit à vous à vous retirer, répondit prudemment le fils d'Ulysse. Mais je ne vous en parle plus ; je vous demande seulement un vaisseau avec vingt rameurs qui me mène de côté et d'autre sur la vaste mer : j'ai résolu d'aller à Sparte et à Pylos pour apprendre des nouvelles de mon père. Si je suis assez heureux pour entendre dire qu'il est encore en vie et en état de revenir, j'attendrai la confirmation de cette nouvelle une année entière avec toute l'inquiétude d'une attente toujours douteuse. Mais, si j'apprends certainement qu'il ne vit plus, je reviendrai dans ma chère patrie, je lui éleverai un superbe tombeau, je lui ferai des funérailles magnifiques, et j'obligerai ma mère à se choisir un mari.

Dès que Télémaque eut achevé de parler, Mentor se leva ; c'étoit un des plus fidèles amis d'Ulysse, celui à qui, en s'embarquant pour Troie, il avoit confié le soin de toute sa maison.

Ecoutez-moi, dit-il au peuple d'Ithaque : quel est le roi qui désormais voudra être modéré, clément et juste ? Il n'y a donc parmi vous personne qui se souvienne du sage et divin Ulysse, personne qui n'ait oublié ses bienfaits ? Quoi ! vous gardez tous un honteux silence ? vous n'avez pas le courage de vous opposer, au moins par vos paroles, aux injustices de ses ennemis ?

Que venez-vous de dire, impudent Mentor ? lui répliqua Léocrite ; croyez-vous qu'il soit si facile de s'opposer aux poursuivants de Pénélope ? Ulysse lui-même, s'il l'entreprenoit à son retour, réussiroit-il à les chasser de son palais ? Vous avez donc parlé contre toute raison. Mais que le peuple se retire ; et vous Mentor, préparez avec Halitherse, votre ami et celui d'Ulysse, tout ce qui est nécessaire pour le départ de Télémaque.

Ce jeune prince sortit avec tous les autres de l'assemblée, et s'en alla seul sur le rivage de la mer : après s'être lavé les mains dans l'onde salée, il adressa à Minerve une humble et tendre prière ; la déesse, touchée de sa confiance, prit la figure de Mentor, et lui dit en s'approchant de lui : Laissez là les complots et les machinations des amants insensés de votre mère ; ils n'ont ni prudence ni justice ; ils ne voient pas la punition terrible qui les attend. Le voyage que vous méditez ne sera pas long-temps différé ; je vous équiperai un vaisseau, et je vous accompagnerai : retournez donc dans votre palais, vivez avec les princes à votre ordinaire, et préparez cependant les provisions dont vous avez besoin.

Dès que Télémaque paroît, Antinoüs l'attaque, et ose le plaisanter sur le discours qu'il avoit fait à l'assemblée, et sur le projet de son voyage. Télémaque y répond avec fermeté, et même avec menace : mais les poursuivants s'en moquent, et ne songent qu'à se divertir. Le jeune prince les quitte, et va trouver Euryclée qui l'avoit élevé : il lui ordonne d'ouvrir les celliers d'Ulysse dont elle avoit la garde ; et après lui en avoir demandé le secret avec serment, il communique à sa nourrice le projet de son voyage, et lui recommande de préparer en diligence le vin, la farine, l'huile et toutes les provisions dont il vouloit charger son vaisseau. Minerve, pour en faciliter le transport, ainsi que l'évasion de Télémaque, verse un doux et profond sommeil sur les paupières des poursuivants de Pénélope. On charge le vaisseau bien équipé de tout ce qui est nécessaire pour le voyage ; on s'embarque ; Minerve, sous la figure de Mentor, se place sur la poupe ; Télémaque s'assied auprès d'elle ; on délie les câbles ; les rameurs se mettent sur leurs bancs ; les voiles sont déployées ; et le vaisseau fend rapidement le sein de l'humide plaine.

PRÉCIS DU LIVRE III.

Le soleil sortoit du sein de l'onde, et commençoit à dorer l'horizon, lorsque Télémaque arriva à la célèbre Pylos. Les Pyliens immoloient ce jour-là des taureaux noirs à Neptune. On avoit déjà goûté des entrailles et brûlé les cuisses des victimes sur l'autel, lorsque le vaisseau entra dans le port. Télémaque descend le premier; et Minerve, sous la figure de Mentor, lui adresse ces paroles : Prince, il n'est plus temps d'être retenu par la honte, allez donc aborder Nestor avec une hardiesse noble et modeste.

Comment, répondit Télémaque, irai-je aborder le roi de Pylos? Comment le saluerai-je? Vous savez que j'ai peu d'expérience, que je manque de la sagesse nécessaire pour parler à un homme comme lui. La bienséance permet-elle à un jeune homme de faire des questions à un prince de cet âge?

Télémaque, repartit Minerve, vous trouverez de vous-même une partie de ce qu'il faudra dire, et l'autre partie vous sera inspirée par les dieux, dans qui vous devez mettre votre confiance.

En achevant ces mots, la déesse s'avance la première : Télémaque la suit. Les Pyliens ne les eurent pas plus tôt aperçus, qu'ils allèrent au-devant d'eux. Pisistrate, fils aîné de Nestor, fut le premier qui, s'avançant, prit les deux étrangers par la main, et les plaça entre son père et son frère Thrasymède. D'abord il leur présenta une partie des entrailles des victimes, et remplissant de vin une coupe d'or, il la donna à Minerve, et lui dit : Étranger, faites votre prière au roi Neptune, car c'est à son festin que vous êtes admis à votre arrivée : vous donnerez ensuite la coupe à votre ami, afin qu'il fasse après vous ses libations et ses prières; car je pense qu'il est du nombre de ceux qui reconnoissent les dieux; il n'y a point d'homme qui n'ait besoin de leurs secours : mais je vois qu'il est plus jeune que vous; c'est pourquoi il ne sera point fâché que je vous donne la coupe avant lui.

Minerve voit avec plaisir la prudence et la justice de ce jeune prince; et après avoir invoqué Neptune, elle présente la coupe à Télémaque, qui fit les mêmes supplications.

Quand la bonne chère eut chassé la faim, Nestor dit aux Pyliens : Présentement que nous avons reçu ces étrangers à notre table, nous pouvons, sans manquer à la décence, leur demander qui ils sont, et d'où ils viennent.

Télémaque répondit avec cette fermeté modeste que lui inspiroit Minerve : Nestor, fils de Nélée, et le plus grand ornement de la Grèce, vous demandez qui nous sommes. Nous venons de l'île d'Ithaque, je suis fils d'Ulysse, qui, comme la renommée vous l'a appris, combattant avec vous a saccagé la ville de Troie. Le sort de tous les princes qui ont porté les armes contre les Troyens nous est connu. Ulysse est le seul dont le fils de Saturne nous cache la triste destinée. J'embrasse donc vos genoux pour vous supplier de m'apprendre ce que vous en savez. Que ni la compassion, ni aucun ménagement, ne vous engagent à me flatter. Si jamais mon père vous a heureusement servi ou de son épée ou de ses conseils devant les murs de Troie, où les Grecs ont souffert tant de maux, je vous conjure de me dire la vérité.

Que vous me rappelez de tristes objets! lui répondit Nestor. Plusieurs années suffiroient à peine à faire le détail de tout ce que les Grecs ont eu à soutenir de maux dans cette guerre fatale : il n'y avoit pas un seul homme dans toute l'armée qui osât s'égaler à Ulysse en prudence; car il les surpassoit tous, personne n'étoit plus fécond en ressources. Je vois bien que vous êtes son fils : vous me jetez dans l'admiration; je crois l'entendre lui-même.

Pendant tout le temps qu'a duré le siège, le divin Ulysse et moi n'avons jamais été d'un avis différent, soit dans les assemblées, soit dans les conseils; mais, animés d'un même esprit, nous avons toujours dit aux Grecs ce qui paroissoit devoir assurer le succès de notre entreprise.

Après que nous eûmes renversé la superbe Ilion, et partagé ses dépouilles, nous montâmes sur nos vaisseaux : la discorde et les tempêtes nous séparèrent. Je poursuivis ma route vers Pylos; et j'y arrivai heureusement avec les miens, sans avoir pu apprendre la moindre nouvelle de plusieurs de mes autres illustres compagnons : je ne sais pas même encore certainement ni ceux d'entre eux qui se sont sauvés, ni ceux qui ont péri.

Nestor lui raconte ensuite l'histoire et les malheurs de beaucoup de princes grecs; il insiste principalement sur la fin tragique d'Agamemnon et sur la vengeance d'Oreste.

Ah! s'écria Télémaque, je ne demanderois aux dieux, pour toute grace, que de pouvoir me venger, comme Oreste, de l'insolence des poursuivants de ma mère. Faudra-t-il que je dévore toujours leurs affronts, quelque durs qu'ils me paroissent!

Mon cher fils, repartit Nestor, puisque vous me faites ressouvenir de certains bruits sourds que j'ai entendus, apprenez-moi donc si vous vous soumettez à eux sans vous opposer à leur violence. Si Minerve vouloit vous protéger, comme elle a protégé votre père pendant qu'il a combattu sous les murs de Troie, il n'y auroit bientôt plus aucun de ces poursuivants qui fût en état de vous inquiéter. Je n'ai garde, dit Télémaque, d'oser me flatter d'un si grand bonheur; car mes espérances seroient vaines, quand les dieux mêmes voudroient me favoriser.

La douleur vous égare, repartit Minerve. Quel blasphème vous venez de prononcer! Oubliez-vous donc que les dieux, quand ils le veulent, peuvent triompher de tout, et nous ramener des extrémités de la terre?

Quittons ce discours, cher Mentor, reprit alors Télémaque, il n'est plus question de mon père; les dieux l'ont abandonné à sa noire destinée; ils l'ont livré à la mort. Dites-moi, je vous prie, sage Nestor, comment a été tué le roi Agamemnon, où étoit son frère Ménélas, quelle sorte de piége lui a tendu le perfide Egisthe; car il a tué un homme bien plus vaillant que lui.

Mon fils, lui répondit Nestor, je vous dirai la vérité. Il lui raconte ensuite tout ce qui est arrivé à Agamemnon depuis son départ de Troie, sa fin malheureuse, le honteux triomphe d'Egisthe et de Clytemnestre, et la mort de ces trop célèbres coupables.

Apprenez d'Oreste, ajouta-t-il en finissant, apprenez ce que vous devez faire contre les fiers poursuivants de Pénélope. Retournez dans vos états: mais je vous conseille et vous exhorte à passer auparavant chez Ménélas, peut-être pourra-t-il vous dire des nouvelles de votre père; il n'y a pas longtemps qu'il est lui-même de retour à Lacédémone.

Ainsi parla Nestor; et Minerve, prenant la parole, dit à ce prince : Vous venez de vous exprimer, à votre ordinaire, avec beaucoup de raison, d'éloquence et de sagesse; mais n'est-il pas temps que nous songions à aller prendre quelque repos? Déja le soleil a fait place à la nuit; et convient-il d'être si long-temps à table, aux sacrifices des dieux? Permettez-nous donc de retourner sur notre vaisseau. Non, non, reprit Nestor avec quelque chagrin; il ne sera jamais dit que le fils d'Ulysse s'en aille coucher sur son bord pendant que je vivrai, et que j'aurai chez moi des enfants en état de recevoir les hôtes qui me feront l'honneur de venir dans mon palais.

Vous avez raison, sage Nestor, répondit Minerve : il est juste que Télémaque vous obéisse, il vous suivra donc, et profitera de la grace que vous lui faites. Pour moi, je m'en retourne à notre vaisseau, pour rassurer nos compagnons, et leur donner les ordres nécessaires; car, dans toute la troupe, il n'y a d'homme âgé que moi; tous les autres sont des jeunes gens qui ont suivi Télémaque par l'attachement qu'ils ont pour lui. Demain vous lui donnerez un char avec vos meilleurs chevaux, et un de vos fils, pour le conduire chez Ménélas.

En achevant ces mots, la fille de Jupiter disparoît sous la forme d'une chouette. Nestor, rempli d'admiration, prend la main de Télémaque, et lui dit : Je ne doute pas, mon fils, que vous ne soyez un jour un grand personnage, puisque si jeune encore vous avez déja des dieux pour conducteurs : et quels dieux! c'est Minerve elle-même. Grande déesse, soyez-nous favorable : dès demain j'immolerai sur votre autel une génisse d'un an, qui n'a jamais porté le joug, et dont je ferai dorer les cornes pour la rendre plus agréable à vos yeux.

La déesse écouta favorablement cette prière : ensuite le vénérable vieillard, marchant le premier, conduisoit dans son palais ses fils, ses gendres et son hôte. Il fit coucher Télémaque dans un beau lit, sous un portique, et voulut que le vaillant Pisistrate, le seul de ses fils qui n'étoit pas encore marié, couchât près de lui pour lui faire honneur.

Le lendemain, dès que l'aurore eut doré l'horizon, Nestor se leva, sortit de son appartement, et alla s'asseoir aux portes de son palais sur des siéges de pierre blanche et polie. Toute sa famille s'y rendit avec Télémaque. Quand il les vit tous rassemblés : Mes chers enfants, leur dit-il, exécutez promptement mes ordres pour le sacrifice que j'ai promis de faire à Minerve. Ils obéissent : on amène, on immole la victime. Quand les viandes furent bien rôties, on se mit à table; et de jeunes hommes bien faits présentèrent le vin dans des coupes d'or. Le repas fini, Nestor prit la parole et dit : Mes enfants, allez promptement atteler un char pour Télémaque : choisissez mes meilleurs chevaux. Tout fut prêt en un instant; le char s'avance; la femme qui avoit soin de la dépense y met les provisions les plus exquises. Télémaque monte le premier; Pisistrate, fils de Nestor, se place à ses côtés, et, prenant les rênes, pousse ses généreux coursiers, qui, plus légers que le vent, s'éloignent des portes de Pylos, volent dans la plaine, et marchent sans s'arrêter.

PRÉCIS DU LIVRE IV.

Télémaque et le fils du sage Nestor arrivent à Lacédémone, qui est environnée de hautes montagnes : ils entrent dans le palais de Ménélas, et trouvent ce prince qui célébroit dans le même jour les noces de son fils et celles de sa fille; car il marioit sa fille Hermione à Néoptolème, fils d'Achille : il la lui avoit promise dès le temps qu'ils étoient encore devant Troie. Pour son fils unique, le vaillant Mégapenthe, il le marioit à une princesse de Sparte même, à la fille d'Alector. Ménélas étoit à table avec ses amis et ses voisins. Le palais retentissoit de cris de joie, mêlés avec le son des instruments, avec la voix et avec le bruit des danseurs.

Étéonée, un des principaux officiers de Ménélas, va demander à ce prince s'il doit dételer le char ou prier les étrangers d'aller chercher ailleurs l'hospitalité. Surpris de cette demande, Ménélas lui dit, en se rappelant ses longs voyages : N'ai-je point eu grand besoin moi-même de trouver l'hospitalité dans tous les pays que j'ai traversés pour revenir dans mes états? Allez donc sans balancer, allez promptement recevoir ces étrangers, et les amener à ma table. Éténée part sans répliquer; les esclaves détellent les chevaux, et l'on conduit les deux princes dans des appartements d'une richesse éblouissante ; on les fait passer ensuite dans des bains; on les lave; on les parfume d'essences ; on leur donne les plus beaux habits; on les mène à la salle du festin, où ils furent placés auprès du roi, sur de riches siéges à marchepied; on dressa des tables devant eux; on leur servit dans des bassins toutes sortes de viandes ; et l'on mit près d'eux des coupes d'or.

Alors Ménélas, leur tendant la main, leur parla en ces termes : Soyez les bienvenus, mes hôtes ; mangez, recevez agréablement ce que nous nous faisons un plaisir de vous offrir : après votre repas nous vous demanderons qui vous êtes, quoique votre air nous le dise déjà; des hommes du commun n'ont pas des enfants faits comme vous.

En achevant ces mots, il leur servit lui-même le dos d'un bœuf rôti qu'on avoit mis devant lui comme la portion la plus honorable. Télémaque, s'approchant de l'oreille du fils de Nestor, lui dit tout bas, pour n'être pas entendu de ceux qui étoient à table : Mon cher Pisistrate, prenez-vous garde à l'éclat et à la magnificence de ce palais? l'or, l'airain, l'argent, les métaux les plus rares et l'ivoire y brillent de toutes parts. Quelles richesses infinies! je ne sors point d'admiration.

Ménélas l'entendit, et lui dit : Mes enfants, dans les grands travaux que j'ai essuyés, dans les longues courses que j'ai faites, j'ai amassé beaucoup de bien, que j'ai chargé sur mes vaisseaux : mais, pendant que les vents contraires me font errer dans tant de régions éloignées, et que, mettant à profit ces courses involontaires, j'amasse de grandes richesses, un traître assassine mon frère dans son palais, de concert avec son abominable femme; et ce souvenir empoisonne toutes mes jouissances. Plût aux dieux que je n'eusse que la troisième partie des grands biens que je possède, et beaucoup moins encore, et que mon frère, et que tous ceux qui ont péri devant Ilion, fussent encore en vie ! Leur mort est un grand sujet de douleur pour moi. De tous ces grands hommes, il n'y en a point dont la perte ne me soit sensible ; mais il y en a un surtout dont les malheurs me touchent plus que ceux des autres. Quand je viens à me souvenir de lui, il m'empêche de goûter les douceurs du sommeil, et la table me devient odieuse : car jamais homme n'a souffert tant de peines, ni soutenu tant de travaux, que le grand Ulysse. Nous n'avons de lui aucune nouvelle, et nous ne savons s'il est en vie ou s'il est mort.

Ces paroles plongèrent Télémaque dans une vive douleur ; le nom de son père fit couler de ses yeux un torrent de larmes ; et, pour les cacher, il se couvrit le visage de son manteau de pourpre. Ménélas s'en aperçut ; et pendant qu'il délibéroit sur les soupçons qu'il avoit que c'étoit le fils d'Ulysse, Hélène sort de son magnifique appartement : elle étoit semblable à la belle Diane, dont les flèches sont si sûres et si brillantes. Elle arrive dans la salle, considère Télémaque ; puis adressant la parole à Ménélas : Savons-nous, lui dit-elle, qui sont ces étrangers qui nous ont fait l'honneur de venir dans notre palais? Je ne puis vous cacher ma conjecture : quelle parfaite ressemblance avec Ulysse ! J'en suis dans l'étonnement et l'admiration; c'est sûrement son fils. Ce grand homme le laissa encore enfant quand vous partîtes avec tous les Grecs, et que vous allâtes faire une guerre cruelle aux Troyens, pour moi malheureuse qui ne méritois que vos mépris. J'avois la même pensée, répondit Ménélas ; voila le port et la taille d'Ulysse, voilà ses yeux, sa belle tête.

Alors Pisistrate prenant la parole : Grand Atride, lui dit-il, vous ne vous êtes pas trompé; vous voyez devant vos yeux le fils d'Ulysse, le sage, le modeste, le malheureux Télémaque. Nestor, qui est mon père, m'a envoyé avec lui pour le conduire chez vous, car il souhaitoit ardemment de vous voir pour vous demander vos conseils.

O dieux ! s'écria Ménélas, j'ai donc le plaisir de voir dans mon palais le fils d'un homme qui a donné tant de combats pour l'amour de moi! Il s'étendit ensuite sur son amitié pour Ulysse, sur les éloges que méritoient son courage et sa prudence.

Tous se mirent à pleurer, et la belle Hélène surtout. Cependant, pour tarir ou suspendre la source de tant de larmes, elle s'avisa de mêler dans le vin qu'on servoit à table, une poudre qui calmoit les chagrins et faisoit oublier tous les maux. Après cette précaution, elle se mit à raconter plusieurs des entreprises d'Ulysse pendant le siége de Troie. Ménélas enchérit sur Hélène, et donna à ce héros les plus grandes louanges.

Le sage Télémaque répondit à Ménélas : Fils d'Atrée, tout ce que vous venez de dire ne fait qu'augmenter mon affliction ; mais permettez que nous allions chercher dans un doux sommeil le soulagement à nos chagrins et à nos inquiétudes.

La divine Hélène ordonne aussitôt à ses femmes de dresser des lits sous un portique; elles obéissent, et un héraut y conduit les deux étrangers.

L'aurore n'eut pas plus tôt annoncé le jour, que Ménélas se leva, et se rendit à l'appartement de Télémaque. Assis près de son lit, il lui parla ainsi : Généreux fils d'Ulysse, quelle pressante affaire vous amène à Lacédémone, et vous a fait affronter les dangers de la mer ?

Grand roi, que Jupiter honore d'une protection spéciale, je suis venu dans votre palais, répondit Télémaque, pour voir si vous pouviez me donner quelque lumière sur la destinée de mon père. Ma maison périt, tous mes biens se consument, mon palais est plein d'ennemis ; les fiers poursuivants de ma mère égorgent continuellement mes troupeaux, et ils me traitent avec la dernière insolence.

O dieux ! s'écria Ménélas, se peut-il que des hommes si lâches prétendent s'emparer de la couche d'un si grand homme ! Grand Jupiter, et vous, Minerve et Apollon, faites qu'Ulysse tombe tout-à-coup sur ces insolents ! Ménélas raconte ensuite ses propres aventures ; combien il avoit été retenu en Égypte ; comment il en sortit après avoir consulté Protée ; les ruses de ce dieu marin pour lui échapper ; comment il se changea d'abord en lion énorme, ensuite en dragon horrible, puis en léopard, en sanglier, en fleuve, et en un grand arbre. A tous ces changements nous le serrions encore davantage, sans nous épouvanter, dit Ménélas, jusqu'à ce qu'enfin, las de ses artifices, il reprit sa première forme, et répondit à mes questions. Qu'il m'apprit de tristes événements ! Frappé de tout ce qu'il me racontoit, je me jetai sur le sable, que je baignai de mes larmes. Le temps est précieux, me dit alors Protée ; ne le perdez pas ; cessez de pleurer inutilement. Étant donc revenu à moi, je lui demandai encore ce qu'étoit devenu votre père ; il me répondit : Ulysse est dans l'île de Calypso, qui le retient malgré lui, et qui le prive de tous les moyens de retourner dans sa patrie ; car il n'a ni vaisseau ni rameurs qui puissent le conduire sur les flots de la vaste mer.

Voilà tout ce que je puis vous apprendre, ajouta Ménélas : mais, cher Télémaque, demeurez encore chez moi quelque temps ; dans dix ou douze jours je vous renverrai avec des présents, je vous donnerai trois de mes meilleurs chevaux et un beau char : j'ajouterai à cela une belle coupe d'or, qui vous servira à faire des libations, et à vous rappeler le nom et l'amitié de Ménélas.

Fils d'Atrée, répliqua Télémaque, ne me retenez pas ici plus long-temps ; les compagnons que j'ai laissés à Pylos s'affligent de mon absence. Pour ce qui est des présents que vous voulez me faire, souffrez, je vous en supplie, que je ne reçoive qu'un simple souvenir.

Ménélas, l'entendant parler ainsi, se mit à sourire, et lui dit en l'embrassant : Mon cher fils, par tous vos discours vous faites bien sentir la noblesse du sang dont vous sortez. Je changerai donc mes présents, car cela m'est très facile ; et, parmi les choses rares que je garde dans mon palais, je choisirai la plus belle et la plus précieuse ; je vous donnerai une urne admirablement bien travaillée ; elle est toute d'argent, et ses bords sont d'un or très fin : c'est un ouvrage de Vulcain même.

C'est ainsi que s'entretenoient ces deux princes.

Cependant les désordres continuent dans Ithaque. Les poursuivants, instruits du départ de Télémaque, qu'ils avoient d'abord regardé comme une menace vaine, en paroissent inquiets, et, par le conseil d'Antinoüs, ils s'assemblent, et forment le projet d'armer un vaisseau, et d'aller attendre le fils d'Ulysse en embuscade, pour le surprendre, et le faire périr à son retour.

Pénélope, apprenant en même temps et le voyage de Télémaque et le complot qu'on venoit de tramer contre lui, se livre à sa douleur, et tombe évanouie. Ses femmes la relèvent, la font revenir, l'engagent à se coucher, et Minerve lui envoie un songe qui la calme et la console.

Ses fiers poursuivants profitent des ténèbres de la nuit pour s'embarquer secrètement : ils partent, ils voguent sur la plaine liquide, ils cherchent un lieu propre à exécuter leurs noirs desseins. Il y a au milieu de la mer, entre Ithaque et Samos, une île qu'on nomme Astéris ; elle est toute remplie de rochers, mais elle a de bons ports ouverts des deux côtés : ce fut là que les princes grecs se placèrent pour dresser des embûches à Télémaque.

LIVRE V.

L'Aurore cependant quitta le lit de Tithon pour porter aux hommes la lumière du jour. Les dieux s'assemblent. Jupiter, qui du haut des cieux lance le tonnerre, et dont la force est infinie, présidoit à leur conseil. Minerve, occupée des malheurs d'Ulysse, leur rappela en ces termes toutes les peines que souffroit ce héros dans la grotte de Calypso : Jupiter, et vous dieux à qui appartient le bonheur et l'immortalité, que les rois renoncent désormais à la vertu et à l'humanité, qu'ils soient cruels et sacriléges, puisque Ulysse est oublié de vous et de ses sujets, lui qui gouvernoit en père les peuples dont il étoit roi. Hélas ! il est maintenant accablé d'ennuis et de peines dans l'île de Calypso ; elle le retient malgré lui ; il ne peut retourner dans sa patrie ; il n'a ni vaisseaux ni pilotes pour le conduire sur la vaste mer : et ses ennemis veulent faire périr son fils unique à son retour à Ithaque ; car il est allé à Pylos et à Sparte pour apprendre des nouvelles de son père.

Ma fille, lui répond le roi des cieux, que venez-vous de dire ? N'avez-vous pas pris des mesures pour qu'Ulysse, de retour dans ses états, punisse et se venge des amants de Pénélope ? Conduisez Télémaque, car vous en avez le pouvoir ; qu'il revienne à Ithaque couvert de gloire ; et que ses ennemis soient confondus dans leurs entreprises,

Ainsi parla Jupiter ; puis s'adressant à Mercure, il lui dit : Allez, Mercure, car c'est vous dont la principale fonction est de porter mes ordres ; allez déclarer mes intentions à Calypso ; persuadez-lui de laisser partir Ulysse ; qu'il s'embarque seul sur un frêle vaisseau, et que, sans le secours des hommes et des dieux, il arrive après des peines infinies, et aborde le vingtième jour dans la fertile Schérie, terre des Phéaciens, dont le bonheur approche de celui des immortels mêmes. Ces peuples humains et bienfaisants le recevront comme un dieu, le ramèneront dans ses états, après lui avoir donné de l'airain, de l'or, de magnifiques habits, et plus de richesses qu'il n'en eût apporté de Troie, s'il fût revenu chez lui sans accidents et avec tout le butin qu'il avoit chargé sur ses vaisseaux : car le temps marqué par le destin est venu, et Ulysse ne tardera pas à revoir ses amis, son palais et ses états.

Il dit, et Mercure, pour obéir à cet ordre, attache à ses pieds ces ailes avec lesquelles, plus vite que les vents, il traverse les mers et toute l'étendue de la terre : il prend son caducée, dont il assoupit et réveille les hommes ; et, le tenant à la main, il s'élève dans les airs, parcourt la Piérie, s'abat sur la mer, vole sur la surface des flots aussi légèrement que cet oiseau qui, pêchant dans les golfes, mouille ses ailes épaisses dans l'onde : ainsi Mercure étoit penché sur la surface de l'eau. Mais dès qu'il fut proche de l'île reculée de Calypso, s'élevant au-dessus des flots, il gagne le rivage, et s'avance vers la grotte où la nymphe faisoit son séjour. A l'entrée il y avoit de grands brasiers, et les cèdres qu'on y avoit brûlés répandoient leur parfum dans toute l'île. Calypso, assise au fond de sa grotte, travailloit avec une aiguille d'or à un ouvrage admirable, et faisoit retentir les airs de ses chants divins. On voyoit, d'un côté, un bois d'aunes, de peupliers et de cyprès, où mille oiseaux de mer avoient leurs retraites ; de l'autre, c'étoit une jeune vigne qui étendoit ses branches chargées de raisins. Quatre grandes fontaines, d'une eau claire et pure, couloient sur le devant de cette demeure, et formoient ensuite quatre grands canaux autour des prairies parsemées d'amaranthes et de violettes. Mercure, tout dieu qu'il étoit, fut surpris et charmé à la vue de tant d'objets simples et ravissants. Il s'arrêta pour contempler ces merveilles, puis il entra dans la grotte. Dès que Calypso l'aperçut, elle le reconnut ; car un dieu n'est jamais inconnu à un autre dieu, quelque éloignée que soit leur demeure. Il n'y trouva point Ulysse : retiré sur le rivage, ce héros y alloit d'ordinaire déplorer son sort, la tristesse dans le cœur, et la vue toujours attachée sur la vaste mer qui s'opposoit à son retour.

Calypso se lève, va au-devant de Mercure, le fait asseoir sur un siége magnifique, et lui adresse ces paroles : Qui vous amène ici, Mercure? Je vous chéris et vous respecte ; mais je ne suis point accoutumée à vos divins messages. Dites ce que vous desirez, je suis prête à l'exécuter, si ce que vous demandez est en mon pouvoir. Mais ne permettrez-vous pas qu'auparavant je remplisse les devoirs de l'hospitalité? Cependant elle met devant lui une table, qu'elle couvre d'ambroisie, et lui présente une coupe remplie de nectar. Mercure prend de cette nourriture immortelle, et lui parle ensuite en ces termes : Déesse, vous me demandez ce que je viens vous annoncer ; je vous le dirai sans déguisement, puisque vous me l'ordonnez vous-même. Jupiter m'a envoyé dans votre île malgré moi ; car qui prendroit plaisir à parcourir une si vaste mer pour venir dans un désert où il n'y a aucune ville, aucun homme qui puisse faire des sacrifices aux dieux, et leur offrir des hécatombes? Mais nul mortel, nul dieu ne peut désobéir impunément au grand fils de Saturne. Ce dieu sait que vous retenez dans votre île le plus malheureux des héros qui ont combattu neuf ans contre Troie, et qui, l'ayant prise la dixième année, s'embarquèrent pour retourner dans leur patrie.

Ils offensèrent Pallas, qui souleva contre eux les vents et les flots ; presque tous ont péri : la tempête jeta Ulysse sur ces rivages. Jupiter vous commande de le renvoyer au plus tôt, car sa destinée n'est pas de mourir loin de ce qu'il aime : il doit revoir sa chère patrie, et le temps marqué par les dieux est arrivé.

Calypso frémit de douleur et de dépit à ces paroles de Mercure, et s'écria : Dieux de l'Olympe, dieux injustes et jaloux du bonheur des déesses qui habitent la terre, vous ne pouvez souffrir qu'elles aiment les mortels, ni qu'elles s'unissent à eux! Ainsi, lorsque l'Aurore aima le jeune Orion, votre colère ne fut apaisée qu'après que Diane l'eut percé de ses traits dans l'île d'Ortygie. Ainsi, quand Cérès céda à sa passion pour le sage Jasion, Jupiter, qui ne l'ignora pas, écrasa de son tonnerre ce malheureux prince. Ainsi, ô dieux, m'enviez-vous maintenant la compagnie d'un héros que j'ai sauvé, lorsque seul il abandonna son vaisseau brisé par la foudre au milieu de la mer. Tous ses compagnons périrent ; le vent et les flots le portèrent sur cette rive : je l'aimois, je le nourrissois ; je vou-

LIVRE V.

lois le rendre immortel. Mais Jupiter sera obéi. Qu'Ulysse s'expose donc de nouveau aux périls d'où je l'ai tiré, puisque le ciel l'ordonne. Mais je n'ai ni vaisseau ni rameurs à lui fournir pour le conduire. Tout ce que je puis faire, c'est, s'il veut me quitter, de lui donner les conseils dont il a besoin pour arriver heureusement à Ithaque. Renvoyez ce prince, répliqua le messager des dieux, et prévenez par votre soumission la colère de Jupiter : vous savez combien elle est funeste.

Il dit, et prend aussitôt son vol vers l'olympe. En même temps la belle nymphe, pour exécuter l'ordre du maître des dieux, sort de sa grotte et va chercher Ulysse. Il étoit sur le bord de la mer; ses yeux ne se séchoient point ; le jour, il l'employoit à soupirer après son retour, qu'il ne pouvoit faire agréer à la déesse ; les nuits, il les passoit malgré lui dans la grotte de Calypso. Mais, depuis le lever du soleil jusqu'à son coucher, il regardoit sans cesse la mer, assis sur quelque rocher qu'il inondoit de ses larmes, et qu'il faisoit retentir de ses gémissements.

Calypso l'aborde, et lui dit : Malheureux prince, ne vous affligez plus sur ce rivage ; ne vous consumez plus en regrets ; je consens enfin à votre départ. Préparez-vous, coupez des arbres dans cette forêt voisine ; construisez-en un vaisseau, afin qu'il vous porte sur les flots ; j'y mettrai des provisions pour vous garantir de la faim ; je vous donnerai des habits, et je ferai souffler un vent favorable. Enfin, s'ils l'ont résolu, ces dieux, ces dieux dont les lumières sont bien au-dessus des miennes, tu reverras la patrie, et je ne m'y oppose plus.

O déesse, répondit Ulysse étonné et consterné de ce changement, vous cachez d'autres vues, et ce n'est pas mon départ que vous méditez, quand vous voulez que sur un vaisseau frêle et fait à la hâte je m'expose sur cette vaste mer. A peine, avec les meilleurs vents, de grands et forts navires pourroient-ils la traverser. Je ne partirai donc pas, malgré vous ; je ne puis m'y déterminer, à moins que vous ne me promettiez, par des serments redoutables aux dieux mêmes, que vous ne formez aucun mauvais dessein contre moi.

Calypso sourit ; elle le flatta de la main, l'appela par son nom, et lui dit : Votre prévoyance est trop inquiète ; quel discours vous venez de me tenir ! J'en appelle à témoin le ciel, la terre, et les eaux du Styx, par lesquelles les dieux mêmes redoutent de jurer ; non, je ne forme aucun mauvais dessein contre vous, et je vous donne les conseils que je me donnerois à moi-même si j'étois à votre place : j'ai de l'équité, cher Ulysse, et mon cœur n'est point un cœur de fer ; il n'est que trop sensible, que trop ouvert à la compassion.

Après avoir ainsi parlé, la déesse retourne dans sa demeure : Ulysse la suit ; il entre avec elle dans sa grotte, et se place sur le siége que Mercure venoit de quitter. La nymphe lui fait servir les mets dont tous les hommes se nourrissent ; elle s'asseoit auprès de lui, et ses femmes lui portent du nectar et de l'ambroisie. Quand leur repas fut fini, Calypso, prenant la parole, dit à ce prince : Illustre fils de Laërte, sage et prudent Ulysse, c'en est donc fait, vous allez me quitter ; vous voulez retourner dans votre patrie : quelle dureté ! quelle ingratitude ! N'importe, je vous souhaite toute sorte de bonheur. Ah ! si vous saviez ce qui vous attend de traverses et de maux avant que d'aborder à Ithaque, vous en frémiriez ; vous prendriez le parti de demeurer dans mon île ; vous accepteriez l'immortalité que je vous offre ; vous imposeriez silence à ce desir immodéré de revoir votre Pénélope, après laquelle vous soupirez jour et nuit. Lui serois-je donc inférieure en esprit et en beauté ? Une mortelle pourroit-elle l'emporter sur une déesse ?

Ma tendre compagne ne vous dispute aucun de vos avantages, grande nymphe ; elle est en tout bien au-dessous de vous, car elle n'est qu'une simple mortelle. Mais souffrez que je le répète, et ne vous en fâchez pas ; je brûle du desir de la revoir ; je soupire sans cesse après mon retour. Si quelque divinité me traverse et me persécute dans mon trajet, je le supporterai ; ma patience a déjà été bien éprouvée : ce seront de nouveaux malheurs ajoutés à tous ceux que j'ai endurés sur l'onde et dans la guerre.

Il parla ainsi ; le soleil se coucha ; d'épaisses ténèbres couvrirent la terre. Calypso et Ulysse se retirèrent au fond de leurs grottes, et allèrent oublier pour quelque temps leurs chagrins et leurs inquiétudes dans les bras du sommeil.

Dès que l'aurore vint dorer l'horizon, Ulysse prit sa tunique et son manteau : la nymphe se couvrit d'une robe d'une blancheur éblouissante, et d'une finesse, d'une beauté merveilleuse ; c'étoit l'ouvrage des Graces : elle la ceignit d'une ceinture d'or, mit un voile sur sa tête, et songea à ce qui étoit nécessaire pour le départ d'Ulysse.

Elle commença par lui donner une hache grande, facile à manier, dont l'acier, à deux tranchants, étoit attaché à un manche d'olivier bien poli ; elle y ajouta une scie toute neuve, et le conduisit à l'extrémité de l'île, dans une forêt de grands chênes et de beaux peupliers, tous bois légers, et propres à la construction des vaisseaux. Quand elle lui eut montré les plus grands et les meilleurs, elle se retira, et s'en retourna dans sa grotte. Ulysse se met à l'ouvrage; il coupe, il taille, il scie avec l'ardeur et la joie que lui donnoit l'espérance d'un prompt retour.

Il abattit vingt arbres en tout, les ébrancha avec sa hache, les polit et les dressa. Cependant la nymphe lui porta un instrument dont il fit usage pour les percer et les assembler; il les emboîte ensuite, les joint et les affermit avec des clous et des chevilles; il donne à son vaisseau la longueur, la largeur, la tournure, les proportions que l'artisan le plus habile dans cet art difficile auroit pu lui donner : il dresse des bancs pour les rameurs, fait des rames, élève un mât, taille un gouvernail, qu'il couvre de morceaux de chêne pour le fortifier contre l'impétuosité des vagues. Calypso revient encore, faisant porter de la toile pour faire des voiles. Ulysse y travaille avec beaucoup de soin et de succès; il les étend, les attache avec des cordages dans son vaisseau, qu'il pousse à la mer par de longues pièces de bois. Cet ouvrage fut fini en quatre jours; le cinquième, Calypso le renvoya de son île, après lui avoir fait prendre le bain : elle lui fit présent d'habits magnifiques et bien parfumés, chargea son vaisseau de vin, d'eau, de vivres, et de toutes les provisions dont il pouvoit avoir besoin, et lui envoya un vent favorable. Ulysse, transporté de joie, étendit ses voiles, et, prenant son gouvernail, se met à conduire son vaisseau. Le sommeil ne ferme point ses paupières; et, les yeux toujours ouverts, il contemploit attentivement les Pléiades, le Bouvier qui se couche si tard, la grande Ourse, qu'on appelle aussi le Chariot, et qui tourne toujours sur son pôle; il fixoit surtout l'Orion, qui est la seule constellation qui ne se baigne pas dans l'Océan, et tâchoit de marcher constamment à sa gauche, comme le lui avoit recommandé Calypso.

Il vogua ainsi pendant dix-sept jours : le dix-huitième, il découvrit les montagnes des Phéaciens, qui se perdoient dans les nuages. C'étoit son chemin le plus court, et cette terre sembloit s'élever comme un promontoire au milieu des flots.

Neptune, qui revenoit d'Éthiopie, du haut des monts de Solyme, aperçut Ulysse dans son empire. Irrité de le voir voguer heureusement, il branle la tête, et exhale sa fureur en ces termes : Que vois-je! les dieux ont-ils changé pendant mon séjour en Éthiopie? sont-ils enfin devenus favorables à Ulysse? Il touche à la terre des Phéaciens, et c'est là le terme des malheurs qui le poursuivent;

mais, avant qu'il y aborde, je jure qu'il sera accablé de douleurs et de misères.

Aussitôt il assemble les nuages, il trouble la mer, et de son trident il excite les tempêtes. La nuit se précipite du haut du ciel; le vent du midi, l'Aquilon, le Zéphyr et Borée se déchaînent, et soulèvent des montagnes de flots. Les genoux d'Ulysse se dérobent sous lui; son cœur s'abat; et, d'une voix entrecoupée de profonds soupirs, il s'écrie : Malheureux! que deviendrai-je? Calypso avoit bien raison (je ne le crains que trop) quand elle m'annonçoit qu'avant que d'arriver à Ithaque je serois rassasié de maux. Hélas! sa prédiction s'accomplit. De quels affreux nuages Jupiter a couvert la surface des eaux! Quelle agitation! quel bouleversement! les vents frémissent, tout me menace d'une mort prochaine.

Heureux et mille fois heureux les Grecs qui, pour la querelle des Atrides, sont morts en combattant devant la superbe Ilion! Dieux! que ne me fîtes-vous périr le jour que les Troyens, dans une de leurs sorties, et lorsque je gardois le corps d'Achille, lancèrent tant de javelots contre moi! on m'auroit rendu les derniers devoirs; les Grecs auroient célébré ma gloire. Falloit-il être réservé à mourir affreusement enseveli sous les flots!

Il achevoit à peine ces mots, qu'une vague épouvantable, s'élevant avec impétuosité, vint fondre, et briser son vaisseau : il est renversé; le gouvernail lui échappe des mains, il tombe loin de son navire; un tourbillon formé de plusieurs vents met en pièces le mât, les voiles, et fait tomber dans la mer les antennes et les bancs des rameurs. Ulysse est long-temps retenu sous les flots par l'effort de la vague qui l'avoit précipité, et par la pesanteur de ses habits, pénétrés de l'eau de la mer : il s'élève enfin au-dessus de l'onde, rejetant celle qu'il avoit avalée; il en coule des ruisseaux de sa tête et de ses cheveux. Mais, tout éperdu qu'il est, il n'oublie point son vaisseau : il s'élance au-dessus des vagues, il s'en approche, le saisit, s'y retire, et évite ainsi la mort qui l'environne. La nacelle cependant est le jouet des flots qui la poussent et la ballottent dans tous les sens, comme le souffle impétueux de Borée agite et disperse dans les campagnes les épines coupées; tantôt le vent d'Afrique l'envoie vers l'Aquilon, tantôt le vent d'orient la jette contre le Zéphyr.

Leucothée, fille de Cadmus, auparavant mortelle, et jouissant alors des honneurs de la divinité au fond de la mer, vit Ulysse : elle eut pitié de ses maux; et, sortant du sein de l'onde, elle s'élève avec la rapidité d'un plongeon, va s'asseoir sur son vaisseau, et lui dit : Malheureux prince, quel est donc le sujet de la colère de Neptune contre vous? il ne respire que votre ruine. Vous ne périrez pas cependant. Écoutez votre prudence ordinaire, suivez mes conseils ; quittez vos habits, abandonnez votre vaisseau, jetez-vous à la mer, et gagnez à la nage le rivage des Phéaciens. Le destin vous y fera trouver la fin de vos malheurs. Prenez seulement cette écharpe immortelle, mettez-la devant vous, et ne craignez rien; vous ne périrez point, vous aborderez sans accident chez le peuple voisin. Mais dès que vous aurez touché la terre, détachez mon écharpe, jetez-la au loin dans la mer, et souvenez-vous en la jetant de détourner la tête. La nymphe cesse de parler, lui présente cette espèce de talisman, se plonge dans la mer orageuse, et se dérobe aux yeux d'Ulysse. Ce héros se trouve alors partagé et indécis sur le parti qu'il doit prendre. N'est-ce pas, s'écrie-t-il en gémissant, n'est-ce pas un nouveau piège que me tend la divinité qui m'ordonne de quitter mon vaisseau? Non, je ne puis me résoudre à lui obéir. La terre où elle me promet un asile me paroît dans un trop grand éloignement. Voici ce que je vais faire, et ce qui me semble le plus sûr. Je demeurerai sur mon vaisseau tant que les planches en resteront unies; et quand les efforts des vagues les auront séparées, il sera temps alors de me jeter à la nage. Je ne puis rien imaginer de meilleur. Pendant qu'il s'entretient dans ces tristes pensées, Neptune soulève une vague pesante, terrible, et la lance de toute sa force contre Ulysse. Comme un vent impétueux dissipe un amas de paille, ainsi furent dispersées les longues pièces du vaisseau. Ulysse en saisit une, monte dessus, comme un cavalier sur un cheval. Alors il se dépouille des habits que Calypso lui avoit donnés, s'enveloppe de l'écharpe de Leucothée, et se met à nager. Neptune l'aperçoit, branle la tête, et dit en lui-même : Va, erre sur la mer, tu n'arriveras pas sans peine chez ces heureux mortels que Jupiter traite si bien ; je ne crois pas que tu oublies si tôt ce que je t'ai fait souffrir.

En même temps le dieu marin pousse ses chevaux et arrive à Aigues, ville orientale de l'Eubée, où il avoit un temple magnifique.

Cependant Pallas, toujours occupée d'Ulysse et de son danger, enchaîne les vents, et leur ordonne de s'apaiser. Elle ne laisse en liberté qu'un souffle léger de Borée, avec lequel elle brise et aplanit les flots, jusqu'à ce que le héros qu'elle protège eût échappé à la mort en abordant chez les Phéaciens.

Pendant deux jours et deux nuits entières il fut encore dans la crainte de périr, et toujours ballotté sur les eaux. Mais quand l'aurore eut fait naître le troisième jour, les vents cessèrent, le calme revint; et Ulysse, soulevé par une vague, découvroit la terre assez près de lui. Telle qu'est la joie que sentent des enfants qui voient revenir la santé à un père abattu par une maladie qui le mettoit aux abois, et dont un dieu ennemi l'avoit affligé; telle fut la joie d'Ulysse quand il aperçut la terre et des forêts. Il nage avec une nouvelle ardeur pour gagner le rivage. Mais lorsqu'il n'en fut éloigné que de la portée de la voix, il entendit un bruit affreux. Les vagues qui venoient avec violence se briser contre les rochers mugissoient horriblement, et les couvroient d'écume. Il ne voit ni port, ni asile ; les bords sont escarpés, hérissés de pointes de rochers, semés d'écueils. A cette vue, Ulysse succombe presque, et dit en gémissant : Hélas! je n'espérois plus voir la terre ; Jupiter m'accorde de l'entrevoir, je traverse la mer pour y arriver, je fais des efforts incroyables, je la touche, et je n'aperçois aucune issue pour sortir de ces abîmes. Ce rivage est bordé de pierres pointues, la mer les frappe en mugissant; une chaîne de rochers forme une barrière insurmontable, et la mer est si profonde que je ne puis me tenir sur mes pieds et respirer un moment. Si j'avance, je crains qu'une vague ne me jette contre une roche pointue, et que mes efforts ne me deviennent funestes. Si je nage encore pour chercher quelque port, j'appréhende qu'un tourbillon ne me repousse au milieu des flots, et qu'un dieu n'excite contre moi quelques uns des monstres qu'Amphitrite nourrit dans son sein; car je n'ai que trop appris jusqu'où va le courroux de Neptune contre moi.

Dans le moment que ces pensées l'occupent et l'agitent, une vague le porte violemment contre le rivage hérissé de rochers. Son corps eût été déchiré, ses os brisés, si Minerve ne lui eût inspiré de se prendre au rocher, et de le saisir avec les deux mains. Il s'y tint ferme jusqu'à ce que le flot fût passé, et se déroba ainsi à sa fureur : la vague en revenant le reprit, et le reporta au loin dans la mer. Comme lorsqu'un polype s'est collé à une roche, on ne peut l'en arracher sans écorner la roche même; ainsi les mains d'Ulysse ne purent être détachées du rocher auquel il se tenoit, sans être déchirées et ensanglantées. Il fut quelque temps caché sous les ondes; et ce malheureux prince y auroit trouvé son tombeau, si Minerve ne l'eût encore soutenu et encouragé. Dès qu'il fut revenu au-dessus de l'eau, il se mit à nager avec précaution, et chercha, sans trop s'approcher et sans trop s'éloigner du rivage, s'il ne trouveroit pas un endroit commode pour y aborder. Il arrive ainsi, presque en louvoyant, à l'embouchure d'un fleuve, et trouve enfin une plage unie, douce, et à l'abri des vents. Il reconnut le courant, et adressa cette prière au dieu du fleuve : Soyez-moi propice, grand dieu dont j'ignore le nom : j'entre pour la première fois dans votre domaine, j'y viens chercher un asile contre la colère de Neptune. Mon état est digne de compassion, il est fait pour toucher le cœur d'une divinité. J'embrasse vos genoux, j'implore votre secours; exaucez un malheureux qui vous tend les bras avec confiance, et qui n'oubliera jamais la protection que vous lui aurez accordée.

Il dit, et le dieu du fleuve modéra son cours, retint ses ondes, répandit une sorte de calme et de sérénité tout autour d'Ulysse, le sauva enfin en le recevant dans son embouchure, dans un lieu qui étoit à sec. Ulysse n'y est pas plus tôt, que les genoux, les bras lui manquent; son cœur étoit suffoqué par les eaux de la mer, il avoit tout le corps enflé, l'eau sortoit de toutes ses parties ; sans voix, sans respiration, il étoit près de succomber à tant de fatigues. Revenu cependant de cette défaillance, il détache l'écharpe de Leucothée, la jette dans le fleuve : le courant l'emporte, et la déesse s'en empare promptement. Ulysse alors sort de l'eau, s'asseoit sur les joncs qui la bordent, baise la terre, et soupire en disant : Que vais-je devenir, et que va-t-il encore m'arriver ? Si je passe la nuit près du fleuve, le froid et l'humidité achèveront de me faire mourir, tant est grande la foiblesse où je suis réduit. Non, je ne résisterois pas aux atteintes de ce vent froid et piquant qui s'élève le matin sur les bords des rivières. Si je gagne cette colline, si j'entre dans l'épaisseur du bois, et que je me couche sur les broussailles, quand je serai à l'abri du froid, et qu'un doux sommeil aura fermé mes yeux, je crains de devenir la proie des hôtes sauvages de la forêt. Ulysse se retira cependant après avoir bien délibéré, et prit le chemin du bois qui étoit le plus près du fleuve : il y trouve deux oliviers qui sembloient sortir de la même racine ; ni le souffle des vents, ni les rayons du soleil, ni la pluie ne les avoient jamais pénétrés, tant ils étoient épais et entrelacés l'un dans l'autre. Ulysse profite de cette retraite tranquille, se cache sous leurs branches, se fait un lit de feuilles, et il y en avoit assez pour couvrir deux ou trois hommes dans le temps le plus rude de l'hiver. Charmé de cette abondance, il se couche au milieu de ces feuilles, et ramassant celles des environs, il s'en couvre pour se garantir des injures de l'air : comme un homme qui habite une maison écartée et loin de tout voisin cache un tison sous la cendre pour conserver la semence du feu, de peur que, s'il venoit à lui manquer, il ne pût en trouver ailleurs ; ainsi Ulysse s'enveloppe de ce feuillage. Minerve répandit un doux sommeil sur ses paupières, pour le délasser de ses travaux, et lui faire oublier ses infortunes, au moins pour quelques heures.

LIVRE VI.

Pendant qu'Ulysse, accablé de sommeil et de lassitude, repose tranquillement, la déesse Minerve descend dans l'île des Phéaciens. Ils habitoient auparavant les plaines de l'Hypérie auprès des Cyclopes, hommes fiers et violents, qui abusoient de leurs forces, et les incommodoient beaucoup. Le divin Nausithoüs, lassé de leurs violences, abandonna cette terre avec tout son peuple; et, pour se soustraire à tant de maux, vint s'établir dans Schérie, loin de cette odieuse nation. Il construisit une ville, l'environna de murailles, bâtit des maisons, éleva des temples, partagea les terres, et après sa mort laissa son trône et ses états à son fils Alcinoüs, qui les gouvernoit alors paisiblement.

Ce fut dans son palais que se rendit Minerve, pour ménager le retour d'Ulysse. Elle s'approche de l'appartement magnifique où reposoit Nausicaa, fille du roi, toute semblable aux déesses en esprit et en beauté. Elle avoit auprès d'elle deux femmes, faites et belles comme les Graces. Elles étoient couchées aux deux côtés qui soutenoient la porte. Minerve s'avance vers la princesse, comme un vent léger, sous la forme de la fille de Dymante, si fameux par sa science dans la marine. Cette jeune Phéacienne étoit de l'âge de Nausicaa et sa compagne chérie. Minerve, ayant son air et sa figure, lui parle en ces termes : Que vous êtes négligente et paresseuse, ma chère Nausicaa ! que vous avez peu de soin de vos plus beaux habits ! le jour de votre mariage approche, vous devez prendre la plus brillante de vos robes, et donner les autres à ceux qui vous accompagneront chez votre futur époux.

Mettez donc ordre à tout, dépêchez-vous de les laver, de les approprier : cet esprit d'arrangement nous fait estimer des hommes, et comble de joie nos parents. Dès que l'aurore sera levée, ne perdez pas de temps, allez laver tous vos vêtements : je vous accompagnerai, je vous aiderai. Il faut mettre à cela beaucoup de diligence, car vous ne serez pas long-temps fille : vous êtes recherchée des plus considérables d'entre les Phéaciens; et ils ne sont pas à dédaigner, puisqu'ils sont vos compatriotes, et, comme vous, d'une illustre origine. Allez dès le matin, allez promptement trouver votre père; priez-le de vous faire préparer un char et des mulets pour nous conduire avec vos tuniques, vos voiles et vos manteaux; les lavoirs sont très éloignés, et il ne seroit pas convenable que nous y allassions à pied.

Après avoir ainsi parlé, Minerve disparut, et vola sur le haut de l'Olympe, où l'on dit qu'est la demeure immortelle des dieux. Séjour toujours tranquille, jamais les vents ne l'agitent, jamais les pluies ne le mouillent, jamais la neige n'y tombe; un air pur, serein, sans nuage, y règne, et une clarté brillante l'environne. Là, les immortels passent les jours dans un bonheur inaltérable; là se retire la sage Minerve.

L'aurore paroît, Nausicaa se réveille, elle se rappelle son songe avec étonnement : elle court pour en instruire son père et sa mère; ils étoient dans leur appartement. La reine, assise auprès du feu avec les femmes qui la servoient, travailloit à des étoffes de pourpre; Alcinoüs alloit sortir, accompagné des plus considérables de la nation, pour se rendre à l'assemblée où les Phéaciens l'avoient appelé. Nausicaa s'approche du roi son père, et lui dit :

Mon père, ne me ferez-vous pas préparer votre char? Je veux aller porter les habits dont j'ai le soin auprès du fleuve, pour les y laver, car ils en ont grand besoin. Vous qui présidez dans les assemblées, vous devez en avoir de propres. Deux de vos fils sont mariés, mais il y en a trois de très jeunes qui ne le sont pas encore; ils veulent toujours des habits bien lavés, pour paroître avec plus d'éclat aux danses et aux fêtes si ordinaires parmi nous. C'est moi qui suis chargée de tout ce détail. La pudeur ne lui permit pas de parler de son mariage. Alcinoüs, qui pénétroit ses sentiments, lui répondit avec bonté : Ma fille, je vous donne mon char et mes mulets; partez, mes gens auront soin de tout préparer. Aussitôt il donne ses ordres : on les exécute. Les uns tirent le char, les autres y attellent les mulets. La princesse arrive chargée de ses habits, et les arrange dans la voiture. La reine remplit une corbeille de viandes, verse du vin dans un outre, range toutes les provisions; et quand sa fille est montée sur le char, lui donne une bouteille d'or pleine d'essences, pour se parfumer avec ses femmes en sortant du bain.

Tout étant prêt, Nausicaa prend le fouet et les rênes, pousse les mulets, qui s'avancent, et traînent, en hennissant, les vêtements avec la princesse et les filles qui l'accompagnoient. Mais lorsqu'elles furent proche du fleuve, vers l'endroit où étoient les lavoirs toujours pleins d'une eau pure et claire comme le cristal, elles dételèrent les mulets, les poussèrent dans les frais et beaux herbages dont les bords du fleuve étoient revêtus, prirent les habits, les portèrent dans l'eau, et se mirent à les laver avec une sorte d'émulation. Quand ils furent bien nettoyés, elles les étendirent avec ordre sur les cailloux du rivage, qui avoient été battus et polis par les vagues de la mer. Elles se baignent et se parfument ensuite, et dînent sur les bords du fleuve. Le repas fini, Nausicaa et ses compagnes quittent leurs écharpes pour jouer, en se poussant une balle les unes aux autres. Après cet exercice, la princesse se mit à chanter. Telle qu'on voit Diane, suivie de ses nymphes, prendre plaisir à poursuivre des cerfs et des sangliers sur les hautes montagnes de Taygète ou d'Érymanthe, et combler de joie le cœur de Latone; car Diane s'élève de la tête entière au-dessus de ses nymphes, et quoiqu'elles aient toutes une excellente beauté, on la reconnoît sans peine pour leur reine et leur déesse : ainsi brilloit Nausicaa entre les filles qui l'accompagnoient. Lorsque l'heure de s'en retourner fut venue, on attela les mulets, on plia les robes, on les transporta sur le char, et Minerve songea à éveiller Ulysse, afin qu'il vît la princesse, et qu'elle le conduisît à la ville des Phéaciens.

Nausicaa, prenant encore une balle, la pousse, pour s'amuser, à une de ses compagnes; celle-ci la manque, et la balle tombe dans le fleuve. Toutes ces filles jettent alors un grand cri. Ulysse s'éveille à ce bruit, se relève, et dit en lui-même :

O dieux! dans quel pays suis-je donc? chez quels hommes? sont-ils sauvages, cruels et injustes? ont-ils de l'humanité? Des voix douces et perçantes de jeunes filles viennent frapper mes oreilles. Sont-ce les nymphes de ce fleuve, de ces montagnes, de ces étangs, que j'aurois entendues? Ne seroient-ce pas des hommes qui parlent dans ces environs? Allons, il faut que je m'en éclaircisse. En même temps il sort de sa retraite, pénètre dans le bois, rompt une branche chargée de feuilles, afin de s'en couvrir, et s'avance. Comme un lion nourri dans les montagnes, qui se confie dans sa force et brave les orages et les tempêtes; ses yeux étincellent; il se jette sur les bœufs, sur les brebis, sur les cerfs de la campagne; la faim le conduit et l'entraîne, malgré le danger, jusque dans les bergeries mêmes : tel Ulysse cède à la nécessité; et, quoique sans habits, il marche et se présente à Nausicaa et à ses femmes. Comme il étoit couvert de l'écume de la mer, il leur parut un spectre affreux, et elles s'enfuirent vers les endroits du rivage les plus propres à les cacher. La seule fille d'Alcinoüs attend sans s'étonner : Minerve avoit banni la crainte de son cœur, et lui avoit inspiré une noble et courageuse fermeté. Elle demeure donc tranquille. Ulysse ne savoit s'il devoit se jeter aux pieds de la princesse, ou s'il devoit la supplier de loin de lui montrer la ville et de lui donner des habits. Il prit le dernier parti, de peur que s'il alloit embrasser les genoux de Nausicaa, elle ne se mît en colère. Il lui dit donc d'une manière douce et insinuante :

Vous voyez un suppliant à vos pieds. Vous êtes une déesse ou une mortelle. Si vous habitez le ciel, je ne doute pas que vous ne soyez la belle et modeste Diane; car par votre air, par votre beauté, par votre taille, vous lui ressemblez. Si vous êtes mortelle, ô trois fois heureux ceux qui vous ont donné le jour! ô trois fois heureux vos frères! vous êtes pour eux une source de joie qui ne tarit point quand ils vous voient danser et faire l'ornement des fêtes; mais le plus heureux de tous les hommes sera celui qui, après vous avoir comblée de présents, sera préféré à ses rivaux, et aura l'avantage de vous mener dans son palais. Mes yeux n'ont jamais rien vu de mortel semblable à vous; je suis saisi d'admiration en vous regardant. Autrefois dans l'île de Délos, près de l'autel d'Apollon, j'ai vu un jeune palmier qui s'élevoit majestueusement comme vous; car, dans un voyage qui a été bien malheureux pour moi, j'ai passé dans cette île avec une suite nombreuse; à la vue de cet arbre, je fus étonné, je n'avois jamais vu s'élever de terre une plante semblable : ainsi suis-je frappé à votre vue, ainsi je vous admire, et je crains d'embrasser vos genoux.

Vous voyez, hélas! un homme accablé de douleur et de tristesse. Hier j'abandonnai la mer après avoir été vingt jours le jouet des tempêtes et des vents; je revenois de l'île d'Ogygie; une divinité m'a jeté sur ce rivage. Seroit-ce pour me faire souffrir encore de la colère de Neptune? Ne seroit-elle point apaisée? ce dieu me prépareroit-il de nouveaux malheurs?

O princesse, ayez compassion de moi! Après tant de maux, vous êtes la première personne que j'ose implorer : je n'ai vu, je ne connois aucun des hommes qui habitent cette contrée. Enseignez-moi le chemin de la ville, donnez-moi un manteau pour me couvrir, car vous en avez apporté ici plusieurs. Que les dieux exaucent vos desirs, qu'ils vous donnent un mari digne de vous, et une famille où règne la concorde. Rien n'approche du bonheur d'un mari et d'une femme qui vivent dans une étroite et tendre union; c'est le désespoir de leurs ennemis, c'est la joie de leurs amis, et c'est pour eux une source de gloire et de paix.

Nausicaa lui répondit : Malheureux étranger, votre ton et la sagesse que vous faites paroître montrent aussi que vous n'êtes pas un homme ordinaire. Jupiter, du haut de l'Olympe, distribue les biens aux bons et aux méchants comme il le veut, et s'il vous afflige, il faut le supporter; mais puisque vous êtes venu dans nos contrées, vous ne manquerez ni d'habits, ni de tous les secours qu'on doit donner à un étranger persécuté par l'infortune. Je vous apprendrai le chemin de notre ville et le nom de ceux qui l'habitent. ce sont les Phéaciens. Alcinoüs mon père les gouverne avec une douce et sage autorité.

Elle dit; et s'adressant aux femmes qui la suivoient, elle leur crie : Revenez, chères compagnes; pourquoi fuyez-vous à la vue de cet étranger? le prenez-vous pour un ennemi? Non, non, il n'y a personne, et il n'y en aura jamais qui ose venir porter la guerre chez les Phéaciens. Nous craignons les dieux, nous en sommes aimés, nous habitons à l'extrémité du monde, environnés de la mer, et séparés de tout commerce avec tous les autres humains. La tempête a jeté cet infortuné sur nos rives, nous devons en prendre soin. Les pauvres et les étrangers sont sous la protection spéciale de Jupiter : quand on ne leur donneroit que peu, ce peu lui est toujours agréable. Venez donc, donnez-lui à manger, et menez-le se baigner dans un endroit du fleuve où il soit à l'abri des vents.

A ces mots elles accourent; et, pour obéir à Nausicaa, elles conduisent Ulysse dans un lieu commode, mettent auprès de lui une tunique et un manteau, lui donnent de l'essence dans une bouteille d'or, et lui disent de se laver dans le fleuve.

Ulysse leur parla ainsi : Belles nymphes, tenez-vous un peu à l'écart, je vous en supplie, pendant que j'ôterai l'écume de la mer qui me couvre, et que je me parfumerai; il y a long-temps que je n'ai pu me procurer cet avantage : mais je ne me laverai pas devant vous, j'aurois honte de paroître à vos yeux dans l'état où je suis. Alors elles s'éloignent, et vont rendre compte à Nausicaa de ce qui les obligeoit à se retirer.

Cependant Ulysse se jette dans le fleuve, fait tomber en se nettoyant les ordures qui s'étoient attachées à ses cheveux, ainsi que l'écume qui avoit couvert ses épaules et tout son corps; après s'être bien lavé, bien parfumé, il se revêt des habits magnifiques que lui avoit donnés la princesse. Minerve alors fait paroître sa taille plus grande, donne de nouvelles graces à ses beaux cheveux, qui, semblables à des fleurs d'hyacinthe, et tombant par gros anneaux, ombrageoient ses épaules.

De même qu'un habile artisan, instruit dans son art par Minerve et par Vulcain, versant l'or autour de l'argent, en fait un chef-d'œuvre, ainsi Minerve répand sur toute sa personne la noblesse et l'agrément. Il s'arrête fièrement sur les bords du fleuve, puis s'avance tout rayonnant de graces et de beauté.

Nausicaa, frappée à cette vue, s'adresse à ses femmes, et leur dit : Non, ce n'est pas contre la volonté des dieux que cet inconnu est venu chez les heureux Phéaciens. D'abord son air me sembloit affreux; à cette heure il est comparable aux immortels qui sont dans le ciel. Plût aux dieux que le mari que Jupiter me destine fût fait comme lui, qu'il voulût s'établir dans cette région, et qu'il s'y trouvât heureux! Dépêchez-vous, donnez à manger à cet étranger; il doit en avoir grand besoin. On obéit promptement, on sert devant Ulysse des viandes et du vin; il boit et mange avec l'avidité d'un homme qui depuis long-temps n'avoit pris de nourriture. Alors Nausicaa plie ses habits, les met sur le char, fait atteler ses mulets, monte sur le siége, et dit à Ulysse : Levez-vous, étranger, il est temps d'aller à la ville; et je vous ferai conduire dans le palais de mon père; vous y verrez les plus considérables des Phéaciens. Vous me paroissez un homme sage; ne vous écartez donc pas de ce que je vais vous prescrire. Pendant que nous traverserons la campagne, suivez-moi doucement avec mes femmes. Je marcherai devant vous. La ville n'est pas éloignée, elle est environnée de hautes murailles; un port magnifique s'étend des deux côtés, l'entrée en est étroite, les vaisseaux y sont parfaitement à l'abri des vents. Près de la place publique, autour du temple de Neptune, on voit des magasins de grandes pierres de taille, où les Phéaciens renferment tout ce qui est nécessaire à l'armement de leur marine. Ils font des cordages et polissent des rames : ils négligent les flèches et les arcs, mais ils s'occupent à construire des vaisseaux sur lesquels ils parcourent les mers les plus éloignées. Quand nous approcherons de nos murs, il faudra nous séparer, car je crains leurs discours piquants, ils aiment fort à médire; afin que nul ne puisse dire en nous rencontrant : Qui est cet homme si beau et si bien fait qui suit Nausicaa? où l'a-t-elle trouvé? Il sera son mari. Nous n'avons point de voisins; il faut que ce soit quelque étranger qui, ayant été jeté sur nos bords avec son vaisseau, a été si bien reçu d'elle. Ne seroit-ce point un dieu descendu du ciel, qu'elle prétend retenir toujours? elle préfère sans doute un tel mari qu'elle a rencontré en se promenant; car elle méprise sa nation, et refuse sa main aux plus nobles des Phéaciens qui la recherchent. Voilà ce qu'ils diroient, et ce qui me couvriroit de honte. En effet, je blâmerois moi-même une fille qui tiendroit une pareille conduite, et qui paroîtroit en public avec un homme à l'insu de ses parents, et avant que son mariage eût été célébré solennellement. Soyez donc attentif à ce que je vous dis, afin que mon père se presse de faciliter votre retour. Nous trouverons sur notre chemin un bois de peupliers consacré à Minerve. Il est arrosé d'une fontaine, et entouré d'une très belle prairie. Là sont les jardins de mon père, éloignés de la ville de la distance d'où peut s'entendre la voix d'un homme. Vous vous arrêterez en cet endroit, et vous y attendrez autant de temps qu'il nous en faut pour nous rendre au palais. Quand vous jugerez que nous y sommes arrivées, entrez dans la ville, et demandez la maison d'Alcinoüs mon père. Elle est facile à trouver, un enfant vous y conduiroit, car il n'y en a aucune qui l'égale en apparence et en beauté. Mais, lorsque vous aurez passé la cour et gagné l'entrée du palais, traversez vite tous les appartements jusqu'à ce que vous arriviez à celui de ma mère. Vous la trouverez auprès d'un grand feu, appuyée contre une colonne, et filant des laines couleur de pourpre. Toutes ses esclaves sont à ses côtés, ainsi que mon père, que vous verrez assis sur un trône magnifique. Ne vous arrêtez point à lui; mais allez embrasser les genoux de ma mère, afin d'obtenir par sa protection les moyens les plus sûrs et les plus prompts de retourner dans votre pays. Si elle vous reçoit favorablement, livrez-vous à la douce espérance de revoir bientôt vos parents, vos amis et votre patrie.

En finissant ces mots, Nausicaa pousse ses mulets; ils quittent à l'instant le rivage, ils courent, et de leurs pieds touchent légèrement la terre. Mais elle ménage les coups, et conduit ses coursiers de manière qu'Ulysse et ses femmes puissent la suivre à pied. Le soleil se couche. Ulysse entre dans le bois, il s'y asseoit, et fait cette prière à la fille de Jupiter : Déesse invincible, exaucez-moi : vous ne m'avez point écouté pendant que j'étois poursuivi par la colère de Neptune ; soyez-moi aujourd'hui favorable ; faites que je sois bien reçu des Phéaciens ; faites que j'excite leur compassion. Pallas l'exauça ; mais elle ne lui apparut cependant pas. Elle redoutoit le dieu de la mer, toujours irrité contre Ulysse, toujours opposé à son retour dans ses états.

LIVRE VII.

Ainsi prioit Ulysse : cependant Nausicaa arrive au palais de son père. Elle n'est pas plus tôt entrée dans la cour, que ses frères, beaux comme les immortels, s'empressent à l'entourer. Les uns détellent les mulets, les autres transportent ses habits. Elle monte dans son appartement ; Euryméduse y allume du feu. Des vaisseaux partis d'Épire avoient enlevé cette vieille femme, et l'on en avoit fait présent à Alcinoüs, parce qu'il commandoit aux Phéaciens, et que le peuple l'écoutoit comme un oracle. Elle avoit élevé Nausicaa dans le palais de son père : alors elle étoit occupée à lui faire du feu, et à lui préparer à souper. Ulysse ne tarde point à se mettre en route pour la ville : Minerve répandit autour de lui un épais nuage, de peur que quelque Phéacien ne lui dît des paroles de raillerie, ou ne lui fît des demandes indiscrètes. Cette déesse, ayant pris la forme d'une jeune fille qui tient une cruche à la main, s'approche de lui au moment où il entre dans la ville. Ulysse la questionne en cette manière : Ma fille, ne pourriez-vous pas me conduire chez Alcinoüs, qui commande dans cette ville ? Je suis étranger, je viens d'un pays fort éloigné, et je ne connois aucun des habitants de ce pays. Je vous mènerai volontiers au palais d'Alcinoüs, lui répondit Minerve : nous logeons dans son voisinage. Mais gardez le silence ; je vais marcher la première : si vous rencontrez quelqu'un, ne lui parlez point. Les Phéaciens reçoivent assez mal les étrangers, ils aiment peu ceux qui viennent des autres pays. Ils ont une grande confiance dans leurs vaisseaux, avec lesquels ils fendent les flots de la mer ; car Neptune leur a donné des navires aussi légers que les airs et que la pensée.

En finissant ces mots, Minerve s'avance la première. Ulysse suit la déesse. Les Phéaciens ne l'aperçoivent pas, quoiqu'il marche au milieu d'eux. C'est que la fille de Jupiter l'avoit enveloppé d'un nuage qui le déroboit aux yeux. Le roi d'Ithaque regardoit avec étonnement le port, les vaisseaux, les places, la longueur et la hauteur des murailles.

Quand ils furent arrivés tous deux à la demeure magnifique d'Alcinoüs, la déesse dit à Ulysse : Étranger, voilà le palais où vous m'avez commandé de vous mener. Vous y trouverez à table avec le roi les principaux des Phéaciens. Entrez sans crainte. Un homme confiant réussit plus sûrement dans tout ce qu'il entreprend. Vous vous adresserez d'abord à la reine : elle se nomme Areté, et elle est de la même maison qu'Alcinoüs. Nausithoüs étoit, comme vous le savez, fils de Neptune et de Péribée, la plus belle de toutes les femmes, et la plus jeune fille de cet Eurymédon qui régna sur les superbes Géants. Il fit périr tous ses sujets dans les guerres injustes et téméraires qu'il entreprit ; il y périt lui-même. Neptune, devenu amoureux de sa fille, en eut Nausithoüs, qui fut roi des Phéaciens et père de Rhexenor et d'Alcinoüs. Apollon tua Rhexenor dans son palais. Il n'avoit qu'une fille qui s'appeloit Areté, et c'est elle qu'Alcinoüs a épousée. Il l'honore tellement, que nulle femme au monde n'est ainsi honorée de son mari. Ses amis, ses enfants, les peuples, ont un grand respect pour elle. On reçoit ses réponses, quand elle marche dans la ville, comme on recevroit celles d'une déesse. Elle a l'esprit excellent. Tous les différends qui s'élèvent entre ses sujets, elle les termine avec sagesse ; si vous pouvez vous la concilier et gagner son estime, espérez de voir tous vos souhaits accomplis.

Minerve, ayant ainsi parlé, disparut, quitta la Schérie ; et, prenant son vol vers les plaines de Marathon, elle se rendit à Athènes, et alla visiter la célèbre cité d'Érechthée.

Ulysse entre alors dans le palais : il ne peut, en y entrant, se défendre des mouvements de surprise et de crainte qui l'agitoient. Toute la maison d'Alcinoüs jetoit un éclat semblable à celui que répand le soleil ou la lune. Les murs étoient d'airain ; autour régnoit une corniche d'azur ; une porte d'or fermoit le palais, elle tournoit sur des gonds d'argent, et étoit appuyée sur un seuil de cuivre. Le dessus étoit d'argent, et la corniche d'or. Aux deux côtés de la porte on voyoit deux chiens d'argent de la main de Vulcain : ils gardoient toujours le palais, n'étant sujets ni à la mort ni à la vieillesse. Le long des murailles il y avoit des sièges bien affermis, depuis la porte jusqu'aux coins : ils étoient garnis de tapis délicatement faits par les femmes d'Areté. Là étoient assis les plus considérables des Phéaciens. Ils faisoient un superbe festin, et célébroient une fête qui revenoit tous les ans. Sur de magnifiques piédestaux étoient des statues d'or, représentant de jeunes hommes debout, et tenant à la main des torches allumées pour éclairer la table du festin. Il y avoit dans le palais cinquante belles esclaves : les unes avec une grosse pierre brisoient le froment, les autres travailloient à faire des toiles. Elles étoient assises à la suite l'une de l'autre, et l'on voyoit leurs mains se remuer en même temps, comme les branches des plus hauts peupliers quand ils sont agités par les vents. Les étoffes qu'elles travailloient étoient d'une finesse et d'un éclat qu'on ne pouvoit se lasser d'admirer. L'huile, tant elles étoient serrées, auroit coulé dessus sans les pénétrer. Car autant que les Phéaciens surpassent les autres hommes dans l'art de conduire un vaisseau léger sur la vaste mer, autant leurs femmes excellent-elles dans les ouvrages de tapisserie. Minerve les a remplies d'adresse et d'industrie pour ces travaux.

De la cour on entre dans un grand jardin de plusieurs arpents : une haie vive l'entoure et le ferme de tous côtés. Il est planté de grands arbres chargés de fruits délicieux. On y voit des poiriers, des grenadiers, des orangers, des figuiers d'une rare espèce, des oliviers toujours verts : ils ne sont jamais sans fruits, ni en hiver, ni en été. Un doux zéphyr entretient leur fraîcheur : il fait croître les uns, et donne aux autres la dernière maturité. On voit des poires mûrir quand d'autres poires sont passées ; les figues succèdent aux figues ; et l'orange, la grenade, à la grenade et à l'orange. Dans les mêmes vignes il y en a une partie sèche qu'on couvre de terre, une autre qui fleurit et qu'on découvre pour être échauffée par le soleil, une autre dont on cueille les grappes, et une autre enfin dont on presse le raisin ; on en voit qui commencent à fleurir, et à côté on en voit qui sont remplis de grains et d'un jus délicieux.

Le jardin est terminé par un potager très bien cultivé, très abondant en légumes de toutes les saisons de l'année. Il y a deux fontaines : l'une arrose tout le jardin en se partageant en plusieurs canaux ; l'autre va se décharger à la porte du palais, et communique les eaux à toute la ville. Tels étoient les présents que les dieux avoient faits à Alcinoüs.

Ulysse ne se lassoit point de les admirer. Après avoir contemplé toutes ces beautés, il pénètre dans le palais, et trouve les Phéaciens armés de coupes, et faisant des libations à Mercure ; c'étoit les dernières du festin, et ils les réservoient pour cette divinité, afin qu'elle leur procurât le repos de la nuit qu'ils se disposoient à goûter. Ulysse, toujours couvert du nuage dont Minerve l'avoit enveloppé, s'avance sans être aperçu. Il s'approche d'Areté et d'Alcinoüs, embrasse les genoux de la reine : aussitôt l'air obscur qui l'entouroit se dissipe. Les Phéaciens, étonnés de le voir tout-à-coup, demeurent dans le silence ; ils le regardent avec surprise : et Ulysse, tenant toujours les genoux de la reine, lui parle en ces termes :

O Areté, ô fille du divin Rhexenor, après avoir échappé aux maux les plus cruels, je viens implorer votre secours, celui de votre mari et de toute cette auguste assemblée. Que les dieux vous donnent une vie heureuse ! Puissiez-vous laisser à vos enfants les richesses de vos palais et les honneurs que vous avez reçus de vos peuples ! Je vous conjure de me faire revoir bientôt ma patrie, car il y a long-temps que je souffre, éloigné de tout ce que j'aime.

Ayant ainsi parlé, il se retira contre le foyer, se tenant assis sur la cendre proche du feu : tout le monde se taisoit. Enfin le vieil Échénus, le plus sage des Phéaciens, et qui les surpassoit tous en savoir et en éloquence, prit la parole, et dit :

Alcinoüs, il n'est point convenable de laisser cet étranger couché sur la cendre. Les conviés attendent vos ordres. Relevez-le donc, et faites-le asseoir sur un de ces siéges d'argent. Commandez aux hérauts de verser du vin, afin que nous fassions des libations au dieu qui lance la foudre et qui accompagne les étrangers. Que la maîtresse de l'office lui serve une table couverte des mets les plus exquis.

Alcinoüs n'eut pas plus tôt entendu ces paroles, qu'il alla prendre Ulysse par la main : il le relève, il le place à ses côtés sur un siége magnifique qu'il lui fit céder par son fils Laodamas qui étoit assis près de lui, et qu'il aimoit plus que tous ses autres enfants. Une belle esclave verse de l'eau d'une aiguière d'or sur un bassin d'argent, et donne à laver à Ulysse. Elle dresse ensuite une table ; et une autre femme, qui avoit un air vénérable, la couvre de ce qu'elle a de meilleur. Ulysse en profite avec reconnoissance. Alcinoüs prend alors la parole, et dit à un de ses hérauts : Pontonoüs, remplissez une urne de vin, et distribuez-le à tous les convives, afin que nous fassions des libations à Jupiter, le puissant protecteur des étrangers et des suppliants.

Il dit : Pontonoüs obéit. Les libations finies, et chacun des convives ayant bu autant qu'il vouloit, Alcinoüs leur parla encore ainsi : Écoutez-moi, chefs des Phéaciens. Puisque le repas est fini, vous pouvez vous retirer, il en est temps, et vous pouvez vous aller jeter dans les bras de Morphée. Demain nous assemblerons un plus grand nombre de vieillards, nous traiterons notre nouvel hôte dans le palais, nous offrirons des sacrifices aux dieux, et puis nous songerons à son retour, afin que, délivré de peines et d'afflictions, il ait la consolation et la joie de voir, par notre secours, sa chère patrie, et qu'il y arrive, quelque éloignée qu'elle soit, sans éprouver rien de fâcheux dans le voyage. Lorsqu'il sera chez lui, il attendra paisiblement ce que la destinée et les Parques inexorables lui ont préparé dès le moment de sa naissance. Peut-être est-ce quelque dieu descendu du ciel qui paroît sous la figure de cet étranger. Les dieux se déguisent souvent; ils viennent au milieu de nous quand nous leur immolons des hécatombes; ils assistent alors à nos sacrifices, et mangent avec nous comme s'ils étoient mortels. Quelquefois on ne croit trouver qu'un voyageur, et les dieux se découvrent; mais c'est quand nous tâchons de leur ressembler par nos vertus, comme les Cyclopes se ressemblent tous par leur injustice et par leur impiété.

Ulysse reprit aussitôt : Ayez d'autres sentiments, Alcinoüs : je ne suis en rien semblable aux dieux, ni par le corps, ni par l'esprit; vous ne voyez qu'un homme mortel persécuté par les plus grandes et les plus déplorables infortunes. Non, et vous en conviendriez si je vous racontois les maux que j'ai endurés par l'ordre des dieux; non, personne n'a plus souffert que celui qui réclame aujourd'hui votre bienfaisance. Mais laissons ces tristes détails : permettez que je satisfasse à la faim qui me dévore, quoique je sois noyé dans l'affliction. Il n'y a point de nécessité plus impérieuse que ce besoin. La tristesse, les pertes les plus désastreuses, les malheurs les plus opiniâtres, rien ne fait oublier de la satisfaire. Elle commande en ce moment, et je cède à son pouvoir. Mais vous, princes hospitaliers, demain, dès que l'aurore paroîtra, daignez me fournir les moyens de retourner dans ma patrie. Quelques maux que j'aie endurés, pourvu que je la voie encore, je consens à perdre la vie.

Il dit, et tous les Phéaciens applaudirent, et se promirent de seconder les desirs de cet étranger, qui venoit de parler avec tant de force et de sagesse. Les libations étant donc faites, ils se retirèrent pour aller goûter les douceurs du sommeil. Ulysse demeura dans le palais; Areté et Alcinoüs ne le quittèrent point. Pendant qu'on ôtoit les tables, la reine le fixa plus attentivement; et ayant reconnu le manteau et les habits dont il étoit revêtu, et qu'elle avoit fait elle-même avec ses femmes, elle lui adressa la parole : Étranger, permettez-moi, lui dit-elle, de vous demander qui vous êtes, d'où vous venez, qui vous a donné ces habits. Ne m'avez-vous pas dit que la tempête vous a jeté sur nos rivages?

Grande reine, répondit le prudent Ulysse, il me seroit difficile de vous raconter les malheurs sans nombre dont les dieux m'ont accablé; mais je vais répondre à ce que vous me demandez. Très loin d'ici, au milieu de la mer, il y a une grande île nommée Ogygie. Elle est habitée par Calypso, fille d'Atlas. C'est une puissante et redoutable déesse. Aucun dieu ni aucun homme n'a de commerce avec elle. La fortune ennemie me conduisit seul en ce lieu. Jupiter, du feu de son tonnerre, avoit brûlé mon vaisseau. Tous mes compagnons périrent à mes yeux. Dans ce péril, je saisis une planche du débris de mon naufrage : neuf jours entiers je fus, sans la quitter, le jouet des flots irrités; enfin le dixième, pendant l'obscurité de la nuit, les dieux me poussèrent sur les côtes d'Ogygie. Calypso me reçut, me traita très favorablement, m'offrit même de me rendre immortel et de me garantir de la vieillesse. Mais ses offres ne me touchèrent point. Je passai sept ans entiers auprès d'elle, arrosant tous les jours de mes larmes les habits que m'avoit donnés cette nymphe. La huitième année, contre mon attente, elle me pressa de partir : Jupiter avoit changé ses dispositions, et Mercure étoit venu lui signifier les ordres du maître des dieux et des hommes. Elle me renvoya sur un vaisseau, me fit beaucoup de présents, me donna du vin, des viandes, des habits, et fit souffler un vent favorable. Je voguai heureusement pendant dix-sept jours : le dix-huitième, je découvrois déja les noirs sommets des montagnes de la Phéacie; mon cœur étoit transporté de joie. Hélas! je n'étois pas au terme de mes maux; Neptune m'en préparoit de nouveaux. Pour me fermer le chemin de ma patrie, il déchaîna les vents contre moi, il souleva les flots. Les vagues en courroux ne me permirent pas long-temps de demeurer sur mon frêle navire. Je l'invoquai en vain; je remplissois inutilement l'air de mes cris; un tourbillon brisa mon vaisseau, je tombai dans la mer, les vagues me poussèrent contre le rivage. Mais, comme j'étois prêt à sortir de l'eau, un flot me rejeta avec violence contre d'énormes rochers. Je m'en éloignai; et nageant encore, et à force de bras et d'adresse, j'arrivai à l'embouchure du fleuve. Là je découvris une retraite sûre, commode, et à l'abri des vents : je gagnai la terre, où j'abordai presque sans vie. J'y repris mes esprits; et lorsque la nuit fut venue, je m'éloignai du fleuve, et me couchai dans les broussailles. J'amassai des feuilles pour me couvrir, et un dieu versa un doux sommeil sur mes paupières. Je dormis toute la nuit et la plus grande partie du jour. Je ne me réveillai que lorsque le soleil étoit lui-même presque au moment de se coucher. J'aperçus alors les femmes de la princesse votre fille qui jouoient ensemble : elle paroissoit au milieu d'elles comme une déesse. Je la conjurai de me secourir, je la trouvai pleine d'humanité. Devois-je m'attendre à tant de générosité de la part d'une jeune personne que je voyois par hasard et pour la première fois? on est d'ordinaire très inconsidéré à cet âge. Elle me fit donner des viandes, du vin, des habits, des parfums, et me fit laver dans le fleuve. Voilà la vérité pure, et tout ce que l'affliction qui me suffoque me permet de vous apprendre.

Cher étranger, reprit Alcinoüs, je serois encore plus content de ma fille, si elle vous avoit conduit elle-même avec ses femmes. Ne le devoit-elle pas, puisque c'étoit la première personne que vous rencontriez, et dont vous imploriez le secours ? Grand roi, répond Ulysse, ne la blâmez pas. Elle m'avoit prié de la suivre : c'est moi qui ne l'ai pas voulu, de peur qu'en me voyant avec elle, vous ne désapprouvassiez sa conduite. Des malheureux comme moi appréhendent tout.

Étranger, dit Alcinoüs, je ne suis pas porté à tant de défiance, et le parti de l'humanité me paroît toujours le meilleur. Plût à Jupiter, à Minerve et à Apollon, qu'étant tel que vous paroissez, et ayant les mêmes sentiments que vous m'inspirez, vous voulussiez épouser ma fille et demeurer avec nous ! Je vous donnerois un beau palais et de grandes richesses, si vous vouliez fixer ici votre séjour. Cependant ni moi ni aucun de nos Phéaciens ne vous y retiendra malgré vous : le dieu de l'Olympe le désapprouveroit. Demain donc, sans différer, tout sera prêt pour votre retour. Dormez en attendant, dormez avec sûreté. Mes nautonniers profiteront du temps le plus favorable pour vous ramener dans votre patrie. Ils y réussiront, dussiez-vous aller au-delà de l'Eubée, qui est, comme nous le savons, fort éloignée de nous. Quelques uns de nos pilotes y ont déjà pénétré, et conduit Rhadamanthe, lorsqu'il alla visiter Titye, le fils de la Terre. Ils le menèrent, et, malgré cette longue distance, en revinrent le même jour.

Vous connoîtrez vous-même de quelle bonté sont nos vaisseaux, et avec quelle adresse nos jeunes Phéaciens frappent la mer de leurs rames. Ainsi parla Alcinoüs. La joie se répandit dans le cœur d'Ulysse, et, s'adressant à Jupiter, il s'écria : O dieu ! si Alcinoüs accomplit ce qu'il promet, sa gloire sera immortelle, et moi je reverrai ma patrie.

Vers la fin de ce doux et paisible entretien, Areté commanda à ses femmes de dresser un lit sous le beau portique du palais, de le garnir de belles étoffes de pourpre, d'étendre dessus et dessous des peaux et des couvertures très fines. Elles sortent aussitôt, tenant à la main des flambeaux allumés ; et quand tout fut arrangé, elles vinrent en avertir Ulysse. Il se retira, les suivit sous le superbe portique, où tout étoit préparé pour le recevoir.

Alcinoüs le quitte aussi, pour aller se reposer auprès d'Areté, dans l'appartement le plus reculé de son palais.

LIVRE VIII.

Lorsque l'aurore parut, Alcinoüs et Ulysse se levèrent, et tous deux ils sortirent pour se rendre au lieu de l'assemblée qu'on devoit tenir devant les vaisseaux. Quand ils y furent arrivés avec les Phéaciens, on s'assit sur des sièges de pierre bien polie.

Minerve prit alors la figure d'un des hérauts d'Alcinoüs ; elle alla par la ville, et, pour disposer le retour d'Ulysse, s'approchant des principaux Phéaciens, elle leur disoit : Hâtez-vous, venez au conseil, écoutez-y les prières de cet étranger qui arriva hier au palais du roi : il a long-temps erré sur les flots de la mer, et je trouve qu'il ressemble aux immortels. Par ces paroles, Minerve les excite, et leur inspire de la diligence et de l'intérêt. La place et les sièges sont bientôt remplis : tout le monde regarde avec étonnement le prudent fils de Laërte. Pallas lui avoit donné une grace toute divine : elle le faisoit paroître plus grand et plus fort, afin que par sa taille et par son air il attirât l'estime et l'attention des Phéaciens, et pour qu'il réussît dans les jeux militaires qu'on devoit lui proposer pour éprouver sa vigueur et son adresse.

Lorsque tout le monde fut placé, Alcinoüs prit la parole, et dit : Écoutez-moi, chefs des Phéaciens : je ne connois point cet étranger ; j'ignore d'où il est venu, et si c'est de l'orient ou de l'occident ; il nous conjure de lui fournir les secours et les moyens de retourner dans sa patrie. Ne nous démentons point en cette occasion : jamais nous n'avons fait soupirer long-temps après leur retour aucun de ceux qui ont abordé dans notre île. Qu'on mette donc en mer un de nos meilleurs vaisseaux, et choisissons promptement parmi le peuple cinquante-deux jeunes gens des plus habiles à manier la rame; qu'ils préparent tout, et qu'ils viennent ensuite dans mon palais pour y manger, et se disposer à partir : je fournirai toutes les provisions nécessaires.

Pour vous, qui êtes les plus considérables des Phéaciens, venez m'aider à traiter honorablement ce nouvel hôte. Que personne ne s'en dispense, et qu'on appelle Démodocus, cet excellent musicien, qui a reçu du ciel une voix si mélodieuse, et qui charme tous ceux qui l'entendent. En finissant ces mots, le roi se lève, et marche le premier; les autres le suivent. Un héraut va prendre Démodocus. Les cinquante-deux hommes choisis se rendent aussitôt sur le rivage, lancent à l'eau un excellent vaisseau, dressent le mât, y attachent des voiles, rangent les rames, et les lient avec des nœuds de cuir. Quand tout fut prêt, ils se rendirent au palais d'Alcinoüs. Les portiques, les cours, les salles furent bientôt remplis. Le roi fit égorger douze moutons, huit cochons et deux bœufs. On les dépouilla, et le festin fut promptement préparé. Le héraut amène Démodocus : il étoit aveugle; mais les Muses, qui le chérissoient, lui avoient donné une voix délicieuse. Pontonoüs le place sur un siége d'argent, au milieu des conviés, et il l'appuie contre une colonne élevée, à laquelle il attache sa lyre au-dessus de sa tête, en lui montrant comment il la pourroit prendre au besoin. Il met devant lui une table, la couvre de viandes, et pose dessus une coupe remplie de vin, afin que Démodocus pût boire quand il voudroit. Les conviés profitent de la bonne chère; et quand ils furent rassasiés, les Muses inspirèrent à leur favori de chanter les aventures et la gloire des héros les plus célèbres. Il commença par un événement qui avoit mérité l'attention des dieux mêmes : c'est la querelle fameuse survenue entre Achille et Ulysse dans le festin d'un sacrifice sous le rempart de Troie. Agamemnon paroissoit ravi que les chefs des Grecs fussent divisés. Apollon le lui avoit prédit, lorsque, prévoyant les malheurs qui menaçoient la Grèce et les Troyens, il se rendit dans le superbe temple de Python, pour y consulter l'oracle.

Démodocus ravit de joie et d'admiration tous les assistants. Ulysse, attendri, prit son manteau, l'approcha de son visage, et se cacha pour que les Phéaciens ne le vissent pas répandre des larmes. Dès que Démodocus cessoit de chanter, Ulysse essuyoit ses yeux, se découvroit le visage, prenoit une coupe, et faisoit des libations aux dieux immortels. Mais lorsque les Phéaciens, charmés d'entendre ce chantre divin, le pressoient de recommencer, Ulysse recommençoit aussi à répandre des larmes, et s'efforçoit de les cacher. Aucun des conviés ne le remarqua, à l'exception d'Alcinoüs, qui avoit fait asseoir son hôte à côté de lui. Les soupirs qui lui échappoient l'avoient pénétré; et pour les faire cesser, s'adressant aux convives, il leur dit : Je crois, chers Phéaciens, que vous ne voulez plus manger, et que vous avez assez entendu de musique, qui est cependant l'accompagnement le plus agréable des festins. Sortons donc de table; montrons à cet étranger notre adresse dans les jeux et les exercices, afin que, de retour dans sa patrie, il puisse raconter à ses amis combien nous surpassons les autres nations dans les combats du ceste, à la lutte, à la course et à la danse.

Il se lève en même temps, il sort de son palais : les Phéaciens le suivent. Pontonoüs suspend à une colonne la lyre de Démodocus, le prend par la main, le conduit hors de la salle du festin, et le mène par le chemin que tenoient les Phéaciens pour aller voir et admirer les exercices qu'on venoit d'annoncer. Ils arrivèrent dans une place immense, une foule innombrable de peuple s'y étoit déja rassemblée. Plusieurs jeunes gens alertes et très bien faits se présentent pour disputer le prix.

C'étoient Acronée, Euryale, Élatrée, Nautès, Prumnès, Anchiale fils du constructeur Polynée, Cretmès, Pontès, Prorès, Thoon, Anabesinès, Amphiale semblable au dieu terrible de la guerre, et Naubolide, qui, après le prince Laodomas, surpassoit tous les Phéaciens en force et en beauté. Les trois fils d'Alcinoüs se présentèrent aussi, Laodamas, Halius et le divin Clytonée. Voilà qui se levèrent pour la course. On leur désigna la carrière qu'il falloit parcourir. Ils partent tous en même temps, ils volent, et font lever en courant des nuages de poussière qui les dérobent presque aux yeux des spectateurs. Mais Clytonée, plus agile qu'eux, les devance; et les laisse tout aussi loin derrière lui que de fortes mules, traçant des sillons dans un champ, laissent derrière elles des bœufs pesants et tardifs.

Après la course, on vint au pénible exercice de la lutte. Euryale obtint la palme. Amphiale fit admirer à ses concurrents mêmes sa grace et sa légèreté à la danse; Élatrée remporta le prix du disque, et Laodamas celui du ceste.

Après ces premiers essais, Laodamas prit la parole, et leur dit : Mes amis, demandons à cet étranger s'il ne s'est point appliqué à quelques uns de nos exercices. Il est très bien fait ; ses jambes, ses cuisses, ses mains, ses épaules marquent une grande vigueur. Il ne manque point de jeunesse, mais peut-être est-il affoibli par les grandes fatigues qu'il a essuyées. Les travaux de la mer sont, à ce que je pense, ce qui épuise le plus un homme, quelque robuste qu'il puisse être.

Vous avez raison, répond Euryale à Laodamas; j'approuve fort la pensée qui vous est venue. Allez donc, et provoquez vous-même votre hôte. A ces mots, le brave fils d'Alcinoüs s'élance au milieu de l'assemblée, et parle à Ulysse en ces termes : Venez, généreux étranger, et entrez en lice si vous savez quelques uns de nos jeux; et vous paroissez les savoir tous. Pour moi, je ne vois rien de plus glorieux pour un homme que de réussir dans les exercices du corps. Venez donc vous éprouver contre nous. Éloignez la tristesse de votre esprit, votre départ ne sera pas long-temps différé. On a déjà lancé à l'eau le vaisseau qui doit vous porter, et vos rameurs sont tout prêts.

Le prudent Ulysse lui répondit : Laodamas, pourquoi vous moquez-vous de moi en me faisant cette proposition ? Je suis bien plus occupé de mes maux que de vos combats. Quel souvenir amer et désolant que celui de tout ce que j'ai souffert ! je ne parois ici que pour solliciter le secours dont j'ai besoin pour m'en retourner. Que le roi, que le peuple exauce mes vœux, et je n'ai plus rien à desirer.

Euryale réplique inconsidérément : Vous ne vous êtes donc pas formé à ces combats établis chez toutes les nations célèbres ? N'auriez-vous passé votre vie qu'à courir les mers pour trafiquer ou pour piller ? N'auriez-vous commandé qu'à des matelots, et songé qu'à tenir registre de provisions, de marchandises et de profits ? Vous n'avez effectivement pas l'air et le ton d'un athlète ou d'un guerrier.

Ulysse, le regardant avec des yeux pleins d'indignation, lui dit : Jeune homme, vous vous oubliez : quel propos vous osez me tenir sans me connoître ! Nous ne le voyons que trop, les dieux partagent et divisent leurs faveurs. Il est rare qu'on trouve rassemblés dans un seul homme la bonne mine, le bon esprit et l'art de bien parler. L'un manque de beauté, mais les dieux l'en dédommagent par le talent de la parole; il se distingue et se fait admirer par son éloquence; il parle avec assurance; il ne lui échappe rien qui l'expose au repentir; il s'exprime avec une douceur et une modestie qui entraînent et persuadent la multitude; il est l'oracle des assemblées, et, dès qu'il paroît, on le suit comme une divinité. Un autre a la beauté des immortels, mais les graces ne sont pas répandues sur ses lèvres. N'en êtes-vous pas une preuve? Vous êtes parfaitement bien fait, et je ne vois pas ce que les dieux mêmes pourroient ajouter à vos avantages extérieurs. Mais vous manquez de discrétion, vous parlez légèrement, et je n'ai pu vous entendre sans colère. Non, je ne suis point ce que vous pensez, et les exercices que vous estimez tant ne me sont point étrangers. J'y excellois même dans ma jeunesse. L'âge et les revers, les fatigues de la mer et d'une longue guerre que j'ai soutenues, car il y a long-temps que le malheur me poursuit, ont épuisé mes forces. Cependant, quelque affoibli que je sois, je veux entrer en lice; vos reproches m'ont vivement piqué; ils ont réveillé mon courage. Il dit; et s'avançant brusquement, sans se débarrasser même de son manteau, il prend un disque beaucoup plus grand, plus épais et plus pesant que ceux dont se servoient les Phéaciens: après lui avoir fait faire plusieurs tours avec le bras, il le pousse d'une main si forte, que la pierre siffle en fendant les airs, et que plusieurs Phéaciens tombèrent, étonnés de l'effort avec lequel elle fut jetée. Le disque ainsi poussé passe de très loin les marques de ses rivaux. Minerve, sous la figure d'un homme, désigne elle-même l'endroit où le disque s'arrête, et s'écrie avec admiration qu'un aveugle le distingueroit sans peine en tâtonnant, tant il est éloigné de tous les autres. Prenez courage, ajoute la déesse; personne ici n'ira aussi loin, personne ne pourra vous surpasser. Ulysse est étonné et ravi de trouver quelqu'un dans l'assemblée qui le favorise si hautement. Il se radoucit, et dit aux Phéaciens avec une modeste hardiesse: Que les plus jeunes et les plus robustes d'entre vous atteignent ce disque, s'ils le peuvent; je vais en lancer un autre aussi pesant, et beaucoup plus loin, à ce que j'espère. Pour ce qui est des autres exercices, puisque vous m'avez défié, je consens à éprouver mes forces contre le premier qui osera me le disputer, soit au ceste, soit à la lutte ou à la course; je ne refuse personne, excepté Laodamas. Il est mon hôte; et qui voudroit combattre contre un prince dont il a été si humainement traité? il n'y a qu'un insensé, un homme dépourvu de tout sentiment, qui pût se permettre de disputer le prix des jeux, dans un pays étranger, à celui même qui l'a accueilli avec bonté : ce seroit la méconnoître, et agir contre ses propres intérêts. Mais pour les autres braves Phéaciens, je ne refuse ni ne dédaigne aucun de ceux qui voudront éprouver mon adresse. Je puis dire que je n'en manque pas à ces sortes de jeux. Je sais aussi me servir de l'arc; j'ai souvent frappé au milieu de mes ennemis celui que je choisissois, quoiqu'il fût environné de compagnons d'armes tenant leur arc bandé contre moi. Le seul Philoctète me surpassoit quand nous nous exercions sous les murs de Troie; mais je crois l'emporter sur tous les autres hommes qui sont aujourd'hui sur la terre, et qui se nourrissent des dons de Cérès. Je ne prétends pas, au reste, m'égaler aux héros qui existoient avant nous, tels qu'étoient Hercule et Eurytus d'OEchalie. Ils le cédoient à peine aux dieux mêmes. Eurytus fut puni de cette arrogante présomption, et ne parvint point à un âge avancé; car Apollon, irrité de ce qu'il avoit eu l'audace de le défier, lui ôta la vie. Je lance une pique plus loin qu'un autre ne darde une flèche. Je craindrois seulement que quelqu'un de vous se me surpassât à la course, car je n'ai plus de forces; je les ai consumées à lutter pendant plusieurs jours contre les flots et contre la faim, après que mon vaisseau a été brisé par la tempête.

Ainsi parla Ulysse: personne n'osa lui rien répliquer. Le seul Alcinoüs, prenant la parole, lui dit: Cher étranger, rien de plus convenable que ce que vous venez de dire. Nous ne vous blâmons point ni de la sensibilité que vous témoignez pour les reproches si déplacés d'Euryale, ni de la proposition que vous nous faites d'essayer vos forces et votre adresse contre nous. Peut-on, sans être injuste, méconnoître votre mérite et vos talents? Mais écoutez-moi, je vous en prie, afin qu'un jour, retiré dans vos états, et conversant à table avec votre femme, vos enfants, et les hôtes que vous y admettrez, vous puissiez leur raconter ce que vous avez vu chez les Phéaciens, la vie qu'ils mènent, leurs occupations, leurs amusements, et les exercices dans lesquels ils ont constamment excellé. Nous ne sommes pas les meilleurs lutteurs du monde, ni ceux qui se servent le mieux du ceste; mais nul peuple ne court ni n'entend la navigation comme nous. Nous aimons les festins, la musique et la danse: nous prenons plaisir à changer souvent d'habits, à prendre le bain chaud; nous sommes jaloux de tout ce qui rend la vie agréable et commode.

Allons donc, jeunes Phéaciens, vous surtout qui vous distinguez dans la danse, montrez à cet illustre étranger tout ce que vous savez, afin qu'à son retour il apprenne aussi à ses amis combien nous surpassons les autres peuples à la course, à la danse, dans la musique, et dans l'art de conduire des vaisseaux. Que quelqu'un aille promptement chercher la lyre de Démodocus, qu'on a laissée suspendue à une colonne dans mon palais.

Ainsi parla le divin Alcinoüs: un héraut se détache aussitôt pour aller prendre cet instrument. Neuf juges furent choisis au sort pour présider aux jeux et régler tout ce qui étoit nécessaire. Ils se pressent de faire aplanir le lieu où l'on devoit danser. Le héraut arrive; il donne la lyre à Démodocus, qui se place dans le centre. Les jeunes gens se rangent autour de lui; ils commencent, ils frappent la terre de leur pied léger. Ulysse les regarde, en applaudissant à l'agilité, à la justesse de leurs mouvements. Démodocus chantoit sur sa lyre les amours de Mars et de Vénus, le début de cette intrigue, les présents que le dieu de la guerre fit à la déesse de la beauté, l'accueil qu'elle lui fit. Phébus en fut témoin, il en avertit Vulcain. A cette nouvelle le dieu vole dans son atelier; il redresse son enclume, et, pour se venger, il forge des filets qu'on ne pouvoit ni rompre ni relâcher. Sa fureur contre Mars lui fait imaginer cette espèce de piège. Quand il l'eut mis en état de servir son ressentiment, il entre dans son appartement, il l'entoure de ses liens indissolubles: ils étoient comme des fils de toiles d'araignée; nul homme, nul dieu même ne pouvoit les apercevoir, tant le travail en étoit fin et délicat. Vulcain, après avoir dressé le piège où devoient se prendre les deux amants, annonça qu'il partoit pour Lemnos, qu'il préfère à toutes les autres contrées où on l'honore. Mars, qui l'épioit, crut légèrement qu'il s'absentoit, et court aussitôt chez la belle Cythérée.... Les mauvaises actions sont rarement impunies, s'écria un des dieux présents à cette honteuse scène. La lenteur a surpassé la vitesse: le tardif Vulcain a attrapé Mars, le plus léger de tous les dieux.... Démodocus chantoit toutes ces aventures. Ulysse et les Phéaciens étoient ravis de l'entendre. Alcinoüs commanda à ces deux fils, Halius et Laodamas, de danser seuls; car nul autre n'osoit se mesurer à ces deux princes. Pour montrer leur adresse, ils se saisissent d'abord d'un ballon couleur de pourpre, brodé par les mains habiles de Polybe. L'un d'eux, se pliant et se renversant en arrière, le pousse jusqu'aux nues; l'autre le reprend en sautant, et le repousse avant qu'il tombe à leurs pieds. Après s'être ainsi essayés, ils se mirent à danser avec une grace et une justesse merveilleuse. Les jeunes gens qui étoient debout autour de l'enceinte battoient des mains, et tout retentissoit de leurs applaudissements. Alors Ulysse dit à Alcinoüs: Vous aviez grande raison de me promettre d'excellents danseurs: vous tenez bien votre parole. Je ne puis vous exprimer le plaisir qu'ils me font et l'admiration qu'ils me causent.

Alcinoüs parut touché de cet éloge ; et, s'adressant aux Phéaciens, il leur dit : Cet étranger me semble un homme sage et d'une rare prudence ; faisons-lui, selon l'usage pratiqué pour les hôtes d'un grand mérite, faisons-lui des présents convenables. Vous êtes ici douze princes de la nation, qui la gouvernez sous moi, qui suis le treizième. Que chacun de nous lui offre un manteau, une tunique bien lavée, et un talent d'or. Apportons-les au plus vite, afin que, touché de notre générosité, ce soir il se mette à table avec plus de joie. J'exhorte aussi Euryale à l'apaiser par des excuses et par des présents, car il a manqué à la justice et aux égards qu'il lui devoit.

Il dit : tous les princes approuvent Alcinoüs, et chacun d'eux commande aussitôt à son héraut d'aller prendre les présents. Euryale lui-même, s'adressant à Alcinoüs, promet de donner à Ulysse la satisfaction qu'on exige. Il lui présente une épée d'un acier très fin, dont la poignée est d'argent, et le fourreau couvert d'un ivoire merveilleusement travaillé. J'espère, dit-il à Ulysse, que vous ne trouverez pas cette arme indigne de vous : acceptez-la, ô mon père ! et s'il m'est échappé quelques reproches que vous ne méritez pas, que les vents les emportent, et qu'ils sortent pour toujours de votre mémoire. Fassent les dieux que vous ayez bientôt la consolation de revoir votre femme et votre patrie ! N'y a-t-il pas assez long-temps que le malheur vous persécute, et vous tient éloigné de tout ce qui vous aime ? Cher Euryale, repartit Ulysse, je prie les dieux de vous combler de joie et de prospérité. Puissiez-vous ne sentir jamais le besoin de cette épée ! Tout ce que vous m'avez dit est réparé par le don magnifique que vous me faites, et par les douces paroles qui l'accompagnent. En achevant ces mots, le roi d'Ithaque met à son côté cette riche épée. Le soleil alloit se coucher : les autres présents arrivent, portés par des hérauts. On les dépose aux pieds d'Alcinoüs ; ses enfants les prennent, et les portent eux-mêmes chez la reine. Le roi marchoit à leur tête. Lorsqu'ils furent arrivés dans l'appartement d'Areté, et qu'on eut placé et fait asseoir les chefs des Phéaciens, Alcinoüs dit à la reine : Ma femme, faites apporter ici la plus belle de mes cassettes, mettez-y un beau manteau et une tunique neuve. Ordonnez à vos esclaves de faire chauffer de l'eau ; il faut faire baigner notre hôte, étaler ensuite et ranger proprement nos présents. J'espère que ce beau coup d'œil lui donnera une joie secrète, et le préparera à goûter mieux le plaisir de la table et de la musique. Pour moi, je le prie d'accepter une belle coupe d'or, afin qu'il se souvienne de moi, et qu'il fasse tous les jours des libations à Jupiter et aux autres dieux.

La reine commande aussitôt à ses femmes de mettre un trépied sur le feu : elles obéissent, portent un grand vaisseau d'airain, le remplissent d'eau, mettent dessous beaucoup de bois. Dans un moment la flamme s'élève, et l'eau commence à frémir.

Cependant Areté se fait apporter une belle cassette pour Ulysse : elle y dépose les habits, l'or, tous les présents des Phéaciens ; elle y ajoute pour elle-même une tunique et un manteau magnifique. Quand tout fut rangé avec beaucoup d'ordre, la reine lui dit : Considérez tout ce que cette cassette renferme, mettez-y votre sceau, afin que dans le voyage on n'en dérobe rien pendant que vous dormirez dans votre vaisseau.

Le fils de Laërte, après avoir admiré tous ces riches présents, après en avoir marqué sa reconnoissance, baisse le couvercle de la cassette, et la scelle d'un nœud merveilleux dont Circé lui avoit donné le secret. On l'avertit ensuite d'entrer dans le bain ; il le trouve chaud : il en paroît ravi, car il n'en avoit point usé depuis qu'il étoit sorti de la grotte de Calypso. Alcinoüs ne lui laisse rien à désirer, et après que les femmes d'Areté l'ont fait baigner, après qu'elles lui ont prodigué les parfums les plus exquis, elles lui jettent de magnifiques habits. Ulysse quitte la salle des bains, et se rend dans celle des festins. Nausicaa, dont la beauté égaloit celle des déesses mêmes, étoit à l'entrée de la salle. Dès qu'elle aperçut Ulysse, elle fut frappée d'étonnement, et lui dit : Étranger, je vous salue. Quand vous serez arrivé dans votre patrie, ne m'oubliez pas ; car je suis la première qui vous ai secouru, et c'est à moi que vous devez la vie.

Ulysse lui répondit : Belle Nausicaa, fille du grand Alcinoüs, que Jupiter me conduise auprès de ma femme et de mes amis, et je vous promets de me souvenir sans cesse de vous, et de vous adresser tous les jours des vœux comme à une déesse tutélaire à qui je dois la vie et mon bonheur.

Après ce remercîment fait à Nausicaa, Ulysse s'asseoit auprès d'Alcinoüs. On sert les viandes découpées, on mêle le vin dans les urnes : un héraut amène par la main Démodocus ; il le place au milieu des convives, et contre une colonne qui lui servoit d'appui. Alors le fils de Laërte, s'adressant au héraut, prend la meilleure partie du morceau qu'on lui avoit servi par honneur, et le charge de le porter de sa part à Démodocus, et de lui dire que la tristesse qui flétrit son ame ne le rend point insensible à ses chants divins. Les chantres comme lui, ajoute Ulysse, doivent être chéris et honorés de tous les hommes. Ce sont les Muses qui les inspirent, et ils en sont les principaux favoris.

Il dit, et le héraut s'acquitte de sa commission. Démodocus est touché de cette attention. Les convives se livrent au plaisir de la bonne chère; et quand l'abondance eut chassé la faim, Ulysse adresse la parole à Démodocus. Il n'y a point d'hommes, lui dit-il, qui méritent plus de louanges que vous. Vous êtes instruit par les Muses, ou plutôt par Apollon lui-même. Quand vous auriez été au siège de Troie, quand du moins quelques uns de ceux qui s'y sont le plus distingués vous en auroient parlé, vous ne pourriez pas chanter d'une manière plus touchante les travaux des Grecs, et tout ce qu'ils y ont fait et souffert. Mais continuez, et racontez-nous, je vous prie, l'aventure du cheval de bois que construisit Épéus avec le secours de Minerve; de quelle manière Ulysse le fit conduire dans la citadelle, après l'avoir rempli des guerriers qui devoient saccager Ilion. Si vous réussissez à nous dépeindre ce merveilleux stratagême, je publierai partout que c'est Apollon qui vous a inspiré de si beaux chants.

Aussitôt Démodocus, saisi d'un divin enthousiasme, se met à chanter. Il commence au moment que les Grecs mirent le feu à leurs tentes, et firent semblant de se retirer sur leurs vaisseaux. Ulysse, avec plusieurs des principaux capitaines, étoit au milieu de la ville, caché dans les flancs du cheval de bois, et les Troyens ont l'imprudence de le traîner jusque dans la citadelle. Après l'y avoir placé, ils délibèrent autour de cette énorme machine, et il y eut trois avis : les uns vouloient qu'on la mît en pièces, les autres conseilloient de la précipiter du haut des remparts dans les fossés, et les troisièmes de la conserver, et de la consacrer aux dieux pour les apaiser. Cet avis devoit prévaloir. Le destin avoit résolu la ruine de Troie, puisqu'il avoit permis qu'on fît entrer dans son enceinte ce colosse immense, avec les guerriers qui alloient y porter la désolation et la mort. Il chante ensuite comment les Grecs, sortis des flancs de ce cheval comme d'une vaste caverne, saccagèrent la ville; il représente leurs plus braves héros portant partout le fer et la flamme. Il dépeint Ulysse semblable au dieu Mars, et courant avec Ménélas au palais de Déiphobus; le combat furieux et long-temps incertain qu'ils y soutinrent, et la victoire qu'ils remportèrent par le secours de Minerve. Ainsi chantoit Démodocus. Ulysse fondoit en larmes, et son visage en étoit couvert. L'attendrissement qu'il éprouvoit n'étoit pas moins touchant que celui d'une femme qui, voyant tomber son mari combattant pour sa patrie et pour ses concitoyens, sort éperdue, et se jette en gémissant sur son corps expirant, le serre entre ses bras, et semble braver les ennemis cruels qui redoublent leurs coups, et préparent à cette infortunée une dure servitude, une longue suite de misères et de travaux. Uniquement occupée de sa perte présente, elle ne déplore qu'elle, elle se lamente, elle ne songe qu'à sa douleur actuelle. Ainsi pleuroit Ulysse. Les Phéaciens ne s'en aperçurent point : Alcinoüs, auprès de qui il étoit, fut le seul qui vit couler ses pleurs et qui entendit ses sanglots. Sensible à l'état où il lui paroissoit, il pria les convives de trouver bon qu'il fît cesser Démodocus. Ce qu'il chante, dit-il, ne fait pas la même impression de plaisir sur tous les assistants. Depuis que nous sommes à table, et que ce divin musicien s'accompagne de la lyre, mon nouvel hôte n'a cessé de pleurer et de gémir. Une profonde tristesse s'est emparée de lui; écartons ce qui peut la causer : que Démodocus suspende ses chants, et que cet étranger partage gaiement avec nous le plaisir que nous trouvons à le traiter. Cette fête n'est que pour lui; c'est pour lui que nous équipons un vaisseau; c'est à lui que nous adressons des présents : un étranger, un suppliant, doivent être regardés comme frères par tout homme qui a l'ame honnête et sensible. Mais, étranger, ne refusez pas de répondre exactement à ce que je vais vous demander. Apprenez-moi le nom que votre père et votre mère vous ont donné, et sous lequel vous êtes connu de vos voisins; car tout homme, quel qu'il soit, en reçoit un en naissant. Dites-nous quelle est votre patrie, quelle est la ville que vous habitez, afin que nous vous y remenions sur nos vaisseaux, qui sont doués d'intelligence. Car il faut que vous sachiez que les vaisseaux des Phéaciens n'ont besoin ni de pilotes ni de gouvernail pour les conduire : ils ont de la connoissance comme les hommes, et savent les chemins des villes et de tous les pays; ils parcourent les plus longs espaces, toujours enveloppés d'épais nuages qui les empêchent d'être découverts par les pirates ou nos ennemis, et jamais ils n'ont à craindre ni les orages ni les écueils.

Je me souviens seulement d'avoir entendu dire à mon père Nausithoüs que Neptune entreroit en colère contre nous, parce que nous devions nous charger trop facilement de reconduire tous les hommes, sans distinction, qui réclameroient notre secours, et qu'il nous menaçoit qu'un jour, pour nous punir d'avoir remené dans sa patrie un étranger qu'il n'aimoit pas, il feroit périr notre vaisseau, et que notre ville seroit écrasée par la chute d'une montagne voisine. Voilà la prédiction de ce vénérable vieillard. Les dieux peuvent l'accomplir ou la laisser sans effet, selon leur volonté : racontez-nous à présent, sans déguisement et sans crainte, quelle tempête vous a fait perdre votre route ; dans quelles contrées, dans quelles villes vous avez été ; quels sont les peuples que vous avez trouvés cruels, sauvages, injustes ; quels sont ceux qui vous ont paru humains et hospitaliers. Apprenez-nous pourquoi vous pleurez et vous soupirez quand vous entendez parler des Troyens et des Grecs. Les dieux, qui permirent la chute de cette fameuse ville, nous font trouver dans cette catastrophe de quoi les célébrer et nous instruire. Avez-vous perdu devant cette place un beau-père, un gendre, quelques autres parents encore plus proches ? y auriez-vous vu périr un ami, compagnon d'armes, sage et fidèle ? car un tel ami n'est pas moins digne qu'un frère de nos tendres et éternels regrets.

LIVRE IX.

Comment se refuser aux prières du plus juste et du plus humain des rois ? répondit Ulysse à Alcinoüs. Ne vaudroit-il pas mieux cependant entendre Démodocus, dont les chants égalent par leur douceur celui des immortels ? Non, je ne connois rien de plus agréable que de voir régner l'aisance et la joie dans tout un peuple, que de le voir goûter paisiblement les plaisirs de la table et de la musique : c'est l'image ravissante du bonheur.

Ne seroit-ce pas le troubler, ce bonheur, ne seroit-ce pas réveiller tous mes chagrins, que de vous raconter l'histoire de mes malheurs ? Par où commencer ce triste récit, et par où dois-je le finir ? car il est peu de traverses que les dieux ne m'aient fait éprouver.

Je vous dirai d'abord mon nom : daignez le retenir. Si les dieux me protègent contre les malheurs qui me menacent encore, malgré la longue distance qui sépare ma patrie de la vôtre, accordez-moi de vous demeurer toujours uni par les liens de l'hospitalité.

Je suis Ulysse, Ulysse fils de Laërte. J'ai acquis quelque réputation par mon adresse et ma prudence ; les dieux mêmes ont applaudi à mon courage et à mes succès dans la guerre. Ma patrie est l'île d'Ithaque, dont l'air est très sain, et qui est célèbre par le mont Nérite, tout couvert de bois ; elle est environnée de plusieurs autres îles toutes habitées et qui en dépendent, de Dulichium, de Samé, de Zacynthe qui n'est presque qu'une forêt. Ithaque touche pour ainsi dire au continent : elle est plus septentrionale que les autres îles ; car celles-ci sont, les unes au midi, et les autres au levant. Le sol en est pierreux et peu fertile, mais on y élève des hommes braves et robustes. Tel est le lieu de ma naissance ; il y en a de plus beaux, mais il n'y en a point de plus cher à mon cœur.

J'en ai été très long-temps éloigné. Calypso a voulu me retenir dans ses états, et m'a offert sa main immortelle. Circé, si célèbre par ses secrets merveilleux, a tout tenté inutilement pour me fixer dans son palais enchanté. J'ai résisté à leurs promesses et à leurs charmes. Rien n'a pu me faire oublier ma patrie, mes parents et mes amis. J'ai cédé à ce sentiment si profond et si légitime : je lui ai sacrifié les honneurs, les richesses, les plaisirs, et l'immortalité même.

Mais il est temps de vous raconter mon histoire, et les malheurs qui par l'ordre des dieux, ont traversé mon retour depuis la trop fameuse expédition de Troie. Dès que je quittai cette ville infortunée, dès que je mis à la voile, un vent furieux et contraire me poussa sur les côtes des Ciconiens, vers le mont Ismare. J'y fis une descente, je pillai et saccageai leur principale ville. Les richesses et les captifs furent partagés avec égalité, après quoi je pressai mes compagnons de partir et de se rembarquer au plus vite. Les insensés refusèrent de m'obéir, et s'amusèrent à faire bonne chère sur le rivage. Le vin ne fut point épargné ; ils égorgèrent quantité de bœufs et de moutons. Pendant ce temps-là, ce qui restoit des Ciconiens implora le secours de ses voisins. Ils étoient plus éloignés de la mer. De ces endroits bien peuplés il s'assemble une armée d'hommes plus aguerris que les premiers, beaucoup mieux disciplinés, et très accoutumés à combattre à pied et à cheval. Ils parurent dès le lendemain en aussi grand nombre que les feuilles et les fleurs que font naître le printemps et les larmes de l'Aurore. Alors tout change, les dieux se déclarent contre nous ; et furent là nos premiers, mais non pas nos derniers malheurs.

Nos ennemis s'avancent, nous attaquent devant nos vaisseaux à coups d'épées et de javelots armés de pointes d'acier. Nous résistâmes long-temps et courageusement. Pendant tout le matin, les efforts de cette multitude ne nous ébranlèrent point ; mais

12.

quand le soleil pencha vers son déclin, nous fûmes enfoncés, et les Ciconiens eurent l'avantage sur les Grecs. Chacun de nos vaisseaux perdit six hommes, le reste se sauva, et nous nous éloignâmes précipitamment d'une plage qui nous avoit coûté tant de sang. Quand nous fûmes en pleine mer, nous nous arrêtâmes, et nous ne partîmes qu'après avoir prononcé tristement et à haute voix le nom de ceux de nos compagnons qui étoient tombés sous le fer des Ciconiens. Cette funèbre cérémonie finie, nous dirigeâmes notre marche vers Ithaque. Jupiter alors fit souffler un vent de Borée très violent : la tempête devient furieuse, d'épais nuages nous cachent la terre et la mer, la nuit tombe en quelque sorte du ciel sur nos navires ; ils sont poussés dans mille sens contraires, et ne peuvent tenir de route certaine. Les vents déchaînés déchirent nos voiles : nous nous pressons de les baisser, de les plier pour éviter la mort, et à force de rames nous gagnons une rade sûre et bien abritée. Nous y demeurâmes deux jours et deux nuits, accablés de travail et d'affliction ; mais le troisième, dès l'aurore, nous élevâmes les mâts, nous étendîmes nos voiles bien réparées, et nous nous remîmes en mer. Les pilotes, à l'aide d'un vent favorable, prirent la route la plus certaine et la plus courte. Je me flattois d'arriver bientôt, quand je me vis encore contrarié par les courants et par le souffle impétueux de Borée. En doublant le cap de Malée, je fus jeté loin de l'île de Cythère, et durant neuf jours je me vis le jouet de cette seconde tempête. Le dixième, nous abordâmes au pays des Lotophages, ainsi appelés parce qu'ils se nourrissent du fruit d'une plante connue dans leur pays. Nous y mîmes pied à terre, et y puisâmes de l'eau. Mes compagnons dînèrent sur le rivage proche de nos vaisseaux. Quand ils eurent satisfait à ce besoin, j'en choisis deux avec un héraut, que je chargeai d'aller reconnoître le terrain et les hommes qui l'habitoient. Ils nous quittent, et se mêlent avec les Lotophages. Ce peuple ne leur fit aucun mal, mais il leur donna à goûter du fruit du lotos. Ceux qui en mangèrent ne songeoient plus à venir nous joindre ; ils oublioient jusqu'à leur patrie, et vouloient rester avec ces nouveaux hôtes, afin d'y vivre d'un fruit qui leur paroissoit si délicieux. Je les contraignis de revenir : malgré leurs larmes, je les fis monter sur les vaisseaux ; et, pour prévenir leur désertion, on les y attacha aux bancs des rameurs. Je commandai à mes autres compagnons de se rembarquer promptement, de peur que quelqu'un d'entre eux, venant à goûter de ce lotos, ne voulût nous abandonner.

Ils montent sans différer, s'asseoient, et, rangés avec ordre, frappent les flots de leurs rames. Le port s'éloigne, la hauteur du rivage décroît, nous approchons de la terre des Cyclopes, hommes arrogants, injustes, et qui, se fiant au hasard, ne plantent ni ne sèment, et se nourrissent des fruits que la terre produit d'elle-même. Tout y vient sans culture, le froment, l'orge, les vignes : les pluies et la chaleur les font croître et mûrir. Ils ne tiennent point d'assemblée nationale, ne connoissent point de lois ; ils n'observent aucune règle de police. Ils habitent sur le haut des montagnes ou dans des cavernes profondes ; chacun y gouverne sa famille et règne souverainement sur sa femme et sur ses enfants, sans se mettre en peine des autres.

Proche du port, et à quelque distance du continent, on trouve une île couverte de grands arbres et pleine de chèvres sauvages. Elles n'y sont point épouvantées par les chasseurs, qui, s'exerçant ailleurs à poursuivre des bêtes fauves dans les bois et sur les montagnes, ne vont jamais dans cette île inhabitée. On n'y voit donc ni bergers ni laboureurs. Tout y est inculte, et sans autres habitants que ces troupeaux bêlants. Les Cyclopes ne peuvent point s'y transporter, parce qu'ils n'ont ni vaisseaux ni constructeurs qui sachent en bâtir pour aller dans d'autres pays, comme tant de peuples qui traversent les mers, et vont et viennent pour leurs affaires. S'ils avoient eu des vaisseaux, ils se seroient emparés de cette île, car le sol n'en est pas mauvais, et, dans la saison, il peut porter toutes sortes de fruits. Il y a des prairies grasses et fraîches qui s'étendent le long du rivage ; les vignes y seroient excellentes, on recueilleroit dans son temps de gros épis de blé : tout y annonce la fertilité. Elle a de plus un port sûr et commode ; les câbles y sont inutiles : il n'y faut point jeter l'ancre, ni retenir les vaisseaux par de longues cordes. Ils y demeurent jusqu'à ce que les pilotes veuillent les en faire sortir, ou que l'haleine des vents les en chasse.

A l'extrémité du port coule une eau très pure : sa source est dans un antre que des peupliers environnent. Nous abordâmes dans cet endroit sans l'avoir découvert. Un dieu nous y conduisoit à travers les ténèbres de la nuit ; nos vaisseaux étoient entourés d'une épaisse obscurité : la lune, enveloppée de nuages, ne jetoit point de lumière. Aucun de nous n'avoit aperçu cette île, et ce fut dans le port même que nous entendîmes le bruit des flots, qui, après avoir frappé le rivage, revenoient sur eux-mêmes en mugissant. Dès que nous nous sentons en lieu de sûreté, nous plions les voiles, nous descendons sur la rive, nous y dormons jusqu'au jour. Le lendemain, l'aurore à peine levée, nous regardons l'île, et nous la parcourons, tout étonnés de sa beauté. Les Nymphes, filles de Jupiter, firent partir devant nous des chèvres sauvages par troupeaux. Ce fut une ressource dont mes compagnons ne tardèrent pas à profiter. Ils volent chercher leurs arcs et leurs flèches, suspendus dans les vaisseaux; et, nous étant partagés en trois bandes, nous nous mettons à les poursuivre. Les dieux rendirent notre chasse heureuse. Douze vaisseaux me suivoient : je pris neuf chèvres pour chacun d'eux; mes compagnons en choisirent dix pour le mien. Nous passâmes toute la journée à boire et à manger. Le vin ne nous manquoit pas encore : nous en avions rempli de grandes cruches quand nous pillâmes la ville des Ciconiens.

Nous découvrions aisément la terre des Cyclopes, qui n'étoit séparée de nous que par un petit trajet; nous voyions la fumée qui sortoit de leurs cavernes, et nous entendions le bêlement de leurs troupeaux de brebis et de chèvres.

Cependant le soleil se couche : nous passons la nuit à terre, sur le bord de la mer. Quand l'aurore parut, j'assemblai mes compagnons, et je leur dis : Mes amis, attendez-moi ici; avec un seul de mes vaisseaux je vais reconnoître la terre qui est si près de nous, et les hommes qui habitent cette contrée. Je vais m'assurer s'ils sont inhumains et injustes, ou s'ils craignent les dieux et s'ils exercent l'hospitalité.

Aussitôt je monte sur mon vaisseau : mes compagnons me suivent; ils délient les câbles, s'asseoient sur les bancs et font force de rames. Lorsque nous fûmes arrivés près d'une campagne peu éloignée, nous aperçûmes dans l'endroit le plus reculé, assez près de la mer, une caverne profonde, et entourée de lauriers épais. Il en sortoit le cri de plusieurs troupeaux de moutons et de chèvres, et l'on entrevoyoit tout autour une basse-cour spacieuse et creusée dans le roc. Elle étoit fermée par de grosses pierres, et ombragée de grands pins et de hauts chênes. C'étoit l'habitation d'un énorme géant qui paissoit seul ses troupeaux loin des autres Cyclopes, avec qui il n'avoit nul commerce. Toujours à l'écart, il mène une vie brutale et sauvage. Ce monstre est étonnant : il ne ressemble à aucun mortel, mais à une montagne couverte de bois qui s'élève au-dessus des autres montagnes voisines. Alors j'ordonnai à mes compagnons de m'attendre, et de bien garder mon vaisseau. J'en choisis douze d'entre eux des plus courageux, et je m'avançai, portant avec moi une outre remplie d'un vin délicieux. Il m'avoit été donné par Maron, fils d'Évanthès et prêtre d'Apollon, qu'on révère dans Ismare. Par respect et par esprit de religion, j'avois épargné ce pontife, sa femme, ses enfants, et empêché qu'on ne profanât le bois consacré à Apollon, et qu'on ne pillât la demeure du ministre de ses autels. Il me fit présent de cet excellent vin par reconnoissance, et il y ajouta sept talents d'or, une belle coupe d'argent, remplit douze grandes urnes de ce breuvage délicieux, et en fit boire abondamment à mes compagnons. Aucun de ses esclaves, aucun même de ses enfants ne connoissoit l'endroit où il étoit renfermé; lui seul, avec sa femme et la maîtresse de l'office, en avoit la clef. Quand on en buvoit chez lui, il y mettoit vingt mesures d'eau, et la coupe exhaloit encore une odeur céleste qui parfumoit toute la maison. Aussi ne pouvoit-on résister au plaisir et au desir de boire de cette liqueur, quand on l'avoit goûtée.

J'en pris une outre bien pleine, et je l'emportai avec quelques autres provisions, car j'avois une sorte de pressentiment que l'homme que j'allois chercher étoit d'une force prodigieuse, et qu'il méconnoissoit également toutes les lois de l'humanité, de la justice et de la raison. En peu de temps nous arrivons dans sa caverne. Il n'y étoit pas, il avoit mené ses troupeaux aux pâturages. Nous entrons dans son antre, nous le visitons, et nous y trouvons tout dans un ordre admirable. Des corbeilles pleines de fromages, des bergeries remplies d'agneaux et de chèvres, mais séparées et différentes pour les différents âges et les différents animaux : d'un côté étoient les petits, de l'autre les plus grands, d'un autre ceux qui ne faisoient que de naître. De grands vases étoient pleins de lait caillé. Tout étoit rangé, les bassins, les terrines déja disposés pour traire les troupeaux quand il les ramèneroit du pâturage.

Alors mes compagnons me conjurèrent de prendre quelques fromages, d'enlever quelques moutons, de regagner promptement nos vaisseaux, et de nous remettre en mer. J'eus l'imprudence de dédaigner leur conseil : les dieux m'en ont puni. Mais j'avois la curiosité ou plutôt la témérité de voir ce Cyclope. Je me flattois qu'il ne violeroit pas les droits de l'hospitalité, et que j'en recevrois quelque présent. Quelle erreur! et que sa rencontre devint funeste à quelques uns de mes compagnons!

Nous demeurâmes donc dans la caverne; nous y allumâmes du feu pour offrir aux dieux des sacrifices; et, en attendant notre hôte, nous mangeâmes quelques fromages. Il arrive enfin : il portoit une énorme charge de bois sec, pour préparer son souper ; il la jette à terre en entrant, et cette charge tombe avec un si grand fracas, que la peur nous saisit tous, et que nous allons nous cacher dans un coin de la caverne. Polyphême y introduit ses troupeaux ; et, après avoir bouché sa demeure avec un rocher que vingt charrettes attelées des bœufs les plus forts auroient à peine ébranlé, il s'asseoit, sépare les boucs et les béliers des brebis, qu'il se mit à traire lui-même. Il fait ensuite approcher les agneaux de leurs mères, partage son lait, dont il verse une partie dans des corbeilles pour en faire des fromages, et se réserve l'autre pour le boire à son souper. Tout ce ménage étant fini, il allume du feu, nous aperçoit, et nous crie : Étrangers, qui êtes-vous ? d'où venez-vous ? Est-ce pour le négoce que vous voguez sur la mer ? Errez-vous sur les flots à l'aventure pour piller inhumainement comme des pirates, et au péril de votre honneur et de votre vie ? Il dit : la crainte glaça notre cœur ; son épouvantable voix, sa taille prodigieuse, nous firent trembler. Cependant je me déterminai à lui répondre en ces termes : Nous sommes Grecs, nous revenons de Troie ; des vents contraires nous ont fait perdre la route de notre patrie, après laquelle nous soupirons : ainsi l'a voulu Jupiter, le maître de la destinée des hommes. Compagnons d'Agamemnon, dont la gloire remplit la terre entière, nous l'avons aidé à ruiner cette ville superbe, et à détruire cet empire florissant. Traitez-nous comme vos hôtes ; faites-nous les présents d'usage : nous nous jetons à vos genoux. Respectez les dieux : nous sommes vos suppliants : souvenez-vous qu'il y a dans l'Olympe des vengeurs de ceux qui violent les droits de l'hospitalité : souvenez-vous que le maître des dieux protège les étrangers, et punit ceux qui les outragent.

Malheureux, répondit cet impie, il faut que tu viennes d'un pays bien éloigné, et où l'on n'ait jamais entendu parler de nous, puisque tu m'exhortes à craindre les dieux et à traiter les hommes avec humanité. Les Cyclopes se mettent peu en peine de Jupiter et des autres immortels. Nous sommes plus forts et plus puissants qu'eux. La crainte de les irriter ne te mettra point à l'abri de ma colère, non plus que tes compagnons, si mon cœur de lui-même ne se tourne à la pitié. Mais dis-moi où tu as laissé ton vaisseau : est-il près d'ici ? est-il à l'extrémité de l'île ? Je veux le savoir.

Ces paroles étoient un piége qu'il me tendoit.

J'opposai la ruse à la ruse, et je ne balançai pas à répondre que Neptune, qui, de son trident, soulève et bouleverse les flots, avoit brisé mon vaisseau en le poussant contre des rochers qui sont à la pointe de l'île. Les vents, lui dis-je, et les flots en ont dispersé les débris, et ce n'est que par les plus grands efforts que moi et mes compagnons nous avons conservé la vie.

Le barbare ne me répond rien, mais il étend ses bras monstrueux, et se saisit de deux de mes compagnons, les écrase contre une roche comme de jeunes faons. Leur cervelle rejaillit de tous côtés, leur sang inonde la terre. Il les déchire en plusieurs morceaux, en prépare son souper, les dévore comme un lion qui a couru les montagnes sans trouver de proie. Il mange non-seulement les chairs, mais les entrailles et les os. A cette vue nous élevons les mains au ciel, nous tombons dans un affreux désespoir. Pour le Cyclope, content de ce repas détestable et de plusieurs cruches de lait qu'il avale, il se couche dans son antre, et s'endort paisiblement au milieu de ses troupeaux.

Cent fois je fus tenté de me jeter sur ce monstre, et de lui percer le cœur de mon épée. Ce qui me retint, ce fut la crainte de périr dans cette caverne. En effet, il nous eût été impossible de repousser l'énorme rocher qui en fermoit l'ouverture. Nous attendîmes donc dans l'inquiétude et dans la douleur le retour de l'aurore. Dès qu'elle parut, dès qu'elle commença à dorer la cime des montagnes, le Cyclope allume du feu, se met à traire ses brebis, approche d'elles leurs agneaux, fait son ouvrage ordinaire, et massacre deux autres de mes compagnons, dont il fait son dîner. Il ouvre ensuite sa caverne, fait sortir ses troupeaux, sort avec eux, referme la porte sur nous avec cet horrible rocher, qu'il remue avec la même aisance que si c'eût été le couvercle d'un carquois. Ce géant s'éloigne, et mène ses brebis paître sur des montagnes qu'il fait retentir de l'horrible son de son chalumeau.

Renfermé dans cet antre, je méditai, avec ce qui me restoit de compagnons, les moyens de nous venger, si Minerve vouloit m'aider, et m'accorder la gloire de purger la terre de ce monstre. De tous les partis qui se présentèrent à mon esprit, voici celui qui me parut le meilleur. J'aperçus une longue massue d'olivier encore vert, que le Cyclope avoit coupée pour la porter quand elle seroit sèche. Elle nous parut semblable au mât d'un vaisseau de vingt rames. Elle en avoit l'épaisseur et la hauteur. J'en coupai moi-même environ la longueur de quatre coudées, et je chargeai mes compagnons de la dégrossir et de l'aiguiser par le bout. Ils m'obéissent. Quand elle fut dans l'état où je la voulois, je la leur retirai, j'y mis la dernière main, et après en avoir fait durcir la pointe au feu, je la cachai dans l'un des grands tas de fumier dont nous étions environnés. Ensuite je fis tirer au sort, afin que la fortune choisît ceux de mes compagnons qui auroient la hardiesse de m'aider à enfoncer le pieu dans l'œil du Cyclope quand il dormiroit. Le sort tomba sur les quatre plus intrépides. Je fus le cinquième et le chef de cette entreprise dangereuse.

Cependant, vers le coucher du soleil, Polyphême revint. Il fait entrer tous ses troupeaux dans son antre. Il n'en laisse aucun à la porte, soit qu'il appréhendât quelque surprise, soit qu'un dieu le permît ainsi pour nous sauver du plus grand des dangers. Après qu'il eut fermé la caverne, il s'asseoit, trait ses brebis à son ordinaire, et quand tout fut fait, se saisit encore de deux de mes compagnons dont il fait son souper.

Dans ce moment je m'approche de lui, et lui présente une coupe, en lui disant : Prenez, Cyclope, et buvez de ce vin ; vous devez en avoir besoin pour digérer la chair humaine que vous venez de manger. J'en avois sur mon vaisseau une grande provision, et je destinois le peu que j'en ai sauvé à vous faire des libations comme à un dieu, si, touché de compassion pour moi, vous daigniez m'épargner, et me fournir les moyens de retourner dans ma patrie. Quelle cruauté vous venez d'exercer ! Et qui osera désormais aborder dans votre île, puisque vous traitez les étrangers avec tant de barbarie ?

Le monstre prend la coupe, la vide sans daigner me répondre, et m'en demande un second coup : Verse, ajoute-t-il, sans l'épargner, et dis-moi ton nom, pour que je te fasse un présent d'hospitalité, en reconnoissance de ta délicieuse boisson. Notre terre porte de bon vin, mais il n'est pas comparable à celui que je viens de boire. C'est ce qu'il y a de plus exquis dans le nectar et dans l'ambroisie. Ainsi parla le Cyclope. Je lui versai de cette liqueur jusqu'à trois fois, et trois fois il eut l'imprudence de vider son énorme coupe. Elle fit son effet, ses idées se brouillèrent. Je m'en aperçus ; et m'approchant alors, je lui dis d'une voix douce : Vous m'avez demandé mon nom, il est assez connu dans le monde. Je vais vous l'apprendre, et vous me ferez le présent que vous m'avez promis. Je m'appelle *Personne* ; c'est ainsi que me nomment mon père, ma mère et tous mes amis. Oh ! bien, répliqua-t-il avec brutalité, tous tes compagnons seront dévorés avant toi, et Personne sera le dernier que je mangerai. Voilà le présent d'hospitalité que je lui destine. Il dit, et tombe à la renverse : le sommeil, qui dompte tout, s'empare de lui ; il vomit le vin et les morceaux de chair humaine qu'il avoit avalés. Je tire aussitôt du fumier le pieu que j'y avois caché, je le fais chauffer et durcir dans le feu, je parle à mes compagnons pour les soutenir et les encourager. Le pieu s'échauffe : tout vert qu'il est, il alloit s'enflammer. Je le saisis, et me fais suivre et escorter des quatre que le sort m'avoit associés. Un dieu nous inspire une intrépidité surhumaine. Nous prenons le pieu, nous l'appuyons par la pointe sur l'œil du Cyclope ; je pèse dessus, je l'enfonce et le fais tourner. Comme quand un charpentier perce une planche avec un vilebrequin, pour l'employer à la construction d'un vaisseau, il pèse sur l'instrument par-dessus, et ses compagnons au-dessous le font tourner en tous les sens avec sa courroie : de même nous agitons la pointe embrasée de cet énorme pieu, en la faisant pénétrer jusqu'au fond de l'œil du Cyclope. Le sang sort en abondance ; les sourcils, les paupières, la prunelle, deviennent la proie du feu ; on entend un sifflement horrible, et semblable à celui dont retentit une forge lorsque l'ouvrier plonge dans l'eau froide une hache ou une scie ardente, pour les tremper et les endurcir. Le tison siffle de même dans l'œil de Polyphême. Le monstre en est réveillé, et pousse un cri horrible qui fait mugir les voûtes de l'antre. Nous nous retirons épouvantés. Il arrache ce bois tout dégouttant de sang, il le jette loin de lui, et appelle à son secours les Cyclopes qui habitoient les montagnes voisines. Ils accourent en foule à l'épouvantable son de sa voix, ils s'approchent de sa caverne, et lui demandent quelle est la cause de sa douleur. Que vous est-il arrivé, Polyphême ? pourquoi ces cris affreux ? qui vous oblige à nous réveiller au milieu de la nuit, et à nous appeler à votre secours ? a-t-on attenté à votre vie ? quelque téméraire a-t-il essayé d'enlever vos troupeaux ? Hélas ! mes amis, *Personne*, répondit Polyphême du fond de son antre. Plus il leur dit *Personne*, plus ils sont trompés par cette équivoque. Si ce n'est personne, lui répètent-ils, qui vous a mis dans cet état ? vos maux viennent sans doute de Jupiter ; et que pouvons-nous faire pour vous en délivrer ? Adressez-vous à Neptune ; c'est de lui, non de nous, qu'il faut attendre du secours : ainsi, nous nous retirons. Je ne pus m'empêcher de rire en moi-même de l'erreur où les avoit jetés le nom que je m'étois donné. Le Cyclope en gémit, et, rugissant de rage et de douleur, il s'approche en tâtonnant de la porte de sa caverne; il repousse le rocher qui la bouchoit, s'asseoit au milieu de l'entrée, et tient les bras étendus, dans l'espérance de nous saisir tous quand nous voudrions sortir avec ses troupeaux. Mais c'eût été s'exposer à une mort inévitable. Je me mis donc à penser au moyen d'échapper à ce danger. La crise étoit violente, il s'agissoit de la vie; aussi y a-t-il peu de ruses et de stratagèmes qui ne me vinssent à l'esprit. Voici enfin le parti que je crus devoir prendre.

Il y avoit dans les troupeaux du Cyclope des béliers très grands, bien nourris, couverts d'une laine violette fort longue et fort épaisse. Je choisis les plus grands, je les liai trois à trois avec les branches d'osier qui servoient de lit à ce monstre. Le bélier du milieu portoit un homme, les deux autres l'escortoient, et servoient à mes compagnons de rempart contre Polyphême. Il y en avoit un d'une grandeur et d'une force extraordinaire; il marchoit toujours à la tête du troupeau; je le réservai pour moi. Je me glissai sous son ventre, et m'y tins collé comme mes autres compagnons, en empoignant avec les deux mains son épaisse toison. Nous passâmes ainsi le reste de la nuit, non sans crainte et sans inquiétude. Enfin, quand le jour parut, le Cyclope fit sortir ses troupeaux pour les envoyer dans leurs pâturages accoutumés. Les brebis qu'on n'avoit pas eu le soin de traire, se sentant trop chargées de lait, remplissoient l'air de leurs bêlements; et leur berger, malgré la douleur qu'il éprouvoit, passoit la main sur le dos de ses moutons à mesure qu'ils sortoient; mais jamais il ne lui vint dans la pensée de la passer sous le ventre, jamais il ne soupçonna la ruse que j'avois imaginée pour me sauver avec mes compagnons. Le bélier sous lequel j'étois, sortit le dernier, et vous pouvez croire que je n'étois pas sans alarme. Il le tâta comme les autres, et, surpris de sa lenteur, il la lui reproche en ces termes: D'où vient tant de paresse, mon cher bélier? pourquoi sors-tu le dernier de mon antre? n'est-ce point à toi à guider les autres? n'avois-tu pas coutume de marcher à leur tête? ne les précédois-tu pas dans les vastes prairies et dans les eaux du fleuve? le soir, ne revenois-tu pas le premier dans ton étable? Aujourd'hui tous les autres t'ont devancé. Quelle est la cause de ce changement? Serois-tu sensible à la perte de mon œil? Un méchant nommé *Personne* me l'a crevé, avec le secours de ses détestables compagnons. Le perfide avoit pris, avant, la précaution de m'enivrer. Ah! qu'ils en seroient tous bientôt punis, si tu pouvois parler, et me dire où ils se cachent pour se dérober à ma fureur! Je les écraserois contre ces rochers. Ah! quel soulagement pour moi, si leur sang étoit répandu, si leur cervelle étoit dispersée dans mon antre, si je pouvois me venger des maux que m'a faits ce scélérat de Personne!

Après ce discours, qui me parut bien long, il laissa passer le bélier. Dès que nous fûmes assez éloignés de la caverne pour ne rien craindre, je me détachai le premier de dessous le bélier, j'allai délier ensuite mes compagnons, et, sans perdre de temps, nous choisîmes ce qu'il y avoit de meilleur dans les troupeaux, que nous conduisîmes avec nous jusqu'à notre vaisseau. On nous vit reparoître avec joie, on y avoit presque perdu l'espérance de nous revoir; et quand on s'aperçut de ceux qui nous manquoient et qui avoient péri dans l'antre du Cyclope, on leur donna des larmes, on poussa des cris de regrets et de douleur. Je leur fis signe de les suspendre, de s'embarquer sans délai avec notre proie, et de s'éloigner promptement de ces tristes bords. Ils obéissent. Quand nous en fûmes à une certaine distance, mais cependant à la portée de la voix, j'élevai la mienne, et m'adressant à Polyphême, je lui criai de toute ma force: As-tu raison de te plaindre, malheureux Cyclope? n'as-tu point abusé de tes avantages contre nous? Nous étions foibles, sans défense; nous réclamions les droits de l'hospitalité. Tu n'as écouté ni ce que les dieux, ni ce que l'humanité devoit t'inspirer; tu as dévoré six de mes compagnons. Jupiter s'est vengé par ma main: et cela n'étoit-il pas juste?

Ces reproches, qu'il entendit, l'enflammèrent de colère. Il détache de la montagne une roche énorme, et la lance avec fureur jusqu'au-devant de notre vaisseau: il en fut repoussé vers le rivage, par le mouvement violent que causa cette masse prodigieuse en tombant dans la mer. Nous allions nous briser contre ces bords escarpés, si je n'avois paré ce malheur en me saisissant d'un aviron pour éviter ce choc furieux, et pour gagner la haute mer: mes matelots me secondent; dociles à mes ordres, ils font force de rames. Mais quand nous fûmes un peu avancés, je me mis à vomir encore des injures contre le Cyclope. Mes compagnons effrayés tâchent en vain de m'imposer silence. Cruel que vous êtes, me disent-ils, vous venez de nous exposer à périr; quelle peine n'avons-nous pas eue à éviter le naufrage? et vous provoquez encore la fureur de ce monstre! S'il entend votre voix et vos insultes, n'est-il pas à craindre qu'il ne nous écrase, nous et nos vaisseaux, en lançant de nouveau quelque énorme quartier de roche contre nous? Leurs remontrances ne m'arrêtèrent point. J'étois moi-même trop irrité ; je lui criai donc encore : Cyclope Polyphême, si un jour quelqu'un te demande quel est le brave qui a osé t'arracher l'œil, tu peux répondre que c'est Ulysse, roi d'Ithaque, fils de Laërte, et le destructeur des villes.

Quand il entendit mon nom, il redoubla ses cris. Les voilà donc accomplis ces anciens oracles! dit en gémissant le barbare Polyphême : il y avoit autrefois parmi nous un nommé Télémus, fils d'Eurymus ; il excelloit dans l'art de deviner, et il a passé sa longue vie à prédire ce qui devoit nous arriver. Il m'avoit annoncé que je serois douloureusement privé de la vue par les mains d'Ulysse. Sur cette prédiction, je m'attendois à voir arriver un jour dans mon antre un champion digne, par sa taille et par sa vigueur, de se mesurer à moi ; et c'est un homme petit, foible, de peu d'apparence, qui, à l'aide d'un breuvage séducteur, m'endort, et me prive de la lumière. Ah! viens, Ulysse, viens, que je te fasse les présents de l'hospitalité, et que je supplie Neptune avec toi de t'accorder un prompt retour dans ta patrie. Ce dieu est mon père, il ne m'a jamais désavoué pour son fils; il peut me guérir s'il le veut, et je n'attends ce bienfait d'aucun autre dieu ni d'aucun homme.

Non, lui répondis-je, non, Neptune ne te guérira pas ; ne t'en flatte point, j'en suis sûr : et que ne suis-je autant de t'arracher la vie et de te précipiter dans le sombre royaume de Pluton! Polyphême, piqué de cette nouvelle insulte, lève les mains au ciel ; et s'adressant à Neptune, il lui dit :

Grand dieu, qui ébranlez la mer jusque dans ses fondements, écoutez-moi favorablement. Si je suis votre fils, si vous êtes mon père, vengez-moi d'Ulysse, empêchez-le de retourner dans son palais ; et si les destins s'opposent au succès de ma prière, faites du moins qu'il n'y arrive de long-temps, qu'il y parvienne alors en triste équipage, dans un vaisseau d'emprunt, seul, et après avoir vu périr tous ses compagnons, et qu'il trouve enfin sa maison remplie de troubles et de désordres.

Il dit. Je n'ai que trop éprouvé par la suite que Neptune l'avoit exaucé. Le barbare aussitôt prend une roche plus grande que la première, la soulève, et la lance contre nous à tour de bras. Elle tombe auprès de nous. Peu s'en fallut qu'elle ne fracassât le gouvernail ; les flots, soulevés par la chute de cette masse énorme, nous poussèrent vers l'île où nous avions laissé notre flotte, très inquiète de notre longue absence. Nous abordons enfin, nous tirons notre vaisseau sur le sable, et descendons sur le rivage. Mon premier soin fut de partager les moutons que nous avions enlevés au Cyclope. Tous mes compagnons en eurent leur part, et voulurent, d'un commun accord, me réserver et me donner à moi seul le bélier qui m'avoit sauvé. Je l'immolai, sur le bord de la mer, au maître souverain des dieux et des hommes. Il n'agréa pas sans doute ce sacrifice, car j'éprouvai bientôt de nouveaux malheurs ; je perdis mes vaisseaux et mes compagnons.

Nous passâmes le reste du jour à faire bonne chère, et à boire de mon excellent vin. Quand le soleil fut couché, et que la nuit eut répandu ses sombres voiles sur la terre, nous nous endormîmes sur le rivage même : et le lendemain, au premier lever de l'aurore, je fais embarquer tout mon monde ; on délie les câbles, on se range sur les bancs, et, de nos avirons, nous fendons les flots écumeux. Nous voyons avec joie s'éloigner cette malheureuse contrée, et le souvenir des compagnons victimes de la fureur de Polyphême nous arrache encore des larmes et des regrets.

LIVRE X.

Nous abordâmes bientôt et sans accident à l'île d'Éolie, où régnoit le fils d'Hippotas, Éole, le favori des dieux. Son île est flottante, bordée de rochers escarpés, et environnée d'une mer d'airain. Ce roi a douze enfants, six garçons et six filles. Il a marié les frères avec les sœurs, et tous passent leur vie auprès de leur père et de leur mère, dans des plaisirs et des festins continuels. Le jour, on ne respire que parfums exquis, on n'entend que le son harmonieux des instruments et que des cris de joie. La nuit, on se repose sur des tapis et dans des lits magnifiques. C'est dans ce superbe palais que nous arrivâmes. J'y fus bien accueilli : Éole me retint, et me régala pendant un mois. Il me fit plusieurs questions sur le siège de Troie, sur la flotte des Grecs, et sur leur retour. Je répondis à tout, et lui racontai, pour le satisfaire, et dans le plus grand détail, nos trop célèbres aventures. Je me recommandai ensuite à lui pour mon retour, et le suppliai de m'en fournir les moyens et les facilités. Il ne me refusa point, et donna ses ordres pour me fournir tout ce qui me seroit nécessaire. Mais la grande faveur qu'il me fit fut de me donner une outre de peau de bœuf, dans laquelle il renferma les vents qui excitent les tempêtes. Jupiter l'en a rendu le maître et le dispensateur ; il les fait souffler, il retient leur haleine, comme il lui plaît. Éole attacha lui-même cette outre au mât de mon vaisseau, et l'y assujettit avec un cordon d'argent, afin qu'il n'en échappât aucun qui me contrariât dans ma route. Il laissa seulement en liberté le zéphyr, avec le secours duquel je pouvois voguer heureusement. Mais nous ne sûmes pas profiter de cette faveur ; et l'imprudence, l'infidélité de mes gens, nous mirent tous à deux doigts de notre perte. Notre navigation fut très fortunée pendant neuf jours entiers : le dixième, nous commencions à découvrir notre chère Ithaque, nous apercevions le rivage, et les feux allumés pour éclairer et guider les vaisseaux. Soit sécurité, soit fatigue, je me laissai surprendre par le sommeil. Jusqu'alors je n'avois point fermé les yeux, tenant toujours le gouvernail, et n'ayant voulu le confier à personne ; tant je desirois d'arriver sûrement et promptement. Pendant que je dormois, mes compagnons se communiquent leurs réflexions, considèrent l'outre que j'avois dans mon vaisseau, et s'imaginent qu'Éole l'a remplie d'or et d'argent. Qu'Ulysse est heureux ! disent-ils ; comme il gagne tous ceux chez qui il arrive ! comme il en est honoré ! que de riches présents il emporte chez lui ! Pour nous, qui avons partagé cependant ses travaux et ses dangers, nous nous en retournons les mains vides. Voilà encore une outre dont Éole lui a fait don ; elle renferme sûrement de grandes richesses ; ouvrons-la, et donnons-nous au moins le plaisir de les contempler.

Ainsi parlèrent quelques uns de mes compagnons, ils entraînèrent les autres : tous de concert ouvrent cette outre fatale ; les vents en sortent en foule ; ils excitent une tempête furieuse qui emporte mes vaisseaux et les jette loin de ma patrie. Les cris de mes compagnons, le fracas de l'orage, me réveillent. A ce triste spectacle, le désespoir s'empare de moi ; je délibère si je ne me précipiterois pas dans les flots, ou si je ne supporterois pas ce revers inattendu sans recourir à la mort. Je pris le parti de la patience, comme le plus digne de l'homme, et surtout d'un héros. Je m'enveloppe donc de mon manteau, et me tiens caché au fond de mon vaisseau. Les vents nous repoussèrent sur les côtes de l'Éolie, dont nous étions partis. Nous descendîmes sur le rivage, nous puisâmes de l'eau, fîmes un léger repas auprès de nos vaisseaux. Après avoir satisfait ce besoin, suivi d'un héraut et de deux de mes compagnons, je prends la route du palais d'Éole. Il étoit à table avec sa femme et ses enfants. Nous nous arrêtons à la porte de la salle : étonnés de me revoir, ils me demandent la cause de mon retour subit. Quelque dieu, nous dirent-ils, a-t-il contrarié votre navigation ? Nous vous avions donné tous les moyens d'assurer votre voyage, et d'aborder heureusement dans votre île d'Ithaque.

Hélas ! leur répondis-je dans l'amertume de mon cœur, j'ai cédé malgré moi aux charmes invincibles du sommeil ; mes compagnons en ont profité, ils m'ont trahi. Mais vous avez le pouvoir de réparer tout le mal qu'ils m'ont fait : ne me refusez pas cette grace, je vous en conjure. Je tâchai ainsi de les attendrir par mes suppliantes paroles. Tous gardèrent le silence, à l'exception d'Éole. Sors, malheureux, me dit-il avec indignation, sors au plus vite de mes domaines. Non, je ne puis plus ni recevoir ni assister un homme à qui les dieux ont voué sans doute une haine éternelle. Retire-toi, encore une fois, puisque tu es chargé de leur colère redoutable et immortelle.

Il me renvoya ainsi de son palais, sans que mon état et mes plaintes pussent l'attendrir. Je vais rejoindre, en gémissant, les compagnons que j'avois laissés sur le rivage : je les trouve eux-mêmes abattus de fatigues et de tristesse. Nous nous remettons en mer. Hélas ! l'espérance ne nous soutenoit presque plus ; le souvenir de leur imprudence les désoloit, et nous voguons sans savoir ce que nous allons devenir. Nous marchons cependant six jours entiers ; le septième, nous arrivons à la hauteur de Lamus, capitale de la vaste Lestrigonie.... Nous nous présentons pour entrer dans le port : il est environné de rochers, des deux côtés le rivage s'avance, et forme deux pointes qui en rendent l'entrée fort étroite et peu facile ; ma flotte y pénètre cependant, et y trouve une mer tranquille. Je ne les suivis point, je m'arrêtai à l'extrémité de l'île, et j'y amarrai mon vaisseau à une grosse roche. Descendu à terre, je monte sur un lieu fort élevé, je parcours des yeux la campagne, je n'y vois aucune trace de labourage, et la fumée qui s'élève en quelques endroits me fait seulement conclure que cette terre est habitée. Pour m'en assurer davantage, je choisis deux de mes compagnons que j'envoie à la découverte, avec un héraut. Ils partent, prennent un chemin battu, et par lequel les chariots portoient à la ville le bois des montagnes voisines. Près des murs, ils rencontrent une jeune fille qui alloit puiser de l'eau à la fontaine d'Artacie. C'étoit la fille d'Antiphate, roi des Lestrigons. Ils l'abordent, et lui demandent quels étoient les peuples qui habitoient cette contrée, et quel étoit le nom du roi qui les gouvernoit. Elle leur montre le palais de son père. Ils y vont avec confiance, et trouvent à la porte la femme d'Antiphate : elle étoit d'une taille énorme, et ils en furent effrayés. Elle appelle Antiphate son mari, qui étoit à la place publique, et qui s'avance, ne respirant que leur mort. Il saisit un de ces malheureux, et le dévore pour son dîner : les deux autres prennent la fuite, et regagnent notre flotte. Mais ce monstre appelle les Lestrigons : ces cris épouvantables en font accourir un grand nombre; ils marchent vers le port. Ce n'étoit pas des hommes ordinaires, mais de véritables géants. Ils lancent contre nous de grosses pierres; un bruit confus d'hommes mourants et de vaisseaux brisés s'élève de ma flotte. Les Lestrigons percent mes malheureux compagnons, les enfilent comme des poissons, et les emportent pour les dévorer. J'entends ce tumulte, je vois le danger dont je vais être menacé; je prends mon épée, je coupe le câble qui attachoit mon vaisseau, j'ordonne à mes gens de faire force de rames pour éviter la mort cruelle qu'on venoit de faire subir à nos compagnons; la mer blanchit sous nos efforts. Nous gagnons le large, et nous nous mettons hors de la portée des quartiers de rocher qu'on lançoit contre nous : mais les autres périrent tous dans le port; nous nous en éloignâmes, très affligés de leur perte, et nous arrivâmes à l'île d'Æa. Circé, aussi recommandable par la beauté de sa voix que par celle de sa figure, en est la souveraine; c'est la sœur du sévère Æétès, et tous deux sont enfants du Soleil et de la nymphe Persa, fille de l'Océan. Un dieu sans doute nous conduisit dans le port; nous y entrâmes sans faire de bruit, nous mettons pied à terre, et nous y passons deux jours à nous reposer, car nous étions accablés de douleur et de fatigue.

Dès l'aube du troisième jour, je prends ma lance et mon épée, et je m'avance dans la campagne pour aller à la découverte du pays, et m'assurer s'il étoit habité et cultivé. Je monte sur une éminence, je promène mes yeux de tous côtés, et j'aperçois de loin, à travers les bocages et de grands arbres, la fumée qui sortoit du palais de Circé. Mon premier mouvement fut d'y aller moi-même; mais à la réflexion je me déterminai à retourner vers mes compagnons, afin de me faire précéder par quelques uns d'entre eux. Un dieu, touché sans doute de la disette de vivres où nous étions, eut pitié de moi, et me fit rencontrer sur la route un cerf d'une prodigieuse grandeur, qui sortoit de la forêt voisine pour aller se désaltérer dans le fleuve : comme il passoit devant moi, je le perçai de ma lance; il tombe en jetant un grand cri, il expire. J'accours sur lui, je lui mets le pied sur la gorge, j'arrache ma lance, je la laisse à terre, et de plusieurs branches d'osier je fais une corde de quatre coudées, dont je me sers pour lier les pieds de ce monstrueux animal; je le charge ensuite sur mes épaules, et, à l'appui de ma lance, je marche, non sans peine, et vais rejoindre mon vaisseau. En arrivant, je jetai ma proie sur le rivage, et je dis à mes compagnons : Mes amis, nous ne sommes pas encore descendus dans le royaume de Pluton; le jour marqué par les destins n'est point arrivé pour nous. Où est donc votre courage? levez-vous; je vous apporte des provisions, profitons-en, et chassons ensemble la faim qui commençoit à nous déclarer une guerre cruelle.

Mon discours les console et les ranime; ils jettent leurs manteaux, dont ils s'étoient enveloppés la tête par désespoir; ils accourent, regardent avec admiration cette bête énorme, et, après s'être donné le plaisir de la contempler, ils se lavent les mains et en préparent leur souper. Nous passâmes le reste du jour à boire et à manger; et quand la nuit eût répandu ses ombres sur les campagnes, nous nous livrâmes aux douceurs du sommeil sur le rivage même, et non loin de notre vaisseau.

Le lendemain, au lever de l'aurore, j'éveillai mes compagnons : Mes chers amis, leur dis-je alors, je ne connois ni ce pays où nous avons abordé, ni sa situation; est-il au nord, au midi, au couchant ou au levant d'Ithaque? c'est ce que j'ignore absolument. Voyons donc ce que nous avons à faire, prenons un parti : et plaise aux dieux que nous en prenions un bon et avantageux ! J'ai déja parcouru des yeux, de dessus une éminence, la terre qui est devant nous; c'est une île fort basse, environnée d'une vaste mer : mais elle n'est point inhabitée; car, à travers les arbres, j'ai entrevu un palais d'où il sortoit de la fumée.

A ces mots, qui leur firent soupçonner que je voulois les envoyer à la découverte, ils se rappelèrent, en se lamentant, les funestes aventures de Polyphème et du roi des Lestrigons; ils ne purent retenir leurs larmes et leurs gémissements, ressources inutiles dans la détresse où nous nous trouvions : c'est ce que je représentai, après quoi je les partageai en deux bandes; je donnai pour chef Euryloque à l'une de ces bandes, et je me réservai le commandement de l'autre; je jetai ensuite des billets dans un casque, afin que le sort décidât lequel d'Euryloque ou de moi iroit avec sa troupe reconnoître le pays : le sort se déclara pour Euryloque. Il part aussitôt avec ses vingt-deux compagnons, et cette séparation nous coûta à tous bien des larmes.

Ils trouvent, dans le fond d'un agréable vallon, le palais de Circé : il étoit bâti de très belles pierres, et environné de bois. Autour de cette magnifique demeure, on voyoit errer des loups et des lions, auxquels ses enchantements avoient fait perdre leur férocité. Ils ne se jettent donc point sur mes gens, et n'en approchent que pour les caresser : on les auroit pris pour des chiens qui attendent, en flattant leur maître, qu'il leur donne quelque douceur lorsqu'il sort de table : ces loups et ces lions en avoient la douceur et l'empressement. Cette rencontre ne laissa pas d'abord d'effrayer mes compagnons; ils avancent cependant. Arrivés à la porte, ils entendent Circé qui chantoit admirablement bien, en travaillant à un ouvrage de tapisserie avec presque autant d'adresse et de succès que Minerve ou les autres immortelles.

Polithès, le plus prudent de la troupe, et celui aussi que j'estimois et que je chérissois le plus, dit aux autres pour les rassurer : N'entendez-vous pas cette voix mélodieuse? c'est une femme ou une déesse, qui, par ses doux accents, charme l'ennui et la fatigue du travail; allons à elle, parlons-lui avec confiance. Il dit : aussitôt ils élèvent la voix pour appeler. Circé quitte son ouvrage, et vient elle-même leur ouvrir la porte; elle les fait entrer : ils ont l'imprudence de se rendre à ses invitations; Euryloque seul soupçonne quelque piége, et refuse d'entrer.

La déesse fait asseoir mes compagnons sur des siéges magnifiques, et leur sert ensuite un breuvage et des mets composés de fromages, de farine et de miel, détrempés dans du vin de Pramine; elle y avoit mêlé des drogues enchantées pour leur faire oublier leur patrie. Dès qu'ils eurent goûté de ces mets empoisonnés, elle les frappe de sa baguette magique, et les enferme dans des étables. Ils sont tout-à-coup métamorphosés en pourceaux; ils en ont la tête, la voix et les soies : mais leur esprit n'éprouve aucun changement. Ils se lamentent; et Circé, pour les consoler, remplit une auge de gland, et de tout ce qui sert de nourriture à ces vils animaux.

Euryloque, effrayé et consterné, revient en courant vers notre vaisseau, et nous apprend, les larmes aux yeux et le cœur pénétré de douleur, le sort déplorable de nos compagnons. Quel fut notre étonnement quand nous le vîmes triste et abattu! il vouloit parler, il ne le pouvoit pas; nous l'interrogeons, nous le pressons de répondre; enfin, d'une voix sanglottante et entrecoupée, il me dit :

Divin Ulysse, nous avons traversé ce bois, selon vos ordres : dans une riante vallée nous avons trouvé un beau palais; le son d'une voix charmante s'est fait entendre à nous, c'étoit celle de Circé. Mes compagnons l'ont appelée; elle a laissé son ouvrage, pour venir leur faire ouvrir les portes; ils se sont rendus malheureusement à ses perfides invitations. Plus défiant qu'eux, j'y ai résisté, et je les ai attendus en dehors. Attente vaine! ils n'ont point reparu, et sans doute qu'ils ne sont plus.

A peine Euryloque eut-il fini de parler, que je pris mon épée et mes autres armes, et que je lui ordonnai de me conduire par le chemin qu'il avoit tenu. Ah! me dit-il en gémissant, je me jette à vos genoux, généreux fils de Laërte, et je vous conjure de renoncer à ce funeste dessein. N'allez point chercher la mort, et ne me forcez pas du moins de vous accompagner. Hélas! quoi que ce soit, vous ne les ramènerez sûrement pas ici. Laissez-moi donc, ou plutôt fuyons tous au plus vite avec ce qui nous reste de nos malheureux compagnons; fuyons ce séjour redoutable, fuyons; il y va sûrement de notre vie.

Euryloque, lui répondis-je, demeurez auprès de nos vaisseaux, puisque vous le voulez; reposez-vous, profitez des provisions que nous avons : je pars, c'est un devoir pour moi de m'informer du sort de ceux qui vous ont suivi; je ne saurois y manquer.

Je quitte donc le rivage, je parcours le bois voisin; et lorsque je traversois le vallon, et que je m'approchois du palais de Circé, Mercure se présente à moi sous la forme d'un homme qui est à la fleur de la jeunesse, et qui a toutes les graces de cet âge; il me prend la main, et me dit : Où allez-vous, malheureux? quelle témérité de vous engager seul et sans connoissance dans ces routes dangereuses! ceux que vous cherchez sont dans le palais que vous voyez; l'enchanteresse Circé les y retient métamorphosés en vils pourceaux. Prétendez-vous les délivrer? Folle prétention! vous n'y réussirez jamais, et vous en augmenterez vraisemblablement le nombre. Mais non, je veux vous garantir de leur sort déplorable, j'ai pitié de vous. Voilà un antidote contre ses charmes; avec lui vous pouvez entrer avec confiance chez la déesse, il rendra tous ses enchantements inutiles. Apprenez de moi que rien n'égale ses artifices et sa perfidie. Dès qu'elle vous aura introduit dans son palais, elle vous préparera un breuvage dans lequel elle aura jeté des drogues plus dangereuses que les poisons les plus mortels; mais cette boisson ne vous fera aucun mal, parce que je vous donne de quoi vous en préserver; et voici comme il faudra vous conduire : dès que vous aurez avalé le breuvage qu'elle vous aura présenté, elle vous frappera de sa baguette; mettez alors l'épée à la main, jetez-vous sur elle comme si vous vouliez lui ôter la vie; la peur la saisira; elle cherchera à vous calmer : ne rebutez pas ses offres, écoutez-les même, afin d'obtenir la délivrance de vos compagnons, et pour vous et pour eux les secours qui vous sont nécessaires; faites-la jurer ensuite, par les eaux du Styx, qu'elle n'abusera pas de votre confiance, et qu'elle ne vous rendra pas la victime de ses charmes et de ses artifices.

Après cette instruction, Mercure me mit dans la main cet antidote admirable : c'étoit une plante dont il m'enseigna les vertus; les racines en sont noires, et sa fleur a la blancheur du lait. Les dieux l'appellent moly. Les mortels ne peuvent que difficilement l'arracher de terre : mais les immortels font tout aisément.

En finissant ces mots, Mercure me quitte, s'élève dans les airs, s'envole dans l'Olympe. Je continuai à marcher vers le palais de Circé, l'esprit inquiet et agité. Je m'arrête à la porte; j'appelle l'enchanteresse; elle m'entend, accourt, et me fait entrer. Je la suis d'un air triste et rêveur. Arrivé dans une salle magnifique, elle me fait asseoir sur un siége merveilleusement travaillé, et me présente cette boisson mixtionnée dont mes compagnons avoient éprouvé les terribles effets. Je pris de ses mains la coupe d'or qui la renfermoit; je la vidai, sans aucune des suites qu'elle espéroit. Elle me frappe de sa baguette magique, en me disant d'aller rejoindre dans leur étable les malheureux qu'elle avoit transformés. Je tire aussitôt mon épée, je cours sur elle, comme pour l'immoler à ma vengeance. Étonnée de mon audace, Circé crie, se prosterne à mes genoux, me demande, le visage inondé de ses larmes, qui je suis, d'où je viens. Comment arrive-t-il que mes charmes ne produisent dans vous aucun changement? jamais aucun mortel n'a pu y résister : dès qu'on les touche du bout des lèvres, il faut céder à leur force. Il faut que vous ayez dans vous quelque chose de plus puissant que mon art enchanteur, ou que vous soyez le prudent Ulysse. En effet, je me rappelle que Mercure m'a prédit la visite de ce héros à son retour de Troie. Mais remettez votre épée dans le fourreau, faisons la paix, et vivons dans l'union et la confiance.

Elle me parla ainsi; mais j'étois en garde contre des avances si suspectes, et je lui répondis : Comment, Circé, puis-je compter sur vos promesses? vous avez traité mes amis très inhumainement; si j'accepte vos offres, si je me laisse désarmer, dois-je m'attendre à un meilleur traitement? Non, je ne consentirai à rien, à moins que vous ne me juriez, par le serment redoutable aux immortels, que vous ne me tendrez aucun piége. Je le jure, répliqua-t-elle sans balancer. Je m'apaisai alors, et les armes me tombèrent des mains.

Circé avoit près d'elle, et à son service, quatre Nymphes, filles des fontaines, des bois et des fleuves qui portent le tribut de leurs eaux dans la vaste mer; elles étoient d'une beauté ravissante, et dignes des vœux des immortels : l'une couvre les siéges et le parquet de tapis de pourpre d'une finesse et d'un travail merveilleux; l'autre dresse une table d'argent, et la couvre de corbeilles d'or; la troisième verse le vin dans des urnes, et prépare des coupes; la quatrième apporte de l'eau, allume du feu, et dispose tout pour le bain. J'y entrai quand tout fut prêt; l'on versa l'eau chaude sur ma tête, sur mes épaules; on me parfuma d'essences exquises; et lorsque je ne me ressentis plus de la lassitude de tant de peines et de maux que j'avois soufferts, et que je voulus sortir de ce bain, on me couvrit d'une belle tunique et d'un manteau magnifique; après quoi j'allai dans la salle pour y rejoindre Circé. Asseyez-vous, me dit-elle; mangez, choisissez de tous ces mets ceux qui vous plaisent le plus. Je n'étois guère en état de lui obéir : mon cœur, mon esprit, ne présageoient rien que de funeste. Circé s'en aperçoit; elle s'approche de moi, elle me reproche ma tristesse : Mangez, me dit-elle : que craignez-vous? que pouvez-vous craindre après le serment que je vous ai fait? votre silence, votre réserve, me sont injurieux. Hélas! grande déesse, m'est-il possible de me livrer au plaisir de manger et de boire avant que mes compagnons soient délivrés, avant que j'aie eu la consolation de les voir de mes propres yeux? Quelle idée auriez-vous de moi? que penseriez-vous d'Ulysse? Ne le croiriez-vous pas sans honneur et sans sentiment, s'il pensoit à ce vil besoin, et qu'il oubliât ces malheureux?

Aussitôt Circé s'arme de sa baguette, quitte la salle, ouvre elle-même la porte de ses vastes étables, et m'amène mes compagnons sous la figure de pourceaux; elle fait sur eux ses tours magiques, et les frotte d'une drogue de sa façon; ils changent de figure, leurs longues soies tombent, ils redeviennent hommes, et paroissent plus beaux, plus jeunes et plus grands qu'auparavant. Ils me reconnoissent; nous nous embrassons tendrement; notre joie éclate. Circé elle-même en paroît touchée, et me dit : Allez, Ulysse, allez à votre vaisseau ; retirez-le à sec sur le rivage ; cachez dans les grottes voisines vos provisions, vos richesses, vos armes, et revenez au plus vite me trouver avec tous vos compagnons.

J'obéis, je pars à l'instant, je regagne la rive ; j'y trouve tout ce que j'y avois laissé de monde plongé dans la tristesse et dans les inquiétudes. Comme de jeunes génisses s'attroupent en bondissant autour de leur mère lorsqu'elles la voient revenir le soir des pâturages, comme rien alors ne les retient et qu'elles franchissent toutes les barrières pour courir au-devant d'elle, et l'appeler par leurs mugissements ; de même mes compagnons volent à ma rencontre, et me pressent avec tendresse et avec larmes. Vous voilà ! me diront-ils : que nous sommes contents ! Non, nous ne le serions pas davantage si nous revoyions notre chère patrie, si nous débarquions sur la terre qui nous a vus naître, et où nous avons été élevés. Mais que sont devenus nos camarades ? racontez-nous leur sort déplorable.

Cessez, leur répondis-je, de vous désoler ; prenez courage, ils ne sont point à plaindre. Mettons notre vaisseau à l'abri des flots, cachons dans ces grottes nos agrès, nos armes, nos provisions ; suivez-moi ensuite, et allons ensemble rejoindre nos amis : ils sont dans le palais de Circé, parfaitement bien traités, et jouissent de la plus grande abondance.

A cette nouvelle, ils s'empressent d'exécuter mes ordres, et se disposent à m'accompagner : Euryloque cependant veut s'y opposer. Malheureux ! s'écrie-t-il, vous courez à votre perte. Que pouvez-vous attendre de la perfide Circé ? N'en doutez pas, elle vous transformera en pourceaux, en loups, en lions, pour garder les avenues de son palais. Pourquoi tenter cette aventure ? ne vous souvenez-vous plus du cyclope Polyphème ? six de ceux qui entrèrent avec Ulysse n'ont plus reparu : leur mort cruelle ne peut-elle pas être imputée à la témérité de leur chef ?

Irrité de ce reproche, j'allois m'en venger et lui abattre la tête de mon épée, malgré son alliance avec ma maison ; on se mit heureusement au-devant de moi ; on me pria, on me fléchit. Laissez-le ici, me dit-on ; il gardera notre vaisseau, il veillera sur tout ce que nous laissons. Pour nous, nous voulons vous suivre ; nous voulons voir Circé et son magnifique palais.

Nous partons aussitôt : Euryloque même nous accompagna ; il craignit ma colère. Circé, pendant mon absence, avoit eu grand soin de mon monde ; nous les trouvâmes baignés, parfumés, vêtus magnifiquement, et assis devant des tables abondamment servies. Cette entrevue fut des plus touchantes ; tous s'embrassèrent, se parlèrent, se racontèrent leurs aventures : ce récit provoqua leurs larmes et leurs gémissements ; le palais en retentissoit ; j'en étois saisi moi-même.

Circé me pria de faire cesser tous ces sanglots : Je n'ignore pas, dit-elle, tout ce que vous avez enduré de fatigues sur la mer ; je sais tout ce que des hommes inhumains et barbares vous ont fait souffrir : mais présentement profitez du repos que vous avez, prenez de la nourriture, réparez vos forces, souvenez-vous de ce que vous étiez en partant d'Ithaque, et reprenez la vigueur et le courage que vous aviez alors. Le souvenir de vos malheurs ne sert qu'à vous abattre, et à vous empêcher de goûter les plaisirs qui se présentent.

La déesse me persuada ; nous nous remîmes à table, et nous y passâmes tout le jour. Notre séjour dans ce palais fut d'une année entière. La bonne chère et les plaisirs ne firent point oublier leur patrie à mes compagnons ; après quatre saisons révolues, ils me firent leurs remontrances : Ne vous souvenez-vous plus de votre chère Ithaque ? me dirent-ils. N'est-il pas dans l'ordre des destinées que vous ne négligiez rien pour nous procurer le bonheur de revoir nos dieux pénates ?

J'eus égard à de si justes desirs, dès ce jour même presque tout consacré aux plaisirs de la table. Quand le soleil se coucha, quand la nuit eut répandu ses sombres voiles sur la terre, quand mes compagnons se furent retirés, et que je me trouvai seul avec Circé, j'embrassai ses genoux ; et la trouvant disposée à m'écouter favorablement, je lui parlai en ces termes : Vous m'avez comblé de graces, grande déesse ; j'ose cependant vous en demander une encore, et ce sera la dernière. Vous m'avez promis de favoriser mon retour, il est temps d'accomplir cette promesse : Ithaque est toujours l'objet de mes vœux. Mes compagnons ne soupirent aussi qu'après elle ; ils se plaignent du long séjour que je fais ici, et me le reprochent dès qu'ils peuvent me parler sans que vous puissiez les entendre.

Non, cher Ulysse, non, je ne prétends pas vous retenir : mais vous avez encore un royaume à visiter avant que d'arriver dans le vôtre, c'est celui de Pluton et de Proserpine : il faut que vous y alliez consulter l'ame de Tirésias le Thébain. Ce devin est aveugle ; mais en revanche son esprit est plein de lumières, et pénètre dans l'avenir le plus sombre. Il doit à Proserpine ce rare privilége, de conserver après la mort toute l'intelligence qui le rendoit si recommandable pendant la vie : les autres ombres ne sont auprès de lui que de vains fantômes.

A ces paroles, frappé comme d'un coup de foudre, je tombai sur un lit de repos, je l'arrosai de mes larmes, je ne voulois plus vivre ni voir la lumière du soleil. Enfin, revenu de mon étonnement, ou plutôt de mon désespoir : Quelle entreprise! m'écriai-je; qui me guidera dans ce voyage inouï? quel est le vaisseau qui a jamais pu aborder sur cette triste rive?

Ne vous mettez point en peine de conducteur, valeureux Ulysse; élevez votre mât, déployez vos voiles; et tenez-vous en repos, le souffle de Borée vous fera marcher. Après avoir traversé l'Océan, vous trouverez une plage commode, bordée par les bois de Proserpine; ce sont des peupliers, des saules, tous arbres stériles : arrêtez-vous là, c'est justement l'endroit où l'Achéron reçoit dans son lit le Phlégéthon et le Cocyte qui est un écoulement du Styx. Avancez jusqu'à la roche où est le confluent de ces deux fleuves, dont les eaux roulent et se précipitent avec fracas; vous ne serez pas loin alors du palais ténébreux de Pluton. Creusez une fosse sur ces bords; qu'elle soit d'une coudée en carré.

Faites-y pour les morts trois sortes de libations : la première, de lait et de miel; la seconde, de vin pur; la troisième, d'eau où vous aurez détrempé de la farine. En faisant ces effusions, adressez des prières aux ombres des morts ; engagez-vous à leur sacrifier, à votre retour à Ithaque, une génisse qui n'aura jamais porté, et qui soit la plus belle de vos troupeaux; promettez de leur élever un bûcher, d'y jeter ce que vous avez de plus précieux, et d'immoler, en l'honneur de Tirésias en particulier, un bélier tout noir, et qui soit la fleur de vos bergeries. Vos prières et vos vœux achevés, égorgez un bélier noir et une brebis noire; vous tiendrez leurs têtes tournées du côté de l'Érèbe, et vous tournerez vos regards vers l'Océan : vous verrez arriver en foule les ombres des morts. Pressez dans ce moment vos compagnons de dépouiller les victimes immolées, de les brûler, et d'adresser encore des prières et des vœux aux dieux infernaux, et surtout au redoutable Pluton et à la sévère Proserpine. Pour vous, tenez-vous tout auprès l'épée à la main, pour écarter les ombres, et empêcher qu'elles n'approchent du sang des victimes avant que vous ayez consulté le devin Tirésias : il ne tardera point à paroître, et c'est de lui que vous devez apprendre la route que vous devez tenir pour arriver heureusement à Ithaque.

A peine Circé eut-elle fini de parler, que l'Aurore parut sur son trône d'or : je prends mes habits; c'étoient des présents de la déesse, et ils étoient magnifiques; elle-même se para, prit une robe de toile d'argent et d'un travail exquis, l'arrêta avec une ceinture d'or, et se couvrit la tête d'un voile fait par les Graces.

Je cours réveiller mes compagnons. Mes amis, vous voulez partir; réveillez-vous donc; le temps presse, profitons de la permission que nous en donne la déesse. Cette nouvelle les comble de joie, et ils font la plus grande diligence.

Mais, au moment du départ, j'éprouvai encore un grand malheur. Elpénor, le plus jeune de tous, et le moins sage, le moins valeureux, chaud du vin qu'il avoit bu la veille avec excès, étoit monté sur une des plates-formes du palais, pour y prendre le frais et s'y reposer à l'aise : le bruit que nous fîmes et les préparatifs de notre départ le réveillent en sursaut; il se lève précipitamment, et, au lieu de prendre le chemin de l'escalier, il marche à demi endormi devant lui, il tombe du haut du toit, se tue, et va nous précéder sur les bords du Cocyte.

Mes compagnons s'assemblent autour de moi pour prendre mes ordres : je leur déclarai alors que leur attente alloit être trompée, qu'ils se flattoient sans doute que nous allions prendre la route d'Ithaque; mais que Circé exigeoit de moi que je fisse auparavant un autre voyage, et qu'il falloit que j'allasse tout de suite et que je tentasse de descendre dans le royaume de Pluton et de Proserpine, pour y consulter l'ombre du devin Tirésias.

Ils en furent consternés, s'arrachèrent les cheveux de douleur, et jetèrent des cris lamentables : mais tout cela étoit inutile, et il n'y avoit aucun moyen de contredire ou d'éluder les ordres de la déesse. Elle vint nous trouver au moment que nous allions nous embarquer; elle fut témoin de leurs larmes amères, attacha dans notre vaisseau doux moutons noirs, un mâle et une femelle, et disparut sans être aperçue : car qui peut suivre et découvrir les traces d'une divinité, lorsqu'elle veut dérober sa marche aux yeux des mortels?

PRÉCIS DU LIVRE XI.

Avec le vent favorable que nous donna Circé, et les efforts de nos rameurs, nous voguâmes heureusement, et arrivâmes, vers le coucher du soleil, à l'extrémité de l'Océan : c'est là qu'habitent les Cimmériens ; une éternelle nuit étend ses sombres voiles sur ces malheureux. Nous abordâmes sur ces tristes rivages ; nous y mîmes notre vaisseau à sec, débarquâmes nos victimes, et courûmes chercher l'endroit que Circé nous avoit marqué. Nous y creusâmes une fosse, fîmes les libations ordonnées et les vœux prescrits pour les ombres : j'égorgeai ensuite les victimes sur la fosse. Nous sommes bientôt environnés de vains fantômes, qui accourent du fond de l'Érèbe ; je les écarte avec mon épée, et j'empêche qu'ils n'approchent du sang des victimes avant que je n'aie entendu la voix de Tirésias.

L'ombre d'Elpénor fut la première qui se présenta à moi : nous avions laissé son corps sans sépulture. L'empressement que nous avions de partir nous avoit fait négliger ce devoir : il s'en plaignit, et me conjura, par mon père, par Pénélope, et par mon fils, de nous souvenir de lui quand nous serions arrivés dans l'île de Circé. Je sais, me dit-il, que vous y aborderez encore en vous en retournant ; brûlez mon corps avec toutes mes armes, et élevez-moi un tombeau sur le bord de la mer, afin que tous ceux qui passeront sur cette rive apprennent mon malheureux sort.

Tout-à-coup je vis paroître l'ombre de ma mère Anticlée ; elle étoit fille du magnanime Autolycus, et je l'avois laissée pleine de vie à mon départ pour Troie. Je m'attendris en la voyant ; mais, quelque touché que je fusse, je ne la laissai point approcher avant l'arrivée de Tirésias. Je l'aperçois enfin, portant un sceptre à la main ; il me reconnut et me parla le premier. Fils de Laërte, me dit-il, pourquoi avez-vous quitté la lumière du soleil pour venir voir cette sombre demeure ? Vous êtes bien malheureux ! éloignez-vous, détournez votre épée, afin que je boive de ce sang, et que je vous annonce ce que vous voulez savoir de moi.

J'obéis : l'ombre s'approche, boit, et me prononce ces oracles : Ulysse, vous voulez retourner heureusement dans votre patrie : un dieu vous rendra ce retour difficile et laborieux ; Neptune est encore irrité contre vous, et veut venger son fils Polyphème. Cependant, malgré sa colère, vous y arriverez après bien des travaux et des peines : mais vous passerez par l'île de Trinacrie ; vous y verrez des bœufs et des moutons consacrés au Soleil qui voit tout : n'y touchez pas, empêchez vos compagnons d'y toucher ; car si vous manquez à ce que je vous recommande, je vous prédis que vous périrez, vous, votre vaisseau et vos compagnons. Si, par le secours des dieux, vous échappez à cette tentation dangereuse, vous aurez la consolation de revoir Ithaque, mais après de longues années, et après avoir perdu tout votre monde. Vous trouverez dans votre palais de grands désordres, des princes insolents qui poursuivent Pénélope : vous les punirez. Mais après que vous les aurez sacrifiés à votre vengeance, prenez une rame, mettez-vous en chemin, et marchez jusqu'à ce que vous arriviez chez des peuples qui n'ont aucune connoissance de la marine. Vous rencontrerez un passant qui vous dira que vous portez un van sur votre épaule ; alors, sans lui faire aucune question, plantez à terre votre rame, offrez en sacrifice à Neptune un mouton, un taureau et un verrat, c'est-à-dire un pourceau mâle : offrez ensuite des hécatombes parfaites à tous les dieux qui habitent l'Olympe, sans en excepter un seul ; après cela, du sein de la mer sortira le trait fatal qui vous donnera la mort, et vous fera descendre dans le tombeau à la fin d'une vieillesse exempte de toute infirmité, et vous laisserez vos peuples heureux. Voilà tout ce que j'ai à vous prédire.

Je remercie cette ombre vénérable ; et voyant ma mère triste et en silence, je lui en demandai la raison. C'est, me répondit-il, qu'il n'y a que les ombres à qui vous permettez d'approcher de la fosse et de boire du sang qui puissent vous reconnoître et vous parler.

Je profitai de cet avis. En effet, dès que ma mère eut bu, elle me reconnut, et me parla en ces termes : Mon fils, comment êtes-vous venu plein encore de vie dans ce séjour de ténèbres ? Ma mère, lui répondis-je, la nécessité de consulter l'ombre de Tirésias m'a fait entreprendre ce terrible voyage. J'erre depuis long-temps, éloigné d'Ithaque, sans pouvoir y aborder. Mais vous, ma mère, comment êtes-vous tombée dans les liens de la mort ? C'est, répondit cette tendre mère, c'est le regret de ne plus vous voir, c'est la douleur de vous croire exposé tous les jours à de nouveaux périls, c'est le souvenir si touchant de vos rares qualités, qui ont abrégé ma vie. A ces mots, je voulus embrasser cette chère ombre ; trois fois je me jetai sur elle, et trois fois elle se déroba à mes embrassements.

Je vis ensuite arriver les femmes et les filles des plus grands capitaines. La première qui se présenta, ce fut Tyro, fille du grand Salmonée, et femme de Créthée, fils d'Éolus ; elle avoit eu de Neptune deux enfants, Pélias qui régna à Iolcos, où il fut riche en troupeaux, et Nélée, qui fut roi de Pylos sur le fleuve Amathus ; et de Créthée son mari, Æson, Phérès et Amythaon, qui se plaisoient à dresser des chevaux.

Après Tyro, je vis approcher la fille d'Asopus, Antiope, qui eut de Jupiter deux fils, Zéthus et Amphion, les premiers qui jetèrent les fondements de la ville de Thèbes, et élevèrent ses tours et ses murailles. Alcmène, femme d'Amphitryon et mère du fort, du patient et du courageux Hercule, parut après elle, ainsi que Mégare, épouse de ce héros. Je vis aussi Épicaste, mère d'OEdipe, qui, par son imprudence, commit un grand forfait en épousant son fils, son propre fils, qui venoit de tuer son père.

Après Épicaste, j'aperçus Chloris, la plus jeune des filles d'Amphion, fils de Jasius. Nélée l'épousa à cause de sa parfaite beauté; elle régna avec lui à Pylos, et lui donna trois fils, Nestor, Chromius et le fier Périclymène, et une fille nommée Péro, qui par sa beauté et sa sagesse fut la merveille de son temps.

Chloris étoit suivi de Léda, qui fut femme de Tyndare, et mère de Castor, grand dompteur de chevaux, et de Pollux, invincible dans les combats du ceste. Ils sont les seuls qui retrouvent la vie dans le sein même de la mort.

Après Léda vint Épimédée, femme d'Alœus: elle eut deux fils, dont la vie fut très courte, le divin Otus et le célèbre Éphialtès, les deux plus grands et les deux plus beaux hommes que la terre ait jamais nourris; car ils étoient d'une taille prodigieuse, et d'une beauté si grande, qu'elle ne le cédoit qu'à la beauté d'Orion: ce sont eux qui entreprirent d'entasser le mont Ossa sur l'Olympe, et le Pélion sur l'Ossa, afin de pouvoir escalader les cieux. Jupiter les foudroya, pour les punir de leur audace.

Je vis ensuite Phèdre, Procris, et la belle Ariadne, fille de l'implacable Minos, que Thésée enleva autrefois de Crète. Après Ariadne, parurent Mœra, Clymène, et l'odieuse Ériphile, qui préféra un collier d'or à la vie de son mari. Mais je ne puis vous nommer toutes les femmes et toutes les filles des grands personnages qui passèrent devant moi: les astres qui se lèvent m'avertissent qu'il est temps de se reposer, ou ici dit Ulysse à Alcinoüs, dans votre magnifique palais, ou sur le vaisseau que vous m'avez fait équiper.

Areté, les Phéaciens et leur roi, parurent enchantés de tout ce que leur racontoit le fils de Laërte; ils résolurent de lui faire de nouveaux présents qui pussent le dédommager de ses pertes, et le pressèrent de rester encore quelques jours avec eux, et d'achever l'histoire de ses aventures et de ses malheurs.

N'auriez-vous pas vu, lui dit Alcinoüs, n'auriez vous pas vu dans les enfers quelques-uns de ces héros qui ont été avec vous au siége de Troie, et qui sont morts dans cette expédition?

Après que Proserpine, répliqua Ulysse, eut fait retirer les ombres dont je viens de parler, je vis arriver celle d'Agamemnon, environnée des ames de tous ceux qui avoient été tués avec lui dans le palais d'Égisthe. A cette vue je fus saisi de compassion, et, les larmes aux yeux, je lui dis: Fils d'Atrée, le plus grand des rois, comment la Parque cruelle vous a-t-elle fait éprouver son pouvoir? Il me raconta sa fin déplorable. Vous n'avez rien à craindre de semblable de la fille d'Icarius, ajoute Agamemnon; votre Pénélope est un modèle de prudence et de sagesse: ne souffrez pas cependant que votre vaisseau entre en plein jour dans le port d'Ithaque. Avez-vous appris quelque nouvelle de mon fils Oreste? Je ne sais, lui répondis-je, ce qu'il est devenu.

Nous vîmes alors les ombres d'Achille, de Patrocle, d'Antiloque et d'Ajax. Comment, me dit Achille, avez-vous eu l'audace de descendre dans le palais de Pluton? Je lui en dis la raison. Mon fils, me répliqua alors Achille, suit-il mes exemples? se distingue-t-il à la guerre, et promet-il d'être le premier des héros? Savez-vous quelque chose de mon père? Je n'ai appris, lui dis-je, aucune nouvelle du sage Pélée: mais pour Néoptolème, il ne cède la gloire du courage à aucun de nos héros; il a immolé à vos mânes une infinité de vaillants hommes. A ces mots, l'ame d'Achille, pleine de joie du témoignage que je venois de rendre à la valeur de son fils, s'en retourna à grands pas dans une prairie parsemée de fleurs.

Les autres ames s'arrêtèrent pour me conter leurs peines et leurs douleurs. Mais l'ombre d'Ajax, fils de Télamon, se tenoit un peu à l'écart, toujours possédée par la fureur où l'avoit jeté la victoire que je remportai sur lui, lorsqu'on m'adjugea les armes d'Achille.

Je vis l'illustre fils de Jupiter, Minos, assis sur son trône, le sceptre à la main, et rendant la justice aux morts. Un peu plus loin j'aperçus le grand Orion, encore en équipage de chasseur. Au-delà c'étoit Titye; deux vautours lui déchirent le foie, pour le punir de son audace. Après Titye, je vis Tantale, plongé dans un étang, sans pouvoir se désaltérer. Le tourment si connu de Sisyphe ne me parut pas moins terrible.

Après Sisyphe, j'aperçus le grand Hercule, c'est-à-dire son image, car pour lui il est avec les dieux immortels, et assiste à leurs festins: son arc toujours tendu, et la flèche appuyée sur la corde, il jetoit des regards terribles, comme prêt à tirer. Hercule me reconnut, et s'écria: Ah! malheureux Ulysse, es-tu aussi poursuivi par le même destin qui m'a persécuté pendant la vie? Après avoir conté ses travaux, il s'enfonce dans le ténébreux séjour, sans attendre ma réponse.

Je demeurai quelque temps encore, dans l'espérance de voir quelque autre des héros les plus célèbres, comme Thésée et Pirithoüs; mais je craignis enfin que la sévère Proserpine n'envoyât du fond de l'Érèbe la terrible tête de la Gorgone, pour l'exposer à mes yeux. Je regagnai donc promptement mon vaisseau, et, à l'aide des rames et du vent, je m'éloignai de ces funèbres bords.

PRÉCIS DU LIVRE XII.

Arrivés promptement à l'ile d'Æa, nous entrons dans le port; et dès que l'aurore eut annoncé le retour du soleil, j'envoie chercher le corps d'Elpénor, qui étoit mort le jour de mon départ. Je lui rends les honneurs funèbres, et lui élève un tombeau, au haut duquel je place sa rame. A peine avions-nous achevé, que Circé arrive, suivie de ses femmes et avec toutes sortes de rafraîchissements. Reposez-vous à présent, nous dit-elle, profitez de ces provisions; demain vous pourrez vous rembarquer pour continuer votre route. Je vous enseignerai moi-même ce que vous devez faire pour éviter les malheurs où vous précipiteroit votre imprudence.

La déesse me tira à l'écart, et voulut savoir tout ce qui m'étoit arrivé dans mon voyage; je lui en fis le détail; après quoi elle me dit : Vous avez encore d'autres dangers à courir. Vous trouverez dans votre chemin les Sirènes. Elles enchantent tous les hommes qui arrivent près d'elles. Passez sans vous arrêter, et ne manquez pas de boucher avec de la cire les oreilles de vos compagnons, de peur qu'ils ne les entendent. Pour vous, si vous avez la curiosité d'entendre sans danger ces voix délicieuses, faites-vous bien lier auparavant à votre mât; et si, transporté de plaisir, vous ordonnez à vos gens de vous détacher, qu'ils vous lient au contraire plus fortement encore.

Sorti de ce péril, vous tomberez dans un autre; vous aurez à passer devant Charybde et Scylla. Si quelque vaisseau approche malheureusement de l'un de ces deux écueils, il n'y a plus d'espérance pour lui. Le seul qui se soit tiré de ces abimes, c'est le célèbre navire Argo, qui, chargé de la fleur des héros de la Grèce, passa par-là en revenant de la Colchide; et c'est à Junon que le chef des Argonautes, Jason, dut alors son salut. De ces deux écueils, l'un porte sa cime jusqu'aux cieux. Il n'y a point de mortel qui y pût monter ni en descendre. C'est une roche unie et lisse, comme si elle étoit taillée et polie. Au milieu il y a une caverne obscure dans laquelle demeure la pernicieuse Scylla. Sa voix est semblable aux rugissements d'un jeune lion. C'est un monstre affreux; elle a douze griffes qui font horreur, six cous d'une longueur énorme, et sur chacun une tête épouvantable avec une gueule béante garnie de trois rangs de dents. L'autre écueil n'est pas loin de là, il est moins élevé; on voit dessus un figuier sauvage dont les branches, chargées de feuilles, s'étendent fort loin. Sous ce figuier est la demeure de Charybde, qui engloutit les flots et les rejette ensuite avec des mugissements horribles. Éloignez-vous-en, surtout quand elle absorbe les flots; passez plutôt du côté de Scylla, car il vaut encore mieux que vous perdiez quelques uns de vos compagnons que de les perdre tous et de périr vous-même.

Mais, lui dis-je alors, si Scylla m'enlève six de mes gens pour chacune de ses six gueules, ne pourrai-je pas m'en venger?

Ah! mon cher Ulysse, toujours tenter l'impossible, même dans l'état où vous êtes! Toute la valeur humaine ne sauroit résister à Scylla. Le plus sûr est de se dérober à sa fureur par la fuite. Passez vite : invoquez Cratée, qui a mis au monde ce monstre horrible; elle arrêtera sa violence, et l'empêchera de se jeter sur vous. Vous arriverez à Trinacrie, où paissent des troupeaux de bœufs et de moutons; ils appartiennent au Soleil, et il en a donné la garde à Phaétuse et à Lampétie, deux nymphes ses filles, qu'il a eues de la déesse Néerée. Gardez-vous de toucher à ces troupeaux, si vous voulez éviter la perte certaine de votre vaisseau et de vos compagnons.

Ainsi parla Circé : l'aurore vint annoncer le jour; la déesse reprit le chemin de son palais, et je retournai à mon vaisseau. Je donne aussitôt l'ordre pour le départ; on lève l'ancre, et nous voguons avec un vent favorable. J'instruis alors mes compagnons des avis que Circé venoit de me donner: pendant que je les entretenois, nous arrivons à l'île des Sirènes. Nous exécutons à la lettre ce qu'on nous avoit prescrit, et nous échappons à ce premier danger; mais nous n'eûmes pas plus tôt quitté cette île, que j'aperçus une fumée affreuse, que je vis les flots s'amonceler, que j'entendis des mugissements horribles. Les bras tombent à mes compagnons, ils sont saisis de crainte, ils n'ont la force ni de ramer ni de faire aucune manœuvre. Je les presse, je les exhorte : Jupiter, leur dis-je, Jupiter veut peut-être que notre vie soit le prix de nos grands efforts; éloignons-nous de l'endroit où vous voyez cette fumée et ces flots amoncelés. On m'obéit; mais nous nous approchions de Scylla; et pendant que nous avions les yeux attachés sur cette monstrueuse Charybde pour éviter la mort dont elle nous menaçoit, Scylla alonge son cou, et enlève avec ses six gueules six de mes compagnons. Je vis encore leurs pieds et leurs mains qui s'agitoient en l'air comme elle les enlevoit, et je les entendis qui m'appeloient à leur secours. Mais ce fut pour la dernière fois que je les vis et que je les entendis; non, jamais je n'éprouvai de douleur aussi vive et aussi désolante. Nous marchions toujours cependant, et nous nous trouvâmes vis-à-vis de l'île du Soleil. J'ordonnai à mes compagnons de s'en éloigner, en leur rappelant les menaces que m'avoient faites Circé et Tirésias.

Euryloque prit alors la parole, et me dit d'un ton fort aigre : Il faut, Ulysse, que vous soyez le plus dur et le plus impitoyable des hommes. Nous sommes accablés de lassitude; nous trouvons un port commode, un pays abondant en rafraîchissements ; et vous voulez que nous tenions la mer pendant la nuit, qui est le temps des orages et des tempêtes ! Ne vaut-il pas mieux descendre à terre, manger et dormir sur le rivage, et attendre l'aurore pour gagner le large?

Tous mes gens furent de son avis : seul contre tous, je ne pus leur résister ; mais je leur fis promettre avec serment qu'ils ne tueroient aucun des bœufs ou des moutons qu'ils trouveroient à terre. Ils le jurèrent tous ensemble. Nous descendîmes à terre. La nuit fut effectivement très orageuse, la tempête dura un mois entier. Tant que durèrent nos provisions, on s'abstint de toucher aux troupeaux du Soleil. Mais un jour que je m'étois enfoncé dans un bois voisin pour adresser paisiblement mes prières aux dieux de l'Olympe, Euryloque profita de mon absence pour représenter à mes compagnons que la nécessité ne connoissoit point de loi, et que la faim qui les dévoroit les dispensoit du serment qu'ils avoient fait d'épargner les troupeaux du Soleil. Choisissons-en quelques uns, leur dit-il, des meilleurs, pour en faire un sacrifice aux immortels. Arrivés à Ithaque, nous apaiserons le père du jour par de riches présents. S'il a juré notre perte, ne vaut-il pas encore mieux périr au milieu des flots, que de mourir lentement de faim dans cette île déserte?

Ce pernicieux conseil fut loué et suivi. Le sacrifice étoit déjà commencé quand je revins ; je sentis en m'approchant une odeur de fumée, et je ne doutai pas de mon malheur. La belle Lampétie alla porter au Soleil la nouvelle de cet attentat. Ce dieu s'en plaignit au maître du tonnerre, et la perte de mes compagnons et de mon vaisseau fut résolue.

Quand j'eus regagné mon vaisseau, je fis à mes compagnons de sévères réprimandes ; mais le mal étoit sans remède, et ils passèrent six jours entiers à faire bonne chère. La tempête ayant cessé, pour ne point perdre de temps nous nous rembarquâmes. Dès que nous eûmes perdu l'île de vue, à peine étions-nous en pleine mer, ne voyant presque plus que le ciel et les flots, que du flanc d'un nuage obscur sortit le violent Zéphire, accompagné d'un déluge de pluie et d'affreux tourbillons. Notre navire en devient le jouet et la victime ; il nous porte dans le gouffre de Charybde. Je me prends en entrant à ce figuier sauvage dont je vous ai parlé ; et demeure suspendu à ses branches jusqu'à ce que je voie sortir de cet abîme les débris de mon vaisseau. Je me précipite sur le mât à demi-brisé, et pendant neuf jours j'erre ainsi porté au gré des vents et des flots, et le dixième jour j'aborde dans l'île d'Ogygie : Calypso, qui en est souveraine, m'y reçut et m'y traita avec bonté.

PRÉCIS DU LIVRE XIII.

Les Phéaciens écoutoient le récit des aventures d'Ulysse dans un silence d'admiration qui dura encore quand il eut cessé de parler. Enfin Alcinoüs, leur roi, prit la parole, et lui dit : Je ne crois pas, prince d'Ithaque, que vous éprouviez, en sortant de mes états, les traverses qui vous ont tant fait souffrir. Oui, j'espère que vous reverrez bientôt votre patrie ; mais je veux réparer vos pertes, et que vous y arriviez plus riche encore que si vous emportiez le butin que vous avez fait à Troie. Nous ajouterons donc à tous nos présents chacun un trépied et une cuvette d'or.

Tous les princes applaudirent au discours d'Alcinoüs, et se retirèrent dans leurs palais pour aller prendre quelque repos. Le lendemain, dès que l'étoile du matin eut fait place à l'aurore, on offrit à Jupiter le sacrifice d'un taureau, et l'on prépara un grand festin ; Démodocus le rendit délicieux par ses chants admirables. Mais Ulysse tournoit souvent la tête pour regarder le soleil, dont la course lui paroissoit trop lente ; quand il pencha vers son coucher, sans perdre un moment, il adressa la parole aux Phéaciens, et surtout à leur roi : Faites promptement vos libations, je vous en supplie, afin que vous me renvoyiez dans l'heureux état où vous m'avez mis, et que je vous dise mes derniers adieux. Vous m'avez comblé de présents : que les dieux vous en récompensent, et vous donnent toutes les vertus ! qu'ils répandent sur vous à pleines mains toutes sortes de prospérités, et qu'ils détournent tous les maux de dessus vos peuples !

Puis s'adressant à Areté, et lui présentant sa coupe pleine d'un excellent vin, il lui parla en ces termes : Grande princesse, soyez toujours heureuse au milieu de vos états, et que ce ne soit qu'au bout d'une longue vieillesse que vous payiez le tribut que tous les hommes doivent à la nature ! Je m'en retourne dans ma patrie, comblé de vos bienfaits. Que la joie et les plaisirs n'abandonnent jamais cette demeure, et que, toujours aimée et estimée du roi votre époux et des princes vos enfants, vous receviez continuellement de vos sujets les marques d'amour et de respect qu'ils vous doivent !

En achevant ces mots, Ulysse sort de la salle, il arrive au port : on embarque les provisions, on part, et les rameurs font blanchir la mer sous leurs efforts.

Cependant le sommeil s'empare des paupières d'Ulysse, et lui fait oublier toutes ses peines. Le vaisseau qui le porte fend les flots avec rapidité ; le vol de l'épervier, qui est le plus vite des oiseaux, n'auroit pu égaler la célérité de sa course : et quand l'étoile brillante qui annonce l'arrivée de l'aurore se leva, il aborde aux terres d'Ithaque ; il entre dans le port du vieillard Phorcys, un des dieux marins. Ce port est couronné d'un bois d'oliviers, qui, par leur ombre, y entretiennent une fraîcheur agréable ; et près de ce bois est un antre profond et délicieux, consacré aux Naïades. Ce lieu charmant est arrosé par des fontaines dont l'eau ne tarit jamais.

Les rameurs d'Ulysse entrent dans ce port, qu'ils connoissoient depuis long-temps. Ils descendent à terre, enlèvent le roi d'Ithaque, l'exposent sur le rivage, sans qu'il s'éveille ; mettent tous ses habits, tous ses présents, au pied d'un olivier, hors du chemin, de peur qu'ils ne fussent exposés au pillage, si quelqu'un venoit à passer. Ils se rembarquent ensuite, et reprennent la route de Schérie.

Neptune, irrité de voir Ulysse dans sa patrie, malgré les menaces qu'il lui avoit faites et le désir qu'il avoit de l'en empêcher, s'en plaint à Jupiter. Le maître du tonnerre lui laisse toute la liberté de se venger sur les Phéaciens, et de les punir de l'accueil qu'ils avoient fait au roi d'Ithaque, et des moyens qu'ils lui avoient fournis pour revoir promptement ses états. Neptune, satisfait, l'en remercie ; et le fils de Saturne lui suggère la manière dont il doit exercer sa vengeance. Quand tout le peuple, lui dit-il, sera sorti de la ville pour voir arriver le vaisseau qui a transporté Ulysse dans sa patrie, et qu'on le verra s'avancer à pleines voiles, changez-le tout-à-coup en un grand rocher près de la terre, et conservez-lui la figure de vaisseau, afin que tous les hommes qui le verront soient frappés de crainte et d'étonnement ; ensuite couvrez leur ville d'une haute montagne qui ne cessera jamais de les effrayer.

Neptune se rendit promptement à l'île de Schérie, et fit à la lettre ce que Jupiter venoit de lui permettre. Alcinoüs, à la vue de ce prodige, se rappela ce que lui avoit prédit son père ; il le raconta aux Phéaciens, et, après avoir solennellement renoncé à conduire désormais les étrangers qui aborderoient dans leur île, ils tâchèrent d'apaiser Neptune, en lui immolant douze taureaux choisis.

Cependant Ulysse se réveille ; il ne reconnoît pas la terre chérie après laquelle il avoit tant soupiré. Minerve avoit enveloppé ce héros d'un épais nuage qui l'empêchoit de rien distinguer ; elle vouloit avoir le temps de l'avertir des précautions qu'il avoit à prendre ; car il étoit important qu'il ne fût pas reconnu lui-même, ni de sa femme, ni d'aucun de ses sujets, avant qu'il eût tiré vengeance des poursuivants de Pénélope. Ulysse s'écria donc en s'éveillant : Malheureux que je suis, dans quel pays me trouvé-je ? Grands dieux ! les Phéaciens n'étoient donc pas si sages ni si justes que je le pensois : ils m'avoient promis de me ramener à ma chère Ithaque, et ils m'ont exposé sur une terre étrangère.

Pendant qu'il est plongé dans ces tristes pensées, Minerve s'approche de lui sous la figure d'un jeune berger. Ulysse, ravi de cette rencontre, lui adresse ces paroles : Berger, je vous salue ; ne formez pas contre moi de mauvais desseins ; sauvez-moi toutes ces richesses (en lui montrant les présents qu'on avoit débarqués sur le rivage), et sauvez-moi moi-même. Je vous adresse mes prières comme à un dieu tutélaire, et j'embrasse vos genoux comme votre suppliant. Quelle est cette terre ? quelle est son peuple ? Est-ce une île ? ou n'est-ce ici que la plage de quelque continent ?

Ce pays est célèbre, lui répondit Minerve ; c'est une île qu'on appelle Ithaque. J'en ai fort entendu parler, dit Ulysse, qui vouloit dissimuler son nom et sa joie. Il se donne même à la déesse pour un Crétois qu'une affaire malheureuse forçoit à chercher un asile loin de sa patrie. La déesse sourit de sa feinte, et le prenant par la main, elle lui parla en ces termes : O le plus dissimulé des mortels, homme inépuisable en détours et en finesse, dans le sein même de votre patrie vous ne pouvez vous empêcher de recourir à vos déguisements ordinaires ! Mais laissons là ces tromperies. Ne reconnoissez-vous point encore Minerve qui vous assiste, qui vous soutient, qui vous a tiré de tant de dangers, et procuré enfin un heureux retour dans votre patrie ? Gardez-vous bien de vous faire connoître à personne : souffrez dans le silence tous les maux, tous les affronts et toutes les insolences que vous aurez à essuyer de la part des poursuivants et de vos sujets.

Ne m'abusez-vous pas, grande déesse ? répliqua Ulysse ; est-il bien vrai que je sois à Ithaque ?

Vous êtes toujours le même, repartit Minerve, toujours soupçonneux et défiant. En achevant ces mots, elle dissipe le nuage dont elle l'avoit environné, et il reconnut avec transport la terre qui l'avoit nourri. Après cela, il chercha avec la déesse à mettre ses trésors en sûreté dans l'antre des Naïades, à la garde desquelles il se confia ; puis il la pria de lui inspirer la même force et le même courage qu'elle lui avoit inspirés lorsqu'il saccagea la superbe ville de Priam. Je vous protégerai toujours, répondit Minerve : mais, avant toutes choses, je vais dessécher et rider votre peau ; faire tomber ces beaux cheveux blonds, et vous couvrir de haillons : ainsi changé, allez trouver votre fidèle Eumée, à qui vous avez donné l'intendance d'une partie de vos troupeaux ; c'est un homme plein de sagesse, et qui est entièrement dévoué à votre fils et à la sage Pénélope. Demeurez près de lui pendant que j'irai à Sparte chercher Télémaque, qui est allé chez Ménélas pour apprendre de vos nouvelles. En finissant ces mots, elle touche Ulysse de sa baguette, et le métamorphose en pauvre mendiant ; et, après avoir pris les mesures les plus propres à faire réussir les projets de vengeance du fils de Laërte, la fille de Jupiter s'envole à Sparte pour ramener Télémaque.

PRÉCIS DU LIVRE XIV.

Ulysse s'éloigne du port où il avoit entretenu Minerve, s'avance vers sa demeure, et trouve Eumée sous des portiques qui régnoient autour de la belle maison qu'il avoit bâtie de ses épargnes. Les chiens, apercevant Ulysse sous la figure d'un mendiant, se mirent à aboyer, et l'auroient dévoré, si le maître des pasteurs ne fût accouru promptement. Quel danger vous venez de courir! s'écria-t-il. Vous m'avez exposé à des regrets éternels; les dieux m'ont envoyé assez d'autres déplaisirs sans celui-là. Je passe ma vie à pleurer l'absence et peut-être la mort de mon cher maître.

En achevant ces mots, il fait entrer Ulysse, et l'invite à s'asseoir. Celui-ci, ravi de ce bon accueil, lui en témoigne sa reconnoissance avec une sorte d'étonnement. Eumée lui réplique que, quand il seroit dans un état plus vil, il ne lui seroit pas permis de le mépriser. Tous les étrangers, lui dit-il, tous les pauvres sont sous la protection spéciale de Jupiter; c'est lui qui nous les adresse. Je ne suis pas en état de faire beaucoup pour eux; j'aurois plus de liberté si mon cher maître étoit ici; mais les dieux lui ont fermé toute voie de retour. Je puis dire qu'il m'aimoit: et que d'avantages n'aurois-je pas retirés de son affection, s'il avoit vieilli dans son palais! mais il ne vit peut-être plus.

Ayant ainsi parlé, il se pressa de servir à manger à Ulysse, et lui raconta tout ce qu'il avoit à souffrir des poursuivants de Pénélope, et avec quelle douleur il les voyoit consumer les richesses immenses du roi d'Ithaque, dont il lui fait le détail. Le prétendu mendiant demande au bon Eumée le nom de son maître, qu'il a peut-être vu dans quelques unes des contrées qu'il a parcourues. Ah! mon ami, répondit l'intendant des bergers, ni ma maîtresse ni son fils n'ajouteront plus de foi à tous les voyageurs qui se vanteront d'avoir vu Ulysse; on sait que les étrangers qui ont besoin d'assistance forgent des mensonges pour se rendre agréables, et ne disent presque jamais la vérité. Peut-être que vous-même, bon homme, vous inventeriez de pareilles fables, si l'on vous donnoit de meilleurs habits à la place de ces haillons. Mais il est certain que l'ame d'Ulysse est à présent séparée de son corps.

Mon ami, répondit Ulysse, quoique vous persistiez dans vos défiances, je ne laisse pas de vous assurer, et même avec serment, que vous verrez bientôt votre maître de retour. Que la récompense pour la bonne nouvelle que je vous annonce soit prête; je vous demande que vous changiez ces vêtements délabrés en magnifiques habits: mais, quelque besoin que j'en aie, je ne les recevrai qu'après son arrivée, car je hais et je méprise ceux qui, cédant à la pauvreté, ont la bassesse de recourir à des fourberies.

Eumée, peu sensible à ces belles promesses, le pria de n'en plus parler, et de ne point réveiller inutilement son chagrin. Racontez-moi, lui dit-il, vos aventures; dites-moi, sans déguisement, qui vous êtes, votre nom, votre patrie, sur quel vaisseau vous êtes venu, car la mer est le seul chemin qui puisse mener dans cette île.

Ulysse, à son ordinaire, lui bâtit une fable; il feignit d'être de l'île de Crète, fils d'un homme riche, et ajouta que l'envie de voyager lui avoit fait faire beaucoup de courses sur mer; qu'il s'y étoit enrichi; mais que, dans une expédition sur le fleuve Egyptus, ses gens, contre son intention, pillèrent les fertiles champs des Égyptiens: ils en furent punis; les habitants les massacrèrent tous, ou les firent esclaves; lui-même se rendit au roi, qui lui sauva la vie, et, après l'avoir retenu dans son palais pendant sept ans, le renvoya comblé de richesses et de présents. Il se confia à un Phénicien, grand imposteur, qui le séduisit par de belles paroles. Je partis sur son vaisseau, dit Ulysse: une affreuse tempête me jeta sur la terre des Thesprotes. Le héros Phidon, qui régnoit dans cette contrée, me traita avec bonté et avec magnificence; pressé de m'en retourner, je m'embarquai sur un vaisseau qui partoit pour Dulichium. Le patron et ses compagnons, malgré les ordres et les recommandations de leur roi, me dépouillèrent de mes beaux habits, m'enlevèrent mes richesses, me couvrirent de ces vieux haillons, et me lièrent à leur mât. Je rompis mes liens pendant la nuit; je me jetai à la mer, et j'abordai, à la nage, près d'un grand bois où je me suis caché. C'est ainsi que les dieux m'ont sauvé des mains de ces barbares, et qu'ils m'ont conduit dans la maison d'un homme sage et plein de vertu.

Que vous m'avez touché par le récit de vos aventures! repartit Eumée: mais, soit que ce soient des contes, soit que vous m'ayez dit la vérité, ce n'est point là ce qui m'oblige à vous bien traiter; c'est Jupiter, qui préside à l'hospitalité, et dont j'ai toujours la crainte devant les yeux; c'est la compassion que j'ai naturellement pour les malheureux.

Que vous êtes défiant! répondit Ulysse. Mais faisons un traité vous et moi: si votre roi revient dans ses états, comme et dans le temps que je vous a dit, vous me donnerez des habits magnifiques, et un vaisseau bien équipé pour me rendre à Dulichium;

et s'il ne revient pas, je consens que vous me fassiez précipiter du haut de ces grands rochers.

Non, non, dit le bon Eumée, vous ne périrez pas de ma main, quoi qu'il arrive. Que deviendroit ma réputation de bonté que j'ai acquise parmi les hommes? que deviendroit ma vertu, qui m'est encore plus précieuse que ma réputation, si j'allois vous ôter la vie, et violer ainsi toutes les lois de l'hospitalité?

Mais l'heure de souper approche, mes bergers vont rentrer, et je vais tout préparer et pour notre léger repas, et pour le sacrifice qui doit le précéder.

Aussitôt il se met en mouvement, et, après avoir tout disposé, il demande à tous les dieux, par des vœux très ardents, qu'Ulysse revienne bientôt dans son palais, et immole ensuite les victimes; il en fait sept parts, et en présente la plus honorable à son hôte. Celui-ci, ravi de cette distinction, lui en témoigne sa reconnoissance en ces termes :

Eumée, daigne le grand Jupiter vous aimer autant que je vous aime pour le bon accueil que vous me faites, et le traitant avec tant d'honneur, malgré l'état misérable où je me trouve!

Le souper fini, on songea à aller se coucher : Ulysse, qui craignoit le froid de la nuit, dont ses haillons l'auroient mal défendu, eut recours à un apologue pour se procurer un bon manteau. Eumée, qui l'entendit, lui en fit donner un par ses bergers, et lui prépara un bon lit auprès du feu.

PRÉCIS DU LIVRE XV.

Minerve, qui venoit de quitter Ulysse sur le rivage d'Ithaque, se transporte à Lacédémone pour presser Télémaque de quitter la cour de Ménélas. Hâtez-vous, lui dit la déesse en l'abordant, hâtez-vous de retourner dans vos états. Ne savez-vous pas que vos biens y sont la proie des poursuivants avides de Pénélope? Cette reine abandonnée ne cédera-t-elle pas enfin aux sollicitations même de sa famille, qui semble décidée à accepter les offres d'Eurymaque? Prévenez ce malheur, engagez Ménélas à vous renvoyer; ne tardez pas à aller mettre ordre à vos affaires. Je vous avertis encore que les plus déterminés des poursuivants en veulent à votre vie, et qu'ils se tiennent en embuscade entre l'île de Samos et celle d'Ithaque pour vous y surprendre à votre passage. Éloignez-vous donc de ces îles, ne voguez que la nuit, mettez pied à terre au premier endroit d'Ithaque où vous aborderez, allez trouver le fidèle Eumée, renvoyez votre vaisseau sans vous dans un de vos ports, et faites partir Eumée de son côté, pour donner avis à Pénélope de votre retour.

La déesse disparoît aussitôt, et s'envole dans l'Olympe. Télémaque, empressé de lui obéir, réveille le fils de Nestor. Hâtons-nous, lui crie-t-il, hâtons-nous, mon cher Pisistrate, d'atteler notre char, et de nous mettre en chemin pour Pylos. Il est nuit encore, lui répondit le fils de Nestor; attendons le lever de l'aurore; attendons que nous puissions remercier Ménélas, et donnons-lui le temps de faire porter dans notre char les présents qu'il vous destine.

Dès que le jour paroît, le fils d'Ulysse se lève; Ménélas l'avoit prévenu, et il entre au même instant sous le beau portique où ses hôtes avoient couché. Télémaque lui témoigne l'impatience qu'il a d'aller retrouver sa mère. Ménélas se rend, après avoir exigé qu'il lui étalât les présents qu'il vouloit lui faire. Que ne consentez-vous, ajouta-t-il, à traverser la Grèce et le pays d'Argos? je vous accompagnerois avec plaisir, et il n'y a aucune de nos villes qui ne vous fît l'accueil que mérite le fils du grand Ulysse.

Grand roi, dit Télémaque, vous n'ignorez pas combien je suis nécessaire à Pénélope; vous savez le désordre que mon absence peut causer dans mon palais; souffrez donc que je vous quitte promptement. Partez donc, puisque c'est un devoir, lui répondit Ménélas; Hélène va donner ses ordres pour qu'on vous serve à manger; et, pendant ce temps-là, je vais chercher avec elle et avec mon fils Mégapenthe ce que je pourrai vous offrir de plus précieux et de plus propre à me rappeler à votre souvenir.

Ils reviennent bientôt tous trois, et Ménélas offre à Télémaque une coupe d'argent, et dont les bords sont de l'or le plus fin : c'étoit un chef-d'œuvre de l'art, et l'ouvrage de Vulcain même. Mégapenthe met ensuite à ses pieds une urne d'argent, et la belle Hélène lui présente un voile merveilleux qu'elle avoit fait elle-même. Il vous servira, lui dit-elle, cher Télémaque, à orner la princesse que vous épouserez. Le jeune prince le reçoit avec reconnoissance, et ne peut se lasser d'en admirer l'élégance et la richesse. Il monte sur son char, et dit à ses illustres hôtes en les quittant : Plaise aux dieux qu'à mon arrivée je puisse trouver mon père, et lui conter toutes les marques de bonté et de générosité dont vous m'avez comblé!

En finissant ces mots, il pousse ses coursiers, et, après avoir passé chez Dioclès, ils arrivent aux portes de Pylos. Alors Télémaque dit au fils de Nestor : Vous m'aimez, cher Pisistrate; vous savez combien il est important pour moi d'arriver à Ithaque : souffrez donc que me rende tout de suite à mon vaisseau. Je connois Nestor et toute sa générosité : je suis incapable de lui résister; il voudra me retenir, et le moindre délai pourroit me devenir funeste.

Pisistrate cède à la prière de son ami; il le mène sur le rivage : Transportons vos présents, lui dit-il, sur votre vaisseau ; montez-y vous-même ; partez sans différer ; éloignez-vous avant que mon père sache notre retour, car il viendroit lui-même s'il vous savoit ici, et vous forceroit à prolonger votre séjour.

Au moment que Télémaque finissoit le sacrifice qu'il offroit à Minerve sur la poupe, pour implorer son secours, il se présente à lui un étranger obligé de quitter Argos pour un meurtre qu'il avoit commis : c'étoit un devin, descendu en droite ligne du célèbre Mélampus, qui demeuroit anciennement dans la ville de Pylos. Il y possédoit de grandes richesses et un superbe palais, que l'injustice et la violence de Nélée, son oncle, l'avoient obligé d'abandonner. Ce premier malheur le précipita dans beaucoup d'autres ; il en fait à Télémaque le triste récit : ce jeune prince en est touché, se découvre à lui, lui déclare son nom, sa patrie, consent à le recevoir sur son vaisseau, et le fait asseoir auprès de lui. On dresse le mât ; on déploie les voiles ; on se couche sur les rames ; et, à l'aide d'un vent favorable envoyé par Minerve, on fend rapidement les flots de la mer : on passe les courants de Crunes et de Chalcis ; on arrive à la hauteur de Phée ; on côtoie l'Élide près de l'embouchure du Pénée ; et alors, au lieu de prendre le droit chemin à gauche entre Samos et Ithaque, Télémaque fait pousser vers les îles appelées Pointues, qui font partie des Echinades, pour arriver à Ithaque par le côté du septentrion, et éviter par ce moyen l'embuscade qu'on lui dressoit du côté du midi, dans le détroit de Samos.

Pendant ce temps-là, Ulysse et Eumée étoient à table avec les bergers. Ulysse, pour éprouver le chef de ses pasteurs, parut craindre de lui être à charge, et lui demanda le chemin de la ville, pour y aller chercher de quoi vivre. Eh ! bon homme, lui dit Eumée en colère, avez-vous donc envie de périr à la ville sans aucun secours ? quelle idée de vouloir vous présenter aux poursuivants, et de compter sur votre dextérité et votre adresse ! Vraiment les esclaves qui les servent ne sont pas faits comme vous ; ils sont tous jeunes, beaux, et très magnifiquement vêtus. Demeurez ici, vous n'y êtes point à charge ; quand le fils d'Ulysse sera de retour, il vous donnera des habits tels que vous devez les avoir, et vous fournira les moyens d'aller partout où vous voudrez.

Ulysse, charmé de ces marques d'affection, en remercie le bon Eumée. Il lui demande ensuite des nouvelles de sa mère, de Laërte son père, et lui fait raconter son origine à lui-même, et par quel malheur il avoit été réduit à l'esclavage. Eumée satisfit avec plaisir à toutes les demandes d'Ulysse ; et celui-ci, après l'en avoir remercié, le félicita d'être tombé entre les mains d'un maître qui l'aimoit, et qui fournissoit abondamment à ses besoins.

Cependant Télémaque et ses compagnons abordent au rivage d'Ithaque. Le jeune prince descend à terre, et leur recommande de ramener le vaisseau dans le port de la capitale : Je vais seul, leur dit-il, visiter une terre que j'ai près d'ici, et voir mes bergers ; je vous rejoindrai après avoir vu comment tout s'y passe. Alors le devin Théoclymène lui demanda où il iroit, et s'il pourroit prendre la liberté d'aller tout droit au palais de la reine. Dans un autre temps, lui répondit Télémaque, je ne souffrirois pas que vous allassiez ailleurs ; mais aujourd'hui ce seroit un parti trop dangereux. Comme il disoit ces mots, on vit voler un vautour, qui est le plus vite des messagers d'Apollon ; il tenoit dans ses serres une colombe. Théoclymène tirant alors le jeune prince à l'écart, lui déclare que c'est un oiseau des augures, et qu'il lui prédit qu'il aura toujours l'avantage sur ses ennemis.

Que votre prédiction s'accomplisse, Théoclymène, lui répondit Télémaque, vous recevrez de moi des présents considérables. En attendant je charge Pirée, fils de Clytius, de prendre soin de vous, et de ne vous laisser manquer d'aucune des choses que demande l'hospitalité.

Après ces mots, le fils d'Ulysse se met en chemin pour aller visiter ses nombreux troupeaux, sur lesquels le bon Eumée veilloit avec beaucoup d'attention et de fidélité.

PRÉCIS DU LIVRE XVI.

A peine Eumée aperçoit-il Télémaque, qu'il se lève avec précipitation ; les vases qu'il tenoit lui tombent des mains ; il court au-devant de son maître, il lui saute au cou, il l'embrasse en pleurant : Vous voilà donc revenu, mon cher prince ! hélas ! j'avois presque perdu l'espérance de vous revoir. Qu'alliez-vous faire à Pylos ? que j'ai craint pour vous les périls de ce voyage ! Entrez, prince : vous trouverez tout dans l'ordre. Que ne venez-vous plus souvent nous visiter et nous surveiller ?

Il est important, comme vous savez, répondit Télémaque, que je me tienne à la ville, et que j'observe de près les menées des poursuivants ; mais, avant que de m'y rendre, j'ai voulu vous voir, et savoir de vous si ma mère est encore dans le palais, et si elle n'a pas cédé enfin à l'importunité des princes qui l'obsèdent.

Son courage et sa fidélité ne se sont point encore démentis, mon cher fils ; Pénélope est toujours digne de vous et du divin fils de Laërte.

Télémaque entre, il aperçoit Ulysse, qui veut lui céder sa place ; son fils, qui ne peut le reconnoître, refuse de la prendre par respect, pour les lois de l'hospitalité. Ils se mettent à table, et, après le repas, Télémaque demande quel est ce pauvre étranger. Eumée lui répète en peu de mots le roman que lui a fait Ulysse. Son fils en paroît touché, et voudroit le secourir. Mais comment, lui dit-il, vous introduire dans mon palais dans l'état où vous êtes? il est rempli d'insolents; je suis jeune, je suis seul contre eux tous, et il me seroit impossible de vous garantir des insultes qu'ils ne manqueroient pas de vous faire.

Ulysse, prenant la parole, lui dit : O mon cher prince, puisque vous me permettez de vous répondre, j'avoue que je souffre du récit que vous me faites des désordres que commettent sous vos yeux les poursuivants de Pénélope. N'êtes-vous pas d'âge à les contenir et à vous en venger? Que ne suis-je le fils d'Ulysse, ou Ulysse lui-même! ou je périrois les armes à la main dans mon palais, ou j'en chasserois tous ces fiers ennemis.

Les plus grands princes des îles voisines, de Dulichium, de Samos et de Zacynthe, les principaux d'Ithaque, voilà ceux qui aspirent à la main de ma mère, voilà ceux qui remplissent mon palais, et qui consument tout mon bien. Ulysse lui-même, tout grand guerrier qu'il est, pourroit-il, s'il étoit seul, nous en délivrer?

Cependant, cher Eumée, courez à la ville, apprenez à ma mère mon arrivée; dites-lui que je me porte bien : mais ne parlez qu'à elle, qu'aucun de ses amants ne le sache; ils sèmeroient ma route de piéges, car ils ne cherchent qu'à me faire périr.

Eumée, pressé de partir, se met en chemin. Minerve apparoît dans ce moment à Ulysse, sans se laisser voir à son fils. Fils de Laërte, lui dit-elle, il n'est plus à propos de vous cacher à Télémaque; découvrez-vous à lui; prenez ensemble des mesures pour faire périr ces fiers poursuivants; comptez sur ma protection, je combattrai à vos côtés. En finissant ces mots, elle le touche de sa verge d'or, lui rend sa taille, sa bonne mine, sa première beauté, et disparoît après ce nouveau changement. Télémaque, étonné de cette métamorphose, le prend pour un dieu, et lui promet des sacrifices. Vous vous trompez, cher Télémaque, lui dit alors Ulysse; ne me regardez pas comme un des immortels; je suis Ulysse, je suis votre père, dont la longue absence vous a coûté tant de larmes et de soupirs. En achevant ces mots, il l'embrasse avec tendresse.

Mais Télémaque ne peut encore se persuader que c'est son père. Non, vous n'êtes point Ulysse : c'est quelque dieu qui veut m'abuser par un faux espoir. Mon cher Télémaque, réplique Ulysse, que votre surprise et votre admiration cessent; le prodige qui vous étonne est l'ouvrage de Minerve : tantôt elle m'a rendu semblable à un mendiant, et tantôt elle m'a donné la figure d'un jeune homme de bonne mine, et vêtu magnifiquement. Télémaque alors se jette au cou de son père, et l'arrose de ses larmes; Ulysse pleure de même. Enfin, après avoir satisfait à ce premier besoin de leur tendresse mutuelle, ils s'asseoient, et Ulysse demande à son fils le nombre et la qualité des poursuivants de Pénélope, et paroît décidé à les attaquer tous. Télémaque, surpris de cette résolution, le témoigne à son père, qui lui répond qu'ils auront pour eux deux Jupiter et Minerve, et qu'avec leur secours ils seront invincibles. Ayez soin seulement, dès que je vous en donnerai le signal, de faire porter au haut du palais toutes les armes qui sont dans l'appartement bas; si les princes en paroissent surpris, dites-leur que c'est pour leur sûreté, et que vous craignez que dans le vin ils n'en abusent pour se venger des querelles si ordinaires quand on se livre aux excès de la table. Vous ne laisserez que deux épées, deux javelots et deux boucliers, dont nous nous saisirons quand nous voudrons les immoler à notre vengeance. J'ai encore une chose à vous recommander, c'est de contenir la joie que vous avez de me revoir, et de ne dire encore notre secret à personne, pas même à Laërte, pas même à Pénélope.

Mon père, répondit Télémaque, je vous obéirai, et j'espère vous faire connoître que je ne déshonore pas votre sang, et que je ne suis ni foible ni imprudent.

Pendant que le père et le fils s'entretiennent de leurs projets, Eumée arrive au palais. Pénélope en est ravie; et la nouvelle du retour de Télémaque s'y répand avec rapidité. Les poursuivants, tristes et confus, s'assemblent, forment la résolution atroce de se défaire, par violence, de Télémaque. Pénélope, instruite par le héraut Médon de ce détestable complot, s'en plaint à ces princes, et plus particulièrement à Antinoüs, le plus violent de ses persécuteurs. Eurymaque, fils de Polybe, la rassure, et lui promet sur sa tête qu'on n'attentera pas à la vie de son fils. Sur cette promesse trompeuse, la princesse, un peu calmée, se retire dans son appartement pour y pleurer son cher Ulysse.

Sur le soir, Eumée revient de son ambassade; mais avant qu'il entre dans la maison, Minerve fait reprendre à Ulysse sa figure de vieillard et de mendiant. Télémaque, après avoir demandé des nouvelles de Pénélope, l'interroge sur tout ce qui se passoit à Ithaque, et sur le retour des princes qui l'attendoient à la hauteur de Samos. Je n'ai point eu la curiosité, répondit le chef des bergers, de m'informer de ce qui se passoit à la ville; mais j'ai aperçu, en revenant, un vaisseau qui entroit dans le port, et qui étoit plein d'hommes armés de lances et de boucliers. Télémaque sourit; et, après avoir soupé avec son père, ils allèrent goûter les douceurs d'un paisible sommeil.

PRÉCIS DU LIVRE XVII.

Dès que la belle Aurore eut annoncé le jour, le fils d'Ulysse mit ses brodequins, et, prenant une pique, il se disposa à partir pour la ville. Il recommanda, en partant, à Eumée d'y mener aussi son hôte; car, ajouta-t-il, le malheureux état où je me trouve ne me permet pas de me charger de tous les étrangers. Prince, lui dit alors Ulysse, je ne souhaite nullement d'être retenu ici : un mendiant trouve beaucoup mieux de quoi se nourrir à la ville qu'à la campagne.

Télémaque sort, et marche à grands pas, méditant la ruine des poursuivants. En arrivant dans son palais, il pose sa pique près d'une colonne, et entre dans la salle. Pénélope, instruite de son retour, descend de son appartement; elle ressembloit à Diane et à la belle Vénus : elle embrasse son fils, elle lui demande des nouvelles d'un voyage qui lui a causé bien des alarmes; elle gémit, elle soupire, elle pleure. Ma mère, lui dit Télémaque, ne m'affligez pas par vos larmes; n'excitez pas dans mon cœur de tristes souvenirs : prions les dieux de nous secourir et de nous consoler; espérons tout de leur bonté.

Après cette tendre entrevue, Télémaque sort pour aller chercher son hôte Théoclymène, et le mener dans son palais : il fait baigner, parfumer, et lui donne des habits magnifiques : on leur dresse ensuite une table couverte de toutes sortes de mets. Pénélope revient dans la salle; et s'asseyant auprès d'eux avec sa quenouille et ses fuseaux, elle demande à son fils ce qu'il a appris dans son voyage. J'ai été, lui raconte-t-il, parfaitement reçu de Nestor, qui ne sait ce qu'est devenu mon père. Pour Ménélas, il assure qu'il vit encore, et qu'il a appris d'un dieu marin que Calypso le retenoit malgré lui dans son île. Puisqu'il vit encore, s'écrie Pénélope, espérons que nous le verrons. Oui, grande reine, lui dit Théoclymène, vous le verrez bientôt; il est déjà dans sa patrie, il s'y tient caché, et il se prépare à se venger avec éclat de tous les poursuivants : je prends à témoin de ce que je vous dis le grand Jupiter, cette table hospitalière, et ce foyer sacré où j'ai trouvé un asile.

Cependant Ulysse et Eumée partent pour la ville; ils rencontrent sur la route Mélanthius, fils de Dolius, qui, suivi de deux bergers, menoit les chèvres les plus grasses de tout le troupeau pour la table des poursuivants : c'étoit l'ennemi d'Eumée; et dès qu'il l'aperçut, il l'accabla d'injures ainsi que son compagnon, qui eut bien de la peine à se retenir. Non content des injures qu'il vomit contre eux, il s'approche d'Ulysse, et, en passant, lui donne un coup de pied de toute sa force. Ce coup, quoique rude, ne l'ébranla point : il retint même les mouvements de colère qu'excitoit la brutalité de Mélanthius, et prit le parti de souffrir en silence. Pour le bon Eumée, il en fût indigné, et pria les dieux de faire revenir Ulysse pour rabaisser l'orgueil et punir l'insolence de ce domestique.

Arrivés au palais, ils s'arrêtèrent à la porte. Comment nous conduirons-nous? dit le fidèle Eumée : voulez-vous entrer le premier, et vous présenter aux poursuivants? Passez d'abord, lui dit Ulysse; je vous attendrai ici : ne vous mettez point en peine de ce qui pourra m'arriver, je suis accoutumé aux insultes; mon courage et ma patience ont été mis à bien des épreuves. Pendant qu'ils parloient ainsi, un chien qu'Ulysse avoit élevé le reconnut, et mourut de joie en le voyant.

Dès que Télémaque aperçut Eumée, il lui fit signe de s'approcher; Ulysse entre bientôt après lui, sous la figure d'un mendiant et d'un vieillard fort cassé, appuyé sur son bâton. Il s'assit sur le seuil de la porte. Minerve le poussa à aller demander l'aumône aux poursuivants, afin qu'il pût juger par-là de leur caractère, et connoître ceux qui avoient de l'humanité et de la justice. Il alla donc aux uns et aux autres avec un air si naturel, qu'on eût dit qu'il n'avoit fait d'autre métier toute sa vie. Les poursuivants ne purent, en le voyant, se défendre d'un mouvement de pitié; ils lui donnèrent tous : mais Antinoüs, choqué de ce qu'on l'avoit introduit dans la salle, le reprocha durement à Eumée; et quand Ulysse s'approcha de lui, il le repoussa avec dédain. Ulysse, en s'éloignant, lui dit : Antinoüs, vous êtes beau et bien fait; mais le bon sens et l'humanité n'accompagnent pas cette bonne mine. Antinoüs, irrité de ces paroles, prend son marche-pied, le lance de toute sa force. Tous les poursuivants furent irrités des violences et des emportements d'Antinoüs; Ulysse seul, quoique rudement frappé à l'épaule, n'en parut point ébranlé; il conjura seulement les dieux protecteurs des pauvres de punir ce jeune emporté.

Télémaque sentit dans son cœur une douleur extrême de voir son père si maltraité; il retint cependant ses larmes, de peur de trahir son secret. Pénélope, instruite de ce qui s'étoit passé, pria Apollon de punir cette impiété; car c'en étoit une à ses yeux que de maltraiter un pauvre : elle fit monter Eumée, et lui dit qu'elle vouloit voir cet étranger. Il a beaucoup voyagé, lui dit-elle, et peut-être a-t-il rencontré mon cher Ulysse. Attendez l'entrée de la nuit, réplique Eumée, pour ne pas donner d'inquiétude aux poursuivants; vous le verrez alors à votre aise : il sait beaucoup de choses; il les raconte bien, et vous ne pourrez pas l'entendre sans y prendre beaucoup d'intérêt.

PRÉCIS DU LIVRE XVIII.

Eumée étoit à peine parti, qu'on vit paroître à la porte du palais un mendiant célèbre dans Ithaque par sa gloutonnerie; car il mangeoit toujours, et étoit toujours affamé. Quoiqu'il fût d'une taille prodigieuse, il n'avoit ni force ni courage : on l'appeloit Irus. En arrivant, il voulut chasser Ulysse de son poste. Retire-toi, lui dit-il, vieillard décrépit; retire-toi, ou je t'y forcerai en te traînant par les pieds.

Ulysse, le regardant d'un air farouche, lui répondit : Mon ami, je ne te dis point d'injures, je ne te fais aucun mal, je n'empêche pas qu'on ne te donne; cette porte peut suffire pour nous deux.

Grands dieux ! s'écria Irus en colère, voilà un gueux qui a la langue bien pendue; si je le prends, je l'accommoderai mal.

Les princes, pour se divertir, les excitèrent, les mirent aux mains, et promirent au vainqueur une bonne récompense. Princes, leur dit Ulysse, un vieillard comme moi, accablé de calamités et de misères, ne devroit point entrer en lice avec un adversaire jeune et vigoureux; je ne m'y refuse cependant pas, pourvu que vous me promettiez de ne mettre pas la main sur moi pour favoriser Irus.

Aussitôt il se découvre; on vit avec étonnement ses cuisses fortes et nerveuses, ses épaules carrées, sa poitrine large, ses bras forts comme l'airain : Irus, en les voyant, en fut tout découragé; il fallut le traîner dans l'arène. Les voilà donc tous deux aux prises. Irus décharge un grand coup de poing sur l'épaule d'Ulysse. Celui-ci le frappe au haut du cou avec tant de force, qu'il lui brise la mâchoire et l'étend à terre : il le traîne ensuite hors des portiques; il lui met un bâton à la main, en le faisant asseoir et lui disant : Demeure là, mon ami, et ne t'avise plus, toi qui es le dernier des hommes, de traiter les étrangers et les mendiants comme si tu étois leur roi. Les princes félicitèrent Ulysse, et lui envoyèrent amplement de la nourriture.

Dans ce même moment, Minerve inspire à la fille d'Icarius, à la sage Pénélope, le dessein de se montrer aux poursuivants, afin qu'elle les repaisse de vaines espérances, et qu'elle soit plus honorée de son fils et de son mari. En arrivant dans la salle où tout le monde étoit rassemblé, elle adresse d'abord la parole à son fils : touchée du traitement qu'Antinoüs avoit fait à Ulysse, qu'elle n'avoit pas encore reconnu, elle reproche à Télémaque d'avoir souffert qu'on maltraitât, en sa présence, un étranger qui étoit venu chercher un asile dans le palais. J'en suis affligé, répondit son fils; mais que vouliez-vous, ma mère, que je fisse seul contre tous ?

Eurymaque, s'approchant alors de Pénélope, lui parla de sa beauté, de sa taille, de sa sagesse, de toutes ses admirables qualités. Hélas ! dit elle, je ne songe plus à ces avantages depuis le jour que les Grecs se sont embarqués pour Ilion, et que mon cher Ulysse les a suivis. S'il revenoit dans sa patrie, ma gloire en seroit plus grande; et ce seroit là toute ma beauté.

Ulysse fut ravi d'entendre le discours de Pénélope. Les poursuivants ne renoncèrent cependant pas, de leur côté, à leurs espérances, et firent de beaux présents à la reine d'Ithaque. La reine les fit porter dans son appartement par ses femmes, et on passa le reste de la journée dans les plaisirs de la danse et de la musique.

Eurymaque prend querelle avec Ulysse, et lui jette à la tête un marche-pied; que celui-ci évita heureusement. Télémaque, pour en prévenir les suites, les congédie tous, et les exhorte à se retirer. Étonnés de l'air d'autorité que prend ce jeune prince, ils n'osent cependant lui résister; et le sage Amphinome, fils de Nisus, leur dit : Pourquoi maltraitez-vous cet étranger ? Laissons-le dans le palais de Télémaque, puisqu'il est son hôte; faisons des libations, et allons goûter les douceurs du repos.

PRÉCIS DU LIVRE XIX.

Ulysse, étant demeuré seul dans le palais, prend avec Minerve des mesures pour donner la mort aux poursuivants de Pénélope. Tout plein de cette pensée, il appelle Télémaque : Ne perdons pas un moment, lui dit-il; portons au haut du palais toutes les armes. Télémaque obéit à son père, et charge la prudente Euryclée d'empêcher les femmes de sa mère de sortir de leur appartement, tandis qu'ils les transporteroient. Son ordre fut exécuté. Le père et le fils se mettent à porter les casques, les boucliers, les épées, les lances; et Minerve marche devant eux avec une lampe d'or qui répand une lumière extraordinaire. Télémaque, surpris de ce prodige, en parle à son père, qui lui répond : Gardez le silence, mon fils, retenez votre curiosité : ne sondez pas les secrets du ciel; contentez-vous de profiter de ses faveurs avec reconnoissance. Mais il est temps que vous alliez vous reposer : votre mère va descendre, et m'a demandé un entretien.

Pénélope paroît en effet, suivie de ses femmes. Mélantho, la plus insolente de celles qui l'accompagnoient, fâchée de trouver Ulysse dans la salle, veut l'en faire sortir, et l'accable d'injures. Pourquoi m'attaquez-vous avec tant d'aigreur ? lui répond Ulysse en la regardant avec colère. Est-ce parce que je ne suis plus jeune, et que je n'ai que de méchants habits ? J'ai été autrefois environné de toute la magnificence qui attire les regards; Jupiter a renversé cette grande fortune : que cet

PRÉCIS DU LIVRE XIX.

exemple vous rende plus sage; craignez de perdre cette faveur qui vous relève au-dessus de vos compagnes.

Pénélope la reprend aussi, et lui impose silence. Elle fait asseoir Ulysse auprès d'elle, et lui demande quel est son nom, où il a pris naissance, et ce que font ses parents. Ulysse feint qu'il est de l'île de Crète; qu'il y tenoit un rang distingué lorsque le roi d'Ithaque y a passé pour aller à Ilion : il le dépeint avec la plus grande exactitude, lui parle de l'habit qu'il portoit et de ceux qui l'accompagnoient : Il les a tous perdus, ajoute-t-il, à son retour; et je sais qu'il a été le seul à se sauver d'une tempête excitée par la colère des dieux. Pénélope lui dépeint à son tour ses inquiétudes, et le chagrin que lui cause l'absence d'Ulysse. Je suis, dit-elle, persécutée par les princes que vous voyez : mon cœur se refuse aux engagements qu'ils me sollicitent de prendre; de peur de les irriter, je les amuse par des espérances que je ne voudrois pas réaliser. Je leur avois promis de me décider quand j'aurois achevé de broder un grand voile; j'y travaillois le jour, et la nuit je défaisois l'ouvrage que j'avois fait : quelques unes de mes femmes m'ont trahie, et leur ont découvert cette innocente ruse. Je ne trouve plus d'expédient pour reculer, et je suis la plus malheureuse des femmes.

Temporisez encore, lui dit Ulysse, et ne pleurez plus; le roi d'Ithaque est vivant : vous le verrez bientôt. Je jure, par ce foyer où je me suis réfugié, qu'il reviendra dans cette année.

Dieu veuille que ce bonheur m'arrive, comme vous me le promettez! répondit la sage Pénélope; mais, si j'en crois mes pressentiments, il ne reviendra pas, et personne ne pourra vous fournir les moyens de retourner dans votre patrie.

Cependant la reine, touchée de ce que cet étranger venoit de lui raconter, ordonne à ses femmes d'en prendre soin, de lui dresser un bon lit, de lui laver les pieds, et de le parfumer d'essences. Celle, dit-elle, qui le maltraiteroit, ou qui lui feroit la moindre peine, encourroit mon indignation : les hommes n'ont sur la terre qu'une vie fort courte; c'est pourquoi il faut l'employer à faire du bien.

Princesse, répondit Ulysse, modérez votre générosité; je ne suis point accoutumé à tant d'égards; je ne souffrirai pas que ces jeunes femmes me rendent les services que vous exigez d'elles.

Recevez-les du moins, lui dit Pénélope, d'Euryclée, la nourrice de mon cher et infortuné Ulysse : vous m'avez inspiré un véritable intérêt; et de tous les étrangers qui sont venus dans mon palais, il n'y en a point qui aient marqué dans leurs discours et dans leurs actions tant de vertu et tant de sagesse. Allez donc, dit-elle à Euryclée, allez laver les pieds de cet hôte, qui paroit de même âge que mon cher prince : je m'imagine qu'Ulysse est fait comme lui, et dans un état aussi pitoyable; car les hommes dans la misère vieillissent promptement.

Ah! s'écrie alors Euryclée, c'est son absence qui cause tous mes chagrins. Seroit-il l'objet de la haine de Jupiter, malgré sa piété? car jamais prince n'a offert à ce dieu tant de sacrifices, ni des hécatombes si parfaites. Je vous l'avoue, pauvre étranger, malgré votre misère vous me causez de grandes agitations : je n'ai vu personne qui ressemblât à Ulysse autant que vous; c'est sa taille, sa voix, toute sa démarche. Vous n'êtes pas la seule, lui dit Ulysse, qui ayez été frappée de cette ressemblance.

Euryclée prit alors un vaisseau; et lorsqu'elle lui lava les pieds, elle le reconnut à une cicatrice qui lui restoit d'une blessure que lui avoit faite un sanglier sur le mont Parnasse, où il étoit allé chasser autrefois avec le fils d'Autolycus, son aïeul maternel, père d'Anticlée sa mère. Ulysse, se jetant sur elle, lui mit la main sur la bouche, et de l'autre il la tira à lui, et lui dit : Ma chère nourrice, gardez-vous de parler! vous me perdriez, et je m'en vengerois. Ah! mon cher fils, répondit-elle, ne connoissez-vous pas ma fidélité et ma constance? Je garderai votre secret, et je serai aussi impénétrable que la pierre la plus dure, que le fer même.

Après qu'elle eut achevé de laver les pieds d'Ulysse, et qu'elle les eut frottés et parfumés, il s'approcha du feu pour se chauffer. Alors Pénélope lui dit : Je ne vous demande plus qu'un moment d'entretien, car voilà bientôt l'heure du repos pour ceux que le chagrin n'empêche pas de goûter les douceurs du sommeil : pour moi, je ne puis presque plus fermer la paupière. Comme la plaintive Philomèle pleure sans cesse son cher Ityle, qu'elle a tué par une cruelle méprise, moi-même je pleure sans cesse, et mon esprit est agité de pensées tristes et diverses : des songes cruels me tourmentent; et il faut que je vous raconte le dernier que j'ai eu. J'ai dans ma basse-cour vingt oisons domestiques que je nourris, et que j'aime à voir : il m'a semblé qu'un aigle est venu du sommet de la montagne voisine fondre sur ces oisons, et leur a rompu le cou; puis, avec une voix articulée comme celle d'un homme, il m'a crié de dessus les créneaux de la muraille où il étoit allé se poser : Fille d'Icarius, prenez courage, ce n'est pas ici un vain songe; ces oisons ce sont les poursuivants, et moi je suis votre mari qui viens vous délivrer et les punir.

Grande reine, reprit Ulysse, n'en doutez pas, la mort va fondre sur la tête des poursuivants; aucun d'eux ne pourra se dérober à sa cruelle destinée.

Hélas! dit alors Pénélope, rien de plus incertain que les songes, et je n'ose me flatter que le mien s'accomplisse. Le jour de demain est le malheureux jour qui va m'arracher de cette demeure : je vais proposer un combat dont je serai le prix; celui qui se servira le mieux de l'arc d'Ulysse, et fera passer ses flèches dans des bagues suspendues à douze piliers, m'emmènera avec lui ; et pour le suivre je quitterai ce palais si riche, où je suis venue dès ma première jeunesse, et dont je ne perdrai jamais le souvenir, même dans mes songes.

Ulysse, plein d'admiration pour la prudence de Pénélope, l'exhorte à ne pas différer de proposer ce combat; car, lui dit-il, vous verrez plutôt votre mari de retour que vous ne verrez les poursuivants se servir de son arc, et faire passer les flèches au travers de tous ces anneaux.

Que je trouve de charmes dans cette conversation! s'écria la reine en soupirant; que je serois aise de la prolonger! mais il n'est pas juste de vous empêcher de dormir : les dieux ont réglé la vie des hommes ; ils ont fait le jour pour le travail, et la nuit pour le repos. Je vais donc me coucher sur ce triste lit, témoin de mes douleurs, et si souvent arrosé de mes larmes.

En disant ces mots, elle le quitte, et monte dans son magnifique appartement.

PRÉCIS DU LIVRE XX.

Ulysse se retire dans le vestibule, et se couche sur une peau de bœuf qui n'avoit point été préparée : le sommeil ne ferma pas ses paupières ; il étoit trop occupé de trouver des moyens de se venger de ses ennemis. Cependant les femmes de Pénélope sortent secrètement de l'appartement de la reine pour aller aux rendez-vous ordinaires qu'elles avoient avec les poursuivants. La vue de ce désordre excita la colère d'Ulysse : il délibéra s'il ne les en puniroit pas sur l'heure ; mais, à la réflexion, il s'apaisa. Supportons encore cet affront, se dit-il à lui-même; attendons que nous ayons puni les insolents qui veulent me ravir Pénélope.

Comme il étoit dans ces agitations, Minerve descendit des cieux, et vint se placer auprès de lui. Malheureux Ulysse, pourquoi ne dormez-vous pas ? lui dit la déesse : vous vous retrouvez dans votre maison, votre femme est fidèle, et vous avez un fils tel, qu'il n'y a point de père qui ne voulût que son fils lui ressemblât.

Je mérite vos reproches, grande déesse, lui répondit Ulysse ; mais je roule dans la tête de grands projets, je veux les exécuter, et j'en redoute les suites.

Vous ne comptez donc, reprit Minerve, que sur vos forces et votre prudence : ignorez-vous que je vous protège? et douterez-vous toujours de mon pouvoir ? Dormez tranquillement, et attendez tout de mon secours : bientôt vous verrez finir les malheurs qui vous accablent.

En finissant ces mots, Minerve versa sur ses yeux un doux sommeil qui calma ses chagrins, et reprit son vol vers l'Olympe. Mais la sage Pénélope, succombant à ses peines, s'écria en gémissant : Que les dieux, témoins de mon désespoir, m'ôtent la vie, qui m'est odieuse ! qu'ils me permettent d'aller rejoindre mon cher Ulysse dans le séjour même des ténèbres et de l'horreur ! que je ne sois pas réduite à faire la joie d'un second mari !

Ulysse entendit les gémissements de Pénélope; il craignit d'en avoir été reconnu. Il délibéra s'il n'iroit pas se présenter à elle; mais auparavant il lève les mains au ciel, et fait aux dieux cette prière : Père des dieux et des hommes, grand Jupiter, dirigez mes pas; que je puisse tirer quelque bon augure des premiers mots que j'entendrai prononcer ! que je sois rassuré par quelque prodige de votre puissance.

Le dieu du ciel exauça sa prière ; il fit gronder la foudre. Une femme occupée à moudre de l'orge et du froment, étonnée d'entendre le tonnerre, quoique le ciel fût sans nuages, s'écria : Sans doute, père des dieux, que vous envoyez à quelqu'un ce merveilleux prodige ! Hélas ! daignez accomplir le desir d'une malheureuse ; faites qu'aujourd'hui les poursuivants prennent leur dernier repas dans ce palais !

Ulysse eut une joie extrême d'avoir eu un prodige dans le ciel, et un bon augure sur la terre; et il ne douta plus qu'il n'exterminât bientôt ses ennemis.

Le jour commençoit à paroître ; les femmes allument du feu, et se distribuent dans les différents offices dont elles étoient chargées. Les cuisiniers arrivent ; les pourvoyeurs leur portent des provisions. Philétius, qui avoit l'intendance des troupeaux d'Ulysse dans l'île des Céphaliens, leur mène une génisse grasse et des chèvres; c'étoit malgré lui : il étoit attaché à son ancien maître ; il aimoit Télémaque, et voyoit avec douleur tout ce qui se passoit dans le palais.

A la vue d'un étranger couvert de haillons, il est attendri. Hélas ! dit-il, peut-être qu'Ulysse, s'il n'est pas mort, n'est pas mieux traité de la fortune. Que ne vient-il mettre fin aux désordres insupportables dont nous sommes témoins !

Rassurez-vous, lui dit alors Ulysse; je vous jure que votre maître arrivera ici avant que vous en sortiez.

Ah ! répondit le pasteur, daigne le grand Jupiter accomplir cette grande promesse !

Les poursuivants se mettent à table. Télémaque entre dans la salle; il y introduit Ulysse, et recommande avec autorité à tous les convives de respecter son hôte. Ils en furent étonnés ; et Ctésippe, pour braver les menaces de Télémaque, se saisit d'un pied de bœuf, et le lance avec violence à la tête d'Ulysse, qui évite le coup. Son fils, en colère, lui dit qu'il est bien heureux de n'avoir pas blessé ce pauvre étranger, qu'il l'en auroit puni sur-le-champ en le perçant de sa pique. Que personne, ajouta-t-il, ne s'avise de suivre cet exemple; je ne suis plus d'âge à souffrir de pareils excès chez moi.

Télémaque a raison, dit Agélaüs, fils de Damastor : mais, pour mettre fin à tout ce qu'il peut souffrir de nos poursuites, que ne conseille-t-il à la reine de choisir un mari? il n'y a plus d'espoir de retour pour Ulysse, et tous les délais de Pénélope tournent à la ruine de son fils.

Quoi qu'il m'en puisse coûter, lui répondit Télémaque, je ne contraindrai jamais ma mère à sortir de mon palais, ni à faire un choix qui peut lui déplaire.

Cependant Minerve aliène les esprits des poursuivants et leur inspire une envie démesurée de rire. Ils avaloient des morceaux de viande tout sanglants; leurs yeux étoient noyés de larmes, et ils poussoient de profonds soupirs avant-coureurs des maux qui les attendoient.

Le devin Théoclymène, effrayé de ce qu'il voyoit, s'écria : Ah! malheureux! qu'est-ce que je vois? Que vous est-il arrivé de funeste?

Eurymaque, s'adressant aux convives, leur dit : Cet étranger extravague, il vient sans doute tout fraîchement de l'autre monde : qu'on fasse sortir ce fou de la salle : qu'on le conduise à la place publique.

Je sortirai bien tout seul, répondit Théoclymène; j'en sortirai avec grand plaisir, car je vois ce que vous ne voyez pas; je vois les maux qui vont fondre sur vos têtes.

Tous s'écrièrent que Télémaque étoit bien mal en hôtes : l'un, dirent-ils, est un misérable mendiant, et l'autre nous donne des extravagances pour des prophéties.

Voilà les beaux propos que tenoient les poursuivants. Télémaque ne daigne pas y répondre. Mais si le dîner leur fut agréable, le souper qui le suivit ne lui ressembla pas.

PRÉCIS DU LIVRE XXI.

Minerve inspira à Pénélope de proposer dès ce jour aux poursuivants l'exercice de tirer la bague avec l'arc d'Ulysse : il étoit suspendu, avec un carquois rempli de flèches, dans un appartement qui étoit au haut du palais, et où elle avoit renfermé les richesses et les armes de son mari. Cet arc étoit un présent qu'Iphitus, fils d'Eurytus, égal aux immortels, avoit fait autrefois à Ulysse dans le pays de Lacédémone, où ils s'étoient rencontrés dans le palais d'Orsiloque. La reine fait porter, par ses femmes, à l'entrée de la salle, l'arc, le carquois et le coffre où étoient les bagues qui devoient servir à l'exercice qu'elle alloit proposer. Princes, leur dit-elle, puisque vous vous obstinez à demander ma main, je la donnerai à celui qui tendra cet arc merveilleux le plus facilement, et qui fera passer sa flèche dans les bagues suspendues à ces douze piliers.

Alors Télémaque, prenant la parole, dit : Je ne puis pas être simple spectateur d'un combat qui doit me coûter si cher. Non, non, comme vous allez faire vos efforts pour m'enlever Pénélope, il faut que je fasse aussi les miens pour la retenir : si je suis assez heureux pour réussir, je n'aurai pas la douleur de voir ma mère me quitter, et suivre un second mari; car elle n'abandonnera pas un fils qu'elle verra en état de suivre les grands exemples de son père.

Aussitôt il se lève, quitte son manteau et son épée, et se met lui-même à dresser les piliers et à suspendre les bagues. Il prend l'arc ensuite, il essaie trois fois de le bander : mais ses efforts sont inutiles. Il ne désespéroit cependant pas encore, lorsque Ulysse, qui vit que cela pourroit être contraire à ses desseins, lui fit signe d'y renoncer.

Léodès, fils d'Énops, prit l'arc qu'avoit abandonné Télémaque, et s'efforça vainement de le bander, et prophétisa que les autres n'y réussiroient pas mieux, et trouveroient la mort dans ce prétendu jeu. Antinoüs, offensé de cette prédiction, lui reprocha sa foiblesse avec aigreur, et chargea le berger Mélanthius de faire fondre de la graisse pour en frotter l'arc, et le rendre plus souple et plus maniable.

Dans ce moment, Eumée et Philétius, très attachés à Ulysse, sortent de la salle; le roi d'Ithaque les suit, se déclare à eux, leur demande s'il peut compter sur leur courage et leur fidélité, leur donne ses ordres, et leur assigne les postes qu'ils doivent occuper; ils rentrent ensuite l'un après l'autre, et trouvent Eurymaque désespéré de ne pouvoir tendre l'arc qu'il tenoit à la main. Quelle honte pour nous, s'écrioit-il, de ne pouvoir faire aucun usage de cette arme, dont Ulysse se servoit si facilement!

Antinoüs, toujours confiant, lui dit : Ce n'est pas la force qui nous manque, mais nous avons mal pris notre temps; c'est aujourd'hui une grande fête d'Apollon : est-il permis de tendre l'arc? Tenons-nous aujourd'hui en repos; faisons un sacrifice à ce dieu, qui préside à l'art de tirer des flèches, et, favorisés de son secours, nous achèverons heureusement cet exercice.

Ulysse se lève alors; il applaudit au discours d'Antinoüs, et demande cependant la permission de manier un moment cet arc, pour éprouver ses forces, et voir si elles sont encore entières, et comme elles étoient avant ses fatigues et ses malheurs.

Malheureux vagabond, lui dit Antinoüs irrité, ainsi que tous les poursuivants, de tant d'audace, le vin te trouble la raison : demeure en repos, ne cherche point à entrer en lice avec des hommes si fort au-dessus de toi.

Pourquoi non ? dit Pénélope : cet étranger n'aspire pas sans doute à m'épouser ; je me flatte qu'il n'est pas assez insensé pour se bercer d'une telle espérance.

Mais, dit Eurymaque, quelle humiliation pour nous, grande princesse, si un vil mendiant nous surpassoit en force et en adresse !

C'est votre conduite, lui répliqua la reine, qui doit vous couvrir de confusion. Donnez-lui donc cet arc, afin que nous voyions ce qu'il sait faire : s'il vient à bout de le tendre, je lui donnerai une belle tunique, un beau manteau, des brodequins, une épée, un long javelot, et je le ferai conduire où il voudra.

Eumée remet l'arc entre les mains d'Ulysse ; Pénélope se retire dans son appartement par le conseil de Télémaque, et ce jeune prince ordonne à Euryclée d'en fermer les portes, afin qu'aucune des femmes de sa mère ne puisse en sortir. Ulysse alors examine son arc, s'assure qu'il est en bon état, et soutient, sans s'émouvoir, toutes les mauvaises plaisanteries des poursuivants ; il le tend ensuite, sans aucun effort, et aussi facilement qu'un maître de lyre tend une corde à boyau en tournant une cheville. Pour éprouver la corde, il la lâcha ; la corde lâchée résonna, et fit un bruit semblable à la voix de l'hirondelle. Après cette épreuve, il prend la flèche, il l'ajuste sans se lever de son siége, et tire avec tant de justesse qu'il enfile les anneaux de tous les piliers. Jeune prince, dit-il ensuite à son fils, votre hôte ne vous fait point de honte ; il n'a point manqué le but ; je ne méritois point le mépris et les reproches des poursuivants.

En même temps il fait signe à Télémaque, qui l'entend, prend son épée, s'arme d'une bonne pique, et se tient debout près du siége de son père.

PRÉCIS DU LIVRE XXII.

Ulysse jette ses haillons, saute sur le seuil de la porte avec son arc et son carquois, verse à ses pieds toutes ses flèches ; et, s'adressant aux poursuivants : Il est temps que tout ceci change de face, et que je me propose un but plus sérieux ; nous verrons si j'y atteindrai, et si Apollon m'accordera cette gloire.

Il dit, et tire en même temps sur Antinoüs : il portoit à la bouche une coupe pleine de vin ; la pensée de la mort étoit alors bien éloignée de lui ; il tombe percé à la gorge, et inonde la table de son sang. Les convives jettent un grand cri ; ils se lèvent, courent aux armes : mais ils ne trouvent ni bouclier ni pique ; Ulysse avoit eu la précaution de les faire enlever. Ne pouvant donc pas lui résister par la force, ils tâchent de l'intimider par des injures. Ulysse, les regardant avec des yeux terribles, se fit alors connoître. Lâches, leur dit-il, vous ne vous attendiez pas que je reviendrois des rivages de Troie, et, dans cette confiance, vous consumiez ici mes biens ; vous déshonoriez ma maison par vos infames débauches, et vous poursuiviez ma femme, sans vous remettre devant les yeux ni la crainte des dieux ni la vengeance des hommes.

Il dit, et une pâle frayeur glace leurs esprits. Le seul Eurymaque eut l'assurance de lui répondre que, s'il étoit véritablement Ulysse, il avoit raison de se plaindre ; mais qu'Antinoüs étoit le plus coupable, qu'il s'en étoit vengé, et que pour eux ils étoient prêts à réparer tous les dommages qu'ils lui avoient faits.

Non, non, répliqua le roi d'Ithaque ; ce ne sont pas vos biens qui pourront me satisfaire, j'en veux à votre vie ; vous n'avez qu'à vous défendre ou à prendre la fuite.

Eurymaque alors tire son épée, se lance sur Ulysse ; celui-ci le prévient, et lui perce le cœur d'une flèche. Amphinome tombe sous les coups de Télémaque, qui lui laisse la pique dans le corps, et avertit son père qu'il va chercher des javelots et des boucliers, et armer les deux fidèles pasteurs qu'il avoit chargés de garder les portes. Allez, mon fils, répondit Ulysse ; apportez-moi ces armes ; j'ai encore assez de flèches pour me défendre quelque temps : mais ne tardez pas ; car on forceroit enfin ce poste que je défends tout seul.

Télémaque, sans perdre un moment, monte à l'appartement où étoient les armes ; il en apporte pour son père, pour lui-même, pour le fidèle Eumée, et pour Philétius. Mélanthius, voyant que le fils d'Ulysse avoit négligé de fermer la porte de l'arsenal, y monte par un escalier dérobé, et en rapporte aux poursuivants des boucliers, des casques et des javelots. Ulysse, s'apercevant de la trahison de Mélanthius, et le voyant enfiler encore l'escalier dérobé, ordonne à Eumée et à Philétius de le suivre, de le saisir, de le lier, de le suspendre à une colonne de l'appartement, et de le laisser là tout en vie souffrir long-temps les peines qu'il a méritées. L'ordre est ponctuellement exécuté.

Mais les amants de Pénélope, bien armés, se préparent au combat, semblent ne respirer que le sang et le carnage. Minerve alors, sous la figure de Mentor, se joint à Ulysse, qui la reconnoît, et l'exhorte à l'aider à se défendre. Les poursuivants, qui la prennent pour le véritable Mentor, cherchent à l'intimider par les plus terribles menaces. Minerve en fut indignée, et disparut après avoir encouragé Ulysse et Télémaque : mais elle rendit inutiles les efforts de leurs ennemis, et détourna tous les coups qu'ils vouloient porter au roi d'Ithaque. Il n'en fut pas de même de ceux d'Ulysse; les quatre plus braves tombèrent sous ses traits, et le reste ne tarda pas à périr victime de sa vengeance.

Le chantre Phémius, cherchant à éviter la mort, et ne pouvant l'éviter par la fuite, vint alors se jeter aux pieds d'Ulysse. Fils de Laërte, lui dit-il, vous me voyez à vos genoux ; ayez pitié de moi, donnez-moi la vie. Vous auriez une douleur amère d'avoir fait périr un chantre qui fait les délices des hommes et des dieux ; je n'ai eu dans mon art d'autre maître que mon génie. C'est malgré moi que je suis venu dans votre palais pendant votre absence. Pouvois-je résister à des princes si fiers, et qui avoient en main l'autorité et la force ?

Télémaque intercéda pour Phémius, et pria aussi son père d'épargner le héraut Médon, qui a pris tant de soin de son enfance. Médon, encouragé par la supplique de Télémaque, se montra alors, et sortit de dessous un siége où il s'étoit couvert d'une peau de bœuf nouvellement dépouillé. Ulysse leur accorda la vie à tous les deux, et les fit sortir de ce lieu de carnage.

Après avoir fait mordre la poussière à tous les poursuivants, il appelle Euryclée, et lui demande le nom des femmes de Pénélope qui ont participé à leurs crimes; elles paroissent tremblantes et le visage couvert de larmes. Ulysse leur ordonne d'emporter les morts, de nettoyer la salle, et de laver les siéges et la table; après quoi, pour les punir de leur trahison et de leurs désordres, il les condamne toutes à perdre la vie.

Cette horrible exécution faite, Ulysse, pour purifier son palais, demande du feu et du soufre, et fait descendre ensuite dans la salle les autres femmes de Pénélope; elles se jetèrent à l'envi au cou de ce prince : il les reconnut toutes, et répondit à leurs caresses par des larmes et des sanglots.

PRÉCIS DU LIVRE XXIII.

Euryclée, transportée de joie, monte à l'appartement de la reine. Le zèle lui redonne les forces de la jeunesse; elle marche d'un pas ferme et assuré, et dans un moment elle arrive près du lit de la princesse, et lui crie : Éveillez-vous, ma chère Pénélope; Ulysse est enfin revenu, il est dans ce palais, il s'est vengé des princes qui aspiroient à votre main.

La sage Pénélope, éveillée, lui répond, dans sa surprise : Pourquoi venez-vous me tromper ? pourquoi troubler un sommeil qui suspendoit toutes mes douleurs ?

Je ne vous trompe pas, réplique Euryclée; Ulysse est de retour; c'est l'étranger même à qui vous avez parlé, et qu'on a si maltraité dans votre maison.

Pénélope alors ouvre son cœur à la joie, saute de son lit, embrasse sa chère nourrice, et la conjure de lui dire la vérité, et de lui raconter comment on a pu se défaire en si peu de temps de tant de concurrents. Puis, retombant dans ses inquiétudes, elle lui dit : Ce sont des contes que tout ce que vous me rapportez. N'est-ce pas quelqu'un des immortels, qui, ne pouvant souffrir les mauvaises actions de ces princes, leur a donné la mort ? Pour mon cher Ulysse, il a perdu toute espérance de retour : il a perdu la vie ! Descendons néanmoins, allons trouver mon fils, et voir l'auteur de ce grand exploit.

En finissant ces mots, elle s'avance en délibérant sur la conduite qu'elle devoit tenir. La crainte de donner dans quelque piége funeste à son honneur la rendit très réservée. Télémaque, surpris de son embarras, lui reproche sa froideur; elle s'excuse sur le saisissement que lui cause toute cette aventure. Je n'ai, dit-elle, la force ni de parler à cet étranger, ni de le regarder; mais s'il est véritablement mon cher Ulysse, il lui est fort aisé de se faire connoître sûrement.

Ulysse dit alors, en souriant, à Télémaque : Mon fils, donnez le temps à votre mère de m'examiner; laissez-la me faire des questions : elle me méconnoît, parce qu'elle me voit malpropre et couvert de haillons; elle ne peut s'imaginer que je sois Ulysse : cela changera. Pensons à nous mettre à couvert des suites que nous devons craindre de tant de princes immolés à notre vengeance ; tâchons de donner le change au public, avant que le bruit de cette expédition éclate; mettons tout en ordre dans la maison; prenons le bain; parons-nous de nos plus beaux habits; que tout le palais retentisse de cris de joie et d'allégresse, et que le peuple trompé s'imagine que Pénélope a fait son choix, et vient de donner la main à un de ses prétendants.

On exécute les ordres d'Ulysse. Lui-même, après s'être baigné et parfumé, se couvre d'habits magnifiques : Minerve lui donne une éclat extraordinaire de beauté et de bonne mine. Il va se présenter à la reine ; il s'asseoit auprès d'elle ; il lui reproche son air d'indifférence.

Prince, lui répond Pénélope, mon embarras ne vient ni de fierté ni de mépris. Vous me paroissez Ulysse : mais je ne me fie pas encore assez à mes yeux ; et la fidélité que je dois à mon mari, et ce que je me dois à moi-même, demandent les plus exactes précautions et les sûretés les plus grandes. Mais, Euryclée, allez, faites porter hors de la chambre de mon mari le lit qu'il s'est fait lui-même : garnissez-le de tout ce que nous avons de meilleur et de plus beau, afin qu'il aille prendre du repos.

Cela est impossible, répondit Ulysse, à moins qu'on n'ait scié les pieds de ce lit qui étoient attachés au plancher.

A ces mots la reine tombe presque évanouie, elle ne doute plus que ce ne soit son cher Ulysse. Enfin, revenue de sa foiblesse, elle court à lui, le visage baigné de pleurs; et en l'embrassant avec toutes les marques d'une véritable tendresse, elle lui dit : Mon cher Ulysse, ne soyez point irrité contre moi, ne me faites plus de reproches. Depuis votre départ j'ai été dans une appréhension continuelle que quelqu'un ne vînt me surprendre par des apparences trompeuses. Combien d'exemples de ces surprises! Hélène même, quoique fille de Jupiter, ne fut-elle pas trompée? Présentement que vous m'en donnez des preuves si fortes, je vous reconnois pour mon cher Ulysse que je pleure depuis si long-temps.

Ces paroles attendrirent Ulysse, et le remplirent d'admiration pour la vertu et la prudence de Pénélope. Hélas! lui dit-il alors en soupirant, nous ne sommes pas encore à la fin de tous nos travaux; il m'en reste un à entreprendre, et c'est le plus long et le plus difficile, comme Tirésias me le déclara le jour que je descendis dans le ténébreux palais de Pluton, pour consulter ce devin sur les moyens de retourner dans ma patrie.

Quel est-il? répliqua Pénélope : comment se terminera-t-il?

Heureusement, lui répondit Ulysse; et le devin m'a assuré que la mort ne trancheroit le fil de mes jours qu'au bout d'une longue et paisible vieillesse; qu'après que j'aurois rendu mon peuple heureux et florissant.

Ulysse lui raconta ensuite tout ce qu'il avoit éprouvé de malheurs, tout ce qu'il avoit couru de dangers depuis son départ de Troie : il commença par la défaite des Ciconiens; il lui fit le détail des cruautés du cyclope Polyphême, et de la vengeance qu'il avoit tirée du meurtre de ses compagnons, que ce monstre avoit dévorés; il lui raconta son arrivée chez Éole, les caresses insidieuses de Circé, sa descente aux enfers pour y consulter l'ame de Tirésias; il lui peignit le rivage des Syrènes, les merveilles de leurs chants et le péril qu'il y avoit à les entendre; il lui parla des écueils effroyables de Charybde et de Scylla, de son arrivée dans l'île de Trinacrie, de l'imprudence de ses compagnons qui tuèrent les bœufs du Soleil, du naufrage et de la mort de ses compagnons en punition de ce crime, et de la pitié que les dieux eurent de lui en le faisant aborder seul dans l'île de Calypso; il n'oublia pas les efforts de la déesse pour le retenir, ni les offres qu'elle lui fit de l'immortalité. Enfin il lui raconta comment, après tant de travaux, il étoit arrivé chez les Phéaciens, et de là à Ithaque.

Il finit là son histoire : le sommeil vint le délasser de ses fatigues; et, quand l'aurore parut, il partit pour aller embrasser son père, en ordonnant à Pénélope de se tenir dans son appartement, et de ne se laisser voir à personne.

PRÉCIS DU LIVRE XXIV.

Cependant Mercure avoit assemblé les ames des poursuivants de Pénélope. Il tenoit à la main sa verge d'or, et ces ames le suivoient avec une espèce de frémissement. Arrivées dans la prairie d'Asphodèle, où habitent les ombres, elles trouvèrent l'ame d'Achille, celle de Patrocle, celle d'Antiloque, celle d'Ajax, le plus beau et le plus vaillant des Grecs après le fils de Pélée. L'ame d'Agamemnon étoit venue les joindre. Achille, lui adressant la parole, lui dit : Fils d'Atrée, nous pensions que de tous les héros vous étiez le plus chéri du maître du tonnerre; la Parque inexorable a donc tranché le fil de vos jours avant le temps?

Fils de Pélée, lui répondit Agamemnon, que vous êtes heureux d'avoir terminé votre vie sur le rivage d'Ilion! les plus braves des Grecs et des Troyens furent tués autour de vous, et jamais guerrier ne fut pleuré plus amèrement, jamais monarque ne reçut tant d'honneurs au moment de ses funérailles. La déesse votre mère, avertie par nos cris de votre mort funeste, sortit de la mer avec ses nymphes; elles environnèrent votre bûcher : et quand les flammes de Vulcain eurent achevé de vous consumer, elle nous donna une urne d'or, présent de Bacchus et chef-d'œuvre de Vulcain, pour renfermer vos cendres précieuses avec celles de votre ami Patrocle. Toute l'armée travailla ensuite à vous élever un magnifique tombeau sur le rivage de l'Hellespont. Oui, divin Achille, la mort même n'a eu aucun pouvoir sur votre nom; il passera d'âge en âge, avec votre gloire, jusqu'à la dernière postérité. Et moi, quel avantage ai-je retiré de mes travaux? J'ai péri honteusement, victime du traître Égisthe et de ma détestable femme.

Ils s'entretenoient encore, lorsque Mercure leur présenta les ames des poursuivants. Achille et Agamemnon ne les virent pas plus tôt, qu'ils s'avancèrent au-devant d'elles; ils reconnurent le fils de Mélanthée, le vaillant Amphimédon. Quel accident, lui dirent-ils, a fait descendre dans ce séjour ténébreux une si nombreuse et si vaillante jeunesse?

C'est, répondit Amphimédon, la colère d'Ulysse : nous le croyions enseveli sous les eaux; nous poursuivions la main de Pénélope : elle ne rejetoit ni n'acceptoit aucun de nous; mais elle nous faisoit de vaines et inutiles promesses, dans l'espérance que son cher et vaillant Ulysse viendroit tôt ou tard la délivrer de nos poursuites. Il est arrivé après

PRÉCIS DU LIVRE XXIV.

vingt ans de courses et de travaux; et aidé de son seul Télémaque, il s'est, comme vous le voyez, cruellement vengé de notre témérité et de notre insolence.

Ah! s'écria aussitôt Agamemnon, que vous êtes heureux, fils de Laërte, d'avoir trouvé une femme si sage et si vertueuse! Quelle prudence dans cette fille d'Icarius! quelle fidélité pour son mari! La mémoire de sa vertu ne mourra jamais; et pour l'instruction des mortels, elle recevra l'hommage de tous les siècles. Pour la fille de Tyndare, elle sera le sujet de chants odieux et tragiques, et son nom sera à jamais couvert de honte et d'opprobre.

Ainsi s'entretenoient ces ombres dans le royaume de Pluton. Cependant Ulysse et Télémaque arrivent à la campagne du vieux Laërte : elle consistoit en quelques pièces de terre qu'il avoit augmentées par ses soins et par son travail, et dans une petite maison qu'il avoit bâtie; tout auprès l'on voyoit une espèce de ferme où logeoient ses domestiques peu nombreux qu'il avoit conservés : il avoit auprès de lui une vieille femme de Sicile, qui gouvernoit sa maison, et prenoit un grand soin de sa vieillesse dans ce désert où il s'étoit confiné. Ulysse ordonna à son fils et aux bergers qui l'accompagnoient, de se retirer dans la maison, d'y porter ses armes et d'y préparer le dîner. Pour lui, il s'avança vers un grand verger où il trouva son père seul, occupé à arracher les mauvaises herbes qui croissoient autour d'un jeune arbre : il étoit vêtu d'une tunique fort usée, portoit de vieilles bottines de cuir, avoit aux mains des gants fort épais, et sur la tête un casque de peau de chèvre.

Quand Ulysse aperçut son père dans cet équipage pauvre et lugubre, il ne put retenir ses larmes : puis, se déterminant à l'aborder, et craignant de se faire connoître trop promptement, il feignait d'être un étranger qui doutoit s'il étoit dans l'île d'Ithaque. Il lui demande donc quelle est la région où il se trouve, le félicite sur le succès de ses travaux, la propreté de son jardin, et l'abondance de légumes et de fruits qu'il lui procuroit. Vous êtes, ajouta-t-il, vêtu comme un pauvre esclave, et cependant vous avez la mine d'un roi; que ne jouissez-vous donc du repos et des avantages que vous pourriez avoir?

Il lui parla ensuite d'Ulysse, de l'hospitalité qu'il lui avoit donnée, des présents qu'il lui avoit faits. Hélas! s'écria Laërte au nom d'Ulysse, mon cher fils n'est plus! s'il étoit vivant, il répondroit à votre générosité.

Après ces mots, le vieillard tombe presque de foiblesse; Ulysse se jette alors tendrement à son cou, et lui dit : Mon père, je suis celui que vous pleurez. Si vous êtes Ulysse, ce fils si cher, répondit Laërte, donnez-moi un signe certain qui me force à vous croire.

Ulysse alors lui montre la cicatrice de l'énorme plaie que lui fit autrefois un sanglier sur le mont Parnasse, lorsqu'il alla voir son grand-père Autolycus. Si ce signe ne suffit pas, je vais vous montrer dans ce jardin les arbres que vous me donnâtes autrefois, lorsque dans mon enfance je vous les demandai. Je vous en dirai le nombre et l'espèce.

A ces mots, le cœur et les genoux manquent à Laërte; mais revenu bientôt à lui, il s'écrie : Grand Jupiter! il y a donc encore des dieux dans l'Olympe, puisque ces impies poursuivants ont été punis de leurs violences et de leurs injustices! Mais ne voudroit-on pas venger leur mort?

Ne craignez rien, répond Ulysse : allons dans votre maison, où j'ai envoyé Télémaque avec Eumée et Philétius, pour nous préparer à manger.

Ils entrent : la vieille Sicilienne baigne son maître Laërte, le parfume d'essence, et lui donne un habit magnifique pour honorer ce grand jour. Dolius arrive aussi avec ses enfants : nouvelle reconnoissance très attendrissante. On se met à table; et à peine a-t-on dîné, qu'on apprend qu'Eupithès, à la tête des habitants d'Ithaque, qu'il avoit soulevés pour venger la mort de son fils Antinoüs, arrivoit pour attaquer Ulysse.

On prend les armes. Laërte et Dolius s'en couvrent comme les autres, quoiqu'ils soient accablés sous le poids des ans. Ulysse fait ouvrir les portes; il sort fièrement à la tête de sa petite troupe, et dit à Télémaque : Mon fils, voici une occasion de vous distinguer, et de montrer ce que vous êtes; ne déshonorez pas vos ancêtres, dont la valeur est célèbre dans tout l'univers.

Mon père, répondit Télémaque, j'espère que ni vous, ni Laërte, vous n'aurez point à rougir de moi, et que vous reconnoîtrez votre sang.

Laërte, ravi d'entendre ces paroles pleines d'une si noble fierté, s'écrie : Quel jour pour moi! quelle joie! Je vois de mes yeux mon fils et mon petit-fils disputer de valeur, et se montrer à l'envi dignes de leur naissance.

Il s'avance, et, fortifié par Minerve qu'il invoque, il lance sa pique avec roideur; elle va donner dans le casque d'Eupitès, dont elle perce et brise le crâne. Ulysse alors et son généreux fils se jettent sur la troupe, déconcertée de la mort de leur chef; ils porteroient la mort dans tous les rangs, et il ne s'en seroit pas échappé un seul, si Minerve, en inspirant aux ennemis une telle frayeur que les armes leur tomboient des mains, n'eût aussi inspiré à Ulysse des sentiments de compassion et de paix. Cette déesse, sous la figure du sage Mentor, en dicta les conditions, et l'on ne songea plus qu'à les cimenter par les sacrifices et les serments accoutumés.

FIN DE L'ODYSSÉE.

DISCOURS

PRONONCÉ

PAR M. L'ABBÉ DE FÉNELON,

POUR SA RÉCEPTION A L'ACADÉMIE FRANÇOISE

A LA PLACE DE M. PELLISSON,

Le mardi 31 mars 1693.

J'aurois besoin, messieurs, de succéder à l'éloquence de monsieur Pellisson aussi bien qu'à sa place, pour vous remercier de l'honneur que vous me faites aujourd'hui, et pour réparer dans cette compagnie la perte d'un homme si estimable.

Dès son enfance il apprit d'Homère, en le traduisant presque tout entier, à mettre dans les moindres peintures et de la vie et de la grace; bientôt il fit sur la jurisprudence un ouvrage où l'on ne trouva d'autre défaut que celui de n'être pas conduit jusqu'à sa fin. Par de si beaux essais, il se hâtoit, messieurs, d'arriver à ce qui passa pour son chef-d'œuvre; je veux dire l'Histoire de l'Académie. Il y montra son caractère, qui étoit la facilité, l'invention, l'élégance, l'insinuation, la justesse, le tour ingénieux. Il osoit heureusement, pour parler comme Horace. Ses mains faisoient naître les fleurs de tous côtés; tout ce qu'il touchoit étoit embelli. Des plus viles herbes des champs, il savoit faire des couronnes pour les héros; et la règle si nécessaire aux autres de ne toucher jamais que ce qu'on peut orner ne sembloit pas faite pour lui. Son style noble et léger ressembloit à la démarche des divinités fabuleuses, qui couloient dans les airs sans poser le pied sur la terre. Il racontoit (vous le savez mieux que moi, messieurs,) avec un tel choix des circonstances, avec une si agréable variété, avec un tour si propre et si nouveau jusque dans les choses les plus communes, avec tant d'industrie pour enchaîner les faits les uns dans les autres, avec tant d'art pour transporter le lecteur dans le temps où les choses s'étoient passées, qu'on s'imagine y être, et qu'on s'oublie dans le doux tissu de ses narrations.

Tout le monde y a lu avec plaisir la naissance de l'Académie. Chacun, pendant cette lecture, croit être dans la maison de M. Conrart, qui en fut comme le berceau. Chacun se plaît à remarquer la simplicité, l'ordre, la politesse, l'élégance, qui régnoient dans ses premières assemblées, et qui attirèrent les regards d'un puissant ministre; ensuite les jalousies et les ombrages qui troublèrent ces beaux commencements; enfin l'éclat qu'eut cette compagnie par les ouvrages des premiers académiciens. Vous y reconnoissez l'illustre Racan, héritier de l'harmonie de Malherbe; Vaugelas, dont l'oreille fut si délicate pour la pureté de la langue; Corneille, grand et hardi dans ses caractères où est marquée une main de maître; Voiture, toujours accompagné de graces les plus riantes et les plus légères. On y trouve le mérite et la vertu joints à l'érudition et à la délicatesse, la naissance et les dignités avec le goût exquis des lettres. Mais je m'engage insensiblement au-delà de mes bornes: en parlant des morts je m'approche trop des vivants, dont je blesserois la modestie par mes louanges.

Pendant cet heureux renouvellement des lettres, monsieur Pellisson présente un beau spectacle à la postérité. Armand, cardinal de Richelieu, changeoit alors la face de l'Europe, et recueillant les débris de nos guerres civiles, posoit les vrais fondements d'une puissance supérieure à toutes les autres. Pénétrant dans le secret de nos ennemis, et impénétrable pour celui de son maître, il remuoit de son cabinet les plus profonds ressorts dans les cours étrangères pour tenir nos voisins toujours divisés. Constant dans ses maximes, inviolable dans ses promesses, il faisoit sentir ce que peuvent la réputation du gouvernement et la confiance des alliés. Né pour connoître les hommes et pour les employer selon leurs talents, il les attachoit par le cœur à sa personne et à ses desseins pour l'état. Par ces puissants moyens il portoit chaque jour des coups mortels à l'impérieuse maison d'Autriche, qui menaçoit de son joug tous les pays chrétiens. En même temps il faisoit au dedans du royaume la plus nécessaire de toutes les conquêtes, domptant l'hérésie tant de fois rebelle. Enfin, ce qu'il trouva le plus difficile, il calmoit une cour orageuse, où les grands, inquiets et jaloux, étoient en possession de l'indépendance. Aussi, le temps, qui efface les autres noms, fait croître le sien; et à mesure qu'il s'éloigne de nous, il est mieux dans son point de vue. Mais, parmi ses pénibles veilles, il sut se faire un doux loisir pour se délasser par le charme de l'éloquence et de la poésie. Il reçut dans son sein l'Académie naissante : un magistrat éclairé et amateur des lettres en prit après lui la protection : Louis y a ajouté l'éclat qu'il répand sur tout ce qu'il favorise de ses regards; à l'ombre de son grand nom, on ne cesse point ici de rechercher la pureté et la délicatesse de notre langue.

Depuis que des hommes savants et judicieux ont remonté aux véritables règles, on n'abuse plus, comme on le faisoit autrefois, de l'esprit et de la parole; on a pris un genre d'écrire plus simple, plus naturel, plus court, plus nerveux, plus précis. On ne s'attache plus aux paroles que pour exprimer toute la force des pensées; et on n'admet que les pensées vraies, solides, concluantes pour le sujet où l'on se renferme. L'érudition, autrefois si fastueuse, ne se montre plus que pour le besoin; l'esprit même se cache, parce que toute la perfection de l'art consiste à imiter si naïvement la simple nature, qu'on le prenne pour elle. Ainsi on ne donne plus le nom d'esprit à une imagination éblouissante; on le réserve pour un génie réglé et correct qui tourne tout en sentiment, qui suit pas à pas la nature toujours simple et gracieuse, qui ramène toutes les pensées aux principes de la raison, et qui ne trouve beau que ce qui est véritable. On a senti même en nos jours que le style fleuri, quelque doux et quelque agréable qu'il soit, ne peut jamais s'élever au-dessus du genre médiocre, et que le vrai genre sublime, dédaignant tous les ornements empruntés, ne se trouve que dans le simple.

Où a enfin compris, messieurs, qu'il faut écrire comme les Raphaël, les Carraches et les Poussin ont peint, non pour chercher de merveilleux caprices, et pour faire admirer leur imagination en se jouant du pinceau, mais pour peindre d'après nature. On a reconnu aussi que les beautés du discours ressemblent à celles de l'architecture. Les ouvrages les plus hardis et les plus façonnés du gothique ne sont pas les meilleurs. Il ne faut admettre dans un édifice aucune partie destinée au seul ornement; mais, visant toujours aux belles proportions, on doit tourner en ornement toutes les parties nécessaires à soutenir un édifice.

Ainsi on retranche d'un discours tous les ornements affectés qui ne servent ni à démêler ce qui est obscur, ni à peindre vivement ce qu'on veut mettre devant les yeux, ni à prouver une vérité par divers tours sensibles, ni à remuer les passions, qui sont les seuls ressorts capables d'intéresser et de persuader l'auditeur; car la passion est l'âme de la parole. Tel a été, messieurs, depuis environ soixante ans le progrès des lettres, que monsieur Pellisson auroit dépeint pour la gloire de notre siècle, s'il eût été libre de continuer son Histoire de l'Académie.

Un ministre, attentif à attirer à lui tout ce qui brilloit, l'enleva aux lettres et le jeta dans les affaires : alors quelle droiture, quelle probité, quelle reconnoissance constante pour son bienfaiteur ! Dans un emploi de confiance il ne songea qu'à faire du bien, qu'à découvrir le mérite et à le mettre en œuvre. Pour montrer toute sa vertu, il ne lui manquoit que d'être malheureux. Il le fut, messieurs : dans sa prison éclatèrent son innocence et son courage; la Bastille devint une douce solitude où il faisoit fleurir les lettres.

Heureuse captivité ! liens salutaires, qui réduisirent enfin sous le joug de la foi cet esprit trop indépendant ! Il chercha pendant ce loisir, dans les sources de la tradition, de quoi combattre la vérité; mais la vérité le vainquit, et se montra à lui avec tous ses charmes. Il sortit de sa prison honoré de l'estime et des bontés du roi : mais, ce qui est bien plus grand, il en sortit étant déjà dans son cœur humble enfant de l'Église. La sincérité et le désintéressement de sa conversion lui en firent retarder la cérémonie, de peur qu'elle ne fût récompensée par une place que ses talents pouvoient lui attirer, et qu'un autre moins vertueux que lui auroit recherchée.

Depuis ce moment il ne cessa de parler, d'écrire, d'agir, de répandre les graces du prince, pour ramener ses frères errants. Heureux fruits des plus funestes erreurs ! Il faut avoir senti, par sa propre expérience, tout ce qu'il en coûte dans ce passage des ténèbres à la lumière, pour avoir la vivacité, la patience, la tendresse, la délicatesse de charité, qui éclatent dans ses écrits de controverse.

Nous l'avons vu, malgré sa défaillance, se traîner encore au pied des autels jusqu'à la veille de sa mort, pour célébrer, disoit-il, sa fête et l'anniversaire de sa conversion. Hélas ! nous l'avons vu, séduit par son zèle et par son courage, nous promettre, d'une voix mourante, qu'il achèveroit son grand ouvrage sur l'Eucharistie ; oui, je l'ai vu les larmes aux yeux, je l'ai entendu ; il m'a dit tout ce qu'un catholique nourri depuis tant d'années des paroles de la foi peut dire pour se préparer à recevoir les sacrements avec ferveur. La mort, il est vrai, le surprit ; venant sous l'apparence du sommeil : mais elle le trouva dans la préparation des vrais fidèles.

Au reste, messieurs, ses travaux pour la magistrature et pour les affaires de religion que le roi lui avoit confiées ne l'empêchoient pas de s'appliquer aux belles-lettres, pour lesquelles il étoit né. Sa plume fut d'abord choisie pour écrire le règne présent. Avec quelle joie verrons-nous, messieurs, dans cette histoire, un prince qui, dès sa plus grande jeunesse, achève, par sa fermeté, ce que le grand Henri, son aïeul, osa à peine commencer. Louis étouffe la rage du duel altéré du plus noble sang des François ; il relève son autorité abattue, règle ses finances, discipline ses troupes. Tandis que d'une main il fait tomber à ses pieds les murs de tant de villes fortes aux yeux de tous ses ennemis consternés, de l'autre il fait fleurir, par ses bienfaits, les sciences et les beaux-arts dans le sein tranquille de la France.

Mais que vois-je, messieurs ? une nouvelle conjuration de cent peuples qui frémissent autour de nous pour assiéger, disent-ils, ce grand royaume comme une seule place. C'est l'hérésie, presque déracinée par le zèle de Louis, qui se ranime et qui rassemble tant de puissances. Un prince ambitieux ose, dans son usurpation, prendre le nom de libérateur : il réunit les protestants et il divise les catholiques.

Louis seul, pendant cinq années, remporte des victoires et fait des conquêtes de tous côtés sur cette ligue qui se vantoit de l'accabler sans peine et de ravager nos provinces ; Louis seul soutient, avec toutes les marques les plus naturelles d'un cœur noble et tendre, la majesté de tous les rois en la personne d'un roi indignement renversé du trône. Qui racontera ces merveilles, messieurs ?

Mais qui osera dépeindre Louis dans cette dernière campagne, encore plus grand par sa patience que par sa conquête ! Il choisit la plus inaccessible place des Pays-Bas : il trouve un rocher escarpé, deux profondes rivières qui l'environnent, plusieurs places fortifiées dans une seule ; au dedans une armée entière pour garnison ; au dehors la face de la terre couverte de troupes innombrables d'Allemands, d'Anglois, de Hollandois, d'Espagnols, sous un chef accoutumé à risquer tout dans les batailles. La saison se dérègle, on voit une espèce de déluge au milieu de l'été ; toute la nature semble s'opposer à Louis. En même temps il apprend qu'une partie de sa flotte, invincible par son courage, mais accablée par le nombre des ennemis, a été brûlée, et il supporte l'adversité comme si elle lui étoit ordinaire. Il paroît doux et tranquille dans les difficultés, plein de ressources dans les accidents imprévus, humain envers les assiégés, jusqu'à prolonger un siége si périlleux, pour épargner une ville qui lui résiste et qu'il peut foudroyer. Ce n'est ni en la multitude de ses soldats aguerris, ni en la noble ardeur de ses officiers, ni en son propre courage, ressource de toute l'armée, ni en ses victoires passées, qu'il met sa confiance ; il la place encore plus haut, dans un asile inaccessible, qui est le sein de Dieu même. Il revient enfin victorieux, les yeux baissés sous la puissante main du Très-Haut, qui donne et qui ôte la victoire comme il lui plaît ; et, ce qui est plus beau que tous les triomphes, il défend qu'on le loue.

Dans cette grandeur simple et modeste, qui est au-dessus, non-seulement des louanges, mais encore des événements, puisse-t-il, messieurs, puisse-t-il ne se confier jamais qu'en la vertu, n'écouter que la vérité, ne vouloir que la justice, être connu de ses ennemis (ce souhait comprend tout pour la félicité de l'Europe) : devenir l'arbitre des nations après avoir guéri leur jalousie, faire sentir toute sa bonté à son peuple dans une paix profonde, être long-temps les délices du genre humain, et ne régner sur les hommes que pour faire régner Dieu au-dessus de lui !

Voilà, messieurs, ce que monsieur Pellisson auroit éternisé dans son Histoire : l'Académie a fourni d'autres hommes dont la voix est assez forte pour le faire entendre aux siècles les plus reculés. Mais une matière si vaste vous invite tous à écrire : travaillez donc tous à l'envie, messieurs, pour célébrer un si beau règne. Je ne saurois mieux témoigner mon zèle à cette compagnie que par un souhait si digne d'elle.

RÉPONSE
DE M. BERGERET,

DIRECTEUR DE L'ACADÉMIE.

Monsieur,

Le public, qui sait combien l'Académie françoise a perdu à la mort de monsieur Pellisson, n'a pas plus tôt ouï nommer le successeur qu'elle lui donne, qu'en même temps il l'a louée de la justice de son choix, et de savoir si heureusement réparer ses plus grandes pertes.

Celle-ci n'est pas une perte particulière qui ne regarde que nous ; toute la république des lettres y est intéressée, et nous pouvons nous assurer que tous ceux qui les aiment regretteront notre illustre confrère.

Les ouvrages qu'il a faits, en quelque genre que ce soit, ont toujours eu l'approbation publique, qui n'est point sujette à la flatterie, et qui ne se donne qu'au mérite.

Ses poésies, soit galantes, soit morales, soit héroïques, soit chrétiennes, ont chacune le caractère naturel qu'elles doivent avoir, avec un tour et un agrément que lui seul pouvoit leur donner.

C'est lui aussi qui, pour faire naître dans les autres et pour y perpétuer, à la gloire de notre nation, l'esprit et le feu de la poésie qui brilloit en lui, a toujours donné, depuis vingt ans, le prix des vers qui a été distribué par l'Académie.

Tout ce qu'il a écrit en prose sur les matières les plus différentes a été généralement estimé.

L'Histoire de l'Académie françoise, par où il a commencé, laisse dans l'esprit de tous ceux qui la lisent, un desir de voir celle du roi qu'il a depuis écrite, et que dès-lors on le jugea capable d'écrire.

Le panégyrique du roi, qu'il prononça dans la place où j'ai l'honneur d'être, fut aussitôt traduit en plusieurs langues, à l'honneur de la nôtre.

La belle et éloquente préface qu'il a mise à la tête des Œuvres de Sarazin, si connue et si estimée, a passé pour un chef-d'œuvre en ce genre-là.

Sa paraphrase sur les Institutes de Justinien est écrite d'une pureté et d'une élégance dont on ne croyoit pas jusqu'alors que cette matière fût capable.

Il y a, dans les prières qu'il a faites pour dire pendant la messe, un feu divin et une sainte onction qui marquent tous les sentiments d'une véritable piété.

Ses ouvrages de controverse, éloignés de toutes sortes d'emportements, ont une certaine tendresse qui gagne le cœur de ceux dont il veut convaincre l'esprit, et la foi y est partout inséparable de la charité.

Il avoit fort avancé un grand ouvrage pour défendre la vérité du mystère de l'Eucharistie contre les faux raisonnements des hérétiques : c'est sur un ouvrage si catholique et si saint que la mort est venue le surprendre. Heureux d'avoir expiré, le cœur plein de ces pensées et de ces sentiments !

Le plus grand honneur que l'Académie françoise lui pouvoit faire après tant de réputation qu'il s'est acquise, c'étoit, monsieur, de vous nommer pour être son successeur, et de faire connoître au public que pour bien remplir la place d'un académicien comme lui, elle a jugé qu'il en falloit un comme vous.

Je sais bien que c'est faire violence à votre modestie, que de parler ici de votre mérite : mais c'est une obligation que l'Académie s'est imposée elle-même de justifier publiquement son choix ; et je dois vous dire, en son nom, que nulle autre considération que celle de votre mérite personnel ne l'a obligée à vous donner son suffrage.

Elle ne l'a point donné à l'ancienne et illustre noblesse de votre maison, ni à la dignité et à l'importance de votre emploi, mais seulement aux grandes qualités qui vous y ont fait appeler.

On sait que vous aviez résolu de vous cacher toujours au monde, et qu'en cela votre modestie a été trompée par votre charité ; car il est vrai que vous étant consacré tout entier aux missions apostoliques, où vous ne pensiez qu'à suivre les mouvements d'une charité chrétienne, vous avez fait paroître, sans y penser, une éloquence véritable et solide, avec tous les talents acquis et naturels qui sont nécessaires pour la former.

Et quoique, ni dans vos discours, ni dans vos écrits, il n'y eût rien qui ressentît les lettres profanes, on ne pouvoit pas douter que vous n'en eussiez une parfaite connoissance, au-dessus de laquelle vous saviez vous élever par la hauteur des mystères dont vous parliez pour la conversion des hérétiques et pour l'édification des fidèles.

Ce ministère tout apostolique, par lequel vous vous éloigniez de la cour, a été principalement ce qui a porté le roi à vous y appeler, ayant jugé que vous étiez d'autant plus capable de bien élever de jeunes princes, que vous aviez fait voir plus de charité pour le salut des peuples; et, dans cette pensée, il vous a joint à ce sage gouverneur dont la solide vertu a mérité qu'il ait été choisi pour un si grand emploi.

Le public apprit avec joie la part qui vous y étoit donnée, parce qu'il sait que vous avez toutes les vertus nécessaires pour faire connoître aux jeunes princes leurs véritables obligations, et pour leur dire, de la manière la plus touchante, que rien ne peut leur être plus glorieux que d'aimer les peuples et d'en être aimés.

L'obligation de vous acquitter d'une fonction si importante fit aussitôt briller en vous toutes ces rares qualités d'esprit dont on n'avoit vu qu'une partie dans vos exercices de piété : une vaste étendue de connoissances en tout genre d'érudition, sans confusion et sans embarras; un juste discernement pour en faire l'application et l'usage; un agrément et une facilité d'expression qui vient de la clarté et de la netteté des idées; une mémoire dans laquelle, comme dans une bibliothèque qui vous suit partout, vous trouvez à propos les exemples et les faits historiques dont vous avez besoin; une imagination de la beauté de celle qui fait les plus grands hommes dans tous les arts, et dont on sait, par expérience, que la force et la vivacité vous rendent les choses aussi présentes qu'elles le sont à ceux mêmes qui les ont devant les yeux.

Ainsi vous possédez avec avantage tout ce qu'on pouvoit souhaiter, non-seulement pour former les mœurs des jeunes princes, ce qui est, sans comparaison, le plus important, mais encore pour leur polir et leur orner l'esprit; ce que vous faites avec d'autant plus de succès, que, par une douceur qui vous est propre, vous avez su leur rendre le travail aimable, et leur faire trouver du plaisir dans l'étude.

L'expérience ne pouvoit être plus heureuse qu'elle l'a été jusqu'ici, puisque ces jeunes princes, si dignes de leur naissance, la plus auguste du monde, sont avancés dans la connoissance des choses qu'ils doivent savoir, bien au-delà de ce qu'on pouvoit attendre; et ils font déjà l'honneur de leur âge, l'espérance de l'État, et le désespoir de nos ennemis.

Celui de ces jeunes princes que la Providence a destiné à monter un jour sur le trône est un de ces génies supérieurs qui ont un empire naturel sur les autres, et qui, dans l'ordre même de la raison, semblent être nés pour leur commander.

On peut dire que la nature lui a prodigué tous ses dons : vivacité d'esprit, beauté d'imagination, facilité de mémoire, justesse de discernement; et c'est par là qu'il est admiré chaque jour des courtisans les plus sages, principalement dans les reparties vives et ingénieuses qu'il fait à toute heure sur les différents sujets qui se présentent.

Jusqu'où n'ira point un si heureux naturel, aidé et soutenu d'une excellente éducation! Il est déja si au-dessus de son âge, qu'en ne jugeant des choses que par les choses mêmes, on ne croiroit jamais que les traductions qu'il a faites fussent les ouvrages d'un jeune prince de dix ans; tant il y a de bon sens, de justesse et de style.

Quel sujet d'espérance et de joie pour tous ceux qui suivent les lettres, de voir ce jeune prince qui se plaît ainsi à les cultiver lui-même, et qui, dans un âge si tendre, semble déja vouloir partager avec César la gloire que ce conquérant s'est acquise par ses écrits!

Vous saurez, monsieur, vous servir heureusement d'une si belle inclination pour lui parler en faveur des lettres, pour lui en faire voir l'importance et la nécessité dans la politique, pour lui dire que c'est en aimant les lettres, qu'un prince les fait fleurir dans ses États, qu'il y fait naître de grands hommes pour tous les grands emplois, et qu'il a toujours l'avantage de vaincre ses ennemis par le discours et par la raison; ce qui n'est pas moins glorieux, et souvent beaucoup plus utile que de les vaincre par la force et par la valeur.

Vous lui parlerez aussi quelquefois de l'Académie françoise. Vous lui ferez entendre qu'encore qu'elle semble n'être occupée que sur les mots, il faut pour cela qu'elle connoisse distinctement les choses dont les mots sont les signes; qu'il n'y a que les esprits naturellement grossiers qui n'ont aucun soin du langage; que de tout temps les hommes se sont distingués les uns des autres par la parole, comme ils sont distingués tous des animaux par la raison; et qu'enfin l'établissement de cette compagnie, dans le dessein de cultiver la langue, a été l'un des plus grands soins du plus grand ministre que la France ait jamais eu, parce qu'il comprenoit parfaitement combien les choses dépendent souvent des paroles et des expressions, jusque-là même que les choses les plus saintes et les plus augustes perdent beaucoup de la vénération qui leur est due, quand elles sont exprimées dans un mauvais langage.

Ce seroit donc un grand avantage pour notre siècle, au-dessus de tous ceux qui l'ont précédé, si l'Académie françoise, comme il y a lieu de l'espérer, pouvoit fixer le langage que nous parlons aujourd'hui, et l'empêcher de vieillir.

Ce seroit avoir servi utilement l'Église et l'État, si, avec le secours d'un dictionnaire que le public verra dans peu de mois, la langue n'étoit plus sujette à changer; et si les grandes actions du roi, qui, pour être trop grandes, perdent beaucoup de leur éclat par la foiblesse de l'expression, n'en perdoient plus rien dans la suite par le changement du langage.

Il est vrai que, quoi qu'il arrive de notre langue, la gloire de Louis-le-Grand ne périra jamais. Le monde entier en est le dépositaire; et les autres nations ne sauroient écrire leur propre histoire sans parler de ses vertus et de ses conquêtes.

On ne peut pas douter que sa dernière campagne ne soit déja écrite dans chacune des langues de tant d'armées différentes, qui s'étoient jointes pour le combattre, et qui l'ont vu triompher.

Il n'est pas non plus possible que l'histoire la plus étrangère et la plus ennemie ne parle avec éloge, je ne dis pas seulement des grands avantages que nous avons remportés, je dis même de la perte que nous avons faite : car si les vents ont été contraires au projet le plus sage, le mieux pensé, le plus digne d'un roi protecteur des rois, et si quelques-uns de nos vaisseaux sont péris faute de trouver un port, ça été après être sortis glorieusement d'un combat où ils devoient être accablés par le nombre, et après l'avoir soutenu avec tant de courage, tant de fermeté, tant de valeur, que la plus insigne victoire mériteroit d'être moins louée.

Le prodige de la prise de Namur peut-il aussi manquer d'être écrit dans toutes ses admirables circonstances? Déja long-temps avant que ce grand événement étonnât le monde, nos ennemis, qui le croyoient impossible, avoient dit tout ce qui se pouvoit dire pour le faire admirer encore davantage après qu'il seroit arrivé. Ils avoient eux-mêmes publié partout que Namur étoit une place imprenable; ils souhaitoient que la France fût assez téméraire pour en entreprendre le siége; et quand ils y virent le roi en personne, ils crurent que ce sage prince n'agissoit plus avec la même sagesse. Ils se réjouirent publiquement d'un si mauvais conseil, qui ne pouvoit avoir, selon eux, qu'un malheureux succès pour nous.

C'étoit le raisonnement d'un prince qui passe pour un des plus grands politiques du monde, aussi bien que de tous les autres princes qui commandoient sous lui l'armée ennemie. Et il faut leur rendre justice : quand ils raisonnoient ainsi sur l'impossibilité de prendre Namur, ils raisonnoient selon les règles. Ils avoient pour eux toutes les apparences; la situation naturelle de la place, les nouvelles défenses que l'art y avoit ajoutées, une forte garnison au dedans, une puissante armée au dehors, et encore des secours extraordinaires qu'ils n'avoient point espérés : car il sembloit que les saisons déréglées et les éléments irrités fussent entrés dans la ligue; les eaux des pluies avoient changé les campagnes en marais, et la terre, dans la saison des fleurs, n'étoit couverte que de frimas. Cependant, malgré tant d'obstacles, ce Namur imprenable a été pris sur son rocher inaccessible, et à la vue d'une armée de cent mille hommes.

Peut-on douter après cela que nos ennemis mêmes ne parlent de cette conquête avec tous les sentiments d'admiration qu'elle mérite? Et puisqu'ils ont dit tant de fois qu'il étoit impossible de prendre cette place, il faut bien maintenant qu'ils disent, pour leur propre honneur, qu'elle a été prise par une puissance extraordinaire qui tient du prodige, et à laquelle ne peuvent résister ni les hommes ni les éléments.

Mais de toutes les merveilles de ce fameux siége, la plus grande est sans doute la constance héroïque et inconcevable avec laquelle le roi en a soutenu et surmonté tous les travaux. Ce n'étoit pas assez pour lui de passer les jours à cheval, il veilloit encore une grande partie de la nuit; et après avoir commandé à ses principaux officiers d'aller prendre du repos, lui seul recommençoit tout de nouveau à travailler. Roi, ministre d'état et général d'armée tout ensemble, il n'avoit pas un seul moment sans une affaire de la dernière importance, ouvrant lui-même les lettres, faisant les réponses, donnant tous les ordres, et entrant encore dans tous les détails de l'exécution.

Quelle ample matière à cette agissante vertu qui lui est naturelle, avec laquelle il suffit tellement à tout, que jusqu'à présent l'État n'a rien encore souffert par la perte des ministres! Ils disparoissent et quittent les plus grandes places sans laisser après eux le moindre vide : tout se suit, tout se fait comme auparavant, parce que c'est toujours Louis-le-Grand qui gouverne.

Il revient enfin, après cette heureuse conquête, au milieu de ses peuples; il revient faire cesser les craintes et les alarmes où ils étoient d'avoir appris qu'il entroit chaque jour si avant dans les périls, qu'un jeune prince de son sang avoit été blessé à ses côtés.

A peine fut-il de retour, que les ennemis voulurent profiter de son éloignement : mais ils connurent bientôt que son armée, toute pleine de l'ardeur qu'il lui avoit inspirée, étoit une armée invincible.

Peut-on en avoir une preuve plus illustre et plus éclatante que le combat de Steinkerque? Le temps, le lieu, favorisoient les ennemis, et déjà ils nous avoient enlevé quelques pièces de canon, quand nos soldats, indignés de cette perte, courant sur eux l'épée à la main, renversèrent toutes leurs défenses, entrèrent dans leurs rangs, y portèrent l'épouvante et la mort, prirent tout ce qu'ils avoient de canon, et remportèrent enfin une victoire d'autant plus glorieuse, que les ennemis avoient cru d'abord l'avoir gagnée.

Tous ces merveilleux succès seront marqués dans l'histoire comme les effets naturels de la sage conduite du roi et des héroïques vertus par lesquelles il se fait aimer de ses sujets, d'un amour qui, en combattant pour lui, va toujours jusqu'à la fureur : mais lui-même, par un sentiment de piété et de religion, en a rapporté toute la gloire à Dieu ; il a voulu que Dieu seul en ait été loué ; et il n'a pas même permis que, suivant la coutume, les compagnies soient allées le complimenter sur de si grands événements. Je dois craindre après cela de m'exposer à en dire davantage, et j'ajouterai seulement que plus ce grand prince fuit la louange, plus il fait voir qu'il en est digne.

MÉMOIRE
SUR LES OCCUPATIONS
DE L'ACADÉMIE FRANÇOISE.

Pour obéir à ce qui est porté dans la délibération du 25 novembre 1715, je proposerai ici mon avis sur les travaux qui peuvent être les plus convenables à l'Académie par rapport à son institution et à ce que le public attend d'un corps si célèbre. Pour le faire avec quelque ordre, je diviserai ce que j'ai à dire en deux parties : la première regardera l'occupation de l'Académie pendant qu'elle travaille encore au Dictionnaire ; la deuxième, l'occupation qu'elle peut se donner lorsque le Dictionnaire sera entièrement achevé.

PREMIÈRE PARTIE.
Occupation de l'Académie pendant qu'elle travaille encore au Dictionnaire.

Je suis persuadé qu'il faut continuer le travail du Dictionnaire, et qu'on ne peut y donner trop de soin ni trop d'application, jusqu'à ce qu'il ait reçu toute la perfection dont peut être susceptible le Dictionnaire d'une langue vivante, c'est-à-dire, sujette à de continuels changements.

Mais c'est une occupation véritablement digne de l'Académie. Les mauvaises plaisanteries des ignorants, et sur le temps qu'on y emploie, et sur les mots que l'on y trouve, n'empêcheront pas que ce ne soit le meilleur et le plus parfait ouvrage qui ait été fait en ce genre-là jusqu'à présent. Je crois que cela ne suffit pas encore, et que, pour rendre ce grand ouvrage aussi utile qu'il le peut être, il faut y joindre un recueil très ample et très exact de toutes les remarques que l'on peut faire sur la langue françoise, et commencer dès aujourd'hui à y travailler. Voici les raisons de mon avis.

Le Dictionnaire le plus parfait ne contient jamais que la moitié d'une langue : il ne présente que les mots et leur signification ; comme un clavecin bien accordé ne fournit que des touches, qui expriment, à la vérité, la juste valeur de chaque son, mais qui n'enseignent ni l'art de les employer, ni les moyens de juger de l'habileté de ceux qui les emploient.

Les François naturels peuvent trouver, dans l'usage du monde et dans le commerce des honnêtes gens, ce qui leur est nécessaire pour bien parler leur langue ; mais les étrangers ne peuvent le trouver que dans des remarques.

C'est ce qu'ils attendent de l'Académie ; et c'est peut-être la seule chose qui manque à notre langue, pour devenir la langue universelle de toute l'Europe, et, pour ainsi dire, de tout le monde. Elle a fourni une infinité d'excellents livres en toutes sortes d'arts et de sciences. Les étrangers de tout pays, de tout âge, de tout sexe, de toute condition, se font aujourd'hui un honneur et un mérite de la savoir. C'est à nous à faire en sorte que ce soit pour eux un plaisir de l'apprendre.

On le peut aisément par le moyen de ces remarques, qui seront également solides dans leurs décisions, et agréables par la manière dont elles seront écrites.

Et certainement rien n'est plus propre à redoubler dans les étrangers l'amour qu'ils ont déjà pour notre langue, que la facilité qu'on leur donnera de se la rendre familière, et l'espérance qu'ils auront de trouver en un seul volume la solution de toutes les difficultés qui les arrêtent dans la lecture de nos bons auteurs.

J'en ai souvent fait l'expérience avec des Espagnols, des Italiens, des Anglois, et des Allemands même : ils étoient ravis de voir qu'avec un secours médiocre ils parvenoient d'eux-mêmes à entendre nos poètes françois plus facilement qu'ils n'entendent ceux mêmes qui ont écrit dans leur propre langue, et qu'ils se croient cependant obligés d'admirer, quoiqu'ils avouent qu'ils n'en ont qu'une intelligence très imparfaite.

M. Prior, Anglois, dont l'esprit et les lumières sont connus de tout le monde, et qui est peut-être, de tous les étrangers, celui qui a le plus étudié notre langue, m'a parlé cent fois de la nécessité du travail que je propose, et de l'impatience avec laquelle il est attendu.

Voici, à ce qu'il me semble, les moyens de l'entreprendre avec succès.

Il faudroit convenir que tous les académiciens qui sont à Paris seroient obligés d'apporter par écrit, ou d'envoyer chaque jour d'assemblée une question sur la langue, telle qu'ils jugeroient à propos, sans même se mettre en peine de savoir si elle aura déjà été traitée par le P. Bouhours, par Ménage, ou par d'autres.

On en doit seulement excepter celles de Vaugelas qui ont été revues par l'Académie, aux sages décisions de laquelle il se faut tenir. Ceux qui apporteront leurs questions pourront, à leur choix, ou les proposer eux-mêmes, ou les remettre à M. le secrétaire perpétuel, pour être par lui proposées ; et elles le seront selon l'ordre dans lequel chacun sera arrivé à l'assemblée.

Les questions des absents seront remises à M. le secrétaire perpétuel, et par lui proposées après toutes les autres et dans l'ordre qu'il jugera à propos.

On emploiera depuis trois heures jusqu'à quatre au travail du dictionnaire, et depuis quatre jusqu'à cinq à examiner les questions : les décisions seront rédigées au bas de chaque question, ou par celui qui l'aura proposée, s'il le desire, ou par M. le secrétaire perpétuel, ou par ceux qu'il voudra prier de le soulager dans ce travail.

La meilleure manière de trouver aisément des questions et d'en rendre l'examen doublement utile, ce sera de les chercher dans nos bons livres en faisant attention à toutes les façons de parler qui le mériteront, ou par leur élégance, ou par leur irrégularité, ou par la difficulté que les étrangers peuvent avoir à les entendre ; et en cela je ne propose que l'exécution du vingt-cinquième article de nos statuts.

Les académiciens qui sont dans les provinces ne seront point exempts de ce travail, et seront obligés d'envoyer tous les mois ou tous les trois mois à M. le secrétaire perpétuel autant de questions qu'il y aura eu de jours d'assemblée. On tirera de ce travail des avantages très considérables : ce sera pour les étrangers un excellent commentaire sur tous nos bons auteurs, et pour nous-mêmes un moyen sûr de développer le fond de notre langue, qui n'est pas encore parfaitement connu.

De ces remarques mises en ordre, on pourra aisément former le plan d'une nouvelle Grammaire françoise, et elle sera peut-être la seule bonne qu'on ait vue jusqu'à présent.

Elles seront encore très utiles pour conserver le mérite du Dictionnaire ; car il s'établit tous les jours des mots nouveaux dans notre langue : ceux qui y sont établis perdent leur ancienne signification et en acquièrent de nouvelles. Il est impossible de faire une édition du Dictionnaire à chaque changement, et cependant ces changements le rendroient défectueux en peu d'années, si l'on ne trouve le moyen d'y suppléer par ces remarques, qui seront, pour ainsi dire, le journal de notre langue, et le dépôt éternel de tous les changements que fera l'usage.

Je ne dois point omettre que ce nouveau genre d'occupation rendra nos assemblées plus vives et plus animées, et par conséquent y attirera un plus grand nombre d'académiciens, à qui la longue et pesante uniformité de notre ancien travail ne laisse pas de paroître ennuyeuse. Le public même prendra part à nos exercices, et travaillera, pour ainsi dire, avec nous ; la cour et la ville nous fourniront des questions en grand nombre, indépendamment de celles qui se trouvent dans les livres : donc l'intérêt que chacun prendra à la question qu'il aura proposée produira dans les esprits une émulation qui est capable de porter notre langue à un degré de perfection où elle n'est point encore arrivée. On en peut juger par le progrès que la géométrie et la musique ont fait dans ce royaume depuis trente ans.

Il faudra imprimer régulièrement et au commencement de chaque trimestre le travail de tout ce qui aura été fait dans le trimestre précédent : la révision de l'ouvrage et le soin de l'impression pourront être remis à deux ou trois commissaires que l'Académie nommera tous les trois mois pour soulager M. le secrétaire perpétuel.

Chacun de ces volumes, dont il faut espérer que la lecture sera très agréable et le prix très modique, se distribuera aisément non-seulement par toute la France, mais par toute l'Europe ; et l'on ne sera pas long-temps sans en reconnoître l'utilité.

Et pour éviter l'ennui que trop d'uniformité jette toujours dans les meilleures choses, il sera à propos de varier le style de ces remarques, en les proposant en forme de lettre, de dialogue ou de question, suivant le goût et le génie de ceux qui les proposeront.

SECONDE PARTIE.
Occupation de l'Académie après que le Dictionnaire sera achevé.

Mon avis est que l'Académie entreprenne d'examiner les ouvrages de tous les bons auteurs qui ont écrit en notre langue, et qu'elle en donne au public une édition accompagnée de trois sortes de notes :

1° Sur le style et le langage ;
2° Sur les pensées et les sentiments ;
3° Sur le fond et sur les règles de l'art de chacun de ces ouvrages.

Nous avons, dans les remarques de l'Académie sur le Cid, et dans ses observations sur quelques odes de Malherbe, un modèle très parfait de cette sorte de travail ; et l'Académie ne manque ni de lumières ni du courage nécessaire pour l'imiter.

Il ne faut pas toutefois espérer que cela se fasse avec la même ardeur que dans les premiers temps, ni que plusieurs commissaires s'assemblent régulièrement, comme ils faisoient alors, pour examiner un même ouvrage, et en faire ensuite leur rapport dans l'assemblée générale : ainsi, il faut que chacun des académiciens, sans en excepter ceux qui sont dans les provinces, choisisse selon son goût l'auteur qu'il voudra examiner, et qu'il apporte ou qu'il envoie ses remarques par écrit aux jours d'assemblée.

Le public ne jugera pas indigne de l'Académie un travail qui a fait autrefois celui d'Aristote, de Denys d'Halicarnasse, de Démétrius, d'Hermogène, de Quintilien et de Longin ; et peut-être que par-là nous mériterons un jour de la postérité la même reconnoissance que nous conservons aujourd'hui pour ces grands hommes qui nous ont si utilement instruits sur les beautés et les défauts des plus fameux ouvrages de leur temps.

D'ailleurs, rien ne sauroit être plus utile pour exécuter le dessein que l'Académie a toujours eu de donner au public une Rhétorique et une Poétique. L'article XXVI de nos statuts porte en termes exprès que ces ouvrages seront composés sur les observations de l'Académie : c'est donc par ces observations qu'il faut commencer, et c'est ce que je propose.

S'il ne s'agissoit que de mettre en françois les règles d'éloquence et de poésie que nous ont données les Grecs et les Latins, il ne nous resteroit plus rien à faire. Ils ont été traduits en notre langue, et sont entre les mains de tout le monde ; et la Poétique d'Aristote n'étoit peut-être pas si intelligible de son temps, pour les Athéniens, qu'elle l'est aujourd'hui pour les François depuis l'excellente traduction que nous en avons, et qui est accompagnée des meilleures notes qui aient peut-être jamais été faites sur aucun auteur de l'antiquité.

Mais il s'agit d'appliquer ces préceptes à notre langue, de montrer comment on peut être éloquent en françois, et comment on peut, dans la langue de Louis-le-Grand, trouver le même sublime et les mêmes graces qu'Homère et Démosthène, Cicéron et Virgile avoient trouvés dans la langue d'Alexandre et dans celle d'Auguste.

Or, cela ne se fera pas en se contentant d'assurer, avec une confiance peut-être mal fondée, que nous sommes capables d'égaler et même de surpasser les anciens. Ce n'est en effet que par la lecture de nos bons auteurs, et par un examen sérieux de leurs ouvrages que nous pouvons connoître nous-mêmes, et faire ensuite sentir aux autres ce que peut notre langue et ce qu'elle ne peut pas, et comment elle veut être maniée pour produire les miracles qui sont les effets ordinaires de l'éloquence et de la poésie.

Chaque langue a son génie, son éloquence, sa poésie, et, si j'ose ainsi parler, ses talents particuliers.

Les Italiens ni les Espagnols ne feront jamais peut-être de bonnes tragédies ni de bonnes épigrammes, ni les François de bons poëmes épiques ni de bons sonnets.

Nos anciens poètes avoient voulu faire des vers sur les mesures d'Horace, comme Horace en avoit fait sur les mesures des Grecs : cela ne nous a pas réussi, et il a fallu inventer des mesures convenables aux mots dont notre langue est composée.

Depuis cent ans l'éloquence de nos orateurs pour la chaire et pour le barreau a changé de forme trois ou quatre fois. Combien de styles différents avons-nous admirés dans les prédicateurs avant que d'avoir éprouvé celui du P. Bourdaloue, qui a effacé tous les autres, et qui est peut-être arrivé à la perfection dont notre langue est capable dans ce genre d'éloquence !

Il seroit inutile d'entrer dans un plus grand détail ; il suffit de dire, en un mot, que les plus importants et les plus utiles préceptes que nous ont laissés les anciens, soit pour l'éloquence, ou pour la poésie, ne sont autre chose que les sages et judicieuses réflexions qu'ils avoient faites sur les ouvrages de leurs plus célèbres écrivains.

Voilà le travail que j'estime être le seul digne de l'Académie après que le Dictionnaire sera achevé, et je proposerai la manière de le conduire avec ordre et avec facilité, au cas qu'elle en fasse le même jugement que moi.

Je demande cependant qu'à l'exemple de l'ancienne Rome on me permette de sortir un peu de mon sujet, et de dire mon avis sur une chose qui n'a point été mise en délibération, mais que je crois très importante à l'Académie.

Je dis donc qu'avant toutes choses nous devons songer très sérieusement à rétablir dans la compagnie une discipline exacte, qui y est très nécessaire, et qui peut-être n'y a jamais été depuis son établissement.

Sans cela, nos plus beaux projets et nos plus fermes résolutions s'en iront en fumée; et n'auront point d'autre effet que de nous attirer les railleries du public.

Il n'y a point de compagnies, de toutes celles qui s'assemblent sous l'autorité publique dans le royaume, qui n'aient leurs lois et leurs statuts; et elles ne se maintiennent qu'en les observant.

Eschine disoit à ses concitoyens qu'il faut qu'une république périsse lorsque les lois n'y sont point observées, ou qu'elle a des lois qui se détruisent l'une l'autre; et il seroit aisé de montrer que l'Académie est dans ces deux cas.

Il faut donc remédier à ce désordre, qui entraîneroit infailliblement la ruine de l'Académie : mais, pour le faire avec succès, et pour pouvoir, même en nous faisant des lois, conserver l'indépendance et la liberté que nous procure la glorieuse protection dont nous sommes honorés, je suis d'avis que l'Académie commence par députer au roi pour demander à Sa Majesté la permission de se réformer elle-même, d'abroger ses anciens statuts, et d'en faire de nouveaux, selon qu'elle le jugera convenable.

Qu'elle demande aussi la permission de nommer, pour ce travail, des commissaires en tel nombre qu'elle trouvera à propos, et qu'elle supplie sa majesté de vouloir bien lui faire l'honneur de marquer elle-même un ou deux de ceux qu'elle aura le plus agréable qui soient nommés.

LETTRE

A M. DACIER,

SECRÉTAIRE PERPÉTUEL DE L'ACADÉMIE FRANÇOISE,

SUR LES OCCUPATIONS DE L'ACADÉMIE.

1714.

Je suis honteux, monsieur, de vous devoir depuis si long-temps une réponse : mais ma mauvaise santé et mes embarras continuels ont causé ce retardement. Le choix que l'Académie a fait de votre personne pour l'emploi de son secrétaire perpétuel m'a donné une véritable joie. Ce choix est digne de la compagnie, et de vous : il promet beaucoup au public pour les belles-lettres. J'avoue que la demande que vous me faites au nom d'un corps auquel je dois tant, m'embarrasse un peu : mais je vais parler au hasard, puisqu'on l'exige. Je le ferai avec une grande défiance de mes pensées, et une sincère déférence pour ceux qui daignent me consulter.

I.

Du Dictionnaire.

Le Dictionnaire auquel l'Académie travaille mérite sans doute qu'on l'achève. Il est vrai que l'usage, qui change souvent pour les langues vivantes, pourra changer ce que ce Dictionnaire aura décidé.

> Nedum sermonum stet honos et gratia vivax.
> Multa renascentur quæ jam cecidere, cadentque
> Quæ nunc sunt in honore, vocabula, si volet usus,
> Quem penes arbitrium est et jus et norma loquendi [1].

Mais ce Dictionnaire aura divers usages. Il servira aux étrangers, qui sont curieux de notre langue, et qui lisent avec fruit les livres excellents en plusieurs genres qui ont été faits en France. D'ailleurs les François les plus polis peuvent avoir quelquefois besoin de recourir à ce Dictionnaire par rapport à des termes sur lesquels ils doutent. Enfin, quand notre langue sera changée, il servira à faire entendre les livres dignes de la postérité qui sont écrits en notre temps. N'est-on pas obligé d'expliquer maintenant le langage de Villehardouin et de Joinville? Nous serions ravis d'avoir des dictionnaires grecs et latins faits par les anciens mêmes. La perfection des dictionnaires est même un point où il faut avouer que les modernes ont

---

[1] HORAT., de Art. poet., v. 69-72.
La gloire du langage est bien plus passagère.
Des mots presque oubliés reverront la lumière,
Et d'autres que l'on prise auront un jour leur fin :
L'usage est de la langue arbitre souverain. DARU.

enchéri sur les anciens. Un jour on sentira la commodité d'avoir un Dictionnaire qui serve de clef à tant de bons livres. Le prix de cet ouvrage ne peut manquer de croître à mesure qu'il vieillira.

II.
Projet de Grammaire.

Il seroit à desirer, ce me semble, qu'on joignît au Dictionnaire une Grammaire françoise : elle soulageroit beaucoup les étrangers, que nos phrases irrégulières embarrassent souvent. L'habitude de parler notre langue nous empêche de sentir ce qui cause leur embarras. La plupart même des François auroient quelquefois besoin de consulter cette règle : ils n'ont appris leur langue que par le seul usage, et l'usage a quelques défauts en tous lieux. Chaque province a les siens; Paris n'en est pas exempt. La cour même se ressent un peu du langage de Paris, où les enfants de la plus haute condition sont d'ordinaire élevés. Les personnes les plus polies ont de la peine à se corriger sur certaines façons de parler qu'elles ont prises pendant leur enfance, en Gascogne, en Normandie, ou à Paris même, par le commerce des domestiques.

Les Grecs et les Romains ne se contentoient pas d'avoir appris leur langue naturelle par le simple usage; ils l'étudioient encore dans un âge mûr par la lecture des grammairiens, pour remarquer les règles, les exceptions, les étymologies, les sens figurés, l'artifice de toute la langue, et ses variations.

Un savant grammairien court risque de composer une grammaire trop curieuse et trop remplie de préceptes. Il me semble qu'il faut se borner à une méthode courte et facile. Ne donnez d'abord que les règles les plus générales; les exceptions viendront peu à peu. Le grand point est de mettre une personne le plus tôt qu'on peut dans l'application sensible des règles par un fréquent usage : ensuite cette personne prend plaisir à remarquer le détail des règles qu'elle a suivies d'abord sans y prendre garde.

Cette grammaire ne pourroit pas fixer une langue vivante; mais elle diminueroit peut-être les changements capricieux par lesquels la mode règne sur les termes comme sur les habits. Ces changements de pure fantaisie peuvent embrouiller et altérer une langue, au lieu de la perfectionner.

III.
Projet d'enrichir la langue.

Oserai-je hasarder ici, par un excès de zèle, une proposition que je soumets à une compagnie si éclairée? Notre langue manque d'un grand nombre de mots et de phrases : il me semble même qu'on l'a gênée et appauvrie, depuis environ cent ans, en voulant la purifier. Il est vrai qu'elle étoit encore un peu informe, et trop *verbeuse*. Mais le vieux langage se fait regretter, quand nous le retrouvons dans Marot, dans Amyot, dans le cardinal d'Ossat, dans les ouvrages les plus enjoués, et dans les plus sérieux. il avoit je ne sais quoi de court, de naïf, de hardi, de vif et de passionné. On a retranché, si je ne me trompe, plus de mots qu'on n'en a introduits. D'ailleurs, je voudrois n'en perdre aucun, et en acquérir de nouveaux. Je voudrois autoriser tout terme qui nous manque, et qui a un son doux, sans danger d'équivoque.

Quand on examine de près la signification des termes, on remarque qu'il n'y en a presque point qui soient entièrement synonymes entre eux. On en trouve un grand nombre qui ne peuvent désigner suffisamment un objet, à moins qu'on n'y ajoute un second mot : de là vient le fréquent usage des circonlocutions. Il faudroit abréger en donnant un terme simple et propre pour exprimer chaque objet, chaque sentiment, chaque action. Je voudrois même plusieurs synonymes pour un seul objet : c'est le moyen d'éviter toute équivoque, de varier les phrases, et de faciliter l'harmonie, en choisissant celui de plusieurs synonymes qui sonneroit le mieux avec le reste du discours.

Les Grecs avoient fait un grand nombre de mots composés, comme *Pantocrator, glaucopis, eucnemides*, etc. Les Latins, quoique moins libres en ce genre, avoient un peu imité les Grecs, *lanifica, malesuada, pomifer*, etc. Cette composition servoit à abréger, et à faciliter la magnificence des vers. De plus, ils rassembloient sans scrupule plusieurs dialectes dans le même poëme, pour rendre la versification plus variée et plus facile.

Les Latins ont enrichi leur langue des termes étrangers qui manquoient chez eux. Par exemple, ils manquoient des termes propres pour la philosophie, qui commença si tard à Rome : en apprenant le grec, ils en empruntèrent les termes pour raisonner sur les sciences. Cicéron, quoique très scrupuleux sur la pureté de sa langue, emploie librement les mots grecs dont il a besoin. D'abord le mot grec ne passoit que comme étranger; on demandoit permission de s'en servir; puis la permission se tournoit en possession et en droit.

J'entends dire que les Anglois ne se refusent aucun des mots qui leur sont commodes : ils les prennent partout où ils les trouvent chez leurs voisins. De telles usurpations sont permises. En ce genre, tout devient commun par le seul usage. Les paroles ne sont que des sons dont on fait arbitrairement les figures de nos pensées. Ces sons n'ont en eux-mêmes aucun prix. Ils sont autant au peuple qui les emprunte, qu'à celui qui les prêtés. Qu'importe qu'un mot soit né dans notre pays, ou qu'il nous vienne d'un pays étranger? La jalousie seroit puérile, quand il ne s'agit que de la manière de mouvoir ses lèvres, et de frapper l'air.

D'ailleurs, nous n'avons rien à ménager sur ce faux point d'honneur. Notre langue n'est qu'un mélange de grec, de latin et de tudesque, avec quelques restes confus de gaulois. Puisque nous ne vivons que sur ces emprunts, qui sont devenus notre fonds propre, pourquoi aurions-nous une mauvaise honte sur la liberté d'emprunter, par laquelle nous pouvons achever de nous enrichir? Prenons de tous côtés tout ce qu'il nous faut pour rendre notre langue plus claire, plus précise, plus courte, et plus harmonieuse; toute circonlocution affoiblit le discours.

Il est vrai qu'il faudroit que des personnes d'un goût et d'un discernement éprouvés choisissent les termes que nous devrions autoriser. Les mots latins paroîtroient les plus propres à être choisis : les sons en sont doux; ils tiennent à d'autres mots qui ont déja pris racine dans notre fonds; l'oreille y est déja accoutumée. Ils n'ont plus qu'un pas à faire pour entrer chez nous : il faudroit leur donner une agréable terminaison. Quand on abandonne au hasard, ou au vulgaire ignorant, ou à la mode des femmes, l'introduction des termes, il en vient plusieurs qui n'ont ni la clarté ni la douceur qu'il faudroit désirer.

J'avoue que si nous jetions à la hâte et sans choix dans notre langue un grand nombre de mots étrangers, nous ferions du françois un amas grossier et informe des autres langues d'un génie tout différent. C'est ainsi que les aliments trop peu digérés mettent, dans la masse du sang d'un homme, des parties hétérogènes qui l'altèrent au lieu de le conserver. Mais il faut se ressouvenir que nous sortons à peine d'une barbarie aussi ancienne que notre nation.

> Sed in longum tamen ævum
> Manserunt, hodieque manent, vestigia ruris.
> Serus enim Græcis admovit acumina chartis,
> Et post Punica bella quietus quærere cœpit
> Quid Sophocles, et Thespis et Æschylus utile ferrent [1].

On me dira peut-être que l'Académie n'a pas le pouvoir de faire un édit, avec une affiche, en faveur d'un terme nouveau; le public pourroit se révolter. Je n'ai pas oublié l'exemple de Tibère, maître redoutable de la vie des Romains; il parut ridicule en affectant de se rendre le maître du terme de *monopolium* [1]. Mais je crois que le public ne manqueroit point de complaisance pour l'Académie, quand elle le ménageroit. Pourquoi ne viendrions-nous pas à bout de faire ce que les Anglois font tous les jours?

Un terme nous manque, nous en sentons le besoin : choisissez un son doux et éloigné de toute équivoque, qui s'accommode à notre langue, et qui soit commode pour abréger le discours. Chacun en sent d'abord la commodité : quatre ou cinq personnes le hasardent modestement en conversation familière, d'autres le répètent par le goût de la nouveauté, le voilà à la mode. C'est ainsi qu'un sentier qu'on ouvre dans un champ devient bientôt le chemin le plus battu, quand l'ancien chemin se trouve raboteux et moins court.

Il nous faudroit, outre les mots simples et nouveaux, des composés et des phrases où l'art de joindre les termes qu'on n'a pas coutume de mettre ensemble fît une nouveauté gracieuse.

> Dixeris egregiè, notum si callida verbum
> Reddiderit junctura novum [2].

C'est ainsi qu'on a dit *velivolum* [3] en un seul mot composé de deux; et en deux mots mis l'un auprès de l'autre, *remigium alarum* [4], *lubricus aspici* [5]. Mais il faut en ce point être sobre et précautionné, *tenius cautusque serendis* [6]. Les nations qui vivent sous un ciel tempéré goûtent moins que les peuples des pays chauds les métaphores dures et hardies.

Notre langue deviendroit bientôt abondante, si les personnes qui ont la plus grande réputation de politesse s'appliquoient à introduire les expressions ou simples ou figurées dont nous avons été privés jusqu'ici.

IV.

Projet de Rhétorique.

Une excellente rhétorique seroit bien au-dessus d'une grammaire et de tous les travaux bornés à

---

[1] HORAT., *Epist.* lib. II, *Ep.*, I, v. 159-165.
> Notre rusticité cède bientôt aux graces;
> Mais on pourroit encore en retrouver des traces;
> Car ce ne fut qu'au temps où les Carthaginois
> Par nos armes vaincus fléchirent sous nos lois,

> Que des écrits des Grecs admirateur tranquille
> Le Romain lut les vers de Sophocle et d'Eschyle.
> DARU.

[1] SUET., *Tiber.*, n. 71. DION., lib. LVII.
[2] HORAT., *de Art poet.*, v. 47.
> Le choix du lieu, du temps, absout la hardiesse:
> Pour rajeunir un mot glissez-le avec adresse.
[3] VIRG., *Æneid.*, lib. I, v. 228.
[4] *Æneid.*, lib. VI, 191.
[5] HOR., *Od.*, lib. I, XIX, v. 8. [6] HOR., *de Art. poet.*, v. 45.

perfectionner une langue. Celui qui entreprendroit cet ouvrage y rassembleroit tous les plus beaux préceptes d'Aristote, de Cicéron, de Quintilien, de Lucien, de Longin, et des autres célèbres auteurs : leurs textes, qu'il citeroit, seroient les ornements du sien. En ne prenant que la fleur de la plus pure antiquité, il feroit un ouvrage court, exquis et délicieux.

Je suis très éloigné de vouloir préférer en général le génie des anciens orateurs à celui des modernes. Je suis très persuadé de la vérité d'une comparaison qu'on a faite : c'est que, comme les arbres ont aujourd'hui la même forme et portent les mêmes fruits qu'ils portoient il y a deux mille ans, les hommes produisent les mêmes pensées. Mais il y a deux choses que je prends la liberté de représenter. La première est que certains climats sont plus heureux que d'autres pour certains talents, comme pour certains fruits. Par exemple, le Languedoc et la Provence produisent des raisins et des figues d'un meilleur goût que la Normandie et que les Pays-Bas. De même les Arcadiens étoient d'un naturel plus propre aux beaux-arts que les Scythes. Les Siciliens sont encore plus propres à la musique que les Lapons. On voit même que les Athéniens avoient un esprit plus vif et plus subtil que les Béotiens. La seconde chose que je remarque, c'est que les Grecs avoient une espèce de longue tradition, qui nous manque ; ils avoient plus de culture pour l'éloquence que notre nation n'en peut avoir. Chez les Grecs tout dépendoit du peuple, et le peuple dépendoit de la parole. Dans leur forme de gouvernement, la fortune, la réputation, l'autorité, étoient attachées à la persuasion de la multitude ; le peuple étoit entraîné par les rhéteurs artificiels et véhéments ; la parole étoit le grand ressort en paix et en guerre : de là viennent tant de harangues qui sont rapportées dans les histoires, et qui nous sont presque incroyables, tant elles sont loin de nos mœurs. On voit, dans Diodore de Sicile, Nicias et Gylippe qui entraînent tour à tour les Syracusains : l'un leur fait d'abord accorder la vie aux prisonniers athéniens ; et l'autre, un moment après, les détermine à faire mourir ces mêmes prisonniers.

La parole n'a aucun pouvoir semblable chez nous ; les assemblées n'y sont que des cérémonies et des spectacles. Il ne nous reste guère de monuments d'une forte éloquence, ni de nos anciens parlements, ni de nos états-généraux, ni de nos assemblées de notables ; tout se décide en secret dans le cabinet des princes, ou dans quelque négociation particulière : ainsi notre nation n'est point excitée à faire les mêmes efforts que les Grecs pour dominer par la parole. L'usage public de l'éloquence est maintenant presque borné aux prédicateurs et aux avocats.

Nos avocats n'ont pas autant d'ardeur pour gagner le procès de la rente d'un particulier, que les rhéteurs de la Grèce avoient d'ambition pour s'emparer de l'autorité suprême dans une république. Un avocat ne perd rien, et gagne même de l'argent en perdant la cause qu'il plaide. Est-il jeune ? il se hâte de plaider avec un peu d'élégance pour acquérir quelque réputation, et sans avoir jamais étudié ni le fond des lois ni les grands modèles de l'antiquité. A-t-il quelque réputation établie ? il cesse de plaider, et se borne aux consultations où il s'enrichit. Les avocats les plus estimables sont ceux qui exposent nettement les faits, qui remontent, avec précision à un principe de droit, et qui répondent aux objections suivant ce principe. Mais où sont ceux qui possèdent le grand art d'enlever la persuasion, et de remuer les cœurs de tout un peuple ?

Oserai-je parler avec la même liberté sur les prédicateurs ? Dieu sait combien je révère les ministres de la parole de Dieu ; mais je ne blesse aucun d'entre eux personnellement, en remarquant en général qu'ils ne sont pas tous également humbles et détachés. De jeunes gens sans réputation se hâtent de prêcher : le public s'imagine voir qu'ils cherchent moins la gloire de Dieu que la leur, et qu'ils sont plus occupés de leur fortune que du salut des âmes. Ils parlent en orateurs brillants plutôt qu'en ministres de Jésus-Christ et en dispensateurs de ses mystères. Ce n'est point avec cette ostentation de paroles que saint Pierre annonçoit Jésus crucifié, dans ces sermons qui convertissoient tant de milliers d'hommes.

Veut-on apprendre de saint Augustin les règles d'une éloquence sérieuse et efficace ? Il distingue, après Cicéron, trois divers genres suivant lesquels on peut parler. Il faut, dit-il [1], parler d'une façon abaissée et familière, pour instruire, *submissè* ; il faut parler d'une façon douce, gracieuse et insinuante, pour faire aimer la vérité, *temperatè* ; il faut parler d'une façon grande et véhémente quand on a besoin d'entraîner les hommes, et de les arracher à leurs passions, *granditer*. Il ajoute qu'on ne doit user des expressions qui plaisent, qu'à cause qu'il y a peu d'hommes assez raisonnables pour goûter une vérité qui est sèche et nue dans un discours. Pour le genre sublime et véhément, il ne veut point qu'il soit fleuri : *Non tam verborum*

---

[1] *De Doct. Christ.*, lib, IV, n. 54. 58 : tom. III, pag 78, 79.

ornatibus comtum est, quàm violentum animi affectibus... Fertur quippe impetu suo, et elocutionis pulchritudinem, si occurrerit, vi rerum rapit, non curâ decoris assumit [1]. « Un homme, » dit encore ce père [2], qui combat très courageu- » sement avec une épée enrichie d'or et de pierre- » ries, se sert de ces armes parce qu'elles sont » propres au combat, sans penser à leur prix. » Il ajoute que Dieu avoit permis que saint Cyprien eût mis des ornements affectés dans sa lettre à Donat, « afin que la postérité pût voir combien la » pureté de la doctrine chrétienne l'avoit corrigé » de cet excès, et l'avoit ramené à une éloquence » plus grave et plus modeste [3]. » Mais rien n'est plus touchant que les deux histoires que saint Augustin nous raconte, pour nous instruire de la manière de prêcher avec fruit.

Dans la première occasion il n'étoit encore que prêtre. Le saint évêque Valère le faisoit parler pour corriger le peuple d'Hippone de l'abus des festins trop libres dans les solennités [4]. Il prit en main le livre des Écritures ; il y lut les reproches les plus véhéments. Il conjura ses auditeurs, par les opprobres, par les douleurs de Jésus-Christ, par sa croix, par son sang, de ne se perdre point eux-mêmes, d'avoir pitié de celui qui leur parloit avec tant d'affection, et de se souvenir du vénérable vieillard Valère, qui l'avoit chargé, par tendresse pour eux, de leur annoncer la vérité. « Ce ne fut point, dit- » il, en pleurant sur eux que je les fis pleurer ; » mais pendant que je parlois leurs larmes pré- » vinrent les miennes. J'avoue que je ne pus point » alors me retenir. Après que nous eûmes pleuré en- » semble, je commençai à espérer fortement leur » correction. » Dans la suite il abandonna le discours qu'il avoit préparé, parce qu'il ne lui paroissoit plus convenable à la disposition des esprits. Enfin il eut la consolation de voir ce peuple docile et corrigé dès ce jour-là.

Voici l'autre occasion où ce Père enleva les cœurs. Écoutons ses paroles [5] : « Il faut bien se garder de » croire qu'un homme a parlé d'une façon grande » et sublime, quand on lui a donné de fréquentes » acclamations et de grands applaudissements. Les » jeux d'esprits du plus bas genre, et les orne- » ments du genre tempéré, attirent de tels succès : » mais le genre sublime accable souvent par son » poids, et ôte même la parole ; il réduit aux » larmes. Pendant que je tâchois de persuader au » peuple de Césarée en Mauritanie, qu'il devoit » abolir un combat des citoyens....., où les pa- » rents, les frères, les pères et les enfants, divisés » en deux partis, combattoient en public pendant » plusieurs jours de suite, et où chacun s'efforçoit de tuer celui » de l'année, et où chacun s'efforçoit de tuer celui » qu'il attaquoit ; je me servis, selon toute l'éten- » due de mes forces, des plus grandes expres- » sions, pour déraciner des cœurs et des mœurs » de ce peuple une coutume si cruelle et si invé- » térée. Je ne crus néanmoins avoir rien gagné, » pendant que je n'entendis que leurs acclama- » tions : mais j'espérai quand je les vis pleurer. » Les acclamations montroient que je les avois in- » struits, et que mon discours leur faisoit plaisir ; » mais leurs larmes marquèrent qu'ils étoient » changés. Quand je les vis couler, je crus que cette » horrible coutume, qu'ils avoient reçue de leurs » ancêtres, et qui les tyrannisoit depuis si long- » temps, seroit abolie..... Il y a déjà environ huit » ans, ou même plus, que ce peuple, par la grace » de Jésus-Christ, n'a entrepris rien de semblable. »

Si saint Augustin eût affoibli son discours par les ornements affectés du genre fleuri, il ne seroit jamais parvenu à corriger les peuples d'Hippone et de Césarée.

Démosthène a suivi cette règle de la véritable éloquence. « O Athéniens, disoit-il [1], ne croyez » pas que Philippe soit comme une divinité à la- » quelle la fortune soit attachée. Parmi les hom- » mes qui paroissent dévoués à ses intérêts, il y » en a qui le haïssent, qui le craignent, qui en sont » envieux..... Mais toutes ces choses demeurent » comme ensevelies par votre lenteur et votre né- » gligence..... Voyez, ô Athéniens, en quel état » vous êtes réduits : ce méchant homme est parvenu » jusqu'au point de ne vous laisser plus le choix en- » tre la vigilance et l'inaction. Il vous menace, il » parle, dit-on, avec arrogance ; il ne peut plus » se contenter de ce qu'il a conquis sur vous ; il » étend de plus en plus chaque jour ses projets » pour vous subjuguer ; il vous tend des piéges de » tous les côtés, pendant que vous êtes sans cesse » en arrière et sans mouvement. Quand est-ce » donc, ô Athéniens, que vous ferez ce qu'il faut » faire ? quand est-ce que nous verrons quelque » chose de vous ? quand est-ce que la nécessité » vous y déterminera ? Mais que faut-il croire de

---

[1] Il est moins paré du charme des expressions, que véhément par les mouvements de l'âme.... Car sa propre force l'entraîne ; et si l'élégance du langage s'offre à lui, il la saisit par la grandeur du sujet, sans se mettre en peine de l'ornement, *De Doct. Christ.*, lib. IV, n. 42, pag. 81.
[2] *Ibid.*, pag. 82.
[3] *De Doct christ.*, lib. IV, n. 51 : tom. III, pag. 76.
[4] *Ep.*, XXIX, *ad Alip.*, tom. II, pag. 48 et seq.
[5] *De Doct. christ.*, lib. IV, n. 53 : pag. 87.

[1] Ire Philip.

» ce qui se fait actuellement? Ma pensée est qu'il n'y a, pour des hommes libres, aucune plus pressante nécessité que celle qui résulte de la honte d'avoir mal conduit ses propres affaires. Voulez-vous achever de perdre votre temps? Chacun ira-t-il encore çà et là dans la place publique, faisant cette question, *N'y a-t-il aucune nouvelle?* Eh! que peut-il y avoir de plus nouveau, que de voir un homme de Macédoine qui dompte les Athéniens et qui gouverne toute la Grèce? Philippe est mort, dit quelqu'un. Non, dit un autre, il n'est que malade. Eh! que vous importe, puisque s'il n'étoit plus, vous vous feriez bientôt un autre Philippe? »

Voilà le bon sens qui parle, sans autre ornement que sa force. Il rend la vérité sensible à tout le peuple; il le réveille, il le pique, il lui montre l'abîme ouvert. Tout est dit pour le salut commun; aucun mot n'est pour l'orateur. Tout instruit et touche; rien ne brille.

Il est vrai que les Romains suivirent assez tard l'exemple des Grecs pour cultiver les belles-lettres.

Graiis ingenium, Graiis dedit ore rotundo
Musa loqui, præter laudem nullius avaris.
Romani pueri longis rationibus assem : etc. *.

Les Romains étoient occupés des lois, de la guerre, de l'agriculture et du commerce d'argent. C'est ce qui faisoit dire à Virgile :

Excudent alii spirantia molliùs æra, etc.
. . . .
Tu regere imperio populos, Romane, memento ².

Salluste fait un beau portrait des mœurs de l'ancienne Rome, en avouant qu'elle négligeoit les lettres:

*Prudentissimus quisque negotiosus maximè erat. Ingenium nemo sine corpore exercebat. Optimus quisque facere quam dicere, sua ab aliis benefacta laudari quàm ipse aliorum narrare malebat*³.

Il faut néanmoins avouer, suivant le rapport de Tite-Live, que l'éloquence nerveuse et populaire étoit déjà bien cultivée à Rome dès le temps de Manlius. Cet homme, qui avoit sauvé le Capitole contre les Gaulois, vouloit soulever contre le gouvernement: *Quousque tandem*, dit-il⁴, *ignorabitis vires vestras, quas natura ne belluas quidem ignorare voluit? Numerate saltem quot ipsi sitis..... Tamen acriùs crederem vos pro libertate quàm illos pro dominatione certaturos... Quousque me circumspectabitis? Ego quidem nulli vestrûm deero* ², etc. Ce puissant orateur enlevoit tout le peuple pour se procurer l'impunité, en tendant les mains vers le Capitole qu'il avoit sauvé autrefois. On ne put obtenir sa mort de la multitude, qu'en le menant dans un bois sacré d'où il ne pouvoit plus montrer le Capitole aux citoyens. *Apparuit tribunis*, dit Tite-Live ³, *nisi oculos quoque hominum liberassent ab tanti memoria decoris, nunquam fore, in præoccupatis beneficio animis, vero crimini locum.... Ibi crimen valuit*⁴, etc. Chacun sait combien l'éloquence des Gracques causa de troubles. Celle de Catilina mit la république dans le plus grand péril. Mais cette éloquence ne tendoit qu'à persuader, et à émouvoir les passions : le bel-esprit n'y étoit d'aucun usage. Un déclamateur fleuri n'auroit eu aucune force dans les affaires.

Rien n'est plus simple que Brutus, quand il se rend supérieur à Cicéron, jusqu'à le reprendre et à le confondre : « Vous demandez, lui dit-il ⁵, la » vie à Octave : quelle mort seroit aussi funeste? » Vous montrez, par cette demande, que la ty» rannie n'est pas détruite, et qu'on n'a fait que » changer de tyran. Reconnoissez vos paroles. Niez, » si vous l'osez, que cette prière ne convient qu'à » un roi à qui elle est faite par un homme réduit » à la servitude. Vous dites que vous ne lui de» mandez qu'une seule grace; savoir, qu'il veuille » bien sauver la vie des citoyens qui ont l'estime » des honnêtes gens et de tout le peuple romain. » Quoi donc! à moins qu'il ne le veuille, nous ne » serons plus? Mais il vaut mieux n'être plus que » d'être par lui. Non, je ne crois point que tous » les dieux soient déclarés contre le salut de Rome,

¹ HORAT., *de Art. poet.*, v. 323-325.
Les Grecs avoient reçu de la faveur des cieux
Le flambeau du génie et la langue des dieux.
Ce peuple aime la gloire, et l'aime avec ivresse :
Mais Rome aux vils calculs élève sa jeunesse.
DARU.

² *Æneid.*, VI, v. 848-852.
D'autres avec plus d'art, ou d'une habile main,
Feront vivre le marbre et respirer l'airain...
Toi, Romain, souviens-toi de régir l'univers.
DELILLE.

³ *Bell. Catil.*, n. 8.
Chez les Romains, les plus habiles étoient les plus occupés : on ne séparoit point les exercices de l'esprit de ceux du corps. Plus jaloux de bien agir que de bien parler, tout homme de mérite aimoit mieux faire des actions qu'on pût louer, que de raconter celles des autres.
DOTTEVILLE.

¹ TIT. LIV., *Hist.*, lib., VI, cap. XVIII.

² Jusques à quand méconnoîtrez-vous donc votre force, tandis que la brute a l'instinct de la sienne? Ne pouvez-vous du moins supputer votre nombre?..... Je me persuaderois que, combattant pour votre liberté, vous y mettriez un peu plus de courage que ceux qui ne combattent que pour leur tyrannie..... Ne compterez-vous jamais que sur moi seul? Assurément je ne manquerai jamais à pas un de vous.
DUREAU DE LA MALLE.

³ *Hist.*, lib. VI cap. XX.

⁴ Les tribuns virent clairement que tant que les yeux des Romains seroient captivés par la vue d'un monument qui retraçoit des souvenirs si glorieux pour Manlius, la préoccupation d'un si grand bienfait prévaudroit toujours contre la conviction de son crime..... Alors les inculpations restèrent dans toute leur force, etc.
DUREAU DE LA MALLE.

⁵ Apud. CICER., *Epist. ad Brutum*, Epist. XVI.

» jusqu'au point de vouloir qu'on demande à Oc-
» tave la vie d'aucun citoyen, encore moins celle
» des libérateurs de l'univers... O Cicéron! vous
» avouez qu'Octave a un tel pouvoir, et vous êtes
» de ses amis! Mais, si vous m'aimez, pouvez-
» vous désirer de me voir à Rome, lorsqu'il fau-
» droit me recommander à cet enfant, afin que
» j'eusse la permission d'y aller? Quel est donc
» celui que vous remerciez de ce qu'il souffre que
» je vive encore? Faut-il regarder comme un bon-
» heur de ce qu'on demande cette grace à Octave
» plutôt qu'à Antoine ?... C'est cette foiblesse et ce
» désespoir, que les autres ont à se reprocher
» comme vous, qui ont inspiré à César l'ambition
» de se faire roi... Si nous nous souvenions que
» nous sommes Romains,... ils n'auroient pas eu
» plus d'audace pour envahir la tyrannie, que
» nous de courage pour la repousser... O vengeur
» de tant de crimes, je crains que vous n'ayez fait
» que retarder un peu notre chute! Comment pou-
» vez-vous voir ce que vous avez fait? etc. »

Combien ce discours seroit-il énervé, indécent et avili, si on y mettoit des pointes et des jeux d'esprit? Faut-il que les hommes chargés de parler en apôtres recueillent avec tant d'affectation les fleurs que Démosthène, Manlius et Brutus ont foulées aux pieds? Faut-il croire que les ministres évangéliques sont moins sérieusement touchés du salut éternel des peuples, que Démosthène ne l'étoit de la liberté de sa patrie, que Manlius n'avoit d'ambition pour séduire la multitude, que Brutus n'avoit de courage pour aimer mieux la mort qu'une vie due au tyran?

J'avoue que le genre fleuri a ses graces; mais elles sont déplacées dans les discours où il ne s'agit point d'un jeu d'esprit plein de délicatesse, et où les grandes passions doivent parler. Le genre fleuri n'atteint jamais au sublime. Qu'est-ce que les anciens auroient dit d'une tragédie où Hécube auroit déploré ses malheurs par des pointes? La vraie douleur ne parle point ainsi. Que pourroit-on croire d'un prédicateur qui viendroit montrer aux pécheurs le jugement de Dieu pendant sur leur tête, et l'enfer ouvert sous leurs pieds, avec les jeux de mots les plus affectés?

Il y a une bienséance à garder pour les paroles comme pour les habits. Une veuve désolée ne porte point le deuil avec beaucoup de broderie, de frisure et de rubans. Un missionnaire apostolique ne doit point faire de la parole de Dieu une parole vaine, et pleine d'ornements affectés. Les païens mêmes auroient été indignés de voir une comédie si mal jouée.

Ut ridentibus arrident, ita flentibus adflent
Humani vultus. Si vis me flere, dolendum est
Primum ipsi tibi; tunc tua me infortunia lædent.
Telephe, vel Peleu, male si mandata loqueris,
Aut dormitabo, aut ridebo. Tristia mœstum
Vultum verba decent *.

Il ne faut pas faire à l'éloquence le tort de penser qu'elle n'est qu'un art frivole, dont un déclamateur se sert pour imposer à la foible imagination de la multitude, et pour trafiquer de la parole : c'est un art très sérieux, qui est destiné à instruire, à réprimer les passions, à corriger les mœurs, à soutenir les lois, à diriger les délibérations publiques, à rendre les hommes bons et heureux. Plus un déclamateur feroit d'efforts pour m'éblouir par les prestiges de son discours, plus je me révolterois contre sa vanité : son empressement pour faire admirer son esprit me paroîtroit le rendre indigne de toute admiration. Je cherche un homme sérieux, qui me parle pour moi, et non pour lui; qui veuille mon salut, et non sa vaine gloire. L'homme digne d'être écouté est celui qui ne se sert de la parole que pour la pensée, et de la pensée que pour la vérité et la vertu. Rien n'est plus méprisable qu'un parleur de métier, qui fait de ses paroles ce qu'un charlatan fait de ses remèdes.

Je prends pour juges de cette question les païens mêmes. Platon ne permet, dans sa république, aucune musique avec les tons efféminés des Lydiens; les Lacédémoniens excluoient de la leur tous les instruments trop composés qui pouvoient amollir les cœurs. L'harmonie qui ne va qu'à flatter l'oreille n'est qu'un amusement de gens foibles et oisifs, elle est indigne d'une république bien policée : elle n'est bonne qu'autant que les sons y conviennent au sens des paroles, et que les paroles y inspirent des sentiments vertueux. La peinture, la sculpture, et les autres beaux-arts, doivent avoir le même but. L'éloquence doit, sans doute, entrer dans le même dessein; le plaisir n'y doit être mêlé que pour faire le contre-poids des mauvaises passions, et pour rendre la vertu aimable.

Je voudrois qu'un orateur se préparât longtemps en général pour acquérir un fonds de connoissances, et pour se rendre capable de faire de bons ouvrages. Je voudrois que cette préparation

* HORAT., de Art. poet., v. 101-106.

On rit avec les fous; près des infortunés
On pleure; tant l'exemple a de force et de charmes!
Pleurez, si vous voulez faire couler mes larmes.
Acteurs qui retracez des héros malheureux,
Je ris ou je m'endors au milieu de vos jeux,
Si le style contraste avec le personnage :
Le style doit changer ainsi que le visage.
Le chagrin paroît-il sur le front de l'acteur,
Il faut que son discours respire la douleur.
DARU.

générale le mit en état de se préparer moins pour chaque discours particulier. Je voudrois qu'il fût naturellement très sensé, et qu'il ramenât tout au bon sens; qu'il fît de solides études; qu'il s'exerçât à raisonner avec justesse et exactitude, se défiant de toute subtilité. Je voudrois qu'il se défiât de son imagination, pour ne se laisser jamais dominer par elle, et qu'il fondât chaque discours sur un principe indubitable, dont il tireroit les conséquences naturelles.

> Scribendi recte sapere est et principium et fons.
> Rem tibi Socraticæ poterunt ostendere chartæ :
> Verbaque provisam rem non invita sequentur.
> Qui didicit patriæ quid debeat, et quid amicis, etc.[1].

D'ordinaire, un déclamateur fleuri ne connoît point les principes d'une saine philosophie, ni ceux de la doctrine évangélique pour perfectionner les mœurs. Il ne veut que des phrases brillantes et que des tours ingénieux. Ce qui lui manque le plus est le fond des choses; il sait parler avec grace, sans savoir ce qu'il faut dire; il énerve les plus grandes vérités par un tour vain et trop orné.

Au contraire, le véritable orateur n'orne son discours que de vérités lumineuses, que de sentiments nobles, que d'expressions fortes, et proportionnées à ce qu'il tâche d'inspirer; il pense, il sent, et la parole suit. « Il ne dépend point des » paroles, dit saint Augustin[2]; mais les paroles » dépendent de lui. » Un homme qui a l'ame forte et grande, avec quelque facilité naturelle de parler et un grand exercice, ne doit jamais craindre que les termes lui manquent; ses moindres discours auront des traits originaux, que les déclamateurs fleuris ne pourront jamais imiter. Il n'est point esclave des mots, il va droit à la vérité; il sait que la passion est comme l'ame de la parole. Il remonte d'abord au premier principe sur la matière qu'il veut débrouiller; il met ce principe dans son premier point de vue; il le tourne et le retourne, pour y accoutumer ses auditeurs les moins pénétrants; il descend jusqu'aux dernières conséquences par un enchaînement court et sensible. Chaque vérité est mise en sa place par rapport au tout : elle prépare, elle amène, elle appuie une autre vérité qui a besoin de son secours. Cet arrangement sert à éviter les répétitions qu'on peut épargner au lecteur; mais il ne retranche aucune des répétitions par lesquelles il est essentiel de ramener souvent l'auditeur au point qui décide lui seul de tout.

Il faut lui montrer souvent la conclusion dans le principe. De ce principe, comme du centre, se répand la lumière sur toutes les parties de cet ouvrage; de même qu'un peintre place dans son tableau le jour, en sorte que d'un seul endroit il distribue à chaque objet son degré de lumière. Tout le discours est un; il se réduit à une seule proposition mise au plus grand jour par des tours variés. Cette unité de dessein fait qu'on voit, d'un seul coup d'œil, l'ouvrage entier, comme on voit de la place publique d'une ville toutes les rues et toutes les portes, quand toutes les rues sont droites, égales et en symétrie. Le discours est la proposition développée; la proposition est le discours en abrégé.

> Denique sit quodvis simplex duntaxat et unum [1].

Quiconque ne sent pas la beauté et la force de cette unité et de cet ordre n'a encore rien vu au grand jour; il n'a vu que des ombres dans la caverne de Pluton. Que diroit-on d'un architecte qui ne sentiroit aucune différence entre un grand palais dont tous les bâtiments seroient proportionnés pour former un tout dans le même dessein, et un amas confus de petits édifices qui ne feroient point un vrai tout, quoiqu'ils fussent les uns auprès des autres ? Quelle comparaison entre le Colysée et une multitude confuse de maisons irrégulières d'une ville ! Un ouvrage n'a une véritable unité que quand on ne peut rien en ôter sans couper dans le vif.

Il n'a un véritable ordre que quand on ne peut en déplacer aucune partie sans affoiblir, sans obscurcir, sans déranger le tout. C'est ce qu'Horace explique parfaitement :

> . . . . nec lucidus ordo.
> Ordinis hæc virtus erit et Venus, aut ego fallor,
> Ut jam nunc dicat, jam nunc debentia dici
> Pleraque differat, et præsens in tempus omittat [2].

Tout auteur qui ne donne point cet ordre à son discours ne possède pas assez sa matière; il n'a qu'un goût imparfait et qu'un demi-génie. L'ordre est ce qu'il y a de plus rare dans les opérations de l'esprit : quand l'ordre, la justesse, la force et la vé-

---

[1] HORAT., *de Art. poet.*, v. 309-312.
Le bon sens des beaux vers est la source première.
Poëtes, de Socrate apprenez à penser,
Vous parviendrez sans peine à vous bien énoncer,
L'écrivain qui connoît les sentiments d'un frère,
Les droits de famille, la tendresse d'un père, etc.
DARU.

[2] *De Doct. Christ.*, lib. IV, n. 61, pag. 90.

---

[1] HORAT., *de Art. poet.*, v. 23.
Il faut que tout ouvrage, à l'unité fidèle,
De la simplicité nous offre le modèle.
DARU.

[2] HOR., *De Art. poet.*, v. 41-44.
Choisi-on bien, on trouve avec facilité
L'expression heureuse, et l'ordre, et la clarté.
L'ordre à mes yeux, Pisons, est lui-même une grace;
L'esprit judicieux veut tout voir à sa place.
DARU.

hémence se trouvent réunis, le discours est parfait. Mais il faut avoir tout vu, tout pénétré et tout embrassé, pour savoir la place précise de chaque mot : c'est ce qu'un déclamateur, livré à son imagination et sans science, ne peut discerner.

Isocrate est doux, insinuant, plein d'élégance ; mais peut-on le comparer à Homère? Allons plus loin : je ne crains pas de dire que Démosthène me paroît supérieur à Cicéron. Je proteste que personne n'admire Cicéron plus que je fais : il embellit tout ce qu'il touche, il fait honneur à la parole, il fait des mots ce qu'un autre n'en sauroit faire; il a je ne sais combien de sortes d'esprit, il est même court et véhément toutes les fois qu'il veut l'être, contre Catilina, contre Verrès, contre Antoine. Mais on remarque quelque parure dans son discours : l'art y est merveilleux, mais on l'entrevoit : l'orateur, en pensant au salut de la république, ne s'oublie pas et ne se laisse pas oublier. Démosthène paroît sortir de soi, et ne voir que la patrie. Il ne cherche point le beau, il le fait sans y penser ; il est au-dessus de l'admiration. Il se sert de la parole comme un homme modeste de son habit pour se couvrir. Il tonne, il foudroie; c'est un torrent qui entraîne tout. On ne peut le critiquer, parce qu'on est saisi ; on pense aux choses qu'il dit, et non à ses paroles. On le perd de vue ; on n'est occupé que de Philippe, qui envahit tout. Je suis charmé de ces deux orateurs : mais j'avoue que je suis moins touché de l'art infini et de la magnifique éloquence de Cicéron, que de la rapide simplicité de Démosthène.

L'art se décrédite lui-même; il se trahit en se montrant : « Isocrate, dit Longin [1], est tombé » dans une faute de petit écolier... Et voici par » où il débute : *Puisque le discours a naturelle-* » *ment la vertu de rendre les choses grandes pe-* » *tites, et les petites grandes; qu'il sait donner* » *les graces de la nouveauté aux choses les plus* » *vieilles, et qu'il fait paroître vieilles celles qui* » *sont nouvellement faites.* Est-ce ainsi, dira quel- » qu'un, ô Isocrate, que vous allez changer toutes » choses à l'égard des Lacédémoniens et des Athé- » niens? En faisant de cette sorte l'éloge du dis- » cours, il fait proprement un exorde pour aver- » tir ses auditeurs de ne rien croire de ce qu'il va » dire. » En effet, c'est déclarer au monde que les orateurs ne sont que des sophistes, tels que le Gorgias de Platon et que les autres rhéteurs de la Grèce, qui abusoient de la parole pour imposer au peuple.

[1] *Du Subl.*, ch. XXXI.

Si l'éloquence demande que l'orateur soit homme de bien, et cru tel, pour toutes les affaires les plus profanes, à combien plus forte raison doit-on croire ces paroles de saint Augustin sur les hommes qui ne doivent parler qu'en apôtres ! « Celui-là parle avec sublimité, dont la vie ne » peut être exposée à aucun mépris. » Que peut-on espérer des discours d'un jeune homme sans fonds d'étude, sans expérience, sans réputation acquise, qui se joue de la parole, et qui veut peut-être faire fortune dans le ministère où il s'agit d'être pauvre avec Jésus-Christ, de porter la croix avec lui en se renonçant, et de vaincre les passions des hommes pour les convertir ?

Je ne puis me résoudre à finir cet article sans dire un mot de l'éloquence des Pères. Certaines personnes éclairées ne leur font pas une exacte justice. On en juge par quelque métaphore dure de Tertullien, par quelque période enflée de saint Cyprien, par quelque endroit obscur de saint Ambroise, par quelque antithèse subtile et rimée de saint Augustin, par quelques jeux de mots de saint Pierre Chrysologue. Mais il faut avoir égard au goût dépravé des temps où les Pères ont vécu. Le goût commençoit à se gâter à Rome peu de temps après celui d'Auguste. Juvénal a moins de délicatesse qu'Horace ; Sénèque le tragique et Lucain ont une enflure choquante. Rome tomboit ; les études d'Athènes même étoient déchues quand saint Basile et saint Grégoire de Nazianze y allèrent. Les raffinements d'esprit avoient prévalu. Les Pères, instruits par les mauvais rhéteurs de leurs temps, étoient entraînés dans le préjugé universel : c'est à quoi les sages mêmes ne résistent presque jamais. On ne croyoit pas qu'il fût permis de parler d'une façon simple et naturelle. Le monde étoit, pour la parole, dans l'état où il seroit pour les habits, si personne n'osoit paroître vêtu d'une belle étoffe sans la charger de la plus épaisse broderie. Suivant cette mode, il ne falloit point parler, il falloit déclamer. Mais si on veut avoir la patience d'examiner les écrits des Pères, on y verra des choses d'un grand prix. Saint Cyprien a une magnanimité et une véhémence qui ressemble à celle de Démosthène. On trouve dans saint Chrysostome un jugement exquis, des images nobles, une morale sensible et aimable. Saint Augustin est tout ensemble sublime et populaire; il remonte aux plus hauts principes par les tours les plus familiers; il interroge, il se fait interroger, il répond ; c'est une conversation entre lui et son auditeur; les comparaisons viennent à propos dissiper tous les doutes : nous l'avons vu descendre jusqu'aux dernières grossièretés de la populace pour la redresser. Saint Bernard a été un prodige dans un siècle barbare : on trouve en lui de la délicatesse, de l'élévation, du tour, de la tendresse et de la véhémence. On est étonné de tout ce qu'il y a de beau et de grand dans les Pères, quand on connoît les siècles où ils ont écrit. On pardonne à Montaigne des expressions gasconnes, et à Marot un vieux langage : pourquoi ne veut-on pas passer aux Pères l'enflure de leur temps, avec laquelle on trouveroit des vérités précieuses, et exprimées par les traits les plus forts?

Mais il ne m'appartient pas de faire ici l'ouvrage qui est réservé à quelque savante main; il me suffit de proposer en gros ce qu'on peut attendre de l'auteur d'une excellente rhétorique. Il peut embellir son ouvrage en imitant Cicéron par le mélange des exemples avec les préceptes. « Les hom- » mes qui ont un génie pénétrant et rapide, dit » saint Augustin [1], profitent plus facilement dans » l'éloquence, en lisant les discours des hommes » éloquents, qu'en étudiant les préceptes mêmes » de l'art. » On pourroit faire une agréable peinture des divers caractères des orateurs, de leurs mœurs, de leurs goûts et de leurs maximes. Il faudroit même les comparer ensemble, pour donner au lecteur de quoi juger du degré d'excellence de chacun d'entre eux.

V.

Projet de poétique.

Une poétique ne me paroîtroit pas moins à desirer qu'une rhétorique. La poésie est plus sérieuse et plus utile que le vulgaire ne le croit. La religion a consacré la poésie à son usage, dès l'origine du genre humain. Avant que les hommes eussent un texte d'écriture divine, les sacrés cantiques, qu'ils savoient par cœur, conservoient la mémoire de l'origine du monde, et la tradition des merveilles de Dieu. Rien n'égale la magnificence et le transport des cantiques de Moïse; le livre de Job est un poëme plein des figures les plus hardies et les plus majestueuses; le Cantique des Cantiques exprime avec grace et tendresse l'union mystérieuse de Dieu époux avec l'ame de l'homme qui devient son épouse; les Psaumes seront l'admiration et la consolation de tous les siècles et de tous les peuples où le vrai Dieu sera connu et senti. Toute l'Écriture est pleine de poésie, dans les endroits mêmes où l'on ne trouve aucune trace de versification.

[1] *De Doct. christ.*, lib., IV, n. 14, pag. 63.

D'ailleurs, la poésie a donné au monde les premières lois : c'est elle qui a adouci les hommes farouches et sauvages, qui les a rassemblés des forêts où ils étoient épars et errants, qui les a policés, qui a réglé les mœurs, qui a formé les familles et les nations, qui a fait sentir les douceurs de la société, qui a rappelé l'usage de la raison, cultivé la vertu, et inventé les beaux-arts; c'est elle qui a élevé les courages pour la guerre, et qui les a modérés pour la paix.

Silvestres homines sacer interpresque deorum,
Cædibus et victu fœdo deterruit Orpheus;
Dictus ob hoc lenire tigres, rabidosque leones :
Dictus et Amphion Thebanæ conditor arcis,
Saxa movere sono testudinis, et prece blanda
Ducere quo vellet. Fuit hæc sapientia quondam, etc.
. . . .
Sic honor et nomen divinis vatibus atque
Carminibus venit. Post hos insignis Homerus,
Tyrtæusque mares animos in Martia bella
Versibus exacuit [1].

La parole animée par les vives images, par les grandes figures, par le transport des passions et par le charme de l'harmonie, fut nommée le langage des dieux; les peuples les plus barbares mêmes n'y ont pas été insensibles. Autant on doit mépriser les mauvais poètes, autant doit-on admirer et chérir un grand poëte qui ne fait point de la poésie un jeu d'esprit pour s'attirer une vaine gloire, mais qui l'emploie à transporter les hommes en faveur de la sagesse, de la vertu et de la religion.

Me sera-t-il permis de représenter ici ma peine sur ce que la perfection de la versification françoise me paroît presque impossible? Ce qui me confirme dans cette pensée est de voir que nos plus grands poëtes ont fait beaucoup de vers foibles. Personne n'en a fait de plus beaux que Malherbe; combien en a-t-il fait qui ne sont guère dignes de lui! Ceux mêmes d'entre nos poètes les plus estimables qui ont eu le moins d'inégalité en ont fait assez souvent de raboteux, d'obscurs et de languissants : ils ont voulu donner à leur pen-

[1] Horat., *de Art. poet.*, v. 394-405.

Un chantre, ami des dieux, polit l'homme sauvage
Que nourrissoit le gland, que souilloit le carnage;
C'est lui qu'on peint charmant les affreux léopards.
Amphion d'une ville élève les remparts;
Et, le luth à la main, la fable le présente
Disposant à son gré la pierre obéissante.
De l'homme brut encor premiers législateurs,
Ces sages inspirés adoucirent les mœurs.
. . . .
Ainsi des favoris des filles de Mémoire
Les noms furent dès-lors consacrés par la gloire.
Après Orphée, on vit, dans les âges suivants,
De Tyrtée et d'Homère éclater les talents.
A leurs mâles accents les guerriers s'enflammèrent.

DARU.

sée un tour délicat, et il la faut chercher; ils sont pleins d'épithètes forcées pour attraper la rime. En retranchant certains vers, on ne retrancheroit aucune beauté : c'est ce qu'on remarqueroit sans peine, si on examinoit chacun de leurs vers en toute rigueur.

Notre versification perd plus, si je ne me trompe, qu'elle ne gagne par les rimes : elle perd beaucoup de variété, de facilité et d'harmonie. Souvent la rime, qu'un poëte va chercher bien loin, le réduit à alonger et à faire languir son discours; il lui faut deux ou trois vers postiches pour en amener un dont il a besoin. On est scrupuleux pour n'employer que des rimes riches, et on ne l'est ni sur le fond des pensées et des sentiments, ni sur la clarté des termes, ni sur les tours naturels, ni sur la noblesse des expressions. La rime ne nous donne que l'uniformité des finales, qui est souvent ennuyeuse, et qu'on évite dans la prose, tant elle est loin de flatter l'oreille. Cette répétition de syllabes finales lasse même dans les grands vers héroïques, où deux masculins sont toujours suivis de deux féminins.

Il est vrai qu'on trouve plus d'harmonie dans les odes et dans les stances, où les rimes entrelacées ont plus de cadence et de variété. Mais les grands vers héroïques, qui demanderoient le son le plus doux, le plus varié et le plus majestueux, sont souvent ceux qui ont le moins cette perfection.

Les vers irréguliers ont le même entrelacement de rimes que les odes; de plus, leur inégalité, sans règle uniforme, donne la liberté de varier leur mesure et leur cadence, suivant qu'on veut s'élever ou se rabaisser. M. de La Fontaine en a fait un très bon usage.

Je n'ai garde néanmoins de vouloir abolir les rimes; sans elles notre versification tomberoit. Nous n'avons point dans notre langue cette diversité de brèves et de longues, qui faisoit dans le grec et dans le latin la règle des pieds et la mesure des vers. Mais je croirois qu'il seroit à propos de mettre nos poëtes un peu plus au large sur les rimes, pour leur donner le moyen d'être plus exacts sur le sens et sur l'harmonie. En relâchant un peu sur la rime, on rendroit la raison plus parfaite; on viseroit avec plus de facilité au beau, au grand, au simple, au facile; on épargneroit aux plus grands poëtes des tours forcés, des épithètes cousues, des pensées qui ne se présentent pas d'abord assez clairement à l'esprit.

L'exemple des Grecs et des Latins peut nous encourager à prendre cette liberté : leur versification étoit, sans comparaison, moins gênante que la nôtre; la rime est plus difficile elle seule que toutes leurs règles ensemble. Les Grecs avoient néanmoins recours aux divers dialectes : de plus, les uns et les autres avoient des syllabes superflues qu'ils ajoutoient librement pour remplir leurs vers. Horace se donne de grandes commodités pour la versification dans ses Satires, dans ses Épîtres, et même en quelques Odes : pourquoi ne chercherions-nous pas de semblables soulagements, nous dont la versification est si gênante, et si capable d'amortir le feu d'un bon poëte?

La sévérité de notre langue contre presque toutes les inversions de phrases augmente encore infiniment la difficulté de faire des vers françois. On s'est mis à pure perte dans une espèce de torture pour faire un ouvrage. Nous serions tentés de croire qu'on a cherché le difficile plutôt que le beau. Chez nous un poëte a autant besoin de penser à l'arrangement d'une syllabe qu'aux plus grands sentiments, qu'aux plus vives peintures, qu'aux traits les plus hardis. Au contraire, les anciens facilitoient, par des inversions fréquentes, les belles cadences, la variété, et les expressions passionnées. Les inversions se tournoient en grande figure, et tenoient l'esprit suspendu dans l'attente du merveilleux. C'est ce qu'on voit dans ce commencement d'églogue :

Pastorum musam Damonis et Alphesibœi,
Immemor herbarum quos est mirata juvenca
Certantes, quorum stupefactae carmine lynces,
Et mutata suos requierunt flumina cursus;
Damonis musam dicemus et Alphesibœi [1].

Otez cette inversion, et mettez ces paroles dans un arrangement de grammairien qui suit la construction de la phrase, vous leur ôterez leur mouvement, leur majesté, leur grace et leur harmonie : c'est cette suspension qui saisit le lecteur. Combien notre langue est-elle timide et scrupuleuse en comparaison! Oserions-nous imiter ce vers, où tous les mots sont dérangés?

Aret ager, vitio moriens sitit aeris herba [2].

Quand Horace veut préparer son lecteur à quel-

[1] VIRGIL., *Eclog.*, VIII, v. 1-5.
Les chants d'Alphésibée et les chants de Damon,
Les plus harmonieux des bergers du canton,
Attiroient les troupeaux loin de leur pâturages;
Ils rendoient attentifs même les loups sauvages,
Et des fleuves charmés ils retardoient le cours,
Ma muse à nos bergers répétera toujours
Et les chants de Damon et ceux d'Alphésibée.
LA ROCHEF.

[2] *Eclog.*, VII, v. 57.
Dans nos champs dévorés de soif et de chaleur
En vain l'herbe mourante implore la fraîcheur.
TISSOT.

que grand objet, il le mène sans lui montrer où il va, et sans le laisser respirer :

Qualem ministrum fulminis alitem [1].

J'avoue qu'il ne faut point introduire tout-à-coup dans notre langue un grand nombre de ces inversions ; on n'y est point accoutumé, elles paroîtroient dures et pleines d'obscurité. L'ode pindarique de M. Despréaux n'est pas exempte, ce me semble, de cette imperfection. Je le remarque avec d'autant plus de liberté, que j'admire d'ailleurs les ouvrages de ce grand poète. Il faudroit choisir de proche en proche les inversions les plus douces et les plus voisines de celles que notre langue permet déja. Par exemple, toute notre nation a approuvé celles-ci :

Là se perdent ces noms de maîtres de la terre,
. . . .
Et tombent avec eux, d'une chute commune,
Tous ceux que leur fortune
Faisoit leurs serviteurs [2].

Ronsard avoit trop entrepris tout-à-coup. Il avoit forcé notre langue par des inversions trop hardies et obscures ; c'étoit un langage cru et informe. Il y ajoutoit trop de mots composés, qui n'étoient point encore introduits dans le commerce de la nation : il parloit françois en grec, malgré les François mêmes. Il n'avoit pas tort, ce me semble, de tenter quelque nouvelle route pour enrichir notre langue, pour enhardir notre poésie, et pour dénouer notre versification naissante. Mais, en fait de langue, on ne vient à bout de rien sans l'aveu des hommes pour lesquels on parle. On ne doit jamais faire deux pas à la fois ; et il faut s'arrêter dès qu'on ne se voit pas suivi de la multitude. La singularité est dangereuse en tout : elle ne peut être excusée dans les choses qui ne dépendent que de l'usage.

L'excès choquant de Ronsard nous a un peu jetés dans l'extrémité opposée : on a appauvri, desséché et gêné notre langue. Elle n'ose jamais procéder que suivant la méthode la plus scrupuleuse et la plus uniforme de la grammaire : on voit toujours venir d'abord un nominatif substantif qui mène son adjectif comme par la main ; son verbe ne manque pas de marcher derrière, suivi d'un adverbe qui ne souffre rien entre deux, et le régime appelle aussitôt un accusatif, qui ne peut jamais se déplacer. C'est ce qui exclut toute suspension de l'esprit, toute attention, toute surprise, toute variété, et souvent toute magnifique cadence.

Je conviens, d'un autre côté, qu'on ne doit jamais hasarder aucune locution ambiguë ; j'irois même d'ordinaire avec Quintilien jusqu'à éviter toute phrase que le lecteur entend, mais qu'il pourroit ne pas entendre s'il ne suppléoit pas ce qui y manque. Il faut une diction simple, précise et dégagée, où tout se développe de soi-même et aille au-devant du lecteur. Quand un auteur parle au public, il n'y a aucune peine qu'il ne doive prendre pour en épargner à son lecteur ; il faut que tout le travail soit pour lui seul, et tout le plaisir avec tout le fruit pour celui dont il veut être lu. Un auteur ne doit laisser rien à chercher dans sa pensée ; il n'y a que les faiseurs d'énigmes qui soient en droit de présenter un sens enveloppé. Auguste vouloit qu'on usât de répétitions fréquentes, plutôt que de laisser quelque péril d'obscurité dans le discours. En effet, le premier de tous les devoirs d'un homme qui n'écrit que pour être entendu est de soulager son lecteur en se faisant d'abord entendre.

J'avoue que nos plus grands poètes françois, gênés par les lois rigoureuses de notre versification, manquent en quelques endroits de ce degré de clarté parfaite. Un homme qui pense beaucoup veut beaucoup dire ; il ne peut se résoudre à rien perdre ; il sent le prix de tout ce qu'il a trouvé ; il fait de grands efforts pour renfermer tout dans les bornes étroites d'un vers. On veut même trop de délicatesse, elle dégénère en subtilité. On veut trop éblouir et surprendre : on veut avoir plus d'esprit que son lecteur, et le lui faire sentir, pour lui enlever son admiration ; au lieu qu'il faudroit n'en avoir jamais plus que lui, et lui en donner même, sans paroître en avoir. On ne se contente pas de la simple raison, des graces naïves, du sentiment le plus vif, qui font la perfection réelle ; on va un peu au-delà du but par amour-propre. On ne sait pas être sobre dans la recherche du beau ; on ignore l'art de s'arrêter tout court en-deçà des ornements ambitieux. Le mieux, auquel on aspire, fait qu'on gâte le bien, dit un proverbe italien. On tombe dans le défaut de répandre un peu trop de sel, et de vouloir donner un goût trop relevé à ce qu'on assaisonne ; on fait comme ceux qui chargent une étoffe de trop de broderie. Le goût exquis craint le trop en tout, sans en excepter l'esprit même. L'esprit lasse beaucoup, dès qu'on l'affecte et qu'on le prodigue. C'est en avoir de reste, que d'en savoir retrancher pour s'accommoder à celui de la multitude, et pour lui aplanir le chemin.

---

[1] Hor., *Od.*, lib. IV ; *Od.*, III, v. 1.
Tel que le noble oiseau ministre du tonnerre.
DARU.

[2] MALHERBE, *Paraph. du Ps.* CXLV.

Les poëtes qui ont le plus d'essor, de génie, d'étendue de pensées et de fécondité, sont ceux qui doivent le plus craindre cet écueil de l'excès d'esprit. C'est, dira-t-on, un beau défaut, c'est un défaut rare, c'est un défaut merveilleux. J'en conviens; mais c'est un vrai défaut, et l'un des plus difficiles à corriger. Horace veut qu'un auteur s'exécute sans indulgence sur l'esprit même :

> Vir bonus et prudens versus reprehendet inertes;
> Culpabit duros; incomptis allinet atrum
> Transverso calamo signum; ambitiosa recidet
> Ornamenta; parum claris lucem dare coget[1].

On gagne beaucoup en perdant tous les ornements superflus pour se borner aux beautés simples, faciles, claires et négligées en apparence. Pour la poésie, comme pour l'architecture, il faut que tous les morceaux nécessaires se tournent en ornements naturels. Mais tout ornement qui n'est qu'ornement est de trop; retranchez-le, il ne manque rien, il n'y a que la vanité qui en souffre. Un auteur qui a trop d'esprit, et qui en veut toujours avoir, lasse et épuise le mien : je n'en veux point avoir tant. S'il en montroit moins, il me laisseroit respirer, et me feroit plus de plaisir : il me tient trop tendu, la lecture de ses vers me devient une étude. Tant d'éclairs m'éblouissent; je cherche une lumière douce qui soulage mes foibles yeux. Je demande un poëte aimable, proportionné au commun des hommes, qui fasse tout pour eux, et rien pour lui. Je veux un sublime si familier, si doux et si simple, que chacun soit d'abord tenté de croire qu'il l'auroit trouvé sans peine, quoique peu d'hommes soient capables de le trouver. Je préfère l'aimable au surprenant et au merveilleux. Je veux un homme qui me fasse oublier qu'il est auteur, et qui se mette comme de plain-pied en conversation avec moi. Je veux qu'il me mette devant les yeux un laboureur qui craint pour ses moissons, un berger qui ne connoît que son village et son troupeau, une nourrice attendrie pour son petit enfant; je veux qu'il me fasse penser, non à lui et à son bel esprit, mais aux bergers qu'il fait parler.

> Despectus tibi sum, nec qui sim quæris, Alexi,
> Quam dives pecoris nivei, quam lactis abundans.
> Mille meæ Siculis errant in montibus agnæ;
> Lac mihi non æstate novum, non frigore, defit :

[1] HOR., de Art. poet., v. 445-448.
> D'un trait de son crayon le rigide censeur
> Efface les endroits qu'a négligés l'auteur.
> De ce vers qui se traîne il blâme la foiblesse;
> Il ne vous cache point que ce vers dur le blesse:
> Il veut qu'on sacrifie une fausse beauté,
> Qu'en un passage obscur on jette la clarté.
> DARU.

> Canto quæ solitus, si quando armenta vocabat,
> Amphion Dircæus in Actæo Aracyntho.
> Nec sum adeo informis ; nuper me in littore vidi,
> Cum placidum ventis staret mare[1].

Combien cette naïveté champêtre a-t-elle plus de grace qu'un trait subtil et raffiné d'un bel esprit !

> Ex noto fictum carmen sequar, ut sibi quivis
> Speret idem; sudet multum, frustraque laboret
> Ausus idem : tantum series juncturaque pollet !
> Tantum de medio sumptis accedit honoris[2] !

O qu'il y a de grandeur à se rabaisser ainsi, pour se proportionner à tout ce qu'on peint, et pour atteindre à tous les divers caractères ! Combien un homme est-il au-dessus de ce qu'on nomme esprit, quand il ne craint point d'en cacher une partie ! Afin qu'un ouvrage soit véritablement beau, il faut que l'auteur s'y oublie, et me permette de l'oublier; il faut qu'il me laisse seul en pleine liberté. Par exemple, il faut que Virgile disparoisse, et que je m'imagine voir ce beau lieu :

> Muscosi fontes, et somno mollior herba, etc.[3]

Il faut que je desire d'être transporté dans cet autre endroit.

> . . O mihi tum quam molliter ossa quiescant,
> Vestra meos olim si fistula dicat amores !
> Atque utinam ex vobis unus, vestrique fuissem
> Aut custos gregis, aut maturæ vinitor uvæ[4] !

Il faut que j'envie le bonheur de ceux qui sont dans cet autre lieu dépeint par Horace ;

[1] VIRGIL., Eclog., II, v. 19-26.
> Tu rejettes mes vœux, Alexis, tu me fuis,
> Sans daigner seulement demander qui je suis;
> Si mon bercail est riche, et mon troupeau fertile,
> Vois nos mille brebis errer dans la Sicile :
> Leur lait, même en hiver, coule à flots argentés.
> Je répète les airs qu'Amphion a chantés,
> Quand sa voix, des forêts perçant la vaste enceinte,
> Rappeloit ses troupeaux épars sur l'Aracynthe.
> Mes traits n'ont rien d'affreux: dans le cristal des flots
> Je me vis l'autre jour...
> TISSOT.

[2] HORAT., de Art. poet., v. 240-243.
> J'unirois volontiers l'heureuse fiction
> A des sujets connus que m'offriroit l'histoire.
> Tel autre croit pouvoir l'essayer avec gloire,
> Qui ne fait bien souvent qu'un effort malheureux :
> Tant ce travail modeste est encor périlleux;
> Tant dans l'art de la scène un goût pur apprécie
> D'un plan bien ordonné la savante harmonie !
> DARU.

[3] VIRG., Ecl., VII, v. 45.
> Fontaines, dont la mousse environne les flots;
> Gazons, dont la mollesse invite au doux repos.
> LANGEAC.

[4] Eclog., X, v. 35-36.
> . . . . O que si quelques jours
> Votre luth à ces monts racontoit mes amours,
> Gallus dans le tombeau reposeroit tranquille !
> Que n'ai-je, parmi vous, dans un modeste asile,
> Ou marié la vigne, ou soigné les troupeaux !
> LANGEAC.

> Qua pinus ingens albaque populus
> Umbram hospitalem consociare amant
> Ramis, et obliquo laborat
> Lympha fugax trepidare rivo [1].

J'aime bien mieux être occupé de cet ombrage et de ce ruisseau, que d'un bel-esprit importun qui ne me laisse point respirer. Voilà les espèces d'ouvrages dont le charme ne s'use jamais : loin de perdre à être relus, ils se font toujours redemander ; leur lecture n'est point une étude, on s'y repose, on s'y délasse. Les ouvrages brillants et façonnés imposent et éblouissent ; mais ils ont une pointe fine qui s'émousse bientôt. Ce n'est ni le difficile, ni le rare, ni le merveilleux, que je cherche ; c'est le beau simple, aimable et commode, que je goûte. Si les fleurs qu'on foule aux pieds dans une prairie sont aussi belles que celles des somptueux jardins, je les en aime mieux. Je n'envie rien à personne. Le beau ne perdroit rien de son prix, quand il seroit commun à tout le genre humain ; il en seroit plus estimable. La rareté est un défaut et une pauvreté de la nature. Les rayons du soleil n'en sont pas moins un grand trésor, quoiqu'ils éclairent tout l'univers. Je veux un beau si naturel, qu'il n'ait aucun besoin de me surprendre par sa nouveauté : je veux que ses graces ne vieillissent jamais, et que je ne puisse presque me passer de lui.

> . . . . . Decies repetita placebit [2].

La poésie est sans doute une imitation et une peinture. Représentons-nous donc Raphaël qui fait un tableau : il se garde bien de faire des figures bizarres, à moins qu'il ne travaille dans le grotesque ; il ne cherche point un coloris éblouissant ; loin de vouloir que l'art saute aux yeux, il ne songe qu'à le cacher ; il voudroit pouvoir tromper le spectateur, et lui faire prendre son tableau pour Jésus-Christ même transfiguré sur le Thabor. Sa peinture n'est bonne qu'autant qu'on y trouve de vérité. L'art est défectueux dès qu'il est outré ; il doit viser à la ressemblance. Puisqu'on prend tant de plaisir à voir, dans un paysage du Titien, des chèvres qui grimpent sur une colline pendante en précipice ; ou, dans un tableau de Teniers, des festins de village et des danses rustiques, faut-il s'étonner qu'on aime à voir dans l'Odyssée des peintures si naïves du détail de la vie humaine? On croit être dans les lieux qu'Homère dépeint, y voir et y entendre les hommes. Cette simplicité de mœurs semble ramener l'âge d'or. Le bon homme Eumée me touche bien plus qu'un héros de Clélie ou de Cléopâtre. Les vains préjugés de notre temps avilissent de telles beautés : mais nos défauts ne diminuent point le vrai prix d'une vie si raisonnable et si naturelle. Malheur à ceux qui ne sentent point le charme de ces vers !

> Fortunate senex ! hic, inter flumina nota
> Et fontes sacros, frigus captabis opacum [1].

Rien n'est au-dessus de cette peinture de la vie champêtre :

> O fortunatos nimium, sua si bona norint, etc. [2] !

Tout m'y plaît, et même cet endroit si éloigné des idées romanesques :

> . . . . At frigida Tempe,
> Mugitusque boum, mollesque sub arbore somni [3].

Je suis attendri tout de même pour la solitude d'Horace :

> O rus, quando ego te aspiciam? quandoque licebit
> Nunc veterum libris, nunc somno et inertibus horis,
> Ducere sollicitae jucunda oblivia vitae [4] ?

Les anciens ne se sont pas contentés de peindre simplement d'après nature, ils ont joint la passion à la vérité.

Homère ne peint point un jeune homme qui va périr dans les combats, sans lui donner des graces

---

[1] Hor., *Od.*, lib. II, od. III ; v. 9-13.
> Sur ces bords où les pins et les saules tremblants
> Aiment à marier leur ombre hospitalière,
> Auprès de ce ruisseau dont les flots gazouillants
> Effleurent le gazon dans leur course légère.
>   DARU.
>
> Là, parmi des arbres sans nombre
> T'offrant son dôme hospitalier,
> Du vieux pin le feuillage sombre
> Se plaît à marier son ombre
> A la pâleur du peuplier.
>
> Plus loin, la source fugitive,
> Qui suit à regret les détours
> Du lit où son onde est captive,
> Semble s'échapper de sa rive,
> Et vouloir abréger son cours.
>   DE WAILLY.

[2] Hor., *de Art. poet.*, v. 364.

[1] Virg., *Ecl.*, I, v. 52, 53.
> Heureux vieillard ! ici nos fontaines sacrées,
> Nos forêts te verront, sous leur sombre épaisseur,
> De l'ombrage et des eaux respirer la fraîcheur.
>   TISSOT.

[2] *Georg.*, II, v. 458.
> Heureux l'homme des champs, s'il connoît son bonheur, etc.
>   DELILLE.

[3] *Georg.*, II, v. 469, 470.
> . . . . Une claire fontaine,
> Dont l'onde en murmurant l'endort sous un vieux chêne,
> Un troupeau qui mugit, des vallons, des forêts.
>   DELILLE.

[4] *Serm.*, lib. II, satir, VI, v. 60-62.
> O ma chère campagne ! ô tranquilles demeures !
> Quand pourrai-je, au sommeil donnant de douces heures,
> Ou, trouvant dans l'étude un utile plaisir,
> Au sein de la paresse et d'une paix profonde
> Goûter l'heureux oubli des orages du monde !
>   DARU.

touchantes : il le représente plein de courage et de vertu, il vous intéresse pour lui, il vous le fait aimer, il vous engage à craindre pour sa vie; il vous montre son père accablé de vieillesse, et alarmé des périls de ce cher enfant; il vous fait voir la nouvelle épouse de ce jeune homme qui tremble pour lui, vous tremblez avec elle. C'est une espèce de trahison : le poëte ne vous attendrit avec tant de grace et de douceur que pour vous mener au moment fatal où vous voyez tout-à-coup celui que vous aimez qui nage dans son sang, et dont les yeux sont fermés par l'éternelle nuit.

Virgile prend pour Pallas, fils d'Évandre, les mêmes soins de nous affliger, qu'Homère avoit pris de nous faire pleurer Patrocle. Nous sommes charmés de la douleur que Nisus et Euryale nous coûtent. J'ai vu un jeune prince, à huit ans, saisi de douleur à la vue du péril du petit Joas. Je l'ai vu impatient sur ce que le grand-prêtre cachoit à Joas son nom et sa naissance. Je l'ai vu pleurer amèrement en écoutant ces vers :

Ah miseram Eurydicen! animâ fugiente, vocabat :
Eurydicen toto referebant flumine ripæ [1].

Vit-on jamais rien de mieux amené, ni qui prépare un plus vif sentiment, que ce songe d'Énée ?

Tempus erat quo prima quies mortalibus ægris
. . . .
Raptatus bigis, ut quondam, aterque cruento
Pulvere, perque pedes trajectus lora tumentes.
Hei mihi! qualis erat! quantum mutatus ab illo
Hectore qui redit exuvias indutus Achillis, etc.
Ille nihil : nec me quærentem vana moratur, etc. [2].

Le bel-esprit pourroit-il toucher ainsi le cœur ?
Peut-on lire cet endroit sans être ému ?

O mihi sola mei super Astyanactis imago!

[1] VIRG., Georg., IV, v. 526, 527.
. . . . Sa voix expirante,
Jusqu'au dernier soupir formant un foible son,
D'Eurydice en flottant murmuroit le doux nom;
Eurydice, ô douleur! Touchés de son supplice,
Les échos répétoient Eurydice, Eurydice.
DELILLE.

[2] Æneid., II, v. 268-287.
C'étoit l'heure où, du jour adoucissant les peines,
Le sommeil, grace aux dieux, se glisse dans nos veines
Tout-à-coup, le front pâle et chargé de douleurs,
Hector près de moi a paru tout en pleurs;
Et tel qu'après son cher la Victoire inhumaine,
Noir de poudre et de sang, le traîna sur l'arène.
Je vois ses pieds encore et meurtris et percés
Des indignes liens qui les ont traversés.
Hélas! qu'en cet état de lui-même il diffère!
Ce n'est plus cet Hector, ce guerrier tutélaire
Qui des armes d'Achille orgueilleux ravisseur
Dans les murs paternels revenoit en vainqueur;
Ou, courant assiéger les vingt rois de la Grèce,
Lançoit sur leurs vaisseaux la flamme vengeresse.
Combien il est changé! le sang de toutes parts
Souilloit sa barbe épaisse et ses cheveux épars...
FONTANES.

Sic oculos, sic ille manus, sic ora ferebat;
Et nunc æquali tecum pubesceret ævo [1].

Les traits du bel esprit seroient déplacés et choquants dans un discours si passionné, où il ne doit rester de parole qu'à la douleur.

Le poëte ne fait jamais mourir personne sans peindre vivement quelque circonstance qui intéresse le lecteur.

On est affligé pour la vertu, quand on lit cet endroit :

. . . . Cadit et Ripheus, justissimus unus
Qui fuit in Teucris, et servantissimus æqui.
Dis aliter visum [2].

On croit être au milieu de Troie, saisi d'horreur et de compassion, quand on lit ces vers :

Tum pavidæ tectis matres ingentibus errant,
Amplexæque tenent postes, atque oscula figunt [3].

Vidi Hecubam, centumque nurus, Priamumque per aras
Sanguine fœdantem quos ipse sacraverat ignes [4].

Arma diu senior desueta trementibus ævo
Circumdat nequidquam humeris, et inutile ferrum
Cingitur, ac densos fertur moriturus in hostes [5].

Sic fatus senior, telumque imbelle sine ictu
Conjecit [6].

Nunc morere. Hoc dicens, altaria ad ipsa trementem
Traxit, et in multo lapsantem sanguine nati;
Implicuitque comam lævâ, dextraque coruscum
Extulit ac lateri capulo tenus abdidit ensem.
Hæc finis Priami fatorum; hic exitus illum
Sorte tulit, Trojam incensam et prolapsa videntem
Pergama, tot quondam populis terrisque superbum.

[1] VIRG., Æneid., III, v. 489-491.
O seul et doux portrait de ce fils que j'adore!
Cher enfant! c'est par vous que je suis mère encore.
De mon Astyanax, dans mes jours de douleur,
Votre aimable présence entretenoit mon cœur.
Voilà son air, son port, son maintien, son langage :
Ce sont les mêmes traits; il auroit le même âge.
DELILLE.

[2] Ibid., II, v. 426-428.
. . . . . . Riphée tombe égorgé de même,
Riphée, hélas! si juste et si chéri des siens!
Mais le ciel le confond dans l'arrêt des Troyens.

[3] Ibid., II, 489, 490.
Les femmes, perçant l'air d'horribles hurlements,
Dans l'enceinte royale errent désespérées;
Au seuil de ces parvis, à leurs portes sacrées,
Elles collent leur bouche, entrelacent leurs bras.

[4] Ibid., v. 501, 502.
J'ai vu . . . .
Hécube échevelée errer sous ces lambris;
Le glaive moissonner les femmes de ses fils;
Et son époux, hélas! à son moment suprême,
Ensanglanter l'autel qu'il consacra lui-même.
DELILLE.

[5] Ibid., II, v. 509-511.
. . . . D'une armure impuissante
Ce vieillard charge en vain son épaule tremblante;
Prend un glaive, et de son bras dès long-temps étranger,
Et s'apprête à mourir plutôt qu'à se venger.

[6] Ibid., v. 544-545.
. . . . . A ces mots, au vainqueur inhumain
Il jette un foible trait. . . . .
DELILLE.

Regnatorem Asiæ. Jacet ingens littore truncus,
Avulsumque humeris caput, et sine nomine corpus [1].

Le poëte ne représente point le malheur d'Eurydice sans nous la montrer toute prête à revoir la lumière, et replongée tout-à-coup dans la profonde nuit des enfers :

Jamque pedem referens casus evaserat omnes,
Redditaque Eurydice superas veniebat ad auras.
. . . .
Illa, Quis et me, inquit, miseram, et te perdidit, Orpheu?
Quis tantus furor? En iterum crudelia retro
Fata vocant, conditaque natantia lumina somnus.
Jamque vale : feror ingenti circumdata nocte,
Invalidasque tibi tendens, heu ! non tua, palmas [2].

Les animaux souffrants que ce poëte met comme devant nos yeux nous affligent :

Propter aquæ rivum viridi procumbit in ulva
Perdita, nec seræ meminit decedere nocti [3].

La peste des animaux est un tableau qui nous émeut :

Hinc lætis vituli vulgo moriuntur in herbis,
Et dulces animas plena ad præsepia reddunt.
. . . .
Labitur, infelix studiorum atque immemor herbæ,
Victor equus, fontesque avertitur, et pede terram
Crebra ferit . . . .
Ecce autem duro fumans sub vomere taurus

Concidit, et mixtum spumis vomit ore cruorem,
Extremosque ciet gemitus : it tristis arator,
Mœrentem abjungens fraterna morte juvencum,
Atque opere in medio defixa relinquit aratra.
. . . .
Non umbræ altorum nemorum, non mollia possunt
Prata movere animum, non qui per saxa volutus
Purior electro campum petit amnis [1].

Virgile anime et passionne tout. Dans ses vers tout pense, tout a du sentiment, tout vous en donne ; les arbres mêmes vous touchent :

Exiit ad cœlum ramis felicibus arbos,
Miraturque novas frondes, et non sua poma [2].

Une fleur attire votre compassion, quand Virgile la peint prête à se flétrir :

Purpureus veluti cum flos succisus aratro
Languescit moriens [3];

Vous croyez voir les moindres plantes que le printemps ranime, égaie et embellit :

Inque novos soles audent se gramina tuto
Credere [4].

Un rossignol est Philomèle qui vous attendrit sur ses malheurs :

Qualis populea mœrens Philomela sub umbra [5].

Horace fait en trois vers un tableau où tout vit, et inspire du sentiment :

---

[1] VIRG., Æneid., II, v. 550-558.

. . . . . Meurs. Il dit ; et, d'un bras sanguinaire,
Du monarque traîné par ses cheveux blanchis,
Et nageant dans le sang du dernier de ses fils,
Il pousse vers l'autel la vieillesse tremblante :
De l'autre, saisissant l'épée étincelante,
Lève le fer mortel, l'enfonce, et de son flanc
Arrache avec la vie un vain reste de sang.
Ainsi finit Priam ; ainsi la destinée
Marqua par cent malheurs sa mort infortunée.
Il périt en voyant de ses derniers regards
Brûler son Ilion, et crouler ses remparts.
Et ce grand potentat, dont les mains souveraines
De tant de nations avoient tenu les rênes,
Que l'Asie à genoux entouroit autrefois
De l'amour des sujets et du respect des rois,
De lui-même aujourd'hui reste méconnoissable,
Hélas ! et dans la foule étendu sur le sable,
N'est plus, dans cet amas des tombeaux d'Ilion,
Qu'un cadavre sans tombe, et qu'un débris sans nom.
      DELILLE.

[2] Georg., IV, v. 485-498.

Enfin il revenoit des gouffres du Ténare,
Possesseur d'Eurydice et vainqueur du Tartare.....
Eurydice s'écrie : O destin rigoureux!
Hélas ! quel dieu cruel nous a perdus tous deux?
Quelle fureur ! voilà qu'au ténébreux abîme
Le barbare Destin rappelle sa victime.
Adieu : déjà je sens dans un nuage épais
Nager mes yeux éteints, et fermés pour jamais.
Adieu, mon cher Orphée ; Eurydice expirante
En vain te cherche encor de sa main défaillante ;
L'horrible mort, jetant son voile autour de moi,
M'entraîne loin du jour, hélas ! et loin de toi.
      DELILLE.

[3] Ecl., VIII, v. 87, 88.

La génisse amoureuse, errante au bord des eaux,
Succombe, et sans espoir elle fuit le repos ;
C'est en vain que la nuit sous nos toits la rappelle.
      LANGEAC.

[1] VIRG., Georg., III, v. 494-498, 515-522.

Tout meurt dans le bercail, dans les champs tout périt ;
L'agneau tombe en suçant le lait qui le nourrit;
La génisse languit dans un vert pâturage.....
Le coursier, l'œil éteint, et l'oreille baissée,
Distillant lentement une sueur glacée,
Languit, chancelle, tombe, et se débat en vain. ...
Il néglige les eaux, renonce au pâturage,
Et sent s'évanouir son superbe courage.....
Voyez-vous le taureau fumant sous l'aiguillon,
D'un sang mêlé d'écume inonder son sillon?
Il meurt ; l'autre, affligé de la mort de son frère,
Regagne tristement l'étable solitaire ;
Son maître l'accompagne accablé de regrets,
Et laisse en soupirant ses travaux imparfaits.
Le doux tapis des prés, l'asile d'un bois sombre,
La fraîcheur du matin jointe à celle de l'ombre,
Le cristal d'un ruisseau qui rajeunit les prés,
Et roule une eau d'argent sur des sables dorés,
Rien ne peut des troupeaux ranimer la foiblesse.
      DELILLE.

[2] Georg., II, v. 81, 82.

Bientôt ce tronc s'élève en arbre vigoureux,
Et, se couvrant des fruits d'une race étrangère,
Admire ces enfants dont il n'est pas le père.
      DELILLE.

[3] Æneid., IX, v. 435-436.

Tel meurt avant le temps, sur la terre couché,
Un lis que la charrue en passant a touché.
      DELILLE.

[4] Georg., II, v. 332.

Aux rayons doux encor du soleil printanier
Le gazon sans péril ose se confier.
      DELILLE.

[5] Georg., IV, v. 511.

Telle sur un rameau, durant la nuit obscure,
Philomèle plaintive attendrit la nature.
      DELILLE.

. . . . Fugit retro
Levis juventas et decor, arida
Pellente lascivos amores
Canitie, facilemque somnum [1].

Veut-il peindre en deux coups de pinceau deux hommes que personne ne puisse méconnoître, et qui saisissent le spectateur; il vous met devant les yeux la folie incorrigible de Pâris et la colère implacable d'Achille :

Quid Paris? ut salvus regnet, vivatque beatus,
Cogi posse negat [2].

Jura neget sibi nata, nihil non arroget armis [3].

Horace veut-il nous toucher en faveur des lieux où il souhaiteroit de finir sa vie avec son ami, il nous inspire le desir d'y aller :

Ille terrarum mihi præter omnes
Angulus ridet. . . . .
. . . . Ibi tu calentem
Debita sparges lacryma favillam
Vatis amici [4].

Fait-il un portrait d'Ulysse, il le peint supérieur aux tempêtes de la mer, au naufrage même, et à la plus cruelle fortune :

. . . . aspera multa
Pertulit, adversis rerum immersabilis undis [5].

Peint-il Rome invincible jusque dans ses malheurs, écoutez-le :

Duris ut ilex tonsa bipennibus
Nigræ feraci frondis in Algido,
Per damna, per cædes, ab ipso
Ducit opes animumque ferro.
Non hydra secto corpore firmior, etc. [6].

---

[1] HOR., *Od.*, lib. II, *Od.*, XI, v. 5-8.
Déjà s'envolent nos beaux jours;
Aux graces du printemps succède la vieillesse;
Elle a banni l'essaim des folâtres Amours,
Et le sommeil facile, et la douce allégresse.
DE WAILLY.

[2] *Ep.*, lib I, *Ep.* II, v. 10-11.
Mais l'amoureux Pâris, aveugle en son délire,
Refuse son bonheur et la paix de l'empire.
DARU.

[3] *De Art. poet.*, v. 122.
Implacable, bravant l'autorité des lois,
Et sur le glaive seul appuyant tous ses droits.
DARU.

[4] *Od.*, lib. II, *Od.*, VI. v, 13-14 et 22-24.
Rien n'égale à mes yeux ce petit coin du monde....
Vos pleurs y mouilleront la cendre tiède encore
Du poëte que vous aimez.
DE WAILLY.

[5] *Ep.*, lib. I, *Ep.* II, v 21-22.
. . . . Égaré sur les mers,
Et vainqueur d'Ilion, comme de la fortune,
Retrouvant son Ithaque en dépit de Neptune.
DARU.

[6] *Od.*, lib. IV, *Od.* IV, v. 57-61.
Rome prend sous nos coups une force nouvelle,
Et le glaive et le feu la trouvent immortelle :
Ainsi, vainqueur du fer, l'orme étend ses rameaux.

Catulle, qu'on ne peut nommer sans avoir horreur de ses obscénités, est au comble de la perfection pour une simplicité passionnée :

Odi et amo. Quare id faciam fortasse requiris.
Nescio; sed fieri sentio, et excrucior [1].

Combien Ovide et Martial, avec leurs traits ingénieux et façonnés, sont-ils au-dessous de ces paroles négligées, où le cœur saisi parle seul dans une espèce de désespoir !

Que peut-on voir de plus simple et de plus touchant, dans un poëme, que le roi Priam réduit dans sa vieillesse à baiser *les mains meurtrières* d'Achille, qui ont arraché la vie à ses enfants [2] ? Il lui demande, pour unique adoucissement de ses maux, le corps du grand Hector. Il auroit gâté tout, s'il eût donné le moindre ornement à ses paroles : aussi n'expriment-elles que sa douleur. Il le conjure par son père, accablé de vieillesse, d'avoir pitié du plus infortuné de tous les pères.

Le bel esprit a le malheur d'affoiblir les grandes passions où il prétend orner. C'est peu, selon Horace, qu'un poëme soit beau et brillant, il faut qu'il soit touchant, aimable, et par conséquent simple, naturel et passionné :

Non satis est pulchra esse poemata; dulcia sunto,
Et quocumque volent, animum auditoris agunto [3].

Le beau qui n'est que beau, c'est-à-dire brillant, n'est beau qu'à demi : il faut qu'il exprime les passions pour les inspirer; il faut qu'il s'empare du cœur pour le tourner vers le but légitime d'un poëme.

VI.

Projet d'un Traité sur la tragédie.

Il faut séparer d'abord la tragédie d'avec la comédie. L'une représente les grands événements qui excitent les violentes passions ; l'autre se borne à représenter les mœurs des hommes dans une condition privée.

Pour la tragédie, je dois commencer en déclarant que je ne souhaite point qu'on perfectionne les spectacles où l'on ne représente les passions

---

Jamais monstre pareil n'étonna la Colchide;
L'hydre même d'Alcide
Renaissoit moins de fois sous les coups du héros.
DARU.

[1] J'aime et je hais. Comment se peut-il? je l'ignore; mais je le sens, et je suis à la torture. (*Epigr.* LXXXVI.)

[2] *Iliade*, liv. XXIV.

[3] HORAT., *de Art. poet.*, v. 99, 100.
Oui, ce n'est point assez des beautés éclatantes;
Il faut connoître aussi ces beautés plus puissantes
Qui pénètrent nos cœurs doucement entraînés.
DARU.

corrompues que pour les allumer. Nous avons vu que Platon et les sages législateurs du paganisme rejetoient loin de toute république bien policée les fables et les instruments de musique qui pouvoient amollir une nation par le goût de la volupté. Quelle devroit donc être la sévérité des nations chrétiennes contre les spectacles contagieux! Loin de vouloir qu'on perfectionne de tels spectacles, je ressens une véritable joie de ce qu'ils sont chez nous imparfaits en leur genre. Nos poëtes les ont rendus languissants, fades et doucereux comme les romans. On n'y parle que de feux, de chaînes, de tourments. On y veut mourir en se portant bien. Une personne très imparfaite est nommée un soleil, ou tout au moins une aurore; ses yeux sont deux astres. Tous les termes sont outrés, et rien ne montre une vraie passion. Tant mieux; la foiblesse du poison diminue le mal. Mais il me semble qu'on pourroit donner aux tragédies une merveilleuse force, suivant les idées très philosophiques de l'antiquité, sans y mêler cet amour volage et déréglé qui fait tant de ravages.

Chez les Grecs, la tragédie étoit entièrement indépendante de l'amour profane. Par exemple, l'Œdipe de Sophocle n'a aucun mélange de cette passion étrangère au sujet. Les autres tragédies de ce grand poëte sont de même. M. Corneille n'a fait qu'affoiblir l'action, que la rendre double, et que distraire le spectateur dans son Œdipe, par l'épisode d'un froid amour de Thésée pour Dircé. M. Racine est tombé dans le même inconvénient en composant sa Phèdre : il a fait un double spectacle, en joignant à Phèdre furieuse Hippolyte soupirant contre son vrai caractère. Il falloit laisser Phèdre toute seule dans sa fureur; l'action auroit été unique, courte, vive et rapide. Mais nos deux poëtes tragiques, qui méritent d'ailleurs les plus grands éloges, ont été entraînés par le torrent; ils ont cédé au goût des pièces romanesques, qui avoient prévalu. La mode du bel esprit faisoit mettre de l'amour partout; on s'imaginoit qu'il étoit impossible d'éviter l'ennui pendant deux heures sans le secours de quelque intrigue galante; on croyoit être obligé à s'impatienter dans le spectacle le plus grand et le plus passionné, à moins qu'un héros langoureux ne vînt l'interrompre; encore falloit-il que ses soupirs fussent ornés de pointes, et que son désespoir fût exprimé par des espèces d'épigrammes. Voilà ce que le desir de plaire au public arrache aux plus grands auteurs, contre les règles. De là vient cette passion si façonnée :

Impitoyable soif de gloire,
Dont l'aveugle et noble transport
Me fait précipiter ma mort
Pour faire vivre ma mémoire;
Arrête pour quelques moments
Les impétueux sentiments
De cette inexorable envie,
Et souffre qu'en ce triste et favorable jour,
Avant que de donner ma vie,
Je donne un soupir à l'amour [1].

On n'osoit mourir de douleur sans faire des pointes et des jeux d'esprit en mourant. De là vient ce désespoir si ampoulé et si fleuri :

Percé jusques au fond du cœur
D'une atteinte imprévue aussi bien que mortelle,
Misérable vengeur d'une juste querelle,
Et malheureux objet d'une injuste rigueur..... [2].

Jamais douleur sérieuse ne parla un langage si pompeux et si affecté :

Il me semble qu'il faudroit aussi retrancher de la tragédie une vaine enflure, qui est contre toute vraisemblance. Par exemple, ces vers ont je ne sais quoi d'outré :

Impatients desirs d'une illustre vengeance
A qui la mort d'un père a donné la naissance,
Enfants impétueux de mon ressentiment,
Que ma douleur séduite embrasse aveuglément,
Vous régnez sur mon ame avecque trop d'empire :
Pour le moins un moment souffrez que je respire,
Et que je considère, en l'état où je suis,
Et ce que je hasarde, et ce que je poursuis [3].

M. Despréaux trouvoit dans ces paroles une généalogie *des impatients desirs d'une illustre vengeance,* qui étoient les *enfants impétueux* d'un noble *ressentiment,* et qui étoient *embrassés* par une *douleur séduite.* Les personnes considérables qui parlent avec passion dans une tragédie doivent parler avec noblesse et vivacité; mais on parle naturellement et sans ces tours si façonnés, quand la passion parle. Personne ne voudroit être plaint dans son malheur par son ami avec tant d'emphase.

M. Racine n'étoit pas exempt de ce défaut, que la coutume avoit rendu comme nécessaire. Rien n'est moins naturel que la narration de la mort d'Hippolyte à la fin de la tragédie de Phèdre, qui a d'ailleurs de grandes beautés. Théramène, qui vient pour apprendre à Thésée la mort funeste de son fils, devroit ne dire que ces deux mots, et manquer même de force pour les prononcer distinctement : « Hippolyte est mort. Un monstre envoyé du fond » de la mer par la colère des dieux l'a fait périr. » Je l'ai vu. » Un tel homme, saisi, éperdu, sans haleine, peut-il s'amuser à faire la description la

---

[1] Corn., *Œdipe,* act. III. sc. I.
[2] Corn., *Le Cid,* act. I. scèn. X.
[3] Corn., *Cinna,* act. I, scèn. I.

plus pompeuse et la plus fleurie de la figure du dragon?

L'œil morne maintenant et la tête baissée,
Sembloient se conformer à sa triste pensée, etc.
La terre s'en émeut, l'air en est infecté;
Le flot qui l'apporta recule épouvanté [1].

Sophocle est bien loin de cette élégance si déplacée et si contraire à la vraisemblance ; il ne fait dire à OEdipe que des mots entrecoupés ; tout est douleur : ἰού, ἰού· αἶ, αἶ; αἶ, αἶ· φεῦ, φεῦ. C'est plutôt un gémissement, ou un cri, qu'un discours : « Hélas! hélas! dit-il [2], tout est éclairci. O lumière, je te vois maintenant pour la dernière fois!... Hélas! hélas! malheur à moi! Où suis-je, malheureux? Comment est-ce que la voix me manque tout-à-coup? O fortune, où êtes-vous allée?... Malheureux! malheureux! je ressens une cruelle fureur avec le souvenir de mes maux!... O amis, que me reste-t-il à voir, à aimer, à entretenir, à entendre avec consolation? O amis, rejetez au plus tôt loin de vous un scélérat, un homme exécrable, objet de l'horreur des dieux et des hommes!... Périsse celui qui me dégagea de mes liens dans les lieux sauvages où j'étois exposé, et qui me sauva la vie! Quel cruel secours! je serois mort avec moins de douleur pour moi et pour les miens ;... je ne serois ni le meurtrier de mon père, ni l'époux de ma mère. Maintenant je suis au comble du malheur. Misérable! j'ai souillé mes parents, et j'ai eu des enfants de celle qui m'a mis au monde ! »

C'est ainsi que parle la nature, quand elle succombe à la douleur : jamais rien ne fut plus éloigné des phrases brillantes du bel esprit. Hercule et Philoctète parlent avec la même douleur vive et simple dans Sophocle.

M. Racine, qui avoit fort étudié les grands modèles de l'antiquité, avoit formé le plan d'une tragédie françoise d'OEdipe, suivant le goût de Sophocle, sans y mêler aucune intrigue postiche d'amour, et suivant la simplicité grecque. Un tel spectacle pourroit être très curieux, très vif, très rapide, très intéressant : il ne seroit point applaudi ; mais il saisiroit, il feroit répandre des larmes, il ne laisseroit pas respirer, il inspireroit l'amour des vertus et l'horreur des crimes, il entreroit fort utilement dans le dessein des meilleures lois; la religion même la plus pure n'en seroit point alarmée; on n'en retrancheroit que de faux ornements qui blessent les règles.

Notre versification, trop gênante, engage souvent les meilleurs poëtes tragiques à faire des vers chargés d'épithètes pour attraper la rime. Pour faire un bon vers, on l'accompagne d'un autre vers foible qui le gâte. Par exemple, je suis charmé quand je lis ces mots :

Qu'il mourût [1] :

mais je ne puis souffrir le vers que la rime amène aussitôt :

Ou qu'un beau désespoir alors le secourût.

Les périphrases outrées de nos vers n'ont rien de naturel; elles ne représentent point des hommes qui parlent en conversation sérieuse, noble et passionnée. On ôte au spectateur le plus grand plaisir du spectacle, quand on en ôte cette vraisemblance.

J'avoue que les anciens donnoient quelque hauteur de langage au cothurne :

An tragica desævit et ampullatur in arte [2]?

mais il ne faut point que le cothurne altère l'imitation de la vraie nature; il peut seulement la peindre en beau et en grand. Mais tout homme doit toujours parler humainement : rien n'est plus ridicule pour un héros, dans les plus grandes actions de sa vie, que de ne joindre pas à la noblesse et à la force une simplicité qui est très opposée à l'enflure :

Projicit ampullas et sesquipedalia verba [3].

Il suffit de faire parler Agamemnon avec hauteur, Achille avec emportement, Ulysse avec sagesse, Médée avec fureur. Mais le langage fastueux et outré dégrade tout : plus on représente de grands caractères et de fortes passions, plus il faut y mettre une noble et véhémente simplicité.

Il me paroît même qu'on a donné souvent aux Romains un discours trop fastueux : ils pensoient hautement, mais ils parloient avec modération. C'étoit le peuple roi, il est vrai, *populum late regem* [4]; mais ce peuple étoit aussi doux pour les manières de s'exprimer dans la société, qu'appliqué à vaincre les nations jalouses de sa puissance :

Parcere subjectis, et debellare superbos [5].

Horace a fait le même portrait en d'autres termes :

---

[1] RAC., *Phéd.*, act. v, sc. vi.
[2] OEdipe, act. iv et vi.

[1] CORN., *Horace*, act. III, sc. vi.
[2] HORAT., *Epist.*, lib. I, ep. III, v. 14.
[3] HORAT., *de Art. poet.*, v. 97.
Doit bannir loin de soi l'enflure et les grands mots.
DARU.
[4] VIRG., *Æneid.*, lib. I. v. 25.
[5] *Æneid.*, lib. VI, v. 864.
Donne aux vaincus la paix, aux rebelles des fers.
DELILLE.

Imperet, bellante prior, jacentem
Lenis in hostem [1].

Il ne paroît point assez de proportion entre l'emphase avec laquelle Auguste parle dans la tragédie de Cinna, et la modeste simplicité avec laquelle Suétone nous le dépeint dans tout le détail de ses mœurs. Il laissoit encore à Rome une si grande apparence de l'ancienne liberté de la république, qu'il ne vouloit point qu'on le nommât Seigneur.

Domini appellationem et maledictum et opprobrium semper exhorruit. Cum, spectante eo ludos, pronuntiatum esset in mimo, *O dominum æquum et bonum!* et universi quasi de se ipso dictum exultantes comprobassent; et statim manu vultuque indecoras adulationes repressit; et insequenti die gravissimo corripuit edicto, dominumque se posthac appellari ne a liberis quidem aut nepotibus suis, vel serio, vel joco, passus est...... In consulatu pedibus fere, extra consulatum sæpe adoperta sella per publicum incessit. Promiscuis salutationibus admittebat et plebem..... Quoties magistratuum comitiis interesset, tribus cum candidatis suis circuibat, supplicabatque more solenni. Ferebat ei ipse suffragium in tribu, ut unus e populo..... Filiam et neptes ita instituit, ut etiam lanificio assuefaceret..... Habitavit in ædibus modicis Hortensianis, neque laxitate neque cultu conspicuis, ut in quibus porticus breves essent...... et sine marmore ullo aut insigni pavimento conspicuæ : ac per annos amplius quadraginta eodem cubiculo hieme et æstate mansit...... Instrumenti ejus et supellectilis parcimonia apparet etiam nunc residuis lectis atque mensis, quorum pleraque vix privatæ elegantiæ sint...... Veste non temere alia quam domestica usus est, ab uxore et sorore et filia neptibusque confecta... Cœnam trinis ferculis, aut, cum abundantissime, senis, præbebat, ut non nimio sumptu, itâ summâ comitate...... Cibi minimi erat, atque vulgaris fere, etc [2].

[1] *Carm. Sæcul.*, v. 51.
  Que le fils glorieux d'Anchise et de Vénus
    Soumette l'ennemi rebelle,
  Et montre sa clémence aux ennemis vaincus.
                                        Daru.

[2] Suéton. *August.*, n. 53, 55, 64, 72, 73. 74, 76.
Il rejeta toujours le nom de Seigneur, comme une injure et un opprobre. Un jour qu'il étoit au théâtre, un acteur ayant prononcé ce vers :
  O le maître clément ! ô le maître équitable !
tout le peuple le lui appliqua, et battit des mains avec transport : il fit cesser ces acclamations indécentes par des gestes d'indignation. Le lendemain il réprimanda sévèrement le peuple dans un édit, et défendit qu'on l'appelât jamais du nom de Seigneur. Il ne le permettoit pas même à ses enfants, ni sérieusement, ni en badinant...... Lorsqu'il étoit consul, il marchoit ordinairement à pied; lorsqu'il ne l'étoit pas, il se faisoit porter dans une litière ouverte, et laissoit approcher tout le monde, même le bas peuple..... Toutes les fois qu'il assistoit aux comices, il parcouroit les tribus avec les candidats qu'il protégeoit, et demandoit les suffrages dans la forme ordinaire : Il donnoit lui-même le sien à son rang, comme un simple citoyen..... Il éleva sa fille et ses petites-filles avec la plus grande simplicité, jusqu'à leur faire apprendre à filer... Il occupa la maison d'Hortensius; elle n'étoit ni grande, ni ornée : les galeries en étoient étroites, et de pierre commune; ni marbre, ni marqueterie dans les cabinets et les salles à manger. Il coucha dans la même chambre pendant quarante ans, hiver et été..... On peut juger de son économie dans l'ameublement, par des lits et des tables qui subsistent encore, et qui sont à peine dignes d'un particulier aisé.... Il ne mit guère d'autres habits que ceux que lui faisoient sa femme, sa sœur et ses filles..... Ses repas étoient ordinairement de trois services, et jamais de plus de six : la liberté y régnoit plus que la profusion.... Il mangeoit peu, et sa nourriture étoit extrêmement simple.
                                        La Harpe.

La pompe et l'enflure conviennent beaucoup moins à ce qu'on appeloit la *civilité romaine*, qu'au faste d'un roi de Perse. Malgré la rigueur de Tibère, et la servile flatterie où les Romains tombèrent de son temps et sous ses successeurs, nous apprenons de Pline que Trajan vivoit encore en bon et sociable citoyen dans une aimable familiarité. Les réponses de cet empereur sont courtes, simples, précises, éloignées de toute enflure. Les bas-reliefs de sa colonne le représentent toujours dans la plus modeste attitude, lors même qu'il commande aux légions. Tout ce que nous voyons dans Tite-Live, dans Plutarque, dans Cicéron, dans Suétone, nous représente les Romains comme des hommes hautains par leurs sentiments, mais simples, naturels et modestes dans leurs paroles; ils n'ont aucune ressemblance avec les héros bouffis et empesés de nos romans. Un grand homme ne déclame point en comédien ; il parle en termes forts et précis dans une conversation : il ne dit rien de bas, mais il ne dit rien de façonné et de fastueux :

Ne quicumque deus, quicumque adhibebitur heros,
Regali conspectus in auro nuper et ostro,
Migret in obscuras humili sermone tabernas,
Aut, dum vitat humum, nubes et inania captet......
Ut festis [1], etc.

La noblesse du genre tragique ne doit point empêcher que les héros mêmes ne parlent avec simplicité, à proportion de la nature des choses dont ils s'entretiennent :

Et tragicus plerumque dolet sermone pedestri [2].

VII.

Projet d'un Traité sur la comédie.

La comédie représente les mœurs des hommes dans une condition privée; ainsi elle doit prendre un ton moins haut que la tragédie. Le socque est inférieur au cothurne; mais certains hommes, dans les moindres conditions, de même que dans les plus hautes, ont, par leur naturel, un caractère d'arrogance :

[1] Horat., *de Art. poet.*, v. 227-232.
  Ne laissez pas surtout ce grave personnage,
  Ce héros ou ce dieu, que, tout-à-l'heure encor,
  Nous avons admiré vêtu de pourpre et d'or,
  Prendre le ton des lieux où le peuple réside,
  Ou, de peur de ramper, se perdre dans le vide.
                                        Daru.

[2] Hor., *de Art. poet.*, v. 95.
  Souvent la tragédie, avec simplicité,
  Exprime les douleurs dont l'âme est accablée.
                                        Daru.

Iratusque Chremes tumido deliligat ore¹.

J'avoue que les traits plaisants d'Aristophane me paroissent souvent bas ; ils sentent la farce faite exprès pour amuser et pour mener le peuple. Qu'y a-t-il de plus ridicule que la peinture d'un roi de Perse qui marche avec une armée de quarante mille hommes, pour aller sur une montagne d'or satisfaire aux infirmités de la nature ?

Le respect de l'antiquité doit être grand ; mais je suis autorisé par les anciens contre les anciens mêmes. Horace m'apprend à juger de Plaute :

At nostri proavi Plautinos et numeros, et
Laudavere sales, nimium patienter utrosque,
Ne dicam stulte, mirati ; si modo ego et vos
Scimus inurbanum lepido seponere dicto².

Seroit-ce la basse plaisanterie de Plaute que César auroit voulu trouver dans Térence : *vis comica*? Ménandre avoit donné à celui-ci un goût pur et exquis. Scipion et Lélius, amis de Térence, distinguoient avec délicatesse en sa faveur ce qu'Horace nomme *lepidum*, d'avec ce qui est *inurbanum*. Ce poëte comique a une naïveté inimitable, qui plaît et qui attendrit par le simple récit d'un fait très commun :

Sic cogitabam : Hem, hic parvæ consuetudinis
Causa mortem hujus tam fert familiariter :
Quid si ipse amasset? quid mihi hic faciet patri?...
Effertur : imus ³, etc.

Rien ne joue mieux, sans outrer aucun caractère. La suite est passionnée :

At at hoc illud est,
Hinc illæ lacrumæ, hæc illa est misericordia ⁴.

Voici un autre récit où la passion parle toute seule :

Memor essem? O Mysis, Mysis, etiam nunc mihi
Scripta illa dicta sunt in animo Chrysidis
De Glycerio. Jam ferme moriens me vocat :

¹ HORAT., de Art. poet., v. 94.
Quelquefois cependant, élevant son langage,
Thalie, en vers pompeux, peint Chrémès irrité.
DARU.

² De Art. poet., v. 270-274.
Nos pères, dont le goût n'étoit pas encor sûr,
Vantoient le sel de Plaute et son style assez dur ;
Mais nous, qui d'un bon mot distinguons la licence,....
Nous pouvons, sans manquer de respect envers eux,
De trop de complaisance accuser nos aïeux.
DARU.

³ TÉRENT., Andr., act. I, scèn. I.
Voici comment je raisonnois. Quoi ! une foible liaison rend mon fils aussi sensible à la mort de cette femme ! Que seroit-ce donc s'il l'avoit aimée ? Comment s'affligeroit-il s'il perdoit son père ?..... On emporte le corps ; nous marchons, etc.
LE MONNIER.

⁴ Ibid.
Mais, mais c'est cela même. Le voilà le sujet de ses larmes ; le voilà le sujet de sa compassion.
LE MONNIER.

Accessi : vos semotæ, nos soli, incipit :
Mi Pamphile, hujus formam atque ætatem vides, etc.
Quod ego per hanc te dextram oro, et ingenium tuum ;
Per tuam fidem perque hujus solitudinem
Te obtestor, etc.
Te isti virum do, amicum, tutorem, patrem, etc.
. . . .
Hanc mihi in manum dat, mors continuo ipsam occupat.
Accepi, acceptam servabo ¹.

Tout ce que l'esprit ajouteroit à ces simples et touchantes paroles ne feroit que les affoiblir. Mais en voici d'autres qui vont jusqu'à un vrai transport :

Neque virgo est usquam, neque ego, qui illam e conspectu amisi meo.
Ubi quæram? ubi investigem? quem percontor? quam insistam viam ?
Incertus sum. Una hæc spes est : ubi ubi est, diu celari non potest ².

Cette passion parle encore ici avec la même vivacité :

Egone quid velim ?
Cum milite isto præsens, absens ut sies ;
Dies noctesque me ames, me desideres,
Me somnies, me expectes, de me cogites,
Me speres, me te oblectes, mecum tota sis :
Meus fac sis postremo animus, quando ego sum tuus ³.

Peut-on desirer un dramatique plus vif et plus ingénu ?

Il faut avouer que Molière est un grand poëte comique. Je ne crains pas de dire qu'il a enfoncé plus avant que Térence dans certains caractères ; il a embrassé une plus grande variété de sujets ; il a peint par des traits forts presque tout ce que nous voyons de déréglé et de ridicule. Térence se borne à représenter des vieillards avares et ombrageux, de jeunes hommes prodigues et étourdis, des courtisanes avides et impudentes, des parasites bas et flatteurs, des esclaves imposteurs et scélérats. Ces caractères méritoient sans doute d'ê-

¹ TÉRENT., Andr., act. I, scèn. VI.
Que je songe à elle! Ah! Mysis, Mysis, elles sont encore gravées dans mon cœur les dernières paroles que m'adressa Chrysis en faveur de Glycérie. Prête à mourir, elle m'appelle ; j'approche : vous étiez éloignées, nous étions seuls. Elle me dit : « Mon cher Pamphile, vous voyez » sa jeunesse et sa beauté..... C'est par cette main que je vous présente ; » c'est par votre caractère et votre bonne foi, c'est par l'abandon où » vous la voyez, que je vous conjure, etc..... Je vous la donne : soyez » son époux, son ami, son tuteur, son père..... » Elle met la main de Glycérie dans la mienne, et meurt. Je l'ai reçue : je la garderai.
LE MONNIER.

² TÉRENT., Eunuch., act II, scèn. IV.
La fille est perdue ; et moi aussi, qui ne l'ai pas suivie des yeux. Où la chercher ? par où suivre ses pas ? à qui m'informer ? quel chemin prendre ? Je n'en sais rien. Je n'ai qu'une espérance ; en quelque endroit qu'elle soit, elle ne peut rester long-temps cachée.
LE MONNIER.

³ Ibid., act. I, scèn. II.
Que pourrois-je desirer ? Avec votre capitaine, tâchez d'en être toujours éloignée. Que jour et nuit je sois l'objet de vos desirs, de vos rêves de votre attente, de vos pensées, de vos plaisirs, de votre espérance, de vos plaisirs ; soyez tout entière avec moi ; enfin, que votre ame soit la mienne, puisque la mienne est la vôtre.
LE MONNIER.

tre traités suivant les mœurs des Grecs et des Romains. De plus, nous n'avons que six pièces de ce grand auteur. Mais enfin, Molière a ouvert un chemin tout nouveau. Encore une fois, je le trouve grand : mais ne puis-je pas parler en toute liberté sur ses défauts ?

En pensant bien, il parle souvent mal ; il se sert des phrases les plus forcées et les moins naturelles. Térence dit en quatre mots, avec la plus élégante simplicité, ce que celui-ci ne dit qu'avec une multitude de métaphores qui approchent du galimatias. J'aime bien mieux sa prose que ses vers. Par exemple, l'Avare est moins mal écrit que les pièces qui sont en vers. Il est vrai que la versification françoise l'a gêné ; il est vrai même qu'il a mieux réussi pour les vers dans l'Amphitryon, où il a pris la liberté de faire des vers irréguliers. Mais, en général, il me paroît, jusque dans sa prose, ne parler point assez simplement pour exprimer toutes les passions.

D'ailleurs, il a outré souvent les caractères : il a voulu, par cette liberté, plaire au parterre, frapper les spectateurs les moins délicats, et rendre le ridicule plus sensible. Mais quoiqu'on doive marquer chaque passion dans son plus fort degré et par ses traits les plus vifs, pour en mieux montrer l'excès et la difformité, on n'a pas besoin de forcer la nature, et d'abandonner le vraisemblable. Ainsi, malgré l'exemple de Plaute, où nous lisons, *Cedo tertiam*, je soutiens, contre Molière, qu'un avare qui n'est point fou ne va jamais jusqu'à vouloir regarder dans la troisième main de l'homme qu'il soupçonne de l'avoir volé.

Un autre défaut de Molière, que beaucoup de gens d'esprit lui pardonnent, et que je n'ai garde de lui pardonner, est qu'il a donné un tour gracieux au vice, avec une austérité ridicule et odieuse à la vertu. Je comprends que ses défenseurs ne manqueront pas de dire qu'il a traité avec honneur la vraie probité, qu'il n'a attaqué qu'une vertu chagrine et qu'une hypocrisie détestable : mais, sans entrer dans cette longue discussion, je soutiens que Platon et les autres législateurs de l'antiquité païenne n'auroient jamais admis dans leurs républiques un tel jeu sur les mœurs.

Enfin, je ne puis m'empêcher de croire, avec M. Despréaux, que Molière, qui peint avec tant de force et de beauté les mœurs de son pays, tombe trop bas quand il imite le badinage de la comédie italienne :

Dans ce sac ridicule où Scapin s'enveloppe,
Je ne reconnois plus l'auteur du Misanthrope [1].

[1] Boil., *Art. poét.*, chant. III.

VIII.

Projet d'un Traité sur l'histoire.

Il est, ce me semble, à desirer, pour la gloire de l'Académie, qu'elle nous procure un traité sur l'histoire. Il y a très peu d'historiens qui soient exempts de grands défauts. L'histoire est néanmoins très importante : c'est elle qui nous montre les grands exemples, qui fait servir les vices mêmes des méchants à l'instruction des bons, qui débrouille les origines, et qui explique par quel chemin les peuples ont passé d'une forme de gouvernement à une autre.

Le bon historien n'est d'aucun temps ni d'aucun pays : quoiqu'il aime sa patrie, il ne la flatte jamais en rien. L'historien françois doit se rendre neutre entre la France et l'Angleterre : il doit louer aussi volontiers Talbot que Duguesclin, il rend autant de justice aux talents militaires du prince de Galles, qu'à la sagesse de Charles V.

Il évite également le panégyrique et les satires : il ne mérite d'être cru qu'autant qu'il se borne à dire, sans flatterie et sans malignité, le bien et le mal. Il n'omet aucun fait qui puisse servir à peindre les hommes principaux, et à découvrir les causes des événements ; mais il retranche toute dissertation où l'érudition d'un savant veut être étalée. Toute sa critique se borne à donner comme douteux ce qui l'est, et à en laisser la décision au lecteur, après lui avoir donné ce que l'histoire lui fournit. L'homme qui est plus savant qu'il n'est historien, et qui a plus de critique que de vrai génie, n'épargne à son lecteur aucune date, aucune circonstance superflue, aucun fait sec et détaché ; il suit son goût sans consulter celui du public ; il veut que tout le monde soit aussi curieux que lui des minuties vers lesquelles il tourne son insatiable curiosité. Au contraire, un historien sobre et discret laisse tomber les menus faits qui ne mènent le lecteur à aucun but important. Retranchez ces faits, vous n'ôtez rien à l'histoire : ils ne font qu'interrompre, qu'alonger, que faire une histoire, pour ainsi dire, hachée en petits morceaux, et sans aucun fil de vive narration. Il faut laisser cette superstitieuse exactitude aux compilateurs. Le grand point est de mettre d'abord le lecteur dans le fond des choses, de lui en découvrir les liaisons, et de se hâter de le faire arriver au dénouement. L'histoire doit en ce point ressembler un peu au poëme épique :

Semper ad eventum festinat, et in medias res,
Non secus ac notas, auditorem rapit ; et quæ

Desperat tractata nitescere posse, relinquit [1].

Il y a beaucoup de faits vagues qui ne nous apprennent que des noms et des dates stériles : il ne vaut guère mieux savoir ces noms que les ignorer. Je ne connois point un homme en ne connoissant que son nom. J'aime mieux un historien peu exact et peu judicieux, qui estropie les noms, mais qui peint naïvement tout le détail, comme Froissard, que les historiens qui me disent que Charlemagne tint son parlement à Ingelheim, qu'ensuite il partit, qu'il alla battre les Saxons, et qu'il revint à Aix-la-Chapelle; c'est ne m'apprendre rien d'utile. Sans les circonstances, les faits demeurent comme décharnés : ce n'est que le squelette d'une histoire.

La principale perfection d'une histoire consiste dans l'ordre et dans l'arrangement. Pour parvenir à ce bel ordre, l'historien doit embrasser et posséder toute son histoire; il doit la voir tout entière comme d'une seule vue; il faut qu'il la tourne et qu'il la retourne de tous les côtés, jusqu'à ce qu'il ait trouvé son vrai point de vue. Il faut en montrer l'unité, et tirer, pour ainsi dire, d'une seule source, tous les principaux événements qui en dépendent : par-là il instruit utilement son lecteur, il lui donne le plaisir de prévoir, il l'intéresse, il lui met devant les yeux un système des affaires de chaque temps, il lui débrouille ce qui en doit résulter, il le fait raisonner sans lui faire aucun raisonnement, il lui épargne beaucoup de redites, il ne le laisse jamais languir, il lui fait même une narration facile à retenir par la liaison des faits. Je répète sur l'histoire l'endroit d'Horace qui regarde le poëme épique :

Ordinis hæc virtus erit et Venus, aut ego fallor,
Ut jam nunc dicat, jam nunc debentia dici
Pleraque differat, et præsens in tempus omittat [2].

Un sec et triste faiseur d'annales ne connoît point d'autre ordre que celui de la chronologie : il répète un fait toutes les fois qu'il a besoin de raconter ce qui tient à ce fait; il n'ose ni avancer ni reculer aucune narration. Au contraire, l'historien qui a un vrai génie choisit sur vingt endroits celui où un fait sera mieux placé pour répandre la lumière sur tous les autres. Souvent un fait montré par avance de loin débrouille tout ce qui le prépare. Souvent un autre fait sera mieux dans son jour étant mis en arrière ; en se présentant plus tard, il viendra plus à propos pour faire naître d'autres événements. C'est ce que Cicéron compare au soin qu'un homme de bon goût prend pour placer de bons tableaux dans un jour avantageux : *Videtur tanquam tabulas bene pictas collocare in bono lumine* [1].

Ainsi un lecteur habile a le plaisir d'aller sans cesse en avant sans distraction, de voir toujours un événement sortir d'un autre, et de chercher la fin, qui lui échappe pour lui donner plus d'impatience d'y arriver. Dès que sa lecture est finie, il regarde derrière lui, comme un voyageur curieux, qui, étant arrivé sur une montagne, se tourne, et prend plaisir à considérer de ce point de vue tout le chemin qu'il a suivi et tous les beaux endroits qu'il a traversés.

Une circonstance bien choisie, un mot bien rapporté, un geste qui a rapport au génie ou à l'humeur d'un homme, est un trait original et précieux dans l'histoire : il vous met devant les yeux cet homme tout entier. C'est ce que Plutarque et Suétone ont fait parfaitement. C'est ce qu'on trouve avec plaisir dans le cardinal d'Ossat : vous croyez voir Clément VIII, qui lui parle tantôt à cœur ouvert, et tantôt avec réserve.

Un historien doit retrancher beaucoup d'épithètes superflues et d'autres ornements du discours : par ce retranchement, il rendra son histoire plus courte, plus vive, plus simple, plus gracieuse. Il doit inspirer par une pure narration la plus solide morale, sans moraliser : il doit éviter les sentences comme de vrais écueils. Son histoire sera assez ornée, pourvu qu'il y mette, avec le véritable ordre, une diction claire, pure, courte et noble. *Nihil est in historia*, dit Cicéron [2], *pura et illustri brevitate dulcius*. L'histoire perd beaucoup à être parée. Rien n'est plus digne de Cicéron que cette remarque sur les Commentaires de César [3] :

Commentarios quosdam scripsit rerum suarum, valde quidem probandos : NUDI enim sunt, recti et venusti, omni ornatu orationis tanquam veste detracta. Sed dum voluit alios habere parata unde sumerent qui vellent scribere historiam, INEPTIS gratum fortasse fecit qui volunt illa calamistris inurere, sanos quidem homines a scribendo deterruit [4].

Un bel-esprit méprise une histoire *nue* : il veut l'habiller, l'orner de broderie, et la *friser*. C'est

---

[1] HORAT., *de Art. poet.*, v. 148-150.
Le poëte, d'abord de son sujet s'empare :
Il nous jette au milieu de grands événements,
Nous supposant instruits de leurs commencements.
Il bannit avec soin de son heureux ouvrage
Ce qu'il ne peut parer des graces du langage.
DARU.

[2] *De Art. poet.*, v. 42-44.
L'ordre à mes yeux, Pisons, est lui-même une grace :
L'esprit judicieux veut tout voir à sa place.
Habile à bien choisir, préférez, rejetez,
Et montrez à propos ce que vous présentez :
Le choix du lieu, du temps, absout la hardiesse.
DARU.

[1] *De claris Oratoribus*, cap. LXXV, n. 261.
[2] *Ibid.*, n. 262. [3] *Ibid.*
[4] Il a écrit, sur ses actions, des Commentaires d'un très grand mé-

une erreur, *ineptis*. L'homme judicieux et d'un goût exquis désespère d'ajouter rien de beau à cette nudité si noble et si majestueuse.

Le point le plus nécessaire et le plus rare pour un historien est qu'il sache exactement la forme du gouvernement et le détail des mœurs de la nation dont il écrit l'histoire, pour chaque siècle. Un peintre qui ignore ce qu'on nomme *il costume* ne peint rien avec vérité. Les peintres de l'école lombarde, qui ont d'ailleurs si naïvement représenté la nature, ont manqué de science en ce point : ils ont peint le grand-prêtre des Juifs comme un pape, et les Grecs de l'antiquité comme les hommes qu'ils voyoient en Lombardie. Il n'y auroit néanmoins rien de plus faux et de plus choquant que de peindre les François du temps de Henri II avec des perruques et des cravates, ou de peindre les François de notre temps avec des barbes et des fraises. Chaque nation a ses mœurs, très différentes de celles des peuples voisins. Chaque peuple change souvent pour ses propres mœurs. Les Perses, pendant l'enfance de Cyrus, étoient aussi simples que les Mèdes leurs voisins étoient mous et fastueux[1]. Les Perses prirent dans la suite cette mollesse et cette vanité. Un historien montreroit une ignorance grossière, s'il représentoit les repas de Curius ou de Fabricius comme ceux de Lucullus ou d'Apicius. On riroit d'un historien qui parleroit de la magnificence de la cour des rois de Lacédémone, ou de celle de Numa. Il faut peindre la puissante et heureuse pauvreté des anciens Romains.

Parvoque potentem [2], etc.

Il ne faut pas oublier combien les Grecs étoient encore simples et sans faste du temps d'Alexandre, en comparaison des Asiatiques : le discours de Caridème à Darius [3] le fait assez voir. Il n'est point permis de représenter la maison très simple où Auguste vécut quarante ans, avec la maison d'or que Néron fit faire bientôt après :

Roma domus fiet : Veios migrate, Quirites,
Si non et Veios occupat ista domus [4].

Notre nation ne doit point être peinte d'une façon uniforme : elle a eu des changements continuels. Un historien qui représentera Clovis environné d'une cour polie, galante et magnifique, aura beau être vrai dans les faits particuliers; il sera faux pour le fait principal des mœurs de toute la nation. Les Francs n'étoient alors qu'une troupe errante et farouche, presque sans lois et sans police, qui ne faisoit que des ravages et des invasions : il ne faut pas confondre les Gaulois, polis par les Romains, avec ces Francs si barbares. Il faut laisser voir un rayon de politesse naissante sous l'empire de Charlemagne ; mais elle doit s'évanouir d'abord. La prompte chute de sa maison replongea l'Europe dans une affreuse barbarie. Saint Louis fut un prodige de raison et de vertu dans un siècle de fer. A peine sortons-nous de cette longue nuit. La résurrection des lettres et des arts a commencé en Italie, et a passé en France fort tard. La mauvaise subtilité du bel-esprit en a retardé le progrès.

Les changements dans la forme du gouvernement d'un peuple doivent être observés de près. Par exemple, il y avoit d'abord chez nous des terres *saliques*, distinguées des autres terres, et destinées aux militaires de la nation. Il ne faut jamais confondre les comtés *bénéficiaires* du temps de Charlemagne, qui n'étoient que des emplois personnels, avec les comtés *héréditaires*, qui devinrent sous ses successeurs des établissements de familles. Il faut distinguer les parlements de la seconde race, qui étoient les assemblées de la nation, d'avec les divers parlements établis par les rois de la troisième race, dans les provinces, pour juger les procès des particuliers. Il faut connoître l'origine des fiefs, le service des feudataires, l'affranchissement des serfs, l'accroissement des communautés, l'élévation du tiers-état, l'introduction des clercs praticiens pour être les conseillers des nobles peu instruits des lois, et l'établissement des troupes à la solde du roi pour éviter les surprises des Anglois établis au milieu du royaume. Les mœurs et l'état de tout le corps de la nation ont changé d'âge en âge. Sans remonter plus haut, le changement des mœurs est presque incroyable depuis le règne de Henri IV. Il est cent fois plus important d'observer ces changements de la nation entière, que de rapporter simplement des faits particuliers.

Si un homme éclairé s'appliquoit à écrire sur les règles de l'histoire, il pourroit joindre les exemples aux préceptes ; il pourroit juger des historiens de tous les siècles ; il pourroit remarquer qu'un excellent historien est peut-être encore plus rare qu'un grand poëte.

Hérodote, qu'on nomme le père de l'histoire,

---

rite. Ils sont nus, simples, gracieux, entièrement dépouillés des ornements et en quelque sorte des habits de l'art. Et tandis qu'il a voulu, par-là, fournir à d'autres des matériaux pour écrire une histoire, peut-être a-t-il fait plaisir aux gens sans goût qui voudront les orner de parures affectées ; mais il a tellement effrayé les hommes judicieux, qu'ils n'oseront les embellir.

[1] *Cyropæd.*, lib. I, cap. II, etc.
[2] VIRG., *Æneid.*, lib. VI, v. 843.
[3] QUINT.-CURT., lib. III, cap. II.
[4] Rome ne sera bientôt plus qu'une maison : Romains, retirez-vous Véies ; pourvu que cette maison n'envahisse pas aussi Véies. (SUÉT., *Ner.*, II, 39.)

raconte parfaitement ; il a même de la grace par la variété des matières : mais son ouvrage est plutôt un recueil de relations de divers pays, qu'une histoire qui ait de l'unité avec un véritable ordre.

Xénophon n'a fait qu'un journal dans sa Retraite des dix mille : tout y est précis et exact, mais uniforme. Sa Cyropédie est plutôt un roman de philosophie, comme Cicéron l'a cru, qu'une histoire véritable.

Polybe est habile dans l'art de la guerre et dans la politique ; mais il raisonne trop, quoiqu'il raisonne très bien. Il va au-delà des bornes d'un simple historien : il développe chaque événement dans sa cause ; c'est une anatomie exacte. Il montre, par une espèce de mécanique, qu'un tel peuple doit vaincre un tel autre peuple, et qu'une telle paix faite entre Rome et Carthage ne sauroit durer.

Thucydide et Tite-Live ont de très belles harangues ; mais, selon les apparences, ils les composent au lieu de les rapporter. Il est très difficile qu'ils les aient trouvées telles dans les originaux du temps. Tite-Live savoit beaucoup moins exactement que Polybe la guerre de son siècle.

Salluste a écrit avec une noblesse et une grace singulière ; mais il s'est trop étendu en peintures des mœurs et en portraits des personnes dans deux histoires très courtes.

Tacite montre beaucoup de génie, avec une profonde connoissance des cœurs les plus corrompus : mais il affecte trop une brièveté mystérieuse ; il est trop plein de tours poétiques dans ses descriptions ; il a trop d'esprit ; il raffine trop ; il attribue aux plus subtils ressorts de la politique ce qui ne vient souvent que d'un mécompte, que d'une humeur bizarre, que d'un caprice. Les plus grands événements sont souvent causés par les causes les plus méprisables. C'est la foiblesse, c'est l'habitude, c'est la mauvaise honte, c'est le dépit, c'est le conseil d'un affranchi, qui décide, pendant que Tacite creuse pour découvrir les plus grands raffinements dans les conseils de l'empereur. Presque tous les hommes sont médiocres et superficiels pour le mal comme pour le bien. Tibère, l'un des plus méchants hommes que le monde ait vus, étoit plus entraîné par ses craintes que déterminé par un plan suivi.

D'Avila se fait lire avec plaisir ; mais il parle comme s'il étoit entré dans les conseils les plus secrets. Un seul homme ne peut jamais avoir eu la confiance de tous les partis opposés. De plus, chaque homme avoit quelque secret qu'il n'avoit garde de confier à celui qui a écrit l'histoire. On ne sait la vérité que par morceaux. L'historien qui veut m'apprendre ce que je vois qu'il ne peut pas savoir me fait douter sur les faits mêmes qu'il sait.

Cette critique des historiens anciens et modernes seroit très utile et très agréable, sans blesser aucun auteur vivant.

IX.
Réponse à une objection sur ces divers projets.

Voici une objection qu'on ne manquera pas de me faire. L'Académie, dira-t-on, n'adoptera jamais ces divers ouvrages sans les avoir examinés. Or, il n'est guère vraisemblable qu'un auteur, après avoir pris une peine infinie, veuille soumettre tout son ouvrage à la correction d'une nombreuse assemblée, où les avis seront peut-être partagés. Il n'y a donc guère d'apparence que l'Académie adopte ces ouvrages.

Ma réponse est courte. Je suppose que l'Académie ne les adoptera point. Elle se bornera à inviter les particuliers à ce travail. Chacun d'eux pourra la consulter dans ses assemblées. Par exemple, l'auteur de la Rhétorique y proposera ses doutes sur l'éloquence. MM. les académiciens lui donneront leurs conseils, et les opinions pourront être diverses. L'auteur en profitera selon ses vues, sans se gêner.

Les raisonnements qu'on feroit dans les assemblées, sur de telles questions, pourroient être rédigés par écrit dans une espèce de journal que M. le secrétaire composeroit sans partialité. Ce journal contiendroit de courtes dissertations, qui perfectionneroient le goût et la critique. Cette occupation rendroit MM. les académiciens assidus aux assemblées. L'éclat et le fruit en seroient grands dans toute l'Europe.

X.
Sur les anciens et les modernes.

Il est vrai que l'Académie pourroit se trouver souvent partagée sur ces questions : l'amour des anciens dans les uns, et celui des modernes dans les autres, pourroit les empêcher d'être d'accord. Mais je ne suis nullement alarmé d'une guerre civile qui seroit si douce, si polie, et si modérée. Il s'agit d'une matière où chacun peut suivre en liberté son goût et ses idées. Cette émulation peut être utile aux lettres. Oserai-je proposer ici ce que je pense là-dessus ?

1° Je commence par souhaiter que les modernes surpassent les anciens. Je serois charmé de voir, dans notre siècle et dans notre nation, des orateurs plus véhéments que Démosthène, et des poètes plus sublimes qu'Homère. Le monde, loin d'y perdre, y gagneroit beaucoup. Les anciens ne seroient pas moins excellents qu'ils l'ont toujours été, et les modernes donneroient un nouvel ornement au genre humain. Il resteroit toujours aux anciens la gloire d'avoir commencé, d'avoir montré le chemin aux autres, et de leur avoir donné de quoi enchérir sur eux.

2° Il y auroit de l'entêtement à juger d'un ouvrage par sa date.

. . . . Et, nisi quæ terris semota, suisque
Temporibus defuncta videt, fastidit et odit.....
Si, quia Graiorum sunt antiquissima quæque
Scripta vel optima. . . . .
Si meliora dies, ut vina, poemata reddit,
Scire, velim, pretium chartis quotus arroget annus....
Qui redit ad fastos, et virtutem æstimat annis,
Miraturque nihil, nisi quod Libitina sacravit.....
Si veteres ita miratur laudatque poetas,
Ut nihil anteferat, nihil illis comparet, errat.....
Quod si tam Græcis novitas invisa fuisset,
Quam nobis, quid nunc esset vetus? aut quid haberet
Quod legeret, tereretque viritim publicus usus [?]

Si Virgile n'avoit point osé marcher sur les pas d'Homère, si Horace n'avoit pas espéré de suivre de près Pindare, que n'aurions-nous pas perdu! Homère et Pindare mêmes ne sont point parvenus tout-à-coup à cette haute perfection : ils ont eu sans doute avant eux d'autres poëtes qui leur avoient aplani la voie, et qu'ils ont enfin surpassés. Pourquoi les nôtres n'auroient-ils pas la même espérance? Qu'est-ce qu'Horace ne s'est pas promis?

Dicam insigne, recens, adhuc
Indictum ore alio. . . . . . .
Nil parvum aut humili modo,
Nil mortale loquar [2].
Exegi monumentum ære perennius.
. . . .
Non omnis moriar, multaque pars mei [3], etc.

[1] HORAT., *Epist.*, lib. II, epist. I, v. 21-92.

. . . Tout ce qui respire, importunant ses yeux,
N'obtient de son orgueil que dédains odieux,
De tout ce qui respire idolâtre imbécille.....
La Grèce eut, il est vrai, des chantres révérés,
Plus antiques toujours, toujours plus admirés.....
Mais aux vers, comme au vin, si le temps donne un prix,
Faisons donc une loi pour juger les écrits;
Sachons précisément quel doit être leur âge,
Pour obtenir des droits à notre juste hommage.....
. . . . Un homme, ennemi des vivants,
Qui juge de mérite en supputant les ans.....
Ses préjugés souvent trompent son équité :
Il s'abuse, s'il croit, admirant nos ancêtres,
Qu'ils ne peuvent trouver de rivaux ni de maîtres.....
Contre la nouveauté partageant cette envie,
Si la Grèce, moins sage, eût eu cette manie,
Où seroit aujourd'hui la docte antiquité?
Quels livres charmeroient la triste oisiveté?
                                                    DARU.

[2] *Od.*, lib. III, od. XXV, v. 7, 8; et 17, 18.
Je dirai des choses sublimes, neuves, qu'une autre bouche n'a jamais proférées..... Mes chants n'auront rien de foible, rien de rampant, rien de mortel.
                                                    BINET.

[3] *Ibid., Od.*, XXX, v. 1-6.
Le noble monument que j'élève à ma gloire
Durera plus long-temps que le marbre et l'airain.....

Pourquoi ne laissera-t-on pas dire de même à Malherbe?

Apollon à portes ouvertes, etc. [1].

3° J'avoue que l'émulation des modernes seroit dangereuse, si elle se tournoit à mépriser les anciens, et à négliger de les étudier. Le vrai moyen de les vaincre est de profiter de tout ce qu'ils ont d'exquis, et de tâcher de suivre encore plus qu'eux leurs idées sur l'imitation de la belle nature. Je crierois volontiers à tous les auteurs de notre temps que j'estime et que j'honore le plus :

Vos, exemplaria græca
Nocturna versate manu, versate diurna [2].

Si jamais il vous arrive de vaincre les anciens, c'est à eux-mêmes que vous devrez la gloire de les avoir vaincus.

4° Un auteur sage et modeste doit se défier de soi, et des louanges de ses amis les plus estimables. Il est naturel que l'amour-propre le séduise un peu, et que l'amitié pousse un peu au-delà des bornes l'admiration de ses amis pour ses talents. Que doit-il donc faire si quelque ami, charmé de ses écrits, lui dit :

Nescio quid majus nascitur Iliade [3]?

il n'en doit pas moins être tenté d'imiter le grand et sage Virgile. Ce poëte vouloit en mourant brûler son Énéide, qui a instruit et charmé tous les siècles. Quiconque a vu, comme ce poëte, d'une vue nette, le grand et le parfait, ne peut se flatter d'y avoir atteint. Rien n'achève de remplir son idée, et de contenter toute sa délicatesse. Rien n'est ici-bas entièrement parfait :

. . . . Nihil est ab omni
Parte beatum [4].

Ainsi, quiconque a vu le vrai parfait sent qu'il ne l'a pas égalé; et quiconque se flatte de l'avoir égalé ne l'a pas vu assez distinctement. On a un esprit borné avec un cœur foible et vain, quand on est bien content de soi et de son ouvrage. L'auteur

De moi-même à jamais la plus noble partie
Bravera de Pluton le pouvoir odieux;
Sans mourir tout entier je quitterai la vie.
                                                    DARU.

[1] LIV., III, *Od.* XI, *à la reine Marie de Méd.*, v. 141.
[2] HORAT., *de Art. poet.*, v. 268, 269.
Les Grecs. . . . . . . sont nos guides fidèles;
Feuilletez jour et nuit ces antiques modèles.
                                                    DARU.

[3] Il va naître un chef-d'œuvre qui doit effacer l'Iliade. (PROPERT. lib. II, *Eleg. ult.*)

[4] HORAT., *Od.*, lib. II, od. XVI, v. 27, 28.
Jamais, ô mon ami, le bonheur n'est parfait.
                                                    DARU.

content de soi est d'ordinaire content tout seul :

Quin sine rivali teque et tua solus amares [1].

Un tel auteur peut avoir de rares talents; mais il faut qu'il ait plus d'imagination que de jugement et de saine critique. Il faut au contraire, pour former un poëte égal aux anciens, qu'il montre un jugement supérieur à l'imagination la plus vive et la plus féconde. Il faut qu'un auteur résiste à tous ses amis, qu'il retouche souvent ce qui a été déjà applaudi, et qu'il se souvienne de cette règle :

...... Nonumque prematur in annum [2].

5° Je suis charmé d'un auteur qui s'efforce de vaincre les anciens. Supposé même qu'il ne parvienne pas à les égaler, le public doit louer ses efforts, l'encourager, espérer qu'il pourra atteindre encore plus haut dans la suite, et admirer ce qu'il a déjà d'approchant des anciens modèles :

.... Feliciter audet [3].

Je voudrois que tout le Parnasse le comblât d'éloges :

Proxima Phœbi
Versibus ille facit [4]. . . . . . .

Pastores, hedera crescentem ornate poetam [5].

Plus un auteur consulte avec défiance de soi sur un ouvrage qu'il veut encore retoucher, plus il est estimable :

.... Hæc quæ Varo, necdum perfecta, canebat [6].

J'admire un auteur qui dit de lui-même ces belles paroles :

Nam neque adhuc Varo videor nec dicere Cinna
Digna, sed argutos inter strepere anser olores [7].

[1] HORAT., de Art. poet., v. 444.
. . . . Un esprit indocile
Admire, sans rival, sa personne et son style.
DARU.

[2] HORAT., de Art. poet., v. 388.
. . . . Que dans un sage oubli
Votre ouvrage, dix ans, demeure enseveli.
DARU.

[3] HOR., Ep., lib. II, ep., I, v. 166.
[4] VIRGIL., Ecl., VII, v. 22, 23.
Qu'il égale Codrus,
Lui dont les vers sont dictés par Phébus.
LA ROCHEFOUCAULD.

[5] Ibid., v. 25.
Bergers arcadiens, du lierre pâlissant
Venez ceindre le front d'un poëte naissant.
TISSOT.

[6] VIRGIL., Eclog., IX, v. 26.
Mais il chantoit alors en l'honneur de Varus,
Et ses vers imparfaits n'étoient pas moins connus.
LA ROCHEFOUCAULD.

[7] Ibid., v. 35.
Et j'ose me mêler au chantre de Varus,
Comme l'oie importune, hôte des marécages,
Aux doux accords du cygne unit ses cris sauvages.
DORANGE.

Alors je voudrois que tous les partis se réunissent pour le louer :

Utque viro Phœbi chorus assurrexerit omnis [1].

Si cet auteur est encore mécontent de soi, quoique le public en soit très content, son goût et son génie sont au-dessus de l'ouvrage même pour lequel il est admiré.

6° Je ne crains pas de dire que les anciens les plus parfaits ont des imperfections : l'humanité n'a permis en aucun temps d'atteindre à une perfection absolue. Si j'étois réduit à ne juger des anciens que par ma seule critique, je serois timide en ce point. Les anciens ont un grand avantage : faute de connoître parfaitement leurs mœurs, leur langue, leur goût, leurs idées, nous marchons à tâtons en les critiquant : nous aurions été peut-être plus hardis censeurs contre eux, si nous avions été leurs contemporains. Mais je parle des anciens sur l'autorité des anciens mêmes. Horace, ce critique si pénétrant, et si charmé d'Homère, est mon garant, quand j'ose soutenir que ce grand poëte s'assoupit un peu quelquefois dans un long poëme :

Quandoque bonus dormitat Homerus.
Verum operi longo fas est obrepere somnum [2].

Veut-on, par une prévention manifeste, donner à l'antiquité plus qu'elle ne demande, et condamner Horace pour soutenir, contre l'évidence du fait, qu'Homère n'a jamais aucune inégalité?

7° S'il m'est permis de proposer ma pensée, sans vouloir contredire celle des personnes plus éclairées que moi, j'avouerai qu'il me semble voir divers défauts dans les anciens les plus estimables. Par exemple, je ne puis goûter les chœurs dans les tragédies; ils interrompent la vraie action. Je n'y trouve point une exacte vraisemblance, parce que certaines scènes ne doivent point avoir une troupe de spectateurs. Les discours du chœur sont souvent vagues et insipides. Je soupçonne toujours que ces espèces d'intermèdes avoient été introduits avant que la tragédie eût atteint à une certaine perfection. De plus, je remarque dans les anciens des plaisanteries qui ne sont guère délicates. Cicéron, le grand Cicéron même, en fait de très froides sur

[1] Id., Eclog., VI, v. 66.
. . . . Qu'à son aspect
Toute la cour du dieu se lève avec respect.
FIRMIN DIDOT.

[2] De Art. poet., v. 359, 360.
. . . . Je ne puis que gémir
De voir quelques instants Homère s'endormir :
Mais à tout grand ouvrage on doit de l'indulgence.
DARU.

des jeux de mots. Je ne retrouve point Horace dans cette petite satire:

Proscripti regis Rupili pus atque venenum [1].

En la lisant, on bâilleroit, si on ignoroit le nom de son auteur. Quand je lis cette merveilleuse ode du même poëte,

Qualem ministrum fulminis alitem [2],

je suis toujours attristé d'y trouver ces mots: *Quibus mos unde deductus*, etc. Otez cet endroit, l'ouvrage demeure entier et parfait. Dites qu'Horace a voulu imiter Pindare par cette espèce de parenthèse, qui convient au transport de l'ode. Je ne dispute point; mais je ne suis pas assez touché de l'imitation pour goûter cette espèce de parenthèse, qui paroît si froide et si postiche. J'admets un beau désordre qui vient du transport, et qui a son art caché; mais je ne puis approuver une distraction pour faire une remarque curieuse sur un petit détail; elle ralentit tout. Les injures de Cicéron contre Marc-Antoine ne me paroissent nullement convenir à la noblesse et à la grandeur de ses discours. Sa fameuse lettre à Lucceius est pleine de la vanité la plus grossière et la plus ridicule. On en trouve à peu près autant dans les lettres de Pline le Jeune. Les anciens ont souvent une affectation qui tient un peu de ce que notre nation nomme *pédanterie*. Il peut se faire que, faute de certaines connoissances, que la vraie religion et la physique nous ont données, ils admiroient un peu trop diverses choses que nous n'admirons guère.

8° Les anciens les plus sages ont pu espérer, comme les modernes, de surpasser les modèles mis devant leurs yeux. Par exemple, pourquoi Virgile n'auroit-il pas espéré de surpasser, par la descente d'Énée aux enfers, dans son sixième livre, cette évocation des ombres qu'Homère nous représente [3] dans le pays de Cimmériens? Il est naturel de croire que Virgile, malgré sa modestie, a pris plaisir à traiter, dans son quatrième livre de l'Énéide, quelque chose d'original qu'Homère n'avoit point touché.

9° J'avoue que les anciens ont un grand désavantage par le défaut de leur religion et par la grossièreté de leur philosophie. Du temps d'Homère, leur religion n'étoit qu'un tissu monstrueux de fables aussi ridicules que les contes des fées; leur philosophie n'avoit rien que de vain

[1] *Serm.*, lib. I, sat. VII.
[2] *Od.*, lib. IV, od. IV.
[3] *Odyss.*, liv. XI.

et de superstitieux. Avant Socrate, la morale étoit très imparfaite, quoique les législateurs eussent donné d'excellentes règles pour le gouvernement des peuples. Il faut même avouer que Platon fait raisonner foiblement Socrate sur l'immortalité de l'ame. Ce bel endroit de Virgile,

Felix qui potuit rerum cognoscere causas [1], etc.,

aboutit à mettre le bonheur des hommes sages à se délivrer de la crainte des présages et de l'enfer. Ce poëte ne promet point d'autre récompense dans l'autre vie à la vertu la plus pure et la plus héroïque, que le plaisir de jouer sur l'herbe, ou de combattre sur le sable, ou de danser, ou de chanter des vers, ou d'avoir des chevaux, ou de mener des chariots, et d'avoir des armes. Encore ces hommes, et ces spectacles qui les amusoient, n'étoient-ils plus que de vaines ombres; encore ces ombres gémissoient par l'impatience de rentrer dans des corps pour recommencer toutes les misères de cette vie, qui n'est qu'une maladie par où l'on arrive à la mort; *mortalibus ægris*. Voilà ce que l'antiquité proposoit de plus consolant au genre humain:

Pars in gramineis exercent membra palæstris [2], etc.

..... Quæ lucis miseris, tam dira cupido [3]?

Les héros d'Homère ne ressemblent point à d'honnêtes gens, et les dieux de ce poète sont fort au-dessous de ces héros mêmes, si indignes de l'idée que nous avons de l'honnête homme. Personne ne voudroit avoir un père aussi vicieux que Jupiter, ni une femme aussi insupportable que Junon, encore moins aussi infame que Vénus. Qui voudroit avoir un ami aussi brutal que Mars, ou un domestique aussi larron que Mercure? Ces dieux semblent inventés tout exprès par l'ennemi du genre humain, pour autoriser tous les crimes et pour tourner en dérision la divinité. C'est ce qui a fait dire à Longin [4] « qu'Homère a fait des
» dieux des hommes qui furent au siége de Troie,
» et qu'au contraire des dieux mêmes il en a fait
» des hommes. » Il ajoute que « le législateur des
» Juifs, qui n'étoit pas un homme ordinaire, ayant
» fort bien conçu la grandeur et la puissance de
» Dieu, l'a exprimée dans toute sa dignité, au
» commencement de ses lois, par ces paroles: *Dieu*

[1] *Georg.*, II, v. 490.
Heureux le sage instruit des lois de la nature, etc.
[2] *Æneid.*, lib. VI, v. 642.
Tantôt ce peuple heureux, sur les herbes naissantes,
Exerce en se jouant des luttes innocentes.
DELILLE.
[3] *Ibid.*, v. 721.
Qui peut inspirer à ces malheureux cet excès d'amour pour la vie?
[4] *Du Subl.*, ch. VII.

» dit: *Que la lumière se fasse; et la lumière se*
» *fit: Que la terre se fasse; et la terre fut faite.* »

10° Il faut avouer qu'il y a parmi les anciens peu d'auteurs excellents, et que les modernes en ont quelques uns dont les ouvrages sont précieux. Quand on ne lit point les anciens avec une avidité de savant, ni par le besoin de s'instruire de certains faits, on se borne par goût à un petit nombre de livres grecs et latins. Il y en a fort peu d'excellents, quoique ces deux nations aient cultivé si long-temps les lettres. Il ne faut donc pas s'étonner si notre siècle, qui ne fait que sortir de la barbarie, a peu de livres françois qui méritent d'être souvent relus avec un très grand plaisir. Il me seroit facile de nommer beaucoup d'anciens, comme Aristophane, Plaute, Sénèque le tragique, Lucain, et Ovide même, dont on se passe volontiers. Je nommerois aussi sans peine un nombre assez considérable d'auteurs modernes qu'on goûte et qu'on admire avec raison : mais je ne veux nommer personne, de peur de blesser la modestie de ceux que je nommerois, et de manquer aux autres en ne les nommant pas.

Il faut, d'un autre côté, considérer ce qui est à l'avantage des anciens. Outre qu'ils nous ont donné presque tout ce que nous avons de meilleur, de plus il faut les estimer jusque dans les endroits où ils ne sont pas exempts de défauts. Longin remarque [1] « qu'il faut craindre la bassesse dans un dis-
» cours si poli et si limé. Il ajoute que « le grand...
» est glissant et dangereux... Quoique j'aie remar-
» qué, dit-il encore, plusieurs fautes dans Homère
» et dans tous les plus célèbres auteurs; quoique
» je sois peut-être l'homme du monde à qui elles
» plaisent le moins, j'estime, après tout..., qu'elles
» sont de petites négligences qui leur ont échappé,
» parce que leur esprit, qui ne s'étudioit qu'au
» grand, ne pouvoit pas s'arrêter aux petites
» choses... Tout ce qu'on gagne à ne point faire
» de fautes, est de n'être point repris; mais le grand
» se fait admirer. » Ce judicieux critique croit que c'est dans le déclin de l'âge qu'Homère a quelquefois un peu *sommeillé*, par les longues narrations de l'Odyssée; mais il ajoute que cet affoiblissement *est, après tout, la vieillesse d'Homère* [2]. En effet, certains traits négligés des grands peintres sont fort au-dessus des ouvrages les plus léchés des peintres médiocres. Le censeur médiocre ne goûte point le sublime, il n'en est point saisi: il s'occupe bien plutôt d'un mot déplacé, ou d'une expression négligée; il ne voit qu'à demi la beauté du plan général, l'ordre et la force qui règnent partout. J'ai-

[1] *Du Subl.*, ch. XXVII.   [2] *Ibid.*, ch. VII.

merois autant le voir occupé de l'orthographe, des points interrogants et des virgules. Je plains l'auteur qui est entre ses mains et à sa merci: *Barbarus has segetes* [1]! Le censeur qui est grand dans sa censure se passionne pour ce qui est grand dans l'ouvrage : « Il méprise, selon l'expression de Lon-
» gin [2], une exacte et scrupuleuse délicatesse. »
Horace est de ce goût :

Verum ubi plura nitent in carmine, non ego paucis
Offendar maculis, quas aut incuria fudit,
Aut humana parum cavit natura [3].

De plus, la grossièreté difforme de la religion des anciens, et le défaut de vraie philosophie morale où ils étoient avant Socrate, doivent, en un certain sens, faire un grand honneur à l'antiquité. Homère a dû sans doute peindre ses dieux comme la religion les enseignoit au monde idolâtre en son temps : il devoit représenter les hommes selon les mœurs qui régnoient alors dans la Grèce et dans l'Asie Mineure. Blâmer Homère d'avoir peint fidèlement d'après nature, c'est reprocher à M. Mignard, à M. de Troy, à M. Rigaud, d'avoir fait des portraits ressemblants. Voudroit-on qu'on peignît Momus comme Jupiter, Silène comme Apollon, Alecto comme Vénus, Thersite comme Achille? Voudroit-on qu'on peignît la cour de notre temps avec les fraises et les barbes des règnes passés? Ainsi Homère ayant dû peindre avec vérité, ne faut-il pas admirer l'ordre, la proportion, la grace, la force, la vie, l'action et le sentiment qu'il a donnés à toutes ses peintures? Plus la religion étoit monstrueuse et ridicule, plus il faut l'admirer de l'avoir relevée par tant de magnifiques images; plus les mœurs étoient grossières, plus il faut être touché de voir qu'il ait donné tant de force à ce qui est en soi si irrégulier, si absurde et si choquant. Que n'auroit-il point fait si on lui eût donné à peindre un Socrate, un Aristide, un Timoléon, un Agis, un Cléomène, un Numa, un Camille, un Brutus, un Marc-Aurèle!

Diverses personnes sont dégoûtées de la frugalité des mœurs qu'Homère dépeint. Mais outre qu'il faut que le poëte s'attache à la ressemblance pour cette antique simplicité, comme pour la grossièreté de la religion païenne, de plus rien n'est si aimable que cette vie des premiers hommes. Ceux

[1] VIRG., *Ecl.*, I, v. 72.

Un barbare viendra dévorer ces moissons !
DE LANGEAC.

[2] *Du Subl.*, ch. XXIX.
[3] *De Art. poet.*, v, 351-353.

En lisant de beaux vers, je n'oserai me plaindre
De quelque trait moins pur négligemment jeté,
Tribut que le talent paie à l'humanité.
DARU.

qui cultivent leur raison et qui aiment la vertu peuvent-ils comparer le luxe vain et ruineux, qui est en notre temps la peste des mœurs et l'opprobre de la nation, avec l'heureuse et élégante simplicité que les anciens nous mettent devant les yeux?

En lisant Virgile, je voudrois être avec ce vieillard qu'il me montre :

> Namque sub Œbaliæ memini me turribus altis,
> Qua niger humectat flaventia culta Galæsus,
> Corycium vidisse senem, cui pauca relicti
> Jugera ruris erant; nec fertilis illa juvencis,
> Nec pecori opportuna seges. . . . .
> Regum æquabat opes animis; seraque revertens
> Nocte domum, dapibus mensas onerabat inemptis.
> Primus vere rosam, atque autumno carpere poma ;
> Et cum tristis hiems etiamnum frigore saxa
> Rumperet, et glacie cursus frenaret aquarum,
> Ille comam mollis jam tùm tondebat acanthi,
> Æstatem increpitans seram zephyrosque morantes [1].

Homère n'a-t-il pas dépeint avec grâce l'île de Calypso et les jardins d'Alcinoüs, sans y mettre ni marbre ni doruré? Les occupations de Nausicaa ne sont-elles pas plus estimables que le jeu et que les intrigues des femmes de notre temps? Nos pères en auroient rougi ; et on ose mépriser Homère pour n'avoir pas peint par avance ces mœurs monstrueuses, pendant que le monde étoit encore assez heureux pour les ignorer !

Virgile, qui voyoit de près toute la magnificence de Rome, a tourné en grâce et en ornement de son poëme la pauvreté du roi Évandre :

> Talibus inter se dictis ad tecta subibant
> Pauperis Evandri, passimque armenta videbant
> Romanoque foro et lautis mugire Carinis.
> Ut ventum ad sedes : Hæc, inquit, limina victor
> Alcides subiit; hæc illum regia cepit.
> Aude, hospes, contemnere opes, et te quoque dignum
> Finge deo; rebusque veni non asper egenis.
> Dixit ; et angusti subter fastigia tecti
> Ingentem Æneam duxit, stratisque locavit
> Effultum foliis et pelle Libystidis ursæ [2].

[1] *Georg.*, lib. IV, v. 125-158.

> Aux lieux où le Galèse, en des plaines fécondes,
> Parmi les blonds épis roule ses noires ondes,
> J'ai vu, je m'en souviens, un vieillard fortuné,
> Possesseur d'un terrain long-temps abandonné;
> C'étoit un sol ingrat, rebelle à la culture,
> Qui n'offroit aux troupeaux qu'une aride verdure....
> Un jardin, un verger, dociles à ses lois,
> Lui donnoient le bonheur qui s'enfuit loin des rois.
> Le soir, des simples mets que ce lieu voyoit naître,
> Ses mains chargeoient sans frais une table champêtre;
> Il cueilloit le premier les roses du printemps,
> Le premier de l'automne amassoit les présents ;
> Et lorsqu'autour de lui, déchaîné sur la terre,
> L'hiver impétueux brisoit encor la pierre,
> D'un frein de glace encore enchaînoit les ruisseaux,
> Lui déja de l'acanthe émondoit les rameaux ;
> Et, du printemps tardif accusant la paresse,
> Prévenoit les zéphyrs, et hâtoit sa richesse.
>   DELILLE.

[2] *Æneid.*, lib. VIII, v. 359-368.

> L'humble palais du roi frappe enfin leurs regards.

La honteuse lâcheté de nos mœurs nous empêche de lever les yeux pour admirer le sublime de ces paroles : *Aude, hospes, contemnere opes.*

Le Titien, qui a excellé pour le paysage, peint un vallon plein de fraîcheur avec un clair ruisseau, des montagnes escarpées et des lointains qui s'enfuient dans l'horizon : il se garde bien de peindre un riche parterre avec des jets d'eau et des bassins de marbre. Tout de même Virgile ne peint point des sénateurs fastueux, et occupés d'intrigues criminelles; mais il représente un laboureur innocent et heureux dans sa vie rustique :

> Deinde satis fluvium inducit rivosque sequentes;
> Et cum exustus ager morientibus æstuat herbis,
> Ecce supercilio clivosi tramitis undam
> Elicit ? illa cadens raucum per levia murmur
> Saxa ciet, scatebrisque arentia temperat arva [1].

Virgile va même jusqu'à comparer ensemble une vie libre, paisible et champêtre, avec les voluptés mêlées de trouble dont on jouit dans les grandes fortunes. Il n'imagine rien d'heureux qu'une sage médiocrité, où les hommes seroient à l'abri de l'envie pour les prospérités, et de la compassion pour les misères d'autrui :

> Illum non populi fasces, non purpura regum
> Flexit. . . . .
> . . . . Neque ille
> Aut doluit miserans inopem, aut invidit habenti.
> Quos rami fructus, quos ipsa volentia rura
> Sponte tulere sua, carpsit; nec ferrea jura [2], etc.

> Quelques troupeaux erroient dispersés dans ces plaines,
> Séjour des rois du monde et des pompes romaines;
> Et le taureau mugit où d'éloquentes voix
> Feront le sort du monde et le destin des rois.
> Tandis que de ces lieux Achate, Évandre, Énée
> Méditent en marchant la haute destinée,
> On arrive au palais, où la félicité
> Se plaît dans l'innocence et dans la pauvreté.
> « Ce n'est pas dans ma cour que le faste réside,
> » Dit Évandre : ce toit reçut le grand Alcide,
> » Des monstres, des brigands noble exterminateur :
> » Là siégea près de moi ce dieu triomphateur :
> » Depuis qu'il l'a reçu, ce palais est un temple.
> » Fils des dieux comme lui, suivez ce grand exemple :
> » Osez d'un luxe vain fouler aux pieds l'orgueil :
> » De mon humble séjour ne fuyez point le seuil;
> » Venez, et regardez des yeux de l'indulgence
> » Du chaume hospitalier l'honorable indigence. »
> Il dit, et fait placer pour le roi d'Ilion
> Sur un lit de feuillage une peau de lion
>   DELILLE.

[1] *Georg.*, lib. I, v. 106-110.

> Qui, d'un fleuve coupé par de nombreux canaux,
> Court dans chaque sillon distribuer les eaux.
> Si le soleil brûlant flétrit l'herbe mourante,
> Aussitôt je le vois, par une douce pente,
> Amener du sommet d'un rocher sourcilleux
> Un docile ruisseau, qui sur un lit pierreux
> Tombe, écume, et, roulant avec un doux murmure,
> Des champs désaltérés ranime la verdure.
>   DELILLE.

[2] *Ibid.*, lib. II, v. 495-501.

> La pompe des faisceaux, l'orgueil du diadème,
> L'intérêt, dont la voix fait taire le sang même,
> . . . . ne troublent point sa paix.

Horace fuyoit les délices et la magnificence de Rome, pour s'enfoncer dans la solitude :

> Omitte mirari beatæ
> Fumum et opes strepitumque Romæ [1].

> .... Mihi jam non regia Roma,
> Sed vacuum Tibur placet, aut imbelle Tarentum [2].

Quand les poëtes veulent charmer l'imagination des hommes, ils les conduisent loin des grandes villes; ils leur font oublier le luxe de leur siècle, ils les ramènent à l'âge d'or; ils représentent des bergers dansant sur l'herbe fleurie à l'ombre d'un bocage, dans une saison délicieuse, plutôt que des cours agitées, et des grands qui sont malheureux par leur grandeur même :

> Agréables déserts, séjour de l'innocence,
> Où, loin des vains objets de la magnificence,
> Commence mon repos et finit mon tourment;
> Vallons, fleuves, rochers, aimable solitude,
> Si vous fûtes témoins de mon inquiétude,
> Soyez-le désormais de mon contentement. [3]

Rien ne marque tant une nation gâtée, que ce luxe dédaigneux qui rejette la frugalité des anciens. C'est cette dépravation qui renversa Rome. *Insuevit*, dit Salluste [4], *amare, potare, signa, tabulas pictas, vasa cœlata mirari.... Divitiæ honori esse cœperunt..... hebescere virtus, paupertas probro haberi..... Domos atque villas..... in urbium modum exædificatas..... A privatis compluribus subversos montes, maria constrata esse, quibus mihi ludibrio videntur fuisse divitiæ...... Vescendi causa, terra marique omnia exquirere.* J'aime cent fois mieux la pauvre Ithaque d'Ulysse, qu'une ville brillante par une si odieuse magnificence. Heureux les hommes, s'ils se contentoient des plaisirs qui ne coûtent ni crime ni ruine! C'est notre folle et cruelle vanité, et non pas la noble simplicité des anciens, qu'il faut corriger.

Je ne crois point (et c'est peut-être ma faute) ce que divers savants ont cru : ils disent qu'Homère a mis dans ses poëmes la plus profonde politique, la plus pure morale, et la plus sublime théologie. Je n'y aperçois point ces merveilles; mais j'y remarque un but d'instruction utile pour les Grecs, qu'il vouloit voir toujours unis, et supérieurs aux Asiatiques. Il montre que la colère d'Achille contre Agamemnon a causé plus de malheurs à la Grèce que les armes des Troyens :

> Quidquid delirant reges, plectuntur Achivi.
> Seditione, dolis, scelereatque libidine et ira,
> Iliacos intra muros peccatur, et extra [1].

En vain les platoniciens du Bas-Empire, qui imposoient à Julien, ont imaginé des allégories et de profonds mystères dans les divinités qu'Homère dépeint. Ces mystères sont chimériques : l'Écriture, les Pères qui ont réfuté l'idolâtrie, l'évidence même du fait, montrent une religion extravagante et monstrueuse. Mais Homère ne l'a pas faite, il l'a trouvée; il n'a pu la changer, il l'a ornée; il a caché dans son ouvrage un grand art, il a mis un ordre qui excite sans cesse la curiosité du lecteur; il a peint avec naïveté, grace, force, majesté, passion : que veut-on de plus?

Il est naturel que les modernes, qui ont beaucoup d'élégance et de tours ingénieux, se flattent de surpasser les anciens, qui n'ont que la simple nature. Mais je demande la permission de faire ici une espèce d'apologue. Les inventeurs de l'architecture qu'on nomme *gothique*, et qui est, dit-on, celle des Arabes, crurent sans doute avoir surpassé les architectes grecs. Un édifice grec n'a aucun ornement qui ne serve qu'à orner l'ouvrage; les pièces nécessaires pour le soutenir ou pour le mettre à couvert, comme les colonnes et la corniche, se tournent seulement en grace par leurs proportions : tout est simple, tout est mesuré, tout est borné à l'usage; on n'y voit ni hardiesse ni caprice qui impose aux yeux; les proportions sont si justes, que rien ne paroît fort grand, quoique tout le soit; tout est borné à contenter la vraie raison. Au contraire, l'architecte gothique élève sur des piliers très minces une voûte immense qui monte jusqu'aux nues : on croit que tout va tomber; mais

---

Auprès de ses égaux passant sa douce vie,
Son cœur n'est attristé de pitié ni d'envie.
Jamais aux tribunaux, disputant de vains droits,
La chicane pour lui ne fit mugir sa voix :
Sa richesse, c'est l'or des moissons qu'il fait naître;
Et l'arbre qu'il planta chauffe et nourrit son maître.
DELILLE.

[1] *Od.*, lib. III, od. XXIV, v. 11, 12.
Laisse à Rome, avec l'opulence,
Le bruit, la fumée et l'ennui.
DE WAILLY.

[2] *Epist.*, lib. I, ep. VII, v. 44, 45.
Rome n'a déjà plus tant de charme à mes yeux;
Mais je chéris Tibur, ma paresse, et ces lieux
Que n'ensanglantent point les querelles funestes.
DARU.

[3] RACAN.

[4] *Bell. Catilin.*, II, II, 12, 13.
La galanterie commença à s'introduire dans l'armée; on s'y accoutume à boire, à prendre du goût pour des statues, des tableaux, et des vases ciselés..... Les richesses commencèrent à procurer de la considération..... La vertu languit, la pauvreté devint un opprobre..... On bâtit des palais des maisons de campagne, que vous prendriez pour autant de villes..... Nombre de particuliers ont aplani des montagnes, ont bâti dans les mers, et semblent se jouer de leurs richesses..... On mit les terres et les mers à contribution pour fournir aux plaisirs de la table.
DOTTEVILLE.

[1] HORAT., lib. I, ep. II, v. 14, 15.
..... Des fautes des rois les Grecs portent la peine.
Sous les tentes des Grecs, dans les murs d'Ilion,
Règnent le fol amour et la sédition.
DARU.

tout dure pendant bien des siècles; tout est plein de fenêtres, de roses et de pointes; la pierre semble découpée comme du carton; tout est à jour, tout est en l'air. N'est-il pas naturel que les premiers architectes gothiques se soient flattés d'avoir surpassé, par leur vain raffinement, la simplicité grecque? Changez seulement les noms, mettez les poëtes et les orateurs en la place des architectes : Lucain devoit naturellement croire qu'il étoit plus grand que Virgile; Sénèque le tragique pouvoit s'imaginer qu'il brilloit bien plus que Sophocle; le Tasse a pu espérer de laisser derrière lui Virgile et Homère. Ces auteurs se seroient trompés en pensant ainsi : les plus excellents auteurs de nos jours doivent craindre de se tromper de même.

Je n'ai garde de vouloir juger en parlant ainsi; je propose seulement aux hommes qui ornent notre siècle de ne mépriser point ceux que tant de siècles ont admirés. Je ne vante point les anciens comme des modèles sans imperfections; je ne veux point ôter à personne l'espérance de les vaincre, je souhaite au contraire de voir les modernes victorieux par l'étude des anciens mêmes qu'ils auront vaincus. Mais je croirois m'égarer au-delà de mes bornes, si je me mêlois de juger jamais pour le prix entre les combattants :

Non nostrum inter vos tantas componere lites :
Et vitula tu dignus, et hic [1]. . . . .

Vous m'avez pressé, monsieur, de dire ma pensée. J'ai moins consulté mes forces que mon zèle pour la compagnie. J'ai peut-être trop dit, quoique je n'aie prétendu dire aucun mot qui me rende partial. Il est temps de me taire :

Phœbus volentem prælia me loqui,
Victas et urbes, increpuit lyra,
Ne parva Tyrrhenum per æquor
Vela darem [2].

Je suis pour toujours, avec une estime sincère et parfaite, monsieur, etc.

[1] VIRGIL., *Ecl.*, III, v. 108, 109.
Il ne m'appartient pas de nommer le vainqueur;
Vous avez mérité tous deux le même honneur.

[2] HORAT., *Od.*, lib. IV., od. XV, v. 1-4.
Éprise de César, ma muse alloit chanter
Sa gloire, et les cités qu'il joint à son empire :
Me frappant de sa lyre,
Apollon m'avertit de ne pas affronter
Un dangereux écueil sur un frêle navire.
DARU.

CORRESPONDANCE LITTÉRAIRE
DE FÉNELON
AVEC HOUDARD DE LA MOTTE,
DE L'ACADÉMIE FRANÇOISE.

LETTRE PREMIÈRE.
DE LA MOTTE A FÉNELON.

Il se montre sensible au souvenir et à l'estime de l'archevêque de Cambrai.

Paris, 28 août 1713.

MONSEIGNEUR,

Je viens de voir entre les mains de M. l'abbé Dubois[*] un extrait d'une de vos lettres où vous daignez vous souvenir de moi : elle m'a donné une joie excessive; et je vous avoue franchement qu'elle a été jusqu'à l'orgueil. Le moyen de s'en défendre, quand on reçoit quelque louange d'un homme aussi louable et autant loué que vous l'êtes? Je n'en suis revenu, monseigneur, qu'en me disant à moi-même que vous aviez voulu me donner des leçons sous l'apparence d'éloges, et qu'il n'y avoit là que de quoi m'encourager; c'en est encore trop de votre part, monseigneur, et je vous en remercie avec autant de reconnoissance que d'envie d'en profiter. Je me proposerai toujours votre suffrage dans ma conduite et dans mes écrits, comme la plus précieuse récompense où je puisse aspirer. J'ai grand regret à la lettre que vous m'avez fait l'honneur de m'écrire, et que je n'ai pas reçue; je ne puis cependant m'en tenir malheureux, puisque cet accident m'a attiré de votre part une nouvelle attention dont je connois tout le prix. De grace, monseigneur, continuez-moi des bontés qui me sont devenues nécessaires depuis que je les éprouve.

Je suis, monseigneur, avec le plus profond respect et le plus parfait dévouement, etc.

Votre très humble et très obéissant serviteur,

DE LA MOTTE.

[*] Depuis cardinal et ministre.

II.

DE FÉNELON A LA MOTTE.

Sur les défauts de la poésie françoise, et sur la traduction de l'Iliade en vers françois que La Motte étoit sur le point de publier.

Cambrai, 9 septembre 1713.

Les paroles qu'on vous a lues, monsieur, ne sont point des compliments; c'est mon cœur qui a parlé. Il s'ouvriroit encore davantage avec un grand plaisir, si j'étois à portée de vous entretenir librement. Vous pouvez faire de plus en plus honneur à la poésie françoise par vos ouvrages; mais cette poésie, si je ne me trompe, auroit encore besoin de certaines choses, faute desquelles elle est un peu gênée, et elle n'a pas toute l'harmonie des vers grecs et latins. Je ne saurois décider là-dessus; mais je m'imagine que, si je vous proposois mes doutes dans une conversation, vous développeriez ce que je ne pourrois démêler qu'à demi. On m'a dit que vous allez donner au public une traduction d'Homère en françois. Je serai charmé de voir un si grand poëte parler notre langue. Je ne doute point ni de la fidélité de la version, ni de la magnificence des vers. Notre siècle vous aura obligation de lui faire connoître la simplicité des mœurs antiques, et la naïveté avec laquelle les passions sont exprimées dans cette espèce de tableau. Cette entreprise est digne de vous; mais comme vous êtes capable d'atteindre à ce qui est original, j'aurois souhaité que vous eussiez fait un poëme nouveau, où vous auriez mêlé de grandes leçons avec de fortes peintures. J'aimerois mieux vous voir un nouvel Homère que la postérité traduiroit, que de vous voir le traducteur d'Homère même. Vous voyez bien que je pense hautement pour vous : c'est ce qui vous convient. Jugez par-là, s'il vous plaît, de la grande estime, du goût, et de l'inclination très forte avec laquelle je veux être parfaitement tout à vous, Monsieur, pour toute ma vie.

Fr. ar. duc de Cambrai.

III.

DE LA MOTTE A FÉNELON.

Sur le même sujet.

Paris, 14 décembre 1713.

Monseigneur,

C'en est fait, je compte sur votre bienveillance, et je l'ai sentie parfaitement dans la lettre que vous m'avez fait l'honneur de m'écrire. Ainsi, monseigneur, vous essuierez, s'il vous plaît, toute ma sincérité; je ferois scrupule de vous déguiser le moins du monde mes sentiments. On vous a dit que j'allois donner une traduction de l'Iliade en vers françois, et vous vous attendiez, ce me semble, à beaucoup de fidélité; mais je vous l'avoue ingénument, je n'ai pas cru qu'une traduction fidèle de l'Iliade pût être agréable en françois. J'ai trouvé partout, du moins par rapport à notre temps, de grands défauts joints à de grandes beautés; ainsi je m'en suis tenu à une imitation très libre, et j'ai osé même quelquefois être tout-à-fait original. Je ne crois pas cependant avoir altéré le sens du poëme; et quoique je l'aie fort abrégé, j'ai prétendu rendre toute l'action, tous les sentiments, tous les caractères. Sans vouloir vous prévenir, monseigneur, il y a un préjugé assez favorable pour moi; c'est qu'aux assemblées publiques de l'académie françoise, j'en ai déja récité cinq ou six livres, dont quelques uns de ceux qui connoissent le mieux le poëme original m'ont félicité d'un air bien sincère : ils m'ont loué même de fidélité dans mes imitations les plus hardies, soit que, n'ayant pas présent le détail de l'Iliade, ils crussent le retrouver dans mes vers, soit qu'ils comptassent pour fidélité les licences mêmes que j'ai prises pour tâcher de rendre ce poëme aussi agréable en françois qu'il peut l'être en grec. Je ne m'étends pas davantage, monseigneur, parce qu'on imprime actuellement l'ouvrage; vous jugerez bientôt de la conduite que j'y ai tenue, et de mes raisons bonnes ou mauvaises, dont je rends compte dans une assez longue préface. Condamnez, approuvez, monseigneur; tout m'est égal, puisque je suis sûr de la bienveillance. Permettez-moi de vous demander vos vues sur la poésie françoise. J'y sens bien quelques défauts, et surtout dans nos vers alexandrins une monotonie un peu fatigante; mais je n'en entrevois pas les remèdes, et je vous serai très obligé, si vous daignez me communiquer là-dessus quelques unes de vos lumières.

Je suis avec le plus profond et le plus tendre respect, etc.

IV.

DE FÉNELON A LA MOTTE *.

Sur la nouvelle traduction de l'Iliade par La Motte.

Cambrai, 16 janvier 1714.

Je reçois, monsieur, dans ce moment votre Iliade. Avant que de l'ouvrir, j'y vois quel est votre cœur

---

* Cette lettre ne se trouve point, comme les précédentes et les suivantes, parmi les *Réflexions sur la critique*, publiées en 1715

pour moi, et le mien en est fort touché. Mais il me tarde d'y voir aussi une poésie qui fasse honneur à notre nation et à notre langue. J'attends de la préface une critique au-dessus de tout préjugé ; et du poëme, l'accord du parti des modernes avec celui des anciens. J'espère que vous ferez admirer Homère par tout le parti des modernes, et que celui des anciens le trouvera avec tous ses charmes dans votre ouvrage. Je dirai avec joie : *Proxima Phœbi versibus ille facit.* Je suis avec l'estime la plus forte, monsieur, votre, etc.

V.

DE FÉNELON A LA MOTTE

Sur le même sujet.

Cambrai, 26 janvier 1714.

Je viens de vous lire, monsieur, avec un vrai plaisir ; l'inclination très forte dont je suis prévenu pour l'auteur de la nouvelle Iliade m'a mis en défiance contre moi-même. J'ai craint d'être partial en votre faveur, et je me suis livré à une critique scrupuleuse contre vous : mais j'ai été contraint de vous reconnoître tout entier dans un genre de poésie presque nouveau à votre égard. Je ne puis néanmoins vous dissimuler ce que j'ai senti. Ma remarque tombe sur notre versification, et nullement sur votre personne. C'est que les vers de nos odes, où les rimes sont entrelacées, ont une variété, une grace et une harmonie que nos vers héroïques ne peuvent égaler. Ceux-ci fatiguent l'oreille par leur uniformité. Le latin a une infinité d'inversions et de cadences. Au contraire, le françois n'admet presque aucune inversion de phrase ; il procède toujours méthodiquement par un nominatif, par un verbe, et par son régime. La rime gêne plus qu'elle n'orne les vers. Elle les charge d'épithètes ; elle rend souvent la diction forcée et pleine d'une vaine parure. En alongeant les discours, elle les affoiblit. Souvent on a recours à un vers inutile pour en amener un bon. Il faut avouer que la sévérité de nos règles a rendu notre versification presque impossible. Les grands vers sont presque toujours ou languissants ou raboteux. J'avoue ma mauvaise délicatesse ; ce que je fais ici est plutôt ma confession, que la censure des vers françois. Je dois me condamner quand je critique ce qu'il y a de meilleur.

La poésie lyrique est, ce me semble, celle qui a le plus de grace dans notre langue. Vous devez approuver qu'on la vante, car elle vous fait grand honneur.

Totum muneris hoc tui est,
Quod monstror digito prætereuntium
Romanæ fidicen lyræ :
Quod spiro et placeo, si placeo, tuum est [1].

Mais passons de la versification françoise à votre nouveau poëme. On vous reproche d'avoir trop d'esprit. On dit qu'Homère en montroit beaucoup moins ; on vous accuse de briller sans cesse par des traits vifs et ingénieux. Voilà un défaut qu'un grand nombre d'auteurs vous envient : ne l'a pas qui veut. Votre parti conclut de cette accusation que vous avez surpassé le poëte grec. *Nescio quid majus nascitur Iliade.* On dit que vous avez corrigé les endroits où il sommeille. Pour moi, qui entends de loin les cris des combattants, je me borne à dire :

Non nostrum inter vos tantas componere lites ;
Et vitula tu dignus, et hic [2].

Cette guerre civile du Parnasse ne m'alarme point. L'émulation peut produire d'heureux efforts, pourvu qu'on n'aille point jusqu'à mépriser le goût des anciens sur l'imitation de la simple nature, sur l'observation inviolable des divers caractères, sur l'harmonie, et sur le sentiment qui est l'ame de la parole. Quoi qu'il arrive entre les anciens et les modernes, votre rang est réglé dans le parti des derniers.

Vitis ut arboribus decori est, ut vitibus uvæ,
Ut gregibus tauri, segetes ut pinguibus arvis ;
Tu decus omne tuis [3].

Au reste, je prends part à la juste marque d'estime que le roi vient de vous donner. C'est plus pour lui que pour vous que j'en ai de la joie. En pensant à vos besoins, il vous met dans l'obligation de travailler à sa gloire. Je souhaite que vous égaliez les anciens dans ce travail, et que vous soyez à portée de dire comme Horace :

Nec, si plura velim, tu dare deneges [4].

C'est avec une sincère et grande estime que je serai le reste de ma vie, etc.

---

[1] HORAT., lib. IV, od. III, v. 21-24.
[2] VIRG., *Ecl.* III, v. 108, 109.
[3] *Ibid.*, v, v. 32-34.
[4] HORAT., lib. III, *Od.*, XVI, v. 38.

par La Motte. Elle fait partie des *Mémoires pour servir à l'histoire de la vie et des ouvrages de MM. de Fontenelle et de La Motte, par l'abbé Trublet.* (1759. 1 vol. in-12, page 412.)

VI.
DE LA MOTTE A FÉNELON.

Sur le même sujet, et sur la dispute des anciens et des modernes.

Paris, 15 février 1714.

MONSEIGNEUR,

Quoi! vous avez craint d'être partial en ma faveur, et vous voulez bien que je le croie! Je goûte si parfaitement ce bonheur, qu'il ne falloit pas moins que votre approbation pour l'augmenter. Je ne desirerois plus (ce que je n'espère guère) que l'honneur et le plaisir de vous voir et de vous entendre. Qu'il me seroit doux de vous exposer tous mes sentiments, d'écouter avidement les vôtres, et d'apprendre sous vos yeux à bien penser! Je sens même, tant vos bontés me mettent à l'aise avec vous, que je disputerois quelquefois, et qu'à demi persuadé, je vous donnerois encore, par mes instances, le plaisir de me convaincre tout-à-fait. Je ne sais pourquoi je m'imagine ce plaisir ; car je défère absolument à tout ce que vous alléguez contre la versification françoise. J'avoue que la latine a de grands avantages sur elle : la liberté de ses inversions, ses mesures différentes, l'absence même de la rime, lui donnent une variété qui manque à la nôtre. Le malheur est qu'il n'y a point de remède, et qu'il ne nous reste plus qu'à vaincre, à force de travail, l'obstacle que la sévérité de nos règles met à la justesse et à la précision. Il me semble cependant que de cette difficulté même, quand elle est surmontée, naît un plaisir très sensible pour le lecteur. Quand il sent que la rime n'a point gêné le poète, que la mesure tyrannique du vers n'a point amené d'épithètes inutiles, qu'un vers n'est pas fait pour l'autre; qu'en un mot tout est utile et naturel, il se mêle alors au plaisir que cause la beauté de la pensée un étonnement agréable de ce que la contrainte ne lui a rien fait perdre. C'est presque en cela seul, à mon sens, que consiste tout le charme des vers ; et je crois par conséquent que les poètes ne peuvent être bien goûtés que par ceux qui ont comme eux le génie poétique. Comme ils sentent les difficultés mieux que les autres, ils font plus de grace aux imperfections qu'elles entraînent, et sont aussi plus sensibles à l'art qui les surmonte. Quant à la versification des odes, je conviens encore avec vous qu'elle est plus agréable et plus variée; mais je ne crois pas qu'elle fût propre pour la narration. Comme chaque strophe doit finir par quelque chose de vif et d'ingénieux, cela entraîneroit infailliblement de l'affectation en plusieurs rencontres ; et d'ailleurs, dans un long poëme, ces espèces de couplets, toujours cadencés et partagés également, dégénéreroient à la fin en une monotonie du moins aussi fatigante que celle de nos grands vers. Je m'en rapporte à vous, monseigneur; car vous serez toujours mon juge, et je n'en veux pas d'autre dans la dispute que j'aurai peut-être à soutenir sur mon ouvrage. Cette guerre que vous prévoyez ne vous alarme point, pourvu, dites-vous, que l'on n'aille pas jusqu'à mépriser le goût des anciens. Peut-on jamais le mépriser, monseigneur? Quoi que nous fassions, ils seront toujours nos maîtres. C'est par l'exemple fréquent qu'ils nous ont donné du beau, que nous sommes à portée de reconnoître leurs défauts, et de les éviter : à peu près comme les nouveaux philosophes doivent à la méthode de Descartes l'art de le combattre lui-même. Qu'on nous permette un examen respectueux et une émulation modeste, nous n'en demandons pas davantage. Je passe sur les louanges que vous daignez me donner. Je me contente d'y admirer l'usage que vous faites des traits des anciens, plus ingénieux que les traits mêmes. C'est encore un nouveau motif d'émulation pour moi; et si je fais dans la suite quelque chose qui vous plaise, soyez sûr, monseigneur, que ce motif y aura eu bonne part. Je suis pour toute ma vie, avec un attachement très respectueux, etc.

VII.
DU MÊME.

Sur le même sujet.

Paris, 15 avril 1714.

MONSEIGNEUR,

J'ai reçu, par la personne que j'avois osé vous recommander, de nouveaux témoignages de votre bienveillance. J'y suis toujours aussi sensible, quoique j'en sois moins surpris; car je sais que la constance des sentiments est le propre d'une ame comme la vôtre; et puisque vous avez commencé de me vouloir du bien, vous ne sauriez discontinuer, à moins que je ne m'en rende indigne; ce qui me paroît impossible, si je n'ai à le craindre que par les fautes du cœur. Je vous dois un compte naïf du succès de mon Iliade. L'opinion invétérée du mérite infaillible d'Homère a soulevé contre moi quelques commentateurs, que je respecte toujours par leurs bons endroits. Ils ne sauroient digérer les moindres remarques où l'on ne se récrie pas comme eux : A la merveille! et parce que je ne conviens pas qu'Homère soit toujours sensé, ils en concluent brusquement que je ne suis jamais raisonnable. Franchement, monseigneur, vous les avez un peu gâtés. Un de vos ouvrages, où ils entrevoient quelque imitation d'Homère, fournit de nouvelles armes à leur préjugé. Ils croient que tout l'agrément, toute la perfection de cet ouvrage, viennent de quelques traits de ressemblance qu'il a avec le poëme grec; au lieu que ces traits mêmes tirent leur perfection du choix que vous en faites, de la place où vous les employez, et de cette foule de beautés originales dont vous les accompagnez toujours. La preuve de ma pensée, monseigneur, car je crois qu'il est à propos de vous prouver à vous-même votre supériorité, c'est que, malgré les mœurs anciennes qu'on allègue toujours comme la cause de nos dégoûts injustes, votre prétendue imitation est lue tous les jours avec un nouveau plaisir par toutes sortes de personnes; au lieu que l'Iliade de madame Dacier, quoique élégante, tombe des mains malgré qu'on en ait, à moins qu'une espèce d'idolâtrie pour Homère ne ranime le zèle du lecteur. Je vais même jusqu'à croire que vous-même, avec ce style enchanteur qui n'a été donné qu'à vous, ne réussiriez à la faire lire qu'en lui prêtant beaucoup du vôtre. J'ai aussi mes partisans, monseigneur. Vous saurez peut-être que le Père Sanadon, dans sa harangue, m'a fait l'honneur outré de m'associer à vos louanges. Le Père Porée, son collègue, souscrit à son approbation; et je vous nommerois encore bien d'autres savants, si je ne craignois que ma prétendue naïveté ne vous parût orgueil, comme en effet elle pourroit bien l'être. Mes critiques n'ont encore que parlé: ce qui m'est revenu de leurs discours ne m'a point paru solide. Je ne sais s'ils me feront l'honneur d'écrire contre mes sentiments: mais je les attends sans crainte, bien résolu de me rendre avec plaisir à la raison, et de défendre aussi la vérité de toutes mes forces. N'est-ce pas grand dommage, monseigneur, qu'il n'y ait presque ni fermeté ni candeur parmi les gens de lettres? Ils prennent servilement le ton les uns des autres; et, plus amoureux de leur réputation que de la vérité, ils sont bien moins occupés de ce qu'ils devroient dire, que de ce qu'on dira d'eux. Si quelquefois ils osent prendre des sentiments contraires, c'est encore pis. On dispute, mais ce n'est pas pour rien éclaircir; c'est pour vaincre: et presque personne n'a le courage de céder aux bonnes raisons d'un autre. Pour moi, monseigneur, qui ne suis rien dans les lettres, je me flatte d'avoir de meilleures intentions, qui seroient bien mieux placées avec plus de capacité. Je me fais une loi de dire surtout ce que je pense, après l'avoir médité sérieusement; et je me dédommagerai toujours de m'être mépris par l'honneur de convenir de mon tort, qui que ce soit qui me le montre. Voilà bien de la morale, monseigneur, je vous en demande pardon; mais je ne la débite ici que pour m'en faire devant vous un engagement plus étroit de la suivre dans l'occasion.

Je suis avec le plus profond respect, et un attachement égal, etc.

VIII.

DE FÉNELON A LA MOTTE.

Sur la dispute des anciens et des modernes.

Cambrai, 4 mai 1714.

La lettre que vous m'avez fait la grace de m'écrire, monsieur, est très obligeante; mais elle flatte trop mon amour-propre, et je vous conjure de m'épargner. De mon côté, je vais vous répondre sur l'affaire du temps présent d'une manière qui vous montrera, si je ne me trompe, ma sincérité.

Je n'admire point aveuglément tout ce qui vient des anciens. Je les trouve fort inégaux entre eux. Il y en a d'excellents: ceux mêmes qui le sont ont la marque de l'humanité, qui est de n'être pas sans quelque reste d'imperfection. Je m'imagine même que si nous avions été de leur temps, la connoissance exacte des mœurs, des idées des divers siècles, et des dernières finesses de leurs langues, nous auroit fait sentir des fautes que nous ne pouvons plus discerner avec certitude. La Grèce, parmi tant d'auteurs qui ont eu leurs beautés, ne nous montre au-dessus des autres qu'un Homère, qu'un Pindare, qu'un Théocrite, qu'un Sophocle, qu'un Démosthène. Rome, qui a eu tant d'écrivains très estimables, ne nous présente qu'un Virgile, qu'un Horace, qu'un Térence, qu'un Catulle, qu'un Cicéron. Nous pouvons croire Horace sur sa parole, quand il avoue qu'Homère se néglige un peu en quelques endroits.

Je ne saurois douter que la religion et les mœurs des héros d'Homère n'eussent de grands défauts. Il est naturel que ces défauts nous choquent dans les peintures de ce poëte. Mais j'en excepte l'aimable simplicité du monde naissant: cette simplicité des mœurs, si éloignée de notre luxe, n'est point un défaut, et c'est notre luxe qui en est un très grand. D'ailleurs un poëte est un peintre, qui doit peindre d'après nature, et observer tous les caractères.

Je crois que les hommes de tous les siècles ont eu à peu près le même fonds d'esprit et les mêmes talents, comme les plantes ont eu le même suc et la même vertu. Mais je crois que les Siciliens, par exemple, sont plus propres à être poëtes que les Lapons. De plus, il y a eu des pays où les mœurs, la forme du gouvernement et les études ont été plus convenables que celles des autres pays pour faciliter le progrès de la poésie. Par exemple, les mœurs des Grecs formoient bien mieux des poëtes que celles des Cimbres et des Teutons. Nous sortons à peine d'une étonnante barbarie; au contraire, les Grecs avoient une très longue tradition de politesse et d'étude des règles, tant sur les ouvrages d'esprit que sur les beaux-arts.

Les anciens ont évité l'écueil du bel esprit, où les Italiens modernes sont tombés, et dont la contagion s'est fait un peu sentir à plusieurs de nos écrivains, d'ailleurs très distingués. Ceux d'entre les anciens qui ont excellé ont peint avec force et grace la simple nature. Ils ont gardé les caractères; ils ont attrapé l'harmonie; ils ont su employer à propos le sentiment et la passion. C'est un mérite bien original.

Je suis charmé des progrès qu'un petit nombre d'auteurs a donnés à notre poésie; mais je n'ose entrer dans le détail, de peur de vous louer en face. Je croirois, monsieur, blesser votre délicatesse. Je suis d'autant plus touché de ce que nous avons d'exquis dans notre langue, qu'elle n'est ni harmonieuse, ni variée, ni libre, ni hardie, ni propre à donner de l'essor, et que notre scrupuleuse versification rend les beaux vers presque impossibles dans un long ouvrage. En vous exposant mes pensées avec tant de liberté, je ne prétends ni reprendre ni contredire personne. Je dis historiquement quel est mon goût, comme un homme, dans un repas, dit naïvement qu'il aime mieux un ragoût que l'autre. Je ne blâme le goût d'aucun homme, et je consens qu'on blâme le mien. Si la politesse et la discrétion, nécessaires pour le repos de la société, demandent que les hommes se tolèrent mutuellement dans la variété d'opinions où ils se trouvent pour les choses les plus importantes à la vie humaine, à plus forte raison doivent-ils se tolérer sans peine dans la variété d'opinions sur ce qui importe très peu à la sûreté du genre humain. Je vois bien qu'en rendant compte de mon goût, je cours risque de déplaire aux admirateurs passionnés et des anciens et des modernes; mais, sans vouloir fâcher ni les uns ni les autres, je me livre à la critique des deux côtés.

Ma conclusion est qu'on ne peut pas trop louer les modernes qui font de grands efforts pour surpasser les anciens. Une si noble émulation promet beaucoup. Elle me paroîtroit dangereuse, si elle alloit jusqu'à mépriser et à cesser d'étudier ces grands originaux. Mais rien n'est plus utile que de tâcher d'atteindre à ce qu'ils ont de plus sublime et de plus touchant, sans tomber dans une imitation servile pour les endroits qui peuvent être moins parfaits ou trop éloignés de nos mœurs. C'est avec cette liberté si judicieuse et si délicate que Virgile a suivi Homère.

Je suis, monsieur, avec l'estime la plus sincère et la plus forte, etc.

IX.

DE LA MOTTE A FÉNELON.

Sur la lettre du prélat à M. Dacier, touchant les occupations de l'Académie françoise.

Paris, 5 novembre 1714.

Monseigneur,

C'est me priver trop long-temps de l'honneur de vous entretenir; donnez-moi, je vous prie, un moment d'audience. J'ai lu plusieurs de vos ouvrages, et vous souffrirez, s'il vous plaît, que je vous rende compte de la manière dont j'en ai été touché. M. Destouches m'a lu quantité de vos lettres, où j'ai senti combien il est doux d'être aimé de vous; le cœur y parle à chaque ligne; l'esprit s'y confond toujours avec la naïveté et le sentiment. Les conseils y sont riants, sans rien perdre de leur force; ils plaisent autant qu'ils convainquent; et je donnerois volontiers les louanges les plus délicates pour des censures ainsi assaisonnées par l'amitié. M. Destouches a dû vous dire combien nous vous aimions en lisant vos lettres, et combien je l'aimois lui-même d'avoir mérité tant de part dans votre cœur.... Je passe au discours que vous avez envoyé à l'Académie françoise. Tout le monde fut également charmé des idées justes que vous y donnez de chaque chose; il n'appartient qu'à vous d'unir tant de solidité à tant de graces. Mais je vous dirai que, sur Homère, les deux partis se flattoient de vous avoir chacun de leur côté. Vous faites Homère un grand peintre; mais vous passez condamnation sur ses dieux et sur ses héros. En vérité, si, de votre aveu, les uns ne valent pas nos fées, et les autres nos honnêtes gens, que devient un poëme rempli de ces deux sortes de personnages? Malgré le talent de peindre que je trouve avec vous dans Homère, la raison n'est-elle pas révoltée à chaque instant par des idées qu'elle ne sauroit avouer, et qui, du côté de l'esprit et du cœur, trouvent un double obstacle à l'approbation? Je ne vous demande pas pardon de ma franchise, j'en ai fait vœu avec vous pour le reste de ma vie, et je suis sûr que vous m'en aimez mieux. Je vous envoie le discours que j'ai prononcé à l'Académie le jour de la distribution des prix : j'étois directeur. J'ai cru devoir traiter une matière dont il semble qu'on auroit dû parler dès la première distribution : on me l'avoit pourtant laissée depuis cinquante années; je m'en suis saisi comme d'un bien abandonné, et qui appartenoit à la place où j'étois. Le discours me parut généralement approuvé; mais j'en appelle à votre jugement : c'est à vous de me marquer les fautes qui m'y peuvent être échappées.

Je suis avec le respect le plus profond, etc.

X.
DE FÉNELON A LA MOTTE.
Sur la dispute des anciens et des modernes.
Cambrai, 22 novembre 1714.

Chacun se peint sans y penser, monsieur, dans ce qu'il écrit. La lettre que j'ai reçue au retour d'un voyage ressemble à tout ce que j'entends dire de votre personne. Aussi ce portrait est-il fait de bonne main. Il me donneroit un vrai desir de voir celui qu'il représente. Votre conversation doit être encore plus aimable que vos écrits : mais Paris vous retient; vos amis disputent à qui vous aura, et ils ont raison. Je ne pourrois vous espérer à mon tour que par un enlèvement de la main de M. Destouches.

Omitte mirari beatæ
　Fumum, et opes, strepitumque Romæ.
Plerumque gratæ divitibus vices[1].

Nous vous retiendrions ici comme les preux chevaliers étoient retenus par enchantement dans les vieux châteaux. Ce qui est de réel est que vous seriez céans libre comme chez vous, et aussi aimé que vous l'êtes par vos anciens amis. Je serois charmé de vous entendre raisonner avec autant de justesse sur les questions les plus épineuses de la théologie, que sur les ornements les plus fleuris de la poésie. Vous savez (j'en ai la preuve en main) transformer le poëte en théologien. D'un côté, vous avez réveillé l'émulation pour les prix de l'Académie par un discours d'une très judi-cieuse critique, et d'un tour très élégant; de l'autre, vous réfutez en peu de mots, dans la lettre que je garde, une très fausse et très dangereuse notion du libre arbitre, qui impose en nos jours à un grand nombre de gens d'esprit.

Au reste, monsieur, je me trouve plus heureux que je ne l'espérois. Est-il possible que je contente les deux partis des anciens et des modernes, moi qui craignois tant de les fâcher tous deux? Me voilà tenté de croire que je ne suis pas loin du juste milieu, puisque chacun des deux partis me fait l'honneur de supposer que j'entre dans son véritable sentiment. C'est ce que je puis desirer de mieux, étant fort éloigné de l'esprit de critique et de partialité. Encore une fois, j'abandonne sans peine les dieux et les héros d'Homère; mais ce poëte ne les a pas faits, il a bien fallu qu'il les prît tels qu'il les trouvoit; leurs défauts ne sont pas les siens. Le monde idolâtre et sans philosophie ne lui fournissoit que des dieux qui déshonoroient la divinité, et que des héros qui n'étoient guère honnêtes gens. C'est ce défaut de religion solide et de pure morale qui a fait dire à saint Augustin[1] sur ce poëte : *Dulcissime vanus est... Humana ad deos transferebat.* Mais enfin la poésie est, comme la peinture, une imitation. Ainsi Homère atteint au vrai but de l'art quand il représente les objets avec grace, force et vivacité. Le sage et savant Poussin auroit peint le Guesclin et Boucicaut simples et couverts de fer, pendant que Mignard auroit peint les courtisans du dernier siècle avec des fraises ou des collets montés, ou avec des canons, des plumes, de la broderie et des cheveux frisés. Il faut observer le vrai, et peindre d'après nature. Les fables mêmes qui ressemblent aux contes des fées ont je ne sais quoi qui plaît aux hommes les plus sérieux : on redevient volontiers enfant, pour lire les aventures de Baucis et de Philémon, d'Orphée et d'Eurydice. J'avoue qu'Agamemnon a une arrogance grossière, et Achille un naturel féroce; mais ces caractères ne sont que trop vrais, et que trop fréquents. Il faut les peindre pour corriger les mœurs. On prend plaisir à les voir peintes fortement par des traits hardis. Mais pour les héros des romans, ils n'ont rien de naturel; ils sont faux, doucereux et fades. Que ne dirions-nous point là-dessus, si jamais Cambrai pouvoit vous posséder? Une douce dispute animeroit la conversation.

O noctes cœnæque deum, quibus ipse, meique,
　Ante larem proprium vescor..........

---

[1] Hor., lib. III, od. xxix, v. 11-13.

[1] *Confess.*, lib. I, cap. xiv; n. 25, tom. I, pag. 78.

Sermo oritur non de villis, domibusve alienis....
. . . . Sed quod magis ad nos
Pertinet, et nescire malum est, agitamus : utrumne
Divitiis homines, an sint virtute beati [1]?

Vous chantiez quelquefois, monsieur, ce qu'Apollon vous inspiroit.

Tum vero in numerum Faunosque ferasque videres
Ludere; tum rigidas motare cacumina quercus [2].

XI.
DE LA MOTTE A FÉNELON.
Sur le même sujet.

Paris, 15 décembre 1714.

MONSEIGNEUR,

Le parti en est pris, je me ferai enlever par M. Destouches, dès qu'il voudra bien se charger de moi, et j'irai me livrer aux enchantements de Cambrai. Vous voulez bien m'y promettre de la liberté et de l'amitié. Je profiterai si bien de l'une et de l'autre, que je vous en serai peut-être incommode. Je vous engagerai à parler de toutes les choses que j'ai intérêt d'apprendre; et je ne rougirai point de vous découvrir toute mon ignorance, puisque l'amitié vous intéresse à m'instruire. Pour l'affaire d'Homère, il me semble, monseigneur, qu'elle est presque vidée entre vous et moi. J'ai prétendu seulement que l'absurdité du paganisme, la grossièreté de son siècle, et le défaut de philosophie, lui avoient fait faire bien des fautes; vous en convenez, et je conviens aussi avec vous que ces fautes sont celles de son temps, et non pas les siennes. Vous adoptez encore le jugement que saint Augustin porte d'Homère. Il dit de ce poëte qu'il est très agréablement frivole : le frivole tombe sur les choses, l'agréable tombe en partie sur l'expression; et puisque mes censures ne s'étendent jamais qu'aux choses, me voilà d'accord avec saint Augustin et avec vous. Mais, monseigneur, comme une douce dispute est l'ame de la conversation, je m'attends bien, quand j'aurai l'honneur de m'entretenir avec vous, à réveiller là-dessus de petites querelles. Je vous dirai, par exemple, qu'Homère a eu tort de donner à un homme aussi vicieux qu'Achille des qualités si brillantes, qu'on l'admire plus qu'on ne le hait. C'est, à mon avis, tendre un piége à la vertu de ses lecteurs, que de les intéresser pour des méchants. Vous me répondrez, j'insisterai; les choses s'éclairciront, et je prévois avec plaisir que je finirai toujours par

me rendre. Nous passerons de là aux matières plus importantes. La raison me parlera par votre bouche, et vous connoîtrez à mon attention si je l'aime. Voilà l'enchantement que je me promets, et malheur à qui me viendra désenchanter!

Je suis, monseigneur, avec tous les sentiments que vous me connoissez, etc.

JUGEMENT DE FÉNELON
SUR UN POETE DE SON TEMPS.

J'ai lu, monsieur, avec un grand plaisir l'ouvrage de poésie * que vous m'avez fait la grace de m'envoyer. Je ne parlerois pas à un autre aussi librement qu'à vous; et je ne vous dirai même ma pensée qu'à condition que vous n'en expliquerez à l'auteur que ce qui peut lui faire plaisir, sans m'exposer à lui faire la moindre peine. Ses vers sont pleins, ce me semble, d'une poésie noble et hardie; il pense hautement; il peint bien et avec force; il met du sentiment dans ses peintures, chose qu'on ne trouve guère en plusieurs poëtes de notre nation. Mais je vous avoue que, selon mon foible jugement, il pourroit avoir plus de douceur et de clarté. Je voudrois un je ne sais quoi, qui est une facilité à laquelle il est très difficile d'atteindre. Quand on est hardi et rapide, on court risque d'être moins clair et moins harmonieux. Les beaux vers de Malherbe sont clairs et faciles comme la prose la plus simple, et ils sont nombreux comme s'il n'avoit songé qu'à la seule harmonie. Je sais bien, monsieur, que cet assemblage de tant de choses qui semblent opposées est presque impossible dans une versification aussi gênante que la nôtre. De là vient que Malherbe, qui a fait quelques vers si beaux et si parfaits suivant le langage de son temps, en a fait tant d'autres où l'on le méconnoît. Nous avons vu aussi plusieurs poëtes de notre nation qui, voulant imiter l'essor de Pindare, ont eu quelque chose de dur et de raboteux. Ronsard a beaucoup de cette dureté, avec des traits hardis. Votre ami est infiniment plus doux et plus régulier. Ce qu'il peut y avoir d'inégal en lui n'est en rien comparable aux inégalités de Malherbe; et j'avoue que ma critique, trop rigoureuse, n'a presque rien à lui reprocher, et est forcée de le louer presque partout. Ce qui me rend si difficile est que je voudrois qu'un court ouvrage de poésie fût fait comme Horace dit que les ouvrages des

[1] HORAT., Serm., lib. II, sat. VI, v. 65-74.
[2] VIRGIL., Égl., VI, v. 27, 28.

* C'étoit, à ce que nous croyons, les Poésies choisies de J.-B ROUSSEAU.

Grecs étoient achevés, *ore rotundo*. Il ne faut prendre, si je ne me trompe, que la fleur de chaque objet, et ne toucher jamais que ce qu'on peut embellir. Plus notre versification est gênante, moins il faut hasarder ce qui ne coule pas assez facilement. D'ailleurs, la poésie forte et nerveuse de cet auteur m'a fait tant de plaisir, que j'ai une espèce d'ambition pour lui, et que je voudrois des choses qui sont peut-être impossibles en notre langue. Encore une fois, je vous demande le secret, et je vous supplie de m'excuser sur ce que des eaux que je prends, et qui m'embarrassent un peu la tête, m'empêchent d'écrire de ma main. Il n'en est pas de même du cœur; car je ne puis rien ajouter, monsieur, aux sentiments très vifs d'estime avec lesquels je suis votre, etc.

POÉSIES.

ODE

A L'ABBÉ DE LANGERON.

DESCRIPTION DU PRIEURÉ DE CARENAC*.

Montagnes** de qui l'audace
Va porter jusques aux cieux
Un front d'éternelle glace,
Soutien du séjour des dieux;
Dessus vos têtes chenues
Je cueille au-dessus des nues
Toutes les fleurs du printemps.
A mes pieds, contre la terre,
J'entends gronder le tonnerre,
Et tomber mille torrents.

Semblables aux monts de Thrace,
Qu'un géant audacieux
Sur les autres monts entasse
Pour escalader les cieux,
Vos sommets sont des campagnes
Qui portent d'autres montagnes;
Et, s'élevant par degrés,

De leurs orgueilleuses têtes
Vont affronter les tempêtes
De tous les vents conjurés.

Dès que la vermeille Aurore
De ses feux étincelants
Toutes ces montagnes dore,
Les tendres agneaux bêlants
Errent dans les pâturages;
Bientôt les sombres bocages,
Plantés le long des ruisseaux,
Et que les zéphyrs agitent,
Bergers et troupeaux invitent
A dormir au bruit des eaux.

Mais dans ce rude paisage,
Où tout est capricieux
Et d'une beauté sauvage,
Rien ne rappelle à mes yeux
Les bords que mon fleuve arrose;
Fleuve où jamais le vent n'ose
Les moindres flots soulever,
Où le ciel serein nous donne
Le printemps après l'automne,
Sans laisser place à l'hiver.

Solitude*, où la rivière
Ne laisse entendre autre bruit
Que celui d'une onde claire
Qui tombe, écume et s'enfuit;
Où deux îles fortunées,
De rameaux verts couronnées,
Font pour le charme des yeux
Tout ce que le cœur desire;
Que ne puis-je sur ma lyre
Te chanter du chant des dieux!

De zéphyr la douce haleine,
Qui reverdit nos buissons,
Fait sur le dos de la plaine
Flotter les jaunes moissons
Dont Cérès emplit nos granges;
Bacchus lui-même aux vendanges
Vient empourprer le raisin,
Et, du penchant des collines,
Sur les campagnes voisines
Verse des fleuves de vin.

Je vois au bout des campagnes,
Pleines de sillons dorés,
S'enfuir vallons et montagnes

---

* Cette ode a été imprimée dans l'édition du Télémaque donnée en 1717 par le chevalier de Ramsai. Fénelon la composa en 1681, pendant le séjour qu'il fit en Périgord, auprès de l'évêque de Sarlat, son oncle, qui venoit de lui résigner le prieuré de Carenac, dans le diocèse de Sarlat. Voyez l'*Hist. de Fén.*, liv. 1, n. 21.

** Les montagnes du Périgord, où étoit Fénelon lorsqu'il composa cette ode.

* Cette solitude est le prieuré de Carenac, situé sur les bords de la Dordogne.

Dans des lointains azurés,
Dont la bizarre figure
Est un jeu de la nature :
Sur les rives du canal,
Comme en un miroir fidèle,
L'horizon se renouvelle
Et se peint dans ce cristal.

Avec les fruits de l'automne
Sont les parfums du printemps,
Et la vigne se couronne
De mille festonts pendans;
Le fleuve aimant les prairies
Qui dans des îles fleuries
Ornent ses canaux divers,
Par des eaux ici dormantes,
Là rapides et bruyantes,
En baigne les tapis verts.

Dansant sur les violettes,
Le berger mêle sa voix
Avec le son des musettes,
Des flûtes et des hautbois.
Oiseaux, par votre ramage,
Tous soucis dans ce bocage
De tous cœurs sont effacés;
Colombes et tourterelles,
Tendres, plaintives, fidèles,
Vous seules y gémissez.

Une herbe tendre et fleurie
M'offre des lits de gazon;
Une douce rêverie
Tient mes sens et ma raison :
A ce charme je me livre,
De ce nectar je m'enivre,
Et les dieux en sont jaloux.
De la cour flatteurs mensonges,
Vous ressemblez à mes songes,
Trompeurs comme eux, mais moins doux.

A l'abri des noirs orages
Qui vont foudroyer les grands,
Je trouve sous ces feuillages
Un asile en tous les temps :
Là, pour commencer à vivre,
Je puise seul et sans livre
La profonde vérité;
Puis la fable avec l'histoire
Viennent peindre à ma mémoire
L'ingénue antiquité.

Des Grecs je vois le plus sage*,
Jouet d'un indigne sort,

Tranquille dans son naufrage
Et circonspect dans le port;
Vainqueur des vents en furie,
Pour sa sauvage patrie
Bravant les flots nuit et jour.
O combien de mon bocage
Le calme, le frais, l'ombrage,
Méritent mieux mon amour!

Je goûte, loin des alarmes,
Des Muses l'heureux loisir;
Rien n'expose au bruit des armes
Mon silence et mon plaisir.
Mon cœur, content de ma lyre,
A nul autre honneur n'aspire
Qu'à chanter un si doux bien.
Loin, loin, trompeuse fortune;
Et toi, faveur importune!
Le monde entier ne m'est rien.

En quelque climat que j'erre,
Plus que tous les autres lieux
Cet heureux coin de la terre
Me plaît, et rit à mes yeux;
Là, pour couronner ma vie,
La main d'une Parque amie
Filera mes plus beaux jours;
Là reposera ma cendre;
Là Tyrcis * viendra répandre
Les pleurs dus à nos amours.

SUR LA PRISE DE PHILISBOURG

PAR LE DAUPHIN, FILS DE LOUIS XIV, EN 1688.

Depuis les colonnes d'Hercule,
Où le soleil éteint ses feux,
Jusques aux rivages qu'il brûle
Quand il remonte dans les cieux;
De la zone ardente du Maure
Jusques aux glaces du Bosphore,
D'effroi les peuples sont saisis;
Tout-à-coup un nouveau tonnerre,
En grondant, fait trembler la terre
Sous la main d'un nouveau Louis.

Philisbourg, c'est toi qu'il menace,
Par toi commencent ses hauts faits;
N'oppose point à son audace
Ni ton rocher, ni tes marais :
Sur tes murs va tomber la foudre,
Et tes guerriers mordront la poudre

---

* Ulysse.

* Sous ce nom emprunté, Fénelon désigne l'abbé de Langeron, le plus cher de ses amis, à qui cette ode est adressée.

Sous les coups du jeune vainqueur;
Frankendal, Manheim, Worms, Spire,
Bientôt ouvriront tout l'empire
A cette rapide valeur.

Tel qu'Hippolyte en son jeune âge,
Il amusoit, dans les forêts,
Sa noble ardeur et son courage;
Mais, lassé d'une longue paix,
Comme son père, après la gloire,
Sur les ailes de la victoire
Il vole; et sa puissante main
Ne s'exercera dans la guerre
Qu'à purger, comme lui, la terre
Des monstres nourris dans son sein.

TRADUCTION DU PSAUME Ier.

Beatus vir, etc.

Heureux qui, loin de l'impie,
Loin des traces des pécheurs,
Dérobe sa pure vie
A cette peste des mœurs,
Et qui nuit et jour médite
La loi dans son cœur écrite!

Tel sur les rives des eaux
L'arbre voit ses feuilles vertes
De fleurs et de fruits couvertes
Orner ses tendres rameaux.
Non, non, tel n'est pas l'impie :
Comme poudre au gré des vents,
Sa grandeur évanouie
Devient le jouet des ans.

De nos saintes assemblées,
Des faveurs du ciel comblées,
Il ne verra plus la paix;
Et, dans l'horreur de son crime,
Sous ses pas s'ouvre l'abîme
Qui l'engloutit à jamais.

TRADUCTION DU PSAUME CXXXVI.

Super flumina Babylonis.

Sur les rives du fleuve auprès de Babylone,
  Là, pénétrés d'affliction,
Chacun de nous assis aux larmes s'abandonne,
  Se ressouvenant de Sion.

Nos instruments muets sont suspendus aux saules;
  Mais le peuple victorieux
Veut entendre le chant des divines paroles
  Qu'en paix chantèrent nos aïeux.

Ceux qui nous ont traînés hors de Sion, loin d'elle,
  Chantez, nous disent-ils, vos vers.
Hélas! comment chanter? cette terre infidèle
  Entendroit nos sacrés concerts.

Plutôt que t'oublier, ô Sion! ô patrie!
  Que ma langue, pour me punir,
Se sèche en mon palais! que ma droite j'oublie,
  Si je perds ton doux souvenir!

Seigneur, au jour des tiens, au grand jour de ta gloire,
  Souviens-toi des enfants d'Edom.
Ils ont dit : Effacez, effacez sa mémoire;
  En cendre réduisez Sion.

O Babylone impie, ô mère déplorable!
  Heureux qui ces maux te rendra!
Qui, traînant tes enfants hors de ton sein coupable,
  Sur la pierre les brisera!

ODE

SUR L'ENFANCE CHRÉTIENNE *.

Adieu, vaine prudence,
Je ne te dois plus rien;
Une heureuse ignorance
  Est ma science;
Jésus et son enfance
  Est tout mon bien.

Jeune, j'étois trop sage,
Et voulois tout savoir;
Je n'ai plus en partage
  Que badinage,
Et touche au dernier âge
  Sans rien prévoir.

---

* Le P. de Querbeuf, en citant, dans la *Vie de Fénelon* (page 749) les deux premières strophes de cette ode, fait les réflexions suivantes, qu'il ne sera peut-être pas inutile de transcrire : « Un » historien, bel-esprit, mais peu exact (Voltaire), a voulu ce- » pendant faire mourir Fénelon en philosophe qui se livre aveu- » glément à sa destinée, sans crainte ni espérance. Il cite en » preuve quelques vers qu'il prétend que M. de Cambrai répéta » dans les derniers jours de sa maladie; mais il n'a garde de faire » observer que ces vers sont tirés d'un cantique de M. de Féne- » lon sur cette simplicité d'une enfance sainte et divine, qui re- » nonce à la prudence humaine et aux inquiétudes de l'avenir, » pour s'abandonner, sans toutes ces prévoyances inutiles, et » souvent nuisibles, à la confiance dans la miséricorde de Dieu et » dans les mérites de Jésus-Christ. »

Au gré de ma folie
Je vais sans savoir où :
Tais-toi, philosophie ;
 Que tu m'ennuie !
Les savants je défie :
 Heureux les fous !

Quel malheur d'être sage,
Et conserver ce moi,
Maître dur et sauvage,
 Trompeur volage !
O le rude esclavage
 Que d'être à soi !

Loin de toute espérance,
Je vis en pleine paix ;
Je n'ai ni confiance,
 Ni défiance ;
Mais l'intime assurance
 Ne meurt jamais.

Amour, toi seul peux dire
Par quel puissant moyen
Tu fais, sous ton empire,
 Ce doux martyre
Où toujours l'on soupire
 Sans vouloir rien.

Amour pur, on t'ignore ;
Un rien te peut ternir :
Le dieu jaloux abhorre
 Que je l'adore,
Si, m'offrant, j'ose encore
 Me retenir.

O Dieu ! ta foi m'appelle,
Et je marche à tâtons ;
Elle aveugle mon zèle,
 Je n'entends qu'elle ;
Dans ta nuit éternelle
 Perds ma raison.

Content dans cet abîme
Où l'amour m'a jeté,
Je n'en vois plus la cime,
 Et Dieu m'opprime ;
Mais je suis la victime
 De vérité.

État qu'on ne peut peindre ;
Ne plus rien desirer,
Vivre sans se contraindre
 Et sans se plaindre,
Enfin ne pouvoir craindre
 De s'égarer.

CONTRE LA PRUDENCE HUMAINE.

RÉPONSE.

Heureux si la prudence
N'est plus pour nous un bien !
Une docte ignorance
 Est la science
Qui, dans la sainte enfance,
 Sert de soutien.

Ce seroit être sage,
De prétendre savoir
Quel sera le partage
 Et l'avantage
Que dans le dernier âge
 On peut avoir.

O la sage folie,
D'aller sans savoir où !
Sotte philosophie,
 Je te défie
D'embarrasser la vie
 D'un heureux fou.

En cessant d'être sage,
Je sors enfin de toi ;
Je quitte l'esclavage
 Dur et sauvage
D'un moi trompeur, volage,
 Pour vivre en foi.

En perdant l'espérance,
On retrouve la paix ;
L'amour, sans confiance
 Ni défiance,
Est l'unique assurance
 Pour un jamais.

Amour, de qui l'empire
Est rigoureux et doux ;
On souffre le martyre
 Sans l'oser dire,
Quoique le cœur soupire
 Dessous tes coups.

Il vit dans cet abîme
Où l'amour l'a jeté ;
Il ne voit plus de crime ;
 Rien ne l'opprime,
Quoiqu'il soit la victime
 De vérité.

LETTRE A BOSSUET.

Sur la campagne de Germigny.

De myrte et de laurier, de jasmins et de roses,
De lis, de fleurs d'orange en son beau sein écloses,
Germigny se couronne, et sème les plaisirs.
Taisez-vous, aquilons, dont l'insolente rage
Attaque le printemps, caché dans son bocage;
Zéphyrs, portez-lui seuls mes plus tendres soupirs.
O souffles amoureux, allez caresser Flore;
Qu'en ce rivage heureux à jamais elle ignore
La barbare saison qui vient pour la ternir.
Loin donc les noirs frimas, loin la neige et la glace!
Verdure, tendres fleurs, que rien ne vous efface!
O jours doux et sereins, gardez-vous de finir!
Que par les feux naissants d'une vermeille aurore
Le sombre azur des cieux chaque matin s'y dore;
Que l'air exhale en paix les parfums du printemps;
Que le fleuve, jaloux des beaux lieux qu'il arrose,
Leur garde une onde pure, et que jamais il n'ose
Abandonner ses flots au caprice des vents.
Hiver, cruel hiver, dont frémit la nature,
Ah! si tu flétrissois cette vive peinture!
Hâtez-vous donc, forêts, montagnes d'alentour;
Défendez votre gloire, arrêtez son audace;
Tremblez, Nymphes, tremblez, c'est Tempé qu'il me-
Des graces et des jeux c'est le riant séjour. [nace;

Voilà, monseigneur, ce qu'un de mes amis vous envoie; il vous prie d'en faire part à Germigny, pour le consoler dans les disgraces de la saison. Nous avons reçu votre lettre, partie de Meaux le même jour que vous étiez parti de Paris. Nous avons senti et admiré sa diligence. On travaille à profiter de l'avis. Je saurai de M. l'abbé Fleury s'il travaille à la traduction, pour ne mettre point ma faux en moisson étrangère. Je ne sais aucune nouvelle. Ce n'en est pas une de vous dire, monseigneur, que je suis tout ce que je dois être, et que je n'oserois dire, à cause que vous avez défendu à mes lettres tout compliment.

Paris, dimanche 7 décembre (1681 ou 1687.)

SOUPIRS DU POÈTE

POUR LE RETOUR DU PRINTEMPS.

Bois, fontaines, gazons, rivages enchantés,
Quand est-ce que mes yeux reverront vos beautés,
Au retour du printemps, jeunes et refleuries?
Cruel sort qui me tient! que ne puis-je courir?
    Creux vallons, riantes prairies,
    Où de si douces rêveries
A mon cœur enivré venoient sans cesse offrir
Plaisirs purs et nouveaux, qui ne pouvoient tarir!
Hélas! que ces douceurs pour moi semblent taries!
Loin de vous je languis, rien ne peut me guérir :
    Mes espérances sont péries,
    Moi-même je me sens périr.
Collines, hâtez-vous, hâtez-vous de fleurir!
Hâtez-vous, paroissez, venez me secourir.
Montrez-vous à mes yeux, ô campagnes chéries!
Puissé-je encore un jour vous revoir, et mourir!

FABLE.

Le bouffon et le paysan.

Un grand seigneur, voulant plaire à la populace,
Assembla les faiseurs de tours de passe-passe,
    Leur promettant des prix,
S'ils pouvoient inventer quelque nouveau spectacle.
    Un bouffon dit : Chacun sera surpris
    En me voyant faire un miracle.
Aussitôt on accourt; tout le peuple empressé
Crie, pousse, se bat pour être bien placé.
Le bouffon paroit seul : on attend en silence.
    Il met le nez sous son manteau,
    Imite le cri d'un pourceau;
    Et déja tout le peuple pense
    Qu'en son sein il porte un cochon.
Secouez vos habits, dit-on.
Sans que rien tombe, il les secoue.
    On l'admire, on le loue.
    J'en ferai demain autant,
    S'écria d'abord un paisan.
Qui, vous? Oui, moi. La suivante journée,
    On vit grossir l'assemblée.
Chacun, se prévenant en faveur du bouffon,
De l'étourdi paisan se préparoit à rire.
Le bouffon recommence à faire le cochon,
    Derechef on l'admire.
Le paisan, comme l'autre, avoit mis son manteau
    En homme chargé d'un pourceau.
Mais qui l'eût soupçonné, voyant l'autre merveille?
Un vrai cochon pourtant étoit dans son giron;
Il le faisoit crier en lui pinçant l'oreille.
Chacun, se récriant, soutint que le bouffon
    Contrefaisoit mieux le cochon.
On vouloit chasser le rustique.
    Alors, en montrant l'animal,
Faut-il donc, leur dit-il, que pour juger si mal,
    De juger on se pique?

SIMONIDE.

FABLE.

Un athlète vainqueur, pour chanter sa victoire,
    Offrit à Simonide un prix.
Simonide s'enferme, et l'éloge promis
Lui semble un vil sujet. Pour rehausser sa gloire,
    Il l'enrichit d'ornements étrangers,
Peint les brillants Gémeaux de la voûte céleste;
    Par leurs travaux, leurs combats, leurs dangers,
        Il tâche d'ennoblir le reste.
    L'ouvrage plut : mais, malgré ses beautés,
Les deux tiers de son prix retranchés par l'athlète,
    Qui me les payera ? s'écrioit le poëte.
Les deux dieux, répond-il, que ta muse a chantés.
Si tu n'es point fâché, viens souper, je te prie,
    Avec tous mes parents ce soir :
      Comme un d'entre eux je te convie.
Pour cacher sa douleur, il va se faire voir
      Chez l'athlète à l'heure marquée.
Tout est riant, tout brille en ces riches lambris;
    Ils résonnent de mille cris.
Des mets les plus exquis la table est couronnée.
Mais tout-à-coup voilà qu'aux esclaves servants,
D'un air plus que mortel, deux jeunes combattants,
Tout fondants en sueur, tout couverts de poussière,
    Font entendre une voix sévère.
Que Simonide vienne, et qu'il ne tarde pas!
A peine est-il sorti, que les murs qui s'affaissent
Écrasent en tombant la troupe et le repas;
Et les deux fils de Lède aussitôt disparoissent.
    La renommée en tous lieux,
    Par cette histoire, publie
    Que Simonide tient la vie,
    Comme en récompense des dieux.

FABLE.

Le vieillard et l'âne.

    Qui change de gouvernement
    Sans nul profit change de maître.
Un timide vieillard, dans un pré faisant paître
Son âne, l'ennemi donne l'alarme au camp.
Fuyons, s'écria-t-il à la bête; autrement
Nous serons pris. Pourquoi nous enfuir de la sorte
    Dit l'animal fourrageant en repos;
Le vainqueur mettra-t-il double faix sur mes os?
    Non, dit l'homme. Eh bien! que m'importe,
Reprit l'âne, par qui le bât est sur mon dos?

ABRÉGÉ DES VIES

DES

ANCIENS PHILOSOPHES

AVEC UN RECUEIL DE LEURS PLUS BELLES MAXIMES [*].

LETTRE DE M. RAMSAI,

A MESSIEURS LES JOURNALISTES DE PARIS,

Sur le livre intitulé

Abrégé de la vie des anciens Philosophes.

Il paroît depuis peu, messieurs, un livre imprimé à Paris, chez Estienne, qui a pour titre : *Abrégé de la vie des anciens Philosophes,* qu'on dit avoir reçu des mains de feu M. le duc de Chevreuse : on ajoute que ce seigneur a assuré qu'il étoit du célèbre M. de Fénelon, archevêque de Cambrai.

Comme je n'y ai trouvé ni son style, ni son esprit, ni ses sentiments, j'ai demandé à tous ses parents et à ses amis s'ils avoient quelque connoissance de cet ouvrage : tous le désavouent, et surtout M. le duc de Chaulnes, fils de M. le duc de Chevreuse ; M. l'abbé de Beaumont, évêque de Saintes, et M. le marquis de Fénelon, ambassadeur d'Hollande, neveu de feu M. de Cambrai.

Ils souhaitent tous qu'on détrompe le public, non-seulement pour rendre justice à la mémoire de cet illustre prélat, mais aussi pour se conformer à ses dernières volontés, marquées par son testament. *On ne doit,* dit-il, *m'attribuer aucun des écrits qu'on pourroit publier sous mon nom. Je ne reconnois que ceux qui auront été imprimés par mes soins, ou reconnus par moi pendant ma vie. Les autres pourroient ou n'être pas de moi et m'être attribués sans fondement, ou être mêlés avec d'autres écrits étrangers, ou être altérés par des copistes.*

Le public doit regarder avec indignation ceux qui osent emprunter ainsi des noms respectables, pour débiter des ouvrages supposés ou estropiés, surtout lorsque ces ouvrages ne font point honneur à la mémoire des personnes

---

[*] *L'Abrégé de la vie des anciens Philosophes,* se trouvant dans toutes les éditions des œuvres de Fénelon, a dû être inséré dans celle-ci ; mais nous croyons devoir le faire précéder de la polémique à laquelle sa première publication a donné lieu ; peut-être en conclura-t-on que si l'*Abrégé de la vie des anciens Philosophes* n'a point été écrit par Fénelon, au moins on a pu l'imprimer en le lui attribuant, puisque le manuscrit a été formé des notes que Fénelon avoit lui-même dictées.

---

auxquelles on les attribue. Tous les membres de la république des lettres sont intéressés à empêcher et à désavouer une semblable supercherie. C'est ce qui me fait espérer, messieurs, que vous voudrez bien faire insérer cette lettre dans votre journal. J'ai l'honneur d'être avec toute la considération possible, messieurs,

Votre très humble et très obéissant
serviteur,
RAMSAI.

A Paris, ce 29 avril 1726.

LETTRE ÉCRITE A M. ESTIENNE,

LIBRAIRE DE PARIS,

Pour lui servir d'apologie contre un écrit qui a paru dans plusieurs journaux, au sujet d'un livre qu'il a imprimé, intitulé *Abrégé des vies des anciens Philosophes,* etc., par M. de Fénelon, archevêque de Cambrai.

MONSIEUR,

Celui qui vous a remis le manuscrit de l'*Abrégé des vies des Philosophes* devroit lui-même vous fournir la preuve dont vous avez besoin pour persuader au public que feu M. de Fénelon, archevêque de Cambrai, en est véritablement l'auteur, et pour vous mettre à couvert des reproches qu'on vous fait avec si peu de ménagement. L'état où étoit l'ouvrage qu'il vous confioit devoit lui faire pressentir qu'il trouveroit des contradicteurs ; que la critique et la censure que l'on en feroit retomberoient sur vous, et qu'il étoit de son équité et de sa prudence de ne pas vous exposer à de telles attaques, sans vous mettre en main les moyens de vous défendre. Je souhaite que mon témoignage puisse suppléer à son défaut, et rendre inutiles et sans effets les coups qu'on a voulu porter à votre réputation. Voici où se réduit l'éclaircissement que vous me demandez par votre lettre du 26 juillet 1726.

Pendant six ans que j'ai eu l'honneur d'être auprès de M. le duc de Luynes, j'ai toujours été fort uni avec feu M. l'abbé Quinot, précepteur de MM. de Beauvilliers, et qui fut avec eux jusqu'à leur mort. Nous nous communiqu'ions volontiers tout ce qui pouvoit contribuer au bien et à l'avancement de nos élèves. M. le duc de Beauvilliers avoit mis entre les mains de M. Quinot un grand nombre d'excellents traités, qui avoient été faits pour l'éducation des princes, et d'autres que M. Colbert avoit fait composer par les plus habiles gens de son temps, pour l'instruction de M. de Seignelay. J'eus la permission de lire ces écrits, et d'en copier quelques uns des principaux, du nombre desquels est l'*Abrégé des vies des Philosophes*, que M. Quinot m'assura être un ouvrage de M. de Cambrai. J'ai encore cette copie, et elle n'est point sortie de mon cabinet depuis qu'elle y est entrée.

Cet écrit me parut d'autant plus beau, que l'auteur développe avec beaucoup de netteté et de précision les principes de physique et de métaphysique des philosophes, et que le choix qu'il fait des maximes de leur morale et de leur politique est très propre à former le cœur et l'esprit d'un prince et d'un grand seigneur. Je comparai même ces vies avec celles de Diogène Laërce, et la différence, qui saute aux yeux dès la première lecture, confirma l'idée avantageuse que j'en avois conçue.

Je ne pus cependant, monsieur, me dispenser de former deux objections contre cet écrit, qui sont : 1° qu'il me paroissoit un peu négligé, et trop rempli de longs textes latins, que l'auteur auroit dû traduire, et feroit mieux qu'ils n'étoient ; 2° et qu'il n'auroit pas dû omettre dans ce recueil les vies de Socrate et de Platon, qui y méritoient place, avec d'autant plus de justice que je savois qu'ils étoient fort du goût de M. de Cambrai.

M. Quinot répondit à ces deux difficultés que MM. de La Chapelle et Charpentier avoient donné la vie de Socrate, et M. l'abbé Fleury celle de Platon, et qu'ils avoient épargné ce travail à M. de Cambrai ; que cet ouvrage étoit un abrégé qui étoit assez bien pour l'usage qu'il en vouloit faire ; que dans ces sortes d'écrits, qu'il ne composoit que pour l'éducation des princes, ou pour l'utilité de quelques particuliers, il jetoit d'abord ses pensées et ses preuves originales sur le papier ; qu'ensuite il les remanioit, et leur donnoit le tour et la liaison nécessaire, lorsqu'il jugeoit à propos de les communiquer et de les laisser paroître ; et pour m'en donner une preuve sur-le-champ, il me montra une *Démonstration de l'existence de Dieu*, à peu près dans le goût de celle que l'on trouve dans le second livre *De natura Deorum* de Cicéron, écrite de la main de M. de Cambrai, où je remarquai en effet la même négligence et le même tour. Cet écrit étoit plein de longs passages d'auteurs latins et de Pères de l'Église, qui n'étoient ni traduits ni ajustés au corps de l'ouvrage ; défauts que l'on ne trouve plus dans cet excellent traité que l'on a donné au public.

Mais voici, ce me semble, monsieur, une preuve décisive en votre faveur, et qui démontre invinciblement que M. de Cambrai est l'auteur de l'*Abrégé des vies des Philosophes*, que vous avez imprimé sous son nom. Feu M. le duc de Beauvilliers avoit exigé de M. Quinot un ordre général par écrit des études de messieurs ses fils, année par année. M. de Fénelon, à qui ce seigneur communiqua cet écrit, le lut, l'examina, y fit ses notes et ses réflexions. M. Quinot place la lecture des vies des philosophes dans la treizième année de ses élèves, en ces termes : *M. le comte lira pendant une demi-heure, aux jours de congé, les vies des anciens philosophes de Diogène Laërce, d'Ernapius, et celle de M. de Cambrai*. Voici la note de ce savant prélat sur cet article : *Les vies des philosophes méritent place dans les études les plus sérieuses*.

Or, si cet écrit n'étoit pas sorti de sa plume, il étoit naturel que la première réflexion qui se présentoit sur cet article fût de corriger cette erreur, et de détromper M. Quinot. Son silence me paroît une reconnaissance authentique ; et l'on doit trouver étrange qu'on veuille enlever aujourd'hui à ce célèbre écrivain un ouvrage qu'il a adopté lui-même, et que l'on voit après sa mort plus délicat sur sa réputation qu'il ne l'a été pendant sa vie.

J'ai dans mon cabinet, monsieur, une copie fidèle de cet ordre général des études de MM. de Beauvilliers, avec les notes et réflexions de M. de Fénelon. Feu M. le duc de Chevreuse m'en avoit fait présent. J'y ai même fait, par son ordre, les remarques qui me donnèrent occasion de composer une espèce de traité de l'éducation d'un jeune seigneur, dont je lui remis une copie, qu'il lut avec attention, qu'il honora de son approbation, et que l'on a dû trouver parmi ses papiers après sa mort. J'espère donner incessamment cet ouvrage au public.

Mais l'on ne reconnoît point, dit-on, dans ces vies des philosophes, le style du Télémaque, ni de son auteur. Je suis surpris que l'on méconnoisse un écrivain à des traits qui sont autant de marques sensibles de la justesse de son goût et de son discernement. M. de Fénelon, maître de sa plume et de son style plus qu'aucun auteur de son temps, le savoit varier suivant les divers sujets qu'il avoit à traiter. Télémaque est un poème en prose, et il y a employé tout ce que la poésie a de plus vif, de plus grand et de plus élevé dans ses expressions. *La lecture des philosophes*, selon lui, *mérite place dans les études les plus sérieuses* ; et, par une suite nécessaire, il a cru devoir écrire leurs vies, et faire un recueil de leurs principaux dogmes, d'un style uni, pur et sérieux. Un talent si rare et si bien marqué ne fait-il pas honneur à la mémoire d'un auteur ? En penser et en juger autrement, n'est-ce pas se déshonorer soi-même, et faire tort à son propre jugement ?

Pour peu, d'ailleurs, que l'on ait d'idée du génie et du caractère de M. de Cambrai, il est aisé de le retrouver dans cet écrit. Tout le monde sait que la métaphysique la plus fine et la plus déliée étoit de son goût. Que l'on coure avec quelque attention ces vies les unes après les autres, et l'on verra partout que c'est toujours le premier objet qui le saisit ; qu'il développe avec une noble simplicité, et avec cette netteté et cette précision qui règnent dans tous ses ouvrages, ce qu'il trouve de principes de la plus pure métaphysique dans ce qui nous est resté des écrits de ces philosophes, sans oublier cependant les maximes les plus pures de leur morale et de leur politique, pour les inspirer insensiblement aux princes dont on lui avoit confié l'éducation. Que l'on fasse même, si l'on veut, le parallèle de ces vies avec les dialogues que l'on a publiés sous son nom, et l'on y apercevra partout, à tour près, le même but, les mêmes pensées et les mêmes principes. S'il n'y a pas mis la dernière main, il faut s'en prendre aux affaires importantes qui ont emporté toute son application, et qui, loin de lui permettre de donner à cet ouvrage sa dernière perfection, le lui ont fait perdre de vue, et oublier entre les mains de ceux à qui il l'avoit communiqué.

Je n'ai aucune connoissance que ce manuscrit fût dans le cabinet de feu M. le duc de Chevreuse ; mais on l'a dû trouver relié in-4° dans celui de M. le duc de Beauvilliers, à moins qu'il ne soit demeuré entre les mains de M. l'abbé Quinot. Au reste, monsieur, il n'est pas surprenant que M. de Ramsai, qui n'a été auprès de M. de Cambrai que les quatre ou cinq dernières années de sa vie, ne soit pas au fait des ouvrages qu'il a composés vingt-cinq ou trente ans auparavant. Combien ce grand et fertile génie a-t-il fait d'écrits et de dissertations pour éclaircir les doutes et les difficultés de ses amis et d'autres particuliers, dont il ne retenoit point de copies, et qui seront ensevelies dans l'obscurité de leurs cabinets, jusqu'à ce que l'amour du bien public force ceux qui en seront saisis de les produire au grand jour! Je ne sais, par exemple, si M. de Ramsai a trouvé parmi les papiers de cet illustre prélat une traduction de l'Énéide de Virgile. Il y a bien de l'apparence que non. L'ouvrage est trop intéressant pour n'en pas faire part au public. Il est cependant certain qu'il en avoit fait une pour les princes. Je l'ai vue manuscrite entre les mains de M. de Beauvilliers : je n'en ai lu que le IXe livre ; et s'il est permis de juger du tout par une de ses parties, je ne sais si Virgile ressuscité n'aimeroit pas mieux être le traducteur que l'auteur original de son propre ouvrage.

M. de Cambrai déclare dans son testament, ajoute M. de Ramsai, *qu'on ne lui doit attribuer aucun des écrits qu'on pourroit publier sous son nom, que ceux qui auront été imprimés par ses soins, ou reconnus de lui pendant sa vie ; que les autres pourront ou n'être pas de lui, ou lui être attribués sans fondement, ou être mêlés avec d'autres écrits étrangers, ou être altérés par des copistes.*

Cette disposition me semble, monsieur, plutôt regarder les ouvrages dogmatiques que les philosophiques. Ce grand prélat avoit éprouvé, pendant sa vie, la censure des critiques jusque sur des instructions familières qu'il faisoit aux nouvelles converties, et que des copistes ignorants avoient fait imprimer sans sa participation. Il étoit de sa prudence de se précautionner contre leur malignité après sa mort. Je veux même que cette déclaration s'étende généralement à tous ses écrits, sans en exempter aucun. L'impression de celui dont il est ici question n'a rien de contraire à cet article du testament.

Je crois avoir assez bien prouvé qu'il *l'a reconnu pendant sa vie*, et qu'on ne le lui *attribue qu'avec fondement*, aux textes latins près qu'on a retranchés. Il est conforme à ma copie ; il n'est point *altéré par des copistes* : et s'il n'est pas si fini qu'il l'auroit indubitablement été s'il avoit eu le temps de le rendre parfait, au moins doit-on le regarder comme une noble esquisse qui part de main de maître, et qui ne fait qu'honneur à son auteur.

Voilà, monsieur, l'éclaircissement que vous avez souhaité de moi, sans avoir l'honneur d'être connu de vous. J'ai cru que je ne pouvois vous le refuser sans blesser la vérité et la justice. Je vous l'abandonne, dans la persuasion où je suis que vous n'en ferez qu'un bon usage. Je suis avec une parfaite estime,

Monsieur,

Votre très humble, etc.

BAUDOUIN, chanoine de Laval.

A Laval, ce 8 Août 1726.

M. l'abbé Bourgeois, chanoine et principal du collége de Dreux, est en état de faire voir l'original de la Vie des Philosophes, dicté par M. de Fénelon, et écrit de la main de M. de Rotrou, qui écrivoit sous cet illustre auteur, lorsqu'il étoit chargé de l'éducation des princes.

LETTRE DE M. RAMSAI

A M. L'ABBÉ BIGNON, BIBLIOTHÉCAIRE DU ROI,

Au sujet du livre intitulé

Abrégé des vies des anciens Philosophes.

Vous avez eu la bonté, monsieur, de faire insérer dans le Journal de Paris, au mois de juillet dernier, une de mes lettres que j'écrivis pour désavouer, au nom de M. le duc de Chaulnes, de M. l'évêque de Saintes et M. le marquis de Fénelon, un livre qu'on attribue faussement à M. l'archevêque de Cambrai.

J'ai cru que ce désaveu formel et authentique, en détrompant le public de son erreur, arrêteroit la témérité du libraire Estienne. Il a osé cependant faire insérer dans le journal, au mois d'octobre passé, une lettre de M. l'abbé Baudouin, pour donner le démenti à ces trois messieurs ; et il cite M. l'abbé Bourgeois, principal du collége de Dreux, comme ayant le manuscrit original dicté par feu M. de Cambrai.

Pour détromper le public de ces erreurs, c'est au nom de ces trois seigneurs déjà nommés que je vous supplie de vouloir bien insérer dans votre journal le récit simple de ce que j'ai fait pour démêler et éclaircir la vérité.

Sitôt que je fus de retour à Paris, au mois de décembre dernier, je parlai et j'écrivis à toutes les personnes intéressées, pour en tirer quelques lumières. Voici ce que me répondit M. l'abbé Bourgeois, par une lettre datée de Dreux, le 6 de ce mois :

« Pour ce qui regarde, monsieur, le livre en question,
» voici dans la vérité et dans la dernière simplicité ce que
» j'en puis dire. Dans le temps que M. de Cambrai étoit
» précepteur de nosseigneurs les enfants de France, il est
» constant qu'il leur fit voir l'*Abrégé des vies des Philosophes anciens*, dans des cahiers mis au net par M. Rotrou,
» mon parent, employé à l'arrangement et à la disposition
» des matières et des sujets de l'étude de nosseigneurs les
» princes. C'est par son canal que j'eus ces *Vies des Philosophes*, dont il ne me reste aujourd'hui que quelques
» morceaux détachés.

» De vous dire, monsieur, si le livre imprimé par
» Estienne est un original de M. de Cambrai, c'est ce que
» je ne puis assurer avec certitude. Monseigneur de Saintes
» est un juge compétent et irrécusable sur la matière en
» question, personne n'en pouvant mieux décider, puis-
» que personne ne sait mieux quels ouvrages sont
» véritablement de M. de Cambrai, et quels sont ceux
» qu'on lui attribue, pour les avoir seulement approuvés,
» après les avoir honorés de sa révision. J'ai l'honneur
» d'être, etc. »

Je montrai cette lettre à M. l'évêque de Saintes, qui se souvient du fait ; il m'a dit que M. de Cambrai employoit quelquefois M. Rotrou à faire des extraits pour servir à l'instruction des princes, et pour rappeler les principaux faits et époques, lorsque ce prélat entretenoit nosseigneurs les enfants de France de ces sortes de matières ; il croit que M. Rotrou est l'auteur de l'ouvrage. Voilà ce qui a donné occasion aux uns de croire trop facilement qu'il est émané de M. de Cambrai, et aux autres de séduire le public.

Je mandai en même temps à M. l'abbé Baudouin que la lettre du mois d'octobre, qui paroissoit sous son nom, étoit pleine de conjectures vagues et frivoles fondées uniquement sur le ouï-dire d'un homme mort, dont l'opinion n'étoit d'aucun poids auprès de celle des amis, des parents et de la famille de feu M. de Fénelon, qui ont seuls le droit, après sa mort, de reconnoître ses ouvrages.

M. l'abbé Baudouin, touché d'un vif et sincère repentir de la faute qu'il avoit commise, me manda, par deux lettres différentes, qu'étant enseveli dans le fond d'une province, où il vit dans une grande retraite sans lire les journaux, le libraire Estienne avoit tendu un piége à sa droiture et à sa simplicité, en lui cachant le désaveu que j'avois fait de l'ouvrage; il abandonne entièrement ses conjectures dans les termes les plus formels. Voici ses paroles, mot pour mot, dans une lettre qu'il m'écrit, datée de Laval, le 20 décembre dernier :

« Le respect que j'ai pour les trois seigneurs que vous
» nommez auroit certainement retenu ma plume, et me
» l'auroit arrachée de la main, si j'avois pu prévoir qu'ils
» eussent désapprouvé l'éclaircissement que j'ai donné sur
» l'ouvrage dont il est question; c'est de quoi je vous sup-
» plie, monsieur, de vouloir bien les assurer, et de croire,
» pour ce qui vous regarde personnellement, que je n'ai
» jamais eu intention de vous faire de la peine. Si mes
» expressions ne sont pas aussi justes et aussi mesurées
» qu'elles auroient dû l'être, pardonnez-le à l'ignorance
» où j'étois de votre lettre imprimée dans le journal, à ma
» vivacité naturelle, qui aura conduit ma plume avec trop
» de précipitation, et aux infirmités dont j'étois accablé
» lorsque je l'écrivis. Si ma prévention pour ce que je
» croyois être parti de la plume de l'illustre auteur m'a
» fait excéder dans le jugement que j'ai porté de l'ouvrage
» imprimé, ce n'a nullement été par l'envie téméraire de
» contredire ni de démentir ces trois seigneurs, dont
» j'ignorois le jugement. Je me soumets très volontiers à
» leurs lumières très au dessus des miennes, et aux vôtres,
» monsieur, que je respecte et que j'honore infiniment.
» J'espère que si mon indiscrétion m'a attiré vos repro-
» ches, elle m'aura en même temps procuré un ami et
» un protecteur auprès de ces seigneurs. Si vous jugez
» qu'il soit nécessaire de m'en excuser directement au-
» près d'eux, je suis disposé à faire ce que vous jugerez
» à propos. »

M. l'abbé Baudouin continue les mêmes sentiments dans une seconde lettre datée du 15 de ce mois.

« Je n'ai garde, monsieur, de comparer mes conjec-
» tures aux lumières des trois seigneurs, puisque les rai-
» sons que j'ai apportées, pour assurer l'ouvrage à feu M. de
» Cambrai, paroissent trop foibles, et puisque j'en ai
» tiré des conséquences trop fortes. Je soumets très volon-
» tiers mon jugement au leur. »

J'instruisis enfin M. le marquis de Fénelon de la nouvelle hardiesse du libraire : il m'envoya pour monsieur le garde-des-sceaux la lettre suivante, qu'il vous prie d'insérer dans votre journal; et monsieur le garde-des-sceaux m'en a donné la permission.

« A La Haye, le 27 décembre 1726.

» J'ose espérer, monsieur, que vous ne me refuserez
» pas d'user de votre autorité pour réprimer la licence
» punissable d'un libraire, dont j'ai l'honneur de vous
» porter mes plaintes.

» Estienne, rue Saint-Jacques, a fait imprimer un li-
» vre qui a pour titre : *Abrégé de la vie des anciens Phi-
» losophes* : en même temps il a cherché à prévenir le pu-
» blic en faveur de cet ouvrage, en supposant que le ma-
» nuscrit en seroit venu d'une main respectable qui au-
» roit assuré que feu M. l'archevêque de Cambrai, mon
» oncle, en étoit l'auteur.

» J'avois mis ce libraire en état de n'imposer pas au public
» avant mon départ pour ce pays-ci. Il m'avoit communi-
» qué le manuscrit en question, en vue de s'autoriser de
» mon suffrage pour pouvoir l'imprimer, comme étant en
» effet un ouvrage de feu mon oncle. Après avoir gardé
» quelque temps ce manuscrit, je le rendis au libraire
» Estienne, en l'assurant que le style de feu mon oncle,
» sur lequel il ne me seroit pas facile de me méprendre,
» ne s'y faisoit pas reconnoître; que je devois de plus dire
» qu'après la mort de ce prélat, j'avois eu entre mes mains
» tous ses manuscrits, tant de ses ouvrages imprimés que
» de ceux qui ne l'avoient pas été, et qu'il ne s'y étoit
» rien trouvé qui eût rapport au manuscrit en question;
» qu'enfin, pendant le grand nombre d'années que j'avois
» passées auprès de lui, et surtout pendant les derniers
» temps, où il n'avoit guère de secrets pour moi, je ne
» lui avois jamais rien ouï dire qui me permît de supposer
» qu'il eût composé un tel ouvrage. C'est après cette dé-
» claration de ma part que ce libraire n'a pas laissé d'aller
» son chemin pour en imposer au public.

» J'apprends même qu'il a encore en dernier lieu cher-
» ché à fortifier l'illusion, en publiant une lettre pour
» autoriser ce qu'il avoit avancé sans preuves et sans fon-
» dement; et que lors, comme vous l'en avez fait
» réprimander, il a osé me citer comme si je l'eusse mis
» en quelques droits d'en user comme il a fait.

» J'espère, monsieur, que vous voudrez bien réprimer
» tant d'infidélités et de témérités, et mettre ce libraire
» hors d'état d'imposer à la mémoire de feu mon oncle,
» en lui attribuant un ouvrage qui n'est reconnu d'aucun
» de ceux à qui il appartiendroit de le reconnoître, s'il
» étoit de lui.

» M. de Ramsai, qui aura l'honneur de vous rendre cette
» lettre, pourra vous entretenir encore plus en détail de
» tout ce qui démontre l'infidélité dont je me plains. Je
» suis avec respect, etc. »

Il m'a fallu du temps, monsieur, pour préparer et rassembler tous les matériaux de cet éclaircissement : c'est ce qui m'a empêché de vous l'envoyer plus tôt. Je me flatte que vous le ferez donner incessamment au public, pour empêcher qu'à l'avenir on attribue à feu M. de Fénelon, archevêque de Cambrai, des ouvrages qui pourroient déshonorer sa mémoire. J'ai l'honneur d'être avec respect,

Monsieur,

Votre très humble et très obéissant serviteur,
RAMSAI.

A Paris, ce 24 janvier 1727.

ABRÉGÉ DES VIES
DES
ANCIENS PHILOSOPHES.

THALÈS.

Né la première année de la 35ᵉ olympiade, mort à la 58ᵉ, âgé de quatre-vingt-douze ans.

Thalès, Milésien, originaire de Phénicie, descendoit de Cadmus, fils d'Agénor. L'indignation que ses parents avoient contre les tyrans qui opprimoient les gens de bien les obligea de quitter leur pays; ils vinrent s'établir à Milet, ville d'Ionie, où Thalès naquit la première année de la trente-cinquième olympiade. C'est lui qui a mérité le premier le glorieux titre de *sage*, et qui a été l'auteur de la philosophie qu'on a appelée ionique, du nom du pays où il avoit pris naissance.

Il passa quelque temps dans la magistrature, et, après en avoir exercé avec éclat les principaux emplois, le desir de connoître les secrets de la nature lui fit quitter l'embarras des affaires publiques. Il s'en alla en Égypte, où les sciences florissoient pour lors : il employa plusieurs années à converser avec les prêtres, qui étoient les docteurs du pays; il s'instruisit des mystères de leur religion, et s'appliqua particulièrement à la géométrie et à l'astronomie. Il ne s'attacha jamais à aucun maître; et, hors le commerce qu'il eut avec les prêtres égyptiens pendant ce voyage, il ne dut qu'à ses expériences et à ses profondes méditations les belles connoissances dont il a enrichi la philosophie.

Thalès avoit l'esprit élevé, parloit peu et réfléchissoit beaucoup ; il négligeoit son intérêt particulier, et étoit fort zélé pour celui de la république.

Juvénal, parlant des gens qui croyoient que la vengeance étoit un bien plus desirable que la vie même, dit que ces sentiments-là sont fort éloignés de ceux de Chrysippe et de la douceur de Thalès.

At vindicta bonum vita jucundius ipsa :
Chrysippus non dicet idem, nec mite Thaletis
Ingenium.... [1]

Quand Thalès fut de retour à Milet, il vécut dans une grande solitude, et ne songea plus qu'à contempler les choses célestes. L'amour de la sagesse lui fit préférer la douceur du célibat aux soins qui accompagnent le mariage. Il n'étoit encore âgé que de vingt-trois ans lorsque Cléobuline sa mère le pressa d'accepter un parti avantageux qui se présentoit. Quand on est jeune, dit Thalès, il n'est pas temps de se marier; quand on est vieux, il est trop tard; et un homme entre ces deux âges ne doit pas avoir assez de loisir pour se choisir une femme. Quelques uns disent qu'il épousa, sur la fin de sa vie, une Égyptienne qui a fait plusieurs beaux ouvrages.

Un jour, des étrangers de Milet, passant par l'île de Cos, achetèrent de quelques pêcheurs ce qu'ils alloient tirer du coup de filet qu'ils venoient de jeter dans la mer. Ces pêcheurs tirèrent un trépied d'or massif, qu'on dit qu'Hélène revenant de Troie avoit jeté autrefois dans cet endroit, à cause d'un ancien oracle dont elle s'étoit souvenue. Cela fit d'abord de la contestation entre les pêcheurs et les étrangers, à qui auroit le trépied. Ensuite les villes s'y intéressèrent, et prirent parti chacune pour ses gens. On étoit prêt à passer à une guerre ouverte, lorsqu'on s'accorda de part et d'autre de s'en tenir aux décisions de l'oracle. On envoya à Delphes; l'oracle fit réponse qu'il falloit donner le trépied au premier des sages. On alla aussitôt le porter à Thalès, qui le renvoya à Bias. Bias, par modestie, le remit à un autre, et cet autre à quelque autre qui le renvoya à Solon. Solon dit qu'il n'y avoit rien de plus sage qu'un dieu; il fit porter le trépied à Delphes, et le consacra à Apollon.

Quelques jeunes gens de Milet reprochèrent un jour à Thalès que sa science étoit fort stérile, puisqu'elle le laissoit dans l'indigence. Thalès voulut leur faire connoître que si les sages n'amassoient pas de grands biens, c'étoit par un pur mépris pour les richesses, et qu'il leur étoit facile d'acquérir les choses dont ils ne faisoient aucun cas.

Il prévit, à ce qu'on dit, par ses observations astronomiques, que l'année seroit très fertile; il acheta avant la saison tous les fruits des oliviers qui étoient autour de Milet. La récolte fut fort abondante; Thalès en tira un profit considérable : mais comme il étoit tout-à-fait désintéressé, il fit assembler les marchands de Milet, et leur distribua tout ce qu'il avoit gagné.

Thalès avoit accoutumé de remercier les dieux de trois choses : d'être né raisonnable plutôt que bête, homme plutôt que femme, Grec plutôt que barbare.

Il croyoit que le monde avoit été disposé de la manière que nous le voyons par une intelligence

---

[1] Juv., *Sat.* XIII, v. 185 et seq.

THALÈS.

qui n'avoit point de commencement, et qui n'auroit jamais de fin.

C'est le premier des Grecs qui ait enseigné que les ames étoient immortelles.

Un homme vint un jour lui demander si nous pouvions cacher nos actions aux dieux. Nos pensées même les plus secrètes, répondit-il, ne sauroient jamais leur être inconnues.

Il disoit que la chose du monde la plus grande étoit le lieu, parce qu'il renfermoit tous les êtres; que la plus forte étoit la nécessité, parce qu'elle venoit à bout de tout; que la plus prompte étoit l'esprit, puisque en un instant il parcouroit tout l'univers; que la plus sage étoit le temps, puisqu'il découvroit les choses les plus cachées : mais que la plus douce et la plus aimable étoit de faire sa volonté.

Il répétoit souvent que de parler beaucoup n'étoit pas une marque d'esprit;

Qu'on devoit se souvenir également de ses amis présents ou absents;

Qu'il falloit assister son père et sa mère, pour mériter d'être assisté de ses enfants;

Qu'il n'y avoit rien de si rude que de voir vieillir un tyran;

Que ce qui nous peut consoler dans notre mauvaise fortune, c'est d'apprendre que ceux qui nous tourmentent sont aussi malheureux que nous;

Qu'il ne falloit point faire ce qu'on reprenoit dans les autres;

Que le véritable bonheur consistoit à jouir d'une santé parfaite, à avoir un bien raisonnable, et à ne pas passer sa vie dans la mollesse et dans l'ignorance.

Il croyoit qu'il n'y avoit rien de si difficile que de se connoître soi-même; c'est ce qui lui fit inventer cette belle maxime, qui fut depuis gravée sur une lame d'or, et consacrée dans le temple d'Apollon : CONNOIS-TOI TOI-MÊME.

Il tenoit que la vie et la mort ne différoient en rien; et quand on lui demandoit pourquoi il ne se faisoit pas mourir : C'est, répondoit-il, parce que vivre ou être mort étant la même chose, rien ne peut déterminer à prendre un parti plutôt que l'autre.

Il se divertissoit quelquefois à la poésie. On dit que c'est lui qui a inventé la mesure des vers hexamètres.

Un homme justement accusé d'adultère vint un jour lui demander s'il lui étoit permis de se justifier par serment. Thalès lui répondit en se moquant : Le parjure est-il un crime moins grand que l'adultère?

Mandrète de Pryène, qui avoit été son disciple, le vint voir à Milet, et lui dit : Quelle récompense voulez-vous que je vous donne, ô Thalès, pour vous témoigner combien j'ai de reconnoissance de tous les beaux préceptes dont je vous suis redevable ? Quand l'occasion vous donnera lieu d'enseigner les autres, répondit Thalès, faites-leur connoître que c'est moi qui suis l'auteur de cette doctrine. Ce sera pour vous une modestie louable, et pour moi une récompense très précieuse.

Thalès a été le premier de tous les Grecs qui se soit appliqué à la physique et à l'astronomie. Il croyoit que l'eau étoit le premier principe de toutes choses : que la terre n'étoit qu'une eau condensée, l'air une eau raréfiée : que toutes choses se changeoient perpétuellement les unes dans les autres; mais qu'en dernier lieu tout se résolvoit en eau : que l'univers étoit animé, et rempli d'êtres invisibles qui voltigeoient sans cesse de côté et d'autre : que la terre étoit au milieu du monde; qu'elle se mouvoit autour de son propre centre, qui étoit le même que celui de l'univers; et que les eaux de la mer, sur quoi elle étoit posée, lui donnoient un certain branle qui étoit la cause de son mouvement.

Les effets merveilleux de l'aimant et de l'ambre, et la sympathie entre les choses de même nature, lui ont fait croire qu'il n'y avoit rien dans le monde qui ne fût animé.

Il croyoit que la cause de l'inondation du Nil venoit de ce que les vents étésiens, qui souffloient du septentrion au midi, retardoient les eaux du fleuve, qui coulent du midi vers le septentrion, et les contraignoient à se déborder dans la campagne.

C'est lui qui a prédit le premier les éclipses du soleil et de la lune, et qui a fait des observations sur les différents mouvements de ces deux astres. Il croyoit que le soleil étoit un corps lumineux de lui-même, dont la masse étoit cent vingt fois plus considérable que celle de la lune; que la lune étoit un corps opaque, qui n'étoit capable de réfléchir la lumière du soleil que par une seule moitié de sa surface : et sur cette supposition il rendoit raison des différentes figures sous lesquelles la lune nous paroît.

C'est lui qui a recherché le premier l'origine des vents, la matière des foudres, la cause des éclairs et du tonnerre.

Personne avant lui n'avoit connu la manière de mesurer les hauteurs des tours et des pyramides par leur ombre méridionale, lorsque le soleil est dans l'équinoxe.

Il fixa l'année à trois cent soixante-cinq jours;

il régla l'ordre des saisons, et borna chaque mois à trente jours : à la fin de chaque douzaine de mois, il ajouta cinq jours pour achever le cours de l'année : c'étoit une méthode qu'il avoit prise des Égyptiens.

C'est lui qui a donné la connoissance de la petite Ourse, dont les Phéniciens se servoient pour régler leur navigation.

Un jour, comme il sortoit de son logis pour aller contempler les astres, il se laissa tomber dans un fossé ; une vieille servante de sa maison courut aussitôt à lui, et, après l'avoir retiré, lui dit en se moquant : Quoi ! Thalès, vous croyez pouvoir découvrir ce qui se passe dans les cieux, et vous ne voyez pas seulement ce qui est à vos pieds ?

Thalès fut pendant toute sa vie dans une considération très distinguée ; on le consultoit sur les affaires les plus importantes. Crésus, après avoir entrepris la guerre contre les Perses, s'avança à la tête d'une grosse armée jusque sur les bords du fleuve Halys ; il se trouva fort embarrassé pour passer ; il n'avoit ni ponts ni bateaux, et le fleuve n'étoit point guéable. Thalès, qui se rencontra pour lors dans son camp, lui assura qu'il lui donneroit le moyen de faire traverser ce fleuve à son armée sans pont et sans bateaux. Il fit aussitôt travailler à un grand fossé en forme de croissant, qui commençoit à une des extrémités du camp et finissoit à l'autre ; ce fleuve se divisa par ce moyen en deux bras qui étoient guéables l'un et l'autre, et toute l'armée passa sans difficulté. Thalès ne voulut jamais souffrir que, dans cette occasion, les Milésiens fissent alliance avec Crésus, qui les recherchoit avec beaucoup d'empressement. Cette prudence fut cause de la conservation de sa patrie ; car Cyrus, victorieux des Lydiens, saccagea toutes les villes qui étoient entrées en confédération avec eux, et épargna ceux de Milet, qui n'avoient point voulu prendre de parti contre lui.

Thalès, étant fort vieux, se fit porter un jour sur une terrasse, pour y voir à son aise les combats de l'amphithéâtre. La chaleur excessive lui causa une altération si violente, qu'il mourut subitement dans le lieu même d'où il regardoit les combats. C'étoit dans la cinquante-huitième olympiade, et la quatre-vingt-douzième année de son âge. Ceux de Milet lui firent de magnifiques funérailles.

SOLON.

Il naquit la troisième année de la 55ᵉ olympiade ; fut préteur à Athènes la troisième année de la 45ᵉ, et mourut au commencement de la 55ᵉ, âgé de soixante-dix-huit ans.

Solon, originaire d'Athènes, naquit à Salamine en la trente-cinquième olympiade. Excestide, son père, descendoit du roi Codrus, et sa mère étoit cousine germaine de la mère de Pisistrate. Il employa une partie de sa jeunesse à voyager en Égypte, qui étoit pour lors le théâtre de tous les gens savants. Après s'être instruit de la forme du gouvernement, et de tout ce qui regardoit les lois et les coutumes du pays, il s'en revint à Athènes, où son rare mérite et sa naissance distinguée lui firent obtenir les emplois les plus considérables.

Solon étoit un homme d'une grande sagesse, mêlée de beaucoup de vigueur, de fermeté et de sincérité. Il étoit excellent orateur, poëte, législateur, et bon homme de guerre. Il fut pendant toute sa vie fort zélé pour la liberté de sa patrie, grand ennemi des tyrans, et peu empressé pour l'agrandissement de sa famille. Il ne s'attacha jamais à aucun maître, non plus que Thalès. Il négligea la connoissance des causes de la nature, pour s'appliquer entièrement à la morale et à la politique. C'est lui qui est l'auteur de cette belle maxime : *Il faut garder la médiocrité en toutes choses.*

Un jour Solon étoit à Milet, où la grande réputation de Thalès l'avoit obligé de faire un voyage. Après s'être entretenu quelque temps avec ce philosophe, il lui dit : Je m'étonne, ô Thalès, que vous n'ayez jamais voulu vous marier ; vous auriez des enfants que vous prendriez plaisir à élever. Thalès ne répondit rien sur-le-champ. Quelques jours après il aposta un certain homme qui feignit d'être étranger, et qui vint leur rendre visite ; cet homme dit qu'il arrivoit d'Athènes tout nouvellement. Eh bien ! lui dit Solon, qu'y a-t-il de nouveau ? Rien que je sache, répondit l'étranger, sinon qu'on portoit en terre un jeune Athénien dont toute la ville accompagnoit la pompe funèbre, parce qu'il étoit d'une condition distinguée, et fils d'un homme fort estimé de tout le peuple : cet homme-là, ajouta l'étranger, est hors d'Athènes, il y a quelque temps ; ses amis ont résolu de lui ménager cette nouvelle, pour empêcher que le chagrin ne le fasse mourir. O pauvre père malheureux ! s'écria Solon ; et comment l'appeloit-on ? Je l'ai bien entendu nommer, répondit l'étranger, mais il ne m'en souvient pas ; je sais bien que tout le monde disoit que c'étoit un homme d'une grande sagesse. Solon, dont l'inquiétude augmentoit à tous moments, parut tout troublé ; il ne put s'empêcher de demander si ce n'étoit point Solon. L'étranger répondit brusquement : Oui, c'est celui-là. Solon fut touché d'un ressentiment si vif et si cuisant, qu'il commença à déchirer ses habits, à s'arracher les cheveux et à se battre la tête ; enfin il ne s'abstint d'aucune des choses qu'ont accoutumé de faire et de dire tous ceux qui sont outrés de douleur. Pourquoi tant pleurer et se tourmenter, lui dit Thalès, pour une perte qui ne peut être réparée par toutes les larmes du monde ? Ah ! répondit Solon, c'est cela même qui me fait pleurer ; je plains un mal qui n'a point de remède. A la fin, Thalès se prit à rire de toutes les différentes postures que faisoit Solon. O Solon, mon ami, lui dit-il, voilà ce qui m'a fait craindre le mariage ; j'en redoutois le joug, et je connois, par la douleur du plus sage des hommes, que le cœur le plus ferme ne peut soutenir les afflictions qui naissent de l'amour et du soin des enfants ; ne t'inquiète pas davantage : tout ce que l'on vient de te dire n'est qu'une fable faite à plaisir.

Il y avoit eu pendant long-temps une cruelle guerre entre les Athéniens et les Mégariens, au sujet de l'île de Salamine. Enfin, après plusieurs carnages de part et d'autre, les Athéniens, qui avoient eu du désavantage, las de répandre tant de sang, ordonnèrent une punition de mort contre le premier qui seroit assez hardi de proposer la guerre pour le recouvrement de Salamine, dont ceux de Mégare étoient en possession. Solon craignit que s'il parloit, il ne se fît tort à lui-même, ou que s'il se taisoit, son silence ne fût désavantageux à sa patrie. Il prit le parti de contrefaire le fou, afin que sous ce prétexte il lui fût permis de dire et de faire impunément tout ce qu'il voudroit. Il fit courir le bruit par toute la ville qu'il avoit perdu l'esprit. Après avoir composé quelques vers élégiaques qu'il apprit par cœur, il sortit de sa maison avec un vilain habit tout déchiré, une corde à son cou, un vieux bonnet crasseux sur sa tête : tout le peuple s'attroupa autour de lui. Solon monta sur la pierre d'où on avoit coutume de faire les proclamations publiques, et récita des vers, contre sa coutume : Plût aux dieux, s'écria-t-il, que jamais Athènes n'eût été ma patrie ! ah ! je voudrois être né à Pholegandes ou à Syène, ou dans quelque lieu encore plus affreux et plus barbare ; au moins je n'aurois pas le chagrin de me voir montrer au doigt, et d'entendre dire : Voilà un Athénien qui s'est honteusement sauvé de Salamine. Vengeons promptement l'affront que nous avons reçu, et reprenons un séjour si agréable, que nos ennemis nous retiennent si injustement. Cela fit tant d'impression sur l'esprit des Athéniens, qu'ils révoquèrent aussitôt l'édit qu'ils avoient fait ; ils prirent les armes, et résolurent de faire la guerre aux Mégariens. Solon fut choisi pour commander les troupes ; il s'embarqua avec ses gens sur plusieurs bateaux de pêcheurs. Il étoit suivi d'une galère à trente-six rames, et il mouilla assez près de Salamine. Les Mégariens qui étoient dans la ville s'aperçurent de quelque chose, et coururent aux armes tout en désordre. Ils détachèrent un de leurs vaisseaux, qu'ils envoyèrent pour découvrir ce que c'étoit. Ce vaisseau s'approcha de trop près ; il fut pris par Solon, qui fit aussitôt lier tous les Mégariens qui étoient dedans ; il fit embarquer à leur place les plus braves d'entre les Athéniens, et leur commanda de faire voile vers Salamine, en se cachant le plus qu'ils pourroient. Solon prit avec lui le reste de ses gens, et descendit à terre par un autre endroit ; il alla à la rencontre des Mégariens qui s'étoient mis en campagne ; et pendant qu'il leur donna bataille, ceux qu'il avoit envoyés dans le vaisseau arrivèrent, et se rendirent maîtres de la ville. Solon, après avoir défait les Mégariens, renvoya sans rançon tous les prisonniers qui avoient été faits dans le combat, et érigea un temple à l'honneur du dieu Mars dans le propre lieu où il avoit remporté la victoire. Quelque temps après, ceux de Mégare s'opiniâtrèrent inutilement à vouloir recouvrer Salamine : enfin on convint de part et d'autre qu'on prendroit les Lacédémoniens pour arbitres. Solon prouva, devant les députés de Sparte, que Philus et Eurifacès, enfants d'Ajax, roi de Salamine, étoient venus demeurer à Athènes, et qu'ils donnèrent cette île aux Athéniens, à condition qu'on les feroit citoyens d'Athènes. Il fit ouvrir plusieurs tombeaux, et fit voir que ceux de Salamine tournoient la face de leurs morts du même côté que ceux d'Athènes ; au lieu que les Mégariens les tournoient du côté opposé ; qu'enfin ils faisoient graver sur le cercueil le nom de la famille du mort ; ce qui étoit particulier aux seuls Athéniens. Mais ceux de Mégare ne tardèrent pas long-temps à avoir leur revanche ; car les différends qui régnoient depuis long-temps entre les descendants de Cylon et ceux de Mégaclès s'augmentèrent jusqu'à un tel point, qu'ils pensèrent faire périr entièrement la ville. Cylon avoit eu autrefois dessein de se rendre souverain d'Athènes ; sa conspiration fut découverte, il fut massacré avec plusieurs de ses complices. Tous ceux qui purent échapper se sauvèrent dans le temple de Minerve. Mégaclès, qui étoit pour lors magistrat, fit tant par ses belles paroles, qu'il leur persuada de venir se présenter devant les juges, en tenant un filet attaché par un de ses bouts à la statue de la déesse, afin de ne point perdre leur franchise. Comme ils descendoient du temple, le filet se rompit. Mégaclès dit que c'étoit une marque évidente que la déesse leur refusoit sa protection; il en arrêta plusieurs, qui furent aussitôt lapidés par le peuple; ceux qui recoururent aux autels y furent presque tous massacrés, sans aucun respect. Il ne s'en sauva que quelques uns, pour qui les femmes des magistrats s'employèrent, et les firent remettre en liberté.

Une action si noire rendit odieux les magistrats et leurs descendants, qui furent depuis ce temps-là très haïs du peuple. Plusieurs années après, les descendants de Cylon devinrent très puissants; la haine qui étoit entre les deux partis s'allumoit tous les jours de plus en plus. Solon, pour lors magistrat, craignit que leurs divisions n'entraînassent la perte de toute la ville; il les fit consentir les uns et les autres à prendre des juges pour terminer leurs différends; les juges décidèrent en faveur des Cyloniens. Tous les descendants de Mégaclès furent bannis, et les os de ceux qui étoient morts furent déterrés, et jetés hors du territoire d'Athènes. Les Mégariens profitèrent de cette occasion favorable pour eux; ils prirent les armes pendant que les divisions étoient dans leur plus grande chaleur, et recouvrèrent Salamine.

A peine cette sédition étoit apaisée, qu'il en survint une autre dont les suites ne devoient pas être moins dangereuses. Les pauvres étoient si endettés, qu'on les adjugeoit tous les jours comme esclaves à leurs créanciers, qui les faisoient travailler ou les vendoient, à leur fantaisie. Quantité de gens du menu peuple s'attroupèrent, résolus de se choisir un chef pour empêcher qu'aucun d'eux ne fût fait esclave dans la suite, faute d'avoir payé ses dettes au jour nommé, et pour obliger les magistrats à partager tous les biens également, comme Lycurgue avoit fait à Sparte. Les troubles étoient si grands, et les séditieux tellement animés, qu'on ne connoissoit aucun remède pour les apaiser. Solon fut élu du consentement des deux partis, pour terminer toutes choses à l'amiable. Il fit beaucoup de difficulté d'abord d'accepter un emploi si épineux; il n'y eut que l'envie de servir sa patrie qui l'y fit résoudre. Tout le monde lui avoit entendu dire autrefois que l'égalité empêchoit toutes les contestations; chacun interprétoit cette sentence en sa faveur: les pauvres croyoient qu'il vouloit rendre tous les hommes égaux; les riches,

au contraire, s'imaginoient qu'il avoit dessein de mesurer toutes choses selon la naissance et la dignité des personnes. Cela le rendit si agréable aux uns et aux autres, qu'ils le pressèrent d'accepter la souveraineté. Les gens mêmes qui n'étoient point intéressés dans ces brouilleries, ne connoissant point de meilleur remède pour apaiser les divisions, consentoient volontiers d'avoir pour maître celui qui passoit pour le plus homme de bien et le plus sage de toute la terre. Solon s'en éloigna fort, et déclara hautement qu'il n'y consentiroit jamais. Ses meilleurs amis ne pouvoient s'empêcher de le blâmer. Vous êtes bien simple, lui disoient-ils: quoi! sous prétexte d'un vain nom de tyran, vous refusez une monarchie qui vous sera par la suite très légitimement acquise! Timondas ne s'est-il pas fait autrefois déclarer roi d'Eubée? et Pittaque ne règne-t-il pas aujourd'hui à Mytilène? Solon fut inflexible à tous ces discours. La principauté légitime et la tyrannie, répondit-il, sont à la vérité de très belles places, un très bel endroit; mais on est environné de précipices de tous côtés, et il n'y a point de chemin pour en sortir, lorsqu'on y est une fois entré. Jamais on ne le put résoudre à accepter ce parti avantageux qu'on lui présentoit. Tous ses amis le traitoient de fou et d'insensé. Solon s'appliqua sérieusement à apaiser les troubles qui étoient à Athènes. Il commença par ordonner que toutes les dettes passées seroient entièrement abolies, sans que jamais personne en pût rien demander à ses débiteurs: et, pour donner exemple à tout le monde, il remit sept talents qui lui devoient revenir de la succession de son père. Il déclara nulles les dettes qui se feroient dans la suite sous obligation du corps, afin d'empêcher à l'avenir l'inconvénient qui avoit été cause de tous les troubles. Les deux partis d'abord furent assez mécontents de ce jugement; les riches étoient fâchés de ce qu'on leur avoit fait perdre ce qui leur appartenoit; et les pauvres ne l'étoient pas moins de ce qu'on n'avoit pas partagé les biens également. Mais les uns et les autres furent tellement convaincus par la suite de l'utilité des réglements de Solon, qu'ils le choisirent tout de nouveau pour apaiser les troubles causés par trois différentes factions qui partageoient la ville d'Athènes, et lui donnèrent pouvoir de réformer les lois à sa fantaisie, et d'établir tel gouvernement qu'il lui plairoit.

Les gens de la montagne vouloient que le peuple fût entièrement le maître des affaires; ceux de la plaine prétendoient qu'il n'y eût qu'un certain nombre de citoyens des plus considérables; et les gens de la marine vouloient que les magistrats fussent tirés de l'une et de l'autre condition. Solon, qu'on avoit choisi pour souverain arbitre, commença par casser toutes les lois de Dracon son prédécesseur, à cause qu'elles étoient trop sévères. Les fautes les plus légères étoient punies de mort, comme les plus énormes crimes; et il n'étoit pas moins dangereux d'être convaincu d'oisiveté, de voler des fruits ou des herbes, que de commettre des sacriléges, des meurtres, et tout ce qu'on peut imaginer de plus noir. C'est ce qui avoit donné lieu de dire qu'elles étoient écrites avec du sang. On demanda un jour à Dracon pourquoi il avoit ordonné des peines de mort pour toutes sortes de crimes indifféremment : C'est parce, répondit-il, que les moindres méritent ce châtiment, et que je n'en connois point de plus rigoureux pour les crimes plus énormes.

Solon divisa les citoyens en trois différents ordres, selon les biens dont chaque particulier se trouva alors en possession. Il donna entrée dans les affaires publiques à tout le peuple, excepté aux artisans qui ne vivoient que de leur travail. Ceux-là étoient exclus des charges, et ne jouissoient pas des mêmes priviléges que les autres.

Il ordonna que les principaux magistrats seroient perpétuellement choisis entre les citoyens du premier ordre ;

Que dans une sédition celui qui n'auroit pris aucun parti seroit noté d'infamie ;

Que si un homme qui avoit épousé une riche héritière se trouvoit impuissant, sa femme pourroit avoir commerce avec celui qu'elle voudroit des plus proches parents de son mari ;

Que les femmes n'apporteroient pour dot à leurs maris que trois robes et quelques meubles de peu de valeur ;

Qu'on pourroit tuer impunément un adultère, lorsqu'on le surprendroit sur le fait.

Il modéra les dépenses des dames, et abolit plusieurs cérémonies qu'elles avoient coutume d'observer.

Il défendit de mal parler des morts.

Il permettoit aux gens qui n'avoient point d'enfants d'instituer héritiers tous ceux qu'ils voudroient, pourvu qu'ils fussent dans leur bon sens lors de leur testament.

Que celui qui auroit dissipé son bien seroit noté d'infamie, et déchu de tous ses priviléges, de même que celui qui ne nourriroit pas son père et sa mère dans leur vieillesse. Le fils n'étoit pas tenu de nourrir son père, s'il ne lui avoit fait apprendre un métier pendant sa jeunesse.

Que nul étranger ne pouvoit être fait citoyen d'Athènes, s'il n'avoit été banni à perpétuité de son pays, ou s'il ne venoit s'y établir avec toute sa famille pour y exercer quelque vocation.

Il diminua fort les récompenses qu'on donnoit autrefois aux athlètes.

Il ordonna que le public élèveroit les enfants de ceux qui seroient morts en combattant pour la patrie;

Qu'un tuteur ne pourroit demeurer avec la mère de ses mineurs, et que le plus proche héritier ne pourroit jamais être élu tuteur ;

Que tout vol seroit puni de mort, et que celui qui auroit crevé un œil à quelqu'un seroit condamné à perdre ses deux yeux.

Toutes les lois de Solon furent gravées sur des tables. Les gens du conseil assemblés firent serment qu'ils les observeroient et les feroient observer exactement. Ceux mêmes à qui on en avoit confié le soin jurèrent solennellement que si quelqu'un d'eux y manquoit, il seroit obligé de faire présent au temple d'Apollon d'une statue d'or aussi pesante que lui. Il y avoit des juges établis pour interpréter les lois, lorsque quelques différends naissoient entre le peuple sur ce sujet.

Un jour, comme Solon composoit ses lois, Anacharsis se moqua de son entreprise. Quoi! dit-il, vous prétendez avec quelques écritures réprimer l'injustice et les passions des hommes? Telles ordonnances, ajouta-t-il, ressemblent proprement aux toiles d'araignées, qui n'arrêtent rien que des mouches.

Les hommes gardent bien les choses dont ils sont convenus ensemble, répondit Solon. Je ferai mes lois de telle manière, que tous les citoyens connoîtront qu'il leur est plus utile d'y obéir que de les violer.

On lui demanda pourquoi il n'en avoit fait aucune contre les parricides : C'est parce, répondit-il, que je n'ai pas cru qu'il y eût jamais des gens assez malheureux pour tuer leur père ou leur mère.

Il disoit ordinairement à ses amis qu'un homme de soixante-dix ans ne devoit plus craindre la mort, ni se plaindre des malheurs de la vie ;

Que tous les gens de cour ressembloient aux jetons dont on se sert pour compter, qu'ils représentoient plus ou moins, selon la fantaisie du prince ;

Que ceux qui approchoient des princes ne devoient pas leur conseiller ce qui étoit de plus agréable, mais ce qui étoit de plus avantageux ;

Que nous n'avions point de meilleur guide, pour nous conduire, que notre raison ; et qu'il ne falloit jamais rien dire ni rien faire sans l'avoir consultée;

Qu'on devoit faire beaucoup plus de fond sur la probité d'un homme que sur son serment;

Qu'il ne falloit pas se faire des amis si légèrement, mais qu'il étoit très dangereux de rompre lorsque l'amitié étoit une fois liée;

Que le moyen le plus sûr et prompt pour repousser l'injure étoit de l'oublier;

Qu'il ne falloit jamais s'ingérer de commander sans avoir appris à obéir;

Que le mensonge devoit être en horreur à tout le monde;

Qu'enfin il falloit honorer les dieux, respecter ses parents, et n'avoir jamais aucun commerce avec les méchants.

Solon s'aperçut que Pisistrate se faisoit un gros parti à Athènes, et qu'il prenoit les mesures nécessaires pour s'y rendre souverain; il fit tout son possible pour s'opposer à ses desseins : il assembla le peuple au milieu de la place publique; où il parut tout armé, et découvrit l'entreprise de Pisistrate. O Athéniens! s'écria-t-il, je suis plus sage que ceux qui ne connoissent point les mauvais desseins de Pisistrate, et plus courageux que ceux qui les connoissent, et que la crainte ou le peu de courage empêchent de s'y opposer; je suis prêt à me mettre à votre tête, et à combattre généreusement pour la défense de la liberté. Le peuple, qui favorisoit Pisistrate, traita Solon de fou. Pisistrate, quelques jours après, se blessa lui-même, et se fit porter tout sanglant sur un char au milieu de la place publique, et dit que ses ennemis l'étoient venu prendre en trahison, et l'avoient mis dans l'état pitoyable où on le voyoit. La populace s'émut aussitôt, et fut prête de prendre les armes en faveur de Pisistrate. O fils d'Ipocrase! lui dit Solon, tu joues mal le personnage d'Ulysse : Ulysse s'égratigna pour tromper ses ennemis, et toi tu te blesses pour tromper tes propres citoyens. Le peuple s'assembla : Pisistrate fit demander cinquante gardes. Solon remontra fortement devant tout le monde les dangereuses suites d'une telle innovation, mais il ne put rien gagner sur la populace émue, qui permit à Pisistrate d'en prendre quatre cents, et de lever des troupes pour se rendre maître de la forteresse. Les principaux de la ville furent fort étonnés : chacun songea à se retirer de côté et d'autre. Solon ne se rebuta point. Après avoir reproché aux citoyens leur bêtise et leur lâcheté : Auparavant, leur dit-il, il vous étoit plus facile d'empêcher que cette tyrannie ne se formât; mais à présent qu'elle est établie, ce vous sera une plus grande gloire de l'abolir, et de l'exterminer entièrement. Quand il vit que tous ses discours ne pouvoient faire revenir les citoyens de la grande consternation où ils étoient, il s'en alla à sa maison, et prit ses armes, qu'il alla poser devant la porte du sénat; en s'écriant : O ma chère patrie! je t'ai secourue autant que j'ai pu par mes paroles, et d'effet : j'atteste les dieux que je n'ai rien oublié pour la défense des lois et la liberté de mon pays. O ma chère patrie! je pars, et te quitte pour jamais, puisque je suis le seul qui me déclare ennemi du tyran, et que tous les autres sont disposés à le recevoir pour maître.

Solon ne put jamais se résoudre d'obéir à Pisistrate; et comme il craignoit d'ailleurs que les Athéniens ne l'obligeassent à réformer ses lois, qu'ils avoient fait serment d'observer, il aima mieux s'exiler volontairement, et avoir le plaisir de voyager pour connoître le monde, que de vivre désagréablement à Athènes. Il passa en Égypte, où il demeura quelque temps à la cour d'Amasis. Pisistrate, qui estimoit infiniment Solon, fut fort touché de sa retraite; il lui écrivit cette lettre obligeante pour essayer de le faire revenir :

« Je ne suis pas le seul parmi les Grecs qui
» me suis emparé de la souveraineté de mon
» pays; je ne commets rien contre les lois ni
» contre les dieux, puisque je tire mon origine de
» Codrus, et que les Athéniens ont juré qu'ils
» conserveroient le royaume à ses descendants.
» J'ai grand soin de faire observer vos ordonnances,
» avec beaucoup plus d'exactitude que si l'état
» étoit gouverné par la populace. Je me contente
» des tributs que j'ai trouvés établis; et hors certains honneurs qui sont dus à ma dignité, je
» n'ai rien qui me distingue du moindre des citoyens. Je n'ai aucun ressentiment contre vous
» de ce que vous avez découvert mes desseins, je
» suis persuadé que c'étoit plutôt par amour pour
» la patrie que par haine contre moi, parce que
» vous ne saviez pas de quelle manière je me devois comporter; et si vous l'eussiez su, peut-être
» n'auriez-vous pas désapprouvé mon entreprise.
» Revenez donc avec assurance, et croyez sur ma
» parole que Solon ne doit rien craindre de Pisistrate, puisque même je n'ai pas voulu faire de
» mal à ceux qui de tout temps avoient été mes
» ennemis. Je vous considérerai comme mon meilleur ami, et vous aurez toutes sortes d'agréments
» auprès de moi, parce que je ne vous connois pas
» capable d'aucune infidélité. Si vous avez des
» raisons qui vous empêchent de revenir à Athènes,
» vous demeurerez partout où vous voudrez; je

SOLON.

» serai content, pourvu que ce ne soit pas moi
» qui sois la cause de votre exil. »

Solon lui fit cette réponse :

« Je crois bien que vous ne me feriez aucun
» mal, car j'étois de vos amis avant que vous fus-
» siez tyran, et je ne dois pas vous être plus odieux
» que tout autre qui hait la tyrannie. Je laisse la
» liberté à un chacun de juger, selon sa pensée,
» s'il est plus utile aux Athéniens d'être gouvernés
» par un maître absolu que par plusieurs magis-
» trats. J'avoue que vous êtes le meilleur des
» tyrans ; mais je ne crois pas devoir retourner
» à Athènes : car après y avoir établi un gouver-
» nement libre, et refusé la principauté qu'on
» m'avoit offerte, on auroit raison de me blâmer,
» et de croire que j'approuverois votre entreprise,
» si on m'y voyoit revenir. »

Solon écrivit une autre lettre à Épiménide en
ces termes :

« Comme mes lois ne doivent pas apporter un
» grand profit, aussi en les cassant n'a-t-on pas
» causé une grande utilité à la ville. Les dieux ni
» les législateurs ne peuvent servir de rien aux
» villes, mais bien à ceux qui mènent le peuple
» comme ils veulent, lorsqu'ils sont bien inten-
» tionnés. Mes lois n'ont point été utiles ; mais
» ceux qui les ont violées ont entièrement renversé
» la république, en n'empêchant pas Pisistrate
» d'envahir la souveraineté. J'ai prédit tout ce qui
» devoit arriver ; on ne m'a point cru. Pisistrate,
» qui flattoit les Athéniens, leur paroissoit plus
» fidèle que moi qui leur disois la vérité. J'ai offert
» de me mettre à la tête des citoyens, pour préve-
» nir les malheurs qui sont arrivés ; on m'a traité
» de fou ; on a accordé des gardes à Pisistrate, qui
» s'en est servi pour réduire toute la ville en es-
» clavage ; et moi j'ai pris le parti de me retirer. »

Crésus, roi des Lydiens, se rendit tributaire
tous les Grecs de l'Asie. Quantité des plus habiles
gens de ce siècle quittèrent la Grèce pour différents
sujets, et se retirèrent à Sardis, capitale de l'empire de Crésus. Cette ville étoit pour lors très florissante en honneurs et en richesses. Chacun y
parloit si avantageusement de Solon, que cela fit
naître à Crésus l'envie de le voir : il l'envoya prier
de venir s'établir chez lui : Solon lui fit cette réponse :

« J'estime infiniment l'amitié que vous me té-
» moignez, et je prends les dieux à témoins que si
» je n'avois pas résolu, dès il y a long-temps, de
» demeurer dans un état libre, j'aimerois mieux
» vivre dans votre royaume qu'à Athènes même,
» pendant que Pisistrate y exercera une puissance
» tyrannique : mais je suis avec plus de douceur,
» selon le genre de vie que j'ai embrassé, dans
» un lieu où tout est égal. J'irai pourtant vous
» voir, pour avoir le plaisir de demeurer quel-
» que temps avec vous. »

Solon s'en alla à Sardis, à la sollicitation de Crésus, qui témoignoit un empressement extraordinaire pour le voir. En traversant la Lydie, il rencontroit quantité de grands seigneurs avec de gros
cortéges et des trains magnifiques : il croyoit à tout
moment que ce fût le roi. Enfin on le présenta
devant Crésus, qui l'attendoit assis sur son trône,
et qui s'étoit exprès revêtu de ce qu'il avoit de plus
précieux. Solon ne parut point étonné à la vue de
tant de magnificence. Crésus lui dit : Mon hôte, je
connois ta sagesse par réputation ; je sais que tu
as beaucoup voyagé, mais as-tu vu personne vêtu
si magnifiquement que moi ? Oui, répondit Solon ;
les faisans, les coqs et les paons ont quelque chose
de plus magnifique, puisque tout ce qu'ils ont d'é-
clatant leur vient de la nature, sans qu'ils se donnent aucun soin pour se parer. Une réponse si imprévue surprit fort Crésus ; il commanda à ses
gens que l'on ouvrît tous ses trésors, et qu'on dé-
ployât devant Solon tout ce qu'il y avoit de meubles précieux dans son palais. Il le fit venir une
seconde fois devant lui. Avez-vous jamais vu, lui
dit-il, un homme plus heureux que moi ? Oui, répondit Solon ; c'est Tellus, citoyen d'Athènes, qui
a vécu en honnête homme dans une république
bien policée : il a laissé deux enfants fort estimés,
avec un bien raisonnable pour les faire subsister ;
et enfin il a eu le bonheur de mourir les armes
à la main, en remportant une victoire pour sa patrie ; les Athéniens lui ont dressé un tombeau dans
le lieu même où il avoit perdu la vie, et lui ont
rendu de grands honneurs.

Crésus ne fut pas moins étonné que la première
fois. Il crut que Solon étoit un insensé. Eh bien !
continua-t-il, quel est le plus heureux des hommes
après Tellus? Il y a eu autrefois deux frères, répondit-il, dont l'un s'appeloit Cléobis, et l'autre
Byton : ils étoient si robustes, qu'ils sont toujours
sortis victorieux de toutes sortes de combats ; ils
s'aimoient parfaitement l'un l'autre. Un jour de
fête, la prêtresse de Junon, leur mère, pour qui
ils avoient beaucoup de tendresse, devoit aller
nécessairement faire un sacrifice au temple : on
tardoit trop à amener ses bœufs ; Cléobis et Byton
s'attelèrent à son char, et la traînèrent jusqu'au
lieu où elle vouloit aller. Tout le peuple leur
donna mille bénédictions. Leur mère, ravie de
joie, pria Junon de leur envoyer ce qui leur étoit

plus avantageux. Quand le sacrifice fut fini, et qu'ils eurent fait très bonne chère, ils allèrent se coucher, et moururent tous deux cette même nuit. Crésus ne put s'empêcher de faire paroître sa colère. Comment, répliqua-t-il, tu ne me mets donc point au nombre des gens heureux? O roi des Lydiens, répondit Solon, vous possédez de grandes richesses et vous êtes maître de quantité de peuples; mais la vie est sujette à de si grands changements, qu'on ne sauroit décider de la félicité d'un homme qui n'est pas encore au bout de sa carrière. Le temps fait tous les jours naître de nouveaux accidents, dont même on n'auroit jamais pu se douter; on ne doit point s'assurer de la victoire lorsque le combat n'est point encore fini. Crésus fut fort mécontent: il renvoya Solon, et ne demanda plus à le voir.

Ésope, qui étoit pour lors à Sardis, où on l'avoit fait venir pour divertir Crésus, fut fâché de la mauvaise réception que le roi avoit faite à un homme d'un mérite si distingué. O Solon, lui dit-il, il ne faut point approcher des princes, ou il ne leur faut jamais dire que ce qui leur est agréable. Au contraire, répondit Solon, il ne faut jamais s'en approcher, ou bien il faut toujours les conseiller le mieux qu'on peut, et ne leur dire jamais que la vérité.

Cyrus tenoit prisonnier Astyage, son grand-père maternel, et l'avoit dépouillé de tous ses états; Crésus s'en offensa; il prit parti pour Astyage, et fit la guerre aux Perses. Comme il avoit des richesses immenses, et qu'il se voyoit à la tête d'une nation qui passoit pour la plus belliqueuse de tout le monde, il croyoit que rien ne lui étoit impossible; il fut malheureusement défait, et se retira à Sardis, où il fut assiégé et fait prisonnier après quatorze jours de résistance. On le mena devant Cyrus, qui le fit charger de chaînes. On le monta aussitôt au haut d'un bûcher, où on l'attacha au milieu de quatorze enfants lydiens, pour y être brûlé à la vue de Cyrus et de tous les Perses. Comme on mettoit le feu au bûcher, Crésus, dans cet état déplorable, se souvint du discours que lui avoit autrefois tenu Solon. Il s'écria en soupirant: O Solon! Solon! Solon! Cela surprit Cyrus. Il envoya demander si c'étoit quelque dieu qu'il invoquoit dans ses malheurs. Crésus ne répondit rien. Enfin, quand on l'eut contraint de parler, il dit, tout accablé de tristesse: Ah! je viens de nommer un homme que les rois devroient toujours avoir auprès d'eux, et dont ils devroient plus estimer la conversation que tous les trésors et leur magnificence. On le pressa d'en dire davantage. C'est un sage de la Grèce, continua-t-il, que j'ai autrefois envoyé querir exprès pour lui faire admirer ma grande prospérité. Il me dit froidement, comme s'il m'eût voulu faire connoître que cela n'étoit qu'une sotte vanité, que j'attendisse la fin de ma vie, et qu'il ne falloit point trop présumer d'une félicité qui étoit sujette à une infinité de calamités. Je reconnois à présent la vérité de toutes les choses qu'il m'a prédites. Pendant que Crésus parloit, le feu s'étoit déja allumé au bas du bûcher, et alloit gagner le haut. Cyrus fut fort touché des paroles de Crésus. L'état déplorable d'un prince qui avoit été si puissant le fit rentrer en lui-même; il craignit que quelque disgrace pareille ne lui arrivât dans la suite: il commanda aussitôt que l'on éteignît le feu; il fit ôter à Crésus les chaînes dont il étoit chargé; il lui rendit tous les honneurs possibles, et se servit de son conseil dans ses affaires les plus importantes.

Solon, après avoir quitté Crésus, se retira en Cilicie, où il bâtit une ville de son nom, qu'il appela Solos. On lui apprit que Pisistrate se maintenoit toujours dans la tyrannie, et que les Athéniens se repentoient de ne s'être pas opposés à son usurpation.

Solon leur écrivit en ces termes:

« Vous avez très grand tort d'accuser les dieux
» de votre mauvaise fortune. Si vous souffrez main-
» tenant, vous ne devez vous en prendre qu'à vo-
» tre légèreté et à votre folie, de n'avoir pas voulu
» croire les gens bien intentionnés pour la patrie,
» et de vous être laissé surprendre aux belles pa-
» roles et aux ruses d'un homme qui ne cherchoit
» qu'à vous tromper. Vous lui avez permis de le-
» ver des gardes, qui serviront à vous tenir en es-
» clavage le reste de votre vie. »

Périandre, tyran de Corinthe, fit savoir à Solon l'état de ses affaires, et le pria de lui donner conseil. Solon lui fit cette réponse:

« Vous m'écrivez que quantité de gens conspi-
» rent contre vous. Quand vous vous délivreriez
» de tous vos ennemis en les faisant mourir, vous
» n'avanceriez pas beaucoup vos affaires. Ceux dont
» vous ne vous doutez point vous dresseront des
» embûches. Ce sera quelqu'un qui craindra pour
» lui, ou quelque autre qui ne pourra approuver
» vos manières défiantes, ou enfin quelque autre
» qui croira rendre un bon service à sa patrie.
» Le meilleur parti que vous puissiez prendre est
» de renoncer entièrement à la tyrannie. Si vous
» ne pouvez pas vous y résoudre, faites venir des
» troupes étrangères suffisamment pour tenir le
» pays en bride, afin que vous n'ayez plus lieu de

» rien craindre, et que vous ne soyez plus obligé
» à exiler personne. »

Solon passa en Chypre; il fit amitié avec Philocypre, prince d'Œpie. Cette ville étoit bâtie dans un endroit fort stérile. Solon conseilla à Philocypre de la rebâtir dans un meilleur pays. Il choisit une belle plaine très fertile, conduisit lui-même toute cette entreprise, qui réussit très bien. Philocypre, par reconnoissance, voulut que cette ville s'appelât Soles.

Solon n'a jamais été ennemi du plaisir pendant tout le temps qu'il a vécu. Il a aimé la bonne chère, la musique, et tout ce qui peut contribuer à la vie délicieuse. Il haïssoit les représentations où on ne disoit jamais que des choses inventées à plaisir. Il croyoit que cela étoit pernicieux à la république, et que de là pouvoient naître une infinité de séditions. Du temps qu'il étoit en grand crédit à Athènes, Thespis commença lui-même à jouer des tragédies qu'il avoit composées. Cela plaisoit merveilleusement au peuple, à cause de la nouveauté. Solon, qui aimoit son divertissement, s'y trouva un jour. Quand tout fut fini, il appela Thespis. N'as-tu pas de honte, lui dit-il, de mentir devant tant de monde? Il n'y a point de mal, répondit Thespis, car ce n'est que pour rire. Solon frappa la terre d'un bâton qu'il tenoit dans sa main. Oui, répliqua-t-il; mais si on approuve de telles menteries en riant, nous ne tarderons guère à les trouver dans nos actes publics, et dans les affaires les plus sérieuses. C'est ce qui fit que, lorsque Pisistrate se fut fait porter tout sanglant au milieu de la place publique, Solon, parlant de ces représentations, s'écria : Voilà la malheureuse source d'où naissent toutes ces fourberies.

Quelques uns attribuent à Solon l'établissement de l'aréopage : c'étoit un conseil composé de ceux qui avoient passé par toutes les charges à Athènes. On demanda un jour à Solon quel état étoit le mieux policé. C'est celui, répondit-il, où les gens qui n'ont point été outragés poursuivent avec autant de chaleur la réparation de l'injure faite à autrui, que s'ils l'avoient reçue eux-mêmes. Sur la fin de ses jours, il avoit commencé un poème sur le rapport qu'on lui avoit fait en Égypte d'une île Atlantide, qu'on plaçoit au-delà de l'Océan connu. La mort le surprit en Chypre avant que son ouvrage fût achevé. C'étoit dans la cinquante-cinquième olympiade, environ la quatre-vingtième année de son âge. Il ordonna qu'on portât ses os à Salamine, qu'on les brûlât, et qu'on en jetât les cendres par toute la campagne. Les Athéniens, après sa mort, lui dressèrent une statue de bronze,
qui le représentoit, son livre des lois à la main, avec les habits de prince du peuple. Ceux de Salamine lui en dressèrent une autre qui le représentoit en orateur parlant en public, les mains cachées sous les plis de sa robe.

PITTACUS.

Il florissoit dans la 42ᵉ olympiade, et mourut la troisième année de la 52ᵉ, âgé de soixante-dix ans.

Pittacus, fils d'Hirradius, originaire de Thrace, naquit à Mytilène, petite ville de l'île de Lesbos, environ la vingt-neuvième olympiade. Il fut pendant sa jeunesse fort entreprenant, brave soldat, grand capitaine, et toujours bon citoyen. Il tenoit pour maxime qu'il falloit s'accommoder au temps, et se servir de l'occasion.

Pour sa première entreprise, il se ligua avec le frère d'Alcée contre le tyran Mélanchre, qui avoit usurpé la souveraineté de l'île de Lesbos, et le mit en déroute. Cette action lui donna une grande réputation de bravoure. Il y avoit depuis long-temps une cruelle guerre entre les Mytilénéens et les Athéniens, au sujet de la possession d'un territoire nommé Achillitide. Les Mytilénéens choisirent Pittacus pour commander leurs troupes. Quand les deux armées furent en présence, et prêtes à donner bataille, Pittacus proposa de décider le différend par un combat particulier ; il appela en duel Phrynon, général des Athéniens, qui étoit toujours sorti victorieux de toutes sortes de combats, et qui avoit été couronné plusieurs fois dans les jeux olympiques. Phrynon accepta le combat. Il fut résolu que le vainqueur demeureroit sans contredit conquérant du territoire en question. Ces deux généraux s'avancèrent seuls au milieu des deux armées. Pittacus avoit caché un filet sous son bouclier : il prit son temps si adroitement, qu'il enveloppa Phrynon lorsqu'il ne se doutoit de rien, et s'écria: Je n'ai pas pris un homme, c'est un poisson. Pittacus le tua à la vue des deux armées, et demeura maître du territoire. C'est de là qu'est venue l'origine des filets qu'on représentoit depuis sur le théâtre pour divertir le peuple.

L'âge modéra fort la grande ardeur de Pittacus; il commença peu à peu à goûter la douceur de la philosophie. Ceux de Mytilène, qui avoient un respect particulier pour lui, lui donnèrent la principauté de leur ville. Une longue et pénible expérience lui fit regarder avec un courage élevé les différentes faces de la fortune. Après avoir établi un très bon ordre dans la république, il renonça volontairement à la principauté qu'il tenoit depuis douze ans, et se retira tout-à-fait de l'embarras des affaires.

Pittacus témoigna un grand mépris pour les biens de la fortune, après les avoir fort souhaités. Les Mytilinéens, en considération des grands services qu'il leur avoit rendus, lui offrirent un lieu fort agréable, arrosé de ruisseaux et environné de bois et de vignes, avec plusieurs métairies dont les revenus étoient suffisants pour le faire vivre splendidement dans sa retraite. Pittacus prit son dard, qu'il lança de toutes ses forces, et se contenta de l'espace en carré qu'il avoit pu atteindre avec le dard qu'il avoit lancé. Les magistrats, surpris de sa retenue, le prièrent de leur en dire la raison. Il leur répondit, sans s'expliquer davantage, qu'une partie étoit plus avantageuse que le tout.

Crésus lui écrivit un jour pour le prier de venir voir ses richesses. Pittacus lui fit cette réponse :

« Vous voulez m'attirer en Lydie pour voir vos
» trésors : sans les avoir vus, je ne doute point que
» le fils d'Haliattes ne soit le plus puissant des rois;
» mais quand j'aurois tout ce que vous possédez,
» je n'en serois pas plus riche. Je n'ai aucun be-
» soin de biens ; je me contente du peu qui est né-
» cessaire pour me faire vivre, moi et quelques
» amis. J'irai pourtant vous voir pour vous con-
» tenter. »

Crésus, après avoir subjugué les Grecs d'Asie, résolut de faire équiper des vaisseaux pour se rendre maître des îles. Pittacus vint pour lors à Sardis. Crésus lui demanda s'il n'y avoit rien de nouveau dans la Grèce. Prince, lui dit Pittacus, les insulaires ont acheté dix mille chevaux ; ils ont résolu de vous faire la guerre, et de venir attaquer Sardis. Crésus prit cela fort sérieusement. Plût aux dieux, dit-il, d'inspirer aux insulaires de venir attaquer les Lydiens avec de la cavalerie ! Il semble, répliqua Pittacus, que vous souhaitez voir les insulaires à cheval et en terre ferme; vous avez raison : mais ne pensez-vous pas aussi que les insulaires riront bien quand ils sauront que vous voulez mener une armée navale contre eux? Ils seront ravis de vous rencontrer sur mer, vous et les Lydiens, pour venger l'infortune des Grecs que vous avez réduits en servitude. Crésus crut que Pittacus étoit instruit de ce qu'il méditoit ; il quitta le dessein de faire équiper des vaisseaux, et fit alliance avec les Grecs des îles.

Pittacus étoit d'une figure assez difforme ; il avoit toujours mal aux yeux ; il étoit fort gras et fort négligé, et marchoit désagréablement, à cause de quelques infirmités qu'il avoit aux pieds. Il avoit épousé la fille du législateur Dracon ; c'étoit une femme d'une fierté et d'une insolence insupportable, qui n'avoit rien qu'un très grand mépris pour son mari, à cause qu'il étoit mal fait, et qu'elle croyoit être d'une naissance distinguée. Un jour, Pittacus avoit invité à dîner plusieurs philosophes de ses amis : quand tout fut préparé, sa femme, qui étoit toujours de mauvaise humeur, alla renverser la table, et toutes les viandes qui étoient dessus. Pittacus, sans s'émouvoir, se contenta de dire aux conviés : C'est une folle, il faut excuser sa foiblesse. Cette grande mésintelligence, qui avoit toujours été entre lui et sa femme, lui avoit donné beaucoup d'aversion pour les mariages mal assortis. Un jour un homme vint le trouver pour savoir de lui quelle femme il devoit prendre de deux qui étoient à son choix, dont l'une étoit à peu près de même condition que lui, et l'autre beaucoup plus considérable par ses biens et par sa naissance. Pittacus leva le bâton sur lequel il étoit appuyé : Va-t'en, lui dit-il, dans ce carrefour où les petits enfants s'assemblent pour jouer; suis l'avis qu'ils te donneront là-dessus. Le jeune homme y alla. Ces petits enfants se divertissoient de tout leur cœur, et se disoient : Choisis ton égal. Cela le détermina à ne plus songer à la femme qui étoit beaucoup plus considérable que lui, et à prendre son égale. Pittacus étoit si sobre, qu'il ne buvoit presque jamais que de l'eau de fontaine, quoique les vins les plus délicats fussent en abondance à Mytilène.

Il conseilla secrètement à Périandre de s'abstenir de l'usage du vin, s'il vouloit réussir dans le dessein qu'il avoit de se rendre maître de Corinthe, et s'il vouloit se conserver dans la tyrannie.

Il ordonna qu'un homme qui auroit commis quelque faute étant ivre seroit puni doublement.

Il disoit ordinairement que la nécessité étoit quelque chose de si fort, que les dieux mêmes étoient obligés d'obéir à ses lois ;

Que c'étoit dans le gouvernement de la république qu'un homme faisoit connoître l'étendue de son esprit ;

Que les sages devoient prévoir les malheurs qui leur pouvoient arriver, afin de les pouvoir détourner, et que les gens de cœur les devoient supporter généreusement lorsqu'ils étoient arrivés ;

Qu'il étoit très difficile d'être homme de bien;

Qu'il n'y avoit rien de meilleur que de s'appliquer toujours à bien faire ce qu'on fait dans le moment;

Que pour réussir, il falloit méditer à loisir, et exécuter promptement les choses qu'on avoit projetées ;

Que les victoires les plus estimables étoient celles qu'on remportoit sans effusion de sang, et qu'afin qu'un empire fût bien gouverné, il falloit que le roi, et tous ceux qui étoient en autorité, obéissent aux lois comme les moindres particuliers.

Quand vous voudrez faire quelque chose, disoit-il à ses disciples, ne vous en vantez jamais ; car si par malheur vous ne pouviez venir à bout de votre entreprise, on se moqueroit de vous.

Ne reprochez jamais à personne sa mauvaise fortune, de crainte que vous ne vous trouviez quelque jour en semblable cas.

Ne parlez mal de personne, non pas même de vos ennemis.

Conservez vos amis, et vivez avec eux avec autant de retenue que s'ils devoient être un jour vos plus grands adversaires.

Aimez la chasteté, la frugalité et la vérité.

Respectez les dieux.

Rendez fidèlement le dépôt qu'on vous aura confié, et ne révélez jamais le secret.

Il avoit fait certains vers où il disoit qu'il falloit prendre son arc et ses flèches, et aller tuer un méchant homme partout où on le rencontroit ; parceque, comme son cœur étoit toujours double, sa bouche ne disoit jamais rien sur quoi on pût se fier.

Crésus lui envoya une grosse somme d'argent dans sa retraite. Pittacus ne la voulut pas accepter. Il répondit froidement : Je suis plus riche de la moitié que je ne voudrois ; car mon frère est mort sans enfants, et sa succession me revient.

Pittacus avoit les reparties promptes et vives. Jamais il ne s'est trouvé embarrassé, quelque question qu'on lui ait faite.

On lui demanda un jour quelle étoit la chose la plus changeante ? Le cours des eaux, répondit-il, et l'humeur d'une femme.

Quelle étoit la chose qu'on ne devoit faire que le plus tard qu'on pouvoit ? Emprunter de l'argent de son ami.

Quelle étoit la chose qu'on devoit faire en tout lieu et en tout temps ? Profiter du bien et du mal qui arrivent.

Ce qu'il y avoit de plus agréable ? le temps : de plus caché ? l'avenir : de plus fidèle ? la terre : de plus infidèle ? la mer.

Phocaïcus lui dit un jour, qu'il vouloit s'adresser à un homme pour quelque chose qu'il avoit dans l'esprit : Vous avez beau chercher, répondit Pittacus, vous n'en trouverez jamais.

Tyrrée, fils de Pittacus, étoit un jour à Cumes dans la boutique d'un barbier, où les jeunes gens s'assembloient ordinairement pour s'entretenir de ce qui se passoit ; un ouvrier, par mégarde, jeta une coignée, qui tomba sur la tête de Tyrrée, et la lui fendit en deux. Ceux de Cumes se saisirent du meurtrier, et l'amenèrent devant le père du mort. Pittacus, après s'être exactement informé de toutes les circonstances de l'action, trouva qu'il n'y avoit point de la faute de celui qui avoit fait le coup. Il le renvoya libre, parce, dit-il, qu'une faute commise sans volonté mérite pardon ; et que celui qui se venge devient coupable par l'injuste punition d'un innocent.

Pittacus se divertissoit quelquefois à la poésie. Il a écrit ses lois et quelques autres ouvrages en vers. Son exercice le plus ordinaire étoit de tourner une meule pour moudre le blé. C'est lui qui a été le maître de Phérécide, que plusieurs ont mis entre les sages de la Grèce, et dont la fin est assez extraordinaire.

On dit qu'un jour, lorsque la guerre étoit plus allumée que jamais entre les Éphésiens et les Magnésiens, Phérécide, qui étoit fort porté pour les Éphésiens, rencontra un homme sur son chemin : il lui demanda de quel pays il étoit. Dès qu'il eut appris qu'il étoit d'Éphèse : Prends-moi par les jambes, lui dit-il, traîne-moi dans le pays des Magnésiens, et va promptement dire aux Éphésiens la manière dont Phérécide a voulu que tu le traitasses : avertis-les bien qu'ils ne manquent pas de m'enterrer dès qu'ils auront remporté la victoire. Cet homme traîna Phérécide, et alla aussitôt conter à Éphèse l'aventure qu'il avoit eue. Les Éphésiens furent remplis d'espérance. Ils donnèrent bataille dès le lendemain, et remportèrent une grande victoire sur leurs ennemis. Ils allèrent promptement à l'endroit où on leur avoit dit qu'étoit Phérécide. Ils le trouvèrent mort sur la place : ils l'emportèrent, et lui firent de magnifiques funérailles.

Pittacus mourut dans l'île de Lesbos, âgé de plus de soixante-dix ans ; c'étoit dans la cinquante-deuxième olympiade.

BIAS,

Contemporain de Pittacus, florissoit du temps qu'Haliattes et ensuite Crésus régnoient en Lydie.

Bias, de Priène, petite ville de Carie, fut en grande réputation dans la Grèce sous le règne d'Haliattes et de Crésus, rois de Lydie, depuis la quarantième olympiade jusqu'à sa mort. C'étoit un excellent citoyen, fort désintéressé, fin politique, honnête homme. Il vivoit simplement, quoiqu'il fût né très riche; il dépensoit tout son bien à secourir ceux qui en avoient besoin. Il passoit pour le plus éloquent orateur de son temps; il employoit son talent à défendre les pauvres et tous ceux qui étoient dans l'affliction, sans vouloir tirer d'autre utilité que la gloire de servir sa patrie. Jamais il n'entreprenoit aucune cause qu'il ne crût très juste : cela avoit passé en proverbe par tout le pays; quand on vouloit marquer qu'une cause étoit excellente, on disoit : C'est une cause dont Bias se chargeroit; et lorsqu'on vouloit louer extrêmement un orateur : Il réussit encore mieux que Bias.

Des pirates firent un jour une course proche Messène dans le Péloponèse, et enlevèrent plusieurs filles qu'ils vinrent vendre à Priène. Bias les acheta; il les retira chez lui, et les nourrit comme ses propres enfants; il leur fit des présents à toutes, et les renvoya à leurs parents : cette action généreuse lui donna une si grande réputation, que quantité de gens ne l'appeloient que le prince des sages.

Quelque temps après, les pêcheurs de Messène trouvèrent dans le ventre d'un gros poisson un vase d'or, où ces mots étoient gravés : AU PLUS SAGE. Le sénat de Messène s'assembla pour délibérer à qui on le devoit donner; les filles que Bias avoit traitées si humainement se présentèrent à l'assemblée avec leurs parents, et ils crièrent tous ensemble qu'il n'y avoit personne plus sage que Bias. Le sénat de Messène lui envoya ce vase. Bias le considéra, et, après avoir lu l'inscription qui étoit autour, il refusa de l'accepter, et dit que ce titre n'appartenoit qu'à Apollon.

Quelques uns croient que ce vase est la même chose que le trépied dont il est parlé dans la vie de Thalès, et que cette histoire n'a point d'autre fondement que parce que le trépied fut renvoyé à Bias. D'autres même disent que ce fut lui à qui on l'apporta le premier.

Haliattes, roi de Lydie, après avoir ruiné plusieurs villes de la Grèce asiatique, vint mettre le siége devant Priène. Bias étoit pour lors le premier magistrat de la ville; il fit une vigoureuse résistance pendant très long-temps. Mais comme Haliattes paroissoit s'opiniâtrer à poursuivre son entreprise jusqu'à la fin, et que d'ailleurs la ville étoit réduite dans une grande misère, à cause de la disette des vivres, Bias fit engraisser deux beaux mulets, qu'il chassa vers le camp des ennemis, comme s'ils s'étoient échappés d'eux-mêmes. Haliattes fut surpris de voir ces animaux dans un tel embonpoint; cela lui fit craindre de ne pouvoir pas avoir la place par famine. Il trouva un prétexte pour envoyer un homme dans la ville; il lui donna ordre secrètement de remarquer en quel état étoient les assiégés. Bias se douta bien du dessein d'Haliattes; il fit couvrir de grands monceaux de sable avec un peu de froment, et fit en sorte que le député d'Haliattes vît toute cette grande abondance, sans que cela parût affecté. Haliattes, trompé par cette ruse, résolut aussitôt de lever le siége; il laissa les Priénéens en paix et fit alliance avec eux. Il eut la curiosité de voir Bias; il lui envoya dire de lui venir rendre visite dans son camp. Bias répondit à ses députés : Dites au roi que je demeure ici, et que je lui commande de manger des oignons, et de pleurer le reste de ses jours.

Bias aimoit fort la poésie : il a fait plus de deux mille vers, où il donnoit des préceptes pour enseigner à tout le monde la manière dont chacun pouvoit vivre heureux, et pour bien gouverner la république en paix et en guerre.

Il disoit ordinairement : Tâchez de plaire à tout le monde : si vous réussissez, vous trouverez mille agréments dans le cours de la vie; le faste et le mépris qu'on fait paroître pour les autres n'a jamais rien produit de bon.

Aimez vos amis avec discrétion; songez qu'ils peuvent devenir vos ennemis.

Haïssez vos ennemis avec modération; car il se peut faire qu'ils seront vos amis dans la suite.

Choisissez à loisir les gens que vous voulez prendre pour vos amis; ayez pour eux une même tendresse, mais distinguez leur mérite.

Imitez ceux dont le choix vous fait honneur, et soyez persuadé que la vertu de vos amis ne contribuera pas peu à votre réputation.

Ne vous pressez pas de parler; c'est une marque de folie.

Tâchez, pendant que vous êtes jeune, d'acquérir la sagesse; ce sera toute votre consolation lorsque vous serez vieux : vous ne pouvez faire une meilleure acquisition; c'est la seule chose dont la possession soit certaine, et qu'on ne pourra vous ravir.

La colère et la précipitation sont deux choses fort opposées à la prudence.

Les honnêtes gens sont très rares; les méchants et les fous sont en nombre infini.

Ne manquez jamais de tenir exactement tout ce que vous aurez promis.

Parlez des dieux d'une manière convenable à leur grandeur, et rendez-leur graces de toutes les bonnes actions que vous ferez.

Ne soyez pas importun : il vaut beaucoup mieux qu'on vous oblige à recevoir, que d'obliger les autres à vous donner.

N'entreprenez rien témérairement ; mais quand vous avez résolu quelque chose, exécutez-la avec vigueur.

Gardez-vous bien de louer un homme à cause de ses richesses, s'il ne le mérite d'ailleurs.

Vivez toujours comme si vous alliez mourir à tout moment, et comme si vous deviez rester long-temps sur la terre.

Avoir une santé vigoureuse est un don de la nature ; les richesses, ordinairement, sont un effet du hasard ; mais il n'y a que la sagesse qui puisse rendre un homme capable de donner de bons conseils à sa patrie.

C'est une maladie d'esprit que de souhaiter des choses impossibles.

On lui demanda un jour quelle étoit la chose qui flattoit davantage les hommes? C'est l'espérance, répondit-il. Quelle étoit celle qui leur plaisoit davantage? Le gain. Quelle étoit la plus difficile à supporter? Le renversement de la fortune.

Il disoit qu'un homme étoit bien malheureux, lorsqu'il ne savoit pas souffrir les disgraces qui lui arrivoient.

Il étoit un jour dans un vaisseau, avec quelques impies : il s'éleva tout d'un coup une tempête si furieuse, que le vaisseau étoit à tout moment prêt à périr. Ces impies, effrayés de la crainte de la mort, invoquoient les dieux. Taisez-vous, leur dit Bias, de peur qu'ils ne s'aperçoivent que vous êtes ici ; car nous serions tous perdus.

Une autre fois, un impie lui demanda quel étoit le culte qu'on devoit rendre aux dieux? Bias ne répondit rien. L'impie le pressa de lui dire la raison de son silence : C'est parce, répondit Bias, que tu me demandes des choses qui ne te regardent pas.

Il disoit qu'il aimoit beaucoup mieux juger un différend entre deux de ses ennemis qu'entre deux de ses amis, parce qu'on ne manquoit presque jamais à se brouiller avec celui de ses amis qu'on avoit condamné, et qu'il se pouvoit faire qu'on se raccommoderoit avec celui de ses ennemis en faveur de qui on auroit décidé.

Bias se trouva un jour obligé de juger un de ses amis qui devoit être puni de mort. Avant que de prononcer l'arrêt, il se mit à pleurer en plein sénat : Pourquoi pleurez-vous, lui dit quelqu'un, puisqu'il ne tient qu'à vous de condamner ou d'absoudre un criminel? Je pleure, répondit Bias, parce que la nature m'oblige d'avoir compassion des malheureux, et que la loi m'ordonne de n'avoir point d'égard au mouvement de la nature.

Bias n'a jamais compté au rang des véritables biens aucune des choses qui dépendent de la fortune : il croyoit que les richesses étoient des amusements dont on pouvoit se passer aisément, et qu'elles ne servoient souvent qu'à détourner les hommes du chemin de la vertu.

Il se rencontra par hasard à Priène, lieu de sa naissance, lors de la prise et du sac de cette malheureuse ville : tous les citoyens emportoient tout ce qu'ils pouvoient, et s'enfuyoient dans les lieux où ils croyoient pouvoir se mettre en sûreté ; le seul Bias demeuroit tranquille au milieu d'une si grande désolation, sans se remuer non plus que s'il eût été tout-à-fait insensible aux malheurs de sa patrie. Quelqu'un lui demanda pourquoi il ne songeoit pas à sauver quelque chose comme les autres : Je le fais aussi, répondit Bias ; car je porte tout mon bien avec moi.

L'action qui termina les jours de Bias n'est pas moins illustre que le reste de sa vie. Il s'étoit fait porter dans le sénat, où il défendit l'intérêt d'un de ses amis avec beaucoup de zèle : comme il étoit déjà fort vieux, il se trouva fatigué ; il appuya sa tête contre la poitrine d'un fils de sa fille qui l'avoit accompagné. Quand l'orateur de son adversaire eut fini son discours, les juges prononcèrent en faveur de Bias, qui expira aussitôt entre les bras de son petit-fils.

Toute la ville lui fit de magnifiques funérailles, et témoigna un regret extraordinaire de sa mort ; on lui érigea un superbe tombeau, sur lequel on fit graver ces paroles :

« Priène a été la patrie de Bias, qui fut autre-
» fois l'ornement de toute l'Ionie, et qui a eu des
» pensées plus relevées que le reste des philoso-
» phes. »

Sa mémoire fut en si grande vénération, qu'on lui dédia un temple, où ceux de Priène lui rendoient des honneurs extraordinaires.

PÉRIANDRE,

Tyran de Corinthe, contemporain des philosophes précédents; on ne sait pas précisément l'année de sa naissance, ni celle de sa mort.

Il est assez extraordinaire que les Grecs aient donné le titre de sage à un homme aussi fou que Périandre. Ils se sont laissé surprendre à l'éclat de ses illustres maximes, sans avoir aucun égard à la vie déréglée qu'il a menée pendant qu'il a été sur la terre. Il a toujours parlé comme un véritable sage, et a perpétuellement vécu comme un enragé. Il eut pendant long-temps un commerce infame avec Cratée, sa propre mère, sans avoir honte de se déshonorer. Un jour il fit vœu que, s'il remportoit le prix aux jeux olympiques, il feroit ériger une statue d'or en l'honneur de Jupiter : il fut victorieux dans les premiers jeux qu'on célébra ; mais comme il n'avoit point d'argent pour satisfaire à sa promesse, il fit arracher les ornements à toutes les dames qui s'étoient parées magnifiquement pour assister à une fête, et trouva par ce moyen de quoi accomplir son vœu.

Périandre étoit fils de Cypsèle, de la famille des Héraclides, et exerçoit la tyrannie à Corinthe, ville de sa naissance, sous le règne d'Haliattes, roi de Lydie. Il avoit épousé Lysis, fille de Proclée, prince d'Épidaure. Il témoigna toujours beaucoup de passion pour elle, et changea son nom de Lysis en celui de Mélisse. Il eut deux fils de ce mariage. Cypsèle, l'aîné, avoit l'esprit pesant, et paroissoit presque hébété ; mais Lycophroon, le cadet, avoit un génie élevé, et étoit très propre à gouverner un royaume.

Quelques concubines tâchèrent de donner ombrage à Périandre de la conduite de Mélisse sa femme, qui étoit grosse pour lors, et lui firent quelques rapports dont il conçut une jalousie furieuse. Il la rencontra sur-le-champ comme elle montoit un escalier ; il lui donna un si grand coup de pied dans le ventre, qu'il la jeta du haut en bas, et tua la mère et l'enfant qu'elle portoit. Il s'en repentit aussitôt ; et comme il étoit éperdument amoureux, il se jeta sur le corps mort, où la passion et le désespoir lui firent commettre la plus brutale de toutes les actions. Il fit éclater sa colère sur les femmes qui lui avoient mis ces soupçons dans l'esprit ; il les fit prendre, et commanda qu'on les brûlât.

Dès que Proclée eut appris le cruel traitement qu'on avoit fait à sa chère fille, il envoya querir ses deux petits-fils, pour qui il avoit toute la tendresse possible : il les garda quelque temps avec lui pour se consoler ; et, lorsqu'il les renvoya, il leur dit en les embrassant : Mes enfants, vous connoissez le meurtrier de votre mère. L'aîné ne prit point garde à ce que cela vouloit dire ; mais le cadet en fut touché si sensiblement, que, quand il fut de retour à Corinthe, il ne voulut jamais parler à son père, ni répondre à ce qu'il lui demandoit. Périandre, indigné de la mauvaise humeur de son fils, le chassa de sa maison. Il fit plusieurs questions à Cypsèle son aîné, pour savoir ce que leur avoit dit Proclée. Cypsèle, qui avoit tout oublié, lui conta seulement le bon traitement qu'ils en avoient reçu. Cela ne contenta pas Périandre, qui se douta bien qu'il falloit qu'il y eût autre chose. Il le pressa tant, qu'à la fin Cypsèle se ressouvint des dernières paroles que Proclée leur avoit dites en partant, et en fit le récit à son père. Périandre comprit aussitôt ce qu'on avoit voulu dire à ses enfants ; il tâcha de mettre son autre fils dans la nécessité d'avoir recours à lui : il défendit à ceux qui le logeoient de le garder davantage dans leur maison. Lycophroon, chassé de son asile, se présenta pour entrer dans plusieurs autres maisons ; mais on le rebutoit partout, parce qu'on craignoit les menaces de son père. Il trouva à la fin quelques amis qui eurent compassion de son sort, et qui le reçurent chez eux, au hasard de désobéir au roi. Périandre fit publier que quiconque le recevroit, ou lui parleroit seulement, seroit puni de mort. La crainte d'un châtiment si rigoureux épouvanta tous les Corinthiens ; personne n'osoit plus avoir de relation avec lui. Lycophroon passoit toutes les nuits à découvert sous les vestibules des maisons ; tout le monde le fuyoit comme une bête farouche. Quatre jours après, Périandre, qui le vit presque mort de faim et de misère, fut touché de compassion ; il alla à lui : O Lycophroon, lui dit-il, quel sort est le plus souhaitable, de mener une vie malheureuse comme tu fais, ou de disposer de ma puissance, et d'être entièrement le maître de tous les trésors que je possède ? Tu es mon fils, et prince de la florissante ville de Corinthe. S'il est arrivé quelque accident, j'en ai des ressentiments d'autant plus vifs que j'en suis moi-même la cause ; pour toi, tu t'es attiré toutes ces disgraces en irritant celui que tu devois respecter : mais à présent que tu connois ce que c'est que de s'opiniâtrer contre son père, je te permets de revenir dans ma maison. Lycophroon, insensible comme un rocher aux discours de Périandre, lui répondit froidement : Vous méritez vous-même la peine dont vous avez menacé les autres, puisque vous m'avez parlé. Quand Périandre vit qu'il étoit entière-

ment impossible de vaincre la dureté de son fils, il prit le parti de l'éloigner de ses yeux; il le relégua à Corcyre, qui étoit un pays de son obéissance.

Périandre étoit fort irrité contre Procléc, qu'il croyoit auteur de la mésintelligence qui étoit entre lui et son fils : il leva des troupes, il se mit à la tête, et alla lui faire la guerre. Toutes choses lui réussirent heureusement. Après s'être rendu maître de la ville d'Épidaure, il le fit prisonnier, et le garda, sans lui ôter la vie.

Quelque temps après, Périandre, qui commençoit déja à devenir vieux, envoya à Corcyre querir Lycophroon, pour se démettre en sa faveur de la puissance souveraine, au préjudice de son aîné, qui étoit peu propre à la conduite des affaires. Jamais Lycophroon ne voulut seulement répondre un mot à celui que Périandre avoit envoyé pour lui porter cette nouvelle. Périandre, qui aimoit tendrement son fils, ne se rebuta point; il donna ordre à sa fille d'aller à Corcyre, croyant qu'elle auroit plus de crédit sur l'esprit de son frère que toutes les finesses dont il s'étoit servi jusqu'alors pour le gagner. Dès que cette jeune princesse fut arrivée, elle conjura son frère, par tout ce qu'elle crut le pouvoir toucher davantage, de vaincre son opiniâtreté. Aimez-vous mieux, lui dit-elle, que le royaume tombe à un étranger qu'à vous ? La puissance est une maîtresse inconstante qui a quantité d'amants : notre père est vieux, et près de la mort; si vous ne venez promptement, notre maison va périr : songez donc à ne pas abandonner à d'autres les grandeurs qui vous attendent, et qui vous appartiennent légitimement. Lycophroon lui assura qu'il ne retourneroit jamais à Corinthe tant que son père y seroit. Quand la princesse fut de retour, et qu'elle eut raconté au roi son père la résolution de Lycophroon, Périandre renvoya pour la troisième fois à Corcyre, pour faire savoir à son fils qu'il pouvoit venir, quand il voudroit, se mettre en possession du royaume de Corinthe, et que pour lui étoit résolu d'aller finir ses jours à Corcyre. Lycophroon y consentit; ils se disposèrent l'un et l'autre à changer de pays. Les Corcyriens en furent avertis; ils en eurent tant de peur, qu'ils massacrèrent Lycophroon, de crainte que Périandre ne vînt demeurer chez eux. Périandre fut au désespoir de la mort de son fils. Il fit aussitôt prendre trois cents enfants des meilleures familles de Corcyre, et les envoya à Haliattes pour en faire des eunuques. Le vaisseau dans lequel ils étoient fut contraint de relâcher à Samos. Quand les Samiens eurent appris le sujet pour lequel on menoit ces jeunes malheureux à Sardis, ils en eurent compassion. Ils leur conseillèrent secrètement de se jeter dans le temple de Diane : dès qu'ils y furent entrés, ils ne voulurent pas permettre aux Corinthiens de les en retirer, et leur dirent qu'ils étoient sous la protection de la déesse. Ils trouvèrent un moyen pour les faire subsister, sans se déclarer ouvertement ennemis de Périandre : ils envoyoient tous les soirs tous les jeunes gens de Samos, garçons et filles, danser autour du temple; ils leur donnoient des gâteaux faits avec du miel, que ces jeunes gens jetoient dans le temple en dansant. Les enfants de Corcyre les ramassoient, et en vivoient. Comme ces danses recommençoient tous les jours, les Corinthiens s'ennuyèrent, et s'en retournèrent chez eux. Périandre eut tant de chagrin de ne pouvoir venger la mort de son fils comme il le vouloit, qu'il résolut de ne pas vivre davantage : mais comme il ne vouloit point que personne sût le lieu où seroit son corps, il s'avisa de cette invention pour le cacher. Il fit venir deux jeunes garçons, à qui il montra un chemin détourné. Il leur commanda de s'y promener la nuit suivante, de tuer le premier qu'ils y rencontreroient, et d'enterrer sur-le-champ le corps du mort. Il renvoya ceux-là, et en fit revenir quatre autres, à qui il commanda de se promener par ce même chemin, et de ne pas manquer à tuer et à enterrer aussitôt deux jeunes garçons qu'ils rencontreroient ensemble. Quant il eut renvoyé ceux-là, il en fit revenir un plus grand nombre, à qui il commanda pareillement de massacrer ces quatre-là, et de les enterrer dans le lieu où ils auroient fait le coup. Après qu'il eut ainsi disposé toutes choses comme il le souhaitoit, il ne manqua pas de se trouver à l'heure qu'il falloit dans le chemin détourné, où il fut assassiné par les deux premiers, qui le rencontrèrent. Les Corinthiens lui firent une représentation de tombeau, où ils gravèrent une épitaphe pour honorer sa mémoire.

Périandre a été le premier qui s'est fait accompagner de gardes, et qui changea son nom de magistrat en celui de tyran. Il ne permettoit pas à tout le monde indifféremment de demeurer dans les villes. Thrasibule, de qui il suivoit fort les avis, lui écrivit un jour cette lettre :

« Je n'ai rien caché à l'homme que vous m'avez
» envoyé; je l'ai mené dans un blé; j'ai abattu en
» sa présence tous les épis qui s'élevoient au-des-
» sus des autres. Suivez mon exemple, si vous
» desirez vous conserver dans votre domination;
» faites périr les principaux de la ville, amis ou
» ennemis, car un usurpateur doit se défier

» même de ceux qui paroissent ses plus grands
» amis. »

Périandre disoit qu'à force de rêver et de travailler, il n'y avoit rien dont on ne vînt à bout, puisqu'on avoit trouvé le moyen de rompre un isthme;

Qu'on ne devoit jamais se proposer ni l'or ni l'argent pour récompense de ses actions;

Que les grands ne pouvoient avoir de garde plus sûre que l'affection de leurs sujets;

Que rien n'étoit plus estimable que le repos;

Que le gouvernement populaire étoit meilleur que d'être soumis à une seule personne.

Et quand on lui demandoit pourquoi il se maintenoit toujours dans la tyrannie de Corinthe qu'il avoit usurpée : C'est parce, disoit-il, que quand on s'en est emparé une fois, il y a autant de danger à la quitter volontairement que par force.

Il croyoit qu'on n'étoit pas seulement obligé de punir ceux qui faisoient du mal, mais encore ceux qu'on savoit avoir dessein d'en faire.

Les plaisirs sont passagers, disoit-il; mais la gloire est éternelle.

Il faut être modéré dans son bonheur, et prudent dans l'adversité;

Ne révéler jamais le secret qui nous a été confié;

Ne point regarder si nos amis sont dans la prospérité, ou dans la disgrâce; et avoir toujours les mêmes égards pour eux dans l'une et dans l'autre fortune.

Périandre aimoit les gens savants. Il écrivoit aux autres sages de Grèce pour les inviter à venir passer quelque temps à Corinthe, comme ils avoient fait à Sardis. Il les reçut agréablement, et fit tout son possible pour les bien contenter.

Il régna quarante ans, et mourut vers la quarante-huitième olympiade.

Quelques uns croient qu'il y a eu deux Périandre, et qu'on a attribué à un seul les paroles et les actions de tous les deux.

CHILON.

Il étoit vieux à la 52ᵉ olympiade; ainsi on peut le regarder à peu près du même âge que Pittacus.

Chilon florissoit à Lacédémone vers la cinquante-deuxième olympiade. C'étoit un homme d'un esprit ferme et résolu, qui restoit toujours tranquille et égal dans l'adversité comme dans la prospérité. Il vivoit retiré chez lui sans ambition, et croyoit que le temps le plus mal employé étoit celui qu'on passoit dans de longs voyages. Sa vie étoit un modèle d'une vertu parfaite. Il pratiquoit sincèrement tout ce qu'il disoit. Son silence et sa grande modération l'ont fait admirer de tout le monde. Il régloit sa vie sur cette maxime dont il est l'auteur : *Qu'en toutes choses il falloit courir lentement.* Environ la cinquante-cinquième olympiade, il fut fait éphore : c'étoit une dignité, à Lacédémone, qui contre-balançoit l'autorité des rois. Son frère, qui y prétendoit, en fut jaloux; il ne put s'empêcher de lui en témoigner son ressentiment. Chilon lui répondit froidement : On m'a choisi, parce qu'on me croyoit plus propre que vous à souffrir le tort qu'on me fait de me tirer de mon repos, pour m'embarrasser dans les affaires et me rendre esclave.

Il croyoit qu'on ne devoit pas entièrement rejeter l'art de deviner, et qu'un homme, par la force de son esprit, pouvoit connoître plusieurs choses futures.

Un jour Hippocrate avoit sacrifié pendant les jeux olympiques : dès qu'on eut mis la chair des victimes dans des chaudières pleines d'eau froide, l'eau s'échauffa tout d'un coup, et commença à bouillir de telle sorte, qu'elle se répandoit par-dessus les bords sans qu'il y eût de feu sous les chaudières. Chilon, qui étoit présent, considéra attentivement ce prodige; il conseilla à Hippocrate de ne se marier jamais; et que si par malheur il l'étoit déjà, il ne différât point à répudier sa femme, et à tuer tous les enfants qu'il avoit d'elle. Hippocrate se moqua de cet avis; cela ne l'empêcha point de se marier, et il eut de sa femme le tyran Pisistrate, qui usurpa la souveraineté d'Athènes sa patrie.

Chilon, une autre fois, après avoir exactement remarqué la qualité du terroir et la situation de l'île de Cythère, s'écria devant tout le monde : Ah! plût aux dieux que cette île n'eût jamais été, ou que la mer l'eût submergée dès qu'elle a commencé à paroître! car je prévois qu'elle sera la ruine du peuple de Lacédémone. Chilon ne fut pas trompé. Cette île fut prise quelque temps après par les Athéniens, qui s'en servirent pour désoler le pays.

Il disoit ordinairement qu'il y avoit trois choses difficiles : garder le secret, souffrir les injures, et bien employer son temps.

Chilon étoit court et fort serré dans tous ses discours. Sa manière de parler passa en proverbe.

Il disoit qu'il ne falloit jamais menacer personne, parce que c'étoit une foiblesse de femme;

Que la plus grande sagesse étoit de savoir retenir sa langue, et principalement dans un festin;

Qu'on ne devoit jamais mal parler de personne; qu'autrement on étoit perpétuellement exposé à se faire des ennemis et à entendre des choses fâcheuses;

Qu'il falloit plutôt visiter ses amis lorsqu'ils étoient dans la disgrace que dans la faveur;

Qu'il valoit mieux perdre que de faire un gain injuste et malhonnête;

Qu'il ne falloit jamais flatter personne dans sa mauvaise fortune;

Qu'un homme courageux devoit toujours être doux, et se faire plutôt respecter que craindre;

Que la meilleure politique dans un état étoit d'enseigner aux citoyens à bien conduire leur famille particulière;

Qu'il falloit épouser une femme simple, et ne se pas ruiner à célébrer ses noces;

Qu'on éprouvoit l'or et l'argent avec une pierre de touche; mais que c'étoit par le moyen de l'or et de l'argent qu'on éprouvoit le cœur des hommes;

Qu'il falloit user de toutes choses avec modération, de crainte que leur retranchement ne nous fût trop sensible.

L'amour et la haine, disoit-il, ne durent pas éternellement : n'aimez jamais que comme si vous deviez haïr un jour, et ne haïssez jamais que comme si vous deviez un jour aimer.

Il fit graver en lettres d'or dans le temple d'Apollon à Delphes : Qu'il ne falloit point souhaiter les choses qui étoient trop au-dessus de nous; et que celui qui répondoit pour un autre ne manquoit jamais de perdre.

Périandre fit tout ce qu'il put pour l'attirer à Corinthe, afin de se servir de son conseil pour pouvoir se maintenir dans la tyrannie qu'il avoit usurpée. Chilon lui répondit : Vous voulez m'engager dans des troubles de guerres, et m'exiler loin de mon pays, comme si cela devoit vous faire vivre en sûreté; sachez qu'il n'y a rien de moins assuré que la grandeur des rois, et que le plus heureux de tous les tyrans est celui qui a le bonheur de mourir dans son lit.

Chilon, se sentant approcher de sa fin, regarda ses amis assemblés autour de lui : Mes amis, leur dit-il, vous savez que j'ai fait et dit quantité de choses depuis si long-temps que je suis au monde; j'ai tout repassé à mon loisir dans mon esprit, et je ne trouve pas que j'aie jamais fait aucune action dont je me repente, si ce n'est par hasard dans ce cas que je soumets à votre décision pour savoir si j'ai bien ou mal fait : Je me suis rencontré un jour, moi troisième, pour être juge d'un de mes bons amis qui devoit être puni de mort suivant les lois; j'étois fort embarrassé : il falloit de nécessité violer la loi, ou faire mourir mon ami : après y avoir bien rêvé, je trouvai cet expédient. Je mis au jour avec tant d'adresse toutes les meilleures raisons de l'accusé, que mes deux collègues ne firent aucune difficulté de l'absoudre; et moi je l'avois condamné à mort sans leur en avoir rien témoigné. J'ai satisfait au devoir d'ami et de juge; cependant je sens je ne sais quoi dans ma conscience qui me fait douter si mon conseil n'étoit point criminel.

Chilon, accablé de vieillesse, mourut à Pise d'un excès de joie, en embrassant son fils qui venoit d'être couronné aux jeux olympiques.

Les Lacédémoniens lui érigèrent une statue après sa mort.

CLÉOBULE,

Contemporain et à peu près de même âge que Solon, c'est-à-dire qu'il a vécu entre la 55e et la 55e olympiade.

Cléobule a été un des moins considérables entre les sages, mais il a été un des plus heureux. Il étoit fils d'Évagoras, issu d'Hercule, et naquit à Linde, ville maritime de l'île de Rhodes, où il florissoit sous le règne de Crésus, roi de Lydie. Il fit paroître une grande sagesse dès son enfance. Il étoit très beau de visage, d'une taille avantageuse et d'une force surprenante. Il employa sa jeunesse à voyager en Égypte pour y apprendre la philosophie, selon la coutume de ces temps-là. A son retour, il se maria à une femme très vertueuse, et vécut dans une grande tranquillité au milieu de sa famille. Ce fut de ce mariage que naquit la célèbre Cléobuline, qui devint si savante, par son application et les bonnes instructions de son père, qu'elle embarrassoit tous les plus habiles philosophes de son temps, principalement par des questions énigmatiques. Elle étoit d'ailleurs si honnête et si bienfaisante, qu'elle prenoit soin elle-même de laver les pieds aux amis et aux étrangers qui étoient à quelque festin chez son père.

Cléobule fut choisi pour gouverner le petit état des Lindiens. Il s'en acquitta avec autant de facilité que s'il n'avoit eu qu'une famille à conduire. Il éloigna tout ce qui pouvoit attirer la guerre, et entretint toujours une bonne intelligence, tant entre les citoyens qu'avec les étrangers. Son plus grand mérite dans les lettres étoit d'expliquer et de proposer subtilement toutes sortes de questions énigmatiques. Ce fut lui qui rendit fameux dans la Grèce cet usage des énigmes, qu'il avoit appris des Égyptiens. Il est l'auteur de celle-ci :

« Je suis un père qui a douze fils, dont chacun a trente filles, mais de beauté bien différente. Les unes ont le visage blanc, les autres l'ont fort noir. Elles sont toutes immortelles, et si elles meurent tous les jours. »

Cette énigme signifie l'année.

C'est aussi lui qui a fait l'épitaphe qui est sur le tombeau de Midas, où il loue extraordinairement ce roi. Quelques uns l'avoient mal à propos attribuée à Homère, qui est beaucoup antérieur à Midas.

Cléobule faisoit principalement consister la vertu dans la fuite de l'injustice et des autres vices. C'est dans ce sentiment qu'Horace a dit :

Virtus est vitium fugere, et sapientia prima
Stultitia caruisse. . . . . [1].

Il disoit ordinairement qu'il falloit garder l'ordre, le temps et la mesure en toutes choses ;

Que, pour bannir la grande folie qui régnoit dans tous les états, il falloit obliger chaque citoyen à vivre selon sa condition ;

Qu'il n'y avoit rien de si commun dans le monde que l'ignorance et les grands parleurs.

Tâchez, disoit-il, d'avoir toujours des sentiments relevés, et ne soyez ni ingrat ni infidèle. Faites du bien à vos amis et à vos ennemis : vous conserverez les uns, et peut-être gagnerez-vous les autres.

Avant que de sortir de votre logis, songez toujours à ce que vous allez faire; et dès que vous serez rentré, examinez-vous, et repassez dans votre esprit tout ce que vous aurez fait.

Parlez peu, et écoutez beaucoup.

Ne dites jamais de mal de personne.

Conseillez toujours ce que vous croirez de plus raisonnable.

Ne vous abandonnez point à vos plaisirs.

Accommodez-vous avec vos ennemis, si vous en avez.

Ne faites rien par violence.

Appliquez-vous à bien élever vos enfants.

Ne vous moquez point des malheureux.

Si la fortune vous rit, ne vous enorgueillissez point : mais aussi ne vous laissez point accabler lorsqu'elle vous tourne le dos.

Mariez-vous toujours selon votre condition : car, si vous épousez une femme d'une naissance plus relevée que vous, vous aurez autant de maîtres qu'elle aura de parents.

Il disoit qu'on devoit avoir un soin particulier des filles, et qu'il ne les falloit jamais marier que lorsqu'elles étoient filles d'âge, mais femmes par la conduite et par la raison ;

Qu'un homme ne devoit jamais caresser sa femme ni la quereller devant les étrangers ; car dans l'un il y avoit de la foiblesse, et dans l'autre de la folie.

Lorsque Cléobule sut que Solon avoit entièrement abandonné son pays, il fit tout ce qu'il put pour l'attirer chez lui. Il lui écrivit cette lettre :

« Vous avez une grande quantité d'amis qui ont tous des maisons à votre service : je crois pourtant que vous ne pouvez être mieux qu'à Linde. C'est une ville maritime entièrement libre : vous n'aurez rien à craindre de Pisistrate, et tous vos amis pourront vous venir voir en sûreté. »

Cléobule sut ménager heureusement toutes sortes d'avantages dans une condition médiocre, et dans une ville dégagée de l'embarras du monde. Il fut heureux père, heureux mari, heureux citoyen, heureux philosophe, et mourut enfin âgé de plus de soixante-dix ans, après avoir été fort honoré pendant toute sa vie. Les Lindiens témoignèrent un regret très sensible de l'avoir perdu. Ils lui érigèrent un tombeau magnifique, sur lequel ils firent graver une épitaphe pour honorer sa mémoire.

ÉPIMÉNIDE.

Vint à Athènes dans la 43e olympiade. On a prétendu qu'il avoit été endormi cinquante-sept ans dans une caverne; qu'il en avoit vécu cent cinquante-quatre, d'autres disent cent cinquante-sept, et d'autres deux cent quatre-vingt-dix-huit.

Épiménide, de Gnosse, florissoit dans l'île de Crète vers le temps que Solon étoit en grand crédit à Athènes. C'étoit un saint homme, qui vivoit fort religieusement. On le croyoit fils de la nymphe Balte. Tous les Grecs étoient persuadés qu'il étoit inspiré de quelque esprit céleste, et qu'il avoit souvent des révélations divines. Il s'appliquoit entièrement à la poésie et à tout ce qui regardoit le culte divin; c'est lui qui a commencé à consacrer les temples, et à purifier les campagnes, les villes et même les maisons particulières. Il n'avoit pas beaucoup d'estime pour les gens de son pays. Saint Paul, dans l'Épître à Tite, a cité un de ses vers où il disoit, en parlant des peuples de Crète, que c'étoient de grands menteurs, des paresseux, et de méchantes bêtes.

Son père l'envoya un jour quérir une brebis à la campagne : Épiménide, en revenant, se dé-

---

[1] Epist. lib. 1, Ep. 1, v. 41, 42.

tourna un peu du grand chemin, et entra vers le midi dans une caverne pour se reposer quelque temps, en attendant que la chaleur fût passée; il y demeura endormi pendant cinquante-sept ans. Quand il fut éveillé, comme il croyoit n'avoir pas fait un long sommeil, il regarda tout autour de lui pour chercher sa brebis; il ne l'aperçut point : il sortit de sa caverne, et fut fort surpris de voir la face de la terre changée entièrement. Il courut fort étonné au lieu où il avoit pris la brebis; il trouva que la maison avoit changé de maître, et que personne ne savoit ce qu'il vouloit dire. Il s'en retourna tout effrayé dans la ville de Gnosse : il rencontroit partout des visages inconnus, sa surprise augmentoit à tous moments. Comme il entroit dans la maison de son père, on lui demanda qui il étoit, et ce qu'il vouloit; à la fin il se fit reconnoître avec bien de la peine par son jeune frère, qui n'étoit qu'un enfant lors de son départ, et qu'il trouva déjà cassé de vieillesse à son retour. Une aventure si extraordinaire fit beaucoup de bruit par tout le pays; chacun regarda aussitôt Épiménide comme le favori des dieux. Ceux qui ne sauroient s'imaginer qu'Épiménide ait pu dormir si long-temps croient qu'il employa ces cinquante-sept ans à voyager inconnu dans les pays étrangers, et qu'il s'appliquoit à connoître les simples.

Après que Mégaclès eut fait massacrer cruellement ceux de la faction de Solon jusqu'au pied des autels, les Athéniens furent saisis d'une frayeur qui les troubloit tous les jours de plus en plus. Outre la peste qui désoloit tout le pays, ils croyoient qu'il revenoit des esprits par toute la ville. On consulta les devins, qui connurent par leurs sacrifices qu'on avoit commis quelque abomination dont toute la ville avoit été souillée. On envoya aussitôt Nicias en Crète : on lui donna un vaisseau pour amener Épiménide, dont la réputation s'étoit déjà étendue dans toute la Grèce. Dès qu'Épiménide fut arrivé à Athènes, il prit des brebis noires et des blanches, qu'il mena dans l'aréopage, d'où il les laissa aller partout où elles voulurent. Il les fit suivre toutes, et commanda à ceux qu'il avoit choisis pour cela de les immoler chacune en l'honneur de quelque dieu particulier, dans le propre lieu où elles se seroient reposées. C'est de là qu'on voyoit encore autour d'Athènes, du temps de Laërce, plusieurs autels consacrés à des dieux dont on ne savoit point le nom. Tout cela fut exécuté fidèlement. La peste cessa aussitôt, et les fantômes ne troublèrent plus personne.

Épiménide, en arrivant à Athènes, fit grande amitié avec Solon, et contribua beaucoup à l'établissement de ses lois. Il fit connoître à tout le monde l'inutilité des cérémonies barbares que les femmes observoient dans les funérailles. Il accoutuma peu à peu tout le peuple d'Athènes à s'adonner à la prière et à faire des sacrifices, et le disposa par ce moyen à vivre selon l'équité, et à ne se point révolter contre les magistrats.

Un jour, après avoir considéré le port de Munichie, il dit à ceux qui étoient autour de lui : Les hommes vivent dans des ténèbres bien épaisses touchant les choses futures. Hélas! si les Athéniens savoient combien ce port doit causer de malheurs à leur pays, ils le mangeroient tout à l'heure à belles dents.

Quand Épiménide eut demeuré quelque temps à Athènes, il se disposa à s'en retourner. Les Athéniens lui firent préparer un vaisseau, et lui présentèrent un talent pour sa peine. Épiménide les remercia fort honnêtement, et ne voulut jamais prendre de leur argent. Il se contenta de leur demander leur amitié, et d'établir une liaison très étroite entre les Athéniens et les Gnossiens. Avant que de partir, il fit construire un beau temple à Athènes en l'honneur des Furies.

Épiménide tâchoit de persuader au peuple qu'il étoit Éacus, et qu'il ressuscitoit souvent. On ne l'a jamais vu manger. On dit que les Nymphes le nourrissoient, et qu'il gardoit dans l'ongle d'un bœuf la manne qu'elles lui apportoient; que cette manne se convertissoit toute en sa substance, sans que jamais aucun excrément sortît de son corps.

Il prédit aux Lacédémoniens la dure servitude que les Arcadiens leur feroient souffrir.

Un jour, comme il bâtissoit un temple qu'il avoit résolu de consacrer aux Nymphes, on entendit une voix du ciel qui lui cria : Ô Épiménide, ne dédie point ce temple aux Nymphes, mais à Jupiter même!

Quand il eut appris que Solon s'étoit retiré d'Athènes, il lui écrivit cette lettre pour le consoler, et tâcher de l'attirer dans l'île de Crète :

« Ayez bon courage, mon cher ami. Si Pisis-
» trate avoit réduit des gens accoutumés à la ser-
» vitude, ou qui n'eussent jamais vécu sous de
» bonnes lois, peut-être que sa domination pour-
» roit durer long-temps; mais il a affaire à des
» hommes libres, qui ne manquent pas de cou-
» rage. Ils ne tarderont guère à se ressouvenir des
» préceptes de Solon. Ils auront honte de leurs chaî-
» nes, et ne pourront pas souffrir qu'un tyran les
» tienne plus long-temps en esclavage. Enfin, quand
» Pisistrate resteroit le maître pendant toute sa vie,
» son royaume ne passera jamais à ses enfants;

» car il est impossible que des gens accoutumés à vivre librement sous de bonnes lois puissent jamais se résoudre à rester éternellement dans la servitude. Pour ce qui est de vous, je vous prie de ne point demeurer toujours errant de côté et d'autre : dépêchez-vous de nous venir trouver en Crète, où il n'y a aucun tyran qui tourmente personne. Car je crains fort que si les amis de Pisistrate vous rencontroient dans leur chemin, comme cela peut arriver, ils ne vous fissent un mauvais parti. »

Épiménide passa toute sa vie dans l'exercice des choses saintes. Comme il aimoit fort la poésie, il écrivit plusieurs ouvrages en vers. Il fit entre autres un poëme de la génération des Curètes et des Corybantes, et un autre de l'expédition de Colchos. Il composa aussi un traité en prose des sacrifices et de la république de Crète, et un ouvrage dont le sujet étoit Minos et Rhadamanthe. Il mourut âgé de cent cinquante-sept ans; d'autres disent de deux cent quatre-vingt-dix-huit. Comme toute la vie d'Épiménide fut mystérieuse, quelques uns rapportent qu'il vieillit en autant de jours qu'il avoit dormi d'années. Ceux de Crète lui firent des sacrifices comme à un dieu, et ne l'appeloient ordinairement que le Curète. Les Lacédémoniens gardèrent son corps très précieusement chez eux, à cause d'un ancien oracle qui les avertit de le faire.

ANACHARSIS.

Il vint à Athènes dans la 47ᵉ olympiade, et fut tué peu de temps après qu'il fut retourné dans son pays; par où on peut juger qu'il a été contemporain de la plupart des précédents.

Anacharsis, Scythe de nation, a tenu un rang considérable entre les sages. Il étoit frère de Caduidas, roi de Scythie, et fils de Gnurus et d'une femme grecque; c'étoit ce qui lui avoit donné le moyen de bien apprendre les deux langues. Il avoit beaucoup de vivacité et d'éloquence; il étoit hardi et constant dans tout ce qu'il entreprenoit. Il s'habilloit en tout temps d'une grosse robe double, et ne vivoit jamais que de lait et de fromage. Ses harangues étoient d'un style serré et pressant; et comme il ne se rebutoit point, il ne manquoit jamais à venir à bout des choses dont il se mêloit. Sa manière de parler, hardie et éloquente, avoit passé en proverbe; quand quelqu'un l'imitoit, on disoit de lui qu'il faisoit des discours à la scythe.

Anacharsis quitta la Scythie pour venir demeurer à Athènes : dès qu'il y fut arrivé, il alla frapper à la porte de Solon, et dit à celui qui lui vint ouvrir d'aller avertir Solon qu'il étoit à sa porte, et qu'il venoit exprès pour le voir et pour demeurer chez lui quelque temps. Solon lui fit cette réponse : Qu'on ne devoit faire des hôtes que dans son propre pays, ou dans des endroits qui y avoient quelque relation. Anacharsis entra là-dessus. Eh bien! dit-il à Solon, puisque tu es maintenant dans ton pays et dans ta propre maison, c'est à toi à faire des hôtes : commence donc à faire amitié avec moi. Solon s'étonna de la vivacité de cette repartie; il consentit avec plaisir de devenir l'hôte d'Anacharsis, et lia avec lui une amitié très étroite, qui dura pendant toute leur vie.

Anacharsis aimoit fort la poésie; il écrivit en vers les lois des Scythes, avec un traité de la guerre.

Il disoit ordinairement que la vigne portoit trois sortes de raisins : le plaisir, l'ivrognerie et le repentir.

Il s'étonnoit de ce que, dans toutes les assemblées publiques qui se tenoient à Athènes, les sages se contentoient de proposer les matières, et que les fous décidoient. Mais il ne pouvoit comprendre pourquoi on punissoit ceux qui disoient des injures, et qu'on donnoit de grandes récompenses aux athlètes et aux joueurs qui se frappoient rudement les uns les autres.

Il n'étoit pas moins surpris de ce que les Grecs, au commencement de leurs repas, se servoient de verres médiocres, et qu'ils en prenoient de grands sur la fin, quand ils commençoient à être soûls.

Il ne pouvoit souffrir les libertés que chacun se donnoit dans les festins.

Un jour on lui demanda ce qu'il falloit faire pour empêcher quelqu'un de jamais boire de vin. Il n'y a point de meilleur moyen, répondit-il, que de lui mettre un homme ivre devant les yeux, afin qu'il le considère à loisir.

On voulut savoir de lui s'il y avoit des instruments de musique en Scythie; il répondit qu'il n'y avoit pas même de vignes.

Il appeloit l'huile dont se frottoient les athlètes, avant de se battre, la préparation à une folie enragée.

Un jour, après avoir considéré l'épaisseur des planches d'un vaisseau : Hélas! s'écria-t-il, ceux qui voyagent sur mer ne sont éloignés de la mort que de quatre doigts.

On lui demanda quel étoit le navire le plus sûr : C'est, répondit-il, celui qui est arrivé au port.

Il répétoit souvent que tout homme devoit s'appliquer entièrement à se rendre le maître de sa langue et de son ventre.

Il avoit toujours en dormant sa main droite sur sa bouche, pour marquer qu'il n'y avoit rien à quoi nous dussions tant prendre garde qu'à notre langue.

Un Athénien lui faisoit un jour des reproches de ce qu'il étoit Scythe: Mon pays me déshonore, répondit-il ; mais toi, tu déshonores le tien.

On lui demanda ce que les hommes avoient de meilleur et de plus méchant : C'est la langue, répondit-il.

Il vaut beaucoup mieux, disoit-il, n'avoir qu'un ami, pourvu qu'il soit vrai, que d'en avoir une quantité qui soient toujours prêts à suivre la fortune.

Quand on lui demandoit s'il y avoit plus de vivants que de morts : Ceux qui sont sur la mer, répondoit-il, en quel rang les mettez-vous ?

Il disoit que les marchés étoient des lieux que les hommes avoient établis pour se tromper les uns les autres.

Un jour, comme il passoit dans une rue, un jeune étourdi lui fit quelque outrage ; Anacharsis le regarda, et lui dit froidement : Jeune homme, si tu ne peux pas porter le vin dans ta jeunesse, tu auras tout le temps de bien porter l'eau quand tu seras vieux.

Il comparoit ordinairement les lois aux toiles d'araignées, et se moquoit de Solon, qui prétendoit, avec quelques écritures, empêcher les passions des hommes.

C'est lui qui a trouvé le moyen de faire des pots de terre avec une roue.

Un jour, Anacharsis alla consulter la prêtresse d'Apollon, pour savoir s'il y avoit quelqu'un plus sage que lui : Oui, répondit l'oracle, c'est un certain Mison, de Chênes. Anacharsis fut fort surpris de n'en avoir pas encore entendu parler : il l'alla chercher dans un village où il s'étoit retiré. Il le trouva qui raccommodoit sa charrue. O Mison, lui cria-t-il, il n'est plus temps maintenant de labourer la terre ! Au contraire, répondit Mison, il est même temps de raccommoder sa charrue quand il y a quelque chose de rompu. Ce Mison a été mis par Platon au nombre des sages : il s'étoit retiré dans la solitude, où il passa toute sa vie sans avoir de commerce avec personne, parce qu'il haïssoit naturellement tous les hommes. On l'aperçut un jour dans un petit coin fort retiré, où il rioit de toutes ses forces : quelqu'un s'approcha de lui, et lui demanda pourquoi il rioit si fort, puisqu'il n'y avoit personne avec lui. Il répondit que c'étoit cela même qui le faisoit rire.

Crésus, qui avoit fort entendu parler de la réputation d'Anacharsis, lui envoya offrir de l'argent, et le prier de le venir voir à Sardis. Anacharsis lui fit cette réponse :

« Je suis venu en Grèce, ô roi des Lydiens,
» pour y apprendre les langues, les mœurs et les
» lois du pays. Je n'ai point besoin d'or ni d'ar-
» gent, et je serai très content si je m'en retourne
» en Scythie plus habile que je n'étois lorsque j'en
» suis sorti : j'irai pourtant vous voir, car j'ai
» beaucoup d'envie d'être au nombre de vos amis. »

Après qu'Anacharsis eut demeuré long-temps en Grèce, il se disposa à s'en retourner. En passant par Cyzique, il trouva les Cyzicéniens qui célébroient avec de grandes solennités la fête de la mère des dieux. Anacharsis fit vœu à cette déesse de lui faire les mêmes sacrifices, et d'établir la même fête en son honneur dans son pays, en cas qu'il y retournât sans péril. Quand il fut arrivé dans la Scythie, il voulut changer les anciennes coutumes du pays, et y établir les lois des Grecs. Cela déplut fort aux Scythes.

Un jour Anacharsis entra secrètement dans une épaisse forêt du pays d'Hylée, afin de pouvoir accomplir sans être aperçu le vœu qu'il avoit fait à Cybèle ; il fit toute la cérémonie tenant en main le tambourin devant une représentation de la déesse à la grecque. Il fut découvert par un Scythe, qui en alla avertir le roi. Le roi vint aussitôt dans la forêt ; il surprit sur le fait son frère Anacharsis. Il lui tira une flèche, dont il le perça. Anacharsis expira aussitôt en s'écriant : On m'a laissé en repos dans la Grèce, où j'étois allé pour m'instruire de la langue et des mœurs du pays, et l'envie m'a fait périr dans le propre pays de ma naissance. On lui érigea plusieurs statues après sa mort.

PYTHAGORE

Florissoit dès la 60ᵉ olympiade, vint en Italie dans la 52ᵉ, mourut la quatrième année de la 70ᵉ, âgé de quatre-vingts ans, ou, comme d'autres disent, de quatre-vingt-dix.

Il y a une célèbre division de la philosophie, en ionique et italique. Thalès, de Milet, a été chef de la secte ionique, et Pythagore de la secte italique.

Aristippe le Cyrénaïque rapporte que ce philosophe fut nommé Pythagore, parce qu'il ne prononçoit jamais que des oracles aussi vrais que ceux d'Apollon Pythien. C'est lui qui a refusé le premier, par modestie, le titre de sage, et qui s'est contenté de celui de philosophe.

La plus commune opinion est que Pythagore étoit de Samos, et fils de Mnésarque, sculpteur; quoique d'autres assurent qu'il étoit Toscan, et naquit dans une de ces petites îles dont les Athéniens s'emparèrent le long de la mer de Tyrrhène.

Pythagore savoit la même profession de son père. Il avoit autrefois fabriqué de ses propres mains trois coupes d'argent, dont il fit présent à trois prêtres égyptiens. Il fut d'abord disciple du sage Phérécide, auquel il s'attacha particulièrement. Phérécide, de son côté, aimoit fort Pythagore. Un jour même Phérécide étoit fort en danger de mourir : Pythagore voulut entrer dans sa chambre pour voir comment il se portoit; mais Phérécide, qui craignoit que sa maladie ne fût contagieuse, lui ferma promptement la porte, et fourra ses doigs au travers d'une fente. Regarde, lui dit-il, et juge de l'état où je suis par mes doigts que tu vois tout décharnés.

Après la mort de Phérécide, Pythagore étudia quelque temps à Samos sous Hermodamante; ensuite, comme il avoit un desir extraordinaire de s'instruire et de connoître les mœurs des étrangers, il abandonna sa patrie et tout ce qu'il avoit, pour voyager. Il demeura un temps assez considérable en Égypte, pour converser avec les prêtres, et pour pénétrer dans les choses les plus secrètes de la religion.

Polycrate écrivit en sa faveur à Amasis, roi d'Égypte, afin qu'il le traitât avec distinction. Pythagore passa ensuite dans le pays des Chaldéens pour connoître la science des mages. Enfin, après avoir voyagé par curiosité dans divers endroits de l'Orient, il vint en Crète, où il fit une liaison très étroite avec le sage Épiménide. De là, il s'en revint à Samos. Le chagrin qu'il eut de trouver sa patrie opprimée sous la tyrannie de Polycrate lui fit prendre la résolution de s'exiler volontairement. Il passa en Italie, et s'établit à Crotone, dans la maison de Milon, où il enseigna la philosophie. C'est de là que la secte dont il est l'auteur a été appelée italique.

La réputation de Pythagore ne tarda guère à se répandre par toute l'Italie. Plus de trois cents disciples s'attachèrent à lui, et composèrent une petite république très bien réglée. Plusieurs ont écrit que Numa étoit de ce nombre, et qu'il demeuroit actuellement à Crotone chez Pythagore, lorsqu'il fut élu roi de Rome; mais les bons chronologistes prétendent que cela n'a été avancé sans autre fondement que parce que Pythagore avoit des sentiments conformes à ceux de Numa, qui vivoit long-temps auparavant.

Pythagore disoit qu'entre amis toutes choses étoient communes, et que l'amitié rendoit les gens égaux. Ses disciples ne possédoient rien en particulier : ils mêloient tout leur bien ensemble, et ne faisoient qu'une même bourse. Ils passoient les cinq premières années à écouter les préceptes de leur maître, sans jamais ouvrir la bouche pour dire seulement un mot. Après cette longue et rigoureuse épreuve, il leur étoit permis de parler, de venir voir Pythagore, et de converser avec lui.

Pythagore avoit un air fort majestueux. Il étoit d'une taille avantageuse, bien fait, et très beau de visage. Il s'habilloit en tout temps d'une belle robe de laine blanche, toujours extrêmement propre. Il n'étoit sujet à aucune passion. Il gardoit perpétuellement un grand secret.

Jamais on ne l'a vu rire, ni entendu dire aucune plaisanterie. Il ne vouloit châtier personne quand il étoit en colère, non pas même seulement donner un coup à un esclave. Ses disciples le prenoient pour Apollon. On venoit en foule de tous côtés pour avoir le plaisir d'entendre Pythagore, et de le considérer au milieu de ses disciples. Plus de six cents personnes de différents pays arrivoient toutes les années à Crotone; c'étoit une grande distinction, lorsque quelqu'un pouvoit avoir le bonheur d'entretenir un moment Pythagore.

Pythagore donna des lois à plusieurs peuples qui l'en avoient prié. Il étoit tellement admiré de tout le monde, que l'on ne faisoit aucune différence entre ses paroles et les oracles de Delphes. Il défendoit expressément de jurer, et de prendre les dieux à témoin. Il disoit que chacun devoit s'efforcer d'être tellement honnête homme, que personne n'eût de peine à le croire sur sa parole.

Pythagore tenoit que le monde étoit animé et intelligent; que l'ame de cette grosse machine est l'*éther*, d'où sont tirées toutes les ames particulières, tant des hommes que des bêtes. Il a connu que les ames étoient immortelles; mais il croyoit qu'elles erroient de côté et d'autre dans l'air, et qu'elles s'emparoient sans distinction des premiers corps qu'elles rencontroient : qu'une ame, par exemple, sortant du corps d'un homme, entroit dans le corps d'un cheval, d'un loup, d'un âne, d'une souris, d'une perdrix, d'un poisson ou de quelque autre animal, comme dans celui d'un homme, sans en faire aucune différence; même qu'une ame, sortant du corps de n'importe quel animal, entroit indifféremment dans le corps d'un homme ou dans celui d'une bête. C'est pourquoi Pythagore défendoit expressément de manger des animaux. Il croyoit qu'on ne faisoit pas un moin-

PYTHAGORE.

dre crime en tuant une mouche, un ciron ou quelque autre petit insecte, qu'en tuant un homme, puisque c'étoit les mêmes ames pour toutes les choses vivantes.

Pythagore, pour persuader tout le monde de sa doctrine de la métempsycose, disoit qu'il avoit été autrefois Æthalide, et qu'il avoit passé pour le fils de Mercure; que c'étoit pour lors que Mercure lui avoit dit de lui demander tout ce qu'il lui plairoit, hors l'immortalité, et que ses souhaits seroient accomplis. Pythagore lui demanda la grace de se souvenir également bien de toutes les choses qui se passeroient dans le monde, soit pendant sa vie ou pendant sa mort; et que, depuis ce temps-là, il savoit très exactement tout ce qui étoit arrivé. Que quelque temps après avoir été Æthalide, il devint Euphorbe; qu'il se trouva au siége de Troie, où il fut dangereusement blessé par Ménélas. Qu'ensuite son ame passa dans Hermotimus; et que dans ce temps-là, pour convaincre tout le monde du don que Mercure lui avoit fait, il s'en alla dans le pays des Branchides, il entra dans le temple d'Apollon, et fit voir son bouclier tout pourri, que Ménélas en revenant de Troie avoit consacré à ce dieu, pour marque de sa victoire. Après Hermotimus, il devint le pêcheur Pyrrhus, et ensuite le philosophe Pythagore, sans compter qu'il avoit encore été auparavant le coq de Mycile, et le paon de je ne sais qui.

Il assuroit que, dans les voyages qu'il avoit faits aux enfers, il avoit remarqué l'ame du poëte Hésiode attachée avec des chaînes à une colonne d'airain, où elle se tourmentoit fort. Que pour celle d'Homère, il l'avoit vue pendue à un arbre, où elle étoit environnée de serpents, à cause de toutes les faussetés qu'il avoit inventées et attribuées aux dieux; et que les ames des maris qui avoient mal vécu avec leurs femmes étoient rudement tourmentées dans ce pays-là.

Une autre fois, Pythagore fit faire une profonde caverne dans sa maison. On dit qu'il pria sa mère d'écrire exactement tout ce qui se passeroit pendant son absence; il s'enferma dans sa caverne, et après y avoir demeuré une année entière, il en sortit sale, maigre, et hideux à faire peur. Il fit assembler le peuple, et dit qu'il revenoit des enfers; et afin qu'on ajoutât foi à ce qu'il vouloit faire croire, il commença par raconter tout ce qui étoit arrivé pendant son absence; le peuple fut fort touché. On s'imagina aussitôt qu'il y avoit quelque chose de divin dans Pythagore; chacun se mit à pleurer et à jeter de grands cris : les hommes le prièrent de vouloir bien instruire leurs femmes;

c'est de là que les femmes de Crotone ont été appelées pythagoriciennes. Pythagore se trouva un jour à des jeux publics; il fit venir à lui par de certains cris un aigle qu'il avoit apprivoisé sans qu'on en sût rien; tout le peuple fut fort étonné. Pythagore, pour rendre la chose plus spécieuse, fit voir à toute l'assemblée une cuisse d'or attachée à sa jambe.

Pythagore ne sacrifioit jamais que des pains, des gâteaux, et d'autres choses semblables. Il disoit que les dieux avoient horreur des victimes sanglantes, et que cela étoit capable d'attirer leur indignation sur ceux qui prétendoient les honorer par de tels sacrifices.

Il y a beaucoup d'apparence que Pythagore, par toutes ces maximes, vouloit détourner les hommes de la bonne chère, et les accoutumer à vivre simplement, parce qu'on s'en porte beaucoup mieux, que l'esprit est libre, et en état de faire ses fonctions; et pour donner l'exemple, il ne buvoit presque jamais que de l'eau, et ne vivoit en tout temps que de pain, de miel, de fruits et de légumes, excepté les fèves, sans qu'on sache aucune bonne raison qui pût l'obliger à respecter cette plante.

Pythagore disoit que la vie étoit semblable à une foire; car comme dans une foire les uns viennent pour s'exercer aux combats, d'autres pour négocier, et d'autres simplement pour regarder; ainsi, dans la vie, les uns naissent esclaves de la gloire, les autres de l'ambition, et les autres ne cherchent simplement qu'à connoître la vérité.

Il ne vouloit pas que personne demandât jamais rien pour soi, parce que chacun ignore les choses qui lui conviennent.

Il distinguoit l'âge de l'homme en quatre parties égales; il disoit qu'on étoit enfant jusqu'à vingt ans, jeune homme jusqu'à quarante, homme jusqu'à soixante, et vieux jusqu'à quatre-vingts; passé cela, il ne comptoit plus personne au nombre des vivants.

Il aimoit fort la géométrie et l'astronomie; c'est lui qui a fait remarquer que l'étoile du matin et l'étoile du soir n'étoient qu'un même astre, et qui a démontré qu'en tout triangle rectangle le carré de l'hypothénuse est égal au carré des deux autres jambes. On dit que Pythagore fut si ravi d'avoir trouvé ce fameux théorème, que, s'en croyant redevable à l'inspiration des dieux, il voulut en faire éclater sa reconnoissance par une hécatombe, c'est-à-dire un sacrifice de cent bœufs. Cela est rapporté dans plusieurs endroits, quoique fort contraire à la doctrine de Pythagore; mais il se pouvoit faire que c'étoit des bœufs faits avec du miel et de la farine, comme en immoloient les pythagoriciens. Quelques uns même ont écrit qu'il en étoit mort de joie; mais il ne paroît pas, par ce qu'en écrit Laërce, que cela ait aucun fondement.

Pythagore avoit grand soin d'entretenir l'amitié et la bonne intelligence entre ses disciples; souvent, en les instruisant, il leur parloit par certaines paraboles. Il leur disoit, par exemple, qu'il ne falloit jamais sauter par-dessus une balance, pour leur faire connoître qu'ils ne devoient jamais s'écarter de la justice : qu'il ne falloit point s'asseoir sur la provision du jour, pour leur marquer qu'on ne devoit pas tellement s'arrêter sur le présent, qu'on n'eût aussi quelque soin de l'avenir.

Il les avertissoit de passer tous les jours quelque temps en particulier, et de se dire à eux-mêmes : A quoi as-tu employé la journée? Où as-tu été? Qu'as-tu fait à propos? Qu'as-tu fait à contretemps?

Il leur recommandoit de garder toujours un extérieur modeste et composé, sans jamais se laisser transporter par des mouvements de joie ou de tristesse; d'avoir de la tendresse pour leurs parents, de respecter les vieillards; de prendre de l'exercice, de crainte de devenir trop gras; de ne point passer toute leur vie dans les voyages; d'avoir un soin très particulier d'honorer les dieux, et de leur rendre le culte qui leur est dû.

Le Scythe Zamolxis, esclave de Pythagore, sut si bien profiter des préceptes de son maître, que, quand il s'en fut retourné dans son pays, les Scythes lui firent des sacrifices, et le mirent au nombre des dieux.

Pythagore croyoit que le premier principe de toutes choses étoit l'unité; que de là venoient les nombres, les points; des points, les lignes; des lignes, les superficies; des superficies, les solides; et des solides, les quatre éléments, le feu, l'air, l'eau et la terre, dont tout le monde étoit composé; et que ces éléments se changeoient perpétuellement les uns dans les autres : mais que rien ne périssoit jamais dans l'univers, et que tout ce qui arrivoit n'étoit que des changements.

Il disoit que la terre étoit ronde, et placée au milieu du monde; qu'elle étoit habitée en tout sens, et par conséquent qu'il y avoit des antipodes qui marchoient les pieds opposés aux nôtres; que l'air qui l'environnoit étoit grossier et presque immobile, et que c'étoit pour cela que tous les animaux qui habitoient la terre étoient mortels, et sujets à la corruption; qu'au contraire, l'air du haut des cieux étoit très subtil et dans une agitation perpétuelle, ce qui faisoit que tous les animaux qui le remplissoient étoient immortels, et par conséquent divins; et qu'ainsi le soleil, la lune et tous les autres astres étoient placés au milieu de cet air subtil et de cette chaleur active qui est le principe de la vie.

Il y a plusieurs opinions au sujet de la mort de ce philosophe. Quelques uns disent que certains disciples, qu'il n'avoit pas voulu recevoir, furent tellement indignés de ce refus, qu'ils mirent le feu à la maison de Milon, où étoit Pythagore. D'autres assurent que c'étoient les Crotoniates qui firent le coup, parce qu'ils craignoient que Pythagore ne voulût se rendre souverain dans leur pays. Quoi qu'il en soit, lorsque Pythagore vit que tout étoit en feu, il se retira promptement avec quarante de ses disciples. Quelques uns disent qu'il se sauva dans les bois des Muses à Métaponte, où il se laissa mourir de faim. D'autres assurent qu'il rencontra dans son chemin un champ de fèves qu'il falloit traverser; que jamais Pythagore ne put s'y résoudre. Il vaut mieux mourir ici, dit-il, que de faire périr toutes ces pauvres fèves. Il attendit tranquillement les Crotoniates, qui le massacrèrent avec la plupart de ses disciples. D'autres enfin rapportent que ce n'étoit pas les Crotoniates, mais qu'après que la guerre fut déclarée entre les Agrigentins et les Syracusains, Pythagore alla au secours des Agrigentins ses alliés; que les Agrigentins furent mis en fuite, et que c'étoit là que Pythagore, en se retirant, trouva effectivement un champ de fèves qu'il ne voulut pas traverser, et qu'il aima mieux tendre la gorge aux Syracusains, qui le percèrent de plusieurs coups. La plupart des disciples qui l'accompagnoient furent aussi massacrés; il ne s'en sauva que très peu, du nombre desquels fut Architas, de Tarente, qui passa pour le plus grand géomètre de son temps.

HÉRACLITE

Florissoit dans la 69e olympiade.

Héraclite, d'Éphèse, fils de Blyson, florissoit vers la soixante-neuvième olympiade. On l'appeloit ordinairement le philosophe ténébreux, parce qu'il ne parloit jamais que par énigmes. Laërce rapporte que c'étoit un homme plein de lui-même, et qui méprisoit presque tout le monde.

Il disoit qu'Homère et Archilocus devoient être chassés partout à coups de poing.

Il ne pouvoit pardonner aux Éphésiens, qui avoient exilé son ami Hermodorus. Il publioit hautement que tous les hommes de cette ville méritoient la mort, et les enfants d'être tous bannis, pour expier le crime qu'ils avoient commis en reléguant honteusement leur meilleur citoyen, et le plus grand homme de toute la république.

Héraclite n'avoit jamais eu de maître. C'étoit par ses profondes méditations qu'il devint si habile. Il avoit du mépris pour ce que faisoient tous les hommes, et étoit sensiblement touché de leur aveuglement : cela l'avoit rendu si chagrin, qu'il pleuroit toujours. Juvénal oppose ce philosophe à Démocrite, qui rioit perpétuellement. Il dit que chacun peut aisément censurer, par des ris sévères, les vices et les folies du siècle; mais qu'il s'étonne quelle source pouvoit fournir une assez grande quantité d'eau pour suffire aux larmes qui couloient continuellement des yeux d'Héraclite.

Héraclite n'avoit pas toujours été dans les mêmes sentiments. Lorsqu'il étoit jeune, il disoit qu'il ne savoit rien; et quand il fut plus avancé en âge, il assuroit qu'il savoit tout, et que rien ne lui étoit inconnu. Tous les hommes lui déplaisoient; il fuyoit leur compagnie, et alloit jouer aux osselets et à d'autres jeux innocents devant le temple de Diane, avec tous les petits enfants de la ville. Les Éphésiens s'assembloient autour de lui pour le regarder. Malheureux, leur disoit Héraclite, pourquoi vous étonnez-vous de me voir jouer avec ces petits enfants? Ne vaut-il pas beaucoup mieux faire cela, que de consentir avec vous à la mauvaise administration que vous faites des affaires de la république?

Les Éphésiens le prièrent un jour de leur donner des lois; mais Héraclite ne le voulut pas, à cause que les mœurs du peuple étoient déjà trop corrompues, et qu'il ne voyoit aucun moyen de leur faire changer de vie.

Il disoit que les peuples devoient combattre avec autant de chaleur pour la conservation de leurs lois, que pour la défense de leurs murailles; qu'il falloit être plus prompt à apaiser un ressentiment qu'à éteindre un incendie, parce que les suites de l'un étoient infiniment plus dangereuses que les suites de l'autre : qu'un incendie ne se terminoit jamais qu'à l'embrasement de quelques maisons, au lieu qu'un ressentiment pouvoit causer de cruelles guerres, d'où s'ensuivoit la ruine et quelquefois la destruction totale des peuples.

Il s'émut un jour une sédition dans la ville d'Éphèse : quelques uns prièrent Héraclite de dire devant tout le peuple la manière dont il falloit empêcher les séditions. Héraclite monta dans une chaire élevée; il demanda un verre, qu'il remplit d'eau froide; il y mêla un peu de légumes sauvages; et après avoir avalé cette composition, il se retira sans rien dire. Il vouloit faire connoître par-là que, pour prévenir les séditions, il falloit bannir le luxe et les délices hors de la république, et accoutumer les citoyens à se contenter de peu.

Héraclite composa un livre *de la Nature*, qu'il fit mettre dans le temple de Diane; il étoit écrit d'une manière très obscure, afin qu'il n'y eût que les habiles gens qui le lussent, de peur que, si le peuple y trouvoit goût, il ne devînt trop commun, et que cela ne le fît mépriser. Ce livre eut une réputation extraordinaire, parce, dit Lucrèce, que personne n'entendoit ce qu'il vouloit dire. Darius, roi de Perse, en ayant entendu parler, écrivit à l'auteur, pour l'engager à venir demeurer en Perse, et le lui expliquer, lui offrant une récompense considérable, et un logement dans son palais; mais Héraclite le refusa.

Ce philosophe ne parloit presque jamais; et quand quelqu'un lui demandoit la raison de son silence, il répondoit d'un air chagrin : C'est pour te faire parler. Il méprisoit les Athéniens, qui avoient un respect extraordinaire pour lui; et vouloit demeurer à Éphèse, où il étoit méprisé de tout le monde.

Il ne pouvoit regarder personne sans pleurer des foiblesses humaines, et du dépit qu'il avoit que rien n'étoit jamais à son gré. La haine qu'il portoit à tout le monde fit qu'il résolut de s'en séparer tout-à-fait; il se retira dans des montagnes affreuses, où il ne voyoit personne; il passoit sa vie à gémir, et ne mangeoit que des herbes et des légumes.

Héraclite croyoit que le feu étoit le premier principe de toutes choses.

Il tenoit que ce premier élément, en se condensant, se changeoit en air; que l'air, se condensant aussi, devenoit eau; qu'enfin l'eau, de la même manière, devenoit terre; et qu'en rétrogradant par les mêmes degrés, la terre, en se raréfiant, se changeoit en eau, d'eau en air, et d'air en feu, qui étoit le premier principe de toutes choses;

Que l'univers étoit fini : qu'il n'y avoit qu'un monde; que ce monde étoit composé de feu, et qu'à la fin il périra par le feu;

Que l'univers étoit rempli d'esprits et de génies;

Que les dieux n'ont point de providence, et que tout ce qui arrive dans l'univers doit être rapporté au destin;

Que le soleil n'est pas plus grand qu'il nous paroît; qu'il y avoit au-dessus de l'air des espèces de barques, dont la partie concave étoit tournée vers nous; que c'étoit là où montoient toutes les vapeurs qui s'élèvent de la terre; et que tout ce que nous appelons des astres n'étoit autre chose que ces petites barques remplies de vapeurs enflammées, qui brilloient de la manière que nous le voyons. Que les éclipses du soleil et de la lune arrivoient lorsque ces petites barques tournoient leur côté concave vers la partie opposée à la terre, et que la raison des différentes phases de la lune étoit parce que sa barque ne se tournoit que peu à peu.

Pour ce qui est de la nature de l'ame, il disoit que c'étoit absolument perdre son temps que de s'amuser à la chercher, puisqu'il étoit entièrement impossible de la pouvoir jamais trouver, tant elle étoit cachée.

La vie dure que menoit Héraclite lui causa une grande maladie; il devint hydropique. Il retourna à Éphèse pour se faire traiter; il alla trouver des médecins; et comme il ne parloit jamais que par énigme, il leur dit, faisant allusion à sa maladie : Pourrez-vous bien convertir la pluie en un temps sec et serein? Comme ces médecins n'entendoient pas ce qu'il vouloit dire, Héraclite alla s'enfermer dans une étable à bœufs; il s'enterra dans le fumier, afin de faire évacuer les eaux qui étoient cause de sa maladie; il s'y enfonça si avant, qu'il ne put jamais s'en retirer. Quelques uns disent que les chiens le mangèrent dans ce fumier; et d'autres, qu'il y mourut faute d'avoir pu se débarrasser. Il étoit pour lors âgé de soixante-cinq ans.

ANAXAGORAS,

Né la 70e olympiade, mort la 88e, âgé de soixante-douze ans.

Anaxagoras, fils d'Hégésibule, connut la physique d'une manière beaucoup plus étendue que tous les autres philosophes qui l'avoient précédé. Il étoit de Clazomène, ville d'Ionie, d'une famille fort illustre, tant par son origine que par les grands biens qu'elle possédoit; il florissoit vers la soixante-seizième olympiade.

Il fut disciple d'Anaximènes, qui l'avoit été d'Anaximander; et celui-ci de Thalès, que les Grecs reconnoissent pour le premier de leurs sages. Anaxagoras se plaisoit tellement à la philosophie, qu'il renonça à toutes sortes d'affaires publiques et particulières pour s'y attacher entièrement. Il abandonna tout ce qu'il avoit, de crainte que le soin de ses propres intérêts ne le détournât de l'étude. Ses parents lui remontrèrent qu'il alloit laisser périr son bien par sa négligence : cela ne put jamais faire aucune impression sur son esprit. Il se retira de son pays, et ne songea plus qu'à la recherche de la vérité. Quelqu'un lui reprocha l'indifférence qu'il avoit pour sa patrie; il répondit, en montrant le ciel du bout de son doigt : Au contraire, je l'estime infiniment. Il vint demeurer à Athènes, où il transféra l'école ionique, qui avoit toujours été établie à Milet depuis le temps de Thalès, auteur de cette secte. Dès l'âge de vingt ans, il commença à y enseigner la philosophie, et continua cet exercice pendant trente ans.

On mena un jour au logis de Périclès un mouton qui avoit une corne au milieu du front. Le devin Lampon publia aussitôt que cela signifioit que les deux factions qui partageoient la ville d'Athènes se joindroient, et ne composeroient plus qu'une même puissance. Anaxagoras dit que c'étoit parce que le cerveau ne remplissoit pas le crâne qui étoit ovale, et qui finissoit en une espèce de pointe à l'endroit de la tête où commençoient les racines de cette corne. Il fit la dissection de la tête du mouton devant tout le monde; il se trouva que la chose étoit comme il l'avoit dit. Cela fit beaucoup d'honneur à Anaxagoras : mais cela n'en fit pas moins au devin Lampon; car quelque temps après la faction de Thucydide fut abattue, et toutes les affaires de l'état tombèrent entre les mains de Périclès.

On tient qu'Anaxagoras est le premier de tous les Grecs qui a donné au public un système de philosophie. Il a admis pour premier principe l'infini, et une intelligence pour arranger la matière, et en composer tous les êtres qui sont dans le monde. Ce fut le sujet pour lequel les philosophes de son temps l'appelèrent *esprit*. Il n'a pas cru que cette intelligence eût fait la matière de rien, mais seulement qu'elle l'avoit arrangée. Dans le commencement, dit-il, toutes choses étoient mêlées ensemble, et ont toujours demeuré dans cette confusion, jusqu'à ce qu'une intelligence les ait séparées, et ait disposé chaque chose dans l'ordre que nous voyons. Ovide a très bien exprimé ce sentiment au commencement de ses Métamorphoses.

Au reste, Anaxagoras ne reconnoissoit point d'autre divinité que cette intelligence qui avoit fait le monde; et il étoit tellement désabusé des faux dieux adorés par toute l'antiquité profane, que Lucien a feint que Jupiter l'écrasa d'un coup de foudre, à cause du mépris qu'il faisoit paroître pour lui et pour toutes les autres divinités.

Il tenoit qu'il n'y avoit aucun vide dans la nature; que tout étoit plein; et que chaque corps, quelque petit qu'il fût, étoit divisible à l'infini; en sorte qu'un agent qui seroit assez subtil pour diviser suffisamment le pied d'un ciron pourroit en tirer des parties pour couvrir entièrement cent mille millions de cieux, sans qu'il pût jamais épuiser les parties qui resteroient à diviser, vu qu'il en resteroit toujours une infinité.

Il croyoit que chaque corps étoit composé de petites particules homogènes; que le sang, par exemple, se formoit de petites particules de sang; les eaux, de petites particules d'eau; et ainsi des autres choses. C'étoit cette similitude de parties qu'il nommoit *homœomeria*. Voilà de quelle manière Laërce expose son système.

Sur ce qu'on objectoit à Anaxagoras qu'il falloit nécessairement que les corps fussent composés de parties hétérogènes, puisque les os des animaux grossissoient sans que les animaux mangeassent des os; que leurs nerfs croissoient sans qu'ils mangeassent des nerfs; que la masse du sang croissoit sans qu'ils bussent du sang : il répondoit qu'à la vérité il n'y avoit point de corps dans le monde qui fût entièrement composé de parties homogènes; que dans l'herbe, par exemple, il y avoit de la chair, du sang, des os et des nerfs, puisque nous voyons que les animaux s'en nourrissent; mais que chaque corps prenoit son nom de la matière qui dominoit dans sa composition : que, par exemple, afin que certain corps fût appelé du bois ou de l'herbe, il suffisoit qu'il fût composé d'un bien plus grand nombre de petites particules de bois ou d'herbes, que de toute autre chose, et que les petites particules de bois ou d'herbes fussent arrangées en grand nombre vers la surface de ce corps.

Il croyoit que le soleil n'étoit autre chose qu'un fer chaud, dont la masse étoit plus grosse que tout le Péloponèse; que la lune étoit un corps opaque; qu'elle étoit habitable; et qu'il y avoit des montagnes et des vallées, de même que dans ce monde-ci; que les comètes étoient un amas de plusieurs étoiles errantes, qui se rencontroient par hasard, et qui se séparoient au bout de certains temps; que le vent se formoit, lorsque la chaleur du soleil raréfioit l'air; que le tonnerre venoit du choc des nuées, et les éclairs, lorsque les nuées ne faisoient seulement que s'entre-frotter; que les tremblements de terre étoient causés par un air renfermé dans des cavernes souterraines; et que le débordement du Nil n'avoit point d'autres causes que les neiges d'Éthiopie qui se fondoient dans de certains temps, et qui formoient des ravines d'eau qui venoient se décharger vers les sources de ce fleuve.

Anaxagoras a cru que c'étoit l'air qui étoit la cause du mouvement des astres; et sur l'objection qu'on lui faisoit à l'égard de l'allée et du retour des astres entre les deux tropiques, il répondoit que cela se faisoit par la pression de l'air, qui poussoit et repoussoit les astres comme un ressort, lorsqu'ils étoient venus jusqu'à un certain point.

Il tenoit que la terre étoit plate, et que, comme elle étoit le plus pesant de tous les éléments, elle occupoit la partie la plus basse du monde : que les eaux qui couloient sur sa superficie étoient raréfiées par la chaleur du soleil, qui les changeoit en vapeurs, et les élevoit jusque dans la moyenne région de l'air, d'où elles retomboient en pluies.

Pendant la nuit, lorsque le temps est serein, on voit dans le ciel une certaine blancheur disposée en cercle, qu'on appelle la Voie lactée. Quelques anciens ont imaginé que c'étoit un chemin que tenoient les moindres divinités pour aller au conseil du grand Jupiter; d'autres, que c'étoit le lieu où les âmes des héros s'envoloient après la dissolution de leurs corps. Anaxagoras s'y est trompé, aussi bien que tous les anciens philosophes : il a cru que ce n'étoit rien qu'une réflexion de la lumière du soleil, qui nous paroissoit ainsi, parce qu'il n'y avoit entre la Voie lactée et la terre aucun astre qui nous pût éclipser cette lumière réfléchie.

Il tenoit que les premiers animaux avoient été produits par la chaleur et l'humidité, et qu'ensuite ils avoient conservé leur espèce par la génération.

Une pierre tomba du ciel; Anaxagoras conclut aussitôt qu'il falloit que les cieux fussent faits de pierres, que la rapidité de la voûte céleste tenoit toujours en état; mais que, si ce mouvement violent venoit à se relâcher un seul moment, toute la machine du monde seroit bouleversée en un instant.

Il avertit un jour qu'il tomberoit une pierre du soleil; cela arriva comme il l'avoit prédit : la pierre tomba auprès du fleuve Égos.

Anaxagoras a cru que ce qui est aujourd'hui terre ferme, dans un autre temps seroit pleine mer; et que ce qui est aujourd'hui pleine mer, dans un autre temps seroit terre ferme.

Quelqu'un s'avisa de lui demander si la mer passeroit quelque jour sur les montagnes de Lampsaque : Oui, répondit-il, à moins que le temps ne manque.

Il faisoit consister le souverain bien dans la contemplation des secrets de la nature. C'est pour cela que, quand on lui demandoit le sujet pour lequel il étoit venu dans ce monde, il répondoit que c'étoit pour contempler le ciel, le soleil, la lune, et les autres merveilles.

Quelqu'un lui demanda quel étoit le plus heureux homme du monde : Ce n'est pas aucun de ceux que tu crois l'être, répondit-il ; et on ne le trouvera jamais que dans le rang de ceux que tu considères comme des malheureux.

Il entendit un jour un homme qui se plaignoit de mourir dans un pays étranger : Qu'importe? lui dit Anaxagoras : il n'y a point d'endroit dans le monde, d'où il n'y ait quelque chemin pour descendre aux enfers.

On lui vint dire un jour que son fils étoit mort ; il reçut cette nouvelle fort froidement : Je savois bien, dit-il, que je n'avois engendré qu'un mortel. Il alla aussitôt l'ensevelir lui-même.

La considération qu'Anaxagoras avoit à Athènes ne dura qu'un temps. Les Athéniens le dénoncèrent devant les magistrats, et l'accusèrent publiquement. Les causes de son accusation sont rapportées diversement. La plus commune opinion est qu'il fut accusé d'impiété, pour avoir osé soutenir que le soleil, qu'on adoroit comme un dieu, n'étoit qu'une masse de fer chaud. D'autres disent qu'outre le crime d'impiété, il fut encore accusé de trahison. Quand on vint lui annoncer que les Athéniens l'avoient condamné à mort, il n'en parut point plus ému. Il y a long-temps, dit-il, que la nature a prononcé un pareil arrêt contre eux.

Périclès, qui avoit été son disciple, prit son parti avec tant de chaleur, qu'il fit modérer sa sentence. On le condamna simplement à cinq talents d'amende, et on l'envoya en exil. Anaxagoras souffrit la disgrace avec beaucoup de fermeté. Il employa le temps de son bannissement à voyager en Égypte et dans d'autres endroits, pour converser avec les habiles gens, et pour connoître les mœurs des étrangers. Après avoir satisfait sa curiosité, il s'en revint à Clazomène, lieu de sa naissance. Il vit que tous ses biens étoient incultes et entièrement abandonnés. Si tout cela n'étoit péri, dit-il, je serois péri moi-même.

Anaxagoras avoit pris un soin particulier de bien instruire Périclès, et lui avoit beaucoup servi dans l'administration des affaires. Périclès n'en eut pas toute la reconnoissance possible, et fut accusé d'avoir un peu négligé son maître sur la fin. Anaxagoras se voyant vieux, pauvre et abandonné, s'enveloppa dans son manteau, et résolut de se laisser mourir de faim. Périclès en fut averti, et il en parut extrêmement affligé ; il s'en alla en grande hâte trouver Anaxagoras ; il le pria instamment de changer de résolution. Il déplora le malheur de l'état, qui alloit perdre un si grand homme, et le sien en particulier, parce qu'il alloit être privé d'un conseiller si fidèle. Anaxagoras lui découvrit son visage mourant : O Périclès, lui dit-il, ceux qui ont besoin d'une lampe ont soin d'y mettre de l'huile!

Laërce rapporte qu'Anaxagoras mourut à Lampsaque, et que quand il fut près d'expirer, les principaux de la ville lui demandèrent s'il ne leur vouloit rien ordonner. Il leur commanda de donner tous les ans congé aux enfants, et de leur permettre de jouer à pareil jour que celui de sa mort. Cette coutume s'est observée très long-temps depuis. Anaxagoras étoit âgé de plus de soixante-douze ans quand il mourut ; c'étoit dans la quatre-vingt-huitième olympiade.

DÉMOCRITE,

Né la troisième année de la 77ᵉ olympiade, mort la quatrième année de la 105ᵉ, ayant vécu cent neuf ans.

La plus commune opinion est que le philosophe Démocrite étoit d'Abdère, quoique d'autres assurent qu'il étoit de Milet, et qu'il ne fut nommé Abdéritain que parce qu'il se retira à Abdère. Il avoit d'abord étudié sous des mages et des Chaldéens que le roi Xerxès avoit laissés à son père, chez qui il avoit logé lorsqu'il vint faire la guerre aux Grecs. Ce fut de ces gens-là que Démocrite apprit la théologie et l'astronomie. Il s'attacha ensuite au philosophe Leucippe, qui lui enseigna la physique. Il avoit tant de passion pour l'étude, qu'il passoit les jours entiers enfermé lui seul dans une petite cabane au milieu d'un jardin. Un jour son père lui amena un bœuf pour l'immoler, et l'attacha dans un coin de sa cabane ; la grande application de Démocrite fit qu'il n'entendit pas ce que son père lui disoit, et qu'il ne s'aperçut pas même qu'on eût attaché un bœuf à côté de lui, jusqu'à ce que son père fût revenu une seconde fois pour le retirer de la profonde méditation où il étoit, et lui montrer qu'il y avoit à côté de lui un bœuf qu'il falloit sacrifier.

Démocrite, après avoir demeuré long-temps sous la discipline de Leucippe, résolut d'aller dans les pays étrangers pour converser avec les habiles gens, et pour tâcher à se remplir l'esprit de toutes

DÉMOCRITE.

sortes de belles connoissances. Il partagea la succession de son père avec ses frères, et prit pour sa part tout ce qu'il y avoit d'argent comptant, quoique ce fût la plus petite portion : mais cela lui étoit plus commode par rapport aux dépenses qu'il avoit à faire pour ses expériences philosophiques et pour ses voyages. Il s'en alla en Égypte, où il apprit la géométrie. De là il alla dans l'Éthiopie, dans la Perse, dans la Chaldée. Enfin, la curiosité le porta à pénétrer jusque dans les Indes, pour s'instruire de la science des gymnosophistes. Il aimoit à connoître les habiles gens, mais il ne vouloit être connu de personne. On dit qu'il avoit demeuré quelques jours à Athènes, où il avoit vu Socrate, sans s'être fait connoître à lui. C'étoit son inclination que de vivre caché : quelquefois même il alloit loger dans des cavernes et des sépulcres, afin que personne ne pût déterrer l'endroit où il seroit. Il se manifesta cependant à la cour du roi Darius ; et un jour que ce prince étoit fort affligé de la mort de celle qu'il aimoit le mieux de toutes ses femmes, Démocrite, pour le consoler, lui promit de la faire revivre, en cas que Darius lui pût fournir dans l'étendue de ses états trois personnes à qui il ne fût jamais arrivé rien de désagréable, afin de graver leur nom sur le tombeau de la reine morte. Jamais on ne put trouver dans toute l'Asie une seule personne qui eût les conditions qu'exigeoit Démocrite. Le philosophe prit sujet de là de faire connoître à Darius qu'il avoit grand tort de s'abandonner à la tristesse, puisqu'il n'y avoit aucun homme dans tout le monde qui fût exempt de chagrin.

Quand Démocrite fut de retour à Abdère, il vécut fort retiré et très pauvrement, à cause qu'il avoit dépensé tout son bien dans ses expériences et dans ses voyages. Damascus son frère étoit obligé de lui donner quelque chose pour lui aider à subsister. Il y avoit une loi qui défendoit que ceux qui avoient dissipé leur bien fussent inhumés dans le tombeau de leurs pères. Démocrite, qui étoit dans le cas, et qui ne vouloit pas que ses ennemis eussent rien à lui reprocher, récita devant tout le peuple un de ses ouvrages qu'on appelle *Diacosme*. On trouva cet ouvrage si beau, que Démocrite fut aussitôt exempté des rigueurs de la loi. On lui fit présent de cinq cents talents, et on lui érigea des statues dans les places publiques.

Démocrite rioit perpétuellement. Ces ris continuels étoient fondés sur une profonde méditation de la foiblesse et de la vanité humaine, qui nous font concevoir mille desseins ridicules dans un lieu où il croyoit que tout dépendoit du hasard et de la rencontre des atomes. Juvénal, faisant allusion à la ville d'Abdère, dont l'air est fort épais et les hommes très stupides, dit que la sagesse de ce philosophe fait connoître qu'il peut naître de grands personnages dans les lieux mêmes où les peuples sont les plus grossiers. Le même poëte dit que Démocrite rioit également de la tristesse comme de la joie des hommes, et il représente ce philosophe comme un esprit ferme que rien ne pouvoit ébranler, et comme un homme qui tenoit la fortune enchaînée sous ses pieds.

Les Abdéritains, qui le voyoient toujours rire, crurent qu'il étoit fou. Ils envoyèrent prier Hippocrate de le venir traiter. Hippocrate vint à Abdère avec des remèdes. Il présenta d'abord du lait à Démocrite. Démocrite regarde ce lait, et dit : Voilà du lait de chèvre noire qui n'a encore porté qu'une fois. Cela étoit effectivement comme il le disoit. Hippocrate admira comment il avoit pu connoître cela. Il s'entretint quelque temps avec lui. Il fut fort surpris de la grande sagesse et de la science extraordinaire de Démocrite. Il dit que c'étoient les Abdéritains qui avoient besoin d'ellébore, et non pas le philosophe à qui ils en vouloient faire prendre. Hippocrate s'en retourna avec beaucoup d'étonnement.

Démocrite, après son maître Leucippe, croyoit que les premiers principes de toutes choses étoient les atomes et le vide ;

Que rien ne se faisoit de rien, et qu'aucune chose ne pouvoit jamais être réduite à rien ;

Que les atomes n'étoient sujets ni à la corruption ni à aucun autre changement, à cause que leur dureté invincible les mettoit à couvert de toute sorte d'altération.

Il prétendoit que de ces atomes il s'étoit formé une infinité de mondes, dont chacun périssoit au bout d'un certain temps, mais que de ses débris il s'en composoit un autre ;

Que l'âme de l'homme, qu'il croyoit être la même chose que l'esprit, étoit aussi composée du concours de ces atomes, de même que le soleil, la lune et tous les autres astres ; que ces atomes avoient un mouvement tournoyant qui étoit la cause de la génération de tous les êtres ; et comme ce mouvement tournoyant étoit toujours uniforme, c'étoit le sujet pour lequel Démocrite admettoit le destin, et qu'il croyoit que toutes choses se faisoient par nécessité.

Épicure, qui a bâti sur les mêmes fondements que Démocrite, et qui ne vouloit point admettre cette nécessité-là, a été obligé d'inventer ce mouvement de déclinaison dont il est parlé en sa vie.

Démocrite tenoit que l'âme étoit répandue dans

toutes les parties du corps, et que le sujet pour lequel nous avions du sentiment dans toutes ces parties, c'étoit parce que chaque atome de l'ame correspondoit à chaque atome du corps.

Pour ce qui est des astres, Démocrite a cru qu'ils se mouvoient dans des espaces entièrement libres, et qu'il n'y avoit point par conséquent de sphères solides auxquelles ils fussent attachés ; qu'ils n'avoient qu'un seul et simple mouvement vers l'occident ; qu'ils étoient tous emportés par la rapidité d'un tourbillon de matière fluide dont la terre étoit le centre, et que chaque astre se mouvoit d'autant plus doucement, qu'il étoit plus proche de la terre, à cause que la violence du mouvement de la circonférence s'affoiblissoit peu à peu en tirant vers le centre ; qu'ainsi ceux-là paroissoient se mouvoir vers l'orient, lesquels se meuvent plus lentement vers l'occident ; et que comme les étoiles fixes, se mouvant plus rapidement que tous les autres astres, achèvent leur circuit en vingt-quatre heures, le soleil, qui se meut plus lentement, ne l'achève qu'en vingt-quatre heures quelques minutes ; et la lune, qui se meut plus lentement que tous les astres, ne l'achève qu'en près de vingt-cinq heures ; de sorte qu'elle ne se meut pas, disoit-il, de son propre mouvement vers les étoiles plus orientales ; mais elle est laissée par les étoiles plus occidentales, qui la viennent rejoindre trente jours après.

On dit que la grande passion que Démocrite avoit pour l'étude fit enfin qu'il s'aveugla lui-même, pour se mettre hors d'état de pouvoir s'appliquer à d'autres choses. Il exposa à découvert une plaque d'airain qui renvoyoit vers ses yeux les rayons du soleil, dont la chaleur lui fit à la fin perdre la vue.

Comme Démocrite se sentoit accablé de vieillesse et prêt à mourir, il s'aperçut que sa sœur étoit fort chagrine, parce qu'elle craignoit qu'il ne mourût avant les fêtes de Cérès, et que le deuil ne l'empêchât d'assister aux cérémonies de la déesse. Démocrite se fit apporter des pains chauds dont l'odeur lui faisoit du bien, et entretenoit sa chaleur naturelle. Dès que les trois jours de la fête furent passés, Démocrite fit retirer ces pains, et expira aussitôt. Il avoit pour lors cent neuf ans, selon la plus commune opinion.

EMPÉDOCLE,
Florissoit environ la 84ᵉ olympiade.

Empédocle, selon la plus commune opinion, avoit été disciple de Pythagore ; il naquit à Agrigente, dans la Sicile, où sa famille étoit l'une des plus considérables de tout le pays. Il avoit des connoissances très singulières dans la médecine. Outre qu'il étoit bon orateur, il s'appliquoit fort à la poésie, et à toutes les choses qui regardoient la religion et le culte des dieux. Les Agrigentins avoient un respect extraordinaire pour lui, et le considéroient comme un homme fort élevé au-dessus de tout le reste du genre humain. Lucrèce, après avoir rapporté les merveilles qu'on voyoit dans la Sicile, dit que les gens du pays publioient que rien n'étoit si glorieux pour leur île que d'avoir produit un si grand homme, et qu'ils regardoient ses poésies comme des oracles.

Ce n'étoit pas sans raison. Plusieurs événements de sa vie avoient fort contribué à le faire admirer de tout le monde. Quelques uns l'ont soupçonné de magie. Satirus rapporte que Gorgias Léontin, l'un des principaux disciples de ce philosophe, disoit ordinairement qu'il lui avoit aidé plusieurs fois à exercer cet art ; et il semble qu'Empédocle même ait voulu marquer dans cette poésie qu'il avoit quelques connoissances secrètes de cette nature, lorsqu'il dit à Gorgias qu'il ne veut apprendre qu'à lui seul les secrets dont il faut se servir pour guérir toutes sortes de maladies, rajeunir les vieillards, exciter les vents, apaiser les tempêtes, faire venir la pluie et la chaleur, et enfin redonner la vie aux morts et les faire revenir de l'autre monde.

Un jour les vents étésiens souffloient avec tant de violence, que tous les fruits de la terre alloient être perdus sans ressource. Empédocle fit écorcher des ânes, il fit des outres de leurs peaux, et plaça les outres sur le sommet des montagnes et des plus hautes collines. On dit que les vents cessèrent aussitôt, et que toutes choses demeurèrent tranquilles.

Empédocle étoit fort attaché à la doctrine de Pythagore son maître ; et comme les pythagoriciens avoient horreur des victimes sanglantes, Empédocle, voulant un jour faire un sacrifice, composa un bœuf avec du miel et de la farine, et l'immola aux dieux.

Agrigente, du temps d'Empédocle, étoit une ville très considérable ; on y comptoit huit cent mille habitants ; on ne l'appeloit simplement que la grande ville par excellence ; le luxe et les délices y étoient montés à un très haut point. Empédocle, parlant des Agrigentins, disoit qu'ils se réjouissoient comme s'ils eussent dû mourir le lendemain, et qu'ils bâtissoient de superbes palais comme s'ils eussent dû vivre éternellement. Il étoit fort éloigné de briguer les charges publiques. On lui offrit plusieurs fois le royaume d'Agrigente, mais jamais il ne voulut l'accepter : il préféra toujours une vie particulière à la grandeur du monde et à l'embarras des affaires. Il étoit fort zélé pour la liberté et pour le gouvernement populaire.

Il se trouva un jour à un festin où on l'avoit invité : quand l'heure de se mettre à table fut venue, Empédocle voyoit qu'on n'apportoit point le souper et que personne ne s'en plaignoit : cela le chagrina; il voulut faire servir promptement. Celui qui l'avoit invité lui dit : Patience pour un petit moment, j'attends le principal ministre du sénat, qui doit être de notre festin. Dès que ce magistrat fut arrivé, le maître du logis et tous les conviés se retirèrent, pour lui faire place à l'endroit le plus honorable. Il fut aussitôt choisi pour être le roi du festin. Cet homme ne put s'empêcher de donner des marques de son humeur impérieuse et de son esprit tyrannique; il commanda à tous les conviés de boire leur vin tout pur, et ordonna qu'on jetât un plein verre dans le nez de tous ceux qui refuseroient de boire ainsi. Empédocle ne dit rien sur-le-champ : le lendemain, il fit assembler le peuple; il accusa hautement et celui qui avoit invité, et celui qui avoit été si impérieux dans le festin; il fit connoître à tout le monde que c'étoit là un commencement de tyrannie, et qu'une telle violence étoit contraire aux lois et à la liberté publique. Après les avoir fait condamner l'un et l'autre, il les tua tous les deux sur-le-champ. Il eut le crédit de faire casser le conseil des mille; et comme il favorisoit le peuple, il fit ordonner que les magistrats seroient changés tous les trois ans, afin que chacun pût à son tour parvenir aux charges publiques.

Le médecin Acron demanda au sénat un lieu pour ériger un monument en l'honneur de son père, qui avoit excellé dans sa profession, et qui avoit été le plus habile médecin de son temps. Empédocle se leva au milieu de l'assemblée, et détourna le peuple d'accorder ce qu'on lui demandoit, parce qu'il croyoit que cela étoit contraire à l'égalité, qu'il vouloit qu'on observât exactement, afin d'empêcher que personne ne s'élevât au-dessus des autres; ce qui étoit, à son avis, le fondement de la liberté publique.

La peste pendant un certain temps désola Selinunte. Tout le monde y languissoit : les femmes même y accouchoient avant leur terme. Empédocle connut que cette maladie ne venoit que des eaux corrompues du fleuve qui arrose cette ville. Il détourna à ses dépens le cours de deux petits ruisseaux, qu'il fit décharger de la rivière de Selinunte. Cela empêcha la corruption des eaux; la peste cessa aussitôt. Les gens de Selinunte en firent de grands festins de réjouissance. Empédocle parut en ce temps-là à Selinunte; tout le monde s'assembla, on lui fit des sacrifices, et on lui rendit des honneurs divins, auxquels il étoit fort sensible.

Empédocle admettoit pour premier principe les quatre éléments : la terre, l'eau, l'air et le feu.

Il tient qu'il y a entre ces éléments une liaison qui les unit, et une discorde qui les divise. Il ajoute qu'ils sont dans une perpétuelle vicissitude, mais que rien ne périssoit; que cet ordre avoit été de toute éternité, et qu'il dureroit toujours;

Que le soleil étoit une grosse masse de feu; que la lune étoit plate et de figure d'un disque;

Que le ciel étoit fait d'une matière semblable à du cristal.

Quant à l'ame, il croyoit qu'elle passoit indifféremment dans toutes sortes de corps; et il assuroit qu'il se souvenoit clairement d'avoir été petite fille, ensuite poisson, après oiseau; et même il avoit aussi été plante.

La mort de ce philosophe est rapportée assez diversement. La plus commune opinion est que comme il avoit une envie extraordinaire de se faire passer pour un dieu, et qu'il voyoit quantité de gens assez disposés à le croire, il résolut de soutenir cette grande opinion jusqu'à la fin. C'est pour cela que, quand il commença à se sentir incommodé de la vieillesse, il voulut finir sa vie par quelque chose qui parût miraculeux. Après avoir guéri une femme d'Agrigente, nommée Pantée, qui étoit abandonnée de tous les médecins et prête à expirer, il prépara un sacrifice solennel, où il invita plus de quatre-vingts personnes; et pour leur faire croire à tous qu'il étoit disparu, dès que le festin fut fini, et que chacun fut allé se reposer les uns sous des arbres et les autres ailleurs, Empédocle monta sans rien dire au haut du mont Etna, et se jeta au milieu des flammes. Horace, parlant de cette fin, dit :

Deus immortalis haberi
Dum cupit Empedocles, ardentem frigidus Ethnam
Insiluit [1].

Empédocle étoit un homme fort sérieux; il portoit toujours une longue chevelure, avec une couronne de laurier sur sa tête. Il ne marchoit jamais dans les rues sans se faire accompagner de beau-

---

[1] De Art. poet., v. 465.

coup de personnes. Il imprimoit du respect à tous ceux qu'il rencontroit. Chacun se trouvoit heureux de le pouvoir rencontrer sur son chemin. Il avoit en tout temps des sandales d'airain dans ses pieds. Après qu'il se fut précipité au milieu des flammes, la violence du feu rejeta une de ses sandales, qui fut retrouvée par la suite, et qui découvrit sa fourberie. Ainsi le pauvre Empédocle, faute d'avoir bien pris ses précautions, au lieu de passer pour un dieu, fit connoître qu'il n'étoit qu'un charlatan.

Entre autres bonnes qualités, il étoit excellent citoyen, et fort désintéressé. Après la mort de Meton son père, quelqu'un voulut usurper la tyrannie à Agrigente. Empédocle fit promptement assembler le peuple, apaisa la sédition, et empêcha que l'affaire n'allât plus loin ; et pour marquer combien il avoit de passion pour l'égalité, il partagea tout son bien avec ceux qui en avoient moins que lui.

Ce philosophe florissoit vers la quatre-vingt-quatrième olympiade. Les Agrigentins lui érigèrent une statue, et ont conservé une vénération extraordinaire pour sa mémoire. Il mourut vieux; mais on ne sait pas précisément à quel âge.

SOCRATE,

Né la quatrième année de la 77e olympiade, mort la première année de la 95e, après avoir vécu soixante-dix ans.

Socrate, qui, de l'aveu de toute l'antiquité, a passé pour le plus vertueux et le plus éclairé des philosophes du paganisme, fut citoyen d'Athènes du bourg d'Alopèce. Il naquit la quatrième année de la soixante-dix-septième olympiade, et eut pour père Sophronisque, qui étoit sculpteur en pierre, et pour mère Phanarète, qui étoit accoucheuse. Il étudia la philosophie d'abord sous Anaxagoras, et ensuite sous Archélaüs le physicien. Mais considérant que toutes ces vaines spéculations sur les choses de la nature ne menoient à rien d'utile, et ne contribuoient point à rendre le philosophe plus homme de bien, il s'attacha à étudier ce qui regardoit les mœurs, et fut, pour ainsi dire, le fondateur de la philosophie morale chez les Grecs, comme le remarque Cicéron au troisième livre des Questions Tusculanes.

Il en avoit parlé encore plus expressément, et d'une manière plus étendue, dans le premier livre, où il s'explique en ces termes : « Il me paroît, et » c'est une opinion sur laquelle tout le monde » convient assez, que Socrate est le premier qui, » retirant la philosophie de la recherche des se- » crets cachés de la nature, à quoi tout ce qu'il » y avoit eu de philosophes avant lui s'étoient uni- » quement attachés, l'avoit ramenée et appliquée » à ce qui touche les devoirs de la vie commune; » de sorte qu'il ne s'occupoit qu'à examiner les » vertus et les vices, et en quoi consistoit le bien » ou le mal; disant que ce qui regardoit les astres » étoit fort au-dessus de nos lumières; et que, » quand nous serions plus à portée que nous ne » sommes de ces connoissances, elles ne pouvoient » contribuer en rien à régler notre conduite. »

Il fit donc son unique étude de cette partie de la philosophie qui concerne les mœurs, et qui s'étend à tous les âges et à toutes les conditions de la vie ; et cette nouvelle manière de philosopher fut d'autant mieux reçue, que celui qui en étoit l'inventeur prêchoit lui-même d'exemple, s'appliquant à remplir, le plus régulièrement qu'il lui étoit possible, tous les devoirs d'un bon citoyen, soit en paix, soit en guerre.

De tous les philosophes qui ont eu de la réputation, il est le seul, comme l'a remarqué Lucien, dans son dialogue du Parasite, qui ait jamais été à la guerre. Il fit deux campagnes, et dans toutes les deux, quoique malheureuses pour son parti, il paya de sa personne, et se montra homme de courage. Dans l'une il sauva la vie à Xénophon, qui, étant tombé de cheval en faisant la retraite, auroit été tué par les ennemis, si Socrate, le chargeant sur ses épaules, ne l'eût tiré de la mêlée, et porté durant plusieurs stades, jusqu'à ce que le cheval, qui s'étoit échappé, eût été repris. C'est Strabon qui rapporte ce fait. Dans l'autre, les Athéniens ayant été entièrement défaits et mis en fuite, il fut le dernier à faire la retraite, et montra si bonne contenance, que ceux qui poursuivoient les fuyards, le voyant prêt à tout moment à tourner face contre eux, n'eurent jamais l'audace de l'attaquer. C'est le témoignage que lui rend Athénée.

A ces deux expéditions près, Socrate ne mit point les pieds hors d'Athènes; en quoi il tint une conduite toute contraire à celle des autres philosophes, qui tous avoient employé une partie de leur vie à voyager, pour acquérir de nouvelles connoissances en conférant avec les savants de tous les pays. Mais comme le genre de philosophie auquel Socrate s'étoit borné portoit l'homme plutôt à travailler à se connoître lui-même, qu'à se charger l'esprit de connoissances fort inutiles pour le règlement des mœurs, il se crut dispensé de tous ces grands voyages, où il n'auroit rien appris de plus que ce qu'il pouvoit apprendre à Athènes au milieu de ses compatriotes, à la réforme desquels il croyoit d'ailleurs qu'il étoit plus juste qu'il travaillât, qu'à celle des étrangers. Et comme la philosophie morale est une science qui s'enseigne plus par exemples que par discours, il se fit une loi de suivre dans la pratique tout ce que la droite raison et la vertu la plus rigide exigeroit de lui. Ce fut suivant cette maxime qu'ayant été mis au nombre des sénateurs de la ville, et ayant prêté le serment de dire son avis selon les lois, il refusa constamment de souscrire à l'arrêt par lequel le peuple avoit, au préjudice des lois, condamné à mort neuf capitaines; et quoique le peuple s'en formalisât, et que plusieurs même des plus puissants lui fissent de grandes menaces, il persista toujours dans son sentiment, ne croyant pas qu'il convînt à un homme d'honneur d'aller contre son serment, pour complaire au peuple.

Nous ne savons point qu'il ait été en charge hors cette unique fois; mais, tout particulier qu'il étoit, il s'attira tant de considération à Athènes par sa probité et par ses vertus, qu'il y étoit plus respecté que les magistrats mêmes. Quant à ce qui regardoit sa personne, il en étoit assez soigneux, et blâmoit ceux qui ne tenoient compte d'eux-mêmes, ou qui affectoient de la négligence à cet égard. Il étoit propre sur lui, toujours mis d'une manière convenable et décente; tenant un juste milieu entre ce qui pouvoit passer pour grossièreté et rusticité, et ce qui pouvoit sentir le faste ou la mollesse. Quoique peu accommodé des biens de la fortune, il se tint toujours dans les termes d'un désintéressement parfait, ne prenant rien de ceux qui venoient l'entendre; en quoi sa conduite faisoit la condamnation des autres philosophes, qui étoient dans l'usage de vendre leurs leçons, et de taxer leurs écoliers à plus haut ou plus bas prix, selon qu'ils étoient plus ou moins en réputation. Aussi Socrate avoit-il coutume de dire, comme le rapporte Xénophon, qu'il ne concevoit pas comment un homme qui faisoit profession d'enseigner la vertu pouvoit songer à en tirer quelque profit: comme si de s'acquérir un honnête homme, et de se faire un bon ami de son disciple, n'étoit pas le plus riche avantage et le profit le plus solide qu'on pût retirer de ses soins.

Ce fut au sujet de ce désintéressement de Socrate, qu'un certain sophiste, nommé Antiphon, qui vouloit décrier une morale qu'il n'avoit pas envie de pratiquer, lui dit un jour qu'il avoit raison de ne prendre rien de ceux qu'il instruisoit, et qu'en cela il faisoit voir qu'il étoit véritablement honnête homme. Car, disoit le sophiste, s'il étoit question de vendre votre maison, vos habits ou quelques uns de vos meubles, bien loin de les donner pour rien ou pour peu de chose, vous tâcheriez de les vendre leur juste valeur, et vous ne les donneriez pas pour un denier moins. Mais parce que vous êtes convaincu vous-même que vous ne savez rien, et que par conséquent vous êtes hors d'état d'instruire les autres, vous vous feriez conscience de vous faire payer de ce que vous ne pouvez leur apprendre; ce qui fait plutôt l'éloge de votre probité que de votre désintéressement.

Mais Socrate n'eut pas de peine à le confondre, en lui faisant voir qu'il y a des choses qui peuvent être employées d'une manière ou honnête ou non honnête, et que faire présent de quelques fruits de son jardin à un ami, ou les lui vendre, sont deux choses fort différentes. Au reste, il ne faut point s'imaginer que Socrate tînt classe à la manière des autres philosophes, qui avoient un lieu fixe et marqué où ils assembloient leurs disciples, et où ils leur donnoient des leçons à certaines heures. La manière de philosopher de Socrate ne consistoit qu'en conversations avec ceux qui se trouvoient avec lui, en quelque temps et en quelque lieu que ce fût.

Un des principaux chefs dont Mélitus accusa Socrate fut de ce qu'au lieu de reconnoître pour dieux ceux qui étoient tenus pour tels à Athènes, il y introduisoit de nouvelles divinités; mais jamais accusation ne fut plus calomnieuse et moins fondée, puisque la règle que Socrate s'étoit prescrite sur cela à lui-même, et qu'il donnoit à ceux qui le consultoient, étoit de se conformer à l'oracle d'Apollon de Delphes, lequel, consulté sur la manière dont on devoit honorer les dieux, répondit que chacun devoit le faire à la manière et selon les cérémonies qu'on pratiquoit dans son pays. C'est ce que faisoit Socrate, offrant et sacrifiant aux dieux du peu qu'il avoit; et quoique ce qu'il leur présentoit fût peu de chose, il prétendoit mériter autant auprès d'eux que ceux qui leur faisoient les plus riches offrandes, parce qu'il faisoit cela selon son pouvoir, et qu'il ne pouvoit se persuader que les dieux eussent plus d'égards aux grands qu'aux petits sacrifices qu'on leur faisoit. Il croyoit au contraire que les dieux n'avoient rien de plus agréable que d'être honorés par les gens de bien.

Rien n'est plus simple ni en même temps plus religieux que la prière dont il usoit envers les dieux, ne leur demandant rien en particulier, mais les priant de lui procurer ce qu'ils jugeroient eux-mêmes lui être bon et utile; car, disoit-il, de leur demander des richesses et des honneurs, c'est comme si on leur demandoit la grace de donner bataille, ou de jouer aux dés, sans savoir quelle pourroit être l'issue du jeu ou de la bataille.

Bien loin de détourner du culte des dieux ceux qui le fréquentoient, il se faisoit au contraire un devoir d'y ramener ceux qui manquoient de religion. Xénophon rapporte sur cela la manière dont il s'y prit pour inspirer de la piété envers les dieux à un certain Aristodemus, qui faisoit profession de ne leur rendre aucun honneur, et qui se moquoit même de ceux qui leur sacrifioient. Quand on lit dans Xénophon tout ce que Socrate dit en cette occasion sur la providence des dieux à l'égard des hommes, on est surpris qu'un philosophe qui a toujours vécu au milieu du paganisme ait pu avoir des pensées si saines et si justes sur ce qui regarde la divinité.

Il étoit pauvre, mais si content dans sa pauvreté, que, quoiqu'il ne tînt qu'à lui d'être riche en acceptant les présents que ses amis et ses disciples vouloient le forcer de recevoir, il les renvoya toujours, au grand déplaisir de sa femme, qui ne goûtoit point du tout cette philosophie. Sa manière de vivre, pour la nourriture et pour les habits, étoit si dure, que le sophiste Antiphon, dont nous avons déja parlé, lui reprochoit quelquefois qu'il n'y avoit point d'esclave si misérable qui pût s'en contenter et y tenir: car, disoit-il, votre nourriture est la plus chétive du monde; d'ailleurs, non-seulement vous êtes toujours très pauvrement vêtu, mais vous n'avez jamais qu'une même robe hiver et été, et rien par-dessus cette robe; avec cela vous allez toujours nu-pieds. Mais Socrate lui fit voir qu'il se trompoit, s'il croyoit que la félicité ne se trouvoit que dans l'abondance et les délices; et que, tout pauvre qu'il lui paroissoit, il étoit plus heureux que lui. J'estime, disoit-il, que comme n'avoir besoin de rien est une prérogative qui n'appartient qu'aux dieux, aussi moins on a de besoins, et plus on approche de la condition des dieux.

Il n'étoit pas possible qu'une vertu aussi pure que celle de Socrate ne causât de l'admiration, surtout dans une ville comme Athènes, où cet exemple devoit paroître fort extraordinaire; car ceux mêmes qui n'ont pas la force de suivre la vertu ne sauroient s'empêcher de rendre justice à ceux qui la suivent. Celle de Socrate lui mérita bientôt l'estime universelle de ses concitoyens, et attira auprès de lui beaucoup de disciples de tout âge, qui préféroient le plaisir de l'entendre et de converser avec lui, aux amusements les plus agréables. L'attrait étoit d'autant plus grand du côté de Socrate, qu'il joignoit à une austérité très rigide pour lui-même, toute la douceur et la complaisance possible pour les autres. La première chose qu'il tâchoit d'inspirer aux jeunes gens qui l'écoutoient étoit la piété et le respect pour les dieux; ensuite il les portoit autant qu'il pouvoit à la tempérance et à l'éloignement des voluptés, leur représentant comment elles privoient l'homme du plus riche trésor dont il fût maître, c'est-à-dire de la liberté. Sa manière de traiter la morale étoit d'autant plus séduisante, que le tout se faisoit par manière de conversation et sans aucun dessein formé; car, sans qu'il se proposât aucun point particulier à discuter, il s'attachoit au premier qui se présentoit, et que le hasard fournissoit. Il faisoit d'abord une question, comme un homme qui cherche à s'instruire, et ensuite, profitant de ce qu'on lui accordoit dans les questions qu'il faisoit, il amenoit les gens à la proposition contradictoire de celle qu'ils avoient établie au commencement de la dispute. Il passoit une partie de la journée à ces sortes de conférences de morale, où tout le monde étoit bien venu, et dont jamais personne ne partit, selon le témoignage de Xénophon, sans en devenir plus homme de bien.

Quoique Socrate n'ait jamais rien laissé par écrit, cependant il est aisé de juger et du fond de sa morale et de la manière dont il la traitoit, par ce qui s'en trouve dans Platon et dans Xénophon. La conformité qui se remarque, surtout pour la manière de disputer, dans ce qu'en rapportent ces deux disciples de Socrate, est une preuve certaine de la méthode qu'il suivoit. On ne peut pas dire la même chose pour le fond, surtout à l'égard de Platon, qui lui en prêtoit quelquefois, comme Socrate le dit un jour, après avoir lu son dialogue de Lysis; mais il y a lieu de juger que Xénophon étoit plus fidèle; car ce qu'il rapporte de certains morceaux de conversation et de dispute entre Socrate et un autre interlocuteur, il déclare qu'il le a fait comme historien, qui expose ce qu'il a entendu.

On aura peine à comprendre comment un homme qui portoit tout le monde à honorer les dieux, et qui prêchoit pour ainsi dire aux jeunes gens l'éloignement de tout vice, a pu être condamné à mort comme impie envers les dieux reconnus à Athènes, et comme corrupteur de la jeunesse. Aussi cette injustice criante ne se fit-elle que dans un temps de désordre, et sous le gouvernement séditieux des trente tyrans; et voici ce qui y donna occasion.

Critias, le plus puissant de ces trente tyrans, avoit été autrefois disciple de Socrate aussi bien qu'Alcibiade ; mais, s'étant tous deux lassés d'une philosophie dont les maximes ne cadroient pas avec leur ambition et leur intempérance, ils l'abandonnèrent enfin. Pour Critias, de disciple qu'il avoit été de Socrate, il devint son plus grand ennemi, à cause de la fermeté avec laquelle Socrate lui reprochoit une passion honteuse, et des obstacles par lesquels le même Socrate le traversa ; de sorte que Critias, devenu l'un des trente tyrans, n'eut rien tant à cœur que de perdre Socrate, qui d'ailleurs, ne pouvant souffrir leur tyrannie, parloit contre eux avec beaucoup de liberté. Car, voyant qu'ils faisoient mourir tous les jours beaucoup de citoyens et des principaux, il ne put s'empêcher de dire, dans une compagnie, que si celui à qui on auroit donné des vaches à garder les ramenoit tous les jours plus maigres et en plus petit nombre, on trouveroit étrange s'il n'avouoit pas lui-même qu'il étoit très mauvais vacher. Critias et Chariclès, deux des principaux des trente tyrans, qui sentirent bien que la comparaison tomboit sur eux, firent d'abord une loi par laquelle il étoit défendu d'enseigner dans Athènes l'art de discourir ; et, quoique Socrate n'eût jamais fait profession de cet art, cependant on voyoit bien que c'étoit à lui qu'on en vouloit, et qu'on prétendoit par-là lui ôter la liberté de conférer sur des points de morale, selon sa coutume, avec ceux qui le fréquentoient.

Il alla trouver lui-même les deux auteurs de la loi, pour la leur faire expliquer ; mais comme il les embarrassoit par la subtilité de ses interrogations, ils lui dirent formellement qu'ils lui défendoient d'entrer en conversation avec les jeunes gens ; et sur ce qu'il leur demanda jusqu'où ils étendoient l'âge des jeunes gens, ils déclarèrent qu'ils comprenoient sous ce nom tous ceux qui étoient au-dessous de trente ans. Mais, dit Socrate, ne répondrai-je point, si quelqu'un par hasard me demande où est Chariclès ? où est Critias ? Oui, dit Chariclès ; mais, ajouta Critias, on te défend surtout un tas d'artisans, qui ont les oreilles fatiguées de tes discours. Mais, reprit Socrate, si ceux qui me suivront me demandent ce que c'est que pitié et justice ? Oui, répondit Chariclès, et les vachers aussi, te gardant bien toi-même de faire diminuer le nombre des vaches. Il n'en fallut pas davantage à Socrate pour connoître ce qu'il devoit craindre de la part de ces deux tyrans, et que sa comparaison des vaches les avoit irrités au dernier point.

Mais parce que, dans la réputation de vertu où étoit Socrate, il eût été trop odieux de vouloir l'attaquer et l'appeler en jugement, on crut qu'il falloit commencer par le décréditer dans le public ; et c'est ce qu'on opéra par la comédie d'Aristophane, intitulée *les Nuées,* où l'on fait passer Socrate pour un homme qui enseigne l'art de faire paroître juste ce qui est injuste. La comédie ayant eu son effet par le ridicule qu'elle jeta sur Socrate, Mélitus se présenta pour former une accusation capitale contre lui, dans laquelle il le taxoit, 1° de ne point reconnoître les dieux qu'on honoroit à Athènes, et d'en introduire de nouveaux ; 2° de corrompre la jeunesse, c'est-à-dire de lui enseigner à ne point respecter leurs parents ni les magistrats. L'accusateur requéroit que pour ces deux crimes il fût condamné à mort.

Quelque animés que fussent contre Socrate les trente tyrans, et surtout Critias et Chariclès, il est certain qu'ils auroient eu de la peine à le faire condamner, pour peu qu'il eût voulu s'aider lui-même ; mais l'intrépidité et la hauteur avec laquelle il soutint cette accusation, refusant même de payer aucune amende, parce que c'auroit été s'avouer coupable en quelque sorte, et surtout la fermeté avec laquelle il parla aux juges, lorsque, interpellé par eux de dire lui-même à quelle peine il reconnoissoit devoir être condamné, il leur dit hautement qu'il croyoit mériter d'être nourri le reste de sa vie aux dépens du public dans l'hôtel-de-ville : tout cela aigrit de nouveau les esprits des trente tyrans, qui le firent condamner à mort. Un philosophe très éloquent, nommé Lysias, lui avoit composé une apologie, afin qu'il s'en servît et la prononçât quand il paroîtroit devant les juges. Socrate, après l'avoir entendue, avoua qu'elle étoit fort bonne ; mais il la lui remit, disant qu'elle ne lui convenoit pas. Mais pourquoi, reprit Lysias, ne vous conviendroit-elle pas, puisque vous la trouvez bonne ? Eh ! mon ami, répondit-il, des habits et des souliers ne peuvent-ils pas être très bons, et cependant n'être pas bons pour moi ? C'est qu'en effet, quoique l'apologie fût très belle et très forte, elle étoit tournée d'une manière qui ne convenoit point à la droiture et à la candeur de Socrate. Socrate, ayant été condamné à mort, fut mené en prison, où quelques jours après il mourut, ayant avalé de la ciguë : c'étoit la manière dont on faisoit mourir pour lors ceux qui étoient condamnés à la mort chez les Athéniens.

Diogène Laërce prétend que Socrate fut marié deux fois ; mais, des deux femmes qu'il lui donne, on ne connoît guère que la fameuse Xantippe, de laquelle il eut un fils nommé Tamproclès, et qui s'est rendue célèbre par sa mauvaise humeur, et par l'exercice qu'elle donna à la patience de Socrate. Il disoit qu'il l'avoit prise pour femme, parce qu'il étoit persuadé que, s'il pouvoit parvenir à supporter sa mauvaise humeur, il ne trouveroit plus rien qui lui fût insupportable.

Socrate prétendoit avoir un génie qui le dirigeoit par des inspirations secrètes en certaines occasions. Platon, Xénophon et d'autres anciens auteurs en font mention. Plutarque, Apulée et Maxime de Tyr, ont fait chacun un livre exprès sur ce génie ou démon de Socrate. Il mourut la première année de la quatre-vingt-quinzième olympiade, à l'âge de soixante-dix ans.

PLATON,

Né la première année de la 88e olympiade, mort la première de la 108e, âgé de quatre-vingt-un ans.

Platon, que la sublimité de sa doctrine a fait surnommer le divin, étoit d'une des plus illustres familles d'Athènes, où il naquit dans la quatre-vingt-huitième olympiade. Il descendoit de Codrus par son père, qui se nommoit Ariston, et de Solon par sa mère, qui s'appeloit Perictione. Pour lui, on le nomma d'abord Aristoclès ; mais depuis, parce qu'il étoit de haute taille et assez replet, et surtout qu'il avoit un grand front et les épaules larges, il fut nommé Platon ; et ce surnom lui demeura.

On raconte que, durant qu'il étoit encore au berceau, des abeilles répandirent du miel sur ses lèvres ; ce qu'on regarda comme un présage de cette éloquence merveilleuse par laquelle il se distingua au-dessus de tous les Grecs. Il s'appliqua à la poésie durant sa jeunesse, et fit quelques élégies et deux tragédies ; mais il jeta tout cela au feu, dès qu'il eut pris la résolution de se donner à la philosophie. Il avoit vingt ans lorsque son père le présenta à Socrate pour le former. Socrate avoit eu la nuit d'auparavant un songe, où il lui avoit paru qu'il tenoit dans son sein un jeune cygne, qui, après que les plumes lui furent venues, avoit déployé ses ailes, et d'un vol hardi s'étoit élevé dans le plus haut de l'air, en chantant avec une douceur infinie. Ce philosophe ne douta pas que ce songe ne regardât Platon à qui il en fit l'application, et que ce ne fût un présage de l'étendue de la réputation que son élève devoit avoir un jour. Il demeura fidèlement attaché à Socrate tant que celui-ci vécut ; mais, après sa mort, il s'attacha à Cratyle, qui suivoit les sentiments d'Héraclite, et à Hermogènes, qui suivoit ceux de Parménide. A l'âge de vingt-huit ans il alla à Mégare, pour étudier sous Euclide avec les autres disciples de Socrate. De là, étant allé à Cyrène, il y étudia les mathématiques sous Théodore. Il passa ensuite en Italie pour y entendre les trois plus fameux pythagoriciens de ce temps-là, qui étoient Philolaüs, Architas de Tarente, et Eurytus. Il ne se contenta pas de tout ce qu'il avoit pu apprendre de ces grands maîtres ; il alla encore en Égypte, pour s'instruire auprès des docteurs et des prêtres du pays ; et il avoit même le dessein de passer aux Indes, et de consulter les mages, si les guerres qu'il y avoit alors en Asie ne l'en eussent empêché.

Étant revenu à Athènes après toutes ces courses, il établit sa demeure dans un canton appelé l'Académie, lieu malsain, et qu'il choisit exprès, comme un correctif nécessaire à son trop d'embonpoint et de santé. Le remède opéra en effet ; car il y eut d'abord une fièvre quarte qui lui dura un an et demi ; mais il fit si bien, par sa sobriété et son régime, qu'il surmonta cette fièvre, et que sa santé en fut ensuite plus forte et plus inaltérable.

Il alla trois fois à la guerre : la première à Tanagre, la seconde à Corinthe, et la troisième à Délos ; et dans cette dernière guerre son parti eut la victoire. Il fut aussi trois fois en Sicile : la première par curiosité, et en partie pour y voir par lui-même les embrasements du mont Etna : il avoit quarante ans pour lors ; et il alla à la cour du vieux Denys le tyran, qui avoit souhaité de le voir. La liberté avec laquelle il lui parla sur sa tyrannie pensa lui coûter la vie, qu'il lui auroit fait perdre, si Dion et Aristomène n'eussent demandé grace pour lui. Mais il le mit du moins entre les mains de Polydès, ambassadeur des Lacédémoniens auprès de lui, et qu'il chargea de le vendre comme un esclave. Cet ambassadeur le mena à Égine, où il le vendit. Ceux d'Égine avoient fait une loi par laquelle il étoit défendu, sous peine de la vie, à aucun Athénien de passer dans leur île. Ce fut sous prétexte de cette loi qu'un certain Charmander l'accusa comme coupable de mort ; mais quelques uns ayant allégué que la loi avoit été faite contre des hommes, et non pas contre des philosophes, on voulut bien se payer de cette distinction, et l'on se contenta de le vendre. Heureusement pour lui, Anniceris, de Cyrène, s'étant trouvé pour lors dans le pays, il l'acheta au prix de vingt mines, et le renvoya à Athènes pour le rendre à ses amis. Pour Polydès, le Lacédémonien, qui l'avoit vendu le premier, il fut défait par Chabrias, et périt ensuite dans les flots, en punition de ce qu'il avoit fait souffrir au philosophe Platon, comme on prétend qu'un démon le lui déclara à lui-même. Lo vieux Denys, sachant qu'il étoit retourné à Athènes, eut peur qu'il ne se vengeât de lui en le décriant; il lui en écrivit même pour lui demander grace en quelque sorte. Platon lui répondit qu'il pouvoit se tenir tranquille là-dessus, et que la philosophie lui donnoit trop d'occupation pour lui laisser le temps de penser à lui. Quelques ennemis lui ayant reproché qu'il avoit été abandonné par Denys le tyran : Ce n'est point Denys, dit-il, qui a abandonné Platon; c'est Platon qui a abandonné Denys.

Il passa une seconde fois en Sicile durant le règne de Denys le jeune, espérant de réduire ce tyran à rendre la liberté à ses concitoyens, ou du moins à gouverner ses sujets avec douceur; mais après y avoir fait un séjour de quatre mois, comme il vit que ce tyran, loin de profiter de ses leçons, avoit exilé Dion, et continuoit à exercer sa tyrannie sur le même pied que son père, il retourna à Athènes, malgré les instances du tyran, qui avoit toute sorte d'égard pour lui, et qui fit tout ce qu'il put pour le retenir. Il y retourna encore une troisième fois, pour demander au tyran le retour de Dion, et l'engager à se dépouiller de la puissance souveraine; mais comme Denys, après lui avoir promis de le faire, n'en venoit point à l'effet, il lui reprocha son manquement de parole, et l'irrita tellement, qu'il courut risque de sa vie; et peut-être l'auroit-il perdue, si Architas de Tarente n'eût envoyé un ambassadeur exprès pour le redemander au tyran, avec un vaisseau pour le ramener. Denys, à la prière d'Architas, ne lui permit pas seulement de se retirer, mais il fit encore mettre dans le vaisseau toutes les provisions nécessaires pour le voyage. Platon se retira alors à Athènes, pour n'en plus sortir : il y fut reçu avec des distinctions extraordinaires; mais, quoiqu'on le pressât fort d'entrer dans le gouvernement, il le refusa, ne croyant point qu'il y eût rien de bon à y faire au milieu du déréglement des mœurs qui avoit prévalu. Mais rien ne marque mieux la haute estime où il étoit dans toute la Grèce, que ce qui lui arriva aux jeux olympiques. Il y fut reçu comme un dieu descendu du ciel; et tous ces différents peuples de la Grèce, toujours si avides de spectacles, et que la magnificence des jeux olympiques y avoit attirés de tous côtés, abandonnèrent et les courses de chariots, et les combats des athlètes, pour ne s'occuper que du plaisir de voir un homme dont ils avoient entendu dire tant de merveilles.

Il passa toute sa vie dans le célibat, et se tint toujours dans les règles de la continence et de la sobriété la plus exacte. Il étoit si retenu, même dès sa jeunesse, qu'on ne le vit jamais rire que fort modérément; et il fut toujours si maître de ses passions, qu'on ne le vit jamais en colère. Sur quoi on raconte qu'un jeune homme qui avoit été élevé près de lui, étant ensuite retourné chez ses parents, fut si surpris un jour de voir son père en colère, qu'il ne put s'empêcher de dire qu'il n'avoit jamais rien vu de semblable chez Platon. Il ne lui arriva qu'une fois d'être un peu ému contre un de ses esclaves qui avoit fait une faute considérable. Il le fait châtier par un autre, en disant que, comme il étoit un peu en colère, il n'étoit pas en état de le punir lui-même. Quoiqu'il fût naturellement mélancolique et d'un génie fort méditatif, comme l'écrit Aristote, il avoit cependant de la douceur et une sorte d'enjouement, et se plaisoit à faire de petites railleries innocentes. Il conseilloit quelquefois à Xénocrate et à Dion, dont le caractère lui paroissoit trop sévère, de sacrifier aux Graces, pour devenir d'une humeur plus douce et plus agréable.

Il eut plusieurs disciples, dont les plus distingués furent Speusippe, son neveu du côté de Potone, sa sœur, qui avoit épousé Eurimédon; Xénocrate Chalcédonien, et le célèbre Aristote. On prétend que Théophraste fut encore du nombre de ses auditeurs, et que Démosthène le regarda toujours comme son maître. En effet, ce dernier s'étant retiré dans un asile, pour se sauver des mains d'Antipater; comme Archias, qu'Antipater avoit envoyé pour le prendre, lui promettoit la vie pour l'engager à sortir de son asile : A Dieu ne plaise, dit-il, qu'après avoir entendu Xénocrate et Platon sur l'immortalité de l'ame, je puisse préférer une vie honteuse à une mort honnête! On compte aussi deux femmes au nombre de ses disciples : l'une fut Lasthénie de Mantinée, et l'autre Axiothée de Phlyasie, qui toutes deux avoient coutume de porter des habits d'hommes, comme plus convenables à la philosophie dont elles faisoient profession. Il faisoit tant de cas de la géométrie, et la croyoit si nécessaire à un philosophe, qu'il avoit fait mettre cette inscription au-dessus du vestibule de l'Académie : *Que personne n'entre ici, s'il n'est versé dans la géométrie.*

Tous les ouvrages de Platon, hors ses lettres, qui ne nous restent qu'au nombre de douze, sont en forme de dialogues. On peut diviser ces dialogues en trois espèces; dans les uns, il réfute les sophistes; dans d'autres, il cherche à instruire la jeunesse; et la troisième espèce est de ceux qui sont propres aux personnes déja mûres. Il y a encore une autre distinction à faire entre ces dialogues ; car tout ce que Platon dit comme de lui-même dans ses lettres, dans ses livres des Lois, et dans son *Epinomis*, il le donne comme sa véritable et propre doctrine ; mais pour ce qu'il dit dans les autres dialogues sous des noms empruntés, comme sous ceux de Socrate, de Timée, de Parménide ou de Zénon, il ne le donne que comme probable, et sans s'en rendre garant. Quoique ce qu'il fait dire à Socrate dans ses dialogues soit tout-à-fait dans le goût et selon la méthode que suivoit Socrate en disputant, il ne faut pas croire pourtant que ce soient toujours les véritables sentiments de Socrate, puisque ce philosophe, ayant lu le dialogue intitulé *Lysis, de l'Amitié*, que Platon avoit composé du vivant de Socrate, il ne put s'empêcher de s'inscrire en faux sur ce dialogue, en disant : « Dieux immortels ! que ce jeune » homme m'en fait dire, à quoi je n'ai jamais » pensé ! »

Le style de Platon, selon le témoignage d'Aristote son disciple, tenoit pour ainsi dire le milieu entre l'élévation de la poésie et la simplicité de la prose. Cicéron le trouvoit si noble, qu'il n'a point fait difficulté de dire que si Jupiter avoit voulu parler le langage des hommes, il ne se seroit pas exprimé autrement que Platon. Panætius avoit coutume de l'appeler l'Homère des philosophes ; ce qui revient assez au jugement qu'en porta depuis Quintilien, qui, en parlant de son éloquence, la traite de divine et d'homérique.

Il se fit un système de doctrine composé des opinions de trois philosophes. Il donna dans les sentiments d'Héraclite pour ce qui regarde la physique et les choses qui tombent sous les sens ; il suivit Pythagore dans la métaphysique, et ce qui ne tombe que sous l'intelligence. Pour ce qui touche la politique et la morale, il mettoit Socrate au-dessus de tout, et s'attacha uniquement à sa doctrine.

Platon, selon ce que rapporte Plutarque au premier livre des Opinions des Philosophes, chap. III, admettoit trois principes, Dieu, la matière et l'idée : Dieu, comme l'intelligence universelle ; la matière, comme le premier suppôt de la génération et de la corruption ; l'idée, comme une substance incorporelle, et résidente dans l'entendement de Dieu. Il reconnoissoit à la vérité que le monde étoit l'ouvrage d'un Dieu créateur ; mais il n'entendoit pas, par le nom de création, une création proprement dite : car il supposoit que Dieu n'avoit fait que former et bâtir pour ainsi dire le monde d'une manière préexistante, et qui étoit de toute éternité ; de sorte que ce Dieu créateur n'est, selon lui, à l'égard du monde qu'il a créé en débrouillant le chaos, et en donnant une forme à une matière brute, que ce que sont un architecte et des maçons qui, en taillant et en arrangeant dans un certain ordre des pierres brutes, en forment une maison.

On a toujours cru que Platon avoit eu connoissance du vrai Dieu, soit par les lumières de son esprit, soit par celles qu'il avoit pu tirer des livres des Hébreux ; mais il faut convenir aussi qu'il a été du nombre de ces philosophes dont parle saint Paul, qui, ayant connu Dieu, ne l'ont pas glorifié comme Dieu, mais se sont égarés dans la vanité de leurs sentiments. En effet, il établit dans son *Epinomis* trois sortes de dieux, des dieux supérieurs, des dieux inférieurs, et des mitoyens. Les supérieurs, selon lui, habitent le ciel, et sont si élevés au-dessus des hommes, et par l'excellence de leur nature et par le lieu qu'ils habitent, que les hommes ne peuvent avoir commerce avec eux que par l'entremise des dieux mitoyens qui habitent l'air, et qu'il appelle démons. Ceux-ci sont comme les ministres des dieux supérieurs à l'égard des hommes ; ils portent aux hommes les ordres des dieux, et portent aux dieux les offrandes des hommes ; ils gouvernent le monde chacun dans son département, président aux oracles et aux divinations, et sont les auteurs de tous les miracles qui se font et des prodiges qui arrivent. Il y a toute apparence que Platon n'a imaginé cette seconde espèce de dieux que sur ce qui est dit des anges dans l'Écriture, dont il avoit eu quelque connoissance. Il admet encore une troisième espèce de dieux, mais inférieurs aux seconds ; il les place dans les rivières ; il se contente de les qualifier de demi-dieux, et leur donne le pouvoir d'envoyer des songes, et de faire d'autres merveilles comme les dieux mitoyens. Il prétend même que tous les éléments et toutes les parties de l'univers sont remplis de ces demi-dieux, qui, selon lui, se font voir quelquefois, et se dérobent ensuite à notre vue. Voilà vraisemblablement sur quoi sont fondés les sylphes, les salamandres, les ondins et les gnomes de la cabale.

Platon enseignoit aussi la métempsycose, qu'il avoit prise de Pythagore, et ensuite tournée à sa manière, comme on peut le voir dans ses dialogues intitulés *Phèdre, Phædon, Timée* et autres. Quoique Platon ait fait un fort beau dialogue sur l'immortalité de l'ame, cependant il est tombé sur cette matière dans de grandes erreurs, soit par rapport à la substance de l'ame, qu'il croyoit composée de deux parties, l'une spirituelle et l'autre corporelle ; soit par rapport à son origine, prétendant que les ames étoient préexistantes aux corps, et que, tirées du ciel pour animer successivement différents corps, elles retournoient au ciel après avoir été purifiées ; d'où, au bout d'un certain nombre d'années, elles étoient encore employées à animer successivement différents corps ; de sorte que ce n'étoit qu'un cercle continuel de souillures et de purifications, de retours au ciel et de retours sur la terre dans les corps qu'elles animoient. Comme il croyoit que ces ames n'oublioient pas entièrement ce qu'elles avoient éprouvé dans les différents corps qu'elles avoient animés, il prétendoit que les connoissances qu'elles acquéroient étoient moins de nouvelles connoissances, que des réminiscences de ce qu'elles avoient su autrefois ; et il fondoit sur ces réminiscences prétendues son dogme de la préexistence des ames.

Mais sans nous étendre davantage sur les opinions de ce philosophe, qu'il ne nous a exposées que d'une manière fort enveloppée, il suffit de dire que sa doctrine sur bien des points parut si neuve et si relevée, qu'elle lui mérita de son temps le nom de divin, et le fit regarder presque comme un dieu après sa mort. Il mourut la première année de la cent huitième olympiade, à l'âge de quatre-vingt-un ans, et le même jour qu'il étoit né.

ANTISTHÈNE.

Il fut disciple de Socrate, contemporain de Platon et des autres disciples de Socrate.

Les disciples de Socrate, après la mort de leur maître, se divisèrent en trois sectes différentes qu'on nomma cyniques, académiques et cyrénaïques.

Antisthène fut chef des cyniques. On rapporte différents sujets pourquoi ces philosophes furent appelés cyniques : les uns disent que c'étoit parce qu'ils vivoient comme des chiens ; et d'autres, parce que le lieu où Antisthène enseignoit n'étoit pas fort éloigné d'une des portes d'Athènes qu'on appeloit des Cynosarges.

Antisthène étoit fils d'un Athénien de même nom, et d'une esclave. Quand on lui reprochoit que sa mère étoit de Phrygie : Qu'importe ? disoit-il ; Cybèle, la mère des dieux, n'étoit-elle pas aussi de ce pays-là ?

Il fut d'abord disciple de l'orateur Gorgias. Ensuite il enseigna quelque temps en particulier ; et comme il parloit fort éloquemment, on accouroit de plusieurs endroits pour l'écouter. La grande réputation de Socrate lui donna envie de l'aller entendre. Il en revint tellement charmé, qu'il lui mena tous ses disciples. Il les pria de vouloir être ses camarades dans l'école de Socrate, et résolut de n'en plus prendre dans la suite. Il demeuroit au port de Pirée, et faisoit tous les jours quarante stades pour avoir le plaisir de voir et d'entendre Socrate.

Antisthène étoit un homme austère, qui vivoit d'une manière très dure. Il prioit les dieux de lui envoyer plutôt la folie que l'attachement aux plaisirs sensuels. Il traitoit sévèrement ses disciples. Quand quelqu'un lui en demandoit la raison : Les médecins, disoit-il, ne font-ils pas la même chose à l'égard des malades ?

C'est lui qui a commencé à porter un grand manteau double, une besace et un bâton, qui furent depuis tout le meuble des cyniques, et les seules richesses qu'ils souhaitoient pour disputer de la félicité avec Jupiter même.

Il laissoit croître sa barbe sans y toucher jamais, et étoit toujours fort négligé dans ses habits.

Il ne s'attachoit qu'à la morale, et disoit que toutes les autres sciences étoient entièrement inutiles.

Il faisoit consister le souverain bien à suivre la vertu et à mépriser le faste.

Tous les cyniques vivoient très durement. Ils ne mangeoient ordinairement que des fruits et des légumes. Ils ne buvoient que de l'eau, et ne s'embarrassoient pas de coucher sur la terre. Ils disoient que le propre des dieux étoit de n'avoir besoin de rien, et que les gens qui avoient le moins de besoins étoient ceux qui approchoient le plus près de la divinité. Ils faisoient gloire tous de mépriser les richesses, la noblesse, et tous les autres avantages de la nature ou de la fortune. Au reste, c'étoit des gens effrontés, qui n'avoient honte de rien, non pas même des choses les plus infames. Ils ne connoissoient aucune bienséance, et n'avoient aucun égard pour personne.

Antisthène avoit l'esprit subtil, et étoit si agréable en compagnie, qu'il tournoit toute l'assemblée comme il lui plaisoit.

Il signala son courage dans la bataille de Tanagra, où il se distingua fort. Socrate en eut beaucoup de joie, et quelque temps après on lui vint dire, comme une espèce de reproche, que la mère d'Antisthène étoit Phrygienne. Comment, répondit-il, croiriez-vous qu'un si grand homme pût naître du mariage d'un Athénien avec une Athénienne? Socrate ne put cependant s'empêcher de lui reprocher son orgueil par la suite.

Il l'aperçut un jour qu'il tournoit son manteau afin d'en montrer à tout le monde un côté qui étoit déchiré. O Antisthène, s'écria Socrate, je découvre ta vanité au travers des trous de ton manteau !

Quand Antisthène entendoit que les Athéniens se vantoient d'être originaires du pays qu'ils habitoient, il leur disoit en se moquant d'eux : Cela vous est commun avec toutes les tortues et les limaçons, car ils demeurent perpétuellement dans les lieux où ils naissent.

Antisthène disoit que la science la plus nécessaire étoit de désapprendre le mal.

Un homme vint un jour lui présenter son fils pour être son disciple, et lui dit : De quelle chose mon fils a-t-il besoin présentement ? C'est, répondit Antisthène, d'un livre neuf, d'une plume neuve et de tablettes neuves; pour lui faire connoître que l'esprit de son fils devoit être comme une cire nouvelle, qui n'auroit encore reçu aucune impression.

On lui demanda une fois ce qui étoit le plus à souhaiter au monde. C'est, répondit-il, de mourir heureux.

Il étoit irrité contre les envieux, qui sont continuellement rongés par leur propre humeur, comme le fer par la rouille qu'il produit. Il croyoit que si on étoit obligé de choisir, il vaudroit beaucoup mieux devenir corbeau qu'envieux, parce que les corbeaux ne déchirent que les morts, au lieu que les envieux déchirent les vivants.

Quelqu'un lui dit un jour que la guerre emportoit bien des malheureux. Cela est vrai, répondit Antisthène ; mais elle en fait beaucoup plus qu'elle n'en emporte.

Quand on le prioit de donner une idée de la divinité, il répondoit qu'il n'y avoit aucun être qui lui ressemblât, et qu'ainsi c'étoit une folie de s'attacher à la vouloir connoître par quelque représentation sensible.

Il vouloit que chacun respectât ses ennemis, parce que ce sont eux qui s'aperçoivent les premiers de nos défauts, et qui les publient ; et qu'en ce cas-là ils nous sont beaucoup plus utiles que nos amis, parce qu'ils nous donnent occasion de nous corriger.

Il disoit qu'il falloit beaucoup plus estimer un ami honnête homme qu'un parent, parce que les liens de la vertu sont beaucoup plus forts que ceux du sang : qu'il étoit bien plus à propos d'être d'un petit nombre de sages contre une grande multitude de fous, que d'être joint avec une grande multitude de fous contre un petit nombre de sages.

Il entendit un jour que certains malhonnêtes gens le louoient : Bons dieux ! dit-il, qu'ai-je fait de mal ?

Il croyoit que le sage n'étoit pas obligé de vivre selon les lois, mais selon les règles de la vertu ; que rien ne lui devoit être nouveau ni fâcheux, parce qu'il devoit prévoir long-temps auparavant tout ce qui pouvoit arriver, et être prêt à tout événement.

Il disoit que la noblesse et la sagesse étoient la même chose, et que par conséquent il n'y avoit point d'autre noble que le sage ; que la prudence étoit un mur très fort qu'on ne pouvoit ni rompre ni surprendre ; que le moyen le plus sûr pour s'immortaliser étoit de vivre saintement ; et que pour être content dans le monde, on n'avoit besoin que des forces de Socrate.

Un jour un homme s'avisa de lui demander quelle sorte de femme il devoit prendre. Si tu en prends une laide, lui dit-il, elle ne tardera guère à te déplaire ; et si tu en prends une belle, elle sera commune.

Il vit un jour un adultère qui s'enfuyoit : Malheureux, s'écria Antisthène, combien aurois-tu évité de dangers avec une obole ?

Il exhortoit ses disciples à faire provision de choses qu'aucun naufrage ne leur pût jamais faire perdre.

Quand il avoit un ennemi, il lui souhaitoit toutes sortes de biens, excepté la sagesse.

Si quelqu'un lui parloit de la vie délicieuse : Bons dieux, disoit-il, que ce ne soit que pour les enfants de nos ennemis !

Dès qu'il voyoit une femme bien parée, il s'en alloit aussitôt dans sa maison, il prioit son mari de lui montrer ses armes et son cheval : s'il voyoit tout en bon état, il permettoit à la femme de faire tout ce qu'elle voudroit, parce qu'elle avoit un mari en état de la défendre ; s'il ne trouvoit pas un bon équipage, il conseilloit à la femme d'ôter tous ses ornements, de crainte de devenir la proie du premier qui voudroit lui faire violence.

Il avertit un jour les Athéniens d'atteler indifféremment à la charrue des ânes et des chevaux, sans aucune distinction. Cela ne seroit pas bien, lui dit-on, car les ânes ne sont pas propres à labourer la terre. Qu'importe ? répondit Antisthène ; quand vous élisez des magistrats, regardez-vous s'ils sont propres à gouverner ou s'ils ne le sont pas ? Il suffit que vous les choisissiez.

On lui dit un jour que Platon parloit mal de lui. Cela m'est commun avec les rois, répondit-il, de recevoir des injures de ceux à qui on a fait du bien.

Il disoit que c'étoit une chose bien ridicule de prendre tant de peine à nettoyer le froment d'ivraie, et les armées de soldats inutiles, pendant qu'on ne songeoit pas seulement à bannir les envieux hors de la république.

Quand on lui reprochoit qu'il voyoit souvent des gens de mauvaise vie : Qu'importe? répondoit-il ; les médecins voient bien tous les jours des malades, et ils ne prennent pas la fièvre.

Antisthène étoit très patient; il exhortoit ses disciples à souffrir sans s'émouvoir toutes les injures qu'on leur diroit.

Il blâmoit fort Platon, qu'il accusoit d'aimer le faste et la grandeur, et il ne manquoit jamais de le railler sur ce sujet.

Quand quelqu'un lui demandoit quel profit il avoit tiré de sa philosophie : C'est, répondit-il, de pouvoir m'entretenir avec moi-même, et de faire volontairement ce que les autres ne font que par contrainte.

Antisthène conserva toujours une grande reconnoissance envers Socrate son maître. Il semble même que ce fut lui qui vengea sa mort. Car comme plusieurs gens étoient venus exprès des extrémités du Pont-Euxin pour entendre Socrate, Antisthène les mena chez Anyte : Tenez, leur dit-il, cet homme-ci est beaucoup plus sage que Socrate; car c'est lui qui l'a accusé. Le souvenir de Socrate fit tant d'impression sur tous ceux qui étoient présents, qu'ils chassèrent aussitôt Anyte hors de la ville. Ils se saisirent de Mélite, qui étoit l'autre accusateur de Socrate, et le firent mourir.

Antisthène tomba malade d'une phthisie. Il semble que l'envie de vivre lui fit préférer un état languissant à une mort prompte ; car Diogène son disciple entra un jour dans sa chambre, un poignard sous son manteau; Antisthène lui dit : Ah! qui est-ce qui me délivrera des maux que je souffre? Diogène tira son poignard : Ce sera celui-ci, lui dit-il. Je cherche à me délivrer de mes douleurs, répondit Antisthène, mais non pas de la vie. Il y a apparence qu'Antisthène se vantoit qu'Hercule étoit l'instituteur des cyniques ; car le poëte Ausone, dans ses épigrammes, le fait parler ainsi :

Inventor primus cynices ego. Quæ ratio istæc ?
Alcides multo dicitur esse prior.
Alcida quondam fueram doctore secundus;
Nunc ego sum cynicis primus, et ille deus.

ARISTIPPE,

Contemporain de Platon, vivoit sous la 96ᵉ olympiade.

Aristippe étoit originaire de Cyrène, dans la Libye. La grande réputation de Socrate lui fit quitter son pays pour venir s'établir à Athènes, afin d'avoir le plaisir de l'entendre. Il fut un des principaux disciples de ce philosophe ; mais il mena une vie fort opposée aux préceptes qu'on enseignoit dans cette excellente école. C'est lui qui est l'auteur de la secte qu'on nomme des cyrénaïques, à cause qu'Aristippe leur maître étoit de la ville de Cyrène.

Aristippe avoit l'esprit fort brillant, et les reparties vives ; il parloit agréablement, et trouvoit toujours quelques plaisanteries sur la moindre chose ; il ne songeoit uniquement qu'à flatter les rois et les grands seigneurs ; il étoit toujours prêt à faire tout ce qu'ils souhaitoient ; il les faisoit rire, et tiroit d'eux tout ce qu'il vouloit ; il tournoit en raillerie toutes les insultes et les infamies qu'ils lui faisoient; en sorte qu'il leur étoit impossible de le mettre mal avec eux, quand même ils l'auroient voulu. Il étoit si adroit et si insinuant, qu'il venoit aisément à bout de tout ce qu'il entreprenoit. Il avoit l'esprit égal dans toutes sortes d'états où il se trouvoit, sans se soucier d'aucune bienséance. Platon lui disoit quelquefois : O Aristippe, dans tout l'univers il n'y a que toi qui saches faire aussi bonne contenance sous de vieux haillons que sous une magnifique robe de pourpre !

Horace, parlant de ce philosophe, dit qu'il savoit toutes sortes de personnages, et qu'il étoit content du peu qu'il possédoit dans le temps même qu'il cherchoit à avoir davantage.

Toutes ces qualités l'avoient rendu fort agréable à Denys le tyran, en sorte qu'il étoit mieux dans son esprit que tous les autres courtisans ensemble. Aristippe alloit souvent à Syracuse pour faire bonne chère avec lui : dès qu'il commençoit à s'y ennuyer, il alloit chez d'autres grands seigneurs ; et comme il passoit toute sa vie dans les cours des princes, c'étoit le sujet pour lequel Diogène le cynique, qui vivoit de son temps, ne l'appeloit jamais que chien royal.

Un jour Denys lui cracha au visage ; cela fit de la peine à quelques uns de la compagnie. Aristippe n'en fit que rire : Voilà bien de quoi se plaindre! les pêcheurs, pour attraper un petit poisson, se laissent bien mouiller jusqu'à la peau ; et moi, pour prendre une baleine, je ne souffrirois pas qu'on me jetât un peu de salive sur le visage !

Une autre fois Denys étoit mécontent de lui; quand on fut prêt à se mettre à table, il voulut qu'Aristippe se mît à la dernière place. Aristippe ne s'en chagrina point. Apparemment, lui dit-il, que vous avez dessein d'honorer cette place-là?

Aristippe a été le premier des disciples de Socrate qui commença d'exiger certaine rétribution de ceux qu'il enseignoit; et pour autoriser cette coutume, un jour il envoya lui-même vingt mines à Socrate. Socrate ne les voulut point recevoir, et fut assez mécontent, pendant qu'il vécut, de la conduite que tenoit son disciple; mais il ne paroît pas qu'Aristippe s'en mît en peine. Quand on lui faisoit des reproches, et qu'on lui opposoit la générosité de son maître, qui n'avoit jamais rien exigé de personne, il répondoit: Ah! cela est bien différent; tous les plus grands seigneurs d'Athènes faisoient gloire de fournir à Socrate toutes les choses dont il avoit besoin, en sorte même que Socrate étoit obligé d'en renvoyer la plus grande partie; et moi à peine ai-je un méchant esclave qui songe à moi.

Certain homme lui amena son fils pour l'instruire, et le pria d'en avoir grand soin. Aristippe lui demanda cinquante drachmes: Comment, cinquante drachmes? répondit le père de l'enfant; et il ne faudroit que cela pour acheter un esclave. Eh bien! va-t'en l'acheter, répondit Aristippe, et tu en auras deux. Ce n'étoit pas pourtant qu'Aristippe fût avare; au contraire, il ne vouloit avoir d'argent que pour le dépenser, et que pour montrer la manière dont il falloit s'en servir.

Un jour, comme il passoit la mer, quelqu'un l'avertit que le vaisseau dans lequel il passoit appartenoit à des corsaires. Aristippe tira de sa poche tout l'argent qu'il avoit; il fit semblant de le compter, et le laissa tomber exprès dans la mer: il fit aussitôt un grand soupir, comme si le sac lui eût échappé des mains, et dit tout bas: Il vaut mieux qu'Aristippe perde son argent, que de périr lui-même à cause de son argent.

Une autre fois il aperçut que son esclave qui le suivoit ne pouvoit pas marcher si vite que lui, à cause de l'argent dont il étoit chargé: Jette tout ce que tu as de trop, lui dit-il, et ne porte que ce que tu pourras.

Horace, parlant des gens qui mettent tout leur avantage dans les richesses, leur oppose Aristippe.

Aristippe aimoit fort la bonne chère, et n'épargnoit rien quand il s'agissoit d'un bon morceau. Un jour il acheta une perdrix cinquante drachmes; quelqu'un ne put s'empêcher de blâmer cet excès: Si cette perdrix ne coûtoit qu'une obole, ne l'achèterois-tu pas? Assurément, répondit l'autre. Et moi, répliqua Aristippe, j'estime encore moins cinquante drachmes, que toi une obole.

Une autre fois il avoit acheté très cher quelques friandises: certain homme qui se trouva là voulut lui en faire des réprimandes: Ne donnerois-tu pas bien trois oboles de tout cela, dit Aristippe? Oui, répondit-il. Eh bien! répliqua Aristippe, je ne suis donc pas encore si gourmand que tu es avare.

Quand on lui reprochoit qu'il vivoit trop splendidement, il disoit: Si la bonne chère étoit blâmable, on ne feroit pas de si grands festins dans toutes les fêtes des dieux.

Platon même, qui passoit pour être assez magnifique, ne put s'empêcher une fois de l'avertir qu'il vivoit trop délicieusement. Aristippe lui dit: Crois-tu que Denys soit honnête homme? Oui, répondit Platon. Eh bien! répondit Aristippe, il vit encore bien plus délicieusement que moi; et ainsi rien n'empêche qu'on ne soit honnête homme, quoiqu'on fasse bonne chère.

Diogène étoit un jour à laver des herbes, selon sa coutume; il vit passer Aristippe: Si tu savois te contenter avec des herbes, comme moi, lui dit-il, tu ne te mettrois guère en peine d'aller faire ta cour aux rois. Et toi, répondit Aristippe, si tu savois l'art de bien faire ta cour aux rois, tu ne tarderois guère à ne plus aimer les herbes.

Un jour Denys fit venir trois belles courtisanes devant Aristippe, et lui permit de choisir celle qui lui plairoit davantage; Aristippe les prit toutes les trois. Le choix n'est pas sûr, dit-il; vous savez bien tous les malheurs qui ont suivi celui de Pâris; deux peuvent plus faire de mal qu'une ne sauroit jamais faire de bien. Il les amena jusqu'au vestibule de sa maison, et les renvoya aussitôt.

Denys lui dit une autre fois: Pourquoi voit-on perpétuellement des philosophes chez les grands seigneurs, et qu'on ne voit jamais les grands seigneurs chez les philosophes? C'est, répondit Aristippe, parce que les philosophes connoissent bien les choses dont ils ont besoin, et que les grands seigneurs ne les connoissent pas.

Certain homme lui fit encore la même question dans un autre temps: On voit bien, répondit-il, les médecins chez les malades, et cependant il n'y a personne qui n'aime mieux traiter un malade que d'être malade lui-même.

Aristippe disoit que c'étoit une très belle chose que de modérer ses passions, mais non pas de les déraciner tout-à-fait; que ce n'étoit pas un crime de jouir des plaisirs, pourvu qu'on n'en fût pas esclave: et c'est de là que, quand on le railloit sur le commerce qu'il avoit avec la courtisane Laïs, il disoit : Il est vrai que je possède Laïs, mais Laïs ne me possède pas.

Comme il entroit un jour dans la chambre de cette courtisane, un de ses disciples qui l'accompagnoit en eut honte. Aristippe s'aperçut qu'il rougissoit : Mon enfant, lui dit-il, ce n'est pas d'y entrer dont on doit rougir, mais c'est de n'en pouvoir sortir.

Un jour le philosophe Polyxène le vint voir ; il aperçut en entrant un très grand festin, et plusieurs dames magnifiquement parées. Il s'emporta aussitôt, et se mit à déclamer contre un si grand luxe. Aristippe lui demanda fort honnêtement s'il vouloit se mettre à table avec eux. Je le veux bien, répondit Polyxène. Comment, lui répondit Aristippe, pourquoi fais-tu tant de bruit ? Ce n'est donc pas la bonne chère ni la compagnie que tu blâmes, et ce n'est que la dépense.

Aristippe avoit eu autrefois certain différend avec Eschine. Cela les avoit tellement refroidis, qu'ils ne s'étoient point vus depuis ce temps-là. Aristippe s'en alla chez Eschine. Eh bien ! lui dit-il, ne nous raccommoderons-nous jamais ? Veux-tu attendre que tout le monde se moque de nous, et que les parasites en fassent rire ceux chez qui ils iront manger ? Cela me fait un grand plaisir, répondit Eschine, et je consens de tout mon cœur à cette réconciliation. Souviens-toi donc, continua Aristippe, que c'est moi qui t'ai prévenu, quoique je sois ton aîné.

Un jour Denys fit un grand festin, et sur la fin il voulut que chacun s'habillât d'une longue robe de pourpre, et qu'on dansât au milieu d'une salle. Platon n'en voulut rien faire. Il dit qu'il étoit homme, et qu'un habit si efféminé ne lui convenoit pas. Aristippe n'en fit aucune difficulté. Il commença à danser avec la robe, et dit gaillardement : On en fait bien d'autres dans les fêtes de Bacchus, et cependant on ne s'y corrompt pas, quand on ne l'est pas d'ailleurs.

Une autre fois il prioit Denys pour un de ses meilleurs amis ; Denys le repoussoit, et ne vouloit pas lui accorder ce qu'il lui demandoit. Aristippe se jeta à ses pieds. Quelqu'un trouva fort à redire à cette bassesse. Ce n'est pas ma faute, répondit Aristippe ; c'est celle de Denys, qui a les oreilles aux pieds.

Comme il étoit à Syracuse, Simus, Phrygien, trésorier de Denys, lui montroit son superbe palais, et en se promenant il lui faisoit remarquer la magnificence des planchers. Aristippe se mit à tousser : il fit deux ou trois efforts pour amasser plus d'ordure, et cracha sur le visage de Simus. Simus voulut se mettre en colère : Mon ami, lui dit Aristippe, je n'ai point vu d'endroit plus sale où je pusse cracher. Quelques uns attribuent cette aventure ou une pareille à Diogène. Ils étoient fort capables l'un et l'autre de faire ce coup.

Certain homme se mit un jour à lui dire des injures. Aristippes'en alla. L'autre le poursuivoit, et lui crioit : Tu t'en vas, scélérat ? C'est que tu as le pouvoir de me dire des injures, répondit Aristippe ; mais moi il ne m'est pas permis de les écouter.

Une autre fois, comme il passoit à Corinthe, il s'éleva tout d'un coup une furieuse tempête. Aristippe avoit grand'peur de périr. Quelqu'un de ceux qui étoient dans le même vaisseau ne put s'empêcher de se moquer de lui. Nous autres ignorants, dit-il, nous ne craignons rien ; et vous autres grands philosophes, pourquoi tremblez-vous si fort ? C'est, répondit Aristippe, que nous ne craignons pas pour la même âme, et qu'il y a bien de la différence entre ce que nous avons à perdre.

Quand on lui demandoit quelle différence il y avoit entre un homme savant et un ignorant, il disoit qu'il falloit les dépouiller l'un et l'autre, et les envoyer tout nus chez des étrangers ; qu'on ne tarderoit guère à s'en apercevoir.

Il croyoit qu'il valoit beaucoup mieux être pauvre qu'ignorant, parce qu'un pauvre ne manquoit que d'argent, au lieu qu'un ignorant manquoit d'humanité ; et qu'il étoit, à l'égard d'un habile homme, ce qu'un cheval indompté est à l'égard d'un cheval dompté.

Quand on lui reprochoit qu'il négligeoit son fils, et qu'il le rejetoit comme s'il n'étoit pas sorti de lui : Qu'importe ? répondoit Aristippe ; personne n'ignore que la vermine et la pituite ne naissent de nous, et cependant cesse-t-on de les chasser ? Un jour Denys donna de l'argent à Aristippe, et un livre à Platon. Quelqu'un voulut blâmer Aristippe sur la différence de ce présent ; il répondit : J'ai besoin d'argent, et Platon de livres.

Une autre fois Aristippe demanda un talent à Denys. Denys lui dit : Tu m'as autrefois assuré que les sages ne manquoient jamais d'argent. Commencez par m'en donner, répondit Aristippe ; ensuite nous examinerons cela. Denys lui en donna. Eh bien ! continua Aristippe, ne voyez-vous pas bien à présent que je n'en ai plus besoin ?

Comme Aristippe alloit souvent à Syracuse, Denys s'avisa un jour de lui demander ce qu'il venoit faire. Je viens pour vous donner de ce que j'ai, répondit Aristippe, et en échange pour recevoir de ce que vous avez.

Quand quelqu'un lui reprochoit qu'il quittoit Socrate pour aller chez Denys, il disoit : Quand j'avois besoin de sagesse, j'allois chez Socrate ; et à présent que j'ai besoin d'argent, je viens chez Denys.

Il vit une fois un jeune homme qui étoit fort glorieux, à cause qu'il savoit bien nager. N'as-tu pas de honte, lui dit-il, de tirer vanité de si peu de chose? Les dauphins nagent encore mieux que toi.

Quand on lui demandoit ce qu'il avoit tiré de sa philosophie : C'est, dit-il, de savoir parler librement à toutes sortes de gens. Vous autres philosophes, lui dit quelqu'un, quel avantage avez-vous au-dessus des autres? C'est que, quand il n'y auroit point de lois, répondit Aristippe, nous vivrions toujours de la même manière.

Les cyrénaïques ne s'attachoient qu'à la morale, et très peu à la logique ; ils négligeoient la physique, parce qu'ils en supposoient la connoissance impossible. Ils croyoient que la fin de toutes les actions des hommes devoit être le plaisir ; non pas une privation de douleur, mais un plaisir réel qui consiste dans le mouvement. Ils admettoient deux différents mouvements dans l'ame : l'un doux, qui faisoit le plaisir ; l'autre violent, qui faisoit la douleur. Ils disoient que puisque tout le monde se portoit naturellement vers l'un et fuyoit l'autre, cela prouvoit manifestement que le plaisir étoit la fin de l'homme. Ils considéroient l'état d'indolence comme un sommeil, qui ne doit pas être mis au rang des plaisirs ni des douleurs. Ils ne faisoient état de la vertu qu'autant qu'elle pouvoit servir à la volupté, comme on n'estime une médecine qu'à cause qu'elle est utile à la santé. Ils disoient que la fin différoit de la béatitude, en ce que la fin d'une action n'étoit que la vue d'un plaisir particulier, au lieu que la béatitude étoit un assemblage de tous les plaisirs ; que les plaisirs du corps étoient beaucoup plus sensibles que ceux de l'esprit. C'est pour cela que tous les cyrénaïques avoient beaucoup plus de soin de leur corps que de leur esprit.

Ils tenoient pour maxime qu'il ne falloit cultiver les amis qu'à cause du besoin qu'on avoit d'eux ; de même qu'on n'estimoit les membres du corps qu'autant qu'ils étoient utiles.

Ils disoient qu'il n'y avoit rien non plus en soi de juste ni d'injuste, d'honnête ni de malhonnête ; mais seulement par rapport aux lois et aux coutumes du pays : qu'un homme sage ne devoit rien faire mal à propos, à cause des accidents qui lui en pouvoient arriver ; qu'il devoit perpétuellement se conformer aux lois du pays où il étoit, et éviter la mauvaise réputation.

Ils disoient aussi qu'il n'y avoit rien non plus en soi d'agréable ou de désagréable, et que toutes choses ne devenoient telles que par rapport à la nouveauté ou à l'abondance, ou enfin à d'autres circonstances qui faisoient qu'elles nous étoient agréables ou désagréables ;

Qu'il étoit impossible d'être parfaitement heureux en ce monde, à cause que nous sommes sujets à mille infirmités et à mille passions qui empêchent que nous ne jouissions des plaisirs, ou même qui nous troublent en leur jouissance ;

Que la liberté ni l'esclavage, les richesses ni la pauvreté, la noblesse ni la basse naissance, ne faisoient rien pour le plaisir, puisqu'on pouvoit être également heureux dans toutes sortes d'états ;

Que le sage ne devoit haïr personne, mais instruire tout le monde ; qu'il ne devoit rien faire que par rapport à lui, puisque personne n'étoit plus digne que lui de posséder toutes sortes d'avantages ; et même qu'il étoit toujours infiniment au-dessus de tout ce qu'il y avoit au monde. Voilà quels étoient les sentiments d'Aristippe et des cyrénaïques.

Aristippe avoit une fille nommée Aréta, qu'il eut grand soin d'élever dans ses principes ; elle y devint très habile. Elle instruisit elle-même son fils Aristippe, surnommé Métrodidacte, qui fut le maitre de l'impie Théodore. Celui-ci, outre les principes des cyrénaïques, enseigna publiquement qu'il n'y avoit point de dieux : que l'amitié étoit une chimère, puisqu'il n'y en pouvoit avoir entre les fous : que le sage se suffisoit à lui-même, et que par conséquent il n'avoit point besoin d'amis : que le sage ne devoit point s'exposer aux dangers pour sa patrie : qu'il n'avoit point d'autre patrie que le monde, et qu'il n'étoit point juste qu'il fût en danger pour une multitude de fous ; qu'il pouvoit commettre des larcins, des sacriléges et des adultères, lorsqu'il en trouveroit l'occasion favorable, puisque toutes ces choses n'étoient des crimes que dans l'opinion des ignorants et du petit peuple, et que réellement il n'y avoit aucun mal ; qu'il pouvoit faire publiquement les choses qui passoient pour être les plus infames dans l'esprit du peuple.

Il pensa un jour être traîné dans l'aréopage, mais Démétrius de Phalère le sauva. Il demeura quelque temps à Cyrène, où il vécut en grande considération chez Marius. Les Cyréneens l'exilèrent. Il leur dit en se retirant : Vous ne savez ce que vous faites de me chasser de Libye pour m'envoyer en exil en Grèce. Ptolomée Lagus, chez qui il s'étoit retiré, l'envoya un jour en qualité d'ambassadeur vers Lysimachus; il lui parla avec tant d'effronterie, que l'intendant de Lysimachus, qui se trouva là, lui dit : Je crois, Théodore, que tu t'imagines qu'il n'y a pas de rois non plus que de dieux.

Amphicrate rapporte que ce philosophe fut à la fin condamné à mort, et qu'on l'obligea de boire du poison.

ARISTOTE,

Né la première année de la 99ᵉ olympiade; mort la troisième année de la 114ᵉ, âgé de soixante-trois ans.

Aristote a été l'un des plus illustres philosophes de toute l'antiquité; son nom est encore aujourd'hui très célèbre dans toutes les écoles. Il étoit fils de Nicomachus, médecin, et ami d'Amyntas, roi de Macédoine, et descendoit de Machaon, petit-fils d'Esculape. Il naquit à Stagire, ville de Macédoine, la première année de la quatre-vingt-dix-neuvième olympiade. Il perdit son père et sa mère dès les premières années de son enfance, et fut assez négligé par ceux qui s'étoient chargés de son éducation. Il passa une partie de sa jeunesse dans le libertinage et dans la débauche, où il dissipa presque tout son bien. Il prit d'abord le parti de la guerre; mais comme cette profession-là n'étoit pas tout-à-fait conforme à ses inclinations, il alla à Delphes consulter l'oracle, pour savoir à quoi il se détermineroit. L'oracle lui ordonna d'aller à Athènes, et de s'appliquer à la philosophie. Il étoit alors dans sa dix-huitième année. Il étudia pendant vingt ans dans l'Académie sous Platon : et comme il avoit déja tout dissipé son bien, il étoit obligé, pour subsister, de faire trafic de certains remèdes qu'il débitoit lui-même à Athènes.

Aristote mangeoit peu, et dormoit encore moins. Il avoit une si grande passion pour l'étude, qu'afin de résister à l'accablement du sommeil, il mettoit un bassin d'airain à côté de son lit, et quand il étoit couché il étendoit hors du lit une de ses mains où il tenoit une boule de fer, afin que le bruit de cette boule, qui tomboit dans le bassin lorsqu'il vouloit s'endormir, le réveillât sur-le-champ. Laërce rapporte qu'il avoit la voix grêle, les yeux petits, les jambes menues, et qu'il s'habilloit toujours magnifiquement.

Aristote avoit l'esprit très subtil, et comprenoit aisément les questions les plus difficiles. Il ne tarda guère à devenir habile dans l'école de Platon, et à se faire fort distinguer au-dessus de tous les autres académiciens. On ne décidoit aucune question dans l'Académie sans l'avis d'Aristote, quoiqu'il ne se rencontrât pas toujours conforme à celui de Platon. Tous les autres disciples le regardoient comme un génie extraordinaire; quelques uns même suivoient ses opinions, au préjudice de celles de leur maître. Aristote se retira de l'Académie : Platon en eut du ressentiment; il ne put s'empêcher de le traiter de rebelle, et de se plaindre que son disciple avoit regimbé contre lui, comme un petit poulain regimbe contre sa mère.

Les Athéniens choisirent Aristote pour l'envoyer en ambassade vers le roi Philippe, père d'Alexandre-le-Grand. Aristote demeura quelque temps en Macédoine pour les affaires des Athéniens; à son retour, il trouva que Xénocrate avoit été choisi pour enseigner dans l'Académie. Quand Aristote vit que cette place étoit remplie, il dit qu'il seroit honteux s'il se gardoit le silence pendant que Xénocrate parleroit. Il institua une nouvelle secte, et enseigna une doctrine différente de celle qu'il avoit apprise de Platon son maître.

La grande réputation qu'avoit Aristote d'exceller dans toutes sortes de sciences, et principalement dans la philosophie et dans la politique, firent que Philippe, roi de Macédoine, le voulut avoir pour être précepteur de son fils Alexandre, âgé pour lors de quatorze ans. Aristote accepta ce parti, et demeura huit ans auprès d'Alexandre, à qui il enseigna, comme rapporte Plutarque, certaines connoissances secrètes qu'il ne montroit à personne. L'étude de la philosophie n'avoit point rendu Aristote trop farouche; il s'appliquoit aux affaires, et avoit beaucoup de part dans tout ce qui se passoit de son temps à la cour de Macédoine. Le roi Philippe, à sa considération, fit rebâtir Stagire, patrie de ce philosophe, laquelle avoit été détruite pendant les guerres, et y remit tous les habitants, dont plusieurs avoient été faits esclaves, et les autres s'étoient enfuis.

Aristote, après avoir quitté Alexandre, vint à Athènes, où il fut très bien reçu, à cause que le roi Philippe, à sa considération, avoit fait beaucoup de graces aux Athéniens. Il choisit dans le Lycée un lieu où il y avoit de belles allées d'arbres : ce fut là qu'il établit sa nouvelle école; et parce qu'ordinairement il enseignoit ses disciples en se promenant avec eux, cela a été cause qu'on a donné à ses sectateurs le nom de péripatéticiens.

Le Lycée ne tarda guère à devenir très célèbre, à cause du concours d'un grand nombre de gens qui venoient de divers endroits pour entendre Aristote, dont la réputation s'étoit répandue par toute la Grèce.

Alexandre recommanda à Aristote de s'appliquer à faire des épreuves de physique; il lui donna un grand nombre de chasseurs et de pêcheurs, pour lui apporter de tous côtés de quoi faire ses observations, et lui envoya huit cents talents pour soutenir cette dépense.

Aristote publia pour lors ses livres de physique et de métaphysique. Alexandre, qui étoit déjà passé en Asie, en apprit la nouvelle : ce prince ambitieux, qui souhaitoit d'être en toutes choses le premier homme du monde, fut fâché de ce que la science d'Aristote alloit devenir commune; il lui en témoigna son ressentiment par une lettre qu'il lui écrivit en ces termes :

« Alexandre à Aristote.

» Vous n'avez pas bien fait de publier vos li-
» vres de sciences spéculatives, parce que nous
» n'aurons rien au-dessus des autres, si ce que
» vous nous avez enseigné en particulier vient à
» être communiqué à toutes sortes de gens. Je veux
» bien que vous sachiez que j'aimerois encore
» mieux être supérieur aux autres dans la con-
» noissance des choses relevées, que de les sur-
» passer en puissance. »

Aristote, pour apaiser ce prince, lui fit réponse qu'il les avoit mis au jour, mais de manière qu'il ne les avoit pas mis au jour. Cela vouloit apparemment dire qu'il avoit si bien embrouillé toute sa doctrine, que personne n'y pourroit jamais rien connoître.

Aristote ne se conserva pas toujours bien dans les bonnes graces d'Alexandre; il se brouilla avec lui, parce qu'il prit avec trop de chaleur le parti du philosophe Callisthène. Ce Callisthène étoit petit-neveu d'Aristote, fils de sa propre nièce. Aristote l'avoit élevé chez lui, et avoit toujours pris soin de son éducation. Lorsqu'il quitta Alexandre, il lui donna ce neveu pour le suivre à la guerre, et le lui recommanda très particulièrement. Callisthène parloit fort librement au roi, et avoit une humeur très peu complaisante pour lui. Ce fut lui qui empêcha que les Macédoniens ne l'adorassent comme un dieu, à la manière des Perses.

Alexandre, qui le haïssoit à cause de son humeur inflexible, trouva occasion de se venger en se défaisant de lui. Il l'enveloppa légèrement dans la conjuration que fit quelque temps après Hermolaüs, disciple de Callisthène, et ne voulut pas lui permettre de se défendre. Il le fit exposer aux lions; d'autres disent qu'il le fit pendre; d'autres enfin, qu'il expira à la torture.

Aristote, depuis la punition de Callisthène, conserva toujours beaucoup de ressentiment contre Alexandre. Alexandre, de son côté, chercha tous les moyens qu'il put de chagriner Aristote. Il éleva Xénocrate, et lui envoya des présents considérables. Aristote en conçut beaucoup de jalousie; quelques uns même l'ont accusé d'avoir eu part à la conspiration d'Antipater, et de lui avoir donné l'invention de ce poison qu'on soupçonne qui fit périr Alexandre.

Aristote, quoique assez ferme d'ailleurs, n'a pas laissé de faire paroître bien des foiblesses. Quelque temps après qu'il eut quitté l'Académie, il se retira vers Hermias, tyran d'Atarne. Les uns disent que c'étoit son parent; d'autres assurent qu'Aristote étoit amoureux, et qu'il y avoit dans ce voyage quelque raison de libertinage. Aristote épousa la sœur, d'autres disent la concubine de ce prince. Il se laissa tellement transporter à la passion violente qu'il avoit pour cette femme, qu'il lui fit des sacrifices, comme les Athéniens en faisoient à Cérès Éleusine, et qu'il composa des vers à l'honneur d'Hermias, pour le remercier de ce qu'il avoit permis ce mariage.

Aristote divisa sa philosophie en pratique et en théorique. La philosophie pratique est celle qui nous enseigne des vérités propres à régler les opérations de notre esprit, comme la logique; ou qui nous donne des maximes pour nous bien conduire dans la vie civile, comme la morale et la politique.

La philosophie théorique est celle qui nous découvre des vérités purement spéculatives, comme la métaphysique et la physique. Il y a, selon lui, trois principes des choses naturelles: la privation, la matière et la forme.

Pour prouver que la privation doit être mise au rang des principes, il dit que la matière dont se fait une chose doit avoir la privation de la forme de cette chose : qu'il faut, par exemple, que la matière dont on fait une table ait la privation de la forme de la table; c'est-à-dire qu'avant de faire une table, il faut que la matière dont on la fait ne soit point la table. Il ne considère pas la privation comme un principe de composition des corps, mais comme un principe externe de leur production, en tant que la production est un changement par lequel la matière passe de l'état qu'elle n'avoit pas à celui qu'elle acquiert, comme, par exemple, des planches qui passent de n'être point tables à être tables.

Aristote donne deux définitions différentes de la matière : en voici une qui est négative. La matière première, dit-il, est ce qui n'est ni substance, ni étendue, ni qualité, ni aucune autre espèce d'être; ainsi, selon lui, la matière du bois, par exemple, n'est ni son étendue, ni sa figure, ni sa couleur, ni sa solidité, ni sa pesanteur, ni sa dureté, ni sa sécheresse, ni son humidité, ni son odeur, ni enfin aucun des autres accidents qui se trouvent dans le bois. L'autre définition est affirmative, et ne contente pas plus que la première. Il dit que la matière est le sujet dont une chose est composée, et en quoi elle se résout en dernier lieu. Il reste toujours à savoir quel est ce premier sujet dont les ouvrages de la nature sont composés.

Le même philosophe enseigne que, pour former un corps naturel, il faut, outre la matière première, un autre principe, qu'il appelle la forme. Quelques uns croient qu'il n'entend rien autre chose que la disposition des parties; d'autres soutiennent qu'il entend une entité substantielle, réellement distincte de la matière; et que quand on broie du blé, par exemple, il survient une nouvelle forme substantielle, par laquelle le blé devient farine; que quand, après avoir mêlé de l'eau avec la farine, on a pétri le tout ensemble, il survient une autre forme substantielle qui fait que la farine pétrie est de la pâte; qu'enfin, lorsqu'on fait cuire la pâte, il y vient de même une nouvelle forme substantielle qui fait que la pâte cuite est du pain.

Ils admettent de ces sortes de formes substantielles dans tous les autres corps naturels; ainsi, par exemple, dans un cheval, outre les os, la chair, les nerfs, le cerveau, le sang, qui, en circulant dans les veines et dans les artères, nourrit toutes les parties, et outre les esprits animaux qui sont les principes des mouvements, ils admettent une forme substantielle, qu'ils disent être l'ame du cheval; ils soutiennent que cette prétendue forme n'est pas tirée de la matière, mais de la puissance de la matière; ils veulent que ce soit une entité réellement distincte de la matière, dont elle n'est ni partie, ni même une modification.

Aristote tient que tous les corps terrestres sont composés de quatre éléments, la terre, l'eau, l'air, et le feu; que la terre et l'eau sont pesantes, en ce qu'elles tendent à s'approcher du centre du monde; et qu'au contraire l'air et le feu s'en éloignent le plus qu'ils peuvent; qu'ainsi ils sont légers.

Outre ces quatre éléments, il en a admis un cinquième, dont les choses célestes étoient composées, et dont le mouvement étoit toujours circulaire. Il a cru qu'il y avoit au-dessus de l'air, sous le concave de la lune, une sphère de feu, où montent et où se rendent toutes les flammes, ainsi que les ruisseaux et les rivières se rendent dans la mer.

Aristote tient que la matière est divisible à l'infini; que l'univers est plein, et qu'il n'y a aucun vide dans toute la nature; que le monde est éternel; que le soleil a toujours tourné comme il fait, et qu'il tournera toujours de même; que les générations des hommes se sont toujours faites sans qu'il y ait eu jamais de commencement. S'il y avoit eu un premier homme, dit-il, il seroit né sans père et sans mère; ce qui répugne. Il fait le même raisonnement sur les oiseaux. Il ne se peut faire, dit-il, qu'il y ait eu un premier œuf qui ait donné le commencement aux oiseaux, ni qu'il y ait eu un premier oiseau qui ait donné le commencement aux œufs; car un oiseau vient d'un œuf, mais cet œuf vient d'un oiseau, et ainsi toujours de même en remontant, sans qu'il y ait jamais eu aucun commencement. Il raisonne de même de toutes les autres espèces qui sont dans l'univers.

Il soutient que les cieux sont incorruptibles, et que, quoique les choses sublunaires soient sujettes à se corrompre, leurs parties néanmoins ne périssent pas; qu'elles ne font que changer de place; que des débris d'une chose il s'en fait une autre; et qu'ainsi la masse du monde demeure toujours en son entier. Aristote tient que la terre est au centre du monde, et que le premier Être fait mouvoir les cieux autour de la terre par des intelligences qui sont occupées perpétuellement à ces mouvements.

Aristote prétend que tout ce qui est couvert aujourd'hui des eaux de la mer a été autrefois terre ferme; et que tout ce qu'il y a aujourd'hui de terre ferme sera ensuite couvert de ces mêmes eaux. La raison qu'il en donne est tirée de ce que les fleuves et les torrents entraînent continuellement des sables et des terres; ce qui fait que les rivages s'avancent peu à peu, et que la mer se retire insensiblement, si bien que, le temps ne manquant jamais, ces vicissitudes de terre en mer, et de mer en terre, se font enfin après des siècles innombrables. Il ajoute qu'en plusieurs endroits qui sont bien avant dans les terres, et même qui sont fort élevés, la mer en se retirant a laissé là de ses coquilles, et qu'en fouillant dans les terres on trouve aussi quelquefois des ancres et des pièces de navire. Ovide attribue aussi ce même sentiment à Pythagore. Or Aristote prétend que ces changements de mer en terre, de terre en mer, qui se font insensiblement et pendant une longue succession de temps, sont en partie cause que la mémoire des choses passées s'abolit. Il ajoute qu'il arrive outre cela d'autres accidents qui sont cause que les arts mêmes se perdent. Ces accidents sont ou des pestes, ou des guerres, ou des stérilités, ou des tremblements de terre, ou des incendies, ou enfin des désolations qui sont telles, qu'elles exterminent et font périr tous les hommes d'une contrée; si ce n'est qu'il s'en échappe quelques uns qui se sauvent dans les déserts, où ils mènent une vie sauvage, et où ils donnent naissance à d'autres hommes, qui par la suite des temps cultivent les terres et inventent ou retrouvent des arts, et que les mêmes opinions sont revenues et ont été renouvelées une infinité de fois. C'est ainsi qu'il soutient que, nonobstant ces vicissitudes et ces révolutions, la machine du monde demeure toujours incorruptible.

Aristote examine soigneusement ce qui peut rendre les hommes heureux dans ce monde. Il réfute premièrement l'opinion des voluptueux, qui mettent la félicité dans les plaisirs corporels. Il dit qu'outre que les plaisirs ne sont pas de durée, ils causent du dégoût, qu'ils affoiblissent le corps, et abrutissent l'esprit.

Il rejette ensuite l'opinion des ambitieux, qui mettent la félicité dans les honneurs, et qui, pour y parvenir, emploient toutes sortes de moyens injustes. Il dit que l'honneur est dans celui qui honore : il ajoute que les ambitieux souhaitent d'être honorés à raison de quelque vertu qu'ils veulent qu'on croie qui soit en eux; que par conséquent c'est plutôt dans la vertu que consiste la félicité que non pas dans les honneurs, d'autant plus qu'ils sont hors de nous.

Il réfute en dernier lieu l'opinion des avares, qui mettent la félicité dans les richesses. Il dit que les richesses ne sont pas desirables pour elles-mêmes, qu'elles rendent malheureux celui qui les garde et qui craint de s'en servir ; que, pour qu'elles soient utiles, il faut les employer, les distribuer ; au lieu que la félicité doit consister en quelque chose de stable, que l'on doit retenir et conserver.

Enfin, l'opinion d'Aristote est que la félicité consiste dans l'action la plus parfaite de notre entendement, et dans la pratique des vertus. Il prétend d'ailleurs, que l'action la plus noble de notre entendement est la spéculation des choses naturelles, des cieux, des astres, de toute la nature, et principalement du premier être. Il observe néanmoins qu'on ne peut être heureux entièrement sans avoir du bien suffisamment selon son état, parce que sans cela on ne peut vaquer à la spéculation des belles choses, ni pratiquer les vertus. Par exemple, on ne peut pas faire plaisir à ses amis ; et toutefois une des plus grandes satisfactions que l'on puisse avoir dans la vie, c'est de faire du bien aux gens qu'on aime ; et ainsi il dit que la félicité dépend de trois choses : des biens de l'esprit, comme la sagesse et la prudence; des biens du corps, comme la beauté, la force, la santé; et des biens de la fortune, comme les richesses et la noblesse. Il tient que la vertu ne suffit pas pour rendre les gens heureux ; qu'on avoit absolument besoin des biens du corps et de la fortune ; et qu'un sage seroit malheureux s'il souffroit ou s'il manquoit de bien. Il assure, au contraire, que le vice est suffisant pour rendre les gens malheureux, et que quand un homme seroit dans une très grande abondance, et jouiroit d'ailleurs de toutes sortes d'avantages, il ne pourroit jamais être heureux tant qu'il seroit adonné au vice; que le sage n'étoit pas tout-à-fait exempt de troubles, mais qu'il n'en avoit que de fort légers; que les vertus et les vices n'étoient pas incompatibles ; que le même homme, par exemple, pouvoit être fort juste et fort prudent, quoiqu'il fût d'ailleurs fort intempérant.

Il admet trois sortes d'amitiés : l'une de parenté, une autre d'inclination, et l'autre d'hospitalité.

Il croit que les belles-lettres contribuent beaucoup à faire embrasser la vertu : il assure que c'est la plus grande consolation qu'on puisse avoir dans la vieillesse.

Il admet, comme Platon, un premier Être, à qui il donne une providence.

Il tient que toutes nos idées viennent originairement des sens ; qu'un aveugle-né ne peut avoir la perception des couleurs, non plus qu'un sourd la notion de la voix.

Il soutient, dans sa Politique, que l'état monarchique est le plus parfait de tous les états, parce que dans les autres il y a plusieurs personnes qui gouvernent ; or, tout de même qu'une armée qui est conduite par un seul et bon chef réussit bien mieux que celle qui est commandée par plusieurs chefs, ainsi est-il des états : pendant que les députés ou les principaux d'une république emploient du temps à s'assembler et à délibérer, un monarque a déja pris les places et exécuté ses desseins. Les administrateurs de la république ne se soucient pas de la ruiner, pourvu qu'ils s'enrichissent. D'ailleurs ils entrent en jalousie les uns contre les autres ; de là naissent les divisions ; et enfin la république ne peut manquer de périr et d'être renversée ; au lieu que, dans la monarchie, le prince n'a point d'autres intérêts que ceux de son

ARISTOTE.

état; ainsi son état doit toujours être florissant.

On demanda un jour à Aristote ce que gagnoient les menteurs : Ils gagnent, répondit-il, qu'on ne les croit pas lorsqu'ils disent même la vérité.

Quelqu'un lui fit des réprimandes de ce qu'il avoit donné l'aumône à un méchant homme : Ce n'est pas parce qu'il est méchant que j'en ai eu compassion, répondit Aristote, mais parce qu'il est homme.

Il disoit ordinairement à ses amis et à ses disciples que la science étoit à l'égard de l'ame ce que la lumière étoit à l'égard des yeux; et que, si les racines en étoient amères, les fruits en récompense en étoient très doux.

Quelquefois, quand il étoit en colère contre les Athéniens, il leur reprochoit qu'ayant trouvé les lois aussi bien que les blés, ils ne se servoient que du blé, et jamais des lois.

On lui demanda un jour quelle étoit la chose qui s'effaçoit le plus tôt : C'est la reconnoissance, répondit-il.

Ce que c'étoit que l'espérance : C'est, dit-il, la rêverie d'un homme qui veille.

Un jour Diogène présenta une figue à Aristote. Aristote vit bien que, s'il la refusoit, Diogène avoit quelque plaisanterie toute prête : il prit la figue, et dit en riant : Diogène a en même temps perdu sa figue, et l'usage qu'il en vouloit faire.

Il disoit qu'il y avoit trois choses fort nécessaires aux enfants : l'esprit, l'exercice et la discipline.

Quand on lui demandoit quelle différence il y avoit entre les savants et les ignorants : Il y en a autant, répondoit-il, qu'entre les vivants et les morts.

Il disoit que la science étoit un ornement dans la prospérité, et un refuge dans l'adversité; que ceux qui donnoient une bonne éducation aux enfants étoient bien davantage leurs pères que ceux qui les avoient engendrés, puisque les uns ne leur avoient donné simplement que la vie, mais que les autres leur avoient donné la manière de la passer heureusement;

Que la beauté étoit une recommandation infiniment plus forte que toutes sortes de lettres.

Quelqu'un lui demanda un jour ce que des disciples devoient faire pour profiter beaucoup : Ils doivent toujours s'efforcer d'atteindre les plus avancés, répondit-il, et ne point attendre ceux qui viennent après eux.

Certain homme faisoit gloire un jour d'être citoyen d'une grande ville : Ne prends pas garde à cela, lui dit Aristote; considère plutôt si tu es digne d'être membre d'une illustre patrie.

Quand il réfléchissoit sur la vie des hommes, il disoit quelquefois : Il y a des gens qui amassent du bien avec autant d'avidité que s'ils devoient vivre toujours; d'autres dépensent ce qu'ils ont, comme s'ils devoient mourir le lendemain.

Quand on lui demandoit ce que c'étoit qu'un ami, il répondoit : C'est une même ame dans deux corps.

Certain homme lui dit un jour : Comment devons-nous nous comporter à l'égard de nos amis ? De la manière que nous voudrions qu'ils se comportassent à notre égard, répondit Aristote.

Il s'écrioit souvent : Ah! mes amis, il n'y a point d'amis dans le monde.

Quelqu'un lui demanda un jour pourquoi nous aimions mieux les belles personnes que les laides. Aristote lui répondit : Tu me fais là une question d'aveugle.

Quand on lui demandoit quel fruit il avoit tiré de sa philosophie : C'est, répondoit-il, de pouvoir faire de moi-même ce que les autres ne font que par la crainte des lois.

On dit que, pendant son séjour à Athènes, il eut un grand commerce avec un habile homme de Judée, qui l'instruisit à fond de la science et de la religion des Égyptiens, que tout le monde, dans ce temps-là, alloit apprendre en Égypte même.

Aristote, après avoir enseigné pendant treize ans dans le Lycée avec beaucoup de réputation, fut accusé d'impiété par Eurymédon, prêtre de Cérès. Le souvenir du traitement qu'on avoit fait à Socrate l'épouvanta tellement, qu'il prit le parti de sortir promptement d'Athènes; il se retira à Chalcis d'Eubée. Quelques uns disent qu'il mourut de chagrin, pour n'avoir pu comprendre le flux et le reflux de l'Euripe. D'autres ajoutent qu'il se précipita dans cette mer, et qu'il dit en tombant : Que l'Euripe m'engloutisse, puisque je ne le puis comprendre. D'autres enfin assurent qu'il mourut d'une colique, en la soixante-troisième année de son âge, deux ans après la mort d'Alexandre.

Ceux de Stagire lui ont dressé des autels comme à un dieu.

Aristote fit un testament, dont Antipater fut l'exécuteur.

Il laissa un fils nommé Nicomachus, et une fille qui fut mariée à un petit-fils de Démaratus, roi de Lacédémone.

XÉNOCRATE.

Il succéda à Speusippe dans le gouvernement de l'école de Platon, la seconde année de la 110e olympiade; il la gouverna vingt-cinq ans, mourut la troisième année de la 116e olympiade.

Xénocrate a été l'un des plus distingués philosophes de l'ancienne Académie, par sa probité, sa prudence et sa chasteté. Il étoit de la ville de Chalcédoine, et fils d'Agathénor. Dès sa première jeunesse il fut disciple de Platon, auquel il s'attacha si fort, qu'il le suivit même jusque dans la Sicile, où Platon étoit allé à la cour de Denys le tyran. Il avoit l'esprit bon, appliqué, mais pesant. Quand Platon le comparoit avec Aristote, il disoit que l'un avoit besoin de bride, et l'autre d'éperons. D'autres fois il disoit en riant : Avec quel cheval est-ce que j'attelle cet âne-ci ?

Xénocrate étoit d'ailleurs un homme sérieux et fort sévère; en sorte que Platon, en se moquant de lui, disoit quelquefois : Xénocrate, va, je te prie, faire un sacrifice aux Grâces.

Xénocrate passoit sa vie renfermé dans l'Académie. Quand il alloit dans les rues d'Athènes, ce qui arrivoit rarement, tout ce qu'il y avoit de jeunes gens débauchés dans la ville l'attendoient sur les chemins, pour le tourmenter et lui faire de la peine. On lui mit plusieurs fois des femmes de mauvaise vie dans son lit, sans qu'il en sût rien. La fameuse courtisane Phryné avoit gagé contre plusieurs jeunes gens qu'elle viendroit à bout de Xénocrate : un jour, comme il avoit plus bu qu'à l'ordinaire, elle entra bien parée dans la maison de Xénocrate, et passa toute la nuit à côté de lui, sans que jamais elle pût venir à bout de ce qu'elle avoit entrepris. Les jeunes gens contre qui elle avoit gagé se moquèrent d'elle, et la pressèrent de payer; elle leur répondit en riant : J'ai gagé que je pourrois bien corrompre un homme, mais non pas une statue. Cette chasteté étoit une vertu qu'il soutenoit par des opérations violentes.

Xénocrate étoit fort désintéressé. Alexandre lui envoya un jour une grosse somme d'argent : Xénocrate ne prit que trois mines attiques, et lui renvoya tout le reste. Il dit à ceux qui lui étoient venus apporter ce présent : Alexandre a bien des gens à nourrir, ainsi il doit avoir plus besoin d'argent que moi.

Antipater lui voulut faire pareil présent une autre fois; mais Xénocrate le remercia, et ne voulut jamais prendre de son argent.

Pendant le temps qu'il étoit en Sicile, il gagna une couronne d'or pour récompense de s'être distingué, et d'avoir mérité le prix en buvant plus que les autres. Xénocrate n'en voulut point profiter; dès qu'il fut de retour à Athènes, il porta cette couronne aux pieds de la statue de Mercure, et la consacra à ce dieu, à qui il offroit assez souvent des couronnes de fleurs.

Un jour, Xénocrate fut envoyé vers le roi Philippe avec plusieurs autres ambassadeurs. Philippe leur fit à tous de grands festins et de magnifiques présents : il leur donna plusieurs audiences, et tourna leur esprit de manière qu'ils étoient tout prêts à faire ce qu'il lui plairoit; Xénocrate fut le seul qui ne voulut point avoir part aux présents de Philippe, et qui ne se trouva jamais à aucune de ses fêtes, ni même aux conférences qu'il eut avec les autres. Quand ils furent tous de retour à Athènes, ils publièrent qu'il avoit été inutile d'envoyer Xénocrate avec eux, puisqu'il ne leur avoit servi de rien. Tout le peuple fut fort mécontent; on se disposoit déjà à le condamner à une amende. Xénocrate découvrit de quelle manière toutes choses s'étoient passées, et avertit les Athéniens de prendre garde plus que jamais aux affaires de la république; que Philippe, par ses grands présents, avoit tellement corrompu tous leurs ambassadeurs, qu'ils ne demandoient pas mieux qu'à faire tout ce qu'il lui plairoit; qu'à son égard, jamais Philippe ne l'avoit pu obliger à prendre aucun présent de lui. Le mépris qu'on commençoit à avoir pour Xénocrate se tourna tout d'un coup en estime; l'affaire fit beaucoup de bruit : Philippe confessa hautement que, de tous les ambassadeurs qu'on lui avoit jamais envoyés, Xénocrate étoit le seul qui avoit méprisé ses présents, et qui n'en avoit point voulu recevoir.

Pendant la guerre de Lamia, Antipater fit prisonniers plusieurs Athéniens. Xénocrate fut député de la république pour moyenner leur délivrance auprès d'Antipater. Dès que Xénocrate fut arrivé, Antipater voulut commencer par le faire dîner avec lui avant que de parler de rien. Xénocrate lui dit qu'il falloit remettre le festin, et qu'il ne vouloit point manger avant que d'avoir terminé les affaires pour lesquelles il avoit été envoyé, et d'avoir délivré ses concitoyens. Antipater fut touché de l'attachement que Xénocrate faisoit paroître pour sa patrie; il se mit aussitôt à travailler avec lui. Antipater admira l'habileté de Xénocrate. L'affaire fut décidée sur-le-champ, et les prisonniers remis en liberté.

Un jour, comme Xénocrate étoit en Sicile, Denys dit à Platon : Quelqu'un te coupera la tête. Xénocrate, qui étoit pour lors présent, dit :

Cela n'arrivera jamais avant qu'on ait coupé la mienne.

Une autre fois, Antipater, étant à Athènes, vint saluer Xénocrate. Xénocrate, qui prononçoit pour lors un discours, ne voulut point l'interrompre, et ne répondit à Antipater qu'après qu'il eut achevé tout ce qu'il avoit à dire.

Quand le philosophe Speusippe, neveu et successeur de Platon dans l'Académie, se sentit vieux, incommodé et proche de sa fin, il envoya quérir Xénocrate, et le pria de vouloir prendre sa place. Xénocrate l'accepta, et commença à enseigner publiquement. Lorsque quelqu'un venoit dans son école, et qu'il ne savoit ni musique, ni géométrie, ni astronomie, il lui disoit : Mon ami, retire-toi d'ici, car tu ignores le fondement et tous les agréments de la philosophie.

Xénocrate méprisoit fort la gloire et le faste; il aimoit la retraite, et passoit tous les jours quelque temps en particulier, sans parler à personne.

Les Athéniens avoient une si haute idée de sa probité, qu'un jour qu'il étoit venu devant les magistrats pour rendre témoignage de quelque chose, comme il s'approchoit de l'autel, afin de jurer, selon la coutume du pays, que tout ce qu'il avoit dit étoit vrai, les juges se levèrent, et ne voulurent pas souffrir qu'il jurât; ils lui dirent que son serment étoit inutile, qu'ils le croyoient sur sa simple parole.

Polémon, fils de Philostrate d'Athènes, étoit un jeune homme fort débauché. Un jour, de dessein prémédité, il entra fort ivre, et une couronne sur la tête, dans l'école de Xénocrate, qui parloit pour lors de la tempérance; bien loin d'interrompre son discours, il le continua avec plus de force et de véhémence qu'auparavant. Polémon en fut tellement touché, que, dès ce moment-là, il commença à renoncer à toutes ses débauches, et fit une ferme résolution de bien vivre à l'avenir; il l'exécuta si bien, qu'en peu de temps il devint très habile, et succéda à Xénocrate, son maître.

Xénocrate a composé quantité d'ouvrages en vers et en prose; il dédia un de ses ouvrages à Alexandre, et un autre à Éphestion.

Comme il n'avoit aucun égard pour personne, il se fit des ennemis dans la république : les Athéniens le vendirent, afin de le faire périr. Démétrius de Phalère, qui étoit pour lors en grand crédit à Athènes, l'acheta; il lui donna la liberté, et fit en sorte que les Athéniens se contentassent simplement de l'exiler.

Xénocrate, âgé de quatre-vingt-deux ans, tomba une nuit contre un bassin qu'il avoit rencontré sous ses pieds, et mourut sur-le-champ. Il avoit enseigné dans l'Académie pendant vingt ans.

DIOGÈNE.

Il mourut la première année de la 114e olympiade, âgé de près de quatre-vingt-dix ans : ainsi il étoit né la troisième année de la 91e olympiade.

Diogène le cynique, fils d'Isécius, banquier, naquit à Sinope, ville de Paphlagonie, environ la quatre-vingt-onzième olympiade. Il fut accusé d'avoir fait de la fausse monnoie avec son père. Isécius fut arrêté, et enfermé dans une prison, où il mourut; Diogène prit l'épouvante et se sauva à Athènes. Dès qu'il y fut arrivé, il alla trouver Antisthène, qui le rebuta fort et le repoussa avec son bâton, parce qu'il avoit résolu de ne prendre jamais aucun disciple. Diogène ne s'étonna point; il baissa la tête : Frappez, frappez, lui dit-il, ne craignez point; vous ne trouverez jamais de bâton assez dur pour m'éloigner de vous tant que vous parlerez. Antisthène, vaincu par l'opiniâtreté de Diogène, lui permit d'être son disciple.

Diogène étoit obligé de vivre fort pauvrement, comme un homme banni de son pays, et qui ne recevoit de secours d'aucun endroit.

Il aperçut un jour une souris qui couroit gaillardement de côté et d'autre, sans craindre que la nuit la surprît, sans se mettre en peine de chercher une chambre pour se loger, et même sans songer à ce qu'elle mangeroit. Cela le consola de sa misère; il résolut de vivre tranquillement sans se contraindre, et de se passer de toutes les choses qui ne seroient point absolument nécessaires pour s'empêcher de mourir. Il doubla son manteau, afin qu'en s'enveloppant dedans il lui pût servir de lit et de couverture : il n'avoit pour tout meuble qu'un bâton, une besace et une écuelle; il ne marchoit jamais sans porter tout cet équipage avec lui : mais il ne se servoit de son bâton que quand il alloit en campagne, ou bien lorsqu'il étoit incommodé. Il disoit que les véritables estropiés n'étoient ni les sourds ni les aveugles, mais seulement ceux qui n'avoient point de besace. Il marchoit toujours les pieds nus, sans porter jamais de sandales, non pas même lorsque la terre étoit couverte de neige. Il vouloit aussi s'accoutumer à manger de la viande crue, mais il n'en put venir à bout.

Il avoit prié une personne qu'il connoissoit de lui donner un petit trou dans son logis pour s'y retirer quelquefois; mais comme on tardoit trop long-temps à lui rendre une réponse positive, il se servit d'un tonneau, qu'il promenoit partout devant lui, et n'eut jamais d'autre maison.

Au plus fort de l'été, lorsque le soleil brûloit toute la campagne, il se rouloit dans des sables ardents : il embrassoit au milieu de l'hiver des statues couvertes de neige pour s'accoutumer à souffrir sans peine l'incommodité du chaud et du froid.

Il méprisoit tout le monde; il traitoit Platon et ses disciples de dissipateurs et de gens qui aimoient la bonne chère; il appeloit tous les orateurs des esclaves du peuple.

Il disoit que les couronnes étoient des marques de gloire aussi fragiles que ces bouteilles d'eau qui se rompoient en se formant; et que les représentations étoient les merveilles des fous. Enfin, rien n'échappoit à sa liberté satirique.

Il mangeoit, il parloit et se couchoit indifféremment dans tous les lieux où il se trouvoit. Quelquefois, en montrant le portique de Jupiter, il s'écrioit : Ah! que les Athéniens m'ont fait bâtir un bel endroit pour aller prendre mes repas.

Il disoit souvent : Quand je considère ces gouverneurs, ces médecins et ces philosophes qui sont dans le monde, je suis tenté de croire que l'homme par sa sagesse est fort élevé au-dessus des bêtes : mais, d'un autre côté, lorsque je vois des devins, des interprètes des songes, et des gens que les richesses et les honneurs sont capables d'enfler extraordinairement, je ne saurois m'empêcher de croire qu'il ne soit pas le plus fou de tous les animaux.

Un jour, en se promenant, il aperçut un jeune enfant qui buvoit dans le creux de sa main; Diogène en eut grande honte : Quoi! dit-il, les enfants connoissent donc mieux que moi les choses dont on se peut passer? Il tira aussitôt son écuelle de sa besace, et la cassa comme un meuble qui lui étoit inutile.

Il louoit fort ceux qui avoient été tout près de se marier, et qui n'en avoient rien fait, aussi bien que ceux qui, après avoir préparé tout leur équipage pour s'embarquer, étoient restés sur la terre. Il n'estimoit pas moins les gens qu'on avoit choisis pour gouverner la république, et qui n'avoient point voulu s'engager, de même que ceux qui avoient été tout près de se mettre à table avec les rois et les grands seigneurs, et qui s'en étoient retournés chez eux.

Il ne s'attachoit qu'à la morale, et négligeoit entièrement toutes les autres sciences. Il avoit l'esprit vif, et prévoyoit aisément tout ce qu'on lui pouvoit objecter.

Il croyoit que le mariage n'étoit rien; il vouloit que toutes les femmes fussent communes, et que chacun se servît de celle à qui il auroit été capable de donner de l'amour.

Il ne croyoit pas qu'il y eût aucun mal à prendre les choses dont on avoit besoin. Il vouloit qu'on ne s'affligeât de rien. Il vaut beaucoup mieux, disoit-il, se consoler que se pendre.

Un jour il se mit à parler sur une matière assez sérieuse et fort utile; tout le monde passoit devant lui sans se mettre en peine d'écouter ce qu'il disoit. Diogène s'avisa de chanter; quantité de gens s'assemblèrent en foule autour de lui : il leur fit aussitôt une forte réprimande de ce qu'ils accouroient de tous côtés pour une bagatelle, et qu'ils ne prenoient pas seulement la peine d'écouter quand on leur parloit sur les matières les plus importantes.

Il s'étonnoit de ce que les grammairiens se tourmentoient si fort pour savoir tous les maux qu'Ulysse avoit soufferts, et qu'ils ne faisoient pas attention à leur propre misère.

Il blâmoit les musiciens de prendre beaucoup de peine à accorder leurs instruments, pendant qu'ils avoient des esprits si mal réglés, par où ils auroient dû commencer.

Il reprenoit les mathématiciens de s'amuser à contempler le soleil, la lune, et les autres astres, et de ne pas connoître les choses qui étoient à leurs pieds.

Il n'étoit pas moins irrité contre les orateurs, qui ne songeoient qu'à bien dire, et qui se mettoient peu en peine de bien faire.

Il blâmoit fort certains avares qui faisoient paroître un grand désintéressement, qui louoient même les gens qui méprisoient les richesses, et qui cependant ne songeoient à rien autre chose qu'à amasser de l'argent.

Il ne trouvoit rien de plus ridicule que certaines gens qui sacrifioient aux dieux pour les prier de les conserver en santé, et qui au sortir de la cérémonie faisoient des festins capables de faire crever.

Enfin, il disoit qu'il rencontroit bien des gens qui s'efforçoient à se surpasser les uns les autres dans des badineries; mais que personne n'avoit d'émulation pour être le premier dans le chemin de la vertu.

Un jour Diogène s'aperçut que Platon, dans un repas très magnifique, ne mangeoit que des olives. Pourquoi, lui dit-il, toi qui fais tant le sage, ne manges-tu pas librement les mets qui t'ont fait passer en Sicile? Moi, répondit Platon, je ne vivois ordinairement en Sicile que de capres, d'oli-

DIOGÈNE.

ves et d'autres choses semblables, comme je fais dans ce pays-ci. Quoi donc, répliqua Diogène, étoit-il besoin pour cela d'aller à Syracuse? est-ce que dans ce temps-là il n'y avoit ni câpres ni olives à Athènes?

Un jour Platon traitoit quelques amis de Denys le tyran. Diogène entra chez lui; il se mit à deux pieds sur un beau tapis, et dit : Je foule aux pieds le faste de Platon. Oui, Diogène, repondit Platon; mais c'est par une autre espèce de faste.

Certain sophiste voulut un jour montrer la subtilité de son esprit à Diogène : Vous n'êtes pas ce que je suis, lui dit-il; je suis un homme, et par conséquent vous n'êtes pas un homme. Ce raisonnement seroit vrai, répondit Diogène, si tu avois commencé par dire que tu n'es pas ce que je suis, parce que tu aurois conclu que tu n'es pas un homme.

On lui demanda en quel endroit de la Grèce il avoit vu des hommes sages : J'ai bien vu des enfants à Lacédémone, répondit-il; mais pour des hommes je n'en ai vu nulle part.

Il se promenoit un jour, en plein midi, une lanterne allumée à la main; on lui demanda ce qu'il cherchoit. Je cherche un homme, répondit-il.

Une autre fois, il se mit à crier dans le milieu d'une rue : O hommes, ô hommes! quantité de gens s'assemblèrent autour de lui : Diogène les chassoit avec son bâton : C'est des hommes que j'appelle, dit-il.

Démosthène dînoit un jour dans un cabaret; il vit passer Diogène; il se cacha aussitôt. Diogène l'aperçut : Ne te cache point, lui dit-il; car plus tu te caches dans le cabaret, et plus tu t'y enfonces.

Il vit une autre fois des étrangers qui étoient venus exprès pour voir Démosthène. Diogène alla droit à eux; il le leur montroit avec son doigt, et leur disoit en riant : Tenez, tenez, regardez-le bien; le voilà le grand orateur d'Athènes.

Diogène se rencontra un jour dans un palais magnifique, où l'or et le marbre étoient en grande abondance. Après en avoir considéré toutes les beautés, il se mit à tousser; il fit deux ou trois efforts et cracha contre le visage d'un Phrygien qui lui montroit ce palais. Mon ami, lui dit-il, je n'ai point vu d'endroit plus sale où je pusse cracher.

Un jour il entra, à demi rasé, dans une chambre où des jeunes gens se réjouissoient ensemble; il fut contraint d'en sortir avec de bons coups. Diogène, pour les punir, écrivit sur un morceau de papier le nom de tous ceux qui l'avoient frappé; il attacha ce papier sur son épaule, et se promenoit au milieu des rues, afin de les faire connoître à tout le monde et de les décrier.

Un jour certain scélérat lui reprochoit sa pauvreté : Je n'ai jamais vu punir personne pour ce sujet-là, dit-il; mais j'ai bien vu pendre des gens parce qu'ils étoient des fripons.

Il disoit souvent que les choses les plus utiles étoient ordinairement les moins estimées; qu'une statue coûtoit trois mille écus, et qu'un boisseau de farine ne se vendoit pas vingt sols.

Un jour, comme il étoit près d'entrer dans un bain, il trouva l'eau fort sale : Quand on s'est baigné ici, dit-il, où va-t-on se laver?

Diogène fut pris un jour, près de Chéronée, par des Macédoniens qui l'allèrent présenter aussitôt au roi Philippe. Philippe lui demanda ce qu'il étoit: Je suis l'espion de ton avidité insatiable, répondit-il. Le roi fut si content de sa réponse, qu'il le mit en liberté et le renvoya.

Diogène croyoit que les sages ne pouvoient jamais manquer de rien, et que c'étoit à eux à disposer de tout ce qui étoit au monde : Toutes choses appartiennent aux dieux, disoit-il; les sages sont amis des dieux; entre amis toutes choses sont communes, et par conséquent toutes choses appartiennent aux sages. C'est ce qui faisoit que, quand il avoit besoin de quelque chose, il disoit qu'il la redemandoit à ses amis.

Un jour Alexandre, passant par Corinthe, eut la curiosité de voir Diogène qui y étoit pour lors; il le trouva assis au soleil dans le Crânée, où il raccommodoit son tonneau avec de la glu. Je suis le grand roi Alexandre, lui dit-il. Et moi je suis ce chien de Diogène, répondit le philosophe. Ne me crains-tu point? continua Alexandre. Es-tu bon ou mauvais? reprit Diogène. Je suis bon, répartit Alexandre. Hé qui est-ce qui craint ce qui est bon? reprit Diogène. Alexandre admira la subtilité d'esprit et les manières libres de Diogène. Après s'être entretenu quelque temps avec lui, il lui dit : Je vois bien que tu manques de beaucoup de choses, Diogène, je serai bien aise de te secourir; demande-moi tout ce que tu voudras. Retire-toi un peu à côté, répondit Diogène, tu empêches que je ne jouisse du soleil. Alexandre demeura fort surpris de voir un homme au-dessus de toutes les choses humaines. Lequel est le plus riche, continua Diogène, de celui qui est content de son manteau et de sa besace, ou de celui à qui un royaume entier ne suffit pas, et qui s'expose tous les jours à mille dangers afin d'en augmenter les limites? Les courtisans d'Alexandre étoient fort indignés qu'un tel roi fît tant d'honneur à un chien comme

Diogène, qui ne se levoit pas même de sa place. Alexandre s'en aperçut; il se retourna, et leur dit : Si je n'étois pas Alexandre, je voudrois être Diogène.

Un jour, comme Diogène passoit en Égine, il fut pris par des pirates qui le menèrent en Crète, et l'exposèrent au marché : il n'en fut pas plus chagrin; il ne parut pas même se mettre en peine de son malheur. Il vit un certain Xéniade bien gras et bien habillé : Il faut me vendre à celui-ci, dit-il, car je vois qu'il a besoin d'un bon maître. Comme Xéniade s'approchoit pour le marchander, il lui dit : Viens, enfant, viens marchander un homme. On lui demanda ce qu'il savoit faire; il répondit qu'il avoit le talent de commander aux hommes. Héraut, dit-il, crie dans le marché, si quelqu'un a besoin d'un maître, qu'il le vienne acheter. Celui qui le vendoit lui défendoit de s'asseoir : Qu'importe, dit Diogène, on achète bien des poissons dans quelque posture qu'ils soient, et je m'étonne qu'on ne marchande pas seulement un couvercle de marmite sans l'avoir sonné pour connoître si le métal en est bon, et que quand on achète un homme, on se contente de le regarder. Quand le prix fut arrêté, il dit à Xéniade : Quoique je sois à présent ton esclave, tu n'as qu'à te disposer à faire ce que je voudrai; car, soit que je te serve de médecin ou d'intendant, n'importe si je suis esclave ou libre, il faudra m'obéir.

Xéniade lui donna ses enfants à instruire : Diogène en eut grand soin; il leur fit apprendre par cœur les plus beaux endroits des poètes, avec un abrégé de sa philosophie, qu'il composa exprès pour eux. Il les faisoit exercer à la lutte, à la chasse, à monter à cheval, et à tirer de l'arc et de la fronde. Il les accoutuma à vivre de choses fort simples, et à ne boire que de l'eau dans leurs repas ordinaires. Il vouloit qu'on les rasât jusqu'à la peau. Il les menoit avec lui dans les rues vêtus fort négligemment, et souvent sans sandales et sans tunique. Ces enfants, de leur côté, aimoient fort Diogène, et prenoient un soin particulier de le recommander à leurs parents.

Pendant que Diogène étoit ainsi dans l'esclavage, quelques amis s'intéressèrent pour l'en tirer. Vous êtes des fous, leur dit-il, vous vous moquez bien de moi; ne savez-vous pas que le lion n'est jamais esclave de ceux qui le nourrissent? Au contraire, ce sont ceux qui le nourrissent qui sont ses esclaves.

Un jour Diogène entendit un héraut qui publioit que Dioxipe avoit vaincu des hommes aux jeux olympiques. Mon ami, lui dit-il, dis des esclaves et des malheureux; c'est moi qui ai vaincu des hommes.

Quand on lui disoit : Vous êtes vieux, il faudroit vous reposer à présent. Quoi, dit-il, si je courois, faudroit-il me relâcher à la fin de ma course? Ne seroit-il pas plus à propos que je fisse tous mes efforts?

En se promenant dans les rues, il aperçut un homme qui avoit laissé tomber du pain, et qui avoit honte de le relever; Diogène ramassa une bouteille cassée, et la promena par toute la ville, pour lui faire connoître qu'on ne devoit pas rougir quand on tâchoit à ne rien perdre.

Je suis comme les bons musiciens, disoit-il, je quitte le son véritable pour le faire prendre aux autres.

Un homme le vint un jour trouver pour être son disciple; Diogène lui donna un jambon à porter, et lui dit de le suivre : cet homme eut honte de porter ce jambon dans les rues, il le jeta à terre et s'en alla. Diogène le rencontra quelques jours après : Quoi, lui dit-il, un jambon a rompu notre amitié!

Il aperçut, en se promenant, une femme tellement prosternée devant les dieux, qu'elle en étoit même découverte par-derrière; Diogène accourut à elle : Ne crains-tu pas, pauvre femme, lui dit-il, que les dieux, qui sont aussi bien derrière toi que devant, te voient dans une posture indécente?

Quand Diogène réfléchissoit sur sa vie, il disoit en riant, que toutes les imprécations qu'on faisoit ordinairement dans les tragédies étoient tombées sur lui; qu'il étoit sans maison, sans ville, sans patrie, pauvre, vivant au jour le jour; mais qu'il opposoit sa fermeté à la fortune, la nature à la coutume, et la raison aux troubles de l'âme.

Un homme vint un jour le consulter pour savoir à quelle heure il devoit manger : Si tu es riche, lui dit-il, mange quand tu voudras; si tu es pauvre, quand tu pourras.

Les Athéniens le prièrent de se faire associer dans leurs mystères, et lui assurèrent que ceux qui y étoient initiés tenoient le premier rang dans l'autre monde : Ce seroit une chose bien ridicule, répondit Diogène, qu'Agesilaüs et Epaminondas restassent dans la boue, pendant que vos initiés, qui sont des malheureux, habiteroient des îles fortunées.

Il avoit coutume de se parfumer les pieds : quand on lui en demandoit la raison, il disoit que l'odeur des parfums qu'on se mettoit à la tête étoit aussitôt perdue dans l'air, au lieu que, quand on se parfumoit les pieds, l'odeur en montoit au nez.

Un infâme eunuque avoit fait écrire sur la porte de sa maison : Qu'il n'entre rien de mauvais par cette porte. Diogène dit : Et le maître du logis, par où entrera-t-il ?

Quelques philosophes vouloient un jour lui prouver qu'il n'y avoit point de mouvement : Diogène se leva, et commença à se promener : Que faites-vous, lui dit un de ces philosophes? Je réfute tes raisons, répondit Diogène.

Quand quelqu'un lui parloit d'astrologie, il lui disoit : Y a-t-il long-temps que tu es revenu des cieux ?

Platon avoit défini que l'homme étoit un animal à deux pieds, sans plumes : Diogène pluma un coq qu'il cacha sous son manteau, et s'en alla à l'académie : il tira aussitôt le coq de dessous son manteau, et dit, en le jetant au milieu de l'école : Voilà l'homme de Platon. Platon fut obligé d'ajouter à sa définition, que cet animal avoit de larges ongles.

Diogène, passant par Mégare, vit des enfants tout nus, et des moutons bien couverts de laine : Il vaut beaucoup mieux, dit-il, être ici mouton qu'enfant.

Un jour, comme il mangeoit, il vit de petites souris ramasser des miettes de pain sous sa table : Ah! dit-il, Diogène nourrit aussi des parasites.

Comme il sortoit du bain, on lui demanda s'il y avoit beaucoup d'hommes qui se baignoient; il répondit, que non : Mais, lui dit-on, n'y a-t-il pas une grande confusion de monde? Oui, répondit-il, très grande.

On le pria un jour de se trouver à un festin ; il ne le voulut pas, parce qu'il y avoit été le jour précédent, et qu'on ne l'en avoit point remercié.

Un homme portant une poutre sur son épaule, le heurta sans y penser, et lui dit : Prenez garde. Comment, répondit Diogène, veux-tu me frapper une seconde fois? Quelque temps après il eut encore une pareille aventure : il donna un coup de bâton à celui qui l'avoit heurté, et lui dit : Prends garde toi-même.

Il étoit un jour si percé de pluie, que l'eau dégouttoit de tous les endroits de son manteau : ceux qui le regardoient avoient grande compassion de lui. Platon, qui se trouva là par hasard, leur dit : Si vous voulez qu'il soit véritablement malheureux, allez-vous-en et ne le regardez pas.

Un jour un homme lui donna un soufflet : Je ne savois pas, dit-il, que je dusse marcher dans les rues la tête armée.

Une autre fois on lui demanda ce qu'il vouloit pour qu'on lui donnât un soufflet : Un casque, répondit-il.

Midias un jour lui donna plusieurs coups de poing, et lui dit : Va te plaindre, tu auras trois mille livres d'amende. Le lendemain, Diogène prit un gantelet de fer, et alla décharger un grand coup de poing sur la tête de Midias : Va-t'en te plaindre toi-même, tu auras une pareille amende.

Lysias l'apothicaire lui demanda s'il croyoit qu'il y eût des dieux : Comment ne le croirois-je pas, puisque je sais qu'ils n'ont point de plus grands ennemis que toi.

Un jour Diogène vit un homme qui se lavoit dans de l'eau, espérant se purifier : O malheureux, lui dit-il, ne sais-tu pas bien que quand tu te laverois jusqu'à demain, cela ne t'empêcheroit point de faire des fautes de grammaire ! cela ne te délivrera pas non plus de tes crimes.

Il aperçut une autre fois un enfant dans une posture indécente ; il courut droit à son précepteur et lui donna un coup de bâton : Pourquoi instruis-tu si mal ton disciple? lui dit-il.

Un homme vint un jour lui montrer une horoscope qu'il avoit dressée : Voilà quelque chose de beau, dit Diogène; mais c'est pour nous empêcher de mourir de faim.

Il blâmoit fort tous ceux qui se plaignoient de la fortune : Les hommes, disoit-il, demandent toujours ce qui leur paroît être un bien, mais non pas ce qui l'est véritablement.

Diogène savoit bien que plusieurs personnes approuvoient sa vie ; mais comme peu de gens se mettoient en devoir de l'imiter, il disoit qu'il étoit un chien fort estimé ; mais qu'aucun de ceux qui le louoient n'avoit assez de courage pour venir à la chasse avec lui.

Il reprochoit à ceux qui étoient épouvantés de leurs songes, qu'ils ne faisoient aucune attention aux choses qui leur venoient dans l'esprit lorsqu'ils veilloient, et qu'ils examinoient avec superstition tout ce qui se passoit dans leur imagination pendant qu'ils dormoient.

Un jour, en se promenant, il aperçut une femme dans une litière ; il dit : Ce ne devroit pas être là une cage pour un si méchant animal.

Les Athéniens aimoient fort Diogène, et avoient beaucoup de considération pour lui. Ils firent fouetter publiquement un jeune homme qui avoit cassé son tonneau, et lui en redonnèrent un autre.

Tout le monde publioit le bonheur de Callisthène, qui étoit tous les jours à faire bonne chère à la table d'Alexandre : Et moi, disoit Diogène, je trouve Callisthène bien malheureux, par la seule raison qu'il dîne et soupe tous les jours avec Alexandre.

Cratère fit tout ce qu'il put pour l'attirer chez lui : Diogène lui dit qu'il aimoit beaucoup mieux ne manger que du pain à Athènes, que d'aller vivre magnifiquement dans son palais.

Perdiccas le menaça un jour de le tuer s'il ne le venoit voir : Tu ne feras pas là une grande action, répondit Diogène ; le moindre petit animal venimeux en pourroit bien faire autant ; et je t'assure que Diogène n'a aucun besoin de Perdiccas ni de sa grandeur pour vivre heureux. Hélas ! s'écrioit-il, les dieux sont fort libéraux à accorder la vie aux hommes : mais tous les agréments qui y sont attachés demeurent méconnus aux gens qui ne songent qu'à faire bonne chère, et à se parfumer.

Il vit un jour un homme qui se faisoit chausser par un esclave : Tu ne seras pas content, dit-il, jusqu'à ce qu'il te mouche ; de quoi te servent tes mains ?

Une autre fois, en passant, il vit des juges qui menoient au supplice un homme qui avoit volé une petite fiole dans le trésor public : Voilà de grands voleurs, dit-il, qui en conduisent un petit.

Il disoit qu'un riche ignorant étoit une brebis couverte d'une toison d'or.

Un jour, comme il étoit au milieu d'un marché, il se mit à se gratter. Ah ! plût aux dieux, dit-il, qu'à force de me gratter le ventre, je pusse me faire passer la faim quand je voudrois.

Comme il entroit dans un bain, il aperçut un jeune homme qui faisoit des mouvements fort adroits, mais peu honnêtes : Plus tu feras bien, plus tu seras blâmable, lui dit-il.

Une autre fois, en traversant une rue, il vit au-dessus de la maison d'un prodigue, un écriteau qui marquoit qu'elle étoit à vendre : Je savois bien, dit-il, que la grande ivrognerie obligeroit ton maître à vomir.

Un jour un homme lui reprocha son exil : Ah ! pauvre malheureux, lui dit Diogène, j'en suis très-content ; c'est ce qui a fait que je suis devenu philosophe.

Un autre lui dit quelque temps après : Les Sinopéens t'ont condamné à un bannissement perpétuel. Et moi, répondit-il, je les ai condamnés à rester dans leur vilain pays sur le rivage du Pont-Euxin.

Il prioit quelquefois des statues de lui accorder des graces ; on lui en demandoit la raison : C'est afin, disoit-il, de m'accoutumer à être refusé.

Quand sa pauvreté l'obligeoit à demander l'aumône, il disoit au premier qu'il rencontroit : Si tu as déjà donné quelque chose à quelqu'un, fais-moi aussi la même grâce ; et si tu n'as jamais rien donné à personne, commence par moi.

On lui demandoit un jour de quelle manière Denys le tyran en usoit avec ses amis : Comme on fait, dit-il, avec des bouteilles, qu'on prend quand elles sont pleines, et qu'on jette lorsqu'elles sont vides.

Il aperçut un jour dans un cabaret un prodigue qui ne mangeoit que des olives : Si tu avois toujours dîné ainsi, tu ne souperois pas si mal à présent.

Il disoit que les desirs déréglés étoient la source de tous malheurs ;

Que les honnêtes gens étoient les portraits des dieux ;

Que le ventre étoit le gouffre de la vie ;

Qu'un discours bien poli étoit un filet de miel, et que l'amour étoit l'occupation des gens oisifs.

On lui demanda un jour quel étoit l'état le plus malheureux : C'est d'être vieux et pauvre, répondit-il.

Une autre fois on lui demanda ce qu'il y avoit de meilleur dans le monde : il dit que c'étoit la liberté.

Quelqu'un s'avisa de lui dire : Quelle est la bête qui mort le plus fort ? Entre les farouches, répondit-il, c'est un médisant ; et entre les apprivoisées, c'est un flatteur.

Un jour en se promenant, il vit des femmes pendues à des branches d'oliviers. Ah ! plût aux dieux s'écria-t-il, que tous les arbres rapportassent de tels fruits.

Un homme vint lui demander à quel âge il falloit se marier : Quand on est jeune, répondit Diogène, il n'est pas encore temps ; et quand on est vieux, il est trop tard.

On lui demanda pourquoi l'or étoit d'une couleur pâle : C'est qu'il a beaucoup d'envieux, répondit-il.

On le pressoit un jour de courir après Manès son esclave, qui s'étoit enfui : Il seroit fort ridicule, dit-il, que Manès se passât bien de Diogène, et que Diogène ne pût se passer de Manès.

Certain tyran lui demanda un jour quel airain étoit le plus propre à faire une statue : C'est celui dont on a fait celles d'Harmodius et d'Aristogiton, grands ennemis des tyrans.

Un jour Platon expliquoit ses idées, et parloit de la forme d'une table, et de celle d'un verre : Je vois bien une table et un verre, lui dit Diogène, mais je ne sais ce que c'est que la forme d'une table non plus que celle d'un verre. Cela est vrai, dit Platon; car pour voir une table et un verre il ne faut avoir que des yeux, au lieu que, pour connoître la forme d'une table et celle d'un verre, il faut avoir de l'esprit.

On demanda une fois à Diogène ce qu'il pensoit de Socrate; il dit que c'étoit un fou.

Un jour il aperçut un jeune homme qui rougissoit : courage mon enfant, lui dit-il, voilà la couleur de la vertu.

Deux jurisconsultes le choisirent pour leur arbitre; il les condamna tous les deux; l'un parce qu'il avoit effectivement volé ce dont on l'accusoit, et l'autre parce qu'il se plaignoit à tort, puisqu'il n'avoit rien perdu qu'il n'eût volé lui-même à un autre.

On lui demanda un jour pourquoi on donnoit plutôt l'aumône aux borgnes et aux boiteux qu'aux philosophes : C'est, répondit-il, parce que les hommes s'attendent plutôt à devenir borgnes ou boiteux, que philosophes.

Quelqu'un lui demanda s'il n'avoit ni valet ni servante : Non, répondit Diogène. Et qui vous enterrera? reprit l'autre; C'est celui qui aura besoin de ma maison, répliqua Diogène.

Certain homme lui reprocha qu'il avoit fait autrefois de la fausse monnoie : Il est vrai, répondit Diogène, qu'il y a eu un temps que j'étois ce que tu es aujourd'hui; mais jamais en ta vie tu ne deviendras ce que je suis.

Aristippe le rencontra un jour comme il lavoit des herbes : Diogène, lui dit-il, si tu savois te rendre agréable aux rois, tu n'aurois pas la peine de laver des herbes. Et toi, répondit Diogène, si tu connoissois le plaisir qu'il y a à laver des herbes, tu te mettrois peu en peine de plaire aux rois.

Une autre fois il entra dans l'école d'un certain maître qui avoit peu d'écoliers et quantité de figures de Muses et d'autres divinités : Tu as ici beaucoup de disciples, lui dit Diogène, mais c'est en comptant les dieux.

On lui demanda un jour de quel pays il étoit : il répondit qu'il étoit citoyen du monde; voulant montrer que les sages ne devoient être attachés à aucun pays.

Il vit une fois passer un prodigue; il lui demanda une mine. Pourquoi, lui dit-ce prodigue, ne demandes-tu qu'une obole aux autres, et qu'à moi tu demandes une mine? C'est parce, répondit-il, que les autres m'en donneront encore une fois, et que je doute fort que tu sois en état de le faire dans la suite.

On lui demanda si la mort étoit un mal : Comment cela se pourroit-il faire, répondit-il, puisque nous ne la sentons pas, lors même qu'elle est présente?

Diogène vit un jour un maladroit qui alloit tirer; il courut aussitôt se mettre la tête devant le but. On lui en demanda la raison : C'est de crainte qu'il ne me frappe, répondit-il.

Antisthène étoit dans son lit, fort malade; Diogène entra dans sa chambre : Avez-vous besoin d'un ami? lui dit-il, pour lui faire connoître que c'étoit dans le temps de l'affliction que les véritables amis étoient nécessaires. Diogène connut qu'Antisthène souffroit impatiemment son mal : il s'en alla une autre fois chez lui un poignard sous son manteau. Antisthène lui dit : Ah! qui est-ce qui me délivrera des douleurs que je souffre? Diogène tira son poignard : C'est celui-ci, dit-il. Je cherche à me délivrer de mes douleurs, répondit Antisthène, mais non pas de la vie.

Quand on disoit à Diogène que quantité de gens se moquoient de lui : Qu'importe! répondoit-il, je me tiens pour moqué, et peut-être que c'est d'eux que les ânes se moquent, lorsqu'ils montrent leurs dents en grinçant, et qu'ils paroissent rire. Mais, lui disoit-on, ils ne se mettent guère en peine des ânes : Et moi, répliquoit-il, je me soucie aussi très peu de ces gens-là.

Un jour on lui demanda pourquoi tout le monde l'appeloit chien : C'est, répondit-il, parce que je flatte ceux qui me donnent; que j'aboie après ceux qui ne me donnent rien, et que je mords les méchants.

Une autre fois, on lui demanda quelle espèce de chien il étoit : Quand j'ai faim, dit-il, je tiens de la nature du lévrier, je caresse tout le monde; mais lorsque je suis soûl, je tiens du dogue, je mords tous ceux que je rencontre.

Il vit un jour passer le rhéteur Anaximène qui avoit le ventre extrêmement gros : Donne-moi un peu de ton ventre, lui dit-il, tu me feras un grand plaisir, et en même temps tu te délivreras d'un pesant fardeau.

Quand on lui reprochoit pourquoi il mangeoit au milieu des rues et des marchés : C'est que la faim me prend là de même que partout ailleurs, répondoit-il.

Un jour, comme il retournoit de Lacédémone à Athènes, on lui demanda d'où il venoit : Je viens de cher des hommes, répondit-il, et je retourne chez des femmes.

Il comparoit ordinairement les belles courtisanes à d'excellent vin empoisonné. Il les appeloit les reines des rois, parce qu'elles obtenoient d'eux tout ce qu'elles vouloient.

Certain homme admiroit un jour la grande quantité de présents qui étoient dans un temple de la Samothrace. Il y en auroit encore bien davantage, dit Diogène, si tous ceux qui ont péri en avoient offert au lieu de ceux qui se sont sauvés.

Un jour, comme il mangeoit au milieu d'une rue, quantité de gens s'assemblèrent autour de lui et l'appelèrent chien : C'est vous autres qui êtes des chiens, leur dit-il, car vous vous assemblez autour d'un homme qui mange.

Certain méchant athlète, qui mouroit de faim dans sa profession, s'avisa de se faire médecin. Diogène le rencontra et lui dit : Tu as à présent un beau moyen de te venger de ceux qui t'ont battu autrefois.

Un jour, comme il se promenoit, il aperçut le fils d'une courtisane qui jetoit des pierres au milieu d'une troupe : Mon enfant, lui dit-il, prends garde de frapper ton père.

Un homme lui redemanda une fois un manteau qu'il avoit à lui : Si tu me l'as donné, dit Diogène, il est à moi à présent; et si tu n'as fait que le prêter, je m'en sers encore actuellement; attends que je n'en aie plus besoin.

Quand on lui reprochoit qu'il buvoit dans les cabarets : Je me fais bien raser dans la boutique d'un barbier, répondoit-il.

Un jour il entendit qu'on disoit du bien d'un homme qui lui avoit donné l'aumône : on devroit bien plutôt me louer, dit Diogène, d'avoir mérité qu'on me la donnât.

Quand on lui demandoit quel profit il avoit tiré de sa philosophie : Quand elle ne m'auroit jamais servi d'autre chose, disoit-il, que d'être préparé à souffrir tout ce qui m'arrivera jamais, j'en serois assez content.

Quand il eut appris que les Athéniens avoient déclaré qu'Alexandre étoit Bacchus, il leur dit, pour se moquer d'eux : Hé! que ne me faites-vous Sérapis?

On lui reprochoit un jour qu'il logeoit dans des lieux malpropres : Le soleil, dit-il, entre bien dans des endroits qui sont encore beaucoup plus sales, et cependant il ne se gâte pas.

Certain homme s'avisa de lui dire : Mais toi, qui ne sais rien, comment as-tu la hardiesse de te mettre au rang des philosophes? Quand je n'aurois d'autre mérite, répondit-il, que celui de pouvoir contrefaire le philosophe, cela suffit pour dire que je le suis.

On vint un jour lui présenter un jeune homme pour être son disciple; on lui en disoit tous les biens imaginables; qu'il étoit sage, de bonnes mœurs, et qu'il savoit beaucoup. Diogène écoute tout fort tranquillement : Puisqu'il est si accompli, dit-il, il n'a aucun besoin de moi; pourquoi donc me l'amenez-vous?

Il entroit une fois sur un théâtre lorsque tout le monde en sortoit : on lui en demanda la raison, il dit que c'étoit ce qu'il avoit résolu de faire pendant toute sa vie.

Denys le tyran, après avoir été chassé de son royaume de Syracuse, se retira à Corinthe, où la pauvreté l'obligea d'enseigner la jeunesse pour ne pas mourir de faim. Diogène entra un jour dans son école; il entendit les enfants qui crioient. Denis crut que Diogène le venoit consoler dans ses misères : Diogène, lui dit-il, je te suis bien obligé; hélas! tu vois l'inconstance de la fortune! Malheureux, répondit Diogène, je suis bien surpris de te voir encore en vie, toi qui as fait tant de maux dans ton royaume; et je vois bien que tu n'es pas meilleur maître d'école que tu n'as été roi.

Il vit un jour quelques personnes qui faisoient des sacrifices aux dieux pour avoir un fils : Vous songez bien plutôt, leur dit il, à demander un fils qu'un honnête homme.

Un jour il aperçut un beau jeune homme qui parloit de vilenies : N'as-tu pas de honte, dit-il, de tirer une épée de plomb d'une gaîne d'ivoire?

Il disoit que les gens qui parloient bien de la vertu et qui ne faisoient rien de tout ce qu'ils enseignoient étoient semblables à des instruments de musique, qui rendent un son très agréable sans avoir aucun sentiment.

Un homme lui dit un jour : Je ne suis pas propre à la philosophie. Pourquoi vis-tu donc, malheureux, lui répondit-il, puisque tu désespères de pouvoir jamais bien vivre?

Une autre fois il aperçut un jeune homme qui faisoit quelque chose de malhonnête : N'as-tu point de honte, lui dit-il, d'avilir l'avantage que la nature te donne? la nature t'a fait naître homme, et tu t'efforces de devenir femme!

Il disoit que presque tout le monde vivoit dans la servitude, que les esclaves obéissoient à leurs maîtres, et les maîtres à leurs passions : que toutes choses consistoient dans l'usage; qu'une personne accoutumée à vivre délicieusement dans la mollesse et dans les plaisirs ne pouvoit jamais s'en retirer, et qu'au contraire, le mépris de la vie délicieuse étoit un vrai plaisir aux gens qui étoient accoutumés à vivre d'une autre manière.

Il croyoit que la pudeur étoit une foiblesse; il n'avoit point de honte de faire devant tout le monde les choses les plus indécentes. Si souper est une bonne chose, disoit-il, pourquoi ne pas souper aussi bien au milieu d'un marché que dans une chambre?

On lui demanda un jour où il vouloit être enterré quand il seroit mort : Au milieu de la campagne, répondit-il. Comment, répondit quelqu'un, ne craignez-vous point de servir de pâture aux oiseaux et aux bêtes farouches? Il faudra mettre mon bâton auprès de moi, répondit Diogène, afin que je les puisse chasser quand ils voudront venir. Mais, lui dit-on, vous n'aurez plus de sentiment. Et qu'importe donc s'ils me mangent ou non, répondit Diogène, puisque je ne sentirai point.

Quelques-uns disent qu'étant parvenu à l'âge de quatre-vingt-dix ans, il mangea un pied de bœuf cru qui lui causa une si grande indigestion qu'il en creva. D'autres disent que, se sentant accablé de vieillesse, il retint son haleine et se fit mourir lui-même. Ses amis vinrent le lendemain, ils le trouvèrent enveloppé dans son manteau; ils le découvrirent, se doutant bien qu'il ne dormoit pas, car il étoit toujours fort éveillé; ils le trouvèrent mort. Il y eut une grande contestation entre eux à qui l'enterreroit; ils furent tout près d'en venir aux mains; les magistrats et les anciens de Corinthe arrivèrent à propos et les apaisèrent. Diogène fut enterré magnifiquement proche de la porte qui est vers l'Isthme. On érigea à côté de son tombeau une colonne, sur laquelle on plaça un chien de marbre de Paros. La mort de ce philosophe arriva justement le même jour qu'Alexandre le Grand mourut à Babylone, en la cent quatorzième olympiade. Diogène fut honoré de plusieurs statues, que différents particuliers lui érigèrent après sa mort, avec des inscriptions fort honorables.

CRATÈS,

Contemporain de Polémon, qui fut successeur de Xénocrate dans l'école platonique, vivoit sous la 113ᵉ olympiade.

Cratès le cynique fut un des principaux disciples du fameux Diogène. Il étoit fils d'Ascondus Thébain, d'une famille très considérable, et qui possédoit de grands biens. Il se trouva un jour à une tragédie, où il remarqua que Téléphus quitta toutes ses richesses pour se faire cynique : cela le toucha; il résolut aussitôt d'embrasser le même parti. Il vendit tout son patrimoine, dont il tira plus de deux cents talents qu'il mit entre les mains d'un banquier, et le pria de les rendre à ses enfants en cas qu'ils se trouvassent avoir peu d'esprit; mais, s'ils avoient assez d'élévation pour être philosophes, il lui permit de distribuer cet argent aux citoyens de Thèbes, parce que les philosophes n'avoient besoin de rien. Ses parents vinrent un jour le prier de changer de résolution, et de prendre un autre parti, il les chassa de sa maison, et les poursuivit à coups de bâton.

Pendant l'été, Cratès portoit un manteau fort pesant, et étoit vêtu très légèrement dans la plus grande rigueur de l'hiver, afin de se faire à toutes sortes d'injures du temps et d'incommodités. Il entroit effrontément dans toutes sortes de maisons pour faire des réprimandes sur toutes les choses qui lui déplaisoient; il couroit après les femmes de mauvaise vie, et leur disoit des injures, afin de s'en attirer à lui-même, et de s'accoutumer par ce moyen à les souffrir dans d'autres occasions. Il vivoit assez durement, et ne buvoit jamais que de l'eau, de même que tous les autres cyniques.

L'orateur Métrocle n'osoit plus paroître en public, parce qu'il ne se retenoit pas aisément, et qu'il lui arrivoit toujours en parlant de laisser échapper certains vents, dont le bruit lui faisoit tant de honte qu'il s'étoit renfermé dans sa maison où il avoit résolu de passer tristement le reste de sa vie. Cratès en entendit parler; il mangea aussitôt quantité de lupins, afin de se remplir le corps de vents, et s'en alla au logis de Métrocle; il lui dit plusieurs belles paroles pour lui faire connoître qu'il ne devoit point avoir de honte, puisqu'il n'avoit fait aucun mal; que ces choses-là arrivoient à tout le monde, et qu'il seroit fort surprenant que cela ne lui arrivât pas aussi. Pendant qu'il parloit, les lupins qu'il avoit mangés faisoient leur effet : le bon exemple de Cratès encouragea tellement Métrocle, qu'il reconnut sa foiblesse; il se mit au-dessus de toutes sortes de bienséances, il brûla tous les écrits qu'il avoit de Théophraste, sous qui il avoit étudié, et s'attacha à Cratès qui en fit un fort bon cynique. Métrocle fut ensuite fort distingué entre les philosophes de la secte, et fit plusieurs disciples qui eurent de la réputation; mais à la fin, comme il se sentoit vieux et infirme, le dégoût de la vie le prit, il s'étrangla lui-même.

Cratès étoit fort laid, et pour paroître encore plus extraordinaire et plus hideux, il avoit cousu des peaux de moutons par dessus son manteau, en sorte que, quand on l'apercevoit, on avoit peine à distinguer quelle espèce d'animal ce pouvoit être. Il étoit d'ailleurs fort adroit dans toutes sortes d'exercices, et quand il alloit se présenter dans des lieux publics pour lutter et pour faire quelque autre chose semblable, tous ceux qui étoient là ne pouvoient s'empêcher de rire, à cause de sa figure et de son habit extraordinaire. Cratès ne s'étonnoit point de cela; il levoit les mains en haut : Prends patience, ô Cratès, s'écrioit-il ; ceux qui se moquent de toi présentement pleureront dans un instant, et tu auras le plaisir de voir qu'ils t'estimeront heureux, lorsqu'ils se blâmeront eux-mêmes de leur lâcheté.

Il alla un jour prier certain maître d'accorder une grâce à un de ses disciples; au lieu de lui embrasser les genoux, il lui embrassa les cuisses : ce maître trouva cela fort extraordinaire, et voulut s'en fâcher : Qu'importe, lui dit Cratès, tes cuisses ne sont-elles pas à toi de même que tes genoux ?

Il disoit qu'il étoit impossible de trouver des gens qui n'eussent jamais fait aucune faute ; mais que des grenades pouvoient être très belles, quoiqu'il s'y rencontrât quelque petit grain pourri.

Les magistrats d'Athènes l'accusèrent une fois de porter du linge, contre leur défense : Théophraste en porte bien aussi, leur dit Cratès ; et si vous voulez, je vous le ferai voir tout-à-l'heure. Les magistrats ne le pouvoient croire: ils suivirent Cratès qui les mena dans une boutique de barbier, et leur montra, pour se moquer d'eux, Théophraste ayant autour de lui un linge à barbe : Tenez, leur dit-il, ne voyez-vous pas que Théophraste porte aussi du linge ?

Cratès vouloit que ses disciples fussent entièrement détachés des biens de ce monde : Je ne possède rien que ce que j'ai appris, disoit-il, et j'ai abandonné tout le reste aux gens qui aiment le faste. Il les exhortoit sur toutes choses à fuir les plaisirs, parce que rien n'étoit plus convenable à un philosophe que la liberté, et qu'il n'y avoit point de maître plus tyrannique que la volupté.

La faim, disoit-il, fait passer l'amour ; si ce remède n'est pas suffisant, le temps ordinairement en vient à bout : sinon il ne reste plus qu'à prendre une corde et à se pendre.

Quand il parloit des mœurs corrompues de son siècle, il ne pouvoit s'empêcher de blâmer la folie des hommes, qui n'épargnoient point l'argent dans des choses honteuses, pourvu qu'elles fussent conformes à leurs passions ; et qui avoient regret de la moindre dépense qu'ils faisoient dans des choses honnêtes et très profitables.

C'est lui qui a fait ce journal, qui a depuis été si célèbre : Qu'on donne dix mines à un cuisinier, et à un médecin une drachme ; cinq talents à un flatteur, et à un bon conseiller de la fumée ; à une courtisane un talent, et une obole à un philosophe.

Quand on lui demandoit de quoi lui servoit sa philosophie : A savoir se contenter de légumes, répondoit-il, et à vivre sans soin et sans inquiétude.

Un jour Démétrius de Phalère lui envoya du vin avec quelques pains : Cratès fut fort indigné de ce que Démétrius s'étoit imaginé qu'un philosophe avoit besoin de vin : il renvoya la bouteille d'un air sévère. Ah ! plût aux dieux, s'écria-t-il, qu'il y eût aussi des fontaines de pain.

Les manières libres de Cratès plurent tellement à Hyparchia, sœur de Métrocle, qu'elle ne voulut point entendre parler de plusieurs autres personnes considérables qui la recherchoient avec empressement; elle menaça ses parents que si on ne la marioit pas à Cratès, elle se tueroit elle-même. Ses parents firent humainement tout ce qu'ils purent pour lui ôter cette idée de l'esprit ; ils n'y purent jamais réussir : ils furent contraints d'avoir recours à Cratès même, qu'ils prièrent instamment de la détourner de cette résolution; mais, comme il n'en pouvoit venir à bout, il se leva et se dépouilla devant elle pour lui faire voir sa bosse et son corps tout de travers; il jeta aussitôt par terre son manteau, sa besace et son bâton : Afin que tu ne sois point trompée, lui dit-il, voilà ton mari et tout ce qu'il possède ; regarde à présent ce que tu veux faire; car si tu m'épouses, je ne prétends pas que tu aies d'autres richesses. Hyparchia ne balança point, elle préféra aussitôt Cratès à tout ce qu'elle avoit, aussi bien qu'à tout ce qu'elle pouvoit prétendre; elle s'habilla en cynique, et devint encore plus effrontée que son mari. Ils faisoient ensemble les choses les plus infâmes au milieu des rues et des places publiques, sans se mettre en peine de personne. Hyparchia n'abandonnoit jamais son mari, elle le suivoit partout, et se trouvoit dans toutes les assemblées avec lui.

Un jour, comme ils étoient à un festin chez Lysimachus, elle fit ce sophisme à l'impie Théodore, qui s'y étoit aussi rencontré: Si Théodore faisant certaines choses n'est pas blâmé, Hyparchia faisant la même chose, ne doit pas être blâmée non plus: or, Théodore en se frappant lui-même, ne fait rien dont on le puisse blâmer ; donc, dit-elle, en lui appliquant un soufflet, Hyparchia frappant Théodore ne doit point être blâmée. Théodore ne répondit rien sur-le-champ à cet argument ; mais il arracha le manteau de dessus l'épaule d'Hyparchia, qui n'en parut pas plus étonnée: Tenez, dit Théodore, voilà une femme qui a quitté sa tapisserie et sa toile. Cela est vrai, répondit Hyparchia; mais crois-tu que j'aie si mal fait de préférer la philosophie à des exercices de femmes ?

De ce digne mariage de Cratès et d'Hyparchia vint un fils nommé Pasiclès, que son père et sa mère eurent grand soin d'élever dans la philosophie cynique.

Alexandre demanda un jour à Cratès s'il ne seroit pas bien aise qu'on rebâtît sa patrie : Qu'en est-il besoin, répondit Cratès ; quelque autre Alexandre viendroit peut-être encore la détruire ?

Il disoit qu'il n'avoit point d'autre patrie que la pauvreté et le mépris de la gloire, sur quoi la fortune n'avoit aucun droit ; qu'il étoit le citoyen de Diogène, et par conséquent exempt de toute sorte d'envie.

Il irrita un jour le musicien Nicodrome, qui lui donna un grand coup de poing, et lui fit une bosse au front. Cratès mit sur cette bosse un morceau de papier, où il avoit écrit : Voilà l'ouvrage de Nicodrome; et il se promenoit dans les rues avec cet écriteau sur le front.

Il disoit que les richesses des grands seigneurs étoient comme les arbres qui naissent dans les montagnes et les rochers inaccessibles ; qu'il n'y avoit que les milans et les corbeaux qui mangeoient les fruits de ces arbres : de même aussi il n'y avoit que les flatteurs et les femmes de mauvaise vie qui profitoient du bien des grands seigneurs ; qu'un riche, environné de flatteurs, étoit un veau au milieu d'une troupe de loups.

Quand on lui demandoit jusqu'à quel temps il falloit s'appliquer à la philosophie : C'est, répondoit-il, jusqu'à ce qu'on ait reconnu que les gens à qui on donne des armées à commander ne sont que des meneurs d'ânes.

Cratès, aussi bien que tous les autres cyniques, négligeoit toutes sortes de sciences, excepté la morale. Il vécut très long-temps; il étoit tout courbé de vieillesse vers les dernières années de sa vie. Quand il se sentit approcher de sa fin, il disoit, en se considérant lui-même : Ah ! pauvre bossu, tes longues années te vont mettre au tombeau; tu verras bientôt le palais des enfers. Il mourut ainsi de caducité et de défaillance. Le temps de sa plus grande vogue étoit vers la cent treizième olympiade; c'étoit pour lors qu'il florissoit à Thèbes, et qu'il effaçoit tous les autres cyniques de ce temps. C'est lui qui a été le maître de Zénon, chef de la secte des stoïciens, si renommée.

PYRRHON.

Il vivoit un peu auparavant Épicure, vers la 120e olympiade.

Pyrrhon a été auteur de la secte qu'on a appelée des pyrrhoniens ou sceptiques. Il étoit fils de Plistarque, de la ville d'Elée, dans le Péloponèse. Il s'appliqua d'abord à la peinture, ensuite il fut disciple de Drison, et enfin du philosophe Anaxarchus, auquel il s'attacha tellement, qu'il le suivit jusque dans les Indes. Pyrrhon, pendant ce long voyage, eut un très grand soin de converser avec les mages, les gymnosophistes et tous les philosophes orientaux : après s'être instruit à fond de toutes leurs opinions, il ne trouva rien qui pût le contenter ; il lui parut que toutes choses étoient incompréhensibles ; que la vérité étoit cachée au fond d'un abîme, et qu'il n'y avoit rien de plus raisonnable que de douter de tout, et ne jamais décider.

Il disoit que tous les hommes régloient leur vie sur de certaines opinions reçues ; que chacun ne faisoit rien que par habitude, et qu'on examinoit chaque chose par rapport aux lois et aux coutumes établies dans chaque pays; mais qu'on ne savoit point si ces lois-là étoient bonnes ou mauvaises.

Dans les commencements, Pyrrhon étoit pauvre et assez inconnu : il exerçoit sa profession de peintre, et on a gardé long-temps à Elée plusieurs de ses ouvrages où il avoit fort bien réussi. Il vivoit dans une grande solitude, et ne se trouvoit dans aucune assemblée. Il faisoit souvent des voyages, et ne disoit jamais à personne l'endroit où il alloit. Il souffroit tout sans se mettre en peine de rien. Il se fioit si peu à ses sens, qu'il ne se détournoit ni pour rochers, ni pour précipices, ni pour aucun autre péril ; il se seroit plutôt laissé écraser, que de se ranger pour éviter la rencontre d'un chariot. Il y avoit toujours quelques-uns de ses amis qui le suivoient, et qui avoient soin de le détourner dans les occasions. Il avoit l'esprit égal, et s'habilloit en tout temps de la même manière. Quand il disoit quelque chose, et que la personne à qui il parloit se retiroit pour quelque raison, et le laissoit seul, cela ne l'empêchoit pas de continuer jusqu'à ce qu'il eût achevé, de même que si quelqu'un l'eût écouté. Il traitoit tout le monde avec la même indifférence.

Un jour Anaxarchus étoit tombé malheureusement dans une fosse; comme il appeloit tout le monde à son secours, Pyrrhon, son disciple, passa par devant lui sans se mettre en peine de le secourir. Quantité de gens blâmèrent fort Pyrrhon de son ingratitude à l'égard de son maître; Anaxarchus au contraire le loua fort d'être véritablement sans aucune passion, et de n'avoir aucun égard pour personne.

La réputation de Pyrrhon se répandit en peu de temps par toute la Grèce; quantité de gens embrassèrent sa secte. Ceux d'Elée, après avoir connu son mérite, eurent tant de vénération pour lui, qu'ils le créèrent souverain pontife de leur religion. Les Athéniens le firent citoyen de leur ville. Épicure aimoit fort sa conversation, et ne pouvoit se lasser d'admirer sa manière de vivre. Tout le monde le regardoit comme un homme véritablement libre et exempt de toutes sortes de troubles, de vanité et de superstition. Enfin, le philosophe Timon assure qu'il étoit respecté comme un petit dieu sur terre. Il passoit tranquillement sa vie avec sa sœur Philiste, qui étoit sage-femme de profession. Il alloit au marché vendre de petits oiseaux et de petits cochons; il nettoyoit sa maison, et étoit si indifférent pour toute sorte de travail, que souvent il s'exerçoit à laver une truie.

Un jour un chien se jeta sur lui pour le mordre; Pyrrhon le repoussa; quelqu'un lui fit connoître que cela étoit contre ses principes. Ah! répondit-il, qu'il est difficile de se défaire de ses préjugés; et qu'on a de peine à dépouiller entièrement l'homme! C'est pourtant à quoi il faut travailler de tout son pouvoir, et il faut y employer toutes les forces de sa raison.

Une autre fois, comme il passoit la mer dans un petit bâtiment, des vents impétueux s'élevèrent tout d'un coup; le vaisseau étoit en grand danger de périr; tous ceux qui passoient avec Pyrrhon étoient dans de grandes frayeurs. Pyrrhon demeuroit fort tranquille au milieu de la tempête; il leur montroit à côté d'eux un petit cochon qui mangeoit d'aussi bon courage que si le vaisseau eût été au port; et il disoit que les sages devoient tâcher d'imiter l'assurance de ce petit animal, et d'être tranquilles dans toutes sortes d'états.

Pyrrhon avoit un ulcère; celui qui le pansoit fut un jour obligé de lui faire les opérations les plus violentes; il lui coupa et lui brûla les chairs : Pyrrhon ne témoigna jamais qu'il souffroit la moindre douleur, et ne fronça pas même le sourcil.

Ce philosophe croyoit que le plus haut degré de perfection où on pouvoit parvenir en ce monde, étoit de s'abstenir de décider. Ses disciples étoient bien tous d'accord en un point, qui est qu'on ne connoît rien de certain; mais les uns cherchoient la vérité avec espérance de la pouvoir trouver, et les autres désespéroient d'en pouvoir jamais venir à bout; d'autres croyoient pouvoir affirmer une seule chose; c'étoit, disoient-ils, qu'ils savoient certainement qu'ils ne savoient rien; mais les autres ignoroient même s'ils ne savoient rien. Quelques-unes de ces opinions étoient en usage avant le temps de Pyrrhon; mais comme personne jusque-là n'avoit fait profession de douter absolument de toutes choses, c'est ce qui a été cause que Pyrrhon a passé pour l'auteur et le chef de tous les sceptiques.

La raison pour laquelle ce philosophe vouloit qu'on suspendît son jugement, étoit parce que nous ne connoissions jamais les choses que par le rapport qu'elles ont les unes avec les autres, et que nous ignorons ce qu'elles sont en elles-mêmes. Les feuilles de saules, par exemple, paroissent douces aux chèvres, et amères aux hommes, la ciguë engraisse les cailles, et fait mourir les hommes. Démophon, qui avoit soin de la table d'Alexandre, brûloit à l'ombre et geloit au soleil. Andron, d'Argos, traversoit tous les sables de la Libye sans avoir besoin de boire. Ce qui est juste dans un pays, est injuste dans un autre; de même que ce qui est vertu parmi certaines nations, est un vice chez d'autres. Chez les Perses les pères épousent leurs filles, et chez les Grecs c'est un crime abominable. Chez les Massagètes les femmes sont communes; d'autres nations ont horreur d'une telle coutume. Voler est un mérite chez les Ciliciens, et chez les Grecs on punit le vol. Aristippe a une certaine idée du plaisir; Antisthène en a une autre, et Épicure une différente de l'un et de l'autre. Les uns croient la providence, les autres la nient. Les Égyptiens enterrent leurs morts, les Indiens les brûlent, et les Péoniens les jettent dans des étangs. Ce qui paroît d'une certaine couleur au soleil, paroît d'une autre à la lune, et d'une autre à la chandelle. La gorge d'un pigeon paroît de différentes couleurs, selon les différents côtés dont on le regarde. Le vin pris avec modération fortifie le cœur; quand on en boit trop, cela trouble les sens et fait perdre l'esprit. Ce qui est à la droite de l'un, est à la gauche de l'autre. La Grèce, qui est orientale à l'égard de l'Italie, est occidentale à l'égard de la Perse. Ce qui est un miracle dans certains endroits, est une chose très commune dans d'autres. Le même homme est père à l'égard de certaines gens, et frère à l'égard d'autres personnes. Enfin la contrariété qui se rencontre dans chaque chose, faisoit que Pyrrhon ni ses disciples ne définissoient jamais rien, parce qu'ils croyoient qu'il n'y avoit aucune chose dans le monde qui nous fût absolument connue par elle-même, sans que nous eussions besoin de la comparer pour dire le rapport qu'elle avoit avec une autre chose. Comme ils ne connoissoient aucune vérité, ils bannissoient toutes sortes de démonstrations ; car, disoient-ils, toute démonstration doit être fondée sur quelque chose de clair et d'évident qui n'ait aucun besoin de preuve. Or, il n'y a rien dans le monde qui soit de cette nature, puisque, quand les choses nous sembleroient évidentes, nous serions toujours obligés de montrer la vérité de la raison qui fait que nous les croyons telles.

Pyrrhon, après Homère, comparoit ordinairement les hommes à des feuilles d'arbres qui se succèdent perpétuellement les unes aux autres, et dont les nouvelles prennent la place des vieilles qui tombent. Il vécut toujours dans une grande considération, depuis qu'il eut été connu ; et mourut enfin âgé de plus de quatre-vingt-dix ans.

BION.

Il fut disciple de Théophraste, qui avoit succédé à Aristote dans l'école péripatétique, vers la 114e olympiade.

Le philosophe Bion étudia assez long-temps dans l'Académie. Cette école lui déplut ; il se moquoit des statuts qu'on y observoit, et en faisoit tous les jours des railleries ; il la quitta tout-à-fait. Il prit un manteau, un bâton et une besace, et embrassa la secte des cyniques ; mais comme il y avoit encore dans celle-là quelque chose qui ne l'accommodoit pas, il la tempéra en y mêlant plusieurs des préceptes de Théodore, disciple et successeur d'Aristippe, dans l'école des cyrénaïques. Enfin, il étudia en dernier lieu sous Théophraste, successeur d'Aristote.

Bion avoit l'esprit fort subtil, et étoit très bon logicien ; il excelloit dans la poésie et dans la musique, et avoit un génie particulier pour la géométrie. Il aimoit fort la bonne chère, et menoit une vie très débauchée. Il ne demeuroit jamais long-temps en aucun endroit ; il se promenoit de ville en ville, et se trouvoit à tous les festins, où son grand talent étoit de faire rire la compagnie, et de faire admirer son bel esprit. Comme il étoit fort agréable, chacun se faisoit un plaisir de l'avoir et de le bien régaler.

Bion sut un jour que quelques-uns de ses ennemis avoient fait des contes au roi Antigonus, au sujet de sa naissance ignominieuse ; il n'en témoigna rien, et ne fit pas semblant même que cela lui fût revenu par aucun endroit. Antigonus envoya quérir Bion, croyant l'embarrasser fort, et lui dit : Apprends-moi un peu quel est ton nom, ton pays, ton origine, et de quelle profession étoient tes parents. Bion ne s'étonna point : Mon père, répondit-il, étoit un affranchi qui vendoit du lard et du beurre salé. Il étoit impossible de connoître s'il avoit été beau ou laid autrefois, parce qu'il avoit le visage tout défiguré des coups que son maître lui avoit donnés. Il étoit Scythe de nation, et originaire des bords du Boristhène. Il avoit fait connoissance avec ma mère dans un lieu infâme, où il l'avoit rencontrée ; c'étoit là qu'ils avoient célébré leur beau mariage : enfin, je ne sais quel crime mon père commit, il fut vendu avec sa femme et ses enfants. J'étois un jeune garçon assez joli ; un orateur m'acheta, et me laissa tout son bien en mourant ; je déchirai sur-le-champ son testament, que je jetai dans le feu, et me retirai à Athènes, où je me suis appliqué à la philosophie. Vous connoissez à présent mon nom, mon pays, mon père et toute mon origine, aussi bien que moi : voilà tout ce que j'en ai pu apprendre moi-même. Persée et Philonide n'ont plus que faire d'en composer des histoires pour vous donner du plaisir.

On demanda un jour à Bion quel étoit le plus malheureux de tous les hommes ? C'est, répondit-il, celui qui souhaite avec le plus de passion de devenir heureux et de mener une vie douce et tranquille.

Un jeune homme lui demanda une autre fois s'il devoit se marier : Les femmes laides, répondit Bion, font mal au cœur ; mais les belles font mal à la tête.

Il disoit que la vieillesse étoit le port des maux, et que c'étoit là où tous les malheurs se retiroient en foule : qu'on ne devoit compter le nombre de ses années que par rapport à la gloire qu'on s'étoit acquise dans le monde : que la beauté étoit un bien étranger qui ne dépendoit point de nous, et que les richesses étoient le nœud de toutes les grandes entreprises, parce que, sans cela, on ne pourroit rien faire, quelque habileté qu'on eût d'ailleurs.

Il rencontra un jour un homme qui avoit mangé tout son bien ; il lui dit : La terre a englouti Amphiaraüs, mais toi tu as englouti la terre.

Un grand parleur, fort importun d'ailleurs, lui dit qu'il avoit dessein de le prier de quelque chose : Je ferai volontiers tout ce que tu voudras, répondit Bion, pourvu que tu m'envoies dire ce que tu souhaites, et que tu n'y viennes point toi-même.

Une autre fois, il étoit dans un vaisseau avec

plusieurs scélérats; le vaisseau fut pris par les corsaires; ces scélérats se disoient les uns aux autres : Ah! nous sommes perdus si on nous reconnoît. Et moi, disoit Bion, je suis perdu si on ne me reconnoît point.

Il vit un jour venir vers lui certain envieux qui étoit fort triste : T'est-il arrivé quelque malheur, lui dit-il, ou si c'est quelque bonheur qui est arrivé à un autre?

Quand il voyoit passer un avare, il lui disoit : Tu ne possèdes pas ton bien, c'est ton bien qui te possède. Il disoit que les avares avoient soin de leur bien, comme s'il étoit effectivement à eux; mais qu'ils craignoient autant de s'en servir, que s'il appartenoit à d'autres.

Il croyoit qu'un des plus grands maux étoit de ne savoir pas souffrir le mal;

Qu'on ne devoit jamais reprocher la vieillesse à personne, puisque c'étoit un état où chacun souhaitoit parvenir;

Qu'il valoit mieux donner de son bien, que de souhaiter celui d'autrui, parce qu'on pouvoit être heureux avec un moindre bien, et qu'on étoit toujours malheureux lorsqu'on avoit des desirs;

Que souvent la témérité n'étoit point messéante à un jeune homme; mais que les vieillards ne devoient jamais consulter que la prudence;

Que, quand on avoit une fois fait des amis, il falloit les garder quels qu'ils fussent, de crainte qu'il ne semblât que nous eussions fait société avec des méchants, ou que nous eussions rompu avec d'honnêtes gens.

Il avertissoit ses amis de croire qu'ils avoient fait du progrès dans la philosophie, lorsqu'ils ne se sentoient pas plus émus quand on leur disoit des injures que quand on leur faisoit des compliments.

Il croyoit que la prudence étoit autant au-dessus des autres vertus, que la vue à l'égard du reste des sens;

Que l'impiété étoit une mauvaise compagne de la conscience, puisqu'il étoit très difficile qu'un homme pût parler bien hardiment lorsque sa conscience lui reprochoit quelque chose, et qu'il croyoit que quelque divinité étoit justement irritée contre lui;

Que le chemin des enfers étoit bien facile, puisqu'on y alloit les yeux fermés;

Que ceux qui ne pouvoient s'élever jusqu'à la philosophie, et qui s'attachoient aux sciences humaines, étoient comme les amants de Pénélope, qui n'avoient commerce qu'avec les servantes de la maison, faute d'avoir pu gagner la maîtresse.

Un jour, comme Bion étoit à Rhodes, il vit que tous les Athéniens qui étoient dans cette île ne s'appliquoient qu'à l'éloquence et à la déclamation; il commença à enseigner la philosophie. Quelqu'un voulut le blâmer de ce qu'il ne faisoit pas comme les autres : J'ai apporté du froment, répondit Bion, veux-tu que je vende de l'orge? Il disoit, en parlant d'Alcibiade, que dans sa grande jeunesse il avoit débauché les maris d'avec leurs femmes; mais qu'après être parvenu à l'âge viril, il avoit débauché les femmes d'avec leurs maris.

On demanda un jour à Bion, pourquoi il n'avoit pas gagné quelque jeune garçon pour demeurer avec lui? C'est, répondit-il, parce qu'on ne sauroit attirer un fromage mou avec un hameçon.

Quand on lui parloit de la peine des Danaïdes, qui tiroient perpétuellement de l'eau dans des paniers percés, il disoit : Je les trouverois beaucoup plus à plaindre si elles étoient obligées d'en tirer dans des vases qui n'auroient point de trous.

Pendant son séjour à Rhodes, il débaucha quantité de jeunes gens pour s'appuyer de leur autorité dans ce pays-là.

Enfin, après avoir mené une vie infâme, il tomba malade à Chalcis, et languit pendant longtemps. Comme il étoit assez pauvre, et qu'il n'avoit pas seulement de quoi payer des gens pour avoir soin de lui, le roi Antigonus lui envoya deux esclaves, et lui fit présent d'une chaise, afin qu'il le pût suivre quand il voudroit.

On dit que Bion, pendant sa langueur, se repentit d'avoir méprisé les dieux : il eut recours à eux pour le retirer de ce pitoyable état; il alloit flairer les viandes des victimes qui leur avoient été immolées : il confessa ses crimes et eut la foiblesse d'implorer le secours d'une vieille sorcière, à laquelle il s'abandonna; il lui tendit ses bras et son cou, afin qu'elle y attachât ses charmes. Il tomba dans des superstitions extraordinaires; il orna sa porte de laurier, et étoit près de faire toutes choses au monde pour se conserver la vie; mais tous ses remèdes furent inutiles. Le pauvre Bion mourut à la fin accablé des maux que ses débauches passées lui avoient causés.

ÉPICURE.

Né la troisième année de la 109e olympiade, mort la seconde année de la 127e, âgé de soixante-douze ans.

Épicure, de la famille des Philaïdes, naquit à Athènes, vers la cent neuvième olympiade. Dès

ÉPICURE.

l'âge de quatorze ans, il s'appliqua à la philosophie; il étudia quelque temps à Samos sous Pamphile, platonicien. Il ne put jamais bien goûter sa doctrine; il se retira de son école, et ne prit plus d'autre maître. On dit qu'il enseigna la grammaire, mais qu'il ne tarda guère à s'en dégoûter. Il se plaisoit beaucoup à lire les livres de Démocrite, dont il se servit utilement par la suite pour composer son système.

A l'âge de trente-deux ans, il enseigna la philosophie à Mételin, et de là à Lampsaque. Cinq ans après, il revint à Athènes, où il institua une nouvelle secte. Il acheta un beau jardin, qu'il cultivoit lui-même : c'est là où il établit son école ; il y menoit une vie douce et agréable avec ses disciples, qu'il enseignoit en se promenant et en travaillant, et leur faisoit répéter par cœur les préceptes qu'il leur donnoit. On venoit de tous les endroits de la Grèce pour avoir le plaisir de l'entendre et de le considérer dans sa solitude.

Épicure faisoit profession d'une grande sincérité et d'une grande candeur d'ame. Il étoit doux et affable à tout le monde; il avoit une tendresse si forte pour ses parents et pour ses amis, qu'il étoit entièrement à eux, et leur donnoit tout ce qu'il avoit. Il recommandoit expressément à ses disciples d'avoir compassion de leurs esclaves ; il traitoit les siens avec une humanité surprenante ; il leur permettoit d'étudier, et prenoit le soin de les instruire lui-même comme ses propres disciples.

Épicure ne vivoit en tout temps que de pain et d'eau, de fruits et de légumes qui croissoient dans son jardin. Il disoit quelquefois à ses gens : Apportez-moi un peu de lait et de fromage, afin que je puisse faire meilleure chère quand je voudrai. Voilà, dit Laërce, quelle étoit la vie de celui qu'on a voulu faire passer pour un voluptueux.

Cicéron, dans ses Tusculanes, s'écrie : Ah! qu'Épicure se contentoit de peu !

Les disciples d'Épicure imitoient la frugalité et les autres vertus de leur maître ; ils ne vivoient que de légumes et de laitage non plus que lui; quelques-uns buvoient tant soit peu de vin ; mais tous les autres ne buvoient jamais que de l'eau. Épicure ne vouloit pas qu'ils fissent bourse commune, comme les disciples de Pythagore, parce que, disoit-il, c'est plutôt une marque de la défiance qu'on a les uns pour les autres, que d'une parfaite union.

Il croyoit qu'il n'y avoit rien de plus noble que de s'appliquer à la philosophie ; que les jeunes gens ne pouvoient commencer trop tôt à philosopher ; et que les vieux ne devoient jamais s'en lasser, puisque le but qu'on s'y proposoit étoit de vivre heureux, et que c'étoit là où tout le monde devoit tendre.

La félicité dont parlent les philosophes est une félicité naturelle, c'est-à-dire un état heureux, auquel on peut parvenir en cette vie par les forces de la nature. Épicure le fait consister dans le plaisir ; non pas dans le plaisir sensuel, mais dans la tranquillité d'esprit et dans la santé du corps. Il n'avoit point d'autre idée du souverain bien, que de posséder ces deux choses en même temps.

Il enseigna que la vertu est le moyen le plus puissant pour rendre la vie heureuse, parce qu'il n'y a rien de plus doux que de vivre sagement et selon les règles de l'honnêteté ; de n'avoir rien à se reprocher ; de ne se sentir atteint d'aucun crime; de ne nuire à personne ; de faire du bien autant qu'il est possible ; et enfin de ne manquer jamais à aucun des devoirs de la vie. Il infère de là qu'il n'y sauroit avoir d'heureux que les honnêtes gens, et que la vertu est inséparable de la vie agréable.

Il ne pouvoit se lasser de louer la sobriété et la continence, qui servent merveilleusement à tenir l'esprit dans une assiette tranquille, à conserver la santé du corps, et même à la réparer quand elle est une fois affoiblie. Il faut, disoit-il, s'accoutumer à vivre de peu ; c'est la plus grande richesse qu'on puisse jamais acquérir. Outre que les choses les plus communes font autant de plaisir, lorsqu'on a faim, que les mets les plus délicieux, on se porte beaucoup mieux quand on vit simplement; on n'a jamais la tête embarrassée ; l'esprit est libre, et on a toujours l'agrément de pouvoir s'appliquer à connoître la vérité et le sujet qui nous porte à prendre un parti plutôt que l'autre dans toutes nos actions; enfin les festins qu'on fait de temps en temps en sont beaucoup plus agréables, et on est bien plus disposé à souffrir les revers de la fortune, quand on sait simplement se contenter du peu que la nature demande, que lorsqu'on est accoutumé à vivre dans les délices et dans la magnificence. On ne sauroit, ajoute-t-il, éviter avec trop de soin les débauches, qui corrompent le corps et abrutissent l'esprit ; et, quoique tout plaisir soit un bien désirable par lui-même, on doit cependant s'en éloigner beaucoup, lorsque les maux qui l'accompagnent surpassent la satisfaction qui nous en revient ; de même qu'il est avantageux de souffrir un mal, qui sûrement doit être récompensé par un bien plus considérable que le mal qu'on est obligé de souffrir.

Il croyoit, contre l'opinion des cyrénaïques, que l'indolence étoit un plaisir perpétuel, et que les plaisirs de l'esprit étoient beaucoup plus sensibles que ceux du corps; car, disoit-il, le corps ne sent que la douleur présente, au lieu que l'esprit, outre les maux présents, sent encore les passés et les futurs.

Épicure tient que notre ame est corporelle, parce qu'elle meut notre corps; qu'elle participe à toutes ses joies aussi bien qu'à ses infirmités; qu'elle nous réveille en sursaut lorsque nous sommes le plus endormis; et qu'enfin elle nous fait changer de couleur selon ses différents mouvements. Il assure qu'elle ne pourroit jamais avoir aucun rapport avec lui si elle n'étoit pas corporelle.

Tangere enim et tangi nisi corpus nulla potest res.[1]

Il a conçu qu'elle n'est rien autre chose qu'un tissu de matière fort subtile, répandue par tout notre corps, dont elle faisoit une partie, de même que le pied, la main ou la tête; d'où il conclut que par notre mort elle périt, qu'elle se dissipe comme une vapeur, et qu'il n'y reste aucun sentiment, non plus que dans le corps; que, par conséquent, la mort n'est pas à craindre, puisqu'elle n'est pas un mal. Car, bien et mal consiste dans le sentiment : or, la mort est une privation de tout sentiment : c'est donc une chose qui ne nous regarde en aucune façon, puisque nous n'avons jamais rien de commun avec elle, et que pendant que nous sommes elle n'est point, et que dès qu'elle est nous ne sommes plus; qu'à la vérité, quand on se trouvoit au monde, il étoit fort naturel d'y vouloir demeurer tant que le plaisir nous y attachoit; mais qu'on ne devoit pas avoir plus de peine à en sortir, qu'on en avoit ordinairement à quitter la table après avoir bien mangé.

Il disoit que très peu de gens savoient tirer parti de la vie; que tout le monde méprisoit l'état présent dans lequel il étoit, et que chacun se proposoit de vivre plus heureux dans la suite : mais qu'on étoit surpris de la mort avant que d'avoir pu exécuter ses projets, et que c'étoit ce qui rendoit la vie des hommes si malheureuse; qu'ainsi rien n'étoit plus à propos que de jouir du temps présent, sans compter sur l'avenir : qu'il ne falloit pas estimer le bonheur de la vie par la quantité d'années que nous restions sur la terre, mais seulement par les plaisirs que nous y goûtions. Une vie courte et agréable, disoit-il, est beaucoup plus à souhaiter qu'une vie longue et ennuyeuse. C'est la délicatesse qu'on cherche dans les bons repas, et non pas une grande abondance de viandes mal préparées : que si nous considérons qu'après la mort nous serons privés pour jamais de tous les avantages de la vie, il faut aussi s'imaginer que jamais nous n'aurons plus de désir de les posséder que nous n'en avions avant que de naître.

Que c'étoit une grande foiblesse d'avoir peur de tout ce qu'on dit des enfers; que les peines de Tantale, Sisyphe, Tityre et des Danaïdes sont des fables inventées à plaisir, pour faire connoître les troubles et les passions dont les hommes sont tourmentés dans ce monde; et qu'enfin on devoit se défaire de toutes ces frayeurs, qui ne servent qu'à troubler le repos et la douceur de la vie.

Il fait consister la liberté dans une entière indifférence; il rejette le destin. Il tient que l'art de deviner est une chose frivole, et qu'il est impossible à aucun être de connoître jamais les choses futures, lorsqu'elles dépendent du caprice des hommes, et qu'elles n'ont point de causes nécessaires.

Épicure a toujours parlé magnifiquement de la divinité. Il vouloit qu'on en eût des sentiments fort relevés. Il défendoit expressément qu'on lui attribuât aucune chose indigne de l'immortalité et de la souveraine béatitude. L'impie, disoit-il, n'est pas celui qui rejette les dieux qu'adore le peuple, mais celui qui attribue aux dieux toutes les impertinences que leur attribue le peuple.

Il a conçu que la divinité méritoit nos adorations par l'excellence de sa nature, et que nous devions les lui rendre par cette seule considération, et non par la crainte d'aucun châtiment, ni en vue d'aucun intérêt. Il a blâmé les superstitions dont on abuse le peuple, et qui servent ordinairement de prétexte aux plus grands crimes.

La religion dans laquelle il étoit né n'exemptoit les dieux d'aucune des foiblesses humaines. Quant à lui, il les considéroit comme des êtres bienheureux dont la demeure étoit dans des lieux agréables, où on ne connoissoit ni vent, ni pluie, ni neige, et où ils étoient toujours environnés d'un air serein et d'une brillante lumière, et perpétuellement occupés dans la jouissance de leur félicité.

Il éloignoit d'eux tout ce qui d'ordinaire nous embarrasse. Il les a crus indépendants de nous dans leur bonheur, incapables d'être touchés ni de nos bonnes ni de nos mauvaises actions. Il croyoit que s'ils prenoient soin des homme, ou que s'ils se mêloient du gouvernement du monde, cela troubleroit leur félicité.

Il conclut de là que les invocations, les prières et les sacrifices étoient entièrement inutiles; qu'il n'y avoit aucun mérite à recourir aux dieux, ni à se prosterner devant leurs autels dans tous les accidents qui nous arrivoient; mais qu'il falloit re-

---

[1] Lucret. *De Nat. rer.* lib. 1, v. 305.

garder toutes choses d'un air tranquille et sans s'étonner.

Il ajoute que ce n'est point la raison qui a donné aux hommes l'idée des dieux ; et que la crainte que tous les hommes ont de ces êtres tranquilles ne vient que de ce que souvent en rêvant on s'imagine voir des fantômes d'une grandeur prodigieuse. Il semble que ces spectres nous menacent avec une hauteur et une fierté convenable à leur mine majestueuse : on leur voit faire, à ce qu'il semble, des choses surprenantes ; et comme d'ailleurs ces fantômes reviennent dans tous les temps, et qu'il y a quantité d'effets merveilleux, dont les causes paroissent inconnues, lorsque les gens peu éclairés considèrent le soleil, la lune, les étoiles et leurs mouvements si réguliers, ils s'imaginent aussitôt que ces spectres nocturnes sont des êtres éternels et tout-puissants. Ils les placent au milieu du firmament, d'où ils voient venir le tonnerre, les éclairs, la grêle, la pluie et la neige : ils les font présider à la conduite de cette admirable machine du monde, et leur attribuent généralement tous les effets dont les causes leur sont inconnues. C'est delà, à ce qu'il prétend, qu'est venue cette grande quantité d'autels qu'on voit par tout le monde ; et il croit que le culte qu'on rend aux dieux n'a point d'autre origine que ces fausses terreurs.

Pour ce qui est de ces lieux enchantés où les dieux faisoient leurs demeures, Lucrèce, dans le sentiment d'Épicure, dit qu'il ne faut pas s'imaginer qu'ils aient aucune relation avec les palais que nous connoissons en ce monde ; que les dieux étant d'une matière si subtile, qu'ils ne peuvent tomber sous aucun de nos sens, qu'à peine même pouvons-nous les apercevoir des yeux de l'esprit, il faut de nécessité que ces lieux-là soient proportionnés à la subtilité de la nature de ces êtres qui les habitent.

Tous les philosophes conviennent que, selon le cours ordinaire de la nature, rien ne se fait de rien, et qu'aucune chose ne se réduit à rien : l'expérience nous apprend que les corps se font du débris les uns des autres, et conséquemment qu'ils ont un sujet commun ; et c'est ce sujet commun qu'on appelle matière première.

Il y a plusieurs opinions pour savoir ce que c'est que cette matière première. Épicure croit que ce sont des atomes, c'est-à-dire des corpuscules insécables, dont il prétend que toutes choses sont composées.

Outre les atomes, il admet encore un autre principe, qui est le vide ; mais il ne le considère pas comme un principe de composition des corps : il ne l'admet uniquement que pour le mouvement, parce que, dit-il, s'il n'y avoit de petits vides répandus par toute la nature, rien n'auroit jamais pu se mouvoir ; toute la masse de la matière seroit restée perpétuellement jointe ensemble comme un roc, et par conséquent il ne se seroit jamais fait aucune production.

Il prétend que ces atomes ont été de toute éternité ; que le nombre de leurs figures est incompréhensible, quoique fini ; mais que sous chaque différente figure il y a une infinité d'atomes. Il a cru que c'étoit leur propre poids qui étoit la cause de leur mouvement ; qu'en se choquant les uns les autres ils s'accrochoient souvent, et que la différente manière dont ils s'arrangeoient produisoit les différents effets que nous voyons dans la nature, sans qu'aucun de ces effets fût redevable de son être à d'autres puissances qu'au hasard, qui avoit fait rencontrer ensemble certaine quantité d'atomes de telle et telle figure. Il comparoît ces atomes aux lettres de l'alphabet, qui forment des mots différents, selon la différente manière dont elles sont arrangées ; comme, par exemple, *estre* et *reste*, sont deux mots tout différents, quoique composés des mêmes lettres ; aussi les atomes qui composent certains corps, lorsqu'ils sont arrangés d'une certaine manière, en composent un tout différent lorsqu'ils sont arrangés d'une certaine façon. Cependant, selon lui, toutes sortes d'atomes ne sont pas propres à entrer indifféremment dans la composition de toutes sortes de corps. Il y a grande apparence, par exemple, que ceux qui composent un peloton de laine ne sont pas tous propres à composer un diamant, de même que nous voyons souvent des mots qui n'ont aucune lettre commune.

Il croyoit que ces petits corps étoient dans un perpétuel mouvement, et que c'étoit de là qu'aucune des choses de la nature ne restoit jamais en même état ; que les unes diminuoient et les autres augmentoient du débris de celles qui étoient diminuées ; les unes vieillissoient et les autres prenoient tous les jours de nouvelles forces ; et que par conséquent chaque être n'avoit qu'un temps dans le monde ; qu'à mesure que quelque chose se corrompoit, les atomes qui s'en détachoient se joignoient avec d'autres, et formoient ordinairement un corps tout différent de celui dont ils venoient d'être détachés ; qu'ainsi rien ne périssoit jamais, quoique tout n'eût qu'un temps, et que chaque chose semblât disparoître à la fin, comme si elle avoit été entièrement anéantie.

Épicure a imaginé qu'il y avoit eu un temps

auquel tous les atomes étoient séparés, et que par leur concours fortuit ils ont composé une infinité de mondes, dont chacun périt au bout de certain temps, soit par le feu, comme si le soleil s'approchoit si près de la terre qu'il la brulât, soit par quelque grande et horrible secousse, qui en un moment bouleversera toutes choses et ruinera la machine du monde; qu'enfin il y avoit plusieurs manières dont chaque monde pouvoit périr; mais que de ces débris il s'en composoit un autre, qui commençoit aussitôt à produire de nouveaux animaux. Il semble même que celui que nous habitons n'est qu'un tas de ruines de quelque grand et terrible fracas qui sera arrivé autrefois; témoins ces gouffres horribles de la mer, ces longues chaînes de montagnes d'une hauteur prodigieuse, ces longues et larges couches de rochers, dont les unes sont situées de travers, les autres de bas en haut, et d'autres de biais; témoins cette grande inégalité au dedans de la terre, tous ces fleuves souterrains, tous ces lacs, toutes ces cavernes; témoin enfin cette autre grande inégalité de la surface de la terre, qui se trouve entre-coupée de mers, de lacs, de détroits, d'îles, de montagnes.

Épicure tient que l'univers est infini; que ce grand tout n'a ni milieu ni extrémités, et que, de quelque point qu'on imagine dans le monde, il reste encore un espace infini à parcourir, sans que jamais on en puisse trouver le bout.

Il dit que c'est être fou que de se flatter que les dieux aient fait le monde pour l'amour des hommes; qu'il n'y a aucune apparence qu'après avoir resté si long-temps tranquilles, ils se fussent avisés de changer leur première manière de vie pour en prendre une différente; et que d'ailleurs il étoit fort aisé de juger, par tous les défauts que nous y connoissons, que ce n'est point un ouvrage des dieux.

Il a cru que la terre avoit produit les hommes et tous les autres animaux, de même qu'elle produit encore aujourd'hui des rats, des taupes, des vers et de toutes sortes d'insectes. Il tient que, dans son commencement, lorsqu'elle étoit encore toute nouvelle, elle étoit grasse et nitreuse, et que le soleil l'ayant peu à peu échauffée, elle se couvrit d'herbes et d'arbrisseaux; que quantité de petites tumeurs commencèrent à s'élever de dessus la superficie, comme des champignons, et qu'après certain temps, lorsque chaque tumeur étoit venue en maturité, la peau de dessus se rompoit, et qu'il en sortoit aussitôt un petit animal, qui se retiroit peu à peu du lieu humide où il venoit de naître, et qui commençoit à respirer; la terre faisoit écouler de ces endroits-là des ruisseaux de lait pour la nourriture de ces petits animaux.

Parmi ce grand nombre de toutes sortes d'animaux, il s'en trouva beaucoup de monstrueux; les uns sans tête, d'autres sans bouche; d'autres avoient les membres collés au tronc du corps, tellement qu'il y en a eu beaucoup qui ont péri, faute de se pouvoir nourrir, ou de pouvoir multiplier leur espèce par l'union des deux sexes. Enfin il ne resta que ceux qui se trouvèrent bien disposés, et ce sont les espèces de ceux que nous avons encore aujourd'hui.

Dans ce premier commencement du monde, le froid, la chaleur et les vents n'étoient pas si violents qu'ils le sont aujourd'hui; toutes ces choses étoient dans leur nouveauté aussi bien que tout le reste; ces hommes sortis de terre étoient beaucoup plus robustes que nous ne sommes, ils avoient le corps tout couvert d'un poil hérissé comme celui des sangliers; la mauvaise nourriture ni l'inclémence des saisons ne les incommodoient point; ils ne connoissoient point encore l'usage des habits; ils se couchoient nus par terre dans tous les endroits où la nuit les surprenoit; ils se cachoient sous de petits arbrisseaux pour se garantir de la pluie; ils n'avoient encore aucune société; chacun ne songeoit qu'à soi, et ne travailloit qu'à se procurer ses commodités particulières. La terre avoit aussi produit de grandes forêts dont les arbres croissoient tous les jours; les hommes commencèrent à vivre de gland, de fruits d'arboisier et de pommes sauvages. Ils avoient souvent à démêler avec les sangliers et les lions. Ils se mirent plusieurs ensemble pour se garantir de ces bêtes féroces. Ils bâtirent de petites cabanes; ils s'occupèrent à la chasse; et trouvèrent moyen de se faire des habits de la peau des animaux qu'ils avoient tués. Chacun choisit sa femme, et vécut en particulier avec elle; il en vint des enfants, qui adoucirent par leurs caresses l'humeur farouche de leurs pères. Voilà le commencement de toutes les sociétés. Les voisins firent ensuite amitié avec leurs voisins, et cessèrent de se nuire les uns aux autres. D'abord, ils montroient du bout du doigt les choses dont ils avoient besoin; ils inventèrent ensuite pour leur commodité certains noms qu'ils donnèrent au hasard à chaque chose; ils en composèrent un jargon dont ils se servirent pour communiquer leurs pensées.

Le soleil leur avoit fait connoître l'usage du feu avant que de l'avoir trouvé; c'étoit à l'ardeur des rayons de cet astre qu'ils faisoient d'abord rôtir les viandes qu'ils rapportoient de la chasse; mais un jour un éclair tomba sur quelque chose de combustible qu'il embrasa tout d'un coup : aussitôt les hommes, qui connoissoient déja l'utilité du feu, au lieu de l'éteindre, ne songèrent qu'à le conserver; chacun en emporta dans sa cabane, et s'en servit pour faire cuire ce qu'il avoit à manger.

On bâtit ensuite des villes, et on commença à partager les terres, mais inégalement; les gens qui se trouvèrent avoir plus de force ou plus d'adresse eurent les meilleures portions; ils s'érigèrent en rois; ils contraignirent les autres hommes à leur obéir, et firent bâtir des citadelles pour éviter les surprises de leurs voisins.

Les hommes dans ce temps-là n'avoient point d'autres défenses que leurs mains, leurs ongles, leurs dents, des pierres ou des bâtons; c'étoient là les armes dont ils se servoient pour vider leurs différends.

Après avoir brûlé quelques forêts, n'importe pour quel sujet, ils virent du métal qui couloit par des veines de terre dans de petites fosses où il se figeoit; l'éclat de ce métal leur causa de l'admiration; ils conçurent, de ce qu'ils voyoient couler, que, par le moyen du feu, ils en feroient tout ce qu'ils voudroient. Ils ne songèrent d'abord qu'à en faire des armes; c'est pour ce sujet qu'ils estimoient beaucoup davantage l'airain que l'or, parce que les armes d'or étoient beaucoup moins tranchantes que celles d'airain; ensuite ils en firent des brides pour les chevaux, des socs de charrue pour labourer la terre, et enfin toutes les choses dont ils se trouvèrent avoir besoin.

Avant l'invention du fer, on faisoit les habits de choses différentes, qu'on nouoit ensemble : mais dès qu'on eut su accommoder ce métal à toutes sortes d'usages, on trouva le moyen de faire des étoffes de laine et de fil pour la commodité des hommes.

Pour ce qui est d'ensemencer les terres, c'est la nature même qui en a enseigné l'usage. Les hommes, dès le commencement du monde, remarquèrent que les glands qui tomboient des chênes produisoient des arbres semblables aux chênes mêmes : quand ils voulurent faire venir des chênes en quelque endroit, ils y semèrent du gland. Ils observèrent la même chose à l'égard de toutes les autres plantes; chacun commença aussitôt à semer de la graine des choses dont il pouvoit avoir besoin; et comme ils voyoient que tout venoit beaucoup mieux quand la terre étoit bien cultivée, chacun commença à s'appliquer particulièrement à l'agriculture.

La force et l'adresse avoient toujours prévalu jusqu'à ce temps-là; mais dès que l'or vint à la mode, et que tout le monde se fut laissé surprendre par la splendeur de ce métal, chacun ne songea qu'à en faire provision. Certaines gens s'enrichissant extraordinairement par ce moyen, le peuple abandonna aisément le parti des premiers rois, qui n'avoient point d'autre mérite que leur force et leur adresse; chacun s'attacha aux riches. Les rois furent massacrés; le gouvernement depuis devint populaire. On établit des lois, et on choisit des magistrats pour les faire observer, et pour avoir soin des affaires publiques.

A mesure que ces premiers peuples perdoient de leur férocité, la société augmentoit entre eux. Ils commencèrent à faire des festins les uns chez les autres; et après avoir bien mangé, ils se réjouissoient à entendre le chant des oiseaux; ils s'efforçoient de les imiter, et composoient des chansons sur les mêmes airs des oiseaux qu'ils avoient appris.

Les vents, qui faisoient un agréable murmure en traversant les roseaux, leur donnèrent occasion d'inventer les flûtes; et l'admiration qu'ils eurent des choses célestes les porta à s'appliquer à l'astronomie.

L'avarice se mêla dans leurs mœurs. Ils se firent la guerre les uns aux autres, pour s'entre-déposséder de leurs biens. Cela fit naître des poëtes pour écrire les belles actions qui s'y étoient passées, et des peintres pour les représenter. Enfin la tranquillité et le grand loisir dont ils jouirent par la suite leur donna moyen de s'occuper à perfectionner les arts que la nécessité leur avoit fait trouver, et même d'en inventer de nouveaux pour la commodité de la vie.

Sur ce qu'on peut objecter que la terre ne produit point aujourd'hui d'hommes, de lions et de chiens, Épicure répond que la fécondité de la terre est épuisée; qu'une femme avancée en âge ne fait plus d'enfants; qu'une terre qu'on n'a jamais cultivée rapporte beaucoup mieux les premières années que par la suite; qu'enfin lorsqu'on arrache une forêt, le fond de la terre ne produit plus d'arbres pareils à ceux qu'on a déracinés; il en produit seulement d'autres qui dégénèrent, comme de petits sauvageons, des épines ou des ronces; et que peut-être il y a encore à présent des lapins, des lièvres, des renards, des sangliers et d'autres animaux parfaits qui naissent de la terre; mais parce que cela arrive dans des lieux retirés, et que cela ne nous est pas connu, nous ne croyons pas que cela soit; de même que si nous n'avions jamais vu d'autres rats que ceux qui naissent des rats, nous ne croirions pas qu'il y en eût qui naquissent de la terre.

Les philosophes sont partagés touchant la règle que nous avons pour connoître la vérité. Épicure tient qu'il n'y a pas de plus grande certitude que celle qui nous vient des sens ; que nous ne connoissons rien positivement que par leur rapport, et que nous n'avons point d'autre marque pour distinguer le vrai d'avec le faux.

Pour ce qui est de l'entendement, il tient qu'au commencement il n'a aucune idée ; qu'il est comme une table rase ; que lorsque les organes corporels sont formés, les connoissances lui viennent peu à peu par l'entremise des sens ; qu'il peut penser aux choses absentes ; qu'ainsi il se peut tromper en prenant pour présent ce qui est absent, ou même ce qui n'est point du tout ; et qu'au contraire nos sens n'aperçoivent que des objets actuellement présents, et que par conséquent ils ne peuvent jamais se tromper quant à l'existence de l'objet. C'est pourquoi, dit-il, c'est être fou que de n'exiger pas, en ce cas-là, le rapport des sens pour avoir recours à des raisons.

Il y a plusieurs manières différentes dont les philosophes expliquent la vision. Épicure a cru qu'il se détachoit perpétuellement de tous les corps une grande quantité de petites superficies semblables aux corps mêmes ; que ces petites superficies remplissoient l'air ; et que c'étoit par leur moyen que nous apercevions les objets extérieurs.

Il tient que l'odeur, la chaleur, les sons, la lumière et les autres qualités sensibles, ne sont pas de simples perceptions de l'ame. Il a cru que toutes ces choses étoient réellement hors de nous de la même manière qu'elles nous paroissent, et qu'une certaine quantité de matière figurée et mue d'une certaine façon étoit réellement odeur, son, chaleur, lumière, indépendamment de toutes sortes d'animaux : que, par exemple, les petites particules qui se détachent perpétuellement des fleurs d'un parterre remplissent l'air tout autour d'une odeur agréable, et semblable à ce qu'un homme sentiroit s'il se promenoit pour lors dans ce parterre ; que, lorsqu'on sonne une cloche, l'air des environs est rempli de tintements aigus semblables aux sons que nous entendons pour lors ; et que dès que le soleil commence à paroître, il y a dans l'air quelque chose de brillant, et semblable à la lumière que nous apercevons dans ce temps-là ; qu'enfin, lorsque la même chose paroît différemment à deux animaux différents, cela vient de ce que la configuration intérieure de ces animaux est différente. Si la feuille de saule, par exemple, paroît amère à un homme et douce à une chèvre, c'est que l'homme et la chèvre ne sont pas faits au-dedans l'un comme l'autre. C'est cette même raison qui fait que la ciguë empoisonne les hommes et engraisse les cailles.

Les stoïciens, qui faisoient profession d'une vertu fort austère, et qui dans le fond étoient pleins de vanité, furent extrêmement jaloux du grand nombre d'amis et de disciples qui s'attachoient à Épicure, dont la doctrine étoit d'ailleurs fort différente de celle qu'ils enseignoient. Ils firent tout ce qu'ils purent pour le décrier, et même ils semèrent dans leurs livres diverses sortes de calomnies contre lui. C'est ce qui a été cause que ceux qui sont venus depuis, et qui n'ont connu Épicure que par le canal des stoïciens, s'y sont laissé surprendre, et ont pris pour un débauché un homme d'une continence exemplaire, et dont les mœurs ont toujours été très réglées.

Saint Grégoire rend un témoignage illustre de la chasteté de ce philosophe. « Épicure, dit ce » Père de l'Église, a dit que le plaisir étoit la fin » où tendent tous les hommes ; mais afin qu'on ne » crût pas que ce fût le plaisir sensuel, il vécut » toujours très chaste et très réglé, confirmant sa » doctrine par ses mœurs. »

Épicure ne voulut jamais se mêler du gouvernement de la république ; il préféra toujours son repos et la vie tranquille à l'embarras des affaires. Les statues que les Athéniens lui érigèrent publiquement témoignoient bien l'estime distinguée qu'ils avoient pour ce philosophe. Tous ceux qui se sont attachés à lui ne l'ont jamais quitté, à la réserve de Métrodorus, qui le changea pour étudier dans l'Académie sous Carnéade : mais il n'y fut que six mois ; il revint aussitôt trouver Épicure, et resta avec lui jusqu'à sa mort, qui arriva quelque temps avant celle d'Épicure. Son école est demeurée perpétuellement dans une égale splendeur, et même dans des temps que toutes les autres étoient presque abandonnées.

A l'âge de soixante-douze ans, il tomba malade à Athènes, où il n'avoit point discontinué d'enseigner : son mal étoit une rétention d'urine, qui lui causoit des douleurs épouvantables ; il souffroit tout cela fort tranquillement. Quand il se sentit approcher de sa fin, il affranchit une partie de ses esclaves, disposa de son bien, ordonna qu'on solennisât tous les ans le jour de sa naissance et celle de ses parents, vers le dixième du mois gaméléon. Il donna son jardin et ses livres à Hermacus de Métolin, qui lui succéda, à la charge que cela passeroit successivement à tous ceux qui occuperoient

cette place. Il écrivit à Idoménée en ces termes :
« Me voilà, grace aux dieux, à l'heureux et
» dernier jour de ma vie ; je suis si tourmenté de
» la violence de mon mal, qui me ronge la vessie
» et les intestins, qu'on ne sauroit rien imaginer
» de plus cruel. Au milieu de mes douleurs, ce-
» pendant, je sens une grande consolation, lors-
» que je repasse dans mon esprit tous les bons
» raisonnements dont j'ai enrichi la philosophie.
» Je vous prie, par l'attachement que vous avez
» toujours fait paroître pour moi et pour ma doc-
» trine, d'avoir soin des enfants de Métrodorus. »
Quatorze jours après que cette maladie eut commencé, Épicure se mit dans un bain chaud, qu'il s'étoit fait préparer exprès : dès qu'il y fut entré, il demanda un verre de vin pur ; il le but, et expira aussitôt, en avertissant ses amis et ses disciples, qui étoient là présents, de se souvenir de lui et des préceptes qu'il leur avoit donnés. Cette mort arriva la première année de la cent vingt-septième olympiade. Tous les Athéniens en témoignèrent un regret très sensible.

ZÉNON,

Mort dans la 129e olympiade.

Zénon, chef de la secte des stoïciens, étoit de la ville de Cittie, dans l'île de Chypre. Avant que de se déterminer à rien, il alla consulter l'oracle, afin de savoir ce qu'il devoit faire pour vivre heureux. L'oracle lui répondit qu'il devînt de même couleur que les morts. Zénon conçut que ce dieu lui vouloit dire qu'il falloit qu'il s'attachât à lire les livres des anciens. Il prit cela fort sérieusement ; il commença à s'y appliquer, et à employer tous ses soins pour suivre les conseils de l'oracle.

Un jour, comme il revenoit d'acheter de la pourpre de Phénicie, il fit naufrage au port de Pirée. Cette perte le rendit fort triste ; il s'en revint à Athènes ; il entra chez un libraire, et se mit à lire le second livre de Xénophon pour se consoler ; il y prit beaucoup de plaisir, cela lui fit oublier son chagrin. Il demanda au libraire où demeuroient ces sortes de gens dont parloit Xénophon. Cratès le cynique passa par hasard ; le libraire le montra du bout du doigt, et dit à Zénon : Tenez, suivez cet homme-ci. Zénon étoit pour lors âgé de trente ans ; il suivit Cratès, et commença dès ce jour-là à être son disciple. Zénon avoit beaucoup de pudeur et de retenue ; il ne pouvoit s'accoutumer aux manières effrontées des cyniques. Cratès s'aperçut que cela lui faisoit de la peine ; il voulut le guérir de sa foiblesse : il lui donna un jour une marmite pleine de lentilles, et lui commanda de traverser le bourg de Céramique avec cette marmite : Zénon rougissoit de honte et se cachoit, de crainte que quelqu'un ne le vît. Cratès s'approcha de lui ; il lui donna un grand coup de bâton au travers de la marmite, et la cassa en plusieurs morceaux ; toutes les lentilles lui couloient le long des cuisses et des jambes. Cratès lui dit : Comment, petit fripon, pourquoi t'enfuis-tu, puisque tu n'as point eu de mal ?

La philosophie plaisoit fort à Zénon ; il remercioit ordinairement la fortune d'avoir fait périr tout son bien dans la mer. Ah ! disoit-il, que les vents qui m'ont fait faire naufrage m'étoient favorables ! Il étudia plus de dix ans sous Cratès, sans pouvoir jamais s'accoutumer à l'impudence des cyniques. A la fin, quand il voulut le quitter pour aller sous Stilpon de Mégare, Cratès le prit par son manteau, et le retint de force. O Cratès, lui dit Zénon, on ne sauroit retenir un philosophe que par les oreilles ; persuadez-moi par de bonnes raisons que votre doctrine est meilleure que celle de Stilpon, sinon, quand vous m'enfermeriez, mon corps seroit bien à la vérité chez vous, mais mon esprit seroit perpétuellement chez Stilpon.

Zénon passa dix autres années chez Stilpon, Xénocrate et Polémon ; ensuite il se retira, et établit une nouvelle secte. Sa réputation ne tarda guère à se répandre par toute la Grèce. Il devint en peu de temps le plus distingué de tous les philosophes du pays. Quantité de gens venoient de divers endroits pour s'attacher à lui et être ses disciples ; et comme Zénon enseignoit ordinairement sous une galerie, c'est de là que ses sectateurs ont été appelés stoïciens.

Les Athéniens l'honoroient tellement, qu'ils l'avoient fait le dépositaire des clefs de leur ville. Ils lui érigèrent une statue, et ils lui firent présent d'une couronne d'or. Le roi Antigonus ne pouvoit se lasser d'admirer ce philosophe. Il ne venoit jamais à Athènes qu'il n'allât écouter ses leçons ; souvent même il alloit manger chez Zénon, ou bien il le menoit souper avec lui chez Aristocle, le joueur de harpe. Mais Zénon évita dans la suite de se rencontrer dans aucun festin, ni dans les assemblées, de crainte de se rendre trop familier. Antigonus fit tout ce qu'il put pour l'attirer auprès de lui ; Zénon s'excusa de faire ce voyage, et envoya en sa place Perseus et Philonide, et lui fit réponse qu'il avoit une joie très sensible de la forte inclination qu'il faisoit paroître pour les sciences ; que rien n'étoit plus propre à le détourner des plaisirs sensuels, et à lui faire embrasser la vertu, que l'amour de la philosophie. Enfin, ajoute-t-il, si la vieillesse et ma mauvaise santé ne m'empêchoient de sortir, je ne manquerois pas de me rendre auprès de vous comme vous le souhaitez; mais, puisque cela ne se peut, je vous envoie deux de mes amis qui me valent bien quant à l'esprit et à la doctrine, et qui sont beaucoup plus robustes que moi. Si vous conversez sérieusement avec eux, et que vous vous appliquiez à suivre les préceptes qu'ils vous donneront, vous verrez qu'il ne vous manquera rien de ce qui regarde le souverain bonheur.

Zénon évitoit la foule. Il ne se faisoit jamais accompagner que de deux ou trois personnes au plus. Lorsqu'il y en avoit davantage qui le vouloient suivre malgré lui, il leur donnoit de l'argent pour les faire retirer. Quelquefois, quand il se voyoit pressé par la grande multitude dans la galerie où il enseignoit, il montroit à ceux qui l'embarrassoient certaines pièces de bois qui étoient au-dessus de son école, et il leur disoit : Tenez, voyez-vous bien ces pièces de bois que voilà là-haut? elles n'y ont pas toujours été : elles étoient autrefois au milieu de cette place comme vous ; mais comme elles embarrassoient, on les a ôtées, et mises où vous les voyez. Retirez-vous donc en arrière, et ne m'embarrassez pas davantage.

Zénon étoit grand et menu, et avoit la peau fort noire : c'étoit de là que quelques uns l'appeloient le *Palmier d'Égypte*. Il avoit la tête penchée sur une des épaules; ses jambes étoient grosses et malsaines; il s'habilloit toujours d'une étoffe très légère, et du plus bas prix qu'il la pouvoit trouver ; il vivoit en tout temps d'un peu de pain, de figues, de miel et de vin doux, sans jamais rien manger de cuit. Il étoit d'une si grande continence, que quand on vouloit louer quelqu'un sur ce sujet, on disoit : Il est plus chaste que Zénon. Il eut pourtant quelque commerce avec une petite servante : la vertu des païens n'étoit pas ferme. Il avoit la démarche grave, l'esprit vif, l'humeur sévère. En parlant il ridoit son front, et tordoit sa bouche; quelquefois cependant, dans ses parties de plaisirs, il étoit fort gai, et réjouissoit toute la compagnie. Quand on lui demandoit la raison d'un si grand changement, il répondoit : Les lupins sont naturellement amers; mais quand on les a laissés quelque temps tremper dans l'eau, ils s'adoucissent. Il affectoit une très grande austérité, en sorte que sa manière de vivre tenoit davantage d'une simplicité barbare que d'une véritable frugalité ; et hors l'effronterie, dont il étoit fort éloigné, il avoit retenu beaucoup de la morale des cyniques ; c'est ce qui a fait que Juvénal a dit que les stoïciens et les cyniques ne différoient entre eux que par leurs habits, mais que leur doctrine étoit la même.

Il étoit fort concis dans tous ses discours. Quand on lui en demandoit la raison, il disoit que les syllabes dont se servent les sages devoient toutes être brèves, si cela se pouvoit. Quand il vouloit faire une réprimande à quelqu'un, il n'y employoit jamais que très peu de paroles, et toujours indirectement.

Il se rencontra un jour dans un festin avec un homme fort gourmand, qui faisoit mourir de faim tous ceux qui mangeoient avec lui : Zénon prit pour sa part un grand poisson, et sembla ne le vouloir partager avec personne. Le gourmand le regarda aussitôt de travers : Comment, lui dit Zénon, crois-tu qu'on te laissera faire tous les jours de pareils tours, si tu ne peux pas souffrir que je le fasse une fois?

Un jour un jeune homme le pressoit avec beaucoup d'instance sur une matière au-dessus de la portée de son esprit. Zénon fit apporter un miroir, il le fit regarder dedans, et lui dit : Te semble-t-il que ces questions-là conviennent avec ton visage?

Il disoit que les mauvais discours des orateurs ressembloient à la monnoie d'Alexandrie, qui étoit belle en apparence, mais dont le métal ne valoit rien.

Il disoit que le plus grand tort qu'on pouvoit faire aux jeunes gens étoit de les élever dans la vanité; qu'il falloit les accoutumer à être civils et à ne rien faire qu'à propos. Voyant un jour un de ses disciples enflé d'orgueil, il lui donna un soufflet, et lui dit : Caphésius, quand tu seras élevé au-dessus des autres, tu ne seras pas honnête homme pour cela; mais si tu es honnête homme, tu seras élevé au-dessus des autres.

Il croyoit qu'il étoit dangereux à un jeune homme qui avoit envie de devenir savant, de s'appliquer à la poésie.

Quand on lui demandoit ce que c'étoit que son ami : C'est un autre moi-même, répondoit-il.

Il disoit qu'il valoit mieux glisser des pieds que de la langue; et qu'il n'y avoit rien dont la perte nous dût si sensiblement toucher que celle du temps, parce qu'elle étoit la plus irréparable.

Il se trouva un jour dans un festin qu'on faisoit aux ambassadeurs de Ptolémée. Il ne dit rien pendant tout le souper. Ces ambassadeurs en furent surpris; ils lui demandèrent s'il ne vouloit rien faire savoir au roi Ptolémée : Dites-lui, répondit-il, qu'il y a ici un homme qui sait se taire.

Les stoïciens tenoient que la fin qu'on devoit se proposer étoit de vivre selon la nature; or, que de vivre selon la nature, étoit de ne faire rien de contraire à ce que nous dictoit la raison, qui étoit une loi générale et commune à tous les hommes :

Que chacun devoit embrasser la vertu à cause d'elle-même, sans avoir égard à aucune récompense; qu'elle suffisoit pour rendre les gens heureux; et que ceux qui la possédoient jouissoient d'un parfait bonheur, même au milieu des plus grands tourments :

Qu'il n'y avoit rien d'utile que ce qui étoit honnête, et que rien de criminel ne pouvoit jamais être utile :

Que le bien honnête est celui qui rend parfaits tous ceux qui le possèdent :

Qu'il y avoit des choses qui n'étoient ni un bien ni un mal, quoiqu'elles eussent la force de mouvoir notre appétit, et de nous porter à choisir les unes plutôt que les autres; comme la vie, la santé, la beauté, la force, les richesses, la noblesse, le plaisir, la gloire; et celles qui leur étoient opposées, comme la mort, la maladie, la laideur, la débilité, la pauvreté, la basse naissance, la douleur et l'ignominie. Car, disoient-ils, aucune chose ne sauroit être bonne, si elle ne rend heureux ceux qui la possèdent, et si elle ne rend malheureux ceux qui en sont privés : or, la vie, la santé, ni les richesses ne rendent point heureux ceux qui les possèdent, ni malheureux ceux qui en sont privés : donc la vie, la santé, ni les richesses, la mort, la maladie, ni la pauvreté, ne sont ni des biens ni des maux. D'ailleurs, ajoutoient-ils, les choses dont nous pouvons nous servir en bien et en mal ne sont ni un bien ni un mal; or, nous pouvons nous servir, et en bien et en mal, de la vie, de la santé et des richesses; donc la vie, la santé, ni les richesses, ne sont ni un bien ni un mal.

Enfin ils admettoient une autre espèce de choses indifférentes, qui n'étoient pas capables de faire aucune impression sur notre esprit; comme d'avoir un nombre pair ou impair de cheveux à la tête, étendre le doigt ou le fermer, tenir une plume en l'air, lever une paille.

Ils disoient que les plaisirs sensuels n'étoient pas un bien, parce qu'ils étoient déshonnêtes; or, que rien de déshonnête ne pouvoit jamais être un bien :

Que le sage ne craignoit rien; qu'il n'avoit point de faste, parce qu'il étoit indifférent pour la gloire et pour l'ignominie; que le caractère du sage étoit d'être sévère et sincère; qu'il ne lui étoit pas défendu de boire du vin, mais qu'il ne devoit jamais s'enivrer, afin de ne pas perdre un seul moment de la vie l'usage de la raison; qu'il devoit avoir un grand respect pour les dieux, leur faire des sacrifices, et s'abstenir de toutes sortes de débauches :

Qu'on pouvoit appeler offices en général tout ce que nous faisons par inclination; que les bons offices étoient d'honorer ses parents, défendre sa patrie, se faire des amis et les assister : les mauvais, au contraire, négliger ses parents, mépriser sa patrie, n'avoir aucune complaisance ni affection pour ses amis.

Ils croyoient que tous les biens et les maux étoient égaux, qu'ils ne pouvoient jamais être augmentés ni diminués; car, disoient-ils, il n'y a rien de plus vrai que ce qui est vrai, et rien de plus faux que ce qui est faux; aussi il n'y a rien de meilleur que ce qui est bon, ni rien de plus méchant que ce qui est méchant. Et comme un homme qui ne seroit éloigné que d'un stade de Canope ne seroit pas davantage dedans qu'un homme qui en seroit éloigné de deux cents stades; ainsi celui qui ne commet qu'un péché médiocre n'est pas davantage dans la vertu que celui qui en commet un énorme.

Que le seul sage étoit capable d'amitié; qu'il devoit se mêler des affaires de la république, pour empêcher le vice, et exciter les citoyens à la vertu; qu'il n'y avoit que lui qui dût avoir part au gouvernement de l'état, puisqu'il étoit le seul qui pût décider de tout ce qui regardoit le bien et le mal; qu'il n'y avoit que lui d'irrépréhensible et d'incapable de nuire à personne; et qu'il étoit le seul qui n'admiroit rien de tout ce qui avoit coutume de surprendre le reste des hommes.

Ils tenoient, comme les cyniques, que toutes choses appartiennent aux dieux, et qu'entre amis toutes choses sont communes.

Ils tiennent que toutes les vertus ont un si grand enchaînement les unes avec les autres, qu'on n'en peut jamais posséder une sans les posséder toutes :

Qu'il n'y a point de milieu entre le vice et la vertu; car, disoient-ils, comme il est absolument nécessaire qu'on soit droit ou tortu, aussi toute action doit être bonne ou mauvaise :

Que le sage étoit le seul heureux; qu'il n'avoit jamais besoin de rien; qu'il devoit s'exposer aux tourments les plus cruels pour sa patrie et pour ses amis; qu'il ne craignoit rien; qu'il faisoit du bien à tout le monde, et qu'il étoit incapable de nuire à personne; qu'enfin il étoit de toutes sortes de professions, quand même il n'en exerçoit aucune, et qu'on le pouvoit comparer à un comédien parfait, qui sait représenter également le personnage d'Agamemnon et celui de Thersite.

Zénon vouloit que toutes les femmes fussent communes entre les sages, et que chacun eût commerce avec la première qu'il rencontreroit, sans s'attacher à aucune; que c'étoit le moyen d'empêcher la jalousie et les soupçons de l'adultère, et que chacun regarderoit en particulier tous les jeunes gens comme ses propres enfants.

Les stoïciens tenoient qu'il n'y avoit qu'un seul Être souverain, mais qu'on lui donnoit différents noms; qu'on l'appeloit quelquefois Destin, quelquefois Esprit, et d'autres fois Jupiter; que cet Être étoit un animal immortel, raisonnable, parfait, bienheureux, et éloigné de tout mal; que c'étoit sa providence qui gouvernoit le monde et tous les êtres qui y étoient.

Ils admettoient deux principes, l'agent et le patient, c'est-à-dire Dieu et le monde.

Ils tenoient que la matière étoit divisible à l'infini; qu'il n'y avoit qu'un seul monde, et que ce monde étoit de figure ronde, qui est la plus propre au mouvement. Ils croyoient, comme Pythagore et Platon, qu'il étoit animé par une substance spirituelle répandue dans toutes ses parties; que cette substance n'étoit point distinguée de Dieu, et qu'elle formoit avec le monde un même animal, dont les uns disoient que la principale partie étoit les cieux, et les autres le soleil; que le monde étoit placé au milieu d'un espace infini de vide; que tout étoit plein dans le monde, parce que la matière fluide, qui s'accommode à toutes sortes de figures, remplissoit les espaces que laissoient les corps grossiers qui ne pouvoient pas se toucher immédiatement partout, à cause de leur irrégularité :

Que le monde étoit corruptible; car, disoient-ils, un tout est corruptible lorsque chacune de ses parties est corruptible : or, chacune des parties du monde est corruptible; donc le monde entier est corruptible : que les étoiles fixes étoient emportées par le mouvement du ciel; que le soleil étoit un feu dont la masse étoit plus grosse que celle de la terre, puisque la terre jetoit son ombre en cône : que le soleil et les autres astres se nourrissoient des vapeurs qui s'exhalent de la terre et de la mer. Ils ont connu la véritable cause des éclipses du soleil et de la lune, et celle du tonnerre et des éclairs. Ils tenoient que les deux zones glaciales étoient inhabitables à cause du grand froid, et que la zone torride l'étoit aussi à cause de la chaleur excessive.

Le stoïcien Ariston vouloit bannir la logique : il comparoît ordinairement ses arguments subtils aux toiles d'araignées, qui faisoient bien paroître quelque chose de fort ingénieux et de bien arrangé, mais entièrement inutile.

Chrysippe, au contraire, estimoit fort la logique, et excelloit tellement dans cet art, que tout le monde convenoit que si les dieux en eussent eu besoin, ils ne se seroient jamais servi d'autre logique que de celle de Chrysippe.

Zénon vécut jusqu'à l'âge de quatre-vingt-dix-huit ans, sans avoir jamais eu aucune incommodité. Il fut fort regretté après sa mort; quand le roi Antigonus en apprit la nouvelle, il en parut sensiblement touché. Bons dieux ! dit-il, quel spectacle ai-je perdu ! On lui demanda pourquoi il estimoit tant ce philosophe : C'est, répondit-il, parce que tous les grands présents que je lui ai faits ne l'ont jamais pu obliger à faire aucune bassesse.

Il députa aussitôt vers les Athéniens, pour les prier de faire enterrer Zénon dans le bourg de Céramique.

Les Athéniens, de leur côté, ne sentirent pas moins vivement la perte de Zénon que le roi Antigonus. Les principaux magistrats le louèrent publiquement après sa mort; et afin que cela fût plus authentique, ils en firent un décret public en ces termes :

« Décret.

« Puisque Zénon, fils de Mnasée, de Cittie, a
» passé plusieurs années à enseigner la philoso-
» phie dans cette ville; qu'il s'est montré homme
» de bien dans toutes sortes de choses; qu'il a
» perpétuellement excité à la vertu les jeunes gens
» qu'il avoit sous sa discipline; qu'il a toujours
» mené une vie conforme aux préceptes qu'il en-
» seignoit : le peuple a jugé à propos de le louer
» publiquement, et de lui faire présent d'une cou-
» ronne d'or, qu'il a justement méritée à cause
» de sa grande probité et de sa tempérance; et
» de lui ériger un tombeau dans le bourg de Céra-
» mique aux dépens du public. Le peuple veut
» qu'on choisisse cinq hommes dans Athènes pour
» avoir soin de faire la couronne et le tombeau :
» que le scribe de la république grave ce présent
» décret sur deux colonnes, dont l'une sera mise
» dans l'Académie, et l'autre dans le Lycée; et
» que l'argent nécessaire pour cet ouvrage soit
» promptement mis entre les mains de celui qui
» a soin des affaires publiques, afin que tout le
» monde connoisse que les Athéniens ont soin d'ho-

» norer les gens d'un mérite distingué, et pendant
» leur vie et après leur mort. »

Ce décret fut donné pendant qu'Arrhénidas étoit archonte d'Athènes, quelques jours après la mort de Zénon.

Or, voici de quelle manière on rapporte que finit Zénon. On dit qu'un jour, comme il sortoit de son école, il se heurta contre quelque chose, et qu'il se cassa le doigt. Il prit cela pour un avis que les dieux lui donnoient qu'il devoit bientôt mourir. Il frappa aussitôt la terre avec sa main, et dit : Me demandes-tu? Je suis tout prêt. Et sans tarder davantage, au lieu de songer à se faire guérir son doigt, il s'étrangla de sang-froid. Il y avoit quarante-huit ans qu'il enseignoit sans interruption, et soixante-huit ans qu'il avoit commencé de s'appliquer à la philosophie sous Cratès le cynique.

VIE DE PLATON,

D'APRÈS LE MANUSCRIT ORIGINAL DE FÉNELON.

Platon étoit de la plus illustre naissance dont un Athénien pût être. Par sa mère il descendoit de Solon, et des anciens rois par son père. Dans sa jeunesse il alla à la guerre, et y montra beaucoup de valeur. Il fut disciple de Socrate, dont il a rapporté les conversations dans ses écrits. Comme Socrate n'a jamais voulu écrire, nous n'avons rien de lui que dans les ouvrages de ses deux disciples Platon et Xénophon. Ces deux disciples furent jaloux l'un de l'autre.

Dans la suite, Platon eut la curiosité d'aller rechercher la sagesse des étrangers. Il passa en Égypte et en Phénicie, où il eut soin de recueillir les traditions des prêtres et des savants. Il ne faut pas même douter qu'il n'y ait connu les livres de Moïse, et les autres ouvrages des Juifs. Dion, gendre du tyran Denys, grand amateur des lettres et de la sagesse, l'attira en Sicile. Denys lui-même le vit, l'admira, et fut sur le point de renoncer à la tyrannie par ses conseils : mais Phlistus, qui étoit un sophiste et un flatteur, l'en détourna, de peur de perdre dans ce changement la fortune dont il jouissoit. Ce faux sage, jaloux de Platon, le rendit peu à peu odieux au tyran. Quand Platon aperçut que le tyran étoit incorrigible, il lui remontra avec courage le malheur et l'indignité d'un homme qui tient sa patrie dans l'esclavage : le tyran irrité le vendit, comme un esclave, à un homme qui le mena dans l'île d'Eubée, où il fut racheté de l'argent de Dion.

Après la mort du premier Denys, il fit encore, sous le second, deux voyages à Syracuse, où Dion lui fit divers présents considérables. Le jeune Denys voulut même lui donner une ville pour y établir ses lois et sa république ; mais les guerres ne permirent pas l'exécution de ce projet.

Quelque temps après, Dion ayant chassé deux fois le jeune Denys, qui fut enfin réduit à servir de maître d'école dans Corinthe, pour gagner sa vie, Platon ne voulut point retourner à Syracuse jouir de la faveur de son ami, qui avoit l'autorité suprême. Au contraire, il lui écrivit pour l'obliger à quitter cette puissance odieuse, et pour rendre la liberté à ses citoyens, après avoir abattu le tyran, à l'exemple de Timoléon. Dion fut rigoureusement puni de n'avoir pas profité d'un si sage conseil ; car ses propres concitoyens l'assassinèrent.

Platon demeura tranquille à Athènes, où il instruisoit ses disciples dans un bois auprès de la ville, qu'on appeloit Académie, du nom d'Académus, qui avoit donné ce lieu pour les exercices publics. Il étoit bien fait, de bonne mine, éloquent, adroit pour les exercices, propre dans ses habits et dans ses meubles; ce qui irritoit beaucoup d'autres philosophes de son temps, qui affectoient d'être gueux et sales, comme Diogène. Il avoit les épaules larges ; ce qui lui fit donner le nom de Platon. Ses disciples furent nommés académiciens, à cause du lieu où il les instruisoit. Dans la suite ils se divisèrent : on vit trois sectes d'académiciens. Les anciens conservèrent les principes de Platon ; les modernes tombèrent dans l'incertitude des pyrrhoniens. Platon vécut jusqu'à l'âge de quatre-vingt-un ans, en pleine santé, et dans la plus haute réputation.

ÉCRITS POLITIQUES.

AVERTISSEMENT DE L'ÉDITEUR

DES OEUVRES COMPLÈTES DE FÉNELON.

1821.

L'admiration et la censure se sont exercées d'une manière également excessive sur la doctrine politique de Fénelon, pendant sa vie et après sa mort. D'un côté, on a donné à sa philanthropie les éloges les plus outrés : on l'a exalté comme l'écrivain qui a le mieux connu les vrais principes du bonheur des états, et présenté sous un jour plus favorable les doctrines salutaires qui tendent à rendre les rois sages et les peuples heureux. D'un autre côté, on l'a représenté comme un politique de cabinet, séduit par les rêves d'une imagination brillante, n'ayant que des idées romanesques en matière de gouvernement, et décriant, par ses peintures séduisantes, les institutions les plus sages et les plus respectables. Mais ce qu'il y a ici de plus extraordinaire, c'est que les panégyristes et les censeurs de l'archevêque de Cambrai ignoroient également sa doctrine politique. Ils croyoient la trouver tout entière dans les agréables fictions du *Télémaque*; et ils ne soupçonnoient pas même l'existence des ouvrages plus sérieux que Fénelon avoit laissés sur une matière si importante.

Le *Télémaque* est sans doute, comme l'a remarqué un écrivain distingué de nos jours[1], « un des meilleurs ou-
» vrages qui soient sortis d'une plume élégante et d'un
» cœur vertueux. » Mais ce seroit méconnoître absolument le caractère et les intentions de Fénelon, que de chercher dans cet ingénieux roman ses vrais principes d'administration. Jamais il n'a songé à donner la politique du *Télémaque* pour un code de lois adapté à l'état présent de la société : son unique but, en composant cet ouvrage, étoit d'inspirer au jeune prince, son élève, les sentiments vertueux et les principes de justice qui doivent servir de base à tous les gouvernements et à tous les systèmes politiques.

Pour connoître la véritable doctrine politique de Fénelon, il faut la chercher dans les écrits qui doivent composer la cinquième classe de notre collection. Quelques unes des opinions de l'illustre auteur pourroient sans doute donner lieu à bien des observations et des difficultés ; c'est le sort inévitable de tout ouvrage qui a pour objet des questions si délicates, et d'un ordre si relevé. Mais on conviendra du moins, en lisant cette partie des *OEuvres de Fénelon*, que peu d'auteurs ont écrit si sagement, et montré des vues aussi solides et aussi étendues sur une matière si difficile. On conviendra surtout que Fénelon étoit infiniment éloigné des vues chimériques et puériles qu'on lui a si légèrement attribuées ; et que les réglements imaginaires de la petite colonie de Salente ne lui ont jamais paru applicables au gouvernement d'un grand empire.

Tous les écrits politiques de l'archevêque de Cambrai seront placés dans l'ordre suivant :

I. EXAMEN DE CONSCIENCE SUR LES DEVOIRS DE LA ROYAUTÉ.

Cet ouvrage, composé par Fénelon, depuis sa retraite à Cambrai, pour l'instruction du duc de Bourgogne, fait tout à la fois le plus grand honneur à l'auguste élève et à son habile instituteur, en montrant le premier aussi digne d'entendre la vérité, que le second étoit digne de l'annoncer. Dans cette admirable production, ce n'est plus à l'imagination riante d'un enfant, c'est à la conscience d'un prince religieux que Fénelon s'adresse, pour lui montrer l'importance et l'étendue de ses obligations, pour le prémunir contre les dangers et les piéges de la royauté ; en un mot, pour lui faire comprendre tout ce qu'il devra un jour à Dieu, dont il sera l'image, et au peuple, dont il sera le père et le pasteur.

L'*instruction* nécessaire à un prince, l'*exemple* qu'il doit à ses sujets, la *justice* qui doit présider à tous les actes de son gouvernement, tels sont les trois principaux objets auxquels Fénelon lui-même rapporte tous les avis qu'il adresse au duc de Bourgogne dans cet important ouvrage. La forme d'*Examen de conscience*, que Fénelon donne à ses instructions, semble leur ajouter un nouveau poids et une nouvelle autorité. « On croit voir l'humanité s'asseoir
» avec la religion aux côtés du jeune prince, pour lui in-
» spirer, de concert, toute la délicatesse de conscience
» que l'Évangile exige d'un roi, pour lui révéler tous les
» dangers, toutes les illusions, tous les piéges dont il est
» obligé de se préserver, tous les jugements de Dieu et des
» hommes qu'il doit prévenir ; enfin tous les conseils de
» la véritable gloire qu'il doit ambitionner, et toutes les
» règles de morale qu'il doit suivre, s'il veut rendre les
» peuples heureux[1]. »

En lisant ces instructions si nobles et si touchantes, on se rappelle avec peine que l'archevêque de Cambrai étoit réduit à faire un mystère à Louis XIV du service inappréciable qu'il rendoit à sa famille et à son royaume, en leur préparant un prince qui en devoit faire un jour la gloire et les délices. Mais Louis XIV, rempli comme il l'étoit des

---

[1] M. l'abbé de Boulogne, dans le *Journal des Débats*, 19 octobre 1802.

[1] *Éloge de Fénelon*, par le cardinal Maury, vers la fin de la première partie.

AVERTISSEMENT DE L'ÉDITEUR.

fâcheuses impressions qu'on lui avoit données contre l'auteur et les maximes du *Télémaque*, se seroit cru encore plus offensé en lisant l'*Examen de conscience*, dans lequel il étoit bien plus facile d'apercevoir de prétendues allusions, et des rapprochements injurieux à son gouvernement. Aussi le duc de Bourgogne, non moins attentif aux intérêts de son vertueux instituteur qu'à profiter de ses conseils, eut-il la précaution de ne point garder lui-même un ouvrage qu'il importoit si fort de tenir secret. Il se contentoit de le lire fréquemment, et le laissoit habituellement en dépôt entre les mains du duc de Beauvilliers. C'est à cette sage prévoyance que l'on doit la conservation d'un ouvrage si important, que Louis XIV eût vraisemblablement détruit avec les autres manuscrits de l'archevêque de Cambrai, après la mort du duc de Bourgogne.

Le duc de Beauvilliers, dépositaire du manuscrit original, le confia, en mourant, à la duchesse son épouse, qui crut devoir le remettre au marquis de Fénelon, petit-neveu de l'archevêque de Cambrai. C'est d'après ce manuscrit que le marquis de Fénelon fit imprimer pour la première fois, en 1734, l'ouvrage, sous le titre d'*Examen de conscience pour un Roi*, à la suite de la belle édition in-folio du *Télémaque* : mais cette première édition fut supprimée par ordre du ministère. Après la mort du marquis de Fénelon, arrivée en 1746, l'*Examen* fut réimprimé à Londres en 1747 (un vol. in-12). On en fit en même temps deux éditions, l'une en françois, l'autre en anglois. L'*Examen* fut aussi imprimé à Paris en 1748 (un vol. in-8°), avec un *avertissement* de Prosper Marchand, sous le nom emprunté de Félix de Saint-Germain. Cette nouvelle édition étoit intitulée *Direction pour la conscience d'un Roi*, titre sous lequel l'ouvrage est plus connu, et qu'il a conservé dans les éditions postérieures publiées en France. Nous avons préféré à ce nouveau titre, imaginé par un éditeur, celui que Fénelon lui-même indique dans le préambule de son ouvrage : *Examen de conscience sur les devoirs de la royauté*.

Enfin l'ouvrage, encore sous le titre de *Directions*, etc., fut publié à Paris en 1774, *du consentement exprès du roi*, comme les éditeurs eurent soin d'en avertir. Nous apprenons, en effet, de M. le comte Desèze, que ce vertueux monarque « ayant par hasard, dans les premiers » moments de son avénement au trône, découvert les *Di-* » *rections pour la conscience d'un Roi*, qui étoient dans ce » temps-là devenues fort rares, et en ayant été extrêmement content, chargea l'abbé Soldini, son confesseur, » de les faire réimprimer, en lui disant : *Comme je suis* » *résolu de remplir tous mes devoirs, je n'ai pas d'intérêt* » *à en faire un mystère au public : il seroit fâcheux, d'ail-* » *leurs, pour mes successeurs, qu'un aussi bon livre vînt* » *à se perdre*. Admirable exemple, ajoute l'illustre défen-« seur de Louis XVI, admirable exemple de sagesse et de » courage, donné par un prince qui, par ses vertus et par » ses malheurs, sera l'objet éternel des souvenirs et des » regrets de toute la France [1]. »

La liberté que nous avons eue d'examiner à loisir le manuscrit original de l'*Examen de conscience*, aujourd'hui déposé à la Bibliothèque du roi, nous a mis dans le cas de corriger en plusieurs endroits le texte des éditions précédentes. Parmi ces corrections, nous devons surtout remarquer la division de l'ouvrage en trois articles principaux, et l'addition d'une partie assez considérable du § XXXII, sur la fidélité avec laquelle le prince doit exécuter les traités de paix.

II. ESSAI PHILOSOPHIQUE SUR LE GOUVERNEMENT CIVIL.

Quoique cet ouvrage n'ait pas été rédigé par Fénelon lui-même, nous n'avons pas cru pouvoir nous dispenser de le joindre à la collection de ses œuvres. On y trouve le résultat et le développement de ses conversations avec le roi Jacques III, prétendant à la couronne d'Angleterre, pendant le séjour que ce jeune prince fit à Cambrai en 1709 et 1710. Le chevalier de Ramsai, ami intime de Fénelon, et témoin de ses entretiens avec le prince, s'empressa de publier et de développer les principes qu'il y avoit puisés sur la souveraineté : son ouvrage parut pour la première fois à Londres en 1721, sous le titre d'*Essai philosophique sur le gouvernement civil*. Il déclare dans la préface, qu'il ne l'a composé que d'après les principes et les instructions de Fénelon. « Nous devons le croire avec d'autant » plus de confiance, dit son dernier éditeur, que les senti- » ments qu'il assure avoir recueillis de la bouche de ce » prélat sont parfaitement d'accord avec ceux qu'on voit » répandus dans le *Télémaque*, les *Dialogues des morts*, » et ses autres productions. »

Après ce témoignage d'un éditeur aussi estimable que M. l'abbé Emery, témoignage confirmé depuis par le judicieux historien de l'archevêque de Cambrai [2], nous n'avons pas hésité à regarder l'ouvrage du chevalier de Ramsai comme une partie essentielle, ou du moins comme un appendice nécessaire de notre collection.

III. DIVERS MÉMOIRES CONCERNANT LA GUERRE DE LA SUCCESSION D'ESPAGNE.

1° *Mémoire sur les moyens de prévenir la guerre de la succession*. 28 août 1701.

2° *Fragment d'un Mémoire sur la campagne de 1702*.

3° *Mémoire sur la situation déplorable de la France en 1710*.

4° *Mémoire sur les raisons qui semblent obliger Philippe V à abdiquer la couronne d'Espagne*. 1710.

5° *Observations du duc de Chevreuse sur le Mémoire précédent*. 1710.

6° *Examen des droits de Philippe V à la couronne d'Espagne*. 1710 ou 1711.

7° *Mémoire sur la campagne de 1712*.

8° *Mémoire sur la paix*. 1712.

9° *Mémoire sur la souveraineté de Cambrai*. 1712.

La guerre de la succession, qui donna lieu à ces Mémoires, fut occasionée, comme on sait, par la mort de Charles II, roi d'Espagne, qui arriva le 1er novembre 1700. Ce prince, qui étoit le dernier de la race de Charles-Quint, se voyant sur le point de mourir sans enfants, avoit nommé par testament, pour hériter de sa couronne, Philippe de France, duc d'Anjou, son petit-neveu, et petit-fils de Louis XIV. L'Espagne s'empressa en effet de reconnoître pour son roi le duc d'Anjou, qui prit le nom de Philippe V, et fit son entrée solennelle à Madrid le 14 avril 1701. Mais l'Europe crut avoir un intérêt capital à contester cet ar-

---

[1] Voyez la seconde édition de l'ouvrage intitulé *De la religion chrétienne relativement à l'état, aux familles et aux individus*, par M. Billecocq, avocat; chap. I, pag. 48.

[2] Voyez dans l'*Histoire de Fénelon* les *Pièces justificat.* du liv. IV, n. 9.

rangement. Elle craignit que ce nouvel ordre de choses ne donnât à la maison de Bourbon, déja trop redoutable, une excessive prépondérance, et ne rompît l'équilibre nécessaire au maintien de la paix générale. De là cette guerre désastreuse qui agita pendant douze ans l'Europe entière, et mit la France en particulier à deux doigts de sa perte.

Les *Mémoires* sur cette partie si importante de notre histoire doivent sans contredit être rangés parmi les plus précieux monuments que nous ayons en ce genre. Quoique exilé de la cour, l'archevêque de Cambrai étoit plus à portée que personne de connoître les agents publics et secrets de toutes les affaires. Il ne cessa jamais d'entretenir les relations les plus intimes avec les ducs de Beauvilliers et de Chevreuse, inités par leur position à tous les secrets du conseil. D'ailleurs les liens qui l'attachoient à Cambrai le retenoient en même temps sur le principal théâtre de la guerre; et la supériorité de son génie, relevée par ses malheurs et par sa disgrace, lui concilioit l'estime et la confiance des généraux ennemis, aussi bien que des généraux françois ou alliés de la France.

Les détails intéressants que cette partie des *OEuvres de Fénelon* a fournis à son élégant historien [1] nous dispensent d'entrer à ce sujet dans de nouveaux développements : il nous suffira de rappeler, en peu de mots, l'occasion et le sujet de chaque Mémoire.

Le premier, daté du 28 août 1701, a pour objet de prévenir l'orage qui menaçoit alors toute l'Europe, et la France en particulier. La guerre n'étoit pas encore déclarée, mais elle paroissoit inévitable. Fénelon propose divers expédients pour éviter cette guerre, avec toutes les calamités qu'elle devoit entraîner. La suite des événements montra que la politique de Fénelon étoit aussi favorable au bien de la France qu'aux règles de la justice.

Le second Mémoire, sur la campagne de 1702, est surtout remarquable par la revue que Fénelon y fait des généraux qu'on pourra employer dans cette campagne, et par la sagesse des jugements qu'il porte sur chacun d'eux. Les premières pages de ce mémoire ne se sont pas retrouvées parmi nos manuscrits : mais on voit clairement, par les fragments qui nous en restent, qu'il a été rédigé au commencement de 1702, à l'époque où le roi d'Espagne devoit passer en Italie pour y commander les armées, et avant que Victor-Amédée, duc de Savoie, se fût déclaré contre la France.

L'état déplorable du royaume, à la fin de 1709 et au commencement de 1710, fait le sujet du troisième Mémoire. Après une peinture fidèle des maux qui accabloient la France, Fénelon examine les expédients qu'on pourroit employer pour accélérer la conclusion de la paix. Il pense que, dans l'état désespéré où l'on se trouve, Louis XIV ne peut plus raisonnablement soutenir les droits de Philippe V à la couronne d'Espagne, et que le jeune prince lui-même est obligé de renoncer à son droit, plutôt que d'exposer la France à une ruine entière. La date de ce Mémoire n'est pas marquée sur le manuscrit; mais on voit, par le contenu, qu'il dut être rédigé pendant l'hiver de 1709 à 1710; car Fénelon y rappelle le voyage de M. de Torcy à La Haye, qui eut lieu au mois de mai 1709; et il souhaite qu'on entame avec les alliés une nouvelle négociation, dont il ne fut question que vers le mois de mars 1710, époque du congrès de Gertruydemberg.

La conclusion de ce congrès, vers le mois d'août 1710, donna lieu au quatrième Mémoire. Louis XIV avoit porté le desir de la paix jusqu'à promettre aux puissances étrangères des subsides pour les aider à détrôner son petit-fils. Celles-ci, fières de leurs succès, poussèrent la dureté jusqu'à exiger que le roi de France se chargeât seul de détrôner Philippe V, et cela dans l'espace de deux mois. Louis XIV, justement indigné d'une condition si outrageante, résolut de soutenir la guerre jusqu'à la dernière extrémité. Fénelon étoit sans doute bien éloigné de blâmer cette résolution magnanime. Mais il persistoit à croire que, dans l'impossibilité manifeste où se trouvoit la France de maintenir Philippe V sur le trône d'Espagne, ce prince étoit obligé d'abdiquer lui-même sa couronne. Il expose dans son Mémoire tous les motifs propres à établir cette opinion, et capables de faire impression sur l'esprit et sur le cœur de Philippe V. Il souhaite que le roi de France « envoie au plus tôt en Espagne l'homme le plus habile et » le plus propre de son royaume à être écouté et cru par » le jeune prince, » pour le déterminer à ce sacrifice; et il croit que le duc de Chevreuse est l'homme le plus capable de réussir dans une négociation si délicate.

Le duc de Chevreuse, à qui ce Mémoire étoit adressé, ne partageoit pas entièrement l'opinion de Fénelon sur la renonciation de Philippe V à la couronne d'Espagne : il croyoit que le jeune prince, lié comme il l'étoit à cette nation, ne pouvoit en conscience l'abandonner sans qu'elle y consentît, et que la nation refusant ce consentement, le prince devoit plutôt périr avec elle que de l'abandonner. Tel est le fond des *observations* que le duc de Chevreuse adressa à Fénelon, en réponse au Mémoire précédent, ou du moins à un autre Mémoire écrit vers le même temps, et sur le même sujet. L'indication que fait le duc de Chevreuse des articles du Mémoire sur lequel tombent ses *observations*, nous porte à croire qu'il répond à un Mémoire différent de celui dont nous venons de parler.

Pour répondre aux *observations* précédentes, Fénelon examine à fond, dans un dernier Mémoire, le droit de Philippe V à la couronne d'Espagne. Il conclut cet examen en avouant qu'il avoit d'abord regardé comme bien fondé le droit de Philippe V; mais qu'en examinant les choses de plus près, il y trouve de grandes difficultés. « Mais en- » fin, ajoute-t-il, je ne vois rien qui doive faire douter » que ce prince ne soit obligé de renoncer à son droit, bon » ou mauvais, sur l'Espagne, pour sauver la France. » Il est impossible de lire ce Mémoire sans être frappé de la supériorité de vues que porte l'illustre prélat dans une discussion si étrangère à l'objet ordinaire de ses idées et de ses réflexions. Au reste, cette discussion si importante et si délicate tomba bientôt d'elle-même, par un événement aussi heureux pour la France qu'il étoit imprévu. L'empereur Joseph, qui depuis quelques années avoit succédé à Léopold, mourut sans postérité le 17 avril 1712, âgé seulement de trente-trois ans; et la couronne impériale tomba entre les mains de l'archiduc Charles, son frère, que les puissances étrangères avoient prétendu substituer à Philippe V en Espagne. La crainte de voir passer à la maison d'Autriche la prépondérance qu'on n'avoit pas voulu laisser prendre à la maison de Bourbon changea tout-à-coup les combinaisons de la politique, et donna lieu à de nouvelles négociations. La paix fut signée à Utrecht en 1713; mais à des conditions bien différentes de celles qu'on avoit prétendu dicter à la France dans le temps de ses désastres. La couronne d'Espagne fut assurée à Philippe V et à sa postérité, à condition qu'il renonceroit pour toujours à la couronne de France.

Avant la conclusion de la paix, Fénelon eut encore lieu

---

[1] Voyez le VIIe livre de l'*Histoire de Fénelon*.

de rédiger quelques autres mémoires, qui ne manifestent pas moins que les précédents l'étendue et la sagesse de ses vues. Dans le septième, rédigé pendant l'hiver de 1711 à 1712, il expose au duc de Chevreuse ses idées sur le plan de la campagne de 1712, et sur le choix des généraux auxquels on pourra confier le commandement des armées.

Le huitième, rédigé dans le cours de l'année 1712, depuis la mort du duc de Bourgogne, a pour objet les négociations de paix qui se poursuivoient alors avec activité.

Enfin, le neuvième, adressé au chancelier Voisin, au commencement de l'année 1712, pour être communiqué au roi, propose à Sa Majesté un article à insérer dans le traité de paix, relativement à la souveraineté de Cambrai. Cette souveraineté avoit été cédée aux évêques de Cambrai à titre de fief, depuis environ sept cents ans, par les empereurs d'Allemagne; et aucun acte légitime n'avoit dérogé depuis à cette disposition. Quelque temps avant le traité de Riswick, signé en 1697, Fénelon avoit déjà proposé au roi de se faire céder par l'Empire et par l'archevêque cette place importante; mais cette demande n'ayant eu aucune suite, l'archevêque de Cambrai crut que le bien de l'Église et de l'état devoit engager le roi à revenir sur cet article. Tel est l'objet de son Mémoire, dans lequel on retrouve les sentiments du plus parfait dévouement aux intérêts du roi, aussi bien qu'à ceux de la religion. Cependant il ne paroît pas que cette nouvelle démarche ait eu plus d'effet que la première.

Tous les Mémoires dont nous venons de parler, à l'exception du cinquième et du neuvième, paroissent avoir été adressés au duc de Chevreuse, pour être communiqués aux ducs de Bourgogne et de Beauvilliers, et les diriger dans le conseil. Le second et le septième, ainsi que l'addition au quatrième, paroissent ici imprimés pour la première fois. Les autres furent publiés en 1787, par le P. de Querbeuf, dans le tome III de sa collection : mais l'éditeur, faute de les avoir suffisamment examinés, réunit mal à propos le troisième et le sixième, qui doivent certainement être séparés. Il n'eut pas non plus la précaution de distinguer le Mémoire du duc de Chevreuse d'avec ceux de Fénelon, ce qui donnoit lieu de les attribuer tous indistinctement à l'archevêque de Cambrai. L'examen attentif des manuscrits originaux et du contenu des Mémoires nous a mis à portée de remédier aux inadvertances du premier éditeur.

IV. Plans de gouvernement.

Pendant les négociations pour la paix, le nouvel ordre de choses qui se préparoit, et l'âge avancé de Louis XIV, firent penser à Fénelon que le temps étoit arrivé où le duc de Bourgogne devoit sérieusement s'occuper d'un plan général de gouvernement, et mettre à exécution les maximes religieuses et politiques dont il avoit été nourri. Pour faciliter le travail au jeune prince, il crut devoir lui communiquer ses idées par l'entremise du duc de Chevreuse, avec qui il en traita de vive voix, dans une entrevue qu'ils eurent à Chaulnes[1] au mois de novembre 1711. A la suite de ces conversations, Fénelon en rédigea les résultats en divers tableaux, destinés à rappeler d'un coup d'œil les maximes dont il étoit convenu avec son vertueux ami. Tous ces tableaux ont été insérés dans l'*Histoire de Fénelon* parmi les *Pièces justificatives* du livre VII. Nous les reproduisons ici d'après les manuscrits originaux. Quelques unes des dispositions proposées dans ces plans pourroient sans doute donner lieu à de graves discussions; mais si l'on examine attentivement la suite et l'ensemble des idées de Fénelon, si l'on se transporte, comme l'équité le demande, aux circonstances où il écrivoit, on sera forcé de convenir qu'il étoit difficile de rien proposer de plus convenable et de plus utile au bien de la société civile et religieuse.

Mais tandis que Fénelon et la France entière se livroient aux plus douces illusions de l'espérance, et jouissoient déjà par avance du bonheur que devoit leur procurer le règne d'un prince formé avec tant de soin et de succès par les plus vertueux instituteurs, un coup terrible porta en un moment la tristesse et le désespoir dans tous les cœurs. Le duc de Bourgogne, accablé de douleur par la mort de la duchesse son épouse, succomba lui-même à sa profonde sensibilité le 18 février 1712. Le même char funèbre porta à Saint-Denis les restes du prince avec ceux de la princesse; et la France vit reposer toutes ses destinées sur la tête d'un vieillard de soixante-quatorze ans, et d'un enfant de deux ans, seul rejeton de la famille royale.

La tendre affection que Fénelon avoit toujours portée au duc de Bourgogne lui fit ressentir plus vivement qu'à personne l'affreux événement qui plongeoit toute la France dans le deuil. Pendant plusieurs jours, il ne put s'exprimer que par le silence de la tristesse et de la plus accablante douleur. Mais l'amour de la religion et de la patrie lui rendirent bientôt assez de force pour s'occuper de prévenir les malheurs affreux que les circonstances présentes sembloient présager à la France.

Tel fut le sujet des nouveaux Mémoires qu'il adressa au duc de Chevreuse dans le cours du mois de mars 1712. Un malheureux concours de circonstances, et en particulier la mort du duc de Chevreuse, qui suivit d'assez près la rédaction de ces Mémoires; peut-être aussi les difficultés que présentoit l'exécution des mesures proposées par l'archevêque de Cambrai, rendirent tous ses projets inutiles; mais ils seront à jamais un monument précieux du zèle ardent et passionné que le vertueux prélat conserva toute sa vie pour le bien de la religion et pour la prospérité de la France.

---

[1] Chaulnes est un petit bourg de Picardie, situé à trois lieues sud-ouest de Péronne, et dont le duc de Chevreuse étoit seigneur. C'est là que Fénelon et son vertueux ami avoient de temps en temps la consolation de se voir, et conférer en liberté, depuis la disgrace de l'archevêque de Cambrai.

EXAMEN DE CONSCIENCE

SUR

LES DEVOIRS DE LA ROYAUTÉ.

Personne ne souhaite plus que moi, monseigneur [*], que vous soyez un très grand nombre d'années loin des périls inséparables de la royauté. Je le souhaite par zèle pour la conservation de la personne sacrée du roi, si nécessaire à son royaume, et de celle de monseigneur le dauphin [**]; je le souhaite pour le bien de l'état ; je le souhaite pour le vôtre même; car un des plus grands malheurs qui vous pût arriver seroit d'être le maître des autres, dans un âge où vous l'êtes encore si peu de vous-même. Mais il faut vous préparer de loin aux dangers d'un état dont je prie Dieu de vous préserver jusques à l'âge le plus avancé de la vie. La meilleure manière de faire connoître cet état à un prince qui craint Dieu et qui aime la religion, c'est de lui faire un examen de conscience sur les devoirs de la royauté. C'est ce que je vais tâcher de faire.

ARTICLE PREMIER.

De l'INSTRUCTION nécessaire à un prince.

I. Connoissez-vous assez toutes les vérités du christianisme ? Vous serez jugé sur l'Évangile, comme le moindre de vos sujets. Étudiez-vous vos devoirs dans cette loi divine ? Souffririez-vous qu'un magistrat jugeât tous les jours les peuples en votre nom, sans savoir vos lois et vos ordonnances, qui doivent être la règle de ses jugements ? Espérez-vous que Dieu souffrira que vous ignoriez sa loi, suivant laquelle il veut que vous viviez et que vous gouverniez son peuple ? Lisez-vous l'Évangile sans curiosité, avec une docilité humble, dans un esprit de pratique, et vous tournant contre vous-même, pour vous condamner dans toutes les choses que cette loi reprendra en vous ?

II. Ne vous êtes-vous point imaginé que l'Évangile ne doit point être la règle des rois comme celle de leurs sujets; que la politique les dispense d'être humbles, justes, sincères, modérés, compatissants, prêts à pardonner les injures ? Quelque lâche et corrompu flatteur ne vous a-t-il point dit, et n'avez-vous point été bien aise de croire, que les rois ont besoin de se gouverner, pour leurs états, par certaines maximes de hauteur, de dureté, de dissimulation, en s'élevant au-dessus des règles communes de la justice et de l'humanité ?

III. N'avez-vous point cherché les conseillers, en tout genre, les plus disposés à vous flatter dans vos maximes d'ambition, de vanité, de faste, de mollesse et d'artifice ? N'avez-vous point eu peine à croire les hommes fermes et désintéressés qui, ne desirant rien de vous, et ne se laissant point éblouir par votre grandeur, vous auroient dit avec respect toutes vos vérités, et vous auroient contredit pour vous empêcher de faire des fautes ?

IV. N'avez-vous pas été bien aise, dans les replis les plus cachés de votre cœur, de ne pas voir le bien que vous n'aviez pas envie de faire, parce qu'il vous en auroit trop coûté pour le pratiquer ; et n'avez-vous point cherché des raisons pour excuser le mal auquel votre inclination vous portoit?

V. N'avez-vous point négligé la prière pour demander à Dieu la connoissance de ses volontés sur vous ? Avez-vous cherché dans la prière la grace pour profiter de vos lectures ? Si vous avez négligé de prier, vous vous êtes rendu coupable de toutes les ignorances où vous avez vécu, et que l'esprit de prière vous auroit ôtées. C'est peu de lire les vérités éternelles, si on ne prie pour obtenir le don de les bien entendre. N'ayant pas bien prié, vous avez mérité les ténèbres où Dieu vous a laissé sur la correction de vos défauts, et sur l'accomplissement de vos devoirs. Ainsi la négligence, la tiédeur, et la distraction volontaire dans la prière, qui passent d'ordinaire pour les plus légères de toutes les fautes, sont néanmoins la vraie source de l'ignorance et de l'aveuglement funeste où vivent la plupart des princes

VI. Avez-vous choisi pour votre conseil de conscience les hommes les plus pieux, les plus fermes, et les plus éclairés, comme on cherche les meilleurs généraux d'armées pour commander les troupes pendant la guerre, et les meilleurs médecins quand on est malade ? Avez-vous composé ce conseil de conscience de plusieurs personnes, afin que l'une puisse vous préserver des préventions de l'autre; parce que tout homme, quelque droit et habile qu'il puisse être, est toujours capable de prévention ? Avez-vous craint les inconvénients qu'il y a à se livrer à un seul homme ? Avez-vous donné à ce conseil une entière liberté de vous découvrir, sans adoucissement, toute l'étendue de vos obligations de conscience ?

---

[*] Louis de France, duc de Bourgogne, petit-fils de Louis XIV, né à Versailles le 6 août 1682, et, mort le vingtième dauphin de la maison de France, à Marly, le 18 février 1712.

[**] Louis de France, fils de Louis XIV, né à Fontainebleau le 1er novembre 1661, et mort à Meudon le 14 avril 1711.

VII. Avez-vous travaillé à vous instruire des lois, coutumes et usages du royaume? Le roi est le premier juge de son état : c'est lui qui fait les lois; c'est lui qui les interprète dans le besoin; c'est lui qui juge souvent, dans son conseil, suivant les lois qu'il a établies, ou trouvées déjà établies avant son règne; c'est lui qui doit redresser tous les autres juges : en un mot, sa fonction est d'être à la tête de toute la justice pendant la paix, comme d'être à la tête des armées pendant la guerre; et comme la guerre ne doit jamais être faite qu'à regret, le plus courtement qu'il est possible, et en vue d'une constante paix, il s'ensuit que la fonction de commander des armées n'est qu'une fonction passagère, forcée et triste pour les bons rois: au lieu que celle de juger les peuples et de veiller sur tous les juges est leur fonction naturelle, essentielle, ordinaire, et inséparable de la royauté. Bien juger, c'est juger selon les lois : pour juger selon les lois, il les faut savoir. Les savez-vous, et êtes-vous en état de redresser les juges qui les ignorent? Connoissez-vous assez les principes de la jurisprudence, pour être facilement au fait quand on vous rapporte une affaire? Êtes-vous en état de discerner, entre vos conseillers, ceux qui vous flattent, d'avec ceux qui ne vous flattent pas; et ceux qui suivent religieusement les règles, d'avec ceux qui voudroient les plier d'une façon arbitraire selon leurs vues? Ne dites point que vous suivez la pluralité des voix : car, outre qu'il y a des cas de partage, dans votre conseil, où votre avis doit décider, ne fussiez-vous là que comme un président de compagnie, de plus vous êtes là le seul vrai juge; vos conseillers d'état ou ministres ne sont que de simples consulteurs; c'est vous seul qui décidez effectivement. La voix d'un seul homme bien éclairé doit souvent être préférée à celle de dix juges timides et foibles, ou entêtés et corrompus. C'est le cas où l'on doit plutôt peser que compter les voix.

VIII. Avez-vous étudié la vraie forme de gouvernement de votre royaume? Il ne suffit pas de savoir les lois qui règlent la propriété des terres et autres biens entre les particuliers; c'est sans doute la moindre partie de la justice : il s'agit de celle que vous devez garder entre votre nation et vous, entre vous et vos voisins. Avez-vous étudié sérieusement ce qu'on nomme le droit des gens? droit qu'il est d'autant moins permis à un roi d'ignorer, que c'est le droit qui règle sa conduite dans ses plus importantes fonctions, et que ce droit se réduit aux principes les plus évidents du droit naturel pour tout le genre humain. Avez-vous étudié les lois fondamentales et les coutumes constantes qui ont force de loi pour le gouvernement général de votre nation particulière? Avez-vous cherché à connoître, sans vous flatter, quelles sont les bornes de votre autorité? Savez-vous par quelles formes le royaume s'est gouverné sous les diverses races; ce que c'étoit que les anciens parlements, et les états-généraux qui leur ont succédé; quelle étoit la subordination des fiefs; comment les choses ont passé à l'état présent; sur quoi ce changement est fondé; ce que c'est que l'anarchie; ce que c'est que la puissance arbitraire, et ce que c'est que la royauté réglée par les lois, milieu entre les deux extrémités? Souffririez-vous qu'un juge jugeât sans savoir l'ordonnance; et qu'un général d'armée commandât sans savoir l'art militaire? Croyez-vous que Dieu souffre que vous régniez, si vous régnez sans être instruit de ce qui doit borner et régler votre puissance? Il ne faut donc pas regarder l'étude de l'histoire, des mœurs, et de tout le détail de l'ancienne forme du gouvernement, comme une curiosité indifférente, mais comme un devoir essentiel de la royauté.

IX. Il ne suffit pas de savoir le passé; il faut connoître le présent. Savez-vous le nombre d'hommes qui composent votre nation; combien d'hommes, combien de femmes, combien de laboureurs, combien d'artisans, combien de praticiens, combien de commerçants; combien de prêtres et de religieux, combien de nobles et de militaires? Que diroit-on d'un berger qui ne sauroit pas le nombre de son troupeau? Il est aussi facile à un roi de savoir le nombre de son peuple : il n'a qu'à le vouloir. Il doit savoir s'il y a assez de laboureurs; s'il y a, à proportion, trop d'autres artisans, trop de praticiens, trop de militaires à la charge de l'état. Il doit connoître le naturel des habitants de ses différentes provinces, leurs principaux usages, leurs franchises, leurs commerces, et les lois de leurs divers trafics au-dedans et au-dehors du royaume. Il doit savoir les divers tribunaux établis en chaque province, les droits des charges, les abus de ces charges, etc. Autrement il ne saura point la valeur de la plupart des choses qui passeront devant ses yeux; ses ministres lui imposeront sans peine à toute heure; il croira tout voir, et ne verra rien qu'à demi. Un roi ignorant sur toutes ces choses n'est qu'à demi roi : son ignorance le met hors d'état de redresser ce qui est de travers; son ignorance fait plus de mal que la corruption des hommes qui gouvernent sous lui.

ARTICLE II.

De l'EXEMPLE qu'un prince doit à ses sujets.

X. On dit d'ordinaire aux rois qu'ils ont moins à craindre les vices de particuliers, que les défauts auxquels ils s'abandonnent dans les fonctions royales. Pour moi, je dis hardiment le contraire, et je soutiens que toutes leurs fautes dans la vie la plus privée sont d'une conséquence infinie pour la royauté. Examinez donc vos mœurs en détail. Les sujets sont de serviles imitateurs de leur prince, surtout dans les choses qui flattent leurs passions. Leur avez-vous donné le mauvais exemple d'un amour déshonnête et criminel ? Si vous l'avez fait, votre autorité a mis en honneur l'infamie ; vous avez rompu la barrière de la pudeur et de l'honnêteté ; vous avez fait triompher le vice et l'impudence ; vous avez appris à tous vos sujets à ne rougir plus de ce qui est honteux : leçon funeste, qu'ils n'oublieront jamais ! *Il vaudroit mieux*, dit Jésus-Christ, *être jeté, avec une meule de moulin au cou, au fond des abîmes de la mer, que d'avoir scandalisé le moindre des petits.* Quel est donc le scandale d'un roi qui montre le vice assis avec lui sur son trône, non-seulement à tous ses sujets, mais encore à toutes les cours et à toutes les nations du monde connu ! Le vice est par lui-même un poison contagieux ; le genre humain est toujours prêt à recevoir cette contagion ; il ne tend, par ses inclinations, qu'à secouer le joug de toute pudeur. Une étincelle cause un incendie ; une action d'un roi fait souvent une multiplication et un enchaînement de crimes, qui s'étendent jusqu'à plusieurs nations et à plusieurs siècles. N'avez-vous point donné de ces mortels exemples ? Peut-être croyez-vous que vos désordres ont été secrets. Non, le mal n'est jamais secret dans les princes. Le bien y peut être secret, car on a grande peine à le croire véritable en eux ; mais pour le mal, on le devine, on le croit sur les moindres soupçons. Le public pénètre tout ; et souvent, pendant que le prince se flatte que ses foiblesses sont ignorées, il est le seul qui ignore combien elles sont l'objet de la plus maligne critique. En lui, tout commerce équivoque et sujet à explication, toute apparence de galanterie, tout air passionné ou amusé cause un scandale, et porte coup pour altérer les mœurs de toute une nation.

XI. N'avez-vous point autorisé une liberté immodeste dans les femmes ? ne les admettez-vous dans votre cour que pour le vrai besoin ? n'y sont-elles qu'auprès de la reine ou des princesses de votre maison ? Choisissez-vous pour ces places des femmes d'un âge mûr, et d'une vertu éprouvée ? Excluez-vous de ces places les jeunes femmes d'une beauté qui seroit un piège pour vous et pour vos courtisans ? Il vaut mieux que de telles personnes demeurent dans une vie retirée, au milieu de leurs familles, loin de la cour. Avez-vous exclu de votre cour toutes les dames qui n'y sont point nécessaires dans les places auprès des princesses ? Avez-vous soin de faire en sorte que les princesses elles-mêmes soient modestes, retirées, et d'une conduite régulière en tout ? En diminuant le nombre des femmes de la cour, et en les choisissant le mieux que vous pouvez, avez-vous soin d'écarter celles qui introduisent des libertés dangereuses, et d'empêcher que les courtisans corrompus ne les voient en particulier, hors des heures où toute la cour se rassemble ? Toutes ces précautions paroissent maintenant des scrupules et des sévérités outrées : mais, si on remonte aux temps qui ont précédé François 1er, on trouvera qu'avant la licence scandaleuse introduite par ce prince, les femmes de la première condition, surtout celles qui étoient jeunes et belles, n'alloient point à la cour : tout au plus elles y paroissoient très rarement, pour aller rendre leurs devoirs à la reine ; ensuite leur honneur étoit de demeurer à la campagne dans leurs familles. Ce grand nombre de femmes qui vont librement partout à la cour est un abus monstrueux, auquel on a accoutumé la nation. N'avez-vous point autorisé cette pernicieuse coutume ? N'avez-vous point attiré, ou conservé par quelque distinction dans votre cour, quelque femme d'une conduite actuellement suspecte, ou du moins qui a autrefois mal édifié le monde ? Ce n'est point à la cour que ces personnes profanes doivent faire pénitence. Qu'elles aillent faire dans des retraites si elles sont libres, ou dans leurs familles si elles sont attachées au monde par leurs maris encore vivants. Mais écartez de votre cour tout ce qui n'a pas été régulier, puisque vous avez à choisir parmi toutes les femmes de qualité de votre royaume pour remplir les places.

XII. Avez-vous soin de réprimer le luxe, et d'arrêter l'inconstance ruineuse des modes ? C'est ce qui corrompt la plupart des femmes : elles se jettent à la cour dans des dépenses qu'elles ne peuvent soutenir sans crime. Le luxe augmente en elles la passion de plaire ; et leur passion pour plaire se tourne principalement à tendre des pièges au roi. Il faudroit qu'il fût insensible et invulnérable, pour résister à toutes ces femmes pernicieuses qu'il tient autour de lui : c'est une occasion toujours prochaine dans laquelle il se met. N'avez-vous point souffert que les personnes les plus vaines et les plus prodigues aient inventé de nouvelles modes pour augmenter les dépenses? N'avez-vous pas vous-même contribué à un si grand mal par une magnificence excessive? Quoique vous soyez roi, vous devez éviter tout ce qui coûte beaucoup, et que d'autres voudroient avoir comme vous. Il est inutile d'alléguer que nul de vos sujets ne doit se permettre un extérieur qui ne convient qu'à vous : les princes qui vous touchent de près voudront faire à peu près ce que vous ferez; les grands seigneurs se piqueront d'imiter les princes; les gentilshommes voudront être comme les seigneurs; les financiers surpasseront les seigneurs mêmes; tous les bourgeois voudront marcher sur les traces des financiers, qu'ils ont vu sortir de la boue. Personne ne se mesure, et ne se fait justice. De proche en proche le luxe passe, comme par une nuance imperceptible, de la plus haute condition à la lie du peuple. Si vous avez de la broderie, les valets de chambre en porteront. Le seul moyen d'arrêter tout court le luxe est de donner vous-même l'exemple que saint Louis donnoit d'une grande simplicité. L'avez-vous donné en tout, cet exemple si nécessaire? Il ne suffit pas de le donner en habits; il faut le donner en meubles, en équipages, en tables, en bâtiments. Sachez comment les rois vos prédécesseurs étoient logés et meublés; sachez quels étoient leurs repas et leurs voitures : vous serez étonné des prodiges de luxe où nous sommes tombés. Il y a aujourd'hui plus de carrosses à six chevaux dans Paris, qu'il n'y avoit de mules il y a cent ans. Chacun n'avoit point une chambre; une seule chambre suffisoit, avec plusieurs lits, pour plusieurs personnes : maintenant chacun ne peut plus se passer d'appartements vastes et d'enfilades; chacun veut avoir des jardins où l'on renverse toute la terre, des jets d'eau, des statues, des parcs sans bornes, des maisons dont l'entretien surpasse le revenu des terres où elles sont situées. D'où tout cela vient-il? De l'exemple d'un seul. L'exemple seul peut redresser les mœurs de toute la nation. Nous voyons même que la folie de nos modes est contagieuse chez tous nos voisins. Toute l'Europe, si jalouse de la France, ne peut s'empêcher de se soumettre sérieusement à nos lois dans ce que nous avons de plus frivole et de plus pernicieux. Encore une fois, telle est la force de l'exemple du prince : lui seul peut, par sa modération, ramener au bon sens ses propres peuples et les peuples voisins; puisqu'il le peut, il le doit sans doute : l'avez-vous fait?

XIII. N'avez-vous point donné un mauvais exemple, ou pour des paroles trop libres, ou pour des railleries piquantes, ou pour des manières indécentes de parler sur la religion? Les courtisans sont de serviles imitateurs, qui font gloire d'avoir tous les défauts du prince. Avez-vous repris l'irréligion jusque dans les moindres mots par lesquels on voudroit l'insinuer? Avez-vous fait sentir votre sincère indignation contre l'impiété? N'avez-vous rien laissé de douteux là-dessus? N'avez-vous jamais été retenu par une mauvaise honte, qui vous ait fait rougir de l'Évangile? Avez-vous montré, par vos discours et par vos actions, votre foi sincère et votre zèle pour le christianisme? Vous êtes-vous servi de votre autorité pour rendre l'irréligion muette? Avez-vous écarté avec horreur les plaisanteries malhonnêtes, les discours équivoques, et toutes les autres marques de libertinage?

ARTICLE III.

De la JUSTICE qui doit présider à tous les actes du gouvernement.

XIV. N'avez-vous rien pris à aucun de vos sujets par pure autorité et contre les règles? L'avez-vous dédommagé, comme un particulier l'auroit fait, quand vous avez pris sa maison, ou enfermé son champ dans votre parc, ou supprimé sa charge, ou éteint sa rente? Avez-vous examiné à fond les vrais besoins de l'état, pour les comparer avec l'inconvénient des taxes, avant que de charger vos peuples? Avez-vous consulté, sur une si importante question, les hommes les plus éclairés, les plus zélés pour le bien public, et les plus capables de vous dire la vérité sans flatterie ni mollesse? N'avez-vous point appelé nécessité de l'état ce qui ne servoit qu'à flatter votre ambition, comme une guerre pour faire des conquêtes, et pour acquérir de la gloire? N'avez-vous point appelé besoins de l'état vos propres prétentions? Si vous aviez des prétentions personnelles pour quelque succession dans les états voisins, vous deviez soutenir cette guerre sur votre domaine, sur vos épargnes, sur vos emprunts personnels, ou, du moins, ne prendre à cet égard que les secours qui vous auroient été donnés par la pure affection de vos peuples, et non pas pour les accabler d'impôts, pour soutenir des prétentions qui n'intéressent point vos sujets; car ils n'en seront point plus heureux quand vous aurez une province de plus. Quand Charles VIII alla à Naples pour recueillir la succession de la maison d'Anjou, il entreprit cette guerre à ses dépens personnels : l'état ne se crut point obligé aux frais de cette entreprise. Tout au plus vous pourriez recevoir en de telles occasions les dons des peuples, faits par affection, et par rapport à la liaison qui est entre les intérêts d'une nation zélée et d'un roi qui la gouverne en père. Mais, selon cette vue, vous seriez bien éloigné d'accabler les peuples d'impôts pour votre intérêt particulier.

XV. N'avez-vous point toléré des injustices, lors même que vous vous êtes abstenu d'en faire? Avez-vous choisi avec assez de soin toutes les personnes que vous avez mises en autorité, les intendants, les gouverneurs, les ministres, etc.? N'en avez-vous choisi aucun par mollesse pour ceux qui vous les proposoient, ou par un secret desir qu'ils poussassent au-delà des vraies bornes votre autorité ou vos revenus? Vous êtes-vous informé de leur administration? Avez-vous fait entendre que vous étiez prêt à écouter des plaintes contre eux, et à en faire bonne justice? L'avez-vous faite, quand vous avez découvert leurs fautes?

XVI. N'avez-vous point donné ou laissé prendre à vos ministres des profits excessifs, que leurs services n'avoient point mérités? Les récompenses que le prince donne à ceux qui servent sous lui l'état doivent toujours avoir certaines bornes. Il n'est point permis de leur donner des fortunes qui surpassent celle des gens de la plus haute condition, ni qui soient disproportionnées aux forces présentes de l'état. Un ministre, quelques services qu'il ait rendus, ne doit point parvenir tout-à-coup à des biens immenses, pendant que les peuples souffrent, et que les princes et seigneurs du premier rang sont nécessiteux. Il est encore moins permis de donner de telles fortunes à des favoris, qui d'ordinaire ont encore moins servi l'état que les ministres.

XVII. Avez-vous donné à tous les commis des bureaux de vos ministres, et aux autres personnes qui remplissent les emplois subalternes, des appointements raisonnables, pour pouvoir subsister honnêtement sans rien prendre des expéditions? En même temps avez-vous réprimé le luxe et l'ambition de ces gens-là? Si vous ne l'avez pas fait, vous êtes responsable de toutes les exactions secrètes qu'ils ont faites dans leurs fonctions. D'un côté, ils n'entrent dans ces places qu'en comptant qu'ils y vivront avec éclat, et qu'ils y feront de promptes fortunes; d'un autre côté, ils n'ont pas d'ordinaire en appointements le tiers de l'argent qu'il leur faut pour la dépense honorable qu'ils font avec leurs familles; ils n'ont d'ordinaire aucun bien par leur naissance: que voulez-vous qu'ils fassent? Vous les mettez dans une espèce de nécessité de prendre en secret tout ce qu'ils peuvent attraper sur l'expédition des affaires. Cela est évident; et c'est fermer les yeux de mauvaise foi, que de ne le pas voir. Il faudroit que vous leur donnassiez davantage, et que vous les empêchassiez de se mettre sur un trop haut pied.

XVIII. Avez-vous cherché les moyens de soulager les peuples, et de ne prendre sur eux que ce que les vrais besoins de l'état vous ont contraint de prendre pour leur propre avantage? Le bien des peuples ne doit être employé qu'à la vraie utilité des peuples mêmes. Vous avez votre domaine, qu'il faut retirer et liquider: il est destiné à la subsistance de votre maison. Vous devez modérer cette dépense domestique, surtout quand vos revenus de domaine sont engagés, et que les peuples sont épuisés. Les subventions des peuples doivent être employées pour les vraies charges de l'état. Vous devez vous étudier à retrancher, dans les temps de pauvreté publique, toutes les charges qui ne sont pas d'une absolue nécessité. Avez-vous consulté les personnes les plus habiles et les mieux intentionnées, qui peuvent vous instruire de l'état des provinces, de la culture des terres, de la fertilité des années dernières, de l'état du commerce, etc., pour savoir ce que l'état peut payer sans souffrir? Avez-vous réglé là-dessus les impôts de chaque année? Avez-vous écouté favorablement les remontrances des gens de bien? Loin de les réprimer, les avez-vous cherchées et prévenues, comme un bon prince le doit faire? Vous savez qu'autrefois le roi ne prenoit jamais rien sur les peuples par sa seule autorité: c'étoit le parlement, c'est-à-dire l'assemblée de la nation, qui lui accordoit les fonds nécessaires pour les besoins extraordinaires de l'état. Hors de ce cas, il vivoit de son domaine. Qu'est-ce qui a changé cet ordre, sinon l'autorité absolue que les rois ont prise? De nos jours, on voyoit encore les parlements, qui sont des compagnies infiniment inférieures aux anciens parlements ou états de la nation, faire des remontrances pour n'enregistrer pas les édits bursaux. Du moins devez-vous n'en faire aucun sans avoir bien consulté des personnes incapables de vous flatter, et qui aient un véritable zèle pour le bien public. N'avez-vous point mis sur les peuples de nouvelles charges pour soutenir vos dépenses superflues, le luxe de vos tables, de vos équipages et de vos meubles, l'embellissement de vos jardins et de vos maisons, les graces excessives que vous avez prodiguées à vos favoris?

XIX. N'avez-vous point multiplié les charges et

offices pour tirer de leur création de nouvelles sommes? De telles créations ne sont que des impôts déguisés. Elles se tournent toutes à l'oppression des peuples; et elles ont trois inconvénients, que les simples impôts n'ont pas. 1° Elles sont perpétuelles, quand on n'en fait pas le remboursement: et si on en fait le remboursement, ce qui est ruineux pour vos sujets, on recommence bientôt ces créations. 2° Ceux qui achètent les offices créés veulent retrouver au plus tôt leur argent avec usure; vous leur livrez le peuple pour l'écorcher. Pour cent mille francs qu'on vous donnera, par exemple, sur une création d'offices, vous livrez le peuple pour cinq cent mille francs de vexation, qu'il souffrira sans remède. 3° Vous ruinez, par ces multiplications d'offices, la bonne police de l'état; vous rendez la justice de plus en plus vénale; vous en rendez la réforme de plus en plus impraticable; vous obérez toute la nation, car ces créations deviennent des espèces de dettes de la nation entière; enfin vous réduisez tous les arts et toutes les fonctions à des monopoles qui gâtent et qui abâtardissent tout. N'avez-vous point à vous reprocher de telles créations, dont les suites seront pernicieuses pendant plusieurs siècles? Le plus sage et le meilleur de tous les rois, dans un règne paisible de cinquante ans, ne pourroit raccommoder ce qu'un roi peut avoir fait de maux, par ces sortes de créations, en dix ans de guerre. N'avez-vous point été trop facile pour des courtisans, qui, sous prétexte d'épargner vos finances dans les récompenses qu'ils vous ont demandées, vous ont proposé ce qu'on appelle des affaires? Ces affaires sont toujours des impôts déguisés sur le peuple, qui troublent la police, qui énervent la justice, qui dégradent les arts, qui gênent le commerce, qui chargent le public, pour contenter un peu de temps l'avidité d'un courtisan fastueux et prodigue. Renvoyez vos courtisans passer quelques années dans leurs terres pour raccommoder leurs affaires; apprenez-leur à vivre avec frugalité; montrez-leur que vous n'estimez que ceux qui vivent avec règle, et qui gouvernent bien leurs affaires; témoignez du mépris pour ceux qui se ruinent follement : par-là, vous leur ferez plus de bien (sans qu'il en coûte un sou ni à vous ni à vos peuples), que si vous leur prodiguiez tout le bien public.

XX. N'avez-vous jamais toléré et voulu ignorer que vos ministres aient pris le bien des particuliers pour votre usage, sans le payer sa juste valeur, ou du moins retardant le paiement du prix, en sorte que ce retardement a porté dommage aux vendeurs forcés? C'est ainsi que des ministres prennent les maisons des particuliers pour les enfermer dans les palais des rois ou dans leurs fortifications; c'est ainsi qu'on déposséde les propriétaires de leurs seigneuries, ou fiefs, ou héritages, pour les mettre dans des parcs; c'est ainsi qu'on établit des capitaineries de chasse, où les capitaines accrédités auprès du prince ôtent la chasse aux seigneurs dans leurs propres terres, jusqu'à la porte de leurs châteaux, et font mille vexations au pays. Le prince n'en sait rien, et peut-être n'en veut rien savoir. C'est à vous à savoir le mal qu'on fait par votre autorité. Informez-vous de la vérité; ne souffrez point qu'on pousse trop loin votre autorité; écoutez favorablement ceux qui vous en représenteront les bornes : choisissez des ministres qui osent vous dire en quoi on la pousse trop loin; écartez les ministres durs, hautains et entreprenants.

XXI. Dans les conventions que vous faites avec les particuliers, êtes-vous juste, comme si vous étiez égal à celui avec qui vous traitez? est-il libre avec vous comme avec un de ses voisins? n'aime-t-il pas mieux souvent perdre, pour se racheter et pour se délivrer de vexation, que de soutenir son droit? Vos fermiers, vos traitants, vos intendants, etc., ne tranchent-ils point avec une hauteur que vous n'auriez pas vous-même, et n'étouffent-ils pas la voix du foible qui voudroit se plaindre? Ne donnez-vous pas souvent à l'homme avec qui vous contractez, des dédommagements en rentes, en engagements sur votre domaine, en charges de nouvelles créations, qu'un coup de plume de votre successeur peut lui retrancher, parce que les rois sont toujours mineurs, et leur domaine est inaliénable? Ainsi on ôte aux particuliers leurs patrimoines assurés, pour leur donner ce qui leur sera ôté dans la suite, avec une ruine inévitable de leurs familles.

XXII. N'avez-vous point accordé aux traitants, pour hausser leurs fermes, des édits, ou déclarations, ou arrêts, avec des termes ambigus, pour étendre vos droits aux dépens du commerce, et même pour tendre des pièges aux marchands, et pour confisquer leurs marchandises, ou du moins les fatiguer et les gêner dans leur commerce, afin qu'ils se rachètent par quelque somme? C'est faire tort et aux marchands et au public, dont on anéantit peu à peu par-là tout le négoce.

XXIII. N'avez-vous point toléré des enrôlements qui ne fussent pas véritablement libres? Il est vrai que les peuples se doivent à la défense de l'état; mais ce n'est que dans les guerres justes et absolument nécessaires : mais il faudroit qu'on choisît en chaque village les jeunes hommes libres dont l'absence ne nuiroit en rien, ni au labourage, ni au commerce, ni aux autres arts nécessaires, et qui n'ont point de famille à nourrir : mais il faudroit une fidélité inviolable à leur donner leur congé après un petit nombre d'années de service, en sorte que d'autres vinssent les relever et servir à leur tour. Mais laisser prendre des hommes sans choix, et malgré eux; faire languir et souvent périr toute une famille abandonnée par son chef; arracher le laboureur de sa charrue, le tenir dix, quinze ans dans le service, où il périt souvent de misère dans des hôpitaux, dépourvu des secours nécessaires; lui casser la tête, ou lui couper le nez, s'il déserte; c'est ce que rien ne peut excuser ni devant Dieu ni devant les hommes.

XXIV. Avez-vous eu soin de faire délivrer chaque galérien d'abord après le terme réglé par la justice pour sa punition? L'état de ces hommes est affreux, rien n'est plus inhumain que de le prolonger au-delà du terme. Ne dites point qu'on manqueroit d'hommes pour la chiourme, si on observoit cette justice; la justice est préférable à la chiourme. Il ne faut compter pour vraie et réelle puissance que celle que vous avez sans blesser la justice, et sans prendre ce qui n'est pas à vous.

XXV. Donnez-vous à vos troupes la paye nécessaire pour vivre sans piller? Si vous ne le faites point, vous mettez vos troupes dans une nécessité évidente de commettre les pillages et les violences que vous faites semblant de leur défendre. Les punirez-vous pour avoir fait ce que vous savez bien qu'ils ne peuvent pas s'empêcher de faire, et faute de quoi votre service seroit nécessairement d'abord abandonné? D'un autre côté, ne les punirez-vous point lorsqu'ils commettront publiquement des brigandages contre vos défenses? Rendrez-vous les lois méprisables, et souffrirez-vous qu'on se joue si indignement de votre autorité? Serez-vous manifestement contraire à vous-même; et votre autorité ne sera-t-elle qu'un jeu trompeur, pour paroître réprimer le désordre, et pour vous en servir à toute heure? Quelle discipline et quel ordre y a-t-il à espérer dans des troupes où les officiers ne peuvent vivre qu'en pillant les sujets du roi, qu'en violant à toute heure ses ordonnances, qu'en prenant par force et par tromperie des hommes pour les enrôler; où les soldats mourroient de faim, s'ils ne méritoient pas tous les jours d'être pendus?

XXVI. N'avez-vous point fait quelque injustice aux nations étrangères? On pend un pauvre malheureux pour avoir volé une pistole sur le grand chemin, dans son besoin extrême; et on traite de héros un homme qui fait la conquête, c'est-à-dire, qui subjugue injustement les pays d'un état voisin! L'usurpation d'un pré ou d'une vigne est regardée comme un péché irrémissible au jugement de Dieu, à moins qu'on ne restitue; et on compte pour rien l'usurpation des villes et des provinces! Prendre un champ à un particulier est un grand péché; prendre un grand pays à une nation est une action innocente et glorieuse! Où sont donc les idées de justice? Dieu jugera-t-il ainsi? *Existimasti inique quod ero tui similis*. Doit-on moins être juste en grand qu'en petit? La justice n'est-elle plus justice quand il s'agit des plus grands intérêts? Des millions d'hommes qui composent une nation sont-ils moins nos frères qu'un seul homme? N'aura-t-on aucun scrupule de faire à des millions d'hommes l'injustice, sur un pays entier, qu'on n'oseroit faire pour un pré à un homme seul? Tout ce qui est pris par pure conquête est donc pris très injustement, et doit être restitué; tout ce qui est pris dans une guerre entreprise sur un mauvais fondement est de même. Les traités de paix ne couvrent rien lorsque vous êtes le plus fort, et que vous réduisez vos voisins à signer le traité pour éviter de plus grands maux; alors ils signent, comme un particulier donne sa bourse à un voleur qui lui tient le pistolet sous la gorge. La guerre que vous avez commencée mal à propos, et que vous avez soutenue avec succès, loin de vous mettre en sûreté de conscience, vous engage, non-seulement à la restitution des pays usurpés, mais encore à la réparation de tous les dommages causés sans raison à vos voisins.

Pour les traités de paix, il faut les compter nuls, non-seulement dans les choses injustes que la violence a fait passer, mais encore dans celles où vous pourriez avoir mêlé quelque artifice et quelque terme ambigu, pour vous en prévaloir dans les occasions favorables. Votre ennemi est votre frère; vous ne pouvez l'oublier sans oublier l'humanité. Il ne vous est jamais permis de lui faire du mal, quand vous pouvez l'éviter sans vous nuire; et vous ne pouvez jamais chercher aucun avantage contre lui que par les armes, dans l'extrême nécessité. Dans les traités, il ne s'agit plus d'armes ni de guerre; il ne s'agit que de paix, de justice, d'humanité et de bonne foi. Il est encore plus infame et plus criminel de tromper dans un traité de paix avec un peuple voisin, que de tromper dans un contrat avec un particulier. Mettre dans un traité des termes ambigus et captieux, c'est préparer des semences de guerre pour l'avenir; c'est mettre des caques de poudre sous les maisons où l'on habite.

XXVII. Quand il a été question d'une guerre, avez-vous d'abord examiné, et fait examiner votre droit par les personnes les plus intelligentes et les moins flatteuses pour vous? Vous êtes-vous défié des conseils de certains ministres qui ont intérêt de vous engager à la guerre, ou qui du moins cherchent à flatter vos passions, pour tirer de vous de quoi contenter les leurs? Avez-vous cherché toutes les raisons qui pouvoient être contre vous? Avez-vous écouté favorablement ceux qui les ont approfondies? Vous êtes-vous donné le temps de savoir les sentiments de tous vos plus sages conseillers, sans les prévenir?

N'avez-vous point regardé votre gloire personnelle comme une raison d'entreprendre quelque chose, de peur de passer votre vie sans vous distinguer des autres princes? Comme si les princes pouvoient trouver quelque gloire solide à troubler le bonheur des peuples, dont ils doivent être les pères! Comme si un père de famille pouvoit être estimable par les actions qui rendent ses enfants malheureux! Comme si un roi avoit quelque gloire à espérer ailleurs que dans sa vertu, c'est-à-dire dans sa justice, et dans le bon gouvernement de son peuple! N'avez-vous point cru que la guerre étoit nécessaire pour acquérir des places qui étoient à votre bienséance, et qui feroient la sûreté de votre frontière? Étrange règle! Par les convenances, on ira de proche en proche jusqu'à la Chine. Pour la sûreté d'une frontière, on la peut trouver sans prendre le bien d'autrui: fortifiez vos propres places, et n'usurpez point celles de vos voisins. Voudriez-vous qu'un voisin vous prît tout ce qu'il croiroit commode pour sa sûreté? Votre sûreté n'est point un titre de propriété pour le bien d'autrui. La vraie sûreté pour vous, c'est d'être juste; c'est de conserver de bons alliés par une conduite droite et modérée; c'est d'avoir un peuple nombreux, bien nourri, bien affectionné, et bien discipliné. Mais qu'y a-t-il de plus contraire à votre sûreté que de faire éprouver à vos voisins qu'ils n'en peuvent jamais trouver aucune avec vous, et que vous êtes toujours prêt à prendre sur eux tout ce qui vous accommode?

XXVIII. Avez-vous bien examiné si la guerre dont il s'agissoit étoit nécessaire à vos peuples? Peut-être ne s'agissoit-il que de quelque prétention sur une succession qui vous regardoit personnellement; vos peuples n'y avoient aucun intérêt réel. Que leur importe que vous ayez une province de plus? Ils peuvent, par affection pour vous, si vous les traitez en père, faire quelque effort pour vous aider à recueillir les successions d'états, qui vous sont dues légitimement : mais pouvez-vous les accabler d'impôts malgré eux, pour trouver les fonds nécessaires à une guerre qui ne leur est utile en rien? Bien plus, supposé même que cette guerre regarde précisément l'état, vous avez dû regarder si elle est plus utile que dommageable : il faut comparer les fruits qu'on en peut tirer, ou du moins les maux qu'on pourroit craindre si on ne la faisoit pas, avec les inconvénients qu'elle entraînera après elle.

Toute compensation exactement faite, il n'y a presque point de guerre, même heureusement terminée, qui ne fasse beaucoup plus de mal que de bien à un état. On n'a qu'à considérer combien elle ruine de familles, combien elle fait périr d'hommes, combien elle ravage et dépeuple tous les pays, combien elle dérègle un état, combien elle y renverse les lois, combien elle autorise la licence, combien il faudroit d'années pour réparer ce que deux ans de guerre causent de maux contraires à la bonne politique dans un état. Tout homme sensé, et qui agiroit sans passion, entreprendroit-il le procès le mieux fondé selon les lois, s'il étoit assuré que ce procès, même en le gagnant, feroit plus de mal que de bien à la nombreuse famille dont il est chargé?

Cette juste compensation des biens et des maux de la guerre détermineroit toujours un bon roi à éviter la guerre, à cause de ses funestes suites; car où sont les biens qui puissent contre-balancer tant de maux inévitables, sans parler des périls d'un mauvais succès? Il ne peut y avoir qu'un seul cas où la guerre, malgré tous ses maux, devient nécessaire : c'est le cas où l'on ne pourroit l'éviter qu'en donnant trop de prise et d'avantage à un ennemi injuste, artificieux et trop puissant. Alors en voulant, par foiblesse, éviter la guerre, on y tomberoit encore plus dangereusement; on feroit une paix qui ne seroit pas une paix, et qui n'en auroit que l'apparence trompeuse. Alors il faut, malgré soi, faire vigoureusement la guerre, par le desir sincère d'une bonne et constante paix. Mais ce cas unique est plus rare qu'on ne s'imagine; et souvent on le croit réel, qu'il est très chimérique.

Quand un roi est juste, sincère, inviolablement fidèle à tous ses alliés, et puissant dans son pays par un sage gouvernement, il a de quoi bien réprimer les voisins inquiets et injustes qui veulent l'attaquer : il a l'amour de ses peuples et la confiance de ses voisins; tout le monde est intéressé à le soutenir. Si sa cause est juste, il n'a qu'à prendre toutes les voies les plus douces avant que de commencer la guerre. Il peut, étant déjà puissamment armé, offrir de croire certains voisins neutres et désintéressés, prendre quelque chose sur lui pour la paix, éviter tout ce qui aigrit les esprits, et tenter toutes les voies d'accommodement. Si tout cela ne sert de rien, il en fera la guerre avec plus de confiance en la protection de Dieu, avec plus de zèle de ses sujets, avec plus de secours de ses alliés. Mais il arrivera très rarement qu'il soit réduit à faire la guerre dans de telles circonstances. Les trois quarts des guerres ne s'engagent que par hauteur, par finesse, par avidité, par précipitation.

XXIX. Avez-vous été fidèle à tenir parole à vos ennemis pour les capitulations, pour les cartels, etc? Il y a les lois de la guerre, qu'il ne faut pas garder moins religieusement que celles de la paix. Lors même qu'on est en guerre, il reste un certain droit des gens qui est le fond de l'humanité même : c'est un lien sacré et inviolable entre les peuples, que nulle guerre ne peut rompre; autrement la guerre ne seroit plus qu'un brigandage inhumain, qu'une suite perpétuelle de trahisons, d'assassinats, d'abominations et de barbaries. Vous ne devez faire à vos ennemis que ce que vous croyez qu'ils ont droit de vous faire. Il y a les violences et les ruses de guerre qui sont réciproques, et auxquelles chacun s'attend. Pour tout le reste, il faut une bonne foi et une humanité entière. Il n'est point permis de rendre fraude pour fraude. Il n'est point permis, par exemple, de donner des paroles en vue d'en manquer, parce qu'on vous en a donné auxquelles on a manqué ensuite.

D'ailleurs, pendant la guerre entre deux nations indépendantes l'une de l'autre, la couronne la plus noble ou la plus puissante ne doit point se dispenser de subir avec égalité toutes les lois communes de la guerre. Un prince qui joue avec un bourgeois ne doit pas moins observer que lui toutes les lois du jeu : dès qu'il joue avec lui, il devient son égal, pour le jeu seulement. Le prince le plus élevé et le plus puissant doit se piquer d'être le plus fidèle à suivre toutes les règles pour les contributions, qui mettent ses peuples à couvert des captures, des massacres et des incendies; pour les cartels, pour les capitulations, etc.

XXX. Il ne suffit pas de garder les capitulations à l'égard des ennemis; il faut encore les garder religieusement à l'égard des peuples conquis. Comme vous devez tenir parole à la garnison ennemie qui se retire d'une ville prise, et n'y faire aucune supercherie sur des termes ambigus, tout de même vous devez tenir parole au peuple de cette ville et de ses dépendances. Qu'importe à qui vous ayez promis des conditions pour ce peuple? que ce soit à lui ou à la garnison, tout cela est égal. Ce qui est certain, c'est que vous avez promis ces conditions pour ce peuple; c'est à vous à les garder inviolablement. Qui pourra se fier à vous, si vous y manquez? Qu'y aura-t-il de sacré, si une promesse si solennelle ne l'est pas? C'est un contrat fait avec ces peuples : pour les rendre vos sujets; commencerez-vous par violer votre titre fondamental? Ils ne vous doivent obéissance que suivant ce contrat; et si vous le violez, vous ne méritez plus qu'ils l'observent.

XXXI. Pendant la guerre n'avez-vous point fait des maux inutiles à vos ennemis? Ces ennemis sont toujours hommes, toujours vos frères, si vous êtes vrai homme vous-même. Vous ne devez leur faire que les maux que vous ne pouvez vous dispenser de leur faire pour vous garantir de ceux qu'ils vous préparent, et pour les réduire à une juste paix. N'avez-vous point inventé et introduit, à pure perte, et par passion ou par hauteur, de nouveaux genres d'hostilités? N'avez-vous point autorisé des ravages, des incendies, des sacrilèges, des massacres, qui n'ont décidé de rien, sans lesquels vous pouviez défendre votre cause, et malgré lesquels vos ennemis ont également continué leurs efforts contre vous? Vous devez rendre compte à Dieu, et réparer, selon toute l'étendue de votre pouvoir, tous les maux que vous avez autorisés, et qui ont été faits sans nécessité.

XXXII. Avez-vous exécuté ponctuellement les traités de paix? Ne les avez-vous jamais violés sous de beaux prétextes? A l'égard des articles des anciens traités de paix qui sont ambigus, au lieu d'en tirer des sujets de guerre, il faut les interpréter par la pratique qui les a suivis immédiatement. Cette pratique immédiate est l'interprétation infaillible des paroles : les parties, immédiatement après le traité, s'entendoient elles-mêmes parfaitement; elles savoient mieux alors ce qu'elles avoient voulu dire, qu'on ne le peut savoir cinquante ans après. Ainsi la possession est décisive à cet égard-là; et vouloir la troubler, c'est vouloir éluder ce qu'il y a de plus assuré et de plus inviolable dans le genre humain.

Pour les traités contre lesquels on est tenté de revenir par des raisons de jurisprudence particulière, il faut observer trois choses. 1° Dès qu'on admet la succession pour les états, il faut soumettre les coutumes et jurisprudences des pays particuliers au droit des gens, qui leur est infiniment supérieur, et à la foi inviolable des traités de paix, qui sont l'unique fondement de la sûreté de la nature humaine. Seroit-il juste qu'une coutume particulière empêchât une paix nécessaire au salut de toute l'Europe? Comme la police d'une ville doit céder aux besoins essentiels de tout l'état, dont elle n'est qu'un membre; de même les jurisprudences de provinces doivent disparoître, dès qu'il s'agit de ce droit des nations et de la sûreté de leurs alliances. 2º Les princes souverains, qui font ces traités solennels, les font au nom de leurs nations entières, et avec les formes en usage de leur temps, pour leur donner toute la plus suprême autorité des lois. Ainsi, à cet égard, ils dérogent aux lois particulières des provinces. 3º Si une fois on se permet, sous aucun prétexte, si spécieux qu'il puisse être, même des lois particulières, d'ébranler les traités de paix, on trouvera toujours des subtilités de jurisprudence pour annuler tous les échanges, cessions, donations, compensations et autres pactes, sur lesquels la sûreté et la paix du monde sont fondées. La guerre deviendra un mal sans remède. Les traités ne seront plus des actes valides, que jusqu'à ce qu'on ait une occasion avantageuse de recommencer la guerre. La paix ne sera plus qu'une trève, et même une trève d'une durée incertaine. Toutes les bornes des états seront comme en l'air.

Pour donner quelque consistance au monde, et quelque sûreté aux nations, il faut supposer, par préférence à tout le reste, deux points qui sont comme les deux pôles de la terre entière: l'un, que tout traité de paix juré entre deux princes est inviolable à leur égard, et doit toujours être pris simplement dans son sens le plus naturel, et interprété par l'exécution immédiate; l'autre, que toute possession paisible et non interrompue, depuis les temps que la jurisprudence demande pour les prescriptions les moins favorables, doit acquérir une propriété certaine et légitime à celui qui a cette possession, quelque vice qu'elle ait pu avoir dans son origine. Sans ces deux règles fondamentales, point de repos ni de sûreté dans tout le genre humain. Les avez-vous toujours suivies?

XXXIII. Avez-vous fait justice au mérite de tous les principaux sujets que vous pouviez mettre dans les emplois? En ne faisant pas justice aux particuliers sur leurs biens, comme sur leurs terres, sur leurs rentes, etc., vous n'avez fait tort qu'à ces particuliers et à leurs familles: mais en ne comptant pour rien, dans le choix des hommes,

ni a vertu ni les talents, c'est à tout votre état que vous avez fait une injustice irréparable. Ceux que vous n'avez point choisis pour les places n'ont rien perdu d'effectif, parce que ces places n'auroient été pour eux que des occasions dangereuses pour leur salut et pour leur repos temporel; mais c'est tout votre royaume que vous avez privé injustement d'un secours que Dieu lui avoit préparé. Les hommes d'un esprit élevé et d'un cœur droit sont plus rares qu'on ne sauroit le croire; il faudroit les aller chercher jusqu'au bout du monde: *Procul et de ultimis finibus pretium ejus*, comme le Sage le dit de la femme forte. Pourquoi avez-vous privé l'état du secours de ces hommes supérieurs aux autres? Votre devoir n'étoit-il pas de choisir, pour les premières places, les premiers hommes? N'étoit-ce pas là votre principale fonction? Un roi ne fait point la fonction de roi en réglant les détails que d'autres qui gouvernent sous lui pourroient régler: sa fonction essentielle est de faire ce que nul autre que lui ne peut faire: c'est de bien choisir ceux qui exercent son autorité sous lui; c'est de mettre chacun dans la place qui lui convient, et de faire tout dans l'état, non par lui-même (ce qui est impossible), mais en faisant tout faire par des hommes qu'il choisit, qu'il anime, qu'il instruit, qu'il redresse: voilà la véritable action de roi. Avez-vous quitté tout le reste, que d'autres peuvent faire sous vous, pour vous appliquer à ce devoir essentiel, que vous seul pouvez remplir? Avez-vous eu soin de jeter les yeux sur un certain nombre de gens sensés et bien intentionnés, par qui vous puissiez être averti de tous les sujets de chaque profession qui s'élèvent et qui se distinguent? Les avez-vous questionnés tous séparément, pour voir si leurs témoignages sur chaque sujet seroient uniformes? Avez-vous eu la patience d'examiner, par ces divers canaux, les sentiments, les inclinations, les habitudes, la conduite de chaque homme que vous pouvez placer? Avez-vous vu ces hommes vous-même? Expédier des détails dans un cabinet où l'on se renferme sans cesse, c'est dérober son plus précieux temps à l'état. Il faut qu'un roi voie, parle, écoute beaucoup de gens; qu'il s'apprenne, par l'expérience, à étudier les hommes; qu'il les connoisse par un fréquent commerce et par un accès libre.

Il y a deux manières de les connoître. L'une est la conversation. Si vous étudiez bien les hommes sans paroître les étudier, la conversation vous sera plus utile que beaucoup de travaux qu'on croiroit importants: vous y remarquerez la légèreté, l'indiscrétion, la vanité, l'artifice des hommes, leurs flatteries, leurs fausses maximes. Les princes ont un pouvoir infini sur ceux qui les approchent ; et ceux qui les approchent ont une foiblesse infinie en les approchant. La vue des princes réveille toutes les passions, et rouvre toutes les plaies du cœur. Si un prince sait profiter de cet ascendant, il sentira bientôt les principales foiblesses de chaque homme. L'autre manière d'éprouver les hommes est de les mettre dans les emplois subalternes, pour essayer s'ils seront propres aux emplois supérieurs. Suivez les hommes dans les emplois que vous leur confiez ; ne les perdez jamais de vue; sachez ce qu'ils font; faites-leur rendre compte de ce que vous leur avez donné à faire. Voilà de quoi leur parler quand vous les voyez ; jamais vous ne manquerez de sujet de conversation. Vous verrez leur naturel par les partis qu'ils ont pris d'eux-mêmes. Quelquefois il est à propos de leur cacher vos vrais sentiments, pour découvrir les leurs. Demandez-leur conseil ; vous n'en prendrez que ce qu'il vous plaira. Telle est la vraie fonction de roi : l'avez-vous remplie ?

N'avez-vous point négligé de connoître les hommes par paresse d'esprit, par une humeur qui vous rend particulier, par une hauteur qui vous éloigne de la société, par des détails qui ne sont que vétilles en comparaison de cette étude des hommes ; enfin par des amusements dans votre cabinet, sous prétexte de travail secret ? N'avez-vous point craint et écarté les sujets forts, et distingués des autres? N'avez-vous pas craint qu'ils vous verroient de trop près, et pénétreroient trop dans vos foiblesses, si vous les approchiez de votre personne? N'avez-vous pas craint qu'ils ne vous flatteroient pas, qu'ils contrediroient vos passions injustes, vos mauvais goûts, vos motifs bas et indécents ? N'avez-vous pas mieux aimé vous servir de certains hommes intéressés et artificieux, qui vous flattent, qui font semblant de ne voir jamais vos défauts, et qui applaudissent à toutes vos fantaisies ; ou bien de certains hommes médiocres et souples, que vous dominez aisément, que vous espérez éblouir, qui n'ont jamais le courage de vous résister, et qui vous gouvernent d'autant plus que vous ne vous défiez point de leur autorité, et que vous ne craignez point qu'ils paroissent d'un génie supérieur au vôtre ? N'est-ce point par ces motifs si corrompus que vous avez rempli les principales places d'hommes foibles ou dépravés, et que vous avez laissé loin de vous tout ce qu'il y avoit de meilleur pour vous aider dans les grandes affaires? Prendre les terres, les charges et l'argent d'autrui, n'est point une injustice comparable à celle que je viens d'expliquer.

XXXIV. N'avez-vous point accoutumé vos domestiques à une dépense au-dessus de leurs conditions, et à des récompenses qui chargent l'état? Vos valets de chambre, vos valets de garde-robe, etc., ne vivent-ils pas comme des seigneurs; pendant que les vrais seigneurs languissent dans votre antichambre sans aucun bienfait, et que beaucoup d'autres, d'entre les plus illustres maisons, sont dans le fond des provinces, réduits à cacher leur misère ? N'avez-vous point autorisé, sous prétexte d'orner votre cour, le luxe d'habits, de meubles, d'équipages, et de maison, de tous ces officiers subalternes qui n'ont ni naissance ni mérite solide, et qui se croient au-dessus des gens de qualité, parce qu'ils vous parlent familièrement, et qu'ils obtiennent facilement des graces? Ne craignez-vous pas trop leur importunité? N'avez-vous point craint de les fâcher plus que de manquer à la justice? N'avez-vous pas été trop sensible aux vaines marques de zèle et d'attachement tendre pour votre personne, qu'ils s'empressent de vous témoigner pour vous plaire et pour avancer leur fortune? Ne les avez-vous pas rendus malheureux, en leur laissant concevoir des espérances disproportionnées à leur état, et à votre affection pour eux? N'avez-vous pas ruiné leurs familles en les laissant mourir sans récompense solide, qui reste à leurs enfants, après que vous les avez laissés vivre dans un faste ridicule qui a consumé les grands bienfaits qu'ils ont tirés de vous pendant leurs vies? N'en a-t-il pas été de même des autres courtisans, chacun selon son degré? Ils sucent, pendant qu'ils vivent, le royaume entier; en quelque temps qu'ils meurent, ils laissent leurs familles ruinées. Vous leur donnez trop, et vous leur faites encore plus dépenser. Ainsi ceux qui ruinent l'état se ruinent eux-mêmes. C'est vous qui en êtes cause, en assemblant autour de vous tant d'hommes inutiles, fastueux, dissipateurs, et qui se font, de leurs plus folles dissipations, un titre auprès de vous pour vous demander de nouveaux biens qu'ils puissent encore dissiper.

XXXV. N'avez-vous point pris des préventions contre quelqu'un sans avoir jamais examiné les faits? C'est ouvrir la porte à la calomnie et aux faux rapports, ou du moins prendre témérairement les préventions des gens qui vous approchent, et en qui vous vous confiez. Il n'est point permis de n'écouter et de ne croire qu'un certain nombre de gens. Ils sont certainement hommes ; et quand même ils seroient incorruptibles, du moins ils ne sont pas infaillibles. Quelque confiance que vous ayez en leurs lumières et en leur vertu, vous êtes obligé d'examiner s'ils ne sont point trompés par d'autres, et s'ils ne s'entêtent point. Toutes les fois que vous vous livrerez à une seule personne, ou à un certain nombre de personnes qui sont liées ensemble par les mêmes intérêts ou par les mêmes sentiments, vous vous exposez volontairement à être trompé, et à faire des injustices. N'avez-vous point quelquefois fermé les yeux à certaines raisons fortes, ou du moins n'avez-vous pas pris certains partis rigoureux, dans le doute, pour contenter ceux qui vous environnent, et que vous craignez de fâcher? N'avez-vous point pris le parti, sur des rapports incertains, d'écarter des emplois des gens qui ont des talents et un mérite distingués? On dit en soi-même : Il n'est pas possible d'éclaircir ces accusations; le plus sûr est d'éloigner des emplois cet homme. Mais cette prétendue précaution est le plus dangereux de tous les piéges. Par là on n'approfondit rien, et on donne aux rapporteurs tout ce qu'ils prétendent. On juge le fond sans examiner; car on exclut le mérite, et on se laisse effaroucher contre toutes les personnes que les rapporteurs veulent rendre suspectes. Qui dit un rapporteur dit un homme qui s'offre pour faire ce métier, qui s'insinue par cet horrible métier, et qui par conséquent est manifestement indigne de toute croyance. Le croire, c'est vouloir s'exposer à égorger l'innocent. Un prince qui prête l'oreille aux rapporteurs de profession ne mérite de connoître ni la vérité ni la vertu. Il faut chasser et confondre ces pestes de cour. Mais comme il faut être averti, le prince doit avoir d'honnêtes gens, qu'il oblige malgré eux à veiller, à observer, à savoir ce qui se passe, et à l'en avertir secrètement. Il doit choisir pour cette fonction les gens à qui elle répugne davantage, et qui ont le plus d'horreur pour le métier infame de rapporter. Ceux-ci ne l'avertiront que des faits véritables et importants; ils ne lui diront point toutes les bagatelles qu'il doit ignorer, et sur lesquelles il doit être commode au public : du moins ils ne lui donneront les choses douteuses que comme douteuses; et ce sera à lui à les approfondir, ou à suspendre son jugement si elles ne peuvent être éclaircies.

XXXVI. N'avez-vous point trop répandu de bienfaits sur vos ministres, sur vos favoris, et sur leurs créatures, pendant que vous avez laissé languir dans le besoin des personnes de mérite, qui ont long-temps servi, et qui manquent de protection? D'ordinaire, le grand défaut des princes est d'être foibles, mous et inappliqués. Ils ne sont presque jamais déterminés par le mérite, ni par les vrais défauts des gens. Le fond des choses n'est pas ce qui les touche : leur décision vient, d'ordinaire, de ce qu'ils n'osent refuser ceux qu'ils ont l'habitude de voir et de croire. Souvent ils les souffrent avec impatience, et ne laissent pas de demeurer subjugués. Ils voient les défauts de ces gens-là, et se contentent de les voir. Ils se savent bon gré d'en être pas les dupes; après quoi ils les suivent aveuglément; ils leur sacrifient le mérite, l'innocence, les talents distingués, et les plus longs services. Quelquefois ils écouteront favorablement un homme qui osera leur parler contre ces ministres ou ces favoris, et ils verront des faits clairement vérifiés : alors ils gronderont, et feront entendre à ceux qui ont osé parler qu'ils seront soutenus contre le ministre ou contre le favori. Mais bientôt le prince se lasse de protéger celui qui ne tient qu'à lui seul; cette protection lui coûte trop dans le détail; et, de peur de voir un visage mécontent dans la personne du ministre, l'honnête homme par qui on avoit su la vérité sera abandonné à son indignation. Après cela, méritez-vous d'être averti? pouvez-vous espérer de l'être? Quel est l'homme sage qui osera aller droit à vous, sans passer par le ministre, dont la jalousie est implacable? Ne méritez-vous pas de ne plus voir que par ses yeux? N'êtes-vous pas livré à ses passions les plus injustes, et à ses préventions les plus déraisonnables? Vous laissez-vous quelque remède contre un si grand mal?

XXXVII. Ne vous laissez-vous point éblouir par certains hommes vains, hardis, et qui ont l'art de se faire valoir, pendant que vous négligez et laissez loin de vous le mérite simple, modeste, timide et caché? Un prince montre la grossièreté de son goût, et la foiblesse de son jugement, lorsqu'il ne sait pas discerner combien ces esprits si hardis, et qui ont l'art d'imposer, sont superficiels et pleins de défauts méprisables. Un prince sage et pénétrant n'estime ni les esprits évaporés, ni les grands parleurs, ni ceux qui décident d'un ton de confiance, ni les critiques dédaigneux, ni les moqueurs qui tournent tout en plaisanterie. Il méprise ceux qui trouvent tout facile, qui applaudissent à tout ce qu'il veut, qui ne consultent que ses yeux, ou le ton de sa voix, pour deviner sa pensée, et pour l'approuver. Il recule loin des emplois de confiance ces hommes qui n'ont que des dehors sans fond. Au contraire, il cherche, il prévient, il attire les personnes judicieuses et solides qui n'ont aucun empressement, qui se défient d'elles-mêmes, qui craignent les emplois, qui promettent peu, et qui tâchent de faire beaucoup; qui ne parlent guère, et qui pensent toujours; qui parlent d'un ton douteux, et qui savent contredire avec respect.

De tels sujets demeurent souvent obscurs dans les places inférieures, pendant que les premières sont occupées par des hommes grossiers et hardis qui ont imposé au prince, et qui ne servent qu'à montrer combien il manque de discernement. Tandis que vous négligerez de chercher le mérite obscur, et de réprimer les gens empressés et dépourvus de qualités solides, vous serez responsable devant Dieu de toutes les fautes qui seront faites par ceux qui agiront sous vous. Le métier d'adroit courtisan perd tout dans un état. Les esprits les plus courts et les plus corrompus sont souvent ceux qui apprennent le mieux cet indigne métier. Ce métier gâte tous les autres : le médecin néglige la médecine ; le prélat oublie les devoirs de son ministère; le général d'armée songe bien plus à faire sa cour, qu'à défendre l'état; l'ambassadeur négocie bien plus pour ses propres intérêts à la cour de son maître, qu'il ne négocie pour les véritables intérêts de son maître à la cour où il est envoyé. L'art de faire sa cour gâte les hommes de toutes les professions, et étouffe le vrai mérite.

Rabaissez donc ces hommes dont tout le talent ne consiste qu'à plaire, qu'à flatter, qu'à éblouir, qu'à s'insinuer pour faire fortune. Si vous y manquez, vous remplirez indignement les places, et le vrai mérite demeurera toujours en arrière. Votre devoir est de reculer ceux qui s'avancent trop, et d'avancer ceux qui demeurent reculés en faisant leur devoir.

XXXVIII. N'avez-vous point entassé trop d'emplois sur la tête d'un seul homme, soit pour contenter son ambition, soit pour vous épargner la peine d'avoir beaucoup de gens à qui vous soyez obligé de parler? Dès qu'un homme est l'homme à la mode, on lui donne tout, on voudroit qu'il fît lui seul toutes choses. Ce n'est pas qu'on l'aime, car on n'aime rien; ce n'est pas qu'on se fie, car on se défie de la probité de tout le monde ; ce n'est pas qu'on le trouve parfait, car on est ravi de le critiquer souvent : mais c'est qu'on est paresseux et sauvage. On ne veut point avoir à compter avec tant de gens. Pour en voir moins, et pour n'être point observé de près par tant de personnes, on fera faire à un seul homme ce que quatre auroient grand' peine à bien faire. Le public en souffre; les expéditions languissent; les surprises et les injustices sont plus fréquentes et plus irrémédiables. L'homme est accablé, et seroit bien fâché de ne l'être pas : il n'a le temps, ni de penser, ni d'approfondir, ni de faire des plans, ni d'étudier les hommes dont il se sert : il est toujours entraîné au jour la journée, par un torrent de détails à expédier.

D'ailleurs, cette multitude d'emplois sur une seule tête, souvent assez foible, exclut tous les meilleurs sujets qui pourroient se former et faire de grandes choses : tout talent demeure étouffé. La paresse du prince en est la vraie cause. Les plus petites raisons décident sur les plus grandes affaires. De là naissent des injustices innombrables. *Pauca de te*, disoit saint Augustin au comte Boniface, *sed multa propter te*. Peut-être ferez-vous peu de mal par vous-même; mais il s'en fera d'infinis par votre autorité mise en mauvaises mains.

SUPPLÉMENT

A L'EXAMEN DE CONSCIENCE*.

I.

Sur la nécessité de former des alliances, tant offensives que défensives contre une puissance étrangère qui aspire manifestement à la monarchie universelle.

Les états voisins les uns des autres ne sont pas seulement obligés à se traiter mutuellement selon les règles de justice et de bonne foi; ils doivent encore pour leur sûreté particulière, autant que pour l'intérêt commun, faire une espèce de société et de république générale.

Il faut compter qu'à la longue la plus grande puissance prévaut toujours, et renverse les autres, si les autres ne se réunissent pour faire le contrepoids. Il n'est pas permis d'espérer parmi les hommes qu'une puissance supérieure demeure dans les bornes d'une exacte modération, et qu'elle ne veuille dans sa force que ce qu'elle pourroit ob-

---

* Les deux articles de ce *Supplément* ne se trouvent point dans le manuscrit original de l'*Examen*, aujourd'hui déposé à la Bibliothèque du roi. Mais le marquis de Fénelon, dans la première édition de cet ouvrage, avertit qu'il publie le premier article de ce *Supplément* d'après un manuscrit original, entièrement écrit de la main de Fénelon. Quant au second article, il est certain que ce n'est pas proprement l'ouvrage de l'archevêque de Cambrai, mais un simple extrait de ses conversations avec Jacques III, prétendant à la couronne d'Angleterre. Cet extrait est tiré de la *Vie de Fénelon*, par Ramsai; Amsterdam, 1727 (pag. 176, etc.). Les principes que l'auteur y expose sont développés dans l'*Essai philosophique sur le Gouvernement civil*, composé par le même auteur, et que nous avons placé à la suite de l'*Examen sur les devoirs de la royauté*. Voyez en particulier les chapitres V, XV et XVIII de l'*Essai*. (*Édit.*)

tenir dans la plus grande foiblesse. Quand même un prince seroit assez parfait pour faire un usage si merveilleux de sa prospérité, cette merveille finiroit avec son règne. L'ambition naturelle des souverains, les flatteries de leurs conseillers, et la prévention des nations entières, ne permettent pas de croire qu'une nation qui peut subjuguer les autres s'en abstienne pendant des siècles entiers. Un règne où éclateroit une justice si extraordinaire seroit l'ornement de l'histoire, et un prodige qu'on ne peut plus revoir.

Il faut donc compter sur ce qui est réel et journalier, qui est que chaque nation cherche à prévaloir sur toutes les autres qui l'environnent. Chaque nation est donc obligée à veiller sans cesse, pour prévenir l'excessif agrandissement de chaque voisin, pour sa sûreté propre. Empêcher le voisin d'être trop puissant, ce n'est point faire un mal; c'est se garantir de la servitude, et en garantir ses autres voisins; en un mot, c'est travailler à la liberté, à la tranquillité, au salut public : car l'agrandissement d'une nation au-delà d'une certaine borne change le système général de toutes les nations qui ont rapport à celle-là. Par exemple, toutes les successions qui sont entrées dans la maison de Bourgogne, puis celles qui ont élevé la maison d'Autriche, ont changé la face de toute l'Europe. Toute l'Europe a dû craindre la monarchie universelle sous Charles-Quint, surtout après que François I eut été défait et pris à Pavie. Il est certain qu'une nation qui n'avoit rien à démêler directement avec l'Espagne ne laissoit pas alors d'être en droit, pour la liberté publique, de prévenir cette puissance rapide qui sembloit prête à tout engloutir.

Les particuliers ne sont pas en droit de s'opposer de même à l'accroissement des richesses de leurs voisins, parce qu'on doit supposer que cet accroissement d'autrui ne peut être leur ruine. Il y a des lois écrites et des magistrats pour réprimer les injustices et les violences entre les familles inégales en biens; mais, pour les états, ils ne sont pas de même. Le trop grand accroissement d'un seul peut être la ruine et la servitude de tous les autres qui sont ses voisins : il n'y a ni lois écrites, ni juges établis pour servir de barrière contre les invasions du plus puissant. On est toujours en droit de supposer que le plus puissant, à la longue, se prévaudra de sa force, quand il n'y aura plus d'autre force à peu près égale qui puisse l'arrêter. Ainsi, chaque prince est en droit et en obligation de prévenir dans son voisin cet accroissement de puissance, qui jetteroit son peuple, et tous les autres peuples voisins, dans un danger prochain de servitude sans ressource.

Par exemple, Philippe II, roi d'Espagne, après avoir conquis le Portugal, veut se rendre le maître de l'Angleterre. Je sais bien que son droit étoit mal fondé, car il n'en avoit que par la reine Marie sa femme, morte sans enfants. Élisabeth, illégitime, ne devoit point régner. La couronne appartenoit à Marie Stuart et à son fils. Mais enfin, supposé que le droit de Philippe II eût été incontestable, l'Europe entière auroit eu raison néanmoins de s'opposer à son établissement en Angleterre; car ce royaume si puissant, ajouté à ses états d'Espagne, d'Italie, de Flandre, des Indes orientales et occidentales, le mettoit en état de faire la loi, surtout par ses forces maritimes, à toutes les autres puissances de la chrétienté. Alors, *summum jus, summa injuria*. Un droit particulier de succession ou de donation devoit céder à la loi naturelle de la sûreté de tant de nations. En un mot, tout ce qui renverse l'équilibre, et qui donne le coup décisif pour la monarchie universelle, ne peut être juste, quand même il seroit fondé sur des lois écrites dans un pays particulier. La raison en est que ces lois écrites chez un peuple ne peuvent prévaloir sur la loi naturelle de la liberté et de la sûreté commune, gravée dans les cœurs de tous les autres peuples du monde. Quand une puissance monte à un point que toutes les autres puissances voisines ensemble ne peuvent plus lui résister, toutes ces autres sont en droit de se liguer pour prévenir cet accroissement, après lequel il ne seroit plus temps de défendre la liberté commune. Mais, pour faire légitimement ces sortes de ligues, qui tendent à prévenir un trop grand accroissement d'un état, il faut que le cas soit véritable et pressant : il faut se contenter d'une ligue défensive, ou du moins ne la faire offensive qu'autant que la juste et nécessaire défense se trouvera renfermée dans les desseins d'une agression; encore même faut-il toujours, dans les traités de ligues offensives, poser des bornes précises, pour ne détruire jamais une puissance sous prétexte de la modérer.

Cette attention à maintenir une espèce d'égalité et d'équilibre entre les nations voisines est ce qui en assure le repos commun. A cet égard, toutes les nations voisines et liées par le commerce font un grand corps et une espèce de communauté. Par exemple, la chrétienté fait une espèce de république générale, qui a ses intérêts, ses craintes, ses précautions à observer : tous les membres qui composent ce grand corps se doivent les uns aux autres pour le bien commun, et se doivent encore à eux-mêmes, pour la sûreté de la patrie, de prévenir tout progrès de quelqu'un des membres qui renverseroit l'équilibre, et qui se tourneroit à la ruine inévitable de tous les autres membres du même corps. Tout ce qui change ou altère ce système général de l'Europe est trop dangereux, et traîne après soi des maux infinis.

Toutes les nations voisines sont tellement liées par leurs intérêts les unes aux autres, et au gros de l'Europe, que les moindres progrès particuliers peuvent altérer ce système général qui fait l'équilibre, et qui peut seul faire la sûreté publique. Otez une pierre d'une voûte, tout l'édifice tombe, parce que toutes les pierres se soutiennent en se contre-poussant.

L'humanité met donc un devoir mutuel de défense du salut commun, entre les nations voisines, contre un état voisin qui devient trop puissant; comme il y a des devoirs mutuels entre les concitoyens pour la liberté de la patrie. Si le citoyen doit beaucoup à sa patrie, dont il est membre, chaque nation doit, à plus forte raison, bien davantage au repos et au salut de la république universelle dont elle est membre, et dans laquelle sont renfermées toutes les patries des particuliers.

Les ligues défensives sont donc justes et nécessaires, quand il s'agit véritablement de prévenir une trop grande puissance qui seroit en état de tout envahir. Cette puissance supérieure n'est donc pas en droit de rompre la paix avec les autres états inférieurs, précisément à cause de leur ligue défensive; car ils sont en droit et en obligation de la faire.

Pour une ligue offensive, elle dépend des circonstances; il faut qu'elle soit fondée sur des infractions de paix, ou sur la détention de quelques pays des alliés, ou sur la certitude de quelque autre fondement semblable. Encore même faut-il toujours, comme je l'ai déjà dit[1], borner de tels traités à des conditions qui empêchent ce qu'on voit souvent: c'est qu'une nation se sert de la nécessité d'en rabattre une autre qui aspire à la tyrannie universelle, pour y aspirer elle-même à son tour. L'habileté, aussi bien que la justice et la bonne foi, en faisant des traités d'alliance, est de les faire très précis, très éloignés de toutes équivoques, et exactement bornés à un certain bien que vous en voulez tirer prochainement. Si vous n'y prenez garde, les engagements que vous prenez se tourneront contre vous, en abattant trop vos ennemis, et en élevant trop votre allié : il

[1] Voyez pag. précéd.

vous faudra, ou souffrir ce qui vous détruit, ou manquer à votre parole; choses presque également funestes.

Continuons à raisonner sur ces principes, en prenant l'exemple particulier de la chrétienté, qui est le plus sensible pour nous.

Il n'y a que quatre sortes de systèmes. Le premier est d'être absolument supérieur à toutes les autres puissances, même réunies : c'est l'état des Romains et celui de Charlemagne. Le second est d'être, dans la chrétienté, la puissance supérieure aux autres, qui font néanmoins à peu près le contre-poids en se réunissant. Le troisième est d'être une puissance inférieure à une autre, mais qui se soutient, par son union avec tous ses voisins, contre cette puissance prédominante. Enfin, le quatrième est d'une puissance à peu près égale à une autre, qui tient tout en paix par cette espèce d'équilibre qu'elle garde sans ambition et de bonne foi.

L'état des Romains et de Charlemagne n'est point un état qu'il vous soit permis de desirer : 1° parce que, pour y arriver, il faut commettre toutes sortes d'injustices et de violences; il faut prendre ce qui n'est point à vous, et le faire par des guerres abominables dans leur durée et dans leur étendue. 2° Ce dessein est très dangereux : souvent les états périssent par ces folles ambitions. 3° Ces empires immenses, qui ont fait tant de maux en se formant, en font, bientôt après, d'autres encore plus effroyables, en tombant par terre. La première minorité, ou le premier règne foible, ébranle les trop grandes masses, et sépare des peuples qui ne sont encore accoutumés ni au joug ni à l'union mutuelle. Alors quelles divisions, quelles confusions, quelles anarchies irrémédiables! On n'a qu'à se souvenir des maux qu'ont faits en Occident la chute si prompte de l'empire de Charlemagne, et en Orient le renversement de celui d'Alexandre, dont les capitaines firent encore plus de maux pour partager ses dépouilles, qu'il n'en avoit fait lui-même en ravageant l'Asie. Voilà donc le système le plus éblouissant, le plus flatteur et le plus funeste pour ceux mêmes qui viennent à bout de l'exécuter.

Le second système est d'une puissance supérieure à toutes les autres, qui font contre elle à peu près l'équilibre. Cette puissance supérieure a l'avantage, contre les autres, d'être toute réunie, toute simple, tout absolue dans ses ordres, toute certaine dans ses mesures. Mais, à la longue, si elle ne cesse de réunir contre elle les autres en en excitant la jalousie, il faut qu'elle succombe. Elle s'épuise; elle est exposée à beaucoup d'accidents internes et imprévus, ou les attaques du dehors peuvent la renverser soudainement. De plus, elle s'use pour rien, et fait des efforts ruineux pour une supériorité qui ne lui donne rien d'effectif, et qui l'expose à toutes sortes de déshonneurs et de dangers. De tous les états, c'est certainement le plus mauvais; d'autant plus qu'il ne peut jamais aboutir, dans sa plus étonnante prospérité, qu'à passer dans le premier système, que nous avons déjà reconnu injuste et pernicieux.

Le troisième système est d'une puissance inférieure à une autre, mais en sorte que l'inférieure, unie au reste de l'Europe, fait l'équilibre contre la supérieure, et la sûreté de tous les autres moindres états. Ce système a ses incommodités et ses inconvénients; mais il risque moins que le précédent, parce qu'on est sur la défensive, qu'on s'épuise moins, qu'on a des alliés, et qu'on n'est point d'ordinaire, en cet état d'infériorité, dans l'aveuglement et dans la présomption insensée qui menacent de ruine ceux qui prévalent. On voit presque toujours qu'avec un peu de temps, ceux qui avoient prévalu s'usent, et commencent à déchoir. Pourvu que cet état inférieur soit sage, modéré, ferme dans ses alliances, précautionné pour ne leur donner aucun ombrage, et pour ne rien faire que par leur avis pour l'intérêt commun, il occupe cette puissance supérieure jusqu'à ce qu'elle baisse.

Le quatrième système est d'une puissance à peu près égale à une autre, avec laquelle elle fait l'équilibre pour la sûreté publique. Être dans cet état, et n'en vouloir point sortir par ambition, c'est l'état le plus sage et le plus heureux. Vous êtes l'arbitre commun : tous vos voisins sont vos amis; du moins ceux qui ne le sont pas se rendent par-là suspects à tous les autres. Vous ne faites rien qui ne paroisse fait pour vos voisins aussi bien que pour vos peuples. Vous vous fortifiez tous les jours; et si vous parvenez, comme cela est presque infaillible à la longue, par un sage gouvernement, à avoir plus de forces intérieures et plus d'alliances au-dehors, que la puissance jalouse de la vôtre, alors il faut s'affermir de plus en plus dans cette sage modération qui vous borne à entretenir l'équilibre et la sûreté commune. Il faut toujours se souvenir des maux que coûtent au-dedans et au-dehors de son état les grandes conquêtes; qu'elles sont sans fruit; et du risque qu'il y a à les entreprendre; enfin, de la vanité, de l'inutilité, du peu de durée des grands empires, et des ravages qu'ils causent en tombant.

Mais comme il n'est pas permis d'espérer qu'une puissance supérieure à toutes les autres demeure long-temps sans abuser de cette supériorité, un prince bien sage et bien juste ne doit jamais souhaiter de laisser à ses successeurs, qui seront, selon toutes les apparences, moins modérés que lui, cette continuelle et violente tentation d'une supériorité trop déclarée. Pour le bien même de ses successeurs et de ses peuples, il doit se borner à une espèce d'égalité. Il est vrai qu'il y a deux sortes de supériorités : l'une extérieure, qui consiste en étendue de terres, en places fortifiées, en passages pour entrer dans les terres de ses voisins, etc. Celle-là ne fait que causer des tentations aussi funestes à soi-même qu'à ses voisins, qu'exciter la haine, la jalousie et les ligues. L'autre est intérieure et solide : elle consiste dans un peuple plus nombreux, mieux discipliné, plus appliqué à la culture des terres et aux arts nécessaires. Cette supériorité, d'ordinaire, est facile à acquérir, sûre, à l'abri de l'envie et des ligues, plus propre même que les conquêtes et que les places à rendre un peuple invincible. On ne sauroit donc trop chercher cette seconde supériorité, ni trop éviter la première, qui n'a qu'un faux éclat.

II.

Principes fondamentaux d'un sage gouvernement.

Toutes les nations de la terre ne sont que les différentes familles d'une même république, dont Dieu est le père commun. La loi naturelle et universelle, selon laquelle il veut que chaque famille soit gouvernée, est de préférer le bien public à l'intérêt particulier.

Si les hommes suivoient exactement cette loi naturelle, chacun feroit, par raison et par amitié, ce qu'il ne fait à présent que par intérêt ou par crainte. Mais les passions malheureusement nous aveuglent, nous corrompent, et nous empêchent ainsi de connoître et d'aimer cette grande et sage loi. Il a fallu l'expliquer, et la faire exécuter par des lois civiles; et par conséquent établir une autorité suprême, qui jugeât en dernier ressort, et à laquelle tous pussent avoir recours comme à la source de l'unité politique et de l'ordre civil; autrement il y auroit autant de gouvernements arbitraires qu'il y a de têtes.

L'amour du peuple, le bien public, l'intérêt général de la société est donc la loi immuable et universelle des souverains. Cette loi est antécédente à tout contrat : elle est fondée sur la nature même; elle est la source et la règle sûre de toutes les autres lois. Celui qui gouverne doit être le premier et le plus obéissant à cette loi primitive : il peut tout sur les peuples, mais cette loi doit pouvoir tout sur lui. Le père commun de la grande famille ne lui a confié ses enfants que pour les rendre heureux : il veut qu'un seul homme serve par sa sagesse à la félicité de tant d'hommes, et non que tant d'hommes servent par leur misère à flatter l'orgueil d'un seul. Ce n'est point pour lui-même que Dieu l'a fait roi, il ne l'est que pour être l'homme des peuples; et il n'est digne de la royauté qu'autant qu'il s'oublie pour le bien public.

Le despotisme tyrannique des souverains est un attentat sur les droits de la fraternité humaine ; c'est renverser la grande et sage loi de la nature, dont ils ne doivent être que les conservateurs. Le despotisme de la multitude est une puissance folle et aveugle qui se tourne contre elle-même : un peuple gâté par une liberté excessive est le plus insupportable de tous les tyrans. La sagesse de tout gouvernement, quel qu'il soit, consiste à trouver le juste milieu entre ces deux extrémités affreuses dans une liberté modérée par la seule autorité des lois. Mais les hommes, aveugles et ennemis d'eux-mêmes, ne sauroient se borner à ce juste milieu.

Triste état de la nature humaine! les souverains, jaloux de leur autorité, veulent toujours l'étendre : les peuples, passionnés pour leur liberté, veulent toujours l'augmenter. Il vaut mieux cependant souffrir, pour l'amour de l'ordre, les maux inévitables dans tous les états, même les plus réglés, que de secouer le joug de toute autorité en se livrant sans cesse aux fureurs de la multitude, qui agit sans règle et sans loi. Quand l'autorité souveraine est donc une fois fixée, par les lois fondamentales, dans un seul, dans peu, ou dans plusieurs, il faut en supporter les abus, si l'on ne peut y remédier par des voies compatibles avec l'ordre.

Toutes ces sortes de gouvernements sont nécessairement imparfaites, puisqu'on ne peut confier l'autorité suprême qu'à des hommes; et toutes sortes de gouvernements sont bonnes, quand ceux qui gouvernent suivent la grande loi du bien public. Dans la théorie, certaines formes paroissent meilleures que d'autres; mais, dans la pratique, la foiblesse ou la corruption des hommes, sujets aux mêmes passions, exposent tous les états à des inconvéniens à peu près égaux. Deux ou trois hommes entraînent presque toujours le monarque ou le sénat.

On ne trouvera donc pas le bonheur de la société humaine en changeant et en bouleversant les formes déjà établies ; mais en inspirant aux souverains que la sûreté de leur empire dépend du bonheur de leurs sujets, et aux peuples, que leur solide et vrai bonheur demande la subordination. La liberté sans ordre est un libertinage qui attire le despotisme; l'ordre sans la liberté est un esclavage qui se perd dans l'anarchie.

D'un côté, on doit apprendre aux princes que le pouvoir sans bornes est une frénésie qui ruine leur propre autorité. Quand les souverains s'accoutument à ne connoître d'autres lois que leurs volontés absolues, ils sapent le fondement de leur puissance. Il viendra une révolution soudaine et violente, qui, loin de modérer simplement leur autorité excessive, l'abattra sans ressource.

D'un autre côté, on doit enseigner aux peuples que les souverains étant exposés aux haines, aux jalousies, aux bévues involontaires, qui ont des conséquences affreuses, mais imprévues, il faut plaindre les rois et les excuser. Les hommes, à la vérité, sont malheureux d'avoir à être gouvernés par un roi qui n'est qu'un homme semblable à eux, car il faudroit des dieux pour redresser les hommes : mais les rois ne sont pas moins infortunés, n'étant qu'hommes, c'est-à-dire foibles et imparfaits, d'avoir à gouverner cette multitude innombrable d'hommes corrompus et trompeurs.

C'est par ces maximes, qui conviennent également à tous les états, et en conservant la subordination des rangs, qu'on peut concilier la liberté du peuple avec l'obéissance due aux souverains, rendre les hommes tout ensemble bons citoyens et fidèles sujets, soumis sans être esclaves, et libres sans être effrénés. Le pur amour de l'ordre est la source de toutes les vertus politiques, aussi bien que de toutes les vertus divines [*].

Sur toutes choses, disoit encore Fénelon au prétendant à la couronne d'Angleterre [**], ne forcez jamais vos sujets à changer leur religion. Nulle puissance humaine ne peut forcer le retranchement impénétrable de la liberté du cœur. La force ne peut jamais persuader les hommes; elle ne fait que des hypocrites. Quand les rois se mêlent de religion, au lieu de la protéger, ils la mettent en servitude. Accordez à tous la tolérance civile, non en approuvant tout comme indifférent, mais en souffrant avec patience tout ce que Dieu souffre,

---

[*] A la suite de cet extrait, on trouve dans plusieurs éditions une lettre de Fénelon au duc de Bourgogne, pour l'exhorter à imiter les vertus de saint Louis. Nous avons cru que cette lettre seroit mieux placée dans la *Correspondance*, à la suite d'une autre du 17 janvier 1702. (*Edit.*)

[**] Voyez le développement de ces principes dans l'*Essai philosophique sur le Gouvernement civil*, chap. xi, xv, etc.

et en tâchant de ramener les hommes par une douce persuasion.

Considérez attentivement quels sont les avantages que vous pouvez tirer de la forme du gouvernement de votre pays, et des égards que vous devez avoir pour votre sénat. Ce tribunal ne peut rien sans vous : n'êtes-vous pas assez puissant? Vous ne pouvez rien sans lui : n'êtes-vous pas heureux d'être libre pour faire tout le bien que vous voudriez, et d'avoir les mains liées quand vous voudriez faire du mal? Tout prince sage doit souhaiter de n'être que l'exécuteur des lois, et d'avoir un conseil suprême qui modère son autorité. L'autorité paternelle est le premier modèle des gouvernements : tout bon père doit agir de concert avec ses enfants les plus sages et les plus expérimentés.

ESSAI PHILOSOPHIQUE

SUR LE

GOUVERNEMENT CIVIL,

OU L'ON TRAITE

DE LA NÉCESSITÉ, DE L'ORIGINE, DES BORNES ET DES DIFFÉRENTES FORMES DE LA SOUVERAINETÉ;

Selon les principes de feu M. François de Salignac de La Mothe-Fénelon, archevêque-duc de Cambrai.

PRÉFACE DE L'AUTEUR

POUR LA SECONDE ÉDITION,

EN 1721.

Quand on examine l'histoire des empires et des républiques, on trouve que toutes les révolutions qui leur sont arrivées viennent de deux causes principales : l'amour de l'autorité sans bornes dans les princes, et celui de l'indépendance dans le peuple. Les souverains, jaloux de leur pouvoir, veulent toujours l'étendre; les sujets, passionnés pour leur liberté, veulent toujours l'augmenter.

Voilà ce qui a rendu et ce qui rendra à jamais le monde entier comme une mer agitée, dont les vagues orageuses se détruisent successivement. L'anarchie produit le despotisme; le despotisme se perd dans l'anarchie. Le grand corps politique, comme le corps humain, sera toujours sujet aux maladies inévitables, et aux vicissitudes perpétuelles. Mais comme la révolte continuelle des passions contre la raison n'empêche point qu'il n'y ait une règle de MORALE sûre, que chaque particulier doit suivre; de même l'impossibilité de prévenir les révolutions n'empêche point qu'il n'y ait des règles de POLITIQUE fixes, que tous les états doivent respecter.

Il ne s'agit point ici de former un plan de gouvernement exempt de tout inconvénient; cela est impossible. Les passions des hommes l'emportent tôt ou tard sur les lois. Tant que ceux qui gouvernent seront imparfaits, tout gouvernement sera imparfait.

Mais, quoiqu'on ne puisse pas prévenir toutes sortes d'abus, on doit éviter cependant le plus d'inconvénients qu'il est possible. La médecine est une science très utile, quoique la mort soit inévitable. Cherchons à remédier aux maux du grand corps politique, sans vouloir lui donner l'immortalité. Tâchons d'établir des maximes qui tendent à rendre les hommes tout ensemble bons citoyens et bons sujets, amateurs de leur patrie et de leurs princes, soumis à l'ordre sans être esclaves.

Le dessein de cet *Essai* est de développer les principes philosophiques du gouvernement civil, et nullement d'approfondir les stratagèmes politiques par où les princes peuvent s'agrandir. Voilà ce qui fait qu'on cherche les lois de la nature et les fondements du droit civil, non dans les faits historiques ni dans les coutumes des nations, mais dans les idées de la perfection divine et de la foiblesse humaine. C'est l'une qui est la règle de la loi naturelle, et c'est l'autre qui est la cause des lois civiles.

C'est cette philosophie divine qui est l'unique fondement sûr et immuable de tous les devoirs. C'est cette philosophie, indépendamment de toute révélation, qui nous fait regarder l'Être suprême comme le père commun de toute la société humaine; et tous les hommes comme les enfants, les frères et les membres d'une même famille. C'est cette philosophie qui fait qu'on ne se regarde plus comme un être indépendant créé pour soi, mais comme une petite partie d'un tout qui compose le genre humain, dont il faut préférer le bien en général à son intérêt particulier. Voilà la source des sentiments nobles et de toutes les vertus héroïques.

Détruisez au contraire cette philosophie divine, il n'y a plus de principe d'union stable parmi les hommes. Si l'intérêt les pousse, et si la crainte ne les retient point, qui est-ce qui pourra les empêcher de violer les plus sacrés droits de l'humanité? Sans le respect de la divinité, toutes les idées de justice, de vérité et de vertu, qui rendent la société aimable, ne subsistent plus.

Si la religion étoit fausse, il faudroit la souhaiter vraie pour poser les fondements solides de la politique. C'est pour cela que les législateurs païens appuyoient toujours leurs lois sur le culte de quelque divinité.

La première édition qu'on avoit donnée de cet ouvrage étoit très imparfaite; celle-ci est plus correcte et plus ample. On en a changé l'ordre en plusieurs endroits, pour mettre chaque vérité à sa place, et lui donner une nouvelle force par cet arrangement.

Le seul mérite de l'auteur est d'avoir été nourri pendant plusieurs années des lumières et des sentiments de feu messire FRANÇOIS DE SALIGNAC DE LA MOTHE-FÉNELON, archevêque de Cambrai. Il a profité des instructions de cet illustre prélat pour écrire cet ESSAI.

ESSAI PHILOSOPHIQUE

SUR

LE GOUVERNEMENT CIVIL.

CHAPITRE PREMIER.

Des différents systèmes de politique.

Ceux qui ont traité de la politique, ont voulu établir deux sortes de principes tout-à-fait contradictoires.

Les uns rapportent à l'amour-propre et à l'intérêt particulier ce qu'on appelle la *loi naturelle*, et toutes les vertus morales et politiques.

Selon eux, nous naissons tous indépendants et égaux. Selon eux, les nations et les républiques n'ont été formées que par l'accord libre des hommes, qui ne se sont assujettis aux lois de la société que pour leur commodité particulière. Selon eux enfin, les dépositaires de l'autorité souveraine sont toujours responsables, en dernier ressort, au peuple, qui peut les juger, les déposer et les changer, quand ils violent le contrat originaire de leurs ancêtres.

D'autres soutiennent, au contraire, que l'amour de l'ordre et du bien en général est la source de tous les devoirs de la loi naturelle; qu'antécédemment à tout contrat libre, nous naissons tous plus ou moins dépendants, inégaux, et membres de quelque société à qui nous nous devons ; que la forme du gouvernement étant une fois établie, il n'est plus permis aux particuliers de la troubler ; mais qu'ils doivent souffrir avec patience, quand ils ne peuvent pas empêcher par des voies légitimes les abus de l'autorité souveraine.

Pour juger de ces différents principes, il faut entrer dans la discussion des questions les plus subtiles et les plus délicates de la politique. Commençons d'abord par examiner ce que c'est que la loi naturelle, et les devoirs auxquels elle nous oblige; car de là dépend la solution de toutes les difficultés sur cette matière.

CHAPITRE II.

De la loi naturelle.

La loi, en général, n'est autre chose que la règle que chaque être doit suivre pour agir selon sa nature. C'est ainsi que, dans la physique, on entend, par les lois du mouvement, les règles selon lesquelles chaque corps est transporté nécessairement d'un lieu dans un autre; et, dans la morale, la loi naturelle signifie la règle que chaque intelligence doit suivre librement pour être raisonnable.

La règle la plus parfaite des volontés finies est sans doute celle de la volonté infinie. Dieu s'aime souverainement et absolument, parce qu'il est souverainement et absolument parfait : il aime toutes ses créatures inégalement, selon qu'elles participent plus ou moins à ses perfections.

Cette règle des volontés divines est aussi la loi naturelle et *universelle* de toutes les intelligences; car Dieu ne peut point donner à ses créatures une volonté contraire à la sienne, pour tendre où la sienne ne tend pas [1]. Elle est *éternelle* : Dieu ne l'a point faite; elle est aussi ancienne que la divinité. C'est sa loi à lui-même, et dont il ne sauroit dispenser ses créatures sans se contredire. Elle est *immuable* : Dieu n'agit point ici en législateur, qui, par son domaine absolu sur l'homme, l'assujettit à certaines lois arbitraires, et l'oblige à les observer par les menaces et les récompenses. Comme cette loi résulte immédiatement des rapports immuables qu'il y a entre les différentes essences, elle ne peut jamais changer; au lieu que les lois positives et arbitraires, n'étant fondées que sur les différentes circonstances variables où les créatures se trouvent, peuvent être changées selon que ces circonstances varient. C'est pour cela que Socrate distingue toujours deux sortes de lois : l'une, qu'il appelle *la loi qui est*[2]; l'autre, *la loi qui a été faite*[3].

Aimer chaque chose selon la dignité de sa nature est donc la loi *universelle*, *éternelle* et *immuable* de toutes les intelligences; et c'est de cette loi que découlent toutes les autres lois, et toutes les vertus, soit divines, soit humaines, soit civiles, soit morales. Voyons-en l'étendue et les suites nécessaires.

1° Il faut respecter l'Être suprême, et l'aimer d'un amour souverain, seul digne de sa nature.

---

[1] Je ne parle point ici du motif de l'amour, qui peut être le plaisir ou la sensation agréable que l'objet aimé excite en nous; je ne parle que de la *règle* de l'amour, qui doit être la *perfection* des objets.

[2] Τὸν ὄν.   [3] Τὸ γινόμενον.

La religion est le fondement de toute bonne politique. La différence des cérémonies et du culte extérieur, par lesquels on exprime son adoration intérieure, seroit arbitraire, et pourroit varier selon les différents génies des peuples; chaque homme naîtroit dans une liberté parfaite là-dessus, si Dieu ne nous avoit pas ôté cette liberté naturelle par une révélation expresse. Mais l'amour et le respect de la divinité est une partie essentielle de la loi naturelle, et un devoir fondé sur les rapports immuables qu'il y a entre le fini et l'infini, indépendamment même de toute révélation.

2° Il faut respecter et vouloir du bien à toutes les espèces particulières d'êtres produits par cet Être suprême, à chacun selon la dignité de sa nature : de là vient le respect pour les êtres invisibles supérieurs à nous, et la compassion pour les bêtes qui sont au-dessous de nous.

3° Il faut aimer et respecter cette espèce particulière d'êtres dont nous sommes les individus, et avec qui nous avons un rapport immédiat : de là viennent l'humanité, *la philanthropie*, et toutes les autres vertus morales qui rendent l'homme aimable, et chaque pays la patrie commune du genre humain.

4° Il faut aimer et respecter cette espèce particulière d'hommes avec qui nous vivons, et dans la société desquels la nature nous a fait naître; de là viennent l'amour de la patrie, et toutes les autres vertus civiles et politiques.

5° Il faut aimer et respecter ceux qui ont été les instruments de notre existence, et avec qui nous sommes liés par la naissance et le sang; voilà l'amour de la famille, et le respect paternel, que les Romains appeloient *pietas parentum*.

6° Il faut nous aimer nous-mêmes, comme étant une petite parcelle de ce grand tout qui compose l'univers. L'amour-propre bien réglé et légitime ne doit tenir que le dernier lieu. Ce seroit une chose monstrueuse de se préférer à toute sa famille, sa famille à toute sa patrie, sa patrie à tout le genre humain; car l'amour raisonnable, se réglant toujours sur le degré de perfection et d'excellence de chaque objet, commence par l'universel, et descend par gradation au particulier. Au contraire, le soin qu'il faut avoir de faire remplir à chacun les devoirs de cette loi éternelle doit commencer par le particulier, et remonter au général. La raison est que la capacité d'aimer étant infinie, l'homme ne doit jamais la borner à rien de particulier; mais sa capacité d'entendre étant très-finie, il ne peut pas s'appliquer également aux besoins de tout le genre humain.

On renverse ce bel ordre en confondant toujours deux choses tout-à-fait distinctes : le soin que chaque être particulier doit avoir de se perfectionner et de se conserver, avec cet amour d'estime et de préférence qu'il faut toujours régler selon la perfection des objets. La conservation propre est le premier de tous les soins, parce que nous ne pouvons pas songer à tout, et que nous sommes plus immédiatement chargés de nous-mêmes que de tout le reste du genre humain. L'amour-propre est le dernier de tous les amours, parce que notre être borné n'étant qu'une petite parcelle de ce grand univers, avec lequel nous faisons un tout, il ne faut pas rapporter la totalité de perfection à la partie, mais la partie au tout. Nous devons songer plus immédiatement à notre propre conservation, qu'à celle d'aucun autre homme particulier comme nous. Nous devons plus à notre famille propre, qu'à une autre famille étrangère. Nous devons plus à notre patrie, dans le sein de laquelle nous avons été instruits, élevés et protégés pendant notre enfance, qu'à une autre société particulière d'hommes que nous n'avons jamais vue. Toutes choses égales, nous devons plus au particulier dont nous sommes immédiatement chargés par la nature ou la Providence, qu'au particulier auquel nous n'avons aucun rapport. Mais quand il s'agit du bien particulier comparé avec le bien général, il faut toujours préférer le second au premier. Il n'est pas permis de se conserver en ruinant sa famille, ni d'agrandir sa famille en perdant sa patrie, ni de chercher la gloire de sa patrie en violant les droits de l'humanité. C'est sur ce principe qu'est fondé ce qu'on appelle le *droit des gens* et la *loi des nations*. Comme les sujets de chaque état doivent être soumis aux lois de leur patrie, quoique ces lois soient quelquefois contraires à leur intérêt particulier; de même chaque nation séparée doit respecter les lois de la patrie commune, qui sont celles de la *nature* et des *nations*, au préjudice même de son intérêt propre et de son agrandissement. Sans cela, il n'y auroit point de différence entre les guerres justes et les injustes; les conquérants les plus ambitieux pourroient usurper le domaine de leurs voisins; et les états qui auroient le plus de force seroient en droit de faire ce qu'ils font souvent contre toute loi et toute justice. Quelle différence entre ces idées et celles qui nous enseignent que l'univers n'est qu'une même république, gouvernée par un père commun; que les rois de la terre sont soumis à la même loi générale que les particuliers de chaque état; que cette loi éternelle, immuable, universelle, est de préférer toujours le bien général au bien particulier!

Les libertins et les amateurs de l'indépendance diront que ce n'est pas raisonner, que d'introduire ainsi dans la politique les maximes de la religion. Mais je ne parle point de la religion révélée; je ne parle que de ce respect de la divinité, qui est fondé sur la raison. Je n'admets ici aucuns principes, que ceux qui se tirent de la lumière naturelle. Je ne dis que ce qu'ont dit avant moi tous les grands législateurs et philosophes, soit grecs, soit romains; savoir, qu'il est impossible de fixer les vrais principes de la politique, sans poser ceux de la religion. « Il y a eu des philosophes, dit Cicéron[1],
» qui nioient que les dieux s'intéressassent aux
» choses humaines. Si leur opinion est vraie, où
» est la piété, où est la sainteté, où est la religion?...
» Et si l'on anéantit ces choses, tout tombe dans la
» confusion et le trouble; car, en détruisant le res-
» pect de la divinité, on détruit toute foi parmi les
» hommes, toute société et toute justice, la plus
» admirable de toutes les vertus. »

On objectera peut-être que tout ce qu'on a dit de la loi naturelle, éternelle, immuable, et commune à toutes les intelligences, sont des idées romanesques et chimériques; que rien n'est plus contradictoire que les sentiments et les coutumes des différents législateurs et des différents peuples sur la loi naturelle; que Platon vouloit établir la communauté des femmes; que Lycurgue sembloit approuver la prostitution; que Solon permettoit aux Athéniens de tuer leurs propres enfants; que les Perses épousoient leurs mères et leurs filles; les Scythes mangeoient de la chair humaine; les Gétuliens et les Bactriens, par politesse, permettoient à leurs femmes d'avoir commerce avec les étrangers: de sorte qu'il n'y a point de loi fixe et immuable dans laquelle tout le monde convienne; au contraire, dans chaque pays et dans chaque état, ce que l'un juge honnête, l'autre le condamne comme malhonnête.

Mais est-ce raisonner, que de parler ainsi? Tous les hommes ne sont pas raisonnables; donc la raison n'est qu'une chimère : tous n'aperçoivent pas, faute d'attention et de science, les rapports et les propriétés des lignes; donc il n'y a point de démonstration géométrique. L'homme, à la vérité, n'est pas toujours attentif à cette loi naturelle, il ne la suit pas même quand il la découvre; mais la désobéissance et le défaut d'attention n'anéantissent point la force et la justice de cette loi. Elle n'est point fondée sur l'accord des nations et sur le consentement libre des législateurs, mais sur les rapports immuables de notre être à tout ce qui l'environne. Nous examinons ce que les hommes feroient s'ils étoient raisonnables, et non pas ce qu'ils font quand ils suivent leurs passions.

D'ailleurs, la plupart de ces abus ne sont que de fausses conséquences que les païens tiroient de cette grande loi que nous venons d'établir. Platon et Lycurgue ne prétendoient point favoriser les passions honteuses et brutales; mais ils permettoient le mélange libre des deux sexes, fait avec modestie, dans un certain temps de l'année, afin que les enfants ne reconnussent point d'autre famille que la patrie, ni d'autres pères que les conservateurs des lois : maxime contraire à la sainteté de nos mariages, maxime cependant fondée, à ce que croyoient ces législateurs, sur l'amour de la patrie. Ils se trompoient sans doute dans ces conséquences; mais, en se trompant, ils tendoient à cette loi éternelle et immuable que tous doivent suivre. Cicéron nous assure que c'étoit le sentiment des platoniciens, des stoïciens et de tous les sages de l'antiquité, que « la loi n'a point été une
» invention de l'esprit humain, ni un règlement
» établi par les différents peuples, mais quelque
» chose d'éternel : que cette loi a non-seulement
» précédé l'origine des peuples et des sociétés,
» mais qu'elle est aussi ancienne que la divinité
» même : qu'elle n'a pas commencé d'être une loi
» quand elle a été écrite, mais qu'elle l'a été dès
» sa première origine; que son origine est la même
» que celle de l'esprit divin, parce que la vraie et
» souveraine loi n'est autre que la suprême raison
» du grand Jupiter[1]. »

---

[1] Cic., *de Leg.*, lib. II. n. 4. Hanc igitur video sapientissimorum fuisse sententiam, legem neque hominum ingeniis excogitatam, nec scitum aliquod esse populorum, sed æternum quiddam, quod universum mundum regeret, imperandi prohibendique sapientia. Ita principem legem illam et ultimam, mentem esse dicebant, omnia ratione aut cogentis, aut vetantis Dei : ex qua illa lex, quam dii humano generi dederunt, recte est laudata.... Quæ vis (sive lex) non modo senior est, quam ætas populorum et civitatum, sed æqualis illius, cœlum atque terras tuentis et regentis Dei.... Quæ non tum denique incipit lex esse, cum scripta est, sed tum, cum orta est : orta autem simul est cum mente divina. Quamobrem lex vera atque princeps, apta ad jubendum et ad vetandum, ratio est recta summi Jovis.

---

[1] *De nat. Deor.*, lib. I, n. 2. Sunt enim philosophi, et fuerunt, qui omnino nullam habere censerent humanarum rerum procurationem deos. Quorum si vera sententia est, quæ potest esse pietas? quæ sanctitas? quæ religio?... Quibus sublatis, perturbatio vitæ sequitur, et magna confusio. Atque haud scio an, pietate adversus deos sublata, fides etiam, et societas humani generis, et una excellentissima virtus, justitia, tollatur.

CHAPITRE III.

L'homme naît sociable.

Je n'entends point ici, par être sociable, vivre ensemble, et se voir dans certains lieux et en certains temps : les bêtes les plus féroces le sont de cette sorte. On peut se voir chaque jour, sans être en commerce de société ; on peut vivre séparé de tous les hommes, et être sociable. Par société, j'entends *un commerce mutuel d'amitié*. Or, tous les êtres raisonnables sont obligés, par la loi immuable de leur nature, de vivre ainsi ensemble.

« Ceux qui ont une même loi commune doivent être regardés, dit Cicéron[1], comme citoyens d'une même ville. L'univers, continue-t-il, est une grande république, dont les dieux inférieurs et les hommes sont les citoyens, et le grand Dieu tout puissant le prince et le père commun. »

« Si la raison est commune à tous, la loi nous est commune aussi, dit l'empereur Marc-Antonin[2]. La loi étant commune, nous sommes concitoyens ; nous vivons donc sous une même police ; et le monde entier n'est par conséquent que comme une ville. »

L'idée est belle et lumineuse, et nous montre quel est le premier principe d'union et de société parmi les hommes. Toutes les intelligences qui se connoissent sont obligées de vivre dans un commerce mutuel d'amitié, à cause de leur rapport essentiel au père commun des esprits, et de leur liaison mutuelle comme membres d'une même république, qui est gouvernée par une même loi. C'est ainsi que nous concevons qu'il peut y avoir une société d'amour parmi les pures intelligences, dont le bonheur commun est augmenté par la joie et le plaisir noble et généreux qu'a chacune de voir toutes les autres heureuses et contentes. C'est ainsi que les dieux inférieurs, pour parler comme les païens, ou plutôt les hommes divins, affranchis des liens corporels, peuvent, sans que nous nous en apercevions, avoir de la société avec les hommes mortels, en leur donnant des secours invisibles.

De là est venue l'idée qu'avoient les païens du commerce qu'ils supposoient entre les divinités et les hommes ; et toutes ces fictions des dieux, des demi-dieux, des déesses, des naïades, etc., qui protégeoient les humains, et conversoient avec eux dans les temps héroïques et fabuleux. C'est ainsi que chaque homme, en tant qu'il est un être raisonnable, indépendamment de son corps et de ses besoins, doit se regarder comme membre de la société humaine, citoyen de l'univers, et partie d'un grand tout, dont il doit chercher le bien général préférablement à son bien particulier.

Mais, outre ce premier principe d'union et de société, qui est sans doute le plus noble, il y en a deux autres qui méritent d'être considérés : l'indigence corporelle, et l'ordre de la génération.

L'indigence de l'homme est plus grande que celle des animaux. Il naît foible, et incapable de se secourir, et de demander aux autres ce dont il a besoin. Tous les autres animaux, au bout de quelques semaines, sont en état de se procurer ce qui est nécessaire pour leur conservation. L'homme, au contraire, pendant plusieurs années, languit dans un état d'enfance et de foiblesse ; il ne vit qu'à demi ; il est dans l'impuissance par lui-même de se garantir contre les injures de l'air, contre la violence des animaux, et contre les passions des autres hommes.

L'auteur de la nature a fait naître l'homme ainsi indigent, afin de nous rendre la société nécessaire. Il auroit pu créer chacun de nous avec une suffisance de bonheur et de perfection, pour vivre seul, séparé de tous les autres hommes ; mais il ne l'a pas voulu, afin de nous donner occasion d'imiter sa bonté communicative, en contribuant mutuellement à notre bonheur par les devoirs d'une amitié réciproque.

L'Être souverain a lié les hommes ensemble, non-seulement par l'indigence et le besoin mutuel qu'ils ont les uns des autres, mais encore par l'ordre de leur naissance. Il auroit pu créer tous les hommes d'un même sexe tout à la fois, et dans l'indépendance les uns des autres ; mais il ne l'a pas voulu, afin que les liens du sang et de la naissance tinssent lieu de ceux de la charité et de l'amitié, et que les uns contribuassent à former et à fortifier les autres. Je ne parle pas encore du pouvoir paternel, ni de l'ordre de la génération, en tant qu'elle est une source d'autorité ; mais seulement en tant qu'elle est une source d'union et de société. Par cet ordre admirable de la propagation, les pères regardent les enfants comme une partie d'eux-mêmes, et les enfants regardent leurs pères comme les auteurs de leur existence ; et ils sont disposés par-là à se rendre les uns aux autres les

---

[1] Cic., *de Leg.*, lib. I, n. 7. Inter quos est communio legis, ... civitatis ejusdem habendi sunt... Ut jam universus hic mundus, una civitas communis deorum atque hominum existimanda.

[2] Lib. IV, § 4. Λόγος κοινός. Εἰ τοῦτο, καὶ ὁ νόμος κοινός. εἰ τοῦτο, πολῖται ἐσμεν. εἰ τοῦτο, πολιτεύματος τινὸς μετέχομεν εἰ τοῦτο, ὁ κόσμος ὡσανεὶ πόλις ἐστί.

devoirs de tendresse et de gratitude, d'amour et de respect.

Outre ce lien d'union que Dieu a formé parmi les hommes, par l'ordre de la génération, il y en a encore un autre qui en résulte : c'est l'amour de la patrie. Les hommes ne naissent pas libres de s'assujettir à telle société qu'ils voudront, ou de former de nouvelles sociétés selon leur caprice. Ceux à qui nous devons notre naissance, notre conservation, notre éducation, acquièrent par-là un droit sur nous, qui nous oblige à la reconnoissance, au respect, à l'amour. La patrie n'est autre chose que *la réunion de tous les pères de famille dans une même société*. L'amour de cette patrie n'est pas une chimère inventée par ceux qui ont envie de dominer : il est fondé sur le respect paternel, et absolument nécessaire pour le bien de la société; car s'il étoit permis à chacun d'abandonner son pays, comme un voyageur qui passe de ville en ville, selon son goût et sa commodité, il n'y auroit plus de société fixe et constante sur la terre.

Tous les hommes étoient originairement membres d'une même famille; ils ne parloient qu'une même langue, ils ne devoient avoir tous qu'une même loi; mais ayant perdu ce principe d'union qui les auroit rendus tous également citoyens de l'univers, il n'étoit plus à propos que le monde leur fût commun à tous. Pour les empêcher d'être errants et vagabonds sur la terre, sans ordre, sans union, sans règle, il étoit nécessaire de les fixer, et de les attacher à des sociétés particulières, par la différence des langues, des lois et des climats.

Les hommes naissent donc sociables par la loi commune et immuable de leur nature intelligente, par l'indigence corporelle, et par l'ordre de la génération.

Loin d'ici toutes ces monstrueuses idées qui nous enseignent que l'homme n'est naturellement et originairement engagé à être sociable que par la seule crainte d'être opprimé; que s'il étoit sûr de ne rien souffrir lui-même, il pourroit vivre libre, et indépendant de tous les autres; que les sociétés ne se forment que par un contrat arbitraire, comme les compagnies de marchands qui s'associent librement pour faire le commerce, et s'en retirent quand ils n'y trouvent plus leur profit! Il est vrai que la crainte, l'avarice, l'ambition et les autres passions rendent le gouvernement et la subordination nécessaires; mais être sociable, c'est un caractère essentiel de l'humanité.

CHAPITRE IV.

Les hommes naissent tous plus ou moins inégaux.

Quoique les hommes soient tous d'une même espèce, capables d'un même bonheur, également images de la divinité, c'est cependant se tromper beaucoup que de croire cette égalité de nature incompatible avec une véritable subordination. Il est certain que les hommes diffèrent les uns des autres par leurs qualités personnelles. Leur être est d'une même espèce, mais leurs manières d'être sont infiniment différentes ; et ces différences sont les fondements d'une supériorité antécédente à tout contrat. Or, ces différences peuvent être réduites à deux chefs généraux : la supériorité naturelle qu'il y a dans l'ordre des esprits, et la dépendance nécessaire qu'il y a dans l'ordre de la génération corporelle.

La sagesse, la vertu et la valeur donnent un droit naturel à la préférence.

Par droit naturel, j'entends un pouvoir fondé sur la loi naturelle. Selon la loi naturelle, nul homme ne doit dominer sur un autre : tous doivent se soumettre à la raison ; c'est elle seule qui a droit de commander : donc ceux qui sont plus en état de découvrir ce qui est le plus raisonnable, c'est-à-dire les plus *sages*; ceux qui peuvent le suivre malgré leurs passions, c'est-à-dire les plus *vertueux*; ceux qui sont en état de le faire exécuter aux autres, en leur imprimant du respect et de la crainte, c'est-à-dire les plus *courageux*, ont sans doute plus de droit d'être choisis pour commander, que les ignorants, les méchants et les foibles.

C'est ainsi que certains hommes, par la supériorité de leur esprit, par leur sagesse, leur vertu et leur valeur, naissent propres à gouverner; tandis qu'il y en a une infinité d'autres qui, n'ayant point ces talents, semblent nés pour obéir. L'ordre de la Providence voulant qu'il y eût un gouvernement, et par conséquent une subordination, il falloit que l'ordre de la nature y conspirât, et qu'il y eût une différence de talents naturels pour soutenir cette subordination.

Mais, outre cette supériorité qui vient des qualités personnelles, il y en a une autre qui vient de l'ordre naturel de la génération.

Les amateurs de l'indépendance tâchent d'avilir le respect paternel, par plusieurs raisonnements frivoles. « Nous ne devons rien, disent-ils, à nos » pères pour avoir été les instruments de notre » naissance. Nos ames viennent immédiatement de » Dieu. L'intention de nos pères, en procréant nos

» corps, a été plutôt de se procurer du plaisir, » que de nous donner l'être. »

Le dessein plus ou moins désintéressé du bienfaiteur n'anéantit pas le bienfait. Quelle que soit l'intention de nos parents en nous procréant, il est certain que nos corps font partie de leur substance. Ils sont les instruments de notre existence; par conséquent nous devons toujours les envisager comme les premières occasions de tout le bonheur qui nous peut arriver. Nous devons souvent très peu à la créature qui est l'instrument et la simple occasion des biens qui découlent de l'auteur de tous les biens; mais nous devons tout à son ordre. Or, son dessein, en établissant cet ordre de la génération, n'a été que pour unir les hommes, et les obliger à se rendre les uns aux autres les devoirs mutuels de tendresse et de reconnoissance, d'amour et de soumission.

Le pouvoir paternel est encore fondé sur les obligations que nous avons à nos parents pour la protection qu'ils donnent à nos corps, et l'éducation qu'ils donnent à nos esprits. Par l'un, ils nous donnent les secours nécessaires dans la foiblesse extrême de notre enfance; par l'autre, ils nous rendent capables de connoître nos différents devoirs, quand nous sommes parvenus à l'âge de raison. Selon l'ordre divin et humain, de la Providence et de la police, les pères sont responsables à Dieu et aux hommes de ce que font leurs enfants avant l'âge de raison. Chaque père de famille, antécédemment à tout contrat, a donc un droit de gouverner ses enfants; et ils doivent par gratitude le respecter, même après l'âge de raison, comme l'auteur de leur naissance et la cause de leur éducation.

Un état d'égalité et d'indépendance, où tous les hommes auroient un droit égal de juger et de commander, seroit donc contraire à l'ordre de la génération, et absolument inconcevable; à moins de supposer, avec les poëtes, que les hommes naquirent du limon comme les grenouilles, ou qu'ils sortirent de la terre comme les compagnons de Cadmus, tous à la fois, avec toute la taille et toute la force d'un âge parfait. Cet état seroit aussi contraire à la raison, puisque les personnes les plus ignorantes, et les plus incapables de juger, auroient autant de droit de commander et de décider, que les esprits les plus éclairés.

Cette égalité parfaite est absolument incompatible avec l'humanité aveugle, et séduite par ses passions. L'homme qui aime l'élévation et l'autorité ne restera jamais de niveau avec les autres, quand il pourra s'élever au-dessus d'eux. L'amour-propre rend chacun idolâtre de soi, et tyran des autres quand il le peut devenir impunément. Les plus grands partisans de cette égalité imaginaire ont été toujours les maîtres les plus despotiques, quand ils ont eu l'autorité en main. L'aimable égalité, où la raison seule préside, ne peut pas subsister parmi les hommes corrompus. Les esprits superficiels et imaginatifs peuvent s'éblouir par ces belles idées; mais une profonde connoissance de l'homme nous en détrompera.

CHAPITRE V.

De la nécessité d'une autorité souveraine.

Si les hommes suivoient la loi naturelle, chacun feroit par l'amour de la vertu ce qu'il fait par crainte et par intérêt. On n'auroit pas besoin de lois positives, ni de punitions exemplaires. La raison seroit notre loi commune; les hommes vivroient dans une simplicité sans faste, dans un commerce mutuel de bienfaits sans propriété, dans une égalité sans jalousie; on ne connoîtroit d'autre supériorité que celle de la vertu, ni d'autre ambition que celle d'être généreux et désintéressé. C'est sans doute l'idée de cet état, si conforme à la nature raisonnable, qui a donné occasion à toutes les fictions des poëtes sur le siècle d'or et le premier âge de l'homme.

Les annales sacrées et profanes nous montrent que l'homme n'a pas suivi long-temps cette loi naturelle; notre expérience nous couvaincra du moins qu'il ne la suit pas à présent. L'amour-propre déréglé a rendu l'homme capable de deux passions inconnues même aux animaux, l'avarice et l'ambition; un desir insatiable de s'approprier les biens dont il n'a pas besoin pour sa conservation, et de s'attribuer une supériorité que la nature ne lui donne pas.

A regarder l'humanité ainsi affoiblie et aveuglée par les passions, on ne voit dans les hommes qu'une liberté sauvage, où chacun veut tout prétendre et tout contester; où la raison ne peut rien, parce que chacun appelle raison la passion qui l'anime; où il n'y a ni propriété, ni domaine, ni droit, si ce n'est celui du plus fort; et chacun le peut devenir tour à tour.

Le gouvernement est donc absolument nécessaire pour régler la propriété des biens, et le rang que chacun doit tenir dans la société, afin que tout ne soit pas en proie à tous, et que chacun ne soit pas l'esclave de tous ceux qui sont plus forts que lui.

L'ordre demande que la multitude ignorante et méchante ne soit pas libre de juger par elle-même, et de faire tout ce qu'elle croit à propos. Il est absolument nécessaire, à moins de vivre dans une anarchie affreuse, où le plus fort fait tout ce qu'il veut, qu'il y ait quelque puissance suprême, aux décisions de laquelle tous soient soumis.

Il faut donc nécessairement que tout gouvernement soit absolu. Je n'entends point, par *absolu*, un pouvoir arbitraire de faire tout ce qu'on veut, sans autre règle et sans autre raison que la volonté despotique d'un seul ou de plusieurs hommes. A Dieu ne plaise que j'attribue un tel pouvoir à la créature, puisque le souverain Être ne l'a pas lui-même! Son domaine absolu n'est pas fondé sur une volonté aveugle; sa volonté souveraine est toujours réglée par la loi immuable de sa sagesse. Rejetons donc, avec un célèbre poëte de nos jours [1], ces monstrueuses idées d'un pouvoir arbitraire, qui enseignent

> Qu'un roi n'a d'autre frein que sa volonté même;
> Qu'il doit immoler tout à sa grandeur suprême;
> Qu'aux larmes, au travail le peuple est condamné,
> Et d'un sceptre de fer veut être gouverné.

Par le pouvoir *absolu*, je n'entends autre chose qu'une puissance qui juge en dernier ressort. Dans tout gouvernement il faut qu'il y ait une telle puissance suprême; car, puisqu'on ne peut pas multiplier les puissances à l'infini, il faut absolument s'arrêter à quelque degré d'autorité supérieur à tous les autres, et dont l'abus soit réservé à la connoissance et à la vengeance de Dieu seul.

Or, quelle que soit la forme du gouvernement, soit monarchique, aristocratique, démocratique, ou mixte, il faut toujours qu'on soit soumis à une décision souveraine, puisqu'il implique contradiction de dire qu'il y ait quelqu'un au-dessus de celui qui tient le plus haut rang.

Cette nécessité absolue qu'il y ait parmi les hommes une supériorité et une subordination, est une preuve convaincante que le gouvernement en général n'est pas un établissement libre dont on peut se dispenser. Rien ne seroit plus pernicieux, dans la pratique, que ce principe. Dans tout contrat libre, les contractants sont toujours en droit de le rompre, quand l'un d'eux manque aux conditions stipulées. Par-là, chaque particulier devient libre et indépendant de l'autorité souveraine, quand elle lui fait injustice; il n'y a plus de gouvernement assuré. Ce n'est pas la royauté seule qui est en danger; les sénats les plus respectables, et les républiques les plus sagement établies, sont exposés sans cesse à l'anarchie la plus affreuse.

[1] RACINE, *Athalie*, act. IV, sc. III.

Les formes du gouvernement peuvent être indifférentes, et plus ou moins parfaites; mais l'indépendance et l'anarchie étant absolument incompatibles avec les besoins présents de l'humanité, et tout-à-fait contraires à sa nature sociable, il faut nécessairement, pour conserver l'ordre et la paix, que les hommes soient soumis à quelque puissance suprême.

Par cette union du corps politique sous un ou plusieurs magistrats souverains, chaque particulier acquiert autant de force que toute la société en commun. S'il y a dix millions d'hommes dans la république, chaque homme a de quoi résister à ces dix millions, par leur dépendance d'un pouvoir suprême qui les tient tous en bride, et qui les empêche de se nuire les uns aux autres. Cette multiplication de force dans le grand corps politique ressemble à celle de chaque membre du corps humain. Séparez-les, ils n'ont plus de vigueur; mais, par leur union mutuelle, la force commune augmente, et ils font tous ensemble un corps robuste et animé.

La subordination et le gouvernement étant nécessaires, voyons quelle est la source de l'autorité souveraine.

CHAPITRE VI.

De la source de l'autorité souveraine.

Par l'autorité suprême, on entend *un pouvoir de faire des lois, et d'en punir le violement, même par la mort*.

La souveraine raison a seule le droit originaire de borner la liberté de la créature par des lois. Le Créateur tout puissant, qui donne la vie, a seul le droit de l'ôter. C'est Dieu seul, dont le domaine sur l'être et sur le bien-être de sa créature est absolu, qui possède pleinement et essentiellement le droit de la régler, et d'en punir les déréglements. Il n'y a donc qu'une source primitive de toute autorité: c'est la *dépendance naturelle* où nous sommes de l'empire de Dieu, et comme souveraine sagesse, et comme auteur de notre être.

La nécessité absolue qu'il y ait sur la terre quelque autorité suprême qui fasse des lois, et qui en punisse le violement, est une preuve aussi convaincante que Dieu, qui aime essentiellement l'ordre, veut que son autorité soit confiée à quelques juges souverains, que s'il l'avoit déclaré par une révélation expresse à tout le genre humain.

Le droit donc qu'ont une ou plusieurs personnes de gouverner, préférablement aux autres, ne vient que de l'ordre exprès de la Providence. Comme dans le physique et le naturel il y a une action secrète et universelle du premier moteur, qui est l'unique source de toute la force, de tout l'ordre, de tous les mouvements que nous voyons dans la nature ; de même, dans le gouvernement du monde, il y a une providence souveraine et cachée, qui arrange tout selon ses desseins éternels. Tous les moments de notre existence sont liés avec une éternité de siècles futurs, et tout ce qui se fait en chaque moment a rapport à ce qui peut arriver dans tous les autres. La liberté intérieure de la créature demeure parfaite, absolue, indépendante de toute prédétermination, de toute prescience, de tout arrangement qui la contraint ou la détruit ; mais l'état, le rang, les circonstances extérieures où chacun de nous se trouve, sont réglés avec poids et mesure. Tous les différents événements, qui paroissent aux hommes aveugles les effets du hasard ou de leur vaine sagesse, sont tellement enchaînés les uns avec les autres, qu'ils contribuent à accomplir les desseins du souverain Être qui conduit tout à ses fins. Souvent même ce qui paroît le plus indigne de notre attention devient le ressort des plus grands changements. Le moindre mouvement d'un atome peut causer des révolutions innombrables dans le monde. Un petit insecte venimeux, voltigeant dans l'air, pique la main d'un jeune prince ; elle s'enflamme, l'inflammation augmente, l'enfant royal meurt : il s'élève des disputes sur la succession ; l'Europe entière s'y intéresse ; les guerres commencent partout ; les empires sont renversés ; et le premier mobile de toutes ces révolutions a été l'action d'un animal invisible.

Ce n'est donc pas par hasard que les uns naissent pauvres, les autres riches ; les uns grands, les autres petits ; les uns rois, les autres sujets. Ce partage inégal des biens et des honneurs de ce monde est fait avec une sagesse infinie, qui sait ce qui convient à chacune de ses créatures.

Par-là les grands ont occasion d'imiter la bonté divine en protégeant les petits, et les petits d'exercer la reconnoissance en rendant des services aux grands ; et, par ce commerce mutuel de bienfaits, les uns et les autres doivent entretenir l'union et l'ordre dans la société. La distinction des rangs, attachée souvent à des choses qui ne sont par elles-mêmes d'aucune valeur, doit empêcher les grands de mépriser leurs inférieurs, et engager les petits à respecter les grands, à cause que l'ordre veut qu'il y ait une subordination parmi les hommes. Cette inégalité de rangs, et ces dignités qui révoltent souvent, quand on ne regarde que ceux qui en sont revêtus, deviennent pourtant justes quand on les considère comme des suites de l'ordre établi pour conserver la paix de la société.

Violer les droits de la subordination établie est donc un crime de lèse-majesté divine ; vouloir renverser la supériorité des rangs, réduire les hommes à une égalité imaginaire, envier la fortune et la dignité des autres, ne se point contenter de la médiocrité et de la bassesse de son état, c'est blasphémer contre la Providence, c'est attenter sur les droits du souverain Père de famille, qui donne à chacun de ses enfants la place qui lui convient. Voilà le fondement sûr et immuable de toute autorité légitime.

Rien, par conséquent, n'est plus faux que cette idée des amateurs de l'indépendance, que toute autorité réside originairement dans le peuple, et qu'elle vient de la cession que chacun fait, à un ou plusieurs magistrats, de son droit inhérent de se gouverner soi-même.

Cette idée n'est fondée que sur la fausse supposition que chaque homme né pour soi, hors de toute société, est le seul objet de ses soins, et sa règle à lui-même ; qu'il naît absolument son maître, et libre de se gouverner comme il veut. Nous avons déjà vu que l'homme, antécédemment à tout contrat libre, à toute forme de gouvernement, à tout consentement exprès ou tacite, naît membre d'une société dont il doit préférer le bien public à son bien particulier, et par conséquent qu'il n'est ni son maître, ni sa loi à lui-même.

Il est vrai que le consentement libre ou forcé, exprès ou tacite d'un peuple libre, à la domination d'un ou de plusieurs, peut bien être un canal par où découle l'autorité suprême ; mais il n'en est pas la source. Ce consentement n'est qu'une simple déclaration de la volonté de Dieu, qui manifeste par là à qui il veut que son autorité soit confiée. C'est lui seul qui préside souverainement aux conseils des humains, qui les règle comme il veut, et qui donne aux nations des maîtres pour être les instruments de sa justice ou de sa miséricorde.

Mais quoique la Providence dispose des couronnes à son gré, cependant elle n'approuve pas tout ce qu'elle permet. Il y a certaines lois générales qui nous sont des marques non-seulement que Dieu permet les choses, mais encore qu'elles sont dans son ordre. Ces lois générales sont les fondements de ce qu'on appelle *droit civil* ; et elles sont établies pour être les règles constantes de nos devoirs, et les signes certains de ce qui est de droit, et de ce qui ne l'est pas.

Or, dans la politique, ces lois générales sont

tous les établissements compatibles avec l'ordre et l'union de la société, qui, étant de leur nature fixes et palpables, empêchent que la subordination ne soit détruite, et que la suprême autorité, si nécessaire parmi les hommes, ne soit sans cesse en proie à l'ambition de tous ceux qui voudroient y aspirer.

Voyons quels sont les moyens de fixer l'autorité suprême, et remontons jusqu'à l'origine des nations, et à la première institution des sociétés civiles.

CHAPITRE VII.

De l'origine des sociétés civiles.

Je ne proposerai point ici l'autorité divine de la Bible; je ne parlerai que de son antiquité, qu'on ne peut récuser sans nous montrer quelque histoire plus authentique.

Moïse, le plus ancien de tous les législateurs et de tous les historiens, nous assure que tous les hommes descendent de deux personnes unies par le lien conjugal; et qu'après le déluge il ne resta que la famille de Noé, qui, étant divisée en trois branches, se subdivisa encore en des nations innombrables. Leurs enfants, se multipliant en plusieurs familles, se répandirent sur la surface de la terre, la partagèrent entre eux, et devinrent chacun père d'une nation différente. La postérité de Japhet s'étendit dans l'Europe, celle de Sem dans l'Asie, et celle de Cham dans l'Afrique.

Si l'origine des autres nations étoit aussi claire et aussi certaine que celle dont les saintes Écritures font mention les racines de toutes les branches du genre humain pourroient être reconnues.

Les Grecs, dont les histoires sont les plus anciennes et les plus authentiques de toutes celles que nous connoissons parmi les païens, nous ont donné la même idée de la propagation du genre humain et de l'origine des nations. Les Pélasgiens, selon eux, sont descendus de Pélasgus, fils de Jupiter; les Hélléniens, de Hellen, fils de Deucalion; les Héraclides, d'Hercule, etc. Je suppose que les annales d'une antiquité si reculée ne peuvent être que très obscures, et souvent fabuleuses. Je remarque seulement que les historiens de tous les pays conviennent tous à nous montrer que les différents peuples qui couvrent la face de la terre sont descendus de différents enfants d'un même père, et que toutes les nations se sont formées par la multiplication d'un même tronc en plusieurs branches.

Rien n'est plus conforme que cette idée à ce que nous voyons chaque jour dans tous les pays du monde, où les différentes familles et tribus font remonter leur origine jusqu'à un père commun.

Toutes les traditions anciennes, tant sacrées que profanes, nous assurent que les premiers hommes vivoient long-temps. Par cette longueur de la vie humaine, et la multiplicité des femmes, qu'il étoit permis à un seul homme d'avoir, un grand nombre de familles se voyoit réuni sous l'autorité d'un seul grand-père. Chaque père de famille, se saisissant d'une portion de terre encore inhabitée, la distribuoit entre ses enfants; et ses enfants s'emparant de nouvelles possessions à proportion qu'ils multiplioient en nombre, la famille d'un seul homme devenoit bientôt un peuple gouverné par celui que nous supposons avoir été le premier père de tous. Les plus vieux des enfants acquéroient l'autorité sur leur postérité par les mêmes droits paternels que le père commun s'en étoit acquis sur eux : ils entroient en consultation avec lui, et avoient part à la conduite des affaires publiques. Tous les pères, soumis au père commun, gouvernoient de concert avec lui la *patrie*, la *nation*, ou la *grande famille*.

Je ne dis pas que la seule paternité donne aux pères un droit inhérent sur la vie et la liberté de leurs enfants. Elle n'est point la source de l'autorité souveraine, mais elle est le premier et le principal canal par où cette autorité découle sur les hommes. L'ordre de la génération soumet tous les enfants à la conduite de leurs pères, jusqu'à ce qu'ils soient parvenus à l'âge de raison; et après y être parvenus, il est naturel de respecter ceux qui ont été les occasions de notre existence, les conservateurs de notre vie pendant l'enfance, et les causes de notre éducation. C'est ainsi que l'autorité paternelle s'est convertie dès le commencement en autorité souveraine : car, comme il est absolument nécessaire qu'il y ait une puissance suprême parmi les hommes, il est naturel de croire que les pères de famille, accoutumés à gouverner leurs enfants dès leur bas âge, étoient les dépositaires de l'autorité suprême, plutôt que les jeunes personnes sans expérience et sans aucune autorité naturelle.

C'est là la première origine du gouvernement, et de l'autorité des anciens, si respectée parmi les Juifs, les Spartiates, les Romains, et chez toutes les nations du monde, soit polies, soit barbares. C'est pour cela qu'anciennement on appeloit les rois *pères* dans presque toutes les langues; c'est pour cela enfin que le mot de nation ne signifie qu'un grand nombre de familles descendues d'un même père.

Le genre humain continuant à se multiplier de

plus en plus, les familles se subdivisèrent toujours; et ne se trouvant plus soumises par l'autorité paternelle à un seul chef, de qui elles descendissent toutes, elles formèrent des sociétés différentes. Les unes se tournèrent en état monarchique, par l'autorité que quelqu'un d'entre elles s'attira sur la multitude, ou par son courage, ou par sa vertu, ou par sa sagesse. D'autres, craignant l'abus de l'autorité entre les mains d'un seul, la partagèrent entre plusieurs. D'autres enfin, voulant réunir tous les avantages de l'un et de l'autre gouvernement, en composèrent de mixtes de toutes les espèces, tous fondés sur la nécessité qu'il y ait quelques formes fixes, et qui ne soient pas sujettes aux caprices de chaque particulier.

Ces formes ayant été une fois établies, il ne doit plus être permis de les changer. La même raison qui rend le gouvernement en général nécessaire demande aussi que la forme en soit sacrée et inviolable. Comme les hommes seroient sans cesse en trouble, s'il n'y avoit point de gouvernement; de même ils seroient toujours exposés à l'agitation, si les formes du gouvernement une fois établies pouvoient être changées au gré de chaque particulier qui voudroit s'ériger en réformateur. Rien donc ne doit être plus sacré aux nations que la constitution primitive et fondamentale des états. Quelle que soit la forme du gouvernement, quels qu'en paroissent les défauts et les abus, s'il a été établi de temps immémorial, s'il a été confirmé par un long usage, il n'est plus permis aux particuliers de l'altérer ni de le détruire, sans le concours de la puissance souveraine.

La raison en est qu'il y a des dangers infinis de changer même les formes du gouvernement les plus imparfaites auxquelles un peuple est déjà accoutumé, et de laisser aux sujets le droit d'entreprendre d'eux-mêmes ces changements. Si on leur accorde une fois ce pouvoir, il n'y a plus de règle fixe pour arrêter l'inconstance de la multitude et l'ambition des esprits turbulents, qui entraîneront sans cesse la populace, sous le prétexte spécieux de réformer l'état et de corriger les abus. Le peuple donc ne peut pas changer une monarchie en république, ni une république en monarchie, ni rendre électif un royaume héréditaire, indépendamment du pouvoir légitime et suprême qui subsiste alors dans l'état. Le sénat et le peuple romain ont pu donner la dictature perpétuelle à un seul homme, et le faire empereur; mais Sylla, Catilina et César étoient usurpateurs, parce qu'ils voulurent s'emparer de l'autorité souveraine malgré le sénat, en qui résidoit la puissance suprême de la république

romaine. Un roi absolu peut relâcher de ses prérogatives; mais si le peuple veut les lui arracher par force, il devient rebelle.

C'est que les hommes corrompus étant incapables, à cause de leurs préjugés, de leurs passions, ou des bornes naturelles de l'esprit humain, de juger de ce qui est absolument le meilleur en soi, il faut quelque principe moins équivoque que la bonté apparente des choses, pour fixer les droits de la société et de la souveraineté; et ce ne peut être que l'ancienneté des coutumes, ou le consentement de la puissance qui tient le rang suprême dans un état. Nous voyons que le grand législateur des Juifs[1] *maudit celui qui change les bornes de l'héritage de son prochain;* or, les droits de la souveraineté, les trônes et les empires doivent être encore plus sacrés qu'un arpent de terre.

Éclaircissons par ces principes le système de ceux qui, donnant tout à la Providence, soutiennent qu'un roi de fait est roi de droit; examinons ensuite les objections des anti-royalistes contre le droit héréditaire; tâchons enfin de réfuter les maximes pernicieuses des amateurs de l'indépendance, sur la révolte contre ceux qui abusent de l'autorité souveraine.

CHAPITRE VIII.

Du roi de fait et de droit.

Quelques auteurs, respectables d'ailleurs, ont voulu soutenir que Dieu étant l'unique source de toute autorité, on doit non-seulement obéir à quiconque possède actuellement la souveraineté, mais encore reconnoître son autorité comme légitime, parce qu'elle est de permission divine. C'est ce qu'ils appellent être *roi de providence.*

La simple permission divine ne donne jamais aucun droit. Il faut être soumis à tout ce que Dieu permet; mais il ne faut pas l'approuver comme juste. Il y a une grande différence entre obéir au roi de providence, et reconnoître son droit comme légitime. Il faut sans doute payer les taxes qu'un usurpateur impose, obéir aux lois civiles qu'il fait, se soumettre généralement à toutes ses ordonnances, qui sont nécessaires pour conserver l'ordre et la paix de la société; mais il ne faut jamais que cette obéissance aille jusqu'à approuver l'injustice de son usurpation, beaucoup moins à jurer qu'il a droit à la couronne dont il s'est emparé par violence. « Il est certain, dit le célèbre Grotius, que

[1] *Deut.*, XXVII, 17.

» les actes de juridiction qu'exerce un usurpateur
» qui est en possession ont le pouvoir d'obliger,
» non en vertu de son droit, car il n'en a aucun,
» mais parce que celui qui a le vrai droit sur l'état
» aime mieux que les choses que l'usurpateur or-
» donne aient lieu dans cet intervalle, que de
» voir ses états dans une confusion déplorable,
» comme ils demeureroient sans doute si l'on en
» abolissoit les lois, et si l'on interrompoit l'exer-
» cice de la justice. »

Les partisans d'un roi de providence ont recours aux maximes du christianisme, pour justifier leur opinion. César, disent-ils, étoit un usurpateur; cependant Jésus-Christ et ses apôtres ordonnèrent d'obéir aux empereurs romains.

On pourroit répondre, selon le sentiment des plus habiles historiens romains de ce temps-là, que Rome ne pouvoit plus subsister sous la forme d'une république. Il falloit nécessairement que l'unité de la puissance suprême éteignît les discordes et les guerres civiles qui arrivoient sans cesse entre les chefs de parti qui aspiroient à la souveraineté. « Les provinces, dit Tacite, ne montroient pas de
» répugnance pour ce nouveau gouvernement, à
» cause que celui du sénat et du peuple leur étoit
» à charge, par les querelles continuelles des grands
» et l'avarice des magistrats, contre qui l'on im-
» ploroit en vain le secours des lois, qui cédoient
» à la force, aux brigues et à l'argent. » Le gouvernement monarchique devenant nécessaire pour le repos de Rome, il n'y avoit personne qui eût plus de droit à la couronne impériale que les Césars. Si cette réponse est trop vague, en voici une précise.

Jules César étoit usurpateur aussi bien que son successeur Auguste; mais je nie que Tibère, qui régnoit dans le temps de notre Seigneur, et à qui il ordonnoit de payer le tribut, fût usurpateur en aucun sens. César avoit changé la forme du gouvernement par force, par violence et par des crimes atroces; Auguste s'étoit attiré l'autorité du sénat, des magistrats et des lois, dans le temps de l'affoiblissement de la république. Mais la cession plénière et libre que firent les patriciens, les plébéiens, les chevaliers romains, et tous les ordres, de l'autorité souveraine à Tibère, est un des actes des plus authentiques de l'histoire. Rien n'est plus remarquable que les refus que fit cet empereur de la couronne impériale, et les supplications ardentes que lui fit le sénat, à genoux, de l'accepter. Quoique le caractère de Tibère marque assez que ses résistances étoient feintes, cependant la cession qu'on lui fit de l'autorité souveraine étoit formelle et authentique. Il fut donc proprement le premier empereur légitime, parce qu'il fut choisi par ceux qui avoient un véritable droit d'élection. Il changea la forme du gouvernement de Rome; mais il le fit avec le consentement de ceux en qui résidoit alors le pouvoir suprême, je veux dire le sénat et le peuple romain. Or, personne ne doute que, dans certains cas, la puissance souveraine d'un état ne puisse changer la forme du gouvernement. C'est une voie légitime, compatible avec l'ordre; elle ne nous expose point à l'anarchie. Mais dans les états où le pouvoir suprême n'est pas le sénat, où les différents ordres, soit patriciens, soit plébéiens, ne sont que les conseillers du prince, il est certain que leur pouvoir subalterne et subordonné ne peut jamais agir indépendamment de la puissance royale et suprême, sans exposer la république à l'anarchie la plus affreuse.

Il y a une autre espèce de politiques qui soutiennent que le droit héréditaire des couronnes est une chimère. C'est ce que nous allons examiner.

CHAPITRE IX.

Le droit héréditaire de terres et celui de couronnes sont fondés sur le même principe.

Par *droit*, en général, on entend *le pouvoir de faire et de posséder certaines choses selon une loi*. La loi est ou *naturelle* ou *civile*, et par conséquent le *droit* est ou *naturel* ou *civil*.

La loi naturelle étant fondée sur la souveraine raison, elle est immuable, éternelle, universelle comme cette raison même. Si les hommes étoient en état de connoître et de suivre toujours cette loi, on n'auroit pas besoin de lois civiles; chacun auroit sa loi au-dedans de lui-même. Mais l'ignorance et la malice de l'homme l'empêchant de découvrir et d'aimer cette pure loi de la nature, on est dans la nécessité d'établir des lois civiles, c'est-à-dire des règles de conduite accommodées aux circonstances particulières de chaque société, et aux besoins présents de l'humanité. Or, ces règles n'ayant souvent aucun fondement dans la nature pure et primitive, le *droit civil*, qui dépend de ces règles, est souvent contraire au *droit naturel*.

Dans l'état présent de l'humanité, il faut souvent, pour détourner un grand mal, en souffrir un moindre. C'est par-là que les *lois civiles*, qui sortent pour ainsi dire quelquefois de l'ordre de la raison par leur nature, y rentrent par la nécessité où l'on est de les établir, afin de mettre des bornes aux passions de l'homme. Je m'explique.

Nous sommes tous citoyens de l'univers, enfants d'un même père, frères par une identité de nature; et par conséquent nous naissons tous avec un droit égal à tout ce dont nous avons besoin pour notre conservation. Selon ce principe, rien n'est plus contraire à la nature que le partage inégal des biens, l'opulence exorbitante des uns, qui n'ont aucun mérite personnel, et la pauvreté affreuse des autres, qui sont infiniment estimables. Cependant, s'il étoit permis à chacun de se saisir de ce dont il a besoin, parce que tous y ont un droit égal selon la nature, la plupart des hommes se serviroient de ce principe pour devenir brigands et voleurs. Il seroit impossible de conserver l'ordre et la paix de la société, et l'on retomberoit sans cesse dans l'anarchie la plus affreuse. Or, pour éviter ces inconvénients, il faut qu'il y ait des lois civiles, comme les contrats et les successions, pour régler le partage des biens.

On doit raisonner de même sur l'autorité. Selon la loi naturelle, qui est celle de la droite raison, celui qui est le plus capable de découvrir ce qui est juste, de l'aimer et de le faire exécuter, c'est-à-dire le plus intelligent et le plus vertueux, devroit sans doute, dans la distribution de l'autorité, être préféré à un autre moins sage et moins vertueux. Mais parce que l'orgueil, l'amour de l'indépendance et les autres passions nous portent à nous préférer aux autres, il faut quelque règle moins équivoque que les qualités personnelles pour fixer la possession de la *souveraineté*, afin qu'elle ne soit pas sans cesse en proie à l'ambition des hommes; comme il fallut des règles pour fixer la propriété des biens, afin qu'ils ne fussent pas toujours en proie à l'avarice des hommes.

De même, il n'y a que la sagesse, la vertu et le mérite qui donnent par eux-mêmes un droit naturel à la préférence. Mais comme l'amour-propre nous pousse tous à juger en notre faveur, il falloit quelque signe fixe et palpable pour décider des rangs, afin de conserver la paix de la société. La distinction la moins exposée à l'envie est celle qui vient d'une longue suite d'ancêtres. C'est pour cela que, dans presque tous les états, l'ancienneté des familles règle les dignités.

Je conclus de tout ceci que le droit héréditaire de couronnes et celui de terres n'ont à la vérité aucun fondement dans le droit naturel et primitif; mais ils sont tous deux fondés sur les mêmes principes du droit civil, et doivent être tous deux également inviolables dans tous les pays où ils sont établis. S'il n'y a point de différence entre un roi légitime et un usurpateur, il n'y en a point non plus entre un héritier naturel et un possesseur injuste, entre un véritable propriétaire et un voleur de grand chemin. Les premiers occupants n'avoient point de droit inhérent et naturel de transmettre à leur postérité la possession des terres, à l'exclusion de tout le genre humain. Les premiers souverains et fondateurs des républiques n'avoient nul droit de transmettre la royauté à leurs successeurs. Mais si l'un et l'autre sont devenus nécessaires pour prévenir les maux d'une nouvelle distribution des biens et d'une nouvelle élection des princes en chaque siècle; si l'un et l'autre ont été confirmés par un long usage, et une prescription de temps immémorial, c'est un aussi grand crime de changer l'un que de changer l'autre. On est injuste et ravisseur de voler le plus simple meuble, de prendre quelque arpent de terre : sera-t-on juste de voler des couronnes et de s'emparer des royaumes? Le monde entier n'est devant Dieu qu'une même république; chaque nation n'en est qu'une famille. La même loi de justice et d'ordre qui rend le droit héréditaire des terres inviolable, rend le droit héréditaire des couronnes sacré.

Pour faire sentir l'absurdité des principes contraires, quittons un peu le style sérieux, et écoutons pour un moment les raisonnements que ces maximes inspireroient également à un fier républicain et à un voleur de grand chemin.

« Les rois, dira le républicain, ne sont que les
» dépositaires d'une autorité qui réside originai-
» rement dans le peuple. Les hommes naissent li-
» bres et indépendants. Mes ancêtres ont cédé leur
» droit inhérent de se gouverner eux-mêmes aux
» souverains, à condition que ces magistrats su-
» prêmes gouverneroient bien. Le roi a violé le
» contrat originaire : je rentre dans mon premier
» droit, je le reprends, et je veux le donner à un
» autre qui en fera meilleur usage. Le droit héré-
» ditaire des couronnes est une chimère. Par quelle
» autorité les premiers princes ont-ils pu trans-
» mettre à leurs enfants un droit, à l'exclusion du
» genre humain, et de mille autres plus dignes de
» gouverner que leurs descendants? Mes ancêtres
» ne pouvoient pas leur transférer, sans mon con-
» sentement, un pouvoir qui anéantit mon droit
» inhérent et naturel; et certainement leur des-
» sein, en confiant ce droit aux princes, n'étoit
» pas de rendre leur postérité misérable. »

« Vous avez raison, répond le voleur, c'est sur
» ces mêmes principes que je règle ma vie. Les ri-
» ches ne sont que les dépositaires des possessions
» qui appartiennent à tout le genre humain. Les
» hommes naissent tous citoyens de l'univers, en-

» fants d'une même famille; ils ont tous un droit
» inhérent et naturel à tout ce dont ils ont besoin
» pour leur subsistance. Je suppose avec vous que
» mes ancêtres et les vôtres ont fait, par un ac-
» cord libre entre eux, le partage des biens de la
» terre; mais les miens ont prétendu sans doute
» que leur postérité seroit pourvue de tout ce qui
» lui seroit nécessaire. Les riches ont violé ce con-
» trat; ils se sont emparés de tout; rien ne me
» reste. Je rentre dans mon droit naturel; je le
» reprends; et je veux me saisir de ce qui m'ap-
» partient par nature. Le droit héréditaire des
» terres est une chimère. Par quelle autorité les
» premiers occupants ont-ils pu transmettre à leur
» postérité un droit à l'exclusion de tous les hom-
» mes, souvent plus dignes que leurs descendants?
» Mes ancêtres ne pouvoient pas transférer aux
» autres, sans mon consentement, un droit qui
» anéantit mon droit inhérent et naturel; et cer-
» tainement leur dessein, dans la distribution ori-
» ginaire des biens, n'étoit pas de rendre leur pos-
» térité misérable. Puisque ces princes et ces
» magistrats, que vous appelez usurpateurs sur
» les droits de l'humanité, m'empêchent de jouir
» de ce qui m'appartient par nature, je veux sou-
» tenir mon droit, et faire main-basse sur le super-
» flu de tous ceux que je rencontre. Or, comme je
» m'aperçois, brave tribun du peuple et digne par-
» tisan de la liberté naturelle des hommes, que
» vous avez plus d'argent qu'il ne vous en faut,
» permettez-moi de vous dire qu'il appartient à
» vos frères, mes compagnons, et à moi, qui som-
» mes dépourvus de tout. Faites-moi la même justice
» que vous voulez que les princes vous fassent. Ils
» ont violé vos droits naturels, vous empiétez sur
» les nôtres; nous n'avons rien, vous avez beau-
» coup plus qu'il ne vous faut : nous sommes vos
» frères, nous vous aimons, nous ne voulons point
» votre vie, nous ne demandons point votre néces-
» saire; partagez seulement entre nous ce dont vous
» n'avez pas besoin. »

Que diroit un anti-royaliste qui rencontreroit sur le grand chemin un semblable voleur, poli, honnête, et zélé pour les droits naturels de l'humanité? Je ne vois pas quelle autre réponse il pourroit lui faire, que de lui donner sa bourse, sans pouvoir se plaindre de la moindre injustice. Qu'on me pardonne cette petite digression. *Ridendo dicere verum quid vetat ?*

On dira peut-être qu'il seroit permis à chacun de s'emparer du superflu des autres, s'il n'y avoit pas des moyens légitimes établis, tels que la succession, les contrats, le travail du corps ou de l'esprit, pour devenir propriétaires des biens.

Je dis de même qu'il seroit permis à chacun d'aspirer à la souveraineté, s'il n'y avoit pas des moyens légitimes établis, tels que le droit héréditaire ou l'élection, pour parvenir à l'autorité suprême. Nul homme ne naît roi par droit inhérent et naturel, à l'exclusion de tous les autres hommes plus dignes que lui, j'en conviens; mais aussi nul homme ne naît propriétaire des biens superflus par un droit inhérent et naturel, à l'exclusion de tous les autres hommes plus dignes que lui.

S'il y avoit un moyen fixe pour distribuer les couronnes et les biens selon le droit naturel, c'est-à-dire selon la loi immuable de la parfaite et souveraine justice, le droit héréditaire des empires et des terres seroit injuste. Mais les passions des hommes et l'état présent de l'humanité rendant la chose impossible, il faut qu'il y ait quelques règles générales pour fixer les possessions des couronnes, comme pour fixer celles des biens. Partout où le droit héréditaire est établi pour régler l'un et l'autre, il y a autant d'injustice de changer l'un que de changer l'autre, sans le consentement du légitime possesseur et du vrai héritier.

Mais, dira-t-on, puisque le droit de propriété et le droit de souveraineté sont fondés sur les mêmes principes, la loi de prescription doit avoir lieu dans l'un comme dans l'autre.

La possession donne sans doute le droit civil aux couronnes comme aux terres, quand il n'y a point de prétendant légitime; mais s'il y en a un, la possession est une usurpation. Le droit de *domaine* et le droit de *domination* étant tous deux fondés sur la nécessité de conserver l'ordre, l'ancienne possession de la souveraineté en rend l'autorité légitime, par les mêmes raisons que l'ancienne possession des terres en rend la propriété légitime. La possession des terres, d'abord injuste, devient légitime après un certain temps; parce que la génération des hommes variant sans cesse, et périssant toujours, on ne peut pas remonter jusqu'au premier possesseur, quand la succession est long-temps interrompue et oubliée. Cela causeroit des troubles et des désordres infinis dans la société. Les premiers occupants n'avoient aucun droit inhérent et naturel de s'approprier plus que ce dont ils avoient besoin pour leur subsistance, ni de le transmettre à leur postérité, à l'exclusion de tous les autres hommes. C'est pour cela que le droit de possession actuelle prend la place de l'acquisition originelle des premiers occupants, dont on ne connoît plus les descendants. C'est pour la même raison qu'une conquête, d'abord injuste, devient juste après une longue suite d'années. Mais tandis que le vrai héritier et le successeur immédiat en ligne directe subsiste et réclame en droit, la loi de prescription ne peut avoir place dans les royaumes héréditaires, non plus que dans les possessions héréditaires.

CHAPITRE X.

La révolte n'est jamais permise.

Les amateurs de l'indépendance, et les républicains outrés, croient que le seul remède contre les abus de l'autorité souveraine est de permettre au peuple de se soulever contre les princes injustes, de les déposer, et de les traiter en criminels. Ils avancent partout des principes qui, en attaquant le pouvoir arbitraire, font tomber dans l'anarchie. Rien n'est plus pernicieux que ces maximes; en voici les raisons :

1° Je suppose pour un moment avec eux que la source de toute autorité vienne du peuple, et de la cession qu'il a faite de son droit naturel : il ne s'ensuit pas qu'il soit toujours en droit de le reprendre, après l'avoir donné une fois; ce seroit retomber sans cesse dans le même inconvénient pour lequel il l'auroit donné. Un peuple ayant éprouvé les maux, les confusions, les horreurs de l'anarchie, donne tout pour l'éviter; et comme il ne peut donner de pouvoir sur lui qui ne puisse tourner contre lui-même, il aime mieux hasarder quelquefois d'être maltraité par un souverain, que d'être sans cesse exposé à ses propres fureurs. La révolte contre la puissance suprême d'un état, après une telle cession, est une contradiction. Si cette puissance est suprême, elle n'a point de supérieure. Par quelle autorité sera-t-elle jugée? Si le peuple est toujours juge souverain, il n'a donc pas cédé son droit; s'il ne l'a pas cédé, la multitude peut toujours s'abandonner à ses caprices, sous prétexte qu'elle est le plus grand nombre, auquel appartient, par droit inhérent, naturel et inaliénable, l'autorité souveraine. L'anarchie devient inévitable, parce que chaque séditieux qui peut assembler la plus grande foule prétendra être la puissance souveraine de l'état. Plus de lois, plus de principes fixes, plus de constitution fondamentale; tout se gouvernera par la force. S'il falloit choisir entre le despotisme et l'anarchie, il faudroit sans doute préférer le premier au second. Le successeur d'un tyran peut réparer les fautes de son père; les beaux jours pourront refaire ce que les mauvais auront gâté. Il y a toujours quelque ressource contre les maladies du grand corps politique, tandis que le principe de sa vie n'est pas attaqué, tandis qu'il y a quelque ordre et quelque autorité souveraine qui retient la multitude. Mais, dans l'anarchie, il n'y a point de ressource; chacun est l'esclave de tous ceux qui sont plus forts que lui; chaque particulier devient tyran; la tyrannie se multiplie sans fin, et, en se multipliant, se perpétue. On ne peut jamais l'arrêter ni la suspendre que par l'obéissance et la soumission à quelque autorité suprême, qui ne soit responsable qu'à Dieu seul de l'abus de sa puissance.

2° Les embarras de la souveraineté sont plus grands que ceux d'aucun autre état. « La condition » privée cache les défauts naturels, à cause qu'on » n'est pas exposé à la vue des hommes. Au con- » traire, la grandeur et l'élévation mettent tous » les talents à une rude épreuve. Le monde entier » est occupé à observer un seul homme à toute » heure, et à le juger en toute rigueur. Ceux qui » le jugent n'ont aucune expérience de l'état où il » est; il n'en sentent point les difficultés. Les rois, » quelque bons et sages qu'ils soient, sont encore » hommes. Leur esprit a des bornes, et leur vertu » en a aussi. Ils ont de l'humeur, des passions, » des habitudes dont ils ne sont pas tout-à-fait les » maîtres. Ils sont obsédés par des gens intéressés » et artificieux. La souveraineté porte avec elle » toutes ces misères. L'impuissance humaine suc- » combe sous un fardeau si accablant. Il faut plain- » dre les rois, et les excuser. Ne sont-ils pas à plain- » dre d'avoir à gouverner tant d'hommes dont les » besoins sont infinis, et qui donnent tant de peines » à ceux qui veulent les bien gouverner? Pour par- » ler franchement, les hommes sont fort à plaindre » d'avoir à être gouvernés par des rois, qui ne sont » que des hommes semblables à eux; car il fau- » droit des dieux pour redresser les hommes. Mais » les rois ne sont pas moins à plaindre, n'étant » qu'hommes, c'est-à-dire foibles et imparfaits, » d'avoir à gouverner cette multitude innombra- » ble d'hommes corrompus et trompeurs [1]. » Les lois tolèrent quelquefois les fautes des particuliers: à combien plus forte raison est-il juste de souffrir patiemment les fautes des souverains, et d'avoir égard à l'emploi pénible et relevé dont ils sont chargés pour notre conservation, aux embarras, aux tentations et aux passions qui accompagnent l'autorité souveraine, où les moindres bévues ont de grandes conséquences, et où les plus légères fautes ont de violents contre-coups!

3° Les affaires politiques sont souvent si obscu-

---

[1] *Télém.*, liv. x.

res, si délicates, que non-seulement le commun peuple, mais même les personnes les plus éclairées d'ailleurs ne sont pas toujours capables d'examiner si les mesures qu'on prend sont justes et nécessaires, ou non. Les meilleurs et les plus sages desseins ont souvent un mauvais succès; au contraire, les entreprises téméraires et injustes réussissent quelquefois. Le peuple ne juge que sur les apparences, et presque toujours sur les événements. De plus, l'intérêt public demande que les vues et les intentions des souverains soient tenues secrètes. Il est donc très difficile de juger quand le souverain a tort ou non. « La bonté ou la malice d'une action,
» dit le célèbre Grotius, surtout dans les choses
» civiles, sont souvent d'une discussion si difficile,
» qu'elles ne peuvent pas être la règle pour mar-
» quer au peuple et aux rois les bornes ou l'éten-
» due de leur autorité. Au contraire, il en arri-
» veroit véritablement un grand désordre, puis-
» que le roi d'un côté, et le peuple de l'autre,
» voudroient chacun décider de la même affaire ;
» ce qui causeroit une confusion qu'aucun peuple,
» au moins que je sache, ne s'est encore mis dans
» l'esprit de vouloir introduire. »

4° Sans doute les lois seules doivent régner ; sans doute le bien public doit être la règle immuable de ces lois; sans doute les princes renversent le dessein de tout gouvernement, quand ils agissent contre ce bien public. Mais s'il étoit permis à chaque particulier d'expliquer les lois à sa mode, de juger du bien public, de fixer les bornes de l'autorité souveraine, on exposeroit tous les gouvernements à des révolutions perpétuelles, et l'on ne trouveroit plus de point fixe dans la politique. Or, ce qui sape le fondement de toute autorité, ce qui emporte avec soi la ruine de toute puissance, et par conséquent de toute société, ne doit jamais être admis comme un principe de raisonnement ou de conduite dans la politique. Si la révolte cependant est une fois permise, il n'y a plus de point fixe pour arrêter l'extravagance de l'esprit humain. Si le peuple peut se révolter aujourd'hui pour quelque raison que ce soit, il prétendra trouver demain des raisons semblables pour se révolter de nouveau. Comme l'opinion fait le même effet, dans l'esprit des hommes, que la vérité, toutes les fois qu'une partie du peuple s'imaginera avoir raison de s'opposer aux puissances souveraines, elle se croira en droit de prendre les armes. Il n'y a point d'autorité infaillible dans la politique. Les meilleurs princes font de grandes fautes. Si la révolte peut être légitime, tous ceux qui ont conçu de la haine contre les personnes des princes, tous ceux qui ne trouvent pas le gouvernement à leur gré, tous ceux qui sont mécontents, parce que l'autorité n'est pas entre leurs mains, ne cesseront de soulever le peuple chaque jour, et de flétrir les meilleurs princes du titre odieux de tyran. Tous les esprits hardis et ambitieux, qui sont capables de faire des brigues, et d'être chefs d'un parti, prendront de nouveaux prétextes de changer et de raccommoder la forme du gouvernement. Voilà l'anéantissement de tout ordre, et la source des révolutions tumultueuses, non-seulement dans chaque siècle, mais à chaque moment; de sorte qu'il n'y auroit plus de société fixe et constante sur la terre, mais le monde retourneroit sans cesse dans une anarchie affreuse.

5° En changeant les souverains, on n'est pas sûr d'en trouver de plus modérés et de meilleurs que ceux qu'on dépose. « Croyez-vous, disoit un
» sénateur romain, que la tyrannie soit morte
» avec Néron? On l'avoit crue éteinte par la mort
» de Tibère et par celle de Caligula, et pourtant
» nous en avons vu un troisième plus cruel qu'eux [1].
» Claude avoit donc bien raison de dire aux am-
» bassadeurs des Parthes, qui étoient venus lui
» demander un meilleur roi que le leur, que de si
» fréquents changements ne valoient rien, et qu'il
» falloit s'accommoder le mieux qu'on pouvoit aux
» humeurs des rois [2]. » Un ancien général d'armée se servit utilement de cette raison pour ramener des sujets rebelles. « Il faut supporter, dit-il, le
» luxe et l'avarice de vos souverains, comme les
» stérilités, les orages et les autres désordres de la
» nature. Il y aura des vices tant qu'il y aura des
» hommes; mais le mal ne dure pas toujours, et
» est récompensé par les bons princes qui gouver-
» nent de temps en temps [3]. »

Tous les hommes ont leurs passions. L'autorité souveraine est une grande tentation : celui qui paroît aujourd'hui modéré, zélé pour la liberté, change bien ses idées quand il se voit élevé au plus haut faîte de la grandeur suprême. Tout homme porte en soi le principe de la tyrannie, qui est l'amour-propre. Les fréquents changements ne sont donc pas un remède contre la tyrannie. Le tyran change, mais la tyrannie subsiste. On n'est pas sûr, en se révoltant, de trouver de meilleurs maîtres; mais on est sûr, en renversant les plus méchants princes, d'engager ses concitoyens dans les guerres civiles, dans les cabales, les factions et le trouble universel. L'amour de la patrie s'op-

---

[1] Tacit., *Hist.*, lib. IV.
[2] Tacit., *Annal.*, lib. XII, n. 11.
[3] *Petilius Cerealis*, dans Tacite.

pose donc au renversement de la subordination ; et tout conspire à prouver que la révolte ne doit jamais être permise sous aucun prétexte.

Mais, dira-t-on, *salus populi suprema lex.* C'est la maxime favorite dont les amateurs de l'indépendance abusent.

Le bonheur du peuple est sans doute la suprême loi, et la fin de tout gouvernement ; mais ce bonheur ne consiste pas seulement dans l'affluence des fruits de la terre. Il y a des biens plus chers à l'homme, auxquels il doit sacrifier ces biens inférieurs, qui lui sont communs avec les animaux. Tels sont la paix de la république, l'union des familles, et l'éloignement des guerres civiles, des factions, des cabales, qui détruisent infiniment plus la patrie que les impôts même les plus excessifs. Nul homme n'a un droit naturel que précisément à ce qui lui est nécessaire pour sa conservation. Si le bien public demande qu'il donne le superflu, il ne peut pas se plaindre, puisqu'on ne lui ôte que ce à quoi il n'a point de droit par nature, pour lui conserver ce qui lui est plus important, savoir, la vie, la liberté, etc.

On ne prétend pas justifier la conduite inhumaine et barbare des souverains qui foulent le peuple en levant des impôts exorbitants. Ils lui ôtent souvent le nécessaire ; ce sont des monstres de l'humanité, qui sont inexcusables. Je soutiens seulement que si l'on ne peut pas arrêter leurs excès par des voies légitimes, et compatibles avec l'ordre et la subordination, il faut les souffrir en patience. Je dirai toujours avec Narbal, dans *Télémaque*, en parlant de Pygmalion, dont le portrait nous représente le plus exécrable des tyrans [1] : « Pour moi, je » crains les dieux ; quoi qu'il m'en coûte, je serai » fidèle au roi qu'ils m'ont donné ; j'aimerois mieux » qu'il me fît mourir, que de lui ôter la vie, et » même de manquer à la défendre. » Rien n'est plus affreux que la tyrannie, quand on n'envisage que les tyrans ; mais cette difformité disparoît, quand on regarde la suprême Providence, qui se sert de leurs désordres passagers pour accomplir son ordre éternel. Ce seroit donc se révolter contre Dieu même, que de se révolter contre les puissances qu'il a établies, quand même elles abusent de leur autorité.

Cette réflexion nous mène naturellement à considérer si la religion peut être un prétexte de révolte. Les faux dévots de toutes les religions et de toutes les sectes crient tous d'une voix commune : *Religio sancta summum jus.* Cette opinion vient d'une fausse idée de la religion, comme l'autre opinion vient d'une fausse idée du bonheur du peuple. Rien n'est plus grand ni plus noble que la religion ; rien n'est plus bas ni plus méprisable que l'idée qu'en ont communément tous ceux qu'on appelle dévots. Les hommes n'entendent point ce que c'est que la religion, quand ils la font consister uniquement dans le culte extérieur. Ce culte en est l'expression, et non pas l'essence. L'essentiel de la religion consiste dans le sacrifice de l'esprit et de la volonté, pour croire tout ce que Dieu veut que nous croyions, et pour aimer tout ce qu'il veut que nous aimions. Cette religion subsiste dans le cœur, quand même on ne pourroit pas l'exprimer extérieurement. Nul souverain, nulle créature visible ni invisible, nulle loi, nulle peine ne peut la mettre dans le cœur, ni l'en ôter.

Il n'est pas extraordinaire que les ames foibles, enthousiastes ou superstitieuses, qui font consister toute la religion dans la profession de certains formulaires, ou dans la pratique de certaines cérémonies, s'imaginent qu'on peut leur ôter leur religion comme on leur ôte leur habit ou leurs biens. Les fourbes et les politiques les engageront facilement à prendre les armes, en leur persuadant qu'il s'agit du salut de la religion ; mais ceux qui savent que la vraie piété consiste à croire, à penser et à aimer, comme Dieu veut que nous pensions, que nous croyions et que nous aimions, ne se révolteront jamais contre les puissances légitimes. La foi et la charité sont indépendantes de toute contrainte extérieure ; elles se perfectionnent dans le temple du cœur, quand la violence nous empêche de les exprimer au-dehors. Alors on souffre pour elles et par elles, et la croix en est l'exercice le plus parfait.

Quand un prince veut nous forcer à l'observance d'un culte qui nous paroît contraire à ce que nous devons à la divinité, nous ne sommes pas obligés à lui obéir ; mais nous ne devons pas nous révolter. La seule ressource est de souffrir les peines qu'il nous impose ; car, quoiqu'il ne soit jamais permis de se révolter contre les puissances suprêmes, il n'est pas permis cependant d'obéir à toutes leurs volontés impies et déraisonnables. Il y a une grande différence entre l'obéissance active, qui nous rend ministres du mal, et l'obéissance passive, qui fait souffrir ce qu'on ne peut empêcher sans troubler l'ordre et la subordination établie.

Mais, dira-t-on, si l'on peut mettre fin à la tyrannie par la mort d'un seul homme, si l'on peut sauver la patrie en immolant le tyran, ne faut-il pas préférer le bien général à la vie particulière d'un seul monstre de l'humanité ?

---

[1] *Télém.*, liv. III.

Quand les souverains s'accoutument à ne connoître d'autres lois que leurs volontés absolues, ils sapent le fondement de leur autorité. Il viendra une révolution soudaine et violente, qui, sous le prétexte de ramener dans son cours naturel cette puissance débordée, souvent l'abattra sans ressource. Le peuple se révoltera tôt ou tard, et Dieu s'en servira comme d'un instrument de sa justice pour punir les méchants princes. Mais ces déréglements funestes, que Dieu ne fait que permettre, seront-ils la règle fixe et constante des sages et des bons citoyens? D'un côté, les monarques doivent savoir que le despotisme tyrannique entraînera inévitablement la ruine de leur pouvoir. D'un autre côté, les sujets doivent reconnoître que c'est le devoir de tout bon citoyen de souffrir plutôt que de se révolter, quand il ne peut pas empêcher l'abus de l'autorité souveraine sans courir risque de renverser toute subordination, et de réduire tout à l'anarchie par la rebellion.

Si l'on étoit sûr de conserver la paix et l'ordre de la société, et de remédier aux maux de la patrie en immolant un seul homme, les lois de la simple politique demanderoient peut-être ce sacrifice. Mais peut-on être sûr, en se révoltant, que c'est l'amour de la patrie qui nous anime, que le prince est vraiment tyran, que ses fautes sont inexcusables, que sa mort remédiera à nos maux, qu'on trouvera un meilleur prince pour régner après lui; et enfin que cet exemple de révolte, pour une cause même légitime, ne fournira pas aux passions effrénées de mille autres hommes un prétexte de faire de nouvelles révoltes sans raison, et par-là de saper le fondement de toute société? Faut-il, pour guérir les maux du corps politique, se servir d'un remède violent, qui ne réussira peut-être pas, et dont la réussite pourroit causer des abus qui iroient à la destruction de tout gouvernement?

Mais, supposé que, selon la politique, c'est-à-dire selon les lois du bien présent et actuel de la société, la révolte fût permise, elle seroit cependant contraire à la religion naturelle, qui est le fondement de toute vraie politique.

Je parle en philosophe qui ne reconnoît aucun système de religion révélée, mais qui respecte cette Providence suprême, de qui seule la souveraineté dérive. Les couronnes, les empires et le gouvernement des républiques n'étant pas donnés au hasard, il faut respecter ceux à qui Dieu les donne, même quand ils abusent de leur autorité.

Je ne parle pas de ceux qui usurpent la souveraineté par la simple permission de la Providence, mais de ceux à qui le souverain Maître donne l'autorité suprême, selon les lois générales établies et nécessaires pour conserver l'ordre de la société, comme est, par exemple, le droit héréditaire.

Dieu ne laissera pas le peuple éternellement opprimé par un mauvais gouvernement, comme il ne troublera pas l'univers par de continuelles tempêtes. On doit donc supporter les mauvais princes, par respect pour cette Providence suprême, qui connoît jusqu'où elle veut permettre aux tyrans de châtier une nation.

Tous les arguments des amateurs de l'indépendance n'ont de force qu'en niant toute providence, en croyant le monde abandonné au hasard, et en rejetant, je ne dis point la religion révélée, mais le pur respect de la divinité, où le vrai philosophe trouve la source de tous ses devoirs.

Il est vrai que, dans toutes sortes de gouvernements, monarchique ou mixte, absolu ou limité, héréditaire ou électif, il doit toujours être permis de représenter les griefs de la nation, dans le cas d'une oppression universelle qui menace de ruine la république. C'est un devoir de la loi naturelle, d'exposer l'état du peuple à leur père commun, qui, étant assiégé par ses courtisans artificieux, ne peut pas connoître le détail de la nation, ni voir par ses propres yeux tous les maux qui l'accablent. C'est pour cela que l'empereur Constantin fit cette admirable loi : « Si quelqu'un, dit-il, de quelque
» lieu, de quelque ordre, de quelque dignité qu'il
» soit, peut prouver que quelqu'un de mes juges,
» de mes confidents, de mes amis ou de mes courtisans, ait agi injustement; qu'il me vienne
» trouver sans crainte et en toute sûreté; qu'il
» me demande hardiment : je l'écouterai moi-
» même, j'examinerai l'affaire, je me vengerai de
» celui qui m'a trompé par une fausse apparence
» de justice, et je comblerai de biens et de dignités celui qui m'aura découvert ces trompeurs[1]. »

Il n'est jamais au-dessous de la majesté souveraine d'écouter les plaintes respectueuses de son peuple, de juger entre eux et ses ministres injustes. Il est le père du peuple : ce n'est pas violer le droit paternel, que de lui remontrer ce qu'il ne peut pas toujours apprendre par lui-même. « Il
» n'y a point d'autre remède, dit un illustre ma-
» gistrat du siècle passé [2], quand l'affection des
» sujets est aliénée d'un prince, que de convoquer
» les états-généraux d'un royaume, selon la cou-
» tume en France. C'est dans ce tribunal seul
» qu'on peut écouter et satisfaire aux plaintes de
» toute une nation. Dans ces assemblées publiques,

[1] *Cod. Theodos., de Accusat.*
[2] De Thou, *Hist. univ.*, liv. xxv.

» les sujets entrent en conférence avec leur prince, » lui exposent leurs griefs, et se soumettent ensuite sans murmure à porter avec patience et » soumission le joug, non pas du roi, mais de la » nation accablée sous le poids de ses besoins. »

Qu'on ne se plaigne donc pas si facilement des princes; ils sont souvent de bonne foi dans leurs démarches les plus injustes; mais, étant trompés et assiégés par leurs ministres, ils ne peuvent découvrir la vérité. Qu'on s'accuse soi-même de ce qu'on n'a pas le courage de dire la vérité aux souverains. L'amour de la patrie est presque éteint; chacun ne songe qu'à soi; et si l'on peut s'agrandir soi-même, l'on ne se soucie pas que les autres souffrent. Les états périssent plutôt parce qu'il y a peu de bons citoyens, que parce qu'il y a souvent de mauvais souverains.

On ne doit jamais prendre les armes contre les souverains légitimes; nous l'avons vu. Quelque bonnes que soient les intentions des sujets, quelque grandes que soient les extrémités où ils sont réduits, le remède est toujours fatal, parce qu'il ouvre la porte à des désordres encore plus funestes que ceux dont on voudroit se délivrer. Mais s'il n'est jamais permis de prendre les armes, combien est-il plus monstrueux de s'en servir contre la personne même du roi? Quand il seroit permis de se tenir sur la défensive pour empêcher les abus de son autorité, il seroit toujours pernicieux de se servir de ce violent remède à autre dessein que pour écarter du trône les ministres lâches et empoisonneurs qui corrompent les princes, et pour avoir un libre accès auprès de la sacrée personne du roi, afin de l'instruire de l'état de la nation. Sitôt que les sujets en approchent, ils ne peuvent que lui représenter leurs griefs, lui marquer avec respect que la nécessité, qui n'a aucune loi, les a obligés de s'adresser à lui-même. Il faut qu'ils se tiennent au pied du trône; il n'est pas permis de monter plus haut. Ils n'ont aucun droit de juger ni de punir le père de la patrie. Il a fait des fautes; il a été entraîné par ses propres passions ou par celles de ses courtisans; mais c'est toujours un père, le dépositaire de l'autorité divine, la source de l'ordre et de la subordination; ses crimes ne donnent aucun droit sur sa vie.

La souveraineté étant exposée à beaucoup de haines, à des tentations violentes, à des bévues souvent involontaires, qui ont des conséquences affreuses que les souverains ne prévoient point, il faut munir leurs personnes d'une sûreté particulière. C'est le sentiment unanime de toutes les nations.

Selon Quinte-Curce, « les peuples qui vivent » sous les rois ont la même vénération pour le nom » royal que pour une divinité. » Artaban, Persan, disoit « que la meilleure de toutes les lois est celle » qui ordonne d'honorer et de révérer le roi comme l'image de Dieu, conservateur de toutes » choses. » Et Plutarque, sur Agis, dit « que c'est » une action impie d'attenter sur la personne du » roi, quelles qu'aient été ses fautes : » tant il est vrai que, selon l'aveu de toutes les nations, les personnes des rois doivent être inviolables.

C'est ainsi qu'il faut supporter, avec modération et respect, le père commun de la patrie dans ses fautes; c'est ainsi qu'il faut tâcher d'adoucir la fureur des tyrans, sans nous rendre tyrans à notre tour, en manquant à ce que nous devons. Ils ne méritent aucun ménagement; mais l'autorité divine dont ils sont les dépositaires, et la nécessité absolue de regarder cette autorité comme inviolable, pour l'amour même de la patrie, doivent nous faire respecter le pouvoir qui réside en eux. S'il est jamais permis de déposer et de punir les souverains, vous fournissez un prétexte aux ambitieux de renverser, quand ils le peuvent, l'autorité royale; vous exposez toutes sortes de gouvernements à des révolutions subites, et vous livrez souvent les meilleurs princes à la rage d'une populace.

Je ne parle point du cas d'un délire manifeste, quand un souverain tue ses sujets pour se divertir, comme ce roi de Pégu qui, par l'instigation de ses magiciens, défendit à ses sujets de cultiver la terre; de sorte que le peuple fut réduit, par la famine, à se manger les uns les autres. Dans les cas de folie évidente, il ne faut pas des juges supérieurs pour déposer les princes; une consultation des médecins suffit pour engager le corps de la nation à lier les mains à un tel souverain, comme on feroit à un père frénétique. Mais, dans ces cas mêmes, il faut conserver un respect inviolable pour la personne du prince.

Si les sujets suivoient cette conduite avec leurs princes, on préviendroit les trois grands maux qui causent la ruine des états : l'oppression totale et absolue du peuple, l'assassinat sacrilége et impie des souverains, et les usurpations injustes.

Au reste, je ne parle ici que de l'obéissance due à la puissance suprême d'un état; car si ceux qui gouvernent ne sont que les simples exécuteurs des lois, et nullement les législateurs souverains, il y a toujours quelque ressource contre les abus de leur autorité. Ceux en qui réside le pouvoir suprême peuvent et doivent les punir. Mais quand une fois cette autorité suprême est fixée, par la constitution fondamentale de l'état, dans la personne ou les personnes d'un seul, d'un petit nombre, ou de plusieurs, il n'est plus permis de se révolter.

Ce que nous venons d'avancer ne se borne point à la royauté toute seule, comme si nous en étions les idolâtres. La conspiration de Catilina contre le sénat romain n'étoit pas moins criminelle que celle de Cromwell contre le roi d'Angleterre. Tous les états, de quelque espèce que soit leur gouvernement, ont un intérêt puissant de favoriser les principes d'obéissance que nous venons d'établir. Notre dessein n'est pas de mépriser aucune forme de gouvernement légitime, mais de les faire respecter toutes comme sacrées et inviolables, et d'inspirer l'amour de la paix et de la soumission, comme étant les vertus, non-seulement des bons citoyens, mais des vrais philosophes.

CHAPITRE XI.

Des parties de la souveraineté; de son étendue et de ses bornes.

L'autorité souveraine suppose un pouvoir d'empêcher les désordres et les violences, soit du dehors, soit du dedans, qui pourroient détruire la société. Pour parvenir à cette fin, il faut que le souverain ait trois sortes de droits.

1° Le droit de marquer aux sujets des règles de conduite qui instruisent chacun de ce qu'il doit faire ou ne pas faire pour conserver la paix de l'état, et ce qu'il doit souffrir s'il manque à l'observation de ces lois. C'est ce que les politiques appellent *le pouvoir législatif*.

2° Il ne suffit pas de prévenir les maux intérieurs du grand corps politique; il faut aussi le défendre contre les violences qui viennent du dehors, par un pouvoir d'armer les citoyens contre tous ceux qui veulent les attaquer. C'est ce qu'on appelle le *pouvoir de faire la guerre et la paix*.

3° Les besoins de l'état demandent nécessairement des frais considérables, soit dans le temps de guerre, soit dans le temps de paix. Il faut que les souverains aient le pouvoir de lever des impôts, et d'obliger les citoyens de contribuer ce qui est nécessaire pour satisfaire aux besoins de la patrie.

Par ces différentes prérogatives, les souverains acquièrent trois sortes de droits sur les sujets: droit sur leurs *actions*, droit sur leurs *personnes*, droit sur leurs *biens*. Mais Dieu, de qui l'autorité souveraine émane, ne donne pas ce pouvoir pour que ceux qui en sont revêtus en usent selon leur fantaisie. Il a eu une fin en confiant à l'homme une autorité si étendue : cette fin est la règle et la loi suprême selon laquelle il faut user de ces droits; et cette loi ne peut être que le *bien public*.

La règle pour juger du vice et de la vertu est la même dans la *politique* et dans la *morale,* dans les sociétés entières comme dans chaque individu. L'homme est toujours criminel, quand il agit par une volonté propre qui ne se rapporte qu'à lui-même : il est toujours vertueux, quand sa volonté se règle par l'amour du bien universel, du bien en soi, de ce qui est bien pour tous les êtres raisonnables. De même, dans la politique, les souverains ne pèchent jamais, quand ils n'ont d'autre loi que le bien public; mais tout souverain qui agit uniquement pour ses intérêts propres, sans égard au bien commun de la société, est un tyran.

Les souverains n'ont point de juges sur terre au-dessus d'eux pour les punir ; mais ils ont en tout temps une loi au-dessus d'eux pour les régler. « De
» qui est-ce, dit Plutarque[1], que peut dépendre le
» prince? Je réponds qu'il est soumis à cette loi
» vivante que Pindare appelle le roi des mortels
» et des immortels, laquelle n'est pas écrite dans
» des livres ou sur des planches, puisqu'elle n'est
» autre chose que la *raison,* qui habite toujours au-
» dedans de lui, qui l'observe incessamment, et qui
» ne laisse jamais son âme dans l'indépendance. »
De là il suit :

1° Que les souverains n'ont aucun droit sur les actions des sujets, qu'autant qu'elles regardent le *bien public* de la société et l'avantage de l'état. Ils n'ont aucun droit sur la liberté de l'esprit ou de la volonté des citoyens; leur pouvoir ne s'étend qu'aux actions extérieures. Nul souverain ne peut, par exemple, exiger la croyance intérieure de ses sujets sur la religion. Il peut empêcher l'exercice public, ou la profession ouverte de certaines formules, opinions ou cérémonies qui troubleroient la paix de la république, par la diversité et la multiplicité de sectes ; mais son autorité ne va pas plus loin. C'est aux puissances ecclésiastiques, établies par Dieu pour instruire les nations, qu'il appartient de montrer, par la voie de persuasion, que la souveraine raison a ajouté à la loi naturelle une loi surnaturelle ; et on doit laisser les sujets dans une parfaite liberté d'examiner, chacun pour soi, l'autorité et les motifs de crédibilité de cette révélation. « La religion vient de Dieu, comme dit un
» auteur célèbre[2]; elle est au-dessus des rois. Si
» les rois se mêlent de la religion, au lieu de la
» protéger, ils la mettront en servitude. »

[1] PLUT., *de Principe indocto.*
[2] *Télém.*, liv. XVII.

2° Les souverains n'ont aucun droit sur les personnes de leurs sujets, qu'autant qu'il est nécessaire pour le bien public. La souveraineté dérive immédiatement de Dieu ; ses droits ne doivent jamais contrarier les desseins pour lesquels Dieu l'a donnée. Dieu ne la peut donner pour être l'exécutrice de l'injustice, de la violence, de la cruauté, et de toutes les autres passions brutales et inhumaines des souverains barbares et ambitieux. Lui seul a droit sur la vie de ses créatures ; il n'a communiqué ce droit que pour conserver l'ordre, et empêcher le violement des lois : donc nul souverain ne doit ôter la vie des sujets qu'autant que le sujet est convaincu, par les lois mêmes, de les avoir violées. Voilà ce qu'on appelle la *liberté des sujets*, qui doit être sacrée et inviolable aux princes.

3° Les souverains n'ont aucun droit sur les biens particuliers du sujet, qu'autant que cela est nécessaire pour le bien public. Le droit héréditaire des terres et le droit héréditaire des royaumes étant fondés sur les mêmes principes, détruire l'un c'est attaquer l'autre. Voilà ce qu'on appelle le droit de *propriété*.

Quand le bien public le demande, les souverains peuvent punir les actions, sacrifier les personnes, se saisir des biens des particuliers, parce que la liberté, la conservation et le bien public de la société doivent être préférés à la liberté, la conservation et la propriété particulière d'un ou de plusieurs sujets. Les souverains ne sont que les conservateurs des lois, les exécuteurs de la justice, les pères et les tuteurs du peuple. Toute action qui n'est pas une suite nécessaire de ces qualités est un abus de l'autorité souveraine. Toute loi faite, toute guerre déclarée, tout impôt levé dans une autre vue que celle du *bien public*, est un violement des droits essentiels de l'humanité. Tous les hommes étant d'une même espèce, membres d'une même république et d'une même famille, nulle créature semblable à eux ne peut par aucun droit, soit inhérent, soit communiqué, les priver de leur être ou de leur bien-être, sans que cela soit nécessaire pour le bien commun de la société.

Mais comme il faut, pour le repos et la conservation de la société, qu'il y ait un juge en dernier ressort de ce que demande le bien public, il faut nécessairement que les dépositaires de l'autorité suprême en décident souverainement ; sans quoi, en voulant se garantir contre les abus de l'autorité, on détruiroit tout principe fixe d'autorité, et l'on tomberoit dans l'anarchie, le plus grand de tous les maux sans comparaison.

Tels sont les droits de la souveraineté, nécessaires pour empêcher la ruine de la société ; telles sont les bornes de la souveraineté, nécessaires pour empêcher les abus de l'autorité. Pour conserver l'ordre, il faut que les hommes soient soumis à d'autres hommes, foibles, faillibles, et sujets à des passions innombrables. Il est donc impossible de choisir aucune forme de gouvernement qui ne soit pas exposée à mille malheurs et à mille inconvénients. En évitant les maux affreux de l'anarchie, on court risque de tomber dans l'esclavage ; en vivant sans gouvernement, on peut devenir sauvage ; en vivant sous le gouvernement, on peut devenir esclave. Triste état de l'humanité, mais sage établissement de la Providence, pour nous détacher de la vie, et nous faire aspirer à une autre, où l'homme n'est plus sujet à l'homme, mais à la raison souveraine !

CHAPITRE XII.

Des différentes formes de gouvernement.

Le dessein de tous les sages législateurs, et le but de tous les différents systèmes de politique, a été de régler l'autorité souveraine de telle sorte qu'on évite également ces deux inconvénients, le pouvoir arbitraire et l'anarchie, le despotisme des souverains ou celui de la populace.

Les uns ont cru que la souveraineté est un trésor trop vaste pour le confier à une seule personne ; les autres, que c'est un dépôt trop précieux pour le laisser à la disposition de la multitude. Quelques-uns ont pensé qu'il falloit que les chefs du peuple en fussent les gardiens ; d'autres enfin se sont persuadé qu'il faut la partager entre le roi, les nobles et le peuple. Voilà la source de toutes les formes de gouvernement, à qui on a donné les divers noms de *démocratique*, *aristocratique*, *monarchique*, et *mixte*.

La *démocratie* ou le gouvernement populaire n'est pas celui où chaque particulier a voix délibérative, et un égal pouvoir dans le gouvernement ; cela est impossible et absurde. Le gouvernement populaire est celui où le peuple se soumet à un certain nombre de magistrats, qu'il a le droit de se choisir, et de changer quand il n'est pas content de leur administration.

Le gouvernement *aristocratique* est celui où l'autorité souveraine est confiée à un conseil suprême et permanent, de sorte que le sénat seul a le droit de remplacer ses membres, quand ils viennent à manquer par la mort ou autrement.

Le gouvernement *monarchique* est celui où la souveraineté réside tout entière dans une seule personne. Dans tout état où le prince est sujet au jugement d'un conseil, et responsable à d'autres de sa conduite, le gouvernement n'est pas monarchique, et la souveraineté ne réside point dans un seul.

Rien n'est plus curieux pour ceux qui voudroient comparer ensemble les inconvénients et les avantages de ces trois formes de gouvernement, que ce que nous lisons dans le père des historiens, *Hérodote*. Il nous raconte ce qui se passa dans le conseil de sept grands de la Perse, quand il s'agissoit d'établir une nouvelle forme de gouvernement, après la mort de Cambyse et la punition du mage qui avoit usurpé le trône, sous prétexte d'être Smerdis, fils de Cyrus.

Otanès opina qu'on fît une république de la Perse, et parla en ces termes : « Je ne suis pas
» d'avis que l'on mette le gouvernement entre les
» mains d'un seul. Vous savez jusqu'à quels excès
» Cambyse s'est porté, et jusqu'à quel point d'in-
» solence nous avons vu passer le mage. Comment
» l'état peut-il être bien gouverné dans une mo-
» narchie où il est permis à un seul de faire tout à sa
» fantaisie ? Une autorité sans frein corrompt faci-
» lement l'homme le plus vertueux, et le dépouille
» de ses meilleures qualités. L'envie et l'insolence
» naissent des biens et des prospérités présentes ;
» et tous les autres vices découlent de ces deux-là,
» quand on est maître de toutes choses. Les rois
» haïssent les gens de bien qui s'opposent à leurs
» desseins injustes, et ils caressent les méchants
» qui les favorisent. Un seul homme ne peut pas
» tout voir par ses propres yeux ; il écoute souvent
» les mauvais rapports et les fausses accusations...
» Il renverse les lois et les coutumes du pays ; il
» attaque l'honneur des femmes ; il fait mourir les
» innocents par son caprice et par sa puissance.
» Quand la multitude a le gouvernement en main,
» l'égalité qu'il y a parmi les citoyens empêche
» tous ces maux. Les magistrats y sont élus par le
» sort, ils y rendent compte de leur administra-
» tion, et y prennent en commun toutes les ré-
» solutions. Je crois que nous devons rejeter la
» monarchie, et introduire le gouvernement po-
» pulaire, parce qu'on trouve plutôt toutes choses
» en plusieurs qu'en un seul. »

Ce fut l'opinion d'Otanès ; mais Mégabyse parla pour l'aristocratie.

« J'approuve, dit-il, le sentiment d'Otanès,
» d'exterminer la monarchie ; mais je crois qu'il
» n'a pas pris le bon chemin, quand il a voulu
» nous persuader de remettre le gouvernement
» à la discrétion de la multitude ; car il est cer-
» tain qu'on ne peut rien imaginer de moins sage
» et de plus insolent que la populace. Pourquoi
» se retirer de la puissance d'un seul pour s'aban-
» donner à la tyrannie d'une multitude aveugle
» et déréglée ? Si un roi fait quelque entrepri-
» se, il est du moins capable d'écouter les con-
» seils des autres ; mais le peuple est un monstre
» aveugle, qui n'a ni raison ni capacité ; il ne con-
» noît ni la bienséance, ni la vertu, ni ses propres
» intérêts ; il fait toutes choses avec précipita-
» tion, sans jugement et sans ordre, et ressem-
» ble à un torrent qui marche avec impétuosité,
» et à qui on ne peut donner de bornes. Si on
» souhaite donc la ruine des Perses, qu'on éta-
» blisse parmi eux le gouvernement populaire.
» Pour moi, je suis d'avis qu'on fasse choix de
» quelques gens de bien, et qu'on mette entre
» leurs mains le gouvernement et la puissance. »

Tel étoit le sentiment de Mégabyse. Après lui Darius parla en ces termes :

« Il me semble qu'il y a beaucoup de justice
» dans le discours qu'a fait Mégabyse contre l'état
» populaire ; mais il me semble aussi que toute la
» raison n'est pas de son côté, quand il préfère le
» gouvernement d'un petit nombre de personnes
» à la monarchie. Il est constant qu'on ne peut
» rien imaginer de meilleur et de plus parfait que
» le gouvernement d'un homme de bien. De plus,
» quand un seul est le maître, il est plus difficile
» que les ennemis découvrent les conseils et les
» entreprises secrètes. Quand le gouvernement est
» entre les mains de plusieurs, il est impossible
» d'empêcher que la haine et l'inimitié ne pren-
» nent naissance parmi eux ; car, comme chacun
» veut que son opinion soit suivie, ils deviennent
» peu à peu ennemis ; l'émulation et la jalousie les
» divisent ; ensuite leur haine se porte jusque dans
» l'excès ; de là naissent les séditions, des séditions
» les meurtres, et enfin du meurtre et du sang on
» voit naître insensiblement un monarque : ainsi
» le gouvernement tombe toujours dans les mains
» d'un seul. Dans l'état populaire, il est impossi-
» ble qu'il n'y ait beaucoup de corruption et de
» malice. Il est vrai que l'égalité n'engendre au-
» cune haine ; mais elle fomente l'amitié entre les
» méchants, qui se soutiennent les uns les autres,
» jusqu'à ce que quelqu'un qui se sera rendu con-
» sidérable au peuple, et qui aura acquis de l'au-
» torité sur la multitude, découvre leurs trames
» et fasse voir leurs perfidies. Alors cet homme
» se montre véritable monarque, et de là on
» peut reconnoître que la monarchie est le gou-
» vernement le plus naturel, puisque les séditions

» de l'aristocratie et les corruptions de la démo-
» cratie nous font revenir également à l'unité de
» la puissance suprême. »

L'opinion de Darius fut approuvée, et le gouvernement de la Perse demeura monarchique.

On peut conclure des discours de ces sages de l'antiquité, que toutes les différentes formes de gouvernement sont sujettes aux mêmes abus de l'autorité souveraine. Ces abus ne se trouvent pas seulement dans le gouvernement d'un seul. Les éphores de Sparte, les décemvirs à Rome, les suffètes de Carthage, n'étoient pas moins cruels et barbares que Néron et Caligula. La démocratie d'Athènes, après le temps de Lysandre, quand les trente tyrans qu'il établit associèrent à leur conseil trois mille autres [1], est une tyrannie qui révolte l'humanité, et un massacre perpétuel des meilleurs citoyens. Le traitement que la même république fit à Miltiade, à Aristide, à Thémistocle, à Périclès, leurs meilleurs généraux et les plus fidèles citoyens, marque combien le peuple, furieux et aveugle, peut être tyrannique.

Les factions, les cabales, les brigues et les élections rendent souvent et presque toujours le gouvernement du peuple aussi injuste, aussi violent, aussi despotique, que celui des monarques les plus arbitraires. Il faut absolument méconnoître l'humanité, et ignorer l'histoire, pour ne pas savoir que les sociétés entières sont sujettes aux mêmes caprices, aux mêmes bévues, aux mêmes passions que les hommes particuliers. Mais, dans le gouvernement populaire, chacun espère devenir tyran à son tour ; c'est ce qui flatte ses admirateurs. Le despotisme d'un seul est sans doute un grand mal ; mais l'anarchie en est encore un plus grand.

Plusieurs ont cru que le seul moyen de trouver le milieu entre ces deux extrémités étoit le gouvernement mixte, ou le partage de la souveraineté entre le roi, les nobles et le peuple ; entre un seul, plusieurs et la multitude, afin que chacune de ces puissances étant balancée par l'autre, elles restent toutes dans un juste équilibre. Rien ne paroît plus beau, dans la théorie, que ce mélange de puissance, et rien ne seroit plus utile dans la pratique, si l'on en pouvoit conserver l'harmonie ; mais ce partage de la souveraineté, loin de faire un équilibre de puissance, en cause souvent le combat perpétuel, jusqu'à ce que l'une d'elles, ayant abattu les deux autres, réduise tout au despotisme ou à l'anarchie.

[1] XENOPH., de rebus Græcis.

Les révolutions de la république romaine et celles de l'Angleterre nous fournissent des exemples éclatants de cette vérité. C'est ce que nous allons voir.

CHAPITRE XIII.

Du gouvernement de la république romaine.

Le premier gouvernement de l'ancienne Rome étoit une monarchie modérée par l'autorité d'un sénat fixe, dont les membres étoient permanents, et non pas électifs. Romulus choisit cent pères de famille pour faire son conseil souverain, et fit ainsi la distinction entre les patriciens et les plébéiens. Pendant les deux premiers cent ans que dura la monarchie, le peuple avoit très peu d'autorité dans les délibérations publiques. Le despotisme outré de Tarquin-le-Superbe ayant rendu la royauté insupportable aux Romains, ils se soulevèrent contre ce prince, le chassèrent, et changèrent la forme du gouvernement.

L'autorité royale étant abolie, *le pouvoir consulaire* fut substitué à sa place. Les premiers consuls eurent les mêmes droits et les mêmes marques d'honneur que les rois, avec cette différence que leur puissance fut annuelle, et que la souveraineté étoit partagée entre deux magistrats égaux, afin que l'autorité de l'un empêchât les excès de l'autre.

Le pouvoir consulaire fut diminué dans son origine. Valérius, surnommé Publicola, devenu suspect au peuple, et craignant sa fureur, assembla la multitude, fit abaisser devant elle les faisceaux (marques de l'autorité souveraine), et établit, par une loi, qu'on appelleroit des magistrats au peuple, et qu'il jugeroit des plus importantes choses en dernier ressort.

On ne peut disconvenir que la dureté, l'ambition et l'avarice des grands ne donnent souvent occasion aux dissensions civiles ; mais quand le peuple secoue une fois le joug de l'autorité, il ne connoît plus de bornes ; et, sous prétexte de liberté, il jette tout dans une confusion qui entraîne la ruine de l'état. C'est ce que nous allons voir.

Rome n'avoit plus une souveraine puissance distincte de la noblesse et du peuple, qui tînt l'un et l'autre dans un juste équilibre par sa suprême autorité. Les patriciens ayant traité avec la dernière rigueur les plébéiens, jusqu'à charger de fers et de coups ceux qui n'étoient pas en état de payer leurs dettes, cette cruauté barbare des nobles rendit le peuple romain désespéré.

L'ennemi étoit tout près d'entrer dans Rome, tandis qu'elle étoit ainsi divisée. Le danger commun suspendit pour quelque temps les troubles domestiques; mais ils recommencèrent sitôt que l'ennemi fut vaincu, et se terminèrent dans la fameuse retraite sur le mont Sacré, d'où le peuple jura de ne jamais revenir, à moins qu'on ne lui accordât ses propres magistrats, nommés *tribuns*, pour le défendre contre l'oppression des nobles. C'est ce qui jeta les semences d'une éternelle discorde dans Rome, et causa un combat perpétuel de puissances contraires dans la république.

Les tribuns ne cherchèrent qu'à s'accréditer dans l'esprit de la multitude, en la flattant; et, sous prétexte de zèle pour la liberté et les droits du peuple, ces artisans de discorde firent chaque jour quelque nouvelle proposition pour diminuer l'autorité du sénat, pour confondre les rangs, et pour s'emparer de la puissance suprême.

Ils commencèrent d'abord à se faire donner le droit de convoquer les assemblées du peuple, et à se rendre les accusateurs et les juges des nobles. Coriolan fut le premier qu'ils attaquèrent; et les conséquences de leur attentat contre ce patricien auroient été funestes à la république, si les dames romaines n'étoient venues au secours de la patrie, en apaisant la colère de ce capitaine outragé.

Les tribuns, voulant ensuite établir l'égalité, proposèrent, sous prétexte de réformer les lois, une ambassade en Grèce, pour y chercher les institutions des villes de ce pays, surtout les lois de Solon, qui étoient les plus populaires. On en fit un recueil; et ces lois, appelées *les douze Tables*, ayant été établies, dix hommes furent choisis pour en être les interprètes et les gardiens, et l'on ne pouvoit appeler de leur jugement. Cette nouvelle forme de gouvernement ne fut pas de longue durée; la licence et la tyrannie des décemvirs causèrent leur perte, et l'on remit bientôt l'autorité entre les mains des consuls.

Ces consuls étant tout-à-fait populaires, firent une loi par laquelle il fut établi qu'on ne pourroit créer à l'avenir aucun magistrat, sans qu'il y eût appel de son jugement au peuple. Les tribuns, pour parvenir à leur dessein, qui étoit de s'emparer du pouvoir législatif, aspirèrent au consulat, réservé jusqu'alors au premier ordre. La loi pour les y admettre est proposée. Plutôt que de rabaisser la dignité consulaire, les pères consentent à la création de trois nouveaux magistrats, qui auroient l'autorité de consuls sous le nom de *tribuns militaires*; et le peuple est admis à cet honneur.

Les tribuns ne voulurent pas s'en contenter; ils poursuivirent toujours leurs desseins, et pour y parvenir, la loi des mariages entre les patriciens et les plébéiens est publiée par les tribuns du peuple, malgré les contradictions du sénat. Les larmes d'une femme noble qui avoit épousé un plébéien emportèrent alors ce que l'éloquence, les brigues et les cabales des tribuns n'avoient pu obtenir. La foiblesse du sexe fait souvent plus dans la politique que les talents des plus grands génies.

Bientôt tous les rangs furent confondus; les honneurs du consulat, la dictature même, et toutes les magistratures, soit de l'état, soit du sacerdoce, devinrent communes aux deux ordres.

Cette usurpation sur l'autorité des nobles fut d'une conséquence funeste, parce qu'elle empêchoit souvent de donner aux armées les chefs les plus capables. Les consuls ne pouvant être tous deux patriciens, ni tous deux plébéiens, il arriva souvent que les élections se faisoient par faveur; et celui qu'on eût voulu choisir pour son mérite se trouvoit exclu, ou par l'opposition du peuple, ou par les intrigues du sénat.

Les magistratures étant devenues communes avec le peuple, il devint aussi législateur suprême. Ce ne fut plus ce peuple si soumis à ses lois et à ses magistrats. Non-seulement il dispute le droit de faire des lois avec le sénat, mais encore, malgré ce conseil suprême, il se fait des lois à lui-même, et se met en possession des priviléges et de toutes les marques de la souveraineté. La méthode de faire les lois fut entièrement renversée. Le sénat avoit coutume de confirmer les *plébiscites*; mais à présent le peuple s'attribue le pouvoir de confirmer ou de rejeter les *sénatus-consultes*.

Ce désordre fut suivi d'un autre plus grand, c'est que le peuple changea et multiplia les lois selon son caprice. « Les bonnes ordonnances, dit
» Tacite[1], finirent avec les douze Tables. Depuis ce
» temps, les lois furent le plus souvent établies
» par la violence, à cause des dissensions du peu-
» ple et du sénat..... La licence effrénée des tri-
» buns souleva toujours le peuple pour faire pas-
» ser leurs décrets; et dès-lors on fit autant de
» lois qu'il y avoit de personnes qu'on accusoit;
» de sorte que toute la république étant corrom-
» pue, les lois se multiplioient à l'infini. »

Enfin la confirmation de la *loi agraire*, qui avoit été la source de perpétuelles discordes pendant plus de deux cents ans, acheva de ruiner l'autorité du sénat, et de corrompre tellement le

---

[1] *Annal.*, lib. III, n. 27.

peuple, qu'on n'y reconnut plus le caractère romain.

Rien ne paroissoit plus juste, ni plus conforme aux anciens usages de la république. Dans les premiers temps, quand les Romains avoient remporté quelque victoire sur leurs ennemis, ils vendoient une partie des terres conquises, pour indemniser l'état des frais de la guerre, et ils en distribuoient une autre portion aux pauvres plébéiens nouvellement établis à Rome. Les patriciens avides avoient aboli peu à peu cet usage, et les plus grandes terres étoient devenues par succession de temps le patrimoine des nobles.

Après l'agrandissement de la république, il étoit donc impossible d'observer la *loi agraire* sans ruiner les premières maisons, et sans causer une infinité de procès. L'égalité des richesses pouvoit convenir aux citoyens de Rome naissante; mais après qu'elle étoit devenue la maîtresse du monde, la distinction des rangs étant nécessaire, et la longue possession de terres étant devenue un droit par prescription, on ne pouvoit faire le partage des biens sans renverser toute subordination, et sans souffler partout le feu de la discorde.

D'ailleurs, les plus sages et désintéressés sénateurs s'étoient opposés pendant plus de deux siècles à la *loi agraire*, prévoyant que la richesse des citoyens introduiroit le luxe, et amolliroit un peuple dont la force étoit la tempérance. Dans les premiers temps de la république, les consuls et les sénateurs faisoient gloire de la pauvreté, et jamais elle ne fut si long-temps en honneur dans aucun pays. Les dictateurs, tirés de la charrue, la reprenoient après leur victoire. Les vieux Romains sont de rares exemples de tempérance. Mais les tribuns, qui vouloient étendre le pouvoir populaire en augmentant les richesses des plébéiens, et en confondant tous les rangs, ne cessèrent point leurs brigues jusqu'à ce que cette loi fût établie.

Le luxe ayant prévalu à Rome, l'ambition, l'amour de l'indépendance et l'esprit de révolte triomphent sous le nom de liberté. Les cabales et la violence font tout dans Rome. L'amour de la patrie et le respect des lois s'y éteignent. C'est ainsi que Rome, par un amour outré de sa liberté, vit la division se jeter dans tous ses ordres. Les plébéiens craignoient l'autorité des patriciens comme une tyrannie qui ruineroit la liberté; et les sénateurs redoutoient l'autorité populaire comme un déréglement qui réduiroit tout à l'anarchie. Entre ces deux extrémités, un peuple d'ailleurs si sage ne put trouver le milieu.

Depuis l'établissement des tribuns, on ne voit plus à Rome aucune forme de gouvernement constante. Le peuple change sans cesse la magistrature. La république est dans une agitation perpétuelle, et déchirée sans cesse par des guerres civiles. Le sénat ne trouvoit point de meilleur remède contre ces divisions intestines, que de faire naître continuellement des occasions de guerres étrangères. Ces guerres empêchoient les dissensions domestiques d'être portées à l'extrémité.

Pendant la conquête de l'Italie et des Gaules cisalpines, et pendant les guerres puniques, on ne voit point le sang répandu à Rome par les guerres civiles. Mais sitôt qu'elle devient maîtresse du monde, et qu'elle n'a plus rien à craindre au-dehors, elle commence à se déchirer elle-même. Les prétendants ambitieux ne songeant, les uns qu'à flatter les nobles, les autres le peuple, la division devient sans remède, et les guerres intérieures ne cessent point jusqu'à ce que tout se termine dans une monarchie, mais monarchie la plus dangereuse de toutes, c'est-à-dire despotique et sans règle de succession, où l'empire étoit sans cesse soumis à la violence d'une armée qui s'étoit emparée de la souveraineté, et qui se donnoit des maîtres à son gré.

C'est précisément ce qu'avoit prédit Polybe, le plus habile politique de son temps. Cet auteur avoit une grande idée de la république romaine, tandis que le sénat ne perdroit point son autorité; mais sitôt qu'il vit les divisions et l'esprit populaire prendre le dessus, il prédit tout ce qui est arrivé. « Après qu'une république, dit cet historien [1], a
» surmonté de grands périls, et qu'elle est arrivée
» à une puissance qu'on ne lui dispute point,
» l'ambition s'emparera des esprits pour avoir les
» magistratures. Lorsque ces maux se seront une
» fois augmentés, le commencement de sa perte
» viendra des honneurs qu'on poursuivra par des
» brigues. Alors le peuple, brûlant de colère, ne
» suivra que les conseils que cette passion lui aura
» inspirés. Il ne voudra plus obéir aux magistrats,
» mais il s'attribuera tout le pouvoir. Ainsi la ré-
» publique ayant changé de face se changera en
» mieux en apparence, et prendra un nom illustre,
» je veux dire celui de liberté et d'état populaire;
» mais ce ne sera en effet que la domination d'une
» multitude aveugle, qui est sans doute le plus
» grand de tous les maux. »

C'est ainsi que la plus belliqueuse et la plus illustre république du monde a été perdue par la trop grande augmentation du pouvoir populaire.

[1] POLYB., *Hist.*, lib. VI.

Approchons-nous de notre temps, et voyons si l'Angleterre a profité des malheurs de l'ancienne Rome.

CHAPITRE XIV.

Du gouvernement d'Angleterre, et des différentes formes qu'il a prises.

Avant que l'empereur Claude eût fait de la Grande-Bretagne une province de l'Empire, cette île étoit partagée en plusieurs petits états, dont la plupart avoient leurs seigneurs ou leurs rois particuliers.

L'Angleterre fut plus de quatre cents ans sous la domination des Romains, qui l'abandonnèrent enfin volontairement, et rappelèrent leurs troupes pour les opposer aux irruptions des nations du Nord, qui commençoient à démembrer ce grand empire. La Grande-Bretagne, destituée alors du secours des Romains, les Pictes et les Calédoniens, nommés depuis Écossois, sortant de leurs montagnes maigres et stériles, vinrent attaquer les provinces méridionales de cette île. Pour arrêter l'invasion de ces montagnards féroces, les Bretons eurent recours aux Anglois, nation saxonne, qui chassa les Écossois, s'établit ensuite dans l'île, lui imposa le nom d'Angleterre, et la partagea en sept royaumes, qui furent tous réunis, quatre cents ans après, sous la domination d'Egbert, roi de West-Saxe.

L'an 1066, Guillaume, duc de Normandie, surnommé *le Conquérant*, fut appelé à la couronne d'Angleterre par le testament du roi Édouard. Ce prince s'étant rendu maître du royaume, il le traita comme un pays de conquête. Il y établit un gouvernement despotique et absolu : il distribua une grande partie des terres des Anglois aux familles normandes et françoises qui l'avoient suivi dans son expédition. Il s'attribua le domaine primitif des terres ; il les chargea envers lui de redevances annuelles, et d'un droit payable à la mort de chaque détenteur, et fit d'autres dispositions qui le rendirent plus propriétaire que les possesseurs mêmes.

Le Conquérant laissa le royaume à Guillaume-le-Roux, son second fils, au préjudice de Robert, son aîné, qui fit plusieurs efforts pour arracher la couronne à son cadet, mais inutilement ; car Guillaume eut l'adresse de mettre les seigneurs normands et anglois dans ses intérêts, en leur promettant qu'il rétabliroit la liberté et la propriété des sujets, selon les anciennes lois saxonnes. Cela plut également aux seigneurs normands et anglois ; car c'étoit l'unique moyen d'assurer aux premiers la possession des terres que le Conquérant leur avoit données, et aux seconds celles qui leur appartenoient par droit de naissance. Guillaume mourut pourtant sans remplir ses promesses.

Henri Ier, son frère cadet, monta sur le trône, et Robert, son aîné, fut exclu de nouveau. Pour assurer son usurpation, il suivit la même route que Guillaume-le-Roux, et promit de remettre le gouvernement sur l'ancien pied. Il confirma sa promesse par une chartre ; mais il ne l'exécuta pas mieux que son frère. Pendant quelques règnes après, cette chartre n'ayant pas été exécutée, les lois établies par le Conquérant s'étoient affermies.

L'an 1215, sous le règne de Jean-sans-Terre, l'archevêque de Cantorbéry prétendit retrouver cette chartre de Henri Ier. Le roi Jean, étant avare et cruel, demandoit sans cesse des subsides, et surtout au clergé. Les seigneurs lui proposèrent le rétablissement de leurs libertés ; il le refusa, et ce refus fut le signal de la guerre. Les barons ligués prirent les armes, et donnèrent à leur chef le nom de *maréchal de l'armée de Dieu et de la sainte Église*. Le roi fut abandonné, et contraint de leur offrir satisfaction. Après quelques discussions avec les barons sur leurs privilèges, non-seulement le roi les confirma, mais il en ajouta beaucoup d'autres, et les comprit tous dans un acte authentique dont lui et toute l'assemblée jurèrent unanimement l'observation.

C'est cet acte qu'on appelle la *grande chartre*. Le roi Jean ne garda point ses promesses, non plus que ses prédécesseurs. Il rétracta son serment ; et, selon l'usage de ces temps-là, le pape le déclara de nulle valeur, comme ayant été extorqué par la violence.

Après sa mort, Henri III son fils lui ayant succédé, se trouva un prince foible. Les barons renouvelèrent leurs anciennes demandes pour le rétablissement de leurs privilèges ; mais il arriva ce qui arrive toujours lorsque, sous prétexte du bien public, on sort des justes bornes de la subordination : non-seulement les barons demandèrent l'exécution des choses justes qui leur avoient été tant de fois promises, mais, profitant de la foiblesse du roi, ils ajoutèrent plusieurs autres demandes qui alloient à dégrader entièrement la dignité royale, et à mettre toute l'autorité entre les mains d'un petit nombre de factieux. Le roi refusa des propositions si déraisonnables. Les séditieux prirent les armes sous la conduite du comte Leicestre, chef de la révolte. C'étoit un dévot grave, austère, réglé, grand diseur de prières vocales, hypocrite ou enthousiaste, et peut-être tous les deux.

L'armée royale fut défaite, le roi fait prisonnier, avec le prince son fils. Le dévot rebelle ayant secoué le joug de son souverain, imposa le sien à la nation angloise. Les révoltés ne l'eurent pas plus tôt senti, qu'ils le trouvèrent plus dur que celui des rois, et firent leurs efforts pour le secouer : grande leçon pour les amateurs de changements! La tyrannie ne cesse point, on ne fait que changer de maître.

Après avoir tenu plusieurs mois le roi dans les fers, et le peuple sous le joug, les factieux se divisèrent, et donnèrent occasion au prince Édouard de s'échapper de prison, de rendre la liberté à son père, et de chasser l'usurpateur.

Henri, étant mis en liberté, confirma la *grande chartre* d'une manière très solennelle. C'est cette grande chartre qui a été le prétexte de toutes les factions qui agitent si souvent l'Angleterre. Ce n'est pas qu'il y ait rien, dans cette chartre, qui diminue les vraies prérogatives et l'autorité des rois : elle ne contient, pour la plupart, que les lois de saint Édouard ; et ces lois étoient des priviléges accordés à la nation par les bons princes, pour servir de barrière contre les méchants rois. Ces priviléges ne regardent que la liberté et la propriété des sujets, et l'immunité de toute taxe extraordinaire sans le consentement des barons. Mais les amateurs de l'indépendance se sont servis du beau prétexte de liberté et de propriété accordées dans cette chartre, pour en abuser, et pour donner des atteintes à l'autorité royale.

Après la mort de Henri III[1], Édouard Ier, son fils, lui succéda. Ce fut sous son règne que les membres électifs des provinces eurent séance en parlement : ses prédécesseurs avoient convoqué de temps en temps les députés du peuple, pour assister au conseil suprême ; mais c'étoient les rois qui nommoient eux-mêmes ces députés, et non pas le peuple, et il étoit dans le pouvoir de les appeler ou non. Édouard fut le premier qui accorda aux communes une séance fixe dans le parlement[2]. Ils étoient d'abord assis dans la même chambre, avec les pairs spirituels et temporels : ensuite ils furent érigés dans une chambre séparée. Ils n'eurent originairement que voix représentative, et nullement délibérative, comme il paroît par les rôles du parlement pendant longues années après le règne d'Édouard Ier. Dans tous ces rôles, les communes parlent toujours au roi en suppliants, ne font que lui représenter les griefs de la nation, et le prient de faire des lois par l'avis de ses seigneurs spirituels et temporels. La formule de tous les actes est celle-ci : « Accordé par le roi et les seigneurs » spirituels et temporels, aux prières et aux sup- » plications des communes. » C'est pour cette raison que jusqu'à ce jour, quand le roi d'Angleterre convoque le parlement, « il mande aux sei- » gneurs de s'assembler pour lui donner conseil ; » mais il ordonne aux communes de se tenir prêts » pour se soumettre à tout ce qui sera décidé par » lui et par ses seigneurs. »

Édouard crut sans doute, par ses priviléges accordés aux communes, faire un contre-poids à la trop grande autorité des barons, qui le gênoit : mais il se trompa ; car l'autorité des communes devint plus fatale à sa postérité que n'avoit été celle des seigneurs à ses ancêtres. Le pouvoir populaire augmentant peu à peu dans le parlement, la constitution fondamentale de la monarchie angloise fut altérée, et enfin totalement renversée.

Il est vrai que le pouvoir royal fut conservé entier pendant tout le règne de ce prince ; car nous voyons que, par sa propre autorité, il fait souvent des lois sans convoquer son parlement. C'est ainsi que, dans les statuts de Glocester, il s'attribue le seul pouvoir législatif, et la formule des édits est : « Notre souverain seigneur le roi a pourvu et éta- » bli les actes suivants[1]. » Mais après sa mort, sous le règne de son fils Édouard II, le parlement commença à s'attribuer le pouvoir de juger et de déposer les princes.

Avant ce temps, c'étoit une maxime fondamentale de la loi commune d'Angleterre, que « le roi » n'a point d'autre supérieur que Dieu ; qu'il n'y » a point d'autre remède, quand il fait des injus- » tices, que d'avoir recours aux remontrances » respectueuses, afin qu'il se redresse ; et s'il ne » le fait point, il doit suffire que Dieu s'en vengera » un jour[2]. » Mais nous allons voir le renversement de ces lois.

Quand le parlement voulut faire le procès au roi Édouard II, et le déposer, l'évêque de Carlisle soutint hautement que les sujets n'avoient aucun pouvoir de juger leur souverain, qui étoit l'oint du Seigneur. Cette remontrance les obligea de garder quelques ménagements ; et, sous prétexte que le roi s'étoit trop livré à ses ministres insolents, ils l'en-

---

[1] L'an 1280.
[2] BRADY, *Droit des communes*, page 140, jusqu'à la page 150.

[1] *Stat. Glocest.*, an. 1278, 1320.
[2] BRACTON, lib. I, cap. VIII ; lib. II, cap. VII. GLANVILLE, lib. VII, cap. X. Ces deux auteurs ont écrit il y a plus de cinq cents ans.

gagèrent de céder par démission volontaire à son fils un trône qu'il ne pouvoit pas occuper avec dignité. Édouard, bon mais foible prince, consentit à sa déposition, et fut condamné à une prison perpétuelle, où il fut assassiné secrètement.

Édouard III, son fils, porta l'autorité royale et la gloire du sceptre anglois plus loin qu'aucun de ses ancêtres.

Sous le règne de ce grand Édouard, les seigneurs et les communes déclarèrent en plein parlement « qu'ils ne peuvent pas consentir à aucune » chose qui tende à l'exhérédation du roi, quoique » le roi même le souhaitât[1]; que c'est un crime de » haute trahison de concerter ou de tramer la mort » du roi, de prendre les armes contre lui, ou » d'adhérer à ses ennemis[2]. »

Nonobstant ces lois si solennelles, Richard II, son petit-fils, fut jugé et déposé par son parlement. Ce prince, débauché dans sa jeunesse, avoit fait choix de très mauvais ministres; mais il n'y a jamais eu de règne sous lequel le peuple fût plus heureux, les nobles plus respectés[3], ni le clergé plus protégé; et quoique le parlement eût déclaré, quelques années auparavant, que de tout temps, et par la constitution fondamentale de l'état, le roi d'Angleterre n'étoit sujet qu'à Dieu seul, cependant cet illustre corps fit le procès à son prince, l'accusa de plusieurs malversations, le déposa et le condamna à une prison perpétuelle, pour favoriser l'ambition du duc de Lancastre, qui usurpa la couronne et régna sous le nom de Henri IV.

Ce fut là le commencement de la haine fatale et des guerres civiles entre les maisons d'York et de Lancastre, qui désolèrent le royaume pendant longues années. Cet usurpateur commença comme les autres à flatter les peuples en leur rendant graces de son élévation, et en reconnoissant qu'il tenoit la couronne de leurs suffrages. C'étoit au reste un grand prince, dont le gouvernement sage et heureux fit fleurir l'Angleterre, aussi bien que celui de son fils Henri V, qui conquit presque toute la France.

Après que la maison de Lancastre eut possédé la couronne plus de soixante ans, Richard, duc d'York, sous le règne de Henri VI, fils de Henri V, présenta à la chambre haute, sans s'adresser à la chambre basse, une preuve de son droit à la couronne, comme étant descendu d'un troisième fils d'Édouard III, au lieu que Henri VI n'étoit descendu que d'un quatrième fils du même roi. Les seigneurs déclarèrent d'abord que la matière étoit trop relevée, et qu'ils ne pouvoient pas juger des droits de la couronne sans l'ordre du roi. Henri leur ordonna d'examiner les prétentions du duc; et ils déclarèrent que, selon la loi fondamentale du royaume, le droit du dernier étoit meilleur que celui du premier.

Voilà un acte authentique qui prouve que le parlement croyoit alors que le droit héréditaire étoit inaliénable, puisqu'il fut reconnu pour le seul légitime, dans le temps même que l'usurpateur étoit sur le trône, et après une possession de plus de soixante ans.

Il fut décidé qu'après la mort de Henri, la couronne passeroit au duc d'York et à ses enfants. Le roi et le duc se brouillèrent; on leva des armées; les guerres civiles commencèrent entre la *Rose rouge* et la *Rose blanche*: Richard fut tué, et son fils couronné roi, sous le nom d'Édouard IV; Henri fut fait prisonnier, ensuite mis en liberté, et remis de nouveau sur le trône; puis dépossédé encore, et enfin assassiné avec son fils.

Les princes de ces deux maisons rivales continuèrent ainsi de se faire la guerre pendant plusieurs années. Toutes ces dissensions civiles furent enfin éteintes par le mariage du comte de Richemond, nommé Henri VII, qui, ayant épousé Élisabeth, fille aînée d'Édouard IV, réunit en sa personne tous les droits de la maison d'York et de Lancastre. C'est à l'occasion de l'usurpation des princes de la maison de Lancastre, que ces princes sont appelés, dans les actes du parlement, prétendus rois, *rois de fait, et non de droit*.

L'envie qu'eut chaque parti, pendant ces brouilleries, de gagner les communes, donna occasion à la chambre basse de sortir de ses anciennes bornes, et d'augmenter son autorité. Ce fut sous le règne d'Édouard IV, que cette chambre commença pour la première fois à avoir quelque part au pouvoir législatif. L'ancien style des actes du parlement fut changé. Au lieu de dire, comme autrefois[1]: « Accordé aux prières et aux supplications » des communes par le roi et les seigneurs; » on mit: « Accordé par le roi et les seigneurs, avec » le consentement des communes. » Cette formule pourtant ne devint fixe que longues années après; car, dans les règnes immédiatement suivants, on reprend l'ancien style.

Henri VII, par sa politique et sa valeur, étant devenu paisible possesseur du royaume, et sans concurrent, ne songea qu'à remplir ses trésors,

---

[1] Ann. 1569, Parl. XLII.
[2] Ann. 1559, *Stat.* v, chap. II.
[3] Ann. 1592, Parl. XVI, Rich. II, ch. V.

[1] Roll. Parl. III et IV; Ed. IV, n. 59.

et à rehausser le pouvoir royal. Voici comment il s'y prit.

Avant son temps, les rois et les seigneurs étoient les seuls propriétaires des terres. Les pairs de la nation étoient autant de petits souverains qui tenoient leurs cours séparées dans les provinces. Ils ne pouvoient pas aliéner le fonds de leurs terres, ni vendre leurs fiefs. Les communes étoient leurs vassaux; ils dépendoient entièrement d'eux; ils étoient obligés de prendre les armes par leurs ordres, de servir à la guerre sous leur conduite, et de paroître à leur suite dans toutes les occasions publiques.

Henri VII, pour diminuer le pouvoir des seigneurs, qui avoient toujours été les rivaux de l'autorité royale, fit proposer dans le parlement, par ses créatures, un acte pour permettre aux seigneurs de vendre leurs fiefs et leurs terres. Les seigneurs, gâtés par le luxe et ruinés par les guerres civiles, consentirent à se dépouiller de leurs anciens priviléges, pour profiter des grosses sommes qu'ils retiroient de la vente des fiefs, et pour satisfaire aussi aux tributs exorbitants que leur imposoit Henri VII, dont l'avarice étoit insatiable.

Par cette vente des fiefs, les communes devinrent propriétaires des terres, comme le peuple romain par la *loi agraire*. Mais cette démarche contribua dans la suite à ruiner tout ensemble le pouvoir royal et aristocratique. Les communes, se voyant propriétaires des terres, voulurent aussi avoir part à l'administration des affaires publiques. Nous verrons l'autorité populaire s'accroître insensiblement, prévaloir dans les parlements, et se porter par degrés aux plus grands excès.

Henri VII cependant, après avoir diminué le pouvoir des seigneurs, augmenta l'autorité royale. Son esprit sublime et sa politique profonde le rendirent maître du parlement, et préparèrent à son fils Henri VIII l'autorité absolue qu'il exerça pendant tout son règne.

Sous Henri VIII, la suprême indépendance des rois d'Angleterre fut confirmée par de nouveaux actes du parlement. « Le royaume, disent ces » actes [1], est un empire gouverné par un chef su» prême. Les rois d'Angleterre, leurs héritiers » et leurs successeurs, ont une autorité impériale, » et ne sont obligés de répondre, en quelque cause » que ce soit, à aucun supérieur, parce que le » royaume ne reconnoît point d'autre supérieur, » après Dieu, que le roi. »

Sous le règne du même Henri commencèrent les fameuses discordes sur la religion, qui remplirent l'Europe de guerres civiles et de révoltes. Ces divisions ecclésiastiques causèrent beaucoup de dissensions civiles en Angleterre. Rien de remarquable ne fut changé cependant dans la forme du gouvernement. Il est vrai que, sous le règne d'Élisabeth, les membres de la chambre basse voulurent accroître leur autorité. Mais cette princesse hardie, et ferme dans sa conduite, les traita d'impertinents, et leur imposa silence. Il paroît que l'autorité dont ils jouissent à présent ne fut affermie que sous le règne de Jacques Ier, dans la personne duquel furent réunies les deux couronnes d'Écosse et d'Angleterre.

Après cette union, le parlement commença par confirmer de nouveau le droit héréditaire, dans ces termes : « Nous reconnoissons, comme nous le » devons, selon la loi divine et humaine, que le » royaume d'Angleterre et la couronne impériale » appartiennent au roi par droit inhérent de nais» sance et de succession indubitable; et nous nous » soumettons et notre postérité à jamais à son gou» vernement, jusqu'à la dernière goutte de notre » sang. » Cet acte n'est pas l'établissement d'un droit nouveau, mais un aveu solennel de toute la nation que le gouvernement monarchique et héréditaire est la constitution du royaume.

Jacques Ier, roi paisible, eut beaucoup de complaisance pour son parlement, le consultant non-seulement dans les affaires d'état, mais presque dans toutes celles qui regardoient sa famille, déférant à ses avis, affectant une grande attention à ne point blesser ses priviléges, lui demandant peu de subsides extraordinaires; mais en se donnant ainsi la paix à lui-même, il laissa à Charles Ier, son successeur, les semences des fameuses discordes qu'on a vues depuis. Deux choses contribuèrent à ces troubles, l'une tirée de la religion, l'autre de la politique.

Depuis le temps qu'on commença à disputer sur les formules et les formalités de la religion, l'Angleterre fut inondée par une foule de sectaires, dont les systèmes étoient tous contraires les uns aux autres. Parmi toutes ces sectes, il y en avoit deux principales : l'une qui, en secouant le joug du pape, conserva l'épiscopat, la subordination hiérarchique, et une partie des cérémonies de l'ancienne Église; l'autre renversa toute hiérarchie et toute cérémonie, comme contraires à la simplicité évangélique, et leurs ecclésiastiques étoient tous égaux. Les premiers s'appelèrent épiscopaux; les derniers presbytériens. Les uns voulurent une aristocratie dans l'Église, les autres une démocra-

---

[1] Parl. XXIV, ch. XII. — Parl. XXV, ch. XXI.

tie toute pure. Les politiques prirent parti dans ces querelles de religion. Ceux qui respectoient l'autorité royale se déclarèrent pour les épiscopaux, et ceux qui aimoient le gouvernement populaire soutinrent les presbytériens. Cette division dans la religion augmenta les dissensions civiles; et les politiques de l'un et de l'autre parti se servoient de la religion pour éblouir le peuple et l'engager dans leurs intérêts.

Le roi Charles étoit zélé pour les épiscopaux. Animé par l'archevêque de Cantorbéry, il voulut introduire en Écosse la liturgie anglicane, et rendre la religion de la Grande-Bretagne uniforme. Voilà la première source des troubles. En voici la seconde.

Le roi Charles étoit engagé de faire la guerre à la maison d'Autriche, pour l'obliger de restituer le Palatinat à son beau-frère Frédéric, comte palatin. Le parlement avoit promis au roi Jacques, son père, l'argent nécessaire pour cette entreprise. Charles le demanda; mais la chambre basse, qui donne les subsides, le refusa; car la plupart de ses membres, étant zélés presbytériens, étoient indisposés contre le roi, par la protection qu'il donnoit à l'Église anglicane. Le roi fut obligé de faire la guerre à ses propres dépens; il eut recours à un ancien impôt maritime qu'il avoit droit de lever, selon l'aveu des plus habiles jurisconsultes qui furent choisis pour l'examen de cette affaire. Un membre de la chambre des communes, dont la taxe n'excédoit pas vingt livres de France, refusa de la payer. Plusieurs autres de la même chambre suivirent son exemple, et bientôt on fit gloire de disputer avec le roi. Charles cassa le parlement trois fois, et soutint toujours la guerre à ses dépens. Les guerres étrangères venant à cesser, l'Angleterre, comme l'ancienne Rome, tourna ses armes contre elle-même.

Ce fut dans cette disposition des esprits que s'assembla, l'an 1640, le sanguinaire parlement qui renversa la monarchie angloise. L'on y proposa plusieurs articles extravagants, qui alloient à l'anéantissement du pouvoir royal. Plusieurs membres de la chambre haute, ayant honte d'être dans une assemblée où l'on poussoit si loin l'insolence contre leur souverain, l'abandonnèrent, et allèrent trouver le roi, qui s'étoit retiré à York.

Charles I fit tout son possible pour arrêter la fureur de la cabale anti-royaliste par des propositions modérées; mais le parlement leva des troupes; et voulant agir par force, le roi parut à la tête d'une armée: les guerres civiles commencèrent. Cromwell, homme hardi, ambitieux et hypocrite, devint bientôt maître de l'armée parlementaire, et battit souvent celle du roi, qui se réfugia en Écosse. Le parti républicain et enthousiaste de cette nation livra lâchement le roi aux Anglois. *Tantum religio potuit suadere malorum!*

Charles ayant été fait prisonnier dans l'île de Wight, fut livré entre les mains barbares de ses rebelles sujets. Cromwell et sa cabale s'étant rendus maîtres de l'armée, le devinrent bientôt du parlement, et commencèrent à débiter les maximes du whiggisme. Ireton, son gendre, dans une séance de la chambre basse, parla ainsi : « Le » contrat du roi et des peuples contient un enga- » gement mutuel, aux peuples d'obéir, aux rois » de protéger le peuple. Notre roi cesse de nous » protéger; dès-là nous sommes dispensés de la » soumission à laquelle nous étions engagés par le » contrat mutuel que nos pères ont fait avec ses » ancêtres. » On proposa d'abjurer le roi et la royauté, et d'établir pour l'avenir un corps représentant le peuple, qui gouvernât l'état en son nom.

L'armée se saisit des portes des deux chambres; et parce que la chambre haute eut horreur de ces propositions, on déclara dans celle des communes qu'à elle seule appartenoit le pouvoir de faire des lois, et qu'on n'avoit pas besoin du consentement des seigneurs, la souveraine puissance étant originairement dans le peuple.

On érigea un tribunal, sous le titre de cour de la haute justice, par l'autorité des communes. Le roi fut cité devant le tribunal, accusé de tyrannie, de haute trahison, de tous les meurtres et de toutes les violences commises pendant les guerres civiles : enfin, le meilleur prince, le meilleur ami et le meilleur maître est condamné à mort, et on lui tranche la tête publiquement sur un échafaud. Cromwell se rendit maître absolu, sous le nom de protecteur, et régna, jusqu'à sa mort, d'une manière plus arbitraire et plus despotique qu'aucun monarque de l'Europe.

Richard, son fils, n'ayant point ses talents ni ses vices, fut bientôt obligé de s'enfuir. Les royalistes, qui étoient toujours demeurés fidèles, quoique cachés, levèrent la tête. Charles II, qui avoit erré long-temps en exil avec son frère le duc d'York, fut enfin rappelé, selon le desir universel de la nation, qui gémissoit sous la tyrannie de l'usurpateur.

L'Église et l'état furent rétablis sur l'ancien pied, et le droit héréditaire fut confirmé de nouveau. Pour empêcher à l'avenir de semblables révolutions, les deux chambres du parlement supplièrent le roi qu'il fût arrêté et déclaré « que, par les

» lois indubitables et fondamentales d'Angleterre,
» ni les pairs du royaume, ni les communes assem-
» blées en parlement ou hors du parlement, ni le
» peuple collectivement ni représentativement, ni
» quelque autre personne que ce puisse être, n'a
» jamais eu ni dû avoir aucune autorité coërci-
» tive sur les personnes des rois de ce royaume;
» que la dernière guerre civile contre le roi Charles
» procédoit d'une erreur volontaire touchant l'au-
» torité suprême; que, pour obvier à l'avenir et
» empêcher que personne puisse être séduit et en-
» traîné dans aucune sédition, il est arrêté que
» quiconque affirmera que les deux chambres, en-
» semble ou séparément, ont pouvoir législatif
» sans le roi, sera privé de tous ses biens et effets.
» Il est de plus déclaré que le seul et suprême
» gouvernement des forces militaires et de tout ce
» qui leur appartient est et a toujours été, selon
» les lois d'Angleterre, le droit indubitable du roi
» et de ses prédécesseurs rois et reines d'Angle-
» terre; et que les deux chambres du parlement,
» ensemble ou séparément, ne peuvent ni ne doi-
» vent y prétendre, beaucoup moins se soulever
» pour faire une guerre offensive ou défensive con-
» tre le roi, ses héritiers ou légitimes succes-
» seurs. »

Les anti-royalistes subsistèrent pourtant toujours, et firent plusieurs efforts pour assassiner le
roi, et renverser de nouveau la monarchie. Vers
la fin du règne de Charles II, les communes proposèrent un acte pour détruire le droit héréditaire, et exclure le duc d'York à cause de sa religion. Les seigneurs rejetèrent cet acte; et le
parlement d'Écosse, assemblé à Édimbourg, pour
prévenir une telle injustice fit le fameux acte de la
succession ². C'est dans cet acte que ce parlement
reconnoît « que par la nature de son gouverne-
» ment, et par ses lois inviolables et fondamenta-
» les, la couronne est transmise et dévolue par le
» seul droit de succession en ligne directe; que
» nulle différence de religion, nulle loi, nul acte
» de parlement déjà fait, ou qui puisse être fait à
» l'avenir, ne peut changer ou altérer ce droit. »

Sous le règne de Charles II, les actes du parlement d'Angleterre et de celui d'Écosse sont remplis
de semblables déclarations, par lesquelles ces illustres corps reconnoissent « que le droit héré-
» ditaire et la suprême indépendance de leurs rois
» sont et ont toujours été les lois fondamentales
» de ces deux monarchies. » Ce ne sont pas des
lois nouvelles faites par l'autorité d'un sénat qui
prétend avoir le suprême pouvoir législatif pour
faire changer les lois à son gré, mais un témoignage authentique que les états de l'une et de l'autre nation rendent à leurs lois fondamentales, et
une confirmation publique de ce qui a toujours
fait l'essence immuable de leur constitution.

Nonobstant ces actes si solennels, et les serments
les plus sacrés, le parti anti-royaliste prévalut. Le
feu roi Jacques II fut contraint de se retirer en
France. Le droit héréditaire fut renversé, et Guillaume, prince d'Orange, élevé sur le trône de son
beau-père par l'autorité d'une convention rebelle
à son maître. C'étoit renverser les lois fondamentales. L'assemblée de 1689, des seigneurs et des
communes, ne pouvoit avoir aucune voix législative selon les lois, et n'étoit pas un parlement;
car ces lois ont toujours décidé que le peuple collectivement ni représentativement ne peut rien
faire sans le roi.

Les partisans de la révolution disent que l'obéissance n'est point due à la personne du roi, mais à
l'autorité des lois. Ils sont condamnés par leurs
propres maximes : les lois portent que le roi n'est
sujet qu'à Dieu seul, qu'il ne peut être jugé par
personne; que le parlement ni le peuple n'a aucun
droit de changer la succession. Voilà la constitution fondamentale et primitive de la monarchie
angloise. Par quelle autorité donc les seigneurs et
les communes, ayant chassé leur chef, furent-ils
assemblés? Par quelle autorité ont-ils renversé
toutes les lois? N'ont-ils pas, par cette conduite,
sapé les fondements de leur constitution, et rendu
le gouvernement d'Angleterre tellement vacillant,
qu'il n'y a plus de forme fixe, puisqu'à chaque
nouvelle assemblée, les membres, sans chef,
peuvent changer et bouleverser les lois fondamentales à leur gré?

Le prince d'Orange, pour se conserver les bonnes
graces du peuple, à qui il devoit la couronne, re-
lâcha des prérogatives royales; mais rien ne peut
arrêter un peuple qui est une fois sorti du point
fixe de la subordination. L'insolence des communes devint si insupportable, que Guillaume, quoique prince de leur création, eut lieu de se repentir
d'avoir accepté la couronne.

L'histoire de ce qui est arrivé depuis sa mort est
trop récente pour en faire le détail, et le temps
n'est pas encore venu. Contentons-nous de faire
quelques remarques sur la monarchie angloise,
et sur les formes différentes de son gouvernement.

1° Pendant l'espace de quatre cents ans que

---

¹ Parl. XII, ch. XXX; Parl. XIII, ch. I, VI et VII. Charl. II.
² L'an 1681.

l'Angleterre, partagée en sept royaumes, fut gouvernée par plus de cent rois, la couronne a été presque toujours héréditaire. Nous ne voyons point qu'il y ait eu aucun de ces cent rois qui ait été ou déposé ou mis à mort par le conseil souverain de ses barons. Après que cette *heptarchie* (s'il m'est permis de me servir de ce terme) eut été réunie sous un seul monarque, le gouvernement anglois continua sur le même pied. Les pères des anciennes familles, les grands du royaume, les seigneurs spirituels et temporels, faisoient le conseil suprême du prince. Le gouvernement étoit une monarchie aristocratique. Les seigneurs partageoient avec le roi le pouvoir législatif; mais ils ne pouvoient rien faire sans lui. C'est la différence essentielle qu'il y a toujours eu entre le parlement d'Angleterre et le sénat romain. Le sénat étoit le pouvoir suprême de la république; les consuls n'étoient que dépositaires, pour un temps, de l'autorité des sénateurs. Au contraire, le parlement d'Angleterre n'a jamais été que le conseil suprême du roi; il l'a toujours convoqué d'une manière impérative, et l'a dissous de même.

2° Sous cette monarchie modérée par l'aristocratie, les communes n'avoient aucune part au gouvernement [1]. L'on ne succédoit au royaume que par le droit héréditaire, ou par la désignation testamentaire du roi moribond, qui, n'ayant point d'enfants, ou qui voyant ses enfants trop jeunes pour gouverner, nommoit quelquefois son successeur avant que de mourir; et quoique la succession saxonne fût interrompue pendant l'espace de trente ans par trois rois danois qui firent la conquête de l'Angleterre vers le commencement du dixième siècle, cependant on rétablit le droit de la succession sitôt que les Danois furent chassés de la Grande-Bretagne. Depuis la conquête par les Normands jusqu'à l'an 49 de Henri III, qui fut vers l'an 1270, le gouvernement fut monarchique et héréditaire, et penchant vers le despotisme; ce qui excita la jalousie des nobles contre leur prince, et fut une semence féconde de soupçons et de défiance contre l'autorité royale. Le despotisme de Tarquin et de Guillaume-le-Conquérant ont été la source de tous les maux de Rome et d'Angleterre.

3° Remarquons cependant que, tandis que le souverain conseil n'étoit qu'*aristocratique*, on voit les pères de la patrie zélés pour leur liberté. Ils se brouillent quelquefois avec le roi au sujet de la grande chartre, et résistent au pouvoir arbitraire,

[1] BRADY, *Hist. de la succession à la couronne d'Angleterre.*

mais sans sortir des justes bornes. Nous ne voyons point les parlements maltraiter les princes, les déshériter, ni les mettre à mort. Un faux dévot et un hypocrite ambitieux usurpe la couronne; mais le souverain conseil du royaume n'y a aucune part. Le roi et son fils sont captifs; mais on ne croit pas encore qu'il soit permis de juger et de mettre à mort les souverains.

4° Tout commence à changer de face sitôt que les communes deviennent une partie du parlement. L'autorité des nobles et du roi diminue, les assemblées populaires arrachent la souveraineté d'entre leurs mains, et peu à peu le despotisme du peuple devient absolu. La chambre basse d'Angleterre fait toutes les mêmes démarches que les tribuns de Rome. Peu de temps après l'érection de cette chambre, le parlement commence, non pas à déposer le roi, mais à l'engager à se démettre de la couronne en faveur de son fils. Le droit héréditaire n'est pas ébranlé ni violé. Dans le siècle suivant, le roi est accusé comme criminel, et il est déposé par l'autorité de son parlement, sans qu'on ose encore le mettre à mort publiquement. Le droit héréditaire est suspendu, et la couronne donnée à un usurpateur.

Enfin, dans le siècle passé, le parlement devient tout-à-fait républicain. Sa partie démocratique se sépare de sa partie aristocratique, et usurpe l'autorité souveraine; et toutes les deux veulent agir d'une manière indépendante de la puissance royale, en sapant le fondement de leur constitution. Les communes prévalent, et usurpent non-seulement le pouvoir des seigneurs, mais celui du roi même, qu'ils jugent, qu'ils déposent, et qu'ils condamnent à perdre la tête, comme un criminel de la lie du peuple.

5° Depuis que les assemblées populaires ont eu le pouvoir législatif en main, les lois sont multipliées à l'infini, et ces lois sont souvent contradictoires. Ce n'est pas seulement comme en France, où les différentes provinces ont retenu les anciennes coutumes qu'elles avoient avant que de tomber sous la domination d'un seul monarque. En Angleterre, depuis que le principe fixe de la subordination a été ébranlé, il n'y a plus rien de constant dans les lois fondamentales mêmes. Suivant que les différents partis prévalent dans le parlement, on y fait des lois toutes contraires les unes aux autres; on y ordonne des serments tyranniques, qui se tournent en parjures par leur variation continuelle, et par la violence avec laquelle chaque parti les exige tour à tour. Les différents partis, qui disputent pour la supériorité, briguent pour faire choisir un homme à leur gré; et les partis varient chaque jour dans leurs vues, dans leurs intérêts et dans leurs maximes. Dans ces assemblées, il ne faut pas croire que les factions puissent être réduites à des classes régulières, ou qu'elles agissent par des principes fixes. L'unité de la puissance suprême leur manque; ils se rompent et se divisent en autant de partis qu'il y a de têtes hardies pour conduire les différentes factions. Tous tendent au même but, c'est à s'emparer de l'autorité.

Les divisions et les subdivisions parmi les whigs et les torys se multiplient chaque jour. Il y a souvent cinq ou six différentes espèces de whigs et de torys. D'ailleurs, les chefs de ces différents partis changent souvent de principes. Les whigs, deviennent torys, et les torys deviennent whigs selon leurs intérêts. Quand l'autorité royale soutient un parti, ses chefs sont royalistes, et veulent rehausser les prérogatives royales; quand les rois sont opposés à ces chefs, ils deviennent whigs et républicains, et veulent abattre le pouvoir royal.

A l'élection des membres de chaque nouveau parlement, on ne voit, dans les provinces, que brigues, que haines, que divisions, que tromperies. Les whigs et les torys, les républicains et les royalistes, les amateurs de l'indépendance et ceux du despotisme, les courtisans et les créatures du peuple, toutes les différentes factions causent un tel mouvement dans les esprits, qu'il semble que le grand corps politique souffre des convulsions, et que la Grande-Bretagne soit, à chaque nouveau parlement, dans le transport d'une fièvre chaude.

Ce n'est pas tout : quand les membres sont élus, arrivés à Londres et assemblés en parlement, les brigues recommencent, les cabales se renouvellent; ceux qui occupent les premières places dans le gouvernement ne sont occupés qu'à corrompre les membres du parlement, par argent, par les charges ou les graces dont ils disposent. On voit, dans ces assemblées tumultueuses et populaires, quatre ou cinq hommes qui entraînent tout par brigues et par intrigues; de sorte qu'un député, oubliant les intérêts de ceux qui l'ont envoyé, pour ne s'occuper que de ceux du parti auquel il s'est vendu, agit d'une manière tout-à-fait contraire aux ordres et à l'avantage de la province qu'il représente.

La chambre basse étant donc remplie, à chaque nouveau parlement, de membres dont les pensées et les intérêts sont tout-à-fait contraires et opposés, il n'est pas extraordinaire qu'il y ait une grande multiplicité et variation dans leurs lois, et que les actes du parlement soient des volumes énormes de lois contraires. « La multiplicité des » lois, dit Platon, est une marque aussi certaine de » la corruption d'un état, que la multitude des » médecins en est une de la grande quantité de » malades : » mais la contrariété des lois, et leur opposition fréquente, est aussi funeste dans une république que l'usage habituel des remèdes contraires l'est à la santé [1].

Rome et l'Angleterre nous montrent donc les funestes suites du pouvoir souverain partagé avec le peuple. Voyons si la monarchie aristocratique ne remédie pas à ces inconvénients.

CHAPITRE XV.

De la monarchie modérée par l'aristocratie.

1° L'unité de la puissance suprême a toujours été regardée comme un très grand avantage dans un état, pour prévenir les divisions et les jalousies des chefs qui gouvernent. Le grand bien de la société n'est pas tant la richesse et l'abondance des particuliers, que le bien commun de tous. Or, ce bien commun est l'union des familles, l'éloignement des guerres civiles, l'extinction des cabales. Il est incontestable que l'unité se trouve mieux lorsque la puissance suprême est réunie dans une seule volonté, que lorsqu'elle est divisée entre plusieurs volontés différentes.

Le gouvernement partagé ou mis entre les mains de plusieurs peut convenir aux républiques renfermées dans une seule ville, ou aux petits états; mais il paroît incompatible avec des royaumes d'une grande étendue. Les citoyens de chaque ville voudroient toujours élever la leur au-dessus des autres. D'où il est naturel de voir naître des révolutions fréquentes, et des séditions cruelles. C'est de là que sont venues toutes les jalousies de la Grèce. Son célèbre sénat d'*amphictyons* ne pouvoit pas empêcher les dissensions civiles. Cette sage assemblée étoit pourtant composée de députés que nommoient les douze principales villes de la Grèce. Ils se rendoient, à certains jours précis, aux *Thermopyles*, où ils délibéroient de tout ce qui regardoit le salut, le repos et l'intérêt commun des républiques; mais ce sénat si respectable fut cependant trop foible pour apaiser et pour éteindre les jalousies, les guerres civiles de Sparte, d'Athènes, etc., qui aspirèrent tour à tour à l'empire universel de la Grèce, jusqu'à ce que toutes ces petites républiques furent réunies sous la domination de Phi-

---

[1] Il est bon de remarquer que ce chapitre a été écrit en 1721.

lippe de Macédoine, qui se servit de leurs divisions mutuelles pour les affoiblir et les subjuguer.

2° L'unité de la puissance suprême paroît nécessaire non-seulement pour l'union des sujets, mais pour la promptitude des conseils. Dans les gouvernements populaires ou aristocratiques, rien ne se fait qu'avec lenteur, et dans des assemblées publiques : tout dépend pourtant quelquefois de l'expédition. Dans une monarchie, le souverain peut délibérer et donner ses ordres en tout temps et en tout lieu. C'est pour cela que les Romains, dans les grandes et importantes affaires de la république, eurent souvent recours à l'unité de la puissance souveraine, en créant un dictateur dont le pouvoir étoit absolu.

3° Le gouvernement militaire demande naturellement d'être exercé par un seul. Tout est en péril, quand le commandement est partagé. Il s'ensuit que cette forme de gouvernement est la plus propre en elle-même à tous les états, et qu'elle doit enfin prévaloir, parce que la puissance militaire, qui a la force en main, entraîne naturellement tout l'état après soi, et réduit tout au gouvernement monarchique. C'est pour cela que nous voyons que toutes les plus fameuses républiques du monde ont commencé par le gouvernement monarchique, et y sont enfin revenues. Ce n'est que tard et peu à peu que les villes grecques ont formé leurs républiques. « Au commencement, tous » étoient gouvernés par des rois [1]. Rome a commencé par la monarchie, et y est enfin revenue. » A présent il n'y a point de république qui n'ait » été autrefois soumise à des monarques [2]. » Ne vaut-il donc pas mieux que cette unité de la puissance suprême soit établie d'abord, puisqu'elle est inévitable, et qu'elle est trop violente quand elle gagne le dessus par la force ouverte ?

4° L'unité de la puissance suprême est encore nécessaire pour maintenir la subordination entre les différents ordres que nous voyons dans tous les grands royaumes, dont les sujets sont distingués en deux classes. La première est de ceux qui sont les propriétaires des terres, les chefs des anciennes familles, les grands de la nation, qui naissent dans la possession actuelle de toutes les commodités de la vie. La seconde, qui est la plus grande partie, est de ceux qui, par l'ordre de la nature et de la Providence, naissent dans la nécessité de gagner ce dont ils ont besoin par le travail, par les arts, ou par le commerce. Si les uns et les autres se conduisoient selon les règles de l'humanité et de la droite raison, les premiers ne se serviroient pas de leur autorité pour opprimer les derniers; et les derniers n'auroient point de haine et de jalousie contre les premiers, à cause de l'inégalité de leur état. Chacun se contenteroit de sa condition, et tous contribueroient, par cette subordination, à se soutenir mutuellement. Mais les passions des hommes mettent la division entre ces deux ordres.

Si le gouvernement est entièrement entre les mains des nobles, ils oppriment le pauvre peuple; la république est réduite à l'état de Rome avant la fameuse retraite du mont Sacré, quand les patriciens maltraitoient et accabloient le peuple. Si le gouvernement est démocratique, les nobles et les grands sont toujours exposés à la haine et aux insultes du menu peuple. Tel étoit l'état de Rome vers la fin du consulat, quand tout se gouvernoit au gré d'une populace aveugle et des tribuns insolents.

Il faut donc une puissance supérieure à ces deux ordres, qui les tienne dans leurs justes bornes : la royauté est comme le point d'appui d'un levier, qui, en s'approchant de l'une ou de l'autre de ces deux extrémités, les tient dans l'équilibre.

Il faut que l'autorité royale soit tellement indépendante de la noblesse et du peuple, qu'elle soit capable de modérer les deux partis. Voilà ce qui manquoit dans la république romaine, après que le consulat fut devenu commun aux patriciens et aux plébéiens. La puissance étoit tantôt tout entière du côté des nobles, tantôt tout entière du côté du peuple; de sorte qu'on n'y remarquoit jamais l'équilibre, mais des séditions perpétuelles, et une oppression successive de l'un ou de l'autre de ces deux ordres. Tel sera l'état de toutes les républiques où l'on tâchera de diminuer et de trop borner la puissance suprême, qui doit contenir, dans leurs justes limites, les deux autres puissances subalternes.

5° Le roi ne peut pas tout voir de ses propres yeux, et tout connoître par lui-même; il faut qu'il ait des conseillers, non-seulement pour instruire le prince de l'état de la patrie, mais pour l'empêcher de tendre au despotisme tyrannique. Voilà ce qui fait croire aux royalistes modérés qu'une assemblée dont les membres sont fixes, et non point électifs, doit partager avec le roi, non pas la puissance souveraine, mais le pouvoir législatif. Le roi, disent-ils, doit pouvoir plus que tous ses membres ensemble; mais rien sans eux, quand il s'agit de faire des lois. C'est assez accorder à un

---

[1] Just., lib. 1.
[2] Bossuet, Polit. de l'Écrit. sainte, liv. II, art. I, VII° prop., Œuvr., tom. XXXVI, pag. 71.

seul homme. Il ne faut pas que l'autorité royale soit l'unique et la seule puissance de l'état. On ne doit rien faire sans elle; mais elle ne doit pas pouvoir tout faire toute seule. On ne doit point faire des lois malgré le roi; mais les lois ne doivent point dépendre totalement de sa volonté absolue. Il faut un concours de la puissance *monarchique et aristocratique* pour composer le pouvoir législatif, et il ne faut jamais qu'ils agissent d'une manière indépendante.

6° Il ne faut pas que le peuple soit entièrement exclu du gouvernement; mais il ne faut jamais partager avec lui le pouvoir législatif. Nous avons vu les funestes suites de ce partage de la souveraineté dans les plus illustres républiques du monde. Quand une fois les députés du peuple s'emparent de l'autorité suprême, ils ne sauroient se contenir dans les justes bornes, et tôt ou tard ils réduisent tout au despotisme de la populace. Il ne faut pas leur donner une autorité qui les mette dans la tentation de trahir le peuple, d'allumer le feu de la sédition et de la discorde.

En voulant les exclure ainsi de l'autorité souveraine, nous sommes bien éloignés de vouloir fouler le peuple : nous n'avons parlé contre ces fiers représentatifs de la multitude, que parce qu'ils sont les vrais ennemis du peuple, loin d'en être les protecteurs; qu'ils trahissent le dépôt qu'on leur confie, et que par ambition ils deviennent les brouillons de l'état. Le pauvre peuple est le soutien et la base de la république : il le faut bien nourrir, et le faire bien travailler. S'il n'est pas bien nourri, la force lui manque, et la république s'énerve; s'il ne travaille point, il devient une bête féroce et indomptable. Or, pour mettre le peuple à couvert de l'oppression, et l'empêcher d'être foulé par l'autorité royale, ce doit être une loi inviolable de ne jamais lever de subsides extraordinaires sans son consentement. Je ne parle point ici des revenus réglés et annuels, qui sont absolument nécessaires pour le soutien de l'état et de la royauté : ce sont des prérogatives inaliénables de la couronne, que les rois ont toujours droit d'exiger. Je ne parle que des subsides extraordinaires, nouveaux et passagers. Or, je dis, avec Philippe de Commines [1], grand politique et bon royaliste, « que nul roi, » nul prince au monde, n'a droit de lever de tels » impôts sur ses sujets sans leur consentement, » et qu'ils ne peuvent les exiger contre leurs vo- » lontés, à moins que d'user de violence et de ty- » rannie. Mais, dira-t-on, il arrive des cas si

[1] *Hist. de Louis XI*, liv. v, ch. xviii.

» pressants, qu'il y auroit du danger à remettre » la levée de l'impôt après la convocation des états, » qui ne se peut faire si promptement. Est-ce donc » que la guerre que veut faire le prince est une » chose qu'il faille tant précipiter? car c'est de la » guerre qu'entendent parler ceux qui font cette » objection. Peut-on au contraire s'y engager trop » tard; et n'est-on pas toujours à temps de la dé- » clarer? »

7° Mais pour rendre cette forme de gouvernement plus parfaite, il faut que la monarchie soit héréditaire. C'est une sage précaution des grands législateurs, pour empêcher les divisions et les jalousies. Il leur paroît qu'on doit fixer le droit de la souveraineté par la naissance, comme on fixe celle de la propriété. La nature, qui nous a donné une règle pour l'un, semble nous la donner pour l'autre. C'est un grand bien pour le peuple, que le gouvernement se perpétue par les mêmes lois qui perpétuent le genre humain, et qu'il aille pour ainsi dire avec la nature. Toutes choses égales, il faut toujours préférer ce qui est réglé par l'ordre fixe et constant de la nature, à ce qui est l'effet de la volonté capricieuse et inconstante de l'homme.

De plus, la monarchie élective est le plus malheureux de tous les gouvernements; plus l'autorité est grande, plus il y a de brigues pour y parvenir, et plus il y a de dangers de la laisser au jugement et à l'élection de la multitude. Si l'on examine bien la source de tous les malheurs de l'empire romain, on verra qu'ils venoient presque tous des élections. Tout étoit soumis à la violence d'une armée qui, s'étant emparée de la souveraineté, se donnoit des maîtres selon sa fantaisie, et souvent plusieurs à la fois. Un roi qui n'a rien à espérer pour sa postérité, après sa mort, ne songe qu'à ses intérêts pendant sa vie; au lieu qu'un roi héréditaire est disposé à regarder son royaume comme son héritage, qu'il doit laisser à ses descendants.

C'est l'observation inviolable de cette loi de succession qui a fait subsister le vaste empire de la Chine depuis presque quatre mille cinq cents ans. Les Tartares, pendant ce temps, y ont commis souvent de grandes hostilités; cependant ils n'ont jamais pu ébranler cet empire. Mais sitôt que les mandarins ont voulu changer le droit héréditaire, et se rendre chacun souverain, ils ont causé de terribles révolutions dans le dix-septième siècle, et les Tartares se sont servis de cette occasion pour les subjuguer.

C'est aussi la succession héréditaire qui a fait subsister, pendant plus de seize cents ans, le plus sage empire qui ait jamais été, je veux dire l'Égypte. Les mauvais rois étoient épargnés pendant leur vie; le repos public le vouloit ainsi : mais, après la mort; on les punissoit en les privant de la sépulture. Quelques uns ont été traités ainsi, mais on en voit peu d'exemples. Au contraire, la plupart des rois ont été si chéris des peuples, que chacun pleuroit sa mort autant que celle de son père ou de ses enfants.

8° Il est nécessaire aussi, pour la même raison, que le pouvoir aristocratique, qui modère le pouvoir royal, soit fixe, héréditaire, et non pas électif. La nature et la naissance donnent à chacun son rang; on n'a pas besoin de le briguer par les cabales et les élections injustes et tumultueuses; et c'est là la raison essentielle pourquoi les membres électifs d'un état, et ceux qui représentent le peuple, ne doivent jamais avoir part à l'autorité législative. Ce n'est pas qu'on ne trouve parmi les plébéiens des esprits aussi capables, aussi sublimes, aussi habiles que parmi les patriciens; mais c'est parce que les factions étant inévitables, tout est rempli de brigues et de cabales, rien n'est fixe, rien n'est stable, tandis qu'on laisse tout à l'élection de la multitude aveugle, et séduite par les esprits ambitieux.

De plus, le pouvoir aristocratique doit être réglé par l'ancienneté des familles, pour empêcher que les souverains ne se rendent maîtres absolus de cette puissance qui modère leur autorité. Il seroit à souhaiter que les rois ne fussent pas les maîtres de multiplier à leur gré les membres de ce sénat fixe, qui partage avec eux le pouvoir législatif; car autrement il leur seroit aisé de diminuer son autorité, en le remplissant de leurs créatures, qu'ils auroient élevées exprès pour servir à leurs desseins injustes. Si un souverain veut récompenser le mérite des grands hommes, comme il le doit, il semble que ce ne doit pas être en les admettant d'abord à partager avec lui le pouvoir législatif, mais en les faisant monter par degré à ces dignités qui, après une certaine succession de temps, donnent le droit à leur postérité d'avoir part à l'autorité aristocratique. « La vertu, dit un » célèbre auteur [1], sera assez excitée, et l'on aura » assez d'empressement à servir l'état, pourvu que » les belles actions soient un commencement de » noblesse pour les enfants de ceux qui les auroient » faites. » Faute d'observer cette règle, les tribuns, à Rome, parvinrent autrefois à la dignité consulaire; les nobles se multiplient à Venise à force

d'argent; et les communes, en Angleterre, parviennent aujourd'hui à la pairie, seulement pour servir aux desseins ambitieux de la cour. Mais quand les emplois sont réglés par la naissance, chaque ordre de l'état s'applique au travail pour lequel la nature et la Providence l'ont destiné, selon la subordination, sans vouloir aspirer par ambition à confondre les rangs. De cette manière, on engage la noblesse au travail de l'esprit, et le peuple au travail du corps. Or, la force d'une république consiste sans doute dans un peuple dont les différents ordres sont instruits et laborieux.

La monarchie modérée par l'aristocratie est la plus ancienne et la plus naturelle forme de tous les gouvernements. Elle a son fondement et son modèle dans l'empire paternel, c'est-à-dire dans la nature même, puisque l'origine des sociétés civiles vient du pouvoir paternel. Or, dans une famille bien gouvernée, le père commun ne décide pas de tout despotiquement, selon sa fantaisie. Dans les délibérations publiques, il consulte ses enfants les plus âgés et les plus sages. Les jeunes personnes et les domestiques n'ont pas une autorité égale avec les pères de la famille commune.

C'est selon cette idée que Lycurgue ordonna que toute la nation des Lacédémoniens ne seroit qu'une famille; que les enfants appartiendroient à la république; que les pères les plus âgés seroient regardés comme autant de magistrats suprêmes; et que tous ces pères ensemble seroient soumis au roi, qu'on regardoit comme le père commun de la patrie. Mais le peuple n'avoit point de voix délibérative dans le gouvernement.

La monarchie aristocratique est le modèle du gouvernement des plus fameux états. Avant que le pouvoir populaire prévalût en Grèce, à Carthage et à Rome, tout étoit gouverné par des rois et un sénat fixe. D'abord le peuple n'avoit point voix délibérative. Les *éphores*, les *suffètes* et les *tribuns* n'étoient que les avocats du peuple. Tel étoit aussi le gouvernement de l'ancienne Égypte; le royaume étoit monarchique et héréditaire : un sénat, composé de trente juges tirés des principales villes, faisoit le conseil souverain du prince. Tel étoit aussi le gouvernement de l'empire des Perses; les satrapes ou les grands du royaume composoient le conseil souverain du monarque, et on les appeloit *les yeux et les oreilles du prince*. Tel est encore le gouvernement de la Chine; l'empereur, quoique absolu, fait serment qu'il n'établira jamais aucune loi sans le consentement de ses mandarins.

Telle étoit enfin la forme du gouvernement que

---

[1] *Télém.*, liv. x.

les nations du Nord (dont le climat froid et stérile, en diminuant l'imagination, augmente le jugement) avoient porté dans tous les pays du monde où elles s'étoient établies après la destruction de l'empire romain, dont toutes les nations avoient senti la tyrannie et les oppressions. Les Saxons avoient établi la monarchie aristocratique en Angleterre; les Francs dans les Gaules; les Visigoths en Espagne; les Ostrogoths, et après eux les Lombards, en Italie. L'ancien parlement de la Grande-Bretagne étoit purement aristocratique. Tel étoit aussi le champ-de-mars en France, les *cortès* en Espagne; le tiers-état et les membres électifs n'y ont eu part que tard, et d'abord leur pouvoir ne regardoit que la répartition des subsides.

Voilà ce qui fait croire aux royalistes modérés que la forme du gouvernement sujette à moins d'inconvénients est la monarchie modérée par l'aristocratie. Les trois grands droits de la monarchie, disent-ils, savoir, le *pouvoir militaire*, le *pouvoir législatif*, et le *pouvoir de lever des subsides*, doivent être tellement réglés, qu'on ne puisse pas en abuser facilement. Il faut que la puissance militaire réside uniquement dans le roi, parce que de l'unité d'une même volonté dépendent l'expédition, le secret, l'obéissance, l'ordre et l'union si nécessaires dans la milice. Il faut que le roi partage avec un sénat fixe la puissance législative, parce qu'il ne peut pas juger de tout par lui-même. Il faut enfin que le roi n'impose les subsides extraordinaires que par le consentement universel de tous les ordres du royaume, afin que le peuple ne soit point foulé. Cette sorte de gouvernement a tous les avantages qu'on trouve dans l'unité de la puissance suprême, pour exécuter promptement les bonnes lois; tous ceux qu'on trouve dans la multiplicité des conseillers pour faire les bonnes lois; et enfin tous ceux qu'on trouve dans le gouvernement populaire, par l'impuissance où est le roi d'accabler le peuple de subsides extraordinaires.

Mais, quels que soient les avantages de cette forme de gouvernement, elle a pourtant ses inconvénients comme les autres.

1° Le partage de la souveraineté entre le roi et les seigneurs cause infailliblement un combat de puissances contraires. Tôt ou tard le roi assujettit et abat le sénat, et devient absolu; ou les nobles deviennent autant de petits tyrans, qui anéantissent le pouvoir monarchique, comme autrefois à Athènes, à Rome, etc., et aujourd'hui à Venise et à Gênes.

2° D'un autre côté, dans les royaumes où le peuple n'a point de part au gouvernement, la hauteur des grands, leur avarice et leur ambition, leur font mépriser et fouler aux pieds ceux qui sont obligés de vivre par le travail. Les nobles oublient que la simple naissance ne donne rien au-dessus des autres hommes, que l'occasion de faire plus de bien qu'eux; leur orgueil les pousse souvent à se révolter contre les princes, et leur dureté pousse le peuple à se révolter contre eux.

Tout bien considéré, il paroît que la monarchie doit être préférée au gouvernement mixte. Les autres formes de gouvernement sont exposées aux mêmes inconvénients qu'elle; mais elle a des avantages que les autres n'ont pas. L'unité, l'expédition, et l'équilibre entre les nobles et le peuple, sont des avantages propres à la monarchie seule; mais la tyrannie, les passions, et l'abus de l'autorité suprême, sont des malheurs communs à tous les gouvernements. Tandis que l'humanité sera foible, imparfaite et corrompue, toutes sortes de gouvernements porteront toujours au-dedans d'eux-mêmes les semences d'une corruption inévitable, et de leur propre chute et ruine.

Je suis donc bien éloigné de croire qu'il y ait aucun établissement humain qui n'ait pas ses inconvénients, ou qu'il soit possible de remédier aux maux inévitables du grand corps politique, par aucune forme de gouvernement particulière. L'abus de l'autorité souveraine, en quelques mains qu'elle soit, entraînera tôt ou tard la ruine de toutes sortes de gouvernements dont la forme est même la meilleure. Les beaux plans servent à amuser les spéculatifs dans leurs cabinets; mais, dans la pratique, nous voyons que la plus petite bévue cause le renversement des plus grands empires. C'est ici où le grand corps politique ressemble au corps humain : une fièvre, un rhume, le moindre petit accident emporte le corps le plus robuste et le mieux fait, aussi bien que le plus foible et le plus difforme; c'est même une expérience connue dans la médecine, que les personnes vigoureuses sont plus sujettes aux maladies subites et violentes, que les personnes plus languissantes.

D'un côté, les meilleures formes de gouvernement peuvent dégénérer, par la corruption et les passions des hommes; d'un autre côté, les gouvernements qui paroissent les moins parfaits peuvent convenir à certaines nations. Il est peut-être impossible de décider quelle est la meilleure forme de gouvernement, ou s'il y en a une qui convienne généralement à tous les pays. Les différents génies des peuples, souvent opposés et contraires, semblent rendre la différence des formes opposées nécessaire et convenable. Il entre dans cette question une si grande multiplicité de rapports, qui varient si souvent, que l'esprit humain ne peut pas les embrasser tous, pour en porter un jugement ferme et décisif.

Les abus et les inconvénients auxquels toutes les différentes formes de gouvernement sont exposées doivent convaincre les hommes que le remède aux maux du grand corps politique ne se trouvera point en changeant et en bouleversant les formes déjà établies, pour en établir d'autres qui dans la théorie peuvent paroître plus parfaites, mais qui dans la pratique ont toujours des inconvénients inévitables. Les hommes ne trouveront jamais leur bonheur dans les établissements extérieurs, ni dans les beaux réglements que l'esprit humain peut inventer; mais dans ces principes de vertu qui nous font trouver au-dedans de nous des ressources contre tous les maux de la vie, et qui nous font supporter, pour l'amour de l'ordre et la paix de la société, tous les abus auxquels les meilleurs gouvernements sont exposés.

CHAPITRE XVI.

Du gouvernement purement populaire.

Les amateurs de l'indépendance, voyant que toutes les formes de gouvernement sont exposées à des inconvénients inévitables, prétendent que l'autorité souveraine ne doit jamais être confiée à aucun homme, ni à aucune société d'hommes, d'une manière permanente.

« Cette stabilité de puissance, disent-ils, fait
» que les souverains se l'attribuent comme un
» droit, et par-là deviennent tyrans. Le seul
» moyen de les retenir est de leur faire sentir
» que les souverains de tous les pays ne sont pas
» les exécuteurs des lois; que l'autorité suprême
» réside originairement dans le peuple; et qu'il
» est toujours en droit de juger, de déposer et de
» punir les magistrats suprêmes, quand ils violent ces lois. Le dessein de la première création
» et institution des souverains n'a été que pour
» conserver l'ordre et la paix de la société. Ils
» n'ont été choisis que par le consentement du
» plus grand nombre. Ceux qui donnent l'autorité peuvent toujours la reprendre. Le contrat
» originaire du peuple avec les princes a pour
» condition essentielle que les souverains seront
» les pères du peuple et les conservateurs des lois.
» Un seul homme ou un petit nombre d'hommes
» peuvent se tromper, et se laisser entraîner par
» leurs passions; mais la voix universelle de la
» multitude est la voix de la pure nature; c'est le
» sens commun et la droite raison, éloignés de
» subtilités artificieuses. Chaque particulier, pris
» séparément, a ses erreurs et ses passions; mais
» le tout, pris ensemble, fait un mélange de qua-
» lités contraires qui se corrigent et se modè-
» rent réciproquement, comme les ingrédients
» d'une certaine médecine dont chacun est un
» poison, mais la composition de tous fait un ex-
» cellent remède. »

N'est-ce pas méconnoître l'humanité, que de raisonner ainsi? Au lieu des idées claires, on nous repaît de fictions poétiques. Nous avons déjà démontré, 1° qu'il n'y a jamais eu un état de pure nature, où tous fussent indépendants, égaux et libres, pour faire ce contrat imaginaire [1]; 2° que l'autorité souveraine ne dérive pas du peuple [2]. 3° Supposé qu'elle en dérivât, cependant le peuple ayant une fois résigné son droit naturel, ne peut plus le reprendre [3].

Mais indépendamment de tout cela, il est faux, 1° que le plus grand nombre ait un droit inhérent et naturel de faire des lois, et de juger en dernier ressort.

Le droit naturel est fondé sur la loi naturelle.

La source de la loi naturelle est la souveraine raison et la parfaite justice. Or, la multitude ne possède point ces qualités, en tant qu'elle est le plus grand nombre. Il y a peu d'hommes qui consultent la raison avec attention, et qui la suivent malgré leurs intérêts et leurs passions. Le plus grand nombre a toujours été le plus ignorant et le plus corrompu. Si dans les assemblées civiles on se soumet à la décision de la pluralité, ce n'est pas parce qu'elle juge toujours selon la parfaite raison et justice, mais parce que sa décision est un moyen fixe et palpable pour terminer les disputes.

Si l'on dit que les pères de la patrie, les chefs des anciennes familles, les membres héréditaires ou électifs d'un sénat sont les législateurs naturels dans tous les lieux et dans tous les temps, on contredit ses propres principes; on établit une inégalité naturelle parmi les hommes; on donne un droit inhérent à un petit nombre, à l'exclusion de la multitude; car les nobles et les gens choisis pour être les représentants de l'état, n'en sont que la moindre partie. Les patriciens de tous les pays sont souvent des gens peu instruits, foibles, sujets aux mêmes passions que les autres hom-

---

[1] Chap. IV, ci-dessus, pag. 541 ; et chap. VII, pag. 355.
[2] Chap. VI, pag. 551.
[3] Chap. X, pag. 569.

mes. Les membres électifs sont souvent choisis par brigues, et corrompus par promesses. Ainsi la raison n'est pas plus probablement de leur côté, que du côté de ceux qui ne sont pas choisis; ils n'ont par conséquent aucun droit naturel et inhérent de décider souverainement; ils n'ont qu'un droit civil, fondé sur la nécessité qu'il y ait quelque juge suprême qui finisse les dissensions, et qui conserve par-là l'ordre et la paix de la société.

C'est là le fondement de tout droit civil [1], de toute autorité et de toute propriété légitime. Ce n'est ni la raison absolue, ni la parfaite justice, ni le mérite personnel, mais la paix générale de la société, qui est la règle des lois civiles.

2° Il est faux qu'on suive jamais, dans les délibérations publiques et populaires, le sentiment naturel du plus grand nombre : deux ou trois hommes gouvernent la multitude ; les factions et les cabales prédominent ; les promesses, les menaces, ou la fausse éloquence de quelques chefs hardis, remuent tout le peuple. Qu'on lise l'histoire de la république romaine, où le gouvernement populaire a prévalu, on verra que ce n'est jamais le peuple qui parle ; c'est presque toujours quelque tribun ambitieux qui fait parler la multitude, et qui abuse de la crédulité. Les partisans de l'autorité populaire ne le sont que parce qu'ils espèrent gouverner le peuple à leur gré. On s'éblouit par les belles idées, parce qu'on n'envisage qu'un côté de la vérité, sans en regarder toutes les faces.

Il est vrai que le *bien public* doit être la règle immuable de toutes les lois; que les souverains doivent être les conservateurs de ces lois et les pères du peuple. Lorsqu'ils agissent autrement, ils renversent le dessein de leur institution, ils violent tous les droits de l'humanité, ils deviennent tyrans; mais ils ne peuvent être punis que par Dieu seul. Ce n'est pas qu'ils ne soient coupables, et qu'ils ne méritent une punition plus sévère que les autres hommes; mais c'est que l'ordre et la paix de la société demandent, non-seulement qu'il y ait de bonnes lois, mais qu'il y ait une puissance suprême, fixe et visible, qui fasse ces lois, qui les interprète, qui les exécute, qui juge en dernier ressort, et contre laquelle il n'est point permis de se révolter, sans perdre tout point fixe dans la politique, et sans exposer tous les gouvernements aux révolutions perpétuelles, et aux caprices bizarres de la multitude aveugle et inconstante.

Tel est le triste état de l'humanité : il faut qu'il y ait une autorité suprême qui fasse, qui interprète, qui exécute les lois. Les législateurs, les interprètes et les exécuteurs de ces lois sont des hommes foibles, imparfaits, et sujets à mille passions. Ils manqueront comme ceux qui obéissent ; ils se tromperont, ils seront injustes ; mais il n'y a point de remède. Il faut obéir et souffrir, puisque entre deux maux inévitables on doit en choisir le moindre. Or, vaut-il mieux se soumettre à une force fixe et permanente, ou s'abandonner aux révolutions perpétuelles de l'anarchie? Faut-il se ranger sous un gouvernement réglé, où l'on peut trouver quelquefois de bons maîtres, et où les méchants princes ont toujours un intérêt puissant de ménager leurs sujets? ou faut-il se livrer aux fureurs de la multitude, pour devenir à tout moment le jouet du caprice, de l'inconstance et de l'aveugle passion de tous ceux qui n'ont aucun principe d'union, que l'amour de l'indépendance, et qui peuvent se diviser et se subdiviser à l'infini, comme les vagues de la mer, qui se brisent successivement? Il n'y a certainement aucun choix à faire entre ces deux extrémités.

CHAPITRE XVII.

Du gouvernement où les lois seules président.

Plusieurs philosophes croient que le seul moyen d'éviter les abus de l'autorité suprême est que chaque peuple ait des lois écrites, toujours constantes et sacrées ; et que ceux qui gouvernent n'aient d'autorité que par elles, et autant qu'ils les exécutent. Voilà, disent ces philosophes, ce que les hommes établiroient unanimement pour leur félicité, s'ils n'étoient pas aveugles et ennemis d'eux-mêmes.

Oui sans doute ; mais voilà ce que les hommes n'établiront jamais, parce qu'ils sont et seront toujours aveugles et ennemis d'eux-mêmes. Pour faire réussir ce plan, il faudroit changer la nature des hommes, et les rendre tous philosophes.

Dans l'état présent de l'humanité, toutes les lois écrites deviendroient inutiles, s'il n'y avoit pas quelque puissance supérieure et vivante pour les interpréter et les faire exécuter : en voici les raisons.

1° Toute loi écrite est sujette aux équivoques. Les lois les plus simples et les plus courtes, qui paroissent claires dans la théorie générale, deviennent obscures dans l'explication particulière. Les premiers législateurs croyoient satisfaire à tous les besoins de la société, par leurs lois primitives ; mais, dans la suite, il a fallu accommoder les lois

---

[1] Chap. IX, pag. 361.

générales à une infinité de circonstances particulières qu'on ne prévoyoit pas d'abord. De là est venue la multiplicité des lois, et tous les raffinements du droit civil : vice essentiel dans un état, mais inévitable pour prévenir l'artifice des fourbes.

L'esprit humain est fertile en détours, en subtilités, en subterfuges ; il répand l'obscurité sur les vérités les plus claires, quand elles combattent ses passions, ses préjugés et ses intérêts ; il s'enveloppe de nuages, pour se dérober à la lumière qui l'importune. Que faire dans cet état ? qui est-ce qui sera l'interprète des lois ainsi obscurcies et altérées ? S'il n'y a point un juge suprême qui parle, chacun viendra, le livre des lois à la main, disputer de son sens ; chacun voudra décider, et s'ériger en législateur. Les plus sensés et les plus raisonnables sont le plus petit nombre. On n'écoutera plus les lois ; la force seule décidera de tout. L'on tombera dans l'anarchie la plus affreuse, où chacun appellera raison son opinion.

2° Les lois civiles ne sont pas d'une nature immuable et universelle. Ce qui paroît juste et convenable dans un temps ne l'est plus dans un autre. Il n'y a aucune règle faite par l'homme qui n'ait ses exceptions, parce que l'esprit humain ne peut pas prévoir toutes les circonstances qui rendent les meilleures lois plus ou moins utiles, selon les différents temps et lieux. C'est pour cela que le changement des lois anciennes, quand il se fait par la puissance souveraine d'un état, et non selon le caprice du peuple, est quelquefois nécessaire et avantageux.

Il faut donc qu'il y ait une autorité suprême qui juge quand il faut changer les lois, les étendre, les borner, les modifier, et les accommoder à toutes les situations différentes où les hommes se trouvent. Car, si le peuple en est le juge, le plus grand nombre l'emportera, la force seule dominera ; nous voilà replongés dans l'anarchie.

5° La vue claire de la vérité, la connoissance des meilleures lois n'est pas suffisante pour les faire exécuter. Le pur amour de la vertu, le plaisir délicat qu'elle donne est un ressort trop intellectuel pour la plupart des hommes ; il faut les remuer par des motifs plus grossiers, par des punitions et des récompenses, par des menaces et des promesses. Il faut donc, outre la lettre morte de la loi, une autorité fixe et vivante, qui fasse faire aux hommes par *force* ce qu'ils ne feroient pas par *raison*.

CONCLUSIONS.

On peut réduire ce que nous avons avancé dans cet *Essai* à ces principes simples, que nous offrons à l'examen sérieux de nos antagonistes équitables :

1° Le gouvernement civil n'est pas un contrat libre. Les passions des hommes le rendent absolument nécessaire, et l'ordre de la génération nous y soumet tous antécédemment à tout contrat.

2° Dans tout gouvernement il faut qu'il y ait une puissance souveraine qui fasse des lois, et qui en punisse le violement par la mort. Cette puissance suprême dérive immédiatement de Dieu, qui a seul le droit, comme *souverain être* et comme *suprême raison*, de régler sa créature, et d'en punir le déréglement. L'élection, la succession, la conquête juste, et tous les autres moyens de parvenir à la *souveraineté*, ne sont que les canaux par où elle coule, et nullement la source d'où elle découle. Il ne sont que des lois civiles, pour régler la distribution d'un droit qui appartient originairement au *souverain être*.

5° Les formes de gouvernement sont arbitraires ; mais quand l'autorité suprême est une fois fixée dans un seul ou dans plusieurs, d'une manière *monarchique, aristocratique, populaire* ou *mixte*, il n'est plus permis de se révolter contre ses décisions. Puisqu'on ne peut pas multiplier les puissances à l'infini, il faut nécessairement s'arrêter à quelque autorité supérieure à toutes les autres, qui juge en dernier ressort, et qui ne peut pas être jugée elle-même.

4° De là il suit que la *puissance souveraine* n'est point vague et indéterminée, mais une autorité fixe, vivante et visible, qu'on peut reconnoître dans tous les temps et lieux, et à qui tous peuvent avoir recours, comme à la source de l'unité politique et de l'ordre civil. Croire par conséquent qu'elle réside originairement dans le peuple, et qu'elle appartient toujours au plus grand nombre, est un principe qui tend à l'anéantissement de toute société. Deux ou trois chefs hardis peuvent en tout temps assembler le peuple dans un assez grand nombre pour s'appeler la majeure partie de l'état, pour tout entreprendre et pour tout exécuter par la pluralité et la force, sans ordre, sans règle et sans justice.

5° Le *bien public* doit être la loi immuable et universelle de tous les souverains, et la règle de toutes les lois qu'ils font. Quand ils violent cette grande loi, ils renversent le dessein de leur institution, et agissent contre toutes sortes de droits ; mais ils ne sont comptables qu'à Dieu seul de l'abus de leur autorité. S'il étoit permis à chaque particulier, ou au peuple en général, de décider quand les souverains ont passé les bornes de leur pouvoir, de les juger et de les déposer, il n'y auroit plus de gouvernement fixe sur la terre. Les esprits ambitieux, rebelles et artificieux trouveroient toujours les plus spécieux prétextes pour séduire le peuple, et le révolter contre ses souverains.

6° Tandis que l'homme sera gouverné par l'homme, toutes les formes de gouvernement seront imparfaites, et exposées aux mêmes abus de l'autorité souveraine : mais la monarchie paroît la meilleure de toutes ces formes; car, quoiqu'elle ait les mêmes inconvénients que les autres, elle a pourtant des avantages que les autres n'ont pas.

CHAPITRE XVIII.

Des idées que l'Écriture sainte nous donne de la politique.

Comme l'on parle toujours, dans cet *Essai*, en philosophe qui ne suppose aucune religion révélée, on a cru devoir montrer la conformité de nos principes avec les lumières des saintes Écritures, pour satisfaire à la piété de ceux qui sont capables de consulter ces oracles sacrés avec vénération et docilité.

Ces livres divins nous représentent le genre humain comme une grande famille, dont Dieu est le père commun. Tous les hommes sont créés à son image et ressemblance; tous sont capables de la même perfection; tous sont destinés pour le même bonheur. Nous sommes donc tous liés les uns avec les autres par notre rapport au père commun des esprits, et obligés de nous aimer, de nous secourir, de chercher mutuellement notre bien commun, comme frères, comme enfants, comme images d'un même père. *Aimer Dieu pour lui-même, et les hommes pour Dieu*, est l'essentiel de la loi de Moïse, et de celle de notre grand législateur Jésus-Christ.

Nous sommes frères, non-seulement parce que nos esprits sortent tous d'une même origine, mais encore parce que nos corps sont descendus de la même tige. Dieu a fait sortir tous les hommes qui doivent couvrir la face de la terre, d'un seul. C'est là l'image de la paternité de Dieu. Ce qui se fait dans l'ordre des intelligences est vivement représenté par ce qui se fait dans l'ordre des corps. Tous viennent d'une même origine; tous sont membres d'une même famille; tous sont enfants d'un même père. Il n'est pas permis à l'homme de se regarder comme indépendant et détaché des autres. Il ne peut pas se faire la fin et le centre de son amour, sans renverser la loi de sa création, de sa filiation, de sa fraternité. Il doit se rapporter tout entier à la grande famille, et non pas rapporter la famille entière à lui-même.

Si les hommes avoient suivi cette grande loi de la charité, on n'auroit pas eu besoin de lois positives ni de magistrats. Tous les biens de la terre auroient été communs. Dieu dit à tous les hommes : *Croissez, multipliez, et remplissez la terre*[1]. Il leur donne à tous indistinctement toutes les herbes et tous les bois qui y croissent.

Selon ce droit primitif de la nature, nul n'a droit particulier sur quoi que ce soit qu'autant qu'il est nécessaire pour sa subsistance. Mais le premier homme, s'étant séparé de Dieu, sema la division dans la famille. Il quitta la loi de la raison, s'abandonna à ses passions; et son amour-propre le rendit insociable. Il n'est plus occupé de lui-même, et ne songe aux autres que pour son intérêt propre. Le langage de Caïn se répand partout. *Est-ce à moi de garder mon frère*[2] *?* La philanthropie se perd; tout est en proie au plus fort.

Il semble que Dieu ait affecté de conserver parmi les hommes l'unité de leur origine, pour les engager à l'amour fraternel; car s'étant réduits par leurs passions à cet état dénaturé, où chacun veut être indépendant, Dieu détruisit tous les hommes, excepté Noé et sa famille, afin qu'une seconde fois ils pussent se regarder comme les enfants d'un même père. La famille de Noé, divisée en trois branches, s'est encore subdivisée en des nations innombrables. *De celles-là*, dit Moïse[3], *sont sorties les nations, chacune selon sa contrée et sa langue.* C'est ainsi, selon le témoignage de l'histoire sacrée, que les sociétés civiles se sont formées d'abord par la multiplication d'un tronc en plusieurs branches, et non pas par la réunion de plusieurs membres indépendants et libres.

La première idée du commandement vient sans doute de l'autorité paternelle. Je ne dis pas qu'elle en soit la *source*, mais seulement le premier canal par où il a *découlé*. Les premiers hommes vivoient à la campagne dans la simplicité, ayant pour loi la volonté de leurs parents. Telle fut encore après le déluge la conduite de plusieurs familles, surtout parmi les enfants de Sem, où se conservèrent plus long-temps les anciennes traditions sur la religion, et sur la manière du gouvernement. Ainsi Abraham, Isaac et Jacob persistèrent dans l'observance d'une vie simple et pastorale; ils étoient avec leurs familles, libres et indépendants. Ils trai-

---

[1] Gen., 1, 28. [2] Ibid., IV, 9. [3] Ibid., X, 5, 20, 31.

toient d'égal avec les rois. Ils faisoient la guerre de leur chef, et exerçoient toutes les autres parties de la souveraineté. Ce n'est pas que je veuille nier qu'il n'y ait eu de très bonne heure d'autres sortes de gouvernements que l'empire paternel. Plusieurs ont pu violer les lois de la fraternité, et, s'unissant ensemble, bâtir des villes, faire des conquêtes, et établir des formes de gouvernement différentes.

Mais, quelle que fût la manière dont elles s'établirent, l'Écriture sainte nous élève sans cesse à la divinité même, pour y chercher la véritable source de la souveraineté. Ces oracles sacrés nous enseignent que la puissance suprême n'émane que de Dieu seul. Toutes les voies par lesquelles les hommes y parviennent, soit par le droit paternel, le droit héréditaire, le droit d'élection ou le droit de conquête, ne sont que les causes occasionelles, comme parle la philosophie moderne. C'est Dieu seul qui dépose l'un, et élève l'autre; c'est lui qui, par sa providence souveraine et universelle, influe sur tous les conseils des hommes, fait avorter ou réussir leurs entreprises selon ses desseins éternels, sages et équitables.

C'est pour cela que ces livres divins nous représentent toujours le monde entier comme un royaume gouverné par Dieu seul, qui donne aux nations des maîtres bons ou mauvais, pour être les ministres de sa justice ou de sa miséricorde. *Dieu donne*, dit l'Ecclésiastique [1], *à chaque peuple son gouverneur; et Israël lui est manifestement réservé*.

Les rois sont appelés partout les oints du Seigneur, non-seulement les rois des Israélites, qu'il faisoit oindre comme ses pontifes, mais des païens mêmes. *Voici ce que dit le Seigneur à Cyrus, mon oint, que j'ai pris par la main pour lui assujettir tous les peuples* [2]. *Écoutez, ô rois!* dit l'auteur du livre de la Sagesse [3]; *comprenez, apprenez, juges de la terre; prêtez l'oreille, ô vous qui tenez le peuple sous votre empire! c'est Dieu qui vous a donné la puissance; votre autorité vient du Très-Haut, qui interrogera vos œuvres, et pénétrera le fond de vos pensées, parce qu'étant les ministres de son royaume, vous n'avez pas bien jugé.*

Saint Paul nous enseigne la même doctrine. *Que toute ame*, dit-il [4], *soit soumise aux puissances supérieures; car il n'y a point de puissance qui ne soit de Dieu; et toutes celles qui sont, c'est Dieu qui les a établies : ainsi celui qui résiste à la puissance résiste à l'ordre de Dieu. Le prince est le ministre de Dieu et son lieutenant sur la terre, à qui est donné le glaive*.

Les partisans d'un roi de providence croient que ce texte de saint Paul favorise leur sentiment : *Toutes les puissances qui sont, c'est Dieu qui les a établies*; donc, disent-ils, un roi de fait est roi de droit. Mais y a-t-il rien de plus outré que de faire faire à l'Apôtre une redite absolument superflue, pour enseigner aux hommes que Dieu approuve les injustices les plus énormes? L'Apôtre a déja dit qu'il n'y a point de puissance qui ne soit de Dieu. Le reste est une répétition inutile, si les paroles qui suivent n'ont point d'autre signification. Nous avons déja démontré que le droit de propriété et le droit de souveraineté sont fondés sur les mêmes principes : si la possession injuste donne le droit à l'un, elle le donne à l'autre. Voilà le chemin ouvert à toute sorte de vols et de violences. Peut-on soutenir une semblable explication ? Le vrai sens de ces paroles ne peut être que celui-ci : Obéissez aux puissances supérieures, parce que leur autorité vient de Dieu. Obéissez aussi aux empereurs romains qui gouvernent actuellement, car leur autorité est légitime.

Afin que les amateurs de l'indépendance ne disent pas que c'est la seule crainte qui est le fondement de la soumission aux puissances civiles, l'Apôtre ajoute [1] : *Il est donc nécessaire que vous soyez soumis au prince, non-seulement par la crainte de sa colère, mais encore par l'obligation de votre conscience*. Et dans un autre endroit [2] : *Il faut servir non à l'œil, pour plaire aux hommes, mais avec bonne volonté, avec crainte, avec respect, et d'un cœur sincère, comme à Jésus-Christ*. Un autre apôtre confirme la même doctrine [3] : *Soyez donc soumis, pour l'amour de Dieu, à l'ordre qui est établi parmi les hommes; soyez soumis au roi, comme à celui qui a la puissance suprême, et à ceux à qui il donne son autorité*.

Les mêmes oracles sacrés nous apprennent que les souverains ne sont responsables qu'à Dieu seul de l'abus de leur autorité.

Quand le peuple d'Israël demande un roi comme les autres nations, Samuel leur déclare quelle sera l'étendue de sa puissance, sans pouvoir être restreinte par aucun autre pouvoir supérieur sur terre. *Voici le droit du roi qui régnera sur vous*, dit le Seigneur. *Il prendra vos enfants, et les mettra à son service; il se saisira de vos terres, et de ce que vous aurez de meilleur, pour le donner à ses serviteurs*, etc. [4] Est-ce que les rois auront droit de

---

[1] *Eccli.*, XVII, 14, 15.   [2] *Is.*, XLV, 1.
[3] *Sap.*, VI, 2 et seq.   [4] *Rom.*, XIII, 1, 2, 4.

[1] *Rom.*, XVI, 5.   [2] *Ephes.*, VI, 6.
[3] *I Petr.*, II, 15.   [4] *I Reg.*, VIII, 1.

faire tout cela licitement? A Dieu ne plaise! Dieu ne donne jamais le pouvoir de faire le mal, et de violer la loi naturelle. Mais tels sont les inconvénients de la royauté; il faut que le peuple les subisse. Dieu annonce ici ce que les rois feront, sans pouvoir être punis par la justice humaine. Saül avoit violé ce que les républicains appellent *contrat originaire* entre le peuple et le prince. Il cherchoit sans raison à détruire un innocent à qui Dieu avoit donné même la royauté. Voyez cependant le respect sacré que David témoigne pour la personne de Saül, quand ses gens le pressent de s'en défaire. *Dieu soit à mon secours*, dit-il [1], *qu'il ne m'arrive pas de mettre ma main sur mon maître, l'oint du Seigneur!* Son cœur fut même saisi, parce qu'il avoit coupé le bord du manteau de Saül.

Obéissez à vos maîtres, dit l'Apôtre [2], *non-seulement à ceux qui sont bons et modérés, mais encore à ceux qui sont fâcheux et injustes.* Il est vrai que les rois ne sont que des hommes foibles, et quelquefois méprisables par leurs qualités personnelles; mais leur caractère est auguste, sacré et inviolable. Ce ne sont que des statues, des images, des hiéroglyphes; mais des hiéroglyphes de la majesté souveraine, qui sont respectables à cause de celui qu'ils représentent. C'est lui qui donne à chaque statue sa place, et qui les arrange les unes au-dessus des autres, selon différents degrés. Il se réserve à lui seul le droit de briser, dans sa fureur, la statue suprême, quand elle ne répond point à ses desseins adorables. Telle est la doctrine de l'Écriture sainte sur la royauté. Voyons-en la pratique.

« Parmi le peuple hébreu, qui a eu tant de rois
» qui ont foulé aux pieds les lois humaines et di-
» vines, il ne s'est jamais trouvé de magistrat in-
» férieur qui se soit attribué le droit de résister et
» de prendre les armes contre leur roi, à moins
» que quelques uns d'eux n'en eussent reçu un
» ordre exprès de Dieu, qui a un droit souverain
» sur les têtes couronnées [3]. »

C'est cette inspiration extraordinaire qui justifie la conduite des Machabées; car autrement c'auroit été une révolte formelle. Mais on ne doit pas imiter un tel exemple, à moins qu'on ne dise que le vol est permis, parce que Dieu défendit aux Israélites de rendre ce qu'ils avoient emprunté des Égyptiens.

De plus, l'accomplissement de l'ancienne alliance étoit attaché à la terre de Chanaan, au sang d'Abraham, et à ses enfants selon la chair. Consentir à la perte totale de la race d'Aaron étoit renoncer à l'accomplissement des promesses, à l'alliance et au sacerdoce [1]. Le parti que prirent les Machabées étoit donc une nécessité absolue, et une suite indispensable des promesses; et néanmoins ils ne sont venus à ce fatal remède qu'une seule fois, et après une déclaration manifeste de la volonté de Dieu.

David se défend de l'oppression; mais c'est en fuyant, sans mettre le trouble dans la patrie, et sans violer le respect dû à la personne de son roi, quand il l'a entre ses mains.

Roboam traita durement le peuple; mais la révolte de Jéroboam et des dix tribus, quoique permise pour la punition des péchés de Salomon, est détestée dans toute l'Écriture, qui déclare que les tribus, *en se révoltant contre la maison de David, s'étoient révoltées contre Dieu, qui régnoit en elle* [2].

Tous les prophètes qui ont vécu sous les méchants rois, Élie et Élisée sous Achab et sous Jézabel, Isaïe sous Achaz et sous Manassès, Jérémie sous Joachim, sous Jéchonias et sous Sédécias, n'ont jamais manqué à l'obéissance, ni inspiré la révolte, mais toujours la soumission et le respect. Selon le terme précis de la loi, les idolâtres, ou ceux qui forçoient le peuple à l'idolâtrie, devoient être punis de mort : cependant, comme remarque fort bien un savant prélat [3] : « Ni les grands, ni les pe-
» tits, ni tout le peuple, ni les prophètes, qui par-
» loient si puissamment aux rois les plus redou-
» tables, ne leur reprochoient jamais la peine de
» mort qu'ils avoient encourue selon la loi. Pour-
» quoi, si ce n'est qu'on entendoit qu'il y avoit
» dans toutes les lois, selon ce qu'elles avoient de
» pénal, une tacite exception en faveur des rois,
» qu'on croyoit n'être responsables qu'à Dieu seul
» de l'abus de leur autorité? »

Nabuchodonosor étoit impie jusqu'à vouloir s'égaler à Dieu, et jusqu'à faire mourir ceux qui lui refusoient un culte sacrilége; néanmoins Daniel lui parla ainsi : *Vous êtes le roi des rois, et le Dieu du ciel vous a donné le royaume, et la puissance, et l'empire, et la gloire* [4].

Cette doctrine s'est perpétuée dans la religion chrétienne. C'étoit sous Tibère, non-seulement infidèle, mais encore méchant, que notre Seigneur dit aux Juifs : *Rendez à César ce qui est à César.*

---

[1] *Reg.*, XXIII, 10. — [2] *I Petr.*, II, 18.
[3] Grot., *de Jure Bell. et Pac.*, lib. I, cap. IV, n. 6.

[1] Bossuet, v^e *Avert. contre Jurieu*, n. XXV, Œuvr., tom. XXI, pag. 584 et suiv.
[2] *II Paral.*, XIII, 5, 6.
[3] Bossuet, v. *Avert. contre Jurieu*, n. XLIX, pag. 453.
[4] *Dan.*, II, 37.

Saint Paul fait prier pour les empereurs, quoique l'empereur qui régnoit alors fût Néron, un vrai monstre de l'humanité, le plus impie de tous les hommes.

Les premiers chrétiens suivoient cette doctrine apostolique. Tertullien dit [1] : « Nous regardons » dans les empereurs le choix et le jugement de » Dieu, qui leur a donné le commandement sur » tout le peuple. Nous respectons ce que Dieu y a » mis. Que dirai-je davantage de notre piété pour » l'empereur, que nous devons respecter comme » celui que notre Dieu a choisi ? » Il appelle le respect dû aux rois, *la religion de la seconde majesté* [2], insinuant que l'autorité royale est un écoulement de l'autorité divine. Dans la même apologie, il dit [3] : « Outre les ordres publics, par lesquels » nous sommes poursuivis, combien de fois le peu» ple nous attaque-t-il à coups de pierres, et met» il le feu dans nos maisons, dans la fureur des » Bacchanales ? Et cependant quelle vengeance re» cevez-vous de gens si cruellement traités ? Ne » pourrions-nous pas, avec un peu de flambeaux, » mettre le feu dans la ville, si parmi nous il étoit » permis de faire le mal pour le mal ? Quand nous » voudrions agir en ennemis déclarés, manque» rions-nous de troupes et d'armées ? Les Marco» mans et les Parthes même se trouveront-ils en » plus grand nombre que nous, qui remplissons » toute la terre ? Il n'y a que peu de temps que » nous paroissons dans le monde, et déjà nous » remplissons vos villes, vos îles, vos châteaux, » vos camps, vos assemblées, les tribus, les décu» ries, le palais, le sénat, le barreau, la place pu» blique ; nous ne vous laissons que les temples seuls. » A quelle guerre ne serions-nous pas préparés, » quand nous serions d'un nombre inégal au vôtre, » nous qui endurons si résolument la mort, si ce » n'étoit que notre doctrine nous prescrit plutôt » de souffrir la mort que de la donner ? »

Saint Augustin confirme la même doctrine par l'exemple des anciens chrétiens : « Alors la cité » de Dieu, dit-il [4], quoiqu'elle fût répandue par » toute la terre, et qu'elle eût un si grand nom» bre de peuples à opposer à ses persécuteurs in» exorables, n'a jamais pourtant combattu pour le » salut temporel ; ou plutôt elle n'a jamais résisté, » afin d'acquérir le salut éternel. On les lioit, on » les enfermoit, on les mettoit à la torture, on les » brûloit, on les déchiroit, on les égorgeoit, et tout » cela ensemble ne servoit qu'à en augmenter le » nombre. Ils ne se mettoient point en devoir de » combatre pour défendre leur vie ; mais ils la » méprisoient pour se sauver. »

Mais l'exemple le plus célèbre de la patience et de la *non-résistance* des premiers chrétiens est celui de la légion thébaine. Elle étoit de six mille six cent soixante-six soldats, tous chrétiens. Comme l'empereur Maximien ordonna à l'armée, près de Martigny en Savoie, de sacrifier aux faux dieux, les soldats chrétiens prirent d'abord le chemin d'Agaune, en Suisse. L'empereur y envoya un ordre exprès pour les faire venir sacrifier. Ils refusèrent d'obéir : il les fit décimer, et passer la dixième partie par les armes ; ce que les gardes exécutèrent, sans qu'aucun des chrétiens résistât.

Rien n'est plus beau ni plus grand que ce que dit à ses soldats Maurice, premier tribun de cette légion : « Que j'ai eu peur, chers compagnons, que » quelqu'un de vous, sous prétexte de se défendre, » ne se mît en état de repousser par la violence une » mort si heureuse ! J'étois déjà sur le point de » faire, pour vous en empêcher, ce que fit Jésus» Christ notre maître, lorsqu'il commanda de sa » propre bouche à saint Pierre de remettre dans » le fourreau l'épée qu'il avoit à la main ; nous ap» prenant que la vertu d'abandon et de la con» fiance chrétienne est bien plus puissante que » toutes les armes, et que personne ne doit s'op» poser avec des mains mortelles à une entreprise » mortelle [1]. »

Exupère, enseigne de la légion, tint à peu près le même discours aux soldats : « Vous me voyez, » braves compagnons, porter l'étendard des troupes » de la terre ; mais ce n'est pas à ces sortes d'ar» mes que je veux avoir recours ; ce n'est pas à cette » sorte de guerre que je veux animer votre cou» rage et votre vertu : vous devez choisir un autre » genre de combat ; car vous ne pouvez pas aller » par ces épées au royaume du ciel. »

Tels sont les sentiments de tous les grands hommes de l'ancienne et de la nouvelle loi ; telle a été la doctrine des prophètes et des apôtres ; telle fut enfin la conduite de tous les héros du christianisme dans les premiers siècles. Durant sept cents ans après Jésus-Christ, on ne voit pas un seul exemple de révolte contre les empereurs, sous prétexte de religion.

Il y a donc une conformité parfaite entre les lumières des saintes Écritures et les idées que nous avons données de la politique.

---

[1] Tert., *Apol.*, cap. xxxiii, pag. 28.
[2] *Ibid.*, cap. xxxv, pag. 29.
[3] *Ibid.*, cap. xxxvii, pag. 30.
[4] *De Civit. Dei*, lib. xxii, cap. vi, n. 1, tom. vii, pag. 661.

[1] Saint Eucher, évêque de Lyon.

DIVERS MÉMOIRES

CONCERNANT

LA GUERRE DE LA SUCCESSION D'ESPAGNE.

I.

MÉMOIRE

SUR LES MOYENS DE PRÉVENIR LA GUERRE DE LA SUCCESSION D'ESPAGNE.

28 août 1701.

La plupart des gens qui raisonnent sont persuadés que les affaires présentes de l'Europe ne peuvent finir que par l'un de ces deux événements : le premier, que la France fasse vigoureusement la guerre, et garde les Pays-Bas pour son dédommagement ; le second, que la France se lasse, et qu'elle fasse céder par l'Espagne les Pays-Bas à l'archiduc. J'avoue que je ne voudrois ni l'un ni l'autre. Le premier seroit contre la bonne foi qu'on doit à l'Espagne ; le second marqueroit de la foiblesse, et feroit grand tort au roi, qui s'est chargé, à la face de toute l'Europe, d'empêcher le démembrement de la monarchie espagnole. On peut éviter ces deux inconvénients ; mais il n'y a pas un moment à perdre pour prendre un bon parti.

La France a plusieurs désavantages qu'elle doit avoir sans cesse devant les yeux.

Le premier est qu'on croit qu'elle ne veut plus de guerre, et qu'elle se lassera aisément. Ainsi les ennemis disent entre eux : Tentons l'événement ; si nous réussissons un peu, la France relâchera beaucoup pour faire la paix ; si nous ne pouvons réussir, nous en serons quittes pour la laisser en repos. Ainsi ils croient avoir beaucoup à espérer, et presque rien à craindre : c'est leur donner trop d'avantage.

Un second inconvénient, c'est que vous avez la guerre à faire loin de chez vous, avec des frais immenses. Tout votre argent s'en va en Italie et dans les Pays-Bas espagnols. Les Pays-Bas françois commencent même à languir, faute de troupes qui consument leurs blés et qui y portent de l'argent.

Un troisième inconvénient est que les peuples des Pays-Bas espagnols et du Milanez, accoutumés à une monarchie foible et sans autorité, ne peuvent souffrir l'empire avec lequel les François veulent être obéis. S'il arrivoit le moindre mauvais succès à nos armées, les villes leur fermeroient les portes, et les peuples se déclareroient pour nos ennemis.

Un quatrième inconvénient, c'est que vous avez à défendre un corps mort qui ne se défend point. Quand vous défendez un corps vivant, il vous défend aussi, et vous êtes plus fort avec lui que vous ne seriez tout seul. Mais l'Espagne vous laisse faire, et ne fait presque rien ; vous n'en avez que le poids, comme d'un corps mort : elle vous accable, et vous épuisera.

Un cinquième inconvénient, c'est que cette nation n'est pas moins jalouse et ombrageuse, qu'imbécile et abâtardie. La France ne peut point traiter toute la nation espagnole comme le roi traite le roi d'Espagne, son petit-fils. Les Espagnols n'ont pas, tous de concert, compté de se mettre en tutelle ; ils ont voulu obtenir du secours, et non pas se mettre en servitude. L'autorité absolue sur les Espagnols est insoutenable à la longue. Laissez-les faire, ils ne feront rien de bon, et vous feront succomber avec eux. Le milieu entre ces deux extrémités n'est pas facile à trouver. Voici les vues qui me passent par l'esprit :

1° Je ne serois point d'avis de menacer les Hollandois qu'on gardera les Pays-Bas ; ils ne le croient déjà que trop. Si vous voulez le faire, il faut bien se garder de le dire. Si vous ne le voulez pas, il ne faut jamais donner cette alarme : tout le monde croira que vous ne cherchez qu'un prétexte pour le faire. Cette menace retiendra moins les Hollandois, qu'elle n'excitera contre vous les puissances neutres. Il n'y a aucun prince neutre, en Allemagne, qui n'ait un véritable intérêt de vous empêcher de demeurer souverain de tous les Pays-Bas espagnols. La Hollande n'a point de ressource solide contre vous, si la barrière est enlevée; et la chute de la Hollande mettroit toute l'Europe aux fers, car l'Europe ne peut se soutenir contre vous dans aucune guerre sans l'argent de Hollande. D'ailleurs toute l'Allemagne roule sur le commerce des Hollandois. La Hollande est donc le centre et la ressource de la liberté de toute l'Europe. Le cœur est attaqué, si la barrière est perdue. L'Italie même doit compter que la chute de la Hollande seroit la sienne par contre-coup, surtout la puissance espagnole étant actuellement dans vos mains, et vous ouvrant ses états dans toutes les parties du monde. Je ne voudrois donc laisser jamais entrevoir que les Pays-Bas espagnols pussent demeurer à la France, ni par échange, ni par dédommagement. Il faut au contraire montrer sans cesse que le roi met toute sa gloire à conserver sans démembrement, sur la tête de son petit-fils, une monarchie qui s'est livrée à lui, et qu'il n'en retiendra jamais, pour quelque cause que ce soit, un pouce de terre. Si on avoit dû prendre ce parti extrême d'un échange, il auroit fallu le prendre tout-à-coup après les propositions démesurées des Hollandois et l'entrée des Impériaux en Italie, sans leur donner le temps de se reconnoître. Alors il auroit fallu laisser les Espagnols chez eux, et défendre les Pays-Bas aux dépens des Pays-Bas mêmes, en les gouvernant comme on gouverne les provinces de France. Mais ce parti seroit contraire à la gloire du roi, et à la réputation de bonne foi qu'il est si important de rétablir.

2º Je ne voudrois point donner aux Espagnols des amiraux, des ministres, des financiers, ni les gouverner comme des enfants : leur jalousie naturelle n'est point éteinte, et on hasarde terriblement la vie du jeune roi. Les poisons d'Espagne sont bien subtils, il y en a jusque dans les odeurs, et on ne peut se précautionner sur toutes choses. Si, par malheur, ce jeune prince venoit à mourir avec apparence de poison, on seroit bien embarrassé quand il faudroit y envoyer en sa place M. le duc de Berri; surtout, M. le duc de Bourgogne n'ayant point d'enfants. D'un côté, vous hasarderiez toute la postérité du roi; M. le duc d'Orléans n'a point de fils; la succession d'Espagne reviendroit à l'archiduc, et peut-être au roi des Romains; la succession de France descendroit à M. le Duc. D'un autre côté, les ennemis montreroient à toute l'Europe les deux monarchies prêtes à s'unir sur la tête d'un roi de France, en la personne de M. le duc de Berri. Si on ne songe point à ce cas-là, on perd de vue le point capital. Ma conclusion est qu'il ne faut pas irriter les Espagnols; qu'on doit craindre leur jalousie très maligne, et qui sera d'autant plus dangereuse, qu'ils sauront mieux la dissimuler; et qu'on court risque de perdre la maison de France, pour aller trop vite dans le gouvernement de l'Espagne. Je ne voudrois leur donner ni une dame d'honneur, ni d'autres personnes avec des titres : je voudrois seulement leur prêter des gens bien sages, qui les instruiroient et les aideroient sans prendre aucun titre d'honneur ni d'autorité. Par exemple, M. le comte d'Estrées pourroit aider et conseiller ceux qui auroient commandé sur les vaisseaux espagnols, sans avoir le titre de vice-amiral d'Espagne. J'aimerois mieux laisser les choses aller moins bien, et ne les réformer que par des voies insensibles. Ce seroit assez que le roi d'Espagne donnât des ordres bien précis à ceux qui auroient les titres d'autorité, de n'agir jamais que de concert avec les François qui commanderoient nos troupes auxiliaires. C'est prendre des noms à pure perte, et faire dire par le roi d'Angleterre que nous voulons tout envahir, et que l'Espagne n'est plus qu'un fantôme dans les mains du roi de France.

5º Je suis bien fâché de ce qu'on a rappelé M. d'Avaux : c'est une hauteur déplacée, et qui n'est point soutenue. Si on l'avoit rappelé pour faire entrer dès le lendemain nos armées en Hollande, ce rappel eût été nécessaire : mais le rappeler pour ne faire rien, c'est montrer de la hauteur et de la foiblesse; c'est menacer du coup sans oser frapper; c'est accoutumer les Hollandois à ne vous craindre plus, à croire que vous êtes ambitieux sans vigueur, et qu'il n'y a qu'à vous entreprendre, pour vous faire relâcher les Pays-Bas. Peut-être est-il vrai que toutes les négociations sont manifestement inutiles, et qu'il seroit indécent qu'il parût que le roi s'en laisse amuser. D'ailleurs je conviens qu'il ne falloit pas laisser entrer dans les conférences les ministres de l'empereur, et par conséquent qu'il falloit couper court : mais on pouvoit défendre à M. d'Avaux de négocier sur ce pied, et le laisser néanmoins à La Haye. Il est naturel que le roi ait un ambassadeur en Hollande, jusqu'à ce que la rupture de la paix soit authentique; et il n'y avoit aucun inconvénient d'y laisser l'ambassadeur extraordinaire par provision, en l'absence de l'ordinaire, parti pour sa santé. C'est un faux point d'honneur, que de ne vouloir avoir aucun ministre dans un pays malintentionné dont on est mécontent. Il suffisoit de suspendre toute négociation, d'exclure avec fermeté les ministres de Vienne, et de montrer par-là qu'on n'étoit pas dupe des négociations : mais l'honneur d'un prince ne consiste point à rappeler son ministre dès qu'il n'est pas content. Quand on ne peut pas négocier, du moins un homme attentif et instruit peut voir, observer, avertir, négocier indirectement et en secret avec des gens qui ont des intérêts opposés à ceux qui prévalent aujourd'hui. Enfin il faut toujours, autant qu'on le peut, avoir un homme prêt à agir en chaque pays. De plus, le roi d'Angleterre peut mourir tout-à-coup, et il peut arriver beaucoup d'autres événements imprévus; alors il seroit capital d'avoir sur les lieux un ambassadeur. Pourquoi l'avoir rappelé ? le roi d'Angleterre en doit être ravi ; car on lui donne un prétexte de dire à son parlement déjà ébranlé que la France ne cherche qu'à rompre, et qu'on ne peut avoir rien de sûr avec elle : on le laisse seul, et maître de faire ce qu'il voudra sans contradiction. Peut-être même que si dans la suite les mécomptes de l'empereur ou les embarras du roi d'Angleterre le réduisent à écouter les républicains de Hollande sur les projets de paix, vous serez bien fâché de n'avoir plus M. d'Avaux sur les lieux, et que vous serez réduit à y envoyer quelqu'un; ce qui sera bien plus indécent que de n'avoir pas rappelé votre ambassadeur dans un temps où il n'y avoit point encore de rupture. Il faut autant qu'on peut, jusqu'à la dernière extrémité, avoir des ministres dans toutes les cours, et être toujours à portée de négocier d'un quart d'heure à l'autre, lors même qu'on ne négocie pas.

4° Je voudrois, non pas porter les Espagnols comme un petit enfant, mais les mener par la main comme une jeune personne à qui on apprend à marcher. Montrez-leur la véritable situation de leur monarchie; proposez-leur l'alternative, ou de succomber et de vous accabler avec eux, ou bien de régler leurs finances, de discipliner leurs troupes, etc. Montrez-leur que ce n'est que pour leur intérêt que vous résistez au démembrement de leurs états, et que votre véritable intérêt seroit de les laisser un peu démembrer. Demandez-leur des résolutions suivies dans le détail, parce que vous ne voulez ni les abandonner, ni périr inutilement pour eux. Faites mettre dans les principaux emplois ceux de la nation espagnole qui sont les mieux intentionnés, et les plus capables de se former par leur application. Faites-les aider et instruire secrètement, mettant toujours l'honneur et l'autorité de leur côté. Faites que leurs propres conseils décident, ordonnent, exécutent, pour avoir de l'argent, des troupes, des munitions, etc. En un mot, ne gouvernez rien immédiatement; mais mettez-les dans la nécessité de gouverner régulièrement, suivant les projets concertés avec vous. Enfin, faites que le roi d'Espagne prenne peu à peu l'autorité qui lui convient, et qu'il décide lui-même dans les points essentiels. La plupart des ministres du conseil d'Espagne, qui ont ou espèrent des bienfaits, opineront suivant sa décision : ils seront moins jaloux des projets qu'ils auront adoptés, et qui auront passé par le canal de leurs conseils ordinaires. Les ministres de France ne sauroient avoir trop en vue ce tour de modestie, de déférence et de retenue, pour ne mépriser point ouvertement le gouvernement espagnol. Je ne prétends pas néanmoins exclure nos généraux qui commandent en Italie et dans les Pays-Bas; nous ne pouvons y avoir des troupes sans généraux : mais on doit garder des ménagements infinis, pour s'y borner à la fonction de troupes auxiliaires, et à cacher même l'autorité que le roi a sur les généraux ou gouverneurs d'Espagne. Il suffit, comme je l'ai déjà remarqué, que les généraux espagnols aient un ordre secret de ne faire jamais rien qu'avec l'avis des généraux françois. Il sera difficile de modérer les François, qui s'impatientent sans cesse, et qui parlent avec le dernier mépris, tant sur l'imbécillité des Espagnols, que sur la mauvaise intention des Flamands et des Italiens. Ce qui est certain, c'est que tous les Pays-Bas étoient charmés quand ils virent un prince de France appelé à être leur roi, et que maintenant ils sont au désespoir de le voir régner. Il faut que cette haine soit bien violente, puisqu'elle a prévalu sur celle qu'ils ont naturellement très forte pour les Hollandois. L'embarras est que d'un côté on a besoin d'adoucir les peuples, et que d'un autre côté la France s'épuisera, si elle n'engage les Espagnols à tirer de leurs états attaqués de quoi les défendre.

5° Si nous n'avons pas de quoi durer long-temps dans cette situation violente, nos ennemis ont encore moins de quoi durer, pourvu que nous ne les laissions prendre aucun quartier d'hiver sur les états d'Espagne. L'empereur n'a point d'argent pour soutenir les frais de cette guerre. Si vous l'empêchez de prendre des quartiers d'hiver dans le Milanez, il faudra que son armée retourne dans ses propres états, ou qu'elle passe l'hiver dans ceux des princes d'Italie. Si elle demeure chez les princes d'Italie, elle les désolera, et toute l'Italie tournera sa haine contre les Allemands : vous verrez bientôt changer la situation des esprits en Italie. Si elle repasse en Allemagne, l'empereur sentira combien cette guerre lui seroit ruineuse, et s'en rebutera aussitôt. Les Hollandois ont tout à craindre pour leur commerce, sans lequel ils ne peuvent soutenir la guerre, ni par terre ni par mer. Ils doivent craindre que les François ne se mettent en leur place pour la part qu'ils avoient au commerce de la monarchie espagnole. Ils n'ont aucun port sur la mer Méditerranée; ils auront de la peine à en avoir quelqu'un d'assuré sur la côte d'Afrique. La guerre, qu'ils font uniquement pour leur barrière, met nos troupes dans la barrière même, nous accoutume à la posséder, et expose leur pays à une subite invasion. D'ailleurs le roi d'Angleterre peut mourir tous les jours. S'il mouroit pendant la paix, ils rentreroient en liberté; la république pourroit n'avoir plus de stathouder. Si, au contraire, il meurt pendant que la Hollande est pleine de troupes étrangères, la république demeurera à jamais opprimée par un successeur qui se trouvera armé, et comme en possession au milieu du pays. L'Angleterre n'a rien à gagner dans la guerre, et elle peut beaucoup perdre, tant pour son commerce au-dehors que pour son abondance propre au-dedans, si elle est réduite à fournir beaucoup d'hommes et d'argent. Elle doit même craindre que, si le roi faisoit de nouveau la conquête de la Hollande, il ne voulût ensuite mettre sur le trône de son père le prince de Galles, qui auroit un parti dans leur île. Ces trois puissances, savoir, l'empereur, la Hollande et l'Angleterre, ont des intérêts très pressants de craindre une longue guerre, et ne sauroient la soutenir. Les Hollandois mêmes manquent de terrain pour tant de troupes qu'ils ont chez eux : il faudra qu'ils tirent de loin toute leur subsistance pendant les hivers, ou qu'ils les renvoient alors en Allemagne, et s'exposent à une subite invasion. Le roi d'Angleterre, qui avoit tant de fortes raisons à vaincre pour persuader contre nous l'Angleterre et la Hollande, n'aura pas manqué de se servir du départ de M. d'Avaux, comme d'un coup décisif qui met la Hollande et l'Angleterre dans la nécessité de hasarder tout. En voilà peut-être assez pour achever d'embarquer les Anglois, qui étoient encore en suspens. Le capital, pour ce reste d'année, est d'empêcher les Impériaux d'hiverner dans le Milanez. A l'égard des Hollandois, la France s'obstine à croire qu'ils veulent nous attaquer, et on leur fait accroire, quoiqu'on ne le croie pas, que nous voulons les attaquer; mais, dans le fond, je ne saurois m'imaginer qu'ils veuillent commencer la guerre cette année. On l'embarque de part et d'autre, à force de la trop supposer. Si le roi d'Angleterre veut la guerre autant qu'on l'assure, il est fort heureux de ce que nous le secondons si bien pour persuader aux Anglois et aux Hollandois que nous voulons garder la barrière, et de ce que ces deux nations nous croient plus ambitieux que nous ne sommes : il est heureux aussi de ce que l'alarme que nous prenons nous fait faire des démarches qui épouvantent ces deux nations. Cette alarme vaine et réciproque ouvre à ce roi le chemin à la guerre qu'il cherche, et qui lui étoit bouché de toutes parts.

6° Il y a une autre chose à laquelle il est essentiel de veiller, c'est la neutralité des princes d'Allemagne. Si on n'y prend garde, la Hollande jointe à l'empereur les entraînera. Les princes neutres empêchent volontiers la guerre : mais si elle commence malgré eux, ils ne voudront point laisser les Hollandois périr, ni même voir la barrière rompue; alors ils seront insensiblement engagés à nous craindre et à nous réprimer. Il faudroit leur faire entendre que c'est par-là que le roi d'Angleterre veut les prendre, et on doit ne les perdre jamais de vue. D'ailleurs, si l'empereur remportoit quelque avantage considérable en Italie, il feroit d'abord la loi aux princes médiocres; et étant appuyé des autres princes de l'Empire, qui sont du parti du roi d'Angleterre, il pourroit intimider les neutres et les entraîner. L'Italie est le côté le plus délicat : il ne faut rien épargner pour boucher le chemin aux Impériaux. Mais, à l'égard des puissances neutres, il faut prodiguer l'argent, pour ainsi dire, afin de les tenir dans notre main; car il n'y a aucune somme à laquelle il faille se borner, afin de rendre leur parti si puissant, qu'ils lient les mains à l'empereur et au roi d'Angleterre. Quelque dépense immense que vous fassiez une ou deux années, ce n'est rien pour éviter une guerre de dix ans; c'est mettre de l'argent à usure, pourvu que vous réduisiez les ennemis à la paix. Il ne faut même donner de l'argent qu'aux deux ou trois principales têtes.

Le plus grand de tous les inconvénients, que j'ai réservé pour la fin, est cette alternative : d'un côté, si nous ne commençons pas la guerre dans les Pays-Bas et sur le Rhin, le roi d'Angleterre aura tout le loisir de se fortifier, de faire des alliances, de montrer notre foiblesse, après que nous avons rappelé M. d'Avaux, etc.; l'empereur aura aussi le temps d'entraîner les princes, de les intimider, et de se prévaloir de ce que nous ferons moins de bruit et de mal que lui : la plupart des petits princes foibles sont pour celui qu'ils craignent le plus. De notre côté, nous aurons fait toute la dépense de la guerre sans en tirer le fruit, et sans nous prévaloir de l'avantage de l'étouffer dès sa naissance par la supériorité que nous avons. Le royaume s'épuise ; on se lassera ; et, si peu que l'empereur puisse soulager ses finances par quelque subsistance de ses troupes en Italie, nous pourrons bien par lassitude nous laisser arracher quelque morceau, comme les Pays-Bas espagnols. Si, au contraire, nous commençons la guerre, en voilà assez pour faire accorder au roi d'Angleterre, par son parlement, tout ce qu'il demandera. Les républicains de Hollande n'auront plus de ressource. Tout le Nord aura intérêt de nous arrêter. Les Allemands neutres seront dans une espèce de nécessité de se tourner contre nous, qui aurons rompu la paix; et on nous rendra plus odieux que jamais.

Le milieu entre ces deux extrémités seroit, ce me semble, de se borner, jusqu'au printemps, à chasser les Impériaux du voisinage du Milanez, et à les réduire à ne pouvoir subsister en Italie qu'en ravageant et en ruinant tous les états voisins, afin que tout le monde se tourne contre eux. Si on pouvoit les battre et les chasser, ce seroit encore bien mieux ; mais si on les laisse hiverner dans le Milanez ou dans le Mantouan, etc., vous empirez beaucoup votre condition, et cette guerre vous ruine.

Pour l'Allemagne, je ne voudrois y avoir un corps de troupes que pour la défensive, et avec attention pour soutenir les puissances neutres jusqu'au printemps. Pendant ce temps-là, je ne cesserois de faire entendre dans toute l'Europe que je suis prêt à retirer toutes mes troupes des Pays-Bas espagnols, et même à les réduire sur le pied des grandes réformes faites depuis la paix de Riswick, dès que la Hollande voudra de son côté désarmer, et renoncer à toute ligue avec l'empereur, par un traité dont elle donnera de bons garants.

Quand je propose de faire cette offre, je crois qu'elle n'est en rien hasardeuse, pourvu qu'on y joigne les choses suivantes :

1° Je suppose que le roi d'Espagne pourroit avoir dans les Pays-Bas trente mille hommes, tant d'Espagnols et de Wallons à sa solde, sur les finances bien ménagées qu'il peut tirer du pays même, que de Suisses catholiques, dont le roi notre maître pourroit en partie payer secrètement la solde, à la décharge de Sa Majesté Catholique, si l'Espagne n'en pouvoit porter toute la dépense. Cette libéralité secrète du roi pour soutenir son petit-fils coûteroit peu à la France, et lui épargneroit une guerre ruineuse. On pourroit d'autant plus plausiblement mettre dans les Pays-Bas des troupes suisses payées par le roi d'Espagne, et au paiement desquelles nous contribuerions en secret, que les cantons pourroient être les médiateurs entre les Hollandois et nous, et se rendre garants de l'évacuation à faire par les François, et des autres conditions du traité où ils seroient médiateurs.

2° Je suppose que trente mille hommes d'Espagnols, de Wallons et de Suisses catholiques seroient suffisants pour la sûreté des Pays-Bas espagnols, pendant que la Hollande désarmeroit de son côté, comme après le traité de Riswick, et renverroit ses alliés en Allemagne. Le parlement d'Angleterre verroit alors clairement notre droite intention, et seroit en état de répondre à toutes les fausses raisons de son roi. Peut-être que les républicains de Hollande auroient plus de force, si le parlement d'Angleterre résistoit en cette occasion au roi Guillaume. Les Allemands neutres, et tout le Nord, ne pourroient plus douter de notre sincérité pour la paix; l'Italie même verroit notre sincère modération.

3° Je suppose aussi que ce qui nous resteroit de troupes, sur le pied même des réformes très grandes faites depuis la paix de Riswick, seroient suffisantes pour défendre le Milanez, conjointement avec les Espagnols naturels, contre les seuls Impériaux, quand nous n'aurions plus rien à craindre de la Hollande ni de l'Angleterre. Naples, Sicile, Cadix, l'Amérique seroient en sûreté; toute la guerre se réduiroit à un petit coin de l'Italie, où les troupes des deux rois vivroient avec ordre sur le pays. Les Impériaux seroient alors contraints, ou de ravager tous les états voisins des princes d'Italie, et de les irriter jusqu'à les mettre sous notre protection, ou de s'en retourner hiverner chez eux. Ni l'un ni l'autre ne seroit soutenable; et l'empereur, abandonné, ne pourroit continuer une telle guerre.

4° Je voudrois offrir d'exécuter cette évacuation sans aucun retardement, aux conditions ci-dessus marquées; mais après avoir rappelé M. d'Avaux, je ne voudrois point envoyer un ministre en Hollande, ni renouer une négociation en forme.

Je suppose que M. d'Avaux conserve un commerce de lettres avec le pensionnaire d'un côté, et de l'autre avec les principaux républicains. On pourroit en même temps répandre cette offre chez les puissances neutres, et la faire écrire en Angleterre comme une nouvelle. Enfin, on pourroit faire imprimer une lettre sous le nom de quelque politique étranger, qui feroit de bonnes réflexions là-dessus. Mais j'attendrois les Hollandois, sans faire jamais un seul pas vers eux. Nos ennemis espèrent toujours que nous entrerons enfin dans quelque négociation pour céder quelque chose; il est capital de leur ôter cette espérance, qui embarque insensiblement la guerre. Dès que vous entrerez en négociation, ils espèreront tout de votre lassitude; et la moindre offre leur persuadera qu'il n'y a qu'à vous lasser encore davantage, pour vous mener insensiblement encore plus loin. Il est capital de couper jusqu'à la racine de cette espérance; mais on n'en viendra à bout que par une conduite ferme, uniforme et vigoureuse. Je consentirois seulement, à toute extrémité, quand les Hollandois viendroient à Paris renouer les négociations, que le roi d'Espagne fît avec eux un échange de la Gueldre espagnole pour Maëstricht. Cet échange leur seroit commode, leur donneroit une petite satisfaction : ce ne seroit point un démembrement de la monarchie espagnole, et l'honneur du roi n'en souffriroit rien.

5° Je voudrois, dès à présent, ne laisser dans la frontière des Pays-Bas espagnols que la quantité de troupes nécessaires pour la pure défensive, par proportion à celles des Hollandois, et déclarer qu'on les diminuera à proportion de ce qu'ils diminueront les leurs. Je ne puis m'empêcher de dire que M. le maréchal de Boufflers, qui est inépuisable en précautions superflues, cause au roi une dépense excessive pour la défense d'une frontière que les Hollandois n'ont jamais songé sérieusement à attaquer cette année, et qu'ils ne songeront peut-être pas davantage à attaquer la prochaine, si vous ne les y réduisez point. Il vous convient d'y tenir tout le moins de troupes qu'il se pourra, et d'en rappeler la plupart des officiers généraux, dont la présence ne sert qu'à donner des ombrages aux Hollandois.

6° Je voudrois qu'on rappelât la plus grande quantité de nos troupes que l'on pourroit dans les places des Pays-Bas françois. La guerre a ruiné en ce pays tout autre commerce que celui qui vient de la subsistance des troupes. Il n'y a que le côté de Dunkerque, Ypres et Lille, que le voisinage de la mer favorise du commerce. tout le reste du pays est misérable, dès que les troupes n'y sont plus. Il faudroit donc, ce me semble, remplir de troupes toutes les places des Pays-Bas françois. Cette démarche soutiendroit votre propre pays, dont vous aurez grand besoin en cas de guerre, et en même temps conviendroit à vos offres d'évacuation. Les troupes qui hiverneroient à Tournay, à Condé, à Valenciennes, à Cambrai, etc., seroient encore plus à portée d'aller secourir la frontière des Pays-Bas espagnols, que les troupes alliées des Hollandois ne seront à portée de les secourir, quand elles seront dans leurs quartiers d'hiver d'Allemagne. Les précautions excessives nuisent beaucoup.

7° Je retirerois le plus que je pourrois des Pays-Bas espagnols les troupes françoises, et j'y mettrois le plus que je pourrois des Suisses catholiques. Le roi pourroit même vendre ces troupes étrangères à son petit-fils, et lui faire crédit pour le prix. Insensiblement l'évacuation se trouveroit faite, soit qu'elle fût acceptée, soit qu'elle ne le fût pas. L'effectif seroit que les Pays-Bas espagnols seroient suffisamment gardés par des troupes wallonnes et suisses, avec peu ou point de françoises; que les sujets d'ombrage cesseroient, et que les prétextes seroient ôtés au roi d'Angleterre ; au lieu que si vous laissez en ce pays-là, pendant l'hiver, un grand corps d'armée françoise, vous ruinez votre propre Pays-Bas, vous confirmez tous les raisonnements de votre ennemi, et vous mettez l'Angleterre et la Hollande dans la nécessité d'armer puissamment pendant l'hiver, pour vous égaler en troupes au printemps. Ainsi, pendant que vous vous plaignez qu'on veut vous faire la guerre, c'est vous qui forcez les autres à armer, et qui par contre-coup vous imposez la nécessité d'augmenter encore vos troupes. L'expérience doit nous ouvrir les yeux. La prodigieuse dépense que M. le maréchal de Boufflers a fait faire au roi cette année, dans les Pays-Bas espagnols, est à pure perte ; la moitié des troupes qui y sont suffisoit pour la défensive à laquelle on s'est borné. La vérité est que les Hollandois étoient foibles, mal préparés, hors d'état et sans volonté d'entreprendre. Cette grande puissance, que le roi a mise avec tant de frais en ce pays-là, n'a servi qu'à confirmer les discours du roi d'Angleterre, qu'à alarmer tous nos voisins, et qu'à nous consumer par avance. On n'a eu ni le mérite de la modération, en se tenant dans une simple défensive avec les troupes précisément nécessaires ; ni le fruit de l'offensive, en nous prévalant de notre supériorité. Si on avoit envoyé en Italie tout ce que nous avons eu de troupes superflues dans les Pays-Bas, nous y aurions eu deux armées pour envelopper celle du prince Eugène, et pour décider l'affaire dès les premiers mois.

8° Il faut faire sentir à toutes les puissances de l'Europe la hauteur démesurée du conseil de l'empereur, qui veut que la cause de sa maison soit traitée comme si elle étoit celle de l'Empire; et qui veut mettre au ban de l'Empire les princes qui suivent librement leurs alliances, dans une querelle où l'Empire ne se déclare point. Cette hauteur doit alarmer tous les Italiens, et réunir de plus en plus tous les Allemands neutres.

9° Le parti de céder les Pays-Bas espagnols à l'archiduc seroit honteux, et flétriroit le plus bel endroit du règne du roi. L'empereur a raison de vouloir se rendre le maître de la barrière et le protecteur de la Hollande : par-là il se rend insensiblement le maître de l'Allemagne, et se met à la tête de toute l'Europe contre la maison de France. La Hollande dépendra de lui, dès qu'il tiendra la barrière. Étant le protecteur de la Hollande, il aura toujours de l'argent; ce qui est la seule chose qui lui manque. Avec de l'argent et avec le secours des Hollandois, il attachera à son parti la plupart des princes de l'Empire. Nous avons un intérêt capital de ne lui donner pas cet avantage. D'ailleurs, il paroîtroit une foiblesse indigne d'un aussi grand prince que le roi, d'abandonner, contre l'intérêt de son petit-fils et contre le sien, une si belle partie de ses états, qui est si importante pour tenir toute l'Europe en bride. Tant que les deux rois unis auront la barrière dans leurs mains, la Hollande sera réduite à n'oser rien entreprendre contre eux, avec l'empereur ni avec l'Angleterre. On le voit par l'exemple de ce qui arrive aujourd'hui. Le roi d'Espagne n'est point encore paisible possesseur de ses couronnes. Ses ennemis ont un prétexte plausible pour se liguer contre lui. Il y a en Angleterre un roi qui est tout ensemble maître absolu de la Hollande, ennemi juré de la maison de France, et accrédité pour animer une puissante ligue. Voilà des choses qu'on ne reverra jamais rassemblées. Cependant les Hollandois tremblent, et sont au désespoir d'être contraints à rompre la paix : jugez s'ils oseront vous faire la guerre quand le roi d'Angleterre sera mort, et que toute l'Europe aura reconnu le roi d'Espagne. Quand vous tiendrez la Hollande en respect, il n'y aura rien dans l'Europe qui ose vous traverser; car la Hollande est la ressource essentielle de toutes les ligues qui peuvent se former contre vous. Il est donc capital de conserver la barrière dans les mains du roi d'Espagne; d'ailleurs elle lui appartient légitimement. Enfin, rien ne vous réduit à la céder. Demeurez sur la pure défensive par des troupes wallonnes et suisses dans le Pays-Bas; tournez toutes vos forces vers l'Italie pour y accabler les Impériaux. N'obligez point vos ennemis à augmenter leurs troupes en augmentant les vôtres; et n'augmentez les vôtres qu'à mesure que vous saurez qu'ils font certainement des augmentations assez grandes pour vous jeter dans cette absolue nécessité. Vos levées seront toujours plus promptes que les leurs. Si on vous attaque dans les Pays-Bas, attaquez alors à votre tour avec la dernière vigueur et sans ménagement. En ce cas-là, il faudra bien prendre garde de ne donner point de combat, sans en tirer aussitôt le fruit par quelque solide conquête, et sans tâcher de déshonorer le roi d'Angleterre aux yeux de tous ses alliés, en le poussant à bout après l'avoir battu. Enfin, il faut convaincre au plus tôt les étrangers que nous sommes tout le contraire de ce qu'ils s'imaginent. Ils prétendent que nous sommes maintenant timides et sans vigueur, mais toujours ambitieux; ne pouvant nous résoudre à rendre la barrière, et la voulant garder pour nous; ne sachant ni faire la guerre, ni conclure une paix sincère et constante. Il faut montrer tout au contraire que nous savons, quoique très supérieurs, nous abstenir de commencer la guerre; que nous savons ôter tous les sujets d'ombrage; que nous savons décider vigoureusement l'affaire d'Italie; et que nous ne serons pas moins redoutables dans les Pays-Bas, si on nous force à y attaquer nos ennemis; que nous ne céderons jamais un pouce de terre; que nous voulons tout pour l'Espagne, et rien sous aucun prétexte pour nous. Ce parti est le plus noble, le plus propre à combler le roi de gloire, le plus juste, le plus chrétien, le plus sûr, le plus capable de mettre toutes les puissances neutres dans nos intérêts, le plus convenable pour procurer une bonne paix. Si on se laisse entamer pour des cessions de pays, on nous mènera de proche en proche jusqu'aux partis les plus honteux : nous aurons perdu tout le mérite de soutenir avec vigueur et désintéressement un parti juste.

Au reste, quand j'ai parlé de donner de l'argent aux puissances neutres, et d'en donner même avec profusion, je n'ai pas prétendu qu'il fallût le faire qu'à la dernière extrémité. Je sais qu'on peut tomber de ce côté-là dans trois inconvénients terribles. 1° Il ne sort déjà que trop d'argent du royaume; les saignées promptes épuisent bien plus que celles qui se font peu à peu; de l'argent envoyé en Suède, au fond de l'Allemagne, etc., ne revient pas même comme celui de nos armées voisines de nos frontières. 2° Les princes qu'on paie en donnent l'exemple à d'autres qui veulent aussi être payés ; faute de quoi, ils se détachent : et on ne peut les payer tous. 3° Plus on les paie, plus ils veulent faire durer la guerre pour faire durer leurs profits ; et vous demeurez ruiné. Il faut donc ne donner qu'à ceux d'entre les princes qui décident, et qui font la loi aux autres ; il ne faut leur donner que dans un grand secret ; il ne faut leur donner que quand on ne peut plus les retenir par aucune autre considération d'espérance ou de crainte ; enfin quand vous voyez démonstrativement qu'une grosse somme que vous donnerez achèvera d'emporter si absolument la balance, que l'empereur et le roi d'Angleterre seront dans une entière impuissance de faire la guerre ; parce qu'alors vous ne donnez que pour un temps très court, et que la paix, infailliblement prochaine, finira cette dépense.

J'ai oublié de dire qu'il faut tirer parti du roi d'Espagne autant qu'on pourra, et faire passer par lui, pour lui faire honneur, tout ce qu'il y aura de plus solide. Il faut que ce soit lui qui décide, et non pas le roi notre maître qui paroisse décider ; encore même faut-il instruire tellement le roi d'Espagne, qu'il sache persuader son conseil, et lui faire adopter les résolutions par des manières douces, engageantes, par des bienfaits, et par des raisons de l'intérêt véritable de la monarchie. Pour les réformes à faire, il faut les faire modérément, peu à peu, et se servir toujours de l'intérêt général du peuple, contre l'avidité odieuse de quelques particuliers ; encore même faut-il tâcher de consoler les particuliers par quelque adoucissement.

II.

FRAGMENT D'UN MÉMOIRE SUR LA CAMPAGNE DE 1702 [*].

4° Si ce voyage d'Italie réussissoit mal, les grands malheurs qui peuvent arriver seroient presque sans ressource. Après une bataille perdue, tous les princes et tous les peuples seroient contre lui : il ne trouveroit peut-être pas de quoi le sauver, au travers de tant de pays devenus ennemis, pour revenir en France ou en Espagne.

[*] On a vu dans l'*Avertissement*, (n° 3) que le commencement de ce *Mémoire* est perdu. Il fut rédigé au commencement de 1702, à l'époque où le roi d'Espagne devoit passer en Italie, pour y commander les armées, et avant que Victor-Amédée, duc de Savoie, se fût déclaré contre la France.

5° M. le duc de Savoie, qui est son beau-père, ne manquera pas de se prévaloir de sa bonté, de sa sincérité, de sa facilité, de son défaut d'expérience, pour le gouverner, pour le pénétrer, pour le mener à son but, peut-être même pour lui tendre des pièges, dont il espérera de profiter avec beaucoup de malignité et d'ambition. Vous savez qu'il auroit intérêt de voir tomber toutes les têtes qui sont entre lui et la succession d'Espagne ; de plus, il lui convient de brouiller les affaires d'Italie, de nous lasser, de nous réduire à quelque partage où il recueille quelque débris.

6° Je connois l'ardeur du jeune roi : il est capable de s'exposer sans mesure, de ne voir plus devant lui, et de hasarder tout, quoi qu'on puisse lui dire, dès qu'il sera embarqué et échauffé dans une occasion. Jugez combien il sera facile à des gens malins et artificieux de le pousser, pour le faire périr.

7° Je ne vois rien qui puisse être auprès de lui avec assez de force de tête et d'autorité, pour pouvoir répondre de ces grands événements. Les meilleures têtes y sont bien embarrassées : que feront celles dont nous connoissons les talents ?

Malgré tous ces inconvénients, je souhaiterois fort que le jeune roi passât en Italie ; mais j'y mettrois diverses conditions.

1° Je voudrois être bien sûr d'un fort grand corps de troupes ; c'est à quoi j'entends dire qu'on a pourvu : mais je voudrois être bien assuré que l'argent ne manquera point de ce côté-là ; car le défaut d'argent, en Italie, décréditeroit entièrement vos affaires, et pourroit faire débander une armée éloignée ; auquel cas il n'y auroit aucun malheur qui ne pût arriver.

2° Je voudrois avoir en Italie un général de tête, et qui sût, outre la guerre, la situation générale de l'Europe, pour pouvoir être l'âme des conseils du jeune roi dans certaines occasions importantes, où l'on n'aura peut-être pas le temps de consulter le roi notre maître.

3° Je voudrois que ce général fût tellement autorisé, que toute l'armée sût qu'il a la confiance entière ; et qu'après sa décision, il n'y aura qu'à obéir, et qu'à tâcher de faire réussir ses ordres. Autrement il sera exposé aux cabales, aux intrigues, aux dépêches des officiers généraux qui auront des appuis à la cour, et qui espéreront de le traverser.

4° Je voudrois que M. le duc de Savoie, ni M. de Vaudemont n'eussent aucune autorité qui pût traverser notre général. M. le duc de Savoie doit avoir les honneurs de généralisme sous le roi d'Espagne à la bonne heure, puisque cela est fait : mais il faudroit, si je ne me trompe, qu'il sût que la décision effective doit venir du conseil secret que le roi donnera au roi d'Espagne, et qu'il ne prétendît jamais décider. Il faudroit aussi se servir de la supériorité du roi d'Espagne pour trancher les difficultés que feroit M. de Savoie : le roi d'Espagne n'auroit qu'à l'écouter, et qu'à conclure suivant l'avis de son vrai conseil.

5° On peut mettre plusieurs personnes dans ce conseil, mais il faut une voix décisive : autrement vous laisseriez le jeune roi irrésolu, et exposé aux divers partis; ce qui ruineroit sa réputation et ses affaires.

6° Je croirois qu'à tout prendre, M. le prince de Conti seroit bon sous le jeune roi, en lui donnant un maréchal de France pour le conseil. Je ne sais point quelles fautes peut avoir commises M. le maréchal de Catinat; mais, en général, il a plus d'expérience et plus d'esprit que les autres. Selon toutes les apparences, il seroit bien d'accord avec M. le prince de Conti. Ces deux hommes étant unis régleroient tout, et le jeune roi pourroit se confier à eux. M. de Savoie et M. de Vaudemont n'auroient que l'autorité qu'on ne peut leur refuser : on garderoit toutes les bienséances.

7° Je voudrois prendre des mesures justes pour garder les côtes d'Espagne en l'absence du roi, et pour se prémunir du côté du Portugal, où il pourroit y avoir des changements et des surprises. Le roi de Portugal est vieux ; il peut mourir : il peut arriver bien des choses. Enfin, je suppose qu'on aura égard à la disposition des peuples, pour ne rien hasarder par rapport au cœur de l'Espagne : les prêtres et les moines y peuvent conduire bien des intrigues souterraines.

8° Il faut bien prendre garde aux gens qui seront auprès du roi d'Espagne. J'ai ouï dire beaucoup de bien de M. de Marsin; mais il passe pour très vif, et pour homme qui parle beaucoup; M. de Louville est vif aussi. Il est à craindre que ceux qui ont le secret ne se brouillent, et ne donnent des scènes. Peut-être pourrez-vous contribuer à entretenir l'union, et à prévenir les mésintelligences. C'est un service capital.

Selon les apparences, M. le maréchal de Boufflers ne pourra pas soutenir les fatigues de la guerre, si elle commence en ce pays ; il faudroit avoir en vue quelqu'un pour le remplacer.

Si le roi des Romains venoit vers le Rhin, vous auriez besoin d'un général de ce côté-là. D'ailleurs, M. le duc de Bourgogne ne peut demeurer avec bienséance à Versailles, pendant que son frère cadet sera en Italie, supposé que la guerre commence en Flandre et en Allemagne. Il faut un bon général sous lui : où le prendrez-vous ? Si le roi des Romains vient sur le Rhin, c'est là que M. le duc de Bourgogne doit aller : il est capital de lui donner un homme de tête et d'expérience. Quand même le roi des Romains ne viendroit pas, il n'est point permis de laisser M. le duc de Bourgogne à Versailles. Si le roi d'Angleterre vient porter la guerre dans les Pays-Bas, M. le duc de Bourgogne seroit bien tristement, et peu en sûreté pour le succès d'une campagne vive, s'il n'avoit que M. le maréchal de Boufflers. On comptera peut-être sur M. le duc de Harcourt pour la Flandre ou pour l'Italie; mais songez, s'il vous plaît, qu'un convalescent, qui reprend ses forces à Versailles, peut retomber bien vite à l'armée. Alors le roi d'Espagne, ou M. le duc de Bourgogne, se trouveroit sans conseil dans des conjonctures hasardeuses : ainsi je trouve que le plus grand embarras est celui d'avoir de bons généraux auprès de ces jeunes princes. Dans une telle disette de sujets, M. le maréchal de Catinat ne doit pas être laissé en arrière. Quand même il auroit fait bien des fautes (ce que je ne sais pas), il faudroit en juger par comparaison aux autres ; et malheureusement il ne sera toujours que trop estimable par cet endroit-là.

On pourroit envoyer M. de Vendôme sur le Rhin, si le roi des Romains n'y vient pas : mais je ne voudrois mettre M. de Vendôme ni avec le roi d'Espagne, ni avec M. le duc de Bourgogne. Outre qu'il est trop dangereux sur les mœurs et sur la religion, de plus c'est un esprit roide, opiniâtre et hasardeux. J'aimerois mieux envoyer en Italie, avec le roi d'Espagne, M. le prince de Conti; et MM. le duc d'Orléans et le Duc avec M. le duc de Bourgogne : mais il leur faudroit une tête de quelque maréchal de France. Je crains bien qu'on ne hasarde tout, plutôt que de contrister MM. les maréchaux de Villeroi et de Boufflers. Je vois d'ailleurs que vous n'avez rien de meilleur dans leur rang pour les armées de Flandre et d'Italie, si on veut absolument ne se point servir de M. le maréchal de Catinat. M. le maréchal de Choiseul n'a point, si je ne me trompe, la force dont on a besoin. Il ne faut songer à aucun des autres. M. de Harcourt même, qu'on croit habile, et que toutes les troupes estiment, n'a jamais rien conduit de difficile en grand : on ne sait point encore ce qu'il feroit pendant une campagne vive, avec soixante mille hommes à mener. M. de Vendôme, d'un côté où il n'y auroit ni le roi d'Espagne, ni M. le duc de Bourgogne, seroit bon. M. le prince de Conti et M. de Catinat seroient bien, d'un autre côté, avec le roi d'Espagne : mais je ne vois personne pour mettre avec M. le duc de Bourgogne, qui est néanmoins la plus précieuse personne, tant pour la vie que pour la réputation. On pourroit toujours y envoyer M. de Harcourt, M. Rose, et les autres meilleurs officiers que vous connoissez et que j'ignore : mais je voudrois une tête ferme et expérimentée. Il faut même bien prendre garde aux gens de confiance qu'on mettra auprès de ce prince, afin qu'il les consulte; car il faut éviter tout ce qui pourroit retomber sur le prince même, et lui faire tort dans le public. Une mauvaise campagne donneroit beaucoup de prévention contre lui ; mais Dieu en aura soin.

Il faut aussi prendre de grandes précautions contre le poison et contre les trahisons d'Italie, par rapport à la personne du roi d'Espagne. M. de Savoie même auroit beaucoup à espérer, s'il venoit à mourir. Je n'ai garde de vouloir donner des soupçons là-dessus : mais, en général, cette vue ne me paroît pas à mépriser. On dit qu'il passera à Rome : a-t-on bien prévu et bien réglé le cérémonial? Le moindre mécompte commettroit beaucoup; et le moindre chagrin donné à cette cour y gâteroit les affaires. Si le roi d'Espagne va là, il faut qu'il y soit bien réservé; car ces gens-là le tâteront pour le pénétrer.

Si on ne veut point renvoyer M. de Catinat en Italie, on pourroit le mettre auprès de M. le duc de Bourgogne.

Vous savez, mon bon duc, combien la dernière guerre me faisoit de peine; ce n'étoit que pour le salut du roi, à cause des conquêtes passées. Ces difficultés sont finies : la facilité avec laquelle le roi a cédé des places a été critiquée; et c'est néanmoins l'action la plus louable de sa vie. La cause qu'il soutient maintenant est évidemment toute juste : je me sens le cœur à l'aise là-dessus. Tout dépendra de l'argent, des généraux et des conseils. Il faut des conseils vigoureux : on pourroit, à force de vouloir éviter la guerre, la faire venir. Les étrangers croient que la France est toujours haute et avide; mais qu'elle veut du repos, et qu'elle a perdu son ancienne vivacité. Il faut les détromper; faute de quoi le roi Guillaume embarquera tous les autres, en leur faisant espérer que vous reculerez toujours.

Pour l'argent, il faudroit s'assurer du véritable état des affaires, et n'être pas, comme dans la dernière guerre, à la merci d'un seul homme, qui disoit toujours que tout étoit perdu, et qui ne faisoit vivre au jour la journée, qu'en disant que c'étoit par miracle. Enfin, on a peu à choisir pour les généraux. Ceux qu'on a en main ont un génie et une réputation médiocre dans les troupes. Ils seront encore moins forts, s'ils dépendent sans cesse des décisions qui viendront de loin. Les généraux ennemis sont plus éveillés et plus en autorité. Je dis tout ceci comme un homme qui marche à tâtons, ignorant presque tout ce qu'il faudroit savoir de l'état présent. Je prie Dieu qu'il soit lui seul toute votre lumière. Il sait, mon bon duc, avec quel zèle et quelle reconnoissance je vous suis dévoué. Je vous conjure de ménager bien votre santé, et celle de M. le duc de Beauvilliers. Ne vous chargez point de travail outré, ni même de détails pénibles, qui vous ôtent les heures de relâchement d'esprit et de gaieté, faute desquelles vous retomberez dans une tristesse qui réveillera tous vos maux.

III.

MÉMOIRE

SUR LA SITUATION DÉPLORABLE DE LA FRANCE EN 1710.

Je ne connois pas assez toute l'étendue des affaires générales, pour me mêler de juger des périls et des ressources de la France, ni par conséquent pour savoir jusqu'où l'on devroit aller pour acheter la paix.

Peut-être que le changement fait dans le ministère remédiera à nos maux. Peut-être que le renouvellement des monnoies fera supprimer les billets de monnoie, et rétablira le crédit. Peut-être qu'une abondante moisson viendra, après la stérilité, faciliter la subsistance de nos troupes. Peut-être qu'un général d'armée relèvera la discipline militaire, et rabaissera par quelque victoire la fierté des ennemis. Pour juger des partis à prendre, il faudroit embrasser dans un examen général toutes les différentes parties du gouvernement, tout l'argent du royaume, toutes les dettes du roi, les causes de la chute du crédit, les sources du commerce, l'état des revenus royaux, le nombre des peuples non nécessaires au labourage et aux arts dont on ne peut se passer, les moyens de faire les recrues, l'état des officiers qu'on ne paie point; celui des marchands qui leur ont prêté pour leurs troupes, le degré d'épuisement de chaque province, et la disposition où les esprits y sont, l'état de chaque place de toutes nos frontières, tant pour les fortifications que pour les munitions nécessaires en cas de siège; l'état de notre marine, et de nos côtes exposées à une descente, les intérêts, les ressources et les dispositions de chaque cour étrangère; enfin les forces réelles des armées ennemies, le vrai esprit de leurs généraux, et les desseins formés dans leurs conseils.

Comme chacun de nos ministres traite en particulier avec le roi ce qui regarde sa charge, je crains qu'aucun d'eux ne soit en état de rassembler, par une vue générale qui soit juste, toutes ces diverses parties du gouvernement, pour les comparer, pour juger de leur proportion, et pour les ajuster ensemble.

Quand on bâtit une maison, quoique les maçons, les charpentiers, les plombiers, les menuisiers, les serruriers, etc., travaillent bien, chacun pour son métier, le gros de l'ouvrage va mal, s'il n'y a pas un homme principal qui les dirige tous à une même fin, qui ait dans sa tête les ouvrages de tous ces différents ouvriers, pour les proportionner les uns aux autres, et pour en faire un tout avec justesse. Tout de même il faut un homme exactement instruit du total de nos affaires, qui fasse une exacte comparaison de nos maux et de nos ressources, de celles des ennemis et des nôtres. Faute de cette connoissance du total, chacun marche à tâtons.

Pour moi, si je prenois la liberté de juger de l'état de la France par les morceaux du gouvernement que j'entrevois sur cette frontière, je conclurois qu'on ne vit plus que par miracles, que c'est une vieille machine délabrée qui va encore de l'ancien branle qu'on lui a donné, et qui achèvera de se briser au premier choc. Je serois tenté de croire que notre plus grand mal est que personne ne voit le fond de notre état; que c'est même une espèce de résolution prise de ne vouloir pas le voir; qu'on n'oseroit envisager le bout de ses forces auquel on touche; que tout se réduit à fermer les yeux, et à ouvrir la main pour prendre toujours, sans savoir si on trouvera de quoi prendre; qu'il n'y a que le miracle d'aujourd'hui qui réponde de celui qui sera nécessaire demain; et qu'on ne voudra voir le détail et le total de nos maux, pour prendre un parti proportionné, que quand il sera trop tard.

Voici ce que je vois, et que j'entends dire tous les jours aux personnes les plus sages et les mieux instruites.

Le prêt manque souvent aux soldats. Le pain même leur a manqué souvent plusieurs jours; il est presque tout d'avoine, mal cuit, et plein d'ordure. Ces soldats, mal nourris, se battroient mal, selon les apparences. On les entend murmurer, et dire des choses qui doivent alarmer pour une occasion. Les officiers subalternes souffrent à proportion encore plus que les soldats. La plupart, après avoir épuisé tout le crédit de leurs familles, mangent ce mauvais pain de munition, et boivent l'eau du camp. Il y en a un très grand nombre qui n'ont pas eu de quoi revenir de leurs provinces; beaucoup d'autres languissent à Paris, où ils demandent inutilement quelque secours au ministre de la guerre; les autres sont à l'armée, dans un état de découragement et de désespoir qui fait tout craindre.

Le général de notre armée ne sauroit empêcher le désordre des troupes. Peut-on punir des soldats qu'on fait mourir de faim, et qui ne pillent que pour ne tomber pas en défaillance? Veut-on qu'ils soient hors d'état de combattre? D'un autre côté, en ne les punissant pas, quels maux ne doit-on pas attendre! ils ravageront tout le pays. Les peuples craignent autant les troupes qui doivent les défendre, que celles des ennemis qui veulent les attaquer. L'armée peut à peine faire quelque mouvement, parce qu'elle n'a d'ordinaire du pain que pour un jour. Elle est même assujettie à demeurer vers le côté par lequel seul elle peut recevoir des subsistances, qui est celui du Hainaut. Elle ne vit plus que des grains qui lui viennent des Hollandois.

Nos places qu'on a crues les plus fortes n'ont rien d'achevé. On a vu même, par les exemples de Menin et de Tournay, que le roi y a été trompé pour la maçonnerie, qui n'y valoit rien. Chaque place manque même de munitions. Si nous perdions encore une bataille, ces places tomberoient comme un château de cartes.

Les peuples ne vivent plus en hommes; et il n'est plus permis de compter sur leur patience, tant elle est mise à une épreuve outrée. Ceux qui ont perdu leurs blés de mars n'ont plus aucune ressource. Les autres, un peu plus reculés, sont à la veille de les perdre. Comme ils n'ont plus rien à espérer, ils n'ont plus rien à craindre.

Le fonds de toutes les villes est épuisé. On en a pris pour le roi les revenus de dix ans d'avance; et on n'a point honte de leur demander, avec menaces, d'autres avances nouvelles, qui vont au double de celles qui sont déjà faites. Tous les hôpitaux sont accablés; on en chasse les bourgeois pour lesquels seuls ces maisons sont fondées, et on les remplit de soldats. On doit de très grandes sommes à ces hôpitaux; et, au lieu de les payer, on les surcharge de plus en plus chaque jour.

Les François qui sont prisonniers en Hollande y meurent de faim, faute de paiement de la part du roi. Ceux qui sont revenus en France avec des congés n'osent retourner en Hollande, quoique l'honneur les y oblige, parce qu'ils n'ont ni de quoi faire le voyage, ni de quoi payer ce qu'ils doivent chez les ennemis.

Nos blessés manquent de bouillons, de linge et de médicaments; ils ne trouvent pas même de retraite, parce qu'on les envoie dans des hôpitaux qui sont accablés d'avance pour le roi, et tout pleins de soldats malades. Qui est-ce qui voudra s'exposer dans un combat à être blessé, étant sûr de n'être ni pansé ni secouru? On entend dire aux soldats, dans leur désespoir, que si les ennemis viennent, ils poseront les armes bas. On peut juger par-là de ce qu'on doit croire d'une bataille qui déciderait du sort de la France.

On accable tout le pays par la demande des chariots; on tue tous les chevaux de paysans. C'est détruire le labourage pour les années prochaines, et ne laisser aucune espérance pour faire vivre ni les peuples ni les troupes. On peut juger par-là combien la domination françoise devient odieuse à tout le pays.

Les intendants font, malgré eux, presque autant de ravage que les maraudeurs. Ils enlèvent jusqu'aux dépôts publics : ils déplorent publiquement la honteuse nécessité qui les y réduit; ils avouent qu'ils ne sauroient tenir les paroles qu'on leur fait donner. On ne peut plus faire le service qu'en escroquant de tous côtés; c'est une vie de bohêmes, et non pas de gens qui gouvernent. Il paroît une banqueroute universelle de la nation. Nonobstant la violence et la fraude, on est souvent contraint d'abandonner certains travaux très nécessaires, dès qu'il faut une avance de deux cents pistoles pour les exécuter dans le plus pressant besoin.

La nation tombe dans l'opprobre; elle devient l'objet de la dérision publique. Les ennemis disent hautement que le gouvernement d'Espagne, que nous avons tant méprisé, n'est jamais tombé aussi bas que le nôtre. Il n'y a plus dans nos peuples, dans nos soldats et dans nos officiers, ni affection, ni estime, ni confiance, ni espérance qu'on se relèvera, ni crainte de l'autorité : chacun ne cherche qu'à éluder les règles, et qu'à attendre que la guerre finisse à quelque prix que ce soit.

Si on perdoit une bataille en Dauphiné, le duc de Savoie entreroit dans des pays pleins de huguenots; il pourroit soulever plusieurs provinces du royaume. Si on en perdoit une en Flandre, l'ennemi pénétreroit jusqu'aux portes de Paris. Quelle ressource vous resteroit-il? Je l'ignore; et Dieu veuille que quelqu'un le sache!

Si on peut faire couler l'argent, nourrir les troupes, soulager les officiers, relever la discipline et la réputation perdue, réprimer l'audace des ennemis par une guerre vigoureuse, il n'y a qu'à le faire au plus tôt. En ce cas, il seroit honteux et horrible de rechercher la paix avec empressement. En ce cas, rien ne seroit plus mal à propos que d'avoir envoyé un ministre jusqu'en Hollande, pour tâcher de l'obtenir. En ce cas, il n'y a qu'à bien payer, qu'à bien discipliner les troupes, et qu'à battre les ennemis. Qu'on fasse donc au plus tôt un changement si nécessaire; et que ceux qui disent qu'on relâche trop pour la paix viennent au plus tôt relever la guerre et les finances : sinon qu'ils se taisent, et qu'ils ne s'obstinent pas à vouloir qu'on hasarde de perdre la France pour l'Espagne.

On ne manquera pas de me répondre qu'il est facile de remarquer les inconvénients de la guerre, et que je devrois me borner à proposer des expédients pour la soutenir, et pour parvenir à une paix qui soit honnête, et convenable au roi.

Je réponds qu'il ne s'agit plus que de comparer les propositions de paix avec les inconvénients de la guerre. S'il se trouve, dans cette exacte comparaison, qu'on ne peut se promettre aucun succès solide dans la guerre, et qu'on y hasarde la France; il n'y a plus à délibérer : l'unique gloire que les bons François peuvent souhaiter au roi est que, dans cette extrémité, il tourne son courage contre lui-même, et qu'il sacrifie tout généreusement, pour sauver le royaume que Dieu lui a confié. Il n'est pas même en droit de le hasarder; car il l'a reçu de Dieu, non pour l'exposer à l'invasion des ennemis, comme une chose dont il peut faire tout ce qu'il lui plaît, mais pour le gouverner en père, et pour le transmettre comme un dépôt précieux à sa postérité.

Outre l'invasion des ennemis, qui est fort à craindre si nous perdions une bataille, on doit prévoir que les ennemis pourront nous demander, l'hiver prochain, quelques nouvelles places pour les dépenses de cette campagne. Je ne serois nullement étonné de les voir demander, au-delà de leurs préliminaires, Valenciennes, Bouchain, Douai, et même Cambrai. Ils auroient plusieurs prétextes pour le faire. 1° En prenant Tournay, ils n'ont pris que ce qui leur étoit déjà offert. Les dépenses de ce siége sont infinies. 2° Ils diront qu'en augmentant ainsi leurs demandes, ils vous réduiront à conclure; au lieu que si vous étiez assuré de faire la paix à une certaine condition fixe, vous la retarderiez à toute extrémité, et vous hasarderiez des batailles, comptant qu'en les perdant vous ne risqueriez rien. 5° Ils diront que c'est fortifier leur barrière contre vos entreprises. 4° Ils prétendront que ces places serviront comme d'ôtages pour s'assurer de votre bonne foi par rapport à l'abandon de l'Espagne, parce que vous manquerez moins hardiment de parole quand votre pays sera ouvert jusqu'à la Somme.

De là je conclus que si vous ne pouvez raisonnablement espérer, ni de lasser les ennemis avant que d'être las vous-même, ni de les diviser entre eux, ni de les vaincre, il ne vous convient nullement de refuser aujourd'hui des conditions, quoique très dures et très honteuses, que vous serez contraint de subir dans six mois ou dans un an, après avoir pour ainsi dire achevé d'user la France, et après vous être exposé à une ruine totale; sans parler des conditions encore plus dures que les ennemis pourront ajouter, quand vous reviendrez à eux à la dernière extrémité. Il semble que la sagesse et le courage consistent à prévoir un avenir si prochain, et à s'exécuter assez tôt.

La négociation de Hollande ne paroît pas avoir été assez bien menée. 1° Il falloit avoir préparé les choses avant que d'envoyer M. de Torcy. Il falloit envoyer d'abord en ce pays-là un homme plus agréable que M. Rouillé : on y avoit besoin d'un homme qui inspirât la confiance. Il falloit savoir exactement par lui le point précis auquel se réduisoit la difficulté pour la conclusion, choisir des moyens sûrs pour lever cette difficulté, et ne faire partir le ministre qu'avec des pouvoirs et des instructions qui vous répondissent qu'il ne reviendroit qu'avec une paix signée.

2° Quand les ennemis ont paru à M. de Torcy lui insinuer qu'ils vouloient que le roi prît les armes pour détrôner son petit-fils, il falloit demander une explication nette et décisive sur ce point ; il falloit déclarer qu'il n'oseroit le proposer au roi ; il falloit le mander en secret, et attendre en Hollande le retour du courrier par lequel il auroit mandé au roi à quoi cette proposition se réduisoit. En attendant, il falloit se servir de tous les républicains bien intentionnés, pour faire entendre à tous les députés des provinces, et au peuple même, combien il étoit injuste et odieux de vouloir exiger cette condition, et de rompre la paix sur un tel article. Enfin, il falloit se servir de l'attente d'une réponse de la France, qui seroit venue un peu lentement, pour trouver des expédients qui eussent assuré l'abandon de l'Espagne sans cette odieuse condition. Il me semble qu'on a fini brusquement la négociation dans l'endroit où elle étoit encore à commencer, et où il étoit capital d'en tirer parti.

Les ennemis se plaignent avec aigreur de ce que M. de Torcy ne leur a point expliqué ses difficultés sur cet article ; de ce qu'il n'a point cherché de bonne foi avec eux des sûretés suffisantes pour cet abandon, sans recourir à un moyen si dur ; que les difficultés de ce ministre ont roulé sur la Savoie et sur l'Alsace, et non sur cet article. Les ennemis vont même jusqu'à soutenir qu'ils n'ont jamais exigé cet article, et qu'ils vouloient seulement que le ministre de France cherchât avec eux des sûretés, pour empêcher que nous ne secourussions indirectement le roi d'Espagne au préjudice du traité de paix, comme nous avons secouru le Portugal contre la promesse faite dans le traité des Pyrénées. Ils disent que les François n'ont pas même osé dire que cette dure condition ait été exigée par les alliés, et que nous disons seulement qu'elle est *insinuée* dans les préliminaires. On ne rompt point, ajoutent-ils, sur une prétendue insinuation d'un article dur : il falloit le faire expliquer, chercher des expédients, et voir jusqu'au bout à quoi les alliés se seroient réduits. Mais on n'a jamais parlé de faire prendre au roi les armes contre son petit-fils.

L'intention manifeste de la France, disent nos ennemis, a été de nous jouer, selon sa coutume. Elle a voulu paroître nous abandonner l'Espagne, sans abandonner rien d'effectif ; elle ne vouloit que transporter la guerre de la Flandre, où elle est aux abois, et où le centre de son royaume est à la veille d'être ouvert, en un autre pays très éloigné, où nous ne pouvons aller que par mer, avec des dépenses et des désavantages infinis. C'est là-dessus que nous n'avons garde de prendre le change. Ce qui marque la mauvaise foi de la France est qu'elle a rompu sans mesure la négociation, dès qu'elle a vu que nous ne voulions pas nous laisser tromper sur ce point essentiel, qui est l'unique but de toute la guerre. Au lieu de chercher sérieusement des expédients de sûreté, M. de Torcy, qui étoit venu nous demander la paix avec tant d'empressement, n'a songé qu'à la rompre avec précipitation.

Les ennemis parlent encore ainsi : La France, qui vouloit retirer ses troupes d'Espagne, n'a pas osé le faire ; voyant bien que les Espagnols, dès qu'ils seroient laissés à eux-mêmes, ne manqueroient pas de préférer la conservation de leur monarchie entière sous Charles au démembrement inévitable de cette monarchie sous Philippe, pour lequel ils seroient même obligés de soutenir une guerre longue et ruineuse. Puisqu'on n'ose laisser les Espagnols à eux-mêmes, il est visible qu'un réel abandon de Philippe, fait de bonne foi par la France, réduiroit bientôt toute la nation espagnole à reconnoître Charles. Il est donc visible que la France ne desire point sincèrement de rappeler Philippe, et qu'elle veut seulement se tirer de l'embarras présent par un consentement imaginaire à son retour, sans vouloir prendre aucun moyen efficace pour le procurer.

Il semble que les personnes neutres soupçonneront toujours quelque finesse dans ce procédé de la France, laquelle n'est déja que trop accusée d'artifice dans toute l'Europe.

On pourroit faire entendre au roi d'Espagne que le roi notre maître seroit, à toute extrémité, obligé de le faire enlever, plutôt que de le laisser, dans un cas de malheur, exposé à être fait prisonnier par les ennemis. Le roi pourroit lui faire dire: Je ne ferai jamais la guerre contre vous; mais aussi je ne vous secourrai jamais contre ma parole. Si vous vous trouvez en danger prochain de succomber, l'unique effort que je pourrai faire pour vous sera de vous faire enlever, pour vous garantir d'une captivité honteuse pour vous et pour moi. Ce discours ôteroit au jeune roi toute espérance de secours, et lui feroit sentir l'absolue nécessité de se sacrifier pour la paix. Voilà l'usage auquel je voudrois borner cet expédient.

L'expédient le plus efficace seroit, si je ne me trompe, d'envoyer en Espagne un homme sage, affectionné, d'une vertu connue, d'une confiance intime, qui auroit le talent de la parole, et qui parleroit, non-seulement au roi et à la reine, mais encore à tous les conseils et à tous les grands d'Espagne. Il pourroit leur dire: Le roi mon maître vous remercie, et loue à l'infini la générosité avec laquelle vous avez soutenu si constamment son petit-fils sur le trône, contre vos intérêts manifestes. Il ne vous a confié ce prince qu'à cause que vous le lui avez demandé pour conserver dans ses mains votre monarchie entière. On ne peut plus espérer cet avantage, pour lequel seul vous aviez demandé ce prince. Plus le roi mon maître est touché de tout ce que vous avez fait, moins il veut souffrir que son petit-fils soit la cause de la dégradation et du démembrement de votre monarchie. Ne pouvant plus le soutenir, il croit vous le devoir rendre entière. C'est à lui que vous avez confié ce dépôt; c'est lui qui vous le rend: il ne le fait qu'à l'extrémité, après avoir épuisé son royaume, et hasardé la France même pour l'Espagne. En vous rendant votre monarchie, il vous redemande son petit-fils, qui ne doit pas être plus long-temps la cause de vos souffrances, du trouble de toute l'Europe, et du péril extrême de la France épuisée.

Quand même le roi d'Espagne ne pourroit se résoudre à descendre du trône pour sauver la France, ce discours suffiroit pour ouvrir les yeux à toute la nation espagnole, et pour la mettre en pleine liberté de suivre ses véritables intérêts. Cette déclaration de la France ôteroit aux Espagnols toute honte d'un changement: alors ils ne feroient que ce que le roi leur conseilleroit par une sincère affection; alors le roi d'Espagne ne pourroit plus faire espérer à cette nation aucun secours secret et indirect de la France. Ce procédé seroit le plus noble que le roi pût tenir dans les malheurs présents.

On me répondra que le roi, en ce cas, détrôneroit son petit-fils de ses propres mains; mais je réponds qu'il lui seroit bien moins triste et honteux de le détrôner lui-même, que de le voir détrôner sous ses yeux par ses ennemis. Si on peut soutenir le roi d'Espagne sans ruiner la France, il faut sans doute le faire avec vigueur; mais, si on ne le peut plus, le vrai courage doit se tourner à faire noblement et sans honte l'unique chose qui reste à faire pour sauver la France.

Pour ce qui est d'une négociation de paix, je voudrois qu'on la préparât, qu'on sût avec certitude à quoi précisément tiendra la conclusion, et qu'on se fixât aux moyens nécessaires pour lever la difficulté. Je voudrois qu'on s'adressât aux bons républicains de Hollande qui la desirent. Je voudrois qu'on négociât publiquement. Le secret est impossible: il faut compter que l'Espagne saura toujours toutes les offres que nous aurons faites de l'abandonner. Nous ne pouvons espérer de réussir dans une négociation, malgré le parti qui la traverse, qu'à force de faire connoître nos offres et son véritable intérêt à tout le corps de la nation hollandoise, qui est lasse d'une si longue guerre, et qui ne doit pas vouloir notre perte. Je voudrois qu'on ôtât tout ombrage de finesse, et surtout que l'on confiât cette négociation à un homme d'une haute réputation de droiture et de probité, dont le choix marqueroit que nous voulons procéder de bonne foi. Quand on se seroit assuré du retour du roi d'Espagne, la négociation de la paix pourroit aller vite. Vous deviendrez bien fort dans la suite, malgré la paix la plus désavantageuse, pourvu que vous rompiez la ligue, que vous gagniez la confiance d'une partie de vos voisins, que vous travailliez à rétablir le dedans du royaume, que vous facilitiez pendant la paix la multiplication des familles, la culture des terres et le commerce. La plus solide gloire pour le roi est de payer certaines dettes les plus pressées, de remédier aux maux innombrables que la guerre a introduits, et de montrer de la bonté à ses peuples. Il peut encore devenir l'arbitre et le médiateur commun de l'Europe, pourvu qu'on ménage nos voisins pendant la paix.

Pour les expédients par rapport à la conclusion de la paix, il y en a de trop dangereux, qu'il faut rejeter avec fermeté.

Celui de donner aux ennemis un passage au milieu de la France ne convient ni à eux ni à nous. Si leurs troupes passoient, pour aller en Espagne, au travers de la France, qui est épuisée, et dont plusieurs provinces sont pleines de huguenots, nous aurions à craindre une invasion. De plus, nos ennemis, en traversant toute la France en corps d'armée, ravageroient tout. Il faut périr, plutôt que d'accepter cette condition. Si, au contraire, ils se partageoient en beaucoup de petits corps, pour traverser la France par divers chemins, ils devroient craindre que leurs troupes ne fussent accablées, dans une si longue marche, par les peuples réduits au désespoir; et que le roi ne fît périr leurs troupes, s'il étoit de mauvaise foi, comme ils se l'imaginent mal à propos.

Il s'étoit répandu un bruit que les ennemis vouloient demander des places de sûreté. Mais quelles places peuvent-ils desirer au-delà des places de cette frontière qui ouvrent le royaume, et qu'on offre de leur céder? De plus, les places maritimes, qui, comme La Rochelle, ne leur serviroient que d'entrepôt dans leur navigation vers l'Espagne, ne feroient que multiplier l'embarras et la dépense des embarquements et débarquements pour un médiocre trajet. Ils ne pourroient vouloir que pour une fin secrète, et pernicieuse à la France, cet entrepôt, qui ne leur convient nullement contre l'Espagne. Les places qu'ils demanderoient auprès de l'Espagne, comme Bayonne ou Collioure, ne leur serviroient encore de rien, puisqu'ils auroient plus d'embarras en débarquant dans ces lieux-là, qu'en débarquant immédiatement à Barcelone, ou dans les autres ports des deux mers qui dépendent d'eux.

On pourroit leur donner des ôtages; mais comme il ne faudroit exposer à aucun danger les personnes qui serviroient à cette fonction, il seroit capital d'exprimer en termes formels que le roi ne peut pas se rendre responsable de tous les soldats ou officiers françois qui, étant congédiés du service après la paix, passeroient furtivement en Espagne pour y chercher de l'emploi et du pain. Le roi ne pourroit s'engager qu'à retirer toutes ses troupes de ce royaume, qu'à n'y envoyer point d'argent, qu'à demander son petit-fils à la nation espagnole avec les instances les plus efficaces, et qu'à faire punir très rigoureusement tout François qui, sous quelque prétexte que ce pût être, tenteroit de passer en Espagne malgré les défenses de Sa Majesté.

On pourroit aussi, à toute extrémité, et après avoir épuisé tous les autres expédients, consentir de mettre en dépôt pour cinq ou six ans, entre les mains des cantons suisses catholiques, les villes de Valenciennes, Douai, Bouchain et Cambrai, afin que ces cantons pussent ouvrir à nos ennemis cette porte de la France, si nous manquions de parole; et à condition qu'ils nous les rendroient fidèlement au bout du terme, si nous observions de bonne foi notre traité.

IV.

MÉMOIRE

SUR LES RAISONS QUI SEMBLENT OBLIGER PHILIPPE V
A ABDIQUER LA COURONNE D'ESPAGNE.

1710.

Je suis très mal instruit du véritable état des affaires générales, et je n'en puis parler qu'au hasard, sur ce que j'en entends dire confusément; mais les personnes plus éclairées et mieux instruites que moi, pour qui je parle, sauront bien corriger mes vues, si elles ne sont pas justes. J'avoue que je crains que nous n'allions point jusqu'au fond des choses, et que nous ne nous flattions encore très dangereusement, lors même que nous croyons enfin avoir ouvert les yeux, et que nous ne nous flattons plus. Venons au détail.

I.

Je conviens que les ennemis ne doivent point vouloir réduire le roi à faire la guerre à son petit-fils : c'est plutôt le vouloir déshonorer, qu'exiger de lui une sûreté effective. Si les ennemis raisonnent solidement, ils doivent voir que cette condition n'éviteroit pas ce qu'ils craignent, supposé que le roi fût de mauvaise foi, comme ils le soupçonnent. Sa Majesté leur donneroit, selon son traité, un certain nombre de troupes contre l'Espagne; et, d'un autre côté, elle feroit passer insensiblement en Espagne un nombre prodigieux de soldats et d'officiers congédiés, qui iroient servir le roi d'Espagne contre nos ennemis. Ce qui me paroît de l'intention des alliés, c'est qu'en demandant au roi une si dure et si honteuse condition, ils supposent que le roi est le maître de faire revenir son petit-fils, pourvu qu'il le veuille de bonne foi, et qu'il y emploie les moyens les plus efficaces. Ils comptent que le roi emploiera tous ces moyens décisifs, plutôt que de se déshonorer par la démarche honteuse de faire la guerre à son petit-fils pour lui arracher la couronne qu'il lui a donnée.

II.

J'ai été, dès le commencement, affligé du secret avec lequel la négociation de la Hollande a été menée : j'aurois souhaité que M. de Torcy l'eût rendue publique jusque dans la populace de la Hollande, qui souffre de la guerre, et qui soupire après la paix. D'un côté, c'étoit une mauvaise honte, de n'oser publier nos offres humiliantes; vous ne pouviez espérer aucun secret à cet égard, puisque ces offres étoient dans les mains de tous vos ennemis, intéressés à les publier jusque dans l'Espagne. D'un autre côté, vous deviez voir, ce me semble, qu'une grande partie des alliés ne desiroient point la paix; et que vous ne pouviez la leur arracher qu'autant que vous feriez sentir aux vrais républicains de Hollande et à tout le peuple leur véritable intérêt, qui est sans doute de n'achever pas d'accabler la France. Les mêmes offres, publiées un peu plus tôt ou un peu plus tard, pouvoient faire réussir ou échouer la négociation. Il ne convenoit point d'envoyer un ministre demander publiquement la paix, à moins qu'on ne se vît dans une étrange extrémité : au moins, en faisant une si extraordinaire démarche, il falloit s'assurer d'en tirer un fruit proportionné; il falloit tourner en force notre foiblesse même, montrer avec franchise et fermeté toute l'étendue de nos maux, et soulever tous les bien intentionnés de Hollande contre la cabale qui veut nous perdre. J'aurois voulu publier d'abord un équivalent du manifeste que diverses personnes assurent qu'on va publier.

III.

Encore une fois, il me paroît qu'il seroit odieux et déshonorant que le roi fît la guerre à son petit-fils; mais ceux qui s'arrêtent là ne paroissent pas aller jusqu'au fond de la difficulté. On peut inspirer aux courtisans, et même au peuple de Paris, une compassion passagère pour le jeune prince qu'on voudroit que le roi détrônât au milieu de ses victoires : il est facile de répandre dans notre nation une certaine indignation contre nos ennemis, qui veulent tyranniquement réduire le roi à une condition si flétrissante; mais il est fort à craindre que de tels sentiments ne nous soutiendront pas long-temps contre la famine, et contre tous les autres malheurs dont nous paroissons menacés. De plus, il ne faut pas croire, si je ne me trompe, que les esprits neutres soient sérieusement persuadés que le roi est dans une véritable impuissance de faire revenir son petit-fils, sans lui faire la guerre. Voici le discours que nos ennemis tiennent, et qui touchera, selon les apparences, presque toute l'Europe.

Il est vrai, disent-ils, qu'il paroît dur de contraindre le roi très chrétien à détrôner son petit-fils; mais c'est lui qui l'a mis sur le trône par surprise, contre la foi du traité de partage, sur un testament qu'on a fait signer à un roi moribond, en changeant le nom du fils de l'électeur de Bavière en celui du duc d'Anjou, en sorte que cet acte ne convient point à ce changement de nom. C'est celui qui a causé le désordre qui doit le réparer. Il n'y a que lui qui le puisse faire; nous ne pouvons nous en prendre qu'à lui seul. Si nous nous contentons des offres qu'il nous fait, cette longue guerre, qui nous a coûté tant de sang et des sommes immenses, sera à recommencer; et notre commerce, pour lequel nous hasardons tout, sera lui-même plus hasardé que jamais. La France, qui ne fait que tromper depuis la paix des Pyrénées, veut encore nous tromper cette fois-ci. Elle ne fait de si grandes offres qu'à cause qu'elle est aux abois; elle ne veut que respirer, et se moquer encore de nous; que faire la paix en Flandre, où elle se sent accablée, pour transporter la guerre dans la seule Espagne, où elle se croit victorieuse. D'abord, après la paix des Pyrénées, elle envoya, sous le nom de simples volontaires, une véritable armée contre l'Espagne, en Portugal, malgré les promesses solennelles qu'elle avoit faites, dans le traité de paix, de s'en abstenir. Elle enverra tout de même, après cette paix, en Espagne, contre nous, une quantité innombrable de soldats aguerris et d'excellents officiers qu'elle aura congédiés, et qui seront ravis, dans leur misère, de trouver de l'emploi au service d'un prince françois. Ils passeront les uns après les autres par les vallées : le roi fera semblant de s'en fâcher, et protestera qu'il ne peut retenir tous ces hommes, qui n'ont plus d'autre métier que celui des armes. C'est le discours que la France tint après qu'elle eut envoyé des volontaires en Portugal, sous feu M. de

Schomberg. Tout au plus le roi très chrétien fera, pour la cérémonie, quelque ordonnance ou placard, qui menacera de punition les militaires qui passeront en Espagne; et personne ne craindra ce châtiment imaginaire. Cependant le roi très chrétien enverra des secours secrets d'argent au jeune prince. La France se prévaudra du repos et de la sûreté où nous la laisserons se rétablir, pour nous épuiser, et pour nous mettre dans l'impuissance de parvenir jamais à l'unique but de toutes nos peines. Nous ne pourrions conquérir l'Espagne, soutenue par la France qui en est si voisine, qu'en y envoyant chaque année par mer de nouvelles armées; ce qui nous ruineroit. Cependant l'Espagne nous ôteroit tout le commerce; et les François, qui seroient si puissants dans le cœur de l'Espagne, ne manqueroient pas de s'insinuer dans ce commerce, pour nous l'enlever: dans le temps même où nous paroîtrions victorieux, nous serions perdus. Nous n'avons garde de laisser échapper la France, pendant que nous la tenons abattue et épuisée: nous sommes assurés, par tout ce que nous connoissons de l'Espagne, qu'il ne tient qu'au roi très chrétien de faire revenir son petit-fils, dès qu'il le voudra d'une façon sérieuse et efficace. Il sait bien que son petit-fils manque d'argent, qu'il n'a pas de quoi réparer ses troupes quand elles dépériront; qu'il a dans toutes les terres de son obéissance un grand nombre de prêtres, de religieux et de familles de toutes les conditions, qui sont encore secrètement affectionnés à la maison d'Autriche; qu'il ne pourroit à la longue soutenir une guerre tout ensemble civile et étrangère, dès qu'il n'espérera plus le secours secret de la France; que les Espagnols mêmes, qui paroissent le plus se piquer d'honneur, se lasseront bientôt quand ils verront que Charles réunira toute leur monarchie, ce qui est leur unique but; au lieu que Philippe ne peut plus que la démembrer, et que la dégrader en la démembrant; qu'enfin ceux qui montrent le plus de zèle pour Philippe l'abandonneront, dès qu'il faudra souffrir les ravages d'une longue guerre, perdre leurs états de Flandre, d'Italie, des Indes, voir périr leur commerce, et s'épuiser pour secourir ce prince chaque année. Ce prince ne peut donc prendre le parti de vouloir se maintenir en Espagne, qu'autant qu'il compte sur le secours secret que la France lui a promis. C'est donc la mauvaise foi de la France qui fait tout notre embarras; elle rend elle-même impossible ce qu'elle fait semblant de promettre. Guerre pour guerre, nous aimons mieux l'avoir contre les François dans la France même, et aux portes de Paris, avec tous les avantages qui sont visibles, que de l'avoir contre les François en Espagne, avec des embarras et des désavantages infinis. Ce seroit toujours également la même guerre contre les François: le changement consisteroit en ce que nous délivrerions la France de ce qui peut la réduire à une bonne paix, et que nous nous mettrions dans un péril évident de nous détruire. Nous nous affoiblirions bientôt, en sorte que la France et l'Espagne, toujours réunies dans la même maison et dans le même conseil, nous accableroient enfin, et donneroient la loi à toute l'Europe. Enfin, Philippe est un des enfants de France qui conserve le droit de succession à la couronne des princes de cette maison. En cette qualité, il doit obéir au roi son grand-père; faute de quoi il doit être exclu de son droit. Il est visible qu'il n'a aucune ressource réelle, si le roi très chrétien l'abandonne de bonne foi. Ainsi, il ne peut refuser de revenir, qu'à cause qu'il est bien assuré que cet abandon n'est qu'une comédie; ce n'est qu'un changement du théâtre de la guerre, et non une véritable paix. Si nous ne desirions pas de meilleure foi que les François une paix solide et constante, nous accepterions toutes les places qu'ils nous offrent; nous commencerions par nous en mettre en possession au premier jour. Par-là nous tiendrions la France presque ouverte; et quand nous verrions les troupes françoises que l'on congédieroit pour les faire passer en Espagne, pour y recommencer la guerre, nous la recommencerions de notre côté dans la frontière des Pays-Bas, et nous irions jusqu'à Paris. Voilà ce qui démontre notre droiture et notre modération. Nous ne voulons qu'éviter une fausse paix, pour en faire une véritable. Nous ne cherchons que la sûreté de notre commerce, avec l'équilibre des puissances de l'Europe, qu'on ne peut jamais espérer qu'en séparant pour toujours l'Espagne de la France. Nous défions les François de trouver aucun expédient réel et effectif qui nous donne des sûretés contre tous les maux qu'on vient de dépeindre. Nous démontrons que, sans nos demandes, nous serons à recommencer, et qu'il ne tient qu'au roi très chrétien de finir la guerre, dès qu'il le voudra sincèrement.

Je ne prétends pas décider en faveur de ce discours des alliés: mais tout ce qu'il y a dans l'Europe de neutre en sera frappé. On croira voir un tour captieux, que l'exemple du Portugal, secouru malgré le traité des Pyrénées, rendra très vraisemblable: on ajoutera même que le roi ne promet rien d'effectif en promettant d'abandonner son petit-fils, puisqu'il voit bien que la plupart des soldats et des officiers, que l'on congédiera à la paix, ne manqueront point de se jeter d'abord en Espagne pour y trouver quelque ressource ; que quand ils ne le feroient pas, dans l'espérance de lui plaire, ils le feroient pour avoir du pain ; et qu'ainsi il promet ce qui est visiblement une pure illusion. Quoi qu'il en soit, je pose toujours pour fondement essentiel de mon raisonnement que la France se trouve réduite à une extrémité très périlleuse, puisqu'elle fait de si extraordinaires démarches pour en sortir. Ce fondement étant posé, je conclus qu'il est inutile de se récrier que les propositions des ennemis sont injustes, insolentes et insupportables. Il faut venir au fait. Est-on en état de soutenir honorablement la guerre, et de mettre l'état en sûreté; pourquoi envoie-t-on donc demander la paix d'une façon si humiliante ? N'est-on pas en état de soutenir honorablement la guerre sans hasarder l'état ; à quoi sert-il de faire des plaintes qui ne remédient point au mal ? Vous ne persuaderez jamais à vos ennemis, ni aux personnes neutres, que vous ne pouvez pas faire revenir le roi d'Espagne, quand vous lui ferez sentir toutes les extrémités d'un abandon réel sans ressource. Vous ne persuaderez à personne que les Hollandois doivent vous laisser respirer, et se contenter d'une fausse paix, où la guerre, loin de finir, ne fera que changer de théâtre à leur désavantage, par les troupes innombrables qui passeront de France en Espagne contre eux. J'avoue qu'il faut savoir prendre par honneur les partis de désespoir, lorsqu'il n'en reste plus aucun autre ; mais ce n'est qu'au défaut de tout autre parti qu'il est permis d'envisager ceux-là, quand il s'agit de toute une nation et de tout un corps d'état qu'on est obligé de préférer à soi.

IV.

Je suppose toujours pour fondement que la France seroit, par la continuation de la guerre, dans un danger prochain d'invasion ou de démembrement de ses provinces. Je le suppose, puisqu'on offre d'abandonner Lille, Tournay, Ypres, Condé, Strasbourg, Dunkerque, etc. Ce fait fondamental étant supposé, je crois pouvoir représenter que le roi n'est pas libre de hasarder la France pour l'intérêt personnel d'un des princes ses petits-fils, cadet de la famille royale. Il est le souverain légitime de son royaume, mais pour sa vie seulement ; il en a l'usufruit, mais non la propriété ; il ne sauroit en disposer, il n'en est que le dépositaire ; il n'est nullement en droit, ni d'exposer la nation à passer sous une domination étrangère, ni d'exposer la maison royale à perdre le tout, ou une partie de la couronne qui lui appartient. Ainsi, supposant le cas d'un extrême péril, le roi doit, en justice et en conscience, préférer la sûreté du royaume qui lui est confié, au droit contesté d'un de ses enfants sur un royaume étranger. Le point d'honneur et la règle de conscience, loin d'empêcher le roi de faire cette préférence, l'engagent à la faire. La nation qui est indépendante de tout étranger, et la maison royale qui a le droit de succession à la couronne entière, ne sont nullement obligées à risquer ni invasion ni démembrement, pour soutenir un prince de France dans les droits qu'il peut avoir en pays étranger ; elles ne sont nullement responsables de la démarche que l'on a faite de rompre le traité de partage, pour se prévaloir du testament de Charles II. Il est donc juste que le roi fasse très sincèrement tous les efforts qui dépendent de lui pour faire revenir le roi d'Espagne, pour faire cesser le péril de la France. Ainsi, supposé que le roi le puisse, il doit le faire de la manière la plus prompte et la plus décisive.

V.

Pour réussir dans ce dessein, je voudrois que Sa Majesté envoyât au plus tôt en Espagne l'homme le plus habile, et le plus propre de son royaume à être écouté et cru par le jeune prince. Je voudrois que cet homme, muni des plus amples pouvoirs et des marques de la plus grande confiance, fût chargé de dire les choses suivantes de la part du roi et de monseigneur : Le roi d'Espagne n'est qu'un cadet de la maison de France ; il n'avoit aucun droit immédiat à la couronne d'Espagne ; il ne l'a reçue que de la concession purement gratuite du roi et de monseigneur, qui sont tout ensemble ses pères et ses bienfaiteurs. Monseigneur a fait la cession par l'ordre du roi, et étant autorisé par lui : peut-il se servir de leurs dons, qui sont de pures graces, pour exposer leur repos, leur gloire, leur couronne, leur liberté, leur vie ? De plus, il demeure toujours un des fils de France, avec le droit de succession à la couronne, qui lui a été expressément réservé. Ainsi, à moins qu'il ne renonce à sa naissance et à son droit de succession, il ne peut pas se dispenser de préférer le salut du royaume de France à son droit sur celui d'Espagne. Agir autrement seroit manquer à la nature, à la reconnoissance, et à tous les devoirs les plus essentiels.

On pourroit faire entendre à ce prince combien,

il seroit odieux à sa maison, à la France et à l'Europe entière, s'il préféroit son intérêt personnel à la sûreté du roi, de monseigneur, de la maison royale, et de tout le royaume. Les Espagnols mêmes devroient blâmer, dans leur cœur, un tel procédé. De plus, ce prince ne peut point espérer de se maintenir sur le trône d'Espagne, dès que l'abandon de la France ne sera point une comédie. Comment pourroit-il soutenir à la longue une guerre tout ensemble civile et étrangère? Il auroit contre lui la plupart des ecclésiastiques et des religieux, qui entraînent toujours le peuple; parce que le pape ne pourroit point s'empêcher de donner l'investiture du royaume de Naples à l'archiduc, et de le reconnoître pour roi d'Espagne, après que la France l'auroit elle-même reconnu. D'ailleurs, les grands, toute la noblesse, et tous ceux qui sont jaloux de la grandeur de la monarchie, par rapport aux charges et aux emplois, aimeront mieux le prince qui réunira la monarchie, que celui qui la démembrera. Chacun se lassera des périls, des ravages, des impôts inévitables dans une longue et violente guerre. Le jeune roi manquera d'argent; il n'aura plus de quoi renouveler ses troupes; le moindre mauvais succès le fera tomber sans ressource; les François mêmes qui iront à son secours lui seront à charge, et seront odieux aux Espagnols. Le commerce d'Espagne sera interrompu, et cette interruption suffit pour soulever tout le pays. Les ennemis pourront surprendre Cadix, et même l'attaquer ouvertement par mer et par terre; ils pourront empêcher le passage de la flotte des Indes et des galions; ils seront les maîtres des deux mers, et tiendront l'Espagne comme bloquée; ils pourront renverser tous les établissements de l'Amérique. Le moindre de tous ces accidents qui arrive, ce prince succombera d'abord : les Espagnols, dans le doute, craindront les suites; ils diront : Nous avons fait ce qui dépendoit de nous; nous ne sommes pas obligés de soutenir le prince de France plus que les François mêmes, et plus que le roi son grand-père. En l'abandonnant, il nous met dans la nécessité de l'abandonner.

On peut encore représenter au roi d'Espagne que le roi, qui ne peut se résoudre à lui faire la guerre, n'auroit pas moins de peine à se résoudre à le laisser périr sous ses yeux, et que Sa Majesté aime mieux user de la force pour le réduire à revenir. S'il est honteux et insupportable au roi de prendre les armes contre son propre fils, il ne lui seroit pas moins honteux et insupportable de le voir attaqué, pressé, accablé par ses ennemis, et peut-être trahi, ou du moins abandonné par les Espagnols, sans oser le secourir, et de demeurer tranquille spectateur de sa perte. Enfin, on peut dire que le roi, dans cette affreuse extrémité, entre le péril de perdre la France et celui de prendre les armes contre son propre fils, aura recours à un parti digne de sa sagesse : c'est celui d'envoyer des troupes en Espagne, non pour lui faire la guerre conjointement avec les ennemis, mais pour l'enlever aux ennemis mêmes, et pour le mettre en sûreté auprès de lui. Quand un homme de poids et de talent convaincra ce jeune prince et son conseil que c'est véritablement que le roi est résolu à user de la force pour l'enlever aux armées ennemies, il verra bien qu'il n'a plus de ressource d'aucun côté; il comprendra que les ennemis, assurés de cette démarche du roi, agiront plus hardiment contre lui, et que les Espagnols mêmes se décourageront, dès qu'ils ne pourront plus douter que le roi ne veuille le reprendre pour le conserver. Voilà les moyens efficaces de persuader le roi d'Espagne de guérir les défiances des ennemis, et de les réduire à une prompte paix. Le vrai parti à prendre, dans l'état où je suppose la France, est d'envoyer promptement en Espagne un homme vertueux, sage, habile, ferme, insinuant, et bien autorisé, qui fasse voir au jeune prince et à ceux qui ont sa confiance, qu'il ne reste plus un moment à hésiter, et que, sur son refus obstiné, le roi concluroit la paix avec ses ennemis, en sorte que, immédiatement après, les ennemis iroient droit à Madrid, pendant que les troupes françoises iroient droit au jeune roi pour l'enlever à sa perte inévitable, et pour le ramener respectueusement en France. Dès que le roi d'Espagne sera bien convaincu que cette déclaration est sérieuse, et qu'elle sera suivie d'une prompte exécution, il se rendra, et les Espagnols seront les premiers à lui conseiller de revenir. Rien n'est même plus noble et plus grand pour les deux rois, que de rendre à la nation espagnole le dépôt de leur monarchie entière, lorsqu'il est visible qu'ils ne peuvent plus la leur conserver sans la laisser démembrer.

Pendant que le roi n'ira point jusque là, les ennemis ne croiront jamais que l'abandon offert soit sincère; ils croiront et feront croire au monde que ce n'est qu'une comédie jouée, pour changer la guerre sans la finir. Si le roi d'Espagne pouvoit revenir tout-à-coup, la guerre se trouveroit finie en un jour, sans aucune négociation; la guerre n'auroit plus ni fondement ni prétexte; tous les ombrages de nos ennemis se dissiperoient; la France n'auroit plus qu'à contenter les Hollandois sur leur barrière, qui seroit peut-être en ce cas moins grande que leurs prétentions présentes. Faute de prendre ce parti, vous serez toujours à recommencer; et quand même vous gagneriez une bataille, qu'il me paroît fort douteux que vous deviez risquer de perdre, au hasard de voir les ennemis aux portes de Paris, ils vous réduiroient encore à la longue à vous rendre par épuisement. Dès que l'on voit les choses dans cette extrémité, il est inutile de continuer à détruire le fond du royaume, et à risquer sa perte entière. Il vaut mieux faire aujourd'hui le sacrifice qu'on voit bien qu'il faudroit faire tout de même dans un an.

VI.

Je croirois qu'il seroit aussi honteux, et plus nuisible à la France, de donner aux ennemis des places, comme Perpignan et Bayonne, pour passer en Espagne, que de leur donner du secours contre le jeune roi; car le prêt de ces places seroit un secours très effectif. Au moins, en donnant du secours, on ne leur ouvriroit pas la France, avec le danger d'une invasion sous le moindre prétexte. D'ailleurs, à moins qu'ils ne veuillent passer tout au travers de la France, chose pernicieuse et insupportable, ils ne peuvent se servir de Perpignan et de Bayonne qu'en y allant par mer. Or, s'ils veulent passer par mer en Espagne, ils pourront autant y aborder par Barcelone que par nos ports de France. Que s'ils ne veulent que des places de sûreté jusqu'à l'exécution de la promesse d'abandonner le roi d'Espagne, il faudroit mettre ces places en dépôt dans les mains de quelque puissance neutre, comme les Suisses; et non dans celles de nos ennemis; encore même faudroit-il faire mettre par écrit que le roi ne seroit nullement responsable sur ces places mises en dépôt, de ce que des soldats et des officiers françois pourroient, malgré toutes les défenses de Sa Majesté, passer en Espagne. Mais, à parler exactement, il faut avouer que rien ne peut lever toutes les difficultés de nos ennemis, et finir l'imminent péril de la France, que le prompt retour du roi d'Espagne, qui est certainement dans les mains du roi, quoi qu'on en puisse dire, pourvu que Sa Majesté ne lui laisse aucune espérance d'un secours secret, et qu'il lui déclare, par un homme qui sache parler fortement, que s'il refuse avec obstination de revenir, Sa Majesté enverra des troupes pour l'enlever aux armées des ennemis. On n'aura jamais besoin d'exécuter cette déclaration, si on la fait avec toute la force dont elle a besoin.

VII.

Enfin, si on continue la guerre, quand même les ennemis remporteroient de grands avantages, le roi ne devroit point, ce me semble, s'éloigner de Paris. Je ne voudrois pas qu'il s'y renfermât, si les ennemis venoient, par exemple, jusqu'à Senlis; encore faudroit-il alors qu'il y eût des princes de la maison royale qui soutinssent la ville, et qu'on s'y retranchât. Si la capitale, où sont l'argent, le commerce, le crédit, et toutes les ressources, étoit abandonnée, tout seroit perdu. Les provinces n'ont plus ni argent, ni hommes aguerris, ni places capables d'arrêter les ennemis; tout est affamé et au désespoir. Plus le roi s'éloigneroit de Paris, plus il se mettroit au milieu des provinces pleines de huguenots, dont il a tout à craindre : les bords de la Loire et le Poitou en sont pleins. Il n'y auroit que le courage du roi qui pût soutenir celui de la nation. Les ennemis iroient aussi facilement de Paris à Orléans, à Bourges, et jusqu'aux Pyrénées, que de Béthune ou d'Aire à Paris : tout tomberoit devant eux. Malgré la misère et la stérilité, ils trouveroient à vivre partout en passant. Les huguenots et beaucoup de gens affamés se joindroient d'abord à eux. Paris étant abandonné, il faudroit un miracle pour sauver la France : les Allemands et les Anglois voudroient s'y établir. C'est pour cette raison que je souhaiterois qu'on fît tomber tout d'un coup cette affreuse guerre, par un prompt retour du roi d'Espagne. Le roi n'a qu'à le bien vouloir pour en venir à bout. Il me semble que nous sommes fort heureux de ce que les ennemis n'ont pas voulu accepter nos offres, en se réservant le dessein de se servir des places que nous leur aurions cédées, pour entrer en France dès qu'il y auroit eu un nombre considérable de François passés en Espagne; car il y a tout lieu de croire que ce cas seroit arrivé infailliblement, et qu'ils auroient eu un beau prétexte d'entrer tout-à-coup dans le royaume. Le retour du roi d'Espagne peut seul couper la racine du mal.

ADDITION AU MÉMOIRE PRÉCÉDENT.

Le prompt retour du roi d'Espagne étant l'unique ressource qui reste au roi pour sauver la France, comme on l'a fait voir dans le *Mémoire* ci-joint, il est capital de faire choix d'un sujet excellent, pour lui confier une affaire aussi importante. On a vu, par le choix de M. Rouillé, quelles sont les personnes que M. de Torcy est capable d'employer : une pareille faute exposeroit le royaume aux derniers malheurs.

M. le duc de Noailles est à la cour d'Espagne, à ce que l'on assure. On prétend qu'il y est allé pour disposer le roi à revenir en France, en cas que la paix ne se puisse conclure sans ce retour. Ce duc est jeune, sans expérience, d'un esprit fort extraordinaire, et très peu propre à réussir dans une affaire de la nature de celle dont il s'agit présentement, et dans laquelle il faut persuader, non le roi d'Espagne (car s'il étoit seul, le moindre ordre du roi son grand-père lui suffiroit); mais la reine, qui doit être au désespoir de venir passer sa vie en France, qui hait, dit-on, notre nation (et cela est très vraisemblable), et qui a un ascendant infini sur le roi son mari.

Il faut un homme de poids, recommandable par ses qualités personnelles, et que son rang fasse respecter. M. le duc de Harcourt a de l'esprit, et parle hardiment; mais il est en Allemagne, et y est nécessaire. D'ailleurs, c'est lui qui est cause du testament; il ne travailleroit pas de bon cœur à détruire son ouvrage. De plus, il faut un homme d'une vraie vertu, d'une probité à toute épreuve, qui soit uniquement touché du salut de la France, et qui songe à le procurer par le succès de cette négociation-ci; zélé, infatigable.

Personne ne seroit plus propre à un pareil emploi que M. le duc de Chevreuse; le roi ne pouvant se passer de M. le duc de Beauvilliers, à qui sa qualité de gouverneur donneroit un droit de parler au roi d'Espagne, en présence de la reine, avec une liberté et même une autorité particulière. Mais, quoique M. le duc de Chevreuse n'ait pas été son gouverneur, il n'y a aucun seigneur en France à qui le roi d'Espagne soit plus accoutumé. Sa patience, que rien ne peut lasser; son esprit, à qui nulle bonne raison n'échappe, et sa droiture infinie, le mettroient en état de réussir dans une affaire qui sauvera l'honneur du roi, et qui procurera le salut de la France. Quelle fonction peut être plus digne d'un homme qui aime véritablement sa nation?

Il faudroit que madame de Maintenon écrivît très fortement à madame des Ursins que le roi est persuadé que le succès de l'affaire dépend d'elle, afin qu'elle se joigne de bonne foi avec M. le duc de Chevreuse. Si son crédit est diminué, comme on le dit, il n'y a aucun inconvénient à supposer qu'il est toujours aussi grand; et si effectivement elle a le même ascendant sur l'esprit de la jeune reine qu'elle avoit ci-devant, la manière forte et sérieuse dont madame de Maintenon lui écrira l'engagera à agir de toute sa force; et elle pourra être très utile pour le succès de l'affaire.

Si par hasard on songeoit à envoyer M. le maréchal d'Estrées, il faudroit craindre qu'il n'agît selon les préventions de M. le duc de Noailles son beau-frère; qu'il n'eût de la peine à faire revenir le jeune roi, à cause du titre de grand qu'il en a reçu, et que sa négociation ne fût affoiblie par les démêlés de son oncle et de son frère avec madame des Ursins. Si M. de Chevreuse n'étoit pas choisi, y auroit-il un homme plus propre que M. le maréchal d'Uxelles? J'aimerois mieux M. le maréchal de Catinat, à cause qu'il est vraiment vertueux; mais je suppose que sa mauvaise santé l'exclut.

V.

OBSERVATIONS

DU DUC DE CHEVREUSE

SUR

LE MÉMOIRE PRÉCÉDENT.

1710.

REMARQUES SUR LES RAISONS DES ENNEMIS, RAPPORTÉES EN QUATRE ARTICLES DANS LE MÉMOIRE.

I.

Les raisons ici alléguées contre Philippe V sont très fortes; mais, sans les examiner en détail, une seule considération semble les détruire toutes.

On sait que les royaumes sont, ou électifs, dont le roi n'est qu'usufruitier à vie; ou patrimoniaux, dont le roi dispose comme il veut; ou enfin successifs, dont le roi a toujours pour successeur nécessaire son plus proche héritier, descendant du premier roi (la ligne directe préférée, et le droit d'aînesse gardé), soit mâle seulement, soit fille à défaut de mâle : et c'est ce dernier usage qu'on voit établi en Espagne depuis mille ans; car Philippe V descend en ligne directe des deux premiers rois, qui, réfugiés en différents lieux des montagnes du nord, commencèrent en même temps à reconquérir l'Espagne sur les Maures vers 747, et dont les familles se réunirent ensuite par mariage en une seule, qui a toujours régné depuis.

Voilà donc un usage de dix siècles qui forme tout ensemble une loi et une possession inviolable en faveur des descendants de ces premiers rois, tant qu'il y en aura. C'est une espèce de substitution graduelle et perpétuelle, contre laquelle aucun testament ni renonciation ne peut prescrire; que nul des substitués n'a le pouvoir de changer, et que la nation même, qui s'est soumise à cette famille ou descendance, n'a plus droit d'infirmer, mais seulement de juger si les conditions ordonnées par la loi, pour la succession, sont remplies.

Par cette raison, dira-t-on, Louis dauphin, et, après lui, Louis duc de Bourgogne, devoient être rois d'Espagne : il est vrai; mais comme il est permis à un roi d'abdiquer sa couronne, à plus forte raison ces deux princes pouvoient-ils céder personnellement celle d'Espagne, qu'ils n'avoient pas encore.

Si l'on répond qu'ils ne pouvoient céder que leur droit personnel, et non pas celui de leurs futurs descendants, qui sont venus au monde depuis, la réplique paroît décisive.

Quand la succession d'un royaume est ouverte, il faut un roi pour le gouverner. C'est pour en avoir perpétuellement que la nation a choisi une famille ou descendance entière; et c'est pour l'avoir sans interruption ni délai à la mort de chacun, que la succession a été fixée par l'aînesse, qui décide sur-le-champ, rien n'étant plus pernicieux aux états que les interrègnes. Si donc celui qui doit succéder selon la loi refuse, la couronne passe à son fils; et s'il n'en a point, elle passe nécessairement à son frère; car la nation n'attend point alors un fils du premier, qui ne viendra peut-être jamais. Ainsi, quand, après la prise de possession de la couronne par le frère puîné, l'aîné, qui a refusé, vient à avoir des enfants, ils ne peuvent rien prétendre à la couronne cédée par leur père : 1° parce que, n'étant point existants dans le temps de la cession, ils ne sont susceptibles d'aucun droit; 2° parce qu'ils n'ont pu en acquérir depuis par leur naissance, puisque le seul prince qui pourroit le leur transmettre n'en avoit plus lui-même quand ils sont nés. Telle est donc la loi de la succession des monarchies : il faut qu'un roi vivant succède sans délai au roi qui meurt. Si celui que la loi met sur le trône refuse d'y monter, il perd son droit, et en saisit son successeur présomptif vivant, auquel le droit, une fois recueilli, demeure, et par lui à sa postérité.

A l'égard du traité de partage mentionné dans cet article, il n'obligeoit le roi qu'à convenir avec l'Angleterre et la Hollande d'un prince pour l'Espagne, au cas que l'empereur refusât d'accepter ce traité. L'empereur l'a refusé six mois devant la mort du roi d'Espagne; le roi n'étoit donc plus alors engagé qu'à convenir de la nomination du prince avec les deux autres puissances. Or, Sa Majesté notifia le choix de Philippe V par le testament au roi Guillaume et aux états-généraux, qui reconnurent ce prince pour roi d'Espagne. Ainsi voilà dès-lors le traité de partage exécuté.

II.

Il falloit sans doute, au mois de mai dernier, faire déclarer les alliés sur ce qu'ils exigeoient du roi pour assurer l'abandon d'Espagne par le roi Philippe. M. de Torcy prétend n'avoir rien oublié sur cela, et l'on verra à la fin de ces remarques ce qu'ils lui ont répondu.

III.

Selon le principe établi sur le troisième point ci-après, on peut seulement employer les armes du roi pour retirer d'Espagne Philippe V avec sûreté, quand ce prince le voudra, mais non pas malgré lui.

IV.

Le quatrième article ne paroît souffrir aucune difficulté.

REMARQUES SUR LES POINTS TOUCHANT LESQUELS LE MÉMOIRES DÉCIDE.

I.

Les deux expédients combattus dans cet article paroissent en effet impraticables.

II.

Que la France soit réellement dans la dernière extrémité, c'est ce qui est vrai dans un sens, et peut ne l'être pas absolument dans un autre. On en dira davantage à la fin de ces *Remarques*. On supposera cependant ici cette perte de l'état prochaine, si la guerre continue; et l'on convient qu'il n'y a que ce seul cas où l'on puisse délibérer sur l'abandon d'Espagne.

III.

Les quatre raisons de ce point, pour obliger Philippe V à quitter volontairement l'Espagne, sont très fortes : mais une contraire paroît les anéantir; c'est quand le roi, monseigneur le dauphin et monseigneur le duc de Bourgogne ont donné ce prince à la nation espagnole pour être son roi, ils l'ont en même temps délié de toute autre obligation, et ils l'ont mis par-là dans la nécessité indispensable de n'avoir plus de devoir ni d'intérêt que pour cette nation, à laquelle ils l'ont pour ainsi dire dévoué.

Ainsi, 1° Philippe V doit hasarder la perte de la France, si l'intérêt de l'Espagne le demande. 2° En le faisant, il n'est point ingrat envers son donateur, qui n'a pu ni dû lui prescrire d'autre loi que celle de soutenir, suivant l'équité, l'intérêt des Espagnols envers et contre tous, sans réserve. 5° Il doit donc préférer, non *sa propre grandeur*, mais le bonheur de l'Espagne, *au salut de la France, de sa maison, de ses pères et bienfaiteurs*, etc.

La troisième raison de ce point doit être pesée. Il nous paroît en effet, en ce pays-ci, que l'abdication de Philippe V ne feroit aucun tort réel à la nation qui l'a voulu pour roi; mais, lié comme il est à elle, il ne lui est pas permis de l'abandonner sans qu'elle y consente. Il doit donc tout employer pour lui persuader qu'elle sera plus heureuse sous un autre prince; et cela paroît même très clair dans l'état des choses. Mais si, après avoir mis de bonne foi tout en œuvre pour la faire consentir à son abdication, cette nation, qui doit connoître mieux que nous ses vrais intérêts, persévère à le vouloir conserver, il paroît que son unique devoir est alors de périr plutôt que de l'abandonner.

IV.

On ne peut, ce me semble, par la raison précédente, déclarer le roi d'Espagne ingrat, etc., que dans le cas qu'il refuseroit de faire ses efforts pour tirer le consentement des Espagnols à son abdication par leur propre intérêt, qui doit être, à son égard, la raison décisive pour les quitter : on pourroit seulement le sommer de renoncer à la couronne de France, dont il va causer la perte autant qu'il est en lui. Mais au fond sa renonciation ne seroit que personnelle; et c'est avec raison qu'elle n'est proposée par le *Mémoire* que comme une menace.

V.

Cette considération est utile pour exciter le roi d'Espagne à une abdication volontaire, et consentie par ses sujets.

VI.

Idem : c'est-à-dire, non pas pour arracher par force Philippe V à l'Espagne, mais pour persuader à lui et à elle la nécessité de son abdication.

VII, VIII, IX.

On joint ces trois articles ensemble, parce que leur matière est mêlée en tous.

Il paroît clair en effet que les ennemis veulent la paix; et il est important de les convaincre de notre résolution réelle d'abandonner l'Espagne : mais cet abandon ne suffit pas pour les déterminer à la conclure, comme on le remarquera sur l'article dixième.

Retirer d'Espagne toutes nos troupes prouve également, et aux ennemis et aux Espagnols, qu'on ne veut plus soutenir Philippe V. Mais le *Mémoire* remarque très judicieusement que cet abandon, fait sans aucune convention avec les ennemis, leur donne moyen de soumettre promptement l'Espagne, et de tourner aussitôt les forces étrangères de l'archiduc avec celles des Espagnols contre la France, pour l'attaquer par un nouveau côté; ce qui nous forceroit, non-seulement à restituer toutes les conquêtes du règne du roi, mais encore à tels démembrements du royaume qu'il leur plaira. Cependant c'est une chose faite. Il est vrai que l'hiver qui approche poussera apparemment la révolution d'Espagne jusqu'au printemps, et donnera lieu de négocier auparavant; mais du moins voit-on par-là qu'il faut conclure la paix cet hiver à quelque prix que ce soit, et que le *Mémoire* a raison de vouloir qu'on retarde l'évacuation des places des Pays-Bas espagnols jusqu'à la signature des préliminaires capables d'assurer efficacement la paix.

A l'égard de nos places à donner en ôtage, le *Mémoire* opine très sensément qu'on accorde toutes celles qui seront nécessaires pour dissiper la défiance de notre bonne foi future jusqu'à l'entière réduction d'Espagne, ou satisfaction des alliés à cet égard; et de vouloir qu'on les remette à des tiers fidèles aux conditions du dépôt (comme les cantons suisses catholiques) plutôt qu'aux parties mêmes. Mais l'offre en est déjà faite.

X.

Voici l'article le plus important. La réflexion qu'on y fait est très juste. L'hiver durera moins que la négociation de la paix générale, qui est embarrassée de tant d'intérêts différents; et il est d'ailleurs décisif d'en conclure l'essentiel avant les états de guerre, destination de fonds, et autres préparatifs des Anglois et Hollandois pour une nouvelle campagne. Il n'y a donc pas un moment à perdre.

Quoique les Anglois et Hollandois soient épuisés des grands efforts auxquels cette guerre les a engagés, ils ne laissèrent pas de déclarer à M. de Torcy, à La Haie, qu'ils vouloient tout finir à la fois; qu'ils ne se relâcheroient nullement sur la réduction d'Espagne pour l'archiduc, puisque c'étoit le motif de la guerre; qu'ils ne demanderoient jamais au roi d'armer contre son petit-fils pour le détrôner, mais seulement d'employer les moyens qu'il jugeroit à propos pour assurer l'Espagne à l'archiduc ; et que sans cela ils ne pouvoient faire de paix avec nous, parce qu'ils ne vouloient pas achever de s'épuiser par une guerre éloignée (où il n'y auroit de sûr pour eux que des frais immenses), pendant que la France tranquille se rétabliroit ; ce qui seroit trop dangereux pour eux.

Dans cette idée, qu'on est forcé d'avouer très raisonnable, si elle n'est pas juste, notre abandon réel d'Espagne, avec déclaration à Philippe V, qu'on le traitera en ennemi s'il reçoit un seul sujet du roi à son service ; et telles places d'otage que les alliés demanderont ; tout cela ne les peut satisfaire, car ils auront toujours la guerre d'Espagne à soutenir. Il semble donc que toute la négociation doit tendre à leur rendre sensible l'impossibilité où vont être les Espagnols de soutenir seuls Philippe V : attaqués de toutes parts, sans argent, sans marine, sans commerce ni aucun aide des Indes, les fidèles Castillans seront forcés de se rendre, comme une place assiégée à qui tout manque, et qui n'espère nul secours. Cette considération, d'une part ; celle de la guerre du nord qui leur est si désavantageuse, la peste qui leur peut venir par le commerce des villes Anséatiques, la famine que la difficulté de tirer des blés du nord leur peut causer, les heureux succès des armes qui peuvent enfin revenir de notre côté, et ce qu'un habile plénipotentiaire peut encore ajouter, selon l'occasion, quand il est sur les lieux : c'est, ce semble, tout ce qui peut être mis à présent en usage, et qui est capable d'ébranler des gens, à qui, au fond, la paix ne convient guère moins qu'à nous. Mais, comme le *Mémoire* remarque, il ne faut pas perdre un moment à travailler à cette grande affaire.

Quoique les réflexions sur ce dixième point renferment plus qu'il n'a été demandé par rapport au *Mémoire*, on ne laissera pas de dire encore quelques mots sur l'extrémité de la France ci-devant mentionnée. Cette extrémité n'est que trop vraie ; mais elle ne paroît pas sans remède, et même très efficace.

Si l'on tentoit maintenant l'entreprise sur l'Écosse, qu'on sait plus disposée que l'année dernière, aussi bien que l'Irlande, à reconnoître son roi légitime, cela seul opéreroit une paix avantageuse et prompte. Il est très possible de faire un fonds extraordinaire suffisant, et d'avoir en très peu de temps les vaisseaux, les armes, les munitions nécessaires. L'Angleterre, divisée en deux partis, dont l'un mécontent demande à traiter avec le roi Jacques, ne se fieroit pas à ses propres troupes, dès que ce prince y entreroit par l'Écosse ; et le crédit d'argent du gouvernement de Londres tomberoit sans ressource, parce qu'il n'est presque qu'en papier. A regarder la chose de près, dans toutes les circonstances qu'on sait, elle ne paroît pas douteuse.

Le rappel des huguenots en France (quoique sans exercice public) seroit encore un moyen capable de déterminer les ennemis à une paix raisonnable. Plusieurs officiers réfugiés avouèrent au prince de Hesse, après la prise de Tournai, en présence de quelques officiers de la garnison de cette place, que, si le roi faisoit une pareille déclaration, ils retourneroient tous dès le lendemain en France. Par là, d'une part, on ôteroit aux ennemis leurs meilleures troupes, avec beaucoup de riches banquiers, et d'artisans utiles dont l'absence dérangeroit leurs manufactures ; et d'autre part, non-seulement nos armées seroient augmentées en bons soldats et braves officiers, mais aussi le royaume se trouveroit promptement repeuplé et enrichi : ce qui seroit capable de redonner courage et confiance à la nation, de remettre dans le commerce l'argent que la seule défiance a resserré, et d'ôter toute espérance aux ennemis, affoiblis par cette perte, de nous réduire par la force à des conditions injustes ; eux qui, sans cette espérance, se trouvent déjà trop épuisés, et maintenant trop intéressés à la guerre du nord (qui va leur enlever même beaucoup de troupes auxiliaires), pour ne pas finir celle qu'ils nous font. On trouvera, sans doute, de grands inconvéniens à ce rappel des huguenots ; et il y en a plusieurs, en effet, qu'il seroit trop long de discuter ici : mais on peut remédier à la plupart de ces inconvéniens ; et de plus, dans les dernières extrémités, où l'on est forcé d'employer les grands remèdes, on peut passer par-dessus les incommodités qu'ils apportent en opérant la guérison. On trouveroit, dans ce rappel, l'avantage de faire, en un clin d'œil, de tous les nouveaux convertis, de bons sujets de l'état ; et l'on espéreroit, avec raison, tant pour eux que pour les réfugiés, une vraie conversion à l'avenir, au moins à l'égard de plusieurs.

Il y auroit encore un autre moyen de ranimer la nation abattue, rétablir la confiance partout, faire rouler abondamment les espèces entre les mains des particuliers, et montrer clairement aux ennemis que les François, réunis dans une même volonté de tout employer pour se défendre, se soutiendront plus long-temps qu'eux. Mais, outre que ce moyen, tout juste qu'il est, seroit sujet à quelques inconvéniens, qu'on croit néanmoins faciles à surmonter, il est trop opposé aux maximes établies depuis un siècle pour pouvoir être goûté.

Il n'y a donc que l'entreprise d'Écosse, qui, sans aucun risque ni autre inconvénient, puisse sauver la France en trois mois de temps, pourvu qu'on y travaille avec la diligence, le secret et les précautions nécessaires. La réputation de valeur, de fermeté, de politesse, de sagesse et de bon esprit, que le roi d'Angleterre acquiert tous les jours parmi même ses sujets rebelles; et qui vole déjà dans les trois royaumes, commence à y faire une impression très propre à favoriser son entreprise.

VI.

EXAMEN

DES DROITS DE PHILIPPE V A LA COURONNE D'ESPAGNE.

1710 ou 1711.

On représente que le roi d'Espagne a un droit très légitimement acquis sur cette vaste monarchie; qu'il est par conséquent vrai roi, dans une entière indépendance du roi son grand-père; qu'il se doit à ses états; qu'on peut bien lui conseiller de faire divers sacrifices pour la paix, mais que le roi n'a point le droit de lui commander sa dégradation, et encore moins de lui faire la guerre pour le contraindre à souffrir cette injustice. Mais voici ce qu'il me semble qu'on peut répondre à cette objection.

1° Il ne s'agit point de faire la guerre au roi d'Espagne, ni de le vaincre, ni de le forcer à souffrir l'injustice, mais seulement de le persuader, et de persuader la nation espagnole. Il ne s'agit que d'une soustraction réelle de tout secours, que vous avez déjà promise, et qui suffira, quand elle sera bien sérieuse, pour rendre la persuasion efficace. Vous ne leur parlerez que selon leurs véritables intérêts. Le véritable intérêt du roi d'Espagne est de ne vouloir point périr, est de ne hasarder point le salut de la France pour une chose qui est devenue impossible. Le véritable intérêt de la nation espagnole est de ne démembrer point leur monarchie, et de ne s'engager point, après qu'elle aura été abandonnée par la France, dans une guerre ruineuse et insoutenable. La persuasion sera facile, dès que vous leur ôterez toute espérance.

2° Quand on suppose que la renonciation de la reine à la succession d'Espagne est nulle, on ne prend pas garde aux conséquences d'un tel principe. Si Philippe IV, roi d'Espagne, n'a pas pu faire renoncer sa fille Marie-Thérèse, Philippe II n'avoit pas pu faire renoncer sa fille Catherine, qui fut mariée avec le duc de Savoie. En ce cas, il faudroit suivre la coutume de Brabant, qui est favorable aux filles d'un premier mariage par préférence aux mâles d'un second lit; et alors Catherine de Savoie, dont le duc de Savoie d'aujourd'hui est l'arrière-petit-fils, devroit avoir le Brabant, etc., par préférence aux princes de France, qui sont les enfants de la reine Marie-Thérèse descendue de Philippe III, né du dernier mariage. En ce cas, Catherine n'auroit pas pu renoncer au profit de son frère du dernier lit, qui étoit Philippe III. Vous convient-il d'établir un principe qui donneroit le Brabant, etc., au duc de Savoie? L'infante Marie-Thérèse étoit bien moins lésée en renonçant pour devenir reine de France, que l'infante Catherine en renonçant pour devenir duchesse de Savoie.

5° Il ne s'agit point d'une simple renonciation faite comme entre particuliers, où l'on ne regarde que l'utilité des particuliers mêmes qui renoncent à quelque droit : il s'agit d'une renonciation qui sert de fondement au traité des Pyrénées, et qui assuroit la liberté et la paix de l'Europe entière. Ainsi il faut regarder cette renonciation, non selon les coutumes des lieux, qui décident des champs et des prés des familles particulières, mais selon un droit infiniment supérieur, qui est le droit des gens. Il est même capital d'observer que ce n'est que par un abus, que les filles mariées dans les pays étrangers succèdent aux souverainetés de leurs pères. La France n'a jamais admis de telles successions, et les autres nations auroient dû les rejeter de même. Une nation ne devroit point s'assujettir à la domination d'un étranger qui descend par femmes du souverain de cette nation. Une nation entière n'appartient point en propre à une fille, comme un pré ou comme une vigne, en sorte que la propriété en puisse être transférée, comme une dot, à des étrangers. Si cet abus est autorisé, au moins faut-il l'adoucir, et le rectifier, en subordonnant de telles successions aux intérêts manifestes de chaque nation, et encore plus à l'intérêt général de l'Europe entière, pour conserver son équilibre, qui est le fondement de son repos et de sa sûreté. Ainsi le contrat de mariage de la reine est l'accessoire, et le traité de paix est le principal. La paix elle-même se trouve fondée sur la renonciation. Il faut donc que l'accessoire s'accommode au principal, et que toutes les lois alléguées par les jurisconsultes pour les familles particulières, cèdent en cette occasion à la règle supérieure, qui est d'assurer la paix et la liberté des nations qui composent l'Europe. On ne sauroit douter que l'esprit du traité de paix n'ait été d'empêcher, par la renonciation, que la succession d'Espagne ne vînt jamais à la maison de France : il faut donc que toutes les lois qui semblent favoriser la maison de France, pour cette succession, cèdent à l'esprit du traité de paix qui veut l'en exclure pour assurer l'équilibre de l'Europe.

En vain, on dira qu'une renonciation est nulle, quand la personne qui la fait n'en est pas dédommagée par quelque profit ou avantage reçu : je réponds que cette règle de jurisprudence n'a lieu que pour les familles de particuliers. Une princesse doit toujours préférer l'avantage de sa maison, de sa nation, de l'Europe entière, à son profit personnel. De plus, la reine Marie-Thérèse n'auroit jamais été reine de France sans cette renonciation. La couronne de France n'étoit-elle pas pour elle un assez bon dédommagement? Celui qui étoit son père étoit en même temps son roi; il pouvoit se dispenser des règles des familles particulières, pour la sûreté de sa maison, de sa monarchie et de toute l'Europe. Il pouvoit, comme roi, commander à sa fille d'entrer dans un si juste dessein; et il la dédommageoit assez libéralement d'une espérance de succession très incertaine, par la couronne de France qu'il lui procuroit actuellement.

En vain, on dit que les renonciations des filles sont nulles, quand leurs dots ne sont point payées : ces règles sont bonnes pour les filles d'une condition particulière, qui ne peuvent être dédommagées des biens auxquels elles renoncent, que par le paiement réel de leurs dots; mais une princesse, que sa renonciation fait reine de France, n'a pas besoin d'un autre dédommagement. Les avocats ne savent pas que les dots de ces grandes princesses sont très modiques par proportion aux états de leurs pères, que ces dots ne sont que de style dans un contrat; qu'on n'est régulier de part ni d'autre à les payer; et qu'on n'a pas mieux payé aux Espagnols les dots des princesses de France, que celles des princesses d'Espagne ont été payées aux François. De plus, il faudroit qu'on eût fait, pour la dot de Marie-Thérèse, des demandes en justice; il faudroit qu'on eût sommé les Espagnols de la payer : c'est ce qu'on n'a jamais fait. Au pis aller, le débiteur en seroit quitte pour payer, après la demande.

Au reste, que gagneriez-vous, quand vous prouveriez qu'un père ne peut point exiger une renonciation de ses enfants? En ce cas, toute la monarchie d'Espagne appartient à monseigneur le dauphin, et par succession à monseigneur le duc de Bourgogne, à monseigneur le duc de Bretagne, et à l'aîné de leurs descendants à perpétuité. Suivant ce principe, le roi n'a point pu obliger monseigneur le dauphin à renoncer; monseigneur le dauphin n'a point pu obliger monseigneur le duc de Bourgogne à renoncer, au préjudice de sa postérité, et au profit d'un prince son cadet. Si la renonciation de la reine est nulle, celle-là l'est encore plus; car au moins la reine n'a renoncé qu'avec le grand dédommagement de devenir reine de France par sa renonciation, au lieu que les descendants aînés de monseigneur le dauphin renoncent maintenant à la vaste monarchie d'Espagne à pure perte. Le roi et monseigneur le dauphin ne le peuvent pas, si Philippe IV ne l'a pas pu; et Philippe IV l'a pu, s'ils le peuvent.

Il est inutile de dire que Charles II, roi d'Espagne, a pu rappeler ses neveux de la maison de France, et les relever de la renonciation de la reine Marie-Thérèse. 1° Je laisse à examiner toutes les clauses de son testament, pour savoir s'il paroît y avoir eu une pleine liberté d'esprit, et si ce testament n'a aucune nullité par les termes qui semblent convenir au prince électoral de Bavière, et non à Philippe V. 2° Le roi Charles II ne pouvoit, selon les lois, que rappeler simplement ses neveux, enfants de la reine Marie-Thérèse : mais, en les rappelant, il n'étoit nullement en droit d'exclure les aînés, et de leur préférer, contre la règle de droit, un cadet. S'il faut suivre le principe de droit rigoureux qu'on nous vante si hautement, et si Philippe IV n'a pas pu exiger de la reine sa fille, pour la sûreté de l'Europe entière, une renonciation à la couronne d'Espagne, en lui procurant celle de France; Charles II a encore moins pu rappeler à la succession d'Espagne un cadet de ses neveux, au préjudice de l'aîné et de ses descendants. Voilà de quoi faire un jour une guerre immortelle entre ces deux branches de la maison de France qui régneront sur les deux nations voisines.

On auroit dû même prévoir que, si la postérité de monseigneur le duc de Bourgogne venoit à manquer dans cent ans, un roi d'Espagne, arrière-petit-fils de Philippe V, nourri selon les mœurs et selon les préjugés de la nation espagnole, avec beaucoup d'aversion pour les François et pour leurs lois, viendroit étendre sa domination sur eux. Alors les descendants de monseigneur le duc de Berri, nourris en France avec l'amour et le respect de toute la nation, contesteroient apparemment la couronne, avec un grand parti, à ce roi étranger qui viendroit subjuguer la France. C'est ce qu'on auroit dû prévoir de loin.

28.

Il faut encore observer que le roi, et monseigneur le dauphin qui est en puissance de père, n'ont pas été libres d'accepter le testament de Charles II, où Philippe V est rappelé, parce qu'ils étoient actuellement liés par le traité solennel de partage. Ils ne pouvoient *résilir* (¹) de ce traité, qu'après avoir fait consentir à leur changement le roi d'Angleterre et les états-généraux, avec lesquels ils s'étoient engagés solennellement. Il falloit sommer l'empereur d'accepter le partage, et, sur son refus, déclarer à l'Angleterre et à la Hollande qu'on se tenoit pour dégagé : alors on eût été libre d'accepter le testament; jusque là, on ne l'étoit point.

Enfin, Philippe V n'a pas renoncé à ses droits d'enfant de France pour succéder à la couronne : au contraire, il a demandé et obtenu d'y être confirmé. La qualité de roi d'Espagne ne peut donc pas le rendre indépendant du roi son grand-père, pour toutes les choses qui concernent la conservation du royaume, et de la couronne à laquelle il a un droit de succession : il faut ou qu'il renonce à tout droit de succession (et c'est ce qu'il ne peut jamais faire pour ses descendants), ou qu'il ne soit roi d'Espagne, qu'à condition de ne jamais manquer aux devoirs d'un fils de France qui est un des héritiers de la couronne. En vérité, peut-on croire que le roi et monseigneur le dauphin aient procuré à ce prince cadet, par préférence aux aînés, la couronne d'Espagne, en sorte qu'il puisse sacrifier la France même à sa grandeur personnelle, et aimer mieux laisser périr le roi et monseigneur, ses pères et ses bienfaiteurs, avec toute la maison royale et tout le royaume, plutôt que de renoncer à ce qu'il tient de leur pure bonté? Qu'y auroit-il de plus ingrat et de plus dénaturé, que ce procédé? Il ne cesse point de se devoir tout entier à la conservation des personnes du roi et de monseigneur le dauphin, de la maison dont il est membre, et de la couronne à laquelle il a droit de succéder. Ce n'est que par le roi et par monseigneur le dauphin, qu'il appartient à l'Espagne. C'est à la France qu'il appartient par la nature même, dont la loi est indispensable. Il est toujours censé, par le droit naturel, que les engagements qu'il a pris avec l'Espagne sont subordonnés à ceux dans lesquels il est né, pour ne laisser périr ni ses pères et bienfaiteurs, ni sa maison, ni sa patrie, ni la couronne à laquelle il peut succéder. Voilà le premier devoir qui est essentiel; l'autre ne peut être que le second.

(¹) Terme de pratique, qui veut dire *renoncer à un pacte.* Voyez Ducange, tom. v, pag. 1362. (*Edit.*)

J'avoue que j'ai cru dans les commencements que le droit de Philippe V pouvoit être bien soutenu : dans la suite, en examinant les choses de plus près, j'y ai trouvé les embarras que je marque ici. Mais enfin je ne vois rien qui doive faire douter que ce prince ne soit obligé de renoncer à son droit bon ou mauvais sur l'Espagne, pour sauver la France, supposé que nous nous trouvions dans le cas d'une dernière extrémité. Cette déposition volontaire, loin de déshonorer ce prince, seroit en lui un acte héroïque de religion, de courage, de reconnoissance pour le roi et pour monseigneur le dauphin, de zèle pour la France et pour sa maison. Il seroit même inexcusable de refuser ce sacrifice. Il ne s'agit nullement de ruiner l'Espagne; car, en la quittant, il en laissera toute la monarchie aussi entière et aussi paisible qu'il l'a reçue. Il ne manquera donc en rien au dépôt qui lui a été confié : il ne sacrifiera que sa grandeur personnelle. Or, ne doit-il pas préférer à sa grandeur personnelle ses pères et ses bienfaiteurs, de qui il la tient, avec le salut de la France entière qui paroît dépendre de ce sacrifice?

VII.

MÉMOIRE

SUR LA CAMPAGNE DE 1712.

M. le maréchal de Villars a de l'ouverture d'esprit, de la facilité pour comprendre certaines choses, avec une sorte de talent pour parler noblement, quand sa vivacité ne le mène pas trop loin. Il a de la valeur et de la bonne volonté; il n'est point méchant; il est sans façon, et commode dans la société : mais il est léger, vain, sans application suivie, et sa tête n'est pas assez forte pour conduire une si grande guerre. Il fait des fautes; et, quand il se trouve pressé, il rejette, dit-on, sur les gens qui ont exécuté ses ordres, le tort qu'il a lui seul.

Les lieutenants-généraux sont persuadés qu'il ne sait pas bien décider, qu'il craint de décider mal, et qu'il ne veut jamais faire que des décisions vagues, pour avoir toujours de quoi se justifier à leurs dépens. Ce préjugé les rend timides : personne n'ose rien prendre sur soi; chacun ne songe qu'à se mettre en sûreté : le service en souffre beaucoup en toute occasion; c'est ce qui doit faire craindre une bataille.

M. le maréchal de Villars fait beaucoup plus de fautes en paroles qu'en actions. Il est vain; il paroit mépriser les lieutenants-généraux ; il ne les écoute pas ; il fait entendre qu'ils ont toujours peur, et qu'ils ne savent rien. Il se croit invincible quand il a le moindre avantage ; et il devient doux comme un mouton dès qu'il se trouve embarrassé : c'est ce qui fait qu'il n'a ni l'estime, ni la confiance, ni l'amitié de personne.

Il ne sait pas même discerner et conduire les hommes. Il est trop léger, inégal, et sans conseil. Il ne connoît ni la cour ni l'armée. Il n'a que des lueurs d'esprit. Il fait presque toujours trop ou trop peu : il ne se possède pas assez. Une guerre difficile, où la France est en péril, demanderoit une plus forte tête. Mais où est-elle ? Si M. le maréchal de Villars demeure à la tête de l'armée, il est capital de le modérer en secret, et de l'autoriser en public. Il faut lui donner un conseil, et lui faire honneur de tout au-dehors.

Plusieurs personnes tâchent de le décréditer, dans l'espérance, ou d'avoir sa place, ou d'y faire mettre un de leurs amis : presque tous sont très incapables de porter un fardeau si accablant. Ces cabales sont dangereuses.

M. d'Albergotti a de l'expérience, de la valeur et du sens. Il est exact, laborieux, capable de prendre une grande autorité : il sait s'insinuer, et mener des desseins pour parvenir à son but. Mais il est dur, hautain, trop peu honorable dans sa dépense, obscur dans ses amis : s'il commandoit, tous les autres lieutenants-généraux seroient au desespoir. Il prendroit même, dit-on, des partis bizarres, et feroit des fautes très dangereuses. Il est haï : il passe pour faux. Je ne sais ce qui en est, et je n'en juge point ; mais cette réputation, dans un général d'armée, nuiroit infiniment aux affaires dans des temps difficiles.

Il y a plusieurs bons lieutenants-généraux, dont un général plus régulier que M. le maréchal de Villars pourroit faire beaucoup plus d'usage qu'il n'en fait ; mais il me semble qu'on n'en voit aucun qu'on pût mettre en sa place.

Il ne m'appartient pas de raisonner sur la guerre, et je n'ai garde de tomber dans ce ridicule : mais j'exposerai simplement, qu'après avoir écouté tous les discours, de part et d'autre, je suis tenté de croire que M. le maréchal de Villars, qui peut avoir fait d'autres fautes, n'a point eu tort de ne partir pas de son camp, très avantageux sur la hauteur de Bourlen, pour aller attaquer les ennemis dans les hauteurs d'Oisy et d'Estrun. Les critiques soutiennent qu'il y avoit à parier dix contre un, qu'on auroit battu les ennemis. J'en doute fort ; mais je veux bien le supposer. Dans cette supposition, il y avoit au moins un à parier contre dix, que notre armée auroit été battue. En ce cas, que devenoit la France épuisée ? Faut-il, pour une victoire incertaine, hasarder l'état ? J'avoue qu'il faut tout hasarder pour Cambrai et pour Arras, qui sont les deux portes du royaume, mais non pas pour Bouchain.

J'avoue néanmoins que Bouchain change notre frontière, dérange le système de la guerre, et donne à l'ennemi de quoi nous surprendre plus facilement.

J'avoue qu'en évitant toujours les batailles on décourage les troupes, on avilit la nation, on rend la paix plus difficile. J'avoue qu'on donne, à la longue, un avantage infini à l'ennemi, en reculant toujours et en lui laissant oser tout ce qu'il lui plaît. Il hasarde prudemment des choses qui sont en elles-mêmes très imprudentes. A la longue il vous acculera, et achèvera de percer la frontière pour entrer en France.

Mais c'est un triste état que celui de n'avoir plus entre l'abîme et vous qu'une seule perte à faire ; c'est celle de votre armée : perdez-la dans une déroute, il ne vous restera plus aucune ressource ; vos places seules ne sont rien ; vous n'avez plus au-dedans ni peuple aguerri, ni noblesse en état de montrer la tête. Si votre armée étoit perdue, vous n'auriez plus de quoi la réparer ; vous ne pourriez qu'en ramasser des débris, qui ne sauroient défendre le dedans, où tout est ouvert. Une grande armée victorieuse pénétreroit et subsisteroit partout : alors vous n'auriez ni le temps ni les forces d'attendre une négociation de paix à aucune condition : c'est, ce me semble, ce qu'il faut bien considérer, pour se mesurer sur son vrai besoin, soit pour les entreprises de guerre, soit pour les conditions de paix.

Je crains de me tromper ; mais j'avoue que, sans avoir peur, je souhaite, par un vrai zèle, qu'on ne diminue en rien le desir d'acheter chèrement la paix, pourvu que ce soit une paix réelle. Il y a long-temps qu'on nous donne, chaque année, de belles espérances de désunion des alliés. Rien ne vient : l'état achève de se ruiner. Quatre places ne valent pas ce qu'on perd chaque année. Je tremble pour Cambrai, par amour pour la France ; mais j'avoue qu'il faut finir tout au plus tôt, à quelque prix que ce soit.

M. le maréchal de Montesquiou n'a aucune dignité. Ses domestiques, qui ont grand pouvoir chez lui, n'ont pas les mains nettes, et ne lui font pas honneur. Il a l'esprit plus réglé que M. le maréchal de Villars, et plus de connoissance exacte des détails. Mais on prétend qu'il a peu de vues; qu'il est sans action, foible et irrésolu, quand tout roule sur sa décision : à tout prendre, on ne peut pas compter sur lui. Il sauve les apparences; mais en secret il indispose tous les principaux officiers contre M. le maréchal de Villars. Son fort est une petite finesse. Il se fait honneur de proposer les partis hardis, qu'il sait que l'autre n'acceptera pas. Il est indigné, il remarque les fautes, il les fait remarquer. Le service en souffre; car ces discours ne redressent rien, et ils décréditent celui qui commande.

Il a paru à Bourlen, dans les officiers et dans les troupes, une véritable ardeur de combattre; mais je crains qu'on trouveroit de dangereux mécomptes dans une grande occasion. Alors chacun des officiers principaux n'oseroit rien prendre sur soi, de peur d'être sacrifié par M. le maréchal de Villars; celui-ci ne pourroit faire qu'une disposition générale à sa mode, après quoi on trouveroit en lui peu de ressources pour les coups imprévus. Chaque officier-général seroit timide pour ne hasarder pas sa fortune, et la plupart ne verroient peut-être guère clair. Notre armée n'auroit qu'une première fougue avec peu d'ordre. Si les ennemis, patients, accoutumés à se rallier, et à nous enfoncer par méthode, nous entamoient, on pourroit voir une déroute générale, et une épouvante comme à Ramillies.

Si par malheur la paix ne se faisoit pas l'hiver prochain, il faudroit que monseigneur le dauphin vînt commander l'armée, ayant sous lui MM. les maréchaux de Harcourt et de Berwick, etc.; mais il seroit capital que le prince, après s'être assuré d'un conseil bien sage, prît l'autorité nécessaire pour décider. Voilà mes foibles pensées. Je ne fais que bégayer; mais qu'importe? Je veux bien paroître parler mal à propos par un excès de zèle.

VIII.

MÉMOIRE SUR LA PAIX.

I. On peut espérer que les ennemis craindront moins l'union des deux branches de notre maison royale, puisque nos pertes semblent éloigner ces deux branches; et que, si le roi venoit à manquer, la branche d'Espagne pourroit n'être guère liée avec celle de France.

II. Les ennemis ne devront guère craindre que la France gouverne l'Espagne au préjudice du reste de l'Europe, à la veille d'une minorité, où la France, menacée de guerre civile, ne pourra pas trop se gouverner elle-même.

III. La reine Anne et le parti des toris, qui ont commencé la négociation de la paix, ont un intérêt plus pressant que jamais de la conclure. Si nous tombions dans les troubles d'une minorité avant la conclusion de cette paix, le parti des whigs, appuyé de tous les alliés, opprimeroit la reine et les toris sans que la France fût en état de les secourir.

IV. D'un autre côté, les ennemis pourront vouloir profiter de cette conjoncture unique, pour nous réduire à peu près au point qu'ils jugeront convenable à la sûreté de l'Europe. Ils seront moins touchés de notre abattement présent, qui n'est que passager, et ils le seront davantage du danger futur de l'Europe, si nos bonheurs reviennent après une minorité, comme on l'a vu après celle du roi : ils pourront penser qu'on ne nous réduira jamais dans les bornes nécessaires, si on ne prend pas son temps pour le faire dans une occasion de trouble.

V. Les ennemis doivent craindre naturellement que si la branche de feu M. le dauphin achève de manquer, le roi d'Espagne ne réunisse les deux monarchies. A-t-il fait quelque renonciation? Je n'en sais rien. Supposé même qu'il en ait fait une, il soutiendra qu'elle n'est pas moins nulle selon nous, que celle de la reine sa grand'mère.

VI. Les Espagnols pourront ne vouloir point quitter un roi fort aimé, pour se livrer à M. le duc de Berri, gouverné par son beau-père qu'ils craignent.

VII. Il est naturel que tant d'alliés se flattent d'espérance dans ce changement, qu'ils soient irrésolus dans ce cas imprévu, et qu'ils temporisent pour voir si la mort d'un dernier petit-enfant n'amènera point un système tout nouveau. Ce retardement peut nous faire tomber dans le cas de la minorité en pleine guerre.

VIII. Si nous perdions le roi avant la conclusion de la paix, nous aurions tout ensemble une horrible guerre au-dehors, et le danger d'une guerre civile au-dedans.

IX. Nos minorités ne se sont jamais passées sans quelque guerre civile.

X. Le danger en est bien plus grand quand il ne reste pas même une mère pour être régente. Une mère trouve tous ses intérêts dans ceux de son fils : un oncle peut suivre son ambition ou celle des gens qui ont sa confiance.

XI. Les ennemis espèrent, ou une mort soudaine du roi, ou un affoiblissement de sa personne, qui mette la France en désordre. Ces deux cas peuvent arriver chaque jour. Le second embarrasseroit encore plus que le premier.

XII. Ils espéreront que la même main qu'on s'imagine faussement avoir fait mourir deux dauphins, en fera aussi mourir bientôt un troisième avec le roi déja vieux, auquel cas le roi d'Espagne sera contraint d'abandonner l'Espagne pour venir régner en France.

XIII. Ils espéreront que le roi d'Espagne aura une guerre avec M. le duc de Berri, soutenu de M. le duc d'Orléans, pour l'une ou l'autre des deux monarchies.

XIV. Si M. le duc d'Anjou venoit à mourir, on seroit bien embarrassé pour rappeler le roi d'Espagne. S'il revenoit seul à la hâte, comme Henri III revint de Pologne à la dérobée, il laisseroit la reine et le prince des Asturies dans les mains des Espagnols : c'est ce qu'il ne se résoudroit jamais à faire, étant aussi attaché à la reine qu'il l'est. S'il les menoit avec lui, l'Espagne, abandonnée par lui, sans aucune mesure prise avec la nation, pourroit prendre un parti de désespoir, et se tourner contre la France, plutôt que de demander M. le duc de Berri, et que de se livrer à la merci de M. le duc d'Orléans.

XV. Dans cette occasion, le comte de Stahremberg pourroit faire une grande révolution.

XVI. Vous ne pourriez point abandonner l'Espagne malgré elle à M. le duc de Savoie, pour l'ôter et à l'empereur et à M. le duc de Berri. D'un côté, vous manqueriez indignement à la nation espagnole, qui a mérité de vous que vous ne disposiez point d'elle sans son consentement; de l'autre, vous mettriez le poignard dans le sein de M. le duc de Berri, ou du moins de son épouse et de son beau-père auxquels il est livré. Les ennemis voient tous ces embarras qui vous menacent, et ils espèrent en profiter.

XVII. Vous auriez à craindre le parti des huguenots encore très nombreux en France, celui de quelques autres novateurs très puissants à la cour même, celui des mécontents et des libertins capables de tout, des troupes innombrables sans discipline, les rentiers non payés.

XVIII. Il me semble qu'il faut faire la paix la moins mauvaise qu'on pourra, mais la faire à quelque prix que ce soit. Ce qu'on peut espérer n'a aucune proportion avec ce qu'on hasarde. Que deviendroit-on si on perdoit une bataille cette campagne? et cela est dans l'ordre des possibles, vu l'embarras des subsistances et l'épuisement de nos officiers et de nos troupes.

XIX. Il ne faut pas perdre un moment; car un moment perdu engagera la campagne, et la campagne peut nous faire tomber dans une minorité funeste à l'état.

IX.

MÉMOIRE

SUR LA SOUVERAINETÉ DE CAMBRAI.

Je crois qu'il est de mon devoir de représenter au roi, avec le zèle le plus sincère et avec le plus profond respect, des choses que j'ai prises autrefois la liberté de lui dire pour son service, sans aucun rapport à moi. Les grands bruits de paix très prochaine, que les ennemis mêmes répandent dans toute l'Europe, me font penser, par zèle pour Sa Majesté et pour le bien de l'église de Cambrai, à un article qu'il seroit très facile de faire insérer dans un traité de paix.

Voici de quoi il s'agit :

1° Les empereurs d'Allemagne ont donné aux évêques de Cambrai la ville de Cambrai avec tout le Cambrésis, il y a près de sept cents ans. Alors, le Cambrésis étoit incomparablement plus étendu qu'il ne l'est maintenant.

2° Depuis ces anciennes donations, confirmées par les empereurs successeurs des premiers, les évêques de Cambrai ont toujours possédé la souveraineté de Cambrai et du Cambrésis, en qualité de princes de l'empire, comme les autres évêques souverains d'Allemagne.

3° L'évêque de Cambrai avoit même dans les diètes de l'empire le rang devant celui de Liége. Il n'y a guère plus de soixante ans que ce rang étoit encore conservé, et que les députés de l'église de Cambrai alloient aux diètes.

4° Il est vrai que les comtes de la Flandre impériale étoient avoués de l'église de Cambrai, et que les rois d'Espagne, qui ont été comtes de Flandre, ont voulu se servir du prétexte de cette avouerie pour établir leur autorité à Cambrai : mais il est clair comme le jour, qu'un simple avoué d'une église n'y a aucune autorité, que sous l'église même qu'il est obligé de défendre, et à laquelle il est subordonné. Il est vrai aussi que les rois de France, voyant Cambrai si voisin de Paris, et si exposé aux invasions de leurs ennemis, voulurent de leur côté se faire châtelains des évêques, pour avoir aussi un prétexte d'entrer dans le gouvernement de la ville : mais chacun sait que le châtelain de l'évêque, loin d'avoir une autorité au-dessus de lui, n'étoit en cette qualité que son officier et son vassal.

5° Les choses étoient en cet état, quand Charles-Quint, craignant que les François ne s'emparassent de Cambrai, s'en empara lui-même, y bâtit une citadelle, et en donna le gouvernement à Philippe II, son fils, avec le titre de burgrave. Il fit cette disposition en qualité d'empereur, de qui l'évêque souverain de Cambrai relevoit. Les évêques du lieu ne laissèrent pas de conserver leur souveraineté sur la ville et sur tout le pays, quoique Philippe eût un titre de défenseur de la citadelle.

6° Dans la suite, le duc d'Alençon, fils de France, étant venu dans les Pays-Bas avec le titre de duc de Brabant, se saisit de la citadelle de Cambrai par une intelligence secrète avec le baron d'Inchi qui y commandoit.

7° Le duc d'Alençon ayant bientôt abandonné les Pays-Bas pour retourner en France, il laissa Balagni dans la citadelle : celui-ci exerça une cruelle tyrannie sur la ville et sur le pays, où son nom est encore détesté.

8° Le comte de Fuentès, général de l'armée d'Espagne, vint l'assiéger, et prit Cambrai sur lui.

9° Jusque là, les Espagnols avoient laissé l'archevêque de Cambrai en possession paisible de tous les droits de souverain; mais comme Balagni l'en avoit dépouillé par pure violence, pendant ces horribles désordres, les Espagnols commencèrent alors à faire comme Balagni, sur lequel ils avoient fait la conquête; et ils se mirent en possession de la souveraineté sur tout le Cambrésis, excepté sur la châtellenie du Cateau, qui est demeurée franche jusqu'au jour présent.

10° D'ailleurs, ils laissèrent l'archevêque en liberté de continuer à envoyer des députés de son église aux diètes impériales. On a continué à les y envoyer presque pendant tout le temps de la domination d'Espagne.

11° Cependant les archevêques représentoient très fortement au conseil de conscience du roi d'Espagne, qu'il ne pouvoit point, sans une très violente injustice, se maintenir dans une usurpation manifeste. Ils montroient leur titre et leur possession claire de plus de six cents ans de cette souveraineté. Ils ajoutoient que Balagni avoit été notoirement un tyran très odieux, et qu'une conquête faite par les Espagnols sur un homme qui n'avoit aucun droit, ne pouvoit point avoir été faite justement, au préjudice de l'église à qui cette souveraineté appartenoit avec évidence; et par conséquent que cette conquête faite sur un usurpateur étoit nulle à l'égard du possesseur légitime.

12° Le roi d'Espagne, Philippe IV, pressé par les fortes raisons que son conseil de conscience lui représenta, offrit enfin à l'archevêque de Cambrai de ce temps-là deux expédients pour le contenter.

13° Le premier étoit de lui rendre, sans exception, tous les droits de souveraineté sur la ville et sur le magistrat, sur le pays et sur les états, à condition que le roi d'Espagne auroit dans la citadelle et dans la ville une garnison de ses troupes, pour défendre cette place contre les François, qui ne manqueroient pas de s'en emparer par surprise, si on n'usoit pas d'une précaution si nécessaire.

14° Le second expédient étoit de dédommager l'église de Cambrai de la souveraineté, en donnant à l'archevêque le comté d'Alost, et au chapitre métropolitain la terre de Lessines, qui est d'un grand revenu.

15° L'archevêque et le chapitre refusèrent ces propositions; et, par ce refus, ils demeurèrent dépouillés de leur souveraineté, sans aucun dédommagement.

16° La conquête du roi survint l'an 1677. Mais comme Sa Majesté est trop juste et trop pieuse pour avoir voulu faire une conquête sur l'église pour la dépouiller de ce qui lui appartient, il s'ensuit, avec la dernière évidence, qu'elle n'a pu vouloir conquérir Cambrai que sur les Espagnols : or, il est visible que ceux-ci n'y avoient aucune ombre de droit; donc la conquête faite sur eux n'en a donné aucun de légitime au roi sur cette place. Comme les Espagnols par leur conquête n'avoient pu qu'entrer dans l'invasion de Balagni, tout de même Sa Majesté, par sa conquête, n'a fait que déposséder les Espagnols usurpateurs, sans vouloir arracher à l'église ce qui est incontestablement à elle.

17° Il est vrai que Sa Majesté obtint, par le traité de paix de Nimègue, une cession de Cambrai et du Cambrésis, faite par le roi d'Espagne. Mais une cession obtenue de celui qui n'y avoit aucun droit est une cession visiblement nulle et insoutenable. C'est de l'empire et de l'archevêque de Cambrai, vrai et légitime possesseur de ce droit, qu'il auroit fallu obtenir la cession. Celle du roi d'Espagne est semblable à celle par laquelle je céderois à Pierre, au préjudice de Paul, une terre appartenant à Paul, sur laquelle je n'aurois aucun droit : une telle cession est comme non avenue.

18° L'an 1696, je pris la liberté de proposer à

Sa Majesté de se faire donner par l'empire et par l'archevêque une véritable cession de cette souveraineté, dans le traité de paix qui devoit alors terminer la guerre commencée l'an 1688. Mais, selon les apparences, cet article fut oublié quand on fit le traité de Riswick.

19° Il s'agiroit maintenant de faire mettre cette cession dans le traité de paix dont on parle tant de tous côtés. Cette cession mettroit la conscience du roi dans un très solide repos, et elle assureroit à jamais Cambrai à la France : sans cette cession, l'empire pourroit un jour, dans des temps moins favorables, disputer à nos rois cette très importante place, qui est si voisine de Paris.

20° Il ne faudroit point mettre la chose en doute, ni la tourner en négociation, de peur que les ennemis ne voulussent la faire acheter; il suffiroit qu'on demandât cet article comme un point de pure formalité, après la fin de toute négociation, quand tout le reste seroit déja conclu et arrêté par écrit.

21° Sa Majesté, qui a tant de zèle pour l'église, et qui est si éloignée de la vouloir dépouiller sans quelque dédommagement, pourroit s'engager à lui en donner un, quand la paix lui fourniroit des facilités pour le faire.

22° Pour moi, je serois ravi de signer une cession qui assureroit au roi et à l'état une place si nécessaire. Je ne ferois aucun scrupule de renoncer à une souveraineté temporelle, qui ne feroit que causer des désordres et des abus pour le spirituel de notre église, comme nous en voyons d'énormes à Liége et dans les autres villes d'Allemagne.

23° Le pape autoriseroit et confirmeroit sans peine ma cession, l'empire la feroit dans le traité.

24° Je ne demanderois aucun avantage personnel; et si le roi accordoit des revenus ou des honneurs à l'archevêché, en dédommagement, je consentirois sans peine à ne les avoir jamais pour ma personne, en sorte qu'ils fussent réservés à mes successeurs.

LETTRE A LOUIS XIV.

AVERTISSEMENT
SUR LA LETTRE SUIVANTE.

Cette lettre a dû être écrite au plus tôt en 1691, après la mort du marquis de Louvois, et au plus tard en 1695, avant la mort de M. de Harlai, archevêque de Paris[1]. Selon toutes les apparences, elle est de la fin de 1694, ou du commencement de 1695; car l'auteur y fait mention de plusieurs événements qui paroissent se rapporter aux années 1695 et 1694.

On a long-temps douté de l'authenticité de cette pièce, qui fut publiée pour la première fois en 1787, par d'Alembert, dans son *Histoire des membres de l'Académie françoise*, tom. III, pag. 551 et suiv. Mais tous les doutes à cet égard viennent d'être dissipés par la découverte du manuscrit original, dont M. Renouard, libraire, a fait l'acquisition, le 26 février 1825, à la vente des livres de feu M. Gentil, et dont il a publié aussitôt une édition très-soignée avec un *fac simile* de la première page du manuscrit. Nous avons eu la liberté d'examiner à loisir, chez M. Renouard, ce manuscrit original, qui contient vingt-quatre pages in-4°, et nous nous sommes convaincus de l'authenticité de cette pièce, écrite entièrement de la main de Fénelon.

FÉNELON A LOUIS XIV.

Remontrances à ce prince sur divers points de son administration.

La personne, Sire, qui prend la liberté de vous écrire cette lettre, n'a aucun intérêt en ce monde. Elle ne l'écrit ni par chagrin, ni par ambition, ni par envie de se mêler des grandes affaires. Elle vous aime sans être connue de vous; elle regarde Dieu en votre personne. Avec toute votre puissance, vous ne pouvez lui donner aucun bien qu'elle desire, et il n'y a aucun mal qu'elle ne souffrît de bon cœur pour vous faire connoître les vérités nécessaires à votre salut. Si elle vous parle fortement, n'en soyez pas étonné, c'est que la vérité est libre et forte. Vous n'êtes guère accoutumé à l'entendre. Les gens accoutumés à être flattés prennent aisément pour chagrin, pour âpreté et pour excès, ce qui n'est que la vérité toute pure. C'est la trahir, que de ne vous la montrer pas dans toute son étendue. Dieu est témoin que la personne qui vous parle, le fait avec un cœur plein de zèle, de respect, de fidélité, et d'attendrissement sur tout ce qui regarde votre véritable intérêt.

Vous êtes né, Sire, avec un cœur droit et équitable; mais ceux qui vous ont élevé, ne vous ont donné pour science de gouverner, que la défiance, la jalousie, l'éloignement de la vertu, la crainte de tout mérite éclatant, le goût des hommes sou-

---

[1] Voyez ci-après la page 444. Ce que dit Fénelon (page 442) des *troubles affreux qui désolent l'Europe depuis plus de vingt ans*, à partir de la guerre de Hollande en 1672, prouve aussi que cette lettre est de l'époque que nous lui assignons.

ples et rampants, la hauteur, et l'attention à votre seul intérêt.

Depuis environ trente ans, vos principaux ministres ont ébranlé et renversé toutes les anciennes maximes de l'état, pour faire monter jusqu'au comble votre autorité, qui étoit devenue la leur parce qu'elle étoit dans leurs mains. On n'a plus parlé de l'état ni des règles; on n'a parlé que du roi et de son bon plaisir. On a poussé vos revenus et vos dépenses à l'infini. On vous a élevé jusqu'au ciel, pour avoir effacé, disoit-on, la grandeur de tous vos prédécesseurs ensemble, c'est-à-dire, pour avoir appauvri la France entière, afin d'introduire à la cour un luxe monstrueux et incurable. Ils ont voulu vous élever sur les ruines de toutes les conditions de l'état : comme si vous pouviez être grand en ruinant tous vos sujets, sur qui votre grandeur est fondée. Il est vrai que vous avez été jaloux de l'autorité, peut-être même trop dans les choses extérieures; mais pour le fond, chaque ministre a été le maître dans l'étendue de son administration. Vous avez cru gouverner, parce que vous avez réglé les limites entre ceux qui gouvernoient. Ils ont bien montré au public leur puissance, et on ne l'a que trop sentie. Ils ont été durs, hautains, injustes, violents, de mauvaise foi. Ils n'ont connu d'autre règle, ni pour l'administration du dedans de l'état, ni pour les négociations étrangères, que de menacer, que d'écraser, que d'anéantir tout ce qui leur résistoit. Ils ne vous ont parlé, que pour écarter de vous tout mérite qui pouvoit leur faire ombrage. Ils vous ont accoutumé à recevoir sans cesse des louanges outrées qui vont jusqu'à l'idolâtrie, et que vous auriez dû, pour votre honneur, rejeter avec indignation. On a rendu votre nom odieux, et toute la nation françoise insupportable à tous nos voisins. On n'a conservé aucun ancien allié, parce qu'on n'a voulu que des esclaves. On a causé depuis plus de vingt ans des guerres sanglantes. Par exemple, Sire, on fit entreprendre à Votre Majesté, en 1672, la guerre de Hollande pour votre gloire, et pour punir les Hollandois, qui avoient fait quelque raillerie, dans le chagrin où on les avoit mis en troublant les règles du commerce établies par le cardinal de Richelieu. Je cite en particulier cette guerre, parce qu'elle a été la source de toutes les autres. Elle n'a eu pour fondement qu'un motif de gloire et de vengeance, ce qui ne peut jamais rendre une guerre juste; d'où il s'ensuit que toutes les frontières que vous avez étendues par cette guerre sont injustement acquises dans l'origine. Il est vrai, Sire, que les traités de paix subséquents semblent couvrir et réparer cette injustice, puisqu'ils vous ont donné les places conquises : mais une guerre injuste n'en est pas moins injuste, pour être heureuse. Les traités de paix signés par les vaincus ne sont point signés librement. On signe le couteau sous la gorge : on signe malgré soi pour éviter de plus grandes pertes : on signe, comme on donne sa bourse, quand il la faut donner ou mourir. Il faut donc, Sire, remonter jusqu'à cette origine de la guerre de Hollande, pour examiner devant Dieu toutes vos conquêtes.

Il est inutile de dire qu'elles étoient nécessaires à votre état : le bien d'autrui ne nous est jamais nécessaire. Ce qui nous est véritablement nécessaire, c'est d'observer une exacte justice. Il ne faut pas même prétendre que vous soyez en droit de retenir toujours certaines places, parce qu'elles servent à la sûreté de vos frontières. C'est à vous à chercher cette sûreté par de bonnes alliances, par votre modération, ou par des places que vous pouvez fortifier derrière; mais enfin, le besoin de veiller à notre sûreté ne nous donne jamais un titre de prendre la terre de notre voisin. Consultez là-dessus des gens instruits et droits; ils vous diront que ce que j'avance est clair comme le jour.

En voilà assez, Sire, pour reconnoître que vous avez passé votre vie entière hors du chemin de la vérité et de la justice, et par conséquent hors de celui de l'Évangile. Tant de troubles affreux qui ont désolé toute l'Europe depuis plus de vingt ans, tant de sang répandu, tant de scandales commis, tant de provinces saccagées, tant de villes et de villages mis en cendres, sont les funestes suites de cette guerre de 1672, entreprise pour votre gloire et pour la confusion des faiseurs de gazettes et de médailles de Hollande. Examinez, sans vous flatter, avec des gens de bien, si vous pouvez garder tout ce que vous possédez en conséquence des traités auxquels vous avez réduit vos ennemis par une guerre si mal fondée.

Elle est encore la vraie source de tous les maux que la France souffre. Depuis cette guerre, vous avez toujours voulu donner la paix en maître, et imposer les conditions, au lieu de les régler avec équité et modération. Voilà ce qui fait que la paix n'a pu durer. Vos ennemis, honteusement accablés, n'ont songé qu'à se relever, et qu'à se réunir contre vous. Faut-il s'en étonner ? vous n'avez pas même demeuré dans les termes de cette paix que vous aviez donnée avec tant de hauteur. En pleine paix, vous avez fait la guerre et des conquêtes prodigieuses. Vous avez établi une chambre des réunions, pour être tout ensemble juge et partie : c'étoit ajouter l'insulte et la dérision à l'usurpation.

et à la violence. Vous avez cherché, dans le traité de Westphalie, des termes équivoques pour surprendre Strasbourg. Jamais aucun de vos ministres n'avoit osé, depuis tant d'années, alléguer ces termes dans aucune négociation, pour montrer que vous eussiez la moindre prétention sur cette ville. Une telle conduite a réuni et animé toute l'Europe contre vous. Ceux mêmes qui n'ont pas osé se déclarer ouvertement, souhaitent du moins avec impatience votre affoiblissement et votre humiliation, comme la seule ressource pour la liberté et pour le repos de toutes les nations chrétiennes. Vous qui pouviez, sire, acquérir tant de gloire solide et paisible à être le père de vos sujets et l'arbitre de vos voisins, on vous a rendu l'ennemi commun de vos voisins, et on vous expose à passer pour un maître dur dans votre royaume.

Le plus étrange effet de ces mauvais conseils, est la durée de la ligue formée contre vous. Les alliés aiment mieux faire la guerre avec perte, que de conclure la paix avec vous, parce qu'ils sont persuadés, sur leur propre expérience, que cette paix ne seroit point une paix véritable, que vous ne la tiendriez non plus que les autres, et que vous vous en serviriez pour accabler séparément sans peine chacun de vos voisins, dès qu'ils se seroient désunis. Ainsi, plus vous êtes victorieux, plus ils vous craignent et se réunissent pour éviter l'esclavage dont ils se croient menacés. Ne pouvant vous vaincre, ils prétendent du moins vous épuiser à la longue. Enfin ils n'espèrent plus de sûreté avec vous, qu'en vous mettant dans l'impuissance de leur nuire. Mettez-vous, Sire, un moment en leur place, et voyez ce que c'est que d'avoir préféré son avantage à la justice et à la bonne foi.

Cependant vos peuples, que vous devriez aimer comme vos enfants, et qui ont été jusqu'ici si passionnés pour vous, meurent de faim. La culture des terres est presque abandonnée; les villes et la campagne se dépeuplent; tous les métiers languissent, et ne nourrissent plus les ouvriers. Tout commerce est anéanti. Par conséquent vous avez détruit la moitié des forces réelles du dedans de votre état, pour faire et pour défendre de vaines conquêtes au-dehors. Au lieu de tirer de l'argent de ce pauvre peuple, il faudroit lui faire l'aumône et le nourrir. La France entière n'est plus qu'un grand hôpital désolé et sans provision. Les magistrats sont avilis et épuisés. La noblesse, dont tout le bien est en décret, ne vit que de lettres d'état. Vous êtes importuné de la foule des gens qui demandent et qui murmurent. C'est vous-même, Sire, qui vous êtes attiré tous ces embarras; car, tout le royaume ayant été ruiné, vous avez tout entre vos mains, et personne ne peut plus vivre que de vos dons. Voilà ce grand royaume si florissant sous un roi qu'on nous dépeint tous les jours comme les délices du peuple, et qui le seroit en effet si les conseils flatteurs ne l'avoient point empoisonné.

Le peuple même (il faut tout dire), qui vous a tant aimé, qui a eu tant de confiance en vous, commence à perdre l'amitié, la confiance, et même le respect. Vos victoires et vos conquêtes ne le réjouissent plus; il est plein d'aigreur et de désespoir. La sédition s'allume peu à peu de toutes parts. Ils croient que vous n'avez aucune pitié de leurs maux, que vous n'aimez que votre autorité et votre gloire. Si le roi, dit-on, avoit un cœur de père pour son peuple, ne mettroit-il pas plutôt sa gloire à leur donner du pain, et à les faire respirer après tant de maux, qu'à garder quelques places de la frontière, qui causent la guerre? Quelle réponse à cela, Sire ? Les émotions populaires, qui étoient inconnues depuis si long-temps, deviennent fréquentes [1]. Paris même, si près de vous, n'en est pas exempt. Les magistrats sont contraints de tolérer l'insolence des mutins, et de faire couler sous main quelque monnoie pour les apaiser; ainsi on paie ceux qu'il faudroit punir. Vous êtes réduit à la honteuse et déplorable extrémité, ou de laisser la sédition impunie, et de l'accroître par cette impunité, ou de faire massacrer avec inhumanité des peuples que vous mettez au désespoir, en leur arrachant, par vos impôts pour cette guerre, le pain qu'ils tâchent de gagner à la sueur de leurs visages.

Mais, pendant qu'ils manquent de pain, vous manquez vous-même d'argent, et vous ne voulez pas voir l'extrémité où vous êtes réduit. Parce que vous avez toujours été heureux, vous ne pouvez vous imaginer que vous cessiez jamais de l'être. Vous craignez d'ouvrir les yeux; vous craignez qu'on ne vous les ouvre; vous craignez d'être réduit à rabattre quelque chose de votre gloire. Cette gloire, qui endurcit votre cœur, vous est plus chère que la justice, que votre propre repos, que la conservation de vos peuples qui périssent tous les jours des maladies causées par la famine; enfin que votre salut éternel, incompatible avec cette idole de gloire.

Voilà, Sire, l'état où vous êtes. Vous vivez comme ayant un bandeau fatal sur les yeux; vous

---

[1] Il y eut en 1694 des émeutes causées par la cherté des grains.

vous flattez sur les succès journaliers, qui ne décident rien, et vous n'envisagez point d'une vue générale le gros des affaires, qui tombe insensiblement sans ressource. Pendant que vous prenez, dans un rude combat, le champ de bataille et le canon de l'ennemi[1], pendant que vous forcez les places, vous ne songez pas que vous combattez sur un terrain qui s'enfonce sous vos pieds, et que vous allez tomber malgré vos victoires.

Tout le monde le voit, et personne n'ose vous le faire voir. Vous le verrez peut-être trop tard. Le vrai courage consiste à ne se point flatter, et à prendre un parti ferme sur la nécessité. Vous ne prêtez volontiers l'oreille, Sire, qu'à ceux qui vous flattent de vaines espérances. Les gens que vous estimez les plus solides sont ceux que vous craignez et que vous évitez le plus. Il faudroit aller au-devant de la vérité, puisque vous êtes roi, presser les gens de vous la dire sans adoucissement et encourager ceux qui sont trop timides. Tout au contraire, vous ne cherchez qu'à ne point approfondir; mais Dieu saura bien enfin lever le voile qui vous couvre les yeux, et vous montrer ce que vous évitez de voir. Il y a long-temps qu'il tient son bras levé sur vous; mais il est lent à vous frapper, parce qu'il a pitié d'un prince qui a été toute sa vie obsédé de flatteurs, et parce que, d'ailleurs, vos ennemis sont aussi les siens. Mais il saura bien séparer sa cause juste, d'avec la vôtre qui ne l'est pas, et vous humilier pour vous convertir; car vous ne serez chrétien que dans l'humiliation. Vous n'aimez point Dieu; vous ne le craignez même que d'une crainte d'esclave; c'est l'enfer, et non pas Dieu que vous craignez. Votre religion ne consiste qu'en superstitions, en petites pratiques superficielles. Vous êtes comme les Juifs dont Dieu dit : *Pendant qu'ils m'honorent des lèvres, leur cœur est loin de moi*[2]. Vous êtes scrupuleux sur des bagatelles, et endurci sur des maux terribles. Vous n'aimez que votre gloire et votre commodité. Vous rapportez tout à vous, comme si vous étiez le Dieu de la terre, et que tout le reste n'eût été créé que pour vous être sacrifié. C'est, au contraire, vous que Dieu n'a mis au monde que pour votre peuple. Mais, hélas! vous ne comprenez point ces vérités : comment les goûteriez-vous? Vous ne connoissez point Dieu, vous ne l'aimez point, vous ne le priez point du cœur, et vous ne faites rien pour le connoître.

Vous avez un archevêque[1] corrompu, scandaleux, incorrigible, faux, malin, artificieux, ennemi de toute vertu, et qui fait gémir tous les gens de bien. Vous vous en accommodez, parce qu'il ne songe qu'à vous plaire par ses flatteries. Il y a plus de vingt ans, qu'en prostituant son honneur, il jouit de votre confiance. Vous lui livrez les gens de bien, vous lui laissez tyranniser l'Église, et nul prélat vertueux n'est traité aussi bien que lui.

Pour votre confesseur[2], il n'est pas vicieux; mais il craint la solide vertu, et il n'aime que les gens profanes et relâchés : il est jaloux de son autorité, que vous avez poussée au-delà de toutes les bornes. Jamais confesseurs des rois n'avoient fait seuls les évêques, et décidé de toutes les affaires de conscience. Vous êtes seul en France, Sire, à ignorer qu'il ne sait rien, que son esprit est court et grossier, et qu'il ne laisse pas d'avoir son artifice avec cette grossièreté d'esprit. Les jésuites mêmes le méprisent, et sont indignés de le voir si facile à l'ambition ridicule de sa famille. Vous avez fait d'un religieux un ministre d'état. Il ne se connoît point en hommes, non plus qu'en autre chose. Il est la dupe de tous ceux qui le flattent et lui font de petits présents. Il ne doute ni n'hésite sur aucune question difficile. Un autre très droit et très éclairé n'oseroit décider seul. Pour lui, il ne craint que d'avoir à délibérer avec des gens qui sachent les règles. Il va toujours hardiment sans craindre de vous égarer; il penchera toujours au relâchement, et à vous entretenir dans l'ignorance. Du moins il ne penchera aux partis conformes aux règles, que quand il craindra de vous scandaliser. Ainsi, c'est un aveugle qui en conduit un autre, et, comme dit Jésus-Christ, *ils tomberont tous deux dans la fosse*[3].

Votre archevêque et votre confesseur vous ont jeté dans les difficultés de l'affaire de la régale, dans les mauvaises affaires de Rome[4]; ils vous ont laissé engager par M. de Louvois dans celle de Saint-Lazare, et vous auroient laissé mourir dans cette injustice, si M. de Louvois eût vécu plus que vous[5].

---

[1] Allusion aux batailles de Steinkerque en 1692, et de Nerwinde en 1693, où la victoire se réduisit à prendre le champ de bataille et le canon de l'ennemi.
[2] *Isaï.*, XXIX, 13.

[1] François de Harlai de Champvalon, archevêque de Paris, mort le 6 août 1695.
[2] Le P. de La Chaise, jésuite, mort en 1709.
[3] *Matth.*, XV, 14.
[4] Ceci est confirmé par l'abbé Fleury, dans ses notes sur l'assemblée de 1682. (*Nouveaux Opuscules*, édit. de 1818, pag. 208 et suiv.) Voyez aussi les *Mémoires* du P. d'Avrigny, 19 mars 1681.
[5] Ce ministre mourut le 16 juillet 1691. Pour l'intelligence de ce passage, il faut se souvenir que le marquis de Nérestang, grand-maître de l'ordre de Saint-Lazare, ayant donné sa dé-

On avoit espéré, Sire, que votre conseil vous tireroit de ce chemin si égaré; mais votre conseil n'a ni force ni vigueur pour le bien. Du moins madame de M. et M. le D. de B.[1] devoient-ils se servir de votre confiance en eux pour vous détromper; mais leur foiblesse et leur timidité les déshonorent, et scandalisent tout le monde. La France est aux abois, qu'attendent-ils pour vous parler franchement? que tout soit perdu? Craignent-ils de vous déplaire? ils ne vous aiment donc pas; car il faut être prêt à fâcher ceux qu'on aime, plutôt que de les flatter ou de les trahir par son silence. A quoi sont-ils bons, s'ils ne vous montrent pas que vous devez restituer les pays qui ne sont pas à vous, préférer la vie de vos peuples à une fausse gloire, réparer les maux que vous avez faits à l'Église, et songer à devenir un vrai chrétien avant que la mort vous surprenne? Je sais bien que, quand on parle avec cette liberté chrétienne, on court risque de perdre la faveur des rois; mais votre faveur leur est-elle plus chère que votre salut? Je sais bien aussi qu'on doit vous plaindre, vous consoler, vous soulager, vous parler avec zèle, douceur et respect; mais enfin il faut dire la vérité. Malheur, malheur à eux s'ils ne la disent pas, et malheur à vous si vous n'êtes pas digne de l'entendre! Il est honteux qu'ils aient votre confiance sans fruit depuis tant de temps. C'est à eux à se retirer si vous êtes trop ombrageux, et si vous ne voulez que des flatteurs autour de vous. Vous demanderez peut-être, Sire, qu'est-ce qu'ils doivent vous dire; le voici: ils doivent vous représenter qu'il faut vous humilier sous la puissante main de Dieu, si vous ne voulez qu'il vous humilie; qu'il faut demander la paix, et expier par cette honte toute la gloire dont vous avez fait votre idole; qu'il faut rejeter les conseils injustes des politiques flatteurs; qu'enfin il faut rendre au plus tôt à vos ennemis, pour sauver l'état, des conquêtes que vous ne pouvez d'ailleurs retenir sans injustice. N'êtes-vous pas trop heureux, dans vos malheurs[1], que Dieu fasse finir les prospérités qui vous ont aveuglé, et qu'il vous contraigne de faire des restitutions essentielles à votre salut, que vous n'auriez jamais pu vous résoudre à faire dans un état paisible et triomphant? La personne qui vous dit ces vérités, Sire, bien loin d'être contraire à vos intérêts, donneroit sa vie pour vous voir tel que Dieu vous veut, et elle ne cesse de prier pour vous.

---

[1] mission le 26 janvier 1672, l'ordre offrit la grande maîtrise à Louis XIV. Ce prince, n'ayant pas jugé à propos de l'accepter, nomma le marquis de Louvois vicaire-général, le 4 février suivant. Louvois fit réunir à l'ordre, par la seule autorité royale, qui, de l'aveu même de MM. de Saint-Lazare, ne pouvoit en disposer sans le concours de l'autorité ecclésiastique, les maisons, droits, biens et revenus qui avoient été ci-devant possédés par tous autres ordres hospitaliers-militaires, séculiers ou réguliers, éteints, supprimés ou abolis; il créa des commanderies qu'il laissa vacantes, et dont il perçut les revenus; enfin il exigea, pour la réception de chaque chevalier, deux cents écus d'or. au lieu de cent qu'on donnoit auparavant, L'édifice de grandeur, élevé par Louvois, croula avec ce ministre. Il n'avoit pu obtenir du pape la confirmation de son titre de vicaire-général. Vingt années du plus grand pouvoir et de la plus grande autorité ne purent arrêter les réclamations qui se reproduisoient à tous les instants : elles triomphèrent enfin; et, par l'édit de 1693, le roi désunit tous les biens qu'il avoit réunis en 1672 à l'ordre de Saint-Lazare. Voyez l'*Hist. des Ordres de N.-D. du Mont-Carmel et de Saint-Lazare*, par Gauthier de Sibert, 1772, in-4º; et le *Rapport* fait à l'assemblée du clergé de 1772, par M. de Brienne, archevêque de Toulouse, (*Proc. verb. du Clergé.* tom. VII, 2ᵉ part. pag. 1990 et 1991.) d'où cette note est tirée.

[1] Madame de Maintenon et M. de Beauvilliers.

[1] Ceci prouve encore que cette lettre a été écrite après la bataille navale de La Hogue, en 1692, premier malheur de Louis XIV, et même après la prise de Pondichéri par les Hollandois, en 1693, qui pouvoit obliger le roi aux restitutions dont parle Fénelon.

PLANS
DE GOUVERNEMENT

CONCERTÉS AVEC LE DUC DE CHEVREUSE, POUR ÊTRE PROPOSÉS AU DUC DE BOURGOGNE.

Novembre 1711.

ARTICLE PREMIER.

PROJET POUR LE PRÉSENT.

1° Paix à faire. — *Elle* doit être achetée sans mesure. Arras et Cambrai très chers à la France.

Si, par malheur extrême, la paix étoit impossible à tout autre prix, il faudroit sacrifier ces places.

Si elle ne se fait pas, diligence pour être prêt dès la fin de mars. Fourrages, grains, voitures; point de rivières contre les ennemis. — Castille.

2° Guerre à soutenir.

Choix de général qui ait l'estime et la confiance, qui sache faire une excellente défensive.

Point de nouveaux maréchaux de France. Ils ne seroient ni plus habiles, ni plus autorisés, *et ce seroit une* mortification pour les bons lieutenants-généraux.

Choix d'un nombre médiocre de bons lieutenants-généraux unis au général.

La présence de la personne de M. le Dauphin *à l'armée*, pernicieuse sans un général habile et zélé; un second général bien uni, *des* lieutenants-généraux bien choisis, l'autorité pour décider d'abord, *et* fermeté d'homme de cinquante ans.

Éviter bataille en couvrant nos places, laissant même perdre les petites.

A toute extrémité, bataille, au hasard d'être battu, pris, tué avec gloire.

Généraux : Villeroi, laborieux, avec de l'ordre et de la dignité. — Villars, vif et peu aimé, parce qu'il méprise, etc. — Harcourt, malade; peu d'expérience, bon esprit. — Berwick, arrangé, vigilant, timide au conseil, sec, roide, et homme de bien. — Bezons, irrésolu et borné, mais sensé et honnête homme. — Montesquiou....

Officiers-généraux. — N'engager point tous les courtisans à continuer le service; *il y a en eux dégoût*, inapplication, mauvais exemples. — Bon traitement aux vieux officiers de réputation. — Conseil de guerre réglé. Officiers-généraux, bons à écouter, non toujours à croire : beaucoup de très médiocres.

Conseil de guerre à la cour, *doit être* composé de maréchaux de France, et autres gens expérimentés, qui sachent ce qu'un secrétaire-d'état ne peut savoir, qui parlent librement sur les inconvénients et abus, qui forment des plans de campagne de concert avec le général chargé de l'exécution, qui donnent leur avis pendant la campagne, qui n'empêchent pourtant pas le général de décider sans attendre leurs avis, parce qu'il est capital de profiter des moments.

ARTICLE II.

PLAN DE RÉFORME APRÈS LA PAIX.

§ I. — *État militaire.*

Corps militaire, réduit à cent cinquante mille hommes.

Jamais de guerre générale contre l'Europe. Rien à démêler avec les Anglois. Facilité de paix avec les Hollandois. On aura facilement les uns contre les autres. Alliance facile avec la moitié de l'empire.

Peu de places. *Les* ouvrages et *les* garnisons ruinent. *Une* multitude de places tombent dès qu'on

* Voyez ce que Fénelon en dit ci-dessus, pag. 457 et 458.

manque d'argent, dès qu'il vient une guerre civile. La supériorité d'armée, qui est facile, fait tout.

Médiocre nombre de régiments, mais grands et bien disciplinés, sans aucune vénalité pour aucun prétexte; jamais donnés à de jeunes gens sans expérience; avec beaucoup de vieux officiers.—Bon traitement au soldat pour la solde, pour les vivres, pour les hôpitaux : élite d'hommes. — Bons appointements aux colonels et aux capitaines. Ancienneté d'officiers comptée pour rien si elle est seule. Avoir soin de ne *pas* laisser vieillir dans le service ceux qu'on voit sans talent. Avancer les hommes d'un talent distingué.

Projet de réforme. Écouter MM. les maréchaux de Puységur, de Harcourt, de Tallard.

Fortifications *doivent être faites* par les soldats, *et* par les paysans voisins, *et* bornées à de médiocres garnisons.

Milices par tout le royaume. Enrôlement très libres, avec exactitude de congé après cinq ans. Jamais aucune amnistie. Au lieu de l'hôtel des Invalides, petite pension à chaque invalide dans son village.

§ II. — *Ordre de dépense à la cour.*

Retranchement de toutes les pensions de cour non nécessaires. Modération dans les meubles, équipages, habits, tables. Exclusion de toutes les femmes inutiles. Lois somptuaires comme les Romains. Renoncement aux bâtiments et jardins. Diminution de presque tous les appointements. Cessation de tous les doubles emplois : faire résider chacun dans sa fonction. Supputation exacte des fonds pour la maison du roi : nulle augmentation, sous aucun prétexte.

Retranchement de tout ouvrage pour le roi : laisser fleurir les arts par les riches particuliers *et* par les étrangers.

Supputation exacte de tous les appointements des gouverneurs, lieutenants-généraux, etc., des états-majors, etc.; des pensions inévitables, des gages d'offices, des parlements et autres cours.

Supputation exacte de toutes les dettes du roi ; distinguant celles qui portent intérêt, d'avec celles qui n'en doivent point porter; comptant avec chaque rentier, avec retranchement pour les usures énormes et évidentes, avec remise de beaucoup d'autres, avec réduction générale au denier 50, avec exception de certains cas privilégiés ; nettoyant chaque compte, s'il se peut, *et* finissant par cote mal taillée, si on ne peut voir clair.

Supputation du total des fonds nécessaires pour la maison du roi, de la cour, de tous les appointements, gages et pensions nécessaires ; de l'intérêt de toutes les dettes, de la subsistance de tout le corps militaire.

Comparaison exacte de cette dépense totale, avec le total des revenus qu'on peut tirer, en laissant rétablir l'agriculture, les arts utiles *et* le commerce.

§ III.—*Administration intérieure du royaume.*

1° Établissement d'Assiette, qui est une petite assemblée de chaque diocèse, comme en Languedoc, où est l'évêque avec les seigneurs du pays et le tiers-état, qui règle la levée des impôts suivant le cadastre, et qui est subordonné aux États de la province.

2° Établissement d'États particuliers dans toutes les provinces, comme en Languedoc : on n'y est pas moins soumis qu'ailleurs, on y est moins épuisé. *Ces États particuliers sont* composés des députés des trois états de chaque diocèse; avec pouvoir de policer, corriger, destiner les fonds, etc. Écouter les représentations des députés des Assiettes; mesurer les impôts sur la richesse naturelle du pays, *et* du commerce qui y fleurit.

3° *Impôts.* Cessation de gabelle, grosses fermes, capitation et dîmes royales. Suffisance des sommes que les États lèveroient pour payer leur part de la somme totale des charges de l'État. — Ordre des États toujours plus soulageant que celui des fermiers du roi ou traitants, sans l'inconvénient d'éterniser les impôts ruineux, *et* de les rendre arbitraires. Par exemple, impôts par les États du pays sur les sels, sans gabelle. Plus de financiers.

4° Augmenter le nombre des gouvernements de provinces, en les fixant à une moindre étendue, sur laquelle un homme puisse veiller soigneusement avec le lieutenant-général et le lieutenant du roi. Vingt au moins en France seroit la règle du nombre des États particuliers.—Résidence des gouverneurs et officiers. — Point d'intendants; *Missi dominici* seulement de temps en temps.

5° Établissement d'états-généraux.

Leur utilité. États du royaume entier seront paisibles et affectionnés comme ceux de Languedoc, Bretagne, Bourgogne, Provence, Artois, etc. —Conduite réglée et uniforme, pourvu que le roi ne l'altère pas.—Députés intéressés, par leur bien *et* par leurs espérances, à contenter le roi.—Députés intéressés à ménager leur propre pays, où leur bien se trouve, au lieu que les financiers ont intérêt de détruire pour s'enrichir. —Députés voient de près la nature des terres *et* le commerce de leur province.

Composition *des états-généraux* : de l'évêque de chaque diocèse; d'un seigneur d'ancienne et haute noblesse, élu par les nobles; d'un homme considérable du tiers-état, élu par le tiers-état.

Élection libre : nulle recommandation du roi, qui se tourneroit en ordre : nul député perpétuel, mais capable d'être continué. Nul député ne recevra avancement du roi, avant trois ans après sa députation finie.

Supériorité des états-généraux sur ceux des provinces. Correction des choses faites par les États des provinces, sur les plaintes et preuves. Révision générale des comptes des États particuliers pour fonds et charges ordinaires. Délibération pour les fonds à lever par rapport aux charges extraordinaires. Entreprises de guerre contre les voisins, de navigation pour le commerce, de correction des abus naissants.

Autorité des États, par voie de représentation, pour s'assembler tous les trois ans en telle ville fixe, à moins que le roi n'en propose quelque autre.— Pour continuer les délibérations aussi longtemps qu'ils le jugeront nécessaire.— Pour étendre leurs délibérations sur toutes les matières de justice, de police, de finance, de guerre, d'alliances et négociations de paix, d'agriculture, de commerce. — Pour examiner le dénombrement du peuple fait en chaque Assiette, revu par les États particuliers, et rapporté aux états-généraux avec la description de chaque famille qui se ruine par sa faute, qui augmente par son travail, qui a tant et qui doit tant.— Pour punir *les* seigneurs violents. — Pour ne laisser aucune terre inculte, *empêcher l'abus des* grands parcs, nouveaux; fixer le nombre d'arpents, s'il n'y a labour : abus des capitaineries *dans les* grands pays de chasse, à cause du trop de *bêtes* fauves, de lièvres, etc., qui gâtent les grains, vignes, prés, etc. — Pour abolir tous privilégiés, toutes lettres d'état abusives, tout commerçant d'argent sans marchandise, excepté les banquiers nécessaires.

§ IV. — *Église.*

1° *Nature de la* puissance temporelle : autorité coactive pour faire vivre les hommes en société avec subordination, justice et honnêteté de mœurs. —Exemples : ainsi ont vécu les Grecs et les Romains. Autorité temporelle complète dans ces exemples, sans aucune autorité pour la religion.

2° *Nature de la* puissance spirituelle. Définition : autorité non coactive pour enseigner la foi, administrer les sacrements, faire pratiquer les vertus évangéliques, par persuasion, pour le salut éternel. — Exemple d'ancienne Église jusqu'à Constantin : elle faisoit *ses* pasteurs, elle assembloit *les* fidèles, elle administroit, prêchoit, décidoit, corrigeoit, excommunioit : elle faisoit tout ceci sans autorité temporelle. — Exemple d'Église protestante en France. Exemple d'Église catholique en Hollande, en Turquie. — Église permise et autorisée dans un pays, y devroit être encore plus libre dans ses fonctions. Nos rois laissoient les protestants en France, libres pour élire *et* déposer leurs pasteurs; *ils se contentoient d'envoyer des* commissaires aux synodes. Le grand-turc laisse les chrétiens libres pour élire *et* déposer leurs pasteurs. Mettant l'Église en France au même état, on auroit *la* liberté qu'on n'a pas d'élire, de déposer, d'assembler *les pasteurs.*—*La* protection du prince doit appuyer, faciliter, et non gêner et assujettir.

3° Indépendance réciproque des deux puissances. La temporelle vient de la communauté des hommes, qu'on nomme nation. La spirituelle vient de Dieu, par la mission de son fils et des apôtres. — La temporelle est, dans un sens, plus ancienne : elle a reçu librement la spirituelle. La spirituelle, en un sens, est aussi plus ancienne : le culte du créateur *existoit* avant les institutions des lois humaines. — *Les* princes ne peuvent rien sur les fonctions pastorales; de décider *sur la* foi, d'enseigner, d'administrer *les* sacrements, *de* faire *les pasteurs,* d'excommunier. *Les* pasteurs ne peuvent contraindre pour la police temporelle. — *Les deux puissances peuvent* seulement se prêter un mutuel secours : *Le* prince peut punir *les* novateurs contre l'Église : *les* pasteurs peuvent affermir *le* prince, en exhortant *les* sujets, en excommuniant *les* rebelles. — Les deux puissances, *d'abord* séparées pendant trois cents ans de persécution, unies et de concert, *mais non confondues,* depuis *la* paix. Elles doivent demeurer distinctes, et libres de part et d'autre dans ce concert. — *Le* prince est laïque, et soumis aux pasteurs pour le spirituel, comme le dernier laïque, s'il veut être chrétien. *Les* pasteurs sont soumis au prince pour le temporel, comme les derniers sujets : ils doivent l'exemple. — Donc l'Église peut excommunier *le* prince, et *le* prince peut faire mourir *le* pasteur. Chacun doit user de ce droit seulement à toute extrémité; mais c'est un vrai droit.

4° *Secours mutuel des deux puissances.*

L'Église *est la* mère des rois. Elle affermit leur autorité, en liant les hommes par la conscience. Elle dirige les peuples pour élire des rois selon

Dieu. Elle travaille à unir les rois entre eux; mais elle n'a aucun droit d'établir *ou de* déposer les rois: l'Écriture'ne le dit point : elle marque seulement *leur* soumission volontaire'pour le spirituel.

Les rois protecteurs des canons. Protection ne dit ni décision, ni autorité sur l'Église. C'est *seulement un* appui pour elle contre ses ennemis, et contre ses enfants rebelles. Protection est *seulement un* secours prêt pour suivre ces décisions, non pour les prévenir jamais : nul jugement, nulle autorité. — Comme le prince est maître pour le temporel, comme s'il n'y avoit point d'Église; l'Église est maîtresse du spirituel, comme s'il n'y avoit point de prince. — Le prince ne fait qu'obéir, en protégeant les décisions. *Le* prince n'est évêque du dehors qu'en ce qu'il fait exécuter extérieurement *la* police réglée par l'Église. Qui dit simple protecteur des canons dit un homme qui ne fait jamais aucun canon ou règle, mais qui les fait exécuter quand l'Église les a faits. — De là il suit que le prince ne devroit jamais dire en ce genre : Voulons, enjoignons, ordonnons. *Nota.* Ce n'est que depuis François Ier *que ces expressions ont passé dans les édits, déclarations et ordonnances.*

5° Mélange des deux puissances. — Assemblées mixtes : conciles où les princes et *les ambassadeurs* étoient avec les évêques. Conciles particuliers de Charlemagne : capitulaires *donnant tout à la fois des* règles *de* discipline ecclésiastique *et de* police séculière. — *Alors la* chrétienté *étoit* devenue comme une république chrétienne dont le pape étoit le chef. Exemples : amphictyons, Provinces-Unies. — Pape devenu souverain, couronnes fiefs du Saint-Siége. — Évêques devenus les premiers seigneurs, chefs du corps de chaque nation, pour élire *et* déposer *les* souverains. Exemples : Pepin, Zacharie. Exemple de Louis-le-Débonnaire. Exemple de Carloman; Charlemagne. — Deux fonctions différentes dans ces évêques premiers seigneurs, qu'il ne faut *pas* confondre.

6° Race royale.

Religion chrétienne et catholique, moins ancienne que l'état, reçue librement dans l'état, mais plus ancienne que *la* race royale, qui a reçu et autorisé *la* race royale. Exemples : Pepin, Hugues-Capet.

Reste ou image d'élection : rois sacrés du temps de leurs pères, jusqu'à saint Louis.

Le sacre consommoit tout, parce que les peuples ne vouloient qu'un roi chrétien et catholique. — Contrat et serment dont la formule reste encore. Exemples de Pierre-le-Cruel, de Jean-sans-Terre, de l'empereur Henri IV, de Frédéric II, du comte de Toulouse, albigeois ; de Henri IV, roi de France; des Grecs en Italie du temps de Grégoire II. Exemples d'hérétiques : roi de Suède; Jacques, roi d'Angleterre ; son grand-père, Jacques I.

7° Rome. Centre d'unité, chef d'institution divine pour confirmer *les* évêques *ses* frères, tous les jours jusqu'à *la* consommation. Il faut être tous les jours dans la communion de ce siége, principalement pour la foi. — *La* personne du pape, de l'aveu des ultramontains, peut devenir hérétique : alors il n'est plus pape. — Présidence au concile de Nicée par Osius, évêque de Cordoue, au nom du pape. Légats aux autres conciles. — Nécessité d'un centre d'unité indépendant des princes particuliers, *et* des Églises des nations. — Intérêt des Églises particulières d'avoir un chef indépendant de leur prince temporel. Indépendance du spirituel *seroit* plus grande, si on n'avoit pas *le* temporel à ménager. — Les ecclésiastiques doivent contribuer aux charges de l'état par leurs revenus.

8° Libertés gallicanes sur le spirituel.

Rome a usé d'un pouvoir arbitraire qui troubloit l'ordre des Églises particulières, *par les* expectatives, appellations frivoles, taxes odieuses, dispenses abusives.

Il faut avouer que ces entreprises sont fort diminuées. Maintenant les entreprises viennent de la puissance séculière, non de celle de Rome. *Le* roi, dans la pratique, *est* plus chef *de l'Église* que le pape en France : libertés à l'égard du pape, servitude vers le roi. — Autorité du roi sur l'Église dévolue aux juges laïques : *les* laïques dominent les évêques, le tiers-état domine *les* premiers seigneurs. Exemple, arrêt d'Agen : primatie de Lyon. — Abus énorme de l'appel comme d'abus, *et* des cas royaux, à réformer. — Abus de ne *pas* souffrir les conciles provinciaux : nationaux dangereux. — Abus de ne laisser *pas les* évêques concerter tout avec leur chef. — Abus de vouloir que *des* laïques demandent et examinent *les* bulles sur la foi.

Maximes schismatiques du parlement : rois et juges ne peuvent être excommuniés : roi comme homme qui confère, etc. Collation est *in fructu*. — Possessoire réel : pétitoire chimérique.

Autrefois l'Église, sous prétexte du serment des contractants, jugeoit de tout. Aujourd'hui *les* laïques, sous prétexte de possessoire, jugent de tout.

La règle seroit que les évêques de France se maintinssent dans leurs usages canoniques; que le roi les protégeât pour s'y maintenir canoniquement, selon leur desir; que Rome les maintînt contre les usurpations de la puissance laïque; qu'ils demeurassent subordonnés à leur chef pour le consulter sans cesse, pour les appellations, pour les corriger, déposer, etc.

Abus des assemblées du clergé, qui seroient inutiles, si le clergé ne devoit rien fournir à l'état. Elles sont nouvelles. — Danger prochain de schisme par les archevêques de Paris.

9° Libertés gallicanes sur le temporel.

Liberté pleine pour le pur temporel à l'égard du pape, pour le roi et le peuple, pour le clergé même. — Utilité de l'Église de ne pouvoir aliéner sans lui.

Droit du roi pour rejeter les bulles qui usurperoient le temporel. Nul droit d'examiner celles qui se bornent au spirituel: les renvoyer aux évêques, qui feront à cet égard leurs fonctions.

10° Moyen de réforme à procurer.

Rétablir le commerce libre des évêques avec leur chef, pour le consulter et pour être autorisés à certains actes.

Convenir avec Rome sur la procédure pour déposer les évêques. Exemple: ancien évêque de Gap.

Ne rien faire de général sans se concerter avec le nonce du pape, et sans en faire parler à Rome par un cardinal françois.

Laisser élire papes les sujets les plus éclairés et les plus pieux.

Se défier des maximes outrées des parlementaires.

Mettre quelques évêques pieux, savants et modérés dans le conseil, non pour la forme, mais pour toute affaire mixte. Se souvenir qu'ils sont tous naturellement les premiers seigneurs et conseillers d'état.

Recevoir le concile de Trente, dont les principaux points sont reçus dans les ordonnances, avec des modifications pour les points purement temporels.

Faire un bureau de magistrats laïques et pieux, et de bons évêques avec le nonce, pour fixer l'appel comme d'abus.

Faire cesser toutes les exemptions de chapitres et de monastères non congrégés.

Poursuivre la réforme ou suppression des ordres peu édifiants. Exemple: Cluny, cordeliers.

Laisser aux évêques, sauf l'appel simple, liberté sur leur procédure, pour visiter, corriger, interdire, destituer les curés et tous ecclésiastiques.

Laisser aux évêques la liberté de juger eux-mêmes dans leurs officialités.

Ne nommer au pape, pour le cardinalat, que des hommes doctes, pieux, qui résident souvent à Rome. — Leur laisser dans les conclaves entière liberté de suivre leur serment pour le plus digne.

Demander au pape des nonces savants et zélés, point politiques et profanes.

Avoir un conseil de conscience, pour choisir des évêques pieux et capables; le composer non par les places, mais par le mérite. Ne le faire au temps présent.

Plan pour déraciner le jansénisme. Demander à Rome une décision sur la nécessité relative et alternante. Faire accepter la bulle par tous les évêques. Faire déposer ceux qui refuseront. Oter les docteurs d'abbés, répétiteurs, grands-vicaires, professeurs et supérieurs de séminaires imbus de jansénisme. Donner une règle de doctrine à l'Oratoire, aux bénédictins, aux chanoines réguliers.

§ V. — *Noblesse.*

1° Nobiliaire fait en chaque province sur une recherche rigoureuse. Il contiendra l'état des honneurs et des preuves certaines de chaque famille, l'état de toutes les branches dont l'ensouchement est clair, dont il est douteux, ou qui paroissent bâtardes.

Chaque enfant sera enregistré. — Registre général à Paris. — Nulle branche ne sera reconnue sans enregistrement.

Inventaire en ordre alphabétique de la chambre des comptes de Paris, du trésor des chartres, des chambres des comptes des provinces, avec distribution à chaque famille de ce qui lui appartient.

2° Éducation *des nobles.*

Cent enfant, de haute noblesse, pages du roi, choisis d'un beau naturel: études, exercices.

Moindres nobles, ou de branches pauvres, cadets dans les régiments. Parents et amis de colonels, de capitaines.

Maison du roi remplie des seuls nobles choisis: gardes, gendarmes, chevau-légers.

Nulle place militaire vénale. Nobles préférés.

Maîtres-d'hôtel, gentilshommes ordinaires, etc., tous nobles vérifiés. — Chambellans ou gentilshommes de la chambre, au lieu de valets de chambre et huissiers, seulement valets ou garçons de la chambre pour le grossier service. Toutes autres charges plus considérables aux nobles vérifiés.

5° Soutien de *la* noblesse.

Toute maison aura un bien substitué à jamais: *majorasgo* d'Espagne. Pour *les* maisons de haute noblesse, *substitutions* non petites: moindres pour médiocre *noblesse.*

Liberté de commercer en gros, sans déroger.

Liberté d'entrer dans la magistrature.

Mésalliances défendues aux deux sexes.

Défense aux acquéreurs des terres des noms nobles, du nom de familles nobles subsistantes, de prendre ces noms.

Anoblissements défendus, excepté les cas de services signalés rendus à l'état.

Ordre du Saint-Esprit pour les seules maisons distinguées par leur éclat, par leur ancienneté sans origine connue.

Ordre de Saint-Michel pour honorer le service de bonne noblesse inférieure.

Ni l'un ni l'autre pour les militaires sans naissance proportionnée.

Nul duché au-delà d'un certain nombre. Ducs de haute naissance : faveur insuffisante. Nul duc non pair. Cérémonial réglé. On attendroit *une* place vacante pour en obtenir. On ne seroit admis que dans les états généraux.

Lettres pour marquis, comtes, vicomtes, barons, comme pour ducs.

Honneurs séparés pour les militaires. Divers ordres de chevalerie, avec des marques pour lieutenants généraux, maréchaux-de-camp, colonels, etc. — Priviléges purement honorifiques.

4° Bâtardise. La déshonorer pour réprimer le vice et le scandale. Oter aux enfants bâtards des rois le rang de princes : ils ne l'avoient point. Oter à tous les autres le rang de gentilshommes, le nom et les armes, etc.

5° Princes étrangers.

Laisser les rangs établis de longue main.

Retrancher tout ce qui paroît douteux et contesté.

Régler que chaque cadet n'aura les honneurs que quand le roi l'en jugera digne.

Ne donner point facilement à ces maisons charges, gouvernements, bénéfices. Ils ne croiront jamais avoir d'autre souverain que l'aîné de leur maison.

Bouillon et Rohan, *les* aînés ducs; cadets, cousins, etc.

Nulle autre famille avec aucune distinction, que celles des ducs.

§ VI. — *Justice.*

1° *Le* chancelier doit veiller sur tous les tribunaux, et régler leurs bornes entre eux.

Il doit savoir les talents et la réputation de chaque magistrat principal des provinces; procurer à chacun de l'avancement, selon ses talents, ses vertus, ses services : faire quitter leurs charges à ceux qui les exercent mal.

Le chancelier chef du tiers-état devroit avoir un moindre rang, comme autrefois.

2° Conseil, composé, non des maîtres des requêtes introduits sans mérite pour de l'argent;

mais de gens choisis *gratis* dans tous les tribunaux du royaume; établi pour redresser avec le chancelier tous les juges inférieurs.

Conseillers d'état envoyés de temps en temps dans les provinces pour réformer les abus.

3° Parlements. Oter peu à peu la paulette, etc. Charges fort diminuées : charges à diminuer encore par réforme ; laisser pour leur vie tous les juges intègres et suffisamment instruits ; faire succéder gratis leurs enfants dignes; attribution de gages honnêtes sur les fonds publics; exemple d'avancement pour ceux qui feront le mieux.

Peu de juges. — Peu de lois. — Lois qui évitent les difficultés sur *les* testaments, *les* contrats de mariage, *les* ventes et échanges, les emprisonnements et décrets. Peu de dispositions libres.

Grand choix des premiers présidents *et des* procureurs généraux. Préférence des nobles aux roturiers, à mérite égal, pour les places de présidents *et de* conseillers. Magistrats d'épée et avec l'épée au lieu de robe, quand on pourra.

4° Bailliages. Point de présidiaux : leurs droits attribués aux bailliages. Rétablir le droit du bailli d'épée pour y exercer sa fonction. — Lieutenant général et lieutenant criminel, nobles s'il se peut. — Nombre de conseillers réglé, non sur l'argent qu'on veut tirer, mais selon le besoin réel du public : *âge* de quarante ans et au-delà.

Nulle justice aux seigneurs particuliers, ni au roi dans les villages de ses terres. Leur conserver *seulement la* justice foncière, *les* honneurs de paroisse, *les* droits de chasse, etc. Tout *le reste* immédiatement au bailliage voisin.

Conservation, aux seigneurs, de certains droits sur leurs vassaux pour leurs fiefs, ainsi que *les droits* de garde et service militaire sur leurs paysans.

Régler les droits de chasse entre les seigneurs et *les* vassaux.

5° Bureau pour la jurisprudence.

Assembler *des* jurisconsultes choisis, pour corriger et réunir toutes les coutumes, pour abréger la procédure, pour retrancher les procureurs, etc.

Compte rendu au chancelier par ce bureau dans le conseil d'état. Examen à fond pour faire un bon code.

6° Suppression de tribunaux. Plus de grand conseil. Plus de cour des aides. Plus de trésoriers de France. Plus d'élus.

Additions au § VI.

Conseil d'état, où le roi est toujours présent. — Six autres conseils pour toutes les affaires du royaume. — Nulle survivance de charges, gouvernements, etc.

Permettre à tout étranger de venir habiter en France, et y jouir de tous les privilèges des naturels et regnicoles, en déclarant son intention au greffe du bailliage royal, sur le certificat de vie et de mœurs qu'il apporteroit, et le serment qu'il prêteroit, etc.; le tout sans frais.

§ VII. — *Commerce.*

Liberté *du commerce.* Grand commerce de denrées bonnes et abondantes en France, ou des ouvrages faits par les bons ouvriers.

Commerce d'argent par usure, hors des banquiers nécessaires, sévèrement réprouvé. — Espèce de censure pour autoriser *le* gain de vraie mercature, non gain d'usure; savoir *le* moyen dont chacun s'enrichit.

Délibérer, dans les états généraux *et* particuliers, s'il faut abandonner les droits d'entrée et de sortie du royaume.

La France assez riche, si elle vend bien ses blés, huiles, vins, toiles, etc.

Ce qu'elle achètera des Anglois *et des* Hollandois sont épiceries et curiosités nullement comparables : laisser liberté.

Règle courante et uniforme pour ne vexer ni chicaner jamais les étrangers, pour leur faciliter *l'*achat à prix modéré.

Laisser aux Hollandois *le* profit de leur austère frugalité et *de leur* travail, du péril d'avoir peu de matelots dans leurs bâtiments, de leur bonne police pour s'unir dans le commerce, et de l'abondance de leurs bâtiments pour le fret.

Bureau de commerçants, que les états-généraux et particuliers, aussi bien que le conseil du roi, consultent sur toutes les dispositions générales.

Espèce de mont-de-piété pour ceux qui voudront commercer, et qui n'ont *pas* de quoi avancer.

Manufactures à établir, pour faire mieux que *les* étrangers, sans exclusion de leurs ouvrages.

Arts à faire fleurir, pour débiter, non au roi jusqu'à ce qu'il ait payé ses dettes, mais aux étrangers et *aux* riches François.

Lois somptuaires pour chaque condition. On ruine *les* nobles pour enrichir les marchands par le luxe. On corrompt par ce luxe les mœurs de toute la nation. Ce luxe est plus pernicieux que le profit des modes n'est utile.

Recherche des financiers. On n'en auroit plus aucun besoin. L'espèce de censeurs *désignée plus* haut examineroit en détail leurs profits. Les financiers pourroient tourner leur industrie vers le commerce.

Additions au § VII.

Le tout réglé par le conseil de commerce et de police du royaume, dont le rapport des résultats toujours porté au conseil d'état, où le roi est présent.

Marine médiocre, sans pousser à l'excès, proportionnée au besoin de l'état, à qui il ne convient pas d'entreprendre seul des guerres par mer contre des puissances qui y mettent toutes leurs forces.

Régler prises. — Commerce de port à port, etc.

MÉMOIRES

SUR LES PRÉCAUTIONS ET LES MESURES A PRENDRE APRÈS LA MORT DU DUC DE BOURGOGNE.

15 mars 1712 [*].

PREMIER MÉMOIRE.

RECHERCHE DE.... [**].

I. Ce seroit une grande injustice et un grand malheur que de soupçonner N. sur des imaginations populaires, sans un solide fondement.

II. Je voudrois approfondir en grand secret, 1° les preuves de ce qu'il a fait en Espagne; 2° les faits précis qu'on allègue maintenant.

III. S'il n'est pas coupable, on prépare à pure perte une guerre civile, en le tenant pour suspect, et en l'excluant.

IV. S'il est coupable, il est capital de mettre en sûreté la vie du roi et du jeune prince, qui est à toute heure en péril.

V. S'il n'est pas coupable, et s'il est bien intentionné, il seroit capital de le traiter avec confiance, et de l'engager par honneur, etc.

VI. Ce qui me frappe est que sa fille, qui est dans l'irréligion la plus impudente, dit-on, ne

---

[*] Cette date, qu'on lit à la tête de chacun des Mémoires suivants, n'est pas de l'écriture de Fénelon, mais du duc de Chevreuse. Elle n'indique donc pas le jour où Fénelon composa ces Mémoires, mais vraisemblablement le jour où le duc de Chevreuse les reçut. (*Édit.*)

[**] Tel est le titre de ce *Mémoire* dans le manuscrit original. Fénelon n'ose écrire ce titre en entier. Il craint de souiller sa plume en indiquant la nature du crime dont le duc d'Orléans étoit alors soupçonné par les personnes les moins prévenues contre lui. (*Édit.*)

sauroit y être sans lui; et qu'étant instruit de tout ce qu'on dit de monstrueux de leur commerce, il n'en passe pas moins sa vie tout seul avec elle. Cette irréligion, ce mépris de toute diffamation, cet abandon à une si étrange personne, semblent rendre croyable tout ce qu'on a le plus de peine à croire. Il est ambitieux, et curieux de l'avenir.

VII. Il y a des crimes qu'on ne peut jamais s'assurer de prouver judiciairement, qu'après l'entière instruction du procès. Il est terrible de commencer celui-ci dans l'incertitude.

VIII. La preuve est encore bien plus difficile contre une personne d'un si haut rang. Qui est-ce qui ne craindra point de succomber dans une si odieuse accusation? Chacun craindra une prompte mort du roi, ou une indulgence de sa part pour sauver l'honneur de la maison royale. Chacun craindra un ressentiment éternel de cette maison. Les espérances de récompense ou de protection ne sont nullement proportionnées à de telles craintes. Dès qu'on viendra à chercher les témoins en détail, chacun reculera.

IX. Si par malheur le crime étoit vérifié, feroit-on mourir avec infamie un petit-fils de France, qui peut parvenir bientôt, par droit de succession, à la couronne? Pourroit-on avec sûreté le tenir en prison perpétuelle? N'en sortiroit-il point quand son gendre et sa fille auroient l'autorité?

X. Supposé même qu'on eût la force de le déclarer exclu de la succession, quelles guerres n'y auroit-il pas à craindre si le cas arrivoit? De plus, on ne pourroit pas exclure son fils, qui est innocent. Que n'y auroit-il pas à craindre du père du roi, lequel père auroit été exclu avec infamie de la royauté?

XI. Toute recherche ou molle et superficielle, ou rigoureuse et sans un entier succès, pour achever de le perdre, produiroit à pure perte des maux infinis. D'un côté, il seroit implacable sur une recherche infamante; de l'autre, il seroit triomphant sur ce qu'on n'auroit pas pu le convaincre. Il seroit exclu de la régence, et il en auroit néanmoins toute l'autorité effective sous le nom de son gendre, qu'il gouverneroit par sa fille.

XII. Il ne faut point compter sur l'indignation publique. L'horreur du spectacle récent excite cette indignation: elle se ralentira tous les jours. Un petit-fils de France, calomnié si horriblement, et sans preuve claire, exciteroit bientôt une autre indignation. De plus, les mœurs présentes de la nation jettent chacun dans la plus violente tentation de s'attacher au plus fort par toutes sortes de bassesses, de lâchetés, de noirceurs et de trahisons.

XIII. Ce prince, s'il étoit poussé à bout, trouveroit de grandes ressources, par la foiblesse présente, par le déclin d'un règne prêt à finir, par son esprit violent quoique léger, par ses grands revenus, par l'appui de son gendre, par l'irréligion de lui et de sa fille, par les conseils affreux qui ne lui manqueroient pas.

XIV. Si on l'exclut du conseil de régence, il paroîtra que le roi le tient pour suspect: cette exclusion sera regardée par-là comme très flétrissante. En ce cas, son intérêt est qu'on fasse une recherche, où l'on succombe. Alors il reviendra, après la mort du roi, contre cette exclusion flétrissante et calomnieuse. Il n'en faut pas tant, quand on est le plus fort, pour renverser ce qui paroît odieux et irrégulier.

XV. Dans la recherche, on ne pourroit guère découvrir le crime de N., sans trouver que sa fille a été complice de son action. En ce cas, que feroit-on d'elle? Elle peut devenir reine! Sa condamnation pourroit mettre M. le duc de Berri, devenu roi, hors d'état d'avoir jamais des enfants.

XVI. Si le jeune prince venoit à manquer, après un éclat si horrible, le roi d'Espagne voudroit venir en France pour monter sur le trône; et les Espagnols pourroient bien refuser de recevoir en sa place M. le duc de Berri, gouverné par cette fille et par ce beau-père qui leur est si odieux.

XVII. En ce cas, il y auroit facilement une guerre entre les deux frères. Le roi d'Espagne, suivant les conseils de la reine son épouse, et de la nation espagnole, soutiendroit que la renonciation de feu monseigneur et de feu M. le dauphin étoit aussi nulle que celle de la reine Thérèse d'Espagne. Ils voudroient réunir les deux monarchies, pour ne tomber pas dans des mains si odieuses et si diffamées.

XVIII. Malgré toutes ces raisons de ne point faire une recherche avec éclat, je voudrois qu'on en fît une très secrète pour assurer la vie du roi et du jeune prince, supposé qu'on trouve des indices qui méritent cet approfondissement. Mais le secret est également difficile et absolument nécessaire.

XIX. Ne pourroit-on point examiner en grand secret le chimiste de ce prince, et voir le détail des drogues qu'il a composées. Il faudroit en prendre, et en faire des expériences sur des criminels condamnés à la mort.

XX. Si par malheur le prince est coupable, et s'il voit qu'on ne veut rien approfondir, que n'osera-t-il point entreprendre?

SECOND MÉMOIRE.

LE ROI.

I. Je crois qu'il est très important de redoubler, sans éclat et sans affectation, toutes les précautions pour sa nourriture, etc., comme aussi pour celle du jeune prince qui reste.

II. Il est à desirer que tous les ministres se réunissent pour rendre Sa Majesté très facile à acheter très chèrement la paix : c'est l'unique moyen de le débarrasser pour le reste de sa vie, et de la prolonger.

III. Ils peuvent lui faire entendre que c'est ce qu'il doit à sa gloire et à sa conscience. Il ne doit point s'exposer à laisser un petit enfant avec tout le royaume dans un si prochain péril.

IV. On peut lui représenter l'extrémité où l'on se trouveroit s'il tomboit dans un état de langueur, où il ne pourroit rien décider, et où nul ministre n'oseroit rien prendre sur soi.

V. On peut lui faire entrevoir le cas d'une bataille perdue, et des ennemis entrant dans le cœur du royaume.

VI. On peut lui laisser voir le cas où la France auroit le malheur de le perdre. Alors on auroit tout à craindre du parti huguenot, du parti janséniste, des mécontents de divers états, des princes exclus de la régence, des dettes payées ou non payées, des troupes très nombreuses sans discipline. Le remède est d'établir sans aucun retardement un conseil de régence, que tout le monde s'accoutume à respecter.

VII. On peut lui représenter la consolation, la gloire et la confiance pour son salut, qu'il tirera d'une prompte paix, si elle lui donne les moyens de commencer à faire sentir quelque soulagement à ses peuples, après les maux de tant de longues guerres.

VIII. On peut lui faire considérer qu'il aura à faire au plus tôt la réforme de ses troupes, qui ne pourroit s'exécuter qu'avec un très grand péril dans le désordre d'une minorité.

IX. Il faut lui montrer combien il importe qu'il rétablisse au plus tôt quelque ordre dans les finances, sans quoi on ne peut espérer aucune respiration des peuples avant les troubles d'une minorité. Pendant une régence, un prince qui voudroit troubler l'état auroit un moyen facile d'y réussir. Si le conseil de régence paie les dettes, il ne sauroit soulager les peuples ; et les peuples accablés ne continueront point à porter ce joug accablant, quand ils verront un prince qui leur offrira sa protection contre ce conseil : si au contraire le conseil retranche ou suspend le paiement des dettes pour soulager les peuples, les rentiers, qui sont en si grand nombre et si appuyés, feront un parti redoutable contre le conseil qui les aura maltraités.

X. On en peut dire autant des courtisans, et des militaires qui ont de grosses pensions : si le conseil de régence les paie, il accable les peuples; s'il leur refuse ou leur retarde leur paiement, le voilà devenu odieux. Ainsi, d'une façon ou d'une autre, voilà un puissant parti tout formé pour un prince qui voudra contenter son ressentiment et son ambition.

XI. Si M. le duc de Berri, livré à son épouse et à son beau-père, se trouvoit, à la mort du roi, à portée de gouverner sans qu'il y eût un conseil de régence déja en actuelle possession et déja affermi dans l'exercice de l'autorité, les peuples et les troupes, accoutumés à n'obéir qu'aux ordres d'un seul maître, ne s'accoutumeroient pas facilement à préférer les décisions d'un conseil sans expérience, et peut-être fort divisé, aux volontés d'un fils et d'un petit-fils de France, réunis ensemble avec un grand parti.

XII. Si le prince mineur venoit à mourir dans une telle conjoncture, M. le duc d'Orléans pourroit empêcher le retour du roi d'Espagne, surtout en cas que les Espagnols refusassent de recevoir M. le duc de Berri.

XIII. Il n'y auroit personne qui fût à portée de ménager les choses pour empêcher cette guerre civile : au moins un conseil déja affermi travailleroit à la paix et au bon ordre, avec quelque autorité provisionnelle.

XIV. Il me paroît fort à propos que le B. D. (le bon duc, M. de Beauvilliers) aille voir madame de M. (Maintenon), qu'il lui parle à cœur ouvert pour la rapprocher de lui, et qu'il lui représente toutes ces choses, afin qu'elle concoure efficacement à cet ouvrage.

XV. C'est précisément ce qui peut lui attirer la bénédiction de Dieu et les vœux de la France entière ; c'est travailler au repos, à la gloire et au salut du roi. Que n'auroit-elle point à déplorer, si le roi manquoit dans cette confusion ?

XVI. Ce n'est point en épargnant chaque jour au roi la vue de quelques détails épineux et affligeants, qu'on travaillera solidement à le soulager et à le conserver. Les épines renaîtront sous ses pas à toutes les heures : il ne peut se soulager, qu'en exécutant d'abord en toute rigueur. C'est une prompte paix, c'est la destruction du parti janséniste, c'est l'ordre mis dans les finances, c'est la réforme des troupes faite avec règle, c'est l'établissement d'un bon conseil, autorisé et mis en possession tout au plus tôt, qui peuvent mettre le roi en repos pour durer long-temps, et le royaume en état de se soutenir malgré tant de périls. On devra tout à madame de M. (Maintenon), si elle y dispose le roi.

XVII. Le B. D. (bon duc, M. de Beauvilliers) peut parler avec toute la reconnoissance due aux bons offices que madame de M. (Maintenon) lui a rendus autrefois. Il peut lui déclarer qu'il parle sans intérêt, ni pour lui, ni pour ses amis, sans prévention et sans cabale. Il peut ajouter que, pour ses sentiments sur la religion, il n'en veut jamais avoir d'autres que ceux du Saint-Siége; qu'il ne tient à rien d'extraordinaire; et qu'il auroit horreur de ses amis mêmes, s'il apercevoit en eux quelque entêtement, ou artifice, ou goût de nouveauté.

XVIII. Je ne crois point que madame de M. agisse par grace, ni même avec une certaine force de prudence élevée. Mais que sait-on sur ce que Dieu veut faire? Il se sert quelquefois des plus foibles instruments, au moins pour empêcher certains malheurs. Il faut tâcher d'apaiser madame de M., et lui dire la vérité; Dieu fera sa volonté en tout.

TROISIÈME MÉMOIRE.

PROJET DE CONSEIL DE RÉGENCE.

I. Faites un conseil nombreux; vous y mettrez le désordre, la division, le défaut de secret et la corruption : faites-en un moins nombreux, il en sera plus envié, plus contredit, plus facile à décréditer, surtout si les meilleurs sujets viennent à manquer.

II. Vous ne pouvez parvenir à faire établir ce conseil qu'en y admettant les gens de la faveur présente; autrement ils vous traverseroient, chose facile à faire. C'est le rendre très nombreux, si vous voulez leur donner un contre-poids nécessaire par des gens droits et fermes.

III. Mettez-y N...., vous livrez l'état et le jeune prince à celui qui est soupçonné de la plus noire scélératesse. Excluez N.... pour ce soupçon, vous préparez le renversement de ce conseil, qui paroîtra fondé sur une horrible calomnie contre un petit-fils de France.

IV. A tout prendre, je n'oserois dire qu'il convienne de mettre dans ce conseil un prince suspect de scélératesse, qui se trouveroit le maître de tout ce qui se trouveroit entre lui et l'autorité suprême.

V. De plus, indépendamment de ce soupçon, on ne peut guère espérer qu'étant livré à sa fille, il contribuât à la bonne éducation du jeune prince, au bon ordre pour rétablir l'état.

VI. Pour adoucir cette exclusion, je voudrois qu'on ne donnât à M. le duc de Berri que la simple présidence, avec sa voix comptée comme celle des autres, et pour conclure à la pluralité des suffrages. Il faudroit qu'on élût un sujet à la pluralité des voix, si un des conseillers venoit à mourir.

VII. J'exclurois, autant que N....., tous les princes du sang, tous les princes naturels, tous les princes étrangers, qui ne regardent pas le roi comme leur souverain.

VIII. J'exclurois aussi les seigneurs auxquels on a donné un rang de prince; c'est un embarras pour le rang à éviter. Il n'y a que M. le prince de Rohan qu'on pût être tenté d'admettre; on peut très bien s'en passer.

IX. Les seigneurs ambitieux, souples et brouillons, chercheroient avec ardeur à entrer dans ce conseil; mais tous les honnêtes gens craindroient et fuiront cet emploi comme un affreux embarras. Peu à espérer; tout à craindre. Le lendemain de la mort du roi, chacun des conseillers droits et fermes auroit à craindre au-dehors l'autorité de M. le duc de Berri avec celle de M. le duc d'Orléans, et la division au-dedans, avec le déchaînement des cabales. On auroit une peine infinie à composer ce conseil de personnes propres à faire bien espérer.

X. Je n'ose dire ma pensée sur le choix des prélats dignes d'entrer dans ce conseil.

XI. Pour les seigneurs, on peut jeter les yeux sur MM. les ducs de Chevreuse, de Villeroi, de Beauvilliers, de Saint-Simon, de Charost, de Harcourt, de Chaulnes; sur MM. les maréchaux d'Huxelles, de Tallard.

XII. Il est naturel que la faveur y mette MM. le duc de Guiche, le duc de Noailles, le duc d'Antin, le maréchal d'Estrées. Il faut songer au contre-poids.

XIII. On ne sauroit exclure de ce conseil aucun des ministres : pour les secrétaires d'état, on pourroit les appeler seulement pour les expéditions.

XIV. Il faudroit que le roi autorisât au plus tôt ce conseil de régence dans une assemblée de notables, qui est conforme au gouvernement de la nation.

XV. De plus, il faudroit que le roi, dans son

lit de justice, le fît enregistrer au parlement de Paris; semblable enregistrement dans tous les autres parlements, cours souveraines, bailliages, etc.

XVI. Le roi, dans l'assemblée des notables, pourroit faire prêter serment à tous les notables pour maintenir ce conseil, et aux conseillers de ce conseil pour gouverner avec zèle, etc. M. le duc de Berri même prêteroit le serment.

XVII. Il seroit infiniment à desirer que le roi mît dès à présent ce conseil en fonction : il n'en seroit pas moins le maître de tout. Il accoutumeroit toute la nation à se soumettre à ce conseil; il éprouveroit chaque conseiller; il les uniroit, les redresseroit, et affermiroit son œuvre. S'il faut, le lendemain de sa mort, commencer une chose qui est devenue si extraordinaire, elle sera d'abord renversée. Depuis long-temps la nation n'est plus accoutumée qu'à la volonté absolue d'un seul maître; tout le monde courra au seul M. le duc de Berri.

XVIII. Si on ne peut point persuader au roi une chose si nécessaire, il faudroit au moins, à toute extrémité, que Sa Majesté assemblât ce conseil cinq ou six fois l'année; qu'il consultât de plus en particulier chacun des conseillers, et qu'il les mît dans le secret des affaires, afin qu'ils ne fussent pas tout-à-fait neufs au jour du besoin.

XIX. Il ne faut pas perdre un moment pour faire établir ce conseil. L'étonnement du spectacle, le cri public, la crainte d'un dernier malheur peuvent ébranler : mais, si sous prétexte de n'affliger pas le roi, on attend qu'il rentre dans son train ordinaire, on n'obtiendra rien.

XX. De plus, il n'y a aucun jour où nous ne soyons menacés ou d'une mort soudaine et naturelle, ou d'un funeste accident, suite du coup que le public s'imagine venir de N....

XXI. Chaque jour on doit craindre un affoiblissement de tête, plus dangereux que la mort même de Sa Majesté. Alors tout se trouveroit tout-à-coup et sans remède dans la plus horrible confusion.

XXII. Sa Majesté ne peut, ni en honneur, ni en conscience, se mettre en péril de laisser le royaume, et le jeune prince son héritier, sans aucune ressource pour le gouvernement de la France, pour l'éducation et la sûreté de l'enfant.

XXIII. J'avoue que l'établissement de ce conseil nous fait craindre de terribles inconvéniens : mais, dans l'état présent, on ne peut plus rien faire que de très imparfait, et il seroit encore pis de ne faire rien; on ne peut point se contenter de précautions ordinaires et médiocres.

QUATRIÈME MÉMOIRE

ÉDUCATION DU JEUNE PRINCE.

I. Si M. le duc de Beauvilliers peut être nommé gouverneur, il doit se sacrifier, et s'abandonner les yeux fermés, sans s'écouter soi-même. Le cas est singulier. Quand il ne feroit qu'exclure un mauvais sujet, il feroit un bien infini. Il doit se sacrifier à l'état, à l'Église, au roi, et au prince qu'il a tant aimé.

II. S'il étoit nommé, il pourroit obtenir une espèce de coadjuteur comme M. le duc de Chaulnes ou M. le duc de Charost. Il seroit fort soulagé par un ami de confiance, et la succession seroit mise en sûreté.

III. Il faut un gouverneur, non-seulement propre à former le jeune prince, mais encore autorisé, et ferme pour soutenir, en cas de minorité, une si précieuse éducation contre les cabales.

IV. Il faut que le précepteur soit ecclésiastique; il enseignera mieux la religion, il posera mieux des fondemens contre les entreprises des laïques; il sera plus révéré : mais comme je ne connois presque personne dans le clergé, je ne puis proposer aucun sujet. Il faut qu'il soit entièrement uni au gouverneur.

V. Il me paroît que, dans ce cas particulier, il faudroit choisir un évêque. Ce caractère lui donnera plus d'autorité sur le prince et sur le public; il sera moins exposé aux révolutions des cabales. On pourroit faire approuver par le pape qu'un évêque se chargeât de cet emploi, dans un cas si extraordinaire pour la religion.

VI. Les sujets de l'ordre épiscopal que je considère de loin, et sans pouvoir m'arrêter à aucun, faute de les connoître à fond, sont MM. de Meaux, de Soissons, de Nîmes, d'Autun, de Toul[*].

VII. M. l'abbé de Polignac est un courtisan qui suivroit la faveur; d'ailleurs il a l'esprit et les connoissances acquises : mais je ne le souhaite point.

VIII. Il faut un sous-gouverneur qui ait du sens, de la probité, et une sincère religion, avec un attachement intime au gouverneur.

IX. Il faut un sous-précepteur, et un lecteur, qui soient intimement unis au précepteur.

---

[*] Henri de Thiard de Bissy, d'abord évêque de Toul, puis de Meaux en 1704, depuis cardinal, mort en 1734. Fabius Brûlart de Sillery, nommé à Soissons en 1689, mort en 1724. Jean-César Rousseau de La Parisière, nommé à Nîmes en 1710, mort en 1736. Charles-François d'Hallencourt de Drosmenil, nommé à Autun en 1710, transféré à Verdun en 1721, mort en 1754. François de Blouet de Camilly, nommé à Toul en 1704, transféré à l'archevêché de Tours en 1721, mort en 1723. (*Édit.*)

X. Il faut un grand choix pour les gentilshommes de la manche, et pour le premier valet de chambre : aucun de contrebande; aucun de douteux sur le jansénisme. MM. Duchesne et de Charmon.

XI. On peut conférer avec M. Bourdon* pour le choix des sujets ecclésiastiques : il est important d'agir dans un concert secret avec lui.

XII. Il ne s'agit point d'attendre l'âge ordinaire; le cas n'est que trop singulier. Le roi peut manquer tout-à-coup; il faut mettre pendant sa vie cette machine en train, et l'avoir affermie avant qu'il puisse manquer. On peut laisser un prince dans les mains des femmes, et lui donner des hommes qui iront le voir tous les jours, qui l'accoutumeront à eux, et qui commenceront insensiblement son éducation.

XIII. Le roi pourroit mettre dans l'acte de régence la forme de l'éducation. Ainsi l'éducation seroit enregistrée et autorisée par la même solennité qui autoriseroit le conseil de régence pour la minorité future.

XIV. Sa Majesté pourroit même faire promettre au prince qui doit naturellement être le chef de la régence, qu'il ne troublera, pour aucune raison, ce projet d'éducation ainsi autorisé.

*Le P. Le Tellier, jésuite, confesseur de Louis XIV, est souvent désigné par ce nom dans la correspondance de Fénelon avec le duc de Chevreuse. (*Edit.*)

CORRESPONDANCE

DE FÉNELON.

1. — AU MARQUIS ANTOINE DE FÉNELON, SON ONCLE.

Il lui parle des dispositions de son frère aîné, de quelques affaires de famille, et de sa confiance en M. Tronson [1].

Mon frère aîné me paroît tous les jours de plus en plus sincère, bon et chrétien; mais aussi je me confirme de plus en plus tous les jours dans la pensée que l'emploi où il est n'est nullement convenable à son humeur et à toutes ses manières d'agir, quoiqu'il se croie très propre pour cela. Madame d'Aubeterre est fort dans ce sentiment; et je crois que la famille se pourra servir très utilement de la créance qu'il a en elle, pour l'obliger à songer efficacement à son fils.

Lorsque mon frère est à l'hôtel de Conti, tout son temps se passe en jeux avec les petits princes, et en complaisance pour toutes les maximes, non-seulement de madame la princesse de Conti, mais encore de tout le reste de la maison, et son fils ne se trouve point dans tous ces comptes-là.

Voilà, monsieur, de grands embarras, et il n'y a que vous seul qui puisse débrouiller une affaire si embarrassée. A moins que vous n'ayez la bonté d'y apporter au plus tôt un ordre décisif, le pauvre neveu sera infailliblement la victime de l'un ou de l'autre parti, puisqu'il a à se défendre tout à la fois de la risque d'offenser M. de Louvois, du ressentiment de madame la princesse de Conti, et de la facilité de son propre père.

Je souhaiterois passionnément vous pouvoir dire ici quelque chose du détail de ce qui se passe entre M. Tronson et moi : mais certes, monsieur, je ne sais guère que vous en dire; car, quoique ma franchise et mon ouverture de cœur pour vous me semble très parfaite, je vous avoue néanmoins, sans craindre que vous en soyez jaloux, que je suis encore bien plus ouvert à l'égard de M. Tronson, et que je ne saurois qu'avec peine vous faire confidence de l'union dans laquelle je suis avec lui. Assurément, monsieur, si vous pouviez voir les entretiens que nous avons ensemble, et la simplicité avec laquelle je lui fais connoître mon cœur, et avec laquelle il me fait connoître Dieu, vous ne reconnoîtriez pas votre ouvrage, et vous verriez que Dieu a mis la main d'une manière sensible au dessein dont vous n'aviez encore que jeté les fondements. Ma santé ne se fortifie point, et cette affliction ne seroit pas médiocre pour moi, si je n'apprenois d'ailleurs à m'en consoler. Je crois que vous me permettrez, monsieur, de vous demander de vos nouvelles, avec la même liberté avec laquelle je vous rends compte de tout ce qui me regarde. Ayez donc la bonté, s'il vous plaît, de me donner vos ordres; car, à présent que tout mon cœur et tout mon esprit est soumis, il ne faut plus user de tous les sages ménagements et de toutes les réserves par lesquelles vous m'avez autrefois conduit si heureusement, sans que je pusse m'apercevoir où vous me meniez.

Je ne sais par où m'y prendre pour trouver quelqu'un qui m'apprenne des nouvelles de votre santé. J'oserai, monsieur, vous la recommander avec les plus pressantes instances, et vous conjurer d'éviter les grandes applications qui vous épuisent, qui vous empêchent de dormir, et dont vous craignez même pour l'avenir de fâcheuses suites. Si je ne régloîs mon zèle par la discrétion, je prendrois encore la liberté de vous demander quelle espérance on doit avoir pour votre retour. Je suis, monsieur, avec toute la soumission et tout le respect imaginable, votre très humble et très obéissant serviteur.

F. DE SALAGNAC-FÉNELON [1].

[1] On ignore la date de cette lettre.

[1] C'est ainsi qu'il signoit alors, ou même simplement *F. de Salagnac*. Plus tard, ses lettres sont signées *l'abbé de Fénelon*.

2. — A M. *** [1].

Sur le projet qu'il avoit de se consacrer aux missions du Levant.

Sarlat, 9 octobre (1675.)

Divers petits accidents ont toujours retardé jusqu'ici mon retour à Paris : mais enfin, monseigneur, je pars, et peu s'en faut que je ne vole. A la vue de ce voyage, j'en médite un plus grand. La Grèce entière s'ouvre à moi; le sultan effrayé recule; déjà le Péloponèse respire en liberté, et l'Église de Corinthe va refleurir : la voix de l'Apôtre s'y fera encore entendre. Je me sens transporté dans ces beaux lieux et parmi ces ruines précieuses, pour y recueillir, avec les plus curieux monuments, l'esprit même de l'antiquité. Je cherche cet aréopage où saint Paul annonça aux sages du monde le Dieu inconnu. Mais le profane vient après le sacré, et je ne dédaigne pas de descendre au Pirée, où Socrate fait le plan de sa république. Je monte au double sommet du Parnasse; je cueille les lauriers de Delphes, et je goûte les délices du Tempé. Quand est-ce que le sang des Turcs se mêlera avec celui des Perses sur les plaines de Marathon, pour laisser la Grèce entière à la religion, à la philosophie et aux beaux-arts, qui la regardent comme leur patrie?

. . . . Arva, beata
Pelamus arva, divites et insulas [2].

Je ne t'oublierai pas, ô île consacrée par les célestes visions du disciple bien aimé! ô heureuse Patmos, j'irai baiser sur ta terre les pas de l'Apôtre, et je croirai voir les cieux ouverts! Là, je me sentirai saisi d'indignation contre le faux prophète qui a voulu développer les oracles du véritable; et je bénirai le Tout-Puissant, qui, bien loin de précipiter l'Église comme Babylone, enchaîne le dragon, et la rend victorieuse. Je vois déjà le schisme qui tombe, l'Orient et l'Occident qui se réunissent, l'Asie qui soupire jusqu'aux bords de l'Euphrate, et qui voit renaître le jour après une si longue nuit; la terre sanctifiée par les pas du Sauveur et arrosée de son sang, délivrée de ses profanateurs, et revêtue d'une nouvelle gloire; enfin les enfants d'Abraham épars sur la surface de toute la terre, et plus nombreux que les étoiles du firmament, qui, rassemblés des quatre vents, viendront en foule reconnoître le Christ qu'ils ont percé, et montrer à la fin des temps une résurrection. En voilà assez, monseigneur. Vous serez bien aise d'apprendre que c'est ici ma dernière lettre, et la fin de mes enthousiasmes, qui vous importunent peut-être. Pardonnez-les à ma passion d'avoir l'honneur de vous entretenir de loin, en attendant que je le puisse faire de près.

3. — AU MARQUIS ANTOINE DE FÉNELON, SON ONCLE.

Sur la mort du marquis de Saint-Abre, oncle maternel de Fénelon, et sur quelques démarches qu'on vouloit faire en sa faveur.

A Carenac, ce 15 juillet (1674.)

Je crois, monsieur, que vous aurez été touché en apprenant la mort de M. de Saint-Abre [1], qui a suivi de bien près celle de son pauvre fils. Je ne doute pas même que vous n'ayez beaucoup de compassion pour ce qui reste de cette famille désolée. Je sais si peu en particulier ses besoins, et ce qu'il y a à faire présentement pour elle, que je ne puis, monsieur, vous demander aucun secours déterminé, et que je me borne, par nécessité, à vous supplier instamment de lui rendre en général tous les bons offices dont votre charité et votre bonté pourront vous faire aviser. Ce triste accident, auquel je suis extrêmement sensible, m'a fait faire bien des réflexions chrétiennes, dont j'espère vous rendre compte avec beaucoup de consolation, lorsque j'aurai l'honneur de vous voir.

Cependant, monsieur, mon frère de Salagnac a une vue dont le succès me paroît difficile, mais avantageux et à lui et aux pauvres enfants de M. de Saint-Abre. Mon frère croit qu'on ne donnera le gouvernement de Salces qu'à une personne qui se chargera de la récompense de ces enfants, et que cette condition onéreuse empêchera qu'on ne donne ce gouvernement à ceux qui peuvent, par leurs services, le mériter en pur don. C'est ce qui lui a donné la pensée de profiter de l'alliance des deux familles, et de faire demander au roi, sur ce pied, ledit gouvernement, offrant de se charger du paiement des enfants. Il se promet de le faire bien mieux qu'un autre. Je vous avoue, monsieur, que je regarde ce projet comme difficile; mais je con-

---

[1] Cette lettre doit être de 1675 ou 1676. M. le cardinal de Bausset (*Hist. de Fénel.*, liv. I, n. 16) conjecture qu'elle étoit adressée à Bossuet. Cependant le titre, ajouté par une main étrangère sur l'original, donne lieu de penser qu'elle fut écrite au duc de Beauvilliers, avec qui Fénelon se lia de très bonne heure, par les soins de M. Tronson, leur commun directeur.

[2] Hor., *Epod.*, xvi, v. 41-42.

[1] Le marquis de Saint-Abre, frère de la mère de Fénelon, étoit lieutenant général, et gouverneur de Salces en Roussillon. Il fut tué le 6 juin 1674, à la bataille de Sintzheim, où il commandoit l'aile droite.

viens aussi, avec le reste de la famille, que le succès en seroit fort souhaitable. Si mes cousins doivent obtenir quelque récompense pour ce gouvernement, je croirois leur rendre un bon service, de leur procurer l'avantage d'avoir affaire à mon frère, qui faciliteroit la chose, et qui en useroit très bien avec eux. D'ailleurs, ce gouvernement seroit fort considérable, et pour mon frère, qui souhaite passionnément de profiter d'une si belle occasion de se faire faire un don par sa femme, et pour toute la famille, à qui il en reviendroit de la considération. Je crois, monsieur, que mon frère s'adressera à M. de Noailles, qui a plus d'occasion qu'un autre de rendre témoignage de lui; et il espère, monsieur, que vous voudriez bien faire agir aussi pour cela tous ceux de vos autres amis que vous jugerez à propos d'employer.

Vous verrez, monsieur, la lettre que M. de Sarlat avoit écrite à M. de Saintes, sur le reproche que M. de Saintes lui avoit fait de ce qu'il le faisoit solliciter pour moi au préjudice de leur serment commun. Il est certain que M. de Saintes a paru, en cela, beaucoup plus scrupuleux qu'il ne l'est dans le fond; car, en même temps qu'il se plaignoit de la sorte, il agissoit secrètement pour l'abbé de Saint-Luc, lequel m'a dit lui-même qu'il ne s'étoit présenté aux évêques que sur la parole positive que M. de Saintes lui avoit donnée de se charger du succès. Il faut ajouter à cela que M. de Sarlat a pu, sans blesser aucune des règles, avertir les évêques que j'ai dessein de me présenter à eux, leur exposer même ce qui peut m'attirer leurs voix[1], et prévenir outre cela les personnes de crédit, afin que, dans la suite, elles ne prissent point d'engagement d'en servir d'autres : toutes ces choses laissant les évêques dans une entière liberté, et ces sollicitations, qui sont même bien plus du reste de la famille que de M. de Sarlat, n'ayant jamais tendu à faire rien promettre à M. de Saintes, il n'a pas dû se plaindre qu'on n'a pas eu assez d'égard à son serment. Vous ferez, monsieur, de tout cela l'usage que vous croirez le meilleur. Quand vous verrez M. de Saintes, je crois qu'il seroit important de lui parler de l'abbé de Marillac, afin de voir si les prétentions de celui-ci rendront ce prélat contraire aux miennes. Si vos affaires, monsieur, vous conduisent du côté de Luçon ou de Poitiers, j'espère que vous aurez la bonté de parler aux évêques de ces deux endroits. Pour M. de La Rochelle, on croit qu'il n'auroit pas beaucoup de peine à s'expliquer sur ses dispositions présentes, sans s'engager à aucune exécution dans le temps. Il seroit fort utile de tirer cela de lui.

Mon frère n'est pas encore revenu des côtes de Guyenne, où il étoit allé avant que j'arrivasse.

Je suis toujours, monsieur, avec un respect, un attachement, une soumission fidèle, votre, etc.

4. — A LA MARQUISE DE LAVAL.

Il lui fait le récit de sa pompeuse entrée à Carenac[1].

22 mai 1681.

Oui, madame, n'en doutez pas, si je suis un homme destiné à des entrées magnifiques. Vous savez celle qu'on m'a faite à Bellac dans votre gouvernement; je vais vous raconter celle dont on m'a honoré en ce lieu. M. de Rouffillac, pour la noblesse; M. Bose, curé, pour le clergé; M. Rigaudie, prieur des moines, pour le corps monastique; et les fermiers de céans, pour le tiers-état, viennent jusqu'à Sarlat me rendre leurs hommages. Je marche acccompagné majestueusement de tous ces députés; j'arrive au port de Carenac, et j'aperçois le quai bordé de tout le peuple en foule. Deux bateaux, pleins de l'élite des bourgeois, s'avancent, et en même temps je découvre que, par un stratagème galant, les troupes de ce lieu les plus aguerries s'étoient cachées dans un coin de la belle île que vous connoissez : de là elles vinrent en bon ordre de bataille me saluer, avec beaucoup de mousquetades. L'air est déjà tout obscurci par la fumée de tant de coups, et l'on n'entend plus que le bruit affreux du salpêtre. Le fougueux coursier que je monte, animé d'une noble ardeur, veut se jeter dans l'eau; mais moi, plus modéré, je mets pied à terre. Au bruit de la mousqueterie est ajouté celui des tambours. Je passe la belle rivière de Dordogne, presque toute couverte des bateaux qui accompagnent le mien. Au bord m'attendent gravement tous les vénérables moines en corps; leur harangue est pleine d'éloges sublimes; ma réponse a quelque chose de grand et de doux. Cette foule immense se fend pour m'ouvrir un chemin; chacun a les yeux attentifs, pour lire dans les miens quelle sera sa destinée. Je monte ainsi jusques au château, d'une marche lente et mesurée, afin de me prêter pour un peu plus de temps à la curiosité publique. Cependant mille voix confuses font

---

[1] L'évêque de Sarlat, oncle de Fénelon, vouloit le faire nommer député à l'assemblée du clergé.

[1] Cette lettre fut sans doute écrite de Carenac, bourg du Quercy, sur la Dordogne, où Fénelon se rendit en 1681, pour prendre possession du prieuré de ce lieu, que l'évêque de Sarlat, son oncle, venoit de lui résigner. Voyez l'*Hist. de Fénel.*, liv. 1, n. 19, etc.

retentir des acclamations d'allégresse, et l'on entend partout ces paroles : Il sera les délices de ce peuple. Me voilà à la porte déja arrivé, et les consuls commencent leur harangue par la bouche de l'orateur royal. A ce nom, vous ne manquez pas de vous représenter ce que l'éloquence a de plus vif et de plus pompeux. Qui pourroit dire quelles furent les graces de son discours? Il me compara au soleil : bientôt après je fus la lune ; tous les autres astres les plus radieux eurent ensuite l'honneur de me ressembler ; de là nous vînmes aux éléments et aux météores, et nous finîmes heureusement par le commencement du monde. Alors le soleil étoit déja couché; et, pour achever la comparaison de lui à moi, j'allai dans ma chambre pour me préparer à en faire de même.

5. — A LA MÊME.

Sur un plaidoyer burlesque qu'il a entendu à Sarlat.

Issigeac¹, 16 juin (1681).

On n'a pas tous les jours un grand loisir, et un sujet heureux pour écrire en style sublime. Ne vous étonnez donc pas, madame, si vous n'avez pas vu chaque semaine une relation nouvelle de mes aventures; tous les jours de la vie ne sont pas des jours de pompe et de triomphe. Mon entrée dans Carenac n'a été suivie d'aucun événement mémorable; mon règne y a été si paisible, qu'il ne fournit aucune variété pour embellir l'histoire. J'ai quitté ce lieu-là pour venir trouver ici M. de Sarlat, et j'ai passé à Sarlat en venant. Je m'y suis même arrêté un jour, pour y entendre plaider une cause fameuse par les Cicérons de la ville. Leurs plaidoyers ne manquèrent pas de commencer par le commencement du monde, et de venir ensuite tout droit par le déluge jusqu'au fait. Il étoit question de donner du pain, par provision, à des enfants qui n'en avoient pas. L'orateur qui s'étoit chargé de parler aux juges de leur appétit mêla judicieusement dans son plaidoyer beaucoup de pointes fort gentilles avec les plus sérieuses lois du Code, et les Métamorphoses d'Ovide avec des passages terribles de l'Écriture sainte. Ce mélange, si conforme aux règles de l'art, fut applaudi par les auditeurs de bon goût. Chacun croyoit que les enfants feroient bonne chère, et qu'une si rare éloquence alloit fonder à jamais leur cuisine. Mais, ô caprice de la fortune! quoique l'avocat eût obtenu tant de louanges, les enfants ne purent obtenir du pain. On appointa la cause, c'est-à-dire, en bonne chicane, qu'il fut ordonné à ces malheureux de plaider à jeun; et les juges se levèrent gravement du tribunal pour aller dîner. Je m'y en allai aussi, et je partis ensuite pour apporter à monseigneur vos lettres. Je suis arrivé ici presque *incognito*, pour épargner les frais d'une entrée. Sur les sept heures du matin, je surpris la ville; ainsi il n'y a ni harangue, ni cérémonie dont je puisse vous régaler. Que ne puis-je, pour réjouir mademoiselle de Laval, vous faire part des fleurs de rhétorique qu'un prédicateur de village répandit naguère sur nous, ses auditeurs infortunés! Mais il est juste de respecter la chaire plus que le barreau.

L'ami Seron est bien le bon ami, d'avoir guéri cette demoiselle, qui doit vous être si chère. Pour moi, je lui en sais le meilleur gré du monde; et parmi les obligations que je lui ai, je lui alloue cette cure comme faite à ma propre personne. Je voudrois bien pouvoir me réjouir de même, en toute sûreté, de la guérison de M. votre père¹; mais vous n'en parlez pas d'un ton assez ferme pour finir mon inquiétude. Ne soyez pas, s'il vous plaît, aussi rigoureuse contre l'Angloise que les juges de Sarlat le furent contre les enfants. Si elle est malade, il la faut mettre chez les Hospitalières ; et si elle est guérie, mettez-la chez madame Finet. Répondez pour elle, et je vous promets que je mettrai ordre promptement au paiement de la somme que vous aurez promise. Quand vous écrirez en Anjou, souvenez-vous de moi, pour faire en sorte qu'on s'en souvienne un peu de ce pays-là. Au surplus, venez nous voir, et venez vite. Je vous envoie la lettre que vous m'avez conseillé d'écrire à M. Jasse. Je ne sais point son adresse, puisqu'il n'est plus à l'hôtel de Conti. Souffrez un billet pour mademoiselle de Martel ; je le lui enverrois en droiture, si je ne craignois que madame de Vibraye aura quitté son petit hôtel.

Je vous remercie de ce que vous me mandez pour Rouffillac ; et je vous en suis sincèrement très obligé, sans vouloir néanmoins que vous vous gêniez. Dès que vous le pourrez, donnez-nous une réponse décisive, parce qu'il est pressé de faire quelque chose de son fils. C'est un joli garçon, et il craint, avec raison, pour lui l'oisiveté du village.

¹ Le marquis Antoine de Fénelon.

¹ Petite ville du Périgord, où l'évêque de Sarlat avoit une maison de campagne.

6. — DU MÊME AU DUC (DEPUIS MARÉCHAL) DE NOAILLES.

Sur la conduite à tenir envers les soldats étrangers et hérétiques.

22 juillet 1684.

Il n'est point à propos, ce me semble, de tourmenter ni d'importuner les soldats étrangers et hérétiques, pour les faire convertir : on n'y réussiroit pas. Tout au plus on les jetteroit dans l'hypocrisie, et ils déserteroient en foule. Il suffit de ne souffrir pas d'exercice public, suivant l'intention du roi. Quand quelque officier ou autre peut leur insinuer quelque mot, ou les mettre en chemin de vouloir s'instruire de bon gré, cela est excellent ; mais point de gêne ni d'empressement indiscret. S'ils sont malades, on peut les faire visiter d'abord par quelque officier catholique qui les console, qui les fasse soulager, et qui insinue quelque bonne parole. Si cela ne sert de rien, et si la maladie augmente, on peut aller un peu plus loin, mais doucement et sans contrainte, pour leur montrer que l'ancienne Église est la meilleure, et que c'est celle qui vient des apôtres. Si le malade n'est pas capable d'entendre ces raisons, je crois qu'on doit se contenter de lui faire faire des actes de contrition, de foi et d'amour, ajoutant souvent : Mon Dieu, je me soumets à tout ce que la vraie Église enseigne ; je la reconnois pour ma mère, en quelque lieu qu'elle soit. Il faut pour la sépulture suivre la règle de l'évêque diocésain, et éviter l'éclat autant qu'on le peut, sans avilir la religion.

7. — AU MARQUIS DE SEIGNELAY[1].

Il lui rend compte de l'état des missions de la Saintonge.

A La Tremblade, ce 7 février (1686).

Monsieur,

Je crois devoir me hâter de vous rendre compte de la mauvaise disposition où j'ai trouvé les peuples de ce lieu. Les lettres qu'on leur écrit de Hollande leur assurent qu'on les y attend pour leur donner des établissements avantageux, et qu'ils seront au moins sept ans en ce pays-là sans payer aucun impôt. En même temps, quelques petits droits nouveaux qu'on a établis sur cette côte, coup sur coup, les ont fort aigris. La plupart disent assez hautement qu'ils s'en iront dès que le temps sera plus assuré pour la navigation. Je prends la liberté, monsieur, de vous représenter qu'il me semble que la garde des lieux où ils peuvent passer a besoin d'être augmentée. On assure que la rivière de Bourdeaux fait encore plus de mal que les passages de cette côte, puisque tous ceux qui veulent s'enfuir vont passer par-là, sous le prétexte de quelque procès. Il me semble aussi que l'autorité du roi ne doit se relâcher en rien ; car notre arrivée en ce pays, jointe aux bruits de guerre qui viennent sans cesse de Hollande, font croire à ces peuples qu'on les craint et qu'on les ménage. Ils se persuadent qu'on verra bientôt quelque grande révolution, et que le grand armement des Hollandois est destiné à venir les délivrer. Mais en même temps que l'autorité doit être inflexible pour contenir ces esprits que la moindre mollesse rend insolents, je croirois, monsieur, qu'il seroit important de leur faire trouver en France quelque douceur de vie, qui leur ôtât la fantaisie d'en sortir. Il est à craindre qu'il en partira un grand nombre dans les vaisseaux hollandois qui commencent à venir pour la foire de mars à Bourdeaux. On assure que les officiers nouveaux convertis font ici mollement leur devoir. Pour M. de Blénac, il me paroît faire le sien fort exactement. Pendant que nous employons la charité et la douceur des instructions, il est important, si je ne me trompe, que les gens qui ont l'autorité la soutiennent, pour faire mieux sentir aux peuples le bonheur d'être instruits doucement. Je crois que M. l'intendant sera ici dans peu de jours ; cela sera très utile, car il sait se faire craindre et aimer tout ensemble. Une petite visite, qu'il vint nous rendre à Marennes, fit des merveilles ; il acheva d'entraîner les esprits les plus difficiles. Depuis ce temps-là, nous avons trouvé les gens plus assidus et plus dociles. Il leur reste encore des peines sur la religion ; mais, d'ailleurs, ils avouent presque tous que nous leur avons montré avec une pleine évidence qu'il faut, selon l'Écriture, se soumettre à l'Église, et qu'ils n'ont aucune objection à faire contre la doctrine catholique, que nous n'ayons détruite très clairement. Quand nous sommes partis de Marennes, nous avons reconnu de plus en plus qu'ils sont plus touchés qu'ils n'osent le témoigner ; car alors ils n'ont pu s'empêcher de montrer beaucoup d'affliction. Cela a été si fort, que je n'ai pu leur refuser de leur laisser une partie de nos messieurs, et de leur promettre que nous retournerions tous chez eux.

---

[1] Les originaux de cette lettre et des deux suivantes sont entre les mains de M. le comte Desèze, pair de France, qui a bien voulu permettre à M. le cardinal de Bausset d'en faire usage dans l'*Histoire de Fénelon* (liv. I, n. 25). Nous les publions sur une copie faite de la main de Son Éminence, et collationnée par elle.

Pourvu que ces bons commencements soient soutenus par des prédicateurs doux, et qui joignent au talent d'instruire celui de s'attirer la confiance des peuples, ils seront bientôt véritablement catholiques. Je ne vois, monsieur, que les Pères jésuites qui puissent faire cet ouvrage; car ils sont respectés pour leur science et pour leur vertu. Il faudra seulement choisir parmi eux ceux qui sont les plus propres à se faire aimer. Nous en avons un ici, nommé le Père Aimar, qui travaille avec nous, et qui est un ouvrier admirable : je le dis sans exagération. Au reste, monsieur, j'ai reçu une lettre du Père de La Chaise, qui me donne des avis fort honnêtes et fort obligeants sur ce qu'il faut, dès les premiers jours, accoutumer les nouveaux convertis aux pratiques de l'Église, pour l'invocation des saints et pour le culte des images. Je lui avois écrit, dès les commencements, que nous avions cru devoir différer de quelques jours l'*Ave Maria* dans nos sermons, et les autres invocations des saints dans les prières publiques que nous faisions en chaire. Je lui avois rendu ce compte par précaution, quoique nous ne fissions en cela que ce que font tous les jours les curés dans leurs prônes, et les missionnaires dans leurs instructions familières. Depuis ce temps-là je lui ai rendu le même compte de notre conduite que j'ai déjà eu l'honneur de vous rendre. J'espère que cela, joint au témoignage de M. l'évêque et de M. l'intendant, et des Pères jésuites, nous justifiera pleinement.

Je suis avec un respect et une reconnoissance parfaite, monsieur,

Votre très humble et très obéissant serviteur,

L'abbé DE FÉNELON.

8. — AU MARQUIS DE SEIGNELAY.

Nouveaux détails sur les missions de la Saintonge.

A La Tremblade, 26 février (1686).

Nous avons laissé Marennes aux jésuites, qui commencent à y grossir leur communauté, selon votre projet. Après plus de deux mois d'instruction sans relâche, nous avons cru devoir mettre en possession de ce lieu les ouvriers qui y seront fixés, et passer dans les autres de cette côte, dont les besoins ne sont pas moins pressants. Les trois jésuites de Marennes n'y seront pas inutiles avec ceux qui y viennent. Les uns tempéreront les autres; il en faut même pour le temporel. Avant que de les quitter, j'ai tâché de faire deux choses : l'une, de faire espérer aux peuples beaucoup de douceur et de consolation de la part de ces bons Pères, dont j'ai relevé fortement la bonne vie et le savoir; l'autre, de persuader en même temps à ces Pères qu'ils doivent en toute occasion se rendre les intercesseurs et les conseils du peuple dans toutes les affaires qu'ils ont auprès des gens revêtus de l'autorité du roi. N'importe que les gens qui ont l'autorité leur refusent ce qu'il ne sera pas à propos de leur accorder; mais enfin ils doivent parler le plus souvent qu'ils pourront, sans être indiscrets, pour attirer les graces, et pour adoucir les punitions : c'est le moyen de les faire aimer, et de leur faire gagner la confiance de tout le pays; c'est ce qui déracinera le plus l'hérésie : car il s'agit bien moins du fond des controverses, que de l'habitude dans laquelle les peuples ont vieilli, de suivre extérieurement un certain culte, et de la confiance qu'ils avoient en leurs ministres. Il faut transplanter insensiblement cette habitude et cette confiance chez les pasteurs catholiques : par-là les esprits se changeront presque sans s'en apercevoir. Dans cette vue, j'ai pris soin que plusieurs petites graces, que nous obtenions pour les habitants de Marennes, passassent extérieurement par le canal des jésuites, et j'ai fait valoir au peuple qu'il leur en avoit l'obligation. Si ces bons Pères cultivent cela, comme je l'espère, ils se rendront peu à peu maîtres des esprits. Ces peuples sont dans une violente agitation d'esprit; ils sentent une force dans notre religion, et une foiblesse dans la leur, qui les consterne. Leur conscience est toute bouleversée, et les plus raisonnables voient bien où tout cela va naturellement; mais l'engagement du parti, la mauvaise honte, l'habitude et les lettres de Hollande qui leur donnent des espérances horribles, tout cela les tient en suspens, et comme hors d'eux-mêmes. Une instruction douce et suivie, la chute de leurs espérances folles, et la douceur de vie qu'on leur donnera chez eux, dans un temps où l'on gardera exactement les côtes, achèvera de les calmer. Mais ils sont pauvres; le commerce du sel, leur unique ressource, est presque anéanti. Ils sont accoutumés à de grands soulagements : si on ne les épargne beaucoup, la faim se joignant à la religion, ils échapperont, quelque garde qu'on fasse. Les blés que vous avez fait venir si à propos, monsieur, leur ont fait sentir la bonté du roi; ils m'en ont paru touchés. L'arrivée de M. Forant, que vous envoyez, servira aussi beaucoup à retenir les matelots. Dans la situation où je vous représente les esprits, il nous seroit facile de les faire tous confesser et communier, si nous voulions les en presser, pour en faire honneur à nos missions. Mais quelle apparence de faire confesser ceux qui ne reconnoissent point encore la vraie Église, ni sa puissance de remettre les péchés? Comment donner Jésus-Christ à ceux qui ne croient point le recevoir? Cependant je sais que, dans les lieux où les missionnaires et les troupes sont ensemble, les nouveaux convertis vont en foule à la communion. Ces esprits durs, opiniâtres, et envenimés contre notre religion, sont pourtant lâches et intéressés. Si peu qu'on les presse, on leur fera faire des sacriléges innombrables; les voyant communier, on croira avoir fini l'ouvrage; mais on ne fera que les pousser par les remords de leur conscience jusqu'au désespoir, ou bien on les jettera dans une impossibilité et une indifférence de religion qui est le comble de l'impiété, et une semence de scélérats qui se multiplie dans tout un royaume. Pour nous, monsieur, nous croirions attirer sur nous une horrible malédiction, si nous nous contentions de faire à la hâte une œuvre superficielle, qui éblouiroit de loin. Nous ne pouvons que redoubler nos instructions, qu'inviter les peuples à venir chercher les sacrements avec un cœur catholique, et que les donner à ceux qui viennent d'eux-mêmes les chercher après s'être soumis sans réserve. Nous sommes maintenant, monsieur, tous rassemblés ici; et de ce lieu nous allons instruire Arvert et tous les lieux voisins, qui forment une péninsule. Nous trouvons partout les mêmes dispositions, excepté que ce canton est encore plus dur que Marennes. Permettez-moi, monsieur, de vous témoigner notre parfaite reconnoissance sur la bonté avec laquelle vous avez parlé au roi de nos bonnes intentions dans le travail qui nous est confié. Nous ne cesserons d'y faire tous les efforts dont nous sommes capables, tant que vous nous ordonnerez de continuer, quoique nous avancions peu ici, et que nos occupations de Paris eussent un fruit plus prompt et plus sensible. J'oublios de vous dire, monsieur, qu'il nous faudroit une très grande abondance de livres, surtout de Nouveaux Testaments, et des traductions de la messe avec des explications : car on ne fait rien, si on n'ôte les livres hérétiques; et c'est mettre les gens au désespoir, que de les leur ôter, si on ne donne à mesure qu'on ôte. Je suis, etc.

9. — AU MARQUIS DE SEIGNELAY.

Sur le même sujet que la précédente.

A La Tremblade, 8 mars (1686).

L'arrivée de M. Forant a donné de la joie aux habitants de La Tremblade. J'espère qu'il servira beaucoup à les retenir, pourvu qu'il n'exerce point ici une autorité rigoureuse qui le rendroit bientôt odieux. Il donne un fort bon exemple pour les exercices de religion, et il engage par l'amitié les autres à les suivre. Sa naissance, sa parenté avec plusieurs d'entre eux, et la religion qui lui a été commune avec tous ces gens-là, le feroient haïr plus qu'un autre, s'il vouloit user de hauteur et de sévérité pour les réduire à leur devoir. Cependant le naturel dur et indocile de ces peuples demande une autorité vigoureuse et toujours vigilante. Il ne faut point leur faire du mal; mais ils ont besoin de sentir une main toujours levée pour leur en faire s'ils résistent. Le sieur de Chastellar, subdélégué de M. Arnoul, supplée très bien à ce que M. Forant ne pourra pas faire de ce côté-là. La douceur de l'un et la fermeté de l'autre étant jointes feront beaucoup de bien. Je n'ai pas manqué, monsieur, de lire publiquement ici et à Marennes ce que vous m'avez fait l'honneur de m'écrire des bontés que le roi aura pour les habitants de ce pays, s'ils s'en rendent dignes, et du zèle charitable avec lequel vous cherchez les moyens de les soulager. Les blés que vous leur avez fait venir à fort bon marché leur montrent que c'est une charité effective, et je ne doute point que la continuation de ces sortes de graces ne retienne la plupart des gens de cette côte. C'est la controverse la plus persuasive pour eux : la nôtre les étonne, car on leur fait voir clairement le contraire de ce que le ministre leur avoit toujours enseigné comme incontestable, et avoué des catholiques mêmes. Nous nous servons utilement ici du ministre qui y avoit l'entière confiance des peuples, et qui s'est converti. Nous le menons à nos conférences publiques, où nous lui faisons proposer ce qu'il disoit autrefois pour animer les peuples contre l'Église catholique. Cela paroît si foible et si grossier, par les réponses qu'on y fait, que le peuple est indigné contre lui. La première fois, plusieurs lui disoient, se tenant derrière lui : Pourquoi, méchant, nous as-tu trompés? Pourquoi nous disois-tu qu'il falloit mourir pour notre religion, toi qui nous as abandonnés? Que ne défends-tu ce que tu nous as enseigné? Il a essuyé cette confusion, et j'en espère beaucoup de fruit. Ceux de Marennes sont aussi dans la même indignation contre un ministre qu'ils croyoient fort habile. Il n'étoit pas sorti du royaume, parce qu'il a été mourant pendant plusieurs mois ; enfin, il est guéri. Aussitôt M. l'abbé de Bertier, dans un entretien particulier, le pressa pour une conférence publique : le peuple la soubaita avec ardeur, et le ministre n'osa la refuser, tant ses meilleurs amis furent scandalisés de le voir reculer. Il promit donc, et marqua le jour; les matières furent réglées par écrit. Nous demandâmes deux personnes sûres, qui écrivissent les réponses de part et d'autre, afin que le ministre ne pût disconvenir, après la conférence, de ce qu'il y auroit été forcé d'avouer. On s'engagea de mettre le ministre dans l'impuissance d'aller jusqu'à la troisième réponse, sans dire des absurdités qu'il n'oseroit laisser écrire, et que les enfants mêmes trouveroient ridicules. Tout étoit prêt; mais le ministre, par une abjuration dont il n'a averti personne, a prévenu le jour de la conférence. Dès que nous découvrîmes sa finesse, nous allâmes chez lui avec les principaux habitants qui étoient les plus mal convertis. Il ne put éviter d'avouer qu'il avoit promis la conférence, et qu'il se dédisoit. Jugez, messieurs, dîmes-nous sur-le-champ, ce qu'on doit croire d'une religion dont les plus habiles pasteurs aiment mieux l'abjurer que la défendre. Chacun leva les epaules, et l'un des principaux dit en sortant : Pour moi, j'ai soutenu mes sentiments tant que j'ai pu; mais je vais songer sérieusement à ma conscience. Cette promesse n'aura peut-être pas de suites assez promptes et assez solides; mais enfin voilà l'impression des peuples : ils sentent le foible de leur religion, et la force accablante de la catholique. Je ne doute point qu'on ne voie à Pâques un grand nombre de communions, peut-être même trop. Ces fondements posés, c'est aux ouvriers fixes à élever l'édifice, et à cultiver cette disposition des esprits. Il ne faut que des prédicateurs qui expliquent tous les dimanches le texte de l'Évangile avec une autorité douce et insinuante. Les jésuites commencent bien; mais le plus grand besoin est d'avoir des curés édifiants qui sachent instruire. Les peuples nourris dans l'hérésie ne se gagnent que par la parole. Un curé qui saura expliquer l'Évangile affectueusement, et entrer dans la confiance des familles, fera toujours ce qu'il voudra. Sans cela l'autorité pastorale, qui est la plus naturelle et la plus efficace, demeurera toujours avilie avec scandale. Les peuples nous disent : Vous n'êtes ici qu'en passant; c'est ce qui les empêche de s'attacher entièrement à nous. La religion, avec le pasteur qui l'enseignera, prendra insensiblement racine dans les cœurs. Les ministres n'ont été si puissants que par la parole, et par leur adresse à entrer dans le secret des familles. N'y aura-t-il point des prêtres qui fassent pour la vérité ce que ces malheureux ont fait efficacement pour l'erreur? M. de Saintes est bien à plaindre, dans ses bonnes intentions, d'avoir un grand diocèse où le commerce et l'hérésie font que peu de gens se destinent à être prêtres. Si on n'établit pas au plus tôt de bonnes écoles pour les deux sexes, on sera toujours à recommencer. Il faut même une autorité qui ne se relâche jamais, pour assujettir toutes les familles à y envoyer leurs enfants. Il faudroit aussi, monsieur, répandre des Nouveaux Testaments avec profusion : mais le caractère gros est nécessaire; ils ne sauroient lire dans les menus. Il ne faut pas espérer qu'ils achètent des livres catholiques; c'est beaucoup qu'ils lisent ceux qui ne coûtent rien : le plus grand nombre ne peut même en acheter. Si on leur ôte leurs livres sans leur en donner, ils diront que les ministres leur avoient bien dit que nous ne voulions pas laisser lire la Bible, de peur qu'on ne vît la condamnation de nos superstitions et de nos idolâtries, et ils seront au désespoir. Enfin, monsieur, si on joint toujours exactement à ces secours la vigilance des gardes pour empêcher les désertions, et la rigueur des peines contre les déserteurs, il ne restera plus que de faire trouver aux peuples autant de douceur à demeurer dans le royaume, que de péril à entreprendre d'en sortir. C'est, monsieur, ce que vous avez commencé, et que je prie Dieu que vous puissiez achever selon toute l'étendue de votre zèle. Les jésuites sont maintenant à Marennes en assez grand nombre pour instruire de suite, tous les dimanches, les principaux lieux de cette côte. Ainsi, il ne nous reste qu'à leur préparer les voies en chaque lieu. Nous avons accoutumé les peuples à entendre les vérités qui les condamnent le plus fortement, sans être irrités contre nous. Au contraire, ils nous aiment, et nous regrettent quand nous les quittons. S'ils ne sont pas pleinement convertis, du moins ils sont accablés, et en défiance de toutes leurs anciennes opinions. Il faut que le temps et la confiance en ceux qui les instruiront de suite fasse le reste. Je ne prends, monsieur, la liberté de vous représenter tout cela, qu'afin de recevoir vos ordres sur notre séjour en ce pays, et de les exécuter avec une parfaite soumission.

J'ai eu sept ou huit longues conversations avec M. de Sainte-Hermine à Rochefort, où j'ai été le chercher. Il entend bien ce qu'on lui dit, il n'a rien à y répondre; mais il ne prend aucun parti. M. l'abbé de Langeron et moi, nous avons fait devant lui des conférences assez fortes l'un contre l'autre. Je faisois le protestant, et je disois tout ce que les ministres peuvent dire de plus spécieux. M. de Sainte-Hermine sentoit fort bien la foiblesse de mes raisons, quelque tour que je leur donnasse : celles de M. l'abbé de Langeron lui paroissoient décisives, et quelquefois il répondoit de lui-même ce qu'il falloit répondre contre moi. Après cela, j'attendois qu'il seroit ébranlé ; mais rien ne s'est remué en lui, du moins au-dehors. Je ne sais s'il ne tient point à sa religion par quelque raison secrète de famille. Je serois retourné encore à Rochefort pour lui parler encore selon vos ordres, si M. Arnoul ne m'avoit mandé qu'il est allé en Poitou. Dès qu'il en sera revenu, j'irai à Rochefort, et je vous rendrai compte, monsieur, de ce que j'aurai fait.

Je suis, avec toute la reconnoissance et tout le respect possible, etc.

10. — A BOSSUET.

Sur la difficulté de ramener les protestants, et sur le desir qu'il a de revenir bientôt à Paris.

A La Tremblade, 8 mars 1686.

Quoique je n'aie rien de nouveau à vous dire, monseigneur, je ne puis m'abstenir de l'honneur de vous écrire : c'est ma consolation en ce pays[1] ; il faut me permettre de la prendre. Nos convertis vont un peu mieux ; mais le progrès est bien lent : ce n'est pas une petite affaire de changer les sentiments de tout un peuple. Quelle difficulté devoient trouver les apôtres pour changer la face de l'univers, pour renverser le sens humain, vaincre toutes les passions, et établir une doctrine jusqu'alors inouïe ; puisque nous ne saurions persuader des ignorants par des passages clairs et formels, qu'ils lisoient tous les jours, en faveur de la religion de leurs ancêtres, et que l'autorité même du roi remue toutes les passions pour nous rendre la persuasion plus facile ! Mais si cette expérience montre combien l'efficace des discours des apôtres étoit un grand miracle, la foiblesse des huguenots ne fait pas moins voir combien la force des martyrs étoit divine.

Les hugenots mal convertis sont attachés à leur religion jusqu'au plus horrible excès d'opiniâtreté ; mais, dès que la rigueur des peines paroît, toute leur force les abandonne. Au lieu que les martyrs étoient humbles, dociles, intrépides et incapables de dissimulation, ceux-ci sont lâches contre la force, opiniâtres contre la vérité, et prêts à toute sorte d'hypocrisies. Les restes de cette secte vont tomber peu à peu dans une indifférence de religion pour tous les exercices extérieurs, qui doit faire trembler. Si on vouloit leur faire abjurer le christianisme, et suivre l'Alcoran, il n'y auroit qu'à leur montrer des dragons. Pourvu qu'ils s'assemblent la nuit, et qu'ils résistent à toute instruction, ils croient avoir assez fait. C'est un redoutable levain dans une nation. Ils ont tellement violé par leurs parjures les choses les plus saintes, qu'il reste peu de marques auxquelles on puisse reconnoître ceux qui sont sincères dans leur conversion. Il n'y a qu'à prier Dieu pour eux, et qu'à ne se rebuter point de les instruire.

Mais le grand-chancelier[1], quand le verrons-nous, monseigneur ? Il seroit bien temps qu'il vînt charmer nos ennuis dans notre solitude, après avoir confondu au milieu de Paris les critiques téméraires. Je prie M. Cramoisy de nous regarder en pitié : *O utinam...!*

M. l'abbé de Cordemoy n'attend pas avec moins d'impatience des nouvelles de son placet, que vous avez eu la bonté de vouloir présenter au roi. Vous savez, monseigneur, qu'il a le double titre du mérite et du besoin. Je souhaite que celui de votre protection fasse faire justice aux deux autres. Son absence, approuvée par le roi, bien loin de lui nuire, doit lui servir, surtout depuis que nous sommes catholiques, authentiquement reconnus par les *Ave Maria* dont nous remplissons toutes nos conférences. En songeant à sa pension avec M. le contrôleur général, de grace, monseigneur, n'oubliez pas notre retour avec M. de Seignelay[2] ; mais parlez uniquement de votre chef. S'il nous tient trop long-temps ici loin de vous, nous supprimerons encore l'*Ave Maria* ; et peut-être irons-nous jusqu'à quelque grosse hérésie, pour obtenir une heureuse disgrace qui nous ramène à Germigny : ce seroit un coup de vent qui nous feroit faire un joli naufrage. Honorez toujours de vos bontés, monseigneur, notre troupe, et particulièrement celui de tous vos serviteurs qui vous est dévoué avec l'attachement le plus respectueux.

11. — AU DUC DE CHEVREUSE.

Se tenir uni à Dieu parmi les mouvements et les embarras extérieurs : la prière continuelle est alors notre seule ressource. Espérances de Fénelon pour la duchesse de Chevreuse.

28 mai 1687.

Je suis très aise, mon cher seigneur, d'appren-

---

[1] Fénelon parcouroit alors les côtes de la Saintonge, où Louis XIV l'avoit envoyé pour travailler à la conversion des protestants.

[1] L'*Oraison funèbre de Michel Le Tellier*, prononcée le 25 janvier 1686.

[2] Voyez les lettres ci-dessus au marquis de Seignelai.

dre que l'agitation du voyage ait laissé madame la duchesse dans la même situation. Il y a toujours à craindre que ces grands mouvements ne nous dérangent un peu. Mais, dans le fond, quand on se tient attaché à Jésus-Christ par la prière et par la fréquentation de ses mystères, l'agitation ne sert souvent qu'à nous affermir. Cet arbre dont parle David, qui est planté le long des eaux, et qui est profondément enraciné, selon les termes de l'Apôtre, dans l'humilité et dans la charité, n'est pas ébranlé par les vents qui arrachent les plantes sans racine. Cet arbre est même plus affermi à mesure qu'il paroît plus agité. Les occasions de vanité, de dissipation, d'ambition, de jalousie, sont pour ces ames des occasions d'un nouveau mérite. Mais je conviens avec vous, mon cher seigneur, qu'on a besoin, dans ces rencontres, de s'observer avec grand soin, et de se tenir fortement attaché à Dieu. Pour peu que Dieu se détourne de nous pour punir notre négligence ou nos infidélités, nous nous trouvons bientôt dans l'état où étoit David au milieu de sa cour. Hélas! je me croyois affermi dans le bien, disoit ce prince selon le cœur de Dieu; je ne serai jamais ébranlé dans mes résolutions, disois-je en moi-même; me voilà fixé pour l'éternité: *Dixi in abundantia mea: Non movebor in æternum*; mais vous n'avez fait que détourner vos yeux un moment, ô mon Dieu, et je suis tombé dans le trouble: *avertisti faciem tuam, et factus sum conturbatus*[1].

Nous avons par nous-mêmes un si terrible penchant vers les biens sensibles, et nous y sommes poussés avec tant de violence par tout ce qui nous environne, que, pour peu que le Fort d'Israël cesse de nous soutenir, la chute est infaillible. Notre chemin est glissant, dit le Psaume[2], et l'ange exterminateur nous pousse de toute sa force. Qui nous peut soutenir sur le penchant d'un précipice où nous roulons déjà de nous-mêmes? C'est votre seule grace, ô mon Dieu; c'est vous seul, ô Jésus, qui avez vaincu le monde, et en nous, et hors de nous, en répandant des douceurs infiniment plus grandes que celles qui nous séduisent. Mais cette grace, mon cher seigneur, ne se communique, dans la voie ordinaire, que par la prière fréquente et par les sacrements. Un pauvre, dont les besoins sont continuels, et qui n'a ni force ni adresse pour y remédier de lui-même, n'a d'autre ressource que de prier continuellement, et de s'adresser à ceux qui peuvent remplir ses besoins. Faut-il donc s'étonner que Jésus-Christ et les apôtres nous ordonnent de prier continuellement et sans relâche? Quand il n'y auroit pas un précepte de le faire, notre foiblesse nous devroit suggérer cette pratique. Mais, par malheur, on ne sent pas même ces besoins, quoiqu'ils soient si pressants et si importants. Pour peu que nos forces corporelles s'affoiblissent, nous le sentons promptement et bien vivement; la moindre altération dans la tête ou dans le cœur nous avertit que nous avons besoin du médecin et du remède: mais souvent nos forces spirituelles sont presque entièrement épuisées avant que nous connoissions notre mal. On attribue à un premier mouvement, à une légère négligence, à une petite foiblesse, ce qui est souvent l'effet et la marque d'une passion dominante et d'un cœur corrompu. On aime le monde et ce qui est dans le monde par une vraie affection, et l'on s'imagine qu'on n'a que des vues passagères qui ne laissent nulle impression dans le cœur. Qui est-ce qui peut discerner, mon cher seigneur, l'impression passagère que fait le monde sur une ame exposée à son commerce dangereux, d'avec l'affection permanente qu'il imprime? Qui est-ce qui peut discerner si c'est par nécessité et avec répugnance qu'il sert à la vanité, ainsi que parle l'Écriture[1], ou si c'est de bon gré et avec plaisir? Que faire donc dans cette incertitude terrible? S'humilier, gémir, prier, soupirer incessamment vers Jésus-Christ. *Averte oculos meos, ne videant vanitatem: in via tua vivifica me*[2]. C'est une excellente prière pour une ame engagée dans la cour, comme David, c'est-à-dire plongée dans le milieu des attraits du monde. O mon Dieu, vérité souveraine et souverainement aimable, détournez mes yeux de la vanité qui les environne de toutes parts; et parce que leur mobilité naturelle les fait tourner incessamment vers les objets qui se présentent et qui éclatent, fixez-les, ô mon Dieu, en vous présentant vous-même, et vous faisant sentir avec cette force qui fait que les grands objets attirent uniquement notre attention et notre vue. Mais ne vous contentez pas, Seigneur, de détourner une fois mes yeux de la vanité: hélas! je rechercherois bientôt avec empressement ces misérables, mais agréables objets dont vous m'avez ôté la vue; faites-moi entrer uniquement dans cette voie de justice et de sainteté, où la vanité ne se présente plus à ceux qui vous aiment; *in via tua vivifica me*: mettez-moi dans cette voie où l'on ne voit, où l'on n'entend, de quelque côté qu'on se tourne, que vérité et charité. Remplissez incessamment mon es-

---

[1] *Ps.* XXIX, 7, 8.   [2] *Ps.* XXXIV, 6.   [1] *Rom.*, VIII, 20.   [2] *Ps.* CXVIII, 37.

prit et même mon imagination de pensées et d'images qui me portent à vous; pénétrez mon cœur de cette ineffable suavité qui attire les ames à l'odeur de vos parfums; consacrez même mon corps par l'infusion de votre esprit et par l'attouchement de votre chair sainte, en sorte que ma chair, aussi bien que mon cœur, tressaille vers le Dieu vivant. Faites, ô Jésus, que, devenu par votre grace, par mon baptême, par la confirmation et par l'eucharistie, votre temple, votre enfant, l'un de vos membres, la chair de votre chair, l'os de vos os, je n'aie plus d'autres mouvements que les vôtres. Que s'il n'est pas de votre providence ni de mon utilité que je sois exempt de toute tentation, empêchez au moins, ô Dieu tout puissant, empêchez que je n'y succombe. Il est de votre gloire que vous vainquiez le démon en moi, comme vous l'avez vaincu en vous-même, non en l'empêchant de tenter, mais en repoussant sa tentation. Mais faites donc, Seigneur, que lorsque cet esprit séducteur me tentera, ou par la sensualité, ou par la curiosité, ou par l'ambition, je ne sois non plus ébranlé que vous le fûtes dans le désert! S'il me montre la gloire du monde, en me flattant qu'il m'en fera part pourvu que je l'adore, détournez alors mes yeux de la vanité, faites-moi sentir l'illusion de ses vaines promesses, et gravez vivement et profondément au fond de mon cœur ces vérités par où vous dissipâtes la vanité de Satan, qu'il ne faut *adorer que Dieu, qu'il ne faut servir que lui seul*[1].

Vous me pardonnerez bien, mon cher seigneur, cette petite digression. Je suis si touché du danger où je me trouve quelquefois, que je dis à Dieu tout ce qui me vient alors en pensée; et comme je ne distingue pas trop l'amour que j'ai pour mon salut de celui que j'ai pour le vôtre, vous ne devez pas être surpris que je parle pour vous comme je parle pour moi. Il faut pourtant finir, de peur que le zèle ne devienne indiscret. Aussi bien ne vous pourrois-je jamais marquer jusqu'à quel point je suis à vous.

Je ne sais si le respect et la reconnoissance que j'ai pour les personnes que j'honore, et à qui je suis obligé, m'impose un peu; mais je ne puis dissimuler que j'espère de voir madame la duchesse de Chevreuse une grande sainte. Il y a tant de traces de la miséricorde de Jésus-Christ dans cette ame, qu'il achèvera infailliblement ce qu'il a commencé : oui, il l'achèvera, malgré le démon et le monde, et personne ne lui arrachera cette brebis qu'il a achetée de tout son sang. Vous ne sauriez croire combien j'ai de joie dans l'espérance que je sens de voir entièrement à Dieu ceux que j'estime. Vous pourriez devenir favori, premier et unique ministre, que je n'en sentirois pas, ce me semble, une grande émotion; mais je ne puis penser, sans une joie sensible, que vous voulez être à Jésus-Christ sans réserve et sans retour.

Le comte de Montfort[1] me donne aussi, depuis quelques jours, de grandes espérances. Vous verrez du fruit, si je ne me trompe, quand vous serez de retour. Les deux petits font parfaitement bien de leur côté. O mon Dieu, prenez pour vous toute cette famille. Bonsoir! mon cher seigneur.

12. — AU MÊME.

Souhaits pour le duc et la duchesse, à l'occasion de la fête de la Pentecôte.

Je ne manque point de demander à Dieu les puissants secours dont madame la duchesse a besoin dans l'état où elle se trouve. Je lui souhaite cette plénitude de l'Esprit saint, qui nous vide entièrement de l'esprit du monde. Elle n'est pas tout-à-fait dans l'état où se trouvoient Marie et les disciples pour recevoir cet Esprit sacré que le monde ne connoît ni ne reçoit; mais j'ai lieu de croire qu'au milieu de la cour, où elle est entretenue, son cœur recueilli, mortifié, appliqué à Dieu, consacré par la grace et par l'adorable eucharistie, formé un temple, et qu'il est lui-même ce temple où l'Esprit saint descend et réside. Dieu veuille que ce vent sacré chasse bien loin toutes les ordures et la poussière qu'on ramasse dans le grand monde! Dieu veuille que ce feu consumant dévore toute l'écume et la paille qui nage sur la surface de notre cœur! Il est difficile, dans un temps et dans un pays où tout dissipe, où tout séduit ou du moins affoiblit la piété, de ne pas sentir quelque altération; mais il n'est pas impossible de demeurer ferme, quand c'est l'Esprit saint qui affermit. Il y a une parole d'un grand poids dans l'Histoire ecclésiastique, au sujet d'une sainte dame qui fut exposée à de terribles épreuves dans le monde : *Tanto pondere fixit eam Spiritus sanctus, ut immobilis permaneret.* On n'acquiert guère ce degré de fermeté que par des prières vives, fréquentes, humbles et pures. Il y faut joindre la réception fréquente de ce corps

---

[1] *Matth.*, IV, 10.

[1] Il s'agit vraisemblablement ici d'Honoré-Charles d'Albert, duc de Luynes et comte de Montfort, second fils du duc de Chevreuse, né le 6 décembre 1669, et mort en Alsace le 9 septembre 1704, des suites d'une blessure qu'il avoit reçue le même jour au service du roi.

sacré formé par l'Esprit saint, qui est lui-même une source inépuisable de l'esprit de sainteté. Je suppose toujours qu'on mène une vie chrétienne. Il ne faut point d'autre préparation pour l'eucharistie, quand on examine les choses dans le fond. Quiconque est saint, ou légèrement infirme, doit manger, s'il ne veut insensiblement s'affoiblir et mourir. Les voyages n'empêchoient pas les premiers chrétiens de rompre le pain et de le manger. Ils le portoient avec eux ce pain du ciel, de peur d'en être privés par des accidents imprévus. Si l'on vit de l'esprit de Jésus-Christ, on a droit de se nourrir de son corps. Plaise à cet Esprit saint de descendre sur nous avec les mêmes dons qu'il descendit sur les premiers disciples ! Environnons-nous de cet Esprit, mon cher seigneur ; ne nous souvenons ni de nos premières foiblesses pour nous abattre, ni des charmes du monde pour nous laisser attirer. Oublions tout, comme les apôtres, hors les vérités saintes et les biens éternels que cette divine ivresse de l'Esprit fait connoître et goûter. Que tout le reste nous paroisse une illusion, telle qu'elle est dans le fond, une ombre et un songe. C'est ainsi que l'Écriture parle de ces misérables plaisirs, de ces biens périssables, qui passent avec plus de rapidité que les songes et les ombres. Un homme qui pendant le sommeil s'est trouvé dans les délices et dans l'opulence, dit le lendemain, en se retrouvant malheureux : Que mon bonheur est bientôt passé ! ce n'étoit qu'un songe. Hélas ! que diront à la mort ces hommes de richesses et de plaisirs dont parle David [1], lorsque, se réveillant de leur léthargie, ils ne trouveront rien dans leurs mains ni dans leur cœur ? On appelle un songe l'agréable illusion d'une nuit, qui dans la vérité a une solidité et une durée très réelle par rapport à la brièveté de notre vie. Comment appellera-t-on cette illusion d'un moment, quand ce moment dureroit toute la vie, dès qu'on entrera dans l'éternité ?

Je ne sais pourquoi je me suis si fort étendu. Je suis si persuadé de votre religion et de votre bonté, que je ne garde ni précaution ni mesure en parlant avec vous de notre commune espérance.

13. — AU MARQUIS DE SEIGNELAY.

Éviter le partage entre Dieu et le monde : moyens d'arriver à une conversion parfaite.

(1690.)

Je rends graces à Dieu, monsieur, de la crainte qu'il vous donne de quitter le mal sans faire le bien. Cette crainte, qu'il imprime dans votre cœur, sera le solide fondement de son ouvrage. Outre que vous ne sauriez jamais de suite, du tempérament dont vous êtes, vous soutenir contre le mal que par une fervente pratique du bien ; d'ailleurs vous seriez le plus malheureux de tous les hommes, si vous entrepreniez de vaincre vos passions sans vous unir étroitement à Dieu dans ce combat. Votre cœur seroit sans cesse déchiré ; vous n'auriez ni l'ivresse des plaisirs, ni la consolation du Saint-Esprit. Il faut que votre cœur soit rempli ou de Dieu, ou du monde. S'il l'est du monde, le monde vous rentraînera insensiblement, et peut-être tout-à-coup, dans le fond de l'abîme. S'il l'est de Dieu, Dieu ne vous souffrira point dans une lâche tiédeur ; votre conscience vous pressera ; vous goûterez le recueillement ; les choses qui vous ont charmé vous paroîtront vaines et frivoles ; vous sentirez au-dedans de vous une puissance à laquelle il faudra que tout cède peu à peu ; en un mot, vous ne serez point à Dieu à demi. Si vous cherchez, par de faux tempéraments, à partager votre cœur, Dieu, qui est jaloux, rejettera avec horreur ce partage injurieux qui le met en concurrence avec sa créature, c'est-à-dire avec le néant même. Il ne vous reste donc, ou que de retomber par un affreux désespoir dans l'abîme de l'iniquité, livré à vous-même, au monde insensé et à tous vos tyranniques desirs, ou de vous abandonner sans réserve au Père des miséricordes et au Dieu de toute consolation, qui vous tend les bras malgré vos ingratitudes. Il n'y a pas de marché à faire avec Dieu ; il est le maître. Il faut se donner à lui et se taire, se laisser mener, et ne voir pas même jusqu'où l'on ira. Abraham quittoit sa patrie, et couroit vers une terre étrangère sans savoir où il alloit. Imitons son courage et sa foi. Quand on se fait des règles et des bornes dans sa conversion, on marche sous sa propre conduite : quand on se donne à Dieu sans ménagement, on rend Dieu, pour ainsi dire, le garant de tout ce qu'on fait. Revenez, monsieur, comme l'enfant prodigue ; formez au fond de votre cœur cette invocation pleine de confiance : *O père, j'ai péché contre le ciel et contre vous* [1] *!* Il n'est pas possible d'éviter les déchirements de cœur que vos passions vous feront sentir avant que d'être bien étouffées. Vous sentirez tous les plaisirs en foule, qui viendront vous tirer, comme saint Augustin le dit de lui-même [2] ; vous les entendrez qui vous diront d'une voix secrète : « Quoi donc ! vous nous dites

---

[1] *Ps.* LXXV, 6.

[1] *Luc.*, XV, 18.
[2] *Confess.*, lib. VIII, cap. XI, n. 26.

» un éternel adieu! vous ne nous verrez plus! et
» toute votre vie ne sera plus que gêne et tristesse!»
Voilà ce qu'ils diront; mais Dieu parlera aussi à
son tour : il vous fera sentir la joie d'une conscience
purifiée, la paix d'une ame que Dieu réconcilie avec
lui, et la liberté de ses vrais enfants. Vous n'aurez
plus de ces plaisirs furieux qui enivrent l'ame, qui
lui font oublier son malheur à force de l'étourdir;
mais vous aurez ce calme intérieur et ce témoignage consolant qui soutient contre toutes les peines:
vous serez d'accord avec vous-même ; vous ne craindrez plus de rentrer au-dedans de vous : au contraire, vous y trouverez la véritable paix ; vous n'aurez ni à craindre ni à cacher; vous aimerez tout
ce que vous ferez, puisque vous aimerez la volonté
de Dieu qui vous y déterminera ; vous ne voudrez
plus aucune des choses que Dieu ne vous donnera
point; vous porterez dans votre cœur une source
inépuisable de consolation et d'espérance contre
tous les maux de la vie. Ainsi, les maux se changeront en biens; les maladies, les contradictions,
les travaux épineux, la mort même, tout deviendra
bon : car tout se tourne à bien, comme dit saint
Paul [1], pour ceux qui aiment Dieu. Eh! pourquoi
ne l'aimeriez-vous pas, puisqu'il vous aime tant?
Avez-vous trouvé quelque chose de plus doux à aimer et de plus digne de votre amour? Le fantôme
du monde va s'évanouir ; cette vaine décoration
disparoîtra bientôt; l'heure vient, elle approche,
la voilà qui s'avance, nous y touchons déja ; le
charme se rompt, nos yeux vont s'ouvrir ; nous ne
verrons plus que l'éternelle vérité. Dieu jugera sa
créature ingrate. Tous ces insensés qui passent
pour sages seront convaincus de folie : mais nous,
qui aurons connu et goûté le don de Dieu, nous
laisserons-nous envelopper dans cette condamnation? Mais vous, monsieur, fermerez-vous votre
cœur, ou ne l'ouvrirez-vous qu'à demi, pendant
que Dieu vient lui-même avec tant de patience
vous le demander tout entier? Quel est, dit Jérémie de la part de Dieu [2], l'époux qui n'a horreur
de son épouse, quand il la voit infidèle courir avec
impudence après des amants? Croyez-vous, dit-il,
que l'époux la reprenne, si elle revient à lui après
tant d'abominations? Et moi, continue-il, *ô mon
épouse, ô fille d'Israël, quoique tu aies abandonné
mon alliance, quoique tu aies violé scandaleuse-
ment la foi nuptiale, quoique tu aies couru dans
tous les chemins après des amants étrangers, reviens, reviens, ô mon épouse, et je suis prêt à te
recevoir.* Voilà, monsieur, ce que fait le Dieu jaloux.

Sa patience et sa bonté vont encore plus loin que sa
jalousie. Mais s'il vous attend avec amour, il veut
que votre retour soit plein de fidélité et de courage.
Entrons maintenant dans le détail des dispositions
et des règles dont vous avez besoin.

Pour les dispositions, la principale est l'amour
de Dieu. Il n'est pas question d'un amour affectueux et sensible; vous ne pouvez point vous le
donner à vous-même; cet amour n'est point nécessaire : Dieu le donne plus souvent aux foibles
pour les soutenir par leur goût, qu'aux ames fortes
qu'il veut mener par une foi plus pure. Souvent
même on se trompe dans cet amour; on s'attache
au plaisir d'aimer, au lieu de ne s'attacher qu'à
Dieu seul; et quand le plaisir diminue, cette piété
de goût et d'imagination se dissipe, on se décourage, on croit avoir tout perdu, et on recule. Si
Dieu vous donne ce goût pour vous faciliter les
commencements de votre retour, il faut le recevoir; car il sait mieux que nous ce qu'il nous faut.
Mais s'il ne vous le donne point, n'en soyez pas
en peine; car le vrai et pur amour de Dieu consiste
souvent dans une volonté sèche et ferme de lui sacrifier tout : alors on le sert bien plus purement,
puisqu'on le sert sans plaisir, et sans autre soutien
que le renoncement à soi-même. Jésus-Christ au
jardin étoit triste jusqu'à la mort, et sa répugnance pour le calice que son père lui présentoit
lui coûta une sueur de sang. Quelle consolation
dans cet exemple! combien étoit-il éloigné d'un
goût sensible! Cependant il dit : *Que votre volonté se fasse, et non la mienne* [1]! Disons-le comme lui dans nos sécheresses, et demeurons en paix
sous la main de Dieu. Souvenez-vous, monsieur,
que vous ne méritez point les joies des ames pures
qui ont toujours suivi pas à pas l'époux. Combien l'avez-vous fait attendre à la porte de votre
cœur! Il est juste qu'il se fasse un peu attendre à
son tour.

Les distractions que vous aurez dans la prière
ne doivent point vous étonner ; elles sont inévitables après tant d'agitations et de dissipations volontaires : mais elles ne vous nuiront point, si
vous les supportez avec patience. L'unique danger
que j'y crains est qu'elles ne vous rebutent. Qu'importe que l'imagination s'égare, et que l'esprit
même s'échappe en mille folles pensées, pourvu
que la volonté ne s'écarte point, et qu'on revienne
doucement à Dieu sans s'inquiéter, toutes les fois
qu'on s'aperçoit de sa distraction? Pourvu que
vous demeuriez dans cette conduite douce et sim-

---

[1] *Rom.*, VIII. 28. [2] *Jerem.*, III.

[1] *Luc.*, XXII. 42.

ple, vos distractions mêmes se tourneront à profit, et vous en éprouverez l'utilité dans la suite, quoique Dieu la cache d'abord. La prière doit être simple, beaucoup du cœur, très peu de l'esprit : des réflexions simples, sensibles et courtes, des sentiments naïfs avec Dieu, sans s'exciter à beaucoup d'actes dont on n'auroit pas le goût. Il suffit de faire les principaux de foi, d'amour, d'espérance et de contrition, mais tout cela sans gêne, et suivant que votre cœur vous y portera. Dieu est jaloux de la droiture du cœur ; mais autant qu'il est jaloux sur cette droiture, autant est-il facile et condescendant sur le reste. Jamais ami tendre et complaisant ne le fut autant que lui. Pour votre prière, vous pouvez la faire sur les endroits des Psaumes qui vous touchent le plus. Toutes les fois que votre attention se relâche, reprenez le livre, et ne vous inquiétez pas. L'inquiétude sur les distractions est la distraction la plus dangereuse.

Rien n'est meilleur que de vous défier de vous-même. C'est le fruit que vous devez tirer de vos chutes. C'est pour vous humilier que Dieu a permis qu'elles aient été si fréquentes, si longues, si profondes ; et après tant de graces reçues autrefois, vous aviez plus de besoin qu'un autre de tomber de bien haut, parce qu'il faut abaisser votre hauteur qui est extrême, et écraser votre orgueil qui se relèveroit toujours. Mais la défiance de vous-même ne doit pas diminuer la confiance en Dieu. La défiance de vous-même doit opérer la fuite des occasions de rechute. Elle doit vous engager à prendre un genre de vie précautionné contre vous-même et contre vos amis ; mais elle ne doit pas vous faire douter du secours de Dieu. S'il vous a cherché et poursuivi pendant que vous le fuyiez, et que vous bouchiez vos oreilles de peur d'entendre sa voix qui vous appeloit, combien plus vous mènera-t-il pas à pas, maintenant que vous revenez à lui ! Ne craignez rien, monsieur ; vous ferez la joie de tout le ciel dans votre retour. Gardez-vous donc bien de vous inquiéter sur la confiance de votre conversion, et sur les moyens de la cacher, de peur qu'elle n'éclate, et qu'ensuite elle ne se tourne en scandale. Cela arriveroit infailliblement si vous comptiez sur vos forces. Votre courage, tout grand qu'il est, seroit ce roseau brisé dont parle l'Écriture ; au lieu de vous soutenir, il perceroit votre main. Mais abandonnez-vous à Dieu ; ne faites rien d'éclatant, mais aussi ne rougissez point de l'Évangile : cette mauvaise honte empêcheroit que Dieu ne bénît votre retour ; je la craindrois cent fois plus que votre fragilité. Ne craignez point d'être déshonoré si vous abandonnez Dieu encore une fois, car alors vous le mériteriez bien ; ce déshonneur seroit le moindre malheur de votre état. Ne faites donc rien qui paroisse trop ; mais aussi ne vous occupez point de cacher le bien que vous voulez faire. Laissez à Dieu le soin d'arranger tout, et contentez-vous d'une conduite commune. Il faut, dès le premier jour, retrancher tout ce qui peut scandaliser. N'espérez pas de pouvoir vous cacher long-temps à vos domestiques et à vos amis, quand ils verront les scandales ôtés, et qu'en même temps vous ferez les actions qu'un chrétien ne peut se dispenser de faire sans scandale. Il faut entendre la messe modestement ; il faut parler avec retenue et modération. Tout cela fera d'abord conclure que vous revenez au moins à une vie réglée ; et vous pouvez compter que le public, toujours excessif dans ses jugements, en conclura que vous revenez à la dévotion. Mais qu'importe ? Laissez-le dire, et contentez-vous de ne rien montrer que ce qu'on ne sauroit cacher. Dieu portera le fardeau pour vous, et son ange aura soin que vous ne heurtiez pas même du pied contre les pierres semées dans votre chemin. Le principal est de ne regarder jamais derrière soi. Coupez tous les chemins par où ce qui pourroit vous attendrir reviendroit allumer le feu. La moindre chose rouvriroit toutes vos plaies et les envenimeroit. Qu'aucun domestique ni ami n'ose vous donner des lettres ou vous lire des choses touchantes de la part des personnes.... Il vous est aisé, avec l'autorité que vous avez, de couper court là-dessus ; il n'y a qu'à le vouloir : et vous devez le vouloir comme votre salut éternel, puisque vous ne pouvez le faire que par cette voie.

Ce qui m'embarrasse le plus n'est ni votre promptitude contre vos domestiques, ni vos oppositions pour les gens qui vous traversent ; ce que je crains pour vous, c'est votre hauteur naturelle et votre violente pente aux plaisirs. Je crains votre hauteur, parce que vous ne pouvez être à Dieu et vous remplir de son esprit, qu'autant que vous viderez de vous-même et que vous vous mépriserez sincèrement. Dieu est jaloux de sa gloire, et celle des hommes l'irrite. *Il résiste aux superbes, et donne sa grace aux humbles*[1]. *Il dessèche*, dit encore l'Écriture[2], *les racines des nations superbes*. Vous voyez qu'il les dessèche, c'est-à-dire qu'il les fait mourir jusqu'à la racine. Si vous n'êtes petit devant Dieu, si vous ne renoncez à la

---

[1] *Jac.*, IV, 6.   [2] *Eccli.*, X, 18.

gloire mondaine, il ne vous bénira jamais. Pour la pente aux plaisirs, elle me feroit trembler pour vous, si je n'étois bien persuadé que Dieu ne commence son œuvre que pour l'achever. Vous êtes environné de gens de plaisir; tout ne respire chez vous que l'amusement et la joie profane : tous les amis qui ont votre confiance ne sont pleins que de maximes sensuelles, ils sont en possession de vous parler suivant leurs cœurs corrompus. Par nécessité il faut changer de ton. Demandez donc à Dieu un front d'airain contre l'iniquité : demandez-lui cette bouche et cette sagesse qu'il a promises aux siens pour les rendre victorieux de la sagesse mondaine. Il n'est pas question de prêcher ni de baisser les yeux; mais il s'agit de se taire, de tourner ailleurs la conversation, de ne témoigner nulle lâche complaisance pour le mal, de ne rire jamais d'une raillerie libertine ou d'une parole impure. Qu'on croie tout ce qu'on voudra, il faut prendre le dessus; c'est à quoi vous doit servir l'autorité de votre place et de vos talents naturels. Mais souvenez-vous, monsieur, que, si vous vous laissez entamer, vous êtes perdu. Un faux ménagement entre Dieu et le monde ne contentera ni Dieu ni le monde. Vous serez rejeté de Dieu; le monde vous rentraînera, et rira de vous voir rentraîné dans ses piéges. Ce qui vous préservera de ce malheur sera une conduite droite, pleine de confiance en Dieu et de renoncement aux considérations humaines.

Pour le changement de votre cœur, voici ce qui est essentiel, et que je vous demande au nom de Dieu; c'est que vous soyez pleinement résolu de faire deux choses : la première, de recevoir sans hésiter toutes les lumières que Dieu vous donnera peut-être dans la suite, pour aller plus loin que vous ne vous proposez d'aller d'abord; par exemple, promettez à Dieu de bonne foi que si vous ne connoissez pas encore tout ce que vous lui devez, soit pour la réparation des scandales ou des injustices, soit pour l'usage de vos biens et de votre autorité, vous ne fermerez jamais les yeux à la lumière, et qu'au contraire vous serez ravi d'avancer toujours dans la connoissance de vos devoirs. La seconde chose est une ferme et sincère résolution de suivre toujours, quoi qu'il vous en coûte, la lumière que Dieu vous donnera; en sorte que s'il vous découvre dans la suite plus de devoirs à remplir et plus de victoires à remporter sur vous, vous ne résisterez jamais au Saint-Esprit, mais qu'au contraire vous foulerez aux pieds tous les obstacles, pour ne jamais manquer à Dieu. Moyennant ces deux dispositions, j'espère que vous marcherez sur des fondements inébranlables, et que nous n'aurons point la douleur de vous voir chanceler dans la voie du salut.

Il reste maintenant à dire deux mots sur les choses que vous avez à faire extérieurement, et sur le réglement de piété que vous pouvez prendre. Parlez, monsieur, à madame la M. de S. *(marquise de Seignelay)* comme vous l'avez résolu; et faites-le tout au plus tôt : cette démarche sera très agréable à Dieu; elle sera une source de grace pour votre conduite.

Votre réglement sur la piété ne doit pas être maintenant tel qu'il sera dans la suite quand votre santé sera rétablie. Maintenant contentez-vous de prendre le matin, où vous vous portez mieux et où vous avez moins de visites, quelques passages des Psaumes, que vous choisirez selon votre goût: occupez-vous-en de la manière qui est déjà marquée dans cette lettre, et passez dans cette occupation environ un quart d'heure si vous le pouvez. Si votre santé ne vous le permet pas, faites-le à plusieurs reprises, dans les heures de la journée où vous aurez moins d'indisposition et d'embarras. Lisez aussi ou faites-vous lire par M. le D. de Ch. *(duc de Chevreuse)* un chapitre de l'Imitation chaque jour. Ne craignez point de l'interrompre quand vous vous trouverez fatigué : vous pouvez reprendre dans la suite. Au reste, ce que je crois qui vous convient le plus, c'est d'élever de temps en temps votre cœur à Dieu sans aucune contention d'esprit et avec une pleine confiance. Le temps de la maladie vous est favorable; car c'est une espèce de retraite forcée, qui vous met à l'abri des conversations profanes, et qui assemble autour de vous les gens de bien de votre famille. Un peu de conversation chrétienne avec M. le D. de Ch. vous fortifiera beaucoup dans vos bons sentiments. On a besoin d'être aidé dans un si pénible retour. La confiance même soulage, et élargit le cœur pour y faire entrer les choses de Dieu. Je le prie sans cesse, monsieur, de vous soutenir par sa main toute puissante contre le monde et contre vous-même. Vous me paroissez dans votre lit comme Saul abattu et prosterné aux portes de Damas. Jésus-Christ, que vous avez abandonné et outragé, vous dit : *Saul, pourquoi me persécutes-tu ? il est dur de résister à l'aiguillon.* Dites-lui : *Seigneur, que voulez-vous que je fasse* [1] *?* Il fera de vous un vaisseau d'élection pour porter son nom.

---

[1] *Act.*, IX, 4, 5, 6.

14. — AU MÊME.

Obligation d'avancer chaque jour dans la connoissance de ses devoirs et de la loi divine.

Paris, 2 juillet (1690).

Il me paroît, monsieur, que la plus importante de toutes vos questions est celle que vous me faites sur l'ignorance de vos devoirs. Vous voudriez bien qu'il vous fût permis de vous contenter de ce que vous en avez connu, sans vous embarrasser pour en connoître davantage; mais je vous avoue que je ne puis entrer dans votre sentiment. Ce n'est pas que j'approuve ces sévérités excessives et indiscrètes, qui veulent qu'un homme tremble à chaque moment et à chaque chose qu'il fait, de peur de mal faire. Nous avons un bon maître, qui demande plus la confiance que tout le reste.

Il a pitié, comme un père tendre, des foiblesses de ses enfants, parce qu'il connoît la boue fragile dont il les a pétris de ses propres mains. C'est ainsi que Dieu lui-même parle dans un Psaume[1]. A Dieu ne plaise donc, monsieur, que je veuille vous engager dans ces dévotions si timides et si gênées, où l'on croit que Dieu ne pardonne rien, et qu'il ne cherche qu'à nous surprendre dans nos moindres fautes pour nous confondre! Non, non, je ne crains rien davantage que cette conduite; et, bien loin de vouloir vous y jeter, je ne songe qu'à vous tourner vers le pur amour, qui est toujours libre, simple, gai, courageux, marchant avec largeur, et animé par la confiance. Encore une fois, Dieu est témoin que je crois que les conducteurs qui conduisent par cet autre chemin de gêne et de trouble se trompent grossièrement, et courent risque de gâter tout. Mais voyons aussi de bonne foi ce que nous devons à Dieu. Peut-être n'y avons-nous jamais pensé assez sérieusement. Ne lui devons-nous pas autant qu'un ami doit à son ami, et qu'un domestique doit à son maître? Si vous aviez un ami à qui vous eussiez confié tous vos intérêts, qui vous eût les plus grandes obligations, et que vous aimassiez tendrement, voudriez-vous qu'il se contentât d'entendre une partie de vos intentions sur les choses qu'il seroit engagé à faire pour vous? Que penseriez-vous de lui et de son amitié, s'il se contentoit de savoir en gros ce que vous voudriez, et s'il craignoit de l'apprendre plus en détail? Quelqu'un qui souhaiteroit votre avantage viendroit lui dire : Ne voulez-vous pas envoyer vers votre ami pour éclaircir plus exactement ce dont il vous a chargé? n'est-il pas juste que vous le consultiez lui-même, de peur de vous tromper, et de n'avoir pas bien compris tout ce qu'il attend de vous? En vérité, cet homme mériteroit-il le nom d'ami; et pourriez-vous le croire de bonne foi, s'il répondoit : Je fais ce que j'ai compris que mon ami vouloit; que m'importe d'en savoir davantage? je ne veux point m'embarrasser; il me suffit de suivre la connoissance imparfaite que j'ai de ses intérêts, sans en chercher une plus parfaite : cette recherche ne serviroit qu'à m'engager peut-être à faire pour lui des choses qui m'incommoderoient; je n'en veux pas prendre la peine : je serois bien fâché de l'offenser dans ses intérêts essentiels; mais je ne m'embarrasse guère de connoître les moyens de ne le choquer pas dans les petites choses, et même, pour les plus grandes, je ne veux point savoir ses intentions mieux que je ne les sais, et je suis résolu, pour éviter cet embarrassant éclaircissement, de hasarder de lui nuire même dans les choses de conséquence. Je crois, monsieur, qu'un tel ami vous paroîtroit bien indigne d'en porter le nom, que vous seriez mortellement blessé de son ingratitude, et que vous auriez honte de vous être confié à lui; je suis même très assuré que vous trouveriez son procédé d'autant plus choquant, qu'il auroit joint la mauvaise foi à la mauvaise volonté. J'aurois mieux aimé, diriez-vous, qu'il eût ouvertement refusé de me servir; mais m'offrir ses services, et puis chercher des prétextes pour ne s'instruire pas à fond de mes intérêts, et craindre d'y voir trop clair, de peur d'être obligé de me rendre de trop grands services : voilà ce qui me paroît le plus corrompu et le plus inexcusable. C'est, monsieur, ce que vous diriez d'un ami qui ne vous devroit presque rien. Que croyez-vous donc que Dieu dira de vous dans son jugement; de vous, dis-je, qui lui devez tout, si vous êtes comme cet ami infidèle, qui affecte de fermer les yeux, de peur de voir trop clair dans les affaires de son ami, et qui se vante encore d'être un ami de bonne foi?

Mais venons à la seconde comparaison, pour achever de rendre cette vérité manifeste et sensible.

Si le roi avoit confié une place, ou une armée, ou une négociation à un de ses sujets, trouveroit-il bon que ce sujet négligeât de s'instruire exactement des fortifications et de l'état de sa place; que ce général d'armée se contentât d'avoir une médiocre science de la guerre; que cet ambassadeur refusât d'approfondir les affaires étrangères, et les moyens de faire réussir sa négociation? Si le roi, dans la suite, reprochoit à ces trois hommes le mauvais succès des choses qui leur étoient confiées, le gouverneur oseroit-il lui dire : J'ai cru que j'en savois assez, quoique j'entendisse mal les siéges; et je

---
[1] *Ps.*, CII. 13. 4.

n'ai point voulu m'embarrasser à en apprendre davantage pour défendre plus long-temps ma place? Le général mal instruit pourroit-il lui dire : Je n'ai point voulu m'embrouiller dans les différents avis des ingénieurs sur l'attaque d'une telle ville, ni raisonner avec les officiers expérimentés pour suppléer à mon ignorance, qui m'a fait perdre la bataille; je me suis contenté de mon bon sens; j'ai cru que ma bonne intention et ma petite capacité m'excuseroient, et que vous seriez content pourvu que je ne vous trahisse pas? Cet ambassadeur auroit-il le front d'alléguer qu'il n'étoit pas obligé de savoir à fond les desseins des ennemis, les intérêts de la cour étrangère où il négocioit, et les moyens d'y persuader les esprits pour servir son maître? Il falloit, répondroit le roi, veiller nuit et jour pour apprendre toutes ces choses : les négliger, c'étoit trahir mes intérêts, et me sacrifier à votre paresse. Voilà ce que le roi diroit avec raison. Mais que dira le Roi des rois, si vous faites comme les lâches serviteurs?

Vous voyez bien, monsieur, que vous ne pardonneriez jamais cette ignorance pleine de négligence et d'affectation, et que Dieu doit encore moins vous la pardonner. Aussi voyons-nous que les dimanches n'ont été institués que pour réserver un jour en chaque semaine à l'étude de la loi de Dieu et à la méditation de ses mystères. C'est pourquoi on tenoit anciennement, pendant un temps assez long, ceux qui vouloient être chrétiens, dans l'étude de la religion, même avant que de leur donner le baptême. Le besoin de connoître Dieu et Jésus-Christ son fils, notre Sauveur, est toujours le même, et ne sauroit jamais diminuer. L'Évangile, qui est le livre où Dieu instruit les hommes, ne nous est point donné pour ne savoir jamais ce qu'il contient. Je sais qu'il y a beaucoup d'hommes grossiers et mal préparés, qui pourroient abuser de cette sainte lecture; mais ceux qui y sont préparés par une intention pure et par une entière docilité d'esprit ne doivent pas s'en priver : c'est sur ce livre, et non sur le conseil des hommes, que nous serons jugés. C'est donc sur ce livre qu'il faut préparer nos comptes, et prévenir, par notre fidélité à suivre les règles, le redoutable jugement de Dieu. Saint Paul disoit aux premiers chrétiens[1] : *Vous êtes riches en toute sorte de science et de connoissance des vérités de Dieu.* Cependant il répète sans cesse aux fidèles, c'est-à-dire à tout le peuple sans exception, *qu'il faut croître* tous les jours *dans la science de Dieu; qu'il faut être éclairé, pour savoir* non-seulement la loi en général, mais encore *quelle est la volonté de Dieu en chaque chose, avec ce qui lui plaît davantage et qui est le plus parfait*[1]. Quiconque aime véritablement son ami ne se contente pas de ne le point offenser, il cherche encore tout ce qui peut l'obliger et lui plaire. La sincère amitié est inventrice et ingénieuse. Il n'y a que la crainte d'esclave qui se borne à éviter la punition des grandes désobéissances. Il n'y a point d'honnête homme qui voulût se faire servir par un domestique qui ne voudroit jamais faire que les choses dont il ne pourroit se dispenser, et qui craindroit de connoître trop ce qui pourroit lui gagner le cœur de son maître.

Jésus-Christ veut tellement qu'on soit éclairé sur la loi, qu'il ne veut pas même qu'on s'appuie sur les décisions des gens que l'on consulte, si on a sujet de se défier d'eux, et de craindre qu'ils ne soient pas assez exactement instruits. *Si un aveugle,* dit-il[2], *en conduit un autre, ils tomberont tous deux ensemble dans le précipice.* Remarquez bien qu'il ne dit pas : L'un excusera l'autre; au contraire, le conducteur ne servira qu'à entraîner l'autre, et qu'à le précipiter dans l'abîme.

Faudra-t-il conclure de là qu'il faut courir sans cesse de docteur en docteur, et ne savoir jamais à quoi s'en tenir? C'est une incertitude qui va à troubler la paix de toutes les consciences.

J'en conviens; mais ce que je crois nécessaire, est qu'on fasse pour la vie éternelle de l'ame ce qu'on ne manque jamais de faire pour la vie passagère du corps. Est-on malade, on ne croit pas que le médecin le plus expérimenté et le chirurgien le plus adroit le soit trop pour se faire traiter : on regarderoit comme une étrange témérité celle d'un homme qui s'arrêteroit aux moins éclairés médecins, et qui ne daigneroit pas consulter les plus habiles. Le sens commun suffit seul pour décider en ces occasions. Faites de même pour votre ame. Ne vous arrêtez qu'aux conseils que vous croirez les plus sages, les plus droits, les plus désintéressés. Fuyez les gens qui sont rigoureux par chagrin, ou par ostentation, ou par entêtement de nouveauté. Mais prenez garde aussi de ne chercher pas, comme les Israélites, des conseils flatteurs et intéressés, des gens amollis par des considérations mondaines, *qui mettent,* comme dit l'Écriture[3], *des coussins sous les coudes des pécheurs,* au lieu de les assujettir à la pénitence; enfin des personnes peu éclairées, et qui vous trom-

---

[1] *I Cor.*, 1, 5.

[1] *Colos.*, 1, 10; *Rom.*, xii, 2.
[2] *Matth.*, xv, 14.   [3] *Ezech.*, xiii, 18.

peront en se trompant elles-mêmes. Cherchez, selon toute la lumière que Dieu vous donne, le juste milieu; apportez-y le même soin qu'un homme sage emploie à choisir le meilleur avocat et le meilleur médecin. Ce sera alors que vous pourrez demeurer en paix, et vous confier humblement à la bonté de Dieu, qui ne permettra pas que vous demeuriez toujours dans l'égarement, supposé que vous vous égariez.

Mais faudra-t-il, direz-vous, passer sa vie à étudier la religion comme un docteur? Non, monsieur; ce n'est pas là ce que Dieu demande de vous. Il demande que vous vous nourrissiez humblement, chaque jour, des vérités de l'Évangile, non pour décider, mais pour vous défier encore davantage de vous, et pour apprendre de Jésus-Christ *à être doux et humble de cœur*[1]. Ce ne sera point une subtile et vaine science que vous apprendrez; vous n'apprendrez qu'à vous mépriser vous-même, qu'à fouler aux pieds les fragiles biens d'ici-bas, qu'à vous détacher de cette vie qui s'enfuit comme une ombre, qu'à aimer la grandeur de Dieu, devant qui toute autre grandeur disparoît; qu'à être doux, patient, juste, sincère en tout avec le prochain. Cette science ne s'apprend point par la subtilité des raisonnements, par les longues lectures, par la facilité à les retenir : il ne faut qu'un cœur simple et docile, pour faire, sans aucune pénétration d'esprit, un progrès continuel et merveilleux dans cette science, qui est celle des saints. Deux mots vous enseigneront les plus profondes vérités; et, si vous êtes humble, vous en entendrez plus que les grands docteurs pleins d'eux-mêmes. C'est la science de tant d'ignorants à qui Dieu s'est communiqué. C'est pourquoi Jésus-Christ dit[2] : *Je vous rends graces, mon père, de ce que vous avez caché ces choses aux grands et aux sages du siècle, et de ce que vous les avez révélées aux simples et aux petits.* C'est pourquoi il dit encore[3] qu'*il faut être enfant pour entrer au royaume des cieux.* C'est donc la science de devenir simple et petit enfant, dans laquelle il faut s'instruire tous les jours par la méditation de la parole de Dieu.

Je me suis tellement étendu, monsieur, sur cette question, que je n'ai pas aujourd'hui le temps de répondre aux autres; mais je le ferai au premier jour. Je prie Dieu qu'il vous fasse bien goûter tout ceci.

J'oubliois, monsieur, de vous dire que le premier des commandements de Dieu suffit pour faire évanouir en un moment tous vos prétextes, et pour forcer tous vos retranchements. *Vous aimerez le Seigneur votre Dieu de tout votre cœur, de toute votre ame, de toute votre pensée et de toutes vos forces.* Voyez combien de termes joints ensemble par le Saint-Esprit, pour prévenir toutes les réserves que l'homme pourroit vouloir faire au préjudice de cet amour qui veut qu'on lui sacrifie tout. Voilà un amour jaloux et dominant : tout n'est pas trop pour lui. Il ne souffre point de partage, et il ne permet plus d'aimer, hors de Dieu, que ce que Dieu lui-même commande d'aimer pour l'amour de lui.

Il faut l'aimer, non-seulement de toute l'étendue et de toute la force de son cœur, mais encore de toute l'application de sa pensée. Comment pourra-t-on donc croire qu'on l'aime, si on ne peut se résoudre à penser à sa loi, et à s'appliquer de suite à accomplir sa volonté? C'est se moquer, de croire qu'on puisse aimer Dieu d'un amour si vigilant et si appliqué, pendant qu'on craint de découvrir trop clairement ce que cet amour demande. Il n'y a qu'une seule manière d'aimer de bonne foi, qui est de ne faire aucun marché avec lui, et de suivre avec un cœur généreux tout ce qu'il inspire pour connoître la volonté adorable de celui qui nous a faits de rien, et rachetés par son propre sang de la mort éternelle. Tous ceux qui vivent dans ces retranchements, qui veulent aimer Dieu de peur qu'il ne les punisse, mais qui voudroient bien être un peu sourds pour ne l'entendre qu'à demi, quand il leur parle de se détacher du monde et d'eux-mêmes, courent grand risque d'être de ces tièdes dont Jésus-Christ dit qu'il les vomira[1]. Pour nous, qui voulons être à lui sans réserve, la paix et la miséricorde viendront sur nous; et nous recevrons, en récompense de ce sacrifice, le centuple promis dès cette vie outre le royaume du ciel. La liberté du cœur, la paix de la conscience, la douceur de s'abandonner entre les mains de Dieu, la joie de voir toujours croître la lumière en son cœur; enfin le dégagement des craintes et des desirs tyranniques du siècle, font ce centuple de bonheur que les véritables enfants de Dieu possèdent au milieu des croix, pourvu qu'ils soient fidèles. Quelle foiblesse de cœur y auroit-il donc à craindre de s'engager trop avant dans un état si desirable? *Malheur*, dit l'Écriture[2], *aux cœurs partagés!* En effet, ils sont sans cesse déchirés, d'un côté par le monde et par leurs passions encore vivantes; de l'autre par les remords de leur conscience, et par

---

[1] *Matth.*, XI, 29. [2] *Ibid.*, 25.
[3] *Ibid.*, XVIII. 3.

[1] *Apoc.*, III, 16. [2] *Eccli.*, II, 14.

la crainte de la mort suivie de l'éternité. Heureux ceux qui se jettent tête baissée et les yeux fermés entre les bras du *Père des miséricordes et du Dieu de toute consolation*, pour parler comme saint Paul [1] ! Ceux-là, bien loin de craindre de voir trop clair, ne craignent rien tant que de ne voir pas assez ce que Dieu demande. Sitôt qu'ils découvrent une nouvelle lumière dans la loi de Dieu, *ils sont transportés de joie*, dit l'Écriture, *comme un avare qui trouve un trésor*.

Pour l'article des choses qu'on peut lire et pour celui de l'emploi du temps, je vous promets, monsieur, une prompte réponse ; mais je vous ai déjà dit que cette lettre est trop longue, et vous voyez bien que depuis que je vous l'ai dit, je l'ai encore beaucoup alongée.

15. — AU MÊME.

Il compatit à ses douleurs, et les lui fait regarder comme un effet de la miséricorde de Dieu.

Vendredi 14 juillet (1690).

J'apprends, monsieur, que vous souffrez, et que Dieu vous met à une très rude épreuve par la longueur de vos maux. Si je me laissois aller à mon cœur, j'en serois véritablement affligé ; mais je conçois que Dieu vous aime en vous frappant, et je suis persuadé que vos maux seront dans la suite de très grands biens. Il vous impose une pénitence que vous n'auriez jamais pu vous résoudre à faire, et qui est pourtant ce que vous devez à sa justice pour l'expiation de vos péchés. Il vous arrache ce que vous auriez eu bien de la peine à lui donner. En vous l'arrachant, il vous ôte la gloire de le lui sacrifier ; en sorte que vous ne pouvez vous faire honneur de ce sacrifice. Ainsi, il vous humilie en vous instruisant. D'ailleurs, il vous tient dans un état d'impuissance qui renverse tous les projets de votre ambition. Toutes ces hautes pensées dont vous aviez nourri votre cœur depuis si long-temps s'évanouissent. Votre sagesse est confondue. Par-là, Dieu vous force de vous tourner entièrement vers lui. Il étoit jaloux d'un voyage où la gloire mondaine auroit occupé tous vos desirs, et où vous auriez été en proie aux plus violentes passions. En vérité, monsieur, je crois qu'en rompant ce voyage, non-seulement il préserve votre ame d'un grand danger, mais encore il épargne à votre corps une agitation mortelle. Il veut que vous viviez, et que vous viviez à lui seul. Pour vous faire entrer dans cette vie, il vous fait passer par une langueur accablante, où vous mourrez à tout appui humain. Après vous avoir affligé, il vous consolera en bon père, lorsque l'affliction aura détaché et purifié votre cœur. Je le prie de vous donner une patience sans bornes dans des maux aussi longs et aussi douloureux que les vôtres. Que ne puis-je, monsieur, les partager avec vous, et être votre garde-malade ! Vous n'en sauriez avoir de plus zélé que moi.

16. — AU MÊME.

Il l'excite à la confiance en Dieu.

Mardi 18 juillet (1690).

Vous demandez, monsieur, quelque motif de confiance dans vos maux : mais ne voyez-vous pas que vos maux sont eux-mêmes la plus sensible preuve des bontés de Dieu, qui doivent ranimer votre confiance ? Quel bonheur de faire une pénitence que vous n'avez point choisie, et que Dieu vous impose lui-même ! Non-seulement elle sert à expier le passé, mais encore elle est un contre-poison pour l'avenir. Elle vous arrache aux grands desseins d'ambition, que vous n'auriez jamais eu le courage de sacrifier à Dieu ; elle vous tient entre la vie et la mort, entre les plus grandes affaires et l'inutilité à tout ; elle vous met aux portes de la mort, et vous en retire après vous avoir montré de si près l'horrible gouffre qui engloutit tout ce que le monde admire le plus. Dieu vous renverse, comme il renversa saint Paul aux portes de Damas, et il vous dit au fond du cœur : *Il vous est dur de regimber contre l'aiguillon. Pourquoi me persécutez-vous?* Après cela, monsieur, douterez-vous qu'il ne vous aime ? S'il ne vous aimoit, pourquoi ne vous auroit-il pas abandonné aux desirs de votre cœur ? pourquoi vous auroit-il poursuivi pendant que vous le fuyiez avec tant de dureté et d'ingratitude ? Aviez-vous mérité cette longue patience, et ces retours de grace tant de fois méprisée ? Vous aviez éteint en vous l'esprit de grace ; vous aviez fait injure à cet esprit de vérité ; vous aviez foulé à vos pieds le sang de l'alliance ; vous étiez enfant de colère : et Dieu ne s'est point lassé ; il vous a aimé malgré vous. Vous vouliez périr, et il ne vouloit pas que vous périssiez. Il a ressuscité sa grace en vous. Vous l'aimez, ou du moins vous desirez de l'aimer ; vous craignez de ne l'aimer pas ; vous avez horreur de vous-même à la vue de vos péchés et des bontés de Dieu. Croyez-vous qu'on puisse, sans être aidé par l'esprit de Dieu, desirer de l'aimer, craindre de ne l'aimer pas, avoir horreur de soi et de sa corruption ? Non, non, monsieur, il

---

[1] *II Cor.*, 1, 3.
[2] *Ps.* CXVIII, 162.

n'y a que Dieu qui fasse ces grands changements dans une ame aussi égarée et aussi endurcie qu'étoit la vôtre; et quand Dieu les fait, on ne peut douter qu'il n'aime cette ame d'un amour infini. Il voit mieux que vous la lèpre dont vous étiez couvert : c'est la multitude de vos plaies horribles qui, loin de le rebuter, a attiré sa compassion sur vous. Eh! que faut-il à la souveraine miséricorde, sinon une extrême misère sur laquelle elle puisse se glorifier? O que vous êtes un objet propre aux bontés de Dieu! elles paroissent en vous plus que dans un autre. Un autre pourroit s'imaginer que sa régularité de mœurs lui auroit attiré quelque grace. Mais vous, monsieur, qu'avez-vous fait à Dieu, sinon l'offenser, et l'offenser par des rechutes scandaleuses? Que vous doit-il? rien que l'enfer, mais l'enfer bien plus rigoureux qu'à un autre. Vous êtes donc celui à qui il se plaît de donner; car il vous doit moins qu'à tout autre. Sa grace paroît plus pure grace en vous; et c'est à la louange de sa grace qu'il comble de miséricordes cet abîme de misère et de corruption. Vous pouvez donc, monsieur, dire comme saint Paul [1]: *Dieu m'a formé exprès comme un modèle de sa patience, pour ranimer la confiance de tous les pécheurs qui seroient tentés de tomber dans le désespoir.* O hommes qui avez comblé, ce semble, toute mesure d'iniquités, regardez-moi, et ne désespérez jamais des bontés du Père céleste. Il n'y a qu'un seul crime indigne de cette miséricorde, c'est de s'endurcir contre elle, et de ne la vouloir point espérer. Il est vrai que vous ne devez plus compter sur vous-même, ni vous promettre rien ou de vos talents ou de votre courage. Tout vous manquera du côté de vous-même; et vous serez confondu par la malédiction de Jérémie [2], si vous vous appuyez sur les bras de la chair: mais autant que vous sentirez votre impuissance, autant devez-vous ouvrir votre cœur à la force toute puissante de celui qui vous dit : *Ne craignez rien; je suis avec vous* [3]. Il changera tous les maux en biens. La maladie du corps sera la guérison de l'ame. Vous bénirez Dieu avec consolation, de vous avoir frappé de tant de plaies au-dehors, pour guérir ces autres plaies profondes et mortelles que l'orgueil et la mollesse avoient faites dans votre cœur. Vous verrez cette conduite secrète de miséricorde se développer peu à peu sur vous. Que tardez-vous, monsieur, à rendre gloire à Dieu, en vous livrant à lui sans condition et sans réserve? Plus vous vous lierez à lui, plus vous l'engagerez à prendre soin de vous. Je le prie de tout mon cœur de vous faire sentir la paix et la consolation qu'il y a à espérer en lui seul.

17. — AU MÊME.

Il lui envoie quelques sujets de méditation [1], et lui apprend à sanctifier ses souffrances.

Mercredi 26 juillet 1690.

Je vous envoie, monsieur, sept différents sujets : il y en a un qui est traité deux fois, à cause de son importance. Quand vous aurez fait l'essai, vous verrez si cette manière vous convient, et si vous avez quelque changement à y desirer. Plus je pense à vous, monsieur (ce qui m'arrive très souvent), plus je suis convaincu que ce n'est pas sans un grand dessein que Dieu vous presse d'avancer vers lui. Vous n'aurez ni repos ni consolation jusqu'à ce que vous ne teniez plus à rien, et que vous soyez tout entier sans réserve à celui pour qui tout n'est pas trop. Alors viendront la paix et la joie du Saint-Esprit, avec la santé et les forces pour accomplir les desseins de Dieu. Vous pouvez le glorifier beaucoup; c'est pour cela qu'il vous comble de miséricordes : mais il veut un cœur grand et généreux, qui mette toute sa consolation à réparer ses péchés et ses scandales par une conduite forte et abandonnée à la grace. Je prie notre Seigneur qu'il s'empare de vous malgré vous, qu'il mette le feu aux quatre coins et au milieu de votre cœur.

18. — AU DUC DE NOAILLES.

Il le remercie de sa bonne volonté pour le chevalier de Fénelon, et lui annonce la détermination où il est de ne jamais demander aucune grace au roi, ni pour lui ni pour les siens.

A Versailles, 12 octobre 1690.

On ne peut, monsieur, vous être plus sensiblement obligé que je le suis des bontés que vous me témoignez pour mon frère. Quand j'ai pris la liberté de vous proposer une charge d'exempt, c'est sur ce qu'il m'a mandé qu'il croyoit que vous ne seriez pas éloigné de lui accorder cette grace : je n'ai pas même voulu vous la demander, et je me suis contenté de vous supplier de juger vous-même ce qui pourroit lui convenir. Si la chose eût dépendu uniquement de vous, j'aurois laissé agir votre volon-

---

[1] *I Tim.*, I, 16. [2] *Jerem.*, XVII, 5.
[3] *Isai.*, XLI, 10.

[1] Il s'agit ici vraisemblablement de quelques unes des *Méditations de l'Écriture sainte*, parmi lesquelles en effet plusieurs sont sur le même texte.

té; mais puisqu'il faut aller jusqu'au roi, je ne pense plus à cette affaire. Vous n'aurez pas de peine à comprendre que je suis venu à la cour pour n'y avoir jamais aucune prétention ni pour moi ni pour les miens. Le peu de considération que j'ai n'est fondé que sur la persuasion où l'on est que je veux y vivre sans intérêt. Il est juste de travailler à remplir cette attente, et à donner l'édification qu'on desire. Si j'avois d'autres vues moins pures, je me flatte que vous auriez la charité de m'encourager à résister à la chair et au sang. D'une démarche, on passe insensiblement à une autre; plus on donne à ses proches, plus ils prennent un titre de ce qu'on leur a accordé, pour engager plus avant. Le plus sûr est de tenir ferme contre les moindres démarches. Si je parlois à une autre personne moins disposée que vous, monsieur, à entrer dans les sentiments de mon ministère, je serois plus embarrassé à rendre compte de ce qui m'empêche d'agir. Si, au défaut de cet emploi, vous pouvez en procurer quelqu'un à mon frère dans les troupes, je recevrai cette grace avec toute la reconnoissance possible, puisque vous ne le jugez pas indigne de votre protection. Quoique je sois réservé, et que je veuille être désintéressé pour mes proches, je ne suis pourtant pas dur à leur égard. Je vous demande donc, monsieur, avec une pleine confiance, tout ce que vous pourrez sans embarras, et je vous supplie très humblement de ne songer à aucune des choses qui pourroient vous embarrasser.

19. — A Mᵐᵉ DE LA MAISONFORT.

Il la tranquillise sur sa détermination d'entrer à Saint-Cyr, et l'exhorte au parfait abandon.

17 décembre 1690.

Tout ce que j'ai à vous dire, madame, se réduit à un seul point, qui est que vous devez demeurer en paix avec une pleine confiance, puisque vous avez sacrifié votre volonté à celle de Dieu, et qu'on vous a déterminée. La vocation ne se manifeste pas moins par la décision d'autrui que par notre propre attrait. Quand Dieu ne donne rien au-dedans pour attirer, il donne au-dehors une autorité qui décide. De plus, il n'est pas vrai que vous n'ayez eu aucun attrait intérieur, car vous avez senti celui de consulter et de vous soumettre. Suivez-le donc sans hésiter, et sans regarder jamais derrière vous. Si vous doutiez encore, il ne vous resteroit plus de moyen de vous assurer ni de suivre un chemin réglé : vous passeriez votre vie dans une irrésolution pénible, qui vous éloigneroit également et du repos et de Dieu même. Supposez, par docilité et par soumission, que les gens qui ont décidé n'ont rien fait avec précipitation ni témérairement. Vous avez assemblé un assez grand nombre de gens expérimentés[1], pleins de bonnes intentions, exempts de toute vue mondaine dans le conseil qu'ils vous ont donné, instruits des règles de leur profession, et appliqués à vous connoître. Après cet examen, vous voilà pleinement déchargée devant Dieu. Il ne prétend pas que vous en sachiez plus que tous ces gens-là ensemble, ni que vous soyez toujours dans une incertitude qui vous empêcheroit de travailler ; il suffit que vous ayez pris, pour connoître sa volonté, les gens que vous avez crus les plus propres à vous la montrer, et que vous lui sacrifiiez la vôtre sans réserve. Dieu ne permettra pas que ce sacrifice, fait avec une intention pure, vous nuise. Ne craignez ni le repentir de votre engagement, ni la tristesse, ni l'ennui. Quand même vous auriez de ce côté-là quelque chose à souffrir, il faudroit porter courageusement cette croix pour l'amour de Dieu. Il y a partout à souffrir ; et les peines d'une communauté, quoique vives, si on les comparoit aux peines des personnes engagées dans le siècle, ne seroient presque rien. Mais on s'échauffe la tête dans la solitude, et les croix de paille y deviennent des croix de fer ou de plomb. Le remède à un si grand mal, c'est de ne compter point de pouvoir être heureux en aucun état de cette vie, et de se borner à la paix qui vient de la conformité à la volonté de Dieu, lors même qu'elle nous crucifie : par-là, on ne trouve jamais de mécompte ; et si la nature n'est pas contente, du moins la foi se soutient et s'endurcit contre la nature. Si vous avez le courage de vous abandonner ainsi, et de sacrifier vos irrésolutions, vous aurez plus de paix en un jour que vous n'en goûteriez autrement en toute votre vie ; moins on se cherche, plus on trouve en Dieu tout ce qu'on a bien voulu perdre. Une occupation douce et réglée vous garantira de l'ennui. Dieu vous adoucira les dégoûts inévitables dans tous ces états : il vous fera supporter les esprits incommodes, et vous soutiendra par lui-même, quand il vous ôtera les autres soutiens. Mais ne comptez que sur lui, si vous ne voulez point vous mécompter. Pendant votre retraite, nourrissez-vous de la viande de Jésus-Christ, qui est la volonté du Père céleste ; vous trouverez, en vous abandonnant aux desseins de Dieu, tout ce

---

[1] C'étoient l'évêque de Chartres, et les abbés de Fénelon, Gobelin, Brisacier, Tiberge, qui avoient décidé de la vocation de madame de La Maison fort pour Saint-Cyr.

que votre sagesse inquiète et irrésolue ne trouveroit jamais. Ne craignez point de manquer de consolation, en vous jetant entre les bras du vrai consolateur : je le prie, madame, de remplir votre cœur.

20. — A LA MARQUISE DE LAVAL.

Il l'engage à accepter une place de dame d'honneur chez la princesse de Condé.

A Versailles, 19 décembre (1690).

Vous aurez déjà su, ma très honorée cousine, que nous avons perdu madame de Langeron. Après plusieurs rechutes, contre lesquelles elle ne s'est jamais assez précautionnée, enfin elle est morte plus promptement qu'on ne l'auroit cru. Je m'imagine qu'on vous demandera une procuration, parce qu'elle vous avoit nommée exécutrice de son testament. Elle m'avoit nommé aussi, et j'ai donné ma procuration au neveu de M. de Gourville. Cette mort a donné à M. le prince et à madame la princesse [1] une vue sur laquelle je vous demande une prompte réponse et un grand secret. Ils vous estiment; ils vous desirent pour dame d'honneur, et je crois qu'ils n'oublieroient rien pour vous donner dans cette place tous les agréments et toutes les marques de confiance qui dépendroient d'eux. Je puis même vous dire simplement que M. le prince vous feroit infiniment mieux qu'à tout autre, parce qu'il croit que je suis fort bien ici. A tout cela, je comprends que vous répondrez que cette place n'est pas trop honorable pour le nom de Laval que vous ne voulez pas avilir, et que vous craignez de nuire à M. votre fils auprès du roi, en vous attachant à la maison de M. le prince. Voici ma réponse à ces deux difficultés. Pour le roi, j'ai commencé par m'adresser à lui en secret; je lui ai expliqué l'embarras de vos affaires, et j'ai ajouté que rien ne pourroit vous obliger à prendre cet attachement, si M. votre fils étoit dans un âge plus avancé : mais vous ne pouvez rien faire pour son service, et M. votre fils sera élevé dans la pensée de n'être jamais qu'à lui seul. Il a conclu que vous feriez très bien d'accepter, et il a agréé que j'entrasse dans cette affaire pour l'avancer. Ainsi voilà la première difficulté entièrement levée. Venons à la seconde. J'ai consulté M. de Luxembourg, comme le chef de la maison de M. votre fils, et par conséquent le plus intéressé à soutenir le nom. Je lui ai dit combien je croyois que vous auriez de délicatesse pour ne rien faire qui rabaissât la maison où vous êtes entrée. Il m'a répondu que la parenté avec M. le prince, et l'amitié ancienne de madame la princesse pour vous levoient les difficultés; que vous seriez sur le pied d'amie et de parente, autant que de dame d'honneur; que vous auriez des appointements bien payés, un logement, une table, avec toutes les commodités que vous connoissez, et une protection fort utile dans vos affaires, à la tête desquelles Gourville paroîtroit de la part de M. le prince. Il ajouta que vous ne rabaisseriez point la naissance de M. votre fils par cet engagement; et qu'au contraire le principal honneur que vous puissiez lui faire étoit de vous mettre au large, pour lui préparer plus de bien. Je lui dis que madame de Roquelaure pourroit bien se déchaîner contre cette affaire. Il me répondit que, quand on la divulgueroit, il se déclareroit, et prieroit M. de Roquelaure de retenir madame sa femme [1]. J'oubliois de vous dire que j'ai fait entendre au roi que vous compteriez sur les honneurs du carrosse et de la table, comme sur des choses non-seulement dues au nom de Laval, mais encore convenables à votre naissance. Vous savez que je les ai chez M. le duc de Bourgogne : ainsi cela ne souffre aucune difficulté. Vous connoissez mieux que personne les commodités de l'hôtel de Condé. Mesdemoiselles de Langeron vous desirent passionnément. Vous comprenez bien la joie que j'aurai, si cela vous rapproche de nous, et me met à portée de vous voir souvent. Enfin vous savez combien on est libre avec madame la princesse, et que vous ne serez point assujettie à des choses qui poussent trop loin votre foible santé. Au contraire, je compte que vous pourrez trouver dans cette maison une prompte fin de toutes vos mauvaises affaires, et un repos très doux pour l'esprit et pour le corps. La misère des temps et l'embarras des procès vous dévorent : tirez-vous de ces deux peines. Il faut couper court à tous les procès, et vivre de l'hôtel de Condé; les terres s'emploieront à payer. Prompte réponse. Mille fois tout à vous.

---

[1] Marie-Louise de Laval, duchesse de Roquelaure, étoit belle-sœur de la marquise de Laval.

[1] Henri-Jules de Bourbon, fils du grand Condé, et Anne de Bavière sa femme, fille de la célèbre Anne de Gonzague, princesse palatine.

21. — A LA MÊME.

Il la presse de nouveau d'accepter la place de dame d'honneur.

(A Versailles, 30 janvier 1691.)

Il faut, madame, que je me sois bien mal expliqué; car j'ai cru vous avoir mandé bien positivement que le roi avoit agréé votre engagement avec madame la princesse, en sorte que cela ne porteroit jamais ombre de préjudice à M. votre fils. Le roi a parlé si décisivement, et avec tant de sincérité là-dessus, que je ne pourrois plus, avec aucune bienséance, alléguer cette raison de votre refus. Je ne saurois aussi alléguer celle de la famille de Laval; car M. de Luxembourg m'a dit qu'il me répondoit de madame de Roquelaure même par M. de Roquelaure, qui est fort son ami.

Pour la lieutenance de roi, vous savez qu'après que j'eus parlé au roi, le P. de La Chaise lui reparla, et qu'ensuite ce Père nous dit qu'il n'y avoit rien à espérer, et que le roi lui avoit paru fatigué de cette demande pour un petit enfant qui n'avoit ni titre ni besoin pressé pour obtenir des graces. Depuis ce temps-là, je n'avois pas seulement ouï parler de la lieutenance de roi, et je ne croyois pas même qu'il vous en restât aucune pensée. Le roi l'a donnée à M. de Lostanges, quelques jours avant que M. de Noailles lui parlât du chevalier [1], pour le faire exempt. Ainsi l'un n'a eu certainement aucun rapport à l'autre. D'ailleurs, je n'ai eu nulle part à l'affaire du chevalier; M. de Noailles l'avoit embarquée dès le Roussillon. Il m'en écrivit : je lui ai toujours fait des difficultés; et si j'eusse eu à choisir selon mon goût, il n'auroit jamais été dans cette place, où je suis responsable de sa conduite, et où il ne peut me donner que beaucoup de dégoûts. Mais de bonne foi, indépendamment de tout cela, la lieutenance de roi étoit déjà donnée, et vous ne pouviez l'avoir. Reste à savoir si vous persistez dans votre refus pour madame la princesse. En cas que vous persistiez, il faudra que j'allègue à M. le prince, à M. de Luxembourg, et au roi même, votre mauvaise santé. Je tiendrai les choses en suspens le plus long-temps que je pourrai. La chose est secrète, et je crois que peu de gens la sauront. Il faut que vous comptiez qu'il y aura plusieurs femmes des meilleures maisons du royaume qui desireront cette place, et qui la trouveront fort commode par le logement, la table et les équipages. Mais je ne prétends vous donner aucune pente là-dessus; car je n'y ai regardé que le soutien de vos affaires délabrées, et la joie de vous voir rapprochée d'ici. Vous devez me pardonner ma peine de vous voir accablée de soins et de procès, avec la nécessité de demeurer à la campagne. D'ailleurs, je ne souhaite que ce qui vous conviendra le mieux, et je crois, comme vous, qu'à choses égales, il vaut mieux être à soi qu'à autrui.

J'avois dit à M. de La Buxière qu'il m'étoit impossible d'agir pour les enrôlements forcés de votre terre, et je croyois qu'il vous l'auroit mandé pour me soulager dans un état d'occupation où les lettres me surchargent beaucoup. Pardon de vous avoir fait de la peine par mon silence. Si je vous avois entretenue, vous conviendriez que je ne puis agir dans cette nature d'affaires. Je suis ravi de votre bonne santé, et de celle du cher enfant. Je suis toujours, ma chère cousine, à vous sans réserve, comme j'y dois être toute ma vie.

Si je puis, j'attendrai encore votre réponse sur madame la princesse : mais ne vous gênez pas; suivez librement votre goût pour refuser.

22. — A LA MÊME.

Sur les raisons qui empêchent la marquise d'accepter la place qu'on lui offre, et sur les embarras domestiques de Fénelon.

A Versailles, 31 mars (1691).

Comme M. le prince ni madame la princesse ne m'ont jamais parlé eux-mêmes sur leur desir de vous avoir, je n'ai pu, madame, leur expliquer vos conditions. Il n'y a jamais eu que mademoiselle de Langeron à qui madame la princesse a parlé, et l'abbé de Maulevrier à qui M. le prince a fait parler par Gourville. J'ai donné à mademoiselle de Langeron et à l'abbé de Maulevrier une lettre fort ample ou mémoire, dans lequel j'avois expliqué de mon mieux tout ce qu'on pouvoit faire entendre honnêtement sur votre besoin de faire une grosse dépense au-delà des deux mille écus, et par conséquent sur la nécessité où vous étiez de renoncer avec regret à cet emploi, à moins qu'on n'ajoutât quelque autre somme à celle-là, pour proportionner les appointements à ce que vous seriez contrainte de dépenser. J'appuyois sur l'extrême délicatesse de votre santé, et, d'un autre côté, sur la passion que vous avez d'accommoder les affaires de M. votre fils pendant qu'il est enfant. Cette lettre étoit faite pour être vue, et pour leur donner envie d'aller plus loin qu'ils n'avoient résolu sur les appointements. Elle a été vue, mais elle n'a eu aucun succès, et on m'a mandé, pour

---

[1] Le chevalier, depuis comte de Fénelon, est Henri-Joseph, frère puîné de l'archevêque de Cambrai, nommé depuis peu exempt des gardes-du-corps du roi.

toute réponse, qu'il ne falloit plus songer à cette affaire. J'attendrai encore le retour de M. le prince, pour voir si on ne renouera rien ; après quoi, si leur parti est pris, je dirai à M. de Luxembourg que vous étiez prête à entrer dans cette affaire, à cause qu'il l'avoit approuvée ; mais que vous n'y avez pas trouvé la subsistance avantageuse qu'on espéroit. Pour le roi, il suffira qu'il sache à loisir que votre santé ne vous a pas permis d'accepter cet emploi, qui a d'assez grandes sujétions.

Par le mémoire que La Buxière m'a fourni de votre part, je vous devois environ douze cents livres en tout, sur quoi j'ai payé à La Buxière mille francs : reste environ deux cents livres, que je paierai à votre décharge à M. l'abbé de Langeron, le plus tôt que je pourrai. Vous pouvez juger que je fais d'assez grands efforts pour m'acquitter, puisque j'ai déjà payé, depuis un an et demi, cinq mille francs à Lange, deux mille à madame de Langeron, treize cents livres aux religieuses de Sarlat, et à vous mille francs ; le tout sans avoir reçu un sou de grace au-delà de mes appointements, et ne touchant presque plus rien de Carenac, qui est ruiné sans ressource. Aussi ai-je fait de ma dépense des retranchements bien nouveaux pour ma place. Mais la justice est la première dans toutes les bienséances. Je dois encore une grosse somme à mon libraire : il faut que j'achète de la vaisselle d'argent, et que je vous paie les choses que vous m'avez prêtées, et qui s'usent.

J'envoie à La Buxière un projet d'acte dont il vous rendra compte. Je continue à vous conjurer de penser sérieusement et promptement à vos affaires avec mon neveu. Ayez soin de votre santé, ma chère cousine. J'embrasse le cher enfant. Je vous suis toujours absolument dévoué.

23. — A LA MÊME.

Il la prie de ne compter aucunement sur lui pour solliciter une charge en faveur de son fils.

A Versailles, le 17 avril (1691).

M. de Lostanges, à qui le roi avoit donné la lieutenance de roi de La Marche, a été tué au siége de Mons. Ainsi voilà cette charge vacante, comme auparavant, et par conséquent madame de Laval dans les mêmes termes où elle étoit. Elle sait bien que je ne dois ni ne puis, en l'état où je suis, demander des graces au roi. Si j'en avois quelqu'une à demander, ce ne seroit pas pour moi, ce seroit pour elle et pour M. son fils : mais je ne puis me relâcher d'une règle étroite que la bienséance de mon état, et ce que le roi attend de moi, m'engagent à suivre. J'avertis donc madame de Laval, afin qu'elle puisse faire agir suivant qu'elle croira qu'il lui convient de le faire pour M. son fils. Je la supplie même de ne compter pour rien mes sentiments. Il est vrai que je crois que les démarches qu'on feroit, ou qu'on feroit faire, seroient inutiles. Le roi ne donne point des charges à des enfants, surtout quand les pères n'ont point été tués dans le service, qu'ils n'ont eu même rien de distingué dans le service, et que ce ne sont point des charges de sa maison ; car, pour les anciens domestiques, il les traite d'une manière bien différente du reste des gens. C'est suivant cette règle que le roi a toujours rejeté tout ce qu'on lui a dit en faveur du fils de madame de Laval, pour cette lieutenance de roi.

Voilà, madame, une espèce de mémoire que j'avois fait d'abord. Je vous l'envoie tel que je l'ai fait. En vérité, je voudrois de tout mon cœur pouvoir agir pour M. votre fils : mais quand il s'agiroit de ma vie, je ne demanderois rien au roi. Si je pouvois vous entretenir, vous conviendriez que je ferois une extrême faute de faire autrement. D'ailleurs, je suis fort persuadé que ma demande n'auroit aucun succès. Donnez-moi des nouvelles de votre santé, qui m'est toujours très chère, et ne cessez point d'aimer le cousin, qui est aussi dévoué qu'il le doit être.

24. — A Mme DE LA MAISONFORT.

Il ne croit pas pouvoir se charger entièrement de sa direction.

7 juin 1692.

Il faut vous dire sincèrement, madame, ce que je puis et ne puis pas. Il me seroit difficile de vous aller rendre des visites dans des temps réglés ; mais aussi je ne renonce pas d'y aller de loin en loin, quand je le pourrai. Pour le commerce des lettres, je le puis rendre plus régulier ; quoique je ne puisse pas d'ordinaire répondre sur-le-champ, je le ferai toujours bientôt après. Ce qu'on appelle être entièrement chargé de votre direction, est, ce me semble, une chose impraticable [1]. Il est bon que vous entriez peu à peu dans la voie commune de la communauté, et dans la conduite de votre évêque, qui est très sage et très pieux. Je ne refuse pourtant pas de vous donner, comme ami, des con-

---

[1] Il paroît que Fénelon, à cette époque, desiroit se décharger peu à peu de la direction de Mme de La Maisonfort, à cause de la singularité que l'on croyoit déjà remarquer dans les discours et la dévotion de cette dame, et dont il craignoit qu'on ne le rendît responsable.

seils détachés sur les choix de lecture ou d'oraison à l'égard desquels votre cœur seroit trop gêné; mais quand les supérieurs règlent toute la conduite extérieure, et qu'il n'est question que des lectures et des oraisons pour l'intérieur, si on est simple et fidèle, un petit nombre de choses écrites de temps en temps peuvent suffire. Je ne doute point qu'on ne vous permette de voir madame (*Guyon*) deux ou trois fois l'année, et elle vous élargira le cœur. Je suppose qu'on vous le permettra, pourvu que vous soyez seule à la voir, et que vous ne disiez jamais rien qui puisse faire quelque peine dans la communauté[1]. Je crois voir fort clairement que vous vous inquiétez trop là-dessus. La conduite de M. de Chartres est pleine de précautions nécessaires, mais il n'est pas ombrageux. Vous aurez toujours assez de liberté, tandis que vous pourrez lire et prier selon les conseils que vous desirez, et que vous aurez deux ou trois fois l'année madame (*Guyon*). Tout ce qui iroit plus loin seroit indiscret, et ne convient pas à une communauté.

25. — A LA MARQUISE DE LAVAL.

Il desire avoir un compte exact de ce qu'il doit à la marquise.

A Versailles, 10 juillet (1692).

Je vous renvoie, ma chère cousine, la vaisselle que vous avez eu la bonté de me prêter si longtemps. Je ne saurois vous renvoyer de même les autres choses que j'ai usées depuis trois ans. Comme vous en avez le mémoire, je vous conjure, avec la dernière instance, d'en régler le prix, et de vouloir bien le joindre au compte de ce que je vous devois. D'ailleurs, ne croyez point que ce soit un défaut de confiance; il n'y a personne à qui je voulusse devoir comme à vous. Je vous dois trop, pour avoir là-dessus aucune mauvaise délicatesse; mais un compte final est absolument nécessaire pour voir clair dans ma petite économie, et pour prendre mes mesures justes. Ne vous mettez point en peine de faire ce compte exactement, ni de me le montrer en détail. Pourvu que la somme soit fixée, il ne m'importe de combien elle sera. Jusqu'à ce qu'elle soit arrêtée précisément, je serai dans une vraie inquiétude, dont vous pouvez me soulager par un demi-quart d'heure d'attention à finir ce compte. Faites-moi donc cette grace au plus tôt. Je vous la demande aussi fortement qu'on peut demander quelque chose; et vous me mettriez

[1] Madame de Maintenon lui avoit donné à peu près les mêmes conseils.

dans une peine très sensible, si vous me la refusiez. Je commence enfin à croire que vous ne voulez point venir me voir. Nous avons encore, avant l'arrivée du roi, un temps fort libre et fort commode. Je voudrois avoir un équipage à vous envoyer. Comment se porte notre cher petit homme?

26. — A M^{ме} DE LA MAISONFORT.

Sur les moyens d'avoir la paix intérieure.

5 avril 1693.

Vous voudriez être parfaite, et vous voir telle, moyennant quoi vous seriez en paix. La véritable paix de cette vie doit être dans la vue de ces imperfections non flattées et tolérées, mais au contraire condamnées dans toute leur étendue. On porte en paix l'humiliation de ses misères, parce qu'on ne tient plus à soi par amour-propre. On est fâché de ses fautes plus que de celles d'un autre, non parce qu'elles sont siennes, et qu'on y prend un intérêt de propriété, mais parce que c'est à nous à nous corriger, à nous vaincre, à nous désapproprier, à nous anéantir, pour accomplir la volonté de Dieu à nos dépens. Le tempérament convenable à notre besoin est de nous rendre attentifs et fidèles à toutes les vues intérieures de nos imperfections, qui nous viennent par le fond sans raisonner, et de n'écouter jamais volontairement les raisonnements inquiets et timides, qui vous jetteroient dans le trouble de vos anciens scrupules. Ce qui se présente à l'ame d'une manière simple et paisible est lumière de Dieu pour la corriger. Ce qui vient par raisonnement, avec inquiétude, est un effet de votre naturel qu'il faut laisser tomber peu à peu, en se tournant vers Dieu avec amour. Il ne faut non plus se troubler par la prévoyance de l'avenir, que par les réflexions sur le passé. Quand il vous vient un doute que vous pouvez consulter, faites-le; hors de là, n'y songez que quand l'occasion se présente; alors donnez-vous à Dieu, et faites bonnement le mieux que vous pourrez, selon la lumière du moment présent.

Quand les occasions de sacrifices sont passées, n'y songez plus; si elles reviennent, n'y faites rien par le souvenir du moment passé. Agissez par la pente du cœur actuelle.

Pour les sacrifices que vous prévoyez, Dieu vous les montre de loin pour vous les faire accepter : quand l'acceptation est faite, tout est consommé pour ce moment. Si l'occasion réelle revient dans la suite, il faudra s'y déterminer, non par l'acceptation déjà faite par avance, mais suivant l'impression présente.

27. — A LA MARQUISE DE LAVAL.

Il approuve les dispositions du chevalier de Fénelon, son frère, à l'égard de la marquise.

A Noisy, 29 juillet (1693).

J'ai reçu d'autres nouvelles du chevalier [1] par l'abbé Dubois; il m'assure qu'il n'a point de fièvre, que tout va à souhait, et qu'il me répond de la parfaite guérison. M. le duc de Chevreuse me mande qu'il a vu Reaux. Si le chevalier va à Namur, M. de Chevreuse lui témoignera toute l'amitié qu'il a pour moi. Celle que j'ai pour le chevalier n'est point blessée, ma chère cousine, par les choses qu'il vous écrit, et que vous m'avez confiées. J'entre dans les raisons qu'il a d'être touché de tout ce que vous avez fait pour lui, et je lui sais bon gré d'avoir le cœur fait comme il doit l'avoir. Aussi lui ai-je témoigné, par ma dernière lettre, plus de cordialité et d'attachement que je ne l'ai jamais fait. Je suis persuadé qu'il m'aime. Je ne l'ai jamais haï. Il y a eu des temps où je n'ai pas estimé sa conduite, et je crois que je n'avois pas de tort. Elle est, Dieu merci, bien changée, et mon cœur aussi pour lui. Encore une fois, je l'aime, je crois qu'il m'aime, et je suis ravi, ma chère cousine, que sa confiance et son attachement principal se tourne vers vous. J'ai une sensible joie de ce qu'il pense à son salut. Je lui écris deux mots là-dessus, sans vouloir le prêcher. Nous pourrons bien être ici encore quelque temps, et par conséquent hors d'état de vous voir. J'en suis fâché; car je voudrois bien pouvoir un peu causer avec vous. Je tâcherai de vous aller voir après notre retour, ou bien je vous prierai de venir à Versailles avec le vénérable Dindin, que j'embrasse tendrement.

28. — A LA MÊME.

Il désire qu'elle termine promptement ses affaires, et qu'elle fasse élever son fils avec un de ses neveux.

A Versailles, 14 septembre (1693).

Je fus bien fâché hier, ma chère cousine, de vous avoir quittée avec tant de précipitation, et de n'avoir pas pu prévoir que les princes demeureroient long-temps au Val-de-Grace. J'ai été véritablement touché de notre séparation, et il me tarde que je puisse vous revoir fixe et tranquille en ce pays. Je vous conjure, au nom de Dieu, de ne rien épargner pour vous donner quelque repos. Ayez soin de votre santé dans ce voyage [1], et revenez le plus tôt que vous pourrez. Mais tâchez, pendant que vous serez sur les lieux, de vous mettre en état de n'avoir pas besoin de faire de si longues absences de Paris. Pour Reaux, je serai ravi qu'il apprenne assez à écrire pour me convenir. Avec l'esprit qu'il a, et des doigts comme un autre, il en peut venir à bout en peu de temps. Vous savez que mon inclination pour lui est ancienne : elle augmente, et je crois que de son côté il seroit fort content avec moi. Mais il faut qu'il sache écrire, avec un homme écrivain de son métier comme moi. Tout le reste ira bien.

Dans les mesures que vous prendrez pour M. votre fils, vous m'obligerez beaucoup si vous voulez bien essayer de disposer les choses de manière que le fils de mon neveu puisse être avec lui, supposé qu'il n'ait rien qui y soit un obstacle. Je serois bien fâché de vous demander cette grace, si le petit de Fénelon pouvoit nuire à M. votre fils : mais, supposé qu'il soit propre à cette société, elle me feroit un grand plaisir. Je ne puis ni ne veux faire autre chose pour ma famille, que de prendre soin de l'éducation de l'enfant qui en doit être l'espérance. Il faut au moins que je marque, si je le puis, cette bonne volonté à ma famille. Comme vous avez le cœur meilleur que moi, je suis sûr, ma chère cousine, que vous entrerez dans cette vue autant que vous le pourrez.

Agréez que j'ajoute ici des compliments très sincères pour mademoiselle de Pagny, que je suis bien fâché de n'avoir pas pu voir et entretenir. En vérité, je l'honore plus que jamais, et ses intérêts me seront toujours fort chers : faites-lui promettre qu'elle reviendra de temps en temps. Donnez-moi de vos nouvelles. Si Reaux vous est inutile dans l'application qu'il aura à apprendre à écrire, envoyez-le-moi sans façon dès à présent ; car je saurai bien l'occuper, et le dresser à ma mode, sans être incommodé de sa dépense, qui ne sera rien. Adieu, ma chère cousine ; rien ne sera jamais à vous avec un plus sincère attachement ni avec plus de cordialité que moi. Plût à Dieu ! puissiez-vous voir mon cœur, et tous les vrais biens qu'il vous souhaite !

---

[1] Le chevalier dont il est question dans cette lettre étoit le propre frère de l'archevêque de Cambrai. La marquise de Laval l'épousa en secondes noces vers la fin de 1693. Nous déterminons l'époque de ce mariage par les lettres du 5 décembre 1693 et du 15 janvier 1694, dans lesquelles Fénelon donne à la marquise le nom de *sœur*. Le Moréri se trompe en le plaçant au 23 février 1694. Ce mariage demeura secret pendant assez long-temps ; on ignore pourquoi.

[1] La marquise fit à cette époque un voyage dans ses terres.

29. — A Mme DE LA MAISONFORT.

Il l'engage à expliquer son oraison à Mme de Maintenon.

26 septembre 1693.

Je ne crois pas, madame, que vous deviez faire aucun mystère à madame de Maintenon de ce que vous avez déjà expliqué à M. l'évêque de Chartres[1]. Votre oraison est plutôt irrégulière par votre scrupule, qu'extraordinaire. Quand il vous plaira, je dirai volontiers à madame de Maintenon ce que je connois de votre oraison, et des conseils que je vous ai donnés là-dessus; car de ma part je n'ai rien à cacher, ni à elle, ni à M. l'évêque de Chartres; mais je crois que vous devez lui écrire vous-même, ou lui parler comme vous avez fait à M. l'évêque de Chartres. Quand vous lui aurez ouvert votre cœur, je lui ouvrirai le mien, et je lui dirai les motifs des conseils que je vous ai donnés. Je ne vous dis point ceci par politique; c'est du fond de mon cœur et devant Dieu, que je vous conseille tout ceci : quelque envie que j'aie de ne mécontenter jamais madame de Maintenon, l'attachement que j'ai pour elle est sans intérêt, et il ne m'obligera jamais à lui déguiser mes sentiments. Je prie notre Seigneur, madame, qu'il vous donne sa paix dans votre état. Dites précisément à madame de Maintenon ce que vous avez dit à M. de Chartres, et laissez tout le reste à Dieu. Si elle vous parle de votre parente, dites-lui, ayant votre cœur sur vos lèvres, ce que vous en connoissez; Dieu bénira vos paroles. Je vous suis, madame, très dévoué en lui.

30. — A Mme DE MAINTENON.

Il blâme la conduite de Mme de La Maisonfort à l'occasion de quelques règlements de Saint-Cyr qu'elle ne pouvoit goûter.

20 novembre 1693.

Madame de La Maisonfort sait assez que je regarde comme une pure illusion toute oraison et toute spiritualité qui n'opère ni douceur, ni patience, ni obéissance, ni renoncement à son propre sens : je l'ai toujours trouvée ingénue et droite, malgré ses défauts. Je n'aurois jamais cru qu'elle eût été capable d'un emportement plein de présomption et de hauteur. J'espère que Dieu n'aura permis cette chute si mal édifiante que pour lui montrer dans son cœur ce qu'elle n'auroit jamais cru y trouver; il a voulu lui apprendre combien elle doit se défier d'elle-même et de ses meilleurs sentiments. Un peu de docilité et de soumission l'auroient bien mieux préservée de cet emportement, que toutes les vues de perfection dont sa tête s'est échauffée, sans aucune pratique solide. Ces sentiments, même les plus purs, sur la mort à soi-même, se tournent en vie secrète et maligne, quand on s'y attache avec âpreté, comme elle fait. Ce n'est pas la faute des maximes, c'est la faute de la personne qui s'en sert mal, et qui se fait un aliment de vie naturelle de ce qui porte soi-même la mort et le détachement de toutes choses. C'est une chose bien étrange, que les personnes qui veulent marcher dans la voie où on ne tient à rien tiennent à la voie même, et aux gens qui la conseillent : c'est détruire la voie et la déshonorer, c'est rendre suspects les gens qui l'enseignent de bonne foi. L'unique manière de bien prendre ces choses, c'est de les prendre suivant ce qu'elles doivent opérer en nous, c'est-à-dire en esprit de mort, de dépendance et de simplicité.

Dieu sait combien je suis éloigné de vouloir douter de l'innocence et de la bonté de cœur de madame de La Maisonfort. Ce qui me fâche, c'est qu'avec des intentions si droites et si pures, elle s'égare de son chemin, et sort de sa grace, qui est la douceur et la politesse. Il n'est pas question de Saint-Cyr, qui n'est rien; il est question de Dieu, qui est tout, et qui ne se trouve point par cette hauteur et par cet entêtement. En quelque lieu qu'elle aille, elle trouvera de la contradiction et de la gêne; elle seroit bien malheureuse de n'en trouver pas : ce n'est que par-là que Dieu purifie et avance les ames. L'oraison et la vertu ne sont solides qu'autant qu'elles sont éprouvées par la croix et par l'humiliation. On ne profite véritablement, même de la meilleure oraison, qu'autant qu'on est prêt à la quitter pour l'obéissance. Cette bonne et simple oraison, quand elle est prise selon son véritable esprit, détache tellement de tout, qu'elle détache aussi d'elle-même. Voilà ce que j'ai dit et écrit souvent à madame de La Maisonfort; je ne saurois maintenant lui dire autre chose. Si elle croit que je parle ainsi par politique, elle doit conclure que je suis faux, et indigne de toute croyance. Quelque respect que j'aie pour vous, madame, en telles matières, je ne dirai jamais rien pour vous plaire ni pour vous ménager. Je suis prêt même à vous déplaire et à vous scandaliser, s'il le falloit, pour rendre témoignage à la

---

[1] L'évêque de Chartres s'étoit plaint récemment à madame de Maintenon de ce que les écrits de madame Guyon, introduits à Saint-Cyr, y entretenoient une dévotion singulière et suspecte. Fénelon pensoit avec raison que, pour dissiper les alarmes, madame de La Maisonfort, qui étoit une des religieuses les plus suspectes de singularité, devoit découvrir sans réserve son intérieur à l'évêque de Chartres et à madame de Maintenon.

vérité; mais je proteste qu'en tout ceci je ne parle que selon le fond de mon cœur.

Madame de La Maisonfort n'avoit qu'à demeurer tranquille dans le respect des réglements, se souvenir qu'elle en avoit besoin elle-même pour se rapetisser, et pour mourir à son propre esprit, plein de hauteur et de grandes idées de spiritualité sans pratique réelle; que ces réglements étoient nécessaires à une communauté, et qu'il est scandaleux de montrer du mépris pour des pratiques si salutaires à la multitude. Après cela, je suis sûr, madame, que vous seriez entrée avec bonté dans ses besoins, pour la soulager dans les choses où elle se seroit trouvée trop gênée, et où vous auriez pu la soulager sans relâcher du réglement général : mais ces cas-là eussent été rares, et je reviens toujours à croire que ces pratiques lui étoient encore plus nécessaires pour rabaisser son esprit plein de spiritualité, qu'aux autres pour les soutenir dans l'éloignement du mal.

Dans le fond vous savez, madame, qu'elle est de bonne foi; que son oraison est innocente, quoiqu'elle n'en ait pas fait un usage humble et soumis; et qu'enfin elle est douce, quoique Dieu ait permis qu'elle soit tombée à vos yeux dans un étrange emportement. Je vous dirai sur elle ce que saint Paul disoit à Philémon sur son esclave qui s'étoit enfui. *Il s'est éloigné de vous*, lui dit-il[1], *pour un peu de temps, afin que vous le recouvriez pour jamais* dans l'ordre de Dieu. Ces sortes de fautes et d'éloignements préparent à un retour et une réunion que rien ne pourra altérer. Je vous conjure même, madame, de vouloir lire cette Épître de saint Paul à Philémon, qui ne contient qu'un court chapitre : elle vous donnera l'esprit de compassion et de support nécessaire en cette rencontre. Je vous supplie aussi de vouloir bien faire lire cette lettre, que j'ai l'honneur de vous écrire, à madame de La Maisonfort, afin qu'elle y voie mes vrais sentiments, et que cette lettre fasse auprès de vous, pour sa réconciliation, ce que je n'oserois faire moi-même. Dieu sait combien je serois prêt à aller à Saint-Cyr, et partout ailleurs, pour vous obéir, et même pour servir madame de La Maisonfort; mais elle rend tous ses amis suspects, et inutiles à son service. Elle devroit se souvenir de toute l'amitié que vous avez eue pour elle, et que je suis persuadé que vous avez encore au fond du cœur, des craintes qu'elle vous a données, et des larmes qu'elle vous coûte.

[1] *Philem.*, 13.

31. — A LA MÊME.

Il expose ses principes de spiritualité, et prévient les mauvaises conséquences qu'on pourroit en tirer, contre son intention.

26 novembre 1693.

Je voudrois bien, madame, réparer le mal que j'ai fait à madame de La Maisonfort. Je comprends que je puis lui en avoir fait beaucoup avec une très bonne intention. Elle m'a paru scrupuleuse, et tournée à se gêner par mille réflexions subtiles et entortillées : ce qui paroît nécessaire aux esprits de cette sorte devient fort mauvais dès qu'on le prend de travers, et qu'on ne le prend pas dans toute son étendue et avec tous ses correctifs. Quand vous le jugerez à propos, j'expliquerai à fond, autant que je le pourrai, dans une lettre, les cas dans lesquels les maximes de mes écrits, quoique vraies et utiles en elles-mêmes pour certaines gens, deviennent fausses et dangereuses pour d'autres à l'égard desquels elles sont déplacées. Je marquerai aussi les bornes qu'elles doivent avoir pour les personnes mêmes à qui elles conviennent davantage. Pour peu qu'on les pousse trop loin, on les rend pernicieuses, et on en fait une source d'illusion. Il y a long-temps que j'ai eu l'honneur de vous dire, madame, non-seulement qu'on pouvoit abuser de ces maximes, mais encore que je savois très certainement que plusieurs faux spirituels en abusoient d'une étrange façon. C'est pour cela que j'ai toujours souhaité que vous ne montrassiez point à Saint-Cyr ce que j'écrivois pour vous, et pour d'autres personnes incapables d'en faire un mauvais usage. Les personnes foibles ne prennent de ces vérités que certains morceaux détachés selon leur goût, et elles ne voient pas que c'est s'empoisonner soi-même, que de prendre pour soi le remède destiné à un autre malade d'une maladie toute différente, et de n'en prendre que la moitié. Quand on ne prendra que la liberté de ne réfléchir point sur soi-même, sous prétexte de s'oublier et de se renoncer, on tournera cette liberté en libertinage et égarement. Le *qu'importe* étouffera tous les remords et tous les examens : si on ne tombe pas dans des maux affreux, du moins on sera indiscret, téméraire, présomptueux, irrégulier, immortifié, incompatible, et incapable d'édifier son prochain. Mais la liberté fondée sur le vrai renoncement à soi-même est un assujettissement perpétuel aux signes de la volonté de Dieu, qui se déclare en chaque moment; c'est une mort affreuse dans tout le détail de la vie, et une entière extinction de toute volonté propre, pour n'agir et pour ne vouloir que contre la nature. Le *qu'importe* bien entendu retranche tous les retours intéressés sur soi-même, qui sont le plus grand soulagement de l'amour-propre dans la pratique de la vertu la plus avancée. En retranchant ces retours inquiets et intéressés d'amour-propre, c'est de s'appliquer à une vigilance simple et de pur amour, qui ne donne jamais rien ni à la paresse ni à l'inquiétude de la nature, car la nature est tout ensemble inquiète et paresseuse, elle s'agite beaucoup, et ne travaille point de suite régulièrement. Le pur amour veille pour la faire agir, sans se tourmenter ; et c'est dans cette action fidèle et tranquille que le pur amour est sans présomption. Qu'importe pour les réflexions vaines sur soi-même, par lesquelles l'amour-propre voudroit troubler la paix de l'ame ? Rien n'est si vrai et si bon que ce *qu'importe* : mais il peut devenir faux, insensé et scandaleux ; il n'y a qu'un pas à faire, et ce pas jette dans l'égarement. Mais l'erreur de ceux à qui le *qu'importe* ne convient pas, et qui en abusent, n'empêche pas qu'il ne soit vrai et bon en lui-même, quand il est pris dans toute l'étendue de son vrai sens par ceux à qui il convient. Il y a en notre temps des gens qui gâtent ces maximes, parce qu'ils les prennent pour eux, quoiqu'elles ne leur conviennent point. Il y en a d'autres dans une autre extrémité, qui, voyant dans les premiers le mauvais usage de ces maximes, se préviennent contre les maximes mêmes, et, faute d'expérience, poussent trop loin leur zèle avec de saintes intentions. Peut-être que moi qui parle, je suis plus prévenu qu'un autre, et que je favorise trop une spiritualité extraordinaire. Mais je ne veux en rien pousser la spiritualité au-delà de saint François de Sales, du bienheureux Jean de la Croix, et des autres semblables que l'Église a canonisés dans leur doctrine et dans leurs mœurs. Je condamnerois peut-être plus sévèrement qu'un autre tout ce qui iroit au-delà ; je ne permettrois pas même l'impression de certaines choses, quoique je les crusse bonnes à un certain nombre de gens, et véritablement conformes à la doctrine de ces saints. Quelque respect et quelque admiration que j'aie pour sainte Thérèse, je n'aurois jamais voulu donner au public tout ce qu'elle a écrit. Enfin je voudrois tout examiner, faire expliquer rigoureusement jusqu'aux moindres choses susceptibles de deux sens, laisser peu de choses écrites pour le public, tenir surtout les femmes pieuses et les filles de communautés dans une grande privation des ouvrages de spiritualité élevée, afin que la simple pratique et la pure opération de la grace leur enseignât ce qu'il plairoit à Dieu de leur enseigner lui-même, et qu'ainsi l'ignorance des livres préservât de l'entêtement et de l'illusion.

Voilà, madame, devant Dieu, ce que je pense ; je le dis comme si j'allois dans ce moment paroître devant lui. Madame de La Maisonfort ne me doit pas croire, si elle ne me croit quand je parle ainsi. Elle peut voir par-là combien je blâme les moindres mystères et les moindres détours, sans blâmer le fond des choses ; combien je lui souhaite la docilité dont elle a besoin vers vous et vers ses supérieurs ; combien je déteste tout raffinement d'oraison et de spiritualité, qui affoiblit, même indirectement, le goût de la régularité, de l'obéissance, et de la confiance ingénue à ceux qui représentent Dieu dans la communauté. Quand je verrois en secret madame de La Maisonfort, je ne lui dirois pas ces vérités moins fortement que je le fais par cette lettre, et que je l'ai toujours fait quand je l'ai vue seule à seule. Ainsi une visite n'ajouteroit rien au contenu de cette lettre ; vous pouvez, madame, la lui montrer, si vous le jugez à propos.

52. — A LA MARQUISE DE LAVAL.

Il fait à la marquise les offres les plus généreuses, au milieu des embarras extrêmes où il se trouve.

A Versailles, 15 janvier (1694).

Voici, ma très chère sœur, une lettre qui servira, s'il vous plaît, pour notre sœur de la Filolie et pour vous. Vous êtes si unies de cœur, qu'il n'est point nécessaire de vous séparer dans les lettres. Je suis fort en peine de vos santés, et je vous conjure de les ménager. Je vous recommande madame de la Filolie, comme je lui recommande d'avoir soin d'elle. Quoique mes besoins n'aient jamais été aussi pressants qu'ils le sont, je vous demande instamment, comme une marque de vraie amitié, que vous preniez sur Carenac tout ce qui pourra vous manquer à l'une et à l'autre. Je vous supplie aussi de faire toucher sur mon revenu, au chevalier, la somme qu'il vous dira, pour un cheval que je lui dois. Je suis fort content de lui, et je trouve que sa conduite est en tout d'un vrai honnête homme. J'ai un grand plaisir à vous le dire, et je crois que vous en aurez un semblable à l'apprendre. Ma santé ne va pas mal, quoique je me trouve bien occupé ; mais ma bourse est aux abois, par les retardements de mon paiement, et par l'extrême cherté de toutes choses cette année. Je suis sur le point de congédier presque tous mes domestiques, si je ne reçois promptement quelque secours. Je ne veux point que vous fassiez de votre chef aucun effort pour moi : je vous renverrois tout ce que vous me prêteriez; j'aime mieux souffrir. Mais faites en sorte qu'on m'envoie tout l'argent qu'on pourra, après avoir néanmoins pourvu aux aumônes pressées; car j'aimerois mieux, à la lettre, vivre de pain sec, que d'en laisser manquer jusqu'à l'extrémité les pauvres de mon bénéfice. Au nom de Dieu, ayez la bonté, ma très chère sœur, d'entrer là-dessus dans mes sentiments, et de me faire servir comme je crois que je dois vouloir qu'on me serve. Mille amitiés à notre chère sœur de la Filolie. J'aime et j'honore toujours du fond du cœur notre abbé de Chanterac. Conservez-vous tous, et aimez-moi toujours. Rien au monde n'est plus à vous pour toute la vie que moi.

33. — A LA MÊME.

Il promet d'observer toutes les précautions prescrites par la prudence dans l'affaire du quiétisme.

A Versailles, 20 juillet (1694).

Je tâcherai, ma chère sœur, de profiter de vos bons avis sur le demi-bain, et je garderai votre lettre pour en parler à M. Fagon.

Le P. de Valois peut compter que je ne me mêlerai de rien, ni directement, ni indirectement. Si je parle à M. Tronson, ce sera dans certains cas, où je serai déterminé par autrui. Je ne parlerai que de moi ou pour moi; je ne dirai rien ni pour la personne[1], ni pour les ouvrages. Mais je voudrois bien qu'il ne prît point des impressions sur ce qu'on lui dira, et qu'il croie ce que je lui assurerai bien positivement, lorsqu'il n'y aura point de preuve contraire, et que je lui offrirai d'éclaircir précisément les faits. Je l'aime tendrement; je ne puis douter qu'il ne m'aime aussi de tout son cœur. Dans ma langueur présente, je crains sa vivacité et la mienne; cela n'empêche pas que je n'aie envie de l'embrasser et de l'entretenir. Je voudrois bien aussi aller voir M. le comte et madame la comtesse de Soissons[2]. S'ils alloient se promener quelque soir hors de Paris, j'irois les voir dans le lieu où ils iroient. Je suis très fâché de leur départ; et cette raison, loin de m'éloigner d'eux, augmente mon désir de leur témoigner mon zèle et mon attachement. Ayez la bonté de leur dire, et comptez, ma chère sœur, que je suis tout à vous sans réserve, comme j'y dois être. Je vous conjure d'envoyer de ma part votre valet de chambre chez madame de Caylus, savoir des nouvelles de sa santé. Si vous voulez bien faire payer M. Chabéré, et me mander ce qu'il en aura coûté, je rembourserai d'abord Mortafon.

34. — A LA MÊME.

Ses dispositions présentes par rapport à l'affaire du quiétisme.

A Versailles, 25 juillet (1694).

Vous serez la bien venue, ma chère sœur, quand il vous plaira de me venir voir de bonne amitié. Ne craignez pas de me ruiner; je vous en défie: n'en soyez pas en peine; nous mettrons bon ordre à tout. Avertissez-moi quand vous devrez venir. Ayez la bonté de m'avertir aussi, si vous le pouvez, supposé que M. et madame la comtesse de Soissons doivent venir dîner chez moi. Pour le P. de Valois, je ne doute nullement de sa sincérité et de son amitié dans tout ce qu'il me dit. Il me paroît que le meilleur est de laisser tomber les choses. Je ne défends ni personne ni ouvrage[1] : ainsi tout cela ne me fait rien. Je n'ai qu'à laisser agir le zèle des zélés, et me taire en profond repos. Il est fort inutile de m'entretenir d'une affaire où je ne veux prendre aucune part, et où l'on croiroit toujours que je voudrois excuser et favoriser indirectement ce qu'on croit plein de venin, quand même je dirois tout ce qu'on voudroit. Quand on aura fait une censure, on ne trouvera personne qui la suive ni qui s'y conforme plus exactement que moi. J'embrasse notre petit bon homme, et je vous envoie une lettre pour mon frère.

35. — AU CHEVALIER (DEPUIS COMTE) DE FÉNELON, SON FRÈRE.

Il le charge de faire ses remerciments à M. de Luxembourg, et l'exhorte à une piété solide.

A Versailles, 25 juillet (1694).

Je m'intéresse de si bon cœur, mon cher frère, à tout ce qui vous regarde, que je ne puis m'empêcher de vous l'écrire de temps en temps, quoique j'aie très peu de temps à moi, et que les lettres me fatiguent beaucoup. Mandez-moi un peu ce que vous faites, et comptez que c'est me parler de ce qui me touche.

---

[1] Madame Guyon, alors inquiétée au sujet de sa doctrine.
[2] Louis-Thomas de Savoie, comte de Soissons, né le 16 octobre 1657, mort le 25 août 1702, des blessures qu'il avoit reçues devant Landau, au service de l'empereur, étoit le frère aîné du fameux prince Eugène. Il avoit épousé secrètement, le 12 octobre 1680, Uranie de La Cropte de Beauvais, dont Fénelon, par sa mère, étoit parent. Ce mariage ayant été déclaré en 1683, fut béni par Fénelon, à Saint-Sulpice, la nuit du 27 au 28 février de cette même année. (Voyez la note de la lettre (700) de madame de Sévigné à sa fille, du 5 janvier 1680; et celle de la lettre (822) au comte de Bussy, du 25 décembre 1682, édition de M. Monmerqué.)

[1] Il parle de madame Guyon.

Cherchez l'occasion de dire à M. de Luxembourg que je vous presse de lui faire ma cour, et de le remercier des bontés que je sais qu'il a pour moi. On ne peut en être plus reconnoissant que je le suis, ni plus rempli de zèle et de respect pour sa personne. La vôtre m'est assez chère, pour vous souhaiter les sentiments de crainte de Dieu et de confiance en lui qui mettent le cœur en repos, et qui sont la plus sûre ressource dans les peines de la vie et dans les périls. Il n'y a rien que je ne donnasse et que je ne souffrisse pour vous voir un chrétien solide, sans grimace ni façon. Pour y parvenir, il faut un peu lire, faire des réflexions simples sur sa lecture, étudier ses devoirs et ses défauts, demander à Dieu la vertu, et chercher son amour, qui est le souverain bien. Je suis toujours tout à vous tendrement.

36. — A BOSSUET.

Il lui promet une soumission aveugle à tout ce qu'il décidera.

A Versailles, 28 juillet 1694.

Je vous envoie, monseigneur, une partie de mon travail, en attendant que le reste soit achevé : il le sera demain, ou après-demain au plus tard. Je fais des extraits des livres, et des espèces d'analyses sur les passages, pour vous éviter de la peine, et pour ramasser les preuves.

Ne soyez point en peine de moi : je suis dans vos mains comme un petit enfant. Je puis vous assurer que ma doctrine n'est pas ma doctrine : elle passe par moi, sans être à moi, et sans rien y laisser. Je ne tiens à rien, et tout cela m'est comme étranger. Je vous expose simplement, et sans y prendre part, ce que je crois avoir lu dans les ouvrages de plusieurs saints. C'est à vous à bien examiner le fait, et à me dire si je me trompe. J'aime autant croire d'une façon que d'une autre. Dès que vous aurez parlé, tout sera effacé chez moi. Comptez, monseigneur, qu'il ne s'agit que de la chose en elle-même, et nullement de moi.

Vous avez la charité de me dire que vous souhaitez que nous soyons d'accord ; et moi je dois vous dire bien davantage : nous sommes par avance d'accord, de quelque manière que vous décidiez. Ce ne sera point une soumission extérieure : ce sera une sincère conviction. Quand même ce que je crois avoir lu me paroîtroit plus clair que deux et deux font quatre, je le croirois encore moins clair que mon obligation de me défier de mes lumières, et de leur préférer celles d'un évêque tel que vous.

Ne prenez point ceci pour un compliment : c'est une chose aussi sérieuse et aussi vraie à la lettre qu'un serment.

Au reste, je ne vous demande en tout ceci aucune des marques de cette bonté paternelle que j'ai si souvent éprouvée en vous. Je vous demande, par l'amour que vous avez pour l'Église, la rigueur d'un juge, et l'autorité d'un évêque jaloux de conserver l'intégrité du dépôt. Je tiens trop à la tradition, pour vouloir en arracher celui qui en doit être la principale colonne en nos jours.

Ce qu'il y a de bon dans le fond de la matière, c'est qu'elle se réduit toute à trois chefs. Le premier est la question de ce qu'on nomme l'amour pur et sans intérêt propre. Quoiqu'il ne soit pas conforme à votre opinion particulière, vous ne laissez pas de permettre un sentiment qui est devenu le plus commun dans toutes les écoles, et qui est manifestement celui des auteurs que je cite. La seconde question regarde la contemplation ou oraison passive par état. Vous verrez si je me suis trompé, en croyant que plusieurs saints en ont fait tout un système très bien suivi et très beau. Pour la troisième question, qui regarde les tentations et les épreuves de l'état passif, je crois être sûr d'une entière conformité de mes sentiments aux vôtres. Il ne reste donc que la seule difficulté de la contemplation par état : c'est un fait bien facile à éclaircir.

Quand vous serez revenu ici, j'achèverai de vous donner mes extraits et mes notes. Je ne vous demande qu'un peu d'attention et de patience. Je suis infiniment édifié des dispositions où Dieu vous a mis pour cet examen.

37. — AU MÊME [1].

Il le presse de lui faire connoître ses erreurs, s'il s'est égaré; et lui proteste de se soumettre, sans hésiter, à tout ce qu'il décidera.

A Versailles, 16 décembre (1694).

Je reçois, monseigneur, avec beaucoup de reconnoissance les bontés que vous me témoignez. Je vois bien même que vous voulez charitablement mettre mon cœur en paix : mais j'avoue qu'il me paroît que vous craignez un peu de me donner une vraie et entière sûreté dans mon état. Quand vous le voudrez, je vous dirai, comme à un confesseur, tout ce qui peut être compris dans une confession générale de toute ma vie, et tout ce qui regarde mon intérieur. Quand je vous ai supplié de me dire la vérité sans m'épargner, ce n'a été ni un lan-

---
[1] Bossuet a inséré cette lettre dans sa *Relation*, sect. III, n. 4, tom. XXIX, pag. 380.

gage de cérémonie, ni un art pour vous faire expliquer. Si je voulois avoir de l'art, je le tournerois à d'autres choses, et nous n'en serions pas où nous sommes. Je n'ai voulu que ce que je voudrai toujours, s'il plaît à Dieu, qui est de connoître la vérité. Je suis prêtre; je dois tout à l'Église, et rien à moi, ni à ma réputation personnelle.

Je vous déclare encore, monseigneur, que je ne veux pas demeurer un seul instant dans la moindre erreur par ma faute. Si je n'en sors point au plus tôt, je vous déclare que c'est vous qui en êtes cause, en ne me décidant rien. Je ne tiens point à ma place, et je suis prêt à la quitter, si je m'en suis rendu indigne par mes erreurs. Je vous somme, au nom de Dieu, et par l'amour que vous devez à la vérité, de me la dire en toute rigueur. J'irai me cacher, et faire pénitence le reste de mes jours, après avoir abjuré et rétracté publiquement la doctrine égarée qui m'a séduit. Mais si ma doctrine est innocente, ne me tenez point en suspens par des respects humains. C'est à vous à instruire avec autorité ceux qui se scandalisent, faute de connoître les opérations de Dieu dans les ames.

Vous savez avec quelle confiance je me suis livré à vous, et appliqué sans relâche à ne vous laisser rien ignorer de mes sentiments les plus forts [1]. Il ne me reste toujours qu'à obéir : car ce n'est pas l'homme ni le très grand docteur que je regarde en vous; c'est Dieu. Quand même vous vous tromperiez, mon obéissance simple et droite ne se tromperoit pas; et je compte pour rien de me tromper, en le faisant avec droiture et petitesse sous la main de ceux qui ont l'autorité dans l'Église. Encore une fois, monseigneur, si peu que vous doutiez de ma docilité sans réserve, essayez-la, sans m'épargner. Quoique vous ayez l'esprit plus éclairé qu'un autre, je prie Dieu qu'il vous ôte tout votre propre esprit, et qu'il ne vous laisse plus que le sien. Je serai toute ma vie, monseigneur, plein du respect que je vous dois.

38. — AU MÊME.

Il témoigne le desir d'être instruit, s'il s'est trompé, et conjure le prélat de ne s'arrêter à aucunes considérations humaines.

26 janvier 1695.

Je vous ai déjà supplié très humblement, monseigneur, de ne retarder pas d'un seul moment, par considération pour moi, la décision qu'on vous demande [1]. Si vous êtes déterminé à condamner quelque partie de la doctrine que je vous ai exposée par obéissance, je vous conjure de le faire aussi promptement qu'on vous en priera. J'aime autant me rétracter aujourd'hui que demain, et même beaucoup mieux ; car le plus tôt reconnoître la vérité et obéir est le meilleur. Je prends même la liberté de vous supplier de ne retarder point à me corriger, par une trop grande précaution. Je n'ai point besoin de longue discussion pour me convaincre. Vous n'avez qu'à me donner ma leçon par écrit : pourvu que vous m'écriviez précisément ce qui est la doctrine de l'Église et les articles dans lesquels je m'en suis écarté, je me tiendrai inviolablement à cette règle.

Pour les difficultés sur l'intelligence exacte des passages des auteurs, épargnez-vous la peine d'entrer dans cette discussion. Prenez la chose par le gros, et commencez par supposer que je me suis trompé dans mes citations. Je les abandonne toutes. Je ne me pique ni de savoir le grec, ni de bien raisonner sur les passages : je ne m'arrête qu'à ceux qui vous paroîtront mériter quelque attention. Jugez-moi sur ceux-là, et décidez sur les points essentiels, après lesquels tout le reste n'est presque plus rien, et ne mérite pas l'inquiétude où l'on se trouve. Si vous étiez capable de quelque égard humain (ce que je n'ai garde de vous imputer), ce ne seroit pas de vouloir me flatter contre le penchant de ceux qui ont la plus grande autorité. Au contraire, il seroit naturel de craindre que vous auriez quelque peine à me justifier contre la prévention de tout ce qu'il y a en ce monde de plus considérable. Bien loin de craindre cet inconvénient, je crains celui de votre charité pour moi. Au nom de Dieu, ne m'épargnez point, traitez-moi comme un petit écolier, sans penser ni à ma place, ni à vos anciennes bontés pour moi. Je serai toute ma vie plein de reconnoissance et de docilité, si vous me tirez au plus tôt de l'erreur. Je n'ai garde de vous proposer tout ceci pour vous engager à une décision précipitée, aux dépens de la vérité. A Dieu ne plaise ! je souhaite seulement que vous ne retardiez rien pour me ménager.

39. A LA MARQUISE DE LAVAL.

Il lui apprend sa nomination à l'archevêché de Cambrai.

A Versailles, 4 février (1695).

Le roi m'a nommé aujourd'hui archevêque de Cambrai. Je me hâte, ma chère sœur, de vous le dire, comptant sur l'amitié avec laquelle vous y

---

[1] La phrase suivante, qui est ici dans une minute originale, n'est point dans la lettre écrite de la propre main de Fénelon, et qu'il envoya à Bossuet. « Vous savez que j'ai voulu d'abord vous croire tout seul, sans attendre l'avis des autres. »

[1] Sur sa nomination à l'archevêché de Cambrai.

prendrez part. Je demeure précepteur des princes, à condition de partager ma résidence entre mon diocèse, qui n'est qu'à trente-cinq lieues d'ici, et ma fonction pour les études. Jugez combien je suis comblé de telles graces. Que ceci soit, s'il vous plaît, pour mon frère et pour ma sœur de la Filolie, si elle est auprès de vous. Je suis à vous, ma chère sœur, comme j'y dois être à jamais.

40. A LA MÊME.

Il lui fait part de ses projets pour le choix de ses domestiques.

A Versailles, 18 février (1695).

Mille remercîments, ma chère sœur, de vos amitiés; il me tarde de vous voir, et mon frère aussi. Mais ne vous hâtez point; faites à loisir toutes vos affaires, pendant que vous êtes dans vos terres. Je ne me suis pressé pour aucun choix de domestiques. Je ne songe point à prendre un écuyer. J'aime bien mieux chercher à placer Lalande. Je le préférerois à un autre, s'il falloit que j'en prisse un. Pour le maître-d'hôtel, j'attendrai votre retour, si vous devez revenir à Pâques. Je ferai là-dessus ce que vous me conseillerez. Je prendrai le frère de Reyau quand vous voudrez me l'envoyer. Je ferai faire des livrées. Me voilà ruiné à force d'être riche. Pour le valet de chambre dont vous me parlez, je verrai si j'en ai besoin : je voudrois bien le voir. J'embrasse votre petit bon homme que j'aime fort, et je suis sans réserve tout à ma très chère sœur.

41. A BOSSUET.

Il le prie de corriger un des Articles d'Issy.

Dimanche, 6 mars 1695.

Je prends la liberté, monseigneur, de vous supplier de ne mettre point dans les copies ce que vous aviez mis d'abord sur un état où l'on ne s'excite plus, qui est que les auteurs de la Vie spirituelle n'en ont jamais parlé. Je me soumettrai là-dessus comme sur tout le reste. Mais je vous supplie de considérer que je ne puis, dans ma situation présente, souscrire par persuasion à cet endroit; car je me souviens trop bien que madame de Chantal, consultant saint François de Sales sur tous les actes les plus essentiels à la religion chrétienne et au salut, qu'elle assure ne pouvoir faire en la manière dont on les fait dans la grace commune, il lui répond décisivement de ne les plus faire « qu'à » mesure que Dieu l'y excitera, et de se tenir ac- » tive ou passive, suivant que Dieu la fera être. » Il est, ce me semble, évident que ces dernières paroles ne peuvent signifier qu'elle soit tantôt dans l'état passif et tantôt dans l'actif; mais seulement qu'elle fasse des actes distincts ou n'en fasse pas, et demeure en quiétude, suivant que Dieu l'y portera. Voilà sa dernière décision, *pour elle et pour ses semblables*; il finit en disant : « Ne vous en » divertissez jamais. » Vous jugez peut-être, monseigneur, que cette règle ne regarde que l'oraison : c'est ce qui me paroît se réduire à une question de nom.

Pour le bienheureux Jean de la Croix, il me semble clair qu'il ne veut point qu'on mélange la voie active avec la passive, quoiqu'il admette des actes distincts en tout état. Voilà ce qui me fait penser que vous ne devez pas dire positivement que les saints n'ont jamais rien dit d'un état où l'on ne s'excite plus. Qui dit une excitation dit un effort pour se vaincre, et pour entrer dans une disposition dont on est éloigné. L'ame habituellement unie à Dieu, et détachée de tout ce qui résiste à la grace, doit avoir de plus en plus une facilité ou à demeurer unie, ou à se réunir sans effort. La grace est plus forte, l'habitude plus grande, les obstacles bien moindres dans toute ame qui avance. Que sera-ce de celles qui sont en petit nombre dans un état si éminent? Je ne demande pas qu'on décide pour cet état, ni qu'on explique l'oraison passive, puisque vous ne le voulez pas. Je conviens même que Dieu peut obliger en quelque occasion une telle ame à s'exciter, pour la tenir plus dépendante; car je ne donne point de règles à Dieu. Mais je voudrois qu'on ne décidât rien là-dessus. Je veux encore plus que tout le reste me soumettre.

42. AU MÊME.

Sur l'excitation que Fénelon excluoit de l'état passif.

Mardi, 8 mars 1695.

Je croyois, monseigneur, aller hier au soir chez vous, et recevoir vos ordres pour aujourd'hui; mais je ne fus pas libre. Je comprends, par votre dernier billet, que vous ne comptez pas que j'aille aujourd'hui à Issy, et que vous ne souhaitez que j'y aille que jeudi pour la conclusion. Mandez-moi, s'il vous plaît, si j'ai bien compris. Je ferai tout ce que vous voudrez, sans réserve à l'extérieur et à l'intérieur. Pour le bienheureux Jean de la Croix, et pour saint François de Sales, j'écouterai avec docilité les endroits dont vous me voulez instruire;

mais il faut observer bien des circonstances. Si vous aviez la bonté de m'indiquer ces endroits par avance, je les examinerois à loisir, sans envie de les éluder ni de disputer.

Pour l'excitation que j'exclus, elle ne regarde qu'un nombre d'ames plus petit qu'on ne sauroit s'imaginer. Je n'exclus qu'un effort qui interromproit l'occupation paisible. Je ne l'exclus qu'en supposant dans l'entière passiveté une inclination presque imperceptible de la grace, qui est seulement plus parfaite que celle que vous admettez à tout moment dans la grace commune. Je ne l'exclus qu'en supposant que cette libre quiétude est accompagnée de fréquents actes distincts qui sont non excités, c'est-à-dire auxquels l'ame se sent doucement inclinée, sans avoir besoin d'effort contre elle-même. Faute de ces signes, la quiétude me seroit d'abord suspecte d'oisiveté et d'illusion. Quand ces signes y sont, ne font-ils pas la sûreté? Et que demandez-vous davantage? Pourvu que les actes distincts se fassent toujours par la pente du cœur, qui est celle d'une habitude très forte de grace, à quoi serviroit de s'exciter et de troubler cet état? Enfin il ne faut, ni donner pour règle à l'ame de ne s'exciter jamais, ni supposer absolument qu'elle ne le doit pas. Je crois bien que Dieu ne manquant jamais le premier, il ne cesse point d'agir de plus en plus, à mesure que l'ame se délaisse plus purement à lui, et s'enfonce davantage dans l'habitude de son amour; mais la moindre hésitation, qui est une infidélité dans cet état, peut suspendre l'opération divine, et réduire l'ame à s'exciter. De plus, Dieu, pour l'éprouver, ou pour elle ou pour les autres, peut la mettre dans la nécessité de quelque excitation passagère. Ainsi je ne voudrois jamais faire une règle absolue d'exclure toute excitation : mais aussi je ne voudrois pas rejeter un état où l'ame, dans sa situation ordinaire, n'a plus besoin de s'exciter, les actes distincts venant sans excitation. Donnez-moi une meilleure idée de l'état passif, j'en serai ravi. Quoi qu'il en soit, j'obéirai de la plénitude du cœur.

43 — A Mme DE LA MAISONFORT.

Il satisfait à quelques difficultés qu'elle lui avoit proposées sur les Articles d'Issy.

Mars (1695).

Il n'y a de mauvaises réflexions que celles qu'on fait par amour-propre sur soi-même, et sur les dons de Dieu pour se les approprier. Il est aussi bon en soi de réfléchir que de s'occuper autrement; le mal est de se regarder avec complaisance ou avec inquiétude. Quand la grace porte l'ame à faire des réflexions sur soi, elles sont aussi parfaites que la présence de Dieu la plus sublime. Si donc on parle souvent de laisser tomber les réflexions, et de s'oublier, cela ne se doit entendre que du retranchement des réflexions empressées de l'amour-propre, qui sont presque toujours celles qu'on remarque dans les ames, ou de celles qui interromproient la vue actuelle de Dieu dans les temps d'oraison simple.

Saint François de Salès n'a pas prétendu retrancher toute action de graces, ni toute attention à nous-mêmes : autrement il ne faudroit plus de colloque amoureux avec Dieu, tel que les plus grands saints en ont dans l'oraison la plus passive. Il ne faudroit plus de directeur; car on parle sans cesse au directeur de soi et de ses dispositions, ce qui est une réflexion sur soi-même. Tout se réduit donc à ne point faire des actes empressés, ni même méthodiques et arrangés, pour s'examiner, ou pour rendre graces à Dieu, quand l'attrait d'oraison est actuel, et qu'il nous occupe du repos d'amour avec Dieu.

La neuvième proposition est la seule sur laquelle j'ai hésité; mais, comme on trouve dans la XXXIIIe ce qui me paroît nécessaire pour l'éclaircir, je n'ai pas cru devoir m'arrêter là-dessus. Quoique la récompense, qui est le bonheur éternel, ne puisse jamais être réellement séparée de l'amour de Dieu, ces deux choses néanmoins peuvent être séparées dans nos motifs; car on peut aimer Dieu purement pour lui-même, quand même cet amour ne devroit jamais nous rendre heureux.

Beaucoup de saints canonisés ont été dans ce sentiment; il est même le plus autorisé dans les écoles. Ces ames ne souhaitent point leur salut en tant qu'il est leur salut propre, leur avantage et leur bonheur. Si Dieu les devoit anéantir à la mort, ou leur faire souffrir un supplice éternel, sans le haïr et sans perdre son amour, elles ne le serviroient pas moins, et elles ne le servent pas davantage pour la récompense qu'il promet. Ce qu'elles veulent à l'égard du salut, c'est la perpétuité de l'amour de Dieu, et la conformité à sa volonté, qui est que tous les hommes en général et chacun de nous en particulier soient sauvés. On ne veut donc point en cet état son salut comme son propre salut, et à cet égard on y est indifférent; mais on le veut comme une chose que Dieu veut, et en tant que le salut est la perpétuité même de l'amour divin. L'amour ne peut vouloir cesser d'aimer.

Saint François dit, il est vrai, que l'oraison de quiétude contient éminemment les actes d'une méditation discursive. Et en effet, toutes les fois qu'on se sent attiré à cette oraison avec une répugnance aux actes discursifs, il faut se laisser à cet attrait, pourvu qu'on soit dans un état assez avancé pour cette sorte d'oraison. Mais il ne s'ensuit pas que cette oraison exclue pour toujours tous les actes distincts. Ces actes, dans un grand nombre d'occasions de la vie, sont les fruits de cette oraison; et les fruits de cette oraison, qui sont les actes, étant faits dans les occasions sans empressement, servent à leur tour à cette oraison, pour la rendre plus pure et plus forte. Une personne qui ne feroit jamais de ces actes simples et paisibles en aucune des occasions principales où il est naturel d'en faire, et qui se contenteroit d'une quiétude générale comme plus parfaite, me paroîtroit dans l'illusion, et dans l'inexécution de la loi de Dieu.

Les ames les plus passives font aussi des actes distincts et en grand nombre, mais sans empressement; c'est ce que les mystiques appellent coopérer avec Dieu sans activité propre. Je crois que ces actes distincts se font même dans l'oraison; mais ils se font par une certaine pente et une certaine facilité spéciale qui est dans le fond de l'ame, par l'habitude de l'oraison passive, pour former, selon les besoins, les actes les plus éminents.

Toute la vie des ames passives se réduit à l'unité et simplicité de la quiétude, quand Dieu les y met actuellement. Mais ce principe d'unité et de simplicité se multiplie d'une manière très distincte et très variée selon les besoins et les occasions, et même suivant les choses que Dieu veut opérer dans l'intérieur, sans aucune occasion extérieure. Cet amour simple de repos, pendant qu'il est actuel, est un tissu d'actes très simples et presque imperceptibles. Quand cet amour direct et de repos n'est pas actuel, ce principe d'unité, comme le tronc d'un arbre, se multiplie dans ses branches et dans ses fruits. Il devient pendant la journée une occupation indirecte de Dieu. C'est tantôt acquiescement aux croix, puis à l'abandon, aux délaissements; une autre fois, support des contradictions; dans la suite, renoncement à la sagesse propre, docilité pour le prochain, attachement à l'obéissance, etc. C'est l'esprit *un et multiplié* dont parle Salomon [1]. Tantôt il n'est qu'une chose, tantôt il en est plusieurs. Il est simple par son principe dans la multitude des actes depuis le matin jusqu'au soir, quoiqu'ils ne soient pas toujours discursifs et réfléchis. La grace y incline doucement l'ame en chaque moment, suivant l'occasion et le dessein de Dieu.

Il faut seulement dire qu'on doit retrancher les réflexions d'amour-propre, qui sont empressées, ou qui interrompent l'opération divine dans la quiétude.

La quiétude, dans les temps où Dieu y met actuellement, renferme tout, et il faut que tout autre acte lui cède; mais elle n'est pas toujours actuelle. Cette quiétude même nous imprime souvent des actes distincts, ou bien elle les produit comme ses fruits, dans le détail de la journée.

De là vient que Mme de Chantal dit elle-même, comme vous l'avez remarqué, qu'on fait toujours des actes, et que ceux qui ne croient point en faire ne l'entendent pas bien; mais on les fait beaucoup moins distinctement, et même sans nulle distinction aperçue, lorsque Dieu attire l'ame à la quiétude. Dans les autres temps, les actes sont plus distincts, quoique non empressés. Ce sont ces actes dont Mme de Chantal dit qu'elle les fait suivant que Dieu les lui met au cœur, c'est-à-dire suivant qu'elle en a une certaine facilité par la grace, sans empressement ou activité propre.

Il faut néanmoins observer que quelquefois ces actes se font tout ensemble avec une répugnance sensible de la nature actuellement tentée par la concupiscence, et avec une pente ou facilité du fond de l'ame, que Dieu prévient et incline malgré la tentation actuelle des sens.

Il faut, dans l'occasion, suivre l'attrait divin; mais cet attrait de l'oraison, s'il est véritable, loin de nous détourner de certains actes simples dans les occasions principales de la journée, est au contraire la source pure qui produit et qui facilite ces actes.

Tout ce que vous marquez ici est véritable, et conforme à l'esprit des propositions; vous y répondez vous-même à toutes vos objections. J'aurois pu vous envoyer la fin de votre écrit pour réponse au commencement.

44. — A LA MARQUISE DE LAVAL.

Sur quelques arrangements domestiques.

A Versailles, 27 avril (1695).

Je vous envoie Adenet, ma chère sœur, afin que vous ayez la bonté de lui parler sur la place qu'il aura dans mon petit domestique. Je ne veux point le gêner, et je puis, comme je vous l'ai dit, l'employer sans le faire officier. Mais s'il prenoit de

---

[1] *Sap.*, VII, 22.

bon cœur le parti de l'être, il m'épargneroit un domestique de plus ; ce qui n'est pas indifférent. Mais je ne veux point qu'il le fasse à regret, ni pour apprendre à demi l'office qu'il ne sait pas, quoique j'aie fait tout ce que j'ai pu pour l'engager à s'en instruire. Il est très bon enfant ; je le veux bien traiter : ménagez les choses avec bonté pour lui, et comptez que j'aime beaucoup mieux qu'il ne s'engage point à l'office, que s'il s'y engageoit par complaisance et contre son inclination. Des nouvelles, s'il vous plaît, de votre santé, ma chère sœur : j'en suis en peine comme je le dois être. J'embrasse mon frère.

Je vous prie de me mander comment vous voulez qu'on vous nomme après la déclaration de votre affaire [1].

45. — AU COMTE DE FÉNELON,
SON FRÈRE.

Avis sur la manière de se conduire à l'armée.

A Cambrai, 14 août (1695).

Je suis bien aise, mon cher frère, de vous donner de mes nouvelles, et de vous demander des vôtres. Me voici approché de vous, et à portée de vous donner du secours en cas d'accident. Je souhaite que vous n'en ayez pas besoin, et que Dieu vous conserve. Tâchez de faire en sorte que M. le maréchal de Villeroi et M. le duc du Maine aient assez bonne opinion de vous pour vous rendre de bons offices dans les occasions. Cultivez-les sans les importuner. Appliquez-vous à observer de près toutes choses, et à entendre parler les gens qui sont les mieux instruits. Ne négligez rien pour mériter l'approbation des plus honnêtes gens, et de ceux qui ont la plus grande réputation dans le métier. Songez à quelque chose de plus solide et de plus important que la fortune de ce monde. Si vous servez Dieu fidèlement, il aura soin de vous, et ne vous manquera jamais. Donnez-moi de vos nouvelles, et aimez-moi toujours comme je vous aime.

46. — A Mme DE MAINTENON.

Fragment sur les usages singuliers des couvents de filles du diocèse de Cambrai.

Septembre (1695).

Vous prenez soin d'une grande communauté de filles, et vous avez intérêt d'avoir devant les yeux des modèles de perfection : en voici un pour la discipline régulière, que je vous propose. Chaque religieuse des abbayes nobles de ce pays est fondée en coutume d'aller passer tous les ans un mois dans sa famille, et de visiter toute sa parenté ; c'est une civilité réglée. Quand j'arrive dans un couvent, la supérieure vient au-devant de moi, pour me recevoir dans la rue. On reçoit tous les étrangers dans des parloirs extérieurs, sans grilles ni clôture. Pour moi, en arrivant, on me mène à l'église, au chœur, au cloître, au dortoir, enfin au réfectoire, avec toute ma compagnie. Alors la supérieure me présente un verre : nous buvons ensemble, elle et moi à la santé l'un de l'autre. La communauté m'attaque aussi ; mon grand-vicaire et mon clergé viennent à mon secours : tout cela se fait avec une simplicité qui vous réjouiroit. Malgré cette liberté grossière, ces bonnes filles vivent dans la plus aimable innocence ; elles ne reçoivent presque jamais de visites que de leurs parents ; les parloirs sont déserts, le monde parfaitement ignoré, et il y règne une rusticité très édifiante. On ne raffine point ici en piété, non plus qu'en autre chose : la vertu est grossière comme l'extérieur, mais le fond est excellent. Dans la médiocrité flamande, on est moins bon et moins mauvais qu'en France ; le vice et la vertu ne vont pas si loin : mais le commun des hommes et des filles de communauté est plus droit et plus innocent.

47. — A LA COMTESSE DE FÉNELON.

Sur quelques arrangements domestiques.

A Versailles, 25 novembre (1695).

Je saurai de M. de Chevreuse même si le petit hôtel de Luynes n'est pas à louer. Il peut se faire qu'ils ne veulent le louer qu'à des gens qui leur conviennent. Pour les autres maisons, rien ne m'embarrasse. J'ai un logement à l'hôtel de Beauvilliers, bien meilleur que je ne le voudrois, pour deux ou trois passages à Paris dans toute l'année.

C'est pour l'amour de vous, ma chère sœur, et de mon frère, que je voudrois loger chez vous, afin qu'on ne pût pas croire que nous ne sommes pas assez bien ensemble pour loger en famille. Au surplus, il ne me convient ni qu'une portion de maison paroisse à moi, ni que j'y mette une somme considérable. Il ne me faut qu'un logement fort médiocre : je ne l'occuperai que cinq ou six jours de l'année ; le reste du temps, mon frère et vous en ferez tout ce qu'il vous plaira. Pour les écuries, quand elles seront pleines, je mettrai sans

---

[1] Vraisemblablement la déclaration de son mariage avec le frère de Fénelon.

embarras, pour quelques jours, mes chevaux dehors, dans une écurie de louage. Gardez-vous donc bien de faire une entreprise trop forte pour vous et pour moi. J'aurai encore la dépense des meubles pour mon logement, que je crains dans ces premières années, où je suis endetté. J'embrasse de tout mon cœur mon frère. Je crois qu'il devroit se montrer ici. Faites-vous rendre sans façon par M. Deschamps quelque argent que vous avançâtes l'autre jour pour moi : je pourrois l'oublier. On ne peut rien ajouter, ma chère sœur, à la sincérité des sentiments avec lesquels je suis tout à vous autant que je le dois.

Pour le carrosse de M. de Langres, faites avec plein pouvoir tout ce que vous croirez le meilleur pour moi; je vous en serai très obligé.

Le petit hôtel de Luynes n'est pas à louer.

48. — AU MARQUIS DE SEIGNELAY.

Comment on peut conserver la présence de Dieu au milieu des croix.

Vous demandez, monsieur, un moyen de conserver la présence de Dieu au milieu des croix. Pour moi, j'espère que vous sentirez combien les croix sont elles-mêmes propres à nous tenir dans la fréquente présence de Dieu. Qu'y a-t-il de plus naturel, quand on souffre, que de chercher du soulagement? mais quel soulagement et quelle consolation ne trouve-t-on pas dans la souffrance, quand on se tourne avec amour du côté de Dieu! Quand vos maux vous pressent, vous envoyez chercher les médecins et les personnes de votre famille que vous croyez les plus propres à vous soutenir : appelez de même à votre secours le médecin d'en haut, qui peut d'autant mieux connoître et guérir vos maux, que c'est lui qui les a faits par miséricorde. Appelez l'unique ami, le vrai consolateur, le père tendre, qui vous portera dans son sein, et qui vous donnera, ou l'adoucissement de vos maux, ou le courage de les souffrir patiemment dans toute leur amertume. O qu'il est doux de sentir une telle ressource en Dieu, et de savoir qu'elle ne peut jamais nous manquer! Il est toujours tout prêt à nous entendre; il sait mieux que nous-mêmes tout ce que nous souffrons. C'est lui qui nous fait souffrir, parce qu'il veut nous épargner d'autres souffrances éternelles, que nous méritions. C'est lui qui forme en nous le cri par lequel nous l'appelons à notre secours. Ce cri, dit-il dans l'Écriture[1], ne sera pas encore formé dans votre bouche, et déjà je l'entendrai pour me hâter de vous secourir. Si quelquefois il paroît lent à nous délivrer et à nous venir consoler, c'est qu'il nous fait ce que Jésus-Christ fit à Lazare qu'il aimoit tendrement : il attendit tout exprès plusieurs jours, pour le laisser mourir, et pour avoir lieu de le ressusciter. Dieu paroît lent pour vous guérir, parce qu'il veut vous livrer à vos maux, afin que vous mouriez à vous-même et à la vie corrompue du siècle. Quand tous vos desirs seront bien amortis, quand votre orgueil sera dans la poussière du tombeau, quand vous commencerez à être insensible à la mauvaise honte et à la pernicieuse complaisance pour les amis libertins; quand vous aurez tout sacrifié à Dieu sans nulle réserve, et que le vieil homme n'aura plus ni espérance ni ressource, alors j'espère que Dieu manifestera sa gloire : il vous rendra une vie pure et digne de lui; il vous montrera au monde comme Lazare ressuscité, non pour rentrer dans une vie lâche, vaine et profane, mais pour être aux yeux du monde incrédule comme un signe des merveilles de Dieu, qui convainque les incrédules, qui fasse taire l'iniquité la plus maligne, et qui encourage les pécheurs à se convertir.

Cependant, monsieur, dites à Dieu dans vos douleurs : Mon Dieu, je m'oublierois moi-même plutôt que de vous oublier : *Memor fui Dei, et delectatus sum*[1]. Mes maux sont inévitables; car je ne puis me dérober aux coups de votre juste et toute puissante main. Il faut donc que je souffre, puisque j'ai péché, et que la sentence de ma punition est partie d'en haut. Il n'est plus question que de souffrir avec le désespoir d'une ame livrée à sa propre foiblesse, ou avec la consolation d'espérer en vous; avec le trouble de l'amour-propre poussé à bout par la douleur, ou avec la paix de votre amour et de la confiance en vos éternelles bontés. L'impatience ne délivre d'aucun mal; au contraire, c'est un mal très cuisant que l'on ajoute à tous les autres pour s'accabler. La résignation n'augmente point les maux qu'on souffre, elle les adoucit, elle les charme même, pour ainsi dire, en découvrant les biens infinis cachés sous ces maux. Je ne vous propose donc, monsieur, de vous jeter entre les bras de Dieu, que pour y trouver le plus doux de tous les remèdes. Comptez que c'est moins un sacrifice de votre volonté dans les douleurs, qu'un adoucissement de vos douleurs mêmes. Si vous vous accoutumez peu à peu à chercher en Dieu avec confiance tout ce qui vous man-

---

[1] *Isai.*, LXV, 24.

[1] *Ps.* LXXVI, 4.

que en vous-même, vous vous ferez peu à peu une douce et heureuse habitude de vous tourner vers lui, toutes les fois que vos maux vous presseront, comme un petit enfant se retourne vers le sein de sa nourrice toutes les fois qu'il voit quelque objet qui l'effraie, ou qu'il sent quelque peine. Ce qui vous rend ce retour vers Dieu difficile, c'est que vous le faites avec effort, sans avoir une certaine confiance pleine et simple, et plutôt pour vous sacrifier avec douleur, que pour chercher la consolation de votre cœur. Dieu veut que vous soyez plus libre avec lui. Tournez-vous donc vers lui, moins pour lui donner que pour recevoir de lui; car vous ne lui donnerez qu'autant qu'il vous donnera. Ouvrez-lui à tout moment votre cœur; vous recevrez la patience avec l'amour. Quand la patience vous échappe dans vos douleurs, vous pouvez recourir à Dieu afin qu'il vous soutienne, comme vous appelleriez quelqu'un à votre secours pour vous décharger d'une partie d'un fardeau accablant. Quand il vous arrive de succomber à la tentation d'impatience, n'ajoutez pas à ce mal celui de vous décourager. S'impatienter contre son impatience, c'est envenimer sa plaie : il faut au contraire lever les yeux vers le médecin, et lui montrer toute la profondeur de sa plaie, afin qu'il y verse le baume pour la guérir. Demeurez tranquille et humilié sous la main de Dieu, à la vue de votre hauteur, de votre impatience, de vos délicatesses et de vos chagrins. Rien n'est plus propre à vous confondre, que la réflexion que Dieu vous a fait faire. Vous n'avez qu'un seul moyen de pratiquer la vertu, qui est de souffrir avec paix et douceur; toutes les autres occasions de sacrifice vous sont ôtées. Vous n'avez ni le piége des affaires, ni la séduction des compagnies et des conversations profanes : vous êtes renfermé avec une famille chrétienne, et il ne vous reste plus qu'à souffrir. Vous le faites si mal, que cela seul doit suffire pour vous ôter toute confiance en vous-même. Combien d'innocents qui souffrent des maux plus grands que les vôtres, et qui n'ont aucun des soulagements que vous avez, quoique vous n'en méritiez aucun ! Demeurez souvent devant Dieu, à repasser doucement toutes ces choses. Un mot d'un Psaume ou de l'Évangile, ou de quelque autre endroit de l'Écriture qui vous aura touché, suffira pour élever de temps en temps votre cœur vers Dieu. Mais il faut que ces élévations de cœur soient faciles, courtes, simples et familières; vous pouvez même les faire au milieu des gens qui sont avec vous, sans que personne s'en aperçoive. D'ailleurs, vous avez un avantage que vous ne devez pas laisser perdre, qui est de parler de piété avec les personnes de votre famille qui en sont pleines. Quand ces petites conversations se font par épanchement de cœur, et avec une entière liberté, elles nourrissent l'âme, elles la fortifient, elles l'encouragent, elles la rendent robuste dans les croix, elles la soulagent dans ses tentations d'accablement; elles élargissent un cœur serré par la peine, elles le tiennent dans une certaine paix qu'on ne goûte presque jamais lorsqu'on demeure renfermé en soi-même. Pour les lectures et les prières, vous devez les faire très courtes; car, en l'état où vous êtes, on ne saurait trop ménager votre esprit et votre corps. De courtes, simples et fréquentes élévations de cœur à Dieu sur quelque passage touchant, vous feront plus de bien que les applications suivies à un sujet particulier. Vous pouvez laisser parler votre famille et vos amis, et vous contenter d'écouter. Pendant qu'on écoute la conversation, le cœur ne laisse pas de se recueillir souvent sur les choses intérieures, et il se nourrit de Dieu en secret. Le silence est très nécessaire et à votre corps et à votre âme. C'est dans le silence et dans l'espérance, comme dit l'Écriture [1], que sera votre force.

49. — AU DUC DE BEAUVILLIERS [2].

Sur l'histoire de Charlemagne [3].

L'histoire de Charlemagne a ses beautés et ses défauts. Ses beautés, comme vous savez, monsieur, consistent dans la grandeur des événements, et dans le merveilleux caractère du prince. On n'en saurait trouver un, ni plus aimable, ni plus propre à servir de modèle dans tous les siècles. On prend même plaisir à voir quelques imperfections mêlées parmi tant de vertus et de talents. On connaît bien par-là que ce n'est point un héros peint à plaisir, comme les héros de roman, qui, à force d'être parfaits, deviennent chimériques. Peut-être trouvera-t-on dans Charlemagne plusieurs choses qui ne plairont pas : mais peut-être que ce ne sera pas sa faute, et que ce dégoût viendra de l'extrême différence des mœurs de son temps et du nôtre. L'avantage qu'il a eu d'être chrétien le met au-dessus de tous les héros du paganisme, et celui d'avoir toujours été heureux dans ses en-

---

[1] Isaï., xxx, 15.
[2] Nous ignorons la date de cette lettre; mais la signature montre qu'elle est antérieure à l'épiscopat de Fénelon, c'est-à-dire au mois de février 1695.
[3] Cette histoire, que Fénelon avoit composée, ne s'est pas trouvée dans ses manuscrits; et ce qu'il en dit ici la fait regretter. Voyez l'*Histoire de Fénelon*, liv. I, n. 40, vers la fin.

treprises le rend un modèle bien plus agréable que saint Louis. Je ne crois pas même qu'on puisse trouver un roi plus digne d'être étudié en tout, ni d'une autorité plus grande pour donner des leçons à ceux qui doivent régner. Aussi suis-je très persuadé que sa vie pourra beaucoup nous servir pour donner à monseigneur le duc de Bourgogne les sentiments et les maximes qu'il doit avoir. Vous savez, monsieur, que je ne songeois pas néanmoins à me mêler de son instruction quand je fis cet abrégé de la vie de Charlemagne; et personne ne peut mieux dire que vous comment j'ai été engagé à l'écrire. Mes vues ont été simples et droites. On ne sauroit me lire sans voir que je vais droit, et peut-être trop.

Pour les défauts de cette histoire, ils sont grands, sans parler de ceux que j'y ai mis. Les historiens originaux de cette vie ne savent ni raconter, ni choisir les faits, ni les lier ensemble, ni montrer l'enchaînement des affaires; de façon qu'ils ne nous ont laissé que des faits vagues, dépouillés de toutes les circonstances qui peuvent frapper et intéresser le lecteur; enfin entrecoupés, et pleins d'une ennuyeuse uniformité. C'est toujours la même chose, toujours une campagne contre les Saxons, qui sont vaincus comme ils l'avoient été les autres années; puis des fêtes solennisées, avec un parlement tenu. Ce qu'on seroit le plus curieux de savoir est ce que les historiens ne manquent jamais de taire. Point de fil d'histoire; presque jamais d'affaires qui s'engagent les unes dans les autres, et qui se fassent lire par l'envie de voir le dénouement. A cela quel remède? On ne peut point suppléer ce qui manque, et il vaut mieux laisser une histoire dans toute sa sécheresse, que l'égayer aux dépens de la vérité. Mais voilà une lettre qui ressemble à une préface, et j'aperçois que je prends le vrai ton d'auteur. Je suis toujours, monsieur, avec un respect sincère, votre, etc.

L'abbé DE FÉNELON.

50. — A L'ABBÉ DE FLEURY.

Projet d'études pour le duc de Bourgogne jusque vers la fin de l'année 1695.

Je crois qu'il faut, le reste de cette année, laisser M. le duc de Bourgogne continuer ses thèmes et ses versions, comme il les fait actuellement. Ses thèmes sont tirés des Métamorphoses : le sujet est fort varié; il lui apprend beaucoup de mots et de tours latins; il le divertit : et comme les thèmes sont ce qu'il y a de plus épineux, il faut y mettre le plus d'amusement qu'il est possible.

Les versions sont alternativement d'une comédie de Térence et d'un livre des odes d'Horace. Il s'y plaît beaucoup; rien ne peut être meilleur ni pour le latin, ni pour former le goût. Il traduit quelquefois les fastes de l'Histoire de Sulpice Sévère, qui lui rappelle les faits en gros dans l'ordre des temps. Je m'en tiendrois là jusqu'au retour de Fontainebleau.

Pour les lectures, il sera très utile de lire, les jours de fêtes, les livres historiques de l'Écriture.

On peut aussi lire le matin, ces jours-là, l'*Histoire monastique d'Orient et d'Occident*, de M. Bulteau, en choisissant ce qui est le plus convenable : de même, des vies de quelques saints particuliers. Mais s'il s'en ennuyoit, il faudroit varier.

On peut aussi le matin lui lire, en les lui expliquant, des endroits choisis des auteurs *de re rustica*, comme le vieux Caton et Columelle, sans l'assujettir à en faire une version pénible. On peut faire de même des *Jours et des OEuvres* d'Hésiode, de l'*Économique* de Xénophon. Il a lu les *Géorgiques*, il n'y a pas long-temps, et les a traduites : il faut lui montrer légèrement quelques morceaux de la *Maison rustique* et du livre de La Quintinie, mais sobrement; car il ne saura que trop de tout cela. Son naturel le porte ardemment à tout le détail le plus vétilleux sur les arts et sur l'agriculture même.

Je ne crois pas qu'il ait encore l'esprit assez mûr et assez appliqué aux choses de raisonnement pour lire ni avec plaisir ni avec fruit des plaidoyers. Je suis persuadé qu'il faut remettre ces lectures à l'année prochaine.

Pour l'histoire, on pourroit lire les après-midi ce qu'il n'a point achevé de l'*Histoire* de Cordemoi, ou, pour mieux faire, le porter doucement à continuer, jusqu'à la fin du second volume de cette Histoire, l'extrait qu'il a fait lui-même jusqu'au temps de Charlemagne; ensuite on peut lui montrer quelque chose des auteurs de notre histoire jusqu'au temps de saint Louis, dont il a lu la vie écrite par M. de La Chaise [1]. Ces auteurs sont assez ridicules pour le divertir, le lecteur sachant choisir et remarquer ce qui est plaisant et utile. J'ai même fait faire un extrait de ces auteurs, qu'on peut lui lire toutes les fois qu'il voudra travailler à son extrait. Il faut lui accourcir un peu le temps de l'étude, et lui ménager quelque petite récompense.

On peut aussi diversifier ce travail par un autre

---

[1] Jean Filleau de La Chaise, écrivain attaché à Port-Royal, composa son *Histoire de saint Louis* sur des notes laissées par Lenain de Tillemont. Elle parut en 1688, 2 vol. in-4°.

qu'il a commencé, qui est un abrégé de toute l'histoire romaine, avec les dates des principaux faits à la marge : cela l'accoutumera à ranger les faits, et à se faire une idée de la chronologie.

On peut aussi travailler avec lui, comme par divertissement, à faire diverses tables chronologiques, comme nous nous sommes divertis à faire des cartes particulières.

Je crois qu'on pourroit, au retour de Fontainebleau, commencer la lecture de l'histoire d'Angleterre par le Mémoire de M. l'abbé de Fleury; puis on liroit l'Histoire de Duchesne [1].

51. — AU MÊME.

Plan d'études pour l'année 1696.

A Cambrai, 19 mars 1696.

Je suis d'avis, monsieur, que nous suivions, autant qu'il sera possible, pendant cette année, votre projet d'études.

Pour la religion, je commencerois par les livres Sapientiaux; mais je ne croirois pas qu'on dût se borner à la Vulgate pour la Sagesse et pour l'Ecclésiastique. Je crois qu'on peut se servir de quelque traduction moins imparfaite. Pour les livres poétiques, on peut en faire un essai; mais comme les autres livres tiendront quelque temps, parce qu'il est bon de les expliquer à mesure qu'on les lira, je regarde la lecture des livres poétiques comme étant encore un peu éloignée.

J'approuve fort la lecture des lettres choisies de saint Jérôme, de saint Augustin, de saint Cyprien et de saint Ambroise. Les Confessions de saint Augustin ont un grand charme, en ce qu'elles sont pleines de peintures variées et de sentiments tendres : on pourroit en passer les endroits subtils et abstraits, ou s'en servir pour faire de temps en temps quelque petit essai de métaphysique. Mais vous savez mieux que moi qu'il ne faut rien presser là-dessus, de peur de rebuter par des opérations purement intellectuelles un esprit paresseux, impatient, et en qui l'imagination prévaut encore beaucoup. Quelques endroits choisis de Prudence et de saint Paulin seront excellents. L'*Histoire des variations* sera bonne; mais il me semble qu'elle auroit besoin d'être précédée par quelque histoire de l'origine et du progrès des hérésies dans le dernier siècle. Si Varillas étoit moins romancier, il seroit notre homme : il a traité les événements qui regardent l'hérésie dans toutes les parties de l'Europe depuis le temps de Wiclef. Vous trouverez peut-être quelque autre auteur plus convenable. Je ne sais si Sleidan est traduit en françois; il n'y a pas moyen de le faire lire en latin.

Pour les sciences, je ne donnerois aucun temps à la grammaire, ou du moins je lui en donnerois fort peu : je me bornerois à expliquer ce que c'est qu'un nom, un pronom, un substantif, un adjectif et un relatif, un verbe substantif, neutre, passif, actif et déponent. Nous avons un extrême besoin d'être sobres et en garde sur tout ce qui s'appelle curiosité.

Pour la rhétorique, je n'en donnerois point de préceptes ; il suffit de donner de bons modèles, et d'introduire par-là dans la pratique. A mesure qu'on fera des discours pour s'exercer, on pourra remarquer l'usage des principales figures, et le pouvoir qu'elles ont quand elles sont dans leur place.

Pour la logique, je la différerois encore de quelques mois. Je ferois plutôt un essai de la jurisprudence ; mais je ne voudrois la traiter d'abord que d'une manière positive et historique.

Je ne dirois rien présentement sur la physique, qui est un écueil.

Pour l'histoire, celle d'Allemagne, faite par Heiss, est déjà lue. Je laisserois le reste au Mémoire que M. Le Blanc [1] nous promet. Il comprendra les extraits nécessaires de Wicquefort [2], et ce qu'il y a de bon dans les petites Républiques [3]. Au reste, après y avoir pensé plus que je n'avois fait, je crois qu'il n'est à propos de commencer la lecture d'aucun Mémoire de M. Le Blanc que quand on les aura presque tous : c'est une matière qu'il est important de traiter de suite. Il ne faut pas perdre de vue ce qu'on vient de lire d'un pays, pour être en état de bien juger de ce qu'on va lire d'un pays voisin : c'est cet assemblage et ce coup d'œil général qui fait la comparaison de toutes les parties, et qui donne une juste idée du gros de l'Europe.

Pour l'histoire des Pays-Bas, Strada est déjà lu, ce me semble. On pourroit parcourir Bentivoglio. Grotius ne se laisse pas lire : on pourroit néanmoins le parcourir aussi, et lire les plus importants morceaux. On pourra s'épargner une partie de cette

---

[1] André Duchesne, célèbre historien, a composé une *Histoire d'Angleterre*, in-fol., oubliée aujourd'hui.

[1] Auteur du *Traité des monnoies de France*. Il avoit été choisi pour enseigner l'histoire aux enfants de France, et mourut subitement à Versailles en 1698.

[2] Fénelon indique sans doute ici *l'Ambassadeur et ses fonctions*, ouvrage estimé de Wicquefort, qui parut en 1681, 2 vol. in-4°.

[3] C'est une collection de 62 vol. in-24, imprimés en Hollande dans le dix-septième siècle. Ils traitent de la géographie, du gouvernement, etc., de la plupart des états, tant anciens que modernes.

peine, si M. Le Blanc traite les Pays-Bas, en nous donnant les extraits qui méritent d'être rapportés.

Vous voyez, monsieur, que je suis plus libre à Cambrai qu'à Versailles, et que je fais mieux mon devoir de loin que de près. Ne prenez, de tout ce que je vous propose, que ce que vous jugerez convenable, et ne vous gênez point. Il sera bon que vous preniez la peine de communiquer cette lettre à M. l'abbé de Langeron [1], par rapport aux heures où il travaille auprès de M. le duc de Bourgogne.

J'ai fait ici l'ouverture du jubilé, et j'ai déjà prêché deux fois. Il me paroît que cela fait plusieurs biens : je tâche de donner aux peuples les vraies idées de la religion, qu'ils n'ont pas assez ; j'acquiers de l'autorité ; je les accoutume à des maximes qui autorisent les bons confesseurs ; enfin je donne aux prédicateurs l'exemple de ne chercher ni arrangement ni subtilité, et de parler précisément d'affaires. Priez Dieu, mon cher monsieur, afin que je ne sois pas une cymbale qui retentit en vain. Aimez-moi toujours comme je vous aime et vous révère.

52. — A M. TRONSON.

Il le prie d'examiner quelques cahiers d'un ouvrage qu'il méditoit sur la spiritualité, lui expose les raisons qui ne lui permettent pas de condamner la personne de madame Guyon, et le prie de les faire agréer à l'évêque de Chartres.

A Versailles, 26 février (1696).

Je vous supplie de tout mon cœur, monsieur, par toute l'amitié que vous me témoignez depuis tant d'années, d'examiner soigneusement, et le plus tôt que vous pourrez, les cahiers que je vous envoie. La chose presse beaucoup, par les dispositions fâcheuses où je vois qu'on a mis madame de M. (*Maintenon*). Ainsi, il est capital à cet examen que vous ne perdiez pas un moment pour le hâter, autant que votre santé, que je mets devant tout le reste, vous le permettra. Si quelque chose vous paroît un peu équivoque, marquez l'endroit, je l'expliquerai dans les termes les plus forts et les plus précis. Si vous trouvez que je me trompe pour le fond des choses, vous n'aurez qu'à me corriger, et qu'à mettre à l'épreuve ma docilité. J'irai dans fort peu de jours vous voir, et il m'importeroit beaucoup que vous eussiez vu alors tous mes cahiers, pour me redresser, si j'en ai besoin. Voilà ce qui regarde la doctrine.

Pour la personne, on veut que je la condamne avec ses écrits. Quand l'Église fera là-dessus un formulaire, je serai le premier à le signer de mon sang, et à le faire signer. Hors de là, je ne puis ni ne dois le faire. J'ai vu de près des faits certains qui m'ont infiniment édifié : pourquoi veut-on que je la condamne sur d'autres faits que je n'ai point vus, qui ne concluent rien par eux-mêmes, et sans l'entendre pour savoir ce qu'elle y répondroit ? Ai-je tort de vouloir croire le mal le plus tard que je pourrai, et de ne le dire point contre ma conscience, pour ménager la faveur ?

Pour les écrits, je déclare hautement que je me suis abstenu de les examiner, afin d'être hors de portée d'en parler ni en bien ni en mal à ceux qui voudroient malignement me faire parler. Je les suppose encore plus pernicieux qu'on ne le prétend : ne sont-ils pas assez condamnés par tant d'ordonnances, qui n'ont été contredites de personne, et auxquelles les amis de la personne et la personne même se sont soumis paisiblement ? Que veut-on de plus ? Je ne suis point obligé de censurer tous les mauvais livres, surtout ceux qui sont absolument inconnus dans mon diocèse. On ne pourroit exiger de moi cette censure que pour lever les soupçons qu'on peut former sur mes sentiments : mais j'ai d'autres moyens bien plus naturels pour lever ces soupçons, sans aller accabler une pauvre personne que tant d'autres ont déjà foudroyée, et dont j'ai été ami. Il ne me convient pas même d'aller me déclarer d'une manière affectée contre ses écrits ; car le public ne manqueroit pas de croire que c'est une espèce d'abjuration qu'on m'a extorquée. N'est-il pas plus naturel que tout le monde sache que j'ai été un des quatre qui ont fait et signé d'abord à Issy les trente-quatre Propositions ? N'est-il pas même plus à propos que je fasse un ouvrage où je condamne hautement et en toute rigueur toutes les mauvaises maximes qu'on impute à cette personne ? Par-là le public verra le fond de mes sentiments. Il ne faut pas craindre que je donne une mauvaise scène en contredisant les livres que M. de Meaux prépare. Au contraire, je veux me conformer en tout à ses trente-quatre Propositions, et ne parler de lui que comme de mon maître. Mon ouvrage sera prêt dans fort peu de temps. M. l'archevêque de Paris et vous, vous en serez les juges. Je me soumettrois volontiers aussi à M. l'évêque de Chartres, que j'aime et que je révère très cordialement. Pour M. de Meaux, je serois ravi d'approuver son livre, comme il le souhaite ; mais je ne le puis honnêtement ni en conscience, s'il attaque une personne qui me paroît innocente, ou des écrits que je dois laisser condamner aux autres, sans y ajouter inutilement ma censure. Je reviens à M. l'évêque de Chartres ;

---

[1] Il étoit lecteur du duc de Bourgogne.

c'est un saint prélat, c'est un ami tendre et solide : mais il veut, par un excès de zèle pour l'Église et d'amitié pour moi, me mener au-delà des bornes. Je vois que madame de M. a la même pente : il n'y a que lui qui puisse la calmer, et il n'y a que vous, monsieur, qui puissiez persuader M. de Chartres de mes raisons, si vous en êtes persuadé vous-même. On veut me mener pied à pied, et insensiblement, par une espèce de concert secret. C'est M. de Meaux qui est comme le premier mobile. M. de Chartres agit par zèle et par bonne amitié. Madame de M. s'afflige, et s'irrite contre nous à chaque nouvelle impression qu'on lui donne. Mille gens de la cour, par malignité, lui font revenir par des voies détournées des discours empoisonnés contre nous, parce qu'on croit qu'elle est déjà mal disposée. M. l'évêque de Chartres et elle sont persuadés qu'il n'y a rien de fait, si je ne condamne la personne et les écrits : c'est ce que l'inquisition ne me demanderoit pas; c'est ce que je ne ferai jamais que pour obéir à l'Église, quand elle jugera à propos de dresser un formulaire comme contre les jansénistes. Qu'importe que je ne croie madame G. (*Guyon*) ni méchante ni folle, si d'ailleurs je l'abandonne par un profond silence, et si je la laisse mourir en prison, sans me mêler jamais ni directement ni indirectement de tout ce qui a rapport à elle? On ne peut vouloir me pousser plus loin, qu'à cause qu'on croit qu'il y a quelque mystère dangereux dans ma répugnance à la condamner. Mais tout le mystère se réduit à ne vouloir point parler contre ma conscience, et à ne vouloir point insulter inutilement à une personne que j'ai révérée comme une sainte, sur tout ce que j'en ai vu par moi-même. En vérité, peut-on douter de ma bonne foi? ai-je agi en homme politique et dissimulé? Serois-je dans l'embarras où je suis, si j'avois eu le moindre respect humain? Pourquoi donc me demander ce qu'on exigeoit à peine d'un homme suspect d'imposture? Je vous conjure, monsieur, de lire tout ceci attentivement, et même de le faire lire à M. l'évêque de Chartres, si vous le jugez à propos. Cela mérite que vous ayez la bonté pour moi de le prier de vous aller voir au plus tôt. Je vous écris tout ceci après vous l'avoir dit, afin que vous ayez des choses précises devant les yeux, et que vous puissiez répondre de moi sur un engagement si solennel. Mon ouvrage sera prêt à Pâques, et conforme à la doctrine des cahiers que je vous envoie. Après cela, je n'ai plus rien à faire que de laisser décider la Providence. Personne ne sera jamais à vous, monsieur, avec plus de confiance, de reconnoissance et de vénération que j'y serai toute ma vie.

53. — A Mᵐᵉ DE MAINTENON.

Il condamne les erreurs attribuées à madame Guyon, et excuse ses intentions.

7 mars 1696.

Votre dernière lettre, qui devroit m'affliger sensiblement, madame, me remplit de consolation; elle me montre un fonds de bonté, qui est la seule chose dont j'étois en peine. Si j'étois capable d'approuver une personne qui enseigne un nouvel Évangile, j'aurois horreur de moi plus que du diable : il faudroit me déposer et me brûler, bien loin de me supporter comme vous faites. Mais je puis fort innocemment me tromper sur une personne que je crois sainte, parce que je crois qu'elle n'a jamais eu intention d'enseigner ni d'écrire rien de contraire à la doctrine de l'Église catholique. Si je me trompe dans ce fait, mon erreur est très innocente; et comme je ne veux jamais ni parler ni écrire pour autoriser ou excuser cette personne, mon erreur est aussi indifférente à l'Église qu'innocente pour moi.

Je dois savoir les vrais sentiments de madame Guyon mieux que tous ceux qui l'ont examinée pour la condamner; car elle m'a parlé avec plus de confiance qu'à eux. Je l'ai examinée en toute rigueur, et peut-être que je suis allé trop loin pour la contredire. Je n'ai jamais eu aucun goût naturel pour elle ni pour ses écrits. Je n'ai jamais éprouvé rien d'extraordinaire en elle, qui ait pu me prévenir en sa faveur. Dans l'état le plus libre et le plus naturel, elle m'a expliqué toutes ses expériences et tous ses sentiments. Il n'est pas question des termes, que je ne défends point, et qui importent peu dans une femme, pourvu que le sens soit catholique. C'est ce qui m'a toujours paru. Elle est naturellement exagérante, et peu précautionnée dans ses expressions. Elle a même un excès de confiance pour les gens qui la questionnent. La preuve en est bien claire, puisque M. de Meaux vous a redit comme des impiétés des choses qu'elle lui avoit confiées avec un cœur soumis et en secret de confession. Je ne compte pour rien ni ses prétendues prophéties, ni ses prétendues révélations; et je ferois peu de cas d'elle, si elle les comptoit pour quelque chose. Une personne qui est bien à Dieu peut dire dans le moment ce qu'elle a eu au cœur, sans en juger et sans vouloir que les autres s'y arrêtent. Ce peut être une impression de Dieu (car ses dons ne sont point taris); mais ce peut être aussi une magination sans fondement. La voie où l'on aime Dieu uniquement pour lui, en se renonçant pleinement soi-même, est une voie de pure foi, qui n'a aucun rapport avec les miracles et les visions. Personne n'est plus précautionné ni plus sobre que moi là-dessus.

Je n'ai jamais lu ni entendu dire à madame Guyon qu'elle fût *la pierre angulaire* : mais, supposé qu'elle l'ait dit ou écrit, je ne suis point en peine du sens de ces paroles. Si elle veut dire qu'elle est Jésus-Christ, elle est folle, elle est impie; je la déteste, et je le signerai de mon sang. Si elle veut dire seulement qu'elle est comme la pierre du coin, qui lie les autres pierres de l'édifice, c'est-à-dire qu'elle édifie, et qu'elle unit plusieurs personnes en société qui veulent servir Dieu, elle ne dit d'elle que ce qu'on peut dire de tous ceux qui édifient le prochain; et cela est vrai de chacun, suivant son degré. Pour la *petite Église*, elle ne signifie point dans le langage de saint Paul, d'où cette expression est tirée, une Église séparée de la catholique; c'est un membre très soumis. Je me souviens que le P. de Mouchy, bien éloigné de l'esprit du schisme, ne m'écrivoit jamais sans saluer notre petite Église; il vouloit parler de ma famille. De telles expressions ne portent par elles-mêmes aucun mauvais sens ; il ne faut point juger par elles de la doctrine d'une personne : tout au contraire, il faut juger de ces expressions par le fond de la doctrine de la personne qui s'en sert. Je n'ai jamais ouï parler de *ce grand et de ce petit lit*; mais je suis bien assuré qu'elle n'est pas assez extravagante et assez impie pour se préférer à la sainte Vierge. Je parierois ma tête que tout cela ne veut rien dire de précis, et que M. de Meaux est inexcusable de vous avoir donné comme une doctrine de madame Guyon ce qui n'est qu'un songe, ou quelque expression figurée, ou quelque autre chose d'équivalent, qu'elle ne lui avoit même confié que sous le secret de la confession. Quoi qu'il en soit, si elle se comparoit à la sainte Vierge pour s'égaler à elle, je ne trouverois point de termes assez forts et assez rigoureux pour abhorrer une si extravagante créature. Il est vrai qu'elle a parlé quelquefois comme une mère qui a des enfants en Jésus-Christ, et qu'elle leur a donné des conseils sur les voies de la perfection : mais il y a une grande différence entre la présomption d'une femme qui enseigne indépendamment de l'Église, et une femme qui aide les ames en leur donnant des conseils fondés sur ses expériences, et qui le fait avec soumission aux pasteurs. Toutes les supérieures de communauté doivent diriger de cette dernière façon, quand il n'est question que de consoler, d'avertir, de reprendre, de mettre les ames dans de certaines pratiques de perfection, ou de retrancher certains soutiens de l'amour-propre. La supérieure, pleine de grace et d'expérience, peut le faire très utilement; mais elle doit renvoyer aux ministres de l'Église toutes les décisions qui ont rapport à la doctrine.

Si madame Guyon a passé cette règle, elle est inexcusable; si elle l'a passée seulement par zèle indiscret, elle ne mérite que d'être redressée charitablement, et cela ne doit pas empêcher qu'on ne puisse la croire bonne ; si elle y a manqué avec obstination et de mauvaise foi, cette conduite est incompatible avec la piété. Les choses avantageuses qu'elle a dites d'elle-même ne doivent pas être prises, ce me semble, dans toute la rigueur de la lettre. Saint Paul dit[1] qu'il *accomplit ce qui manquoit à la passion du Fils de Dieu*. On voit bien que ces paroles seroient des blasphèmes, si on les prenoit en toute rigueur, comme si le sacrifice de Jésus-Christ eût été imparfait, et qu'il fallût que saint Paul lui donnât le degré de perfection qui lui manquoit. A Dieu ne plaise que je veuille comparer madame Guyon à saint Paul ! mais saint Paul est encore plus loin du Fils de Dieu que madame Guyon ne l'est de cet apôtre. La plupart de ces expressions pleines de transport sont insoutenables, si on les prend dans toute la rigueur de la lettre. Il faut entendre la personne, et ne se point scandaliser de ces sortes d'excès, si d'ailleurs la doctrine est innocente et la personne docile.

La bienheureuse Angèle de Foligni, que saint François de Sales admire, sainte Catherine de Sienne et sainte Catherine de Gênes ont dirigé beaucoup de personnes avec cette subordination de l'Église, et elles ont dit des choses prodigieuses de l'éminence de leur état. Si vous ne saviez pas que ce qu'elles disent vient d'être canonisé, vous en seriez encore plus scandalisée que de madame Guyon. Saint François d'Assise parle de lui-même dans des termes aussi capables de scandaliser. Sainte Thérèse n'a-t-elle pas dirigé, non-seulement ses filles, mais des hommes savants et célèbres, dont le nombre est assez grand ? n'a-t-elle pas même parlé assez souvent contre les directeurs qui gênent les ames ? L'Église ne demande-t-elle pas à Dieu *d'être nourrie de la céleste doctrine de cette sainte?* Les femmes ne doivent point enseigner ni décider avec autorité ; mais elles peuvent édifier, conseiller et instruire avec dépendance pour les choses déjà autorisées. Tout ce qui va plus loin me paroît mau-

---

[1] *Coloss.*, I, 24.

vais; et il n'est plus question que des faits, sur la discussion desquels je puis me tromper innocemment et sans conséquence.

Permettez-moi de vous dire, madame, qu'après avoir paru entrer dans notre opinion de l'innocence de cette femme, vous passâtes tout-à-coup dans l'opinion contraire. Dès ce moment, vous vous défiâtes de mon entêtement, vous eûtes le cœur fermé pour moi : des gens qui voulurent avoir occasion d'entrer en commerce avec vous, et de se rendre nécessaires, vous firent entendre, par des voies détournées, que j'étois dans l'illusion, et que je deviendrois peut-être un hérésiarque. On prépara plusieurs moyens de vous ébranler : vous fûtes frappée; vous passâtes de l'excès de simplicité et de confiance à un excès d'ombrage et d'effroi. Voilà ce qui a fait tous nos malheurs ; vous n'osâtes suivre votre cœur ni votre lumière. Vous voulûtes (et j'en suis édifié) marcher par la voie la plus sûre, qui est celle de l'autorité. La consultation des docteurs vous a livrée à des gens qui, sans malice, ont eu leur prévention et leur politique. Si vous m'eussiez parlé à cœur ouvert et sans défiance, j'aurois en trois jours mis en paix tous les esprits échauffés de Saint-Cyr, dans une parfaite docilité sous la conduite de leur saint évêque. J'aurois fait écrire par madame Guyon les explications les plus précises de tous les endroits de ses livres qui paroissent ou excessifs ou équivoques. Ces explications ou rétractations (comme on voudra les appeler) étant faites par elle, de son propre mouvement, en pleine liberté, auroient été bien plus utiles pour persuader les gens qui l'estiment, que des signatures faites en prison, et des condamnations rigoureuses faites par des gens qui n'étoient certainement pas encore instruits de la matière, lorsqu'ils vous ont promis de censurer. Après ces explications ou rétractations écrites et données au public, je vous aurois répondu que madame Guyon se seroit retirée bien loin de nous, et dans le lieu que vous auriez voulu, avec assurance qu'elle auroit cessé tout commerce et toute écriture de spiritualité.

Dieu n'a pas permis qu'une chose si naturelle ait pu se faire. On n'a rien trouvé contre ses mœurs, que des calomnies. On ne peut lui imputer qu'un zèle indiscret, et des manières de parler d'elle-même qui sont trop avantageuses. Pour sa doctrine, quand elle se seroit trompée de bonne foi, est-ce un crime? Mais n'est-il pas naturel de croire qu'une femme qui a écrit sans précaution avant l'éclat de Molinos a exagéré ses expériences, et qu'elle n'a pas su la juste valeur des termes? Je suis si persuadé qu'elle n'a rien cru de mauvais, que je répondrois encore de lui faire donner une explication très précise et très claire de toute sa doctrine pour la réduire aux justes bornes, et pour détester tout ce qui va plus loin. Cette explication serviroit pour détromper ceux qu'on prétend qu'elle a infectés de ses erreurs, et pour la décréditer auprès d'eux, si elle fait semblant de condamner ce qu'elle a enseigné.

Peut-être croirez-vous, madame, que je ne fais cette offre que pour la faire mettre en liberté. Non : je m'engage à lui faire faire cette explication précise et cette réfutation de toutes ses erreurs condamnées, sans songer à la tirer de prison. Je ne la verrai point; je ne lui écrirai que des lettres que vous verrez, et qui seront examinées par les évêques : ses réponses passeront tout ouvertes par le même canal; on fera de ces explications l'usage que l'on voudra. Après tout cela, laissez-la mourir en prison. Je suis content qu'elle y meure, que nous ne la voyions jamais, et que nous n'entendions jamais parler d'elle. Il me paroît que vous ne me croyez ni fripon, ni menteur, ni traître, ni hypocrite, ni rebelle à l'Église. Je vous jure devant Dieu qui me jugera, que voilà les dispositions du fond de mon cœur. Si c'est là un entêtement, du moins c'est un entêtement sans malice, un entêtement pardonnable, un entêtement qui ne peut nuire à personne, ni causer aucun scandale; un entêtement qui ne donnera jamais aucune autorité aux erreurs de Mme Guyon, ni à sa personne. Pourquoi donc vous resserrez-vous le cœur à notre égard, madame, comme si nous étions d'une autre religion que vous? Pourquoi craindre de parler de Dieu avec moi, comme si vous étiez obligée en conscience à fuir la séduction? Pourquoi croire que vous ne pouvez avoir le cœur en repos et en union avec nous? Pourquoi défaire ce que Dieu avoit fait si visiblement? Je pars avec l'espérance que Dieu qui voit nos cœurs les réunira, mais avec une douleur inconsolable d'être votre croix.

J'oubliois à vous dire, madame, que je suis plus content que je ne l'ai jamais été de M. l'évêque de Chartres. Je l'ai cru trop alarmé; mais je n'ai jamais cru qu'il agît que par un pur zèle de religion, et une tendre amitié pour moi. Nous eûmes ces jours passés une conversation très cordiale, et je suis assuré qu'il sera bientôt très content de moi. Je m'expliquerai si fortement vers le public, que tous les gens de bien seront satisfaits, et que les critiques n'auront rien à dire. Ne craignez pas que je contredise M. de Meaux ; je n'en parlerai jamais que comme de mon maître, et de ses propositions[1], comme de la règle de la foi. Je consens qu'il soit victorieux, et qu'il m'ait ramené de toute sorte d'égarements : il n'est pas question de moi, mais de la doctrine qui est à couvert; il n'est pas question des termes, que je ne veux employer qu'à son choix, pour ne le point scandaliser, mais seulement du fond des choses, où je suis content de ce qu'il me donne. Il paroîtra en toutes choses que je ne parle que son langage, et que je n'agis que de concert et par son esprit : sincèrement je ne veux avoir que déférence et docilité pour lui.

Je n'ai point vu de ce voyage-ci Mme la comtesse de G. (*Gramont*) à loisir; mais je dois la voir demain. Dans mon dernier voyage, elle me tâta de tous les côtés. Je ne m'ouvris sur rien; mais je vis clairement qu'elle avoit su de trop bonnes nouvelles, par des gens à qui vous vous êtes apparemment confiée. Vous pouvez compter, madame, que nos bonnes duchesses (*de Beauvilliers, de Chevreuse*, etc.) ne s'ouvriront point à elle, et qu'elles demeureront fidèlement dans les bornes. Pour moi, je parlerai selon vos intentions à Mme la comtesse de G. Si je croyois que vous fussiez dans la disposition où vous étiez quand vous me fîtes l'honneur de m'écrire la dernière fois à Cambrai, de l'envie que vous aviez de recevoir de mes lettres, je vous écrirois avec mon ancienne simplicité, et je crois que vous n'y trouveriez aucun venin. Je fus ravi de voir lundi le goût que vous conservez pour les œuvres de saint François de Sales; cette lecture vous est bien meilleure que celle de M. Nicole, qui a voulu décider, d'un style moqueur, sur les voies intérieures, sans traiter ni de l'amour désintéressé, ni des épreuves des saints, ni de l'oraison passive. Il a combattu l'oraison de présence de Dieu, qui est la contemplation, sans respecter ni la tradition des saints, ni les propositions de nos évêques. Rien ne seroit si aisé que de confondre cet ouvrage; mais l'esprit de contention n'est pas celui des enfants de Dieu. Tout ce que je prends la liberté de vous dire, madame, pour vous rassurer, est dit sans intérêt. Je ne veux rien de vous que votre bonté pour moi; je ne puis laisser rompre des liens que Dieu a formés pour lui seul.

[1] Les XXXIV Articles d'Issy.

54. — A BOSSUET.

*Embarras qui l'empêchent de s'occuper de la lecture de l'*Instruction sur les états d'oraison.

A Mons, 24 mai 1696.

Je reçois, monseigneur, avec beaucoup de reconnoissance les marques de votre bonté. Me voici dans une visite pénible, que je n'ai pu retarder. Quand elle sera finie, j'aurai l'embarras du concours et de l'ordination. Si j'avois reçu ce que vous voulez que je voie pendant le carême, j'aurois été diligent à vous en rendre compte. Dès que je serai débarrassé, je partirai pour aller à Versailles recevoir vos ordres. En attendant, je vous supplie de croire, monseigneur, que je n'ai besoin de rien pour vous respecter avec un attachement inviolable. Je serai toujours plein de sincérité pour vous rendre compte de mes pensées, et plein de déférence pour les soumettre aux vôtres. Mais ne soyez point en peine de moi, Dieu en aura soin : le lien de la foi nous tient étroitement unis pour la doctrine; et pour le cœur je n'y ai que respect, zèle et tendresse pour vous. Dieu m'est témoin que je ne mens pas. La métaphysique ne peut marcher dans les embarras où je me trouve. Je n'entends parler que des maux de la guerre et de ceux de l'Église sur cette frontière. J'en ai le cœur en amertume, et ma tête n'est guère libre pour les choses que j'ai le plus aimées. Encore une fois, monseigneur, je vous suis dévoué avec tous les sentiments respectueux que je vous dois.

Avez-vous vu, monseigneur, l'ouvrage du P. Lamy contre Spinosa[1] ? Auriez-vous la bonté de me mander ce que vous en pensez ?

55. — AU DUC DE CHEVREUSE.

*Motifs qui l'obligent à refuser son approbation à l'*Instruction *de Bossuet sur les états d'oraison.*

A Versailles, 24 juillet 1696.

J'ai entrevu, à la simple ouverture des cahiers de M. de Meaux, sans les lire, des citations du *Moyen court* à la marge. Cela me persuade qu'il attaque, au moins indirectement dans son ouvrage, ce petit livre. C'est ce qui me met hors d'état de pouvoir l'approuver; et comme je ne veux point le lire, pour lui refuser ensuite mon approbation, je prends la résolution de n'en rien lire, et de le lui rendre tout au plus tôt. Le moins que je puisse donner à une personne de mes amies qui est malheureuse, que j'estime toujours, et de qui je n'ai jamais reçu que de l'édification, c'est de me taire pendant que les autres la condamnent. On doit être

[1] Fénelon avoit donné son approbation à cet ouvrage.

content de mon procédé, puisque je ne la défends ni ne l'excuse ni directement ni indirectement. J'ajoute que je condamnerois plus rigoureusement qu'aucun autre et sa personne et ses écrits, si j'étois convaincu qu'elle eût cru réellement les erreurs qu'on lui impose. N'y eût-il que moi au monde en autorité, je la censurerois sans pitié, si je voyois qu'elle désavouât de mauvaise foi ce qu'elle auroit cru; mais je puis dire sans présomption que je sais mieux ses sentiments que ceux qui l'examinent, parce qu'elle m'a parlé souvent avec une confiance sans réserve, dans des temps où elle étoit plus libre qu'elle ne l'est. Je suis très assuré qu'on a pris ses expressions dans un sens qui n'est pas le sien, et qu'elle détestera sans peine. Je suis assuré, sans savoir de ses nouvelles, qu'elle n'hésitera jamais à condamner les erreurs qu'on lui impute; et que, d'un autre côté, elle n'avouera jamais, contre sa conscience, qu'elle ait jamais cru ces erreurs, quelque intérêt qu'elle eût, si elle étoit de mauvaise foi, à avouer qu'elle s'est trompée comme une femme, pour adoucir son état.

Pour moi, j'ai toujours cru qu'il falloit seulement lui faire expliquer ses écrits d'une manière si précise, qu'il n'y pût rester aucune ombre d'équivoque, et lui faire condamner toutes les erreurs damnables qu'on lui avoit imputées. Cette conduite étoit charitable et propre à la ramener, si elle eût été effectivement dans l'illusion. D'ailleurs, si elle avoit enseigné secrètement à ses amis les erreurs en question, c'étoit le moyen de la décréditer auprès d'eux, en leur montrant sa mauvaise foi. C'étoit encore un moyen assuré pour la déshonorer chez tous les bonnêtes gens qui avoient bonne opinion d'elle, en cas qu'elle eût recommencé à enseigner les erreurs qu'elle auroit détestées par écrit. Voilà donc ce que j'aurois mieux aimé faire, que de la tourmenter pour lui faire avouer ce qu'elle ne peut jamais avouer en conscience, puisqu'il n'est pas vrai.

Quand l'Église jugera nécessaire de dresser un formulaire contre cette femme, pour flétrir sa personne et ses écrits, on ne me verra jamais distinguer le fait d'avec le droit. Je serai le premier à signer, et à faire signer tout le clergé de mon diocèse. Personne ne surpassera ma fidélité et ma soumission aveugle : hors de là, je n'ai d'autre parti à prendre que celui d'un profond silence sur tout ce qui a rapport à elle. M. de Meaux n'a pas besoin d'une aussi foible approbation que la mienne. Il ne me la demande que pour montrer au public que je pense comme lui, et je lui suis bien obligé d'un soin si charitable; mais cette approbation auroit de ma part l'air d'une abjuration déguisée qu'il auroit exigée de moi, et j'espère que Dieu ne me laissera pas tomber dans cette lâcheté. Qu'il ne soit point en peine de ma doctrine, ni de ce que certaines gens trop échauffés en peuvent penser; j'en ai assez rendu compte à des personnes non suspectes, pour être en paix. A l'égard du public, je suis prêt à dire sur les faits ce que je n'ai dit ici qu'à l'oreille. Je suis bien assuré que M. de Meaux, qui est éclairé et équitable, approuvera tous mes sentiments. Je sais assez les siens pour n'en pouvoir douter; et s'il avoit pu connoître assez précisément les miens de bonne heure, il ne se seroit pas donné tant de peine.

J'ose dire que personne au monde n'est moins en droit que lui de douter de ma bonne foi et de ma docilité. Pour les soupçons que certaines personnes ont pu répandre sourdement contre moi, je ne suis pas en peine sur la manière de dissiper ce nuage, et me déclarer. Je le ferai, s'il plaît à Dieu, dans des occasions plus naturelles que celle d'approuver les controverses personnelles de M. de Meaux contre madame Guyon. S'il étoit question seulement d'un livre qui contiendroit tout le système des voies intérieures, je suis persuadé que nous serions lui et moi bientôt d'accord, parce que je suis assuré de ne croire que ce qu'il a déclaré lui-même qu'il croit. Ainsi je serois ravi de témoigner au public, par une approbation, notre unanimité parfaite. Mais, encore une fois, en quelque occasion que je puisse exposer mes sentiments sur cette matière, je le ferai avec des égards infinis pour tout ce que M. de Meaux aura écrit. Je suis par avance fort assuré de sa doctrine par les trente-quatre Propositions, dont je ne m'écarterai en rien. Loin de donner aucune scène au public, je ferai voir à tout le monde la déférence et le respect que j'ai pour ce prélat, que j'ai toujours regardé depuis ma jeunesse comme mon maître.

56. — A BOSSUET.

Sur son refus d'approuver l'*Instruction sur les états d'oraison.*

A Versailles, 5 août 1696.

J'ai été très fâché, monseigneur, de ne pouvoir emporter à Cambrai ce que vous m'avez fait l'honneur de me confier : mais M. le duc de Chevreuse s'est chargé de vous expliquer ce qui m'a obligé à tenir cette conduite. Il a bien voulu, monseigneur, se charger aussi du dépôt, pour le remettre ou dans vos mains à votre retour de Meaux, ou dans celles de quelque personne que vous aurez la bonté de lui nommer. Ce qui est très certain, monseigneur, c'est que j'irois au-devant de tout ce qui peut vous plaire et vous témoigner mon extrême déférence, si j'étois libre de suivre mon cœur en cette occasion. J'espère que vous serez persuadé des raisons qui m'arrêtent, quand M. le duc de Chevreuse vous les aura expliquées. Comme vous n'avez rien désiré que par bonté pour moi, je crois que vous voudrez bien entrer dans des raisons qui me touchent d'une manière capitale. Elles ne diminuent en rien la reconnoissance, le respect, la déférence et le zèle avec lesquels je vous suis dévoué.

57. — A Mme DE MAINTENON.

Il expose les raisons qui ne lui permettent pas d'approuver l'*Instruction* de Bossuet *sur les états d'oraison*.

Septembre 1696.

Quand M. de Meaux m'a proposé d'approuver son livre, je lui ai témoigné avec attendrissement que je serois ravi de donner cette marque publique de ma conformité de sentiments avec un prélat que j'ai regardé depuis ma jeunesse comme mon maître dans la science de la religion. Je lui ai même offert d'aller à Germigny, pour dresser avec lui mon approbation.

J'ai dit en même temps à MM. de Paris et de Chartres, et à M. Tronson, que je ne voyois aucune ombre de difficulté entre M. de Meaux et moi *sur le fond de la doctrine*; mais que, s'il vouloit attaquer personnellement dans son livre madame Guyon, je ne pouvois pas l'approuver. Voilà ce que j'ai déclaré il y a six mois. M. de Meaux vient de me donner son livre à examiner. A l'ouverture des cahiers, j'ai trouvé qu'ils sont pleins d'une réfutation personnelle ; aussitôt j'ai averti MM. de Paris et de Chartres, et M. Tronson, de l'embarras où me mettoit M. de Meaux.

On n'a pas manqué de me dire que je pouvois condamner les livres de madame Guyon, sans diffamer sa personne, et sans me faire juger. Mais je conjure ceux qui parlent ainsi, de peser devant Dieu les raisons que je vais leur représenter. Les erreurs qu'on impute à madame Guyon ne sont point excusables par l'ignorance de son sexe. Il n'y a point de villageoise grossière qui n'eût d'abord horreur de ce qu'on veut qu'elle ait enseigné. Il ne s'agit pas de quelques conséquences subtiles et éloignées, qu'on pourroit, contre son intention, tirer de ses principes spéculatifs, et de quelques-unes de ses expressions ; il s'agit de tout un dessein diabolique, qui est, dit-on, l'ame de tous ses livres. C'est un système monstrueux qui est lié dans toutes ses parties, et qui se soutient avec beaucoup d'art *d'un bout jusqu'à l'autre*. Ce ne sont point des conséquences obscures, qui puissent avoir été imprévues à l'auteur ; au contraire, elles sont le formel et unique but de tout son système. Il est évident, dit-on, et il y auroit de la mauvaise foi à le nier, que madame Guyon n'a écrit que pour détruire, comme une imperfection, toute la foi explicite des attributs et des personnes divines, des mystères de Jésus-Christ et de son humanité. Elle veut dispenser les chrétiens de tout culte sensible, de toute invocation distincte de notre unique médiateur ; elle prétend éteindre dans les fidèles toute vie intérieure et toute oraison réelle, en supprimant tous les actes distincts que Jésus-Christ et les apôtres ont commandés, et en réduisant pour toujours les ames à une quiétude oisive qui exclut toute pensée de l'entendement, et tout mouvement de la volonté. Elle soutient que quand on a fait d'abord un acte de foi et d'amour, cet acte subsiste perpétuellement pendant toute la vie, sans avoir jamais besoin d'être renouvelé ; qu'on est toujours en Dieu sans penser à lui, et qu'il faut bien se garder de réitérer cet acte. Elle ne laisse aux chrétiens qu'une indifférence impie et brutale entre le vice et la vertu, entre la haine éternelle de Dieu et son amour éternel, pour lequel il est de foi que chacun de nous a été créé. Elle défend comme une infidélité toute résistance réelle aux tentations les plus abominables : elle veut que l'on suppose que, dans un certain état de perfection où elle élève les ames, on n'a plus de concupiscence ; qu'on est impeccable, infaillible, et jouissant de la même paix que les bienheureux ; qu'enfin tout ce qu'on fait sans réflexion, avec facilité, et par la pente de son cœur, est fait passivement et par une pure inspiration. Cette inspiration, qu'elle attribue à elle et aux siens, n'est pas l'inspiration commune des justes ; elle est prophétique, elle renferme une autorité apostolique au-dessus de toutes lois écrites. Elle établit une tradition secrète sur cette voie, qui renverse la tradition universelle de l'Église. Je soutiens qu'il n'y a point d'ignorance assez grossière pour pouvoir excuser une personne qui avance tant de maximes monstrueuses. Cependant on assure que madame Guyon n'a rien écrit que pour accréditer cette damnable spiritualité, et pour la faire pratiquer : c'est là l'unique but de ses ouvrages. Otez-en cela, vous ôtez tout ; elle n'a pu penser autre chose. L'abomination évidente de ses écrits rend donc évidemment sa personne abominable : je ne puis donc séparer sa personne d'avec ses écrits.

Pour moi, j'avoue que je ne comprends rien à

la conduite de M. de Meaux. D'un côté, il s'enflamme avec indignation, si peu qu'on révoque en doute l'évidence de ce système impie de madame Guyon : de l'autre, il la communie de sa propre main, il l'autorise dans l'usage quotidien des sacrements, et il lui donne, quand elle part de Meaux, une attestation complète, sans avoir exigé d'elle aucun acte où elle ait rétracté formellement aucune erreur. D'où viennent tant de rigueur et tant de relâchement?

Pour moi, si je croyois ce que croit M. de Meaux des livres de madame Guyon, et, par une conséquence nécessaire, de sa personne même, j'aurois cru, malgré mon amitié pour elle, être obligé en conscience à lui faire avouer et rétracter formellement, à la face de toute l'Église, les erreurs qu'elle auroit évidemment enseignées dans tous ses écrits.

Je croirois même que la puissance séculière devroit aller plus loin. Qu'y a-t-il de plus digne du feu qu'un monstre qui, sous une apparence de spiritualité, ne tend qu'à établir le fanatisme et l'impureté qui renverse la loi divine, qui traite d'imperfections toutes les vertus, qui tourne en épreuves et en perfections tous les vices, qui ne laisse ni subordination ni règle dans la société des hommes, qui, par le principe du secret, autorise toute sorte d'hypocrisies et de mensonges; enfin qui ne laisse aucun remède assuré contre tant de maux? Toute religion à part, la seule police suffit pour punir du dernier supplice une personne si empestée. S'il est donc vrai que cette femme ait voulu manifestement établir ce système damnable, il falloit la brûler, au lieu de la congédier; comme il est certain que M. de Meaux l'a fait, après lui avoir donné la communion fréquente, et une attestation authentique, sans qu'elle ait rétracté ses erreurs.

Pour moi, je ne pourrois approuver le livre où M. de Meaux impute à cette femme un système si horrible dans toutes ses parties, sans me diffamer moi-même, et sans lui faire une injustice irréparable. En voici la raison : je l'ai vue souvent, tout le monde le sait; je l'ai estimée, et l'ai laissé estimer par des personnes illustres, dont la réputation est chère à l'Église, et qui avoient confiance en moi. Je n'ai pu ni dû ignorer ses écrits. Quoique je ne les aie pas examinés tous à fond dans le temps, du moins j'en ai su assez pour devoir me défier d'elle, et pour l'examiner en toute rigueur. Je l'ai fait avec plus d'exactitude que ses examinateurs ne le sauroient faire; car elle étoit bien plus libre, bien plus dans son naturel, bien plus ouverte avec moi, dans des temps où elle n'avoit rien à craindre. Je lui ai fait expliquer souvent ce qu'elle pensoit sur les matières qu'on agite; je l'ai obligée à m'expliquer la valeur de chacun des termes de ce langage mystique dont elle se servoit dans ses écrits. J'ai vu clairement, en toute occasion, qu'elle les entendoit dans un sens très innocent et très catholique. J'ai voulu même suivre en détail et sa pratique, et les conseils qu'elle donnoit aux gens les plus ignorants et les moins précautionnés : jamais je n'y ai trouvé aucune trace de ces maximes infernales qu'on lui impute. Pourrois-je en conscience les lui imputer par mon approbation, et lui donner le dernier coup pour sa diffamation, après avoir vu de près si clairement son innocence?

Que les autres qui ne connoissent que ses écrits les prennent dans un sens si rigoureux, et les censurent; je les laisse faire : je ne défends ni excuse ni sa personne ni ses écrits. N'est-ce pas beaucoup faire, sachant ce que je sais? Pour moi, je dois, selon la justice, juger du sens de ses écrits par ses sentiments que je sais à fond, et non pas de ses sentiments par le sens rigoureux qu'on donne à ses expressions, et auquel elle n'a jamais pensé. Si je faisois autrement, j'achèverois de convaincre le public qu'elle mérite le feu. Voilà ma règle pour la justice et pour la vérité. Venons à la bienséance.

Je l'ai connue; je n'ai pu ignorer ses écrits; j'ai dû m'assurer de ses sentiments, moi prêtre, moi précepteur des princes, moi appliqué depuis ma jeunesse à une étude continuelle de la doctrine; j'ai dû voir ce qui est évident. Il faut donc que j'aie tout au moins toléré l'évidence de ce système impie; ce qui fait horreur, et qui me couvre d'une éternelle confusion. Tout notre commerce n'a même roulé que sur cette abominable spiritualité dont on prétend qu'elle a rempli ses livres, et qui est l'âme de tous ses discours. En reconnoissant toutes ces choses par mon approbation, je me rends infiniment plus coupable que madame Guyon. Ce qui paroîtra du premier coup d'œil au lecteur, c'est qu'on m'a réduit à souscrire à la diffamation de mon amie, dont je n'ai pu ignorer le système monstrueux qui est évident dans ses ouvrages, de mon propre aveu. Voilà ma sentence prononcée et signée par moi-même, à la tête du livre de M. de Meaux, où ce système est étalé dans toutes ses horreurs. Je soutiens que ce coup de plume donné contre ma conscience, par une lâcheté politique, me rendroit à jamais infame, et indigne de mon ministère.

Voilà néanmoins ce que les personnes les plus sages et les plus affectionnées pour moi ont souhaité et ont préparé de loin. C'est donc pour assurer ma réputation, qu'on veut que je signe que mon amie mérite évidemment d'être brûlée avec ses écrits, pour une spiritualité exécrable qui fait l'unique lien de notre amitié. Mais encore, comment est-ce que je m'expliquerai là-dessus? Sera-ce librement selon mes pensées, et dans un livre où je pourrai parler avec une pleine étendue? Non; j'aurai l'air d'un homme muet et confondu : on tiendra ma plume; on me fera expliquer dans l'ouvrage d'autrui, par une simple approbation; j'avouerai que mon amie est évidemment un monstre sur la terre, et que le venin de ses écrits ne peut être sorti que de son cœur. Voilà ce que mes meilleurs amis ont pensé pour mon honneur. Si mes plus cruels ennemis vouloient me dresser un piége pour me perdre, n'est-ce pas là précisément ce qu'ils me devroient demander? On ne manquera pas de dire que je dois aimer l'Église plus que mon amie et plus que moi-même : comme s'il s'agissoit de l'Église dans une affaire où sa doctrine est en sûreté, et où il ne s'agit plus que d'une femme que je veux bien laisser diffamer sans ressource, pourvu que je n'y prenne aucune part contre ma conscience. Oui, je brûlerois mon amie de mes propres mains, et je me brûlerois moi-même avec joie, plutôt que de laisser l'Église en péril. C'est une pauvre femme captive, accablée de douleurs et d'opprobres : personne ne la défend ni ne l'excuse, et on a toujours peur.

Après tout, lequel est le plus à propos, ou que je réveille dans le monde le souvenir de ma liaison passée avec elle, et que je me reconnoisse, ou le plus insensé de tous les hommes pour n'avoir pas vu des infamies évidentes, ou exécrable pour les avoir au moins tolérées; ou bien que je garde jusqu'au bout un profond silence sur les écrits et sur la personne de madame Guyon, comme un homme qui l'excuse intérieurement sur ce qu'elle n'a pas peut-être assez connu la valeur théologique de chaque expression, ni la rigueur avec laquelle on examineroit le langage des mystiques, dans la suite des temps, sur l'expérience de l'abus que quelques hypocrites en ont fait? En vérité, lequel est le plus sage de ces deux partis?

On ne cesse de dire tous les jours que les mystiques, même les plus approuvés, ont beaucoup exagéré. On soutient même que saint Clément et plusieurs autres des principaux Pères ont parlé en des termes qui demandent beaucoup de correctifs. Pourquoi veut-on qu'une femme soit la seule qui n'ait pas pu exagérer? Pourquoi faut-il que tout ce qu'elle a dit tende à former un système qui fait frémir? Si elle a pu exagérer innocemment, si j'ai connu à fond l'innocence de ses exagérations, si

je sais ce qu'elle a voulu dire mieux que ses livres ne l'ont expliqué, si j'en suis convaincu par des preuves aussi décisives que les termes qu'on reprend dans ses livres sont équivoques, puis-je la diffamer contre ma conscience, et me diffamer avec elle?

Qu'on observe de près toute ma conduite. A-t-il été question du fond de la doctrine, j'ai d'abord dit à M. de Meaux que je signerois de mon sang les XXXIV Propositions qui avoient été dressées, pourvu qu'il y expliquât certaines choses. M. l'archevêque de Paris pressa très fortement M. de Meaux sur ces choses, qui lui parurent justes et nécessaires. M. de Meaux se rendit, et je n'hésitai pas un seul moment à signer. Maintenant qu'il s'agit de flétrir par contre-coup mon ministère avec ma personne, en flétrissant madame Guyon avec ses écrits, on trouve en moi une résistance invincible. D'où vient cette différence de conduite? Est-ce que j'ai été foible et timide quand j'ai signé les XXXIV Propositions? On en peut juger par ma fermeté présente. Est-ce que je refuse maintenant d'approuver le livre de M. de Meaux, par entêtement et avec un esprit de cabale? On en peut juger par ma facilité à signer les XXXIV Propositions. Si j'étois entêté, je le serois bien plus du fond de la doctrine de madame Guyon que de sa personne. Je ne pourrois même, dans mon entêtement le plus dangereux, me soucier de sa personne qu'autant que je la croirois nécessaire pour l'avancement de la doctrine. Tout ceci est assez évident par la conduite que j'ai tenue. On l'a condamnée, renfermée, chargée d'ignominie : je n'ai jamais dit un seul mot pour la justifier, pour l'excuser, pour adoucir son état. Pour le fond de la doctrine, je n'ai cessé d'écrire et de citer les auteurs approuvés de l'Église. Ceux qui ont vu notre discussion doivent avouer que M. de Meaux, qui vouloit d'abord tout foudroyer, a été contraint d'admettre pied à pied des choses qu'il avoit cent fois rejetées comme très mauvaises. Ce n'est donc pas de la personne de madame Guyon dont j'ai été en peine, ni de ses écrits; c'est du fond de la doctrine des saints, trop inconnue à la plupart des docteurs scolastiques.

Dès que la doctrine a été sauvée sans épargner les erreurs de ceux qui sont dans l'illusion, j'ai vu tranquillement madame Guyon captive et flétrie. Si je refuse maintenant d'approuver ce que M. de Meaux en dit, c'est que je ne veux ni achever de la déshonorer contre ma conscience, ni me déshonorer en lui imputant des blasphèmes qui retombent inévitablement sur moi.

Depuis que j'ai signé les XXXIV Propositions

j'ai déclaré, dans toutes les occasions qui se sont présentées naturellement, que je les avois signées, et que je ne croyois pas qu'il fût jamais permis d'aller au-delà de cette borne.

Ensuite j'ai montré à M. l'archevêque de Paris une explication très ample et très exacte de tout le système des voies intérieures, à la marge des XXXIV Propositions. Ce prélat n'y a pas remarqué la moindre erreur, ni le moindre excès. M. Tronson, à qui j'ai montré aussi cet ouvrage, n'y a rien repris.

Il y a environ six mois qu'une carmélite du faubourg Saint-Jacques me demanda des éclaircissements sur cette matière. Aussitôt je lui écrivis une grande lettre[1], que je fis examiner par M. de Meaux. Il me proposa seulement d'éviter un mot indifférent en lui-même, mais que ce prélat remarquoit qu'on avoit quelquefois mal employé. Je l'ôtai aussitôt, et j'ajoutai encore des explications pleines de préservatifs, qu'il ne demandoit pas. Le faubourg Saint-Jacques, d'où est sortie la plus implacable critique des mystiques[2], n'a pas eu un seul mot à dire contre ma lettre. M. Pirot a dit hautement qu'elle pouvoit servir de règle assurée de la doctrine sur ces matières. En effet, j'y ai condamné toutes les erreurs qui ont alarmé quelques gens de bien dans ces derniers temps. Je ne trouve pourtant pas que ce soit assez pour dissiper tous les vains ombrages, et je crois qu'il est nécessaire que je me déclare d'une manière encore plus authentique. J'ai fait un ouvrage où j'explique à fond tout le système des voies intérieures, où je marque, d'une part, tout ce qui est conforme à la foi et fondé sur la tradition des saints, et de l'autre, tout ce qui va plus loin, et qui doit être censuré rigoureusement. Plus je suis dans la nécessité de refuser mon approbation au livre de M. de Meaux, plus il est capital que je me déclare en même temps d'une façon encore plus forte et plus précise. L'ouvrage est déjà tout prêt. On ne doit pas craindre que j'y contredise M. de Meaux : j'aimerois mieux mourir que de donner au public une scène si scandaleuse. Je ne parlerai de lui que pour le louer, et que pour me servir de ses paroles. Je sais parfaitement ses pensées, et je puis répondre qu'il sera content de mon ouvrage, quand il le verra avec le public.

D'ailleurs, je ne prétends pas le faire imprimer sans consulter personne. Je vais le confier avec le dernier secret à M. l'archevêque de Paris et à M. Tronson. Dès qu'ils auront achevé de le lire, je le donnerai suivant leurs corrections. Ils seront les juges de ma doctrine, et on n'imprimera que ce qu'ils auront approuvé : ainsi on n'en doit pas être en peine. J'aurois la même confiance pour M. de Meaux, si je n'étois dans la nécessité de lui laisser ignorer mon ouvrage, dont il voudroit apparemment empêcher l'impression par rapport au sien.

J'exhorterai dans cet ouvrage tous les mystiques qui se sont trompés sur la doctrine, d'avouer leurs erreurs. J'ajouterai que ceux qui, sans tomber dans aucune erreur, se sont mal expliqués, sont obligés en conscience à condamner sans restriction leurs expressions, à ne s'en plus servir, et à lever toute équivoque par une explication publique de leurs vrais sentiments. Peut-on aller plus loin pour réprimer l'erreur?

Dieu sait à quel point je souffre de faire souffrir en cette occasion la personne du monde pour qui j'ai le respect et l'attachement le plus constant et le plus sincère.

58. — A BOSSUET.

Il le rassure sur ses dispositions, et justifie son refus d'approuver l'*Instruction sur les états d'oraison*.

A Fontainebleau, jeudi 4 octobre 1696.

J'arrivai, monseigneur, de Paris à Versailles avant-hier au soir fort tard, et je ne sus hier, par M. Ledieu, que vous étiez à Versailles, que dans le temps de l'embarras de mon départ : ainsi je ne fus pas libre d'avoir l'honneur de vous aller voir. J'espère que vous verrez par toute ma conduite quelle est ma sincérité. Personne, s'il plaît à Dieu, n'ira jamais plus loin que moi en zèle pour l'autorité de l'Église, et en attachement inviolable à sa tradition. Je vous suis très obligé, monseigneur, des soins avec lesquels vous avez la bonté de vous intéresser à tout ce qui me touche ; mais je crois que vous me devez la justice de compter sur ma candeur, et sur la simplicité avec laquelle je pense des choses dont vous êtes aussi persuadé que moi. Je n'admettrai ni ne souffrirai jamais ce qui va plus loin. Pour le public, il faut attendre patiemment des occasions qui soient naturelles et sans indécence, pour ne laisser rien d'équivoque dans les esprits : je n'en veux jamais négliger aucune occasion. Je vous supplie, monseigneur, d'être persuadé que quand je ne serai point arrêté par des raisons essentielles, dont je laisserai juger des gens plus sages que moi, j'irai toujours avec joie et de moi-même au-devant de tout ce qui pourra

---

[1] C'est la 13e des *Lettres spirituelles*. Elle est imprimée ci-dessus tom. 1, pag. 427.

[2] Il indique vraisemblablement la *Réfutation des erreurs des quiétistes*, par Nicole.

vous témoigner ma déférence et ma vénération pour vos sentiments. Je ne ferai ni ne dirai jamais rien qui n'en doive convaincre le public. Conservez, s'il vous plaît, l'honneur de vos bonnes graces à l'homme du monde qui est attaché à vous, monseigneur, avec le respect le plus sincère.

59. — A M. DE NOAILLES,

ARCHEVÊQUE DE PARIS.

Il le prie d'examiner à loisir le livre des *Maximes*, et lui témoigne une entière déférence.

17 octobre 1696.

Rien ne me presse, monseigneur, pour donner au public l'ouvrage que vous lisez. Vous savez mieux que personne ce qui m'a engagé à le faire. Mon affaire étoit de l'écrire, pour expliquer à fond un système qui n'a jamais été bien expliqué par les uns, ni bien compris par les autres. Je n'y ai mis tant de redites que pour lever toute équivoque dans une matière si délicate, et où l'on est si ombrageux. Je n'y ai mis des raisonnements que pour réduire tout à la plus rigoureuse précision de l'école. Pour les passages, vous pouvez compter par avance qu'ils sont tous véritables. Un très mauvais copiste a pu oublier dans sa copie les citations qui sont toutes à la marge de mon original, où j'ai cité les passages suivant mes extraits faits par moi-même sur les auteurs. Quand il ne tiendra qu'à la vérification des passages, l'affaire sera bientôt finie : mais, encore une fois, je ne suis point pressé. J'ai fait de ma part ce que j'ai cru devoir : c'est à Dieu à faire le reste, et à le faire par vous comme il lui plaira. Je ne me soucie point de mon ouvrage, et je ne suis pas même en peine de la vérité; car c'est à Dieu à en prendre soin. Je ne vous donne point mes feuilles à mesure qu'on les imprime. C'est de bonne foi que je me suis livré à vous, pour supprimer, retrancher, corriger, ajouter ce que vous croirez nécessaire. A l'égard des raisonnements, je ne crains point que l'école puisse les critiquer : au contraire, plus un scolastique sera exact théologien, et ferme dans la pure métaphysique, plus il verra que mes raisonnements ont un enchaînement nécessaire, et qu'ils mettent les véritables bornes à la spiritualité, pour empêcher les plus subtiles illusions. Qu'on examine d'un côté cette foule de passages des saints, et de l'autre mes raisonnements, on verra que mes raisonnements ne sont faits que pour modérer les passages, et pour les réduire à une doctrine très correcte.

Il est fort aisé de traiter superficiellement cette matière, d'adoucir, de glisser, et de donner un tour de condamnation perpétuelle du quiétisme à un ouvrage, pour mettre le public de son côté; mais on ne plairoit ni à Dieu ni aux hommes, en tenant une si foible conduite. Il faut dire la vérité tout entière, non-seulement afin que ceux qui l'ignorent ne s'en éloignent pas de plus en plus, mais encore afin que ceux qui la veulent étendre trop loin puissent être redressés par un ouvrage où ils verront qu'on leur donne tout ce qu'ils peuvent demander de solide. Encore une fois, je ne presse ni ne retarde : c'est à vous, monseigneur, à décider. Dieu connoît les moments qu'il tient dans sa puissance : ceux qui ont l'autorité doivent être attentifs aux moments de Dieu. Le capital est que l'ouvrage soit exactement vrai. Quand vous serez bien assuré qu'il sera correct pour le fond de la doctrine, ne vous mettez pas en peine du reste. Il me sera facile alors de ménager des approbations qui, jointes à la vôtre, arrêteront tous les critiques.

Pour moi, sans présomption, et sans me soucier de mon livre, je ne crains rien. Les autorités de la tradition sont décisives; les raisonnements sont reçus de toutes les écoles. Il n'y a que le tout que la plupart des théologiens ne sont pas assez accoutumés à voir dans toute l'étendue d'un système suivi. Mais ce tout n'est composé que des parties qu'ils ont cent fois admises, et dont tous leurs livres sont pleins. Pour les expressions, s'il m'en est échappé de dures ou d'équivoques, il est facile de les corriger; et il n'est pas étonnant qu'un ouvrage si long, et qui n'est pas encore retouché, ne soit pas fini. Il n'est question que du premier trait et du fond de la doctrine dans ce système. Pour les expressions, je les retoucherai à loisir autant qu'il vous plaira, ou, pour mieux dire, je tiens par avance pour bien corrigé tout ce que vous, monseigneur, et M. Tronson voudrez bien corriger. Ce n'est que dans cette vue que j'ai laissé partout la moitié de la page en blanc. A l'égard des raisonnements, je retrancherai tous ceux que vous ne jugerez nécessaires, ni pour lever les équivoques, ni pour prévenir les objections des docteurs effarouchés, ni pour réduire le sens des passages aux dogmes de l'école. Mais prenez garde que, si les raisonnements étoient retranchés, on m'imputeroit peut-être des conséquences que je rejette plus que personne. Quand je raisonne sur l'oraison passive et sur l'état passif, par exemple, c'est pour réduire ces choses, si marquées dans tant de livres des saints, à un genre d'oraison et de vie intérieure, qui coupe la racine de toute illusion. Je parie, sans avoir lu le livre de M. de

Meaux, qu'il admet confusément, et par morceaux détachés, tout ce que j'admets de mon côté dans une suite nette et précise. Mais il le fait sans suite, et plus en réfutant ce qu'il veut toujours réfuter, qu'en établissant de bonne foi et de suite toute l'étendue de ce qu'il est obligé d'avouer. Ne pourriez-vous pas lui demander à lire sa seconde partie, où il prétend avoir expliqué à fond les états les plus avancés, après avoir réfuté dans la première tout ce qui est excessif? Je parierois bien encore qu'il n'en a pas dit moins que moi, avec cette différence que je réduis tout à un seul point simple, évident, et de la tradition la plus constante. Pour ce qui est de condamner en termes formels tout ce qui va plus loin que mon système, je crois l'avoir fait *usque ad nauseam*. Si vous croyez que je doive le faire encore plus que je ne l'ai fait, je le ferai sans peine; car je n'ai aucune répugnance à condamner de bouche ce que je déteste du fond du cœur, et qu'on ne peut jamais trop détester. Je n'ai aucune répugnance à dire mille fois ce que j'ai déja dit cinq cents fois. A l'égard du choix d'un homme qui puisse vous aider dans un si grand travail, vous savez, monseigneur, que je vous ai donné tout pouvoir sur moi et sur mon ouvrage. Je n'ai exclu M. Pirot que par la crainte qu'il s'ouvriroit à M. de Meaux. D'ailleurs, je le crois bon homme et théologien : il me conviendroit fort. Il me reste toujours un fonds d'amitié pour M. Boileau; mais je connois sa vivacité, et vous avez décidé vous-même qu'il valoit mieux jeter les yeux sur quelque autre. Je vous ai laissé plein pouvoir de montrer tout à M. de Beaufort. Si vous cherchez quelque autre examinateur que lui, je vous supplie d'éviter les personnes trop effarouchées, et de chercher quelque théologien ferme et véritablement touché de Dieu. Plus il sera théologien précis et homme recueilli, plus il conviendra à cet examen. Je crois qu'il ne seroit pas inutile que vous eussiez la bonté de savoir là-dessus les vues de M. Tronson, que j'ai prié de vous proposer ce qui lui viendroit dans l'esprit. J'irai à Paris sans embarras, quand vous le jugerez à propos. Rien ne sera jamais plus sincère ni plus fort, monseigneur, que mon attachement et mon respect pour vous.

60. — A L'ABBÉ J.-J. BOILEAU.

Il lui reproche le parti qu'il a pris contre un ancien ami, et justifie ses sentiments et sa conduite.

A Fontainebleau, 28 octobre (1696).

Je suis si touché, monsieur, de l'amitié dont votre lettre est remplie, que je ne puis m'empêcher d'y répondre avec un véritable épanchement de cœur. Je vous ai toujours aimé, et je vous aimerai toute ma vie : je ne me sens pas capable d'être jamais autrement. Pour votre vivacité, je ne l'ai jamais regardée que comme un effet excessif de votre zèle sincère pour l'Église, et de votre délicatesse pour l'intérêt de vos amis. J'aurois seulement souhaité que vous eussiez pris tranquillement, et sans précipitation, des mesures avec eux pour prévenir tous les éclats, puisque vous ne les aviez jamais trouvés ni faux dans leurs paroles, ni insensés dans leur conduite. C'étoit à vous, monsieur, ce me semble, à retenir les esprits échauffés, à modérer leurs alarmes, et à tenir tout en suspens. Vos amis auroient eu en vous une confiance sans réserve; vous auriez eu part à toutes leurs délibérations : quand même ils n'eussent pas jugé comme vous sur la personne, ils auroient été sans peine d'accord avec vous, et pour les recherches les plus exactes, et pour les précautions propres à prévenir l'éclat. Enfin, s'ils avoient eu ou des sentiments condamnables, ou s'ils avoient opiniâtrément refusé de prendre des précautions nécessaires, vous auriez toujours été reçu à les abandonner, et le plus tard eût été le meilleur pour vous. Mais il n'y faut plus songer : Dieu a permis que les choses n'aient pas pris un chemin si naturel. J'adore sa providence; et, loin d'avoir aucune peine à votre égard, je vous remercie des biens infinis qui me sont venus par là. Rien n'est bon que la croix de Jésus-Christ, sur laquelle il faut mourir attaché avec lui. La croix n'est véritable qu'autant qu'elle nous vient de nos meilleurs amis, de qui nous l'attendions le moins. Vous êtes tout ensemble mon bon ami et ma bonne croix, que j'embrasse tendrement.

Quand vous voudrez, je vous expliquerai tous mes sentiments; et je suis assuré que, lorsque vous les aurez examinés, vous conviendrez qu'il n'y a point d'inquisition ombrageuse qui puisse contredire ce que je pense. Vous verrez même que personne ne va plus loin que moi pour condamner tout ce qui passe les bornes, et pour prévenir l'illusion. J'ose dire que je sais mieux que ceux qui ont fait tant de bruit les bornes précises où il faut s'arrêter, et le langage qu'il faut tenir aux mystiques pour les y réduire. Pardonnez-moi cette présomption : elle ne m'empêchera jamais d'être comme un petit enfant dans les mains de l'Église, et même dans celles de mes amis.

Je demeure avec vous, monsieur, dans la règle que vous avez posée vous-même. Nous ne pensons différemment que sur une chose très peu importante, et dont il n'est plus question : demeurons cordialement unis dans les choses que nous pensons de même ; et s'il nous reste de part ou d'autre à connoître ce que nous ne connoissons pas, l'amour de la vérité, dans cet esprit d'unité, nous attirera la lumière dont nous avons besoin. Craignez, tant qu'il vous plaira, de ne craindre pas assez ; accusez-vous de pousser la modération jusqu'à la mollesse : pour moi, je ne puis savoir que ce que je sais, ni craindre que d'être injuste : *Unusquisque in sensu suo abundet*[1]. Quand même vous auriez sujet de craindre quelque chose d'une personne décréditée avec tant d'éclat[2], que pouvez-vous craindre d'elle seule? Vous ne pourriez la craindre que par l'entêtement de vos amis; mais cet entêtement, si ridicule et si extravagant qu'on puisse se l'imaginer, n'ira jamais à rien contre les décisions dogmatiques, ni même contre les conseils des pasteurs. Ils sont sincères, simples et dociles; ils donneroient leurs vies pour obéir à l'Église jusque dans les moindres choses : ils ne tiennent à aucune personne que par le lien unique de l'Église; il n'y en a aucune qu'ils ne sacrifiassent dès que l'Église parleroit; ils sont aussi soumis pour les personnes et pour les livres, que pour le fond de la doctrine.

Pour moi, je vous le déclare devant Dieu, j'aurois horreur de moi-même, si je me surprenois à penser autrement. Quand même j'aurois moi seul dans l'Église toute l'autorité des papes et des conciles généraux, je n'agirois jamais, ni en cette matière ni en aucune autre, que par le conseil de mes confrères et de tous les saints prêtres qui sont instruits de la tradition. Ma conduite actuelle dans le diocèse de Cambrai, que je veux continuer jusqu'à la mort, est de ne décider rien, depuis les plus grandes choses jusqu'aux plus petites, par mon propre sens. Tout se détermine par la délibération de mon conseil, qu'on appelle le vicariat, et qui est composé de cinq personnes que je consulte. Si j'étois seul d'un sentiment en des matières bien moins importantes que celle dont nous parlons, je ne le suivrois pas, quelque bon qu'il me parût. Je n'ai aucune prévention qui m'empêchât de prendre les partis les plus fermes, dès que je verrois la tradition blessée.

Il est vrai que la lecture des ouvrages des saints autorisés par l'Église m'empêche de m'alarmer trop facilement sur des expressions qui ont été fort innocentes dans leurs écrits, qui ont pu l'être de même dans ceux des autres qui ont parlé sans précaution avant le dernier éclat, et sur lesquelles j'aurois mieux aimé des explications précises pour lever toute ombre d'équivoques, avec une condamnation expresse de tous les mauvais sens faite par l'auteur même, que des censures générales de supérieurs. Quand même mon entêtement ou mon ignorance m'empêcheroient de discerner avec assez d'exactitude ce qui seroit contraire à la tradition, je déposerois sans peine mon sentiment particulier, pour me conformer à celui de mes confrères et d'un clergé savant et pieux. Avec de telles dispositions, dans lesquelles je veux vivre et mourir, je ne crains ni d'être trompé, ni de tromper les autres. Quand même je me tromperois, avec cette droiture et cette docilité sans réserve pour l'Église, mon erreur seroit vénielle, et ne feroit mal à personne.

Que d'autres personnes, qui n'entendent pas le fond de la doctrine, ou qui ne l'entendent qu'à demi, ou qui y apportent secrètement leurs passions mondaines, s'effarouchent et alarment les autres, je n'en suis pas surpris. Vous le devriez être moins qu'un autre, vous qui avez passé votre vie à croire que beaucoup de gens zélés se font des fantômes pour les combattre. *Tu vero, homo Dei :* mais pour vous, monsieur, vous nous connoissez, vous savez ce qui nous arrêtera toujours, et pour la doctrine et pour la conduite. Encore une fois, j'adore Dieu, qui a permis que vous ayez cru l'Église en péril. Pour cela, il a fallu que vous ayez pris les plus dociles et les plus zélés de ses enfants pour des fanatiques dignes tout au moins d'une prison perpétuelle. Mais tout ce que Dieu a fait ou permis est bon. Il m'unit à vous plus que jamais, et je ne puis vous exprimer à quel point je m'attendris en vous écrivant. Je vous offre d'entrer en conversation simple et cordiale, quand vous le voudrez : il ne s'agit point de dispute ni d'éclaircissement humain. Si je vous ai blessé ou scandalisé, je vous en demande pardon.

En tout ceci, je n'ai fait que trois choses. La première est de me contenter des éclaircissements dont vous vous êtes contenté; la seconde, de recueillir des passages des saints pour l'examen de la matière, après quoi j'ai signé les XXXIV Propositions; la troisième, de ne refuser de croire les accusations contre la personne qu'après que M. de Meaux m'a assuré qu'elles étoient sans preuve, et que les accusateurs étoient indignes d'être écoutés. Il est vrai que je crois que certaines personnes savantes sont plus en état de condamner ce qui est effectivement faux, dangereux, et contraire à la tradition, que de marquer précisément ce qui est bon et de l'expérience des saints, en le réduisant à un langage

---

[1] *Rom.*, XIV, 5.   [2] Madame Guyon.

correct. Vous jugez bien, monsieur, que cette lettre demande un secret inviolable, et je connois trop votre cœur pour être en peine là-dessus. Je n'ai pour vous qu'amitié, estime, confiance et vénération.

61. — A BOSSUET.

Illui rend compte de tout ce qui a rapport à la publication du livre des *Maximes*.

9 février 1697.

Souffrez, s'il vous plaît, monseigneur, que je vous rende compte en détail de tout ce qui a eu rapport à la publication de mon livre.

Quand vous entrâtes dans cette affaire, vous m'avouâtes ingénument que vous n'aviez jamais lu ni saint François de Sales ni le bienheureux Jean de la Croix. Il me parut que les autres livres du même genre vous étoient aussi nouveaux. Il n'est pas étonnant qu'un homme d'une si profonde érudition en tout autre genre n'eût pas eu le loisir de lire ces livres, si peu recherchés par les savants. Cela ne m'empêcha point, monseigneur, de vous souhaiter, par préférence à tout autre, pour cet examen, parce que votre génie et votre grande lecture de la tradition vous mettoient plus que personne en état de défricher promptement la matière, et de concilier les expériences de tant de saints avec la rigueur du dogme.

Vous desirâtes que je vous expliquasse mes vues, et que je vous donnasse des Mémoires. Je vous ouvris mon cœur sans ménagement, comme le fils le plus rempli de confiance au père le plus affectionné. Je vous donnai des Mémoires informes, écrits à la hâte et sans précaution sur les termes, sans ordre, sans rature, et même sans les relire. C'étoient plutôt des matériaux confus pour chercher et pour travailler, que des choses digérées. Je ne les donnois que pour vous; et par cette raison, je ne songeois point à mesurer rigoureusement les expressions. Rien n'eût été moins équitable, que de vouloir que de tels Mémoires fussent exacts et corrects. Cependant, voici le fait décisif. Je garde encore mes originaux, que vous me rendîtes; et j'offre de démontrer, papier sur table, en présence de M. l'archevêque de Paris et de M. Tronson, que c'est précisément le même principe simple, les mêmes conséquences immédiates, le même système indivisible, répétés en cent endroits. Toute personne qui lit maintenant mon livre, et qui lira mes autres écrits sans prévention, verra une entière conformité qui saute aux yeux. Ce qui vous étoit alors entièrement nouveau vous surprit, monseigneur, et cette nouveauté vous fit croire que j'étois un esprit hardi, qui ne craignoit pas assez de blesser la tradition. Il fallut que je le devinasse; car vous me laissiez parler et écrire sans me dire un seul mot. Ma confiance et votre réserve étoient égales: vous disiez seulement que vous vous réserviez de juger de tout à la fin. Quand M. l'archevêque de Paris me disoit quelque mot avec plus d'ouverture, j'en profitois d'abord pour aller au-devant des difficultés. Je tâchois d'éclaircir tout ce que j'entrevoyois qui pouvoit faire naître des équivoques dans une matière si délicate, et où l'on étoit devenu tout-à-coup si ombrageux. Dès qu'on me paroissoit craindre certains termes, si ordinaires dans les livres de saint François de Sales et des autres saints, j'en cherchois d'autres encore plus propres à rassurer les esprits alarmés, et à montrer que je ne voulois que la substance des choses, sans affecter aucune expression particulière.

Mais de tels éclaircissements n'aboutissent jamais à rien, quand on ne travaille point ensemble, de suite et avec ouverture. Vous prîtes, monseigneur, pour de vaines subtilités les délicatesses du pur amour, quoiqu'elles soient attestées par les anciens Pères autant que par les saints des derniers siècles. Vous vouliez entraîner les autres dans une opinion particulière dont vous étiez prévenu, contre le plus commun sentiment des écoles. D'ailleurs vous regardâtes comme mes propres opinions tous mes extraits de saint Clément, de Cassien, et des autres auteurs. Vous pouviez néanmoins remarquer qu'en rapportant leurs expressions, je disois que, si on les prenoit dans la rigueur de la lettre, elles étoient hérétiques. J'ajoutois encore qu'on voyoit par-là que les Pères n'avoient pas moins exagéré que les mystiques; qu'on en rabattît tout ce qu'on voudroit (c'étoient mes propres termes), et qu'il en resteroit encore assez pour autoriser les véritables maximes des saints. J'offre de vérifier que mes notes sur Cassien et sur saint Clément, qui vous ont scandalisé, ne contiennent que le système précis de mon livre, et qu'elles condamnent formellement toutes les erreurs que vous avez voulu condamner.

Pour mes Mémoires, vous crûtes y trouver toutes sortes d'erreurs folles et monstrueuses. Je voulois, selon votre pensée, que le contemplatif quittât tout culte de Jésus-Christ, toute foi explicite, toute vertu distincte, tout desir commandé par la loi de Dieu. Je disois que sa contemplation n'étoit jamais interrompue, même en dormant; je soutenois un acte permanent qui n'a plus besoin d'être réitéré; je voulois une tradition secrète de dogmes inconnus à l'Église, et réservés aux contemplatifs. J'avoue, monseigneur, qu'il est bien humiliant pour moi qu'un prélat aussi éclairé que vous ait eu une si grande facilité à me croire capable de ces extravagances. Pour moi, je ne me serois jamais avisé de leur faire l'honneur de les traiter sérieusement. Un mot de conversation tranquille auroit dissipé ces ombrages; mais enfin il n'y a aucune de ces erreurs folles et ridicules dont je n'offre de montrer la condamnation claire et la réfutation par les vrais principes, dans trente endroits de mes manuscrits.

Il n'y avoit qu'une seule difficulté entre nous, et elle faisoit naître toutes les équivoques qui vous alarmoient tant. Vous vouliez une passiveté qui fût une contemplation extatique, et seulement par intervalles. Pour moi, je voulois beaucoup moins; car je ne voulois point d'autre passiveté qu'un état habituel de pure foi et de pur amour, où la contemplation n'est jamais perpétuelle, et dont les intervalles sont remplis de tous les actes distincts des vertus, et où l'amour paisible et désintéressé exclut seulement les actes inquiets qu'on nomme activité. Comme vous ne voulûtes jamais définir la passiveté, vous n'aviez garde de m'entendre; et, supposant une passiveté extatique, vous tiriez une bonne conséquence d'un principe fort contraire au mien; car vous m'imputiez de croire les ames passives dans une extase perpétuelle, qui détruisoit la liberté essentielle au pélerinage de cette vie, et qui introduisoit une inspiration fanatique. Tout cela eût été vrai, si votre supposition eût été bien fondée; mais votre supposition étoit contraire non-seulement à mes termes précis, mais encore aux principes évidents et essentiels de tout mon système.

De là vient, monseigneur, que quand il fut question de signer les XXXIV Propositions, je n'hésitai que sur cet article. Je demandois qu'en disant qu'on ne peut nier l'oraison passive sans une insigne témérité, on réalisât une décision si forte, qu'on lui donnât un sens précis, et qu'on définît exactement cette passiveté qu'on autorisoit, de peur que ce ne fût un vain nom, qui fît encore le scandale des uns et l'illusion des autres. C'est ainsi que j'allois toujours de bonne foi droit au-devant des difficultés essentielles, pour ne laisser rien derrière nous sans l'avoir expliqué. Vous ne voulûtes jamais, monseigneur, définir la passiveté; vous fîtes seulement sept propositions détachées sur cette matière¹; mais vous ne les jugeâtes pas vous-même en état d'être arrêtées avec les autres. En effet, vous n'y donniez aucune idée claire de la passiveté, et vous vous serviez de termes dont les faux mystiques auroient pu abuser. Tout étoit donc aplani, monseigneur, excepté la difficulté de l'état passif, qui rouloit sur une pure équivoque, facile à lever en dix minutes de conversation. Vous conveniez du pur amour, et vous le poussiez aussi loin que moi dans les épreuves, avec des termes que j'aurois voulu adoucir.

Depuis ce temps, vous demeurâtes fermé à mon égard; vous écriviez, et vous le disiez à tout le monde, excepté moi seul. Vous fîtes votre ordonnance¹, sans m'en parler ni avant ni après. Votre réserve s'étendit sur toutes les autres choses indifférentes. Je ne croyois pas l'avoir méritée, et elle ne me faisoit d'autre impression que celle de me resserrer le cœur par pure amitié.

Je songeai alors fort sérieusement à éclaircir, avec les personnes qui devoient vous être le moins suspectes, l'unique point qui nous divisoit, et qui méritoit si peu de nous diviser. Je fis à la hâte une explication des XXXIV Propositions, suivant mon système, et je donnai cet ouvrage à M. Tronson. Il le lut *inoffenso pede*, et commença à voir clairement l'équivoque qui vous avoit prévenu. Ensuite M. l'archevêque de Paris fit la même lecture, et il m'avoua qu'il n'avoit rien trouvé qui ne fût correct et précis.

Je n'étois pas encore alors éloigné de m'ouvrir à vous, monseigneur, avec mon ancienne confiance; et vous le pûtes bien voir quand je vous montrai ma réponse à la sœur Charlotte, carmélite². Elle contenoit en substance tout le même système que mes anciens écrits, et que le livre nouvellement imprimé. Vous approuvâtes tout, et vous souhaitâtes seulement que j'expliquasse le terme d'*enfance*, quoiqu'il soit de l'Évangile, parce que vous saviez qu'on en avoit abusé en nos jours. Vous vîtes ma docilité; mon cœur étoit encore presque entier à votre égard : mais voici ce qui changea ma situation.

Après m'avoir vu ici sans me parler jamais de rien, vous m'écrivîtes à Cambrai que vous faisiez un ouvrage pour autoriser la vraie spiritualité et pour réprimer l'illusion, et que vous desiriez que j'approuvasse cet ouvrage. Je supposai que vous ne vouliez que la seule chose qu'il me sembloit qu'on dût vouloir : c'étoit de donner aux fidèles un corps de doctrine sur les voies intérieures, qui fût appuyé de principes solides et d'autorités décisives,

---

¹ On peut voir ces sept propositions, tom. II.

¹ Celle du 16 avril 1695, pour la publication des XXXIV articles. Voyez les *Œuvres de Bossuet*, tom. XXVII, pag. 5.
² C'est la 13ᵉ des *Lettres spirituelles*, tom. I, pag. 427.

pour tenir en respect les critiques ignorants des voies de Dieu, et pour redresser les mystiques visionnaires ou indiscrets. Je comptai que vous ne manqueriez pas d'établir avant que de détruire, et de prouver le vrai avant que de réfuter le faux, parce que le faux ne se réfute bien que par la preuve du vrai dans toute son étendue. Je bénis Dieu; je me réjouis; je me livrai à vous avec toute la candeur d'un enfant; je vous offris d'aller à Germigny, et je vous mandai que j'étois bien assuré que nous ne pouvions disconvenir en rien d'important. J'étois bien éloigné de soupçonner que vous voulussiez jamais renouveler des scènes odieuses, ni réveiller dans le public des idées qu'il étoit si important de laisser effacer. Vous deviez être assuré de moi, et je me croyois assuré de vous. Tout le reste ne devoit point vous embarrasser. Personne ne songeoit à vous contredire : on aimoit, on respectoit l'autorité de votre personne aussi bien que celle de votre ministère. Cette autorité des pasteurs nous étoit cent fois plus chère que les choses dont on s'imaginoit que nous étions si entêtés. Vos censures n'avoient trouvé ni murmure ni indocilité; ce qui est d'un exemple assez rare. Les particuliers qui avoient les livres censurés les brûlèrent, ou les mirent dans les mains de personnes en droit de les garder avec les livres défendus. Il n'étoit plus question d'une femme ignorante, sans crédit, sans appui, qu'on avoit laissé accabler sans dire un mot, que personne ne vouloit ni relever ni excuser. Vous conveniez vous-même, monseigneur, qu'il n'étoit pas permis de douter de notre sincérité : c'étoit donc avec nous seuls qu'il falloit prendre des mesures; et tout eût été fini, sans éclat pour le seul côté important, quand même cette femme se seroit trouvée dans la suite la plus hypocrite et la plus fanatique des créatures. Je comptois que vous m'aimiez trop, et que vous connoissiez trop bien la délicatesse du monde sur la réputation d'un homme en ma place, pour vouloir donner, sur une affaire finie et trop rebattue, des scènes qui réveilleroient toujours ce qu'il falloit étouffer. Je comptois que vous n'aviez garde de me demander une approbation qui pût être jamais regardée, ni par les zélés indiscrets, ni par le public malin, comme une abjuration déguisée, et comme une souscription indirecte de formulaire que la politique m'auroit arrachée contre mes véritables sentiments. Des gens sages et modérés m'avertirent alors de prendre garde à votre dessein; mais je ne pus les croire, ni entrer dans cette défiance si contraire à ma confiance en votre bonté. Je vous promis donc, monseigneur, que j'approu-

verois votre livre après que je l'aurois examiné. Vous me deviez sans doute un silence de confesseur jusqu'à cet examen; car vous ne pouviez fermer les yeux pour ne pas voir que, si vous en parliez, vous tourniez en scandale horrible le refus que je vous ferois peut-être dans la discussion. Vous deviez même supposer que, pour mon propre honneur, je n'aurois garde de donner une souscription si affectée à la condamnation d'une personne que j'avois estimée, et que je n'avois pu estimer sans être indigne de mon ministère, supposé que les choses que vous lui imputiez fussent véritables. Si vous n'avez pas prévu cet inconvénient, souffrez que je vous dise que vous avez été presque le seul à ne le prévoir pas, et que j'ai eu la consolation d'être plaint là-dessus par les personnes les plus raisonnables qui ont été de notre secret. Mais rien ne vous arrêtoit, parce que vous ne songiez qu'à m'engager de plus en plus du côté du public et des personnes que je respectois davantage, afin que je ne pusse plus reculer. Je vous laisse, monseigneur, à examiner devant Dieu si ces moyens répondoient à la confiance que je vous avois témoignée. Je trouvai, à mon retour de Cambrai, que la chose étoit répandue dans Paris par un certain nombre d'amis qui étoient de votre confidence, et qui en avoient beaucoup d'autres dans la leur. La nouvelle m'en revint par les personnes mêmes les plus dignes de foi auxquelles vous aviez parlé. Dès-lors je devins un spectacle fort curieux. Les zélés promirent au public votre livre contre des erreurs abominables, avec ma souscription à cette espèce de formulaire. Alors je commençai à voir que vous vouliez me mener insensiblement comme un enfant à votre but, sans me le laisser voir. Je vis clairement que ce but, contre vos intentions, étoit pour moi une éternelle flétrissure. Qu'ai-je fait? qu'ai-je dit? que peut-on me reprocher, pour exiger de moi une souscription de formulaire, sur une personne et sur des livres que personne ne défend, et que je n'ai jamais excusés? L'exigera-t-on de moi seul, pendant que l'Église ne parle point, et qu'on n'exige la même chose d'aucun de mes confrères? Me distinguera-t-on moi seul par cette ignominieuse demande? Dois-je la souffrir? Ne dois-je pas demander réparation d'honneur à quiconque m'oseroit attaquer là-dessus, contre toutes les règles de l'Église?

Malgré tout ce que je prévoyois, j'attendis en paix, monseigneur, ce que vous feriez. Enfin vous me donnâtes votre ouvrage. Je ne le gardai que vingt-quatre heures, et je n'en lus pas deux pages de suite; je parcourus seulement les marges. Je vis partout des passages de madame Guyon, cités avec des réfutations atroces, où vous lui imputiez des erreurs dignes du feu, que vous assuriez qui étoient évidemment l'unique but de tout son système et de toutes les parties qui le composent. Je ne conteste point ce fait, et je n'ai que faire d'y entrer. Aussitôt je donnai le livre à M. le duc de Chevreuse pour vous le rendre, et je partis pour Cambrai; mais en partant je parlai aux personnes sages qui pouvoient m'éclairer et me consoler. Je n'en trouvai aucune, monseigneur, qui pût me répondre pour vous rien de précis, ni résister aux raisons démonstratives de mon refus pour l'approbation de votre livre. Dès que vous le sûtes, vous en fîtes part à vos amis; et les zélés, qui attendoient ma réponse, furent soigneusement informés de ce refus, qui leur parut un grand scandale. Vous éclatâtes vous-même par des plaintes, qui faisoient entendre, au préjudice de notre secret, plus que vous ne disiez. Tout me revint, et me perça le cœur, sans m'aigrir. Vous me mîtes par-là entre ces deux extrémités, ou de passer ma vie avec la tache ineffaçable d'être suspect sur les articles les plus essentiels de la foi qui emportent les mœurs avec eux, ou de souscrire un formulaire déguisé. Dans ce dernier cas, on auroit toujours cru que je ne cédois que par politique : ainsi c'étoit joindre l'opprobre d'une souscription foible et lâche, au soupçon d'erreur. Le monde m'auroit regardé comme un homme qui fait une abjuration forcée entre vos mains. Les plus honnêtes gens sans dévotion, et qui ne savoient pas notre secret, m'ont dit souvent que j'aurois été déshonoré à jamais, si j'avois fait cette lâcheté. Je n'ai garde, monseigneur, de vous imputer d'avoir voulu me jeter dans ces extrémités; mais le fait est que vous m'y avez mis. Le remède que vous me prépariez pour me guérir étoit cent fois pire que le mal. Pourquoi ne me parliez-vous pas? pourquoi n'éclaircissiez-vous pas avec moi le fond de la doctrine, pour lequel vous n'étiez peiné que sur des équivoques? pourquoi vouloir vous jeter dans des discussions inutiles à l'Église, et injurieuses pour moi et pour mes amis les plus respectables?

Il ne me restoit plus qu'une seule ressource : c'étoit d'écrire pour le public, en termes si forts et si clairs, sur des principes de tradition si constante, que nul critique n'osât m'attaquer, et que nul honnête homme ne pût douter de ma sincérité dans cette explication de doctrine; c'est ce que j'ai tâché de faire. Après ce qui s'étoit passé, personne n'a osé me conseiller de rentrer là-dessus en concert avec vous. Il n'étoit ni juste ni permis de faire dépendre de vos préventions l'unique ressource qui me restoit pour sauver ma réputation sur la foi. J'ai écrit sur les XXXIV Propositions, qui ont été ma règle inviolable. Je ne me suis éloigné de vous qu'en un seul point, qui est celui de la passiveté, et pour dire beaucoup moins que vous. J'ai condamné beaucoup de choses que les XXXIV Propositions ne condamnoient pas distinctement. J'ai qualifié très rigoureusement tout ce qui pouvoit vous causer le moindre ombrage. Je n'ai excusé ni adouci aucune chose suspecte. Ce seroit aller contre le but qu'on se propose, et faire trop d'honneur à la personne qu'on veut flétrir, que de dire que je la justifie, quand je ne fais que poser les principes de la tradition comme vous, et condamner toutes les erreurs effectives qui ont animé votre zèle. Je n'ai garde de croire, monseigneur, que vous voulussiez donner cet avantage à la cause que vous avez combattue, et sur laquelle je suis bien éloigné de vouloir vous contredire.

Au reste, je ne me suis pas contenté de la pleine évidence de mon système; je me suis défié de moi. J'ai consulté les personnes les plus sages, les plus instruites de cette matière, les plus opposées, selon vous-même, à l'illusion, les plus zélées pour nous réunir; j'ai pesé religieusement avec elles jusqu'à la moindre expression : tout l'ouvrage leur a paru correct, utile au public, et nécessaire pour moi. En partant d'ici, je recommandai à mes amis de ne publier mon livre qu'après que le vôtre auroit été publié. Ne pouvant plus vous témoigner ma déférence pour le fond, je voulois au moins, monseigneur, vous le marquer dans cette circonstance. Ces amis, que je cite, sont gens que le monde croit dès qu'ils parlent, quand il n'est question que de sincérité. En mon absence, ils ont cru voir bien certainement que vous aviez découvert mon secret, qu'il n'y avoit plus un moment à perdre; que vous ne songiez plus, dans l'excès de votre peine, qu'à me traverser, sans garder de mesures, et sans savoir si ce que je voulois donner au public étoit bon ou mauvais; qu'enfin le seul éclat alloit me déshonorer, si on ne le prévenoit par la publication de l'ouvrage, qui se justifie assez lui-même. Dieu sait, et les hommes les plus dignes d'être crus attesteront, que je n'ai rien su ni pu savoir du parti que mes amis ont pris dans cette extrémité. Je suis réduit à louer leur zèle, et à m'affliger, monseigneur, de ce que vous avez, contre votre intention, conduit insensiblement les choses jusqu'à ce point.

Après ce que je viens de vous dire si librement, vous croirez, monseigneur, que j'ai le cœur bien malade. Non, en vérité, je me sens le cœur pour vous comme je voudrois que vous l'eussiez pour moi. Si peu que je trouvasse de correspondance de sentiments, je serois encore avec vous comme j'y étois autrefois. Si on me dit dans le monde que vous vous plaignez de moi, voici ce que je répondrai : Pour moi, je ne me plains pas de M. l'évêque de Meaux ; je le respecte trop pour lui manquer en rien : s'il avoit à se plaindre de moi, je crois que c'est à moi-même qu'il s'en plaindroit. Je me laisserois plutôt condamner, que de me justifier sur des choses où nous nous devons l'un à l'autre un secret inviolable en honneur et en conscience.

Vous pouvez voir, monseigneur, que je ne suis capable ni de duplicité ni de politique timide, quoique je craigne plus que la mort tout ce qui ressent la hauteur. J'espère que Dieu ne m'abandonnera pas, et qu'en gardant les règles d'humilité et de patience, avec celles de fermeté, je ne ferai rien de foible ni de bas. Jugez par-là de ma sincérité dans les assurances que je vous donne. C'est à vous à régler la manière dont nous vivrons ensemble : celle qui me donnera les moyens de vous voir, de vous écouter, de vous consulter, et de vous respecter autant que jamais, est la plus conforme à mes souhaits et à mes inclinations.

62. — AU PAPE INNOCENT XII.

Il lui soumet son livre, et lui expose le but qu'il s'est proposé en le composant.

(27 avril 1697.)

Quem *de Sententiis Sanctorum et vita ascetica* librum nuperrime scripsi, quamprimum ad Beatitudinem Vestram summa cum animi demissione et reverentia mittere decreveram. Hoc sane debetur obsequium supremæ qua omnibus Ecclesiis præes auctoritati ; is significandus gratus animus pro illa qua me cumulasti munificentia. Verum, ne quia in re tam gravi, et quæ mentes adeo exagitat, omittam ; neve aliqua diversissimo linguarum ingenio æquivocatio subrepat, totum contextum summa cum diligentia latine vertendum duxi. Huic operi totus incumbo, nec mora brevi ad pedes Beatitudinis Vestræ opusculum manuscriptum deferendum mittam.

O utinam, beatissime Pater, utinam ego ipse munusculum humillimo ac devotissimo pectore offerens, apostolica benedictione donandus accederem ! Sed, heu ! molestissima diœcesis Cameracensis, hisce luctuosis belli temporibus, negotia, et a rege mihi credita puerorum regiorum institutio, tantum solatium me sperare vetant.

Quod autem ad scribendum de vita ascetica et contemplativa animum impulit, hoc fuit in primis, sanctissime Pater, quod sanctorum sententias a sancta sede toties comprobatas, ab aliis in flagitiosissimos errores sensim detorqueri, ab aliis scilicet imperitis ludibrio verti jamdudum senserim. Quietistarum dogma nefandum, ac perfectionis speciem præ se ferens, in varias Galliarum partes, necnon et in Belgium nostrum, uti cancer clam serpebat. Varia scripta alia minus emendata, alia errori proxima passim lectitabant homines prurientes auribus. Ab aliquot sæculis multi mystici scriptores, mysterium fidei in conscientia pura habentes, affectivæ pietatis excessu, verborum incuria, theologicorum dogmatum veniali inscitia, errori adhuc

J'avois résolu d'envoyer au plus tôt, avec toute sorte de soumission et de respect, à Votre Sainteté, le livre que j'ai fait depuis peu sur les *Maximes des Saints pour la vie intérieure*. La suprême autorité avec laquelle vous présidez à toutes les Églises, et les graces dont vous m'avez comblé, m'imposoient ce devoir. Mais pour n'omettre rien dans une matière si importante, et sur laquelle les esprits sont si agités, et pour remédier aux équivoques qui peuvent naître de la diversité du génie des langues, j'ai pris le parti de faire avec soin une version latine de tout mon ouvrage. C'est à quoi je m'applique tout entier, et bientôt j'enverrai cette traduction pour la mettre aux pieds de Votre Sainteté.

Plût à Dieu, très saint Père, que je pusse, en vous présentant moi-même mon livre avec un cœur zélé et soumis, recevoir votre bénédiction apostolique ! Mais les affaires du diocèse de Cambrai pendant les malheurs de la guerre, et l'instruction des princes que le roi m'a fait l'honneur de me confier, ne me permettent pas d'espérer cette consolation.

Voici, très saint Père, les raisons qui m'ont engagé à écrire de la vie intérieure et de la contemplation. J'ai aperçu que les uns, abusant des maximes des saints si souvent approuvées par le Saint-Siége, vouloient insinuer peu à peu des erreurs pernicieuses ; et que les autres, ignorant les choses spirituelles, les tournoient en dérision. La doctrine abominable des quiétistes, sous une apparence de perfection, se glissoit en secret *comme la gangrène* en divers endroits de la France, et même de nos Pays-Bas. Divers écrits, les uns peu corrects, les autres fort suspects d'erreur, excitoient la curiosité indiscrète des fidèles. Depuis quelques siècles, beaucoup d'écrivains mystiques, portant le mystère de la foi dans une conscience pure, avoient favorisé, sans le savoir, l'erreur qui se cachoit encore ; ils l'avoient fait par un excès de piété affectueuse, par le défaut de précaution sur le choix des termes, et par une ignorance pardonnable des principes de la théologie. C'est ce qui a enflammé le zèle ardent de plusieurs illustres

latenti imprudentes faverant. Hinc acerrimus clarissimorum episcoporum zelus excanduit. Hinc triginta et quatuor Articuli, in quibus edendis egregii præsules me sibi adjungi non dedignati sunt. Hinc etiam illorum censuræ in libellos [1] quorum loca quædam in sensu obvio et naturali merito damnantur.

At certè ita est hominum ingenium, sanctissime Pater, ut, dum vitium alterum refugiunt, in alterum oppositum incurrant. Præter expectationem nostram quidam hanc occasionem arripuerunt amorem purum et contemplativum, quasi deliræ mentis ineptias deridendi.

Medium iter aperiendum, a falso verum, a novo antiquum, a periculoso tutum, secernendum esse ratus, id pro modulo tentavi. Quod utrum præstiterim necne, tuum est, sanctissime Pater, judicare; meum vero in te Petrum, cujus fides nunquam deficiet, viventem et loquentem audire ac revereri.

Hoc in opusculo brevitati maxime studui, suadentibus peritissimis viris, qui et illusioni grassanti, et derisioni profanorum hominum remedium præsens et facile adhiberi voluerunt. Ergo consulendum fuit, sanctissime Pater, candidis animabus quæ simplices in bono, nec adversus malum satis cautæ, teterrimum monstrum floribus subrepens nondum senserant. Consulendum et criticorum fastidio, qui traditiones asceticas, et aureas sanctorum sententias ab hac virulenta perditissimorum hominum hypocrisi secernere nolunt. Unde libellum, uti vocabularium mysticæ theologiæ, piis animabus, ne fines a patribus positos excederent, dandum esse arbitrati sunt.

Quapropter, sanctissime Pater, quam brevissimas potui definitiones verborum, quorum usus apud sanctos invaluit, presso stylo conclusi, ac veluti censuræ pondere impudentissimam hæresim proterere conatus sum. Nec enim, ut mihi visum est, episcopum decuisset tot nefarios errores in lucem prodere, nisi continuò accederet indignatio pudica, et zelus domus Dei. Absit tamen, sanctissime Pater, ut tenuitatis meæ oblitus, id arroganter fecerim. Verum supremæ sedis auctoritas quod mihi deerat abunde supplevit. Veras de ascetica disciplina, et de amore contemplativo sententias summi pontifices in perpendendis singulis scriptis auctorum qui sanctorum catologo adscripti sunt, sexcenties comprobaverunt. Igitur huic immotæ regulæ adhærens, inoffenso pede veros articulos condi posse speravi. Altera ex parte falsos quasi manu ductus damnavi. Per omnia enim inhæsi decretis solemnibus, ubi sexaginta et octo Propositiones Michaelis de Molinos a sancta sede

évêques; c'est ce qui leur a fait composer trente-quatre Articles qu'ils n'ont pas dédaigné de dresser et d'arrêter avec moi; c'est ce qui les a engagés aussi à faire des censures contre certains petits livres [1], dont quelques endroits, pris dans le sens qui se présente naturellement, méritent d'être condamnés.

Mais, très saint Père, les hommes ne s'éloignent guère d'une extrémité sans tomber dans une autre. Quelques personnes ont pris ce prétexte, contre notre intention, pour tourner en dérision, comme une chimère extravagante, l'amour pur de la vie contemplative.

Pour moi, j'ai cru qu'il falloit, en marquant le juste milieu, séparer le vrai du faux, et ce qui est ancien et assuré d'avec ce qui est nouveau et périlleux. C'est ce que j'ai essayé de faire selon mes forces très bornées. De savoir si j'y ai réussi ou non, c'est à vous, très saint Père, à en juger; et c'est à moi à écouter avec respect, comme vivant et parlant en vous, saint Pierre, dont la foi ne manquera jamais.

Je me suis principalement appliqué à rendre cet ouvrage court; et en cela j'ai suivi le conseil des personnes les plus éclairées, qui ont désiré qu'on pût trouver un remède prompt et facile, non-seulement contre l'illusion qui est contagieuse, mais encore contre la dérision des esprits profanes. Il a donc fallu songer aux âmes pleines de candeur, qui, étant plus simples dans le bien que précautionnées contre le mal, n'apercevoient pas cet horrible serpent qui se glissoit entre les fleurs. Il a fallu songer aussi au mépris des critiques, qui ne veulent point séparer de la doctrine empestée des hypocrites les traditions ascétiques et les précieuses maximes des saints. C'est pourquoi on a jugé qu'il étoit à propos de faire une espèce de dictionnaire de la théologie mystique, pour empêcher les bonnes âmes de passer au-delà des bornes posées par nos pères.

J'ai donc renfermé, dans le style le plus concis qu'il m'a été possible, des définitions des termes que l'usage des saints a autorisés. J'y ai même employé le poids et l'autorité d'une censure, pour tâcher d'écraser une hérésie si pleine d'impudence. Il m'a paru, très Saint Père, qu'il y auroit quelque indécence qu'un évêque montrât au public ces erreurs monstrueuses, sans témoigner aussitôt l'indignation et l'horreur qu'inspire le zèle de la maison de Dieu. A Dieu ne plaise néanmoins que j'aie perdu de vue ma foiblesse, et que j'aie parlé avec présomption ! L'autorité suprême du Saint-Siége a suppléé abondamment tout ce qui me manquoit. Les souverains pontifes, en examinant scrupuleusement tous les écrits des saints qu'ils ont canonisés, ont approuvé en toute occasion les véritables maximes de la vie ascétique et de l'amour contemplatif. Ainsi, en m'attachant à cette règle immuable, j'ai espéré de pouvoir dresser, sans aucun péril de m'égarer, les articles que j'ai donnés comme véritables. A l'égard des faux, que j'ai condamnés, j'ai été conduit comme par la main; car je me suis proposé en tout, pour modèle, les décrets solennels par lesquels le Saint-Siége a condamné les soixante-huit Propositions de Michel de Molinos. Fondé sur un tel oracle, j'ai osé élever ma voix.

Premièrement, j'ai condamné l'acte permanent, et qui

---

[1] *Le Moyen court est très facile pour faire oraison; l'Explication du Cantique des Cantiques*, etc.

damnatæ sunt. Tanto oraculo fretus, vocem attollere non dubitavi.

Primo, actum permanentem et nunquam iterandum, ut inertiæ et socordiæ interioris lethale veternum, confutavi.

Secundo, distinctionem et exercitium necessarium singularum virtutum statui.

Tertio, contemplationem jugem ac omnino perennem, ut repugnantem statui viatorum, quippe quæ peccata venialia, varia virtutum officia, mentis denique involuntarias evagationes excluderet, absolute negavi.

Quarto, orationem passivam, quæ liberi arbitrii cooperationem realem in actibus meritoriis eliciendis excludat, rejeci.

Quinto, nullam aliam quietem, cum in oratione, tum in cæteris vitæ interioris exercitiis admisi, præter hanc Spiritus sancti pacem, qua animæ puriores actus internos ita uniformes aliquando eliciunt, ut hi actus jam non actus distincti, sed mera quies, et permanens cum Deo unitas indoctis videantur.

Sexto, ne amoris puri doctrina, tot Patribus Ecclesiæ, totque Sanctis comprobata, quietistarum erroribus patrocinari videretur, in eo maxime operam impendi, ut quivis perfectus quovis amore gratuito incensus, spem, qua salvi facti sumus, suo pectore foveat, secundum quod ait Apostolus:

Nunc autem manent fides, spes, charitas, tria hæc; major autem horum est charitas. Ergo semper speranda, cupienda, petenda nostra salus, etiam quatenus nostra, quandoquidem eam vult Deus, et ad sui honorem vult ut eam ipsi velimus. Ita spes proprio in officio perseverat non tantum habitu infuso, sed etiam actibus propriis qui a charitate imperati et nobilitati, ut ait schola, ad ipsius charitatis excelsiorem finem, nempe puram Dei gloriam, simplicissime referuntur.

Septimo, asserui hunc statum puræ charitatis reperiri in paucissimis perfectis, et esse tantummodo habitualem. Qui habitualem dicit, absit ut dicat *inamissibilem*, aut *expertem cujuscumque variationis*. Si quotidianis peccatis non vacet status ille, quantò magis admittit actus interdum elicitos, qui quidem boni ac meritorii sunt, etiamsi paulò minùs puri et gratuiti! Sufficit ergo ut plerumque in eo statu actus virtutum charitate imperante et informante exerceantur. Hactenus omnia, triginta et quatuor Articulis episcoporum consona.

Opusculo a me in lucem edito adjungam, sanctissime Pater, antiquorum Patrum, ac recentiorum sanctorum de amore puro et contemplativo sententiarum manuscriptam collectionem. Ita quod priori in opusculo simplici expositione declaravi, posteriori in opusculo omnium sæculorum testi-

---

n'a jamais besoin d'être réitéré, comme une source empoisonnée d'une oisiveté et d'une léthargie intérieure.

Secondement, j'ai établi la nécessité indispensable de l'exercice distinct de chaque vertu.

Troisièmement, j'ai rejeté, comme incompatible avec l'état du voyageur, une contemplation perpétuelle et sans interruption, qui excluroit les péchés véniels, la distinction des vertus, et les distractions involontaires.

Quatrièmement, j'ai rejeté une oraison passive qui excluroit la coopération réelle du libre arbitre pour former les actes méritoires.

Cinquièmement, je n'ai admis aucune autre quiétude ni dans l'oraison, ni dans les autres exercices de la vie intérieure, que cette paix du Saint-Esprit avec laquelle les ames les plus pures font leurs actes d'une manière si uniforme, que ces actes paroissent aux personnes sans science, non des actes distincts, mais une simple et permanente unité avec Dieu.

Sixièmement, de peur que la doctrine du pur amour, si autorisée par tant de Pères de l'Église et par tant d'autres saints, ne parût servir de refuge aux erreurs des quiétistes, je me suis principalement appliqué à montrer qu'en quelque degré de perfection qu'on soit, et de quelque pureté d'amour qu'on soit rempli, il faut toujours conserver dans son cœur l'espérance par laquelle nous sommes sauvés, suivant ce que l'Apôtre dit: *Maintenant ces trois choses, la foi, l'espérance, la charité demeurent; mais la charité est la plus grande.* Il faut donc toujours espérer, desirer, demander notre salut, même en tant qu'il est notre salut,

puisque Dieu le veut, et qu'il veut que nous le voulions pour sa gloire. Ainsi l'espérance se conserve dans son propre exercice, non-seulement par l'habitude infuse, mais encore par ses actes propres, qui, étant commandés et ennoblis par la charité, comme parle l'école, sont rapportés très simplement à la sublime fin de la charité même qui est la pure gloire de Dieu.

Septièmement, j'ai dit que cet état de charité ne se trouve que dans un petit nombre d'ames très parfaites, et qu'il est en elles *seulement habituel.* Quand je dis *habituel*, à Dieu ne plaise qu'on entende un état *inamissible*, ou *exempt de toute variation!* Si cet état est encore sujet aux péchés quotidiens, à combien plus forte raison est-il compatible avec des actes faits de temps en temps, qui ne laissent pas d'être bons et méritoires, quoiqu'ils soient un peu moins purs et désintéressés! Il suffit, pour cet état, que les actes des vertus y soient faits le plus souvent avec cette perfection de la charité y répand, et dont elle les anime. Toutes ces choses sont conformes aux trente-quatre Articles,

Je joindrai, très saint Père, au livre que j'ai publié, un recueil manuscrit des sentiments des Pères et des saints des derniers siècles, sur le pur amour des contemplatifs, afin que ce qui n'est que simplement exposé dans le premier ouvrage soit prouvé dans le second par les témoignages et par les sentiments des saints de tous les siècles. Je soumets, du fond de mon cœur, très saint Père, l'un et l'autre ouvrage au jugement de la sainte Église romaine, qui est la mère de toutes les autres, et qui les a enseignées. Je

monia ratum facient. Utrumque opus, beatissime Pater, sanctæ Romanæ Ecclesiæ, cæterarum matris et magistræ, judicio submitto totis præcordiis, mea meque ipsum, uti filium obsequentissimum Beatitudini Vestræ devoveo. Quod si libellus gallice scriptus ad Beatitudinem Vestram jam pervenerit, hoc unum impensissime oro, Sanctissime Pater, ne quid statuas, ante perlectam quam brevi missurus sum latinam versionem. Quid superest, nisi ut diuturnam incolumitatem exoptem ei qui incorrupto animo Christi regnum procurat, et cum tanto catholici orbis applausu claris propinquis ait, *Ignoro vos?* His quotidianis votis, Ecclesiæ decus ac solatium, disciplinæ instaurationem, propagationem fidei, errorum et schismatum extirpationem, amplam denique summo patrifamilias messem exopto. Æternum ero, etc.

dévoue, et ce qui dépend de moi, et moi-même, à Votre Sainteté, comme le doit faire un fils plein de zèle et de respect. Que si mon livre françois a déja été porté à Votre Sainteté, je vous supplie très humblement, très saint Père, de ne rien décider sans avoir vu auparavant ma traduction latine, qui partira tout au plus tôt. Que me reste-t-il à faire, si ce n'est de souhaiter un long pontificat à un chef des pasteurs qui gouverne avec un cœur si désintéressé le royaume de Jésus-Christ, et qui dit avec l'applaudissement de toutes les nations catholiques, à son illustre famille : *Je ne vous connois point?* En faisant tous les jours de tels vœux, je crois demander la gloire et la consolation de l'Église, le rétablissement de la discipline, la propagation de la foi, l'extirpation des schismes et des hérésies, enfin l'abondante moisson dans le champ du souverain Père de famille. Je serai à jamais, etc.

63. — A LOUIS XIV.

Il se montre disposé à recommencer l'examen de son livre, de la manière que ce prince l'avoit déja approuvé.

11 mai 1697.

M. de Beauvilliers m'a parlé de la part de Votre Majesté sur mon livre. Je prends la liberté de lui confirmer ce que j'ai déja eu l'honneur de lui dire : c'est que je veux de tout mon cœur recommencer l'examen de mon livre avec M. l'archevêque de Paris, M. Tronson et M. Pirot, qui l'avoient d'abord examiné. C'est avec plaisir, sire, que je profiterai de leurs lumières pour changer ou pour expliquer les choses que je reconnoîtrai avec eux avoir besoin de changement ou d'explication. Je crois, sire, en voir déja assez pour pouvoir dire à Votre Majesté qu'on ne me fera que des difficultés faciles à lever. Pour le faire, je n'aurois qu'à ajouter simplement à mon livre diverses choses que j'avois déja mises dans un ouvrage plus ample, et que j'ai retranchées dans l'imprimé pour abréger. L'expérience me persuade qu'elles sont nécessaires pour contenter beaucoup de lecteurs, auxquels tout est nouveau en ces matières. Quoique le pape soit mon seul juge, et que M. l'archevêque de Paris ne puisse agir avec moi que par persuasion, je crois voir de plus en plus, sire, et avec une espèce de certitude, que nous n'aurons aucun embarras sur la doctrine, et que nous serons, au bout de quelques conférences, pleinement d'accord, même sur les termes. Si j'ai écrit au pape, Votre Majesté sait que je ne l'ai fait que par son ordre, et même bien tard, quoique j'eusse dû le faire dès le commencement; car un évêque ne peut voir sa foi suspecte, sans en rendre compte au plus tôt au Saint-Siége. J'avois même un intérêt pressant de ne pas me laisser prévenir par des gens qui ont de grandes liaisons à Rome.

Cette affaire n'auroit pas tant duré, sire, si chacun avoit cherché, comme moi, à la finir. Il y a trois mois et demi qu'on me fait attendre les remarques de M. de Meaux; il m'avoit fait promettre qu'il ne les montreroit qu'à moi, et tout au plus à MM. de Paris et de Chartres. Cependant il les a communiquées à diverses autres personnes; pour moi, je n'ai pu jusqu'ici les obtenir. Voilà ce qui fait, sire, que l'examen que je dois laisser faire à M. l'archevêque de Paris, M. Tronson et M. Pirot, n'est pas encore commencé. Il m'est revenu, par plusieurs bons endroits, diverses choses qui me persuadent que ces remarques ne contiennent aucune difficulté qui doive nous arrêter. Tout roule sur de pures équivoques, qu'il sera très facile et très naturel de lever par des explications tirées de mon livre même. De ma part, je n'y perdrai pas un moment. Je suis bien honteux et bien affligé, sire, d'un si long retardement qui fait durer l'éclat. C'est un accablement, de voir qu'il importune un maître des bontés et des bienfaits duquel je suis comblé. Mais en vérité, sire, j'ose dire que je suis à plaindre et non pas à blâmer dans toutes les circonstances de ce mécompte, auquel je n'ai aucune part, et que j'espère de finir très promptement. Rien ne surpassera jamais le très profond respect, la soumission et le zèle avec lequel, etc. [1].

---

[1] Madame de Maintenon écrivoit le même jour à M. de Noailles : « Je crains que M. de Meaux et vous n'alliez pas assez de concert pour le fond de cette affaire-ci; mais je suis bien persuadée qu'on ne doit pas exiger que M. de Meaux juge M. de Cambrai, puisqu'il s'est toujours expliqué là-dessus. Le roi s'exprima fortement, et fit envisager les suites que tout ceci pourroit avoir. La scène de Saint-Cyr va faire un grand bruit, et sera regardée comme un prélude. » Cette scène étoit l'expulsion de quelques religieuses soupçonnées de quiétisme.

64. — A L'ABBÉ DE CHANTERAC.

Il lui envoie des *Éclaircissements* pour être communiqués à ses amis, et lui donne quelques instructions importantes.

A Versailles, samedi 1er juin (1697).

Je vous envoie, mon cher abbé, divers cahiers dont vous pourrez faire usage vers nos amis. Il y a d'un côté la grande tradition, dont je vous envoie deux copies que vous pourrez communiquer au P. de Valois, pour lui ou pour ses bons amis, et à M. Le Merre. Je crois que M. Tronson n'auroit pas assez de santé et de loisir pour faire une si grande lecture. Pour la petite tradition, intitulée *Autorités sur lesquelles*, etc., il est, si je ne me trompe, capital que M. Tronson le P. de Valois et M. Le Merre la voient. Vous pourriez même la faire voir à M. l'évêque de Blois, que je vous supplie de voir au plus tôt.

Pour M. Le Merre, il est bon qu'il garde une copie de la grande et une copie de la petite tradition, qu'il pourra employer avec sa discrétion ordinaire, sans la faire éclater. Retirez, je vous prie, aujourd'hui de lui mes deux écrits que je lui laissai hier, afin que Blondel me les rapporte ce soir, et que je puisse dès demain matin travailler dessus.

A l'égard du P. de Valois, il est capital qu'il prenne bien ses mesures pour éviter l'éclat sur l'examen que feront les docteurs. Il est très difficile de tenir secret ce qui se fait par tant de gens. Si cela se répand, M. de Meaux ira ébranler M. de Paris, et faire les derniers efforts pour nous traverser. M. de Chartres même ne gardera point de mesures. Le secret est donc bien important; la chose en elle-même est excellente.

Pour M. Tronson, tâchez de savoir ce qu'il aura fait avec M. de Chartres, et donnez-lui un peu de courage pour mettre ce prélat en scrupule.

Je prie M. Deschamps d'avoir bien soin de vous, et de faire hâter les habits de mes gens.

Mille fois tendrement à vous, mon cher abbé. Dès que vous m'aurez renvoyé ce que j'ai laissé à M. Le Merre, je vous le renverrai bien vite; car nous n'avons pas un moment à perdre.

Faites entendre à M. Tronson quelle est la doctrine sur la charité de ceux qui ne veulent aucun mélange de motif dans les imparfaits, et qui détruisent le pur amour, en le mettant dans tous les états. Ce seroit détruire la noblesse, que de faire tous les hommes nobles. Leur pur amour n'est, dans le fond, que le mercenaire des anciens Pères.

Même jour.

Je viens d'apercevoir que la preuve tirée du concile (*de Trente*) et de son *Catéchisme* n'est pas dans une des deux copies que je vous envoie : mais il n'y a qu'à faire copier ce cahier-là, afin que chaque porte-feuille ait sa tradition complète sur cet article comme sur les autres. En attendant, vous pourrez communiquer tout le reste aux personnes dont il est question. En raisonnant patiemment avec M. de Blois, vous pourrez lui lever les difficultés qui sont grandes dans son esprit, si je ne me trompe. Pour M. de Chartres, il est bien étonnant qu'il soit content de ma doctrine, et qu'il ne veuille pas que je l'explique en montrant que mon livre y est conforme. A-t-on jamais fait une telle injustice à un évêque? Pour les censures (*de madame Guyon*), je ne puis y adhérer sans me déshonorer. J'en ai dit le mieux que j'en pouvois dire en parlant à mon supérieur, qui est le pape: le reste seroit affecté, bas, indécent, déshonorant pour moi : je me reconnoîtrois suspect, et par-là je mériterois de l'être. A-t-on jamais osé proposer une telle chose à un évêque, pour une souscription aux censures de trois de ses confrères qui n'ont point souscrit les uns aux autres? Cela n'a rien de commun avec mon livre, et c'est de mon livre seul dont il est question. Quand on voudra faire le dernier scandale sur cette adhésion aux censures, c'est montrer la dernière tyrannie de deux évêques sur un seul. Pour moi, je ne veux jamais ébranler ni directement ni indirectement les censures. Je ne souffrirois pas même que d'autres les ébranlassent dans la suite, tant je suis exempt d'entêtement sur madame Guyon et sur ses ouvrages! mais je ne puis adhérer simplement aux censures. Montrez ceci à M. Tronson.

65. — AU MÊME.

Il lui suggère quelques expédients pour terminer l'affaire

Versailles, juin (1697).

Je crois, mon cher abbé, qu'il sera bon que vous voyiez M. de Chartres, de la manière dont on vous l'a conseillé. Je ne compte point sur l'ébranlement où le P. de Valois prétend avoir mis M. de Chartres. Nous l'avons vu deux fois content que j'expliquasse ses difficultés, et M. de Meaux l'a toujours rentraîné. S'il est vrai qu'il consente à une explication naturelle de mon livre, il faudroit que M. Tronson profitât de cette disposition pour l'y fixer par quelque engagement, comme une lettre qu'il m'écriroit. Je vous conjure, mon cher abbé, de revoir le P. de Valois avant qu'il vienne ici, pour savoir s'il aura lu ce que vous lui avez donné. Il y a aussi M. de Blois, avec lequel je vous supplie d'entrer patiemment en matière sur l'espérance. Si vous ne le trouvez pas, demandez-lui une heure précise par un billet; je l'irai voir dès que je serai à Paris. Je ne crois pas y pouvoir aller avant vendredi matin; je vous envoie pour M. Tronson les remarques sur le livre de M. de Meaux, que vous avez déjà vues. Je crois qu'il ne seroit peut-être pas inutile que M. l'abbé de Maulevrier eût la bonté de revoir comme par occasion M. Boileau; et en cas qu'il le trouve plus raisonnable que M. de Chartres ne l'est, il l'engageât à aller avec lui et avec vous raisonner avec M. Tronson sur les expédients capables de finir.

66. — A LA SUPÉRIEURE DES NOUVELLES CONVERTIES.

Il la détourne de lire et de faire lire à d'autres le livre des *Maximes*, à cause des éclats dont il est l'occasion.

6 juin 1697.

Je vous supplie, ma chère sœur, de dire à notre malade que je suis ravi d'apprendre qu'elle n'est point encore si proche de sa bonne amie, et que personne n'est si touché que moi de tout ce qui la regarde. Si je pouvois lui être utile, mes embarras ne m'empêcheroient point d'être tous les jours auprès d'elle; mais cela ne convient pas dans les circonstances présentes, et c'est par égard pour elle et pour votre maison, que je m'en abstiens. Je ne le fais qu'avec beaucoup de répugnance, et on doit me tenir compte de tous les pas que je ne fais point. Dites-lui que je la prie de ne mourir point cette fois-ci, et d'attendre une autre occasion où je serai plus libre de l'aller voir.

Pour mon livre, je l'ai fait avec un cœur droit et soumis à l'Église. Je ne le crois bon qu'à cause que je trouve un certain nombre de très bons théologiens qui le croient vrai, et conforme aux ouvrages des saints. Ceux qui l'attaquent le prennent dans un sens qui n'a aucun rapport avec le mien [1]. Ils avouent eux-mêmes que mon sens est très catholique. Cependant, ma chère sœur, le bruit que font tant de personnes de mérite doit vous faire suspendre votre jugement. Moi-même je crois devoir me défier de toutes mes pensées les plus claires, et redoubler mon attention pour écouter les pensées des autres, et pour leur expliquer plus clairement les miennes. D'ailleurs mon livre, supposé qu'il soit bon, n'est pas utile à tout le monde. Ce n'est pas une simple lecture de piété pour le commun des bonnes âmes. Il n'est fait que pour ceux qui conduisent, et par rapport aux âmes de l'état dont je parle. Je conclus donc, ma chère sœur, par toutes ces raisons, que vous ne devez ni lire mon livre, ni le faire lire à la personne dont vous me parlez. Ce ne seroit qu'une curiosité, et vous savez combien je crois que la curiosité doit être retranchée des lectures pieuses. Mille assurances, s'il vous plaît, à notre malade, du zèle avec lequel je prie pour elle. Je serai, ma chère sœur, à vous en notre Seigneur, toute ma vie très cordialement.

67. — A M. DE NOAILLES,

ARCHEVÊQUE DE PARIS.

Il lui rappelle tous les faits relatifs à la publication du livre des *Maximes*, et tâche de justifier la doctrine de ce livre.

8 juin 1697.

L'extrémité où l'on pousse l'affaire de mon livre m'oblige, monseigneur, à vous rappeler tous les faits passés. Je vous supplie de ne prendre pour vous aucune des plaintes que je ferai, parce que je ne vous impute aucune des choses dont je me plains. Je suis très persuadé que celles mêmes qui viennent de vous n'en viennent qu'à regret, et parce que vous croyez ne pouvoir mieux faire pour moi dans les circonstances présentes.

Vous savez mieux que personne, monseigneur, ce qui m'a empêché d'approuver le livre de M. de Meaux, ce qui m'a fait composer le mien, et avec quelles précautions je l'ai fait. Vous vous chargeâtes de dire à madame de M. (*Maintenon*) mes raisons pour n'approuver pas le livre de M. de Meaux, et vous le fîtes avec une bonté que je ne dois jamais oublier.

J'ai retouché devant vous, dans mon livre, tout ce que vous avez cru à propos d'y retoucher pour le rendre plus précautionné. Je ne vous ai résisté en rien, ni pour ma conduite ni pour mes expressions.

A l'égard de M. de Meaux, vous savez mieux que personne son procédé et le mien. Quand on me réduira au dernier éclat, je n'aurai pas beaucoup de choses à dire pour ouvrir les yeux du public.

Je me hâte de venir au scandale qu'on a fait sur mon livre. Vous vous souvenez bien, monseigneur, que j'offris d'abord, à madame de M. à Saint-Cyr, en votre présence, et qu'ensuite j'eus

---

[1] Bossuet attaque cette lettre, et cite ce passage, dans son *Second Écrit contre le livre des Maximes*, surtout n. XIX; *Œuvres*, tom. XXVIII, pag. 428.

[1] A la tête de quelques copies de cette lettre, on lit ces mots : « Pour servir de mémoire seulement, car cette lettre n'a point » été rendue. »

l'honneur de dire au roi que je recommencerois l'examen de mon livre avec les personnes qui l'avoient d'abord examiné; savoir, vous, monseigneur, M. Tronson et M. Pirot. Il ne devoit être question, dans cet examen, que de la doctrine essentielle à la foi par rapport à mon livre. Je posai pour condition principale l'exclusion de M. de Meaux. J'ai encore le Mémoire que M. le duc de Chevreuse prit la peine de vous communiquer, et dont vous acceptâtes toutes les conditions. Celle-là étoit une des premières. Le roi eut la bonté de consentir que je fisse cet examen en cette manière, et m'en a encore fait demander l'exécution par M. le duc de Beauvilliers depuis peu de temps. Cette exclusion de M. de Meaux ne venoit d'aucun ressentiment, mais d'une fâcheuse nécessité où il m'avoit réduit de n'avoir plus rien à traiter avec lui, après la conduite qu'il avoit tenue à mon égard depuis plusieurs années. J'avois même été obligé, après la publication de mon livre, de lui écrire un détail de son procédé vers moi, que M. le duc de Chevreuse eut la bonté de lui lire[1], et dont il ne put nier aucun fait. Quoique j'eusse des raisons très fortes à dire, et un pressant intérêt de parler pour me justifier sur les plaintes qu'il faisoit contre mon procédé, je pris le parti de me taire, et de me laisser condamner. Je suis prêt à rendre ce Mémoire public, si par malheur on me réduit à cette nécessité.

M. de Meaux me devoit donner ses remarques, comme il l'avoit promis à M. le duc de Chevreuse, après quoi il ne lui restoit plus qu'à vous laisser faire. Je devois examiner moi-même de nouveau mon livre, et profiter, pour cet examen, des conseils que vous auriez la bonté de me donner après une exacte discussion entre nous. Cet examen ne regardoit que la doctrine de mon livre. Voilà les bornes précises de mon engagement. Le Mémoire que M. le duc de Chevreuse vous communiqua dans le même temps, et dont vous acceptâtes toutes les conditions, en fait foi. Je le joins à celui-ci.

Plus de quatre mois se sont écoulés sans que M. de Meaux ait exécuté ce qu'il avoit promis. Il avoit dit d'abord que je serois le seul qui verroit ses remarques sur mon livre; ensuite il ajouta qu'il les montreroit aussi à vous, monseigneur, et à M. de Chartres. Il s'est servi de ce prétexte pour former insensiblement des assemblées, que vous avez cru devoir laisser tenir pour avoir égard à la nécessité du temps, et qui n'ont pas laissé, contre votre intention, de donner une étrange scène au public. Pour moi, je suis encore à recevoir les remarques que M. de Meaux m'avoit promises; et vous avez jugé vous-même, monseigneur, que je ne devois plus les attendre, lorsque vous m'avez dit les principales choses qu'on critique dans mon livre, et que j'ai marquées en votre présence dans une espèce d'agenda. Ainsi la personne que j'avois exclue de l'examen de mon livre m'en a exclu moi-même, et mon affaire s'est traitée sans moi, par des personnes qui n'auroient dû s'en mêler qu'avec moi et à ma prière. On me tenoit en suspens; on me faisoit perdre un temps précieux; on faisoit durer le scandale, et j'étois l'homme du monde qui savoit le moins de nouvelles de sa propre affaire, pendant qu'on décidoit du sort de mon livre. Vous étiez le seul, monseigneur, qui me montriez une sincère inclination pour me ménager, et qui voyiez à regret ce que vous ne pouviez plus empêcher.

Enfin, dès que les assemblées ont été finies, on a compté que tout étoit décidé, et on n'a plus songé qu'à me ramener comme un esprit malade. Quand j'ai eu l'honneur de vous voir en présence de M. Pirot, je lui dis qu'il n'étoit pas permis d'attaquer le livre d'un évêque, sans être tout prêt à lui montrer deux choses, savoir, d'un côté, des propositions extraites de son livre, et qui n'eussent, dans toute la suite du livre, aucun correctif; d'un autre côté, des propositions formellement contradictoires, qui fussent ou des propositions révélées, ou des conclusions théologiques. J'ajoutois qu'on ne pouvoit jamais suivant cette règle qualifier aucun endroit de mon livre comme hérétique ou comme erroné. L'espèce d'agenda que j'avois fait sur les choses que vous m'aviez dites en gros dans notre première conversation, ne marquoit ni les propositions de mon livre qu'on vouloit qualifier, ni les propositions de foi qu'elles contredisoient, ni les qualifications qu'on pouvoit faire. M. Pirot fut réduit à me dire qu'il ne pouvoit s'engager à écrire ces choses; que l'Église, dans ses décisions, n'avoit presque rien dit sur l'espérance, et que saint Thomas n'avoit raisonné en cette matière que sur les idées d'Aristote, sans citer aucun Père. C'étoit m'avouer qu'il n'y avoit aucune proposition de foi, ni aucune conclusion théologique sur l'espérance, dont la proposition contradictoire se trouvât dans mon livre.

Suivant la règle de mon Mémoire, j'étois en droit de demander qu'on reconnût que mon livre n'étoit ni hérétique, ni erroné, puisque M. Pirot n'en pouvoit donner aucune preuve. J'avois même

---

[1] C'est la lettre 61, du 9 février précédent, ci-dessus p. 511 et suiv.

intérêt qu'on fît particulièrement cette déclaration sur la matière du quiétisme, avant que de passer outre : mais j'oubliai tout ce qui m'intéresse le plus, pour tâcher de finir le scandale.

Je demandai si on convenoit de la doctrine d'une lettre que j'avois écrite à M. de Chartres sur la matière de l'espérance ; j'ajoutai que j'avois une réponse par écrit, où M. de Chartres approuvoit cette doctrine. Je demandai si je pouvois compter sur elle comme sur un fondement certain. Enfin je dis que si la doctrine de cette lettre ne suffisoit pas, on devoit me dire précisément ce qu'il falloit y ajouter, afin que je pusse au moins savoir ce qu'on me demandoit, et sur quel fondement je pouvois travailler aux éclaircissements qu'on desiroit. On conclut enfin que la doctrine de ma lettre à M. de Chartres étoit saine et suffisante. Je me chargeai, selon vos conseils, monseigneur, de donner, suivant cette doctrine, des éclaircissements pour les joindre à mon livre dans une nouvelle édition. Pour moi, je m'en tiens inviolablement à cette règle arrêtée entre nous, et je vous supplie très humblement, monseigneur, d'avoir la bonté d'agréer que nous n'y changions rien.

J'ai travaillé sur ce plan arrêté par vous-même, et j'ai achevé des éclaircissements par lesquels je démontre que tout mon livre ne peut jamais signifier que la doctrine de ma lettre à M. de Chartres. Ainsi, monseigneur, je vous ai cru en tout ; j'ai accompli fidèlement tout ce que j'avois promis, et je ne demande que l'exécution des choses arrêtées.

Vous savez, monseigneur, que vous n'avez fait jusqu'ici aucune discussion avec moi. Après celle de M. de Meaux, qui a été si longue, il n'est pas juste de conclure sans m'avoir entendu. Pour moi, je ne saurois croire que l'examen soit fini, puisque nous ne l'avons pas encore commencé. Quand vous aurez discuté patiemment toutes choses avec moi selon votre engagement, et que nous aurons examiné mes éclaircissements tous ensemble, vous serez en état de me donner des conseils proportionnés au fond de la doctrine ; et vous verrez alors, monseigneur, combien je desire vous témoigner toute la déférence et toute la confiance possible.

Mais voici une chose dont je ne puis assez louer Dieu ; c'est que ma lettre à M. de Chartres, approuvée par vous et par lui, ne laisse plus rien à desirer sur ma doctrine touchant l'espérance, qui est la seule difficulté importante dans tout mon système. Il ne s'agit donc plus de ma foi. Je pense, de votre aveu et de celui de M. de Chartres, sur l'espérance et sur les autres vertus, précisément comme vous pensez l'un et l'autre. Je signerai de mon sang cette lettre approuvée par vous deux. Voilà donc ma doctrine hors d'atteinte. S'il y a quelques autres points sur lesquels on veuille faire des équivoques, on n'a qu'à me les marquer ; je les lèverai de même si clairement, que ceux qui les auront faites en seront contents.

Quelle difficulté reste-t-il donc ? aucune sur le fond. Il ne faut plus parler de ma foi, puisqu'on l'approuve ; il ne s'agit plus que de mon livre. On convient que ma doctrine est pure, et on ne peut souffrir que je démontre qu'elle est aussi pure dans mon livre que dans ma lettre à M. de Chartres. Il n'y a point de particulier à qui on refuse la liberté de s'expliquer, et on la refuse à un évêque. On devroit m'en prier, et on m'en empêche. Pallavicin[1] dit que Cajetan fut universellement blâmé à Rome de n'avoir pas voulu recevoir l'explication de Luther, et de lui avoir demandé une rétractation. Quand même je serois aussi hérétique que je suis catholique et zélé pour la foi, on devroit en conscience supporter ma mauvaise honte, et se contenter d'une explication.

Mais je suis bien loin, Dieu merci, de cette situation. Je suis évêque ; je n'ai jamais rien fait de douteux : on ne peut m'opposer que mon livre. On avoue que mes sentiments sont très purs, et on craint que je ne démontre que mon livre ne renferme que ces sentiments, qu'on a approuvés.

Ou mon livre est contraire aux sentiments qu'on approuve en moi, ou il y est conforme. S'il y est contraire, mes explications paroîtront forcées : c'est à moi à prendre garde de ne me déshonorer pas par une rétractation déguisée ; mais enfin rien ne renverseroit tant mon livre, et n'autoriseroit davantage la vérité, que cette rétractation déguisée par une mauvaise honte. Mais, comme je ne veux rien hasarder contre l'honneur de mon caractère, je ne donnerai aucune explication qui ne soit évidente, et qui ne paroisse telle aux personnes les plus éclairées et les moins suspectes.

Que si mon livre est conforme aux sentiments qu'on approuve dans ma lettre, pourquoi me refuse-t-on la liberté de le justifier, pour l'édification de toute l'Église ? Encore une fois, j'offre de démontrer que mon livre ne contient ni ne peut jamais contenir que la doctrine qu'on approuve dans ma lettre à M. de Chartres. Quand on poussera les choses à l'extrémité pour m'empêcher de me justifier par la justification claire et simple de mon li-

---

[1] C'est bien ce que disent quelques historiens ; mais le cardinal Pallavicin justifie Cajetan, loin de le blâmer. Voyez son *Hist. du Conc. de Trente*, liv. I, ch. IX, X, XIII.

vre, peut-être que le public, qui jusqu'ici n'a entendu que les personnes prévenues contre moi, m'écoutera enfin quand je parlerai, et qu'il ouvrira les yeux sur des choses si claires. Ce qui est certain, c'est que je parlerai et écrirai, s'il plaît à Dieu, avec tant de clarté, que toutes les équivoques qu'on forme se dissiperont, et qu'on verra clair dans mes sentiments.

Je le déclare donc, monseigneur; je ne consentirai jamais à expliquer mes sentiments, sans les expliquer par mon livre même. Je ne puis, sans blesser ma conscience et l'honneur de mon caractère, mettre en doute le sens d'un livre qui, pris dans toute son étendue, avec tous ses correctifs, ne peut jamais avoir qu'un seul sens, qui est le bon, et celui qu'on approuve dans ma lettre à M. de Chartres.

Si on veut que j'aie tort, et me réduire à une explication qui abandonne mon livre, pour me donner au public comme un homme qui se rétracte, on veut une injustice à laquelle je ne puis consentir. Je paroîtrois abandonner la doctrine du pur amour, telle qu'elle est approuvée dans ma lettre à M. de Chartres, et qui fait tout le système de mon livre. Je paroîtrois entrer dans les sentiments de M. de Meaux, qui ne cesse, depuis un grand nombre d'années, d'attaquer cette doctrine, et qui l'attaque encore indirectement dans son dernier livre. Je trahirois ma conscience; je déshonorerois l'épiscopat par ma lâcheté; je mériterois l'opprobre dont on me couvriroit. Il vaut mieux souffrir d'en être couvert sans l'avoir mérité.

Que prétend-on faire? On ne veut pas entendre le sens de mon livre; on ne veut pas que je le fasse entendre. Peut-on craindre qu'il ne paroisse enfin ce qu'il est? Je veux seulement démontrer que son vrai sens est celui qu'on approuve; on ne veut pas qu'il puisse avoir ce sens. Il ne suffit pas que la bonne doctrine soit en sûreté, qu'elle éclate partout dans mon livre, que l'erreur y soit partout confondue: tout cela n'est rien. Ce qu'il faut, aux dépens de l'honneur de mon caractère et de la paix de l'Église, c'est que mon livre soit mauvais; c'est que je paroisse l'avoir condamné; c'est qu'on puisse dire que je n'ai osé le soutenir, tant il étoit insoutenable. Mais en vérité, monseigneur, souffrez que je vous représente que ce seroit là le plus mauvais parti que je pusse jamais prendre : il auroit toute la honte d'une rétractation, sans en avoir le mérite. J'aimerois cent fois mieux une rétractation tout ouverte; elle auroit au moins de la simplicité et de la bonne foi. Je la ferois de tout mon cœur, si je le pouvois sans blesser la vérité et ma conscience. Mais on ne peut jamais proposer une rétractation, ni directe ni indirecte, à un homme qui offre de démontrer que son livre ne peut avoir qu'un sens qui est déjà approuvé, surtout quand on n'a point encore fait avec lui la discussion qu'on lui a promise.

Je demande donc qu'on me laisse expliquer mon livre suivant ma lettre à M. de Chartres, ou qu'on me laisse envoyer incessamment à Rome les choses qu'on y attend, et que j'ai promises avec la permission du roi.

Si on ne vouloit que conserver la saine doctrine et finir le scandale, on seroit ravi de me voir prêt à faire cette explication. Tout au contraire, on la craint; et pendant qu'on est d'accord avec moi pour la doctrine, de laquelle seule on assure qu'on est en peine, on me pousse comme si on me croyoit hérétique. Faut-il que la hauteur et la chaleur de ceux qui me poussent soient la règle à laquelle on me sacrifie? Ma réputation, importante à mon ministère, la paix de l'Église et l'édification publique ne devroient-elles pas être préférées à l'intérêt de ceux qui ne veulent pas s'être trompés sur mon livre, puisque d'ailleurs la vérité est pleinement à couvert? Le scandale ne dure donc qu'à cause qu'on veut que j'aie eu tort, que les autres aient eu raison, et que je paroisse l'avouer.

M. de Chartres, dans une lettre qu'il m'a écrite et que je garde, laisse voir très naturellement cette inquiétude par les termes que je vais rapporter mot à mot : « Si vous soutenez ce livre par des » explications, on le tiendra bon, utile, sain dans » sa doctrine; on le réimprimera; on accusera » de peu d'intelligence ou de mauvaise intention » tous ceux qui le condamneront. Ainsi il aura » cours, etc. » Peut-on dire plus clairement qu'on sent que je pourrai faire sans peine des explications décisives, et qu'on craint que le public ne sache mauvais gré à ceux qui ont fait tant de bruit contre moi avec si peu de fondement?

Il me reste une autre difficulté : c'est qu'on veut me faire adhérer aux censures de mes trois confrères qui ont censuré les livres de madame Guyon. J'ai parlé, dans ma lettre au pape, sur ces censures, d'une manière dont on doit être satisfait; et j'aurois pu m'en dispenser, car personne n'étoit en droit de l'exiger de moi. J'ai loué le zèle des évêques, et j'ai dit que les livres étoient censurables *dans le sens qui se présente naturellement à l'esprit : in sensu obvio et naturali.* C'est l'expression la plus forte dont le Saint-Siége se serve en ces matières.

Je ne puis donc ajouter rien de réel à ce que j'ai dit dans ma lettre au pape. C'est à mon supérieur et à mon juge à qui je rends compte de mes sentiments, dans l'occasion toute naturelle que j'avois de lui parler des XXXIV Articles que j'ai arrêtés avec vous, monseigneur. J'ai parlé dans cette lettre avec respect pour mes confrères, en termes honorables pour leurs censures; et j'ai dit que les livres qu'ils ont censurés sont censurables, dans le sens qui se présente naturellement. J'ai compté de mettre cette lettre à la tête de mon livre, dans une nouvelle édition : c'est sans doute l'acte le plus décisif et le plus solennel que je puisse donner au public. L'unique chose qu'on m'objecte, c'est que je n'ai pas nommé expressément les livres de madame Guyon. Mais pour dissiper une objection si mal fondée, et pour m'expliquer sur les deux livres de madame Guyon, intitulés *Moyen court et facile*, etc., et *Explication du Cantique*, je mettrai les noms de ces deux livres à la marge de ma lettre au pape.

Après avoir posé ce fondement, ne m'est-il pas permis de demander de quel droit on veut exiger de moi une adhésion aux censures? Est-ce une chose qui entre dans la doctrine de mon livre dont j'ai promis de recommencer l'examen? L'Église a-t-elle fait un formulaire là-dessus? Trois évêques, quelque mérite qu'ils aient, sont-ils l'Église? peuvent-ils faire la loi à leur confrère? L'Église demande-t-elle cette adhésion aux autres évêques? Pourquoi vouloir me flétrir, en me distinguant par une demande si affectée, pendant qu'on témoigne s'intéresser si vivement sur ma réputation? Qu'ai-je fait que mon livre, dont j'offre de démontrer que la doctrine est déjà approuvée dans ma lettre à M. de Chartres? Ce que j'ai dit au pape sur les livres de madame Guyon est simple, libre, naturel, à propos et décisif. Ce que je dirois dans une adhésion aux censures, dans les circonstances présentes, n'y ajouteroit rien, et paroîtroit forcé. Je le dirois à pure perte, et avec les apparences d'un homme foible, qui fait par crainte une abjuration déguisée.

Je ne crains point l'accusation du quiétisme; car je parlerai si haut là-dessus, que je détromperai bientôt le public des moindres soupçons. Mais pour les partis bas, et suspects de politique en matière de religion, si je les prenois, ils déshonoreroient mon ministère, et me laisseroient un soupçon ineffaçable. Si on ne veut que s'assurer de ma doctrine, on en est pleinement assuré par ma lettre à M. de Chartres, sur laquelle j'expliquerai mon livre. Si on n'est en peine que de ma réputation, et

qu'on me croie de bonne foi, on n'a qu'à répondre au public de la pureté de ma doctrine, comme d'une chose qu'on connoît à fond. Le public croira mes confrères, quand ils déclareront qu'ils sont contents. Ne me doivent-ils pas en conscience ce témoignage, puisqu'ils approuvent ma doctrine, et qu'ils me croient sincère? Mon livre expliqué achèvera ma justification. Mais si on veut finir brusquement cette affaire, et si on ne veut nous laisser exécuter aucune des choses qu'on m'a promises, que pourra-t-on dire au public?

Dira-t-on que mon livre est si mauvais, qu'il ne peut être expliqué bénignement? J'en répandrai dans toute l'Église une explication courte, simple, naturelle, exactement conforme à ma lettre qui est approuvée. Je lèverai l'équivoque grossière du motif spécifique des vertus, et du motif intéressé ou mercenaire, que l'on confond mal à propos, contre la tradition des saints de tous les siècles; ce sera alors qu'on verra ce que M. de Chartres craint : « Mon livre, soutenu par ces explications, paroî-
» tra bon, utile, sain dans la doctrine ; on le réim-
» primera ; on accusera de peu d'intelligence ou de
» mauvaise intention ceux qui l'auroient condamné;
» il aura cours, etc. »

Dira-t-on qu'on n'a pas cru devoir tolérer mon livre, quoiqu'il ne fût point contraire à la foi, parce qu'il favorise les illusions de madame Guyon? Je montrerai que mes principes ne peuvent jamais souffrir l'illusion, et que j'ai porté les correctifs plus loin que les saints les plus approuvés. Je ferai voir que mon livre réprime bien plus sûrement l'illusion dans la pratique, que celui de M. de Meaux, qui autorise une oraison très dangereuse en ce qu'elle attaque la liberté d'une manière indéfinie.

Dira-t-on qu'on ne pouvoit me laisser expliquer mon livre, parce que je ne voulois pas adhérer aux censures de mes trois confrères? Tout le monde verra dans mon livre la condamnation formelle de toutes les erreurs qu'ils ont condamnées; et dans ma lettre au pape, l'équivalent d'une censure des livres qu'ils ont censurés.

Dira-t-on que j'ai manqué à ce que j'avois promis au roi, pour examiner de nouveau mon livre? Mais pourrai-je taire que j'ai attendu inutilement plus de quatre mois des remarques promises par M. de Meaux, d'abord à M. le duc de Chevreuse et ensuite à M. le cardinal de Bouillon, au P. de La Chaise, et à plusieurs autres personnes considérables? Pourrai-je taire qu'après ces étranges longueurs, au lieu de commencer régulièrement l'examen avec moi, on s'est plaint du retardement comme s'il fût venu de ma part, et que j'eusse refusé toutes sortes d'éclaircissements; qu'enfin on n'a songé qu'à finir brusquement, sans examen, pour éviter la justification de mon livre? Ce n'est pas vous, monseigneur, à qui j'impute ces choses : elles viennent, malgré vous, de ceux qui n'entrent pas dans les ménagements que vous souhaiteriez.

Pourrai-je taire que j'ai demandé les propositions de foi et les conclusions théologiques auxquelles celles de mon livre sont formellement contradictoires, et que M. Pirot n'a jamais pu m'en marquer une seule? La preuve claire qu'il ne l'a pu, c'est qu'il ne le pourroit pas encore, et que je ne crains pas qu'il s'engage à me donner des propositions de foi ou des conclusions théologiques dont les contradictoires soient formellement dans mon livre, sans correctifs précis et évidents. Pourrai-je taire qu'après qu'on a agréé et souhaité si souvent que j'expliquasse mon livre pour le justifier, enfin tout-à-coup on me propose un parti bien différent, sans avoir rien discuté avec moi? Mais quel est ce parti? C'est qu'il faut expliquer courtement ma doctrine, sans oser dire qu'elle est celle de mon livre; c'est qu'il faut mettre au bas d'une espèce de formule de foi que j'abandonne mon livre, s'il signifie quelque autre chose que cette formule. Ne verra-t-on pas bien que je n'ose soutenir mon livre, et que j'en fais une abjuration tacite? Est-ce ainsi qu'on veut rétablir ma réputation?

Voilà des faits que je ne puis laisser ignorer à toute l'Église; ces faits sont inouïs, et parlent d'eux-mêmes. Je les ferai entendre malgré moi, et avec un cœur plein d'amertume : mais il ne me sera pas permis de me taire, et je manquerois à mon ministère.

¹ On s'imaginera répondre à tout, en disant que je suis entêté de madame Guyon. Mais en vérité je ne comprends pas comment des personnes, qui font profession de piété, ne font aucun scrupule de supposer et de répandre partout que je suis dans cet entêtement. Quelle preuve en ont-ils? quel fait, quelle parole peuvent-ils alléguer?

Je connus madame Guyon à peu près vers le temps que je vins à la cour : j'étois prévenu contre elle. Je lui demandai des explications sur sa doctrine; elle me les donna : je les crus suffisantes pour une femme. M. Boileau fut encore plus satisfait que moi de ces mêmes explications qu'elle lui donna sur son livre intitulé *Moyen court*. Il

¹ Ce qui suit, jusqu'à ces mots, *et point celle des hommes*, pag. 526, est barré en partie dans l'original. Il nous a paru utile de le conserver.

voulut même qu'on les imprimât dans une nouvelle édition du livre. M. Nicole les approuva aussi, et demanda seulement quelques additions. Je n'ai vu ni pu voir bien souvent madame Guyon. Mon principal commerce avec elle a été par lettres, où je la questionnois sur toutes les matières d'oraison. Je n'ai jamais rien vu que de bon dans ses réponses; et j'ai été édifié d'elle, à cause qu'il ne m'y a paru que droiture et piété. Dès qu'on a parlé contre elle, j'ai cessé de la voir, de lui écrire, et de recevoir de ses lettres, pour ôter tout sujet de peine aux personnes alarmées.

L'entêtement qu'on me reproche ne m'a pas empêché de dire à madame de Maintenon, dès les commencements de l'affaire, que les livres de madame Guyon étoient censurables en rigueur, quoiqu'ils pussent être excusés par l'ignorance d'une femme qui a écrit sans précaution avant l'éclat du quiétisme. Mon entêtement ne m'a pas empêché d'opiner qu'on supprimât son livre; qu'elle condamnât les erreurs qu'on lui imputoit, et qu'elle se retirât en quelque lieu éloigné de tout commerce; qu'on informât rigoureusement sur ses mœurs, disant que si elle étoit méchante, elle l'étoit plus qu'une autre. Mon entêtement ne m'a pas empêché de la laisser censurer, emprisonner, diffamer, sans avoir dit jamais aucune parole, ni dans les conversations ordinaires, ni dans les entretiens de confiance, à mes amis. Les seules personnes à qui j'en ai parlé, quand elles m'ont interrogé, sont madame de Maintenon, vous, monseigneur, MM. de Meaux et de Chartres, et M. Tronson. Mon entêtement ne m'a pas empêché de conseiller à ceux qui avoient les livres de madame Guyon de s'en défaire après les censures. Mon entêtement ne m'a pas empêché d'arrêter les XXXIV Articles, n'ayant d'abord insisté que sur le pur amour que je voulois qu'on mît hors d'atteinte, et sur l'oraison passive, qu'il me paroissoit dangereux d'autoriser sans la définir. Mon entêtement ne m'a pas empêché de faire un livre duquel les gens les plus échauffés vous ont dit, en propres termes, que j'y *mettois en poudre toutes les erreurs de madame Guyon* : et en effet on ne peut marquer aucune des erreurs condamnées dans les XXXIV Articles, ou dans les censures, qui ne soit fortement condamnée dans mon ouvrage. Mon entêtement ne m'a pas empêché d'écrire au pape, de mon pur mouvement, que les livres de madame Guyon, censurés par les évêques, méritent de l'être dans leur sens naturel; ce qui est l'expression la plus décisive. Si c'est là un entêtement, j'ose dire qu'on n'en a jamais vu un de cette espèce parmi les hommes. Mais ne pourroit-on pas dire que c'est un prodigieux entêtement que d'en supposer toujours un tel en moi, sans en pouvoir donner aucune preuve?

Il est vrai que j'ai été édifié de madame Guyon pour toutes les choses que j'en ai vues. Est-ce un crime qui mérite un si grand scandale? Je ne connois aucun ouvrage d'elle que son *Moyen court* et son *Explication du Cantique*. Elle m'a toujours protesté qu'elle n'étoit point dans les voies de visions et d'inspirations miraculeuses, mais au contraire dans celles de pure foi, où l'on n'a point d'autre lumière que celle qui est commune à tous les fidèles. Elle m'a toujours paru craindre les autres voies, comme sujettes à de très grandes illusions.

Pour les temps qui ont suivi ceux où j'ai entièrement cessé de la voir, je n'en saurois parler, et j'en laisse juger ceux qui ont l'autorité pour en faire l'examen. Je ne pourrois en porter un vrai et solide jugement, qu'en l'examinant par moi-même, et la faisant expliquer à fond sur ce qu'on lui impute d'avoir dit ou fait. Je suis aussi éloigné de vouloir faire cet examen de madame Guyon, qu'on est éloigné de vouloir que je le fasse. Je serois le premier à la réprimer et à la condamner, si elle vouloit, dans les lieux où j'aurois l'autorité, passer les bornes que l'Église donne à son sexe. J'ai déclaré au pape que les livres sont censurables : mais quand même ils ne le seroient pas, je voudrois, pour l'autorité de l'épiscopat, empêcher qu'on n'ébranlât les censures de mes confrères. Voilà tout mon entêtement; voilà l'unique fondement sur lequel des gens de bien, qui se disent mes amis, ne font point de scrupule de me traiter de fanatique. Quand même je serois effectivement trop prévenu en faveur de madame Guyon, pourvu que je voulusse qu'elle demeurât dans le silence et dans la soumission aux pasteurs, devroit-on faire contre moi tout le scandale qu'on a causé? Ceux qui l'ont fait en rendront compte à Dieu. La crainte d'une chimère pour l'avenir leur fait faire un mal présent, et plus grand que celui qu'ils craignent. Je ne veux regarder dans tout ceci que la main de Dieu, et point celle des hommes.

Je défendrai mon livre à Rome, en y envoyant mes explications, si on refuse de les faire paroître ici; et j'y enverrai aussi les preuves, tirées tant des Pères que des autres saints. J'espère de la bonté du roi qu'il me laissera la liberté de me justifier à Rome; et j'espère aussi que le pape, loin de me condamner sans m'entendre, laissera mon livre sans tache, s'il est bon, ou le fera corriger, s'il n'a besoin que de quelques correctifs; ou du moins ne le condamnera qu'après que la matière en aura été traitée à fond. On verra alors quelle sera ma soumission pour son jugement.

Enfin, si on ne veut point me laisser réimprimer mon livre avec les éclaircissements qu'on m'a tant demandés, et que nous avions arrêtés dans notre dernière conférence, que je donnerois au plus tôt; je ne me plaindrai point de ce qu'on vous empêche de suivre le plan arrêté entre nous; je me contenterai, monseigneur, d'un expédient très simple et très pacifique. J'enverrai au pape mon livre manuscrit, avec mes additions pour l'éclaircir sur tous les points qui font de la peine, et avec des marques pour distinguer tout ce qui est ajouté d'avec l'ancien texte, qui sera rapporté fidèlement tout entier; après quoi j'attendrai en paix, et on n'aura plus ici aucun besoin de s'inquiéter. Si le pape juge que le fond de la doctrine de mon livre est mauvais, après son jugement j'aurai une autorité suffisante pour me soumettre en conscience. Alors je me rétracterai ouvertement, et ma rétractation simple sera aussi édifiante que ma rétractation déguisée seroit, dans les circonstances présentes suspecte et honteuse. Je dirai hautement que je me suis trompé, puisque le Saint-Siége condamne le principe fondamental de tout mon système.

Si le pape juge que le fond du système est vrai, mais qu'il est nécessaire d'y ajouter encore de nouveaux éclaircissements, et des correctifs plus forts ou plus fréquemment répétés, j'y satisferai suivant ses intentions. S'il trouve que mon livre, tel que je le lui enverrai, est hors d'atteinte, et ne laisse rien à désirer contre le quiétisme; en un mot, s'il me laisse la liberté de le faire réimprimer en cet état, je conjurerai mes confrères les plus zélés de ne s'opposer pas à ce que le Saint-Siége m'aura permis. Ainsi tout finira en paix, quelque décision que je reçoive; et en attendant cette décision, il ne sera plus question de rien entre nous ici. Ceux qui aiment la paix sont obligés en conscience de prendre ce parti, et à le conseiller fortement, plutôt que de faire un horrible scandale. Ceux qui sont passionnés ou prévenus, jusqu'à rejeter un tel parti pour pousser les choses à l'extrémité, ne peuvent en conscience être ni crus ni écoutés par ceux qui agissent selon Dieu.

Je finis, monseigneur, par où j'ai commencé, c'est-à-dire par vous protester que je n'ai que des remerciments tendres et respectueux à vous faire. Je sens vos bontés dans tout ce que vous pouvez, et votre peine dans tout ce que vous ne pouvez pas. Je reçois vos conseils comme vous me les donnez, par rapport aux conjonctures. Je n'aurois à me plaindre de personne, si tout le monde vous ressembloit, ou si vous pouviez modérer les autres.

68. — A L'ABBÉ DE CHANTERAC.

Il le prie de communiquer ses *Éclaircissements* à diverses personnes.

Versailles, samedi 22 juin (1697).

Je vous supplie, mon cher abbé, de montrer, si vous ne l'avez déjà fait, mes dix-neuf demandes[1] à M. Tronson et au P. de Valois. Il faut aussi les montrer à M. Le Merre : mais il ne faut pas les changer sans de grandes raisons ; autrement nous serions sans cesse à retoucher, et nous ne finirions rien, ce qui seroit un plus grand inconvénient que les défauts particuliers de l'écrit. Quand vous verrez quelque chose qui méritera un changement, faites-le sur-le-champ sans me le demander, et sans attendre une réponse ; car il faut se hâter. Quand, au contraire, vous verrez des observations qui ne seront pas nécessaires, vous pouvez alléguer la raison de mon absence, et l'engagement où vous êtes de donner au plus tôt l'écrit à M. de Beaufort pour M. l'archevêque de Paris. J'ai oublié de vous dire qu'il y a un homme auquel il est très pressé de donner mon *Éclaircissement*[2] : c'est M. l'évêque d'Amiens[3] ; il a grande envie de le voir. Il part lundi ou mardi prochain. Je lui ai promis l'*Éclaircissement* avant son départ, et c'est un ami que je ne dois pas négliger. Il l'aura bientôt lu. Il faudroit aussi lui communiquer les *Demandes*, afin qu'il pût rendre le tout avant son départ. Je suppose que M. l'abbé de Maulevrier a eu la bonté d'envoyer mon *Éclaircissement* à l'archevêché.

Pour M. l'évêque de Chartres, il ne faut pas se hâter de lui montrer l'*Éclaircissement*. Je voudrois que M. Tronson, le P. de Valois et quelques docteurs le vissent auparavant. C'est pourquoi il faut se presser, et ne perdre pas un moment. Je voudrois aussi que M. Le Merre, s'il le trouve bon, en conférât au plus tôt avec M. Boileau.

Pour vous soulager dans les révisions, ne pourriez-vous pas vous aider de ce M. de La Vergne dont vous m'avez parlé, et que j'ai vu? Vous éprouveriez par-là le fond de son esprit, et de quoi il est capable. Vous ferez là-dessus ce que vous jugerez à propos.

Il faut inculquer à M. de Chartres que je veux bien rendre compte à M. de Meaux comme à mon confrère, mais par écrit seulement, et à condition qu'il écrira de son côté comme moi du mien, et que nous serons en maisons séparées. Pour l'examen de mes explications, je ne puis consentir qu'on lui en fasse aucune part, et je finirai tout dès que j'apercevrai qu'on veut me faire compter avec lui. Pour le fond de mes sentiments et de mes explications, je veux essuyer la critique la plus rigide des docteurs. Vous voyez bien, mon cher abbé, que la fermeté fait mieux qu'une conduite timide, et accommodante à la hauteur des autres. Mandez-moi, si vous en avez le temps, des nouvelles de M. Tronson.

Il faudra donner les *Demandes* à M. de Beaufort pour M. de Paris, tout le plus tôt que vous le pourrez. Pardon de tant de peines ; Dieu seul peut vous en tenir bon compte.

Je suppose que M. de Toul[1] verra l'*Éclaircissement* avec M. Le Merre. Si vous voyez M. Le Merre, tâchez de lui faire entendre que le temps d'un mandement seroit après l'orage fini. Alors il ne seroit pas suspect d'être fait par une lâche politique.

69. — AU MÊME.

Il lui donne diverses instructions sur l'affaire présente.

A Versailles, 24 juin (1697).

Je vous conjure, mon cher abbé, de ne perdre pas un moment pour M. d'Amiens, qui auroit raison d'être surpris que je ne lui eusse point communiqué mon *Éclaircissement* avant son départ. Je suppose que vous avez eu la bonté de donner l'*Éclaircissement* au P. de Valois, pour lui et pour ses docteurs. Il paroît, par les choses que vous me mandez, que M. de Chartres avoue que le motif spécifique et le motif intéressé ne sont pas la même chose, en sorte qu'on peut espérer sans aucun intérêt. Ce point seul devroit lui décider toutes les difficultés de mon livre : mais je ne compte pas qu'il sache ni demeurer ferme dans le principe, ni l'appliquer au détail des endroits qui le scandalisent. Je voudrois bien que les bonnes têtes eussent toutes senti la vérité de mon *Éclaircissement*, et le dénouement général qu'il donne naturellement à tout mon livre, avant que d'entrer en discussion avec M. de Chartres. C'est par cette raison que je

---

[1] Ce sont les *vingt Questions* proposées à Bossuet. Il n'est ici mention que de *dix-neuf Questions*, parce que la vingtième fut ajoutée après coup, comme on le voit par la comparaison des diverses copies, et par la lettre de Fénelon du 25 juin, ci-après.

[2] Nous pensons que cet *Éclaircissement*, dont Fénelon parle encore dans plusieurs des lettres suivantes, est une pièce manuscrite que nous avons entre les mains, sous ce titre : *Éclaircissement qui servira de première partie au livre des* Maximes.

[3] Henri Feydeau de Brou, nommé en 1687, mort en 1705.

[1] Henri de Thiard de Bissy, transféré à Meaux en 1704.

demeurerai ici le plus long-temps que je pourrai. Je m'en retournerai néanmoins quand il le voudra; mais il est bon de lui représenter l'inutilité de commencer, avant que d'avoir un certain nombre de copies au net. M. Le Merre pourra, en attendant, conférer avec M. Boileau ; et, d'un autre côté, les docteurs du P. de Valois pourront examiner.

Pour ce qui est d'un livre qui ne fasse aucune mention favorable du premier, c'est ce que je ne ferai jamais. Il faudroit en même temps me démettre de l'archevêché de Cambrai. Ce seroit me déshonorer sans ressource, de peur de fâcher M. de Meaux ; ce seroit un aveu tacite de mon erreur, qui auroit des apparences de l'abjurer de mauvaise foi, et par crainte, à l'extrémité. On ne devroit plus se fier à moi, loin de s'en servir pour faire de grands biens. Que répondrois-je à ceux qui me parleroient? Si j'avouois que mon livre étoit faux, je trahirois ma conscience. Si au contraire je disois qu'il est bon, on le rediroit au public, et on recommenceroit le scandale. Il ne me reste qu'à me rétracter ouvertement, si mon système entier est faux, ou qu'à m'expliquer d'une manière claire et précise, pour montrer le sens incontestable de mon livre. Tout autre parti est contraire à la conscience, à l'honneur de ma place, et à tous les biens que je puis faire. Ils peuvent choisir de ne me laisser justifier mon livre qu'avec toutes sortes de tribulations, ou de me le laisser justifier en paix, et de concert avec les gens que le roi a agréés : mais, pour la justification, je ne puis en rien relâcher. Quand on voudroit me laisser à la cour, dans la situation où j'y suis, sans justification, je la quitterois sans balancer, plutôt que de laisser les choses douteuses. Dites, je vous conjure, tout ceci à M. Tronson. Dieu, qui voit votre cœur, mon cher abbé, voit aussi le mien. Je ressens toute votre amitié, et la mienne est au comble: *in ipso tamen propter ipsum.*

70. — AU MÊME.

Sur le même sujet.

A Versailles, 23 juin (1697).

Je crois, mon cher abbé, qu'il faut donner mes *Demandes* à M. de Chartres. Pour mon *Éclaircissement*, je voudrois bien savoir qui est-ce qui le lui a communiqué. Est-ce M. Tronson? ne pouvez-vous pas le demander à celui-ci? Seroit-ce M. de Paris? Ceux à qui je confie mon écrit ne devroient pas le confier à d'autres sans mon consentement. Puisque M. de Chartres lit mon *Éclaircissement*, il vaut mieux le lui donner de bonne grace. Mais parlez-en à M. Tronson, et faites tout de concert avec lui. Ne vous fiez pas à la persuasion apparente de M. de Chartres; car j'ai peine à croire qu'il n'y ait quelque mystère caché entre lui et M. de Meaux. M. Tronson vous dira peut-être les précautions à garder. Je vous envoie une *vingtième Demande*, qu'il me paroît à propos de joindre aux autres, et qui fait une des clefs générales de tout mon livre : on peut la mettre la dernière.

Je voudrois bien que vous pussiez faire entendre à M. Le Merre que les gens à qui j'ai affaire triomphent de tous les pas que je fais vers eux, et qu'ils ne se rapprochent en rien de moi pour mes avances. Ils les donnent même au public comme des marques de ma foiblesse. Un mandement, dans le temps présent, paroîtroit affecté; on le regarderoit comme une chose forcée et point sincère. Mon affaire est en chemin de finir sans cela. Si elle finit sans cela, elle finira mieux ; et alors je pourrai prendre les occasions naturelles de faire quelque chose qui soit plus propre à persuader le public, en ce qu'il sera fait en pleine liberté. Si vous pouviez faire entrer M. Le Merre dans cette vue, vous me tireriez d'un grand embarras; car M. Le Merre, persuadé, persuaderoit l'abbé de Maulevrier, que je vois peiné contre moi jusqu'au fond du cœur sur ce mandement, et que je crains de voir avant son départ, à cause de l'extrême peine que j'ai à affliger un si bon ami. Il ne me coûteroit rien, par rapport aux livres de madame Guyon, de redire dans un mandement ce que j'ai déjà dit au pape ; mais l'état où l'on m'a mis demande une conduite ferme, sans bassesse et sans affectation. Je n'apaiserai point par-là le parti que M. Le Merre veut apaiser. La cour ni les prélats ne me le demandent point. Quand je l'aurai fait dans l'extrémité où je suis, en répétant ce que j'ai dit au pape, on ne m'en tiendra aucun compte : ce sera une démarche empressée faite à pure perte. On ne me chicanera pas moins sur l'explication de mon livre. Si, au contraire, je puis finir pour l'explication de mon livre, et me tirer de presse, alors tout ce que je ferai ce que je dirai aura un air de liberté qui pourra persuader le public.

Pour M. de Chartres, évitez, tant que vous le pourrez, qu'il me presse de retourner à Paris; car je voudrois bien que M. Tronson, le P. de Valois, les docteurs, et M. Le Merre avec M. Boileau, eussent bien examiné auparavant mon *Éclaircissement* et mes *Demandes*. Je voudrois gagner jusqu'à la fin de la semaine, et en attendant répandre sans cesse les *Demandes* partout, et l'*Éclaircissement* chez les personnes qui peuvent entrer utilement dans l'affaire. Je vous supplie, mon cher abbé, de voir M. l'évêque de Coutances, qui est un très bon prélat, et qui s'est déclaré pour mon livre; il faudra lui communiquer l'*Éclaircissement*. M. Tronson pourroit en faire part à M. Baudran et à M. le curé de Saint-Sulpice.

Dieu vous tiendra compte des peines que vous prenez pour moi. Je ne veux que lui, et je ne crains que de vouloir quelque autre chose : *minus enim te amat*, etc. C'est en lui que vous m'êtes infiniment cher, et que je vous conjure de m'aimer toujours.

71. — AU MÊME.

Sur le même sujet.

A Versailles, 27 juin (1697).

Je crois comme vous, mon cher abbé, qu'il faut donner l'*Éclaircissement* à M. de Chartres; les autres doivent en avoir beaucoup avancé l'examen. Vous aurez déjà vu M. Tronson, et il se sera apparemment ouvert à vous sur les dispositions du prélat, ou du moins sur ce qu'il croit à propos que nous fassions vers lui. Il faut toujours demander qu'on ne montre point l'*Éclaircissement* à M. de Meaux. Ils manqueront apparemment de parole là-dessus : mais enfin il faut toujours qu'à mon égard, et à l'égard du public, il soit hors de l'affaire. Si vous ne trouvez pas la vingtième *Demande* bien, corrigez-la. Si elle vous paroît bien, il faudroit la leur donner pour l'ajouter aux autres. Il seroit bon aussi de faire savoir à M. l'archevêque de Paris, et de dire à M. de Chartres, que si mes *Demandes* ne sont pas dans une forme respectueuse, ce n'est pas que je veuille jamais manquer au respect dû à M. de Meaux, ni lui faire des interrogations inciviles. C'est un Mémoire fait à la hâte, pour le leur montrer, et qui est encore informe. S'ils trouvent qu'on puisse utilement le donner à M. de Meaux, il faut ôter *n'est-il pas vrai*, et y mettre les termes les plus remplis de déférence. Il seroit bon de leur faire savoir cela au plus tôt. Vous pouvez le dire à M. de Chartres, ou le lui faire dire par M. Tronson; et, d'un autre côté, le faire dire à M. Boileau, pour M. l'archevêque de Paris, par M. l'abbé de Maulevrier. Quand est-ce que cet abbé part? Vous connoissez ma confiance, ma reconnoissance et ma tendresse pour lui. J'irai à Paris exprès pour l'embrasser avant son départ. N'avez-vous point vu M. Le Merre[1]? Vous comprenez ma peine, pour n'en vouloir point faire à ce cher abbé.

Si vous donnez l'*Éclaircissement* à M. de Chartres, comme il le faut, ce me semble, cela me gagnera quelques jours, pendant lesquels les autres à qui nous avons donné cet écrit l'auront examiné. Mandez-moi ce que M. Tronson paroît en penser.

Pour le P. de Valois, je lui ai dit ce qui est vrai, qui est que M. de Paris ne m'avoit pas laissé un moment de relâche, et qu'il ne m'avoit pas même permis de différer du matin du mardi jusqu'à l'après-dînée pour lui donner mon écrit, parce que le mercredi, qui étoit le grand jour d'assemblée et de crise à Versailles, il vouloit pouvoir dire au roi qu'il avoit déjà vu une explication de mon livre. Ayez la bonté de redire encore la même chose au P. de Valois, pour la lui inculquer, et pour guérir sa peine sur ce que j'ai donné cet écrit sans prendre la précaution de le faire examiner. Il faut lui redire aussi toutes les diligences que vous avez faites pour le voir et pour lui donner l'écrit. Mille fois tendrement tout à vous *in visceribus Christi Jesu*.

Il est bon de faire savoir que je ne demande de M. de Meaux que des réponses précises sur mes demandes, sans entrer dans le détail de mon livre, que je ne veux point examiner avec lui. Je demande seulement qu'il réponde oui ou non, et que, s'il dit non, il ajoute en deux mots le dogme de foi qu'il faut ajouter à ce que je dis, pour être bon catholique; car je veux l'être à quelque prix que ce soit.

72. — AU MÊME.

Il le prie d'envoyer à l'archevêque de Paris quelques copies de son *Éclaircissement*.

A Versailles, 28 juin (1697).

M. l'archevêque de Paris me demande, mon cher abbé, des copies de mon *Éclaircissement*, pour les docteurs qu'il veut consulter. Envoyez-lui-en quelques unes tout le plus tôt que vous le pourrez. Je suppose que les copistes continuent à en faire. M. de La Vergne ne pourroit-il pas revoir les exemplaires du livre avec les additions, afin qu'on puisse les donner après l'*Éclaircissement*? Je voudrois bien que vous pussiez préparer l'abbé de Maulevrier à laisser là le mandement. Quel jour part-il? il faut que je l'aille embrasser avant qu'il parte.

Pour le P. de Valois, vous pouvez lui dire que je ne fais point rentrer M. de Meaux dans mon affaire par mes *Demandes*. J'ai déclaré que je voulois bien lui rendre compte de ma foi par écrit, et par-là lui ôter le prétexte de chercher une

---

[1] Charles-François de Loménie de Brienne, sacré en 1668, mort en 1720.

conférence; mais que je ne consentirois jamais, sous ce prétexte, qu'il entrât dans la discussion de mon livre. Tout le monde étoit pour lui, sur ce qu'il demandoit une conférence Il falloit lui ôter ce beau prétexte. Du reste, je demeure dans ma première situation, et je ne crois pas qu'il tire avantage de mes *Demandes.* M. de Paris ne m'a écrit que pour me demander des copies de l'*Éclaircissement.* Ayez la bonté de lui envoyer d'abord ma réponse, et des copies au plus tôt. Bonjour, mon cher abbé. On dit que M. Deschamps est malade : j'en suis en peine, faites-m'en savoir des nouvelles. *Cupio te in visceribus Christi Jesu.*

75. — A M. DE NOAILLES,

ARCHEVÊQUE DE PARIS.

Il lui envoie sa réponse aux questions de Bossuet, et lui expose les raisons qui l'éloignent d'entrer en conférence avec ce prélat.

A Versailles, 6 juillet (1697).

Je vous envoie, monseigneur, ma réponse aux quatre *Questions* de M. de Meaux. J'y aurois plus tôt répondu, si mes amis, plus sages que moi, n'avoient gardé à Paris ma réponse, pour l'examiner en toute rigueur. Après avoir ainsi rendu compte de ma foi à M. de Meaux, et lui avoir ôté tout prétexte de demander une conférence qui seroit sujette à explication, il ne me reste plus rien à traiter avec lui. Si ce que j'ai écrit pour lui lui paroît d'une doctrine saine, il doit être content; sinon, il doit marquer précisément par écrit ce qui manque à ma foi. Pour moi, monseigneur, je persiste plus que jamais à ne vouloir point que M. de Meaux entre, sous aucun prétexte, dans l'examen de mon livre. Il n'est pas seul dans l'Église capable de l'examiner. S'il le trouve mal, il sera libre de le réfuter. Mais, après tout ce qui s'est passé, M. de Meaux ne devroit pas oser demander à entrer dans ce qui me regarde. Je n'examine mon livre qu'avec mes amis, et par pure confiance en eux. Vous voulez bien être de ce nombre, et je vous en suis sensiblement obligé. Pour M. de Meaux, il n'est pas permis de me proposer sérieusement de l'y admettre. Je ne vous dis tout ceci qu'à cause qu'il dit partout qu'il est le meilleur de mes amis, et que je fuis un éclaircissement avec lui par un ressentiment mal fondé, ou par défiance de ma cause. Les scènes qu'il a données contre moi depuis peu au public, et les ressorts qu'il remue actuellement à Rome contre mon livre, m'obligent à ne perdre pas un moment pour finir l'oppression que je souffre en silence depuis cinq mois. Il faut nécessairement que je me hâte de justifier ma personne et mon livre, qui sont inséparables. Une demi-justification seroit cent fois plus mauvaise qu'une condamnation absolue. Je continue à m'abstenir d'aller à Paris pour avoir l'honneur de vous voir, afin d'entrer là-dessus dans vos vues et dans le besoin de l'affaire; mais je compte sur la bonté de votre cœur, sans vous voir : je la ressens, je m'y confie. Je vous supplie de vous mettre devant Dieu en ma place. Rien n'est plus sincère et plus fort, monseigneur, que mon attachement et mon respect pour vous.

74. — A L'ABBÉ DE CHANTERAC.

Sur les raisons qui l'obligent à défendre son livre.

A Versailles, 6 juillet (1697).

Je vous envoie, mon cher abbé, mon paquet pour M. l'archevêque de Paris, que je vous conjure de faire donner dès ce soir à son suisse. Je me suis accommodé aux remarques du P. de Valois, et vous pouvez lui dire que je me conformerai à toutes ses vues, que je goûte fort. Il faut le prévenir sur ce qu'on le voudra engager à me presser de faire un court ouvrage pour expliquer mes sentiments sans défendre mon livre. Cela s'appelle l'abandonner, et c'est ce que je ne ferai jamais. J'aime mieux sortir de la cour, que d'y demeurer en faveur avec une demi-justification qui laisseroit ma doctrine douteuse. Je paroîtrois n'avoir eu ni le courage de soutenir mon livre, s'il est vrai; ni la bonne foi de le rétracter ouvertement, s'il est faux. Il est capital d'appuyer ceci fortement, afin que le bon Père ne se laisse point entamer, et ne me vienne pas retomber sur le corps.

Je vous conjure aussi de faire entendre à M. Tronson tout ceci, et de lui montrer qu'après toutes les scènes qu'on a données, il faut ou qu'on me laisse justifier ici hautement mon livre, ou qu'on me laisse bientôt partir pour Rome. Je veux encore, pour quelques jours, essayer de désabuser M. de Chartres des objections frivoles qu'il veut faire contre mon livre, et que je sais toutes par avance. Mais je ne puis tarder long-temps à prendre mon parti; et quand on voudroit me laisser ici tranquille après ce qui s'est passé, et même en pleine faveur, je n'y demeurerois pas sans justification de ma personne et de mon livre, qui sont inséparables : car je crois de plus en plus mon livre vrai; et toutes les fois qu'on m'en parleroit, je ne pourrois me dispenser d'en prouver la vérité de toute ma force; je devrois même en conscience à l'Église un éclaircissement public pour lever le scandale. C'est donc du temps que l'on perd. On n'a qu'à voir si on veut me laisser réimprimer mon livre avec des éclaircissements qui le justifient, sans aucun langage équivoque qui puisse donner prétexte de dire que je l'ai abandonné ; ou bien qu'on me laisse partir au plus tôt pour Rome, où je ne veux pas laisser prévenir les esprits par la cabale dévouée à M. de Meaux et à M. de Reims.

Pour M. de Chartres, concertez avec M. Tronson ce que vous lui direz ; mais parlez-lui ferme, et en termes précis, qui lui ôtent toute espérance d'ébranler mon livre, ni de m'en faire rien ôter. J'expliquerai, j'ajouterai, je ne laisserai rien qu'on puisse prendre de travers ; mais je n'abandonnerai jamais rien, et je demande une prompte réparation du scandale, ou mon congé pour Rome.

Vous ne me mandez rien de M. de Toul, ni de ce que les docteurs amis du P. de Valois pensent sur l'*Éclaircissement*. Je vous prie d'en envoyer une copie à M. l'archevêque de Rouen[1], à l'hôtel Colbert, par M. Deschamps, de ma part.

Tout à vous, mon cher abbé. *Patientia nobis necessaria est.*

Savez-vous sûrement et comment ce que vous me mandez du général des carmes, et des visites de M. de Meaux chez ces bons Pères ?

75. — AU MÊME.

Sur une assemblée projetée pour l'examen du livre des *Maximes* ; quelques explications sur le désintéressement des parfaits.

A Versailles, 8 juillet (1697).

Je vous envoie, mon cher abbé, ma lettre pour M. l'abbé de Maulevrier, tout ouverte, avec celle que j'ai reçue de lui, afin que vous voyiez ma pensée. Elle n'est point de faire cette assemblée de huit personnes. M. Le Merre et M. de Toul, joints à M. Boileau, ne serviroient qu'à nous embarrasser. Je prierai M. de Paris de voir M. Le Merre en particulier, comme un laïque, et de réduire l'assemblée à MM. Tronson, de Beaufort et Boileau. Pour M. de Toul, je vous supplie bien sérieusement de ne perdre ni votre temps ni votre peine à raisonner avec lui. Il suffit de le prier de nous tolérer dans l'Église, quoique nous admettions un milieu entre la cupidité vicieuse et la charité. Il nous doit la même tolérance qu'il accorde à tant de docteurs et d'autres théologiens qui le croient comme nous. Il seroit ridicule de disputer sur des opinions libres, pendant qu'on fait accroire au monde que je renverse la foi chrétienne. Tâchez de faire entendre à M. l'abbé de Maulevrier mes raisons, pour tâcher de tourner autrement l'assemblée. Montrez, je vous prie, à M. Tronson l'endroit de ma dernière *Réponse* à M. de Meaux, où je distingue la cupidité soumise, ou amour naturel de nous-mêmes, d'avec l'amour surnaturel d'espérance. C'est ce qui effraie sans sujet tous les amis du P. de Valois. Quand j'ai parlé de la cupidité soumise à la charité, ce n'a été que pour me servir de l'expression de saint Bernard. Puisqu'on s'effarouche là-dessus, je ne parlerai que d'amour naturel de nous-mêmes, et je répéterai, tant qu'on le voudra, qu'il est très distingué de l'amour naturel d'espérance. Peut-être faudroit-il que le P. de Valois vous fît avoir chez lui une conversation avec MM. de Précelles et Boucher le jeune. Ce temps-là seroit mieux employé que vos combats de paroles avec M. de Toul. Je vous demande toujours un court extrait des cahiers de M. Pirot à la marge.

Cupio, te in visceribus Christi Jesu.

(Même jour).

M. l'archevêque de Paris a été un peu incommodé, et s'est fait saigner. Ainsi il ne viendra point si tôt à Versailles. Ayez la bonté, mon cher abbé, d'aller chez lui pour lui témoigner combien je m'intéresse à sa santé. Vous pourrez en même temps lui faire entendre que l'assemblée (s'il vous en parle) ne conviendroit point avec tant de gens, surtout avec un laïque avocat (*M. Le Merre*) ; que cela seroit fort mal expliqué ; qu'il vaut mieux, ce me semble, qu'il le voie en particulier ; qu'il seroit naturel de se réduire à M. Tronson et à MM. de Beaufort et Boileau, qui sont de sa maison. Tout le reste fera trop de bruit, et il vaut mieux voir les gens séparément. Toutes les difficultés qu'il aura, soit sur mon livre, soit sur mon *Éclaircissement*, soit sur la conformité de mon *Éclaircissement* avec mon système, peuvent être même traitées sans faire beaucoup d'assemblées. M. de Beaufort peut vous les communiquer ; vous me les communiquerez : j'éclaircirai exactement toutes choses l'une après l'autre et courtement, à mesure qu'on me les marquera.

Si vous ne pouvez pas voir M. de Paris, ayez la bonté de voir M. de Beaufort pour lui dire ce que vous diriez à M. de Paris ; car il faut détourner cette assemblée. Je crois même que, quand vous auriez vu M. de Paris, il faudroit toujours voir M. de Beaufort, avec qui il est bon que vous fassiez un peu connoissance.

---

[1] Jacques-Nicolas Colbert, frère des duchesses de Beauvilliers et de Chevreuse.

Je vous conjure, mon cher abbé, de ménager votre santé. Je fais copier la lettre à la carmélite [1], pour vous l'envoyer, afin que vous la donniez à M. Tronson. J'aime tendrement l'abbé de Maulevrier, et je lui dois tout ce qu'on peut devoir à un ami; mais je voudrois qu'il fût parti. Bonjour. *Dominus illuminatio mea*, etc.

M. Quinot doit aller demain à Paris; il vous portera les remarques de M. de Précelles et celles de M. de Chartres. Comme M. Quinot est ami de M. de Précelles, il pourroit l'engager à une conversation avec vous chez M. Tronson. Cela vaut mieux que chez le P. de Valois, de peur de commettre ce bon Père, qui est la prunelle de l'œil pour moi, tant j'ai à cœur de le ménager.

76. — AU MÊME.

Nouvelles explications sur le désintéressement des parfaits.

A Versailles, 9 juillet (1697).

J'ai promis mon *Éclaircissement* à M. l'archevêque de Rouen, et il seroit très offensé que je ne le lui donnasse point. D'ailleurs cet écrit ne peut plus être secret. Quand même il seroit défectueux, ce ne seroit pas un grand malheur qu'il y eût un homme de plus qui l'eût lu. Enfin l'unique difficulté de mon *Éclaircissement*, c'est que ceux qu'on appelle molinistes ont craint que je ne voulusse confondre la cupidité soumise avec l'amour surnaturel d'espérance; chose que je n'ai jamais pensée, et sur laquelle ils ont été ombrageux. D'un autre côté, ceux qui se disent augustiniens ne peuvent digérer un milieu entre la charité et la cupidité soumise. Du reste, je ne vois point qu'on allègue aucune erreur de cet écrit. Cela vaut-il la peine de manquer de parole, et de blesser jusqu'au fond du cœur M. l'archevêque de Rouen? Toute la difficulté de la cupidité soumise est levée par mes *Réponses aux quatre Questions* de M. de Meaux, où cette cupidité est définie un amour naturel et libre de nous-mêmes, qui n'entre point dans les actes surnaturels, etc. [1]. Je vous conjure donc, mon cher abbé, de commencer par envoyer l'écrit à M. l'archevêque de Rouen. Puis vous en direz, s'il vous plaît, les raisons ci-dessus marquées à M. l'abbé de Maulevrier. Pour les copies qui vous restent, je vous supplie de les garder: nous en avons de reste; il n'en faut pas davantage; envoyez-m'en quelqu'une. Il sera bon de retirer celles que M. l'abbé de Maulevrier voudra, pour le contenter. Il faudra envoyer mes *Questions* et mes *Réponses* à M. de Meaux avec l'*Éclaircissement*.

Tant que M. de Toul ne sera point dans une persuasion ferme, ni lui ni moi ne devons desirer qu'il soit d'une assemblée. Il ne pourroit tout au plus que se taire, et son silence me feroit grand tort. Pour M. Le Merre, il seroit ridicule d'aller mettre un laïque avocat dans une assemblée d'évêques et de théologiens.

Ayez la bonté de faire courtement aux marges l'extrait de M. Pirot, et de conférer avec M. de Précelles chez le P. de Valois ou chez M. Tronson. Vous verrez, par l'écrit de M. de Précelles, qu'il me donne plus qu'il ne me faut; mais il n'est pas au fait, et le P. de Valois ne l'y a pas mis. Je n'ai point de nouvelles de M. de Chartres. Bonjour, mon cher abbé. Je suis en peine de votre santé. Ne parlez plus à M. de Toul; il vous tueroit.

Je viens de recevoir les remarques de M. de Chartres, plus outrées que jamais. Voyez au plus tôt M. de Précelles, et revenez nous voir. Je voudrois que M. l'abbé de Maulevrier fût parti.

77. — AU MÊME.

Il lui donne diverses instructions sur l'affaire présente.

A Versailles, jeudi au soir 11 juillet (1697).

Je me sens, mon cher abbé, dans une disposition de fièvre qui m'empêchera ces jours-ci d'aller à Paris. Ayez la bonté de payer pour moi. Je voudrois bien que vous pussiez, après avoir conféré avec M. de Précelles, avoir une conversation avec M. Pirot, pour lui faire sentir que son écrit, loin de combattre mon livre, en établit tout le véritable système. Je voudrois bien aussi que vous pussiez revoir bientôt M. de Beaufort à l'archevêché, ou plutôt dans quelque rendez-vous pris ailleurs, pour lui faire entendre que si M. l'archevêque de Paris a des difficultés, ou sur la doctrine de mon *Éclaircissement*, ou sur la conformité de mon livre avec l'*Éclaircissement*, je lui donnerai en détail toutes les preuves qu'il peut desirer. Ajoutez, s'il vous plaît, qu'une demi-justification, dans un accommodement équivoque, achèveroit de me déshonorer sans ressource, et que s'il lâchoit la main après tout ce qu'il a fait pour moi, il me feroit par-là, sans le vouloir, plus de mal que tous ceux qui m'ont poussé à l'extrémité. Voilà ce qu'il est capital de faire entendre à M. de Beaufort. Il faut aussi tenir M. Tronson dans cette vue. Pour M. Pirot, il suffit de lui montrer combien il m'a mal entendu, et combien il a prouvé ce qu'il vouloit réfuter. A

---

[1] C'est la 13e des *Lettres spirituelles*.

mesure que les gens ont lu suffisamment l'*Éclaircissement*, il faut le retirer des mains de chacun d'eux. Il y a un bon Père carme déchaussé, nommé le P. Germain, qui entre assez, dit-on, dans le système, et qu'il seroit bon de voir et d'instruire par l'*Éclaircissement*, avec les *Demandes* et les *Réponses*. Je suppose que vous n'avez pas oublié M. l'archevêque de Rouen, qui seroit très fâché contre moi.

J'oubliois de vous dire qu'il faut représenter à M. de Beaufort que j'ai deux intérêts essentiels de ne traîner pas plus long-temps. Le premier est pour ne laisser pas tourner en habitude incurable la prévention qu'on a répandue dans le public contre moi. On est mal édifié de ma patience, et on croit que si je ne sentois pas mes égaremens qui me rendent timide, je ne souffrirois pas si long-temps l'opprobre dont on me couvre. L'autre intérêt est de ne laisser plus de temps à ceux qui me poussent, de prévenir Rome par les puissantes intrigues qu'ils y ont, pendant que je n'ose y écrire pour me justifier. Répétez-lui fréquemment que je ne puis jamais ni rétracter mon livre, ni l'abandonner, ni rien dire ou écrire d'équivoque sur la défense de mon livre. Il n'a ni ne peut avoir que le sens catholique. Je l'expliquerai de manière à contenter M. de Paris ; mais je le défendrai toujours.

78. — AU MÊME.

Sur le même sujet.

A Versailles, samedi 13 juillet 1697.

Voyez au plus tôt, je vous en conjure, mon cher abbé, M. Pirot, pour lui faire entendre qu'il a prouvé mon livre en le voulant réfuter, et que je suis trop content de ses raisonnemens sur le droit, pour ne lui pardonner pas de bon cœur des erreurs sur le fait, qui ne viennent d'aucun défaut d'amitié ni de zèle pour mes intérêts. Vous pourrez même lui lire ceci. Je voudrois que votre conversation avec lui précédât de quelques jours celle que je dois avoir avec M. l'archevêque de Paris. M. l'abbé de Maulevrier fera votre entrevue. Voyez aussi, je vous supplie, M. de Beaufort, pour savoir le lieu et le temps précis de notre conférence. Vous pouvez lui inculquer les choses marquées dans mes lettres précédentes.

M. Le Merre peut préparer M. l'archevêque de Paris et M. Boileau ; mais M. Le Merre ne doit pas être de la conférence.

Il faut éviter d'y mettre M. l'évêque de Toul ; cela rendroit l'assemblée trop publique.

Suivant que M. de Paris réglera notre entrevue, j'irai plus tôt ou plus tard à Paris. Je vous envoie ma lettre pour lui en cachet volant, afin que vous puissiez la voir, et puis la fermer. Il me tarde de vous embrasser. Envoyez au plus tôt, s'il vous plaît, une copie latine de mon Bref à M. de Condom[1], et répandez-en le moins que vous pourrez. M. l'archevêque de Rouen a-t-il reçu l'*Éclaircissement* avec les *Demandes*, etc. ?

79. — AU MÊME.

Diverses instructions sur l'affaire de son livre.

A Versailles, 14 juillet (1697).

Avez-vous vu M. Pirot, mon cher abbé ? N'avez-vous point parcouru avec lui mes principales hérésies ? peut-on le redresser ? Avez-vous parlé ferme à M. de Beaufort ? M. de Chartres est-il encore à Paris ? M. Tronson ne dit-il rien de nouveau ? Je vous conjure de faire en sorte que Deschamps prépare sourdement nos petites affaires pour le voyage de Rome, en cas qu'on me permette d'y aller. Je n'y veux que le nécessaire très modeste : c'est ce qui convient à ma profession et à ma situation présente. Je suis dans une agitation de sang qui est un commencement de fièvre, et qui m'ôte le sommeil. Le quinquina m'échauffe trop. Rien ne me seroit bon que le repos ; mais Dieu me l'ôte. Priez pour moi, et aimez-moi toujours en celui qui doit être notre unique amour. Si ma santé le permet, comme je l'espère, j'irai à Paris mercredi. Je voudrois bien que M. Deschamps pût loger près de nous M. l'abbé de Langeron, en cas qu'il vienne à Paris.

80. — A L'ABBÉ DE CHANTERAC.

Il lui envoie un Mémoire pour répondre aux difficultés proposées par l'archevêque de Paris.

A Versailles, samedi 20 juillet (1697).

Je vous envoie, mon cher abbé, le petit Mémoire qui répond courtement à toutes les remarques que M. l'archevêque de Paris m'avoit données. Il est très pressé de le lui donner, parce que je lui avois promis qu'il l'auroit dès hier soir. Si vous pouviez le faire lire au P. de Valois et à M. Le Merre auparavant, j'en serois ravi ; mais il faut que M. l'archevêque reçoive cet écrit aujourd'hui de très bonne heure, et lui faire dire que je serai demain dimanche à l'archevêché vers les dix heu-

---

[1] Louis-Milon, sacré en 1694, mort en 1734. Le Bref dont parle Fénelon est celui du 11 juin.

res du matin. Il faut lui faire dire aussi que mon indisposition a retardé ce petit écrit, que j'avois besoin de revoir, et de faire examiner par deux ou trois amis qui auroient été peinés sans cela. J'ai bien envie de n'aller à Paris que demain. J'y arriverai à neuf heures, et ce sera comme si j'y avois couché. Le sommeil et moi nous sommes mal réconciliés. Il faut que M. Deschamps prépare tout en secret pour le voyage de Rome [1].

Le petit Mémoire est si court, que je suppose que le P. de Valois et M. Le Merre l'auroient bientôt lu. *Dominus illuminatio mea, et salus mea; quem timebo?*

81. — A M. DE NOAILLES,
ARCHEVÊQUE DE PARIS.

Il tâche de montrer qu'on doit être content de ses explications, et qu'il ne peut consentir à rien qui sente la rétractation.

A Versailles, lundi 22 juillet (1697).

Je prends la liberté, monseigneur, de vous importuner encore, pour vous rappeler le souvenir des choses que j'eus l'honneur de vous dire hier. 1° Il n'est pas permis de me proposer une rétractation directe, sans avoir discuté avec moi à fond des propositions extraites de mon livre, qui soient hérétiques ou erronées, et sans correctif dans le livre même. C'est ce qu'on ne peut faire. Si on le faisoit, je me rétracterois d'abord, et je publierois de bonne foi les motifs de ma rétractation.

2° Il est encore moins permis de m'engager peu à peu, par des termes douteux, dans une rétractation indirecte; elle seroit scandaleuse, en ce qu'elle feroit voir que je n'aurois ni la bonne foi de confesser mon erreur, ni le courage de soutenir la vérité, si je crois mon livre bon. Loin de me justifier dans le public, je me déshonorerois sans ressource : on me regarderoit à jamais comme un homme qui ne se rétracte qu'à demi, et à la dernière extrémité. Si je voulois faire un tel abandon de mon livre, on devroit, pour l'honneur de l'Église, m'en empêcher.

Pour une explication, je l'ai toujours offerte.

[1] On voit, par cette lettre, que Fénelon ne se faisoit pas illusion. Il devoit savoir ce qu'on pensoit à la cour où il vivoit. Madame de Maintenon écrivoit, le 15 juillet, à M. de Noailles : » Si l'on ne veut pas tolérer le livre, je crois qu'il faut finir la » négociation. Quant au retour de M. de Cambrai, il n'y a que » Dieu qui puisse le faire, et je suis persuadée que vous ne le » croyez pas aussi imbu de ces maximes-là qu'il l'est en effet. » Son cœur en est rempli, et il croit soutenir la religion en es» prit et en vérité. S'il n'étoit pas trompé, il pourroit revenir » par des raisons d'intérêt. Je le crois prévenu de bonne foi. Il » n'y a donc plus d'espérance. »

Elle assure la vérité, et condamne l'erreur aussi fortement qu'une rétractation. Supposé même que mon livre contînt les erreurs qu'on ne peut y trouver, mes confrères devroient, en honneur et en conscience, favoriser et faciliter mon explication. Que dira-t-on d'eux dans toute l'Église, quand il faudra qu'il paroisse qu'ils ont craint mon explication, et qu'ils n'ont fait tant de bruit que pour l'empêcher?

Il ne peut plus s'agir de la religion, dès que j'offre de faire une explication qui lèvera les équivoques des esprits les plus ombrageux. Doit-on écouter ceux qui retardent la paix et la fin du scandale, que j'offre à des conditions que l'Église ne refuse à personne? Faut-il me flétrir et me déshonorer dans les Pays-Bas, pour contenter M. de Meaux?

On me fait entendre qu'on pourroit se contenter, si j'avouois que mon livre a mal expliqué une bonne doctrine, et que je prie le lecteur de ne s'attacher point à la première édition, mais de suivre la seconde. Pourquoi me demander ces termes? Si les explications que je ferai sont d'une doctrine saine, mes explications lèveront toutes les équivoques qu'on craint; la religion sera en sûreté; il paroîtra même assez que j'ai reconnu que mon livre, qui est court, n'a pas assez démêlé, à la plupart des lecteurs, des matières très subtiles et très délicates. Pourquoi vouloir me faire ajouter ce qui ne sert en rien à la religion, et qui feroit entendre à tout le monde que je me rétracte indirectement, n'ayant pas la bonne foi de le faire en termes formels? Faut-il, pour le point d'honneur de M. de Meaux, rendre ainsi ma bonne foi suspecte à toute l'Église? N'est-ce pas augmenter le scandale, au lieu de le lever? Ma délicatesse là-dessus n'est pas une vanité; tout le monde a les yeux ouverts sur moi, après l'éclat qu'on a fait dans toute l'Église. Que je me sois trompé, on ne m'en estimera pas moins, pourvu que je sois humble et sincère; mais que j'admette des termes équivoques pour me sauver, tous les honnêtes gens déclarent qu'ils ne pourroient plus compter sur ma foi. Faut-il, par des termes qui sentent une rétractation indirecte, vouloir me flétrir ainsi, et ne se contenter pas que la doctrine soit en sûreté? J'aime cent fois mieux acquiescer ingénument à la condamnation la plus rigoureuse de mon livre, que d'admettre jamais de ces tempéraments spécieux qui disent trop ou trop peu pour ma véritable justification. Que dira l'Église entière, si on sait qu'on me pousse à bout, ne se contentant pas que j'explique bien mon livre, parce qu'on veut me faire avouer, sans preuve discutée avec moi, et contre ma conscience, que les expressions de mon livre sont mauvaises? Mes confrères, loin de vouloir m'arracher des termes équivoques, devroient au contraire, dans toutes les règles de la conscience, m'empêcher d'admettre aucun terme désavantageux pour moi, dès que le fond de la doctrine seroit mis à couvert.

L'explication de mon livre, qui consisteroit dans des additions pour une édition nouvelle, seroit bientôt prête. Vous l'examineriez, monseigneur, et vous la feriez examiner par les docteurs les plus célèbres, suivant notre premier projet, que l'on a traversé sans cesse par des difficultés incidentes, et par le retardement des remarques de M. de Meaux, que je reçus seulement avant-hier, au bout de six mois. Mais j'avoue que je ne puis plus supporter mon état. Je demande, ou qu'on me laisse tranquillement régler mes additions avec vous, monseigneur, et avec les plus célèbres docteurs, que je ne séduirai pas, ou qu'on fasse juger mon livre à Rome ; et en cas qu'on l'y condamne, je le condamnerai moi-même à Cambrai. Tout retardement, loin de me soulager, m'accable et me fait mourir.

N'auriez-vous point, monseigneur, la bonté de lire au roi ce Mémoire, pour vous délivrer du soin d'en rappeler tous les articles quand vous serez auprès de Sa Majesté? Je ne m'abstiens d'avoir l'honneur de lui en parler moi-même, que pour éviter de l'importuner. Je suis plus obligé à sa bonté de ce qu'il me souffre si patiemment, après tout ce qu'on lui a dit contre moi, que je ne le suis des graces extraordinaires dont il m'a comblé. S'il ne s'agissoit que de mon honneur personnel, je trouverois beaucoup de gloire à avouer que je me suis trompé, et j'irois de tout mon cœur demander pardon à M. de Meaux, pour finir les importunités dont nous fatiguons le roi. Mais je ne puis avouer des erreurs que je n'ai jamais ni crues ni enseignées : ce seroit trahir ma conscience, et déshonorer mon ministère.

Ne puis-je point espérer, monseigneur, que vous voudrez bien lire aussi ce Mémoire à madame de Maintenon? J'ai cru, depuis plusieurs mois, devoir m'abstenir, par respect, de l'affliger en la faisant souvenir de moi. Je donnerois ma vie pour lui épargner le déplaisir que sa bonté lui fait sentir par rapport à mon affaire; mais ma conscience ne me permet pas de lui obéir, et je ne ferois que l'affliger, si je voulois essayer d'effacer les impressions qu'on lui a données contre moi. J'ai plus souffert de me voir éloigné d'elle, que de tous les opprobres dont on m'a couvert injustement.

82. — A Mme DE MAINTENON.

Il la prie de demander pour lui au roi la permission d'aller à Rome, pour défendre son livre.

A Versailles, 29 juillet 1697.

Puisque vous jugez, madame, qu'il seroit inutile que vous eussiez la bonté de m'honorer d'une audience [1], je n'ai garde de vous importuner là-dessus. Je m'en abstiens par respect, et je m'adresse à Dieu, afin qu'il vous fasse entendre ce que je ne puis plus espérer de vous représenter. Je vous supplie très humblement, madame, de croire qu'il n'y a aucun mot, dans les lettres que j'ai eu l'honneur d'écrire au roi et à vous, qui tende à me plaindre de M. l'archevêque de Paris, ni à mettre en doute ses bonnes intentions sur la paix. Je n'ai qu'à me louer de lui sur les peines que je lui ai causées, et sur les services effectifs qu'il a tâché de me rendre : mais on ne lui a permis de suivre aucun des projets qu'il avoit arrêtés avec moi pour l'explication de mon livre. Toutes les mesures prises entre nous ont toujours été renversées depuis six mois. Enfin, il n'a pas été libre de discuter avec moi le détail de mon livre, et de m'aboucher avec les théologiens qu'il a consultés, avant que de rendre une dernière réponse au roi. Après une telle expérience, j'ai cru lui devoir demander deux choses : la première est un projet par écrit des paroles précises qu'on voudroit que je donnasse au public sur mon livre, pour examiner si je dois les accepter ; la seconde est d'être assuré qu'il ait un plein pouvoir pour finir avec moi, en prenant le conseil des plus habiles docteurs. Il n'est pas juste qu'on tire de moi, par M. l'archevêque de Paris, toutes les paroles qu'on pourra tirer, sans s'engager réciproquement : après avoir fini avec lui, je serois à recommencer avec M. de Meaux. M. l'archevêque de Paris n'a pas jugé à propos de me donner par écrit un projet des paroles précises qu'on me demande : il m'a déclaré d'abord de vive voix, et puis par écrit, qu'il n'avoit aucun pouvoir pour me répondre d'aucune décision. Loin de me plaindre de lui, je le plains :

[1] Le parti étoit déjà pris à la cour contre l'archevêque de Cambrai; et, dès le 26 juillet, Louis XIV avoit écrit au pape, de sa propre main, une lettre où il le *supplioit de prononcer au plus tôt sur le livre de Fénelon, et sur la doctrine qu'il contient, assurant en même temps Sa Sainteté qu'il emploieroit toute son autorité pour faire exécuter toutes ses décisions*. Voyez cette lettre et la réponse du pape, dans les *OEuvres de Bossuet*.

mais je suis encore plus à plaindre ; dans cette situation, je ne sais plus à qui parler. Il ne me reste, madame, qu'à demander la liberté de partir pour Rome. Je le fais avec un extrême regret; mais on prend soin de faire tout ce qu'il faut pour me jeter malgré moi dans cette extrémité. Je ne puis donc cesser de faire au roi les plus humbles, les plus respectueuses et les plus fortes instances. Je ferai ce voyage avec défiance de moi-même, sans contention, pour me détromper si je me trompe, et pour trouver ce que je ne puis trouver en France : je veux dire quelqu'un avec qui je puisse finir. Il ne s'agit pas seulement de mon livre ; il s'agit de moi, qu'il faut détromper à fond du livre, s'il est mauvais. Pour le livre même, personne ne peut en défendre la cause que moi seul ; je n'ai ni ne saurois trouver personne qui voulût aller en ma place défendre une cause qu'on a rendue si odieuse, et si dangereuse à soutenir. Voudroit-on rassembler toutes choses contre moi, et m'ôter la liberté de me justifier ? Si on veut supposer, sans preuve, que ma doctrine n'est que nouveauté et qu'erreur, avant que l'autorité légitime l'ait décidé, on suppose ce qui est en question, pour engager le zèle du roi à m'accabler. En ce cas, je n'ai qu'à adorer Dieu, et à porter ma croix. Mais ceux qui veulent finir ainsi l'affaire par pure autorité prennent le chemin de la commencer, au lieu de la finir. Pour moi, madame, j'espère, non de mes forces, mais de la grace de Dieu, que je ne montrerai, quoi qu'on fasse, que patience et fermeté à l'égard de ceux qui m'attaquent, que docilité et soumission sans réserve pour l'Église, que zèle et attachement pour le roi, que reconnoissance et respect pour vous jusqu'au dernier soupir.

83. — A M (HÉBERT,

CURÉ DE VERSAILLES.)

Il répond à quelques propositions de l'évêque de Chartres.

(Fin de juillet 1697.)

Je vous envoie, monsieur, une lettre que vous pouvez montrer à M. l'évêque de Chartres, si M. de Beauvilliers et M. Tronson le jugent à propos. Je ne suis en peine de sa fermeté à demeurer dans un même projet. Je l'ai vu si souvent changer, que je ne peux plus m'arrêter à ses propositions. Il n'a tenu qu'à lui, depuis six mois, que nous ne fissions dès le premier jour, sans scandale, ce qu'il propose maintenant; et après l'avoir souvent proposé, il a rejeté toutes les fois qu'il a été question de conclure. On ne fait que me tâter pour m'entraîner peu à peu, et pour m'engager vers les autres, sans engager jamais les autres vers moi. D'ailleurs, je ne connois plus M. de Chartres ; il n'hésite jamais, il ne doute de rien ; il ne défère plus à ses anciens amis, qui avoient autrefois toute sa confiance. Il me paroît réservé, mystérieux, livré à des conseils qui l'aigrissent, qui le remplissent de défiance, et qui lui font rejeter tous les tempéraments raisonnables, afin qu'il me jette dans les dernières extrémités. S'il vouloit bien prendre M. Tronson pour notre véritable et secret médiateur, et se défier des gens de contrebande, nous ne serions bientôt, lui et moi, qu'un cœur et une ame. Pour mon cœur, il est encore tout entier à son égard, et je me sentirois dès demain plus tendre et plus ouvert pour lui que je ne l'ai jamais été. Pour M. de Meaux, je ne saurois m'y fier ; il n'y auroit à le faire ni bienséance ni sûreté : mais je n'ai aucun fiel ; et le lendemain que l'affaire seroit finie, je ferois toutes les avances les plus honnêtes pour vivre bien avec lui, et pour édifier le public.

Je voudrois bien, monsieur, que vous eussiez la bonté de montrer cette lettre à M. le duc de Beauvilliers, puis à M. Tronson, et ensuite à M. de Chartres, si les deux premiers le jugent à propos. Quand je parle de montrer cette lettre à M. de Chartres, je n'entends parler que des deux premières feuilles.

Pour l'instruction courte que ce prélat souhaite que je donne, vous savez, monsieur, que je suis très éloigné d'y avoir quelque répugnance.

Si vous lisez ma lettre à M. de Chartres, retirez-la après la lecture ; et s'il insistoit pour la garder, dites, s'il vous plaît, monsieur, que vous n'avez garde de la donner, sans savoir si j'y consens. Tout à vous.

84. — A M. DE RANCÉ,

ABBÉ DE LA TRAPPE.

Il expose les sentiments qu'il a toujours eus, et qu'il a tâché d'exprimer dans son livre.

(Fin de juillet 1697.)

J'ai vu les lettres que vous avez écrites sur mon livre, et qu'on a rendues publiques [1]. Permettez-

---

[1] L'abbé de Rancé écrivit à Bossuet, aux mois de mars et d'avril, les deux lettres dont parle ici Fénelon. Ce sont les cix et cix du tome XL des *Œuvres de Bossuet*. Comme on affecta de les répandre avec profusion dans le public, elles attirèrent à l'abbé de la Trappe les satires ingénieuses du duc de Nevers, connu par quelques pièces de vers où l'on trouve de

moi de vous ouvrir mon cœur avec la même confiance que si j'avois l'honneur d'être connu de vous.

Il paroît, monsieur, qu'on avoit pris soin depuis long-temps de vous persuader que j'étois entêté des plus folles visions; je ne suis point surpris que vous m'en ayez cru capable. Vous avez formé ce jugement sur le témoignage de personnes très éclairées, et vous ne connoissiez rien de moi qui pût vous empêcher de déférer à leur témoignage. La vérité est (et je la dis simplement devant Dieu) que je n'ai jamais rien cru de plus fort que ce qui est dans mon livre. Je n'ai ni n'ai eu aucun entêtement personnel : ceux mêmes qui m'en accusent ne sauroient alléguer ni un fait précis, ni une parole de moi qui vérifie ce qu'ils avancent.

Pour mon livre, tout son système se réduit manifestement à un état habituel, et non invariable, d'amour désintéressé. Tout ce qui va plus loin n'est plus mon système. Dans un livre si court, je l'ai déclaré cent fois, et personne jusqu'ici n'a condamné plus rigoureusement que moi tout ce qui iroit au-delà de cette borne. Qui dit un état seulement habituel et variable de désintéressement dit seulement un état où la plupart des actes se font sans motif intéressé. Il n'est plus question que de savoir précisément ce qu'on doit entendre par motif intéressé et par propre intérêt : tout mon système ne tendant qu'à retrancher d'ordinaire de la vie des parfaits le propre intérêt, tout mon système est décidé en bien ou en mal par la définition précise de ce terme.

Remarquez, s'il vous plaît, monsieur, que j'ai posé pour principe fondamental qu'il faut s'aimer soi-même d'un amour de charité, et, en conséquence de cet amour, se desirer tous les biens que Dieu nous promet. Cet amour de soi par pure charité renferme évidemment l'exercice de l'espérance avec son motif spécifique, et le desir de toutes les vertus, en tant que convenables pour notre dernière fin. Ce seroit la plus extravagante des contradictions, que de vouloir qu'on s'aime du plus parfait amour sans se desirer le souverain bien, avec tous les moyens qui y conduisent. Aussi ai-je appelé *une impiété de manichéens un désespoir impie, une révolte brutale contre Dieu*, l'indifférence ou abnégation de soi-même qui empêcheroit de desirer le salut avec toutes les vertus nécessaires pour y parvenir.

D'un autre côté, j'ai toujours dit qu'il falloit vouloir le salut et les vertus, par conformité à la volonté de Dieu, n'en retranchant jamais que ce mouvement d'amour imparfait de nous-mêmes qui fait le propre intérêt. La conformité à la volonté de Dieu, prise dans toute son étendue, ne renferme pas moins l'amour de nous-mêmes par charité, et le desir de toutes les vertus, que l'amour le plus intéressé. Il ne renferme pas moins les raisons précises de vouloir les choses, que les choses qu'il faut vouloir. On ne seroit qu'à demi conforme à la volonté de Dieu, si, en voulant le bien souverain, on ne le vouloit pas par le motif propre pour lequel Dieu le veut, et nous oblige à le vouloir.

Ces deux principes, répandus dans tout mon livre, montrent évidemment que je n'ai pu vouloir retrancher le motif spécifique de l'espérance, ni d'aucune autre vertu, et par conséquent que je les ai toutes conservées dans leur intégrité.

Il est vrai qu'on peut demander pourquoi je n'ai pas défini exactement les termes d'intérêt propre, qui sont la clef générale de tout mon système. A cela je réponds, monsieur, que j'ai supposé de bonne foi, sans le définir, ce que tant de saints de tous les siècles ont supposé de même, sans en donner de définition. J'ai cru, après eux, que l'idée de l'intérêt propre étoit assez claire dans l'esprit de tous les hommes. La charité n'est jamais intéressée. Ne s'aimer que pour Dieu, c'est s'aimer aussi purement qu'on donne l'aumône. Se desirer par un amour si pur tous les dons de Dieu, c'est former des desirs aussi désintéressés que la charité même qui les inspire. De tels desirs, quoiqu'ils regardent notre bien en tant qu'il est notre bien, n'ont rien d'intéressé ou de mercenaire. En quoi donc peut consister l'intérêt propre? qu'est-ce qui fait que certains justes sont encore mercenaires, comme les Pères l'ont remarqué; ou qu'ils sont encore propriétaires, comme parlent les auteurs spirituels des derniers siècles? D'où vient que les justes, que les Pères nomment les parfaits enfants, n'ont plus cet intérêt propre qui les rendoit auparavant mercenaires ou propriétaires? Sans doute ce qui les rend tels n'est point une cupidité vicieuse, puisqu'il s'agit d'une imperfection dans l'exercice des vertus, et non pas d'un péché. Cette imperfection doit être volontaire et délibérée; autrement elle ne seroit pas dans la volonté, elle ne diminueroit en rien le mérite, et on ne pourroit pas dire au juste mercenaire : Pourquoi votre volonté n'est-elle pas aussi désintéressée que celle du parfait enfant?

---

l'esprit et de l'imagination. Ces satires, avec les réponses et les répliques dont elles furent l'occasion, égayèrent un peu la sérieuse controverse qui occupoit alors tous les esprits. On peut voir ces différentes pièces réunies, à la Bibliothèque de Monsieur, à l'Arsenal, sous ce titre : *Recueil de pièces, tant en prose qu'en vers, sur le livre intitulé* Explication des Maximes, etc., 1699, in-12.

L'affection mercenaire ou intéressée ne peut donc être la concupiscence, qui est involontaire, et qui se trouve même dans les parfaits enfants. Cette affection mercenaire et intéressée doit donc être une volonté véritablement délibérée, et un amour naturel de soi-même, différent de la charité. Cet amour, en affectant la volonté, l'indispose pour les actes les plus parfaits; et ce n'est que par-là qu'il a part à l'exercice des vertus. Il ne se mêle point avec la charité, pour ne faire qu'un seul principe avec elle dans les actes surnaturels. A Dieu ne plaise que je parle jamais ainsi d'un amour naturel de nous-mêmes! Cet amour, si inférieur à la charité, n'opère dans la volonté que d'une manière négative, comme parle l'école; c'est-à-dire que, par son imperfection, il diminue la perfection des actes. On ne peut nier un tel amour, à moins qu'on ne veuille rejeter tout milieu délibéré entre la charité et la cupidité vicieuse. J'avoue que je ne puis entrer dans cette opinion.

Quand on s'est accoutumé à regarder ainsi l'intérêt propre et l'amour-propre comme synonymes, on n'a plus de peine à comprendre que, dans les épreuves rigoureuses où Dieu veut purifier notre amour, il nous réduit à sacrifier l'intérêt propre, c'est-à-dire toutes les recherches inquiètes et empressées de cet amour naturel de nous-mêmes par rapport à l'éternité, quoique le juste ne cesse jamais de se désirer par charité tous les biens éternels qui lui sont promis, comme je l'ai dit expressément dans mon x*Article*, et en beaucoup d'autres endroits.

Voilà, monsieur, quel est l'esprit de tout mon livre, qui n'affoiblit en rien ni l'espérance ni le désir de toutes les vertus. Je comprends néanmoins que je ne me suis pas suffisamment expliqué, puisqu'un homme aussi éclairé que vous, et aussi expérimenté dans les voies de Dieu, ne m'a pas entendu. Si vous m'eussiez fait l'honneur de me demander le sens des choses qui vous scandalisoient, peut-être aurois-je été assez heureux pour lever votre scandale. Du moins j'aurois tâché de profiter de vos lumières pour me corriger. Je tâcherai encore de le faire, si vous avez la charité de me marquer vos difficultés. Je suis avec une sincère vénération, monsieur, etc.

85. — AU NONCE DU PAPE.

Il proteste qu'il n'a pas eu d'autre intention que d'expliquer dans son livre les *Articles d'Issy*; il témoigne le desir d'aller à Rome soumettre son livre et sa doctrine au Saint-Siége.

Fin de juillet 1697 [1].

François, archevêque duc de Cambrai, je déclare à vous monseigneur le nonce de notre saint père le pape les choses suivantes :

Ayant appris que deux évêques vous ont donné un acte par lequel ils se plaignent de ce que j'ai mal expliqué, dans mon livre intitulé *Maximes des Saints*, etc., la doctrine des XXXIV Articles que j'ai arrêtés autrefois à Issy contre le quiétisme, avec messeigneurs l'archevêque de Paris et l'évêque de Meaux, et M. Tronson, je proteste que je n'ai jamais eu d'autre intention que celle de suivre ces Articles. J'ai été toujours persuadé très sincèrement de la doctrine qu'ils contiennent, et je promets de vérifier devant Sa Sainteté que je n'ai contrevenu en rien à nosdits Articles. En attendant, je proteste contre tout ce qu'on pourroit faire contre moi ou contre mon livre, attendu que j'ai commencé à en rendre compte au pape avec une parfaite soumission.

Si j'ai demeuré six mois sans donner à Sa Sainteté les éclaircissements que j'avois promis, c'est que mes confrères m'ont toujours retenu ici dans l'espérance de terminer les choses d'une manière pacifique; mais enfin on me refuse la liberté d'expliquer mon livre d'une manière qui lève les équivoques des lecteurs les plus prévenus, et en même temps on veut me réduire à une rétractation, quoiqu'on ne puisse me montrer dans mon livre aucune proposition qui soit formellement contraire à la foi, et sans correctif dans le livre même. C'est ce qui me contraint de faire, avec un extrême regret, les plus respectueuses et les plus fortes instances au roi, pour obtenir de Sa Majesté la permission d'aller moi-même à Rome. J'y aurai la consolation de montrer à Sa Sainteté les correctifs que j'ai eu soin de répandre dans tout mon livre, pour exclure les mauvais sens qu'on tâche d'y donner. Je lui ferai voir avec quelle candeur je déteste les erreurs qu'on veut m'imputer. Je veux recourir à l'Église mère de toutes les autres. C'est dans son sein que j'espère me détromper, si je me trompe; ou justifier ma foi, si elle est pure.

Comme j'espère de la bonté du roi qu'il me

---

[1] On voit, par la lettre de Bossuet à son neveu, du 5 août, que cet acte avoit été remis au nonce par Fénelon avant son départ pour Cambrai, qui eut lieu le 3 août; il y revient encore dans sa lettre du 18 août.

permettra de faire un voyage si nécessaire pour le repos de ma conscience dans toute ma vie, et pour l'honneur de mon ministère, je promets de me soumettre avec une pleine docilité et sans réserve à la décision du Saint-Père, après qu'il aura daigné m'entendre. Dieu m'est témoin que je n'ai aucune prévention pour aucun livre, ni pour aucune personne suspecte. Je n'en ai jamais défendu, ni excusé, ni favorisé aucune directement ni indirectement. Dieu, qui sonde les cœurs, sait que je n'ai jamais cru rien au-delà de la doctrine de mon livre, telle que je l'ai expliquée depuis peu à mes confrères, et telle que je l'expliquerai au pape. Je condamne et je déteste tous les sens impies ou favorables à l'illusion qu'on a voulu sans fondement donner à cet ouvrage. Je suis prêt à condamner toute doctrine et tout écrit que le Saint-Père condamnera. S'il juge nécessaire de condamner mon propre livre, je serai le premier à souscrire à sa condamnation, à en défendre la lecture dans le diocèse de Cambrai, et à y publier par un mandement la censure du Saint-Père.

C'est dans ces sentiments que je veux vivre et mourir. Je vous supplie, Monseigneur, d'avoir la bonté de conserver l'original du présent acte, écrit de ma main, et d'en envoyer demain une copie à Sa Sainteté, afin qu'elle voie ma soumission, en attendant que je puisse me mettre moi-même à ses pieds.

86. — A Mme DE MAINTENON.

Il lui annonce qu'il partira le lendemain pour Cambrai, conformément à l'ordre du roi.

A Versailles, 1er d'août (1697).

Je partirai d'ici, madame, demain vendredi, pour obéir au roi. Je ne passerois point à Paris, si je n'étois dans l'embarras de trouver un homme propre pour aller à Rome, et qui veuille bien faire ce voyage. Je retourne à Cambrai avec un cœur plein de soumission, de zèle, de reconnoissance et d'attachement sans bornes pour le roi. Ma plus grande douleur est de l'avoir fatigué, et de lui déplaire. Je ne cesserai aucun jour de ma vie de prier Dieu qu'il le comble de ses grâces. Je consens à être écrasé de plus en plus. L'unique chose que je demande à Sa Majesté, c'est que le diocèse de Cambrai, qui est innocent, ne souffre pas des fautes qu'on m'impute. Je ne demande de protection que pour l'Église, et je borne même cette protection à n'être point troublé dans le peu de bonnes œuvres que ma situation présente me permet de faire pour remplir les devoirs d'un pasteur. Il ne me reste, madame, qu'à vous demander pardon de toutes les peines que je vous ai causées. Dieu sait combien je les ressens. Je ne cesserai point de le prier, afin qu'il remplisse lui seul tout votre cœur. Je serai toute ma vie aussi pénétré de vos anciennes bontés que si je ne les avois point perdues; et mon attachement respectueux pour vous, madame, ne diminuera jamais.

87. — 1re LETTRE A UN AMI [1].

Ce 3 août 1697.

Ne soyez point en peine de moi, monsieur : l'affaire de mon livre va à Rome. Si je me suis trompé, l'autorité du Saint-Siége me détrompera; et c'est ce que je cherche avec un cœur docile et soumis. Si je me suis mal expliqué, on réformera mes expressions. Si la matière paroît mériter une explication plus étendue, je la ferai avec joie par des additions. Si mon livre n'exprime qu'une doctrine pure, j'aurai la consolation de savoir précisément ce qu'on doit croire, et ce qu'on doit rejeter. Dans ce cas même, je ne laisserois pas de faire toutes les additions qui, sans affoiblir la vérité, pourroient éclaircir et édifier les lecteurs les plus faciles à s'alarmer. Mais enfin, monsieur, si le pape condamne mon livre, je serai, s'il plaît à Dieu, le premier à le condamner, et à faire un mandement pour en défendre la lecture dans le diocèse de Cambrai. Je demanderai seulement au pape qu'il ait la bonté de me marquer précisément les endroits qu'il condamne, et les sens sur lesquels porte sa condamnation, afin que ma souscription soit sans restriction, et que je ne coure aucun risque de défendre ni d'excuser, ni de tolérer le sens condamné. Avec ces dispositions que Dieu me donne, je suis en paix, et je n'ai qu'à attendre la décision de mon supérieur, en qui je reconnois l'autorité de Jésus-Christ. Il ne faut défendre l'amour désintéressé qu'avec un sincère désintéressement. Il ne s'agit pas ici du point d'honneur, ni de l'opinion du monde, ni de l'humiliation profonde que la nature doit craindre d'un mauvais succès; j'agis, ce me semble, avec droiture. Je crains autant d'être présomptueux et retenu par une mauvaise honte, que d'être foible, politique et timide dans la défense de la vérité. Si le pape me condamne, je serai détrompé, et par-là le vaincu aura tout le véritable fruit de la victoire. *Victoria cedet victo*, dit saint Augustin. Si au contraire le pape ne condamne point ma doctrine, je tâcherai, par mon silence et par mon respect, d'apaiser ceux d'entre

[1] Au duc de Beauvilliers.

mes confrères dont le zèle s'est animé contre moi, en m'imputant une doctrine dont je n'ai pas moins d'horreur qu'eux, et que j'ai toujours détestée. Peut-être me rendront-ils justice en voyant ma bonne foi.

Je ne veux que deux choses qui composent ma doctrine. La première, c'est que la charité est un amour de Dieu pour lui-même, indépendamment du motif de la béatitude qu'on trouve en lui. La seconde est que, dans la vie des ames les plus parfaites, c'est la charité qui prévient toutes les autres vertus, qui les anime et qui en commande les actes pour les rapporter à sa fin, en sorte que le juste de cet état exerce alors d'ordinaire l'espérance et toutes les autres vertus, avec tout le désintéressement de la charité même qui en commande l'exercice. Je dis *d'ordinaire*, parce que cet état n'est pas *sans exception*, n'étant qu'*habituel et point invariable*. Dieu sait que je n'ai jamais voulu enseigner rien qui passe ces bornes : c'est pourquoi j'ai dit, en parlant du pur amour, qui est la charité, en tant qu'elle anime et commande toutes les autres vertus distinctes : *Quiconque n'admet rien au-delà est dans les bornes de la tradition; quiconque passe cette borne est déjà égaré*[1].

Je ne crois pas qu'il y ait aucun danger que le Saint-Siége condamne jamais une doctrine si autorisée par les Pères, par les écoles de théologie, et par tant de grands saints que l'Église romaine a canonisés. Pour les expressions de mon livre, si elles peuvent nuire à la vérité, faute d'être correctes, je les abandonne au jugement de mon supérieur; et je serois bien fâché de troubler la paix de l'Église, s'il ne s'agissoit que de l'intérêt de ma personne et de mon livre.

Voilà mes sentiments, monsieur. Je pars pour Cambrai, ayant sacrifié à Dieu, au fond de mon cœur, tout ce que je puis lui sacrifier là-dessus. Souffrez que je vous exhorte à entrer dans le même esprit. Je n'ai rien ménagé d'humain et de temporel pour la doctrine que j'ai crue véritable. Je ne laisse ignorer au pape aucune des raisons qui peuvent appuyer cette doctrine. En voilà assez. C'est à Dieu à faire le reste, si c'est sa cause que j'ai défendue. Ne regardons ni l'intention des hommes, ni leur procédé; c'est Dieu seul qu'il faut voir en tout ceci. Soyons les enfants de la paix, et la paix reposera sur nous : elle sera amère, mais elle n'en sera que plus pure. Ne gâtons pas des intentions droites par aucun entêtement, par aucune chaleur, par aucune industrie humaine, par aucun empressement naturel pour nous justifier. Rendons simplement compte de notre bonne foi, laissons-nous corriger si nous en avons besoin, et souffrons la correction, quand même nous ne la mériterions pas.

Pour vous, monsieur, vous ne devez avoir en partage que le silence, la soumission et la prière. Priez pour moi dans un si pressant besoin : priez pour l'Église, qui souffre de ces scandales : priez pour ceux qui agissent contre moi, afin que l'esprit de grace soit en eux pour me détromper, si je me trompe; ou pour me faire justice, si je ne suis pas dans l'erreur : priez pour l'intérêt de l'oraison même, qui est en péril, et qui a besoin d'être justifiée. La perfection est devenue suspecte : il n'en falloit pas tant pour en éloigner les chrétiens lâches et pleins d'eux-mêmes. L'amour désintéressé paroît une source d'illusion et d'impiété abominable. On accoutume les chrétiens, sous prétexte de sûreté et de précaution, à ne chercher Dieu que par le motif de leur béatitude, et par intérêt pour eux-mêmes : on défend aux ames les plus avancées de servir Dieu par le pur motif par lequel on avoit jusqu'ici souhaité que les pécheurs revinssent de leur égarement, je veux dire la bonté de Dieu infiniment aimable. Je sais qu'on abuse du pur amour et de l'abandon : je sais que des hypocrites, sous de si beaux noms, renversent l'Évangile. Mais le pur amour n'en est pas moins la perfection du christianisme; et le pire de tous les remèdes est de vouloir détruire les choses parfaites, pour empêcher qu'on en abuse. Dieu y saura mieux pourvoir que les hommes. Humilions-nous, taisons-nous; au lieu de raisonner sur l'oraison, songeons à la faire : c'est en la faisant que nous la défendrons; c'est dans le silence que sera notre force. Je suis, etc.

88. — 2ᵉ LETTRE A UN AMI.

Je vous suis très obligé, monsieur, de la bonté avec laquelle vous m'avertissez des bruits qu'on répand contre une lettre que j'avois écrite à une personne qui s'intéresse à ma situation présente. On trouve mauvais que quelqu'un, par bonne volonté pour moi, ait rendu cette lettre publique, pour faire voir quelle est ma soumission au jugement que j'attends de Rome. On trouve encore plus mauvais qu'il paroisse, par cette lettre, que je veux supplier le pape, en cas qu'il condamne mon livre, d'avoir la bonté de marquer précisément les propositions du livre qu'il condamne, et le sens sur lequel tombe la condamnation. Pour le soin d'une personne bien intentionnée, qui répand ma lettre,

---

[1] *Max. des Saints.* Avertissement, tom. 2, pag. 5.

j'avoue que je ne puis comprendre par quelle raison on le blâme. J'en parle avec d'autant moins d'intérêt, que je n'y ai aucune part, même indirecte. Mais pourquoi faire un crime à ceux qui sont bien aises de voir ma soumission sans réserve à mon supérieur, et qui veulent tâcher d'en édifier leur prochain? Ma lettre ne blâme personne, elle n'entre pas même dans une justification : elle suppose que je me suis peut-être trompé, et que j'ai tort de ne le pas voir. Elle montre seulement que je ne veux avoir ni mauvaise foi, ni opiniâtreté contre la décision de mon supérieur. On ne se contente pas que je me trompe, et que j'aie tort; on veut encore que rien ne puisse faire voir au public ma bonne intention et ma docilité pour le pape. Mes amis, selon ces personnes, doivent manquer à tous les devoirs de l'amitié. Non-seulement ils doivent abandonner ma justification, mais encore ils doivent supprimer les témoignages, qu'ils ont entre les mains, de ma soumission entière à l'Église. Ils passent pour des gens inquiets et d'une indiscrétion dangereuse, parce qu'ils communiquent à leur prochain les marques qu'ils ont de mes véritables sentiments. Ils sont mes amis; je suis évêque; on me fait passer pour un hérétique obstiné : cependant il ne leur est pas permis de montrer, par ma lettre, que si je me trompe, du moins je veux me corriger comme le plus soumis de tous les enfants de l'Église. Ceux qui ont tant de zèle contre l'erreur, s'ils n'aimoient que l'Église, et s'ils ne haïssoient que la fausse doctrine, devroient, ce me semble, être très contents qu'on eût publié une lettre, où je m'engage si positivement vers le public à souscrire sans restriction à tout ce que le pape décidera. Ils auroient dû être les plus zélés pour la publier eux-mêmes partout. Sont-ils insensibles à l'honneur de l'épiscopat en ma personne? ne souhaitent-ils point la fin du scandale? leur importe-t-il que ma personne soit flétrie à jamais? leur est-il capital de me faire hérétique malgré moi? S'ils ne veulent que la condamnation de toute erreur, et la reconnoissance de toute vérité sur les matières dont il s'agit, je crois avoir prévenu leurs désirs. Mais enfin, si je me trompe, que veulent-ils? que je sois détrompé par le pape, que je condamne mon livre, et que je fasse réparation à toute l'Église. C'est ce que je promets, dans ma lettre, que je ferai, si le pape décide contre moi. Cette promesse, que je fais, et qu'un de mes amis rend publique, apprend par avance à toute l'Église ma soumission, et ma bonne volonté pour me condamner moi-même, s'il le faut. C'est l'unique chose qui peut édifier toutes les personnes pieuses, après le scandale qui est arrivé. On doit donc savoir bon gré à mon ami que l'amitié et l'intérêt de la religion l'aient excité à publier ma lettre. Toute personne indifférente pour moi, mais affligée de ce scandale, auroit dû en faire autant. Pourquoi s'aigrir contre tout ce qui peut, sans entrer dans le fond de la doctrine, adoucir et édifier les gens qu'on a prévenus contre moi? Il ne reste qu'à examiner si ma lettre montre quelque artifice, pour me donner les apparences d'un homme soumis à l'Église, pendant que je me prépare des prétextes pour éluder sa condamnation.

Je n'ai point dit que je ne me soumettois à la condamnation du pape qu'en cas qu'il marquât, dans sa condamnation, les propositions sur lesquelles précisément le livre seroit condamné, et le sens dans lequel chaque proposition seroit condamnée. A Dieu ne plaise que je fasse ainsi la loi à mon supérieur! Ma promesse de souscrire, et de faire un mandement en conformité, est absolue et sans restriction.

Il est vrai que je crois devoir demander très humblement et très instamment au pape une grace pour mon instruction et pour celle des ames qui me sont confiées. C'est de m'apprendre précisément en quoi je me suis trompé, soit pour le dogme, soit pour les expressions, afin que je ne demeure point dans mon erreur, et que je puisse éviter, pour moi et pour les autres, tout ce qui seroit faux ou dangereux en ce genre. Un évêque ne peut-il faire au pape une prière si soumise, et si nécessaire pour son besoin, sans être accusé de ne vouloir pas se soumettre au pape? Plus je veux sincèrement obéir, plus je desire savoir précisément en quoi consiste toute l'étendue de l'obéissance. Plus je crains de me tromper, ou de ne sortir pas de l'erreur, plus je demande qu'on ne me laisse point errer, et qu'on me dise tout ce qu'il faut croire et rejeter pour éviter l'erreur. Plus j'ai de confiance et de soumission pour l'autorité qui doit décider, plus je desire que sa décision ne laisse rien à mon propre raisonnement, et m'assure contre moi-même, dont je me défie. Je ne demande pas des raisonnements pour les examiner, je ne demande qu'une décision pour la suivre. Où en sommes-nous, si on passe pour désobéissant en demandant de n'avoir qu'à obéir? Si je voulois ne me soumettre qu'en paroles, ou me sauver par des restrictions, je n'aurois pas besoin de demander des décisions si précises. Les plus vagues seroient les plus commodes pour moi, et je devrois craindre au contraire tout ce qui démêleroit précisément les faux principes ou les expressions éronées de mon livre. Mais comme je ne crains, Dieu merci, que de me tromper, et de n'obéir pas en tout, je ne crains aussi que ne savoir pas assez précisément en quoi il faut que j'obéisse et que je me corrige. Mais pourquoi souffre-t-on si impatiemment que je fasse cette demande au pape, pendant que je ne crains que d'errer, faute de savoir en détail toutes mes erreurs? Il semble que d'autres, au contraire, craignent qu'une autorité supérieure à la leur n'approfondisse la matière sans prévention, et ne soutienne ce qu'on veut ébranler en nos jours. L'école, depuis cinq cents ans, a enseigné l'amour pleinement désintéressé, conformément à la doctrine des Pères. Les saints que l'Église romaine a canonisés dans ces derniers siècles n'ont respiré que ce pur amour qui éclate dans leurs écrits. Des théologiens, depuis quelques années, ont cru qu'il fallait attaquer cette doctrine, qu'ils supposent contraire à celle de saint Augustin. Il n'y a rien qu'ils ne fassent pour rendre ce pur amour odieux, ridicule et suspect. Ils ne connoissent d'autre amour de Dieu que celui d'un bien infini propre à les rendre heureux, et qu'ils cherchent pour l'avantage de leur béatitude, faute de quoi ils ne l'aimeroient point. Ainsi, pendant qu'ils ne cessent de parler de la nécessité de l'amour divin, ils le dégradent; ils ne laissent à la charité aucune prééminence réelle de perfection sur l'espérance; et ils ôtent au culte de Dieu ce qu'il a de plus digne de lui, qui est de l'aimer pour lui-même, sans y être alors excité par le motif du bonheur *créé* qui nous en revient, pour parler comme l'école. Il n'y a rien que je ne veuille faire et souffrir pour résister à ceux qui ont entrepris de décrier cette doctrine, dont la tradition est constante, et qui veulent qu'on la regarde comme la source du quiétisme.

Non-seulement je demande que l'on autorise cette doctrine de l'amour indépendant du motif de la récompense dans l'acte de charité, vertu théologale; mais encore je presse afin qu'on reconnoisse que, « dans la vie et dans l'oraison la plus parfaite, » tous les actes de la vie intérieure sont unis dans » la seule charité, en tant qu'elle anime toutes les » vertus, et en commande l'exercice. » C'est ce que nous avons arrêté, messeigneurs de Paris et de Meaux, M. Trouson et moi, dans le treizième de nos Articles, à Issy. C'est l'unique chose que j'ai voulu établir dans mon livre, en bornant toujours mon système à *un état habituel et non invariable du pur amour,* où toutes les vertus ont leur exercice propre et distinct, et sans motif intéressé ou mercenaire. Que je me sois assez exactement expliqué en chaque endroit ou non, c'est ce qui importe peu à l'Église, puisque le pape me corrigera, s'il le faut, et que j'accepte par avance toutes ses corrections. Mais ce qui est évident par presque toutes les pages du livre, c'est que tout mon système se borne à ce genre de *vie et d'oraison la plus parfaite,* et où toutes les vertus, quoique distinctes et avec leurs motifs propres, ont le désintéressement de la charité qui *les anime et les commande.* C'est ce que saint François de Sales n'a pas craint de nommer *une vie extatique et surhumaine*; liv. VII de l'*Amour de Dieu,* chap. VII. Voilà tout ce que j'ai voulu établir par mon livre. Voilà ce qu'on ne peut rejeter sans condamner la plupart des saints. Voilà ce que nous avons autorisé dans nos Articles d'Issy. Que mon livre demeure flétri, que ma personne soit profondément humiliée, j'en louerai Dieu du fond de mon cœur, pourvu que ces deux points essentiels de la vie intérieure soient mis hors d'atteinte; je veux dire la nature de la charité, indépendant du motif de la récompense même éternelle, et l'état habituel où toutes les vertus sont désintéressées, étant *unies dans la seule charité qui les anime et les commande.* Rien n'est plus important à l'Église que d'autoriser ces deux vérités, que certains théologiens veulent renverser depuis quelque temps. Ils éludent la force de notre treizième Article, en n'entendant par charité qu'un amour de notre béatitude en Dieu. Par-là ils n'admettent, *dans la vie et dans l'oraison la plus parfaite,* aucun amour de Dieu pour lui-même et pour sa perfection infinie, sans rapport à notre avantage. Encore une fois, je ne demande au pape que de justifier cette doctrine, que j'ose dire que l'Église romaine a tant de fois rendue sienne par la canonisation de tant de saints qui l'ont pratiquée et enseignée. Dès que cette doctrine aura reçu la gloire qui lui est due, et qu'on veut lui ôter, je dirai avec joie: *Nobis autem confusio faciei.* Malheur à moi, si je regarde mon livre avec un œil de propriété, et si je scandalise l'Église pour des questions de fait ou pour des controverses personnelles!

Enfin, je crois devoir à l'Église même de demander au pape qu'il ne condamne point mon livre en gros et *respective,* s'il juge qu'il mérite une condamnation; mais qu'il ait la bonté de marquer chaque proposition digne de censure, avec le sens précis sur lequel la censure doit tomber. En voici la raison: Puisque Dieu a permis que je sois, quoique indigne, dans une place très importante à la religion, il est capital de ne laisser pas croire qu'on me condamne pour avoir enseigné tout ce qu'il y a d'illusions et d'impiété dans le quiétisme. C'est néanmoins ce que les libertins, les protestants nos voisins, et même beaucoup de bons catholiques prévenus, m'imputeroient, si le pape prononçoit une condamnation générale contre mon livre, sans qualifications particulières, et sans autoriser ce qui est véritable, sur les deux points auxquels j'ai borné tout mon système. Du moins je dois à l'Église de faire tous mes efforts pour obtenir que Sa Sainteté marque à quoi se réduit mon erreur, si je me suis trompé; pour me décharger d'une accusation vague et injuste qu'on me feroit sur tout le reste. Que si le pape, par une lumière supérieure à la mienne, n'a point d'égard à ma très humble remontrance, je demeurerai d'autant plus en paix, que j'aurai fait de ma part tout ce qui m'aura paru convenable pour l'intérêt de la vérité, et pour l'honneur de mon ministère; après quoi je souscrirai à la censure de mon livre, sans équivoque ni restriction, même mentales. Je ferai un mandement pour défendre la lecture de mon livre dans le diocèse de Cambrai, et je me bornerai à demander au pape une instruction particulière sur les erreurs dont je devrai me corriger. Mais on ne me verra jamais, s'il plaît à Dieu, quoi qu'il arrive, ni écrire ni parler pour éluder la condamnation de mon ouvrage; car je suis persuadé que nous devons être soumis à l'Église pleinement et sans réserve, tant sur le fait que sur le droit, non-seulement pour tous les dogmes qu'il faut croire ou rejeter, mais encore pour toutes les expressions qui doivent être ou admises comme propres à conserver le dépôt, ou condamnées comme capables de l'altérer. Pardon, monsieur, d'une si longue lettre. Vous savez combien je suis votre, etc.

89. — A M. TRONSON.

Il lui fait ses adieux en partant pour Cambrai, et se plaint de la rigueur de ses adversaires.

Samedi, 3 août (1697).

Je m'abstiens, monsieur, de vous aller embrasser, pour ne vous commettre en rien. Je vous révère et vous aime trop pour ne pas ménager vos intérêts et ceux de votre communauté plus que les miens. On ne se contente pas d'attaquer mon livre, on n'oublie rien pour noircir ma personne. M. l'archevêque de Paris, qui témoignoit avoir de si bonnes intentions, parle comme M. de Meaux, et assure qu'il travaille inutilement depuis quatre ans (à me désabuser)[1] de toutes mes erreurs, et que j'en ai eu de beaucoup plus grandes que mon livre[2]. On laisse entendre que ce fonds d'anciennes erreurs, que je cache sous des termes adoucis, est ce qui oblige les évêques à me tenir une rigueur qu'on ne tiendroit pas à un autre, pour m'obliger à me rétracter, et pour rejeter toute explication. Je sais même que M. de Paris entre dans cette accusation, et qu'il doit écrire au pape, de concert avec MM. de Meaux et de Chartres; qu'ils sont obligés en conscience de m'accuser devant lui comme un homme qu'ils connoissent depuis plusieurs années dans toutes les erreurs du quiétisme.

Vous savez, monsieur, que j'ai déposé entre vos mains mes écrits originaux du temps où l'on prétend que j'étois si égaré; je n'y ai rien changé depuis. S'ils ne vous paroissent pas suffisants pour me justifier, ayez la bonté de me faire savoir ce que vous trouvez qui y manque. Les extraits de saint Clément et de Cassien donnèrent ces préventions à M. de Meaux, qui n'avoit jusqu'à ce temps-là jamais rien lu de saint François de Sales, ni des autres auteurs de ce genre. Tout lui étoit nouveau, tout le scandalisoit. Les passages que je citois, et qui sont excessifs dans saint Clément et dans Cassien, lui paroissoient ma doctrine, quoique j'eusse dit, en les citant, qu'il en falloit rabattre beaucoup selon les mystiques raisonnables. Voilà, monsieur, la principale affaire du temps présent. M. de Meaux dit que mon livre n'est pas conforme à mes explications, et que mes vrais sentiments sont encore bien plus mauvais que ceux que j'ai exprimés dans mon livre. Ce que je souhaiterois, si cela ne vous commet point, c'est que vous eussiez la bonté de rendre à M. l'évêque de Chartres un témoignage précis sur les faits. Je m'en vais à Cambrai, d'où j'écrirai à Rome. Je répandrai ma lettre pastorale, et j'écrirai peut-être une lettre douce et simple à M. de Meaux[1],

---

[1] Nous suppléons ces trois mots qui manquent dans l'original.
[2] Madame de Maintenon écrivoit à M. de Noailles, le 7 août :

« Je renvoyai si promptement votre *Déclaration* (des trois
» prélats contre le livre des *Maximes*), que je ne pus vous
» mander que vous entriez, ce semble, si profondément dans
» la matière, que je ne voyois plus d'étoffe pour l'instruction
» que vous préparez. J'ai reçu une lettre du cardinal de Bouil-
» lon qui m'exhorte à finir cette affaire-ci. Je lui répondrai, en
» général, que ce n'est pas à moi à m'en mêler. De quelque
» façon qu'elle se traite, je ne vois de tous côtés que sujets
» d'affliction. Si M. de Cambrai n'est pas condamné, c'est un
» fier protecteur pour le quiétisme; s'il l'est, c'est une flétris-
» sure dont il aura peine à se relever. *Miseris succurrere
» disco.* J'ai voulu voir M. de Beauvilliers, pour nous affliger
» ensemble. Je suis très édifiée de tout ce que je vis en lui; mais
» M. l'abbé de Langeron et M. Dupuy ne lui tiennent guère
» moins au cœur que M. de Cambrai. M. l'évêque de Char-
» tres m'a dit qu'on lui fait quelque proposition qui pourroit
» contenter. Dieu sait comment je souhaite que cette affaire
» finisse et vite et doucement. » (*Lettr*., tom. III, pag. 116.)
Cette lettre est datée mal à propos de 1698 dans La Beaumelle.

[1] Il ne paroit pas que Fénelon ait écrit cette lettre; mais c'est alors qu'il écrivoit les deux lettres précédentes à un ami.

pour éclaircir les choses de procédé et de doctrine, dans lesquelles il me représente comme *un fanatique et un hypocrite*. Priez Dieu pour moi, monsieur; j'en ai grand besoin dans mes souffrances; et aimez toujours un homme plein de tendresse, de confiance, de reconnoissance et de vénération pour vous.

90. — AU DUC DE BEAUVILLIERS.

Il lui exprime sa douleur de toutes les peines qu'il lui a causées involontairement, et se plaint de la rigueur de ses adversaires.

A Cambrai, 12 août (1697).

On ne peut être plus sensible que je le suis, monsieur, à la peine que je vous cause. Le seul desir de vous en soulager suffiroit pour me faire faire toutes les choses les plus amères et les plus humiliantes : mais j'ai montré avec évidence combien les objections qu'on m'a faites contre mon livre sont mal fondées. Je n'ai trouvé à Paris aucun théologien qui, après avoir discuté la matière tranquillement avec moi, n'ait approuvé tous mes sentiments. Les autres crient, me déchirent, et abusent de l'autorité qu'ils ont. J'ai affaire à des gens passionnés, et à quelques personnes de bonne intention qui se sont livrées à ceux qui agissent par passion. On a refusé de me laisser expliquer, et on veut absolument m'imputer des erreurs que je déteste autant que ceux qui me les imputent. Cette conduite est inouïe, et avec un peu de temps elle ouvrira les yeux à toutes les personnes équitables.

Pour moi, je ne songe qu'à porter ma croix en paix, et qu'à prier pour ceux qui me la font porter. Après avoir dit mes raisons à Rome, je subirai toutes les condamnations que le pape voudra faire. On ne verra, s'il plaît à Dieu, en moi que docilité sincère, soumission sans réserve, et amour de la paix. En attendant, je tâcherai de faire ici mon devoir, quoique les opprobres dont on m'a couvert troublent tous les biens que je pourrois faire dans un pays où les besoins sont infinis. Je prie Dieu qu'il pardonne à ceux qui me mettent si fort hors de portée de remplir utilement mes devoirs.

Les théologiens de ce pays sont surpris de la critique injuste qu'on a faite à Paris de mon livre. Ce qui m'afflige le plus, monsieur, est de déplaire au roi, et de vous exposer à ne lui être plus si agréable. Sacrifiez-moi, et soyez persuadé que mes intérêts ne me sont rien en comparaison des vôtres. Si mes prières étoient bonnes, vous sentiriez bientôt la paix, la confiance et la consolation dont vous avez besoin dans votre place. Dieu sait avec quelle tendresse, quelle reconnoissance et quel respect je suis tout ce que je dois être pour vous.

Faites-moi mander comment notre bonne duchesse se porte aux eaux.

91. — A Mme DE GAMACHES [1].

Ses regrets de n'avoir pu la voir avant son départ pour Cambrai.

(Vers le 12 août 1697).

J'ai été très fâché, madame, de partir de Paris sans avoir eu l'honneur de prendre congé de vous, et sans savoir que vous avez eu la bonté de me chercher. Je ne fis presque que passer à Paris, et avec beaucoup d'embarras. Si j'avois été libre de voir quelqu'un, j'aurois été ravi de vous rendre mes devoirs. J'espère que vous ne m'oublierez pas devant Dieu. Pour moi, je ne cesserai aucun jour de lui demander qu'il vous comble de ses graces. Encore un peu, et le songe trompeur de cette vie va se dissiper, et nous serons tous réunis à jamais dans le royaume de la vérité, où il n'y aura plus ni erreur, ni division, ni scandale. Tous seront un, et consommés en unité, dans le sein de celui qui sera toutes choses en tous. Nous n'y serons nourris que de sa vérité, nous n'y respirerons que son amour; sa paix éternelle sera la nôtre. En attendant, souffrons, taisons-nous, laissons-nous fouler aux pieds, portant l'opprobre de Jésus-Christ : trop heureux si notre ignominie sert à sa gloire! Quand vous verrez Mlle D...., je vous supplie, madame, de lui dire que je l'honore de plus en plus, et que je ressens autant que je le dois son zèle, et que je la conjure de ne pas ressentir trop vivement mes peines. Pourquoi s'affliger de voir nos amis attachés à la croix avec le Sauveur? Nous devrions nous affliger pour eux, s'ils étoient égarés de la bonne voie, rebelles à l'Église, et obstinés dans l'erreur : mais pour les voir humiliés, crucifiés, il ne faut point se troubler. C'est la main de Dieu même qui nous frappe; il la faut adorer, sans regarder celle des hommes. Pardonnez, madame, une si longue lettre : la cordialité de la vôtre m'a tellement touché, que je n'ai pu me retenir.

[1] Marie-Françoise de Montmorin, mariée en 1666 à Frédéric de Gamaches, comte de Châteaumélian. Cette dame étoit sœur d'Armand de Montmorin, archevêque de Vienne, mort en 1713.

92. — AU DUC DE BEAUVILLIERS.

Il le remercie de ses soins pour renouer une négociation avec l'évêque de Chartres ; il redoute les variations de ce prélat, et se montre disposé à faire tout ce qu'il peut raisonnablement exiger.

A Cambrai, 14 août (1697).

Je vous remercie de tout mon cœur, monsieur, du soin que vous avez pris de me mander votre conversation avec M. l'évêque de Chartres, et je vous supplie de lui répondre pour moi les choses suivantes :

1° S'il croit que mes mœurs sont pures et ma doctrine saine, j'ose dire que, par la grace de Dieu, il ne me fait que justice. Mais s'il me fait cette justice, pourquoi demeure-t-il uni avec M. de Meaux, et pourquoi autorise-t-il, par cette union, les discours de ce prélat, qui dit hautement partout que je suis hérétique, que mon livre est pire que mes éclaircissements, et que mes sentiments cachés sont pires que mon livre [1] ? Peut-on parler ainsi de son confrère sans preuves ? peut-on le diffamer de la sorte, malgré toutes les preuves les plus convaincantes de la pureté de sa doctrine et de sa sincérité ? Est-il permis de lui imputer des erreurs qu'il n'a jamais cessé de détester, et qu'il n'excuse ni ne tolère en aucune occasion ? Je prie Dieu qu'il pardonne à M. de Meaux une telle injustice. Il me reste assez d'amitié pour lui, pour être plus touché du tort qu'il fait à sa conscience que de celui qu'il fait à ma réputation. Mais si M. l'évêque de Chartres me croit tel que je suis, j'avoue que je ne sais comment le justifier, ni devant Dieu ni devant les hommes. Il s'unit contre moi, qui suis son meilleur et son plus ancien ami, avec M. de Meaux qui me traite d'hypocrite, et d'hérétique dissimulé qui cache son venin. Il s'entend avec M. de Meaux pour m'empêcher d'expliquer les endroits de mon livre qu'on veut interpréter en un mauvais sens, et pour me réduire, contre la vérité et contre ma conscience, à une rétractation. Enfin, c'est mon meilleur ami qui me fait plus de mal que toute la cabale envenimée de ceux qui veulent me perdre. Il ne tient qu'à lui de mettre la vérité à couvert, de faire voir que personne n'est plus opposé que moi à l'illusion, et de finir un si grand scandale. Il ne tient qu'à lui, et c'est lui seul qui l'empêche ; car M. de Meaux, sans lui, ne pourroit soutenir une affaire si injuste et si odieuse. J'ai offert, dès le commencement, des additions pour expliquer tout ce qui alarme M. de Chartres. Quand même on ne me demanderoit pas ces explications, je les donnerois au public pour éclaircir et pour édifier les fidèles. Mais je demeure ferme dans ce que j'ai offert dès le commencement : il n'y a ni lassitude, ni crainte, ni espérance qui puisse jamais me faire dire un seul mot qui sente la rétractation indirecte. J'aime cent fois mieux souscrire avec une soumission sans réserve à la condamnation la plus rigoureuse de Rome, que de dire un mot équivoque, et qui donne une idée de rétractation, parce que je ne puis trouver dans mon livre aucune proposition qui ne soit déterminée à un sens très édifiant par trente autres endroits du même ouvrage. Ainsi toute négociation est inutile à cet égard-là. Il faut ou me laisser expliquer, ou attendre le jugement du pape, auquel je suis soumis comme un petit enfant à son père. Je ne sais si on sera bien édifié à Rome que mes confrères n'aient jamais voulu me laisser expliquer, et qu'on ait usé d'une autorité si irrégulière pour me réduire à une rétractation.

2° J'avoue que je ne sais à quoi m'en tenir avec M. l'évêque de Chartres. Dans les commencements, il témoignoit ne désirer de moi qu'une explication ; puis il a voulu que j'abandonnasse mon livre. Il est revenu plusieurs fois à la simple explication, et ne s'est jamais fixé à rien. M. de Meaux le rentraîne toujours ; et, après tant de variations, je ne puis plus faire un fonds assuré sur ses propositions. J'ai vu même, par expérience, que de telles propositions m'ont fait perdre un temps précieux, et n'ont servi qu'à lasser le roi, comme si je devois répondre des lenteurs et des irrésolutions des autres. On a renversé quatre ou cinq fois, malgré M. l'archevêque de Paris, les projets que nous avions faits ensemble pour expliquer mon livre par des additions. De nouvelles propositions n'aboutiroient à aucune exécution tranquille ; et pendant que je quitterois le chemin de Rome pour des choses très incertaines, on achèveroit de remuer à Rome de puissants ressorts pour m'y opprimer.

3° Je penserai sérieusement à ce que M. de Chartres propose d'une instruction courte : mais je n'ai eu jusqu'ici la liberté de rien faire imprimer. Je n'aurai jamais aucune répugnance à expliquer ce que certains lecteurs n'entendent pas : il ne me coûte rien de dire ce que je pense, et par conséquent je serai ravi de continuer à condamner des erreurs dont j'ai toujours eu une horreur très sincère. Mais il faut, quand il s'agit de l'impression, mesurer bien ce que j'ai à dire ; car, nonobstant tout ce que peut dire M. de Meaux, je veux mourir comme je tâche de vivre, simple

---
[1] Fénelon étoit bien instruit. Voyez les lettres de Bossuet à son neveu, des 6 mai, 17 juin, 22 juillet, 12 et 18 août 1697.

ingénu, et ferme jusqu'à sacrifier toutes choses pour la sincérité.

4° Après toutes les difficultés et toutes les variations que j'ai essuyées, je ne puis plus me résoudre à compter avec tant de gens ombrageux et irrésolus, quand il sera question de régler des additions pour une édition nouvelle de mon livre. Je veux bien faire ici une courte instruction, où je promettrai une édition nouvelle : mais, pour régler cette édition, je ne veux compter ni avec M. de Meaux, dont les principes ne peuvent jamais s'accorder avec les miens, ni avec ceux qui ont juré une alliance éternelle avec lui, et par lesquels il seroit toujours en secret, malgré moi, le correcteur de mon ouvrage. Si M. l'évêque de Chartres cherche sincèrement, comme je le crois de son bon cœur, la paix entre nous et l'édification publique, il conclura avec moi toutes choses suivant ce que je vais vous proposer.

Je ferai au plus tôt la courte instruction qu'il me conseille, et je promettrai une nouvelle édition : mais pour cette édition nouvelle avec des additions, je l'enverrai à Rome, et je supplierai le pape de la faire régler par les consulteurs les plus précautionnés. M. de Chartres ne doit pas être plus zélé ni plus rigoureux contre le quiétisme que le pape et toute l'Église romaine, où ces erreurs ont été foudroyées dès leur naissance. Quand j'offre de passer par toute la sévérité de l'inquisition qui a jugé Molinos, les gens les plus difficiles doivent être bien contents. Si M. de Chartres s'accommode de ce projet, nous serons en paix profonde, et nous édifierons l'Église par notre union sans aucun retardement. Dès ce moment, je ne suis qu'un cœur et une ame avec lui. Il n'aura plus besoin de demeurer ligué contre moi avec M. de Meaux, qui veut, malgré moi, me faire hérétique. Il n'aura qu'à déclarer qu'il est content, que ma doctrine est saine, et qu'il ne lui reste plus rien à desirer, puisque le pape réglera par son autorité les additions de mon édition nouvelle. De mon côté, je montrerai en tant de manières, de vive voix et par écrit, combien j'ai horreur de ce qu'on m'a imputé, que le public verra sans peine le fond de mon cœur. Mais si M. l'évêque de Chartres n'entre pas de plein cœur dans ce projet, et si M. de Meaux l'empêche de prendre une ferme résolution, la mienne est prise. Je n'ai qu'à porter ma croix, qu'à prier Dieu pour ceux qui m'oppriment, et qu'à tâcher de réparer le scandale à force de patience. Je suis tout à vous, monsieur, avec toute l'estime possible, et une sincère reconnoissance pour tous vos soins.

93. — A Mme DE GAMACHES.

Sur ses dispositions par rapport à l'affaire de son livre.

A Cambrai, 20 août (1697).

On ne peut être plus sensible que je le suis, madame, à toutes les marques de votre bonté; et je prie Dieu, du fond de mon cœur, de vous rendre au centuple la consolation que vous me donnez en prenant si cordialement part à mes peines. Quand nous disons que les croix sont bonnes, ce n'est point un discours de cérémonie; c'est une vérité de l'Évangile qui se tourne en condamnation contre ceux qui la prêchent, s'ils ne tâchent pas de la suivre quand les occasions s'en présentent. L'occasion en est venue pour moi : je dois aimer ma croix, j'en dois voir le prix, je dois craindre d'en perdre le fruit, je dois la porter humblement et sans aucun courage humain; je ne dois trouver de force ni de ressource qu'en Dieu; je dois aimer ceux qui me noircissent; je dois prier pour eux, et être toujours tout prêt à leur céder, pour finir la division, dès que ma conscience me le permettra.

Pour mon livre, je ne dois point le regarder comme mien. Si le pape ne le condamne pas, je ne dois pas le condamner; s'il le condamne, aucun évêque ne suivra sa condamnation avec plus de docilité que moi. J'ai fait ce livre avec une intention droite; je n'ai voulu y contredire personne, ni je n'y ai voulu défendre personne. Je n'y ai songé qu'à dire la vérité, telle que je l'ai trouvée dans les ouvrages des saints, et à y condamner toutes les erreurs que le Saint-Siége avoit déjà condamnées dans les soixante-huit Propositions de Molinos. Avec cette bonne intention, je suis en paix. Si je me trompe, on me détrompera; et c'est un grand avantage : si, pensant bien, je me suis mal expliqué, on me corrigera; et c'est ce que je dois desirer : et malheur à moi, si je craignois la correction par une mauvaise honte ! Je dois plus qu'un autre à la vérité, étant dans la place où je me trouve. Je ne suis fâché que du scandale que cette affaire cause, et il me semble qu'il n'a pas tenu à moi qu'elle ne fût finie dès sa naissance. Pour mon humiliation, elle porte sa consolation avec elle, car je sais qu'il est bon d'être humilié, et j'en ai plus besoin qu'un autre. Je serai trop heureux : la situation où je suis sert à me faire pratiquer une partie du détachement et de l'abandon dépeint dans mon livre.

Priez Dieu pour moi, madame, vous qui êtes touchée de ma peine, et qui avez le zèle de prier. Procurez-moi aussi, s'il vous plaît, les prières de monseigneur l'évêque de Coutances. Je le révère singulièrement pour sa doctrine et pour sa piété; je lui rendrai toujours avec joie un compte exact de mes sentiments et de ma conduite. Souffrez, madame, que je demande aussi les prières de M. de S. V., auxquelles j'ai foi. Je suis avec une reconnoissance très vive, et un respect qui durera toute ma vie, etc.

94. — A M. DE BERTIER,

ÉVÊQUE DE BLOIS.

Il explique les expressions de sa *Lettre à un ami* qui avoient fait peine à ce prélat.

A Cambrai, 21 août (1697).

Je ne suis pas surpris, mon cher prélat, du tour qu'on donne à ma lettre, car je suis accoutumé à l'injustice. Celle-là paroîtroit étrange, si on vouloit ouvrir les yeux. Je dis absolument, d'un côté, que je condamnerai mon livre, dès que le pape le condamnera; de l'autre, je dis que je ne me contente pas de la condamnation de mon livre, s'il mérite d'être condamné, mais que je le supplierai encore de faire des décisions précises sur cette matière. Je crains de me tromper; je veux savoir précisément ce qu'il faut croire et ce qu'il faut rejeter. Plus on est de bonne foi dans l'obéissance, plus on veut savoir précisément en quoi il faut obéir. Je ne demande point des raisons sur lesquelles je puisse chicaner; je ne demande que des décisions précises et absolues. Est-ce éluder l'obéissance, que de craindre de n'y être pas assez assujetti? Est-ce être de mauvaise foi, que de demander une règle qui ne laisse rien ni à la subtilité ni à la prévention? N'est-il plus permis de vouloir savoir jusqu'où on doit obéir, pour obéir aveuglément dans toute l'étendue de l'obéissance? On veut empoisonner toutes mes paroles; quoi que je dise et quoi que je fasse, il faut que j'aie tort. Ce qui m'en console est que Dieu le permet, et qu'il faut adorer tout ce qu'il fait pour nous humilier. J'avoue que je ne m'embarrasse guère de tous ces discours. J'attends en paix la décision du pape. S'il condamne mon livre, je le condamnerai très simplement, et il n'en sera plus question. Je ne lui demanderai jamais des décisions pour relever indirectement mon livre. Ce que je lui demanderai toujours de bonne foi, c'est de m'apprendre ce que je dois penser et enseigner. Les critiques envenimés ne m'empêcheront pas de lui faire cette demande pour mon besoin, avec docilité et soumission. Pardon, mon cher prélat, d'une si longue lettre. Je vous remercie de vos prières, dont j'ai grand besoin; et je puis vous assurer que je ne cesserai jamais de vous être dévoué avec respect et attachement.

95. — AU DUC DE BEAUVILLIERS.

Il lui rend compte des vœux qu'il a formés pour le roi, le jour de saint Louis, et lui expose ses sentiments relativement aux éclats occasionés par le livre des *Maximes des Saints*.

A Cambrai, 26 août (1697).

Je ne puis m'empêcher de vous dire, mon bon duc, ce que j'ai sur le cœur. Je fus hier, fête de saint Louis, en dévotion de prier pour le roi. Si mes prières étoient bonnes, il le ressentiroit, car je priai de bon cœur. Je ne demandai point pour lui des prospérités temporelles, car il en a assez. Je demandai seulement qu'il en fît un bon usage, et qu'il fût, parmi tant de succès, aussi humble que s'il avoit été profondément humilié. Je lui souhaitai d'être non-seulement le père de ses peuples, mais encore l'arbitre de ses voisins, le modérateur de l'Europe entière, pour en assurer le repos; enfin le protecteur de l'Église. J'ai demandé non-seulement qu'il continuât à craindre Dieu, et à respecter la religion, mais encore qu'il aimât Dieu, et qu'il sentît combien son joug est doux et léger à ceux qui le portent moins par crainte que par amour. Jamais je ne me suis senti plus de zèle, ni, si je l'ose dire, de tendresse pour sa personne. Quoique je sois plein de reconnoissance, ce n'étoit pas le bien qu'il m'a fait dont j'étois alors touché. Loin de ressentir quelque peine de ma situation présente, je me serois offert avec joie à Dieu pour mériter la sanctification du roi. Je regardois même son zèle contre mon livre comme un effet louable de sa religion, et de sa juste horreur pour tout ce qui lui paroît nouveauté. Je le regardois comme un objet digne des graces de Dieu. Je me rappelois son éducation sans instruction solide, les flatteries qui l'ont obsédé, les pièges qu'on lui a tendus pour exciter dans sa jeunesse toutes ses passions, les conseils profanes qu'on lui a donnés, la défiance qu'on lui a inspirée contre les excès de certains dévots, et contre l'artifice des autres; enfin les périls de la grandeur, et de tant d'affaires délicates. J'avoue qu'à la vue de toutes ces choses, nonobstant le grand respect qui lui est dû, j'avois une forte compassion pour une ame si exposée. Je le trouvois à plaindre, et je lui souhaitois une plus abondante miséricorde pour le soutenir dans une si redoutable prospérité. Je priois de bon cœur saint Louis, afin qu'il obtînt pour son petit-fils la grace d'imiter ses vertus. Je me représentois avec joie le roi humble, recueilli, détaché de toutes choses, pénétré de l'amour de Dieu, et trouvant sa consolation dans l'espérance d'une gloire et d'une couronne infiniment plus desirable que la sienne ; en un mot, je me le représentois comme un autre saint Louis. En tout cela je n'avois, ce me semble, aucune vue intéressée ; car j'étois prêt à demeurer toute ma vie privé de la consolation de voir le roi en cet état, pourvu qu'il y fût. Je consentirois à une perpétuelle disgrace, pourvu que je susse que le roi seroit entièrement selon le cœur de Dieu. Je ne lui desire que des vertus solides, et convenables à ses devoirs. Voilà, mon bon duc, quelle a été mon occupation de la fête d'hier. J'y priai beaucoup aussi pour notre petit prince, pour le salut duquel je donnerois ma vie avec joie. Enfin je priai pour les principales personnes qui approchent du roi, et je vous souhaitai un renouvellement de grace dans les temps pénibles où vous vous trouvez. Pour moi, je suis en paix avec une souffrance presque continuelle. En faisant un éclat scandaleux, on ne m'aigrira point, s'il plaît à Dieu, et on ne me découragera point. On ne me fera point hérétique, en disant que je le suis. J'ai plus d'horreur de la nouveauté que ceux qui paroissent si ombrageux : je suis plus attaché à l'Église ; je ne respire, Dieu merci, que sincérité et soumission sans réserve. Après avoir représenté au pape toutes mes raisons, ma conscience sera déchargée ; je n'aurai qu'à me taire et à obéir. On ne me verra point, comme d'autres l'ont fait, chercher des distinctions pour éluder les censures de Rome. Nous n'aurions pas eu besoin d'y recourir, si on avoit agi avec moi avec l'équité, la bonne foi, et la charité chrétienne qu'on doit à un confrère. Je prie Dieu qu'il me détrompe, si je suis trompé ; et si je ne le suis pas, qu'il détrompe ceux qui se sont trop confiés à des personnes passionnées.

Je suis en peine de la santé de la bonne duchesse : priez pour moi. J'écrirai à notre prince sur divers morceaux de l'histoire.

96. — AU DUC DE CHEVREUSE.

La soumission à la volonté de Dieu, seul moyen de réformer la nôtre : comment on peut arriver à cette résignation.

Je ne suis nullement surpris de la crainte que M. le vidame a d'écrire à .... : la nature ne peut souffrir qu'à peine qu'on la détache ou plutôt qu'on l'arrache à ses amusements. Je me souviens que feu M. son aîné m'écrivit une fois pour me prier de ne pas prier Dieu pour lui, de peur de perdre une attache qu'il avoit. C'est un effet de la corruption de notre volonté propre, qui se passionne de tout, et qui ne peut se résoudre à quitter ce qui l'attache. Vous saurez que cette volonté ne peut se réformer, changer, et enfin quitter, que par la soumission à la volonté de Dieu, la résignation, l'union, et même la perte de notre volonté en celle de Dieu. Comme c'est le contraire qui fait tout le déréglement de notre vie, cette même vie se règle à mesure que notre volonté se tourne vers Dieu efficacement ; et plus notre volonté est tournée efficacement vers Dieu, plus elle se détourne de ces vains amusements qui l'arrêtent et l'attachent, parce que ce retour de la volonté ne se fait que par la charité, qui commande cette puissance, et qui est plus ou moins parfaite, selon que le retour de la volonté est plus ou moins parfait. Aussi il ne s'agit pas que l'esprit soit éclairé ; ce n'est pas ce que Dieu demande ; mais le cœur.

Je ne sais pourquoi on se met dans l'esprit qu'il faut quitter ses amis pour être à Dieu. Je ne vois pas pour quelle raison M. le vidame s'imagine que, pour être à Dieu, à son âge, il faille quitter les compagnies qui ne sont ni dangereuses ni criminelles, ni même trop attachantes : il faut voir ses amis courtement, mais fréquemment. Je dois dire que ce ne sera jamais la conviction seule qui fera un homme parfaitement à Dieu ; il n'y a que la volonté gagnée et tournée qui le puisse faire : tous raisonnements sont stériles et infructueux, si le cœur n'est gagné pour Dieu ; et c'est à quoi il faut travailler. Je voudrois donc le faire de cette sorte : m'exposer tous les jours quelques moments devant Dieu, non en raisonnant, mais après avoir dit ces paroles : *Fiat voluntas tua*, donner ma volonté à Dieu afin qu'il en dispose, et l'exposer ainsi devant lui sans lui dire autre chose que de rester quelques moments dans un silence respectueux, où le cœur seul prie sans le secours de la raison ni de la parole. Je lui demande cette petite pratique tous les jours quelques moments, et je réponds bien qu'il ne la fera pas long-temps sans en sentir l'effet. Je prie Dieu qu'il lui donne l'expérience que ce conseil, qui semble si peu de chose en soi et qui est si facile, lui fera un bien si réel dans la suite, et peu à peu, qu'il en sera lui-même surpris. Il n'aura plus besoin de bien des choses pour entrer dans ce que Dieu veut, parce que Dieu lui fera faire sa volonté

97. — AU MÊME.

Sur les répugnances involontaires qu'on éprouve dans le service de Dieu.

Je ne crois pas qu'il faille toujours attribuer au démon les résistances et les répugnances de la volonté inférieure à rompre les obstacles qui nous empêchent d'aller à Dieu ; car cette répugnance est comme identifiée avec notre nature, qui ne peut souffrir ce qui l'arrache à ses amusements et à ses plaisirs. Comme elle vit là-dedans, elle craint comme la mort le renoncement à soi-même, si fort recommandé par Jésus-Christ. Elle sent bien que le règne de Jésus-Christ et sa vie en nous ne peuvent venir en nous que par la perte de l'homme de péché, et qu'il faut que le vieil homme fasse place au nouveau. Mais lorsqu'avec un peu de courage on travaille à détruire ces répugnances de la nature, qu'on rame contre le fil de l'eau, on trouve la chose aisée ; parce qu'étant fidèles à se tenir auprès de Jésus, non par raisonnement, mais par attention amoureuse et douces affections, il nous aide dans notre travail, jusqu'à ce qu'il prenne lui-même le gouvernail.

98. — A LA MARÉCHALE DE NOAILLES.

Dispositions présentes du prélat par rapport à son affaire.

5 novembre 1697.

Vous me croyez bien méchant, madame, et d'une malignité bien raffinée dans mes joies. Non, je ne vous ressemble plus, tant le malheur m'a corrigé. J'ai joint l'indolence des Flamands avec celle qu'on me reproche, et j'entends de loin le bruit de tout ce qu'on fait avec une soumission paisible aux ordres de Dieu. Je n'ai qu'à me taire et à souffrir, en attendant que le pape justifie ma doctrine ou me corrige. Je suis, Dieu merci, soumis comme un enfant à mon supérieur. J'avois besoin d'humiliation : Dieu m'en a envoyé, et je l'en remercie. Je songe au bien qu'ils me font, et non au mal qu'ils me veulent faire. Je m'en vais tâcher de mettre à profit le temps que j'ai, pour remplir mes fonctions. J'aurois eu de la peine à me tourner à bien, sans les coups d'étrivière dont on m'a honoré. Pourvu que j'en fasse un bon usage, ils me vaudront mieux que la plus éclatante prospérité. Je vous en souhaite autant, madame, dans votre famille, que vous en pouvez porter, sans oublier Dieu. La carrière où vous êtes a bien des épines avec des fleurs. Parmi tant d'affaires, souvenez-vous qu'il y en a une qui terminera toutes les autres, et qui en fera sentir l'illusion. Mais ce n'est pas à moi à prêcher, et je renonce ma morale. J'honore toujours parfaitement M. le maréchal de Noailles, etc.

99. — A M. (DE HARLAI.)

Il lui envoie sa Lettre pastorale, et le félicite sur l'heureuse issue de sa négociation pour la paix [1].

A Cambrai, 10 novembre (1697).

Je n'ai point voulu jusqu'à présent, monsieur, interrompre vos grandes occupations, auxquelles nous sommes tous si intéressés, et je ne vous ai rien dit de mes peines, parce que je savois que vous n'y preniez que trop de part. Je ne puis m'empêcher de vous envoyer ma lettre pastorale, quoique je croie que vous n'aurez pas le temps de la lire. Elle ne renferme qu'une simple explication de mes vrais sentiments, sans réfuter les imputations de la *Déclaration* des trois prélats. J'éviterai, autant qu'il me sera possible, d'augmenter une scène qui n'est pas déjà trop édifiante entre des évêques. Je voudrois bien envoyer ma réponse précise à tous les articles de leur *Déclaration* à Rome, sans la rendre publique, pour dérober aux yeux du public une controverse où j'ai de grandes plaintes à faire sur le peu d'exactitude qu'on a eu à rapporter ma doctrine. En vérité, monsieur, il vous a été plus facile de faire la paix de l'Europe, qu'il ne vous le seroit de faire celle de deux auteurs. Nous aurions besoin d'un tel médiateur. J'espère, monsieur, qu'après une négociation si grande et si utile, vous irez recevoir les marques de l'estime et de la satisfaction du roi, et que Cambrai se trouvera sur votre passage. Si vous n'y passiez pas, je ferois, au premier signal, bien des pas pour vous trouver sur votre route. Personne ne sera jamais avec plus de zèle et d'attachement que moi, pour toute la vie, monsieur, votre, etc.

100. — AU DUC DE CHEVREUSE.

Comment il faut étudier, pour ne pas dessécher le cœur. Exhortation à mépriser le monde.

(1698).

Il y a quatre mois que je n'ai eu aucun loisir d'étudier ; mais je suis bien aise de me passer d'étude, et de ne tenir à rien dès que la Providence me secoue. Peut-être que cet hiver je pourrai me remettre dans mon cabinet ; et alors je n'y entrerai que pour y demeurer un pied en l'air, prêt à en sortir au moindre signal. Il faut faire jeûner l'esprit comme le corps. Je n'ai aucune envie ni d'écrire, ni de parler, ni de faire parler de moi, ni de raisonner, ni de persuader personne. Je vis au jour la journée, assez sèchement, et avec diverses sujétions extérieures qui m'importunent ; mais je m'amuse dès que je le puis et que j'ai besoin de me délasser. Ceux qui font des almanachs sur moi, et qui me craignent, sont de grandes dupes. Dieu les bénisse ! Je suis si loin d'eux, qu'il faudroit que je fusse fou pour vouloir m'incommoder en les incommodant. Je leur dirois volontiers comme Abraham à Lot : *Toute la terre est devant nous. Si vous allez à l'orient, je m'en irai à l'occident*[1].

Heureux qui est véritablement délivré ! Il n'y a que le Fils de Dieu qui délivre ; mais il ne délivre qu'en rompant tout lien : et comment le rompt-il ? C'est par ce glaive qui sépare l'époux et l'épouse, le père et le fils, le frère et la sœur. Alors le monde n'est plus rien : mais, tandis qu'il est encore quelque chose, la liberté n'est qu'en parole, et on est pris comme un oiseau qu'un filet tient par le pied. Il paroît libre, le fil ne se voit point ; il s'envole, mais il ne peut voler au-delà de la longueur de son filet, et il est captif. Vous entendez la parabole. Ce que je vous souhaite est meilleur que tout ce que vous pourriez craindre de perdre. Soyez fidèle dans ce que vous connoissez, pour mériter de connoître encore davantage. Défiez-vous de votre esprit qui vous a souvent trompé. Le mien m'a tant trompé, que je ne dois plus compter sur lui. Soyez simple et ferme dans votre simplicité. *La figure du monde passe*[2] : nous passerons avec elle, si nous nous rendons semblables à sa vanité ; mais la vérité de Dieu demeure éternellement, et nous serons permanents comme elle si elle seule nous occupe.

Encore une fois, défiez-vous des savants et des grands raisonneurs. Ils seront toujours un piége pour vous, et vous feront plus de mal que vous ne sauriez leur faire de bien. Ils languissent autour des questions, et ne parviennent jamais à la science de la vérité. Leur curiosité est une avarice spirituelle qui est insatiable. Ils sont comme les conquérants qui ravagent le monde sans le posséder. Salomon parle avec une profonde expérience de la vanité de leurs recherches.

Quand on étudie, il ne faut étudier que par un vrai besoin de providence, et le faire comme on va au marché pour la provision nécessaire de chaque jour. Alors même il faut étudier en esprit d'oraison. Dieu est tout ensemble la vérité et l'amour.

On ne connoît bien la vérité qu'autant qu'on l'aime. Quand on l'aime, on la connoît bien. N'aimer point l'amour, ce n'est pas le connoître. Qui aime beaucoup, et demeure humble et petit dans son ignorance, est le bien-aimé de la vérité : il sait ce que les savants ignorent, et qu'ils ne veulent pas même savoir. Je vous souhaite cette science réservée *aux simples et aux petits,* pendant qu'elle est *cachée aux sages et aux prudents*[1].

101. — A L'ABBÉ DE CHANTERAC.

Il lui annonce une nouvelle édition de ses défenses ; désire une prompte décision, et lui expose l'histoire de son sacre.

(14 janvier 1698.)

Vous pouvez compter qu'actuellement on va imprimer en françois, à Bruxelles, ma *Réponse à la Déclaration,* celle au *Summa,* etc., et la Dissertation sur la charité et l'oraison passive, contre le livre de M. de Meaux. Si vous apercevez que les examinateurs trouvent quelque chose qui leur déplaise dans ces trois ouvrages, mandez-le-moi promptement ; on y remédiera par des cartons ; mais enfin tout sera prêt à paroître au premier signal.

Ce qui est certain, c'est que le Saint-Siége ne peut finir, avec la dignité et l'autorité qui lui convient, une telle affaire, sans imposer silence aux parties, après qu'elles auront achevé leurs productions ; autrement la décision et le scandale ne finiroient point, et l'autorité de Rome seroit méprisée.

M. l'évêque de Porphyre, sacriste du pape, a fait à monsieur notre doyen une réponse très obligeante, où il lui fait espérer que nos affaires auront une issue favorable. Le nonce m'écrit de Paris qu'il ne peut trop louer ma modération, et qu'il attend que Rome, pour qui je témoigne tant de zèle et de soumission, me fasse la justice qui m'est due : ce sont ses propres termes.

Je vous envoie encore quatre lettres pour des cardinaux, en blanc. Vous les remplirez, s'il vous plaît, suivant que vous trouverez le style de chaque lettre plus convenable à quelqu'un d'entre eux. Il y en a une qui est pour le cardinal Delfini, oncle du nonce.

Dès que vous aurez reçu toute ma production, et qu'on aura commencé à la lire, pressez pour la décision ; mais pressez d'une manière douce, qui marque seulement que je ne veux ni fuir, ni prolonger la décision et le scandale. Dans le fond, il

---

[1] Genes., XIII, 9. [2] I Cor., VII, 31.

[1] Matth., XI, 25.

faut leur laisser le temps de deux choses : l'une, de s'accoutumer eux-mêmes à cette suite de principes qu'ils n'avoient jamais rassemblés ; l'autre, de négocier avec la cour de France pour apaiser les esprits, et pour faire agréer le parti de silence que Rome prendra apparemment, si on y est pour moi.

La proposition de mon voyage de Rome est bonne à renouveler toutes les fois qu'on attaquera ma doctrine personnelle et la sincérité de mes sentiments. Vous savez, mon cher abbé, que je vous donnai, quand nous nous séparâmes, une histoire de notre affaire dès son origine. Dieu m'est témoin qu'elle contient la vérité tout entière ; elle répond à tout.

M. de Meaux vint s'offrir pour me sacrer. Je ne l'acceptai point : ce fut madame de Maintenon qui le voulut. J'étois presque engagé à M. le cardinal de Bouillon, qui m'avoit offert son ministère avec une extrême bonté. Il ne faut point, par respect, citer madame de Maintenon. Pour M. le cardinal de Bouillon, vous pouvez le faire souvenir de son offre, que je n'ai garde d'oublier. On m'empêcha de l'accepter. Dans la suite, feu M. de Paris soutint qu'il étoit indécent qu'un évêque sacrât un archevêque. D'un autre côté, M. de Reims dit au roi que M. de Chartres, qui devoit, dans notre projet, être le second assistant, ne devoit point céder dans son diocèse, à Saint-Cyr, la première fonction à un évêque étranger. Le P. de La Chaise approuva le sentiment de M. de Reims. C'étoit à Compiègne. Je cédai à ce que le roi, persuadé par eux, me fit mander par M. de Beauvilliers. J'en avertis M. de Meaux, qui m'écrivit plusieurs lettres pour prouver, par les canons, que M. de Chartres pouvoit, dans son diocèse, n'être qu'assistant, et lui céder la fonction de me sacrer. Enfin ce sentiment prévalut. M. de Meaux étoit donc bien éloigné de ne vouloir pas me sacrer. Alors nous avions arrêté et signé ensemble les XXXV Articles. Il ne me demanda point si j'étois dans sa doctrine : cette question eût été très indécente. C'est dans la doctrine de l'Église, et non dans celle d'un évêque particulier, qu'il faut être. Dans le fond, je croyois que nous étions pleinement d'accord ; car, encore que je l'eusse vu prévenu contre moi, et très ardent contre le pur amour de bienveillance sans vue de la béatitude, je comptois néanmoins que les XXXIV Articles, dont j'étois fort content, avoient tout fini. Dans la suite, je lui montrai ma réponse à la sœur Charlotte, carmélite, dont il approuva toute la doctrine, comme ne laissant rien à desirer[1].

[1] Nous n'avons pas la suite de cette lettre.

102. — A LA MARÉCHALE DE NOAILLES.

Sur les motifs qui l'obligent à publier ses défenses, et les dispositions dans lesquelles il les publie.

28 février 1698.

Je déplore tous les jours, madame, la malheureuse nécessité de déplaire aux personnes pour qui je conserverai toute ma vie un respect et un attachement véritable. Mais, si peu qu'on veuille bien pour un moment se mettre en ma place, on verra qu'ils ne m'ont laissé de ressource pour justifier la pureté de ma foi qu'en montrant leur prévention. Du moins je ne le fais qu'à la dernière extrémité, avec la douleur la plus amère, et demeurant toujours dans les bornes de la plus grande vénération. Ce que je dis ici, madame, n'est point un simple compliment ; car toute ma conduite répond à mes expressions. C'est encore moins un ménagement de politique. On a poussé les choses si loin, qu'on ne m'en a laissé aucune à ménager pour la justification de ma foi. D'ailleurs, je crois que personne ne m'accusera d'être trop politique. Mais en vérité, madame, plus mes raisons me paroissent claires, plus je suis affligé qu'on m'ait réduit à les publier. Il ne m'est permis de les affoiblir par aucun adoucissement ; mais je tâche de ne dire que ce qui est précisément nécessaire à ma cause, et de le dire sans blesser ce qui est dû aux personnes. Pour mon cœur, j'ose me rendre ce témoignage devant Dieu, qu'il n'est ni changé, ni altéré. Je sépare entièrement les préventions que je crois voir dans les personnes, d'avec la vertu solide, et toutes les autres qualités qui méritent d'être singulièrement révérées. Il y a si long-temps que je les révère du fond du cœur ; et je le fais aujourd'hui avec autant de joie que je le faisois autrefois. Si je me trompe, je demande à Dieu qu'il daigne m'ouvrir les yeux. Alors j'aurai une reconnoissance éternelle pour ceux qui ont eu le zèle de me corriger, quoiqu'ils aient passé les bornes en le faisant. Si, au contraire, je ne me trompe point, je ne cherche que le silence et la paix. Ma patience effacera peut-être peu à peu les préventions de ceux qui m'ont accusé. La liberté avec laquelle je parle, madame, est peut-être excessive, et je vous demande pardon de ce qui peut vous déplaire dans ce discours ; mais je n'ai pu me résoudre de faire l'action de ma vie à laquelle j'ai eu la plus forte répugnance, sans vous ouvrir mon cœur avec toute la confiance que vous m'avez inspirée par vos bontés. Je les ai trouvées constantes jusque dans le temps où je les attendois le moins, et où vous pouviez le plus vous dispenser de m'en donner des marques. Jugez, madame, de l'attachement à toute épreuve et du respect sincère avec lequel je serai jusqu'à la mort votre, etc.

103. — AU NONCE.

Sur le nouveau livre de Bossuet, et le désir qu'il a de voir finir l'affaire.

A Cambrai, 1er mars 1698.

J'ai reçu avec beaucoup de reconnoissance les conseils que vous avez la bonté de me donner dans la lettre que vous m'avez fait l'honneur de m'écrire, et je serai ravi de les suivre autant que je le pourrai. Je viens de recevoir le livre de M. de Meaux, que je commence à lire [1]. Il me paroît rempli de tout l'art imaginable pour prendre toutes mes paroles à contresens, et pour les tourner à des sens impies. Pour moi, monseigneur, je vais le lire dans la disposition de ne répondre rien à toutes les accusations qui ne me paroîtront pas tout-à-fait importantes, ou auxquelles je croirai avoir déjà assez répondu par avance. Pour celles qui seroient capables d'éblouir le public, je ne veux y répondre que d'une manière si courte et si douce, qu'on y puisse voir mon amour sincère pour la paix, et mon impatience de finir. M. de Meaux produit un nouveau livre plein de redites pour le fond, mais de tours nouveaux et dangereux. Il le fait, monseigneur, à la veille de la décision du pape. Il ne peut le faire que pour frapper les examinateurs par des raisons que je n'aie pas le loisir de réfuter, ou bien pour éloigner la fin : mais j'espère que la sagesse et l'équité du Saint-Père évitera ces deux inconvénients. Si peu que le nouvel ouvrage de M. de Meaux fît d'impression sur les esprits à Rome, il seroit juste d'attendre mes réponses. C'est toujours l'accusé qui doit parler le dernier, surtout quand il s'agit d'accusations si horribles sur la foi, et que l'accusé est un archevêque, dont la réputation est importante à son ministère. Si M. de Meaux veut toujours écrire le dernier, il trouble l'ordre de toute procédure, et il ne veut point finir. Si je suis obligé de lui répondre, je le ferai, monseigneur, si promptement et si courtement, que ma réponse ne retardera guère le jugement de Rome. Il peut avoir des raisons pour prolonger l'affaire. Je n'en ai aucune qui ne me presse de la finir au plus tôt.

Quant à ses écrits, je ne suis point embarrassé à y répondre, et j'espère, avec l'aide de Dieu, éclaircir tout ce qu'il enveloppe ; mais, quoique je n'aie rien à craindre de cette guerre, j'aime la paix, et je voudrois m'appliquer entièrement à mes fonctions, plutôt que de donner au public des scènes dont il ne peut être que mal édifié. Quand j'ai fait une instruction pastorale, je n'ai attaqué personne ; j'ai parlé de mes parties avec un respect qui devoit les apaiser. Depuis ce temps-là, je n'ai écrit que pour me justifier sur leurs accusations atroces, sans y mêler aucune passion. Je ne demande que la paix et le silence, quoique j'aie de quoi me plaindre et de quoi réfuter. Je connois la vivacité de ceux qui mènent tout ceci ; nous ne finirons point, s'il n'intervient quelque autorité ; et, quelque soin qu'on ait eu de prévenir le roi, je connois assez sa profonde sagesse et sa sincère piété, pour être assuré qu'il appuiera tout ce que le Saint-Père aura fait. Ainsi, monseigneur, je m'en vais lire promptement le livre de M. de Meaux, avec le désir de ne répondre rien, s'il est possible, ou du moins de faire au plus tôt une réponse très courte et très précise aux points essentiels ; après quoi je ne demande qu'à me taire, à être jugé, et à obéir. Je souhaite que M. de Meaux, qui se donne tant d'autorité, soit aussi docile et aussi soumis à la décision du Père commun. Ce qui me fait espérer qu'il gardera le silence, c'est que le roi suivra les impressions qui lui viendront du Saint-Siége. Pardonnez, s'il vous plaît, monseigneur, la confiance sans réserve que j'ai en vos bontés. Je suis pour toute ma vie, avec un zèle et un respect singulier, etc.

104. — AU NONCE.

Raisons qui l'obligent de répondre aux écrits de ses adversaires.

A Cambrai, 10 mai 1698.

Vous avez la bonté de me donner un conseil digne de votre sagesse, en m'exhortant à garder le silence ; mais, en me le donnant, faites que je le puisse suivre. Dois-je et puis-je en conscience me taire, lorsqu'on attaque si violemment ma foi ? Par exemple, monseigneur, ai-je pu me dispenser de montrer que je n'ai point falsifié saint François de Sales, comme M. de Meaux m'en accuse ? Une *Lettre* là-dessus, que je prends la liberté de vous envoyer, n'étoit-elle pas nécessaire pour empêcher mon entière diffamation ? Voilà

---

[1] Ce livre a pour titre : *Divers Écrits ou Mémoires sur le livre intitulé* Explication des Maximes, etc. *Sommaire de la Doctrine*, etc. *Déclaration des trois Évêques*, etc., avec une *Préface sur l'Instruction pastorale donnée à Cambrai le 15 septembre 1697*. On a déjà vu les *Divers Écrits*, le *Sommaire* et la *Déclaration* étoient connus à Rome depuis plusieurs mois. Bossuet y joignit la *Préface*, avec un long *Avertissement* contre les *Réponses* de Fénelon ; et ce recueil fut publié à la fin de février 1698.

mes réponses finies. Je me suis borné aux points essentiels, pour finir plus promptement ; et vous voyez bien, monseigneur, que j'ai usé, dans cette réponse, de toute la diligence que je vous avois promise. Mais je sais que mes parties vont recommencer par de nouveaux écrits : par-là je serai contraint de recommencer aussi, malgré moi, pour repousser les plus horribles accusations. Ils m'accusent de retarder le jugement de Rome, et je sais qu'ils n'oublient rien pour le faire entendre au roi. Mais qui est-ce qui recule, ou l'accusé, qui ne fait que répondre courtement et en diligence aux points essentiels, à mesure qu'on l'attaque sur sa foi; ou les accusateurs, qui font sans cesse des productions nouvelles, à la veille du jugement du procès? Vous savez, monseigneur, qu'immédiatement après avoir répondu à l'*Instruction pastorale* de M. l'archevêque de Paris, j'eus l'honneur de vous écrire, pour vous assurer que je ne demandois qu'un prompt jugement, sans aucune défense nouvelle, si mes accusateurs vouloient bien laisser juger le Saint-Siége sur les écrits déja publiés par eux, et sur mes réponses. Au lieu d'en demeurer là, M. de Meaux a fait un gros livre plein de tout ce qu'on peut imaginer de plus atroce et de plus horrible. J'ai répondu, environ dans l'espace d'un mois, aux points principaux, par mes *Lettres*; et je suis prêt encore à renoncer à toute autre défense, si mes parties veulent bien garder enfin le silence, et attendre respectueusement en paix la décision du Saint-Siége. S'ils sont aussi soumis qu'ils le disent, s'ils n'agissent que pour l'intérêt de la vérité, et sans passion, ils n'ont qu'à laisser juger le Père commun, qui ne favorisera pas le quiétisme. Qu'y a-t-il à craindre pour la vérité, après qu'ils ont tant critiqué mon livre, et tant écrit pour me confondre? La vérité sera-t-elle en péril, quand le Saint-Siége l'examinera à fond, et décidera? Veulent-ils être plus éclairés ou plus zélés contre l'erreur que l'Église romaine? Puisque vous souhaitez tant le silence, monseigneur, et qu'en effet il est si désirable, engagez-les à le garder. De ma part, vous n'aurez aucune peine à me retenir, et je serai docile comme un enfant à toutes les volontés du Saint-Père. Plus on écrira, plus cette dispute se tournera en aigreur. Mes réponses, quoique douces et patientes, pendant que les écrits de mes parties sont pleins de hauteur et d'âcreté, les irritent toujours de plus en plus. Des accusateurs animés ne peuvent souffrir que l'accusé paroisse tranquille, et réponde clairement à de si horribles accusations. Un mot bien précis, que vous diriez au roi de la part du pape, finiroit cette scandaleuse scène, et nous attendrions avec soumission ce qui nous viendroit de Rome. Alors la plus prompte décision seroit la meilleure : elle ne sauroit venir trop tôt. Quelle qu'elle puisse être, je la recevrai d'un cœur sincère, soumis, et docile sans aucune réserve. Dieu veuille que les autres en fassent autant! Mais la piété du roi vous doit assurer qu'il fera soumettre au jugement du pape les esprits les plus hardis et les plus hautains. Ainsi, monseigneur, tout peut finir avec une extrême diligence, et vous pouvez facilement, par l'autorité du roi, nous faire imposer maintenant le silence pour attendre la décision. Elle peut même venir bientôt, en cas qu'on ne produise rien de nouveau ; car les examinateurs et les cardinaux ont eu le temps d'examiner l'affaire. Pour moi, je ne demande en ce cas qu'un prompt jugement ; je presse avec la dernière instance, et vous pouvez même envoyer à Rome cette lettre, comme un engagement solennel par lequel je m'ôte tout prétexte de reculer. Que si vous ne pouvez, monseigneur, engager mes parties au silence, et s'ils veulent absolument, malgré toutes vos remontrances de la part du pape, faire contre moi de nouvelles accusations, à la veille du jugement, pour le retarder; souffrez que je vous prenne à témoin que ce n'est pas moi qui retarde, et que c'est eux au contraire qui font le retardement. Je vous supplie même d'avoir la bonté de le faire bien entendre au roi ; car je sais qu'on lui dit que je ne cherche qu'à reculer, lors même que je presse pour attendre la décision, et pour supprimer toute nouvelle production qui pourroit la retarder. Enfin, monseigneur, si le roi veut encore laisser écrire mes parties, n'est-il pas juste que le retardement leur soit imputé, et qu'on me laisse le temps de leur répondre sur les points essentiels avec la brièveté et la diligence dont j'ai déja usé depuis peu? Je renoncerai même à toute réponse, si je ne trouve dans leurs nouveaux écrits rien d'essentiel. J'espère, monseigneur, que vous aurez la bonté de représenter tout ceci à Sa Majesté, et ensuite d'envoyer cette lettre à Rome, pour y montrer avec quelle sincérité je demande un prompt jugement. Je serai toute ma vie avec un singulier respect, etc.

103. — AU P. DE LA CHAISE.

Il se justifie sur les prétendus retards que ses adversaires l'accusent d'apporter à la conclusion de l'affaire.

A Cambrai, 12 mai 1698.

Je n'ai garde, mon révérend Père, de vous demander des choses indiscrètes, et de souhaiter que vous fassiez aucun pas pour mon affaire; mais je crois devoir vous expliquer certaines choses principales, afin que vous soyez au fait, si on vous parle de moi.

Je sais que mes parties ne cessent de dire que j'alonge l'affaire, pour éviter le jugement de Rome. Pendant qu'ils parlent ainsi, ils demandent eux-mêmes à Rome actuellement qu'on ne juge point, jusqu'à ce qu'ils aient envoyé ce qu'ils impriment contre moi. Ainsi ils reculent à Rome, et font semblant de presser en France. La règle de justice est que comme les accusateurs parlent les premiers, ils doivent aussi être toujours les premiers à se taire, et l'accusé a toujours le droit de répondre le dernier.

D'abord ils ont fait leur *Déclaration*, le *Sommaire*, et puis l'*Instruction pastorale* de M. l'archevêque de Paris. J'ai répondu à tous ces écrits avec une extrême diligence. L'unique retardement qui soit sur mon compte regarde l'impression de mes défenses et leur publication, parce que j'aurois bien voulu ne produire ces défenses qu'à Rome, et ne les montrer jamais au public. Mais ce retardement n'a regardé que le public; car, pour mes défenses manuscrites, elles étoient à Rome six semaines après les écrits auxquels elles répondoient. Alors je mandai à Rome, et ensuite j'écrivis à M. le nonce, qu'après avoir répondu à tant d'écrits, j'étois prêt à me taire, et à renoncer à toute autre défense à l'avenir, pourvu que mes parties voulussent aussi garder le silence; qu'en ce cas, nous n'aurions plus qu'à attendre en paix et avec soumission la prompte décision du pape. Mais en ce temps-là M. de Meaux pressoit à Rome pour obtenir du temps, afin qu'on attendît son dernier volume; et ce gros volume parut comme une nouvelle production, à la veille du jugement du procès. Cette multiplication d'écritures n'a fait qu'embrouiller et alonger. Je n'ai employé qu'environ un mois pour répondre, par mes *Lettres*, à tous les principaux points de ce long ouvrage. Ma *cinquième Lettre*, pour montrer que je n'ai pas falsifié saint François de Sales, comme M. de Meaux m'en accuse, va paroître, et elle est déjà à Rome avec les quatre autres. Ce n'est pas avoir perdu du temps pour répondre; ce n'est pas fuir: au contraire, tout homme qui sait ce que c'est que de composer en matière si délicate, contre des gens si animés et si puissants; ce que c'est que de répondre à tant d'accusations entassées, de tours subtils et éblouissants, et de citations altérées; enfin ce que c'est que de faire imprimer en des lieux éloignés de soi, avec beaucoup d'embarras et de mécomptes, avouera que ma diligence a été extraordinaire. Dès que cela a été fini, j'ai réitéré à Rome et à M. le nonce les mêmes offres que j'avois faites la première fois. Veut-on imposer silence? je suis prêt à le garder. Quoique je sois l'accusé, et qu'il s'agisse de ce qui est le plus capital en ce monde, je suis prêt à renoncer à toute défense nouvelle, et je demande une prompte décision, si mes parties veulent bien en offrir autant. En faisant cette offre à M. le nonce, je le prie d'envoyer ma lettre à Rome, afin qu'elle y serve d'engagement solennel de ma part, pour presser avec les plus vives instances le jugement, si mes parties veulent bien ne plus le reculer par aucune production nouvelle. Est-ce là, mon révérend Père, ce qu'on appelle fuir?

Je suis fort assuré que mes parties n'accepteront point ce parti. Je sais qu'ils veulent écrire, et retarder encore le jugement, afin qu'on puisse voir ce qu'ils préparent. Ils tâcheront même de le produire à la veille du jugement, pour m'ôter le temps d'y répondre, ou pour se plaindre de mes fuites, si je demande, selon les règles manifestes de la justice, un terme très court pour y répondre. Mais enfin, mon révérend Père, s'ils demandent du temps pour m'accuser, n'est-il pas juste que j'en aie à mon tour pour réfuter leurs accusations? S'il n'étoit question que de quelque matière peu importante, ou de quelque point d'honneur, je le prendrois avec joie le parti de me taire pour la paix, et de leur céder. Mais il s'agit de savoir si je suis, comme ils le soutiennent, un impie, un fanatique, et un hypocrite qui déguise ses impiétés. Ne serois-je pas l'horreur et le scandale de toute l'Église, si je me taisois sur de telles accusations et si je voulois bien laisser entendre, par mon silence, que je suis convaincu? Je dois donc répondre jusqu'à la fin à tout ce qu'ils écriront d'éblouissant contre moi.

Ou ils n'ont rien de nouveau à dire, ou ils préparent des preuves nouvelles. Si, après plus d'un an de recherche, ils n'ont plus rien de nouveau à dire, pourquoi prolonger le scandale, et reculer la décision par des redites? Ne vaut-il pas mieux pour eux-mêmes qu'on leur impose silence? Si au contraire ils ont de nouvelles preuves à produire, doit-on vouloir me priver de la liberté d'y répondre? Il faut se souvenir que le retardement doit être imputé non à moi, qui ne demande dès aujourd'hui que le silence et le jugement, mais à mes parties, qui recommencent à écrire, et qui me contraindront malgré moi de répondre. On ne doit pas croire que je craigne leurs nouveaux écrits; car j'ai intérêt de purger à fond cette affaire, et de montrer au public qu'ils ont épuisé toutes leurs accusations. D'ailleurs, je ne demande point qu'on leur fasse supprimer les écrits qu'ils préparent. Je demande seulement qu'on prévoie les suites de ces écrits. Ils retardent actuellement la décision jusqu'à ce que ces écrits aient paru; et quand ils seront envoyés à Rome, mes parties, qui ne manqueront pas de crier sur mes fuites, seront eux-mêmes la véritable cause du retardement nécessaire pour attendre que je leur réponde. D'ailleurs, plus elles écriront, plus ils s'animeront; car la gageure sera pour eux plus grosse tous les jours, et vous verrez qu'ils voudront toujours, jusqu'à l'infini, répondre à toutes mes réponses. Enfin, quoique je souhaite sincèrement et avec impatience le silence et la prompte décision, je ne demande pourtant pas qu'on supprime leurs nouveaux ouvrages; mais du moins qu'on leur impute tout le retardement, puisque c'est uniquement la multiplication de leurs écrits qui le cause et qui le causera.

Si on eût voulu imposer maintenant silence, l'affaire auroit pu être finie à la Pentecôte. Toutes mes défenses sont à Rome. Les examinateurs devoient finir leurs avis dès le commencement de ce mois, et les cardinaux, préparés de longue main, pouvoient en peu de jours donner leurs suffrages: ainsi, le pape auroit pu conclure avant la fête prochaine. Mais la passion de M. de Meaux pour écrire, et pour rapprocher de lui le public, qui l'a presque abandonné, lui fait faire un dernier effort pour me noircir et pour se justifier. C'est ce qu'il demande à Rome, qu'on attende, pendant qu'il se plaint à Versailles de mes artifices pour fuir. Jugez vous-même, par des faits si clairs, qui est-ce qui recule. Je prie Dieu de tout mon cœur qu'il pardonne à ceux qui me font l'injustice de m'accuser auprès du roi là-dessus, et qui donnent à un fait si faux les plus odieuses interprétations. Quand il n'y auroit que la juste peine que cette affaire fait au roi, je donnerois mon sang et ma vie pour l'abréger.

Vous voilà, mon révérend Père, informé de la vérité. Je ne vous demande d'en faire usage qu'au cas qu'on vous en parle. Je suis avec reconnoissance et vénération, etc.

Dès que j'aurai vu les écrits qu'on prépare contre moi, je prendrai mon parti, ou pour ne rien y répondre, s'il n'y a rien d'essentiel, ou du moins pour répondre très courtement, et tout au plus tôt.

106. — A L'ABBÉ DE CHANTERAC.

Il lui annonce la *Réponse* de l'archevêque de Paris à ses quatre *Lettres*, et la réfutation qu'il va y opposer. Contradictions de Bossuet. Il montre que lui-même n'a pas varié dans l'explication de l'intérêt propre.

A Cambrai, 30 mai (1698).

Je suppose, mon cher abbé, que vous aurez déjà vu la *Réponse* que M. de Paris m'a faite. Elle avoue l'amour naturel, ne répond rien sur les systèmes, abandonne le champ de bataille pour la doctrine, et ne fait qu'escarmoucher sur des difficultés détachées. Son grand fort est le procédé, où il estropie tous les faits, raconte de petites histoires sans preuves, et qui ne concluent rien. Cet ouvrage n'est que venin et que foiblesse. Il n'est pas emporté comme M. de Meaux; mais il n'a pas moins de hauteur et de fiel. Je ne l'ai reçu que depuis trois jours, et la fête du Saint-Sacrement est survenue. Ainsi je n'ai pu travailler; mais je vais le faire avec une extrême diligence. L'unique chose qui me retardera, c'est que je ne veux rien avancer sur les faits qu'avec de bons témoins, et qu'il faut que je concerte avec eux ce que je dirai. Mais comptez et promettez d'un ton bien ferme que vous aurez dans peu de jours une pleine évidence. Si vous voyez clairement que cette lettre de M. de Paris, ni le nouvel ouvrage de M. de Meaux, qui répond à mes lettres, et que je n'ai pas encore vu, n'ébranle point les cardinaux et les examinateurs, ne retardez point le jugement; mais si les faits de M. de Paris ou les raisons de M. de Meaux rejettent les esprits dans de nouveaux doutes, appuyez fortement pour obtenir deux choses: la première est qu'on attende mes réponses, qui seront très courtes et très promptes; la seconde, qu'on donne des bornes précises aux accusations, afin que l'accusé parle le dernier, et que les accusateurs n'éternisent point le procès. Faites valoir le silence de M. de Paris sur le *salut essentiellement juste* que Dieu doit à toute créature intelligente, etc.; sur le paradis profane, dont le désir fait, selon lui, la mercenarité des justes imparfaits. Un homme si poussé sur des points si essentiels, et qui ne répond rien dans un ouvrage où il déclare qu'il ne répondra plus, doit penser toutes les erreurs que je lui impute. Nos amis vous auront envoyé cette lettre, qu'on assuroit devoir être assommante [1]. Vous avez des Mémoires plus

---

[1] On attribue cette réponse à Racine; mais il n'a fait que prêter sa plume à M. de Noailles, et mettre en œuvre les matériaux qu'on lui a fournis.

que suffisants pour répondre à tout ; mais répondez de vive voix, sans communiquer les Mémoires. Vous aurez au plus tôt une réponse précise et convaincante sur tous les faits.

On m'a mandé de Paris qu'on vous avoit envoyé un extrait d'une vie de saint Louis, donnée en thêmes par M. de Meaux à monseigneur le dauphin [1]. Vous y aurez vu cette femme, un flambeau et une cruche en main pour éteindre l'enfer et pour noyer le paradis. La conclusion de M. de Meaux est très forte. Montrez combien la passion le rend contraire à lui-même. Vous aurez vu aussi l'extrait de la Vie de la mère de l'Incarnation [2], si louée par ce prélat, et approuvée par M. Pirot. Tout ce qu'ils condamnent s'y trouve. Quand vous avez de ces choses-là, faites-les traduire exactement en latin, et répandez-les.

Vous aurez vu que M. de Paris se plaint des artifices et des calomnies dont nous nous servons à Rome contre lui. Sur quel prétexte peut-il parler ainsi? Il paroît bien animé contre M. le cardinal de Bouillon et contre les jésuites. Vous aurez pu remarquer aussi qu'il se promet à Rome une pleine victoire. Sur quel fondement a-t-il de si belles espérances? Parle-t-il ainsi pour m'intimider? ou bien croit-il ce qu'il assure, étant flatté par ceux qui lui écrivent ? Y a-t-il dans Rome quelque mine sourde et profonde pour nous faire sauter tout d'un coup ?

L'examinateur qui disoit que s'il manquoit à la vérité connue, il demandoit sa damnation, songeoit-il qu'il faisoit un acte du plus pur amour; et que c'étoit, pour le cas qu'il supposoit, un acquiescement simple, etc. ?

Plus mes parties redoublent des accusations atroces contre ma personne, plus je serois noirci à jamais, si le pape donnoit la moindre flétrissure à mon livre, ou s'il laissoit dans un accommodement la moindre ambiguité. Il faut tâcher de faire entendre que mes parties s'attendent de n'avoir pas de Rome la prétendue justice qu'ils y demandoient, puisqu'ils se hâtent de se la faire eux-mêmes d'une manière si terrible et si scandaleuse. Des gens qui attendroient une prompte décision en leur faveur voudroient-ils, à la veille du gain du procès, faire un fracas si odieux, quand même leurs faits seroient véritables? La passion seule fait dire de telles vérités : dès-lors elles doivent passer pour mensonges. D'ailleurs le nonce a fait bien des efforts auprès du roi et auprès de mes parties pour les engager au silence. Malgré tout ce qu'il a pu dire de la part du pape, on écrit à la veille du jugement avec plus de hauteur et de passion que jamais. Est-ce révérer le Saint-Siége? est-ce agir par pur zèle pour la vérité? Des gens qui agissent avec tant d'irrévérence, de scandale et de passion, doivent-ils être crus sur leur parole pour diffamer leur confrère ?

Je vous envoie les *Observations* dont vous avez déjà reçu des exemplaires. L'approbation du censeur y est ajoutée [1]. Cet ouvrage est bon et utile ; mais comme j'ai promis à l'auteur qu'il ne seroit publié qu'après qu'il l'auroit lu imprimé, et que j'aurois sa réponse, je l'attends de moment à autre ; et cependant je vous prie de le prêter, sans le laisser à aucune personne qui pût ne vous le rendre pas ponctuellement.

L'autre ouvrage du Flamand [2] est d'un style pesant, et il traite M. de Meaux assez durement; mais il raisonne en théologien, et prouve bien l'altération de mes passages. Il ne faut pas le donner de ma part; mais il faut le répandre par des voies détournées.

Pour les prétendues variations dont on veut m'accuser, il est facile d'y répondre. On n'a qu'à voir ce que j'ai voulu dire par *intérêt propre*. La preuve en est dans ma *première Lettre* à M. de Meaux, et dans la fin de ma *cinquième*. De plus, ai-je corrompu tous mes amis, qui ont toujours su toutes mes pensées? Ajoutez ma résistance à tant de théologiens, qui ont voulu justifier mon livre par la seule différence des actes d'espérance commandés et non commandés. J'ai toujours dit que l'*intérêt propre*, selon moi, avoit été un amour naturel. Il faut observer que mes réponses à M. de Chartres ne nient pas cette explication, mais qu'elles font un argument *ad hominem* contre un homme qui vouloit absolument que le salut fût l'intérêt propre. Voici ce que j'ai fait pour le contenter. Il y a effectivement deux choses dans mon système : 1° le retranchement de la mercenarité dont parlent les Pères, et qui est mon propre intérêt ou amour naturel, etc.; 2° le retranchement des actes d'espérance non commandés. Voilà deux choses, dont la seconde dit plus que la première ;

---

[1] Ce passage curieux est cité par Fénelon dans sa *IIIe Lettre en réponse à celle de Bossuet*.

[2] Voyez l'*Instruction* de Bossuet *sur les états d'oraison*, liv. IX, n. 5.

[1] Cet écrit a pour titre : *Observations d'un théologien sur un livre de M. de Meaux, intitulé* Divers Écrits, etc., 95 pag. in-8°.

[2] Il est intitulé *Lettre d'un ecclésiastique de Flandre à un de ses amis de Paris, où l'on démontre l'injustice des accusations que fait M. l'évêque de Meaux.... dans son livre qui a pour titre :* Divers Écrits, etc. Liége, 1698; 1C3 pag. in-12.

mais la première attire la seconde, car c'est l'amour naturel qui indispose la puissance pour les actes surnaturels les plus parfaits, je veux dire les commandés. Pour la seconde, je la tire de notre XIIIe article d'Issy. A l'égard de M. de Chartres, je raisonne en m'accommodant à sa pensée; et je dis que, si les actes élicites d'espérance, selon lui, sont intéressés, du moins les commandés ne le seront pas.

Pour l'*Éclaircissement* que je donnai à Paris, où je parlois si souvent de la cupidité soumise, il ne contient aucune variation. Cette cupidité ne vient pas de la grace; elle n'est que soumise. Vous verrez que M. de Paris la reconnoît pour un amour naturel dans sa lettre : son aveu est décisif.

A l'égard des faits sur madame Guyon, promettez une histoire bien prouvée par des témoins qui sont révérés de tout le public, et qui éclairera tout ce que M. de Paris embrouille. Je vous réponds qu'ils trouveront encore moins leur compte sur les faits que sur les dogmes. Ils ne veulent, je le vois bien, que me flétrir par les faits de madame Guyon, ne pouvant le faire par la doctrine, et qu'engager le pape à me faire signer une espèce de formulaire pour condamner madame Guyon, afin de pouvoir dire qu'ils ont enfin obtenu tout ce qu'ils vouloient, en m'arrachant cette souscription contre mes sentiments cachés; mais vous voyez l'art pour me flétrir. Ce seroit me flétrir pour contenter leur passion et leur point d'honneur. Après toutes mes explications, et surtout après ce que je vais dire à M. de Paris dans ma réponse aux faits, il sera évident que je ne pourrai jamais, en aucun cas, autoriser ni justifier les livres de madame Guyon. On pourroit dire seulement que je pourrois dans la suite excuser sa personne et ses intentions, sur ce qu'elle n'a pas su la valeur des termes; mais pour les livres, je ne pourrois jamais disconvenir qu'ils ne fussent censurables, et à plus forte raison à supprimer.

Depuis cette lettre écrite, je viens de recevoir la vôtre du 10 de mai, qui me paroît excellente. Peut-être que cette suspension de Rome vient de ce qu'on y attendoit les productions nouvelles de MM. de Paris et de Meaux. Soyez toujours sous les armes jusqu'à la fin.

Vous remarquerez que M. de Paris m'envoie sa lettre manuscrite, disant qu'il ménage mon honneur en l'adressant à moi, et point au public, etc. Quatre jours après, je la reçois imprimée. Ainsi elle étoit actuellement sous la presse, quand il m'assuroit qu'elle n'étoit pas pour le public, et qu'il étoit fâché de ne pouvoir refuser de la montrer *à un très petit nombre d'amis distingués*. Quelle finesse! quelle passion! La hauteur de cet ouvrage doit apprendre à Rome ce qu'on y doit craindre du feu caché sous la cendre. Prenez toujours bien garde à un *mezzo termine* qui seroit plus flétrissant pour moi que jamais, après les dernières accusations. Préparez fortement les esprits là-dessus, et tenez ferme jusqu'au bout. Dieu sera avec vous. J'y suis intimement uni de cœur avec vous, et à jamais, mon très cher abbé.

107. — AU MÊME.

Il lui envoie diverses pièces pour sa défense, et lui expose les faits relativement à madame Guyon.

A Cambrai, 20 juin (1698).

Je reçois, mon cher abbé, dans ce moment, votre lettre, et je viens d'écrire à la hâte une lettre au pape, telle que vous me la proposez. Je n'ai pas le temps de la transcrire; mais vous saurez bien dire que ce n'est point par défaut de respect, mais faute de temps, étant pressé par courrier. On verra que c'est mon original avec ses ratures : cela est encore plus simple et plus naturel.

Je vous envoie aussi trois autres choses. 1° Ma *Réponse à M. de Paris* toute changée. Je vous ai mandé les tristes raisons qui font que je n'ose la faire imprimer. Elle explique tout dans la plus exacte vérité. Montrez-la, mais ne la livrez point, à moins qu'on ne le veuille absolument; et en ce cas, représentez secrètement le danger des suites. 2° Je vous envoie une lettre d'un tiers anonyme, qui raisonne sur cette dispute des faits où l'on se rejette après avoir si mal répondu sur la doctrine. Il est bon qu'elle soit vue, sans paroître venir de moi. Consultez là-dessus les gens habiles. 3° Je vous envoie une lettre de moi, que vous pouvez montrer et répandre comme mienne sur les faits. Celle-là ne réfute, ni ne dispute, ni ne contredit. Je l'envoie à Paris, où elle sera répandue en manuscrit, si mes amis le jugent à propos.

Je vous envoie aussi la lettre de moi à madame de Maintenon, dont vous me mandez qu'on a fait tant de bruit. Inculquez fortement que j'ai toujours dit que les livres étoient censurables, et que je n'excusois que les intentions de la personne, qui m'avoit paru simple, sincère, et me parler avec une pleine confiance. Pour madame Guyon, vous verrez que je ne l'ai connue qu'en 1689, peu avant que d'aller à la cour. Je n'allois presque jamais à Paris, et elle venoit à Versailles en trois mois une fois, en allant voir une cousine à Saint-Cyr : ainsi je ne pouvois la voir souvent; mais elle m'écrivoit, et je lui écrivois aussi. Le bruit commença dans l'automne de 1695, et je cessai de la voir. Elle a été presque toujours depuis ce temps-là ou à Meaux, ou cachée je ne sais où, ou bien prisonnière; ainsi je ne l'ai vue ni n'ai pu la voir. La lettre dont il est question est de 1696, près d'un an avant la publication de mon livre. Je l'appelle mon amie, par rapport aux temps où l'on savoit qu'elle l'avoit été, pour montrer qu'on ne devoit pas exiger de moi que je reconnusse qu'elle avoit écrit des impiétés évidentes et dignes du feu, dans des livres publics que je ne pouvois pas ignorer, lorsqu'elle avoit été de mes amies. Prenez garde au sens d'*amica* en latin, qui est bien contraire à la pieuse amitié dont je parle. Si on doute des choses que j'avance, et si elles paroissent suspectes, à cause que je n'ose les faire imprimer, on n'a qu'à le dire. Il n'y a aucune peine à laquelle je ne m'expose pour justifier ma foi. Surtout demandez mon voyage à Rome, où l'on vérifiera les originaux, et où l'on confrontera les témoins. J'offre ma démission de l'archevêché, si je suis convaincu. Je la mettrai entre les mains du pape, avec la permission du roi; mais il est juste que mes accusateurs ne m'accusent pas impunément, s'ils succombent. Si on veut juger de la doctrine du livre seul, pressez sans relâche le jugement. Si on veut avoir égard aux faits, pressez, avec les plus vives instances, mon voyage, que je ferai très diligemment. Au pis aller, tirez bien parti de ce que mes parties l'ont empêché.

Représentez fortement deux choses sur ma lettre à madame de Maintenon. 1° Pour la grande estime qui y paroît de madame Guyon, elle est naïve, et d'une confiance, en parlant à madame de Maintenon, qui ne peut jamais avoir aucun mauvais sens. Aussi y dis-je que j'aurois horreur de cette personne, si elle n'étoit pas telle qu'elle m'a paru. On me disoit d'elle des visions et des révélations dont je n'avois jamais ouï parler. Sans discuter ces faits inconnus, je disois ce qu'on peut dire des ames qui sont ou qui croient être dans ces états, et j'y mettois les règles les plus sûres contre l'illusion; mais on ne trouvera point que j'aie approuvé jamais ni connu par moi-même aucune de ces visions. Je posois toujours le fondement de la parfaite pureté de vie de cette personne. Alors elle paroissoit reconnue par M. de Meaux même.

La seconde chose est que je paroissois déférer entièrement à M. de Meaux, et vouloir m'accommoder à toutes les expressions qui pouvoient nous approcher davantage. En effet, après les XXXIV Articles signés, je n'eusse jamais cru qu'il eût pu vouloir revenir indirectement contre les articles V, XIII, XXXII et XXXIII, pour renverser l'amour de pure bienveillance. Sur ce fondement, je ne cherchois que les termes qui pouvoient le contenter mieux, et nous unir parfaitement. Ma déférence pour un homme que je révérois encore comme son disciple étoit sincère, et si forte qu'il en a abusé.

Ne craignez rien. Parlez avec plus de confiance que jamais. Dieu voit tout ce qu'on me fait souffrir, et les artifices dont on se sert. On me force au silence par autorité. On publie, pour me noircir, des lettres écrites innocemment, et avec une confiance sans réserve, dans un profond secret. On attaque ma personne pour la rendre infame, de peur qu'ils ne paroissent avoir mal entendu mon livre.

Je vous envoie aussi le *Mémoire* que je fis pour montrer que je ne devois pas approuver le livre de M. de Meaux. C'est sur sa lecture que M. de Paris fit à madame de Maintenon, qu'elle approuva que je n'approuvasse point le livre de M. de Meaux, et que je fisse le mien. M. de Chartres l'a voit approuvé aussi. Comme ce Mémoire est plein de choses très fortes, gardez-vous bien de le publier; mais montrez-le en grande confiance à certaines personnes principales et bien sûres. Si mes parties le publient, ce ne sera pas moi qui aurai manqué de respect et de discrétion; mais je tirerai de cette pièce, et de ma lettre à madame de Maintenon, de grandes preuves de mon innocence. Gardez-vous bien de les publier, ni confier pour les perdre de vue. Il faut les faire lire en votre présence à peu de gens bien choisis, et les retirer sur-le-champ.

J'ai dit tant de fois que je signerois le premier et ferois signer dans mon diocèse, un formulaire contre les livres de madame Guyon, sans restriction de fait non plus que de droit, dès que le pape le proposeroit; mais je ne veux pas que mes parties me fassent la loi pour un formulaire indirect, qui, me regardant moi seul, me flétriroit à jamais. Ils voudroient bien me rendre odieux par-là, pour se disculper sur la doctrine : appuyez vigoureusement là-dessus. Ma lettre au pape, que je vous envoie, est même la déclaration la plus ample et la plus solennelle qu'on puisse souhaiter de moi. Craint-on que j'aille contre?

Dieu soit avec vous, et forme dans votre cœur et dans votre bouche toutes vos paroles!

Ma lettre latine à un ami est encore une grande déclaration. Je consens, si on veut, qu'on l'imprime.

Tout à vous à jamais, mon très cher abbé.

108. — A Mme DE MAINTENON.

Il lui rend compte de sa conduite passée et de ses dispositions présentes.

(Décembre 1698.)

Pendant qu'il m'a été impossible de garder le silence vers le public, j'ai cru le devoir garder à votre égard ; mais aujourd'hui que mon affaire doit être déja jugée à Rome, et que j'attends à toute heure la décision, il me semble que je ne dois plus avoir la même retenue, et que je puis prendre la liberté de vous rendre compte de ce qui me regarde, avec quelque reste de confiance en vos anciennes bontés. Je viens, madame, de représenter au roi, dans une lettre que j'ai eu l'honneur de lui écrire, les raisons de conscience qui m'ont engagé à défendre mon livre contre mes confrères, et à attendre le jugement de mon supérieur. Il seroit inutile de vous fatiguer en vous répétant ici toutes ces raisons, puisque vous les verrez dans ma lettre à Sa Majesté. L'unique réflexion que je vous supplie, madame, de souffrir que je vous fasse ici, c'est que ce livre, qui étoit, disoit-on, si incapable de toute explication catholique, et pour les impiétés duquel mes confrères ont cru me devoir pousser à toute extrémité, a paru aux cinq principaux théologiens choisis par le pape dans le sein de l'Église romaine, non-seulement susceptible des meilleures explications, mais encore si pur et si correct, qu'il n'a, selon eux, aucun besoin d'être expliqué. Il est vrai, madame, que cinq autres sont contre mon livre ; mais la voix publique décide que, malgré leur mérite, ils n'ont pas le poids des premiers. De plus, ils conviennent que mon livre condamne en cent endroits toutes les erreurs que l'on craint, et ils se retranchent à prétendre que quelques endroits moins clairs pourroient favoriser cette même doctrine : comme si les endroits clairs et innombrables ne devoient pas décider pour quelques uns qui sont moins démêlés, et qui s'y rapportent naturellement. D'ailleurs ces examinateurs, qui me sont contraires, ne sont point favorables aux sentiments de M. de Meaux, qu'aucun d'eux n'a voulu ni défendre ni excuser. S'ils étoient examinés avec toute la rigueur qu'on demande contre toutes mes paroles, ses ouvrages n'auroient pas besoin d'un si long examen. Pour moi, je ne veux point lui faire ce qu'il me fait, et je laisse à l'Église, qui en est instruite, à le faire expliquer sur ses vrais sentiments.

Enfin, s'il y a cinq examinateurs contre mon livre, les cinq principaux, après un examen de quinze mois, soutiennent qu'il est conforme à la doctrine des saints, et très contraire aux illusions du quiétisme. La règle inviolable du saint-office, qui est la plus rigoureux de tous les tribunaux en matière de foi, est qu'un livre demeure justifié, à moins que la pluralité des voix n'aille à le condamner. Cette règle est décisive en ma faveur. Ce préjugé me justifie par avance, madame, aux yeux de toute la chrétienté. Suis-je obligé d'être plus opposé au quiétisme et plus exact théologien que ces cinq examinateurs choisis par le pape ? Je n'ai pas demeuré quinze mois à faire mon livre, comme ces examinateurs ont demeuré ce temps à l'examiner. Je n'avois pas vu, comme eux, toutes les objections subtiles qu'on emploie pour m'attaquer. J'écrivois simplement et avec confiance, sans pouvoir prévoir aucun des mauvais sens qu'on a voulu me donner malgré moi. Je croyois être assez précautionné, lorsque j'avois suivi avec une docilité sans bornes tous les avis des personnes les plus alarmées sur le danger de l'illusion. Toute la chrétienté voit maintenant, madame, que les principaux théologiens du pape justifient mon livre, et que si des raisons extraordinaires n'avoient pas fait suspendre l'usage constant du saint office, la règle la plus rigoureuse suffiroit pour me donner gain de cause. Il sembleroit naturel qu'on allât un peu au-delà des règles, pour ne flétrir pas sans nécessité un archevêque soumis, et innocent dans sa conduite. On demande néanmoins, au contraire, que Rome passe au-delà de toutes les règles les plus rigoureuses, pour flétrir un archevêque comme un quiétiste. Si le pape le trouve à propos, je n'ai qu'à me sacrifier, et à obéir à mon supérieur.

Je ne prends la liberté, madame, de vous en parler que quand ce qu'on veut faire à Rome y doit être déja fait, et je ne vous présente tout ceci que pour vous montrer mes sentiments et ma conduite. Quelque événement que Dieu permette, on ne verra, s'il plaît à Dieu, en moi que docilité pour le pape, mon supérieur ; que zèle, soumission et reconnoissance sans bornes pour le roi mon maître ; que respect, attachement et reconnoissance pour vous, madame ; qu'amour de la paix de l'Église, qu'horreur pour toute nouveauté, et qu'oubli de la rigueur avec laquelle mes confrères m'ont attaqué. Quoique je les regarde tous selon Dieu, et dans l'esprit de vraie fraternité, je ne puis m'empêcher de les distinguer un peu les uns des autres.

Il ne me reste, madame, que deux choses à vous représenter. La première est que si le pape me condamne, je tâcherai de porter ma croix sans murmure, et avec un cœur soumis; et que si le pape veut bien suivre les règles communes, comme je l'espère, pour me justifier, je serai pour mes confrères dans la même situation que s'ils ne m'avoient jamais attaqué. La seconde chose est que toutes les croix dont on tâche de m'accabler ne me sont point aussi pesantes que celles de vous avoir causé tant de déplaisir. Puis-je me plaindre de ce que vous avez cru trois grands prélats plus que moi seul, et que vous avez préféré la sûreté de l'Église à ma réputation particulière? En considérant les impressions que vous avez reçues, je conclus qu'il étoit naturel que vous allassiez plus loin, et qu'il faut qu'un reste de bonté vous ait retenue. C'est ce que je ressens, et que je ressentirai toute ma vie, comme je le dois. Je prie Dieu de tout mon cœur, madame, qu'il vous console autant que je vous ai affligée malgré moi, et qu'il vous donne ses graces les plus abondantes pour remplir ses desseins sur vous. Je serai jusqu'à la mort, avec l'attachement le plus fidèle et le plus respectueux, etc.

109. — AU NONCE.

Il lui envoie sa *Réponse aux Remarques*, et s'excuse des expressions un peu vives que renferme cet écrit.

A Cambrai, 7 décembre 1698.

J'eus l'honneur de vous écrire hier, pour vous envoyer par la poste quelques unes de mes réponses à M. de Meaux, que vous n'avez point encore vues. Aujourd'hui, je prends la liberté de vous envoyer ma *Réponse* à ses *Remarques*. Vous trouverez peut-être que je le ménage moins dans cet écrit que dans les autres précédents; mais considérez, s'il vous plaît, monseigneur, qu'il ne m'a laissé le moyen de garder aucun ménagement. Ce n'est qu'à la dernière extrémité, et étant poussé avec la plus scandaleuse violence, que je prends un ton ferme pour repousser les plus fausses et les plus horribles accusations. Quand j'ai parlé avec douceur et patience, on m'a comparé à Paul de Samosate, qui répondoit avec modération; et on a comparé M. de Meaux à saint Denis d'Alexandrie, qui s'exprimoit avec vivacité. Dès que je parle d'un ton plus fort, on dit que j'élève trop ma voix. D'ailleurs, on a prétendu que mon style modéré ne venoit que de timidité sur la foiblesse de ma cause. Je n'ai donc pu, monseigneur, éviter de nommer les choses par leurs noms : en les adoucissant, je les aurois affoiblies; et mon innocence, que je dois défendre, ne me permet plus de tels affoiblissements dans cette extrémité. C'est à M. de Meaux à s'imputer ce qu'il me contraint de lui dire. Il réduit toute sa preuve à montrer que je suis *le plus souple et le plus artificieux de tous les hommes* : je ne puis détruire sa preuve qu'en la renversant sur lui, et en renversant sa mauvaise foi dans tous les principaux articles où il attaque ma sincérité. J'ai prévu, dès le commencement, cet affreux scandale; j'en ai averti même dans mes réponses imprimées : il n'y a rien que je n'aie fait et souffert pour éviter cette dernière scène. On n'a cherché que les extrémités; on m'y entraîne. Je ne puis plus ménager M. de Meaux qu'en lui laissant des armes pour m'accabler injustement. Au reste, monseigneur, ayez la bonté d'y prendre garde de près. Vous trouverez que l'amertume est dans les choses que je ne puis éviter de dire, et qu'elle n'est point dans les termes dont je me suis servi. Mes expressions les plus fortes n'ont rien de comparable à la dureté et au venin des siennes. Je n'ai fait qu'exprimer les faits avec toutes les circonstances qui peuvent faire connoître l'esprit de mon accusateur. Je lui ai même épargné diverses choses qu'il ne m'épargneroit pas si j'étois en sa place, et s'il étoit dans la mienne. Plus il écrira, plus il me forcera à mettre la vérité en plus grande évidence. Vous savez, monseigneur, que, selon les règles inviolables, l'accusé doit toujours être écouté le dernier. L'oppression est manifeste, quand l'accusateur trouble cet ordre, de peur de succomber. Je ne respire que paix et patience dans tous mes maux; mais quand il s'agit de mes sentiments et de ma conduite en matière de foi, quand il s'agit de montrer que je ne suis pas un impie et un hypocrite, il n'y a rien de permis à un chrétien que je ne tente pour faire entendre ma voix à toute l'Église, et pour montrer, jusqu'au dernier soupir de ma vie, l'injustice de mon accusateur. Je serai toujours pleinement soumis au Saint-Siége; mais j'espère que le Saint-Siége fera voir qu'il est toujours l'asile de l'innocence des évêques qui ont recours à lui. Je suis avec beaucoup de zèle et de respect, etc.

110. — A L'ABBÉ DE CHANTERAC.

Il lui annonce son mandement pour l'acceptation du bref, et lui donne quelques instructions.

A. Cambrai, 27 mars (1699).

Avant que de recevoir votre lettre du 7, j'avois déjà appris par Paris, mon très cher abbé, la nouvelle de la condamnation de mon livre. Je n'ai pas encore vu la bulle; mais je sais qu'elle est aussi forte contre moi que si M. de Meaux même l'avoit dressée. Il faut adorer Dieu, et se taire, ou du moins ne plus parler qu'en un seul acte, où je montrerai, selon ma promesse, ma soumission pour mon supérieur. J'attends la bulle pour mesurer sur ses paroles celles du mandement que je ferai. Si je puis l'avoir par Paris, je ne perdrai pas un moment pour dresser mon acte, et je tâcherai de le faire le plus simple et le plus court qu'il pourra l'être. J'espère que vous m'enverrez par le courrier prochain un exemplaire de la bulle qui est imprimée à Rome, et que vous y aurez joint les avis qu'on vous aura sans doute donnés sur la conduite que je dois tenir. Voici quelques réflexions :

1° Les usages de France, qu'on me feroit un crime irrémissible de violer, ne me permettent pas de reconnoître la bulle jusqu'à ce qu'elle ait été reçue au parlement. Ainsi il faut nécessairement que j'attende cette formalité, avant que de faire aucun acte de soumission. Je vous prie de faire entendre à tous nos amis que je ne suis retardé que par cette raison pour le mandement que j'ai projeté.

2° Je me propose (sauf meilleur avis) de ne mettre dans mon mandement que quatre choses : 1° que je crois m'être mal expliqué, dès que le chef de l'Église, qui a des lumières et une autorité supérieure, le juge, et qu'ainsi je condamne mon texte sans restriction avec les mêmes qualifications que lui, etc.; 2° que je me dois la justice de déclarer encore une fois à toute l'Église ce qui n'est en rien contraire au jugement prononcé, savoir, que je n'ai jamais entendu mon texte, ni cru qu'on pût l'entendre que dans le seul sens que je lui ai toujours donné dans toutes mes défenses; 3° que je ne prétends pas néanmoins que la distinction du sens de l'auteur d'avec celui du texte doive jamais troubler l'Église par une question de fait, parce que mon sens ou intention en écrivant, quelque pur qu'il pût être, n'empêche pas que le sens naturel de mon texte ne soit tel que le pape le juge; parce que le sens d'un livre est indépendant de celui de l'auteur, et qu'en matière d'expressions sur la doctrine, on doit être soumis au supérieur, à qui le jugement doctrinal est donné de Dieu; 4° que je soumets au pape la doctrine de mes défenses, qui est véritablement la mienne, et que si elle contient quelque erreur, je le supplie d'avoir la bonté de me la faire connoître, parce qu'autrement je ne pourrois me détromper, moi qui ne cherche qu'à fuir l'erreur, et qu'à m'attacher à la vérité avec une docilité sans réserve.

3° En tout cela et dans tout mon procédé, je veux montrer ce qui est sincère en moi, c'est-à-dire un cœur qui n'a aucun ressentiment, un sincère respect pour le Saint-Siége, et une soumission sans restriction à son jugement, quelque rigoureux qu'il soit. D'ailleurs je ne dois rien faire de superflu à l'égard de Rome; il y auroit de la bassesse à les chercher après tout ce qui s'est passé. Je demeurerai toute ma vie uni et soumis. Mais je vous prie de vous retirer de Rome, et de n'y faire, avant de partir, que ce que la vraie bienséance rendra nécessaire. Il ne faut point se plaindre : il faut se soumettre sincèrement et sans réserve; mais il ne faut point faire comme si on étoit content, quand on ne doit pas l'être.

4° L'amour de pure bienveillance est, par la conduite qu'on a tenue contre moi, dans le plus extrême péril en France et même ailleurs de proche en proche. Mais ce n'est plus à moi à combattre, après qu'on m'a désarmé : je ne puis plus édifier l'Église que par ma soumission et par mon silence. Je n'aurai plus, après mon mandement, qu'une seule chose à faire, qui est de ne plus rien faire que catéchiser dans les paroisses de ce diocèse. Dieu aura soin de sa vérité; et il faut espérer, selon les promesses, que l'Église romaine soutiendra au besoin la vérité, quoiqu'elle semble la laisser obscurcir dans une très périlleuse conjoncture.

5° Je vous conjure de tâcher de nous apporter les vœux écrits des cinq examinateurs qui ont été pour mon livre. Il y a aussi un ouvrage du P. Libère, professeur de théologie des carmes déchaussés de saint Pancrace, dont on m'a fort parlé, et que je voudrois voir. La plupart des gens qui ont été pour le livre diront maintenant qu'ils l'ont toujours cru censurable, de peur d'être suspects.

6° A moins qu'il n'y ait une nécessité absolue de rendre un devoir à M. le cardinal de Bouillon, partez sans le voir. On l'a noirci presque autant que moi. Ne voyez aucun de ceux à qui vous pourriez faire du mal, sans qu'ils pussent vous faire du bien. Je crois néanmoins que vous devez donner ou faire donner secrètement quelque marque d'une vive et cordiale reconnoissance aux cinq examinateurs, et au Père général des jésuites. Sa compagnie doit voir combien mes ennemis sont les siens, et ce que les gens qui m'ont étranglé leur préparent. Leurs ennemis sont encore plus puissants qu'ils ne s'imaginent. La cabale et les intrigues sont formidables de tous côtés. Je me trouve dans une des places de l'Église où il faudroit plus d'autorité pour réprimer les esprits remuants; mais on m'a rompu les reins, et il n'y a d'ailleurs personne qui ose ni qui veuille faire aucun pas.

7° Je voudrois bien que vous pussiez partir de Rome le lendemain des fêtes de Pâques. Alors vous aurez reçu ma dépêche du courrier prochain, où je répondrai à la vôtre du 14 de mars, qui arrivera ici jeudi prochain. Ainsi j'aurai, selon toutes les apparences, vu la bulle, avec les avis que vous y aurez joints touchant la conduite que je dois tenir. De ma part, je vous aurai mandé ma pensée sur toutes ces choses. Il me tarde beaucoup que vous soyez parti de Rome; c'est un séjour trop indécent et trop amer pour vous dans les circonstances présentes. Il n'y a aucun quart d'heure que je ne voulusse racheter pour vous en épargner la douleur. Prenez la voiture et la route la plus commode pour nous revenir voir; je serois ravi que vous eussiez la consolation de passer par notre pays, où vous verriez toute votre famille, votre bénéfice, et même vos bonnes carmélites de Bordeaux. Mais, dans la conjoncture présente, ce chemin a ses inconvénients. Partout où vous auriez été, on vous feroit dire sur Rome ce que vous n'auriez eu garde de dire. Le retardement que cette route apporteroit à votre retour à Cambrai pourroit nous attirer quelque mécompte. Je vous conjure donc de venir par un droit chemin, et sans vous arrêter, autant que votre santé et les voitures vous le permettront; je voudrois, s'il se pouvoit, que vous fussiez revenu ici avant qu'on eût le loisir de raisonner sur votre retour. Surtout gardez-vous bien de passer à Paris. Il n'y a qu'une seule chose qui me consoleroit de voir votre retour reculé; ce seroit si les eaux de Baïes, dans le royaume de Naples, pouvoient guérir vos jambes. Cette raison seroit plus forte que toute autre. Pensez-y bien, mon cher abbé, je vous en conjure, et ne ménagez rien là-dessus. Votre retour fera ma plus sensible consolation. Je ne vous dois pas moins que si les plus grands succès avoient suivi votre travail. J'ai compris tout ce que vous avez fait et souffert; je vois bien que vous ne nous en avez mandé que la moindre partie. Ma reconnoissance, ma confiance, ma vénération et ma tendresse pour vous sont sans bornes. Venez au plus tôt, afin que nous nous consolions dans le sein du véritable consolateur. Nous vivrons et mourrons n'étant qu'un cœur et une ame.

Je salue M. de La Templerie, que j'aime et que j'estime de plus en plus; il nous sera ici un secours et un adoucissement à nos peines. Je n'oublierai jamais celles de son voyage : ce que je lui demande instamment, c'est de prendre soin de vous jusqu'au bout. Que ne lui devrai-je point, pourvu qu'il vous conduise jusqu'à Cambrai dans une santé parfaite! Dieu sait avec quel cœur je suis, mon cher abbé, tout à vous sans réserve et à jamais.

Il y a un canonicat de Saint-Géry vacant dans le mois du pape; si on pouvoit l'avoir pour M. Provenchères par la voie détournée des banquiers ou solliciteurs sans me nommer, j'en serois fort aise. Mais il faut bien se garder de rien faire demander en mon nom en ce pays-là, surtout au cardinal Panciatici, qui a entretenu une liaison intime avec mes parties, pour leur donner toute sorte de facilités contre moi.

111. — AU DUC DE BEAUVILLIERS.

Il lui exprime sa parfaite soumission au jugement du Saint-Siége.

A Cambrai, 29 mars 1699.

J'ai reçu, mon bon duc, avec consolation la lettre que vous m'avez fait l'honneur de m'écrire. Tout ce qui me renouvelle les marques de votre amitié adoucit ma peine. Ce que vous me mandez que vous avez fait pour obéir au pape, en vous défaisant de mon livre m'édifie et ne me surprend pas. Je connois votre attachement à une obéissance simple, et je ne vous pourrois reconnoître à une autre conduite. Vous savez bien que je n'ai jamais estimé ni toléré aucune piété qui n'a pas ce solide fondement.

Pour moi, je tâche de porter ma croix avec humilité et patience. Dieu me fait la grace d'être en paix au milieu de l'amertume et de la douleur. Parmi tant de peines, j'ai une consolation peu propre à être connue du monde, mais bien solide pour ceux qui cherchent Dieu de bonne foi; c'est que ma conduite est toute décidée, et que je n'ai plus à délibérer. Il ne me reste qu'à me soumettre et à me taire; c'est ce que j'ai toujours desiré. Je n'ai plus qu'à choisir les termes de ma soumission. Les plus courts, les plus simples, les plus absolus, les plus éloignés de toute restriction, sont ceux que j'aime davantage. Ma conscience est déchargée dans celle de mon supérieur. En tout ceci, loin de regarder mes parties, je ne regarde aucun homme; je ne vois que Dieu, et je suis content de ce qu'il fait.

Quelquefois j'ai envie de rire de la crainte que certaines personnes zélées me témoignent que je ne pourrai peut-être me résoudre à une soumission. Quelquefois je suis importuné de ceux qui m'écrivent de longues exhortations pour m'engager à me soumettre; ils ne me parlent que de la gloire qui se trouve dans cette humiliation, et de l'acte héroïque que je ferai. Tout cela me fatigue un peu, et je suis tenté de dire en moi-même : Qu'ai-je donc fait à tous ces gens-là pour leur faire penser que j'aurais tant de peine à préférer l'autorité du Saint-Siége à mes foibles lumières, et la paix de l'Église à mon livre? Cependant je vois bien qu'ils ont raison de supposer en moi beaucoup d'imperfection, et de répugnance à faire un acte humiliant. Ainsi je leur pardonne sans peine, et je vais même jusqu'à leur savoir très bon gré de leurs craintes et de leurs exhortations.

Pour ce qui est de la peine dans un acte de pleine et absolue soumission, je dois vous dire simplement que je ne la sens point du tout. L'acte a été dressé dès le lendemain de la nouvelle reçue; mais j'ai cru devoir le tenir en suspens jusqu'à ce que je sache la forme de procéder. Les bulles ne sont reconnues en France qu'après qu'elles ont passé au parlement. Je ne sais point s'il faut garder la même forme pour un bref qui contient un jugement doctrinal contre un archevêque. Dans le doute, je suspens mon mandement; car personne, quoi qu'on en puisse dire, n'est plus zélé François que moi. Dès que j'aurai su la règle, mon acte paroîtra. Vous remarquerez, s'il vous plaît, que je n'ai reçu le jugement du pape ni de Rome ni de M. le nonce; mais enfin je ne perdrai pas un moment, dès que je serai assuré de ne point blesser les usages de France. Je n'ai de consolation qu'à obéir; et si on m'avoit connu tel que je suis à cet égard-là, on n'auroit jamais eu les vaines alarmes qu'on s'est laissé donner.

Pour M. l'évêque de Meaux, j'avoue qu'il m'est impossible de concevoir comment il a pu vous dire qu'il auroit un reproche à se faire devant Dieu et devant les hommes, s'il mettoit en doute la droiture de mon cœur et la sincérité de ma soumission. A-t-il déjà oublié toutes les duplicités affreuses qu'il m'a imputées à la face de toute l'Église, jusque dans son dernier imprimé? Quinze jours ne peuvent pas m'avoir changé en un honnête homme. Mais il n'est pas question d'approfondir ses paroles, et j'en laisse l'examen entre Dieu et lui : nous n'avons plus rien à démêler entre lui et moi. Je prie Dieu pour lui de très bon cœur, et je lui souhaite tout ce qu'on peut souhaiter à ceux qu'on aime selon Dieu. Je suis, etc.

112. — A L'ABBÉ DE CHANTERAC.

Il lui envoie son Mandement d'acceptation du Bref, et lui témoigne la disposition où il est de soutenir jusqu'au bout la pureté de ses intentions.

A Cambrai, 3 avril (1699).

J'ai reçu, mon très cher abbé, votre lettre du 14 mars par le courrier ordinaire, et par l'extraordinaire celle du 19, à laquelle étoient jointes des lettres de M. de La Templerie pour Deschamps et pour M. des Anges, du 21. Le courrier extraordinaire arriva ici, par la route de France, hier 2 avril. Je ne vous le renvoie point, parce que je n'ai rien à vous mander qui demande assez de diligence pour faire cette dépense.

Je n'écris point au pape, parce que je ne puis donner, selon les usages de France, aucun signe d'obéissance à son jugement, jusqu'à ce que le parlement l'ait reçu, ou que le roi me marque quelque forme extraordinaire. Il est vrai que ce jugement n'est point en forme de bulle, et que les brefs ne sont point d'ordinaire enregistrés. Mais le bref est donné *motu proprio*, et on pourroit craindre qu'on ne fît passer sous le nom de bref tous les jugements les plus solennels de Rome. Ainsi je n'ai garde de donner cette prise à mes parties, qui ne manqueroient pas de dire que je suis un mauvais François. J'ai écrit à M. de Barbesieux, et je lui ai envoyé un Mémoire pour le roi, afin qu'on me donne promptement des ordres précis pour la conduite que je dois tenir sur mon mandement, qui est tout prêt à être publié, dès le moment que j'aurai la réponse de la cour. Cependant je vous en envoie une copie manuscrite, que vous pourrez communiquer en grand secret aux personnes de poids et bien intentionnées, qui pourront, sur sa lecture, attester qu'ils savent jusqu'où va ma soumission. Vous pourriez même, en cas de besoin pressant, leur montrer cette lettre écrite de ma propre main, qui est une preuve bien authentique de la vérité du projet de mandement que je vous envoie. Je crois que ce mandement paroîtra, à toutes les personnes équitables, la plus parfaite soumission qu'un évêque puisse faire. L'acte est court; mais je dois parler le moins qu'il m'est possible, de peur de donner quelque prétexte de critique. Dans le fond, il dit tout dans les termes les plus simples, les plus précis et les plus absolus. Je ne vous l'envoie point pour consulter les gens de la cour romaine, et pour attendre leurs avis. Peut-être ont-ils des idées qui ne conviendroient pas à la dignité que je veux soutenir plus que jamais. D'ailleurs, j'attends à toute heure la réponse de la cour; et dès le moment que je l'aurai reçue, je ne puis plus différer la publication de cet acte, sans scandaliser le roi et tout le public. Il faut donc inévitablement le publier sans attendre vos bons avis.

Je vous envoie le projet pour deux fins importantes : l'une, afin que vous en fassiez un usage secret par les amis les plus sûrs, pour les engager à répondre de ma soumission sans réserve, comme des gens qui en sont pleinement instruits, afin qu'on fasse les derniers efforts pour empêcher un formulaire, si mes parties entreprennent d'en faire dresser un par l'autorité du pape. Un formulaire est inutile à qui se soumet d'abord sans restriction : c'est perdre le bon exemple d'une soumission volontaire, c'est tourner en scandale ce qui devroit, dans son cours naturel, être une action édifiante; c'est faire, de gaieté de cœur, un affront à un archevêque pour achever de l'écraser. Voilà sur quoi il faut combattre sans relâche, et qu'il faut même prévenir par les voies les plus insensibles, sans en donner la vue aux malintentionnés. La seconde chose pour laquelle je vous envoie ce projet est afin que vous ayez préparé nos amis à le soutenir dès qu'il paroîtra. Or, je ne puis me dispenser de le publier dès le moment que j'aurai la réponse de M. de Barbesieux. Alors mes parties pourront l'envoyer à Rome par quelque courrier extraordinaire du roi, et vous seriez surpris si vous ne l'aviez point reçu par le présent courrier. Il faut que cet acte trouve, en arrivant, tous les esprits bien intentionnés en disposition de le faire valoir.

Je comprends bien qu'avant cet acte de soumission, le pape, quelque parole que vous lui arrachiez, ne fera jamais nul pas en ma faveur pour rendre témoignage à la pureté de la doctrine que j'ai soutenue. Ils craignent toujours que ma soumission n'ait quelque évasion, et que je ne les joue après qu'ils m'auront loué. Faites donc tout ce que vous pourrez pour arracher un bref de consolation. Mais il est fort à craindre qu'il ne viendra que sur mon mandement. Une lettre manuscrite au pape, où je lui promettrois cette souscription à son décret, avant que j'aie reçu une réponse de la cour, seroit sujette à être mal expliquée à Versailles, et n'opéreroit rien d'effectif à Rome. Je ne veux ni fatiguer le pape, ni user le reste de mes forces que dans la crise. C'est en lui envoyant une soumission déjà publiée que je veux le presser vivement une dernière fois. J'espère que vous recevrez le tout par le prochain courrier.

Ce que je crains, c'est que quand Rome aura ma pleine soumission, ils voudront encore me faire languir pour me réduire à compter avec mes parties, et à me mettre à leur merci. C'est peut-être dans ce dessein qu'on me tient en suspens. Mes parties voudront peut-être engager Rome à me mener jusqu'à ce point, par plusieurs raisons. Ils diront à Rome que c'est 1° pour finir le scandale de notre division par une réconciliation entière; 2° pour s'assurer à fond que j'ai changé de sentiments, et pour mettre l'Église en pleine sûreté à l'avenir. Leurs véritables raisons seront leur hauteur, leur ressentiment et plus encore le grand intérêt qu'ils ont de m'arracher par crainte un aveu clair, ou du moins ambigu, que j'ai favorisé l'erreur, et que je suis par-là l'auteur du scandale. Il n'y a qu'une espèce d'aveu direct ou indirect qui puisse justifier leur conduite, et me flétrir tellement dans le monde, que je ne puisse jamais me relever, ni leur faire ombrage. Mais toutes les raisons qui les pressent de vouloir me réduire à de telles démarches me pressent encore davantage de ne les faire jamais. Je n'ai jamais pensé les erreurs qu'ils m'imputent. Je puis bien, par docilité pour le pape, condamner mon livre comme exprimant ce que je n'avois pas cru exprimer; mais je ne puis trahir ma conscience, pour me noircir lâchement moi-même sur des erreurs que je ne pensai jamais. Mentir pour s'excuser est un péché que nulle puissance ne peut nous obliger à commettre : mais mentir pour reconnoître avoir été impie quand on ne l'a jamais été, c'est le plus affreux des crimes dans un évêque; nulle puissance ne peut exiger de moi une si infame prévarication. Le pape entend mieux mon livre que je n'ai su l'entendre; c'est sur quoi je me soumets. Mais, pour ma pensée, je puis dire que je la sais mieux que personne; c'est la seule chose qu'on peut prétendre savoir mieux que tout autre, sans présomption. Je ne puis donc ni dire ce qui n'est pas et que ma conscience rejette, et je n'ai garde de dire jamais rien d'équivoque à cet égard. Voilà sur quoi il ne faut point se laisser entamer; voilà ce qu'il faut bien inculquer aux gens sages. Ce qui est d'incompréhensible, c'est que les mêmes gens qui veulent que le pape ne puisse pas exiger une condamnation de Jansénius mort, *in sensu ab auctore intento*, voudroient me faire reconnoître à moi vivant, dans mon livre, un sens auquel je ne pensai jamais.

Pour mes parties, je ne pourrois mendier leur protection pour ma délivrance, sans persuader au monde que je reconnois avoir mérité tout ce qu'ils m'ont fait, et qu'ils ont vu effectivement en moi tout ce qu'ils ont voulu y reprendre. Ce seroit me donner ou pour le plus coupable ou pour le plus lâche de tous les hommes. Je n'ai garde d'acheter à ce prix quelques louanges vagues de Rome; ce seroit sacrifier beaucoup pour gagner très peu. Si Rome ne veut point rendre témoignage à la pureté de la doctrine que j'ai soutenue, et qui est tout ce que j'ai eu dans l'esprit, ils font encore plus de tort à cette doctrine qu'à moi. Pour moi, je suis résolu de porter patiemment la croix. Ma patience, mes mœurs, mon travail pour ce diocèse, mes instructions familières feront peut-être plus à la longue pour me justifier, que des louanges dans un bref. Ainsi, mon très cher abbé, si vous ne pouvez obtenir ce bref, et des offices du pape du côté de la cour, que par des bassesses équivoques sur le passé, prenez modestement congé de la compagnie, et passons-nous, avec abandon à la Providence, de tout ce qu'elle nous ôtera. Point de négociation où l'on me mette à la merci de mes parties sur mes soumissions. Ceux qui veulent que j'achète si chèrement une apparence vaine ne savent pas combien je suis, Dieu merci, détaché de tout ce qui flatte en ce monde.

Mon plan est, 1° de donner par pure religion à Rome la plus sincère soumission; 2° de ne songer à en tirer aucun parti d'aucun côté; 3° d'être toujours dans un desir ardent de ne déplaire plus au roi, mais de ne faire point des démarches qui devroient lui rendre ma conduite suspecte, et me rendre indigne des graces dont il m'a comblé; 4° de donner, dans les occasions, toutes les marques possibles d'un cœur sans fierté ni ressentiment à l'égard de mes parties, mais sans mettre jamais en doute la pureté de mes sentiments pour les apaiser, et sans souffrir aucune négociation à cet égard-là. A cela près, je les préviendrois, sans répugnance, de la manière la plus humble et la plus pacifique.

Ce qui m'afflige beaucoup, c'est que tout ceci vous engage, mon très cher abbé, à attendre encore le courrier de la semaine prochaine à Rome, pour faire un dernier effort quand vous aurez reçu mon mandement. Mais vous avez tant souffert pour moi, que j'espère que Dieu vous donnera encore cette patience. Prenez la route que vous croirez la plus commode. A choses égales, celle d'Allemagne vous exposeroit moins que celle de France à divers désagréments : mais préférez votre santé à tout. Vous serez mon conseil, ma consolation, mon soutien dans mes croix, et je les sentirai moins quand vous m'aiderez ici à les porter.

Pour les protestants, qu'un de vos Mémoires dit qu'il faudroit empêcher d'écrire sur tout ceci, on devroit voir que ce n'est pas pour moi, qu'ils ne connoissent point, mais contre l'Église romaine, qu'ils veulent écrire. Au reste, c'est à elle, et non pas à moi, à leur imposer silence. Je donnerois mon sang et ma vie pour les faire taire, car j'ai l'honneur de l'Église mère cent fois plus à cœur que le mien.

Ma santé se soutient : ma paix, au milieu de tant d'amertume, se conserve aussi. Je voudrois bien que ma consolation servît à vous consoler. Conservez-vous, mon cher abbé : si vous veniez à me manquer, ma croix seroit trop pesante pour ma foiblesse. Mille et mille fois tout à vous tendrement. Je salue de tout mon cœur M. de La Templerie.

113. — AU MÊME.

Il lui envoie sa lettre au pape avec son Mandement d'acceptation; il desire qu'on autorise la vraie doctrine sur la charité, et craint qu'on ne fasse dresser un formulaire.

(A Cambrai, 4 avril 1699.)

Après y avoir bien pensé, je vous renvoie votre courrier, mon très cher abbé. Il vous porte le projet de mon mandement en françois et en latin, avec une lettre au pape. La lettre est double : si vous ne voyez nulle apparence d'obtenir aucun bref pour justifier la saine doctrine, il ne faut point vous commettre, ni réveiller la guerre avec tant de désavantage. En ce cas-là, rendez celle où je me borne à promettre que mon mandement de soumission absolue va paroître. Si au contraire les bonnes têtes jugeoient que la seconde lettre, où je demande qu'on justifie la saine doctrine sur la charité dût avoir son effet, vous pourriez la présenter et l'appuyer. Selon toutes les apparences, le pape ne voudra point parler de la pureté de ma foi, jusqu'à ce que mon mandement soit publié; mais outre que la lettre que je vous envoie pour lui est déja un gage certain de ma soumission, de plus, je ne demande rien pour ma personne : c'est pour la doctrine de toutes les écoles sur la charité, que je parle. Quand même je serois le plus impie de tous les hommes, il ne faudroit pas laisser d'autoriser cette doctrine pure. Pour ma personne, je ne veux point acheter par des bassesses, ni par des soumissions ambiguës, quelques louanges vagues. J'aime mieux porter la croix, et me justifier moi-même aux yeux de mon troupeau par ma patience, par mon travail, et par une conduite tout opposée à l'illusion. Mais, Dieu merci, je n'aime pas assez le monde pour aller mendier le secours de mes parties pour me relever. Je paroîtrois par-là mériter tout ce qu'ils me font souffrir, je perdrois beaucoup en voulant gagner un peu. Pour quelques paroles d'un bref, je perdrois l'approbation des honnêtes gens qui voient ma droiture. Mes parties voudroient toujours me faire dire quelque mot ambigu, pour faire entendre que j'avoue que j'ai pensé l'erreur, et qu'ils n'ont eu tort de me pousser si rigoureusement. Ainsi, si Rome veut me mettre à leur merci, et ne me justifier que quand je les aurai contentés, coupez court, et comptez que je veux, dans une conduite de pure foi, souffrir la privation de tout ce que la Providence m'ôte.

L'unique chose à laquelle je vous conjure de veiller sans relâche, c'est pour empêcher qu'on ne fasse dresser à Rome ou du moins autoriser un formulaire fait à Paris, pour faire souscrire à la condamnation de mon livre. Jamais formulaire ne fut mis en usage, quand personne ne paroît vouloir désobéir. C'est dans cette vue que je me hâte de vous envoyer ma lettre pour le pape. A quel propos parleroit-on de formulaire, quand l'auteur même condamne absolument son livre, et exhorte tous les fidèles à en faire autant? Ce seroit vouloir me faire un affront de pure gaieté de cœur, et vouloir m'ôter le mérite de la soumission en la rendant forcée : c'est là-dessus qu'il faut veiller et se remuer. Gardez-vous bien de rien prévenir là-dessus, de peur de leur en donner la pensée; mais, encore une fois, veillez, et, sans donner cette pensée, prémunissez les esprits bien intentionnés.

Je crois que vous trouverez le projet de mandement si simple, si net et si absolu, qu'on ne peut équitablement souhaiter qu'il aille plus loin. Je n'y ai même rien mis de tout ce qui peut justifier ma personne. Il seroit déja publié, si les usages de France ne défendoient de reconnoître les jugements de Rome avant qu'ils soient reçus au parlement. Quoique ce décret ne soit qu'en forme de bref, c'est néanmoins un jugement très solennel, et *ex motu proprio*. Je n'oserois m'y soumettre par un mandement, sans savoir les intentions du roi sur cette formalité. J'ai écrit à M. de Barbesieux pour avoir des ordres précis : dès que je les aurai reçus, je publierai mon mandement, et je vous l'enverrai. Il est capital que vous ayez la bonté de l'attendre à Rome; car tout le repos de ma vie roule sur l'acceptation de cette soumission, faute de quoi nous tomberions dans une persécution sur un formulaire captieux, qui nous mèneroit à d'affreuses extrémités. Je ne perdrai pas un moment pour vous tirer du purgatoire; mais je dépens de la réponse de M. de Barbesieux. Au moins il faut que Rome sache, par ma lettre au pape, que le retardement ne vient pas de moi. Le principal est d'éviter le formulaire. Pour le projet de mandement, ne le montrez, s'il vous plaît, qu'aux personnes d'une confiance intime, et qui peuvent nous servir efficacement. S'il se publioit à Rome, les malintentionnés le critiqueroient, et voudroient qu'on me demandât davantage.

Pour la route que vous prendrez à votre retour, choisissez la plus courte, la plus commode, la plus sûre. Le plus tôt arriver ici sera le meilleur. Vous serez ma consolation, mon soutien, mon conseil, et vous adoucirez mes peines. Dieu sait combien je crois lui devoir de ce qu'il m'a donné un tel bien. Tout à vous, mon cher abbé, à jamais.

114. — AU PAPE INNOCENT XII.

Il exprime au Saint Père sa parfaite soumission, et lui annonce son mandement d'acceptation du Bref.

Cameraci, 4 aprilis 1699.

Audita Beatitudinis Vestræ de meo libello sententia, verba mea dolore plena sunt; sed animi submissio et docilitas dolorem superant. Non jam commemoro innocentiam, probra [1], totque explicationes ad purgandam doctrinam scriptas. Preterita omnia omitto loqui. Jam apparavi mandatum per totam hanc diœcesim propalandum, quo censuræ apostolicæ humillime adhærens [2], libellum cum viginti tribus propositionibus excerptis, simpliciter, absolute, et absque ulla vel restrictionis umbra condemnabo, eadem pœna prohibens, ne quis hujus diœcesis libellum aut legat, aut domi servet. Quod mandatum, beatissime Pater, in lucem edere certum est, simul atque id mihi per regem licere rescivero. Tum in me [3] nihil moræ erit, quominus id intimæ et plenissimæ submissionis specimen per omnes Ecclesias, necnon et per gentes hæreticas disseminetur. Nunquam enim me pudebit a Petri successore corrigi, cui *fratres confir-*

---

[1] On a vu, dans la lettre précédente, que Fénelon avoit fait une double lettre pour le pape. Celle que nous donnons fut présentée au Saint-Père; nous nous bornons à mettre en note les différences remarquables du second projet. On y lit en cet endroit : « Non jam commemoro archiepiscopum innocentem, » et probris confectum, neque tot explicationes, » etc.

[2] *Autre projet* : Summa cum reverentia adhærens.

[3] *Autre projet* : Scripsi ad petendam hanc licentiam; quam ubi impetravero, nihil in me moræ, etc.

mandi partes commissæ sunt, ad servandam *sanorum verborum formam* [1]. Igitur libellus perpetuum reprobetur; intra paucissimos dies id ratum faciam. Nulla erit distinctionis umbra levissima, qua decretum eludi possit, aut tantula excusatio unquam adhibeatur [2]. Vereor equidem, uti par est, ne Beatitudini Vestræ sollicitudine omnium Ecclesiarum occupatæ molestus sim. Verum ubi mandatum ad illius pedes brevi mittendum, ut submissionis absolutæ signum, benigne acceperit, meum erit ærumnas omnes silentio perferre. Summa cum observantia et devoto animi cultu ero perpetuum, etc.

115. — A L'ABBÉ DE CHANTERAC.

Sur son mandement, la disposition des esprits en France, et l'intention où il est de garder un profond silence sur les disputes passées.

A Cambrai, 24 avril 1699.

Je viens, mon cher abbé, de recevoir votre lettre du 4 avril. Elle me console au milieu de tout ce qu'elle a de triste et d'amer. Une des choses qui m'affligent le plus, c'est l'état accablant où vous devez être à Rome. J'espère que vous aurez reçu mes lettres de soumission pour le pape, et mon mandement. Il est naturel, ce me semble, que de telles choses adoucissent un peu votre situation, et vous donnent moyen de sortir de Rome avec moins de désagrément. Sortez-en le plus tôt que vous pourrez, après avoir satisfait aux véritables bienséances pour ne montrer aucun dépit, et après vous être assuré qu'on n'entreprendra rien de nouveau le lendemain de votre départ.

Vous ne me parlez plus d'une bulle que vos lettres du précédent courrier marquoient que mes parties demandoient après le bref, et dans laquelle ils vouloient faire ajouter la qualification d'*hérétique*. Je crains aussi qu'ils ne veuillent faire dresser un formulaire. Je vous ai écrit mes réflexions sur toutes ces choses. Quand vous jugerez, après avoir pris l'avis des personnes les plus instruites de la cour de Rome, et les plus affectionnées, qu'il n'y a plus rien à craindre en ce pays-là, et qu'on y est content de ma soumission, ne perdez pas un moment pour revenir par la route qui aura le moins d'éclat et d'embarras.

D'abord mon mandement a édifié et touché tout le monde : le roi même en a été fort content. M. l'évêque de Chartres m'a écrit la lettre dont je vous envoie une copie : elle a ses épines, mais au moins il reconnoît que ma soumission est absolue et édifiante [1]. En effet, je l'ai publiée le lendemain du jour que la cour, sans vouloir me le dire, m'a laissé entendre que je pouvois la publier. Cette soumission est courte, de peur de donner quelque prise aux critiques envenimées par un long discours; mais elle est simple, précise, absolue, et je n'y ai pas dit un seul mot ni pour diminuer le triomphe de mes parties, ni pour m'excuser. Si on n'est pas content d'une soumission dont il y a si peu d'exemples, de quoi pourra-t-on se contenter? Peut-être Dieu permettra-t-il que mes parties iront à de tels excès, que cela même ouvrira les yeux de ceux qui les ont fermés, et ramènera les choses dans le juste milieu. Ce qui est certain, c'est que les uns n'osent plus parler d'amour de pure bienveillance, et que les autres supposent tout ouvertement qu'il est condamné dans mon livre. Aussi disent-ils qu'il ne s'agit pas de mes expressions, mais de ma doctrine, qui est, disent-ils, condamnée; en sorte que je dois l'abjurer, et revenir à celle de M. de Meaux [2]. On me fait écrire des lettres pressantes sur ce ton-là; et le parti est d'une telle hauteur, qu'ils entraînent tout. Rome a donné des armes à des esprits bien violents : mais *celui qui est en nous est plus grand que celui qui est dans le monde*. De ma part, je n'ai qu'à me taire après avoir obéi au pape. Plus je me tairai après une sincère soumission, plus les démarches de mes parties, s'ils en font encore, paroîtront passionnées et odieuses. Mais je ne puis être responsable des écrits que des gens inconnus feront peut-être. Les hérétiques en pourront faire pour noircir Rome ; des catholiques zélés pourront en faire pour défendre la doctrine de la charité. Pour moi, je ne dois rien prévenir, et il me semble qu'il y auroit de l'affectation à le faire. Mais vous pouvez assurer que s'il paroît des écrits, ou pour défendre mon livre, ou pour ébranler le bref, j'interromprai mon silence pour déclarer publiquement que je blâme et que je condamne de tels écrits. J'ai même un vrai sujet de craindre que la cabale animée à me perdre ne fasse

---

[1] *Autre projet :* Libellus perpetuum oblitteretur, abjiciatur, et reprobetur ; hoc per me ratum omnino erit intra paucissimos dies.

[2] *Autre projet :* Hoc unum doleo, sanctissime Pater, quod plerique hominum existimant a sede apostolica fuisse damnatam doctrinam, quæ asserit charitatem per suos actus proprios in Deo sistere, non ut aliquid nobis proveniat, actusque virtutum inferiorum à charitate in vita perfectissima plerumque imperatos, actibus simpliciter elicitis longe perfectiores esse. Si Beatitudo Vestra personæ archiepiscopi innocentis, afflicti, et summa cum docilitate subditi, nihil concedendum putet, saltem doctrinæ purissimæ consulat, humillime et impensissime oro. Vereor, etc.

[1] C'est à peu près ce qu'écrivoit Bossuet à son neveu le 19 avril ; tom. XLII.

répandre quelque écrit pour mon livre, afin de m'accuser de supercherie dans ma soumission, et de me rendre odieux au Saint-Siége. Ainsi je vous conjure de parler fortement sur cet article avant votre départ.

Le diocèse de Cambrai et tout le pays paroît toujours assez bien disposé à mon égard. Ce qui me revient de Paris, c'est que les honnêtes gens qui ne sont point livrés à la cabale ont meilleure opinion de moi que jamais. C'est précisément ce qui irrite le plus la cabale; car ils n'ont rien de décidé sur le fond de la doctrine, et, malgré l'humiliation qu'ils m'ont procurée, ils voient que ma personne est encore en état de les alarmer. Ils voudroient ou me réduire à revenir à eux par un aveu d'un égarement qu'ils ont eu raison de me reprocher, ou me diffamer sans ressource dans toute l'Église. Toute autre fin ne leur paroît pas une fin; et ils sont plus embarrassés dans leur triomphe que moi dans ma confusion.

Dieu soit béni! portez-vous bien; consolez-vous; venez me consoler. Dès qu'il n'y aura plus de coups à parer à Rome, partez-en, sans attendre un bref d'honnêtetés vagues, que je ne veux ni acheter ni mendier. Je salue de tout mon cœur M. de La Templerie. Mille fois tout à mon très cher abbé.

Je vous conjure de faire pour moi tout ce qu'il faut vers le Père général des jésuites et sa compagnie. Avant de partir, assurez-vous de quelque homme intelligent et assuré, auquel on pût s'adresser à Rome en cas de besoin, qui pût rendre des lettres, et parler aux vrais amis : mais il faut tenir cette correspondance secrète. Il me tarde bien de vous embrasser.

116. — AU MÊME.

Il le prie de rester à Rome jusqu'à l'entière conclusion de l'affaire, et lui annonce la tenue des assemblées provinciales de France.

A Cambrai, 1er mai 1699.

Je viens de recevoir, mon très cher abbé, votre lettre du 14 d'avril. Comme elle ne marque rien de nouveau sur le gros de notre affaire, je n'ai aussi rien à ajouter d'important à mes précédentes dépêches. Ce qui m'afflige le plus, c'est de voir que je ne puis éviter d'alonger votre purgatoire, et de vous conjurer de demeurer à Rome jusqu'à ce que l'affaire soit nettement finie. Puisque vous avez eu tant de patience dans des conjonctures si amères, vous aurez bien encore celle de demeurer, comme vous le dites, au pied de ma croix jusqu'à la fin. Il faut tâcher d'éviter les surprises dans une cour où tout est si incertain; et où la cabale ennemie est si puissante. Vous aurez reçu mon mandement, mes lettres au pape, etc. Je vous ai déjà mandé de ne mendier et de n'attendre point à Rome un bref de louanges vagues sur ma soumission. En effet, je ne veux ni acheter ni chercher ces louanges : mais, après y avoir bien pensé, je compte un bref pour quelque chose, non pour me faire un bien, mais pour me délivrer d'un mal. Au moins ce seroit une acceptation de ma soumission, et un engagement du pape pour une fin assurée.

Je reçus avant-hier au soir une lettre du roi, qui me mande qu'après avoir vu mon mandement que je lui ai envoyé, il souhaite que j'assemble les évêques de notre province, et que je fasse dans l'assemblée avec eux ce que j'ai déjà fait en particulier par ce mandement, pour recevoir le bref du pape. Il ajoute que quand la même chose aura été faite dans toutes les provinces, il donnera ses lettres patentes pour l'exécution du bref dans tout son royaume, etc. 1° Il paroîtroit par-là qu'on n'espère point de faire changer la chose à Rome. 2° Il paroît qu'on va faire des assemblées dans toutes les provinces, pour accepter le bref. 3° Le roi paroît vouloir quelque chose d'uniforme dans tout le royaume pour son exécution; ce qui peut signifier un formulaire. Vous voyez que la passion de mes parties fait pousser l'affaire contre toutes les maximes du royaume, et qu'on ne cherche qu'à prolonger, pour me flétrir de plus en plus. Pour moi, je vais tenir notre assemblée; mais je n'y ferai que ce que j'ai déjà fait, suivant en cela précisément les ordres portés dans la lettre du roi. A l'égard d'un formulaire, pourvu qu'il ne dise pas plus que mon mandement, je n'aurai nulle peine à faire faire par notre clergé ce que j'ai fait moi-même; mais je n'admettrai rien d'ambigu ni sur la pureté de mes opinions en tout temps, ni sur l'orthodoxie de la doctrine que j'ai soutenue. Pour mon livre, je me soumets sans bornes et avec une sincère docilité au jugement du pape. Pendant tous ces mouvements, il me paroît nécessaire que vous demeuriez encore à Rome, non pour nous faire du bien, mais pour nous garantir du mal. Je ne perdrai pas un seul moment pour finir notre assemblée, et pour vous délivrer.

Vous ne sauriez vous imaginer à quel point le jansénisme triomphe en France par mes parties, et combien ils font souffrir aux autres l'oppression dont ils se plaignoient tant autrefois. Vous en pourrez juger par l'écrit que je vous envoie. Le silence de M. de Paris est la plus scandaleuse déclaration en leur faveur : mais il est tout puissant, et ne garde plus aucune mesure. Si les gens de bien ne se réveillent à Rome, la foi est en grand péril.

L'affaire de M. de La Tuilière me touche plus que la mienne : je vous conjure de lui faire savoir que j'en ai le cœur percé. Offrez-lui tout ce qui dépend de moi. Si le séjour de Cambrai étoit convenable pour lui, je lui offrirois un logement avec tout ce qui dépend de moi, de la manière la plus effective : une telle société adouciroit mes peines.

Quand aurai-je la vôtre? Attendons patiemment les moments de Dieu. Il sait combien vous m'êtes cher, et à quel point je ressens tout ce que vous faites.

117. — AU MÊME.

Il lui annonce son assemblée provinciale, et lui donne quelques instructions sur la conduite à tenir avant son départ de Rome.

A Cambrai, 15 mai (1699).

J'ai reçu, mon très cher abbé, votre lettre du 25 avril; j'y vois qu'on ne remue rien à Rome, et qu'il n'y paroît aucun sujet de craindre, ni une bulle, ni de nouvelles qualifications, ni un formulaire; mais je vous conjure néanmoins de veiller, et de ne vous fier point à ce calme apparent. Vous connoissez l'esprit de mes parties, et vous ne savez que trop, par expérience, combien ils sont accrédités dans la cour où vous êtes. J'attends de moment à autre des nouvelles de l'assemblée provinciale qui doit avoir été tenue à Paris avant-hier mercredi, 13 de ce mois. Nous devons tenir la nôtre le 25 ici. Dès qu'elle aura été tenue, je vous en enverrai le procès-verbal. En attendant, vous aurez présenté au pape ma lettre avec mon mandement. Je ne souhaite point un bref en réponse pour me faire honneur des termes honnêtes qu'il pourra contenir, mais seulement pour avoir une acceptation par écrit de ma soumission, qui soit une fin de l'affaire. Dès que vous aurez fait accepter mon mandement, et que notre assemblée provinciale aura été finie paisiblement, il me semble que vous n'aurez plus un moment à perdre pour vous en revenir. Mais il faut prendre bien juste vos mesures pour partir avant les chaleurs, ou pour ne partir qu'après. Ne vous exposez point à sortir de Rome dans les temps où l'on dit qu'il est si dangereux de le faire. Je ne me lasse point de vous proposer les bains de Baïes, supposé qu'on les croie utiles à vos jambes, que je prétends exercer ici. En cas que ces bains vous convinssent, j'aimerois beaucoup mieux vous voir plus tard, et vous voir plus agile. Le plus grand service que vous me puissiez rendre, mon très cher abbé, est de me conserver une santé si précieuse. Je vous prie de témoigner aux jésuites avec quelle cordialité je prends part à ce qui les touche dans la fâcheuse scène que vous me dépeignez. Les trois personnes choisies pour l'examen doivent les alarmer[1]; mais il faut voir la suite, et je prie Dieu qu'ils fassent un saint usage de cette croix. Pour moi, je serai toute ma vie dans leurs intérêts, comme ils ont été dans les miens, et cela du fond du cœur.

Il paroît, Dieu merci, que les honnêtes gens ne s'éloignent point de moi, et qu'au contraire beaucoup d'esprits prévenus reviennent, depuis qu'ils ont vu mon mandement. Mais je sais, à n'en pouvoir douter, que mes parties sont en secret plus envenimées que jamais. Ils disent que ma soumission si fastueuse est courte, sèche, contrainte, superbe, purement extérieure et apparente; mais que j'aurois dû reconnoître mes erreurs évidentes dans tout mon livre, rétracter les subtilités pernicieuses de mes défenses, gémir du scandale que j'ai causé, renoncer à mes sentiments, revenir pleinement aux leurs qui sont les seuls bons, et les remercier de m'avoir ouvert les yeux. S'ils peuvent trouver le moindre prétexte de chicane pour prolonger, pour aigrir la cour, et pour me pousser encore, ils n'y manqueront pas. Dieu surtout. Il est bon que les amis de Rome soient avertis et précautionnés là-dessus. Je salue M. de La Templerie, et je le prie de vous ramener gras, vermeil, vigoureux et dispos. Tout à vous, mon très cher abbé, sans réserve.

118. — AU MÊME.

Il lui donne quelques détails sur son assemblée provinciale.

A Cambrai, 29 mai (1699).

Comme vous m'avez mandé, mon très cher abbé, du 9 de ce mois, que vous partiriez de Rome le mardi suivant, qui étoit le 12, je pense avec plaisir que vous êtes en chemin depuis dix-huit jours, et que je vous embrasserai bientôt : c'est ce qui m'empêche de vous écrire amplement. Si néanmoins quelque changement vous avoit empêché de partir, je vous dirai que notre assemblée provinciale finit mardi dernier 26 de ce mois; qu'on y accepta le bref du pape; qu'on y résolut de faire un mandement chacun dans son diocèse[2];

---

[1] L'abbé Bossuet écrivoit, le 5 mai, que cette *affaire des jésuites étoit enclouée. Il trouve que c'est une espèce de miracle que la condamnation de M. de Cambrai.* Tom. XLII, pag. 489.

[2] L'évêque d'Arras consulta M. Tronson sur son mandement. La réponse de celui-ci est du 22 mai. Pour la bien entendre, il faudroit avoir sous les yeux le projet de mandement du prélat,

que les évêques voulurent se mêler de critiquer le mien; que je l'expliquai en le défendant avec beaucoup de soumission pour le pape, et en leur déclarant qu'ils n'avoient aucun droit de l'examiner; qu'enfin ils conclurent, comme ceux de Paris, à demander la suppression de mes défenses; que j'expliquai mes raisons pour n'y consentir pas, nonobstant quoi je prononçai, comme président, à la pluralité des voix, contre mon avis. Ils m'ont loué dans le procès-verbal, et ont prétendu avoir droit de juger au-delà du pape. Ils ne sont en cela que les échos de ceux de Paris. Ainsi Rome n'ose me louer, pendant que mes parties me louent; et mes parties se vantent de juger au-delà du jugement du pape, pendant que le pape les ménage si fort. Pour moi, qui suis si soumis, on m'écrase. Dieu soit loué! Laissez Rome m'envoyer ou ne m'envoyer point de bref. Ils sont nos supérieurs; il faut s'accommoder de tout sans se plaindre, demeurer soumis avec affection pour l'Église mère, et porter humblement l'humiliation. Venez, venez. Quelle consolation de vous embrasser, de vous entretenir, de vivre et mourir avec vous!

119. — AU DUC DE BEAUVILLIERS.

FRAGMENT.

Situation de Fénelon dans son diocèse. Avis au duc sur les ménagements à garder envers le duc de Bourgogne. Écueils à éviter en combattant le jansénisme.

30 novembre 1699.

Je suis ici en paix et à portée, s'il plaît à Dieu, d'y faire du bien. Je n'y ai d'épines que de la part de mes suffragants. Si on avoit réglé ce qui regarde notre officialité à l'égard de M. l'évêque de Saint-Omer, et si je pouvois avoir un bon séminaire, je me trouverois trop heureux. Je suis fâché, mon bon duc, de ne vous voir point, vous,

Nous nous bornons donc à en citer un fragment, qui concerne la doctrine de la charité, article sur lequel l'évêque d'Arras est d'accord avec Fénelon, et que M. Tronson *croit qu'on pourroit mettre ainsi* : « Mais afin de ne vous pas exposer à arracher du champ du Seigneur l'ivraie avec le bon grain, et que des personnes prévenues ou peu éclairées ne confondent peut-être, comme il est arrivé plusieurs fois dans des occasions semblables, la bonne doctrine avec la mauvaise que Sa Sainteté a eu uniquement intention de condamner; nous déclarons que cette condamnation ne donne nulle atteinte au sentiment commun des théologiens sur la charité, savoir : que l'acte de charité est indépendant du motif de la récompense et de la béatitude; que le motif de la charité est plus élevé que celui de l'espérance; et qu'on peut faire des actes de l'amour de Dieu, sans aucune autre vue que celle de sa bonté et de ses perfections. » Bossuet ne paroît pas content de la conduite de l'évêque d'Arras dans l'assemblée provinciale de Cambrai. Voyez sa lettre à son neveu, du 7 juin; tom XLII. pag. 528.

la bonne duchesse, et quelques autres amis en très petit nombre. Pour le reste, je suis ravi d'en être bien loin; j'en chante le cantique de délivrance, et rien ne me coûteroit tant que de m'en rapprocher.

J'aime toujours M. le duc de Bourgogne, nonobstant ses défauts les plus choquants. Je vous conjure de ne vous relâcher jamais dans votre amitié pour lui; que ce soit une amitié crucifiante et de pure foi : c'est à vous à l'enfanter avec douleur, jusqu'à ce que Jésus-Christ soit formé en lui. Supportez-le sans le flatter; avertissez-le sans le fatiguer, et bornez-vous aux occasions et aux ouvertures de providence, auxquelles il faut être fidèle; dites-lui les vérités qu'on voudra que vous lui disiez; mais dites-les-lui courtement, doucement, avec respect et avec tendresse. C'est une providence, que son cœur ne se tourne point vers ceux qui auroient tâché d'y trouver de quoi vous perdre. Qu'il ne vous échappe pas, au nom de Dieu. S'il faisoit quelque grande faute, qu'il sente d'abord en vous un cœur ouvert, comme un port dans le naufrage.

Je n'écris à Paris que par des voies très sûres, et à très peu de personnes. Pour mieux dire, je n'écris qu'à vous, mon bon duc, à la petite D. (*duchesse de Beauvilliers*), et au P. Ab. (*de Langeron*); tout au plus de loin à loin au duc de Charost. Presque personne ne m'écrit. La petite duchesse et le petit abbé ne m'écrivent point par la poste. Le duc de Charost l'a fait de Beaurepaire deux fois, sur des matières qui ne demandent point un grand secret.

Je prie Dieu qu'il vous donne sa sagesse et sa force, *esto vir fortis, et prœliare bella Domini*[1]. Je vous dirai encore ces paroles de l'Écriture : *Quis tu, ut timeres ab homine mortali*[2]? Dieu sera avec vous, si vous êtes toujours avec lui.

Je voudrois qu'on évitât soigneusement divers écueils, en réprimant la cabale des jansénistes.

1° Il ne faut les attaquer jamais dans des choses légères ou obscures. Ce qui a le plus prévenu beaucoup d'honnêtes gens en leur faveur, c'est qu'on a cru qu'on attaquoit un vain fantôme, qu'on soupçonnoit témérairement des personnes les plus innocentes, et qu'on vouloit trouver en eux des erreurs que personne n'avoit jamais ouïes. Ce seroit fortifier ce préjugé, que d'entamer l'affaire par quelque endroit douteux ou peu important.

2° Il faut les attaquer, ou, pour mieux dire, les réprimer avec modération dans les choses

[1] *I Reg.*, XVIII, 17.   [2] *Isai*, LI, 12.

mêmes où ils sont évidemment répréhensibles. Une conduite ardente, ou dure et rigoureuse, même pour la vérité, est un préjugé qui déshonore la meilleure cause. Par exemple, ce qu'on a fait contre madame la comtesse de Gramont ne me paroît pas assez mesuré. Dire qu'on a Port-Royal en abomination, c'est dire trop, ce me semble. Il n'y avoit qu'à avertir madame la comtesse de Gramont qu'elle n'allât plus à Port-Royal, maison suspecte, et laisser savoir au public qu'on lui avoit fait cette défense. Ce n'étoit pas elle qu'il falloit humilier; elle a obligation à ce monastère; elle n'y croit rien voir que d'édifiant; elle a devant les yeux l'exemple de Racine qui y alloit très souvent, qui le disoit tout haut chez madame de M. (*Maintenon*), et qu'on n'en a jamais repris : mais la sévérité du roi devoit tomber sur M. l'archevêque de Paris, qui l'a sollicité, il n'y a que deux ans environ, de laisser à cette maison la liberté de rétablir son noviciat.

5° Je me garderois bien de presser M. l'archevêque de Paris de s'expliquer contre le jansénisme. Il a l'esprit court et confus. Nulle opinion précise n'est arrêtée dans son esprit. Son cœur est foible et mou. Si on le presse, on lui fera dire, en l'intimidant, tout ce qu'on voudra contre l'erreur; mais on n'en sera pas plus avancé. Au contraire, la foiblesse se tournera en justification. Alors son autorité croîtra, on ne se défiera plus de lui, et il se trouvera à portée de faire plus de mal que jamais. Alors, si on veut parler contre lui, personne ne sera écouté; car on ne manquera pas de dire que ce sont de vieilles calomnies dont il s'est justifié. On doit se souvenir que, dans la même ordonnance[1], il a soufflé le froid et le chaud. Il dit blanc pour les uns, et noir pour les autres, n'entendant pas plus le noir que le blanc. Il est inutile de chercher les opinions d'un homme qui n'en a point, et qui n'en peut former aucune de précise.

Je ne dois pas omettre une chose importante : c'est que les jansénistes, pour mieux persuader que le jansénisme n'est qu'un fantôme, ne cessent de se confondre avec les thomistes. Ils se moquent de ceux dont ils prennent le manteau pour se couvrir; et ces gens, si implacables contre les équivoques, en font continuellement pour tromper l'Église, et pour condamner en apparence des propositions qu'ils soutiennent en effet. Ils en viennent, sur la grace suffisante qui ne suffit pas, sur la possibilité des commandements de Dieu, à des subtilités et à des tours de passe-passe que nul casuiste ne toléreroit. Ils se disent tous thomistes depuis quelque temps; et les thomistes font bien pis que de les avouer, car ils deviennent tous Jansénistes. J'en ai fait des expériences très remarquables. Rien n'est si capital que de leur ôter le manteau de la doctrine des thomistes. Il ne faut point attaquer le thomisme, comme le Père Daniel l'a fait : c'est réunir deux grands corps; c'est fortifier le jansénisme; c'est autoriser le prétexte dont ils se couvrent; c'est user ses forces mal à propos contre une doctrine saine et autorisée; c'est faire croire au monde que le jansénisme n'est attaqué que comme le thomisme, par les molinistes, qui sont tyranniques sur leurs opinions, qu'on soupçonne de demi-pélagianisme. Il faut donc toujours mettre à part le thomisme, le reconnoître hors de toute atteinte, et se borner à bien prouver les différences essentielles qui rendent le jansénisme pernicieux, quoique le thomisme soit pur : autrement on prend le change.

Il y a, en ce pays, toutes les semaines quelque nouvel imprimé pour le jansénisme. Il seroit fort à souhaiter que ceux d'entre les jésuites qui sont les plus fermes théologiens, M. Tronson, M. de Précelles, et les autres bien intentionnés, vissent tous ces écrits. Il a paru ces jours derniers un recueil où il paroît beaucoup de lettres de Rome sur les affaires de Louvain. La hardiesse croît tous les jours.

Il seroit à souhaiter qu'on les laissât se battre de plus en plus, selon leur zèle imprudent et âcre, et qu'on prît des mesures bien secrètes pour les réprimer efficacement. Je crains qu'on ne fasse tout le contraire, qu'on n'éclate contre eux par saillies, qu'on ne les empêche de se découvrir, et qu'après certains coups de sévérité sans mesure et sans suite, on ne leur laisse trop prendre racine. Si peu qu'on les laisse dans leur naturel, on verra bientôt réaliser aux yeux de tout le monde ce qu'ils appellent un fantôme; mais il faudroit les laisser enferrer, et ne se commettre en rien.

120. — AU DUC DE CHEVREUSE.

Il l'exhorte à éviter la curiosité, l'empressement naturel, et une exactitude minutieuse dans ses affaires.

30 décembre 1699.

Je suis sensiblement touché, mon bon et cher duc, de votre grande lettre, qui m'a été rendue

---

[1] Il s'agit ici de l'*Ordonnance* donnée le 20 août 1696, par le cardinal de Noailles, contre le livre de l'abbé de S.-Cyran, Martin de Barcos, intitulé : *Exposition de la Foi de l'Église romaine touchant la grace et la prédestination*. Cette Ordonnance, rédigée en partie par Bossuet, se trouve dans ses Œuvres.

un mois après sa date, parce que de M... est revenu plus tard qu'il ne pensoit. Je vois bien plus ce que Dieu fait pour vous que ce que vous faites pour lui. Votre cœur veut en général tenir à lui seul; mais la pratique n'est pas tout-à-fait conforme en vous à la spéculation et au goût. Souffrez que je vous représente que vous suivez, sans l'apercevoir, très souvent votre pente naturelle pour le raisonnement et pour la curiosité. C'est une habitude de toute la vie, qui agit insensiblement et sans réflexion, presque à tout moment. Votre état augmente encore cette tentation subtile : la multitude des affaires vous entraîne toujours avec rapidité. J'ai souvent remarqué que vous êtes toujours pressé de passer d'une occupation à une autre, et que cependant chacune en particulier vous mène trop loin. C'est que vous suivez trop votre esprit d'anatomie et d'exactitude en chaque chose. Vous n'êtes point lent, mais vous êtes long. Vous employez beaucoup de temps à chaque chose, non par la lenteur de vos opérations (car au contraire elles sont précipitées), mais par la multitude excessive des choses que vous y faites entrer. Vous voulez dire sur chaque chose tout ce qui y a quelque rapport. Vous craignez toujours de ne pas dire assez. Voilà ce qui rend chaque occupation trop longue, et qui vous contraint de passer sans cesse à la hâte, et même avec retardement, d'une affaire à une autre. Si vous coupiez court, chaque affaire seroit placée au large, et trouveroit sans peine son rang, sans être reculée : mais il faut, pour couper court, s'étudier à retrancher tout ce qui n'est pas essentiel, et éviter une exactitude éblouissante qui nuit au nécessaire par le superflu.

Pour être sobre en paroles, il faut l'être en pensées. Il ne faut point suivre son empressement naturel pour vouloir persuader autrui. Vous n'irez à la source du mal qu'en faisant taire souvent votre esprit par le silence intérieur. Ce silence d'oraison simple calmeroit ce raisonnement si actif. Bientôt l'esprit de Dieu vous videroit de vos spéculations et de vos arrangements. Vous verriez dans l'occasion chaque affaire d'une vue nette et simple; vous parleriez comme vous auriez pensé; vous diriez en deux mots ce que vous auriez à dire, sans prendre tant de mesures pour persuader. Vous seriez moins chargé, moins agité, moins dissipé, plus libre, plus commode, plus régulier sans chercher à l'être, plus décidé pour vous et pour le prochain. D'ailleurs, ce silence, qui rendroit la manière d'expédier les occupations extérieures plus courte, vous accoutumeroit à faire les affaires mêmes en esprit d'oraison. Tout vous seroit facilité : sans cela, vous serez de plus en plus pressé, fatigué, épuisé; et les affaires, qui surmontent l'ame dans ses besoins intérieurs, surmonteront aussi la santé du corps.

Au nom de Dieu, coupez court depuis le matin jusqu'au soir. Mais faites avec vous-même comme avec les autres. Faites-vous taire intérieurement; remettez-vous en vraie et fréquente oraison, mais sans effort, plutôt par laisser tomber toute pensée que par combattre celles qui viennent, et par chercher celles qui ne viennent pas. Ce calme et ce loisir feront toutes vos affaires, que le travail forcé et l'entraînement ne font jamais bien. Écoutez un peu moins vos pensées, pour vous mettre en état d'écouter Dieu plus souvent.

J'ose vous promettre que si vous êtes fidèle là-dessus à la lumière intérieure dans chaque occasion, vous serez bientôt soulagé pour tous vos devoirs, plus propre à contenter le prochain, et en même temps beaucoup plus dans la voie de votre vocation. Ce n'est pas le tout que d'aimer des bons livres, il faut être un bon livre vivant. Il faut que votre intérieur soit la réalité de ce que les livres enseignent. Les saints ont eu plus d'embarras et de croix que vous : c'est au milieu de tous ces embarras qu'ils ont conservé et augmenté leur paix, leur simplicité, leur vie de pure foi et d'oraison presque continuelle. N'ayez point, je vous en conjure, de scrupule déplacé : craignez votre propre esprit qui altère votre voie; mais ne craignez point votre voie, qui est simple et droite par elle-même. Je crois sans peine que la multitude des affaires vous dessèche et vous dissipe. Le vrai remède à ce mal est d'accourcir chaque affaire, et de ne vous laisser point entraîner par un détail d'occupations où votre esprit agit trop selon sa pente d'exactitude, parce qu'insensiblement, faute de nourriture, votre grace pour l'intérieur pourroit tarir : *Renovamini spiritu mentis vestræ*[1]. Faites comme les gens sages qui aperçoivent que leur dépense va trop loin; ils retranchent courageusement sur tous les articles, de peur de se ruiner.

Réservez-vous des temps de nourriture intérieure qui soient des sources de graces pour les autres temps; et, dans les temps mêmes d'affaires extérieures, agissez en paix avec cet esprit de brièveté qui vous fera mourir à vous-même. De plus, il faudroit, mon bon duc, encore nourrir l'esprit de simplicité qui vous fait aimer et goûter les bons

[1] *Ephes.*, v, 25.

livres. Il faudroit donc en lire, à moins que l'oraison ne prît la place : et même vous pourriez sans peine accorder ces deux choses ; car vous commenceriez la lecture toutes les fois que vous ne seriez point attiré à l'oraison ; et vous feriez céder la lecture à l'oraison, toutes les fois que l'oraison vous donneroit quelque attrait pour elle.

Enfin, il faudroit un peu d'entretien avec quelqu'un qui eût un vrai fonds de grace pour l'intérieur. Il ne seroit pas nécessaire que ce fût une personne consommée, ni qui eût une supériorité de conduite sur vous. Il suffiroit de vous entretenir dans la dernière simplicité avec quelque personne bien éloignée de tout raisonnement et de toute curiosité. Vous lui ouvririez votre cœur pour vous exercer à la simplicité, et pour vous élargir. Cette personne vous consoleroit, vous nourriroit, vous développeroit à vos propres yeux, et vous diroit vos vérités. Par de tels entretiens, on devient moins haut, moins sec, moins rétréci, plus maniable dans la main de Dieu, plus accoutumé à être repris. Une vérité qu'on nous dit nous fait plus de peine que cent que nous nous dirions à nous-mêmes. On est moins humilié du fond des vérités, que flatté de savoir se les dire. Ce qui vient d'autrui blesse toujours un peu, et porte un coup de mort. J'avoue qu'il faut bien prendre garde au choix de la personne avec qui on aura cette communication. La plupart vous gêneroient, vous desséchroient, et boucheroient votre cœur à la véritable grace de votre état. Je prie notre Seigneur qu'il vous éclaire là-dessus. Défiez-vous de votre ancienne prévention en faveur des gens qui sont raisonneurs et rigides[1]. C'est, ce me semble, sans passion que je vous parle ainsi. Je vis bien avec eux et eux bien avec moi en ce pays : mais le vrai intérieur est bien loin de là.

Pardonnez-moi, mon bon duc, tout ce que je viens de vous dire. Si vous ne le trouvez pas bon, j'aurois tort de l'avoir dit : mais je ne saurois croire qu'après m'avoir écrit avec tant d'ouverture de cœur, vous n'approuvassiez pas mon zèle sans mesure. Quand même je me tromperois, mon indiscrétion, en vous mortifiant, vous feroit du bien, pourvu que vous la reçussiez avec petitesse. Mille respects du fond de mon cœur à madame la duchesse. Jamais, mon bon et cher duc, je ne fus à vous, etc.

[1] Les disciples de Jansénius.

121. — AU MÊME.

Contre l'esprit de minutie.

1699.

Qui voudroit à tout moment s'assurer qu'il agit par raison, et non par passion ou par humeur, perdroit le temps d'agir, passeroit sa vie à anatomiser son cœur, et ne viendroit jamais à bout de ce qu'il chercheroit : car il ne pourroit jamais s'assurer que l'humeur, ou la passion déguisée sous des prétextes spécieux, ne le fissent point faire ce qu'il paroîtroit faire par pure raison. Voilà l'obscurité où Dieu nous tient sans cesse, même pour l'ordre naturel. A combien plus forte raison faut-il renoncer à l'évidence et à la certitude, quand il s'agit des opérations les plus délicates de la grace, dans la profonde nuit de la foi et dans l'ordre surnaturel ? Cette recherche inquiète et opiniâtre d'une certitude impossible est un mouvement bien manifeste de la nature, et que la grace ne donne point ; vous ne sauriez trop vous en défier. Cette recherche subtile revient par cent détours au même but.

Ce goût de sûreté géométrique est enraciné en vous par toutes les inclinations de votre esprit, par toutes les longues et agréables études de votre vie, par une habitude changée en nature, par les raisons plausibles de craindre, de veiller, de se précautionner contre l'illusion. Mais la vigilance évangélique ne doit point aller jusques à troubler la paix du cœur, ni à vouloir l'évidence dans les opérations obscures de la grace, où Dieu veut se tenir caché comme sous un voile.

A vous parler franchement et sans réserve, vous savez bien que vous avez à craindre votre excès de raisonnement, même dans toutes les affaires communes de la vie. Vous devez le craindre encore bien davantage quand il s'agit des opérations qui sont au-dessus de la raison, et que Dieu tient secrètes. Ce qui est très certain, c'est que plus vous serez fidèle pour mourir à vos goûts d'esprit, à vos curiosités et à vos recherches philosophiques, à votre sagesse intempérante, à vos arrangements étudiés, à vos méthodes de persuasion pour le prochain, plus vous mourrez à vos vrais défauts naturels, et par conséquent vous augmenterez en vous la vie de la grace.

Écoutez beaucoup Dieu, et ne vous écoutez point vous-même volontairement sur vos goûts d'esprit. Vos lettres m'ont fait un sensible plaisir, car elles marquent une lumière sur vous-même et contre vous-même, que la grace seule peut donner quand Dieu agit fortement dans une ame, et qu'il la trouve souple pour se laisser déprendre de tout ce qui l'arrêtoit dans sa voie. Je prie notre Seigneur que vous ne regardiez jamais derrière vous, et que sa volonté soit la vôtre en tout : *Et erit omnia in omnibus*[1].

122. — AU MÊME.

Exhortation au recueillement : réprimer l'activité naturelle, et la curiosité de l'esprit.

1699.

Ce que je souhaite le plus pour vous est le recueillement et la cessation un peu fréquente de tout ce qui dissipe. L'action de l'esprit, quand elle est continuelle et sans ordre absolu de Dieu, dessèche et épuise l'intérieur. Vous savez que Jésus-Christ écartoit ses disciples de la foule des peuples, et qu'il suspendoit les fonctions les plus pressées. Il laissoit même alors languir la multitude qui venoit de loin, et qui attendoit son secours; quoiqu'il en eût pitié, il se déroboit à elle, et disoit à ses apôtres : *Requiescite pusillum*[2]. Trouvez bon que je vous en dise autant de sa part. Il ne suffit pas d'agir et de donner, il faut recevoir, se nourrir, et se prêter en paix à toute l'impression divine. Vous êtes trop accoutumé à laisser votre esprit s'appliquer. Il vous reste même une habitude de curiosité insensible. C'est un approfondissement, un arrangement, une suite d'opérations, soit pour remonter aux principes, soit pour tirer les conséquences.

J'aimerois mieux vous voir amuser à quelque bagatelle qui occuperoit superficiellement l'imagination et les sens, et qui laisseroit votre fond vide pour y entretenir une secrète présence de Dieu. Un simple amusement ne tient point de place dans le fond; mais le travail sérieux, quoiqu'il paroisse plus solide, est plus vain et plus dangereux quand il revient trop souvent, parce qu'il nourrit la sagesse humaine, dissipe le fond, et accoutume une ame à ne pouvoir être en paix. Il lui faut toujours des ébranlements et de l'occupation par rapport à elle-même. Les esprits appliqués auroient autant de peine à se passer d'application, que les gens inappliqués auroient de peine à mener une vie appliquée.

Faites donc jeûner votre esprit avide; faites-le taire; ramenez-le au repos. *Requiescite pusillum*. Les affaires n'en iront que mieux; vous y prendrez moins de peine, et Dieu y travaillera davantage. Si vous voulez toujours tout faire, vous ne lui laisserez la liberté de rien faire à sa mode.

[1] *I Cor.*, xv, 28.
[2] *Marc.*, vi, 31.

O qu'il est dangereux d'être un *ardélion* de la vie intérieure ! Au nom de Dieu, *vacate, et videte quoniam ego sum Deus*[1] : c'est là le vrai sabbat du Seigneur. Cette cessation de l'ame est un grand sacrifice.

123. — AU MÊME.

FRAGMENT[2].

Sur une opinion attribuée à Bossuet touchant la grâce efficace, et sur la générosité apparente de l'archevêque de Paris envers Fénelon.

(Fin de 1699 ou commencement de 1700.)

Il y a, dans les imprimés que les jansénistes répandent, beaucoup d'endroits importants à faire remarquer. Je suppose qu'il y a à Paris des gens zélés et instruits qui les lisent, et qui les examinent de près. Il me seroit facile de les envoyer tous; mais il est aussi facile de les avoir à Paris par d'autres voies que par la mienne; et je crois qu'il vaut mieux que je ne me mêle de rien. Mais il est capital qu'on lise avec grande attention tous ces écrits. En voici un exemple. Il y a dans la grande Histoire *de auxiliis*[3] un titre en ces termes : *Laudatur Meldensis*, etc[4]. Il loue M. de Meaux d'avoir dit que la grace, par sa nature, porte nécessairement son effet; que c'est celle des protestants, et qu'ils n'ont eu de tort qu'en soutenant qu'elle ôtoit la liberté. On trouvera sans cesse, dans ces écrits, des choses qui marquent une cabale qui conspire à établir la même doctrine. On peut encore voir que le défenseur des bénédictins, qui parle au nom de l'ordre[5], suppose qu'un homme de sa congrégation a fait l'*Apologie des Provinciales*, et a foudroyé les jésuites, sans qu'ils puissent s'en relever.

Cependant on sait que les premières *Lettres Pro-*

[1] *Ps.* XLV, 11.
[2] Ce fragment ne porte aucune date; mais il est de l'époque que nous lui assignons; car il y est parlé de *Télémaque* comme d'un ouvrage récent, et d'une prochaine assemblée du clergé, qui ne peut être que celle de 1700.
[3] Fénelon parle ici de l'ouvrage intitulé *Historia Congregationum de auxiliis divinæ gratiæ*, auctore *Augustino Leblanc Lovanii*, 1700, in-fol. Le P. Serry, dominicain, véritable auteur de cet ouvrage, y soutient, sur les matières de la grace, bien des opinions qui ont été du goût des novateurs. Le passage cité par Fénelon se trouve dans le livre III, chap. XLVI, pag. 576. Nous n'avons pas besoin de remarquer que l'archevêque de Cambrai se contente ici de rapporter l'imputation calomnieuse du P. Serry contre Bossuet, sans y souscrire en aucune manière.
[4] Voyez la table de l'ouvrage cité, pag. 501.
[5] Fénelon fait sans doute ici allusion à quelqu'un des nombreux *factums* qui parurent à cette époque sur l'édition de saint Augustin donnée par les bénédictins.
L'*Apologie des Provinciales* est de Matthieu Petitdidier, bénédictin de Saint-Vannes, abbé de Senon, et ensuite évêque *in partibus*, mort en 1728. Il désavoua cet ouvrage.

vinciales soutiennent le jansénisme le plus dangereux. Ces bons Pères, qui se déclarent défenseurs d'un livre si mauvais, et si rigoureusement condamné à Rome, sont les bons amis de M. de Meaux. On peut voir, par les triomphes de ces écrivains, qu'ils profitent du silence qu'on impose à leurs parties, pour se vanter qu'ils les écrasent, et que les autres n'osent leur répondre.

On doit aussi remarquer dans un ouvrage en deux volumes in-12, sous le titre de *Recueil*, etc., que les cardinaux Casanata, d'Aguirre, Noris, etc., n'ont guère pris sérieusement une censure du Saint-Siège, puisqu'ils ont loué hautement la doctrine des livres du Père Alexandre, depuis leur condamnation à Rome.

Je sais que M. de Paris[1] a dit au curé de Versailles[2] qu'il faisoit ses efforts pour me faire rappeler à la cour, et qu'il y auroit réussi sans *Télémaque*, qui a irrité madame de M. (*Maintenon*), et qui l'a obligée à rendre le roi ferme pour la négative. Vous voyez que ce discours, qui vient de vanterie sur sa générosité pour moi, n'a aucun rapport avec les interrogations qu'il fait faire à M. Quinot sur le jansénisme. Il ne peut que me craindre, et vouloir me tenir éloigné, pendant qu'il croit que je vous anime contre M. Boileau. Mais il voudroit rassembler les deux avantages : l'un, de faire l'homme généreux pour se justifier vers le public sur mon affaire, et me rendre odieux en se justifiant; l'autre, d'être généreux à bon marché, et de ne rien oublier pour me tenir en disgrace.

Pour toutes les choses contenues dans cette grande lettre, vous n'avez point, mon bon duc, d'autre usage à en faire que de la montrer à M. Tronson et au P. de Valois, afin qu'ils en puissent dire à M. de Chartres ce qu'ils croient utile. Ce qui est certain, c'est que M. de Chartres est un vrai homme à se laisser amuser par le parti, jusqu'à ce qu'ils l'auront mis hors de portée de leur résister. Ils le tiennent par madame de M., qui ne veut pas, pour son honneur, que le triumvirat[3] qu'elle a protégé contre moi se rompe et s'entre-déchire. D'ailleurs, je m'imagine qu'il y a quelque ami secret qui lui brouille la tête, et qui défait ce que ses autres amis font contre le jansénisme. On ne sauroit trop éviter de montrer ni moi ni mon ombre dans toutes ces affaires.

---

[1] Le cardinal de Noailles, archevêque de cette ville.
[2] M. Hébert, qui devint, en 1703, évêque d'Agen.
[3] C'est-à-dire le cardinal de Noailles, et les évêques de Meaux et de Chartres, que madame de Maintenon avoit constamment protégés dans l'affaire du livre des *Maximes*.

Pour les médailles frappées en Hollande contre moi pour Jansénius, montrez-les à M. Tronson, et il les montrera à M. de Chartres, s'il le juge à propos. Il est assez sage, et connoît le prélat. Si on trouvoit moyen de déterminer le roi et madame de M. pour donner bien à propos des marques de leur opposition au parti, cela intéresseroit Rome et le public. Si on voyoit ensuite l'assemblée du clergé arrêtée sur tout ce qui n'est pas le don gratuit et les comptes, le parti seroit rabaissé; sinon ils abattront les jésuites, et puis rien ne pourra leur résister. Dieu surtout. Je suis affligé de l'état de votre santé, et du voyage qu'elle vous fera peut-être faire à Bourbon.

124. — AU MÊME.

Quelques avis sur le temps et la manière de faire l'oraison et les autres exercices de piété, et sur le choix d'une personne à qui le duc puisse ouvrir son cœur.

27 janvier 1700.

Votre lettre, mon bon duc, m'a fait un plaisir que nul terme ne peut exprimer, et ce plaisir m'a fait voir à quel point je vous aime. Il me semble que vous entrez, du moins par conviction, précisément dans ce que Dieu demande de vous, et faute de quoi votre travail seroit inutile. Comme vous y entrez, je n'ai rien à répéter du contenu de ma première lettre. Je prie Dieu que vous y entriez moins par réflexion et par raison propre, que par simplicité, petitesse, docilité, et désappropriation de votre lumière. Si vous y entrez, non en vous rendant ces choses propres et en les possédant, mais en vous laissant posséder tout entier par elles, vous verrez le changement qu'elles feront sur le fond de votre naturel, et sur toutes les habitudes. Croyez, et vous recevrez selon la mesure de votre foi.

Pour l'oraison, je crois que vous la devez faire sur un livre, que vous laisserez à chaque moment que Dieu vous occupera seul. Pour le choix du livre, j'ai compté que vous prendriez un de ceux que vous m'avez nommés, comme étant pleins d'onction et de nourriture pour votre cœur. Parmi ceux de ce genre, prenez, sans vous gêner, ceux qui vous porteront le plus à une simple présence de Dieu, qui fasse cesser l'activité de votre esprit. Vous pouvez même prendre dans chaque livre les endroits qui seront nourrissants pour vous, et laisser librement les autres.

Pour le temps de votre oraison, je voudrois le partager, s'il se pouvoit, en diverses heures de la journée, une partie le matin et une autre vers le soir; le matin, on n'est levé que quand on veut bien l'être : on peut par-là sauver du temps. Le soir, on peut, sous prétexte des affaires, sauver une demi-heure dans son cabinet, donner à l'oraison ce que vous donneriez à la curiosité des sciences : ce sera un double profit pour mourir à vos goûts d'esprit, et pour vivre de Dieu. Les voyages que vous faites fréquemment sont encore très commodes; faites oraison en carrosse. Les séjours de Marly sont aussi des temps de retraite et de liberté. Je ne vous propose point une durée précise de vos oraisons, parce que je voudrois les mesurer ou sur l'attrait, ou sur le besoin. Si l'attrait vous y attache long-temps, je voudrois faire durer cette occupation autant que votre santé et vos devoirs extérieurs le pourroient permettre. Si l'attrait se fait moins sentir, mais que l'expérience vous fasse trouver que ce n'est que par une certaine persévérance dans l'oraison que vous laissez tomber ce qui vous dissipe, et que vous faites taire votre esprit; je voudrois encore, en ce cas, donner patiemment à l'oraison le temps d'opérer chaque fois en vous ce silence profond des pensées qui vous est si nécessaire. Ainsi je ne saurois vous donner une règle fixe; mais Dieu vous la fera trouver. Faites là-dessus ce qu'on fait en prenant des eaux : commencez par quelque chose de médiocre, et accoutumez-vous peu à peu à augmenter la mesure. Ensuite vous me ferez savoir quelles seront là-dessus vos expériences.

Pour vos communions, j'approuve fort que vous les fassiez deux ou trois fois la semaine; mais je voudrois que vous suivissiez plus à cet égard la règle intérieure du besoin ou de l'attrait, que l'extérieur de certains jours. Je voudrois que vous variassiez un peu les lieux de vos communions, pour ne faire de peine à personne; mais sans gêne politique, chose qui seroit pernicieuse pour vous.

Pour vos confessions, vous avez raison de ne les faire point souvent, ni à certains jours réglés. Il suffit de les faire quand le besoin en est un peu marqué : cela n'ira point trop loin. Vous aviez un confesseur qui n'étoit pas gênant là-dessus : si vous avez le même, vous pouvez agir librement.

Le chapitre le plus difficile à traiter est le choix d'une personne à qui vous puissiez ouvrir votre cœur. M... ne vous convient pas ; le bon [1]... n'est pas en état de vous élargir, étant lui-même trop étroit. Je ne vois que N...; elle a ses défauts, mais vous pouvez les lui dire, sans vouloir décider. Les avis qu'on donne ne blessent d'ordinaire qu'à cause qu'on les donne comme certainement vrais. Il ne faut ni juger, ni vouloir être cru. Il faut dire ce qu'on pense, non avec autorité, et comptant qu'une personne aura tort si elle ne se laisse corriger, mais simplement pour décharger son cœur, pour n'user point d'une réserve contraire à la simplicité, pour ne manquer pas à une personne qu'on aime, mais sans préférer nos lumières aux siennes, comptant qu'on peut facilement se tromper, et se scandaliser mal à propos; enfin étant aussi content de n'être pas cru si on dit mal, que d'être cru si on dit bien. Quand on donne des avis avec ces dispositions, on les donne doucement, et on les fait aimer. S'ils sont vrais, ils entrent peu à peu dans le cœur de la personne qui en a besoin, et y portent la grace avec eux ; s'ils ne sont pas vrais, on se désabuse avec plaisir soi-même, et on reconnoît qu'on avoit pris, en tout ou en partie, certaines choses extérieures autrement qu'elles ne doivent être prises. La bonne...[1] est vive, brusque et libre; mais elle est bonne, droite, simple, et ferme contre elle-même, dans l'étendue de ce qu'elle connoît. Je vois même qu'elle s'est beaucoup modérée depuis deux ans; elle n'est point parfaite, mais personne ne l'est. Attendez-vous que Dieu vous envoie un ange? A tout prendre, elle est, si je ne me trompe, sans comparaison, ce que vous pouvez trouver de meilleur. Elle a de la lumière ; elle vous aime; vous l'aimez; vous vous connoissez; vous pouvez vous voir; vous lui ferez du bien, et j'espère qu'elle vous le rendra même avec usure. Ne vous rebutez point de ses défauts : les apôtres en avoient. Saint Paul ne vouloit pas qu'on méprisât son extérieur, *præsentia corporis infirma*[2], quoique cet extérieur n'eût point de proportion avec la gravité de ses lettres. Il faut toujours quelque contre-poids pour rabaisser la personne, et quelque voile pour exercer la foi des spectateurs. Si la bonne... vous parle trop librement, et si ses avis ne vous conviennent pas, vous pouvez le lui dire simplement : elle s'arrêtera d'abord. Si les avis que vous lui donnerez la blessent, elle vous en avertira de même. Vous ne déciderez rien de part ni d'autre, et chacun pourra, d'un moment à l'autre, borner les ouvertures de cœur. Je me charge de régler tout entre vous deux, et de modérer tout ce qui iroit trop loin. Dieu ne permettra pas

---

[1] Nous croyons qu'il s'agit ici du duc de Beauvilliers, souvent appelé *le bon*, ou *le bon duc*, dans la correspondance de Fénelon, et qui, malgré ses excellentes qualités, étoit d'un caractère naturellement froid et réservé.

[1] La personne que Fénelon a ici en vue est probablement la duchesse de Beauvilliers, qu'il désigne ordinairement sous le nom de *bonne*, ou *bonne petite duchesse*.
[2] *II Cor.*, x, 10.

que cette liaison de grace se tourne mal, pourvu que vous y entriez avec un cœur petit et un esprit désapproprié. Vous verrez même que les obstacles qui paroissent grands de loin seront beaucoup moindres de près. Quand même vous y trouveriez quelques peines, n'en faut-il pas trouver, et peut-on être aidé à mourir sans peine et sans douleur? Je vous réponds que la bonne... fera ce que vous souhaiterez autant qu'elle le pourra, et que, pour le reste, elle s'accommodera de ce que je réglerai. Voilà mes pensées, mon bon duc; corrigez-les si elles ne sont pas bonnes. Dieu voit mon cœur, dont la tendresse redouble pour vous. Je le prie de mettre dans le vôtre tout ce qu'il faut pour remplir ses desseins sur vous.

125. — AU P. LAMI.

Il lui rend raison du silence qu'il a gardé à son égard depuis long-temps [1].

A Cambrai, 4 février (1700).

Il y a un temps infini, mon révérend Père, que je n'écris plus à personne hors de ce diocèse, sans une absolue nécessité : mais, comme je crains que vous ne pensiez que j'ai cessé d'être pour vous tel que je dois être, je crois devoir interrompre mon silence, pour vous assurer que je vous honorerai et chérirai toute ma vie. Rien ne me feroit plus de plaisir que de pouvoir vous en donner des marques solides. Je crois que le silence que je garde sera de votre goût, et que vous trouverez qu'il convient à mon état. Je me borne à mes fonctions. Priez pour moi, je vous en conjure, et procurez-moi les prières des bonnes ames auxquelles vous pouvez inspirer cette charité. Comme vous n'avez pas les mêmes raisons que moi de vous abstenir d'écrire, je ne crains pas de vous demander des nouvelles de votre santé, sur lesquelles je ne modère pas autant ma curiosité que sur beaucoup d'autres choses.

Je serai toute ma vie, mon cher Père, tout à vous avec une cordiale vénération.

126. — AU P. ***.

Témoignages d'amitié. Sa soumission au décret qui condamne son livre.

A Cambrai, 9 mars 1700.

In solis tu mihi turba locis [2].

Malgré les nombreuses occupations que me donne tous les jours mon ministère, je ne saurois, mon bon Père, en passer un seul sans penser à vous; et soyez bien assuré que si je mets quelquefois un peu de retard dans mes réponses, c'est que je ne puis faire autrement. Vous avez reçu des nouvelles de notre bon duc, m'a-t-on dit; et j'ai entendu dire qu'il avoit dessein de vous appeler près de lui incessamment. C'est une chose que j'approuve fort, non parce que je la lui ai conseillée, mais parce qu'elle deviendra utile, du moins je l'espère, à tous les deux.

Rome a parlé, mon révérend Père; c'est à moi à me soumettre et à m'humilier. Que M. de Meaux jouisse de sa victoire; il le peut : je ne l'en estimerai pas moins pour cela. Celui qui lit au fond des cœurs nous jugera un jour, et c'est à son tribunal que je l'attends.

Recevez mes sincères amitiés, mon bon Père, et me croyez pour la vie votre, etc.

127. — A LA COMTESSE DE FÉNELON.

Avis sur le caractère de son fils, et sur la conduite qu'elle doit tenir à son égard.

A Cambrai, 15 août 1700.

Je dois, ma chère sœur, vous parler sur deux chapitres avec une entière ouverture de cœur. Celui de M. Roquet sera le dernier. Commençons par celui de M. votre fils.

Il ne m'incommode en rien céans, et je suis, au contraire, très aise de l'avoir; car je l'aime fort. Il est très poli, très complaisant, très caressant, et très empressé pour moi. Plût à Dieu qu'il fît aussi bien pour lui-même qu'il fait pour moi dans notre société! J'ai très peu de temps pour le voir, pour lui parler, pour le faire parler, pour le faire agir naturellement devant moi, et pour le redresser : mes occupations presque continuelles m'en ôtent la liberté. D'ailleurs, il ne voit personne à Cambrai. Il auroit besoin de voir et d'entendre des gens propres à le former : il ne peut voir ici que des ecclésiastiques.

Comptez que ses études n'ont été presque rien jusqu'ici, et qu'à l'avenir il ne faut pas se flatter de l'espérance qu'elles lui soient plus utiles, quoique M. de La Templerie n'y néglige rien. L'enfant a l'esprit vif et ouvert, avec de la facilité pour comprendre toutes les choses extérieures, et beaucoup de curiosité pour les choses qui se passent autour de lui : mais il a l'esprit encore fort léger; il ne fait guère de réflexion sérieuse; il n'a ni goût de curiosité pour aucune étude, ni application, ni suite de raisonnement. Toutes ses inclinations

---

[1] On voit, par cette lettre et par plusieurs autres, que Fénelon, depuis la condamnation de son livre, au mois de mars 1699, avoit pris le sage parti de se renfermer dans l'exercice des devoirs de son ministère, et d'éviter toutes les relations qui auroient pu le compromettre, lui ou ses amis.

[2] TIBULL., lib. IV, Eleg. XIII, v. 12.

se tournent aux exercices du corps et aux amusements de son âge. Il est déjà grand; son corps se fortifie, et tous les exercices lui font beaucoup de bien. Je crois bien qu'il ne les lui faut permettre qu'avec modération; car il est encore fluet, délicat, et d'une santé très fragile; ce qui pourra bien lui durer toute sa vie.

Je le garderai encore avec grand plaisir, si vous le souhaitez, jusqu'au printemps prochain; mais c'est à vous à bien examiner si vous ne pourriez pas lui faire employer son temps plus utilement ailleurs, tant pour les exercices du corps que pour la société propre à lui former l'esprit et à le mûrir.

Les voyages sont fort dangereux à la jeunesse, d'une grande dépense, quand on veut les bien faire, et absolument inutiles, quand on n'a pas encore des pensées sérieuses et solides. S'il falloit quelque voyage, ce devroit être après l'académie. Le temps qu'il passeroit en province avec vous, à voir la nature de vos biens, de vos embarras, et le mauvais état de ses affaires, pourroit être très utilement employé. Il s'ennuie horriblement à Cambrai; et quoi qu'on puisse lui dire, il s'imagine toujours que, quand il ira à Paris ou dans vos terres, il sera un seigneur bien brillant. Cette foiblesse de cerveau est assez naturelle à quatorze ans. Vous avez grande raison de ne faire de séjour à Paris que le moins que vous pourrez. Il vous sera néanmoins difficile d'éviter d'y demeurer un peu dans le temps qu'il sera à l'académie. Si vous aviez un honnête homme à mettre auprès de lui, vous pourriez peut-être vous en dispenser. Les deux points principaux sont, 1° que votre compte soit bien fini, qu'il ait besoin de vous, et que vous n'ayez aucun besoin de lui; 2° que vous lui témoigniez une amitié solide, et qu'après lui avoir montré à fond le triste état de ses affaires, vous lui fassiez du bien. Vous pouvez, si vous voulez absolument reculer à toute extrémité, le laisser ici jusqu'au printemps, le faire aller alors dans vos terres, et ne le mettre à l'académie que l'hiver suivant. Tout cela n'est point impossible pendant la paix; mais il s'ennuiera étrangement ici, et n'y fera presque rien.

Pour M. Roquet, je n'en fais aucun usage, et n'en puis faire aucun pour le présent. Quand je l'ai gardé céans, c'a été uniquement par rapport à vous. J'ai plus d'ecclésiastiques qu'il ne m'en faut. Après vous avoir mandé que je le garderois autant que vous le souhaiteriez pour M. votre fils, j'ai dû lui parler en conformité, quand il est venu me témoigner sa peine : je l'ai fait dans ces termes précis. Il a très bien entendu que je me chargerois seulement de le nourrir dans la maison autant que vous souhaiteriez qu'il y demeurât, et il n'a jamais compris autre chose. On ne peut pas être au fait plus qu'il y est, et qu'il y a toujours été. Il sait bien que je ne me suis chargé de rien, que de vous faire plaisir en sa personne. C'est ce que je continuerai de faire autant que vous le souhaiterez; mais je vous supplie de croire que je ne lui ai jamais rien fait espérer au-delà, et qu'il n'a jamais pu ni dû croire qu'il eût à compter qu'avec vous. Ayez la bonté, s'il vous plaît, de vous éclaircir à fond avec lui, et de décider. Sa bonne conduite et son affection méritent que vous ne le laissiez pas long-temps sans savoir quel est son état, ni les mesures qu'il a à prendre. Plus la chose deviendroit équivoque, plus je la veux rendre certaine pour ce qui me regarde. Je n'ai que deux choses à faire : l'une, de le garder fort honnêtement tant qu'il vous plaira, quoique je n'en fasse aucun usage; l'autre, de penser à lui, ou de loin ou de près, quand j'aurai quelque occasion convenable pour lui faire du bien. Agréez, s'il vous plaît, que je me borne à ces deux choses, et que tout le reste se traite entre vous et lui. Je ne saurois aller plus loin.

Je partirai dans peu de jours pour aller faire des visites de paroisses vers Bruxelles, et je n'en reviendrai que pour l'hiver. Ma santé ne fut jamais aussi bonne qu'elle l'est; le travail la fortifie. J'éviterai l'épuisement : mais ce diocèse demande qu'on agisse beaucoup. Votre attention pour ma santé me touche très vivement. M. l'abbé de Cl... m'a mandé combien vous êtes sensible à tout ce qui me regarde. Je ne le suis pas moins à tous vos intérêts, qui seront les miens jusqu'à la mort. J'embrasse tendrement mon frère, que j'aime du fond de mon cœur; et je suis à ma chère sœur autant que je dois y être, c'est-à-dire sans réserve et à jamais.

128. — A LA MÊME.

Avis sur la conduite que son fils doit tenir dans le monde.

A Cambrai, 10 septembre 1700.

Je souhaite de tout mon cœur, ma chère sœur, que vous ayez achevé votre voyage en parfaite santé. Si vous en êtes aussi contente que je le suis, vous ne serez pas éloignée de nous venir revoir dans la suite. Me voici revenu pour travailler à notre capitation, après laquelle je repartirai pour faire des visites jusqu'à la Toussaint. Songez, pendant que vous êtes à Paris, à y finir vos principales affaires avec les plus grandes précautions. M. votre fils sera ravi d'aller dans vos terres pour y chasser le reste de l'automne; mais il sera un peu affligé s'il y passe l'hiver. Je vois bien néanmoins qu'il ne peut demeurer à Paris que pour ses exercices de l'académie, et je ne sais s'il est assez fort pour les commencer cette année. Je l'embrasse de tout mon cœur, et je l'aime véritablement. S'il veut s'appliquer, s'instruire, faire des réflexions sérieuses, écouter les conseils des personnes qui ont de l'amitié pour lui et de l'expérience, agir en toutes choses d'une manière simple et naturelle, fuir les mauvaises compagnies, travailler à se rendre digne des bonnes, ne prendre des hommes que le bon sens et la vertu, sans affecter de les imiter dans les petites choses, il nous donnera à vous et à moi une véritable consolation. Je serai ravi si mon frère peut gagner son cœur et sa confiance. Le cœur de mon frère est bon et désintéressé; ainsi je ne doute point qu'il ne fasse tout ce qui dépendra de lui pour se faire aimer de M. de Laval, et pour entrer avec vous dans tout ce qui sera utile à M. votre fils. Je vous envoie une lettre pour ma sœur la religieuse, que je vous prie de lire, et de fermer avant que de la faire partir. Je suis, ma chère sœur, pour toute ma vie, tout à vous sans réserve comme j'y dois être.

Une des choses que je recommande le plus fortement à M. votre fils, c'est qu'il ne parle jamais avec légèreté. Par-là on tombe insensiblement dans l'inconvénient de dire des choses qui ne sont pas exactement vraies, faute de les avoir examinées avant que de parler; et on acquiert, en entrant dans le monde, une réputation qui fait un tort irréparable.

129. — AU P. LAMI.

Sur un nouvel ouvrage de ce religieux, et sur un extrait des *Homélies* du P. Le Nain. Le prélat fait l'éloge du silence du P. Lami à l'égard du P. Malebranche.

A Cambrai, 23 janvier 1701.

Je viens, mon révérend Père, de recevoir dans ce moment la lettre que vous m'avez fait la grâce de m'écrire en date du 19 de ce mois. Elle m'apprend que vous m'envoyez, par quelque voie sûre, un ouvrage que vous avez fait nouvellement. Il sera le très bien venu, et je l'attends avec impatience. On ne sauroit trop vous louer de votre silence à l'égard du P. Malebranche, pour obéir à votre général[1]. Se taire et obéir sont deux choses fort édifiantes. Qu'importe que le public ne sache pas le tort de ce Père? Il est bon même de le cacher. C'est peu pour un chrétien que d'avoir raison; un philosophe a souvent cet avantage : mais avoir raison et souffrir de passer pour avoir tort, et laisser triompher celui qui a tout le tort de son côté, c'est vaincre le mal par le bien. Ce silence si humble et si patient, dans lequel on se renferme après avoir rendu témoignage à la vérité, pendant que le supérieur l'a permis, est encore plus convenable à un solitaire comme vous, mon révérend Père, qu'aux personnes qui ne sont pas entièrement hors du monde. On fait plus pour la vérité en édifiant, qu'en disputant avec ardeur pour elle. Prier pour les hommes qui se trompent vaut mieux que les réfuter.

L'extrait des *Homélies* du P. Le Nain est très remarquable. C'est un langage fondé sur une vérité qui est de tous les temps. Tel a parlé ce langage par sentiment ou par imitation, qui n'en a jamais pénétré le sens, et qui s'effarouche dès qu'on le lui explique. Ce langage est même souvent excessif; mais on sait bien à quoi il se réduit, selon l'intention des bonnes ames.

M. l'abbé de Langeron vous remercie de tout son cœur, et sera ravi de voir ce que vous nous envoyez. Nous vous aimons ici, et nous vous révérons de tout notre cœur. Pour moi, mon révérend Père, je suis tout à vous sans réserve en notre Seigneur Jésus-Christ.

130. — AU DUC DE CHEVREUSE.

Il le console sur la perte récente d'un de ses fils.

1er août 1701.

J'ai appris avec une sensible douleur, mon bon duc, la perte que vous avez faite[1]. Dieu l'a permis, et il faut se taire. Il ne nous reste qu'à prier Dieu pour celui que nous avons perdu. Vous savez que je l'aimois beaucoup, et que j'ai toujours été sensible à ce qui le regardoit. Je suis persuadé que vous portez en paix cette croix, et que vous avez d'abord sacrifié à Dieu le cher enfant qu'il lui a plu de reprendre. Mais je suis en peine de la tendresse de madame la duchesse : quoique je ne doute nullement de sa conformité à la volonté de Dieu, je crains que son cœur n'ait beaucoup à souffrir, et je prie notre Seigneur de la consoler. Les douceurs de cette vie ne sont guère consolantes, et elles nous

---

[1] Les supérieurs du P. Lami lui avoient défendu de continuer à écrire contre le P. Malebranche.

[1] Le duc de Chevreuse venoit de perdre le chevalier d'Albert, son fils, tué le 9 juillet, au combat de Carpi sur l'Adige, à la tête d'un régiment de dragons qu'il commandoit.

mettent presque toujours en danger de nous y attacher trop : mais pour les amertumes dont la vie est pleine, elles sont véritablement mortifiantes. Tout notre chemin est semé et bordé d'épines ; nous ne sommes ici-bas que pour souffrir, et pour aimer celui qui nous éprouve par cette souffrance. Tous nos attachements les plus légitimes se tournent en croix. Dieu les rompt, pour nous unir plus purement à lui ; et en les rompant, il nous arrache les liens du cœur, auxquels tenoient ces objets extérieurs. Il faut laisser faire à la main de Dieu, en toute occasion, cette opération douloureuse. Je dois plus qu'un autre sentir les peines de la bonne duchesse, qui a tant senti les miennes. Je viens d'apprendre que de bonnes gens sont allées vous voir à ....., et j'en suis ravi, dans l'espérance que cette visite aura servi à soulager les cœurs. J'aurois voulu pouvoir être transporté invisiblement dans votre solitude. Mais il me semble que nous sommes bien près, lors même que Dieu nous tient éloignés ; c'est en lui que je ne cesse de vous porter dans mon cœur : je le ferai, mon bon et cher duc, jusqu'au dernier soupir de ma vie.

151. — AU MÊME.

Sur le même sujet.

18 août 1701.

J'ai reçu, mon bon et cher duc, votre lettre sur la perte que vous avez faite ; et je crois que vous aurez reçu aussi celle que je vous écrivis sur le même sujet, dès que je trouvai une occasion sûre. Je ressens et cette perte, et la douleur dont vous me paroissez pénétré ; mais je ne saurois être en peine de votre cœur, ne doutant point qu'il ne soit dans la vraie paix qui est toujours inséparable de l'amour de toutes les volontés de Dieu. Je vous plains seulement de cette plaie secrète dont le cœur demeure comme flétri. Mais la souffrance est la vie secrète des âmes d'ici-bas ; car ce n'est que par un sentiment de mort que se forme en nous le principe d'une nouvelle vie. Tout ce qui semble faire pourrir dans la terre le grain le fait germer et croître pour la moisson.

Au reste, il ne faut point se laisser aller à des pensées trop affligeantes. Les fragilités d'un âge si tendre et d'une vie si dissipée n'ont pas un aussi grand venin que certains vices de l'esprit, que l'on raffine et que l'on déguise en vertus dans un âge plus avancé. Dieu voit la boue dont il nous a pétris, et a pitié de ses pauvres enfants. D'ailleurs, quoique le torrent des passions et des exemples entraîne un peu un jeune homme, nous pouvons néanmoins en dire ce que l'Église dit dans les prières des agonisants : *Il a néanmoins, ô mon Dieu, cru et espéré en vous.* Un fonds de foi et des principes de religion, qui dorment au bruit des passions excitées, se réveillent tout-à-coup dans le moment d'un extrême danger. Cette extrémité dissipe soudainement toutes les illusions de la vie, tire une espèce de rideau, ouvre les yeux à l'éternité, et rappelle toutes les vérités obscurcies. Si peu que Dieu agisse dans ce moment, le premier mouvement d'un cœur accoutumé autrefois à lui est de recourir à sa miséricorde. Il n'a besoin ni de temps ni de discours pour se faire entendre et sentir. Il ne dit à Madeleine que ce mot : *Marie*[1], et elle ne lui répondit que cet autre mot : *Maître* ; c'étoit tout dire. Il appelle sa créature par son nom, et elle est déjà revenue à lui. Ce mot ineffable est tout puissant : il fait un cœur nouveau et un nouvel esprit au fond des entrailles. Les hommes foibles et qui ne voient que les dehors, veulent des préparations, des actes arrangés, des résolutions exprimées. Dieu n'a besoin que d'un instant, où il fait tout, et voit ce qu'il fait.

Il y auroit une présomption horrible à attendre ces miracles de grace ; mais celui qui défend de les attendre se plaît quelquefois à les faire. Vous trouverez dans la cinquième et dans la cinquantième des Homélies de saint Augustin, et en d'autres endroits, que la vie elle-même est une grace, puisque Dieu ne la prolonge que pour nous inviter jusqu'au dernier moment à nous convertir. N'en doutons donc point. Celui qui veut sincèrement sauver les pécheurs ne les attend que pour les sauver ; et en vain les attendroit-il, s'il leur refusoit, dans la dernière heure du combat décisif, le secours nécessaire pour rendre leur salut possible. *Consolamini in verbis istis*[2].

Je prie l'Esprit consolateur d'adoucir les peines de madame la duchesse et les vôtres. Je vous porte tous deux, tous les jours, dans mon cœur à l'autel avec toute votre famille, qui me sera chère jusqu'au dernier soupir. Je n'ai garde d'y oublier le pauvre enfant que vous avez perdu. Je suis en celui qui nous a tant aimés, et que nous voulons tous aimer, plein de zèle et d'attachement, mon bon duc, pour vous et pour madame la duchesse, etc.

[1] *Joan.*, xx, 16.   [2] *I Thess.*, iv, 17.

132. — AU MARQUIS DE LOUVILLE [1].

Sur la conduite que le marquis doit tenir en Espagne, principalement à l'égard de Philippe V. Instructions pour le jeune prince.

A Cambrai, 10 octobre 1701.

Il y a long-temps, monsieur, que je diffère à vous répondre. Les raisons en seroient trop longues, et inutiles à expliquer : elles n'ont aucun rapport à vous. Je vous aime et vous honore toujours du fond du cœur. Vos lettres sont arrivées ici sans accident ; ne soyez en peine de rien. J'ai pensé à un canal encore plus assuré : c'est celui du P. de Montazet, provincial des carmes chaussés à Bordeaux. C'est un homme de condition et de mérite, très secret, très sage, et fort ami de M. l'abbé de Chanterac. Il est, je crois, proche parent de M. de Montviel, qui est avec vous. Mais il ne faut point vous ouvrir à M. de Montviel là-dessus. Le bon Père ne sera même d'aucun secret. Il saura seulement que son ami M. l'abbé de Chanterac recevra quelquefois par son canal quelque lettre d'Espagne, et il est trop discret pour en parler. Vous n'aurez qu'à mettre *A monsieur, monsieur l'abbé de Chanteraque*. Cette orthographe, différente du vrai nom *de Chanterac*, avertira d'abord le bon Père de faire tenir soigneusement la lettre, et il ne saura pourtant point qu'elle sera pour moi. Il l'enverra par la poste à Paris, à un neveu de son nom, qui est aussi neveu de M. l'abbé de Chanterac, et qui est homme de bon esprit, soigneux, et très affectionné pour son oncle. Les lettres des particuliers inconnus ne courent aucun risque par la poste depuis Bordeaux jusqu'à Paris. Le neveu de M. l'abbé de Chanterac donnera les lettres à madame de Chevry, ma nièce, qui ne les mettra jamais à la poste, mais qui me les enverra soigneusement par les fréquentes voies particulières et très sûres que nous avons depuis Paris jusqu'ici. Vous n'aurez donc, monsieur, qu'à faire votre paquet, où vous mettrez *A monsieur, monsieur l'abbé de Chanteraque*; puis vous ferez une seconde enveloppe, où vous mettrez *R. P. de Montazet, provincial des carmes chaussés, à Bordeaux*. Le Père, après avoir ôté l'enveloppe qui sera pour lui, y en mettra une autre *A monsieur de Montazet* son neveu, à Paris. Madame de Chevry enverra ici ce paquet par voie sûre, sous son enveloppe ; et M. l'abbé de Chanterac sera bien averti que les lettres qui viendront ainsi de Paris avec cette orthographe *de Chanteraque* ne seront pas pour lui, mais pour moi. C'est l'homme du monde le plus sage et le plus affectionné. Ainsi il exécutera tout très religieusement, et sans vouloir rien pénétrer. De plus, comme vos lettres viendront dans le paquet de madame de Chevry, ce sera moi qui ouvrirai toujours le paquet, et je ne donnerai à M. l'abbé de Chanterac aucune des lettres où il y aura cette orthographe *de Chanteraque*, et je les ouvrirai. Voilà, monsieur, bien des précautions pour le plus innocent de tous les secrets ! Nous ne voulons, ni vous ni moi, nous en servir pour aucune intrigue, ni vue humaine. Il ne s'agit que de commerce d'amitié, de consolation, et d'épanchement de cœur. Si les maîtres le voyoient, ils ne verroient que franchise, droiture et zèle pour eux.

Je vous dirai, sans rien savoir par aucun canal de ce qui peut se passer dans votre cour, que vous ne sauriez trop vous borner à vos fonctions précises, ni trop vous défier des hommes. C'est par excès d'amitié que je me mêle de vous parler ainsi. Rendez votre esprit patient ; défiez-vous de vos premières et même de vos secondes vues ; suspendez votre jugement ; approfondissez peu à peu. Ne faites de mal à personne, mais fiez-vous à très peu de gens. Point de plaisanterie sur aucun ridicule ; nulle impatience sur aucun travers ; nulle vivacité pour vos préjugés contre ceux d'autrui. Embrassez les choses avec étendue pour les voir dans leur total, qui est leur seul point de vue véritable. Ne dites jamais que la vérité ; mais supprimez-la toutes les fois que vous la diriez inutilement, par humeur ou par excès de confiance. Évitez, autant que vous le pourrez, les ombrages et les jalousies. Si modeste que vous puissiez être, vous n'apaiserez jamais les esprits jaloux. La nation au milieu de laquelle vous vivez est ombrageuse à l'infini, et l'est avec une profondeur impénétrable. Leur esprit naturel, faute de culture, ne peut atteindre aux choses solides, et se tourne tout entier à la finesse : prenez-y garde. Songez aussi à tout ce que vous écrivez. N'écrivez que des choses sûres et utiles ; ne donnez les douteuses que pour douteuses. Écrivez simplement, et avec une certaine exactitude sérieuse et modeste, qui fait plus d'honneur que les lettres les plus élégantes et les plus gracieuses. Proportionnez-vous au maître que vous servez. Il est bon, il a le cœur sensible au bien ; son esprit est solide, et se mûrira tous les jours : mais il est encore bien jeune. Il n'est pas possible qu'il ne lui reste, malgré toute

---

[1] La plus grande partie de cette lettre a été insérée dans les *Mémoires de Louville*, chap. III, tom. I ; Paris, 1818. M. le comte Scipion du Roure, éditeur de ces *Mémoires*, a bien voulu nous communiquer une copie authentique de la lettre entière, dont il a l'original.

sa solidité, certains goûts de cet âge, et même un peu de dissipation. Il faut l'attendre, et compter que chaque année lui donnera quelque degré d'application et quelque autorité. Ne lui dites jamais trop à la fois; ne lui donnez que ce qu'il vous demandera. Arrêtez-vous tout court, dès que vous douterez s'il en est fatigué. Rien n'est si dangereux que de donner plus d'aliment qu'on n'en peut digérer : le respect dû au maître, et son vrai bien qu'on desire, demandent une délicatesse, un ménagement et une douce insinuation que je prie Dieu de mettre en vous. S'il vous paroît ne desirer point vos avis, demeurez dans un respectueux silence, sans diminuer aucune marque de zèle et d'affection : il ne faut jamais se rebuter. Quand même la vivacité de l'âge le feroit passer au-delà de quelque borne, son fonds est bon, sa religion est sincère, son courage est grand, et il aimera toujours les honnêtes gens qui desireront son vrai bien sans le fatiguer par un zèle indiscret. Ce que je crains pour lui, c'est le poison de la flatterie, dont les plus sages rois ne se garantissent presque jamais. Ce piége est à craindre pour les bons cœurs. Ils aiment à être approuvés par les gens de mérite, et les hommes artificieux sont toujours les plus empressés à s'insinuer par des louanges flatteuses. Dès qu'on est en autorité, on ne peut plus se fier à la sincérité d'aucune louange. Les mauvais princes sont les plus loués, parce que les scélérats, qui connoissent leur vanité, espèrent de les prendre par ce côté foible. On a bien plus à craindre et à espérer auprès d'eux qu'auprès des bons princes, parce qu'ils sont capables de prodiguer les honneurs et de pousser loin la violence. Jamais empereurs ne furent autant loués que Caligula, Néron, Domitien. Si les meilleurs rois y faisoient bien réflexion, ces exemples les rendroient timides sur les louanges les mieux méritées. Ils craindroient toujours d'y être trompés, et prendroient le parti le plus sûr, qui est de les rejeter toutes. Les vrais honnêtes gens admirent peu, et louent même avec simplicité et modération, les meilleures choses. Cela est bien sec pour les princes, accoutumés aux exclamations, aux applaudissements, à l'encens prodigué sans cesse. Les malhonnêtes gens ne louent un prince que pour en tirer quelque bienfait. C'est l'ambition qui se joue de la vanité, et qui la flatte pour la mener à ses fins. C'est le tailleur qui appelle M. Jourdain *monseigneur*, pour lui attraper un écu[1]. Un grand roi doit être indigné qu'on le suppose si vain et si foible. Nul homme ne doit être assez hardi pour le louer en face; c'est lui manquer de respect. Vous savez que Sixte V défendit sévèrement de le louer.

Un roi n'a plus d'autre honneur ni d'autre intérêt que celui de la nation qu'il gouverne. On jugera de lui par le gouvernement de son royaume, comme on juge d'un horloger par les horloges de sa façon, qui vont bien ou mal.

Un royaume est bien gouverné quand on travaille sans relâche, autant qu'on le peut, à ces choses : 1° à le peupler; 2° à faire que tous les hommes travaillent selon leurs forces pour bien cultiver les terres; 3° à faire que tous les hommes soient bien nourris, pourvu qu'ils travaillent; 4° à ne souffrir ni fainéants ni vagabonds; 5° à récompenser le mérite; 6° à punir tous les désordres; 7° à tenir tous les corps et tous les particuliers, quelque puissants qu'ils soient, dans la subordination; 8° à modérer l'autorité royale en sa propre personne, de façon que le roi ne fasse rien par hauteur, par violence, par caprice ou par foiblesse, contre les lois; 9° à ne se livrer à aucun ministre ni favori. Il faut écouter les divers conseils, les comparer, les examiner sans prévention; mais il ne faut jamais se livrer aveuglément, en aucun genre, à aucun homme : c'est le gâter, s'il est bon; c'est se trahir soi-même, s'il est mauvais.

Par cette conduite, un roi fait véritablement les fonctions de roi, c'est-à-dire de père et de pasteur des peuples. Il travaille à les rendre justes, sages et heureux. Il doit croire qu'il ne fait son devoir que quand il est, la houlette à la main, à faire paître son troupeau à l'abri des loups. Il ne doit croire son peuple bien gouverné que quand tout le monde travaille, est nourri, et obéit aux lois. Il y doit obéir lui-même; car il doit donner l'exemple, et il n'est qu'un simple homme comme les autres, chargé de se dévouer pour leur repos et pour leur bonheur.

Il faut qu'il fasse obéir aux lois, et non pas à lui-même. S'il commande, ce n'est pas pour lui, c'est pour le bien de ceux qu'il gouverne. Il ne doit être que l'homme des lois et l'homme de Dieu. Il porte le glaive pour se faire craindre des méchants. Il est dit que *tous les peuples craignirent le roi, voyant la sagesse qui étoit en lui*[1] : (c'est Salomon. Rien ne fait tant craindre un roi que de le voir égal, ferme, se possédant, ne précipitant rien, écoutant tout, et ne décidant jamais qu'après un examen tranquille.

---

[1] Voy. MOLIÈRE, *le Bourgeois gentilhomme*, act. II, sc. IX.

[1] *III Reg.*, III, 28.

Si un jeune prince est assez heureux pour n'avoir ni favori ni maîtresse, et s'il ne croit aucun de ses ministres qu'autant qu'il reconnoît devant Dieu que son avis est meilleur que celui des autres, il sera bientôt craint, révéré et aimé. Il doit être fort attentif aux bonnes raisons d'un chacun; mais il ne doit jamais se laisser décider ni par la qualité des personnes, ni par certains tons décisifs qui imposent. Il doit accoutumer les premières personnes à proposer simplement leurs pensées, et à attendre en silence sa résolution. Cet ascendant sur ceux qui l'approchent est le point capital; mais il ne peut le prendre tout-à-coup. Un jeune roi, quoiqu'il ne soit pas moins roi et maître qu'un autre plus âgé, ne peut avoir la même autorité sur les hommes. Par exemple, le roi catholique sera fort heureux s'il peut, dans quarante ans, se faire obéir comme le roi notre maître est maintenant obéi dans tout son royaume. Un jeune roi qui arrive dans un royaume où il est étranger, et d'une nation que l'Espagnole regardoit comme ennemie, doit se faire à la nation, se plier aux coutumes, s'accommoder aux préjugés, surtout s'instruire des lois du pays, et les garder religieusement. A mesure que son application et son expérience croîtront, il verra croître aussi son autorité. D'abord il doit se ménager, et n'entreprendre que les choses d'une nécessité absolue. Ce qu'il est impossible de redresser aujourd'hui se redressera dans dix ans, peu à peu et presque de soi-même. Qu'il écoute facilement, mais qu'il ne croie que sur des preuves claires. Qu'on ne gagne jamais rien ni à lui parler le premier, ni à lui parler le dernier. Le premier et le dernier parlant doivent être égaux; c'est le fond des raisons qui doit décider. Qu'il étudie les hommes; qu'il ne se fie jamais aux flatteurs; qu'il examine les talents de chacun; que les bonnes qualités d'un homme ne lui fassent jamais perdre de vue ses défauts; qu'il craigne de s'engouer. Chaque homme a ses défauts; dès qu'on n'en voit pas dans un homme, on le connoît mal, et on ne doit plus se croire. La grande fonction d'un roi est de savoir choisir les hommes, les placer, les régler, les redresser. Il gouverne assez, quand il fait bien gouverner par ses subalternes.

Si le roi doit tant prendre sur lui, être si modéré, si appliqué, que ne doivent pas faire ceux qui ont l'honneur d'être auprès de lui! Je prie Dieu tous les jours pour Sa Majesté, et aussi pour vous, monsieur, que j'aime et que j'honore du fond de mon cœur.

J'oubliois de vous dire que personne n'est plus persuadé que moi que le roi catholique est né avec une parfaite valeur, et même avec de grands sentiments d'honneur en toutes choses. J'en ai vu des marques dès sa plus tendre enfance. J'avoue que c'est un grand point à un roi que d'être intrépide à la guerre. Mais le courage de la guerre est bien moins d'usage à un si grand prince que le courage des affaires. Quand se trouvera-t-il au milieu d'un combat? Peut-être jamais. Il sera au contraire tous les jours aux prises avec les autres et avec lui-même au milieu de sa cour. Il lui faut un courage à toute épreuve contre un ministre artificieux, contre un favori indiscret, contre une femme qui voudra être sa maîtresse. Il lui faut du courage contre les flatteurs, contre les plaisirs, contre les amusements qui le jetteroient dans l'inapplication. Il faut qu'il soit courageux dans le travail, dans le mécompte, dans le mauvais succès. Il faut du courage contre l'importunité, pour savoir refuser sans rudesse et sans impatience. Le courage de guerre, qui est plus brillant, est infiniment inférieur à ce courage de toute la vie et de toutes les heures. C'est celui-là qui donne la véritable autorité, qui prépare les grands succès, qui surmonte les grands obstacles, et qui mérite la véritable gloire. François Ier étoit un héros dans une bataille; mais c'étoit la foiblesse même entre ses maîtresses et ses favoris. Il dépensoit honteusement dans sa cour toute la gloire qu'il avoit gagnée à Marignan. Aussi tout alloit de travers, et rien ne réussissoit. Charles dit le Sage ne pouvoit aller à la guerre, à cause de ses infirmités; mais sa bonne et forte tête régloit la guerre même : il étoit supérieur à ses ministres et à ses généraux. Le roi notre maître s'est acquis plus d'estime par sa fermeté pour régler les finances, pour discipliner les troupes, pour réprimer les abus, et par les ordres qu'il a donnés pour la guerre, que par sa présence dans plusieurs sièges périlleux. Son courage patient à Namur y fit plus que la valeur même de ses troupes.

Dites toutes ces choses, monsieur, comme vous le jugerez à propos. Je vous les donne telles que je les pense. Vous saurez les accommoder au besoin, et je ne doute point que vous n'ayez parfaitement à cœur la réputation et le bonheur du roi auquel vous êtes attaché. Pour moi, je souhaite ardemment qu'il soit un grand roi et un vrai saint, digne descendant de saint Louis.

Je vous ai proposé l'ordre à garder pour les enveloppes, afin qu'il y en ait le moins qu'il se pourra. Le bon Père de Montazet trouvera sous l'enveloppe qui s'adressera à lui la lettre pour M. l'abbé *de Chanteraque*. Il en remettra une autre pour son neveu à Paris. De là jusqu'ici, tout marchera en sûreté. La multitude des enveloppes donne du soupçon, parce qu'on sent les cachets, et que les paquets en sont même plus épais. De la façon que je vous propose de faire, il n'y aura jamais que deux enveloppes. Si vous aviez quelque adresse à nous marquer bien sûre à Madrid, avec une orthographe pour un quelqu'un de ce pays-là, comme celle que je vous propose pour M. l'abbé de *Chanteraque* au lieu de *Chanterac*, les lettres iroient tout de même jusqu'à vous, sans qu'il parût jamais à la poste qu'elles sont pour vous, et sans courir risque qu'elles fussent jamais ouvertes par celui à qui elles paroîtroient s'adresser. Mais je ne vous conseille pas de montrer le moindre air de mystère à des gens qui pourroient soupçonner qu'il y en a, et s'en prévaloir en vous trahissant. Le cachet de ce paquet-ci est un oiseau avec une couronne en chef, deux oiseaux pour support, et un casque.

Je serai toute ma vie, monsieur, sans réserve, etc.—

153. — A L'ABBÉ DE BEAUMONT,

SON NEVEU.

Sur un ecclésiastique qu'on lui proposoit pour remplir une place importante dans le diocèse de Cambrai.

A Tournay, 22 octobre 1701.

Je suis charmé, mon bon Panta, de votre pensée pour M. Chalmette. Elle m'avoit passé quelquefois par la tête; mais je ne m'y étois pas arrêté, ne connoissant point le sujet, et supposant qu'il n'avoit pas assez de fond pour soutenir l'emploi[1]. Cette place demande de la tête, et au moins un savoir médiocre de théologie. Je ne doute plus de la tête, puisque vous me le donnez sage, ferme, clairvoyant, expérimenté, et gouvernant avec une autorité douce une populace assez difficile : mais il faut un peu de savoir pour observer ceux qui enseigneront, pour douter dans les cas douteux, pour décider sagement et sans se commettre en certaines occasions délicates, pour se donner quelque poids et quelque réputation, dans un lieu où l'on cherchera à le critiquer et à l'avilir; enfin, pour faire certains entretiens où il faut parler juste et précisément, pour inspirer la saine doctrine. Il faut même qu'il ait un peu le talent de la parole, et quelque habitude d'instruire d'une manière familière et affectueuse.

Vous me parlez de lui donner un canonicat de Notre-Dame. A cela je réponds : 1° Je n'en ai point; 2° si j'en avois, je voudrois, avant que de le lui donner, essayer si nous nous conviendrions l'un à l'autre. Mon inclination et ma prévention pour lui sont très grandes; mais c'est beaucoup hasarder que de se marier d'abord ensemble. Seroit-il impossible qu'il nous vînt voir? Ne pourriez-vous lui proposer aucun essai? Tâtez-le, ou parlez-lui ouvertement. J'aime toujours mieux l'ouverture entière, quand les gens en sont capables.

Reviendrez-vous sans avoir vu M. Brenier? il mérite de l'amitié. Si vous pouvez voir le Père qui est parent de mademoiselle Mannourry, sans lui attirer aucun démérite, j'en serai fort aise; mais ne hasardez rien à ses dépens. Je voudrois fort qu'il pût me procurer un exemplaire d'un écrit du P. Le Tellier *sur le péché philosophique*[1], qu'il m'a mandé être fort bon. Comment va leur procès de la Chine à Rome? Je vous ai mandé, par M. le duc de Charost, que je serai à Cambrai au plus tard deux jours après la Toussaint. Comptez là-dessus. Si vous ne pouviez vous y rendre si tôt, mandez-le-moi sans façon au plus tôt. Je retarderois peut-être de mon côté mon retour, et alongerois peut-être un peu mes visites, si la saison me le permettoit; mais je n'espère guère de beaux jours ni des chemins praticables. Mille amitiés sincères et tendres à votre sœur. J'embrasse M. Ludon jusqu'à l'étouffer. O qu'il me tarde de me revoir entre vous deux dans notre promenade! Dieu soit, mon cher enfant, lui seul toutes choses en vous.

154. — AU MÊME.

Sur l'ecclésiastique qu'on lui proposoit pour remplir une place importante.

A Cambrai, 4 novembre 1701.

J'arrive ici, et je me hâte, mon cher neveu, de vous le dire. Ma pensée est que vous proposiez, comme de vous-même, à l'homme dont il s'agit, ce que vous croyez bon, avec l'espérance de ce qu'on desire faire pour lui dans les occasions, quand son travail aura commencé à mériter, et que le pays sera déjà préparé. Jusque là il pourra vivre sans établissement assuré, comme il vit et travaille sans établissement fixe dans la place où il est actuellement; mais je ne voudrois qu'une simple proposition, sans nous engager. Vous verriez quelle seroit sa réponse, et elle nous serviroit à mieux

---

[1] L'emploi dont il s'agit ici est celui de supérieur ou de directeur du séminaire de Cambrai.

[1] On connoît deux écrits du P. Le Tellier sur cette matière; le premier a pour titre : *Réflexions sur le libelle intitulé Véritables sentiments des Jésuites touchant le péché philosophique*; et l'autre : *L'erreur du péché philosophique combattue par les Jésuites*, 1691, in-12.

juger du parti à prendre. Quand vous auriez une fois su sa disposition, nous serions en état de conclure en deux jours. Mais je ne voudrois rien arrêter sans vous avoir vu à loisir, et sans avoir examiné avec vous la réponse qu'il vous aura faite. Ce qu'il me paroit que vous devez bien approfondir avec lui, c'est s'il pourroit se résoudre à mener une vie solitaire, uniforme, et continuellement sédentaire, après en avoir mené une si active au-dehors, et si variée. Aura-t-il la santé, le goût, la patience nécessaire pour cette vie égale et régulière comme le mouvement d'une pendule? D'ordinaire, les naturels propres aux emplois laborieux, qui regardent le peuple, ne sont point propres à ce travail secret et tranquille. C'est tomber dans un ennui et dans une langueur très difficile à soutenir. Il est vrai que cette personne connoît par expérience ces deux sortes de vies, et qu'elle peut vous dire, sans aucune nouvelle épreuve, si elle peut s'accommoder à la longue d'un travail toujours insensible et comme enterré. Voilà, si je ne me trompe, le point le plus essentiel. Il faut aussi le préparer aux manières épineuses du pays. Quand vous aurez fait votre éclaircissement avec lui, nous n'aurons plus qu'à en parler dans une conversation; après quoi vous pourrez conclure avec lui sur les vues que vous lui aurez proposées, et sur les réponses qu'il vous aura faites : en sorte que le tout se fera aussi bien de loin, par lettres, qu'en présence, de vive voix. M. Ludon, qui me paroît homme de bon sens, pourra vous aider de ses conseils en cette occasion. Ce que j'ai vu de lui là-dessus me paroît fort à propos. Ne laissez pas de voir l'homme dont on vous dit tant de bien, et qui est si attaché à son emploi; il peut vous indiquer des sujets, en cas que celui dont il s'agit ne pût accepter. Faites vos affaires pendant que vous y êtes : vous laissez ici un grand vide, dont j'ai presque autant d'horreur que la nature en a des siens, selon la philosophie vulgaire; mais j'aime mieux me priver d'un plaisir, et ne rien ôter à votre famille, à laquelle vous devez un secours. Je m'y intéresse de tout mon cœur. Peut-être pourrez-vous nous mener notre ami? Pour l'homme mort dans les temps de votre arrivée à Paris, vous pourriez savoir par le P. Br., que son frère, qui est encore à Paris, vous feroit voir, s'il a laissé des papiers curieux, et si quelque ami a recueilli cette succession. Souvenez-vous du portrait que vous m'avez fait espérer. Mille amitiés à votre sœur, et autant de compliments sincères à M. de Chevry. Je suis ravi de ce que la B. P. D. (*duchesse de Beauvilliers*) est bien aise de vous voir. Je suis en peine de sa tristesse et de sa langueur; cherchez ce qui pourroit lui donner quelque soulagement.

155. — AU MÊME.

Sur la visite que ce prélat venoit de faire à Tournay, et sur quelques affaires de famille.

A Cambrai, 6 novembre 1701.

Voici un ami de M. Quinot, par lequel je vous donne de mes nouvelles. La lettre sera commune entre le grand Pauta et le petit M. Ludon, que j'embrasse en esprit avec tendresse, en attendant de les embrasser réellement tous deux. Notre mission de Tournay s'est assez bien passée, et la ville m'a paru assez contente de moi. Le contraste y fait un peu, et je crains bien que le suffragant[1], à son retour, sentira aussi que le contraste lui fait tort. Je vois, je parle, je fais des civilités : tout cela lui manque, et la contradiction est au comble. Je vous ai mandé ma pensée sur M. Chalmette. Si vous lui parlez de votre chef, comme je vous le propose, mandez-moi quelle aura été sa réponse. Comptez que je n'ai que trop d'envie de l'attirer : mais point de canonicat en arrivant, je vous prie. Si vous avez des nouvelles de mes sœurs, je vous prie de m'en faire part. N'oubliez pas ce que je vous ai mandé pour le P. de La Chaise, par rapport à la religieuse : il faut lui représenter qu'elle ne sait où poser le pied. Je souhaite fort qu'on donne un vrai pasteur à ce pauvre diocèse.

Réglez, je vous prie, avec notre bon nouvelliste, ce qu'il faudra pour les frais de ses gazettes, qui ne tarissent point. Il faut que ce soit un vrai bon homme. Je sais que M. d'Audigier est de ses amis. Voyez si vous n'avez rien à lui dire sur le caractère de cet homme, que je crois fort passionné contre la compagnie des jésuites.

La duchesse d'Aremberg presse pour avoir bientôt M. l'abbé de Saint-Remy. Quand pourra-t-il partir? tiendra-t-il à quelque chose? Il ne seroit pas honnête qu'il commençât par demander de l'argent. La duchesse doit lui en offrir pour son voyage, après son arrivée; mais il ne doit pas, ce me semble, en prétendre avant que d'être là. Elle m'a mandé que s'il faisoit bien, elle lui donneroit cinq cents écus d'appointements. Elle compte, et moi aussi, qu'il demeurera quinze jours à Cambrai, en passant. Mais je voudrois bien que ce séjour fût quand vous serez tous deux ici.

---

[1] C'est-à-dire l'évêque de Tournay, qui étoit alors François Caillebot de La Salle.

Mambrun, qui a été bien malade, se porte mieux; mais il est languissant, et ne peut se remettre. Ne nous amènerez-vous point Godin? N'oubliez pas les vues pour un cuisinier, si Mambrun me quitte, ni les consultations de dépense.

Je paierois chèrement le traité du P. Le Tellier *sur le péché philosophique,* que le P. San.... estime fort : c'est une matière qui a une liaison essentielle avec toutes celles de la grace. S'il y a à Paris quelque chose qui mérite d'être vu, ne craignez point de me demander un peu d'argent. Je vous attends tous deux en paix, et je serai prêt à ne vous point voir, si vous étiez nécessaires à notre bonne P. D. (*duchesse de Beauvilliers*). Mais Dieu sait la joie que j'aurai de me voir entre vous deux! Mille amitiés à mademoiselle de Langeron et à ma nièce de Chevry. Je souhaite fort que la dernière nous vienne voir à son loisir. Pour l'autre, je ne puis que la porter dans mon cœur devant Dieu. J'y porte avec une infinie tendresse mes deux abbés, comme mes chers enfants.

156. — AU MÊME.

Quelques nouvelles et affaires de famille.

Au Quesnoy, mardi 12 septembre 1702.

Je t'embrasse, mon cher Panta, mais avec tendresse. Voilà les nouvelles que M. du Rencher m'a données : Barassy te les porte pour la troupe curieuse. Je te prie d'envoyer de l'argent au P. de Vitry. Il est, ce me semble, à propos de se défier du marchand de Dubreuil. Je veux bien qu'on fasse avec lui un nouveau marché, sans égard au premier; mais il faudroit consulter quelque expert qui sache le commerce avec étendue, après quoi je te prie de décider. Pour Dubreuil, je te prie de lui dire que je n'ai fait ce qui s'est passé, ni par humeur, ni par promptitude, et que j'ai eu besoin d'un grand sang-froid pour ne le congédier pas : que nous ne saurions avoir affaire plus longtemps ensemble, mais que je veux bien me souvenir de son voyage de Rome [1], et ménager son honneur, en lui donnant le temps d'achever son affaire de Bruxelles, pour laquelle j'écrirai à M. de Bagnols, qui me mande qu'il est en état de travailler. J'embrasse la canailleuse race de nos enfants. Embrassade aussi pour le vénérable; mais serre-le bien. Si le cher Calas n'est point parti, il faut l'étouffer de caresses; je l'aime au double du temps passé. Bien des compliments à M. le marquis de Prie. O mon Panta, que tu m'es cher! *Cupio te in visceribus Christi Jesu* [1].

Si M. Le Fèvre vient, il faudra en prendre soin en attendant mon retour.

Il y a sous mes fenêtres cinq ou six lapins blancs, qui feroient de belles fourrures : mais ce seroit dommage; car ils sont fort jolis, et mangent comme un grand prélat. Je vois aussi deux petits coqs l'un noir, et l'autre à plumage de couleur d'aurore. Ils sont comme la France et l'Empire : le noir est Achille, et l'aurore est Hector.

Ludus enim genuit trepidum certamen et iram,
Ira truces inimicitias et funebre bellum [2].

157. — DU DUC DE BOURGOGNE A FÉNELON.

Il l'assure de la continuation de son estime et de son affection, et lui rend compte de ses études et de son intérieur.

A Versailles, le 22 décembre 1701.

Enfin, mon cher archevêque, je trouve une occasion favorable de rompre le silence où j'ai demeuré depuis quatre ans. J'ai souffert bien des maux depuis; mais un des plus grands a été celui de ne pouvoir point vous témoigner ce que je sentois pour vous pendant ce temps, et que mon amitié augmentoit par vos malheurs, au lieu d'en être refroidie. Je pense avec un vrai plaisir aux temps où je pourrai vous revoir; mais je crains que ce temps ne soit encore bien loin. Il faut s'en remettre à la volonté de Dieu, de la miséricorde duquel je reçois toujours de nouvelles graces. Je lui ai été plusieurs fois bien infidèle depuis que je ne vous ai vu; mais il m'a fait toujours la grace de me rappeler à lui, et je n'ai, Dieu merci, point été sourd à sa voix. Depuis quelque temps il me paroît que je me soutiens mieux dans le chemin de la vertu. Demandez-lui la grace de me confirmer dans mes bonnes résolutions, et de ne pas permettre que je redevienne son ennemi; mais de m'enseigner lui-même à suivre en tout sa sainte volonté. Je continue toujours à étudier tout seul, quoique je ne le fasse plus en forme depuis deux ans, et j'y ai plus de goût que jamais; mais rien ne me fait plus de plaisir que la métaphysique et la morale, et je ne saurois me lasser d'y travailler. J'en ai fait quelques petits ouvrages, que je voudrois bien être en état de vous envoyer, afin que vous les corrigeassiez, comme vous faisiez autrefois mes thèmes. Tout ce que je vous dis ici n'est pas bien de suite

---

[1] On voit, par la Correspondance sur le quiétisme, que ce *Dubreuil*, domestique de Fénelon, avoit fait en 1698 le voyage de Rome, pour porter des dépêches importantes sur l'affaire du livre des *Maximes*.

[1] *Philip.*, I, 8. [2] Horat., lib. I, *Epist.* xix, v. ult.

mais il n'importe guère. Je ne vous dirai point ici combien je suis révolté moi-même contre tout ce qu'on a fait à votre égard ; mais il faut se soumettre à la volonté de Dieu, et croire que tout cela est arrivé pour notre bien. Ne montrez cette lettre à personne du monde, excepté à l'abbé de Langeron, s'il est actuellement à Cambrai; car je suis sûr de son secret: et faites-lui mes compliments, l'assurant que l'absence ne diminue point mon amitié pour lui. Ne m'y faites point non plus de réponse, à moins que ce ne soit par quelque voie très sûre, et en mettant votre lettre dans le paquet de M. de Beauvilliers, comme je mets la mienne; car il est le seul que j'aie mis de la confidence, sachant combien il lui seroit nuisible qu'on le sût. Adieu, mon cher archevêque ; je vous embrasse de tout mon cœur, et ne trouverai peut-être de bien long-temps l'occasion de vous écrire. Je vous demande vos prières et votre bénédiction.

LOUIS.

158. — AU DUC DE BOURGOGNE.

Exhortation à la piété solide et à l'humble connoissance de soi-même.

A Cambrai, 17 janvier 1702.

Jamais rien ne m'a tant consolé que la lettre que j'ai reçue. J'en rends graces à celui qui peut seul faire dans les cœurs tout ce qu'il lui plaît, pour sa gloire. Il faut qu'il vous aime beaucoup, puisqu'il vous donne son amour, au milieu de tout ce qui est capable de l'éteindre dans votre cœur. Aimez-le donc au-dessus de tout, et ne craignez que de ne l'aimer pas. Il sera lui seul votre lumière, votre force, votre vie, votre tout. O qu'un cœur est riche et puissant au milieu des croix, lorsqu'il porte ce trésor au-dedans de soi ! C'est là que vous devez vous accoutumer à le chercher avec une simplicité d'enfant, avec une familiarité tendre, avec une confiance qui charme un si bon père.

Ne vous découragez point de vos foiblesses. Il y a une manière de les supporter sans les flatter, et de les corriger sans impatience. Dieu vous la fera trouver, cette manière paisible et efficace, si vous la cherchez avec une entière défiance de vous-même, et marchant toujours en sa présence comme Abraham.

Au nom de Dieu, que l'oraison nourrisse votre cœur, comme les repas nourrissent votre corps. Que l'oraison de certains temps réglés soit une source de présence de Dieu dans la journée; et que la présence de Dieu, devenant fréquente dans la journée, soit un renouvellement d'oraison. Cette vue courte et amoureuse de Dieu ranime tout l'homme, calme ses passions, porte avec soi la lumière et le conseil dans les occasions importantes, subjugue peu à peu l'humeur, fait qu'on possède son ame en patience, ou plutôt qu'on la laisse posséder à Dieu. *Renovamini spiritu mentis vestræ* [1]. Ne faites point de longue oraison ; mais faites-en un peu, au nom de Dieu, tous les matins, en quelque temps dérobé. Ce moment de provision vous nourrira toute la journée. Faites cette oraison plus du cœur que de l'esprit, moins par raisonnement que par simple affection ; peu de considérations arrangées, beaucoup de foi et d'amour.

Il faut lire aussi, mais des choses qui vous puissent recueillir, fortifier, et familiariser avec Dieu. Vous avez une personne qui peut vous indiquer les lectures qui vous conviennent. Ne craignez point de fréquenter les sacrements, selon votre besoin et votre attrait : il ne faut pas que de vains égards vous privent du pain descendu du ciel, qui veut se donner à vous. Ne donnez jamais aucune démonstration inutile ; mais aussi ne rougissez jamais de celui qui fera lui seul toute votre gloire.

Ce qui me donne de merveilleuses espérances, c'est que je vois par votre lettre que vous sentez vos foiblesses, et que vous les reconnoissez humblement. O qu'on est fort en Dieu, quand on se trouve bien foible en soi-même ! *Cum infirmor, tunc potens sum* [2]. Craignez, mille fois plus que la mort, de tomber. Mais si vous tombiez malheureusement, hâtez-vous de retourner au Père des miséricordes et au Dieu de toute consolation, qui vous tendra les bras ; et ouvrez votre cœur blessé à ceux qui pourront vous guérir. Surtout soyez humble et petit. *Et vilior fiam plus quam factus sum*, disoit David [3], *et humilis ero in oculis meis*. Appliquez-vous à vos devoirs, ménagez votre santé, et modérez vos goûts, pour ne point épuiser vos forces. Je ne vous parle que de Dieu et de vous : il n'est pas question de moi. Dieu merci, j'ai le cœur en paix : ma plus rude croix est de ne vous point voir ; mais je vous porte sans cesse devant Dieu, dans une présence plus intime que celle des sens. Je donnerois mille vies comme une goutte d'eau, pour vous voir tel que Dieu vous veut. Amen ! amen !

L. de L. (*l'abbé de Langeron*) est pénétré de reconnoissance pour vos bontés.

---

[1] *Ephes.*, IV, 23.
[2] *II Cor.*, XII, 10.
[3] *II Reg.*, VI, 22.

139. — AU MÊME.

Que l'amour de Dieu doit être notre principe, notre fin, et notre unique règle en toutes choses.

Je crois, monseigneur, que la vraie manière d'aimer vos proches, c'est de les aimer en Dieu et pour Dieu. Les hommes ne connoissent point l'amour de Dieu : faute de le connoître, ils en ont peur, et s'en éloignent. Cette crainte fait qu'ils ne peuvent comprendre la douce familiarité des enfants dans le sein du plus tendre de tous les pères. Ils ne connoissent qu'un maître tout puissant et rigoureux. Ils sont toujours contraints avec lui, toujours gênés dans tout ce qu'ils font. Ils font à regret le bien, pour éviter le châtiment : ils feroient le mal, s'ils osoient le faire, et s'ils pouvoient espérer l'impunité. L'amour de Dieu leur paroît une dette onéreuse : ils cherchent à l'éluder par des formalités, et par un culte extérieur qu'ils veulent toujours mettre à la place de cet amour sincère et effectif. Ils chicanent avec Dieu même, pour lui donner le moins qu'ils peuvent. O mon Dieu, si les hommes savoient ce que c'est que vous aimer, ils ne voudroient plus d'autre vie et d'autre joie que votre amour !

Cet amour ne demande de nous que des mœurs innocentes et réglées. Il veut seulement que nous fassions pour Dieu tout ce que la raison nous doit faire pratiquer. Il n'est pas question d'ajouter aux bonnes actions qu'on fait déjà; il n'est question que de faire, par amour pour Dieu, ce que les honnêtes gens qui vivent bien font par honneur et par amour pour eux-mêmes. Il n'y a à retrancher que le mal, qu'il faudroit retrancher quand même nous n'aurions d'autre principe que la vraie raison. Pour tout le reste, laissons-le dans l'ordre que Dieu a établi dans le monde : faisons les mêmes choses honnêtes et vertueuses ; mais faisons-les pour celui qui nous a faits, et à qui nous devons tout.

Cet amour de Dieu ne demande point de tous les chrétiens des austérités semblables à celles des anciens solitaires, ni leur solitude profonde, ni leur contemplation ; il ne demande d'ordinaire, ni les actions éclatantes et héroïques, ni le renoncement aux biens légitimement acquis, ni le dépouillement des avantages de chaque condition : il veut seulement qu'on soit juste, sobre, modéré dans l'usage convenable de toutes ces choses; il veut seulement qu'on n'en fasse pas son dieu et sa béatitude, mais qu'on en use suivant son ordre, et pour tendre vers lui.

Cet amour n'augmente point les croix ; il les trouve déjà toutes semées dans toutes les conditions des hommes. Nos croix nous viennent de l'infirmité de nos corps et des passions de nos ames : elles viennent de nos imperfections et de celles des autres hommes, avec qui nous sommes obligés de vivre. Ce n'est pas l'amour de Dieu qui nous cause ces peines ; au contraire, c'est lui qui nous les adoucit, par la consolation dont il assaisonne nos souffrances. Il diminue même nos croix, à mesure qu'il modère nos passions ardentes et notre sensibilité, qui sont la source de tous nos véritables maux. Si l'amour de Dieu étoit parfait en nous, en nous détachant de tout ce que nous craignons de perdre ou que nous desirons d'acquérir, il finiroit toutes nos douleurs, et nous combleroit d'une paix bienheureuse.

Pourquoi donc tant craindre l'amour, qui ne fait aucun de nos maux, qui peut les adoucir tous, et qui feroit entrer avec lui dans nos cœurs tous les biens? Les hommes sont bien ennemis d'eux-mêmes, de résister à cet amour, et de le craindre.

Le précepte de l'amour, loin d'être une surcharge au-dessus de tous les autres préceptes, est au contraire ce qui rend tous les autres préceptes doux et légers. Ce qu'on fait par crainte et sans amour est toujours ennuyeux, dur, pénible, accablant. Ce qu'on fait par amour, par persuasion, par volonté pleinement libre, quelque rude qu'il soit aux sens, devient toujours doux. L'envie de plaire à Dieu qu'on aime fait que, si on souffre, on aime à souffrir ; la souffrance qu'on aime n'est plus une souffrance.

Cet amour ne trouble, ne dérange, ne change rien dans l'ordre que Dieu a établi. Il laisse les grands dans la grandeur, et les fait petits sous la main de celui qui les a faits grands. Il laisse les petits dans la poussière, et les rend contents de n'être rien qu'en lui. Ce contentement dans le lieu le plus bas n'a aucune bassesse, et fait une véritable grandeur.

Cet amour règle et anime tous les autres amours que nous devons aux créatures. Nous n'aimons jamais tant notre prochain que quand nous l'aimons pour Dieu, et de son amour. Quand nous aimons les hommes hors de Dieu, nous ne les aimons que pour nous-mêmes. C'est toujours, ou notre intérêt grossier, ou notre intérêt subtil et déguisé, que nous cherchons en eux. Si ce n'est pas l'argent, la commodité, la faveur, que nous y cherchons, c'est la gloire de les aimer sans intérêt ; c'est le goût, c'est la confiance, c'est le plaisir d'être aimés par des gens de mérite, qui flattent notre amour-propre bien plus qu'une somme d'argent ne le flatteroit. C'est donc nous-mêmes que nous aimons uniquement dans tous nos amis que nous croyons aimer. Aimer autrui pour soi, c'est l'aimer bien imparfaitement; c'est plutôt amour-propre que vraie amitié.

Quel est donc le moyen d'aimer ses amis? C'est de les aimer dans l'ordre de Dieu; c'est d'aimer Dieu en eux; c'est d'y aimer ce qu'il y a mis, et de supporter pour l'amour de lui la privation de ce qu'il n'y met pas. Quand nous n'aimons nos amis que par amour-propre, l'amour-propre, impatient, délicat, jaloux, plein de besoins et vide de mérite, se défie sans cesse et de soi et de son ami : il se lasse, il se dégoûte; il voit bientôt le bout de ce qu'il croyoit le plus grand; il trouve partout des mécomptes; il voudroit toujours le parfait, et jamais il ne le trouve; il se pique, il change, il ne peut se reposer nulle part. L'amour de Dieu, aimant sans rapporter ses amis à soi, les aime patiemment avec leurs défauts. Il ne veut point trouver en eux plus que Dieu n'y a mis; il n'y regarde que Dieu et ses dons : tout lui est bon, pourvu qu'il aime ce que Dieu a fait, et qu'il supporte ce que Dieu n'a pas fait, mais qu'il a permis, et qu'il veut que nous supportions pour nous conformer à ses desseins.

L'amour de Dieu ne s'attend jamais de trouver la perfection dans la créature. Il sait qu'elle n'est qu'en Dieu seul, et il est ravi de dire à Dieu, comme saint Michel : *Qui est semblable à vous?* Tout ce qu'il voit d'imparfait lui fait dire : Vous n'êtes point mon Dieu. Comme il n'attend la perfection d'aucune créature, il n'est jamais mécompté en rien. Il aime Dieu et ses dons en chaque créature, suivant le degré de bonté de chacune. Il aime moins ce qui est moins bon; il aime mieux ce qui est meilleur : il aime tout, parce qu'il n'y a rien qui n'ait quelque petit bien, qui est le don de Dieu; et que les plus méchants, tandis qu'ils sont encore en cette vie, peuvent toujours devenir bons, et recevoir les dons qui leur manquent.

Il aime pour Dieu tout ce qui est l'ouvrage de Dieu, et que Dieu lui commande d'aimer. Il aime davantage ce que Dieu a voulu lui rendre plus cher. Il regarde dans un père mortel le Père céleste; dans un frère, dans un cousin, dans un ami, les liaisons étroites que la Providence a formées. Plus les liens sont étroits dans l'ordre de la Providence, plus l'amour de Dieu les rend fermes et intimes. Peut-on aimer Dieu, sans aimer toutes les choses dont il nous a commandé l'amour? C'est son ouvrage, c'est ce qu'il veut nous faire aimer; ne le ferons-nous pas?

Il est vrai que nous aimerions mieux mourir, que d'aimer quelque chose plus que lui. Il nous dit dans l'Évangile : *Si quelqu'un aime son père ou sa mère plus que moi, il n'est pas digne de moi* [1]. A Dieu ne plaise donc que j'aime plus que lui ce que je n'aime que pour lui ! Mais j'aime de tout mon cœur, pour l'amour de lui, tout ce qui me le représente, tout ce qui renferme ses dons, tout ce qu'il a voulu que j'aimasse. Ce principe solide d'amour fait que je ne veux jamais manquer à rien, ni à mes proches, ni à mes amis. Leurs imperfections n'ont garde de me surprendre, car je n'attends qu'imperfection de tout ce qui n'est pas mon Dieu. Je ne vois que lui seul en tout ce qui a le moindre degré de bonté. C'est lui que j'aime dans sa créature, et rien ne peut altérer cet amour. Il est vrai que cet amour n'est pas toujours tendre et sensible; mais il est vrai, intime, fidèle, constant, effectif; et je le préfère, par le fond de ma volonté, à tout autre amour. Il a même ses tendresses et ses transports. Une ame qui seroit bien à Dieu ne seroit plus desséchée et resserrée par les délicatesses et les inégalités de l'amour-propre : n'aimant que pour Dieu, elle aimeroit, comme Dieu, d'un amour admirable : car *Dieu est amour,* comme dit saint Jean [2] : ses entrailles seroient une source inépuisable d'eau vive, suivant la promesse [3]. L'amour porteroit tout, souffriroit tout, espéreroit tout pour notre prochain; l'amour surmonteroit toutes les peines; du fond du cœur il se répandroit jusque sur les sens; il s'attendriroit sur les maux d'autrui, ne comptant pour rien les siens; il consoleroit, il attendroit, il se proportionneroit, il se rapetisseroit avec les petits, il s'élèveroit pour les grands; il pleureroit avec ceux qui pleurent, il se réjouiroit par condescendance avec ceux qui se réjouissent : il seroit tout à tous, non par une apparence forcée et par une sèche démonstration, mais par l'abondance du cœur, en qui l'amour de Dieu seroit une source vive pour tous les sentiments les plus tendres, les plus forts et les plus proportionnés. Rien n'est si sec, si froid, si dur, si resserré, qu'un cœur qui s'aime seul en toutes choses. Rien n'est si tendre, si ouvert, si vif, si doux, si aimable, si aimant, qu'un cœur que l'amour divin possède et anime.

140. — AU MÊME.

Exhortation à imiter les vertus de saint Louis.

Enfant de saint Louis, imitez votre père : soyez, comme lui, doux, humain, accessible, affable, compatissant et libéral. Que votre grandeur ne vous

---

[1] *Matth.*, X, 37.
[2] *I Joan.*, IV, 8.   [3] *Joan.*, VII, 38.

empêche jamais de descendre avec bonté jusqu'aux plus petits, pour vous mettre en leur place, et que cette bonté n'affoiblisse jamais ni votre autorité ni leur respect. Étudiez sans cesse les hommes; apprenez à vous en servir sans vous livrer à eux. Allez chercher le vrai mérite jusqu'au bout du monde : d'ordinaire, il demeure modeste et reculé. La vertu ne perce point la foule; elle n'a ni avidité ni empressement; elle se laisse oublier. Ne vous laissez point obséder par des esprits flatteurs et insinuants : faites sentir que vous n'aimez ni les louanges ni les bassesses. Ne montrez de la confiance qu'à ceux qui ont le courage de vous contredire dans le besoin avec respect, et qui aiment mieux votre réputation que votre faveur.

La force et la sagesse de saint Louis vous seront données, si vous les demandez en reconnoissant humblement votre foiblesse et votre impuissance. Il est temps que vous montriez au monde une maturité et une vigueur d'esprit proportionnées au besoin présent. Saint Louis, à votre âge, étoit déjà les délices des bons et la terreur des méchants. Laissez donc tous les amusements de l'âge passé : faites voir que vous pensez et que vous sentez tout ce que vous devez penser et sentir. Il faut que les bons vous aiment, que les méchants vous craignent, et que tous vous estiment. Hâtez-vous de vous corriger, pour travailler utilement à corriger les autres.

La piété n'a rien de foible, ni de triste, ni de gêné : elle élargit le cœur; elle est simple et aimable; elle se fait tout à tous pour les gagner tous. Le royaume de Dieu ne consiste point dans une scrupuleuse observation de petites formalités; il consiste pour chacun dans les vertus propres à son état. Un grand prince ne doit point servir Dieu de la même façon qu'un solitaire ou qu'un simple particulier. Saint Louis s'est sanctifié en grand roi. Il étoit intrépide à la guerre, décisif dans les conseils, supérieur aux autres hommes par la noblesse de ses sentiments, sans hauteur, sans présomption, sans dureté. Il suivoit en tout les véritables intérêts de sa nation, dont il étoit autant le père que le roi. Il voyoit tout de ses propres yeux dans les affaires principales. Il étoit appliqué, prévoyant, modéré, droit et ferme dans les négociations; en sorte que les étrangers ne se fioient pas moins à lui que ses propres sujets. Jamais prince ne fut plus sage pour policer les peuples, et pour les rendre tout ensemble bons et heureux. Il aimoit avec tendresse et confiance tous ceux qu'il devoit aimer; mais il étoit ferme pour corriger ceux qu'il aimoit le plus, quand ils avoient tort. Il étoit noble et magnifique selon les mœurs de son temps, mais sans faste et sans luxe. Sa dépense, qui étoit grande, se faisoit avec tant d'ordre, qu'elle ne l'empêchoit pas de dégager tout son domaine.

Long-temps après sa mort on se souvenoit encore avec attendrissement de son règne, comme de celui qui devoit servir de modèle aux autres pour tous les siècles à venir. On ne parloit que des poids, des mesures, des monnoies, des coutumes, des lois, de la police du règne du bon roi saint Louis. On croyoit ne pouvoir mieux faire que de ramener tout à cette règle. Soyez l'héritier de ses vertus avant que de l'être de sa couronne. Invoquez-le avec confiance dans vos besoins : baisez souvent ses restes précieux [1]. Souvenez-vous que son sang coule dans vos veines, et que l'esprit de foi qui l'a sanctifié doit être la vie de votre cœur. Il vous regarde du haut du ciel, où il prie pour vous, et où il veut que vous régniez un jour en Dieu avec lui. Unissez votre cœur au sien. *Conserva fili mi, præcepta patris tui* [2].

141. — DU DUC DE BOURGOGNE A FÉNELON.

Il se réjouit dans l'espérance d'avoir bientôt une entrevue avec l'archevêque de Cambrai.

A Péronne, le 25 avril, à sept heures (1702).

Je ne puis me sentir si près de vous sans vous en témoigner ma joie, et en même temps celle que me cause la permission que le roi m'a donnée de vous voir en passant. Il y a mis néanmoins la condition de ne vous point parler en particulier; mais je suivrai cet ordre, et néanmoins pourrai vous entretenir tant que je voudrai, puisque j'aurai avec moi Saumery, qui sera le tiers de notre première entrevue, après cinq ans de séparation. C'est assez vous en dire de vous le nommer, et vous le connoissez mieux que moi pour un homme très sûr, et, qui plus est, fort votre ami. Trouvez-vous donc, je vous prie, à la maison où je changerai de chevaux, sur les huit heures ou huit heures et demie. Si par hasard trop de discrétion vous avoit fait aller au Cateau, je vous donne le rendez-vous pour le retour, en vous assurant que rien n'a jamais pu diminuer ni ne diminuera jamais la sincère amitié que j'ai pour vous.

---

[1] Fénelon avoit donné au duc de Bourgogne un reliquaire qui contenoit un morceau de la mâchoire de saint Louis. Voyez ci-après la lettre du 8 mars 1712.
[2] *Prov.*, VI, 20.

142. — AU DUC DE CHEVREUSE.

Il l'engage à entrer en correspondance avec M. de Bagnols, qui peut lui donner des instructions très utiles pour le service du roi.

A Cambrai, 22 juin 1702.

Je crois, mon bon duc, vous devoir dire ce que M. de Bagnols m'a prié de vous faire savoir. Il souhaiteroit de vous pouvoir écrire en secret, et par des voies sûres, pour diverses choses très importantes au service du roi, qu'il croit nécessaire que vous sachiez par rapport au pays où il est. Il attend de savoir si vous le trouverez bon. Ce commerce de lettres ne vous exposera en aucune façon. 1° Il ne passera jamais par les hasards de la poste. 2° Vous ne serez jamais obligé de répondre rien qui ne pût être vu de tout le monde, si les lettres étoient ouvertes. 3° Il ne veut que vous informer du véritable intérêt du roi sur les principaux points, afin que vous soyez plus en état de donner votre avis dans le conseil pour le bon succès des affaires. S'il y avoit en tout cela quelque péril, il seroit sur lui, et non pas sur vous ; car c'est lui qui s'expliquera sur toutes choses, et vous ne ferez qu'examiner ce qu'il vous aura mandé. 4° Il ne s'agira point des affaires du jansénisme ; il proteste qu'il ne veut s'en mêler ni directement, ni indirectement, et n'a garde de vous rien proposer là-dessus. D'ailleurs, c'est une bonne et forte tête dans les affaires : en parlant peu, il fait beaucoup. Ses manières sont douces, modérées, insinuantes. Il connoît bien les hommes, les ménage, et s'accommode avec eux. Il est né pour les affaires, et elles lui coûtent beaucoup moins de travail qu'à un autre. Il a fort étudié les inclinations, les mœurs, le génie, les lois et les intérêts de ce pays : s'il y a un François aimé à Bruxelles, sans doute c'est lui. Vous pouvez donc, mon bon duc, tirer de grandes lumières de ses lettres, et elles ne peuvent vous causer aucun inconvénient ; c'est même, si je ne me trompe, le moins que vous puissiez accorder à un homme de ce poids, de cette capacité et de cette expérience, et qui est si avant dans les affaires des Pays-Bas, que de recevoir d'une manière favorable et obligeante les lettres qu'il souhaite de vous écrire en secret pour le bien du service. Il prétend que les affaires ont un très pressant besoin qu'on ouvre les yeux sur beaucoup de choses qu'il faut redresser, et qu'on se hâte de prévenir divers grands mécomptes. Tout ce que vous recevrez de lui sera net, juste, précis, court et exact ; du moins je n'ai rien vu de lui qui ne portât ce caractère. Je me suis borné à écouter ce qu'il a bien voulu me dire en conversation : mais je ne lui ai demandé aucun détail ; car il ne me convient point d'entrer dans les affaires, et il me suffit de vous supplier d'accepter le commerce qu'il vous demande, sans autre engagement de votre part que d'examiner ses pensées, et de n'en suivre aucune qu'autant que vous le croirez utile au service du roi. Vous verrez en détail quelle attention chaque chose méritera. Je vous demande seulement la grâce de me faire savoir, par la première voie sûre qui se présentera, que vous agréez qu'il vous écrive. Ajoutez-y, s'il vous plaît, des marques de considération et d'estime pour sa personne, afin que je sois par-là en état de lui faire une réponse honnête et obligeante : j'aurai soin d'en mesurer les termes de manière que vous n'y soyez ni nommé, ni désigné, et que ma lettre pût, en toute extrémité, être lue de tout le monde, sans aucun inconvénient pour vous.

143. — AU MÊME.

Sur la conduite que le duc de Bourgogne doit tenir à la cour, et sur les rapports du duc de Chevreuse avec M. de Bagnols.

A Cambrai, 9 juillet 1702.

La bonne duchesse est arrivée ici, mon bon duc, avec toute la santé qu'on pouvoit espérer d'elle : elle y paroît avoir le cœur assez content, et j'espère que ce voyage ne lui fera point de mal. Il m'est impossible de vous répondre aujourd'hui sur votre Mémoire touchant mademoiselle votre sœur. Depuis l'arrivée de la bonne duchesse, je n'ai pas eu un moment pour le lire : c'est ici aujourd'hui une fête qui m'a tenu en continuel office et sujétion. Je vous rendrai compte de votre Mémoire au plus tôt. Ce que j'ai appris par des voies non suspectes marque que M. le duc de Bourgogne fait au-delà de tout ce qu'on auroit pu espérer, et qu'il est soutenu contre ses défauts naturels par l'esprit de piété. Il faut que cette expérience l'engage à commencer sur un nouveau ton à la cour, quand il y retournera : s'il ne s'établit sur ce nouveau pied en arrivant, il retombera dans l'état où il étoit, et tout l'ouvrage de l'armée sera perdu. Deux jours mal passés à Versailles l'aviliront. Si au contraire il soutient la réputation qu'il vient d'acquérir ; si on le trouve affable, obligeant, attentif, à Versailles comme à l'armée ; s'il y conserve partout une certaine dignité sans hauteur ni humeur sauvage, même avec ceux qui ont été les moins prévenus en sa faveur, vous verrez que le public lui en saura bon gré, et que les personnes même les plus dégoûtées ne pourront s'empêcher de sentir son mérite. Quand il voudra s'en donner la peine, il se fera considérer de tout le monde : il n'a besoin que d'agir par religion ; cette vue soutiendra tout.

J'ai envoyé votre petite lettre ostensible à M. de Bagnols. Je compte, comme vous, qu'il est très dévoué à un parti que nous n'aimons ni vous ni moi : mais qu'importe? il est très éclairé dans les affaires; vous profiterez de ses vues, et ne croirez rien sans preuve. Je vous supplie seulement de lui témoigner l'ouverture et l'estime qui peut être sincère en vous pour lui en un certain degré. A l'égard de M. de Bergheik, il a ébloui M. le maréchal de Boufflers et M. de Puységur ; mais tous les honnêtes gens du pays le croient un homme très dangereux : il a de l'esprit, de la souplesse ; il flatte, il fait le zélé : mais approfondissez. Je suis bien en peine de votre santé; ménagez-la, au nom de Dieu.

144. — DU DUC DE BOURGOGNE A FÉNELON.

Il l'assure de son amitié, et se recommande à ses prières.

A Malines, le 6 septembre 1702.

Je ne saurois repasser à portée de vous, sans vous témoigner le déplaisir que j'ai de ne point user de ma permission, et de ne point vous revoir, ainsi que je l'avois espéré. Cette lettre vous sera rendue par un moyen sûr : ne chargez point de réponse par écrit celui qui vous la rendra; et si vous m'en faites, que ce soit par M. de Beauvilliers, sans y mettre de dessus. Je vous prie d'être persuadé de la continuation de mon amitié pour vous, qui assurément ne peut être plus vive, et qui a toujours été telle, comme je ne crois pas que vous en doutiez, et de vous ressouvenir incessamment de moi dans vos prières. Peut-être sera-t-il encore mieux que je ne vous voie pas la veille ou le jour même que j'arriverois à Versailles. Cela n'est pas la même chose quand on doit être quelque temps dehors, et les idées sont plus effacées. Adieu, mon cher archevêque ; il n'est pas besoin de vous recommander le secret sur cette lettre, ni de vous assurer de la tendre amitié que je conserverai en Dieu pour un homme à qui j'ai tant d'obligations qu'à vous.

145. — AU P. DE LA CHAISE.

Il approuve la sage lenteur du pape dans l'affaire des cérémonies chinoises.

Septembre 1702.

Puisque vous me pressez de vous dire ce que je crois des bruits que vous m'assurez qu'on répand à Rome, je vais le faire sincèrement.

1° Je ne comprends pas qui est-ce qui a écrit à Sa Sainteté même « que toute l'Église gallicane se » souleveroit contre le Saint-Siége, sur sa lenteur » condamner les opinions des missionnaires de la » Chine ; et que si elle ne cassoit promptement le » décret par lequel Alexandre VII, pour faciliter » le progrès de la vraie foi, avoit réglé les céré- » monies qu'on pouvoit ou qu'on devoit y conser- » ver, cela causeroit toujours le plus grand ob- » stacle qu'on trouve aujourd'hui à la conversion » des hérétiques de France. » Pour moi, je serois très fâché qu'on crût que je suis soulevé contre le Saint-Siége, sur la lenteur du pape en cette occasion ; et il me semble qu'on fait tort aux autres évêques, quand on leur attribue un tel sentiment. On connoît mal l'autorité de l'Église mère et la sage fermeté du pape, quand on espère lui faire ainsi la loi. Il ne s'agit en cette affaire, comme nous l'allons voir, d'aucun point doctrinal, mais seulement d'une très importante question de fait sur des missions dont tous les ouvriers sont envoyés immédiatement par le Saint-Siége. N'est-il pas naturel que le pape règle ses propres missions? N'est-ce pas le moins qu'on puisse donner à un juge dont le tribunal est si élevé, que de lui laisser le temps qu'il croit nécessaire pour instruire exactement le procès qu'il doit juger ? Quoique je demande tous les jours à Dieu qu'il donne bientôt la paix à son Église, j'attends sans impatience que le pape ait achevé ses informations pour assurer la gravité de son jugement.

2° Il ne s'agit point de condamner les opinions des missionnaires de la Chine ; on ne dispute sur aucun point dogmatique. D'un côté, les jésuites ne croient pas moins que leurs adversaires que ce culte doit être retranché, s'il est religieux ; d'un autre côté, leurs adversaires ne reconnoissent pas moins qu'eux que ce culte ne devroit point être retranché, de peur de troubler tant d'Églises naissantes, et de casser le décret d'un pape, comme favorable à l'idolâtrie, supposé que ce culte fût purement civil. Tout se réduit donc à une pure question de fait. Les uns disent : Un tel mot chinois signifie le ciel matériel ; les autres répondent : Il signifie aussi le Dieu du ciel. Les uns disent : Voilà un temple, un autel, un sacrifice; les autres répondent : Non, ce n'est, suivant les mœurs et les intentions des Chinois, qu'une salle, qu'une table, et qu'un honneur rendu à de simples hommes, sans en attendre aucun secours. Qui croirai-je? Personne. Chacun, quoique plein de lumières, peut se prévenir et se tromper. Les relateurs non suspects assurent qu'il faut une très longue étude pour bien apprendre la langue chinoise. Les mœurs et les idées de ces peuples, sur les démonstrations de respect, sont infiniment éloignées des nôtres. D'ailleurs nous savons, par notre propre expérience, que les signes qui expriment le culte religieux peuvent varier selon les temps et les usages de chaque nation. Le même encens qui exprime le culte suprême, quand on le donne à l'eucharistie, ne signifie plus le même culte, dans le même temple et dans la même cérémonie, quand on le donne à tout le peuple, et aux corps mêmes des défunts. On rend dans nos églises le vendredi-saint, à un crucifix d'argent ou de cuivre, des honneurs extérieurs qui sont plus grands que ceux qu'on rend à Jésus-Christ même dans l'eucharistie, quand on l'expose sur l'autel. L'officiant ôte ses souliers le vendredi-saint, et tout le peuple se prosterne dans la cérémonie de l'adoration de la croix. Ainsi on donne les plus grands signes de culte en présence du moindre objet, et l'on donne des signes de culte qui sont moindres en présence de l'objet qui mérite le culte suprême. Quel Chinois ne s'y méprendroit pas, s'il venoit à examiner nos cérémonies? Les protestants mêmes, qui sont si ombrageux sur le culte divin, et qui auroient horreur de saluer en passant une image du Sauveur crucifié, ont réglé néanmoins que chaque proposant se mettra à genoux devant le ministre qui doit lui imposer les mains. Autrefois c'étoit adorer une image que de se baiser la main devant elle. *Adorare* n'est autre chose que *manum ori admovere*. Aujourd'hui un homme ne seroit point, suivant nos mœurs, censé idolâtre, s'il avoit porté la main à sa bouche devant un autre homme en dignité, ou devant son portrait. Fléchir le genou est chez nous un signe de culte bien plus fort que de baiser simplement la main pour saluer; et cependant la génuflexion est un honneur qu'on rend souvent aux rois, sans aucune crainte d'idolâtrie. Il est donc évident, par tant d'exemples, que les signes du culte sont par eux-mêmes arbitraires, équivoques, et sujets à variation en chaque pays : à combien plus forte raison peuvent-ils être équivoques entre des nations dont les mœurs et les préjugés sont si éloignés!

Toutes ces réflexions ne prouvent point que le culte chinois soit exempt d'idolâtrie; mais elles suffisent pour faire suspendre le jugement des personnes neutres. Elles ne donnent pas gain de cause aux jésuites; mais elles justifient la sage lenteur, ou, pour mieux dire, la conduite précautionnée du pape. Que ceux qui savent à fond la langue et les mœurs chinoises aient impatience de voir ce culte condamné, s'ils le croient idolâtre; pour moi, qui ne sais aucune de ces choses, je suis édifié de voir que le pape veut s'assurer sur les lieux, par son légat, des faits qui sont décisifs sur une pure question de fait.

5° Quelle lenteur peut-on reprocher au pape? Il s'agit de casser un décret d'Alexandre VII, qui fut dressé après avoir ouï les parties; de flétrir tant de zélés missionnaires comme fauteurs de l'idolâtrie, et de faire un changement qui peut ébranler la foi naissante dans un si grand empire. Le pape ne doit-il pas craindre la précipitation, aussi bien que la lenteur, dans une affaire si importante? Que seroit-ce si l'on venoit, dans la suite, à reconnoître avec évidence, par un témoignage décisif de toute la nation chinoise, qui expliqueroit sa propre langue, ses propres coutumes, ses propres intentions, que le culte contesté est purement civil, et que la religion n'y a aucune part? Que seroit-ce si le pape paroissoit avoir cassé par précipitation le décret de son prédécesseur, avoir troublé tant d'Églises naissantes, et avoir flétri sans raison tant de saints missionnaires? Que diroient alors les impies et les hérétiques? Le pape se consoleroit-il en disant : J'ai craint le soulèvement de toute l'Église gallicane sur ma lenteur? De plus, je ne vois aucune lenteur dans tout ce que le pape a fait. D'abord il a voulu revoir ce qui avoit précédé son pontificat, pour en pouvoir répondre devant Dieu et devant les hommes. Cette précaution n'est-elle pas digne de lui? Ensuite il a choisi un prélat pieux et éclairé pour examiner à fond, sur les lieux, une question de fait qui dépend des coutumes et des intentions des Chinois, infiniment éloignés de tous nos préjugés. N'est-ce pas aller au but par le chemin le plus droit, le plus court et le plus assuré? n'est-ce pas montrer un cœur exempt de partialité et de préventions? Puisque personne ne cherche que l'éclaircissement de la vérité, personne ne doit craindre le voyage du légat, qui va le découvrir sur les lieux. De quoi est-on en peine? L'Église romaine n'attend cet examen que pour donner plus de poids et de certitude à sa décision. Après avoir éclairci les faits décisifs, elle ne tolérera point un culte idolâtre. Qui est-ce qui veut être plus zélé ou plus éclairé qu'elle ?

4° Peut-on dire sérieusement que la lenteur du pape à casser le décret d'Alexandre VII est le plus grand obstacle qu'on trouve aujourd'hui à la conversion des hérétiques de France? Il est vrai que les hérétiques attendent avec impatience cet exemple de variation dans l'Église romaine ; mais ils le font comme ils souhaitent tout ce qui peut se tourner contre elle. Ils seroient ravis de pouvoir dire : Cette Église est enfin convaincue, par son propre aveu, d'avoir autorisé l'idolâtrie par un décret solennel ; au contraire, ils seroient réduits à se taire, et le scandale cesseroit, si on trouvoit dans l'examen des faits que ce culte est purement civil. Il est vrai que, s'il est idolâtre, il faut, quoi qu'il en puisse coûter, arracher la racine d'un si grand mal. Je cesserois d'estimer les jésuites, si je ne les croyois pas sincèrement disposés à sacrifier tout pour un point si essentiel à la religion. Mais si on se trouve actuellement dans ce cas extrême, il me semble qu'on doit casser le décret d'Alexandre VII, comme on se fait couper un bras gangrené, pour sauver sa vie. Il seroit même à souhaiter en ce cas, si je ne me trompe, que le pape usât d'une absolue autorité pour faire exécuter sans bruit sur les lieux le changement qui seroit nécessaire, et pour imposer un perpétuel silence en Europe à toutes les parties, de peur que les accusateurs ne triomphassent des accusés, et que leur triomphe ne devînt, malgré eux, par contre-coup, celui des libertins et des hérétiques.

Enfin, mon révérend Père, si vous me demandiez ce que je pense du fond de la question, je vous répondrois que j'attends d'apprendre, par la décision du pape, ce qu'il en faut penser. Il apprendra lui-même, par son légat, quelle est la véritable intention des Chinois, pour rendre ce culte ou religieux ou purement civil ; et c'est ce que j'ignore.

Plût à Dieu que les jésuites et leurs adversaires n'eussent jamais publié leurs écrits, et qu'on eût épargné à la religion une scène si affreuse ! Plût à Dieu qu'ils eussent donné, de concert et en secret, leurs raisons au pape, et qu'ensuite ils eussent attendu en paix et en silence sa décision !

Je suis toujours avec une parfaite sincérité, etc.

146. — AU DUC DE BEAUVILLIERS.

Sur la conduite qu'il doit tenir avec le duc de Bourgogne, et sur le progrès des nouvelles doctrines.

Au Cateau-Cambresis, ce 5 octobre (1702).

N'agissez point, je vous en conjure, mon bon duc, avec M. le duc de Bourgogne par des vues de politique, ni par des prévoyances inquiètes, ni par des arrangements humains, ni par des recherches secrètes de votre sûreté, ni par confiance en sa discrétion naturelle : tout vous manqueroit au besoin, si vous agissiez par ces industries. Agissez avec lui tranquillement, sans inquiétude, et dans une simple présence de Dieu : ne le recherchez point trop, laissez-le venir à vous ; ne le ménagez point par foiblesse. D'un autre côté, ne gardez aucune autorité à contre-temps ; ne le gênez point ; ne lui faites point de morales importunes : dites-lui simplement, courtement, et de la manière la plus douce, les vérités qu'il voudra savoir. Ne lui en dites jamais beaucoup à la fois ; ne les dites que selon le besoin et l'ouverture de son cœur. Tenez-vous à portée de pouvoir dans la suite devenir un lien de concorde entre lui et madame la duchesse de Bourgogne, si la Providence y dispose les choses : soyez de même à l'égard du roi.

Ce que je vous demande instamment, et au nom de Dieu, c'est de veiller pour tout ce qui a rapport à la religion, et d'être l'homme de Dieu pour écarter tout ce qui peut augmenter le danger de l'Église. Mais ouvrez-vous à très peu de personnes là-dessus, et agissez en silence, pour tâcher de saper les fondements d'une cabale si accréditée.

La bonne petite duchesse me paroît aller bien droit devant Dieu, selon sa grace ; elle est simple, elle est ferme. Comme elle est bien détachée du monde, elle voit par une sagesse de grace ce qu'il y a à voir en chaque chose. Le pays où vous êtes court risque de les faire voir autrement. Si on n'y a point de desirs, du moins on y a des craintes : et en voilà assez pour donner des vues moins pures : on se fait des raisons pour se flatter dans ses petits attachements. Je prie Dieu qu'il vous garantisse de tels pièges : *moriamur in simplicitate nostra*[1]. Nul terme ne peut exprimer, mon très bon et très cher duc, avec quels sentiments je vous suis dévoué pour la vie et pour la mort.

147. — AU MÊME.

Avis touchants pour le duc de Bourgogne. Sur le marquis de Puységur et l'intendant de Flandre.

A Cambrai, 27 janvier 1703.

Voulez-vous bien, mon bon duc, que je vous souhaite une bonne année? Portez-vous bien. Point de remède, un peu de repos, de liberté et de gaieté d'esprit. Ce qui mettra votre cœur au large soulagera aussi votre corps, et soutiendra votre santé.

---

[1] *I Machab.*, II, 37.

La joie est un baume de vie qui renouvelle le sang et les esprits. *La tristesse*, dit l'Écriture[1], *dessèche les os*. Ne faites que ce que vous pouvez : Dieu fera le reste bien mieux que vous. Ayez soin de l'intérieur encore plus que de l'extérieur de M. le D. de B. (*duc de Bourgogne*). Il faut nourrir son cœur, et le réveiller à propos sur la vie de grâce, afin que les goûts naturels, la vivacité de ses passions et le torrent du monde, ne l'entraînent pas. Je ne lui compte pas tant d'avoir méprisé le monde quand le monde étoit contre lui, que je lui compterois de vivre détaché du monde quand le monde lui applaudit, et le recherche avec empressement. Il faut bien faire vers le monde, sans y tenir ; et c'est de quoi on ne vient point à bout, si Dieu ne soutient par sa main toute puissante un homme, comme s'il étoit suspendu en l'air. Qu'y a-t-il de plus flatteur que d'être né un si grand prince, et cependant de ne devoir les hommages du public qu'à sa bonne conduite et à ses talents, comme si on étoit un particulier ? Mais quel malheur si on s'appuyoit sur ce foible roseau ! L'estime des hommes vains est vaine, et elle se perd en un jour. Si ce prince étoit livré à son propre cœur, loin de Dieu et de l'ordre des grâces qu'il a éprouvées, tout se déssécheroit pour lui ; et le monde même, qui lui auroit fait oublier Dieu, serviroit à Dieu d'instrument pour le venger de son ingratitude. J'aimerois mieux mourir, que d'apprendre jamais une si déplorable nouvelle. Il est certain qu'en manquant à Dieu, il tomberoit dans un état où il manqueroit ensuite bientôt au monde, et où le monde se dégoûteroit promptement de lui.

Puységur a passé ici, et m'a dit diverses choses qui m'ont paru fort bonnes. Il est capital, si je ne me trompe, que vous preniez des mesures justes pour la campagne de M. le duc de B.

Je vous envoie une lettre de M. de Bagnols, qui est charmé d'une réponse que vous lui avez faite. Je ne sais rien sur les affaires ; mais, quoique M. de Bagnols ne soit pas sans défauts, il me paroît avoir la tête bonne, et ses lumières méritent qu'on les reçoive avec attention. Il voit de près, et voit fort bien.

Pour moi, je ne vois rien et ne veux rien voir que Dieu, qui est tout, et les hommes rien. C'est dans notre tout, mon bon duc, que je serai tout dévoué à vous et aux vôtres jusqu'à la mort.

[1] *Prov.*, XVII, 22.

148. — A L'ABBÉ *** [1].

Sur divers ouvrages qui faisoient alors du bruit.

(1703.)

Je voudrois bien, mon cher abbé, que M. Desprez fît une grande attention à l'*Addition* sur l'*Histoire du Nestorianisme*[2] : elle est très importante. Il faudroit même savoir par qui cet ouvrage a été approuvé. Je voudrois bien que vous pussiez m'envoyer les objections de M. B., en les réduisant à un seul argument en forme.

J'ai vu, il n'y a pas long-temps, une *Théologie* assez nouvelle[3] d'un Père de l'Oratoire nommé *Juénin*, qui mériteroit un grand examen. Elle est répandue partout, principalement à Paris, où elle a été imprimée et approuvée. Il faudroit aussi examiner le livre du P. Quesnel[4], approuvé à Châlons.

Je voudrois ravoir au plus tôt mes deux dissertations, dont j'ai besoin pour achever mon travail. On pourroit les renvoyer par un cocher du carrosse, avec parole qu'on lui donneroit ici un écu.

149. — A L'ABBÉ DE LANGERON.

Sur un mandement qu'il préparoit contre le *cas de conscience*. Quelques principes sur l'infaillibilité de l'Église touchant les faits dogmatiques ; conditions sans lesquelles il ne croit pas pouvoir publier son mandement.

A Cambrai, 24 mai 1703.

Vos lettres, mon très cher fils, m'ont fait quitter mes visites pour venir ici vous répondre, et

[1] Nous ignorons à qui ce billet étoit adressé, et sa date précise. On voit, par le contenu, qu'il a dû être écrit en 1703, peu de temps après la publication de l'*Addition à l'Histoire du Nestorianisme*, par le P. Doucin, jésuite, qui parut cette année.
[2] L'*Histoire du Nestorianisme*, composée par le P. Doucin, jésuite, parut en 1699, in-4°. L'*Addition*, qui parut en 1703, a pour objet de montrer quel a été l'ancien usage de l'Église dans la condamnation des livres, et ce qu'elle a exigé des fidèles à cet égard. Cette *Addition* ne porte point d'approbation, mais seulement le privilége du roi. Elle n'a que 60 pages in-12. On peut voir l'analyse de l'*Histoire* et de l'*Addition* dans les *Mémoires de Trévoux*, septembre 1703, pag. 1539, etc.
[3] Cette théologie, intitulée *Institutiones theologicæ ad usum seminariorum*, fut imprimée pour la première fois à Lyon, en quatre volumes in-12, en 1694. La première édition fut suivie de deux autres, imprimées hors de France ; mais l'auteur lui-même donna en 1700 une édition beaucoup plus complète, et augmentée de quelques traités. Cette nouvelle édition, qui a servi de modèle à toutes celles qui ont paru depuis, se composoit de sept vol. in-12 ; elle étoit imprimée à Paris, et dédiée à l'assemblée du clergé, qui se tenoit alors dans cette ville. Les craintes de Fénelon au sujet de cette théologie n'étoient que trop bien fondées ; car elle fut depuis condamnée par le Saint-Siége et par plusieurs évêques de France. Voyez les *Mémoires de Trévoux*, mai 1709, pag. 844, etc.
[4] Les *Réflexions morales sur le Nouveau Testament*, ap-

ravailler selon vos vues. Voici ce qui me passe par l'esprit :

I. Je m'en vais travailler à un mandement[1] ; mais il me faut un peu de temps, pour tâcher de le bien faire : il doit être très différent d'une dissertation. La dissertation doit creuser jusqu'au premier principe métaphysique, et se sentir de l'abstraction de l'école ; le mandement doit être sensible, populaire, et néanmoins décisif. J'y ferai ce que je pourrai, et Dieu fera par moi ce qu'il voudra. Mais plus les lecteurs ont de peine à entrer dans ce que je crois démonstratif, plus je dois être retenu, pour ne vouloir pas tenter témérairement une chose impossible. J'aime bien mieux demeurer dans mon profond silence, que d'en sortir pour dire des choses qui seront contredites même par le bon parti, et qui par conséquent ne serviront de rien à la bonne cause. M. l'évêque de Chartres parlera autrement que moi ; d'autres nous contrediront tous deux : ce sera la confusion des langues. Je ferai moins de tort à la vérité en la taisant, qu'en la proposant pour la faire mépriser et confondre par ceux-là mêmes qui veulent la soutenir. Je vois qu'on fait le plus grand de tous les éclats pour soutenir l'infaillibilité de l'Église dans le jugement des textes doctrinaux, sans savoir précisément où l'on veut mettre cette infaillibilité. Si j'étois en la place des jansénistes, je demanderois aux évêques des déclarations précises et uniformes de ce qu'on demande d'intérieur, au-delà du respect et de la déférence sincère, qui fait garder le silence quand on croit voir que l'Église, certainement faillible hors des bornes de la révélation, s'est trompée dans une question de fait grammatical et non révélé. Il n'y auroit pas trois évêques, ni peut-être deux, qui se trouvassent d'accord pour leur répondre. Cette contrariété ou incertitude déshonoreroit la cause de l'Église. Ainsi j'avoue que je tremble pour la vérité : elle ne fut jamais en si grand péril. Le roi frappe ; mais l'Église n'éclaircit rien : on suppose toujours que tout est éclairci. Veut-on donner de plus en plus au jansénisme l'avantage qui a séduit presque le monde entier en sa faveur, je veux dire qu'on le montre persécuté pour un fantôme qu'on n'ose éclaircir ? Parlera-t-on de l'inséparabilité du fait et du droit comme de la pierre philosophale, ou de la quadrature du cercle, ou du mouvement perpétuel ?

Il me convient moins qu'à un autre de parler. On m'accusera de vengeance contre les jansénistes ; ils remettront sur la scène le quiétisme. Je soulèverai tout le clergé de mon diocèse et des deux universités voisines. Je me trouverai seul, contredit par les autres évêques, et même par M. de Chartres : on sera ravi de dire que j'ai été trop loin.

Il n'y a que deux choses qui puissent autoriser mon mandement : l'une, que le roi fasse savoir aux évêques qu'il attend cette démarche de leur zèle, et que je ne sois pas le premier évêque d'une certaine façon à publier mon mandement ; l'autre, que je sois assuré de convenir avec M. de Chartres. Je ne songe point à entrer en négociation avec lui pour agir de concert ; mais les amis communs tel que M. de Précelles, doivent, ce me semble, supposé qu'ils le puissent, nous faire convenir sans négociation immédiate, pour accorder parfaitement nos deux ordonnances. Qu'on nous fasse convenir de tous les principes et de toutes les conséquences ; qu'en un mot on s'assure que nos deux mandements seront entièrement d'accord. J'offre d'envoyer au plus tôt le projet du mien à M. de Précelles, qui connoît celui de M. de Chartres. Il verra tout ce qu'il croira devoir demander qu'on retouche dans l'un et dans l'autre. Il me trouvera plein de confiance et de facilité pour profiter de ses avis. S'il peut mettre à l'uni les deux mandements, je tiendrai le mien tout prêt, et je le publierai trois jours après que M. de Chartres aura publié le sien. Sans cela je ne dois rien hasarder. Il ne convient ni à ma situation, ni à la délicatesse d'une vérité si obscurcie et si importante que je fasse l'aventurier. Les évêques se contrediront comme les vieillards témoins contre Susanne.

II. Je ne puis m'empêcher de dire que le sentiment que vous me proposez, savoir que le fait n'est pas précisément le dogme révélé, mais que c'est comme une conclusion théologique, ne me paroît pas un sentiment soutenable. 1° La conclusion théologique est une conséquence immédiate et évidente du principe révélé. Ce qu'on veut nommer un fait, savoir l'orthodoxie ou hétérodoxie d'un texte, ne consiste qu'à savoir si c'est la révélation même, ou quelque chose de contradictoire. Il ne s'agit d'aucune conséquence du principe révélé, mais de la propre substance du principe révélé même, pour savoir si c'est lui ou non. 2° L'Église ne peut sortir de la révélation, pour en tirer une conséquence évidente, que comme des géomètres tireront une proposition d'une autre déjà donnée, en démontrant que l'une sort de l'autre.

---

prouvées en 1695 par M. de Noailles, alors évêque de Châlons, et depuis archevêque de Paris. Elles furent condamnées d'abord en 1708 par un simple bref, puis en 1713 par la bulle *Unigenitus*.

[1] On sait que la plupart des évêques de France adhérèrent, par leurs mandements, au bref du 12 février 1703 contre le *Cas de conscience*. Fénelon publia le sien le 10 février 1704.

Mais dès-lors l'Église n'agit plus que par raisonnement naturel et purement humain. On peut opposer des arguments au sien, et lui disputer sa prétendue démonstration ou évidence. Elle n'aura tout au plus à cet égard qu'une infaillibilité naturelle, semblable à celle des géomètres. Elle pourra condamner ceux qui ne se rendront pas, comme des esprits opiniâtres, présomptueux, de mauvaise foi; elle déclarera leur opinion erronée : mais elle ne pourra jamais les qualifier d'hérétiques; ce ne sera plus qu'une dispute philosophique. Il ne sera pas impossible qu'elle n'y ait tort, et qu'elle ne prenne une fausse lueur pour une évidence. Dès que l'Église sera réduite à alléguer une évidence naturelle du fait, les jansénistes prendront droit de cet aveu décisif, et ils offriront cent démonstrations pour prouver que cette prétendue évidence n'est qu'une chimère. Il ne sera plus question de foi divine. Voilà le point principal abandonné, décrédité, et tourné à jamais en ridicule. On disputera cent ans à pure perte sur la prétendue évidence du fait.

III. Je crois devoir dire que ce que j'ai lu de l'*Appendix* de M. d'Argentré [1] ne me paroît pas plus solide.

1° Ce qu'il dit sur les auteurs que l'Église fait nommément anathématiser se tourne clairement contre lui. Son dessein est d'établir l'infaillibilité de l'Église dans les jugements de ce qu'on nomme *faits*. Or, il est évident que l'Église ne peut être infaillible sur la pensée ou intention personnelle des auteurs. Cependant, dira-t-on, l'Église oblige à anathématiser les personnes, comme hérétiques : donc elle oblige à prononcer des anathèmes, sans être infaillible dans ces anathèmes qu'elle oblige à prononcer. Il en est de même des textes que des personnes, diront les jansénistes : l'Église prononce sans infaillibilité sur l'un comme sur l'autre, en se fondant sur l'évidence qu'elle croit trouver dans le fait, et qu'elle peut n'y trouver pas réellement, quoiqu'elle le croie.

2° Il veut que tous ceux qui ont approuvé dans un sens très pur une mauvaise locution d'un hérétique soient demi-sectaires de cette secte-là. Par exemple, il veut que Jean d'Antioche et Théodoret aient été demi-nestoriens, pour avoir admis ou excusé les locutions de Nestorius, quoiqu'ils crussent exactement tout le dogme du concile d'Éphèse, et qu'ils ne crussent aucune des erreurs de Nestorius. Il est vrai que l'Église peut assujettir ses enfants à rejeter les locutions fausses ou ambiguës; mais un particulier pourroit croire qu'un auteur dont le livre est condamné a entendu ses locutions dans un bon sens, quoiqu'elles fussent mauvaises dans leur sens propre et naturel. Alors ce particulier ne défendroit point la locution condamnée, mais seulement la pensée personnelle de l'auteur, qu'il croiroit avoir employé dans un bon sens une mauvaise locution. Ce particulier ne seroit point demi-sectaire. M. d'Argentré rapporte lui-même des passages décisifs, qui montrent que, dans un tel cas, on a reconnu que de tels particuliers étoient orthodoxes.

5° Quand on a parlé de demi-ariens, de demi-pélagiens, etc., on a toujours entendu de véritables hérétiques, qui soutenoient une partie des dogmes impies d'Arius et de Pélage. Pourquoi nous venir faire une espèce de demi-sectaires sans fondement? M. d'Argentré affecte de justifier sur le dogme tous ceux qui ont favorisé les hérésiarques, pour pouvoir montrer qu'ils ont été demi-hérétiques de ces hérésies, dès qu'ils n'ont pas voulu condamner les hérésiarques. Les jansénistes lui répondront toujours que l'Église a eu raison de les regarder comme des hérétiques déguisés, puisqu'ils ne vouloient condamner ni des textes évidemment impies, ni les personnes des hérésiarques évidemment endurcies dans leur rebellion. La vérité est que l'Église ne condamne les noms et les personnes des auteurs qu'indirectement, et par une conséquence fondée sur la notoriété humaine. L'anathème infaillible ne tombe que sur l'hétérodoxie du texte. Faute d'avoir démêlé cela, M. d'Argentré ne prouve rien, et donne prise. Il faut toujours se renfermer exactement, pour l'infaillibilité, dans les bornes précises de la révélation. Ce n'est point l'outre-passer, que de décider qu'un texte long ou court, qu'on met entre un *si quis dixerit* et un *anathema sit*, pour former un canon de foi, exprime la vérité révélée, ou bien est une parole contradictoire à la révélation; autrement l'Église auroit excédé les bornes de la révélation, et par conséquent de son infaillibilité, toutes les fois qu'elle auroit prononcé des canons ou anathématismes. Il ne s'agit point d'une liaison entre le droit et le fait. L'orthodoxie ou hétérodoxie d'un texte n'est point le fait : c'est le véritable droit. Ainsi il y a identité et non pas connexion entre les deux choses. Il n'est pas étonnant qu'on ne trouve point la connexion qu'on cherche. C'est l'identité qu'il ne faut pas laisser échapper. L'illusion prise dans sa source consiste en ce qu'on veut tou-

---

[1] Fénelon parle de l'*Appendix* qui termine l'ouvrage de M. d'Argentré, intitulé *Elementa theologica* : Paris, 1702, in-4°. Cet *Appendix* a pour objet l'autorité de l'Église touchant la condamnation des hérétiques et de leurs livres.

jours séparer le sens où l'on met le droit, d'avec le texte où l'on met le fait : mais le sens séparé du texte est une chimère ridicule. Par cette distinction, on éluderoit tous les canons de foi. Le dogme de foi, ou point de droit, n'est point un sens en l'air et hors de toute parole : ce qu'on appelle la révélation, le dogme et le droit, est toujours quelque parole, ou quelque composé de termes et de sens. Quand on ne va point jusque là, on n'entend qu'à demi ; on est toujours flottant, et ébranlé par les objections.

En un sens, cette affaire paroît aller assez bien ; mais, en un autre, elle va très mal. Beaucoup d'autorité ; nul but, nulle décision claire et précise ; nulle liaison, nulles mesures entre les chefs pour l'uniformité ; ce qui est capital en toute matière, et singulièrement en celle-ci, qui paroît neuve, embrouillée, subtile, pleine d'écueils cachés, et où de mauvaises mains ont gâté l'ouvrage en donnant prise. L'endroit honteux de cette cause est *la foi humaine*[1] de M. de Péréfixe. Ces mots de M. de Marca, *pertinet ad partem dogmatis*, approchent du but ; mais ce n'est pas assez.

Si le bref n'est point accepté, il n'y aura qu'à faire des mandements, sans parler du bref. M. de Meaux refusera-t-il d'en faire un, et de s'expliquer ? J'offre de démontrer que les jansénistes peuvent prétendre qu'on les persécute injustement, s'il ne s'agit point de la foi, et qu'il n'y a aucun milieu réel entre leur silence respectueux bien entendu, et la foi divine. Ce n'est plus qu'une dispute philosophique, toute séparée de la foi, dès qu'on se retranchera dans une évidence humaine, dont ils offriront de démontrer la fausseté : ce n'est plus qu'une dispute de logique ou grammaticale. Il est ridicule et odieux tout ensemble qu'elle fasse tant de scandale, et qu'on ait fait jurer tant de gens qu'ils croient ce qui n'est que de raisonnement humain. Je voudrois bien voir l'ordonnance de M. de Péréfixe, où il se retranchoit dans la foi humaine ecclésiastique. Ce fut une fâcheuse plaie faite à la vraie autorité de l'Église.

Plus j'y pense, plus je crois voir clairement que je dois désirer de ne sortir point de mon silence, sans les conditions suivantes :

1º Que le roi invite ou fasse inviter les évêques à faire des mandements ; faute de quoi il ne me conviendroit d'en faire un que des derniers, après que tous les autres auroient passé devant.

2º Que le roi fasse entendre, non dans une lettre, mais par les discours de gens autorisés, qu'il espère l'uniformité, et que le mandement de M. de Chartres est selon l'esprit du pape, auquel Sa Majesté se conforme. En ce cas, tous les évêques, ou du moins le torrent prendra le mandement de Chartres pour modèle. Quand le P. de La Chaise le dira à dix ou douze évêques de la part du roi, et que madame de Maintenon appuiera en parlant à quelques uns, tout ira bien.

3º Que je sache bien précisément, et sans danger de variation, par les amis de M. de Chartres, tout ce que son mandement devra contenir ; qu'on vous l'explique à fond, et, s'il se peut, que vous le lisiez en secret, afin que nous soyons pleinement assurés de convenir dans tous les points importants sur une matière si délicate.

4º Que la publication du mandement de M. de Chartres précède la publication du mien de quelques jours. Je suivrai de près.

Si Dieu vouloit que je m'exposasse pour la vérité, je ne devrois pas hésiter un moment à le faire ; mais je ferois encore plus de tort à la vérité qu'à moi, en la disant hors de propos tout seul, le public étant prévenu des sophismes des jansénistes et leurs adversaires mêmes me contredisant. En ce cas, il vaudroit mieux taire la vérité, que de la commettre.

Pour M. de Chartres, il ne me convient point de le rechercher. Il est même important au succès de cette affaire que les protecteurs du jansénisme ne puissent faire soupçonner au roi aucune liaison entre nous deux. Mais nous pouvons, sans aucun commerce ni négociation entre nous, faire précisément les mêmes choses pour l'intérêt de la sainte doctrine, par les mesures que des amis communs peuvent prendre avec lui et avec moi.

M. Robert me mande que son ami *n'a garde de reculer*, et qu'ils viendront tous deux au Cateau d'abord après notre concours. Faudra-t-il faire, sans vous cette conférence ? J'en serois affligé.

J'attends de vos nouvelles pour savoir ce que pensent précisément MM. de Précelles et Boucher, ce que M. de Chartres a mis dans sa tête et dans son mandement ; ce que dit M. de Meaux et ce qu'il veut faire, comment il se porte ; enfin ce qu'on fera sur la réception du bref, et les autres choses qui mériteront d'être mandées, comme par exemple, l'état de l'affaire de Rouen[1].

Le retour de mon courrier à pied, ou, au pis al-

---

[1] Expression du mandement de M. de Péréfixe, archevêque de Paris, pour la signature du Formulaire, du 7 juin 1664. Voyez les *Mémoires sur l'Hist. ecclés.*, du P. d'Avrigny, tom. II, à cette date.

[1] C'est l'affaire de l'abbé Couet, grand-vicaire de Rouen, l'un des signataires du *Cas de conscience*, et alors soupçonné d'en être l'auteur. Voyez l'*Hist. de Bossuet*, liv. XIII, n. 4.

ler, le bon Put (*M. Dupuy*), nous apportera vos nouvelles là-dessus.

Je croirois très important que vous eussiez une conférence secrète avec M. l'évêque de La Rochelle[1]. M. Chalmette lui écrit pour la lui proposer. S'il l'accepte, ayez la bonté de vous trouver au rendez-vous, rue du Temple, chez M. Chalmette, cousin du nôtre. Je ne vois aucun inconvénient que vous vous ouvriez très simplement à ce bon prélat, non-seulement sur la doctrine, mais encore sur l'importance extrême qu'on parle avec uniformité, et que nous puissions dire précisément les mêmes choses que M. de Chartres. Afin que nous puissions dire comme lui, il faut qu'il dise bien. Témoignez à M. de La Rochelle combien je révère sa personne. S'il est bientôt sacré, il faudra qu'il se prépare à faire un bon mandement.

Ce qu'il y a de meilleur dans les brefs du pape, c'est qu'ils renversent de fond en comble l'objection tirée de la paix de l'Église faite en 1669, et de la conduite du Saint-Siége, pour se contenter, depuis trente-trois ans, du silence respectueux sur le fait de Jansénius. La réponse du pape décide bien mieux que toutes celles de M. Du Mas[2]. Mais ce n'est pas tout que de réfuter et de confondre : quand est-ce qu'on voudra bien établir, développer, instruire à fond, en posant les principes?

Lisez de tout ceci, à M. de La Rochelle et à M. de Précelles, tout ce que vous jugerez utile. Outre que je les crois très discrets, très sûrs, et pleins de bonne intention, de plus je n'ai aucun mystère à faire de tout ce que je pense.

Il est capital que ni vous ni aucun de nos amis ne puisse être soupçonné ni de discourir ni de s'intriguer dans cette affaire.

L'abbé de Saint-Sépulcre[3] est très mal. Il souhaite ardemment la consolation de voir, avant sa mort, son prieur en sa place. Le prieur a beaucoup de mérite. J'écris fortement au P. Magnan, afin que le P. de La Chaise fasse un effort auprès du roi pour obtenir cette grace. Je vous conjure de faire en sorte que M. l'abbé de Maulevrier sollicite vivement : embrassez-le tendrement pour moi. Je voudrois même que le P. de La Chaise sût que je vous ai supplié de l'aller voir pour cette affaire, où je m'intéresse beaucoup ; mais que vous n'avez pas cru le devoir faire dans une conjoncture où il faut ôter tout prétexte de dire que nous nous donnons du mouvement contre les jansénistes.

Voilà un horrible et sacré libelle. Pardon, mon très cher fils; mille et mille fois tout à vous, comme vous savez.

150. — AU MÊME.

Sur l'arrestation récente du P. Quesnel et de quelques autres jansénistes par ordre du roi d'Espagne. Nécessité d'établir clairement dans les mandements la soumission intérieure due aux jugements de l'Église sur le sens des livres. Mesures à prendre contre le jansénisme.

A Cambrai, 4 juin 1703.

Je commence par vous dire, mon très cher fils, que M. Robert me mande que le pénultième de mai on a surpris à Bruxelles le P. Gerberon, le P. Quesnel et M. Brigode[1], et qu'on les a mis dans la tour de l'archevêché, par ordre du roi, après avoir saisi tous leurs papiers. Il ajoute qu'on avoit dit que M. Quesnel s'étoit sauvé par une porte de derrière, mais qu'il croit qu'il a été pris comme les deux autres. On trouvera apparemment bien des gens notés dans leurs papiers, et il seroit capital qu'on chargeât des gens bien instruits et bien intentionnés d'un tel inventaire. Il faudroit, pour bien faire, y poser un scellé, et faire transporter le tout à Paris, pour examiner les choses à fond. Je conçois, par les choses que M. Robert m'a dites très souvent, que ces gens-là avoient un commerce très vif avec les premières têtes de Paris, et qu'ils savoient beaucoup de choses secrètes, mais de source. Il faudroit interroger les domestiques et autres affidés de la maison où ils ont été pris, pour savoir où sont tous leurs papiers; car des gens précautionnés, et accoutumés à l'intrigue, auront, selon toutes les apparences, mis dans quelque autre lieu écarté et de confiance les choses les plus capitales. Voilà notre entrevue du Cateau rompue.

Le mémoire latin que vous m'avez envoyé ne m'a paru qu'un galimatias ; mais je me suis défié de ma pensée. Je l'ai montré à Panta (*l'abbé de Beaumont*) et à M. Chalmette, qui en jugent encore plus désavantageusement que moi. On ne peut rien faire avec de tels raisonneurs, s'ils ne se réduisent à un parti clair et décisif. Ils sont entêtés de leur foi humaine, qui est insoutenable, et contre laquelle leurs adversaires feront sans

---

[1] Étienne de Champflour, nommé à l'évêché de La Rochelle le 31 décembre 1702, fut sacré le 10 juin 1703.

[2] Hilaire Du Mas, docteur de Sorbonne, est auteur d'une excellente *Histoire des cinq Propositions de Jansénius*, de la *Défense de cette Histoire*, et d'autres ouvrages contre les jansénistes. Il mourut vers 1742.

[3] Abbaye de bénédictins à Cambrai. Cet abbé, nommé Louis de Marbaix, fut très zélé pour le maintien de la discipline ; il fit construire une nouvelle église d'une architecture élégante, et mourut le 1er juin 1703, âgé de soixante-six ans. Joseph Damaines, prieur, dont il est ici question, lui succéda le 14 août suivant.

[1] Voyez *Causa Quesnelliana*, Bruxell. 1703; et les *Mém. sur l'Hist. ecclés.*, par le P. d'Avrigny, 10 mai 1703.

peine les plus fortes démonstrations. L'autorité des brefs, des arrêts, des lettres de cachet, ne suppléeront jamais. On est toujours bien foible quand on se met dans le tort. Cinq cents mandements, qui demanderont la croyance intérieure, sans rien développer, sans rien prouver, sans rien réfuter, ne feront que montrer un torrent d'évêques courtisans. On n'a déja que trop vu de ces sortes de placards. Ce n'est pas établir l'autorité, c'est l'avilir et la rendre odieuse; c'est donner du lustre au parti persécuté. Il ne faut des coups d'autorité que contre les principales têtes, pour abattre les chefs du parti; encore ne le faut-il faire qu'en bornant le roi à appuyer le pape, et on ne doit jamais frapper qu'à mesure qu'on instruit. Si on peut trouver des gens comme M. Boileau, M. Duguet et le P. de La Tour, dans les papiers saisis à Bruxelles, il faut les écarter, et ôter toute ressource de conseil à M. le cardinal de Noailles. Si M. l'archevêque de Reims [1] n'est pas attaqué sur sa lettre à M. Vivant, il faudroit au moins lui faire dire d'aller résider dans son diocèse. Les docteurs du parti seroient étonnés, faute de chef. Vous me direz que tout cela ne leur fera pas changer de sentiments : j'en conviens; mais, d'un côté, cela les découragera pour les occasions où l'on pourroit avoir besoin de faire délibérer la Faculté; d'un autre côté, cela changera la face des études. La mode ne sera plus, pour les jeunes gens décidés par la faveur, de se jeter dans les principes de cette cabale abattue. Enfin cela encourageroit Rome, qui a besoin d'être encouragée. On peut juger de ce que fera ce parti, si jamais il se relève, puisqu'il est si hardi et si puissant lors même que le pape et le roi sont d'accord pour l'écraser. Un homme du parti, que vous connoissez ici, me disoit il y a trois jours : Ils ont beau enfoncer; plus ils chercheront, plus ils trouveront de gens attachés à la doctrine de saint Augustin; le nombre les étonnera.

Vous ne me mandez rien ni de la santé de M. de Meaux, ni de ses opinions, ni de son procédé, ni du parti qu'il prendra pour se déclarer par quelque acte public. Si on fait des mandements, il faudra bien qu'il parle, ou que son silence découvre son fond.

Je travaille à un projet de mandement, et je fais une grande attention à toutes les vues que vous me donnez; mais je ne puis épuiser toutes les objections tirées des monuments de l'antiquité : ce seroit un gros livre. Il faut seulement donner des principes généraux, et en faire l'application à quelque point principal. Je puis ajouter que si ces principes sont contestés, j'offre de montrer la vérité en détail à ceux qui les contesteront. J'avoue qu'un mandement ou ordonnance peut avoir une certaine étendue au-delà des bornes ordinaires; mais il ne faut pas pousser cela trop loin, ni faire un gros livre, qui courroit risque d'en être moins lu et moins entendu du public. Dès que cet ouvrage sera achevé, je vous l'enverrai.

Je suis ravi de ce que M. de La Tour pense bien, et veut bien inculquer les choses à M. Desprez. Il faut de plus en plus le soutenir, et faire entrer dans les vrais principes M. de Précelles; mais je vous recommande deux choses, mon très cher fils; la première est de ne vous commettre en rien. Comptez qu'en cette conjoncture on vous observera plus que jamais; qu'on seroit ravi d'avoir un prétexte de donner une nouvelle scène qui fît diversion, et qu'on soupçonneroit même très facilement que c'est moi qui attise le feu en secret. Ainsi ne faites aucun pas que pour le vrai besoin; bornez-vous à parler de temps en temps à M. de La Tour pour M. Desprez, et à M. de Précelles. Ma seconde demande est qu'il paroisse bien clairement à M. de Précelles et à M. de La Tour que je cherche, pour le seul intérêt de la vérité, de m'assurer d'une conformité de principes dans les mandements; mais que d'ailleurs je ne recherche ni négociation, ni liaison personnelle, ni aucune des choses qui tendent à quelque renouement. Mandez-nous, dès que vous le pourrez et comme vous le pourrez, en termes mystérieux sans apparence de mystère, ce que M. de Précelles aura dit sur moi, et ce qu'on lui aura répondu [1]. Le capital est qu'on entre bien dans le vrai principe. La raison du canon est bonne; mais il faut remonter jusqu'au principe, faute de quoi le canon ne prouveroit pas plus que le reste. Ce qui m'embarrasse c'est que je sors d'une nombreuse ordination, dont les examens m'ont tenu long-temps, et que je tombe dans un concours très pénible, où j'aurai plus de trente-six cures à donner, et plus de six-vingts concourants. Cela me reculera encore de dix ou douze jours au moins.

N'oubliez pas de faire savoir au bon duc (*de Beauvilliers*) et au P. de La Chaise ce qu'on doit chercher dans les papiers saisis à Bruxelles. Ce coup, joint à la déclaration imprimée du pape sur l'archevêque de Sébaste [2], va consterner tout le

---

[1] Charles-Maurice Le Tellier. Ce prélat faisoit de longs séjours à Paris.

[1] Ceci a rapport à l'évêque de Chartres. Voyez la lettre précédente.

[2] Pierre Codde, vicaire apostolique en Hollande, suspendu

parti dans les Pays-Bas. Ils disent que le pape s'expose à causer un schisme.

Mille compliments du fond du cœur à mademoiselle de Langeron, dont la santé et la consolation me sont très chères. La pauvre Princesse, dont vous savez que la conduite n'est pas toujours bien régulière, a trouvé un mâtin dont elle aura bientôt postérité. Il faut attendre après sa couche pour l'envoyer à son futur maître, que je salue et que je voudrois bien embrasser.

L'abbé de Saint-Sépulcre est mort avec un courage simple, et une paix dont je suis plus édifié que je ne le puis dire. Je vous conjure de remuer M. l'abbé de Maulevrier, le P. Magnan, et l'arrière-ban de la société, pour procurer sa place à son prieur, qui a un vrai mérite, et de qui j'espère de grands biens pour cette maison. Mille assurances d'amitié et de sincère attachement à M. l'abbé de Maulevrier.

Bonsoir, mon très cher fils; je crains bien que nous ne nous verrons pas si tôt; mais la volonté de Dieu soit faite! Les bras du véritable amour sont bien longs pour s'embrasser de loin : cet amour immense rapproche et réunit tout. Vous verrez ma lettre à la bonne duchesse (*de Mortemart*), selon les apparences; montrez-lui celle-ci. Quelle suive en toute liberté son cœur pour le voyage de Cambrai.

J'ai reçu et lu le *Commonitorium* de M. de Précelles, envoyé à Rome. Je ne saurois entrer dans ses opinions, et il me semble que je les réfuterois sans peine.

Renvoyez-moi, par la première occasion, ma dissertation, dont j'ai besoin pour mon travail.

151. — A L'ABBÉ DE BEAUMONT.

Sur le bref du pape aux catholiques de Hollande; sur les difficultés relatives au bref du 12 février, contre le *cas de conscience*. Détails sur la visite du diocèse de Cambrai.

A Metz en Couture, le jour de l'Ascension (17 mai) 1705.

Je vous envoie l'arrêt du parlement sur l'appel comme d'abus[1], et je vous renvoie le bref du pape aux catholiques de Hollande[2]. Je voudrois bien qu'on

pût en avoir plusieurs exemplaires imprimés, car c'est une chose à garder, et il est à propos de conserver de tels monuments. Demandez au Père recteur si les textes condamnés par M. d'Arras[1] sont dans le père Taverne, précisément comme il les rapporte, et sans correctif. Il me semble avoir ouï dire que ce livre a été examiné et approuvé par les théologiens de Rome. Cependant je trouve diverses propositions bien raboteuses. Vous verrez que les gens du roi ont mis bien des adoucissements à leur appel comme d'abus; mais enfin, c'est un coup fait avec art pour empêcher les Mandements des évêques : c'est sans doute ce qui arrête M. l'évêque de Chartres. M. le cardinal de Noailles veut boucher le chemin, et que personne ne parle après lui.

Ayez la bonté, mon bon fils, de faire écrire par M. l'abbé de Saint-Aubert, ou d'écrire vous-même à M. l'abbé de Cisoin, afin qu'il vous renvoie promptement un certain *factum* ou mémoire imprimé de M. l'évêque d'Arras, dans le temps du procès à Tournay, qu'il me semble que je prêtai à M. l'abbé cet hiver, dans la conférence avec M. l'évêque, et que l'abbé ne m'a point rendu. J'en aurois grand besoin pour le *Quæritur* que j'ai prié M. le bailli de Franqueville de dresser, afin que je puisse consulter à fond les plus célèbres avocats de Paris.

Plus je m'éloigne de vous, plus je m'en rapproche. C'est par l'Artois le plus éloigné que je dois retourner à Cambrai. Ainsi je suis ravi de vous *tourner le dos*, pour vous voir en bref face à face. Dieu vous garde, beau sire, accort, gentil et preux Panta!

152. — AU MÊME,

Même sujet que la précédente.

A Havrincourt, 17 mai 1705

Le bref du pape aux catholiques de Hollande est à peu près du même style que ceux qu'il a écrits au roi et à M. le cardinal de Noailles[2]. Les partisans de l'archevêque de Sébaste (quoi que leurs ennemis en puissent dire) doivent être de bonnes gens, puisqu'ils sont si faciles à contenter. Le pape

---

de ses fonctions par le pape, le 7 mai 1702. Il fut enfin déposé par un décret du 3 avril 1704. Voyez les *Mém. sur l'Hist. ecclés.* du P. d'Avrigny, 7 mai 1702, et ci-après la lettre du 12 juin 1705.

[1] Il s'agit ici d'un arrêt du parlement de Paris, qui rejetoit le bref de Clément XI, du 12 février 1705, comme renfermant des clauses contraires aux maximes de l'Église gallicane. Le même parlement supprima aussi, vers cette époque, le mandement de l'évêque de Clermont qui publioit ce bref.

[2] Le pape venoit d'adresser aux catholiques de Hollande un

bref pour les exhorter à se soumettre au vicaire apostolique qu'il venoit d'établir par *interim* à la place de l'archevêque de Sébaste, Pierre Codde, suspendu de ses fonctions à cause de son opposition au Formulaire d'Alexandre VII. Voyez, sur cette affaire, les *Mém. chronol.* du P. d'Avrigny, 7 mai 1702.

[1] Gui de Sève de Rochechouart, évêque d'Arras, avoit condamné, le 5 mai précédent, l'ouvrage du P. Taverne, jésuite, intitulé : *Synopsis Theologiæ practicæ*, etc. Voyez les *Mém. chronol.* du P. d'Avrigny, 5 mai 1705.

[2] Le pape, outre le bref du 12 février 1705, contre le *Cas de*

doit bien leur donner souvent de pareilles consolations. Vous verrez l'arrêt du parlement imprimé sur l'appel comme d'abus du mandement de M. l'évêque de Clermont. Ce ne sera rien, pourvu que le roi ordonne la réception du bref; mais *hic opus, hic labor est.*

Le serpent Python couvre les vastes campagnes; je ne sais si Apollon le percera de ses flèches aujourd'hui comme hier.

Nous partons pour nous éloigner un peu de vous; mais l'absence sera courte. Encore huit jours, et nous sommes à votre porte. Je voudrois bien, à propos de porte, que Clocher pût, en mon absence, faire celle que vous avez si savamment projetée pour aller de ma chambre grise au grand cabinet.

M. Le Fèvre est le Messie des Juifs d'à présent. Il a passé tous les temps, et la Synagogue doit maudire quiconque voudra supputer les dates. M. Chalmette prend assez sérieusement cette chronologie. Il a pensé, à cause de sa modique taille, être accablé par une multitude de filles pétulantes, qui vouloient l'envahir au catéchisme dans un coin du cimetière. Ses coadjuteurs en ont ri jusqu'aux larmes. Il devient méchant, à l'exemple d'autrui.

M. d'Arras m'a envoyé son placard contre le Père Taverne, et me parle d'union de la province contre la morale relâchée. Je vois bien qu'il faudroit tenir un concile provincial contre les jésuites; mais je ne puis le faire sans en demander la permission au roi.

Je salue M. de La Templerie en toute joyeuseté. J'embrasse nos deux apprentis. Tout à toi, grand Panta!

Si vous voulez m'écrire, vous le pourrez, dit-on, par Saint-Quentin et par Peronne; mais c'est un grand détour. Si rien ne presse, il vaudra mieux nous abandonner pour le peu de temps que nous demeurerons à Arroüaise. Je compte que le maître-d'hôtel fera porter des matelas à Marquion avant que j'y arrive.

155. — AU MARQUIS DE LAVAL[1].

Il l'exhorte à dépendre de sa mère, autant par grace que par nature.

Vous savez, monsieur, combien N... est contredit et condamné dans le public : mais j'espère que, si on veut écouter le détail, on saura qu'il a été fort à plaindre. *Bonum mihi, quia humiliasti me*[1]. C'est le fondement des œuvres de Dieu, et le creuset où se purifient ceux dont il veut se servir. J'en ai de la joie et de la douleur. Courage sans courage, mon cher M....; soyez petit. Saint Augustin dit que *Saul* étoit grand, courageux, savant dans la loi, et zélateur des traditions; mais que devenant *Paul,* qui signifie *petit*, il devint effectivement petit, souple, insensé selon le monde; et que ce fut en le terrassant, que Dieu l'instruisit pour l'apostolat. O la bonne instruction, que d'être terrassé et aveuglé! Soyez aveugle et abattu, si vous voulez être *Paul,* c'est-à-dire *petit.*

Votre petitesse doit paroître principalement dans une intime union avec madame votre mère, et dans une entière dépendance d'elle; mais il faut que ce soit une dépendance tout intérieure de jugement et de volonté; il faut une docilité sans réserve. Si vous réservez dans votre docilité le moindre petit recoin de propriété de pensée ou de volonté secrète, vous mentez au Saint-Esprit, dans votre désappropriation, comme Ananias et Saphira. *Nomne manens tibi manebat*[2]? Vous étiez libre de demeurer homme de bien dans un train commun, en gardant vos pensées et vos volontés; mais une désappropriation qui cache une ressource de propriété est un mensonge au Saint-Esprit, et un larcin sur son propre sacrifice.

Que votre cœur soit donc nu comme le corps d'un petit enfant qui tette sa mère, et qui ne sait pas ce que c'est que nudité. Dites-lui tout, pour et contre vous, sans réflexion; et après l'avoir dit, ne croyez et ne voulez que ce qu'elle vous fera croire et vouloir. Vous n'aurez de paix que dans cette désappropriation universelle. Il me semble que je suis toujours avec vous deux, et que Dieu est au milieu de nous. *Amen, amen!*

154. — A LA COMTESSE DE FÉNELON.

Avis pour la conduite de son fils.

Je souhaite, ma chère sœur, que M. votre fils soit petit, simple et souple dans vos mains. Quelque tendresse que je ressente pour lui, je ne puis l'aimer qu'autant qu'il vous croira, et qu'il sera fidèle à vous obéir. S'il vous laisse voir son intérieur sans réserve avec une naïveté de petit enfant, et s'il se laisse mener comme par la lisière, toutes ses foiblesses se tourneront à profit pour lui; car on n'est fort qu'autant qu'on se sent foible et sans aucune ressource en soi-même. Les mendiants sen-

---

conscience, en avoit adressé un autre à Louis XIV, et un troisième au cardinal de Noailles, pour les engager à châtier sévèrement les docteurs qui avoient signé le *Cas de conscience*, que leurs confrères ne pussent être tentés de les imiter. Voyez les *Mém. chronol.* du P. d'Avrigny, 20 juillet 1701.

[1] Il étoit fils de la marquise de Laval, cousine germaine de Fénelon, et depuis sa belle-sœur.

[1] *Ps.* CXVIII, 71.   [2] *Act.*, V, 4.

tent leur misère; la faim les chasse de chez eux, et les réduit à la mendicité, qui leur procure des aliments. Il faut que l'expérience intime, violente et continuelle de notre impuissance, nous fasse sortir de notre cœur, pour nous faire mendier à la porte de celui qui est *riche sur tous ceux qui l'invoquent*[1] : c'est là qu'il faut aller chercher conseil, secours, et vie empruntée : il ne faut plus vivre que d'emprunt, même pour penser et pour vouloir. Malheur à qui vit du sien propre! Il ne faut plus vivre que du bien d'autrui. Malheur à quiconque se tient renfermé chez soi! Il en faut sortir, comme Abraham, sans savoir où l'on va, et n'y rentrer jamais sous aucun prétexte.

Tenez donc M. votre fils pour le conduire pas à pas, sans le laisser jamais rien décider à sa mode. Il est votre enfant selon la grace autant que selon la nature. Dès qu'il se soustraira de votre conduite, il n'éprouvera que foiblesse et que chute, avec un grand péril d'égarement. Si, au contraire, il ne s'éloigne jamais d'un pas de vous, s'il vous dit tout sans réserve et sans retardement, s'il remédie à la foiblesse par l'obéissance, ses misères se tourneront à profit pour le désabuser à fond de lui-même. Au moins, quand on est dans une entière impuissance, faut-il se laisser soutenir et conduire.

155. — DU DUC DE BOURGOGNE A FÉNELON.

Il lui rend compte de son état intérieur.

A Fontainebleau, le 28 septembre 1703.

Le côté où j'ai été cette année n'a pas été compatible avec le rendez-vous que je vous avois donné la dernière. Mais je trouve l'occasion favorable de vous écrire ce mot par ma voie ordinaire : vous me ferez réponse de même quand il repassera. Ma volonté d'être à Dieu se conserve, et même se fortifie dans le fond; mais elle est traversée par beaucoup de fautes et de dissipation. Redoublez donc, je vous prie, vos prières pour moi. J'en ai plus de besoin que jamais, étant toujours aussi foible et aussi misérable : je le reconnois tous les jours de plus en plus. Je regarde cependant cette lumière comme venant de Dieu, qui me soutient toujours, et ne m'abandonne pas absolument, quoique souvent je ne sente que de la froideur et de la paresse, qu'il faut tâcher de surmonter moyennant sa grace. J'ai eu aussi depuis quelque temps des scrupules, qui quelquefois m'ont fait de la peine. Voilà à peu près l'état où je suis présentement. Aidez-moi donc de vos conseils et de vos prières. Pour vous, vous êtes tous les jours nommément dans les miennes. Vous croyez bien que ce n'est pas tout haut. Remerciez Dieu aussi des bons succès dont il nous a favorisés, et demandez-lui la continuation de sa protection dans une situation où les affaires en ont un pressant besoin. Je ne vous dirai rien de ce que je sens à votre égard : je suis toujours le même, et desirerois bien que ce ne fût pas à aller en Flandres, ou non, qu'il tînt de vous voir ou ne vous voir pas. Tout cela sera quand Dieu voudra. Si l'abbé de L. (*Langeron*) est à Cambrai, dites-lui un petit mot de ma part, en lui recommandant le secret.

156. — DE FÉNELON AU DUC DE BEAUVILLIERS.

Avis au duc pour le réglement de son intérieur, et pour la conduite du duc de Bourgogne.

A Cambrai, 4 novembre 1703.

Je profite avec beaucoup de joie, mon bon duc, de l'occasion de M. de Denonville, pour vous souhaiter santé, paix, joie et fidélité à Dieu, avec largeur de cœur dans toutes les épines de votre état. Plus les affaires deviennent difficiles, plus vous devez y agir avec foi.

N'hésitez point par respect humain; ne prenez aucun parti, ni par timidité naturelle, ni par un certain sentiment soudain, qui pourroit ne venir que de vivacité d'imagination ; mais par la pente du fond de votre cœur devant Dieu seul, après que vous avez écouté sans prévention les raisons des hommes. Ménagez beaucoup votre santé, qui est très délicate, et qui pourroit très facilement s'altérer. Non-seulement l'effort d'un grand travail épuise, mais encore une suite d'occupations tristes et gênantes accablent insensiblement. L'ennui et la sujétion minent sourdement la santé. Il faut se relâcher et s'égayer; la joie met dans le sang un baume de vie. *La tristesse dessèche les os*; c'est le Saint-Esprit même qui nous en avertit[1].

Je suis ravi de tout ce que j'entends dire de monseigneur le D. de B. (*duc de Bourgogne*.) Tâchez de faire en sorte que ceux qui en sont charmés à l'armée le retrouvent le même à la cour. Je sais qu'il y a des différences inévitables; mais il faut rapprocher ces deux états le plus qu'on peut. Il faut que le vrai bien vienne en lui par le dedans, et se répande ensuite au-dehors. Il en est de la grace pour l'ame comme des aliments pour le corps. Un homme qui voudroit nourrir ses bras et ses

---

[1] *Rom.*, x. 12.

[1] *Prov.*, xvii. 22.

jambes, en y appliquant la substance des meilleurs aliments, ne se donneroit jamais aucun embonpoint; il faut que tout commence par le centre, que tout soit digéré d'abord dans l'estomac, qu'il devienne chyle, sang, et enfin vraie chair. C'est du dedans le plus intime que se distribue la nourriture de toutes les parties extérieures. L'oraison est, comme l'estomac, l'instrument de toute digestion. C'est l'amour qui digère tout, qui fait tout sien, et qui incorpore à soi tout ce qu'il reçoit; c'est lui qui nourrit tout l'extérieur de l'homme dans la pratique des vertus. Comme l'estomac fait de la chair, du sang, des esprits pour les bras, pour les mains, pour les jambes et pour les pieds; de même l'amour dans l'oraison renouvelle l'esprit de vie pour toute la conduite. Il fait de la patience, de la douceur, de l'humilité, de la chasteté, de la sobriété, du désintéressement, de la sincérité, et généralement de toutes les autres vertus, autant qu'il en faut pour réparer les épuisements journaliers. Si vous voulez appliquer les vertus par le dehors, vous ne faites qu'une symétrie gênante, qu'un arrangement superstitieux, qu'un amas d'œuvres légales et judaïques, qu'un ouvrage inanimé. C'est un sépulcre blanchi: le dehors est une décoration de marbre, où toutes les vertus sont en bas-relief; mais au-dedans il n'y a que des ossements de morts. Le dedans est sans vie; tout y est squelette; tout y est desséché, faute de l'onction du Saint-Esprit. Il ne faut donc pas vouloir mettre l'amour au-dedans par la multitude des pratiques entassées au-dehors avec scrupule; mais il faut, au contraire, que le principe intérieur d'amour, cultivé par l'oraison à certaines heures, et entretenu par la présence familière de Dieu dans la journée, porte la nourriture du centre aux membres extérieurs, et fasse exercer avec simplicité, en chaque occasion, chaque vertu convenable pour ce moment-là. Voilà, mon bon duc, ce que je souhaite de tout mon cœur que vous puissiez inspirer à ce prince, qui est si cher à Dieu. La piété, prise ainsi, devient douce, commode, simple, exacte, ferme, sans être ni scrupuleuse ni âpre. Ayez soin de sa santé: il manquera à Dieu, s'il ne ménage pas ses forces.

Je vous suis toujours dévoué sans réserve comme je le dois.

157. — (AU DUC DE CHEVREUSE.)

Portrait de l'électeur de Bavière[1].

M. l'électeur m'a paru doux, poli, modeste, et glorieux dans sa modestie. Il étoit embarrassé avec moi, comme un homme qui en craint un autre sur sa réputation d'esprit. Il vouloit néanmoins faire bien pour me contenter; d'ailleurs, il me paroissoit n'oser en faire trop, et il regardoit toujours par-dessus mon épaule M. le marquis de Bedmar, qui est, dit-on, dans une cabale opposée à la sienne. Comme ce marquis est un Espagnol naturel, qui a la confiance de la cour de Madrid, l'électeur consultoit toujours ses yeux avant que de me faire les avances qu'il croyoit convenables: M. de Bedmar le pressoit toujours d'augmenter les honnêtetés; tout cela marchoit par ressorts comme des marionnettes. L'électeur me paroît mou, et d'un génie médiocre, quoiqu'il ne manque pas d'esprit, et qu'il ait beaucoup de qualités aimables. Il est bien prince, c'est-à-dire foible dans sa conduite, et corrompu dans ses mœurs. Il paroît même que son esprit agit peu sur les violents besoins de l'état qu'il est chargé de soutenir; tout y manque; la misère espagnole surpasse toute imagination. Les places frontières n'ont ni canons ni affûts; les brèches d'Ath ne sont pas encore réparées; tous les remparts sous lesquels on avoit essayé mal à propos de creuser des souterrains, en soutenant la terre par des étaies, sont enfoncés, et on ne songe pas même qu'il soit question de les relever. Les soldats sont tout nus, et mendient sans cesse; ils n'ont qu'une poignée de ces gueux; la cavalerie entière n'a pas un seul cheval. M. l'électeur voit toutes ces choses; il s'en console avec ses maîtresses, il passe les jours à la chasse, il joue de la flûte, il achette des tableaux, il s'endette; il ruine son pays, et ne fait aucun bien à celui où il est transplanté; il ne paroît pas même songer aux ennemis qui peuvent le surprendre.

J'oubliois de vous dire qu'il me demanda d'abord, et dans la suite encore plus, des nouvelles de M. le duc de Berri que des autres princes. Je lui dis beaucoup de bien de celui-là; mais je réservai les plus grandes louanges pour M. le duc de Bourgogne, en ajoutant qu'il avoit beaucoup de res-

---

[1] Nous ignorons la date de cette lettre. On ne peut guère douter qu'elle n'ait été adressée au duc de Chevreuse. L'électeur de Bavière, dont il est ici question, est Maximilien-Emmanuel, frère de Joseph-Clément, électeur de Cologne. Il étoit, depuis 1692, gouverneur des Pays-Bas, pour le roi d'Espagne. Les deux frères prirent en 1703 le parti de Louis XIV dans la guerre de la succession.

semblance avec madame la dauphine[1]. Dieu veuille que la France ne soit point tentée de se prévaloir de la honteuse et incroyable misère de l'Espagne!

158. — AU VIDAME D'AMIENS,

FILS PUINÉ DU DUC DE CHEVREUSE.

Il partage la douleur que lui causoit la perte de son frère aîné, et profite de ce triste événement pour le ramener à une vie plus chrétienne.

22 octobre 1704.

J'ai ressenti, monsieur, avec une grande amertume la perte que vous avez faite; j'en ai encore le cœur malade. Vous avez vu de près, dans un exemple si touchant[2], la vanité et l'illusion du songe de cette vie. Les hommes tiennent beaucoup au monde; mais le monde ne tient guère à eux. La vie, qui est si fragile pour tous les hommes, l'est infiniment davantage pour ceux de votre profession. Ils n'ont aucun jour d'assuré, quelque santé dont ils jouissent. Ils ne s'occupent que des amusements de la vie, qu'ils exposent continuellement : ils ne pensent presque jamais à la mort, au-devant de laquelle ils vont, comme si elle ne venoit pas assez vite.

On est sans cesse dans la main de Dieu sans songer à lui, et on se sert de tous ses dons pour l'offenser. On ne voudroit pas mourir dans sa haine éternelle; mais on ne veut point vivre dans son amour. On avoue que tout lui est dû, et on ne veut rien faire pour lui. On lui préfère les amusements qu'on méprise le plus. On n'oseroit nommer les choses qu'on met souvent dans son cœur au-dessus de lui. On connoît l'indignité du monde, et on le sert avec bassesse; on connoît la grandeur et la bonté infinie de Dieu, et on ne lui donne que de vaines cérémonies. En cet état, on est autant contraire à sa raison qu'à la foi.

Vous connoissez la vérité, monsieur; vous voudriez l'aimer. Vous auriez horreur de mourir comme ceux qu'on appelle honnêtes gens n'ont point de honte de vivre; mais le torrent vous entraîne. Vous n'êtes pas d'accord avec vous-même, et vous ne pouvez vous résoudre à faire ce qui mettroit la paix dans votre cœur. Que tardez-vous? Tous les tempéraments qu'on imagine pour se flatter sont faux. Dieu veut tout, et tout lui est dû. Il n'y a ni partage du cœur, ni retardement, que vous puissiez vous permettre. Le moins qu'on puisse faire pour celui de qui on tient tout et à qui on doit tout, c'est de se livrer à lui de bonne foi. Voulez-vous faire la loi à Dieu? Voulez-vous lui prescrire des bornes sur votre dépendance? Voulez-vous lui dire : Je vous trouve assez aimable pour mériter que je vous sacrifie un tel intérêt et un tel plaisir; mais je ne saurois me résoudre à vous aimer jusqu'à vous sacrifier cet autre amusement?

Attendez-vous que vos passions soient épuisées pour les lui sacrifier? Voulez-vous, en attendant que vos goûts pour le monde s'usent, passer votre vie dans l'ingratitude, dans la résistance au Saint-Esprit, et dans le mépris des bontés de Dieu? Voulez-vous tenter l'horrible événement de ces morts précipitées où Dieu surprend les pécheurs ingrats et endurcis? Il ne s'agit pas seulement de s'abstenir des grands péchés; il faut se tourner sérieusement vers le bien, le faire constamment, ne plus regarder derrière soi, se résoudre à se contraindre de suite, nourrir sa foi de lecture solide, de prière du cœur, et de présence de Dieu dans la journée.

Il faut se défier de sa foiblesse, et plus encore de sa présomption, sans laquelle la foiblesse humilieroit, et feroit sentir le besoin de prier. Il faut craindre et éviter, autant que l'état où l'on est le peut permettre, toute société dangereuse. Quand on n'aime point le mal, on n'en retient ni l'occasion, ni l'apparence, ni le souvenir.

Il faut se mettre en état de recevoir souvent avec fruit et consolation les sacrements, pour sortir d'un état de langueur et de dissipation funeste. On est dégoûté jusqu'au découragement, et jusqu'à la tentation de désespoir : cependant on ne veut point chercher la force où elle est, ni puiser la céleste consolation dans ses sources. O que vous auriez le cœur content, si vous aviez rompu tous vos liens! O que vous béniriez Dieu de vous avoir arraché à vous-même, si ce coup étoit achevé! L'opération est douloureuse; mais la santé qu'elle donne rend heureux. Je prie notre Seigneur de vous donner ce courage : demandez-le-lui très souvent. C'est en lui, monsieur, que je vous suis dévoué sans réserve.

159. — AU DUC DE CHEVREUSE.

Le passage de l'état de dépendance à l'état de liberté, dans les jeunes gens, doit se faire par des changements successifs et imperceptibles. Liberté qu'il faut laisser à une jeune personne relativement aux spectacles.

15 janvier 1705.

Je ne crois pas, mon bon et très cher duc, que

---

[1] La dauphine étoit sœur de l'électeur. Elle étoit morte en 1690.
[2] Honoré-Charles, duc de Montfort, frère aîné du vidame d'Amiens, venoit d'être tué dans un combat donné près de Landau le 9 septembre précédent.

vous deviez examiner la question qui regarde madame la ....[1], du côté d'un cas de conscience à décider pour vous. Quoiqu'elle soit fort jeune, et dépendante de vous, il est néanmoins vrai qu'une des plus importantes parties de son éducation est de lui donner peu à peu insensiblement la liberté qu'elle ne devra avoir tout entière qu'à un certain âge. La liberté qu'on donne tout-à-coup sans mesure à une personne qui a été long-temps gênée lui donne un goût effréné d'être libre, et la jette presque toujours dans l'excès. Lorsqu'une personne doit être bientôt sur sa foi, il faut la faire passer de la dépendance où elle est à cette liberté, par un changement qui soit presque imperceptible, comme les nuances des couleurs. La sujétion révolte : la liberté flatte et éblouit. Il faut faire faire peu à peu, à une jeune personne, des expériences modérées de sa liberté, qui lui fassent sentir que sa liberté n'est point tout ce qu'elle s'imagine, et qu'il y a une illusion ridicule dans le plaisir qu'on se promet en mangeant le fruit défendu. Je voudrois donc commencer de bonne heure à traiter madame la .... en grande personne qu'on accoutume à se gouverner, et à n'en abuser pas. Ne lui décidez point qu'elle ira à l'Opéra et à la Comédie, et ne vous chargez jamais de ce cas de conscience, qu'elle traitera avec son confesseur : mais laissez entrer un peu d'Opéra et de Comédie, de temps en temps, dans l'étendue de la liberté que vous lui laisserez. Permettez-lui d'aller avec madame de .... ou avec d'autres personnes qui lui conviennent, et qui la mèneront peut-être quelquefois aux spectacles. Ne faites point semblant de l'ignorer ; ne déclarez point que vous l'approuvez : mais, sans affectation, laissez ces choses dans le train de demi-liberté où vous commencerez à la mettre. Si elle vous en parle, ne vous effarouchez de rien, et n'autorisez rien ; mais renvoyez-la à un bon confesseur, qui ne soit ni relâché ni rigoureux. Elle reconnoîtra tout ensemble votre piété ferme, et votre condescendance pour attendre qu'elle se désabuse. Voilà, mon bon duc, ce qui me paroît ne charger ni votre conscience, ni celle de notre bonne duchesse, et qui pourra toucher le cœur de cette jeune personne. Vous verrez l'usage qu'elle fera de cet échantillon de liberté, et vous vous réglerez, pour la suite, sur cette expérience.

Rien ne m'a tant fait de plaisir que d'apprendre que vous entendez autrement que par le passé les mêmes choses de la vie intérieure que vous croyiez alors bien entendre. Le maître du dedans instruit bien mieux que ceux du dehors. Quiconque n'a point appris par ces leçons intimes ne sait rien comme il faut : c'est la même différence que d'avoir ouï parler d'un homme, ou de l'avoir vu. Écoutez sans cesse Dieu au-dedans, et ne vous écoutez point. Le silence de l'ame pour écouter Dieu seul fait tout.

160[1]. — A M. ***.

Sur les moyens de terminer le différend élevé entre le clergé de Hollande et le saint siège.

A Cambrai, 12 juin 1703.

Vous me faites une vraie injustice, monsieur, si vous me croyez capable de vous oublier. Rien ne peut effacer de mon cœur l'impression que vous y avez faite. Mon estime pour votre personne durera autant que ma vie ; ainsi je ne puis être que très sensible au plaisir de recevoir de vos nouvelles, et de vous donner des miennes. Plût à Dieu qu'une bonne paix vous mît en liberté de nous venir voir ! nous parlerions à cœur ouvert sur la vraie Église[2]. Vous la connoissez, et vous l'aimez. Vous n'êtes point du nombre de ceux qui veulent par un zèle amer, arracher tous les scandales. Vous n'avez pas oublié que Jésus-Christ nous a dit : *Laissez croître le mauvais grain avec le bon jusqu'à la moisson, de peur que vous n'arrachiez l'un avec l'autre*[3]. En se séparant de l'épouse, les protestants ont perdu l'esprit de l'Époux. Ils récitent des prières ; mais l'esprit de prière est loin d'eux. Ils ne sont ni humbles ni dociles ; faut-il s'en étonner ? Les branches séparées de la tige se dessèchent, et ne reçoivent plus de suc pour se nourrir. Saint Cyprien, qui vivoit si près du temps

---

[1] Sans doute la bru du duc de Chevreuse, femme du vidame d'Amiens.

[1] Annoy-Vanderyver, imprimeur-libraire à Ypres, a publié cette lettre en 1826, sur l'autographe qu'il avoit acquis à la vente d'un ancien chanoine de la cathédrale de cette ville.

[2] On voit, par le début, que cette lettre étoit adressée à un protestant qui songeoit à rentrer dans le sein de l'Église catholique. Il semble même que ce protestant étoit attaché au gouvernement des Provinces-Unies, et à portée d'influer sur les déterminations que les états-généraux pourroient prendre par rapport aux troubles qui agitoient alors l'Église de Hollande. On peut consulter sur cette affaire, 1° *Mém.* du P. d'Avrigny, 7 mai 1702 ; — 2° *Mém. pour servir à l'Hist. ecclés.* du XVIIIe siècle, 1818 ; *Introd.*, pag. cl ; — 3° *Historia Ecclesiæ Ultrajectinæ, a tempore mutatæ religionis in fœderato Belgio, in qua ostenditur ordinaria sedis archiepiscopalis et capituli jura intercidisse ;* auctore Corn. P. Hoynck van Papendrecht ; *Mechliniæ,* 1725, in-fol. — Enfin *Historia de rebus ecclesiæ Ultrajectensis, a tempore mutatæ religionis,* etc., absque auctoris nomine ; *Coloniæ* (seu potius *Romæ*)² 1725, in-4°. Il est à remarquer que le *Moréri,* qui donne une ample liste des écrits sur l'Église d'Utrecht, se garde bien de citer ces deux derniers.

[3] *Matth.*, XIII, 29. 50.

des apôtres, et qui étoit si rempli de l'esprit de grace, disoit : *Deus unus est, et Christus unus, et una Ecclesia, et cathedra una super petram Domini voce fundata. Aliud altare constitui, aut sacerdotium novum fieri, præter unum altare et unum sacerdotium, non potest. Quisquis alibi collegerit, spargit*[1], etc. Il dit ailleurs : *Te judicem Dei constituis, et Christi, qui dicit ad apostolos, ac per hos ad omnes præpositos, qui apostoli vicaria ordinatione succedunt : Qui audit vos me audit*[2], etc. A Dieu ne plaise, monsieur, que je vous rapporte tout ceci pour vous troubler dans votre situation présente! Je me borne à vous inviter de chercher le sein de la vraie épouse, pour y sucer les mamelles de sa consolation. J'attends pour vous les moments de Dieu, et en les attendant je le prie de consommer son œuvre en vous, pour sa gloire.

Le portrait que vous me faites de l'Église catholique de Hollande est déplorable. Je suppose avec vous que les réguliers ont pu faire des fautes par indiscrétion, par hauteur, par jalousie. Il ne faut point être surpris que les hommes soient hommes, et qu'ils mêlent avec le zèle de la religion ces misères de l'humanité. Mais il faut remonter à la source, et examiner les règles de droit :

1° Le clergé de Hollande ne sauroit, dans l'état présent, exercer aucun droit d'élection, pour se donner des évêques. J'avoue que, suivant les anciens canons, tout le clergé peut, avec le témoignage du peuple, élire un nouvel évêque pour remplacer celui qu'il a perdu. J'avoue même que la Hollande a diverses églises qui furent érigées en titres l'an 1559. Alors Utrecht, évêché fort ancien, fut érigé en archevêché. On érigea en même temps en évêchés suffragants de cette province Harlem, Middelbourg, Deventer, Leuwarden et Groningue. Mais il y a très long-temps que la Hollande n'a aucun évêque titulaire. Ainsi, quand même le clergé de ces églises voudroit entreprendre de faire des élections suivant les canons, ils n'auroient point d'évêques comprovinciaux pour consacrer l'élu, et par conséquent leurs élections demeureroient sans aucun effet.

2° Un évêque ne pourroit point être le vrai pasteur de plusieurs de ces églises épiscopales. Par exemple, celui qui auroit le titre d'Utrecht ne pourroit point, selon les canons, et sans une dispense expresse de Rome, avoir celui de Harlem ou de Middelbourg. Un évêque ne pourroit être titulaire et pasteur propre que d'une seule église. Ainsi il demeureroit étranger aux autres églises, dont les titres sont incompatibles avec le sien.

5° Les évêques qu'on a vus en nos jours dans la Hollande n'ont pas pu l'être en vertu d'une élection du clergé, qui les attachât aux titres de ces églises; car outre qu'une élection faite par le clergé, et une consécration faite par des évêques de la province, n'auroient pu attacher chaque évêque qu'à une seule église, sans aucun droit sur aucune de toutes les autres; de plus, le fait incontestable et notoire est que ces évêques étoient des évêques qu'on nomme *in partibus*, c'est-à-dire des évêques auxquels Rome avoit donné des titres tirés des églises de certains pays où la religion catholique est éteinte. C'est ainsi, par exemple, que le pape a donné à M. Codde le titre d'archevêque de Sébaste en Arménie. Le titre d'archevêque de Sébaste est incompatible avec celui d'archevêque d'Utrecht, ou d'évêque de Harlem. Ainsi, puisqu'il a le titre d'archevêque de Sébaste, il est évident qu'il n'a aucun titre d'épiscopat dans aucune des églises de Hollande, et qu'il ne peut y être qu'un évêque étranger, qui a exercé en ce pays-là une simple commission du Saint-Siége. Aussi voyons-nous que, selon les qualités qui lui ont été données, il n'est, par titre canonique, archevêque titulaire qu'à Sébaste en Arménie; et que pour la Hollande, il n'y est que vicaire apostolique, c'est-à-dire un missionnaire étranger à ces églises, qui est venu, par une pure et simple commission du pape, pour travailler en son nom. Or, il est visible que qui dit un simple vicaire dit un agent qui n'a aucun pouvoir que celui de la puissance qui l'envoie, et qui n'a ce pouvoir qu'autant qu'il lui est continué. Il est révocable *ad nutum*, et sans procédure : comme vous n'avez pas besoin de faire un procès à votre domestique, quand vous lui avez donné une commission pour exécuter vos ordres dans votre maison, et que vous jugez à propos de ne continuer plus à lui confier cet emploi.

4° De là il s'ensuit, monsieur, que le pape n'a eu besoin ni de faire un procès dans les formes contre M. l'archevêque de Sébaste, ni de prononcer une sentence contre lui, ni de rendre aucune raison de la révocation ou cessation de ses pouvoirs. Il suffit que le pape ne juge pas à propos de lui continuer une commission qu'il lui avoit librement confiée, et qu'il ne lui doit en aucune façon. Il est vrai que s'il vouloit lui ôter le titre d'archevêque de Sébaste, il faudroit auparavant procéder, selon les formes canoniques, à sa déposition. Mais il n'en est pas de même de la simple commission apostolique que cet archevêque avoit en Hollande.

---

[1] *Epist.* XL, al. XLIII, ed. Baluz., pag. 55.
[2] *Epist.* LXIX, al. LXVI; *ibid.*, pag. 122.

Cette commission est purement arbitraire, et révocable au gré du pape, qui l'avoit confiée à cet archevêque, sans aucune obligation de le faire. Il suffit que la confiance qui avoit fait donner cet emploi à M. Codde ait cessé, pour faire cesser l'emploi. Le moins qu'on puisse accorder au chef de l'Église, est qu'on le laisse libre pour donner sa confiance à qui il lui plaît, et qu'on ne veuille pas lui faire la loi sur le choix des hommes de confiance, par lesquels il conduit ses propres missions.

5° De là il s'ensuit aussi qu'on auroit eu un étrange sujet d'être scandalisé de M. l'archevêque de Sébaste, s'il eût osé continuer des fonctions pour lesquelles il n'avoit plus aucun pouvoir. Cette continuation auroit été une usurpation manifeste, et une entreprise purement schismatique. La piété que vous louez en lui, monsieur, et que je suis ravi d'y supposer, ne permettoit pas à un homme instruit des règles d'exercer, depuis la révocation, le vicariat du Saint-Siége malgré le Saint-Siége même. Ce prélat a dû même faire entendre au clergé et au peuple de ces provinces qu'un simple vicaire, révoqué par le Saint-Siége, n'est plus à leur égard que comme un évêque étranger qui passeroit dans le pays. Si sa vertu est aussi sincère que je le suppose de tout mon cœur, il ne doit plus faire aucun autre usage de son autorité, et de la confiance des catholiques, que celui de leur inspirer la docilité et la soumission dues au Saint-Siége dans ce changement. Il ne doit craindre que la division, que le scandale des protestants, et que le danger de quelque diminution du respect que les catholiques doivent conserver inviolablement pour le chef de la véritable Église; il doit vouloir, comme Jonas, être précipité dans la mer pour apaiser cette tempête. C'étoit la disposition de saint Grégoire de Nazianze quand il quitta Constantinople et sa chère Anastasie, où il avoit fait les fonctions épiscopales avec tant de zèle et de fruit. Après tout, pourquoi les églises de Hollande avoient-elles reçu M. l'archevêque de Sébaste? C'étoit à cause que le pape le leur avoit donné comme son vicaire parmi eux. S'ils le recevoient alors, non à cause de sa mission apostolique, mais à cause de l'amitié personnelle qu'ils avoient pour lui, ils agissoient par prévention humaine dans l'œuvre de Dieu, et ils ne regardoient point le ministère dans l'esprit de l'Église. Cette mauvaise disposition a préparé la division et le scandale dont tous les gens de bien doivent maintenant gémir. Si, au contraire, ils ont reçu l'envoyé du Siége apostolique par l'amour de ce Siége, et par la foi du ministère même, pourquoi hésitent-ils à laisser retirer ce vicaire que le Saint-Siége rappelle, et pourquoi rejettent-ils le provicaire qui vient par l'autorité du même Siége? Quand on entre dans l'esprit de subordination que le christianisme demande, c'est l'amour de la règle, et non pas l'inclination pour les personnes, qui détermine à recevoir ou à rejeter ceux qui viennent pour exercer le ministère sacré. Suivant cette règle, le vicaire et le provicaire doivent être également reçus ou rejetés, puisqu'ils ont été tous deux également établis par le pape avec une simple commission révocable. Que si on rejette l'un pour s'attacher à l'autre, il est visible que ce n'est plus la règle qu'on suit, mais qu'on se détermine par une inclination personnelle qui est très suspecte. Les réguliers ont fort assuré que la plus grande partie du clergé séculier de Hollande suivoit aveuglément la doctrine de Jansénius; que le P. Quesnel et le P. Gerberon avoient un grand crédit dans ce clergé; que M. l'archevêque de Sébaste étoit attaché à cette doctrine, et favorisoit ce parti. Qu'est-ce qui peut confirmer davantage cette accusation que de voir le clergé séculier de Hollande faire tant d'efforts pour retenir M. l'archevêque de Sébaste, après que le pape a cru voir que ce prélat favorisoit les sentiments du parti; et de voir en même temps ce clergé rejeter le provicaire qui est opposé au jansénisme? Le prétendu droit d'élection est, comme je viens de vous le montrer, insoutenable et hors de toute apparence; il sert seulement de prétexte pour couvrir la véritable raison qui fait refuser le provicaire, je veux dire son anti-jansénisme.

6° Le clergé de Hollande dira en vain que ce n'est pas lui qui résiste au pape, et que cette résistance vient des états-généraux. Les états-généraux ne prétendent point le droit d'élection pour un évêque; c'est le clergé qui prétend ce droit, et qui l'allègue contre le Saint-Siége. C'est donc le clergé qui fait une véritable résistance pour ne recevoir pas le provicaire. Quand ce clergé, d'un côté, oppose au pape son prétendu droit d'élection, et que, d'un autre côté, il proteste que ce n'est pas lui qui résiste au Saint-Siége, on aperçoit qu'il veut tout ensemble et résister, et paroître ne résister pas. On voit que ce clergé s'entend avec les états-généraux pour rejeter le provicaire, et pour réduire Rome à rétablir M. de Sébaste. Après tout, n'est-il pas vrai que les états-généraux ne se fussent jamais mêlés de cette affaire, si le parti ardemment attaché à M. de Sébaste n'eût pas eu recours à cette puissance séculière? Le seul intérêt des états-généraux étoit d'avoir un vicaire ou un provicaire apostolique qui fût du pays. Mais qu'importoit-il aux états-généraux que l'homme autorisé par le Saint-Siége fût vicaire ou provicaire, et que ce fût ou M. Codde ou M. Cock? Les états-généraux n'ont pu prendre parti entre ces deux choses qu'autant qu'on a eu recours à eux, et qu'on leur a fait trouver un intérêt politique à protéger M. de Sébaste avec son parti, pour diviser les catholiques, et pour les soulever contre Rome.

7° L'intérêt politique dans lequel on peut très naturellement faire entrer les états-généraux est que le parti attaché à la doctrine de Jansénius est moins éloigné que l'autre de la doctrine des protestants de Dordrecht, sur la liberté et la grace; qu'au contraire, le parti des réguliers est dans les maximes des théologiens de Rome; et que ce parti, tout dévoué au pape, nourrira toujours les catholiques du pays dans une espèce d'indépendance des états-généraux; au lieu que le parti de M. de Sébaste ne dépendra de Rome que d'une manière très foible, s'il peut venir à bout de maintenir son droit d'élection.

8° Il est naturel que les états-généraux portent encore plus loin leur vue; ils doivent être ravis de fomenter cette division entre les catholiques; un schisme naît insensiblement. Les premières causes en sont d'abord presque imperceptibles; dans la suite, on se trouve peu à peu embarqué; on ne veut point reculer; on s'échauffe, on se pique : sur les fins, on est réduit à prendre des partis extrêmes et de désespoir, dont on auroit eu horreur, si on les eût prévus quand on a fait les premiers pas. Les états-généraux profiteroient volontiers de cette division, pour détacher du Saint-Siége cette multitude de catholiques qui leur sont toujours un peu suspects; pendant qu'ils les voient attachés par le lien de la religion au pape, dont la puissance leur donne tant d'ombrage. On ne sauroit être étonné que les états-généraux aient cette vue; elle est conforme et à la religion protestante qu'ils ont embrassée, et à leurs principes de politique. Mais ce qui est triste, c'est de voir que le clergé séculier de Hollande craigne moins, en cette occasion, les protestants que les réguliers, et qu'ils aiment mieux recourir à la puissance séculière, qui est protestante, pour lui soumettre le ministère sacré, que de continuer à dépendre des envoyés de Rome, quand le pape s'attache à leur donner, pour les conduire, des supérieurs opposés au jansénisme.

9° Vous dites, monsieur, que « le roi de France » prétend avoir droit de faire des évêques, et d'ex- » clure de l'épiscopat des sujets qui lui sont sus- » pects. » Vous ajoutez que « si un roi soumis à » l'Église catholique a cette prétention, un souve- » rain qui est par sa religion indépendant de cette » Église peut, à plus forte raison, prétendre » qu'on ne fasse point dans l'étendue de ses états » aucun évêque qu'il n'ait choisi ou agréé. » Mais souffrez, je vous prie, que je vous représente combien cette comparaison a d'inconvéniens. L'Église catholique, connoissant que le roi de France est plein de zèle pour la vraie religion, ne craint pas de lui confier un de ses pouvoirs; elle veut bien lui laisser choisir les évêques, parce qu'elle est assurée qu'il ne voudra choisir que des sujets zélés pour la sainte doctrine, et pour l'unité dont le Saint-Siége est le centre; c'est cette confiance qui fait que l'Église défère au choix du roi. Elle lui donne volontiers un pouvoir dont elle ne craint aucun mauvais usage contre la foi, et elle en retire une puissante protection. Mais ne voyez-vous pas qu'elle n'a garde de confier de même ce pouvoir aux autres souverains, qui se sont déclarés ennemis de l'unité catholique et de l'ancienne doctrine? Une mère doit-elle autant confier les clefs de sa maison à ses ennemis qu'à ses enfans? J'avoue qu'il y a de la différence entre le choix et l'exclusion des sujets : un souverain zélé pour l'Église catholique peut sans doute mériter que l'Église lui confie le choix des sujets; au contraire, il ne convient pas que cette Église confie au souverain qui est déclaré son ennemi le choix des évêques : ce seroit livrer le sanctuaire à ceux qui veulent le profaner. Mais un souverain protestant, qui tolère par connivence la religion catholique dans ses états, peut ne vouloir continuer cette connivence qu'autant que l'Église lui laissera la liberté d'exclure les sujets qui lui seront raisonnablement suspects de troubler le gouvernement temporel. Si la chose étoit précisément renfermée dans ces bornes, elle ne seroit pas sans quelque fondement : mais un souverain opposé à l'Église catholique abusera facilement de ce beau prétexte pour exclure tous les bons sujets, et pour réduire l'Église à se servir de ceux qu'elle doit rejeter. Par exemple, dans le cas présent, il est fort à craindre que les états-généraux, d'intelligence avec le parti prévenu pour la doctrine de Jansénius, n'excluent M. Cock, que pour réduire le pape à confier ses pouvoirs à quelque ami de M. de Sébaste, qui soit dévoué au parti janséniste. Je ne sais point le détail, et je n'ai garde de me mêler d'avancer rien là-dessus; mais voilà ce qui est naturel que le pape craigne. Remontons, monsieur, à quelque exemple ancien, qui serve à rendre la chose claire et sensible. Si l'empereur Valens, qui étoit arien, eût voulu exclure de l'épiscopat, chez les catholiques, tous ceux qu'il lui auroit plu de déclarer suspects du côté de la politique, il auroit exclu, chez les catholiques, tous les bons sujets qui étoient capables de soutenir la pure foi contre l'hérésie arienne; il auroit insensiblement réduit, par de telles exclusions, l'Église à ne pouvoir plus choisir que des sujets foibles, timides, ignorants, et peut-être même fauteurs secrets de l'arianisme. Vous voyez bien que, dans un tel cas, non-seulement l'Église catholique n'auroit pas confié à l'empereur Valens la nomination aux évêchés, mais encore qu'elle n'auroit point eu d'égard aux exclusions données à tous les bons sujets par ce prince, ennemi de la pure foi. Vous voyez bien que l'Église catholique auroit regardé ces exclusions, colorées du prétexte de la politique, comme une persécution indirecte et très dangereuse; vous voyez bien que l'Église catholique auroit souffert cette artificieuse persécution jusqu'à endurer le martyre, plutôt que de se laisser priver, sous un beau prétexte, de tous les sujets capables de soutenir la pure foi, et de réprimer la contagion de l'hérésie. Il est certain, monsieur, que l'ancienne Église auroit cru devoir répandre son sang pour maintenir sa liberté contre un empereur hérétique, dans un tel cas, malgré le prétexte spécieux des exclusions nécessaires par rapport à la politique. Pourquoi donc ne voulez-vous pas que le Saint-Siége soit maintenant en garde contre un souverain protestant qui, sous prétexte d'exclure les sujets suspects du côté de la politique, réduiroit le pape à ne pouvoir choisir pour le vicariat apostolique que des sujets foibles, ou dévoués au parti janséniste? Faut-il qu'un clergé catholique recoure aux états protestants, et s'entende avec eux, pour mettre le Saint-Siége dans cet assujettissement si dangereux à la vraie foi? Si ce clergé étoit sincèrement dans les dispositions où il devroit être, il devroit faire les derniers efforts pour obtenir le consentement des états-généraux en faveur de la réception du provicaire apostolique. Ce clergé devroit dire : Quand même la personne du provicaire ne nous conviendroit pas, et qu'il nous paroîtroit trop favorable aux réguliers, nous devons sacrifier nos répugnances et nos contestations particulières à certains points capitaux. Le premier de ces points est de ne s'exposer point, par cette division naissante, à aucun danger de schisme pour les suites. Le second point est de ne pas laisser entrer le souverain protestant, sous aucun prétexte ni d'élection ni d'exclusion, dans tout ce qui regarde le choix des vicaires apostoliques;

et par conséquent demeurer à cet égard intimement unis au Saint-Siége pour conserver cette liberté de l'Église, indépendamment d'une puissance protestante qui doit être si suspecte, dans cette matière, à tous les vrais catholiques. Le troisième point est de montrer que l'alarme que le Saint-Siége a sur le jansénisme n'est pas bien fondée. Tout le clergé de Hollande devoit se justifier sur ce soupçon, en ne s'attachant point à M. de Sébaste, que le pape croyoit prévenu de cette doctrine. Le clergé devoit demander lui-même avec instance que le pape donnât tel provicaire ou tel visiteur extraordinaire qu'il jugeroit à propos, pour examiner leur doctrine, pour veiller sur leur conduite, et pour en rendre compte à Rome. Voilà ce que doit faire un clergé éloigné de toute prévention pour la nouveauté, et qui ne craint rien tant que de donner aux protestants une ouverture pour entrer dans le ministère des églises catholiques. Ce clergé devoit aller à bras ouverts au-devant du provicaire, et dissiper tout ombrage par sa soumission; il devoit répondre de ce provicaire aux états-généraux, pour obtenir qu'on le laissât établir; il devoit consentir qu'on écartât du pays le Père Quesnel, M. de Witte, et les autres qui refusent la signature du Formulaire, et qui écrivent sans cesse contre l'autorité de l'Église. Mais qu'est-ce que ce clergé veut qu'on puisse penser de lui, pendant qu'il est notoire que tous les chefs du parti, qui sont fugitifs de France ou des Pays-Bas espagnols, pour ne vouloir pas obéir à l'Église, sous la distinction captieuse du fait d'avec le droit, n'ont point d'autre asile que le clergé de Hollande; et que ces églises de Hollande sont devenues comme le rempart de tout le parti janséniste? Que peut-on croire de ce clergé, pendant qu'on le voit tendre une main aux puissances protestantes, pour obtenir leur protection contre le Saint-Siége, et pour se mettre dans leur dépendance sur le choix des évêques, à l'égard duquel ils ne veulent plus dépendre du pape; et pendant qu'il tend l'autre main aux disciples de Jansénius, pour leur offrir un refuge contre l'Église même?

10° Enfin la médaille que j'ai dans les mains¹

---

¹ Cette médaille fut trouvée à Gand à la mortuaire de M. l'abbé Maelcamp, et l'explication se trouve dans l'*Historia Ecclesiæ Ultrajectinæ, per Papendrecht*, art. XVII, pag 61. « Fabricatum hoc tempore (ann. 1705) numisma argenteum referens imaginem viri ornati episcopalibus signis, et denotati » his verbis : PETRUS CODDÆUS, ARCHIEPISCOPUS SEBASTENUS. Et » in aversa facie palatium Vaticanum. ante quod procumbit » agnus super duas claves decussatas. (præsulis insignia gentilitia) uno pede premens librum his notatum apicibus : RESP. » quibus significatum volunt librum Responsionum, a Sebas- » teno editum, ad objecta sibi Romæ capita. Adstat leo. dex-

forme un étrange préjugé contre le clergé de Hollande. D'un côté paroît le visage de M. de Sébaste avec son nom; dans le revers on voit un agneau que les foudres de saint Pierre et du Vatican menacent; mais il est défendu par le ciel et par le lion de Hollande, et on lit ces paroles : *Insontem frustra ferire parant*. On n'auroit pas pu frapper une médaille plus injurieuse au Saint-Siége, en Saxe pour Luther ni à Genève en faveur de Calvin. Le clergé de Hollande pourra la désavouer; mais enfin elle ne peut avoir été faite que par des amis très zélés de M. de Sébaste. On sait par expérience qu'en France même le parti des disciples de Jansénius a connu l'art de se prévaloir des médailles, pour se donner du lustre, et pour vanter ses prétendus triomphes. Ceci porte précisément le même caractère; un soin si affecté et une telle dépense ne peuvent venir que de certains esprits ardents, et zélés pour un parti. Quoi qu'il en soit, M. de Sébaste et tout le clergé ne pourroient se disculper en cette occasion, qu'en publiant par des écrits aussi publics que la médaille, combien ils avoient d'horreur contre une chose si odieuse. Toute autre conduite qu'ils emploient pour désavouer la médaille, sans la condamner avec détestation, ne paroîtra qu'une comédie.

11° Vous me demandez, monsieur, ce que je crois qu'on devroit faire pour apaiser cette tempête. Je vous répondrai qu'il ne m'appartient pas de parler sur une affaire qui a besoin de toute la sagesse et de toute l'autorité du pape. D'ailleurs, je ne vois les choses que de loin, sur des bruits confus; il faudroit connoître les difficultés à fond et en détail, pour en pouvoir juger. Il faudroit avoir vu de près quelle est la disposition de certains esprits, qui décident et entraînent les autres. En gros, il me paroît qu'on ne risqueroit rien si on se confioit au pape, et si on lui laissoit choisir les expédients les plus utiles pour la paix. On n'a aucun sujet de croire qu'il veuille mettre un provicaire qui trouble l'état politique de la Hollande. Ainsi, supposé que les états-généraux n'aient à reprocher à M. Cock aucune faute contre l'État, le parti le plus court et le plus naturel seroit de le laisser dans cette fonction, au moins pour un peu de temps; ce seroit respecter le supérieur ecclésiastique, et l'engager par cette soumission à user dans la suite de quelque condescendance. Que si on avoit de véritables raisons de craindre M. Cock pour la politique (chose que je ne saurois m'imaginer), il faudroit chercher quelque bon sujet qui fût notoirement opposé au jansénisme, et zélé pour le Saint-Siége. On pourroit le proposer secrètement au pape, qui ne s'éloigneroit peut-être pas, par sa bonté paternelle, de ce tempérament. Si le clergé de Hollande étoit prêt à recevoir un tel provicaire, il se justifieroit sur le jansénisme par cette conduite droite et édifiante. Si au contraire ce clergé, non content de rejeter M. Cock, rejetoit encore tout autre sujet opposé au jansénisme, on reconnoîtroit avec évidence que ce seroit l'entêtement du parti qui causeroit tout le scandale. Représentez-vous combien le pape doit être en peine des Églises de Hollande. Il lui revient de tous côtés, que la contagion du jansénisme ravage tout, et que presque tout le clergé séculier du pays est dans ce parti. Ces bruits ne paroissent pas même sans fondement; car on apprend tous les jours, par les personnes qui reviennent de Hollande, qu'il n'y a presque que les réguliers qui soient opposés à ces opinions. Faut-il s'étonner que le pape ne veuille pas confier son vicariat à la plupart des ecclésiastiques suspects que le clergé lui proposeroit de concert avec les états-généraux? S'il est vrai, comme on l'assure, qu'il y a dans toutes ces églises si peu de prêtres séculiers qui ne soient pas dévoués à ce parti, il n'est pas étonnant que le pape se rende difficile pour le choix d'un sujet principal. Dans cette supposition, il n'est guère en état de choisir. Supposez qu'il ait trouvé (chose que je ne sais nullement) en la personne de M. Cock un homme zélé pour la saine doctrine, avec les talents à peu près convenables pour un provicaire, il est naturel qu'il ait une grande répugnance à renoncer à ce sujet, et qu'il tienne ferme pour le faire recevoir, faute de trouver dans tout le pays un autre prêtre séculier, qui joigne aux mêmes talents le même zèle sincère contre le jansénisme. L'affaire la plus pressante dont il paroît au pape qu'il s'agit est de déraciner le jansénisme, qui séduit, dit-on, tout ce clergé. Le chef de l'Église n'aura-t-il ni autorité ni ressource pour empêcher cette séduction générale? Se laissera-t-il lier les

---

tero pede gladium tenens nudum et elevatum, sinistro septem sagittas, symbolum unionis totidem provinciarum reipublicæ fœderati Belgii. Nubes vero emittit fulmen, fulmine Vaticano majus, ut ab hoc (per illud contrito) intactus servetur agnus; cum hac epigraphe : INSONTEM FRUSTRA FERIRE PARAT. 1705. »

Cette note est du chanoine d'Ypres, possesseur du manuscrit de la lettre. Il auroit pu y ajouter ce qu'on trouve à la page suivante dans Papendrecht, et que rapportent plusieurs auteurs françois : (Voy. d'Avrigny, *Mémoires sur l'Hist. ecclés.*, 7 mai 1702; Bérault-Bercastel, *Hist. de l'Église*, liv. LXXXIII.) « Habeo idem numisma excusum ex ære, hac ornatum inscriptione: NON SUMIT AUT PONIT HONORES ARBITRIO POPULARIS AURÆ. » Nous omettons ce que raconte le même auteur, d'autres médailles du même genre, d'estampes, d'épigrammes, etc., avec des devises et des inscriptions toutes plus outrageuses les unes que les autres envers le Saint-Siége.

mains? s'assujettira-t-il, au gré des états protestants, à ne choisir qu'un prêtre janséniste pour remédier au jansénisme? Ne seroit-ce pas rendre le mal incurable, que de ne vouloir point envoyer d'autre médecin que celui qui seroit lui-même malade du mal contagieux? A quoi sert-il de vouloir que le Saint-Siége temporise, et cherche de faux tempéraments pour pallier le mal, si la gangrène gagne jusque dans les entrailles? Pendant qu'on cherche de vains adoucissements, le clergé de Hollande achève, dit-on, de s'empoisonner. Que peut-on donc proposer au pape qui puisse le persuader? Je ne vois qu'une seule proposition à lui faire : c'est celle de quelque sujet différent de M. Cock, qui soit notoirement zélé pour la saine doctrine contre le jansénisme; peut-être que le pape auroit la complaisance de le choisir. Un tel homme pourroit ramener insensiblement les esprits; il pourroit conférer avec les personnes sincères qui chercheroient à s'éclaircir sur leurs préjugés; il pourroit imposer silence à ceux qu'il ne pourroit pas détromper. En ce cas, il faudroit espérer qu'une autorité ferme et douce tout ensemble rétabliroit la charité, et que la charité rétablie réduiroit les esprits à l'unité de doctrine. Sans ce remède, le schisme se formera insensiblement, les esprits poussés iront plus loin qu'ils n'ont prévu, et qu'ils ne veulent. Si dans la suite le pape envoyoit quelqu'un en Hollande pour éteindre ce feu, il y enverroit apparemment un homme sage, modéré et plein de zèle, pour remédier à tant de maux; car le pape paroît avoir beaucoup de prudence et de discernement. Ainsi vous pourriez aller trouver avec confiance l'homme que le pape enverroit; vous pourriez lui ouvrir votre cœur, lui proposer les expédients que vous croiriez propres à finir cette division, et travailler à disposer les esprits pour lui faciliter ce grand ouvrage.

Jugez, monsieur, par toutes les choses que je viens de vous dire, combien je me confie à la bonté de votre cœur. Je suis de tout le mien, et à jamais, parfaitement tout à vous.

161. — A LA COMTESSE DE FÉNELON.

Il s'excuse des avis qu'il lui a donnés au sujet de son fils.

A Cambrai, 12 février 1706.

En arrivant ici de Bruxelles, j'ai reçu votre lettre du 27 janvier. J'avoue, ma chère sœur, qu'elle m'a bien surpris et affligé. J'espérois que vous me sauriez quelque gré de vous avoir représenté cordialement mes pensées dans une lettre qui n'étoit que pour vous, et sans me mêler de décider sur la conduite de M. votre fils. Il me sembloit qu'il y a une grande différence entre décider et proposer avec zèle ce qu'on croit voir : ainsi j'étois bien éloigné de croire que ma lettre pût m'attirer celle que vous m'avez écrite. Mais je suppose que j'ai tort, puisque vous le jugez ainsi : du moins ma faute sera courte; car je m'abstiendrai, puisque vous le souhaitez, de vous proposer mes pensées. D'ailleurs je recevrai toujours d'un cœur ouvert tout ce qu'il vous plaira de me mander de vos raisons. Personne ne sera plus content que moi de reconnoître qu'elles sont bonnes, comme personne ne seroit plus affligé que moi si elles n'étoient pas décisives. Mais, supposé qu'elles soient aussi fortes que vous les croyez, je trouve M. votre fils bien à plaindre; car, en ce cas, il se trouve entre une mère qui a de bonnes raisons pour vouloir l'empêcher de servir, et le public, dans lequel il sera déshonoré sans ressource, malgré ces raisons inconnues, s'il ne sert pas. Il est déjà dans sa vingtième année : les autres gens de condition se gardent bien d'attendre un âge si avancé pour commencer à servir; ils servent dès l'âge de quatorze ou quinze ans. On ne trouvera en France aucun exemple d'un homme d'un nom connu, qui n'ait pas déjà fait quelques campagnes dans sa vingtième année. Le public ne comprendra jamais les raisons d'une telle singularité, qui est si contraire aux préjugés de toute la nation. J'en conclus que la situation de M. votre fils est bien violente. Il est réduit à l'une de ces deux extrémités, ou de désobéir à sa mère, qui a de bonnes raisons pour lui défendre de servir, ou de se laisser déshonorer dans le monde, parce que ces bonnes raisons n'y seront jamais comprises. Pour moi, je n'ai point d'autre parti à prendre que celui de me taire, d'être véritablement affligé, et de prier Dieu qu'il donne son esprit de sagesse à la mère et au fils. Ce qui est certain, c'est que je ne paroîtrai jamais en rien désapprouver votre conduite, et que j'aimerois mieux ne parler de ma vie, que de laisser échapper une parole contre vous. C'est du fond de mon cœur, ma chère sœur, que je vous suis toujours dévoué.

162. — AU CARDINAL DE BOUILLON.

Il exhorte le cardinal à faire un saint usage de ses disgraces.

A Cambrai, 16 février 1706.

J'ai reçu, monseigneur, avec beaucoup de joie, la lettre que Votre Éminence m'a fait l'honneur de m'écrire. Si feu M. Vaillant a fait ce qu'il m'avoit promis, il ne vous a pas laissé ignorer mes sentiments. C'est uniquement par discrétion pour vos intérêts que je me suis abstenu, depuis tant d'années, de vous témoigner, par mes lettres, combien je vous suis dévoué : pour moi, je n'ai rien à ménager. Je ne manquerai pas de chercher les voies de faire recommander le procès qui doit être jugé, et de faire parler, afin que l'extérieur de réforme n'impose point. Je vous supplie très humblement de croire, monseigneur, que je ne négligerai rien pour tâcher, autant que ma situation me le permettra, de faire représenter très fortement les conséquences de cette affaire, avec vos bonnes intentions.

Puisque Votre Éminence a bien voulu m'ouvrir son cœur, j'espère qu'elle ne trouvera pas mauvais que je lui ouvre à mon tour le mien avec respect. Je vous trouve heureux dans votre malheur apparent, pourvu que vous en fassiez l'usage pour lequel Dieu l'a permis. Pendant que je vous voyois autrefois dans une prospérité dangereuse, je vous trouvois à plaindre, sans vous le dire. Maintenant vous êtes loin du monde trompeur, dans une solitude où vous pouvez écouter Dieu, vous détacher de la vie, faire un saint usage de vos grands revenus, et faire honneur à la religion par des vertus dignes d'un doyen du sacré collége. On doit toujours être affligé d'avoir déplu au roi, quelque bonne intention qu'on ait eue. On ne doit jamais cesser de prier pour lui avec zèle, et d'être prêt à donner sa vie pour son service. Mais on ne perd guère en perdant l'amusement du monde : on ne perd que de faux amis; c'est gagner beaucoup. Si peu qu'on pense sérieusement à Dieu, on doit sentir de la consolation à être loin de ses ennemis et de ceux de notre salut. Votre sort est dans vos mains, monseigneur; soyez patient, non par des espérances trompeuses du côté du monde, mais par un sincère détachement, et par une véritable confiance en Dieu. Occupez-vous utilement; délassez-vous innocemment en certaines heures. Oserai-je achever? oubliez le monde; laissez-le vous oublier. Votre disgrace soufferte en silence, avec simplicité, humilité et persévérance, vous fera plus d'honneur que toutes vos dignités et que toute votre faveur passée.

Je vous souhaite beaucoup de tranquillité d'esprit et de santé. C'est avec ces sentiments que je prie Dieu tous les jours pour Votre Éminence. Il sait avec quel zèle je lui suis très respectueusement dévoué pour le reste de ma vie.

165. — A LA JEUNE DUCHESSE DE MORTEMART [1].

Se défier de soi-même, et se confier en Dieu : coopérer fortement à la grace. Avis à la duchesse sur les moyens d'entretenir l'union dans sa famille.

A Cambrai, 4 août 1706.

Je crois, madame, que le point principal pour vous est de ne désespérer jamais des bontés de Dieu sur vous, et de ne vous défier que de vous-même. Plus on désespère de soi, pour n'espérer qu'en Dieu sur la correction de ses défauts, plus l'œuvre de la correction est avancée : mais il ne faut pas que l'on compte sur Dieu, sans travailler fortement de sa part. La grace ne travaille avec fruit en nous qu'autant qu'elle nous fait travailler sans relâche avec elle. Il faut veiller, se faire violence, craindre de se flatter, écouter avec docilité les avis les plus humiliants, et ne se croire fidèle à Dieu qu'à proportion des sacrifices qu'on fait tous les jours pour mourir à soi-même dans la pratique. Puisque vous croyez avoir dit à M. le D. de M. (*duc de Mortemart*) quelque chose qui a pu lui faire de la peine par rapport à madame sa mère, c'est à vous à les raccommoder; faites-le doucement et peu à peu. Il est important au fils qu'il ne s'éloigne point d'une si bonne mère, qui l'aime tendrement, et qui a tant d'attention à ses véritables intérêts. Elle peut faire quelquefois trop ou trop peu, comme cela peut arriver à toutes les personnes les plus sages et les mieux intentionnées; mais, dans le fond, il est rare qu'une personne ait autant de piété sincère et de bonnes vues pour ses devoirs. Elle peut vous montrer quelquefois un peu de vivacité sur les choses qu'elle desireroit de vous pour votre bien : mais elle vous aime, je l'ai vu à n'en pouvoir douter; et le trop que vous croyez peut-être sentir n'est qu'un excès d'amitié. Vous devez donc, madame, travailler sans cesse à unir le fils avec la mère, pour l'intérêt du fils et pour le vôtre : mais il faut le faire sans vous jeter dans le trouble. Supposé même que vous ayez fait quelque faute considérable à cet égard-là, comme la lettre que vous m'avez fait l'honneur de m'écrire le marque, il faut en porter l'humiliation intérieure, sans se décourager. Il suffit que vous évitiez à l'avenir tout ce qui pourroit vous faire retomber dans de tels inconvénients, et que vous ne négligiez aucun des moyens de réparer ce qui est passé. J'ai vu en vous, madame, une chose excellente, qui est un cœur ouvert pour madame

[1] Marie-Henriette de Beauvilliers.

votre belle-mère [1]. Dites-lui tout : continuez, quoi qu'il vous en coûte; vous savez par expérience quel usage elle en fera. Dieu bénira cette droiture et cette simplicité. Vous voyez combien il vous fait de graces, malgré vos infidélités sur votre correction. Voulez-vous abuser de sa patience, et la tourner contre lui-même, pour mépriser ses miséricordes impunément? Ce n'est pas assez de dire tout; il faut le dire d'abord, être sincère dès le premier moment, et n'attendre pas que Dieu vous arrache ce que vous voudriez lui pouvoir refuser.

O quelle joie pour moi, si je puis apprendre que Dieu ait élargi votre cœur, qu'il vous ait appris à mépriser votre imagination, qu'il vous ait accoutumée à travailler de suite pour tous vos devoirs, et à sortir de votre indolence! Alors vous auriez autant de liberté et de paix que vous avez de trouble, de découragement et d'incertitude. Jugez, madame, par la liberté avec laquelle je vous parle, avec quel zèle je vous suis dévoué.

164. — AU DUC DE CHEVREUSE.

Sur un projet de travail relatif à la doctrine de saint Augustin, et sur les dispositions de quelques personnes de la famille du duc.

A Cambrai, 29 décembre 1706.

Je ne saurois, mon bon duc, me souvenir de notre séjour de Chaulnes sans en avoir le cœur bien attendri. O que je vous aime, et que je vous veux tout hors de vous-même en Dieu seul! J'ai achevé l'ouvrage sur saint Augustin; mais je le laisserai dormir dans mon porte-feuille jusqu'à ce qu'il soit temps de le publier. Plus j'examine le texte de ce Père, plus il me paroît évident que ce système l'explique tout entier, et que l'autre n'est qu'un amas d'absurdités et de contradictions.

Je souhaite de tout mon cœur que M. le vidame s'affermisse dans le bien, et qu'il rompe tous les liens qui l'ont privé de la liberté des enfants de Dieu. J'ai été fort aise de voir combien M. le comte d'Albert l'aime et l'estime, je m'en réjouis pour tous les deux : je prends plaisir à voir que M. le comte d'Albert sait estimer et aimer ce qui mérite d'être aimé et estimé. Pour madame la vidame, je ne saurois oublier ce que j'en ai vu à Chaulnes : il m'y a paru du fonds d'esprit, de la noblesse des sentiments, de la raison, du goût, et une certaine force qui est rare dans son sexe. Je prie Dieu qu'il

la subjugue, qu'il la rende bonne, petite, docile, et souple à ses volontés : mais c'est un ouvrage que la main de l'homme ne fera point, et que celle de Dieu même ne fait qu'insensiblement. Il n'y faut toucher non plus qu'à l'arche : il suffit de lui donner bon exemple, et de lui montrer une piété simple, aimable, et sans rigueur scrupuleuse sur les minuties. Il faut qu'elle voie, dans les personnes qui doivent lui servir de modèle, une justice exacte avec une charité délicate pour le prochain, l'horreur de la critique et de la moquerie, le support des défauts du prochain, l'attention à ses bonnes qualités, le renoncement à toute hauteur et à tout artifice, la vraie noblesse, qui consiste à être sans ambition et à remplir les vraies bienséances de son état par pure fidélité; enfin le mépris de cette vie, le recueillement, le courage à porter ses croix, avec une conduite unie, commode, sociable, et gaie sans dissipation. Une personne bien née, et qui a quelque principe de religion, ne sauroit voir et entendre à toute heure et tous les jours de la vie de si bonnes choses, sans en être touchée un peu plus tôt ou un peu plus tard. Je ne saurois rien dire ici pour notre bonne duchesse; elle est bonne, et elle a fait du progrès, car elle entend bien plus distinctement, et d'une manière bien plus lumineuse pour la pratique, ce qu'elle n'entendoit qu'à demi autrefois; mais il faut qu'elle devienne encore meilleure. Qu'elle ne s'écoute point; qu'elle se défie de sa vertu haute et rigoureuse; qu'elle apprenne quelle est la vertu et l'étendue de ces paroles : *Je veux la miséricorde, et non le sacrifice*[1]. Quand elle sera devenue petite au-dedans, elle sera compatissante et condescendante au-dehors; il n'y a que l'imperfection qui exige la perfection avec âpreté; plus on est parfait, plus on supporte l'imperfection de son prochain, sans la flatter. O mon bon duc, que j'aurai de joie quand je pourrai vous revoir!

165. — AU VIDAME D'AMIENS.

Il lui représente la patience et la miséricorde dont Dieu use envers lui.

A Cambrai, 9 février 1707.

Si je vous réponds tard, monsieur, c'est que je ne veux pas vous répondre par la poste. D'ailleurs vous jugez bien de l'empressement que j'aurois pour vous témoigner combien je suis attendri de votre confiance.

Le temps de cet hiver est précieux pour vous. Que savez-vous si ce ne sera pas le dernier de vo-

---

[1] Marie-Anne Colbert, duchesse de Mortemart, sœur des duchesses de Beauvilliers et de Chevreuse.

[1] *Matth.*, IX, 13.

tre vie? Peut-être que les entretiens pleins de foi et de zèle, mais assaisonnés de tendresse et de modération, que M. votre père emploie pour vous affermir dans le bien, sont les dernières paroles de la vérité pour vous! Peut-être que les impressions de grace que vous sentez encore sont les dernières graces que la miséricorde de Dieu fait à votre cœur! *Hodie si vocem ejus audieritis, nolite obdurare corda vestra* [1]. Dieu a eu une si grande pitié de votre foiblesse, qu'il vous a arraché ce que vous n'avez jamais eu le courage de lui donner. Il a fait tomber malgré vous ce qui étoit à craindre. Il a rompu vos liens, et vous ne voulez pas encore être en liberté. Que faut-il donc qu'il fasse pour vous faciliter votre salut? Voilà les temps périlleux qui s'approchent : *Juxta est dies perditionis, et adesse festinant tempora* [2]. Vous ne craignez point pour votre corps; mais au moins craignez pour votre ame. Méprisez les armes des hommes; mais ne méprisez pas les jugements de Dieu. Hélas! je crains pour vous jusqu'à ses miséricordes. Tant de graces foulées aux pieds se tourneront enfin en vengeances. Rien n'est si terrible que la colère de l'Agneau!

Mais à quoi tient-il que vous ne serviez Dieu? Vous croyez ses vérités; vous espérez ses biens; vous connoissez l'égarement insensé des impies; vous sentez la vanité, l'illusion de la vie présente, l'ensorcellement du monde, le poison des prospérités, la trahison des choses flatteuses, l'écoulement rapide de tout ce qui va s'évanouir. Vous avez été délivré malgré vous de votre esclavage; vos fers sont brisés, et vous ne voulez pas jouir de la liberté des enfants de Dieu qui vous est offerte. Vous ne sauriez nommer quelque chose qui puisse encore partager votre cœur. Que tardez-vous à chercher la paix et la vie dans leur unique source? *Gustate, et videte quoniam suavis est Dominus* [3]. O que vous serez coupable, si vous résistez à tant d'avances que Dieu fait! Combien est-il patient avec vous! combien l'avez-vous fait attendre! combien l'avez-vous rebuté pour des amusements indignes! O mon cher vidame, ne tardez plus; ouvrez-lui votre cœur; commencez à le prier, à lire en esprit de prière, à régler vos heures, à remplir vos devoirs, à vaincre votre goût pour l'amusement. En ce point, le monde même, tout corrompu qu'il est, est d'accord avec Dieu. Pardon d'avoir tant prêché.

Je ne saurois prendre Courcelles. Je ne sais point

[1] *Ps.* XCIV, 8. [2] *Deut.*, XXXII, 35. [3] *Ps.* XXXIII, 9.

encore si mon tapissier me quittera, et il me faudroit un autre tapissier.

Mille respects à madame la vidame. Je souhaite fort qu'elle conserve quelque bonté pour moi.

166. — AU DUC DE CHEVREUSE.

Il l'exhorte à terminer au plus tôt quelques affaires de famille, pour s'occuper ensuite plus librement de Dieu.

A Cambrai, 24 février 1707.

Je vous envoie, mon bon duc, une lettre pour M. le vidame; lisez-la : si elle est mal, supprimez-la simplement; si elle est bien, ayez la bonté de la fermer et de la rendre. Je pense souvent à vous avec attendrissement de cœur. J'augmente, ce me semble, en zèle pour madame la duchesse de Chevreuse. Je l'ai trouvée à Chaulnes plus dégagée qu'autrefois : elle est bonne; elle sera, comme je l'espère, encore meilleure. Mettez paisiblement l'ordre que vous pourrez à vos affaires, et songez à vous débarrasser. Toute affaire, quelque soin et quelque habileté qu'on y emploie, n'est point bien faite quand on ne la finit point; il faut couper court pour aller à une fin, et sacrifier beaucoup pour gagner du temps sur une vie si courte. O que je souhaite que vous puissiez respirer après tant de travaux! En attendant, il faut trouver Dieu en soi, malgré tout ce qui nous environne pour nous l'ôter. C'est peu de le voir par l'esprit comme un objet; il faut l'avoir au-dedans pour principe : tandis qu'il n'est qu'objet, il est comme hors de nous; quand il est principe, on le porte au-dedans de soi, et peu à peu il prend toute la place du moi. Le moi, c'est l'amour-propre. L'amour de Dieu est Dieu même en nous. Nous ne trouvons plus que Dieu seul en nous, quand l'amour de Dieu y a pris la place avec toutes les fonctions que l'amour-propre y usurpoit. Bonsoir, mon bon duc : ne vous écoutez point, et Dieu parlera sans cesse : sa raison sera mise sur les ruines de la vôtre. Quel profit dans cet échange!

167. — AU VIDAME D'AMIENS.

Il lui apprend la manière de s'occuper dans l'oraison.

31 mai 1707.

Vous me demandez, monsieur, la manière dont il faut prier, et s'occuper de Dieu pour s'unir à lui, et pour se soutenir contre les tentations de la vie. Je sais combien vous desirez de trouver, dans ce saint exercice, le secours dont vous avez besoin. Je crois que vous ne sauriez être avec Dieu dans une trop grande confiance. Dites-lui tout ce que vous avez sur le cœur, comme on se décharge le cœur avec un bon ami sur tout ce qui afflige ou qui fait plaisir. Racontez-lui vos peines, afin qu'il vous console; dites-lui vos joies, afin qu'il les modère; exposez-lui vos desirs, afin qu'il les purifie; représentez-lui vos répugnances, afin qu'il vous aide à les vaincre; parlez-lui de vos tentations, afin qu'il vous précautionne contre elles; montrez-lui toutes les plaies de votre cœur, afin qu'il les guérisse. Découvrez-lui votre tiédeur pour le bien, votre goût dépravé pour le mal, votre dissipation, votre fragilité, votre penchant pour le monde corrompu. Dites-lui combien l'amour-propre vous porte à être injuste contre le prochain; combien la vanité vous tente d'être faux, pour éblouir les hommes dans le commerce; combien votre orgueil se déguise aux autres et à vous-même. Quand vous lui direz ainsi toutes vos foiblesses, tous vos besoins et toutes vos peines, que n'aurez-vous point à lui dire! Vous n'épuiserez jamais cette matière; elle se renouvelle sans cesse.

Les gens qui n'ont rien de caché les uns pour les autres ne manquent jamais de sujets de s'entretenir : ils ne préparent, ils ne mesurent rien pour leurs conversations, parce qu'ils n'ont rien à réserver. Aussi ne cherchent-ils rien : ils ne parlent entre eux que de l'abondance du cœur, ils parlent sans réflexion, comme ils pensent; c'est le cœur de l'un qui parle à l'autre; ce sont deux cœurs qui se versent, pour ainsi dire, l'un dans l'autre. Heureux ceux qui parviennent à cette société familière et sans réserve avec Dieu!

A mesure que vous lui parlerez, il vous parlera. Aussi faut-il se taire souvent pour le laisser parler à son tour, et pour l'entendre au fond de votre cœur. Dites-lui : *Loquere, Domine, quia audit servus tuus* [1]; et encore : *Audiam quid loquatur in me Dominus* [2]. Ajoutez avec une crainte amoureuse et filiale : *Domine, ne sileas a me* [3]. L'esprit de vérité vous *suggérera* [4] au-dedans toutes les choses que Jésus-Christ vous enseigne au-dehors dans l'Évangile. Ce n'est point une inspiration extraordinaire qui vous expose à l'illusion; elle se borne à vous inspirer les vertus de votre état, et les moyens de mourir à vous-même pour vivre à Dieu : c'est une parole intérieure qui nous instruit selon nos besoins en chaque occasion.

Dieu est le vrai ami qui nous donne toujours le conseil et la consolation nécessaire. Nous ne manquons qu'en lui résistant : ainsi il est capital de s'accoutumer à écouter sa voix, à se faire taire intérieurement, à prêter l'oreille du cœur, et à ne perdre rien de ce que Dieu nous dit. On comprend bien ce que c'est que se taire au-dehors, et faire cesser le bruit des paroles que notre bouche prononce; mais on ne sait point ce que c'est que le silence intérieur. Il consiste à faire taire son imagination vaine, inquiète et volage; il consiste même à faire taire son esprit rempli d'une sagesse humaine, et à supprimer une multitude de vaines réflexions qui agitent et qui dissipent l'ame. Il faut se borner dans l'oraison à des affections simples, et à un petit nombre d'objets, dont on s'occupe plus par amour que par de grands raisonnements. La contention de tête fatigue, rebute, épuise; l'acquiescement de l'esprit et l'union du cœur ne lassent pas de même. L'esprit de foi et d'amour ne tarit jamais quand on n'en quitte point la source.

Mais je ne suis pas, direz-vous, le maître de mon imagination, qui s'égare, qui s'échauffe, qui me trouble; mon esprit même se distrait, et m'entraîne malgré moi vers je ne sais combien d'objets dangereux, ou du moins inutiles. Je suis accoutumé à raisonner; la curiosité de mon esprit me domine : je tombe dans l'ennui, dès que je me gêne pour la combattre : l'ennui n'est pas moins une distraction, que les curiosités qui me désennuient. Pendant ces distractions, mon oraison s'évanouit, et je la passe tout entière à apercevoir que je ne la fais pas.

Je vous réponds, monsieur, que c'est par le cœur que nous faisons oraison, et qu'une volonté sincère et persévérante de la faire est une oraison véritable. Les distractions qui sont entièrement involontaires n'interrompent point la tendance de la volonté vers Dieu. Il reste toujours alors un certain fonds d'oraison, que l'école nomme *intention virtuelle*. A chaque fois qu'on aperçoit sa distraction, on la laisse tomber, et on revient à Dieu en reprenant son sujet. Ainsi, outre qu'il demeure, dans les temps mêmes de distraction, une oraison du fond, qui est comme un feu caché sous la cendre, et une occupation confuse de Dieu, on réveille encore en soi, dès qu'on remarque la distraction, des affections vives et distinctes sur les vérités que l'on se rappelle dans ces moments-là. Ce n'est donc point un temps perdu. Si vous voulez en faire patiemment l'expérience, vous verrez que certains temps d'oraison, passés dans la distraction et dans l'ennui avec une bonne volonté, nourriront votre cœur, et vous fortifieront contre toutes les tentations.

Une oraison sèche, pourvu qu'elle soit soutenue avec une fidélité persévérante, accoutume une

---

[1] *I Reg.*, III, 10. [2] *Ps.* LXXXIV, 9. [3] *Ps.* XXVII, 1. [4] *Jean*, XIV, 26.

ame à la croix; elle l'endurcit contre elle-même; elle l'humilie; elle l'exerce dans la voie obscure de la foi. Si nous avions toujours une oraison de lumière, d'onction, de sentiment et de ferveur, nous passerions notre vie à nous nourrir de lait, au lieu de manger le pain sec et dur; nous ne chercherions que le plaisir et la douceur sensible, au lieu de chercher l'abnégation et la mort; nous serions comme ces peuples à qui Jésus-Christ reprochoit qu'ils l'avoient suivi, non pour sa doctrine, mais pour les pains qu'il leur avoit multipliés. Ne vous rebutez donc point de l'oraison, quoiqu'elle vous paroisse sèche, vide, et interrompue par des distractions. Ennuyez-vous-y patiemment pour l'amour de Dieu, et allez toujours sans vous arrêter; vous ne laisserez pas d'y faire beaucoup de chemin. Mais n'attaquez point de front les distractions : c'est se distraire que de contester contre la distraction même. Le plus court est de la laisser tomber, et de se remettre doucement devant Dieu. Plus vous vous agiterez, plus vous exciterez votre imagination, qui vous importunera sans relâche. Au contraire, plus vous demeurerez en paix en vous retournant par un simple regard vers le sujet de votre oraison, plus vous vous approcherez de l'occupation intérieure des choses de Dieu. Vous passeriez tout votre temps à combattre contre les mouches qui font du bruit autour de vous : laissez-les bourdonner à vos oreilles, et accoutumez-vous à continuer votre ouvrage, comme si elles étoient loin de vous.

Pour le sujet de vos oraisons, prenez les endroits de l'Évangile ou de l'Imitation de Jésus-Christ qui vous touchent le plus. Lisez lentement; et à mesure que quelque parole vous touche, faites-en ce qu'on fait d'une conserve, qu'on laisse long-temps dans sa bouche pour l'y laisser fondre. Laissez cette vérité couler peu à peu dans votre cœur. Ne passez à une autre que quand vous sentirez que celle-là a achevé toute son impression. Insensiblement vous passerez un gros quart d'heure en oraison. Si vous ménagez votre temps de sorte que vous puissiez la faire deux fois le jour, ce sera à deux reprises une demi-heure d'oraison par jour. Vous la ferez avec facilité, pourvu que vous ne vouliez point y trop faire, ni trop voir votre ouvrage fait. Soyez-y simplement avec Dieu dans une confiance d'enfant qui lui dit tout ce qui lui vient au cœur. Il n'est question que d'élargir le cœur avec Dieu, que de l'accoutumer à lui, et que de nourrir l'amour. L'amour nourri éclaire, redresse, encourage, corrige.

Pour vos occupations extérieures, il faut les partager entre les devoirs et les amusements. Je compte parmi les devoirs toutes les bienséances pour le commerce des généraux de l'armée et des principaux officiers, avec lesquels il faut un air de société et des attentions : c'est ce que vous pouvez faire à certaines heures publiques, où, étant à tout le monde par politesse, on n'est livré à personne en particulier. Hors de ces heures sacrifiées à la bienséance, il faut être en commerce particulier avec un très petit nombre de vrais amis qui pensent comme vous, et qui servent Dieu, ou du moins qui ne vous en éloignent pas. Il les faut choisir d'une naissance et d'un mérite qui convient à ce que vous êtes dans le monde.

Vous devez aussi lire, outre les livres de piété, des histoires et d'autres ouvrages qui vous cultivent l'esprit, tant pour la guerre que pour les affaires auxquelles vous pouvez avoir quelque part dans les emplois.

Une de vos principales occupations doit être, ce me semble, de voir tout ce qui se passe dans une armée, d'en faire parler tous ceux qui ont le plus de génie et d'expérience. Il faut les chercher, les ménager, leur déférer beaucoup, pour en tirer toutes les lumières utiles.

Pour les lectures de pure curiosité, qui ne vont à rien qu'à contenter l'esprit, je les retrancherois dès qu'elles iroient insensiblement jusqu'à vous passionner. Il faut renoncer au vin, dès qu'il enivre. Je n'admettrois tout au plus ces amusements, auxquels on fait trop d'honneur en leur donnant le nom d'étude, que comme on joue après dîner une ou deux parties aux échecs.

Le capital est de cultiver dans votre cœur ce germe de grâce. Écartez tout ce qui peut l'affoiblir; rassemblez tout ce qui peut le nourrir. Travaillez à force dans les commencements. *Regnum Dei vim patitur, et violenti rapiunt illud* [1]. Occupez-vous des miséricordes de Dieu, et de sa patience en votre faveur. *An ignoras quoniam benignitas Dei ad pœnitentiam te adducit* [2] ? Je ne cesse, monsieur, aucun jour de le prier pour vous. Il sait à quel point je vous suis dévoué pour toute ma vie.

168. — AU DUC DE CHEVREUSE.

Sur la mort de l'archevêque de Rouen [3], frère de la duchesse.

24 décembre 1707.

Je ne veux point, mon bon duc, fatiguer notre bonne duchesse par une lettre de condoléance. Elle

---

[1] *Mat.*, XI, 12.   [2] *Rom.*, II, 4.
[3] Jacques-Nicolas Colbert, mort à Paris, le 10 décembre 1707, âgé de cinquante-trois ans.

ne veut de moi aucun compliment, et elle ne doute pas, si je ne me trompe, de la sincérité avec laquelle je m'intéresse à tout ce qui la touche. J'ai véritablement senti la perte qu'elle vient de faire de monsieur son frère ; mais j'y ai adoré la main de Dieu. Ce prélat avoit un fonds de foi qui étoit mêlé de goûts naturels et de dissipation. Dieu l'a préparé par une longue maladie, et il l'a enfin arraché à tout ce qui étoit dangereux pour lui. Nous savons, mon bon duc, combien nous avons vu de miséricordes semblables dans la même famille [1] : il faut en bénir Dieu, et tourner ces pertes à profit pour se détacher de tout. Le détachement de grâce ne rompt ni n'affoiblit jamais les amitiés ; il ne fait que les purifier. Peut-on aimer mieux ses meilleurs amis, que de les aimer de l'amour de Dieu même, et d'aimer Dieu en eux ? C'est ainsi, mon bon duc, que je veux vous aimer tous, et point autrement. Je ne veux voir en aucun de vous que le seul bien-aimé. Peut-on se plaindre de ceux qui aiment ainsi leurs amis ? Ils les aiment du même amour dont ils s'aiment eux-mêmes. N'est-ce pas l'amour le plus sincère, le plus pur, le plus fort, le plus inaltérable ? Je vous en dirois davantage, mais je ne suis pas encore assez affermi contre une petite fièvre de rhume qui m'a incommodé pendant trois jours ; mandez-moi, je vous conjure, à la première occasion, des nouvelles de monsieur (*le vidame*). Je le porte dans mon cœur à l'autel avec attendrissement.

Bonjour, mon bon duc : Dieu soit en vous, coupant, retranchant, ôtant tout le bois inutile, pour ne laisser que le seul tronc nourri de la pure sève ! Qu'il soit tout en toutes choses !

169. — AU MÊME.

Sur l'état de la pure foi, et la soustraction de la ferveur sensible.

Un père tendre ne pense pas toujours à son fils : mille objets entraînent son imagination, et par son imagination son esprit. Mais ces distractions n'interrompent jamais l'amour paternel : à quelque heure que son fils revienne dans son esprit, il l'aime ; et il sent au fond de son cœur qu'il n'a pas cessé un seul moment de l'aimer, quoiqu'il ait cessé de penser à lui. Tel doit être notre amour pour notre Père céleste ; un amour simple, sans défiance et sans inquiétude. Si l'imagination s'égare, si l'esprit est entraîné, ne nous troublons point : toutes ces puissances ne sont point le vrai *homme de cœur*, l'homme *caché* dont parle saint Pierre [1], qui est *dans l'incorruptibilité d'un esprit modeste et tranquille*. Il n'y a qu'à faire un bon usage des pensées libres, en les tournant toujours vers la présence du bien-aimé, sans s'inquiéter sur les autres. C'est à Dieu à augmenter, quand il lui plaira, cette facilité sensible de conserver sa présence : souvent il nous l'ôte pour nous l'avancer ; car cette facilité nous amuse par trop de réflexions : ces réflexions sont des distractions véritables, qui interrompent le regard simple et direct de Dieu, et qui par-là nous retirent des ténèbres de la pure foi. On cherche dans ces réflexions le repos de l'amour-propre, et la consolation dans le témoignage qu'on veut se rendre à soi-même. Ainsi on se distrait par cette ferveur sensible, et au contraire on ne prie jamais si purement que quand on est tenté de croire qu'on ne prie plus. Alors on craint de prier mal ; mais on ne devroit craindre que de se laisser aller à la désolation de la nature lâche, à l'infidélité philosophique, qui veut toujours se démontrer à elle-même ses propres opérations dans la foi ; enfin au désir impatient de voir et de sentir pour se consoler. Il n'y a point de pénitence plus amère, que cet état de pure foi sans soutien sensible : d'où je conclus que c'est la pénitence la plus effective, la plus crucifiante et la plus exempte de toute illusion. Étrange tentation ! on cherche impatiemment la consolation sensible, par la crainte de n'être pas assez pénitent. Eh ! que ne prend-on pour pénitence le renoncement à la consolation qu'on est si tenté de chercher ?

Enfin il faut se souvenir de Jésus-Christ, que son père abandonna sur la croix. Dieu retira tout sentiment et toute réflexion pour se cacher à Jésus-Christ. Ce fut le dernier coup de la main de Dieu qui frappoit l'Homme de douleurs. Voilà ce qui consomme le sacrifice. Il ne faut jamais tant s'abandonner à Dieu que quand il semble nous avoir abandonnés. Prenons donc la lumière et la consolation quand il la répand, mais sans nous y attacher. Quand il nous enfonce dans la nuit de la pure foi, alors laissons-nous aller dans cette nuit où tout est agonie : un moment en vaut mille dans cette tribulation. On est troublé, et on est en paix : non-seulement Dieu se cache, mais il nous cache nous-mêmes à nous-mêmes, afin que tout soit en foi. On se sent découragé, et cependant on a une volonté immobile qui veut tout ce que Dieu veut de rude. On veut, on accepte tout, jusqu'au trou-

---

[1] Allusion au marquis de Seignelay, frère aîné de l'archevêque de Rouen et de la duchesse de Chevreuse, mort à trente-neuf ans.

[1] *I Petr.*, III, 4.

ble même par lequel on est éprouvé. Ainsi on est secrètement en paix par cette volonté qui se conserve au fond de l'ame pour souffrir la guerre. Béni soit Dieu, qui fait en nous de si grandes choses malgré nos indignités!

Quand j'aurai l'honneur de vous voir, nous parlerons des choses sur lesquelles vous voulez un éclaircissement. Je prie notre Seigneur qu'il comble de ses grâces, vous, madame la ....., et toute votre famille.

170. — A M. DE SACY.

Son admiration sincère pour les talents de Bossuet.

A Cambrai, 24 décembre 1707.

Vous ne me faites pas justice, monsieur, si vous croyez que les louanges données aux talents de feu M. de Meaux et à ses écrits contre les protestants puissent me blesser. Ma délicatesse seroit injuste, si elle alloit jusqu'à cet excès. Mes vrais amis, loin de la flatter, devroient travailler à m'en corriger. Je ne suis pas, Dieu merci, dans cette disposition. Il me semble qu'en toute occasion je loue sans peine et avec plaisir tout ce que je trouve de louable dans les ouvrages de ce prélat. Ceux qui me voient tous les jours pourroient vous dire que quand on parle de théologie, de philosophie, de poésie ou d'éloquence, je tâche de faire bonne justice à un grand nombre de choses très estimables que j'ai remarquées dans les ouvrages de M. de Meaux, ou que je me souviens de lui avoir ouï dire en conversation. Eh! qui suis-je, pour vouloir empêcher qu'on ne loue tout ce qui est louable et utile? ne dois-je pas moi-même le louer? Ne me rendrois-je pas odieux, si les meilleures choses ne pouvoient attirer mes louanges, parce que celui qui les a dites avoit quelque prévention contre moi? Je prie Dieu de tout mon cœur pour sa personne; je n'en parle jamais que pour approuver sans affectation beaucoup de choses excellentes qu'il a écrites. Je serois bien fâché que mes amis ne parlassent pas naturellement, dans les occasions, avec la même justice et la même sincérité. Jugez par-là, monsieur, combien je suis éloigné de vouloir les gêner dans leurs pensées.

Votre amie[1] se porte mieux : elle me le mande. Vous la reverrez dès que vous la croirez nécessaire à Paris pour son procès. Personne n'est plus parfaitement que moi, monsieur, etc.

[1] Sans doute la marquise de Lambert.

171. — A L'ÉLECTEUR DE COLOGNE.

Il approuve la conduite de l'électeur envers l'abbé Denys, théologal de Liége.

A Cambrai, 7 février 1708.

Puisque Votre Altesse électorale m'ordonne de lui expliquer mon sentiment avec une liberté entière, j'aurai l'honneur de lui dire, avec la plus exacte sincérité, que sa lettre est très digne d'elle. La douceur et la modération que M. Denys a tant voulu montrer aboutit à vous demander le châtiment de votre confesseur, parce que celui-ci, examinant par votre ordre son ouvrage, n'approuve pas qu'un théologien élude visiblement la constitution du Saint-Siége. Si l'autorité de l'Église ne fait qu'une simple probabilité, et si elle *laisse*, comme M. Denys l'a dit, le fait de Jansénius *au rang des choses incertaines*; il demeure encore incertain si les constitutions sont vraies et justes, ou fausses et injustes. Jamais une opinion n'est probablement vraie, sans qu'il reste à l'opinion opposée quelque degré de probabilité. Suivant cette supposition, la décision de l'Église contre le livre de Jansénius, qui n'est que probablement vraie, est en même temps probablement fausse. En vérité, M. Denys peut-il croire qu'un pape aussi éclairé que Clément XI approuve qu'on soutienne que sa constitution n'est que probablement vraie et juste, et par conséquent qu'elle est probablement fausse et injuste? M. Denys croit-il sérieusement qu'un pontife si digne d'être le vicaire de Jésus-Christ, et si zélé pour l'autorité de l'église, soit content qu'on dise que cinq constitutions du Siége apostolique, reçues de toutes les Églises de sa communion, *laissent au rang des choses incertaines* le fait qu'elles ont décidé? Qu'y auroit-il de plus indigne de la sagesse et de la gravité de l'Église, que d'avoir fait tant de bruit depuis près de soixante-dix ans, pour n'établir qu'une opinion incertaine et probablement fausse sur un fait de nulle importance? Ne seroit-ce pas abuser horriblement du saint nom de Dieu, et le faire prendre en vain, que de contraindre tant de personnes à jurer contre leur conviction, ou du moins contre leur doute, en faveur d'une simple probabilité, contre une autre probabilité opposée touchant un fait qui n'importe nullement à la foi? M. Denys veut-il que l'Église soit coupable de cette profanation du saint nom de Dieu, et prétend-il que le pape lui ait envoyé une médaille pour le remercier d'avoir appris au monde que le serment du Formulaire se réduit à croire que le fait de Jansénius est probablement vrai et probablement faux, et par conséquent que l'Église est inexcusable d'avoir si long-temps tyrannisé les consciences, pour les faire jurer en vain sur un fait qui demeure *au rang des choses incertaines?* Ne voit-on pas que c'est anéantir tout ce qu'il y a de sérieux et d'effectif dans ce serment, que de le réduire à une opinion probable? M. Denys veut donc faire un accommodement entre l'Église et le parti de Jansénius, en déshonorant l'Église, en ne lui donnant rien qui ne se tourne en dérision, et en accordant au parti de quoi triompher d'elle. Est-ce donc là cet expédient dont il dit que le pape l'a remercié? Pour moi, je suis persuadé qu'un pape si zélé et si pénétrant ne tolérera jamais un expédient si pernicieux. Le seul expédient véritable pour procurer la paix est d'ôter au parti toute espérance d'un milieu faux et imaginaire. Ce n'est pas un accommodement qu'il faut faire entre deux partis à peu près égaux; c'est un parti indocile qu'il faut soumettre absolument aux décisions de l'Église. Il faut lui apprendre que *la vraie obéissance de l'homme orthodoxe* consiste à ne se plus écouter soi-même, pour écouter l'Église, colonne et appui de la vérité. Il faut lui apprendre que l'Église, qui fait jurer *que la doctrine hérétique est contenue dans le livre de Jansénius,* ne le fait point sans une pressante nécessité de sauver le dépôt de la foi, et qu'elle demande, non une opinion probable sur un fait incertain et peut-être faux, mais un jugement certain, fixe et irrévocable, comme les plus habiles écrivains du parti avouent que la constitution le décide. Il faut lui apprendre que l'Église ne se contente d'aucune autre intention, disposition ou crédulité, c'est-à-dire croyance moins forte que ce jugement absolu, sans crainte de s'y pouvoir tromper. Il faut lui apprendre que l'Église, loin de réduire sa décision à une probabilité, ni même à une évidence qui puisse être examinée par le raisonnement humain, veut que la présomption humaine se taise après que l'autorité de saint Pierre, chef des apôtres, confirmée par l'oracle divin, a parlé; en sorte qu'il faut non-seulement qu'elle se taise, mais encore qu'elle réduise son entendement en captivité, pour le soumettre à Jésus-Christ, que le pontife romain représente. C'est ainsi que la cause est finie. Or, les plus habiles défenseurs du parti avouent que cette expression, *La cause est finie,* signifie clairement, dans le langage de saint Augustin dont l'Église se sert, une cause décidée sans retour par une autorité infaillible. C'est ce que l'auteur de la *Justification du silence respectueux* avoue qu'on ne peut contester; et il en rend des raisons si démonstratives,

que M. Denys ne parviendra jamais à les ébranler. L'unique accommodement qui reste à faire consiste donc, monseigneur, à rendre le parti doux et humble de cœur, à lui persuader qu'il entend mal saint Augustin, et qu'il veut soutenir dans le livre de Jansénius un système composé de cinq hérésies, qui est très contraire au vrai système de ce Père : c'est de lui apprendre à faire taire la présomption humaine, pour écouter l'oracle divin et à réduire son entendement en captivité pour le soumettre à Jésus-Christ. Quand M. Denys parlera ainsi à ses amis, pour leur persuader de signer de jurer, et de croire d'une croyance intime, certaine et invariable, que le système du livre de Jansénius est hérétique, il méritera non-seulement la médaille qu'il a reçue, mais encore les applaudissements du vicaire de Jésus-Christ. En attendant on doit le louer d'avoir montré son zèle pour réfuter une folle et insolente critique d'une homélie qui n'avoit aucun besoin d'être justifiée. Mais il ne faut pas confondre deux choses, dont l'une est si louable, et l'autre si dangereuse. *Laudo vos, in hoc non laudo*[1].

Le parti que vous avez pris, monseigneur, est plein de sagesse et de bonté. D'un côté, vous répondez avec une douceur et une patience très édifiante aux plaintes hautaines de M. Denys, qui demande le châtiment de votre confesseur. D'un autre côté, vous ne voulez point souffrir qu'on publie, dans les lieux où vous êtes le prince et l'évêque, une explication de la constitution du pape qui l'élude, qui l'anéantit, qui la déshonore : vous voulez en avertir Sa Sainteté, et apprendre d'elle ce qu'elle veut qu'on fasse contre ce faux accommodement, qui donneroit une réelle victoire au parti.

Pour moi, monseigneur, j'ai des remercîments infinis à faire à Votre Altesse électorale, pour les égards pleins d'une singulière bonté qu'elle me témoigne : j'en conserverai toute ma vie la plus sincère et la plus vive reconnoissance. Mais elle me permettra de lui dire que, comme j'ai écrit non pour moi, mais pour l'Église, je ne desire rien aussi que par rapport au seul intérêt de l'Église dans cette affaire. Il seroit très indécent qu'une doctrine si injurieuse aux constitutions du Siége apostolique parût approuvée dans le diocèse de Liége, qui s'est toujours signalé par son zèle pour ce Siége, chef et centre de tous les autres. Mais d'ailleurs rien ne seroit plus utile à l'éclaircissement parfait de la vérité, que de laisser écrire M. De-

[1] *I Cor.*, XI. 22.

nys. Plus il écrira, plus il fera sentir au monde qu'on ne peut justifier les constitutions et le serment du Formulaire, qu'en admettant l'autorité infaillible qu'il tâche d'éluder. Plus il écrira, plus les défenseurs de la cause de l'Église et les écrivains mêmes du parti réfuteront avec évidence son absurde probabilité.

172. — AU VIDAME D'AMIENS.

Il compatit à ses peines intérieures, et l'exhorte à prendre une généreuse résolution.

A Cambrai, 28 mars 1708.

Il n'est pas étonnant, monsieur, que vous me craigniez. Pendant que vous ne serez pas d'accord avec vous-même, vous craindrez votre propre raison, et encore plus votre foi, qui vous condamnent : à plus forte raison craindrez-vous un homme que vous supposez peu compatissant à vos infirmités. Pour moi, je ne suis pas aussi méchant que vous le croyez. Je vous plains; je voudrois pouvoir vous soulager. Que ne puis-je souffrir vos peines pour vous en délivrer! Il n'y a rien que je ne voulusse faire, excepté vous flatter par une mauvaise complaisance. Vous souffrez plus que vous ne souffririez si vous vous jetiez dans le sein de Dieu. Vous n'auriez chaque jour que les mêmes actions à faire, et l'amour vous les adouciroit. Plus vous écoutez votre mollesse, et votre goût pour certains amusements, plus vous vous préparez d'embarras et d'obstacles. Que tardez-vous à vous déterminer? C'est le partage du cœur et l'irrésolution qui vous font languir. Si vous étiez déterminé, vous verriez les choses tout autrement, et vous sentiriez ce que vous n'avez pas encore senti. Vous êtes convaincu de ce que vous devez à Dieu. Vous n'avez rien à opposer aux vérités de la religion, que votre vivacité pour quelques amusements, et que votre tiédeur pour la vertu. *Si veritatem dico vobis, quare non creditis mihi*[1]? Puisque Jésus-Christ vous dit la vérité pour votre salut, pourquoi hésitez-vous? pourquoi ne vous livrez-vous pas à sa grace et à son amour? Malheur à l'homme qui a deux cœurs! *Væ duplici corde*[2]!

O si vous aviez goûté la consolation et la liberté qu'on trouve à n'être qu'un et à n'avoir qu'une volonté toute réunie vers le bien, vous regretteriez tous les moments perdus! C'est déjà une grande misère que d'avoir en soi la révolte de la chair contre l'esprit; mais au moins l'esprit ne devroit pas être divisé. Il faudroit qu'il fût d'accord avec soi-même pour ne vouloir que ce que Dieu veut. Faute de cette réunion intime, on n'a point de paix; on porte dans son cœur une guerre civile. Vous ne pouvez finir vos irrésolutions que par la prière. Raisonnez peu, mais priez beaucoup; et, pour pouvoir prier beaucoup, prenez la prière avec une simplicité qui vous la facilite.

Je vous ai écrit autrefois à l'armée une lettre sur la manière de vous occuper à l'oraison, et de vous familiariser avec cet exercice. Vous ne sauriez vous y donner une trop grande liberté d'esprit, pour y pouvoir persévérer sans trop de contention et de gêne. Parlez-y à Dieu, comme au meilleur de vos amis, de tout ce que vous connoissez de défauts en vous, de toutes vos peines, de tous vos besoins. Délibérez avec lui sur vos affaires, et demandez-lui conseil sur tout ce qui mérite une décision. Pour ce qui est de certains partis à prendre, sans lesquels vous ne feriez que languir, il faut se tenir rigueur à soi-même, et aller en avant sans regarder derrière soi. C'est par-là qu'on en est quitte à meilleur marché. Quoique vous me craigniez comme un loup-garou, je meurs d'envie de vous embrasser à votre passage. Aimez, s'il vous plaît, monsieur, celui qui vous honore et aime sans mesure.

173. — DU DUC DE BOURGOGNE A FÉNELON.

Il se réjouit de ce que les circonstances lui permettent d'avoir cette année là la consolation de le voir.

A Senlis, 15 mai 1708.

Je suis ravi, mon cher archevêque, que la campagne que je vais faire en Flandre me donne lieu de vous embrasser, et de vous renouveler moi-même les assurances de la tendre amitié que je conserverai pour vous toute ma vie. S'il m'avoit été possible, je me serois fait un plaisir d'aller coucher chez vous; mais vous savez qu'il y a des raisons qui m'obligent à garder des mesures, et je crois que vous ne vous en formaliserez point. Je serai demain à Cambrai sur les neuf heures; j'y mangerai un morceau à la poste, et je monterai ensuite à cheval pour me rendre à Valenciennes. J'espère vous y voir, et vous y entretenir sur diverses choses. Si je ne vous donne pas souvent de mes nouvelles, vous croyez bien que ce n'est pas manque d'amitié et de reconnoissance : elle est assurément telle qu'elle doit être.

---

[1] *Joan.*, VIII, 46.   [2] *Eccli.*, II, 14.

174. — DU MÊME AU MÊME.

Sur l'entrevue que le duc de Bourgogne doit avoir prochainement avec l'électeur de Cologne. Ses sentiments sur le jansénisme, et ses dispositions envers Fénelon.

A Valenciennes, le 21 mai 1708.

Votre lettre m'a été rendue en particulier, mon cher archevêque, et je vous envoie la réponse par la même voie. C'est la meilleure dont vous puissiez user, lorsque vous le jugerez à propos. L'électeur de Cologne a fait savoir à M. de Vendôme qu'il desiroit me voir; et à cause des inconvénients du cérémonial, et que je ne lui pourrois pas donner autant qu'il prétendroit, il a été convenu que je ne le verrois qu'à cheval, et je crois que ce sera le jour de la revue de l'armée : ainsi faites-lui la réponse que vous avez projetée. Je sais que ce prince a plus de mérite qu'on ne lui en croit : je le connois par moi même. Je suis charmé des avis que vous me donnez dans la seconde partie de votre lettre, et je vous conjure de les renouveler toutes les fois qu'il vous plaira. Il me paroît, Dieu merci, que j'ai une partie des sentiments que vous m'y inspirez, et que, me faisant connoître ceux qui me manquent, Dieu me donnera la force de tout accomplir, et d'user des remèdes que vous me prescrivez. Il me paroît que, pour ne guère nous voir, vous ne me connoissez pas mal encore. Quant à l'article qui regarde les jansénistes, j'espère, par la grace de Dieu, non pas telle qu'ils l'entendent, mais telle que la connoît l'Église catholique, que je ne tomberai jamais dans les piéges qu'ils voudront me dresser. Je connois le fond de leur doctrine, et je sais qu'elle est plus calviniste que catholique. Je sais qu'ils écrivent avec esprit et justesse : je sais qu'ils font profession d'une morale sévère, et qu'ils attaquent fortement la relâchée; mais je suis en même temps qu'ils ne la pratiquent pas toujours. Vous en connoissez les exemples, qui ne sont que trop fréquents. J'aurai une attention très particulière à ce qui regarde les églises et les maisons des pasteurs : c'est un point essentiel, et je garderai sur ces points une exacte sévérité. Continuez vos prières, je vous en supplie : j'en ai plus besoin que jamais. Unissez-les aux miennes, ou plutôt je les unirai aux vôtres; car je sais qu'en pareil cas l'évêque est au-dessus du prince. Vous faites très sagement de ne point venir ici, et vous en pouvez juger par ce que je n'ai point été coucher à Cambrai. J'y aurois été assurément, sans les raisons décisives qui m'en ont empêché. Sans cela, j'aurois été ravi de vous voir ici pendant le séjour que j'y fais, et de vous y entretenir sur beaucoup de matières où vous auriez été plus capable que personne de m'éclaircir et de me donner conseil. Vous savez l'amitié que j'ai toujours eue pour vous, et que je vous ai rendu justice au milieu de tout ce dont on vous accusoit injustement. Soyez persuadé que rien ne sera capable de la diminuer, et qu'elle durera autant que ma vie.

175. — DE FÉNELON AU VIDAME D'AMIENS.

Il le remercie d'un petit service, et l'engage à demeurer fidèle à Dieu.

Cambrai, 22 mai 1708.

Je vous suis très obligé, monsieur, de la bonté avec laquelle vous avez bien voulu prendre les soins que je vous avois demandés. Les miens seront de prier Dieu pour vous pendant la campagne, afin qu'il vous conserve de toutes les façons. Vous voilà tous les jours exposé aux occasions dangereuses. J'avoue qu'une telle situation me fait de la peine pour les personnes que j'honore et que j'aime. Je leur souhaite fort une conscience pure qui soit le fondement d'une humble confiance en Dieu, pour aller, s'il le faut, paroître devant lui.

Quand on a fait son devoir pendant quelque temps, on peut continuer : on est le même homme, et Dieu n'abandonne point ceux qui sont fidèles à sa grace. En faisant le bien, on n'a point été malheureux : pourquoi craint-on de le devenir en continuant? On a même goûté la paix et la joie d'une bonne conscience : pourquoi ne veut-on pas encore la goûter? Vous devez plus à Dieu qu'un autre, vous qui avez acquis beaucoup de connoissances très utiles, et qui avez l'esprit exercé aux réflexions les plus sérieuses : mais je ne compte pour rien l'esprit et le courage pour la vertu, à moins qu'on ne recoure avec une sincère défiance de soi-même à la grace de Dieu. Honorez-moi, s'il vous plaît, monsieur, de la continuation de votre amitié, et regardez-moi comme l'homme du monde qui vous est le plus dévoué.

176. — A LA DUCHESSE DOUAIRIÈRE DE MORTEMART.

Combattre ses défauts patiemment et sans trouble : donner aux autres une grande liberté de s'ouvrir à nous.

A Cambrai, 8 juin 1708.

Je vous avoue, ma bonne duchesse, que je suis ravi de vous voir accablée par vos défauts, et par l'impuissance de les vaincre. Ce désespoir de la nature, qui est réduite à n'attendre plus rien de soi et à n'espérer que de Dieu, est précisément ce que Dieu veut. Il nous corrigera quand nous n'espérerons plus de nous corriger nous-mêmes. Il est vrai que vous avez un naturel prompt et âpre, avec un fonds de mélancolie qui est trop sensible à tous les défauts d'autrui, et qui rend les impressions difficiles à effacer ; mais ce ne sera jamais votre tempérament que Dieu vous reprochera, puisque vous ne l'avez pas choisi, et que vous n'êtes pas libre de vous l'ôter. Il vous servira même pour votre sanctification, si vous le portez comme une croix. Mais ce que Dieu demande de vous, c'est que vous fassiez réellement dans la pratique ce que sa grace met dans vos mains. Il s'agit d'être petite au-dedans, ne pouvant pas être douce au-dehors. Il s'agit de laisser tomber votre hauteur naturelle, dès que la lumière vous en vient. Il s'agit de réparer par petitesse ce que vous aurez gâté par une saillie de hauteur. Il s'agit d'une petitesse pratiquée réellement et de suite dans les occasions. Il s'agit d'une sincère désappropriation de vos jugements. Il n'est pas étonnant que la haute opinion que toutes nos bonnes gens ont eue de toutes vos pensées depuis douze ans vous ait insensiblement accoutumée à une confiance secrète en vous-même, et à une hauteur que vous n'aperceviez pas. Voilà ce que je crains pour vous cent fois plus que les saillies de votre humeur. Votre humeur ne vous fera faire que des sorties brusques ; elle servira à vous montrer votre hauteur, que vous ne verriez peut-être jamais sans ces vivacités qui vous échappent : mais la source du mal n'est que dans la hauteur secrète qui a été nourrie si long-temps par les plus beaux prétextes.

Laissez-vous donc apetisser par vos propres défauts, autant que l'occupation des défauts d'autrui vous avoit agrandie. Accoutumez-vous à voir les autres se passer de vos avis, et passez-vous vous-même de les juger. Du moins, si vous leur dites quelque mot, que ce soit par pure simplicité, non pour décider et pour corriger, mais seulement pour proposer par simple doute, et desirant qu'on vous avertisse comme vous aurez averti. En un mot, le grand point est de vous mettre de plain-pied avec tous les petits les plus imparfaits. Il faut leur donner une certaine liberté avec vous, qui leur facilite l'ouverture de cœur. Si vous avez reçu quelque chose pour eux, il faut le leur donner, moins par correction que par consolation et nourriture.

A l'égard de M. de Chamillard, vous ne ferez jamais si bien ce que Dieu demandera de vous, que quand vous n'y aurez ni empressement ni activité. Ne vous mêlez de rien, quand on ne vous cherchera pas. Vous n'aurez la confiance des gens pour leurs biens, et vous ne serez à portée de leur être utile, qu'autant que vous les laisserez venir. Rien n'acquiert la confiance, que de ne l'avoir jamais cherchée. Je dis tout ceci, parce qu'il est naturel qu'on soit tenté de vouloir redresser ce qui paroît en avoir un pressant besoin, et à quoi on s'intéresse. Pour garder un juste tempérament là-dessus, vous pouvez consulter quelqu'un qui en sait plus que moi. Dieu sait, ma bonne duchesse, à quel point je suis uni à vous, et combien je souhaite que les autres le soient.

177. — AU VIDAME D'AMIENS.

Il l'engage à être ferme dans ses résolutions.

10 août 1708.

Il y a long-temps, monsieur, que je desire avoir l'honneur de vous écrire ; mais les mouvements de guerre qui vous occupent depuis quelque temps m'en ont empêché. Je ne puis néanmoins résister toujours à mon inclination et à mon zèle. J'ai été ravi de savoir que vous étiez en santé parfaite, après tout ce qui s'est passé. Il ne me reste qu'à desirer que N.... [1] ne se laisse point entraîner par les amusements journaliers, et qu'il soit ferme à exécuter le projet qu'il a formé. Il faut du courage à toutes choses : ce n'est point un courage d'effort et de saillie, mais de patience et d'égalité. Moins on se fait de violence, moins on est capable de s'en faire : au contraire, plus on se fait de violence, plus on s'accoutume à prendre sur soi. Les choses qu'on quitte paroissent ce qu'elles sont dès qu'on les a quittées ; et on n'en fait cas que quand on n'est pas encore assez résolu de les mépriser.

Vous me direz peut-être que N.... pense là-dessus précisément comme vous et moi ; mais qu'il est foible, plein de goût pour l'amusement, et qu'il craint la peine de s'appliquer. Je réponds que N.... doit desirer de vaincre sa foiblesse. Vous me répondrez : Comment vaincra-t-il sa foiblesse, lui qui est foible ? où est la force par laquelle il pourra se vaincre ? Je réponds que c'est déja un commencement de force que de sentir qu'on est foible. Un malade qui sent combien il est foible a au moins un sentiment qui est une ressource pour lui ; ensuite il prend un bâton, demande des aliments pour se fortifier, et a recours à quelqu'un pour le soutenir quand il veut sortir de son lit.

[1] Il y a tout lieu de croire que la lettre *N* signifie le vidame lui-même, que Fénelon ne désigne qu'en tierce personne, dans la crainte que sa lettre ne fût interceptée.

N.... doit chercher en autrui tout ce qu'il sent qui lui manque en lui-même. Vous lui rendrez un grand service, si vous lui remettez souvent cette vérité devant les yeux. Vous êtes très propre à l'en persuader, vous qui la connoissez à fond. Il faut le réveiller souvent par de petits mots, sans le fatiguer. De temps en temps pressez-le un peu de bonne amitié, pour l'engager à faire certains pas nécessaires. Il en ressentira une vraie consolation, et vous serez ravi de l'avoir déterminé. Vous savez, monsieur, combien je vous suis dévoué.

178. — A LA DUCHESSE DOUAIRIÈRE DE MORTEMART.

La paix intérieure ne se trouvent que dans la petitesse et la désappropriation de l'esprit.

A Cambrai, 22 août 1708.

Le grand abbé (*de Beaumont*) vous dira de nos nouvelles, ma bonne duchesse : mais il ne sauroit vous dire à quel point mon cœur est uni au vôtre. Je souhaite fort que vous ayez la paix au-dedans. Vous savez qu'elle ne se peut trouver que dans la petitesse, et que la petitesse n'est réelle qu'autant que nous nous laissons rapetisser sous la main de Dieu en chaque occasion. Les occasions dont Dieu se sert consistent d'ordinaire dans la contradiction d'autrui qui nous désapprouve, et dans la foiblesse intérieure que nous éprouvons. Il faut nous accoutumer à supporter au-dehors la contradiction d'autrui, et au-dedans notre propre foiblesse. Nous sommes véritablement petits quand nous ne sommes plus surpris de nous voir corrigés au-dehors, et incorrigibles au-dedans. Alors tout nous surmonte comme de petits enfants, et nous voulons être surmontés ; nous sentons que les autres ont raison, mais que nous sommes dans l'impuissance de nous vaincre pour nous redresser. Alors nous désespérons de nous-mêmes, et nous n'attendons plus rien que de Dieu. Alors la correction d'autrui, quelque sèche et dure qu'elle soit, nous paroît moindre que celle qui nous est due. Si nous ne pouvons pas la supporter, nous condamnons notre délicatesse encore plus que nos autres imperfections. La correction ne peut plus alors nous rapetisser, tant elle nous trouve petits. La révolte intérieure, loin d'empêcher le fruit de la correction, est au contraire ce qui nous en fait sentir le pressant besoin. En effet, la correction ne peut se faire sentir qu'autant qu'elle coupe dans le vif. Si elle ne coupoit que dans le mort, nous ne la sentirions pas. Ainsi, plus nous la sentons vivement, plus il faut conclure qu'elle nous est nécessaire.

Pardonnez-moi donc, ma bonne duchesse, toutes mes indiscrétions. Dieu sait combien je vous aime, et à quel point je suis sensible à toutes vos peines. Je vous demande pardon de tout ce que j'ai pu vous écrire de trop dur ; mais ne doutez pas de mon cœur, et comptez pour rien ce qui vient de moi. Regardez la seule main de Dieu, qui s'est servi de la rudesse de la mienne pour vous porter un coup douloureux. La douleur prouve que j'ai touché à l'endroit malade. Cédez à Dieu ; acquiescez pleinement : c'est ce qui vous mettra en repos, et d'accord avec tout vous-même. Voilà ce que vous savez si bien dire aux autres. L'occasion est capitale ; c'est un temps de crise. O quelle grâce ne coulera point sur vous, si vous portez, comme un petit enfant, tout ce que Dieu fait pour vous rabaisser, et pour vous désapproprier tant de votre sens, que de votre volonté ! Je le prie de vous faire si petite, qu'on ne vous trouve plus.

179. — AU VIDAME D'AMIENS.

Il ne croit pas que le duc de Bourgogne doive retourner à la cour dans les circonstances présentes.

A Cambrai, 7 septembre 1708.

Je suis en tristesse et en peine, monsieur, depuis plusieurs jours. Nous prions pour l'état, pour le prince auprès duquel vous êtes, pour vous, pour beaucoup de personnes chères. Je vous conjure d'avoir la bonté de rendre en main propre la lettre ci-jointe, sans que personne puisse l'apercevoir, ni s'en douter ; le secret est essentiel. Ne craignez rien ; la chose en elle-même ne vous compromet nullement. Vous savez, monsieur, avec quels sentiments vifs et tendres je vous suis dévoué pour tout le reste de ma vie, et sans réserve.

Je vous conjure de ne perdre pas un seul moment pour rendre ma lettre.

On commence à répandre un bruit que tous vos généraux, excepté M. de Vendôme, trouvent le secours impossible, et que Mgr le D. de B. (*le duc de Bourgogne*) est sur le point de s'en retourner à la cour : cela me perce le cœur. Mgr le D. de B. ne sauroit partir après rien de plus triste que l'abandon de Lille. Ainsi le reste de la campagne, après la prise de cette ville, ne peut avoir rien de plus amer : au contraire, il peut arriver des cas où l'on trouve quelque adoucissement à ce malheur, et je voudrois que le prince en eût le mérite et la gloire. Il est inutile de dire que le prince ne doit pas être présent à l'affront de cette ville prise ; il ne l'auroit pas moins en se retirant quelques jours avant la prise, qu'en demeurant l'armée : au moins il paroîtroit qu'il n'est pas venu pour une espèce de carrousel, et qu'il soutient avec patience, courage et ressource, les malheureuses occasions. C'est un genre de gloire qui reste à acquérir très avantageusement, quand les succès deviennent impossibles. Mais s'il s'en va avec précipitation, laissant à un autre le soin de relever les armes du roi, on lui imputera les mauvais événements déjà arrivés, et on supposera qu'il a fallu laisser à un autre le soin de les réparer. Je prie Dieu qu'il soit son conseil.

180. — AU DUC DE BOURGOGNE.

Il souhaite que ce prince demeure à la tête des armées jusqu'à la fin de la campagne.

(Septembre 1708.)

Je n'ai garde, monseigneur, de me mêler des affaires qui sont au-dessus de moi, et principalement de celles de la guerre, que j'ignore profondément; mais la connoissance de vos bontés, et un excès de zèle, me font prendre la liberté de vous dire, par cette voie très sûre et très secrète, que si Dieu permettoit que vous ne pussiez pas secourir Lille, il conviendroit au moins, si je ne me trompe, que vous fissiez les dernières instances pour obtenir la permission de demeurer à la tête des armées jusqu'à la fin de la campagne. Quand un grand prince comme vous, monseigneur, ne peut pas acquérir de la gloire par des succès éclatants, il faut au moins qu'il tâche d'en acquérir par sa fermeté, par son génie, et par ses ressources dans les tristes événements. Je suis persuadé, monseigneur, que toute la pente de votre cœur est pour ce parti. Il ne dépend pas de vous de faire l'impossible; mais ce qui peut soutenir la réputation des armes du roi et la vôtre est que vous fassiez jusqu'à la fin tout ce qu'un vieux et grand capitaine feroit pour redresser les choses. Les habiles gens vous feront alors justice ; et les habiles gens décident toujours à la longue dans le public. Souffrez cette indiscrétion du plus dévoué et du plus zélé de tous les hommes.

181. — AU MÊME.

C'est dans l'adversité que doit éclater le courage d'un prince: exemple de saint Louis. Éviter l'indécision, quand on est à la tête des affaires.

A Cambrai, 16 septembre 1708.

Monseigneur, je ne suis consolé des mécomptes que vous éprouvez que par l'espérance du fruit que Dieu vous fera tirer de cette épreuve. Dieu donne souvent, comme saint Augustin le remarque, les prospérités temporelles aux impies mêmes, pour montrer combien il méprise ces biens dont le monde est si ébloui. Mais pour les croix, il les réserve aux siens, qu'il veut détacher, humilier sous sa puissante main, et rendre l'objet de sa complaisance. *C'est parce que vous étiez agréable à Dieu,* dit l'ange à Tobie [1], *qu'il a été nécessaire que la tentation vous éprouvât.* Il manque beaucoup à tout homme, quelque grand qu'il soit d'ailleurs, qui n'a jamais senti l'adversité. Le Sage dit [2] : *Celui qui n'a point été tenté, que sait-il ?* On ne connoît ni les autres hommes ni soi-même, quand on n'a jamais été dans l'occasion du malheur, où l'on fait la véritable épreuve de soi et d'autrui. La prospérité est un torrent qui vous porte; en cet état, tous les hommes vous encensent, et vous vous enivrez de cet encens. Mais l'adversité est un torrent qui vous entraîne, et contre lequel il faut se roidir sans relâche. Les grands princes ont plus de besoin que tout le reste des hommes des leçons de l'adversité : c'est d'ordinaire ce qui leur manque le plus. Ils ont besoin de contradiction pour apprendre à se modérer, comme les gens d'une médiocre condition ont besoin d'appui. Sans la contradiction, les princes *ne sont point dans les travaux des hommes* [3], et ils oublient l'humanité. Il faut qu'ils sentent que tout peut leur échapper, que leur grandeur même est fragile, et que les hommes qui sont à leurs pieds leur manqueroient, si cette grandeur venoit à leur manquer. Il faut qu'ils s'accoutument à ne vouloir jamais hasarder de trouver le bout de leur pouvoir, et qu'ils sachent se mettre par bonté en la place de tous les autres hommes, pour voir jusqu'où il faut les ménager. En vérité, monseigneur, il est bien plus important au vrai bien des princes et de leurs peuples que les princes acquièrent une telle expérience, que de les voir toujours victorieux. Ce que je craignois pour vous étoit une joie flatteuse de commander une si puissante armée. Je priois Dieu que vous ne fussiez point comme ce roi dont il est dit dans l'Écriture : *Gloriabatur quasi potens in potentia exercitus sui* [4]. Les plus grands princes n'ont que des forces empruntées. Leur confiance est bien vaine, s'ils s'imaginent être forts par cette multitude d'hommes qu'ils assemblent. Un contre-temps, une ombre, un rien met l'épouvante et le désordre dans ces grands corps. Je fus touché jusqu'aux larmes, lorsque je vous entendis prononcer avec tant de religion ces aimables paroles : *Hi in curribus, et hi in equis :*

---

[1] *Tob.*, XII, 13.   [2] *Eccli.*, XXXIV, 9.
[3] *Ps.* LXXII, 5.   [4] *Judith*, I, 4.

nos autem in nomine Domini[1]. Beaucoup de gens grossiers s'imaginent que la gloire des princes dépend des succès : elle dépend des mesures bien prises, et non des succès que ces mesures préparent. Elle ne dépend pas même entièrement des mesures bien prises; car les fautes que les princes les plus habiles peuvent faire se tournent à profit pour les perfectionner, et pour relever leur réputation, quand ils savent en faire un bon usage.

Le véritable honneur des princes ne dépend que de leur vertu. Ils ne peuvent être qu'admirés, s'ils se montrent bons, sages, courageux, patients. L'adversité leur donne un lustre qui manque à la prospérité la plus éclatante. Elle découvre en eux des ressources que le monde n'auroit jamais vues, si tout fût venu au-devant d'eux, au gré de leurs desirs. La plus grande de toutes les victoires est celle d'une sagesse et d'un courage qui est victorieux du malheur même.

On n'en sauroit donner un exemple plus décisif que celui du roi saint Louis. Il combattoit pour la religion ; et Dieu, qui l'aimoit, lui donna toutes les croix que vous savez. Je prie très souvent, afin que le petit-fils de ce grand roi soit l'héritier de ses vertus, et que vous soyez, comme lui, selon le cœur de Dieu. Ma joie seroit grande, si vous pouviez exécuter de grandes choses pour le roi et pour l'état ; mais, si Dieu permet que vous ne puissiez pas les exécuter, je souhaite qu'au moins vous fassiez jusqu'au bout tout ce qu'on peut attendre de vous. Vous le ferez sans doute, monseigneur : si vous êtes fidèle à Dieu, il vous conduira comme par la main.

Oserai-je vous dire ce que j'apprends que le public dit ? Si je suivois les règles de la prudence, je ne le ferois pas. Mais j'aime mieux m'exposer à vous paroître indiscret, que manquer à vous dire ce qui sera peut-être utile dans un cœur tel que le vôtre. On vous estime sincèrement ; on vous aime avec tendresse ; on a conçu les plus hautes espérances des biens que vous pourrez faire : mais le public prétend savoir que vous ne décidez pas assez, et que vous avez trop d'égards pour des conseils très inférieurs à vos propres lumières. Comme je ne sais point les faits, j'ignore sur qui tombent tous ces discours, et je ne fais que vous rapporter simplement, mot pour mot, ce que je ne sais ni ne puis démêler.

Il est vrai, monseigneur, que votre soumission aux volontés du roi doit être inviolable ; mais vous devez user de toute l'étendue des pouvoirs qu'il vous laisse pour le bien de son service. De plus,

il convient que vous fassiez les plus fortes représentations, si vous voyez que vous ayez besoin qu'on augmente vos pouvoirs. Un prince sérieux, accoutumé à l'application, qui s'est donné à la vertu depuis long-temps, et qui achève sa troisième campagne à l'âge de vingt-sept ans commencés, ne peut être regardé comme étant trop jeune pour décider. M. le duc d'Orléans a des pouvoirs absolus pour la guerre d'Espagne. On a déja vu par expérience qu'on ne peut attendre de vous, monseigneur, qu'une conduite mesurée et pleine de modération. Il ne s'agit point des décisions que vous pourriez faire tout seul, contre l'avis de tous les officiers généraux de l'armée : il suffit seulement que vous soyez libre de suivre ce que vous croirez à propos, quand votre avis sera confirmé par ceux des officiers généraux qui ont le plus de réputation et d'expérience. On hasardera beaucoup moins en vous donnant de tels pouvoirs, qu'en vous tenant gêné et assujetti aux pensées d'un particulier, ou en vous faisant toujours attendre les décisions du roi. Ce dernier parti vous exposeroit à de très fâcheux contre-temps. Il y a des cas pressants où l'on ne peut attendre sans perdre l'occasion, et où personne ne peut décider, que ceux qui voient les choses sur les lieux.

Je vous demande pardon, monseigneur, de cet excès de liberté qui vient d'un excès de zèle. Je n'ai, Dieu merci, aucun intérêt en ce monde. Je ne suis occupé que du vôtre, qui est celui du roi et de l'état. Je sais à qui je parle, et je ne puis douter de la bonté de votre cœur. Le mien vous sera dévoué le reste de ma vie avec l'attachement le plus inviolable, et avec le respect le plus profond.

182. — AU VIDAME D'AMIENS.

Il l'exhorte à se donner courageusement à Dieu, et lui indique quelques moyens pour se soutenir.

A Cambrai, 17 septembre 1708.

J'avois pris la liberté, monsieur, de vous envoyer, par la voie sûre d'un de vos principaux domestiques, une lettre pour Mgr le duc de Bourgogne : souffrez que j'y en ajoute une seconde qui est jointe à celle-ci. Je vous supplierois de me la renvoyer par mon domestique, si vous aviez quelque raison pour ne la rendre pas, ou si vous ne pouviez pas trouver une occasion de la rendre en secret. Ce qui est très certain, c'est que, quand même ma lettre seroit vue de tout le monde, ce qu'elle contient ne pourroit être blâmé ni du roi ni du public ; mais il est nécessaire qu'elle demeure

---

[1] *Ps.*, XIX, 8.

bien secrète. Je ne puis mieux faire que d'abandonner le tout entre vos mains.

Je prie Dieu tous les jours pour vous, afin qu'il vous soutienne contre vous-même, et qu'il ne permette pas que toutes ses graces, si abondamment répandues dans votre cœur, se tournent en condamnation. Vous connoissez le bien; vous l'aimez : il est dans votre cœur; il vous y reproche tout ce que vous faites, et tout ce que vous ne faites pas. Vous méprisez le charme qui vous retient; vous avez honte de ce que vous mettez en la place de Dieu. Vous auriez horreur de mourir comme vous vivez, dans la dissipation, dans la tiédeur et dans l'infidélité. Vous sortiriez de cette espèce d'ensorcellement, si vous vouliez bien vous gêner un peu pour vous mettre dans l'habitude de deux choses : l'une est de faire un peu d'oraison et de lecture, soir et matin un petit quart d'heure, avec un peu de retour en vous-même pour y trouver Dieu, et pour vous renouveler en sa présence dans les principales occasions de la journée; l'autre est d'éviter tout ce qui dissipe, qui passionne, et qui ôte le goût de Dieu. Vous trouverez qu'il n'y a que les amusements inutiles qui causent cette dissipation, et que toutes les occupations qui sont dans l'ordre de la Providence, par rapport à votre état, ne vous éloigneront point de Dieu, quand vous voudrez bien en user modérément pour l'amour de lui. Peut-on se donner à lui à meilleur marché? Courage donc, monsieur! N'hésitez plus, et livrez-vous à celui qui vous veut pour votre bonheur éternel. Vous aurez dès ce monde le centuple de ce que vous aurez quitté. Je vous suis dévoué sans réserve : Dieu le sait.

185. — DU DUC DE BOURGOGNE A FÉNELON.

Il est disposé à rester constamment à la tête de l'armée, à moins d'un ordre supérieur. Sur sa conduite pendant le siège de Lille, et sur l'indécision qu'on lui reprochoit.

Au camp du Saulnoir, 20 septembre 1708.

J'ai reçu, depuis quelque temps, deux de vos lettres, mon cher archevêque; vous comprenez aisément que je n'ai pas trop eu le temps de répondre plus tôt à la première; et, pour la seconde, elle ne m'a été rendue qu'hier. Il n'a point été question de parler sur mon retour; mais vous pouvez être persuadé que je suis et que j'ai toujours été dans les mêmes sentiments que vous sur ce chapitre, et qu'à moins d'un ordre supérieur et réitéré, je compte, quoi qu'il arrive, de finir la campagne, et d'être à la tête de l'armée tant qu'elle sera assemblée. J'en viens à la seconde. Il est vrai que j'ai essuyé une épreuve depuis quinze jours; et je me trouve bien loin de l'avoir reçue comme je le devois, me laissant et emporter aux prospérités et abattre dans les adversités, et me laissant aussi aller à un serrement de cœur et aux noirceurs causées par les contradictions et les peines de l'incertitude et de la crainte de faire quelque chose mal à propos dans une affaire d'une conséquence aussi extrême pour l'état. Je me trouvois avec l'ordre du roi réitéré d'attaquer les ennemis, M. de Vendôme pressant de le faire; et, de l'autre côté, le maréchal de Berwick et tous les anciens officiers, avec la plus grande partie de l'armée, disant qu'il étoit impossible d'y réussir, et que l'armée s'y perdroit. Le roi me réitéra son ordre après une première représentation, à laquelle je me crus obligé. M. Chamillard arriva le soir, et me confirma la même chose. Je voyois les funestes suites de la perte d'une bataille, sans pouvoir presque espérer de la gagner, et que le mieux qui pouvoit nous arriver étoit de nous retirer après une attaque infructueuse. Voilà l'état où j'ai été pendant huit ou neuf jours, jusqu'à ce qu'enfin le roi, informé de l'état des choses, n'a plus ordonné l'attaque, et m'a remis à prendre mon parti. Sur ce que vous dites de mon indécision, il est vrai que je me le reproche à moi-même, et que quelquefois paresse ou négligence, d'autres mauvaise honte, ou respect humain, ou timidité, m'empêchent de prendre des partis, et de trancher net dans des choses importantes. Vous voyez que je vous parle avec sincérité; et je demande tous les jours à Dieu de me donner, avec la sagesse et la prudence, la force et le courage pour exécuter ce que je croirai de mon devoir. Je n'avois point cette puissance décisive quand je suis entré en campagne; et le roi m'avoit dit que, quand les avis seroient différents, de me rendre à celui de M. de Vendôme, lorsqu'il y persisteroit. Je la demandai après l'affaire d'Oudenarde[1]; elle me fut accordée, et peut-être ne m'en suis-je pas servi autant que je le devois. Pour toutes les louanges que vous me donnez, si elles ne venoient d'un homme comme vous, je les prendrois pour des flatteries; car, en vérité, je ne les mérite guère, et le monde se trompe dans ce qu'il pense sur mon sujet. Mais il faut, avec la grace de Dieu, mériter ce que l'on en croit, du moins en approcher. Vous savez mon amitié pour vous; elle ne finira qu'avec ma vie. Je me sers de cette occasion pour vous

---

[1] Le combat d'Oudenarde, où une partie de l'armée françoise éprouva quelque échec, s'étoit donné le 11 juillet précédent. Voyez ci-après la lettre 188, pag. 632.

demander si vous ne croyez pas qu'il soit absolument mal de loger dans une abbaye de filles : c'est le cas où je me trouve. Les religieuses sont pourtant séparées, mais j'occupe une partie de leurs logements; et, s'il étoit nécessaire, je quitterois la maison, quoi que l'on en pût dire. Dites-moi, je vous en prie, votre sentiment, d'autant plus que je suis présentement dans votre diocèse.

184. — DE FÉNELON AU DUC DE BOURGOGNE.

Avis pour le temps de la tristesse et de l'adversité.

(Septembre 1708.)

Monseigneur, je remercie Dieu, du fond de mon cœur, de voir la simplicité et la bonté avec laquelle vous daignez me découvrir ce qui se passe au-dedans de vous. Plus Dieu a des desseins sur vous, plus il est jaloux de tous vos talents naturels. Il veut que vous sentiez des tristesses, des abattements, des serrements de cœur, des irrésolutions, des embarras qui vous surmontent, et des impuissances qui vous rendent mécontent de vous-même. O que cet état plaît à Dieu! et que vous lui déplairiez, si, possédant toute la régularité des vertus les plus éclatantes, vous jouissiez de votre force et du plaisir d'être supérieur à tout! Dites avec David, monseigneur : *Et vilior fiam plus quam factus sum, et ero humilis in oculis meis*[1]. Ne craignez rien, tant que vous serez petit sous la puissante main de Dieu. Allez, non comme un grand prince, mais comme un petit berger avec cinq pierres, contre le géant Goliath. Pourvu que vous ne vous préveniez ni pour ni contre personne, que vous écoutiez tranquillement tous ceux qu'il convient d'écouter ou de consulter, et qu'ensuite, sans aucun égard à vos goûts ou à vos dégoûts naturels, ni à vos préjugés, vous suiviez ce que Dieu, présent et humblement invoqué, vous mettra au cœur, vous vous sentirez libre, soulagé, simple, décisif, et vous ne ferez des fautes qu'autant que vous manquerez à agir dans cette dépendance continuelle de l'esprit de grace. Si vous êtes fidèle à lire et à prier dans vos temps de réserve, et si vous marchez pendant la journée en présence de Dieu, dans cet esprit d'amour et de confiance familière, vous aurez la paix; votre cœur sera élargi; vous aurez une piété sans scrupule, et une joie sans dissipation.

[1] *II Reg.*, vi, 22.

185. — AU VIDAME D'AMIENS.

Il souhaite de le revoir bientôt avec la paix de la conscience.

A Maubeuge, 21 septembre 1708.

Voilà, monsieur, votre campagne bien avancée; sa fin s'approche : je vois avec plaisir s'approcher aussi le temps de votre passage sur notre frontière. Quelle joie n'aurai-je point si je vous trouve d'accord avec vous-même! Quelle paix et quelle douceur que d'être pleinement décidé au fond de son cœur sur les choses essentielles! Les contradictions du dehors, quelque pénibles qu'elles soient, ne sont jamais comparables à celles du dedans. Rien n'est si dur que de porter toujours sa condamnation au fond de soi-même : encore est-ce un grand bonheur de ne l'étouffer pas. J'aime votre sincérité; elle m'attendrit : j'en espère de bonnes suites. Mais ce n'est pas assez d'être sincère contre soi; il faut s'exécuter, quoi qu'il en coûte, et agir aussi raisonnablement qu'on parle.

Vous savez, monsieur, avec quel zèle je vous suis dévoué pour toute ma vie.

186. — AU DUC DE BOURGOGNE.

Sur les reproches que la voix publique faisoit à ce prince: comment il doit tâcher de conquérir l'estime publique.

A Cambrai, 24 septembre 1708.

Loin de vouloir vous flatter, monseigneur, je vais rassembler ici toutes les choses les plus fortes qu'on répand dans le monde contre vous.

1° On dit que vous êtes trop particulier, trop renfermé, trop borné à un petit nombre de gens qui vous obsèdent. Il faut avouer que je vous ai toujours vu, dans votre enfance, aimant à être en particulier, et ne vous accommodant pas des visages nouveaux. Quoique je sois persuadé que vous avez, depuis ce temps-là, beaucoup pris sur vous par raison et par vertu, pour vous donner au public, qui a une espèce de droit d'aborder facilement ses princes, il peut se faire qu'il y ait encore dans votre fonds quelque reste de ce goût-là. De plus, je ne m'étonne pas que vous ayez été un peu plus renfermé qu'à l'ordinaire dans ces temps d'agitation et d'embarras, où les partis étoient difficiles à prendre, et où vous trouviez les esprits divisés. Vous avez, plus qu'aucun autre prince, de quoi contenter le public dans la conversation. Vous y êtes gai, obligeant, et, si on l'ose dire, très aimable : vous avez l'esprit cultivé et orné pour pouvoir parler de tout, et pour vous proportionner à chacun. C'est un charme continuel, qu'il ne tient qu'à vous de donner : il ne vous en coûtera qu'un peu de sujétion et de complaisance. Dieu vous donnera la force de vous y assujettir, si vous la desirez. Vous n'y aurez que la gloire mondaine à craindre. C'est l'avantage des grands princes, que chacun qui se ruine ou s'expose à être tué pour eux est enchanté par une parole obligeante, et dite à propos. L'armée entière chantera vos louanges, quand chacun vous trouvera accessible, ouvert et plein de bonté.

2° On dit, monseigneur, que vous écoutez trop des personnes sans expérience, d'un génie borné, d'un caractère foible et timide : on va jusqu'à les accuser de manquer de courage. Je ne sais point sur qui tombent ces discours, et je les suppose très injustes. On ajoute qu'ayant par vous-même des lumières très supérieures à celles de ces gens-là, vous déférez trop à leurs conseils, qui tendent aux partis peu propres à vous faire honneur. Il est naturel que la jalousie et le dépit fassent parler ainsi. Il peut même se faire que les gens attachés à M. de Vendôme répandent ces bruits : mais enfin ils sont fort répandus. Vous saurez mieux que personne discerner ce qu'ils ont de véritable d'avec ce qui est faux. Un prince aussi éclairé que vous doit bien connoître le fort et le foible des gens qui l'approchent. J'avoue qu'il y a quelquefois des hommes qui ne sont pas brillants, mais qui ont un sens droit avec un bon cœur, et qui méritent d'être écoutés plus que d'autres qui éblouissent : mais il faut un peu proportionner les marques de confiance à la réputation publique. En tout ceci, je marche à l'aveugle et à tâtons; car, en vérité, je ne sais ni ne soupçonne nullement sur qui cette critique peut tomber.

3° On dit, monseigneur, qu'ayant une assez vive répugnance à suivre les conseils outrés de M. de Vendôme, vous n'avez pas laissé de suivre trop facilement ce qu'il a voulu. On ajoute même que cette facilité a un peu rebuté les principaux officiers généraux, qui avoient espéré que vous prendriez une autorité décisive, et que vous redresseriez ceux qui en avoient besoin. Je suppose que ceux qui parlent ainsi n'ont pas su que vous n'aviez ces complaisances pour les conseils de M. de Vendôme, que pour vous conformer aux intentions du roi.

4° Beaucoup de gens soutiennent qu'on pouvoit, dès le cinquième de ce mois, attaquer avec succès les ennemis dans leurs retranchements; que ces retranchements n'étoient alors presque rien ; qu'on a donné aux ennemis huit jours pour se rendre inaccessibles, par les irrésolutions et les divisions des chefs, qui ont réduit à attendre des ordres du roi. On dit que vous avez trop cru ailleurs M. de Vendôme, et que vous n'avez pas voulu le croire dans cette occasion unique, où il a paru qu'il avoit raison, et où il proposoit un parti propre à vous acquérir beaucoup de gloire. Pour moi, monseigneur, je trouve que vous avez agi avec une grande sagesse, de n'avoir voulu rien hasarder sur une parole si hasardeuse, contre l'avis de M. le maréchal de Berwick et des plus expérimentés officiers de l'armée. Il ne s'agit pas même des difficultés qui se trouvoient ou ne se trouvoient pas dans cette entreprise; il s'agit seulement de celles qui étoient apparentes. M. de Vendôme auroit dû savoir de bonne heure l'état des lieux et des chemins, avec celui des retranchements des ennemis ; mais, dans l'incertitude, il n'étoit pas permis d'exposer la France à un grand malheur. Ce que je souhaiterois, c'est qu'un certain nombre de personnes sages, et bien instruites des faits, répandissent dans le public ce qui justifie la sagesse de votre conduite. Il ne convient pas qu'un grand prince comme vous descende jusqu'à ces sortes de justifications ; mais je voudrois que des personnes zélées le fissent dans des occasions naturelles. On assure de tous côtés que madame la duchesse de Bourgogne a fait des merveilles dans cette conjoncture, et qu'elle a été admirée dans sa conduite. Vous voyez, monseigneur, qu'aucun rang ne met les hommes au-dessus de la critique du public.

5° On dit qu'étant sérieux et renfermé, vous perdez néanmoins du temps pour les choses les plus sérieuses, par un peu de badinage qui n'est plus de saison, et que les gens de guerre n'approuvent pas. Si vous avez besoin d'un certain enjouement pour vous délasser l'esprit, tâchez de le proportionner aux bienséances de votre âge, et à la grande fonction que vous remplissez. Tout au moins que cette espèce de jeu soit secret, et confié à très peu de personnes sages et discrètes.

6° On dit, monseigneur, que vos délibérations ne sont pas assez secrètes; que vous prenez peu de précaution pour les cacher, et que les ennemis mêmes sont facilement informés de vos desseins, parce qu'ils sont divulgués dans votre armée. Je comprends que les divisions des officiers généraux, à qui vous ne pouvez pas éviter de parler, peuvent contribuer beaucoup à divulguer les résolutions que vous prenez. Des gens divisés se passionnent, disputent, et parlent les uns contre les autres, aux dépens du secret commun. M. de Vendôme a ses confidents, qui peuvent tout savoir, et dire tout à leur mode, pour le défendre. Il est vrai, monseigneur, que votre vivacité, jointe à votre voix, qui est naturellement un peu éclatante, fait qu'on vous entend d'assez loin, dès que vous vous animez en raisonnant; et c'est sur quoi vous ne sauriez vous trop précautionner pour les délibérations importantes, car le secret est l'ame des affaires. Il y a très peu de gens à qui il n'échappe pas quelque parole qui fasse trop entendre. Il importe que vous recommandiez un profond secret à toutes les personnes que vous êtes obligé d'honorer de votre confiance.

7° On dit, monseigneur, que vous n'êtes pas assez bien averti, et qu'on ne prend pas assez de soin, dans votre armée, pour savoir d'abord ce que les ennemis font. On ajoute que personne n'a assez de soin de prévoir, d'arranger, de remédier aux inconvénients, d'étudier le terrain voisin, et tout le pays. Il y a long-temps que j'ai ouï dire aux gens qui ont de la réputation dans ce métier, que M. de Vendôme ne sauroit s'appliquer à tous ces détails, qu'il ne prévoit guère, qu'il hasarde beaucoup, qu'il croit tout possible et facile, qu'il est souvent surpris, qu'il ne croit ni n'écoute personne, et qu'il a été en Italie tel qu'il est en France, avec une grande valeur, une très bonne volonté, et une inapplication incorrigible. Voilà le portrait que j'en ai vu faire unanimement à tous les meilleurs officiers; mais il seroit à desirer que quelqu'un fît sous vous, monseigneur, ce que M. de Vendôme ne fait pas; en sorte que vous fussiez averti de tout, et qu'on ne fût exposé à aucun mécompte, faute de prévoyance.

J'espère que M. de Berwick, qu'on dépeint comme un homme judicieux et appliqué, suppléera à ce qui manquoit de l'autre côté. Il faut seulement prendre garde à ce que le public prétend savoir, que ce maréchal a l'esprit médiocre, et fort arrêté à toutes ses pensées. Plus vous approfondirez les hommes, plus vous verrez qu'il faut désespérer d'en trouver auxquels il ne manque pas beaucoup. Les hommes dans lesquels il manque un peu moins que dans le commun sont bien précieux : on en trouve très rarement de tels, et quand on les a, on ne sait pas s'en servir. Je crois que vous saurez faire usage de M. de Berwick, sans vous y livrer aveuglément.

Pour vos défauts, monseigneur, je remercie Dieu de ce qu'il vous les fait sentir, et de ce qu'il vous apprend à vos dépens, par de si fortes leçons, à vous défier et à désespérer de vous-même. Mais cherchez en Dieu toutes les ressources que vous ne trouvez pas en vous. *Je puis tout*, dit saint Paul [1], *en celui qui me fortifie*. Vivez de foi, et non de votre propre sagesse, ni de votre propre courage.

[1] *Philip.*, IV, 12.

Ne vous étonnez point de ce qui vous manque; travaillez à l'acquérir peu à peu avec patience, et en travaillant, ne comptez que sur Dieu. O qu'il vous aime, puisqu'il a soin de vous instruire par tant de mécomptes! Il vous fait sentir combien les guerres sont à craindre, combien les plus puissantes armées sont inutiles, combien les grands états sont facilement ébranlés. Il vous montre combien les plus grands princes sont rigoureusement critiqués par le public, pendant que les flatteurs ne cessent point de les encenser. Quand on est destiné à gouverner les hommes, il faut les aimer pour l'amour de Dieu, sans attendre d'être aimé d'eux; et se sacrifier pour leur faire du bien, quoiqu'on sache qu'ils disent du mal de celui qui les conduit avec bonté et modération.

Il faut néanmoins, monseigneur, vous dire que le public vous estime, vous respecte, attend de grands biens de vous, et sera ravi qu'on lui montre que vous n'avez aucun tort. Il croit seulement que vous avez une dévotion sombre, timide, scrupuleuse, et qui n'est pas assez proportionnée à votre place; que vous ne savez pas assez prendre une certaine autorité modérée, mais décisive, sans blesser la soumission inviolable que vous devez aux intentions du roi. C'est ce que je ne fais que vous rapporter d'une façon purement historique, parce que je suis hors de portée de voir les faits. Mais, supposé même qu'ils soient tels qu'on les raconte, il n'y a qu'un seul usage que vous en deviez faire : c'est celui de voir humblement vos défauts, de ne vous en point décourager, et de recourir à Dieu avec confiance pour travailler à leur correction. Eh! qui est-ce, sur la terre, qui n'a point de défauts, et qui n'a pas commis de grandes fautes? Qui est-ce qui est parfait à vingt-six ans pour le très difficile métier de la guerre, quand on ne l'a jamais fait de suite? Pour votre piété, si vous voulez lui faire honneur, vous ne sauriez être trop attentif à la rendre douce, simple, commode, sociable. Il faut vous faire *tout à tous pour les gagner tous* [1]; aller tout droit à l'extirpation de vos principaux défauts par amour de Dieu, et par renoncement à l'amour-propre; chercher au-dehors le bien public, autant que vous le pourrez, et retrancher les scrupules sur des choses qui paroissent des minuties. Vous ne devez avoir aucune peine de loger dans la maison du Saulsoir [2] : vous

[1] *I Cor.*, IX, 22.

[2] C'étoit une abbaye de filles. Le duc de Bourgogne avoit témoigné quelques scrupules d'y prendre un logement, et il avoit demandé conseil à Fénelon sur cet objet, disant qu'il étoit prêt à quitter la maison, quoi qu'on en pût dire.

n'avez rien que de sage et de réglé auprès de votre personne; c'est une nécessité à laquelle on est accoutumé pendant les campements des armées. On est fort édifié du bon ordre et de la police que vous faites garder. Jamais rien ne vous sera dévoué, monseigneur, avec un plus grand zèle et un plus profond respect, que je le serai jusqu'au dernier soupir de ma vie.

187. — AU MÊME.
Même sujet que la précédente.

A Cambrai, 24 septembre 1708.

Depuis ma longue lettre écrite, je viens d'apprendre, monseigneur, que diverses personnes de condition et de mérite dans le service se plaignent que vous ne connoissez ni leurs noms ni leurs visages; pendant que monseigneur le duc de Berri les reconnoît tous, les distingue, et les traite gracieusement. Ces gens-là ajoutent que, malgré tous les torts de M. de Vendôme, le combat d'Oudenarde fut commencé par vos ordres, sans que celui-ci en sût rien, et sans qu'il eût le temps de faire sa disposition. Ils disent aussi que si vous eussiez préféré, le 5 de ce mois, le conseil de M. de Vendôme à celui de M. de Berwick, pour attaquer brusquement les ennemis, vous auriez fait lever le siége. Enfin on dit que c'est M. de Bergheik qui décide maintenant pour toute la guerre des Pays-Bas, et qu'encore qu'il ait de l'esprit, avec une certaine expérience, et de grandes marques de zèle pour le bon parti, il ne convient pourtant pas ni de livrer le secret de l'état à un étranger, qui pourra être obligé de faire son parti avantageux chez les ennemis, ni de croire aveuglément un homme qui va vite, qui parle beaucoup, qui décide sans crainte de se tromper, et qui n'a jamais fait que servir à la guerre sans la conduire.

J'oubliois, monseigneur, de vous dire que, selon la pensée des personnes sages que j'ai ouï parler, il seroit à desirer qu'on pût réunir par votre autorité, et par les marques de votre confiance, tous les meilleurs officiers généraux, pour approuver vos résolutions, afin qu'ils fussent engagés à les faire réussir dans l'exécution, et à les justifier dans le public, quand elles en ont besoin.

Je rassemble, monseigneur, tous les discours que j'ai entendu faire, ne craignant point de vous déplaire en vous avertissant de tout avec un zèle sans bornes, et étant persuadé que vous ferez un bon usage de tout ce qui méritera quelque attention. Les bruits même les plus injustes ne sont pas inutiles à savoir, quand on a le cœur bon et grand, comme vous l'avez, Dieu merci. On dit encore que M. le comte d'Évreux[1] a écrit très certainement une lettre qu'il a désavouée. On dit, monseigneur, que vous avez paru croire un peu trop facilement le désaveu qu'il vous en a fait, contre la notoriété publique. Pour moi, je crois qu'il seroit très digne de vous de suspendre tout au moins votre jugement sur la sincérité de ce désaveu, et de lui rendre vos bonnes graces en lui pardonnant, s'il le faut, de très bon cœur. Je vous dirai dans le plus profond secret que ce désaveu ne doit pas être cru, et que je le sais bien.

188. — DU DUC DE BOURGOGNE A FÉNELON.
Sur les reproches que la voix publique faisoit au prince.

Du camp de Saulsoir, 5 octobre 1708.

Je n'ai pu répondre plus tôt à votre grande lettre, mon cher archevêque; car j'en ai eu souvent à écrire sur des choses longues, et qui me fatiguent la tête. Je puis le faire présentement, article par article, vous disant auparavant que je suis bien moins homme de bien et moins vertueux que l'on ne me croit; ne voyant en moi que haut et bas, chutes et rechutes, relâchements, omissions et paresse dans mes devoirs les plus essentiels; immortifications, délicatesse, orgueil, hauteur, mépris du genre humain; attache aux créatures, à la terre, à la vie, sans avoir cet amour du Créateur au-dessus de tout, ni du prochain comme moi-même.

1° Il est vrai que je suis renfermé assez souvent; mais, comme je vous l'ai dit, j'écris beaucoup de certains jours. La prière, la lecture prennent aussi du temps, quoique j'y sois moins régulier que je ne devrois être. Je ne nie pas cependant que je n'en perde souvent. Il est vrai aussi que je parle plutôt aux gens à qui je suis plus accoutumé, et que je suis trop en cela mon goût naturel.

2° Je ne sache point, dans tout ce qui s'est passé en dernier lieu, avoir consulté des gens sans expérience. J'ai parlé aux plus anciens généraux, à des gens sans atteinte sur le courage; et si les conseils ont été taxés de timides, ils méritoient plutôt le nom de prudents.

3° Il est vrai que la présomption absolue de M. de Vendôme, ses projets subits et non digérés, et ce que j'en ai vu, m'empêchent d'avoir aucune confiance en lui, et que cependant j'ai trop acquiescé dans des occasions où je devois au contraire décider de ce qu'il me proposoit, joignant en cela

---

[1] Henri-Louis de La Tour-d'Auvergne, fils de Godefroi-Maurice, duc de Bouillon : il étoit lieutenant général.

la foiblesse à peut-être un peu de prévention ; car, depuis l'affaire d'Oudenarde, j'ai reçu la puissance décisive, ainsi que je crois vous l'avoir déjà dit.

4° M. de Vendôme lui-même ne songeoit point à attaquer les ennemis le cinquième du mois passé. On ouvroit des marches dans des pays difficiles, et ce ne fut que le septième qu'il alla par hasard reconnoître les passages de la droite, que l'on avoit tenus pour impraticables, et qui étoient les plus aisés. Il est vrai que le sixième, voyant tout le monde d'un avis contraire à celui d'une attaque, ou du moins presque tous, et m'étant revenu de discours des soldats qui marquoient peu de confiance des soldats qui marquoient peu de confiance de réussir à ce qu'ils alloient entreprendre; voyant d'ailleurs les suites terribles de la perte d'une bataille, qui étoit quasi inévitable de la manière dont les ennemis étoient postés, et que l'état en pouvoit souffrir considérablement, je crus ne pouvoir pas en conscience passer plus avant sans un nouvel ordre du roi sur l'exposition des choses. Je voyois, comme je vous dis, M. de Vendôme d'un côté, qui croit tout ce qu'il desire ; je le savois piqué de l'affaire d'Oudenarde ; et d'un avis contraire, le maréchal de Berwick, nos anciens officiers, gens d'expérience et de courage, gens même qui, avant la jonction de l'armée, avoient proposé au maréchal de Berwick d'attaquer le prince Eugène dans ses lignes, pendant que le duc de Marlborough étoit de l'autre côté de l'Escaut. Les choses donc exposées au roi, l'ordre vint d'attaquer les ennemis. Le même jour arriva M. Chamillard, qui le confirma. On reconnut les chemins; on marcha en avant; on se campa en présence de l'ennemi; on reconnut son camp et ses retranchements. M. de Vendôme voyant que l'affaire, si elle tournoit mal, retomberoit uniquement sur lui, commença à la trouver difficile. M. Chamillard lui-même parla aux officiers, vit les difficultés, en prévit les malheureuses suites, écrivit au roi, et fut, je crois, cause que le roi rétracta l'ordre d'attaquer. Voilà précisément comme les choses se sont passées ; et c'est dans tout ce temps que j'ai été dans l'état que je vous ai dépeint dans mon autre lettre.

5° Il est vrai que j'ai quelquefois badiné, mais rarement. Pour la perte du temps, elle a été plus considérable ; mais souvent il n'y a que moi qui l'ai su.

6° Les délibérations publiques sont véritables ; mais on peut les mettre sur le compte de M. de Vendôme plutôt que sur le mien.

7° Il en est de même de n'être pas bien averti ; et ce qui fait retomber sur moi ces articles est que j'aurois dû agir autrement, et que je ne l'ai pas fait toujours, me laissant aller à une mauvaise complaisance, foiblesse, ou respect humain. Vous connoissez parfaitement M. de Vendôme, et je n'ai rien à vous dire de plus que ce que vous en mettez dans votre lettre. Ce que vous dites du maréchal de Berwick est aussi fort juste, et il excède peut-être trop en prudence ; au lieu que M. de Vendôme excède en confiance et négligence, ainsi que je l'ai déjà dit.

Je tâcherai de faire usage des avis que vous me donnez, et priez Dieu qu'il m'en fasse la grace, pour n'aller trop loin ni à gauche, ni à droite. Demandez de plus en plus à Dieu qu'il me donne cet amour pour lui, et de tout, et de moi-même, amis et ennemis, pour lui et en lui.

Je ne sais rien de précis sur ce que l'on dit que mon frère traite mieux que moi, et connoît plus que moi, des officiers de qualité et de mérite. Comme il écrit moins que moi, il les peut voir plus souvent. Sur ce que vous me dites du combat d'Oudenarde, il est vrai que j'ordonnai à deux brigades d'infanterie de charger trois bataillons des ennemis que l'on me dit absolument séparés de leur armée; et que, voyant le centre dégarni, j'envoyai ordre à la droite (devant laquelle le maréchal de Matignon m'avoit mandé qu'il ne paroissoit plus rien) de se rapprocher de ce centre. Je comptois si peu commencer le combat, que de là j'allai à la gauche, où étoit M. de Vendôme fort pensif ; et que, quand je l'allai rejoindre sur la droite, où l'on eut beaucoup de peine à le faire aller, la moitié de l'infanterie étoit déjà quasi en désordre, qu'à peine croyois-je l'affaire commencée.

Je vous ai répondu sur ce qui regarde le 5 septembre. J'ai en effet de la confiance au comte de Bergheik ; il connoît les affaires à fond, et ne se donne point pour homme de guerre. Il est vrai qu'il décide, et parle assez. Je le crois absolument affectionné, et bien éloigné de songer à faire son parti meilleur avec les ennemis. Pour le secret de l'état, il en a été chargé et instruit par le roi même, qui a aussi beaucoup de confiance en lui. Je profiterai de ce que vous m'en dites ; mais je ne crois pas que l'on se doive défier de ses intentions. Je ferai aussi usage de ce que vous me marquez sur le comte d'Évreux, sans affectation, mais aussi pour ne pas paroître dupe ; car vous savez que c'est un personnage qu'il faut éviter. Je m'attends à bien des discours que l'on tient, et que l'on tiendra encore. Je passe condamnation sur ceux que je mérite, et méprise les autres, pardonnant véritablement à ceux qui me veulent ou me font du mal, et priant pour eux tous les jours de ma vie. Voilà mes sentiments, mon cher archevêque; et, malgré mes chutes et défauts, une détermination absolue d'être à Dieu. Priez-le donc incessamment d'achever en moi ce qu'il y a commencé, et de détruire ce qui vient du péché originel et de moi. Vous savez que mon amitié pour vous est toujours la même. J'espère pouvoir vous en assurer moi-même à la fin de la campagne : on ne sauroit encore dire quand ce sera, car l'événement de Lille est encore indéterminé.

149. — DE FÉNELON AU DUC DE BOURGOGNE.

Sur les reproches que la voix publique faisoit au duc. Quelle doit être la dévotion d'un prince ; son attention à honorer le mérite, son courage dans les adversités.

A Cambrai, 15 octobre 1708.

Monseigneur, quelque grande retenue que je veuille garder le reste de ma vie sur toutes les choses qui ont rapport à vous, pour ne vous commettre jamais en rien, je ne puis néanmoins m'empêcher de prendre la liberté de vous dire encore une fois, par une voie très sûre et très secrète, ce que j'apprends que l'on continue à dire contre votre personne. Je suis plus occupé de vous que de moi, et je craindrois moins de hasarder de vous déplaire en vous servant, que de vous plaire en ne vous servant pas. D'ailleurs, je suis sûr qu'on ne peut jamais vous déplaire, en vous disant, avec zèle et respect, ce qu'il importe que vous sachiez.

1° On dit, monseigneur, que vous n'avez pas voulu exécuter les ordres du roi, qui vouloit qu'on attaquât le prince Eugène pendant que le duc de Marlborough s'étoit avancé sur le chemin d'Ostende, et que, par ce refus, vous avez été la cause de la perte de Lille. C'est un fait qui regarde les temps postérieurs à votre campement sur la Marque, et qui est des temps de votre campement du Saulsoir. Je ne saurois croire qu'il soit comme on le raconte avec beaucoup de malignité.

2° On persiste à dire que vous avez été la vraie cause du combat d'Oudenarde, par votre ordre précipité de faire attaquer trois bataillons des ennemis par deux brigades, sans aucun concert avec M. de Vendôme.

3° On prétend que, quand vous arrivâtes sur la Marque, M. d'Artaignan reconnut dès le lendemain que les passages étoient ouverts, que la plaine étoit assez commode pour faire agir toute la cavalerie, et que les ennemis n'étoient point alors retranchés comme ils le furent deux jours après. On assure que M. d'Artaignan se hâta d'en avertir, et de répondre du succès, si on vouloit bien attaquer ; qu'il n'eut aucune réponse, qu'on demeura dans l'incertitude, et que vous voulûtes, malgré M. de Vendôme, attendre le retour du courrier envoyé au roi : ce qui étoit laisser évidemment échapper l'occasion de sauver Lille. J'ai vu un homme de service, qui m'a dit avoir mené M. d'Artaignan dans cette plaine, parce qu'il la connoissoit parfaitement. Il soutient qu'il n'y avoit qu'à se donner la peine de l'aller voir, pour reconnoître que tout étoit uni et ouvert. Il dit même avoir été jusqu'auprès des ennemis, et avoir vu qu'il n'y avoit encore alors ni retranchements commencés, ni défilés, ni bois, ni ombre de difficulté pour secourir la place. Il ajoute qu'il prit la liberté de parler hautement ; que personne ne daigna ni l'écouter, ni prendre la peine d'aller voir, et qu'en un mot, presque personne ne vouloit entendre opiner pour le combat.

4° On dit, monseigneur, qu'encore que vous ayez infiniment écrit à la cour pour vous justifier, vous n'avez jamais mandé rien de clair et de précis pour votre décharge ; que vous vous êtes contenté de faire des réponses vagues et superficielles, avec des expressions modestes et dévotes à contre-temps. La cour et la ville, dit-on, étoient d'abord pour vous avec chaleur ; mais la cour et la ville ont changé, et vous condamnent. On ne se contente pas de dire que le public est de plus en plus déchaîné contre vous : on ajoute que le mécontentement remonte bien plus haut, et que le roi même ne peut s'empêcher, malgré toute son amitié, de sentir vivement votre tort. Il y a déjà quelque temps qu'il m'a passé par l'esprit que tant de gens, d'ailleurs fort politiques, n'oseroient point vous critiquer si librement, si cette critique n'étoit pas autorisée par quelque prévention du côté de la cour.

5° Ce qui est de plus fâcheux est qu'un grand nombre d'officiers qui reviennent de l'armée, et qui vont à Paris, ou qui y écrivent, font entendre que les mauvais conseils des gens foibles et timides, que vous écoutez trop, ont ruiné les affaires du roi, et ont terni votre réputation. J'entends ces discours répandus partout, et j'en ai le cœur déchiré ; mais je n'ose parler aussi fortement que la chose le mériteroit, parce que le torrent entraîne tout, et que je ne veux point qu'on puisse croire que je sache rien de particulier à votre décharge.

6° On va jusqu'à rechercher avec une noire malignité les plus petites circonstances de votre vie, pour leur donner un tour odieux : par exemple, on dit que, pendant que vous êtes dévot jusqu'à la sévérité la plus scrupuleuse dans des minuties, vous ne laissez pas de boire quelquefois avec un excès qui se fait remarquer.

7° On se plaint de ce que votre confesseur est trop souvent enfermé avec vous, qu'il se mêle de vous parler de la guerre; et que, quand on l'accusa de vous avoir conseillé de ne rien hasarder sur la Marque, il écrivit au Père de La Chaise, pour faire savoir au roi qu'il étoit allé reconnoître le terrain et l'état des ennemis; qu'il avoit été d'avis qu'on les attaquât, et qu'il avoit trouvé qu'il étoit honteux de ne le pas faire. On lui impute d'avoir écrit ainsi, pour le tourner en ridicule, comme un homme vain qui se pique d'entendre la guerre et d'aller reconnoître l'ennemi. Je dois ajouter, par pure justice, que je sais qu'il n'a point mérité ces plaisanteries, et qu'il n'a rien écrit que de modeste et de convenable.

8° On prétend, monseigneur, que vous avez écrit à des gens indiscrets, et indignes de votre confiance, les mêmes choses que vous avez écrites au roi avec un chiffre; et que ces gens-là les ont divulguées avant que Sa Majesté eût reçu vos lettres secrètes, où vous mandiez ce qui manquoit dans la place assiégée.

Voilà, monseigneur, les principales choses qui me reviennent par de bons canaux. Quoique je sois loin de tout commerce du monde, un hasard bizarre fait que je sais là-dessus plus que sur les autres affaires. Peut-être que personne n'osera vous dire tout ceci : pour moi, je l'ose, et je ne crains que de manquer à Dieu et à vous. Personne n'est plus éloigné que moi de croire tous ces discours. La peine que je souffre de les entendre est grande. Il s'agit de détromper le monde prévenu. Ceux qui vous déchirent parlent hautement, et ceux qui voudroient vous défendre n'osent parler. Je suppose que vous avez éclairci chaque point en détail avec M. de Chamillard, et que vous lui aurez fait toucher les choses au doigt, pour convaincre pleinement Sa Majesté de la fausseté de tout ce qu'on vous impose.

Pourvu que vous vous donniez à Dieu en chaque occasion avec une humble confiance, il vous conduira comme par la main, et décidera sur vos doutes. Quelque génie qu'il vous ait donné, vous courriez risque de faire, par irrésolution, des fautes irréparables, si vous vous tourniez à une dévotion foible et scrupuleuse. Écoutez les personnes les plus expérimentées, et ensuite prenez votre parti; il est moins dangereux d'en prendre un mauvais que de n'en prendre aucun, ou que d'en prendre un trop tard. Pardonnez, monseigneur, la liberté d'un ancien serviteur qui prie sans cesse pour vous, et qui n'a d'autre consolation en ce monde que celle d'espérer que, malgré ces traverses, Dieu fera par vous des biens infinis.

Il ne m'appartient pas, monseigneur, de raisonner sur la guerre : aussi n'ai-je garde de le faire; mais on a de grandes ressources quand on est à la tête d'une puissante armée, et qu'elle est animée par un prince de votre naissance qui la conduit. Il est beau de voir votre patience et votre fermeté pour demeurer en campagne dans une saison si avancée. Notre jeunesse, impatiente de revoir Paris, avoit besoin d'un tel exemple. Tandis qu'on croira encore pouvoir faire quelque chose d'utile et d'honorable, il faut que ce soit vous, monseigneur, qui tâchiez de l'exécuter. Les ennemis doivent être affoiblis; vous êtes supérieur en forces; il faut espérer que vous le serez aussi en projets et en mesures justes pour en rendre l'exécution heureuse. Le vrai moyen de relever la réputation des affaires est que vous montriez une application sans relâche. Votre présence nuiroit et aux affaires et à votre réputation, si elle paroissoit inutile et sans action dans des temps si fâcheux. Au contraire, votre fermeté patiente pour achever cette campagne forcera le monde à ouvrir les yeux et à vous faire justice, pourvu qu'on voie que vous prévoyez, que vous projetez, que vous agissez avec vivacité et hardiesse. Dieu, sur qui je compte, non sur les hommes, bénira vos travaux; et quand même il permettroit que vous n'eussiez aucun succès, vous feriez voir au monde combien on mérite les louanges des personnes solides et éclairées, quand on a le courage et la patience de se soutenir avec force dans le malheur.

Vos ressources sont infinies, si vous en voulez faire usage. Vous avez beaucoup plus qu'un autre, monseigneur, de quoi entretenir ceux qui vous environnent. En vous livrant à eux un peu plus, vous les charmerez. Une parole, un geste, un souris, un coup d'œil d'un prince tel que vous, gagne les cœurs de la multitude. Quelque louange donnée à propos au mérite distingué attendrira pour vous les honnêtes gens. Si vous avez le pouvoir d'avancer ceux qui en sont dignes, faites-leur sentir votre protection. Si vous ne pouvez pas les avancer, du moins qu'il paroisse que vous êtes affligé de ne le pouvoir pas, et que vous recommandez de bon cœur leurs intérêts. Rien n'intéressera tant pour vous tous ceux qui peuvent décider de votre réputation, que de trouver en vous cette bonté de cœur, cette attention aux services et aux talents, ce goût et ce discernement du vrai mérite, et cet empressement pour le faire récompenser.

J'ose vous dire, monseigneur, qu'il ne tient qu'à vous de gagner les suffrages du public, et de vous attirer les louanges du monde entier. De ce côté-là, il vous est facile de faire taire les critiques; mais, d'un autre côté, il faut avoir un grand égard à l'improbation du public. J'avoue que rien n'est plus vain que de courir après les vaines louanges des hommes, qui sont légers, téméraires, injustes et aveugles dans leurs jugements. Heureux qui peut être ignoré d'eux dans la solitude! Mais la grandeur, bien loin de vous mettre au-dessus des jugements des hommes, vous y assujettit infiniment plus qu'une condition médiocre. Ceux qui doivent commander aux autres ne sauroient le faire utilement, dès qu'ils ont perdu l'estime et la confiance des peuples. Rien ne seroit plus dur et plus insupportable pour les peuples, rien ne seroit plus dangereux et plus déshonorant pour un prince, qu'un gouvernement de pure autorité, sans l'adoucissement de l'estime, de la confiance et de l'affection réciproque. Il est donc capital, même selon Dieu, que les grands princes s'appliquent sans relâche à se faire aimer et estimer, non par une recherche de vaine complaisance, mais par fidélité à Dieu, dont ils doivent représenter la bonté sur la terre. Si cette attention leur coûte, il faut qu'ils la regardent comme leur premier devoir, et qu'ils préfèrent cette pénitence à toutes les autres qu'ils pourroient pratiquer pour l'amour de Dieu. Si vous vous donnez à lui sans réserve, il vous facilitera bientôt certaines petites sujétions qui vous paroissent épineuses, faute d'y être assez accoutumé.

Je ne puis m'empêcher, monseigneur, de vous répéter qu'il me semble que vous devez tenir bon jusqu'à l'extrémité dans l'armée, comme M. le maréchal de Boufflers dans la citadelle de Lille. Si on ne peut rien faire d'utile et d'honorable jusqu'à la fin de la campagne, au moins vous aurez payé de patience, de fermeté et de courage, pour attendre les occasions jusqu'au bout; au moins vous aurez le loisir de faire sentir votre bonne volonté aux troupes, et de gagner les cœurs. Si au contraire on fait quelque coup de vigueur avant que de se retirer, pourquoi faut-il que vous n'y soyez pas, et que d'autres s'en réservent l'honneur? Ce seroit faire penser au monde qu'on n'ose rien entreprendre de hardi et de fort quand vous commandez; que vous n'y êtes qu'un embarras, et qu'on attend que vous soyez parti pour tenter quelque chose de bon. Après tout, s'il y a quelque chose à espérer, c'est dans le temps où les ennemis seront réduits à se retirer, ou à prendre des postes dans le pays pour y passer l'hiver. Voilà le dénouement de toute la campagne; voilà l'occasion décisive : pourquoi la manqueriez-vous? Il faut toujours obéir au roi avec un zèle aveugle; mais il faut attendre, et tâcher d'éviter un ordre absolu de partir trop tôt.

Vous devez faire honneur à la piété, et la rendre respectable dans votre personne. Il faut la justifier aux critiques et aux libertins. Il faut la pratiquer d'une manière simple, douce, noble, forte, et convenable à votre rang. Il faut aller tout droit aux devoirs essentiels de votre état par le principe de l'amour de Dieu, et ne rendre jamais la vertu incommode par des hésitations scrupuleuses sur les petites choses. L'amour de Dieu vous élargira le cœur, et vous fera décider sur-le-champ dans les occasions pressantes. Un prince ne peut point, à la cour ou à l'armée, régler les hommes comme des religieux; il faut en prendre ce qu'on peut, et se proportionner à leur portée. Jésus-Christ disoit aux apôtres : *J'aurois beaucoup de choses à vous dire; mais vous ne pourriez pas maintenant les porter* [1]. Saint Paul dit : *Je me suis fait tout à tous pour les gagner tous* [2]. Je prie Dieu tous les jours que l'esprit de liberté sans relâchement vous élargisse le cœur, pour vous accommoder aux besoins de la multitude.

Il faut montrer que vous pensez d'une façon sérieuse, suivie, constante et ferme. Il faut convaincre le monde que vous sentez tout ce que vous devez sentir, et que rien ne vous échappe. Si vous paroissez mou et facile à entraîner, on vous en traînera, et on vous mènera loin aux dépens de votre réputation. Lorsque vous serez de retour à la cour, vous devez, ce me semble, parler au roi d'un ton ferme et respectueux, lui montrer clairement et en détail les véritables causes des mauvais événements, avec les remèdes qu'on peut y apporter. Si vous lui faites voir que vous n'avez manqué à rien d'essentiel; si vous lui représentez la situation très embarrassante où vous vous êtes trouvé; enfin, si vous appuyez vos bonnes raisons par les témoignages uniformes des principaux officiers, qui doivent naturellement dire la vérité en votre faveur; si peu que vous ayez soin de gagner leurs cœurs, le roi ne pourra pas s'empêcher d'avoir égard à votre bonne cause pour l'intérêt de l'état.

Votre ressource doit être celle des bonnes raisons, appuyées avec une fermeté qui ne peut être que louée, quand elle sera assaisonnée d'une soumission, d'un zèle et d'un respect à toute épreuve pour le roi. Le moment de votre retour à la cour sera une crise. Je redoublerai mes foibles prières en ce temps-là.

---

[1] *Joan.*, XVI, 12.   [2] *I Cor.*, IX, 22.

Si vous vous accoutumez à rentrer souvent au-dedans de vous pour y renouveler la possession que Dieu doit avoir de votre cœur, si vous dites avec humilité : *Audiam quid loquatur in me Dominus*[1] ; si vous n'agissez ni par humeur, ni par goût naturel, ni par vaine gloire, mais simplement par mort à vous-même, et par fidélité à l'esprit de grace ; Dieu vous soutiendra. *Angelis suis mandavit de te, ut custodiant te in omnibus viis tuis*[2] : *dabitur enim vobis in illa hora quid loquamini*[3]. Vous deviendrez grand devant tous les hommes, à proportion de ce que vous serez petit devant Dieu et souple dans sa main. Vous aurez des croix ; mais elles entreront dans les desseins de Dieu, pour vous rendre l'instrument de sa providence, et vous direz : *Superabundo gaudio in omni tribulatione nostra*[4].

Je ne saurois être devant Dieu, que je ne m'y trouve avec vous, pour lui demander que vous soyez, comme David, selon son cœur.

190. — AU VIDAME D'AMIENS.

Il l'exhorte à se défier beaucoup de lui-même, et à prendre les moyens qu'il lui a déjà conseillés pour le soutenir.

A Cambrai, 15 octobre 1708.

Je suis véritablement affligé, monsieur, de l'état pénible où vous vous dépeignez vous-même : mais ce qui m'en console est de voir combien vous le sentez, et combien vous en craignez les suites. J'espérerai tout pour vous, tandis que vous craindrez tout de vous-même. Cette expérience de votre dissipation, de votre tiédeur, de votre relâchement et de votre fragilité, vous doit inspirer une grande défiance de votre cœur. On se flatte d'ordinaire d'avoir au moins un cœur droit, et sensible à ses vrais devoirs. Mais quel devoir peut-on jamais comparer avec celui de n'être pas ingrat à l'égard de Dieu ? On auroit horreur d'un homme assez dénaturé pour tomber dans l'ingratitude à l'égard d'un père, d'un bienfaiteur, ou d'un ami de qui il auroit reçu de grands services. Vous avez reçu de Dieu votre corps, votre ame, ce vous-même qui vous est si cher, avec la vie et toutes ses commodités : en un mot, vous n'avez rien que vous ne teniez de Dieu seul. Jamais obligations ne peuvent être mises en aucune comparaison avec celles dont Dieu vous a comblé. C'est pourtant lui que vous oubliez à toute heure ; c'est lui à qui vous préférez les plus méprisables amusements ;

[1] *Ps.* LXXXIV, 9.   [2] *Ps.* XC, 11.
[3] *Matth.*, X, 19.   [4] *II Cor.*, VII, 4.

c'est lui qui vous ennuie ; c'est lui qu'il vous tarde de quitter ; c'est lui à qui vous tournez le dos, pour courir après des hommes que vous méprisez, et qui n'ont pour vous aucun autre mérite que celui de vous faire perdre du temps, et de flatter un peu votre imagination.

Je gémis, dites-vous, de me trouver dans un goût si indigne. C'est ma consolation, monsieur, de ce que je vous vois gémir. Mais enfin tel est votre goût : il est aussi méprisable selon la raison, que dépravé et dangereux selon la foi. Après cette expérience continuelle de vous-même, que pouvez-vous encore espérer de votre cœur ? Qu'y a-t-il de plus méprisable qu'un goût si corrompu ? qu'y a-t-il de plus honteux qu'une telle légèreté ? A quel point ne devez-vous pas vous défier sans cesse d'un cœur si gâté, et si insensible au vrai bien !

Vous ne pouvez vous résoudre à aimer celui qui est souverainement aimable, et qui vous a aimé dès l'éternité, sans vous abandonner dans vos infidélités les plus monstrueuses. Vous ne pouvez renoncer à ce qui vous perdroit, à ce monde qui ne vous aime ni ne vous aimera jamais, à ces amusements si indignes, que vous n'oseriez les nommer au rang des choses sérieuses. Voilà ce que vous n'avez point de honte de mettre en la place de votre Dieu et de tous ses biens éternels. Qu'y a-t-il donc de plus méprisable que votre cœur ? cœur de boue, toujours appesanti vers la terre, toujours incapable de sentir les graces de Dieu !

Vous me demandez un moyen de sortir de cette espèce d'ensorcellement : mais ce moyen, vous le savez, et il vous demeure inutile parce que vous ne vous en servez pas. Comment voulez-vous qu'un moyen vous soit utile, si vous n'en faites aucun usage ? Le meilleur remède n'opère rien, quand on ne le prend pas. Le moyen que vous demandez est de lire, de prier tous les jours à certaines heures réservées, de fréquenter les sacrements, de fuir toutes les occasions de dissipation que vous pouvez retrancher sans manquer aux véritables bienséances de votre état ; c'est de vous renouveler souvent pendant la journée dans la présence de Dieu ; c'est de vous humilier devant lui, dès que vous apercevez votre dissipation ; c'est de revenir doucement à lui, sans vous décourager ni impatienter jamais ; c'est de vous supporter vous-même dans vos misères et dans vos indignités, sans vous flatter ni excuser en rien ; c'est de vous accoutumer à n'espérer plus rien ni de votre raison ni de votre courage, et à vous réfugier en Dieu seul avec une humble confiance ; c'est de travailler avec le secours de Dieu qui ne vous manque point, et qui vous fait sur vos fautes tant de reproches intérieurs, par une miséricorde secrète. Il me tarde d'avoir l'honneur de vous voir pour vous en dire davantage.

Je vous envoie une lettre que je vous supplie d'avoir la bonté de rendre. Personne ne vous sera jamais dévoué, monsieur, avec plus d'attachement et de zèle que je le serai jusqu'à la mort.

191. — AU DUC DE BOURGOGNE.

Il continue à rendre compte au prince des bruits désavantageux qui couroient à son sujet.

A Cambrai, 25 octobre 1708.

Monseigneur, l'excès de bonté et de confiance que vous me témoignez dans les lettres dont vous avez bien voulu m'honorer, loin de me donner un empressement indiscret, ne fait qu'augmenter ma retenue et mon inclination à continuer le profond silence où je suis demeuré pendant tant d'années. Je prends même infiniment sur moi, en me donnant la liberté de vous écrire sur des matières très délicates qui sont fort au-dessus de moi, et qui ne peuvent vous être que très désagréables. Mais je croirois manquer à tout ce que je vous dois, monseigneur, si je ne passois pas, dans une occasion si extraordinaire, par-dessus toutes les fortes raisons qui m'engagent au silence, pour achever de vous dire tout ce que j'apprends.

1° Le bruit public contre votre conduite croît, au lieu de diminuer. Il est si grand à Paris, qu'il n'est pas possible qu'il ne vienne des mauvais discours et des lettres malignes de l'armée. Rien n'est plus digne de vous, monseigneur, que votre disposition, qui est de pardonner tout, de profiter même de la critique dans tous les points où elle peut avoir quelques petits fondements, et de continuer à faire ce que vous croyez le meilleur pour le service du roi. Mais il importeroit beaucoup de voir quelles peuvent être les sources de ces discours si injustes et si outrés, pour vous précautionner contre des gens qui sont peut-être les plus empressés à vous encenser, et qui osent néanmoins en secret attaquer votre réputation de la manière la plus atroce. Cette expérience, monseigneur, doit, ce me semble, vous engager à observer beaucoup les hommes, et à ne vous confier qu'à ceux que vous aurez éprouvés à fond, quoique vous deviez montrer de la bonté et de l'affabilité à tous, à proportion de leur rang.

2° Personne n'est plus mal informé que moi de ce qui se passe à la cour; mais je ne saurois croire que le roi ignore les bruits qui sont répandus dans tout Paris contre votre conduite. Ainsi il me paroît capital que vous preniez des mesures promptes et justes pour empêcher que Sa Majesté n'en reçoive quelque impression, et pour lui montrer avec évidence combien ces bruits sont mal fondés. La voie des lettres a un inconvénient, qui est que les lettres ne peuvent pas répondre, comme les conversations, aux objections qui naissent sur-le-champ, et qu'on n'a pas prévues. Mais aussi les lettres ont un grand avantage : on y développe par ordre les faits, sans être interrompu; on y mesure tranquillement toutes les paroles; on s'y donne même une force douce et respectueuse, qu'on ne se donneroit pas toujours si facilement dans une conversation. Ce qui est certain, monseigneur, est que vous avez un pressant besoin de vous précautionner vers le roi, et de faire taire le public, qui est indignement déchaîné. Vous ne sauriez jamais écrire ni agir avec trop de ménagement, de respect, d'attachement, ni de soumission; mais il importe de dire très fortement de très fortes raisons, et de ne laisser rien dont on puisse encore douter sur votre conduite.

5° Il me revient par le bruit public qu'on dit que vous vous ressentez de l'éducation qu'on vous a donnée; que vous avez une dévotion foible, timide et scrupuleuse sur des bagatelles, pendant que vous négligez l'essentiel pour soutenir la grandeur de votre rang et la gloire des armées du roi. On ajoute que vous êtes amusé, inappliqué, irrésolu; que vous n'aimez qu'une vie particulière et obscure; que votre goût vous éloigne des gens qui ont de l'élévation et de l'audace; que vous vous accoutumez mieux de donner votre confiance à des esprits foibles et craintifs, qui ne peuvent vous donner que des conseils déshonorants. On assure que vous ne voulez jamais rien hasarder, ni engager aucun combat, sans une pleine sûreté que votre armée sera victorieuse; et que cette recherche d'une sûreté impossible vous fait temporiser, et perdre les plus importantes occasions. Je suis très convaincu, monseigneur, que la vérité des faits est entièrement contraire à ces téméraires discours; mais il s'agit de détromper ceux qui en sont prévenus. On dit même que vos maximes scrupuleuses vont jusqu'à ralentir votre zèle pour la conservation des conquêtes du roi, et l'on ne manque pas d'attribuer ce scrupule aux instructions que je vous ai données dans votre enfance. Vous savez, monseigneur, combien j'ai toujours été éloigné de vouloir vous inspirer de tels sentiments; mais il ne s'agit nullement de moi, qui ne mérite d'être compté pour rien : il s'agit de l'état et des armes du roi, que je suis sûr que vous voulez soutenir avec toute la fermeté et la vigueur possible. Je sais que vous n'avez pris aucun parti de sagesse et de précaution, que par le conseil des officiers-généraux les plus expérimentés et les plus exempts de timidité : mais c'est là précisément ce que le public ne veut pas croire, et par conséquent c'est le point capital qu'il importe de mettre dans un tel point d'évidence, que personne ne puisse l'obscurcir. Vous avez, monseigneur, tous les officiers généraux qui sont autour de vous : rien ne vous est plus aisé que de les prendre chacun en particulier, et de les engager tous, sous un grand secret, à vous donner par écrit une espèce de courte relation de la manière dont ils ont opiné dans les principales occasions de cette campagne : ensuite vous pourrez leur faire entendre que vous croyez devoir citer au roi leurs témoignages, afin qu'ils soient tout prêts à soutenir de vive voix leur petite relation écrite. Cet engagement les liera, et les fera tous parler un langage décisif et uniforme; au lieu que si vous ne le faites pas ainsi, chacun pourra, malgré sa bonne intention, dire trop ou trop peu, varier, et obscurcir par des termes foibles ce que vous auriez besoin de rendre clair comme le jour. Après avoir posé ce fondement, vous pourrez nommer au roi tous vos témoins, en le suppliant de les interroger lui-même l'un après l'autre. C'est aller jusqu'à la racine du mal, et ôter toute ressource à ceux qui veulent vous attaquer dans les points les plus essentiels.

4° Il me semble qu'il convient que vos lettres, dès à présent, tendent à ce but d'une manière très forte pour les raisons et pour les sentiments, quoique très respectueuse et très soumise par rapport à Sa Majesté. Ensuite, quand vous serez arrivé à la cour, il sera capital, si je ne me trompe, que vous fassiez, avec des manières également fortes et respectueuses, l'éclaircissement à fond de tous les faits qui vous justifient, en pressant le roi d'interroger les principaux officiers; après quoi je souhaite que vous puissiez, sans perdre un moment, dès que les faits seront éclaircis à votre décharge, obtenir de Sa Majesté des gens qui vous conviennent pour servir sous vous l'année prochaine. Plus on ose vous attaquer par les endroits essentiels, plus il vous importe de continuer à commander l'armée, avec les secours qui peuvent assurer votre gloire et celle des armes de Sa Majesté. Il faut que vos lettres commencent cet ouvrage, et que vos discours, fermes, touchants et respectueux, l'achèvent dès votre première audience, s'il est possible. Quand vous arriverez à la cour, plus on vous accuse de foiblesse et de timidité, plus vous devez montrer, par votre procédé, combien vous êtes éloigné de ce caractère, en parlant avec force.

5° Il est aussi, ce me semble, fort à souhaiter qu'après que vous vous serez bien assuré des témoignages décisifs de tous les principaux officiers, pour éviter les discours politiques et ambigus, vous les engagiez à parler et à écrire, dans les occasions naturelles, à leurs amis, la vérité des faits, pour détromper toute la France. C'est une chose inouïe, qu'un prince qui doit être si cher à tous les bons François, soit attaqué dans les discours publics, dans les lettres imprimées, et jusque dans des gazettes, sans que presque personne ose contester les faits qu'on avance faussement contre lui. Je voudrois que les personnes dignes d'être crues parlassent et écrivissent d'une manière propre à redresser le public, et à préparer les voies pour rendre votre retour agréable. Ceux qui devroient n'oser point parler parlent hautement, et ceux qui devroient crier pour la bonne cause sont réduits à se taire. Je ne sais rien de secret ni de particulier; mais je sais en gros ce que personne n'ignore, savoir, qu'on vous attaque dans le public sans ménagement.

On ne peut être plus édifié et plus charmé que je le suis, monseigneur, de la solidité de vos pensées, et de la piété qui règne dans tous vos sentiments. Mais plus je suis touché de voir tout ce que Dieu met dans votre cœur, plus le mien est déchiré d'entendre tout ce que j'entends. Je donnerois ma vie, non-seulement pour l'état, mais encore pour la personne du roi, pour sa gloire, pour sa prospérité; et je prie Dieu tous les jours sans relâche, afin qu'il le comble de ses bénédictions.

Je vous crois infiniment éloigné des timidités scrupuleuses dont on vous accuse et qu'on vous impute sur la défense de Lille, qui est une de ses principales conquêtes. J'espère que si vous continuez à commander les armées sans être gêné par des gens qui ne vous conviennent pas, et ayant sous vous des personnes de confiance, vous montrerez à la France et à ses ennemis combien vous êtes digne de soutenir la gloire de Sa Majesté et celle de toute la nation.

Ce qui me console de vous voir si traversé et si contredit est que je vois le dessein de Dieu, qui veut vous purifier par les croix, et vous donner l'expérience des embarras de la vie humaine, comme au moindre particulier. D'ailleurs, je ne saurois douter que Dieu ne soit votre conseil, votre force, votre tout, pourvu que vous rentriez sans cesse au-dedans de vous pour l'y trouver, et pour agir ensuite sans scrupule, selon les besoins. *Esto vir fortis, et præliare bella Domini* [1]. Ne vous mettez point en peine de me répondre ; il me suffit que mon cœur ait parlé au vôtre en secret devant Dieu seul. C'est en lui que je mets toute ma confiance pour votre prospérité, monseigneur : je vous porte tous les jours à l'autel avec le zèle le plus ardent.

192. — AU MÊME.

Sur la conduite que ce prince doit tenir en arrivant à la cour.

17 novembre 1708.

Monseigneur, j'espère que vous ne jugerez point de moi par l'empressement où vous m'avez vu sur la fin de cette campagne. Vous pouvez vous souvenir que j'ai passé plus de dix ans dans une retenue à votre égard qui m'auroit attiré votre oubli pour le reste de ma vie, si vous étiez capable d'oublier les gens qui ont eu l'honneur d'être attachés à votre personne. La vivacité avec laquelle j'ai rompu enfin un si long silence ne vient que de la douleur que j'ai ressentie sur tous les discours publics. Oserois-je, monseigneur, vous proposer la manière dont il me semble que vous devriez parler au roi pour son intérêt, pour celui de l'état et pour le vôtre ?

Vous pourriez commencer par une confession humble et ingénue de certaines choses qui sont peut-être un peu sur votre compte. Vous n'avez peut-être pas assez examiné le détail par vous-même ; vous n'êtes peut-être pas monté assez souvent à cheval pour visiter les postes importants ; vous n'avez peut-être pas marché assez avant pour voir parfaitement les fourrages. C'est ce que j'entends dire à des officiers expérimentés, et pleins de zèle pour vous. Vous avez trop demeuré renfermé dans un camp, badinant avec M. le duc de Berri d'une manière peu convenable à votre âge, et au sérieux de la plus grande affaire de notre siècle dont vous étiez chargé. Vous vous êtes peut-être laissé trop aller à une je ne sais quelle complaisance pour M. de Vendôme, qui auroit eu honte de ne vous suivre pas, et qui auroit été au désespoir de courir après vous. Vous n'avez point assez entretenu les meilleurs officiers généraux en particulier, de peur que M. de Vendôme n'en prît quelque ombrage. Vous avez été peut-être irrésolu, et même, si vous me pardonnez ce mot, un peu foible pour ménager un homme en qui le roi vous avoit recommandé d'avoir confiance ; vous avez cédé à sa véhémence et à sa roideur ; vous avez craint un éclat qui auroit déplu au roi. Vous n'avez pas osé, plusieurs fois, suivre les meilleurs conseils des principaux officiers de l'armée, pour ne contredire pas ouvertement l'homme en qui le roi se confioit. Vous avez même pris sur votre réputation pour conserver la paix. Ce qui en résulte est que votre patience est regardée comme une foiblesse, comme une irrésolution, et que tout le public murmure de ce que vous avez manqué d'autorité et de vigueur.

Après avoir avoué au roi avec naïveté toutes les choses dans lesquelles vous croyez de bonne foi avoir manqué, vous serez en plein droit de lui développer la vérité tout entière. Vous pouvez lui représenter tout ce que les plus sages officiers de l'armée lui diront, s'il les interroge, savoir, que l'homme qui vous étoit donné pour vous instruire et pour vous soulager ne vous apprenoit rien, et ne faisoit que vous embarrasser ; qu'en un mot, celui qui devoit soutenir la gloire des armes de Sa Majesté, et vous procurer beaucoup de réputation, a gâté les affaires, et vous a attiré le déchaînement du public. C'est là que vous placerez un portrait au naturel des défauts de M. de Vendôme, paresseux, inappliqué, présomptueux et opiniâtre ; il ne va rien voir, il n'écoute rien, il décide et hasarde tout ; nulle prévoyance, nul avisement, nulle disposition ; nulle ressource dans les occasions, qu'un courage impétueux ; nul égard pour ménager les gens de mérite, et une inaction perpétuelle de corps et d'esprit.

Après ce portrait, vous pourriez revenir à ce qui peut avoir manqué de votre côté, avec si peu de secours et tant d'embarras. Demandez avec les plus vives instances à avoir votre revanche la campagne prochaine, et à réparer votre réputation attaquée. Vous ne sauriez montrer trop de vivacité sur cet article ; il vous siéra bien d'être très vif là-dessus, et cette grande sensibilité fera une partie de votre justification sur la mollesse dont on vous accuse. Demandez sous vous un général qui vous instruise et qui vous soulage, sans vouloir vous décider comme un enfant. Demandez un général qui décide tranquillement avec vous, qui écoute les meilleurs officiers, et qui n'ait point de peine de vous les voir écouter ; qui vous mène partout où il faut aller, et qui vous fasse remarquer tout ce qui mérite attention. Demandez un général qui vous occupe tellement de toute l'étendue de la guerre, que vous ne soyez point tenté de tomber dans l'inaction et l'amusement. Jamais personne n'eut besoin de tant de force et de vigueur que

[1] *Reg.*, XVII, 17.

vous en aurez besoin dans cette occasion. Une conversation forte, vive, noble et pressante, quoique soumise et respectueuse, vous fera un honneur infini dans l'esprit du roi et de toute l'Europe. Au contraire, si vous parlez d'un ton timide et inefficace, le monde entier, qui attend ce moment décisif, conclura qu'il n'y a plus rien à espérer de vous, et qu'après avoir été foible à l'armée, aux dépens de votre réputation, vous ne songez pas même à la relever à la cour. On vous verra vous renfoncer dans votre cabinet, et dans la société d'un certain nombre de femmes flatteuses.

Le public vous aime encore assez pour desirer un coup qui vous relève; mais, si ce coup manque, vous tomberez bien bas. La chose est dans vos mains. Pardon, monseigneur, j'écris en fou; mais ma folie vient d'un excès de zèle. Dans le besoin le plus pressant, je ne puis que prier, et c'est ce que je fais sans cesse.

193. A M. DE CHAMILLARD,
MINISTRE DE LA GUERRE.

Il lui rend compte des blés qu'il peut avoir à sa disposition pour les armées, et lui fait les offres les plus généreuses.

A Cambrai, 20 novembre 1708.

Immédiatement après avoir eu l'honneur de vous voir, j'entrai en matière par lettres avec M. de Bergheik. Il demandoit, 1° que les blés lui fussent incessamment livrés à Saint-Omer, ou tout au moins à Condé; 2° qu'on les lui donnât à un prix plus bas que le prix courant du marché. Je lui ai représenté les choses suivantes :

1° Je ne garde point mes blés d'une année à l'autre. J'ai vendu à vil prix, il y a quelques mois, tous mes blés de l'année dernière. La règle du pays est que les fermiers ne commencent à livrer les blés qu'au mois de décembre. Ils retardent toujours le plus qu'ils peuvent, et le feront beaucoup plus cette année, par la crainte des ravages et de la famine dont ils se croient menacés. Ainsi je ne puis avoir mes blés dans mes greniers que dans le mois de janvier tout au plus tôt.

2° Les particuliers qui peuvent vendre leurs blés à leurs portes à des marchands, argent comptant, n'ont garde de les vendre aux personnes qui ont l'autorité du roi à un moindre prix, avec d'assez longs termes, et avec la crainte de quelque mécompte pour leurs paiements. Ils savent que le prix du blé ne peut que croître tous les jours. Je ne saurois leur persuader ce que M. de Bergheik desire.

3° Ces particuliers, supposé que je pusse les persuader, ne se chargeroient jamais de voiturer leurs blés ni à Saint-Omer, ni même à Condé, qu'à condition qu'on leur paieroit le prix de leurs blés et celui de leurs voitures, si le tout étoit enlevé ou pillé sur les chemins. Voilà, monsieur, les raisons qui ont arrêté M. de Bergheik.

Pour moi, rien ne m'arrêtera dans la résolution où je suis de vous donner mes blés sans condition; mais je vous supplie très humblement de faire attention aux choses que je dois avoir l'honneur de vous représenter.

1° Ce n'est point pour achever mon bâtiment que je veux donner mes blés : mon bâtiment est presque achevé. Si je ne considérois que mon intérêt, j'aimerois bien mieux vendre mon blé à des marchands, qui le viendroient prendre céans à un haut prix, et argent comptant. Les termes que vous me marquez peuvent être sujets à de grands mécomptes, par des embarras imprévus, malgré toutes vos bontés pour moi, et quoique vous preniez des mesures très justes.

2° Je compte pour rien mon intérêt, dès que lui du roi paroît : le devoir de bon sujet décide. De plus, la reconnoissance me presse. Je dois au anciennes bontés de Sa Majesté tout ce que je possède; je lui donnerois mon sang et ma vie, encore plus volontiers que mon blé. Mais je suis très éloigné, monsieur, de vouloir que vous fassiez valoir mon offre, et que vous me rendiez aucun bon office. La chose ne mérite pas d'aller jusqu'au roi et j'en serai assez récompensé, pourvu que vous soyez persuadé de ma bonne volonté pour faciliter l'exécution de vos projets dans son service. D'ailleurs je suis, Dieu merci, guéri de toute espérance mondaine. Je serai content d'avoir fait mon devoir; et mon zèle, quoique ignoré par Sa Majesté suffira pour ma consolation le reste de ma vie.

3° J'ai proposé à plusieurs personnes de vendre leur blé avec le mien. Aucun ne veut rien vendre au roi, tant ils craignent des retardements et de mécomptes. Je ne vois rien à espérer de ce côté là : ainsi je ne puis vous offrir que mon seul blé et même que celui d'une seule année, parce que j'avois tout vendu à vil prix pour bâtir, dès le printemps dernier.

4° Vous agréerez, s'il vous plaît, monsieur que je réserve du blé, tant pour ma subsistance dans un lieu de passage continuel, où je suis seul à faire les honneurs à tous les passants, que pour les pauvres, qui sont innombrables en ce pays depuis que notre voisinage est ruiné, et que la cherté augmente. On vous a très mal informé, si on vous a fait entendre que j'avois vingt mille sacs de blé. Je ne puis avoir, dans tout le cours de l'année, qu'environ onze mille mesures de blé, chaque mesure pesant environ quatre-vingt-quatre livres. Cette mesure vaut actuellement au marché plus de deux écus, et le prix augmentera tous les jours. Ainsi le total de ce blé montera au moins à soixante-dix mille francs. Vous prendrez, monsieur, sur ce total, la quantité qu'il vous plaira, et au prix que vous voudrez. Je n'ai aucune condition à vous proposer, et c'est à vous à les régler toutes. Je ne réserverai pour mes besoins, pour ceux des pauvres, qu'il ne m'est pas permis d'abandonner, et pour les gens qui sont accoutumés à aborder chez moi en passant, que ce que vous voudrez bien me laisser. Je serai content, pourvu que je fasse mon devoir vers le roi, et que vous soyez persuadé du zèle avec lequel je serai le reste de ma vie, etc.

194. — AU P. LAMI.

Ne pas croire aisément aux opérations miraculeuses et extraordinaires. Explication d'un *Mandement* de Fénelon, auquel ses ennemis donnoient de malignes interprétations.

A Cambrai, 30 novembre 1708.

Je suis toujours vivement touché, mon révérend Père, quand vous me faites la grace de me donner de vos nouvelles : j'avoue qu'elles me donneroient une bien plus grande consolation, si elles m'apprenoient la diminution de vos maux; mais nous n'aimons Dieu plus que nous, qu'autant que nous préférons sa volonté à notre soulagement. C'est apprendre une heureuse nouvelle d'un homme qu'on aime et qu'on révère, que d'apprendre qu'il est attaché sur la croix avec Jésus-Christ, et qu'il dit, comme l'Apôtre : *J'ai une surabondance de joie au milieu de mes tribulations* [1]. Pour les expériences que vous me mandez avoir faites, elles peuvent venir d'une grace extraordinaire, et je n'ai garde d'en juger. Il me paroît seulement que le remède a pu les premières fois, plus parfaitement que dans la suite, apaiser toutes les douleurs, adoucir le sang, débarrasser entièrement la tête, et vous mettre dans une parfaite liberté, où les dispositions pieuses dont vous êtes, Dieu merci, prévenu, ont produit, sans aucun obstacle, cette société si simple, si familière et si intime avec Dieu. Il n'y a que les sens et les passions du corps qui amortissent les opérations de notre ame en cette vie à l'égard de Dieu, quand notre volonté tend uniquement vers lui. La mort, qui rompt tous nos liens, nous met dans l'entière liberté de voir et d'aimer. En attendant cette pleine délivrance, tout ce qui impose silence aux passions tumultueuses, à l'imagination volage, et aux sens qui nous distraient, sert beaucoup à nous occuper de Dieu, lorsque notre vrai fond est tourné vers lui. La nuit même est très propre à ce recueillement; aucun objet extérieur n'interrompt ni ne partage alors notre attention. Ainsi, quand l'imagination se trouve calmée par une suspension des choses qui l'agitoient, on peut éprouver une très paisible et très profonde union d'amour avec Dieu, sans aucun don miraculeux. Je ne dis point ceci pour exclure les graces extraordinaires; à Dieu ne plaise! Je n'en veux nullement juger : mais je croirois que, sans aucune impression miraculeuse, la grace ordinaire, quand elle est forte, et quand l'ame est mise en liberté, comme je viens de le dire, peut suffire pour produire une très grande occupation de Dieu et de ses mystères.

Je n'ai pas manqué de mander à Paris qu'on vous envoyât au plus tôt un exemplaire de ma réponse à la *Justification du silence respectueux* : je ne serois pas content que vous l'eussiez lue, si vous ne l'aviez reçue de moi.

Pour le mandement dont on fait du bruit [1], vous le verrez au premier jour, dans un recueil de plusieurs autres qui sont imprimés. Vous verrez que je n'ai parlé qu'en général du malheur des guerres; pour exciter les peuples à prier pour la paix, j'ai cité les paroles de saint Augustin, qui dit que *les princes les plus justes et les plus modérés sont réduits à prendre les armes, et que ce malheur est d'autant plus déplorable, qu'il est devenu nécessaire*. Ma conclusion est de dire : « Prions pour la prospérité des armes du roi, afin » qu'elles nous procurent, SELON SES DESSEINS, » un repos qui console l'Église aussi bien que les » peuples, et qui soit sur la terre une image du re- » pos céleste. » Ces paroles sont décisives pour écarter de l'esprit du lecteur toute pensée maligne, et d'appliquer au roi ce que j'ai dit en général sur les horreurs d'une guerre ambitieuse, et contraire à l'humanité. Rien n'est plus opposé à une guerre si odieuse que celle que le roi fait malgré lui, pour nous procurer *un repos qui console l'Église aussi bien que les peuples*, etc. Cette intention m'a paru si pure, que j'ai exhorté tous les fidèles à demander *la prospérité de ses armes*, et à desirer l'accomplissement de *ses desseins*, comme étant persuadé qu'ils tendent à nous *procurer ce repos* si utile et si édifiant. Voilà ce qui regarde mon

---

[1] *II Cor.*, VII. 4.

[1] Fénelon parle de son *Mandement* du 12 mai 1708, pour la *prospérité des armes du roi*.

dernier mandement de cette année. De plus, vous verrez dans le recueil trois autres mandements, où j'ai fait, pour ainsi dire, un plaidoyer pour la cause des deux rois contre nos ennemis, dans les années précédentes. Je doute fort qu'il y ait quelque autre évêque en France qui ait parlé aussi fortement que moi de la justice de la cause de ces deux princes, et des pieuses intentions du roi en particulier. On n'a fait aucune attention à ce qui est clair comme le jour pour montrer mon zèle, et on a relevé malignement un endroit très innocent de mon dernier mandement, pour l'empoisonner par une interprétation forcée. Il faut prier de bon cœur pour ceux qui agissent ainsi, et leur vouloir autant de bien qu'ils me veulent de mal. Je suis tout à vous, mon révérend Père, avec une vraie vénération.

Je reviens au remède nommé *silentium pectoris*. Je souhaite non-seulement qu'il soulage votre poitrine, mais encore qu'il nourrisse, qu'il console et qu'il élargisse votre cœur. Il n'y a qu'à s'en servir, qu'à goûter la paix qu'il vous donne, sans en vouloir juger, et sans vous y arrêter volontairement pour vous en faire un appui. C'est le vrai moyen d'en tirer tout le profit, sans s'exposer au danger d'aucune illusion. Avez-vous pris ce remède le jour, et fait-il le même effet le jour que la nuit? Mandez-moi le lieu où il se vend à Paris. J'en voudrois avoir une fontaine pour toutes les personnes peinées. Sérieusement, j'en voudrois faire prendre à une très bonne personne dont la poitrine et le cœur ont besoin de ce soulagement.

Je ne dois pas oublier de vous dire que j'ai vu passer ici M. le M. d'Angennes, votre parent, qui portoit encore les marques de sa blessure, mais qui étoit déjà presque guéri. Il est fort bien fait, poli et aimable.

195. — AU DUC DE CHEVREUSE.

Sur la conduite du duc de Bourgogne pendant la campagne de cette année, et sur les moyens de relever son honneur dans la campagne prochaine. État critique de la France.

A Cambrai, 3 décembre 1708.

Je me sers, mon bon duc, de l'occasion sûre de M. Turodin, pour répondre à votre dernière lettre. Vous avez su que la campagne finit par une conclusion très honteuse. M. le duc de Bourgogne n'a point eu, dit-on, pendant la campagne assez d'autorité ni d'expérience pour pouvoir redresser M. de Vendôme. On est même très mécontent de notre jeune prince, parce que, indépendamment des partis pris pour la guerre, à l'égard desquels les fautes énormes ne tombent point sur lui, on prétend qu'il n'a point assez d'application pour aller visiter les postes, pour s'instruire des détails importants, pour consulter en particulier les meilleurs officiers, et pour connoître le mérite de chacun d'eux. Il a passé, dit-on, de grands temps dans des jeux d'enfant avec M. son frère, dont l'indécence a soulevé toutes les personnes bien intentionnées, dans de tristes conjonctures où il auroit dû paroître sentir la honte de sa campagne et le malheur de l'état. Voilà, si je ne me trompe, la vraie source de l'indisposition générale des militaires, qui reviendroient, s'ils voyoient, au printemps prochain, ce prince moins amusé à des jeux indécents, montant plus souvent à cheval, voulant tout voir et tout apprendre, questionnant les gens expérimentés, et décidant avec vigueur. Mais il faudroit qu'au lieu de M. de Vendôme, qui n'est capable que de le déshonorer et de hasarder la France, on lui donnât un homme sage et ferme, qui commandât sous lui, qui méritât sa confiance, qui le soulageât, qui l'instruisît, qui lui fît honneur de tout ce qui réussiroit, qui ne rejetât jamais sur lui aucun fâcheux événement, et qui rétablît la réputation de nos armes. Cet homme, où est-il? Ce seroit M. de Catinat, s'il se portoit bien; mais ce n'est ni M. de Villars, ni la plupart des autres que nous connoissons. M. de Berwick, qu'on louoit fort en Espagne, n'a pas été fort approuvé en Flandre; je ne sais si la cabale de M. de Vendôme n'en a pas été cause. Il faudroit de plus, à notre prince, quelque homme en dignité auprès de lui. Plût à Dieu que vous y fussiez! vous auriez pu empêcher tous les badinages qu'on a critiqués, et lui donner plus d'action pour contenter les troupes. Ce qui est certain est qu'il demeurera dans un triste avilissement aux yeux de toute la France et de toute l'Europe, si on ne lui donne pas l'occasion et le secours pour se relever et pour soutenir nos affaires. Si M. de Vendôme revient tout seul avec un pouvoir absolu, il court risque de mettre la France bien bas. Il faut savoir faire ou la guerre ou la paix. Il faut, dans cette extrémité, un grand courage, ou contre l'ennemi pour l'abattre malgré ses prospérités, ou contre soi-même pour s'exécuter sans mesure, avant qu'on tombe encore plus bas, et qu'on ne soit plus à portée de se faire accorder des conditions supportables. Pour le jeune prince, s'il est mou, amusé et foible en arrivant à la cour, il demeurera méprisé, et hors d'état d'avoir sa revanche. Il faut qu'il parle avec respect et fermeté, qu'il avoue les torts qu'il peut avoir; qu'il peigne M. de Vendôme au naturel, qu'il mette toute la campagne devant les yeux du roi, qu'il demande à relever son honneur et celui des armes de Sa Majesté, en commandant l'année prochaine avec un bon général sous lui : s'il ne presse pas avec une certaine vigueur, il demeurera dans le bourbier. Il faut le faire en arrivant. La réputation de ce jeune prince est sans doute plus importante à la France qu'on ne s'imagine. Rien ne décrédite tant le roi et l'état, dans les pays étrangers, que de voir son petit-fils avili à la tête des armées, n'ayant sous lui pour général qu'un homme qui ne sait ni prévoir, ni préparer, ni douter, ni consulter, ni aller voir; qui se laisse toujours surprendre, qu'aucune expérience ne corrige, qui se flatte en tout, et qui est déconcerté au premier mécompte; enfin, qui fait la guerre comme M. le duc de Richelieu joue, c'est-à-dire qui hasarde tout sans mesure dès qu'il est piqué[1]. Si les ennemis, au printemps, entament notre frontière déjà à demi percée, rien ne les pourra arrêter dans la Picardie.

Vous connoissez l'épuisement et l'indisposition des peuples. Dieu veuille qu'on y pense! Mais on ne pourra se résoudre ni à changer de méthode pour la guerre, ni à s'exécuter violemment pour la paix; et l'hiver, déjà fort avancé, finira avant qu'on ait pris de justes mesures. M. de Chamillart me dit, en passant ici, que tout étoit désespéré pour soutenir la guerre, à moins qu'on ne pût tenir les ennemis affamés dans cette fin de campagne entre le canal de Bruges, l'Escaut, et notre frontière d'Artois. Toutes ces espérances sont évanouies. Mais M. de Chamillard, qui me représentoit très fortement l'impuissance de soutenir la guerre, disoit, d'un autre côté, qu'on ne pouvoit point chercher la paix avec de honteuses conditions. Pour moi, je fus tenté de lui dire : Ou faites mieux la guerre, ou ne la faites plus. Si vous continuez à la faire ainsi, les conditions de paix seront encore plus honteuses dans un an qu'aujourd'hui; vous ne pouvez que perdre à attendre.

[1] Ce portrait du duc de Vendôme est conforme à ce que les Mémoires du temps rapportent de ce général. Le duc de Saint-Simon surtout justifie le duc de Bourgogne, et confirme ce que dit ici Fénelon de la cabale suscitée par le duc de Vendôme pour avilir le jeune prince, croyant par-là faire sa cour au dauphin son père, qui ne témoignoit à ce fils que de la froideur. Ce seigneur cite entre autres un mot du duc de Vendôme, qui, après l'affaire d'Oudenarde, s'échappa jusqu'à dire au duc de Bourgogne, devant tout le monde, qu'il *se souvînt qu'il n'étoit venu qu'à condition de lui obéir* (*Mém.*, liv. IX, art. XVIII et suiv.). Voyez aussi les lettres du duc de Bourgogne à madame de Maintenon, dans les *Mém. politiques*, etc., publiés par l'abbé Millot, tome IV, pag. 524 et suiv.

Si le roi venoit en personne sur la frontière, il seroit cent fois plus embarrassé que M. le duc de Bourgogne. Il verroit qu'on manque de tout, et dans les places, en cas de siége, et dans les troupes, faute d'argent. Il verroit le découragement de l'armée, le dégoût des officiers, le relâchement de la discipline, le mépris du gouvernement, l'ascendant des ennemis, le soulèvement secret des peuples, et l'irrésolution des généraux dès qu'il s'agit de hasarder quelque grand coup. Je ne saurois les blâmer de ce qu'ils hésitent dans ces circonstances. Il n'y a aucune principale tête qui réunisse le total des affaires, ni qui ose rien prendre sur soi. En un mot, un joueur qui perd parce qu'il joue trop mal ne doit plus jouer. Le branle donné du temps de M. de Louvois est perdu : l'argent et la vigueur du commandement nous manquent. Il n'y a personne qui soit à portée de rétablir ces deux points essentiels. Quand même on le pourroit, il faudroit trop de temps pour remonter tous ces ressorts. On ruine et on hasarde la France pour l'Espagne. Il ne s'agit plus que d'un point d'honneur, qui se tourne en déshonneur dès qu'il est mal soutenu. Ni le roi ni monseigneur ne peuvent venir défendre la France; M. le duc de Bourgogne, qui est notre unique ressource, est malheureusement décrédité, et je crains qu'on ne fera rien de ce qu'il faut pour relever sa réputation.

Voilà, mon bon duc, ce qui me passe par l'esprit. Je n'ai point le temps d'en écrire aujourd'hui à M. le duc de Beauvilliers; mais je vous supplie de lui communiquer cette lettre. Elle sera, s'il vous plaît, commune entre vous deux. J'espère que vous voudrez bien aussi la montrer à madame la duchesse de Mortemart. M. le vidame, s'il passe ici, comme il me le promet, vous portera quelque autre paquet de moi. Cependant je renouvelle ici mille respects à madame la duchesse de Chevreuse; et je n'y ajoute pour vous, mon bon duc, qu'une union sans réserve de cœur en Dieu.

196. — DU DUC DE BOURGOGNE A FÉNELON.

Il répond à quelques uns des reproches que la voix publique lui faisoit.

A Douai, 5 décembre 1708.

Si je n'ai pas répondu plus tôt à plusieurs de vos lettres, mon cher archevêque, ce n'est pas que j'en aie plus mal reçu ce qu'elles contiennent, ni que mon amitié pour vous en soit moins vive. Je suis ravi de tout ce que vous m'avez mandé que l'on dit de moi. Vous pouvez interroger le vidame, qui vous rendra cette lettre, sur la suite des faits publics, qu'il me seroit bien long de reprendre ici. Je vous parlerai cependant de quelques uns.

Je n'ai jamais eu ordre du roi d'attaquer le prince Eugène pendant l'éloignement du duc de Marlborough : au contraire, quand il marcha à M. de Vendôme du côté d'Oudenbourg, le maréchal de Berwick et moi voulions rassembler les différents camps qui étoient le long de l'Escaut, et marcher au prince Eugène. L'ordre de marche fut dressé; et je l'aurois exécuté, si nous n'avions trouvé tous ceux que je consultai d'un avis contraire, et qu'il falloit plutôt fortifier M. de Vendôme du côté de Bruges et de Gand. Ceux à qui je parlai étoient MM. d'Artaignan, Gassion, Saint-Frémont, Cheyladet et Souternon.

Les trois bataillons d'Oudenarde sont vrais : mais on me les assura séparés de l'armée ennemie; et il n'y auroit eu nul combat, si l'on s'étoit arrêté à l'endroit où l'on disoit qu'ils étoient, et où on ne les trouva point : du moins les ennemis le seroient-ils venus chercher.

Sur la Marque, M. de Vendôme n'étoit point pressé d'attaquer : il ne reconnut le côté où étoit d'Artaignan que trois jours après son arrivée, et dès-lors les retranchements étoient formés. Les plaines, il est vrai, sont assez grandes; mais les ennemis y auroient toujours eu un plus grand front que nous, pour nous envelopper en débouchant des défilés.

Je ne me souviens point d'avoir écrit à des gens indiscrets ce que j'écrivois au roi, en chiffre, sur l'état du dedans de la ville de Lille.

Je vous remets au vidame sur tout le reste, dont je ne puis vous faire un plus long détail. Je profiterai, avec l'aide de Dieu, de vos avis. J'ai bien peur que le tour que je vais faire en Artois, me faisant finir ma campagne à Arras, ne m'empêche de vous voir à mon retour, comme je l'avois toujours espéré : car, de la manière dont vous êtes à la cour, il me paroît qu'il n'y a que le passage dans votre ville archiépiscopale qui me puisse procurer ce plaisir. Je suis fâché aussi que l'éloignement où je vais me trouver de vous m'empêche aussi de recevoir d'aussi salutaires avis que les vôtres. Continuez-les cependant, je vous en supplie, quand vous en verrez la nécessité, et que vous trouverez des voies absolument sûres. Assistez-moi aussi de vos prières, et comptez que je vous aimerai toujours de même, quoique je ne vous en donne pas toujours des marques.

197. — DE FÉNELON AU MARQUIS DE FÉNELON, SON PETIT-NEVEU.

Il l'exhorte à prendre conseil des gens sages.

Cambrai, 7 janvier 1709.

Votre lettre, mon cher neveu, est venue fort à propos. Je commençois à être en peine du retardement de votre arrivée à Paris. Il est juste que vous y donniez le temps convenable pour les affaires de votre régiment. J'avoue que ce seroit une grande consolation de vous avoir pendant la campagne à deux pas de nous, et d'être à portée de vous secourir en cas de blessure ou de maladie. Il est vrai aussi que vous seriez, sur cette frontière, plus à portée d'être connu et de montrer votre bonne volonté. Mais, d'un autre côté, je serois inconsolable si vous veniez à périr dans une frontière où l'on est plus exposé qu'ailleurs, supposé que vous eussiez demandé à y venir par un sentiment d'ambition, et que j'eusse approuvé un tel dessein. Ainsi, tout ce que je puis faire est de vous laisser à la Providence, et de vous conseiller de consulter des gens plus sages que moi dans le lieu où l'on vous desire. Le principal est, si je ne me trompe, de suivre simplement ce que vous aurez au cœur, en n'y écoutant que Dieu, et en renonçant à toute vue mondaine. Dieu vous bénira quand vous vous abandonnerez à lui.

Je compte que vous rendrez de vrais devoirs aux maisons de Mortemart, de Chevreuse et de Charost. Vous devez de la reconnoissance à cette dernière maison : je lui suis dévoué à toute épreuve. Allez voir, je vous prie, mademoiselle de Langeron et notre bon abbé Le Fèvre. J'espère que M. Dupuy nous viendra voir bientôt, et j'en suis ravi. Mille et mille amitiés à ma chère nièce, que j'aime de plus en plus : son bambin me tient fort au cœur. Bien des compliments à M. de Chevry. Le moment de vous embrasser et entretenir me donne par avance beaucoup de joie.

198. — AU VIDAME D'AMIENS.

Il lui indique les moyens de mettre fin à sa vie tiède et dissipée.

A Cambrai, 4 avril 1709.

Je suis très sensible à toutes vos bontés, monsieur, et votre dernière lettre m'a véritablement attendri. Je vous porte tous les jours à l'autel avec beaucoup de zèle.

Vous ne devez pas être surpris de vous trouver si tiède, si dissipé et si fragile : c'est l'effet naturel d'une longue habitude de vie relâchée. Vos passions sont fortes; vous vivez au milieu du monde et des tentations les plus dangereuses; votre foi n'est qu'à demi nourrie; votre amour-propre agit en pleine liberté dans tout ce que la crainte de Dieu ne vous reproche pas comme un désordre grossier. C'est vivre d'une vie mondaine que la crainte de Dieu modère; mais ce n'est pas vivre de l'amour de Dieu mis en la place de l'amour-propre. Ce n'est qu'en se livrant à Dieu par l'amour, et en nourrissant cet amour par une prière familière et fréquente, qu'on sort de cet état flottant. Quand on ne veut prendre de la religion qu'autant qu'il en faut pour apaiser les reproches de sa conscience, et pour se donner une espérance qui console le cœur, on ne fait que languir intérieurement. C'est un malade convalescent, qui se contente de se nourrir suffisamment pour ne tomber pas à toute heure en défaillance, et pour s'épargner de grandes douleurs. Il ne fait que traîner, et il n'a aucune ressource. Vous me demanderez qu'est-ce qu'il faut faire; le voici:

1° Il faut se regarder comme un homme qui a pris son parti, qui ne s'en cache point, qui ne rougit point de Jésus-Christ, quoiqu'il évite toute affectation; qui veut être fixé dans le bien, et ne regarder plus en arrière.

2° Il faut lire, prier, mais prier de cœur; fréquenter les sacrements, et se faire un bon plan de vie par le conseil d'un homme exempt de rigueur et de relâchement, qui ait une véritable expérience des voies de Dieu.

3° Il faut examiner, surtout dans l'oraison, et immédiatement après vos communions, ce que Dieu demande de vous pour mourir à vos passions, pour vous précautionner contre vous-même, pour réprimer vos goûts, et pour retrancher les amusements qui vous détournent de vos devoirs extérieurs, ou qui s'opposent à une vie de recueillement. Vous verrez que si vous vous abandonnez à l'esprit de grace, il vous fera sentir ce qui vous arrête dans le chemin où Dieu vous appelle.

4° Il ne faut point être étonné ni découragé de vos fautes. Il faut vous supporter vous-même avec patience, sans vous flatter ni épargner pour la correction. Il faut faire pour vous comme pour un autre. Dès que vous apercevez que vous avez manqué, condamnez-vous intérieurement, tournez-vous du côté de Dieu pour en recevoir votre pénitence : dites avec simplicité votre faute à l'homme de Dieu qui a votre confiance. Recommencez à bien faire, comme si c'étoit le premier jour, et ne vous lassez point d'être toujours à recommencer. Rien ne touche tant le cœur de Dieu, que ce courage humble et patient.

Il ne faut pas se rebuter, quoiqu'on éprouve en soi beaucoup de tentations, et qu'on fasse même diverses fautes. *La vertu*, dit l'Apôtre[1], *se perfectionne dans l'infirmité*. C'est moins par le goût sensible et par les consolations spirituelles, que par l'humiliation intérieure et le recours fréquent à Dieu, qu'on s'avance vers lui.

Voilà, monsieur, ce que je le prie de vous faire bien entendre. Je vous aime tendrement; je vous honore du fond du cœur. Je vous suis dévoué à toute épreuve et sans réserve pour le reste de ma vie. Aimez-moi, mais en Dieu et pour Dieu, comme je vous aime. Mon zèle pour vous est sans bornes. Mille respects à madame la vidame.

199. — AU MARQUIS DE FÉNELON,

SON PETIT-NEVEU.

Sur la maladie de madame de Chevry, et sur la conduite que le marquis doit tenir à l'armée.

A Cambrai, 6 avril 1709.

On ne sauroit, mon cher neveu, être plus en peine que je le suis de notre chère malade. Je crains toujours qu'elle ne prenne trop sur elle, et qu'elle ne veuille pas s'assujettir au régime nécessaire pour sa santé : engagez-la, si vous le pouvez, à le garder très exactement. Plût à Dieu qu'elle fût ici ! Nous aurions soin de la réduire, et en même temps de la tenir en gaieté avec le cœur en repos. Je prie Dieu de nous la conserver : mandez-nous l'état où elle sera.

Je suis bien fâché de ce que vous allez en Dauphiné : j'espérois que vous serviriez en Allemagne. Il faut être prêt à tout, et content en quelque lieu qu'on aille. Si les bruits de paix qui se répandent sont vrais, nous pourrons vous revoir bientôt. En attendant, travaillez sans relâche à tout ce qui peut contribuer au bon état de votre régiment, et au bien du service. Tâchez de vous faire aimer : soyez doux et obligeant aux foiblesses; distinguez le mérite parmi vos officiers, sans blesser personne; attachez-vous aux officiers qui vous sont supérieurs, pour tâcher d'obtenir leur estime, et pour apprendre auprès d'eux ce que vous avez besoin de savoir. Ménagez votre santé. Ne comptez pas trop sur elle, quand elle paroît bonne ; car elle s'altère aisément.

Je ne manquerai pas de remercier ceux qui ont eu de la bonté pour vous. J'espère que M. l'abbé de Langeron, qui s'en va à Paris, pourra encore vous y trouver : ne vous y arrêtez point inutile-

---

[1] *II Cor.*, xii. 9.

ment. Donnez-nous de vos nouvelles, partout où vous serez. Comptez que j'en desirerai toujours, et que je serois fort en peine si nous n'apprenions pas au moins l'état de votre santé. Bonjour, mon cher enfant; je suis à vous avec tous les sentiments que vous savez. Je prie Dieu qu'il vous garde, qu'il vous rende fidèle à sa grace, qu'il vous tienne dans une humble défiance de vous-même, et qu'il vous fasse faire sa volonté en tout.

200. — AU MÊME.

Il l'engage à se concilier l'estime et l'amitié des officiers.

A Cambrai, 15 avril 1709.

Je souhaite de tout mon cœur, mon cher neveu, que vous soyez arrivé à Strasbourg en parfaite santé, et que vous nous appreniez bientôt de vos nouvelles; elles me feront toujours un vrai plaisir. Il est fort à desirer que vous trouviez votre régiment bien composé, et que vous puissiez gagner l'amitié et l'estime des officiers : c'est un commencement très nécessaire pour établir la réputation d'un jeune homme; et ce n'est pas un ouvrage facile, car on trouve partout des gens difficiles à contenter. Mandez, je vous conjure, avec franchise, la disposition des esprits, et les mesures que vous prenez pour vous faire aimer d'eux. Les gens que vous avez vus à Versailles sont contents de vous; et j'espère qu'en continuant de bien faire, vous vous attirerez leurs bontés. Si vous partez pour le Dauphiné, mandez-nous en quel lieu il faudra adresser les lettres que nous vous écrirons. Il faut être content partout, pourvu qu'on fasse son devoir, et qu'on ait dans le cœur ce qui fait le vrai bonheur des hommes. Bonsoir, mon cher petit homme; je vous aime tendrement.

201. — AU MÊME.

Il lui donne des avis sur la conduite qu'il doit tenir dans le monde, et quelques nouvelles politiques.

A Cambrai, 10 juillet 1709.

Je suis dans une vraie joie, mon cher neveu, quand je reçois de vos nouvelles, et je suis fort sensible au plaisir que vous donnez mes lettres. Je souhaite que votre santé aille bien, et que vous la ménagiez, sans manquer aux fonctions de votre emploi, et aux occasions d'apprendre la guerre. Vos foiblesses ne vous nuiront point; elles serviront, au contraire, à vous humilier, à vous tenir dans une juste défiance de vous-même, et à vous faire recourir sans cesse à Dieu, pourvu que vous ayez soin de vous recueillir, de prier, de lire, et de fréquenter les sacrements autant que votre vie agitée le pourra permettre. Soyez sociable dans le public; mais, dans tout ce qui est particulier, évitez toute familiarité avec les gens libertins et suspects de corruption : attachez-vous aux gens de mérite, pour gagner leur estime et leur amitié; mais, dans le fond, ne comptez point sur les hommes : Dieu est le seul ami fidèle qui ne vous manquera jamais. Quoique je vous aime tendrement, je vous conjure de ne compter jamais sur moi, et de ne voir en moi que Dieu seul malgré mes misères.

Les ennemis font le siége de Tournai : la tranchée est ouverte du 7 de ce mois; notre inondation va bien. On ne sait point encore si M. le maréchal de Villars marchera pour secourir la place; il le fait espérer, dit-on, à M. de Surville. Tout ce pays est dans une extrême souffrance; il est ravagé cruellement par les ennemis, et les nôtres le fourragent terriblement de leur côté. Dieu veuille que la campagne se passe sans aucun fâcheux événement! Le temps insensiblement se rapproche où nous pourrons nous revoir; j'en ai une vraie impatience. Si M. de Cany va à votre armée, je vous conjure de le rechercher avec beaucoup plus d'empressement que s'il étoit encore secrétaire d'état. Si vous passez près de Chambéri, allez voir, je vous prie, le P. Malatra, jésuite, homme de beaucoup de mérite, à qui j'ai obligation : si vous n'êtes pas à portée de le voir, du moins écrivez-lui, pour lui témoigner combien vous auriez voulu le faire, sur la prière que je vous en ai faite. Dieu sait, mon cher enfant, avec quelle tendresse je suis tout à vous sans réserve.

202. — AU MÊME.

Il le félicite de sa conduite à l'armée, et le charge de remercier le maréchal de Berwick.

A Cambrai, 20 août 1709.

Je suis ravi, mon cher neveu, d'apprendre que vous avez fait votre devoir; je vous en sais bon gré : mais j'en loue Dieu infiniment plus que vous, et je souhaite que vous lui en renvoyiez toute la louange; tout ce que vous en garderiez seroit un larcin. Vous ne sauriez garder trop de ménagement, pour n'exciter ni jalousie ni critique; redoublez vos soins pour tout le monde. Je suis fort aise de ce que votre petit frère a été échangé; faites-lui des amitiés pour moi, et tâchez d'en faire un honnête homme. Vous savez comment je desire que l'honnête homme soit fait, et quel est son premier devoir. Je voudrois être à portée de remercier

M. le maréchal de Berwick : je trouverai moyen de lui faire dire quelque chose en bon lieu, si je ne me trompe. M. de Bonneval a perdu sa grand'mère, et gagné beaucoup de bien ; mais la plus grande partie de ce bien demeurera à sa mère pour en jouir sa vie durant. Ce pays est toujours désolé ; le siége de la citadelle de Tournay continue. Bonjour; tendrement tout à vous, mais d'une tendresse selon la foi.

203. — AU MÊME.

Sur quelques événements de la campagne de cette année.

A Cambrai, 26 septembre 1709.

M. le duc de Saint-Aignan [1], qui a été blessé d'un grand coup de sabre à la tête, est en chemin de prompte guérison; mais M. le duc de Charost [2] est mort sur le champ de bataille, après avoir fait son devoir avec un grand courage. Sa famille est dans une très vive douleur, et moi j'en suis très affligé. Ne manquez pas, mon cher neveu, d'écrire à M. le duc de Charost, qui a eu tant de bontés pour vous. On avoit cru la bataille gagnée jusqu'à midi, et je ne vous avois écrit que sur les paroles d'un officier de l'électeur de Cologne, qui, allant porter cette agréable nouvelle à l'électeur de Bavière, avoit ordre de m'en faire part en passant. La blessure de M. le maréchal de Villars est grande, mais on espère qu'elle guérira : la guérison sera lente. M. le maréchal de Boufflers commande avec beaucoup de zèle et peu de santé. On a fait maréchal M. d'Artaignan, pour le soulager dans le commandement. Tout ce pays est ruiné sans ressource par les troupes, quelque bon ordre que nos généraux tâchent de faire garder. Portez-vous bien ; aimez qui vous aime, et souvenez-vous que ce n'est pas ce que je desire le plus, de vous aimer fidèlement.

204. — AU DUC DE CHEVREUSE.

Sur le caractère trop facile du vidame, et sur les dispositions présentes des ennemis à l'égard de la France.

A Cambrai, 24 octobre 1709.

Je profite, mon bon duc, de la voie sûre de M. de Fortisson, pour vous dire que je vis encore avant-hier M. le vidame dans son camp. J'étois allé au Quesnoy voir M. de Courcillon [3], à la prière de sa famille, alarmée de son mal. J'ai fort parlé à M. le vidame d'une double économie pour le temps et pour l'argent. La curiosité lui fait faire grande dépense de temps, et l'inclination d'obliger tout le monde fait couler son argent un peu trop vite. Mais je n'ai pu que lui parler. Il paroît persuadé; mais le goût et l'habitude le rentraîneront : on ne sauroit lui faire changer son genre de vie dans les derniers jours d'une campagne. Les bonnes résolutions peuvent se prendre dès aujourd'hui ; mais les mesures pour l'exécution ne peuvent se prendre qu'à Paris. Pour moi, je ne perdrai aucune occasion de crier pour la réforme : ses défauts sont ceux du meilleur homme du monde.

Nous ne savons point encore avec certitude si les ennemis vont en quartier d'hiver, comme M. de Puységur paroît le croire, ou s'ils feront encore quelque entreprise. Nous ignorons aussi ce que M. de Bergheik va devenir. Il me semble avoir entrevu que son projet est de se servir de l'occasion de la prise de Mons, où il s'est renfermé tout exprès pour se séparer de la France, et pour mettre entièrement à part les intérêts de l'Espagne. Je crois bien qu'il a fait entendre à Versailles que ce ne sera qu'une comédie pour servir mieux la France même, en ne paroissant plus la servir ; mais certains discours m'ont laissé entendre qu'il veut chercher l'intérêt de la monarchie d'Espagne contre celle de France. Il ajoute que tout cela se fera pour Philippe V : mais enfin il m'a dit en termes formels : « Nous vous ferons du mal... Je serai le » premier contre la France... Je n'ai été jusqu'ici » lié à la France que pour l'Espagne... Nous don» nerons aux François, pour frontière, la Som» me... Cambrai reviendra sous notre domina» tion. »

Je m'imagine qu'il veut que les ennemis se relâchent, et laissent Philippe V sur le trône, et que le roi achète leur consentement en rendant toutes les conquêtes de soixante-dix ans. Il espère que les Hollandois et les autres alliés croiront abaisser et affoiblir suffisamment la France par un si grand retranchement, et qu'en ce cas ils auront moins de peur de voir la couronne d'Espagne dans la maison de France, parce qu'ils seront les maîtres de pénétrer en France quand il leur plaira de passer la Somme. De son côté, il se flatte que, suivant ce plan, il demeurera le maître des Pays-Bas espagnols, qui reprendront toute leur ancienne

---

[1] Le duc de Saint-Aignan étoit frère paternel du duc de Beauvilliers : né en 1684, il mourut en 1776, à l'âge de quatre-vingt-douze ans.

[2] C'est le marquis, et non le duc de Charost, qui fut tué le 11 septembre 1709, à la bataille de Malplaquet.

[3] Philippe Egon, marquis de Courcillon, fils du marquis de Dangeau, venoit d'avoir la jambe emportée à la bataille de Malplaquet, le 11 septembre précédent. Il mourut le 20 septembre 1719. Sa sœur avoit épousé le duc de Montfort, fils aîné du duc de Chevreuse.

étendue. Mais j'ai beaucoup de peine à croire que les ennemis s'accommodent de ce plan.

La France pourroit fortifier Péronne, Saint-Quentin, Guise, etc.; rétablir ses forces, faire des alliances, et, de concert avec Philippe V, prévaloir encore dans toute l'Europe. Voilà ce que les ennemis doivent craindre. M. de Bergheik pourra travailler d'abord de bonne foi à exécuter ce plan en faveur de Philippe V : mais ce plan l'engagera au moins extérieurement contre la France; cet embarquement pourra le mener plus loin qu'il n'aura peut-être voulu ; il ne pourra plus reculer; il se trouvera qu'il aura travaillé pour la monarchie d'Espagne, plutôt que pour la personne de Philippe V. Si nous sommes contraints par lassitude d'abandonner Philippe, il se trouvera que ce que M. de Bergheik aura paru faire pour Philippe se tournera comme de soi-même pour Charles, parce qu'il aura été fait pour la monarchie, qui passera des mains de l'un de ces princes dans celles de l'autre. Voilà, mon bon duc, ce qu'il me semble entrevoir par des discours très forts qui me faisoient entendre un grand mystère au-delà de tout ce qu'ils pouvoient signifier. Je ne saurois développer le plan ; mais c'est à ceux qui savent le secret des affaires à démêler ce que je ne puis voir que très confusément. J'en ai écrit dans le temps à M. de Beauvilliers, et je vous supplie de réveiller là-dessus toute son attention : l'affaire est délicate et importante. On prendroit bien le change, si on ne préféroit pas les frontières voisines de Paris à toutes les espérances ruineuses de l'Espagne.

Il ne me reste qu'un moment pour vous dire que je suis, mon bon duc, plus uni à vous que jamais, et plus dévoué à vos ordres.

205. — AU DUC DE BOURGOGNE.

Portrait du roi d'Angleterre Jacques III.

A Cambrai, 15 novembre 1709.

J'ai vu plusieurs fois assez librement le roi d'Angleterre, et je crois, monseigneur, devoir vous dire la bonne opinion que j'en ai. Il paroît sensé, doux, égal en tout. Il paroît entendre bien les vérités qu'on lui dit. On voit en lui le goût de la vertu, et des principes de religion sur lesquels il veut régler sa conduite. Il se possède, et il agit tranquillement comme un homme sans humeur, sans fantaisie, sans inégalité, sans imagination dominante, qui consulte sans cesse la raison, et qui lui cède en tout. Il se donne aux hommes par devoir, et est plein d'égards pour chacun d'eux. On ne le voit ni las de s'assujettir, ni impatient de se débarrasser pour être seul et tout à soi, ni distrait, ni renfermé en soi-même au milieu du public : il est tout entier à ce qu'il fait. Il est plein de dignité, sans hauteur ; il proportionne ses attentions et ses discours au rang et au mérite. Il montre la gaieté douce et modérée d'un homme mûr. Il paroît qu'il ne joue que par raison, pour se délasser, selon le besoin, ou pour faire plaisir aux gens qui l'environnent. Il paroît tout aux hommes, sans se livrer à aucun. D'ailleurs, cette complaisance n'est suspecte ni de foiblesse ni de légèreté : on le trouve ferme, décisif, précis; il prend aisément son parti pour les choses hardies qui doivent lui coûter. Je le vis partir de Cambrai, après des accès de fièvre qui l'avoient extrêmement abattu, pour retourner à l'armée, sur des bruits de bataille qui étoient fort incertains. Aucun de ceux qui étoient autour de lui n'auroit osé lui proposer de retarder son départ, et d'attendre d'autres nouvelles plus positives. Si peu qu'il eût laissé voir d'irrésolution, chacun n'auroit pas manqué de lui dire qu'il falloit encore attendre un jour; et il auroit perdu l'occasion d'une bataille où il a montré un grand courage, qui lui attire une haute réputation jusqu'en Angleterre. En un mot, le roi d'Angleterre se prête et s'accommode aux hommes ; il a une raison et une vertu toute d'usage ; sa fermeté, son égalité, sa manière de se posséder et de ménager les autres, son sérieux doux et complaisant, sa gaieté, sans aucun jeu qui descende trop bas, préviennent tout le public en sa faveur.

206. — AU DUC DE CHEVREUSE.

Sur les moyens de former le duc de Bourgogne, et sur les qualités que doit avoir celui qu'on choisira pour négocier la paix.

A Cambrai, 18 novembre 1709.

Je vous quittai hier, mon bon duc, et j'ai déjà mille choses à vous dire. Commençons.

1° Je ne suis point content sur Thomas[1]. Il ne faut point se laisser subjuguer par des gens de métier ; je voudrois ne donner une très grande vraisemblance que pour ce qu'elle est, déclarant que si on trouve dans la suite le contraire on le dira : comme aussi, d'un autre côté, il sera très bon d'avoir avancé ceci, soit qu'on trouve dans la suite de quoi le confirmer, soit qu'on demeure dans le doute ; car cette vraisemblance vaut beaucoup mieux que rien. Elle me paroît très forte par la convenance de l'un des deux Thomas fugitif,

---

[1] Il s'agit, dans ce premier article, de quelque négociation secrète pour la paix.

avec le Thomas venu de pays étranger à peu près même temps.

2° Je crois qu'on doit beaucoup veiller sur les démarches de l'homme dont je vous ai laissé une lettre, et sur les propositions qu'il peut faire pour engager les gens qu'il entretient en particulier.

3° Ne vous reposez point sur le bon (*duc de Beauvilliers*) pour cultiver le P. P. (*duc de Bourgogne*); mais faites-le vous-même simplement dans toutes les occasions, et suivant toute l'ouverture que Dieu vous en donnera. Ayez soin aussi, je vous conjure, de cultiver l'homme [1] dont nous avons tant parlé, et que je ne connois que par lettres, lequel vous a fait examiner une grande affaire. Vous pourrez lui donner de bons avis. Je vous enverrai au plus tôt la lettre que vous voulez bien lui communiquer sur l'ouvrage très répréhensible d'un théologien [2].

Je vous supplie de ménager votre santé, qui me paroît s'user par le travail continuel où vous êtes, tant pour l'étude que pour les affaires, sans relâcher jamais votre esprit; finissez, le plus promptement que vous le pourrez, chaque affaire, et respirez.

4° Je supplie M. le vidame de dire à M. le prince de Rohan combien je suis vivement piqué des rapports qu'il a faits sur mon compte, en grossissant beaucoup les faits.

5° Je vous condamne à accepter, si on le vouloit, l'emploi d'aller négocier pour la paix. Le bruit public est qu'on y veut envoyer M. l'abbé de Polignac. Il est accoutumé aux négociations; il a de l'esprit, avec des manières agréables et insinuantes; mais je voudrois qu'on choisît un homme d'une droiture et d'une délicatesse de probité qui fût connue de tout le monde, et qui inspirât la confiance même à nos ennemis. En un mot, je ne voudrois point un négociateur de métier, qui mît en usage toutes les règles de l'art; je voudrois un homme d'une réputation qui dissipât tout ombrage, et qui mît les cœurs en repos. Au nom de Dieu, raisonnez-en en toute simplicité avec le bon (*duc de Beauvilliers*). M. de T. (*Torcy*) ne voudra qu'un homme du métier, et dépendant de lui. Il faut s'oublier, et aller tête baissée au bien; la vanité n'est pas à craindre en telle occasion.

6° L'affaire de M. le comte d'Albert ne lui donneroit point de solide subsistance. D'ailleurs vous en connoissez le mauvais côté: n'y entrez, je vous supplie, qu'avec sûreté et agrément.

7° Je vous recommande la P. D. (*duchesse de Beauvilliers*). Demeurez intimement uni à elle : ne laissez point resserrer son cœur; adoucissez-lui les peines du changement, qui doit lui être très rude; ménagez-la comme la prunelle de l'œil, sans lui laisser un certain empire qu'elle prend sans l'apercevoir.

J'ai le cœur bien touché des bontés de notre duchesse. Je crois être encore à Chaulnes avec elle : je ne puis lui reprocher que de faire trop manger. O qu'on a le cœur au large avec de si bonnes gens ! Je souhaite qu'elle n'agisse que par l'esprit de grace, avec tranquillité, simplicité, liberté entière, arrêtant tous les mouvements d'une nature vive et un peu âpre, pour ne faire que se prêter à l'impression douce de notre Seigneur. Alors on parle peu, et on dit beaucoup; on ne s'agite point, et on fait tout ce qu'il faut; on ne se presse point, et on expédie bientôt; on n'use point d'adresse, et on persuade : on ne gronde point, et on corrige; on n'a point de hauteur, et on exerce la vraie autorité; on est patient, modéré, complaisant, et on n'est ni mou ni flatteur. En vérité, je donnerois ma vie pour cette bonne duchesse : à peine l'ai-je quittée, et il me tarde de la revoir.

Pour madame la vidame, je lui trouve une vérité et une noblesse qui me charment. Je me fierois à elle comme à vous. Je suis ravi de voir son dégoût de la cour. Il faut pourtant qu'elle devienne profonde en politique, et qu'elle ne dise pas tout ce qu'elle pense sur les Muses. Oserai-je la prier de témoigner à M. l'évêque de Rennes [1] que je l'honore et le révère parfaitement? Je ne demande ceci que quand elle le verra, et qu'elle aura une occasion très naturelle de placer un mot sans conséquence.

Souffrez que j'embrasse tendrement mon très cher M. le vidame.

Bonsoir, mon bon duc; il n'y aura rien pour vous. Les paroles ne sont rien; il me semble que votre cœur est le mien, tant j'y suis uni.

207. — AU MÊME.

Il desire qu'on ménage une entrevue entre le duc de Bourgogne et le marquis de Puységur.

A Cambrai, 23 novembre 1709.

Je crois, mon bon duc, qu'il est important que vous entreteniez à fond M. de Puységur avec M. le duc de Beauvilliers, et qu'ensuite on lui procure une ample audience de M. le duc de Bourgogne.

---

[1] Michel Le Tellier, jésuite, qui avoit succédé au P. de La Chaise dans la place de confesseur du roi.
[2] Habert.

[1] Jean-Baptiste de Beaumanoir, nommé évêque de Rennes en 1678, mort en 1711. Il étoit proche parent de la vidame.

Outre la capacité et l'expérience pour la guerre, M. de Puységur a d'excellentes vues sur les affaires générales qui méritent un grand examen : des conversations avec lui vaudront mieux que la lecture de la plupart des livres. D'ailleurs, il est capital que notre prince témoigne amitié et confiance aux gens de mérite qui se sont attachés à lui, et qui ont tâché de soutenir sa réputation ; car elle a beaucoup souffert, et il n'a guère trouvé d'hommes qui ne l'aient pas condamné depuis l'année dernière.

Je vous recommande donc instamment M. de Puységur, moins pour lui que pour notre prince. Souvenez-vous que vous m'avez promis de cultiver le prince. Souvenez-vous aussi, s'il vous plaît, qu'il faut mettre le P. Le Tellier en garde contre M. le marquis d'Antin[1], qui est très dangereux sur le jansénisme.

Mille respects à notre bonne duchesse et à madame la vidame. J'embrasse tendrement M. le vidame. Tout dévoué à mon bon duc.

208. — AU MÊME.

Sur les erreurs de la *Théologie* de Habert, et sur une lettre que Fénelon envoie au duc contre cette *Théologie*.

A Cambrai, 24 novembre 1709.

Je vous envoie, mon bon duc, ma lettre contre la *Théologie* de M. Habert, et je vous supplie de délibérer avec le P. Le Tellier sur l'usage qu'il convient d'en faire. Il faut faire attention à deux choses : l'une est que M. Habert a été attaché à M. le cardinal de Noailles, à Châlons, et a encore aujourd'hui à Paris sa confiance. Cette *Théologie* même a été faite pour les ordinands du séminaire de Châlons. On ne manquera pas de croire que je cherche à me venger de ce cardinal, et il pourra le croire lui-même ; cela peut faire une espèce de scandale dans le public, et augmenter à mon égard les peines de M. le cardinal de Noailles. De plus, j'attaque le système des deux délectations, qu'un grand nombre de gens superficiellement instruits de la théologie, et prévenus par les jansénistes déguisés, regardent comme la plus saine doctrine, qui n'est point, selon eux, le jansénisme, et sans laquelle le molinisme triompheroit. Ma lettre irritera tous ces gens-là, et ils se récrieront que je ne veux plus reconnoître pour catholiques que les seuls molinistes. Mais ce système est précisément celui de Jansénius : le texte de cet auteur ne contient rien de réel au-delà de ce système, et sa condamnation est injuste, si ce système n'est pas hérétique. En ce cas, le jansénisme n'est qu'un fantôme : c'est une hérésie imaginaire, dont les jésuites se servent pour faire une réelle persécution aux fidèles disciples de saint Augustin, et pour tyranniser les consciences en faveur du molinisme. Il s'agit donc de ce qui est comme le centre de toute la dispute qui dure depuis soixante-dix ans. Si on permet à M. Habert de soutenir les cinq Propositions, en y ajoutant pour la forme les deux mots de nécessité et d'impuissance morale, le jansénisme reprend impunément, sous ces noms radoucis, tout ce qu'il semble avoir perdu. En condamnant du bout des lèvres Jansénius, on met à couvert tout le jansénisme. Il y a encore la distinction de la suffisance absolue et de la suffisance relative, à la faveur de laquelle on élude toutes les décisions. Il est donc capital de décréditer une *Théologie* si contagieuse, qui se répand dans les écoles, dans les séminaires, dans les diocèses, sans contradiction. C'est par de telles voies que la contagion croît à vue d'œil, malgré toutes les puissances réunies pour la réprimer. Pendant que ces *Théologies* mettent de si dangereux préjugés dans les esprits, un coup d'autorité, comme celui qu'on vient de faire à Port-Royal[1], ne peut qu'exciter la compassion publique pour ces filles, et l'indignation contre leurs persécuteurs. Le ménagement qu'on garde perd tout. Pour moi, je ne puis que dire simplement ma pensée. Je crois qu'il est essentiel de dénoncer à l'Église la *Théologie* de M. Habert. Si vous jugez, avec le P. Le Tellier, que ma lettre doive être supprimée, vous n'avez qu'à la brûler ; si, au contraire, vous décidez qu'elle doit paroître, il n'y a qu'à la donner à nos bons amis les Pères Germon et Lallemant, qui auront soin de la faire imprimer. Pour moi, je suis également prêt à vous voir décider le oui et le non ; tant je suis éloigné de vouloir faire la moindre peine à M. le cardinal de Noailles. Dieu sait que je voudrois donner ma vie pour le contenter, et pour le voir sincèrement éloigné du parti. Décidez donc, mon bon duc, avec le P. Le Tellier. Dieu soit au milieu de vous deux

---

[1] Louis-Antoine de Pardaillan de Gondrin, marquis d'Antin, étoit fils de Louis-Henri de Pardaillan, marquis de Montespan, et de la célèbre Françoise-Athénaïs de Rochechouart-Mortemart, marquise de Montespan. Il obtint, en 1711, l'érection du marquisat d'Antin (bourg de Bigorre) en duché-pairie.

[1] Le 5 novembre 1709, les religieuses du célèbre monastère de Port-Royal des champs furent transférées et dispersées en différents couvents, en vertu d'une bulle du pape et d'un ordre du roi. Dès le 27 mars 1708, une bulle de Clément XI, revêtue de lettres patentes le 14 novembre de la même année, avoit réuni leur maison à celle de Port-Royal de la ville de Paris ; mais elles avoient constamment refusé de reconnoître l'abbesse de Port-Royal de la ville pour leur supérieure.

dans cette décision. Au reste, si vous trouvez ensemble quelque endroit à corriger, faites sans hésiter la correction. J'aurois voulu ménager davantage M. Habert, pour épargner son protecteur; mais il est capital de découvrir dans ce théologien ce qui est cent fois pis que l'erreur, savoir le déguisement pour insinuer plus dangereusement l'erreur même. On ne peut bien démasquer cet homme sans exciter l'indignation publique, et sans nommer chaque chose par son nom propre. Tout terme radouci affoibliroit ce qu'il faut que le public sente et déteste. Je soumets néanmoins mon jugement au vôtre et à celui du P. Le Tellier.

Je travaille actuellement sur le *Mandement* de M. l'évêque de Saint-Pons[1], selon le desir de ce révérend Père; mais je suis si tracassé à toute heure, qu'en vérité je ne puis rien faire de suite dans un travail qui demande tant de liberté.

Vous savez, mon bon duc, avec quel zèle je vous suis dévoué sans réserve.

209. — AU MÊME.

Sur les craintes que lui inspire l'état des frontières.

A Cambrai, 5 décembre 1709.

Je profite, mon bon duc, avec beaucoup de joie, d'une occasion sûre, pour vous dire que toute cette frontière est consternée. Les troupes y manquent d'argent, et on est chaque jour au dernier morceau de pain. Ceux qui sont chargés des affaires paroissent eux-mêmes rebutés, et dans un véritable accablement. Les soldats languissent et meurent; les corps entiers dépérissent, et ils n'ont pas même l'espérance de se remettre. Vous savez que je n'aime point à me mêler des affaires qui sont au-dessus de moi : mais celles-ci deviennent si violemment les nôtres, qu'il nous est permis, ce me semble, de craindre que les ennemis ne nous envahissent la campagne prochaine. Je ne sais si je me trompe; mais il me semble que je n'ai aucune peur pour ma personne, ni pour mon intérêt particulier; mais j'aime la France, et je suis attaché, comme je le dois être, au roi et à la maison royale. Voyez ce que vous pourrez dire à MM. de Beauvilliers, Desmarets et Voysin. Vous avez sans doute reçu la lettre que je vous ai envoyée pour l'examiner. Chaulnes et la compagnie que j'y ai vue me revient souvent au cœur. Je dirois : Heureux qui passe sa vie avec de telles personnes! s'il ne valoit mieux dire : Heureux qui demeure là où il se trouve content du pain quotidien, avec toutes les croix quotidiennes! Je suis même persuadé que la croix quotidienne est le principal pain quotidien. Je me trouve bien plus près de vous, quand j'en suis loin, avec une intime union de cœur en Dieu qui m'en rapproche, que si j'étois jour et nuit auprès de vous, avec l'amour-propre, qui porte partout la division et l'éloignement des cœurs. Bonsoir, mon bon duc.

210. — AU VIDAME D'AMIENS.

Rien de plus redoutable que les graces méprisées. Motifs et moyens de commencer une vie fervente.

A Cambrai, 19 décembre 1709.

Je remercie Dieu, monsieur, des graces dont il vous comble; mais je crains que votre travail ne soit disproportionné à tant de secours. Rien n'est si redoutable que les graces méprisées, et le plus rigoureux jugement sera fondé sur les miséricordes reçues sans fruit. C'est le péché d'ingratitude et de résistance au Saint-Esprit. Dieu vous a conservé cette année, apparemment pour vous attirer à son amour par tant d'inspirations secrètes. Mais je vois venir la campagne prochaine, et je n'y saurois penser sans craindre pour vous. Au nom de Dieu, ne passez point dans la mollesse, dans la curiosité et dans l'amusement, un hiver qui vous est peut-être donné comme le temps de crise pour votre salut éternel.

Vous êtes environné d'un père et d'une mère qui servent Dieu de tout leur cœur. Vous avez épousé une personne qui n'est peut-être pas encore dans la piété, mais qui a beaucoup de raison, de bonté de cœur, de vertu, et qui honore sincèrement la piété solide. N'êtes-vous pas trop heureux au-dehors? D'ailleurs, Dieu ne cesse point au-dedans de vous attirer. Il ne se rebute point de vos négligences; il daigne avoir avec vous la patience que vous devriez avoir avec lui. Je crains que cette patience de Dieu ne vous gâte. Ne vous contentez pas d'éviter les vices grossiers; priez, unissez-vous de cœur à Dieu; accoutumez-vous à être seul avec lui dans un commerce d'amour et de confiance; faites toutes vos actions en sa présence, et retranchez toutes celles qui ne mériteroient pas de lui être offertes. Voilà ce qui doit décider tous vos cas de conscience.

Lisez un bon livre, et nourrissez-vous-en par une méditation simple et affectueuse, pour vous appliquer les vérités que vous y aurez lues. Fréquentez les sacrements. Ne réglez pas vos communions par votre vie; mais réglez toute votre vie par vos communions fréquentes. Du reste, soyez gai, com-

---

[1] Pierre-Jean-François de Percin de Montgaillard.

mode, compatissant aux défauts d'autrui, et appliqué à corriger les vôtres, sans vous flatter et sans vous impatienter dans ce travail, qui recommence tous les jours. Faites honneur à la piété, en montrant qu'on peut la rendre aimable dans tous les emplois. Appliquez-vous à vos affaires, plutôt qu'aux horloges. La première machine pour vous est la composition de votre domestique, et le bon état de vos comptes. Songez à vos créanciers, qu'il ne faut ni laisser en hasard de perdre, si vous veniez à manquer, ni faire attendre sans nécessité; car cette attente les ruine presque autant que le refus de les payer.

Ne vous laissez point amuser par la figure du monde qui passe. Vous passerez avec lui; encore un peu, et tout ceci disparoîtra à jamais. O que je souhaiterois que le cœur de madame la vidame fût vivement touché de Dieu! Elle vous aideroit; vous vous soutiendriez l'un l'autre. Je l'ai goûtée dès mon premier voyage de Chaulnes; dans le second, j'ai pris un vrai zèle pour elle. Vous devriez lui demander au moins un essai d'être seule avec Dieu cœur à cœur un demi-quart d'heure tous les matins, et autant tous les soirs. Ce n'est pas trop pour la vie éternelle. Il ne s'agit que d'être avec Dieu comme avec une personne qu'on aime, sans gêne. Elle est bonne, vraie, sans vanité, sans amour du monde: pourquoi ne seroit-elle pas à Dieu? Soyez-y tous deux, mon très cher monsieur. Je vous suis dévoué sans mesure, à jamais.

211. — AU DUC DE CHEVREUSE.

Sur le mariage projeté du duc de Luynes, petit-fils du duc de Chevreuse.

A Cambrai, 11 janvier 1710.

Votre exposé, mon bon duc, ne me permet pas d'hésiter. J'avoue que je desirerois une autre naissance[1]; mais elle est des meilleures en ce genre: le côté maternel est excellent. J'avoue aussi qu'il eût été fort à souhaiter qu'on eût pu différer de quelques années; mais vous pouvez mourir, et il y a une différence infinie entre le jeune homme établi par vous, et tout accoutumé sous vos yeux à une certaine règle dans son mariage avec une femme que madame la duchesse de Chevreuse aura formée, ou bien de le laisser, si vous veniez à lui manquer, sans établissement, livré à lui-même dans l'âge le plus dangereux, au hasard de prendre de mauvais partis, et avec apparence qu'il se marieroit moins bien quand il n'auroit plus votre appui. Ce que je crois, par rapport à une si grande jeunesse de part et d'autre, est qu'il convient de gagner du temps le plus que vous pourrez. Si la paix vient, je voudrois faire voyager le jeune homme deux ans en Italie et en Allemagne, pour lui faire voir en détail les mœurs et la forme du gouvernement de chaque pays. Au reste, je suppose, mon bon duc, que vous avez examiné en toute rigueur les biens dont il s'agit. Vous êtes plus capable que personne de faire cet examen, quand vous voudrez approfondir en toute rigueur. Mais je crains votre bonté, et votre confiance pour les hommes: vous pénétrez plus qu'un autre; mais vous ne vous défiez pas assez. Ainsi je vous conjure de faire examiner à fond toute cette affaire par des gens de pratique, qui soient plus soupçonneux et plus difficiles que vous. Dans un tel cas, il faut craindre d'être trompé, et mettre tout au pis aller, les avis des chicaneurs ne sont pas inutiles. J'avoue que j'aurois grand regret à ce mariage, si, après l'avoir fait si prématurément avec une personne d'une naissance hors des règles par son père, il se trouvoit quelque mécompte dans le bien. Prenez-y donc bien garde, mon bon duc; car, si le cas arrive, je m'en prendrai à vous, et je vous en ferai les plus durs reproches. Au nom de Dieu, ne vous fiez pas à vous-même, et faites travailler des gens qui aient peur de leur ombre. Enfin je suppose que la personne est telle qu'on vous la dépeint: mais vous savez qu'on ment encore plus sur le mérite que sur le bien; c'est à vous à redoubler pour les informations secrètes. Le père étoit extraordinaire: je ne sais si la mère a quelque fonds d'esprit, ni si elle a pu conduire cette éducation; c'est néanmoins le point le plus capital. Dieu veuille que vous soyez bien éclairci de tout! Encore une fois, votre exposé rend la chose très-bonne: on peut douter de la question de fait, et non de celle de droit.

J'ai été alarmé sur votre santé: ménagez-la, je vous supplie; elle en a grand besoin : je crains un régime outré. Pardon : vous connoissez mon zèle et mon dévouement sans réserve.

Je croirois que, pendant les temps où les jeunes personnes ne seront pas encore ensemble, il seroit à desirer qu'ils ne se trouvassent point tous les jours dans les mêmes lieux.

---

[1] Il est ici question du mariage qui eut lieu, le 24 février suivant, entre Charles-Philippe d'Albert, duc de Luynes, petit-fils du duc de Chevreuse, et Louise-Léontine-Jacqueline de Bourbon-Soissons, fille aînée de Louis-Henri, légitimé de Bourbon-Soissons, et d'Angélique-Cunégonde de Montmorency-Luxembourg. Ce Louis-Henri étoit fils naturel du dernier comte de Soissons, de la maison de Bourbon, tué à la bataille de la Marfée, en 1641. Le duc de Luynes étoit né en juillet 1695, et sa future épouse en octobre 1696.

Je voudrois fort aussi qu'on prît garde, dans un contrat de mariage, de n'y engager point madame la duchesse de Chevreuse par rapport à ses reprises; car je craindrois qu'elle ne se trouvât peu au large, si vous veniez à lui manquer : il ne convient point qu'elle coure risque de dépendre de ses enfants; il est bon pour eux-mêmes qu'ils dépendent d'elle. Je suis fort vif sur ses intérêts, et je crains qu'elle n'ait pas la même vivacité. D'ailleurs M. le vidame, sur qui je compterois, peut mourir. Enfin elle doit être au large et indépendante.

212. — FRAGMENT D'UNE LETTRE AU P. LE TELLIER, JÉSUITE.

Fénelon ne desire point revenir à la cour; ses véritables sentiments sur le livre des Maximes; *son but en composant le* Télémaque.

1710.

Pour moi, je n'ai aucun besoin ni desir de changer ma situation. Je commence à être vieux, et je suis infirme. Il ne faut point que le P. Le Tellier se commette jamais, ni fasse aucun pas douteux, pour mon compte. Je n'ai jamais cherché la cour : on m'y a fait aller; j'y ai demeuré près de dix ans, sans m'ingérer, sans faire un seul pas pour moi, sans demander la moindre grace, sans me mêler d'aucune affaire, et me bornant à répondre, selon ma conscience, sur les choses dont on me parloit. On m'a renvoyé : c'est à moi à demeurer en paix dans ma place. Je ne doute point qu'outre l'affaire de mon livre condamné, on n'ait employé contre moi, dans l'esprit du roi, la politique de *Télémaque* : mais je dois souffrir et me taire. D'un côté, Dieu m'est témoin que je n'ai écrit le livre condamné que pour rejeter les erreurs et les illusions du quiétisme. Mon intention étoit de dire seulement que, dans l'état de la plus haute perfection, on n'a plus d'ordinaire d'*intérêt propre*, ou de propriété d'amour et d'intérêt. C'est le langage vulgaire de tous les saints mystiques, depuis saint Clément d'Alexandrie jusqu'à saint François de Sales. Je le trouve dans les livres même imprimés à Paris avec approbation, depuis le mien, comme, par exemple, dans un livre de M. Le Tourneux, approuvé par M. Courcier [1]. M. de Meaux même, dans son *Instruction sur les états d'oraison*, exclut tout *intérêt propre*, et même toute espérance intéressée pour l'éternité : c'est ce que M. le cardinal de Noailles et M. de Chartres ont approuvé dans son texte, en le condamnant dans le mien. M. le cardinal de Noailles avoit d'abord

[1] Nous n'avons pu découvrir aucun ouvrage de Le Tourneux approuvé par ce docteur.

examiné mon livre avec M. Tronson, et l'avoit fait examiner par M. Pirot. Ils avoient tous vu cent et cent fois l'exclusion de tout *intérêt propre* dans cet ouvrage, qui se réduit tout entier à cet unique point, et l'avoient trouvé incontestable. Dans la suite, M. de Meaux persuada à M. de Chartres que j'entendois par l'*intérêt propre* l'objet spécifique de l'espérance, savoir la béatitude céleste. M. de Chartres, qui prenoit facilement des ombrages, crut M. de Meaux, et ne put souffrir dans mon livre ce qu'il venoit d'approuver dans celui de ce prélat. Tout le monde sait que, des dix examinateurs que le pape donna à mon livre, il y en eut cinq qui soutinrent constamment jusqu'au bout qu'ils le croyoient pur. C'étoit le cardinal Rodolovic, le cardinal Gabrielli; l'évêque de Porphyre, sacriste; le P. Alfaro, jésuite, et le P. Philippe, alors général des carmes déchaussés. Suis-je inexcusable d'avoir expliqué mon livre dans un sens innocent, pendant que ces théologiens du pape, qui ne me connoissoient point, en jugeoient de même après un an de discussion? Ils n'y désapprouvoient que le seul endroit du *trouble involontaire*, que j'ai désavoué dans tous mes écrits, et qui avoit été mis, dans l'édition faite à Paris en mon absence, sur mon manuscrit, où ces mots étoient ajoutés après coup à la marge, comme tout le monde l'a su. Ces deux mots, tant de fois désavoués et rejetés par moi, ont néanmoins servi à fonder la plus rigoureuse qualification du bref, savoir celle d'*erronée*, comme les personnes les plus dignes de foi de Rome me l'ont fait savoir. D'ailleurs, feu M. de Meaux a combattu mon livre par prévention pour une doctrine pernicieuse et insoutenable, qui est celle de dire que la raison d'aimer Dieu ne s'explique que par le seul desir du bonheur. On a toléré et laissé triompher cette indigne doctrine, qui dégrade la charité en la réduisant au seul motif de l'espérance. Celui qui erroit a prévalu; celui qui étoit exempt d'erreur a été écrasé. Dieu soit béni! Je compte pour rien, non-seulement mon livre, que j'ai sacrifié à jamais avec joie et docilité à l'autorité du Saint-Siège, mais encore ma personne et ma réputation. Le roi et la plupart des gens croient que c'est ma doctrine qui a été condamnée : il y a déja plus de dix ans que je me tais, et que je tâche de demeurer en paix dans l'humiliation.

Pour *Télémaque*, c'est une narration fabuleuse en forme de poëme héroïque, comme ceux d'Homère et de Virgile, où j'ai mis les principales instructions qui conviennent à un prince que sa naissance destine à régner. Je l'ai fait dans un temps où j'étois charmé des marques de bonté et de confiance dont le roi me combloit. Il auroit fallu que j'eusse été non-seulement l'homme le plus ingrat, mais encore le plus insensé, pour y vouloir faire des portraits satiriques et insolents. J'ai horreur de la seule pensée d'un tel dessein. Il est vrai que j'ai mis dans ces aventures toutes les vérités nécessaires pour le gouvernement, et tous les défauts qu'on peut avoir dans la puissance souveraine : mais je n'en ai marqué aucun avec une affectation qui tende à aucun portrait ni caractère. Plus on lira cet ouvrage, plus on verra que j'ai voulu dire tout, sans peindre personne de suite. C'est même une narration faite à la hâte, à morceaux détachés, et par diverses reprises : il y auroit beaucoup à corriger. De plus, l'imprimé n'est pas conforme à mon original. J'ai mieux aimé le laisser paroître informe et défiguré, que de le donner tel que je l'ai fait. Je n'ai jamais songé qu'à amuser M. le duc de Bourgogne par ces aventures, et qu'à l'instruire en l'amusant, sans jamais vouloir donner cet ouvrage au public. Tout le monde sait qu'il ne m'a échappé que par l'infidélité d'un copiste. Enfin tous les meilleurs serviteurs qui me connoissent savent quels sont mes principes d'honneur et de religion sur le roi, sur l'état et sur la patrie : ils savent quelle est ma reconnoissance vive et tendre pour les bienfaits dont le roi m'a comblé. D'autres peuvent facilement être plus capables que moi; mais personne n'a plus de zèle sincère.

Ces préventions contre mes deux livres, qu'on aura, selon les apparences, données au roi contre ma personne, pourroient commettre le P. Le Tellier, s'il parloit en ma faveur. Je le conjure donc de ne rien hasarder, et de ne s'exposer jamais à se rendre inutile au bien de l'Église, pour un homme qui est, Dieu merci, en paix dans l'état humiliant où Dieu l'a mis. Tout ce que je desire est la liberté de défendre l'Église contre les novateurs, et l'espérance qu'on appuiera ce que je ferai pour la bonne cause, quand il méritera d'être soutenu.

213. — A M. DE SACY.

Sur l'ouvrage de la marquise de Lambert, intitulé : *Avis d'une mère à son fils*.

A Cambrai, 12 janvier 1710.

Madame la comtesse d'Oisy vous expliquera mieux que moi, monsieur; ce qui m'a empêché jusqu'ici de lire le manuscrit de madame la marquise de Lambert, que vous m'avez confié. Je viens de faire aujourd'hui cette lecture avec un grand plaisir. Tout m'y paroît exprimé noblement, et avec beaucoup de délicatesse : ce qu'on nomme esprit y brille partout; mais ce n'est pas ce qui me touche le plus. On y trouve du sentiment avec des principes; j'y vois un cœur de mère sans foiblesse. L'honneur, la probité la plus pure, la connoissance du cœur des hommes, règnent dans ce discours. Je savois déja, par les anciens officiers, l'histoire de la querelle des deux maréchaux[1], arrêtée avec tant de force. En lisant cette instruction, je me suis souvenu du Panégyrique de Trajan, que vous m'avez fait relire avec tant de plaisir en françois. Les louanges que Pline donne à cet empereur ne permettent pas de douter que Trajan ne fût beaucoup meilleur que ceux qui l'avoient précédé : de même, les paroles de la mère nous persuadent que le fils à qui elle parle de la sorte doit avoir un fonds d'esprit et de mérite. Je ne serois peut-être pas tout-à-fait d'accord avec elle sur toute l'ambition qu'elle demande de lui; mais nous nous raccommoderions bientôt sur toutes les vertus par lesquelles elle veut que cette ambition soit soutenue et modérée. Le fils doit sans doute beaucoup aux exemples de valeur, de probité, de fidélité, de capacité militaire, qu'il trouve sans sortir de chez lui; mais il ne doit pas moins à la tendresse et au génie d'une mère, qui met si bien dans leur jour ces exemples, et qui a pris tant de soin pour poser les fondements du mérite et de la fortune de son fils. Jugez, monsieur, par l'impression que cet ouvrage fait sur moi, ce que je pense de cette digne mère. Je vous serai très obligé si vous voulez lui dire combien je suis reconnoissant de la bonté qu'elle a eue d'agréer que vous me confiassiez cet écrit. Peut-on vous demander ce que vous faites maintenant aux heures que vous dérobez à vos occupations publiques?

Quid nunc te dicam facere in regione Pedana?
Scribere quod Cassi Parmensis opuscula vincat[2]?

Personne ne peut être avec plus d'estime et de vivacité que moi tout à vous, monsieur, pour toute la vie.

[1] Au siège de Gravelines, en 1644, les maréchaux de Gassion et de La Meilleraie, qui commandoient sous le duc d'Orléans, eurent une vive contestation à laquelle l'armée prit part : on étoit près d'en venir aux mains, lorsque Lambert, depuis beau-père de la marquise, alors simple maréchal-de-camp, défendit aux troupes, de la part du roi, de reconnoître ces maréchaux pour leurs chefs. Il fut obéi; ce qui donna le temps au duc d'Orléans de terminer la querelle. Madame de Lambert rapporte ce trait dans ses *Avis à son fils*. Voyez aussi le président Hénault, année 1644.
[2] Hor., lib. I, Epist. iv, v. 2, 3.

214. — AU P. LAMI.

État déplorable de la ville et du diocèse de Cambrai, par suite de la guerre.

A Cambrai, 13 janvier 1710.

Vous m'avez soulagé le cœur, mon révérend Père, en me donnant de vos nouvelles; car votre long silence commençoit à me mettre en peine de votre santé. Puisque vos douleurs recommencent, je souhaite fort que vous alliez revoir l'air natal dès que la saison vous le permettra, puisque cet air vous a été très favorable. Vous avez raison de croire que notre pauvre pays est dans une déplorable situation. En vérité, on n'a ni liberté d'esprit; ni repos pour travailler. Tout afflige, tout dérange, tout accable. Dieu seul sait les bornes qu'il veut mettre à nos maux. Si on en jugeoit par les péchés des peuples, on craindroit des tribulations encore plus grandes; car je ne vois point que nos peuples ouvrent les yeux, et changent leurs cœurs; on ne trouve que dureté et désordre partout. Ces embarras continuels ont interrompu mon travail depuis sept ou huit mois; mais j'espère faire imprimer au plus tôt quelque ouvrage : vous serez servi des premiers. Priez pour l'homme du monde qui vous aime, qui vous honore et qui vous révère le plus.

215. — AU VIDAME D'AMIENS.

Ne pas s'étonner de ses foiblesses; se défier beaucoup de soi-même.

A Cambrai, 10 février 1710.

Rien que deux mots, monsieur, pour vous conjurer de ne vous étonner point de vos foiblesses, ni même de vos ingratitudes envers Dieu, après tant de graces reçues. Il faut vous voir dans toute votre laideur, et en avoir tout le mépris convenable : mais il faut vous supporter sans vous flatter, et désespérer de votre propre fonds, pour n'espérer plus qu'en Dieu. Craignez-vous vous-même. Sentez la trahison de votre cœur, et votre intelligence secrète avec l'ennemi de votre salut. Mettez toute votre ressource dans l'humilité, dans la vigilance et dans la prière. Ne vous laissez point aller à vous-même; votre propre poids vous entraîneroit. Votre corps ne cherche que repos, commodité, plaisir; votre esprit ne veut que liberté, curiosité, amusement. Votre esprit est, en sa manière, aussi sensuel que votre corps. Les jours ne sont que des heures pour vous, dès que le goût vous occupe. Vous courez risque de perdre le temps le plus précieux, qui est destiné ou aux exercices de religion, sans lesquels vous languissez dans une dissipation et dans une tiédeur mortelle, ou aux devoirs du monde et de votre charge. Soyez donc en défiance de vous-même. *Renovamini spiritu mentis vestræ.*

Tenez votre cœur toujours ouvert à M. le duc de Chevreuse. Vous connoissez sa bonté et sa condescendance. Je voudrois bien vous embrasser, mais en vérité je ne puis desirer que la continuation de la guerre vous fasse repasser par Cambrai. Je ne voudrois pas même que vous vous exposassiez encore autant que vous le fîtes à Malplaquet. Permettez-moi, mon très cher monsieur, de faire ici mille très humbles compliments à madame la vidame, que je respecte sans mesure. Je prie Dieu de grand cœur pour vous, et même pour elle. Dieu sait à quel point je vous suis dévoué pour toujours.

216. — AU DUC DE CHEVREUSE.

Sur les dernières propositions de paix faites par les alliés, et sur un projet de travail concernant la doctrine de saint Augustin.

A Cambrai, 23 février 1710.

Voici une occasion sûre, mon bon duc, et j'en profite avec plaisir, pour vous remercier des bonnes nouvelles que vous m'avez mandées de l'accommodement du procès. Il faut louer Dieu de ce qu'on s'exécute; le besoin en paroît extrême, et il ne reste qu'à desirer que rien ne change les bonnes résolutions. J'ai vu depuis trois jours une lettre dont je vous envoie une copie; elle vient d'un homme qui peut être assez bien instruit : vous verrez qu'il croit que la France ne peut point accepter les dernières conditions des alliés [1], *à moins qu'elle ne soit dans une situation tout-à-fait désespérée.* Mais outre qu'il paroît que nous sommes dans cette situation, de plus il faudroit chercher cent expédients pour lever la difficulté. Les ennemis ne veulent pas se fier à nous, et se mettre en risque de recommencer avec des désavantages in-

---

[1] Malgré l'inutilité des démarches que M. de Torcy avoit faites à La Haye, au nom du roi, l'année précédente, le triste état de la France obligea Louis XIV à tenter encore cette année la voie des négociations. Il n'obtint qu'avec beaucoup de peine qu'on voulût seulement écouter ses propositions. Un congrès fut indiqué à Gertruydemberg. Le maréchal d'Huxelles et l'abbé de Polignac s'y rendirent au mois de mars 1710. On peut voir dans tous les *Mémoires* du temps, et surtout dans ceux de M. de Torcy, le détail des humiliations que les ambassadeurs de France eurent à essuyer. Louis XIV, touché des malheurs de ses sujets, porta les offres jusqu'à promettre de fournir de l'argent aux alliés, pour les aider à ôter la couronne à son petit-fils. Ils vouloient plus, et ils exigeoient qu'il se chargeât seul de le détrôner. Une idée aussi monstrueuse peut faire juger de la nature des autres conditions que les ennemis prétendoient imposer. Il fallut continuer la guerre.

finis, après que leur ligue sera désunie. Je n'ai rien à dire contre cette défiance. Mais n'avons-nous pas autant à craindre de notre côté? Nous ne saurions leur donner quatre places d'otage en Flandre, à notre choix, sans ouvrir toute notre frontière jusqu'aux portes de Paris, qui en est très voisin. Ce seroit encore pis si les ennemis choisissoient les quatre places. Sur le moindre prétexte ou ombrage, ils soutiendroient que nous aurions aidé d'hommes ou d'argent le roi d'Espagne : en voilà assez pour garder nos quatre places, comme les Hollandois gardent Maestricht; alors ils seroient les maîtres d'entrer en France. Quand même cet inconvénient n'arriveroit pas, ils pourroient au moins dans le congrès demander que les quatre places de dépôt leur demeurassent pour toujours en propriété, puisqu'ils seront libres de demander alors tout ce qu'ils jugeront à propos de demander. Je comprends que le préliminaire subsiste toujours tout entier comme simple préliminaire, en sorte qu'il n'y a que l'article 57, sur la garantie de l'évacuation d'Espagne, que le roi n'accepte point : au lieu d'accepter cet article, le roi offre quatre places d'otage qui répondent de sa bonne foi. Pour moi, je crois que le roi n'en sauroit donner quatre, quelles qu'il les choisisse dans cette frontière, sans ouvrir la France aux alliés; et par conséquent que le gage de sa bonne foi est si suffisant, qu'ils n'ont rien à craindre. C'est nous qui aurons à craindre tout d'eux, car ils auront dans leurs mains les clefs du royaume. En ce cas ils pourront dire que la convention, qui n'est qu'un simple préliminaire, ne les exclut d'aucune prétention ultérieure, et ils pourront prétendre que les quatre places données en otage par le préliminaire devront leur demeurer finalement par le traité de paix; c'est à quoi on ne sauroit trop prendre garde. J'avois toujours désiré que des places fussent déposées, non dans leurs mains, mais dans celles des Suisses, ou de quelque autre puissance neutre. On pourroit marquer dans le préliminaire, toutes les places auxquelles les alliés borneroient leurs prétentions pour le congrès même : ainsi le préliminaire ne seroit préliminaire que de nom à l'égard de nos places; il nous assureroit pour toujours la propriété des quatre mêmes, qu'on ne déposeroit que pour un certain temps expressément borné : il ne seroit véritablement préliminaire que pour les articles incidents de nos alliés, ou des alliés de nos ennemis. Enfin il faudroit qu'on donnât au roi une sûreté, afin que, si le congrès venoit à se rompre, les ennemis commençassent par nous rendre nos quatre places de dépôt avant que de prendre les armes, puisque ces places n'auroient été mises en dépôt que pour le congrès. Comme je ne sais rien des propositions faites de part et d'autre, ni de ce qui fait la difficulté qui reste, je marche à tâtons, et je parle au hasard. Mais voici trois points principaux que je souhaiterois. Le premier est de ne rompre point, et de ne se rebuter d'aucune difficulté; mais de négocier avec une patience sans bornes, pour les vaincre toutes, puisque nous sommes dans une si périlleuse situation, si la paix vient à nous manquer. Le second est de ne perdre pourtant pas un moment pour la conclusion, si on peut y parvenir; car un retardement amène la campagne, et la campagne, dans le désordre où nous sommes, peut culbuter tout. Le troisième est de ne se laisser point amuser par de vaines espérances, et de tenter l'impossible pour se préparer à soutenir la campagne, à moins que vous n'ayez la paix sûre dans vos mains : un mécompte renverseroit tout. Je prie Dieu qu'on prenne de justes mesures. Au nom de Dieu, parlez au bon (*duc de Beauvilliers*), à M. de Torcy, à M. Voysin, etc. Ce que M. le chevalier de Luxembourg, M. de Bernières, et tous les autres, me disent de l'état des troupes et de la frontière, doit faire craindre tout ce qu'on peut s'imaginer de plus terrible.

J'espère que quand le P. Le Tellier aura vu mes divers écrits, vous aurez la bonté de me les renvoyer. Il y a celui qui est destiné pour Rome, qui doit en prendre au plus tôt le chemin, si on le trouve utile. On peut le corriger, et le faire transcrire par une main bien sûre, si on le croit nécessaire. Pour les autres, on peut ou les faire imprimer, ou me les renvoyer.

Je commence à rentrer dans mon travail sur saint Augustin : je vais refaire l'ouvrage tout entier. Il faut de la santé, du loisir, et un grand secours de la lumière de Dieu. J'avoue qu'il me paroit que je ne dois pas retarder cet ouvrage; je puis mourir : je l'exécuterois plus mal dans un âge plus avancé. Il faut le mettre en état, et puis il paroîtra quand Dieu en donnera les ouvertures.

Je ne saurois exprimer, mon bon duc, à quel point je suis dévoué à notre bonne duchesse; la voilà chargée d'un nouveau poids. Mandez-moi, si vous le pouvez, un mot sur les deux jeunes mariés; je ne puis m'empêcher d'être curieux et vif sur tout ce qui vous touche, vous et la bonne duchesse. Je souhaite que ces deux jeunes personnes se tournent bien.

Dieu soit lui seul, mon bon duc, en vous toutes choses, l'*alpha* et l'*oméga*.

Celui qui portera cette lettre à Paris, chez madame de Chevry, est un très honnête homme, qui compte de n'être à Paris qu'environ quinze jours. Je prie madame de Chevry de vous faire avertir un peu avant le départ de cet honnête homme, afin que vous puissiez vous servir de cette occasion pour m'envoyer ce qu'il vous plaira.

217. — AU VIDAME D'AMIENS.

Craindre de lasser la patience de Dieu; à quelles conditions le vidame peut desirer son avancement à la cour.

A Cambrai, 23 février 1710.

Que vous dirai-je, mon très cher monsieur, sinon qu'étant un parfaitement honnête homme à l'égard du monde, vous n'êtes pour Dieu qu'un vilain ingrat? Voudriez-vous combler de bienfaits et de marques de tendresse un ami qui seroit aussi tiède, aussi négligent et aussi volage que vous l'êtes pour Dieu? Malgré tant de sujets de vous gronder, je vous aime du fond du cœur; mais je veux que vous ne lassiez point la patience de Dieu, et que vous preniez sur vos goûts d'amusement et de vaine curiosité, plutôt que sur vos devoirs de religion. Eh! que sacrifierez-vous à Dieu, si vous n'avez pas même le courage de lui sacrifier ce qui est si superflu? C'est lui refuser la rognure de vos ongles et le bout de vos cheveux.

Pour votre avancement à la cour, je me borne à deux points: le premier est que vous ne ferez ni injustice, ni bassesse, ni tour faux, pour parvenir, et que vous vous contenterez de demander avec modestie et noblesse les grades pour lesquels votre tour sera venu, suivant les règles: le second est que vous ne desirerez au fond de votre cœur cet avancement permis, que d'une manière tranquille, modérée, et entièrement soumise à la Providence. L'ambition ne porte pas son reproche avec elle, comme d'autres passions grossières et honteuses. Elle naît insensiblement, elle prend racine; elle pousse, elle étend ses branches sous de beaux prétextes; et on ne commence à la sentir que quand elle a empoisonné le cœur. Défiez-vous-en: elle allume la jalousie; elle se tourne en avarice dans les hommes les plus désintéressés; elle gâte les plus beaux naturels; elle éteint l'esprit de grace. Voyez les vifs courtisans; craignez de leur ressembler. Veillez et priez, de peur que vous n'entriez en tentation. Ce qu'on appelle un leste courtisan, et un homme éveillé pour sa fortune, est un homme bien odieux. Méritez sans mesure, demandez modestement, desirez très peu. Mais n'allez pas, faute d'ambition, vous en-

foncer dans un cabinet, pour mettre des machines en la place du monde et de Dieu même.

Bonsoir, monsieur. Me pardonnez-vous d'en tant dire? Je vous aime trop pour en dire moins, dussiez-vous m'en faire la moue. Mille respects à madame la vidame. Je prie Dieu de bon cœur pour elle; mais ne le lui dites pas: car elle fait peut-être comme un quelqu'un qui me faisoit dire que je ne priasse pour lui que quand il me le demanderoit, de peur qu'on n'obtînt sa conversion avant qu'il voulût bien se convertir. Elle est bonne et noble: il la faut gagner peu à peu, par confiance et par édification, sans la presser.

218. — AU DUC DE CHEVREUSE.

Il lui parle de sa Dissertation sur l'autorité du souverain Pontife, du bref contre l'évêque de Saint-Pons, des négociations pour la paix, et du mariage récent du duc de Luynes.

A Cambrai, 20 mars 1710.

Je reçus hier, mon bon duc, votre grande et bonne lettre. Dieu vous rende tout ce que vous faites pour lui!

1° Je ne connois point assez M. l'abbé Alamanni pour compter absolument sur son cœur. Quand j'ai fait mon écrit, j'ai cru le faire selon Dieu; de façon que si, à toute extrémité, il revenoit en France, il ne montrât rien qu'un vrai zèle pour l'Église de France, et même pour l'état. Ce sont mes vrais sentiments, et il me semble que les deux côtés ne doivent point les improuver. Je comprends bien que les deux extrémités doivent naturellement être choquées du milieu; je comprends aussi qu'on peut, en France, être scandalisé d'un François qui va contre certains préjugés fort répandus dans la nation; je comprends même que je serai plus contredit que tout autre, quand je prendrai la liberté de vouloir mettre en doute ces préjugés; et que mes ennemis, qui sont puissants, subtils et en grand nombre, donneront un tour malin et outré à ce que j'aurai dit. Mais que conclure de là? Qu'il ne me convient que de me taire. J'y suis tout prêt, et je n'y aurai, si je ne me trompe, aucune peine. On m'a pressé d'écrire mes pensées; je l'ai fait par rapport à de pressants besoins de l'Église. Jugez-en, mon bon duc, devant Dieu avec le P. Le Tellier. Je suis content ou qu'on brûle mon écrit, ou qu'on l'envoie pour essayer de faire le bien, au péril de ce qui en pourra arriver. Décidez tous deux, Dieu étant au milieu de vous, et mandez-moi votre décision.

2° Je suis ravi de ce que la bulle ne passera point par l'examen de l'assemblée. Cette conduite servira non-seulement à mettre la bulle en sûreté contre tout terme indirect et captieux; mais encore à faire sentir que le roi n'a voulu rien confier au président [1]. Il faut de tels coups pour le décréditer parmi les évêques et les docteurs.

3° J'avoue que j'ai quelque répugnance à donner encore au public un écrit contre M. de Saint-Pons, après la bulle. Il paroît abattu; il se tait. Il y a quelque alliance entre sa famille et la mienne, avec quelque amitié; c'est un prélat de quatre-vingts ans. Ne trouveroit-on pas que je lui insulterois encore après sa chute, si j'écrivois encore contre lui? J'avoue que s'il ne se soumet pas, il est fâcheux de le voir retranché dans son silence respectueux contre la bulle, sans qu'on ose procéder canoniquement. En même temps, le parti écrit pour lui : décidez sur ce que je dois à l'Église.

4° Je sais ce qu'on a mandé au P. Le Tellier sur M. With : c'est un discours qui vient des amis du P. Quesnel. Il n'y a point d'apparence que M. With donne jamais un désaveu de sa *Dénonciation*; faute de quoi la *Dénonciation* subsiste, et mérite qu'on en tire tous les avantages qui alarment le P. Quesnel.

5° M. le maréchal d'Huxelles, qui ne fut céans qu'un demi quart-d'heure devant tout le monde, me dit qu'il ne voyoit point de mesures bien prises pour la paix; qu'il y craignoit un grand mécompte; que ses pouvoirs étoient bornés, et qu'il couroit risque de me revoir bientôt. M. l'abbé de Polignac me parla avec un peu plus d'espérance, mais beaucoup de crainte. Helvétius, qui m'est venu voir en passant, m'a dit, sous un grand secret que je vous conjure de garder inviolablement, que la difficulté de la paix paroît insurmontable; que les ennemis veulent la paix de très bonne foi, mais avec l'évacuation d'Espagne; que les Hollandois, ayant fait le pas d'envoyer des passeports à nos plénipotentiaires, ont sans doute quelque expédient à proposer; que le roi est disposé à accepter tout plutôt que de continuer la guerre; et qu'ainsi il croit la paix, malgré la grande difficulté de trouver un bon tempérament. Pour les places d'otage, ce seroit un adoucissement si elles n'étoient qu'un dépôt dans les mains neutres des Suisses; mais, si on les confioit aux ennemis, il seroit trop dangereux que Cambrai fût l'une de ces places; car, outre qu'elle est très voisine de Paris, de plus c'est un fief ecclésiastique de l'Empire qui n'a jamais été cédé ni par l'Empire, ni par le pape, ni par l'église de Cambrai. Le roi n'a fait qu'entrer dans les droits des rois d'Espagne, qui n'en avoient aucun. Je vous avoue, mon bon duc, que je pense précisément comme vous en faveur de toute paix qui sera une paix réelle. C'est le dedans, c'est le centre qui en rend le besoin plus pressant que la frontière même. Les lettres de Hollande font beaucoup plus douter de la paix depuis quelques jours qu'auparavant.

6° Je suis charmé de tout ce que vous me mandez de votre petit joli mariage, qui est encore tout neuf. Dieu, bénissez ces enfants! Je ne vois rien de meilleur que de les observer sans gêne, de les occuper gaiement, de les instruire chacun de son côté, de régler leur société aux heures publiques des repas et des conversations de la famille. Si la paix vient, vous pourrez faire voyager M. le duc de Luynes; mais il faudroit trouver un homme bien sensé, qui lui fît remarquer tout ce que les pays étrangers ont de bon et de mauvais, pour en faire une juste comparaison avec nos mœurs et notre gouvernement. Il est honteux de voir combien les personnes de la plus haute condition de France ignorent les pays étrangers, où ils on néanmoins voyagé; et à quel point ils ignorent plus, notre propre gouvernement et le véritable état de notre nation. Pour la jeune duchesse, je crois que madame la duchesse de Chevreuse doit la traiter fort doucement, ne se presser point de la reprendre sur ses défauts, parce qu'il faut d'abord les voir dans leur étendue, et lui laisser la liberté de les montrer : ensuite viendra peu à peu la correction. Autrement on lui fermeroit le cœur, elle se cacheroit, et on ne verroit ses défauts qu'à demi. Il faut gagner sa confiance, lui faire sentir de l'amitié, lui faire plaisir dans les choses qui ne lui nuisent pas, la bien instruire sans la prêcher, et, après l'instruction, s'attacher aux bons exemples, jusqu'à ce qu'elle donne ouverture pour lui parler de la piété : alors le faire sobrement, mais avec cordialité, et la laisser toujours dans le desir d'en entendre plus qu'on ne lui en aura dit. Il faut de bonne heure l'accoutumer à compter, examiner la dépense, à la régler, à voir les embarras et les mécomptes des revenus. Il faut tâcher de lui trouver des compagnies de jeunes personnes sages et d'un esprit réglé, qui lui plaisent, qui l'amusent et qui l'accoutument à se divertir, sans aller chercher et sans regretter de plus grands plaisirs. Il est extrêmement à desirer qu'il n'y ait jamais ni jalousie ni froideur secrète entre les deux familles qui se forment dans la vôtre. M. le vidame est bon, vrai et noble; madame la vidame me pa-

---

[1] Le cardinal de Noailles.

roit de même. Les intérêts sont réglés; il ne peut y avoir de délicatesse que par rapport aux traitements que vous ferez aux deux familles, et aux procédés journaliers qu'elles auront entre elles. C'est sur quoi vous devez veiller en bon père de famille, de concert avec madame la duchesse de Chevreuse; un rien blesse les cœurs, et cause des ombrages : l'union ne se rétablit pas facilement dès qu'elle est altérée.

7° Je reviens à la paix. M. de Bernières vient de recevoir une lettre de Hollande, qui porte que la conférence n'a rien avancé. On croit en ce pays-là que nous ne voulons qu'amuser les ennemis, faire une paix qui nous tire de l'embarras présent, qui renvoie la guerre en Espagne, où elle épuisera nos ennemis, et qui nous laissera le temps de respirer, pour retomber sur eux dès que nous aurons repris nos forces. Vous me mandez, mon bon duc, qu'on ne livrera aucune place, même d'otage, qu'après qu'on aura réglé tout, avec exclusion de toute demande ultérieure. J'avoue que c'est ce que nous devons ardemment desirer, si nous pouvons y parvenir; mais la guerre étant aussi insoutenable que vous la croyez, j'aimerois mieux, pour guérir l'extrême défiance de nos ennemis, donner en otage, dans les mains des Suisses, Péronne, Saint-Quentin, Ham et Noyon, que de rompre la paix. Je conviens qu'il ne faut point acheter trop chèrement un armistice par des places d'otage données par avance, si vous pouvez régler le fond de la paix avant la campagne : mais comme le temps est très court, si vous ne pouvez pas finir le fond avant le temps où les ennemis peuvent commencer leurs entreprises, il est capital, en ce cas, de ménager l'armistice; autrement les événements de la campagne pourront bouleverser tous les projets de paix. De plus, les ennemis supérieurs peuvent vous battre, et entrer en France, après quoi le roi n'oseroit demeurer à Versailles; et s'il s'en alloit, tout le royaume seroit sans ressource. On peut dire, sans avoir peur, que nous devons prévoir que nous sommes à la veille de cette extrémité : c'est pour la prévenir qu'il faut, ce me semble, acheter l'armistice par le dépôt, dans les mains des Suisses, de toutes nos villes les plus avancées vers Paris, supposé qu'on allât jusqu'à les exiger de nous. Il ne faut point se flatter; vous n'avez aucune ressource d'aucun côté. Versailles est ce que vous savez mieux que moi. Tous les corps du royaume sont épuisés, aigris, et au désespoir : le gouvernement est haï et méprisé. Toutes nos places sont dégarnies presque de tout, et tomberoient comme d'elles-mêmes en cas de malheur. Les troupes meurent de faim; elles n'ont pas la force de marcher. Nos généraux ne me promettent rien de consolant.

Le maréchal de Villars est une tête vaine et légère, qui impose apparemment au roi, mais qui n'a aucun fonds. Le maréchal de Montesquiou, avec plus de raison, n'a que des talents très médiocres, et paroît fort usé. La discipline, l'ordre, le courage, l'affection, l'espérance, ne sont plus dans le corps militaire : tout est tombé, et ne se relèvera point dans cette guerre. Ma conclusion est qu'il faut acheter l'armistice à quelque prix que ce puisse être, supposé qu'on ne puisse pas finir les conditions du fond avant le commencement de la campagne. Je voudrois seulement que les places d'otage fussent en main neutre (chose très raisonnable) : moyennant cela, j'en donnerois le moins que je pourrois; mais tout autant qu'il en faudroit pour guérir l'extrême défiance des ennemis. A l'égard de l'Espagne, il faut écouter les demandes des Hollandois, et entrer dans tous les expédients qui ne seront pas contraires à la justice et à la bonne foi vers les Espagnols. Il faut laisser négocier M. de Bergheik, pourvu que sa négociation ne mette point nos ennemis en défiance de nous, et ne retarde point l'armistice.

8° Je prie Dieu, mon bon duc, que tout, tant pour l'Église que pour l'état, aille mieux que je ne l'ose espérer. N'oubliez pas le P. P. (*duc de Bourgogne*), qu'il faut soutenir, redresser, élargir. Jamais jeune prince n'a eu, avant de régner, tant de fortes leçons. Il n'a qu'à remarquer ce qui se passe sous ses yeux, pour apprendre à fond ce qu'il doit faire et éviter un jour : mais il le fera fort mal alors, s'il ne commence dès à présent à le pratiquer, en se corrigeant, en prenant beaucoup sur lui, en s'accommodant aux hommes pour les connoître, pour les ménager, pour savoir les mettre en œuvre, et pour acquérir sur eux une autorité d'estime et de confiance.

Ménagez votre très délicate et très foible santé. Vous travaillez trop; vous ne vous faites point assez soulager. Comme vous vous étendez un peu trop sur chaque chose, par goût pour les unes, par exactitude pour les autres, par patience et ménagement pour persuader les hommes, il en arrive que vous êtes toujours pressé, accablé, et sans intervalle d'amusements pour reposer votre esprit et votre corps. Vous n'êtes plus jeune, et vous paroissez fort desséché. Votre goutte et votre dévoiement m'alarment. Enfin vous vous fiez trop à votre régime, et à vos principes spéculatifs de médecine. Tout cela ne peut vous faire durer, si vous usez les ressorts par trop de travail. Pardon; je ne puis m'en taire. Dieu sait jusqu'où va mon zèle, mon respect, mon dévouement, ma tendresse et mon union de cœur en celui qui fait un de tout ce qui paroît le plus divisé par la distance des lieux.

219. — AU MÊME.

Il desire la conclusion d'un armistice.

A Cambrai, 25 mars 1710.

Je crois, mon bon duc, qu'il faut, dans l'extrémité affreuse où l'on assure que les choses sont, acheter très chèrement deux choses : l'une est la dispense d'attaquer le roi catholique; l'autre est un armistice pour éviter les accidents d'une campagne, qui pourroient renverser l'état. Je ne voudrois ni faire la guerre au roi catholique, à aucune condition, à moins qu'il ne nous la fît, ni hasarder la France en hasardant une campagne. Je donnerois pour les sûretés du préliminaire toutes les places d'otage qu'on voudroit, pourvu qu'elles fussent en main neutre, comme celle des Suisses; et j'abandonnerois, pour le fond du traité de paix, des provinces entières, pour ne perdre pas le tout : mais je voudrois qu'on vît le bout des demandes des ennemis. Pour Bayonne et Perpignan, vous auriez un horrible tort de les céder, si vous pouviez éviter une si grande perte; mais si vous ne pouvez vous sauver qu'en les sacrifiant, ce seroit un vain scrupule que d'hésiter. Vos places sont à vous, et non à vos voisins; elles ne doivent servir qu'à vous; et si vous pouvez sauver votre état en les donnant, vous y êtes obligé en conscience, quoique cette cession, par un contre-coup fortuit qui est contraire à votre intention, nuise à votre voisin. En repoussant le Turc de la Hongrie, je le rejette dans le Frioul, dont il fait la conquête. J'en suis fâché : mais j'ai dû défendre la Hongrie, et laisser aux maîtres du Frioul à le défendre comme ils l'entendront. Vous êtes d'autant moins chargé d'être le tuteur de l'Espagne, qu'elle n'agit plus, dit-on, de concert avec vous. M. de Bergheik fait assez entendre qu'il n'est plus lié avec nous. Vous savez ce que je vous en ai dit et écrit : il ne songe qu'à faire la paix du roi catholique aux dépens du royaume de France, comme vous voudriez faire la vôtre aux dépens de la monarchie d'Espagne. Tout au moins il traversera votre négociation, facile à brouiller, et il tentera tout pour vous réduire à des conditions encore plus dures que celles du traité des Pyrénées, comme de rendre l'Artois, Perpignan, les Trois-Évêchés. Il espère par-là tenter les ennemis de laisser au roi Philippe l'Espagne et la Flandre, bien entendu qu'il leur cédera les places et les ports dont ils auront besoin, tant en Espagne que dans les Indes, pour leur commerce. Après les discours qu'il m'a faits, et ceux qui me reviennent, je ne puis douter que ce ne soit là son projet. Rien n'est si propre à brouiller vos négociations. Dieu veuille que vous puissiez débrouiller ce chaos, et prévenir les malheurs de la campagne qui va commencer! Pour moi, je ne puis que prier.

Je vous ai mandé toutes choses par rapport au P. Le Tellier. J'attends ce que vous aurez la bonté de m'expliquer sur ces remarques. Il doit veiller, et se défier de l'assemblée. Je suis ravi de ce qu'elle n'examinera point la bulle : mais je crains quelque coup de surprise.

Je suis en peine de votre santé; car j'ai vu une lettre où vous mandiez à M. le chevalier de Luxembourg que vous aviez encore eu une attaque de goutte. Bonsoir, mon bon duc : donnez du repos à votre corps et à votre esprit; cela est pour le moins aussi nécessaire à l'intérieur qu'à la santé. Mille respects à notre bonne duchesse; mille autres à madame la vidame; mille tendresses à M. le vidame; et à vous, mon bon duc, union qui ne peut s'exprimer.

Aurez-vous la bonté de me faire savoir s'il est vrai que M. le duc de Beauvilliers et M. Voysin soient mal ensemble, comme on me l'assure?

M. de Précelles, par sa timidité et par ses condescendances, a gâté l'affaire de M. L'Herminier[1]. Il craint de fâcher M. le cardinal de Noailles, qui fait semblant de se fier à lui, et qui s'en joue. Il croit qu'il faut grossir le bon parti en relâchant beaucoup. Les jansénistes se prévalent de ce qu'il leur relâche, et ne demeurent confondus dans le bon parti que pour l'attaquer plus dangereusement. Il n'y a que le P. Le Tellier qui puisse le redresser. Il est bon et très instruit, mais timide et opiniâtre.

[1] Nicolas L'Herminier, docteur de Sorbonne, étoit alors inculpé pour le Traité de la Grace de sa *Somme de Théologie*, qu'il avoit publiée en 1709. On adressa, la même année, aux évêques une *Dénonciation* de cet ouvrage, qu'on accusoit d'insinuer un jansénisme radouci, et par-là plus dangereux. Il fut en effet censuré par quelques prélats en 1711.

220. — AU MÊME.

Sur les propositions faites par Louis XIV aux puissances alliées; sur la disgrâce du marquis de Bonneval, et sur un mot imprudent attribué au duc de Bourgogne.

A Cambrai, 7 avril 1710.

Je profite, mon bon duc, à la hâte, d'une occasion imprévue, pour vous parler en liberté de diverses choses.

On dit que le roi s'est réduit à demander la Sicile et les places d'Espagne en Toscane pour le roi Philippe; que Marlborough a paru croire que ce morceau de la monarchie ne méritoit pas les frais et les maux d'une si horrible guerre; mais que les autres alliés soutenoient que la France, qui a fait entendre par cette offre qu'elle a le pouvoir de faire sortir de l'Espagne le roi Philippe, l'en fera bien sortir sans la Sicile, plutôt que de continuer une guerre insoutenable.

Tout ce que j'entends dire à nos principaux officiers et aux intendants fait craindre de grands malheurs. On manque de tout; les soldats sont si affamés et si languissants, qu'on n'en peut rien espérer de vigoureux. Selon toutes les apparences, la campagne s'ouvrira bientôt. On assure que M. le maréchal de Villars ne pourra venir qu'au mois de juin : voilà une très médiocre ressource, qui viendra tard. En attendant, nous n'aurons, pour sauver la France, que M. le maréchal de Montesquiou, sur qui les gens éclairés comptent peu.

Puis-je prendre la liberté, mon bon duc, de vous demander une grace? M. le marquis de Bonneval[1], colonel des cuirassiers, est mon cousin issu de germain. C'est un homme d'une très ancienne maison de Limosin, qui a eu toutes les marques d'une grosse seigneurie, par des terres considérables et par les plus hautes alliances qu'on puisse avoir depuis plus de quatre cents ans, comme Foix, Comborn, etc. Un de ses ancêtres étoit favori de Charles VIII, et l'un de ses neuf preux chevaliers. Ses ancêtres ont commandé des armées en Italie, et ont eu des gouvernements de province; ils paroissent partout dans l'histoire. Celui-ci est d'une très petite mine, mais sensé, noble, capable d'affaires, plein de valeur, aimant la guerre, aimé de sa troupe, estimé des honnêtes gens, appliqué sans relâche au service depuis vingt-deux ans, et y faisant une dépense très honorable, quoique son régiment lui ait coûté cent mille francs. On vient de faire quatorze maréchaux-de-camp, qui devoient aller après lui. Il est vrai qu'il a un frère cadet qui a fait la faute de passer en Italie au service des ennemis; c'est une conduite inexcusable et indigne, quoique les circonstances de son affaire fassent pitié : mais les fautes sont personnelles; et l'aîné, depuis la faute du cadet, a reçu, pendant plusieurs années, toutes les marques possibles du contentement du roi et de M. de Chamillard, malgré le tort de son frère. D'ailleurs, l'aîné n'a jamais eu aucun commerce avec son frère qui pût déplaire au roi, ni le rendre suspect, ni l'éloigner des graces. Vous comprenez bien qu'un homme plein d'honneur, dont les sentiments sont très vifs, et qui sent tout ce qu'il a fait pour son avancement dans le service, est au désespoir de se voir exclu avec tant de mépris. Il prendra le parti le plus sage et le plus noble, qui est celui de vendre son régiment, de quitter le service, et d'enrager dans un profond silence. Mais, outre que je suis affligé de le voir outré de douleur, parce qu'il est encore plus mon ami que mon parent, je trouve qu'il est mauvais pour le service qu'on traite si mal un très bon officier qui a beaucoup de naissance, d'ardeur et de talent pour servir. La grace que je vous demande pour lui, sans qu'il en sache rien, est que vous ayez la bonté de savoir en secret de M. Voysin la véritable cause de son exclusion. Si c'est quelque chose qui ait rapport à son frère, il faut l'approfondir, et écouter ses raisons justificatives; s'il est coupable, la chose est si importante, qu'il doit être puni. Mais si le roi et M. Voysin ne connoissent ni sa naissance ni ses services, il est bien triste qu'un homme d'un si bon nom, qui sert si bien depuis vingt-deux ans, soit traité si mal, pendant qu'on prodigue les rangs à une foule de gens sans nom et sans service. Je ne vous demande néanmoins aucune démarche qui puisse vous coûter ou vous gêner. J'aime fort mon parent; mais j'aime beaucoup mieux tout ce qui vous convient. Si par hasard vous appreniez par M. Voysin quelque chose qu'il importât à M. de Bonneval de savoir, ne pourriez-vous point avoir la bonté de le faire prier pour madame de Chevry de vous aller voir? Vous le trouveriez discret, et plein de reconnoissance pour vos avis. Je voudrois qu'on pût l'engager à continuer le service sans bassesse; mais je ne vois pas comment.

Les retours de votre goutte me font beaucoup de peine; le dévoiement qui l'accompagne quelquefois augmente mon inquiétude. Soulagez votre corps; appliquez moins votre esprit, surtout vers le soir : faites un peu d'exercice. Rien n'est meil-

---

[1] Le marquis de Bonneval, d'une ancienne maison de Limosin, et auquel Fénelon s'intéresse si vivement dans cette lettre, étoit frère aîné de Claude-Alexandre, comte de Bonneval, si fameux par ses aventures singulières et romanesques.

leur pour le corps, comme pour l'esprit, que de suspendre une certaine activité qui entraîne insensiblement l'homme au-delà de ses vraies forces.

J'oubliois de vous dire qu'un homme venu de Versailles m'a dit qu'on prétend que M. le duc de Bourgogne a dit à quelqu'un, qui l'a redit à d'autres, que ce que la France souffre maintenant vient de Dieu, qui veut nous faire expier nos fautes passées. Si ce prince a parlé ainsi, il n'a pas assez ménagé la réputation du roi : on est blessé d'une dévotion qui se tourne à critiquer son grand-père.

J'attends de vos nouvelles sur le P. Le Tellier. Vous pourrez avoir quelque occasion, ou par madame de Chevry, qui est avertie quand il y en a, ou par les colonels qui partent pour cette frontière.

Souffrez, mon bon duc, que je fasse ici mille assurances de zèle et de respect à madame la duchesse de Chevreuse, à madame la vidame, à M. le vidame. Pour vous, je ne sais que vous dire, sinon : Portez-vous bien, et aimez toujours celui qui vous est dévoué sans réserve en Dieu, avec des sentiments que les paroles n'expriment point.

221. — AU MÊME.

Il s'étonne de ce que le parlement a rejeté le bref contre l'évêque de Saint-Pons, et montre la foiblesse des motifs qui ont déterminé à cette démarche.

A Cambrai, 17 avril 1710.

Vous m'aviez promis, mon bon duc, que le roi seroit ferme comme un rocher pour faire recevoir la bulle [1], et je viens de lire l'arrêt qui la rejette. Il est bien triste que le pape fasse une si éclatante démarche contre les novateurs, sur la parole du roi, et qu'ensuite ces mêmes novateurs tournent le roi contre le pape même. D'ailleurs, si les griefs de l'avocat général [2] doivent faire rejeter la bulle, il n'y en aura jamais aucune, dans le plus pressant péril de la foi, qui puisse entrer en France. Les moindres clauses de pur style paroissent des monstres aux gens du roi. Il faut qu'un texte hérétique soit défendu par son auteur, pour pouvoir être condamné; comme si le texte n'étoit pas tout entier sous les yeux du juge, indépendamment des intentions de l'auteur; comme si l'auteur pouvoit justifier son texte autrement que par les correctifs renfermés dans son texte même. On veut que le pape ne puisse pas juger avant les évêques du pays sur ce texte. Quoi donc! un texte n'est-il pas de tous les pays, et le pape n'a-t-il pas le droit de jugement doctrinal sur tout texte contagieux contre la foi, qui vient sous ses yeux? On veut que le pape ne puisse juger sans être requis, et sans une procédure formée. Quoi! la foi périra, et il faudra la voir périr sans rien dire, à moins que deux parties ne fassent procès qui passe par tous les degrés de juridiction? Quoi! si nous nous trouvions en France comme l'Angleterre se trouva du temps du schisme de Henri VIII, le pape devroit se taire, et renoncer à la sollicitude de toutes les Églises, parce qu'il ne seroit requis par aucune procédure? Quoi! le médecin doit abandonner le malade quand le malade est frénétique, et ne peut pas demander le secours du médecin? On veut que le pape envoie son jugement aux évêques. Eh! n'est-ce pas le leur envoyer, que de l'envoyer à l'Église entière, dont ils sont les chefs et les pasteurs? Ce seroit à eux à s'en plaindre, et non pas au parlement. Les bulles contre Jansénius n'étoient point adressées aux évêques en termes exprès; ils sont sous-entendus, comme ceux par qui tout va à leurs troupeaux. Rome ne peut ni ne doit changer de style sur ces choses qui ont passé tant de fois. On fait un crime au pape de ce qu'il met les évêques avec les inquisiteurs. Il s'adresse donc aux évêques : faut-il s'étonner que, suivant le style de toutes les bulles, il s'adresse, outre les évêques, aux inquisiteurs pour les pays particuliers où il y en a? Cela établit-il où il n'y en a point? C'est vouloir que nous ayons peur de notre ombre, et que nous ne craignions pas la contagion du jansénisme, qui nous échappe à la faveur de ces chicanes. On veut pousser les choses si loin par ces critiques, que Rome n'ose plus envoyer jamais aucun jugement dogmatique en France contre la nouveauté, afin qu'elle empoisonne librement toute la nation. En effet, Rome n'ira point changer le style de toutes ses bulles : ce seroit se dégrader, et se laisser corriger son thème par le parlement. Ainsi on va réduire Rome au silence; voilà à quoi on tend : on voudroit même la brouiller avec le roi, pour pousser insensiblement le désordre encore plus loin. Le P. Le Tellier doit voir qu'il marche sans cesse *per ignes suppositos cineri doloso*. Il a affaire à des gens qui sont également hardis et artificieux. Il trouvera, dans les grandes occasions, de grands mécomptes du côté du roi, qui ne sait ni ne peut savoir ces formalités, et à qui on dira qu'un jésuite, plein du pouvoir arbitraire de Rome, le

---

[1] Le bref contre le *Mandement* de l'évêque de Saint-Pons.
[2] Guillaume-François Joly de Fleury, avocat-général au parlement de Paris depuis 1705, succéda en 1717 à M. Daguesseau dans la charge de procureur général.

commet très dangereusement par passion contre les jansénistes. M. le cardinal de Noailles, beaucoup d'évêques, M. le chancelier[1], et d'autres, font sauter la mine, sans paroître. Il est fâcheux que M. le cardinal de Noailles ait été fait proviseur de Sorbonne[2]: ce n'est qu'un titre, dira-t-on; mais ce titre montre au public que le roi veut que l'autorité soit dans ses mains. La présidence de l'assemblée est de même. Dieu sait si j'ai de l'animosité contre lui. Le discours du premier président[3] n'est point d'un homme bien intentionné contre le jansénisme; il est seulement d'un homme qui ne veut pas donner de prise.

Il n'est pas raisonnable de faire la guerre au roi catholique; mais en-deçà de cette condition, je n'en connois guère que vous dussiez refuser pour obtenir la paix.

M. le duc de Mortemart m'a parlé: il n'est pas mûr. Il est déplorable qu'on soit réduit à l'attendre, dans un temps où la mort n'attendra peut-être pas; mais il faut parler à Dieu de lui, non à lui de Dieu. Il a la tête dominée par son imagination. Bonsoir, mon bon duc. Le procès de votre jeune duchesse est-il jugé? j'en suis en inquiétude.

J'oubliois de vous dire que rien ne me paroît moins juste que de vouloir que le pape prétende juger la personne de M. de Saint-Pons contre les règles, en disant: *Contra auctorem libellorum eorumdem, pro tradita nobis divinitus potestate, procedere intendimus, prout juris fuerit, juxta canonicas sanctiones.* Ces paroles ne disent point que le pape procédera immédiatement et absolument. Il suffit, pour en remplir le sens, qu'il oblige les évêques à instruire et à juger la cause. D'ailleurs il est en possession d'y avoir un commissaire; de plus, l'affaire lui vient par appellation; enfin il met la plus forte des restrictions: *Prout juris fuerit, juxta canonicas sanctiones,* c'est-à-dire seulement: Je procéderai autant que les canons m'en donneront le moyen. Encore une fois, si toutes ces subtilités eussent été faites à saint Léon, à saint Grégoire, etc., ils eussent cru voir la discipline renversée. Si ces chicanes ont lieu, Rome n'a qu'à se taire; et les jansénistes, défaits du Saint-Siége, n'auront plus à ménager que M. le cardinal de Noailles, les évêques et le parlement. Ceci nous mène peu à peu au schisme.

222. — AU MÊME.

Il lui envoie un Mémoire pour le duc de Beauvilliers. Inquiétudes sur la santé du pape, et sur le choix de son successeur.

A Cambrai, 24 avril 1710.

Je vous conjure, mon bon duc, de bien examiner sans prévention le Mémoire que j'envoie à M. le duc de Beauvilliers, pour vous et pour lui, et que je vous supplie de lire au plus tôt. Vous pourrez me renvoyer tout ce qu'il vous plaira par mon courrier avec pleine sûreté.

Il me tarde bien de savoir comment se sont passées les choses qui ont fait donner l'arrêt du parlement contre la bulle, et quand est-ce que l'assemblée du clergé finira. En vérité, les affaires de l'Église sont presque aussi dérangées que celles de l'état. Tout a grand besoin que Dieu y remédie.

J'envoie le même Mémoire à M. Dupuy, pour l'envoyer en bon lieu; mais il faudroit qu'il l'envoyât exprès en toute diligence, par rapport aux partis qu'on peut avoir à prendre dans la conjoncture présente. Ceci presse beaucoup; Dieu seul peut y mettre ordre.

Outre les magnifiques présents de chocolat de madame la duchesse de Chevreuse, j'en ai reçu un dernier qui vient de main libérale et inconnue. Je ne veux rien deviner, quoique je sois un peu devin; mais, si vous me le permettiez, je serois ravi de montrer combien je devine juste; je n'ose sans permission. Ne verrons-nous pas bientôt M. le vidame? Je vous avoue que cette campagne me serre le cœur pour beaucoup d'honnêtes gens, et surtout pour ce cher M. le vidame, que j'aime avec une tendresse singulière.

J'ai vu ici une personne qui m'a parlé de la prétention de M. de Matignon contre madame la duchesse de Luynes, d'une façon qui m'a fait peur. Rassurez-moi, je vous conjure, là-dessus, mon bon duc, et aimez toujours celui qui n'a point de termes pour vous exprimer son dévouement et sa reconnoissance.

Ce que je vois de la santé du pape[1] dans les gazettes me fait croire que nous allons le perdre. Je crains M. de Torcy par rapport à un conclave. Il est capital d'avoir un pape bon théologien, ferme, zélé pour la doctrine, et qui ait du courage sans hauteur, dans ces temps difficiles. Nos cardinaux[2]

---

[1] Louis Phelippeaux, marquis de La Vrillière et comte de Pontchartrain, devint chancelier de France en 1699, et se démit en 1714.

[2] Le cardinal de Noailles venoit d'être nommé proviseur de Sorbonne, à la place de Charles-Maurice Le Tellier, archevêque de Reims, mort cette même année 1710.

[3] Louis Le Peletier, premier président du parlement de Paris depuis 1708, après la démission d'Achille de Harlay, se démit en 1712, et eut pour successeur Jean-Antoine de Mesmes.

---

[1] Le pape Clément XI ne mourut qu'en 1721.

[2] Les seuls cardinaux françois, à cette époque, étoient les

n'auront que des vues mondaines pour la cour.

Je prie M. le duc de Beauvilliers de se rendre favorable, dans les occasions, à M. de Bernières, et même de lui rendre, s'il le peut, de bons offices auprès de M. Desmarets. Je crois qu'il est utile au service que M. de Bernières soit bien traité, et qu'on le fasse conseiller d'état le plus tôt qu'on le pourra. Il se tue et se ruine. Il a de la facilité d'esprit, des vues, de l'action, de l'expérience, du zèle, et il fait certainement plus que nul autre ne feroit en sa place. Il doute que M. Desmarets soit bien disposé pour lui. Il ne faut pas le faire entendre à celui-ci; mais M. de Bernières mérite fort qu'on le mette bien dans l'esprit de M. Desmarets. S'il ne convient pas que M. de Beauvilliers parle, ne pourriez-vous point, mon bon duc, le faire pour le bien public?

Il y a bien autant d'apparence pour le siége de Cambrai que pour celui d'Arras, après celui de Douai, si les ennemis peuvent continuer à aller en avant. On ne sauroit trop penser à ce qu'on va faire entre ci et trois semaines, et même moins. Une bombe qui tomberoit par hasard sur les poudres de Douai pourroit bien abréger le siége, et la décision de toutes choses. Voici le temps de l'abandon, mais de l'abandon bien pris, pour ne prendre aucun parti outré.

225. — AU MÊME.

Il lui adresse un nouveau Mémoire sur l'état déplorable de la France.

A Cambrai, 5 mai 1710.

Je vous envoie, mon bon duc, un nouveau Mémoire sur les affaires générales, qui deviennent de plus en plus celles d'un chacun de nous. Je vous conjure de le lire, de le faire lire au bon duc de Beauvilliers. Il n'est pas pour le P. P. (*duc de Bourgogne*) : il est écrit trop librement, et pourroit le blesser; il suffit que vous lui en disiez tous deux ce que vous jugerez utile. Mais je voudrois bien qu'après l'avoir lu, vous le confiassiez à M. Dupuy, pour en envoyer une copie à N... Je souhaite de tout mon cœur qu'il voie tout ce que je pense, et qu'il me redresse si le fond de son cœur est opposé à mes pensées. J'ai le cœur déchiré par nos malheurs, et mon fonds ne peut consentir à aucun succès. Ne croyez pas que ce soit l'effet de l'indisposition du cœur d'un homme disgracié. Je donnerois ma vie comme une goutte d'eau pour le roi, pour la maison royale, pour le P. P. (*duc de Bourgogne*), qui est pour moi le monde entier; mais je crois voir qu'un succès gâteroit tout sans ressource. N... dira si je me trompe.

Je consens à toutes les corrections que le P. Le Tellier et vous aurez faites à mon Mémoire pour l'abbé Alamanni. Je les ratifie toutes sans peine. Il n'y a qu'à l'envoyer corrigé, supposé qu'on croie qu'après ces corrections on peut, sans inconvénient, le confier à cet abbé. Je lui ai déjà écrit qu'on lui enverroit un Mémoire par la voie de Paris. Ce que je lui ai écrit n'empêcheroit pas qu'on ne pût retenir mon Mémoire, si on trouvoit du péril à le lui envoyer; car j'en serois quitte pour lui mander qu'un ami intime l'a retenu. Cependant nous attendrions un conclave qui suspendroit tout, et nous aurions le loisir d'envoyer un Mémoire moins libre. Examinez et décidez avec le P. Le Tellier.

Les libertés de l'Église gallicane sont de véritables servitudes. Il est vrai que Rome a de trop grandes prétentions; mais je crains encore plus la puissance laïque, et un schisme.

M. de Torcy et nos cardinaux pourront bien traverser l'exaltation du cardinal Fabroni.

J'attendrai la fin de l'assemblée pour censurer la *Théologie* de M. Habert. Pourquoi cette assemblée dure-t-elle si long-temps?

On m'écrit de Tournay que les ennemis paroissent songer au siége de Cambrai après celui de Douai. S'ils prenaient Cambrai, ils n'auroient point la Somme à passer pour entrer en France. Ils passeront au Mont-Saint-Martin, de là vers Compiègne, et jusqu'à Pontoise, sans trouver un seul ruisseau. Je comprends bien que tout cela demande une grande bataille; mais les ennemis iront d'abord à vous dès que vous marcherez. Dieu décidera, et les hommes en souffriront. Je vous conjure encore une fois, mon bon duc, de faire envoyer une copie de mon Mémoire par M. Dupuy à N... J'espère que je pourrai vous écrire en liberté dans deux ou trois jours. Dieu sait combien mon cœur est plein de vos bontés.

Ne pourriez-vous point, dans quelque occasion naturelle, savoir comment M. Desmarets est disposé pour M. de Bernières, et lui insinuer des sentiments favorables, sans témoigner que celui-ci ne

---

cardinaux d'Estrées, de Janson, de Bouillon, de Noailles et de La Trémouille. Les deux premiers, accablés de vieillesse, étoient retirés des affaires, et ne pouvoient plus figurer dans un conclave. Le cardinal de Bouillon gémissoit dans l'exil et la disgrace. Ce fut même quelques semaines après la date de cette lettre qu'il enfreignit ouvertement les ordres de Louis XIV, en quittant le lieu de son exil, pour se faire enlever par un détachement de l'armée ennemie, et qu'il abjura solennellement la qualité de sujet du roi. On sent combien le cardinal de Noailles devoit être suspect à Fénelon et à tous ses amis. Quant au cardinal de La Trémouille, Fénelon jugeoit qu'il ne penseroit et n'agiroit que selon les inspirations du ministère.

se croit pas tout-à-fait bien avec ce ministre? M. de Bernières fait certainement beaucoup pour le service en ce pays ; et, à tout prendre, nul autre qu'on mettroit en sa place n'y feroit autant que lui.

224. — AU MÊME.

Sacrifices à faire pour la paix. Caractère de l'évêque de Meaux et de l'archevêque de Rouen ; Fénelon regrette que l'évêque de Tournay ait quitté son siége. Ses dispositions personnelles, pour le cas où les ennemis prendroient Cambrai.

A Cambrai, 4 mai 1710.

Je vous envoyai hier, mon bon duc, un grand Mémoire sur les affaires générales, et je compte que vous le recevrez demain lundi 5 de ce mois. Il me paroît, par votre dernière lettre, que nos plénipotentiaires ne sont point encore allés avec ceux des ennemis jusqu'au vrai nœud de la difficulté. Nos ennemis ne peuvent vouloir ni une armée françoise dans l'Espagne, pour eux, contre un fils de France, ni le passage d'un corps d'armée ennemie au travers de notre royaume. S'ils veulent des places en otage, ou même une contribution, on peut et on doit la donner, plutôt que de hasarder l'état. Ainsi, ils ne doivent ni ne peuvent désirer de nous ce que nous ne devons pas leur accorder, et nous ne devons pas leur refuser ce qu'ils peuvent nous demander de plus rigoureux. Il semble qu'en cet état la paix doit être facile à faire. Pour les demandes ultérieures au préliminaire, le vrai moyen d'y remédier est d'entrer dans tous les pis-aller. Il vaudroit mieux sacrifier la Franche-Comté, les Trois-Évêchés, etc., à toute extrémité, que de risquer la France entière. Par de si prodigieuses cessions, vous empêcheriez la réserve insupportable de toute demande ultérieure et indéfinie. D'où vient qu'on ne se hâte point d'aller jusque là, et que, pendant la longueur de la négociation, on laisse la France à deux doigts de sa perte?

Pour M. l'évêque de Meaux[1], il m'a dit souvent autrefois que c'étoit grand dommage que j'eusse embrassé, en défendant mon livre, le système moliniste d'un amour naturel entre la charité et la cupidité, et qu'il étoit affligé de voir que je ne suivois pas la doctrine de saint Augustin sur la grace.

De plus, il m'a dit plusieurs fois qu'il croyoit que la grace efficace par elle-même étoit un dogme de foi, et qu'on ne pouvoit nier ce dogme sans être dans l'hérésie matérielle des pélagiens. Enfin, il m'a écrit que l'Église n'a point décidé en quel sens elle condamne les cinq Propositions, et qu'il faudroit demander au pape d'expliquer si c'est dans le sens d'une possibilité prochaine ou éloignée que les commandements sont possibles. C'est un bon homme, mais une fort médiocre tête, qui est incapable de se fixer à rien de net et de précis sur la doctrine. Il émeut tout et ne résout rien, comme le soleil de mars. Pour M. l'archevêque de Rouen, je l'ai vu fort prévenu pour les gens du parti. M. de Targny, qui est chez M. l'abbé de Louvois, lui a appris le très peu qu'il sait, et sa confiance étoit tout entière de ce côté-là : il sera toujours du côté des plus forts. Un très homme de bien m'a assuré lui avoir ouï dire, à Noyon, qu'on avoit beau crier contre les jansénistes, qu'il n'en avoit jamais connu aucun, et qu'il n'y en avoit point. Un autre homme, digne de foi, m'a rapporté un discours à peu près semblable, qu'il avoit tenu à l'abbaye du Mont-Saint-Martin, entre Saint-Quentin et Cambrai, en parlant à un homme favorable au parti.

Je vous avoue qu'il me paroît triste pour M. l'évêque de Tournay qu'on lui ait fait abandonner son troupeau dans le plus pressant besoin qu'on puisse imaginer. Les ennemis ne lui demanderoient point un serment; car on ne sait point encore chez eux au nom de qui les choses se feront. Tout y est en suspens, et ils n'exigent aucun serment d'aucun évêque : on ne sait pas pour quelle puissance on le demanderoit.

Si les ennemis prenoient Cambrai, je me retirerois au Quesnoi, à Landrecies, et puis à Avesnes. J'irois de place en place, jusque dans la dernière de la domination du roi. Je ne prêterois aucun serment, lorsque le roi n'auroit plus aucune place dans mon diocèse; alors je ne m'en irois jamais volontairement, et je me laisserois mettre en prison plutôt que de quitter mon troupeau. Alors j'écrirois à la cour, pour demander ce que le roi voudroit de moi dans une telle extrémité. Si le roi ne desiroit rien de moi, je demeurerois en souffrance sans prêter aucun serment, jusqu'à ce que Cambrai eût été cédé aux ennemis par un traité de paix. Si, au contraire, le roi desiroit que je quittasse, je quitterois cent mille livres de rente sans condition et sans rien demander. Mais je ne veux rien prévenir, et je n'ai garde de rien dire, jusqu'à ce que le cas arrive. Il faut être abandonné, sans aide ni

---

[1] Fénelon n'avoit pas une idée très favorable de l'esprit et du jugement de l'évêque de Meaux (depuis cardinal de Bissy), et il le soupçonnoit même d'avoir des principes bien différents de ceux qu'il professa dans la suite, et qui contribuèrent si puissamment à son élévation. Quant à l'archevêque de Rouen (d'Aubigné), dont il est question un peu plus bas, le jugement qu'en porte Fénelon paroît conforme à tous les Mémoires du temps.

industrie, dans la main de la Providence : on n'est bien que dans cette situation-là.

Vous pouvez faire transcrire, par un homme bien sûr, le Mémoire, et en donner la copie au P. Le Tellier.

Il m'est impossible de faire aucun travail pour la doctrine dans les temps présents; Dieu a marqué ses moments, et il les tient en sa puissance : c'est en lui que je vous trouve très souvent, mon bon duc.

225. — AU MÊME.

Il desire qu'on achette promptement la paix. Affaire de l'évêque de Saint-Pons.

A Cambrai, 24 juin 1710.

J'envoie exprès à Paris, mon bon duc, pour répondre sûrement, et avec la liberté nécessaire, à une question qu'on m'a faite : je compte que vous verrez tout. En vérité, plus je vois combien nous manquons d'argent, d'hommes de bonne volonté, de sujets instruits, d'ordre et de conseil, plus je conclus que nulle paix ne peut être que bonne à acheter très chèrement. On se trompe fort, si on se flatte de l'obtenir, après une bataille perdue, aux mêmes conditions qu'à présent : ce seroit encore cent fois pis; les Hollandois n'en seroient pas les maîtres. J'ai vu, ces jours passés, un homme qui sait leur situation : il dit qu'ils n'ont jamais été si embarrassés depuis la naissance de leur république : ils se croient perdus s'ils ne détrônent pas le roi d'Espagne; et ils se croient presque dans la même extrémité, s'ils achèvent de renverser la France pour aller détrôner le roi d'Espagne. Ils craignent presque autant les bons succès que les mauvais; ils se défient autant de leurs alliés que de nous, qui sommes leurs ennemis : mais ils paroissent vouloir, au hasard de renverser malgré eux la France, assurer l'évacuation de l'Espagne. A cela près, il n'y a rien qu'ils ne voulussent faire pour nous conserver à ce degré de force qui convient à l'équilibre tant desiré. Vous êtes comme le lion terrassé; mais la gueule ouverte, expirant, et prêt à déchirer tout. Pour moi, je donnerois la dernière goutte de mon sang comme une goutte d'eau, pour ma nation, pour ma patrie, pour l'état, pour la maison royale, pour notre prince, et pour la personne du roi : mais, en souhaitant avec tant de zèle leur conservation, je ne puis desirer des succès qui ne feroient que nous flatter de vaines espérances, et que prolonger notre maladie. Je ne puis souhaiter qu'une paix qui nous sauve, avec une humiliation dont je demande à Dieu un saint usage. Il n'y a que l'humilité et l'aveu, de l'abus de la prospérité, qui puissent apaiser Dieu.

M. le vidame est céans depuis trois ou quatre jours : il souffre beaucoup; mais au moins il est en repos et en liberté dans une maison où il est plus maître que moi. Il est à quatre pas de l'armée pour se trouver à une action, si par malheur on s'y engageoit : on espère fort l'éviter; mais en ce cas Béthune est abandonné, et le côté de la mer demeure ouvert aux ennemis.

Ayez la bonté de me mander la résolution qui aura été prise pour mon Mémoire destiné à Rome.

Je voudrois travailler à mon ouvrage sur saint Augustin; mais nous sommes si agités et si assujettis, qu'en vérité à peine ai-je le loisir de respirer. Ne fait-on rien pour la bulle contre M. de Saint-Pons? Si on en obtient une nouvelle, il seroit capital d'y faire insérer quelque expression qui fît entendre que c'est la même autorité qui condamne dans un canon un texte court, et qui condamnoit dans le cinquième concile, en vertu des promesses, les trois textes nommés les *trois Chapitres*. Le bref à M. le cardinal de Noailles, que j'ai tant cité[1], fait assez entendre l'infaillibilité : la nouvelle bulle pourroit l'exprimer de même. Le clergé n'aura pas plus de peine à recevoir une bulle décisive là-dessus, qu'à en recevoir une ambiguë : l'ambiguë sera même toujours un prétexte de faire du bruit, et de recommencer des disputes très dangereuses. Dès que le roi enverra la bulle aux évêques, et demandera que chacun lui envoie son mandement imprimé, tout sera fini en deux mois sans bruit, et M. de Saint-Pons lui-même se soumettra. Ce seroit finir l'affaire du jansénisme; car le système de Jansénius, qui saute aux yeux, se trouveroit anathématisé par une espèce de canon déclaré tel.

Bonjour, mon bon duc; procurez-nous la paix, et songeons aux pressants besoins de l'Église. Il reste une merveilleuse gloire à desirer au roi, c'est celle de faire fleurir la religion, et de soulager ses peuples, comme un vrai père. Mille respects à madame la duchesse et à madame la vidame; à vous, union de cœur dans notre Seigneur Jésus-Christ.

[1] Ce bref est du 20 octobre 1705.

226 — AU MÊME.

Affaire de l'évêque de Saint-Pons. Évasion récente du cardinal de Bouillon. Progrès du duc de Bourgogne. Conduite à tenir pendant le reste de la campagne.

A Cambrai, 5 juillet 1710.

Je profite, mon bon duc, de ce courrier envoyé par M. le vidame pour M. Turodin, dont l'état est très fâcheux.

1° A l'égard de mon Mémoire pour Rome, je vous supplie d'en décider avec le P. Le Tellier. Tout ce que vous déciderez ensemble sera ratifié au fond de mon cœur.

2° Pour l'autre Mémoire que vous voulez retirer des mains du P. Le Tellier, je compte que vous aurez la bonté de le faire.

3° Le bref du pape à M. le cardinal de Noailles, auquel je voudrois que l'on conformât une bulle, est celui que j'ai tant cité dans tous mes ouvrages. Il veut qu'on *réduise son entendement en captivité*, etc. Il faudroit y joindre les paroles du cinquième concile. Il est très sûr qu'une bulle qui tranchera pour l'infaillibilité en termes généraux, qui soient suspendus entre le Saint-Siége et le corps des évêques, passera aussi facilement qu'une bulle ambiguë ; mais il faut de la dextérité dans les termes, pour ôter tout prétexte de crier qu'on veut introduire l'infaillibilité papale. Le terme d'*Église* convient à tout par sa généralité.

4° Je comprends qu'on va à tâtons, sans savoir à qui se fier pour les affaires de Rome. Il est fort à craindre que les deux hommes à qui vous dites qu'on se fie ne soient point sûrs. La plupart des évêques, qu'on croit modérés là-dessus, ont été nourris dans des principes dangereux, et ont auprès d'eux des docteurs prévenus. Le juste milieu est peu connu.

5° Je souhaiterois fort qu'on méprisât l'indigne évasion du cardinal de Bouillon, et qu'on laissât tomber la procédure. Ses ennemis et les Jansénistes seront d'accord pour presser le roi de pousser cette affaire. Les derniers voudront brouiller le roi avec Rome, pour se mettre à couvert de ce qui en pourroit venir contre eux.

6° J'ai de la répugnance à condamner, par un mandement, la *Théologie* de M. Habert. On croira que c'est pour piquer M. le cardinal de Noailles, son protecteur. Je pencherois à faire faire une simple dénonciation par un homme qui l'exécuteroit bien sur mon projet de lettre que vous avez lu. Je ferai néanmoins tout ce qu'on voudra.

7° Il est vrai que le sujet d'humiliation est infini ; mais on ne voit aucune trace d'humilité. Si Dieu veut nous guérir, il faut qu'il nous humilie encore plus profondément. Lui seul sait le moyen de nous humilier sans nous anéantir.

8° Si M. Amirautvenoit ici tout-à-coup, sans que j'eusse pu le prévoir, je ne pourrois pas m'empêcher de l'écouter ; mais je l'avertirois d'abord que je ne pourrois pas m'empêcher de rendre compte de ce qu'il me diroit ; et en effet j'en rendrois compte.

9° Je comprends qu'on s'est bien avancé, puisque vous me faites entendre qu'on a offert quelque chose qui est plus que le passage. Il faut bien prendre garde aux avances qu'on fait, pour ne reculer jamais ; car si on tomboit dans quelque explication sur les offres qu'on voudroit modifier, tout seroit en danger d'être perdu.

10° Je suis ravi de ce que vous êtes content du P. P. (*duc de Bourgogne*) ; pour moi, je ne le serai point jusqu'à ce que je le saurai libre, ferme, et en possession de parler avec une force douce et respectueuse. Dites-lui : *Dabo vobis os et sapientiam cui non poterunt resistere*[1], etc. ; autrement il demeurera avili comme un homme qui a encore, dans un âge de maturité, une foiblesse puérile.

11° Je vous envoie les états de M. le chevalier de Luxembourg. Plus je le vois, plus je le trouve sensé, appliqué, droit, noble, capable d'amitié solide, et touché de la religion, quoiqu'il ait été jusqu'ici dissipé par les amusements du monde, et entraîné par l'ambition. J'ai peine à croire que Valenciennes soit assiégé, si on fait ce qu'il faut.

12° Il faut faire le métier de Fabius, sauver la campagne par la perte d'une seconde place, et ne perdre pas un moment pour conclure la paix. Dieu veuille qu'on le sache faire !

13° M. le vidame se porte un peu mieux ; je le garderai tout autant qu'il sera possible. S'il ne vient aucun mouvement qui fasse une occasion prochaine de bataille, il doit demeurer en repos : j'espère qu'il n'en viendra point.

14° Peut-on vous demander si nos conditions de paix sont acceptées, comme on l'a mandé de Hollande ?

15° Je voudrois bien savoir, par le retour de ce courrier, des nouvelles du procès d'Estouteville.

Bonjour, mon bon duc ; je n'ai point de termes pour dire ce que j'ai au cœur pour vous, pour notre bonne duchesse, et pour madame la vidame.

---

[1] *Luc.*, XXI. 15.

227. — AU MÊME.

Sur la conduite à tenir relativement aux affaires politiques, et sur la fermeté qui convient au duc de Bourgogne. Projet d'une nouvelle édition de saint Augustin.

A Cambrai, 8 juillet 1710.

1° Nous avons perdu le pauvre Turodin, mon bon duc ; M. Soraci a été trois jours auprès de lui, et a tenté tout ce qu'il a pu, mais inutilement, pour sa guérison. Le malade a toujours cru son mal incurable, s'est résolu courageusement à mourir, et est mort avec de grandes marques de piété.

2° Vous aurez sans doute reçu une lettre énigmatique de Panta (*l'abbé de Beaumont*), où je voulois vous faire entendre que le roi, plutôt que de rompre sur les banquiers répondants du subside, pourroit mettre des pierreries d'un prix suffisant en dépôt chez les Suisses, ou à Gênes.

3° Le renoncement des ennemis à toute demande ultérieure m'incline à croire qu'ils veulent sincèrement la paix ; mais qu'ils ne la veulent qu'à leurs conditions pour l'évacuation d'Espagne, faute de quoi ils ne se croient pas en sûreté. Je n'aurois pas voulu offrir plus que le passage ; mais il faut bien prendre garde à ne donner aucun prétexte de nous soupçonner de duplicité, pour reculer sur nos offres : tout seroit perdu.

4° Les ennemis ne peuvent plus tarder à faire quelque mouvement. Je souhaite que le camp qu'on acheva hier de retrancher derrière Arras, sur le Crinchon, ruisseau qui tombe dans la Scarpe, nous garantisse d'une bataille. Si les ennemis vont assiéger Béthune, Aire, etc., ce sera un moyen de gagner une partie de la campagne, et de conclure une paix. La lenteur des négociations est insupportable. Quand mes plénipotentiaires passèrent ici, ils m'assurèrent qu'on ne leur avoit donné aucun pouvoir ni moyen d'aller en avant. Les ennemis en rient, et disent à leurs amis que si on avoit fait, il y a dix-huit mois, les avances que l'on commence à faire de la part de la France depuis trois semaines, on auroit eu la paix sans peine en ce temps-là. Ils ajoutent que plus les François traînent la négociation pour disputer le terrain, et pour ne dire leur dernier mot qu'à toute extrémité, plus ils donnent de prétexte aux malintentionnés de traverser la conclusion de la paix, et en rendent les conditions plus désavantageuses à la France. Si par malheur nous perdions une bataille décisive pendant cette lente négociation, quelle confusion et quel regret sans remède !

5° Quoi qu'on vous dise, il n'est guère possible que la négociation de M. le comte de Bergheik ne traverse et ne brouille celle des plénipotentiaires. Les intérêts sont contraires ; les acteurs seront opposés et jaloux. Vous n'avez point un homme supérieur qui tienne les rênes des deux négociations à la fois, pour les empêcher de s'entre-choquer, et pour subordonner l'une à l'autre. Charrue mal attelée.

6° J'avoue que je crains presque également les bons et les mauvais succès de guerre. C'est ce qui me fait soupirer après la paix.

7° On dit que M. le maréchal de Harcourt va entrer dans le conseil ; s'il y entre, et s'il dure, il fera bien du fracas.

8° Si P. P. (*le duc de Bourgogne*) ne sent pas le besoin de devenir ferme et nerveux, il ne fera aucun véritable progrès ; il est temps d'être homme. La vie du pays où il est est une vie de mollesse, d'indolence, de timidité et d'amusement ; il ne sera jamais si subordonné à ses deux supérieurs que quand il leur fera sentir un homme mûr, appliqué, ferme, touché de leurs véritables intérêts, et propre à les soutenir par la sagesse de ses conseils et par la vigueur de sa conduite. Qu'il soit de plus en plus petit sous la main de Dieu, mais grand aux yeux des hommes. C'est à lui à faire aimer, craindre et respecter la vertu jointe à l'autorité. Il est dit de Salomon qu'on le craignit, voyant la sagesse qui étoit en lui.

9° Si Dieu nous donne la paix, il faut que le P. Le Tellier me fasse aider par deux ou trois théologiens choisis de sa compagnie, qui pourront venir ici une fois l'année, pour préparer une nouvelle édition de saint Augustin avec de bonnes notes. Je m'offre pour faire celles des principaux livres.

10° M. le vidame veut partir d'ici, si les ennemis vont tâter notre camp retranché du Crinchon ; mais il promet de revenir le lendemain, si la bataille s'éloigne : il a grand besoin de repos. Je l'aime comme David aimoit Jonathas.

Mille respects à madame la duchesse, à madame la vidame. Comment va le procès ? O mon bon duc, quand vous verrai-je à Chaulnes ?

228. — AU MARQUIS DE FÉNELON.

Il le charge de faire quelques observations à M. de Puységur.

A Cambrai, 25 juillet 1710.

Je suis ravi, mon cher enfant, d'avoir de vos nouvelles, et de savoir que vous vous portez bien. Ce que vous me mandez me fait penser qu'on pourroit s'engager insensiblement à quelque grande action : Dieu veuille tourner tout à bien, et conserver avec la France les personnes qui nous sont chères! Mille et mille remercîments à M. de Puységur. Il faudroit que j'eusse le cœur bien mal fait pour n'être pas touché de ses attentions, pendant qu'il est si occupé de tant de choses importantes. Seroit-il possible que l'envie d'élargir nos subsistances, ou celle de paroître faire quelques pas en avant, nous engageât à une bataille qui hasardât tout le royaume? Ne vaudroit-il pas mieux temporiser, comme Fabius, jusqu'à la fin de la campagne, où la paix pourroit devenir moins difficile? Dites ceci en grand secret à M. de Puységur. Je parle en ignorant sur la guerre et sur la politique; mais je sais à qui je parle en m'adressant à M. de Puységur.

Mes compliments à ceux auxquels ils conviennent.

Madame de Chevry a eu une colique. Nous ne savons pas si la pierre est descendue pendant cette colique-là. Elle étoit un peu soulagée.

M. l'abbé de Langeron s'en ira à Paris au commencement d'août. Panta se porte bien.

Les douze cents francs seront avancés. Je voudrois les pouvoir donner; mais le temps ne me le permet pas.

M. des Anges [1] est allé au Cateau. Nous ne saurions avoir des voitures ni des greniers pour faire transporter les grains.

J'embrasse le petit connétable.[2] et Dufort. Bonsoir, mon cher petit enfant; tout à toi avec tendresse et sans réserve.

229. — AU DUC DE CHEVREUSE.

État déplorable de la France : Fénelon propose une assemblée de notables.

A Cambrai, 4 août 1710.

M. l'abbé de Langeron, qui part, mon bon duc, vous parlera de tout ce qu'il y a eu ce pays de doctrinal et de politique.

1° Le camp qu'on a pris, non sans danger, a empêché M. le vidame de revenir ici. Il a eu raison en ce point; mais comme ce camp est plus éloigné que l'autre de nous, il ne veut point revenir à cause de la difficulté des escortes, de peur de ne pouvoir pas s'en retourner assez promptement en cas de bataille, et il me semble qu'il a tort là-dessus; car, outre que cette bataille ne doit

---

[1] Secrétaire de Fénelon.
[2] Frère du marquis de Fénelon, et qui servoit dans son régiment.

point venir tout-à-coup, de plus il trouvera toujours ici une escorte suffisante pour aller à Bapaume ou à Arras, et de là au camp. On dit qu'il souffre beaucoup; il n'y a que vous, mon bon duc, qui puissiez le mettre à la raison.

2° Je crains qu'après la rupture de la paix, on ne prenne, par impatience, le parti d'une bataille. On se trompe infiniment, si on croit qu'après la bataille perdue on ne seroit pas en pire condition qu'à présent; les généraux ennemis ne perdroient pas un moment pour passer la Somme, et pour aller droit à Paris. Ils compteroient les Hollandois pour rien : la plupart des troupes sont allemandes, et ne chercheroient qu'à piller; elles n'auroient plus besoin de la solde de Hollande, dès qu'elles entreroient en France. Les ennemis iroient piller Paris, brûler Versailles, ravager nos provinces. Le roi se retireroit de ville en ville; le royaume seroit ravagé et démembré, sans qu'on pût s'arrêter dans cette pente vers le précipice. Vous n'avez plus que votre armée pour sauver la France entière; elle seroit perdue en un jour par la perte d'une bataille.

5° Je ne crois point qu'on doive se flatter de l'espérance de rétablir le crédit, sur la rupture hautaine que les ennemis ont faite de la négociation. Cette rupture paroîtra injuste et odieuse à beaucoup de gens pour les deux premiers mois; mais quand on verra le roi accabler les peuples, rechercher les aisés, ne payer point ce qu'il doit, continuer ses dépenses superflues, hasarder la France sans la consulter, et ruiner le royaume pour faire mal la guerre, le public recommencera à crier plus haut que jamais; et il n'est presque pas possible qu'il n'arrive à la longue quelque soulèvement. Il est impossible que le roi paie ses dettes; il est impossible que les peuples paient le roi, si les choses sont au point d'extrémité qu'on nous représente. La France est comme une place assiégée : le refus d'une capitulation irrite la garnison et le peuple; on fait un nouvel effort pour quatre ou cinq jours, après quoi le peuple et la garnison affamés crient qu'il faut se rendre, et accepter les plus honteuses conditions. Tout est fait prisonnier de guerre : ce sont *les Fourches caudines*.

4° Je ne vois aucune solide ressource, que celle que vous ne ferez point entrer dans la tête du roi. Notre mal vient de ce que cette guerre n'a été jusqu'ici que l'affaire du roi, qui est ruiné et décrédité. Il faudroit en faire l'affaire véritable de tout le corps de la nation. Elle ne l'est que trop devenue; car la paix étant rompue, le corps de la na tion se voit dans un péril prochain d'être subjugué. De ce côté-là, vous avez un intérêt clair et sensible à mettre devant les yeux de tous les François; mais, pour le faire, il faut au moins leur parler et les mettre au fait. Mais, d'un autre côté, la persuasion est difficile ; car il s'agit de persuader à toute la nation qu'il faut prendre de l'argent partout où il en reste, et que chacun doit s'exécuter rigoureusement, pour empêcher l'invasion prochaine du royaume. Pour réussir dans un point si difficile, il faudroit que le roi mît le corps de la nation en part du plan général des affaires, afin qu'elle s'exécutât volontairement de la manière la plus rigoureuse et la plus extrême sur ses propres résolutions. Mais, pour parvenir à ce point, il faudroit que le roi entrât en matière avec un certain nombre de notables des diverses conditions et des divers pays. Il faudroit prendre leurs conseils, et leur faire chercher en détail les moyens les moins durs de soutenir la cause commune. Il faudroit qu'il se répandît, dans toute notre nation, une persuasion intime et constante que c'est la nation entière elle-même qui soutient, pour son propre intérêt, le poids de cette guerre ; comme on persuade aux Anglois et aux Hollandois que c'est par leur choix et pour leurs intérêts qu'ils la font. Il faudroit que chacun crût que, supposé même qu'elle ait été entreprise mal à propos, le roi a fait dans la suite tout ce qui dépendoit de lui pour la finir, et pour débarrasser le royaume ; mais qu'on ne peut plus reculer, et qu'il ne s'agit de rien moins que d'empêcher une totale invasion. En un mot, je voudrois qu'on laissât aux hommes les plus sages et les plus considérables de la nation à chercher les ressources nécessaires pour sauver la nation même. Ils ne seroient peut-être pas d'abord au fait : aussi seroit-ce pour les y mettre que je voudrois les faire entrer dans cet examen. Alors chacun diroit en soi-même : Il n'est plus question du passé ; il s'agit de l'avenir. C'est la nation qui doit se sauver elle-même ; c'est à elle à trouver des fonds, et à prendre des sommes d'argent partout où il y en a, pour le salut commun. Il seroit même nécessaire que tout le monde sût à quoi l'on destineroit les fonds préparés, en sorte que chacun fût convaincu que rien n'en seroit employé aux dépenses de la cour

5° J'avoue qu'un tel changement pourroit émouvoir trop les esprits, et es faire passer tout-à-coup d'une absolue dépendance à un dangereux excès de liberté. C'est par la crainte de cet inconvénient que je ne propose point d'assembler les états-généraux, qui, ssan cette raison, seroient très nécessaires, et qu'il seroit capital de rétablir; mais comme la trace en est presque perdue, et que le pas à faire est très glissant dans la conjoncture présente, j'y craindrois de la confusion. Je me bornerois donc d'abord à des notables, que le roi consulteroit l'un après l'autre. Je voudrois consulter les principaux évêques et seigneurs, les plus célèbres magistrats, les plus puissants et plus expérimentés marchands, les plus riches financiers mêmes, non-seulement pour en tirer des lumières, mais encore pour les rendre responsables du gouvernement, et pour faire sentir au royaume entier que les plus sages têtes qu'on peut y trouver ont part à ce qu'on fait pour la cause publique. Il est capital de relever ainsi la réputation du gouvernement méprisé et haï.

6° Il faudroit que le roi mît en main non suspecte les fonds qui dépendent de lui, pour payer aux particuliers pauvres leurs rentes sur l'hôtel-de-ville en entier, et aux riches la moitié de leurs rentes, en attendant une discussion plus exacte. En déposant en main sûre et publique les fonds destinés à ce paiement du total des petites rentes et de la moitié des grosses, le roi demeureroit libéré ; on ne pourroit plus crier contre lui. Ces fonds seroient, par exemple, les aides, entrées de Paris, etc. Le roi prendroit un fonds modique pour la subsistance de sa maison. Les gens inutiles à la cour, qui ne pourroient pas y être payés sur ce fonds modique, s'en iroient vivre chez eux, et tout le monde verroit à quoi le roi se seroit réduit. Il resteroit à régler le fonds de la guerre ; c'est sur quoi la nation auroit à s'exécuter elle-même, sans rien imputer au roi. On soulageroit ceux qui sont au dernier degré d'épuisement, et on demanderoit, tant aux financiers qu'aux usuriers, de quoi sauver la France qu'ils ont ruinée. Ce seroit le moyen de faire une taxe d'aisés, avec justice, sûreté et bienséance. Le roi a eu le malheur d'ôter l'argent des mains de toutes les bonnes familles du royaume et de tout le peuple, pour le faire passer, sans mesure, dans celles des financiers et des usuriers. On le feroit alors repasser des mains des financiers et des usuriers dans celles du peuple et des bonnes familles. Ce seroit rétablir l'ordre, et tourner tout le corps de la nation, par son propre intérêt, pour le roi contre les gens qui l'ont ruiné et décrédité. Alors ce seroit la nation qui chercheroit les fonds, et qui les paieroit volontairement pour son propre salut, afin de soutenir la guerre. Chacun sauroit qu'il n'y auroit plus aucun péril que la cour détournât les fonds, et manquât de parole. Pendant que le despotisme est dans l'abondance, il agit avec plus de promptitude et d'efficacité qu'aucun gouvernement modéré ; mais quand il tombe dans l'épuisement sans crédit, il tombe tout-à-coup sans ressource. Il n'agissoit que par pure autorité; le ressort manque : il ne peut plus qu'achever de faire mourir de faim une populace à demi morte; encore même doit-il en craindre le désespoir. Quand le despotisme est notoirement obéré et banqueroutier, comment voulez-vous que les ames vénales qu'il a engraissées du sang du peuple se ruinent pour le soutenir? C'est vouloir que les hommes intéressés soient sans intérêt.

7° C'est notre gouvernement, méprisé au-dedans de la France, qui donne tant de hauteur à nos ennemis. Si les ennemis voyoient ce gouvernement redressé, et la nation entière unie au roi pour se soutenir dans cette guerre, ils craindroient que nous ne pussions durer, et tirer l'affaire en longueur : alors ils nous accorderoient une moins mauvaise composition. Mais ils veulent nous réduire à leur merci, pendant qu'ils nous voient dans un désordre et un affoiblissement sans ressource.

8° Vous me direz que le roi est incapable de recourir à de tels moyens, que personne n'est à portée de les lui proposer, et qu'il n'est pas même en état de consulter, de questionner, de ménager les divers esprits, de comparer leurs divers projets, et de décider sur les différents avis. A cela je réponds qu'il est bien triste que l'émétique étant l'unique remède qui reste pour sauver le malade, le malade n'ait la force ni de le prendre, ni d'en soutenir l'opération. Si le roi est trop éloigné d'accepter cette ressource, il est trop éloigné du salut de l'état; s'il est incapable du dernier moyen de soutenir la guerre sans espérance d'obtenir la paix, que reste-t-il à attendre de lui? Si la ruine prochaine de sa couronne ne lui fait pas encore ouvrir les yeux, et ne lui fait pas prendre à la hâte des partis proportionnés à ce péril, pour changer ce qui a besoin de changement, tout n'est-il pas désespéré? Comment peut-on dire que le roi voit la main de Dieu, et met l'humiliation à profit, si une hauteur démesurée lui fait rejeter l'unique ressource qui lui reste, quand il est déjà sur le bord de l'abîme? La conduite que je propose n'auroit rien de bas ni de foible : au contraire, ce seroit se rapprocher courageusement de l'ordre, de la justice et de la véritable grandeur. Quand y viendra-t-on, si on s'obstine à n'y venir pas dans cette conjoncture, où chaque moment peut nous perdre?

9° C'est le temps où il faudroit que monseigneur le duc de Bourgogne dît au roi et à monseigneur, avec respect, avec force, et peu à peu d'une manière insinuante, tout ce que d'autres n'oseront leur dire. Il faudroit qu'il le dît devant madame de Maintenon ; il faudroit qu'il mît dans sa confidence madame la duchesse de Bourgogne ; il faudroit qu'il protestât qu'il parle sans être poussé par d'autres ; il faudroit qu'il fît sentir que tout périt si l'argent manque, que l'argent manquera si le crédit ne se relève, et que le crédit ne peut se relever que par un changement de conduite qui mette tout le corps de la nation dans la persuasion que c'est à elle à soutenir la monarchie penchante à sa ruine, parce que le roi veut agir de concert avec elle. Le prince pourra être blâmé, critiqué, rejeté avec indignation : mais ses raisons seront évidentes ; elles prévaudront peu à peu, et il sauvera le trône de ses pères. Il doit au roi et à monseigneur de leur déplaire pour les empêcher de se perdre. Au bout du compte, que lui fera-t-on? Il montrera, comme deux et deux font quatre, la vérité et la nécessité de ses conseils; il convaincra de son zèle et de sa soumission ; il fera voir qu'il parle, non par foiblesse et timidité, mais par prévoyance et avec un courage à toute épreuve. En même temps il pourra demander, avec les plus vives instances, la permission d'aller à l'armée comme volontaires : c'est le vrai moyen de relever sa réputation, et de lui attirer l'amour et le respect de tous les François. Notre grand malheur consiste en ce qu'on ne peut point mener le roi, par raisonnement, à une vue claire et prompte des maux qui lui pendent sur la tête ; on ne le fait jamais penser que peu et par habitude, c'est-à-dire trop tard. Notre conduite est toujours, pour ainsi dire, arriérée : nous faisons enfin aujourd'hui, avec beaucoup de peine, ce qu'il auroit fallu faire il y a deux ans ; et nous voudrons faire dans deux ans ce que nous ne saurions nous résoudre à faire aujourd'hui. Il a fallu, depuis dix-huit mois, négocier lentement avec le roi pour le mener au but, comme avec les ennemis pour les en rapprocher. Ces deux négociations détonnent sans cesse, pour ainsi dire ; l'une traîne trop après l'autre. Le roi n'a point été prêt quand les ennemis l'ont été, et les ennemis ne le sont plus quand le roi commence à l'être. Mais, par malheur, les ennemis proportionnent mieux leurs prétentions avec leurs moyens, que le roi ne proportionne ses vues à l'extrémité où nous le voyons baisser à vue d'œil.

10° Vous me direz que Dieu soutiendra la France : mais je vous demande où en est la promesse. Avez-vous quelque garant pour des miracles ? Il vous en faut sans doute, pour vous soutenir comme en l'air ; les méritez-vous dans un temps où votre ruine prochaine et totale ne peut vous corriger, où vous êtes encore dur, hautain, fastueux, incommunicable, insensible, et toujours prêt à vous flatter? Dieu s'apaisera-t-il en vous voyant humilié sans humilité, confondu par vos propres fautes, sans vouloir les avouer, et prêt à recommencer, si vous pouviez respirer deux ans? Dieu se contentera-t-il d'une dévotion qui consiste à dorer une chapelle, à dire un chapelet, à écouter une musique, à se scandaliser facilement, et à chasser quelque janséniste? Non-seulement il s'agit de finir la guerre au-dehors, mais il s'agit encore de rendre au-dedans du pain aux peuples moribonds, de rétablir l'agriculture et le commerce, de réformer le luxe qui gangrène toutes les mœurs de la nation, de se ressouvenir de la vraie forme du royaume, et de tempérer le despotisme, cause de tous nos maux. On applaudit à la dévotion du roi, parce qu'il ne s'irrite point contre la Providence qui l'humilie. On se contente qu'il croie n'avoir commis aucune faute importante, et qu'il se regarde comme un saint roi que Dieu éprouve, ou tout au plus comme un roi qui a péché, comme David, par la fragilité de la chair, dans sa jeunesse. Mais lui dit-on qu'il faut qu'il reconnoisse que c'est par le renversement de tout ordre qu'il s'est jeté dans l'abîme, d'où il semble que rien ne puisse le tirer? J'avoue qu'il ne faut pas lui dire durement ces vérités; mais il faudroit l'y mener peu à peu, et ne le croire en état ni d'apaiser Dieu, ni de redresser ses affaires, que quand son cœur sera redressé. Tout le reste n'est proportionné ni à ses fautes, ni à nos malheurs, ni aux remèdes qui peuvent encore nous sauver. J'espère que Dieu sauvera la France, parce que j'espère que Dieu aura pitié de la maison de saint Louis, et que, dans la conjoncture présente, la France est un grand appui de la catholicité. Mais, après tout, ne nous flattons pas : Dieu n'a besoin de personne; il saura bien soutenir son Église sans ce bras de chair. D'ailleurs, je vous avoue que je craindrois autant pour nous les succès que les adversités. Eh! quel moyen y auroit-il de nous souffrir, si nous sortions de cette guerre sans une humiliation complète et finale? Qu'est-ce qui pourroit nous corriger, après avoir été incurables par l'usage des plus violents remèdes? Nous paroîtrions abandonnés de Dieu dans la voie de notre propre cœur, si Dieu permettoit que nous résistassions à une si horrible tempête. Nous ne verrions plus alors que des torrents de louanges du clergé même. Je puis me tromper, et je le suppose sans peine; mais il me semble qu'il nous faut ou un changement de cœur par grace, ou une humiliation qui ne laisse nulle ressource flatteuse à notre orgueil.

11° Vous me direz que le changement du cœur ne venant point, il faudroit donc une chute totale. Je vous réponds que Dieu connoît ce que j'ignore, soit pour donner un cœur nouveau, soit pour accabler sans détruire. Il voit dans les trésors de sa providence le juste milieu, que ma foible raison ne me découvre pas. J'adore ce qu'il fera, sans le pénétrer; j'attends sa décision. Il sait avec quelle tendresse j'aime ma patrie, avec quelle reconnoissance et quel attachement respectueux je donnerois ma vie pour la personne du roi, avec quel zèle et quelle affection je suis attaché à la maison royale, et surtout à monseigneur le duc de Bourgogne; mais je ne puis vous cacher mon cœur : c'est par cette affection vive, tendre et constante, que je souhaite que nos maux extrêmes nous préparent une vraie guérison, et que cette violente crise ne soit pas sans fruit.

12° Vous jugez bien que cette lettre est commune pour vous, mon bon duc, et pour M. le duc de Beauvilliers. J'espère même que vous en insinuerez doucement à monseigneur le duc de Bourgogne tout ce que vous croirez utile, et incapable de le blesser; mais cette lettre ne doit pas, si je ne me trompe, lui être montrée; il ne convient pas de lui ouvrir, jusqu'à ce point, les yeux sur le roi et sur le gouvernement : il suffit de lui montrer ce qui est nécessaire pour le mettre en état de parler avec force; il faut que Dieu lui mette peu à peu le reste dans le cœur; il faut que les hommes laissent à Dieu achever les derniers traits, et que la grace les adoucisse par son onction.

Pardonnez, mon bon duc, toutes mes imprudences; je vous les donne pour ce qu'elles valent. Si j'aimois moins la France, le roi, la maison royale, je ne parlerois pas ainsi. D'ailleurs je sais à qui je parle. Vous savez aussi avec quels sentiments je vous suis dévoué à jamais et sans nulle réserve.

250. — AU MARQUIS DE FÉNELON.

Il l'exhorte à cultiver plus soigneusement les personnes qui peuvent l'aider à soutenir son état et sa famille.

A Cambrai, 25 août 1710.

Les nouvelles de madame de Chevry ne peuvent être que fort tristes, mon cher neveu, jusqu'à ce que la pierre ait achevé de descendre; elle se soutient néanmoins avec courage et même quelque gaieté. Je lui écris tous les jours, et tous les jours elle me fait écrire; je vous en manderai très souvent des nouvelles.

Nous allons faire revenir votre frère aîné; mais pour le petit abbé, il demeurera à Paris selon les apparences, parce que M. l'abbé de Langeron croit, avec d'autres amis, qu'il y étudiera mieux qu'à Cambrai.

Je ne puis m'empêcher de vous gronder un peu sur ce que vous ne voyez pas assez les gens que vous devriez cultiver. Il est vrai que le principal est de s'instruire et de s'appliquer à son devoir; mais il faut aussi se procurer quelque considération, et se préparer quelque avancement: or, vous n'y réussirez jamais, et vous demeurerez dans l'obscurité, sans établissement sortable, à moins que vous n'acquériez quelque talent pour ménager toutes les personnes en place, ou en chemin d'y parvenir. C'est un soin tranquille et modéré, mais fréquent et presque continuel, que vous devez prendre, non par vanité et par ambition, mais par fidélité pour remplir les devoirs de votre état, et pour soutenir votre famille. Il ne faut y mêler ni empressement ni indiscrétion; mais sans rechercher trop les personnes considérables, on peut les cultiver, et profiter de toutes les occasions naturelles de leur plaire. Souvent il n'y a que paresse, que timidité, que mollesse à suivre son goût dans cette apparente modestie qui fait négliger le commerce des personnes élevées. On aime, par amour-propre, à passer sa vie avec les gens auxquels on est accoutumé, avec lesquels on est libre, et parmi lesquels on est en possession de réussir: l'amour-propre est contristé, quand il faut aller hasarder de ne réussir pas, et de ramper devant d'autres qui ont toute la vogue. Au nom de Dieu, mon cher enfant, ne négligez point les choses sans lesquelles vous ne remplirez pas tous les devoirs de votre état. Il faut mépriser le monde, et connoître néanmoins le besoin de le ménager; il faut s'en détacher par religion, mais il ne faut pas l'abandonner par nonchalance et par humeur particulière.

Mille et mille assurances de zèle à M. le chevalier de Luxembourg: il n'y a que la crainte de notre ruine qui puisse m'empêcher de desirer qu'il se rapproche de nous. Ne m'oubliez pas quand vous verrez M. de Puységur. Vous devriez chercher les occasions naturelles de voir M. de La Vallière, M. de Broglio, M. le comte de Lesparre, etc. Bonsoir, cher enfant.

251. — AU MÊME.

Il lui donne des nouvelles de plusieurs parents ou amis, et quelques nouvelles politiques.

A Cambrai, 28 septembre 1710.

Me voici revenu, mon cher neveu, et je suis fort aise de vous l'apprendre. Je partirai vers jeudi prochain pour aller auprès de Laon mettre mon pied dans la vendange. En attendant, j'aurois été ravi de vous revoir, si votre devoir vous permettoit de venir ici. Mais il ne faut ni vous exposer aux partis ennemis, ni donner mauvais exemple sur l'assiduité dans votre poste. Les nouvelles de madame de Chevry ne sont pas bonnes; elle a presque toujours de la fièvre, souvent des frissons, des convulsions, des foiblesses, et même un peu de rêverie dans les accès les plus violents. Chirac ne perd pas courage, et ne voit, dit-il, de danger que par la longueur, qui épuise les forces. Ce qui augmente ma peine est que l'abbé de Beaumont, qui ne sort presque jamais de la chambre de la malade, tombe dans une tristesse qui m'alarme pour sa santé.

Vous savez sans doute les nouvelles d'Espagne, qui ne sont pas bonnes[1]. Dieu sait ce qu'il veut faire, et il faut l'attendre avec soumission. Heureux qui veut tout ce qu'il lui plaît, puisque tout ce qu'il lui plaît s'accomplit! M. le chevalier de Luxembourg est actuellement céans. Il avoit tenté de surprendre le fort de Scarpe: mais M. de Hompech, gouverneur de Douai, qui alloit à Lille, envoya par hasard son escorte l'attendre au fort, et déconcerta par ce coup de hasard tout le projet. Peu s'en est fallu qu'il n'ait réussi. Donnez-moi de vos nouvelles. J'écrirai demain à madame Voysin, comme vous le desirez, pour vous procurer quelque endroit voisin de Picardie. Je prie souvent Dieu pour vous, et je voudrois que mes prières fussent assez bonnes pour vous procurer la grace d'être simple, vrai, recueilli, et tout à Dieu dans la vie la plus commune selon votre profession. Je vous crois vrai et droit d'une certaine façon; mais il y a une vérité et une droiture que le monde ne connoît pas, et qui consiste à ne réserver rien à l'égard de Dieu. Bonsoir, mon cher enfant: ménagez le monde par devoir, sans l'aimer par ambition; ne le négligez point par paresse, et ne le suivez point par vanité. Tendrement tout à vous à jamais.

[1] Après la bataille de Saragosse, perdue le 20 août précédent, Philippe V venoit d'être obligé de quitter Madrid pour la seconde fois, le 9 septembre, et de se retirer à Valladolid.

252. — AU VIDAME D'AMIENS.

Sur la manière de se conduire dans l'oraison, et de prendre les divertissements permis.

A Cambrai, 15 septembre 1710.

Je suis ravi, monsieur, de vous savoir à Chaulnes, quoique cette marche nous ôte toute espérance pour Cambrai. J'avoue que vous êtes infiniment mieux dans votre château enchanté; mais je crois que vous serez fort mal partout où vous écrirez, dicterez, échaufferez votre tête et vos reins, et veillerez irrégulièrement, comme vous le faites souvent. Si madame la vidame s'approche de notre frontière, j'aurai un grand desir d'avoir l'honneur de la voir; mais je ne veux pas être indiscret, et je me bornerai à votre décision.

Pour vos exercices de piété, je ne vois que deux choses: l'une est de souffrir en paix l'ennui, la sécheresse et la distraction quand Dieu l'envoie; alors elle fait plus de bien que toutes les lumières, les goûts et les sentiments de ferveur: l'autre est de ne se procurer jamais par infidélité cette espèce de distraction.

Il faut se donner quelques amusements pour se délasser l'esprit; mais il faut se les donner par pure complaisance, dans le besoin, comme on fait jouer un enfant. Il faut un amusement sans passion: il n'y a que la passion qui dissipe, qui déssèche et qui indispose pour la présence de Dieu. Prenez sobrement les affaires; embrassez-les avec ordre, sans vous noyer dans les détails, et coupant court avec une décision précise et tranchante sur chaque article.

Réservez-vous du temps pour être avec Dieu. Soyez-y dans la société la plus simple, la plus libre et la plus familière. Faites de toutes choses matière de conversation avec lui; parlez-lui de tout selon votre cœur, et consultez-le sur tout: faites taire vos desirs, vos goûts, vos aversions, vos préjugés, vos habitudes. Dans ce silence de tout vous-même, écoutez celui qui est la parole et la vérité: *Audiam quid loquatur in me Dominus*[1]. Vous trouverez qu'un quart d'heure sera facilement rempli dans une telle occupation. Ne cherchez point plus qu'il ne faut dans l'oraison. Quand vous ne feriez que vous ennuyer avec Dieu, pour l'amour de lui, et que laisser tomber vos distractions quand vous les apercevez, sans vous rebuter de leurs importunités, ce seroit beaucoup. Il faut une grande patience avec vous-même. Soyez gai, sans vous livrer avec passion à vos goûts. Il faut vous ménager sans vous flatter, comme vous ménageriez sans flatterie un bon ami que vous craindriez de gâter. La vraie charité place tout dans son ordre, et soi comme les autres. Point de tristesse, point d'évaporation, point de gêne, point de hauteur ni de mollesse. Pendant que vous êtes seul en liberté et en repos, accoutumez-vous à être souvent avec Dieu, en rappelant sa présence dans les occupations extérieures. Dès que vous sentez que quelque occupation vous passionne, flatte votre amour-propre, et vous éloigne de Dieu, interrompez-la: vous la reprendrez, s'il le faut, quand la passion n'y entrera plus.

M. Dufresne, gouverneur de notre citadelle, a un neveu dans les chevau-légers[1], qu'il aime fort. Il doute que vous en soyez content, et il voudroit extrêmement savoir ce qui lui manque pour vous contenter, afin que son neveu s'assujettît à le faire. C'est un très bon homme, plein de vertu. Je vous conjure de me mander la vérité à fond sur ce neveu.

Bonsoir, monsieur; je n'ai point de termes pour vous exprimer à quel point je vous suis dévoué à jamais.

253. — A LA DUCHESSE DOUAIRIÈRE DE MORTEMART.

La connoissance de nous-mêmes empêchée par l'amour-propre. Circonspection nécessaire pour la correction d'autrui. Différentes manières de se recueillir pour écouter Dieu.

11 octobre 1710.

Jamais lettre, ma bonne et chère duchesse, ne m'a fait un plus sensible plaisir que la dernière que vous m'avez écrite. Je remercie Dieu qui vous l'a fait écrire. Je suis également persuadé, et de votre sincérité pour vouloir dire tout, et de votre impuissance de le faire. Pendant que nous ne sommes point encore entièrement parfaits, nous ne pouvons nous connoître qu'imparfaitement. Le même amour-propre qui fait nos défauts nous les cache très subtilement et aux yeux d'autrui et aux nôtres. L'amour-propre ne peut supporter la vue de lui-même; il en mourroit de honte et de dépit. S'il se voit par quelque coin, il se met dans quelque faux jour pour adoucir sa laideur, et pour avoir de quoi s'en consoler. Ainsi il y a toujours quelque reste d'illusion en nous, pendant qu'il y reste quelque imperfection et quelque fonds d'amour-propre. Il faudroit que l'amour-propre fût déraciné, et que l'amour de Dieu agît seul en nous, pour nous montrer parfaitement à nous-mêmes. Alors le même principe qui nous feroit voir nos

---

[1] *Ps.* LXXXIV, 9.

[1] Le vidame étoit capitaine-lieutenant des chevau-légers.

imperfections vous les ôteroit. Jusque là on ne se connoît qu'à demi, parce qu'on n'est qu'à demi à Dieu, étant encore à soi beaucoup plus qu'on ne croit, et qu'on n'ose se le laisser voir. Quand la vérité sera pleinement en nous, nous l'y verrons toute pleine : ne nous aimant plus que par pure charité, nous nous verrons sans intérêt et sans flatterie, comme nous verrons le prochain. En attendant, Dieu épargne notre foiblesse, en ne nous découvrant notre laideur qu'à proportion du courage qu'il nous donne pour en supporter la vue. Il ne nous montre à nous-mêmes que par morceaux, tantôt l'un, tantôt l'autre, à mesure qu'il veut entreprendre en nous quelque correction. Sans cette préparation miséricordieuse, qui proportionne la force à la lumière, l'étude de nos misères ne produiroit que le désespoir.

Les personnes qui conduisent ne doivent nous développer nos défauts que quand Dieu commence à nous y préparer. Il faut voir un défaut avec patience, et n'en rien dire au-dehors jusqu'à ce que Dieu commence à le reprocher au-dedans. Il faut même faire comme Dieu, qui adoucit ce reproche, en sorte que la personne croit que c'est moins Dieu qu'elle-même qui s'accuse et qui sent ce qui blesse l'amour. Toute autre conduite où l'on reprend avec impatience, parce qu'on est choqué de ce qui est défectueux, est une critique humaine, et non une correction de grâce. C'est par imperfection qu'on reprend les imparfaits. C'est un amour-propre subtile et pénétrant, qui ne pardonne rien à l'amour-propre d'autrui. Plus il est amour-propre, plus il est sévère censeur. Il n'y a rien de si choquant que les travers d'un amour-propre, à un autre amour-propre délicat et hautain. Les passions d'autrui paroissent infiniment ridicules et insupportables à quiconque est livré aux siennes. Au contraire, l'amour de Dieu est plein d'égards, de supports, de ménagements et de condescendances. Il se proportionne, il attend; il ne fait jamais deux pas à la fois. Moins on s'aime, plus on s'accommode aux imperfections de l'amour-propre d'autrui, pour les guérir patiemment. On ne fait jamais aucune incision, sans mettre beaucoup d'onction sur la plaie; on ne purge le malade qu'en le nourrissant; on ne hasarde aucune opération que quand la nature indique elle-même qu'elle y prépare. On attendra des années pour placer un avis salutaire. On attend que la Providence en donne l'occasion au-dehors, et que la grâce en donne l'ouverture au-dedans du cœur. Si vous voulez cueillir le fruit avant qu'il soit mûr, vous l'arrachez à pure perte.

De plus, vous avez raison de dire que vos dispositions changeantes vous échappent, et que vous ne savez que dire de vous. Comme la plupart des dispositions sont passagères et mélangées, celles qu'on tâche d'expliquer deviennent fausses avant que l'explication en soit achevée : il en survient une autre toute différente, qui tombe aussi à son tour dans une apparence de fausseté. Mais il faut se borner à dire de soi ce qui en paroît vrai dans le moment où l'on ouvre son cœur. Il n'est pas nécessaire de dire tout en s'attachant à un examen méthodique; il suffit de ne rien retenir par défaut de simplicité, et de ne rien adoucir par les couleurs flatteuses de l'amour-propre. Dieu supplée le reste selon le besoin en faveur d'un cœur droit, et les amis éclairés par la grâce remarquent sans peine ce qu'on ne sait pas leur dire, quand on est devant eux naïf, ingénu et sans réserve.

Pour nos amis imparfaits, ils ne peuvent nous connoître qu'imparfaitement. Souvent ils ne jugent de nous que par les défauts extérieurs qui se font sentir dans la société, et qui incommodent leur amour-propre. L'amour-propre est un censeur âpre, rigoureux, soupçonneux et implacable. Le même amour qui leur adoucit leurs propres défauts leur grossit les nôtres. Comme ils sont dans un point de vue très différent du nôtre, ils voient en nous ce que nous n'y voyons pas, et ils n'y voient pas ce que nous y voyons. Ils y voient avec subtilité et pénétration beaucoup de choses qui blessent la délicatesse et la jalousie de leur amour-propre, et que le nôtre nous déguise; mais ils ne voient point dans notre fond intime ce qui salit nos vertus, et qui ne déplaît qu'à Dieu seul. Ainsi leur jugement le plus approfondi est bien superficiel.

Ma conclusion est qu'il suffit d'écouter Dieu dans un profond silence intérieur, et de dire en simplicité pour et contre soi tout ce qu'on croit voir à la pure lumière de Dieu, dans le moment où l'on tâche de se faire connoître.

Vous me direz peut-être, ma bonne duchesse, que ce silence intérieur est difficile quand on est dans la sécheresse, dans le vide de Dieu, et dans l'insensibilité que vous m'avez dépeinte. Vous ajouterez peut-être que vous ne sauriez travailler activement à vous recueillir.

Mais je ne vous demande point un recueillement actif et d'industrie : c'est se recueillir passivement que de ne se dissiper pas, et que de laisser tomber l'activité naturelle qui dissipe. Il faut encore plus éviter l'activité pour la dissipation que pour le recueillement. Il suffit de laisser faire Dieu, et de ne l'interrompre pas par des occupations superflues qui flattent le goût ou la vanité. Il suffit de laisser souvent tomber l'activité propre par une simple cessation ou repos qui nous fait rentrer sans aucun effort dans la dépendance de la grace. Il faut s'occuper peu du prochain, lui demander peu, en attendre peu, et ne croire pas qu'il nous manque quand notre amour-propre est tenté de croire qu'il y trouve quelque mécompte. Il faut laisser tout effacer, et porter petitement toute peine qui ne s'efface pas. Ce recueillement passif est très différent de l'actif, qu'on se procure par travail et par industrie, en se proposant certains objets distincts et arrangés. Celui-ci n'est qu'un repos du fond, qui est dégagé des objets extérieurs de ce monde. Dieu est moins alors l'objet distinct de nos pensées au-dehors, qu'il n'est le principe de vie qui règle nos occupations. En cet état, on fait en paix et sans empressement ni inquiétude tout ce qu'on a à faire. L'esprit de grace le suggère doucement. Mais cet esprit jaloux arrête et suspend notre action, dès que l'activité de l'amour-propre commence à s'y mêler. Alors la simple non-action fait tomber ce qui est naturel, et remet l'ame avec Dieu, pour recommencer au-dehors sans activité le simple accomplissement de ses devoirs. En cet état, l'ame est libre dans toutes les sujétions extérieures, parce qu'elle ne prend rien pour elle de tout ce qu'elle fait : elle ne le fait que pour le besoin. Elle ne prévoit rien par curiosité; elle se borne au moment présent; elle abandonne le passé à Dieu; elle n'agit jamais que par dépendance. Elle s'amuse pour le besoin de se délasser, et par petitesse; mais elle est sobre en tout, parce que l'esprit de mort est sa vie. Elle est contente ne voulant rien.

Pour demeurer dans ce repos, il faut laisser sans cesse tomber tout ce qui en fait sortir. Il faut se faire taire très souvent, pour être en état d'écouter le maître intérieur qui enseigne toute vérité; et si nous sommes fidèles à l'écouter, il ne manquera pas de nous faire taire souvent. Quand nous n'entendons pas cette voix intime et délicate de l'esprit, qui est l'ame de notre ame, c'est une marque que nous ne nous taisons point pour l'écouter. Sa voix n'est point quelque chose d'étrange : Dieu est dans notre ame, comme notre ame dans notre corps. C'est quelque chose que nous ne distinguons plus de nous, mais quelque chose qui nous mène, qui nous retient, et qui rompt toutes nos activités. Le silence que nous lui devons pour l'écouter n'est qu'une simple fidélité à n'agir que par dépendance, et à cesser dès qu'il nous fait sentir que cette dépendance commence à s'altérer. Il ne faut qu'une volonté souple, docile, et dégagée de tout, pour s'accommoder à cette impression. L'esprit de grace nous apprend lui-même à dépendre de lui en toute occasion. Ce n'est point une inspiration miraculeuse qui expose à l'illusion et au fanatisme; ce n'est qu'une paix du fond pour se prêter sans cesse à l'esprit de Dieu dans les ténèbres de la foi, sans rien croire que les vérités révélées, et sans rien pratiquer que les commandements évangéliques.

Je vois par votre lettre, ma bonne duchesse, que vous êtes persuadée que nos amis ont beaucoup manqué à votre égard. Cela peut être, et il est même naturel qu'ils aient un peu excédé en réserve dans les premiers temps, où ils ont voulu changer ce qui leur paroissoit trop fort, et où ils étoient embarrassés de ce changement qui vous choquoit. Mais je ne crois pas que leur intention ait été de vous manquer en rien. Ainsi je croirois qu'ils n'ont pu manquer que par embarras pour les manières. Votre peine, que vous avouez avoir été grande, et que je m'imagine qu'ils apercevoient, ne pouvoit pas manquer d'augmenter, malgré eux, leur embarras, leur gêne et leur réserve. Je ne sais rien de ce qu'ils ont fait, et ils ne me l'ont jamais expliqué. Je ne veux les excuser en rien : mais en gros, je comprends que vous devez vous défier de l'état de peine extrême dans lequel vous avez senti leur changement. Un changement soudain et imprévu choque : on ne peut s'y accoutumer; on ne croit point en avoir besoin. On croit voir, dans ceux qui se retirent ainsi, un manquement aux règles de la bienséance et de l'amitié. On prétend y trouver de l'inconstance, du défaut de simplicité, et même de la fausseté. Il est naturel qu'un amour-propre vivement blessé exagère ce qui le blesse, et il me semble que vous devez vous défier des jugements qu'il vous a fait faire dans ces temps-là. Je crois même que vous devez aller encore plus loin, et juger que la grandeur du mal demandoit un tel remède. Ce renversement de tout vous-même, et cet accablement, dont vous me parlez avec tant de franchise, montrent que votre cœur étoit bien malade. L'incision a été très douloureuse; mais elle devoit être prompte et profonde. Jugez-en par la douleur qu'elle a causée à votre amour-propre, et ne décidez point sur des choses où vous avez tant de raisons de vous récuser vous-même. Il est difficile que les meilleurs hommes, qui ne sont pourtant pas parfaits, n'aient fait aucune faute dans un changement si embarrassant; mais, supposé qu'ils en aient fait beaucoup, vous n'en devez point être surprise. Il faut d'ailleurs faire moins d'attention à leur irrégularité qu'à votre pressant besoin. Vous êtes trop heureuse de ce que Dieu a fait servir leur tort à redresser le vôtre. Ce qui est peut-être une faute en eux est une grande miséricorde en Dieu pour votre correction. Aimez l'amertume du remède, si vous voulez être bien guérie du mal.

Pour votre insensibilité dans un état de sécheresse, de foiblesse, d'obscurité et de misère intérieure, je n'en suis point en peine, pourvu que vous demeuriez dans ce recueillement passif dont je viens de parler, avec une petitesse et une docilité sans réserve. Quand je parle de docilité, je ne vous la propose que pour N..., et je sais combien votre cœur a toujours été ouvert de ce côté-là. Nous ne sommes en sûreté qu'autant que nous ne croyons pas y être, et que nous donnons par petitesse, aux plus petits même, la liberté de nous reprendre. Pour moi, je veux être repris par tous ceux qui voudront me dire ce qu'ils ont remarqué en moi, et je ne veux m'élever au-dessus d'aucun des plus petits frères. Il n'y en a aucun que je ne blâmasse, s'il n'étoit pas intimement uni à vous. Je le suis en vérité, ma bonne duchesse, au-delà de toute expression.

Madame de Chevry me paroît vivement touchée de l'excès de vos bontés, et j'ai de la joie d'apprendre à quel point elle les ressent. J'espère que cette reconnoissance la mènera jusqu'à rentrer dans une pleine confiance, dont elle a grand besoin. Personne ne peut être plus sensible que je le suis à toutes vos différentes peines.

254. — AU DUC DE CHEVREUSE.

Sur le siége d'Aire. Dispositions de Fénelon envers les parents du duc.

A Cambrai, 25 octobre 1710.

Me voici heureusement arrivé, mon bon duc, et je me hâte de vous dire que je suis triste de n'être plus dans la bonne compagnie où j'étois. Rien n'est si dangereux que de s'accoutumer à trop de douceur : vous me dégoûteriez de la résidence, et madame la duchesse me feroit malade de bonne chère.

Je crois que vous ne devez point parler des droits royaux à la fin de l'écrit. Une chose qui paroît si forte pourroit exciter la critique ; il vaut mieux exposer simplement le fait, pour le faire passer sans contradiction ; et je serois même tenté de n'y parler point du titre de comté donné à ces fiefs impériaux, de peur des lecteurs malins : il suffiroit peut-être de nommer les fiefs impériaux. Quand on aura apprivoisé le public à cette union des Alberti de Florence avec ceux desquels vous descendez incontestablement, la chose ira d'elle-même ; on ne pourra point douter du titre de comté, ni des droits royaux, etc.

Les nouvelles qu'on a ici sur le siége d'Aire [1] marquent que les ennemis n'avoient point encore pris le chemin couvert ; mais comme il y a eu, depuis la date des lettres, diverses attaques, M. de Signer, notre commandant, craint que ce qui étoit à faire ne soit bien avancé. M. du Fort, colonel de je ne sais quel régiment, et fils de M. Le Normand, financier, y a été tué. M. de Vallière [2], excellent officier dans les mineurs, y a été blessé.

Je ne suis nullement content de mon voyage par rapport à M. le duc de Luynes ; je ne l'ai presque pas vu, et le soin de le voir de près devoit être une de mes principales affaires : c'est là-dessus que je vous demande les moyens de réparer ma faute pour l'année prochaine.

Je vous envoie toutes mes lettres, que je suis sûr que vous aurez la bonté d'envoyer à leurs adresses par des mains sûres.

Je prie pour la paix, pour P. P. (*le duc de Bourgogne*), et pour l'Église. Je vous conjure d'entrer dans ces trois intentions, et de les porter sans cesse au fond de votre cœur. Le mien est tout gros : d'ailleurs je n'oublierai jamais à l'autel ni vous, mon bon duc, ni les vôtres. O que j'aime notre bonne duchesse ! Il ne suffit pas que vous soyez doux et bon, comme vous l'êtes avec elle ; il faut que vous ouvriez son cœur par l'épanchement du vôtre, et qu'elle trouve Dieu en vous. Puisqu'il y est, pourquoi ne l'y trouveroit-elle pas en toute occasion ? Je veux que M. le vidame se corrige de ses défauts par un courage de pure foi, espérant contre l'espérance ; qu'il tranche, qu'il expédie, qu'il décide en deux mots ; qu'il se laisse déranger, et qu'il donne tout le temps convenable à la société du monde. C'est une vexation ; mais elle est d'ordre de Dieu pour lui, et elle se tournera en un bien véritable, s'il n'y résiste point à Dieu pour se contenter soi-même. En cas qu'il fasse ce miracle, je lui promets pour récompense que madame la vidame deviendra meilleure que lui, et qu'il sera tout honteux de voir qu'elle le devancera : c'est une bonne personne, digne de devenir encore

---

[1] Le marquis de Goesbriant fut obligé de rendre la ville d'Aire le 9 novembre suivant, après cinquante-deux jours de tranchée ouverte.
[2] Jean-Florent de Vallière, lieutenant général des armées du roi, né à Paris le 7 septembre 1667, acquit une telle expérience dans le commandement de l'artillerie, qu'il en fut regardé comme le meilleur officier. Il mourut en 1759, âgé de 92 ans.

meilleure qu'elle n'est. Bonsoir, mon bon duc; je n'ai point de termes pour vous dire tout ce que je sens.

235. — A L'ABBÉ DE BEAUMONT.

Sur les mauvais procédés de M. de Chevry envers sa famille : sages conseils sur la conduite à tenir en cette occasion.

A Cambrai, 30 octobre 1710.

On ne peut être plus sensiblement affligé que je le suis, mon cher neveu, des tristes nouvelles que vous m'avez données [1]. Je les ressens et pour votre pauvre sœur (*madame de Chevry*) qui est en danger d'en mourir, et pour vous qui êtes réduit à porter sa croix avec elle. Il me paroît que vous n'avez rien de moins mauvais à faire que de prendre en secret vos mesures par M. Dupuy avec M. le maréchal de Catinat. Il faut s'attendre à une absolue dénégation de tous les faits. C'est à vous à examiner ce qu'il a d'abord avoué à MM. l'abbé de Saillans, Dupuy et Vervillon, pour voir si leurs témoignages sur ces faits avoués dans le temps auront une force suffisante. Il faut examiner aussi ce que les domestiques peuvent avoir vu ou entendu, qui appuie les dépositions de nos amis. Vous êtes à la source du meilleur conseil pour savoir si toutes ces choses rassemblées, avec votre plainte, seront suffisantes pour obtenir la réparation propre à subjuguer l'homme indomptable. Si ces choses suffisent, M. le maréchal de Catinat pourra l'envoyer chercher, et l'avertir aimablement de l'extrémité où il est réduit; s'il refuse de vous apaiser, M. le maréchal, comme juge, ne voudra pas sans doute aller plus loin; mais après qu'il aura frappé un grand coup avec le ton grave d'un juge, quelque ami, comme par exemple M. du Cornet, pourra lui représenter l'abîme où il se jette, et l'unique moyen de l'éviter. Quand il sera bien alarmé, il faudra tirer le moins mauvais parti qu'on pourra de cette négociation. Mais si vous ne voulez point le laisser à la merci de ses valets, en danger de perdre argent et papiers, comment pouvez-vous demander une entière séparation de demeure? Encore une fois, vous êtes à la source du conseil, tant pour les questions de droit et de procédure, que pour celles de précaution et de bienséance. Ne suivez point les conseils des amis trop vifs en amitié pour la malade, et par indignation contre le mari. Prenez patiemment les partis les plus doux et les plus sûrs, afin que les critiques les plus malins ne puissent trouver aucun prétexte de vous blâmer. Votre profession demande une douceur, une humilité et une patience sans bornes, surtout avec le mari de votre sœur, qui est un vieillard aveugle, bizarre, connu pour tel, et sans conséquence dans le monde. Il ne faut même faire aucun pas à l'égard duquel on pût courir risque d'avoir à reculer dans la suite, pour le repos de votre sœur. J'avoue que si on revenoit légèrement après de telles insultes, il se permettroit bientôt les dernières indignités : j'avoue même qu'on devroit se les imputer. Mais il y a dans la piété une noblesse douce, humble et patiente, qui s'accommode avec une fermeté à toute épreuve. Je prie Dieu de vous faire trouver ce tempérament en toute parole et en toute action. Montrez cette lettre à votre sœur. Je ne saurois exprimer toute ma douleur. Elle peut compter sur moi, et sur tout ce qui en dépend. Quand même elle seroit en état de venir ici dans une litière bien douce (chose que je ne crois nullement, et que je souhaiterois beaucoup), il y auroit deux inconvénients dans ce parti : l'un, qu'elle s'éloigneroit de Chirac; l'autre, qu'on ne pourroit pas travailler si bien à la séparation en son absence. Le mari n'offriroit rien alors, et se plaindroit de ce qu'elle l'auroit abandonné malgré lui. Il faut qu'elle paroisse sur les lieux la partie souffrante. Faites dire au mari que je suis inconsolable, pour ne dire pas implacable, sur son procédé. Bonjour, mon très cher neveu.

236 — AU MÊME.

Sur la maladie de l'abbé de Langeron.

A Cambrai, 7 novembre 1710.

Notre cher malade a toujours la fièvre avec des redoublements. On lui a donné aujourd'hui l'ipécacuanha, pour lui faciliter le vomissement que la nature avoit commencé. On n'a pas osé lui donner l'émétique, à cause des accidents arrivés autrefois quand il le prit ici. L'ipécacuanha l'a purgé modérément par haut et par bas. Il est certainement mieux; mais ce mieux est très incertain : il faut attendre l'heure du redoublement. Il semble que l'évacuation procurée par l'ipécacuanha n'est pas assez abondante pour dégager le malade, et que nous aurions besoin d'une sueur ou de quelque autre crise; l'évacuation est néanmoins très bonne en attendant. Vous aurez de nos nouvelles très ponctuellement chaque jour.

Je suis ravi d'apprendre que vous avez conclu toutes choses avec M. du Cornet, et que l'écrit a

---

[1] Nous ignorons le détail des tristes événements qui font le sujet de cette lettre.

été signé. A quelque chose malheur est bon [1]. Je vais écrire à M. du Cornet pour le remercier.

Le P. de V. (*Vitry*) a mandé à M. Stiévenard que ses supérieurs lui avoient fait entendre que ceux d'ici ne s'accommodoient point de lui, que je ne voulois point les presser pour le retenir, et qu'il devoit bien voir qu'en bon françois je n'avois plus besoin de lui. Il peut se faire que quelqu'un aura trop parlé, ou qu'il aura voulu deviner plus qu'on ne lui disoit. Quoi qu'il en soit, je ne puis ni retenir les paroles si elles ont échappé, ni empêcher les soupçons de ce bon Père. Je viens de lui écrire une lettre très cordiale et très vraie; car rien ne doit être sur mon compte, et c'est sa compagnie seule qui décide en ceci. Pour ce qui est d'une pension, toute mon inclination est de la lui donner de cent écus. Mais vous connoissez mes embarras : une grosse dépense ordinaire; de grands bâtiments à faire et à meubler; un séminaire à loger et à établir; presque tous nos séminaristes à nourrir; de bons sujets à entretenir à Paris; mon neveu à aider dans le service; d'autres petits-neveux qu'il faudroit faire chevaliers de Malte, ou faire étudier; des revenus en partie ruinés, et prêts à tomber en ruine pour le reste, si la guerre revient de notre côté. Malgré ces raisons, je vous prie de promettre la pension, si vous la jugez de bienséance; vous et nos bons amis : décidez sans façon. Mille et mille choses à votre chère sœur, dont les nuits douloureuses m'affligent. Tout à vous, mon très cher neveu, sans réserve.

237. — AU MÊME.

Sur la maladie de l'abbé de Langeron, et sur quelques affaires de famille.

A Cambrai, 8 novembre, à trois heures après midi. 1710.

Jugez de ma douleur, mon cher neveu! notre pauvre abbé de Langeron est à l'extrémité depuis environ deux heures après minuit. Son mal a augmenté alors tout-à-coup, et a paru le mettre dans une léthargie. On lui a donné le matin l'émétique, qui l'a purgé avec douceur, mais trop peu par le haut. Il le purge maintenant par le bas, mais lentement et sans effort. La tête, qui n'étoit point libre, paroît un peu moins embarrassée, et les forces se soutiennent encore. Mais je crains le redoublement de la nuit prochaine. Il faut que sa fièvre ait beaucoup de malignité cachée. Voyez ce qu'il conviendra de dire à mademoiselle de Langeron : c'est avec M. l'abbé de Maulevrier que je vous prie d'en délibérer. Je vous ai envoyé ce matin quatre clefs : il y en a qui sont celles des deux bureaux du malade de son appartement de Paris; je crois qu'il y en a une d'ici : vous en ferez, s'il vous plaît, l'usage que je vous ai mandé.

Je suis ravi de ce que vous avez fait avec M. du Cornet pour votre pauvre sœur; et si j'étois capable de quelque joie, j'en ressentirois une vive d'une chose si heureusement finie pour son repos. Rien ne lui fera tant d'honneur, et ne lui donnera tant d'avantage dans la société où elle a à vivre, que d'avoir un tel acte, sans en user. En vérité, Dieu a permis la faute pour en tirer ce fruit : Dieu soit béni.

Je crois, comme vous, qu'il seroit temps que vous revinssiez, pour vous réserver à retourner à Paris au mois de mai, si on taille alors notre chère malade; mais il faut la disposer doucement à cette séparation. Ma douleur très amère augmente mon impatience de vous embrasser; mais ne précipitez rien, et comptez que je préfère la consolation de votre sœur à la mienne.

Je vous ai mandé mes raisons de doute sur la pension du P. de V. (*Vitry*). Il ne s'agit que de donner d'un côté ou d'un autre : que m'importe, pourvu que je fasse mon devoir? Il me suffit de suivre l'avis de gens sages et affectionnés. Comment pouvez-vous croire que je sois rétif là-dessus, ni délicat pour la décision? Finissez donc; et puisque vous assurez, comme je l'ai vu dans votre lettre au cher malade (*l'abbé de Langeron*), que nos amis sont persuadés que je dois continuer cette pension, hâtez-vous de le promettre en mon nom au bon père, avant son départ; ensuite je lui écrirai pour confirmer ce que vous aurez dit. Je lui ai déjà écrit deux lettres pleines de grande amitié.

Je retourne auprès de notre malade, dont je ne puis m'éloigner qu'avec peine; et je vous conjure de mander ou de faire mander à l'abbé de Fénelon que je l'attends avec impatience. Il est à Manot ou à Magnac [1]. Mille amitiés à votre sœur et à nos amis.

238. — AU MARQUIS DE FÉNELON.

Il lui annonce la mort de l'abbé de Langeron, et quelques autres nouvelles.

A Cambrai, 12 novembre 1710.

Nous avons perdu notre cher abbé de Langeron, et je suis accablé de douleur. Jugez par-là, mon cher enfant, combien j'ai d'impatience de vous revoir. Pouvez-vous douter de mon cœur sur votre équipage? Il partagera avec le mien tout ce que

---

[1] Voyez la lettre qui précède, et celle qui suit.

[1] Petite ville de la Marche, où Fénelon avoit des parents.

nous aurons. Les nouvelles de madame de Chevry sont tristes. Il descend toujours de nouvelles pierres, et chacune cause quelque violente colique. En vérité, la vie est bien amère : je n'y sens que de la douleur dans la perte que je viens de faire. Si je pouvois sentir du plaisir, votre arrivée m'en feroit; mais ne précipitez rien, non pas même d'une heure. Je ne serai pas insensible au soulagement de cœur de revoir M. de Puységur, et de le remercier de ses bontés pour vous.

M. de Montviel me mande qu'il a fait notre affaire pour les blancs avec le seul secrétaire de M. le maréchal de Harcourt : c'est ce qui m'empêche d'écrire à M. le maréchal pour le remercier. Si j'apprends qu'il soit à propos de le faire, je le ferai. Je croyois que M. de Montviel passeroit l'hiver à Cambrai, et que nous le logerions céans. Faut-il vous remercier de vos soins? Je crois que non : l'amitié ne remercie ni ne laisse remercier. J'ai le cœur bien malade. Envoyez ici tout au plus tôt votre équipage.

239. — A L'ABBÉ DE SALIGNAC,

SON PETIT-NEVEU.

Il l'engage à faire de continuels progrès dans l'étude et la piété.

A Cambrai, 10 décembre 1710.

J'ai été fort aise, mon cher enfant, d'apprendre, par votre frère, qu'on est très content de vous. Je le savois déjà par les jésuites, qui m'en avoient écrit avec beaucoup d'amitié; mais c'a été un nouveau plaisir pour moi de voir avec quelle vivacité et quel attendrissement votre frère m'a raconté ce qu'on lui avoit dit en votre faveur. Il ne tient qu'à vous de me donner une grande consolation, en faisant bien votre devoir pour l'étude et pour la piété. Vous ne sauriez pousser trop loin la reconnoissance et la docilité pour ceux qui prennent tant de soin pour vous instruire et pour vous former. Il faut profiter de tous les exercices, tant publics que particuliers; car ce n'est qu'à force de continuels exercices qu'on apprend bien la scolastique. Mais vous devez craindre la présomption et l'opiniâtreté dans les disputes : c'est ce qui empêche de bien comprendre; c'est ce qui jette dans les erreurs les plus dangereuses; c'est ce qui déplaît à Dieu et aux hommes. Disputez nettement, sans vous piquer; proposez bien vos doutes, et soyez ravi d'être détrompé quand vous en aurez besoin. Je vous aime tendrement; mais je ne veux rien aimer que pour Dieu et pour l'Église.

Puisque vous vous êtes donné à elle, livrez-vous-y de bonne foi sans réserve. Il ne s'agit plus que de vous rendre capable de la servir sans aucun intérêt, ni motif d'ambition. Plût à Dieu que vous n'eussiez jamais aucun honneur, et que vous les méritassiez tous! Défiez-vous de vous-même : ne comptez point sur les louanges excessives que nos amis vous donnent pour vous encourager. Soyez recueilli, simple et sans art en tout, fidèle à vos exercices, et à ce que la grace vous demande intérieurement pour corriger vos défauts. Mortifiez votre esprit, et ménagez votre corps délicat et foible. Je suis tout à vous avec tendresse pour toujours.

240. — AU VIDAME D'AMIENS.

Sur la mort de l'abbé de Langeron : exhortation à la vraie piété.

A Cambrai, 15 décembre 1710.

J'ai perdu la plus grande douceur de ma vie, et le principal secours que Dieu m'avoit donné pour le service de l'Église : jugez, mon cher monsieur, de ma douleur. Mais il faut aimer la volonté de Dieu. Rien n'étoit plus vrai et plus aimable que la vertu du défunt : rien ne montre plus de grace que sa mort.

Si le passage des troupes ne me retenoit pas ici, j'irois à Chaulnes vous laisser voir mes foiblesses dans cette perte : mais il faut que je sois ici pour quelques mesures à prendre; et vous devez, de votre côté, partir pour Paris, puisque les armées se séparent. J'espère que nous vous verrons revenir au printemps, ou plutôt je le crains. J'aimerois bien mieux que la paix vous dispensât de passer la Somme, et que je la passasse pour aller jouir, pendant quelques jours, de la plus douce société que je connoisse. Mais, mon Dieu, que les bons amis coûtent cher! La vie n'a d'adoucissement que dans l'amitié, et l'amitié se tourne en peine inconsolable. Cherchons l'ami qui ne meurt point, et en qui nous retrouverons tous les autres.

Je donnerois tout ce que j'ai au monde pour voir madame la vidame toute à Dieu. Elle n'aura jamais de vrai repos que là, et toutes les dissipations qu'elle peut goûter hors de ce droit chemin ne feront qu'empoisonner son cœur. Ce que je lui demande est qu'elle soit fidèle à prier du cœur. Qu'elle rentre souvent au-dedans d'elle-même, où elle trouvera Dieu, et qu'elle lui parle sans réserve, par simple confiance et familiarité. Quiconque le cherche de bonne foi le trouve. Je ne connois personne à qui je m'intéresse plus fortement qu'à elle.

En vérité, elle me doit toutes les bontés qu'elle me témoigne; car mon zèle et mon attachement pour elle sont au comble. Je ne parle point de respect.

Pour vous, mon très cher monsieur, je vous conjure de travailler avec courage et patience à prendre sur votre naturel et sur vos habitudes tout ce qu'il faut pour pratiquer une vraie piété. Retranchez toute dépense inutile; épargnez soigneusement un écu pour payer vos dettes, et pour soulager de pauvres créanciers qui souffrent. Ménagez votre argent comme votre temps. Point d'amusements de curiosité. Coupez court sur chaque affaire. Décidez; passez à une autre; point de vide entre deux. Soyez sociable; faites honneur à la vertu dans le monde. J'embrasse tendrement mon petit comte. Dieu sait combien je vous suis dévoué.

Pourquoi ne me dites-vous rien de votre santé, dont je suis en peine?

241. — AU DUC DE CHEVREUSE.

Quelques reproches au duc de Bourgogne. Affaire de l'évêque de Tournay; caractère de l'abbé de Laval.

A Cambrai, 3 janvier 1711.

Je profite, mon bon duc, de l'occasion sûre de M. le comte de Châtillon[1], pour répondre à votre lettre du 16 décembre.

Le P. P. (*duc de Bourgogne*) raisonne trop, et fait trop peu. Ses occupations les plus solides se bornent à des spéculations vagues et à des résolutions stériles. Il faut voir les hommes, les étudier, les entretenir, sans se livrer à eux; apprendre à parler avec force, et acquérir une autorité douce. Les amusements puérils apetissent l'esprit, affoiblissent le cœur, avilissent l'homme, et sont contraires à l'ordre de Dieu.

Ce qui arrive en Espagne[2] paroît excellent pour le roi d'Espagne; mais la suite nous montrera s'il est bon pour nous. C'étoit la plus grande et la plus difficile matière de délibération que l'Europe eût vue en nos jours : c'est sur quoi on a tranché apparemment, sans croire qu'on eût aucun besoin de délibérer. Dieu veuille qu'on soit jusqu'au bout plus heureux que sage!

Il n'est pas nécessaire de me renvoyer les trois lettres sur le jansénisme; mais comme le P. Le Tellier y aura fait quelques remarques, je vous supplie de m'envoyer le tout par quelque voie commode, à votre loisir. J'espère que Dupuy me viendra voir bientôt.

Je vous envoie un Mémoire séparé sur la non-résidence de M. l'évêque de Tournay. Elle scandalise toute cette frontière, et on la rejette sur les jésuites. Je vous supplie de communiquer mon Mémoire au P. Le Tellier tout seul, en lui demandant un profond secret.

Tout le clergé de France va se perdre, et il ne sera plus temps bientôt d'employer les plus forts remèdes, si on se borne maintenant à ceux qui ne font qu'endormir la douleur. Il n'y a pas un seul moment à perdre pour éteindre le feu. Il faut détruire toutes les pépinières de séducteurs, et en former de bons ouvriers.

Il faudroit presser Rome pour la bulle espérée contre M. de Saint-Pons, la faire dresser en termes forts, qui passeront aussi facilement que des termes ambigus, et s'assurer contre le parlement.

Je ne demande rien pour M. l'abbé de Laval. Je dis les bonnes qualités et les défauts avec une ingénuité rigoureuse. Je croirois que ce sujet pourroit faire du bien dans une place paisible, et éloignée des grands embarras. J'en juge par comparaison à tant d'autres qui n'ont ni sa piété, ni son bon cœur, ni ses études, ni son habitude de travailler; mais je ne veux point qu'on se commette en rien, ni qu'on songe à me faire plaisir là-dessus. Il me semble que Lombez conviendroit pour faire une expérience de cet abbé.

M. de Bernières m'assura hier qu'il avoit envoyé à MM. Desmarets et Voysin un état ample et exact des blés que je donnai l'année passée[1], avec le prix des marchés de ce temps-là. Ce qui est certain est que si j'avois voulu vendre à propos ces blés, j'en aurois tiré seize florins, ou vingt livres de France, de chaque mesure, et que j'en ai donné quatre mille cinq cents. Mais je ne demande rien, bien loin de proposer des prix. M. Desmarets peut, quand il lui plaira, voir l'état qui lui a été envoyé par M. de Bernières.

Permettez-moi, mon bon duc, de dire ici combien j'aime et respecte notre bonne duchesse. Mille et mille choses à M. le vidame : comment se

---

[1] Charles-Paul Sigismond de Montmorency-Luxembourg, comte et depuis duc de Châtillon, dit d'Olonne, étoit petit-fils du maréchal de Luxembourg.

[2] Le duc de Vendôme venoit de gagner en Espagne, le 10 décembre 1710, la bataille de Villaviciosa. Le roi d'Espagne commandoit l'aile droite, et M. de Vendôme la gauche. Philippe V entra triomphant dans Saragosse, et dès-lors les affaires commencèrent à prendre une face nouvelle.

[1] On voit, par l'indifférence avec laquelle Fénelon s'exprime sur les sacrifices qu'il avoit faits en abandonnant tous ses blés au gouvernement pour la subsistance des troupes, combien il étoit éloigné de tous les calculs d'intérêt. Ceux même de ses ennemis qui l'ont accusé de n'être pas entièrement étranger à tout mouvement d'ambition étoient forcés de convenir que nul homme n'eut jamais plus d'élévation et de désintéressement.

porte-t-il? Mille autres assurances pour madame la vidame, à qui je suis dévoué au-delà de toute expression. Rien pour vous, mon bon duc; car c'est une union de cœur sans paroles.

Vous comprenez bien que les succès d'Espagne font triompher les admirateurs de M. de Vendôme [1], et réveillent la critique par contre-coup. On dit que si M. le duc de Bourgogne avoit laissé faire M. de Vendôme, comme le roi d'Espagne l'a fait, on auroit secouru Lille et défait les ennemis. Cette impression reste, et on ne fait rien pour l'effacer.

242. — A LA DUCHESSE DOUAIRIÈRE DE MORTEMART.

La connoissance de nous-mêmes empêchée par l'amour-propre; avertir les autres de leurs défauts avec ménagement.

A Cambrai, 1er février 1711.

Je ne puis vous exprimer, ma bonne et chère duchesse, combien votre dernière lettre m'a consolé. J'y ai trouvé toute la simplicité et toute l'ouverture de cœur que Dieu donne à ses enfants entre eux. Je puis vous protester que je n'ai nullement douté de tout ce que vous m'aviez mandé auparavant. Je n'avois songé qu'à vous dire des choses générales, sans savoir ce que vous auriez à en prendre pour vous, et comptant seulement que chacun de nous ne voit jamais tout son fond de propriété, parce que ce qui nous reste de propriété est précisément ce qui obscurcit nos yeux, pour nous dérober la vue de ces restes subtils et déguisés de la propriété même. Mais c'étoit plutôt un discours général pour nous tous, et surtout pour moi, qu'un avis particulier qui tombât sur vous. Il est vrai seulement que je souhaitois que vous fissiez attention à ce qu'il ne faut presser le prochain de corriger en lui certains défauts, même choquants, que quand nous voyons que Dieu commence à éclairer l'ame de ce prochain, et à l'inviter à cette correction. Jusque là il faut attendre, comme Dieu attend, avec bonté et support. Il ne faut point prévenir le signal de la grace : il faut se borner à la suivre pas à pas. On meurt beaucoup à soi par ce travail de pure foi et de continuelle dépendance pour apprendre aux autres à mourir à eux. Un zèle critique et impatient se soulage davantage, et corrige moins soi et autrui. Le médecin

[1] Il est très vrai que les partisans du duc de Vendôme suivirent avec empressement l'occasion de ses derniers succès en Espagne, pour rejeter sur le duc de Bourgogne tous les malheurs de la campagne de Lille en 1708.

de l'ame fait comme ceux des corps, qui n'osent purger qu'après que les humeurs qui causent la maladie sont parvenues à ce qu'ils nomment une coction. J'avoue, ma bonne duchesse, que j'avois en vue que vous fissiez attention à supporter les défauts les plus choquants des frères, jusqu'à ce que l'esprit de grace leur donnât la lumière et l'attrait pour commencer à s'en corriger. Je ne cherchois en tout cela que les moyens de vous attirer leur confiance. Je ne sais point en détail les fautes qu'ils ont faites vers vous : il est naturel qu'ils en aient fait sans le vouloir; mais ces fautes se tournent heureusement à profit, puisque vous prenez tout sur vous, et que vous ne voulez voir de l'imperfection que chez vous. C'est le vrai moyen de céder à Dieu, et de faire la place nette au petit M. (*Jésus-Christ.*) Abandonnez-vous dans vos obscurités intérieures et dans toutes vos peines. O que la nuit la plus profonde est bonne, pourvu qu'on croie réellement ne rien voir, et qu'on ne se flatte en rien !

243. — AU P. LE TELLIER.

Sur la *Dénonciation de la Théologie* de Habert, et le mandement que le cardinal de Noailles préparoit pour la défense de cette *Théologie*.

A Cambrai, 12 mars 1711.

Je ne puis m'adresser qu'à vous seul, mon révérend Père, pour une affaire dont je dois rendre compte au roi. Je passerois par le canal ordinaire de M. Voysin, qui est le secrétaire-d'état de ce pays; mais l'affaire demande le plus grand secret, et je crains les commis par les mains desquels les lettres écrites aux secrétaires-d'état ont coutume de passer. De plus, il s'agit de la saine doctrine, de la paix de l'Église, d'un scandale à éviter entre les évêques, et par conséquent de la conscience du roi, qui doit protéger l'Église.

Le roi est trop juste, trop bon, trop pieux, pour trouver mauvais que vous lui montriez cette lettre, où je ne lui demande qu'un mot pour empêcher des maux infinis. Si le roi n'étoit pas averti du malheur que je crains, il auroit sujet de me blâmer de ne lui avoir pas exposé le véritable état des choses. Je vous déclare donc, mon révérend Père, que je me décharge de toutes les suites de cette affaire, en vous les représentant dans cette lettre, que je vous supplie très instamment de lire tout au plus tôt à Sa Majesté. Voici le fait :

M. le cardinal de Noailles se plaint fort de moi, supposant que je suis l'auteur de la *Dénonciation* qu'on lui a faite de la *Théologie* de M. Habert. Il est néanmoins très certain que je ne l'ai pas faite. Si j'en étois l'auteur, je n'aurois garde de le désavouer. Ceux qui examineront cet ouvrage verront du premier coup d'œil qu'il n'est pas de moi. Si j'avois voulu écrire contre cette *Théologie*, je l'aurois fait avec l'autorité épiscopale, par un mandement où j'aurois mis mon nom. Je n'aurois pas cru blesser M. le cardinal de Noailles en condamnant l'ouvrage d'un docteur particulier, dont il n'est pas responsable. Ce seroit faire injure à un cardinal sage et pieux, que de supposer qu'il se tient pour offensé quand un évêque censure le livre d'un docteur qui lui paroît enseigner le jansénisme.

M. le cardinal de Noailles a fait afficher dans Paris un monitoire contre ceux qui ont publié la *Dénonciation*. C'est à quoi je ne prends aucune part, la *Dénonciation* n'étant pas de moi : mais je ne puis m'empêcher de dire que c'est faire une démarche bien forte en faveur du livre dénoncé. J'ai peine à croire qu'il l'ait examiné à fond, sur tous les points marqués par le dénonciateur, avant que de faire un si grand éclat.

On assure que M. le cardinal de Noailles prépare un mandement pour condamner la *Dénonciation*, et pour justifier le livre dénoncé. Quoique ma personne ne soit en aucune façon intéressée dans cette affaire, je crois néanmoins y devoir prendre un grand intérêt pour la religion, parce que la saine doctrine s'y trouve en grand péril.

Le grand bruit que la *Dénonciation* et le monitoire ont fait dans le monde m'a engagé à examiner la doctrine du livre de M. Habert. En voici un portrait fidèle :

« Il y a deux plaisirs, dit M. Habert, l'un du ciel pour la vertu, et l'autre de la terre pour le vice, qui préviennent tour à tour inévitablement les hommes, et qui les déterminent invinciblement ou au bien ou au mal. Chacun suit par nécessité celui de ces deux plaisirs qui se trouve actuellement le plus fort en lui ; et comme le plaisir du vice est presque toujours plus fort dans les hommes que celui de la vertu, il s'ensuit que presque tous les hommes sont dans la nécessité de pratiquer le vice, et dans l'impuissance d'embrasser la vertu. Il est vrai que cette nécessité et cette impuissance ne sont nommées que *morales* par M. Habert : mais c'est une étrange doctrine que celle qui enseigne que les hommes ne peuvent régler leurs mœurs que par leur plus grand plaisir, et que ce plus grand plaisir les réduit presque toujours à une impuissance morale d'éviter le vice. De plus, M. Habert déclare qu'il n'arrive jamais, sans aucune exception, que personne résiste à ce plus grand plaisir. Il déclare que cette nécessité et cette impuissance sont nommées *morales*, à cause qu'elles déterminent les hommes, non par violence, mais par plaisir. Enfin il assure que les hommes sont sur la terre dans l'impuissance de fuir le vice, quand le plus grand plaisir les y nécessite, comme les démons dans l'enfer sont dans l'impuissance de se convertir et d'aimer Dieu. Voilà la vraie doctrine de M. Habert, qui doit faire horreur à tout homme de bien, exempt de prévention.

De plus, il est clair comme le jour que ce docteur est un second Jansénius, qui s'est masqué pour se jouer de toute l'Église. Le poison caché est cent fois plus à craindre que celui qui est connu. Ainsi le jansénisme est cent fois moins contagieux dans Jansénius qui le découvre, qu'il ne l'est dans M. Habert, où l'erreur se déguise.

Les cinq constitutions du Saint-Siége, tous les actes du clergé de France, faits depuis environ soixante-dix ans, et le serment du Formulaire même, deviendront ridicules, si on permet de croire, dans le livre de M. Habert, tout ce qu'on défend de croire dans celui de Jansénius. La même doctrine sera dans le livre de Jansénius impie, hérétique, blasphématoire ; et dans le livre de M. Habert, pure, sans tache, et digne de servir de règle à tous les jeunes étudiants.

Ce n'est pas le nom de Jansénius, mais le jansénisme ; ce n'est pas le papier et l'encre du livre de Jansénius, mais sa doctrine, que le parti soutient avec tant de vivacité. A quoi servira-t-il qu'on ait flétri le nom et le livre de Jansénius, si le jansénisme demeure tout entier hors d'atteinte, et autorisé dans un autre livre encore plus propre à séduire tous les lecteurs ? A quoi sert-il qu'on ait forcé tous les autres retranchements du jansénisme, s'il lui en reste un dernier que personne n'ose attaquer, de peur de déplaire à M. le cardinal de Noailles ; et si, à la faveur de ce retranchement, on achève d'empoisonner les universités et les séminaires ?

De plus, considérez combien l'autorité du mandement que M. le cardinal de Noailles prépare augmentera la séduction. C'est un pieux cardinal, archevêque de Paris, qui préside à toutes les assemblées du clergé de France, et qui paroît comblé des marques de la confiance du roi. Il paroîtra que le livre de M. Habert a été dénoncé injustement, et qu'il est demeuré justifié, soutenu et autorisé. Chacun croira que la saine doctrine consiste à croire qu'on est nécessité à suivre toujours le plus grand plaisir, même en faveur des vices les plus monstrueux, comme les démons sont dans l'impuissance de se convertir. En quel péril horrible seront la foi et les bonnes mœurs!

On ne manquera pas de dire que l'archevêque même de Cambrai, qui écrit avec tant d'ardeur contre le jansénisme, n'a pas osé contredire ouvertement cette doctrine. Mon silence sera regardé comme une approbation tacite, ou du moins comme une preuve de mon impuissance de contester. Le parti, qui se prévaut de tout, en triomphera, et toutes les écoles seront de plus en plus entraînées par le torrent.

Je connois le grand péril où la pure doctrine va se trouver. Je suis évêque, et l'un des défenseurs du sacré dépôt; j'écris depuis quelques années contre le jansénisme : puis-je me taire par politique, et abandonner la cause de l'Église? Ne serois-je pas coupable devant Dieu et devant les hommes, si je laissois la vérité sans témoignage, dans une telle oppression?

J'avoue que le public croira facilement que je suis moins occupé de l'intérêt de la vérité que d'un ressentiment secret contre M. le cardinal de Noailles, et que c'est lui que je veux attaquer dans le livre de M. Habert. J'avoue qu'on verra une scandaleuse scène, si je condamne le livre que M. le cardinal de Noailles aura approuvé. Mais dois-je, par la crainte de ce scandale, abandonner la foi que M. Habert corrompt? Dois-je craindre les discours des critiques plus que les jugements de Dieu?

Je vous le déclare, mon révérend Père, pour prévenir un si grand mal, je laisserai penser et dire tout ce qu'on voudra; j'irai tout droit à la vérité attaquée, pour la soutenir; je sacrifierai repos, réputation et vie même, dans un état de vieillesse et d'infirmité, pour soutenir la bonne cause jusques à mon dernier soupir. Plus l'autorité qui protégera le livre contagieux est grande, plus j'élèverai ma voix pour la faire entendre à l'Église entière.

Je parlerai avec douceur, modestie, humilité, respect, zèle et ménagement pour un pieux cardinal, à l'égard duquel Dieu m'est témoin que mon cœur n'a jamais ressenti la moindre altération : mais enfin il faudra mettre la vérité dans tout son jour, et ne l'affoiblir point en voulant l'adoucir.

Je prévois cette triste nécessité; je la déplore; je prends la liberté d'en avertir, afin qu'on la prévienne pendant qu'on le peut. Si je cherchois une dispute par un ressentiment malin ou par une folle vanité, je laisserois publier le mandement que M. le cardinal de Noailles prépare; je me tiendrois tout près pour le réfuter; j'attendrois cet éclat, afin que ni lui ni moi nous ne pussions plus reculer. Tout au contraire, je crains cet engagement, et je vous conjure de le prévenir.

Il est vrai que je dois moins qu'un autre évêque contredire M. le cardinal de Noailles : aussi veux-je m'en abstenir, pourvu que d'autres évêques défendent la foi ébranlée. Dès que vous m'assurerez qu'il y a des évêques résolus de soutenir la cause de la foi en cette occasion, je ne songerai plus qu'à me taire et qu'à prier Dieu. Je me trouverai fort heureux de n'être pas réduit à contredire un cardinal que je respecte beaucoup, et à l'égard duquel le public me soupçonneroit de malignité.

Mais si tous les autres évêques, retenus par la crainte de déplaire à un cardinal si puissant et si accrédité, n'osoient attaquer le livre contagieux de M. Habert, j'oublierois, à la dernière extrémité, certaines bienséances qui ne regardent que ma personne, pour me dévouer au pressant besoin de l'Église.

On peut juger de mes dispositions par la conduite que j'ai tenue sur les livres des Pères Quesnel et Juénin. Il n'a tenu qu'à moi de les attaquer avant tous les autres évêques ; c'étoit une très avantageuse occasion de contenter mon ressentiment contre M. le cardinal de Noailles : mais Dieu m'a fait la grace d'avoir une horreur infinie de tout ressentiment. J'ai été ravi de garder un profond silence, parce que j'ai su que feu M. l'évêque de Chartres se préparoit à faire ce qui seroit meilleur en venant de lui qu'en venant de moi.

J'en userai de même avec plaisir dans l'affaire de M. Habert. Montrez-moi quelque évêque qui ose, comme feu M. l'évêque de Chartres, lever la tête pour réprimer fortement l'erreur, je ferai ce que j'ai déjà fait deux fois. Vous verrez si je sais me taire, et si j'aime la paix.

Mais enfin il faudra, pour le soutien de la vérité, que le mandement de M. le cardinal de Noailles ne demeure point sans contradiction de la part de quelque évêque, puisque ce mandement, s'il n'étoit contredit de personne, autoriseroit un livre plus dangereux que celui de Jansénius même.

Le roi fera un bien signalé pour l'Église, et pour M. le cardinal de Noailles même, en l'empêchant de publier ce mandement, qui attireroit par nécessité tant de trouble et tant de scandale. Que ce soit un autre évêque qui le contredise, ou que je sois réduit à le faire, faute de tout autre évêque qui veuille s'en charger, il est toujours également vrai qu'il faut épargner cette scène à un si respectable cardinal.

Vous me direz sans doute, mon révérend Père, que je dois craindre de me tromper, et d'être trop prévenu contre le livre de M. Habert. Je l'avoue : aussi veux-je prendre les plus rigoureuses précautions contre moi-même; à Dieu ne plaise que je veuille décider seul! Je me borne à marcher sur les pas des évêques de France qui ont condamné les PP. Quesnel et Juénin. Je ne veux que répéter leurs décisions contre M. Habert; je ne veux que suivre les décisions du Saint-Siége.

J'ai déja consulté et je consulterai encore divers théologiens très exacts et très modérés, qui auront une liberté sans bornes pour me redresser, s'ils s'aperçoivent que j'aille trop loin.

De plus, si le roi veut avoir la bonté de nommer quelques évêques distingués par leur science, et par leur zèle discret contre le jansénisme, je les consulterai par des lettres que j'enverrai ouvertes, ou à vous, mon révérend Père, ou à telle autre personne qu'il plaira à Sa Majesté. J'attendrai les réponses de ces prélats; je profiterai de leurs lumières avec beaucoup de déférence. J'ose répondre qu'ils seront contents de ma bonne volonté, et qu'ils verront à quel point je cherche les plus doux ménagements dans cette affaire.

Je me tiendrai jusqu'au dernier jour tout prêt à me taire et à disparoître, pourvu que la cause de la foi soit mise en sûreté.

Supposé même que je sois réduit à écrire, il ne m'échappera, s'il plaît à Dieu, aucune parole qui ne soit douce, modérée, respectueuse, pleine des plus grands égards. Sa Majesté verra jusqu'où va mon zèle et ma soumission inviolable pour me conformer à ses intentions, et pour ménager M. le cardinal de Noailles, en réfutant M. Habert. Enfin, j'aimerois mieux mourir que de manquer jamais en rien à la religieuse dépendance qui est due au Saint-Siége, dans une matière où il s'agit de ses constitutions unanimement reçues par toute l'Église.

Au reste, je ne demande point, mon révérend Père, que vous appuyiez mes raisons, si vous croyez en avoir de bonnes pour vous taire dans cette conjoncture. Je ne veux rien prendre sur personne, et je prends tout sur moi. A Dieu ne plaise que je veuille ni vous commettre ni vous gêner! Je ne saurois croire qu'on puisse déplaire à Sa Majesté en ne lui demandant, avec le plus profond respect, que la paix de l'Église, et qu'un mot de sa bouche pour éviter un très grand scandale. Je ne demande point la permission d'écrire; je demande au contraire qu'on me mette en liberté pour n'écrire pas.

Je sais que le roi aime la vérité, et qu'il la veut entendre, lors même qu'elle l'afflige. J'en ai vu des exemples touchants, que je n'oublierai jamais, et dont je conserve le souvenir au fond de mon cœur. Je ne veux, dans une occasion si délicate, aucun autre appui auprès de Sa Majesté que l'intérêt manifeste de l'Église, que celui de M. le cardinal de Noailles même, et que le cœur du roi, qui veut maintenir la paix entre les évêques.

J'ose dire, mon révérend Père, que le moins que vous puissiez faire, dans un besoin si pressant de l'Église, est de montrer ma lettre à Sa Majesté. Je vous la demande, non pour moi, mais pour la vérité, à qui vous devez tout dans la place où Dieu vous a mis. Que n'auriez-vous point à vous reprocher, si, faute de montrer cette lettre, vous laissiez publier le mandement de M. le cardinal de Noailles, après quoi il n'y auroit plus aucun milieu? Il faudroit ou contredire ce mandement avec scandale, ou laisser prévaloir dans les écoles un livre aussi hérétique et plus séduisant que celui de Jansénius.

C'est avec une sincère vénération que je suis, mon révérend Père, etc.

244. — A*** [1].

Sur la mort du Dauphin, fils de Louis XIV; desseins de Dieu en frappant un si grand coup; obligations du duc de Bourgogne dans ces tristes conjonctures.

Avril 1711.

Dieu vient de frapper un grand coup; mais sa main est souvent miséricordieuse jusque dans ses coups les plus rigoureux. Nous avons prié dès le premier jour, nous prions encore. La mort est une grâce, en ce qu'elle est la fin de toutes les tentations. Elle épargne la plus redoutable tentation d'ici-bas, quand elle enlève un prince avant qu'il règne : *properavit educere illum de medio iniquitatum* [2]. Ce spectacle affligeant est donné au monde pour montrer aux hommes éblouis combien les princes, qui sont si grands en apparence, sont

---

[1] Cette lettre fut écrite vers la fin d'avril 1711, pour être lue au duc de Bourgogne. Le dauphin son père, fils de Louis XIV, étoit mort le 14 de ce même mois. M. le cardinal de Bausset croit qu'elle a été adressée au duc de Beauvilliers. Nous inclinons plutôt à penser qu'elle fut envoyée au P. Martineau, confesseur du jeune prince. C'est ce qu'on lit en tête d'une copie ancienne, sur laquelle le marquis de Fénelon a attesté, de sa main, que cette lettre (et deux autres qui y sont jointes) *ont été copiées sur les originaux qu'il a vus, et qui sont entre les mains du P. de La Neuville, jésuite à la Maison professe.*

[2] *Sap.*, IV, 14.

petits en réalité. Heureux ceux qui, comme saint Louis, n'ont jamais fait aucun usage de l'autorité pour flatter leur amour-propre, et qui l'ont regardée comme un dépôt qui leur est confié pour le seul bien des peuples! Je prie celui de qui vient toute sagesse et toute force de fonder la vraie grandeur de N... sur une petitesse de pure grace. La vanité enfle, mais elle ne donne aucun accroissement réel. Au contraire, quiconque ne veut être rien par soi trouve tout en Dieu à l'infini, en s'anéantissant. Il est temps de se faire aimer, craindre, estimer. Il faut de plus en plus tâcher de plaire au roi, de s'insinuer, de lui faire sentir un attachement sans bornes, de le ménager, et de le soulager par des assiduités et des complaisances convenables. Il faut devenir le conseil de Sa Majesté, le père des peuples, la consolation des affligés, la ressource des pauvres, l'appui de la nation, le défenseur de l'Église, l'ennemi de toute nouveauté. Il faut écarter les flatteurs, s'en défier, distinguer le mérite, le chercher, le prévenir, apprendre à le mettre en œuvre; écouter tout, ne croire rien sans preuve, et se rendre supérieur à tous, puisqu'on se trouve au-dessus de tous. Celui qui fit passer David de la houlette au sceptre de roi donnera *une bouche et une sagesse à laquelle personne ne pourra résister*[1], pourvu qu'on soit simple, petit, recueilli, défiant de soi-même, confiant en Dieu seul. Il faut vouloir être le père, et non le maître. Il ne faut pas que tous soient à un seul, mais un seul doit être à tous pour faire leur bonheur.

245. — AU P. LE TELLIER.

Le prélat demande avec instance au roi la permission de publier son mandement contre la *Théologie* de Habert.

A Cambrai, 8 mai 1711.

Je reçois, mon révérend Père, avec un cœur plein de soumission et de zèle, ce que vous m'apprenez des intentions du roi; mais je ne saurois douter que Sa Majesté ne me permette de lui représenter avec le plus profond respect les choses suivantes :

1° Votre lettre, datée du 2 mai, n'est arrivée ici qu'hier 7 du même mois, à dix heures du soir. J'avois déjà fait imprimer mon mandement, suivant la permission du roi contenue dans votre première lettre. Je vous en envoie même, dans ce paquet, deux exemplaires. Cette impression est sue de certains amis de M. le cardinal de Noailles, qui sont sur cette frontière, et presque du public. Les exemplaires ont passé par les mains de l'imprimeur, de sa femme, de ses enfants, de ses domestiques, de ses amis et de ses ouvriers, dont aucun n'est à l'épreuve de l'argent des curieux. Je ferai de très bonne foi tous mes efforts pour tenir ce mandement secret : mais le roi est trop juste pour me rendre responsable de ce qui étoit déja presque impossible avant que je susse ses intentions.

2° J'espère que Sa Majesté aura la bonté de se souvenir que c'est moi qui ai prévu et qui ai voulu prévenir tout ce qui arrive. J'ai demandé, avec les dernières instances, qu'on arrêtât M. le cardinal de Noailles; et qu'on ne me laissât point mettre dans la triste nécessité d'écrire. Ce que je craignois est arrivé : tout est changé à l'infini. Je croirois maintenant trahir mon ministère, si je me taisois.

3° M. le cardinal de Noailles fait des actes authentiques, qui serviront de monument à la postérité et de titre au parti. Qu'opposera-t-on à ces actes ecclésiastiques? Des négociations secrètes, des ménagements de cour, des plaintes du roi, des promesses de ce cardinal pour l'avenir? Ce n'est rien. Quand même le roi feroit des coups d'autorité, ces coups de l'autorité séculière, opposés aux actes ecclésiastiques, ressembleroient un jour à une espèce d'oppression. Je connois un homme considérable, et attaché au parti, qui disoit ces jours passés : Ils ont beau faire, le monitoire est un acte authentique en faveur de la doctrine de M. Habert, qui est la nôtre : les coups d'autorité séculière passeront, et cet acte ecclésiastique subsistera à jamais. Vous voyez donc, mon révérend Père, que la cause de la foi souffrira infiniment, à moins qu'on n'oppose aux actes ecclésiastiques faits pour l'erreur, d'autres actes ecclésiastiques faits pour la vérité.

4° Le roi m'ordonne de me taire : mais Dieu, dans l'Écriture, me commande de parler. Le dépôt de la foi est confié solidairement à tous les évêques en commun. Ceux qui ne parlent pas pour défendre la maison de Dieu sont nommés par le Saint-Esprit des *chiens muets*[1]. *Malheur à moi*, disoit un prophète[2], *parce que j'ai gardé le silence!* Quand la puissance souveraine imposa silence aux apôtres, ils répondirent respectueusement[3] : *Jugez vous-mêmes s'il est juste devant Dieu que nous vous obéissions plutôt qu'à lui. Nous ne pouvons point nous abstenir de dire ce que nous avons vu et entendu.* Saint Paul enchaî-

---

[1] *Luc.*, XXI, 15.

[1] *Isai.*, LVI, 10. [2] *Isai.*, VI, 5. [3] *Act.*, IV, 19, 20.

né disoit[1] : *Je suis captif, mais la parole de Dieu n'est point liée.* Elle demeure libre dans ma bouche. Nous ne sommes évêques que pour veiller, et pour crier contre ceux qui altèrent le dépôt.

5° Si le roi croit que j'agis par passion, ou que je me trompe sur la doctrine, je le supplie de me nommer quatre ou cinq évêques sincèrement anti-jansénistes, pieux, doux, modérés, pacifiques; mais sans ambition et sans politique mondaine. Je discuterai tout avec eux par écrit, dans le plus grand secret : ils en rendront compte à Sa Majesté. Je ne ferai aucune démarche sans les consulter; et j'ose assurer qu'ils verront combien je crains d'aller trop loin, combien j'aime la paix, et avec quelle sincérité je me défie de mes foibles lumières.

6° Peut-on croire que, sous un roi juste, pieux, et zélé pour l'Église, le fauteur de la nouveauté juge, condamne les évêques défenseurs de la bonne cause, et que les évêques qui la défendent modestement soient réduits au silence? M. le cardinal de Noailles, qui est si vif contre ceux qui sont ses confrères dans l'épiscopat, et qui les censure sans en avoir l'autorité, n'a que de l'indulgence pour le P. Quesnel, qu'il refuse de condamner après le pape; et il ne veut point rétracter la pernicieuse approbation par laquelle il a autorisé le livre contagieux de ce chef de secte. Il n'a même rien prononcé de précis contre le livre du P. Juénin, qui empoisonne encore publiquement toute la jeunesse, sous ses yeux, au milieu de Paris. Enfin, il soutient, par un monitoire, M. Habert, dont le livre n'est qu'une copie de Jansénius, avec un mot équivoque qui lui sert de masque, et dont il donne lui-même les plus scandaleuses explications. M. Habert va donner au public une justification de son livre. Faut-il que l'erreur parle impunément, et que la vérité n'ose lui répondre?

7° Les docteurs dépendent tous de M. le cardinal de Noailles; les évêques mêmes le craignent; ils sont persuadés que, s'il n'est pas à portée de les servir, au moins il peut facilement leur nuire: tout est entraîné. Cependant ce cardinal a des audiences réglées; il préside aux assemblées du clergé, avec toutes les marques de la confiance du roi. Combien la séduction augmentera-t-elle, si le public voit ce cardinal écrire le dernier, décider, condamner des évêques réduits au silence, et si les défenseurs de la bonne cause paroissent confondus? Trois évêques ont le courage de parler, et ils sont d'abord accablés. Qui est-ce qui osera désormais arrêter le torrent de la séduction? Le Saint-Siége même croira devoir, par ménagement pour le roi, épargner un cardinal comblé des marques de sa faveur et de sa confiance. Le parti janséniste se prévaudra de tous ces ménagements, et il croîtra chaque jour, comme il le fait sans mesure depuis quinze ans.

8° J'avoue que le scandale sera grand, si on voit une guerre d'écrits entre les évêques. Mais qui est-ce qui l'a prévu? qui est-ce qui l'a craint? qui est-ce qui a demandé avec instance qu'on l'évitât, ce scandale? J'ose dire que c'est moi. Il est enfin arrivé; il n'est plus temps de l'éviter. C'est M. le cardinal de Noailles qui nous met dans la nécessité de ne laisser point la vérité sans témoignage. Plus sa place et sa dignité le distinguent, plus il est capital de ne laisser point une si grande autorité à des actes si contagieux. Le scandale seroit cent fois plus grand, si nous paroissions tous condamnés au silence, pendant qu'il écrit sans ménagement, pour protéger la nouveauté.

9° Il est vrai que la personne de ce cardinal doit être épargnée autant qu'on le pourra. Dieu m'est témoin que personne ne le desire plus que moi : je rejette avec horreur tous les traits par lesquels il seroit facile de le flétrir sans ressource dans le public. Vous pouvez voir, par mon mandement, que je n'attaque que le seul M. Habert, docteur particulier, dont M. le cardinal de Noailles ne seroit nullement responsable, s'il ne prenoit pas de gaieté de cœur sous sa protection tous les écrivains favorables au parti. Lors même que je parle des évêques en général, je fais assez entendre *mon zèle, mon respect et ma vénération* pour ce cardinal. Mais, après tout, venons à l'essentiel. Oseroit-on comparer la réputation de sa personne avec la foi très dangereusement attaquée? Faut-il qu'une considération de famille et des ménagements de cour prévalent sur la sûreté de la religion?

10° Certains esprits souples et hardis obsèdent et poussent M. le cardinal de Noailles. Ils lui font entendre que, dans la situation où il est, le roi le croyant prévenu en faveur du parti, il n'a presque plus rien ni à ménager ni à perdre. On lui dit qu'il peut entreprendre tous les jours, et qu'on se lassera de faire tous les jours des sorties sur lui; que les soins du roi pour le retenir sont secrets, et que les démarches que ce cardinal fait sont des actes solennels et dogmatiques; qu'en renonçant à une confiance qu'il n'aura jamais, il évitera au moins le mépris du public, et le reproche de sa conscience; qu'il demeurera avec toutes ses dignités, et plein de gloire, ayant résisté avec force au roi même, pour soutenir ses sentiments. Plus on le

---

[1] *II Timoth.* II, 9.

ménagera pour éviter le scandale, plus il se prévaudra de ces ménagements pour rendre le scandale même plus irrémédiable. Tous ces ménagements ne serviront qu'à lui faire oser ce qu'il n'oseroit jamais s'il sentoit le roi déclaré, s'il n'avoit plus aucune marque de sa confiance, et s'il voyoit un certain nombre d'évêques appliqués, avec douceur et force, à soutenir librement la bonne cause contre lui. Il est certain qu'il n'auroit jamais fait tout ce qu'il vient de faire, s'il n'avoit pas senti qu'il pouvoit le faire impunément. Le passé nous répond de l'avenir. Que ne fera-t-il point encore, si ce qu'il a fait réussit? D'un côté, il promet un second mandement sur la doctrine; de l'autre, il soutiendra contre la *Dénonciation* M. Habert, qui publiera librement ses défenses. Espère-t-on éviter le scandale en le laissant croître jusqu'au comble, et en sacrifiant la foi à des égards de cour?

11° Je conclus, mon révérend Père, en me jetant en esprit aux pieds du roi, pour lui demander, par tout ce qu'il y a de plus sacré dans la religion, la liberté d'exercer mon ministère. Je le supplie de souffrir que je lui dise ces paroles : Je connois trop votre sincère religion, pour pouvoir croire que vous m'avez nommé archevêque de Cambrai à condition que je me tairois quand il faudroit parler pour sauver la foi. Une si lâche infidélité contre Dieu n'est point la soumission et la reconnoissance que vous avez attendue de moi. Je serois indigne des graces dont vous m'avez comblé, je serois même le plus ingrat de tous les hommes, si je ne prenois pas la liberté de vous représenter ce que je dois à l'Église, et à la protection que vous devez à la cause que nous soutenons. J'aimerois mieux mourir, que de manquer jamais à vous témoigner ma soumission et mon zèle; mais j'aimerois mieux mourir de mille morts, que de manquer à Dieu et à l'Église. Voudriez-vous charger votre conscience, au jugement de Dieu, de m'avoir fait étouffer la voix de la mienne, au grand péril de la foi catholique?

12° Je compte avec une pleine confiance sur la piété du roi; je compte qu'il s'agit, dans votre lettre, non d'une suppression pour toujours, mais d'un simple retardement de mon instruction pastorale : encore même est-il certain que le retardement augmentera très dangereusement le mal, et qu'en retardant le dernier scandale, on le rendra plus grand. Mais n'importe, je me soumets de bon cœur et de bonne foi; je ferai, pour tenir mon mandement secret, tous les efforts que je puis faire. Mais je vous conjure, par l'intérêt de la vérité que vous connoissez, et que vous devez soutenir, de ne me laisser pas long-temps sans consolation, et sans liberté pour mon ministère le plus essentiel. C'est avec une sincère vénération que je suis, etc.

J'oubliois de vous dire, mon révérend Père, une chose qui me paroît très importante. La lettre que les deux évêques ont écrite au roi est devenue publique. Si celle-ci passoit par plusieurs mains, elle pourroit avoir bientôt le même sort. C'est ce qui ne me paroît pas convenable, et ce que je vous supplie instamment d'éviter avec les plus exactes précautions. Elle n'est faite que pour le roi seul, et Sa Majesté peut compter que de ma part elle demeurera secrète. Au reste, ce n'est nullement pour moi, mais pour M. le cardinal de Noailles, que je propose ce secret; car je n'avance rien ici que je ne sois prêt à soutenir à la face de l'Église entière. On peut voir, par ce ménagement, combien je suis, Dieu merci, éloigné de toute passion et de tout excès.

246. — AU DUC DE CHEVREUSE.

Projet de Mémoires sur l'autorité spirituelle. Vices du système des deux délectations. Idées contradictoires du cardinal de Noailles sur le jansénisme. Affaire des évêques de Luçon et de La Rochelle.

A Cambrai, 9 juin 1711.

Voici, mon bon duc, une occasion dont je me sers pour vous écrire en liberté.

1° Les conversations que je voudrois avoir avec vous sur l'autorité spirituelle, sur la temporelle et sur Rome, peuvent être facilement retardées jusqu'à une occasion naturelle. Quand vous pourrez, sans dérangement d'affaires et sans inconvénient politique, venir à Chaulnes, nous démêlerons plus de questions en une semaine, que je ne pourrois le faire par de très longs Mémoires, qui me coûteroient plusieurs mois de travail. Je me bornerois, à Chaulnes, de mettre dans une espèce de table, comme un agenda, le résultat de chaque conversation. Cette table vous rappelleroit toutes les maximes arrêtées entre nous, et les maximes arrêtées entre nous vous mettroient en état de donner la clef des tables.

2° En attendant, il seroit dangereux de livrer l'esprit de P. P. *(duc de Bourgogne)* aux préjugés des jurisconsultes, et même de l'ab. Fl.[1], quoiqu'il soit fort bon homme. Mais, quand les

---

[1] Fénelon indique ici l'abbé Fleury, qui avoit été attaché à l'éducation des princes, et que le prélat aimoit et estimoit infiniment; mais qu'il ne regardoit peut-être pas comme assez exact dans ses principes sur l'autorité des deux puissances.

principes seront bien posés, P. P. verra facilement la foiblesse de leurs objections.

3° Il seroit très bon que P. P. lût au plus tôt mon mandement secret contre M. Habert. Cet ouvrage très court peut le mettre au fait sur tout le système du jansénisme, surtout si vous lui en faites un bon commentaire. Il ne s'agit que de lui bien développer les différences précises du thomisme permis, et du jansénisme condamné.

4° Quand on aura bien développé la matière, il sera facile de démontrer que ceux qui veulent autoriser le système des deux délectations, et qui se vantent d'être anti-jansénistes, autorisent le vrai jansénisme. Ils ne sauroient dire qu'est-ce qu'ils condamnent, quand ils disent qu'ils condamnent les erreurs de Jansénius. Si ces erreurs ne consistent pas dans ce système, ces erreurs sont imaginaires : dès qu'on voudra les mettre au-delà de ce système, on ne les trouvera jamais ni dans Jansénius, ni dans Calvin, ni dans Luther : ce ne sera plus qu'un fantôme ridicule; les constitutions porteront à faux, et le serment du Formulaire deviendra très odieux. Mettez l'erreur de Jansénius dans ce système, il n'y a plus de question de fait; il est clair comme le jour, de l'aveu même du parti, que ce système remplit toutes les pages de Jansénius : et il ne s'agit plus que de la seule question de droit, qui est de savoir si ce système est hérétique, comme Rome l'a décidé. Au contraire, mettez l'erreur dans le sens outré de la première des trois colonnes au-delà du système des deux délectations, ce sens outré ne se trouve nulle part. Il est clair comme le jour qu'il n'est point dans le texte de Jansénius; l'Église a visiblement tort sur la question de fait; le jansénisme n'est qu'un fantôme; le Formulaire est l'extorsion d'un parjure, et on persécute depuis soixante-dix ans des théologiens très catholiques; en un mot, tous ceux qui se vantent de condamner le jansénisme ne savent ce qu'ils disent. Ils ne sauroient expliquer en quoi précisément consiste ce jansénisme qu'ils se font honneur de condamner. Puisqu'ils ne condamnent pas le système des deux délectations, au-delà duquel Jansénius ne va jamais, ils ne peuvent de bonne foi condamner ni Jansénius ni son parti : ils ne peuvent condamner qu'une chimère extravagante, que personne ne soutiendra jamais sérieusement, et que Jansénius a condamnée tout autant qu'eux.

5° M. le cardinal de Noailles, qui se déclare si libéralement contre le jansénisme, est précisément dans ce cas; il n'oseroit entreprendre d'expliquer nettement ce qu'il soutient et ce qu'il condamne. D'un côté, il veut paroître condamner un jansénisme réel; d'un autre côté, il ne veut point condamner le système des deux délectations, que le P. de La Tour[1] et tous ses autres bons amis veulent sauver, comme la céleste doctrine de saint Augustin. Il croit avoir tout dit en disant que certains théologiens sont outrés, qu'ils condamnent mal à propos *des opinions permises dans les écoles*, qu'ils attaquent la grace efficace de saint Augustin, et qu'ils veulent réduire tout au molinisme. Après tous ces discours vagues et captieux, je le défie d'expliquer nettement le jansénisme qu'il condamne, et de le distinguer du système des deux délectations de ses bons amis, sans le réduire à un fantôme opposé à Jansénius même.

6° Les deux évêques ont réfuté dans leur ouvrage le vrai jansénisme par les preuves démonstratives; ils ont répondu solidement aux vaines subtilités du parti. C'est ce qui irrite les bons amis de M. le cardinal de Noailles. D'ailleurs leur lettre, quoique très forte, n'a que la force qu'elle doit avoir, n'étant écrite que pour le roi seul. Ils ont dû dire tous les faits qu'ils disent, pour montrer le péril de la foi. Ils l'ont fait avec respect et modestie. Leur ouvrage, vraiment épiscopal, mérite une singulière vénération. Il ne faut pas les tenter de se déshonorer par une réparation à M. le cardinal de Noailles, qui paroîtra au public une rétractation : ce seroit déshonorer la cause de l'Église, et faire triompher le parti. Faut-il que des ménagements de cour prévaillent sur l'intérêt capital de la foi très artificieusement attaquée? Si M. le cardinal de Noailles veut reculer, condamner le P. Quesnel, révoquer son approbation, censurer nettement le système des deux délectations dans le P. Juénin et dans M. Habert, enfin abandonner le mandement insoutenable par lequel il a condamné sans pouvoir l'ordonnance de ses confrères, égaux à lui dans ce genre; on doit le combler d'éloges, et les deux évêques doivent être charmés de changer de pensée. Mais s'il ne veut que leur arracher un compliment équivoque pour en abuser, après quoi il chicanera le terrain, ne fera rien que d'ambigu, et voudra encore sauver, par le conseil de ses bons amis, le système des deux délectations, qui est l'unique jansénisme réel; faut-il préférer la réputation de sa personne au salut de la foi? Plus il est élevé par sa dignité, plus il est essentiel de le décréditer pour l'empêcher d'accréditer le jansénisme, s'il en demeure

---

[1] Pierre-François d'Arerez de La Tour, supérieur général de l'Oratoire depuis 1696, avoit la confiance du cardinal de Noailles. Il mourut en 1733.

le protecteur dans une place de si grande autorité.

7° Il est absolument nécessaire qu'un certain nombre d'évêques se déclare au plus tôt contre ce système, qui est le seul jansénisme réel. Comment l'oseront-ils faire, s'ils voient les deux évêques confondus pour l'avoir entrepris, et M. le cardinal de Noailles soutenu dans toutes les marques de faveur, de confiance et de triomphe?

8° Comme vous viendrez peut-être à Chaulnes vers la fin de la campagne, comme vous le fîtes l'année dernière, je suis tenté, en ce cas-là, de n'y aller point maintenant, quoique M. le vidame m'en presse, pour éviter d'y aller deux fois. J'ai toujours désiré, autant que je le devois, de ménager M. le vidame par rapport à mon état de disgrace : mais j'avoue que je le desire à présent beaucoup plus qu'autrefois, pour ne courir pas risque de lui attirer quelque exclusion ou désagrément. Ainsi je conclus que si vous devez venir à Chaulnes vers la fin de la campagne, il vaut mieux que je me borne à n'y aller qu'alors. Je n'ai pas fait cette réponse à M. le vidame; mais je la garde *in petto*.

9° Il revient, par les lettres de la cour, que P. P. fait très bien, et que sa réputation, qu'on avoit attaquée, commence à devenir telle qu'elle a besoin d'être pour le bien public. J'en remercie Dieu : persévérance.

10° On prétend savoir par quelqu'un à qui vous vous êtes ouvert, que vous croyez avoir de bonnes paroles pour un titre de duc [1] en faveur de M. le vidame; ne seroit-ce point un bruit répandu pour traverser la chose?

Mille respects à notre bonne duchesse, à qui je souhaite santé, paix, simplicité, largeur de cœur. Peut-on vous demander comment se conduit M. le duc de Luynes dans son jeune ménage? Dieu soit avec vous, mon bon duc, et que lui seul occupe la place du moi. *Nos stulti propter Christum; vos autem prudentes in Christo* [2]. Voilà deux sortes de chrétiens : les uns sont bons; mais les autres sont bien meilleurs.

Il faudroit que le roi, ou au moins M. le dauphin, fît entendre à quelques évêques, d'une manière qui pût se répandre chez les autres, qu'il est pour la bonne cause. Au moins ce seroit faire une espèce de contre-poids à la grande autorité que les audiences, présidences, etc., donnent à M. le cardinal de Noailles. Les évêques ne feront rien, à moins que le roi ne fasse entendre qu'il sera bien aise de les voir faire.

247. — AU MÊME.

Sur la conduite que le duc de Beauvilliers doit tenir envers le cardinal de Noailles. Importance de condamner la Théologie *de Habert. Négociations pour la paix.*

6 juillet 1711.

Après un long silence, faute d'occasion, je profite de celle-ci, mon bon duc, pour vous écrire en liberté.

1° Je vous prie de dire au bon duc (de Beauvilliers) qu'il me paroit qu'il doit faire des pas, dans la conjoncture présente, vers son pasteur [1], pour lui marquer vénération, bonne volonté et zèle, sans entrer dans la matière. Si le pasteur le presse d'y entrer, il peut lui faire les objections de ses parties, et lui demander éclaircissement. Il faut de la douceur, du ménagement, et enfin de la sincérité, pour éviter la flatterie, sans aller jusqu'à dire des vérités qui blesseroient sans fruit. Voilà ma pensée.

2° L'affaire du livre de M. Habert n'a rien de commun avec celle des deux évêques. Celle des deux évêques traînera, et ne finira peut-être point. Quand même M. le cardinal de Noailles la finiroit de la façon la plus édifiante, il n'en faudroit pas moins condamner le livre contagieux de ce docteur. S'il est toléré, il sauve tout le jansénisme. S'il tombe, malgré ces adoucissements captieux, le jansénisme n'a plus ni retranchement ni ressource. Pendant que j'ai les mains liées pour la défense de la foi, M. Habert a la liberté d'écrire pour soutenir son erreur. Je sais qu'il imprime actuellement; au moins faudroit-il l'arrêter, pendant qu'on m'arrête. J'ai fait un nouveau projet de mandement contre lui, qui est beaucoup plus

---

[1] Ce ne fut qu'au mois d'octobre de cette même année 1711 que le duc de Chevreuse obtint en faveur du vidame d'Amiens, son fils puîné, une nouvelle érection du comté de Chaulnes en duché-pairie. Ce duché-pairie s'étoit éteint par le décès, sans enfants mâles, de Charles d'Albert d'Ailly, duc de Chaulnes, mort le 4 septembre 1698, âgé de soixante-quatorze ans. Le vidame d'Amiens, en qualité de fils puîné du duc de Chevreuse, recueillit la substitution des biens de ce duc de Chaulnes, cousin-germain du duc de Luynes, son aïeul.

[2] *I Cor.*, IV, 10.

[1] Le nouveau dauphin venoit d'être nommé par le roi médiateur dans l'affaire du cardinal de Noailles avec les évêques de La Rochelle et de Luçon. Le cardinal devoit assez naturellement supposer que le duc de Beauvilliers pourroit influer sur la décision du prince, dont il avoit été gouverneur, et qui avoit conservé pour lui une confiance qui alloit jusqu'à la vénération. Le duc de Beauvilliers ne pouvoit décemment se refuser à écouter les éclaircissements que le cardinal se proposoit de donner pour justifier ses procédés dans cette affaire. D'ailleurs ce prélat étoit archevêque de Paris, et par conséquent pasteur du duc de Beauvilliers. Un pareil titre lui donnoit de justes droits à la déférence d'un homme aussi exact et aussi religieux que ce seigneur.

développé et plus clair que celui qui est imprimé et suspendu. Je n'ose demander la liberté de publier un mandement contre ce docteur; mais je crains de paroître impatient et passionné. La vérité néanmoins en souffre; l'erreur va s'en prévaloir, et la conscience du roi en sera chargée devant Dieu. Parlez-en avec M. Bourdon *(le P. Le Tellier)*. Pourquoi M. le cardinal de Noailles prendra-t-il le parti d'un livre qu'il n'a point approuvé, et dont il n'est nullement responsable? Réponse là-dessus le plus tôt que vous le pourrez, par une voie sûre, ou en style énigmatique.

5° Il seroit capital que le roi fît savoir au pape, par le nonce, qu'il ne veut point flatter M. le cardinal de Noailles dans ses préventions; autrement le pape n'osera parler franchement, et ses expressions radoucies imposeront au public en faveur du parti : M. le cardinal de Noailles en sera plus roide.

4° M. le vidame me presse d'aller à Chaulnes. Mon cœur et mon goût m'y mèneroient ; mais je crains de lui nuire pour une place qu'il peut avoir. Si vous deviez venir à Chaulnes avant l'hiver, il ne conviendroit pas que j'y allasse deux fois. Décidez-moi promptement par la poste en style énigmatique.

5° M. le chevalier de Luxembourg a craint qu'on ne lui rendît quelque mauvais office auprès du ministre, pour une plainte qu'il fit, il y a quinze jours, à M. le maréchal de Villars, sur ce qu'il lui avoit préféré M. de Coigny [1], pour un commandement dans l'étendue de son gouvernement de Valenciennes. Il a désiré que je vous mandasse le fait; il espère que vous parlerez pour lui, si cette affaire a fait quelque chemin, chose que j'ai peine à croire.

6° Je sais, par un pur hasard, qu'on a expédié un passeport pour quelqu'un qui devoit venir secrètement de Hollande en France pour négocier la paix : Dieu veuille qu'elle se fasse! Quoique nos affaires paroissent moins mauvaises, le centre demande une paix très prompte. Il ne faut point vouloir une paix impossible ; mais presque toute paix possible est desirable.

Mille respects à notre bonne duchesse, à laquelle je suis dévoué de plus en plus. Pour vous, mon bon duc, vous n'aurez de moi qu'union de cœur en toute simplicité et sans réserve.

[1] François de Franquetot, comte et depuis duc de Coigny, fut chevalier des ordres en 1724, gagna les batailles de Parme et de Guastalla en 1734, força les lignes de Weissembourg, et prit Fribourg en 1744. Il mourut doyen des maréchaux de France en 1759.

J'ai envoyé à M. Bourdon un Mémoire que je vous prie de lire et de communiquer au bon *(duc de Beauvilliers)*, et à qui il appartiendra.

248. — AU MÊME.

Conduite à tenir envers le cardinal de Noailles. Inquiétudes de Fénelon sur sa correspondance avec le cardinal de Bouillon.

27 juillet 1711.

1° Nous reçûmes hier au soir, mon bon duc, la lettre de M. de Saint-Jean ; il sera obéi. J'enverrai mon mandement beaucoup plus ample, quand je l'aurai corrigé et copié. D'un autre côté, le *Dénonciateur* prépare une réfutation courte et précise de la *Défense* de M. Habert.

2° Je serai bien trompé, si on mène M. le cardinal de Noailles au but : la honte le rendra rétif. Il n'a rien à perdre à la cour [1] : le parti qui le gouverne le flatte de vaines espérances de réputation, et d'autorité plus grande. Il sent qu'on veut le ménager ; il en abuse. Le parti aime mieux commettre son protecteur, que de se voir abandonné. Le protecteur aime mieux avoir une mauvaise affaire qui traînera long-temps, et qui ne finira peut-être de sa vie, que d'accepter un déshonneur présent. Il espère lasser et amollir ceux qui doivent décider [2].

3° Je crains les sollicitations des dames en faveur de ce cardinal, et les faux tempéramens par lesquels on prendra sur la vérité pour épargner sa personne. Les fausses paix sont pires que les plus dangereuses guerres. S'il échappe à la correction après tant de violents torts, que n'osera-t-il point faire impunément ! Les évêques bien intentionnés demeureront découragés : ceux qui favorisent le parti se croiront invincibles par la protection de ce cardinal. Tous les docteurs suivront le torrent, et on ne craindra plus le roi sur le jansénisme. Rome même flattera le cardinal pour contenter le roi.

4° Si M. le dauphin est bien au fait, il est capital qu'il y mette le roi le plus qu'il pourra, et

[1] Indépendamment de tous les appuis que le cardinal de Noailles avoit à la cour par sa nombreuse famille, et surtout par la maréchale de Noailles, sa belle-sœur, madame de Maintenon conservoit encore pour ce prélat une sincère affection. Elle tenoit elle-même très intimement à cette famille, qu'elle avoit adoptée, et qui étoit devenue la sienne par le mariage de mademoiselle d'Aubigné, sa nièce, avec le duc de Noailles, neveu du cardinal. Cependant elle finit par se refroidir pour lui à l'occasion des affaires de la constitution *Unigenitus*.

[2] On étoit alors occupé à négocier l'accommodement de l'affaire du cardinal avec les deux évêques. Le dauphin, que le roi avoit chargé de cette négociation, s'étoit associé l'archevêque de Bordeaux (Armand Bazin de Bezons, frère du maréchal), et l'évêque de Meaux (Henri de Thiard de Bissy).

qu'il lui fasse sentir l'obligation rigoureuse de conscience de ne hasarder point la foi pour flatter un homme. Plus on traînera par ménagement, moins on réussira, parce que le cardinal sentira qu'on craint de le pousser, et qu'il en sera plus hautain. Au contraire, le vrai moyen de le réduire est de trancher brusquement pour finir. S'il a à se rendre, il ne se rendra qu'au dernier moment, après avoir tout rompu. S'il ne se rend pas à cette dernière extrémité, il n'y a pas un seul moment à perdre pour le décréditer, et pour lui ôter les moyens d'augmenter un si grand mal.

5° Peut-on écouter le cardinal, quand il dit qu'on croiroit qu'il agit par force, s'il révoquoit maintenant l'approbation donnée au P. Quesnel? Quoi donc! aime-t-il mieux qu'il paroisse qu'il a résisté au roi même pour ne pas faire cette révocation? Le retardement suffit pour augmenter la contagion. Il craint moins le progrès de l'erreur, que la honte de paroître céder au roi et à ses confrères. Ce n'est pas la révocation qui le déshonoreroit; au contraire, elle lui feroit un honneur infini, pourvu qu'elle fût ingénue, simple et décisive : mais c'est le refus ou retardement qui montre en lui une obstination qui le flétrit à jamais.

6° Pendant qu'on impose silence à la vérité, on laisse triompher l'erreur. M. Habert publie sa *Défense*. Jusques à quand n'oserons-nous point soutenir la foi attaquée? Vous savez combien j'ai souhaité qu'un autre évêque la soutînt plutôt que moi; mais il en faut un qui mette les autres au fait, qui leur trace un chemin uni, et qui les encourage. Il ne paroît point, cet évêque. Il est très dangereux que quelqu'un commence mal; et j'aime mieux me livrer, malgré la critique du public, qui me soupçonnera de vengeance.

7° Il faut montrer qu'on n'a garde d'attaquer la grace efficace, qui est de foi; ni même la grace efficace par elle-même, au sens des thomistes, qui est la prémotion pour les actes surnaturels : mais pour la délectation invincible, elle est toute nouvelle dans les écoles; Jansénius même l'avoue. Il n'y a point d'autre jansénisme sérieux que celui-là; et si on épargne celui-là, il est clair comme le jour que Jansénius est mal condamné.

8° On m'a mandé qu'on disoit que j'avois eu avec le cardinal de Bouillon un très vif commerce de lettres[1]. Voici la vérité : 1° depuis quinze ans, on ne trouvera presque point de lettres de moi à ce cardinal. 2° Je ne lui ai écrit que pour lui répondre quand il étoit piqué de mon silence. 3° Mes lettres ne le ménageoient que pour le consoler dans son désespoir, que pour lui inspirer la soumission et la patience, que pour lui faire espérer que le roi verroit enfin, par son obéissance, son zèle et sa droiture. 4° Ce que j'ai à desirer est que le roi lise mes lettres, en daignant se mettre en ma place par rapport à un homme aussi dépité que ce cardinal l'étoit; et ce que j'ai à craindre est que le roi en entende parler à des gens malintentionnés, sans les lire lui-même. 5° Si on peut faire usage de tout ceci, à la bonne heure; mais je ne veux point que des gens bien nets se barbouillent pour me débarbouiller.

9° Je n'irai point présentement à Chaulnes, dans l'espérance de vous y aller voir au mois d'octobre. Ne forcez rien, je vous prie, pour y venir alors. Je m'imagine que les ombrages croissent en ce temps-ci, et que vous devez prendre garde à toutes vos démarches. En attendant le voyage de Chaulnes, si vous le devez faire, préparez, par des espèces de tables, toutes vos questions. Si vous venez à Chaulnes, il faut prendre de bonne heure vos mesures par rapport au temps de la séparation de l'armée, et du passage des généraux.

10° J'entends dire que M. le dauphin fait beaucoup mieux. Il a dans sa place et dans son naturel de grands piéges et de grandes ressources. La religion, qui lui attire des critiques, est le seul appui solide pour le soutenir. Quand il la prendra par le fond, sans scrupule sur les minuties, elle le comblera de consolation et de gloire. Au nom de Dieu, qu'il ne se laisse gouverner ni par vous, ni par moi, ni par aucune personne du monde. Que la vérité et la justice bien examinées décident et gouvernent tout dans son cœur. Il doit consulter, écouter, se défier de soi, prier Dieu; ensuite il doit être ferme comme un rocher, selon sa conscience. Il faut que ceux qui ont tort craignent sa fermeté, et qu'ils n'espèrent de le fléchir qu'autant qu'ils se corrigeront. Il doit être auprès du roi complaisant, assidu, commode, soulageant, respectueux, soumis, plein de zèle et de tendresse; mais libre, courageux, et ferme à proportion du besoin de l'Église et de l'État.

Bonsoir, mon bon duc; tout ceci sera pour ceux à qui vous voudrez en faire part, P. P., bon D., et M. Bourdon[1].

---

[1] Louis XIV étoit alors tellement irrité contre le cardinal de Bouillon, que l'idée seule d'avoir entretenu une correspondance quelconque avec lui pouvoit être traduite comme un véritable crime. Il est vraisemblable que les ennemis de Fénelon, et tous ceux qui craignoient le retour de ce prélat à la cour, s'empressèrent de profiter du prétexte de cette correspondance pour entretenir de plus en plus les préventions de Louis XIV contre l'archevêque de Cambrai.

[1] Le dauphin duc de Bourgogne, le duc de Beauvilliers, et le P. Le Tellier.

Mille respects à notre bonne duchesse. Je n'ai point de termes pour vous dire tout ce que je sens.

249. — A LA DUCHESSE DOUAIRIÈRE DE MORTEMART.

Ne point chercher avec trop d'empressement la confiance d'autrui ; porter avec patience les croix que Dieu nous impose ; craindre les illusions de l'amour-propre.

A Cambrai, 27 juillet 1711.

Il y a bien long-temps, ma bonne et chère duchesse, que je ne vous ai point écrit ; mais je n'aime point à vous écrire par la poste, et je n'ai point trouvé d'autre voie depuis long-temps. Vous faites bien de laisser aller et venir la confiance de nos amis. En laissant tomber toutes les réflexions de l'amour-propre, on se fait à la fatigue, et la délicatesse s'émousse. Moins nous attendons du prochain, plus ce délaissement nous rend aimables, et propres à édifier tout le monde. Cherchez la confiance, elle vous fuit; abandonnez-la, elle revient à vous : mais ce n'est pas pour la faire revenir qu'il faut l'abandonner.

Plus vos croix sont douloureuses, plus il faut être fidèle à ne les augmenter en rien. On les augmente ou on les veut repousser par de vains efforts contre la Providence au-dehors, ou par d'autres efforts, qui ne sont pas moins vains, au-dedans, contre sa propre sensibilité. Il faut être immobile sous la croix, la garder autant de temps que Dieu la donne, sans impatience pour la secouer ; et la porter avec petitesse, joignant à la pesanteur de la croix la honte de la porter mal. La croix ne seroit plus croix, si l'amour-propre avoit le soutien flatteur de la porter avec courage.

Rien n'est meilleur que de demeurer sans mouvement propre, pour se délaisser avec une entière souplesse au mouvement imprimé par la seule main de Dieu. Alors, comme vous le dites, on laisse tomber tout; mais rien ne se perd dans cette chute universelle. Il suffit d'être dans un véritable acquiescement pour tout ce que Dieu nous montre par rapport à la correction de nos défauts. Il faut aussi que nous soyons toujours prêts à écouter avec petitesse et sans justification tout ce que les autres nous disent de nous-mêmes, avec la disposition sincère de le suivre autant que Dieu nous en donnera la lumière. L'état de vide de bien et de mal dont vous me parlez ne peut vous nuire. Rien ne pourroit vous arrêter, que quelque plénitude secrète. Le silence de l'ame lui fait écouter Dieu ; son vide est une plénitude, et son rien est le vrai tout : mais il faut que ce rien soit bien vrai. Quand il est vrai, on est prêt à croire qu'il ne l'est pas; celui qui ne veut rien avoir ne craint point qu'on le dépouille.

Pour moi, je passe ma vie à me fâcher mal à propos, à parler indiscrètement, à m'impatienter sur les importunités qui me dérangent. Je hais le monde, je le méprise, et il me flatte néanmoins un peu. Je sens la vieillesse qui avance insensiblement, et je m'accoutume à elle, sans me détacher de la vie. Je ne trouve en moi rien de réel, ni pour l'intérieur, ni pour l'extérieur. Quand je m'examine, je crois rêver : je me vois comme une image dans un songe. Mais je ne veux point croire que cet état a son mérite : je n'en veux juger ni en bien ni en mal ; je l'abandonne à celui qui ne se trompe point, et je suppose que je puis être dans l'illusion. Mon union avec vous est très sincère, je ressens vos peines ; je voudrois vous voir, et contribuer à votre soulagement : mais il faut se contenter de ce que Dieu fait. Il me semble que je n'ai nulle envie de tâter du monde ; je sens comme une barrière entre lui et moi, qui m'éloigne de le desirer, et qui feroit, ce me semble, que j'en serois embarrassé, s'il falloit un jour le revoir. Le souvenir triste et amer de notre cher petit abbé [1] me revient assez souvent, quoique je n'aie plus de sentiment vif sur sa perte. Je trouve souvent qu'il me manque, et je le suppose néanmoins assez près de moi.

Je vous envoie ma réponse pour madame votre fille, dont la confiance est touchante. Je vous envoie aussi une réponse pour madame de La Maisonfort. Bonsoir, ma bonne duchesse ; je suis à vous sans mesure, plus que je n'y ai jamais été en ma vie.

250. — AU DUC DE CHEVREUSE.

Sur le choix d'un premier président. Dénuement des armées sur la frontière. Satisfaction générale sur la conduite du nouveau dauphin.

24 août 1711.

Je vais, mon bon duc, vous dire en liberté tout ce que je pense.

1° M. le vidame est beaucoup mieux que l'année passée : il est ici. La campagne est très vive : à quel propos quitteroit-il avant qu'on voie les grandes occasions s'éloigner ? Madame la vidame ne peut se résoudre à s'éloigner de lui : pourquoi ne la laisseriez-vous pas accoucher à Chaulnes, où elle aura les secours nécessaires ? En la dérangeant, vous la contristeriez, ce qui seroit fâcheux en l'état où elle est.

[1] L'abbé de Langeron, mort l'année précédente.

2° Faites en sorte qu'on me lâche la main sur M. Habert, quand on le pourra. Il n'y a pas un seul moment à perdre pour défendre la bonne cause. On ne tirera rien de net de l'homme qu'on ménage[1] : ce qu'on en tireroit à demi ne seroit jamais un vrai remède contre la contagion.

3° Je vous conjure de ne laisser point faire un premier président[2] favorable au parti. Un impie de bon sens et de vie réglée est beaucoup moins à craindre qu'un janséniste dans cette place. L'impie sensé n'oseroit montrer son impiété, et attaquer l'Église pour établir l'irréligion; mais le dévot janséniste insinuera, appuiera, colorera la nouveauté, et énervera l'autorité de l'Église sous le prétexte des libertés gallicanes. Je ne sais point de qui vous voulez parler; mais voici ma pensée. Le président de Mesmes est aimable, mais amusé : on dit que le président de Novion est habile homme, mais décrié pour la droiture; on dit que le président de Maisons a un bon esprit, un savoir suffisant, de l'honneur, de la dignité, du bien, des amis, sans aucune marque de religion nourrie. M. de Harlay, conseiller d'état, a été joueur dissipé, inappliqué jusqu'à l'indécence; mais j'entends dire qu'il s'est tourné à une vraie application : il est composé, haut et critique (défauts dans le sang); mais il est noble, il a de la dignité. Je ne sais pas comment il seroit sur la nouvelle doctrine, ni sur la juridiction ecclésiastique; les jésuites doivent y prendre garde. En général, je préférerois l'homme qui auroit un bon esprit, avec des mœurs réglées et de la vertu humaine, à un dévot favorisant le jansénisme, dans un temps où le parti est si redoutable. Il me paroîtroit qu'il n'est guère question que de choisir entre MM. de Harlay et de Maisons. Pour M. Daguesseau, je ne le voudrois point; vous me dîtes à Chaulnes que sa réputation étoit fort diminuée.

4° Je ne vois pas que vous preniez le chemin de rendre vos armes supérieures à celles des ennemis. Général et officiers généraux désunis, officiers découragés et sans paiement, troupes peu disciplinées, magasins de toute espèce épuisés, qu'on ne renouvelle point, frontière en danger de s'ouvrir par surprise, dedans du royaume abattu. Je ne sais pas où l'on en est; mais si l'article d'Espagne est réglé, comme beaucoup de gens l'assurent, que tarde-t-on à conclure?

5° J'ai lu des lettres de M. Voysin, écrites sur Bouchain, où il n'étoit nullement au fait. Je ne m'étonne pas qu'il ne connoisse point les marais de Bouchain; mais il ne faut point décider sur les divers terrains qu'on ne connoît pas.

6° J'entends dire que P.P. (*le duc de Bourgogne*) fait mieux, que sa réputation se relève, et qu'il aura de l'autorité. Il faut le soutenir, lui donner le tour des affaires, l'accoutumer à voir par lui-même, et à décider. Il faut qu'il traite avec les hommes, pour découvrir leurs finesses, pour étudier leurs talents, pour savoir s'en servir malgré leurs défauts. Il faut le mettre en train de rendre compte au roi, de le soulager, et de lui aider à décider par une manière insinuante de lui proposer son avis. S'il le fait avec respect et zèle, il ne donnera aucun ombrage, et sera bientôt cru. Qu'il se donne tout à Dieu, pour n'agir que par son esprit: *il aura une bouche et une sagesse auxquelles ses ennemis ne pourront résister*[1].

7° Mandez-moi, si vous le pouvez, ce qui vous convient pour le voyage de Chaulnes. Ne vous gênez point; ne vous dérangez point. Si vous y venez, dites-moi à peu près le temps, afin que je prenne mes mesures.

8° Le maréchal de Villars a de grands défauts; c'est une tête bien légère : mais il est difficile de trouver mieux dans la conjoncture présente. Si on ne l'ôte pas, il faut l'engager à être modéré, et à croire quelque conseil. D'ailleurs il faut l'autoriser au-dehors, car il est avili.

9° Si P. P. (*le duc de Bourgogne*) venoit commander, ayant sous lui un général peu habile, et avec de la division dans l'armée, tout iroit mal, et sa réputation en souffriroit beaucoup.

10° Est-il bien au fait sur le jansénisme et sur l'affaire des deux évêques? a-t-il bien connu le caractère d'esprit et les préventions de M. le cardinal de Noailles?

J'ai été fort en peine de votre goutte. Ne travaillez point trop; apprenez à vous amuser. Mille respects à notre bonne duchesse. Je suis *ad convivendum et ad commoriendum*, etc.

Je reviens au choix d'un premier président. Si le président de Mesmes se trouvoit instruit, appliqué, réglant ses affaires domestiques, ayant une religion sincère, sans prévention pour le parti jan-

---

[1] C'est-à-dire du cardinal de Noailles.
[2] On parloit de donner un nouveau premier président au parlement de Paris, mais ce changement n'eut lieu qu'au mois de janvier suivant, après la démission de Louis Le Peletier, qui fut acceptée le dernier jour de l'an 1711. Le choix d'un premier président devenoit très intéressant à cette époque, à raison de l'influence du parlement dans les affaires ecclésiastiques, qui prenoient chaque jour un caractère plus alarmant, par l'opposition des partis, et par les craintes et les espérances que la vieillesse de Louis XIV donnoit d'un changement prochain dans tout le système du gouvernement.

[1] *Luc.*, xxi. 15.

séniste, je le préférerois à tout autre qui seroit sans religion, ou fauteur du jansénisme; mais, dans le temps présent, rien n'est plus dangereux qu'un homme favorable au parti.

251. — AU MÊME.

Imprudence du ministre de la guerre, qui excitoit le maréchal de Villars à hasarder une bataille. Situation déplorable de la France.

A Cambrai, 19 septembre 1711.

Voici une occasion de dire tout, mon bon duc : j'en profite avec beaucoup de joie.

Je sais que M. Voysin écrit à M. le maréchal de Villars des lettres trop fortes, pour le piquer, et pour l'engager à des actions hasardeuses : c'est faire un grand mal, si je ne me trompe, que d'écrire ainsi.

1° Ces lettres troublent le maréchal, et ne sont propres qu'à le rendre inaccessible aux bons conseils des gens du métier, qui voient les choses sur les lieux.

2° S'il donnoit une bataille, il la donneroit mal ; il courroit risque de choisir mal son terrain, et de ne faire pas une bonne disposition.

3° Il voudra, sur de tels reproches, chercher les ennemis, et se donner une vaine apparence de hardiesse pour entreprendre sur eux : c'est ainsi qu'on fit à Malplaquet. Le papillon se brûle à la chandelle. On ne veut que paroître chercher le combat, et on le trouve avec désavantage.

4° Il n'y a aucun officier général qui se confie au maréchal : ils ne comptent ni sur son savoir pour donner des ordres précis, ni sur ses ressources dans les cas imprévus, ni sur sa sincérité pour rendre justice à chacun d'eux : ils croient tous qu'il rejette tous les mauvais événements et toutes ses propres fautes, pour se disculper aux dépens de ceux qu'il a chargés de quelque commission. Ainsi, personne n'oseroit prendre rien sur soi avec lui, pour faire réussir l'affaire générale, de peur de se perdre. Rien ne rend une bataille si difficile à gagner qu'une telle disposition des esprits, surtout dans une armée immense, où le général ne peut pas voir tout, et où tout dépend des officiers généraux.

5° La réputation du général est avilie ; il n'est ni aimé ni estimé des principaux officiers ; les troupes ne se croiroient pas bien menées ; la défiance et le désordre s'y mettroient aisément.

6° On ne manqueroit pas de dire qu'après avoir manqué la plus favorable occasion qui fut jamais de battre les ennemis, on en cherche à contre-temps une désavantageuse pour se faire battre.

7° Le général des ennemis a plus d'art, de justesse et de suite que le nôtre. Leurs officiers généraux ont plus d'expérience, et manœuvrent beaucoup mieux. Leurs troupes sont moins vives, mais mieux disciplinées pour tous leurs mouvements, et pour se rallier. Vous avez beaucoup d'officiers généraux inappliqués, dégoûtés, découragés, etc. Vous avez un nombre prodigieux de colonels jeunes et sans expérience. Tous les ressorts sont relâchés.

8° Si vous combattez dans un pays fourré, les ennemis seront supérieurs par leur feu, par leur bon ordre et par leur patience : vous n'aurez presque à espérer aucun avantage solide ; à perte égale, vous perdrez plus qu'eux ; et si vous êtes battu, vous pouvez l'être très dangereusement. Si, au contraire, vous donnez une bataille dans une plaine ouverte, comme à Ramillies, en cas qu'il vous y arrive une déroute, comme en ce lieu-là, les ennemis vous pousseront bien loin, et vous n'êtes pas loin de Paris.

9° La plupart des places qui nous restent sont dépourvues. Après la perte d'une bataille et une déroute, tout tomberoit comme un château de cartes. Il ne s'agit point de ces pertes de petites batailles du temps passé : c'étoit une armée de vingt mille hommes qui en perdoit cinq ou six ; le royaume étoit alors plein de noblesse guerrière et affectionnée, de peuples riches, nombreux et zélés. Au contraire, vous n'auriez plus d'armée, ni de ressource pour en rétablir, si une déroute vous arrivoit. L'ennemi entreroit en France avec cent mille hommes qui en feroient la conquête et le pillage : ce seroit une invasion de Barbares. Paris est à trente-cinq lieues de l'armée ennemie : cette ville est devenue elle seule tout le royaume ; en la prenant, les ennemis prendroient toutes les richesses de toutes les provinces. Ils tireroient par violence tout l'argent des financiers, que le roi ne peut en tirer par crédit. Tout le dedans du royaume est épuisé, au désespoir, et plein de religionnaires qui lèveroient alors la tête. Faut-il s'exposer à cet horrible danger, sur la foi d'un général si contredit et si méprisé, avec des officiers généraux qui n'osent rien prendre sur eux, et avec des troupes si découragées ? Faut-il, dans une si terrible conjoncture, piquer et pousser un général qui a beaucoup de légèreté et de faste, avec peu de ressource ?

10° On dira que c'est déshonorer les armes du roi avec toute notre nation, que c'est décourager les troupes, et donner aux ennemis l'audace de tout entreprendre, avec sûreté de le faire impunément, que de laisser voir à toute l'Europe qu'on aime mieux se laisser prendre pied à pied toutes ses places, que de se défendre courageusement. On ajoutera qu'après ces places prises il viendra enfin bientôt un dernier jour où il faudra donner, au-delà de la Somme, cette même bataille qu'on n'ose maintenant donner avec plus d'honneur et d'avantage sur les bords de l'Escaut; faute de quoi les ennemis iront droit à Paris [1]. J'avoue que cette objection est forte; mais je crois qu'on peut, en disputant le terrain, éviter cette bataille décisive, couvrir les places qui nous restent, et lasser les ennemis. Mais cette manière de faire le *cunctateur*, qui vaut infiniment mieux qu'une bataille très hasardeuse pour l'état, demande de bonnes têtes et des mesures difficiles. Ma conclusion est qu'il faut acheter la paix à quelque prix que ce puisse être. A quelque dure et honteuse condition que vous la fassiez; dès qu'elle sera faite, vous aurez mis en sûreté une puissance qui sera encore très supérieure à chacune de toutes les autres de l'Europe. Finissez, et rétablissez-vous.

Vous connoissez mon zèle pour le roi, pour l'état et pour M. le dauphin. Bonsoir, mon bon duc.

252. — AU MÊME.

Sur le caractère de l'évêque de Meaux, et sur l'érection de Chaulnes en duché-pairie.

A Cambrai, 11 octobre 1711.

Je n'ai point encore reçu, mon bon duc, la lettre que vous me promettez de M. l'évêque de Meaux. Le moins que je puisse lui marquer de déférence est d'attendre sa lettre, et de l'examiner avec défiance de mes foibles lumières. Mais ce qui m'embarrasse est qu'il a été nourri dans de très faux préjugés en faveur d'un système incorrigible qu'il voudroit corriger. C'est un bon et zélé prélat : je suis ravi de ce qu'il revient de ses préventions; mais il est lié avec des docteurs prévenus de ce système, et il défère trop à leurs avis. Il tâtonne, il s'embrouille; il n'est point assez nettement décidé. Je ne puis m'engager à suivre ses idées : souvent il en avance qu'il ne développe pas avec précision. Ce qu'il y a de fâcheux est que, dans ma lettre ostensible, j'offre d'agir de concert avec les évêques anti-jansénistes, qu'on voudra me marquer. Il me semble que j'ai dû faire une telle offre; mais je crains qu'on ne me nomme celui-ci. Ce n'est pas que je ne l'estime plus droit et plus de mes amis que d'autres : mais je crains ses hésitations et ses embrouillements. Je vous conjure de le préparer par vos soins, et par ceux de M. Bourdon (*P. Le Tellier*), à un parti net et fixe. J'ose vous promettre que, quand les choses seront mises dans leur vrai point de vue, on reconnoîtra que tous les prétendus correctifs du système ne sont qu'illusion, et que ces mitigations flatteuses ne vont qu'à déguiser plus dangereusement le venin du jansénisme.

Dès que j'aurai reçu la lettre du prélat, je le manderai au P. Lallemant, dans un style clair-obscur, pour en avertir M. Bourdon : mais je vous déclare par avance que je serai toujours d'avis qu'on montre ma lettre. Quand on me nommera des évêques pour ne rien faire que de concert avec eux, je leur exposerai toutes mes raisons. Peut-être les goûteront-ils; peut-être que M. Bourdon m'aidera auprès d'eux. Quoi qu'il arrive, j'aurai essayé de délivrer la vérité, et j'espère que la vérité me délivrera à son tour. Le point capital est que M. Bourdon me fasse nommer des évêques qui entrent bien dans les questions en bonnes gens, qu'on mette facilement au fait, et qui ne soient point épineux.

Je n'irai à Chaulnes que quand vous me manderez de le faire. La séparation des armées devroit se faire dans peu de jours : on ne croit pas qu'elle puisse aller guère plus loin que le 22 où le 24 de ce mois. M. le maréchal de Villars attend, dit-il, une décision du roi là-dessus.

Je suis ravi de la nouvelle érection du duché de Chaulnes [1], et je me sens trop d'ambition pour votre maison. O qu'il me tarde de me retrouver auprès de vous et de madame la duchesse de Chevreuse! Ce sera un temps bien doux pour moi. Bonsoir, mon bon duc; je n'ai point de termes pour vous exprimer ce que je sens, et que rien ne peut effacer.

Je porterai à Chaulnes mon ouvrage, pour vous le montrer. La *Défense* de M. Habert ne change rien au texte inexcusable et contagieux de son livre : de plus, la *Défense* est mauvaise, et montre le fond de l'auteur.

---

[1] Le cardinal Quirini, alors simple religieux, qui voyageoit en France pour son instruction, dit dans ses *Mémoires* qu'étant à Fontainebleau, vers cette époque, « il apprit qu'on se disoit à l'oreille qu'au point où en étoient les affaires, il étoit absolument nécessaire de transférer la cour au château de Chambord, et que le roi lui-même en avoit parlé au maréchal de Villars. » (*Comment. histor.*. part. I, lib. II, cap. v, pag. 176.)

[1] Le duc de Chevreuse venoit d'obtenir une nouvelle érection du duché de Chaulnes pour son fils puîné, connu jusqu'alors sous le nom de vidame d'Amiens. Ce dernier titre fut donné depuis à l'un des enfants du duc de Chaulnes, comme on le verra plus bas, par la lettre du 23 juillet 1714.

253. — AU DUC DE BEAUVILLIERS [1].

Instructions à donner au duc de Bourgogne sur les affaires du temps [1].

Je voudrois que le P. Martineau fît, dans des conversations avec le prince, un plan de la doctrine de l'Église sur la grace, et une explication claire et précise de celle qui lui est opposée. Il est essentiel de bien poser ce fondement.

Je ne sais pas si ce Père a le talent de rendre ces matières sensibles en conversation; mais je sais qu'il est incomparablement plus théologien et plus rempli des vrais principes, que la plupart de ceux qui environnent M. le duc de Bourgogne.

Pour les *Lettres Provinciales,* je crois qu'il est à propos que le prince les lise : aussi bien les lira-t-il un peu plus tôt ou un peu plus tard. Sa curiosité, son goût pour les choses plaisantes, et la grande réputation de ce livre, ne permettront pas qu'il l'ignore toute sa vie. S'il en a le desir, je le lui laisserois contenter. J'y ajouterois toutes les précautions possibles, toujours pour découvrir la vérité, et ne pas se laisser séduire par ce qui n'en a que l'apparence. Une partie du grand Mémoire que je vous ai envoyé lui fournit une anatomie des deux premières lettres de M. Pascal.

Il y en a plus qu'il n'en faut pour découvrir à fond le venin caché dans ce livre, qui a été tant applaudi, et pour montrer combien, dans ces circonstances, l'Église est éloignée de combattre un vain fantôme.

Vous pourriez aussi faire expliquer au prince, par le P. Martineau, les autres endroits où le prince auroit besoin d'être mis au fait. En général, il est essentiel qu'il sache nettement cette matière, afin qu'il soit à l'épreuve de toute séduction et de toute surprise.

Puisqu'il a le goût de lire et la pénétration pour entendre, il liroit et entendroit mal, si on n'avoit pas le soin de lui faire bien lire et bien entendre. Avec de tels esprits, la vraie sûreté consiste à leur montrer le fond des choses.

254. — AU DUC DE CHEVREUSE.

Vœux pour la paix. Fénelon desire que le dauphin ait une conférence avec M. de Bernières, intendant de Flandre. Sur la disgrace du cardinal de Noailles.

A Cambrai, 19 décembre 1711.

Voici, mon bon duc, une occasion sûre dont je profite avec joie. Dieu veuille que nous ayons bientôt la paix ! Je la desire non-seulement pour notre pays, qui sera ruiné sans ressource, si on fait la campagne prochaine; mais encore pour tout le royaume, que la continuation de la guerre achève d'épuiser et de déranger. De plus, je crains qu'on ne néglige ou qu'on ne puisse pas préparer assez tôt tout ce qu'il faudroit pour prévenir les ennemis. Un coup de surprise renverseroit tous les projets de paix. Je crois que M. de Bernières ira bientôt à la cour. En ce cas, je le prierai de vous parler d'abord, et ensuite d'entretenir le bon duc. Je crois même qu'il seroit important qu'il eût une audience de P. P. *(du dauphin).* Personne ne peut savoir aussi exactement que lui le détail de cette frontière, avec la possibilité et l'impossibilité de chaque chose qu'on voudra faire. Il a été dans les trois intendances de ce pays. Il est honnête homme, d'un bon cœur, d'un esprit net et facile; il connoît tous nos militaires. Il vous parlera avec candeur et précision. Au nom de Dieu, écoutez-le, et faites qu'on l'écoute. Il mérite grande attention, et même estime particulière avec un bon traitement : je vous le recommande de tout mon cœur.

Au nom de Dieu, que l'affaire qui fait tant de bruit ne roule point sur les pouvoirs refusés aux jésuites. Quand le public suppose qu'il ne s'agit que de ce refus, il est indigné de ce qu'un tel refus est la cause de la disgrace du cardinal. On le regarde comme un prélat courageux contre la cour, comme saint Chrysostome, que les jésuites oppriment par vengeance. Il faut écarter cette querelle de la compagnie : c'est à elle à souffrir avec patience et humilité; rien ne peut lui faire tant d'honneur. Elle a besoin de montrer combien elle est patiente; elle ne doit point souffrir que le roi s'échauffe sur cet article. Il faut tourner tout son zèle du côté des deux évêques opprimés, de la discipline canonique violée, et plus encore de la foi en péril. Je vous conjure de parler fortement là-dessus à M. Bourdon *(P. Le Tellier).*

Je serai bien agréablement trompé si vous venez à bout de M. Girard *(l'évêque de Meaux).* M. Habert est tous les jours chez lui; il est de son conseil.

J'attends de vos nouvelles sur les cahiers [1] dont vous avez bien voulu vous charger, et sur l'homme qui pense à mon neveu.

---

[1] Nous ignorons absolument la date de cette lettre, ou plutôt de ces fragments, cités par le P. Querbeuf, dans la vie de Fénelon. Le P. Martineau devint confesseur du jeune prince vers 1701.

[1] Ces cahiers sont sans doute les *Mémoires politiques,* que Fénelon avoit rédigés à Chaulnes, de concert avec le duc de Chevreuse, pendant le séjour qu'il y avoit fait au mois de novembre.

Pardon, mon bon duc, de mes libertés. Je suis toujours dévoué sans mesure à vous, à notre bonne duchesse, à M. le duc et à madame la duchesse de Chaulnes. Je voudrois que l'automne durât toute l'année, pour vivre à Chaulnes, et point ailleurs.

255. — AU MÊME.

Mémoires sur l'affaire des deux évêques; instabilité de l'évêque de Meaux sur l'article du jansénisme; inquiétudes de Fénelon sur la doctrine du dauphin.

A Cambrai, 2 janvier 1712.

Je vous envoie, mon bon duc, les copies de mes deux Mémoires, dont les originaux sont partis pour Rome. Dans l'un, je raisonne pour les deux évêques, selon les règles de droit; dans l'autre, je raisonne selon les principes de théologie, mais sans citer les passages; ce qui seroit trop long : il suffit de les promettre. Je vous prie de communiquer ces copies à M. Bourdon (*P. Le Tellier*), mais dans un profond secret. Ayez la bonté de me les renvoyer ensuite par voie sûre.

Je sais, à n'en pouvoir douter, qu'un homme grave, et zélé pour la saine doctrine, a dit depuis peu à M. le cardinal de Noailles que le système des deux délectations étoit évidemment toute la doctrine du livre de Jansénius, et qu'en procédant de bonne foi, il falloit ou révoquer la condamnation du livre, ou condamner le système auquel il est visiblement borné. « Cela ne peut pas être, » répondit M. le cardinal de Noailles; car ce sys- » tème est précisément la doctrine de M. de Meaux, » qui est anti-janséniste. Il soutiendra ce système; » et M. le dauphin, qui a confiance en lui parce » qu'il le connoît opposé au jansénisme, approuve » qu'il soutienne cette doctrine tempérée. Ainsi » tout le monde va être d'accord. » Vous voyez qu'on se joue d'une affaire si sérieuse pour la foi. On veut faire la paix en ne donnant que des termes ambigus à la foi, et tout le réel à l'erreur. On réduit l'erreur à une imagination ridicule : en paroissant condamner Jansénius, on sauve tout le vrai jansénisme; on se sert adroitement, pour le sauver, de ceux-là même qui sont choisis pour le détruire. Au nom de Dieu, qu'on travaille avec précaution à garantir M. le dauphin de ce jansénisme mitigé et radouci en apparence, qui est le plus dangereux. Il faut ou détromper à fond M. de Meaux, et le détacher des docteurs qui ont toute sa confiance en secret, ou chercher les moyens de lui ôter la confiance de la cour, d'une manière douce et insensible. Communiquez, je vous supplie, cet article important à M. Bourdon.

L'électeur de Cologne, étant à Paris, avoit parlé à M. le cardinal de Noailles du dessein qu'il a de faire composer un livre de piété. Aussitôt M. le cardinal de Noailles lui offrit un habile docteur pour faire cet ouvrage. Le docteur de confiance est M. Habert, qui a envoyé à l'électeur ses *Défenses contre le Dénonciateur*, reliées en beau maroquin. L'électeur me demande si cet homme est janséniste, et s'il ne doit pas révoquer la commission qu'il lui a donnée par le conseil de M. le cardinal de Noailles. J'ai répondu qu'il ne falloit pas la révoquer; qu'il suffisoit que Son Altesse électorale mandât qu'on n'imprimât point l'ouvrage à Paris, parce qu'il veut l'examiner lui-même, et qu'il seroit libre, après l'avoir examiné et corrigé, de le faire imprimer à sa mode à Paris ou ailleurs, sans y mettre le nom de M. Habert. Vous voyez que M. Habert est l'ami commun, de confiance intime, de M. le cardinal de Noailles et de M. l'évêque de Meaux, dans le temps où ces deux prélats paroissent n'être pas d'accord. Encore une fois, il est capital de n'exposer point M. le dauphin à la séduction d'un jansénisme radouci et déguisé. Il ne s'agit point des défauts des jésuites; il s'agit de la foi. Les jésuites ont sans doute leurs défauts, comme tous les corps très nombreux répandus en tant d'emplois extérieurs, et avec tant d'autorité; mais, dans la conjoncture présente, il est capital de soutenir ce corps, qui est attaqué pour la foi, et qui est le seul en état de résister à la très puissante cabale des jansénistes.

Je ne saurois bien travailler contre le P. Quesnel que sur mon mandement contre M. Habert, qui sera le fondement de toute ma controverse : mais il faut commencer par fixer ce fondement. Jusque là je ne puis rien faire de juste. Je compte de refaire ce mandement, et de le rendre plus fort qu'il ne l'est. Renvoyez-le-moi le plus tôt que vous le pourrez; mais je desire fort que M. le D. (*dauphin*) le lise, tout informe qu'il est.

Je suis bien fâché de ce que la nouvelle qu'on nous avoit dite de madame la duchesse de Luynes n'est pas véritable. Je voudrois vous voir patriarche de deux tribus. Peut-être même suis-je un peu trop Juif, pour vous desirer la rosée du ciel et la graisse de la terre.

Nous serons en ce pays bien éloignés de cette prospérité judaïque, si on fait encore à nos portes la campagne prochaine. Je voudrois une paix qui descendît du ciel sur les hommes : mais je n'en vois guère qui songent à la mériter; leurs mœurs me feroient craindre une guerre sans fin.

Si M. de Beruières va à Paris, il ira chez vous,

mon bon duc. Je vous conjure de le bien questionner, et de lui témoigner un peu de bonté : il le mérite, et je vous demande cette grace.

Je vous envoie une addition au Mémoire que vous avez eu la bonté de prendre à Chaulnes sur un projet de cession de Cambrai par l'Empire. Vous verrez que ma difficulté mérite quelque attention, si je ne me trompe pas. J'espère que vous voudrez bien faire rendre mon Mémoire à M. Voysin, en mon nom, par un homme qui lui soit inconnu.

Mille et mille respects, mais très vifs, à notre très bonne duchesse. A vous, mon bon duc, union de cœur sans bornes, etc.

Je reçus hier une lettre de Rome, où l'on m'assure que le parti janséniste chante les louanges de M. le dauphin, comme d'un prince très pieux et très pénétrant. Ils ajoutent qu'ils l'ont enfin persuadé, et qu'il entre dans le vrai fond de leur doctrine. Seroit-il possible qu'on l'eût surpris [1] ?

256. — AU DUC DE CHAULNES [2].

Bien des choses qu'on croit innocentes sont dangereuses dans la pratique.

A Cambrai, 4 janvier 1712.

Je ne m'étonne point, monsieur, de ce que la dissipation du monde et le goût du plaisir vous appesantissent le cœur pour vos exercices de piété ; mais vous devez voir, par cette expérience, combien les choses qu'on croit innocentes sont dangereuses dans la pratique. On se livre à ses curiosités, aux amusements d'une société de parents et de bons amis, aux commodités d'une vie douce et libre ; en cet état, on dit : Que fais-je de mal ? Ne suis-je pas dans les bornes d'une vie réglée selon ma condition ? Ne suffit-il pas que je prie Dieu à certaines heures, que je fasse quelque bonne lecture chaque jour, et que je fréquente les sacrements ? Oui, sans doute, tout cela seroit suffisant, s'il étoit bien fait ; mais votre vie molle et dissipée vous empêche de le bien faire. Il faudroit que tout le détail des occupations de la journée se ressentît des exercices de piété, et qu'il fût animé par l'esprit puisé dans cette source. Au contraire, c'est l'heure de la prière et de la lecture qui se ressent de la mollesse et de la dissipation qui dominent dans le détail des occupations extérieures. On porte à la prière une imagination toute pleine de vaines curiosités, un esprit flatté de ses pensées et de ses projets, une volonté partagée entre le devoir vers Dieu, et le goût de tout ce qui flatte l'amour-propre. Faut-il s'étonner si la prière se tourne si facilement en distractions importunes, en sécheresse, en dégoûts, en impatience de finir ? Ce qui doit être le soutien contre toutes les tentations n'est point soutenu. Ce qui devroit nourrir le cœur manque de nourriture ; la source même tarit. Quel remède y trouverons-nous ? Je n'en connois que deux : l'un est de diminuer la dissipation de la journée ; l'autre est d'augmenter le recueillement aux heures de liberté.

Je ne voudrois point que vous retranchassiez rien sur vos devoirs à l'égard du public ; il m'a paru même que vous ne donniez pas assez de temps aux visites de bienséances, et aux soins de la société selon votre état. Mais il faut couper dans le vif sur vos heures de liberté. Moins de raisonnements curieux, moins de paperasses, moins de détails et d'anatomies d'affaires. Il faut trancher court par deux mots décisifs, et apprendre un grand art, qui est celui de vous faire soulager. Vous vous dissipez plus dans votre cabinet à des choses pénibles, que vous ne vous dissiperiez à rendre des devoirs contre votre goût de liberté. Il n'y a que la passion qui ragoûte l'amour-propre, et qui dissipe. Otez aux hommes la passion et le ragoût de l'amour-propre, nulle occupation de devoir ne les distraira ; ils feront tout paisiblement en la présence de Dieu ; tous leurs travaux extérieurs se tourneront en oraison. Ils seront comme ces anciens solitaires qui travailloient des mains dans une oraison presque continuelle. Pour les temps de prière et de lecture, je ne voudrois pas que vous les augmentassiez maintenant ; vous avez trop d'occupations au-dehors : mais je voudrois que vous joignissiez à ces exercices réglés un fréquent retour au-dedans de vous-même pour y trouver Dieu pendant que vous êtes en carrosse, ou en des lieux qui ne vous gênent point. Pour la mortification, contentez-vous de celle d'un régime exact, et de la souffrance de votre mal. Voilà tout ce que je puis vous dire à la hâte. Mille assurances d'attachement très respectueux à madame la duchesse de Chaulnes. Dieu sait, mon cher et bon duc, combien je vous suis dévoué sans réserve.

---

[1] Les disciples de Jansénius affectoient alors de publier que le dauphin étoit bien intentionné pour eux. Ce fut pour démentir ces bruits que Louis XIV prit le parti de faire imprimer, après la mort du jeune prince, un Mémoire sur les affaires du jansénisme, trouvé dans sa cassette et écrit tout en entier de sa main, avec des renvois et des ratures qui ne permettoient point de douter qu'il n'en fût l'auteur. Ce Mémoire étoit en effet l'expression la plus fidèle des sentiments religieux du dauphin, de la pureté de sa doctrine, et de son inviolable soumission aux constitutions apostoliques. Voyez cet écrit dans la *Vie du Dauphin*, par l'abbé Proyart, liv. V; Lyon, 1782, tom. II, p. 296.

[2] Voyez la lettre 252, ci-dessus, et la note de cette même lettre.

257. — AU DUC DE CHEVREUSE.

État d'abandon où se trouvent les frontières; peu d'espérance de la paix. Nouvelles tracasseries suscitées à Fénelon au sujet du quiétisme. Remercîments au duc de Chaulnes pour un présent qu'il en a reçu.

A Cambrai, 11 janvier 1712.

Je vous importunerai peut-être, mon bon duc, par mes longues et fréquentes lettres : mais n'importe; il faut bien que vous me supportiez un peu.

1° Je continue à vous dire que si on ne prend pas des mesures plus efficaces que l'on n'a fait jusqu'à présent, cette frontière ne sera point approvisionnée au mois d'avril. La lenteur par charrois est incroyable : presque toutes les voitures du pays sont ruinées. Si on achève de les ruiner, il n'y aura plus de quoi continuer la guerre sur cette frontière. Si on ne les ruine pas, on manquera de tout. Les ennemis ont les rivières et les chaussées derrière eux. Le désordre qu'on leur a causé sera bientôt réparé du côté de la Scarpe. L'autre côté sera plus difficile et plus tardif; mais ils y travailleront dès le mois de mars. Il ne faudroit point se flatter dans des choses où l'on risque tout. On demande l'impossible aux paysans; et comme on n'en tirera qu'une partie, on se trouvera en mécompte.

2° Il est capital de confier l'armée à un général de bonne tête, qui ait l'estime et la confiance de tous les bons officiers. On court risque d'ouvrir la France aux ennemis en un seul jour, faute de bien peser ceci. J'ai plus de liaison avec M. le maréchal de Villars qu'avec les autres, par toutes les avances qu'il a faites vers moi; mais je songe au besoin de l'état. Vous savez tout.

3° J'ai vu nos plénipotentiaires, et j'ai compris, sur leurs discours, que la paix est encore bien en l'air. Je ne puis m'empêcher de vous dire qu'on ne sauroit jamais l'acheter trop cher, si on ne peut pas l'obtenir comme on l'espère. Le dedans la demande encore plus que le dehors. On dit que M. de Bergheik va revenir d'Espagne. Il est hardi et insinuant; il parlera au roi, et pourra vouloir faire la paix au profit de l'Espagne, aux dépens de la France.

4° M. l'abbé de Polignac m'a dit que madame la maréchale de Noailles l'avoit prié de m'avertir de sa part, en bonne amitié, qu'il y a un ouvrage dont on me croit l'auteur, quoique mon nom n'y soit pas, et qui est imprimé depuis peu de temps, où les erreurs du quiétisme sont dangereusement insinuées. On veut, dit-elle, m'attaquer là-dessus. J'ai répondu que, loin d'avoir composé un livre sur cette matière, je n'en connois aucun qui y ait le moindre rapport, et que je pardonne par avance tout le mal qu'on tâchera de me faire sur un si mauvais prétexte. Je crois qu'il s'agit de la *Dénonciation* de la *Théologie* de M. Habert. M. Habert dit souvent, dans sa *Réponse*, que le *Dénonciateur* est quiétiste, et que ceux qui le soutiendroient seroient fauteurs du quiétisme; parce que le *Dénonciateur* dit que, selon le système attribué à saint Augustin, la plus forte délectation impose une nécessité absolue de faire le mal. En vérité, cette imagination est bien bizarre. M. Habert veut que le *Dénonciateur* soit quiétiste, parce que ce *Dénonciateur* démontre que c'est M. Habert lui-même qui établit par son système le quiétisme le plus monstrueux. Je vois bien qu'on veut m'alarmer pour me faire taire; mais je ne crains point, et j'irai mon chemin.

5° Les écrivains du parti remplissent le monde d'ouvrages séduisants; je suis réduit au silence. Il n'y a que M. de Meaux qui veut écrire pour la bonne cause, et qui la détruira par une très fausse défense. Les jésuites pourroient écrire utilement, et ne le font pas. Pourquoi plusieurs d'entre eux ne nous soulagent-ils pas d'une partie de l'ouvrage, en montrant avec évidence, par de bons textes, à quoi les thomistes, chefs de leur école, ont borné le vrai thomisme, pour le distinguer de l'hérésie? Au nom de Dieu, pressez là-dessus M. Bourdon *(P. Le Tellier)*. Il faut une controverse où nous agissions de concert, et qui mette Rome au fait.

6° En attendant ce que vous aurez à me renvoyer, je fais un abrégé de mon grand ouvrage sur saint Augustin. Cet abrégé suffiroit pour diriger dans l'étude de ce Père les étudiants non prévenus, ou droits et modérés, pour se défier de leurs préjugés. Dès qu'il sera fait, je vous en enverrai une copie.

7° M. le duc de Chaulnes m'a envoyé un présent qui me charme. C'est la copie de cette pierre antique qui a servi d'anneau à Michel-Ange ou à Raphaël : permettez-moi de lui en faire mille remercîments. Je suis en peine de votre santé[1], mon bon duc : elle est souvent attaquée; ménagez-la; soulagez-vous pour le travail. L'application continuelle de la tête vous tue : perdez un peu de temps; déchargez-vous des détails, faites-vous aider : il vaut mieux que les choses se fassent moins bien. Je vous conjure, au nom de Dieu, d'être un peu

---

[1] Des symptômes alarmants donnoient à Fénelon des inquiétudes, malheureusement trop fondées, sur la santé d'un ami si fidèle et si dévoué. Le duc de Chevreuse mourut vers la fin de cette même année.

fainéant. Mille respects à notre bonne duchesse, et autres mille à madame la duchesse de Chaulnes, qui me tient fort au cœur, comme bonne et noble personne, s'il en fut jamais. Bonsoir, mon bon duc : mandez-moi, quand vous le pourrez, quelle est la créance de P. P.[1].

258. — A LA MARQUISE DE LAMBERT.

Remerciments à cette dame pour sa générosité envers une personne à laquelle Fénelon s'intéressoit.

A Cambrai, 17 janvier 1712.

Je suis vivement touché, madame, de l'honneur que vous me faites, en me prévenant si obligeamment. Pour moi, je n'ai aucun mérite à être occupé de ce qui vous regarde; car une dame de votre voisinage m'a fait depuis peu une grande impression dans le cœur, en me mandant avec quelle générosité vous l'avez soulagée dans ses embarras. Je vois bien que les vertus les plus nobles, et les plus estimables dans la société, ne sont point pour vous de belles idées, et que vous les mettez fort sérieusement en pratique dans les occasions. Puisque vous aimez à faire du bien, et que vous savez le faire si à propos, je souhaite de tout mon cœur, madame, que vous ayez le plaisir et le mérite d'en faire long-temps. On ne peut vous desirer plus de prospérité et de bénédictions que je vous en desire; et le souhait que je fais pour moi dans cette nouvelle année, c'est que vous m'y honoriez de la continuation de vos bontés, et que vous ne doutiez point du respect avec lequel je suis très fortement, et pour toute ma vie, madame, etc.

259. — AU DUC DE CHEVREUSE.

Ses inquiétudes sur la santé du dauphin. Recommandations pour M. de Bernières. Réflexions tirées de saint Augustin, et convenables à la situation présente du dauphin.

18 février 1712.

M. de Bernières part, mon bon duc; et c'est par cette occasion que je vais vous écrire en pleine liberté.

On ne peut être plus touché que je le suis de la perte que P. P. (*le Dauphin*) vient de faire[2], et de la vive douleur qu'on dit qu'il en ressent. Je suis fort alarmé pour sa santé : elle est foible et délicate. Rien n'est plus précieux pour l'Église, pour l'État, pour tous les gens de bien. Je prie et fais prier Dieu pour le repos de l'ame de la princesse, pour la santé et pour la consolation du prince. Vous connoissez son tempérament : il est très vif, et un peu mélancolique. Je crains qu'il ne soit saisi d'une douleur profonde, et d'une tristesse qui tourne sa piété en dégoût, en noirceur et en scrupule. Il faut profiter de ce qui est arrivé de triste, pour le tourner vers une piété simple, courageuse, et d'usage pour sa place. Dieu a ses desseins; il faut les suivre. Il faut soutenir, soulager, consoler, encourager P. P. désolé.

M. de Bernières a sans doute ses défauts, comme un autre; car qui est-ce, en ce monde, qui n'en a point? Mais il est né bon et noble; il aime à faire plaisir, et il est affligé quand il est contraint de faire du mal. Ses manières sont douces et modérées; il a l'esprit net, et il va facilement au nœud de la difficulté. Il connoît parfaitement ce pays, où il travaille depuis quinze ans : il a passé par les trois intendances de cette frontière. Il a pris beaucoup sur son crédit et sur son propre nom, pour faire trouver des ressources au roi dans les plus grandes extrémités. M. de Bagnols, qu'on a cru un esprit supérieur à tous les autres, et qui avoit beaucoup de talents, n'auroit osé prendre sur lui ce que M. de Bernières a pris sur soi pour trouver des ressources, et pour éviter une banqueroute générale. Il n'est pas étonnant que M. de Bernières soit fort envié, critiqué et contredit : il est souvent réduit à refuser ce qui est contraire aux règles, ou impossible. Les gens qui ont de l'appui à la cour sont implacables sur de tels refus : ils s'en vengent cruellement; j'en sais des exemples. Chacun affamé veut arracher tout contre le bon ordre. D'ailleurs, M. de Bernières alla à la cour dans un temps affreux, où tout manquoit sur cette frontière pour faire subsister l'armée. C'étoit le temps de dire tout, ou de trahir l'état en ne disant pas tout au roi. Il nomma toutes choses par leur nom. M. Voysin l'approuva; M. Desmarets crut qu'il avoit trop parlé, et qu'il avoit laissé entendre que le désordre venoit du côté de ce ministre : voilà la source du mécontentement. M. de Bernières proteste qu'il ne dit au roi que ce qu'il ne pouvoit taire sans manquer à sa commission, le général de l'armée l'ayant envoyé. Il ajoute qu'il ne dit jamais un seul mot que de l'état des choses, sans laisser rien entrevoir qui pût retomber ni directement ni indirectement sur M. Desmarets. Si vous voulez bien l'écouter, comme je vous en supplie instamment, il vous expliquera les choses à

---

[1] Du dauphin, sur l'article du jansénisme.
[2] La dauphine, Marie-Adélaïde de Savoie, étoit morte le 12 février. Lorsque Fénelon écrivoit cette lettre, il ne croyoit pas encore le dauphin aussi dangereusement malade qu'il l'étoit.

fond. C'est rendre un service à l'état, que de le raccommoder entièrement avec ce ministre. D'ailleurs il est capital qu'il dise l'état de toutes les affaires sans flatterie. Il y va de la conservation de cette frontière, et peut-être de la France même. Ainsi, je prends la liberté de vous conjurer de lui procurer une audience commode et favorable de M. le duc de Beauvilliers, et ensuite de M. le dauphin.

Je comprends bien que M. le dauphin ne sera d'abord ni en santé, ni en tranquillité d'esprit, pour écouter M. de Bernières : mais j'espère qu'au bout de quelques jours sa santé se rétablira, et que Dieu lui donnera, malgré sa juste douleur, la force de rentrer dans les besoins très pressants des affaires de l'état. Il s'agit d'assurer Cambrai et la frontière voisine, pour empêcher les ennemis de pénétrer en France. La saison s'avance, et il n'y a pas un seul moment à perdre.

M. de Bernières vous enverra la présente lettre, sur laquelle je vous supplie de lui faire savoir, le plus promptement que vous le pourrez, le lieu où vous serez libre de le voir en liberté, ou à Paris ou à Versailles. Quand même ce seroit à Paris, il n'en ira pas moins à Versailles, où il faudra qu'il aille voir les ministres, et tâcher de se montrer au roi.

Je ne vous dis point plusieurs autres choses, parce que je me réserve à les écrire par la voie de l'abbé de Beaumont, qui part lundi prochain pour Paris. En attendant, je vous envoie le papier ci-joint, qu'on montrera à P. P. si on le juge à propos.

Je suis mille fois dévoué à notre bonne duchesse, à M. le duc et à madame la duchesse de Chaulnes. Je ne dis rien à mon bon duc, sinon que Dieu me donne tout à lui sans réserve.

POUR LE DAUPHIN.

J'ai prié, et je prierai. Je fais même prier pour la princesse que nous avons perdue. Dieu sait si le prince est oublié. Il me semble que je le vois dans l'état où saint Augustin se dépeint lui-même : *Quo dolore contenebratum est cor meum! et quidquid aspiciebam, mors erat. Et erat mihi... paterna domus mira infelicitas.... Expetebam eum undique oculi mei, et non dabatur mihi; et oderam omnia, quia non haberent eum. Nec mihi jam dicere poterant : Ecce veniet, sicut cum viveret, quando absens erat..... Solus fletus erat dulcis mihi, et successerat amico meo in deliciis animi mei*[1] ... *Miser eram, et miser est omnis animus vinctus amicitia rerum mortalium; et dilaniatur, cum eas amittit, et tunc sentit miseriam, qua miser est, et antequam amittat eas*[1]... *Portabam enim conscissam et cruentam animam meam, impatientem a me portari; et ubi eam ponerem non inveniebam*[2].

Ce n'est pas tout que de n'aimer que ce qu'on doit aimer : Dieu jaloux veut qu'on ne l'aime que pour lui, et de son amour. *Et ideo*, dit saint Augustin[3], *non eis amore agglutinetur, neque velut membra animi sui faciat, quod fit amando, ne cum resecari cœperint, cum cruciatu ac tabe fœdent.* Tout ce qu'on aime le plus légitimement ici-bas nous prépare une sensible douleur, parce qu'il est de nature à nous être bientôt enlevé. Nous ne devons point aimer ce qui nous est le plus cher, plus que nous-mêmes. Or nous ne devons nous aimer nous-mêmes que pour Dieu. *Si ergo teipsum non propter te debes diligere, sed propter illum ubi dilectionis tuæ rectissimus est finis; non succenseat alius homo, si etiam ipsum propter Deum diligis.... Nullam vitæ nostræ partem reliquit, quæ vacare debeat, et quasi locum dare ut alia re velit frui; sed quidquid aliud diligendum venerit in animum, illuc rapiatur, quo totus dilectionis impetus currit... Totam sui et illius refert dilectionem, in illam dilectionem Dei, quæ nullum a se rivulum duci extra patitur, cujus derivatione minuatur*[4].

Dieu n'afflige que par amour. Il est le *Dieu de toute consolation*[5]; il essuie les larmes qu'il fait répandre : il fait retrouver en lui tout ce qu'on croit perdre. Il sauve la personne que la prospérité mondaine auroit séduite, et il détache celle qui n'étoit pas assez détachée. Il faut s'abandonner à lui avec confiance, et lui dire : *Que votre volonté se fasse sur la terre comme dans le ciel!*

260. — AU MÊME.

Douleur de Fénelon sur la mort du dauphin. Nécessité de faire la paix à tout prix. Mesures à prendre dans une si terrible crise.

A Cambrai, 27 février 1712.

Hélas! mon bon duc, Dieu nous a ôté toute notre espérance pour l'Église et pour l'état. Il a formé ce jeune prince; il l'a orné; il l'a préparé pour les plus grands biens : il l'a montré au monde, et aus-

---

[1] *Confess.*, lib. IV, cap. IV, n. 9; tom. I, pag. 500.
[1] *Confess.*, lib. IV, cap. VI, n. 11.
[2] *Ibid.*, cap VII, n. 12.
[3] *De lib. Arb.*, lib. I, cap. XV, n. 33; tom. I, p. 583.
[4] *De Doct. christ.*, lib. I, cap. XXII, n. 21; tom. III, pag. 11.
[5] *II Cor.*, I, 3.

sitôt il l'a détruit. Je suis saisi d'horreur, et malade de saisissement sans maladie. En pleurant le prince mort qui me déchire le cœur, je suis alarmé pour les vivants. Ma tendresse m'alarme pour vous et pour le bon *(duc de Beauvilliers)*. De plus, je crains pour le roi; sa conservation est infiniment importante.

On n'a jamais tant dû desirer et acheter la paix. Que seroit-ce si nous allions tomber dans les orages d'une minorité sans mère régente, avec une guerre accablante au-dehors? Tout est épuisé, poussé à bout. Les huguenots sont encore très redoutables: les jansénistes le sont au-delà de tout ce qu'on peut concevoir. Quels chefs n'auroient-ils pas! quels ressorts leur verroit-on remuer! La paix, la paix, à quelque prix que ce puisse être!

De plus, le roi est malheureusement trop âgé pour pouvoir compter qu'il verra son successeur en âge de gouverner d'abord après lui. Quand même on seroit assez heureux pour éviter une minorité selon la loi c'est-à-dire au-dessous de quatorze ans, il seroit impossible d'éviter une minorité réelle, où un enfant ne fait que prêter son nom au plus fort. Il n'y a aucun remède entièrement sûr contre les dangers de cet état des affaires. Mais si la prudence humaine peut faire quelque chose d'utile, c'est de profiter dès demain à la hâte de tous les moments pour établir un gouvernement et une éducation du jeune prince, qui se trouve déja affermi, si par malheur le roi vient à nous manquer. Son honneur, sa gloire, son amour pour la maison royale et pour ses peuples, enfin sa conscience, exigent rigoureusement de lui qu'il prenne toutes les suretés que la sagesse humaine peut prendre à cet égard. Ce seroit exposer au plus horrible péril l'état et l'Église même, que de n'être pas occupé de cette affaire capitale par préférence à toutes les autres. C'est là-dessus qu'il faut tâcher de persuader, par les instruments convenables, madame de Maintenon et tous les ministres, pour les réunir, afin qu'ils fassent les derniers efforts auprès du roi. Le Père confesseur doit aussi sans doute y entrer avec toute la force possible, pour l'intérêt de la religion, qui saute aux yeux. Il y auroit des réflexions infinies à faire là-dessus; mais vous les ferez mieux que moi; je n'en ai ni le temps ni la force. Je prie notre Seigneur qu'il vous inspire; jamais nous n'en eûmes un si grand besoin.

On m'a dit que madame la duchesse de Chevreuse a été malade; j'en suis bien en peine. O mon Dieu, que la vraie amitié cause de douleur!

261. — AU DUC DE CHAULNES.

Sur l'abandon à Dieu. Inquiétudes de Fénelon sur la santé du duc de Chevreuse.

A Cambrai, 4 mars 1712.

Je ne puis, mon bon et cher duc, résister à la volonté de Dieu qui nous écrase. Il sait ce que je souffre; mais enfin c'est sa main qui frappe, et nous le méritons. Il n'y a qu'à se détacher du monde et de soi-même; il n'y a qu'à s'abandonner sans réserve aux desseins de Dieu. Nous en nourrissons notre amour-propre quand ils flattent nos desirs; mais quand ils n'ont rien que de dur et de détruisant, notre amour-propre hypocrite et déguisé en dévotion se révolte contre la croix; et il dit, comme saint Pierre le disoit de la passion de Jésus-Christ: *Cela ne vous arrivera point* [1]. O mon cher duc, mourons de bonne foi!

J'ai été bien en peine de la santé de M. le duc de Chevreuse. Voyez avec madame la duchesse de Chevreuse et M. Soraci les moyens de le conserver par un bon régime. Mille respects à madame la duchesse de Chaulnes. En vérité, personne n'est plus attaché à elle que j'y suis pour le reste de mes jours. Je donnerois ma vie pour vous deux. Soyez tout à Dieu; aimez-moi. Je vous suis dévoué à jamais sans bornes.

262. — AU DUC DE CHEVREUSE.

Il l'engage à écouter de sa part l'abbé de Beaumont sur les mesures à prendre. Représentations à faire à madame de Maintenon. Politique de l'évêque de Meaux. Inquiétudes sur les papiers qu'on pouvoit avoir trouvés chez le dauphin.

A Cambrai, 8 mars 1712.

Je commence, mon bon duc, par vous conjurer de faire attention avec confiance à tout ce que l'abbé de Beaumont vous dira pour moi. C'est la sincérité et la droiture même: il n'y a presque point de cœur comme le sien; son secret est à toute épreuve. Ses vues ne sont pas infaillibles, mais il approfondit et embrasse; il mérite d'être écouté.

Je donnerois ma vie non-seulement pour l'état, mais encore pour les enfants de notre très cher prince, qui est encore plus avant dans mon cœur que pendant sa vie. Vous aurez la bonté d'examiner tout ce qui m'a passé par la tête.

Je croirois que le bon *(duc de Beauvilliers)* feroit bien d'aller voir madame de Maintenon, et de lui parler à cœur ouvert, indépendamment du

[1] *Matth.*, XVI, 22.

refroidissement passé. Il pourroit lui faire entendre qu'il ne s'agit d'aucun intérêt, ni direct ni indirect, mais de la sûreté de l'état, du repos et de la conservation du roi, de sa gloire et de sa conscience, puisqu'il doit, autant qu'il le peut, pourvoir à l'avenir. Ensuite il pourroit lui dire toutes ses principales vues, et puis concerter avec elle ce qu'il diroit au roi.

Je ne propose point ceci sur l'espérance qu'elle soit l'instrument de Dieu, pour faire de grands biens. Je ne crains que trop qu'elle sera occupée des jalousies, des délicatesses, des ombrages, des aversions, des dépits et des finesses de femme. Je ne crains que trop qu'elle n'entrera que dans des partis foibles, superficiels, flatteurs, pour endormir le roi, et pour éblouir le public, sans aucune proportion avec les pressants besoins de l'état. Mais enfin Dieu se plaît à se servir de tout. Il faut au moins tâcher d'apaiser madame de Maintenon, afin qu'elle n'empêche pas les résolutions les plus nécessaires. Le bon (*duc de Beauvilliers*) lui doit même ces égards dans cette conjoncture unique, après toutes les choses qu'elle a faites autrefois pour son avancement.

Si on fait un conseil de régence, vous seriez coupable devant Dieu et devant les hommes si vous refusiez d'en être. Vous vous trouvez le plus ancien duc d'âge et de rang qui puisse secourir l'état ; vous savez tout ce que les autres ignorent ; vous devez infiniment au roi et à la maison royale ; vous devez encore plus à notre cher prince mort, et à ses deux enfants, exposés à tant d'horribles malheurs, que vous ne deviez à lui vivant et en pleine prospérité. Vos soins et vos négociations ne seroient rien, en comparaison du poids de votre suffrage dans un corps ignorant et foible. Il faut se sacrifier sans ménagement. Si vous ne daignez pas m'en croire, consultez N.... Mandez-lui ma pensée, et suivez la sienne. Vous manquerez à Dieu, si par vertu scrupuleuse, ou humilité à contre-temps, vous prenez un autre parti.

M. Girard (*l'évêque de Meaux*) vous dit qu'il desire que Rome condamne le système des deux délectations : c'est pour demeurer libre en faveur de ses anciens préjugés, jusqu'à ce qu'il en soit dépossédé par une décision qu'il doute fort qu'on voie venir. Je ne doute pas qu'il n'ait fait bien des pas pour contenter notre cher prince, pour n'effaroucher pas le roi, pour ne donner aucun ombrage à M. Bourdon (*P. Le Tellier*) ; mais il me revient qu'il ne change point d'opinion. Voici un temps où chacun va se ménager avec beaucoup de politique.

Le plan formé auroit ses avantages, s'il étoit exécuté avec force ; mais la force manquant, tout manquera. M. Pochart (*le cardinal de Noailles*) ne refusera rien : il coulera, paiera d'équivoque, et croira gagner tout en gagnant du temps. En effet, il n'a qu'à en gagner un peu. Il se voit tout auprès d'un avenir où il pourra lever la tête, faire trembler Rome, et prévaloir à la cour. Le parti même lui conseillera tous les tempéraments les plus flatteurs, et voudra que, sur les choses même les plus outrées contre le parti, il ne refuse rien, il fasse tout espérer, et il glisse insensiblement d'un jour à l'autre. Les gens mous se flattent, espèrent, attendent. Il aura tout en paroissant perdre tout. Il attendrira dans un temps de douleur ; il paroîtra attendri, on dira qu'il est si bon homme : et le moment de crise échappera sans retour.

N'y avoit-il point, dans les papiers de notre très cher prince, quelque écrit de moi ? N'y avoit-il point de mes lettres que je lui écrivois pendant le siége de Lille ? N'y a-t-il point un reliquaire d'or, avec un morceau de la mâchoire de saint Louis, que je lui avois envoyé ? Le roi a-t-il tous les papiers de P. P. ?

Vous comprenez bien qu'il sera à propos de ne perdre aucun temps pour mon Mandement[1], quand on pourra en obtenir la liberté. M. Girard ne le contredira-t-il pas indirectement ? Ne pourroit-on point faire adopter mon mandement, ou en faire publier en conformité, d'abord après, par un assez grand nombre d'évêques ?

263. — AU P. LE TELLIER.

Nécessité d'autoriser les amis de la saine doctrine à la défendre par leurs écrits.

A Cambrai, 22 juillet 1712.

Jamais rien ne m'a plus coûté, mon révérend Père, que la démarche que je fais ; mais je croirois trahir ma conscience, si je ne vous suppliois pas instamment de lire cette lettre au roi.

1° J'avoue que rien n'est plus digne de sa sagesse que de vouloir éviter les disputes publiques sur la religion. C'est un grand scandale : ceux qui le commencent sans nécessité sont inexcusables. Mais j'ose dire que toute la puissance du roi ne peut plus empêcher ce mal pour les questions du jansénisme. Sa Majesté voit par expérience que les défenseurs de la cause de l'Église savent lui obéir et se taire : mais les autres se prévalent du silence de ceux-ci, pour écrire plus hardiment. Leurs

---
[1] Contre la *Théologie* de Habert.

chefs, réfugiés en Hollande, croient n'avoir plus rien à ménager du côté du roi, et sèment les libelles les plus impudents. Dans cet extrême péril de la foi, qui est-ce qui empêche qu'elle ne soit soutenue par plusieurs bons écrivains? Le pourrat-on croire? c'est un roi pieux et zélé pour la vérité qui, par son amour pour la paix, fait taire la vérité même!

2° Les écrits pernicieux ne viennent pas seulement de la Hollande : on en imprime en France. De plus, nos frontières sont pleines d'émissaires du parti, qui font passer avec sûreté, de main en main, tout ce qu'ils veulent, depuis la Hollande jusqu'à Paris, et aux provinces les plus éloignées : nulle vigilance et nulle rigueur de police ne peut l'empêcher : c'est un fait si visible qu'il saute aux yeux. Les bons catholiques veulent-ils publier un écrit pour la défense de la foi, ils souffrent mille traverses. On le voit par l'exemple des deux évêques (*de Luçon et de La Rochelle.*) Le parti veut-il publier un libelle hérétique et séditieux, Paris et la France entière en sont inondés : on le débite impunément; il est applaudi. Il n'est donc que trop vrai qu'en voulant faire garder le silence, on ne fait taire que ceux qui sont obligés de parler, et qu'on n'empêche nullement de parler ceux qui devroient se taire.

3° D'ailleurs, pendant qu'on réduit au silence les évêques mêmes, à qui Dieu commande d'élever leur voix pour sauver la foi attaquée, on laisse imprimer au milieu de Paris, sous les yeux de M. le cardinal de Noailles, et avec approbation de certains docteurs, la *Théologie* de M. Habert, et ensuite ses apologies, quoique cette *Théologie* soit évidemment aussi janséniste que celle de Jansénius même, et qu'elle n'y ajoute qu'un très odieux déguisement, qui la rend cent fois plus contagieuse. Ainsi, pendant que la vérité est timide, muette et contredite, l'hérésie lève la tête, impose et triomphe.

4° Le public s'accoutume à croire que la pure doctrine est toute d'un côté, et qu'il n'y a de l'autre côté qu'une autorité aveugle et tyrannique. Et comment le monde ne le croiroit-il pas? D'un côté, il voit des ouvrages éblouissants et pleins de raisons spécieuses; de l'autre, on ne répond rien : on ne fait que brûler des livres, qu'exiler et emprisonner des personnes qui passent pour saintes. La confiance que le roi paroît avoir pour les jésuites excite la critique du public contre eux. On les regarde comme les auteurs de la persécution qui est soufferte par un pieux cardinal, et par les disciples de saint Augustin.

5° Il est vrai que la grande autorité du roi est comme une digue qui arrête ce torrent au-dehors; mais elle ne l'arrête point au-dedans des cœurs. Au contraire, elle irrite les esprits prévenus : plus ils sont contraints, plus ils se croient opprimés. Que n'y auroit-il pas à craindre de l'impétuosité de ce torrent, si, par un excès de malheur, la digue qui est notre unique ressource venoit à se rompre! La vérité demeure comme en l'air, et prête à tomber : on lui ôte tous les autres appuis, elle n'est plus soutenue que par la seule crainte de la personne du roi. Que deviendroit l'Église de France, si une vie si précieuse nous étoit enlevée par un secret jugement de Dieu? La religion perdroit tout en un seul jour. Les protecteurs du parti, qui se déguisent maintenant avec tant de précautions, écraseroient alors sans peine tout ce qui refuseroit de les suivre. Rien ne pourroit faire le contre-poids. Les cabales opposées les unes aux autres rechercheroient à l'envi le puissant parti des jansénistes, pour augmenter leur crédit. Les huguenots mal convertis, qui sentent que les jansénistes ne sont pas loin d'eux, se joindroient à ce parti pendant l'orage d'une minorité. C'est ce que le parti attend avec impatience; il le laisse entendre en toute occasion.

6° Je vois un grand nombre d'impies qui, méprisant toute religion, se passionnent néanmoins en faveur du jansénisme. Il ne faut pas s'en étonner. Le principe fondamental du jansénisme est qu'*il est nécessaire* que tout homme suive sans cesse son plus grand plaisir, qui le prévient inévitablement, et qui le détermine invinciblement au bien ou au mal. Les libertins sont charmés d'un principe si flatteur pour leurs passions les plus honteuses. Nous sentons bien, disent-ils, que le plaisir de ce qu'on nomme *mal* est sans comparaison plus fort en nous que le plaisir languissant d'une vertu triste et mortifiante. Nous suivons donc le grand principe de saint Augustin et de ses plus savants disciples, en nous livrant sans pudeur ni remords aux plaisirs sensuels. Peut-on éviter un attrait inévitable? Peut-on vaincre un plaisir invincible? Peut-on ne faire pas ce qu'il est nécessaire qu'on fasse? De l'aveu de tous ces savants hommes, la concupiscence est aussi efficace par elle-même pour le vice, que la grâce l'est pour la vertu. Suivant ce principe, l'homme n'est jamais libre ni responsable d'aucune de ses actions : le plus grand plaisir est le ressort unique qui décide de tout pour les mœurs : et ce grand ressort, loin de dépendre de nous, nous tient toujours dépendants de lui. Tout châtiment est injuste, toute correction est ridicule. Voilà ce qui charme les libertins dans le jansénisme. L'opinion qui nie la liberté est maintenant à la mode, et on est ravi de la trouver si autorisée par un parti de grande réputation. Voilà ce que j'ai ouï dire à des libertins qui parloient sans se contraindre. Tous ces impies favorisent les jansénistes par animosité contre la religion. Ils triomphent de ce que personne n'ose réfuter cette doctrine, qui réduit tout à l'attrait tout puissant du plus grand plaisir. Ils disent que tous ceux qui rejettent cette doctrine sont des ignorants et des esprits foibles, ou de lâches politiques qui parlent contre leur persuasion.

7° Les décisions du Saint-Siége, dira-t-on, peuvent arrêter, mieux que des disputes, les progrès de l'erreur.

Non; j'ose assurer que les décisions du Saint-Siége n'arrêteront rien. C'est sur une expérience décisive que je forme ce jugement. Deux bulles de papes avoient condamné Baïus, cinq bulles ont condamné Jansénius depuis soixante-douze ans. Combien de brefs de papes, de délibérations d'assemblées et de mandements d'évêques ont été inutiles! On est encore à recommencer. Malgré le pape et le roi unis, et agissant de concert pour écraser ce parti, il croît chaque jour sans mesure. Il n'est pas moins redoutable à l'état qu'à l'Église. Rome ne sauroit recommencer sur chaque chicane ses décisions. On les élude toutes; on avilit cette autorité; on accoutume les femmes mêmes à dire que l'Église se trompe sur le fait, et que sa décision ne condamne qu'une chimère ridicule. Tout semble nous menacer d'un schisme; tant les esprits sont hautains, aigris, artificieux et indociles!

8° Je crois néanmoins que les décisions du Saint-Siége, pourvu qu'elles aillent jusqu'à la racine du mal, et qu'elles lèvent clairement jusqu'aux dernières équivoques, nous seront très utiles, si d'ailleurs on les soutient par des ouvrages bien écrits, et propres à convaincre le lecteur. Mais, dans l'excès de prévention où le public se trouve de plus en plus chaque jour, il faut joindre les preuves les plus claires aux décisions, et la persuasion à l'autorité. Avec ces deux secours, on aura encore assez de peine à détromper les esprits. Plus on tardera, plus il sera difficile de les guérir de leur entêtement.

9° On peut croire que je veux, par un secret ressentiment, attaquer M. le cardinal de Noailles; mais je déclare que je ne le veux nullement. Quand même le roi me le permettroit, je ne le ferois pas. Sa Majesté sait bien que je lui ai représenté, il y a long-temps, qu'il ne convenoit point que je donnasse cette scène au monde. Je crois même qu'on ne doit permettre à aucun écrivain d'attaquer ce cardinal sur son différend avec les évêques. Il suffit de laisser les évêques défendre librement leur cause, et d'attendre le jugement du Saint-Siége.

10° Je suis persuadé néanmoins qu'il est absolument nécessaire que quelque habile écrivain détruise, avec une force décisive, l'écrit par lequel ce cardinal a entrepris de réfuter le mémoire de feu monseigneur le dauphin, et les propositions mêmes du roi. Cet écrit de M. le cardinal de Noailles, qui a tant imposé au public, n'a rien que de foible, que de téméraire et que d'odieux. Il est très facile de le mettre en poudre, et d'ouvrir les yeux du public, pour justifier la sagesse et la bonté du roi.

11° De plus, il me paroît capital de protéger les théologiens sages et zélés qui, sans attaquer ni directement ni indirectement ce cardinal, réfuteront solidement les écrits contagieux du parti. N'est-il pas juste qu'on les délivre de la crainte d'être poussés à bout par ce cardinal, quand ils auront écrit contre les auteurs qu'il protège? N'est-il pas nécessaire que les défenseurs de la foi aient autant de liberté et de protection dans Paris et dans le reste du royaume, que les défenseurs de l'hérésie en ont? Ne convient-il pas que Sa Majesté donne de bons ordres pour faciliter les impressions des ouvrages faits contre le jansénisme? On aura encore, avec cette protection, assez de peine à faire en sorte que les ouvrages faits pour la vérité soient autant répandus que ceux qui soutiennent l'erreur.

12° Je pourrois sans doute condamner le livre de M. Habert, sans attaquer M. le cardinal de Noailles. Il n'a donné aucune approbation par écrit à ce livre : à quel propos voudroit-il confondre sa personne avec celle de M. Habert, se rendre partie, étant juge dans cette cause, et soutenir, à pure perte, un livre pernicieux? Pourquoi se plaindroit-il de moi, quand je ne ferois rien ni directement ni indirectement contre lui? Je veux bien néanmoins m'abstenir d'attaquer nommément M. Habert, par un excès de ménagement pour ce cardinal; et je prie Dieu que ce ménagement, peut-être trop humain, n'augmente point les maux que ce livre fait, en empoisonnant toutes les écoles.

13° Je me bornerai à publier enfin la réponse que je dois depuis plus d'un an au P. Quesnel. J'espère que le roi n'ira pas jusqu'à vouloir que j'épargne aussi ce chef si odieux du parti janséniste, qui a écrit avec tant de scandale contre l'Église et contre Sa Majesté. Je n'ai retardé cette réponse si nécessaire, qu'à cause que je ne puis réfuter les évasions du P. Quesnel, sans ôter en même temps les siennes à M. Habert, parce qu'elles sont précisément les mêmes; et que le jansénisme du P. Quesnel se trouveroit hors de prise dans un retranchement invincible, si on admettoit les faux-fuyants de M. Habert.

14° M. Habert ne pourra pas se plaindre, quand je me bornerai à réfuter uniquement les chicanes trompeuses du P. Quesnel. Tant pis pour M. Habert, s'il se trouve, par sa pure faute, enveloppé dans une cause si odieuse. Pour moi, je n'attaquerai que le seul P. Quesnel. M. le cardinal de Noailles se feroit malgré moi un tort infini, s'il prenoit contre moi la protection de ce chef de la secte. Après tout, voudroit-on que j'abandonnasse la défense de la foi qui est en péril, par la crainte de blesser l'excessive délicatesse de ce cardinal sur une cause odieuse, qu'il ne doit jamais regarder comme la sienne? Le P. Quesnel est ouvertement aussi janséniste que Jansénius. Pour M. Habert, c'est un janséniste masqué; mais le masque tombe de lui-même. Le P. Quesnel, et Jansénius même, s'il étoit encore au monde, admettroient sans peine les faux adoucissements par lesquels ce docteur tâche de nous amuser : ne faut-il pas détromper le monde?

15° A Dieu ne plaise que j'accuse personne, ni que je donne des ombrages mal fondés! Mais je ne puis douter que le parti janséniste n'ait de très puissantes protections en France, et même au milieu de la cour. Le parti sait d'abord les choses les plus secrètes ; il est mieux servi que le roi même ; ses desseins sont plus ponctuellement exécutés pour soutenir l'erreur, que ceux de Sa Majesté pour défendre la saine doctrine. Ce qui console les bons catholiques est qu'il paroît que Sa Majesté, et ce qui a l'honneur de l'approcher le plus, est toujours en garde contre tant de ressorts cachés.

16° On ne manquera pas de représenter au roi qu'en permettant d'écrire, il causera un horrible scandale, et que la paix est plus convenable. Mais quelle sera cette paix, où les défenseurs de la foi auront les mains liées, et où les jansénistes réfugiés en Hollande demeureront en liberté de combattre contre la foi, et de déchirer l'Église? Peut-il y avoir un plus grand scandale que celui de voir l'hérésie triompher par ses écrits, et la foi sans défense? Le parti présente la coupe empoisonnée à tous les fidèles : faut-il se taire, et leur laisser avaler le poison? Le parti allume le feu dans le sein de l'Église : faut-il se taire, et laisser embraser la maison de Dieu? Doit-on, pour conserver la paix, n'oser éteindre ce feu allumé?

17° J'avoue qu'il est bien douloureux au roi d'avoir ces disputes de religion à finir au-dedans, pendant qu'il a une si forte guerre au-dehors ; mais j'ose dire que rien ne doit plus l'alarmer qu'une sédition presque universelle, qui semble préparer une guerre civile de religion, semblable à celle des huguenots du temps de nos pères. Qu'y a-t-il de plus dangereux que de laisser prévaloir dans toute la nation une secte artificieuse et turbulente, que les serments mêmes ne peuvent arrêter? Le parti ne propose une fausse paix que pour achever de prévaloir, et que pour attendre des temps de trouble.

18° Me sera-t-il permis de représenter avec le plus profond respect, le plus grand zèle et la plus parfaite soumission, que Sa Majesté ne peut point en conscience empêcher la vérité de parler par la bouche de ceux qui en sont les dépositaires, pendant que les séducteurs entraînent les fidèles dans l'hérésie? Un roi si plein de religion voudroit-il, pour des arrangements de repos et de commodité, ni même pour des espérances d'une paix impossible, se rendre responsable devant Dieu et devant les hommes de ce progrès rapide de l'erreur qui augmente tous les jours?

Je n'ai, Dieu le voit, ni passion, ni intérêt, ni artifice. Je ne crains rien tant que les extrémités : je ne cherche que la paix; mais une fausse paix est mille fois plus redoutable qu'une guerre ouverte. Je crains tout pour l'Église et pour l'état. Je vous le dis ; je vous conjure de le dire : vous pouvez et vous devez parler. Je suis très sincèrement, etc.

264. — AU MARQUIS DE FÉNELON.

Il lui donne des conseils sur sa conduite.

A Cambrai, 10 août 1712.

Il me tarde, mon cher neveu, d'apprendre de vos nouvelles. Nous sommes ici en assez bonne santé, excepté l'inquiétude où nous sommes pour les gens que nous aimons, laquelle brûle un peu le sang et altère les digestions. M. le Duc[1] a passé ici, m'a fait mille amitiés, et m'a fort demandé de vos nouvelles. Je crois que vous devez lui faire votre cour, autant que vous serez à portée de le faire : ses bontés vous y engagent autant que son rang. Il a, cette année, auprès de lui M. de Saintrailles, homme de très bon esprit, qui a un

---

[1] Louis-Henri, duc de Bourbon et d'Enghien, connu sous le nom de M. le Duc. Il étoit né en 1692, et mourut en 1740.

grand usage du monde, avec beaucoup de religion : il me témoigne une véritable confiance. Je l'ai prié de vous recevoir comme mon enfant ; voyez-le sur ce pied, et cultivez M. le Duc autant que vous en trouverez l'ouverture ; il faut un peu d'enjouement respectueux. M. de Saintrailles est fort estimé des plus honnêtes gens ; et quoiqu'il soit fort retiré à Paris, son amitié a son prix, et vous devez faire des avances pour l'obtenir. Mandez-moi des nouvelles de M. de Beauvau, dont je suis fort en peine. M. de Tingry m'a écrit que M. de Beauvau est malade : plût à Dieu qu'il fût ici ! Voyez ce que vous pourrez faire pour lui marquer toute notre bonne volonté. M. de Tingry m'a mandé qu'il vous avoit cherché pour vous loger chez lui. Vous devez faire bien des pas pour lui témoigner votre parfaite reconnoissance.

Mille et mille choses à M. de Puységur. Cultivez MM. le prince de Rohan et le duc de Guiche ; MM. d'Alègre et de Hautefort, de Mézières, les ducs de Chaulnes, de Mortemart et de Saint-Aignan.

Dites, je vous prie, à M. le prince de Rohan, que j'ai vu passer ici M. d'Albemarle, qui est charmé des effets très solides de son amitié noble et secourable ; ce milord me paroît homme sage et de mérite.

Bonsoir. Agissez, non par goût naturel, ni par les empressements de l'amour-propre, mais par grace en présence de Dieu, le laissant décider. Revenez simplement, dès que vous serez hors de l'occasion d'une grande action, ou de quelque attaque principale, dans laquelle votre régiment soit commandé. Tendrement tout à vous ; Dieu le sait.

265. — AU MÊME.

Ne point manquer les actions importantes, ni s'exposer mal à propos à l'armée.

A Cambrai, 12 août 1712.

Je vous écrivis, il y a deux jours, mon cher neveu, et je reçus votre lettre deux heures après. Votre frère reçut aussi hier une lettre de vous. Quand vous voudrez m'écrire quelque chose de particulier pour moi seul, mettez-le dans un feuillet détaché, afin que nos amis puissent voir le reste sans voir ce morceau-là.

Quand je vous sais à l'armée dans l'attente d'une grande action, ou de quelque attaque d'un siége où vous deviez vous trouver à la tête de votre régiment, je vous laisse faire. Vous voyez bien par-là que je ne veux point vous gâter, ni vous aimer sottement en nourrice. Mais je n'approuverois nullement que vous fussiez chez M. de Puységur loin de votre régiment, pour aller partout hors de votre place faire le volontaire et l'aventurier, et pour chercher mal à propos des coups de fusil. De bonne foi, revenez quand vous ne verrez ni action ni attaque de siége qui vous regarde. Mille amitiés à M. le chevalier des Touches. Je suis fort en peine de sa santé, qui a en sa personne un mauvais tuteur. Dites tout ce qu'il faut selon mon cœur à M. de Puységur.

Je vous ai prié de faire votre cour à M. le Duc, et de faire bien des avances à M. de Saintrailles : ne l'oubliez pas, s'il vous plaît.

Le petit abbé est ici ; il est très bon enfant. L'abbé de Beaumont me fait espérer qu'il reviendra vers la fin du mois.

M. Voysin a écrit au procureur-général. J'ai fait venir ici M. de Beaumont du Cateau. On assure que les juges sont très favorablement disposés. Nous pressons, afin qu'ils jugent demain : autrement on seroit à recommencer avec d'autres juges qui pourroient hésiter sur les choses dont ceux-ci sont persuadés.

Mandez-nous de vos nouvelles quand vous le pourrez ; deux mots suffiront pour dire que fanfan est en bonne santé. Je prie Dieu qu'il vous conserve de corps et d'esprit ; qu'il soit votre conseil, votre sagesse, votre courage, votre vie, votre tout ; et vous son rien à la merci de sa volonté. *Amen, amen.*

266. — AU MÊME.

Sur la conduite qu'il doit tenir à l'armée, et sur un Mémoire pour le maréchal de Villars.

A Cambrai, dimanche 14 août 1712.

Voici la troisième fois que je vous écris, mon cher neveu ; je suis surpris de ce que vous n'avez pas reçu deux de mes lettres. J'avoue que, votre régiment étant si loin d'ici, vous ne pourriez pas y arriver assez tôt, s'il s'agissoit d'une bataille. Ainsi je ne vous presse point de revenir dans le cas présent : vous devez demeurer à l'armée pendant qu'on est dans l'occasion prochaine d'une action importante. Pour le siége [1], votre régiment n'y étant point, vous n'êtes pas obligé d'y être ; vous pouvez seulement voir ce qu'il y aura de principal, et ensuite vous borner à vos fonctions. Laissez tomber tout empressement naturel, et écoutez en paix et en silence ce que Dieu demande de vous ; ensuite, faites-le simplement. Vous verrez

---

[1] Le siége de Douai : cette ville fut prise le 8 septembre.

que tout ce qui seroit de trop se retranchera de soi-même, et que tout ce qui seroit de trop peu vous paroîtra tel; en sorte que l'esprit de grace vous fera tenir sans hésitation le juste milieu. C'est tout ce que je desire. J'aime cent fois mieux votre fidélité que votre vie; aussi bien n'y a-t-il nulle autre vie véritable que cette fidélité : le reste, quelque beau qu'il paroisse aux yeux grossiers, n'est qu'une mort. Dès qu'il n'y aura pas d'apparence à une action, et que vous aurez satisfait à la bienséance pour un siége où votre régiment n'est point, revenez en bon enfant. Jusque là demeurez, et Dieu sera avec vous : il sera lui-même votre glaive et votre bouclier.

Mille choses à M. le chevalier des Touches. Je suis en peine de sa santé; je sens qu'elle m'est fort chère. Il me tarde qu'il puisse avoir quelque repos, pourvu qu'il en fasse un bon usage. Puisque vous êtes comme lui au quartier-général, vous pouvez le garder presque à vue. Je vous paierai pour être mon espion, et pour me rendre compte de ses vie et mœurs, dont je me défie.

Des nouvelles, je vous conjure, de M. de Beauvau; vous savez à quel point je l'aime et je l'honore.

J'ai reçu une lettre de M. de La Rochefoucauld [1] sur la mort de son petit-fils, qui est courte, forte et touchante. Elle est signée de sa main.

Je vous prie de lire à M. le maréchal de Villars le Mémoire ci-joint. J'espère qu'il verra bien qu'il ne convient pas que je refuse mes petits offices à un officier prisonnier et blessé, qui me presse de les lui accorder. D'ailleurs je ne veux faire aucune demande indiscrète. Je me borne à desirer le plaisir que je pourrai procurer à autrui, sans blesser les règles. Au reste, j'aime mieux vous confier cette commission, que d'écrire. C'est pour vous une occasion de faire votre cour, dont vous devez être ravi de profiter; et c'est pour moi un moyen d'épargner à M. le maréchal la peine de lire une lettre et d'y répondre.

Bonjour, mon cher neveu : j'aurai une grande joie quand je pourrai vous embrasser.

On vient de me dire que M. de Silly est fort malade. Je voudrois bien qu'on pût le transporter ici, où j'en prendrois soin comme de mon frère. Voyez avec M. de La Vallière, qui est son ami, si on ne pourroit pas nous le confier.

267. — AU MÊME.

Sur la conduite qu'il doit tenir à l'armée.

A Cambrai, mardi 16 août 1712.

J'envoie exprès, mon cher fanfan, pour savoir de tes nouvelles; j'en suis en peine. Je ne veux pourtant te faire manquer à aucun vrai devoir, ni à aucune bienséance raisonnable; mais puisque votre régiment sert à l'armée, pourquoi faut-il que vous ne demeuriez pas dans le poste de votre régiment comme les autres colonels? et pourquoi voulez-vous demeurer au quartier-général, pour vous engager par-là à vous trouver à toutes les attaques? Il me paroît que vous devez être à votre régiment comme tous les autres colonels, et n'aller aux attaques du siége et à la tranchée que comme les autres colonels ont coutume d'y aller de leurs postes. En un mot, c'est beaucoup que, malgré votre jambe ouverte [1], vous demeuriez encore hors d'ici; mais au moins il faudroit vous borner à votre poste, à vos fonctions de colonel, et à ce que tous les colonels font pour le siége, en demeurant toujours dans leurs postes. Pensez-y simplement devant Dieu, et ayez égard à ce que je vous dis, si je ne vous dis rien que de raisonnable. Je veux pour vous les périls de nécessité, et pour moi les peines qu'il est naturel que j'en ressente; mais n'y augmentez rien par un empressement d'ambition et de faste qui ne seroit pas selon Dieu. Réponse nette et précise, mon cher fanfan. Dieu soit au milieu de ton cœur, et le possède tout entier! Ces deux mots *force* et *humilité* me plaisent. Je prie Dieu qu'ils soient ton partage. Amen.

Des nouvelles, je vous prie, s'il se peut, de MM. de Beauvau et de Silly.

268. — AU MÊME.

Sur sa conduite à l'armée.

A Cambrai, dimanche 21 août, à six heures du matin, 1712.

Tu m'as mandé, mon petit fanfan, que tu aurois au régiment plus de fatigue qu'au quartier-général : je m'en tiens à tes propres paroles. Il est vrai qu'il seroit plus régulier de demeurer au régiment; mais votre état ne vous dispense que trop de cette régularité. C'est bien assez, et même trop, que tu sois à l'armée; tu devrois être déjà aux

---

[1] François, duc de La Rochefoucauld, fils de l'auteur des *Maximes*, né en 1634, mort en 1714. Son petit-fils, Michel-Camille, né en 1686, et mort à Cambrai, de la petite vérole, le 5 août 1712, étoit fils de François, prince de Marsillac, et depuis duc de La Rochefoucauld, né en 1665, mort en 1728.

[1] Le marquis de Fénelon avoit reçu l'année précédente, à l'affaire de Landrecies, une blessure grièveà la jambe, dont il resta boiteux toute sa vie, et pour laquelle il fut obligé d'employer, en 1715, les remèdes les plus violents, comme on le verra par la suite de cette Correspondance.

eaux : la saison presse. C'est un grand excès que d'être au camp. Demeurez-y en repos jusqu'à la fin du siége, et n'allez pas plus à la tranchée que les colonels modérés, qui demeurent à leurs régiments. Voilà ce que Tonton décide de pleine autorité. Il arrive souvent qu'on a malgré soi, en cette vie, des vanités et d'autres choses imparfaites qui échappent comme par saillies; mais la fidélité consiste à revenir toujours à une conduite simple, où l'on réprime ce qui est de trop. Sois donc petit, simple et docile, je t'en conjure.

Quand tu m'écris, mets sur une feuille tout ce qui peut être vu, ou sur le siége, ou sur les autres choses générales ; mets dans un autre feuillet séparé ce que tu voudras confier à Tonton des fautes de fanfan, ou de l'état de son intérieur. Cela me paroît convenir pour ton frère, et pour d'autres qui sont curieux de voir de tes nouvelles.

Quand je te demande des attentions pour diverses personnes, ce n'est qu'autant que tu te trouveras à portée de le faire, et en vue de te procurer des amis.

Bonjour, petit fanfan ; tu connois la tendresse de Tonton pour toi. M. d'Alègre m'a écrit une lettre où il y a des marques de vraie amitié pour toi.

269. — AU MÊME.

Il lui promet d'aller voir le maréchal de Villars.

A Cambrai, mardi 30 août, à onze heures avant midi, 1712.

Puisque tu crois, fanfan, que je ferai plaisir, j'irai demain voir M. le maréchal de Villars, et dîner avec lui. Je ne mènerai point tes deux frères à ce dîner, et il faudra qu'ils cherchent pitance ailleurs dans le camp. Mais si M. l'abbé de Laval, à qui j'offrirai de le mener, vient avec nous, je le ferai dîner chez M. le maréchal : tes frères ne mourront pas de faim. Je crains un peu la longueur du chemin, à cause du détour pour passer le Sanzé au bac. Il faut que je revienne le soir au gîte. Tu peux dire à M. le maréchal l'impatience d'avoir l'honneur de le voir, qui me fait aller, moi poltron, à la guerre. S'il ne dînoit pas chez lui demain, je mangerois un morceau de pain donné par aumône chez quelque ami du camp; après quoi je reviendrois souper ici sans embarras.

Tu comprends bien que j'aurai une sensible joie de te revoir et de t'embrasser tendrement. Bonjour, petit fanfan. Mille choses à notre cher invalide M. le chevalier des Touches. Que Dieu soit avec toi ! Il ne faut pas oublier que demain est le bout de l'an de ta blessure : c'est un jour de grâce singulière pour toi ; fais-en la fête solennelle au fond de ton cœur. A demain, à demain. Je suis ravi de te voir un si bon jour. Ne manque pas de te trouver chez M. le maréchal, ou chez M. le chevalier des Touches, afin que nous ayons un moment de liberté.

270. — AU MÊME.

Nouvelles de famille.

A Cambrai, 6 septembre, à neuf heures et demie du matin, 1712.

Je ne saurois prendre aujourd'hui, fanfan, des mesures assez justes pour aller dîner chez M. de La Vallière en revenant de Valenciennes. L'électeur (*de Cologne*) peut vouloir me retenir malgré moi un jour de plus, et ce mécompte dérangeroit notre dîner : d'ailleurs je crains un embarras pour le maigre du vendredi ; il vaut mieux que je revienne ici. Dès que j'y serai revenu, je prendrai des mesures certaines. M. le chevalier des Touches m'a promis un relais en faveur de notre dîner. Je voudrois qu'il eût la bonté de l'envoyer à moitié chemin ; ses chevaux ne feroient que deux lieues et demie : les miens auroient le même soulagement. Convenez avec M. de La Vallière d'un jour commode. Donnez-moi de vos nouvelles à Valenciennes. Si l'électeur ne me retient pas, et si le vendredi ne gâte rien, je serai prêt à tout.

Madame de Chevry m'a envoyé la lettre de madame Voysin, qui dit que M. Voysin vous a déja envoyé votre congé en droiture à l'armée. Il faut que la lettre soit allée au régiment, qui est campé loin du lieu où vous êtes. Quoi qu'il en soit, la lettre de madame Voysin, que je vous garde, suffiroit seule pour vous mettre en pleine liberté de partir pour les eaux.

Je pars pour Valenciennes avec M. le doyen, ton frère aîné, et M. Provenchères. M. l'abbé de Laval part de son côté, pour aller voir M. de Nangis, qu'il croit en danger.

Souviens-toi d'être simple. Dieu seul fait trouver le vrai milieu : l'amour-propre ne le trouve jamais. Tu sais de quel cœur je t'aime ; mais je ne veux t'aimer que d'une amitié de pure foi.

271. — AU MÊME.

Il lui demande des nouvelles des eaux de Bourbonne, où il s'étoit rendu, et l'exhorte à une gaieté modeste.

A Cambrai, 21 septembre 1712.

Bonsoir, petit fanfan. Il me tarde de savoir si les eaux opèrent sur ta jambe. Ne néglige rien pour ta guérison : il faut tenter même les moyens les plus doulcux. Sois dans une union intime, une complaisance et une déférence parfaite pour ton frère, qui le mérite de toute façon. Nous sommes tranquilles, et avec peu de compagnie. Je prends du lait; mais je ne puis encore en rien dire. Mon cœur est avec toi en celui qui doit être notre cœur commun, et toute notre vie. Mais cette véritable vie est une mort continuelle à la fausse vie qui nous flatte. Il faut être paisible, simple, gai, sociable, en portant le royaume de Dieu au-dedans de soi. *Gaudete; iterum dico, gaudete. Modestia vestra nota sit omnibus hominibus : Dominus prope est. Nihil solliciti sitis : sed in omni oratione et obsecratione petitiones vestræ innotescant apud Deum : et pax Dei, quæ exsuperat omnem sensum, custodiat corda vestra et intelligentias vestras in Christo Jesu*[1]. Sois donc gai, fanfan ; je le veux : saint Paul l'a décidé. Mais il faut que ce soit une joie modeste de présence de Dieu, et d'un fond de bonne conscience. O que cette joie est pure! elle coule de source ; elle élargit le cœur ; elle n'enivre ni n'évapore ; elle adoucit toutes les croix. Tout à fanfan.

272. — AU P. LE TELLIER.

Il désire que le roi l'autorise à publier sa Réponse au P. Quesnel : il souhaite que Sa Majesté oblige le cardinal de Noailles à s'expliquer nettement sur le jansénisme.

A Cambrai, 9 octobre 1712.

Quoique je veuille, mon révérend Père, être toujours très discret et très réservé à votre égard, je crois vous devoir faire souvenir que j'attends depuis plusieurs mois votre réponse sur quelques questions touchant ma controverse contre les jansénistes.

D'un côté, j'ai préparé un ouvrage pour montrer que les politiques du parti sauvent tout le jansénisme, en affectant de condamner Jansénius ; et qu'ils se jouent des décisions de Rome, en faisant semblant de les suivre. Mais comme M. le cardinal de Noailles a paru protéger quelques uns de ces politiques, tels que M. Habert, je m'abstiendrai de les nommer, si le roi le veut, quoiqu'il soit capital de décréditer leurs livres, qui empoisonnent à Paris toutes les écoles.

D'un autre côté, il y a plus d'un an et demi que je dois une réponse au P. Quesnel. Ce qui en a retardé la publication est qu'il prétend ne soutenir que la doctrine de son archevêque, qui est M. le cardinal de Noailles. Il dit que je n'oserois la condamner. Il se croit imprenable dans ce retranchement. Il voudroit même malignement me mettre aux prises avec ce cardinal. J'ai toujours demeuré dans le silence, espérant que ce cardinal feroit enfin un désaveu formel d'une doctrine qui lui est si injurieusement imputée; mais il ne la désavoue point. Cependant mon silence fait un tort irréparable à la cause de la foi : le parti en triomphe; il dit que je suis dans l'impuissance de répondre. Je sais qu'un homme d'un grand rang a dit que le P. Quesnel m'avoit accablé sans ressource. Rien ne m'est plus facile que de le confondre lui-même; mais j'ai toujours attendu quelque désaveu de M. le cardinal de Noailles, qui eût été plus décisif que tous mes écrits. On voit par-là jusqu'à quel excès j'ai poussé les ménagements pour sa personne.

Il étoit naturel d'espérer qu'il ne laisseroit pas sans contradiction un discours si outrageux contre sa foi. D'un côté, le P. Quesnel avoue ouvertement qu'il soutient toute la doctrine de Jansénius; de l'autre côté, il assure que cette même doctrine est celle de son archevêque. Sans doute ce cardinal, qui souffre si impatiemment les moindres peines, auroit dû repousser avec indignation cet écrivain odieux, qui lui impute son hérésie. Pour le confondre et pour se justifier, il n'avoit qu'à désavouer cette doctrine condamnée, et qu'à montrer précisément en quoi la sienne est différente. Son honneur le pressoit bien plus de faire ce désaveu, que d'attaquer contre toutes les formes les trois évêques, et que d'employer un monitoire pour se déclarer le protecteur de la *Théologie* pernicieuse de M. Habert. Mais il dissimule tout ce que le parti ose écrire aux dépens de sa réputation, et toute sa délicatesse se tourne contre les défenseurs de la saine doctrine, qui respectent sa personne.

Après tout, l'Église et la foi sont préférables au point d'honneur de ce cardinal. Il est temps que je réponde au chef du parti, qui triomphe de mon silence. Puis-je lui répondre, sans dire aucun mot de ce qu'il se vante d'avoir son archevêque pour défenseur de leur doctrine commune? Ce seroit dissimuler le point principal, et lui donner un avantage infini, dont la vérité souffriroit beaucoup. Il faut de bonne foi forcer ce dangereux retranchement : mais je le ferai de la manière la plus douce et la plus discrète.

Je me bornerai à répondre en peu de mots au P. Quesnel que je le renvoie à ce cardinal même, pour apprendre de lui combien il se trompe et le calomnie, en lui imputant sa doctrine, qui est celle de Jansénius. Il n'y aura, s'il plaît à Dieu

---

[1] *Philip.*, IV, 4 et seq.

aucune de mes paroles que les plus malins critiques puissent tourner d'une façon douteuse. On ne verra dans ma réponse que zèle, respect et vénération pour ce cardinal.

Le roi, qui aime tant l'Église, ne voudroit pas se rendre responsable, au jugement de Dieu, de toutes les suites funestes de mon silence, s'il ne me laissoit pas la liberté de défendre le dépôt de la foi contre le chef des novateurs.

Si M. le cardinal de Noailles prend enfin, comme je veux encore l'espérer, le parti de désavouer nettement la doctrine de Jansénius soutenue par le P. Quesnel, et de montrer précisément en quoi il s'en éloigne, j'aurai la consolation de lui avoir donné lieu de faire une démarche infiniment utile pour la religion, et glorieuse pour lui.

Alors je ne manquerai pas de mettre à profit toutes ses paroles, pour lui en faire honneur, et pour l'engager respectueusement de plus en plus, par mes éloges, à combattre le jansénisme.

C'est ce que j'avois tâché de faire autrefois, quand il publia son mandement de l'an 1696. Quoique ce mandement fût équivoque, je crus le devoir prendre dans le sens favorable. J'en félicitai ce cardinal par une lettre qu'il a jugé à propos de faire imprimer depuis peu, au bout de seize ans. Il me parut alors qu'on devoit à la vertu et à la place d'un tel prélat, de fixer au sens pur et catholique ce qui n'étoit pas sans ambiguïté. Il me sembloit nécessaire de l'engager, par des louanges, à se déclarer contre l'erreur : mais je m'aperçus bientôt que mes louanges faisoient plus de mal que de bien. Ce cardinal approuva avec complaisance que les Pères Quesnel et Juénin fixassent ce mandement équivoque au sens janséniste. Ils en ont triomphé sous ses yeux, et on n'a jamais pu lui arracher la moindre improbation d'une explication si déshonorante pour lui, et si scandaleuse contre la foi. Dieu veuille que ce cardinal fasse enfin sur ma réponse au P. Quesnel un désaveu décisif de cette doctrine, après lequel il ne recule plus !

On dira peut-être, mon révérend Père, que la réception que ce cardinal fera de la bulle qu'on prépare à Rome contre le P. Quesnel sera le désaveu que je demande, et qu'il n'en faut point d'autre. Mais voici les raisons qui m'empêchent de le croire :

1° Il ne s'agit point ici du livre particulier du P. Quesnel, que ce cardinal a approuvé. Il est question du fond de toute la doctrine du P. Quesnel, qui est celle de Jansénius, et que le P. Quesnel prétend être aussi celle de son archevêque. Le Père Quesnel lui-même pourroit condamner son livre sur quelque défaut d'expression, sans condamner aucune de ses erreurs. Tout de même M. le cardinal de Noailles peut condamner ce livre particulier du P. Quesnel, pour quelque terme qu'il reconnoîtra être peu correct, sans condamner aucune des erreurs de ce chef du parti. Ainsi la réception de la bulle et la condamnation du livre ne feront qu'un seul bien. Elles feront que ce livre, autorisé pendant tant d'années par l'approbation de ce cardinal, n'aura plus la même autorité pour séduire les fidèles. Mais cette condamnation du livre ne nous assurera nullement d'une réelle opposition entre la doctrine de ce cardinal et celle du P. Quesnel. La vraie sûreté ne peut se trouver que dans un désaveu formel de ce cardinal, avec une explication précise des points sur lesquels ils sont opposés.

2° Tous les politiques du parti sont accoutumés à condamner le livre de Jansénius sur quelques termes durs, sans condamner aucune de ses erreurs. Qui est-ce qui empêche ce cardinal d'en faire autant pour le livre du P. Quesnel, en supposant qu'il ne s'est pas expliqué assez correctement, quoique le fond de sa doctrine soit très pur? Les politiques qui ont sa confiance lui insinuent cet expédient. Le P. Quesnel même y consentira, pour conserver le crédit d'un si puissant protecteur. Le parti n'a garde de vouloir qu'il s'expose aux dernières extrémités.

3° Il n'y a qu'à lire la promesse que ce cardinal a faite de recevoir la bulle, on verra qu'il ne promet de le faire que par respect et par simple déférence, pour conserver la paix, voulant bien apprendre du pape, son supérieur, le langage dont il est à propos de se servir. Il est visible que c'est ne promettre qu'une complaisance sur le choix des termes, sans s'engager à condamner aucun point du fond de la doctrine. Ainsi cette promesse, loin de rassurer l'Église, la doit alarmer.

4° Ce cardinal n'a pas craint de dire que l'Église, étant trompée sur le sens des livres, *peut tromper* ses enfants dans la condamnation qu'elle en prononce, comme une famille est trompée sur un enfant supposé par des *sages-femmes* et par des *nourrices*. En vérité, quel fond sérieux peut-on faire sur cette promesse de recevoir la bulle, puisqu'il déclare par avance que l'Église pourra nous tromper sur le livre du P. Quesnel, comme les *sages-femmes* et les *nourrices* trompent quelquefois les familles sur les enfants?

5° Ce cardinal déclare qu'il a bien prévu les orages dont sa doctrine le menaçoit. S'il ne prétend soutenir que l'opinion des thomistes, pourquoi a-t-il prévu tant d'orages? Cette opinion est libre dans les écoles; tout vrai thomiste, qui est sincèrement opposé au jansénisme, jouit partout d'un profond repos. Au lieu de se dévouer à la persécution, ce cardinal n'avoit donc qu'à dire : Je suis thomiste; je crois la prémotion, mais je condamne de tout mon cœur le système des deux délectations inévitables et invincibles, qui est la doctrine manifeste de Jansénius et du P. Quesnel. D'où vient que ce cardinal refuse de parler ainsi? Ce discours justifieroit sa foi, le combleroit de gloire, consoleroit l'Église, confondroit ses ennemis, et feroit rentrer ce cardinal dans la confiance du roi. Au lieu de parler ainsi, il proteste en termes vagues qu'il s'attache à *la doctrine de saint Augustin et de saint Thomas;* langage captieux et ordinaire de tous les écrivains du parti. Espère-t-il persuader qu'il n'est point favorable aux jansénistes, en parlant précisément comme eux? Il faut une déclaration nette et décisive sur le fond de la doctrine, qui réponde de sa foi à toute l'Église.

6° J'ai déjà dit que les Pères Quesnel et Juénin ont souvent fixé au sens janséniste le mandement de ce cardinal, de l'an 1696. On n'a jamais pu lui arracher ni désaveu ni improbation d'une explication de son mandement, qui est si scandaleuse contre la foi. C'est donc cette explication hérétique de sa doctrine qu'il doit désavouer. La condamnation du livre du P. Quesnel, pour quelque expression peu correcte, ne seroit nullement un désaveu du fond de cette doctrine empoisonnée. Il s'agit, non des expressions du livre du P. Quesnel, mais de la personne de ce cardinal, auquel le P. Quesnel impute la doctrine condamnée de Jansénius. N'est-il pas nécessaire qu'il se hâte de se justifier sur le fond de cette hérésie?

On dira peut-être que ce seroit exiger trop de lui : mais que peut-on exiger de moins? Quoi donc! est-ce vexer un cardinal archevêque de Paris, quand le chef d'une secte se vante de l'avoir pour défenseur de sa doctrine, que de le presser, avec douceur et respect, de confondre ce calomniateur par un désaveu de son hérésie? Il ne lui en coûtera que de parler de l'abondance de son cœur. S'il est vrai qu'il soit sincèrement anti-janséniste, et si le parti ne le retient par aucun lien secret, quelle peine peut-il avoir à désavouer une doctrine dont il a horreur, et à justifier sa foi calomniée? S'il est vrai qu'il soit anti-janséniste, ne doit-il pas éclater d'abord avec zèle et indignation, pour mettre en sûreté le sacré dépôt, et pour défendre sa réputation? Jamais nul homme véritablement opposé au jansénisme n'aura besoin d'être poussé dans une telle occasion ; rien ne pourra le retenir. D'où vient donc que ce cardinal, qui paroît si délicat contre les trois évêques, lorsqu'ils soutiennent la cause de la foi avec zèle et respect pour lui, est si insensible quand le P. Quesnel attaque tout ensemble, avec tant de témérité, la foi de l'Église et l'honneur de sa personne? Que ne perd-il pas, en refusant de parler! Que ne gagneroit-il pas, en se hâtant de le faire en termes décisifs! On ne lui demande que le simple témoignage de sa conscience ; il sera cru d'abord sur sa parole, pourvu qu'elle soit claire et précise. Cette déclaration n'humiliera que le parti, et elle comblera de gloire ce cardinal.

Cette déclaration est absolument nécessaire pour confondre le chef des novateurs, pour justifier ce cardinal, et pour rassurer l'Église alarmée. D'ailleurs l'occasion est naturelle et heureuse. La Providence a fait ce que nous n'aurions jamais osé faire. Elle permet que le P. Quesnel ait la hardiesse de prendre l'Église entière à témoin de ce fait, savoir que sa doctrine, tirée de Jansénius, est précisément celle de son archevêque. Cet archevêque pourroit-il refuser de confondre ce calomniateur par un désaveu? Ce refus ne seroit-il pas une approbation tacite d'une imputation si diffamante pour lui, et si dangereuse pour la foi catholique?

On pourra me répondre que ce cardinal est pieux; mais c'est sa piété même que je crains: c'est elle qui lui donne de l'autorité ; c'est elle dont le parti se prévaut avec art, pour attendrir le public en sa faveur, et pour rendre odieux tous les défenseurs de la foi.

On dira qu'il ne voudroit pas faire un schisme, ni attaquer l'Église. Je le crois : mais les politiques du parti, qui l'obsèdent, peuvent l'embarquer insensiblement, sous de beaux prétextes, au-delà de toutes les bornes qu'il s'est prescrites. Le parti lui fera entendre qu'il faut résister, non aux décisions de l'Église, mais aux entreprises de Rome contre les libertés gallicanes; qu'il s'agit non du droit et de la foi, mais d'un simple fait qui ne touche que la discipline. D'abord, on veut être doux, modéré, humble et patient ; mais ensuite on s'échauffe peu à peu; on se pique, on s'aigrit, on devient homme, on est flatté et entraîné par les flatteurs. Ne doit-on pas être étonné des coups hardis que ce cardinal a hasardés sous les yeux d'un roi sage, expérimenté, zélé contre le jansénisme, plein de bonté pour lui, et des bienfaits duquel il est comblé? Que ne devons-nous pas craindre, à plus forte raison, pour les temps orageux que le parti espère, et que les gens de bien craignent comme le plus terrible châtiment de Dieu sur la France!

On dira que ce cardinal n'est point janséniste par une réelle persuasion de la doctrine de Jansénius, qu'il a seulement une forte prévention en faveur des politiques du parti, parce qu'il les croit bons catholiques, et qu'il suit un peu trop son aversion pour les jésuites, qui lui ont fait beaucoup de mal. Je suppose sans peine qu'il n'a jamais approfondi et développé les questions : mais je crains bien plus une préoccupation vague et confuse, qui est sans remède, que les faux préjugés d'un homme qui approfondit, et qu'on peut espérer de détromper peu à peu par de solides éclaircissements. Quand un homme se livre à un parti, par goût pour certaines personnes, et par ressentiment contre leurs adversaires; quand il n'examine qu'à demi, et quand il décide de tout; quand il est jaloux de l'autorité, sans savoir ni la retenir ni la mesurer; quand il veut être bon catholique en se livrant à ceux qui ne le sont pas; quand il ne connoît pas assez les conséquences de chaque pas qu'on lui fait faire; quand il s'irrite contre ceux qui veulent le redresser avec respect, et jamais contre ceux qui le poussent dans des extrémités insoutenables; quand il abuse des ménagements qu'on a pour lui, et quand il hasarde tout, abusant de ce qu'il voit qu'on desire de l'épargner; on est sans cesse à recommencer avec lui, et on ne fait jamais rien de solide ni de constant pour la sûreté de la foi.

Feu M. l'évêque de Chartres, et les autres personnes zélées pour l'Église, ont arraché à ce cardinal plusieurs actes qui paroissoient très forts contre le parti; mais le parti lui a arraché à son tour d'autres actes très dangereux. Il varie, il recule, il retombe facilement du côté où son goût, sa confiance et ses préjugés confus le font pencher. Ainsi la séduction augmente, et on a tout à craindre pour l'avenir.

Ma conclusion est qu'on ne peut mettre la foi en sûreté et l'Église en paix qu'en faisant faire avec douceur et ménagement, à ce cardinal, des démarches si décisives contre la doctrine du P. Quesnel et des politiques du parti, qu'il ne puisse plus ni reculer, ni regarder jamais derrière lui. Il faut que la déclaration qu'il fera saute aux yeux du public, et qu'il ne puisse lui-même l'oublier en aucun jour de sa vie. Il faut que le parti ne puisse plus garder aucune mesure, ni tolérer, sous aucun prétexte, la déclaration de ce cardinal. Il faut que les politiques mêmes, nonobstant toutes leurs souplesses, ne puissent point le rapprocher d'eux par leurs explications artificieuses, et qu'ils aient honte de l'entreprendre. Il faut une rupture ouverte, et sans aucune ressource pour une réconciliation. Il faut que ce cardinal demeure alors piqué et aigri contre le parti, comme il l'est maintenant contre les jésuites. Il faut que le parti ne le soit pas moins contre lui. Il faut que le parti cesse de le vanter comme l'Athanase de notre siècle, qui souffre une odieuse persécution pour la céleste doctrine de saint Augustin. Il faut que le parti, au lieu des éloges dont il le comble maintenant, commence à se déchaîner contre lui, comme il ne manque jamais de se déchaîner contre tous les prélats qui sont sincèrement anti-jansénistes. On peut compter que ce cardinal ne sera véritablement opposé au parti que quand le parti lui-même changera de langage, et que, n'espérant plus sa protection, il ne ménagera plus ce cardinal.

Si ce cardinal refusoit jusqu'à la fin le désaveu formel et décisif de la doctrine de Jansénius, que le P. Quesnel lui impute, le roi examineroit, avec sa prudence et son zèle ordinaire, quels remèdes seroient proportionnés à un si grand péril de l'Église. Au moins la démarche douce, mesurée et respectueuse que j'aurois faite en renvoyant le P. Quesnel à ce cardinal, pour être détrompé par lui, auroit servi à un point essentiel, qui est celui de découvrir le véritable état des choses, et les maux dont on seroit menacé pour l'avenir. Mais je ne puis me résoudre à croire qu'un tel refus puisse être soutenu avec obstination par ce cardinal jusqu'à l'extrémité.

Si au contraire ce cardinal fait ce désaveu, en sorte qu'il ne laisse aucun prétexte d'évasion aux politiques, et que cette démarche le sépare pour toujours du parti, j'en remercierai Dieu tous les jours de ma vie; je n'écrirai plus que pour louer ce cardinal de la pureté de sa doctrine et de son zèle contre l'erreur. Je proposerai l'acte qu'il aura fait comme le modèle que nous devons suivre contre le jansénisme. Je montrerai en toute occasion un respect, une vénération et une déférence sans bornes pour lui.

Voilà, mon révérend Père, ce que je crois devoir en conscience vous représenter pour en rendre compte au roi. Je parle comme si j'étois au moment de ma mort. Il me semble que je suis, par la grace de Dieu, infiniment éloigné de tout ressentiment et de toute vue humaine. Je mourrai content, si Dieu bénit ce que je ne desire de faire que pour lui seul. J'espère que le roi aura la bonté d'agréer que je fasse enfin au P. Quesnel une réponse dont le retardement fait grand tort à la cause de l'Église, et qui ne devra blesser en rien ce cardinal.

Je suis très parfaitement, etc.

275. — AU P. QUIRINI.

Il fait à ce religieux les offres les plus obligeantes.

A Cambrai, 19 octobre 1712.

J'ai reçu, mon révérend Père, avec un grand mélange de joie et de tristesse, la lettre que vous m'avez fait l'honneur de m'écrire. Rien n'est plus cordial ni plus aimable que cette lettre. J'en aurai toute ma vie le cœur attendri. Je n'en excepte que les louanges, dont je suis honteux : mais je ne me console pas de perdre toute espérance de vous posséder ici. Je ne vous y ai vu que dans un temps de trouble, où je n'avois aucun moment de libre. Depuis ce temps-là, je n'ai eu qu'un embarras continuel, sans pouvoir respirer. Enfin Dieu me rend le calme, et vous m'échappez ! Un autre ne pourroit-il point vous soulager pour vos ballots ? Pour moi, je vous enverrois très volontiers un relais au-devant de vous, aussi loin qu'il vous plaira, pour faciliter votre voyage. Jugez, s'il vous plaît, par cette offre, de la joie que j'aurois de vous embrasser et de vous entretenir, ou, pour mieux dire, de vous écouter. Je suis fort aise, mon révérend Père, de ce que vos études du cabinet ne vous ont point empêché d'étudier les hommes. En connoissant Paris, vous connoissez le gros de toute la France, dont il est le centre. On doit craindre pour les savants de notre nation les jansénistes et les critiques. Les premiers ont un très dangereux entêtement sur un système insoutenable, qu'ils prétendent voir clairement dans saint Augustin, et qu'ils expliquent suivant leurs préjugés, sans rendre cette explication dépendante des décisions faites par l'Église. Ce parti, loin de diminuer, croît tous les jours, et poussera de proche en proche la dispute jusqu'à de grandes extrémités, si Dieu, qui est le maître des cœurs, ne les modère pas. Il faudra, malgré tous les tempéraments dont on use, que le Saint-Siége aille enfin, par ses décisions, jusqu'à la racine de cette controverse : un peu plus tôt, un peu plus tard, il faudra y venir. Pour les critiques, leur hardiesse fait tout craindre ; et Rome doit veiller, afin que Pierre confirme ses frères par son autorité : c'est par la doctrine qu'elle doit présider au-dessus de nous. Si vous veniez ici, je serois charmé, etc.

274. — AU P. MARTINEAU.

Il lui fait connoître quelques faits intéressants pour l'histoire du duc de Bourgogne.

A Cambrai, 14 novembre 1712.

On ne peut être plus sensible que je le suis, mon révérend Père, à toutes les choses obligeantes dont vous me comblez. Une incommodité considérable a retardé la réponse que je vous dois. Votre ouvrage m'a affligé et consolé tout ensemble [1]. Il contient des monuments précieux. Dieu veuille que notre nation profite de tant d'excellentes maximes, et de tant d'exemples des plus hautes vertus ! Tout y est proportionné aux besoins des lecteurs, et je voudrois qu'il fût aussi convenable à leurs dispositions; mais le public est si corrompu et si soulevé contre le joug de la religion, que les grandes vertus l'étonnent, le découragent et l'aigrissent. On ne peut néanmoins rien faire de mieux que de leur montrer un grand prince qui, sans descendre de son rang, a vécu recueilli, humble et mortifié, avec la douceur, la bonté, la modération, et la patience la plus édifiante. Je serai charmé de tout ce que vous ajouterez, dans une nouvelle édition, aux choses que vous avez données dans la première. Pour moi, je me trouverois trop heureux si je pouvois vous envoyer quelque Mémoire digne d'un si grand sujet : mais il y avoit si long-temps que j'étois loin du prince, que je n'ai pu être témoin d'aucun des faits arrivés dans un âge mûr, où il pouvoit édifier le monde. Je vous dirai seulement, pour les temps de son enfance, que je l'ai toujours vu sincère et ingénu, jusqu'au point que nous n'avions besoin que de l'interroger pour apprendre de lui les fautes qu'il avoit faites. Un jour, il étoit en très mauvaise humeur, et il vouloit cacher, dans sa passion, ce qu'il avoit fait en désobéissant. Je le pressai *de me dire la vérité devant Dieu.* Alors il se mit en grande colère, et il s'écria : *Pourquoi me le demandez-vous devant Dieu ? Hé bien ! puisque vous me le demandez ainsi, je ne puis pas vous désavouer que j'ai fait telle chose.* Il étoit comme hors de lui par l'excès de la colère, et cependant la religion le dominoit tellement, qu'elle lui arrachoit un aveu si pénible. On ne le corrigeoit jamais que dans les besoins essentiels, et on ne le faisoit qu'avec beaucoup de ménagement. Dès que sa promptitude étoit passée, il revenoit à ceux qui l'avoient corrigé ; il avouoit sa faute, il falloit l'en

[1] Le P. Martineau venoit de publier le *Recueil des vertus de Louis de France, duc de Bourgogne, et ensuite dauphin*, 1712; in-12. Voyez la lettre de ce père du 5 avril précédent, tom. III, pag. 511 ; et l'*Hist. de Fénelon*, liv. VII, n. 70.

consoler; et il savoit bon gré à ces personnes de leur travail pour sa correction. Je l'ai vu souvent nous dire, quand il étoit en liberté de conversation : *Je laisse derrière la porte le duc de Bourgogne, et je ne suis plus avec vous que le petit Louis.* Il parloit ainsi à neuf ans. J'abandonnois l'étude toutes les fois qu'il vouloit commencer une conversation où il pût acquérir des connoissances utiles. C'est ce qui arrivoit assez souvent : l'étude se retrouvoit assez dans la suite; car il en avoit le goût, et je voulois lui donner celui d'une solide conversation, pour le rendre sociable, et pour l'accoutumer à connoître les hommes dans la société. Dans ces conversations, son esprit faisoit un sensible progrès sur les matières de littérature, de politique, et même de métaphysique : il y avoit entendu toutes les preuves de la religion. Son humeur s'adoucissoit dans de tels entretiens; il devenoit tranquille, complaisant, gai, aimable; on en étoit charmé. Il n'avoit alors aucune hauteur, et il s'y divertissoit mieux que dans ses jeux d'enfant, où il se fâchoit souvent mal à propos. Je ne l'ai jamais vu aimer les louanges; il les laissoit tomber d'abord, et si on lui en parloit, il disoit simplement qu'il connoissoit trop ses défauts pour mériter d'être loué. Il nous a dit souvent qu'il se souviendroit toute sa vie de la douceur qu'il goûtoit en étudiant sans contrainte. Nous l'avons vu demander qu'on lui fît des lectures pendant ses repas et à son lever; tant il aimoit toutes les choses qu'il avoit besoin d'apprendre! Aussi n'ai-je jamais vu aucun enfant entendre de si bonne heure, et avec tant de délicatesse, les choses les plus fines de la poésie et de l'éloquence. Il concevoit sans peine les principes les plus abstraits. Dès qu'il me voyoit faire quelque travail pour lui, il entreprenoit d'en faire autant, et travailloit de son côté sans qu'on lui en parlât. Je ne l'ai jamais vu penser, excepté les moments d'humeur, que selon la plus droite raison, et conformément aux pures maximes de l'Évangile. Il avoit de la complaisance et des égards pour certaines personnes profanes qui en méritoient; mais il n'ouvroit son cœur et ne se confioit entièrement qu'aux personnes qu'il croyoit sincèrement pieuses. On ne lui disoit rien de ses défauts qu'il ne connût, qu'il ne sentît et qu'il n'écoutât avec reconnoissance. Je n'ai jamais vu de personne à qui j'eusse moins craint de déplaire, en lui disant contre lui-même les plus dures vérités. J'en ai fait des expériences étonnantes. L'âge, l'expérience des affaires, celle des personnes, et l'exercice de l'autorité, lui auroient donné certainement une force qu'il ne paroissoit pas encore avoir assez grande. La pratique et l'occupation l'auroient dégagé de certains petits amusements d'habitude, et lui auroient donné une dignité dont tout son fonds étoit très capable. Sa fermeté étoit à toute épreuve sur tout ce qui lui paroissoit intéresser la religion, la justice, l'honneur, la vérité, la probité, la fidélité du commerce.

Voilà les choses générales dont je me souviens; si je puis en rappeler d'autres, je vous les manderai simplement.

C'est avec une sincère vénération que je serai toute ma vie, etc.

275. — AU MARQUIS DE FÉNELON.

Sur le réglement de son intérieur, et sur sa conduite à l'égard des autres.

A Cambrai, 6 décembre 1712.

Bonjour, fanfan; je souhaite qu'en t'éloignant de Cambrai, tu ne te sois point éloigné de notre commun centre, et que notre absence n'ait point diminué en toi la présence de Dieu. L'enfant ne peut pas téter toujours, ni même être sans cesse tenu par les lisières; on le sèvre, on l'accoutume à marcher seul. Tu ne m'auras pas toujours. Il faut que Dieu te fasse cent fois plus d'impression que moi, vile et indigne créature. Fais ton devoir parmi tes officiers avec exactitude, sans minutie, patiemment et sans dureté. On déshonore la justice, quand on n'y joint pas la douceur, les égards et la condescendance : c'est faire mal le bien. Je veux que tu te fasses aimer; mais Dieu seul peut te rendre aimable, car tu ne l'es point par ton naturel roide et âpre. Il faut que la main de Dieu te manie pour te rendre souple et pliant; il faut qu'il te rende docile, attentif à la pensée d'autrui, défiant de la tienne, et petit comme un enfant : tout le reste est sottise, enflure et vanité.

Madame de Chevry souffre encore. Nous ne savons rien de nouveau, rien qui me fasse plaisir, sinon que fanfan reviendra vendredi.

276. — AU MÊME.

Il lui adresse un Mémoire pour le ministre de la guerre, et lui trace la conduite qu'il doit tenir dans le monde.

A Cambrai, 7 janvier 1713.

Je vous envoie, mon cher fanfan, un Mémoire avec le projet un peu retouché. Le Mémoire, malgré mes soins pour l'accourcir, est un peu longuet. Si M. Voysin s'accommodoit sans examen du projet, avec le très petit changement que j'y ai fait, il n'auroit pas besoin de lire le Mémoire; mais s'il a de la peine à s'accommoder du projet avec ce très petit changement, il faut donner un assaut pour obtenir qu'il ait la bonté de lire le Mémoire : il n'y aura que quatre minutes de lecture. Pour le changement que je propose, il le verra du premier coup d'œil. J'ai souligné d'une ligne ondée toutes les paroles du changement, qui ne vont pas jusqu'à trois lignes. Ce changement ne peut même blesser personne.

Je suis persuadé que vous devez demeurer à Paris pendant que le roi sera à Marly, afin de retourner à Versailles quand la cour y retournera : autrement votre voyage seroit inutile, et c'est ce que vous devez éviter. Je ne m'étonne point de votre embarras et de votre dégoût : on est gêné avec les gens qu'on connoît peu ou point; on fait très imparfaitement ce qu'on n'a pas l'habitude de faire. L'amour-propre s'ennuie de se contraindre beaucoup avec peu de succès. Vous êtes accoutumé à une vie simple, commode, libre et flatteuse par l'amitié de la compagnie qui vous environne : cette douceur vous gâte. Il faut s'accoutumer dans le monde à la fatigue de l'esprit, comme à la fatigue du corps dans un camp. Plus vous retarderez ce travail pour votre entrée dans le monde, plus il vous deviendra dur, et presque impossible. Vous courrez risque d'y réussir très mal à un certain âge. Si vous y renoncez pour toujours, vous passerez votre vie dans l'obscurité, sans amis de distinction, sans crédit, sans appui, sans ressource pour faire valoir vos services, et sans aucun moyen de soutenir votre famille. Il est donc capital que vous rompiez tout au plus tôt cette glace avec courage et patience, sans écouter votre amour-propre contristé. La facilité viendra peu à peu avec l'habitude. Vous ne serez plus si embarrassé quand vous connoîtrez tout le monde, quand tout le monde vous connoîtra, quand vous serez accoutumé aux choses qu'on fait en ce pays-là, et quand vous aurez de quoi entrer à propos dans les conversations familières. Dès que vous y aurez acquis un certain nombre d'amis, honnêtes gens et estimés, ceux-là vous mettront dans leur commerce. De proche en proche vous irez peu à peu à tout ce qui vous conviendra. Vous verrez poliment tout le monde en public; vous rendrez les devoirs selon l'usage aux particuliers; et pour la vraie société, vous vous bornerez aux amis solides. Il ne faut pas chercher en eux la seule vertu; il faut tâcher d'en trouver quelques uns qui joignent à un vrai mérite la condition, et même quelque rang. En attendant, prenez patience; gagnez chaque jour quelque chose sur vous. Offrez cette contrainte à Dieu : c'est accomplir sa volonté par les devoirs de votre état; c'est faire une bonne pénitence de vos péchés; c'est sacrifier à Dieu votre repos, votre goût, vos commodités; c'est vous corriger d'un libertinage d'esprit qui vous séduisoit par une apparence de vie sérieuse, régulière, et solidement occupée.

Pour Paris, réservez-vous-y des heures de travail; évitez les soupers qui mènent trop avant dans la nuit, et qui dérangent tout le jour suivant; sauvez un peu vos matinées. Lisez, et pensez sur vos lectures. Je sais bien qu'on ne peut pas être toujours si rangé : il faut se laisser envahir quelquefois par complaisance pour certains amis; la société le veut, l'âge le demande : mais, en accordant un peu d'amusement aux amis, il leur faut dérober des heures sans lesquelles on ne se rendroit capable de rien pour mériter leur estime.

A l'égard de votre retour à Cambrai, ne précipitez rien : consultez les personnes qui auront la bonté de vous permettre de les consulter. D'ailleurs, si vous devez revenir ici au bout d'un certain temps par une règle indispensable de service, il suffira que vous vous y rendiez au terme du devoir militaire.

Grande estime, grande amitié, grande confiance en madame de Chevry; elle le mérite au-delà de tout ce que je puis exprimer : mais vos occupations doivent être différentes des siennes à certaines heures : elle ne doit pas vous décider sur certains points; c'est à vous à la redresser doucement sur les défauts de son régime pour sa santé, qui nous est très chère à vous et à moi.

Ne laissez point gâter le petit page[1] : il faut lui ouvrir le cœur par bonne amitié; mais les louanges prématurées gâtent les enfants. Il faut l'accoutumer de bonne heure à se regarder comme un pauvre petit cadet, sans autre ressource que le mérite, le travail, la sagesse et la patience.

L'occupation exacte, hors les temps de société, délivrera votre ami des espèces de songes en plein midi qui amusent son imagination. Il ne doit jamais leur prêter volontairement aucune attention : Dieu lui donnera cette fidélité, s'il la désire et demande de tout son cœur.

Jugez, mon cher fanfan, par cette lettre, avec quelle tendresse je vous aime. Ma santé est au même état que vous l'avez vue à votre départ.

[1] Frère du marquis.

277. — AU MÊME.

Sur la conduite qu'il doit tenir envers plusieurs personnes.

A Cambrai, 12 janvier 1713.

Notre pauvre malade (*madame de Chevry*) est à plaindre; il faut la ménager, la soutenir, la consoler. Je voudrois que M. Chirac pût varier les aliments pour lui adoucir le régime : il faut qu'elle soit docile pour les remèdes fréquents qu'il croit nécessaires. Parlez en mon nom avec force et amitié; montrez cette lettre : elle voit bien qu'elle suit trop son imagination, elle ne vomit point les bouillons, comme elle se l'imaginoit.

La personne qui m'appelle ingrat ne me fait point justice. Pour moi, je la lui fais bien mieux; car je suis fort touché de ses bontés, dont elle me donne des marques avec tant de persévérance. Il n'y a qu'à répondre avec respect et délicatesse, en glissant toujours : plus elle vous verra poli et mesuré sans composition, plus elle vous attaquera. Point d'empressement pour la chercher, après lui avoir rendu un devoir; mais beaucoup d'attention pour reconnoître ses bontés, et pour montrer qu'on les sent toutes. Il ne faut point faire d'avances pour dire à un homme respectable ce qu'il ne vous demande point : il sait bien qu'il peut vous questionner; il en a tout le droit; il est informé de ce que je pense. En voilà assez; demeurez dans une retenue convenable; attendez : ce qu'il n'a pas fait en un temps, il pourra le faire en un autre. Tenez-vous seulement à portée, et tout prêt en cas de besoin.

Pour l'homme chez qui vous m'avez mandé avoir dîné, je vous prie d'aller le remercier de ma part pour les bontés dont il vous a comblé : dites-lui que je n'ai osé lui écrire pour lui en faire mes très humbles remercîments, et que je m'en abstiens par pure discrétion. Finissez en lui faisant entendre que vous comptez sur les bontés qu'il a pour moi, et dont il ne m'est pas permis de douter; que vous tâcherez de les mériter par un attachement plein de respect : mais n'ayant actuellement rien dont il s'agisse, vous vous bornez à espérer que, dans les occasions, il voudra bien vous honorer des marques de sa bienveillance, qui peuvent être fort utiles à votre réputation et à votre avancement.

Je vous envoie une lettre pour M. le maréchal de Villars : elle est faite comme vous la desirez; elle ne le sollicite qu'à demi. Je le consulte, et je me remets à ce que vous lui expliquerez vous-même de vos services.

M. de H. (*Harlay*) est parti d'ici assez content, et bien disposé pour nous. Il me semble qu'il conviendroit que vous l'allassiez voir, et que vous l'accoutumassiez à entrer insensiblement en conversation avec vous : c'est un homme de beaucoup d'esprit, qui raisonnera volontiers, et qui a beaucoup de connoissances acquises. Vous y trouverez des sentiments très nobles, avec un grand usage du monde. Il est rare, à tout prendre, de trouver tant de qualités rassemblées. Tâchez de le cultiver avec discrétion. Priez-le, de ma part, de remercier très vivement pour moi l'homme qui vous a donné à dîner, et qui vous a fait des offres si obligeantes; c'est son proche parent, et son ami fort particulier.

Je suis ravi de ce que le cousin est toujours bien avec les gens dont nous craignions qu'il ne perdît un peu les bonnes graces. La dame de cette maison m'accuse injustement de démangeaison pour la critique : ce que je représente est clair comme le jour : je ne représente qu'étant pressé par un intérêt capital, et j'ai tâché de le faire avec des ménagements infinis. Je ne verrois nul inconvénient que vous prissiez la liberté de parler vous-même à cette dame, et que vous lui témoignassiez avec respect combien votre avancement vous toucheroit, si vous pouviez le devoir aux bontés de lui et d'elle. J'espère que, quand vous aurez une décision sur mon dernier projet, vous ne perdrez point de temps pour m'en faire part.

Je vous envoie la gazette d'Amsterdam, ou du moins le postcrit intitulé *Suites des nouvelles*, etc. Vous y trouverez, à la fin, un article intitulé *Extrait d'une lettre de Rome, du 17 décembre* : cet extrait est fort curieux. Je vous prie de le donner ou de l'envoyer au plus tôt à M. Colin (*P. Lallemant*), qui est avide des nouvelles. Je suis bien aise de lui faire plaisir, afin qu'il ne néglige pas le procès de notre famille.

Bonsoir : tendrement tout à mon cher fanfan. Il faut bien employer le séjour de Paris pendant ce long Marly. Il faut prier Dieu, lire, voir les gens qui méritent d'être cultivés, et se cultiver soi-même, pour devenir un homme capable de bien remplir tous ses devoirs. Je ne prêche qu'à cause que vous le voulez.

278. — AU MÊME.

Sur la maladie de madame de Chevry, et sur la patience nécessaire en cet état.

A Cambrai, 16 janvier 1713.

Je suis très content de vos soins pour mon affaire, et nullement de l'acte qu'on m'a envoyé :

il brouille tout, et n'est fait sur aucun principe suivi. Je ne sais point encore le parti que je prendrai. Il faut être patient, prier Dieu, et consulter les hommes sages.

Je vous conjure, mon cher neveu, de dire pour moi à ma nièce que je suis très affligé de son état. Je voudrois être à portée de me joindre à vous pour prendre soin de sa santé. Je conçois l'embarras des plus habiles médecins, et leur incertitude; mais enfin leurs expériences, quoique très imparfaites, valent un peu mieux que notre ignorance absolue. Après tout, si quelque chose dans la médecine est au-dessus du reste, c'est M. Chirac : il la connoît depuis long-temps; il a étudié son tempérament et la suite de ses maux; il l'a bien conduite dans le plus extrême péril; il s'est affectionné pour elle. Où pourroit-on espérer de trouver un semblable secours? Il ne reste donc qu'à le croire, qu'à lui être docile, et qu'à s'abandonner à ses conseils, ou plutôt à la Providence, qui bénira cette docilité. C'est porter une rude croix, que de se livrer aux remèdes fréquents et à un long régime : on se dégoûte, on se lasse; toute patience s'use; mais il faut tourner son courage contre soi-même, et se faire un mérite devant Dieu de ce qu'on fait pour se guérir. En guérissant le corps, on mortifie l'esprit et les sens, qui en ont grand besoin. Trop heureux que Dieu nous tienne compte de cette pénitence! Lisez-lui ma lettre, et dites-lui à quel point je lui suis dévoué.

Vous me ferez un sensible plaisir, si vous me procurez un chef d'office sage et bon officier. Il me faut aussi un laquais comme vous savez.

Vous ne mandez rien de votre jambe : j'en suis en peine. Je vous demande bien sérieusement de la faire examiner par MM. Triboulaut et Arnaud; après quoi vous me ferez savoir, s'il vous plaît, leur décision.

Si M. de Laval est encore à Paris, je vous prie de lui dire que j'ai écrit à madame sa mère, selon ses intentions, pour différer notre rendez-vous jusqu'au printemps. Ce retardement sera bon pour elle et pour moi : l'hiver et le voyage enrhument les vieilles bonnes gens comme nous. Tout sans réserve à mon très cher fanfan.

279. — AU MÊME.

Il l'exhorte à employer les remèdes les plus efficaces pour la guérison de sa jambe.

A Cambrai, 20 janvier 1713.

Je puis me tromper, mon cher fanfan; mais il me semble qu'il n'y a pas à hésiter : il faut suivre le parti que tous croient *le plus sûr et le plus prompt*, quoique M. Triboulaut ne le juge pas nécessaire. Puisque le parti d'ouvrir est, selon M. Triboulaut, encore *plus sûr* que celui de n'ouvrir pas, il faut qu'il n'y ait aucun danger à faire l'ouverture : or, ce fondement étant posé, pourquoi n'ouvriroit-on pas, puisque ce parti, qui est *le plus sûr* contre tout danger, est en même temps *le plus prompt* pour la parfaite guérison?

D'ailleurs, l'accident que vous savez pourroit avoir altéré un peu l'os, et il peut être important de découvrir le fond, de peur que l'altération de l'os augmentant, il n'arrivât quelque désordre qui n'éclateroit que quand il seroit difficile d'y remédier. Quand même il ne s'agiroit que d'une grosse esquille, il faut lui préparer une sortie suffisamment large, de peur qu'un trop long séjour de ce corps, devenu étranger, ne cause des sacs, ou quelque fistule, ou un ulcère.

Il est vrai, comme vous le dites, que cette esquille peut être encore adhérente par quelque reste de membrane, et qu'on ce cas on aura de la peine à tenir la plaie long-temps ouverte, pour attendre que l'esquille se détache; mais tôt ou tard il faut en venir là; et les experts, qui prévoient sans doute un cas si facile à prévoir, vous disent que le plus tôt ouvrir est *le plus sûr*. Ils pourront tenir la plaie ouverte par leurs caustiques et par leurs petites éponges : ils useront même peut-être de quelque drogue pour dissoudre le lien, et pour détacher l'esquille adhérente.

J'avoue qu'on pourroit attendre la saison des eaux de Barège, surtout si la paix vient, et s'il ne s'agit point de faire la campagne. Mais ne peut-il point arriver des accidents avant la saison des eaux, qui est encore assez éloignée? De plus, qui est-ce qui nous répondra que ces eaux rouvriront tout jusqu'au fond, et le purifieront parfaitement par la sortie de tout ce qui est étranger ou corrompu, comme on assure que l'opération des chirurgiens le fera? Enfin, supposons une sûreté égale entre l'opération des caustiques et l'usage des eaux : en ce cas, ne vaut-il pas mieux user d'un remède fort peu douloureux, nullement à craindre pour les accidents, et qui doit vous guérir dans peu de jours, que d'entreprendre un voyage de quatre cents lieues, qui vous tiendra presque tout l'été prochain dans l'embarras?

Ma conclusion est néanmoins qu'il faudroit, sans hésiter un seul moment, préférer le voyage de Barège, supposé qu'il eût un peu plus de sûreté contre tout danger, que l'opération. Examinez donc bien ce que ces messieurs pensent là-dessus ; pressez afin qu'on ne vous flatte point, et ne vous laissez point séduire par la crainte d'un long voyage, que vous voudriez vous épargner. Quelque temps et quelque argent qu'il vous en coûte, il faut faire le voyage, en cas qu'il donne un peu plus de sûreté selon eux.

D'où vient que M. Chirac ne propose pas de baigner la jambe malade dans les eaux de Balaruc? Si on rouvre votre blessure, il faut déterminer, avec MM. Chirac et Triboulaut, l'homme que vous choisirez pour vous panser : le plus habile de tous pour la main n'est pas trop bon ; il faut même que les autres voient souvent ce qu'il fera. Gardez-vous bien d'épargner là-dessus aucune dépense. Mille amitiés à ma nièce. Tendrement tout à mon fanfan.

De vos nouvelles, je vous conjure, très ponctuellement tous les jours, pour me délivrer d'inquiétude : faites écrire quelqu'un pour vous soulager.

280. — AU MÊME.

Il compatit à ses peines.

A Cambrai, 21 janvier 1713.

J'ai une vraie peine, mon très cher fanfan, que vous soyez à Paris loin de nous, à la veille d'une opération qui peut être longue, et dans la maison de notre chère malade (*madame de Chevry*). En l'état où elle est, vous ne sauriez en attendre de vrais secours ; et l'état de sa maladie très douloureuse peut être un objet bien pénible pour vous, pendant que vous souffrirez de votre côté. C'est trop que d'être deux malades bien souffrants dans une même maison. Quand les deux malades sont fort unis de bonne amitié, ils ne peuvent se secourir mutuellement ; ils ne font que s'attrister et que s'incommoder l'un l'autre. Voilà, mon très cher fanfan, mon embarras. Je crains que l'opération de rouvrir votre jambe, et d'en vider tout le fond, ne dure long-temps ; mais je vois d'ailleurs combien il est nécessaire qu'on prenne le parti que tous les plus habiles chirurgiens jugent *le plus sûr et le plus prompt* pour vous guérir. Plût à Dieu que vous fussiez ici au milieu de nous, avec le plus habile chirurgien de Paris, pour vous panser ! Je paierois volontiers son séjour, pour faire finir la chose sous mes yeux. Mais il faut prendre le meilleur des chirurgiens, et ce meilleur ne viendra pas maintenant ici. De plus, vous avez à Paris un singulier avantage : c'est que MM. Chirac, Triboulaut, etc., peuvent examiner, conférer et redresser ; en cas d'accident, celui qui conduira la chose de sa main. Ainsi, il vaut mieux que vous demeuriez à Paris, pourvu que vous puissiez y être commodément, sans incommoder notre pauvre malade : c'est à quoi il faut bien prendre garde. Si vous ne sortez point de sa maison, il faut que vous lui fassiez agréer que vous payiez toute votre dépense. Ne craignez pas de manquer d'argent ; je vous ôte toute inquiétude là-dessus.

Ce que M. Dupuy a mandé à madame de Risbourg sur l'état de madame de Chevry m'alarme beaucoup ; j'en suis fort en peine. N'oubliez rien pour l'engager par son amitié pour nous, par sa raison, par son courage, par sa religion, à être docile pour M. Chirac.

Bonsoir, mon très cher fanfan. Dieu sait ce qu'il me met au cœur pour vous, et ce que je souhaite qu'il mette dans le vôtre pour lui. Écrivez-nous bien de vos nouvelles : du moins, faites-nous-en écrire tous les jours de vous et de la malade.

281. AU MÊME.

Nouvelles de famille, et témoignages d'amitié.

A Cambrai, 22 janvier 1713.

Ne soyez point en peine, mon très cher fanfan, sur l'affaire dont vous ne croyez pas avoir parlé assez fortement. Vous avez dit de bon cœur ce que vous avez pu : je n'en demande pas davantage, et je laisse le reste à Dieu. Nous verrons ce que la Providence donnera d'ouverture : je ne veux aucun des succès qu'elle ne donne pas.

Je suis consolé d'apprendre que notre malade a un peu respiré ; mais je ne me fie point à ces petits soulagements. Pressez-la pour le régime, et pour l'usage des remèdes. Veillez sur elle : je vous donne procuration pour gronder.

M. de Marquessac nous a envoyé un excellent pâté de Périgueux. Je voudrois l'en remercier par une lettre ; mais je n'ose, de peur qu'il ne réitérât son présent. Le baron s'est presque rajeuni à manger un mets périgordin. Ce qui vient de son pays lui est plus délicieux que le nectar et l'ambroisie.

Je vous conjure de ne négliger aucune attention pour M. l'abbé de Laval. Vous lui devez une estime et une amitié très sincère.

Mandez-moi tout au plus tôt ce qu'on aura fait pour votre jambe, et ce qu'on aura découvert. Si vous saviez combien vous me soulagerez le cœur par ce soin, vous le prendriez très ponctuellement. Mais ne vous gênez point ; dictez au petit abbé, ou, si vous n'en avez pas le loisir, dites-lui la substance des choses.

Pendant tout le temps de l'opération, demeurez au lit ; voyez fort peu de gens, ne parlez guère, point de repas en compagnie ; dormez de très bonne heure; grand régime, parfait repos, sévère sobriété. Si vous êtes fidèle à Dieu, il vous rendra docile aux chirurgiens. Mille amitiés à la malade et à son cher fils. J'embrasse tendrement le petit abbé. Tout au très cher fanfan.

282. — AU MÊME.

Témoignages d'amitié.

A Cambrai, 27 janvier 1715.

Je vois bien, mon très cher fanfan, qu'il n'y a aucune porte ouverte pour sortir de chez notre chère malade. Dieu sait si je voudrois lui faire de la peine, manquer de confiance en elle, et refuser de lui avoir les plus grandes obligations! Mais ce que je crains le plus est que vous ne soyez tous deux malades en même temps, de manière à vous causer une peine réciproque, sans pouvoir vous entre-secourir. Le meilleur parti qui vous reste à prendre est celui de ne perdre pas un seul jour pour l'opération résolue. Choisissez, sans ménager la dépense, le meilleur de tous les chirurgiens; régime exact, grand repos; nul égard, nulle gêne, nul devoir, que celui d'obéir aux maîtres de l'art; patience, tranquillité, présence de Dieu, confiance en lui seul. L'argent ne vous manquera point. Si la paix vient, comme on l'espère, vous pourrez épargner; si la guerre continue, Dieu y pourvoira : à chaque jour suffit son mal. Ne soyez pas inquiet pour demain; car demain aura soin de lui-même. La Providence, notre bonne mère, a soin des petits oiseaux. Ne craignez rien : ne manquez point d'abandon au-dedans, et vous ne manquerez point de pain au-dehors. O que je veux voir un enfant de foi! Ce sera suivant la mesure de votre foi qu'il vous sera donné pour le corps et pour l'ame.

Put *(M. Dupuy)* arriva hier en bonne santé, après avoir passé par des abîmes de boue. Il est délassé aujourd'hui, et est bien content de se voir en repos au coin de mon feu. Je voudrois que vous y fussiez aussi avec votre jambe bien guérie; mais il faut travailler patiemment à sa guérison. Bonsoir. Mille et mille amitiés à la malade, pourvu qu'elle obéisse à M. Chirac. Tendrement et à jamais tout sans réserve à mon très cher fanfan.

283. — AU MÊME.

Il lui parle d'une affaire relative à l'abbé de Laval : il desire un grand-vicaire capable de le soulager.

28 janvier 1715.

Je n'avois garde de vous mander l'affaire de M. l'abbé de Laval [1]. C'étoit un secret qui venoit de trop haut, pour ne le garder pas avec un profond respect et de grandes précautions. Je le garde encore très fidèlement; mais la chose, dit-on, commence à se répandre. Je ne sais qui est-ce qui a parlé. Vous me mandez qu'elle est publique; j'aime mieux que vous l'ayez apprise du public que de moi : il faut que quelqu'un de ceux qui dévoient se taire ait parlé.

Il me tarde de vous savoir entre les mains des chirurgiens; la saison s'avance insensiblement. Si la paix, que je desire de si bon cœur, ne venoit point, je voudrois fort que toute votre opération eût été faite bien à loisir, et que votre jambe fût parfaitement rétablie par un long intervalle, avant les fatigues de la campagne. Ainsi je vous conjure de ne perdre pas un seul moment.

Bonsoir. Mille amitiés et sermons à notre chère malade. Tendrement et sans réserve tout à mon cher fanfan.

Je vous conjure de parler le plus tôt que vous pourrez avec M. Colin *(le P. Lallemant)*, pour savoir si lui ou ses amis les plus éclairés ne connoîtroient point un homme de mérite, de piété, de saine doctrine, versé dans les matières de discipline, qui fût propre à être mon grand-vicaire pour me soulager. Il faudroit un homme de confiance, doux et sage; je lui donnerois ici un honnête revenu par un canonicat.

284. — AU MÊME.

Sur un achat de terres projeté par le marquis.

A Cambrai, 30 janvier 1715.

Je suis de plus en plus en peine de notre pauvre malade *(madame de Chevry)*. Consolez-la, mon très cher fanfan. Ne la pressez pas trop; mais tâchez de la persuader par amitié, et de lui montrer combien nous sommes tous affligés de la voir se détruire elle-même. Le vrai courage et la sincère religion demandent qu'on se contraigne, et qu'on surmonte ses aversions.

Vous pouvez avec la malade parler à M. Colin, quand vous en aurez l'occasion. Dieu sait combien je voudrois que le bon Panta *(l'abbé de Beaumont)* fût occupé selon sa profession, et mis en œuvre; mais je vois qu'il s'y tourne moins que jamais. Il se noie de plus en plus dans le travail que vous savez : j'en ai une douleur que je ne puis exprimer.

[1] Il s'agissoit alors de nommer à l'évêché d'Ypres l'abbé de Laval, grand-vicaire de Cambrai. Ce projet fut réalisé peu de temps après.

Ce que vous voudriez prévenir arrivera, s'il doit arriver, avant que vous ayez occasion de l'éviter. Je ne suis point surpris de la démarche que vous aviez commencée; mais il faudroit se débarrasser de ce qu'on a, ou du moins tâcher d'avoir une occasion prête et sûre pour y réussir, avant que d'entreprendre d'acquérir ce que l'on n'a pas. Ces sortes de terres ne sont pas faciles à vendre en ce temps-ci. Notre ami, qui pourra vendre dans la suite la sienne, ne le fera certainement tout au plus tôt qu'à la paix. Alors le péril qu'on craint sera fini en bien ou en mal; il ne sera plus temps. Si néanmoins il se présente quelque bonne occasion, ou si vous en prévoyez quelqu'une, ne perdez aucun moment pour nous en instruire, et pour consulter sur les lieux les amis sincères et éclairés. Je serois ravi, si vous pouviez avoir à bon marché une terre qui ne fût exposée à aucun procès. Je crois la vôtre hors de danger de procédure selon la coutume des lieux; mais je conviens avec vous qu'une autre, liquidée par un bon décret, vous mettroit encore plus en repos.

Hâtez-vous d'aller à Versailles, pour retourner à Paris, et pour vous livrer aux chirurgiens. Grand régime, repos et docilité. Bonsoir; tendrement tout à mon cher fanfan.

285. — AU MÊME.

Sur une opération que le marquis étoit sur le point de subir pour la guérison de sa jambe.

A Cambrai, 1er février 1713.

Il me tarde beaucoup de vous savoir retourné de Versailles à Paris. Au nom de Dieu, mon cher fanfan, ne perdez pas un seul jour pour votre opération. Les moindres retardements sont à craindre, supposé qu'il y ait quelque carie dans l'os, comme M. Chirac le croit. Il faudra aller tout droit au parti le plus sûr, et voir le fond pour n'y rien laisser. Je crois que vous pouvez choisir M. Guérin, puisqu'il a la main si sûre et si légère; mais il ne faut compter sur lui que pour la main seule. Vous devez employer la tête de M. Triboulaut, et l'engager, quoi qu'il en coûte, à voir votre jambe, d'abord tous les jours, et ensuite de deux ou trois jours l'un, jusqu'à ce que la guérison soit bien achevée. Il faut aussi que M. Chirac, à la prière de madame de Chevry, vous voie tous les jours sans y manquer. Voilà l'occasion où l'argent ne vous manquera pas. Je voudrois bien pouvoir joindre Paris et Cambrai, le secours des chirurgiens et nos soins à toute heure, pour assurer votre guérison. Abandonnez-vous à Dieu; soyez docile, courageux contre vous-même pour le régime, tranquille et patient malgré toutes les longueurs qu'il faudra essuyer. J'espère que votre docilité fera un grand bien et à vous et à la malade. En vous guérissant, cette docilité servira d'exemple pour corriger et pour guérir la personne qui en a grand besoin.

Bonsoir, mon très cher fanfan; Dieu soit avec vous, et vous dans sa main, pour faire sa volonté, et non la vôtre. Tout à vous avec tendresse.

286. — AU MÊME.

Ses inquiétudes sur la santé du marquis et de madame de Chevry.

A Cambrai, samedi 11 février 1713.

Quoique madame de Chevry m'ait mandé que vous aviez bien dormi la nuit après l'opération, je suis, mon très cher fanfan, bien en peine de votre santé. Je sais que vous avez beaucoup souffert, et il me tarde beaucoup d'apprendre les suites: surtout je crains qu'on ne trouve l'os carié. Mais ce que je demande très fortement est qu'on ne me cache et qu'on ne me diminue rien: la moindre apparence de mystère me feroit plus de peine que l'exposition simple du mal. Dieu sait si je ressens l'impossibilité d'être auprès de vous!

Dites à madame de Chevry que je ne veux point qu'elle nous écrive elle-même: ses lettres, au lieu de nous faire plaisir, nous affligeroient. Elle ne doit se permettre aucune application. Tout ce que nous desirons d'elle est qu'elle suive fidèlement le régime prescrit par M. Chirac. Si elle compte pour rien sa santé, sa vie, le besoin que son fils a de la conserver, et notre consolation, qui seroit bien troublée par sa perte, au moins qu'elle pense à Dieu et à son salut; elle ne peut point en conscience s'exposer, par un goût de plaisir et de liberté indiscrète, au danger d'accourcir sa vie. Elle n'a qu'à demander à un bon et sage confesseur si j'exagère en lui disant cette vérité; mais si je n'exagère point, elle désobéira à Dieu même en désobéissant à M. Chirac. O que je voudrois la voir ici, et vous aussi, en bonne santé, l'été prochain! Bonsoir, mon très cher fanfan. Vous savez avec quelle tendresse je vivrai et mourrai tout à vous.

287. — AU MÊME.

Sur le même sujet.

Mercredi, 8 mars 1713.

J'attends chaque jour, mon très cher fanfan, l'explication de l'état du fond de la jambe; mais je ne vois encore rien qui me le fasse entendre. Ce qui me console de tant de longueurs est la patience que Dieu vous donne, et la grande capacité des personnes qui travaillent à vous guérir. J'avois cru, sur les lettres de notre chère malade, que Le Breton reviendroit dimanche ou lundi dernier; mais nous ne le voyons point arriver : il faut qu'il ait retardé son retour. Si ce retardement sert à nous apprendre des choses plus éclaircies et plus avancées pour la guérison, j'en aurai une grande joie.

Il me semble que la lettre de la malade, reçue ce matin, marque qu'elle est dans un vrai soulagement : j'en remercie Dieu. Que ne donnerois-je point pour vous savoir tous deux entièrement guéris! Alors je ferois un autre souhait; car on en fait sans cesse en ce triste monde : ce seroit de vous voir tous deux au plus tôt ici dans une profonde paix. Mais nos désirs ne nous donnent rien de réel que de l'inquiétude. Tout ressemble aux souhaits de Blaise, excepté le désir d'être tout à Dieu. Il faut y être tout entier, point à demi : le partage déchire le cœur à pure perte. Il faut y être avec gaieté, simplicité, paix, complaisance pour le prochain, courage contre soi-même, et confiance en celui qui est lui seul toute notre ressource. Ce discours paroît bien sérieux; mais il est moins triste que l'orgueil et que les passions, qui nous tourmentent sous prétexte de nous flatter. Bonsoir, cher fanfan.

288. — A L'ÉLECTEUR DE COLOGNE.

Sur la conduite politique à tenir dans les circonstances présentes.

A Cambrai, 8 mars 1713.

Il ne m'appartient nullement de parler des affaires générales; elles sont trop au-dessus de moi, j'en ignore absolument l'état : je me contente de prier Dieu tous les jours pour leur succès, sans avoir aucune curiosité sur ce qui se passe. Mais Votre Altesse sérénissime électorale veut que je prenne la liberté de lui répondre sur la question qu'elle me fait l'honneur de me confier, et je vais lui obéir simplement. Il me semble, monseigneur, que le grand intérêt de votre maison est de conserver ses anciens états au centre de l'Empire. La maison d'Autriche peut finir tout-à-coup : alors votre maison se trouvera naturellement à la tête du parti catholique, si elle est rétablie au milieu de l'Allemagne. C'est une espérance assez prochaine, et qui peut mettre tout-à-coup votre maison au comble de la grandeur[1]. Vos églises donnent un grand avantage à votre maison pour la mettre à la tête des catholiques : mais si votre maison n'avoit plus ses états au centre de l'Empire, on commenceroit à la regarder comme une maison devenue étrangère au corps germanique; et les grands établissements de Votre Altesse électorale se trouveroient inutiles pour votre maison. Je ne sais point ce qu'on offre à Son Altesse électorale de Bavière en la place de ses anciens états; mais je crains que ce qu'on lui offrira en compensation n'ait plus d'éclat que de solidité et de revenu liquide. J'avoue qu'il doit être naturellement touché d'un titre de roi; mais ne peut-il pas l'avoir sans renoncer à ses anciens états? J'avoue que la Bavière, sans le Haut-Palatinat, est un corps démembré; mais s'il faut souffrir cette perte, je compte encore pour beaucoup la Bavière, pour mettre votre maison à la tête du corps germanique, quand le parti catholique voudra prévaloir sur le protestant. Il vous est capital, si je ne me trompe, de demeurer dans l'Empire pour en devenir le chef. Après ces réflexions, proposées au hasard et par pure obéissance, j'ajoute, monseigneur, que vous ne pouvez mieux faire que de confier vos intérêts au roi : il est touché du zèle avec lequel Vos Altesses électorales ont soutenu si noblement leur alliance. Sa Majesté aime vos intérêts; elle sait mieux que personne ce qu'elle peut faire. Vous ne voulez ni empêcher ni retarder la paix générale de l'Europe, qui est si nécessaire à toutes les puissances. Ainsi, ce qui vous convient est de prendre vos dernières résolutions avec Sa Majesté. Pour moi, je prie Dieu tous les jours afin qu'il bénisse votre voyage. Vos intentions sont droites; vous voulez le bien de vos églises et de votre maison, qui est si nécessaire au soutien de la catholicité. Son Altesse électorale de Bavière n'a point d'autre intérêt que le vôtre, ni vous d'autre que le sien : j'espère que vous ne serez ensemble qu'un cœur et qu'une ame dans la décision que vous allez faire. Rien ne peut jamais surpasser le profond respect et le zèle avec lequel vous sera dévoué le reste de sa vie, etc.

[1] L'électeur de Bavière, et l'électeur de Cologne son frère, furent rétablis dans leurs états par le traité de Bade en 1714, et le prince Charles-Albert, fils et successeur de l'électeur de Bavière, fut couronné empereur à Francfort le 12 février 1742, sous le nom de Charles VII. Par-là se vérifia ce qu'avoit présagé Fénelon. Mais ce prince mourut au bout de trois ans, au plus fort de la guerre occasionée par son élévation à l'Empire.

289. — AU MARQUIS DE FÉNELON.

Ses inquiétudes sur la santé du marquis et de madame de Chevry.

Dimanche, 19 mars 1713.

La lettre de notre chère malade, datée du 16, me fait entendre, mon très cher fanfan, ce que M. Chirac a pensé. Je suppose que MM. Mareschal, Triboulaut, Guérin, etc., auront pensé de même. Vous jugez bien que j'attends néanmoins avec quelque impatience des nouvelles de leur consultation. Ce que je désire le plus est que ces messieurs profitent au moins du mal qu'ils ont été obligés de vous faire si long-temps, pour découvrir s'il n'y a point, outre les deux esquilles qu'ils ont cru sentir, quelque corps étranger que le coup ait enfoncé bien avant, ou quelque sac de pus et quelque carie de l'os. C'est à vous à les presser avec courage à prendre là-dessus toutes les précautions de leur art. Il faut aussi les faire décider sur le besoin des eaux de Barège, en cas que leurs opérations ne puissent nettoyer le fond de la jambe. Au nom de Dieu, mon cher fanfan, encouragez-les tous à ne vous point flatter, et à prendre le parti le plus sûr. Point de mal à pure perte : mais ne hasardons rien faute de précautions. J'espère que Dieu aura soin de vous, et qu'il sera infiniment plus secourable que les hommes les plus habiles et les plus affectionnés. Je ne puis exprimer toute ma reconnoissance pour notre chère malade : je suis en peine pour elle. Fait-elle ce que M. Chirac lui ordonne ? Bonjour, mon très cher fanfan ; je vais prêcher.

290. — AU MÊME.

Il l'exhorte à la résignation et à la patience chrétienne.

Lundi, 20 mars 1713.

Vos souffrances, mon cher petit homme, m'affligent. Je suis bien aise d'apprendre que vous avez plus de patience que moi : je serois plus en paix, si je pouvois vous voir, vous secourir par mes soins, et vous soulager ; mais il faut que la croix soit complète. Courage, mon très cher fanfan ; portons-la de bon cœur : plus les douleurs et les sujétions sont longues, plus il est évident qu'il étoit capital d'aller au fond de la plaie. Voilà un temps précieux d'exercer la foi, de sentir la fragilité de toutes choses, et de s'abandonner à Dieu. Je lui demande pour vous la confiance en lui, et une humble patience : la patience vaine seroit un poison. Je suis charmé et attendri des soins de notre chère malade ; je ressens ses peines. Que vous êtes heureux d'être entre ses mains ! Que je lui ai d'obligations !

291. — AU MÊME.

Il compatit à ses douleurs, et l'exhorte à la résignation.

A Cambrai, 21 mars 1713.

Je souffre, mon très cher fanfan, de vous savoir dans la douleur ; mais il faut s'abandonner à Dieu et aller jusqu'au bout. Le courage humain est faux ; ce n'est qu'un effet de la vanité ; on cache son trouble et sa foiblesse : cette ressource est bien courte. Heureux le courage de foi et d'amour ! il est simple, paisible, consolant, vrai et inépuisable, parce qu'il est puisé dans la pure source. Que ne donnerois-je point pour vous soulager ! Je ne voudrois pourtant vous épargner aucune des douleurs salutaires que Dieu vous donne par amour. Je le prie souvent pour vous ; je vous porte chaque jour dans mon cœur à l'autel, pour vous y mettre sur la croix avec Jésus-Christ, et pour vous y obtenir l'esprit de sacrifice : il n'y a que le détachement qui opère la vraie patience. O mon cher enfant, livre-toi à Dieu ; c'est un bon père qui te portera dans son sein et entre ses bras. C'est en lui seul que je t'aime avec la plus grande tendresse.

292. — AU MÊME.

Ses inquiétudes sur les suites de l'opération faite au marquis ; il l'exhorte à un religieux abandon.

A Cambrai, 27 mars 1713.

J'attends, mon très cher fanfan, des nouvelles de cette dernière opération qui devoit achever de découvrir l'os. Le point capital est de ne laisser rien de douteux, et d'avoir une pleine certitude d'avoir bien vu le dernier fond, pour ne s'exposer point à lui laisser ni carie, ni fente de l'os, ni esquille, ni sac, ni corps étranger ; autrement nous courrions risque d'être encore bientôt à recommencer. Puisque vous vous êtes livré patiemment à une si rude et si longue opération, il faut au moins en tirer le fruit, et ne gâter rien par la moindre précipitation. Ce que je crains est qu'on ne puisse pas tirer les esquilles ou corps étrangers, et qu'on n'ose aller assez avant pour les détacher, de peur de blesser les vaisseaux sanguins. Pour la carie, l'application du feu la guérit. Il y aura seulement l'exfoliation de l'os à attendre ; mais dès qu'elle sera faite, et que le fond demeurera sain, les chairs croîtront bientôt, et la guérison radicale sera prompte. Il est question de nettoyer patiemment le fond : il n'y a rien de pénible et de long qu'il ne fallût souffrir pour en venir à bout sans aucun doute. *Le Dieu de patience et de soulagement* vous soutiendra, si vous êtes fidèle à le chercher souvent au-dedans de vous avec une confiance filiale. A quel propos disons-nous tous les jours : *Notre père qui êtes aux cieux*, si nous ne voulons pas être dans son sein et entre ses bras comme des enfants tendres, simples et dociles? Comment êtes-vous avec moi, vous qui savez combien je vous aime? Oh! combien le Père céleste est-il plus père, plus compatissant, plus bienfaisant, plus aimant que moi! Toute mon amitié pour vous n'est qu'un foible écoulement de la sienne. La mienne n'est qu'empruntée de son cœur; ce n'est qu'une goutte qui vient de cette source intarissable de bonté. Celui qui a compté les cheveux de votre tête, pour n'en laisser tomber aucun qu'à propos et utilement, compte vos douleurs et les heures de vos épreuves. Il est fidèle à ses promesses et à son amour; il ne permettra pas que la douleur vous tente au-dessus de ce que vous pouvez souffrir; mais il tirera votre progrès de la tentation ou épreuve. Abandonnez-vous donc à lui; laissez-le faire. Portez votre chère croix, qui sera précieuse pour vous, si vous la portez bien. Apprenez à souffrir; en l'apprenant, on apprend tout. Que sait celui qui n'a point été tenté? Il ne connoît ni la bonté de Dieu, ni sa propre foiblesse. Je suis ravi de ce que vous vous accoutumez à parler à cœur ouvert à la bonne duchesse (*de Chevreuse*); elle vous fera du bien. L'exercice de la simplicité élargit le cœur; il s'étrécit en ne s'ouvrant point. On ne se renferme au-dedans de soi même que pour se posséder seul par une jalousie d'amour-propre et par une honte d'orgueil. Je reçois avec grand plaisir ce que vous me mandez sur vos deux frères. Il m'est impossible de les inviter à venir cette semaine, où nous aurons le sacre de M. d'Ypres[1], avec beaucoup d'étrangers et d'embarras; mais ensuite je prendrai des mesures pour les avoir en liberté et avec une amitié cordiale.

Je vous prie de faire dire à madame la duchesse de Béthune, comme vous n'êtes pas en état de l'aller voir, combien je suis en peine de sa santé, et plein de zèle pour ce qui la regarde. Je suis très dévoué à elle et à M. son fils.

Mille amitiés à notre chère malade, dont les soins surpassent ce qu'on auroit pu imaginer : Dieu le lui rende! Je suis en peine de sa triste santé. L'abbé de Beaumont est mieux.

Mille remercîments à M. Chirac. Il doit être plus touché de mes sentiments que de ceux d'un autre : non-seulement il fait plaisir de près, mais encore il charme de loin. Je voudrois bien connoître un tel homme : il fait honneur à un art qui a grand besoin que ceux qui l'exercent lui en fassent; car il est en soi bien douteux, et souvent exercé par des hommes superficiels. Les systèmes ne sont que de beaux romans, et les expériences demandent une patience avec une justesse d'esprit qui sont très rares parmi les hommes. Bonsoir, très cher fanfan.

293. — AU MÊME.

Il le prémunit contre le poison des amitiés mondaines, et l'engage à s'ouvrir avec simplicité aux vrais amis.

A Cambrai, 28 mars 1715.

Bonsoir, mon cher fanfan : je suis en peine de ta longue souffrance pour ton corps et pour ton esprit : des marques de considération que diverses gens te donnent, la dissipation, la vanité, le goût du monde, sont encore plus à craindre que les caustiques. Garde-toi, petit fanfan, du poison doux et flatteur de l'amitié mondaine. Il faut recevoir avec politesse, reconnoissance, et démonstrations propres à contenter le monde ce que le monde fait d'obligeant; mais il faut réserver la vraie ouverture et la sincère union de cœur pour les vrais amis, qui sont les seuls enfants de Dieu : par exemple, tu trouveras, dans madame la duchesse de Mortemart et dans un très petit nombre d'autres personnes, ce que les plus estimables amis mondains ne peuvent te donner. Il faut t'ouvrir avec ces bonnes personnes, malgré ta répugnance à le faire. D'un côté, cet effort sert à élargir le cœur, à mourir à la propre sagesse, et à se déposséder de soi. D'un autre côté, vous avez besoin de trouver à Paris des amis de grace qui remplacent le petit secours que je tâche de vous donner quand vous êtes ici, et qui vous nourrissent intérieurement. Faute de cette union, tu tomberas insensiblement dans un vide, un dessèchement et une dissipation dangereuse. Le chevalier est bon, et tu peux en faire un grand usage; mais madame de Mortemart te feroit encore plus de bien, quoique je ne songe nullement à faire en sorte que tu prennes d'elle des conseils suivis. Pense-s-y devant Dieu, fanfan, sans t'écouter, et n'écoutant que lui. Je t'aime plus que jamais. Tu ne pourrois comprendre la nature de cette amitié : Dieu, qui l'a faite, te la fera voir un jour. Je te veux à lui, et non à moi; et je me veux tout à toi par lui.

294. — AU MÊME.

Il l'exhorte à une patience soutenue de l'humilité.

Mercredi, 29 mars 1715.

Je suis ravi, mon très cher fanfan, de votre pa-

---

[1] L'abbé de Laval, qui avoit été chanoine et grand-vicaire de Cambrai.

tience; mais recevez-la de Dieu comme d'emprunt, sans compter sur elle comme sur votre ouvrage, et la recevant à chaque moment, comme un pauvre reçoit l'aumône. La patience qui est nôtre est vaine, courte, trompeuse, et empoisonnée par l'orgueil; celle que nous tenons de la main de Dieu est simple, humble et desirable. J'attends toujours la dernière opération, et la découverte du fond du mal. N'écrivez point : nulle application. *Oculi mei semper ad Dominum* [1]. Soyez gai; la joie est le fruit du détachement.

On dit que M. l'archevêque de Reims a gagné un procès contre les curés de sa ville sur la congrégation des jésuites. M. Colin *(le P. Lallemant)* vous dira ce qui en est : j'en suis fort curieux. Faites-lui les plus grandes amitiés pour moi. Je suis en peine de notre chère malade : faites-moi savoir son véritable état; mais n'écrivez rien vous-même. Tendrement et sans réserve à mon très cher fanfan.

295. — AU MÊME.

Il l'exhorte au parfait abandon.

Samedi, 1er avril 1713.

Tu souffres, mon très cher petit fanfan, et j'en ressens le contre coup avec douleur; mais il faut aimer les coups de la main de Dieu. Cette main est plus douce que celle des chirurgiens; elle n'incise que pour guérir : tous les maux qu'elle fait se tournent en biens, si nous la laissons faire. Je veux que tu sois patient sans patience, et courageux sans courage. Demande à la bonne duchesse *(de Chevreuse)* ce que veut dire cet apparent galimatias. Un courage qu'on possède, qu'on tient comme propre, dont on jouit, dont on se sait bon gré, dont on se fait honneur, est un poison d'orgueil. Il faut au contraire se sentir foible, prêt à tomber, le voir en paix, être patient à la vue de son impatience, la laisser voir aux autres, n'être soutenu que de la seule main de Dieu d'un moment à l'autre, et vivre d'emprunt. En cet état, on marche sans jambes, on mange sans pain, on est fort sans force; on n'a rien en soi, et tout se trouve dans le bien-aimé; on fait tout, et on n'est rien, parce que le bien-aimé fait lui seul tout en nous : tout vient de lui, tout retourne à lui. La vertu qu'il nous prête n'est pas plus à nous que l'air que nous respirons et qui nous fait vivre.

Il faut aller au fond, pendant qu'on y est, pour la jambe; autrement ce seroit à recommencer, et on pourroit bien, en recommençant, trouver le mal incurable. Il le deviendroit par le retardement : ainsi il est capital de le déraciner avec les plus grandes précautions. Voilà des lettres que je te prie de faire rendre. Tu sais, mon cher petit fanfan, avec quelle tendresse je suis à jamais tout à toi sans réserve.

296. — AU MÊME.

Sur le même sujet.

Samedi, 1er avril 1713.

Je fais des promenades toutes les fois que le temps et mes occupations me le permettent; mais je n'en fais aucune sans vous y desirer. Je ne veux néanmoins vouloir que ce qui plaît au maître de tout. Vous devez vouloir de même, le tout sans tristesse ni chagrin. O qu'on a une grande et heureuse ressource, quand on a découvert un amour tout puissant qui prend soin de nous, et qui ne nous fait jamais aucun mal que pour nous combler de biens ! Qu'on est à plaindre quand on ne connoît pas cette aimable ressource pour le temps et pour l'éternité ! Combien d'hommes qui la repoussent ! Le bon Put *(M. Dupuy)* marche avec nous, et quelquefois il évite nos courses quand il est las. C'est le meilleur homme qu'on puisse voir. Les gens qui veulent de bonne foi servir Dieu sans mesure sont bien aimables.

J'attends la fin de vos opérations pour me soulager dans la pensée que vous serez alors enfin un peu soulagé. Il faut aller patiemment jusqu'au dernier fond du mal, et ne hasarder rien sur la guérison radicale : mais il ne faut pas se presser; il faut laisser des temps de respiration pour apaiser la douleur. Vous êtes en bonnes mains; les invisibles sont encore meilleures que celles qu'on voit. Mille amitiés à cette chère malade, qui nous écrit des lettres dont je suis bien attendri; elle a presque autant de soin de moi que de vous. Bonsoir, mon très cher fanfan.

297. — AU MÊME.

Témoignages d'amitié, et exhortation au renoncement.

Lundi 10 avril au soir, 1713.

Bonsoir, mon petit fanfan. Je t'écris par un homme ami de Blondel, nommé Poisson, qui s'en va en poste à Paris. Toute occasion libre me fait plaisir, et je n'en perds aucune pour te dire ce que tu sais bien. Ma peine sur les longueurs de ton mal est longue comme ton mal même; mais elle ne prend point sur ma santé, parce que je compte sur

---

[1] *Ps.*, XXIV, 15.

la patience que Dieu te donnera, et sur l'habileté de ceux qui travaillent à te guérir. Il faut nettoyer le fond, sans péril de recommencer, et aller jusqu'au bout en s'abandonnant à Dieu. Toute ma peine est de ne pouvoir aller te secourir et soulager : je serois ton garde-malade, et je te servirois fort bien.

Je te prie de dire à M. Colin (*P. Lallemant*) que je compte les jours et les heures pour ce qu'il sait. Je l'ai à cœur autant que lui. Je suis consolé pour toi de ce que la bonne duchesse (*de Chevreuse*) te parle, et de ce que tu t'ouvres à elle. O quand pourrai-je t'embrasser tendrement? Que Dieu prenne possession de toi, et t'en dépossède pour toute ta vie. O qu'on est heureux quand on n'est plus à soi! Le méchant et l'indigne maître! Un bon maître, c'est celui qui nous aime mieux que nous ne savons nous aimer, et qui ne nous fait jamais aucun mal que pour notre plus grand bien. Il nous paie de ce qu'il ne nous doit pas, et de ses esclaves il nous fait ses enfants, afin que nous soyons ses héritiers. Son héritage est le ciel, et le ciel est lui-même. Il aura soin de ta jambe, si tu lui laisses avoir soin de ton cœur.

Je te prie de dire à M. Colin que je ne puis m'empêcher de recommander à M. Bourdon (*P. Le Tellier*) M. l'abbé de Saint-Remy, que tu connois, et qu'il connoît bien aussi. Cet abbé espère quelque grace du roi. J'ai peur qu'il ne se flatte; mais enfin je ne puis lui refuser mes foibles offices, en considération du commerce obligeant qu'il a eu avec moi en ces pays-ci. Ainsi je prie M. Colin d'en vouloir dire un mot pour moi à M. Bourdon.

Je te défends d'écrire; je veux que tu ne fasses qu'une seule chose, qui est de guérir.

298. — AU MÊME.

Il desire que madame de Chevry soit plus docile aux médecins.

Mardi, 11 avril 1713.

Notre chère malade se vante d'être docile, d'une façon qui la convainc de ne l'être pas. Je suis fâché qu'elle réussisse si mal à nous persuader et à se guérir. La lettre grondeuse de son frère, je le vois bien, est un sermon fait à pure perte. Les miens sont de même emportés par le vent. Dieu veuille que le lait fasse tout ce qu'il faut! En ce cas, la malade seroit plus heureuse que sage; mais je me consolerois de la voir manquer de sagesse, si le bonheur raccommodoit tout. Je crains bien qu'elle ne soit réduite à se repentir trop tard de son indocilité. Je compte que si vous lui lisez ceci, elle vous battra; mais je voudrois qu'elle nous eût tous battus, et qu'ensuite elle devînt docile. Il s'agit des plus horribles douleurs, d'une prompte mort, et de Dieu, à qui elle manque autant qu'à ses plus chers amis. Si rien ne la touche autant que le goût de ne se contraindre point, je ne sais plus que lui dire; il ne me reste plus qu'à m'affliger, et qu'à prier Dieu pour elle.

A-t-on vu le bout et tout le fond de la carie? Êtes-vous plus docile que la malade? Vous abstenez-vous d'écrire et de parler? Mille fois tout à vous, mon cher fanfan, et à la chère malade, que je conjure de me pardonner.

299. — AU MÊME.

Consolation que lui causent les lettres de madame de Chevry. Exhortation au renoncement.

Jeudi, 13 avril 1713.

Je suis touché d'un sentiment de joie, quand je vois arriver tous les soirs une lettre avec de l'écriture de la chère malade; mais ensuite je suis fâché de ce qu'elle a pris cette peine en l'état de souffrance où elle est toujours. Au nom de Dieu, empêchez-la d'écrire, et grondez en remerciant. Je ne veux recevoir que les lettres de Bernier; elle peut les dicter, mais c'est tout. Qu'elle n'espère point me payer en lettres : c'est en remèdes ordonnés par M. Chirac, qu'elle prendra, que je me croirai bien payé. Et vous, mon très-cher fanfan, soyez tranquille pour reposer votre tête et rafraîchir votre sang, pendant qu'on fait des opérations capables de l'échauffer.

J'ai commencé à faire connoissance avec le petit cadet[1]. Il me paroît penser un peu, sentir et vouloir. Dieu veuille que nous y trouvions de l'étoffe pour faire un homme! Les hommes travaillent par leur éducation à former un sujet plein de courage, et orné de connoissances; ensuite Dieu vient détruire ce château de cartes. Il renverse ce courage humain; il démonte cette vaine sagesse; il découvre le foible de cette force; il obscurcit, il avilit, il dérange tout. Son ouvrage est d'anéantir le nôtre, et de souffler sur le nôtre pour l'anéantir. Il nous réduit à croire avec joie qu'il est tout, et que nous ne sommes rien. Il ne nous reste que cet aveu, et cet aveu même n'est pas à nous; il est à chaque moment emprunté de lui. Ouvrez-lui bien votre cœur pour cet emprunt continuel. Nous lui devons tout; mais nous ne pouvons jamais lui donner que du sien. C'est un flux et reflux de sa vérité qu'il verse en nous, et que nous lui rendons. Bonsoir, mon

[1] Frère du marquis de Fénelon.

très cher fanfan. Mille choses à la bonne malade. Je suis fort en peine de la bonne duchesse *(de Chevreuse)*, à cause de son pied malade; faites-m'en écrire des nouvelles : vous ne sauriez croire à quel point je m'y intéresse.

300. — AU MÊME.

Exhortation à l'abandon et à la patience chrétienne.

18 avril 1713.

Je suis toujours dans l'attente de quelque bonne nouvelle sur votre jambe, mon très cher fanfan. Que ne donnerois-je point pour savoir toutes les esquilles sorties, le dernier fond découvert et purifié, les opérations douloureuses finies, et l'exfoliation de l'os carié en train de se faire tranquillement! Mais il faut demeurer livré à Dieu sans bornes, et aimer la main qui vous exerce. Tous les maux qu'elle paroît faire sont des biens cachés. La foi adoucit la patience, en nous découvrant tous ses fruits. La croix à laquelle Dieu vous attache me fait espérer qu'il veut faire son ouvrage en vous. La malade dira que je prêche; mais c'est un reste de mon carême qu'il faut essuyer : elle est trop heureuse de ce que je ne la gronde plus. Je crains bien que le petit mieux qu'elle goûte ne lui donne une dangereuse confiance, et qu'elle n'attire encore quelque nouvel orage, en refusant toutes les précautions que M. Chirac lui demande. Bonsoir, cher fanfan; je suis à vous deux sans mesure. Portez-vous bien l'un et l'autre, si vous voulez que j'aie le cœur un peu soulagé.

301. — AU MÊME.

Nouvelles de famille, et témoignages d'amitié.

19 avril 1713.

Le bon Put *(M. Dupuy)* commence à nous importuner sur son départ. Il veut faire tous ses arrangements; mais je le dérangerai le plus longtemps qu'il me sera possible. Il est trop bon homme; quel moyen de le laisser aller si tôt! On trouve en lui un exemple sensible du prix de la bonté du cœur. Il est comme une chaise de commodité; on s'y repose à toute heure : on s'y délasse du reste. Les bons amis sont une ressource dangereuse dans la vie; en les perdant, on perd trop. Je crains les douceurs de l'amitié. Tous les jours j'attends avec impatience de vos nouvelles et de celles de la bonne malade. O que nous serons heureux, si nous sommes un jour tous ensemble au ciel devant Dieu, ne nous aimant plus que de son seul amour, ne nous réjouissant plus que de sa seule joie, et ne pouvant plus nous séparer les uns des autres! L'attente d'un si grand bien est dès cette vie notre plus grand bien. Nous sommes déjà heureux au milieu de nos peines, par l'attente prochaine de ce bonheur. Qui ne se réjouiroit pas dans la vallée des larmes même, à la vue de cette joie céleste et éternelle? Souffrons, espérons, réjouissons-nous. Bonsoir, mon très cher fanfan. Le petit cadet paroît s'appliquer, et il donne quelque émulation à celui qui le précède.

302. — AU MÊME.

Il l'engage à se lier avec M. Dupuy. Nouvelles de famille.

A Cambrai, mercredi 3 mai 1713.

Je veux, cher petit fanfan, que tu sois lié de vraie amitié et confiance avec le bon Put (*M. Dupuy*). J'ai besoin de cette liaison : Put le mérite, et elle te convient. Fais donc de ta part toutes les avances pour achever cette union. C'est pour toi, et non pour moi, que j'en veux faire usage.

Le petit cadet me paroît bon enfant, plein de bonne volonté, et même de crainte de Dieu. Il s'applique; je commence à l'aimer. L'autre montre quelque émulation et un peu plus d'âme; il parviendra difficilement à être un sujet, mais le petit me donne de l'espérance.

Il faut prendre patience sur ton mal, et le vaincre à force de le souffrir en paix : l'amour-propre impatient aigrit et envenime toutes les plaies. L'amour de Dieu est un baume de vie qui purifie et adoucit tout.

Je crains que tu ne sois pas assez servi à la longue. Veux-tu que je t'envoie quelqu'un? Ne crains point cette dépense.

Mille choses à la bonne duchesse (*de Chevreuse*). Tendrement tout à fanfan. J'embrasse Calas. A la malade mille amitiés.

303. — AU MÊME.

Il compatit aux souffrances du marquis, et de madame de Chevry.

Samedi, 6 mai 1713.

Je reçus hier au soir votre grande lettre datée du mercredi 5 de mai. Elle m'a fait beaucoup de peine et beaucoup de plaisir. J'y vois vos amertumes et celles de notre chère malade; mais j'y vois aussi les grâces que Dieu vous fait pour vous inspirer la patience dont vous avez un si grand be-

---

[1] On lit au dos de cette lettre : *Pour l'enfant à jambe pourrie.*

soin. Il faut ménager la malade, comme M. Chirac le pense avec sagesse et amitié. Il ne faut pas la révolter, et perdre entièrement sa confiance ; il vaut mieux tolérer ce qu'on ne sauroit empêcher, et tirer d'elle ce qu'on en pourra obtenir. Il ne faut pas même la contrister, s'il est possible : elle n'a que trop de tristesse par ses maux. Les vôtres seront de vrais biens si vous en faites un bon usage. Il faut espérer que l'esquille qui produit les mauvaises chairs sortira, quand le gros os achèvera de s'ébranler. Vous verrez un jour combien les temps de douleur sont précieux. Dieu voit mon cœur et ma tendresse pour mon très cher fanfan.

504. — AU MÊME.

Sur le même sujet.

Lundi, 8 mai 1713.

Malgré tout ce que la malade nous mande avec tant de soin et de bonté de cœur sur votre jambe, je ne laisse pas, mon très cher fanfan, d'être toujours en peine. Je ne saurois être content, jusqu'à ce que le fond soit entièrement découvert, sans aucun danger d'accidents pour les gros vaisseaux sanguins. C'est à quoi on ne sauroit jamais apporter trop de précautions ; mais vous êtes en bonnes mains. Je me fie pourtant très peu aux plus habiles hommes ; Dieu seul est le vrai médecin. Il l'est encore plus de l'ame que du corps : mais il ne guérit que par le fer et par le feu ; il coupe, non comme les chirurgiens dans le mort, mais dans le vif, pour le faire mourir. Laissez-le couper : sa main est sûre. Donnez-moi, par une main empruntée, des nouvelles de votre promenade sur le bord de l'eau, et de celles de la chère malade au Luxembourg. O si vous étiez tous deux ici à vous promener le soir avec nous ! mais ce que Dieu fait vaut mieux que tous nos desirs. Bonsoir.

505. — AU MÊME.

Nouvelles politiques et diocésaines.

Mardi, 9 mai 1713.

L'électeur de Cologne a passé ici à neuf heures du matin pour aller dîner à Valenciennes ; il ne s'est arrêté qu'un moment pour prendre un bouillon. Voilà notre unique nouvelle. On dit que les Hollandois retardent l'échange des ratifications ; mais c'est un bruit peut-être faux. Dieu veuille que nous voyions bientôt une paix générale et longue ! Depuis le temps qu'on mande que vous êtes toujours de mieux en mieux, vous devriez courir comme un Basque. Je vois bien que ces mieux sont bien lents et bien insensibles. J'attends le gros os, et la découverte du fond ; jusque là je prie Dieu, et je prends patience comme vous la prenez, Dieu merci.

J'ai donné le canonicat de M. d'Ypres à l'abbé de Devise, non sans fâcher des gens qui le demandoient. J'en ai un vrai déplaisir, mais que faire ? Il me semble que je ne pouvois en conscience faire autrement. Je souhaite que les deux médecines aient soulagé l'hôpital. Mille amitiés à la chère malade. Tout sans réserve à mon très cher fanfan. J'attends de vos nouvelles et de celles du bon Put (*M. Dupuy*), par le retour de Villiers.

506. — AU MÊME.

Nouvelles de famille.

Dimanche, 14 mai 1713.

Notre malade me parle de tout, excepté sa santé. Cet article mériteroit néanmoins un détail. Elle se contente de dire en gros qu'elle passe mal les nuits. Mais comment passe-t-elle les jours ? N'a-t-elle rien sur sa conscience ? Pour moi, je suis sage et docile ; je donne bon exemple à mes enfants. Je commençai hier à prendre du lait ; je me promène, et je modère mon travail. Lobos va tâter des eaux de Balaruc. Le petit Alexis [1] est actuellement dans ma chambre, où il s'accoutume à être. Il fait connoissance avec les Grecs et les Romains : j'espère qu'il pourra se former, et devenir un bon sujet. N'allez point en carrosse. Ne hasardez rien. Mettez la guérison dans son tort, si elle ne vient pas à la hâte. Si on est bien sûr d'avoir vu le dernier fond de la carie, et s'il ne s'agit plus que de patience, nous sommes trop heureux. Quand vous verrez M. Mareschal [2], recommandez-lui Le Breton : c'est une attention convenable ; elle vous fera honneur. Mille et mille amitiés au cher Put (*M. Dupuy*) ; c'est un excellent cœur d'ami, mais d'ami d'usage. La bonne duchesse (*de Chevreuse*) vous aime fort ; croyez-la bien. Tout à fanfan et à la malade.

507. — AU MÊME.

Sur le même sujet.

Mercredi, 17 mai 1713.

Je ne demande à M. Chirac rien de meilleur que votre guérison : c'est bien assez. Plût à Dieu

---

[1] Frère du marquis de Fénelon. *Lobos* désigne un autre frère du marquis.

[2] George Mareschal, premier chirurgien de Louis XIV, mort en 1736.

qu'il pût m'en promettre autant pour la chère malade ! Il faut au moins tâcher de diminuer beaucoup son mal, et de le faire durer si long-temps qu'on en fasse une demi-santé avec une assez longue vie. Un grand malheur que je vous annonce est que vous n'aurez point de vin d'Alicante : il y a déjà quelque temps que la fontaine en est tarie dans cette maison. M. le curé de Dunkerque, qui étoit venu ici voir M. d'Ypres, m'a assuré qu'on n'en trouve à Dunkerque ni pour or ni pour argent. Il faut espérer que la paix en amènera ; mais ce sera trop tard pour vos besoins d'infirmerie.

Envoyez-moi, je vous prie, au plus tôt des copies des assignations qu'on m'a accordées pour mes blés. Gardez les originaux entre M. Dupuy et vous : embrassez-le tendrement pour moi. Mille amitiés à la chère malade. Dites à l'infini à la bonne duchesse (*de Chevreuse*), quand vous la verrez. Bonsoir, mon très cher fanfan.

308. — AU MÊME.

Il souhaite que madame de Cherry soit plus soumise au médecin.

Jeudi, 18 mai 1713.

Je vous prie de dire à M. l'abbé de S. (*Salians*) que la sincérité de sa lettre me charme. La malade a beau le contredire, on voit bien qu'il soutient généreusement la vérité. Tout ce qui me console est qu'elle est plus heureuse que sage, et que ses maux diminuent un peu, quoique son indocilité augmente. Mais, d'un autre côté, je crains fort qu'elle n'abuse de plus en plus du succès de sa révolte, et qu'il ne lui arrive enfin quelque triste accident. Si vous ne pouvez pas empêcher qu'elle ne s'échappe un peu, du moins tâchez de faire en sorte qu'elle évite les choses d'une dangereuse conséquence.

Madame de Choisy a mandé à madame de Montberon qu'elle vous avoit vu. Elle paroît très contente de sa visite.

Envoyez, je vous prie, à M. Colin (*P. Lallemant*) le paquet ci-joint pour son ami (*le P. Le Tellier*).

Mon rhume diminue fort : je vais me promener.

Cent mille remercîments à M. l'abbé de S. Je ressens jusqu'au fond du cœur toutes ses bontés. Bonsoir à la chère malade. Tout au cher fanfan.

309. — AU MÊME.

Exhortation à la patience chrétienne ; nouvelles de famille.

A Cambrai, dimanche 21 mai 1713.

Bonjour, mon cher petit fanfan. Blondel te dira de nos nouvelles : mais il ne te sauroit dire combien il me tarde de te savoir guéri. Je n'en ai point une impatience inquiète ; j'attends même en paix les moments de Dieu, dont la volonté m'est infiniment plus chère que toi et que moi, et que mille moi mis ensemble. Mais enfin mon cœur penche vers ta guérison, et je soumets ce desir sans réserve au bon plaisir de celui qui est l'unique lien de notre amitié. Ne trouve pas mauvais que je t'aime d'un tel amour, puisque c'est du même amour dont je veux aimer Dieu et moi en lui seul. J'ai pensé plusieurs fois, par rapport à ton état, à ces paroles de saint Paul : *Per patientiam curramus ad propositum nobis certamen, aspicientes in auctorem fidei et consummatorem Jesum, qui proposito sibi gaudio sustinuit crucem confusione contempta*[1]. Le monde est bien éloigné de comprendre que la patience est une course vers notre véritable but : on s'imagine au contraire que la patience est une inaction. D'ailleurs le monde ne comprend point que notre but est un combat. Les hommes veulent parvenir à un repos plein de gloire et de délices. Il est néanmoins vrai qu'un combat soutenu avec patience jusqu'à la fin de notre vie est le plus grand des biens selon la foi. Nous ne pouvons espérer ce bien qu'en tournant sans cesse nos regards vers Jésus, auteur et consommateur de notre foi. Il faut, comme lui, préférer la croix aux joies empoisonnées du siècle, et mépriser les mépris des libertins. Tâchons de le faire avec paix, douceur et gaieté. Pourquoi serions-nous moins gais que les impies, nous qui n'avons rien à faire de difficile que par amour, et avec l'espérance d'un royaume éternel, pendant que ces impies ont tout à craindre et rien à espérer ? Réjouissons-nous donc au Seigneur.

Je te prie de procurer à Blondel, pour son procès, les recommandations que tu pourras. Madame la duchesse de Mortemart ne peut-elle point le recommander à M. le premier président, et M. Dupuy à M. l'abbé Pucelle ? M. l'abbé de Salians pourra aussi avoir quelque ami parmi ses juges.

Ne manques-tu point d'argent ? Tu n'en dis rien. J'en suis en peine. Tu dois connoître mon cœur pour toi, et tu es un sot si tu en doutes. J'ai compté que Mambrun paieroit sur tes billets. S'il

---

[1] *Hebr*., XII, 1, 2.

y a le moindre mécompte de ce côté-là, un mot suffira : je mettrai ordre à tout.

Tâche de savoir si M. Colin (*P. Lallemant*) est content de moi sur mes remarques et sur mon approbation. Je serois très fâché de ne le contenter pas. Lobos a des choses excellentes. Il faut l'attendre, et le mener insensiblement : il a la bouche délicate.

Alexis (c'est ainsi que je nomme le plus jeune) paroît sensé et avoir du sentiment, avec beaucoup de bonne volonté. Il y a de l'étoffe, et de quoi espérer un sujet : je l'aime.

Son frère en paroît un peu jaloux, pour un habit que j'ai donné à Alexis. Il n'est pas mauvais que le grand indolent soit piqué, et qu'il sente qu'il est en arrière. Il montre quelque petit desir de s'appliquer : mais le fond manque. Il en faut tirer peu à peu et patiemment tout ce qu'on pourra.

O que je voudrois que notre chère malade pût être assez bien pour nous venir voir l'automne! Je ressens jusqu'au fond du cœur toutes les marques d'amitié dont elle te comble.

Dieu te bénisse, et te rende petit, simple, ouvert, ingénu, détaché, et souple à toutes ses volontés! Lui seul sait, mon cher petit fanfan, avec quelle tendresse je t'aime.

510. — AU DUC DE CHAULNES.

Avis au duc sur ses occupations particulières, et sur quelques affaires de famille.

A Cambrai, dimanche 21 mai 1713.

Je suis, mon très cher duc, fort en peine de madame votre mère : je crains qu'elle ne se tue à pure perte. Elle ne doit point se livrer aux affaires qu'elle ne peut débrouiller ; mais elle doit se conserver pour faire ce qui dépend d'elle : c'est d'unir et de soutenir toute sa famille. Je la conjure d'y penser devant Dieu. Elle blessera sa conscience en ruinant sa santé. Elle m'a fait un très gros présent de chocolat, dont je suis également reconnoissant et honteux. J'espère que vous voudrez bien lui faire mes très humbles remercîments sur l'excès de ses bontés. Elle me feroit cent fois plus de plaisir si elle travailloit à se porter bien.

Je respecte avec un très sincère attachement la bonne et noble dame du grand château, et je mérite toutes ses bontés par le zèle avec lequel je suis tout dévoué à elle et aux siens.

Je regrette très vivement l'homme que vous avez perdu ; il paroissoit intelligent et affectionné. Sa mort vous rejette dans de grands embarras. Dieu veuille que vous le remplaciez par quelque bon sujet ! Le choix en est très difficile et très périlleux.

Au nom de Dieu, ne demeurez point enfoncé dans les monceaux de papiers. Examinez en gros, faites des plans ; voyez l'exécution ; qu'on vous rende compte : mais ne vous noyez point dans les détails. Réservez-vous des temps libres pour prier, pour lire, pour vous nourrir intérieurement ; ensuite pour les devoirs de la société, pour les bienséances de votre rang, pour les liaisons qui vous conviennent, et de tout ce qui peut vous rendre utile dans les temps qu'on peut prévoir. Un homme de votre rang ne fait point assez, et il manque à Dieu quand il ne s'occupe que de curiosités, que d'arrangements de papiers, que de détails d'une compagnie, que de réglements pour ses terres. Vous vous devez au roi et à la patrie. Il faut, sans ambition, se rendre propre à tout pour le bien public.

Pour l'accommodement, travaillez-y sans vous commettre, si vous en trouvez les ouvertures. On ne peut point refuser des soins pour une si bonne œuvre. Le pis aller est de reculer, dès qu'on trouve les portes fermées. Du moins ceux qui jugent à propos de faire des avances par votre canal verront votre bonne volonté. Vous vous retirerez doucement, canon et bagage sauvés.

Vous jugez bien que je courrai comme au feu quand je vous saurai à Chaulnes, et que vous désirerez que j'aille vous y trouver ; mais ne vous gênez et ne vous dérangez en rien pour moi. Vous pouvez faire de moi comme d'un mouchoir, qu'on prend, qu'on laisse, qu'on chiffonne : je ne veux que votre cœur, et je ne veux le trouver qu'en Dieu. Bonsoir, mon cher duc : je n'ai point de termes pour vous dire à quel point je vous suis dévoué à jamais.

Vous pouvez faire pour Strasbourg tout ce qui se trouvera permis à la lettre selon la mitigation établie par le chapitre. Il faut seulement prendre garde que toutes les preuves exigées par ce corps soient faites avec exactitude et parfaite vérité [1].

511. — AU MARQUIS DE FÉNELON.

Il l'exhorte à la patience dans ses douleurs.

Samedi, 27 mai 1713.

Bonjour, mon cher fanfan. Il faut être patient jusqu'au bout ; patient avec les maux, patient avec les remèdes, patient avec vous-même. Il faut être

[1] Il s'agissoit de la nomination d'un fils du duc de Chaulnes à un canonicat de Strasbourg, pour laquelle il falloit de grandes preuves de noblesse.

patient sur son impatience : il faut s'attendre, se ménager, se supporter, se corriger peu à peu, comme on corrigeroit un autre homme qu'on ne voudroit ni décourager ni flatter. Le grand point est de ne faire jamais l'entendu, et de montrer sa foiblesse aux vrais amis. Une foiblesse montrée avec ingénuité, sans réserve, et avec la petitesse des enfants de Dieu, se tourne en force; comme, au contraire, la force montrée se tourne en vanité, en fausseté, et en foiblesse arrogante. Ouvrez-vous, livrez-vous, et soyez bon petit enfant.

Je suis en peine de M. le duc de Mortemart. Dites ou faites dire pour moi à madame sa mère tout ce qu'on peut dire de plus fort sur sa peine, et sur l'inquiétude qu'elle me cause : vous ne sauriez rien dire de trop.

On me fait vivre comme un fainéant depuis mon rhume, qui est presque fini. Je suis honteux de ma docilité. La chère malade n'a pas besoin de rougir de la sienne, elle est bien en-deçà de tout excès.

512. — AU MÊME.

Même sujet que la précédente. Nouvelles de famille.

Dimanche, 28 mai 1713.

Je remercie Dieu de ce qu'il a fait enfin découvrir le mal qui étoit si profondément caché. Le péril eût été grand sans cette heureuse découverte. Le rétablissement du trajet me donne de grandes espérances : puisque ce trajet est libre, il faut, si je ne me trompe, faire un grand usage des injections pour purifier le fond des chairs. Après tant de mécomptes heureusement réparés, il faut cent précautions l'une sur l'autre pour s'assurer de ne rien laisser dans ce fond. C'est là-dessus, mon cher fanfan, qu'il faut une patience à toute épreuve pour ne se mettre point en péril de recommencer, ou de périr sans ressource en se croyant guéri. M. Chirac, qui a tant d'amitié et de pénétration, examinera sans doute si le pus qui a tant séjourné n'a point rongé quelque vaisseau sanguin jusqu'à en affoiblir les tuniques; si ce pus n'a point fait quelque fusée; s'il ne reste point des esquilles embarrassées dans les chairs ou dans les membranes. Je parle en ignorant; cela m'est permis : je parle pour un homme qui excusera tout et qui saura tourner à bien ce que je dis mal. Je ne doute pas qu'il n'exige de vous une rigoureuse sobriété : c'est sur quoi vous devez avoir une docilité sans bornes pour lui, et une dureté courageuse contre vous-même. Gardez-vous bien de vouloir arracher des permissions, encore plus de les outre-passer jamais en rien.

Votre frère l'abbé a suivi madame de Montberon chez M. de Soûatre, en Artois; il y passera quelques jours.

Je n'ai point de termes pour louer le bon cœur de notre chère malade. Que puis-je faire en ma vie pour lui montrer toute ma reconnoissance? La vôtre doit être infinie. Je comprends qu'elle se porte beaucoup mieux; mais je crains que ce mieux ne lui donne trop de liberté pour suivre ses goûts, et ne la fasse triompher de la médecine. Elle doit voir, par la pénétration que M. Chirac a toujours montrée dans votre mal, combien il mérite d'être cru.

Je vous envoie une lettre pour M. Mareschal, pour lequel nous ne saurions avoir jamais trop de reconnoissance. Je continue mon lait, et je m'amuse : c'est rentrer dans l'enfance. Dieu nous donne celle que Jésus-Christ a tant recommandée! Tout à mon cher fanfan et à la malade.

Je vous prie de faire en sorte, par votre frère l'abbé, que des personnes bien versées en cette matière prennent la peine de choisir les meilleures cartes du Périgord, du Quercy, de l'Agenois, du Limosin et de l'Angoumois. Je vous prie de les payer; vous savez où vous serez d'abord remboursé.

Je suis ravi d'apprendre que le sage Nestor, *ter functus œvo*, danse encore; mais dites-lui que je crains qu'il ne fasse ce qu'Horace dit : *Ad strepitum salias terræ gravis* [1], etc. Le temps approche où il faudra prendre de bonnes mesures pour le faire payer à Crespin [2]; mais il faudroit que madame la princesse se plaignît au Père confesseur de ce que le saint prêtre n'est point payé de sa pension, et qu'on fît recommander à M. de Bernières de lui procurer son paiement. Je ferois le reste avec M. de Bernières; mais je demanderois une grande récompense de mes petits soins; ce seroit deux mois de danse à Cambrai. Sérieusement je l'honore avec reconnoissance, et je l'aime avec tendresse : sa belle et florissante vieillesse me rajeuniroit.

513. — AU MÊME.

Il compatit aux maux de ses amis, et le console par la pensée de la Providence qui lui envoie cette épreuve.

Lundi, 29 mai 1713.

La chère malade nous donna hier au soir des nouvelles assez consolantes de votre état; mais le sien paroît triste, et nous alarme. On ne sauroit en ce monde goûter une douceur qui ne soit mêlée

---

[1] Hor., lib. I, *Ep.* xiv, v. 26.
[2] Abbaye de bénédictins en Hainaut, diocèse de Cambrai.

de quelque amertume. Celui qui fait ce mélange sait l'assaisonner selon notre vrai besoin, qui n'est guère conforme à notre goût dépravé. O que nous ferions de belles choses pour nous enivrer de poison, si Dieu nous laissoit faire à notre mode! Malgré ces coups redoublés par miséricorde, nous avons encore le maudit courage de nous tromper, de nous trahir et de nous perdre. Que seroit-ce si tout étoit riant et flatteur pour nous? Je suis ravi de savoir M. le duc de Mortemart en si beau train de guérison. Mille amitiés à la bonne malade, au grand abbé, à Put (*M. Dupuy*), etc. Bonsoir, très cher fanfan.

314. — AU MÊME.

Nouvelles de famille, et recommandations amicales.

A Cambrai, 1er juin 1715.

Je te dois dire, mon cher petit fanfan, que mon incommodité n'étoit point un vrai rhume : c'étoit une fermentation de bile qui me donnoit d'abord de la fièvre, et qui m'avoit laissé une disposition fiévreuse avec une espèce de langueur et une toux fort âpre. La toux est finie; la langueur s'en va sensiblement : le quinquina m'a fait un très grand bien. Ne sois point en peine de moi; je suis revenu dans mon naturel.

Je suis content du petit garçon major, que je nomme Alexis; j'espère qu'il sera bon enfant, et que tu en auras de la consolation. Nous sommes assez librement ensemble.

Je ne veux point que tu fasses de façon avec moi pour prendre de l'argent selon ton besoin. Je ne te l'offre point par cérémonie : tu dois faire de même avec simplicité pour le recevoir. C'est Dieu qui donne, et non pas moi. Le cœur de Dieu est grand; le mien est étroit. Dieu tout, moi rien.

Il me tarde sans impatience de te savoir guéri. Dieu le fera en son temps, et non au nôtre. O que le mal est bon pour nous désabuser, et pour nous accoutumer à demeurer souples et petits dans la dépendance de Dieu! On fait l'entendu et on s'enivre de soi-même, dès qu'on a un peu de bon temps.

Comme il faut tenir ta jambe ouverte à MM. Triboulaut, etc., ainsi il faut tenir ton cœur toujours ouvert à la bonne duchesse (*de Chevreuse*) et à Put (*M. Dupuy*). Parle-leur naturellement en toute liberté; s'ils te gênent, il faut le leur dire.

Procure à Blondel les recommandations que tu pourras pour son procès, qui est pour lui d'une extrême importance.

L'abbé de Beaumont a fait beaucoup trop pour moi par ses soins et assiduités pendant mon indisposition. C'est le meilleur cœur qu'il y ait en ce monde. J'espère que la grace opérera peu à peu dans son cœur pour l'arracher à ses goûts, et pour le livrer au ministère. Il faut prier et l'attendre.

Tu dois profiter d'un temps précieux pour l'accoutumer à prier et à lire dans des temps réglés, soir et matin.

Fais le moins mal que tu pourras pour diminuer l'indocilité et le mauvais régime de notre bonne malade. Il ne faut ni la rebuter ni la chagriner, mais lui insinuer patiemment et à propos ce qui lui seroit utile. Tu lui as des obligations infinies. D'ailleurs elle mérite par son bon cœur une tendre amitié.

Bonsoir, très cher fanfan. Dieu seul sait de quelle tendresse je t'aime à la vie et à la mort.

Je te prie de dire au P. Lallemant que j'ai dit tout ce qu'il falloit à M. d'Ypres pour l'engager à donner son approbation [1]; après quoi il me semble qu'il faut l'attendre un peu, et voir ce que son cœur lui inspirera. Dès que j'aurai de ses nouvelles, je me hâterai d'en faire part au P. Lallemant. Alors je lui manderai s'il faut écrire un compliment.

315. — AU MÊME.

Il souhaite, pour madame de Chevry, une grande soumission au médecin, et un parfait abandon à la volonté de Dieu.

Jeudi, 1er juin 1715.

Je suis alarmé, mon cher fanfan, de la fièvre accompagnée de dévoiement de notre chère malade. Elle n'avoit pas besoin de cette nouvelle secousse après une si longue suite de maux. Dieu veuille qu'elle se laisse secourir par M. Chirac! Elle voit par votre exemple combien il mérite d'être cru, et avec quelle pénétration il découvre ce qui est le plus caché. On est fort heureux d'avoir un tel médecin et un tel ami. Il est vrai que toute la médecine se trouve épuisée par certains maux; mais enfin un habile homme qui connoît un tempérament, et qui a observé de près le cours d'une longue maladie, diminue les accidents et les prévient, pour soulager la personne qu'il ne peut entièrement guérir. D'ailleurs Dieu bénit cette patience, cette docilité, ce renoncement à notre volonté propre. Heureux qui tourne ainsi les maux en biens, en s'abandonnant à Dieu! Que

---

[1] Le P. Lallemant faisoit alors imprimer ses *Réflexions sur le Nouveau Testament*, auxquelles Fénelon donna son approbation.

met-on en la place? Un courage humain qui s'use, une volonté roide qui se tourne contre elle-même, une indocilité qu'on doit se reprocher devant Dieu et devant tous ses bons amis. Je n'ignore pas l'amertume de cet état. Je comprends qu'il doit causer une lassitude infinie, avec un grand préjugé contre les remèdes et les régimes gênants; mais ce qui est impossible à la foiblesse humaine devient très possible par le secours de Dieu, quand on se livre à lui humblement. Mais j'ai honte de mon sermon; n'en montrez que ce qui pourra être vu sans péril d'importuner la chère malade. Mille choses à la bonne duchesse (*de Chevreuse*) et à Put *(M. Dupuy)*. Soyez bien sage jusqu'au bout, pour assurer et accélérer votre guérison. Bonsoir, mon très cher fanfan.

316. — AU MÊME.

Ses inquiétudes sur l'état de madame de Chevry.

Samedi, 3 juin 1713.

Je me porte bien. Pourquoi notre chère malade n'en fait-elle pas autant? Je voudrois bien que l'évacuation qui la fait souffrir pût la dégager de la fièvre. Elle se vante de sa docilité; mais j'aimerois mieux les louanges d'autrui que les siennes, pour son propre mérite. Quand pourrai-je avoir la consolation de la savoir soulagée, et en repos sans en abuser? Et ce gros os, pourquoi ne se hâte-t-il pas de tomber? Il faut bien nettoyer le trajet, et ne laisser rien en aucun recoin. Du reste, sobriété, tranquillité de corps et d'esprit; écouter, parler peu, s'amuser, se réjouir. *Gaudete in Domino.* Mille amitiés à notre bonne malade. J'embrasse Put. Tout à mon cher fanfan.

317. — AU MÊME.

Recommandations amicales.

A Cambrai, mercredi 28 juin 1713.

Je te prie, mon très cher fanfan, d'envoyer la lettre ci-jointe à M. Colin (*P. Lallemant*), ou de la faire envoyer par M. Dupuy. Elle doit être rendue promptement et en main propre.

M. de Tingry va à Paris pour le mariage du fils de M. le duc de Châtillon; il se charge de mon paquet. Sois sobre, paisible et gai; Dieu, qui le veut, te donnera de quoi le faire. La sobriété est le point le plus important pour ta guérison: ensuite vient le second point de la patience et de la gaieté; c'est ce qui adoucit le sang, et qui y met un baume pour purifier la plaie. Demande à Dieu, et il te donnera. La demande n'est point une formule de discours: c'est un simple désir du cœur qui sent son besoin, son impuissance, la toute-puissance et l'infinie bonté de notre Père céleste. Mille et mille amitiés à la malade et aux vrais amis. Chante, amuse-toi, fais-toi amuser; aime Dieu gaîment. Avertis notre ami Put (*M. Dupuy*) et Duchesne qu'il y a, dit-on, à l'hôtel de Créqui, une tapisserie de Scipion, haute et belle, pour mille écus.

318. — AU MÊME.

Témoignages d'amitié; exhortation à l'abandon.

Lundi, 3 juillet 1713.

Quoique je t'écrive tous les jours, mon très cher fanfan, les lettres que j'envoie par la poste ne me contentent pas. Je te veux dire par cette voie sûre combien je suis attentif sans inquiétude sur l'avancement de ta guérison. Panta (*l'abbé de Beaumont*) est trop occupé de ma santé et de mon repos d'esprit; je le suis peut-être un peu trop de toi: mais, en vérité, je suis assez tranquille, et je me porte mieux que je n'aurois cru. Je me porterai encore mieux quand tu seras guéri, et que je te reverrai dans la petite chambre grise auprès de moi. Sois sobre, patient, abandonné à Dieu, et petit dans tes peines. O qu'on est sot, quand on veut faire le grand! O qu'on est vrai et bon, quand on veut bien être, se voir, et être vu foible et pauvre! Si tu veux de l'argent, tu n'as qu'à dire; ne te laisse manquer de rien. Si tu manquois, tu le mériterois bien; ce seroit ta faute. Bonjour, très cher fanfan. Alexis continue à bien faire; je l'aime de bonne foi. Je ne sais point s'il aura ce qu'on appelle de l'esprit; mais il paroît avoir le sens droit, du sentiment, et bonne volonté. Tout à toi, petit fanfan.

319. — AU MÊME.

Joie qu'il ressent de sa prochaine guérison, et désir de le voir bientôt à Cambrai.

A Chaulnes, 29 juillet 1713.

Te voilà donc enfin, mon très cher fanfan, en train de prochaine guérison. Dès que tu seras en état d'aller avec une sûreté parfaite, il faudra que tu reviennes achever ta convalescence à Cambrai; mais il ne faut rien entreprendre que sur la décision de MM. Chirac, Mareschal, etc. Je voudrois bien que tu pusses nous amener la chère grondeuse; mais on ne doit rien hasarder par rapport à ses maux. Je crains l'agitation d'un voyage pour ses reins, et l'éloignement de M. Chirac s'il lui arrivoit quelque attaque de gravelle chez nous. C'est M. Chirac qui doit décider là-dessus; de ma part tout seroit prêt. Je serois charmé de la garder tout l'hiver, et de lui envoyer un carrosse à Paris pour la chercher. Je te prie d'en raisonner avec M. Chirac. Nous la ferions vivre avec plus de régime; mais elle feroit un voyage en carrosse, et elle seroit ensuite éloignée du secours qui lui a sauvé plusieurs fois la vie. Examine, raisonne, consulte l'oracle, et mande-moi ce qui aura été conclu. Pour mon filleul et pour notre petit abbé, nous prendrons nos mesures, quand nous serons à Cambrai, sur ce que tu nous feras savoir. Il faudra examiner aussi en quelle voiture tu pourras venir quand il en sera temps.

Nous avons passé ici quatre jours en repos, liberté, douceur, amitié et joie; cela est trop doux: il n'y a que le paradis où la paix, la joie et l'union ne gâtent plus les hommes.

Tout à toi pour jamais, mon très cher petit fanfan. Je te conjure de me mander au plus tôt ce qu'il convient de donner à MM. Chirac, Mareschal, etc.; la valeur de combien, et en quelle nature de présent pour M. Mareschal. Sera-ce une tabatière, ou une bague, ou quelque pièce de vaisselle d'argent?

520. — AU MÊME.

Sur le même sujet.

Samedi, 5 août 1713.

Je compte les jours jusqu'à celui qui nous réunira; mais c'est sans inquiétude ni impatience. On peut me croire sur mes peines, car je les montre assez quand je les sens, et je laisse assez voir ma foiblesse. Je fais mal les honneurs de moi. Achevez de vous guérir, sans vous relâcher sur les précautions. Ne faites point naufrage au port. Faites tout ce que vos messieurs croiront utile pour assurer et pour accélérer votre guérison. Je ferai partir un carrosse lundi ou mardi prochain, tout au plus tard, pour mon filleul : il me tarde de l'embrasser. Le petit abbé me fera aussi un sensible plaisir. Que ne puis-je vous voir arriver avec eux! Si M. Colin (*P. Lallemant*) jugeoit que je dusse donner plus de deux cents livres à son jeune ecclésiastique, il n'auroit qu'à le décider, quoique je sois bien en arrière pour mes revenus. Dites au très cher Put (*M. Dupuy*) qu'il ne soit en peine d'aucune de ses lettres. Je les ai toutes reçues, chacune en son temps. Il aura au plus tôt de mes nouvelles. Je l'embrasse avec tendresse. Mille et mille choses à la chère malade. Tout sans réserve à mon très cher fanfan.

Écrivez-moi quelque mot obligeant pour madame de Risbourg.

521. — AU MÊME.

Il se réjouit dans l'espérance de le voir bientôt à Cambrai, et lui donne quelques avis sur la conduite à tenir envers certaines personnes.

Dimanche, 6 août 1713.

Tu ne dois pas hésiter, mon cher fanfan : quand ces messieurs te donneront ton congé, il faudra louer une litière qui te mènera ici pour notre argent. Ne crains aucune dépense de vraie nécessité. Ton père selon la chair n'est pas autant ton père que moi. C'est ton principal père qui doit payer tout ce que l'autre ne peut payer. Dieu nous le rendra au centuple. Pour les sommes nécessaires à ces messieurs, je veux les payer noblement et sans faste : il vaut mieux faire un peu trop, que de s'exposer au moindre risque de trop peu avec tout le monde, et surtout avec de telles gens.

M. le duc de Charost m'a marqué dans notre entrevue une sincère amitié pour toi. Il a le cœur bon, et tu dois lui montrer en toute occasion un grand attachement avec un vrai respect. M. le duc de Chaulnes est sans démonstrations très bon et très effectif : il est prévenu d'estime pour toi.

Il faut cultiver les hommes dans l'ordre de la Providence, sans compter jamais sur eux, non pas même sur les meilleurs. Dieu est jaloux de tout, même des siens; il ne faut tenir qu'à lui, et le voir sans cesse à travers des hommes comme le soleil à travers des vitres fragiles.

Ne te décourage jamais à la vue de tes fragilités et de tes inconstances; il faut savoir à quoi s'en tenir avec soi-même pour se désabuser de soi, et pour s'en déposséder. Quelques misères honteuses qu'on éprouve sans cesse, on recommence toujours ridiculement à se fier à soi. Les misères éprouvées sont un remède; mais la confiance ridicule qui ne se déracine point est un étrange mal. La bonne duchesse (*de Chevreuse*), la duchesse de Mortemart, et le cher Put (*M. Dupuy*) peuvent te secourir très utilement. Tu ne saurois leur ouvrir trop ton cœur; il faut être simple et petit; il faut se livrer sans réserve, et n'écouter point les réflexions de l'amour-propre. O qu'on est heureux d'être ami des amis de Dieu ! Ils valent bien mieux que les distributeurs de la fortune.

Demande un peu les livres que tu pourrois nous apporter. Je n'en voudrois pas beaucoup; ma curiosité est très bornée; je sens qu'elle diminue tous les jours.

Que ne donnerois-je point pour voir la chère malade recueillie, désabusée du monde, et entièrement fidèle à Dieu! sa santé même en seroit meilleure. Il ne t'appartient point de la prêcher; il ne faut avec elle que complaisance, reconnoissance, amitié, égards infinis: mais pour moi, je voudrois qu'elle fût aussi unie à Dieu qu'elle est aimable pour tous ses amis.

Je compterai souvent les jours jusqu'à celui de notre réunion; mais, en les comptant, je ne voudrois pas en retrancher un seul. Il faut laisser tout en sa place selon l'arrangement du maître. Prends bien tes mesures; ne précipite et ne hasarde rien par impatience. Bonsoir. Tout à toi, mon cher petit fanfan.

Alexis continue à faire bien: nous sommes fort bons amis.

522. — A M. VOYSIN.

SECRÉTAIRE D'ÉTAT.

Il déclare qu'il a été absolument étranger aux démarches qu'on a faites pour lui obtenir la permission d'aller voir à Paris sa nièce dangereusement malade.

A Cambrai, 4 août 1713.

Je viens d'apprendre qu'une personne inconnue vous écrivit, il y a quelques mois, pour vous supplier de parler au roi, afin que je pusse aller à Paris voir ma nièce, qui étoit alors très malade. Je comprends bien qu'on pourra ne me croire point sur ma parole, quand je dirai que je n'ai eu aucune connoissance de cette demande, et que j'aurois tâché de l'empêcher si j'en avois été averti. On pourra même penser que je ne la désavoue maintenant qu'à cause qu'elle n'a pas réussi: mais je me livre à tout ce qu'on voudra penser de moi. Dieu sait combien je suis éloigné de tous ces détours. De plus, j'ose dire, monsieur, que ma conduite ne ressemble guère à ces empressements indiscrets. Je sais, Dieu merci, demeurer en paix et en silence, sans faire une tentative si mal mesurée. Personne sans exception n'a jamais poussé plus loin que moi la vive reconnoissance pour les bienfaits du roi, le profond respect qui lui est dû, l'attachement inviolable à sa personne, et le zèle ardent pour son service: mais personne n'a jamais été plus éloigné que moi de toute inquiétude et de toute prétention mondaine. Je prie Dieu tous les jours pour la précieuse vie de Sa Majesté. Je sacrifierois avec plaisir la mienne pour prolonger ses jours. Que ne ferois-je point pour lui plaire! Mais je n'ai ni vue ni goût pour me rapprocher du monde. Je ne songe qu'à me préparer à la mort, en tâchant de servir l'Église le reste de ma vie dans la place où je me trouve. Au reste, je ne prends point, monsieur, la liberté de vous rendre compte de tout ceci dans l'espérance que vous aurez la bonté de vous en servir pour faire ma cour. Vous pouvez le supprimer, si vous le jugez à propos. Je ne desire rien dans ce monde plus fortement que de remplir tous mes devoirs vers Sa Majesté avec un zèle à toute épreuve; j'ai toujours été également dans cette disposition: mais je n'y suis excité par aucun intérêt humain. Les bienfaits passés dont je suis comblé me suffisent, sans chercher pour l'avenir aucun agrément dont je puisse être flatté. C'est avec un vrai dévouement que je suis, etc.

323. AU MARQUIS DE FÉNELON.

Il lui donne ses idées sur la manière d'accepter la bulle qu'on attendoit de Rome contre le livre du P. Quesnel. Il l'exhorte au parfait abandon.

Lundi, 11 septembre 1713.

Je me sers de la voie sûre de M. Bourdon (*P. Le Tellier*) pour t'écrire en liberté, mon très cher fanfan. Je compte de te loger dans ma petite chambre grise, où tu as long-temps demeuré: on ne t'y fera aucun bruit. Nous nous coucherons vers les neuf heures et demie: le matin, j'irai dire la messe sans t'éveiller, et nous ne te verrons au retour que quand tu ne pourras plus dormir. Voilà ce qui me paroît le plus convenable. De ma part, je ne serai ni incommodé ni gêné en rien: tu peux t'en fier à moi.

Je te prie de dire à M. Colin (*P. Lallemant*) qu'il me paroît qu'on peut, en prenant bien ses mesures, faire d'abord à Paris une assemblée de trente ou quarante tant cardinaux qu'archevêques et évêques, pour accepter la bulle d'une manière courte, claire, précise, pure, simple et absolue. Le procès-verbal de cette assemblée extraordinaire peut servir de modèle à ceux des provinces. On peut y dresser un modèle de mandement, que les provinces suivront aussi. Si M. le cardinal de Noailles veut faire cette acceptation pure et absolue, et s'il commence par s'y engager par écrit, on ne peut lui faire trop d'honneur pour la présidence, etc.; sinon on doit y pourvoir autrement.

Dès que le roi appuiera fortement pour l'acceptation de la bulle, il y aura tout au moins vingt évêques contre un, pour l'accepter d'une façon pure, simple et absolue. Il est fort à desirer qu'on voie une acceptation unanime de tous : mais enfin, quand même il arriveroit qu'une douzaine d'évêques refuseroient d'accepter sans quelque clause restrictive, le torrent prévaudroit, et le mal même se pourroit tourner à bien. Il est quelquefois nécessaire que le scandale arrive, *ut eruantur ex multis cordibus cogitationes*[1]. L'autorité de l'Église n'en est pas moins complète et moins décisive, quoique quelques évêques s'y opposent : c'est ce qu'on a vu en plusieurs conciles. Le grand point est d'aller en avant, et d'engager tout le corps du clergé, par l'acceptation de presque tous les évêques. Tout ce qui a été fait jusqu'ici sera justifié par le Saint-Siège et par le clergé de France : il deviendra le propre fait du clergé même, dès que le corps de ce clergé aura fait une acceptation non restreinte. Mais il faut que le roi parle ferme : il lui sera glorieux de le faire; et on ne pourra point se plaindre raisonnablement qu'il entre dans le spirituel avec une autorité qui opprime les consciences, puisqu'il ne fera que la fonction du protecteur des canons, qui est de procurer l'unanimité des membres avec leur chef pour une décision dogmatique canoniquement prononcée. La forme des bulles précédentes doit suffire pour celle-ci.

Si on sait des nouvelles de Rome sur cette bulle, on me fera un sensible plaisir de me les mander : il seroit très fâcheux qu'elle ne vînt pas. On veut intimider Rome, et fermer les avenues de la France aux décisions du centre de l'unité. Lisez tout ceci à M. Colin, et donnez-lui-en une copie, s'il le veut. Je redouble chaque jour mes prières là-dessus.

Donnez la lettre ci-jointe au bon Put (*M. Dupuy*) que j'aime de plus en plus. Je voudrois bien faire un présent à ma nièce, dès que je serai un peu plus au large. Ne pourriez-vous point examiner qu'est-ce qui conviendroit le mieux à son goût? Pensez-y avant votre départ : consultez même en secret quelque ami.

Bonsoir, mon cher petit fanfan. Donne-toi bien à Dieu, et prie-le de te prendre à sa mode, car souvent on ne sait pas bien se donner : on ne se donne qu'à demi; on se reprend en détail, après s'être donné en gros; on se donne pour être plus à soi, en se flattant d'être plus à Dieu : voilà l'illusion la plus dangereuse. Il y a une bonne règle pour les donations, dans les Coutumes : *Donner et retenir ne vaut*. Point d'autre lien, point d'autre amitié entre toi et moi, que Dieu seul : c'est son amour qui doit être à jamais toute notre amitié. Le veux-tu? sans cela marché rompu; point d'argent, point de Suisse. Bonsoir, bonsoir.

324. — AU P. DAUBANTON.

Sur la constitution *Unigenitus* qui venoit de paroître.

A Cambrai, 12 octobre 1713.

Je vous dois, mon révérend Père, une des plus grandes consolations que j'aie senties depuis que je suis au monde; c'est celle de lire la nouvelle constitution contre le livre du P. Quesnel. Cette constitution fait un honneur singulier non-seulement à la personne du pieux et savant pontife qui l'a dressée lui-même avec autant de travail et de discernement, mais encore au Siége apostolique, qui se trouvoit dans un très pressant besoin de soutenir son autorité méprisée.

Le pape a fait un portrait très ressemblant de l'auteur, qui est le chef de tout le parti, et du parti même. Il a peint leur audace, leurs artifices, leurs détours, leur souplesse pour séduire les fidèles et pour échapper aux mesures les plus décisives. Sa Sainteté a très bien caractérisé le livre; elle a montré une suite, un dessein caché, un venin répandu dans les propositions mêmes qui choquent le moins, un art pour prévenir le lecteur contre la doctrine et contre la discipline générale de l'Église.

J'admire le choix des propositions et l'ordre où elles sont mises : le choix fait qu'on est, sans discussion, d'abord saisi d'horreur à la vue de certains principes qui renversent tout. L'ordre fait qu'on trouve toutes les propositions de chaque genre rassemblées pour s'entr'expliquer, et pour faire sentir un système pernicieux.

On y voit une grace qui a tous les caractères de la grace nécessitante des protestants les plus outrés, en sorte qu'il faut rétracter les canons du concile de Trente contre Luther et Calvin, aussi bien que les constitutions publiées contre Jansénius, si on tolère une telle grace sous des termes adoucis et captieux. On y voit une réelle impuissance d'accomplir les commandements de Dieu, et d'éviter les péchés les plus énormes, même à l'égard des justes, toutes les fois qu'ils sont privés de cette grace invincible à la volonté. On ne peut éluder cette affreuse conséquence qu'en alléguant un pouvoir éloigné d'accomplir par les forces de la seule nature les actes surnaturels, ou qu'en supposant, de mauvaise foi, qu'on peut, avec une

---

[1] *Luc.*, II, 35.

grace foible et disproportionnée à la tentation, faire les actes les plus forts.

On y voit le monstrueux système de Baïus et de Jansénius, qui disent que la grace est nécessaire à la nature; ce qui est détruire la grace même, et la réduire à être une partie essentielle de l'ordre naturel.

On y voit que le parti regarde la grace de la foi comme la première : qu'il suppose une générale privation de grace et un horrible abandon de Dieu à l'égard de tous les infidèles qui ne viennent point à l'Évangile, en sorte que toutes leurs actions les plus touchantes se tournent en démérite.

On y voit presque tous les chrétiens et catholiques qui vivent et meurent sans aucun secours actuel de grace, comme le parti le suppose des Juifs, qui n'avoient, selon lui, que la lettre de la loi. Voilà le plan de Jansénius.

On y voit des principes qui tendent à changer toute la discipline de l'Église pour la pénitence, pour l'administration des sacrements, et pour la lecture des livres sacrés.

On y voit deux espèces d'églises, dont l'une se trouve dans l'autre : l'une, visible, grossière, tyrannique, et persécutrice des disciples de saint Augustin, n'est tolérée de Dieu que pour exercer leur patience; l'autre, composée des disciples de saint Augustin, est pure, courageuse, patiente; elle travaille à redresser celle du dehors.

On y voit l'esprit de présomption avec lequel l'auteur enseigne à mépriser les décisions, les censures et les anathèmes.

On y voit les principes du schisme contre l'Église, et de la sédition contre les princes. Le parti n'est soumis en apparence que quand il n'est pas encore le plus fort; il ne demeure dans l'Église que pour être la vraie Église lui-même, et abattre tout le reste.

Les siècles à venir béniront à jamais un pape qui a décrédité et flétri un livre si contagieux et si autorisé depuis un grand nombre d'années.

Une constitution si forte, si mesurée, si précise, sera le plus précieux monument de la tradition pour nos jours. C'est même une providence visible que, dans un temps où l'autorité du Saint-Siège est si traversée et si affoiblie, elle s'exerce encore avec tant de force pour les décisions de foi, et qu'il reste dans le cœur des nations un respect pour se soumettre à ses jugements. Voilà sa véritable grandeur : tout le reste peut lui être contesté; mais ceci demeure dans tous les cœurs catholiques. Si Rome cessoit peu à peu d'exercer ce genre d'autorité, on ne la connoîtroit plus que par ses dispenses contre le droit commun, et elle demeureroit étrangement avilie.

Je suis ravi de ce que l'école des thomistes a eu part à l'examen et à la condamnation du livre. Voilà cette école intéressée de plus en plus à distinguer clairement sa doctrine de celle des jansénistes : il faut la piquer d'honneur, afin qu'elle demeure exactement dans ses bornes, pour ne servir point d'asile au parti.

Il seroit fort à désirer, si je ne me trompe, qu'on pût faire au P. Quesnel les monitions canoniques pour l'obliger à se conformer à la constitution.

1° Il devroit condamner son livre avec toutes les qualifications portées dans la constitution, purement, simplement, absolument et sans restriction, dans son sens propre, véritable et naturel, sans sous-entendre aucun changement de langage fait par le Saint-Siége. Vous savez que ce prétendu changement de langage est le subterfuge que le parti a souvent employé.

2° Il faudroit qu'il condamnât ainsi les cent une propositions, avec le livre dont elles sont bien extraites.

3° Il faudroit qu'il promît une croyance intérieure, certaine et irrévocable de la justice de cette décision.

4° Il faudroit que, conformément à la constitution, il condamnât tous les écrits faits pour soutenir le livre. S'il refusoit de le faire, il faudroit, ce me semble, le déclarer excommunié et retranché du corps de l'Église catholique. Ce coup d'autorité feroit impression sur beaucoup de personnes qui ont encore quelque délicatesse de conscience en faveur de la catholicité.

Je prie de plus en plus tous les jours à l'autel pour la conservation du pape qui est si nécessaire et si cher à toute l'Église.

Je suis avec vénération, mon révérend Père, etc.

525. — AU P. QUIRINI.

Ses regrets de n'avoir pas revu ce religieux avant son départ pour l'Italie. Exhortation à quitter les études de pure curiosité.

A Cambrai, 28 décembre 1713.

Je ne puis, mon révérend Père, me refuser la consolation de vous dire combien j'ai été affligé de votre départ. Je ne méritois point que vous prissiez la peine de revenir ici. Je vous avois même manqué en plusieurs occasions, où mes embarras infinis m'avoient ôté la liberté de contenter mon cœur. Je desirois de réparer tout le passé, et de vous posséder ici un peu de temps en repos.

Nous aurions parlé des matières de religion, l'unique affaire des chrétiens, et surtout des ministres de l'Évangile : nous aurions compté pour rien la *science* qui *enfle*, et nous aurions cherché en simplicité *la charité* qui *édifie*[1]. Nous aurions parlé avec amertume sur une critique téméraire qui ébranle tout en nos jours. Nous aurions déploré les divisions qui causent un si affreux scandale. Nous aurions conclu que rien n'est bon qu'une sagesse sobre, *sapere ad sobrietatem*[2] : mais votre départ m'a ôté l'espérance de toute cette joie. Au moins souvenez-vous que, parmi tant de gens que vous avez vus en France, vous en avez connu un qui vous aime, qui vous honore, qui connoît ce que Dieu a mis en vous, et qui prie afin que *celui qui a commencé l'ouvrage le continue jusqu'au jour de Jésus-Christ*[3]. Quittons tout ce qui n'est que curiosité, qu'ornement d'esprit. *Sed postea quam mihi curarum ecclesiasticarum sarcina imposita est, omnes illæ deliciæ fugere de manibus, ita ut vix ipsum codicem inveniam*[4].

La religion souffre de tous côtés; la vérité est en péril; le vaisseau de Pierre est agité par la tempête : prions, humilions-nous, apaisons Dieu. Mettons-nous en état de réprimer les sociniens et les déistes, qui corrompent les esprits. Édifions les peuples pour les retenir dans une foi simple, malgré les artifices de tant de novateurs.

Donnez-moi de vos nouvelles, quand vous serez en repos. Apprenez-moi quelles sont vos occupations, et donnez-moi la joie de savoir que vous ne voulez point oublier celui qui sera, *ad convivendum et commoriendum*[5], votre, etc.

326. — AU DUC DE CHAULNES.

Avis au duc pour travailler à sa perfection.

A Cambrai, 1ᵉʳ mars 1714.

Rien que deux mots, mon très cher duc, pour vous réveiller, comme vous me l'avez permis. Retranchez-vous les menus détails pour abréger et pour remplir les grands devoirs de votre état? coupez-vous court? prenez-vous les affaires par le gros? allez-vous droit à la racine de l'arbre pour finir? êtes-vous un peu sociable? Voilà bien des questions. Je prie Dieu qu'il fasse tout en vous, et que vous le laissiez faire, quoi qu'il vous en coûte. Mille respects aux bonnes duchesses. N'oubliez pas que vous m'avez promis la chère jeunesse pour la belle saison : j'en serai charmé. Pour vous, mon très cher duc, je vous étoufferai en vous embrassant à la première vue, si vous ne faites pas tout ce que Dieu veut.

527. — A L'ABBÉ DE BEAUMONT.

Il lui témoigne son amitié, et le plaisir que lui cause le retour du printemps.

22 mai 1714.

Votre lettre de Cosne m'a réjoui, mon très cher neveu. Le jeu poétique m'y amuse, et l'amitié qui s'y fait sentir m'adoucit le cœur. Je ne vis plus que d'amitié, et c'est l'amitié qui me fera mourir. Je ne vois ici le printemps que par les arbres de notre pauvre petit jardin.

. . . . Jam læto turgent in palmite gemmæ[1].

Je vois aussi dans nos plates-bandes cet aimable objet.

Inque novos soles audent se gramina tuto
Credere; nec metuit surgentes pampinus austros.
. . . .
Sed trudit gemmas, et frondes explicat omnes[2].

J'aime bien cette leçon de délicatesse pour les arbres :

Ac, dum prima novis adolescit frondibus ætas,
Parcendum teneris; et dum se lætus ad auras
Palmes agit, laxis per purum immissus habenis,
Ipsa acie nondum falcis tentanda; sed uncis
Carpendæ manibus frondes, interque legendæ[3].

Voici encore un endroit où la peinture est gracieuse :

Sponte sua quæ se tollunt in luminis auras,
Infœcunda quidem, sed læta et fortia surgunt[4].

Voilà les jeux d'enfants qui flattent mon imagination sous nos arbres. O que je vous souhaiterois à leur ombre! mais il faut vouloir que vous soyez au bain[5], et que vous fassiez provision de santé. M. l'abbé Delagrois me lit dans sa chambre et m'entretient dans la mienne : il est gai; il a le cœur bon ; il a de la délicatesse dans l'esprit. Vous avez des espaces immenses à parcourir; vous allez égaler *les erreurs* d'Ulysse. Je compte tous vos pas, et mon cœur en sent le prix. Cette absence nous préparera la joie d'une réunion. Guérissez-vous, priez; soyez petit, souple dans la main de Dieu. Aimez qui vous aime avec tendresse.

Les noyers morts m'ont affligé : c'étoit *ruris honos*.

---

[1] *I Cor.*, VIII, 1.   [2] *Rom.*, XII, 3.   [3] *Philip.*, I, 6.
[4] AUG., *Epist.* CI, ad Memorium, n. 5, tom. II, pag. 272.
[5] *II Corinth.*, VII, 3.

[1] VIRG. Ecl. VII, v. 48.   [2] GEORG., lib. II, v. 332, etc.
[3] *Ibid.*, v. 362, etc.   [4] *Ibid.*, v. 47, 48.
[5] L'abbé de Beaumont étoit alors aux eaux de Bourbon, près Moulins en Bourbonnois.

328. — AU MARQUIS DE FÉNELON.

Témoignages d'amitié.

24 mai 1714.

Je souhaite, mon très cher fanfan, que vous soyez arrivé à Manot en parfaite santé. Ne vous y arrêtez point; la saison est précieuse. Il ne faut faire qu'une fois en la vie un voyage de quatre cents lieues. La famille doit vous presser de partir : vous la dédommagerez au retour. J'ai ici M. l'abbé Delagrois et les enfants de M. le duc de Chaulnes. Je m'amuse; je me promène; je me trouve en paix dans le silence devant Dieu. O la bonne compagnie! on n'est jamais seul avec lui, on est seul avec les hommes qu'on ne voudroit point écouter. Soyons souvent ensemble, malgré la distance des lieux, par le centre qui rapproche et qui unit toutes les lignes.

529. — AU MÊME.

Recommandations sur sa santé.

A Cambrai, mercredi 30 mai 1714.

Il me tarde bien, mon très cher fanfan, de vous savoir arrivé à Manot, et parti pour Barège. Le repos de votre vie, votre santé, votre force pour servir, la longueur de votre vie même, tout dépend de ce voyage. Si vous ne guérissez point cette année, vous ne guérirez jamais, et l'âge augmentera sans cesse votre mal. Au nom de Dieu, ne précipitez et ne négligez rien. Je vous en conjure; je l'exige de vous avec une pleine autorité, par tous les droits que notre liaison me donne sur votre conduite. Vous manquerez à Dieu, si vous me manquez en ce point. Tendrement tout à vous.

530. — A L'ABBÉ DE BEAUMONT.

Il l'engage à abréger son voyage et lui témoigne un grand empressement de le revoir.

1er juin 1714.

Vous m'avez demandé de mes nouvelles, et vous ne me donnez point des vôtres : ô le grand paresseux! J'excuse néanmoins un buveur, il est dispensé de tout, excepté de se promener. Il me tarde de savoir vos eaux heureusement finies. Pour votre voyage en pays lointain, modérez votre ardeur. Je ne vous demande que Châteaubouchet, Fontaine et la Saintonge. N'allez ni à Tulle, ni à Sarlat, ni même à Manot. Vous trouveriez des chemins salébreux [1] et ennemis des roues. Vous êtes en droit de donner rendez-vous au père des quatorze enfants [1], et de vous excuser vers les bonnes tantes de Sarlat. Dites que je m'impatiente sur votre retour : ce n'est pas en vain que vous êtes grand-vicaire.

> Ut mater juvenem, quem Notus invido
> Flatu Carpathii trans maris æquora
> Cunctantem spatio longius annuo
>   Dulci distinet a domo,
>
> Votis ominibusque et precibus vocat,
> Curvo nec faciem littore dimovet :
> Sic desideriis icta fidelibus, etc. [2].

Scaliger [3] est céans avec son frère. Le soleil est venu en poste [4] : il est fort beau; nous l'avons admiré. Un quelqu'un ne savoit lequel des deux côtés étoit le devant et le derrière.

Barbarus has segetes [5] !

L'abbé Delagrois est encore ici; il est vrai, droit, bon, noble, pieux, gai, aigu et perçant. Il édifie et réjouit; mais il est dangereux pour les gens qui ne lui ressemblent pas.

531. — AU DUC DE CHAULNES.

Avis au duc sur ses occupations particulières, et sur la fidélité à suivre l'attrait de la grace.

A Cambrai, 6 juin 1714.

Je rends compte, mon bon duc, à madame la duchesse de Chaulnes, de ce qui regarde la petite troupe. Je parle comme je pense, et je dis vrai. Vous jugerez de ma sincérité sur les enfants par celle que je vais montrer au père sans ménagement sur lui-même.

J'ai compris, par votre lettre, que vous vous noyez toujours dans vos paperasses, et que votre vie se passe en menus détails. C'est manquer à votre vocation, négliger vos principaux devoirs, abandonner les bienséances, vous dégrader dans le monde et à la cour, vous mettre hors de portée des graces dont vous avez besoin, vous exposer à être sans appui dans des temps de trouble, où les cabales ne manqueront pas de culbuter tout homme en place sans crédit. De plus, vous usez à pure perte votre santé. Que n'apprenez-vous à vous faire soulager? Pourquoi ne vous accoutumez-vous pas à donner les détails à des gens subordonnés?

---

[1] Du latin *salebrosus*, âpres, raboteux, rompus. Peut-être Fénelon auroit-il voulu introduire ce mot dans la langue françoise. Voyez sa *Lettre sur les occupations de l'Académie*, art. III.

[1] Neveu de l'archevêque, et père du marquis de Fénelon.

[2] HOR., lib. IV, *Od.* v.

[3] Ce surnom désigne un frère du marquis de Fénelon.

[4] C'est le soleil ou ostensoir d'or massif dont Fénelon venoit d'enrichir son église métropolitaine, comme on le voit par les registres de l'ancien chapitre de Cambrai, sous la date du 1er juin 1714.

[5] VIRG., *Ecl.* 1, v. 72.

Pourquoi ne vous bornez-vous pas à faire les choses qui ne peuvent être faites que par vous seul, et qui doivent toujours être en petit nombre? Pourquoi ne comparez-vous pas les principaux devoirs de votre état avec les menus détails, pour préférer ce qui est capital à ce qui est bien moins important? Pourquoi ne priez-vous pas pour obtenir le courage et la force qui vous manquent pour vaincre votre goût et votre longue habitude? Dieu ne vous manque point; c'est vous qui lui manquez, et qui ne voulez pas le secours qu'il vous offre. Prêtez-lui votre cœur; ouvrez-le-lui tout entier; desirez de desirer la fidélité à ses impressions. Vous sentez son attrait; voilà ses avances vers vous: vous n'en êtes pas moins abandonné à vos minuties; voilà votre infidélité, et votre résistance à la grace. Je vous conjure, mon bon et cher duc, de ne lire point cette lettre, sans promettre à Dieu un vrai et prompt changement. Il le fera en vous si vous le laissez faire; mais il faut se laisser rompre en tout sens, et perdre toute consistance propre dans la main de Dieu pour le laisser faire. Quiconque veut garder la forme qu'il a n'est point encore souple à l'opération de l'esprit intérieur qui détruit et qui refait tout.

L'abbé de Beaumont me mande qu'il a été comblé des bontés de madame la duchesse de Chevreuse, mais sans mesure. Elle l'a logé, nourri, honoré de mille attentions. Il ne peut tarir sur sa reconnoissance, et il me presse d'y ajouter la mienne. Mais que dirois-je? Je suis accoutumé au bon cœur qui fait tant de bien. Dieu veuille qu'elle soit revenue avec une bonne provision de santé! L'abbé de Beaumont m'a mis en peine en me mandant qu'elle avoit besoin d'être saignée, et qu'elle n'avoit pas pu l'être à Bourbon. J'espère que M. Gallet aura des nouvelles de son retour, et qu'il m'en fera part. Je ne puis exprimer, mon bon duc, combien je m'intéresse à sa santé et à la vôtre; laissez-moi vos chers enfants; ils sont les miens, ils me font plaisir. Je tâcherai de ne leur pas être inutile.

352. — AU MARQUIS DE FÉNELON.

Voir patiemment et humblement ses défauts.

A Cambrai, jeudi 12 juillet 1714.

Je reçus hier au soir, mon très cher fanfan, votre lettre du 27 de juin. Elle me fait plaisir, en m'apprenant votre arrivée; mais je ne suis pas content d'apprendre que le cinquième bain ne vous avoit point encore soulagé. Il faut espérer que la patience dans l'usage de ce remède opérera; mais il faut garder le plus exact régime, avec la plus parfaite docilité pour les médecins. Il faut même aller jusqu'au bout des deux saisons, plutôt que de s'exposer à revenir avec une guérison douteuse.

Voyez humblement et patiemment vos défauts. Il ne faut ni se flatter ni se décourager; mais recourir à Dieu avec une entière défiance de votre foiblesse, et une pleine confiance en sa bonté pour votre correction. Ne soyez point surpris de vos légèretés et de vos vaines complaisances. Eh! que peut-il venir de l'amour-propre, sinon des folies? comme il ne peut venir de l'amour de Dieu que des vertus. Cédez à l'esprit de grace, qui vous reproche miséricordieusement vos fautes. Acquiescez sur-le-champ; condamnez-vous sans excuse; mais ne ravaudez point sur vous-même, et ne devenez point scrupuleux. *Pax multa diligentibus legem tuam, et non est illis scandalum*[1].

M. des Touches a demeuré ici plus de quinze jours. Le badinage et la bonne amitié ont été en perfection. J'ai encore les enfants de la maison de Luynes, qui sont fort aimables et fort aimés céans. Votre petit frère le page est arrivé depuis deux jours. Il est doux, sensé, de bonne volonté, et assez joli; mais il paroît d'une santé délicate. J'ai menacé Alexis de le rendre jaloux du nouveau venu.

Je passe en paix mes journées sans ennui; et le temps étant trop court pour mes occupations, j'aurois un plaisir d'amitié qui me manque, si je voyois quelques personnes absentes; mais je suis tranquille, et rassasié du pain quotidien.

Mille amitiés à notre chevalier. Occupez-le pendant quelque heure; qu'il s'amuse innocemment, après s'être occupé.

Lobos et Alexis sont à Ledain ensemble.

Tendrement mille fois tout à vous.

353. — AU MÊME.

Il donne au marquis des nouvelles du petit page, son frère, et l'exhorte à voir ses foiblesses sans découragement.

A Cambrai, 19 juillet, jeudi, 1714.

Votre lettre du 4 juillet, mon très cher fanfan, m'a vivement touché. Cet alongement de la jambe malade, quoique très petit et quelquefois interrompu, me donne de bonnes espérances. Dieu veuille que cette opération des eaux aille toujours croissant! Alexis continue à être de mes bons amis. Le petit page est bon enfant. Il travaille dans la bibliothèque avec un vrai desir de nous contenter; mais il n'a eu aucune culture d'esprit, et tout est à commencer. Quand les fondements d'un sens droit et d'un cœur sensible au bien ont été posés

---

[1] *Ps.* cxviii, 165.

par la main de Dieu, les hommes élèvent bientôt l'édifice. Je n'espère pas de lui pouvoir donner toutes les façons dont il auroit besoin. Vous savez combien elles vous ont manqué céans à vous-même; mais vous savez aussi que c'est beaucoup, pour les enfants, d'avoir vu de près des gens qui cherchent de bonne foi la vertu, et qui tâchent de la leur rendre aimable.

Je comprends que l'application doit être très pénible à notre grand chevalier. Je me mets en sa place; j'entre dans sa peine : mais son état est si malheureux, qu'il doit faire les plus grands efforts de courage et de patience pour vaincre son dégoût du travail et son habitude d'oisiveté. Dieu lui aidera, s'il le lui demande de bon cœur.

Il est bon de connoître vos foiblesses, vos goûts dangereux, vos infidélités. Cette expérience nous humilie, nous désabuse, et nous détache de nous; elle tourne notre confiance vers Dieu seul. Il faut, sans se lasser de soi ni se flatter jamais, recommencer sans cesse à se jeter entre les bras du Père des miséricordes, pour se corriger. Il ne faut point nous croire bien avancés, quoique nous nous renfoncions souvent en Dieu avec simplicité et confiance enfantine. Il ne faut point aussi nous décourager de retourner librement à ce centre de notre cœur, malgré nos misères. Mais le grand point est d'être ouvert et ingénu contre soi-même, pour se déposséder du fond de son cœur, et pour en donner la clef à ceux qui peuvent nous aider pour notre avancement.

Ménagez votre jambe malade : nulle impatience de revenir; précautions jusqu'au bout pour assurer et pour perfectionner la guérison. Paix, et présence de Dieu. Tout à vous sans réserve.

554. — AU DUC DE CHEVREUSE.

Il l'entretient du caractère et des qualités de ses enfants, et lui donne quelques avis pour sa conduite particulière.

A Cambrai, 25 juillet 1714.

Je profite avec plaisir de cette occasion, mon cher duc, pour vous dire librement des nouvelles de la petite jeunesse.

M. le comte de Montfort[1] est sage, raisonnable, et sensible à la piété, quoiqu'il soit un peu léger,

et inappliqué par le goût du plaisir. Il est prévenu de grâce, et j'espère que Dieu le formera pour l'état ecclésiastique. S'il étoit un peu plus avancé en âge, et si j'étois moins vieux, j'aurois bien des desseins sur lui; je l'aime bien tendrement.

M. le vidame[1] a une raison avancée, un esprit net, ferme et décisif. Je trouve qu'il gagne beaucoup sur son humeur pour la modérer. Il s'adoucit; il veut plaire : il sent ses fautes; il se les reproche; il les avoue de bonne foi; il aime ceux qui le reprennent avec douceur. Son âpreté est grande; mais il fait beaucoup par rapport à son âge pour la corriger. Il a du courage, de la ressource, du sentiment et de la religion. C'est un très joli enfant, qui donne de grandes espérances. Chacun l'aime céans, et on remarque en lui un véritable progrès.

M. le comte de Piquigny a de l'esprit, de la hardiesse, de la facilité de parler; mais son humeur est forte, et il n'a pas encore assez de raison pour se retenir. Il est emporté, et il ne revient pas facilement de ses fantaisies; mais il y a un fonds de raison et de force, duquel on peut attendre beaucoup. Il faut le mener avec une fermeté douce, patiente et égale. On ne peut point éviter de le corriger un peu; autrement il tomberoit dans de grandes fautes contre M. son frère même, qu'il veut frapper jusqu'à lui faire beaucoup de mal. On ne parvient pas même facilement à lui faire sentir son tort; il se roidit de sang-froid, et méprise la correction. Mais, pourvu qu'on l'accoutume peu à peu à se modérer, cet enfant aura des qualités très avantageuses. C'est un naturel très fort; il n'est question que de l'adoucir. L'âge, qui fortifie la raison, l'exemple, l'instruction, l'autorité, tempéreront cette impétuosité enfantine; il faut la réprimer.

M. Gallet est très appliqué et très affectionné pour l'éducation de ces enfants. Je lui dis sur eux ce qui me paroît le plus convenable, et il le reçoit à cœur ouvert. A tout prendre, vous auriez des peines infinies pour trouver un homme qui eût autant d'assiduité, de patience, de zèle et de vertu, que celui-là. Il mérite d'être ménagé, soulagé, et traité avec considération.

Pour la petite troupe, je suis charmé de l'avoir ici. Je les aime tendrement; ils me réjouissent, ils ne m'embarrassent en rien. Lors même que j'irai à mes visites, ils seront ici comme à Chaulnes.

---

[1] Le comte de Montfort est Paul d'Albert, petit-fils du duc de Chevreuse, et neveu du duc de Chaulnes. Il étoit né le 5 janvier 1703, et avoit perdu l'année suivante son père au service du roi. Après avoir suivi quelque temps l'état militaire; il embrassa en 1721 l'état ecclésiastique, devint évêque de Bayeux en 1729, archevêque de Sens en 1753, et cardinal en 1756. Il mourut le 21 janvier 1788, étant vraisemblablement le seul des amis de Fénelon qui vécût encore.

[1] Le vidame d'Amiens, et le comte de Piquigny dont il est parlé plus bas, étoient fils du duc de Chaulnes, et cousins-germains du comte de Montfort. Le vidame étoit né le 31 juillet 1705; et le comte de Piquigny au mois de septembre 1707.

Naturellement la maison va toujours son train; ils ne me coûteront rien d'extraordinaire. Mon absence ne pourra pas être bien longue; je serai ravi de les retrouver ici. Si vous croyez que je ne leur sois pas inutile, usez de moi en toute simplicité, non comme d'un homme qui vous honore parfaitement, mais comme d'un autre vous-même avec lequel vous n'avez ni ménagements ni mesures à garder. Votre famille m'est plus chère que la mienne.

Je suis en peine de votre santé. Ne vous usez point en petits détails et en exactitudes superflues. La vraie exactitude consiste à ne négliger jamais les choses grandes et principales. C'est prendre le change, que de se mettre en arrière pour les grandes choses, par entraînement de goût pour les petites. Si vous vous livrez aux petites par choix et par goût, vous vous trompez étrangement contre la sagesse humaine. Si vous le faites par fidélité pour Dieu et pour remplir tous vos devoirs, vous manquez à Dieu, à force de vouloir n'y manquer en rien. Dieu ne veut point cette fausse exactitude par laquelle on se rend superstitieux sur les vétilles, jusqu'à ne pouvoir plus atteindre à l'essentiel. Faites les choses importantes dont vous ne pouvez vous décharger sur aucun subalterne, et ne faites aucune des choses moins hautes que vous pouvez faire exécuter par quelqu'un qui vous en rendra compte. Quiconque ne sait point se soulager en faisant travailler sous lui ne sait pas travailler lui-même. Le grand travail d'un homme supérieur est de donner à chacun sa tâche, de mettre tout en mouvement, et de diriger tranquillement le travail de plusieurs personnes. Si vous demandez à Dieu la sagesse, comme Salomon, il vous la donnera pour conduire tout ce qu'il vous a confié. Livrez-vous à l'esprit de grâce, pour mourir à vos goûts et à vos habitudes; mourez à la fausse exactitude sur les détails. Dieu vous mettra au large, et vous irez droit au vrai but. Il faut agir toute la journée avec le même esprit de paix et de dépendance qu'on a dans l'oraison le matin. Il faut être comme si on lisoit dans un livre la volonté de Dieu à toutes les heures du jour, pour l'accomplir sans trouble ni inquiétude. Un bon domestique suit son maître à droite, à gauche, vite et lentement; il descend, il monte; il sort, il rentre : tout lui est indifférent, pourvu qu'il obéisse. C'est ainsi que nous devons être sans cesse dans la main de Dieu. Il n'y a que la volonté propre qui est roide, embarrassée, et dans le découragement. C'est elle qui manque de temps pour tout, et qui ne s'en laisse pas pour le principal, en le laissant absorber par les minuties. Il suffit de préférer ce qui est préférable, de commencer par-là, de ne s'amuser point, de ne traîner pas dans l'action, de prendre chaque chose par le gros, de trancher nettement, et d'aimer mieux que le total aille imparfaitement, que de le laisser en arrière par la vaine espérance de le faire aller plus régulièrement.

Pardon, mon cher duc, de tout ce long discours. Vous voyez mon cœur. Examinez à fond avec les médecins et les chirurgiens les plus éclairés le parti le plus convenable pour guérir votre mal; abandonnez-vous à leur décision, et ne retardez rien. Je prie très souvent pour vous et avec vous, ce me semble. Mille et mille assurances de l'attachement le plus vif et le plus respectueux à madame la duchesse de Chevreuse. Je ne saurois vous dire avec quel zèle je suis respectueusement dévoué à madame la duchesse de Chaulnes. Pour vous, mon très bon et très cher duc, vous n'aurez de moi que ces mots : *Cupio te in visceribus Christi Jesu*[1].

355. — AU MARQUIS DE FÉNELON.

Avantages de la résignation chrétienne; fruit qu'on doit retirer des maladies.

A Cambrai, jeudi 30 août 1714.

J'ai reçu, mon très cher fanfan, votre lettre de Sarlat en date du 21 d'août. Elle me soulage le cœur dans ma peine; mais ce qui me le soulageroit le plus seroit d'apprendre votre guérison. Ne soyez point en peine de moi. Je suis triste, mais en paix et en soumission à Dieu. La douleur des hommes est dans l'imagination. Les maux les plus pénibles qu'on voit venir de loin nous accoutument peu à peu avec eux. On souffre plus longtemps, mais on souffre moins au dernier coup, parce que le dernier coup ne surprend presque plus. Ma peine est une langueur paisible, et non une douleur violente. Ne vous hâtez point de revenir : je ne sens aucun besoin de compagnie. Je compte même d'aller bientôt à Tournay, à Ath et à Mons. Mes dents ne me font aucun mal. Votre retour à Barège pour la seconde saison ne sauroit être un voyage perdu. Le doute suffit seul pour le rendre nécessaire. De plus, vous pouvez lire, prier, penser. Si ce voyage ne guérit pas votre jambe de sa blessure, il guérira votre cœur de l'impatience, et vous accoutumera à la sujétion. Nous aurons un peu plus tard, mais bientôt, s'il plaît à Dieu, la consolation de nous revoir. J'ai par avance la vraie union avec vous. Je vous porte à l'autel

[1] *Philip.*, 1, 8.

dans mon cœur pendant la messe. Je suis avec vous devant Dieu pendant la journée. Épuisez le remède des eaux, je vous en conjure. Il faut n'y retourner plus, ou par l'entière guérison qu'elles vous auront procurée, ou par le mauvais succès qui vous en désabusera. Ne négligez rien pour le régime le plus exact. C'est du cœur le plus tendre que je suis à jamais tout à vous.

556. — A LA DUCHESSE DE CHAULNES.

Il se réjouit des dernières nouvelles sur la santé du duc de Chaulnes, et rend compte à la duchesse de ce qu'il a observé sur le caractère de ses enfants.

A Cambrai, 2 octobre 1714.

Les bonnes nouvelles que vous m'avez fait l'honneur de me donner de la santé de monsieur le duc de Chaulnes, madame, m'ont fait sentir une véritable joie, dans un temps où je ne me croyois guère capable d'en avoir. D'ailleurs, vos attentions pour moi dans une occasion où vous étiez sans doute accablée de peine marquent une bonté qui me charme. Je me promets une très grande consolation quand vous viendrez à Chaulnes, et je la goûte par avance. Cependant je puis vous assurer, sans flatterie, que les chers enfants que vous nous avez bien voulu confier sont d'une très grande espérance. M. le vidame a une raison formée au-dessus de son âge, avec beaucoup de sentiment d'amitié et même de religion. Il connoît fort bien son humeur et sa promptitude; il sait bon gré à ceux qui travaillent à l'en corriger, et il a du courage contre lui-même, quoique ses défauts l'entraînent souvent. Il y a en lui de quoi faire un excellent sujet. M. le comte de Piquigny a un naturel fort jusqu'à la dureté; sa raison n'est point encore réglée, et ses passions sont très vives. Il a du fonds d'esprit, de la ressource, de la hardiesse, et de la grace quand il est de bonne humeur. Il faut avec lui beaucoup de douceur, de patience et de fermeté. Ses défauts viennent de son tempérament et de son âge. Il y a lieu de croire que la bonne éducation et une raison plus mûre les tourneront en vrais talents. C'est un vin dont la verdeur se change en force. Il me paroît que M. Gallet s'applique avec zèle, assiduité, et envie de réussir. C'est ce qu'on trouve très rarement. Dieu veuille bénir vos soins et ceux de notre bon duc!

Le projet de madame la duchesse de Chevreuse pour mettre le voyage de Chaulnes au bout de celui de Montargis me fait espérer l'honneur de la voir, et j'en suis ravi. Vous avez en moi, madame, pour le reste de mes jours, un homme très inutile; mais enfin jamais rien ne vous sera dévoué avec plus de zèle et de respect que votre très humble et très obéissant serviteur.

557. — A LA DUCHESSE DE BEAUVILLIERS.

Paroles de consolation sur la mort de son époux [1].

A Cambrai, 16 novembre 1714.

Ce que vous me faites espérer, madame, est une des plus grandes consolations que je puisse ressentir dans tout le reste de ma vie. En attendant, je prie Dieu tous les jours qu'il vous console. Il y a une consolation que notre cœur ne veut point, et c'est avec raison; elle est vaine, et indigne de l'esprit de grace. Mais il y a une autre consolation qui vient de Dieu seul. Il apaise la nature désolée; il fait sentir qu'on n'a rien perdu, et qu'on retrouve en lui tout ce qu'on semble perdre; il nous le rend présent par la foi et par l'amour; il nous montre que nous suivons de près ceux qui nous précèdent; il essuie nos larmes de sa propre main; j'espère, madame, que celui qui vous a affligé par un coup si accablant modérera votre douleur : il n'y a que lui qui le puisse faire. Ayez soin de votre santé; elle doit être bien altérée. Vous avez horriblement souffert.

558. — AU DUC DE CHAULNES.

Il lui adresse un Mémoire pour le duc de S. S., et l'exhorte à se défier de lui-même, et à remplir les devoirs de son rang.

A Cambrai, 25 novembre 1714.

Je vous assure, mon bon et cher duc, que je suis fort sensible à la perte que vous avez faite [2]. Je prends beaucoup de part à la peine qu'il est naturel que notre bonne duchesse ait sentie en cette occasion; mais c'est un ange devant Dieu, qui est bien heureux, et délivré des dangers de cette malheureuse vie.

Je vous envoie un Mémoire fort sincère pour M. le D. de S. S. [3]. Il m'a paru qu'il falloit l'écrire de ma main, pour ne confier point ce secret à un secrétaire. Ayez la bonté, s'il vous plaît, de le faire transcrire par une main très sûre, et de brûler d'abord après mon original. Vous me fe-

---

[1] Le duc de Beauvilliers étoit mort le 31 août précédent.
[2] Le duc de Chaulnes venoit de perdre un de ses fils, âgé d'un an.
[3] C'est sans doute le duc de Saint-Simon. Lié, comme on le voit par ses *Mémoires*, avec les ducs de Beauvilliers et de Chevreuse, il devoit l'être aussi avec le duc de Chaulnes, qui étoit à peu près du même âge que lui.

rez un vrai plaisir, si vous voulez bien répondre à M. le D. de S. S. de la sincérité avec laquelle je lui suis dévoué.

Le mieux, dit un proverbe italien, gâte ce qui est bon. Chaulnes a gâté Cambrai. Je commence à m'ennuyer de ne voir plus la bonne compagnie, de n'avoir plus ce grand parc, et d'avoir perdu ces beaux jours. Je m'en prends à Cambrai de ce froid noir et âpre. Sérieusement je suis touché de la vie peut être trop douce que j'ai menée auprès de vous.

Ne vous attristez point sur vous-même. N'espérez rien de votre foiblesse tant de fois honteusement éprouvée : mais espérez en la bonté de Dieu, qui prend, quand il lui plaît, des pierres pour en former des enfants d'Abraham, qui, comme ce saint patriarche, vivent de pure foi. Cette espérance doit toujours produire deux bons effets : l'un est une prière simple, fréquente et pleine d'amour, où l'on demande de bonne foi contre soi-même l'humilité, le détachement, le renoncement à son goût et à sa vanité, la défiance de sa mollesse, le sacrifice de sa liberté, la patience dans les croix et l'abnégation de soi-même, pour contenter l'esprit de grâce. L'autre effet de cette espérance est de faire souvent des efforts pour ne tomber point dans le relâchement, ou pour s'en relever avec promptitude. Il faut veiller sur soi contre soi, se faire rendre compte du temps, prévenir les chutes, se tourner sans cesse vers Dieu pour lui ouvrir son cœur et pour l'écouter en silence au-dedans de soi, par rapport à tous les sacrifices que son amour exige. Votre grande infidélité consiste dans votre attachement à vos goûts et à vos habitudes. Vous êtes dans les affaires comme certains hommes sont sur les chemins en se promenant; à chaque pas ils s'arrêtent pour discourir. Il faut avancer continuellement, sans précipitation. On a besoin d'être sans cesse la faucille en main, pour retrancher le superflu des paroles et des occupations. Voyez les lettres de votre vif ami : rien de plus court et de plus tranchant. Il est avare de paroles, il ne touche pas du pied à terre.

Vous vous devez au public; votre rang décide, c'est votre vocation : les péchés d'état sont les plus inexcusables. Vous enfouissez le talent : les faux frais du temps qui vous ruinent suffiront pour payer vos dettes. Au nom de Dieu, mandez-moi au plus tôt un vrai changement. Je le croirai quand vous m'écrirez la chose déjà faite, et pas plus tôt. Que ne donnerois-je point, mon bon et cher duc, pour vous voir dégagé, prompt et expéditif! Il faut aussi être sociable, lié avec des gens dignes de vous, utile à la société, plein d'avisements et de préventions, instruit des affaires et connu pour tel. Vous allez dire que je suis un rude créancier : oui, je gronderai par excès de tendresse jusqu'à ce que vous soyez en votre place, faisant ce que Dieu veut.

359. — AU MÊME.

Il lui donne quelques avis pour le règlement de ses affaires et de sa conduite.

A Cambrai, 5 décembre 1714.

Je prie souvent Dieu pour vous, mon bon et cher duc, afin qu'il vous réveille et ranime souvent. Vous ne vivez que de goût et de liberté. Si vous en sortez pour entrer dans les devoirs, vous retrouvez le goût par les petits détails et par les fausses exactitudes dans les devoirs mêmes. Souvenez-vous que les moindres devoirs deviennent des distractions et des amusements, dès qu'ils font négliger d'autres devoirs plus importants.

Cherchez un intendant sensé et droit. Quoique médiocre pour le talent, il vous soulagera. Il vaut mieux que le courant de vos affaires ne soit réglé que grossièrement, pourvu qu'on ne laisse rien de considérable en arrière, et que vous ayez du temps pour d'autres occupations. Ces occupations sont de prier, de lire, de connoître les hommes, d'être connu d'eux, de faire des amis, de vous procurer des appuis, d'obliger par vos bons offices des gens de mérite, et de vous mettre dans une situation à servir le roi et l'état selon votre rang. C'est votre vocation, que vous ne remplirez jamais dans une vie obscure où vous ne faites rien de proportionné à votre état, quoique vous soyez sans cesse péniblement occupé. Pardon de ma satire; vous la méritez, et je vous la dois. Quand on aime, on fâche hardiment. Demandez à madame la duchesse de Chaulnes si tout ce que je dis n'est pas vrai. J'étois en peine d'elle, et je suis ravi de la savoir hors des chemins. Elle a grand besoin d'un long repos pour se rétablir.

Permettez-moi d'embrasser ici avec tendresse nos chers petits hommes. Je n'écris point à madame la duchesse de Chevreuse, pour lui épargner une réponse; mais j'espère que vous lui direz avec quelle reconnoissance, quel zèle et quel respect je lui suis de plus en plus dévoué.

Choisissez les occupations les plus importantes; bornez-vous aux essentielles, et dans les essentielles coupez court. Donnez-vous sincèrement à Dieu pour faire cette circoncision continuelle et douloureuse.

Jugez de mon zèle par mes traits satiriques.

340. — A LA DUCHESSE DE BEAUVILLIERS.

Paroles de consolation sur la mort de son époux.

A Cambrai, 5 décembre 1714.

Je profite de cette occasion pour vous dire, madame, combien je suis occupé de vous et de toutes vos peines. Dieu veuille mettre au fond de votre cœur blessé sa consolation! La plaie est horrible, mais la main du consolateur a une vertu toute puissante. Non, il n'y a que les sens et l'imagination qui aient perdu leur objet. Celui que nous ne pouvons plus voir est plus que jamais avec nous. Nous le trouvons sans cesse dans notre centre commun. Il nous y voit, il nous y procure les vrais secours. Il y connoît mieux que nous nos infirmités, lui qui n'a plus les siennes; et il demande les remèdes nécessaires pour notre guérison. Pour moi qui étois privé de le voir depuis tant d'années, je lui parle, je lui ouvre mon cœur, je crois le trouver devant Dieu; et quoique je l'aie pleuré amèrement, je ne puis croire que je l'aie perdu. O qu'il y a de réalité dans cette société intime!

341. — A LA MÊME.

Sur le même sujet.

A Cambrai, 28 décembre 1714.

Je vous supplie de me donner de vos nouvelles, madame, par N... que j'envoie chercher. Je suis en peine de votre santé : elle a été mise à de longues et rudes épreuves. D'ailleurs, quand le cœur est malade, tout le corps en souffre. Je crains pour vous les discussions d'affaires, et tous les objets qui réveillent votre douleur. Il faut entrer dans les desseins de Dieu, et s'aider soi-même pour se donner du soulagement. Nous retrouverons bientôt ce que nous n'avons point perdu. Nous nous en approchons tous les jours à grands pas [1]. Encore un peu, et il n'y aura plus de quoi pleurer. C'est nous qui mourons : ce que nous aimons vit, et ne mourra plus. Voilà ce que nous croyons; mais nous le croyons mal. Si nous le croyons bien, nous serions pour les personnes les plus chères comme Jésus-Christ vouloit que ses disciples fussent pour lui quand il montoit au ciel : *Si vous m'aimiez*, disoit-il [2], *vous vous réjouiriez* de ma gloire. Mais on se pleure en pleurant les personnes qu'on regrette. On peut être en peine pour les personnes qui ont mené une vie mondaine; mais pour un véritable ami de Dieu, qui a été fidèle et petit, on ne peut voir que son bonheur, et les graces qu'il attire sur ce qui lui reste de cher ici-bas. Laissez donc apaiser votre douleur par la main de Dieu même qui vous a frappée. Je suis sûr que notre cher N... veut votre soulagement, qu'il le demande à Dieu, et que vous entrerez dans son esprit en modérant votre tristesse.

342. — AU DUC DE CHAULNES.

Il l'exhorte à être ferme dans ses résolutions.

A Cambrai, 28 décembre 1714.

Voici, mon bon duc, une occasion de vous donner de mes nouvelles et de vous demander des vôtres. On m'avoit alarmé sur le mal de madame la duchesse de Chevreuse; mais on m'a bien soulagé le cœur en m'assurant dans la suite que ce n'est rien. Et madame la duchesse de Chaulnes, comment se porte-t-elle? j'en suis en peine. Je ne le suis pas moins de vous. Ne vous fatiguez-vous plus sur vos paperasses? Faites-vous, pour l'emploi de votre temps, ce que vous savez bien que Dieu demande de vous, et que vous lui avez promis tant de fois? Ne seriez-vous pas honteux, si vous aviez manqué aussi souvent de parole au dernier de tous les hommes, que vous en avez manqué à Dieu? Vous dites que vous l'aimez; est-ce ainsi qu'on aime ses amis, qui ne sont que de viles créatures? Voudriez-vous les jouer sans cesse par des promesses sans aucun effet? Dieu demande-t-il trop en demandant la bonne foi et l'exactitude à tenir parole, qu'un valet de charrue auroit raison de demander? Que ne préfère-t-on pas à Dieu! Un détail ennuyeux et plein d'épines, une occupation qui use à pure perte la santé, un emploi du temps dont on n'oseroit rendre compte, un je ne sais quoi qui rend la vie obscure et qui dégrade dans le monde, c'est ce qu'on préfère à Dieu. Quel affreux ensorcellement! Priez, humiliez-vous pour rompre le charme; demandez à Dieu qu'il vous dégage de vos liens de goût et d'habitude. Tournez-vous contre vous-même; faites des efforts constants et soutenus; défiez-vous de la trahison de votre naturel, de la tyrannie de la coutume, et des beaux prétextes par lesquels on est ingénieux à se tromper. N'écoutez rien; commencez une nouvelle vie : elle vous sera d'abord dure, mais Dieu vous y soutiendra, et vous en goûterez les fruits. Heureux l'homme qui se fie à

---

[1] Il semble que Fénelon, en écrivant ces paroles, ait été inspiré par un pressentiment surnaturel. Trois jours après la date de cette lettre, il fut attaqué de la maladie dont il mourut le 7 janvier 1715.

[2] Joan., XIV, 28.

Dieu, et non à soi! Que ne donnerois-je point pour vous voir un nouvel homme! Je le demande à Dieu en ce saint temps où il faut renaître avec Jésus-Christ. Vous le pouvez, vous le devez; vous en répondrez au Maître. Accoutumez-vous par le recueillement à dépendre de son esprit. Avec quel zèle vous suis-je dévoué!

343. — A Mme ***.

Il engage cette dame à lui faire avec simplicité les observations qu'elle jugera convenables.

A Cambrai, 30 décembre 1714.

Je reçois, madame, diverses lettres où l'on me presse de plus en plus de vous voir au plus tôt, de m'ouvrir à vous sans réserve, et de vous engager à la même ouverture. Je ne sais d'où me viennent ces lettres. Je suppose que ces personnes, inconnues pour moi, sont instruites à fond des graces que Dieu vous fait. Je serois ravi d'en profiter, quoique je n'aie jamais eu aucune occasion de vous voir. Je me recommande même de tout mon cœur à vos prières. Enfin je vous conjure de me faire savoir en toute simplicité tout ce que vous auriez peut-être au cœur de me dire. Il me semble que je le recevrois avec reconnoissance et vénération. Vous pouvez compter sur un secret inviolable. Pour ce qui est de vous aller voir, je ne manquerois pas de le faire, si vous étiez dans mon diocèse; mais vous savez mieux qu'une autre les réserves qui sont nécessaires dans toutes les communautés. Un tel voyage surprendroit tout le pays, et pourroit même vous causer de l'embarras. Les lettres sont sans éclat. Je recevrai avec ingénuité, et même, je l'ose dire, avec petitesse, tout ce que vous croirez être selon Dieu et venir de son esprit. Quoique je sois en autorité pastorale, je veux être, pour ma personne, le dernier et le plus petit des enfants de Dieu. Je suis prêt, ce me semble, à recevoir des avis et même des corrections de toutes les bonnes ames. Je ne cherche qu'à être sans jugement et sans volonté propre dans les mains de l'Église notre sainte mère. Parlez donc en pleine liberté, si Dieu vous donne quelque chose pour mon édification personnelle. Je voudrois être *soumis comme* parle l'Apôtre[1], *à toute créature humaine*, pour mourir à mon amour-propre et à mon orgueil. C'est sur les lettres de gens inconnus que je vous parle avec tant de franchise. Vous ne me connoissez point. Je ne devrois pas, selon la sagesse humaine, faire ces avances : mais j'ai ouï dire que vous cherchez Dieu. En voilà assez pour un homme qui ne veut chercher que lui. C'est avec la plus grande sincérité que je vous honore, madame, et que je vous suis dévoué en notre Seigneur Jésus-Christ.

344. — AU P. LE TELLIER.

Fénelon, au lit de la mort, manifeste ses sentiments sur le livre des Maximes, *et demande deux graces à Louis XIV.*

A Cambrai, 6 janvier 1715.

Je viens de recevoir l'extrême-onction : c'est dans cet état, mon révérend Père, où je me prépare à aller paroître devant Dieu, que je vous supplie instamment de représenter au roi mes véritables sentiments. Je n'ai jamais eu que docilité pour l'Église, et qu'horreur des nouveautés qu'on m'a imputées. J'ai reçu la condamnation de mon livre avec la simplicité la plus absolue. Je n'ai jamais été un seul moment en ma vie sans avoir pour la personne du roi la plus vive reconnoissance et le zèle le plus ingénu, le plus profond respect et l'attachement le plus inviolable. Je prends la liberté de demander à Sa Majesté deux graces qui ne regardent ni ma personne ni aucun des miens. La première est qu'il ait la bonté de me donner un successeur pieux, régulier, bon, et ferme contre le jansénisme, lequel est prodigieusement accrédité sur cette frontière. L'autre grace est qu'il ait la bonté d'achever avec mon successeur ce qui n'a pu être achevé avec moi pour messieurs de Saint-Sulpice. Je dois à Sa Majesté le secours que je reçois d'eux. On ne peut rien voir de plus apostolique et de plus vénérable. Si Sa Majesté veut bien faire entendre à mon successeur qu'il vaut mieux qu'il conclue avec ces messieurs ce qui est déjà si avancé, la chose sera bientôt finie. Je souhaite à Sa Majesté une longue vie, dont l'Église aussi bien que l'état ont infiniment besoin. Si je puis aller voir Dieu, je lui demanderai souvent ces graces. Vous savez, mon révérend Père, avec quelle vénération je suis, etc.

FIN DE LA CORRESPONDANCE ET DU TROISIEME ET DERNIER VOLUME.

TABLE DES MATIÈRES

CONTENUES DANS CE VOLUME.

LES AVENTURES DE TÉLÉMAQUE.

	Pages.
Livre I.	1
II.	6
III.	15
IV.	19
V.	26
VI.	36
VII.	44
VIII.	52
IX.	58
X.	68
XI.	79
XII.	91
XIII.	97
XIV.	109
XV.	121
XVI.	129
XVII.	135
XVIII.	145
Variante.	153

L'ODYSSÉE D'HOMÈRE.

Précis du livre I.	155
II.	156
III.	158
IV.	159
Livre V.	161
VI.	166
VII.	170
VIII.	173
IX.	179
X.	183
Précis du livre XI.	191
XII.	194
XIII.	195
XIV.	197
XV.	198
XVI.	199
XVII.	201
XVIII.	202
XIX.	ibid.
XX.	204
XXI.	205
XXII.	206
XXIII.	207
XXIV.	208

Discours prononcé par M. l'abbé de Fénelon, pour sa réception à l'Académie françoise, à la place de M. Pellisson, le mardi 31 mars 1693. — 210

Réponse de M. Bergeret, directeur de l'Académie. — 215

Mémoire sur les occupations de l'Académie françoise. — 216

Lettre à M. Dacier, secrétaire perpétuel de l'Académie françoise, sur les occupations de l'Académie. — 219

Correspondance littéraire de Fénelon avec Houdard de La Motte, de l'Académie françoise. — 230

Lettre I. De La Motte à Fénelon.	ibid.
II. De Fénelon à La Motte.	251
III. De La Motte à Fénelon.	ibid.
IV. De Fénelon à La Motte.	ibid.
V. De Fénelon à La Motte.	252
VI. De La Motte à Fénelon.	253
VII. Du même.	ibid.
VIII. De Fénelon à La Motte.	254
IX. De La Motte à Fénelon.	255
X. De Fénelon à La Motte.	256
XI. De La Motte à Fénelon.	257

Jugement de Fénelon sur un poëte de son temps. — ibid.

POÉSIES.

Ode à l'abbé de Langeron. Description du prieuré de Carenac.	258
Sur la prise de Philisbourg par le dauphin, fils de Louis XIV, en 1688.	259
Traduction du Psaume Ier, *Beatus vir*, etc.	260
Traduction du Psaume CXXXVI, *Super flumina Babylonis*.	ibid.
Ode sur l'enfance chrétienne.	ibid.
Contre la prudence humaine. Réponse.	261
Lettre à Bossuet, sur la campagne de Germigny.	262
Soupirs du poëte pour le retour du printemps.	ibid.
Fable. Le Bouffon et le Paysan.	ibid.
Simonide. Fable.	263
Fable. Le Vieillard et l'Ane.	ibid.

ABRÉGÉ DES VIES DES ANCIENS PHILOSOPHES.

Lettre de M. Ramsai à messieurs les journalistes de Paris.	264
Lettre écrite à M. Estienne, libraire de Paris.	ibid.
Lettre de M. Ramsai à M. l'abbé Bignon, bibliothécaire du roi.	266
Thalès.	268
Solon.	270
Pittacus.	277
Bias.	280
Périandre.	282

TABLE DES MATIÈRES.

	Pages.
Chilon.	284
Cléobule.	285
Épiménide.	286
Anacharsis.	288
Pythagore.	289
Héraclite.	292
Anaxagoras.	294
Démocrite.	296
Empédocle.	298
Socrate.	300
Platon.	304
Antisthène.	307
Aristippe.	309
Aristote.	313
Xénocrate.	318
Diogène.	319
Cratès.	327
Pyrrhon.	329
Bion.	331
Épicure.	332
Zénon.	339
Vie de Platon, d'après le manuscrit original de Fénelon.	345

Examen de conscience sur les devoirs de la royauté, composé pour l'instruction de Louis de France, duc de Bourgogne. 344
Avertissement de l'éditeur. ibid.
ARTICLE I. De l'instruction nécessaire à un prince. ibid.
II. De l'exemple qu'un prince doit à ses sujets. 350
III. De la justice qui doit présider à tous les actes du gouvernement. 351
Supplément à l'examen de conscience. 360
I. Sur la nécessité de former des alliances, tant offensives que défensives, contre une puissance étrangère qui aspire manifestement à la monarchie universelle. ibid.
II. Principes fondamentaux d'un sage gouvernement. 365
Essai philosophique sur le gouvernement civil. 366
Préface de l'auteur pour la seconde édition. 1721. ibid.
CHAP. I. Des différents systèmes de politique. 367
II. De la loi naturelle. ibid.
III. L'homme naît sociable. 370
IV. Les hommes naissent tous plus ou moins inégaux. 371
V. De la nécessité d'une autorité souveraine. 372
VI. De la source de l'autorité souveraine. 373
VII. De l'origine des sociétés civiles. 375
VIII. Du roi de fait et de droit. 376
IX. Le droit héréditaire de terres et celui de couronnes sont fondés sur le même principe. 377
X. La révolte n'est jamais permise. 380
XI. Des parties de la souveraineté, de son étendue et de ses bornes. 383
XII. Des différentes formes de gouvernement. 386
XIII. Du gouvernement de la république romaine. 388
XIV. Du gouvernement d'Angleterre, et des différentes formes qu'il a prises. 391

	Pages.
CHAP. XV. De la monarchie modérée par l'aristocratie.	398
XVI. Du gouvernement purement populaire.	403
XVII. Du gouvernement où les lois seules président.	404
Conclusions.	405
XVIII. Des idées que l'Écriture sainte nous donne de la politique.	406

Divers Mémoires concernant la guerre de la succession d'Espagne. 410
I. Mémoire sur les moyens de prévenir la guerre de la succession d'Espagne. ibid.
II. Fragment d'un Mémoire sur la campagne de 1702. 417
III. Mémoire sur la situation déplorable de la France en 1710. 419
IV. Mémoire sur les raisons qui semblent obliger Philippe V à abdiquer la couronne d'Espagne. 424
Addition au Mémoire précédent. 429
V. Observations du duc de Chevreuse sur le Mémoire précédent. 430
VI. Examen des droits de Philippe V à la couronne d'Espagne. 434
VII. Mémoire sur la campagne de 1712. 436
VIII. Mémoire sur la paix. 438
IX. Mémoire sur la souveraineté de Cambrai. 439
Lettre à Louis XIV. 441
Avertissement sur la lettre suivante. ibid.
Fénelon à Louis XIV. Remontrances à ce prince, sur divers points de son administration. ibid.
Plans de gouvernement, concertés avec le duc de Chevreuse, pour être proposés au duc de Bourgogne. 446
Article 1. Projet pour le présent. ibid.
II. Plan de réforme après la paix. ibid.
Mémoires sur les précautions et les mesures à prendre après la mort du duc de Bourgogne. 452
Premier Mémoire. Recherche de..... ibid.
Second Mémoire. Le roi. 454
Troisième Mémoire. Projet de conseil de régence. 455
Quatrième Mémoire. Éducation du jeune prince. 456

CORRESPONDANCE DE FÉNELON.

1. Au marquis Antoine de Fénelon, son oncle. 458
2. A M. ***, 9 octobre 1673. 459
3. Au marquis Antoine de Fénelon, 15 juillet 1674. ibid.
4. A la marquise de Laval, 22 mai 1681. 460
5. A la même, 16 juin 1681. 461
6. Au duc de Noailles, 22 juillet 1684. 462
7. Au marquis de Seignelay, 7 février 1686. ibid.
8. Au même, 26 février 1686. 463
9. Au même, 8 mars 1686. 464
10. A Bossuet, 8 mars 1686. 466
11. Au duc de Chevreuse, 28 mai 1687. ibid.
12. Au même. 468
13. Au marquis de Seignelay, 1690. 469
14. Au même, 2 juillet 1690. 473
15. Au même, 14 juillet 1690. 476
16. Au même, 18 juillet 1690. ibid.
17. Au même, 26 juillet 1690. 477
18. Au duc de Noailles, 12 octobre 1690. ibid.

TABLE DES MATIÈRES.

	Pages.
19. A madame de La Maisonfort, 17 décembre 1690.	478
20. A la marquise de Laval, 19 décembre 1690.	479
21. A la même, 30 janvier 1691.	480
22. A la même, 51 mars 1691.	ibid.
23. A la même, 17 avril 1691.	481
24. A madame de La Maisonfort, 7 juin 1692.	ibid.
25. A la marquise de Laval, 10 juillet 1692.	482
26. A madame de La Maisonfort, 5 août 1693.	ibid.
27. A la marquise de Laval, 29 juillet 1693.	483
28. A la même, 14 septembre 1693.	ibid.
29. A madame de La Maisonfort, 26 septembre 1693.	484
30. A madame de Maintenon, 20 novembre 1693.	ibid.
31. A la même, 26 novembre 1693.	485
32. A la marquise de Laval, 15 janvier 1694.	486
33. A la même, 20 juillet 1694.	487
34. A la même, 25 juillet 1694.	ibid.
35. Au chevalier de Fénelon, son frère, 25 juillet 1694.	ibid.
36. A Bossuet, 28 juillet 1694.	488
37. Au même, 16 décembre 1694.	ibid.
38. Au même, 26 janvier 1695.	489
39. A la marquise de Laval, 4 février 1695.	ibid.
40. A la même, 18 février 1695.	490
41. A Bossuet, 6 mars 1695.	ibid.
42. Au même, 8 mars 1695.	ibid.
43. A madame de La Maisonfort, mars 1695.	491
44. A la marquise de Laval, 27 avril 1695.	492
45. Au comte de Fénelon, son frère, 14 août 1695.	493
46. A madame de Maintenon, septembre 1695.	ibid.
47. A la comtesse de Fénelon, 25 novembre 1695.	ibid.
48. Au marquis de Seignelay, 1695.	494
49. Au duc de Beauvilliers, 1695.	495
50. A l'abbé Fleury, 1695.	496
51. Au même, 1696.	497
52. A M. Tronson, 26 février 1696.	498
53. A madame de Maintenon, 7 mars 1696.	499
54. A Bossuet, 24 mai 1696.	502
55. Au duc de Chevreuse, 24 juillet 1696.	ibid.
56. A Bossuet, 5 août 1696.	503
57. A madame de Maintenon, 7 septembre 1696.	504
58. A Bossuet, octobre 1696.	507
59. A M. de Noailles, 17 octobre 1696.	508
60. A l'abbé Boileau, 28 octobre 1696.	509
61. A Bossuet, 9 février 1697.	511
62. Au pape Innocent XII, 27 avril 1697.	513
63. A Louis XIV, 11 mai 1697.	518
64. A l'abbé de Chanterac, 1er juin 1697.	519
65. Au même, juin 1697.	ibid.
66. A la supérieure des Nouvelles-Converties, 6 juin 1697.	520
67. A M. de Noailles, 8 juin 1697.	ibid.
68. A l'abbé de Chanterac, 22 juin 1697.	527
69. Au même, 24 juin 1697.	ibid.
70. Au même, 25 juin 1697.	528
71. Au même, 27 juin 1697.	529
72. Au même, 28 juin 1697.	ibid.
73. A M. de Noailles, 6 juillet 1697.	530
74. A l'abbé de Chanterac, 6 juillet 1697.	ibid.
75. Au même, 8 juillet 1697.	531
76. Au même, 9 juillet 1697.	532
77. Au même, 11 juillet 1697.	532
78. Au même, 13 juillet 1697.	533
79. Au même, 14 juillet 1697.	ibid.
80. A l'abbé de Chanterac, 20 juillet 1697.	ibid.
81. A M. de Noailles, 22 juillet 1697.	534
82. A madame de Maintenon, 29 juillet 1697.	535
83. A M. Hébert, juillet 1697.	536
84. A M. de Rancé, abbé de la Trappe, juillet 1697.	ibid.
85. Au nonce du pape, juillet 1697.	538
86. A madame de Maintenon, 1er août 1697.	539
87. A un ami, 5 août 1697.	ibid.
88. A un ami, août 1697.	540
89. A M. Tronson, 5 août 1697.	543
90. Au duc de Beauvilliers, 12 août 1697.	544
91. A madame de Gamaches, 12 août 1697.	ibid.
92. Au duc de Beauvilliers, 14 août 1697.	545
93. A madame de Gamaches, 20 août 1697.	546
94. A M. de Bertier, évêque de Blois, 21 août 1697.	547
95. Au duc de Beauvilliers, 26 août 1697.	ibid.
96. Au duc de Chevreuse, 1697.	548
97. Au même, 1697.	549
98. A la maréchale de Noailles, 5 novembre 1697.	ibid.
99. A M. de Harlay, 10 novembre 1697.	ibid.
100. Au duc de Chevreuse, 1698.	ibid.
101. A l'abbé de Chanterac, 14 janvier 1698.	550
102. A la maréchale de Noailles, 28 février 1698.	551
103. Au nonce, 1er mars 1698.	552
104. Au même, 10 mai 1698.	ibid.
105. Au P. de La Chaise, 12 mai 1698.	553
106. A l'abbé de Chanterac, 50 mai 1698.	555
107. Au même, 20 juin 1698.	557
108. A madame de Maintenon, décembre 1698.	559
109. Au nonce, 7 décembre 1698.	560
110. A l'abbé de Chanterac, 27 mars 1699.	561
111. Au duc de Beauvilliers, 29 mars 1699.	562
112. A l'abbé de Chanterac, 3 avril 1699.	563
113. Au même, 4 avril 1699.	565
114. Au pape Innocent XII, 4 avril 1699.	566
115. A l'abbé de Chanterac, 24 avril 1699.	567
116. Au même, 1er mai 1699.	568
117. Au même, 15 mai 1699.	569
118. Au même, 29 mai 1699.	ibid.
119. Au duc de Beauvilliers, 30 novembre 1699.	570
120. Au duc de Chevreuse, 50 décembre 1699.	571
121. Au même, 1699.	573
122. Au même, 1699.	574
123. Au même, 1700.	ibid.
124. Au même, 27 janvier 1700.	575
125. Au P. Lami, 4 février 1700.	577
126. Au P. ***, 9 mars 1700.	ibid.
127. A la comtesse de Fénelon, 15 août 1700.	ibid.
128. A la même, 10 septembre 1700.	578
129. Au P. Lami, 23 janvier 1701.	579
130. Au duc de Chevreuse, 1er août 1701.	ibid.
131. Au même, 18 août 1701.	580
132. Au marquis de Louville, 10 octobre 1701.	581
133. A l'abbé de Beaumont, son neveu, 22 octob. 1701.	584
134. Au même, 4 novembre 1701.	ibid.
135. Au même, 6 novembre 1701.	585
136. Au même, 12 septembre 1701.	586
137. Du duc de Bourgogne à Fénelon, 21 décem-	

TABLE DES MATIÈRES.

bre 1701. 586
158. De Fénelon au duc de Bourgogne, 17 janvier 1702. 587
159. Au duc de Bourgogne, 1702. 588
140. Au même, 1702. 589
141. Du duc de Bourgogne à Fénelon, 25 avril 1702. 590
142. De Fénelon au duc de Chevreuse, 22 juin 1702. 591
143. Au même, 9 juillet 1702. ibid.
144. Du duc de Bourgogne à Fénelon, 6 septembre 1702. 592
145. De Fénelon au Père Lachaise, septembre 1702. ibid.
146. Au duc de Beauvilliers, 5 octobre 1702. 594
147. Au même, 27 janvier 1703. ibid.
148. A l'abbé ***, ...1703. 595
149. A l'abbé de Langeron, 24 mai 1703. ibid.
150. Au même, 4 juin 1703. 599
151. A l'abbé de Beaumont, 7 mai 1703. 601
152. Au même, 17 mai 1703. ibid.
153. Au marquis de Laval. 602
154. A la comtesse de Fénelon. ibid.
155. Du duc de Bourgogne à Fénelon, 28 septembre 1703. 603
156. De Fénelon au duc de Beauvilliers, 4 novembre 1703. ibid.
157. Au duc de Chevreuse. 604
158. Au vidame d'Amiens, 22 octobre 1704. 605
159. Au duc de Chevreuse, 13 janvier 1705. ibid.
160. A M.***, 12 juin 1705. 606
161. A la comtesse de Fénelon, 12 février 1706. 612
162. Au cardinal de Bouillon, 16 février 1706. ibid.
163. A la jeune duchesse de Mortemart, 4 août 1706. 613
164. Au duc de Chevreuse, 29 décembre 1706. 614
165. Au vidame d'Amiens, 9 février 1707. ibid.
166. Au duc de Chevreuse, 24 février 1707. 615
167. Au vidame d'Amiens, 31 mai 1707. ibid.
168. Au duc de Chevreuse, 24 décembre 1707. 617
169. Au même. 618
170. A M. de Sacy, 24 décembre 1707. 619
171. A l'électeur de Cologne, 7 février 1708. ibid.
172. Au vidame d'Amiens, 28 mars 1708. 621
173. Du duc de Bourgogne à Fénelon, 13 mai 1708. ibid.
174. Du même au même, 21 mai 1708. 622
175. De Fénelon au vidame d'Amiens, 28 mai 1708. ibid.
176. A la duchesse douairière de Mortemart, 8 juin 1708. ibid.
177. Au vidame d'Amiens, 10 août 1708. 623
178. A la duchesse douairière de Mortemart, 22 août 1708. 624
179. Au vidame d'Amiens, 7 septembre 1708. ibid.
180. Au duc de Bourgogne, septembre 1708. 625
181. Au même, 10 septembre 1708. ibid.
182. Au vidame d'Amiens, 17 septembre 1708. 626
183. Du duc de Bourgogne à Fénelon, 20 septembre 1708. 627
184. De Fénelon au duc de Bourgogne, septembre 1708. 628
185. Au vidame d'Amiens, 21 septembre 1708. ibid.
186. Au duc de Bourgogne, 24 septembre 1708. ibid.
187. Au même, 24 septembre 1708. 631
188. Du duc de Bourgogne à Fénelon, 5 octobre 1708. ibid.
189. De Fénelon au duc de Bourgogne, 13 octob. 1708. 633
190. Au vidame d'Amiens, 13 octobre 1708. 636
191. Au duc de Bourgogne, 25 octobre 1708. 637
192. Au même, 17 novembre 1708. 639
193. A M. de Chamillard, 20 novembre 1708. 640
194. Au P. Lami, 30 novembre 1708. 641
195. Au duc de Chevreuse, 3 décembre 1708. 642
196. Du duc de Bourgogne à Fénelon, 3 décembre 1708. 643
197. Au marquis de Fénelon, son neveu, 7 janvier 1709. 644
198. Au vidame d'Amiens, 4 avril 1709. ibid.
199. Au marquis de Fénelon, 6 avril 1709. 645
200. Au marquis de Fénelon, 15 avril 1709. 646
201. Au même, 10 juillet 1709. ibid.
202. Au même, 20 août 1709. ibid.
203. Au même, 26 septembre 1709. 647
204. Au duc de Chevreuse, 24 octobre 1709. ibid.
205. Au duc de Bourgogne, 15 novembre 1709. 648
206. Au duc de Chevreuse, 18 novembre 1709. ibid.
207. Au même, 25 novembre 1709. 649
208. Au même, 24 novembre 1709. 650
209. Au même, 3 décembre 1709. 651
210. Au vidame d'Amiens, 19 décembre 1709. ibid.
211. Au duc de Chevreuse, 11 janvier 1710. 652
212. Fragment d'une lettre au P. Le Tellier. 653
213. A M. de Sacy, 12 janvier 1710. 654
214. Au P. Lami, 13 janvier 1710. 655
215. Au vidame d'Amiens, 10 février 1710. ibid.
216. Au duc de Chevreuse, 23 février 1710. ibid.
217. Au vidame d'Amiens, 23 février 1710. 657
218. Au duc de Chevreuse, 20 mars 1710. ibid.
219. Au même, 23 mars 1710. 660
220. Au même, 7 avril 1710. 661
221. Au même, 17 avril 1710. 662
222. Au même, 24 avril 1710. 663
223. Au même, 3 mai 1710. 664
224. Au même, 4 mai 1710. 665
225. Au même, 24 juin 1710. 666
226. Au même, 3 juillet 1710. 667
227. Au même, 8 juillet 1710. 668
228. Au marquis de Fénelon, 25 juillet 1710. ibid.
229. Au duc de Chevreuse, 4 août 1710. 669
230. Au marquis de Fénelon, 25 août 1710. 672
231. Au même, 28 septembre 1710. 673
232. Au vidame d'Amiens, 13 septembre 1710. 674
233. A la duchesse douairière de Mortemart, 11 octobre 1710. ibid.
234. Au duc de Chevreuse, 25 octobre 1710. 677
235. A l'abbé de Beaumont, 30 octobre 1710. 678
236. Au même, 7 novembre 1710. ibid.
237. Au même, 8 novembre 1710. 679
238. Au marquis de Fénelon, 12 novembre 1710. ibid.
239. A l'abbé de Salignac, son petit-neveu, 10 décembre 1710. 680
240. Au vidame d'Amiens, 13 décembre 1710. ibid.
241. Au duc de Chevreuse, 5 janvier 1711. 681
242. A la duchesse douairière de Mortemart, 1er février 1711. 682
243. Au P. Le Tellier, 12 mars 1711. ibid.
244. A ......, avril 1711. 683
245. Au P. Le Tellier, 8 mai 1711. 686

TABLE DES MATIÈRES.

	Pages.
246. Au duc de Chevreuse, 9 juin 1711.	688
247. Au même, 6 juillet 1711.	690
248. Au même, 27 juillet 1711.	691
249. A la duchesse douairière de Mortemart, 27 juillet 1711.	695
250. Au duc de Chevreuse, 24 août 1711.	ibid.
251. Au même, 19 septembre 1711.	695
252. Au même, 11 octobre 1711.	696
253. Au duc de Beauvilliers.	697
254. Au duc de Chevreuse, 19 décembre 1711.	ibid.
255. Au même, 2 janvier 1712.	698
256. Au duc de Chaulnes, 4 janvier 1712.	699
257. Au duc de Chevreuse, 11 janvier 1712.	700
258. A la marquise de Lambert, 17 janvier 1712.	701
259. Au duc de Chevreuse, 18 février 1712.	ibid.
260. Au même, 27 février 1712.	702
261. Au duc de Chaulnes, 4 mars 1712.	703
262. Au duc de Chevreuse, 8 mars 1712.	ibid.
263. Au P. Le Tellier, 22 juillet 1712.	704
264. Au marquis de Fénelon, 10 août 1712.	707
265. Au même, 12 août 1712.	708
266. Au même, 14 août 1712.	ibid.
267. Au même, 16 août 1712.	709
268. Au même, 21 août 1712.	ibid.
269. Au même, 30 août 1712.	710
270. Au même, 6 septembre 1712.	ibid.
271. Au même, 21 septembre 1712.	ibid.
272. Au P. Le Tellier, 9 octobre 1712.	711
273. Au P. Quirini, 19 octobre 1712.	713
274. Au P. Martineau, 14 novembre 1712.	ibid.
275. Au marquis de Fénelon, 6 décembre 1712.	716
276. Au même, 7 janvier 1713.	ibid.
277. Au même, 12 janvier 1713.	718
278. Au même, 16 janvier 1713.	ibid.
279. Au même, 20 janvier 1713.	719
280. Au même, 21 janvier 1713.	720
281. Au même, 22 janvier 1713.	ibid.
282. Au même, 27 janvier 1713.	721
283. Au même, 28 janvier 1713.	ibid.
284. Au même, 30 janvier 1713.	ibid.
285. Au même, 1er février 1713.	722
286. Au même, 11 février 1713.	ibid.
287. Au même, 8 mars 1713.	ibid.
288. A l'électeur de Cologne, 8 mars 1713.	723
289. Au marquis de Fénelon, 19 mars 1713.	724
290. Au même, 20 mars 1713.	ibid.
291. Au même, 21 mars 1713.	ibid.
292. Au même, 27 mars 1713.	ibid.
293. Au même, 28 mars 1713.	725
294. Au même, 29 mars 1713.	ibid.
295. Au marquis de Fénelon, 1er avril 1713.	726
296. Au même, 1er avril 1713.	ibid.
297. Au même, 10 avril 1713.	ibid.
298. Au même, 11 avril 1713.	727
299. Au même, 13 avril 1713.	ibid.
300. Au même, 15 avril 1713.	728
301. Au même, 19 avril 1713.	ibid.
302. Au même, 3 mai 1713.	ibid.
303. Au même, 6 mai 1713.	ibid.
304. Au même, 8 mai 1713.	729
305. Au même, 9 mai 1713.	ibid.
306. Au même, 14 mai 1713.	ibid.
307. Au même, 17 mai 1713.	ibid.
308. Au même, 18 mai 1713.	730
309. Au même, 21 mai 1713.	ibid.
310. Au duc de Chaulnes, 24 mai 1713.	731
311. Au marquis de Fénelon, 27 mai 1713.	ibid.
312. Au même, 28 mai 1713.	732
313. Au même, 29 mai 1713.	ibid.
314. Au même, 1er juin 1713.	733
315. Au même, 1er juin 1713.	ibid.
316. Au même, 3 juin 1713.	734
317. Au même, 28 juin 1713.	ibid.
318. Au même, 5 juillet 1713.	ibid.
319. Au même, 29 juillet 1713.	ibid.
320. Au même, 3 août 1713.	735
321. Au même, 6 août 1713.	ibid.
322. A M. Voysin, secrétaire d'état, 4 août 1713.	736
323. Au marquis de Fénelon, 11 septembre 1713.	ibid.
324. Au P. Daubenton, 12 octobre 1713.	737
325. Au P. Quirini, 28 décembre 1713.	738
326. Au duc de Chaulnes, 1er mars 1714.	739
327. A l'abbé de Beaumont, 22 mai 1714.	ibid.
328. Au marquis de Fénelon, 24 mai 1714.	740
329. Au même, 30 mai 1714.	ibid.
330. A l'abbé de Beaumont, 1er juin 1714.	ibid.
331. Au duc de Chaulnes, 6 juin 1714.	ibid.
332. Au marquis de Fénelon, 12 juillet 1714.	741
333. Au même, 19 juillet 1714.	ibid.
334. Au duc de Chevreuse, 25 juillet 1714.	742
335. Au marquis de Fénelon, 30 août 1714.	743
336. A la duchesse de Chaulnes, 2 octobre 1714.	744
337. A la duchesse de Beauvilliers, 16 novemb. 1714.	ibid.
338. Au duc de Chaulnes, 23 novembre 1714.	ibid.
339. Au même, 5 décembre 1714.	745
340. A la duchesse de Beauvilliers, 5 décembre 1714.	746
341. A la même, 28 décembre 1714.	ibid.
342. Au duc de Chaulnes, 28 décembre 1714.	ibid.
343. A madame ***, 30 décembre 1714.	747
344. Au P. Le Tellier, 6 janvier 1715.	ibid.

FIN DE LA TABLE.

www.ingramcontent.com/pod-product-compliance
Lightning Source LLC
Chambersburg PA
CBHW071658300426
44115CB00010B/1248